HSK

中国汉语水平考试词汇大纲
Chinese Proficiency Test Vocabulary Guideline

汉语8000词词典
A DICTIONARY OF CHINESE USAGE: 8000 WORDS

北京语言大学汉语水平考试中心编

北京语言大学出版社

顾　　问：王　还

主　　编：刘镰力

副 主 编：姜德梧　张　凯

编　　委：（按姓氏音序排列）

陈田顺　郭树军　姜德梧　刘镰力

宋绍周　张　凯

编　　辑：田桂文　王金峰　刘镰力　陈田顺

张　凯　曹　文　尹芝玲　杨　雪

李　航　陈　宏　彭恒利　李庆本

宋绍周　任筱萌　孙清顺　赵燕青

郭树军　王纯清　岳建玲

英文注释：武晓宇

词 典 总 目

前　言

中国汉语水平考试(HSK)是国家级标准化考试,它包括基础汉语水平考试、初、中等汉语水平考试和高等汉语水平考试,有着较为完整的等级体系。在第二语言学习中,词汇量的大小和对词汇的掌握,是语言学习的一个极为重要的方面。因此,1992 年我中心制定并正式出版了《汉语水平词汇与汉字等级大纲》。它是中国汉语水平考试(HSK)的词汇大纲,同时在词汇领域,也对对外汉语教学和教材编写起着规范作用。作为 HSK 词汇大纲,它将 8822 个汉语常用词按其常用度划分为甲、乙、丙、丁四个等级,使考生明确了要想达到 HSK 的某一等级,需要掌握多少词汇和哪些词汇。但由于这是一个大纲,因此没有词语注释,所以许多考生迫切希望有一本对大纲中的词语进行注释的词典问世。为了满足广大考生的要求,我们从 1994 年着手进行这一工作,终于在 1999 年完成了中国汉语水平考试词汇大纲《汉语 8000 词词典》的编写。

《汉语 8000 词词典》所收条目以中国汉语水平考试(HSK)词汇大纲——《汉语水平词汇与汉字等级大纲》(下简称 HSK《词汇大纲》)为依据,共收甲、乙、丙、丁四级常用词 8822 个。

本词典主要供把汉语作为第二语言学习的外国人、华侨、中国少数民族使用,也可供对外汉语教师参考使用,同时可供国内中小学生学习使用。

HSK《词汇大纲》不同于一般的教学大纲,它是一种规范性的水平大纲,从词汇领域看,它是 HSK(基础)、HSK(初、中等)、HSK(高等)的重要命题依据。本词典的编写是中国汉语水平考试的一项重要建设,也是世界汉语教学不断向前发展的需要。

本词典编写的指导思想是突出科学性、规范性和实用性原则,同时我们根据对外汉语教学需要,以及把汉语作为第二语言的学习者的实际需要,在编写体例上作了适当的编排。

一、词目标注常用性等级

本词典以 HSK《词汇大纲》为依据,共收现代汉语常用词 8822 个,其中甲级词1033个,为最常用词;乙级词2018个,为次常用词;丙级词2202个,为一般常用词;丁级词3569个,为通用词。每条词目标注该词的常用性等级,是本词典的一个重要特点。

现代汉语词汇系统中到底有多少词语,至今未见精确统计。《现代汉语词典》是以记录普通话语汇为主的中型词典,共收词约5万6千余条。那么在使用中,哪些词语最常用,哪些词语不太常用;当把汉语作为第二语言学习时,应该先学哪些,后学哪些,才有利于对汉语的掌握,这就应该借助一份常用词表。1986年北京语言文化大学编制了《现代汉语频率词典》,对200万字语料进行统计分析,筛选出最常用的8000词,按其出现频率的高低,即常用性程度,进行排列。然后用这8000常用词,对政论、科普、日常生活和文学等方面的5万字语料进行覆盖,结果证明:最常用的前3000词可覆盖语料的86%;前5000词可覆盖语料的91%;全部8000词可覆盖语料的95%。也就是说,掌握8000左右常用词,在一般语言交际中不会再有什么困难。HSK《词汇大纲》以《现代汉语频率词典》为主要依据,参考了其他有关词频统计资料,并从汉语作为第二语言学习的实际需要出发,进行了必要的专家干预,确定了8822个常用词(简称8000词),并按其常用性序列划分为甲、乙、丙、丁四个等级。这一词汇等级所代表的客观水平,基本上与对外汉语初级、中级、高级的教学实际相一致。

根据《HSK考试大纲》的规定,HSK基础水平大体上应掌握甲级常用词1033个和部分乙级常用词;初等水平大体掌握甲、乙两级常用词3051个;中等水平大体掌握甲、乙、丙三级常用词5253个;高等水平大体掌握甲、乙、丙、丁四级常用词8822个。本词典对每一词目都注明该词的常用性等级,从词汇的角度,体现了汉语水平考试等级标准的要求。

甲、乙、丙、丁四级词主要是依据常用性原则划分的,并不体现先易后难、由浅入深的原则,而是体现了常用先学的原则。但是汉语中有些多义词,如甲级词“打”(动词),大约有近20个义项,常用性词频统计是其多种义项出现频率的总和,实际上并非每个义项都是甲级。而现有的词频词典都是从词的角度来提供常用度的,均未提供多义词多种义项的常用度。这就给教师在教学中带来一定的困难:面对多义词,是只给课文中出现的义项呢,还是也给出其他常用义项?因为往往课文中出现的义项并不是最常用的。如果要给其他义项,那么给哪些?不给哪些?先给哪些?后给哪些?这里边既有常用问题,也有难易问题。为了加强汉语作为第二语言教学的科学性,我们在征求有关专家的意见的基础上,经过认真分析归纳,将8000词中多义词的众多义项亦均划分等级:比如动词"打"是甲级词,"打"人、"打"电话等七个义项划为甲级;"打"伞、"打"行李等四个义项划为乙级;"打"毛衣、"打"官司等五个义项划为丙级;"打"草稿、"打"官腔等三个义项划为丁级。相信在不久的将来会有更科学的多义词词频词典问世。

二、关于词性的标注

到目前为止,汉语中对词的切分和词类的划分,应该说从理论到实践都尚未得到圆满的解决。但标注词性对对外汉语教学和第二语言学习都是十分重要的问题,为了帮助第二语言学习者从理解词语语法特点的角度掌握词的用法,本词典以HSK《词汇大纲》的词性标注为依据,对所收条目除离合词、短语、常用结构外,一律标注词性。

本词典词性的标注遵循下述原则:

1. 对兼类词的标注从严掌握。如果一个词语具有两个或两个以上不同的词性,则看作兼类词。如果词语的某一词性并不常用,只是偶尔出现,则仅注其常用词性,不算兼类(或在"提示"中作补充说明)。本词典共出兼类词638个,占全部词汇的7.2%。

2. 对于兼类词,首注词性为其最基本或最常用的词性,其后次之。如:成熟(动、形)、锄(名、动)。

3. 出于对外汉语教学和第二语言学习的需要,本辞典收入了部分短语、常用结构和离合词,这部分词条,不注词性。

本词典所收短语包括常用的动宾、动补等结构,如"开玩笑"、"看不起"、"打倒"、"推翻"等;还包括常用的成语和习用语,如"百花齐放"、"画蛇添足"、"碰钉子"等。常用结构,如"不是…而是…"、"就是…也…"、"非…不可"等,在语言学习中都是非常有用的。离合词在对外汉语教学中一直是一个引起人们广泛关注的问题,掌握得好,对学生给以恰当的指导,对教学会很有好处。本词典共收动宾式离合词323个,不标注词性，但在【提示】栏目中加以说明。如：

631 操心……【提示】离合词，中间可以插入其他成分，如：操了不少心|操不完的心。

词性标注情况如下表所示：

单词性词:7501 个		兼类词:639 个				未注词性:682 个	
名词	3429	名、动	动、名	318	(51+267)	短词	328
动词	2393	动、形	形、动	115	(49+66)	离合词	322
形容词	1005	名、形	形、名	66	(40+26)	常用结构	32
副词	297	名、量	量、名	42	(38+4)		
量词	92	动、介	介、动	20	(13+7)		
连词	83	名、副	副、名	14	(8+6)		
代词	78	动、副	副、动	14	(12+2)		
数词	33	副、连	连、副	12	(11+1)		
助词	28	动、助动	助动、动	6	(2+4)		
介词	27	介、连		6			
助动词	14	名、尾		6			
叹词	13	动、连		4			
象声词	4	动、量		3			
词尾	3	动、尾		2			
词头	2	其他兼类词		11			

词性的标注是一个十分复杂的问题，目前明确标注词性的词典并不多，而且各家意见时有相左。本词典词性的标注主要以 HSK《词汇大纲》为依据，同时参照《现代汉语词典》、《汉英双解词典》和《现代汉语规范字典》等文献，在认真征求专家意见的基础上，对大纲中若干词性标注，做了下面一些补充和修正：

1. HSK《词汇大纲》所出动、名兼类词中，有少部分其动词意义比较明确，而名词意义实际指的就是动作本身，如，“访问”、“考察”、“讨论”等，作为兼类词出，就显得比较勉强，因此在词典编写中删除了名词项。

2. 对某些词性标注得不太准确的，也参照各家词典作了修改，如“简化”由(形)改为(动)等。

3. 有些词语最基本或较常用的词性没出，词典中作了添加，如“热情”除(形)外，增加(名)；“委屈”除(动)外增加(形)等。

4. 在 HSK《词汇大纲》中一些应该看作词而未标注词性的,在词典中均标注了词性,如"不愧"注为副词等。

具体变动如下面所示:

动、名兼类词去掉(名):24 个

604	参考	876	冲击	1841	访问	1867	飞跃
2063	改良	2064	改善	2066	改革	2677	合作
2875	回忆	2877	会见	3714	考察	4822	批判
6192	探索	6221	讨论	6737	诬蔑	6784	侮辱
7024	消耗	7073	协作	7136	信任	7220	修改
7314	循环	7363	研究	8239	争论	8357	指导

其他兼类词:修正 10 个,( )中为去掉的词性

329	必须	助动(副)	509	不免	副(连)
1205	代	动(介)	2723	后	名(形)
3722	靠	动(介)	5860	适用	形(动)
6479	团圆	动(形)	7571	依照	介(动)
7590	疑问	名(动)	8441	忠诚	形(动)

词性变动:23 个,( )中为修改前的词性

328	必需	(助动)动	500	不觉	(短语)副
520	不停	(副)短语	1174	大声	(名)短语
1313	到处	(名)副	1688	恶性	(名)形
2136	高产	(动)名、形	2390	固有	(动)形
3169	简化	(形)动	3487	经过	(动、介)动、名
3651	卡(kǎ)	(动、量)名、量	3758	可行	(动)形
4118	谅解	(形)动	4252	旅游业	(短语)名
4968	其次	(副)名	5342	人均	(形)动
5693	生怕	(动)副	6405	同一	(动)形
6491	推理	(动)名	6514	椭圆	(形)名
6594	万一	(名、副)名、连			
6601	往	(介词"往"出重)(介)动			
6670	畏惧	(形)动			

增添词性:17 个,(+号后为增加的词性)

724	长途	名+形	2070	概括	动+形
2599	航海	名+动	3104	假定	动+连
3488	经济	名+形	3629	决战	动+名
3868	亏	动+连	4515	模范	名+形
5297	确定	动+形	5331	热情	形+名
5738	失望	形+动	6040	私	名+形
6041	私人	名+形	6225	特别	形+副
6656	委屈	动+形	7547	一样	形+助
8023	遭遇	动+名			

未出词性的词条,部分添加词性:27 个

132	半拉	名	134	半数	名
501	不堪	动、形	503	不愧	副
809	成交	动	1345	的话	助
1415	帝国主义	名	1647	对头	形
2527	国营	形	2900	绘画	动、名
3551	就是	副、连	3587	据说	副
5069	签证	动、名	5853	是的	助
5855	是否	副	6402	同屋	动、名
6550	外向型	形	6605	往后	名
6936	献身	动	7161	形而上学	名
7584	移民	名	7995	再生产	名
2424	官僚主义	名	2252	工人阶级	名
2319	共产主义	名	2516	国际主义	名
4306	马克思主义	名	4353	毛泽东思想	名
5602	社会主义	名	8343	殖民主义	名

标注词性是科学性原则的需要,也是实用性原则的需要,对外汉语教学多年的实践,已清楚地证明了这一点。但是由于汉语词类的复杂性以及学术界对划分词类的意见分歧很大,标注词性一直被人们视为畏途,第一部标注词性的汉语文献是 1958 年出版的《汉语教科书》,而第一部标注词性的词典《简明汉英词典》直到 1982 年才问世。我们在本词典编写的过程中,尽管对词性问题谨慎地进行了反复斟酌和研究,

但由于词性问题确是一个十分复杂的问题,因此难免仍存在许多欠妥之处,有待于今后进一步加以修正和完善。

三、关于释义

对于把汉语作为第二语言的学习者来说,往往词典的释义文字本身,会包含更多的为其所不掌握的新词语,从而影响对该词语的理解,难以达到查词典的目的。本词典全部词目释义,均在保证科学性的基础上,尽量做到语言简约平易,避免以词释词。如果释义文字还不能很理想地解决问题,那么,众所周知,通过词语搭配和例句来理解与掌握一个新词,是第二语言学习的重要手段。为了使词典更具有实用性,我们在每个词条中,都给出尽量丰富的词语搭配和例句,这些词语搭配不求全求多,而是力求常用;所出例句,用词尽量简单易懂,力求通过常用的词语搭配和丰富的例句来反映词语的意义、用法和修辞色彩。对于虚词,除一般释义外,还注重从语用的角度阐明其用法和功能,以利于学习者对词语的掌握和应用。

在汉语释义的同时,各词目均给出英文释义。对兼类词,分别进行释义。多义词则给出最基本或最常用义项的英文释义,以方便不同的学习者使用。

四、"提示"栏目的设立

本词典词目下设**【提示】**一栏,根据词语的特点,对易读错、易写错、易用错、易混淆之处给出提示,并对该词语的使用场合、文化内涵等从语用的角度作简要说明。

汉字不同于一般的拼音文字,汉字是以其形记录汉语的音和义,因此作为第二语言学习,汉字的书写与发音对于规范地掌握汉语,就成了十分重要的问题。有些学生不知道"疒"是汉字的部首,常把"病"写成"病";更多的人写汉字时大而化之,不知道那一"、"或一"丨"有着四两拨千斤的作用,常常是"发"字上边少一点,"友"字上边多一点,或是把"拨"写成"拔",或是写白字。针对汉字容易发生的书写错误,我们在**【提示】**栏目中均作了提示。如:

5393 **日记** **【提示】**"记"字右边是"己",不能写成"已"或

"巳"。

2034 付……【提示】注意"师傅"、"副厂长"、"副食",不能写成"师付"、"付厂长"、"付食"。

8379 纸……【提示】"纸"的右边是"氏",不能写成"氐"。

另外,对于读者应注意辨析区别的汉字,以及多音字,也在这一栏目中作了提示。如:

5268 券 quàn……【提示】不要把"券 quàn"读成 juàn;也不要把"券"写成"卷"。

675 差 chà……【提示】"差"又读 chā,见 662 条"差别";又读 chāi,如"出差";又读 cī,如"参差"。

5258 圈 quān……【提示】"圈"又读 juàn,见 3613 条;又读 juān,如"圈起来"(关起来的意思)。

汉语中有些词语的使用场合、语用色彩,对于使用母语的人来说,可能根本不是问题,但对于把汉语作为第二语言的学习者,就有可能使用错误或不得体。针对这些情况我们也作了必要的提示。如:

19 爱好 ……【提示】"爱好"多用于积极方面,对赌博、饮酒、抽烟等不良习惯常用"嗜好"。

5104 枪毙……【提示】战场上用枪射击把敌人打死,不能说"枪毙",而称"击毙"。

237 悲痛……【提示】常用于书面语中,口语中一般说"伤心"或"难过"。

对于使用中易混淆的近义词,从辨析的角度有些亦给了提示,如:

5625 神色……【提示】"神色"与"脸色"的区别:所表示的意义范围不同,"神色"仅指脸上所显示的内心活动;"脸色"除上述意义外,还指所显露的身体状况。

6610 往往……【提示】"往往"和"常常"都表示某种情况经常发生,区别是:①"往往"是对于到目前为止出现的情况的总结,有一定的规律性;"常常"强调动作经常发生,但不一定有规律性。②"常常"可表示行为动作将要发生,如"你好好休息吧,我会常常来看你的",而"往往"一般不能用于未来的事情。

有些词语在中国有着独特的文化内涵，我们也尽量作了提示，如：

23 **爱人**……【**提示**】“爱人”关系是指夫妻关系，不是指情人关系。

为了使第二语言学习者熟悉汉语中经常作为姓氏使用的汉字，我们对词典中能作姓氏的单音词和多音词中的首字，也均在此栏目中给出了提示，如：

7690 **应**……【**提示**】应（Yīng），姓。

另有一些词语在使用中需注意其语法上的特殊要求，如：

5602 **千万**……【**提示**】只用于祈使句，主语不能是“我”或“他”：×我千万给你写信。|×他千万要来。

总之，“提示”这个栏目所包含的内容比较灵活和广泛。我们从实用性原则出发，以帮助使用者得体地实现语言交际为目的，尽量从各个角度作出必要的提示和说明。

五、近义词与反义词

本词典在释义之后设【**近义词**】【**反义词**】栏目。在这个栏目里，给出该词目的近义词与反义词，以利于词典使用者通过词义辨析的途径，丰富同一语义的多种不同表达方式。近义词、反义词的收入力求精审，尽量做到与词目本身词性一致。如：

396 **表彰** [动]……【**近义词**】表扬/赞扬/赞颂
【**反义词**】批评/批判

8145 **朝三暮四**……【**近义词**】朝秦暮楚
【**反义词**】持之以恒

如果是兼类词或多义词，则分别进行注释。如：

778 **沉** [动、形]……【**近义词**】[动]下沉/沉没；[形]重
【**反义词**】[动]浮/漂浮；[形]轻

915 **出发点** [名]……【**近义词**】❶起点；❷动机
【**反义词**】❶终点

六、标注繁体字

针对目前一些国家和地区依然使用繁体字的状况，凡有繁体字的

词条,均在词目后边的( )中注出该字的繁体写法。

推广简体字是中国坚定不移的语文政策,考试任何时候都是教学的“指挥棒”,中国汉语水平考试(HSK)试卷坚持使用简体字在世界各国举行考试,无疑对在世界范围内推广简体汉字是一种有力的推动。有些国家的考生因为学的是繁体字,所以参加 HSK 考试有顾虑,生怕看不懂题目影响成绩。我们在词典中标注繁体,可以使汉语学习者清楚地看到:第一,简体字在全部汉字中毕竟是少数;第二,写简体字,比学繁体要容易得多;第三,掌握一个简化的汉字偏旁,就可以掌握一大批相应的简体字,从而减轻对学习简体字的畏惧心理。因此本词典通过繁简对照的标注,使会繁体字的汉语学习者能够比较容易地熟悉简体字,对世界汉语教学的规范化是有益的。

七、关于“构词”

为了突出汉语的构词特点,充分利用语素的构词作用,帮助汉语学习者自觉扩大词汇量,我们设立了**【构词】**一栏,正序列出由该词目首字与其他汉字构成的若干词语;逆序列出由该词目尾字与其他汉字构成的若干词语。只列词目,不进行释义。通过这种方法,帮助学习者在掌握一定汉字的基础上,领悟一条利用掌握语素义来扩大词汇量的捷径。正序构词如:

8441 **忠诚**……**【构词】**忠告/忠厚/忠魂/忠良/忠烈/忠顺/忠心/忠言/忠勇/忠言逆耳

逆序构词如:

1443 **电灯**……**【构词】**壁灯/冰灯/彩灯/车灯/吊灯/风灯/宫灯/挂灯/幻灯/矿灯/龙灯/路灯/马灯/明灯/汽灯/台灯/油灯

只要掌握了“电灯”这个词语,了解了“灯”的含义,就有可能通过**【构词】**这个栏目,自觉扩大词汇量,较迅速地掌握“壁灯、冰灯、车灯、路灯”等等词语的含义了。

在编写中,除对 HSK《词汇大纲》中词性的补充与修正外,仅在以下几方面略有变动:

1. 词目的变动:去掉大纲中的 8 个词语,以另外 8 个常用词替换。

等级词数量和词汇总量 8822 保持不变。

(1) 普通话是现代汉语的标准语,本词典所收词目均为普通话中的词汇,因此去掉了大纲中原有的 3 个方言词:4058 哩、5490 啥、7983 咋。增加了 3 个同级常用词:4055 力所能及、5489 厦、7843 雨伞。

(2)大纲中“60 扒(动)”和“65 扒(动)”出重,去掉“65 扒(动)”,增加“8784 尊称”一词。

(3)汉语中有些词汇是某一时代的产物,随着时代的发展,已在一定程度上失去了当时的意义和常用性价值,如“4098 粮票”、“6595 万元户”;本词典将其去掉,换上了“4105 良心”、“6591 万水千山”两个词语。大纲中“7665 饮水(名)”现在通常的说法是“饮用水”,而“饮水思源”这一成语更为常用,因此用该词将其替换。

(4)大纲中“自悲”条应为“自卑”,本词典已予以改正。

2. HSK《词汇大纲》中“一”、“不”条下各词目均按变调后的实际音序排列,为使学习者了解该词的本来读音和变调情况,词典中“一”、“不”条下各词目改按原音序排列,但在**【提示】**栏中说明该词变调后的实际读音。

3. 大纲和词典的词目均按音序排列,词典编写时对大纲中若干词序错乱之处进行了调整,因此个别词目的序号有所变动。

本词典编写过程中,吕必松、赵金铭、刘珣、陈灼等教授审阅了部分文稿并提出了宝贵意见,在此深致谢忱。

编　者
1999.3

凡　例

一、条目安排

1. 本词典以中国汉语水平考试(HSK)词汇大纲——《汉语水平词汇与汉字等级大纲》为依据,共收甲、乙、丙、丁四级常用词 8822 个。其中包括甲级词 1033 个,乙级词汇 2018 个,丙级词汇 2202 个,丁级词类 3569 个。词汇等级按其常用度划分,甲级词为最常用词,以下次之。

2. 全部词目按音序排列,每个词目的前后标有该词目的序号和常用性等级。如:

2280　公布　丙
2281　公尺　丁

3. 单音词条目之下所跟的多音词不止一条的,依第二字的音序排列,如:

4223　路　甲
4224　路程　丁
4225　路过　丙
4226　路口　丙
4227　路面　丁
4228　路上　乙
4229　路线　乙
4230　路子　丁

第二字相同的,依第三字的音序排列,如:

2513　国际　乙
2514　国际法　丁
2515　国际主义　丁

以下类推。

4. 轻声字一般排列在第四声之后,如“了 le”,“着 zhe”;没有第四声音节的,一般紧接在同形的非轻声字后面,如“啊 a(助)”紧接在“啊 ā

(叹)”后面。

5. 关于词目形同而分立条目的情况如下：

①形同而音、义不同的，如：

2594 行 乙 háng

7170 行 甲 xíng

239 背 乙 bēi

248 背 乙 bèi

②有不同适用范围的形、义相同而音不同的，如：

4220 露 乙 lòu （动）

4232 露 乙 lù （动）

③部分形、音相同而词性不同的，如：

67 把 丙 （动）

68 把 甲 （量）

69 把 甲 （介）

二、字体

6. 本词典的字体以现在通行的简化汉字为标准，所收条目凡有繁体者，均在该条目后的括弧中加以标注，标注规则如下：

①凡有繁体字的单音词，均在该条目后面注出繁体；单音词下所带一系列多音词，对打头单字不再复注繁体。但从第二字起，凡有繁体者，一律在该条目后注出。如：

457 补 乙 （補）

458 补偿 乙 （償）

459 补充 乙

460 补救 丁

461 补课 乙 （課）

462 补贴 丁 （貼）

463 补习 乙 （習）

464 补助 丁

②对于没有单音词带领的一系列首字相同的多音词，仅在第一个条目的后面注出首字的繁体，后面相跟的多音词不再复注。但从第二

字起,凡有繁体者,一律在该词条后注出。如:

1936　丰产　丙　(豐産)

1937　丰富　甲

1938　丰满　丁　(滿)

1939　丰收　丙

7. 本词典仅标注繁体字,不标注异体字。

8. 书面上有时儿化有时不儿化,口语里却必须儿化的词,词形上一般带"儿",如"小孩儿"、"心眼儿";书面上一般不儿化,但口语里常儿化的,在【**提示**】中注出,词形上不作表示。

三、词性

9. 释义时均注出该词词性。

10. 兼类词在该条下分别注明不同的词性。

11. 短语、成语、固定结构不注词性。如"不好意思"、"画蛇添足"、"越来越…"等。

12. 离合词不注词性,但在【**提示**】中加以说明。

四、注音

13. 每个词目都用汉语拼音注音。

14. 词目中必须读轻声的,只注音,不标调号,如"椅子 yǐzi";可读轻声,也可不读轻声的,一般要标出调号,如"因为 yīnwèi",但在【**提示**】中加以注释,说明该词亦可读轻声。

15. 多音词的注音,以连写为原则,如"部队 bùduì";离合词、成语、短语等均分写,如"辞职 cí zhí"、"百花齐放 bǎi huā qí fàng"。短语、成语等分写原则是以词为分写单位。

16. 对于儿化音,凡词目本身带"儿"的,均在拼音的基本形式后面加"r",如"烟卷儿 yānjuǎnr"。

17. 多音词的注音中,音节界限有混淆可能的,加隔音号('):

①相连的两个元音,不属于同一音节的,中间加隔音号('),如"答案 dá'àn"。

②前一音节收-n 尾或-ng 尾,后一音节由元音开头的,中间加隔音

号,如"恩爱 ēn'ài"。

18. 专名和姓氏的注音,第一个字母大写。

五、释义

19. 单音词和打头的多音词后面均注有首字的部首、笔画,如:

1451 零 甲 líng 〔部首〕雨 〔笔画〕13

3280 展示 丁 zhǎnshì 〔部首〕尸 〔笔画〕10

20. 每个词目后面均有简要英文注释,多义词仅注释基本义。

21. 兼类词对不同词性分别注释,如:

3990 犁 丁 lí

[动]……

[名]……

22. 每条词语除释义外,均给出主要的词语搭配和若干例句。

23. 每条词语之前均标出该词的常用性等级。对于多义词的各个义项,在释义时亦分别标出其常用性等级:多义词的各个义项中,有些义项其常用性等级与该词条前面标注的等级相一致,则不再标明等级;如与前面标注的等级不一致,则在每个义项下面标明其常用性等级,前加"*"号,如:

1009 吹 *甲

[动]❶合拢嘴唇用力吐气:~灯……❷(风、气流等)流动、冲击:风~雨打……❸〈乙〉吹气演奏:~笛子……❹〈丙〉说大话;夸口:别听他~……❺〈丁〉(爱情、事情等)破裂;不成功:他和他女朋友~了……

多义词"吹"的第❶、❷义项的常用性等级是甲级,与词条前面标注的等级相一致,因此不再标注;义项❸、❹、❺其常用性等级分别为乙、丙、丁,则须另行标出。

24. 释义中词语搭配与例句中使用本词语时,均用"~"代替;各词语搭配及各例句之间均用"|"号隔开。

六、近义词与反义词

25. 释义之后设【**近义词**】、【**反义词**】栏目,注出该词语的近义词与反义词。

七、提示

26. 设【**提示**】栏目，根据词语的特点，对易读错、易用错、易混淆之处，给出提示，并对该词语的使用场合、文化色彩等从语用的角度作简要说明。

27. 对能作姓氏的单音词和多音词中打头的汉字，均在此栏目中给出提示。如：

【**提示**】王，姓。

八、构词

28. 设立【**构词**】栏目，正序列出由该条目首字与其他汉字构成的词语（本词典已出的词语不再列出），如：

8441 忠诚 丙

……

【**构词**】忠告/忠厚/忠魂/忠良/忠烈/忠顺/忠心/忠言/忠义/忠勇/忠言逆耳

29. 逆序列出该条目尾字与其他汉字构成的词语（逆序构词仅在作为尾字在条目中首次出现时列出；此汉字作为尾字在后面的条目中复出时，不再列出逆序构词），如：

1443 电灯 甲

……

【**构词**】壁灯/冰灯/彩灯/车灯/吊灯/风灯/宫灯/挂灯/管灯/华灯/幻灯/矿灯/龙灯/路灯/马灯/明灯/汽灯/主灯/台灯/提灯/油灯

在“2832 幻灯 丙”条目下，则不再复出“灯”的逆序构词。

音 节 表

说明:1. 音节右边的号码是词典正文的页码。

2.本词典没有的音节不出,如 āng(肮)。

3.轻声音节不标调号,排在第四声音节的后边。

部首检字表

(一) 部首目录

说明:右边的号码为该部首所在检字表页码。

(二) 检 字 表

说明:1. 字右边的号码是该词目或首出该汉字时的词目序号。
2. 属同一部首同一笔画的字按音序排列。

巴 64
书 5945
予 7840
5 画
电 1438
民 4470
6 画
买 4318
7 画
乱 4260
8 画
承 842
乳 5434

八(丷)部

八 61
4 画
分(fēn)
1888
(fèn)
1926
公 2276
5 画
兰 3913
6 画
并 424
共 2317
关 2409
兴(xīng)
7147
(xìng)
4183
7 画
兵 406
弟 1416
兑 1620
谷 2368
8 画

单 1231
典 1436
具 3590
卷 3611
9 画
前 5074
首 5911
10 画
兼 3145
真 8191
11 画
黄 2844
12 画
曾 654
14 画
舆 7832

卜部

卜 465
5 画
卡 3651
外 6529
8 画
卧 6727

厂部

厂 730
4 画
历 4025
厅 6348
6 画
压 7325
厌 7409
8 画
厕 639
9 画

厚 2719
厘 3988
10 画
原 7898
12 画
厨 944
厦 5489

刀(⺈)部

刀 1291
4 画
切(qiē)
5132
(qiè)
5135
5 画
召 8168
6 画
负 2039
色 5473
危 6627
争 8235
7 画
龟 2483
免 4436
8 画
券 5286
兔 6473
11 画
剪 3176
象 7012
13 画
赖 3912
15 画
劈 4828

儿部

儿 1698
4 画
允 7960
6 画
先 6891
11 画
兜 1562

二部

3 画
亏 3868
4 画
云 7957
8 画
些 7064

几(⺇)部

几(jī) 2948
(jǐ) 3031
3 画
凡 1770
4 画
凤 1973
6 画
朵 1673
8 画
凯 3688
凭 4905
14 画
凳 1367

力部

力 4051
4 画
办 139
5 画
加 3086
务 6795
幼 7825
6 画
动 1539
劣 4137
7 画
劫 3346
劲 3455
努 4712
助 8538
8 画
势 5850
9 画
勉 4440
勇 7727
11 画
勘 3691
13 画
勤 5160

人部

人 5334
3 画
个 2200
4 画
仓 623
从 1056
介 3392
今 3404
以 7598
5 画
丛 1073
令 4178
6 画
合 2661
会(huì)
2883
(kuài)
3844
企 5006
全 5268
伞 5460
众 8478
7 画
含 2571
余 7833
8 画
命 4506
舍 5590
11 画
盒 2678
12 画
禽 5167
舒 5940

入部

入 5435

十部

十 5759
5 画
古 2356
6 画
毕 314
华 2779
考 3713
协 7067
7 画
克 3763
8 画

芝 8289
7 画
芭 59
苍 620
芬 1918
花 2768
劳 3931
芹 5166
苏 6082
芽 7336
8 画
范 1802
茎 3496
苦 3825
茅 4354
茂 4355
苗 4458
苹 4885
茄 5133
若 5446
英 7681
9 画
草 634
茶 666
荡 1290
荒 2835
茧 3154
荔 4023
茫 4337
荣 5402
药 7451
10 画
荷 2642
获 2935
莲 4081
莫 4529
11 画
菠 443
菜 596
菊 3565
菌 3636
萝 4279
萌 4407
萍 4904
营 7693
著 8534
12 画
葱 1053
董 1535
葫 2748
葵 3871
落(là) 3889
(luò) 4283
葡 4937
葬 8017
13 画
蓝 3914
蒙 4406
墓 4543
幕 4544
蓬 4809
蒜 6095
蓄 7246
蒸 8226
14 画
蔓 4336
蔑 4467
15 画
蔬 5932
蕴 7972
16 画
薄(báo) 171
(bó) 447
薪 7127
17 画
藏 625
18 画
藤 6239
19 画
蘑 4514

廾 部

弊 321

尢 部

尤 7761

扌 部

4 画
扎 8065
5 画
扒(bā) 60
(pá) 4733
打 1120
扑 4933
扔 5348
6 画
扛 3707
扣 3820
扩 3877
扫 5470
托 6508
扬 7418
执 8343
7 画
把 66
扳 112
扮 118
报 203
抄 752
扯 772
抖 1564
扶 1985
抚 2004
护 2760
技 3034
拒 3583
抗 3708
抠 3810
抡 4265
拟 4654
扭 4691
抛 4777
批 4817
抢 5118
扰 5320
投 6427
抑 7616
找 8149
折(zhē) 8171
(zhé) 8172
抓 8564
8 画
拔 65
拌 120
抱 199
拨 438
拆 682
抽 890
担(dān) 1224
(dàn) 1246
抵 1383
拐 2402
拣 3163
拘 3558
拉 3884
拦 3915
拢 4209
抹(mā) 4291
(mǒ) 4526
拧 4685
拍 4737
披 3827
抬 6158
拖 6505
押 7332
拥 7716
招 8135
拄 8509
9 画
按 38
持 853
挡 1277
拱 2315
挂 2397
挥 2859
挤 3030
挎 3835
挪 4725
拼 4863
拾 5766
拴 5989
挑(tiāo) 6317
(tiǎo) 6333
挺 6364
挖 6520
挟 7074
挣(zhēng) 8229
(zhèng) 8279
指(zhǐ) 8352
拽 8567
10 画
挨(āi) 6
(ái) 13
捌 62
捕 454
挫 1105
捣 1295
捍 2584
换 2828
捡 3164
捐 3607
捆 3873
捞 3930
捏 4677
捎 5571
损 6122
捅 6412
挽 6578
振 8211
捉 8638
11 画
掺 684
捶 1012
措 1104
掂 1425
掉 1477
接 3320
据 3585
掘 3614
控 3808
掠 4262
描 4459
捻 4668
排 4741
捧 4813
掐 5043

宀 部

辶 部

笔画检字表

说明:1.字右边的号码是该词目或首出该汉字时含该汉字的词目序号。

2.笔画相同的汉字,按音序排列。

7 画

9 画

10 画

11 画

12 画

13 画

14 画

正序、逆序构词检字表

说明:1.字后第一列数字是本词典中正序构词的词目序号。
2.字后第二列数字是本词典中逆序构词的词目序号。

字	正序	逆序
遍	377	
辨	369	
辩	371	1114
标	380	4550
表	387	1208
憋	397	
别	398	369
宾	405	2498
滨		2558
冰	407	2783
兵	406	550
秉	414	
柄		69
饼	412	5575
并	424	2662
病	415	16
拨	438	6334
波	440	
剥	432	
脖	452	
菠	443	
播	433	974
驳	453	1778
泊		6358
博	444	1593
搏	449	
薄	447	
卜	465	
补	457	2721
捕	454	1222
不	466	478
布	545	114
步	549	906
部	556	243
擦	564	
猜	565	
才	574	
材		2124
财	579	1709
裁	568	1581
采	588	3656
彩	595	2455
踩	587	
菜	596	86
参	601	5352
餐	598	3548
残	611	1090
惨	618	
灿	619	
仓	623	
苍	620	
舱	622	
藏	625	955
操	626	6269
草	634	4124
册	644	8550
侧	642	
测	645	566
策	640	335
层	651	2951
叉	660	3254
插	657	
查	670	1481
茶	666	2711
察		
岔	681	
差（chā）	662	912
（chà）	675	6798
拆	682	
柴	683	2927
掺	684	
搀	685	
馋	687	
缠	689	
蝉	686	
产	691	580
铲	690	
阐	700	
颤	702	
昌	705	
长（cháng）	717	108
（zhǎng）	8122	5513
肠	729	6974
尝	707	4875
偿		458
常	709	710
厂	730	
场	734	627
敞	739	
畅	740	5940
倡	744	
唱	743	2176
抄	752	
超	745	
朝（cháo）	755	
（zhāo）	8143	
嘲	757	
潮	758	2138
炒	765	
车	766	599
扯	772	5052
彻	776	
撤	773	
尘	777	2857
臣		1143
沉	778	5628
辰		1251
陈	787	
晨		4160
衬	791	
称	795	
趁	790	
撑	794	
成	802	360
呈	824	
承	842	3065
诚	837	8192

字	音	正序	逆序
古		2356	3715
谷		2368	5500
股		2369	4841
骨		2364	
鼓		2349	
固		2387	2222
故		2376	5836
顾		2381	490
雇		2373	
瓜		2393	1532
刮		2392	
寡		2396	
挂		2397	
乖		2401	
拐		2402	
怪		2404	2359
关		2409	70
观		2426	234
官		2421	1742
冠			2493
馆			405
管		2435	175
贯		2450	2999
惯		2444	
灌		2447	3272
罐		2442	
光		2451	1952
广		2465	
逛		2472	
归		2484	
龟		2483	
规		2473	711
闺		2489	
鬼		2491	2162
柜		2494	
贵		2497	53
桂		2493	
跪		2496	
滚		2502	408
锅		2505	
国		2507	1414
果		2529	807
裹		2533	
过		2534	492
哈		2550	
孩		2554	
海		2555	2599
害		2566	416
含		2571	164
函		2580	
寒		2576	
喊			3311
汉		2589	3947
汗		2588	
旱		2585	2078
焊		2587	
憾			7577
行	(háng)	2593	525
	(xíng)	7168	4630
航		2597	1306
毫		2606	6051
豪		2605	8677
好	(hǎo)	2609	19
	(hào)	2637	4390
号		2632	346
浩		2636	
耗		2630	6124
呵		2640	
喝		2641	
合		2661	736
何		2657	3032
和	(hé)	2647	191
	(hè)		2049
河		2680	5501
核		2643	3716
荷		2642	
盒		2678	
贺		2683	5220
黑		2685	4965
痕			5521
恨		2695	900
恒		2698	
横		2699	
衡			4892
轰		2702	
烘		2705	
红		2710	1898
宏		2707	
洪		2709	
喉		2716	
猴		2717	
后		2723	248
厚		2719	2696
候		2721	1051
乎			536
呼		2738	797
忽			5944
狐		2759	
胡		2749	
湖		2758	
糊		2756	2572
蝴		2755	
虎			3948
互		2763	
户		2766	990
护		2760	20
花		2768	2642
华		2779	1764
滑		2782	2457
化		2793	364
划	(huá)	2778	
	(huà)	2791	640
画		2785	
话		2802	524
怀		2806	2412
坏		2810	100
欢		2813	4062

江		3222	
将		3216	325
浆			1570
僵		3214	
讲		3230	6352
奖		3224	3070
匠			4547
降	(jiàng)	3242	6872
	(xiáng)		6435
酱		3240	
交		3253	809
郊		3269	
娇		3274	
骄		3273	
胶		3250	
椒			3891
焦		3247	
角		3283	5458
狡		3281	
绞		3282	
脚		3279	5502
搅		3277	
缴		3288	
叫		3309	2582
轿		3306	
教		3290	1974
阶			6161
接		3320	3186
揭		3316	
街		3334	1160
节		3348	1019
劫		3346	5119
洁		3360	1023
结	(jiē)	3341	
	(jié)	3361	64
捷			4480
截		3344	130
竭		3359	
她		6152	

解	3373	372
介	3392	4383
戒	3384	3500
届	3393	
界	3385	342
诫		2171
借	3388	
巾		2712
今	3404	5429
金	3395	2669
津	3408	
筋		4617
紧	3410	531
谨	3424	
锦	3417	
尽	3453	
劲		1202
近	3445	292
进	3425	1086
晋	3441	
浸	3452	
禁	3442	
京	3457	
经	3483	582
惊	3458	849
晶		3367
精	3465	3479
鲸	3482	
井	3497	3860
颈	3507	
景	3503	249
警	3498	
净	3525	3079
径		131
竞	3522	
竟		314
敬	3513	888
境	3510	343
静	3508	28

镜		3518	6612
纠		3529	
究			3233
揪		3531	
九		3533	
久		3532	499
酒		3535	87
旧		3542	787
救		3539	460
就		3545	810
舅		3543	
居		3560	1504
拘		3558	
局		3566	547
橘		3572	
举		3573	
句		3599	1036
巨		3589	
拒		3583	
具			2246
剧		3601	235
惧			3800
据		3585	2220
距			664
锯		3597	
聚		3579	6476
捐		3607	
卷	(juǎn)	3611	3251
	(juàn)		1116
倦			4833
决		3620	570
绝		3630	1594
觉	(jiào)		6012
	(jué)		500
掘		3614	
军		3637	571
君		3648	
均		3634	
俊		3649	

（liàng）	4114	693
疗	4121	7556
聊	4119	6754
僚		2423
了	4125	479
料	4128	506
列	4129	428
劣	4137	1371
烈	4135	2703
猎	4138	1130
裂	4134	1903
邻	4147	
林	4139	4561
临	4143	2460
淋	4150	
磷	4142	
伶	4159	
灵	4161	2964
凌	4160	
铃		1448
陵		5229
零	4151	
龄		2248
领	4167	271
令	4178	1745
另	4176	
溜	4179	
流	4189	759
留	4181	178
柳	4201	
六	4202	
龙	4204	
笼（lóng）	4207	
（lǒng）	4211	
隆	4208	
拢	4209	
楼	4212	
陋		3170
漏	4217	8737
露（lòu）	4219	
（lù）	4231	221
炉	4222	1450
鲁		1080
陆	4239	1165
录	4233	3053
鹿	4232	
碌		4343
路	4223	133
侣		122
旅	4245	
屡	4254	
履	4253	
律	4255	1507
虑		2384
率（lǜ）		2898
（shuài）	5988	637
绿	4257	313
卵	4259	
乱	4260	1297
略	4263	641
轮	4266	861
论	4270	373
罗	4278	
萝	4279	
逻	4281	
螺	4276	
络		4063
落	4283	1676
妈		4290
麻	4292	8289
马	4301	5059
码		2634
骂	4312	
埋	4315	
买	4318	2338
迈	4322	
卖	4320	922
脉	4323	1546
蛮		7474
瞒	4234	
满	4237	192
慢	4333	1221
漫	4335	3929
忙	4342	148
芒		2461
盲	4339	6696
茫		4337
猫	4344	
毛	4345	4381
茅	4354	
冒	4357	
帽	4361	
貌		4019
么		1663
没	4370	4316
眉	4381	
梅	4365	
媒	4383	
煤	4368	
霉	4367	
每	4385	
美	4387	3201
昧		7831
门		560
闷		781
们		4657
萌	4407	
盟		4064
猛	4408	
梦	4411	8800
弥	4420	
迷	4414	2902
谜	4419	
米	4422	1166
秘	4425	58
密	4429	179
蜜	4427	

字	正序	逆序
眠		5735
绵		4075
棉	4433	
免	4436	334
面	4442	245
苗	4458	2679
描	4459	
秒	4463	
渺	4464	
妙	4466	4393
庙	4465	
灭	4468	2878
民	4470	2292
敏		4164
名	4492	214
明	4482	390
鸣	4491	94
铭		8822
命	4506	1786
谬	4511	
摸	4512	
模		2479
膜		447
摩	4522	
磨	4521	8174
魔	4524	
抹（mā）	4291	
（mǒ）	4526	
末	4528	1924
沫		4787
莫	4529	
漠		5481
墨	4531	
默	4533	782
谋	4535	605
母	4541	451
亩	4540	
木	4545	2449
目	4549	3350
牧	4557	
墓	4543	1921
幕	4544	318
慕		6941
拿	4562	
哪	4564	
内	4626	7804
那	4569	
纳	4579	592
奶	4584	4586
耐	4587	
男	4597	
南	4592	1529
难	4601	3151
囊		6724
恼	4620	1774
脑	4616	1168
闹	4621	763
嫩	4639	
能	4640	272
泥	4651	6005
拟	4654	
逆	4658	
年	4659	104
念	4670	1324
娘	4673	2347
酿		7973
鸟	4675	
尿	4676	
宁（níng）	4684	
（nìng）	4686	
凝	4681	
牛	4689	1010
扭	4691	
纽	4693	
农	4697	
浓	4694	
弄	4708	6563
奴	4710	
怒	4713	1934
女	4716	1698
暖	4722	
挪	4725	
呕	4729	
偶		4800
爬	4734	
怕		2569
拍	4737	
排	4741	30
牌	4750	3398
派	4753	1279
攀	4757	
盘	4759	3197
判	4765	572
叛	4770	251
庞	4772	
旁	4773	4111
胖	4775	
抛	4777	
刨	4779	
炮	4783	336
袍		4985
跑	4780	265
泡	4786	1353
陪	4794	
培	4788	
赔	4791	
沛		871
佩	4802	5138
配	4796	39
喷	4803	
盆	4805	4088
烹	4807	
蓬	4809	
碰	4814	
批	4817	1170
披	4827	
劈	4828	

字	正序	逆序
皮	4835	6331
疲	4831	
匹	4839	
屁	4840	
僻		4848
片	4852	1388
偏	4844	
篇	4843	
骗	4855	4957
漂	4858	
飘	4856	
票	4860	754
拼	4863	
贫	4868	
频	4866	
品	4874	694
聘	4880	8139
平	4886	510
评	4908	4823
凭	4905	6698
坡	4917	
泼	4918	
婆	4920	3952
迫	4930	261
破	4921	225
魄		5029
仆	4939	
扑	4933	
铺	4936	997
葡	4937	
朴	4940	8415
普	4942	
谱	4947	
七	4959	
妻	4958	1981
凄	4962	
期	4950	40
欺	4956	
漆	4964	7779
齐	4982	7530
其	4967	2997
奇	4976	2639
歧	4981	
骑	4988	
棋	4975	6639
旗	4984	2521
乞	5008	
企	5006	
岂	5004	
启	5009	
起	4989	1635
气	5019	1455
弃		1847
汽	5038	
泣		3742
器	5014	1454
掐	5043	
恰	5044	
洽	5050	3329
千	5057	
迁	5063	366
牵	5051	
铅	5055	
谦	5071	
签	5065	
前	5074	1065
钱	5073	273
钳	5095	
潜	5096	
浅	5098	5634
遣		4756
欠	5101	
嵌	5100	
歉	5102	201
枪	5103	2967
腔		3816
强	5108	1716
墙	5106	
抢	5118	
敲	5122	
乔	5124	
侨	5128	2780
桥	5125	4046
瞧	5127	
巧	5129	1076
俏		3414
翘	5131	
切（qiē）	5132	
（qiè）	5135	2415
且		430
怯		1241
窃	5136	1333
亲	5145	2037
侵	5139	
钦	5138	
琴	5159	2125
禽	5167	
勤	5160	2733
青	5168	4049
轻	5173	3182
倾	5183	
清	5186	836
蜻	5182	
情	5201	22
晴	5198	
请	5210	4881
庆	5220	
穷	5222	652
秋	5225	8428
求	5234	12
球	5230	155
区	5238	695
曲（qū）		
（qǔ）	5252	2178
驱	5245	
屈	5244	3138
趋	5236	

字	正序	逆序	字	正序	逆序	字	正序	逆序
取	5248	593	柔	5421	6690	赏	5537	2433
去	5255	928	肉	5423	2366	上	5539	2095
趣	5254	1957	如	5424	302	尚		1959
圈	5258		乳	5434		烧	5574	1725
全	5268	31	辱		6784	稍	5572	
权	5261	76	入	5435	929	少	5578	514
泉	5267	7921	软	5441	5422	哨	5585	
拳	5280		锐	5444	3141	奢	5587	
犬	5281		润		4033	舌	5589	4960
劝	5282		若	5446	3107	蛇	5588	
券		2517	弱	5448	448	舍	5590	6091
缺	5287		撒	5450		设	5605	3108
却	5295	3985	洒	5452		社	5600	215
确	5296	1381	塞		320	射	5596	1726
裙	5304		腮	5453		涉	5598	2081
群	5305	5351	赛	5455	303	摄	5593	4738
然		326	三	5456	3325	申	5613	884
燃	5311		散	5461	1912	伸	5617	
染	5314	978	桑	5467		身	5620	275
嚷		3133	嗓	5468		深	5626	3095
壤		6470	丧	5469		神	5645	932
让	5317	8593	扫	5470	1133	审	5656	4914
饶	5319		嫂		1173	婶	5665	
扰		1132	色	5473	595	肾	5668	
绕	5321	6640	杀	5476	46	甚	5666	
惹	5322		沙	5479		渗	5670	
热	5323	1724	纱	5486		升	5708	3441
人	5334	23	砂	5485		生	5678	696
仁	5365		傻	5487		声	5672	1175
忍	5366	615	筛	5490		胜	5726	4502
刃		1292	山	5495	2931	绳	5710	
认	5377	370	删	5494		省	5711	
任	5370	1227	衫		791	圣	5723	5653
日	5388	3352	闪	5509		盛	5717	705
绒	5419		扇	5518	1445	剩	5724	
荣	5402	1766	善	5515	2064	尸	5758	
容	5411	512	擅	5513		失	5732	1336
熔	5406		伤	5519	236	师	5728	945
融	5404	3400	商	5526	732	诗	5755	

尾	6661	
委	6656	1280
卫	6678	182
未	6663	
位		562
味	6667	1961
畏	6669	
胃	6671	
谓		6141
慰	6677	32
温	6684	183
瘟	6691	
文	6693	2363
纹		2774
闻	6709	6709
蚊	6692	
稳	6712	33
问	6716	1794
翁		8524
窝	6723	
我	6725	8690
卧	6727	
握	6729	
乌	6731	
污	6733	6173
呜	6739	
巫	6736	
屋		1827
无	6742	2608
五	6776	
午	6778	5538
伍		1623
武	6772	
舞	6779	59
务	6795	585
物	6786	697
误	6797	1107
悟		3618
雾	6785	
夕		953
西	6801	1530
吸	6813	
希	6822	
析		1914
息		938
悉		3588
惜		24
稀	6820	
溪	6826	
膝	6823	
习	6830	463
席	6828	937
洗	6841	
喜	6834	2816
戏	6848	73
系		2417
细	6850	1081
隙		3807
虾	6858	
瞎	6857	
峡		2564
狭	6861	
辖		2438
霞	6863	
下	6864	523
夏	6885	
厦		1174
仙	6898	5655
先	6891	4172
纤	6905	2798
鲜	6899	
闲	6907	
弦	6909	
贤	6912	
咸	6906	
嫌	6910	
显	6915	
险	6922	184
县	6937	
现	6923	393
线	6951	1460
限	6946	2998
陷	6943	5293
馅	6940	
献	6935	
乡	6981	2378
相（xiāng）	6954	
（xiàng）	7003	940
香	6973	
厢		770
箱	6979	1440
镶	6972	
详	6985	34
祥		1031
翔		1865
响	6991	7651
想	6986	567
向	7008	1509
巷	7002	
项		5846
象	7012	893
像		2625
橡	7004	
削	7281	
宵		7896
消	7020	5251
销	7016	216
小	7031	1071
晓	7030	3084
孝	7063	
效	7059	819
校	7052	
笑	7056	757
啸		2742
些		2626
歇	7065	
协	7067	

字		
跃	7943	1867
越	7938	751
云	7957	6732
匀	7959	
孕	7974	2809
运	7961	111
晕	7956	
蕴	7972	
杂	7976	2032
灾	7985	2586
栽	7983	
宰	7989	
载		3057
再	7992	
在	7997	1100
暂	8006	
赞	8009	798
脏	8016	4636
葬	8017	
遭	8019	
糟	8024	
凿	8027	5303
早		3012
枣	8028	
澡		6844
灶	8043	
造	8038	1006
燥		2083
躁		1775
则		1752
泽		8150
责	8044	2042
贼	8049	
曾	8654	471
增	8055	1420
赠	8064	3610
渣	8067	
扎	8065	
轧	7343	
闸	8068	
诈	8074	
榨	8075	
摘	8076	
宅		8549
债	8080	2308
沾	8083	
粘	8085	
瞻	8082	
展	8091	1736
占	8099	77
战	8103	1931
站	8114	771
张	8119	2843
章	8117	1283
涨	8128	2159
掌	8124	2355
丈	8130	
仗		1136
帐	8132	
障		186
招	8135	
找	8149	
沼	8150	
召	8168	2635
兆	8151	
照	8152	42
罩	8167	4211
遮	8170	
折	8172	1105
哲	8175	
辙		4380
者		1589
这	8177	
贞		8444
针	8200	1138
侦	8203	
珍	8188	
真	8191	
诊	8206	4403
枕	8205	
阵	8220	7551
振	8211	
镇	8215	801
震	8207	1409
争	8235	1567
征	8231	726
睁	8230	
蒸	8226	
整	8244	4903
正	8255	1604
证	8281	187
政	8270	586
之		1798
支	8290	3687
汁	8308	
芝	8289	
枝	8288	4023
知	8301	3756
织	8321	1843
肢		6062
脂	8307	
执	8343	2391
侄	8351	
直	8329	310
值	8348	352
职	8322	1029
植	8339	8468
殖		1768
止		540
旨		8709
址		1410
纸	8379	217
指（zhǐ）	8352	1167
至	8385	5666
志	8381	385
制	8397	349
治	8416	1838

质	8412	279
挚		841
致	8390	1191
智	8408	578
滞		6362
置	8396	36
中	8420	48
忠	8441	
终	8450	5820
钟	8445	1433
衷	8449	
种		4879
众	8478	1192
周	8484	
株	8500	
珠	8499	8190
诸	8502	
猪	8501	
竹	8507	227
烛		3887
逐	8504	
主	8512	1412
属	5962	2052
住	8545	543
助	8538	149
注	8550	
驻	8562	
柱		8300
祝	8558	5221

著	8534	6921
筑		3213
铸	8542	
抓	8564	
爪	8566	
专	8568	
砖	8583	
转	8584	2629
赚	8601	
妆		2801
庄	8605	1095
桩	8604	
装	8609	37
壮	8617	3203
状	8623	2173
撞	8615	
追	8625	
准	8632	386
卓	8639	
拙		285
捉	8638	
桌	8640	
啄	8641	
着（zháo）	8146	278
（zhuó）	8643	786
姿	8658	
资	8648	2256
滋	8660	
子	8665	21

紫	8662	
字	8703	403
自	8669	1585
宗	8707	
综	8711	
棕	8710	
踪		2228
总	8712	
纵	8730	631
走	8731	1523
奏	8741	124
租	8743	942
足	8745	544
族	8749	2501
阻	8754	5285
组	8760	2068
祖	8750	
钻	8765	
嘴	8768	659
罪	8777	1342
醉	8771	4298
尊	8783	
遵	8788	
左	8793	
作	8801	632
坐	8816	
座	8818	3239
做	8796	1287

A

1 **阿** 乙 〔部首〕阝〔笔画〕7

ā (*a prefix*)

[头]❶用在小名或排行的前边,有亲昵的意味:～毛｜～三。❷用在某些亲属名称的前边:～哥｜～妹｜～婆。

【提示】多用于方言中。

【构词】阿斗(dǒu)/阿飞/阿哥/阿公

2 **阿拉伯语**(語) 乙

Ālābóyǔ (Arabic)

[名]简称阿语,亚洲西南部和非洲北部居民的主要语言:说～｜使用～｜听不懂～｜他不会说～｜他是教～的教师。

【构词】按语/暗语/标语/表语/宾语/补语/成语/词语/定语/短语/断语/耳语/反语/古语/国语/汉语/华语/话语/秽语/寄语/结语/敬语/口语/母语/批语/评语/旗语/手语/熟语/术语/私语/俗语/套语/土语/外语/谓语/笑语/絮语/哑语/言语/谚语/隐语/用语/粤语/赞语/主语/状语

3 **阿姨** 乙

āyí (aunt)

[名]❶儿童对无亲属关系的年轻妇女的称呼:～,您的钱包掉地上了。❷对保育员或保姆的称呼:托儿所～对孩子特别好｜我家请的～每星期来三次,主要工作是打扫卫生。

4 **啊** 甲 〔部首〕口〔笔画〕10

ā (interj. oh)

[叹]表示惊异或赞叹:～,伟大的祖国!｜～,多么美的秋天!｜～,他竟然考了第一!

【提示】①读 á 时表示追问:～? 你说什么?｜～? 你放哪儿了? ②读 ǎ(重读)时表示惊疑:～? 你还没吃饭哪?｜～? 他还没回家?｜～? 他的体重有100公斤? ③读 à 时表示肯定的答复:"这本书你看过?""～,早就看过。"｜"这衣服是他送你的?""～。"

5 **啊** *甲

a (part. *expressing admiration*)

[助]❶用在句尾,表示赞叹的语气:多好的天儿～!｜这女孩儿多漂亮～!❷用在句尾,表示疑问的语气:你还没吃饱～?｜他还没到～?❸用在句尾,表示催促叮嘱的语气:快走～!｜快点儿说～!❹〈乙〉用在句中,稍作停顿,让人注意下面的话:自从当上厂长～,他可大变样了｜北京的秋天～,真是太美了!❺〈乙〉用在列举的事项之后:糖～,水果～,摆满了一桌子。

6 **挨** 乙 〔部首〕扌〔笔画〕10

āi (be or get close to; be next to)

[动]靠近;紧接着,用时常带助词"着":他让我～着他｜我的座位～着他的座位｜我家左边～着商店,右边～着医院。

【近义词】靠

【提示】①作介词时,表示顺着次序:～个儿问｜～胡同找｜～门～户地检查。②"挨"又读作 ái,见第13条。

【构词】挨班/挨边/挨次/挨个儿/挨户/挨家/挨肩儿/挨近/挨门

〔部首〕口
〔笔画〕8

7 **哎** 乙

āi (interj. hey)

[叹]❶表示不满意:~,你怎么不买票?|~,你怎么在这儿吸烟? ❷表示提醒:~,要迟到了!|~,小心!|~,别弄脏了衣服!

8 **哎呀** 乙

āiyā (interj. ah)

[叹]❶表示吃惊:~,我忘带钥匙了!|~,水真凉! ❷表示埋怨、不耐烦:~,您怎么才来?|~,别吵了!

9 **哎哟**(嗳) 丙

āiyō (interj. ouch)

[叹]❶表示惊讶:~,是你呀!|~,下雨了!|~,要迟到了! ❷表示痛苦:~,疼死了!|~,你踩我脚了!|~,受不了啦!

〔部首〕口
〔笔画〕10

10 **唉** 丙

āi (interj. *a response to a call, order, etc.*)

[叹]❶答应的声音:"吃饭了!""~。"|"你来帮我一下好不好?""~。"❷叹息的声音:~,太累了!|~,真让人发愁!

【提示】读 ài 时,①表示伤感:~,可能以后再也见不到你了|~,头发又白了许多。②表示惋惜或无奈:~,可惜你来晚了|~,再也没有这种好机会了|~,什么药都吃过了|~,我又有什么办法?

【构词】唉声叹气/唉呀

〔部首〕亠
〔笔画〕9

11 **哀悼** 丁

āidào (mourn)

[动]悲痛地怀念死去的人:~死者|~战友|~父亲|~烈士|表示~|沉痛~|深切~|自发地~|对老人的~|~的言辞|~文章|~的语气|~仪式|这一活动既~了死者,又安慰了活着的人|他献上了一束鲜花,表示了对友人的深切~。

【近义词】追悼/悼念

【提示】"哀"不能写作"衷"。

【构词】哀愁/哀告/哀号/哀鸣/哀伤/哀思/哀叹/哀痛/哀乐(yuè)
悲悼/痛悼/追悼

12 **哀求** 丁

āiqiú (entreat)

[动]苦苦请求:~饶命|~原谅|~上司|~医生|他在~|苦苦~|一再~|跪着~|流着泪~|向他~|~了几次|~是没有用的,只能被他看不起|不管他怎样~,父亲就是不点头|她用~的语气说着,几乎要哭了。

【近义词】哀告/乞求/央求

【构词】苛求/渴求/恳求/力求/谋求/乞求/企求/强求/请求/探求/需求/寻求/央求/要求/征求/追求

13 **挨** *丙

ái (suffer; endure)

[动]❶遭受;忍受:~打|~骂|~说|~批评|~冻|~饿|~淋|~浇|~一拳|~板子|~了三次打|他今天没回家,所以没~着骂|他没带着伞,这下可得~淋了|他从小~打都~怕了|我从来都没~过批评,今天是头一次。❷〈丁〉拖延;困难地度过(岁月):他的病恐怕~不过今年了|得了这种病,只能这样一天一天地~着|他是故意~时间,不肯交。

【近义词】❷拖/熬
【提示】"挨"读作 āi 时,含义不同,见第 6 条。

14 **癌** 丙 〔部首〕疒 〔笔画〕17

ái (cancer)

[名]恶性肿瘤,如胃癌、肝癌、皮肤癌、肺癌等:～症｜得～｜长～｜胃～｜肝～｜～症是一种很难治愈的病症｜听说他得了肺～,已是晚期,不能做手术了｜他得的是食道～,还没扩散,手术后不会有生命危险。

15 **矮** *甲 〔部首〕矢 〔笔画〕13

ǎi (short of stature; low)

[形]❶身材短;距地面近:～个儿｜～树｜～墙｜～凳｜个子～｜姐姐高,妹妹～｜他比我～｜房子～｜楼层～｜盖得～｜长得～｜很～｜弟弟比我～一头｜他虽然个子～,但跑得非常快｜幼儿园的小孩子～～的,十分可爱。❷〈乙〉(级别、地位)低:他比我～一个年级,在三年级读书｜他的工资比我～两级。
【近义词】低
【反义词】高
【提示】"矮"的部首"矢"在左边,不能写在右边。
【构词】矮墩墩/矮小/矮子

16 **艾滋病** 丁 〔部首〕艹 〔笔画〕5

àizībìng (AIDS)

[名]一种传染性疾病。该病主要通过血液或性交传染,目前还没有有效的治疗方法:得了～｜感染上了～｜征服～｜治疗～｜他没有～｜他染上了～,只活了三年就死了｜他是治疗～的医生。
【提示】①"艾滋"是英文 AIDS 的译音,也有的写成"爱滋病"。②艾,姓。
【构词】传染病/地方病/肺病/急性病/疾病/精神病/狂犬病/慢性病/心脏病

17 **爱**(愛) *甲 〔部首〕爪 〔笔画〕10

ài (love)

[动]❶对人或事物有很深的感情:～人民｜～孩子｜～家乡｜～工作｜很～｜深深地～｜她深～自己的家庭,又深～教师这一职业,因此常常陷入家务与工作的矛盾之中｜她～孩子～得要命。❷喜欢:～游泳｜～看书｜～打球｜～画画｜～干净｜～漂亮｜～出风头｜～开玩笑｜～美｜她很～看电影,一星期要看好几次｜他不像一般年轻人那样～运动,只～看书｜她～美,常常打扮得与众不同。❸〈乙〉容易产生某种行为或变化:～哭｜～笑｜～发火｜他身体一有点儿毛病就～发脾气｜我一受凉就～肚子疼｜她特别～哭,为一点儿小事也流泪。
【近义词】❶喜爱/喜欢;❷喜欢/爱好;❸好(hào)
【反义词】❶恨/憎恶/讨厌/厌恶;❷讨厌/厌恶
【提示】"爱"是体现心理活动的动词,可受程度副词修饰,如:很～、非常～。
【构词】爱称/爱国/爱抚/爱恋/爱慕

18 **爱戴** 丁

àidài (love and esteem)

[动]敬爱并且拥护:衷心～｜受到～｜表示～｜～领袖｜～师长｜他做校长的时候,受到全校师生的～｜孩子们向孙爷爷献上了一大束鲜花,表示了对他的衷心～｜人民～自己的领袖。
【近义词】敬爱/热爱
【反义词】鄙视/轻蔑

【提示】"爱戴"只能用于下对上，不能用于上对下：×老师很～自己的学生。

【构词】穿戴/感戴/拥戴

19 爱好 乙

àihào（v. like; n. hobby）

［动］对某种事物有浓厚兴趣并积极参加活动：～下棋｜～钓鱼｜～数学｜他自小～文学，十几岁就开始发表作品｜他～冬泳，三九天也敢下水。

［名］对某种事物具有的浓厚兴趣：～很多｜～广泛｜一种～｜他的～｜没有～｜他的～很多，什么都想干｜我从来就没有什么特别的～｜对打球的～，使他成了一名运动员。

【近义词】喜好/喜欢

【反义词】厌恶

【提示】"爱好"不能读成 àihǎo。这里"好"(hào)是动词，"喜爱"的意思，多用于积极方面。对赌博、饮酒、抽烟等不良习惯，常用"嗜好"。

【构词】癖好/嗜好/喜好

20 爱护(護) 乙

àihù（take good care of）

［动］爱惜并保护：～老人｜～儿童｜～同志｜～身体｜～嗓子｜～森林｜～生命｜～荣誉｜值得～｜受到～｜得到～｜非常～｜对…的～｜水兵像～眼睛一样～军舰｜作为教师，要注意～学生的学习积极性｜少年儿童受到了全社会的～｜我们应该重视人才，～人才。

【近义词】保护/爱惜

【反义词】损害/损伤

【提示】"爱护"是表示心理活动的动词，可受程度副词修饰，如"很～"。

【构词】保护/辩护/防护/救护/看(kān)护/守护/袒护/维护/卫护/掩护/拥护

21 爱面子 丁

ài miànzi（be sensitive about one's reputation）

怕伤害自己的体面，被人看不起：不～｜很～｜非常～｜他～｜～的人｜他特别～，你当众批评他，他怎么受得了？｜他是个极～的人，没考上大学对他是个很大的打击｜他这个人死～活受罪。

【构词】鞍子/案子/板子/膀子/包子/雹子/豹子/被子/本子/鼻子/鞭子/辫子/脖子/步子/铲子/肠子/厂子/车子/橙子/池子/虫子/厨子/窗子/锤子/村子/呆子/带子/袋子/胆子/担子/刀子/凳子/笛子/垫子/调子/碟子/钉子/兜子/豆子/肚子/儿子/房子/妃子/斧子/盖子/竿子/缸子/稿子/鸽子/格子/个子/根子/钩子/谷子/褂子/拐子/馆子/管子/罐子/柜子/棍子/果子/孩子/汉子/盒子/猴子/胡子/幌子/集子/夹子/架子/剪子/饺子/轿子/金子/镜子/橘子/句子/卷(juàn)子/口子/扣子/裤子/筷子/款子/筐子/辣子/篮子/老子/老爷子/梨子/李子/栗子/例子/帘子/链子/两口子/料子/领子/瘤子/聋子/笼子/炉子/路子/驴子/轮子/骡子/麻子/麦子/帽子/面子/命根子/脑子/盘子/胖子/袍子/盆子/棚子/碰钉子/皮子/骗子/票子/瓶子/谱子/铺子/旗子/曲子/圈子/瘸子/裙子/日子/褥子/嗓子/嫂子/沙子/傻子/身子/绳子/狮子/柿子/瘦子/梳子/刷子/孙子/摊子/瘫子/坛子/毯子/桃子/梯子/蹄子/亭子/兔子/袜子/弯子/丸子/腕子/蚊子/屋子/席子/箱子/小子/袖子/靴子/鸭子/燕子/样子/椰子/叶子/一辈子/椅子/银子

/影子/院子/侄子/种子/珠子/竹子/柱子/桌子/镯子/粽子

22 **爱情** 乙

àiqíng (love between man and woman)

[名]指男女相爱的感情：有～|没有～|产生～|缺少～|建立～|失去～|他们的～|纯洁的～|～小说|他们夫妻之间没有～，却又不愿离婚|当得到～的时候，她不知道珍惜，一旦失去了，才感到它的可贵|他们之间曾有过一段纯洁、美好的～。

【构词】案情/表情/病情/敌情/动情/多情/恩情/感情/国情/旱情/豪情/激情/交情/尽情/剧情/热情/人情/深情/神情/事情/抒情/同情/心情/性情/友情/不近人情/触景生情

23 **爱人** 甲

àiren (husband or wife)

[名]指丈夫或妻子：他的～|她的～|～的年岁|～去世了|他～35岁，在幼儿园当老师|她～三年前不幸病故，现在的～是位工程师|她～对她非常好，结婚三年从没见他们吵过架。

【提示】爱人关系是指夫妻关系，不是指情人关系。

【构词】别人/病人/成人/大人/当事人/敌人/丢人/动人/恩人/法人/犯人/古人/候选人/华人/夫人/个人/工人/惊人/军人/客人/媒人/牧人/男人/女人/旁人/仆人/亲人/商人/诗人/熟人/私人/用人/主人/目中无人/旁若无人/平易近人/盛气凌人/一鸣惊人/以貌取人/月下老人/治病救人/十年树木，百年树人

24 **爱惜** 丁

àixī (treasure)

[动]爱护；因重视而不浪费、不糟蹋：～粮食|～人力|要～|请～|知道～|加倍～|～时间|～人才|你要～自己的身体，注意休息|作为领导，应该懂得～人才|他从不知道～时间，整天玩儿。

【近义词】珍惜/珍视/爱护

【反义词】浪费/糟蹋

【提示】“爱惜”是表示心理活动的动词，可受程度副词修饰。一般不用于“把”字句或“被”字句：×你要把粮食～。

【构词】不惜/可惜/吝惜/惋惜/珍惜

25 **碍事**(礙) 丁 〔部首〕石 〔笔画〕13

ài shì (be in the way)

❶不方便；有妨碍：很～|不～|碍他的事|碍不了事|碍什么事|他～|家具～|厨房这么小，你帮不了忙反而～|我又没碍你的事，你干吗总赶我走？|把桌子摆在这儿太～，还是摆在那边好。❷严重(多用于否定式)：他的病不～，你放心吧|“你伤得怎么样？”“不～，只伤了一点儿皮。”

【提示】离合词，中间可插入其他成分，如：碍你什么事？|碍我的事。

【构词】办事/本事/差事/出事/从事/大事/董事/懂事/费事/公事/故事/军事/理事/领事/民事/闹事/启事/惹事/丧事/省事/私事/同事/外事/往事/喜事/闲事/心事/刑事/红白喜事/人浮于事/无济于事

26 **安** *丙 〔部首〕宀 〔笔画〕6

ān (v. fix; adj. peaceful; safe)

[动]❶装上：～锁|～电表|～门铃|～电灯|～暖气|～空调|～不好|～不了|～不上|没～|能～|好～|不～

|新楼还没～电灯|这个零件是坏的，～不上|这个房间不必～空调。❷使平静；感到满足：～民|～神|～不下来|你要早出张～民告示，大家不早就～下心来了吗？|你先喝口水，～～神|这孩子就是～不下心来读书|他～于现状，平静地活着。❸〈丁〉存着；怀着（多指不好的念头）：我就知道你没～好心|他什么也不告诉我，谁知道他～的什么心！|你～的什么念头，我全知道。❹〈丁〉加上：～头衔|～罪名|你给他～个什么头衔？顾问？名誉主席？|我清清白白，你凭什么给我～上贪污的罪名？

[形]安定；安全。常用于固定词组中：心神不～|心～理得|坐立不～|转危为～|站得稳，坐得～|你这样对待他，能心～吗？|我吃得饱，睡得～，什么也不怕|局势已转危为～。

【近义词】[动]❶装

【反义词】[动]❶拆/卸

【提示】安，姓。

【构词】安插/安顿/安放/安抚/安好/安家/安眠药/安息/安闲/安歇/安葬

27 安定 丙

āndìng (adj. stable; v. stabilize)

[形]平安；稳定：情绪～|人心～|社会～|政治～|趋于～|变得～|需要～|不～|很～|～的国家|～的生活|～的局面|～多了|～了一些|～了三年|～地工作|～的社会环境有利于生产的发展|我们喜欢～的生活|他的情绪很不～|国家需要～，人民需要～|现在的生活比以前～多了|听了我的解释，他才～了一些。

[动]使稳定：～人心|～情绪|～局势|～下来|～起来|你去～～她的情绪，叫她别哭了|他的讲话对～人心起了重要作用|会场上的秩序一下子～下来|必须尽快～政局。

【近义词】[形]稳定/平静/安宁

【反义词】[形]动荡/混乱

【构词】必定/不定/测定/奠定/断定/法定/否定/固定/规定/假定/坚定/鉴定/决定/肯定/立定/拟定/判定/平定/评定/确定/认定/审定/特定/稳定/限定/协定/一定/预定/约定/指定/制定/注定/盖棺论定/举棋不定/君子协定

28 安静 甲

ānjìng (quiet)

[形]没有声音；安稳、平静：哪里～|公园～|家里～|喜欢～|保持～|需要～|大家～|～地工作|～地学习|～地听|～了一会儿|～极了|很～|不～|～的树林|～的夜晚|～的性格|～的孩子|～下来|教室里～极了|公园里比街上～得多|他～地听哥哥讲故事|他从来没这么～过|这是一个十分～的夜晚|请保持～！

【近义词】清静/宁静/寂静

【构词】背（bèi）静/沉静/动静/寂静/冷静/宁静/僻静/平静/清静/肃静/文静/幽静/镇静/风平浪静

29 安宁（寧） 丁

ānníng (peaceful)

[形]秩序正常；（心情）安定、平静：国家～|社会～|身体～|不～|很～|不得～|睡得～|～的生活|～的内心世界|～了几天|～不了|～下来|校园里秩序～|他睡得很～|国家～，是人民的幸福|我的心情怎么也～不下来。

【近义词】宁静/安定/平静

【反义词】动荡/混乱

30 安排 甲

ānpái（v. arrange; n. arrangement）

[动]有条理、有计划地对人或事物进行安置、处理：～生活｜～工作｜～学习｜～生产｜～农活｜～食宿｜～孩子｜～旅客｜～座位｜～参观｜～妥当｜～好｜～完｜～一下｜～一番｜～不了｜进行～｜着手～｜不作～｜听从～｜服从～｜予以～｜没法～｜容易～｜不好～｜重新～｜合理～｜妥善～｜精心～｜提前～｜等我把孩子的饭～好，就去找你｜我们这里客房少，～不下了，请您去别的旅馆看看吧｜他～得非常巧妙，每个人都很满意｜～不周，请多原谅｜重要宴会一般都有专人负责～座位｜学校～我住第七宿舍｜每年暑假学校都～我们去旅游｜你把工作～～，明天去外地出趟差。

[名]有条理、分先后地作出的处理，常带定语：一种～｜这种～｜学校的～｜国家的～｜公司的～｜三年前的～｜将来的～｜母亲的～｜对…的～｜我很同意你的～｜这种～很受旅客欢迎｜把孩子交爷爷、奶奶带，看来是最好的～｜这是过去的～，将来怎么样，还要重新考虑｜对他的～恐怕不太妥当。

【近义词】安顿/安置

【构词】并排/编排/彩排/发排/放排/付排/木排/牛排/竹排

31 安全 乙

ānquán（adj. safe; n. safety）

[形]没有危险；不出事故：工作～｜住房～｜设备～｜门窗～｜校内～｜家里～｜山上～｜白天～｜交通～｜人身～｜生命～｜个人～｜旅客～｜坐火车～｜一块儿走～｜绝对～｜相当～｜比较～｜很～｜不～｜～得很｜～极了｜～的方法｜～的环境｜～的地方｜～一些｜～处理｜～解决｜～进行｜～到达｜～起飞｜～降落｜～行车｜本次班机已～起飞｜呆在这里比较～｜你家的门窗不够～｜我觉得坐火车比乘飞机～一些｜要采用最～的方法操作｜我送他～地到了对岸｜这里～得很。

[名]指没有危险、不出事故的平安状态：他的～｜注意～｜保证～｜万里行车，～第一｜一定要保证他生命的～｜在工地上要注意～。

【近义词】平安

【反义词】危险

【提示】“安全”的词义偏重不出事故，在祝词中一般不用“安全”，而用“平安”：×祝你一路顺风，旅途安全。

【构词】保全/成全/顾全/健全/求全/完全/周全/委曲求全

32 安慰 乙

ānwèi（v./n. comfort）

[动]使心情变得平静、舒适：～他｜～病人｜～战友｜～母亲｜～一下｜得到～｜受到～｜感到～｜寻求～｜需要～｜亲切～｜热情～｜真诚地～｜温柔地～｜你去～～他吧｜我本想～母亲，没想到自己先哭了｜他在书里寻求～。

[名]心情安适：亲人的～｜巨大的～｜一种～｜朋友的～使他的心情平静下来｜他的理解，对我是一种～｜照顾孙子，是他惟一的～。

【近义词】[动]慰问/安抚

【提示】“安慰”作为形容词时，表示心情平静、舒适：很～｜非常～｜十分～｜～的目光｜～的神情｜听了你的话，我感到十分～｜接到丈夫的信，她感到很～｜看到礼物，她向我投过来～的目光。

【构词】抚慰/告慰/快慰/宽慰/劝慰/欣慰/自慰

33 安稳(穩) 丁

ānwěn (smooth and steady)

[形]❶安定、平稳，没有变化或波动：地位～|轮船～|工作～|觉得～|不～|十分～|～的局面|～的生活|～地过日子|～得很|～极了|他车开得很～|风浪很大，但船走得十分～|他的地位不大～|他的情绪已经～下来了|她丢下了～的工作，独自来到这座小城|我只希望能安安稳稳地过日子。❷性格、举止沉静稳重：性格～|神态～|举止～|办事～|走路～|～不了|～不下来|～一会儿|～地看书|很～|不～|她的性格很～|他办事很～，你放心吧|这孩子一会儿也～不下来|他从来不能～地坐10分钟。

【近义词】❶平稳/稳当；❷安详

【提示】"稳"不能写作"隐"(yǐn)。

【构词】平稳/沉稳

34 安详(詳) 丁

ānxiáng (composed)

[形]形容人的表情平静，行为、动作从容不迫：态度～|神态～|显得～|睡得～|很～|十分～|～地说|～地笑|～的举止|他的态度很～|看了他那～的神态，我也平静下来|他睡得十分～|他的镇静、～给我留下了深刻印象|他～地微笑着|他很兴奋，但说话的语调很～。

【近义词】稳重/平静

【提示】①"安详"多用于书面语，主要用来形容人的表情动作，一般不能用来描写心理活动：×他有着～的内心世界。②"详"不能写作"祥"。

【构词】不详/端详/周详

35 安心 乙

ān xīn (feel at ease)

心情安定：母亲～|病人～|觉得～|感到～|吃得～|睡得～|过得～|工作～|学习～|上课～|可以～|不能～|很～|不～|～劳动|～上班|～读书|～等待|～回去|你～等待，他不久就会回来|你～回家吧，你父亲不会责备你|医生负责，会让病人感到～|你要～休息|我在这里学习得很～|他已经长大成人，你可以～了。

【提示】离合词，中间可插入其他成分，如：他老安不下心来。

【构词】背心/操心/称心/成心/粗心/存心/担心/当心/点心/动心/多心/恶心/放心/费心/负心/甘心/关心/寒心/好心/核心/狠心/恒心/欢心/灰心/夹心/匠心/焦心/脚心/街心/戒心/尽心/惊心/精心/揪心/居心/决心/军心/开心/可心/苦心/宽心/亏心/劳心/离心/良心/留心/眉心/昧心/民心/耐心/内心/偏心/齐心/倾心/球心/热心/人心/忍心/散心/善心/伤心/省心/手心/舒心/顺心/死心/松心/酸心/随心/贪心/谈心/贴心/同心/童心/痛心/外心/违心/窝心/无心/细心/小心/孝心/信心/雄心/虚心/野心/一心/疑心/用心/圆心/掌心/真心/知心/中心/忠心/衷心/重心/轴心/专心/别有用心/赤胆忠心/触目惊心/苦口婆心/力不从心/漫不经心/万众一心/无所用心/有口无心

36 安置 丁

ānzhì (arrange for)

[动]安放;安排:～毕业生|～转业军人|～老干部|～行李|～机器|～得好|～得快|～得很整齐|得到～|受到～|打算～|计划～|等待～|要求～|容易～|不好～|～的工作|一上车,他赶紧把行李～好|怎样～这几个刚分来的大学生,还要研究|我要求公司快些～我的工作|你打算把他～在什么位置上?|这些机器,准备～在你们车间。

【近义词】安排/安顿

【构词】布置/操置/处置/搁置/购置/配置/弃置/设置/添置/位置/闲置/装置

37 **安装**(裝) 丙

ānzhuāng (install)

[动]按照一定的方法、规格把机械或器材固定在一定的地方:～机器|～电灯|～空调|～门窗|～电话|～玻璃|～得快|～得好|～得及时|～得顺利|～了三次|～了好几回|可以～|不能～|开始～|着手～|负责～|需要～|同意～|批准～|重新～|～的办法|～的时间|门锁～好了|机器～了两次才～好|我家需要～两部电话|这里的门窗要重新～|这台仪器是北京的厂家～的。

【提示】"安装"多用于书面语,口语中多用"安"。

【构词】包装/便装/春装/冬装/短装/服装/改装/工装/古装/假装/简装/精装/军装/男装/女装/平装/轻装/散装/盛装/时装/套装/童装/伪装/武装/西装/戏装/夏装/卸装/行装/艳装/洋装/衣装/治装/着装/组装

38 **按** *乙 〔部首〕扌 〔笔画〕9

àn (v. press; prep. according to)

[动]❶用手或指头压;压住:～电铃|～图钉|～住|～下去|～不动|轻轻～|别～|用力～|用手～|～倒|～在地上|～坏了|～了一会儿|～破了|我～了三次门铃,也没人开门|往水泥墙上～图钉～不进去|气球被我～破了|皮球漂在水上～不下去|我轻轻～了一下他的脸,发现他有些浮肿|我把他～在地上。❷〈丙〉抑制:他～住心中的怒火|我努力～住内心的激动,什么也没说|他再也～不住自己的怒气,终于大嚷起来|群众的情绪起来了,很难～下去。

[介]表示遵从某种标准;依照:～期举行|～时完成|～月交款|～政策办事|～年龄分组|～目前的建设速度,四个月可以完工|～亩产800斤计算,可收一万斤|～他的观点看,我们都错了|应该～计划进行。

【构词】按脉/按摩/按钮/按压/按语/按兵不动/按部就班/按劳付酬/按需分配/按质论价

39 **按劳分配**(勞) 丁

àn láo fēnpèi (distribution according to work)

社会主义社会个人生活资料的分配原则。它要求劳动者尽其可能地为社会劳动,社会则按照各个劳动者提供的劳动数量和质量分配生活资料:我们按照～的原则分发酬金|我们是～,你不好好儿干活儿,当然奖金就少。

【构词】搭配/发配/分配/婚配/继配/交配/匹配/相配/修配/许配/选配/原配/支配/装配

40 **按期** 丙

ànqī (on time)

［副］依照规定的期限：～归还｜～完成｜～到达｜～开学｜～到校｜考试～举行｜会议～召开｜论文～交出｜如不能～到校，请事先请假。

【近义词】按时

【构词】长期/超期/初期/到期/定期/短期/改期/工期/归期/过期/后期/花期/缓期/婚期/活期/佳期/假期/末期/前期/日期/如期/时期/暑期/霜期/同期/晚期/为期/尾期/误期/限期/星期/学期/汛期/延期/逾期/预期/约期/孕期/早期/择期/中期/周期

41 **按时**(時)　乙

ànshí (on time)

［副］依照规定的时间：～完成｜～领取｜～上课｜～吃药｜～起床｜～睡觉｜～到达｜～起飞｜～开会｜他每月～去工厂领取退休金｜别忘了～吃药｜这项工作必须～完成，不能拖延｜这次航班没有～到达北京。

【近义词】按期

【提示】"按时"讲的是遵照一个具体时间来做某事，如果是依照一个较长的期限做某事，应该用"按期"。如：请按时起床。｜×请按期起床。

【构词】报时/不时/当时/顿时/多时/儿时/费时/工时/过时/吉时/及时/几时/届时/旧时/课时/历时/临时/农时/平时/入时/少(shǎo)时/失时/时时/适时/守时/随时/天时/同时/午时/小时/学时/一时/有时/幼时/暂时/准时

42 **按照**　乙

ànzhào (according to)

［介］根据；依照：应该～实际情况决定我们的政策｜～规定的标准，他不够入学资格｜～图纸施工｜严格～公司的规章办事｜～规定的日期完成任务。

【构词】彩照/参照/残照/对照/房照/仿照/关照/光照/护照/近照/剧照/落照/拍照/牌照/日照/夕照/戏照/小照/写照/依照/遗照/映照/玉照/执照/遵照

43 **暗**　*乙　［部首］日　［笔画］13

àn (dark)

［形］❶光线不足：光线～｜天色～｜房间～｜很～｜不～｜显得～｜～了一些｜～了点儿｜这个房间比较～，开开灯吧｜回家的时候，天色已经～下来了｜光线这么～，看书会伤眼睛的｜剧场的灯光～了下来，演出开始了。❷〈丙〉隐藏不露的；秘密的：～想｜～笑｜敌人在～处，我们在明处，这很不利｜她一个人～自流泪｜"这女孩儿真漂亮！"我在心中～想｜明人不做～事，我不怕人知道。

【反义词】❶明亮

【提示】"暗"只修饰单音节词语。

【构词】暗堡/暗藏/暗处/暗地里/暗沟/暗害/暗含/暗号/暗话/暗箭/暗礁/暗流/暗渠/暗哨/暗室/暗算/暗探/暗笑/暗度陈仓/暗送秋波/暗无天日

44 **暗暗**　丙

àn'àn (secretly)

［副］在暗中或私下里，不显露出来：～哭泣｜～欢喜｜～转移｜他一直在～学习武功｜他～下定决心：不干出个样子就不再回来｜我心里～骂了他一句。

【近义词】偷偷

【构词】黑暗/灰暗/晦暗/昏暗/阴暗

45 暗淡 丁

àndàn (dim)

[形]❶光线昏暗;色彩不鲜艳:灯光～|月色～|星光～|光线～|颜色～|比较～|～下来|显得～|觉得～|窗帘的颜色比较～|今夜星光～,月色不明|屋里光线～,不能看书|他的脸色显得十分～。❷没希望;没前途:这个厂子即使办下去,前景也十分～|我并不认为前途～,我很有信心。

【近义词】❶昏暗;❷渺茫

【构词】惨淡/冲淡/淡淡/冷淡/平淡/清淡

46 暗杀(殺) 丁

ànshā (assassinate)

[动]乘人不备,将人杀害:进行～|参与～|打算～|曾经～|想要～|禁止～|～了三个人|～成功|～失败|～活动|他被敌人～了|他曾参与过～活动|她是被人～的,不是正常死亡。

【构词】捕杀/残杀/惨杀/冲杀/仇杀/刺杀/扼杀/谋杀/虐杀/枪杀/他杀/屠杀/误杀/凶杀/诱杀/宰杀/自杀

47 暗示 丁

ànshì (hint)

[动]不明白表示意思,用含蓄的语言或动作给人启示,使人领会:给他～|向他～|用眼睛～|～了三次|我向她努了努嘴,～她赶快把钱收起来|他用眼睛一再～我别再说话,可我没理解,还是不停地说|他这个人呆得很,你怎么向他～也没用。

【构词】表示/出示/电示/告示/揭示/明示/批示/启示/请示/提示/显示/训示/演示/预示/展示/指示

48 暗中 丁

ànzhōng (in the dark)

[名]❶黑暗之中:他们在～摸索前进|他在～偷偷张望,始终看不清她的脸|我在～摸了半天,也没摸到钥匙|他们在～悄声说话。❷背地里;不公开的场合:他曾在～打听过你的住址|我在～了解过她的身世|他在～做过不少好事|他总在～保护你,你一点儿也不知道吗?

【近义词】❷背地里

【提示】"暗中"作副词时,表示私下里、不公开地(做某事):他～帮过我许多忙|我～向他解释,请他原谅|他～求人说情|他表面说得好听,可是～捣乱|他们～来往已经一年多了。

【构词】初中/从中/当中/高中/集中/居中/空中/郎中/其中/适中/心中/意中/正中

49 岸 乙

〔部首〕山
〔笔画〕8

àn (bank)

[名]江、河、湖、海等水边的陆地:上～|登～|靠～|沿～|～边|～上|河～|海～|江～|湖～|对～|河～上长满了青草|我想坐船到对～去|这条河沿～有许多小镇|船到～边,请你先上～|他站在～上唱歌|两～到处是游人。

50 案 丁

〔部首〕木
〔笔画〕10

àn (table)

[名]❶一种旧式长条形的桌子:书～|条～|他家有一张书～,摆满了书|卖肉的正在肉～上切肉。❷案件:犯～|破～|办～|报～|惨～|他以前偷过东西,现在又犯了～|这真是一桩

奇~,到现在还没查清|他办~的经验很丰富|既然丢了东西,你为什么不报~?❸机关或企业等分类保存以备查考的文件、记录:每一笔款子的用项,我们都有~可查|你的事我们早已记录在~|这次谈判记录你应该备~,以便以后查阅。

【构词】案板/案犯/案卷/案例/案头/案语/案子

51 **案件** 丁

ànjiàn (case)

[名]有关诉讼和违法的事件:刑事~|政治~|经济~|盗窃~|抢劫~|复杂的~|重要~|普通~|相同的~|研究~|调查~|审理~|破获~|处理~|一桩~|这类~|~的特点|~的复杂性|这是一桩很大的经济~|凡是重要~都要经他审理|最近我们破获了一桩抢劫~|这桩~太复杂,还要进一步研究|我从来没接触过这种~。

【近义词】案子

【构词】部件/抄件/附件/稿件/构件/函件/机件/急件/快件/来件/零件/慢件/密件/配件/批件/软件/事件/条件/物件/信件/样件/要件/硬件/邮件/证件/铸件

52 **案情** 丁

ànqíng (details of a case)

[名]案件的情节:~简单|~复杂|~重要|~可疑|~清楚|介绍~|掌握~|熟悉~|隐瞒~|一种~|一类~|一桩~|全部~|部分~|这桩案子~可疑,还要进一步调查|他隐瞒~,态度恶劣|我对~还不熟悉,请你再介绍一下|这类~简单的案子,能很快处理完|全部~介绍完了。

53 **昂贵**(貴) 丁 〔部首〕日 〔笔画〕8

ángguì (expensive)

[形]价格很高:价格~|纸张~|材料~|~的代价|你这样做必然要付出~的代价|近来物价~|纸张价格~,所以书价也高了。

【近义词】贵

【反义词】贱/便宜

【提示】“昂贵”多用于书面语,经常与双音节词语搭配。

【构词】富贵/高贵/华贵/娇贵/金贵/可贵/名贵/权贵/显贵/新贵/珍贵/尊贵

54 **昂扬**(揚) 丁

ángyáng (high-spirited)

[形]形容情绪高涨:斗志~|意气~|~的歌声|~的步伐|~的情绪|我们意气风发,斗志~|~的歌声鼓舞着我们奋发前进|大家情绪~,没一个人说累|我们迈着~的步伐,朝着大路走去。

【提示】多用于书面语。

【构词】褒扬/表扬/称扬/传扬/发扬/飞扬/激扬/飘扬/颂扬/宣扬/悠扬/远扬/赞扬/张扬

55 **凹** 丁 〔部首〕丨 〔笔画〕6

āo (concave)

[形]比周围低:~进去|~凸不平|他的脸颊已经瘦得~进去了|这墙砌得不平,这里~进去一块|地面~凸不平,我差点儿摔倒|他的眼窝~进去,很像欧洲人。

【近义词】洼

【反义词】凸

56 **熬** *丙 〔部首〕灬 〔笔画〕14

áo (cook in water)

[动]❶把粮食、药物等放在水里长时间加热：～粥｜～药｜～熟｜～得不熟｜～得时间短｜～得快｜好好儿～｜小火～｜慢慢儿～｜粥～好了没有？｜～药得用慢火｜今天的粥你～得不够烂｜你把粥～稠点儿｜这药～的时间太短不行，至少得 20 分钟。❷〈丁〉忍受，多指忍受疼痛或艰苦的生活等：你看你，～夜把眼睛都～红了｜这日子什么时候能～到头啊！｜这病没指望了，～日子吧｜你再～三个月，等他回来就好了｜我再也～不下去了。

【近义词】❶煮

【提示】多用于口语。

【构词】熬煎/熬夜

57 **袄**(襖) 丁 〔部首〕衤 〔笔画〕9

ǎo (coat)

[名]有里子的上衣：棉～｜夹～｜皮～｜～里｜～面｜穿上皮～｜这件棉～的～面是绸子的｜这件小棉～真漂亮｜他穿着新～新鞋，很神气。

58 **奥秘** 丙 〔部首〕大 〔笔画〕12

àomì (mystery)

[名]还没有被了解的神秘事情和道理：大自然的～｜宇宙的～｜生命的～｜大脑的～｜记忆的～｜写作的～｜发财的～｜成功的～｜无穷的～｜这种～｜留下～｜弄清～｜其中的～｜人们正在探索宇宙的～｜直到现在人们还没完全掌握大脑的～｜他俩昨天还像仇人一样，今天却成了亲密的朋友，其中的～只有我知道｜其实写文章没有什么～，只要条理分明。

【近义词】奥妙/秘密

【构词】神秘/诡秘/隐秘

B

59 **芭蕾舞** 丁　〔部首〕艹　〔笔画〕7

bālěiwǔ (ballet)

[名]一种起源于意大利的舞剧,用音乐、舞蹈和哑剧手法来表演戏剧情节。女演员舞蹈时常用脚趾尖站立。芭蕾,法语 ballet 的音译:一场～|一段～|一幕～|一出～|演出～|学习～|表演～|教～|练习～|跳～|古典～|现代～|～演员|～剧场|～艺术|～团|～教师|她是一位著名的～演员|《天鹅湖》是有名的古典～剧|她小时候学习过～|喜欢～的人越来越多了|他是～团团长|～是一种高雅艺术。

【构词】伴舞/独舞/飞舞/歌舞/鼓舞/古典舞/挥舞/交谊舞/剑舞/飘舞/跳舞/现代舞

60 **扒** *丙　〔部首〕扌　〔笔画〕5

bā (cling to)

[动]❶用手抓住可依附的东西;拨动:～住|～着|～下来|～火车|～墙头|～门缝|他～住墙上的砖,翻过墙去|你～住树枝,别摔下来了|我～着栏杆,跳进院子|他把火车上的煤往下～|他～着窗子往外看|～开草丛,里面有一只大蛐蛐儿|～开地上的雪,草已经绿了。❷〈丁〉拆;挖:～房|～墙|～土坑|～了旧的盖新的|～了这堵墙,院子更显宽敞了|过去,这里经常有人～坟盗墓。❸〈丁〉脱掉;剥(bāo)下:～衣服|～鞋|～兔皮|～了半天|～下|他把鞋一～,淌水过河了|他～下外衣,给我披上|靴子已经冻在脚上,～了半天也～不下来|他～下湿淋淋的衣服,架在火上烤|他用～下的狐皮做了一条大围脖。

【提示】"扒"又读 pá,见第 4733 条。

【构词】扒车/扒拉

61 **八** 甲　〔部首〕八　〔笔画〕2

bā (eight)

[数]数目:～个|～年|～岁|～周|～个月|～天|～人|～只|～台|～十|～百|～千|～万|～亿|今年的年产量是～亿斤|他已经在这里住了～个月了|我们买了～台电脑。

【构词】八宝菜/八宝饭/八成/八方/八路军/八旗/八仙桌/八月节/八字/八字胡/八字脚/八九不离十/八面威风/八仙过海/八字没一撇

62 **捌** 丁　〔部首〕扌　〔笔画〕10

bā (eight)

[数]数目,"八"的大写:一仟～佰伍拾元整|一佰伍拾～元整|～仟～佰～拾～元整。

【提示】多用于账目单据。

63 **疤** 丁　〔部首〕疒　〔笔画〕9

bā (scar)

[名]❶伤口长好后留下的痕迹:伤～|有～|留了～|结～|很大的～|没～|～很小|我把脸摔破了,总担心会留下～|她的腿上有个～|她脸上的～很小,不仔细看看不出来|如果眼角长～就不好看了|我的伤口还没有结～。❷像疤一样的痕迹:这个茶杯上有个～,所以就不值钱了|这么光滑的

桌面上,被你弄了个～,多可惜!|墙上有个～,你抹墙时最好把它弄平。

64 **巴结**(結) 丁 〔部首〕乙 〔笔画〕4

bājie (curry favor with)

[动]讨好、拍马:～领导|～上司|～老板|～名人|～有钱人|～错了|～坏了|～一下|～一回|～不了|不会～|喜欢～|善于～|处处～|整天～|想方设法地～|～地掏出烟|你～我也没用,我不会答应你|他拼命～领导|他连忙～地递上打火机|他从不～老板,但老板对他很好。

【近义词】谄媚/吹捧/阿谀/奉承/讨好

【提示】①"巴结"属贬义词。②巴,姓。

【构词】缔结/冻结/勾结/归结/喉结/活结/纠结/连结/了(liǎo)结/凝结/扭结/死结/团结/完结/小结/郁结/冤结/终结/总结

65 **拔** *乙 〔部首〕扌 〔笔画〕8

bá (pull out)

[动]❶拉出;抽出:～草|～萝卜|～树|～苗|～牙|～剑|～毛|～钉子|～白头发|～起|～不下来|～了三棵|～不动|用力～|不能～|快～|白头发不能～,越～长得越多|他～出手枪,对准敌人|那棵树～不起来|该～草了|他昨天去医院～了一颗牙|我一个人～不动|一夜狂风,把大树连根～起。❷〈丁〉比喻除掉、夺取:～了祸根|～去眼中钉|一连～下敌人占据的三座城市。

【提示】"拔"不能写作"拨"。右边的偏旁不是"发",也不是"友",而是"友"字上边加一"、"。

【构词】拔步/拔除/拔高/拔河/拔尖/拔节/拔取/拔腿/拔苗助长

66 **把** 丙 〔部首〕扌 〔笔画〕7

bǎ (grasp)

[动]❶用手握住,引申为掌握:他用手紧紧～住方向盘|他～着我的手教我写毛笔字|他没～好舵,结果船翻了|她把钱全～在自己手里|这么多工作你不要全～着,要让大家干。❷守卫;把守:他是工厂～大门的|这门谁来也～不住,出出进进的人太多。

【构词】把持/把舵/把风/把牢/把脉/把门/把弄/把守/把头/把玩/把稳/把子

67 **把** *甲

bǎ (m. *for sth. with a handle*)

[量]❶用于有把手的器具:一～茶壶|一～刀|一～锄头|一～铁锹|一～锯|一～钳子|一～扫帚|一～扇子|一～伞|一～椅子|一～锁|一～钥匙。❷〈乙〉用于一只手抓起来的数量(包括用绳儿捆起来的东西):一～土|一～米|一～糖|一～花生|一～花|一～韭菜|一～小萝卜|我抓了一～糖|五～米大约有半斤|他给了我一大～花生|她采了两～花,送我一～,送她妈妈一～|我买了两～小水萝卜。❸〈丙〉用于手的动作。数词多用"一":拉一～|推一～|擦一～汗|洗一～脸|他一～把我拉住|他扶了我一～,我才没摔倒|他擦了～汗,接着干活儿。❹〈丁〉用于某些抽象事物:一～力气|一～劲儿|一～年纪|我这么一大～年纪了,还能跟你说假话?|你再加～劲儿,干完得了|这小伙子有～子力气。

【提示】用在"百"、"千"、"万"和"里"、"丈"、"斤"、"个"等数量词后面,表示数量接近这个单位,说话人认为数量

少,如:他只有千～块钱|他的体重也就百～斤|个～人的饭,好做。

68 **把** 甲

bǎ (prep. *showing the influence on sb. or sth. or showing how sth. is dealt with*)

[介]由“把”组成的介宾结构,用在动词前作状语。“把”的宾语多是句中动词的实际宾语,用“把”将它提到动词前,一般由名词或名词性词组充当。“把字句”一般用来表示处置:请～房间打扫一下|你～衣服洗一洗|你明天得～书还给我|你～人全得罪了|～犯人押上来|我～房间钥匙丢在屋里了|他～全家人要洗的衣服都洗了|我～孩子们不再看的书全卖了|她～嗓子喊哑了|他～我挤倒了|我～新买的洗衣机弄坏了|～我累得都站不起来了|～他吓得脸都白了。

【提示】①在“把字句”里,“把”后面的动词一般要带其他成分,如助词、补语、介词结构、动词重叠形式等,一般不能单个使用,特别是不能单个使用单音节动词。如:他～茶喝了。|他～茶喝完了。|他～茶喝下去了。|×他～茶喝。|他～茶递给我。|别～废纸满屋子乱扔。|别～废纸扔在地上。|别～废纸扔得到处都是。|×别～废纸扔。但“把”后面的某些双音节动词可以单个使用,不带其他成分。这些动词的构成多半是“动补式”,如:他想～假期延长|应该～温度降低。②否定副词“不”、“没”一般用在“把”字前:我没～书还给他。|×我～书没还给他。|不～功课做完,就别出去玩儿。|×～功课不做完,就别出去玩儿。

69 **把柄** 丁

bǎbǐng (handle)

[名]本是指器物上便于用手拿的部分,常用来比喻易被人抓住进行要挟的过失或错误:有～|抓住～|你有什么～被他抓在手里吗?|他总想抓我的～,可我不怕他。

【构词】花柄/话柄/曲柄/权柄/手柄/笑柄/叶柄

70 **把关**(關) 丁

bǎ guān (check on)

❶把守重要的地方:有你～,敌人别想过去|这个险要的地方,只要有一人～就行。❷比喻根据已定的标准或原则,严格检查,防止差错:一定要把好质量关|这本书最后完稿,全靠您～了|机器的安装,最后请你～|这项工作,还是你来把把关吧|我把不了这个关,还是你来吧。

【提示】离合词,中间可插入其他成分,如:写报告要把好文字关,如果净是错字、病句就不好了。

【构词】闭关/边关/城关/攻关/公关/过关/海关/机关/开关/难关/年关/双关/无关/险关/相关/雄关/有关

71 **把手** 丁

bǎshou (handle)

[名]器物上可以用手来拿或转的地方:门～|抽屉的～|书柜的～|～坏了|没有～|安个～|门上没～,安一个吧|书柜门上的～坏了,你修一修|抽屉上的～原来是木头的,后来换成金属的|这个～真漂亮。

【近义词】拉手

【构词】罢手/摆手/帮手/插手/赤手/出手/垂手/打手/到手/得手/敌手/

动手/毒手/对手/舵手/放手/分手/扶手/副手/高手/歌手/拱手/鼓手/国手/好手/号手/后手/还(huán)手/挥手/回手/棘手/交手/接手/解手/经手/净手/就手/空手/快手/拉手/老手/爱不释手/得心应(yìng)手/鹿死谁手/棋逢对手

72 **把握** *丙

bǎwò (v. hold; n. certainty)

[动]❶拿;握:他双手紧紧～住方向盘|战士～着冲锋枪|他的手冻僵了,已经～不住手中的笔。❷〈丁〉抓住、掌握,多用于抽象事物:～机会|～时机|～命运|～前途|～感情|～不住|～不了|他很善于～时机|他～不住自己的感情|透过现象,～事物的本质|我们应该学会～自己的命运。

[名]成功的可靠性:有～|没～|成功的～|～很大|～不大|～很小|成功的～不大,但我们还是要努力|你有没有～考上大学?|对治好他的病,我没太大的～|这次比赛,我有～拿到冠军。

【近义词】[动]❶握/抓;❷掌握[名]可能

73 **把戏**(戲) 丁

bǎxì (jugglery)

[名]❶杂技:耍～|看～|一场～|他是耍～的|这～没什么好看的。❷花招;骗人的手法:鬼～|骗人的～|这种～|揭穿敌人的鬼～|你的～我早就看透了|这种骗人的～你别再耍了|看看他还有什么鬼～|你这种～只能骗小孩儿。

【近义词】❷花招/伎俩

【构词】唱戏/大戏/地方戏/独角戏/对台戏/儿戏/滑稽戏/黄梅戏/京戏/傀儡戏/马戏/没戏/木偶戏/排戏/配戏/评戏/文戏/武戏/现代戏/演戏/游戏/有戏/折子戏/重头戏/逢场作戏

74 **坝**(壩) 丙 〔部首〕土 〔笔画〕7

bà (dam)

[名]拦水的建筑物:大～|修～|土～|～上|一道～|这条河上应该修道～|拦河大～修成了|这条大～两年前被水冲毁了|～上杨柳成行。

75 **霸道** 丁 〔部首〕雨 〔笔画〕21

bàdào (overbearing)

[形]强横;不讲理:真～|太～了|很～|如此～|～的言行|～的样子|作风～|变得～|越来越～|这人真太～了!|你怎么这么～?|他一贯横行～|他是我们村里最～的人。

【提示】①多用于口语。②霸,姓。

【构词】霸气/霸王/霸业/霸主

报道/便道/不足道/赤道/打交道/当道/地道/车道/公道/管道/轨道/过道/航道/老道/河道/厚道/呼吸道/夹道/家道/街道/开道/坑道/孔道/门道/难道/跑道/频道/渠道/绕道/人道/人行道/柔道/食道/世道/顺道/说道/隧道/铁道/通道/味道/下水道/医道/知道/大逆不道/胡说八道/康庄大道/鸣锣开道/头头是道/微不足道/邪门歪道/羊肠小道/怨声载道

76 **霸权**(權) 丁

bàquán (hegemony)

[名]在国际关系上以实力操纵或控制的权力:在国际上不要搞～主义|我们反对大国欺负小国的～主义。

【构词】版权/兵权/财权/产权/从权/

篡权/大权/当权/地权/佃权/夺权/法权/分权/夫权/皇权/集权/军权/君权/扩权/揽权/民权/弄权/女权/弃权/强权/全权/人权/擅权/神权/实权/授权/受权/贪权/特权/王权/越权/债权/掌权/政权/职权/主权/专权/族权

77 **霸占** 丁

bàzhàn (forcibly occupy)

[动]依仗权势,占为己有:～土地|～领土|～财产|～房屋|～住宅|～了十年|～不得|～了一大片|不许～|被～|妄图～|想要～|阴谋～|强行～|我家的住宅被他～了三年|被敌人～的领土又被我们夺回来了|他想～孤儿的财产|村里的山林被他家～了一大片。

【近义词】侵占/强占/抢占/占据

【构词】独占/攻占/进占/强占/抢占/侵占/吞占

78 **罢**(罷) *丙 〔部首〕罒 〔笔画〕10

bà (cease)

[动]❶停止:～工|～课|～市|～教|昨天工人～了工|学生们已经～了五天课了|教师～教,商人～市,整个形势动荡不安|他一直说了一个钟头才～嘴。❷免去;解除:～职|～官|～免|早就该～他的官了|他因贪污被～了职|凭什么～免我的职务?❸〈丁〉完了;完毕,常用在动词后作结果补语:说～|看～|写～|吃～|说～,他又看了我一眼|吃～饭,我又喝了一杯茶|桃花开～,眼看海棠又要开了。

【提示】❸多用于旧时白话小说中。

【构词】罢笔/罢官/罢教/罢课/罢了/罢免/罢市/罢手/罢休/罢职

79 **罢工** 丙

bà gōng (strike)

工人为实现某种要求或表示抗议而集体停止工作:没～|经常～|全体～|全市～|工人～|罢了工|～以后|～的人|～的结果|全市工人大～|今天电车工人～,所以我上课迟到了|这次～取得了胜利|他们已经罢了一个月的工了。

【提示】离合词,使用时中间可插入其他成分,如:罢过工|罢了工。

【构词】包工/兵工/长工/车工/出工/船工/辞工/打工/怠工/电工/动工/短工/锻工/舵工/返工/费工/分工/复工/赶工/雇工/焊工/河工/画工/化工/换工/机工/技工/加工/监工/交工/军工/竣工/开工/苦工/矿工/旷工/揽工/劳工/零工/美工/民工/木工/农工/女工/漆工/钳工/抢工/青工/轻工/人工/日工/散工/上工/施工/石工/试工/收工/手工/替工/铁工/停工/童工/徒工/瓦工/完工/窝工/误工/细工/下工/小工/歇工/夜工/佣工/月工/招工/政工/职工/铸工/做工

80 **爸爸** 甲 〔部首〕父 〔笔画〕8

bàba (father)

[名]父亲:你～叫什么名字?|他～已经去世了|我～是工程师。

【近义词】父亲

【提示】"爸爸"多用于称呼。

81 **吧** *甲 〔部首〕口 〔笔画〕7

ba (interj. *indicating a suggestion, a request or a mild command*)

[助]❶用在祈使句末尾,表示商量、建议、请求、命令等语气:咱们大家一

起来想个办法～|早点儿去～,不然路上会堵车的|你穿上大衣～,外面冷|帮帮我～|早点儿去～!|快走～,别磨磨蹭蹭的。❷用在陈述句末尾,带有揣测的意味:他不来了～?|你饿了～?|他是有什么困难～?|这楼盖得太高了～?|你走不动了～?❸用在"好"、"可以"等后面,表示同意:好～,我明天去|我看可以～,让他来好了|就这样～,咱们以后再联系。❹〈乙〉用在句末,表示出较明确的意向,但不敢十分肯定(不要求回答):大概是前天～,他来过我这里|可能是和小王一起走的～,我记不太清楚了|大概是因为便宜～,他买了好几斤|也就是八点多钟～,他就睡了。❺〈丙〉用在句中停顿处,表示:a.带假设的语言,常常对举,有两难的意味:去～,不好;不去～,也不好|管他～,他不听;不管～,这样下去怎么行?b.举例:就拿小王说～,不也是天天挤汽车上班吗?|就说上个月～,这个小店就赢利上万元|比如你～,从来不吃肉,身体不也很好吗?

82 **掰** 丁　〔部首〕手　〔笔画〕12

bāi (break off with the finger and thumb)

[动]用手把东西分开或折断:～成两半|～开|～不下来|～不动|别～|我～了一块面包给他吃|这玉米是今天刚～的|这根树枝太粗,我～不下来|他一生气,把笔～成了两段|一分钱～成两半花。

【提示】多用于口语中。"掰"字的两边是"手",不能写作"辛"。

83 **白** *甲　〔部首〕白　〔笔画〕5

bái (white)

[形]❶霜和雪的颜色:～衣服|～鞋|皮肤很～|墙很～|桌布很～|不～|～极了|～得很|他穿了一件～衬衫|铺上那条～床单吧|她的头发全～了|今天蒸的馒头不怎么～,有点儿黄|那朵～花真好看。❷〈乙〉没有加上别的东西的;空的:我每天只喝～开水,什么饮料都不喝|他在这封信里什么也没写,只寄来三张～纸|小王这次考试交了～卷。

【近义词】洁白

【反义词】黑

【提示】白,姓。

【构词】白痴/白醋/白搭/白丁/白饭/白费/白骨/白果/白鹤/白喉/白狐/白桦/白话诗/白话文/白灰/白金/白净/白卷/白开水/白米/白面/白描/白木耳/白内障/白嫩/白饶/白热化/白人/白刃战/白日/白肉/白色/白事/白首/白薯/白水/白汤/白糖/白条/白铁/白头/白头翁/白细胞/白熊/白血病/白血球/白眼/白眼珠/白杨/白药/白夜/白衣/白蚁/白银/白纸/白种/白昼

84 **白** 乙

bái (in vain)

[副]❶没有效果:他不在家,我今天又～跑一趟|你跟他说等于～说,他不会听的|你～问,他不会说的|我这辈子真是～活了,什么事业也没干成|我～等了半天,谁也没来。❷表示不付任何代价而得到某种利益:今天你请客,我可要～吃了|我是不花钱,～看戏|这东西又不是～来的,你怎么这么不知道爱惜?|你可以来我这儿～住,不交房钱|我不会～要你的东西,我会给你钱的。

【近义词】❶白白

85 **白白** 丙

báibái (in vain)

[副]没有效果:我不愿我的一生就这样～度过|我～花了那么多钱,给他买的衣服他一件也不喜欢|我～干了一天活儿,老板一分钱也没给我|她～做了一桌子饭,客人全没来。

【近义词】白

【提示】"白白"与副词"白"❶意义相近,都表示没有效果,但意义和用法略有不同:a."白白"所修饰的多是双音节动词,如接单音节动词,则必须有其他成分,不能单个使用:今天他不在家,我白白跑了一趟|×今天他不在家,我白白跑。"白"则可修饰单音节动词:今天他不在家,我～来。b.用"白白"比用"白"强调意味更重一些:把时间这样白白浪费掉,太可惜了。c."白白"修饰动词时中间可加"地","白"则不可以:我白白地等了他一个下午。|×我白地等了他一个下午。

【构词】斑白/辩白/表白/补白/惨白/苍白/葱白/大白/蛋白/道白/独白/对白/粉白/告白/黑白/花白/灰白/洁白/京白/空白/明白/旁白/漂白/平白/剖白/抢白/清白/乳白/煞白/说白/坦白/雪白/眼白/月白/自白

86 **白菜** 乙

báicài (Chinese cabbage)

[名]中国北方的一种普通冬令蔬菜,叶子很大,可以长时间储存,也称大白菜:买～|切～|炒～|～丝|吃～|储存～|～叶|～心|～帮|冬季储存大～通常把～埋在地下|做个～汤吧。

【构词】菠菜/川菜/冬菜/饭菜/干菜/海菜/荤菜/酱菜/京菜/韭菜/酒菜/冷菜/凉菜/鲁菜/名菜/泡菜/芹菜/青菜/上菜/生菜/蔬菜/熟菜/素菜/酸菜/甜菜/细菜/咸菜/香菜/湘菜/小菜/野菜/油菜/粤菜/榨菜/紫菜

87 **白酒** 丁

báijiǔ (alcohol)

[名]用粮食或果品做的酒,没有颜色,含酒精量较高,也叫烧酒、白干儿:买～|打～|一瓶～|一斤～|二两～|一杯～|喝～|我只能喝两小杯～,喝多了就醉|他的酒量很大,能喝一斤～|在～里头,数二锅头味道好,又便宜。

【构词】醇酒/碘酒/红酒/黄酒/敬酒/老酒/料酒/烈酒/美酒/闷酒/米酒/啤酒/清酒/劝酒/烧酒/水酒/喜酒/下酒/醒酒/酗酒/药酒/祝酒/纵酒

88 **白天** 乙

báitiān (daytime)

[名]从天亮到天黑的那段时间:我每天～都上班,你晚上来吧|我这几天～总犯困|这孩子～总睡觉,一到夜里就精神了|他从～工作到深夜|他家的门～总锁着。

【构词】半天/变天/苍天/成天/冲天/春天/当天/顶天/冬天/翻天/伏天/改天/归天/好天/黑天/后天/今天/聊天/露(lù)天/明天/前天/青天/晴天/秋天/热天/升天/暑天/霜天/谈天/滔天/天天/通天/头天/西天/夏天/先天/仰天/一天/昨天

89 **百** *甲 〔部首〕一 〔笔画〕6

bǎi (hundred)

[数]❶十个十,表示数目:一～|二～|几～。❷〈乙〉比喻数量多:～花齐放,～家争鸣|～货公司|～科全书|

～闻不如一见｜神农尝～草。❸〈丙〉常带上"把"、"十"、"来"、"上"等表示约数：～把斤｜～十人｜～十来户人家｜这些粮食大概有一～来斤｜有上～人参观了今天的展览。

【构词】百般/百宝箱/百分率/百分数/百合/百家姓/百叶窗/百川归海/百发百中/百废待兴/百科全书/百孔千疮/百口莫辩/百里挑一/百炼成钢/百年不遇/百年大计/百年好合/百思不解/百闻不如一见/百无禁忌/百无聊赖/百依百顺/百折不挠

90 **百倍** 丁

bǎibèi (a hundredfold)

[形]形容程度高：他精神～地来到比赛场地｜他比你强～｜他比你厉害～，但我不怕他｜他说的话比你多～。

【提示】常在形容词后作补语。

91 **百分比** 丁

bǎifēnbǐ (percentage)

[名]用百分率表示的两个数的比例关系，用100作分母，如某公司60个职员中有18个女的，该公司女职员所占的百分比就是30%：请你计算一下这个月次品的～是多少？｜这个城市老年人口的～在上升。

【构词】不比/对比/反比/好比/类比/排比/攀比/评比/无比/相比/正比

92 **百花齐放**(齊) 丁

bǎi huā qí fàng (let a hundred flowers blossom — free development of different forms and styles in the arts)

比喻不同形式和风格的各种艺术作品自由发展，或形容艺术界的繁荣景象：舞台上不应该一花独放，而应当～｜80年代以来，中国艺术界出现了～的景象｜目前的政策，有利于文艺的～｜～的方针不会变｜由于贯彻了～的方针，文学艺术得到了空前的发展。

【近义词】百家争鸣

【构词】安放/摆放/奔放/播放/存放/堆放/发放/豪放/解放/开放/鸣放/怒放/释放/停放/下放

93 **百货**(貨) 丙

bǎihuò (general merchandise)

[名]以服装和一般日用品为主的商品的总称：～店｜～商场｜～公司｜卖～｜我今天在～公司买了件毛衣｜街角有家～店，买东西很方便｜那家商店只卖～，不卖食品｜她是～部的售货员。

【构词】笨货/残货/陈货/蠢货/次货/存货/订货/国货/进货/旧货/年货/盘货/俏货/缺货/山货/识货/私货/提货/通货/鲜货/现货/销货/卸货/杂货

94 **百家争鸣**(鳴) 丁

bǎi jiā zhēng míng (let a hundred schools of thought contend)

比喻学术上不同学派的自由争论：中国春秋战国时期，在思想、学术上出现了～的局面｜百花齐放，～，是促进科学进步、艺术发展的重要方针｜这次研讨会，希望大家～，造成一种活跃的学术气氛。

【构词】哀鸣/悲鸣/打鸣/耳鸣/共鸣/轰鸣/雷鸣

95 **柏树**(樹) 丙 〔部首〕木 〔笔画〕9

bǎishù (cypress)

[名]常绿乔木，果实为球果，木材质

地坚硬，可作建筑材料：种～|高大的～|小～|砍伐～|锯～|～很高|～有许多种，侧柏是其中的一种|～四季常绿|他把院中的那棵～锯了|门前种着两棵～。

【提示】柏，姓。

【构词】果树/槐树/建树/柳树/落叶树/菩提树/松树/铁树/杨树/植树

96 **摆**（擺）　*甲　〔部首〕扌〔笔画〕13

bǎi (put)

［动］❶安放；排列；列出：～东西|～桌椅|～饭菜|～宴席|～问题|～道理|～情况|～着|～过|～了几天|他结婚～了三桌酒席|桌上～着一对花瓶|柜子里～了许多工艺品|书～在书架上|把桌子～成三行|～上棋盘下棋|刚～了一天就被人拿走了|你把情况～一～|～事实，讲道理|你光～问题，不解决问题，怎么行？❷〈乙〉摆动；摇摆：～手|～头|～旗子|～尾巴|～得厉害|随风～|来回～|不停地～|他向我～了～手，叫我过来|船～得厉害，我要吐|小狗向我～了～尾巴|我已经走出了很远，还看见他向我不停地～手。❸〈丁〉显示；炫耀：～威风|～架子|～老资格|～排场|～阔|～谱儿|他向我～出一副冷面孔|他到处～老资格|这个人最爱～架子|你～什么威风！|你别～阔了，咱们简单地叫几个菜算了。

【构词】摆布/摆渡/摆放/摆架子/摆阔/摆擂台/摆列/摆门面/摆弄/摆平/摆谱/摆设/摆手/摆摊子/摆样子/摆龙门阵

97 **摆动**（動）　丁

bǎidòng (swing)

［动］来回摇动；摇摆：～手臂|柳枝随风～|火车已经开远了，妈妈还在向他不停地～着手绢|他们的手臂～得十分整齐|她坐在河岸边，悠闲地～着双腿|她美丽的长裙，随着舞步～起来。

【近义词】晃动/摇摆

【构词】搬动/暴动/被动/变动/波动/策动/颤动/冲动/出动/触动/吹动/打动/带动/调动/抖动/发动/反动/飞动/拂动/改动/感动/更动/鼓动/滚动/撼动/轰动/哄动/滑动/晃动/挥动/活动/机动/激动/搅动/惊动/举动/开动/劳动/流动/盲动/扭动/挪动/跑动/飘动/启动/牵动/驱动/蠕动/骚动/闪动/生动/松动/挑动/跳动/推动/妄动/舞动/响动/行动/摇动/移动/涌动/游动/运动/躁动/震动/振动/主动/转动/自动/走动

98 **摆脱**　丙

bǎituō (cast off)

［动］脱离（困难、困境等不利的情况）：～困境|～敌人|～困难的局面|～危机|～影响|～追捕|～忧愁|～苦恼|～危险|～不了|很难～|努力～|应该～|学习的时候，应该～一切干扰|我总不能～他的影响|他终于从苦恼中～出来|我们应该努力～这种困难局面|我们现在还没有～危险，还要小心|你要～旧观念的束缚。

【提示】“摆脱”的宾语一般是牵制、困境等不利情况：～厄运。|×～美好的生活。

【构词】超脱/出脱/活脱/解脱/开脱/洒脱/逃脱/推脱/虚脱

99 **败**（敗）　*乙　〔部首〕贝〔笔画〕8

bài (defeat)

［动］❶打败对手，用于胜利者一方，

必须带宾语：他连～两名选手，取得冠军｜我们又一次战～了敌人｜你一定要打～他。❷在战争或竞赛中失利：跟他下棋，我三局都～了｜这次比赛男篮又～了｜这一仗，你只许胜，不许～｜敌军～了下来｜他们大～而逃。❸〈丁〉事情失败或搞坏：好好的一个家，让他给～了｜肉吃多了，～了胃口｜他是成事不足，～事有余｜功～垂成｜不计成～。

【近义词】❷输

【反义词】❶❷胜/赢

【构词】败北/败笔/败兵/败火/败绩/败家/败家子/败将/败局/败军/败类/败露/败落/败诉/败退/败亡/败行/败絮/败血病/败叶/败仗/败阵

100 **败坏**(壞) 丁

bàihuài (ruin)

[动]损害；破坏(名誉、风气等)：～名声｜～信誉｜～文风｜～门庭｜我的名声都叫你给～了｜你这样做只能～公司的信誉｜你不要说那些伤心话～大家的兴致。

【近义词】损害/破坏/糟蹋

【提示】“败坏”有时是不及物动词，如：道德～｜纪律～。

【构词】好坏/毁坏/破坏/损坏/使坏

101 **拜** 丁 〔部首〕丿 〔笔画〕9

bài (make a ceremonial call)

[动]❶见面行礼，表示尊敬或祝贺：～一～｜～过了｜向父亲～了三～｜春节第一天，中国人见面时熟人间都要相互～个年｜我去给祖母～寿。❷一种表示敬意的礼节：回～｜～访｜～见｜我正想～你为师呢｜咱们刚搬来，应该先去～一～街坊邻居。❸敬辞，用于人事往来：～托｜～领｜～读大作｜您的大作已经～读了｜我家里的事多多～托了。

【近义词】❶行礼

【提示】①“拜”字右边是四横，不能写成三横。②拜，姓。

【构词】拜把子/拜别/拜辞/拜读/拜见/拜客/拜领/拜师/拜寿/拜堂/拜天地/拜托/拜望/拜谒

102 **拜访**(訪) 丙

bàifǎng (visit)

[动]敬辞，访问：～亲友｜～名人｜～老作家｜～过一次｜愉快地～｜冒昧地～｜明天我将去市长家里～｜我这样冒昧地前来～，你不介意吧？｜我想去～老同学。

【近义词】拜谒/访问

【构词】采访/查访/察访/出访/回访/家访/来访/上访/私访/探访/信访/寻访/造访/走访/明察暗访

103 **拜会**(會) 丙

bàihuì (pay an official call)

[动]拜访会见：前往～｜前来～｜曾经～｜～大使｜～总理｜昨天上午张总经理前往宾馆～了席孟思先生｜我曾经～过贵国大使，就有关问题进行了磋商。

【近义词】拜访/会见

【提示】多用于外交上的正式访问。

【构词】帮会/笔会/闭会/博览会/茶话会/大会/灯会/赴会/附会/赶会/工会/国会/机会/集会/教会/酒会/聚会/开会/理会/例会/领会/庙会/年会/农会/散会/商会/社会/省会/盛会/体会/晚会/舞会/误会/相会/协会/休会/学会/宴会/意会/议会/幽会/与会/约会/运动会/再会/展览会/招待会/照会/知会

104 **拜年** 丁

bài nián (wish sb. a Happy New Year)

向人祝贺新年:给你～|向你～|去他家～|拜了年|我去给老师～|小孩子给大人～,一般都会收到压岁钱|你拜了年,快点儿回来。

【提示】离合词,中间可插入其他成分,如:拜个年|拜个早年|拜个晚年。所指对象必须与介词(如"向"、"给"等)组成介词结构放在前面作状语,如:给爷爷～|向人民～。

【构词】编年/残年/长年/陈年/成年/初年/大年/当年/多年/丰年/过年/贺年/后年/荒年/今年/近年/来年/老年/历年/连年/每年/明年/末年/暮年/年年/前年/歉年/青年/去年/闰年/少年/盛年/同年/童年/头年/晚年/往年/昔年/现年/享年/小年/新年/学年/英年/幼年/元年/灾年/早年/中年/终年/周年/逐年/壮年/风烛残年/遗臭万年

105 **斑** 丁 〔部首〕王 〔笔画〕12

bān (spot; stain)

[名]斑点或斑纹:黑～|红～|长了一个～|脸上有～|他脸上长了块黑～|这孩子生下来胳膊上就有一块红～|那匹～马真漂亮。

【构词】斑白/斑斑/斑驳/斑点/斑痕/斑马/斑马线/斑纹/斑竹/斑鸠/斑驳陆离

106 **班** *甲 〔部首〕王 〔笔画〕10

bān (n. class; m. a group of people)

[名]❶为工作或学习等目的编成的组织:甲～|乙～|大～|小～|学习～|进修～|文科～|理工～|他已经有了一定的专业基础,所以在进修～学习|他是木工～的学徒|我入学后分在丙～|我们年级共分三个～。❷〈乙〉指一天之内的一段工作时间:早～|晚～|夜～|三～倒|上～|下～|值～|轮～|倒～|替～|我现在的工作是三～倒,两天值早～,两天值晚～,两天值夜～|今天我有事,你能不能替我值一天～? ❸〈乙〉军队的基层单位:二～战士集合!|我是二排三～的新战士。❹〈丁〉旧时用于剧团的名称:戏～儿|～主|昨天我们村来了个小戏～儿,唱得可好了。

[量]❶〈丁〉用于人群:这～年轻人,思想真活跃|从早上到现在,从工厂出来三～儿人了,可还是没见到她。❷〈丁〉用于定时开行的交通运输工具:开往莫斯科的火车每星期有三～|你乘下一～飞机去吧。

【提示】班,姓。

【构词】班车/班次/班底/班房/班级/班轮/班配/班师/班头/班主/班主任/班组/班门弄斧

107 **班机**(機) 丁

bānjī (flight)

[名]有固定的航线并按排定的时间起航的飞机:今天有没有去上海的～?|去广州的～几点起飞?|从海南飞来的～误点了。

【构词】唱机/趁机/乘机/待机/敌机/电机/电动机/动机/耳机/飞机/分机/计算机/见机/劫机/军机/客机/良机/灵机/录音机/轮机/母机/农机/契机/杀机/生机/时机/收音机/司机/伺机/停机/投机/拖拉机/微机/危机/洗衣机/相机/心机/有机/战机/照相机/专机/转机/总机/座机

108 **班长**(長) 乙

bānzhǎng (monitor)

[名]为工作或学习等目的编成的组织的领导人;军队最基层组织的领导人:当～|换～|选～|我在二排一班当～|他是电工班的～|我们班还没有～,明天选一个。

【提示】"班长"的"长"不能读成 cháng。

【构词】部长/厂长/成长/船长/队长/官长/家长/局长/科长/排长/年长/生长/省长/师长/市长/首长/团长/外长/县长/校长/兄长/学长/院长/增长/助长/滋长/族长/组长/目无尊长

109 **班子** 丁

bānzi (organized group)

[名]泛指为执行一定任务而成立的组织:领导～|生产～|指挥～|这个～|你们那里的领导～比我们这里的年轻|应该马上组织抢险指挥～|这个县的领导～思想很解放。

110 **搬** *甲 〔部首〕扌 〔笔画〕13

bān (move; take away)

[动]❶移动物体的位置(多指笨重的);迁移:～桌子|～床|～走|～上去|～起来|～不动|～家|我给他～来一张椅子,请他坐下|这么大的床,你一个人怎么～得了?|他家上个月就～走了|我～到她家去住了。❷〈丁〉指人或抽象事物被移动:～兵|他说不过我,～救兵去了|把生活中的故事～到舞台上就是戏剧|你不用把领导的话～来压我|对于别人的经验,我们不能生～硬套。

【近义词】搬动/搬迁/挪/移

【反义词】固定

【构词】搬兵/搬动/搬家/搬弄/搬迁/搬演/搬弄是非/搬起石头砸自己的脚

111 **搬运**(運) 丁

bānyùn (transport)

[动]把东西从一个地方运到另一个地方:～粮食|～图书|～货物|～得快|～了五趟|小心地～|他的工作是在车站为客人～行李|～木材的工作已经结束了|工人正从货船上往下～机器。

【近义词】运/搬

【构词】背(bèi)运/承运/倒(dào)运/盗运/调运/厄运/贩运/工运/共运/海运/航运/河运/鸿运/货运/禁运/军运/客运/空运/联运/命运/起运/气运/水运/托运/幸运/押运/载运/转运/装运/走运

112 **扳** 丁 〔部首〕扌 〔笔画〕7

bān (turn; pull)

[动]使位置固定的东西转动或改变方向:～闸|～钉子|～螺丝|～住|～不动|～松|～紧|～歪了|他两手紧紧～住方向盘|请你～紧螺丝|开车的时候,他没～住闸,差点儿出事|他把钉子～歪了。

【提示】"扳"不能读成 bǎn。

【构词】扳动/扳手/扳道工/扳子

113 **般** 丙 〔部首〕舟 〔笔画〕10

bān (part. *as*)

[助]种;样:这～|那～|百～|台下响起了暴风雨～的掌声|我百～劝解,她还是哭个不停|你这～不明事理,难怪父亲要生气!

【近义词】样

【构词】般配

114 颁布(頒) 丁

〔部首〕页
〔笔画〕10

bānbù (promulgate)

[动](政府)公布法令条例等:国家～|当局～|上级～|～奖惩条例|～命令|～法令|～宪法|正式～|刚刚～|政府～的法令,每一个公民都要遵守|明年将～新宪法|当局～了战时紧急命令。

【近义词】发布/公布/宣布/颁发

【提示】①"颁布"具有十分庄重的语体色彩,只宜在庄严郑重的场合使用。②"颁"字的部首"页"在右边,不能写在左边。

【构词】颁奖/颁行

摆布/遍布/衬布/粗布/发布/帆布/分布/公布/画布/胶布/冷布/卢布/麻布/毛布/密布/棉布/抹布/幕布/尿布/瀑布/漆布/绒布/散布/纱布/苫布/土布/细布/夏布/宣布/洋布/油布/雨布/竹布/桌布

115 颁发(發) 丁

bānfā (issue)

[动]❶发布命令、指示、政策等:～指示|～指令|国家～|公司～|学校～|准许～|校长向毕业生～了毕业证书|国家～了劳动保护法。❷授予(勋章、奖状、证书):～勋章|～奖状|～证书|向英雄们～勋章|学校给学习优秀的学生～了奖状|向获奖者～了证书和奖金。

【构词】爆发/勃发/阐发/出发/触发/打发/分发/奋发/风发/复发/告发/焕发/挥发/激发/揭发/进发/开发/扣发/滥发/萌发/偶发/拍发/喷发/批发/启发/散发/沙发/收发/抒发/突发/引发/印发/诱发/蒸发/转发/自发

116 板 *乙

〔部首〕木
〔笔画〕8

bǎn (board)

[名]❶片状较硬的物体:木～|玻璃～|铁～|钢～|一块床～|这些木～是干什么用的?|玻璃～下边压着一张照片。❷〈丁〉专指商店的门板或窗板:店铺都上～了|商店还没上～,你快去买东西吧。

【提示】"板"可作动词,有使表情严肃的意思。如:他～着脸不说话。

【构词】板报/板壁/板擦/板车/板床/板凳/板斧/板胡/板结/板块/板蓝根/板栗/板式/板书/板刷/板鸭/板眼/板油/板子/板上钉钉(dìng dīng)

117 版 丁

〔部首〕片
〔笔画〕8

bǎn (edition)

[名]❶书籍排印一次为一版,一版可包括多次印刷:第一～|再～|这本书的再～前言写得很好|我想找的那本语法书是1954年～的。❷上面有文字或图形的供印刷用的底子:铅～|铜～|排～|报纸正在排～|古代主要用木～印刷。❸报纸的一面叫一版:头～|第二～|～面|《文摘报》原来只有四～,现在改成八～了|今天报纸上的头～头条新闻你看了吗?

【构词】版本/版画/版刻/版面/版权/版式/版税/版图/版心

118 扮 丁

〔部首〕扌
〔笔画〕7

bàn (play the part of)

[动]化装成(某种人物):她在剧中～姐姐,小红～妹妹|他们俩在戏里常～夫妻,一来二去就成了真了|他～二流子～得特别像。

【近义词】扮演

【构词】扮相/扮装

119 扮演 丁

bànyǎn (play the part of)

[动]化装成某种人物出场表演:~重要角色|~农民|~大学生|~得很出色|~过一回|我在戏里~过一回坏蛋|我刚到剧团,只能~一般角色|他在这次事件中~了一个很不光彩的角色。

【近义词】演

【构词】搬演/表演/出演/导演/公演/合演/会演/讲演/开演/排演/上演/饰演/义演/预演/主演

120 拌 丁

〔部首〕扌
〔笔画〕8

bàn (mix)

[动]搅和:~凉菜|~面条|~药|~水泥|~好了|~不动|小葱~豆腐——一清二白|菜里~点儿辣椒更好吃|你用铁锹把这些白灰~一~|种子里~上农药了没有?

【近义词】搅

【构词】拌和(huò)/拌嘴

121 伴 丁

〔部首〕亻
〔笔画〕7

bàn (v. accompany; n. companion)

[动]陪伴;陪同:~奏|~唱|~舞|是他~我来的|有他~我同行,你尽可放心|你给我~唱好不好?|这支曲子有小提琴~奏。

[名]同伴:做~儿|结~儿|搭~儿|没~儿|我一个人害怕,今晚你留下和我做~儿吧|他们结~同行|他们都有~儿,就我没~儿。

【近义词】[动]陪/伴随;[名]伙伴/同伴/朋友

【提示】作名词时常儿化。

【构词】伴唱/伴读/伴郎/伴娘/伴送/伴同/伴舞/伴音

122 伴侣 丁

bànlǚ (companion)

[名]❶同在一起生活、工作、旅行的人:年轻的~|漂亮的~|旅游~|老年人的~|失掉~|他是我工作中的好~|有你这样一位快活的~,我的旅游一定很愉快。❷在特定的语境中常指夫妻:终身~|革命~|生活~|老年~|失掉生活的~,是一件很悲惨的事情|他们俩终于结成了终身~|在战争年代他们结成革命~。

【近义词】❶同伴/伙伴/朋友;❷夫妻

【提示】多用于书面语。

【构词】爱侣/情侣/僧侣

123 伴随(隨) 丁

bànsuí (accompany)

[动]随同;跟:~着|我愿做一名海员,让大海永远~着我|这部书~了我一生|~着音乐,孩子们快乐地跳起舞来。

【近义词】陪伴/陪同

【构词】跟随/尾随/相随/依随/追随

124 伴奏 丁

bànzòu (accompany〔with musical instruments〕)

[动]唱歌、跳舞或独奏时用乐器配合:钢琴~|乐队~|由他~|没有~|他弹钢琴,为小提琴~|他唱歌时,没有人给他~|今晚的芭蕾舞演出,由交响乐团~|有音乐~的诗朗诵非常感人。

【提示】"伴奏"不能直接带宾语,宾语需用介词"给"或"为"提前。如:给我~|为我~。不能说"~我"。

【构词】重(chóng)奏/吹奏/独奏/合奏/节奏/齐奏/前奏/弹奏/演奏

125 **瓣** *丙 〔部首〕辛 〔笔画〕19

bàn (petal)

[名]❶花瓣:花～|四个～|莲花～像小船|梅花有五个花～|菊花～很长。❷〈丁〉植物的果实、种子等可以分开的小块:橘子～|豆～|蒜～|这些橘子～全坏了|这种酱是用豆～做的|这个蒜～真大。

【提示】作量词时用于花瓣、种子、果实等分开的小块:请给我两～蒜|这个大橘子有十～|他把苹果切成四～|一个碗摔成了三～。

126 **半** *甲 〔部首〕丶 〔笔画〕5

bàn (half)

[数]❶二分之一,一半。a.没有整数时"半"用在量词前:～个苹果|～瓶酒|～尺布|～壶水|～碗饭|～盘菜|我吃了～个馒头|这～亩地上种的全是菜|我只听了～天课,下午没去听。b.有整数时"半"用在量词后:一年～|两个～小时|三斤～糖|四个～月|我一顿吃了二斤～包子|六尺～布可以做一件上衣。❷〈丙〉表示量少,有夸张的语气,常和否定副词搭配使用:教室里～个人都没有|他连～句话都没说就走了|他～点儿私心都没有|说的全是实话,没有～点儿虚假。

【反义词】整

【提示】①"半"可作状语,表示不完全:～新的衣服|吃个～饱|门～开着|～躺在床上。②"半"可构成固定结构"半…半…",如:～文～白|～真～假|～信～疑|～推～就;"半…不…",如:～明不暗|～新不旧|～生不熟|～死不活;"一…半…",如:一年～载|一星～点|一知～解|一鳞～爪。

【构词】半百/半辈子/半边/半成品/半道儿/半价/半空中/半票/半瓶醋/半晌/半世/半死/半天空/半途/半休/半腰/半音/半元音/半圆/半月刊/半制品/半中间/半中腰/半半拉拉/半壁江山/半工半读/半斤八两/半路出家/半身不遂/半生不熟/半死不活/半夜三更

127 **半边天**(邊) 丁

bànbiān tiān (half of the sky)

❶天空的一部分:这～|那～|大火映红了～|这～是阴的,那～是晴的。❷比喻妇女的巨大力量能顶半边天,也泛指妇女:我们家的～出差了,每天只好我做饭|打扫卫生是你们～的事|谁敢小看我们单位的～?她们的能力可了不得。

【近义词】❷妇女

128 **半岛**(島) 丙

bàndǎo (peninsula)

[名]三面临水一面连接大陆的陆地:山东～|阿拉伯～|那个～上的气候非常好|我家住在辽东～的最南边。

【构词】孤岛/海岛/列岛/群岛

129 **半导体**(導體) 乙

bàndǎotǐ (semiconductor)

[名]导电能力介于导体和绝缘体之间的物质,具有单向导电等特性。有时也泛指半导体收音机:一台～|修理～|打开～|关上～|我刚买了一台～收音机|我每天早上随身带着～,一边跑步一边听新闻|～体积小,携带很方便。

【近义词】收音机

【构词】本体/笔体/病体/大体/导体/

得体/个体/固体/国体/肌体/集体/解体/晶体/具体/楷体/抗体/可体/立体/流体/裸体/母体/气体/球体/躯体/全体/群体/人体/肉体/身体/尸体/实体/事体/天体/通体/团体/物体/下体/星体/形体/掩体/液体/一体/遗体/玉体/载体/整体/政体/肢体/主体/字体/总体

130 半截 丁

bànjié (half a section)

[名]一件事物的一半:~铅笔|~烟卷|~电线|少了~|走到~|吃到~儿|话说了~儿|你帮忙就帮到底,别帮到~儿就不管了|话刚说到~儿,被别人打断了|我开了~儿会,就出来了|跑到~儿,我就跑不动了|我都是土埋~的人了,还有什么更多的奢望?|一次工伤事故使他失去了~手指。

【近义词】一半

【提示】"半截"多用于口语中,一般要儿化。

【构词】堵截/拦截/直截/阻截

131 半径(徑) 丁

bànjìng (radius)

[名]连接圆心和圆周上任意一点的线叫圆的半径:量~|杯子的~|圆的~|这个圆的~是3厘米|这个圆池的~有多少米?

【构词】捷径/口径/路径/门径/曲径/途径/小径/行径/幽径/直径

132 半拉 乙

bànlǎ (half)

[名]半个:~馒头|~面包|~苹果|~西瓜|这里还有~烧饼,你吃了吧|他拿着~破碗到处要饭|这个苹果~青,~红。

【近义词】半个

【反义词】整个

【提示】"半拉"用于口语中。这里的"拉"不能读成 lā。

133 半路 丁

bànlù (halfway)

[名]❶路程的一半或中间:走到~|~上|走到~忽然下起雨来|我在~上拾到一个皮包|车行到~没油了。❷比喻事情正处在进行的过程中:工作正进行到关键时刻,你不能~打退堂鼓|外面有人找他,他只好不等会议终了,~退席|他满以为这笔买卖做成了,没想到~上出了问题。

【近义词】半截儿/半途

【提示】"半路"在口语中也说"半道儿"。

【构词】岔路/出路/大路/带路/道路/电路/短路/断路/对路/赶路/公路/官路/归路/海路/旱路/后路/回路/近路/绝路/开路/来路/拦路/老路/领路/陆路/马路/门路/迷路/末路/陌路/歧路/前路/去路/让路/绕路/山路/上路/生路/世路/水路/顺路/思路/死路/探路/套路/铁路/通路/同路/头路/退路/歪路/弯路/纹路/戏路/线路/销路/邪路/斜路/心路/沿路/养路/要路/一路/引路/邮路/远路/正路/支路/中路/走路

134 半数(數) 丁

bànshù (half the number)

[名]数目的一半:超过~|~通过就可以当选为工会主席|他的选票没过~|这个山村里的孩子有~没上过小学。

【近义词】一半

【反义词】全部
【提示】"半数"的"数"不能读成 shǔ。"数"shǔ 见第 5961 条。
【构词】报数/辈数/倍数/变数/参数/常数/乘数/充数/出数/除数/次数/凑数/答数/代数/单数/得数/底数/度数/多数/分数/负数/概数/函数/号数/基数/奇数/计数/加数/减数/尽数/零数/路数/名数/偶数/商数/少数/实数/寿数/双数/岁数/尾数/无数/悉数/系数/小数/虚数/印数/有数/余数/整数/正数/指数/总数

135 半天 *甲

bàntiān (half of the day)
[名]❶白天的一半:前~|后~|多~|少~|大~|小~|他只用~的时间就把工作完成了|我明天上午有事,后~再到你家去|昨天开了大~的会,什么也没干成。❷〈乙〉指相当长的一段时间;好久:你怎么才来,我等你~了|我都做完~了他才做完|他激动得~说不出一句话来。
【近义词】❶半晌;❷好久
【反义词】❶整天;❷短暂

136 半途而废(廢) 丁

bàn tú ér fèi (give up halfway)
成语,做事情没有完成,中途而停止:大学刚上了两年你就退学,这样~太可惜了|你一定要把这本书写完,不要~|他本想在村子里建一家医院,终因资金不足~。
【近义词】功亏一篑/前功尽弃
【反义词】坚持不懈
【构词】报废/残废/荒废/偏废/颓废/作废

137 半夜 *乙

bànyè (midnight)
[名]❶一夜的一半:前~|后~|上~|下~|昨天夜里我~没睡着|你前~照顾病人,我后~照顾病人,好不好?|他上~一直折腾,到下~才好些。❷夜里 12 点钟前后,也泛指深夜:你深更~喊什么?|昨天他~才回家|~里他大叫起来|昨天我俩一直聊到~。
【近义词】❷深夜
【反义词】白天
【构词】熬夜/白夜/长夜/彻夜/成夜/除夕夜/当夜/隔夜/过夜/黑夜/连夜/年夜/起夜/前夜/清夜/日夜/入夜/深夜/守夜/通夜/午夜/消夜/巡夜/夜夜/元夜/月夜/值夜/昼夜/子夜/没日没夜/日日夜夜

138 半真半假 丁

bàn zhēn bàn jiǎ (partly true, partly false)
表示不完全是真的,真假参半:她的话~,你可别全信|这个人总给你一种不可靠的感觉,说什么话都~的。
【构词】掺假/弄假/虚假/装假/作假

139 办(辦) *甲

〔部首〕力
〔笔画〕4

bàn (do)
[动]❶办理;处理;料理:~手续|~喜事|~案子|~不了|~不好|~对了|不好~|我的入学手续还没~好|等我~完他的事,再~你的事|你为村里建学校真是~了一件大好事|这件事真难~。❷〈乙〉创设;经营:~工厂|~学校|~医院|~公司|~学习班|他在海南~了三家工厂|他~企业很有经验|他原是大学教授,现在~公司去了。❸〈丙〉采购;置备:~年货|~酒席|~嫁妆|~齐了|他

们的婚礼～了十桌酒席｜今年～的年货比往年丰盛多了｜他为大家～机票去了。❹〈丁〉惩治：首恶必～｜他的态度恶劣，应该严～｜故意伤人，应该～他的罪。

【近义词】❶办理/处理/料理/做；❷建立/创立；❸购置

140 办法 甲

bànfǎ (method)

[名]处理事情或解决问题的方法：有～｜没～｜好～｜想～｜提出～｜采用这个～｜找～｜这是一个很聪明的～｜我到现在还没找到解决问题的～｜他的～比较好。

【近义词】措施/方法

【构词】笔法/兵法/不法/乘法/除法/词法/刀法/犯法/方法/非法/佛法/伏法/国法/合法/技法/家法/加法/减法/句法/军法/看法/礼法/历法/立法/没法/妙法/民法/枪法/设法/手法/守法/书法/税法/说法/司法/土法/王法/违法/文法/无法/戏法/宪法/想法/效法/写法/刑法/依法/用法/语法/正法/政法/执法/做法/作法/想方设法

141 办公 乙

bàn gōng (handle official business)

处理公事：～的地方｜～的时候｜正在～｜～设备｜你办完公在咖啡店等我｜我～的时候不希望别人打扰｜我们单位新购进了一套～设备。

【提示】离合词，中间可插入其他成分，如：办什么公｜办完公｜办了一天公。

【构词】秉公/不公/充公/归公/天下为公/一心为公

142 办公室 *甲

bàngōngshì (office)

[名]❶办公的房间：一间～｜我们的～明亮、宽敞｜这层楼里有10个～｜～里有很多人。❷〈乙〉机关、学校、企业内设立的办理行政事务的部门：主任～｜校长～｜财务～｜基建～｜他是～主任｜校长～共有七位工作人员。

【提示】规模大、级别高的办公处所称办公厅。"室"不能读成 shǐ。

【构词】暗室/病室/餐室/画室/皇室/继室/教室/居室/科室/客室/陋室/墓室/内室/妻室/寝室/囚室/王室/温室/卧室/浴室/展室/住室

143 办理 丙

bànlǐ (deal with)

[动]处理事情：～手续｜～签证｜～退休事宜｜酌情～｜迅速～｜～完托运手续，就可登机了｜买房子的事你可托他～｜入境签证～得很顺利。

【近义词】办/处理

【构词】病理/常理/处理/搭理/打理/代理/道理/地理/定理/公理/管理/合理/护理/讲理/经理/料理/伦理/论理/脉理/评理/清理/情理/入理/审理/生理/事理/受理/梳理/说理/死理/天理/条理/调理/推理/歪理/无理/物理/心理/修理/药理/医理/有理/原理/在理/哲理/真理/整理/正理/治理/助理/自理/总理

144 办事 乙

bàn shì (handle affairs)

做事：不～｜～能力｜～经验｜～快｜～顺利｜他的～能力很强｜这个人～一向认真｜我托他～，他从不拒绝｜他给别人～，从不要求报答。

【提示】离合词，中间可插入其他成分。如：办什么事｜办了点儿事｜办不了事｜办完了事｜办了很多事。

145 办学(學) 丁

bàn xué (run a school)

兴办学校：农村～｜工厂～｜山区～｜政府～｜国家～｜私人～｜～方针｜～方向｜～计划｜～经费｜～的人｜赞助山区～的人越来越多｜这里的～经费不足｜～方向要明确。

【提示】离合词，中间可插入其他成分，如：办不了学｜办起学来。

【构词】饱学/博学/才学/辍学/大学/道学/放学/废学/复学/光学/国学/汉学/红学/后学/化学/讲学/教学/进学/旧学/就学/开学/科学/理学/力学/留学/美学/农学/求学/入学/上学/神学/声学/升学/失学/史学/数学/算学/逃学/停学/同学/退学/文学/下学/小学/休学/药学/医学/哲学/治学/中学/转学/自学

146 帮(幫) *乙

〔部首〕巾
〔笔画〕9

bāng (help)

[动]❶帮助：～人干活儿｜～不了｜～不上｜愿意～｜经常～｜他～祖父洗澡｜她一个人带孩子不容易，～～她吧｜你的钱也不多，～不了我｜他经常～那位老年人买东西。❷〈丙〉指从事雇佣劳动：～工｜～短工｜农忙的时候他常来我们村子～短工｜他到我家～工已经一年了。❸〈丁〉赠送：他～了我3000块钱，我才摆起了那个小摊儿｜有钱出钱，有力出力，我～了他一条小木船｜去年他们村～了咱们100斤蔬菜种子｜～个十块八块的还可以，多了没有。

【近义词】❶帮助/帮忙/助

【构词】帮厨/帮倒忙/帮工/帮腔/帮手/帮凶

147 帮 *丙

bāng (side)

[名]❶物体两旁、外部或周围的部分：船～｜鞋～｜床～｜菜～｜白菜～也能吃｜她穿的鞋鞋～上还绣着花｜船～被子弹打了个洞。❷〈丁〉多指为政治或经济目的结成的团伙帮会：匪～｜马～｜搭～结伙｜那些暗藏的匪～已被消灭｜他们结成～，专门在汽车上偷东西｜他总喜欢拉～结伙，搞不团结。

【提示】有时是量词，用于人，是“群”、“伙”的意思：分成两～｜刚走了一～，又来了一～。

148 帮忙 乙

bāng máng (help)

帮人做事。泛指在别人有困难时予以帮助：请你～｜给他～｜大家～｜去～｜可以～｜没法～｜请你～解决一下运输问题｜你的事情我一定设法～｜我们是给你～的。

【提示】离合词，中间可插入其他成分，如：帮了大忙｜帮我的忙｜帮不了忙｜帮不上忙｜帮过忙。

【构词】奔忙/匆忙/大忙/繁忙/慌忙/急忙/连忙/农忙/着忙

149 帮助 甲

bāngzhù (help)

[动]替人出力、出主意或给以支援：～同学｜～朋友｜～农村｜～学校｜～学习｜～工作｜取得～｜接受～｜依靠～｜拒绝～｜感谢你的～｜学校一直从经济上给予他～｜我～他工作｜他不

愿接受亲友的～|我们要互相～|他很喜欢～别人|他～迷路的孩子找到了家。

【近义词】帮/帮忙/协助/援助

【构词】补助/扶助/辅助/寡助/互助/借助/救助/捐助/内助/求助/相助/协助/援助/赞助/资助/得道多助，失道寡助

150 **榜样**(様) 乙 〔部首〕木 〔笔画〕14

bǎngyàng (example)

[名]值得学习的好人或好事：树立～|学习～|做～|好～|年轻人的～|你要好好学习，给弟弟做个～|在工作中他是我学习的好～|树立～是开展工作的好方法。

【近义词】模范

【构词】采样/草样/抽样/多样/花样/货样/校样/矿样/模样/哪样/那样/清样/取样/式样/同样/图样/像样/血样/一样/异样/原样/怎样/照样/这样/走样/各式各样/多种多样

151 **绑**(綁) 丙 〔部首〕纟 〔笔画〕9

bǎng (tie up)

[动]用绳带等捆绑：～上|～起来|～结实|～牢|～住|用线～|他把受伤的腿用纱布～好|他被敌人～在树上|用线～一～就可以了，不用绳儿|行李没～结实，一会儿就散了。

【近义词】捆/缠绕

【反义词】松开/解开

【构词】绑带/绑匪/绑票/绑腿

152 **绑架** 丁

bǎngjià (kidnap)

[动]用强力将人劫走：～妇女|～儿童|～法官|～乘客|禁止～|暴徒～了一名10岁儿童|这伙人～他当然是有政治目的的|歹徒～总经理的目的是想要钱。

【构词】吵架/打架/劝架/招架

153 **棒** 丙 〔部首〕木 〔笔画〕12

bàng (stick)

[名]棍子：木～|铁～|大～|短～|他抡起大～狠狠地打过来|我削了三根木～|这根铁～不够粗，要那根。

【近义词】棍子

【构词】棒喝(hè)/棒球/棒子

154 **棒** 丙

bàng (good)

[形]水平高；成绩好；体力或能力强：营养好，身体～|真～|～极了|演得真～|他工作可～了|真是个～小伙子|他踢球踢得～极了|今天的饭菜太～了！

【近义词】好/出色/强壮

【反义词】差/坏

【提示】"棒"的左边是"木"，不能写成"扌"。"棒"作为形容词，常用于口语。

155 **棒球** 丁

bàngqiú (baseball)

[名]❶球类运动项目之一：打～|～运动|～裁判|～比赛|他是一名优秀的～运动员|昨天的～比赛精彩极了|我当过～裁判。❷棒球运动使用的球：队里买了一批新～。

【构词】保龄球/冰球/彩球/传球/地球/点球/发球/罚球/高尔夫球/角球/篮球/垒球/链球/马球/排球/皮球/乒乓球/气球/铅球/手球/水球/台球/头球/网球/星球/绣球/眼球/羽毛球/月球/桌球/足球

156 **磅** 丙 〔部首〕石 〔笔画〕15

bàng（pound）

[量]英美制重量单位，一磅等于453.59克：这是三～奶粉|用两～毛线可以给你织一件毛衣|他的体重大约有150～。

157 **傍晚** 乙 〔部首〕亻 〔笔画〕12

bàngwǎn（dusk）

[名]临近晚上的时候：一天～|～时分|每天～他都在树林里散步|秋天的～特别美|她最喜欢～时看天上的云|已经是～了，他还没离开办公室。

【近义词】黄昏/傍黑

【反义词】黎明

【构词】傍黑/傍亮/傍晌

当晚/向晚/夜晚/早晚/不早不晚

158 **包** *乙 〔部首〕勹 〔笔画〕5

bāo（n./m. bag）

[名]❶包好的东西：药～|纸～|布～|邮～|这个纸～里是什么？|这个～太大了，箱子里放不下|～太重，路上不好拿。❷装东西的口袋：书～|提～|钱～|手～|旅行～|她肩上背了个红～|请你把书装进～里|这个～能装很多东西。❸〈丙〉物体或身体上鼓起来的疙瘩：长(zhǎng)～|小～|脓～|我不小心，头上碰了个～|他的腿上被蚊子咬了个～|脖子上长了个～|漆刷得不好，桌面上鼓起许多小～|地上的土～已经被铲平了。

[量]指成包的东西：两～大米|三～衣服|一～药|一～糖果。

【近义词】[名]❷袋子；❸疙瘩

【提示】包，姓。

【构词】包庇/包藏/包产/包场/包抄/包车/包打听/包饭/包袱皮/包工/包管/包涵/包伙/包机/包揽/包罗/包赔/包容/包身工/包厢/包销/包心菜/包月/包装/包装纸/包子/包租/包办婚姻/包产到户/包打天下/包罗万象

159 **包** *乙

bāo（wrap）

[动]❶用纸、布或其他薄片把东西裹起来：～书皮|～饺子|～不上|～不了|～不住|～起来|饺子够吃了，别再～了|用纸把糖～起来|纸～不住火|风沙太大，用纱巾把头～起来|用纱布把伤口～好。❷〈丙〉围绕；包围：敌人已经～过来了|我们分两路～过去。❸〈丁〉把整个工作承担下来：买票的事我～了|他的学习我～了，一定让他考上大学|门前的卫生，由各家～下来了。❹〈丁〉约定专用：～车|～场|～房|我们～了一条船|这个话剧太好了，我们单位～了三场|我们～的车还没到。

【近义词】❶裹；❷包围；❸承担/负责；❹租

160 **包办**(辦) 丁

bāobàn（take everything on oneself）

[动]❶单独负责，一手办理：这件事就由你～吧，其他的事我们负责|你能一人～最好，不能的话我来帮你|买原材料的事他全～了，你放心吧|他想～这项工程，你的意见怎么样？❷遇事独揽，不让别人参与：父母～|厂里～|由他～|喜欢～|负责～|～婚姻|～大小事务|他的婚姻是由父母～的，但夫妻感情很好|家里的大小事务，他一手～|这件事还是放手

让他去干,你不能~代替。

【构词】帮办/备办/采办/操办/查办/惩办/承办/筹办/创办/代办/法办/合办/经办/举办/开办/买办/民办/停办/兴办/严办/照办/置办/主办

161 **包袱** *丙

bāofu (a bundle wrapped in cloth)

[名]❶用布包起来的包儿:一个~|打开~|抱着~|拿着~|挎着~|背着~|~很重|大~|她胳膊上挎着个~|打开~一看,金手镯不见了|这么大的~,我路上带不了|他在车站捡了个~,焦急地等待着失主来取。❷比喻影响思想或行动的负担:思想~|沉重的~|背上了~|丢掉~|放下~|政治~|历史~|家庭~|心理~|有错误改了就好,你应该放下~,轻装前进|他思想上有很多~,你应该劝劝他|他从监狱里出来以后,开始很消沉,后来决心甩掉~重新做人。❸〈丁〉指相声等曲艺中的笑料:抖~|相声里没~,就不成其为相声了。

【近义词】❶包/包裹;❷负担

162 **包干儿**(兒) 丁

bāogānr (be responsible for a task until it is completed)

[动]对一定范围的工作,保证全部完成:经费~|分段~|由我~|可以~|最后的工作由你~,我们不管了|建房的事由我~,但是资金应该也由我支配。

163 **包裹** 丁

bāoguǒ (parcel)

[名]包扎成件的包:寄~|打开~|打~|背着~|寄存~|把衣物打成一个~|到邮局取~|打开~,里面只有几套衣服。

【近义词】包/包袱

164 **包含** 丙

bāohán (contain)

[动]里面含有:~深刻哲理|~两个意思|~着友谊|~矛盾|~着信任|明显地~|确实~|这些格言~着深刻哲理|他的话~两层意思|她的眼睛里~着无限的矛盾和痛苦|他再次紧紧地握住我的手,这里边~着友谊和信任|失败里往往~着成功的因素。

【近义词】含/包括/蕴含

【提示】"包含"的宾语一般是表示抽象意义的名词,如意义、意思、道理、内容、性质、特点、倾向、因素等。

【构词】暗含/饱含/隐含/蕴含

165 **包括** 乙

bāokuò (include)

[动]包含(或列举各部分,或着重指出某一部分):范围~很广|问题~两个方面|~在内|~学生、工人|~各行各业|~物质生活和精神生活|~你我在内,总共才五个人|这段文章~下面两个论点|这本书的内容~政治、历史等各个方面。

【近义词】包含/包罗/包容

【提示】"包括"的宾语可以是具体事物,也可是抽象事物。例如:这家公司的经营范围~服装、电器、日用百货等。"包含"的宾语一般是抽象事物。

【构词】概括/囊括/总括

166 **包围**(圍) 丙

bāowéi (surround)

[动]四面围住:~起来|~城市|~他

|被～|暗中～|受到～|紧紧～|冲出～|他被欢迎的人群～起来|敌军被我方骑兵～了|我的书房被满院的花草～着|～我们的敌军撤退了|我们冲破了～|上级下达了～这个城市的命令。

【近义词】围绕/围困/包抄

【反义词】突围

【构词】范围/氛围/合围/解围/突围/外围/胸围/腰围/周围

167 **包装**(裝) 丁

bāozhuāng (v.pack;n.package)

[动]包裹商品,或把商品装进袋子、盒子、瓶子里:人工～|机器～|～商品|～货物|～礼品|～仪器|～电视机|～得很漂亮|～得快|～得精致|～得结实|～成盒|仔细～|请把这份生日礼物～一下|商品～得好,出售时会更受顾客欢迎|用盒子～的月饼比普通月饼要贵很多。

[名]指包装商品用的东西,如纸、瓶子等:～精美|～华丽|～已经破损|这种～现在已经过时了|这种～很新潮。

【提示】目前“包装”一词也引申为对人或事物的宣传效应,如:内地的歌手太缺少～|歌唱得再好,没有好的～,也不能产生轰动效应。

168 **包子** 乙

bāozi (steamed stuffed bun)

[名]食品,用菜、肉等做馅,用发面做皮儿,包成后蒸熟:做～|包～|蒸～|～皮儿|～馅|小笼～|肉～|素～|这家饭馆小笼～做得特别好吃|我一顿能吃半斤～|今天的～好像没蒸熟|心急吃不了热～|肉～打狗——一去不回头。

169 **剥** 丙　〔部首〕刂　〔笔画〕10

bāo (peel)

[动]去掉外面的皮或壳:～皮|～花生|～糖纸|～老玉米皮|～不下来|～得不干净|不好～|吃烤白薯得～皮|花生皮～了一大堆|糖纸～不下来,粘住了|橘子皮～下来可以当药材。

【提示】“剥”(bāo)多用于口语,用于复合词中时读 bō。如“剥削”(bōxuē)、“剥夺”(bōduó)。

170 **雹子** 丁　〔部首〕雨　〔笔画〕13

báozi (hail)

[名]冰雹的通称:下～|一场～|～把庄稼打坏了|昨天下了一场大～|暴雨中夹着～,打在脸上生疼。

【近义词】冰雹

171 **薄** *乙　〔部首〕艹　〔笔画〕16

báo (thin)

[形]❶厚度小:～板|～纸|～被|太～|～极了|你穿得太～,会着凉的|饺子皮儿你擀得太～了|～木板把屋子隔成了两间|天这么冷,你只盖了床～被,能行吗?|墙上～～地刷了一层白灰。❷〈丙〉不肥沃:～田|～地|地很～|过去他一家就靠着这二亩～田度日|这一带土地很～,人民生活很苦|改变这片～地的办法是多施肥。❸〈丁〉感情冷淡:人情比纸还～|我待她不～,可她始终不喜欢我。❹〈丁〉不浓;淡:轻烟～雾|～酒|味道～|这酒很～,不醉人|汤的味道太～,再加点儿盐吧。

【近义词】❶单薄;❷贫瘠/瘠薄;❸淡薄/冷漠;❹淡

【反义词】❶厚;❷肥沃

【提示】“薄”báo 多用于口语，在复合词中一般读 bó，见第 447 条“薄膜”。

172 **保** *乙 〔部首〕亻 〔笔画〕9

bǎo (protect)

[动]❶保护；保卫：～健｜～家｜～国｜不～｜难～｜～不住｜泥菩萨过河——自身难～｜这是一场～家卫国的战争｜这个企业～不住了，恐怕要破产｜～命要紧，其他先别考虑。❷〈丙〉担保；保证：～质｜～量｜～丰收｜你能～他没干那件坏事吗？｜这块地旱涝～收｜我们商店卖出的商品～质～量｜～你喜欢。❸〈丁〉保持：～温｜～平衡｜这个暖水瓶坏了，不～温｜在冰上走路，身体要～平衡。

【提示】保，姓。

【构词】保安/保护人/保护伞/保护色/保驾/保荐/保健操/保洁/保举/保龄球/保媒/保命/保全/保人/保山/保释/保送/保温杯/保温瓶/保鲜/保险柜/保险箱/保修/保佑/保育员/保育院/保证人/保证书/保准

173 **保持** 乙

bǎochí (keep)

[动]维持原状，使不改变：～现状｜～联系｜～关系｜～记录｜～速度｜～信誉｜～优势｜～安静｜～卫生｜～沉默｜他是全国 100 米短跑最高记录～者｜这家公司很注意～信誉｜请大家尽量～安静｜他对这个问题始终～沉默｜我们一直～着联系。

【近义词】坚持/维持/保存

【构词】把持/操持/撑持/扶持/坚持/僵持/劫持/维持/相持/挟持/支持/主持/自持

174 **保存** 乙

bǎocún (preserve)

[动]使事物、意义、性质等继续存在，不受损失或不发生变化：～文物｜～古迹｜～遗物｜～财产｜～书籍｜～文化｜～传统｜～两周｜～三个月｜不好～｜长久～｜～不好｜～不了｜这种饮料可～六个月｜这个地方还～着正月十五看花灯的风俗｜我走后这些财产请你帮我～｜这些文物至今～完好｜你要好好休息，～实力。

【近义词】保留/保藏

【反义词】销毁

【构词】并存/残存/长存/储存/封存/共存/惠存/积存/寄存/结存/库存/留存/生存/收存/现存/幸存/贮存

175 **保管** *丙

bǎoguǎn (v. take care of; n. custodian)

[动]❶保存和管理：～图书｜～财物｜～粮食｜～资料｜～仓库｜～食品｜由…～｜不好～｜～不了｜～起来｜～下去｜你～的资料能不能借我看看？｜这些粮食不好～｜这批珍贵图书还是由你继续～下去吧｜他负责～食品。❷有把握做到，后边一般要说出能做到的事：今年我～能考上大学｜现在出发，～不会迟到｜这项工作～能按计划完成｜这套衣服～她满意。

[名]做保存和管理工作的人：粮食～｜图书～｜他在食品仓库做～｜这个年轻人是药品～。

【近义词】[动]❶保存/保留/管理；❷保证/保险/管保；[名]保管员/管理员

【提示】“保管”的“管”是竹字头，不能写成“艹”。

【构词】包管/不管/共管/监管/接管/尽管/经管/拘管/军管/看管/收管/

统管/托管/掌管/照管/只管/主管/总管

176 保护(護) 乙

bǎohù (v. protect; n. protection)

[动]尽力照顾,使不受伤害:~儿童|~眼睛|~身体|~树木|~土壤|~公共财产|~名誉|受到~|给予~|进行~|~起来|~不了|很难~|经常做眼保健操可以~眼睛|~野生动物已经引起全世界的重视|我们应该~环境|她为了~公共财产献出了生命。

[名]对人或物的照顾和爱护:劳动~|一种~|对他的~|你应该明白,这是大家对你的~|他的身体需要一种特别的~|对树苗的这种~,对育林起了很大作用。

【近义词】爱护/保卫

【反义词】损坏/损害/伤害/破坏

177 保健 丁

bǎojiàn (health care)

[动]保护健康:~室|~医生|~操|医疗~|注意~|~活动|老年人应多进行~活动|对于儿童应从多方面采取~措施|他很注意眼睛~,从不在昏暗的光线下看书。

【构词】刚健/矫健/康健/强健/稳健/雄健

178 保留 *乙

bǎoliú (retain)

[动]❶保存不变:~传统风味|~本来面目|~文化遗产|~得很完整|这家饭店做的点心~了老北京的传统风味|几千年的文化遗产~下来了|白塔还~着它当年的面貌。❷〈丙〉暂时留着不处理:~意见|~观点|~看法|可以~|应该~|你应该照上级指示办,但个人意见可以~|我~这种看法|你可以~你的观点。❸〈丙〉留下,不拿出来:那些精美邮票我全~起来了|父亲的遗产我只~了一部分,其余的都捐给了慈善机构|我的藏书大部分都卖了,只~了几部最有价值的|他把自己的技术毫无~地教给了徒弟。

【近义词】保存

【构词】残留/存留/逗留/久留/拘留/扣留/弥留/收留/停留/挽留/遗留/滞留

179 保密 丙

bǎo mì (keep sth. secret)

保守机密,不让泄漏出去:严格~|必须~|~措施|~制度|~观念|~单位|应该加强~观念|这件事我对谁都没说过,你一定要给我~|这项科研成果应严格~|你难道对我也~?

【反义词】失密/泄密

【提示】离合词,中间可插入其他成分,如:保不了密|保了一年的密。

【构词】稠密/告密/机密/紧密/精密/绝密/茂密/秘密/浓密/窃密/失密/细密/泄密/严密/周密

180 保姆 丁

bǎomǔ (housemaid)

[名]❶受雇为人照顾儿童或干家务的妇女:请~|雇~|找~|介绍~|推荐~|辞掉~|解雇~|小~|老~|~干得好|我家一直请着一位小~|这个~很能干|你能给我介绍一位年纪大点儿的~吗?|那个~被主人解雇了。❷对保育员的旧称:她年轻时在幼儿园当过~。

【提示】过去“保姆”为女性,现在也有

男性保姆。

181 保守 丙

bǎoshǒu (v. guard; adj. conservative)

[动]保持使不失去:～秘密|～机密|～阵地|～城市|注意～|小心～|一定要～住|继续～|～下去|你一定要为我～秘密|这是国家机密,要严格～|三小时之内,要～住阵地。

[形]跟不上形势的发展(多指思想),维持原状,不求改进:思想～|计划～|提法～|订得～|估计～|这计划订得太～,要认真修改|他思想过于～|对产量的估计是不是有些～?|作为领导,要不断克服～思想。

【近义词】[形]守旧

【反义词】[形]激进/开明/进步

【构词】把守/操守/防守/攻守/固守/据守/看守/留守/死守/退守/严守/驻守/遵守

182 保卫(衛) 乙

bǎowèi (defend)

[动]保护使不受侵犯:～祖国|～家乡|～边疆|～领空|～领海|～机场|～母亲|负责～|加强～|坚决～|～祖国的领空不受侵犯|春节期间要做好安全～工作|他负责～大桥|要注意～孩子们的安全。

【近义词】捍卫/保护

【构词】防卫/捍卫/后卫/护卫/环卫/警卫/门卫/前卫/侍卫/守卫/自卫

183 保温 丁

bǎowēn (keep warm)

[动]保持温度:～良好|～性能|不能～|可以～|这种～杯～性能良好|积雪像棉被一样可以为冬小麦～保墒|把米粥放在暖水瓶里可以～一昼夜。

【反义词】降温

【提示】"保温"是动宾结构,中间可插入其他成分,如:保不了温。

【构词】常温/低温/地温/高温/恒温/加温/降温/气温/水温/体温

184 保险(險) *丙

bǎoxiǎn (adj. safe; n. insurance)

[形]稳妥可靠:很～|不～|比较～|门上装这种锁比较～|钱装在外衣兜里很不～|他觉得躲在哪儿也不～|这可是一个十分～的办法。

[名]〈丁〉集中分散的社会资金,补偿因自然灾害、意外事故或人身伤亡而造成的损失的一种方法:参加～|入～|承办～|经营～|人身～|家庭～|财产～|汽车～|火灾～|～金额|～金|意外伤害～|人寿～|那条大街上有一家～公司|我在～公司申请了人身～|那家公司承办各种～。

【近义词】[形]安全

【反义词】危险

【提示】"保险"有时是动词,有"担保"、"保证"的意思。如:听我的话,～你不会出问题|走这条路,～你能按时到。

【构词】风险/艰险/奸险/惊险/历险/冒险/排险/抢险/探险/天险/脱险/危险/凶险/阴险/遇险/铤而走险

185 保养(養) 丁

bǎoyǎng (take good care of one's health)

[动]❶保护、调养:～身体|～皮肤|～得好|经常～|注意～|她脸上一丝皱纹也没有,不知是怎么～的|她很注意～身体|他的头发～得真好,又黑又亮。❷保护修理,使保持正常状

态:机器~得好,可以延长使用时间|汽车要经常注意~。

【近义词】❶调养/调理/保护

【构词】抱养/哺养/补养/奉养/抚养/供养/涵养/给(jǐ)养/寄养/教养/静养/疗养/领养/培养/赡养/侍养/收养/饲养/调养/喂养/休养/修养/驯养/营养

186 保障 丙

bǎozhàng (v. guarantee; n. safeguard)

[动]保护使不受损害:~安全|~群众利益|~民主|~供给|~运输|需要~|应该~妇女儿童的安全|不管多么困难也要~运输|我们要发展经济,~供给|《婚姻法》~了男女青年的婚姻自由。

[名]起保障作用的事物:军队是国家安全的~|经济发展,是提高人民生活水平的~|社会安定,使发展经济有了~。

【近义词】保证

【构词】故障/路障/魔障/孽障/屏障

187 保证(證) *乙

bǎozhèng (v. assure; n. guarantee)

[动]担保;担保做到:~时间|~质量|~重点|~生产|~完成|~服从|~努力|~不了|产品一定要~质量|在经费不足的情况下,首先要~重点|我们~一个月内完成任务。

[名]〈丙〉作为担保的事物:团结是取得胜利的~|他利用假期打工,使学费有了~|周密的计划是完成任务的~。

【近义词】保障

【构词】辨证/辩证/查证/党证/对证/反证/公证/见证/考证/例证/论证/旁证/票证/凭证/签证/求证/取证/人证/实证/伪证/物证/验证/引证/印证/罪证/作证

188 保重 丁

bǎozhòng (take care of oneself)

[动]希望别人注重身体健康:请多~|~身体|请多多~|千万~身体|其他的事少想,还是~身体要紧。

【提示】"保重"多用于对别人的祝愿、叮嘱。

【构词】笨重/比重/并重/侧重/超重/沉重/持重/繁重/负重/贵重/厚重/加重/借重/敬重/举重/看重/凝重/偏重/器重/轻重/深重/慎重/失重/体重/稳重/心重/严重/言重/倚重/载重/珍重/郑重/注重/庄重/着重/自重/尊重

189 堡垒(壘) 丁

〔部首〕土
〔笔画〕12

bǎolěi (fort)

[名]❶在重要地点修建的防守建筑物:~修好了|~炸掉了|坚固的~|修建~|阵地上的~|敌人修建的~相当坚固。❷比喻难于攻破的事物或不易改变原有立场的人:封建~|科学~|顽固~|坚强~|革命~|我们一定要攻下这一科学~|我一定要打破你脑子里的封建~|省里的领导班子成了领导全省人民发展经济的坚强~。

【近义词】❶碉堡

【构词】对垒/故垒/块垒/营垒

190 饱(飽) *甲

〔部首〕饣
〔笔画〕8

bǎo (full)

[形]❶满足了食量:吃~|不~|很~|~极了|早上应吃~|吃饭不应吃得

太～|～汉子不知饿汉子饥|一家三口过着吃不～穿不暖的日子。❷〈乙〉饱满：谷粒很～。❸〈丙〉足足地；充分：～经风霜|～尝艰苦|～读诗书|我们今天～餐一顿|这次旅行，他～览了中国的大好河山。

【近义词】❶撑

【反义词】❶饿/饥/饥饿；❷瘪

【构词】饱餐/饱尝/饱受/饱学/饱经风霜/饱食终日/饱以老拳

191 饱和 丁

bǎohé (saturated)

[形]在一定温度和压力下，溶液中所含溶质的量达到最大限度，不能再溶解；比喻事物达到最大限度：已经～|达到～|～状态|公共汽车上人员已经～，不能再上人了|这是一杯不～溶液|单位里的行政人员早已达到～状态。

【构词】不和/搀和/共和/缓和/讲和/搅和/宽和/乐和/谋和/暖和/平和/谦和/晴和/求和/劝和/融和/柔和/软和/失和/说和/随和/调和/温和/言和/议和/中和/总和

192 饱满(滿) 丁

bǎomǎn (full)

[形]充足；丰满：精神～|颗粒～|感情～|～的种籽|～的情绪|～的前额|不够～|他精神～地走上领奖台|运动员们情绪～，充满必胜的信心|今年的种籽颗粒～，一定能获得个好收成|这孩子～的前额，大大的眼睛，很是招人喜爱。

【近义词】充足/丰满/旺盛

【反义词】干瘪

【构词】爆满/不满/充满/丰满/美满/期满/完满/圆满/自满

193 宝(寶) 丙

〔部首〕宀
〔笔画〕8

bǎo (treasure)

[名]珍贵的东西：寻～|献～|粮食是～中之～|如今野菜也变成了～，被大饭店摆到了宴席上|那幅画是稀世之～。

【近义词】宝贝/宝物

【构词】宝塔/宝物/宝藏/宝座/宝刀不老

194 宝贝(貝) 丁

bǎobèi (treasure)

[名]❶珍奇的东西：寻找～|皇宫里的～|失去～|这枚金戒指是妻子的～|清朝皇宫里的许多～流散到了民间|他的～全在这里放着呢——三大本日记！❷对小孩儿的爱称：祖父母把小孙女当成心肝～儿|小～，快睡吧|你的小～长得真漂亮！

【提示】①"宝贝"有时用于讽刺，指无能而荒唐的人：这个人真是个活～！②"宝贝"多用于口语，书面语中多用"珍宝"。

195 宝贵(貴) 乙

bǎoguì (precious)

[形]极有价值，非常难得：特别～|越来越～|～的资料|～的精神|～的文化遗产|～品质|～思想|～经验|他为人民献出了～的生命|这是一笔～的精神财富|你给我们带来了～的经验|这些文化遗产是十分～的|请留下您的～意见。

【近义词】珍贵/可贵/名贵

196 宝剑(劍) 丁

bǎojiàn (a double-edged sword)

[名]原指稀有而珍贵的剑，后泛指一般的剑：一把～|佩带～|腰悬～|肩背～|抽出～|挥舞～|这把～值多少钱？|他是被～刺伤的|他使用的兵器是～|这把～十分锋利|他从剑鞘中抽出～。

【构词】击剑/佩剑

197 宝库（庫） 丁

bǎokù (treasure-house)

[名]储藏珍贵物品的地方，多用于比喻：知识～|戏剧～|科学～|艺术～|理论～|他的书房简直是一座知识的～|他整日遨游在京剧艺术的～里|在古代壁画艺术的～——敦煌，我停留了三个月。

【构词】仓库/车库/国库/金库/冷库/书库/水库/题库/血库

198 宝石 丙

bǎoshí (gem)

[名]颜色美丽、有光泽、透明、硬度高的矿石，可制成装饰品：镶～|嵌～|漂亮的～|红～|绿～|一块～|她的戒指上镶嵌着一块红～|这颗蓝～足有5克拉重|这条项链上的～真漂亮|这顶帽子上镶着七颗～。

【构词】磁石/化石/基石/礁石/金石/矿石/料石/砂石/沙石/岩石/玉石/陨石/柱石/钻石

199 抱 *甲

〔部首〕扌
〔笔画〕8

bào (hold with both arms)

[动]❶用手臂围着：～孩子|～着|～不动|～不了|她～着一个小女孩|孩子～着一只小狗|包袱太重，我～不动|他～着一大堆书|她激动得紧紧～住妈妈。❷〈丙〉心里存着：孩子们～着远大理想|～着试一试的心情，我走进校长办公室|我对将来不～任何幻想|你对这件事～什么态度？❸〈丁〉初次得到（儿子或孙子）：听说你～孙子了？|我没有～孙子的福气|真羡慕你～了个大胖小子。

【近义词】❷怀着

【构词】抱病/抱不平/抱粗腿/抱佛脚/抱憾/抱恨/抱愧/抱拳/抱团/抱养/抱罪/抱残守缺/抱头鼠窜

200 抱负（負） 丁

bàofù (aspiration)

[名]远大的志向：有～|远大～|没有～|施展～|自己的～|他有着远大～|他的政治～没有得到施展|我没有什么宏伟的～，只是一个平凡的人|他有理想，有～，是个很有前途的青年。

【近义词】理想/志向/雄心

【构词】背负/担负/辜负/肩负/欺负/胜负/重负/自负

201 抱歉 乙

bàoqiàn (sorry)

[形]心中不安，觉得对不住别人：感到～|非常～|表示～|实在～|～得很|～的神情|～的语气|～的话|很～，你托我买的书没买到|你不用说什么～的话，你没有错|他曾对我表示～，我已经原谅他了。

【近义词】负疚/歉疚

【构词】道歉/致歉

202 抱怨 丁

bàoyuàn (complain)

[动]心中不满，数说别人不对；埋怨：互相～|事事～|爱～|招来～|不停地～|暗中～|～上级|～父母|～天，～地|～学校|～了好久|～的情绪|

～的结果｜她～物价涨得太快｜他只敢在背后～，当面一句话不敢说｜他～我没关窗户，结果风把玻璃刮碎了｜你带着这种～的情绪怎么能把工作做好？｜你别再～他了，他已经够苦恼了。

【近义词】埋怨/怨恨/责怪

【构词】哀怨/仇怨/恩怨/闺怨/积怨/结怨/旧怨/埋怨/民怨/私怨/宿怨/嫌怨/幽怨/任劳任怨/天怒人怨

203 报(報) 甲

〔部首〕扌
〔笔画〕7

bào (newspaper)

[名]报纸：读～｜看～｜念～｜买～｜卖～｜订～｜登～｜剪～｜办～｜今天～上登了一条重要新闻｜这份小～办得很有特色｜今天的～没来｜～卖光了。

【构词】报案/报表/报偿/报德/报恩/报废/报关/报国/报捷/报警/报幕/报丧/报时/报数/报喜/报效/报信/报应/报章/报账

204 报 丙

bào (report)

[动]告诉；通知：～名｜～信儿｜～账｜～警｜没～上名｜他中奖了，可是播音员没～他的名｜请你给老王家～个信儿，他住院了｜电台每隔一小时～一次时间｜这月的生产情况，车间里还没～上来。

205 报仇 丙

bào chóu (revenge)

采取行动打击仇敌：找他～｜为他～｜给你～｜报了仇｜替我～｜报不了仇｜不～｜要～｜想～｜为了～｜一定～｜报什么仇｜你一定要替我～｜我不是不想～，是报不了仇｜为了～，他苦练杀敌本领｜他怀着为家人～的目的，参加了军队｜只要能～，我什么危险也不怕。

【近义词】报复

【反义词】报恩

【提示】离合词，中间可插入其他成分，如：报不了仇｜报过仇。

【构词】恩仇/复仇/记仇/家仇/结仇/前仇/世仇/私仇/宿仇/血仇/冤仇/怨仇

206 报酬 丙

bàochou (reward)

[名]作为代价付给的钱或物：没有～｜得到～｜不要～｜领取～｜不给～｜你的～｜～很高｜～的多少｜我并不计较～的多少，但是不给～是不应该的｜这家公司给的～很高｜如果节日加班，可以得到日工资三倍的～｜在这里工作是义务的，没有～。

【近义词】酬金/工资/酬劳

【提示】"酬"的左边是"酉"，不能写成"西"。

【构词】稿酬/计酬/应酬

207 报答 丁

bàodá (repay)

[动]用行动来表示感谢：～父母｜～你｜～养育之恩｜～你的关心｜没能～｜一定～｜～不了｜我一定要～你的恩情｜我真不知道该怎样～你的关心｜您的养育之恩我一辈子也～不完。

【近义词】酬谢/报酬/报偿

【提示】"报答"的宾语多为抽象事物，如"恩情"、"关心"、"培养"等。

【构词】酬答/对答/回答/解答/问答/应答

208 报到 乙

bào dào (report for duty)

向组织报告自己已经来到：去～｜还没～｜已经～｜他～了｜报了到｜报过到｜报什么到｜报不了到｜去学校～｜已经开学10天了，他还没来～｜我已经报过到了｜我们应该去哪儿～？｜请在对面的办公室～｜你就是本单位的人，还报什么到啊｜你等一等，我报个到就来。

【近义词】签到

【构词】迟到/达到/得到/等到/独到/赶到/感到/接到/老到/临到/签到/遇到/遭到/直到/周到/面面俱到/先来后到

209 报道/报导(導) 乙

bàodào/bàodǎo (v. report; n. news report)

[动]通过报纸、广播、电视等形式，把新闻告诉群众：～消息｜～新闻｜～市场情况｜～先进事迹｜～一下｜～了两回｜～的内容｜电台～｜报纸～｜给予～｜同意～｜能～｜不准～｜具体地～｜公开～｜～的语言｜现场～｜进行～｜报纸上～了台风要来的消息｜广播电台～了他的英雄事迹｜～地震灾害的新闻我已经听了两回｜他在春节联欢晚会上进行了现场～｜这条消息在明天的报纸上～｜你最好把他的事迹更具体地～一下。

[名]用书面或广播的形式发表的新闻稿：写～｜刊登～｜发表～｜读～｜研究～｜报纸上的～｜新华社的～｜他写了一篇很出色的～｜你听新华社的～了吗？｜这篇～的语言很有特色。

【近义词】通讯

【提示】“报道”与“报导”通用。

210 报复(復) 丙

bàofù (v. retaliate; n. revenge)

[动]对批评过或损害过自己利益的人进行打击：～提意见的人｜可能～｜会～｜开始～｜不要～｜～的原因｜～了一次｜受到～｜凶狠地～｜他对写匿名信的人进行了残酷的～｜他可能要～，你小心点儿。

[名]指对人进行报复的行为：他的～行动进行得很隐秘｜这是一种～｜我有办法对付他的～。

【近义词】复仇/回击

【反义词】原谅

【提示】“复”字下面是“夂”，不是“又”。“报复”的“复”可读轻声。

【构词】重复/答复/电复/反复/光复/恢复/回复/康复/批复/平复/收复/修复/万劫不复

211 报告 乙

bàogào (v./n. report)

[动]把事情或意见正式告诉上级或群众：向你～｜～给首长｜～政府｜～上级｜～领导｜～消息｜～情况｜～成绩｜～结果｜～得很详细｜～了很长时间｜～两次｜～一回｜简单～｜～的内容｜他详细地～了工作情况｜今年的财政收支应向上级～｜关于灾区的情况他～得很详细。

[名]用口头或书面形式所作的正式陈述或阐述：书面～｜口头～｜学术～｜作～｜写～｜打～｜他来我们学校作过形势～｜我向领导打了一份辞职～｜他的学术～十分精彩。

【近义词】[动]汇报/上报/呈报/通报；[名]汇报

【构词】哀告/被告/禀告/布告/祷告/电告/讣告/公告/广告/警告/控告/求告/劝告/上告/通告/文告/诬告/宣告/央告/预告/原告/转告/正告/忠告/无可奉告

212 报刊 丙

bàokān (newspaper and periodicals)

[名]报纸和杂志的总称：～资料|～摘要|这个阅览室～很多|我家有很多旧～|我很喜欢看～文摘。

【构词】半月刊/创刊/丛刊/复刊/副刊/季刊/期刊/书刊/特刊/停刊/旬刊/月刊/增刊/周刊/专刊

213 报考 丁

bàokǎo (enter oneself for an examination)

[动]报名投考：～剧团|～大学|已经～|停止～|不准～|能～|开始～|他分数太低，不能～这所大学|他已经～了舞蹈学院，怎么又～戏剧学院？|这里已经停止～，到别处看看怎么样？

【提示】"报考"的意思更偏重于"报名"，如：我已经～了民族学院，下个月参加考试。

【构词】备考/补考/参考/查考/大考/待考/高考/监考/期考/思考/投考/招考/主考

214 报名 乙

bào míng (enter one's name)

报上自己的名字，表示愿意参加某种活动或组织：去～|到学校～|给你～|为他～|～的人|～的队伍|人太多，我没报上名|他已经报过名了|我今天太忙，请你替我报一下名好不好？|那个公司招考雇员，我已经去报了名了。

【提示】离合词，中间可以插入其他成分，如：报不上名|报了名|报个名。

【构词】笔名/别名/成名/驰名/出名/除名/大名/点名/法名/浮名/功名/沽名/挂名/官名/化名/假名/联名/骂名/冒名/美名/命名/奶名/匿名/齐名/起名/签名/乳名/声名/盛名/署名/俗名/提名/题名/同名/托名/威名/闻名/无名/小名/姓名/虚名/学名/扬名/艺名/译名/有名/知名/指名/著名/专名/罪名/欺世盗名/师出无名/一文不名/隐姓埋名

215 报社 丙

bàoshè (newspaper office)

[名]编辑和出版报纸的机构：《人民日报》～|一家～|～的编辑|～记者|～的工作|很多～|他在～工作|这条街上有一家大～|我是～的编辑。

【构词】茶社/公社/合作社/结社/旅社/旅行社/通讯社

216 报销(銷) 丁

bàoxiāo (submit an expense account)

[动]❶把领用的钱款或收支账目开列清单，报告财务部门清结销账：不能～|不给～|到财务处～|我去～|～不了|～差旅费|～机票|你这张发票不能～|你的旅费～了吗？❷比喻从现有的人或物中除掉(多含诙谐意)：那天去海里游泳，我脚抽筋，差点儿给～了|两个暖瓶被踢倒了，一下子全～了。

【近义词】❶报账/销账

【构词】包销/插销/产销/畅销/撤销/代销/吊销/返销/供销/勾销/购销/花销/经销/开销/内销/倾销/试销/统销/推销/脱销/外销/展销/滞销/注销/实报实销/一笔勾销

217 报纸(紙) 乙

bàozhǐ (newspaper)

［名］以国内外社会、政治、经济、文化等新闻为主要内容的散页的定期出版物：卖～｜买～｜看～｜取～｜订～｜出版～｜送～｜旧～｜新～｜地方～｜一份～｜～上｜今天～上有什么重要消息？｜送～的怎么还不来？｜这个月的～你订了吗？｜我每天吃完晚饭一定要看一个小时的～。

【近义词】报/报刊

【构词】玻璃纸/布纹纸/餐巾纸/草纸/打印纸/复写纸/复印纸/稿纸/剪纸/蜡纸/马粪纸/绵纸/牛皮纸/烧纸/手纸/铜版纸/图纸/卫生纸/吸墨纸/新闻纸/信纸/宣纸/油纸/镇纸/状纸/字典纸

218 暴动(動) 丁

〔部首〕日
〔笔画〕15

bàodòng (v. rebel; n. rebellion)

［动］阶级或集团为了破坏当时的政治制度、社会秩序而采取武装行动：农民～｜武装～｜工人～｜要～｜可能～｜发生～｜引起～｜参加～｜支持～｜组织～｜工人～失败了｜这次农民发生～的原因还不太清楚｜灾荒引起了农民～｜他们不支持～。

［名］指阶级或集团为破坏政治制度等而采取的武装行动：一场～｜农民的～取得了胜利｜这场大～影响深远。

【近义词】起义/起事/举事/造反

【提示】暴，姓。

【构词】暴病/暴发/暴风雪/暴风雨/暴光/暴君/暴利/暴烈/暴乱/暴虐/暴死/暴徒/暴行/暴雨/暴躁/暴政/暴卒/暴跳如雷

219 暴风骤雨(風驟) 丁

bào fēng zhòu yǔ (violent storm)

表示来势急猛的风雨，也常比喻声势浩大发展迅猛的事物：很久没有这样的～了｜这场～来势凶猛，但去得很快｜礼堂里响起了～般的掌声。

【近义词】狂风暴雨/急风暴雨

【提示】“暴风骤雨”是个固定结构，“…风…雨”中可插入意义相近的语素，如“和风细雨”、“呼风唤雨”、“急风暴雨”、“凄风苦雨”、“轻风细雨”等。

【构词】暴雨/暴风雨/春雨/大雨/风雨/雷雨/雷阵雨/毛毛雨/梅雨/牛毛雨/透雨/喜雨/小雨/烟雨/阴雨/云雨/阵雨/中雨/春风化雨/翻云覆雨/和风细雨/呼风唤雨/急风暴雨/满城风雨/密云不雨/凄风苦雨/枪林弹雨/栉(zhì)风沐雨

220 暴力 丁

bàolì (violence)

［名］强制的力量；武力：～行动｜一种～｜必须用～来对付敌人｜他们采取了～行动｜军队、警察、法庭对于敌对阶级是一种～。

【构词】臂力/兵力/不力/才力/财力/吃力/出力/畜力/大力/胆力/得力/电力/鼎力/动力/独力/耳力/法力/肥力/费力/奋力/风力/功力/国力/合力/活力/火力/极力/脚力/角力/接力/竭力/尽力/精力/酒力/军力/苦力/拉力/劳力/量力/马力/卖力/猛力/勉力/民力/魔力/耐力/脑力/内力/能力/努力/拼力/魄力/气力/潜力/权力/全力/热力/人力/神力/生产力/生命力/省力/实力/势力/视力/水力/死力/体力/听力/通力/外力/腕力/威力/握力/无力/武力/物力/吸力/惜力/下力/效力/协力/学力/压力/眼力/药力/毅力/引力/用力/有力/余力/张力/致力/智力/重力/主力/阻力/不遗余力/同心协力/无能为力/助一臂之力/九牛二虎之力

221 暴露 丙

bàolù (expose)

[动]隐蔽的事物、缺点、矛盾、问题等显露出来：～秘密｜～目标｜～思想｜～身份｜～真相｜～本来面目｜～无遗｜～出来｜不要～｜不应～｜不准～｜防止～｜避免～｜她害怕～自己的身份｜他从来不向别人～思想｜为了避免～目标，他们一动不动地卧在草丛中。

【近义词】揭露/泄露/败露/露馅儿/披露/走露

【反义词】隐藏/隐蔽

【提示】“暴露”的“露”不能读成 lòu。

【构词】败露/表露/揭露/流露/裸露/披露/袒露/透露/吐露/外露/显露/泄露/雨露

222 暴雨 丙

bàoyǔ (rainstorm)

[名]大而急的雨：一场～｜下～｜有～｜昨天下了一场～｜今年夏天～很多｜～对庄稼不利｜据天气预报，今天下午有～。

223 爆 丁

〔部首〕火
〔笔画〕19

bào (explode)

[动]猛烈破裂或迸出：～起｜～出｜敲打石头的时候，～出许多火星｜汽车轮胎～了｜自行车带～了｜气球～了｜今天吃～炒鸡丁。

【近义词】炸/崩/迸裂

【构词】爆豆/爆肚/爆发力/爆发音/爆花/爆冷门/爆裂/爆满/爆仗

224 爆发(發) 丙

bàofā (erupt; burst out; break out)

[动]力量、情绪等突然发作；事变突然发生：火山～｜突然～｜～欢呼声｜～掌声｜怒气～｜起义～｜～工人罢工｜～革命｜～战争｜可能～｜～得很突然｜剧场里～出雷鸣般的掌声｜他的满腔怒火一下子～出来｜铁路行业～了工人罢工｜沉睡了几十年的火山突然～了。

【近义词】突发/发生

225 爆破 丁

bàopò (blow up)

[动]用炸药炸毁岩石、建筑物等：～大桥｜～大楼｜～堡垒｜～得很巧妙｜～得很彻底｜进行～｜同意～｜很难～｜～桥梁的工作正在进行｜要在山上修公路，首先得把岩石～掉。

【近义词】炸毁

【构词】残破/打破/道破/点破/读破/攻破/击破/看破/识破/说破/突破/侦破

226 爆炸 丙

bàozhà (explode)

[动]物质急剧发生变化，并同时发生大量能量和巨大声响：炮弹～｜地雷～｜锅炉～｜引起～｜造成～｜突然～｜猛烈～｜～的原因｜～的碎片｜炮弹～后的碎片，击伤了他的头部｜锅炉～损失了几十万元｜飞机～的原因还没有弄清。

【近义词】轰炸

227 爆竹 丁

bàozhú (firecracker)

[名]也称炮仗或爆仗，用纸把火药卷起来，用火点燃后爆裂发声的东西，多用于喜庆事和春节时：买～｜点～｜放～｜目前许多大城市已经禁止春节

放～｜因放～而造成眼睛受伤，每年都有许多起｜你放的～真响，吓死人！

【构词】斑竹/腐竹/箭竹/空竹/毛竹/墨竹/石竹/水竹/文竹/湘竹/修竹/紫竹/势如破竹/胸有成竹

228 **杯** *甲 〔部首〕木 〔笔画〕8

bēi (n./m. cup)

[名]❶盛饮料或其他液体的器具，一般容积不大：茶～｜酒～｜水～｜保温～｜高脚～｜那种玻璃酒～很好看｜把茶倒在那个～子里。❷〈丁〉杯状的锦标：奖～｜银～｜金～｜他获得了乒乓球锦标赛的金～｜他在比赛中得了冠军，捧回个大奖～。

[量]用于杯子：一～茶｜两～酒｜我已经喝了三～茶｜我再喝一～就不喝了，不然我会醉的｜我要一～咖啡，不放糖。

【近义词】盅/碗

【构词】杯弓蛇影/杯盘狼藉/杯水车薪

229 **杯子** 甲

bēizi (cup)

[名]盛饮料或其他液体的器具，一般容积不大：～碎了｜买～｜玻璃～｜～把儿｜请在～里放点儿糖｜这个～真漂亮｜这个～的把儿摔掉了｜他把～打碎了。

230 **碑** 乙 〔部首〕石 〔笔画〕13

bēi (stele)

[名]刻着文字或图画，竖立起来作为纪念物的石头：一块～｜石～｜界～｜里程～｜纪念～｜那个亭子里有一块清代的石～｜这块～上的～文已经不清楚了｜他的坟前没有墓～。

【构词】碑刻/碑林/碑铭/碑帖/碑亭/碑文/碑座

231 **悲哀** 丙 〔部首〕心 〔笔画〕12

bēi'āi (sorrowful)

[形]伤心：很～｜感到～｜忘掉～｜越来越～｜控制～｜他～地低下了头｜心中的～是无法形容的｜她控制着自己的～，反而来安慰我｜他说话时露出了～的神色。

【近义词】悲伤/伤心/难过/忧伤/悲痛/悲切/凄切/哀伤

【反义词】高兴/开心/愉快/欢乐/欢喜/喜悦

【提示】"悲哀"多用于书面语中，口语常说"难过"。

【构词】悲愁/悲悼/悲歌/悲号/悲苦/悲凉/悲鸣/悲戚/悲凄/悲泣/悲切/悲秋/悲思/悲酸/悲叹/悲辛/悲壮/悲欢离合/悲天悯人

节哀/举哀/默哀/凄哀/致哀

232 **悲惨**(慘) 丁

bēicǎn (miserable)

[形]处境及遭遇极其痛苦，令人伤心：命运～｜处境～｜很～｜觉得～｜哭得～｜～的生活｜～的场面｜他一家的生活很～｜这部小说描写了一个少女的～命运｜看到那～的场面，谁也不能不落泪。

【近义词】凄惨/惨痛/惨伤/悲哀

【反义词】欢喜/欢乐/欢快/开心/愉快/愉悦

233 **悲愤**(憤) 丁

bēifèn (grieved and indignant)

[形]悲痛愤怒：满怀～｜满腔～｜充满～｜强忍～｜满脸～｜～交加｜～的神色｜～的目光｜～地说｜他的心中充满～｜他满腔～，激烈陈辞｜他强忍住～的感

情，对大家说：我们再也不能这样活下去了｜他的脸上流露出～的神色。

【近义词】悲壮/气愤/悲痛/沉痛

【构词】发愤/愤愤/感愤/公愤/积愤/激愤/民愤/气愤/私愤/羞愤/义愤/忧愤/怨愤/泄愤

234 悲观（觀） 丙

bēiguān（pessimistic）

［形］精神颓丧，对事物的发展缺乏信心：很～｜不要～｜思想～｜态度～｜变得～｜感到～｜太～｜～的心情｜～的态度｜～地说｜他最近变得很～｜你对前途不要太～，努努力还是大有希望的｜你不该对事情总抱～的态度｜要克服～情绪，把精神振作起来。

【近义词】失望

【反义词】乐观

【构词】参观/达观/改观/概观/宏观/景观/静观/可观/客观/乐观/美观/旁观/奇观/世界观/通观/外观/微观/围观/雅观/直观/主观/壮观/综观/纵观/等量齐观/冷眼旁观/蔚为大观/袖手旁观/作壁上观

235 悲剧（劇） 丁

bēijù（tragedy）

［名］戏剧的主要类别之一，以主人公的悲惨结局为其基本特点。常比喻不幸的遭遇：上演～｜造成～｜写～｜演～｜发生～｜制造～｜～演员｜～作家｜～结局｜一场～｜一出～｜我喜欢看～｜她最适于演～｜他是个有名的～演员｜这场人生～是你一手造成的｜由于车祸，造成了一家人的～｜历史的～又重演了。

【反义词】喜剧

【构词】编剧/惨剧/丑剧/歌剧/话剧/京剧/连续剧/名剧/闹剧/舞剧/喜剧/戏剧/笑剧/新剧/哑剧/演剧/杂剧/正剧

236 悲伤（傷） 丁

bēishāng（sad）

［形］伤心难过：很～｜十分～｜充满～｜忍住～｜感到～｜无限～｜过分～｜别～｜不要～｜～的感情｜～地说｜～的曲调｜～地哭着｜你不要太～了｜他忍住～，默默地工作｜过分～对身体不利｜看到她那样～，我也流下了眼泪｜他看着我，眼里流露出～的神色。

【近义词】伤心/难过/悲痛/感伤/悲切/悲哀

【反义词】欢乐/欢快/开心/愉快/快活/快乐

【提示】多用在书面语中，口语里一般说“难过”。

【构词】哀伤/创伤/挫伤/刀伤/冻伤/负伤/感伤/工伤/内伤/轻伤/杀伤/烧伤/受伤/死伤/损伤/他伤/烫伤/外伤/误伤/养伤/忧伤/中伤/重伤/救死扶伤/两败俱伤

237 悲痛 乙

bēitòng（grieved）

［形］伤心：很～｜别～｜不要～｜强忍～｜～的心情｜～地说｜他的死，使我们万分～｜他强忍～，料理着母亲的后事｜你的～心情，我很理解｜要化～为力量，努力工作才对。

【近义词】悲伤/伤心/难过/沉痛/悲哀/悲切/惨痛

【反义词】快乐/快活/欢乐/欢快/欢喜/愉快/开心

【提示】“悲痛”常用于书面语中，口语中一般说“伤心”或“难过”。

【构词】哀痛/病痛/惨痛/沉痛/剧痛/

苦痛/忍痛/伤痛/疼痛/头痛/隐痛/阵痛/切肤之痛/痛定思痛

238 **背** *乙 〔部首〕月 〔笔画〕9

bēi (carry on the back)

[动]❶用脊背驮东西：～粮食｜～书包｜～不动｜～得动｜～不了｜～上｜～一次｜～一百斤｜不～｜孩子们～着书包去上学｜这么多包儿我实在～不了，你能不能帮帮忙？｜～50斤没有问题，～100斤恐怕～不动。❷〈丁〉负担，多指抽象事物：你～的思想包袱太重，应该放下包袱，轻装前进｜他～了很重的债｜这个责任我还～得起｜你干了坏事让我～黑锅，我才不干！

【近义词】驮/扛/负/担负

【反义词】抱

【提示】"背"又读作bèi，见第247条。

【构词】背包袱/背带/背负/背黑锅

239 **卑鄙** 丁 〔部首〕十 〔笔画〕8

bēibǐ (base; mean contemptible)

[形]语言、行为恶劣，不道德：～无耻｜很～｜为人～｜～的伎俩｜～的行为｜～的人｜他的行为太～了｜他是一个～无耻的小人｜这样～的话你也说得出口？｜他～地出卖了朋友。

【近义词】无耻/下流

【反义词】高尚/高贵/崇高

【构词】卑贱/卑劣/卑怯/卑屈/卑琐/卑微/卑污/卑下/卑躬屈膝

240 **北** 甲 〔部首〕丨 〔笔画〕5

běi (north)

[名]四个主要方向之一，早上面对太阳时左手的一边：～方｜～面｜～边｜～屋｜～房｜～院｜～风｜城～｜往～｜冲～｜汽车一直往～开｜他家住三间～房｜今天一早忽然刮起了大～风｜西～风一吹，真够冷的。

【近义词】北边/北面/北方

【反义词】南

【提示】北，姓。

【构词】北半球/北斗星/北方话/北寒带/北极/北极光/北极圈/北极星/北极熊/北纬/北温带

241 **北边**(邊) 甲

běibiān (the northern side)

[名]早上面对太阳时左手的那一边：在～｜往～｜去～｜往～走｜～的房子｜～的街道｜操场～有篮球架｜我家住商店～｜～是一片树林｜我往～一看，见他正急匆匆地走来。

【近义词】北/北面/北头儿

【反义词】南边

【提示】"北边"口语中常儿化。可指某处所以北，如：我家在医院～。也可指某处所内的北部，如：礼堂里～有个大舞台。

【构词】半边/擦边/底边/东边/多边/滚边/后边/花边/靠边/里边/两边/溜边/毛边/没边/南边/那边/旁边/前边/上边/身边/手边/四边/天边/贴边/外边/无边/西边/下边/一边/右边/沾边/着(zháo)边/左边

242 **北部** 乙

běibù (north)

[名]指某地方范围内的北边：中国～｜河南省～｜～地区｜黑龙江省位于中国～｜河南省～多山｜河北省～的大平原适于种植小麦、玉米。

【近义词】北边/北面

【反义词】南部

【提示】"北部"仅指某地方范围内的北边，不能指某处所或某地方以北。如：内蒙古在中国的北部/×内蒙古在河北省的北部。(应为“北边”)。

【构词】本部/残部/东部/干部/旧部/局部/俱乐部/门市部/南部/内部/全部/司令部/外部/西部/学部/支部/中部

243 北方 *乙

běifāng (north)

[名]❶指方向,北:～的天空|～的树林|向～开|指着～|遥望～|～的天空布满乌云|列车向～开去|他用手指着～说,那里是我的家乡。❷〈丙〉北部地区,指中国黄河流域及其以北的地区:～人|～话|～菜|～风俗|～习惯|过春节吃饺子是～人的风俗|～菜都比较咸|～话和南方话有很大不同。

【近义词】北/北部

【反义词】南方

【构词】乘方/处方/敌方/地方/对方/多方/反方/官方/后方/买方/卖方/南方/男方/女方/前方/上方/双方/四方/塌方/土方/我方/西方/下方/远方/正方/四面八方

244 北面 乙

běimiàn (north)

[名]北边:～墙|～天空|～的树林|在～|商店～有一家旅馆|停在～的那辆车是我的|～是一片玉米地|屋子～那堵墙坏了。

【近义词】北边/北头儿

【反义词】南面

【提示】“北面”可指某处以北,如:屋子～有片菜地。也可指某处所以内的北部,如:院子里～有两棵树,南面种了许多花。

【构词】版面/背面/被面/表面/侧面/场面/炒面/出面/当面/地面/店面/东面/断面/对面/反面/方面/封面/海面/后面/画面/会面/见面/脚面/局面/里面/脸面/露面/路面/满面/门面/明面/谋面/南面/碰面/片面/平面/扑面/前面/情面/球面/全面/扇面/上面/世面/市面/手面/书面/水面/四面/体面/头面/外面/晤面/西面/席面/下面/相面/削(xiāo)面/斜面/颜面/阳面/仰面/一面/阴面/迎面/照面/正面/桌面/左面/春风满面/出头露面/独当一面/改头换面/庐山真面/抛头露面/蓬头垢面/网开一面/洗心革面/油头粉面

245 辈(輩) 丙

〔部首〕车
〔笔画〕12

bèi (n. generation in family; m. lifetime)

[名]指家族、亲友之间的世系次第,辈分:长～|晚～|小～|老前～|同～|小一～|大一～|我是他爷爷,是他的长～|我们是同～人,所以说话特别投机|在长～面前应该有礼貌|你们小一～的人应该多向前～学习。

[量]一世或一生:一～子|上半～子|下半～子|前半生坎坎坷坷,后半～子应该顺当些了|不能白活一～子,应该做出点儿成绩来|三～人共同生活在一起。

【构词】辈出/辈分/辈数/辈子

246 背 *乙

〔部首〕月
〔笔画〕9

bèi (back)

[名]❶身体的一部分,部位跟胸和腹相对:后～|～部|～上|他～上背(bēi)着一个书包|他的～部受伤了|你衣服后～上有个墨点儿。❷〈丙〉某些物体的反面:手～|刀～|纸～|～面|纸的～面写着一首诗|他的手～都冻裂了。

【提示】"背"bèi 作动词时的意思是:①背诵:~书|~课文|死~|~不下来|~错了|~得好|他很喜欢~诗|这么快就~下来了?|老师天天让我们~课文|他利用走路的时间~英语单词。②躲避;瞒:他干什么事都~着我|我没做什么~人的事|他总是当面一套,~后一套。"背"又读作 bēi,见第 238 条。

【构词】背不住/背地里/背光/背悔/背脊/背静/背靠背/背离/背篓/背气/背弃/背人/背时/背书/背兴/背阴/背影/背约/背道而驰/背井离乡/背信弃义

247 背包 丙

bèibāo (knapsack)

[名]背在肩上或背(bèi)上的包儿,用布、皮或塑料等制成:一个~|买~|背(bēi)~|红~|她有一个十分漂亮的白~|那个~是人造革的,不是皮的|这种皮~很贵|你的~坏了。

【近义词】包/挎包

【构词】草包/承包/打包/掉包/鼓包/挂包/荷包/红包/坏包/挎包/麻包/面包/脓包/皮包/蒲包/钱包/沙包/山包/书包/提包/土包/腰包/衣包/邮包

248 背后(後) *乙

bèihòu (behind)

[名]❶后面:山~|人~|我一直站在你~|这山~有一片树林|我在他~使劲一推|枪口从~对准了他|风从~吹来。❷〈丙〉不当面:有话要当面说,不要~乱说|当面是人,~是鬼|不要在~搞小动作|~议论别人是不好的习惯。

【近义词】❶后面/后边;❷背地/背地里

【反义词】❶前面;❷当面

【构词】产后/此后/敌后/殿后/断后/而后/尔后/过后/今后/久后/绝后/落后/幕后/前后/然后/日后/善后/身后/事后/随后/往后/午后/先后/以后/战后/之后/最后/茶余饭后/承先启后/惩前毖后/鸡口牛后/空前绝后/思前想后/瞻前顾后/争先恐后

249 背景 *丙

bèijǐng (background)

[名]❶舞台上的布景或照片图画里衬托主体的景物:设计~|移动~|选取~|~的颜色|~明快|~模糊不清|这张照片的~真漂亮|这幅画的~是一片树林|舞台上的~是一条商店林立的街道。❷〈丁〉对人或事件起作用的历史或现实环境:历史~|社会~|政治~|家庭~|~情况|~材料|这个人的政治~不太清楚|这部电影故事的社会~是30年代的上海|请你讲一讲这次事故发生的~情况。

【构词】布景/场景/风景/光景/近景/美景/内景/年景/盆景/前景/情景/秋景/取景/全景/山景/胜景/图景/外景/晚景/野景/夜景/应景/远景/良辰美景

250 背面 丁

bèimiàn (the back)

[名]跟正面相反的一面:纸~|书~|桌子~|衣服~|桌子~的木头坏了|书包~写着他的名字|这些纸正面写了字,~还可以用。

【反义词】正面

251 背叛 丁

bèipàn (betray)

［动］背离；叛变：～祖国｜～人民｜～事业｜～他｜～民族｜～家庭｜～朋友｜彻底～｜坚决～｜勇敢～｜公开～｜他～了祖国，～了人民，向敌人投降了｜他勇敢地～了封建家庭｜你不能～朋友｜他～了自己一生的事业。

【近义词】叛变/叛离/反叛

【反义词】归顺/忠于

【构词】反叛/谋叛/平叛/招降纳叛

252 **背诵**（誦） 丙

bèisòng (recite)

［动］凭记忆一字不差地说出读过的文字：～诗歌｜～课文｜～文章｜～一遍｜～一段｜～得清楚｜～得快｜～完了｜认真～｜这篇文章你要把它～下来｜她～得真好｜这首诗你能～吗？｜我教他～唐诗｜～外语诗歌是学习外语的一个好方法。

【近义词】背

【构词】传诵/歌诵/朗诵/吟诵/过目成诵

253 **背心** 丙

bèixīn (a sleeveless garment)

［名］不带袖子和领子的上衣：一件～｜新～｜旧～｜毛～｜棉～｜织～｜我的～｜你的～破了｜他的～很漂亮｜青年足球队队员的～全是红色的。

【提示】“背心”在口语中常儿化。

254 **贝壳**（貝殼） 丁　［部首］贝　［笔画］4

bèiké (shell)

［名］贝类的硬壳：漂亮的～｜一堆～｜一个～｜拾～｜这个～做的工艺品真漂亮｜我在沙滩上捡到一个特别好看的～｜今天我在海边拾了一大堆～。

【构词】贝雕/贝母

弹壳/地壳/甲壳/卡壳/脑壳/躯壳/椰壳

255 **倍** 甲　［部首］亻　［笔画］10

bèi (times)

［量］跟原数相等的数，某数的几倍就是用几乘某数：8是4的两～｜今年的考生人数是去年的三～｜这个厂工人的平均收入是7年前的20～。

【提示】“增加一倍”也常说“翻了一番”。

256 **倍数**（數） 丁

bèishù (multiple)

［名］一个数能够被另一个数整除，这个数就是另一个数的倍数。如15能够被3和5整除，因此15就是3的倍数，也是5的倍数。一个数除以另一个数所得的商，也叫倍数。如：a÷b=c，c就是倍数，a是b的c倍。

257 **备用**（備） 丁　［部首］夂　［笔画］8

bèiyòng (reserve)

［动］准备着供随时使用：～物资｜多买些纸张～｜没有～物资是不行的｜这些粮食是～的。

【构词】备案/备办/备不住/备查/备份/备耕/备荒/备件/备考/备课/备料/备忘录/备战/备置

不用/采用/常用/代用/盗用/顶用/动用/费用/副作用/功用/公用/管用/惯用/合用/活用/急用/家用/借用/军用/滥用/利用/零用/留用/录用/民用/耐用/挪用/聘用/起用/任用/日用/食用/实用/使用/适用/试用/套用/通用/享用/信用/选用/沿用/引用/应用/有用/运用/占用/重用/专用/租用/作用

258 **被** 甲　［部首］衤　［笔画］10

bèi (prep. *used in a passive sentence to introduce the doer of the action*)

[介]用在句中表示主语是受事(施事放在"被"字后,但常省略):他~(大家)选为班长|她~人从河里救出来了|他不甘心~剥削|不~人们理解是很痛苦的|我的收音机~他弄坏了|我的车~人借走了|我~吵醒了。

【提示】①"被"字的偏旁是"衤",不是"礻"。②在口语中被字句的动词前有时可加"给",与不加"给"时意义相同,如:他的自行车~小偷给偷走了。

【构词】被乘数/被除数/被动式/被害人/被里/被面/被褥/被套/被窝/被罩

259 被动(動) 丙

bèidòng (passive)

[形]待外力推动才行动;不能使事情按照自己的意图进行:~地说|~地工作|~地交往|~的局面|工作~|很~|感到~|摆脱~|陷入~|他~地同意了我的要求|你应该尽快改变这种~局面,振作起来|使敌人处于~挨打的地位。

【近义词】消极/被迫

【反义词】主动

260 被告 丁

bèigào (the accused)

[名]在案件中被控告的人,也叫被告人:他是~|作为~|~缺席|~没有出庭|~被罚款|他是~的辩护律师|~缺席,审判无法进行。

【反义词】原告

261 被迫 丙

bèi pò (be forced)

身不由己,被强迫做某事:~同意|~答应|~参加|~宣布|~放弃|我~放弃对孩子的抚养权|他~同意了这个条件|她~做出了这个决定。

【近义词】被动/消极

【反义词】自愿/主动

【构词】逼迫/急迫/紧迫/强迫/压迫/从容不迫

262 被子 乙

bèizi (quilt)

[名]睡觉时盖在身上的东西,有被里、被面,中间装上棉花或丝棉等:一床~|一条~|新~|花~|做~|买~|盖~|拆~|我有三床~|我不会做~|你的~该拆洗一下了|这条~的被面和我那条一样。

263 奔 丙

〔部首〕大
〔笔画〕8

bēn (run quickly)

[动]奔走;急跑:狂~|~跑|~驰|飞~|马群在草原上狂~|他拿着钱~向药店,去给妈妈买急用的药|他~跑起来像一头猎豹。

【近义词】跑

【提示】①一般不单用。②"奔"又读作 bèn,见第 281 条。

【构词】奔波/奔放/奔赴/奔忙/奔丧/奔逃/奔走

264 奔驰(馳) 丁

bēnchí (speed; gallop)

[动]车、马等很快地跑:列车~|骏马~|汽车~|停止~|在田野上~|长久地~|小轿车在马路上~|他坐在~的列车上|我用相机拍下了一匹~的骏马。

【近义词】飞驰/疾驰

【提示】"奔驰"只能表示车、马很快地跑,不能表示人的行动。

【构词】飞驰/疾驰/背道而驰

265 **奔跑** 丙

bēnpǎo (run)

[动]很快地跑;奔走:拼命~|来回~|疯狂地~|~的人群|足球队员们在场上来回~|马群在草原上疯狂地~|他为工作~了一天,太累了。

【近义词】跑/奔/奔走

【构词】长跑/短跑/飞跑/起跑/逃跑/小跑/中跑/助跑

266 **奔腾**(騰) 丁

bēnténg (gallop; surge forward)

[动]跳跃着奔跑,常用于车、马,也可用于江河,也比喻思想感情强烈奔放的态势:万马~|~的列车|~的浪花|~的长江|~的黄河|~的思绪|草原上万马~,气势壮观|~的列车呼啸而来|面对~的黄河,我思绪万千|听了他的一席话,我~的感情难以平静。

【近义词】奔驰/飞驰

【构词】倒腾/翻腾/飞腾/沸腾/闹腾/扑腾/升腾/踢腾/图腾/折腾

267 **本** 乙 〔部首〕木 〔笔画〕5

běn (originally)

[副]本来;原来:年轻人~应朝气蓬勃,可你,才二十多岁,就这么老气横秋的|他~应在家等候,没想到他去了车站,结果路上出了意外|这个问题~应早些解决,只是最近管具体事情的人不在|他~不想来,我劝了半天,他才来了。

【近义词】原来/本来

【提示】"本"作副词时,多用于书面语中,口语中说"本来"。

【构词】本部/本草/本地/本分/本家/本末/本色/本体/本土/本位/本文/本意/本义/本职/本末倒置

268 **本** *甲

běn (n./m. book)

[名]❶本子:练习~|笔记~|账~儿|新~儿|旧~儿|白纸~|图画~|今天上课没带~儿|这个新~儿刚用了几页,你怎么就不要了?|我该买~儿了|这个小~儿是我记电话号码的|我喜欢用方格~儿,不喜欢用横格~儿。❷〈丙〉本钱;本金:够~儿|赔~儿|吃老~儿|连~带利都给你|这个月刚够~儿,下个月才能赚|赔~儿的买卖我是不干的。❸〈丁〉本源;事物的根源:你不能忘~|许多海外华人寻~求源,来到了黄帝陵|你这样做纯粹是舍~求末。

[量]用于书籍、本册:五~书|40~练习本|我买了两~词典|我向他借了三~杂志,下周还。

269 **本** 乙

běn (one's own)

[代]❶自己方面的,代表某个单位、某人、某事:~人|~校|~厂|~公司|~单位|~案|~人不参与这件事|~公司的职员一律放假一天|~案已了结|~校定于下月29日开学。❷现今:~月|~年|~日|~世纪|这是~世纪发生的事|人代会将在~月召开|~次列车就要到达终点站北京了。

【近义词】❷当(dāng)

270 **本来**(來) 乙

běnlái (original)

[形]原有的:~面目|~的颜色|~的工作|~的专业|相处一段时间以后,他就露出了~面目|他~的专业是语

言，但后来从商了|这件衣服～的颜色是很鲜艳的。

【近义词】[形]原来

【提示】作状语时表示：①原先；先前：他们～已经准备结婚了，没想到又吹了|他～打算学德语，后来学了英语|～我很想去，没想到突然病了。②表示按道理就该这样：这项工作～应该在十天前完成|他～就不应该参与这件事|～嘛，他只学了一年英语，怎么能胜任这么复杂的翻译工作呢？

【构词】出来/从来/到来/古来/归来/过来/后来/胡来/回来/将来/进来/近来/历来/起来/上来/生来/素来/外来/往来/未来/下来/想来/向来/以来/由来/原来/招之即来/这样一来

271 **本领**(領) 乙

běnlǐng (skill)

[名]能力；技能：有～|没～|学～|提高～|特殊～|看家～|踢球的～|医病的～|～高强|这个人很有～|你有什么～尽管使出来|我别的～没有，修修这些小东西的～还是有的|他京戏唱得很好，你要跟他多学点儿～。

【近义词】本事/能力

【提示】"领"字左边是"令"，不能写成"今"。

【构词】脖领/衬领/带领/翻领/纲领/护领/将领/率领/冒领/认领/首领/统领/头领/要领/衣领/占领/招领

272 **本能** 丁

běnnéng (instinct)

[名]人和动物未学就会的性能：人的～|动物的～|一种～|保护自己是人的一种～|蜜蜂酿蜜是它们的～|自救的～几乎一切动物都有。

【近义词】本性

【构词】才能/逞能/低能/电能/风能/高能/功能/核能/机能/技能/节能/可能/岂能/热能/太阳能/万能/无能/贤能/性能/职能/只能/智能

273 **本钱**(錢) 丁

běnqián (capital)

[名]❶用于做买卖营利或赌博的钱财：有～|没～|下～|～很多|他不会做买卖，刚一个月就把～都赔进去了|你没有～怎么经商？|等我凑够～，就开个旅店|这么点儿～怎么够用？❷比喻可以凭借的资历、能力等：你有什么～，竟然想当冠军！|要想挂牌看病，你的～还差点儿|我没那么多～，不敢和他较量。

【构词】车钱/趁钱/船钱/赌钱/工钱/古钱/换钱/活钱/价钱/金钱/酒钱/利钱/零钱/赔钱/赏钱/耍钱/闲钱/现钱/洋钱/银钱/佣钱/有钱/月钱/涨钱/找钱/值钱/纸钱

274 **本人** *丙

běnrén (I)

[代]❶说话人指自己：我～|～的责任|～承担|我说了话算数，一切后果由我～承担|这件事，～不想参与|这么做造成的一切后果，～概不负责。❷指代当事人自己或前边所提到的人自己：婚姻大事，只能～作主，别人不能包办|考试不能由别人代替，必须～前来参加|小王不想经商，这是他～亲口对我说的|这笔钱必须～来领。

【近义词】❶我

【提示】用"本人"指代自己，带有严肃的语气。

275 **本身** 丙

běnshēn (itself; oneself)

[代]自身(多指代集团、单位或事物)。"本身"所指代的人或事物一般是在上文中出现过的:人类很早就在探索～的起源|这家商场利用～的人才优势战胜了对手|科学～是没有阶级性的|事实～最能说明问题。

【近义词】自己/自身

【提示】"本身"用在名词、代词之后,一般作为所说的人或事物的同位语,如:语言～是没有阶级性的。

【构词】安身/侧身/车身/称身/赤身/抽身/出身/处身/船身/单身/动身/独身/翻身/防身/分身/俯身/弓身/孤身/光身/合身/后身/化身/回身/浑身/紧身/进身/净身/可身/平身/栖身/起身/前身/欠身/切身/全身/热身/人身/容身/肉身/上身/舍身/生身/失身/守身/赎身/树身/搜身/随身/替身/贴身/挺身/通身/投身/脱身/委身/下身/献身/修身/腰身/一身/葬身/正身/只身/置身/终身/周身/转身/自身/纵身/独善其身/奋不顾身/明哲保身/引火烧身/牵一发,动全身

276 本事 乙

běnshi (skill)

[名]技能;能力:有～|没～|～大|～小|要在年轻时候多学点儿～|这个人很有～,他的商店越开越大|你真没～,这么点儿小事也做不好。

【近义词】本领

277 本性 丁

běnxìng (natural instincts)

[名]原来的性质或个性:人的～|动物的～|～善良|～残忍|一个人的～是很难改变的|她～温厚,是个好姑娘|他已经这样大年纪了,但还保留着天真的～。

【近义词】天性/个性/禀性

【构词】秉性/长性/成性/磁性/词性/党性/德性/定性/毒性/惰性/恶性/感性/个性/共性/惯性/急性/记性/理性/良性/两性/烈性/灵性/慢性/母性/耐性/男性/奴性/女性/派性/脾性/品性/气性/人性/韧性/任性/生性/兽性/属性/水性/索性/弹性/特性/天性/通性/同性/忘性/悟性/习性/心性/血性/阳性/药性/野性/异性/阴性/硬性/中性

278 本着 丁

běnzhe (in line with)

[介]按照;根据:我们要～节约的原则来办厂|村里～自力更生的精神办起了一座民办小学|这家刊物～百家争鸣的方针办刊,受到读者欢迎|我是～你的意思做的,你怎么还不满意?

【近义词】按照/根据/遵循/按着

【提示】"本着"的宾语一般是"原则"、"方针"、"精神"、"意思"等抽象名词。

【构词】赶着/跟着/合着/接着/紧着/可着/来着/趴着/顺着/为着/向着/沿着/悠着/有着

279 本质(質) 乙

běnzhì (nature)

[名]指事物本身所固有的、决定事物的性质、面貌和发展的根本属性:人的～|动物的～|文字的～|相同的～|认识～|揭露～|～特征|～问题|透过现象把握～|虽然也有不少缺点,但他的思想～还是好的|要善于抓住事物的～,有针对性地解决问题|它们的～是相同的。

【近义词】实质
【反义词】现象/表象/假象
【提示】"本质"能受程度副词"最"的修饰,这样用的时候,它具有形容词的功能:引起这次罢工的最~的问题是工人待遇问题。
【构词】保质/变质/地质/对质/劣质/流质/品质/气质/人质/实质/素质/特质/体质/土质/物质/性质/音质/优质/杂质/资质

280 本子 甲

běnzi (notebook)
[名]把纸钉在一起而成的册子:买~|白纸~|横格~|方格~|新~|这种~很方便实用|这个~送给你作个纪念吧|这些方格~可以留作写汉字用。

281 奔 *丙

bèn (head for)
[动]❶直向目的地走去:他直~学校|他向母亲~去|吃完晚饭,他直~电影院|他一溜烟地~向食堂。❷〈丁〉年岁接近:你是~20岁的人了,怎么还像小孩子一样?|过了年我就~60了|他已经~70了,身体还是那么硬朗。❸〈丁〉为某事奔走:你们还缺什么材料?我去~|办学校还缺一笔款子,他去~了|我去~钱,你~设备,一定要保证工厂下月开工。
【近义词】❶跑;❷快/要
【提示】"奔"又读作 bēn,见第 263 条。
【构词】奔命/奔头儿

282 笨 *乙

〔部首〕竹
〔笔画〕11

bèn (stupid)
[形]❶不聪明;不灵巧:太~|最~|~得很|~手~脚|你真~,这么简单的数学题也不会做!|这孩子不~,学起木工活来,手巧得很|他不是最~的,还有比他更~的。❷〈丙〉庞大;笨重:这个衣柜样子太~|穿上那么~的靴子,还怎么走路?|这楼盖得真~,特别是那个大屋顶。
【近义词】愚蠢/愚笨/笨拙/呆笨/傻
【反义词】聪明/灵巧/聪颖/灵活
【提示】"笨"是"竹"字头,不是"艹"字头。
【构词】笨活/笨货/笨重/笨拙/笨嘴拙舌/笨鸟先飞

283 笨蛋 丁

bèndàn (fool)
[名]蠢人:你这个~!|那个~怎么能做好这件事?|这个~,事情没办成,反而惹了麻烦。
【提示】"笨蛋"是骂人的话,表示对人的轻蔑。
【构词】彩蛋/捣蛋/滚蛋/坏蛋/浑蛋/混蛋/脸蛋/皮蛋/软蛋/傻蛋/完蛋/下蛋

284 笨重 丁

bènzhòng (heavy)
[形]❶庞大沉重;不灵巧:~的身体|~的包裹|~的家具|很~|他太胖了,走起路来显得很~|那台~的旧机器不能再用了|我不喜欢那些~的家具。❷繁重而又费力的:那是一种~的体力劳动|应该用机器代替这些~的体力劳动|他只能做一些~的活儿,别的干不了。
【近义词】粗重/粗笨
【反义词】轻巧/轻便

285 笨拙 丁

bènzhuō (awkward)
[形]笨;不聪明;不灵巧:生得~|演

得～|手脚～|行动～|实在～|～地说|他长得样子有些～,其实很聪明|狗熊～地走过来|当着姑娘的面,他总是显得很～。

【近义词】笨

【反义词】聪明/灵巧/敏捷/伶俐/灵活/灵

【构词】藏拙/粗拙/古拙/朴拙/眼拙/愚拙/稚拙

286 **崩溃**(潰) 丁 〔部首〕山 〔笔画〕11

bēngkuì (collapse)

[动]完全破坏;垮台(多指国家、政治、经济、军事等):彻底～|完全～|面临～|濒临～|迅速～|队伍～|经济～|精神～|～的边缘|～的局面|经济～,社会必然发生动乱|他的精神彻底～了|最后一道防线也已全面～。

【近义词】瓦解/垮台/解体

【提示】"崩溃"不能带宾语,如:×崩溃关系。

【构词】崩毁/崩裂/崩塌

287 **绷**(綳) 丁 〔部首〕纟 〔笔画〕11

bēng (stretch)

[动]❶拉紧;张紧:～紧|～断|～破|他用力把绳子～直|绳子～得太紧,断了|衣服太瘦,紧～在身上。❷猛然弹起:铁丝把眼睛～伤了|弹簧～飞了。❸缝纫方法,稀疏地缝上:还剩几针就～完了|把这个标志～在衣服上。

288 **绷带** 丁

bēngdài (bandage)

[名]包扎伤口用的纱布带:洗～|拆下～|解开～|绑上～|扎上～|～不够用了|我去把用过的～洗一洗|你的伤已经好了,明天可以拆～了。

【构词】背带/表带/磁带/地带/吊带/附带/海带/寒带/盒带/夹带/胶带/连带/林带/领带/履带/轮带/纽带/皮带/飘带/脐带/裙带/热带/韧带/捎带/声带/顺带/外带/温带/鞋带/携带/腰带/一带/玉带

289 **甭** 丙 〔部首〕用 〔笔画〕9

béng (needn't; don't)

[副]"不用"的合音,表示不需要:你既然都知道了,我就～说了|～跟他一块儿去|～在外边吃饭,还是回家来吃吧|今天就住下吧,～走了。

【提示】"甭"是带方言色彩的口语词。

290 **蹦** 丁 〔部首〕足 〔笔画〕18

bèng (jump)

[动]跳:～得远|～得高|别～|～一下|连～带跳|欢～乱跳|他～得比我高|他高兴得～起来|这条小沟不宽,我能～过去|好好儿走路,别乱～!

【近义词】跳/跃/跳跃

291 **逼** *乙 〔部首〕辶 〔笔画〕12

bī (force)

[动]❶逼迫;给人以威胁:形势～人|寒气～人|气势～人|～死|～疯|～债|～口供|他用枪～着我|他～我回家|你不要～我,我至死也不会说|再～就要～出人命来了|～得我们大家走投无路|他又来～债了|这些口供是假的,是～出来的。❷〈丙〉靠近;接近:～视|～真|～近|～上来|～过来|他一步步～过来|大军已～到城下|他飞起一脚,球直～球门。

【近义词】❶强迫/逼迫;❷逼近/临近

【构词】逼供/逼视/逼问/逼债/逼真/逼上梁山

292 逼近 丁

bījìn (approach)

[动]靠近;接近:～敌人|～目的地|～目标|～死亡|～年关|婚期～|脚步声～|枪声～|敌人～|悄悄～|飞快～|秘密～|脚步声～了,他更加紧张了|婚期～,他却出远门了|～年关,他才回到家里|敌人秘密～城市|死亡渐渐～了他。

【近义词】近/靠近/接近/临近

【构词】挨近/抄近/凑近/附近/将近/接近/就近/靠近/临近/邻近/浅近/亲近/相近/新近/远近/最近

293 逼迫 丁

bīpò (force)

[动]紧紧地催促;用压力迫使:环境～|父亲～|朋友～|工作～|粗暴地～|紧紧～|～数次|不应～儿童做太多的功课|由于家里生活条件的～,他停止了学业,去工作了|他数次～我,我始终没答应|孩子不喜欢音乐,可父亲每天～他学小提琴。

【近义词】强迫/迫使/强制

294 鼻涕 丁

〔部首〕鼻
〔笔画〕14

bítì (nasal mucus)

[名]鼻腔里黏膜分泌的液体:流～|擦～|擤(xǐng)～|我感冒了,直流～|这条手绢是擦～用的|在大庭广众下擤～不太礼貌。

【构词】鼻翅/鼻尖/鼻孔/鼻梁/鼻腔/鼻头/鼻烟/鼻翼/鼻音/鼻子眼儿/鼻祖/鼻青脸肿

295 鼻子 乙

bízi (nose)

[名]人和高等动物的嗅觉器官,又是呼吸器官的一部分,位于头部,有两个孔:高～|大～|他的～摔破了|他的～有点儿歪,经过手术已经矫正好了|黄种人的～比白种人小。

296 比 *甲

〔部首〕比
〔笔画〕4

bǐ (prep. than; v. compare)

[介]❶比较性状和程度的差别,引出被比的事物:他～我唱得好|我年纪～他小|这个院子～那个大|小王～小李跑得快|他～我吃得多|他汉字写得～我快|他英语说得～我好一点儿|他们班的学生～我们班少三个|我每天～他早来10分钟|你的学习不～他差。❷〈乙〉"一"加量词,在"比"前后重复,表示程度递进:天气一天～一天热|生活一年～一年好|报名人数一次～一次多|楼盖得一座～一座高。

[动]❶表示比较:我不敢和你～|我～不过你|你不要和他～条件,要和他～学习|你俩～一～,看谁跑得快|不信就～～。❷〈乙〉表示仿照,"比"后常带"着":你这件衣服真漂亮,我想～着你这件再做一件|请你～着这张图样再画一张|我～着画还画错了。❸〈丙〉表示比方、比喻,"比"后常带"作"、"为"等:你怎么能把我～作孩子呢?|人们常把关系融洽～作"如鱼得水"。❹〈丁〉比画:他用手～了一下说:"他长得有这么高了。"|他连说带～,把故事讲得十分生动。❺〈丁〉表示比赛双方得分的对比:北京队以3～1获胜|他以5～1的优异成绩,获得乒乓球比赛的冠军|比分已经追到了7～8,她越打越猛。

【提示】"比"作介词时,应注意:①谓语是形容词、动词时,前面不能用

"很"、"太"等程度副词,可以用"更",如:×他比我很高。|×他比我太爱学习。可以说"他比我更高","他比我更爱学习"。②表示否定时,一般把否定副词"不"放在"比"前,不能放在"比"后,如:这篇文章不比那篇难。|×这篇文章比那篇不难。

【构词】比附/比画/比及/比肩/比邻/比率/比美/比目鱼/比拟/比试/比照/比值/比比皆是/比葫芦画瓢/比上不足,比下有余/比翼齐飞

297 比方 丙

bǐfang (analogy)

[名]指用甲事物来说明乙事物的行为:打~|这是个~|你别打~了,直说就是了|说不明白的事,打个~,就比较容易说明白。

【提示】"比方"作动词时,意思是:①用容易明白的甲事物来说明不易明白的乙事物:那里易变的天气,人们常用孩子的脸来~|人们常用纸老虎~貌似强大的敌人|他的性格特点,可以用猴子来~。②表示举例:你想当外交官,应该会几种外语,~英语、法语等|理论与实践相结合,是最好的学习方法,~说,你最好在游泳中学游泳|要想扩大知识面,应该多看书,~文学、历史、地理、政治等方面的书,都应该看。③表示"假如"的意思(用于有话要说又故意吞吐其辞时):明天是我的生日,~我想请你来,不知你愿不愿来。

298 比分 丁

bǐfēn (sports score)

[名]表示比赛双方的得分:山东队与山西队的~是3比1|他的~越来越高,终于获胜|我校排球队以3比2的~胜医学院队。

【构词】春分/得分/工分/瓜分/划分/积分/记分/均分/考分/满分/刨分/平分/评分/秋分/区分/十分/时分/万分/学分

299 比价(價) 丁

bǐjià (parity of exchange)

[名]不同商品的价格比率或不同货币的价值比率:粮棉~|美元与人民币的~|外汇~今天又调了。

【构词】半价/标价/代价/单价/等价/地价/电价/掉价/跌价/定价/高价/估价/划价/还(huán)价/谎价/减价/讲价/降价/开价/落(lào)价/廉价/牌价/票价/平价/评价/起价/让价/杀价/身价/声价/实价/市价/抬价/讨价/特价/提价/调价/物价/削(xiāo)价/压价/要价/议价/优价/造价/涨价/折价/重价/租价/作价

300 比较(較) 甲

bǐjiào (adv. relatively; v. compare)

[副]表示具有一定程度:~好|~差|~漂亮|~清楚|~早|她长得~白|这次考试~难|这里的天气~好|那里的环境~安静。

[动]辨别事物的异同或高下:~好坏|~优劣|~粗细|认真~|进行~|可以~|~一下|你~一下,看这两篇文章哪篇更好些|这两种产品~起来,还是上海产的质量好|是好是坏,应进行认真~|哪种丝绸更好,你~一下就知道了。

301 比例 乙

bǐlì (proportion)

[名]❶比较同类数量之间的倍数关

系:教师与学生的～是1比10|今年出生的婴儿,男女～失调。❷一种事物在整体中所占的分量:出国留学人员中自费生占的～越来越大|在科研机构里,青年人的～越来越高。

【构词】按例/案例/病例/常例/成例/定例/凡例/范例/惯例/旧例/举例/律例/破例/前例/事例/体例/条例/通例/违例/先例/循例/援例/战例/照例/史无前例/下不为例

302 比如 乙

bǐrú (for example)

[动]举例时的发端语:江南很多地方,～广东、福建等地,极少下雪|学习必须刻苦,～学习语言,不下功夫是不行的|凡事开头难,～孩子学走路,是免不了跌跤的。

【近义词】比方/例如

【构词】不如/何如/浑如/假如/例如/莫如/譬如/恰如/宛如/一如/犹如/有如/自如

303 比赛(賽) 甲

bǐsài (v.compete; n.competition)

[动]比较本领、水平的高低:～成绩|～速度|～技巧|进行～|开始～|练跳高时,他俩暗暗地进行着～。

[名]指比较本领、水平高低的活动:球类～|田径～|围棋～|游泳～|唱歌～|一场～|一次～|重要～|这场～我不参加了|上次～我输了,这次不能再输了|这是一场重要的～,你要做好准备|～开始了,大家都紧张地看着运动场|～的结果是平局。

【近义词】竞赛/较量

【提示】"比赛"多用于文体活动。

【构词】参赛/初赛/复赛/径赛/竞赛/决赛/联赛/乒赛/球赛/田赛/预赛

304 比喻 丁

bǐyù (n. metaphor; v. compare one thing to another)

[名]用打比方进行修辞的手法:一种～|巧妙的～|恰当的～|善用～|利用～|他善于运用～的手法说明问题|这个～很恰当|这真是一个巧妙的～!

[动]打比方;用某些有类似特点的事物来比拟想要说的某一事物,以表达得更生动鲜明:他是那样坚强,人们常把他～成钢铁战士|用狮子性格来～他的性格,是很恰当的|大伙儿用虎背熊腰来～他的身材。

【近义词】比拟/比方

【构词】暗喻/讽喻/借喻/理喻/明喻/譬喻/隐喻/不可理喻/不言而喻

305 比重 丁

bǐzhòng (specific gravity)

[名]❶物质的重量和同体积的纯水在4℃时的重量比值,叫做该物质的比重:物质的～|银的～|金子的～是19.3|我不记得铁的～了|请帮我查查水银的～是多少|这本书里有各种物质的～表。❷一种事物在整体中所占的分量:轻工业在国民经济中的～在逐年增长|他在心中的～减轻了|失学儿童的～已降低。

306 笔(筆) *甲

〔部首〕竹
〔笔画〕10

bǐ (n. pen; m. sum)

[名]❶写字画图的用具:一支～|钢～|铅～|毛～|红～|蓝～|新～|请借我一支～|我的～坏了,得买一支|这是我最喜欢用的一支～|我的～丢了,你帮我找找。❷〈乙〉笔画:"人"字有两～|这个字你少写了一～|西藏的"藏"字有那么多～,真难写。

[量]❶〈丙〉用于钱款或跟钱款有关的：一～钱|一～款|一～债|两～账|一～遗产|他的父亲留下了一～丰厚的遗产|我还有两～账没还清|这～款子你要带好，千万别丢了。❷〈丙〉用于书画艺术：他能写一～好字|他能画几～山水画。

【构词】笔触/笔答/笔调/笔端/笔伐/笔法/笔锋/笔杆子/笔耕/笔供/笔管/笔画/笔架/笔尖/笔力/笔录/笔帽/笔名/笔墨/笔势/笔顺/笔算/笔谈/笔套/笔体/笔挺/笔筒/笔头/笔误/笔芯/笔译/笔战/笔者/笔资/笔底生花/笔墨官司/笔走龙蛇

307 笔迹 丁

bǐjì (a person's handwriting)

[名]每个人写的字所特有的形象；字迹：他的～|伪造～|摹仿～|改换～|涂改～|特别的～|～工整|～清晰|这两封信～不同，肯定不是一个人写的|我原来写的是楷体字，现在改换了～|他的～很特殊，极好认|他～工整，写得很认真|这张纸上留下了他的～|他想摹仿我的～，但怎么也学不像。

【构词】残迹/陈迹/恶迹/发迹/古迹/故迹/轨迹/痕迹/混迹/旧迹/浪迹/劣迹/灭迹/名迹/墨迹/匿迹/奇迹/胜迹/史迹/事迹/手迹/形迹/行迹/血迹/遗迹/印迹/真迹/字迹/踪迹/足迹/罪迹/名胜古迹/销声匿迹/蛛丝马迹

308 笔记(記) 乙

bǐjì (notes)

[名]用笔所做的记录：抄～|整理～|做～|看～|听课～|读书～|记～|～本|小王，能把你的课堂～借我看一看吗？|看书时记读书～是很好的习惯|我做的～很详细，你看一看就知道报告内容了。

【构词】暗记/碑记/标记/侧记/场记/登记/惦记/后记/牢记/铭记/默记/牵记/强记/切记/日记/散记/手记/书记/死记/速记/忘记/游记/杂记/摘记/传记/追记/博闻强记

309 笔试(試) 丙

bǐshì (written exam)

[名]要求把答案写出来的考试方法：进行～|参加～|～试题|～时间|～试卷|～答卷|这种考试只有～，没有口试|～时间是30分钟，口试时间是10分钟|现在正在进行～，请勿打扰|今年的考试～试题比较难，口试不太难。

【构词】比试/测试/尝试/复试/考试/口试/面试/调试/应试/牛刀小试/跃跃欲试

310 笔直 丁

bǐzhí (perfectly straight)

[形]很直：～的马路|～的街道|～的跑道|站得～|树长得～|飞机在～的跑道上起飞|汽车奔驰在～的马路上|见到校长，他站得～|一排排白杨树～地指向蓝天。

【近义词】直/挺直

【反义词】弯/弯曲/曲折

【构词】垂直/刚直/耿直/憨直/简直/僵直/平直/朴直/曲直/率直/爽直/坦直/挺直/一直/照直/正直/忠直

311 彼 丁

〔部首〕彳
〔笔画〕8

bǐ (that)

[代]❶那；那个(跟"此"相对)：～时|～处|此起～伏|由此及～|～时，会

场一片安静｜～处不宜安身｜会场里的歌声，此起～伏。❷对方；他：知己知～｜～进我退｜打仗应知～知己，方能获胜｜～退我进、～来我走的游击战法十分灵活｜人们常说知～易，知己难。

【近义词】❶那/那个

【反义词】❶此/这个；❷自己

【提示】"彼"带有文言色彩，多用于书面语中。

【构词】彼岸

312 彼此 丙

bǐcǐ (each other)

［代］那个和这个；双方：不分～｜～关心｜～帮助｜我们是好朋友，还分什么～？｜我们～关心，共同进步｜～的学校离得很远，所以不常往来｜他们已分别三年，但～之间经常通信。

【构词】从此/故此/就此/如此/特此/因此/至此/原来如此

313 碧绿（綠） 丁

〔部首〕石
〔笔画〕14

bìlǜ (dark green)

［形］青绿色：～的田野｜～的荷叶｜～的湖水｜～的西瓜｜～的庄稼｜一片～｜长得～｜门前有一片～的竹林｜池水～，里面养着许多金鱼｜大红樱桃用～的荷叶托着，非常好看｜她戴着一只～的翡翠戒指。

【近义词】绿/青绿/翠绿

【构词】碧空/碧蓝/碧螺春/碧桃/碧血/碧玉

苍绿/草绿/葱绿/翠绿/豆绿/湖绿/军绿/墨绿/嫩绿/青绿/水绿/新绿/灯红酒绿/花花绿绿

314 毕竟（畢） 丙

〔部首〕十
〔笔画〕6

bìjìng (after all)

［副］表示追究根底所得的结论；究竟：他～是个老工人，有丰富的经验｜一个人的力量～有限，还得依靠集体｜这部小说虽有不足之处，但～是一部好作品｜孩子～大了，你不能管他太多｜～是年轻人，你看爬山爬得多有劲儿！

【近义词】到底/究竟

【提示】毕，姓。

【构词】毕命/毕生/毕恭毕敬

究竟/未竟/终竟

315 毕业（業） 乙

bì yè (graduate)

表示在学校或训练班学习期满，达到规定的要求，结束学习：刚～｜中学～｜大学～｜没～｜快要～｜学生～｜准予～｜毕不了业｜毕了业｜～以后｜～证书｜～典礼｜她～以后就到工厂工作了｜他大学没～就开始工作了｜他1964年在北京的一所大学毕了业，接着就出国了｜他～于北京大学。

【近义词】结业

【反义词】肄(yì)业

【提示】①离合词，中间可插入其他成分，如：毕不了业｜毕了业。②不能带宾语，如：×我毕业北京大学。只能说：我是在北京大学毕业的｜我是从北京大学毕业的｜我毕业于北京大学。

【构词】霸业/百业/本业/产业/创业/从业/大业/待业/副业/改业/工业/功业/行业/基业/家业/结业/旧业/就业/开业/跨业/矿业/立业/林业/牧业/农业/企业/轻工业/商业/失业/实业/事业/守业/停业/同业/伟业/无业/歇业/修业/学业/勋业/肄业/营业/渔业/在业/正业/职业/重工业/专业/转业/祖业/作业/安居乐业/

各行各业/兢兢业业

316 **币**(幣) 丁 〔部首〕巾 〔笔画〕4

bì (currency; coin)

[名]货币:硬~|纸~|银~|人民~|纪念~|他喜欢收集各国的硬~|拿这些破旧的纸~,可以到银行去换新的|国庆节那天,发行了纪念~|1992年发行了新版人民~。

【构词】币值/币制

317 **闭**(閉) *乙 〔部首〕门 〔笔画〕6

bì (shut)

[动]❶关;合:~眼|~嘴|关门~户|~目养神|~关自守|每天晚上10点~灯|你~嘴吧,不要再说了|打枪的时候应该~一只眼瞄准。❷〈丁〉堵塞不通:~气|~塞|他~住气又游了10米|他哭得~住气了|这个地区交通不便,十分~塞。

【近义词】❶关/关闭/合;❷堵塞/阻塞/闭塞

【反义词】❶开

【提示】闭,姓。

【构词】闭关/闭合/闭会/闭口/闭门羹/闭气/闭关锁国/闭关自守/闭门造车/闭目塞听/闭月羞花

318 **闭幕** 丙

bì mù (the curtain falls; close)

演出或会议结束:第二场戏~时,休息10分钟|演出在热烈的掌声中闭了幕|演出结束时,热烈的掌声一次次要求演员上场,几乎闭不了幕|大会结束时,由他致~词|这次展览3月1日开始,3月10日~。

【近义词】结束

【反义词】开幕

【提示】离合词,中间可插入其他成分,如:会议在前天闭了幕。

【构词】报幕/黑幕/揭幕/开幕/帘幕/落幕/内幕/屏幕/天幕/谢幕/序幕/烟幕/夜幕/银幕/雨幕/帐幕/字幕

319 **闭幕式** 丁

bìmùshì (closing ceremony)

会议等结束时举行的仪式:举行~|参加~|庄严的~|隆重的~|~什么时候举行?|他在~上作了重要讲话|会议结束时,举行了隆重的~。

【反义词】开幕式

【构词】版式/程式/等式/发(fà)式/方式/格式/公式/旧式/款式/老式/模式/算式/西式/新式/形式/样式/仪式/正式/中式

320 **闭塞** 丁

bìsè (hard to get to)

[形]交通不便;偏僻;消息不灵通:交通~|消息~|~的山村|~的小城|住在山里,消息~,很多国家大事都不知道|这是个十分~的地方,我已经一个月没看到报纸了|这里过去交通~,许多人一辈子没进过县城。

【反义词】通畅

【提示】"闭塞"的"塞"不能读成sāi。"塞"sāi,见第5454条。

【构词】充塞/堵塞/梗塞/栓塞/搪塞/语塞/阻塞

321 **弊病** 丁 〔部首〕廾 〔笔画〕14

bìbìng (disadvantage)

[名]由于工作上的失误而产生的问题;事情上的毛病:存在~|产生~|消除~|工作中的~|社会~|一种~|~严重|~明显|~突出|这种管理体制有许多~|传统的考试方法有许多~|为了消除工作中的~,我们制

订了许多规章制度|对现行医疗保险体系中的～,应进行调查研究加以改革。

【近义词】弊端/毛病/害处/积弊

【构词】弊害/弊漏/弊政

322 **弊端** 丁

bìduān (malpractice; disadvantage)

[名]由于工作上有失误而发生的损害公益的事情:产生～|存在～|消除～|揭露～|～明显|严重～|社会～|官僚主义的～|为了消除～,政府采取了一系列措施|官僚主义的～是明显存在的|你只要注意观察,就会发现许多社会～|在工作中有些～是可以避免的。

【近义词】弊病/害处

【构词】报端/笔端/不端/顶端/多端/祸端/极端/尖端/开端/眉端/末端/事端/无端/疑端/云端/争端/终端

323 **必** 丙 〔部首〕心 〔笔画〕5

bì (certainly)

[副]必然:他今天不来,～有重要原因|骄兵～败,这是一条真理|今年风调雨顺,～会有好的收成|有法～依,执法～严,违法～究|我们分别后,他每月～来一封信。

【近义词】必然/必定/一定/务须

【提示】多用于书面语。

324 **必定** 丙

bìdìng (certainly; undoubtedly)

[副]表示判断或推论的确凿或必然:侵略者～要失败|工作中～会碰到困难,但不要怕,要努力克服|我们的事业～会兴旺发达起来|我们要有～胜利的信心。

【近义词】一定/肯定/必然/势必/必将

【反义词】未必

325 **必将**(將) 丁

bìjiāng (surely will)

[副]一定会:～胜利|～失败|～产生|～兴旺|对社会有贡献的人,～受到人们的尊敬|社会改革,～推动历史向前进|历史～证明:侵略者终将失败|人民的事业,～取得胜利|他的努力～成功。

【近义词】必然/势必/必定/一定/早晚

【提示】"必将"的"将"不能读成 jiàng。

【构词】将将/行(xíng)将

326 **必然** 乙

bìrán (inevitable)

[形]事理上确定不移:～联系|～产物|～规律|～趋势|～胜利|～失败|人与人之间有矛盾,这是～现象|不作好准备就进行实验,～失败|这两个问题没有什么～联系|这是历史发展的～结果|随着改革的深入,～会出现一个经济发展的高潮。

【提示】①"必然"不能单独作谓语,作谓语时必须用于"是…的"结构中:新生事物代替没落事物,这是必然的。②作名词时指哲学上不以人们意志为转移的客观发展规律:反动派的灭亡是历史的～|自由不能脱离～,～可以转化为自由|人类的历史就是一个不断地由～王国向自由王国发展的历史。

【构词】安然/昂然/傲然/勃然/不然/惨然/灿然/超然/诚然/淡然/当然/断然/公然/固然/果然/酣然/赫然/哄然/忽然/哗然/焕然/恍然/浑然/寂然/既然/井然/竟然/居然/凛然/

茫然/贸然/猛然/漠然/木然/偶然/翩然/飘然/歉然/悄然/全然/仍然/肃然/虽然/索然/泰然/倘然/陶然/天然/恬然/突然/颓然/宛然/枉然/显然/萧然/欣然/要不然/依然/已然/毅然/悠然/骤然/自然/纵然/处之泰然/大义凛然/道貌岸然/防患未然/理所当然/毛骨悚然/听其自然/一目了然

327 必修 丙

bìxiū（obligatory）

［动］某些课程或专业学生依照学校规定必须学习：～课｜～专业｜这门课是～的｜我系有10门～课，两门选修课｜这是一门～的专业课程。

【反义词】选修

【构词】保修/编修/承修/重修/翻修/返修/机修/检修/进修/免修/抢修/失修/维修/兴修/选修/研修/装修/自修

328 必需 丙

bìxū（essential）

［动］一定要有，不可缺少：～品｜～的物资｜～的人力｜所～的｜这里是卖家庭生活～品的｜这是抗灾～的物资｜有了～的人力、财力，就可以干事情了｜这是发展经济所～的｜有了办教育所～的师资人才，学校才可建立｜做这个工作～五个人。

【近义词】必须/需要

【提示】"必需"和"必须"读音相同，意义相近，但有区别："必需"是动词，强调的是"一定得有，不可缺少"：精神食粮也是人类生活所必需的。"必须"是助动词，只能作状语：你明天必须来。

【构词】供需/急需/军需/特需/无需

329 必须（須） 甲

bìxū（must）

［助动］表示必要，一定要：～学习｜～刻苦｜你明天～8点以前到车站｜这个会很重要，你～参加｜这些生词，你～都记住｜学习～刻苦，不刻苦就不会有好成绩｜全体工作人员～全力以赴地投入抗洪斗争中去。

【近义词】必需/务须

【反义词】无须/不须

【提示】"须"字的"彡"在左边，不能写在右边。与"必需"的区别，见第328条的〖提示〗。

【构词】触须/根须/何须/胡须/无须/务须

330 必要 乙

bìyào（necessary）

［形］不可缺少；非这样不可：很～｜非常～｜～的时候｜～的条件｜～的说明｜～的资料｜～的材料｜不～｜什么都可以不买，但～的书还是要买｜不要给别人增加不～的负担｜让他照顾你非常～｜你的身体已经恢复了，没～再住院了｜～的时候我会来找你。

【近义词】必需

【反义词】不必

【构词】次要/大要/扼要/概要/纲要/机要/记要/简要/将要/紧要/精要/快要/首要/索要/提要/显要/险要/需要/须要/摘要/只要/重要/主要

331 壁 *丙

〔部首〕土
〔笔画〕16

bì（wall）

［名］❶墙：墙～｜四～｜～灯｜～橱｜～报｜铜墙铁～｜家徒四～｜屋里四面白～，显得特别明亮｜我在客厅里装了一盏～灯。❷〈丁〉像墙那样直立的

山石：峭～｜断～｜悬崖陡～｜上是悬崖断～，下是深渊｜那样的峭～怎么爬得上去？

【近义词】墙

【提示】"壁"在现代汉语中，一般是作为词素，不单独使用。

【构词】壁报/壁橱/壁灯/壁挂/壁柜/壁虎/壁画/壁垒/壁立/壁炉/壁饰/壁毯/壁纸/壁垒森严

332 **臂** 丁　〔部首〕月　〔笔画〕17

bì (arm)

[名]胳膊：上～｜下～｜左～｜右～｜～力｜他的上～比较粗｜我不敢和他比～力｜他的左～断了｜他的～上有一块伤疤。

【近义词】胳膊

【提示】"臂"又读作 bei，如"胳臂"gēbei。

【构词】臂膀/臂膊/臂力/臂弯/臂腕/臂章/臂肘

333 **避** 乙　〔部首〕辶　〔笔画〕16

bì (avoid)

[动]躲开；回避：～风｜～雨｜～～｜～一～｜～嫌疑｜～祸｜～难(nàn)｜～而不谈｜～不开｜～开｜我想～开他，可总也～不开｜他是到我家来～难的｜咱们在这里～～风吧｜雨越下越大，咱们～～雨再走。

【近义词】躲/藏

【构词】避风/避风港/避讳/避忌/避雷器/避雷针/避难/避让/避暑/避席/避嫌/避孕/避实击虚/避难就易/避重就轻

334 **避免** 乙

bìmiǎn (avoid)

[动]设法不使某种情形发生：～危机｜～内战｜～车祸｜～冲突｜～分裂｜不能～｜可以～｜尽量～｜巧妙地～｜～不了｜工作中发生困难是～不了的｜你如果不喝酒，就完全可以～这场车祸｜我尽量～和他发生冲突。

【构词】罢免/不免/豁免/减免/难免/任免/赦免/未免/幸免/以免

335 **鞭策** 丁　〔部首〕革　〔笔画〕18

biāncè (urge)

[动]原指用马鞭子赶马，比喻督促：～自己｜～学生｜用…～｜受到～｜无形的～｜互相～｜暗暗地～｜我时常用他的话来～自己｜他的英雄事迹，成了～我不断进步的动力｜在学习上我们互相～，共同进步｜这是对青年学生最有力的～。

【近义词】督促/激励/鼓励/鼓舞

【构词】鞭辟入里/鞭长莫及

长策/对策/方策/国策/计策/决策/良策/妙策/奇策/上策/失策/下策/献策/政策

336 **鞭炮** 丁

biānpào (firecrackers)

[名]爆竹，多于春节或有喜庆事情时燃放：放～｜买～｜一挂～｜点燃～｜～声｜～响｜每到春节，这里～声震耳欲聋｜现在北京禁止春节时放～｜在街上放～会堵塞交通｜震耳的～声响了起来｜他们点燃～，假装是枪声，吓走了敌人。

【近义词】炮仗/爆竹

【构词】大炮/放炮/钢炮/花炮/火炮/开炮/冷炮/礼炮/山炮/哑炮/重炮/放空炮

337 **鞭子** 丁

biānzi (whip)

[名]赶牲畜的用具：马～|用～抽|举起～|一根～|他腰里插着一根～|他买了一根新的马～|他用～打牲口打得真狠|他从来不舍得用～抽打牲口。

【近义词】皮鞭

338 **边**(邊) *甲 〔部首〕辶 〔笔画〕5

biān (side)

[名]❶沿边的部分，可以儿化：床～儿|花～|桌子～儿|鞋～儿|这家餐馆的碗，许多是破～儿的|你洗的碗，碗～儿都没洗干净|他坐在床～儿上|书～儿都破了，应该包个书皮儿|香烟放在桌子～儿上|衣服领上绣了花～儿，很好看。❷〈乙〉靠近物体的地方，多用在名词、数词"两"后面：房屋两～|河～|岸～|山～|手～|身～|耳～|墙～|大门两～种了许多树|河～上长满了青草|山～有四户人家|那杯茶就在你手～|他好容易才游到岸～。❸〈丙〉边界；界线：守～|支～|没～儿|无～|他说话一点儿～儿都没有|眼前是一片无～无际的大草原。❹〈丙〉几何学上夹成角的射线或围成多边形的线段：三角形有三个～|正方形是四个～|这是个多～形的物体。

【近义词】沿

【提示】①"边"读轻声，可作为方位词后缀，如：前～|后～|上～|下～。②边，姓。

【构词】边侧/边城/边地/边防/边防军/边关/边际/边疆/边界/边境/边卡/边门/边民/边区/边塞(sài)/边务/边沿/边缘/边远

339 **边…边…** 乙

biān…biān… (*used with two verbs to indicate two simultaneous actions*)

固定结构。两个"边"分别用在动词前面，表示动作同时进行：～说～唱|～跑～跳|～打～闹|～吃～说|～学～干|路上我们～说～笑，好不热闹|我们～走～唱，一点儿也不觉得累|他们在院子里～跑～跳，玩得很愉快|我们～学～干，很快完成了任务。

【近义词】一边…一边…/一面…一面…/又…又…

【提示】①可以是两个，也可以是几个"边"字同时用在动词前，如：我们～说～笑～吃，高兴极了。②"边…边…"连接的动作必须是同一主体发出的，不能说"他边吃，我边看"。③"边…边…"所连接的两项，后一项可复杂化，如：他边说，边点上烟吸起来。

340 **边防** 丁

biānfáng (frontier defence)

[名]为保卫国家安全在边疆地区布置的防务：加强～|取消～|～军|～哨所|设立～|～线|他正在～哨所执行任务|他在云南～工作了20年，是一个老兵|～线上，两国的老百姓经常友好地往来。

【构词】布防/撤防/城防/提(dī)防/堤防/调防/冬防/关防/海防/河防/换防/接防/谨防/联防/设防/消防/严防/预防/防不胜防/家贼难防

341 **边疆** 丙

biānjiāng (frontier)

[名]靠近国界的领土：保卫～|驻守～|祖国的～|西北～|建设～|支援～|离开～|美丽的～|～城市|他是一名边防军，一直驻守在祖国的～|

那是一座～小镇|他 1958 年支援～，去到了大西南|～地区的建设发展很快。

【近义词】边境/边陲

【反义词】内地

【提示】“疆”字左边“弓”内有“土”；右边上、中、下各有一横，共三横。

342 边界 丙

biānjiè (boundary)

[名]地区和地区之间的界线(多指国界，有时也指省界、县界)：国家的～|两国的～|漫长的～|～争端|～地区|～问题|划定～|两国之间一直存在～争端|～地区，两国人民一直友好往来|在大西北，中国有漫长的～线|两国之间的部分～，尚未完全划定。

【近义词】边境/国界/疆界

【构词】出界/地界/分界/管界/国界/疆界/交界/接界/境界/临界/商界/世界/外界/仙界/学界/眼界/越界/政界

343 边境 丁

biānjìng (border)

[名]靠近边界的地方：驻守～|保卫～|入侵～|越过～|祖国的～|两国的～|～的居民|～的城市|～的哨所|两国在～地区友好地通商|他偷越～时被抓住了|他们把入侵～的敌人赶出去了|保卫～是军人的责任|这座小城在西北～地区。

【近义词】边疆

【构词】惨境/出境/处(chǔ)境/犯境/国境/过境/环境/幻境/佳境/家境/接境/进境/窘境/绝境/困境/梦境/逆境/情境/入境/胜境/诗境/顺境/仙境/心境/意境/语境/越境

344 边缘 丙

biānyuán (edge)

[名]靠近界线的或沿边的部分：～地区|～地带|走近～|接近～|悬崖的～|草地的～|灾难的～|～科学|他站在悬崖的～上，真危险|再走两天，就可以走到森林的～了|你已经接近了灾难的～|这是一门～科学。

【构词】尘缘/化缘/机缘/结缘/绝缘/良缘/没缘/攀缘/亲缘/人缘/天缘/投缘/无缘/血缘/因缘/姻缘/有缘

345 编(編) *乙

〔部首〕纟
〔笔画〕12

biān (edit)

[动] ❶编辑：～报纸|～杂志|～教材|～书|他正在～一本短篇小说选|这本书是他们三人合～的|他～报纸～了 30 年，是个老编辑了。❷〈丙〉创作：～歌词|～故事|～顺口溜|～戏|～瞎话|瞎～|～不出来|～得好|他特别会～故事|你净瞎～，我不信你的话|他～歌词～得非常好|你说呀，～不出来了吧？❸〈丙〉把分散的事物按照一定的条理组织起来或按一定顺序排列起来：～组|～号|～队|～目录|～班|我被～在三年级一班|把她～在你们组了，你要多照顾她|他负责～图书目录。❹〈丁〉把细长的东西交叉组织起来：～辫子|～草帽|～筐|～席子|白洋淀的妇女都会～席子|她～好辫子就出去玩了|她为我～了一顶十分漂亮的草帽。

【构词】编程/编次/编导/编订/编队/编号/编结/编练/编码/编目/编年/编排/编派/编审/编述/编外/编写/编修/编选/编演/编译/编印/编造/编者/编织/编钟/编著/编撰

346 **编号**(號) 丁

biānhào (serial number)

[名]按顺序编的号数:我的～是12|他正在抄写图书～|没有～的桌子摆在左边|每一件大衣里都印着～。

【构词】暗号/标号/别号/病号/彩号/称号/乘号/除号/绰号/代号/等号/调号/逗号/对号/顿号/番号/分号/符号/挂号/记号/加号/减号/句号/军号/口号/括号/溜号/冒号/名号/年号/牌号/旗号/伤号/商号/外号/问号/信号/型号/雅号/引号/账号/字号/座号

347 **编辑**(輯) 丙

biānjí (v. edit; n. editor)

[动]对资料或现成的作品进行加工整理:集体～|个人～|认真～|准备～|～资料|～工具书|～的目的|这本论文选是由他～的|我们都参加了工具书的～工作|他们准备～一本教科书|这本资料选他们～得很认真。

[名]做编辑工作的人:老～|报纸～|杂志～|出版社～|他们～部共有10位～|他是老～了,当然有经验|今天上午有一位报社～来找你。

【近义词】[动]编写/编

【提示】"编辑"不能写作"编缉"。

【构词】剪辑/逻辑/特辑/选辑

348 **编者按** 丁

biānzhě'àn (editor's note)

编辑人员对文章或消息所加的意见、评论等,常常放在文章或消息的前面:一则～|写～|没有～|删除～|～很重要|这条～写得很精彩|这条重要新闻前面有～,你可以好好儿看看|我要为这篇文章写一则～。

【近义词】按语

349 **编制**(製) *丙

biānzhì (v. work out; n. establishment)

[动]❶根据资料作出(方案、计划等):～大纲|～规则|～方案|～计划|～完毕|～得好|～出来|～不了|施工方案已～好|明年的工作计划还没～出来|教学大纲的～工作正在进行。❷把细长的东西交叉组织起来,制成器物:～筐子|～竹篮|妇女们把细柳条～成精美的工艺品。

[名]〈丁〉组织机构的设置及其人员数量的定额和职务的分配:单位的～|压缩～|扩大～|增加～|我们研究室的～是10个人|我们这里是20个人的～,现在还缺1个|研究室副主任的～是两名。

【构词】半日制/币制/兵制/创制/抵制/帝制/定制/扼制/法制/仿制/缝制/复制/公制/绘制/机制/监制/节制/精制/旧制/巨制/克制/控制/录制/牵制/钳制/强制/全日制/税制/特制/体制/辖制/限制/挟制/学制/压制/研制/抑制/印制/专制/自制

350 **贬低**(貶) 丁 〔部首〕贝 〔笔画〕8

biǎndī (belittle)

[动]故意降低对人或事物的评价:被～|不能～|企图～|故意～|任意～|～身份|～价值|～意义|～作用|～的结果|人民的历史地位不可～|应该公正地评价他,不能随意～他的作用|这本书的文学价值被～了|他故意～别人以抬高自己。

【近义词】降低/压低/贬斥

【反义词】表扬/夸奖/抬高

【构词】贬斥/贬词/贬毁/贬价/贬损/

贬抑/贬职

高低/减低/降低/看低/压低

351 **贬义**(義) 丁

biǎnyì (derogatory sense)

[名]字句里含有的不赞成或不好的意思:没有～|含有～|～词|明显的～|我说这句话,毫无～|在这里使用～词,不太恰当|你对这篇文章的品评,～太明显了|他说的这些话,明显含有～,但我不在乎。

【反义词】褒义

【构词】褒义/本义/词义/大义/道义/定义/广义/含义/涵义/讲义/教义/就义/名义/歧义/起义/情义/仁义/释义/侠义/信义/演义/要义/疑义/意义/仗义/正义/忠义/主义/转义

352 **贬值** 丁

biǎn zhí (devalue)

❶货币购买力下降:货币～|～的趋势|～的结果|货币～的结果是物价飞涨|货币在继续～|应该采取措施,防止货币继续～|从最近市场经济的发展,已看出了货币～的趋势。❷降低本国货币对外币的比价或降低本国单位货币的含金量:人民币～|日元～|美元～。❸泛指价值降低:商品～|知识～。

【近义词】增值

【提示】离合词,中间可插入其他成分,如:贬过值|贬不了值。

【构词】比值/币值/产值/价值/面值/升值/数值/增值

353 **扁** 乙 〔部首〕户 〔笔画〕9

biǎn (flat)

[形]图形或文字上下的距离比左右的距离小;物体的厚度比长度、宽度小:～体字|～圆|～脸|～平|压～|按～|踩～|她长着一张～平的脸|他写一手十分漂亮的～体字|这孩子的鼻子～～的,十分可爱|面包掉在地上,被踩～了。

【构词】扁担/扁豆/扁平足/扁食/扁桃/扁桃体/扁圆

354 **便** *乙 〔部首〕亻 〔笔画〕9

biàn (adv. just; soon afterwards; conj. even if)

[副]意义、用法跟副词“就”大致相同。❶表示某种情况早已存在,或某动作发生得早,“便”前边往往有表示时间的词语:天刚亮,他～起床了|刚3点,他～来了|没到暑假,他～离开了学校|一年前,她～瘫痪在床了。❷表示某种情况或动作紧接着前一情况或动作发生,有“立刻”、“马上”的意思:他说完～走了出去|听了我的话,她～甜甜地笑了|吃完晚饭他～睡了|我听完～全明白了。❸〈丙〉表示事实正是如此:这～是我的房间|这篇文章,～是他的绝笔|辛亥革命～是在1911年发生的那场革命。

[连]表示假设和让步,有“即使”的意思。用在复句的前一分句,后一分句常有“也”与之呼应:～是大家都不去,我也要去|～是有再多的困难,我也不怕|今晚～有演出,我也不看|你～做得再好,我也不吃。

【近义词】就

【提示】①“便”多用于书面语,口语中用“就”。②用“便”的地方都可换成“就”,只是语体不同;但用“就”的地方不都能换成“便”,因为“就”的意义和用法更多。如可以说“昨天大家都去了,就缺你一个。”但不能说“昨天大家都去了,便缺你一个。”(“便”没有“只”的意思)③“便”又读 pián。见第4851条。

【构词】便餐/便饭/便服/便捷/便坑/便帽/便门/便秘/便溺/便盆/便器/便所/便桶/便鞋/便血/便宴/便衣/便装

355 便道 丁

biàndào (pavement)

[名]❶马路两边供人行走的道路:走～|干净的～|行人走～,车走马路|～上是砖砌的路面,很平|路两边的～很窄,行人很拥挤。❷近便的小路:你走大路,我走这条～,保证比你先到公园|这里有一条通往学校的～,很近,但只能步行|这条～不能走汽车,但离家很近。

【近义词】❶人行道;❷捷径

【反义词】❶马路;❷大路

356 便利 *丙

biànlì (adj. convenient; v. for the convenience of facilitate)

[形]使用或行动起来不感觉困难;方便:很～|非常～|交通～|行动～|就医～|上学～|穿上这双鞋,走路特别～|这里的交通很～|他过去曾瘫痪在床,吃了一年中药,现在行动～,像好人一样|住在这里没别的好处,就是孩子上学～|这里离商店近,买东西很～。

[动]使便利:～群众|～学生|～农民|新学校建立后,～了农家孩子上学|商业网点的建立,～了群众|为了～农民养鱼,村里挖了一个大鱼塘。

【近义词】方便

【构词】薄利/暴利/本利/不利/纯利/低利/地利/锋利/福利/高利/功利/红利/厚利/互利/吉利/尖利/净利/流利/麻利/毛利/名利/年利/权利/锐利/胜利/失利/顺利/私利/犀利/盈利/有利/渔利/月利/债利/重利/专利/急功近利/无往不利/一本万利/渔人之利

357 便条(條) 乙

biàntiáo (note)

[名]写上简单事项的纸条;非正式的书信或通知:写～|留～|一张～|他让我给你这张～,通知你开会|他在～上写了什么?|你写张～,我顺便给他就行了,你不必亲自去找他了。

【近义词】便笺/信

【构词】白条/粉条/封条/回条/假条/教条/借条/金条/肋条/律条/面条/苗条/批条/欠条/身条/收条/通条/线条/萧条/信条/油条/枝条/字条/井井有条

358 便于 丙

biànyú (easy to)

[动]比较容易做某事:～工作|～学习|～休息|～开车|～打击敌人|～种植|为了～司机休息,公路旁开了一家旅馆|为了～学习外语,他买了一台录音机|他买了许多工具,以～在家修理自行车。

【近义词】利于

【构词】安于/遍于/濒于/长于/出于/处于/等于/对于/甘于/敢于/工于/关于/惯于/过于/合于/基于/急于/鉴于/精于/苦于/乐于/利于/立于/忙于/善于/属于/位于/陷于/宜于/易于/勇于/由于/寓于/在于/至于/忠于/终于

359 变(變) *甲

〔部首〕亠
〔笔画〕8

biàn (change)

[动]❶性质、状态或情形跟原来不同;变化;改变;变成:大～|早～了|刚～|～得快|～不了|不能～|很想～|不许～|～样|～天|气温～了|人～了|地方～了|脸色～了|生活～了|～～花样|～一～|30年不见,他的模样大～|季节～了,该加衣服了|他的样子真～了|10年后又回故乡,发现人也～了,地方也～了|树叶都～黄了|她的性格～温柔了|鸡蛋～成了小鸡。❷使改变:～废为宝|～后进为先进|～荒山为良田。❸〈乙〉表演戏法或魔术:～戏法|～魔术|～没了|～出|～不出来|他的魔术～得真好|他～戏法～得特别快|他把鸡蛋～没了,却～出一只鸽子来|你再给我～～看,能～出一条大鱼来吗?

【近义词】变化/改变

【提示】"变"字下边是"又",不能写成"夂"。

【构词】变把戏/变电站/变调/变卦/变故/变幻/变节/变脸/变卖/变色/变态/变天/变通/变为/变戏法/变相/变心/变压器/变样/变异/变种/变本加厉

360 变成 甲

biàn chéng (change into)

表示改变,它后面的宾语是改变的结果:～大人|～青年|～少妇|～孤儿|～大学生|～经理|～良田|～旅游胜地|逐渐～|正式～|很难～|他失去了父母,一夜之间～了孤儿|没想到昨天的小姑娘已～医生了|沙漠～良田|这个山沟已～旅游胜地|我很难～像他那样的人。

【近义词】变为/成为/成

【提示】"变成"是个动补结构,"成"是结果补语,"变成"不能带动态助词"着"、"过",不能说"他变成着大人"或"他变成过大人"。

【构词】八成/不成/促成/达成/分成/构成/合成/结成/老成/落成/年成/收成/速成/提成/完成/现成/形成/玉成/赞成/责成/组成/大功告成/大器晚成/功败垂成/少年老成/水到渠成/相反相成/相辅相成/一气呵成/一事无成/坐享其成/有志者事竟成

361 变动(動) 丙

biàndòng (v./n. change)

[动]发生变化或改变原状:社会～|人事～|工资～|人员～|地点～|物价～|形势～|内容～|任务～|有些～|～得太晚|～得好|～一次|～一下|～一回|允许～|～的原因|不要因为人员～而影响工作|文章的内容不必～,只把个别词句修改一下就行了|物价～与人民生活息息相关。

[名]指变化的情况:～大|～小|产生～|职务的～|人事的～|这次工作上的～对我有好处|这次人事上的～很大|人员的安排需要～|这种～没有必要。

362 变革 丙

biàngé (v. transform; n. transformation)

[动]改变事物的本质(多指社会制度):社会～|历史～|参加～|进行～|害怕～|抵制～|～制度|～性质|～的内容|社会制度～促进了经济的发展|1949年是中国发生历史性～的一年|他们总是害怕～|这种社会～是抵制不住的|他们将彻底地～现有的经济体制。

[名]指改变事物本质的情况:一种～|重要的～|社会的～|经济领域正在

进行一场～|这是一种重要的～|社会的～最终会发生。
【近义词】改革/变动/变化
【构词】改革/皮革/沿革

363 **变更** 丁

biàngēng (alter)
[动]改变;变动:～内容|～手段|～计划|发生～|有些～|帮助～|～一下|这次出版,本书～了书名|这里的人员有很大～|这本书的内容还需要作些～。
【近义词】改变/变动/更动/更改
【提示】"变更"的"更"不能读 gèng。"更"gèng 见第2237条。

364 **变化** 甲

biànhuà (v./n. change)
[动]事物在形态上或本质上产生新状况:气候～|季节～|社会～|思想～|心理～|发生～|引起～|～得快|社会在～,人们的思想也在变|晚霞真美,云彩的颜色在不断～|应该及时掌握～着的新情况。
[名]指事物在形态或本质上产生的新状况:很大～|重要～|思想的～|有～|20年间这个村子发生了很大～|他的这种～大家都注意到了|他的性格发生了重要～。
【近义词】改变/变动/变更
【提示】"变化"作动词时,不能带宾语,只能带补语:×变化他的思想。|他的思想变化得很快。
【构词】丑化/催化/淡化/点化/毒化/恶化/儿化/分化/焚化/风化/孵化/腐化/感化/火化/激化/简化/僵化/教化/进化/净化/开化/老化/绿化/美化/奴化/欧化/强化/热化/融化/熔化/溶化/软化/烧化/深化/同化/蜕化/退化/消化/驯化/演化/氧化/液化/异化/硬化/造化/转化

365 **变换** 丁

biànhuàn (vary)
[动]事物的一种形式或内容换成另一种:～位置|～手法|～战术|～花样|～颜色|～款式|～得快|～一次|尽量～|这一周的伙食应该～～花样了|她很会打扮,经常～服装的颜色和款式|你和他谈话应～一下方式|别老直挺挺地坐着,～一下姿势会舒服些。
【近义词】改变/变化/变更/更换/改换
【构词】撤换/抽换/倒换/掉换/调换/兑换/对换/改换/更换/交换/轮换/替换/偷换/退换/转换

366 **变迁**(遷) 丁

biànqiān (v./n. change)
[动]情况或阶段变化转移:时代～|社会～|历史～|环境～|急剧地～|60年的～|时代～得太快|他亲眼目睹了50年的历史～|社会～,给人民生活带来重大影响。
[名]指情况或阶段变化转移的状况:一种～|巨大的～|发生～|作为历史学,研究的就是这种～|巨大的～发生在这100年间|河道的～在县志里可以查出来。
【近义词】变化/变更/变动
【构词】搬迁/拆迁/乔迁/升迁/见异思迁/事过境迁

367 **变形** 丁

biàn xíng (be out of shape)
事物的形状发生变化:桌子～|衣服～|窗户～|没～|不～|容易～|这衣服刚洗过一次就～了|桌子～了|这

种家具用多少年都不会～|他的脸气得都～了。

【提示】离合词,中间可插入其他成分,如:窗户经雨水淋过后变了形。

【构词】成形/雏形/地形/队形/环形/畸形/矫形/矩形/菱形/情形/扇形/身形/梯形/体形/条形/图形/外形/忘形/无形/现形/原形/整形/正形/得意忘形/如影随形

368 **变质**(質) 丁

biàn zhì (go bad)

人的思想或事物的本质起变化(多指向坏的方面变化):蜕化～|思想～|粮食～|食品～|药品～|防止～|造成～|～的程度|明显～|严重～|他原来是个很好的干部,现在蜕化～了|冰箱里的食品～了|中草药应时常晾晒,以防止～|造成粮食～的原因还没弄清。

【提示】离合词,中间可插入其他成分,如:变了质的食品一定不要再吃了。

369 **辨别** 丁 〔部首〕辛 〔笔画〕16

biànbié (distinguish)

[动]对不同的事物加以区别:～方位|～真假|～方向|～颜色|～声音|～得准确|～了一下|认真～|不能～|可以～|很快～|～出来|母亲都能～出自己孩子的哭声|我～不出他的声音|他～了一下方向,然后向东走去|你能～出哪个是蓝色哪个是绿色吗?|他有～古画真伪的本领。

【近义词】区别/鉴别/识别/甄别/判别/辨认

【提示】"辨"不能写作"辩"。

【构词】辨惑/辨识/辨析/辨正/辨证

拜别/差别/长别/辞别/道别/分别/告别/个别/各别/拱别/话别/级别/鉴别/久别/诀别/阔别/类别/离别/临别/派别/判别/区别/识别/送别/特别/握别/惜别/性别/揖别/永别/赠别/作别/生离死别/天壤之别/依依惜别/云泥之别

370 **辨认**(認) 丁

biànrèn (identify)

[动]根据特点辨别,做出判断,以便找出或认定某一对象:～方向|～笔迹|～指纹|～相貌|～一下|～了一会儿|注意～|用心～|努力～|请你～一下这篇文章的笔迹,看是谁写的|你能～出他的相貌像谁吗?|他～了好一会儿,还是～不出那是个什么字|公安人员经过～指纹,可以找出凶手。

【近义词】辨别/识别

【提示】"辨认"和"辨别"意思相近,但"辨别"侧重于将两个或两个以上的事物加以区别;"辨认"侧重于根据事物的特征作出判断、认定。

【构词】承认/否认/公认/供认/默认/确认/相认/招认/指认/追认/自认

371 **辩护**(辯護) 丁 〔部首〕辛 〔笔画〕16

biànhù (defend)

[动]为了保护别人或自己,提出理由,说明一种意见或行为的正当合理:为他～|替他～|～得好|～了一次|～律师|～费|需要～|要求～|公正地～|被告请律师替他～|律师去法庭上为被告进行～|虽然不是自己的错,但他却不敢为自己～|我做错了,并不想为自己～|不要为错误行为～。

【近义词】辩解/辩白/争辩/申辩

【提示】"辩护"一般不直接带宾语,宾

语可以用“为”、“替”、“给”等介词提前，可以说“为…～”。

【构词】辩白/辩驳/辩才/辩辞/辩护权/辩护人/辩明/辩证法

372 **辩解** 丁

biànjiě (justify; explain away)

[动]对别人的指责加以解释：进行～|不用～|为他～|准备～|不必～|替人～|停止～|被迫地～|我不准备为自己进行～|你的指责太过分了，我要保留为自己～的权利|你不用替他～了，这明明是他的错。

【近义词】辩护/辩论/争辩/解释

【构词】电解/费解/分解/和解/缓解/见解/讲解/理解/谅解/了解/曲解/劝解/融解/熔解/溶解/题解/调解/图解/瓦解/误解/消解/押解/肢解/注解/冰消瓦解/不求甚解/难分难解/土崩瓦解/一知半解/迎刃而解

373 **辩论**(論) 丙

biànlùn (v./n. debate)

[动]彼此用一定的理由来说服对方同意自己的观点：～开始|～结束|～中断|～的内容|～得好|～得很激烈|进行～|激烈地～|大家～|共同～|提倡～|引起～|他们正在礼堂进行～|会场里～得十分激烈|虽然双方～了五个多小时，但最终并未达成一致|～结束时天已经黑了。

[名]指说服对方同意自己观点的行为：一场～|大～|这场～全是你引起来的|这是一场激烈的～|我们之间的～是很有意义的。

【近义词】争辩/争论/论战/辩解/辩护/辩白

【构词】不论/定论/泛论/概论/公论/宏论/结论/空论/理论/立论/妙论/谬论/评论/社论/谈论/讨论/通论/推论/无论/序论/绪论/言论/议论/舆论/争论/政论/总论/长篇大论/高谈阔论/平心而论/相提并论/一概而论

374 **辩证**(證) 丁

biànzhèng (adj. dialectical; v. discriminate)

[形]合乎辩证法的：～关系|～规律|～统一|他用～的方法揭示了事物的本质|这两种事物之间存在～的关系|你应该～地看问题。

[动]辨析考证：古汉语里的一些词，必须认真～，才能了解它的原义|经过仔细～，终于确定了这件出土文物的年代。

【提示】“辩证”为辨析考证的意义时，也可以写作“辨证”。

375 **辩证法** 丁

biànzhèngfǎ (dialectics)

[名]关于事物矛盾的运动、发展、变化的一般规律的哲学学说：～观点|唯物～|～理论|处理事情的时候，最好懂一点儿～|他用唯物～的观点分析社会问题|他是教自然～的老师。

376 **辫子**(辮) 丁

〔部首〕辛
〔笔画〕17

biànzi (braid)

[名]❶把头发分股交叉编起的发型：梳～|扎～|长～|短～|两根～|一条～|大～|小～|粗～|细～|～长|～短|她梳一根又黑又亮的大～|你扎起～来比留披肩发好看|你的～比我的长|她的～很细|你的头发别剪了，留～吧。❷比喻把柄：抓～|有～|没～|你又被抓住小～了吧？|我没有什么～好让别人抓|我不怕别人抓

～。

【近义词】❷把柄/错误/过失

【提示】“辫子”有时也指像辫子一样的东西，如：草～｜蒜～。

377 **遍** 甲 〔部首〕辶 〔笔画〕12

biàn (m. a time in repetition)

[量]一个动作从开始到结束的整个过程为一遍：问了一～｜看了三～｜听了两～｜抄一～｜用过一～｜穿了一～｜这首歌我听两～就会唱了｜请你把这篇文章抄一～｜这些单词我背了好几～还记不住｜这本书我已经看过三～了｜你再听我说一～。

【构词】遍及/遍野/遍地开花

378 **遍** 乙

biàn (all over)

[形]普遍；全面：找～｜问～｜走～｜搜～｜摸～｜开～｜种～｜～天下｜我摸～全身也没摸出一支烟来｜田野上开～鲜花｜我问～了所有的人，也不知道他住在哪儿｜他走～这里的山川寻找矿藏｜我们的朋友～天下｜橘子～身都是宝。

379 **遍地** 丁

biàndì (everywhere)

[名]满地；到处：～开花｜～都是｜屋子里～都是乱纸｜走到郊外，～是绿草｜草原上～是牛羊｜校园里花开～，绿树成荫。

【近义词】各处/各地/到处

【构词】本地/草地/产地/场地/锄地/此地/大地/当地/坟地/腹地/高地/耕地/工地/故地/旱地/荒地/基地/见地/禁地/境地/旧地/就地/空地/领地/陆地/绿地/落地/墓地/内地/盆地/平地/坡地/山地/圣地/属地/死地/随地/特地/天地/田地/土地/洼地/外地/席地/险地/心地/要地/野地/异地/营地/余地/原地/园地/葬地/战地/阵地/质地/种地/重地/驻地/别有天地/冰天雪地/不毛之地/出人头地/顶天立地/翻天覆地/改天换地/肝脑涂地/呼天抢地/花天酒地/脚踏实地/惊天动地/开天辟地/铺天盖地/斯文扫地/一败涂地/死无葬身之地/英雄无用武之地

380 **标(標)** 丁 〔部首〕木 〔笔画〕9

biāo (mark)

[动]用文字或其他事物表明：～上｜～好｜～明｜这句话的后面应～上句号｜这篇文章没～标点｜所有商品都应～明价格｜他读书时总是把不懂的词～出来｜药品包装上应～明出厂日期｜用红笔～上记号。

【构词】标榜/标兵/标尺/标定/标杆/标号/标记/标价/标明/标牌/标签/标枪/标致/标准音/标准语/标新立异

381 **标本** 丁

biāoběn (specimen)

[名]保持实物原样或经过整理，供学习、研究时参考用的动物、植物、矿物：植物～｜动物～｜矿物～｜蝴蝶～｜枫叶～｜熊猫～｜制成～｜展览～｜出售～｜～坏了｜这个博物馆里有许多鸟类～｜她从南极带回许多矿物～｜我这次去旅行，采集了许多植物～。

【构词】版本/草本/唱本/抄本/成本/底本/读本/赌本/翻本/范本/副本/父本/稿本/歌本/根本/够本/孤本/股本/话本/还(huán)本/基本/简本/脚本/剧本/刊本/刻本/课本/亏本/蓝本/捞本/老本/母本/赔本/全本/

善本/蚀本/书本/忘本/选本/样本/译本/印本/原本/账本/珍本/资本

382 标点(點) 乙

biāodiǎn (punctuation)

[名]用来标明句子、语气和专名的书写符号:~符号|点上~|写上~|没有~|缺少~|~错了|你这篇文章的~符号有许多错误|每句话后面都应点上~|这里丢了一个~符号|你忘了写~,要扣分的。

【提示】"标点"也可作为动词,意思是给原来没有标点的文章加上标点符号,如:老师让我们~这篇古文。

【构词】斑点/冰点/茶点/打点/到点/地点/顶点/逗点/沸点/赶点/糕点/观点/基点/检点/焦点/交点/据点/考点/矿点/零点/论点/难点/盘点/批点/评点/起点/清点/圈点/缺点/燃点/热点/熔点/弱点/试点/特点/甜点/晚点/网点/污点/误点/西点/要点/疑点/优点/雨点/早点/正点/支点/钟点/终点/重点/转折点

383 标题(題) 丁

biāotí (title)

[名]标明文章作品等内容的简短语句:写~|定~|文章的~|~不好|这幅画我画完了,还没有~,你给想一个吧|这篇文章的~是《过年》|我总是先写文章,最后考虑~|这篇报导的~十分醒目|这个~太长,最好改得短一点儿。

【近义词】题目

【构词】本题/出题/点题/副题/话题/解题/课题/离题/例题/留题/论题/命题/难题/跑题/偏题/切题/试题/算题/贴题/问题/无题/习题/选题/议题/正题/主题/专题/走题/文不对题

384 标语(語) 丙

biāoyǔ (slogan)

[名]用简短文字写出的有宣传鼓动意义的口号:写~|贴~|一条~|墙上的~|大幅~|墙上贴着一条~|这是你写的~吗?|汽车里贴着"禁止酒后开车"一类的~|门口拉着红色横幅,上面写着"热烈欢迎"的~。

【提示】"标语"是通过书写张贴的形式进行宣传的语句,不能用作"呼喊"的宾语,可以说"呼喊口号"。

385 标志(誌) 丙

biāozhì (v. mark; n. sign)

[动]表明某种特征:街上行人服装整洁美观,~着人们的生活水平提高了|资金的增多,~着企业的发展|他以优异的成绩考入大学,~着父亲教育的成功。

[名]表明特征的记号:各种~|自己带~|有~|成为~|工作人员的~|贵族的~|地图上画着各种形式的~|各国运动员都配戴着自己国家的~|一些国家的贵族都有自己家族的~。

【近义词】[动]显示/表示/表明;[名]记号

【提示】"标志"作动词时多用于书面语,有郑重、严肃的色彩,常带助词"着",宾语一般是主谓词组,如:这一切~着一个新阶段的开始。

【构词】得志/斗志/立志/明志/墓志/神志/矢志/同志/县志/遗志/意志/杂志/壮志/玩物丧志/专心致志

386 标准(準) 乙

biāozhǔn (n./adj. standard)

[名]衡量事物的准则：制定～｜达到～｜符合～｜超过～｜取消～｜工资～｜伙食～｜统一的～｜一条～｜新～｜出差的伙食～是每天30元｜他还没有达到入学～｜每年都应给自己制定一个新的学习～｜他完全符合作为一个医生的～，被医院录用了。

[形]合乎标准的：～音｜～语｜很～｜不～｜他说的普通话很～｜他的发音比你更～｜这种球拍制作得不太～｜他溜冰时的动作很不～。

【近义词】[名]准则/尺度/条件；[形]准确/精确

【提示】"准"字左边是"冫"，不能写成"氵"。

【构词】核准/瞄准/批准/认准/水准/允准

387 表 *甲

biǎo (watch)

[名]❶计时的器具：手～｜怀～｜电子～｜闹～｜～带儿｜～链｜新～｜旧～｜修～｜～不走了｜～停了｜手～的～带儿坏了｜他那块怀～的～链是金的｜他送我一块电子～，走得很准｜你的～停了，该上弦了｜桌子上那块新～是谁的？❷〈乙〉按项目画成格子，分别填写文字或数字的书面材料：统计～｜调查～｜考勤～｜日程～｜登记～｜请在这份登记～上填上你的名字｜会议的日程～还没确定｜今天发了一张～，调查每个教师今年的科研情况。❸〈乙〉测量某种量的器具：水～｜电～｜温度～｜煤气～｜查水～的工作人员来了｜我家的煤气～坏了｜你有点儿发烧，该拿体温～试试体温。

【提示】作为计时器具的"表"，其繁体字为"錶"。用作义项❷时口语中常儿化。

【构词】表白/表层/表带/表格/表功/表决/表决权/表链/表露/表蒙子/表面/表盘/表皮/表亲/表述/表率/表态/表演唱/表演赛/表语/表章/表针/表侄/表侄女/表里如一/表面文章

388 表达(達) 乙

biǎodá (express)

[动]表示(思想、感情)：～思想｜～感情｜～心意｜想～｜准确～｜清楚地～｜～方式｜～得体｜～流利｜～清楚｜他刚学习一年汉语，已经能用汉语清楚地～思想了｜他向女友～了爱慕的心情｜我对你的心意真是无法用语言～｜用什么话都～不了我对你的感激｜他～得很得体。

【近义词】表示/表露/表现/表明

【构词】蹦达/传达/到达/抵达/发达/放达/哈达/豁达/旷达/雷达/溜达/马达/通达/下达/显达/直达/转达/飞黄腾达/欲速则不达

389 表面 乙

biǎomiàn (surface)

[名]物体与外界接触的部分；事物的外在现象：～光滑｜～粗糙｜～亲切｜～平静｜～冷漠｜注意～｜皮肤的～｜他～冷淡，实际是个很热情的人｜他～上很精明，其实心挺粗的，一点儿也不精明｜你所了解到的只是～情况，实际上情况要复杂得多｜桌子的～被划了一道很深的印子。

【近义词】外表

390 表明 乙

biǎomíng (make clear; manifest)

[动]表示清楚：～态度｜～思想｜～立场｜情况～｜历史～｜清楚～｜充分～｜大胆～｜公开～｜他大胆～了自己的

态度｜有证据～他是无罪的｜他公开～了自己的身份｜你应该充分～自己的观点。

【近义词】说明/阐明

【构词】辨明/标明/查明/阐明/昌明/澄明/聪明/发明/分明/复明/高明/光明/简明/精明/开明/黎明/廉明/明明/判明/剖明/清明/申明/神明/声明/圣明/失明/说明/探明/天明/挑明/通明/透明/微明/文明/鲜明/贤明/严明/英明/照明/证明/指明/耳聪目明/泾渭分明/弃暗投明/先见之明/知人之明/自知之明/自作聪明

391 表情 丙

biǎoqíng（expression）

[名]表现在面貌或姿态上的思想感情：～丰富｜～复杂｜～自然｜～呆板｜～痛苦｜脸上的～｜眼中的～｜思考的～｜佩服的～｜西方人的面部～比较丰富｜他的脸上现出复杂的～｜他毫不惊慌，脸上～自然｜他的眼中流露出痛苦的～。

【近义词】神情/神色/神态

392 表示 *甲

biǎoshì（v. show; n. expression）

[动]❶用言语行为显出某种思想感情等：～决心｜～心意｜～意见｜～看法｜～态度｜～谢意｜～观点｜～友谊｜～失望｜～惋惜｜～遗憾｜明确～｜充分～｜他明确地向我～了他对公司领导的看法｜对各位的到来，我们～衷心的感谢｜你应该向他～歉意｜对于他不合作的态度，我只能～遗憾。❷〈乙〉事物本身或凭借某种事物显示某种意义：点头～同意，摇头～不同意｜红灯亮～禁止通行｜亮黄牌～运动员犯规｜雾散～要晴天了。

[名]显示思想感情的言语、动作或神情：友好的～｜同情的～｜不满的～｜一种～｜他来看你，这是友好的～｜他眼睛望着天，作出不满的～｜他这种同情的～给了我很大安慰。

【近义词】[动]显示/显露/表现/表白/表达；[名]象征/代表

【提示】“表示”的宾语多是“态度”、“决心”、“意见”等抽象事物。

393 表现(現) *甲

biǎoxiàn（v. show; n. expression; manifestation）

[动]❶表示出来：～感情｜～观点｜～长处｜～思想｜～性格｜着重～｜集中～｜充分～｜～不出来｜充分～了人物的内心世界｜他的聪明才智没有完全～出来｜他～得十分坚强｜这部电影集中～爱国主义精神。❷〈丙〉故意显示自己(含贬义)：～自己｜好(hào)～｜爱～｜他总喜欢在大家面前～自己｜这人特别好～｜她既然这么爱～，就让她去充分～吧｜由于他太爱～，大家都不喜欢他。

[名]行为或作风中表现出来的东西：他的～｜一种～｜这样的～｜这是他热爱工作的～｜她在劳动中的～很好｜他的～很一般。

【近义词】[动]❶表示/显示

【构词】呈现/出现/兑现/发现/浮现/闪现/实现/体现/显现/涌现/再现/展现/活灵活现/昙花一现

394 表演 甲

biǎoyǎn（v. perform; n. performance）

[动]戏剧、舞蹈杂技等演出；作示范性的动作：进行～｜停止～｜结束～｜正在～｜生动～｜～节目｜～体操｜～

京剧|～不了|他们正在～中国民族舞|他在这部戏中～得很出色|你能为我们～一下跳伞吗？|他们～了两个多小时|他给大家～了新的操作方法。
[名]戏剧、舞蹈等的演出活动：一场～|他的～|京剧～艺术|今天的节目里有体操～|今晚他的～十分成功。
【近义词】演出/演示

395 **表扬(揚)** 甲

biǎoyáng (praise)
[动]对好人好事公开赞美：受到～|给予～|进行～|学校～|领导～|上级～|没～|～得对|～学生|他受到了老师的～|对这种助人为乐的精神应该给予～|应该～他，可是没～|上级～他～得对|感谢信中病人～了这位医生。
【近义词】赞扬/表彰/夸奖
【反义词】批评
【提示】①"表扬"的"扬"左边是"扌"，不能写成"木"。②"表扬"一般用在单位、组织对个人，上级对下级，尊长对晚辈等。

396 **表彰** 丁

biǎozhāng (commend)
[动]表扬(伟大功绩、壮烈事迹等)：～大会|～战功|～英雄|～先进|值得～|给予～|大会～了先进|对舍己救人的事迹给予了～|科学院～了他所作的卓越贡献|市里召开了～英雄的大会。
【近义词】表扬/赞扬/赞颂
【反义词】批评/批判
【提示】"表彰"多用在伟大功绩、壮烈事迹等方面，一般的事情，多用"表扬"。

397 **憋** 丁 〔部首〕心 〔笔画〕15

biē (suppress)
[动]抑制或堵住不让出来：～住|～一口气|～得慌|～得难受|你有话就说，别～着|我～了一肚子话没处说|他们～足了劲儿，要踢赢这场球|他终于～不住，大笑起来|我～住气，游了10米远。
【提示】"憋"字上面是"敝"，不是"敞"。
【构词】憋闷/憋气/憋屈

398 **别** 甲 〔部首〕刂 〔笔画〕7

bié (do not)
[副]❶表示禁止或阻止，跟"不要"的意思相同：～走|～去|～哭|～笑|～睡|天黑了，你～走了|～忙，这事得商量商量|你～问他|～到处乱跑|你叫他～来|～向困难低头。❷表示揣测，通常跟"是"合用(所揣测的情况往往是自己不希望发生的)：他今天怎么没上班？～是病了|到现在还没回家，～是没赶上末班车。
【提示】①"别"又读 biè，见第404条"别扭"。②别(Bié)，姓。
【构词】别称/别动队/别管/别集/别离/别名/别情/别趣/别是/别墅/别绪/别样/别针/别传(zhuàn)/别出心裁/别具匠心/别具一格/别开生面/别树一帜/别无长物/别无二致/别有洞天/别有天地/别有用心

399 **别** *丙

bié (leave)
[动]❶分离：～了，亲爱的故乡|我～了家人，登上北去的火车|相～时间不久，就很想念。❷〈丁〉用别针等把一样东西附着或固定在纸、布等物体上；插住：～校徽|～花|～上|～不上

|他胸前～着一朵小白花|他的左臂～着红袖章|她头发上～着一个很漂亮的发夹|你把这份材料和那封信～在一起|用曲别针～上|他腰里～着一只传呼机|把门～上。

【近义词】❶分别/别离

400 **别处**(處) 丙

biéchù (other place)

[名]另外的地方:到～|住在～|搬到～|～的人|～的风景|喜欢～|你别再闹了,还是去～玩吧|除了这儿以外,～的风景也很不错|既然这里没有,我就去～的书店看看吧。

【提示】"别处"的"处"不能读成 chǔ。"处"chǔ 见第958条。

【构词】暗处/长处/出处/处处/错处/到处/短处/害处/好处/坏处/患处/近处/居处/苦处/妙处/明处/难处/去处/四处/益处/用处/远处/住处

401 **别的** 甲

biéde (other)

[代]除了已指明的人或事物以外的:～人|～时间|～事|～书店|～声音|明天除了看一场电影,～时间我都要用来学习|他进城,除了看朋友以外,没有～事|我只买了两本小说,没买～|我知道他的英语不错,不知道他会不会～外语|他～本事没有,就会吹牛。

【构词】好样的/没说的/什么的/似的/是的/有的/真是的

402 **别人** 甲

biéren (other people)

[代]另外的人;自己或某人以外的人:帮助～|关心～|～的衣服|～的东西|～的家|家里只有母亲和我,没有～|～的东西不能随便拿|把方便让给～,把困难留给自己|～不干,我干。

【近义词】人家

403 **别字** 丙

biézì (wrongly written or mispronounced character)

[名]写错或读错的字:写～|读～|改～|把"包子"写成"饱子"是写～|把"破绽"的"绽"读成 dìng,是读～|公共场所要消灭错～|你的作文～太多。

【提示】"别字"也叫"白字"。

【构词】测字/拆字/赤字/错字/打字/大字/繁体字/汉字/简体字/名字/排字/铅字/签字/识字/数字/题字/吐字/文字/习字/咬字/脏字/片纸只字/咬文嚼字

404 **别扭** 丁

bièniu (disagreeable; hard to deal with)

[形]❶不顺心;难对付;意见不相投:太～|很～|格外～|闹～|心里～|脾气～|这种天气真～,一会儿冷,一会儿热|他的脾气挺～|他们两个人在一起总感到～,说不到一块儿|一听别人叫他的外号,他心里就～。❷(说话、作文等)不通顺;不流畅:～的文章|称呼～|语言～|这句话念起来有点儿～|小勇有点儿口吃,说话总是别别扭扭的|初学汉语的人,写的文章一般都有些～。

【近义词】❷生硬/拗口/艰涩/生涩

【反义词】❷通顺/通畅/流畅

【提示】"别扭"的"别"不能读成 bié。

405 **宾馆**(賓館) 乙 〔部首〕宀 〔笔画〕10

bīnguǎn (guesthouse)

[名]公家招待来宾住宿的地方，也指较大而设施好的旅馆：住～|星级～|豪华～|一座～|一家～|～的陈设|本市计划今年年底修建两个四星级～|这家～的服务质量是一流的|我可住不起豪华～|这条街上有三家～。
【近义词】旅馆
【提示】宾，姓。
【构词】宾客/宾朋/宾语/宾主/宾至如归
报馆/博物馆/菜馆/餐馆/茶馆/大使馆/饭馆/公馆/会馆/酒馆/旅馆/体育馆/图书馆

〔部首〕八
〔笔画〕7

406 **兵** *乙

bīng (soldier)
[名]❶军人或军队：～种|骑～|步～|当～|骑～和步～都投入了战斗|老王家两个儿子都是当～的|他是一个～|要处理好官～关系。❷〈丙〉关于军事或战争方面的理论与实践：～法|纸上谈～|《孙子～法》是一本很有研究价值的好书|"纸上谈～"实际是讽刺那些不联系实际，空发议论的人|现代军官也要学习一些古代～法。
【近义词】❶战士/军人/兵士/军队
【构词】兵变/兵车/兵船/兵丁/兵法/兵符/兵工厂/兵祸/兵舰/兵力/兵马/兵器/兵权/兵士/兵书/兵役/兵役法/兵营/兵员/兵站/兵种/兵卒/兵不厌诈/兵贵神速/兵荒马乱/兵强马壮/兵戎相见

〔部首〕冫
〔笔画〕6

407 **冰** 乙

bīng (ice)
[名]水在摄氏零度或零度以下凝结成的固体：滑～|结～|一块～|一层～|冻～|～块|～化了|在～上走容易滑倒|河里结～了|路面上结了一层厚厚的～|河里的～已经化了|咱俩一块儿去滑～吧！|啤酒里加了一些碎～块儿|冬天把江面的～凿开，可以捕鱼。
【提示】①"冰"字左边是"冫"，不能写成"氵"。②"冰"还可作动词用，是感觉凉或使变凉的意思。如：刚到中秋，河水已经～腿了|把这些汽水放冰箱里～上。
【构词】冰雹/冰袋/冰刀/冰灯/冰点/冰雕/冰冻/冰峰/冰河/冰花/冰窖/冰块/冰冷/冰凉/冰山/冰霜/冰糖/冰箱/冰鞋/冰镇/冰砖/冰肌玉骨/冰清玉洁/冰天雪地/冰雪聪明

408 **冰棍儿**(兒) 丙

bīnggùnr (ice-lolly)
[名]把水、果汁、糖等混合搅拌冷冻而成，用一根小棍做把柄的一种冷食：吃～|买～|卖～|两根～|巧克力～|他在街头卖～|去买几根～来|咱们照书上写的方法试着做几根～吧|快吃吧，～要化了。
【构词】党棍/赌棍/恶棍/拐棍儿/光棍儿/警棍/闷棍

409 **冰淇淋** 丁

bīngqílín (ice cream)
[名]把牛奶、鸡蛋、糖、果汁等调和后，一面加冷一面搅拌，使凝结而成半固体的冷食。因来自英译，有的也写作"冰激凌"：吃～|买～|做～|这是自己家里做的～|小孩子吃太多的～会肚子疼的|现在的～种类很多。

〔部首〕木
〔笔画〕9

410 **柄** *丙

bǐng (handle)
[名]❶器物的把儿；植物的花、叶或果实跟茎或枝连着的部分：锅～|刀

～|勺～|花～|叶～|镰刀～断了，换一根吧|锹～太短，不好用。❷〈丁〉比喻在言行上被人抓住的材料：话～|笑～|把～|他干的那件蠢事，成了人们的笑～|你说话要小心，千万别给人留下话～|你是不是被他抓到了什么把～？要不然怎么那么怕他？

【近义词】❶把（bà）儿

411 **丙** 丙 〔部首〕一 〔笔画〕5

bǐng（the third of the Ten Heavenly Stems）

［名］天干的第三位。天干是：甲、乙、丙、丁、戊、己、庚、辛、壬、癸，也叫十干，是中国传统上用作排列顺序的符号。"丙"表示顺序的第三位，如甲班、乙班、丙班、丁班：他在甲班，我在～班|～组共20人|今晚乙队和～队比赛|这是个小话剧，只有甲、乙、～三个角色。

412 **饼**（餅） 丙 〔部首〕饣 〔笔画〕9

bǐng（a round flat cake）

［名］❶泛指形状大多扁而圆，烤熟或蒸熟的面食：月～|烧～|大～|吃～|烙～|一张～|两块～|妈妈烙的葱花～可好吃了|中秋节，商店里挤满了买月～的人|他最爱吃大～卷大葱|他一顿吃了一斤～|这张～真大。❷形体像饼的东西：铁～|豆～|柿～儿|他是全校掷铁～冠军|他最喜欢吃的一种零食就是柿～儿|猪吃了豆～会长肉。

【构词】饼铛/饼干/饼子

413 **饼干**（乾） 乙

bǐnggān（biscuit）

［名］食品，用面粉加糖、鸡蛋、牛奶等烤成的小而薄的块儿：吃～|买～|两块～|一筒～|许多～|两斤～|一盒～|巧克力～|奶油～|儿童～|我送他两盒～|睡觉之前吃太多的～会发胖的|你下班时顺便买点儿～吧|～被压碎了|他最喜欢吃夹心～。

414 **秉性** 丁 〔部首〕丿 〔笔画〕8

bǐngxìng（natural disposition）

［名］性格；天性；本性：一样的～|～纯厚|人的～|～难移|善良的～|他～纯朴|人的～是善良的|真看不出来，她的～竟是如此坚强。

【近义词】性格

【提示】秉，姓。

【构词】秉承/秉公/秉烛

415 **病** 甲 〔部首〕疒 〔笔画〕10

bìng（n. illness; v. fall ill）

［名］❶生理上或心理上发生的不正常的状态：疾～|心脏～|重～|大～|小～|～好了|没～|生～|心～|～人|～根儿|～假|看～|有～|重～|装～|他心脏有～|他请了两天的～假|他从来没生过～|他的～已经度过危险期了|他～不重|他又犯～了。❷缺点；错误：语～|通～|弊～|请好好分析一下这个句子，找出它的语～|咱们厂的弊～很多，必须进行改革。

［动］生理上或心理上发生不正常的状态：～了一个月|～了两三次|～得厉害|～得不重|他着了凉，～了三天|他～得不省人事|他～得不轻|今天又～了几个人|他～得吃不下东西|再～下去，非住院不可。

【近义词】［名］疾病；［动］患病/生得/得病/染病

【构词】病案/病变/病夫/病根/病故/病害/病号饭/病假/病句/病况/病理

/病历/病例/病魔/病容/病弱/病史/病逝/病势/病室/病死/病态/病体/病痛/病危/病休/病秧子/病因/病愈/病员/病源/病院/病灶/病症/病重/病状/病病歪歪/病入膏肓

416 病虫害(蟲) 丁

bìngchónghài (plant diseases and insect pests)

[名]病害和虫害的合称：闹～|消灭～|研究～|分析～|防止～|发生～|严重的～|一场～|请你们调查一下这次～发生的原因|今年我们一定要消灭～，夺取粮食大丰收|一场～竟带来了这么大的损失|这里的玉米年年闹～|这种农药对防止棉花的～很有效力。

【构词】暗害/残害/虫害/毒害/妨害/公害/祸害/加害/厉害/利害/谋害/迫害/侵害/杀害/伤害/受害/水害/损害/危害/为害/无害/陷害/要害/有害/遇害/灾害

417 病床(牀) 丙

bìngchuáng (hospital bed)

[名]医院、疗养院里供病人用的床：三张～|新～|搬～|买～|抬～|有～|没有～|放不下～|小李，快把这张～抬到隔离室去|推着～去手术室|院长同意再买10张～|这间病房放不下三张～。

【构词】冰床/产床/河床/临床/起床/温床/卧床

418 病毒 丁

bìngdú (virus)

[名]比病菌更小、用电子显微镜才能看到的病原体：一种～|艾滋病～|肝炎～|～性感冒|～性痢疾|天花、麻疹等疾病就是由不同的～引起的|这个病人患的是～性痢疾|他得了～性感冒|他感染了～，高烧不退。

【构词】歹毒/恶毒/贩毒/防毒/放毒/服毒/狠毒/解毒/剧毒/刻毒/流毒/吸毒/消毒/中毒

419 病房 乙

bìngfáng (ward [of a hospital])

[名]医院、疗养院里病人住的房间：两间～|豪华～|～的设备|住～|美化～|没有～|走进～|这家医院有10间～|～里的设备很不错|医院越来越重视美化～了|这家小医院没有～|这是间小～，只能住两个病人。

【构词】班房/捕房/仓房/草房/产房/厂房/厨房/洞房/耳房/工房/公房/闺房/花房/伙房/客房/库房/牢房/楼房/茅房/民房/暖房/平房/乳房/上房/书房/私房/土房/瓦房/危房/卧房/厢房/新房/绣房/药房/营房/远房/毡房/账房/正房/住房

420 病号(號) 丁

bìnghào (patient)

[名]部队、学校、机关等集体中的病人：老～|～饭|泡～|10个～|重～|轻～|长期～|咱们学校里的～饭还真不错呢|他是个老～，已经住了一年医院了|你年纪轻轻的怎么总泡～呢？|我们班里一个～也没有。

【近义词】病人/患者/病员

421 病菌 乙

bìngjūn (germs)

[名]能使人或其他生物生病的细菌：相似的～|观察～|染上～|不同的～|他的伤口受到～感染，化脓了|伤寒杆菌、炭疽杆菌都是～|～用高倍显

微镜是可以观察到的|这两种～有很多相似之处。

422 **病情** 丙

bìngqíng (state of an illness)

[名]疾病变化的情况:～好转|～恶化|～严重|观察～|分析～|研究～|经过一段时间的精心护理,他的～有所好转|他的～竟然恶化了,实在出人意料|你一定要24小时观察他的～|医生们正在研究他的～|只要～不再发展,就有希望。

423 **病人** 乙

bìngrén (patient)

[名]生病或受治疗的人:10个～|年轻的～|老～|一群～|～的态度|～的声音|～的情绪|这间病房可以住三个～|看他容光焕发的样子,一点儿也不像个～|治疗效果的好坏,与～的精神状态有着直接的关系|她是如此的瘦弱,以致人人都把她当个～看待|他是我的～,我可以向您介绍他的病情。

【近义词】患者/病号/病员

424 **并**(並) *乙 〔部首〕八 〔笔画〕6

bìng (adv. simultaneously; conj. and)

[副]❶直接放在某些单音节动词前,表示不同的事物同时存在,不同的事情同时进行:～存|～用|～列|～举|～重|～驾齐驱|这两种学说～存|这次游泳比赛,他们俩～列第一名|在医疗卫生方面,应该是预防和治疗～重|桥面车道宽九米,可供三辆汽车～驶|两种制度～存。❷〈丙〉用在否定词前面加强否定语气,略带反驳的意味:～未|～非|～不糊涂|～没有|～不是|～无关系|这个句子虽有点儿长,但～不难懂|所谓团结,～非一团和气|这两者之间～无关系|他从女友的眼睛里看出,这些话～不是出于真心|这里以前～不是一片沙漠。

[连]〈丙〉并且:会议讨论～通过了这个方案|我这次出国访问,看到～学到了很多东西|他于1978年参军,～在同年入了党|他的儿子已大学毕业～参加了工作。

【近义词】[连]并且

【提示】“并”多用于书面语。

【构词】并蒂莲/并发症/并肩/并进/并举/并立/并拢/并行/并用/并重/并驾齐驱

425 **并** 乙

bìng (combine)

[动]❶指两种或两种以上的事物平排着或相挨着:～肩|～马|～排|～着膀子|大家手拉手,肩～肩|他们俩～着膀子跑了过来|村长一直把他送到村外,又同他～马走了一段路|两个人～排站着。❷合在一起:归～|合～|吞～|火～|～成|～为|通过调整,我们把几个小厂～成一个大厂|大火吞～了整个一条街|这两个班人数太少,所以～为一个班|把这两张桌子～在一起,就可以当大伙的餐桌了。

426 **并存** 丁

bìngcún (exist side by side)

[动]表示不同的事物同时存在:两种学说～|多种经济体制～|不同制度～|不能～|可以～|在这个城市,马车、三轮车、汽车等不同交通工具～|这个乡村,古老的民风和现代思想～|这两种意见不能～。

【近义词】共存

427 并非 丁

bìngfēi (really not)

[副]不是,表示否定,带有辩解和反驳的意味:～喜欢|～讨厌|～明白|～真心|这个句子虽然有点儿长,但～病句|所谓团结,～一团和气|他说的那些话～出自真心|我～不想来,实在太忙。

【提示】"并非"多用于书面语中。

【构词】除非/厚非/莫非/岂非/是非/无非

428 并列 丁

bìngliè (stand side by side)

[动]并排平列,不分主次:两个项目～|可以～|～的关系|～的原因|这两个问题可以～|应该重点研究这两个～的工程项目|这是～的两个分句|他们俩～冠军|两辆汽车～停在广场上|两支队伍～着往前走。

【近义词】并排

【构词】摆列/陈列/出列/队列/行列/罗列/排列/平列/前列/入列/系列/序列/专列

429 并排 丁

bìngpái (side by side; abreast)

[动]排列在一条线上,不分前后:～坐着|～地跑|三个人～走过来|他们几个～坐着|你们五个必须～|请你们～站好|一个大炕上～睡着五个人|衣服～挂在墙上|他们七个人～前进。

【近义词】并列

430 并且 乙

bìngqiě (and)

[连]❶用在两个动词或动词性词组之间,表示两个动作同时或先后进行:大会讨论～通过了关于环境保护的若干规定|我们完全同意～拥护这个决定|会上大家热烈讨论～一致通过了今年的工作计划。❷用在复合句后一分句里,表示更进一层的意思:我已经把衣服洗了,～我还把房间打扫了一遍|他是北方人,南方的荔枝不仅没吃过,～没见过|对办学校,大家一致同意,～提出不少好的建议|她做好了饭,～亲自给他端去。

【近义词】而且

【提示】①如果连接三项以上,"并且"放在最后一项前边。如:这间教室干净、明亮～宽敞。②有时"并且"后可以停顿,并用逗号隔开,特别是后面分句较长时,如:我不想去,～,我走了以后谁来照顾孩子呢?

【构词】而且/苟且/姑且/况且/权且/尚且/暂且

431 玻璃 乙

〔部首〕王
〔笔画〕9

bōli (glass)

[名]❶一种质地硬而脆的透明体:生产～|打碎～|～球|～窗|绿色的～|红色～|两块～|～板|是谁把这块～打碎的?|这一套～茶具真漂亮|现在很多宾馆的大门上都装上了茶色～|她带的是～耳环,不是水晶的|透过～,我看到外面在下雨。❷指某些像玻璃的塑料或其他东西:～丝|～纸|有机～|她小时候就爱收藏各种各样的～纸|这把有机～尺子,真漂亮。

432 剥削 丙

〔部首〕刂
〔笔画〕10

bōxuē (v. exploit; n. exploitation)

[动]运用生产资料或政治上的特权,

无偿地占有别人的劳动或产品：～老百姓|～奴隶|～一辈子|被～|受～|反对～|疯狂地～|严重地～|停止～|地主～农民|他父亲受了一辈子的～|消灭人～人的现象|不能总被～|他～人的手段十分狠毒。

[名]指运用生产资料或政治上的特权无偿地占有别人劳动或产品的行为：地主的～|资本家的～|残酷的～|层层的～|残酷的～和压迫，激起了农民的反抗|他受尽了地主的～。

【近义词】盘剥

【提示】“剥”又读 bāo，见第 169 条。“削”又读 xiāo，见第 7015 条。

【构词】剥夺/剥离/剥落

433 **播** *丙 〔部首〕扌 〔笔画〕15

bō (sow)

[动]❶撒布种子：条～|点～|～得很匀|～完了|开始～|马上～|早～|晚～|～得及时|种子全部～完了|今年春来早，要提前～下水稻种子|一个上午能～得完|这块地～玉米。❷广播；播送；传播：～新闻|～广告|～15分钟|～几遍|按时～|～得太快|～不完|～出|三分钟～了九则广告|他～音～得很清楚|音乐节目几点～出？|最近电视台～出了很多好电视剧|现在正在～重要新闻。

【近义词】❶撒；❷广播/播送/播发/转播/传播

【反义词】❶收；❷收听

【构词】播发/播讲/播弄/播撒/播音室/播映/播种机

434 **播放** 丁

bōfàng (broadcast)

[动]通过广播电视等放送(节目)：～录像|～音乐|～权|～晚会实况|不许～|停止～|今晚～春节联欢晚会实况|现在正在～音乐节目|这些录像禁止～|现在电视上～的广告太多了|我们～了他的讲话录音。

【近义词】播送/广播

435 **播送** 丙

bōsòng (broadcast)

[动]通过无线电或有线电向外传送(节目)：～迅速|～缓慢|～音乐|～节目|～新闻|要～|应该～|开始～|注意～|认真地～|正常地～|～的内容|～的水平|现在都 10 点了，文艺节目早就～完了|这个电台～的节目水平是一流的|请你注意一下～新闻的时间|快点儿，电台已经开始～长篇小说了。

【近义词】播发/广播/播放

【反义词】收听

【构词】伴送/保送/传送/递送/断送/发送/放送/奉送/护送/欢送/目送/遣送/输送/相送/选送/押送/运送/葬送/赠送/转送

436 **播音** 丁

bō yīn (broadcast)

广播电台播送节目：～员|～室|开始～|马上～|立即～|停止～|继续～|从事～工作|认真地～|～的水平|～的地点|我非常喜欢听他～|这个老～员很有经验|故障已经排除，请继续～吧|无论什么时候，他都认真地～。

【提示】离合词，中间可插入其他成分，如：他连续播了三小时的音。

【构词】鼻音/擦音/颤音/唇音/定音/读音/发音/方音/福音/辅音/隔音/回音/佳音/口音/录音/忙音/配音/拼音/嗓音/声音/失音/收音/尾音/

乡音/译音/语音/元音/乐音/噪音/知音/重音/注音/浊音

437 **播种** 丁

bōzhòng (sow)

[动]撒布种子进行种植:～麦子|～豆子|～稻谷|～大豆|～幸福|～及时|～的季节|～的时间|现在正是～麦子的好时光|幸亏～及时,不然就赶不上这场雨了|割了麦子就该～玉米了|这块地已经～了大豆。

【近义词】栽种/种植

【提示】"播种(zhòng)"和"播种(zhǒng)"是两个词,前者是同义复合词,意思是种植,除了可以说"播种植物"外,还可以说"～爱情|～幸福|～希望"等;后者是动宾式复合词,意思是撒布种子,没有前者所述的用法。

【构词】春种/点种/耕种/接种/轮种/芒种/抢种/套种/夏种/引种/栽种

438 **拨**(撥) *丙 〔部首〕扌 〔笔画〕8

bō (move with the hand, foot, stick, etc.)

[动]❶手脚或棍棒等横着用力,使东西移动:～门闩|～电话|～开|～快|～慢|这块表走得不准,得经常～|打电话一定要先～电话号码|～开乌云见太阳|她～了～额前的短发。❷〈丁〉分出一部分发给;调配:～款|～粮|～几个人|～来|～给|～东西|～两个人到车间工作,那里人手不够|上级给我们～过两笔款,用于增添设备|你们有三辆汽车,～给我们一辆怎么样?❸〈丁〉掉转:老人～转船头向上游划去|通讯员送给连长一封信,立刻～转马头返回去了。

【近义词】❷划/调拨/划拨

【提示】"拨"的右边是"发",不能写作"友"。

【构词】拨付/拨工/拨拉/拨浪鼓/拨弄/拨冗/拨转/拨乱反正/拨云见日

439 **拨款** 丁

bō kuǎn (appropriate funds)

上级或政府拨给款项:政府～|军事～|专项～|取消～|～的目的|～的原因|政府决定取消对你们的～|国家～的目的是为了加强科学研究。

【提示】离合词,中间可插入其他成分,如:已经给你们拨了两笔款,不能再拨了|一点儿钱都没有了,还拨什么款!

【构词】摆款/存款/大款/贷款/垫款/罚款/付款/公款/汇款/货款/借款/进款/巨款/捐款/领款/落款/纳款/赔款/欠款/入款/税款/条款/现款/余款/赃款/专款

440 **波动**(動) 丁 〔部首〕氵 〔笔画〕8

bōdòng (fluctuate)

[动]起伏不定;不稳定:情绪～|思想～|物价～|～得厉害|～几次|引起～|开始～|迅速地～|～的幅度|～的原因|最近他受到了一连串的打击,情绪上有些～|物价～得非常厉害|他的学习成绩～的原因你知道吗?|物价上涨,引起了人们思想的～。

【近义词】动荡/不安/不定

【反义词】稳定/安定/平静

【构词】波长/波段/波峰/波谷/波光/波及/波澜/波纹/波折/波澜壮阔

441 **波浪** 丙

bōlàng (wave)

[名]江湖海洋上起伏不平的水面:～

起伏｜～冲天｜～拍岸｜～汹涌｜卷起～｜产生～｜长江的～｜巨大的～｜碧绿的～｜黄河～翻滚,好似万马奔腾｜狂风怒吼,～汹涌,好一幅壮观的景象｜大风卷起～,冲上堤岸。

【近义词】浪花/浪头/波涛/浪涛

【构词】恶浪/放浪/风浪/流浪/麦浪/孟浪/热浪/声浪/乘风破浪/大风大浪/兴风作浪/长江后浪推前浪/无风不起浪

442 波涛(濤) 丁

bōtāo (great waves)

[名]大波浪:万顷～｜～滚滚｜～澎湃｜形成～｜掀起～｜感情的～｜巨大的～｜惊人的～｜～掀起,把船吞没了｜望着万顷～,她觉得心中也开阔了许多｜黄河的～汹涌澎湃｜听完这些话,她心中的～久久不能平静。

【近义词】怒涛/狂涛/浪涛

【构词】风涛/洪涛/狂涛/浪涛/怒涛/松涛/云涛

443 菠菜 丙

〔部首〕艹 〔笔画〕11

bōcài (spinach)

[名]一年生或二年生草本植物,是普通蔬菜:种～｜吃～｜买～｜一篮子～｜一棵～｜两盘～｜～根｜炒～｜切～｜洗～｜～叶子｜我家的园子里种满了～｜我最爱吃～了｜我买了二斤～。

【构词】菠萝/菠萝蜜

444 博览会(覽會) 丁

〔部首〕十 〔笔画〕12

bólǎnhuì (fair; exposition)

[名]组织许多国家参加的大型产品展览会。有时也指一国的大型产品展览会:举办～｜取消～｜筹备～｜大型～｜小型～｜小规模的～｜～的内容｜～的目的｜在这次～上共展出了三十多个国家的产品｜他们正积极筹备下个月的～｜上级同意在咱们市举办一个大型～｜这次举办～的目的是加强交流,促进发展。

【近义词】展览会

【构词】博爱/博大/博得/博识/博士后/博物院/博学/博雅/博引/博古通今/博闻强识

445 博士 丙

bóshì (doctor)

[名]学位的最高一级:～学位｜～服｜～帽｜～论文｜年轻的～｜荣誉～｜他是学校里最年轻的～｜他的～论文得到了学术界的好评｜她两个哥哥都是物理学～｜他是25岁时获得～学位的。

【构词】兵士/道士/斗士/护士/将士/教士/进士/军士/烈士/猛士/名士/谋士/男士/女士/人士/绅士/硕士/卫士/武士/学士/雅士/医士/勇士/院士/战士/志士/壮士

446 博物馆(館) 丙

bówùguǎn (museum)

[名]搜集、保管、研究、陈列、展览有关革命、历史、文化、艺术、自然科学、技术等方面的文物或标本的机构:一座～｜修建～｜历史～｜革命～｜自然～｜古老的～｜～的陈设｜参观～｜咱们市要建一座地质～｜这座～有着很悠久的历史｜今天下午参观～｜学生们在～周围种了许多树。

447 薄膜 丁

〔部首〕艹 〔笔画〕16

bómó (thin film; membrane)

[名]像薄皮一样的物质:塑料～｜橡胶～｜一层～｜一块～｜在塑料～覆盖

下的青菜长得比较快|用了那种化妆品,脸上像是有一层～|我的眼睛上像是有一层～,看什么都模模糊糊的|耳膜是一片～。

【提示】"薄"又读 báo,见第 171 条。

【构词】薄饼/薄产/薄脆/薄地/薄技/薄酒/薄礼/薄利/薄暮/薄田

瓣膜/笛膜/耳膜/腹膜/隔膜/鼓膜/角膜/结膜/肋膜/脑膜/视网膜/胸膜

448 薄弱 丙

bóruò (weak)

[形]容易挫折、破坏或动摇;不雄厚;不坚强:兵力～|意志～|防守～|领导～|力量～|感到～|很～|相当～|极端～|～环节|～部分|我们要加强工作中的～环节|她是个意志～的人|因为防守～,一开战,他们就一败涂地|他～的责任感是事故发生的根本原因|这个单位的领导力量十分～。

【近义词】懦弱/脆弱/软弱

【反义词】雄厚/刚强/坚强

【构词】病弱/脆弱/减弱/娇弱/懦弱/怯弱/柔弱/软弱/示弱/瘦弱/衰弱/文弱/纤弱/削弱/虚弱

449 搏斗(鬥) 丁

〔部首〕扌 〔笔画〕13

bódòu (wrestle; combat)

[动]徒手或用刀、棒等激烈地对打:～一次|～一回|进行～|～得很激烈|～了很久|可以～|准备～|开始～|停止～|英勇地～|～的结果|～的时间|两只猛虎在激烈地～|他英勇地与歹徒进行～|他与歹徒～了两个小时,终于制服了歹徒。

【近义词】格斗/对打/拼搏

【提示】"斗"又读 dǒu,是旧时量(liáng)粮食的一种器具,也用作容量单位。

【构词】搏动/搏击/搏杀/搏战

打斗/恶斗/奋斗/格斗/角斗/决斗/苦斗/武斗/械斗/游斗/战斗/争斗/困兽犹斗/龙争虎斗/明争暗斗/坐山观虎斗

450 伯父/伯伯 乙

〔部首〕亻 〔笔画〕7

bófù/bóbo (uncle)

[名]❶父亲的哥哥:大～|二～|没有～|我有两个～|他的～是一个很有名气的画家|他从小是由～抚养大的|他的大～真是个大好人哪! ❷称呼跟父亲辈分相同而年纪较大的男子:张～|李～|～,你好|爸爸,李～来了|隔壁王～病了,你应该去看看。

【构词】姑父/后父/继父/教父/舅父/生父/师父/叔父/先父/岳父/祖父

451 伯母 乙

bómǔ (aunt)

[名]❶伯父的妻子:大～|三个～|～的态度|～的脾气|王～|我的～非常有才华|他的～可厉害了|王～,您别那么客气|她～的耳环是祖传的。❷称呼跟母亲辈分相同而年纪较大的女子:李～|～好!

【构词】父母/姑母/寡母/后母/继母/舅母/婆母/乳母/婶母/生母/师母/姨母/岳母/祖母

452 脖子 乙

〔部首〕月 〔笔画〕11

bózi (neck)

[名]头和躯体相连接的部分:长(cháng)～|细～|粗～|伸～|缩～|～短|～的周围|众人伸长～围观出事现场|他很胖,～很短|他那细长的～上顶个大脑袋|他冻得缩着～|他不

好意思地缩缩～。
【近义词】颈
【构词】脖梗子/脖颈/脖领

453 **驳斥**(駁) 丁 〔部首〕马 〔笔画〕7

bóchì (refute)
[动]反驳错误的言论或意见:～谎言|～那种主张|～得好|～得对|～一顿|应该～|敢于～|受到～|遭到～|予以～|进行～|开始～|有力地～|严肃地～|巧妙地～|公开地～|外交部发言人发表讲话,～了某国散布的谣言|他把政敌～得体无完肤|我～了他的错误观点。
【近义词】批驳/批判/斥责/痛斥/反驳
【构词】驳回
贬斥/呵斥/怒斥/排斥/痛斥/训斥

454 **捕** 乙 〔部首〕扌 〔笔画〕10

bǔ (catch)
[动]捉;逮:～鱼|～食|～获|被～|～到|～捞|～捉|他从小就喜欢～鱼|她～到一只蝴蝶|他被～了|他把～到的野兔带回家中|警察正在追～罪犯|青蛙是～蚊能手。
【近义词】逮/逮捕/追捕/搜捕/捉/拿/捉拿/抓
【反义词】释放/放
【构词】捕获/捕猎/捕杀/捕食/捕风捉影

455 **捕捞**(撈) 丁

bǔlāo (fish)
[动]捕捉和打捞:～队|开始～|进行～|～船|～上来|～得快|～的数量|鱼还太小,不应该～|～船已经开始工作了|他们在浅海～了许多鱼虾|深海的～工作正在进行|他们～的速度非常快。
【近义词】打捞

456 **捕捉** 丁

bǔzhuō (seize)
[动]捉;抓住:～害虫|～逃犯|～灵感|～思路|～一次|～一回|～本质|～得及时|能够～|可以～|禁止～|反对～|希望～|停止～|积极～|～的对象|～的手段|～的方法|警察～逃犯的过程有时是很惊险的|诗人要善于～灵感|这里禁止～青蛙|狼～猎物的方法是多样的。
【近义词】逮捕/捉/捕

457 **补**(補) *乙 〔部首〕礻 〔笔画〕7

bǔ (mend)
[动]❶添上材料,修理破损的东西:～袜子|～衣服|～不上|～了几次|～好了|她生活俭朴,衣服破了～了又～|请你给我～一下衣服|他手艺真高,车带～得又快又结实|～好了,穿上吧|这个洞太大,怎么～也～不上。❷〈丙〉补充;补足;填补(空缺):～选|～漏洞|～课|～牙|你帮他～～数学吧|时间是～不回来的|请你把这一段文字～上去|这里应该再～种几棵树|落下的课,一定要～上。❸〈丁〉补养:～身子|～脑|～一下|你大病初愈,要好好地～一下|我是该吃点儿补品,可是～不起呀|这药～不了脑。
【构词】补报/补丁/补过/补给(jǐ)/补假/补角/补酒/补考/补苗/补品/补缺/补台/补休/补选/补血/补养/补药/补语/补助金

458 **补偿**(償) 丁

bǔcháng (compensate)

[动]抵消(损失、消耗);补足(缺欠、差额):～资金|～损失|会～|能～|给予～|接受～|拒绝～|及时～|尽快地～|无条件～|～的办法|～的条件|拿什么来～她所做出的牺牲呢?|时间浪费了,不可能再得到～|他们应该～损失|他的这种表现～了他以前的过错|这些钱作为对你的经济损失的～。

【近义词】抵偿/赔偿

【反义词】消耗

【构词】报偿/代偿/抵偿/赔偿/清偿/无偿/有偿

459 补充 乙

bǔchōng (replenish)

[动]原来不足或有损失时,增加一部分;在主要事物之外追加一些:～人力|～给养|～教材|～词汇|～课文|～规定|～条文|～计划|～够了|～得很完备|～一下|～一次|能够～|必须～|加以～|同意～|反对～|大量地～|迅速地～|～的方式|应该给他们～一些药品|他汇报后,我又作了～|这个意见～得好|我同意～进一些新内容。

【近义词】添补/增补/增加

【反义词】缩减/压缩/收缩/削减

【构词】抵充/混充/假充/扩充/冒充/填充

460 补救 丁

bǔjiù (remedy)

[动]出了毛病、问题,采取措施,弥补挽救:～过失|～及时|～得好|～一次|可以～|打算～|积极～|～的措施|～的结果|这项工作虽然出了一点儿问题,但只要采取措施,还能～过来|问题已经发生了,总得想办法～|发现大坝渗水后,指挥部马上研究～办法|幸亏～及时,不然问题就大了|这场大火造成的损失,无法～。

【近义词】挽救/弥补

【构词】搭救/得救/呼救/获救/急救/解救/抢救/求救/挽救/营救/遇救/援救/拯救/自救

461 补课(課) 乙

bǔ kè (make up a missed lesson)

❶补学或补教所缺的功课:～的目的|必须～|需要～|补不上课|～的对象|认真地～|负责～|主动地～|同意～|参加～|～的时间|今天～的时间改在晚上了|教师利用星期天给同学～|他已经参加了两个～班|～的目的是为了帮助学生进步|她每周给学生补三次课|今天晚上老师给我～|今天我不能去看电影,得去～。❷比喻某种工作做得不完善而重做:一点儿家务不会做是不行的,早晚得补上这一课|我是先结婚后恋爱,现在正在补恋爱这一课|我从来没参加过农业劳动,很希望能补上这一课。

【提示】离合词,中间可插入其他成分,如:补上这一课|补不了课。

【构词】罢课/备课/大课/代课/复课/功课/讲课/开课/旷课/缺课/任课/上课/授课/听课/停课/下课/主课

462 补贴(貼) 丁

bǔtiē (v. subsidize; n. subsidy)

[动]贴补(多指财政上的):同意～|赞成～|反对～|没有～|可以～|对人民群众的必需品,国家财政部门每年～很大一笔金额|不足部分,从企业利润中～|同意对他们给予～|每月给他～的钱,他都乱花了。

[名]贴补的费用:一笔～|这项～|副

食～|伙食～|交通～|粮油～|市政府给下岗职工每人每月200元生活～|这项～是国家财政拨款|每个职工每月还有副食～|这笔～的数目可真不小。

【近义词】[动]贴补;[名]津贴

【构词】倒贴/锅贴/剪贴/津贴/体贴/张贴/招贴

463 补习(習) 乙

bǔxí (take lessons after schol or work)

[动]为了补足某种知识,在业余或课外学习:～功课|应该～|长期～|讨厌～|拼命～|努力～|～两次|经常～|～学校|～班|～的效果|～的地点|～的学生|他一星期～两次|老师发现～的效果很好,学生的学习成绩有显著的提高|为了考上大学,他拼命地～。

【构词】恶习/复习/积习/见习/旧习/练习/陋习/实习/温习/学习/研习/演习/预习/自习

464 补助 丁

bǔzhù (v. subsidize; n. allowance)

[动]从经济上帮助(多指组织上对个人):实物～|～多了|～了几个人|～了几年|～500元钱|应该～|～一次|老王生活上有困难,单位～了他一笔钱|工会～过他好几次了。

[名]指补助的钱物:一笔～|困难～|～费|这样的～体现了集体对我的关怀|工会小组讨论了张师傅的困难～|工会经费应当用在职工的困难～上|我们车间有10个人得到了生活～|给实物也是一种～|对确实困难的,应该给予～。

【近义词】贴补/帮助/捐助/资助

465 卜 丁

〔部首〕卜
〔笔画〕2

bǔ (tell fortunes)

[动]占卜;预料:～卦|求签问～|存亡未～|他很迷信,做事之前一定要先～一卦|过去他连出门都先～一～|是否能考上大学,现在是胜败未～。

【提示】①"卜"现在多用于书面语,或作为词素使用。②卜,姓。

【构词】卜辞/卜问/卜卦

466 不 *甲

〔部首〕一
〔笔画〕4

bù (not)

[副]❶用在动词、形容词、助动词或其他副词前面表示否定:～走|～抽烟|～美|～多|～好|～大|～新鲜|～许|～想去|～能学|～会写|今天下雨,我就～回家了|灯～太亮|这个工厂的规模～太大|你坐在哪儿,～要过来|他～常来,有事才来。❷单用,作否定性的回答:"你每天下午都有课吗?""～,只有三个下午有课。"|"你先学英文吗?""～,我先学日文。"|"他知道这件事吗?""～,他不知道。"❸〈乙〉用在动补结构中间,表示不可能达到某种结果:拿～动|做～好|听～见|写～完|做～快|看～惯|想～起来|跑～了|天太黑,看～清楚|不深入群众,就听～到群众的呼声|这件衣服太脏,怎么洗也洗～干净|太重了,我拿～动。❹〈丁〉"不"字的前后叠用相同的词,表示不在乎或不相干(常在前面加"什么"):这颜色蓝～蓝,绿～绿的,真难看!|什么钱～钱的,我这是义务劳动|什么谢～谢的,别这么客气。

【近义词】别/甭/无/未/勿/莫/休

【提示】①在第四声字前面,"不"字读

第二声。如“不要”búyào。②动词“有”的否定式是“没有”，不能说“不有”。

【构词】不便/不测/不成/不成材/不成器/不齿/不单/不倒翁/不道德/不得劲儿/不等号/不等式/不动产/不端/不对/不对茬儿/不凡/不妨/不忿/不符/不甘/不敢/不苟/不光/不规则/不轨/不过意/不含糊/不和/不惑/不济/不计/不禁/不尽/不经意/不景气/不拘/不快/不赖/不力/不吝/不妙/不宁/不配/不起眼/不屈/不人道/不忍/不善/不怎么样/不适/不爽/不外/不惜/不暇/不下于/不相干/不祥/不详/不消/不孝/不肖/不懈/不屑/不兴/不休/不锈钢/不亚于/不依/不由/不着边际/不自量/不足道/不做声/不白之冤/不耻下问/不打自招/不动声色/不费吹灰之力/不服水土/不干不净/不共戴天/不管不顾/不寒而栗/不哼不哈/不即不离/不计其数/不假思索/不见经传/不近人情/不经之谈/不拘小节/不拘一格/不绝如缕/不堪回首/不堪设想/不可救药/不可开交/不可理喻/不可名状/不可企及/不可收拾/不可思议/不可同日而语/不可限量/不可一世/不可终日/不劳而获/不了了(liǎo liǎo)之/不伦不类/不毛之地/不名一文/不谋而合/不能自已/不念旧恶/不偏不倚/不平则鸣/不破不立/不期而遇/不期然而然/不欺暗室/不求甚解/不三不四/不胜枚举/不失时机/不识抬举/不速之客/不挑不拣/不同凡响/不痛不痒/不修边幅/不省(xǐng)人事/不学无术/不厌其烦/不厌其详/不一而足/不遗余力/不以为然/不以为意/不亦乐乎/不义之财/不翼而飞/不阴不阳/不约而同/不在话下/不知进退/不知死活/不知所措/不知所云/不知所终/不置可否/不足为训

467 不安 丙

bù'ān (unpeaceful)

［形］❶不安定；不安宁：坐立～｜动荡～｜心情～｜他心中十分～｜时局动荡～｜他表面镇静，其实内心～极了｜一种～的气氛笼罩着病房｜这消息给他带来了很大的～。❷客套话，表示歉意和感激：老来麻烦您，真是～｜经常给您添麻烦，我感到很～。

【近义词】❶烦乱/动乱/动荡

【反义词】❶安定/安宁/安静/安然

【构词】保安/春安/冬安/公安/苟安/偏安/平安/欠安/请安/秋安/晚安/万安/问安/夏安/相安/心安/招安/治安/一路平安

468 不卑不亢 丁

bù bēi bù kàng (neither haughty nor humble)

既不自卑，也不高傲。形容言行自然、得体：他在任何人面前都～｜谈判中，他～，侃侃而谈。

【提示】“不…不…”是一个固定格式，其构成及意义如下：①中间嵌入两个意义相近的单音词或语素，表示否定，并稍有强调作用：～声～响｜～闻～问｜～屈～挠｜～言～语｜～痛～痒｜～慌～忙｜～清～楚｜～明～白。②嵌入两个同类而意义相反的单音词或语素，表示“既不…也不…”：～卑～亢｜～冷～热｜～长～短｜～多～少｜～大～小｜～肥～瘦。③嵌入两个同类而意义相对的词或语素，表示“如果不…就不…”：～破～立｜～塞～流｜～止～行｜～见～散。④第二个“不”用在第四声前，发生变调，实际读作 bú。

469 **不比** 丙

bùbǐ (unlike)

[动]比不上;不同于:～年轻人|～过去|～夏天|～以前|～其他地方|入秋以后可～夏天了,要多穿点儿衣服|我校的条件～其他院校,但我们有信心在这次比赛中取胜|老大爷您～我们年轻人,这种力气活儿还是让我们干吧。

【近义词】不及/不如

470 **不必** 乙

bùbì (need not)

[副]表示事实上或情理上不需要:～去|～着急|～认真|～开会|～闹|～想|～客气|事情已经过去了,～把它放在心上|我自己能搬,你～帮忙了|慢慢商议,～着急|他打算再抄一遍,我看～了。

【近义词】无须/不用/甭

【反义词】必须/务须/务必

【提示】"不"用在第四声前,发生变调,实际读作 búbì。

【构词】何必/势必/未必/务必/想必

471 **不曾** 丙

bùcéng (never)

[副]没有,表示以前从未有过某种行为或情况:～去过|～说过|～指出|～获得过|我～当过医生|他～获得过冠军|来北京 10 年,我～去过长城|他从来～指出过我的缺点|我对他从来～提出过什么要求。

【反义词】曾经

【提示】①"不曾"所修饰的动词后面要带"过"。②"不曾"的"曾"céng 不能读成 zēng。

【构词】何曾/几曾/未曾

472 **不辞而别**(辭) 丁

bù cí ér bié (leave without saying goodbye)

表示没有告别就自行离去:他在这里干得好好儿的,不知为什么竟～|他对这里的工作很失望,走时～|他收拾好行李,谁也没惊动,～。

【提示】"不…而…"是个固定结构,表示不具有某条件或原因而产生某结果,如:～辞而别|～寒而栗|～胫而走|～劳而获|～谋而合|～期而遇|～言而喻|～约而同|～翼而飞。

473 **不错** 甲

bùcuò (not bad; correct)

[形]❶不坏;好:很～|真～|心眼～|人～|长得～|写得～|今年的庄稼长得～|这小姑娘的心眼儿真～|这个办法倒～,咱们可以试一试|他的英语说得很～。❷对;正确:～,他是这么说的|～,他是去上海了|～,这事儿是他干的。

【近义词】❶好;❷对

【反义词】❶坏;❷差/错

【提示】"不"用在第四声前,发生变调,实际读作 búcuò。

【构词】差错/出错/过错/交错/认错/将错就错/犬牙交错/阴差阳错

474 **不大** 乙

bùdà (not very)

[副]放在形容词、动词前表示程度轻、数量少:～高兴|～满意|～说话|～好|～会走|～听话|今天他好像～高兴|这个房间～亮|他的脸色～好|他刚刚学,还～会用。

【提示】"不"用在第四声前,发生变

调,实际读作 búdà。

【构词】博大/大大/放大/肥大/高大/光大/广大/洪大/宏大/加大/巨大/夸大/宽大/扩大/老大/庞大/强大/盛大/伟大/远大/正大/重大/壮大/自大/光明正大/妄自尊大/夜郎自大/自高自大

475 不但 *甲

bùdàn (not only)

[连]❶用在表示递进的复句的上半句里,下半句通常有"而且""并且"或"也""还"与之搭配使用:这种钢笔～式样美观,而且书写流畅|他～学会了飞行本领,还锻炼了勇气和毅力|～产量增加了,人的精神面貌也改变了|这些书他～自己读,还推荐给别人读。❷〈乙〉与"反而""反倒"配合使用,表示前后分句意思相反:困难～没有吓倒他,反而更加坚定了他的信心|慢跑～对心脏病无害,反倒有一定的治疗作用|雨～没停,反倒越下越大。

【近义词】不仅/不单/不光/不只/非但

【提示】①当前后分句的主语相同时,"不但"只能用在主语后,例如:中药不但能与一般抗菌素相媲美,而且副作用小,成本也较低。当前后分句的主语不相同时,"不但"只能用在主语前,例如:不但我信任他,而且以前反对过他的人现在也信任他。②"不"用在第四声前,发生变调,实际读作 búdàn。

【构词】非但/岂但

476 不当(當) 丁

bùdàng (unsuitable)

[形]不合适;不恰当:使用～|语言～|安排～|考虑～|这篇文章里有几处用词～,请修改一下|工作安排～之处,请多原谅|以上是我们的意见,～之处请指正|如果操作～,电脑就会出故障。

【近义词】不妥

【反义词】恰当/适当

【提示】①"不"用在第四声前,发生变调,实际读作 búdàng。②"不当"的"当"不能读成 dāng。"当 dāng"见第1258条。

【构词】得当/典当/勾当/家当/快当/恰当/上当/失当/适当/赎当/顺当/停当/妥当/稳当/值当/只当

477 不得 丁

bude (must not)

用在动词后面,表示不可以或不能够:去～|要～|吃～|误～|用～|使～|这辆破车,骑～|光说不干要～|你明天一定要把信寄走,这件事误～|有些野菜吃～|青年人不要像温室里的花朵,冷～,热～。

【构词】不见得/不由得/懂得/多劳多得/夺得/顾不得/怪不得/恨不得/获得/记得/觉得/免得/难得/求得/取得/认得/舍不得/舍得/省得/使得/所得/显得/晓得/心得/赢得/值得

478 不得不 乙

bù dé bù (have no choice but to)

必须:～吃|～干|～走|～如此|～这样|事情很急,我们～赶快走|这个问题很重要,我们～连夜讨论|根据这里的特殊情况,他们～改变原来的计划|开会的时间快到了,我～走了|雨很大,他～住在我家。

【近义词】必须

【构词】毫不/何不/决不/可不/岂不/要不

479 不得了 乙

bùdéliǎo (extremely serious)

[形]❶表示情况严重:真～|可～|更～|～,房子着火了|这石头要是掉下来可～|她要是知道了这件事就更～了。❷表示程度很深:高兴得～|热得～|急得～|天热得～|听到她要来的消息,他高兴得～|工作中出了问题,他急得～|他一天没吃饭了,饿得～。

【近义词】了不得

【提示】"了"在这里不能读成 le。

【构词】明了/末了/终了

480 不得已 丁

bùdéyǐ (have no alternative but to)

[形]无可奈何;不能不如此:～的办法|实在～|出于～|因为～|～的情况|我请你帮忙,实在是～|由于～,她才离家出走|在～的情况下,只好这么办。

【近义词】无可奈何

【提示】"已"不能写成"己"jǐ,也不能写成"巳"sì。

【构词】不已/而已/久已/无已/业已/早已

481 不等 丁

bùděng (vary)

[形]不一样;不齐:数目～|大小～|高矮～|胖瘦～|水平～|学历～|这几个孩子高矮～,都是 14 岁|这群人的学历～,有的是博士,有的是中专生|这几笔钱的数目～,你要分清楚|这一筐苹果大小～。

【反义词】相等/相同

【构词】差等/超等/初等/等等/对等/高等/何等/久等/均等/立等/劣等/平等/上等/特等/同等/头等/下等/相等/优等/这等/中等

482 不定 丁

bùdìng (hard to say)

[副]表示不肯定,后面常有表示疑问的词或肯定、否定相叠的词组:一天他～给我来多少次电话|我今天还～走不走呢|他一个月～去多少次医院|别等他了,他还～来不来呢。

【近义词】不一定

【反义词】一定

【提示】"不"用在第四声前,发生变调,实际读作 búdìng。

483 不断(斷) 乙

bùduàn (unceasing)

[副]连续不间断:～发展|～进步|～发扬|～变化|～努力|～成长|情况在～变化|为了适应社会的发展,就得～学习|新生力量～成长|希望你～进步|这半年来他～参加比赛。

【近义词】连续

【反义词】间断

【提示】"不"用在第四声前,发生变调,实际读作 búduàn。

【构词】打断/独断/割断/隔断/公断/果断/间断/决断/垄断/论断/判断/推断/望断/武断/诊断/中断/阻断/当机立断/多谋善断/一刀两断/优柔寡断

484 不对(對) 丙

bù duì (wrong)

错误:想法～|写得～|说得～|做得～|～的地方|～的言行|你写得～,应该这样写|若有～的言行,就得改正|你的想法～|我说得～的地方,请你批评。

【反义词】正确
【提示】①"不"用在第四声前,发生变调,实际读作 bú duì。②作形容词意思是不正常:神情~|态度~|有点儿~|她说话的声音有点儿~|她的神色有点儿~|兄弟俩谈话的方式有点儿~,恐怕要吵架了。
【构词】查对/酬对/答对/敌对/反对/核对/校对/绝对/相对/应对/针对/作对/门当户对/针锋相对

485 不法 丁

bùfǎ (illegal)
[形]违反法律的:~行为|~举动|~商人|~分子|他是个~商人|最近,一些~商贩哄抬物价,扰乱市场|你要注意观察他有没有什么~举动。
【近义词】违法
【反义词】守法

486 不妨 丁

bùfáng (might as well)
[副]表示可以这样做,没有什么妨碍:~试试|~看看|~想一想|~去一次|~学学|~找他一趟|如果你有什么困难,~找领导谈谈|这种工作你没做过,~试试|有时间的话,~多看些书|~先跟他商量一下。
【近义词】无妨

487 不敢当 乙

bù gǎndāng (I really don't deserve this.)
谦辞,表示承当不起(对方的招待、夸奖等):"您请上坐"。"~,~。"|"听说你下围棋在全校数第一。""~,只是喜欢下。"|瞧您说的,这我可~。
【近义词】岂敢

488 不公 丁

bùgōng (unfair)
[形]不公平;不公道:太~了|~的事|分配~|待遇~|很~|极~|这样对待你实在是太~了|像这样~的事在这个县里真是太多了|这次分配~,我有意见。
【反义词】公平/公正

489 不够 丙

bùgòu (not enough)
[形]表示比所要求的差些:~丰富|~深刻|~漂亮|~礼貌|东西~|衣服~|很~|你收集的材料还~丰富|这个问题分析得~深入|我做得还很~,还要继续努力|咱们带的食品~了。
【提示】"不"用在第四声前,发生变调,实际读作 búgòu。
【构词】能够/足够

490 不顾 丙

bùgù (ignore)
[动]不照顾;不考虑;不顾忌:~别人|~自己|~孩子|~老人|~病人|~父母|~危险|~身体|他只顾自己,~别人|他为了工作连家都~了|为了采药,他~危险,爬上峰顶|他~风雪,跑去找医生|他~大病初愈,马上投入了工作。
【反义词】只顾/光顾
【提示】"不"用在第四声前,发生变调,实际读作 búgù。
【构词】反顾/关顾/光顾/后顾/环顾/回顾/惠顾/兼顾/眷顾/四顾/照顾/只顾/主顾

491 不管 乙

bùguǎn (no matter)

[连]用于有疑问代词或并列短语的语句,表示在任何条件下结果或结论都不会改变。后边常有"都"、"也"等副词与它呼应:~工作多么忙,他每天都参加长跑|~他们怎么说,我也不动摇|~谁请客,我也不去|~有多大困难,我都能克服|~刮风还是下雨,我都去|~你爱听不爱听,我也要批评你|~能不能来,我都会给你打个电话|~大人孩子,谁都喜欢他。

【提示】"管"不能写作"菅"jiān。

492 **不过**(過) 乙

bùguò (but)

[连]用在后一分句的开头,表示转折,对前一分句加以限制、修正:他性子一向很急,~现在好多了|试验失败了,~他并不灰心|病人精神不错,~胃口不大好。

【近义词】但是/可是

【提示】①"不过"和"但是"都表示转折,区别在于:"不过"在口语和书面语里都常用,"但是"多用于书面语;"不过"语气较委婉;"但是"语气较重。②"不"用在第四声前,发生变调,实际读作 búguò。

【构词】超过/穿过/错过/对过/改过/功过/好过/悔过/记过/经过/路过/难过/通过/越过/罪过

493 **不好意思** *乙

bù hǎoyìsi (feel embarrassed)

❶表示害羞:真~|怪~|很~|挺~|有点儿~|他被大伙笑得~了|她见小伙子用眼睛盯着自己,很~|这个小女孩儿见了生人就~地把头低下来|他越这么说,我越~。❷〈丙〉表示碍于情面而不便或不肯做某事:~推辞|~不去|~马上走|~不要|大家约他参加排球比赛,他~推辞|我本想请他帮忙,但一看他工作那么忙,就~开口了|有不懂的地方不要~问。

【构词】哀思/悲思/才思/沉思/反思/构思/回思/凝思/三思/深思/熟思/相思/心思/寻思/意思/追思/挖空心思

494 **不见** 丙

bùjiàn (haven't seen; not see)

[动]❶不见面:几年~|两天~|很久~|这孩子一年~,竟长这么高了|我们已经有两年~了|好久~了,你还好吧?|好几天~了,不知他到哪儿去了|朋友长时间~,就会彼此想念。❷(东西)找不着了(后面必须带"了"):我的本子~了|那本小说怎么~了?|她刚才还在这儿,一会儿就~了。

【提示】"不"用在第四声前,发生变调,实际读作 bújiàn。

【构词】拜见/参见/朝见/成见/创见/待见/定见/短见/高见/管见/罕见/会见/接见/看见/可见/梦见/碰见/偏见/浅见/瞧见/求见/少见/识见/听见/闻见/我见/显见/相见/想见/眼见/意见/引见/愚见/遇见/预见/远见/约见/再见/召见/政见/主见/撞见/拙见/卓见/足见/见所未见/开诚相见/视而不见/喜闻乐见/瑕瑜互见/真知灼见/百闻不如一见

495 **不见得** 丙

bù jiàndé (not necessarily)

不一定;表示对情况作否定倾向的估计,语气较委婉:~会来|可~|~好|看来,她~会来了|药吃多了,对病~好|这篇文章是不容易翻译,但也~那么难|这些话~是他说的|今天~

会下雪|你说要下雪？我看～|我一定会拿冠军？那可～|“这孩子一定很聪明。”“～。”

【近义词】不一定

【反义词】肯定

【提示】①“不”用在第四声前，发生变调，实际读作 bú jiànde。②“不见得”的“得”，在这里也可读轻声。

496 不解 丁

bùjiě (not understand)

[动]不明白；不理解：～其意|迷惑～|有些～|我讲解了半天，他依然是一副～的样子|我直到现在仍～其意|让我感到～的是，你为什么一定要当兵。

【反义词】清楚/明白/理解

【提示】主要用于书面语中，口语说“不懂”、“不明白”。

497 不禁 丙

bùjīn (can't help)

[副]抑制不住；不由自主地（产生某种感情，做出某种动作）：～鼓起掌来|～笑了|～哭了|～叫了起来|听她这么一说，大家～哈哈大笑|他想着想着，心里～难过起来|当看到精彩之处，大家～热烈鼓掌|望着渴望已久的大雨，他～流下了眼泪|看着孩子们幸福地玩耍，他～想起了自己的童年。

【近义词】不由得/由不得

【提示】“不禁”的“禁”不能读成 jìn。“禁”jìn 见第 3442 条。

498 不仅(僅) 乙

bùjǐn (not only)

[连]不但：他们～提前完成了全年生产任务，而且还支援了兄弟单位|～产量增加了，人的精神面貌也改变了|他的医术～在国内是第一流的，即使在国际上也是第一流的|困难～没有吓倒他，反而更加坚定了他的信心。

【近义词】不但

499 不久 甲

bùjiǔ (soon)

[名]指距离某个时期或某件事情时间不远：～以后|～以前|～完工|～的将来|结婚～|毕业～|刚开春下了一场雨，～天气就转暖了|在他走后～，我就听说他在外地病了|水库～就能完工|在～的将来，女儿一定能考上大学|他们结婚～就离婚了|他毕业～就找到了工作。

【构词】长久/持久/好久/恒久/经久/久久/良久/耐久/许久/永久/悠久/终久/天长地久

500 不觉(覺) 丙

bùjué (unconsciously)

[副]不知不觉，在没有感觉到的时候（发生某事或某情况）：看了一会儿书，～睡着了|说着笑着，～就走到了家|我们谈了很多，～天已经亮了|他靠在床上看小说，～三个小时过去了。

【反义词】觉得

【提示】“不觉”的“觉”不能读成 jiào。“觉”jiào 见第 3315 条。

【构词】察觉/触觉/错觉/发觉/感觉/乖觉/幻觉/惊觉/警觉/视觉/听觉/味觉/先觉/嗅觉/知觉/直觉/自觉

501 不堪 丁

bùkān (v. can't bear; aux. v. can't stand; adj. extremely)

[动]承受不了：～其苦|～一击|山民们～土匪的骚扰，迁到别处去了|百

姓～其苦|敌人实在是～一击。

[助动]不能(多用于不好的方面):～入耳|～设想|～收拾|～回首|～造就|真是～入目|她说得那些话真是～入耳|你若一意孤行,后果～设想|这些年的生活,真是～回首。

[形]表示程度深(多用于消极意思的词语后面):狼狈～|破烂～|疲惫～|混乱～|污秽～|他狼狈～地逃回了家|他疲惫～地坐在椅子上|她的衣服破烂～|整个局面混乱～,已经到了无法收拾的地步了。

【构词】难堪

502 **不可** 丙

bù kě (cannot)

❶不可以;不能够:～偏废|～动摇|～避免|～理解|～抗拒|他俩的矛盾简直～调和|我们的决心～动摇|这个问题实在～解释|国家主权神圣～侵犯|讨论政策的会议,人数～太多。❷常构成"非…不可",表示"必须"或"一定":我虽是四十多的人了,电脑我非学～|这件事,他非要办～|他非去～|看这天儿,非下雨～。

【构词】两可/宁可/岂可/认可/许可

503 **不愧** 丁

bùkuì (worthy of)

[副]当之无愧;当得起(多跟"为"或"是"连用):～为|～是|～有|～称之为|你～是我们的好厂长|上海～为中国的大都市|你真～是个智多星,主意可真多|他～被称为人民戏剧家。

【近义词】无愧

【反义词】惭愧/羞愧

【提示】"不"用在第四声前,发生变调,实际读作 búkuì。

【构词】抱愧/惭愧/惶愧/无愧/羞愧

504 **不利** 丙

bùlì (unfavourable)

[形]没有好处;不顺利:局势～|地形～|天气～|对…～|极为～|非常～|～的地位|～的环境|这里的环境对小麦的生长十分～|局势对他们十分～|克服各种～因素,挖掘潜力,加快生产进度|天气条件～也是他们失败的一个原因。

【反义词】有利

【提示】"不"用在第四声前,发生变调,实际读作 búlì。

505 **不良** 丁

bùliáng (bad)

[形]不好:消化～|心地～|动机～|～现象|～行为|～举动|～思想|～习惯|决不能让这种～现象继续存在下去|他这样做动机～|他这几天消化～,胃口不好|他并没有什么～嗜好。

【反义词】良好/优良

【构词】从良/改良/精良/善良/天良/贤良/优良/忠良

506 **不料** 丙

bùliào (unexpectedly)

[副]出乎意外,没有想到。第一分句说明情况,后一分句用"不料"表示转折:10 年未见,～她还是显得那样年轻|我去请了他三次,～他竟不肯来|我以为她不会帮忙,～她却这样热情。

【提示】①"不料"多用于书面语,口语中说"没想到"。②"不"用在第四声前,发生变调,实际读作 búliào。

【构词】材料/草料/大料/肥料/废料/工料/果料/毛料/面料/木料/逆料/

配料/燃料/染料/石料/史料/饲料/塑料/调料/涂料/香料/笑料/颜料/养料/衣料/意料/饮料/油料/预料/原料/照料/资料/作料

507 不论(論) 乙

bùlùn (no matter)

[连]表示条件或情况不同而结果不变,后面往往有并列成分或表示任指的疑问代词,第二分句多用"都"、"也"等副词与它呼应:~下不下雨,我们都要去|~怎样,我们先到屋里暖和暖和再说|~怎么忙,他都锻炼身体|~你去还是我去,都要把情况了解清楚|~谁劝,他都不听|~什么人来,他都不见。

【近义词】不管/无论

【提示】"不"用在第四声前,发生变调,实际读作 búlùn。

508 不满 丙

bùmǎn (v. fewer than; adj. discontented)

[动]❶不够:~三岁|~一年|~6000字|~一个小时|他还~10岁|他工作~三年|他用了~一个小时,就把文章写完了|他到中国来还~一年呢。

[形]不满意:很~|非常~|极~|~的样子|~的情绪|~的声音|~的神色|这种损人利己的行为引起大家的~|他对我的考试成绩很~|看了我的报告,他流露出~的神气|他~地说:"像这样工作,怎么能保证产品的质量!"

【反义词】[形]满意

509 不免 丙

bùmiǎn (inevitably)

[副]免不了;不可避免:~紧张|~糊涂|~着急|~拥挤|他第一次上讲台,~有些紧张|看到他们互相帮助,老王心中~暗暗高兴|考试时间快结束了,试题还没做完,心中~着急起来|公共汽车嘛,自然~有些拥挤|看到别人的成绩,他~有些惭愧。

【近义词】未免/难免

【提示】只能修饰肯定形式的动词、形容词,不能说"不免不紧张"、"不免不着急"等。

510 不平 *乙

bùpíng (adj. indignant; n. injustice)

[形]因不公平的事而愤怒或不满:很~|十分~|~之气|感到~|觉得~|~的事|此事处理不当,大家都很~|大家为他感到~|受到这种待遇,他心里觉得实在~|他愤愤~地想:做同样的工作,为什么他的工资就比我多!

[名]〈丙〉不公平的事:路见~,拔刀相助|有谁了解他心中的~!|时间一久,大家心中的~也就渐渐消除了。

【近义词】[形]不满

【反义词】[形]公平/公允/公道/满意

【构词】摆平/持平/公平/和平/溜平/铺平/生平/水平/太平/天平/削平/阳平/夷平/阴平

511 不然 乙

bùrán (otherwise)

[连]表示如果不是上文所说的情况,就发生或可能发生下文所说的情况:快把窗户关上,~病人会受凉的|幸亏带了雨伞,~一定湿透了|我们一定要把学生教好,~就不能算是称职的教师|真不巧,我还有点儿事,~倒

可以陪你们一起去玩玩｜得好好学科学，～就跟不上形势了。

【近义词】否则

【提示】在口语中“不然”还可说成“要不然”“要不”，例如：我们幸亏走得早，要不然就赶不上这班车了｜今天晚下班一会儿，把事情做完，要不明天还得加班。

512 不容 丁

bùróng（not allow）

［动］不许；不让：～置疑｜～分说｜～狡辩｜～停留｜～解释｜他～分说，硬是把我拉回办公室｜此地十分危险，～在此停留｜他～我把话说完，就生气地走了｜他一个劲儿说，～别人插话。

【构词】包容/病容/愁容/从容/动容/芳容/倦容/军容/宽容/敛容/美容/面容/内容/怒容/市容/收容/笑容/形容/遗容/仪容/音容/真容/阵容/整容/姿容/纵容/尊容

513 不如 甲

bùrú（v. not equal to; conj. it could be better to）

［动］表示前面提到的人或事物比不上后面所说的：～她｜～那种｜～以前｜他的身体～以前结实了｜论速算，他连儿子都～｜百闻～一见｜这里的景致～那边幽静｜你一个人去～我们大家一起去｜走大路～走小路近。

［连］用于取舍关系的复合句中，“不如”后面是肯定的方面，常构成“与其…不如…”的格式：文章与其长而空，～短而精｜与其向敌人屈膝求生，～壮烈地死去｜如此急行军，与其说是走，～说是跑｜与其晚去一点儿，～早去一点儿｜与其去游泳，～去爬山。

【近义词】［动］不比/不及/莫如；［连］莫若

514 不少 乙

bùshǎo（many）

［形］比较多：～人｜～事｜～时间｜～东西｜～学问｜来得～｜干得～｜他今天干了～活儿｜～学生都看过这本书｜他吃得真～｜他浪费了～时间｜说得～，做得不多｜今天开会的人来得真～。

【近义词】多

【提示】“不少”的“少”不能读成 shào。

【构词】短少/多少/减少/缺少/稀少/至少

515 不时（時） 丁

bùshí（frequently; from time to time）

［副］时时；经常不断地：～有｜～听到｜～传来｜会场上～爆发出雷鸣般的掌声｜远处～传来火车的鸣叫｜他～四处张望｜炼钢工人～察看炉火的颜色｜他听着我的话，～地点头。

【近义词】时时/常常

516 不是 丙

bùshi（fault）

［名］错处；过失：落个～｜你的～｜他的～｜赔～｜担～｜我好意去劝他，结果倒落个～｜算啦，你给他赔个～吧｜这事可就是你的～了｜不能让他一个人担～。

【提示】“不”用在第四声（在这里读轻声）前，发生变调，实际读作 búshi。

【构词】别是/但是/凡是/国是/横是/还是/或是/就是/可是/怕是/岂是/如是/若是/算是/要是/硬是/于是/

真是/只是/实事求是

517 **不是…而是…** 丙

bù shì…ér shì… (not … but …)
用于并列关系复句中，否定前者，肯定后者，用“而是”表示转折，有对比的意味：他不是不知道，而是装糊涂｜他考虑的不是自己，而是国家和人民的利益｜你昨天看到的不是她，而是她姐姐｜老人家，不是说你不能干，而是说你上年纪了，该享享福了。
【提示】“不”用在第四声前，发生变调，实际读作 búshì。

518 **不是…就是…** 丙

bù shì…jiù shì… (either…or…)
❶表示选择关系，有“如果不是这样，就是那样”的意思，也就是说两种可能，二者必居其一：这次他去广州，不是坐火车，就是乘飞机｜他不是这个星期天来，就是下星期天来｜这孩子不是姓张，就是姓李，我记不清了｜他不是住在长城饭店，就是住在昆仑饭店。❷表示列举，借用两个例子来概括说明一种情况：他每天晚上不是看书，就是看报（表示每晚做的主要是这两件事）｜她每天不是唱就是跳，活泼得很。
【提示】“不”用在第四声前，发生变调，实际读作 búshì。

519 **不是吗**(嗎) 乙

bù shì ma (…, isn't it?)
以反问的语气表示“正是那样”：这里的天气太热了，～？｜他的身体太虚弱了，～？｜他会成为世界冠军的，～？｜他完全可以做这件事，～？
【提示】“不”用在第四声前，发生变调，实际读作 bú shì ma。

520 **不停** 丙

bù tíng (unceasing)
不停止；不断：～地哭｜～地笑｜～地工作｜吵闹～｜说个～｜骂个～｜一个月来，这篇文章他～地修改｜她高兴得唱个～｜他边干边说，始终～手里的活儿｜她一来就吵闹～。
【近义词】不断
【反义词】停止/停顿

521 **不同** 甲

bùtóng (different)
[形]不一样：有～｜没什么～｜完全～｜变得～｜～的人｜～的事｜～的颜色｜～的工作｜他们俩的性格有很大～｜每个人都有～的性格｜中国南方和北方的气候是～的｜我看这两种说法没有什么～｜这两种颜色有一点儿～。
【反义词】相同/相似
【构词】伴同/等同/共同/苟同/会同/混同/伙同/雷同/连同/陪同/如同/随同/协同/一同/异同/赞同

522 **不惜** 丁

bùxī (not spare)
[动]不顾惜；舍得：～代价｜～牺牲｜我们要～任何代价，取得这次比赛的胜利｜他为了建造别墅，～花费巨款｜为了保卫祖国，他～牺牲生命｜为了治好朋友的病，他～花掉全部积蓄。
【近义词】舍得
【反义词】珍惜

523 **不相上下** 丁

bù xiāng shàng xià (about the same)

分不出高低,形容程度相等:两人～|水平～|技术～|能力～|他俩是同学,汉语水平～|他们几个人的技术～|他们俩的工作能力～,你想要录用哪一个?|这两种衣料的质量～,你买哪一种都可以。

【近义词】相似/差不多

【构词】卑下/笔下/部下/臣下/低下/底下/地下/殿下/高下/阁下/脚下/节下/门下/目下/年下/泉下/如下/上下/手下/属下/私下/天下/乡下/眼下/一下/以下/在下/足下/不在话下/承上启下/瓜田李下/急转直下/寄人篱下/江河日下/居高临下/欺上瞒下/每况愈下/泥沙俱下/骑虎难下/声泪俱下/双管齐下/千里之行,始于足下

524 不像话(話) 丙

bù xiànghuà (very bad; scandalous)

极不应该;很坏:真～|太～|你总迟到,真～!|一篇文章里这么多错字,太～了!|整天出去玩,不学习也不工作,真～!

【提示】①"不像话"常用于口语。②"不"用在第四声前,发生变调,实际读作 bú xiànghuà。

【构词】白话/插话/丑话/蠢话/词话/粗话/村话/搭话/答话/大话/对话/发话/反话/废话/疯话/怪话/官话/鬼话/喊话/好话/黑话/后话/胡话/坏话/谎话/回话/会话/佳话/讲话/空话/留话/梦话/屁话/气话/抢话/情话/趣话/软话/傻话/捎话/神话/诗话/实话/史话/说话/俗话/谈话/套话/听话/童话/土话/问话/瞎话/闲话/笑话/叙话/训话/夜话/硬话/脏话/直话

525 不行 *乙

bùxíng (not allowed; won't do)

[形]❶表示不可以;不被允许:不尊重科学可～|这篇文章还有些问题,正式发表～|你得想想办法,总这么着可～|"我能去旅游吗?""～!"|这也～,那也～,你说怎么办吧!❷〈丙〉支持不住;接近死亡:我刚跑400米就～了|他已经累得～了,你去替替他吧|他祖母病了一年多,眼看要～了。❸〈丙〉不好;不中用:很～|真～|那么～|这件衣服的款式～|他那么～,你们怎么还用他?

【构词】暴行/步行/操行/畅行/丑行/出行/辞行/德行/恶行/发行/飞行/风行/航行/横行/滑行/进行/举行/可行/励行/流行/旅行/履行/爬行/品行/平行/强行/绕行/善行/盛行/实行/试行/兽行/送行/随行/通行/推行/现行/言行/一行/印行/游行/远行/运行/暂行/执行/罪行

526 不幸 乙

bùxìng (unfortunate)

[形]不幸运;使人伤心痛苦的;表示不希望发生而竟然发生:真～|很～|十分～|～的一生|～的生活|～的遭遇|～牺牲|～病逝|她接连失去丈夫和儿子,太～了|他的生活十分～|这本书里记叙了他～的一生|生病,当然是一件～的事|火车失事,他～遇难。

【近义词】幸运/走运

【提示】①"不幸"作为名词,指灾祸、死亡:战争年代,他们一家人遭到了～。②"不"用在第四声前,发生变调,实际读作 búxìng。

【构词】薄幸/宠幸/侥幸/庆幸/荣幸/万幸/喜幸/有幸

527 **不朽** 丁

bùxiǔ (immortal)

[动]永不磨灭(多用于抽象事物):永垂～|万世～|～的功勋|～的精神|人民英雄永垂～|他虽然死了,但他的精神～,万世长存|他为国家立下了～的功勋|《红楼梦》是一部～之作。

【反义词】腐烂

【构词】腐朽/枯朽/老朽/衰朽/颓朽/糟朽/永垂不朽

528 **不许**(許) *乙

bù xǔ (not allow)

❶不允许:～去|～笑|～哭|～打|～看|～爱|～比赛|只许成功,～失败|你还病着,～参加比赛|你～偷看我的日记|吃饭的时候～大声说话。❷〈丁〉不能(用于反问句中):何必等我,你就～自己去吗?|屋子黑,你～把灯点上吗?|衣服不合适,你就～再去买一件吗?|没有钱,你～跟我要吗?

【构词】称许/嘉许/默许/期许/容许/推许/心许/应许/允许/赞许/准许/自许

529 **不言而喻** 丁

bù yán ér yù (it goes without saying)

不用说就可以明白:他是个伟大的作家,这是～的|我们能够打败敌人,这是～的|这个道理是～的|～,这个厂的汽车制造技术是一流的。

530 **不要** 甲

bùyào (don't)

[副]表示禁止或劝阻:～说话|～闹|～生气|～唱|～开灯|～抽烟|请～大声喧哗|～把车停在路边|晚上～一个人出门|晚上～吃太多的东西。

【反义词】需要/必须

【提示】"不"用在四声前,发生变调,实际读作 búyào。

531 **不要紧**(緊) *乙

bù yàojǐn (it doesn't matter)

❶表示不碍事,没有什么问题:我的伤～,很快就会好的|花点儿钱～,只要能治好你的病|天黑了也～,我送你回去|我只是有点儿感冒,～的。❷表示提出的情况表面上没有妨碍,但下文有所转折:你这一开枪～,目标全暴露了|你这么一喊～,把大家全吵醒了|他这一急～,急出一身汗,病倒好了。

【反义词】重要

【提示】"不"用在第四声前,发生变调,实际读作 bú yàoyǐn。

【构词】吃紧/当紧/赶紧/加紧/口紧/手紧/松紧/严紧/抓紧

532 **不一定** *乙

bù yīdìng (uncertain)

❶表示推测;不见得:～去|～满意|～有|～参加|～会|～说|那本书,～是他的|电视机～是他弄坏的|这次比赛他～愿意参加|这件衣服你～喜欢|这种饮料这个商店～有|你让她唱,她可～唱|"这是他画的吧?""～。"|"你坐飞机走吗?""～。"❷〈丙〉表示没有确定:明天的会开不开还～|他走不走还～。

533 **不宜** 丁

bùyí (not suitable)

[副] 不适宜:～出行|～远行|～操劳

|～迁移|～修建|你年岁太大，～远行|你身体不好，～过度劳累|天气太冷，～做过多的户外活动|这里是风景区，～修建高楼大厦|这是制度，～任意更改。

【反义词】适宜

【提示】多用于书面语。

【构词】机宜/权宜/失宜/时宜/事宜/适宜/相宜

534 不用 甲

bùyòng (need not)

[副]表示事实上没有必要：～说|～介绍|～买|～给|～看|～做|大家都是熟人，～客气|我们早就认识，～介绍|还看得清，～开灯|这个录音机没坏，～修|我会照顾好自己的，你～操心了。

【近义词】不必/甭/别

【反义词】必须/务必

【提示】①"不用"在口语中也说"甭"béng：你甭说，我早知道了。②应把副词"不用"跟动词词组"不用"区别开来，动词词组里"不用"的意思是"不使用"，可作谓语和定语：这些书我～了|～的工具应该收拾好。③"不"用在第四声前，发生变调，实际读作 búyòng。

535 不由得 丙

bùyóude (can't help)

[副]不由自主地：他脚下一滑，～叫了一声|听了她悲惨的遭遇，我～掉下了眼泪|看到商店里五彩缤纷的玩具，我～想起了自己苦难的童年|听到楼里传出的钢琴声，他～停住了脚步|看到照片，我～想起了那难忘的岁月。

【近义词】不禁/不由

536 不在乎 丙

bù zàihu (not care)

不放在心上：并～|也～|更～|满～|毫～|～远近|～多少|～长短|～时间|为了帮助别人，自己少休息点儿，他也～|对别人的闲话，他毫～|他穿的衣服比较破旧，但他满～|只要有工作干，他～钱多钱少|我喜欢在这个公司工作，～路程远近。

【提示】"不"用在第四声前，发生变调，实际读作 bú zàihu。

【构词】凑乎/合乎/几乎/近乎/觉乎/乱乎/忙乎/全乎/热乎/似乎/温乎/邪乎/玄乎/圆乎/在乎

537 不怎么样(麽樣) 丙

bù zěnmeyàng (so-so)

平平常常；不很好：这个人～|这家旅馆真～|这幅画还可以，就是题字写得～|他的技术～，但很能吹牛|这里的生活～，但风景很美。

538 不正之风(風) 丁

bù zhèng zhī fēng (malpractice)

不好的风气(多指社会、政治、经济等方面)：应坚决跟贪污受贿等～作斗争|你不要受社会上～的影响|走后门当然是～|他痛恨社会上的种种～。

【近义词】歪风邪气

【反义词】两袖清风/廉洁奉公

【提示】"不"用在第四声前，发生变调，实际读作 bú zhèng zhī fēng。

【构词】暴风/避风/抽风/春风/党风/顶风/兜风/防风/放风/古风/海风/和风/家风/接风/劲风/狂风/冷风/烈风/麻风/民风/逆风/披风/屏风/轻风/清风/秋风/山风/伤风/上风/

世风/顺风/台风/通风/歪风/威风/文风/校风/雄风/旋风/学风/遗风/迎风/阵风/整风/中(zhòng)风/作风/八面威风/甘拜下风/喝西北风/空穴来风/两袖清风/满面春风/弱不禁风

539 **不知不觉**(覺) 丁

bù zhī bù jué (unconsciously)

没有感觉到;没有发觉:时间过得真快,～暑假就要过去了|他～地爱上了这个地方|两人的友谊～地加深了|～他已经长成大人了|他的口音～地完全变了|城市在～中改变了面貌。

540 **不止** 丙

bùzhǐ (incessantly)

[动]❶继续;不停:大笑～|流血～|生命不息,战斗～|他伤势很重,伤口流血～|树欲静而风～|他听了我的话大笑～。❷表示超出某个数目或范围:看样子,他～30岁|他们来过～一回|这个电影我看过～一次|受到表扬的～我,还有小王。

【近义词】❶不停;❷不只

【反义词】❶停止

【构词】防止/废止/截止/禁止/静止/举止/岂止/劝止/停止/为止/休止/制止/终止/阻止

541 **不只** 丙

bùzhǐ (not only)

[连]不但:他～懂汉语,还懂日语|他～不会滑雪,而且连雪都没见过|她～办事能力强,而且心地善良|那里～可以游览,还可以购物|他～经商,而且还写小说。

【近义词】不止/不但

542 **不至于** 丁

bùzhìyú (not to such an extent as to)

[副]表示不会达到想像中的某种程度(常指不好的方面):工作的确很忙,但～连看报的时间也没有|这样的问题,他～答不上来|他病虽然较重,但还～有什么危险|你～连这么简单的道理也不明白吧?

【提示】"不"用在第四声前,发生变调,实际读作 búzhìyú。

543 **不住** 乙

bùzhù (continuously)

[副]不停地:～点头|～摆手|～眨眼|～攻击|～吸收|～练习|听了我的话,他～点头|他～打手势,可我就是不明白他的意思|江水～东流|树苗～吸收土中的营养|他～攻击我,但我不在乎。

【提示】"不"用在第四声前,发生变调,实际读作 búzhù。

【构词】常住/打住/寄住/借住/居住/站住

544 **不足** 丙

bùzú (inadequate)

[形]不充足;不满(某个数目):阳光～|营养～|资源～|人力～|分量～|食品～|年龄～|～三斤|～30岁|～五年|这里光照～,所以农作物长不好|目前学校最大的困难是经费～|这个省水利资源～|去探险带～食品可不行|看样子他还～10岁|他刚工作～一年。

【近义词】缺少

【反义词】充足/充分

【构词】补足/插足/长(cháng)足/充足

/丰足/富足/高足/立足/满足/涉足/失足/十足/手足/远足/知足/驻足/自足/画蛇添足/美中不足/评头品足/先天不足/心满意足/自给自足

545 **布** 甲 〔部首〕巾 〔笔画〕5

bù (cloth)

[名]用棉、麻等织成的可以做衣服或其他物件的材料:一尺～|一匹～|一块～|花～|塑料～|买～|裁～|破～|新～|用这块～给你做件衣服吧|我不喜欢这种～,太厚|做窗帘买5米～准够|他穿一件白～衬衫|这位老人很喜欢穿黑～鞋|把这块～剪开,可以做两件衣服。

【提示】布,姓。

【构词】布防/布谷/布景/布匹/布施/布头/布衣

546 **布告** 丙

bùgào (notice; bulletin)

[名](机关、团体)张贴出来通告群众的文件:一张～|贴～|写～|看～|学校门口贴了一张～|～上写的什么?|你没看～吗?|～应贴在～栏里,别乱贴。

547 **布局** 丁

bùjú (layout)

[名]全面的安排:工作～|人员～|房间的～|楼里的～|公园的～|～很好|舞台上景物的～十分简洁|房间的～不太合适,应该把床放在里边|教练很注意比赛时场上人员的～|写文章很讲究～|这片住宅区～设计得十分合理。

【构词】败局/残局/长局/大局/当局/定局/赌局/对局/饭局/格局/和局/僵局/结局/了局/骗局/平局/棋局/全局/时局/书局/危局/邮局/战局/政局/终局/顾全大局

548 **布置** *乙

bùzhì (arrange; decorate)

[动]❶在一个地方安排和陈列各种物件,使这个地方适合某种需要:～会场|～教室|～礼堂|～客厅|～新房|～了半天|～得好|～完了|正在～|会场～好了吗?|他正在用鲜花～客厅|你们的新房～得真漂亮|他把书房～得非常雅致|你这间房～得太俗了,最好重新～一下。❷〈丙〉对一些活动作出安排:～任务|～工作|～学习|这周的工作～完了|你给他～任务吧|老师每天都给我们～作业|暑假不要给孩子们～太多的功课。

【近义词】安排/部署

549 **步** *乙 〔部首〕止 〔笔画〕7

bù (step)

[名]❶脚步:他走路时～子很大|这孩子刚学迈～|每天跑跑～,对身体有好处。❷〈丙〉阶段;境地:事情一～比一～顺利|在实践中进行锻炼,这一～是必须走的|一下子跳两个年级,恐怕你在学习上～子迈得太大了|能走到这一～是很不容易的|你怎么落到这～田地了?

【提示】步,姓。

【构词】步兵/步调/步伐/步话机/步履/步枪/步行/步骤/步子/步步为营/步人后尘

550 **步兵** 丁

bùbīng (infantry)

[名]徒步作战的兵种,是陆军的主要兵种:～连|当～|我是～,不是骑兵|～的战斗力很强|这次战斗的胜利,

主要靠的是～|我弟弟当的是～。

【构词】败兵/搬兵/标兵/残兵/撤兵/陈兵/出兵/大兵/带兵/刀兵/动兵/发兵/分兵/伏兵/工兵/官兵/尖兵/交兵/进兵/精兵/救兵/溃兵/练兵/列兵/乱兵/民兵/叛兵/炮兵/奇兵/骑兵/起兵/伞兵/伤兵/哨兵/士兵/收兵/守兵/水兵/逃兵/退兵/屯兵/卫兵/宪兵/兴兵/雄兵/疑兵/用兵/援兵/阅兵/征兵/重兵

551 **步伐** 丁

bùfá (step; pace)

[名]指队伍操练时脚步的大小、快慢;脚步:～整齐|～坚定|迈开～|加快～|缓慢的～|统一～|军队迈着整齐的～从广场上走过|～整齐而又坚定|我们要统一～,齐步前进|他迈着沉重的～向我走来|我们的工作必须加快～,年底前必须完成。

【近义词】步子/脚步

【构词】采伐/砍伐/滥伐/杀伐/讨伐/征伐

552 **步行** 丁

bùxíng (go on foot)

[动]行走(区别于坐车、骑马等):～上班|～上学|一直～|偶尔～|我每天～上班|街上～的人比乘车的人多|我一般坐地铁上班,偶尔～|从家到学校～需要 20 分钟|由于堵车,有时乘车比～还慢。

553 **步骤**(驟) 丙

bùzhòu (procedure)

[名]事情进行的程序:工作～|生产～|学习～|宣传～|管理～|必要的～|请讲一讲下阶段工作的～|近阶段的工作分为三个～|他介绍了进行试验的具体～|宣传工作的～不能太一般化|工作要有计划、有～地进行|改革是发展经济的一个重要～。

【近义词】步调

554 **步子** 丁

bùzi (step)

[名]脚步:～太大|～太快|他～太快,我实在跟不上|他走路时～迈得总是很大|把～走整齐|我总跟不上他的～|在工作上～不能迈得太慢|改革开放的～要大一些,快一些。

【近义词】脚步

555 **埠** 丁　〔部首〕土　〔笔画〕11

bù (pier)

[名]码头;有码头的城镇:本～|外～|这种商品外～很多|很多船只停在这个～头|到达本～的旅客大多住这家旅馆。

【近义词】码头

556 **部** 乙　〔部首〕阝　〔笔画〕10

bù (n. part; m. *for books and films*)

[名]❶部分:内～|外～|胸～|头～|这个单位内～有很多问题|从外～看,这台机器还是很好的|他被撞伤,头～缝了几针|四川省中～是盆地。❷某些机关的名称或机关企业内部按业务而分的单位:工业～|农业～|石油～|化工～|水利～|考试～|短训～|前面就是工业～大楼|化工～在哪儿?|我在学校短训～学习了三个月。

[量]用于书籍、影片等:一～书|第三～|一～影片|我家里有两～《辞海》|最近这家出版社出了三～新书|这是一～有趣的科教片。

【提示】部,姓。

【构词】部将/部落/部首/部属/部下

557 部队(隊) 乙

bùduì (army)

[名]军队:特种～|驻京～|大～|骑兵～|～开进了这座城市|他是～的医生|这是炮兵～的阵地|他没能跟上～,掉队了|他在～当炊事员已经5年了。

【近义词】军队

【提示】"队"右边是"人",不能写作"入"。

【构词】编队/插队/车队/大队/掉队/分队/归队/横队/舰队/军队/离队/连队/列队/领队/马队/排队/卫队/小队/乐队/站队/整队/支队/中队/主队/总队/纵队

558 部分 甲

bùfen (part; portion)

[名]整体中的局部;整体中的一些个体:一～|大～|许多～|有些～|这个学校有～学生是外国留学生|这个公寓里的～房间已经租出去了|这一～工作由你承担|城市西边这～土地你们可以使用|人们自动分成两～,一～搬木头,一～挑土。

559 部件 丁

bùjiàn (parts)

[名]机器的一个组成部分,由若干零件装配而成:机器～|缺少～|替换～|装配～|～磨损|这台机器有些～该换了|这个～磨损得比较厉害|这台机器的～都是国产的|这个～的型号不对,装不上。

【近义词】零件

560 部门(門) 乙

bùmén (department)

[名]组成某一整体的部分或单位:业务～|外事～|城建～|税务～|这事你得找业务～联系|他在外贸～工作|他是学财会的,正好去税务～工作|你在推销～工作很合适|他对科研～的工作很熟悉。

【近义词】单位

【构词】侧门/车门/出门/大门/登门/电门/调门/对门/封门/肛门/关门/国门/豪门/后门/家门/角门/叫门/街门/进门/开门/冷门/满门/名门/脑门/旁门/气门/前门/窍门/球门/入门/嗓门/山门/射门/守门/同门/邪门/油门/有门/远门/闸门/宅门/正门/专门

561 部署 丙

bùshǔ (v. deploy; n. deployment)

[动]安排、布置(人力、任务):～任务|～兵力|着手～|尽快～|～得很清楚|厂长正在～今年上半年的各项生产任务|这次足球赛的阵容～得十分好|应该在两座山之间～一些兵力|这个月的工作还没有～下去。

[名]做出的安排:战斗～|工作～|这一战斗～是十分正确的|今年全面的教学～还没有做。

【近义词】安排/布置

【构词】公署/官署/行署/专署

562 部位 丁

bùwèi (position)

[名]位置(多用于人的身体):发音～|心脏的～|他的发音～有些异常|心脏的～在人体胸腔的左侧|左肺病灶的～略有改变。

【近义词】位置

【构词】本位/病位/舱位/船位/床位/单位/到位/定位/吨位/方位/复位/岗位/个位/即位/进位/就位/爵位/名位/哨位/首位/水位/胎位/摊位/退位/王位/席位/学位/穴位/音位/在位/职位/诸位/座位

563 **部长**(長) 乙

bùzhǎng (minister)

[名]国家或单位部一级机关的最高领导:工业~|农业~|铁道部~|邮电部~|当~|~的秘书|~办公室|~签署|这份文件应有~的签名|老~快退休了,新~不知是谁|他当了十年~了|这位~比较有水平|他是~的秘书。

【提示】"长"又读 cháng,见第 717 条。

C

564 **擦** *甲 〔部首〕扌 〔笔画〕17

cā (wipe)

[动]❶用布、手巾等擦拭使干净：~桌子|~椅子|~黑板|~玻璃|~干净|~完|快~|这块玻璃怎么~也~不干净|他每天替老师~黑板|他的皮鞋~得真亮|你用毛巾~~脸|看热的,快~一~汗。❷〈乙〉涂抹：~药水|~香水|~粉|你在伤口上~点儿药水|这药只能~,不能口服|她~的护肤霜很高级|她淡淡地~了一点儿口红|你皮肤这么白,不用~粉。❸〈丙〉摩擦：~火柴|摩拳~掌|~破了|他~了好几根火柴才把蜡烛点着|他们几个摩拳~掌,准备上阵|他摔了一跤,把腿都~破了。❹〈丁〉一个物体贴近别一物体,很快过去：海鸥~着水面来回飞|真险,汽车从我身边~过去了|我们俩~肩而过,谁也没认出谁。

【近义词】❶抹/拭;❹贴

【构词】擦边/擦拭/擦洗/擦澡/擦眼抹泪

565 **猜** 乙 〔部首〕犭 〔笔画〕11

cāi (guess)

[动]推测或凭想像来寻找正确答案：~谜语|~着了|没~着|别~|想~|你~谁来了?|快说吧,别让大家~了|~了半天也没~着|今天晚上有~谜语游戏|我们都~不透他的心思。

【近义词】推测/猜测

【构词】猜度/猜忌/猜谜/猜拳/猜疑/猜中

566 **猜测**(測) 丁

cāicè (guess; conjecture)

[动]推测;凭想像估计：很难~|能够~|引起~|不便~|互相~|~身份|~职业|~不出来|你们~错了|大家都~不出他是干什么的|请你不要胡乱~|他们突然回来,引起了大家的种种~|他们互相~对方的身份、职业。

【近义词】猜/推测/推想

【构词】不测/抽测/揣测/观测/监测/检测/勘测/窥测/目测/实测/探测/推测/预测

567 **猜想** 丙

cāixiǎng (v./n. guess; conjecture)

[动]猜测：心里~|脑子里~|他的~|任意~|胡乱~|我~过你的身份|他在心里暗暗~|我实在~不出你来这里的目的|据我~,他是个画家。

[名]某种推想、猜测：这仅仅是我的~,不一定正确|你的这种~,真是莫名其妙|他谈到的情况,不过是他的~,实际情况不是这样。

【近义词】猜测/估计

【构词】畅想/痴想/感想/构想/幻想/回想/假想/空想/狂想/理想/联想/料想/梦想/设想/思想/推想/妄想/休想/遥想

568 **裁** 丁 〔部首〕衣 〔笔画〕12

cái (cut)

[动]❶用剪子铰或用刀割开：~衣服

|～纸|用刀～|用剪子～|～坏了|～得好|～不开|请你帮我～一条裙子好吗？|他～衣服～得特别好|请你把这张纸～一～|我不会～衣服|我把衣服～坏了。❷把不用的或多余的去掉；削减：～掉|～下来|～员|～军|～减经费|厂里又～了几个人|国家～了几笔军费开支|他是个好教师，不能～|学校的经费又～掉了许多。

【近义词】剪

【构词】裁处/裁度/裁夺/裁剪/裁减/裁员

569 裁缝(縫) 丙

cáifeng (tailor)

[名]做衣服的工人：一名～|当～|是～|好～|他是这一带有名的～|他从小就学习当～|这个～的技术很高明|他不是个好～|他是这个小镇上惟一的一个～。

570 裁决 丁

cáijué (v. adjudicate; n. adjudication)

[动]经过考虑，作出决定：已经～|要求～|拥护～|进行～|设法～|服从～|～不了|～大事|～胜负|要求法院作出～|你们两人的对错，我也～不了|他们之间的纠纷，应该设法～一下。

[名]经过考虑作出的决定：我服从领导的～|对双方胜负的～是公正的|他表示拥护法院的～。

【近义词】裁定/裁判

【构词】表决/处决/否决/公决/果决/坚决/解决/判决/枪决/取决/速决/先决

571 裁军(軍) 丁

cái jūn (disarmament)

削减军队：要求～|实行～|准备～|进行～|我方～|对方～|～措施|～协议|双方进行了有关～方面的谈判|在会上签署了～的协议|坚决执行军委发布的～命令|单方面提出～的要求|国家决定几年内实现全面～。

【提示】离合词，中间可插入其他成分，如：又裁了一次军。

【构词】败军/参军/撤军/从军/大军/敌军/孤军/官军/冠军/海军/红军/将军/进军/空军/溃军/扩军/劳军/联军/陆军/盟军/全军/三军/守军/水军/随军/投军/行军/亚军/友军/援军/驻军

572 裁判 丙

cáipàn (v. judge; n. referee)

[动]❶法院依照法律对案件作出决定：进行～|要求～|准备～|～及时|～正确|法院～了一桩房产纠纷案|这个案子～得很公正|要求法院进行～|法院的～还没有通知他|终于得到了公正的～。❷根据体育运动的竞赛规则，对运动员的成绩和竞赛中发生的问题作出评判：这场比赛～得不够公平|你怎么能这样～？|你的～明显偏向一方。

[名]做体育裁判工作的人，也称裁判员：体育～|排球～|足球～|～换人了|场上的～亮了黄牌|这位～打分很严|他是一位十分有名的～。

【近义词】[动]裁决/裁定；[名]裁判员

【构词】改判/公判/批判/评判/审判/谈判/宣判

573 材料 乙

〔部首〕木
〔笔画〕7

cáiliào (material)

[名]❶可以直接制造成品的东西，如

建筑用的砖木、纺织用的棉纱等：纺织～|化学～|钢铁～|建筑～|工厂的～|加工的～|贵重～|上等～|便宜的～|～的品种|～的质量|厂里购买了大量建筑～|这些金属～比较便宜|这是等待加工的～|这个厂的贵重～经常丢失。❷可供写作或参考的事实及文字资料：掌握～|搜集～|寻找～|挖掘～|积累～|分析～|充足的～|多余的～|他掌握的～非常丰富|我搜集到的～足够写一本小说|根据已掌握的～看，这是一起重大杀人案件|如果作出裁决，还需要一些必要的～|这些～的真实性还有待分析研究。

【近义词】❷资料

574 才 丙

〔部首〕一
〔笔画〕3

cái (ability)

[名]才能：有～|无～|德～兼备|多～多艺|博学多～|这个人很有～|光有～还不行，必须德～兼备|中国封建礼教认为“女子无～便是德”|考查干部，既要重～，又要重德|他是个多～多艺的人。

【近义词】才能/才华

【提示】①“才”也可作名词，指有才能的人，如：干～|奇～|帅～。②才，姓。

【构词】才赋/才华/才略/才貌/才女/才气/才识/才思/才学/才艺/才智/才子/才高八斗/才疏学浅

575 才 *甲

cái (just)

[副]❶表示事情刚刚发生不久：你怎么～来就要走？|天～亮他就去河边了|这首歌我是～学会的|～到家就下起雨来。❷表示事情发生或结束得晚：昨天直到下午三点他～来|都10点了，他～回家|会议一直开到深夜～结束|你怎么现在～吃饭？❸〈乙〉表示只有在某种条件下，然后怎么样（前面常有“只有”、“由于”、“因为”、“为了”等词与之呼应）：只有你说话他～听|因为过节，他～穿了件新衣服|都是为了照顾你的病，他～没走。❹〈乙〉对比起来表示数量小、次数少、能力差、程度低等：我们公司～20来人|我～吃了一个包子就饱了|他刚来中国不久，～会说几句汉语。❺〈丙〉表示强调所说的事（句尾常用“呢”）：这～是我最想听的|我～不怕呢！|四川菜～好吃呢！|这～是我的宿舍，刚才那里不是。

【近义词】❶刚

576 才干（幹） 丁

cáigàn (competence)

[名]办事的能力：增长～|有～|他的～|领导很看重他的～|小王是个很有～的小伙子|10年的工作实践增长了他的～。

【近义词】才能/能力

577 才能 丙

cáinéng (capability)

[名]知识和能力：有～|施展～|发挥～|看重～|领导～|组织～|办事～|当厂长很好地发挥了他的管理～|我们很看重他的组织～|他在军事方面的～是很不一般的|他是个很有～的艺术家。

【近义词】能力/才华/才智

578 才智 丁

cáizhì (ability and wisdom)

[名]才能和智慧：～过人|很有～|发挥～|利用～|他聪明好学，～过人|

在工作中要充分发挥你的聪明～｜他在数学方面的～超过了一般人｜他的～没有得到很好的发挥。
【近义词】才能/才华/智慧
【构词】斗智/机智/理智/明智/弱智/神智/心智/急中生智

579 **财**（財）　丁　〔部首〕贝　〔笔画〕7
cái (wealth)
[名]金钱和物资的总称：人～两空｜见～起意｜～源茂盛｜发～｜露～｜他真是有点儿～迷心窍了｜他最近发了一笔大～。
【近义词】金钱/财富
【构词】财宝/财阀/财礼/财路/财贸/财迷/财权/财神/财势/财税/财团/财物/财源/财运/财主/财大气粗

580 **财产**（產）　丙
cáichǎn (property)
[名]属于国家、集体、个人所有的物质财富：国家～｜人民的～｜集体～｜他的～｜父母的～｜失去～｜得到～｜占有～｜分配～｜没收～｜这些建筑是国家的～｜他把～都分给了儿女｜他卖掉了自己的全部～｜人们很关心家庭～的继承权问题。
【近义词】财/财物/资产/财富
【构词】包产/薄产/超产/出产/催产/单产/低产/地产/动产/房产/丰产/高产/公产/估产/国产/家产/减产/矿产/临产/流产/亩产/难产/农产/破产/生产/盛产/水产/私产/特产/田产/停产/投产/土产/物产/遗产/引产/渔产/再生产/早产/增产/助产/转产/资产

581 **财富**　丙
cáifù (wealth)
[名]具有价值的东西：精神～｜物质～｜创造～｜集体的～｜共同的～｜知识～｜宝贵～｜这里物质～很丰富，但精神～很贫乏｜知识是宝贵的精神～｜这是我们共同的～｜森林、野生动物等自然～应该得到保护｜作为科学家，他为社会创造了许多～。
【近义词】财/财产
【构词】丰富/豪富/巨富/首富/致富

582 **财经**（經）　丁
cáijīng (finance and economics)
[名]财政、经济的合称：～部门｜～工作｜～学院｜他是搞～工作的｜他在～部门工作已经30年了｜这次表扬的主要是～方面的先进人物。
【构词】曾经/佛经/古兰经/久经/念经/取经/神经/圣经/五经/已经/月经

583 **财会**（會）　丁
cáikuài (finance and accounting)
[名]财务、会计的合称：～制度｜～人员｜～工作｜～方面｜我单位急需一名～人员｜他是学习～专业的｜应尽快建立健全～制度｜我很喜欢～工作。
【提示】“财会”的“会”不能读成 huì。

584 **财力**　丁
cáilì (financial resources)
[名]经济力量（多指资金）：～充足｜缺乏～｜～支持｜～来源｜～方面｜办企业必须有充足的～｜公司目前～有些不足｜我们现在是人力、～都缺乏｜他现在很需要你在～方面给予支持。

585 **财务**（務）　丁
cáiwù (financial affairs)
[名]机关、团体等单位中有关财产的

管理以及现金的出纳、计算等事务：～处｜～科｜管～｜～人员｜～制度｜～工作｜负责～｜他负责我们单位的～工作｜他是～处的工作人员｜～制度还不太健全｜今年的～计划还没制订。

【构词】报务/常务/乘务/党务/防务/服务/公务/国务/会务/家务/剧务/劳务/内务/侨务/勤务/任务/商务/事务/税务/特务/业务/医务/义务/杂务/债务/政务/职务/总务

586 财政 丙

cáizhèng（government finance）

［名］国家对资财收入支出的管理活动：～收入｜～支出｜～赤字｜～问题｜～部门｜管理～｜负责～｜向上级报告本年度的～收入｜去年～收支基本平衡｜他在～部门工作｜他很有～管理方面的才能。

【构词】暴政/参政/朝政/从政/大政/当政/军政/苛政/民政/内政/摄政/市政/行政/邮政/执政/专政/各自为政

587 踩 乙

〔部首〕足
〔笔画〕15

cǎi（step on）

［动］脚底接触地面或物体：～地｜～坏了｜～着了｜别～｜不要～｜你～着我的脚了｜别～坏了庄稼｜把地～平｜他把我的鞋～脏了｜他～着凳子摘下了墙上的画。

【近义词】踏

【构词】踩水/踩踏

588 采 *乙

〔部首〕木
〔笔画〕8

cǎi（pick）

［动］❶摘（花、叶子、果实）：～花｜～红叶｜～苹果｜～莲蓬｜～得多｜～够了｜没～着｜多～一些｜保护区内的红叶不许随便乱～｜她～了一把野花｜他正在树上～苹果｜那个桃子很大，但在高处，～不着。❷〈丙〉开采：～煤｜～金｜～石｜～矿｜这里的煤已经被～完了｜这里有～不完的金矿｜他每天上山～石头。

【近义词】❶摘；❷开采

【构词】采办/采伐/采光/采掘/采矿/采买/采暖/采写/采样/采摘

589 采访（訪） 丁

cǎifǎng（v. gather news; n. interview）

［动］搜集寻访：进行～｜开始～｜结束～｜～新闻｜～农民｜～学校｜～英雄｜～失实｜～顺利｜他顺利完成了～先进单位的任务｜他在接受～时，讲述了农村的许多变化｜他～的新闻有些失实｜中央电视台的记者～了他｜他～专家后，很快在报上发了消息。

［名］对人或事进行采访的工作：这次～进行得很顺利｜我觉得对演员的这种～意义不大｜我今天没有～任务。

590 采购（購） 乙

cǎigòu（purchase）

［动］选择购买（多指为机关企业）：～原材料｜～建筑材料｜进行～｜他们在北京～了一批玻璃｜这次～任务没有完成好｜在～过程中遇到了一些困难｜这次～的钢材质量有问题。

【近义词】购买

【构词】代购/定购/订购/函购/抢购/认购/赊购/收购/套购/统购/选购/邮购/预购

591 采集 丁

cǎijí（gather; collect）

[动]收集；搜罗：～标本｜～民歌｜～野花｜她～了一束野花送给母亲｜他沿途～了许多植物标本｜他把～的树种寄给了远方的朋友。

【近义词】收集

【构词】筹集/堆集/赶集/汇集/结集/纠集/聚集/密集/募集/齐集/全集/群集/诗集/市集/收集/搜集/文集/选集/邀集/影集/云集/召集/征集/总集

592 采纳(納) 丁

cǎinà (accept)

[动]接受(意见、建议、要求等)：～建议｜～要求｜～方案｜～方法｜～意见｜不愿～｜同意～｜打算～｜完全～｜我的建议被～了｜领导～了他的设计方案｜他们～了先进的工作方法｜我们没有～他的意见。

【近义词】采用/采取

【构词】出纳/归纳/缴纳/接纳/容纳/收纳/笑纳

593 采取 乙

cǎiqǔ (adopt; take)

[动] 选择实行 (某种方针、政策、措施、手段等)：～行动｜～措施｜～办法｜～手段｜立即～｜决定～｜对野生动物应～有力的保护措施｜他们积极～行动，以迎接即将到来的体育比赛｜对于学习，你不应该～消极态度。

【构词】盗取/攻取/换取/获取/进取/考取/可取/捞取/猎取/录取/谋取/骗取/窃取/听取/吸取/选取/榨取/摘取/争取

594 采用 乙

cǎiyòng (adopt; use)

[动]认为合适而加以利用：～主张｜～新教学法｜～战术｜～(某种)方式｜～格式｜～设备｜～科学方法种田｜他主张～另一个厂家的设备｜他～零存整取的方法储蓄｜他～书信体写了一篇文章｜他准备～新的教学法｜这次比赛中他们队～了新的战术。

【近义词】采取/采纳

【反义词】放弃

595 彩色 乙

〔部首〕彡
〔笔画〕11

cǎisè (color)

[名]多种颜色：～电视｜～电影｜～插图｜～胶卷｜～丝绸｜～照片｜这本书里有四幅～插图｜我喜欢看～电影，不喜欢看黑白片｜这几张～照片真漂亮。

【近义词】颜色/色彩

【构词】彩笔/彩车/彩绸/彩带/彩灯/彩电/彩号/彩虹/彩绘/彩轿/彩卷/彩扩/彩礼/彩楼/彩排/彩票/彩旗/彩球/彩券/彩塑/彩陶/彩头/彩霞/彩印/彩云/彩照

白色/本色/变色/菜色/茶色/成色/出色/春色/辞色/服色/国色/好色/红色/湖色/花色/黄色/灰色/货色/饥色/减色/酱色/角色/景色/酒色/倦色/绝色/愧色/冷色/厉色/脸色/米色/面色/名色/暮色/难色/怒色/女色/暖色/配色/气色/秋色/染色/日色/容色/润色/神色/声色/生色/失色/曙色/贪色/桃色/套色/特色/天色/褪色/驼色/物色/喜色/行色/血色/逊色/烟色/颜色/眼色/夜色/音色/忧色/原色/月色/杂色/增色/正色/着色/姿色/棕色/作色/不动声色/察颜观色/和颜悦色/绘声绘色/疾言厉色/面无人色/平分秋色/五光十色/喜形于色/形形色色

596 **菜** 甲 〔部首〕菜 〔笔画〕11

cài (vegetable)

[名]❶能做副食品的食物；蔬菜：种～|卖～|买～|新鲜～|烂～|绿色～|这种～多少钱一斤？|下班时顺便买点儿～|这家商店卖的～特别新鲜|现在人们吃野～是图个新鲜。❷经过烹调的蔬菜、蛋品、肉类等：做～|炒～|肉～|素～|凉～|热～|叫～|点～|粤～|鲁～|川～|东北～|上海～|一盘～|两个～|每顿饭都是三～一汤|今天的～是谁做的？|她做的～特别好吃|我给你留了一盘肉～。

【构词】菜案/菜场/菜刀/菜豆/菜馆/菜花/菜篮子/菜农/菜圃/菜谱/菜畦/菜色/菜市/菜蔬/菜肴/菜油/菜园/菜子/菜子油

597 **菜单**(單) 丁

càidān (menu)

[名]饭店或食堂为顾客提供的各种饭菜的名称：看～|一份～|要～|给～|小姐，请拿～来看一看|这是～，请点菜|你向服务小姐要一份～来。

【构词】被单/传单/床单/存单/定单/孤单/简单/借单/炕单/礼单/名单/清单/褥单/戏单/药单/账单

598 **餐** 丁 〔部首〕食 〔笔画〕16

cān (v. eat; n. meal)

[动]吃：聚～|野～|会～|今天中午全体职工会～|那次野～真有意思|三年前我们曾经在一起聚过～。

[名]饭食：早～|午～|晚～|西～|便～|你喜欢吃中～还是西～？|我今天没吃早～|食堂只备晚～，不备午～。

【构词】餐馆/餐巾/餐具/餐室/餐位/餐桌/餐饮业/餐风宿露

599 **餐车**(車) 丙

cānchē (dining car)

[名](火车上)专门为乘客用餐设置的车厢：～上|～里|有～|没有～|咱们可以到～去吃饭|这列火车上没有～|～上的饭一般比较贵|大街上经常可以看到流动～。

【构词】扒车/班车/板车/包车/兵车/敞车/超车/出车/错车/大车/倒(dǎo/dào)车/电车/吊车/发车/翻车/纺车/风车/赶车/候车/滑车/火车/货车/机车/轿车/警车/军车/卡车/开车/客车/快车/缆车/列车/灵车/马车/慢车/末班车/跑车/篷车/汽车/囚车/驱车/赛车/煞车/试车/收车/首班车/水车/套车/停车/通车/拖车/卧车/误车/小车/卸车/押车/洋车/夜车/晕车/战车/专车/转车/撞车

600 **餐厅**(廳) 乙

cāntīng (dining room)

[名]旅馆、火车站、机场等附设的营业性食堂；机关单位供人们吃饭用的大房子，有时也用作饭馆的名称：去～|有～|大～|小～|机场～|12点了，该下班了，咱们去～吃饭吧|这条街上有一家川味～|候机楼里有～，下了飞机就可以去吃午餐。

【近义词】饭厅/食堂/餐馆/饭店

【构词】大厅/饭厅/过厅/花厅/客厅/门厅/舞厅/正厅

601 **参观**(參觀) 甲 〔部首〕厶 〔笔画〕8

cānguān (visit)

[动]实地观看：～展览|～工厂|～幼儿园|～博物馆|集体～|个人～|值得～|打算～|～过一次|这个美术展

览我～了三次｜明天我们～工厂｜团体～博物馆，票价减半｜这个农场很值得去～｜今天我们想～～你们的养鸡场。

【提示】"参"又读 shēn，如"人参"；又读 cēn，如"参差"。

【构词】参拜/参见/参看/参考书/参赛/参试/参数/参天/参透/参悟/参谒(yè)/参议/参预/参赞/参战/参照物/参政

602 **参加** 甲

cānjiā (join)

[动]加入某种组织或投入某种活动：～建设｜～会议｜～比赛｜～工会｜～乐队｜～工作｜～运动｜～婚礼｜你不去～他的婚礼吗？｜他是三年前～工作的｜明天我们要～足球比赛｜今晚的会议我不能～了｜他 18 岁时～了军队｜他没有～任何党派。

【构词】倍加/递加/附加/更加/横加/交加/强加/施加/添加/外加/愈加/越加/增加/追加

603 **参军**(軍) 丁

cān jūn (join the army)

参加军队：他～｜～以后｜想～｜要～｜他～以后长高了｜他想～，但年龄不够｜战争年代，这个村～的青年人很多｜他大学一毕业，就～了｜他 18 岁那年参了军。

【近义词】入伍

【反义词】退伍/复员

【提示】离合词，中间可插入其他成分，如：参过军｜参了军。

604 **参考** 丙

cānkǎo (consult)

[动]为了学习或研究而查阅有关资料：仅供～｜作为～｜～一下｜进行～｜为了～｜不用～｜这些资料供你～｜你办公司，可以～一下他们的经验｜这些资料没有什么～价值｜为了写这篇论文，他～了许多专业书。

605 **参谋**(謀) 丙

cānmóu (v. give advice; n. staff officer)

[动]帮助别人出主意：～一下｜给我～｜请他～｜请你帮我～～，去外贸部门工作好不好？｜请你给我～一下，今天的晚会我穿哪件衣服更好看？｜他是专家，你为什么不请他替你～～？

[名]❶军队参与军事计划等事务的人员：～长(zhǎng)｜当～｜高级～｜～工作｜团里的～经常来部队检查工作｜他是我们团里的高级～｜王～长，请你说一说你的看法。❷泛指代别人出主意的人：他是我的～，我什么事都问他｜有这么个"高级～"在身边，你还怕什么？

【构词】筹谋/毒谋/合谋/机谋/计谋/密谋/奇谋/权谋/思谋/同谋/图谋/蓄谋/阴谋/预谋/远谋/智谋/主谋

606 **参议院**(議) 丁

cānyìyuàn (senate)

[名]某些国家两院制议会的上议院：他是～的议员｜这是由～决定的｜～每月举行一次会议。

【构词】病院/产院/场院/出院/法院/后院/画院/妓院/剧院/入院/寺院/庭院/外院/戏院/医院/影院/杂院/宅院/住院

607 **参与**(與) 丁

cānyù (participate)

[动]参加(事务的计划、讨论、处理等):～设计|～制订|没～|不～|他～了这个计划的制定|这个方案,他～了讨论|没有他的～,这项工作很难完成|他～了这个案件的审理。

【近义词】参加/介入

【构词】付与/干与/赠与/施与

608 **参阅**(閱) 丁

cānyuè (refer to)

[动]读一篇文章时,参考另外的文章或注释等;参看:请～|可以～|需要～|读这篇文章时,需要～后面的附录|请～注释〔3〕|学习这个报告的时候,可以～下列文件。

【近义词】参看/参考

609 **参照** 丁

cānzhào (refer to)

[动]参考仿照(方法、经验等):～规则|～制度|～你的方法|作为～|可以～|可以～去年的教学计划制定今年的计划|我们～你们厂的经验进行了改革|他们制定的长远规划有～价值。

【近义词】仿照/参考

610 **蚕**(蠶) 丁 〔部首〕虫 〔笔画〕10

cán (silkworm)

[名]家蚕、柞蚕等的统称,通常专指家蚕,是一种昆虫,吃桑叶,幼虫吐的丝是重要的纺织原料:一条～|养～|喂～|～吐丝|～把桑叶都吃完了|我养了10条～|我养的～快吐丝了。

611 **残**(殘) 丁 〔部首〕歹 〔笔画〕9

cán (incomplete)

[形]❶不完整;残缺:～骸|～品|～货|这就是那架敌机的～骸|这些～货是哪个厂生产的?赶快退回去!|这部书很有价值,遗憾的是～了。❷残废:～腿|打～|撞～|老弱病～|在那次战争中,他的腿被炸～了|在一次事故中,他的手被撞～了|这个英雄在战争中失去了双腿,但他身～志不～|那个大夫终于治好了他的～疾|年轻人都出去了,村里只剩下老弱病～。❸剩余的;将尽的:～冬|～敌|风卷～云|你们把事情弄糟了,让我来收拾～局?|这个老人就在这间小屋里度过了他的～年。

【近义词】❶缺/残缺;❷残废

【构词】残败/残兵/残部/残喘/残存/残敌/残匪/残废/残害/残货/残局/残留/残年/残品/残缺/残杀/残生/残阳/残月/残照/残编断简/残而不废/残羹剩饭/残山剩水/残渣余孽

612 **残暴** 丁

cánbào (cruel; brutal)

[形]残忍凶恶:～的敌人|～的统治|～的罪行|～的手段|～的刑罚|～的目光|～地屠杀|～地统治|～地轰炸|～地镇压|～地杀害|敌人～的罪行一定会受到严厉的惩罚|敌人～地轰炸这个城市|～的统治并没有使人民屈服|他们～地杀害村子里的妇女和儿童|人民是不会向～低头的|敌人的～激起人民的强烈反抗。

【近义词】残酷/残忍/凶恶

【反义词】仁义/慈祥

【构词】粗暴/风暴/火暴/抗暴/狂暴/强暴/沙暴/凶暴

613 **残疾** 丁

cánjí (deformity)

[名]肢体、器官或其他功能方面的缺

陷:有～|落～|成～|～人|在一次战争中,他失去了双腿,成了～|虽然截去一只胳膊,成了～,但保存了生命|这个老人有点儿～,所以行动不便|他虽是～人,但为社会做出了,非常大的贡献|在我们国家,～人受到了与普通人平等的待遇。

【近义词】残废

【提示】“残疾”指虽然失去肢体或器官的一部分,但尚能工作、学习、生活,为社会做贡献,所以不应称“残废”。

【构词】暗疾/恶疾/痼疾/旧疾/痢疾/疟疾/宿疾/迅疾

614 **残酷** 丙

cánkù (cruel)

[形]凶狠冷酷:现实～|统治～|待人～|战斗～|战争～|感到～|表现得～|～的年代|～的岁月|～的斗争|～的统治|～的凶手|～的心|～的强盗|～的敌人|～地杀害|～地轰炸|～地剥削|～地折磨|～地拷打|你不让他们父子见面,这样做太～了|他待人非常～|往后的战斗会更加～|他在～的战争年月里度过了童年|～的严寒夺去了不少老年人的生命|他就是那个～的凶手|敌人～地轰炸了这个村子。

【近义词】残暴/残忍/凶暴

【反义词】仁慈/慈祥

【构词】惨酷/冷酷/严酷

615 **残忍** 丁

cánrěn (ruthless)

[形]凶狠毒辣:十分～|敌人～|～极了|～得很|～的手段|～的凶手|～的暴行|～的心肠|～的手法|～地屠杀|～地毒打|这只可怜的小动物,让这个～的家伙打伤了|你太～了,怎么能这样对待他呢?

【近义词】残暴/狠毒/凶狠

【反义词】仁慈/慈祥

【构词】不忍/坚忍/容忍/隐忍

616 **残余**(餘) 丁

cányú (remains)

[名]在消灭或淘汰的过程中剩下来的人、事物、思想意识等:封建～|土匪～|旧思想～|农奴制度～|肃清～|消灭～|铲除～|清除～|存在～|部分～|～势力|在农村仍然保留了一些旧的风俗习惯的～|他的脑子里还存在着封建思想～|最后的一股土匪～也被消灭了|我们都吃过了,这点儿～剩饭,你凑合吃了吧。

【近义词】剩余

【构词】多余/富余/工余/积余/节余/结余/课余/空余/其余/冗余/剩余/诗余/业余/盈余/有余

617 **惭愧**(慚) 丙 〔部首〕忄 〔笔画〕11

cánkuì (ashamed)

[形]因为自己有缺点、做错了事或未能尽到责任而感到不安:心里～|非常～|感到～|觉得～|～的心情|～的目光|～的神色|～极了|～得很|令人～|这项工作没做好,心里实在～得很|他看着自己的成绩单,～得低下了头|你对父亲这种态度,不觉得～吗?|丈夫以～的目光看着妻子,请求她原谅|他为自己这种自私自利的行为感到～。

【近义词】羞愧/羞惭

【反义词】无愧

618 **惨**(慘) 丙 〔部首〕忄 〔笔画〕11

cǎn (miserable)

[形]❶令人难受;悲惨:很～|特别～|真～|～得很|～极了|死得～|打得～|过得～|哭得～|～死|～叫|～相|那个年代,"大锅饭"把人们可害～了|他朋友全家都～死在那场战争中|生活的担子把父亲压得好～|我目睹了地震过后,人们寻找亲人的～景。❷程度严重;厉害:累～了|～败|输得～|这场球赛我们学校输～了|今天这活儿可把我累～了|敌人被我们打得～败而逃。

【近义词】❶悲惨/凄惨

【构词】惨案/惨白/惨败/惨变/惨淡/惨祸/惨景/惨境/惨况/惨烈/惨然/惨痛/惨象/惨笑/惨状/惨无人道

619 **灿烂**(燦爛) 丙 〔部首〕火 〔笔画〕7

cànlàn (magnificent)

[形]光彩鲜明耀眼:阳光～|光辉～|灯火～|～的阳光|～的朝霞|～的花朵|～的前途|～的生活|～的文化|～的艺术|～地盛开|～地闪耀|节日的夜晚灯火～|阳光～的沙滩上,人们在晒日光浴|今夜天空星光格外～|孩子们有着～的未来|是人民创造了～的文明|花园里盛开着～的花朵|艺术家们把祖国～的文化艺术展现在人们面前。

【近义词】绚烂/耀眼/夺目/烂漫

【构词】灿然

腐烂/溃烂/霉烂/破烂/稀烂/糟烂

620 **苍白**(蒼) *丙 〔部首〕艹 〔笔画〕7

cāngbái (pale)

[形]❶白而略微发青;灰白;没有血色:脸色～|面容～|两鬓～|～的面孔|～的灯光|～的胡须|显得～|变得～|～无力|老王最近脸色～,是不是病了?|他虽然两鬓已经～,但精神很好|他的肤色～|他大病一场以后脸色变得更加～。❷〈丁〉形容没有旺盛的生命力:作品显得～|他这篇文章写得～无力。

【近义词】❶惨白/煞白

【反义词】❶黎黑/黝黑

【提示】苍,姓。

【构词】苍苍/苍翠/苍黄/苍劲/苍空/苍老/苍凉/苍茫/苍生/苍天/苍鹰

621 **苍蝇**(蠅) 丙

cāngying (fly)

[名]昆虫,通常指家蝇,头部有一对复眼。幼虫叫蛆,成虫能传染霍乱、伤寒等疾病:一只～|打～|拍～|～拍子|～能传染疾病,要彻底消灭它|～叮过的东西不能吃。

【构词】狗蝇/家蝇/麻蝇/马蝇/牛蝇

622 **舱**(艙) 丙 〔部首〕舟 〔笔画〕10

cāng (cabin)

[名]船或飞机中分隔开来载人或装东西的部分:货～|船～|客～|前～|后～|头等～|特等～|普通～|～里装满了货物|我在二等～,你呢?|船～里很干净。

【构词】舱室/舱位

623 **仓促**(倉) 丁 〔部首〕人 〔笔画〕4

cāngcù (hurried)

[形]匆忙:时间～|旅途～|备课～|临别～|感到～|显得～|走得～|来得～|去得～|准备得～|办得～|写得～|～决定|～准备|～通知|～离开|～回国|～上台|～退兵|～下令|～撤退|～寄出|～发出|由于时间～,我事先没给你打电话|他走得很～,连表都没戴|明天就出发,是不是

显得~了点儿? |我来得~,忘了把那封信带来|这事准备得有点儿~|他们~地决定马上结婚|别~通知大家,再好好考虑一下。

【近义词】匆促/匆忙/匆匆/急促/急忙

【提示】仓,姓。

【构词】仓储/仓房/仓皇/仓鼠

匆促/催促/督促/短促/敦促/急促/紧促/局促

624 **仓库**(庫) 丙

cāngkù (warehouse)

[名]储藏大批粮食或其他物资的建筑物:清理~|粮食~|~里|新来的一批电视机都在~里放着|清理一下积压在~里的货物。

【近义词】仓/仓房

〔部首〕艹
〔笔画〕17

625 **藏** *乙

cáng (hide)

[动]❶躲藏;隐藏:~人|~起来|~了一个月|~得下|~不下|~不住|~一~|他把贵重的东西~在箱子里|你把我的钱包~到哪儿了? |那位老大娘把受伤的八路军~在山洞里|他在山里~了10年|这地方太小,~不下这么多人|他们来了,快~到楼上去! |你别~了,我早就看见你了|这种事~不住,很快就会传开的。❷〈丙〉储藏;收藏:~古币|~画|~书|~古玩|~名人书札|他喜欢~古玩|你家的~书真不少|这个图书馆~着大量的珍本古籍|他的爱好是收~纪念邮票|这些名画一直~到今天。

【近义词】❶躲藏/隐藏;❷收藏/储藏

【提示】"藏"又读 zàng,如"西藏"、"藏族"、"宝藏"等。

【构词】藏奸/藏猫儿/藏匿/藏书/藏拙/藏龙卧虎/藏头露尾/藏污纳垢

〔部首〕扌
〔笔画〕16

626 **操** 丁

cāo (n. exercise; v. grasp)

[名]由一系列动作编排起来的体育活动:早~|课间~|工间~|做~|广播~|健美~|柔软~|他每天6点起床做早~|他早晚都做~,所以身体很好|课间~后,你到办公室来一下。

[动]❶抓在手里;拿:~刀|~在手里|她~起菜刀向罪犯砍去。❷掌握;控制:家里的经济大权全~在他妻子手里|你不要把权总~在自己手里|这次比赛冠军稳~在我们队了。❸从事;做(事):~作|~办|~起|我是重~旧业,又干上老本行了。❹用某种语言或方言说话:~英语|~普通话|有个~着上海话的人来过|这个外国人~着一口流利的普通话和中国人交谈。

【近义词】[动]❶拿;❷掌握/操持;❸做;❹说/讲

【提示】操,姓。

【构词】操办/操持/操守/操行/操演/操纵台/操心劳神/操之过急

627 **操场**(場) 甲

cāochǎng (playground)

[名]供体育锻炼或军事操练用的场地:大~|~上|~上正在进行一场精彩的足球赛|他每天早上都要绕着~跑几圈|运动员们8点在~集合。

【构词】暗场/靶场/包场/菜场/草场/车场/出场/磁场/当场/到场/登场/赌场/法场/坟场/官场/广场/过场/会场/火场/货场/机场/疆场/救场/剧场/开场/考场/空场/矿场/冷场/立场/林场/临场/牧场/农场/排场/捧场/怯场/情场/球场/日场/入场/

散场/沙场/商场/上场/市场/收场/体育场/屠宰场/退场/晚场/舞场/误场/下场/现场/笑场/刑场/压场/夜场/用场/渔场/浴场/圆场/晕场/在场/早场/战场/终场/专场/粉墨登场/农贸市场/自由市场

628 操劳(勞) 丁

cāoláo (work hard)

[动]辛苦地劳动;费心料理事务:为儿女～|为国家大事～|～了一辈子|可～了|太～了|长期～|～过度|过分～|她整天为儿女～,从无怨言|她为儿子～了大半辈子,现在又为小孙子～|儿女太多可～了,还是只生一个好|老校长不知疲倦地为孩子们～|长期～终于使他一病不起|他因～过度而昏倒了。

【近义词】劳累

【提示】"操劳"不能带宾语,不能说"～家务"。

【构词】酬劳/代劳/道劳/烦劳/告劳/功劳/耐劳/疲劳/勤劳/徒劳/慰劳/效劳/辛劳/有劳/汗马功劳/好逸恶劳/以逸待劳

629 操练(練) 丁

cāoliàn (drill; practice)

[动]以队列形式学习和练习军事或体育等方面的技能:军事～|队列～|加强～|进行～|战士们正在操场上～|快要举行比赛了,要加强～。

【构词】阅练/干练/简练/教练/精练/拉练/老练/历练/磨练/凝练/排练/熟练/洗练/训练/演练/光说不练

630 操心 丙

cāo xīn (worry about)

费心考虑和料理:非常～|过分～|～儿子|～吃穿|为儿女～|为工作～|～自己的事|～别人的事|操够了心|操什么心|别太为这件事～了|父母为儿女的婚事～|你不必为他的事过分～|他从不～自己的事|为了儿女的幸福,他操尽了心|这件事跟你没关系,你操什么心!|你也应该为自己的事操操心了|以后可得让您多～了|这个孩子可让您操了不少心。

【近义词】费心/担心

【反义词】省心/放心

【提示】离合词,中间可插入其他成分,如:操了不少心|操不完的心。

631 操纵(縱) 丙

cāozòng (control)

[动]❶凭技能、技巧控制或开动机械、仪器等:～机器|～车床|～飞船|～仪器|～开关|仔细地～|熟练～|大胆～|单独～|～的程序|～的规则|～的方法|～的要点|我已学会～这台机器|你只要～这个开关就行了|他的工作就是每天坐在这里～按钮|这些小木偶的动作由幕后的演员～着|你必须熟练地掌握～这台仪器的程序。❷用不正当的手段支配控制:～市场|～大权|～军队|～议会|～物价|～电台|～报界|～出版|～金融|～经济命脉|～选举|幕后～|背后～|进行～|企图～|阴谋～|少数不法商人～了市场价格|这个国家经济命脉由少数人～着|发生这件事是因为幕后有人～。

【近义词】驾驭/控制/支配/掌握

【构词】放纵/骄纵/娇纵/七擒七纵/欲擒故纵

632 操作 丙

cāozuò (operate)

[动]按照一定的程序和技术要求进行活动:～方法|～规程|高空～|手工～|夜间～|～得熟练|这种手工～方法非常简单|高空～时要系好安全带|这次事故发生是因为他违反了～规程|他现在成了能独立～的熟练工人。

【构词】创作/大作/动作/发作/耕作/工作/合作/佳作/杰作/剧作/看作/劳作/力作/轮作/名作/拟作/农作/诗作/习作/下作/协作/写作/遗作/译作/原作/造作/振作/制作/著作/拙作/做作/矫揉造作/无恶不作

633 **槽** 丁 〔部首〕木 〔笔画〕15

cáo (trough)

[名]❶盛牲畜饲料的长条形器具:马～|猪～|饲料都倒在～里了|～边拴着几匹马。❷盛饮料和其他液体的器具:酒～|水～|水～里的水都干了|酒～里注满了酒。❸两边高起中间凹下的物体,中间凹下部分叫槽:河～|在木板上挖个～|～磨平了,门就插不上了。

634 **草** 甲 〔部首〕艹 〔笔画〕9

cǎo (grass)

[名]❶高等植物中栽培植物以外的草本植物的统称:青～|杂～|野～|拔～|锄～|吃～|喂～|一根～|一把～|一筐～|～根|地里的～太多了,该锄一下了|他每天赶着羊群到山上去吃新鲜的青～|这里好久没有人来了,院子里长满了杂～|马不喂夜～长不肥。❷稻、麦之类的茎和叶:稻～|谷～|～帽|～绳|～鞋|用麦秆编的～帽真漂亮。

【构词】草把/草包/草本/草编/草草/草场/草虫/草创/草丛/草垫子/草房/草稿/草灰/草料/草绿/草帽/草木灰/草拟/草皮/草坪/草签/草书/草堂/草体/草图/草鞋/草写/草样/草药/草野/草鱼/草贼/草纸/草字/草木皆兵

635 **草案** 丙

cǎo'àn (draft)

[名]拟成而未经有关机关通过、公布的或经公布而尚在试行的法令、规章、条例等:婚姻法～|刑法～|选举法～|你们先提出一个管理办法～,下次开会讨论讨论|这个～试行了两年,效果不错。

【构词】办案/报案/备案/病案/菜案/惨案/存案/答案/档案/盗案/定案/断案/翻案/犯案/方案/伏案/个案/公案/归案/红案/假案/教案/结案/旧案/立案/命案/拍案/判案/破案/窃案/肉案/书案/讼案/提案/条案/同案/投案/图案/文案/问案/现案/香案/销案/悬案/血案/要案/医案/疑案/议案/冤案/专案/桌案/罪案/作案/三头对案

636 **草地** 乙

cǎodì (meadow)

[名]长野草或铺草皮的地方:一片～|一块～|绿色的～|孩子们在～上玩耍|羊群在～上吃草|他的屋前是一片绿茵茵的～|～上开满了金黄色的小花。

637 **草率** 丁

cǎoshuài (careless)

[形]做事马虎,不认真,不细致:工作～|做事～|决定～|处理～|结婚～|离婚～|～表决|～宣布|～从事|过于～|过分～|没经过讨论就进行表

决，太～了|这样处理问题过于～了|为了一点儿小事就闹离婚，太～了吧|这个任务不能让他去做，他做事～得很|事情还没调查清楚，先别～地宣布处理结果。
【近义词】马虎/轻率/潦草
【反义词】认真/郑重
【提示】"率"又读lǜ，见第4256条。
【构词】表率/粗率/督率/轻率/坦率/统率/直率

638 **草原** 乙

cǎoyuán (grasslands)
[名]半干旱地区杂草丛生的大片土地，有的地方会有些耐旱的树木：内蒙古～|广阔的～|一望无际的大～|马群在辽阔的～上奔驰|～上的人民如今过着幸福美好的生活。
【近义词】草地
【构词】病原/复原/高原/还原/荒原/燎原/莽原/平原/雪原/中原/星星之火，可以燎原

639 **厕所**(厠) 乙 〔部首〕厂 〔笔画〕8

cèsuǒ (toilet)
[名]专供人大小便的地方：上～|去～|公共～|男～|女～|打扫～|请问，～在哪里？|我想上～|这条街上没有公共～。
【近义词】卫生间/洗手间
【构词】便所/场所/处所/居所/派出所/哨所/托儿所/研究所/寓所/诊所/住所/死得其所

640 **策划**(劃) 丁 〔部首〕竹 〔笔画〕12

cèhuà (plan; scheme)
[动]出主意、定办法；筹划：～阴谋|～谋反|～政变|～暴动|～暗杀|～起义|～抢劫|精心～|周密～|巧妙～|积极～|秘密～|公开～|暗中～|～得很巧妙|他们～了几次抢劫，都没成功|敌人正在～一个新阴谋|这是他们～的一个骗局，你别上当|虽然敌人～得非常周密，但还是失败了|尽管那些家伙～得非常巧妙，警察还是很快侦破了这个案件|这次事故是有坏人在暗中～的|在周密的～下，游击队员们非常顺利地炸毁了敌人的弹药库。
【近义词】谋划/筹划/策动
【提示】策，姓。
【构词】策动/策反/策论/策士/策源地

筹划/规划/计划/谋划

641 **策略** 丁

cèlüè (tactics)
[名]根据形势发展而制订的行动方针和斗争方式：行动～|军事～|革命～|正确的～|灵活的～|我们的～|敌人的～|要了解清楚敌人的军事～，才能打败他们|处理同一个问题，不同时期，不同的人会使用不同的～|办事要讲究～。
【近义词】谋略/计策/对策
【提示】作形容词时，表示讲究斗争艺术，注意方式方法：不～|不够～|～一点儿|这件事你处理得不～|和这种人打交道要～些|你拒绝他的时候说话要～一点儿|你别看他年轻，办事挺～的。
【构词】才略/粗略/大略/胆略/方略/忽略/简略/领略/略略/谋略/侵略/省略/事略/详略/要略/约略/战略/智略/传略/雄才大略

642 **侧**(側) 丙 〔部首〕亻 〔笔画〕8

cè (n. side; v. lean)

[名]旁边：～面｜两～｜左～｜右～｜东～｜南～｜西～｜北～｜街道两～种了好多月季花｜往前走，右～有一座灰色的楼房，那就是他家｜我想照一张～面的相｜银行在他家西～｜马路那一～都是商店｜大门已经关了，你走～门吧。

[动]向旁边歪邪；倾斜：～耳｜～身｜～头｜～目｜他～过头来听我们说话｜请你把身子～一下，让我过去｜他的屋子里塞满了东西，人只能～着身走｜他正～着耳朵听收音机。

【近义词】倾斜

【反义词】正

【构词】侧耳/侧击/侧记/侧近/侧门/侧目/侧身/侧室/侧卧/侧翼/侧影/侧泳/侧重

643 侧面 丁

cèmiàn (side)

[名]旁边的一面：房子的～｜电冰箱的～｜从～进攻｜从～了解｜从～包围｜汽车的～碰掉了一块漆｜房子的～可以种些花｜这对孪生姐妹看～很像，看正面就不大像了｜你从～了解一下这个公司的情况｜你从正面上去，我从～上去，看谁先到山顶｜他们从～上去把敌人消灭了｜这座大楼的～张贴着各种广告。

【反义词】正面

644 册 乙

〔部首〕一
〔笔画〕5

cè (volume)

[量]书籍的量词，一本书称一册：一～书｜这套书一共五～｜我这套书不全，缺两～｜我从书摊上找到了我缺的那一～，把这套书配齐了。

【近义词】本

【构词】册封/册页/册子

645 测(測) 丙

〔部首〕氵
〔笔画〕9

cè (measure)

[动]测量：～体重｜～身高｜～高度｜～重量｜～深度｜～长度｜～宽度｜～面积｜～速度｜～距离｜～血压｜～得准｜～一下｜～出｜～过｜你总头晕，应该去～一下血压｜幼儿园的孩子每月～一次体重和身高｜用这种仪器能～出人体内的疾病。

【近义词】量/测量

【构词】测绘/测量学/测字

646 测定 丁

cèdìng (ascertain by measuring)

[动]经测量后确定：专家～｜～地形｜～方位｜～面积｜～气温｜～经度｜～纬度｜～宽度｜～厚度｜～强度｜～高度｜～视力｜～听力｜～水质｜～热量｜～体重｜～成分｜～含量｜～雨量｜～流量｜～容量｜准确地～｜经过～，这种食品铅的含量相当高，不能出售｜他的房间里有个温度计，可以～室内温度｜检查身体的时候通常先～一下体重。

647 测量 丙

cèliáng (measure; survey)

[动]用各种仪器确定空间、时间、温度、速度、功能等有关数值：～体温｜～气温｜～功率｜～面积｜～速度｜～海拔｜～电压｜～高度｜～地震波｜～工作｜～方法｜～出｜～到｜请你～一下这台新机器的功率是多少｜这个仪器可以～你的车速｜他的工作是每天～气温｜现在又有一种新的～电压的方法｜他将被调去搞～工作｜地质工作者们在～这座山的高度｜他们对这条河～了半个月，已经～到准确的数

据。
【近义词】测
【构词】衡量/丈量

648 **测试**(試) 丙

cèshì (v./n. test)
[动]❶考查人的知识、技能：～水平|～能力|～等级|～技能|明天要～学生们的英语口语水平|这种方法没能～出他们真正的水平。❷对机械、仪器、电器等的性能和精度进行测量：～性能|～抗药性|～可燃性|～灵敏度|～清晰度|～音质|～音量|～一遍|～出来|继续～|这批机器的性能都～过了,全部合格|这几台电视机的清晰度你再～一下|请你～一下这架钢琴的音质。
[名]对人或事物进行考查的手段、方式:水平～|等级～|性能～|技能～|音量～|～成绩|你参加这次汉语水平～吗?|这批机器都要进行一种性能～|这个孩子通过了钢琴二级～。
【近义词】测定/测验/考试

649 **测算** 丁

cèsuàn (measure and calculate)
[动]测量计算;推算:～面积|～体积|～高度|～宽度|～长度|～产值|～的数字|～的结果|～错了|～对了|～得很准确|精确地～|～过|～一下|要～一下每个房间的面积|我～过这座桥的高度|这个湖泊的面积～得不够准确。
【构词】暗算/笔算/筹算/打算/倒算/估算/核算/合算/划算/换算/计算/结算/决算/口算/妙算/默算/谋算/盘算/清算/上算/神算/胜算/失算/推算/心算/演算/验算/预算/运算/折算/珠算/总算/反攻倒算/精打细算/满打满算/神机妙算

650 **测验**(驗) 乙

cèyàn (v./n. test)
[动]❶用仪器或其他办法检验:～性能|～速度|～一下|～一下这台机器的性能|配眼镜要先～一下视力。❷考查学习成绩等:～水平|～程度|～智力|～听力|～外语|今天～他们的听力,明天～口语|先～一下汉语程度,然后再按程度分班|这次比赛也是～大家的速度和耐力|再过一周就～完了。
[名]检验、考查的手段或方式:参加～|进行～|通过～|开始～|害怕～|～的内容|你参加这次的汉语水平～吗?|这是一次很重要的～|我喜欢参加智力小～|语文～的题目不难。
【近义词】测试/考试
【构词】抽验/化验/检验/经验/考验/灵验/实验/试验/体验/先验/效验/应验

651 **层**(層) *甲 〔部首〕尸 〔笔画〕7

céng (storey; tier)
[量]❶用于重叠或积累的东西:五～楼|两～玻璃|七～宝塔|好几～人|10～台阶|一～一～往上走|我的家乡非常冷,玻璃窗都是双～的|那座十～楼的房子是新盖的,老王住在六～|前边出了什么事,围了好几～人?|这事已经做出决定,现在要一～一～传达下去|这块糖包着两～纸,里边那～可以吃。❷用在覆盖物体表面的东西,可以揭开或抹去:一～灰|一～冰|两～纸|一～土|几～布|这个地方风沙大,刚擦干净的桌子一会儿又一～土|河面上结了一～厚厚的冰。❸〈丁〉用在可以分项、分步骤的

东西，主要是表示思想、含义、理由等抽象意思：几～意思｜两～原因｜一～理由｜一～顾虑｜做到这一～｜想到这一～｜这段话有两～意思｜你能做到这一～我就放心了｜他这样做有两～原因｜你能帮助我，我就可以少一～顾虑。

【构词】层叠/层峰/层林/层峦/层云

652 **层出不穷**(窮) 丁

céng chū bù qióng (emerge in an endless stream)

表示同类事情接连不断地出现，没有穷尽：事情～｜现象～｜案件～｜最近这种奇怪的现象～｜我们院里丢自行车的事～｜社会上助人为乐的事～。

【近义词】不断

【构词】贫穷/受穷/无穷/理屈词穷/黔驴技穷/日暮途穷

653 **层次** 丁

céngcì (arrangement of ideas)

[名] ❶指文章、说话等内容的次序：～清楚｜～颠倒｜～混乱｜分清～｜改变～｜打乱～｜文章的～｜句子的～｜语言的～｜你写的文章不错，就是～有点儿混乱｜这篇作文～不清，再改改吧｜写文章、说话都应分清～。❷同一事物由于大小、高低等不同而形成的区别：多～服务｜两国举行了高～会谈｜年龄～不同，爱好也不同｜年轻人应该努力提高自己的文化～。

【近义词】❶次序/顺序

【构词】挨次/班次/版次/编次/场次/车次/船次/档次/等次/更次/航次/架次/累次/历次/屡次/名次/其次/人次/首次/位次/依次/再次/造次/主次/座次/三番五次

654 **曾** 乙 〔部首〕八 〔笔画〕12

céng (adv. once; formerly [*used to indicate past action or state*])

[副]表示以前有过某种行为或情况：～来过｜～去过｜～说过｜～到过｜～见过｜～获得过｜～当过｜～想过｜～读过｜不～看过｜～爱过｜～热闹过｜～忙过｜～高兴过｜他～当过几年工人｜我～读过巴金的小说《家》｜我不～去过长城｜我～吃过三次烤鸭｜他～在南方生活了10年｜他～对很多人谈起过这段经历｜我～为这本书跑了好几个书店｜他们～为儿女辛苦了大半辈子｜上个月他儿子结婚～热闹了好几天。

【近义词】曾经/已经

【反义词】不曾/未曾

【提示】①“曾”用于书面语，所修饰的动词或形容词后必须用“过”或“了”。②“曾”又读 zēng，指中间隔两代的亲属关系，如“曾祖”、“曾孙”。③曾(Zēng)，姓。

【构词】曾几何时/曾经沧海

655 **曾经**(經) 乙

céngjīng (adv. once [indicating that an action once happened])

[副]表示从前有过某种行为或情况：～来过｜～去过｜～说过｜～到过｜～见过｜～获得过｜～当过｜～想过｜～爱过｜～热闹过｜～忙过｜～高兴过｜～热过｜他～去过长江三峡｜他回国后～给我来过两封信｜他～爱过一个姑娘｜今年夏天～热了几天，很快就凉快了。

【近义词】曾/已经

【反义词】未曾/不曾/未尝

【提示】“曾经”的否定形式不能说“不

曾经”,而说“不曾”。“曾经”所修饰的动词或形容词后必须带“过”或“了”。

656 **蹭** 丁 〔部首〕足 〔笔画〕19

cèng (rub)

[动]❶摩擦:～破皮|～掉漆|～两下|～一～|他今天摔了一跤,幸好只～破点儿皮|汽车撞在树上,把树皮～掉一大块|桌面上的漆都～没了|他把苹果在衣服上～几下,就往嘴里放|你看,那只熊靠在树上～痒痒呢。❷因擦过去而沾上了灰或油污等:～上灰|～上墨|～上漆|～上土|～上油|～脏|～黑|～一身|～一手|～在袖子上|他每次写完字都要～一手墨|这件衣服～上油漆,怎么也洗不干净|墙上都是土,小心别～身上|你在哪儿～的一身油?❸慢吞吞地行动:一步一步～|往前～|磨～|他现在好多了,可以扶着床一步一步往前～了|你走得这么慢,什么时候才能～到家?|车子开得这么慢,到天黑也～不到那里|等你～到那里,宴会早结束了|飞机要起飞了,你还在～什么!|他真磨～,到现在还没收拾好行李。

【近义词】❶磨擦;❷沾;❸磨蹭

657 **插** *乙 〔部首〕扌 〔笔画〕12

chā (insert)

[动]❶长形的或片状的东西放入、挤进、扎进别的东西里:～花|～针|～棍儿|～蜡烛|～秧|～卡片|～刀|～进瓶子里|～进笔筒里|～到盒子里|～进土里|～进泥里|～上|～进去|～歪|请你把花～到花瓶里|那支笔在笔筒里～着呢|卡片用完请～回卡片盒里|刮风了,快把窗户～好|那根蜡烛～歪了|我以前在农村～过秧|这种树把树枝～在土里就能活|饭烧糊了,赶快～根葱就没有味儿了|那个地方的老太太头上都～着花。❷〈丙〉中间加进去:～手|～足|～脚|～话|～嘴|～曲|～图|这个学生昨天刚来的,你看～在哪个班?|妈妈做饭我想帮忙,但～不上手|这本故事书很动人,如果再～几幅画就更好了|他的屋子小得没有～脚的地方|电视里放个电影总要～进好几次广告|这首歌挺耳熟,好像是哪个电影里的～曲|一个人介绍时,别人可以～话|他们俩要离婚,可能有第三者～足。

【反义词】拔

【构词】插班/插队/插花/插画/插话/插脚/插曲/插入/插身/插手/插图/插叙/插言/插秧机/插页/插枝/插足/插队落户

658 **插秧** 丙

chā yāng (transplant rice seedlings)

把水稻的秧从秧田里移植到稻田里:～机|～能手|会～|她是这个村的～能手|我们不会～|我还是在南方农村学会～的|现在都是用～机～了|我见过～,但没插过。

【近义词】栽秧

【提示】离合词,中间可插入其他成分,如:插了二亩秧|插过秧。

659 **插嘴** 丁

chāzuǐ (interrupt)

在别人说话时插进去说几句:先别～,等他说完|他们在谈有关电脑方面的事,我根本插不上嘴|大人在谈话时,小孩子不要～|我们在谈公司的事,你插什么嘴!

【近义词】插话

【提示】离合词，中间可插入其他成分，如：插不了嘴｜插不上嘴。

【构词】拌嘴/馋嘴/吵嘴/顶嘴/动嘴/斗嘴/逗嘴/堵嘴/多嘴/封嘴/改嘴/糊嘴/还(huán)嘴/回嘴/豁嘴/忌嘴/夸嘴/快嘴/利嘴/零嘴/漏嘴/奶嘴/努嘴/撇嘴/贫嘴/抢嘴/亲嘴/绕嘴/顺嘴/松嘴/贪嘴/挑嘴/偷嘴/烟嘴/张嘴/掌嘴/争嘴/住嘴/走嘴/驴唇不对马嘴

660 **叉** 丁 〔部首〕又 〔笔画〕3

chā (work with a fork)

[动]❶用一端带长齿的东西插入别的东西里：～鱼｜～肉｜～水果｜～土豆｜～着吃｜～进去｜～住｜他喜欢把苹果切成块儿～着吃｜中国的鄂伦春人用～鱼的方法捕鱼。❷大拇指和四指分开，紧紧按在腰旁：～腰｜他习惯与人谈话时一手～着腰｜那个人两手～在腰上喊什么呢？

【构词】叉手/叉腰

661 **叉子** 乙

chāzi (fork)

[名]一端有两个以上的长齿而另一端有柄的器具：一把～｜吃西餐时用刀子和～｜他有一把叉鱼的～。

【近义词】叉

662 **差别** 丙 〔部首〕羊 〔笔画〕9

chābié (difference)

[名]指形式或内容的不同：有～｜没～｜缩小～｜出现～｜存在～｜承认～｜～大｜～小｜内容的～｜程度的～｜能力的～｜年龄的～｜严重的～｜城乡～｜脑力、体力的～｜明显的～｜这两种电视机质量上没有～｜他们俩只有年龄上的～，其他方面都不相上下｜在学校学习时他俩～不大，到了社会上就出现了明显的～｜应该承认现在城市和农村还存在着相当大的～｜要尽快缩小城乡～。

【近义词】分别/区别

【提示】“差”又读chà，见第675条；又读chāi，如“出差”；又读cī，如“参差”。

【构词】差池/差额/差价/差数/差误

663 **差错**(錯) 丁

chācuò (mistake)

[名]❶错误：出～｜有～｜产生～｜出现～｜消灭～｜发现～｜避免～｜找出～｜增加～｜减少～｜查清～｜指出～｜工作上的～｜严重的～｜明显的～｜测算时要细心，否则会出～｜他工作30年，从没出现过～｜要尽快找出发生～的原因｜这次计算，他的计算数字出现了严重的～｜他做事很少发生～。❷意外的变化（多指灾祸）：你这次出去多加小心，别出什么～｜他没有驾驶证，别让他开车，万一有个～就不好办了。

【近义词】❶错误/偏差/过错/毛病；❷事故/灾难

【反义词】❶正确/准确

664 **差距** 丁

chājù (gap)

[名]指事物之间的差别程度，也指距离某种标准的差别程度：有～｜存在～｜出现～｜消灭～｜找出～｜发现～｜承认～｜拉大～｜缩小～｜缩短～｜思想的～｜知识的～｜能力的～｜程度的～｜明显的～｜相当大的～｜～大｜～小｜事实跟你说的有相当大的～｜你做的跟公司的要求～太大了｜他的确做得比你好，你必须承认这个～｜你再不好好干，你跟他的～会越来越大

|在工作能力方面,他俩的～非常明显|你应该好好儿找找～赶上他。

【近义词】距离

【构词】间距/焦距/行(háng)距/相距/株距

665 **差异**(異) 丁

chāyì (difference)

[名]事物之间形式或内容不同的地方:～大|～小|存在～|出现～|有～|产生～|看出～|发现～|缩小～|承认～|指出～|找出～|消灭～|性格的～|年龄的～|体力的～|能力的～|内容的～|形式的～|时代的～|季节的～|气温的～|认识上的～|明显的～|微小的～|由于性格和兴趣的～,他俩经常争吵不休|那个地方早晚的气温～很大,你要注意增减衣服|这两台机器的性能有明显的～。

【近义词】差别/区别/分别

【反义词】相同

【构词】变异/诧异/怪异/惊异/离异/奇异/特异/优异/大同小异

666 **茶** 甲 〔部首〕艹 〔笔画〕9

chá (tea)

[名]❶一种常绿灌木,叶子长,椭圆形,花白色,它的嫩叶加工后就是茶叶:红～|绿～|龙井～|乌龙～|冰～|大碗～|名～|减肥～|花～|砖～|种～|采～|～庄|这～怎么样,我品不出来|这是一种新的减肥～,买的人很多|碧螺春是中国南方的名～之一。❷用茶叶做成的饮料:喝～|品～|饮～|冲～|沏～|泡～|～馆|～壶|～道|～具|～文化|一杯～|一碗～|一壶～|他每天早上沏一壶～|他喜欢喝绿～。❸某些饮料的名称:面～|奶～|杏仁～|面～是中国北京有名的小吃之一|我最喜欢喝杏仁～。

【近义词】❷茶水

【构词】茶匙/茶炊/茶点/茶饭/茶房/茶缸子/茶褐色/茶花/茶鸡蛋/茶几/茶镜/茶具/茶楼/茶农/茶盘/茶色/茶社/茶食/茶水/茶肆/茶摊/茶汤/茶托/茶叶蛋/茶砖/茶座/茶余饭后

667 **茶馆**(館) 丙

cháguǎn (teahouse)

[名]卖茶水的铺子,设有座位供顾客喝茶:去～|一家～|坐～|他经常去～喝茶|街角有一家小～。

【近义词】茶楼/茶座

【提示】“茶馆”的“馆”在口语中一般儿化。

668 **茶话会**(話會) 丙

cháhuàhuì (tea party)

[名]备有茶水和点心的集会:举行～|举办～|开～|参加～|春节～|新年～|国庆～|师生～|我们准备举行一个春节～|明天我们要去参加国庆～|昨天的～可热闹了。

【近义词】茶会

669 **茶叶**(葉) 丙

cháyè (tea; tea-leaves)

[名]经过加工的茶树嫩叶,可以做成饮料:一两～|买～|～末|中国的～畅销全世界|别看这是～末,味道还挺香呢|我买二两～。

【构词】败叶/肺叶/红叶/末叶/烟叶/枝叶/粗枝大叶/添枝加叶/秋风扫落叶

670 **查** 甲 〔部首〕木 〔笔画〕9

chá (check)

[动]❶检查:～卫生|～电表|～水表|～户口|～病|～血|～尿|～体|～作业|～账|～质量|～清楚|～出|～完|～一遍|认真～|仔细～|他每天晚上都要～儿子的作业本|他得的什么病,还没～出来|所有的房间都～过了,没发现那个皮箱。❷调查:～责任|～原因|～历史|～案件|～线索|～事故|～物价|～不着|这次试验失败的原因～出来了吗?|那个图财杀人的案件已经完全～清楚了|这件事是谁的责任要好好儿～～|我们～了半个月,现在有了一点儿线索|物价部门～了一千多个单位,～出了一些问题。❸翻检看看:～词典|～资料|～地图|～出处|～地名|～记录|～卡片|～病历|～电话|～数据|这个词在那本词典里～到了|我在电话簿里～着他的电话号码了|他为了写论文,每天去图书馆～资料|你～～地图,找找那个地方在哪儿|我～到这个典故的出处了。

【近义词】❶检查;❷查找/调查;❸查阅

【构词】查办/查抄/查点/查对/查访/查封/查岗/查核/查禁/查究/查勘/查看/查考/查清/查哨/查实/查收/查问/查询/查夜/查找/查证

671 查处(處) 丁

cháchǔ (investigate and prosecute)

[动]查明情况,进行处理:～案件|严肃～|最近～了一批罪犯|要严肃～违章驾驶。

【近义词】查办

【提示】"查处"的"处"在这里不能读成 chù。"处"chù 见第 967 条。

【构词】裁处/惩处/地处/共处/相处/严处/和平共处

672 查获(獲) 丁

cháhuò (hunt down and seize)

[动]检查后获得(罪犯、赃物、违禁品等):～赃款|～走私物品|～毒品|～间谍|～杀人犯|～逃犯|～案件|最近又～了一批走私物品|公安机关～了一个盗窃集团|那个走私案件已被～。

【构词】捕获/抄获/创获/夺获/俘获/缴获/截获/猎获/拿获/破获/荣获/收获/不劳而获

673 查明 丁

chámíng (find out)

[动]调查清楚:～原因|～时间|～地点|～人数|～历史|要尽快～这次事故的原因|他们很快～了这次受灾的面积|那个人的情况已经～了|现已～,他就是那个老大娘失散了 30 年的儿子。

【近义词】查清

674 查阅(閲) 丁

cháyuè (consult)

[动]把书刊、文件等找出来阅读有关的部分:～文件|～资料|～报纸|～杂志|为写这篇文章,他～了很多资料|我去办公室～文件。

【近义词】查看

675 差 *乙

〔部首〕羊
〔笔画〕9

chà (poor; inferior)

[形]❶不好;不够标准:成绩～|质量～|能力～|水平～|味道～|品质～|听力～|性能～|非常～|～极了|对学习～的学生要多帮助|这种电冰箱虽是国产的,但性能并不～|质量～

的商品怎能赢得顾客？❷〈丙〉错误：写～|说～|弄～|看～|听～|老师经常把我们俩的名字弄～了|这个字写～了，快改一改|我没说～，事情就是这样|你看～了，他不是小王。

【近义词】❶坏/次；❷错

【反义词】❶好；❷对

【提示】“差”又读 chā，见第 662 条“差别”；又读 chāi，如“出差”；又读 cī，如“参差”。

【构词】差不离/差等/差劲儿

676 差 甲

chà (differ)

[动]❶不相同；不相合：～点儿|～得多|～不少|～5 公分|这两种毛衣价钱～不少呢|事实跟你说的～十万八千里|我们俩的个儿只～一点儿，我的衣服你也能穿|他们虽然是兄弟俩，但性格～远了。❷缺少：～两个人|～五块钱|～一间房|～很多|～二两|先别开车，还～两个人呢|我真想买这件大衣，可是钱不够，～20 块|菜都齐了，就～汤了|在这个店里买菜，分量给得足，一两也不～。

【近义词】❶不同；❷缺/缺少

【反义词】❷足/够

677 差不多 *乙

chàbuduō (similar)

[形]❶(在程度、时间、距离等方面)相差很少；相近：颜色～|样子～|质量～|个子～|大小～|价钱～|看法～|见解～|长得～|完成得～|写得～|这两种电视机质量～|这件事我跟你的看法～|他们兄弟俩的个子～，只是一个胖一点儿|你唱得跟他唱得～|这座大楼盖得～了|他的小说写得～了。❷〈丙〉“差不多的”，表示一般的、普通的人或事：中国～的妇女都参加社会工作|年轻人中，～的都报名了，只有他没报|北京～的地方我都去过。

【近义词】❶差不离/相近/接近

【反义词】❶差得多

【提示】“差不多”不受程度副词修饰，不能说“非常差不多”。

【构词】大多/繁多/好多/居多/许多/增多/至多/众多/诸多/积少成多/夜长梦多

678 差点儿(點兒) 乙

chàdiǎnr (almost)

[副]❶表示某种事情接近实现而没实现，有两种情况：a. 说话的人不希望实现的事情接近实现而没实现，有“庆幸”的意思，动词用肯定式或否定式意思都一样：～(没)摔倒|～(没)忘了|～(没)迟到|～(没)闹笑话|～(没)死了|～(没)丢了|～(没)出事|是谁把香蕉皮扔在地上，～没把我摔一跤|昨天晚上没上闹钟，今天早上～没迟到|他慌慌张张地～忘了带飞机票|要不是你提醒我，我～没闹个大笑话|真危险，我昨晚～吃错了药。b. 说话的人希望实现的事情接近实现而没实现，有惋惜的意思，动词要用肯定式，动词前常用“就”：～买到|～看到|～考上|～赶上|～坐上|～成功|～及格|我去年～就考上北京大学了|如果不是你走得这么慢，我们～就赶上那趟车了|这次考试，你～就及格了|这次试验我们～就成功了。❷表示某种希望实现的事情勉强实现，动词要用否定式：～没收到|～没买着|～没见着|～没赶上|～没考上|这本畅销书卖得真快，我～没买着(意为“买着了”)|这次去上海出

差～见不到他(意为“见到了”)|要不是你一早给我来了个电话,我～赶不上9点的飞机(意为“赶上了”)|他把我的地址写错了一个字,～没收着他的信(意为“收到了”)。

【近义词】几乎

679 **刹那** 丁 〔部首〕刂 〔笔画〕8

chànà (instant)

[名]极短的时间:一～|～间|～的功夫|～的喜悦|～的沉默|轰隆一声巨响,～间那片高楼就不见了|一～的功夫,那个魔术师把一个美人变成了一盆花|我下公共汽车的一～,钱包不见了|他打开信的那一～,惊喜地叫了起来|老人听到儿子的声音,脸上露出～的笑容,然后慢慢地闭上了眼睛|一阵大暴雨,～间,街道变成了小河。

【近义词】顷刻/瞬间/霎时

680 **诧异**(詫異) 丁 〔部首〕讠 〔笔画〕8

chàyì (surprised)

[形]觉得十分奇怪:目光～|眼神～|十分～|非常～|感到～|觉得～|～的目光|～的样子|～的人们|～的神色|～地问|～地看着|～地说|～地听着|～地睁大了眼睛|听到他们离婚的消息,大家都十分～|竟然发生这种事,真令人感到～|这件事我们并不觉得～|他～地打量着这位30年未见的老同学|他用～的目光看着儿子说:这真是你写的吗?

【近义词】惊诧/惊奇/惊讶/惊异

681 **岔** 丁 〔部首〕山 〔笔画〕7

chà (n. fork; v. turn off)

[名]由主干分出来的山脉、河道、道路等:分～|～道|～路|～路口|这条大路到了前边就分～了|我的头发一长(zhǎng)长(cháng)了就要分～|河水流到山前分成两个～,环山流去|这个村子里沟沟～～的很多。

[动]❶离开原来的方向而偏到一边儿:～上小路|走～了|汽车～上那条小路开走了|我们俩走～了,越走越远。❷错开时间,避免冲突:时间～开|～开他们|这两门课的时间冲突了,最好重新安排一下,把它们～开|如果把这两个活动时间～开,我就都能参加了|快把他们～开,否则要打起来了! ❸转移话题:话～到别处|用话～开|这个事还没谈完,他就把话～到别处去了|我一问起他这事,他马上就把话～开。

【构词】岔道/岔口/岔流/岔路/岔气/岔子

682 **拆** 乙 〔部首〕扌 〔笔画〕8

chāi (tear open)

[动]❶把合在一起的东西打开:～信|～邮包|～毛衣|～被子|～收音机|～机器|～自行车|～零件|～开|～完|～坏|～散|～下来|～不了|～了一天|～得快|好～|难～|一点儿一点儿～|赶紧～|不能随便～别人的信|大夫说一个星期就可以～线了|我想把毛衣～了重新织一下|快～开邮包,看看寄来了什么|这上边的花边你不喜欢可以～掉|好好的收音机,让这孩子～坏了|原来很幸福的一个家庭被他～散了|得把机器零件～下来修理|这些被子我～了一天|别着急,用剪子一点儿一点儿～。❷拆毁:～房子|～墙|～桥|～门|～桌子|～光|～掉|～干净|～不动|～得完|～了三天|好～|难～|一起～|快点儿～|这一带的房子都要～光|有

了砖墙了，这篱笆可以～掉了｜北京的古城墙几乎全～光了｜这座桥太破旧了，要～了重修｜这门真结实，我一个人～不动。

【近义词】❶打开/分开/拆开；❷拆毁/拆除

【反义词】❶合/合拢/装/安装；❷修/修建/盖

【构词】拆除/拆穿/拆兑/拆毁/拆伙/拆借/拆卖/拆迁/拆墙脚/拆散/拆台/拆洗/拆卸/拆字/拆东墙，补西墙

683 **柴油** 丁 〔部首〕木 〔笔画〕10

cháiyóu (diesel oil)

[名]从石油中分馏出来的做燃料用的轻油：～机｜一桶～｜一吨～｜用～做燃料费用低｜载重汽车、拖拉机、轮船等都用～做燃料｜这些机器全都使用～。

【提示】柴，姓。

【构词】柴草/柴刀/柴胡/柴火/柴鸡/柴门/柴米/柴炭/柴油机

柏油/板油/菜油/菜籽油/茶油/打油/大油/灯油/豆油/甘油/花生油/黄油/荤油/火油/机油/加油/酱油/焦油/节油/揩油/炼油/麻油/煤油/奶油/贫油/汽油/生油/石油/食油/酥油/素油/桐油/头油/香油/鞋油/椰油/印油/鱼油/原油

684 **掺**(摻) 丁 〔部首〕扌 〔笔画〕11

chān (mix)

[动]把一种东西混合到另一种东西里去：～水｜～油｜～牛奶｜～面粉｜～沙子｜～土｜～石灰｜～进去｜～在一起｜～得多｜～得不合适｜～不得｜～多了｜多～点儿｜少～点儿｜乱～｜～的分量｜～的比例｜～的数量｜酒里好像～了水了｜咖啡里～些牛奶｜胡萝卜丝和面粉～起来炸｜水泥、砂、石子和水～在一起就是混凝土｜少～点儿糖，太甜了不好吃｜面粉里要～些糖、奶油等，但～的比例要合适｜我可不想～到你们的矛盾里去。

【近义词】搀

【构词】掺和/掺假/掺沙子/掺杂

685 **搀**(攙) 丁 〔部首〕扌 〔笔画〕12

chān (support sb. by the arm)

[动]❶用手轻轻架住对方的手或胳膊：～老人｜～病人｜～胳膊｜～上车｜～下楼｜～到医院｜～回家｜～进去｜～上去｜～下来｜～起来｜～好｜～一～｜他～着老人过马路｜护士把病人～到床上｜售票员把老人～下车｜下雨了，快把爷爷～进屋去｜他摔倒了，快去把他～起来｜他的腿还没完全好，走路时还需要～一下。❷把一种东西混合到另一种东西里去，同“掺”：～水｜～牛奶｜面里～上糖，烙的饼很好吃｜咖啡里多～点儿奶。

【近义词】❶扶/搀扶；❷掺和/掺兑/兑

【构词】搀扶/搀和/搀假/搀杂

686 **蝉**(蟬) 丁 〔部首〕虫 〔笔画〕14

chán (cicada)

[名]一种昆虫，雄的腹部有发音器，能连续不断发出尖锐的声音。幼虫生活在土里，吸食植物的根。成虫刺吸植物的汁。常见的蝉俗称知了(zhīliao)：一只～｜～蜕下的壳，中医可做解热镇静的药物｜～叫的声音真好听｜我小时候经常捉～玩儿。

【近义词】知了

【构词】蝉联/蝉蜕/蝉衣/蝉翼

687 **馋**(饞) 丁 〔部首〕饣 〔笔画〕12

chán (greedy)

[形]❶看见好的食物就想吃;专爱吃好的;贪嘴:嘴~|~猫儿|~劲儿|~得慌|~得要命|~极了|这孩子嘴真~,什么好吃的都要吃|他这张~嘴,没有肉不吃饭|这是只小~猫,每天都要吃鱼|他一看别人喝酒,就眼~|他家的菜色、香、味俱全,一想起来就~得慌。❷羡慕;看见喜爱的事物就希望得到:看见别人都考上大学,他特别眼~|他一看见别人打牌,就~得慌|他看见那个孩子钢琴弹得那么好,真~得要命。

【构词】馋嘴/馋涎欲滴

688 **谗言**(讒) 丁　〔部首〕讠〔笔画〕11

chányán (slanderous talk)

[名]无中生有,毁坏别人名誉的话;引起是非争端,使别人不和的话:进~|听信~|相信~|轻信~|卑鄙的~|一些~|这些~真可怕|这些~真卑鄙透了|他经常向领导进~|因为听信了~,他把一个好干部辞退了|千万别相信那些~,否则就会上他的当|由于轻信了~,他和妻子离婚了|卑鄙的~破坏了他的家庭幸福。

【反义词】忠言/箴言/诤言

【构词】插言/常言/陈言/出言/传言/导言/断言/恶言/发言/方言/格言/寡言/胡言/谎言/讳言/进言/狂言/良言/留言/流言/美言/明言/名言/诺言/片言/前言/失言/食言/誓言/婉言/文言/戏言/序言/绪言/宣言/扬言/妖言/谣言/遗言/引言/语言/寓言/预言/怨言/赠言/哲言/直言/忠言/仗义执言/至理名言

689 **缠**(纏) 丁　〔部首〕纟〔笔画〕13

chán (twine; wind)

[动]❶条状物回旋地束缚在别的物体上:~线|~绳子|~绷带|~纱布|~铁丝|~电线|~在树上|~在柱子上|~在脖子上|~在胳膊上|~在手上|~在身上|~住|~结实|~两道|~一圈|~得结实|~得紧|~得松|牢固地~|紧紧地~|妈妈一边~毛线一边看电视|他手上~着纱布|他把钱都~在腰上,觉得这样才保险|等我~好电线一起走|再多~上两道绳子就结实多了。❷纠缠:~在一起|~不清|~得脱不开身|~得不能休息|孙子~着爷爷带他出去玩儿|他最近特别忙,别总去~他|他每天~着领导要求解决住房|最近琐事~身,不能去看你|房子问题、工作问题都~在一起,哪个也解决不了|这些事~得我饭都没时间吃。

【近义词】❶缠绕/绕;❷纠缠

【提示】"缠"字上边有"丶"。

【构词】缠绵/缠磨/缠绕/缠手/缠足

690 **铲**(鏟) 丙　〔部首〕钅〔笔画〕11

chǎn (n./v. spade)

[名]像簸箕或平板,带长把,多用铁制:煤~|锅~|铁~|木~|小~|一把~|这把煤~,他使用了十几年了|他和锅~打了一辈子交道|我平时用铁~炒菜|这种锅不能用铁~炒菜,要用木制的小~|孩子吵着要买一把小~。

[动]用锹或铲撮取或除掉:~煤|~土|~沙子|~雪|~草|~垃圾|~地|~平|~掉|~走|~干净|~坏|~出来|~出去|~下来|~起来|~得完|~得快|~不动|~了一个小时|~了三遍|好~|用力~|一锹一锹地~|快把门口的垃圾~走|这一片地的杂草已经~干净了|我们把这个小土包~平了|这样~,会把锅~坏的|

雪已冻成了冰,要用力～才能～起来|这土冻得真结实,怎么～也～不动|他～了快一个小时了,还没把墙上的泥～下来。

【构词】铲除/铲土机/铲子

〔部首〕立
〔笔画〕6

691 产(産) 丁

chǎn (produce)

[动]❶人或动物的幼体从母体中分离出来:～卵|～仔|～下|现在正是昆虫～卵时期|大熊猫喜～一仔|她于今晨～下一女|这只狗一胎～下了三只狗崽儿。❷创造物质或精神财富;出产;生产:～粮|～花生|～石油|～棉花|～水稻|～香蕉|～茶叶|～鱼|～熊猫|～得多|～得少|～不了|～多了|～少了|多～|盛～|专～|只～|我的家乡～花竹|南方主要～水稻|杭州～的龙井茶叶很有名|熊猫～在四川|今年北京的西瓜～得真不少|去年因为涝灾,棉花～少了|一亩地～得了一千斤吗?|那里盛～药材|他是一位多～作家|这里专～鱼和虾。

【近义词】❶生;❷出/出产/生产

【反义词】❷销

【构词】产床/产儿/产房/产妇/产假/产科/产婆/产钳/产前/产权/产褥热/产销/产院

692 产地 丁

chǎndì (place of production)

[名]物品出产的地方:苹果的～|大米的～|茉莉花茶的～|酒的～|罐头的～|咖啡的～|纺织品的～|羊毛的～|香菇的～|铁矿的～|重要～|主要～|这种罐头的～是上海|这些纺织品的～是广东|盘锦是中国大米的主要～之一|中国咖啡的主要～在海南岛|这种鱼的主要～在长江|茅台酒的～在贵州的仁怀。

【近义词】产区

693 产量 乙

chǎnliàng (output)

[名]产品的总量:～高|～低|～多|～少|～下降|～减少|～居首位|提高～|增加～|总～|年～|月～|日～|棉花的～|粮食的～|牛奶的～|茶叶的～|煤炭的～|这里的棉花～很高|这里的石油～居全国首位|我国粮食的总～每年都有提高|由于自然灾害,这里蔬菜～稍有下降|今年苹果的～比去年增加了一倍|工人们为提高煤的日～而辛勤地劳动。

【构词】变量/常量/储量/打量/大量/胆量/掂量/电量/定量/肚量/度量/饭量/分量/估量/海量/含量/洪量/剂量/较量/尽量/酒量/力量/流量/能量/批量/器量/气量/热量/容量/商量/少量/身量/食量/适量/数量/水量/思量/体量/限量/雅量/音量/雨量/质量/重量/酌量/自量

694 产品 乙

chǎnpǐn (product)

[名]生产出来的物品:～好|～多|～丰富|～畅销|畜牧业～|农业～|农副业～|重工业～|轻工业～|有名的～|重要的～|优质～|劣质～|～的质量|～的产地|～的产值|～的种类|～的销路|这种～|这类～|这批～|这种～样式好|这几种～畅销国外|茅台酒是贵州省有名的～|这个地区主要的～有丝绸、茶叶等|这一批都是劣质～|我国农、副业～的种类很多|这个厂～的质量合格|这个省工业～的产值居全国第二位。

【近义词】制品

【构词】补品/残品/成品/出品/次品/蛋品/毒品/废品/工艺品/贡品/果品/祭品/奖品/精品/礼品/农产品/人品/日用品/商品/上品/食品/物品/畜产品/样品/药品/用品/杂品/赠品/珍品/正品/制品/作品

695 产区(區) 丁

chǎnqū (producing area)

[名]物品出产的地区:棉花~|小麦~|重要~|主要~|东北是中国大豆、棉花的重要~|这个省的中西部是我国向日葵、甜菜的集中~。

【近义词】产地

【构词】城区/敌区/地区/防区/工区/灌区/郊区/禁区/景区/军区/考区/垦区/矿区/林区/牧区/区区/山区/市区/特区/辖区/选区/灾区/战区/专区/自治区

696 产生 乙

chǎnshēng (come into being)

[动]由已有的事物中生出新的事物;出现:~先进分子|~英雄|~代表|~热量|~力量|~问题|~矛盾|~兴趣|~困难|~感情|~疑问|~副作用|~误解|~怀疑|~出来|~不了|逐渐~|不断~|~的矛盾|~的误解|在中国的历史上~了无数民族英雄|他对音乐逐渐~了兴趣|他们在工作中~了深厚的感情|通过选举~出两名代表|这种药吃了~不了副作用|工作中~了许多困难|他们终于消除了由于互相猜疑而~的误解|继续这样下去,由此~的一切后果由你负责。

【近义词】发生/出现

【反义词】消失/消亡/灭亡/消灭/消除

【构词】安生/半生/毕生/残生/苍生/长(cháng)生/超生/出生/丛生/诞生/独生/发生/后生/互生/花生/夹生/降生/接生/考生/来生/留学生/面生/民生/陌生/谋生/男生/女生/怕生/派生/偏生/平生/欺生/前生/亲生/轻生/求生/人生/认生/丧生/师生/收生/书生/双生/胎生/贪生/逃生/天生/偷生/投生/头生/托生/晚生/卫生/武生/先生/小学生/写生/新生/学生/研究生/衍生/养生/野生/一生/医生/营生/永生/招生/终生/滋生/九死一生/妙趣横生/民不聊生/起死回生/素昧平生/谈笑风生/自力更生

697 产物 丙

chǎnwù (outcome)

[名]在一定条件下产生的事物;结果:时代的~|社会制度的~|必然的~|人是时代也就是社会环境的~|这种现象是历史的~|一部文艺作品,是一定的社会生活在人类头脑中的反映的~|这是客观世界发展规律的必然~。

【构词】宝物/财物/宠物/动物/读物/废物/公物/古物/谷物/怪物/鬼物/活物/混合物/货物/景物/静物/旧物/刊物/矿物/礼物/猎物/农作物/器物/人物/生物/失物/拾物/什物/食物/实物/事物/饰物/玩物/万物/文物/信物/妖物/药物/野物/衣物/遗物/异物/尤物/原物/赃物/造物/证物/植物/作物

698 产业(業) 丁

chǎnyè (estate)

[名]❶土地、房屋、工厂等财产(多指

私有的)：～很多|有～|留下～|很大的～|很多～|祖上的～|留下的～|一笔～|他家～很多|他家没有什么～|他的祖父留下一大笔～|他家的～逐渐被子孙们败光了|祖上留下的～只剩下这一所房子了|这个工厂是他爷爷留下来的～。❷关于工业生产的(用于定语)：～工人|～部门|～革命|～后备军|～资本|他父亲是～工人|～工人,如矿工、钢铁工人、纺织工人、铁路工人等,是先进生产力的代表,是工人阶级的主体和骨干|到了19世纪中叶,法、德、英等国也相继完成了～革命。

【近义词】❶财产

699 产值 丙

chǎnzhí (output value)

[名]在一个时期内全部产品或某一项产品以货币计算的价值量:工业～|农业～|木材～|棉花～|总～|～提高|～下降|～增加|～减少|农业～占国民收入的一半|工业～约占国民经济总收入的20%|工业～在工农业总～中占90%|仅这两项生产就占工业总～的1/5|工业～逐年增加|棉花～略有下降|纸的～略有提高。

700 阐明(闡) 丁

〔部首〕门
〔笔画〕11

chǎnmíng (clarify)

[动]讲明白(道理)：～规律|～原理|～论点|～道理|～主张|～思想|～要点|～原因|～立场|～观点|～见解|～一下|进一步～|多次～|一再～|关于这个问题,我想～一下我的观点|他在会上多次～了他的主张|他简要地～了这个报告的要点|关于这个方针,他将在明天的会上进一步加以～|关于怎样搞活市场经济,他在那篇文章里～了自己的见解。

【近义词】阐述/阐发/说明/表明

【构词】阐发/阐释

701 阐述 丁

chǎnshù (expound)

[动]论述:～规律|～原理|～论点|～原因|～立场|～观点|～主张|～方针|～要点|开始～|进行～|加以～|～得清楚|～得全面|～得透彻|～得深刻|简要地～|详尽地～|全面地～|清楚地～|进一步～|请～一下汽车发动机的基本原理|我想～一下我对这个问题的观点|他对这个问题的立场～得很清楚|对社会发展规律他在文章里～得非常全面|请你进一步～一下这个方针政策的精神|他在会上详尽地～了他的主张。

【近义词】阐明/说明/表明/阐发

【提示】①"阐述"和"阐明"的区别:"阐明"着重表示把道理讲明白;"阐述"着重表示对道理进行论述。可以说"阐述得很清楚",而不说"阐明得很清楚"。②"阐"不应读成 shàn。

【构词】编述/表述/陈述/复述/概述/记述/讲述/口述/论述/描述/评述/上述/申述/叙述/译述/著述/转述/撰述/追述/自述/综述

702 颤(顫) 丁

〔部首〕页
〔笔画〕19

chàn (tremble)

[动]短促而频繁地振动;发抖:全身发～|手发～|声音发～|腿发～|～得厉害|冻得直～|吓得直～|一个劲儿地～|不住地～|上下～|乱～|人年纪大了以后,手也～腿也～|他说这件事时,声音都发～了|一想起那场可怕的地震,就全身发～|他现在一走路两条腿就～得厉害|他的手～

得拿不住东西了|天真冷啊，我们冻得直～。

【近义词】颤抖/抖动

【提示】“颤”又读 zhàn，如“颤栗”。

【构词】颤巍巍/颤音/颤悠/颤悠悠

703 **颤动**(動) 丙

chàndòng (vibrate)

[动]短促而频繁地振动：全身～|肌肉～|胡子～|胳膊～|手指～|嘴唇～|树枝～|大地～|～得厉害|～起来|开始～|停止～|感到～|觉得～|微微～|剧烈地～|不停地～|～一下|～的手|～的声音|～的马达|～的钢丝|她跳舞的时候好像全身都在～|爷爷吃饭时，胡子在不停地～|他一激动脸上的肌肉就～起来|老人微微～着嘴唇，想要说些什么|他～着手里的笔，一个字也写不出来|树枝在暴风雨中剧烈地～|杂技演员在～着的钢丝上做出各种惊险的动作|～的马达发出隆隆的声音|狮子一声吼叫，整个山林都震得～起来。

【近义词】颤抖/抖动

704 **颤抖** 丙

chàndǒu (shake)

[动]哆嗦；发抖：全身～|手～|腿～|嘴唇～|声音～|～起来|～得厉害|开始～|引起～|冻得～|吓得～|气得～|紧张地～|微微～|不停地～|剧烈地～|～地说|～的声音|颤颤抖抖|颤抖抖|由于激动，他说话的声音都～起来|他～着双手，紧紧地抱着分别四十多年的儿子|他的手最近～得越来越厉害|他的双腿～得走不了路|他今天没穿大衣，冻得全身都在～|爷爷气得胡须都～起来|他颤颤抖抖地在院子里走着|我握着朋友颤抖抖的手说：你的病会好起来的。

【近义词】颤动/抖动/发抖/哆嗦

【构词】发抖/战抖

705 **昌盛** 丁 〔部首〕日 〔笔画〕8

chāngshèng (prosperous)

[形]兴盛；兴旺：国家～|民族～|文化～|经济～|繁荣～|变得～|建设得～|～的祖国|～的民族|～的事业|～的文化|～的景象|～的标志|我们的国家繁荣～起来了|我们要建设一个经济文化繁荣～的国家|要使我们的祖国变得更加繁荣～|到处可以看到一片～的景象|人民生活富裕是一个国家兴旺～的标志。

【近义词】兴盛/兴旺/发达

【反义词】衰败/衰落/衰弱

【提示】昌，姓。

【构词】昌隆/昌明

鼎盛/丰盛/隆盛/茂盛/气盛/强盛/全盛/旺盛/心盛/兴盛

706 **猖狂** 丁 〔部首〕犭 〔笔画〕11

chāngkuáng (savage)

[形]狂妄而放肆：强盗～|罪犯～|反动势力～|活动～|～得很|～得厉害|活动得～|变得～|～起来|实在～|太～了|～地进攻|～地破坏|～地挑衅|～地活动|～的敌人|～的贩毒分子|～的程度|解放初期，这一带的土匪非常～|最近他们的犯罪活动又变得～起来|敌人～地向我们挑衅|他们～地进行破坏活动|要狠狠打击这些～的贩毒分子。

【近义词】猖獗/疯狂

【构词】发狂/疯狂/轻狂/凶狂/张狂

707 **尝**(嘗) *乙 〔部首〕小 〔笔画〕9

cháng (try the flavour of)

[动]❶吃一点儿试试；辨别滋味：～酒｜～菜｜～汤｜～咸淡｜～味道｜～鲜(xiān)｜～遍｜～出来｜～不过来｜～一口｜～一筷子｜我～一～这酒｜你～一下这个菜的味道｜你～～汤的咸淡怎么样｜我～了一口，太咸了｜那是一个新开张的饭馆，我们去那里～～｜北京有名的饭馆我都～遍了｜我没～出来这饺子是什么馅儿｜这么多菜，我哪～得过来呀！❷〈丙〉经历；体验：～到了温暖｜～到辛酸｜～到艰辛｜～到苦头｜～到甜头｜～尽｜饱～｜～够｜我～到了祖国的温暖｜他～尽了人间的艰辛｜过去我们饱～了失去祖国的痛苦｜他真正地～到了没有知识的苦头｜他们确实～到了科学种田的甜头｜现在的年轻人没有～过挨饿的滋味。

【近义词】品/品尝

【构词】尝鲜/尝新

708 **尝试**(試) 丁

chángshì (v./n. attempt)

[动]试；试验：大胆地～｜努力地～｜谨慎地～｜亲自～｜～一下｜我们～了各种办法都没有成功｜这个方案是否可行，可以～一下｜我正在～着编写一本旅游手册｜经过～，他们终于找到一种新的治疗方法｜要大胆地去～，总会有成功的一天｜他～着把这本小说改成电影剧本。

[名]指进行试验的活动：大胆的～｜有益的～｜可喜的～｜新的～｜他在科学种水稻方面做了有益的～｜我们在编导大型歌舞剧方面进行了大胆的～｜这是在话剧演出当中的一种新～。

【近义词】试/试验/实验

【提示】动词义项的“尝试”口语中常说“试”。

709 **常** *甲 〔部首〕巾 〔笔画〕11

cháng (often)

[副]❶时常；常常：～去上海｜～来北京｜～写信｜～下雨｜～迟到｜～生病｜～受表扬｜～来～往｜他～去广州出差｜我朋友～来北京旅游｜希望你～给我们写信｜这里干旱，不～下雨｜他身体很好，不～生病｜他们～来～往，关系非常密切。❷〈乙〉不变的；经常：～开｜～青｜～驻｜愿我们的友谊之花～开不败｜我喜欢柏树，它四季～青｜他是这个公司在北京的～驻代表。

【近义词】❶常常/经常/时常；❷长久/一贯

【反义词】❶偶尔/有时/偶然；❷暂时

【提示】常，姓。

【构词】常轨/常客/常例/常量/常情/常人/常任/常设/常事/常数/常态/常温

710 **常常** 甲

chángcháng (frequently)

[副](事情)发生的次数多，间隔的时间短：～去｜～来｜～写｜～看｜～发生｜～练习｜～堵车｜我～去北海公园划船｜我会～来看你的｜要～给我写信｜他～看小说｜我不希望～发生这种事｜这条路上～堵车。

【近义词】常/时常/经常/往往

【反义词】偶尔/有时/偶然

【构词】超常/反常/非常/惯常/家常/经常/伦常/平常/日常/如常/失常/时常/通常/往常/寻常/异常/照常/正常/反复无常/习以为常

711 **常规**(規) 丁

chángguī (common practice)

[名]❶沿袭下来经常实行的规矩：遵照～|按照～|根据～|打破～|废除～|过去那套～应该打破了|不能总是按照～办事|改革就是要打破～。❷医学上称经常使用的处理方法：血～|尿～。

【构词】陈规/成规/定规/法规/犯规/家规/军规/陋规/清规/条规/校规/圆规/正规

712 **常见**(見)　丁

chángjiàn (meet often; common)

❶经常见面：不～|"最近你们～吗？""天天都忙，不～。"|我们在一个公司工作，所以～。❷经常看到的或遇到的：～病|不～|这种菜我们那里不～|这种病在我们那里不～|这种东西过去很多，现在不～了|我～他早上在这里打太极拳|我～这辆小汽车停在他家门口|这是一种～病。

【反义词】少见

713 **常年**　丁

chángnián (throughout the year)

[名]全年；一年到头；长期：他～在国外工作|他～不在家|他～请病假，不上班|这种药他～吃，没有什么副作用|他～住在这间潮湿的屋子里|他～从事这方面的研究工作，已取得显著的成绩|他～坚持锻炼，所以身体非常好。

【近义词】终年/长期

714 **常识**(識)　丙

chángshí (common sense)

[名]普通知识：～丰富|～不足|～少|懂得～|缺乏～|掌握～|学习～|普及～|科学～|医学～|军事～|政治～|法律～|卫生～|地理～|农业～|交通～|社会～|各方面的～|旅游～|用电～|摄影～|基本～|普通～|必要的～|法律～必须大力普及|摄影方面的～，我一点儿也没有|他在历史、地理方面的～非常丰富|在农村，应该大力普及科学～|由于他缺乏用电～，差一点儿出了大事故|他们学到了一般的医学～|人人都应懂得最基本的卫生～|他们掌握了汉语的语法～|应该强调普及交通～的重要性。

【近义词】知识

【构词】辨识/博识/才识/胆识/见识/结识/旧识/认识/赏识/史识/熟识/相识/学识/意识/有识/远识/知识/卓识

715 **常务**(務)　丁

chángwù (routine)

[名]主持日常工作的：～委员|～理事|他是～委员|他是学会的～理事|他被任命为办公厅的～副主任。

【提示】一般只作定语。

716 **常用**　丁

chángyòng (in common use)

[形]经常使用：～字|～词|～的工具|～的作料|～的东西|～的格式|这个字～，一定要会写|这些词日常生活里～|这些东西不～，收起来吧|他编写了一本～字字典|我买了一本～词词典|这些都是修理自行车时～的工具|他把～的格式编了一个小册子|油、盐、酱、醋等都是做菜时～的作料。

717 **长**(長)　甲　〔部首〕丿　〔笔画〕4

cháng (long)

[形]❶指空间的距离大：路～|线～|河～|袖子～|裙子～|胳膊～|腿～

|头发～|辫子～|胡子～|信～|觉得～|写得～|这条路真～，走了半天还不到头儿|我觉得袖子～了点儿，能改改吗？|她的辫子又黑又～|这条裤子做得太～了，不能穿|这部小说写得很～，但没意思|爷爷留着～～的胡子|这条河多～？❷指时间长：夜～|白天～|寿命～|日子～|感到～|显得～|活得～|拖得～|～时间|～寿|多～|他在中国住的时间不～|这里夏季的白天很～，晚上太阳9点才落山|这个地区的人平均寿命比较～|日子还～呢，以后再说吧|一边听音乐一边工作，就不会觉得时间～了|今天有点儿累，显得工作时间特别～|他的病很重，活不～了|这事要快点儿办，拖得太～会误事|～时间坐着不好，起来活动活动|祝您健康～寿|你英语学了多～时间？

【近义词】❷久/长久

【反义词】❷短

【提示】①“长”可用作名词，有“长度”和“长处”的意思。如：这桥～200米|他有一技之～|取～补短。②“长”又读 zhǎng，见第8122条。

【构词】长臂猿/长别/长策/长城/长虫/长存/长笛/长短句/长方形/长鼓/长跪/长号/长河/长假/长颈鹿/长空/长毛绒/长眠/长明灯/长年/长篇/长袍/长跑/长枪/长拳/长衫/长蛇阵/长舌妇/长生/长生果/长随/长叹/长天/长亭/长啸/长性/长夜/长揖/长于/长圆/长此以往/长歌当哭/长话短说/长命百岁/长年累月/长篇大论/长篇小说/长驱直入/长袖善舞/长吁短叹/长治久安

718 长处(處) 丁

chángchù (strong points)

[名]特长；优点：～多|有～|学习～|发扬～|很多～|音乐方面的～|艺术方面的～|别人的～|他的～很多|在工作上他有很多～|应该学习他的～|你要继续发扬你的～。

【近义词】优点/特长

【反义词】短处/缺点

719 长度 丙

chángdù (length)

[名]两点之间的距离：桥的～|河的～|路线的～|测量～|计算～|这座桥的～是二百米|这间屋子的～是三米五|请测量一下这条路的～|知道长方形的总面积和宽度，就可以计算它的～。

【近义词】长/长短

【构词】测度/超度/程度/尺度/大度/调度/法度/风度/幅度/高度/广度/国度/过度/厚度/弧度/欢度/极度/季度/角度/进度/精度/经度/刻度/跨度/宽度/力度/亮度/密度/难度/年度/浓度/坡度/气度/强度/热度/深度/湿度/适度/速度/态度/剃度/透明度/弯度/纬度/温度/限度/虚度/一度/硬度/用度/月度/再度/制度

720 长短 丁

chángduǎn (length)

[名]❶长度：～合适|～正好|量～|裙子的～|裤子的～|袖子的～|头发的～|时间的～|文章的～|这条裙子的～正合适|裤子的～正好|我量一下你袖子的～|头发的～理得正合适|牛肉好吃不好吃，跟烤的时间～有关系|文章～不重要，但中心思想要明确。❷意外的灾祸、事故(多指生命危险)：有个～|三长两短|他不让

儿子参加汽车比赛，怕他有个～|这种表演很危险，万一有个～怎么办？❸是非；好坏：议论～|别人的～|不要总去说人家的～|凡人都有个～|背地里议论别人的～是不应该的|谁还没有个～！

【近义词】❷三长两短/灾祸

【构词】打短/护短/简短/揭短/理短/气短/浅短/缺短/手短/缩短

721 **长久** 丙

chángjiǔ (for a long time)

[形] 时间很长：生命～|日子～|坐得～|干得～|活得～|存放得～|用得～|～不了|～地坐着|～地观察|～地讨论|～的办法|～之计|那种局面不会～|靠打针维持生命，是不会～的|再不好好干，你就干不～了|他们就这样～地坐着，谁也不说话|得想个～的办法|这可不是～之计呀！

【近义词】长/长远/悠久/久远

【反义词】短暂/短促

722 **长期** 乙

chángqī (long term)

[名]长时期：～任务|～计划|～工作|～病号|～贷款|～的战争|～奋斗|～训练|～研究|～保存|～合作|～休养|这是我们公司～的生产计划|～的紧张工作，影响了他的健康|他从银行借到了一笔～贷款|～的战争给人们带来巨大的痛苦|经过～的严格训练，他们终于获得了世界冠军|这项伟大的成就，是他们～努力的结果|我们希望双方能～合作|水果这样处理一下可以～保存。

【近义词】长久/永久/长远

【反义词】短期/暂时/临时

723 **长寿**(壽) 丁

chángshòu (longevous)

[形]寿命长：～老人|坚持锻炼可以使人～|祝您老人家～|这个村有很多～老人|祝您健康～！

【近义词】长命

【反义词】短寿

【构词】拜寿/短寿/高寿/年寿/上寿/延寿/阳寿/阴寿/折寿/祝寿/做寿

724 **长途** *乙

chángtú (adj. distant; n. *short for* 长途电话[long distance telephone call])

[形]路途遥远的；长距离的：～旅行|～运输|～汽车|～电话|～跋涉|他喜欢～旅行|他是搞～运输的|下了火车还要坐一小时～汽车|这里可以打～电话吗？|他们～跋涉来到这里为农民演出。

[名]〈丙〉指长途电话或长途汽车：我给上海打个～|他的车主要是跑～。

【反义词】短途

【构词】半途/短途/改途/归途/宦途/路途/旅途/迷途/歧途/前途/穷途/坦途/通途/危途/沿途/用途/征途/中途

725 **长远**(遠) 丙

chángyuǎn (long-range)

[形]时间很长(指未来的时间)：～规划|～打算|～的眼光|～的利益|～目标|～的办法|～的事业|～的观点|～的需要|看得～|想得～|考虑得～|～地流传下去|～地看问题|～考虑|～不了|你们的眼光应放得～些|我们的路还很～，要做的事还很多|

制订城市发展的~规划|要看到~利益,不要只顾眼前利益|要以~的眼光来办事业|问题要考虑得~一些|你打算在这里~地生活下去吗?|他俩的婚姻~不了。

【构词】边远/淡远/久远/偏远/绕远/深远/疏远/跳远/遥远/永远/悠远

726 **长征** 丁

chángzhēng (expedition)

[名]长途出征,长途旅行。也特指中国工农红军1934—1935年由江西转移到陕北的二万五千里长征:~开始|~结束|~胜利|领导~|纪念~|回忆~|伟大的~|艰苦的~|歌颂~|~的历史|~的道路|~的功勋|~英雄|~战士|~老干部|~时代|~期间|1934年中国工农红军的~开始了|1935年~以胜利而告终|中国共产党领导了中国工农红军的二万五千里~|人们永远纪念这次伟大的~|这本书写下了伟大而艰苦的~历史|他们组织了一次环游六省的~。

【构词】表征/病征/出征/从征/缓征/免征/亲征/特征/体征/象征/应征/远征

727 **偿**(償) 丁 〔部首〕亻 〔笔画〕11

cháng (compensate for)

[动]❶抵消损失;补足缺欠:得不~失|~命|为这个毫无意义的事情耗费这么多人力、物力,真是得不~失|杀了人要~命的|血债要用血来~。❷满足:如愿以~|只要你努力去争取,一定会如愿以~的。

【近义词】❶抵消/补偿;❷满足

728 **偿还**(還) 丁

chánghuán (pay back)

[动]归还(所欠的债):~欠款|~债务|~房屋|~人命|如数~|限期~|按期~|~的办法|~的日期|银行的贷款已如数~|这些债务要按期~|限你三月之内~所有欠款|~的办法这里已经写明|这笔欠款~日期不得超过半年。

【近义词】归还

【提示】“还”又读 hái,见第2822条。

【构词】发还/返还/放还/归还/回还/交还/生还/讨还/退还/往还/掷还/追还

729 **肠**(腸) 丙 〔部首〕月 〔笔画〕7

cháng (intestines)

[名]消化器官的一部分,形状像管子,上端连胃,下端通肛门,分小肠、大肠两部分。起消化和吸收作用:大~|小~|~炎|~胃|他最近~胃不舒服|因为吃得不合适,得了~炎|由于~内出现梗阻,他肚子痛得厉害。

【近义词】肠子/肠道

【构词】肠穿孔/肠梗阻/肠绞痛/肠结核/肠鸣/肠炎/肠液/肠子

730 **厂房**(廠) 丁 〔部首〕厂 〔笔画〕2

chǎngfáng (factory building)

[名]工厂的房屋,通常专指车间:~大|~干净|修建~|扩建~|一间~|新~|这个工厂的~很大|这些~又宽敞又干净|最近又修建了几座~|工厂对~进行了扩建|这个工厂的新~已投入使用。

【近义词】车间

【构词】厂规/厂纪/厂矿/厂休/厂主/厂子

731 **厂家** 丁

chǎngjiā (factory)

[名]指工厂:这个～|联系～|～同意|这些产品是哪个～生产的?|我们联系了三个～,他们都可以提供产品|我们跟那个～订立了合同|如产品质量有问题,可与～联系|这些产品不合标准,～已答应退货。

【近义词】工厂

【构词】挨家/安家/败家/搬家/本家/兵家/抄家/成家/持家/仇家/出家/船家/大家/当家/到家/道家/店家/东家/独家/发家/法家/公家/顾家/官家/管家/国家/合家/皇家/家家/酒家/居家/举家/看家/科学家/老家/老人家/恋家/良家/邻家/名家/墨家/男家/娘家/农家/婆家/起家/亲家/人家/儒家/丧家/世家/守家/俗家/探家/田家/文学家/养家/渔家/冤家/杂家/在家/知本家/专家/资本家/自家/作家/半路出家/自成一家

732 厂商 丁

chǎngshāng (manufacturer)

[名]工厂和商店(多指私营的):国内～|外国～|中国～|各地的～|～的要求|～的意见|今天有几家外国～要来洽谈贸易|多听听这几家～的意见。

【构词】磋商/官商/豪商/奸商/经商/巨商/客商/粮商/密商/面商/洽商/私商/通商/外商/相商/协商/行商/智商

733 厂长(長) 丙

chǎngzhǎng (factory director)

[名]一个工厂里行政、业务方面的最高领导人:选～|当～|提升～|新～|副～|老～|他被选为这个厂的～|他当了十年～|他最近提升为副～|这位老～虽然退休了,还时常关心厂里的事情。

【提示】"厂长"的"长"zhǎng,在这里不能读成 cháng。

734 场(場) *甲

〔部首〕土
〔笔画〕6

chǎng (m. *for sports and recreation*; n. a place where people gather)

[量]用于文娱体育活动、戏剧、考试等:一～球赛|一～电影|一～京剧|两～考试|演一～|唱两～|演出好几～|赛两～|上半～|下半～|前半～|后半～|每～|～～|第一～|今晚有一～球赛|昨天下了班,去看了～电影|这个歌剧一共演了五～,～～满座|这个排球队在北京赛了三～|前半～足球赛二比一,北京队领先。

[名]❶适应某种需要的比较大的地方:会～|操～|剧～|广～|市～|商～|～子里正在要把戏|广～上有许多人。❷〈乙〉舞台:上～|下～|快该你上～了,你怎么还不化装?|～上正在表演舞蹈|他在～上表演的时候晕倒了。

【构词】场次/场记/场景/场面话/场面人/场子

735 场地 丙

chǎngdì (space)

[名]空地,多指体育活动或施工的地方:～大|开辟～|施工～|活动～|有～|宽阔的～|一块～|这块～很大,可以当球场|我们开辟了一块～做排球场|这里没有一块～可以给孩子们活动|他们准备在这块宽阔的～上修建一个大剧场|这附近找不到一块大一点儿的～。

【近义词】场所/处所/地点/地方

736 **场合** 丙

chǎnghé (occasion)

[名]一定的时间、地点、情况：遇到某种～|看到这种～|社交～|一般～|公共～|特定的～|热闹的～|不同的～|严肃的～|尴尬的～|危急的～|公开的～|我一看到这种～，就吓得赶快跑开了|遇到这种～，就要很有礼貌地说一声“对不起”|这些歌舞不适宜在庄严的～演出|这些语言在社交～经常使用|这么严肃的～，你怎么可以大声谈笑！|他从不在公开的～讲话|在公共～不许吸烟！|在特定的～，这个词可以这样说。

【近义词】场所/场面/场景

【构词】百合/闭合/不合/凑合/撮合/缝合/符合/复合/苟合/寡合/化合/回合/会合/汇合/混合/集合/结合/纠合/聚合/离合/联合/磨合/捏合/配合/拼合/巧合/融合/熔合/适合/说合/投合/吻合/议合/迎合/愈合/折合/综合/组合

737 **场面** 丙

chǎngmiàn (scene)

[名]戏剧、电影中由布景、音乐和登场人物组合成的景观，也泛指一定场合下的情景：～大|～感人|～壮观|热闹的～|紧张的～|恐怖的～|这个舞剧的～真是壮观|这个音乐晚会的～很大|离散了四十多年的母女重新团圆的～真感人|公安干警追捕罪犯的～紧张极了|我永远忘不了那个感人的～|电视里一出现那恐怖的～，我就闭上眼睛|他们拍下了春节庙会的热闹～。

738 **场所** 丁

chǎngsuǒ (place)

[名]活动的地方：提供～|活动的～|学习的～|工作的～|休息的～|会客的～|吸烟的～|娱乐的～|游戏的～|公共～|公开的～|幽静的～|理想的～|一处～|一个～|学校可以给你们提供举行晚会的～|这里是孩子们游戏的～|这附近没有一个适合年轻人活动的娱乐～|公共～禁止吸烟。

【近义词】场合/场地/处所/地点/地方

【提示】“场所”和“场合”都表示人活动的处所或地点，区别是：“场所”只指活动、聚集的处所或地点，比较具体；“场合”除指具体的场所外，还包含一定的时间、气氛、条件、情况等，且较概括。

739 **敞开**(開) 丁 〔部首〕攵 〔笔画〕12

chǎngkāi (open wide)

[动]大开；打开：～窗户|～大门|～衣襟|～橱门|～思想|～地谈|我每天早上都～窗户透透空气|这里每天都～大门迎接来参观的中外游客|颐和园～着的大门外边有两个大石狮子|希望我们能～思想，好好谈谈|老人们～衣襟坐在门口下棋。

【近义词】打开/放开/洞开

【反义词】关闭/限制/隐瞒

【构词】敞亮/敞篷车

错开/打开/洞开/对开/放开/分开/公开/滚开/离开/撇开/散开/盛开/说开/展开/召开/笑逐颜开/异想天开

740 **畅谈**(暢談) 丁 〔部首〕丨 〔笔画〕8

chàngtán (talk freely)

[动]尽情地谈：朋友们～|～了一个晚上|～到很晚|好久没有这样～了|

这几个老朋友～了一夜｜我在朋友家～了一个晚上｜昨晚我们～到很晚才回家。

【提示】畅，姓。

【构词】畅怀/畅快/畅想/畅销/畅销货/畅行/畅叙/畅饮/畅游/畅所欲言

笔谈/常谈/侈谈/和谈/会谈/健谈/交谈/聚谈/恳谈/空谈/漫谈/美谈/密谈/面谈/攀谈/奇谈/洽谈/倾谈/清谈/趣谈/商谈/深谈/细谈/闲谈/叙谈/言谈/夜谈/纵谈/座谈/夸夸其谈/老生常谈

741 **畅通** 丁

chàngtōng (unblocked)

[动]无阻碍地通行或通过：水路～｜道路～｜河道～｜航道～｜交通～｜～无阻｜汽车一直开到目的地，一路上～无阻｜这条河经过治理后水流～，灌溉了大片土地｜那里发生了交通事故，一个小时后车辆行驶才～了。

【近义词】通畅

【反义词】阻塞

【构词】变通/串通/粗通/打通/沟通/贯通/互通/交通/精通/卡通/开通/连通/灵通/流通/买通/扑通/普通/深通/神通/疏通/私通/通通/相通/圆通/融会贯通/水泄不通/息息相通/一窍不通

742 **畅销**(銷) 丁

chàngxiāo (sell well)

[动](货物)销路广，卖得快：商品～｜～书｜～货｜在全国～｜～国外｜～全国｜这本书现在成了～书，很难买到｜这些都是～物资｜这些服装～国内外。

743 **唱** *甲 〔部首〕口 〔笔画〕11

chàng (sing)

[动]❶口中发出(乐音)；依照乐律发出声音：～歌｜～京剧｜～评剧｜～小曲儿｜～大鼓｜～花腔｜～C调｜～男高音｜～错了｜～熟了｜～哑了｜～慢了｜～不出来｜～不上去｜～不下去｜～不了｜～起来｜～不起来｜～得好｜～得好听｜～了一小时｜～了一辈子｜～一遍｜难～｜好～｜大声～｜低声～｜愉快地～｜随便～｜反复～｜合～｜独～｜齐～｜二重(chóng)～｜～的歌｜～的内容｜请你给大家～一支歌｜再～，嗓子该～哑了｜这个地方～错了，再～一遍｜这个调儿太高了，我～不上去｜这歌太难～，我～不了｜他激动地～不下去了｜人太少了，～不起来｜这首歌～得真好听｜小点儿声～，人家都睡了｜她一边工作，一边低声～着｜我们尽情地～，尽情地跳吧｜我只是随便～～｜这个地方要反复～两遍｜他们四个人的男声小合～特别受欢迎｜他～的什么内容我听不懂。❷〈丁〉大声叫：～票｜～菜名｜～价码｜大家都投完票了，现在开始～票｜他～选票～得挺认真｜面对一桌满汉全席向顾客～菜名，是他的拿手好戏｜每天鸡～三遍，我们就起床。

【提示】唱，姓。

【构词】唱词/唱段/唱反调/唱高调/唱工/唱和/唱片/唱票/唱腔/唱戏/唱主角/唱独角戏/唱对台戏/唱空城计

744 **倡议**(議) 丁 〔部首〕亻 〔笔画〕10

chàngyì (v. propose; n. proposal)

[动]首先建议；发起：～开展…活动｜～举办｜～进行比赛｜～过｜积极～｜我们～开展全民健身活动｜我～车间开展生产竞赛｜他们～举办一次新产

品展览会|工人们积极～搞一次技术革新运动|每人种一棵树的活动，是他们～的。

[名]建议发起的内容：～好|～有意义|提～|修改～|很好的～|有价值的～|他的～|～书|一项～|这个～|他们这个～非常好|他提了一项技术改革的～|我们都十分支持他的～|对这个～作了一点儿修改|这是一项非常有价值的～|经过反复讨论研究，我们写出一份～书。

【近义词】[动]倡导/提倡；[名]建议/意见

【构词】倡导/倡言/倡议书

参议/成议/创议/动议/非议/复议/附议/公议/共议/会议/计议/建议/决议/抗议/面议/评议/商议/提议/协议/异议/争议

745 **超** *乙 〔部首〕走 〔笔画〕12

chāo (exceed)

[动]❶从某物的后面赶到它的前面：～车|～音速|～先进|～过去|～到前面|我们厂在开展赶先进～先进的运动|他开车时总喜欢～车|你快点儿跑，～过他去|我在学习上总也～不过他|你看小王又～到3号运动员前边去了。❷〈丙〉高出…之上：支出～了|产量～了|假期～了|～标准|～假|～得多|我的假期已经～了，一定得回去了|他们家生活安排没有计划，这个月支出又～了|～假要扣工资的|这种食品含铅量已经～过标准，不能食用|今年小麦产量比去年略～一点儿。

【近义词】超过/超出/超越

【构词】超编/超标/超常/超车/超低温/超度/超短波/超短裙/超负荷/超龄/超期/超声波/超市/超脱/超音速/超员/超载/超支/超重/超尘拔俗/超凡入圣/超级大国/超级市场/超然物外

746 **超产**(產) 丁

chāo chǎn (overfulfil a production target)

超过原定生产数量：工厂～|粮食～|～20%|这个工厂年年～|虽然气候干旱，但小麦仍然～|这里的粮食今年比去年～15%。

【反义词】减产

【提示】离合词，中间可插入其他成分，如：超了产|超不了产。

747 **超出** 丁

chāochū (exceed)

[动]越出(一定的数量或范围)：～标准|～预料|～计划|～能力|～范围|～界线|～想像|～了很多|这个车间的月产量已经～了定额|事情的结果～我的预料|考试的内容不会～这个范围|事情的发展没有～我的估计|这项任务大大地～这个厂的承受能力。

【近义词】超/超过/超越

【构词】辈出/淡出/嫡出/发出/付出/杰出/输出/突出/推出/退出/外出/演出/展出/支出/指出

748 **超额**(額) 丙

chāo'é (above quota)

[动]超过规定的数量：～完成|～3%|大大地～|我们的生产任务月月～完成|交给我们的任务不但提前完成，而且还～百分之五|这辆车不能再上人了，再上就～了|他们～完成了销售任务。

【构词】差额/定额/份额/高额/横额/

金额/巨额/空额/满额/门额/面额/名额/票额/前额/缺额/数额/税额/限额/余额/总额

749 超过(過) *乙

chāoguò (overtake; surpass)

[动]❶由某物的后面赶到它的前面：~汽车|~马车|~前面的人|~3号选手|~一点儿|~一百米|远远地~|飞快地~|差一点儿~|出租汽车很快就~了前边的公共汽车|后边的自行车~了前边的几辆自行车|5号远远地~所有的运动员，第一个到达终点|我差一点儿就~他了|他跑得最快，没有人能~他。❷高出…之上：~先进水平|~年龄|~人数|~前人|~老师|~时间|~10分钟|~10亿|~两倍|远远地~|你的学术水平早就~我了|今年的年产量已~原定的生产计划|报名的人数已~1000人|他已~参军的年龄|这种产品的质量~了名牌产品|要学习前人，更要~前人|他每天早上锻炼时间不~半小时。

【近义词】超/超越/越出

750 超级(級) 丁

chāojí (super)

[形]超出一般等级的：~轿车|~商品|~市场|他买了一辆~小轿车|生产这么多~商品不符合我国的国情|那边有一家~市场。

【构词】班级/初级/等级/低级/风级/高级/降级/阶级/晋级/留级/年级/品级/评级/上级/升级/石级/拾级/首级/跳级/下级/越级/震级/中级/工人阶级/无产阶级/资产阶级

751 超越 丁

chāoyuè (overstep; transcend)

[动]超出；越过：~权限|~现实|~障碍|~国界|你这样处理已经~了你的权限|~客观现实是注定要失败的|你开得再快也~不了火车|再往前一点儿就要~国界了。

【近义词】超过/超出/越过

【构词】穿越/翻越/飞越/横越/激越/跨越/攀越/清越/腾越/偷越/优越/逾越/越来越/卓越

752 抄 *乙

〔部首〕扌
〔笔画〕7

chāo (copy)

[动]❶照着底稿写：~书|~稿子|~笔记|~课文|~完|~错|~整齐|~清楚|~漏|~得好|~得清楚|~得快|~出来|~下来|~三页|~两遍|~一下午|赶紧~|马马虎虎地~|他每天~十页稿子|你的笔记借我~~|每个单词~五遍|课文~完了|这个地方~错了|这一行~漏了一个字|我的本子上~满了诗|他~得又快又整齐|这些稿子，他很快就~出来了|这段话很有意思，应该把它~下来。❷照着别人的作品、作业写下来当做自己的：成段地~|公开地~|一字不漏地~|偷偷地~|他胆子真大，整段整段地~别人的|考试时，他偷偷地~我的答案|很明显，这篇论文是~的，你看一个字不差。❸〈丙〉从侧面或较近的小路过去：~小路|~近路|~后路|~过去|~过来|从这儿~|从那儿~|时间来不及了，咱们~小路走|这儿有一条近路，从这儿~过去很快就会到|他们从敌人的后边~过去|~了半天近路，也没早到一分钟。❹〈丁〉搜查并把东西收走：~家|~赌场|~匪窝|~走了|~没了|~光了|~出来|公安机关~了一家赌

场｜他的家被～得乱七八糟｜从那个匪窝里～出很多枪支弹药。❺〈丁〉随手拿走：～起｜随手～｜顺便～｜出门时他～了个苹果放在口袋里｜他～了本书就走｜谁把我的笔～走了？｜他随手～起一块石头朝那只狗打去。❻〈丁〉两手在胸前相互插在袖筒里：～手｜～在胸前｜～到背后｜～进袖筒里｜他～着手看那些人打球｜他整天～着手什么事也不做｜太冷了，把手～进袖筒里暖和暖和｜他把手～到背后，缓缓地走着。

【近义词】❶抄写/抄录/誊(téng)写/誊抄；❷抄袭

【构词】抄本/抄查/抄道/抄后路/抄获/抄家/抄件/抄近/抄录/抄没(mò)/抄袭/抄斩

753 **抄写**(寫) 乙

chāoxiě (copy)

[动]照着原文写下来：～文件｜～报告｜～文章｜～稿子｜～在白纸上｜～在本子里｜～得清楚｜～得好｜～完｜～错｜～下来｜～出来｜～了三个小时｜～了五页｜～了一本｜～一份｜我正在～一份文件｜那篇稿子我足足～了三天｜他把《唐诗三百首》～在一个本子里｜你～错了好几个地方，请改过来｜这个报告太长了，两天可～不出来｜文章里写得生动的地方我全～下来了。

【近义词】抄/抄录/誊写

【构词】编写/草写/大写/改写/简写/刻写/连写/描写/默写/拼写/谱写/手写/抒写/书写/速写/缩写/特写/填写/听写/小写/撰写

754 **钞票**(鈔) 丙 〔部首〕钅 〔笔画〕9

chāopiào (bank note)

[名]纸币：～多｜～少｜～不够｜带～｜有～｜花～｜东西很好，但我身上～不多｜因为～不够，所以没买｜你今天带了多少～？｜我身上没有～了，你还有吗？｜这些东西要花好多～呢！｜只要有～，就不怕买不到好东西。

【近义词】钱/纸币

【构词】半票/绑票/补票/彩票/唱票/传票/当(dàng)票/发票/股票/汇票/机票/剪票/角票/拘票/开票/毛票/门票/免票/期票/钱票/全票/撕票/通票/投票/退票/玩票/选票/邮票/月票/站票/支票

755 **朝** 甲 〔部首〕月 〔笔画〕12

cháo (prep. towards; v. face)

[介]向：～前走｜～南开｜～东飞｜～后看｜～着河边跑｜～我笑｜～他点头｜～大家挥手｜你一直～前走就到了｜他家的门～南开｜飞机～东飞｜应该～前看，前边的路充满了希望｜他们～着河边慢慢走去｜战士们～着敌人的阵地冲击｜他～我笑了笑说："你唱得不错。"｜他在马路对面～我挥手｜他～大家点点头表示同意了。

[动]面对着：窗户～东，房门～南｜～南的树枝都开花了｜你～前，他～后，站好！

【近义词】[介]向；[动]对着

【提示】①"朝"又读 zhāo，见第 8143 条"朝气"。②朝(Cháo)，姓。

【构词】朝拜/朝服/朝贡/朝贺/朝见/朝山/朝圣/朝廷/朝鲜族/朝野/朝政

756 **朝代** 丁

cháodài (dynasty)

[名]建立国号的君主(一代或若干代相传)统治的整个时期：一个～｜哪个～｜清朝以前的～｜这个文物是哪个

～的？|西安做过好几个～的国都|北京故宫是明、清两个～的帝王居住过的地方。

【构词】当代/断代/更代/古代/后代/换代/交代/近代/绝代/历代/末代/年代/取代/上代/时代/世代/替代/万代/现代/一代

757 **嘲笑** 丁 〔部首〕口 〔笔画〕15

cháoxiào (ridicule)

[动]用言辞笑话别人：～别人|～自己|～敌人|～社会|～历史|～现实|受到～|遭到～|喜欢～|无情地～|恶毒地～|故意～|任意～|加以～|～的神情|～的目光|～的表情|～的语言|～的口吻|～的语气|～了一番|～了一顿|不要～他，要好好儿帮助他|他写了一篇～敌人的文章|他受到同学们的～，非常难过|我不是故意～你，是跟你开个玩笑|他总喜欢用～的目光盯着别人|你不要以～的口吻跟他说话|他被朋友～了一顿，非常生气。

【近义词】嘲讽/嘲弄/耻笑/取笑/讥笑/笑话/讽刺

【反义词】称赞/赞美/赞颂/赞赏

【构词】嘲讽/嘲骂/嘲弄

暗笑/惨笑/痴笑/嗤笑/耻笑/逗笑/发笑/干笑/诡笑/憨笑/含笑/好笑/哄笑/欢笑/奸笑/见笑/开玩笑/可笑/苦笑/狂笑/朗笑/冷笑/卖笑/媚笑/狞笑/赔笑/浅笑/强笑/巧笑/窃笑/傻笑/失笑/耍笑/说笑/谈笑/调笑/玩笑/微笑/嬉笑/喧笑/言笑/阴笑/招笑/哈哈大笑/似笑非笑/皮笑肉不笑

758 **潮** 丙 〔部首〕氵 〔笔画〕15

cháo (tide)

[名]❶由于月亮和太阳的吸引力的作用，海洋水面发生的定时涨落现象：～涨|～落|海～|心～|观～|钱塘江～|他经常来这里观赏～涨～落|他每年都去钱塘江观～|钱塘江～真是壮观！❷比喻大规模的社会变动或运动发展的起伏形势：思～|高～|低～|热～|最近城市里涌现出一股打工～|改革陷入低～|出国的热～已经降温。

【近义词】潮汐/潮水

【提示】“潮”作形容词时，有“潮湿”的意思，如：这房间有点儿～|衣服～了，拿出去晒一晒吧。

【构词】潮红/潮气/潮润/潮水/潮位/潮信/潮汛

759 **潮流** 丁

cháoliú (tide)

[名]❶由于月亮和太阳的吸引力的作用，海洋水面发生定时涨落时的水流运动：～汹涌|滚滚而来的～|～的来势|钱塘江的～汹涌澎湃|涨潮时，凶猛的～滚滚而来|～的来势异常迅猛。❷比喻社会的一种倾向或发展趋势：赶上～|阻挡～|抗拒～|时代的～|历史～|和平运动的～|技术革命的～|一股～|改革～不可阻挡|我们每个人都应跟上时代的～|任何力量都不能抗拒来势迅猛的改革～|历史～将推动社会不断前进。

【构词】暗流/奔流/岔流/车流/倒流/电流/断流/对流/分流/风流/海流/寒流/合流/河流/洪流/激流/江流/交流/截流/节流/巨流/轮流/盲流/名流/末流/逆流/女流/暖流/漂流/气流/潜流/热流/人流/入流/上流/水流/铁流/外流/涡流/溪流/下流/一流/引流/涌流/源流/支流/中流/

主流/浊流

760 **潮湿**(濕) 丙

cháoshī (moist)

[形]含有比正常状态下较多的水分：天气～|海风～|土地～|森林里～|柴草～|衣服～|保持～|防止～|喜欢～|显得～|怕～|变得～|～的空气|～的屋子|～的衣服|～的泥土|到了雨季,这间房子特别～|这里天气～,衣服洗后几天都干不了|他看着母亲的信,眼睛不禁～了|刚下过雨,草地显得非常～|我倒很喜欢～的天气|泥土经常保持～,蔬菜才长得好|总穿～的衣服会得病的|他每天在～的屋子里工作。

【近义词】潮

【反义词】干燥

【构词】低湿/精湿/润湿/阴湿

761 **吵** 乙 〔部首〕口 〔笔画〕7

chǎo (make a noise)

[动]❶声音杂乱扰人：声音～|汽车喇叭～|周围～|环境～|～人|～邻居|～醒|～得睡不着|～得要命|外边汽车声音～得我无法学习|这种洗衣机声音太～人了|轻点儿,别把他～醒了|周围的环境～得人无法工作|收音机声音太大,～得说话都听不见了|这么～的环境没法休息好。❷争吵：夫妻～|父子～|～起来|～下去|～上了|～得厉害|～得鸡犬不宁|～了一上午|～了一顿|～了一场|～了一通|经常～|三天两头～|成天～|跟邻居～|他们夫妻俩经常～|他跟朋友为了工作上的问题～起来了|再～下去对谁也没有好处|他们俩因为意见不一致～得脸红脖子粗|他们刚才～得好凶啊!|他们为家产～得非常激烈。

【近义词】❷吵架/吵嘴/争吵

762 **吵架** 丙

chǎo jià (quarrel)

剧烈争吵：夫妻～|经常～|成天～|三天两头～|跟别人～|吵了一架|吵起架来|吵开架了|吵不了架|吵不完的架|喜欢～|怕～|这对夫妻从来不～|他没和别人吵过架|他们家成天～|这小两口三天两头～|他今天在公共汽车上跟别人吵了一架|大家都谦让一点儿就吵不起架来了|听,隔壁那个小伙子又跟谁吵开架了?|你们总是为了点儿小事就～,这样要伤感情的。

【近义词】吵嘴/争吵

【提示】离合词,中间可插入其他成分,如:吵了一架|吵过架。

763 **吵闹**(鬧) 丁

chǎonào (wrangle)

[动]大声争吵：～停止|夫妻～|～一通|～一番|开始～|避免～|制止～|不停地～|三天两头～|成天～|吵吵闹闹|～的声音|～的原因|～的结果|跟别人～|一直到半夜一点,楼上的～才停止|这两个人经常～得四邻不安|昨晚那对夫妻～得让人无法休息|你们再不停止～,我就要报警了|你们成天吵吵闹闹,到底为了什么事啊?|一商量工作上的问题,他们就得～一通|到现在也不明白他们～的原因|他们不停地～的结果,是感情破裂。

【近义词】吵架/争吵/吵嚷/喧闹/喧哗

【反义词】安静/宁静/清静/寂静/平静

【构词】打闹/哄闹/胡闹/热闹/喧闹/争闹

764 **吵嘴** 丁

chǎo zuǐ (quarrel)

争吵:夫妻～|两个人～|经常～|成天～|跟别人～|喜欢～|开始～|停止～|避免～|夫妻～是常有的事|这两个人为什么事～了? |他三天两头跟别人～|大家都客气一点儿就吵不了嘴了|他脾气很好,从没跟人吵过嘴|为了避免～,他一句话也没说,压下了心中的怒气|对喜欢～的妻子,他只好忍让|为这么一点儿小事,吵什么嘴!

【近义词】吵架/争吵

【提示】离合词,中间可插入其他成分,如:吵过嘴|吵了嘴。

765 **炒** 丙 〔部首〕火 〔笔画〕8

chǎo (stir-fry)

[动]烹调方法,先在锅里放入少量的油,再把食品倒入锅里加热并随时翻动,使之熟:～菜|～饭|～面|～肉|～鸡蛋|～黄瓜片|～完了|～好了|～熟了|～糊了|～多了|～少了|～咸了|～淡了|～过火了|～得好吃|～得真香|～得太辣|～得太老了|～得难吃|～不好|～五分钟|～了半天|多～一会儿|少～一点儿|用旺火～|用微火～|～几个菜|每顿饭他都～四个菜|今天的午饭是扬州～饭|这么多菜一会儿就都～好了|火太旺了,菜～糊了|菜～少了,不够吃|这个菜～咸了,不好吃|少～一点儿,吃不了那么多|多～一会儿,肉还没～熟呢!

【构词】炒锅/炒货/炒冷饭/炒米/炒面/炒勺

766 **车**(車) 甲 〔部首〕车 〔笔画〕4

chē (vehicle)

[名]陆地上有轮子的运输工具:火～|汽～|马～|自行～|三轮～|公共汽～|出租～|骑～|坐～|乘～|开～|一辆～|我坐火～去上海|他每天骑自行～上班|他会开汽～|你的～呢?|他买了一辆新～。

【提示】①车(Chē),姓。②在棋类术语中称 jū

【构词】车把势/车场/车厂/车次/车道/车灯/车队/车夫/车工/车祸/车技/车库/车老板/车铃/车流/车轮战/车马费/车门/车棚/车篷/车皮/车钱/车身/车速/车胎/车条/车头/车辕/车闸/车照/车辙/车轴/车主/车资/车子/车水马龙/车载斗量

767 **车床**(牀) 丁

chēchuáng (lathe)

[名]最常用的金属切削机床,主要用来加工内圆、外圆和螺纹等成型面。工作时工件旋转,车刀移动着切削:一台～|大型～|旧～|我们车间新添了三台～|这是老李的～|这台～太破旧了,应该换新的了。

【近义词】旋(xuàn)床

768 **车间**(間) 乙

chējiān (workshop)

[名]企业内部在生产过程中完成某些工序或单独生产某些产品的单位:铸造～|纺纱～|织布～|～主任|三个～|他当了三年～主任|他正在～干活儿|工厂里又新建了三个～。

【近义词】厂房

【提示】"间"又读 jiàn,见第 3185 条"间隔"。

【构词】中间/房间/此间/单间/工间/课间/空间/里间/民间/年间/期间/

其间/区间/人间/日间/舍间/时间/世间/套间/田间/外间/晚间/午间/阳间/夜间/阴间/灶间/之间/中间

769 **车辆**(輛) 丙

chēliàng (vehicles)

[名]各种车的总称:～多|～少|～来来往往|～一辆接一辆|来往的～|这条路上～很多|上班时间,街上的～一辆接一辆|大街上～来来往往真热闹|过马路时要注意来往的～。

【近义词】车

770 **车厢** 丙

chēxiāng (carriage)

[名]火车、汽车等用来载人或装东西的部分:火车～|汽车～|硬席～|软卧～|第九～|客车～|货车～|几节～|这辆火车有十几节～|我的票是第8～32号|硬席～里人太多,我想坐卧铺|这辆客车的～打扫得非常干净。

【构词】包厢/边厢/两厢

771 **车站** 甲

chēzhàn (station)

[名]陆路交通运输线上设置的停车地点,是乘客上下车或装卸货物的场所:6路～|前边的～|一座～|这是331路～|我们在前边的～下车|你到马路对面的～上车,坐一站就到了|我明天去～接一个朋友|请你到～去取货。

【构词】兵站/电车站/火车站/货车站/进站/粮站/汽车站/前站

772 **扯** *丙 〔部首〕扌 〔笔画〕7

chě (pull)

[动]❶拉:～胳膊|～袖子|～被子|～领子|～窗帘|～后腿|～走|～住|～坏|～断|～开|～回去|～过来|～在一起|用力～|紧紧～|～一把|他～着我的胳膊不让走|他把绳子～断了|把窗帘～下来了|快把他俩～开,要不就打起来了|你别把我跟他～在一起,我不认识他|孩子紧紧～住妈妈的衣服。❷撕;撕下:～纸|～布|～衣料|～日历|～广告|～信|～书|～下来|～坏|～开|～破|～碎|～烂|～光|～成碎片|你从本子上～一张纸给我|日历一下～了好几页|把墙上的广告～下来|裤料你～少了,只够做条裙子|他一生气把信～得粉碎|好好儿的一本书,让孩子～成了碎片。❸没有一个谈话中心,随便谈:～家常|～闲话|～家里的事|～废话|～情况|～得太远了|～起来|～下去|～不完|～开|～出麻烦|～了半天|胡～|乱～|随便～|漫无边际地～|几个老太太坐在一起～家常|几位老大爷坐在门口天南海北地～起来了|这两个好朋友一见面,就～个没完|他就喜欢漫无边际地乱～|我请你来没什么事,随便～～|这几个人一边喝,一边～,一直～到夜里3点。

【近义词】❶拉/牵/拽;❷撕;❸聊/闲聊/闲谈

【提示】多用于口语。

【构词】扯淡/扯后腿/扯谎/扯皮/扯腿/扯闲篇

773 **撤** *丙 〔部首〕扌 〔笔画〕15

chè (withdraw)

[动]❶退:～军|～岗哨|～伤员|～走|～完|～干净|～出去|～下去|～回去|～不完|～了一个月|立即～|

连夜～|全部～|一齐～|分批～|偷偷地～|来不及～|让村民和伤员先～出去|任务完成，部队全部～回原地|敌人连夜～到山下|敌军慌慌张张地～出这个城市|我们的军队有计划地往南～|来不及～走的都被我们俘虏了|驻在那里的军队～了好几天才～干净。❷〈丁〉除去；拿开：～床|～桌子|～椅子|～盘子|～杯子|～火|～走|～掉|～空|～出去|～下去|～干净|～到外边|～了大床，换上两张小床|椅子多了，～掉两把|这些空盘子可以～走了|这两个菜没人吃了，～下去吧|还有人喝酒，杯子别～。❸〈丁〉降低级别；除去职务：职务～了|科长～了|～下来|～下去|连～三级|我们局长给～了|他主任的职务已经～了|不好好儿干就～了你这个主任|他被～去了厂长的职务|他从科长的位子上～下来了|这一批干部全给～下去了|他的错误太严重了，被连～三级|他被～了好几个月了，你才知道？

【近义词】❶撤退/撤离/撤回；❷除去；❸撤除/撤消/免除/罢免

【反义词】❶前进/进攻/反攻；❷添/增添；❸修建/设置/任命

【提示】注意“撤”字中间是“育”。

【构词】撤兵/撤除/撤防/撤岗/撤换/撤回/撤军/撤离/撤诉/撤职/撤走

774 撤退 丁

chètuì (retreat)

[动](军队)放弃阵地或占领的地区：军队～|敌人～|～得快|～完|决定～|命令～|开始～|停止～|暂时～|主动～|全部～|赶快～|立即～|分批～|来不及～|有计划地～|～的部署|～的速度|敌人开始慌乱地～|我军暂时～到原来的阵地|上级命令坚守阵地，不许～|敌人来不及～了|上级做出战略性～的部署。

【近义词】撤/撤回/后退

【反义词】前进/进攻/反攻

【构词】败退/病退/斥退/辞退/促退/倒退/告退/后退/进退/溃退/衰退/消退/隐退/早退

775 撤销(銷) 丁

chèxiāo (revoke)

[动]使原有的制度、规章、资格、权利等失去效力：单位～了|部门～了|机构～了|～职务|～方案|～资格|～处分|～命令|决定～|宣布～|请求～|同意～|正式～|～的决定|～的原因|这个部门早就～了|学校～了对这个学生的处分|公司领导～了他的职务|上级决定～这个机构|这个错误规定～得很及时|这个决定不利于生产，现正式宣布～|～他参加比赛的资格。

【近义词】取消/取缔

【反义词】制订/建立/设立/设置/成立

【提示】“撤销”也可写作“撤消”。

776 彻底(徹) 乙

〔部首〕彳
〔笔画〕7

chèdǐ (thorough)

[形]一直到底；深而透：交代～|查得～|搞得～|清理得～|打扫得～|～揭露|～改正|～批判|～消灭|～改变|～脱离|～了解|～调查|～的爱国主义者|～的唯物主义者|这次清查工作十分～|这个罪犯交代得还不～|整个办公大楼要～打扫一遍|他已经～戒烟了|这件事一定要～调查|敌人已被～消灭。

【近义词】透彻/完全

【反义词】肤浅/马虎

【构词】彻骨/彻悟/彻夜/彻头彻尾

到底/垫底/兜底/封底/根底/功底/家底/脚底/揭底/老底/亮底/露底/谜底/摸底/年底/鞋底/心底/有底/月底/知底/泄底/归根到底

777 **尘土**(塵) 丙 〔部首〕小 〔笔画〕6

chéntǔ (dust)

[名]附在器物上或飞扬着的细土:~飞扬|~多|~厚|积满~|厚厚的~|薄薄的~|桌上的~|床上的~|身上的~|一层~|一刮风,大街上~飞扬|桌上的~好厚啊!|好久没打扫了,屋子里积满了~|快把身上的~扫一下|他们在满是~的屋子里住了一个晚上。

【近义词】尘埃

【构词】尘世/尘缘

本土/瓷土/冻土/风土/故土/国土/黑土/红土/黄土/混凝土/疆土/净土/乐土/领土/泥土/入土/沙土/守土/水土/沃土/乡土

778 **沉** *丙 〔部首〕氵 〔笔画〕7

chén (v. sink; adj. heavy)

[动]❶(在水里)往下落(跟"浮"相对):船~了|渣子~了|货物~了|~到河里|~入水中|~在海底|~下去|~得快|慢慢地~|往下~|那条船在狂风中差一点儿~了|船翻了,货物都~到了河里|茶叶在杯子里慢慢地往下~|等药渣子全~到碗底以后再喝|别怕,这船~不下去的|他们从海底打捞上来一条~了三百余年的商船。❷〈丁〉使降落;向下放(多指抽象东西):脸~下来|心~下来|~着脸|~住气|他整天~着脸,不笑,也不说话|一遇到不高兴的事,他就把脸~下来|他学习总~不下心来|听到这个消息,大家的心一~|~住气,等敌人靠近一点儿再打|他遇到什么事都~不住气。

[形]❶分量重:箱子~|机器~|书~|家具~|孩子~|~得要命|确实~|特别~|你的行李真~,可能要超重|你带这么多书,多~啊!|桌子不太~,我们俩搬得动。❷感觉沉重(不舒服):头~|胳膊~|腿~|发~|~得厉害|感到~|我觉得头很~|腿发~,像灌了铅一样|胳膊~得抬不起来|两条腿~得动不了。❸〈丁〉程度深:睡得~|爱得~|~醉|~痛|看他睡得多~!|他们俩爱得这么~。

【近义词】[动]下沉/沉没;[形]重(zhòng)

【反义词】[动]浮/漂浮;[形]轻

【构词】沉甸甸/沉浮/沉酣/沉厚/沉缓/沉积/沉寂/沉降/沉浸/沉沦/沉落/沉埋/沉没(mò)/沉溺/沉睡/沉稳/沉陷/沉郁/沉冤/沉渣/沉醉/沉鱼落雁

779 **沉淀**(澱) 丁

chéndiàn (v. precipitate; n. sediment)

[动]溶液中难溶解的物质沉到溶液底层:~下去|~下来|~一下|慢慢地~|很快~|这些东西会~的|等这些渣子~下去后再倒|药渣子都~下去以后再喝|水流得慢,泥沙就会慢慢~下来|放一点儿明矾,杂质很快会~下来。

[名]沉到溶液底层难溶解的物质:有~|泛起~|药瓶里有~,吃时要摇晃一下|水一倒进去,就会泛起~。

【构词】积淀/淤淀

780 **沉静** 丁

chénjìng (quiet)

[形]❶没有声音；很静：夜色～｜山村～｜打破～｜显得～｜～下来｜格外～｜夜色多么～！｜深夜，山村显得格外～｜这条繁华的街道渐渐～下来｜奶奶喜欢坐在～的月光下讲故事｜～的穷山沟，如今已发展成繁华的小城镇｜鞭炮声打破了山村的～。❷（性格、心情、神色）安静；平静：性情～｜心情～｜神色～｜～地思考｜～地坐着｜变得～｜～的表情｜～的性格｜～的姑娘｜他性情非常～｜这个姑娘多么～！｜这个淘气的小姑娘变得～多了｜她～地坐在月光下｜他经常坐在窗前～地思考｜我喜欢那个～的小伙子。

【近义词】沉寂/寂静/安静/冷静

【反义词】热闹/喧哗/吵闹/嘈杂

781 **沉闷**(悶) 丁

chénmèn (gloomy)

[形]❶（天气、气氛）使人感到沉重而烦闷：天气～｜空气～｜声音～｜气氛～｜变得～｜感到～｜～得很｜～的雷声｜这几天天气特别～｜他这么一说，会场上的气氛顿时～起来｜屋里的空气～得令人窒息｜这里的气候～得叫人喘不上气来｜豆大的雨点～地敲打着窗上的玻璃｜他说了一个笑话，打破了屋里～的气氛。❷（心情）不舒畅；（性格）不爽朗：心情～｜性格～｜感到～｜变得～｜～得很｜～地坐着｜～地走着｜～的性格｜看上去很精神的小伙子，性格这么～！｜几年没见，他的性格变得～起来｜他整天～地坐着，真令人担忧｜你应该改变一下你～的性格。

【近义词】❷烦闷/忧闷/苦闷/愁闷

【反义词】舒畅/爽朗

【提示】"闷"又读 mēn，如"要下雨了，天气～得让人喘不过气来。"

【构词】憋闷/愁闷/烦闷/解闷/苦闷/纳闷/破闷/气闷/郁闷

782 **沉默** 乙

chénmò (silent)

[形]❶不说话：保持～｜～了一会儿｜～了半天｜久久地～｜～的样子｜～的空气｜他这么一说，大家都～了｜对这件事我们不能保持～｜他～了好一会儿才开口说话｜他一直～地低着头，一句话也不说｜妻子坐在灯下～地等待丈夫归来｜长时间的～令人窒息｜看他～不语的样子，真不想理他了。❷不爱说笑：变得～｜性格～｜外表～｜～的性格｜我的朋友～寡言｜原来非常健谈的他突然变得～起来｜别看他外表～，其实非常健谈｜他那～的性格真不叫人喜欢。

【近义词】沉静/默然/沉寂

【反义词】喧闹/喧哗/吵闹

【构词】静默/默默/幽默

783 **沉思** 丙

chénsī (meditate)

[动]深刻地思考：～了好久｜陷入～｜喜欢～｜打断～｜静静地～｜默默地～｜痛苦地～｜独自～｜凝神～｜～的神态｜～的目光｜～的样子｜姑娘坐在桌前～着｜这个问题他～了好久｜这件事使他陷入了～｜一阵敲门声打断了他的～｜他喜欢独自一人静静地～｜他～地看着窗前那盆兰花｜她那～的神态多么动人！

【近义词】深思/思考/思索/寻思

784 **沉痛** 丁

chéntòng (grievous)

[形]❶深深的悲痛:心情～|感到～|哭得～|说得～|万分～|～地哀悼|～地怀念|～地说|～地看着|～的样子|朋友的死使他心情非常～|听到好友离开人世,他十分～|我们为失去这样一个好同事而感到～|在母亲的遗像前,他哭得非常～|我们～地怀念过早去世的老同学|我们以极其～的心情悼念这位英雄|看他那万分～的样子,我们的心感到十分沉重。❷深刻;严重:～地宣告|～地呼吁|～地检讨|他～地检讨了自己的错误|人们～地呼吁救救这些濒于灭绝的动物|要永远记住这个～的教训。

【近义词】❶悲哀/悲伤/悲痛/哀痛/哀伤/伤心

【反义词】❶高兴/开心/愉快/快乐/喜悦

785 **沉重** 丙

chénzhòng (heavy)

[形]分量大;程度深:箱子～|铁镣～|担子～|负担～|身子～|心情～|病情～|伤势～|打击～|感到～|变得～|～的脚步|～的打击|～的代价|他肩上的担子非常～|这件事给他的打击极其～|两条腿～得迈不开步|这件事使他的心情变得异常～|他忍受着一次又一次～的打击|为工作他付出了～的代价。

【近义词】繁重

【反义词】轻巧/轻便

786 **沉着** 丁

chénzhuó (calm)

[形]镇静;不慌不忙:态度～|样子～|办事～|～得很|～应战|～地回答|～地做|～的神情|考试时千万要～|在敌人面前,他的态度非常～|这小伙子办事～得很|他～地回答记者提出的问题|他们提出挑战,我们～应战|他～地完成了任务|他那～、勇敢的性格令人钦佩|班长的～给战士们留下很深的印象。

【近义词】镇静/镇定/冷静

【反义词】慌张/着慌/惊慌/慌乱

【提示】"着"又读 zhe,见第8187条;又读 zháo,如"着急"。

【构词】穿着/附着/固着/胶着/无着/衣着

787 **陈旧**(陳舊) 丁 〔部首〕阝 〔笔画〕7

chénjiù (old-fashioned)

[形]旧;过时的:思想～|观点～|观念～|设备～|样式～|颜色～|服装～|家具～|说法～|～得很|太～了|～的照片|这个厂的机器设备太～了|我这条裙子的样式虽然～,但颜色很好|他妈妈的思想～得很|这些～的家具还是我奶奶结婚时买的呢|你这些～的观点不会有人支持|这些～的词语,现在已不大用了。

【近义词】旧/陈/老/陈腐

【反义词】新/簇新/崭新

【提示】陈,姓。

【构词】陈兵/陈病/陈醋/陈放/陈腐/陈规/陈货/陈迹/陈酒/陈粮/陈米/陈年/陈设/陈述句/陈套/陈言/陈账/陈陈相因/陈词滥调

腐旧/复旧/古旧/故旧/话旧/怀旧/恋旧/念旧/破旧/仍旧/守旧/思旧/叙旧/依旧/照旧/折旧

788 **陈列** 丙

chénliè (display)

[动]把物品摆出来供人看:～展品|～工艺品|～字画|～照片|～得整齐

|～出来|～在博物馆|全部～|部分～|长期～|～的地方|～的大厅|～的展室|在展览大厅里，各种新式服装全都～出来了|各种电器全都～在这间大厅里|博物馆里～着许多文物|农业展览馆里～着全国各地的农副产品|在厅里整齐地～着各家工厂的新产品|老人的书房里～着许多名人字画|我们想去看看～飞机、汽车的展厅。

【近义词】排列/罗列

789 **陈述** 丁

chénshù (state)

[动]有条理地说出：～意见|～看法|～理由|～观点|～主张|～见解|～得清楚|～一遍|～一下|详细地～|全面地～|简略地～|扼要地～|～的内容|我的意见刚才已经～过了|请你～一下你对这个问题的看法|这个道理他已经～得很清楚了|他全面地～了对这个问题的见解|我们同意他刚才所～的内容|他那生动的～给大家留下了难忘的印象。

【近义词】述说

790 **趁** 乙 〔部首〕走 〔笔画〕12

chèn (while)

[介]利用(时间、机会等)：～亮|～热|～着这个机会|～着年轻|刚出锅的包子，～热吃了吧|～着年轻多学点儿知识|我要去南方出差，～这个机会看看南方的朋友|～着还没下雨，快骑车回家吧|～他在家，去他家玩玩儿|～着人少，赶快多照几张相|～着现在身体还好，多去几个地方看看。

【构词】趁便/趁机/趁空儿/趁亮/趁势/趁手/趁心/趁愿/趁早/趁火打劫/趁热打铁

791 **衬衫**(襯) 乙 〔部首〕衤 〔笔画〕8

chènshān (shirt)

[名]穿在里面的西式单上衣：～漂亮|～合适|～大|～瘦|～便宜|买～|穿～|做～|短袖～|长袖～|丝绸～|布～|花～|名牌～|一件～|这件～真漂亮|这件～肥了点儿|这件～正合适|我买了一件短袖～|他太胖，～要定做|这件丝绸～送给你|这件～是名牌货|我穿中号的～。

【近义词】衬衣

【构词】衬裤/衬领/衬裙/衬托/衬映 长衫/大衫/单衫/短衫/汗衫/花衫/开衫/毛衫/青衫/套衫/衣衫/罩衫

792 **衬衣** 乙

chènyī (shirt)

[名]通常穿在里边的单衣：～漂亮|～难看|～肥|～瘦|～大|～小|布～|绸～|花～|短袖～|长袖～|名牌～|大号～|一件～|这件～真漂亮，在哪儿买的？|我穿这件～瘦了点儿|那件花～正合适|我要买一件绸～送朋友|这种～只有长袖的|这件～还是名牌呢！

【近义词】衬衫/内衣

【构词】便衣/布衣/成衣/大衣/单衣/冬衣/风衣/更衣/寒衣/军衣/宽衣/毛衣/棉衣/内衣/皮衣/青衣/绒衣/上衣/睡衣/糖衣/外衣/戏衣/夏衣/线衣/雨衣/浴衣/罩衣

793 **称心**(稱) 丁 〔部首〕禾 〔笔画〕10

chèn xīn (satisfactory)

符合心愿；心满意足：感到～|觉得～|～得很|～极了|～的工作|～的单位|～的丈夫|～的姑娘|～的事|称

我的心|他考上了北京大学，非常～|他对现在的工作感到十分～|她对儿子认识的这个姑娘～极了|他终于找到一个～的单位|他希望成为妻子～的丈夫|什么事都不称他的心|这么好的日子还不称你的心吗？

【近义词】满意

【提示】①离合词，中间可插入其他成分，如：称你的心|不称我的心。②“称心”的“称”chèn，在这里不能读成chēng。“称”chēng，见第795条。

794 **撑** ＊丙 〔部首〕扌 〔笔画〕15

chēng (support)

[动]❶用力抵住：～着下巴|～着地|～着桌子|～着床|～着墙|～住|用力～|使劲儿～|他两手～着下巴听妈妈讲故事|他两手～着地锻炼臂力|他～着床慢慢地坐起来|那块板子要倒下来了，快～住！|他用一根木头～在大门上|他一边用力～着窗户，一边喊：“刮大风了，快帮我一下！”|他拿着杆子跑了几步，使劲儿一～就跳过去了。❷用篙抵住河底使船行进：～船|～到对岸|～走了|～得快|～得稳|用力～|使劲儿～|～不动|～了一辈子|他在这条河上～了一辈子船|他把船～到了河对岸|他船～得真快，一会儿就到岸了|这船真重，他使劲儿～也～不走|他力气太小，～不动这条船。❸〈丁〉支持；维持：父亲～着|～不住|～起|～下去|一家的生活，他一人～着|有妻子给他～着这个家，他可以放心地工作|这个家实在～不下去了|我想忍住不笑，可还是～不住，笑了出来|工作任务这么重，我一个人怎么～得起来？❹〈丁〉张开：～口袋|～伞|～开|下雨了，他～着伞去上班|你～着口袋，我来放|他～开口袋，拼命往里装|他～开书包，把桌上的书全装进去了|你把口袋～大一点儿！|这把伞坏了，～不开了。❺〈丁〉充满到容不下的程度：～破|～坏|～得厉害|～得难受|～出病|吃～|他没病，是吃多了，～着了|今天可把我～着了|装吧，没关系，这口袋～不破|吃得太多了，肚子～得难受|一有好菜，他准得吃～了。

【近义词】❶抵/支/顶；❷划；❸支撑/支持；❹张开

【构词】撑场面/撑持/撑杆/撑篙/撑门面/撑腰

795 **称**(稱) 乙 〔部首〕禾 〔笔画〕10

chēng (call)

[动]❶叫；叫做：～他师傅|～得起|他的儿子～我伯伯|我们都～他老师傅|他们几个人～兄道弟，非常亲密|苏州、杭州被～为人间的天堂|他的所作所为～得起“人民英雄”这个称号。❷测定重量：～体重|～粮食|～西瓜|～二斤苹果|～一下|～不过来|你们先～体重以后再去内科检查|～～这些粮食有多重|请你～一下这个西瓜|请你给我～两斤梨|你可得～够分量|这么多粮食，我一个人怎么～得过来？|请你帮我～一～。

【近义词】❶叫/谓/曰；❷约(yāo)/掂

【提示】“称”又读chèn，见第793条。

【构词】称霸/称病/称臣/称帝/称号/称呼/称快/称奇/称颂/称王/称谓/称谢/称雄/称许/称扬/称赞/称孤道寡/称王称霸/称兄道弟

796 **称号**(號) 丁

chēnghào (title)

[名]赋予某人、某单位或某事物的名

称(多用于光荣的):获得～|取得～|得到～|享有～|给予～|授予～|先进工作者的～|模范工人的～|人民英雄的～|战斗英雄的～|先进集体的～|文明单位的～|信得过商店的～|光荣的～|英雄的～|满意的～|他今年获得了先进工作者的～|国家授予他人民英雄的～|我们班得到先进集体的光荣～。

【近义词】名称/名目/名号/称呼/称谓

797 **称呼** 丙

chēnghu (v. call; n. form of address)

[动]叫:～他|～名字|～老人|～错了|～得亲切|～得客气|亲热地～|尊重地～|互相～|请问,我们怎么～您?|孩子们都～他叔叔|我们都～她老大姐|见了不认识的妇女千万别～错了|我们都尊敬地～他刘老。

[名]当面打招呼用的表示彼此关系的名称:～亲切|～自然|～合适|～客气|～别扭|～可笑|现在的～|过去的～|新的～|旧的～|这种～听起来很亲切|"小姐"是对年轻女子的～|对外祖母的～,南方和北方不一样|"伙计"是旧时的～,现在的～是"服务员"。

【近义词】[动]叫做/称为/称做;[名]名称/名号/称号

【构词】哀呼/传呼/打招呼/高呼/号呼/呼呼/欢呼/惊呼/鸣呼/寻呼/招呼

798 **称赞**(贊) 乙

chēngzàn (praise)

[动]用言语表达对人或事物的优点的喜爱:～孩子|～售票员|～能力|～质量|～品德|～优点|～文章|～演技|～得恰当|～得过分|～一番|受到～|得到～|博得～|赢得～|热情～|极力～|满口～|群众的～|老师们一致～那个学生|乘客～售票员态度热情|他的演技博得全场观众的～|这种车的质量受到顾客的～|大家对这个运动员～得一点儿也不过分|在一片～声中,他有点儿不知所措|现在～这种商品的人越来越多。

【近义词】称颂/夸赞/赞颂/赞扬

【反义词】嘲笑/嘲讽/取笑/讥笑

【构词】参赞/礼赞/盛赞/颂赞

799 **城** 甲 〔部首〕土 〔笔画〕9

chéng (city)

[名]❶城墙:～内|～外|～边|万里长～|颐和园在北京～外|他在～边儿上开了个小饭馆|～边有条小河|万里长～真雄伟啊! ❷城墙以内的地方:东～|西～|北京东～有个老字号烤鸭店|我家以前住在西～。❸城市(跟"乡"相对):古～|名～|～乡贸易|～乡差别|～里人|北京是中国历史文化名～|大力发展～乡贸易|逐渐缩小～乡差别。

【近义词】❶城墙;❸城市

【反义词】❸乡/乡村

【构词】城堡/城池/城垛/城防/城府/城根/城关/城郭/城建/城郊/城楼/城墙/城区/城头/城乡

800 **城市** 甲

chéngshì (city)

[名]人口集中、工商业发达、居民以非农业人口为主的地区,通常是周围地区的政治、经济、文化中心:～繁华|～清洁|～有名|工业～|商业～|消费～|古老的～|现代化～|美丽的～|重要的～|海滨～|对外开放的～|

～建设|一个～|一座～|这个～在世界上非常有名|这个～最近开始对外开放|杭州是一座美丽的～|我的家乡是个工业～|这里已经由原来的小渔村～发展成一个旅游～|我国的～建设日新月异。

【近义词】城/都市/城池

【反义词】乡/乡村

【构词】罢市/菜市/灯市/都市/股市/黑市/花市/集市/街市/闹市/上市/收市/书市/小市/夜市/早市/直辖市

801 **城镇**(鎮) 丁

chéngzhèn (cities and towns)

[名]城市和集镇:重要的～|繁华的～|～居民|～建设|这些～在军事上很重要|这个地区已发展成为江南重要的港口～|这里已逐渐发展成繁华的～|这里的～居民生活水平已达小康。

【构词】冰镇/村镇/集镇/市镇/重镇/坐镇

802 **成** *甲 〔部首〕戈 〔笔画〕6

chéng (succeed)

[动]❶完成;成功:事情～了|婚事～了|买卖～了|准～|～得了|～不了|已经～了|办～了|谈～了|干～了|等这件事办～了,我打电话告诉你|这事你找他,准～|他俩的亲事没～|这笔买卖谈～了|家务事太多,什么事也干不～|有志者事竟～|功到自然～。❷〈乙〉成为;变为:～了专家|～了英雄|～了大学生|～了典型|～气候|～灰|～水|～冰|变～|改～|冻～|结～|化～|烧～|写～|～不了|他～了种小麦的专家|过去的穷孩子,今天～了大学生|在大街上边走路边吃东西,～什么样子!|过去的小渔村,如今变～了大都市|快吃,一会儿就要化～水了|天太冷,地上的雪都结～了冰|这片草地都烧～了灰|他把"慨"写～"概"了|这个孩子将来～得了才吗?

【近义词】❶成功;❷成为/变为/变成

【反义词】❶败/失败

【提示】成,姓。

【构词】成败/成材/成虫/成风/成个/成规/成婚/成活/成家/成见/成例/成名/成年/成器/成亲/成全/成群/成仁/成色/成事/成文/成型/成药/成夜/成衣/成因/成人之美/成竹在胸

803 **成** 丙

chéng (one tenth)

[量]十分之一叫一成:一～|三～|七～|占七～|八～饱|今年的产量又提高了一～|饭不要吃得太饱,八～饱就行了|这个公司的股份,老王一个人就占了四～。

804 **成本** 丙

chéngběn (cost)

[名]生产一种产品所需要的全部费用:～高|～低|～费|生产这种东西～很高|这种商品～低,利润高|这个价格,连～费也不够|我们只收个～费。

805 **成分** *乙

chéngfèn (composition)

[名]❶指构成事物的各种不同的物质或因素:补充…～|增加…～|缺少…～|破坏…～|铁的～|化学～|营养～|一种～|这种～|这种食品含铁的～比较多|你的饮食里应该补充一些碘的～|煮的时间过长,会破坏其

中的营养～|这里边都有哪些化学～？|他处理这件事含有很多个人～。❷〈丙〉指个人早先的主要经历或职业：工人～|学生～|本人～|家庭～|他是工人～|他的个人～是学生|他的家庭～是职员。

【提示】"成分"也可写作"成份"。

806 成功 乙

chénggōng (v. succeed; adj. successful)

[动]获得预期的结果：试验～|革命～|手术～|反击～|获得～|取得～|渴望～|祝贺～|争取～|终于～|初步～|他们的试验～了|第一次飞机试飞获得～|祝贺卫星发射～|停战谈判终于～|失败了没关系，总有一天你会～的。

[形]获得预期结果的：设计得～|～地完成|～地举行|～地解决|～地发射|～的经验|～的作品|这次手术做得非常～|大会开得相当～|我们～地发射了第一颗人造卫星|他们～地解决了这个地区老百姓的吃水问题|这是他一生中最～的作品|没有～的把握，我就不做。

【近义词】[动]完成/告成/胜利

【反义词】[动]失败

【构词】报功/表功/唱功/归功/记功/建功/居功/军功/苦功/立功/练功/冒功/内功/评功/奇功/气功/请功/头功/武功/邀功/硬功/用功/战功/好(hào)大喜功/马到成功/徒劳无功

807 成果 乙

chéngguǒ (achievement)

[名]工作或事业的收获：～多|～少|～显著|～丰硕|～辉煌|～突出|取得～|获得～|有～|分享～|窃取～|展出～|珍惜～|保卫～|巩固～|个人的～|集体的～|前人的～|科技～|艺术～|文学～|劳动～|胜利～|可喜的～|创造性的～|卓越的～|伟大的～|宝贵的～|他们在科研方面的～十分突出|今年我们厂取得的～非常显著|这是我们集体创造的劳动～|他们的研究取得了可喜的～|这个大厅里展出了大家辛勤劳动的优秀～|要珍惜前人给我们留下的艺术～。

【近义词】结果/成绩/收获

【构词】干(gān)果/红果/后果/结果/苦果/苹果/如果/善果/水果/硕果/糖果/鲜果/效果/因果/战果/正果

808 成绩(績) 甲

chéngjì (result; achievement)

[名]工作或学习的收获：～及格|～提高|～下降|～优良|～显著|～很差|～一般|～突出|～悬殊|有～|出～|取得～|获得～|提高～|公布～|看到～|报告～|夸大～|语文～|这学期的～|个人的～|集体的～|比赛～|考试～|～单|～通知书|他的学习～一般|他各门功课的～都很突出|他最近英语～有些下降|这次比赛他取得了出色的～|不能满足已有的～|这种新产品的试制成功是我们集体的～|现在公布一下游泳比赛的～|他工作上有这样显著的～，是跟他刻苦钻研分不开的|他们收到了学校的～通知书|大家都为你取得的～高兴。

【近义词】收获/成就/成果

【反义词】缺点/过失/过错/错误/毛病

【构词】败绩/功绩/实绩/伟绩/业绩/战绩/政绩/丰功伟绩

809 成交 丁

chéngjiāo (strike a bargain)

[动]买卖双方对货物品种、数量和价格都取得一致意见,订约手续完成。一般用在大宗批发或国际贸易上:~顺利|买卖~了|生意~了|~的金额|这批产品~很顺利|我们和那个公司的买卖终于~了|昨天一天~了两笔买卖|这批货物很顺利地~了|这次交易会上,那笔生意~的过程我已经听说了|这次货物的~,双方都很满意|这个厂产品~金额超过了五千万元。

【近义词】拍板

【构词】邦交/初交/递交/跌交/订交/断交/复交/工交/故交/建交/结交/旧交/绝交/面交/上交/社交/深交/神交/世交/私交/提交/外交/相交/新交/性交/移交/杂交/知交/至交/转交/不可开交/一面之交

810 成就 乙

chéngjiù (accomplishment)

[名]事业上的成绩:~大|~显著|~突出|~辉煌|取得~|获得~|做出~|有~|学术~|科学~|艺术~|事业上的~|伟大~|新的~|重大~|主要~|他在科学研究方面的~十分突出|他在技术革新方面取得了很大~|他在治疗疑难病症方面最近又获得了新的~|祝贺你在教育事业上获得的辉煌~|大家肯定了这幅作品的艺术~|预祝你在事业上取得更大的~。

【近义词】成绩/成果

【提示】"成绩"和"成就"的区别:"成绩"指一般工作的结果;"成就"指具有社会意义的重大事业的成果,如不能说:他的学习成就优良。

【构词】俯就/高就/将就/迁就/屈就/造就

811 成立 *乙

chénglì (establish)

[动]❶(组织、机构等)筹备成功,开始存在:学会~|工会~|公司~|~研究会|~协会|~剧团|~代表团|~得早|~起来|开始~|打算~|筹备~|决定~|宣布~|宣告~|申请~|庆祝~|纪念~|正式~|临时~|公开~|秘密~|~的时间|~的日期|我们公司是今年刚~的|这个县~了一个小剧团|会打篮球的人太少,篮球队~不起来|这个美术协会~得比较早|他们正在筹备~一个科技小组|你们什么时候宣布协会~的日期?|最近新~的公司真不少。❷〈丙〉(理论、意见)有根据,站得住:论点~|理论~|看法~|结论~|你这个论点可以~|他这个理论没有根据,不能~|我的看法肯定可以~。

【近义词】❶建立/设立/创立

【反义词】❶解散/撤销

【构词】壁立/并立/矗立/创立/倒立/鼎立/订立/独立/对立/孤立/国立/建立/林立/起立/峭立/确立/设立/侍立/树立/私立/耸立/肃立/挺立/屹立/站立/中立/自立/势不两立/亭亭玉立/遗世独立

812 成品 丁

chéngpǐn (finished product)

[名]加工完毕,质量合格,可以向外供应的产品:出售~|制成~|半~|~合格率|这里只出售~,不卖半~|把这些材料加工以后,制成~|可以买些半~回去自己加工|他们改进技术以后,~合格率大大提高。

813 成千上万(萬) 丙

chéng qiān shàng wàn (tens of thousands of)

形容数量极多:～的人|～的家业|～的物资|～的牛羊|那次大地震中丧生的人～|他祖父留下的家业～|大草原上的牛羊～|他们～地浪费国家的财产|～的人参加了这次抗洪战斗|～的物资运往受灾地区。

814 成人 丁

chéngrén (adult)

[名]成年的人:～学校|～班|～教育|这个学校的学生都是～|他们都是～,不能用教孩子的办法教他们|这里成立了个～夜校|我们为他们开了一个～班。

815 成熟 乙

chéngshú (v. ripen; adj. ripe)

[动]植物的果实等完全长成,泛指生物体发育到完备的阶段:庄稼～|麦子～|苹果～|细胞～|～得慢|～得快|～得早|～得晚|完全～|全部～|～的时候|～的阶段|地里的麦子还没～|树上的苹果全部～了|今年瓜果比去年晚～一个月|今年西瓜～得早|现在正是桃子～的时候|秋天正是庄稼～的季节。

[形]发展到完善的程度:我的想法不太～|他还年轻,政治上很不～|我已考虑得非常～,这么办没问题|时机完全～,可以行动了|他是一个～的政治家。

【近义词】[形]老练/熟练

【提示】"成熟"的"熟"又读 shóu,与"熟"shú 同义。

【构词】纯熟/耳熟/烂熟/面熟/晚熟/眼熟/圆熟/早熟

816 成套 丁

chéng tào (form a complete set)

配合起来成为一整套:～设备|～的书|～的家具|～的茶具|～的衣服|～地买|～地做|～地更新|成不了一套|他家的家具不～,什么颜色的都有|我家的家具没有～的|你把裙子拿走,我的衣服就成不了一套了|他家什么东西都是～的|他买衣服从来都是～～地买|我正好有这本书的下册,跟你的上册正好成一套|我有了钱一定要买一部～的《二十四史》。

【近义词】整套

【提示】离合词,中间可插入其他成分:成不了套|成了套。

【构词】被套/笔套/河套/旧套/客套/拉套/乱套/棉套/配套/圈套/手套/俗套/袜套/外套/袖套/枕套

817 成天 丙

chéngtiān (all day long)

[副]整天;一天到晚:～玩|～睡|～喝酒|～看书|～看电视|～叹气|～乐呵呵|他跟邻居的孩子～在一起玩|别～坐着看书,出去走走|你～看电视,什么时候学习?|你～叹气,到底为了什么事?|他～乐呵呵的,好像从来不知道发愁似的。

【近义词】整天

818 成为(爲) 乙

chéngwéi (become)

[动]变成:～主人|～英雄|～演员|～大学生|～企业家|～医生|～专家|～朋友|～废品|～现实|～习惯|～风气|～废墟|～骄傲|～希望|立志～|希望～|担心～|培养～|教育～|

发展～|变化～|翻译～|逐渐～|他由一个农民奋斗～企业家|我跟他～好朋友了|他的梦想终于～现实|这个地方已经发展～一个经济中心|助人为乐已逐渐～一种风气|他将～我们大家的骄傲|昔日的那片废墟已建设～一座美丽的花园。

【近义词】变成/形成/变为

【构词】变为/称为/极为/较为/难为/人为/认为/无为/行为/以为/尤为/有为/作为/大有可为/无所作为

819 成效 丁

chéngxiào (effect)

[名]功效;效果:～显现出来|～体现出来|～显著|有～|没有～|取得～|收到～|大见～|初见～|学习～|工作～|办事的～|明显的～|～的大小|吃这种药,～明显|用这种化肥,～十分显著|我用过这种方法,～不大|他坚持打太极拳,已经收到～|他坚持不懈的努力,已经初见～|建这项工程已经有了明显的～|办事要讲求～。

【近义词】成绩/成就/成果/效果/功效

【构词】报效/仿效/功效/后效/见效/疗效/生效/失效/收效/速效/特效/无效/药效/有效

820 成心 丁

chéngxīn (intentional)

[形]故意:～气人|～捣乱|～这么做|～这么说|～跟我过不去|他总是～气我|他明明知道不是这么回事,～要这么说|他知道,～不说|他会做,～不做|他这么做,是～捣乱|你明知不对,非这么做,不是～嘛!|我这么做不是～的。

【近义词】故意/存心

821 成语(語) 丙

chéngyǔ (idiom)

[名]人们长期以来习用的、简洁精辟的定型词组或短句。汉语的成语大多由四个字组成,一般都有出处:引用～|～故事|～的典故|～的出处|～的意思|一个～|他写文章引用了很多～|老师给学生讲了一个～故事|你知道"朝三暮四"这个～故事吗?|请告诉我"杯弓蛇影"这个～的出处|"后来居上"这个～是什么意思?

822 成员(員) 丙

chéngyuán (member)

[名]集体或家庭的组成者、参加者:减少～|集体的～|公司的～|家庭的～|协会的～|工厂的～|不可缺少的～|新～|主要的～|～国|这个协会的～不断增加|哥哥结婚以后,我们家又增加了一个新～|我们每个人都是集体的～|我不是那个公司的～|他现在成了我们家的主要～|我现在成了书法协会的一名～|母亲管理家务,是这个家庭不可缺少的～。

【构词】兵员/病员/裁员/超员/乘务员/船员/炊事员/党员/店员/定员/动员/服务员/雇员/官员/海员/会员/技术员/减员/教员/满员/人员/伤员/社员/随员/团员/委员/学员/演员/要员/议员/译员/运动员/职员/专员

823 成长(長) 乙

chéngzhǎng (grow up)

[动]❶生长而成熟:树木～|幼苗～|～得快|逐渐～|茁壮～|健康～|迅速～|～起来|～的条件|孩子～|后

山的那片果树已经～起来了|孩子们正在健康～|地里的幼苗正在茁壮～|十年后,这棵小树苗一定会～为一棵大树。❷〈丙〉向成熟的阶段发展:～的道路|～的过程|这批干部～得很快|他由一个普通士兵～为一名军官|领导关注着单位里每个年轻人的～|他介绍了这个英雄～的道路。

【近义词】生长/发展

【提示】“成长”的“长”zhǎng 在这里不能读成 cháng。

824 **呈** 丁 〔部首〕口 〔笔画〕7

chéng (assume [form, color, etc.])

[动]❶具有某种形式;显出各种颜色:～圆形|～方形|～糊状|～胶状|～红色|～黄色|～膜状|苹果的果实～圆形|这种叶子～椭圆形|加上水煮半小时,等～糊状时,就可以吃了|梨树的花一般～白色|蝴蝶的翅膀～膜状。❷恭敬地送上去:～公文|～国书|～上|公文～上去了|外国大使向总统～国书。

【近义词】❶显出/露出;❷呈递/呈报

【构词】呈报/呈递/呈请/呈文/呈献/呈祥

825 **呈现**(現) 丁

chéngxiàn (present)

[动]显出;露出:～…风光|～…境况|～…场面|～…精神|～…颜色|～出|～在|～着|清楚地～|眼前～出一片繁荣的景象|人们的眼睛里～着惊喜的神色|大雨过后,天空～出碧蓝的颜色|一条笔直的大路清楚地～在我们面前|水族馆将海底世界的奥秘～在人们眼前。

【近义词】出现/涌现/浮现/表现/显现/显露

【反义词】消失

826 **乘** *乙 〔部首〕丿 〔笔画〕10

chéng (ride)

[动]❶用交通工具或牲畜代替步行;坐:～汽车|～地铁|～火车|～飞机|～马车|～船|～上|～错|～得上|～10个小时|我每天～公共汽车上班|去天安门～几路车?|没～上这次航班,可以～下一次的|今天～错了车,所以来晚了|现在走已经～不上末班车了|我～不了船,一上船头就晕|我～了十几小时的飞机,真有点儿累了。❷〈丙〉在数和数之间或其他运算对象间进行乘法运算:二～三|长～宽|～总人数|～错|～上|3～5 等于 15|长～宽就是它的面积|这个地方～错了,再～一遍。

【近义词】❶坐/搭

【提示】乘,姓。

【构词】乘便/乘法/乘方/乘号/乘积/乘警/乘凉/乘数/乘兴/乘虚/乘风破浪/乘人之危

827 **乘机**(機) 丁

chéngjī (seize the opportunity)

[副]利用机会:～玩玩儿|～看朋友|～买点儿东西|～反攻|～逃走|～把球踢入门里|～投进一个球|他来北京出差,～看看我们|我进城办事,～买点儿东西|敌人正在熟睡,侦察员～进入他们的阵地|在对方没注意时,他～投进一个球。

【近义词】趁机/趁势/趁便/借机/伺机

828 **乘客** 丙

chéngkè (passenger)

[名]搭乘车、船、飞机的人:～多|～

少|～满意|车上的～|飞机上的～|很多～|一名～|一位～|现在是旅游旺季,飞机～很多|～对他们的服务很满意|深夜,火车上的～都休息了|很多～都称赞这次列车服务态度好。

【构词】拜客/宾客/常客/刺客/待客/房客/顾客/归客/贵客/过客/好(hào)客/会客/剑客/看客/来客/旅客/请客/生客/食客/熟客/说客/稀客/侠客/谢客/游客/远客/政客/做客

829 **乘务员**(務員) 丁

chéngwùyuán (attendant)

[名]在火车、轮船、飞机上为乘客服务的工作人员;电车、公共汽车上的工作人员:当～|做～|飞机上的～|火车上的～|～小姐|～的工作|热情的～|这位～小姐非常热情|～的工作相当辛苦|她在公共汽车上当～|他是列车～|他喜欢～这一行|这位热情的～受到乘客的一致好评。

〔部首〕皿 〔笔画〕11

830 **盛** 丙

chéng (fill)

[动]❶把东西放在器具里:～饭|～汤|～菜|～多|～少|～完|～满|～好|～在碗里|～在盘子里|～给他|～出来|多～|少～|～一碗|～两盘|～一勺|你们坐着,我来～饭|饭给我～得太多了|汤别～得太满|饭～多了,我吃不完|我把鱼～在盘子里|这碗汤是～给客人的|把锅里的菜都～出来|给客人多～一点儿。❷容纳:～水果|～书|～衣服|～水|～东西|～得多|～得少|～得下|～不下|～得了|～不了|别看口袋小,能～下20斤米|这个水缸能～三担水|这个大箱子能～很多衣服|苹果还是～在我的书包里吧|不用的东西都～到这个大纸箱子里。

【近义词】❶舀/打;❷容/容纳

【提示】“盛”又读 shèng,见第5717条。

〔部首〕禾 〔笔画〕12

831 **程度** *乙

chéngdù (degree)

[名]❶文化、教育、知识、能力等方面的水平:～高|～低|～差|～整齐|文化～|外语～|技术～|觉悟～|很低的～|相同的～|这个班的学生文化～很整齐|对新来的职员,都要了解一下他们的外语～|技术～的高低决定他能否胜任这一工作|～高的同学分在一班,～稍低一点儿的分在二班。❷〈丙〉事物变化达到的状况:高兴的～|努力的～|满意的～|不可救药的～|无法形容的～|今天的饭软硬～正合适|这两辆车新旧～差不多|这次地震的破坏～不太严重|他的错误发展到了不可救药的～|他们的服务质量已到达到人人满意的～。

【近义词】❶水平/水准;❷状况/境地/地步

【提示】程,姓。

832 **程序** 丙

chéngxù (order; procedure)

[名]事情进行的先后次序:～确定下来|～编制好了|～设计好了|～公布了|安排～|商量～|会议～|计算机～|发言的～|教学～|安装的～|制定～|简单的～|固定的～|一套～|这次会议的～已经安排好了|开会以前把大会发言的～确定下来|按事先研究好的～办|机器安装有一定的～|他每天的工作有一套固定的～。

【近义词】次序/顺序

【构词】次序/代序/工序/花序/时序/顺序/语序/秩序/自序

833 **惩**(懲) 丁 〔部首〕心 〔笔画〕12

chéng (punish)

[动]❶处罚:严～|～一警百|这些坏蛋,一定要严～|对这些坏人～得好,～得对|要严～一切来犯的敌人。❷警戒:～前毖后,治病救人。

【近义词】❶罚/治

【反义词】❶奖/赏

【构词】惩处/惩戒/惩治/惩恶扬善/惩一警百

834 **惩办**(辦) 丁

chéngbàn (punish)

[动]处罚:～坏人|～凶手|～罪犯|受到～|严加～|严厉～|狠狠地～|～的对象|要严厉～犯罪分子|对这些罪犯～得非常及时|那个杀人凶手终于受到～|对这样的坏人一定要严加～|这次～的对象是那些危害社会秩序的不法分子。

【近义词】处分/处罚/责罚/惩处/惩罚

【反义词】奖励

835 **惩罚**(罰) 丁

chéngfá (punish)

[动]严厉的处罚:～坏人|～叛徒|～罪犯|受到～|遭到～|加以～|免除～|逃脱～|公开地～|坚决地～|严厉地～|狠狠地～|～的规定|～的理由|～的目的|不～这些坏人,就不能保证人民的安全|贩毒分子应受到严厉～|你只有改正自己的错误,才能免除～|任何犯罪分子都逃脱不了人民的～|要坚决地～那些危害人民利益的坏蛋|～坏人的目的是为了让老百姓过安定的生活。

【近义词】处分/处罚/责罚/惩处/惩办

【反义词】奖励

【构词】处罚/认罚/赏罚/受罚/体罚/刑罚/责罚

836 **澄清** 丁 〔部首〕氵 〔笔画〕15

chéngqīng (clarify)

[动]弄清楚(问题、认识等):～问题|～事实|～观点|得到～|加以～|予以～|需要～|这个历史问题需要～|他要求～这个误会|这些谣言已经得到了～|这件事情还需要进一步～|这些问题应该尽快予以～|现在只剩下一个有待～的问题。

【反义词】混淆/搅混/搅乱

【构词】澄澈/澄净/澄空/澄明

查清/蛋清/分清/付清/划清/冷清/凄清/肃清/血清/誊清/旁观者清/玉洁冰清

837 **诚恳**(誠懇) 乙 〔部首〕讠 〔笔画〕8

chéngkěn (sincere)

[形]真诚而恳切:态度～|批评～|为人～|待人～|说话～|显得～|看上去～|听起来～|～地表示|～地检讨|～地请求|～地希望|～地欢迎|～地提出|～地劝告|他对人的态度非常～|他为人十分～|他的批评是～的|他这番话说得很～|他的检讨听起来不算～|他～地希望大家多提意见|他～地请求大家帮助|他那～的态度令人感动。

【近义词】真诚/诚挚/诚实/恳切

【反义词】虚伪/虚假

【构词】诚然/诚心/诚惶诚恐

838 **诚实**(實) 乙

chéngshí (honest)

[形]言行跟内心思想一致(指好的思

想行为);不虚假:态度~|样子~|为人~|说话~|做事~|显得~|~的孩子|~的人|~的品质|~的态度|这个孩子很~|他为人~|他说话、做事都~、可靠|经过教育,他变得~起来|我最讨厌不~的人|工作能力大小不重要,只要~就行|我喜欢他是因为他有着~的品质。

【近义词】真诚/老实/诚挚/诚恳

【反义词】虚伪/虚假

【构词】充实/敦实/果实/憨实/核实/厚实/纪实/坚实/结实/口实/老实/皮实/朴实/其实/切实/求实/确实/如实/失实/史实/事实/踏实/委实/务实/现实/翔实/写实/虚实/严实/殷实/扎实/真实/证实/忠实/壮实/华而不实/货真价实/名副其实/言过其实/有名无实

839 诚心诚意 丁

chéng xīn chéng yì (earnestly and sincerely)

真心;诚恳的心意:~地邀请|~地希望|~地请求|他对我们是~的|他~地邀请我们去做客|我~地希望你们再来|他帮助我们完全是~的|他~地做了这么多菜,不吃他会不高兴的。

【近义词】诚意/真心/真情

【反义词】虚情假意

【构词】本意/称意/创意/春意/醋意/大意/得意/妒意/恶意/故意/好意/合意/厚意/会意/假意/介意/敬意/酒意/倦意/决意/刻意/快意/来意/乐意/立意/凉意/留意/满意/美意/民意/起意/歉意/情意/任意/如意/善意/深意/盛意/失意/诗意/示意/适意/授意/睡意/肆意/随意/特意/天意/同意/无意/谢意/新意/心意/蓄意/一意/用意/有意/语意/寓意/原意/愿意/在意/真意/执意/旨意/致意/主意/注意/着意/醉意/出其不意/粗心大意/回心转意/全心全意/三心二意/诗情画意/一心一意/自鸣得意

840 诚意 丁

chéngyì (sincerity)

[名]真心:有~|怀着~|毫无~|表示~|表达~|辜负~|理解~|接受~|感受到~|报答~|朋友的~|亲人的~|改正错误的~|道歉的~|助人的~|可贵的~|难得的~|一片~|因为双方都有~,贸易谈判进行得很顺利|看得出来,他们对谈判毫无~|我们不能辜负您的一番~|对于你们的一片~,我们表示感谢|看来,他这次确实是有改正错误的~。

【近义词】真心/诚心

841 诚挚(摯) 丁

chéngzhì (sincere)

[形]真诚恳切:态度~|感情~|目光~|样子~|语调~|谈话~|对人~|显得~|感到~|说得~|变得~|~地待人|~地谈话|~地关怀|~地祝愿|~的希望|~的邀请|~的谢意|~的友谊|他的态度十分~|他对你的感情是~的|他的样子显得非常~|主人~地款待远方的客人|我~地祝愿你们永远幸福|谈话是在~的气氛中进行的|永远难忘我们之间~的友谊|请接受我们~的邀请。

【近义词】真诚/真挚/诚实/诚恳/恳切

【反义词】虚伪/虚假

【构词】沉挚/深挚/真挚

842 承办(辦) 丁

〔部首〕乛
〔笔画〕8

chéngbàn (undertake)

[动]接受办理:～会议|～项目|～手续|～结婚宴席|～食品加工|～人员|我公司～房屋装修业务|我们没有～这项工作|饭店～结婚宴席|由我们公司～一个食品加工厂。

【近义词】承包/承揽

【提示】承,姓。

【构词】承当/承欢/承继/承接/承揽/承蒙/承诺/承情/承望/承修/承印/承迎/承载/承做/承前启后/承上启下/承先启后

843 承包 丙

chéngbāo (contract)

[动]接受工程、订货或其他生产经营活动并且负责完成:集体～|个人～|家庭～|专业户～|个体户～|～土地|～果园|～鸡场|～饭店|～项目|～任务|～得了|～不了|～得起|～下来|～下去|～起来|～得合理|～得好|实行～|进行～|要求～|申请～|接受～|拒绝～|同意～|鼓励～|主动～|大胆～|单独～|积极～|～的好处|～的甜头|～的形式|～的期限|～的条件|～的单位|～的双方|他们家～了这个果园|10年前,他～了这一片荒山,开始植树造林|修建这座大楼的工程由这个建筑队～起来|这几个妇女～了一个养鸡场|这片鱼塘他要求继续～下去|他们尝到了～的甜头|双方商定了～的条件和期限。

【近义词】承办/承揽

844 承担(擔) 丙

chéngdān (bear; undertake)

[动]接受并负起责任:～义务|～责任|～家务|～使命|～费用|～工作|～研究项目|～罪名|～后果|～得了|～不了|～不起|～下去|～下来|～起来|自愿～|要求～|拒绝～|单独～|共同～|大胆～|主动～|合理～|多～|少～|～的义务|～的方式|～的条件|母亲～了所有的家务|他～着一项重要使命|我们集体～了这个科研项目|我们～不起这笔费用|他们自愿把这个艰巨的任务～起来|你～得了这个罪名吗?|这个山村女孩儿的学费我们应该继续～下去|年轻人就应该多～一些工作。

【近义词】担负/担当

【反义词】推卸/推委/推脱

【构词】分担/负担

845 承认(認) 乙

chéngrèn (admit)

[动]❶表示肯定、同意、认可:～错误|～罪行|～事实|～现实|～差别|～权利|～偷盗|～贪污|～失败|～下来|得到～|获得～|怕～|肯～|不得不～|开始～|表面上～|口头上～|痛快地～|主动～|完全～|他的工作能力得到大家的～|要～城乡存在的差别|你应该主动～错误|他怕～这个现实|他开始～自己的罪行|他们不得不～自己失败|是你弄坏的,就应痛痛快快～下来|是我的错我全部～了|他只是表面上～有这么回事。❷国际上指肯定新国家、新政权的法律地位:～新国家|～新政权|～独立|～法律地位|予以～|决定～|声明～|得到～|获得～|一致～|完全～|纷纷～|单独～|～的条件|～的时间|我国声明～这个新政府|世界各国一致～这个国家的独立|这个国家的合法政府已被世界上许多国家～|它是被世界各国～的独立国家。

【近义词】肯定/同意/认可/确认

【反义词】否认/否定

846 **承受** 丁

chéngshòu (endure)

[动]❶经受;忍受:～重量|～压力|～考验|～诬蔑|～打击|～痛苦|～灾难|～处分|～孤独|～悲哀|～得了|～不了|～得住|～不住|～下来|无法～|愿意～|开始～|决定～|痛苦地～|艰难地～|～的能力|这条小船能～多大重量?|他准备～各种考验|他再也～不了打击了|他～得住来自家庭和社会的压力吗?|老人～着晚年的孤独|他这辈子～的苦难三天也说不完。❷继承(财产、权力等):～权力|～财产|～遗产|～下来|全部～|他～了祖上的全部财产|他～的只是一个即将破产的烂摊子。

【构词】饱受/尝受/甘受/感受/好受/接受/难受/忍受/身受/收受/授受/享受/消受/遭受/逆来顺受

847 **秤** 丁 〔部首〕禾 〔笔画〕10

chèng (scale)

[名]测定物体重量的器具,特指杆秤:我有一杆～|～的种类很多|用～称一下有多重|～有杆～、地～、台～、弹簧～等。

【近义词】杆秤

【构词】秤锤/秤杆/秤钩/秤盘子/秤星

848 **吃** *甲 〔部首〕口 〔笔画〕6

chī (eat)

[动]❶把食物等放在嘴里经过咀嚼咽下去(包括吸、喝):～米饭|～药|～肉|～奶|～零食|～夜宵|～大碗|～荤|～素|～甜|～辣|～得下|～不下|～得了|～不完|～得上|～不上|～得起|～上|～光|～得好|～得香|～得舒服|～得慢|～不惯|～腻|～胖|～撑|～坏|～好|～饱|～两顿|难～|好～|多～|少～|慢点儿～|快快～|大口大口～|我喜欢～米饭|他不爱～肉|奶奶常常～素|饭太多了,～不了|你～得下这么多吗?|太晚了,食堂关门了,～不上饭了|这么贵,我可～不起|我们食堂～得很好|这顿饭～得真舒服|我南方饭、北方饭都～得惯|天天～鱼,都～腻了|太好～了,我都～撑了|当心别～坏肚子|早上～少了,没到中午就饿了|一定要～饱～好,别客气啊!|这个菜真难～|看见好～的就使劲儿～,小心～胖了|觉得好～就多～点儿|这顿饭～了两个小时|这条鱼太大了,～了两天才～完|慢点儿～,别噎着。❷〈乙〉在某个出售食物的地方吃;按某种标准吃:～食堂|～饭馆|～小灶|～遍|我平时不做饭,～食堂|他喜欢～饭馆|在学校上学时,～了十几年食堂|他～遍了这里有名的饭馆|那个饭馆我去～了好几次|他一直～食堂,从不自己做。❸〈丙〉依靠别人或某种事物来生活:～山|～水|～大锅饭|～铁路|～粉笔末儿|～父母|～老本|～利息|～房租|～救济|～一辈子|～好几年|靠山～山,靠水～水|他靠～粉笔末儿养活一家子|他一直没有工作,至今还在～父母|他家几辈子都是靠～这点儿房租维持生活|他～了好几年救济,现在总算找到了一个工作|得想个办法,不能总～老本啊!|开车这碗饭不是那么好～的|如今～大锅饭可不行了。❹〈丙〉消灭(多用于打仗或下棋):～了一个团|～马|～错|～掉|～完|～光|～得着|～不着|～不成|～一个子

儿|这次战斗中,我军～掉敌人一个团|注意,我要～你的马了。❺〈丁〉吸收(液体):～水|～墨|～油|～进去|～干|～没|这种纸不～水|这种宣纸～墨|茄子特别～油|这种料子不好,爱～土。❻〈丁〉接受;忍受:～窝囊气|～苦头|～败仗|～拳头|～巴掌|～枪子儿|～哑巴亏|～软|～硬|他～尽了没有文化的苦头|这次让你～了不少苦头|在球场上～了一个大败仗|他～了父亲一巴掌|他腿上～了一枪|他～尽了哑巴亏|这种窝囊气我～够了|他～软不～硬|我可不～你这一套|这亏我～不起。

【近义词】❶吞

【近义词】❶吐

【构词】吃白饭/吃白眼/吃不开/吃不消/吃醋/吃大户/吃耳光/吃饭/吃官司/吃馆子/吃喝/吃苦头/吃老本/吃素/吃透/吃香/吃小灶/吃心/吃斋/吃闭门羹/吃大锅饭/吃后悔药/吃里爬外/吃哑巴亏/吃不了兜着走

849 吃惊(驚) 乙

chī jīng (startled)

受到突然的刺激而精神紧张;有时也指惊讶:心里～|吃了一惊|大吃一惊|感到～|觉得～|十分～|令人～|～地问|看到这种场面,人们都十分～|听他一说,心里感到很～|昨天晚上他真让我吃了一惊|他的行为令我大吃一惊|儿子经常很晚回来,母亲成天为他～受怕|父亲～地问:"这是你做的作业吗?"|他～地看着那个人想:不是说他早已死了吗?|他的进步快得令人～。

【近义词】惊奇/惊异/惊讶/奇怪/惊诧

【提示】离合词,中间可插入其他成分,如:吃了一惊|大吃一惊。

【构词】担惊/失惊/受惊/虚惊/压惊/震惊

850 吃苦 丙

chī kǔ (bear hardships)

经受艰苦:能～|肯～|愿意～|怕～|担心～|免得～|共同～|～耐劳|吃尽苦|吃得了苦|吃不了苦|吃一辈子苦|～的精神|～的日子|～的事|这些年轻人很能～|过去他吃尽了苦|他的父亲吃了一辈子苦|如今的孩子们没吃过什么苦|母亲担心儿子在那里吃不了苦|如果没有一点儿～耐劳的精神,就会一无所成。

【提示】离合词,中间可插入其他成分,如:吃了很多苦|吃大苦。

【构词】悲苦/愁苦/甘苦/孤苦/何苦/疾苦/艰苦/叫苦/刻苦/苦苦/困苦/劳苦/贫苦/清苦/穷苦/受苦/诉苦/痛苦/挖苦/辛苦

851 吃亏(虧) 丙

chī kuī (suffer losses)

❶受损失:国家～|群众～|怕～|肯～|感到～|担心～|免得～|吃大亏|吃小亏|吃了自私的亏|吃了自高自大的亏|吃了哑巴亏|吃了不老实的亏|～的事|不能让国家～|怕～就干不成事|宁可自己～,不能让群众～|想得周到一些,免得～|这笔买卖他吃了大亏|今天吃了点儿小亏,没事儿|他上了朋友的当,吃了个哑巴亏|他学习退步了,是吃了骄傲自满的亏|～的事他绝对不干。❷在某方面条件不利:他个子矮,打排球有点儿～|他因为不懂科学,常常～|年轻,经验不足,工作上未免要吃一点儿亏。

【反义词】沾光

【提示】离合词，中间可插入其他成分，如：吃了大亏｜吃不了亏。

【构词】多亏/理亏/幸亏/自负盈亏

852 **吃力** 丙

chīlì (strenuous)

[形]费力：工作～｜学习～｜觉得～｜感到～｜做得～｜写起来～｜干得～｜～得很｜相当～｜～地走着｜～地站起来｜～地睁开眼睛｜他现在的工作不怎么～｜他学习电脑感到很～｜这事干得再～，也得干下去｜这个活儿做起来～得很｜写文章对他来说相当～｜他在院子里～地走着｜他～地睁开眼睛看看大家，又闭上了｜他抢着干～的活儿｜他热情地帮助学习～的同学。

【近义词】费力/费劲

【反义词】省劲儿

853 **持久** 丙 〔部首〕扌 〔笔画〕9

chíjiǔ (lasting)

[形]保持长久：战斗～｜耐力～｜友谊～｜和平～｜难～｜～地努力｜～地观察｜～地工作｜～的战争｜～战｜希望你这种积极性能够～｜这种局面不会～下去｜他跑得很快，但耐力不能～｜靠吃吃喝喝建立起来的友谊是很难～的｜人们渴望～的和平｜要准备打一场～仗｜不经过～的努力，是不会成功的。

【近义词】长久

【构词】持法/持家/持平/持身/持斋/持重/持之以恒

854 **持续**(續) 丁

chíxù (continue)

[动]照原来的样子继续不断地延长下去：～进行｜～开展｜～发生｜～上升｜～增长｜～下去｜～一年｜～了三天｜～增产｜看来，这种局面还要～下去｜会议～了三天｜手术～了六个小时｜比赛正在～进行｜今年夏天的气温～上升｜今年粮食～增产｜最近又出现了～的阴雨天气。

【近义词】继续/连续/延续

【反义词】中断/中止/间断

【构词】承续/继续/接续/连续/陆续/手续/延续/断断续续/时断时续

855 **池** *丙 〔部首〕氵 〔笔画〕6

chí (pool)

[名]❶蓄水的坑，一般不太大，比较浅：～深｜～浅｜养鱼～｜荷花～｜游泳～｜～里｜～外｜这个养鱼～不太深｜门前那片荷花～真大｜我们学校修建了一个游泳～｜～里的水流出来了｜～里的鱼真不少｜女人们在～边洗菜。❷〈丁〉旁边高、中间洼的地方：花～｜乐(yuè)～｜洗脸～｜洗手～｜便～｜浴～｜我家门前修了一个花～｜他正在乐～里拉小提琴｜把洗手～擦干净。

【近义词】❶池子/池塘/塘

【提示】池，姓。

【构词】池浴/池沼/池子

856 **池塘** 丁

chítáng (pond)

[名]蓄水的坑，一般不大，也比较浅：～深｜～浅｜～大｜～小｜承包～｜利用～｜改造～｜～里｜～边｜这个～一点儿也不深｜他家承包了一个～，养了很多鱼｜我们可以利用～养蟹｜把这个～改造一下，养些鱼虾，增加农民的收入｜～里的荷花多么美啊！｜女人们在～边洗衣服。

【近义词】池/塘

【构词】火塘/泥塘/苇塘/鱼塘

857 **迟**(遲) 丙 〔部首〕辶 〔笔画〕7

chí (slow; late)

[形]❶慢:反应～|～～不来|～～不作答复|～～不交|～～不说|人老了,行动～缓了,反应也～缓了|这事为何至今仍然～～不解决?|大家等了一个多小时,他～～不来|信写去了好几封,他却～～不作答复|别人都交了,只有他～～不交|意见提上去好几个月,他们～～不予解决。❷比规定的时间或合适的时间靠后:睡觉～|起步～|～来|～睡|～开|～飞|～到|来得～|吃得～|觉悟得～|时间太～了,来不及了|你每天睡觉这么～!|虽然起步～了点儿,努一把力,还能赶上|他每天～来早走|今年的梨花～开了半个月|由于天气关系,飞机～飞三个小时|火车～到了20分钟|你来得太～了,我们都吃完饭了|他觉悟得太～了,毁了自己的一生|对不起,我来～了。

【近义词】❶慢;❷晚

【反义词】❶快;❷早

【提示】①"迟"表示"慢"的意思时,常常重叠使用,如:～～不说。②迟,姓。

【构词】迟钝/迟慢/迟暮/迟误/迟延/迟早/迟滞

858 **迟到** 甲

chídào (arrive late)

[动]到得比规定的时间晚:学生～|消息～|上班～|～五分钟|～了两小时|～了半个月|天天～|经常～|不准～|～的人|因为下大雪,学生们都～了|路上塞车,我～了一个小时|这封信～了半个多月|突然下暴雨,航班～了好几个钟头|他上班经常～|谁也不准～|这已是～的消息,我早就知道了。

859 **迟缓**(緩) 丁

chíhuǎn (slow)

[形]缓慢:动作～|步子～|感觉～|声音～|进度～|走路～|觉得～|显得～|讲得～|进展得～|～地行驶|～地移动|～的脚步|工程的进度十分～|年纪大了,做什么事都显得～了|事情进展得相当～|他挪动着～的脚步向前走去。

【近义词】缓慢/慢

【反义词】迅速/急速/飞速/火速/神速

【构词】和缓/缓缓/减缓/平缓/延缓/暂缓

860 **迟疑** 丁

chíyí (hesitate)

[动]拿不定主意;犹豫:心里～|样子～|不能～|～不决|～了一下|～了一会儿|～地问|～地回答|～地站着|～的态度|～的目光|他看到这种情况,心里～了|这事要果断决定,不能～|他～了半天,还是买下了那辆车|他～地问:这真是名牌商品吗?|他～地站在那里,不知往哪条路走|他用～的目光看着周围的人。

【近义词】犹豫/踌躇/犹疑

【反义词】果断/坚决/坚定/果敢

【构词】猜疑/存疑/答疑/多疑/犯疑/狐疑/怀疑/解疑/惊疑/可疑/起疑/生疑/释疑/无疑/嫌疑/犹疑/质疑

861 **齿轮**(齒輪) 丁 〔部首〕齿 〔笔画〕8

chǐlún (gear)

[名]有齿的轮状机件,是机器上最常

用、最重要的零件之一：~转动|制造~|加工~|带动~|~的作用|一个~|~在机器上转动|~是机器上很重要的一个零件|这是加工~的机床|一个~转动时，带动另一个~|~的作用是改变转动方向、转动速度等。

【构词】渡轮/舵轮/飞轮/滑轮/货轮/江轮/巨轮/客轮/年轮/三轮/拖轮/邮轮/油轮/渔轮

862 **尺** 乙 〔部首〕尸 〔笔画〕4

chǐ (n. ruler; m. chi, *a unit of length*)

[名]量长度的器具：皮~|卷~。

[量]市尺的通称：二~布|三~长|四~宽|1~等于10寸|1公尺是3.3~|10~是1丈|我想做一条裙子，得买几~布？/买四~白布做衣兜。

【构词】尺度/尺码/尺牍

863 **尺寸** 丙

chǐcun (size)

[名]长度(多指一件东西的长度)：忘了~|量~|~大小|多大~|裤子的~|桌子的~|电视机的~|他没带父亲衣服的~，今天又买不成了|我忘了窗帘的~，今天买不了了|我先给您量一下衣服的~|不知道~大小就没法做|你要买多大~的电视机？|~大小量准确，才能做得合适|就照这条裙子的~做吧。

【构词】方寸/分寸/市寸/英寸

864 **尺子** 丙

chǐzi (ruler)

[名]量长度的器具：~精确|用~量|一把~|这把~很精确|先用~量一下长短，再去买布|售货员用~量好三米，然后把料子剪下来|我要买一把新~。

865 **赤道** 丙 〔部首〕赤 〔笔画〕7

chìdào (the equator)

[名]环绕地球表面距离南北两极相等的圆周线。它把地球分为南北两半球，是划分纬度的基线，赤道的纬度是0：~以北|~以南|地球表面上与~平行的小圆叫纬线|~以南有南回归线，以北有北回归线|~以北的半球称北半球，以南称南半球。

【构词】赤背/赤膊/赤忱/赤诚/赤红/赤脚/赤金/赤痢/赤露/赤裸/赤裸裸/赤贫/赤条条/赤铁矿/赤铜矿/赤胆忠心/赤手空拳

866 **赤字** 丁

chìzì (deficit)

[名]指经济活动中支出多于收入的差额数字。簿记上登记这种数目时，用红笔书写：减少~|出现~|增加~|消灭~|财政~|账目上的~|这个月~又增加了|账目上的~越来越大|今年没有出现~|他们终于消灭了~|一定要想办法减少~。

867 **翅膀** 乙 〔部首〕羽 〔笔画〕10

chìbǎng (wing)

[名]❶昆虫的飞行器官，一般是两对，呈膜状，上面有翅脉，有的前翅变成角质或革质。通常又指鸟类等动物的飞行器官：~好看|~硬|有~|鸟的~|蝴蝶的~|鸡~|鸭~|美丽的~|~上的羽毛|~上的花纹|两只~|一对~|一双~|这只小鸟的~真漂亮|它的~还没长硬，飞不起来|蝴蝶~颜色美丽|蝴蝶静止时两对~竖立在背上|他喜欢吃鸡~|这种鸭子虽有~，但飞不高|那只大鸟有着一

对坚硬的～|这只小鸟～上的羽毛已长丰满了|老母鸡用～保护它的孩子们。❷物体上形状或作用像翅膀的部分：飞机～|装上～|插上～|我的座位在靠近飞机～的地方，什么也看不清楚|我真想插上～，马上飞到你那里去。

【近义词】翅/翼

868 **充当**(當) 丁 〔部首〕亠 〔笔画〕6

chōngdāng (act as)

[动]取得某种身份；担任某种职务：～向导|～代理人|～领导人|～指挥官|～翻译|～司机|～主持人|～司仪|～工具|～好人|～内行|～英雄|～主语|愿意～|要求～|打算～|继续～|开始～|甘心～|主动～|临时～|参观颐和园时，我愿意～向导|每次出去玩儿都由弟弟～司机|你在我们面前～什么英雄？|别想把冒牌货～名牌货|这个词在句子里～主语|今天晚会上，他主动给大家～翻译|他出色地～了一次婚礼上的司仪|他不甘心只～配角|每出戏里他总是～领导干部。

【近义词】充任/担任

【提示】充，姓。

【构词】充斥/充电/充公/充饥/充军/充其量/充任/充塞/充数/充填/充血/充溢/充盈/充裕/充耳不闻

承当/担当/叮当/该当/甘当/敢当/理当/难当/相当

869 **充分** 乙

chōngfèn (sufficient)

[形]❶足够(多用于抽象事物)：理由～|论据～|论点～|材料～|营养～|条件～|休息～|感到～|觉得～|认为～|阐述得～|表达得～|了解得～|准备得～|揭露得～|～地说明|～相信|～休息|～的时间|你想跟妻子离婚的理由很不～|他的这些论点阐述得不够～|我认为事实已经很～了|大会的材料准备得相当～|事实～证明我们的判断是正确的|让我去那儿工作我还没有～的思想准备|你现在需要的是～的营养和～的休息|你的问题是对别人缺乏～的热情。❷尽量：～发挥|～利用|～调动|～满足|～依靠|～支持|要～发动群众一齐干|大家可以～发表自己的意见|～发挥群众的创造性|～发扬这种优良传统|～利用各种资源为经济建设服务|～调动大家的积极性|商店要～满足顾客的要求|要～发挥他的作用。

【近义词】❶充沛/充实/充足

【反义词】❷贫乏

【提示】“分”又读 fēn，见第 1888 条。

870 **充满**(滿) 乙

chōngmǎn (fill)

[动]❶填满：～阳光|～气体|～香味|～火药味|～泪水|～血丝|～笑声|～歌声|～房间|～会场|早上屋子里～阳光|房间里～了茉莉花香|战场上～了火药味|他的眼眶里～了泪水|他三天三夜没睡，眼里～了血丝|欢笑声～了整个校园|节日的气氛～了整个城市。❷充分具有：～信心|～朝气|～理想|～希望|～自豪|～同情心|～活力|～生命力|～情趣|～激情|～光明|～欢乐|～幸福|～惆怅|～委屈|～艰辛|我对我们的事业～信心|这些年轻人～了朝气|他对当年一起战斗的老战友～了怀念|政府对灾区的人民～了关怀|人们的脸上～了胜利的喜悦|母亲的一生是～

了艰辛的一生|孩子们的生活～了欢乐。

【近义词】填满/装满/布满

871 **充沛** 丁

chōngpèi (plentiful)

[形]充足而旺盛：精力～|体力～|感情～|～的力量|这位80岁的老人，精力仍然十分～|这位年轻的作家感情～得很|由于今年雨水～，庄稼长势很好|他总是显得那么精力～|凭他那～的精力，任务一定会完成|他打了几个月的太极拳以后，体力逐渐～起来。

【近义词】充分/充实/充足/充裕

【构词】颠沛/丰沛

872 **充实**(實) 丙

chōngshí (adj. rich; v. enrich)

[形]丰富；充足(多指内容或人力物力的配备)：内容～|生活～|思想～|感情～|写得～|过得～|安排得～|～得很|这篇小说不长，但内容～|他的理由比较～|他们提供的证据还不够～|我们虽然不富有，但生活过得很～|我认为他们厂人力、物力配备得很～|我觉得生活安排得～一点儿好。

[动]使充足；加强：～内容|～知识|～力量|～机构|～基层|～干部|～队伍|～生活|～库存|～货架|得到～|希望～|大量～|努力～|不断～|要不断～新知识|这个工厂应该～年轻干部的队伍|基层干部得到大量～|我们要求～文娱生活|我建议迅速～青年教师队伍。

【近义词】[形]丰富/充足；[动]加强

【反义词】[形]贫乏/单薄/空虚；[动]减少/压缩/削弱

873 **充足** 乙

chōngzú (sufficient)

[形]多到能满足需要：阳光～|光线～|雨水～|经费～|材料～|资金～|人力～|物力～|理由～|～得很|～的水分|～的货源|现在光线～，咱们照一张相|今年雨水～，麦子长得特别好|由于经费不够～，公司没办起来|你的理由不够～，我不能同意|我们的人力、物力都～得很|要有～的阳光，庄稼才能成熟|我们有～的货源|没有～的资金，什么也办不成。

【近义词】充分/充裕/充实/足够

【反义词】短缺/欠缺

874 **冲**(衝) *乙 〔部首〕冫 〔笔画〕6

chōng (charge)

[动] ❶很快地向前直闯，突破障碍：～防线|～阵地|～司令部|～倒|～散|～出去|～出来|～进来|～进去|～上去|～过来|～了一个小时|～往|～向|猛～|乱～|横～直撞|车来了，大家不要～，一个一个上|～银行的匪徒全部被抓获|排长大声喊："同志们，～上去，消灭他们！"|敌人的几道防线都被我军～破|我们的部队～进敌军的司令部|敌人的火力太猛，～不上去|胡同里突然～出来一辆自行车|他喝醉了，开着车在路上乱～乱撞。❷用开水等浇：～牛奶|～咖啡|～茶|～熟|～开|～稀|～化|～上|～好|请～一杯牛奶|我给你～一杯浓咖啡|～碗鸡蛋汤|这种奶粉一～就化|水不开，～不开|多加点儿水，～得稀一点儿好吃|～上壶好茶，一边喝一边聊。❸〈丙〉冲洗；冲击：～澡|～两遍|大浪～着岩石|～～手上的泥再吃饭|

天太热了，我想～个澡|洪水从山上～下来|大树被洪水～倒了|他的衣服被水～走了|把菜再～几遍|潮水把小船～到岸边|一场大雨把地上的污泥都～干净了。

【近义词】❶闯/撞；❸洗

【提示】"冲"又读 chòng，见第889条。

【构词】冲刺/冲淡/冲动/冲犯/冲锋枪/冲服/冲击波/冲剂/冲决/冲力/冲凉/冲杀/冲刷/冲天/冲洗/冲撞/冲锋陷阵

875 **冲锋**(鋒)　丁

chōngfēng (charge)

[动]进攻的部队向敌人迅猛前进，用冲锋枪、手榴弹、刺刀等消灭敌人的战斗行动：～开始|～停止|～结束|战士～|发起～|打～|打退～|下令～|准备～|决定～|开始～|勇敢地～|～的时候|～的号角|～的命令|～的场面|一次～|明日拂晓，猛烈的～即将开始|～激烈地继续着|我军向敌人阵地发起猛烈的～|每次战斗总是这个尖刀排打～|战士们勇敢地打退了敌人的七次～|～的号角一响，战士们英勇地向敌人阵地冲去|战士们～的场面真是惊心动魄。

【近义词】冲击

【反义词】退却/撤退

【构词】笔锋/词锋/刀锋/话锋/机锋/交锋/前锋/先锋/中锋

876 **冲击**(擊)　*丙

chōngjī (lash)

[动]❶(水流等)撞击物体：～岩石|～道路|～房屋|～过来|猛烈地～|迎头～|一次一次地～|不断～|巨浪～着岸边的船只|奔腾的大浪～着岩石|一个大浪向我们的小艇～过来|山洪像猛兽一样从山上～下来|山上的泥沙被～下来|大水不断～着这里的房屋和道路。❷进攻的部队向敌人迅猛前进，用冲锋枪、手榴弹等消灭敌人的战斗行动：～开始|～敌人|～阵地|发起～|下令～|勇敢地～|猛烈地～|他们向敌人阵地～|他们勇敢地～敌人的阵地|他们准备～敌人的司令部|～的号角响了，战士们勇敢地冲了上去。❸〈丁〉比喻使人或事物受到强烈影响或损害：～家庭|～思想|～旧传统|～人们|～生活|战争～了人们和平的生活|新的思想～着旧的传统|不幸一次一次地～着这个女人。

【近义词】❶撞击；❷冲锋；❸打击

【构词】搏击/侧击/出击/打击/堵击/反击/伏击/攻击/合击/轰击/还击/回击/夹击/歼击/截击/进击/抗击/拦击/雷击/目击/炮击/拳击/射击/痛击/突击/袭击/迎击/游击/撞击/追击/阻击/不堪一击

877 **冲破**　丁

chōngpò (break through)

[动]突破某种状态、限制等：～黑暗|～堤岸|～风浪|～防线|～阻拦|～牢笼|～包围|～封锁|～难关|～沉闷的空气|～重重障碍|他～封建家庭的束缚，去寻找自由和幸福|战士～敌人的防线|他们～了敌人的包围|他们～难关，完成了架桥任务|他们的船～风浪，终于到达目的地|他的发言～了沉闷的会场气氛。

【近义词】突破

878 **冲突**　丙

chōngtū (v./n. conflict)

[动]矛盾表面化，发生了激烈斗争：

时间～|内容～|思想～|前后～|语言～|～起来|～下去|这两个会时间～了|文章的内容前后～了|父与子又～起来|双方的武装力量～过好几次了。

[名]指表面化的矛盾:有～|发生～|解决～|军事～|武装～|语言上的～|思想上的～|双方的～|利害～|这两件事不会有～的|那个国家发生了武装～|他们经常发生语言上的～|两代人思想上的～很多|他们双方的～已经解决了|他们之间不是什么利害～,很好解决。

【近义词】矛盾

【构词】奔突/唐突

879 **虫子**(蟲) 乙 〔部首〕虫 〔笔画〕6

chóngzi (insect)

[名]昆虫和类似昆虫的小动物:～飞|～爬|～传染疾病|长(zhǎng)～|生～|有～|消灭～|捉～|～卵|一只～|一条～|一种～|这种～咬人很疼|飞进来一只～|这种～会传染疾病|这种～专门吃庄稼|衣服都长～了|这米里都生～了,不能吃了|他捉了一只奇怪的小～。

【近义词】虫

【构词】虫害/虫灾

880 **重** 乙 〔部首〕丿 〔笔画〕9

chóng (again)

[副]重复;重新:～写|～做|～说|～学|～修|～改|～游|～来|～看|你写错了,～写一遍|这个做得不好,你再～做一个|别急,我给你～画一张|收音机还是有毛病,得拿去～修|请你把问题～说一遍|～游黄山的愿望终于实现了。

【近义词】再

【提示】“重”又读 zhòng,见第 8469 条。

【构词】重逢/重聚/重孙/重围/重起炉灶/重生父母/重温旧梦/重修旧好/重整旗鼓

881 **重** 丁

chóng (layer)

[量]层:一～山|一～困难|一～阻力|两～顾虑|一～又一～|～～困难|好几～|再翻过两～山就到了|他们克服了一～又一～的困难|他们冲破了～～阻力,顺利地完成了任务|他们终于消除了～～顾虑,大胆地开展工作|我的家乡跟他的家乡隔着好几～山。

【近义词】层

882 **重叠** 乙

chóngdié (overlap)

[动](相同的东西)一层层堆积:机构～|山峦～|音节～|报纸～|文件～|～起来|～在一起|～式|这一带山峦～|这里机构～,人浮于事|你怎么把报纸和文件都～在一起了?|应该精简～的机构|动词与形容词的～式不同,动词的～式是 ABAB,形容词的～式是 AABB。

【构词】层叠/折叠

883 **重复**(復) 乙

chóngfù (repeat)

[动] ❶(相同的东西)又一次出现:意思～|题材～|发言～|歌词～|避免～|造成～|容易～|这两句话的意思～了|这两个剧本的题材～了|他的话～得让人讨厌|这种语法错误,在他的练习里一次次地～|为了避免发言内容～,你们准备时分一下工。❷ 又一次做(相同的事情):～说|

～动作|～两遍|准确地～|～使用|～练习|孩子很喜欢～大人的话|你总是～这种错误|这段乐曲要～两遍|他照着师傅的做法～了一遍|这种东西可以～使用|这首歌他～练习了十几遍才唱好|他准确地～教练的动作。

【近义词】反复

884 **重申** 丁

chóngshēn (restate)

[动]再一次详细说明：～意见|～理由|～观点|～来意|～态度|～纪律|我～一下对这件事的意见|他向公司领导～了他辞职的理由|他向主人～他的来意|我要向大家～我对这件事的态度。

【构词】引申

885 **重新** 乙

chóngxīn (again; anew; afresh)

[副]❶再一次：～见面|～阅读|～修理|～出版|～讲解|～游览|～来到|～回到|～拿走|～穿上|分别30年的父子又～见面了|你再～读一遍这本书|这本书又～出版了|我～游览了长城|战争爆发，他又～穿上了军装。❷表示从头另行开始(变更方法或内容)：～做|～画|～写|～布置|～部署|～翻译|～整理|～开始|～做人|这个做坏了，～做一个|这篇作文写得不好，我想～写|他～布置了各项任务|他买了些新家具，把屋子～布置了一下|他把过去的文件～整理了一下|一切都～开始|他决心改正错误，～做人。

【近义词】再次/再度

【构词】尝新/创新/从新/簇新/翻新/革新/更新/清新/全新/刷新/迎新/崭新/自新

886 **崇拜** 丁 〔部首〕山 〔笔画〕11

chóngbài (worship)

[动]尊敬钦佩：～英雄|～领袖|～名人|～上帝|～专家|～金钱|～才华|受到～|表示～|盲目地～|狂热地～|由衷地～|～的程度|～的偶像|他从小就非常～英雄|他最～伟大的音乐家贝多芬|我～他那崇高的品质|这位爱国的艺术大师受到人们的～|这位老师受到学生们的～|年轻人对那个歌星～得不得了|他们狂热地～那个球星|不要盲目地～物质文明|人们对他～的程度到了狂热的地步|你心目中～的偶像是谁？|一个国家、一个民族不应搞个人～。

【近义词】钦佩/敬佩/崇敬/佩服

【反义词】鄙视/轻慢/轻蔑/蔑视

【提示】崇，姓。

【构词】参拜/朝拜/答拜/跪拜/回拜/交拜/结拜/礼拜/膜拜/团拜/谒拜

887 **崇高** 乙

chónggāo (lofty)

[形]最高的；最高尚的：境界～|认为～|～的理想|～的品质|～的事业|～的目标|～的情操|～的风格|～的敬意|他的品质～，受到人们的尊敬|他们的事业是～的|他有一个～的理想|他们为实现一个～的目标而努力|他那～的风格感动了周围的人|为我们～的友谊干杯！|我们对英雄们表示～的敬意|向您致以～的敬礼|他的英雄行为获得了～的荣誉。

【近义词】高尚/高贵

【反义词】卑鄙/低贱

【构词】拔高/登高/孤高/年高/攀高/清高/抬高/提高/跳高/音高/增高

888 **崇敬** 丁

chóngjìng（esteem）

［动］给以很高的评价，并非常尊敬：～英雄｜～领袖｜～先烈｜～名人｜～老师｜～他的为人｜受到～｜～的心情｜人们非常～这些英雄｜我们十分～这位画家｜学生们非常～这位老师的学识｜他的高贵品质受到人们的～｜我们怀着～的心情去瞻仰烈士陵墓｜我们悼念他是出于对他的～。

【近义词】崇拜/尊敬/敬重/敬仰/敬佩/佩服

【反义词】鄙弃/鄙视/蔑视/轻蔑

【提示】"崇拜"与"崇敬"的区别："崇敬"着重特别尊敬，对象一般是人；"崇拜"着重特别钦佩，对象可以是人或物，有时达到过分、迷信的程度，如"崇拜金钱"、"崇拜神灵"。

【构词】恭敬/回敬/可敬/起敬/钦敬/失敬/孝敬/致敬/尊敬

889 **冲**（衝） *丙 〔部首〕冫 〔笔画〕6

chòng（v. face; prep. towards）

［动］对着；向着：～着天花板｜～着窗户｜～着门｜～墙｜～左边｜～马路｜～着我｜他说话时眼睛喜欢～着天花板｜他的桌子～着窗户｜大门～着电梯｜他住的那座楼正～着马路｜他的话不是～你，是～我的｜他睡觉习惯～左边。

［介］❶对着；向着：～人笑｜～窗户坐｜～墙放｜～门站｜～天上看｜～南开｜～大家说｜～他发火｜他总是～人微笑｜她独自～窗户坐着沉思｜～墙放着的那张床是我的｜车～那条岔路开走了｜他家大门～南开｜他～大家说："来，为友谊干杯！"｜你今天为什么～儿子发火？❷〈丁〉凭；根据：～他的聪明才干，准能胜任这个工作｜～他这股干劲，准能完成任务｜～那热情态度，我只好买了一件｜就～这点儿资金，还要开公司？｜～你这句话，我也得帮你一把｜～他那个考试成绩，上不了一流大学｜～你的面子，我一定帮忙。

【近义词】［动］向/朝；［介］❶向/朝；❷凭着/根据

【提示】"冲"又读 chōng，见第 874 条。

890 **抽** *甲 〔部首〕扌 〔笔画〕8

chōu（take out from in between）

［动］❶把夹在中间的东西取出来：～牌｜～签｜～刀｜～出｜～掉｜～不动｜～不完｜他从夹子里～出一张纸｜他从钱包里～出 10 元钱｜觉得热可以～掉一床褥子｜你从我的牌里～一张｜如果决定不了，咱们就～签｜你～了一道什么题？｜他～出刀来说："我跟你们拼了！"｜我从书架上～出一本小说｜木板上边压得太重，～不动。❷〈乙〉从全部里取出一部分：～时间｜～人力｜～干部｜～一部分｜～二分之一｜～资金｜～税｜～出｜～光｜～走｜～出来｜你～时间去医院检查一下身体吧｜他们～出一部分人力去支援别的单位｜这个干部是从农村～上来的｜他们又想把资金～回去｜我们这里的技术人员都被～光了｜他被～到国家队去参加国际比赛｜我想把属于我的那部分～走。❸〈丙〉吸：～烟｜～烟斗｜～血｜～气｜～风｜～水｜～出来｜～上来｜～下去｜～不动｜～起来｜～完｜～干｜～一回｜他喜欢～烟斗｜明天早上～血检查，记住别吃早饭｜把池塘里的水～上来浇地｜游泳池的水该～出来换新的了｜鱼池里的水已被～干了｜他的身体就是～烟～坏的｜水泵坏了，～不了水了｜他说戒烟了，

怎么又～起来了？❹〈丙〉打(多指用条状物)：～牲口|～人|～嘴巴|～球|～过来|～得疼|～出血印|用力～|狠狠地～|～一鞭子|～一巴掌|～一顿|～好几下|不要用鞭子～牲口，要爱护它们|他～了对方一个嘴巴，随后又去道歉|打乒乓球时，他～过来的球，我一个也接不住|他朝马屁股上狠狠地～了一鞭子。❺〈丁〉(某些植物体)长出：～芽|～穗|～出|春天到了，树枝上～出了新芽|谷子～穗还早呢|湖边的柳树～出嫩叶|高粱穗儿都快～齐了。❻〈丁〉收缩：衣服～了|～得厉害|～短了|～了一大截|～了好多|～了三寸|这种布一下水就～|人造棉～得可厉害了，得多买一点儿|衣服～得没法穿|裙子～短了，不能穿了|这条裤子一下水～了好多|年纪大了，人也～～了|你怎么越长越～～了！

【近义词】❶取/拿；❸吸；❹打；❺长(zhǎng)；❻缩

【构词】抽查/抽打/抽调/抽风/抽筋/抽冷子/抽签/抽水/抽穗/抽芽/抽样/抽咽

891　抽空　丁

chōu kòng (manage to find time)

挤出时间(做别的事)：～学习|～做家务|～看朋友|～写信|～学书法|抽出空儿来|抽不出空儿|抽一点儿空儿|他工作很忙，还～学习外语|他学习非常忙，每天还得～做家务|谢谢你在百忙之中～来看我|我最近忙得一点儿空儿都抽不出来|等我抽出空儿来，一定给他写信|难道这一点空儿都抽不出来吗？|希望你抽点儿空儿把屋子打扫一下。

【近义词】偷空/偷闲/瞅空

【提示】①离合词，中间可插入其他成分，如：抽不出空儿。②"抽空"的"空"kòng在口语中一般要儿化。③"空"又读kōng，如"空气"。

【构词】得空/没空/填空/偷空/闲空/有空

892　抽屉　丁

chōuti (drawer)

[名]桌子、柜子等家具中可以抽拉的盛放东西的部分：整理～|收拾～|大～|小～|一个～|你的～真整齐|我的～太乱，要抽空整理一下|我的书桌是三个～的|这个衣柜有两个小～，三个大～|衣服放在～里了|小东西都放在上边的～里。

【构词】笼屉

893　抽象　乙

chōuxiàng (abstract)

[形]不能具体经验到的；笼统的；空洞的：问题～|道理～|概念～|定义～|理论～|内容～|认为～|感到～|说得～|写得～|～的思维|这个词的概念非常～，不好理解|你说的道理太～了，我听不懂|我认为这篇文章内容写得很～|你说得太～了，能不能具体一点儿？|请你用具体事实解释一下这个～的道理|我们不能总是～地讨论，谈一点儿实际的问题好不好？

【近义词】笼统

【反义词】具体

【构词】表象/病象/惨象/对象/旱象/幻象/迹象/假象/景象/气象/天象/险象/现象/星象/形象/意象/印象

894　踌躇(躊)　丁

〔部首〕足
〔笔画〕14

chóuchú (hesitate)

[动]拿不定主意：态度～|脚步～|感到～|～起来|～得很|～了一会儿|毫不～|十分～|～地问|～地说|～地站着|～地接受|～的样子|～的态度|～的步子|一遇到事，他的态度就～了|他走到门边，听见里边的笑声，脚步就～了|这事使他感到很～|一听人这么说，他顿时～起来|他毫不～地跳下去救落水的儿童|他～地问："这样做能行吗？"|他～地站在那里，不知该向哪边走|他～了好一会儿，终于答应了|看他那～的样子，真让人着急。

【近义词】犹豫/犹疑/迟疑

895 稠密 丁

〔部首〕禾
〔笔画〕13

chóumì (dense)

[形]又多又密：人烟～|村落～|人口～|行人～|商店～|叶子～|铁路网～|显得～|长得～|种得～|～的建筑|这个城市不大，但人口～|这条街道行人～，热闹极了|这棵树的叶子长得非常～|花园里的花草种得十分～|这里到处是～的竹林|我国拥有～的铁路网，交通四通八达|这里是北京市人口最～的地方|他们常常去树木～的地方采集标本。

【近义词】繁茂/浓密

【反义词】稀疏/稀少

896 愁 乙

〔部首〕心
〔笔画〕13

chóu (worry)

[动]忧愁；担心：～吃|～穿|～生活|～房子|～经费|～得要命|～得吃不下|～得睡不着|～得直哭|～考不上|～找不到|～回不去|～完不成|～病了|～坏了|～死了|整天～|日夜～|老人家吃了一辈苦，如今不～吃的，也不～穿的，日子过得挺舒心|他儿子要结婚了，成天～房子|他家旁边开了个小食堂，这下不用～没人做饭了|为了工厂的经费问题，他～得睡不着觉|看着庄稼都泡在水里，农民们～得要命|这孩子～考不上他理想的大学|他～找不到一个好工作|孩子上学的事把他～坏了|为了儿子，她头发都～白了。

【近义词】忧/虑

【反义词】喜/乐(lè)

【构词】愁肠/愁楚/愁烦/愁苦/愁闷/愁容/愁绪/愁眉苦脸/愁云惨雾

897 筹备(籌備) 丁

〔部首〕竹
〔笔画〕13

chóubèi (prepare)

[动]为进行工作、举办事业或成立机构等事先筹划准备：～会议|～展览会|～物资|～经费|～晚会|～选举|～演出|～得差不多|～得顺利|～得迅速|～好|～了半个月|着手～|开始～|积极～|共同～|～的过程|～委员会|青年画家的作品展已～好了|建厂的经费～得差不多了|人民代表的选举工作～得很顺利|这个电化教学中心～了很久了|他们正在着手～建立一个技术专科学校。

【近义词】筹划/筹办/准备

【构词】筹办/筹措/筹划/筹集/筹谋/筹算

储备/防备/后备/戒备/警备/具备/军备/配备/齐备/设备/完备/预备/责备/战备/置备/贮备/装备/准备/自备

898 筹建 丁

chóujiàn (prepare to construct)

[动]策划建立：～学校|～工厂|～公司|～幼儿园|～科学研究中心|～起来|尽快～|准备～|积极～|迅速～|

忙于～|他们正在准备在山区～一所中学|这个工厂正在～一所幼儿园|他们每天忙于～科学研究中心的事情|这里要尽快～一个气象观测站|因为资金不足,公司至今没～起来。

【构词】承建/创建/封建/改建/基建/扩建/土建/兴建/修建/营建

899 **仇** 丙 〔部首〕亻 〔笔画〕4

chóu (hatred)

[名] ❶因利害冲突而产生的强烈憎恨:～大|～深|有～|记～|结～|很大的～|很深的～|深～大恨|有～报～|你跟他有什么～? |这孩子虽小,挺会记～的|他们是因为一件很小的事结下了～|这个～一定要报|新～旧恨一起报。❷仇人;敌人:嫉恶如～|同～敌忾|他为人正直,一贯嫉恶如～|全国人民同～敌忾,奋勇杀敌。

【近义词】❶恨/冤仇/仇恨;❷仇人/仇敌

【提示】"仇"作姓氏时读 Qiú。

【构词】仇敌/仇家/仇人/仇杀/仇视/仇怨

900 **仇恨** 丙

chóuhèn (v. hate; n. hatred)

[动]因利害冲突而产生强烈憎恨:～敌人|～凶手|～卖国贼|～败类|～贪官|非常～|特别～|～的怒火|～的心理|人人都～无耻的汉奸|大家对毒品走私贩～得咬牙切齿|他抑制不住～的怒火,向杀人凶手猛扑过去|敌人的暴行在孩子们的心里深深地埋下～的种子。

[名]因利害冲突而产生的强烈憎恨:～深|～大|～埋在心里|有～|充满～|消除～|激起～|产生～|阶级～|民族～|满腔～|他把对敌人的～深深地埋在心里|他心里充满了对侵略者的～|敌人的暴行,激起人民强烈的民族～|他们终于消除了两个家族之间的～|他们之间只是一点儿误会,谈不上什么～。

【近义词】[动]怨恨/憎恨/痛恨;[名]仇怨/冤仇

【反义词】[动]喜爱;[名]恩惠/恩德/恩情

【构词】抱恨/妒恨/愤恨/含恨/怀恨/悔恨/嫉恨/记恨/解恨/可恨/恼恨/痛恨/衔恨/泄恨/雪恨/厌恨/遗恨/饮恨/怨恨/憎恨/报仇雪恨/深仇大恨

901 **绸子**(綢) 丁 〔部首〕纟 〔笔画〕11

chóuzi (silk)

[名]薄而软的丝织品:～衬衫|～面料|一米～|一块～|这种～|他送我一件～衬衫|她定做了一件～面儿的棉袄|做一条～裙子,需要几米? |这种～多少钱一米? |这块～真漂亮。

【近义词】丝绸

902 **丑**(醜) 丙 〔部首〕一 〔笔画〕4

chǒu (ugly)

[形](相貌和样子)难看:长相～|脸～|样子～|～得不得了|生得～|打扮得～|变得～|特别～|格外～|～样儿|～相|他人很好,就是长相～点儿|她这身打扮真～! |都说他～得要命,我看还不错|别看他～得像猪八戒,可有一颗金子般的心|这孩子真聪明,可惜长得～了点儿|这样化妆反而显得～了|以前人们都叫她～丫头,可是女大十八变,如今是越变越好看了。

【近义词】难看

【反义词】美/俊/漂亮/美丽
【提示】丑,姓。
【构词】丑八怪/丑化/丑剧/丑角/丑陋/丑态/丑闻/丑相/丑行

903 **丑恶**(惡) 丁

chǒu'è (hideous)

[形]丑陋;恶劣:面目～|灵魂～|思想～|行为～|揭露～|极端～|～的面目|～的灵魂|～的现象|～的社会|～的嘴脸|～的行为|他虽是国家干部,但灵魂极其～|他面目清秀,内心却～得很|要无情地揭露侵略者～的行径|他终于露出了～的灵魂|这本小说是描写30年代一个～的家庭的故事。
【反义词】美好/善良
【构词】旧恶/首恶/万恶/邪恶/凶恶/罪恶/作恶

904 **臭** *乙 〔部首〕犬 〔笔画〕10

chòu (smelly)

[形]❶气味难闻:厕所～|屋子～|鞋～|～得很|～极了|～不可闻|特别～|～气|～味|～鱼|鞋真～|肉都～了,快扔了吧|这种豆腐闻着～,吃起来可香了!|这是什么东西,～不可闻!|～鱼～虾吃了要得病的。❷〈丙〉惹人厌恶的:～毛病|～架子|～德性|～样子|～老板|他那爱喝酒的～毛病总改不了|这个干部没有当官做老爷的～架子,群众都喜欢他|他总是摆出一副教训别人的～架子|这个～地方,我都呆够了!❸〈丁〉狠狠地:一顿～骂|一顿～打|他父亲把他～骂了一顿|这个坏蛋,把他～打一顿,才能老实|他今天挨了父亲一顿～骂。
【反义词】❶香/喷香/芳香/芬芳
【提示】"臭"字下面是"犬",不能写成"大"。
【构词】臭虫/臭豆腐/臭烘烘/臭名/臭棋/臭味相投

905 **初** *乙 〔部首〕衤 〔笔画〕7

chū (adj. at the beginning of; *prefix*)

[形]❶开始的;开始的部分:～夏|～冬|～年|年～|月～|每年～夏,他都回来看望父母|已是～冬时节,花园里各种花还开着|每年年～,厂长都要安排这一年的生产任务|这个工厂每到月～都要做一次计划|这个瓷瓶好像是清～的出土文物。❷第一次;刚开始:～次|～学|～练|～演|～做|～来|～到|～升|我跟他是～次见面,以前不认识他|～学外语时,要特别注意打好语音基础|我～练太极拳时,动作很不标准|他～来中国时,一句中国话也听不懂|我～来乍到,一切都不熟悉,请多关照。
[头]〈丙〉常用在"一"至"十"的前面,表示农历一个月前十天的次序:～一|～六|他的生日是农历正月～五|今天是腊月～八|今天～几了?
【反义词】❶末/底
【提示】①"初"字左边的偏旁是"衤",不能写成"礻"。②初,姓。
【构词】初版/初创/初春/初冬/初稿/初会/初婚/初见/初交/初恋/初秋/初赛/初夏/初雪/初愿/初战/初诊/初衷/初出茅庐/初露锋芒/初露头角

906 **初步** 乙

chūbù (preliminary)

[形]开始阶段的;不是最后的或完备的:～意见|～计划|～安排|～了解|～印象|～改变|～解决|～同意|这

件事，你们先提一个～意见｜我订了个～的计划，请大家讨论一下｜对这次接待任务，我们作了一个～安排｜化验已有了一个～的结果｜我对他的印象只能说是～的｜我对他的了解只是～的｜经过这几年的建设，～改变了城市的面貌｜这事已～解决｜领导～同意了我们的计划。

【构词】拔步/代步/地步/独步/方步/缓步/急步/箭步/健步/脚步/进步/进一步/举步/开步/阔步/留步/迈步/漫步/跑步/起步/却步/让步/散步/碎步/踏步/台步/同步/徒步/退步/稳步/舞步/信步/正步/止步/逐步

907 **初级**(級) 乙

chūjí (elementary)

[形]最低的阶段：～课本｜～程度｜～班｜～阶段｜～小学｜～中学｜我现在学的是《～日语课本》｜他的英语只是～程度｜我刚上～班，什么都还不会呢｜他刚上～中学。

【近义词】初等

【反义词】高级/高等

908 **初期** 丙

chūqī (early days)

[名]开始的一段时期：抗战～｜解放～｜建国～｜明朝～｜癌症～｜～工程｜～阶段｜抗战～，他就参加了军队｜解放～他随部队到南方去了｜建国～，经济建设面临的困难相当大｜他是胃癌～，做了手术就会好的｜这个大坝～工程已经结束。

【反义词】晚期/末期

909 **初中** 丙

chūzhōng (junior middle school)

[名]初级中学的简称：～毕业｜上～｜考～｜～程度｜～学生｜～毕业生｜～同学｜～时代｜他～毕业了，准备考高中｜他今年该上～了｜我孩子明年考～｜这个工人只有～文化程度｜他们是些～的学生｜他是我～时代的同学。

910 **出** *甲 〔部首〕丨 〔笔画〕5

chū (go out)

[动]❶从里面到外面：～来｜～去｜～门｜～国｜～院｜～笼｜～校门｜～这条街｜～～进进｜我们～去散散步吧｜我一～门，就下起雨来｜他～国旅行去了｜大夫说再有三天就可以～院了｜他～了校门以后，没再回去过｜～了这条街就看见那座楼了｜这个楼每天～～进进的人很多｜他像～了笼的小鸟，高兴地跑着。❷〈乙〉发出；发泄：～芽｜～汗｜～疹子｜～声｜～气｜～透｜播下的种子都～芽了｜吃了药，～～汗，感冒就好了｜～疹子就得～透｜累得他直～粗气｜别～声，大家都休息了｜他有一肚子气，没地方～｜你骂我两句～～气｜这事太欺负人了，我非找机会～～这口气！｜你的气～够了吧！❸〈乙〉显露；显现：～太阳｜～彩霞｜～彩虹｜～月亮｜～星星｜雨过天晴，天空～了一道彩虹｜中秋节晚上～月亮时，我们一边赏月一边吃月饼｜夜晚天空～了好多星星，数也数不清。❹〈丙〉往外拿：～钱｜～力气｜～主意｜～布告｜～节目｜～广告｜～通知｜～车｜～题｜我们有钱～钱，有力～力｜这个活儿是要～力气的｜你给我～个主意吧｜国庆节放几天假会～布告通知大家的｜黑板上～了个通知，说明天下午三点开会｜晚会上你～什么节目？｜学校～车去机场接归国留学生。❺〈丙〉超出：～界｜～边

线｜～圈｜～格｜不～一年｜球～界，换发球｜火车～轨了｜球～边线了｜考试内容～不了这个范围｜孩子淘气没关系，只要别～圈就行｜现在他不如你，不～两年就会超过你。❻〈丙〉出产；产生；发生：～棉花｜～茶叶｜～瓷器｜～煤｜～活儿｜～产品｜～诗人｜～书｜～教材｜～问题｜～事故｜～毛病｜～危险｜～故障｜～于｜～自｜我的家乡～茶叶｜这瓷花瓶是江西景德镇～的｜这个工厂每个工人一天～多少活儿？｜唐朝～了不少有名的诗人｜他又～了一本书｜这是新～的教材｜电视机～问题了，光有声没有影儿｜开车小心点儿，别～事故｜看，车的毛病就～在这儿！｜井上应加盖，否则会～危险｜这件事～在三年前一个晚上｜这种漆器～在福建｜这幅画～自名家之手。

【反义词】❶进/入

【提示】"出"用在动词后作补语有时读轻声，可以表示如下意思：①表示人或事物随动作从里向外或从某处到某处：开～｜发～｜取～｜献～｜踢～｜走～｜火车已经开～站了｜他从银行里取～了这月的工资｜他为救战友献～了生命｜他把球踢～场外｜他们一边说一边走～大门｜他把客人送～门外。②表示动作完成并有从隐蔽到显露或从无到有的意思：挤～｜生产～｜看～｜找～｜想～｜做～｜回答～｜他找～车的毛病了｜你们想～好办法了吗？｜他不肯说～自己的名字｜他在工作中做～很大成绩｜她回答不～老师的问题。

【构词】出榜/出兵/出操/出岔子/出场/出厂/出车/出丑/出处/出点子/出风头/出格/出工/出恭/出轨/出国/出海/出航/出击/出家/出家人/出嫁/出界/出力/出列/出猎/出笼/出乱子/出马/出毛病/出没(mò)/出纳/出奇/出气/出勤/出让/出任/出师/出使/出示/出首/出数/出台/出逃/出题/出庭/出头/出土/出外/出行/出巡/出芽/出言/出演/出游/出于/出战/出诊/出阵/出征/出众/出走/出尔反尔/出乖露丑/出口成章/出谋划策/出其不意/出奇制胜/出人头地/出人意料/出神入化/出生入死/出头露面/出土文物

911 出版 乙

chūbǎn (publish)

[动]把书刊、图画等编印出来：书～了｜画册～｜诗集～｜～儿童读物｜～工具书｜～得快｜～得了｜决定～｜希望～｜禁止～｜同意～｜暂停～｜予以～｜陆续～｜非法～｜大量～｜公开～｜～工作｜～事业｜～费用｜～的情况｜～的单位｜～机构｜～商｜～社｜～合同｜那本书年底可以～｜《齐白石画册》早就～了｜很多工具书都是这个～社～的｜这本诗集～得太慢了｜这些学习辅助材料～得非常及时｜希望多～一些儿童读物｜不利于青年身心健康的书刊应禁止～｜我国的～事业发展得很快｜他和～单位签订了～合同。

【构词】初版/底版/改版/活版/胶版/绝版/木版/排版/拼版/石版/铜版/原版/再版/制版

912 出差 丁

chū chāi (be away on business)

(机关、部队或企业单位的工作人员)暂时到外地办理公事：干部～｜采购员～｜出一趟差｜出三个月差｜准备～｜打算～｜单独～｜经常～｜匆忙～｜～

的人｜～任务｜～时间｜～的机会｜～的地点｜～的费用｜～的事由｜我们的采购员不在，～了｜他每年都要出几趟差｜这次他又要出两个月差｜我可能要～一个星期｜他打算去上海～｜他去国外～了｜在这里工作经常有～的机会｜～的费用单位可以报销。

【提示】①离合词，中间可插入其他成分，如：出了一趟差｜出了几天差。②"差"又读 chā，见第 663 条"差别"；又读 chà，见第 676 条；又读 cī，如"参差"。

【构词】当差/公差/官差/交差/解(jiè)差/苦差/美差/派差/钦差/听差/邮差/专差

913 出产(產) 丁

chūchǎn (yield)

[动]天然生长或人工生产：～大豆｜～苹果｜～名酒｜～茶叶｜～石油｜大量～｜成批～｜多～｜少～｜～的电器｜～的大米｜～的品种｜～的数量｜～的地方｜～的国家｜中国东北～大豆｜我们那儿～这种药材｜人们希望多～一些像这样质量好、价格便宜的汽车｜贵州～的茅台酒闻名世界。

【近义词】生产/生长

914 出动(動) 丁

chūdòng (set out)

[动]❶(队伍)外出活动：部队等待命令～｜侦察连明日拂晓～｜三连战士已经做好准备，待令～。❷派出(军队等)：～部队｜～伞兵｜～飞机｜～大批部队进攻敌人阵地｜～伞兵完成这项任务｜～飞机大炮配合作战。❸(大批人为某些事)行动起来：全体～｜全厂～｜全校～｜全体～，打扫环境卫生｜全校～，参加植树活动｜全体军民～，参加抗洪抢险斗争。

915 出发(發) *甲

chūfā (start off)

[动]❶离开原来所在的地方到别的地方去：队伍～｜汽车～｜决定～｜准备～｜～得早｜早～｜马上～｜赶快～｜～的时间｜～的目的地｜～的部队｜～的车辆｜～五天了｜我们的部队今晚～｜准备明早 8 点～｜明天我们得～得早一点儿｜早点儿～就可以早到｜他们已经～好几天了｜～的时间定下来了｜准备～的车辆都停在大门口。❷〈丙〉考虑或处理问题时以某一方面为着眼点：从生产～｜从长远利益～｜从集体利益～｜从个人～｜从实际～｜改进技术是从生产～｜要从集体利益～，不能从个人～｜看问题要从实际～。

【近义词】❶动身/启程/起程/起身/上路/登程；❷考虑

【反义词】❶到达/抵达

916 出发点(發點) 丁

chūfādiǎn (starting point)

[名]❶旅程的起点：我们旅行的～是北京｜从～到目的地有七十多公里。❷最根本的着眼的地方；动机：～对｜～好｜这样做的～是为了提高人民的生活水平｜让更多的人富裕起来，这就是我们的～｜你的～是好的，但方式方法不对｜虽然这件事没有成功，但他们的～没有错｜～好，还得讲究方式方法。

【近义词】❶起点；❷动机

【反义词】❶终点

917 出访(訪) 丁

chūfǎng (visit a foreign country)

[动]出外访问:～泰国|～巴基斯坦|～三个国家|～民间|准备～|他将～东南亚几个国家|代表团将～三个国家。

【近义词】访问

918 出境 丁

chū jìng (leave the country)

❶离开国境:～手续|驱逐～|限期～|出国前要办好～手续|这个间谍作为不受欢迎的人被驱逐～|限三日内必须～。❷离开某个地区:他们还没～,现在能在县里见到他们|火车已经～,从河北进入了河南。

【反义词】入境

【提示】离合词,中间可插入其他成分,如:出了境。

919 出口 乙

chū kǒu (speak)

❶说出话来:～伤人|说～|说不～|他一～就是一首诗|你不要～伤人|话一～,就收不回来了。❷船只驶出港口;本国或地区的物资运出去:货物～|大米～|药材～|～粮食|～丝绸|～商品|～食品|～税|大量～|准备～|年年～|向国外～|～的商品|那艘货轮已经～了|我国的粮食年年～|这些货物是向国外～的|国家的文物是不准～的|～的商品一定要保证质量|～商品要缴纳～税。

【反义词】❷进口/入口

【提示】①离合词,中间可插入其他成分,如:出了口|出不了口。②“出口”可以作名词,指从建筑物或场地出去的门,如:电影院～|车站～|机场～。

【构词】碍口/隘口/闭口/茬口/岔口/敞口/窗口/村口/刀口/道口/动口/渡口/封口/风口/豉口/港口/关口/海口/河口/糊口/虎口/户口/豁口/忌口/家口/接口/借口/进口/决口/开口/可口/苦口/夸口/裂口/领口/路口/门口/灭口/破口/枪口/亲口/缺口/人口/入口/山口/伤口/上口/牲口/失口/收口/爽口/顺口/松口/随口/胃口/心口/胸口/袖口/张口/住口

920 出来(來) 甲

chū lái (come out)

❶从里面到外面来:人～|车～|出屋来|出城来|出得来|出不来|～一次|～一天|你～,我有话跟你说|你把他叫～,有他的电话|快～看,院子里的花全开了|这辆车是从那个院子里～的|这个老太太每天早上出屋来晒太阳|有空儿出城来玩玩儿|这台自动柜员机坏了,卡插进去就出不来了|明天早上开始学打太极拳,你出得来出不来?|她每周只～一次。❷出现:太阳～|月亮～|星星～|～意见|～麻烦|～问题|～结果|因为考虑不周到,问题～了|这么一来,大家的积极性就～了|实验结果什么时候～?|太阳下去了,月亮～了|对这个问题,～几种不同的意见|今天阴天,太阳出不来了。❸“出来”用在动词后作趋向补语,表示如下意思:a. 表示动作从里向外朝着说话的人:走～|跑～|拿～|走出一个人来|开出大门来|拿出照片来|电影散场了,观众从里边走～|他跑～跟我握手|他走出教室来,问我有什么事|汽车开出大门来|他拿出在国外照的照片来给大家看。b. 表示某事通过动作而出现、显露:回答～|写～|挤～|说～|照～|露～|表现～|写不～|说得～|照不～|老师的问题我全回答～了|这个

字我没写～|学生们的名字我还说得～|脸上那块黄斑照不～|写封信的时间还是挤得～的|谁也想不～一个好办法。c. 表示动作完成、实现、产生结果:生产～|创造～|制造～|化验～|产生～|编写～|开垦～|研究～|检查～|他们又生产～一种新产品|他们制造～的小汽车很受欢迎|已经化验～了,你的血脂有点儿高|代表候选人名单已经产生～了|给你们一年时间,这本词典编写得～吗?|现在还研究不～一种更好的治疗方法|要尽快检查～机器发生故障的原因。d. 表示通过某动作而能识别、辨认:看～|听～|认～|猜～|这衣服有什么毛病,我看不～|我听～了,是他的外孙女在拉琴|这个地方变化得都认不～了|我一下就认出他来了,他一点儿没有变|凭这一件事,就可以看～他的人品|我已经猜～这个人是谁了。

【反义词】进去

【提示】"出来"是个动补结构,中间可插入"得"或"不",如:出得来|出不来。

921 **出路** *丙

chūlù (way out)

[名]❶通向外面的道路:有～|没～|找～|惟一的～|一条～|别走了,前边已经没有～了|穿过这片小树林或许能找到～|这是通向外面的惟一的～|他们在森林里转了两天,才找到这条～。❷向前发展的道路:其他的～|最好的～|根本的～|人们都说学习这个专业将来没有～|学习技术容易找到～|坚持干下去,是你最好的～|除了改革以外,没有其他～|机械化是农业发展的根本～。❸〈丁〉销路:有～|没～|找～|这种产品现在没有～|这些产品已经找到～了。❹〈丁〉宽大的待遇:给～|一条～|犯人只要改过自新,政府都给～|对改造好了的犯人,都给一条～。

【近义词】❷前途

922 **出卖**(賣) *丙

chūmài (sell)

[动]❶卖:房屋～|～厂房|～粮食|～名画|～首饰|开始～|继续～|廉价～|高价～|这栋小楼正在～|这张名画准备高价～|农民积极向国家～粮食|她廉价～自己的首饰|这是国家文物,不准～|他把房子～给一家公司。❷〈丁〉为了个人利益,做出有利于敌人的事,使国家、民族或朋友受到损害:～国家|～民族利益|～主权|～领土|～朋友|～灵魂|～良心|要严惩～国家的民族败类|～民族利益的叛徒,一定要受到严厉制裁|为了个人利益,他～了自己的良心|在关键时刻,他～了自己的朋友。

【近义词】卖

【反义词】收买

【构词】变卖/倒(dǎo)卖/盗卖/典卖/贩卖/拐卖/寄卖/叫卖/买卖/拍卖/甩卖/义卖/专卖/转(zhuǎn)卖

923 **出门**(門) 丙

chū mén (go out)

❶外出:刚～|别～|不～|没～|他不在,～了|他刚～,一会儿就回来|晚上我一般不～,你来玩儿吧|星期天哪儿都人多,别～|我～买点儿菜,你把屋子打扫一下|你～没一会儿,就有好几个电话找你。❷离家远行:经常～|总是～|～在外|他～了,一个星期以后回来|下星期要出趟门|这

次是出远门，大概一个月左右｜他经常～，家好像是他的旅馆｜他一～就是好几个月｜经常～在外，凡事都要多加小心｜他～以后经常写信或打电话回来。

【提示】离合词，中间可插入其他成分，如：出远门｜出不了门。

924 **出面** 丁

chū miàn (appear personally)

以个人或集体的名义（做某件事）：～谈｜～解决｜～处理｜～组织｜个人～｜领导～｜公司～｜工厂～｜学校～｜这件事由我个人～跟他们谈｜由公司～跟生产单位签订合同｜由工会～组织这次活动｜这件事只能请我们的领导～解决｜这事很麻烦，非你～处理不可。

【提示】离合词，中间可插入其他成分，如：出过面｜出了面。

925 **出名** 丁

chū míng (famous)

有名声；名字为大家所熟知：作家～｜英雄～｜小说～｜画儿～｜酒～｜想～｜怕～｜出了名｜～得很｜～的人物｜～的画家｜～的诗人｜～的才子｜～的懒汉｜这位画家在世界上非常～｜这本小说一出来，这个作家立刻出了名｜茅台酒在世界上很～｜他现在成了～的人物｜他是我们村～的懒汉｜他总想～，可到现在也没出了名｜人怕～猪怕壮。

【近义词】著名/闻名/知名/有名

【反义词】无名/默默无闻

【提示】离合词，中间可插入其他成分，如：出过名｜出不了名。

926 **出难题**（難題） 丙

chū nántí (set difficult questions)

提出一个不容易解决的问题，故意使人感到为难：出了一个难题｜给他～｜他现在够忙的了，别再去给他～了｜他尽给别人～｜让我去处理这样的事，不是给我～吗！｜他把事搞糟了，一走了之，可给我们出了个难题｜他给你们出了什么难题？

927 **出品** 丁

chūpǐn (product)

［名］生产出来的物品；产品：工厂的～｜合格的～｜～的质量｜～的样式｜～的种类｜这些～都合格｜工厂的这类～很受欢迎｜检验了一下～的质量，非常令人满意。

【近义词】产品

928 **出去** 甲

chū qù (go out)

❶从里面到外面：～一辆车｜～三个人｜出城去｜出屋去｜出得去｜出不去｜～一次｜～一天｜～一会儿｜他～了｜刚～了一辆车｜他吃了饭就出城去了｜你快出去看看是谁来了｜别总坐着，多～走走｜从这里走，出得去吗？｜外面正下着暴雨，出不去了｜他每天上午～一次，下午～一次｜他一～就是一天。❷用在动词后作补语时，表示人或事物随动作由里向外离开说话的人：走～｜跑～｜搬～。

【反义词】进来

【提示】"出去"是动补结构，中间可插入"得"或"不"，如：出不去｜出得去。

【构词】故去/归去/过去/回去/进去/上去/失去

929 **出入** 丁

chūrù (v. come in and go out; n.

discrepancy)

[动]出去和进来：～自由|～酒馆|～商店|～俱乐部|经常～|自由～|禁止～|随便～|这里～自由，不用出示证件|他父亲经常～这个小酒馆|他母亲病了，最近他经常～药店|这个地方不能随便～|已经下班了，现在这里禁止～|这一带可以自由～。

[名](数目、语句)不一致；不相符：～大|～小|有～|书上写的跟历史事实～很大|这种饮料的含量和标签上写的有～|钱数和账目有很大的～|这两个人介绍的情况没什么～。

【近义词】[名]差别/区别/差异

【构词】插入/混入/加入/介入/进入/跨入/列入/纳入/潜入/侵入/深入/渗入/收入/输入/投入/陷入/格格不入

930 **出色** 丁

chūsè (outstanding)

[形]格外好；超出一般的：文章～|成绩～|才能～|工作～|表演～|劳动～|回答～|觉得～|感到～|表现得～|长得～|十分～|～地完成|～的演员|这个厂生产的产品很～|他的回答十分～|这篇作文写得相当～|他们～地完成了任务|他真是一位～的演员。

【近义词】出众/卓越/精彩/杰出

【反义词】逊色/差劲儿/糟糕

931 **出身** 丙

chūshēn (v. come from; n. family background)

[动]决定个人身份(的早期经历或家庭经济情况)：～于工人家庭|～在商人家庭|他～于农民家庭|他～在一个知识分子家庭。

[名]个人早期的经历或由家庭经济情况所决定的身份：家庭～|学生～|店员～|～贫苦|他的～|他的～是工人|“文革”时期，人们根据～来判断一个人的好坏|我不了解他的～。

【近义词】[动]出生；[名]门第/身家

932 **出神** 丁

chū shén (be lost in thought)

因精神过分集中而发呆：看得～|想得～|听得～|～地看|～地听|～的样子|～的眼睛|那个姑娘正站在窗前～|他正在电视机前看得～|他呆呆地想得～，有人敲门都没听见|孩子们瞪大着眼睛，都听～了|她～地望着窗外的月光|他～地听着小提琴曲|他那～的样子真有趣|你又出什么神呢？|他坐在桌前出了一会儿神，就开始写日记。

【提示】离合词，中间可插入其他成分，如：出了半天神。

【构词】安神/财神/传神/定神/费神/分神/鬼神/慌神/精神/劳神/留神/门神/凝神/女神/入神/伤神/失神/提神/跳神/瘟神/眼神/养神/有神/灶神/走神/聚精会神

933 **出生** 乙

chūshēng (be born)

[动]胎儿从母体中分离出来：～顺利|～困难|婴儿～|～得快|～三个月|～的时间|～的地方|～的条件|～的时候|胎儿太大，～有些困难|一个白白胖胖的婴儿～了|孩子～得很顺利|这孩子已经～三个多月了|这个孩子很顺利地～了|他～的时间是凌晨3点|他～时的条件非常差|他是在战火纷飞的年代～的|他～于海滨城市

青岛。
【近义词】出世

934 **出世** 丁

chūshì (come into being; be born)
[动]❶出生:～三天|顺利地～|～时间|～的地方|他家的小宝宝～了|她刚～还不到一个星期|～时间是半夜12点|他是在全国人民欢庆建国50周年时～的。❷产生:新制度～|新宪法～|新事物～|新国家～|旧制度灭亡了,新制度～了|新宪法即将～|新事物一～就被人们所接受|又一个新的国家～了。
【近义词】❶出生/诞生;❷产生
【反义词】❶去世/逝世
【构词】尘世/处世/辞世/后世/家世/今世/举世/来世/离世/乱世/末世/去世/人世/身世/盛世/逝世/问世/先世/现世/谢世/厌世/阳世/永世/阅世/在世/治世/转世

935 **出事** 丙

chū shì (have an accident)
发生事故:工地～|火车～|出了大事|出了一点儿事|出了两次事|容易～|经常～|～的地方|～时间|～地点|酒后开车会～的|这个建筑工地出过两次事了|这列火车从来没出过事|他们的航班没出过一次事|忽视安全生产,就容易～|注意,前边是汽车经常～的地方|～时间正好是夜里两点。
【提示】离合词,中间可插入其他成分,如:出过一点儿事|出不了事。

936 **出售** 丁

chūshòu (sell)
[动]卖:～鲜花|～粮食|～蔬菜|经常～|廉价～|高价～|～的鱼虾|～的商品|这里每日～鲜花|那家商店经常～新产品|这栋房子准备廉价～|他把字画～给一家商店了|这家菜店～的蔬菜特别新鲜|这里～的商品全是高档的。
【近义词】卖
【反义词】购买
【构词】代售/兜售/寄售/交售/经售/零售/抛售/销售/邮售

937 **出席** 乙

chū xí (attend)
有发言权和表决权的成员(有时也泛指一般人)参加会议:全体～|～会议|准时～|务必～|～人数|今天上午的讨论会,我们小组全体～|我刚～了一个报告会回来|明天下午两点开会,请大家准时～|星期三上午9点有一个重要会议,请务必～|今天～大会的人数,超过400人|～大会的代表都纷纷发了言|他病了,不能～今天的会议。
【反义词】缺席
【提示】离合词,中间可插入其他成分,如:出了席|出不了席。
【构词】即席/酒席/就席/炕席/凉席/列席/芦席/缺席/软席/首席/退席/宴席/硬席/枕席/主席/坐席

938 **出息** 丙

chūxi (promise; prospects)
[名]指发展前途或志气:～大|有～|没～|这点儿～|这孩子将来的～大着呢|现在勤奋学习,将来就有～|这个年轻人工作积极,以后一定有大～|你笑我没～,可你连我这点儿～都没有呢!|他一定要把儿子培养成一个有～的人。

【近义词】前途/前程/志气
【构词】安息/本息/鼻息/喘息/姑息/股息/减息/将息/利息/脉息/栖息/气息/叹息/消息/歇息/信息/休息/讯息/月息/窒息/作息/川流不息

939 **出现** 甲

chūxiàn (appear)
[动]显露出来;产生出来:问题～|紧张局势～|新生事物～|～矛盾|～奇迹|～情况|～变化|～差别|～差错|～幻觉|～乌云|～火光|～彩虹|～为难的神色|～人影|～得早|～得迟|～得突然|～在眼前|～了两次|意外地～|反复～|突然～|小山村里～一片繁荣的景象|奇迹～了|在实验的过程中,～了异常现象|他们在森林里转了好几天,忽然前边～了炊烟|他们的工作上～了难题|这种幻觉在他脑子里反复～|国际上不断～紧张的局势|当警察意外地～在他眼前时,他惊呆了|账目～了漏洞。
【近义词】现出/呈现/展现
【反义词】消失

940 **出洋相** *丙

chū yángxiàng (make an exhibition of oneself)
❶做出可笑的动作,引人发笑:喜欢～|好(hào)～|真能～|这孩子喜欢～,逗别人笑|越是人多,他越～|别～了,老实地坐在这儿|他真能～,谁都喜欢他|我们就爱看他～。❷〈丁〉闹笑话;出丑:出了不少洋相|出够了洋相|今天吃西餐时,老王可出了洋相了|让我唱歌?你别让我～了|行了,行了,难道你出的洋相还少啊!|让我上台去跳,你不是在出我的洋相吗!
【近义词】❷出丑
【提示】“相”又读 xiāng,见第 6954 条。
【构词】扮相/本相/变相/丑相/福相/假相/窘相/看相/脸相/亮相/上相/少(shào)相/手相/首相/属相/睡相/星相/凶相/宰相/长(zhǎng)相/照相/真相

941 **出院** 乙

chū yuàn (leave hospital)
住院病人离开医院:病人～|出了院|盼望～|请求～|出得了院|出不了院|即将～|早日～|我的朋友昨天～了|他出了院就上班了|病人请求～回家|他这个病一个月可出不了院|祝你早日～。
【反义词】住院/入院
【提示】离合词,中间可插入其他成分,如:出不了院|出了院。

942 **出租** 丙

chūzū (rent out)
[动]收取一定的代价,让别人暂时使用:房屋～|场地～|录像带～|自行车～|图书～|汽车～|～费用|对外～|可以～|不准～|这里的房屋不准～|这块场地准备～|这个汽车租赁公司可以～汽车给游客|学校门口～自行车,按小时计算租金|这儿附近有～图书的地方。
【构词】包租/逼租/吃租/地租/房租/减租/转租

943 **出租汽车**(車) 甲

chūzū qìchē (taxi)
供人临时雇用的小汽车,多按时间或里程收费:～很多|～方便|坐～|～司机|人们把坐～叫“打的”|～方便群众,很受欢迎|～司机对乘客很热

情|这里的~价格合理,人们出门都喜欢坐|~的服务质量提高了|~司机非常辛苦。

944 **厨房** 乙 〔部首〕厂 〔笔画〕12

chúfáng (kitchen)

[名]做饭菜的屋子:~大|~干净|~整齐|~乱|收拾~|装修~|他家的~真大|这个~真干净|~里收拾得真整齐|他把~弄得又脏又乱|我准备装修一下~|你的~装修得太漂亮了!

【近义词】伙房

【构词】厨具/厨娘/厨子

945 **厨师**(師) 丁

chúshī (cook)

[名]擅长做饭做菜并以此为职业的人:~水平高|~手艺好|当~|做~|聘请~|一级~|有名的~|一名~|一位~|这位~在全国很有名|这家饭店的~烹调技术很高|他在一家饭馆里当~|我们想聘请一位做西餐的~|他是北京最有名的~之一|他被评上了一级~|他获得特级~的荣誉称号。

【近义词】炊事员/厨子

【构词】拜师/班师/出师/从师/大师/导师/督师/法师/工程师/鼓师/画师/回师/会师/技师/讲师/教师/京师/军师/老师/律师/名师/牧师/琴师/拳师/誓师/水师/巫师/雄师/严师/医师/义师/乐师/宗师/祖师

946 **锄**(鋤) 丁 〔部首〕钅 〔笔画〕12

chú (n./v. hoe)

[名]松土和除草用的农具:~好用|~快|大~|小~|一把~|这把~很好用|那把~不快,该磨磨了|除草时我喜欢用小~。

[动]用锄松土除草:~地|~草|~干净|~掉|~完|~三遍|~不完|这几天的活儿都是~地|他正在地里~草|这块地快~完了|这块地~了三遍|这是谁干的活儿,草都没~干净!|把这块地的草全~掉|这么多草,一天哪~得完哪!

【近义词】[名]锄头

【构词】锄地/锄奸/锄头

947 **除** *乙 〔部首〕阝 〔笔画〕9

chú (get rid of)

[动]❶去掉:~虫|~害|~病根|~祸害|~名|~掉|用这种农药~虫,效果好|抓住那个罪犯,为百姓~了一害|他这种哮喘病不容易~根儿|不彻底~掉虫卵,明年还会滋生|这杂草长得真快,总也~不尽|他总不去上班,被工厂~名了。❷〈丙〉用一个数把另一个数分成若干等份:2~6|~错|~对|~出来|~得不对|~不尽|~几遍|2~6等于3|你~错了,再~一遍|3~9能~尽|3~8~不尽|9被3~,得3|我~了好几遍都~不对。

【近义词】❶灭/消除

【构词】除草/除尘/除虫/除法/除根/除名/除数/除暴安良/除旧布新

948 **除** 丙

chú (except; besides)

[介]❶表示所说的不计算在内:除…外|除…以外|~了|~了小王,屋里没有别人|~了一张床,屋里都是书|~了你,我谁都没告诉|北京~了颐和园以外,我没去过别的地方|~张经理外,都来了。❷跟"还"、"也"、"只"连用,表示在此以外还有别的:除…外|除…以外|~了|~了王先生

外，小李也住这里｜～了床以外，只有一张桌子｜～了你，我还告诉了小张｜～写小说，有时也写点儿诗。❸跟"就是"连用，表示不是这样就是那样：最近～了刮风就是下雨，没一天好天气｜他～了吃就是玩儿，不好好学习｜他～了抽烟就是喝酒，整天无所事事。

【近义词】除了/除外/除开

【提示】"除"作介词时，后边常带"了"。

949 除此之外 丁

chú cǐ zhī wài (except; besides)

意思是"除了这个以外"，有两种用法：❶表示上面所说的不计算在内：他有一个姑姑和两个表妹，～再没有别的亲戚了｜他每天只吃点儿面条、稀饭，～，别的东西他都不想吃｜她每天做做饭，洗洗衣服，～没有别的事｜我丢失的钱包里有两千元钱，～没别的东西｜你把你知道的情况说清楚，～什么都不用管了。❷跟"还"、"也"、"只"连用，表示在此以外还有别的：退休以后，他每天写写字、画点儿画，～还跟朋友们下下棋、聊聊天儿，过得很自在｜他每顿饭都是一荤两素，～只吃一点儿甜食｜他家亲戚很多，有姑母、姨母、叔叔、舅舅，～还有很多没见过面的表弟表妹｜这次参加会议的代表有好几百人，～也有一些列席代表｜今天只谈经济问题，～还有什么问题下次再讨论。

【构词】编外/不外/出外/此外/等外/额外/分外/格外/关外/海外/号外/见外/郊外/局外/课外/里外/例外/另外/内外/排外/跑外/塞外/涉外/四外/野外/以外/意外/援外/员外/之外/中外/吃里爬外/九霄云外/喜出望外/逍遥法外/意在言外/置之度外

950 除非 丙

chúfēi (only if)

［连］表示惟一的条件，相当于"只有"，常跟"才"、"否则"、"不然"等搭配使用：～好天，我们才去旅行｜～事先跟他联系好，否则很难找到他｜～你做完作业，否则不带你出去玩儿｜～你同意我的意见，不然我就辞职｜～下水去实践，不然是学不会游泳的｜要想得到好成绩，～多下苦功夫｜要想让他改变主意，～太阳从西边出来｜要想不让别人知道，～你自己别去做｜要解决这问题，～你们领导出面。

951 除了…以外 甲

chúle…yǐwài (besides; except)

❶表示在此以外还有别的，后边常跟副词"还"、"也"、"又"、"只"等呼应：他除了学习英语以外，还学习日语｜院子里除了种花以外，还种了一些豆角｜他除了工作负责以外，对人也很热情｜他每天早上除了打太极拳以外，也练太极剑｜他今天除了去朋友家以外，还去市场买了点儿东西｜报上除了他的文章以外，又登了他的照片｜他除了三个哥哥以外，只有一个妹妹。❷表示所说的不计算在内，后边常有副词"都"或"没有"呼应：除了他坐公共汽车去以外，我们都骑自行车去｜除了他喝酒以外，别的人都喝可口可乐｜除了他不同意以外，大家都同意｜他家除了母亲以外，没有别的人了｜除了这个办法以外，没有别的办法｜除了这件还能穿以外，别的衣服全瘦了。当句中前后是同一个施事者时，主语也可放在第二分句前：

除了母亲以外，他家没有别的人了。

【提示】有时“以外”可以省略。

952 除外 丁

chúwài (not including)

[动]不计算在内：他～|星期天～|手提的东西～|吃饭～|成本费～|奖金～|大家都报名参加了，老王～|他每天都在家，星期天～|每人可托运30公斤的行李，手提的～|奖金～，每月可拿到五六百元|这次旅游，吃饭～，一个人要交1000多元。

953 除夕 丁

chúxī (New Year's Eve)

[名]一年最后一天的夜晚，也泛指一年最后的一天：过～|～晚上|大年～|今年春节上我家过～好吗？|～，全家人坐在一起吃团圆饭|大年～，人们都在家里看电视、包饺子。

【构词】旦夕/七夕/前夕/朝夕

954 储备(儲備) 丁

〔部首〕亻
〔笔画〕12

chǔbèi (store)

[动](物资)储存起来准备必要时应用：～粮食|～物资|～货物|～药品|～食品|～蔬菜|～款子|～血液|～能量|～人力|～财力|～起来|～得充足|～得多|应该～|需要～|决定～|重视～|打算～|多～|少～|长期～|迅速～|及时～|～工作|平时应该～粮食|他家经常～一些食品和饮料|蔬菜旺季，把蔬菜～起来，到淡季时可以吃|这个城市各种物资都～得非常充足|他想多～一些钱，结婚时用。

【近义词】贮备

【提示】①作名词时，表示储存备用的东西，如：棉布的～很丰富|粮食的～，在灾年就显得特别重要。②储，姓。

955 储藏 丁

chǔcáng (save and preserve)

[动]❶保藏：～药品|～蔬菜|～物资|～得好|～得多|～起来|～在库里|～在柜子里|加以～|需要～|多～|小心地～|妥善地～|秘密地～|长期地～|这些粮食需要～起来|这些重要的药品，必须妥善地～好|蔬菜～得不好，都烂了|不用的东西可暂时～在地下室里|连动物都知道～过冬的食物|珍贵的东西～在保险柜里|这种东西可以长期～|他们把武器秘密地～在山洞里|有的东西～的期限不能超过一年。❷蓄积而未显露或发掘：～铁矿|～石油|～地下资源|～在地下|～了几百年|～量|这里～着丰富的铁矿|地下～着大量的石油|这些矿藏在地下～了几百年|这些丰富的矿藏长期～在地下，等待人们去开采。

【近义词】储存/蕴藏/收藏/贮藏

【提示】“储藏”的“藏”在这里不能读成zàng。

【构词】暗藏/包藏/躲藏/馆藏/库藏/矿藏/冷藏/秘藏/匿藏/潜藏/收藏/窝藏/掩藏/隐藏/蕴藏/珍藏/贮藏

956 储存 丁

chǔcún (store up)

[动](钱或物)存放起来，暂时不用：～钱|～粮食|～货物|～蔬菜|～资料|～信息|～数据|～文件|～力量|～起来|值得～|决定～|不宜～|注意～|妥善～|长期～|大量～|容易～|难～|～的日期|～期|～量|不用的钱可以～起来|首饰～在保险柜里|他把数据～在电脑里|今年的粮食～得非常充足|这些资料很有价值，

值得～｜这种食品不宜长久～｜暂时不用的仪器，可以集中～起来｜他～的那些东西，现在全用上了。

【近义词】储藏/贮存/积存

【反义词】废弃/丢掉

957 **储蓄** 丁

chǔxù (save; deposit)

[动]把节约下来或暂时不用的钱或物积存起来，多指把钱存到银行里：参加～｜鼓励～｜奖励～｜～得多｜～得少｜～起来｜～在银行里｜定期～｜活期～｜有奖～｜～的数字｜～日期｜～所｜他把每月节约的钱都～起来｜他在银行里～了不少钱｜欢迎人人都来参加～｜国家鼓励人们～，支援国家建设｜每月钱都花光了，～不起来｜多余的钱～在银行里最保险｜银行里有定期～、活期～｜国家外汇的～数字日益增加。

【近义词】积蓄

【提示】"储蓄"还可用作名词，意思是指积存的钱或物。如：有～/没有～/～越来越多。

【构词】含蓄/积蓄/私蓄

958 **处**(處) *乙 〔部首〕夂 〔笔画〕5

chǔ (get along)

[动]❶跟别人一起生活；交往：～得好｜～不好｜～得来｜～不来｜～得熟｜～得和睦｜～得亲热｜～坏｜～下去｜～在一起｜好～｜难～｜～三年｜～一辈子｜这婆媳俩～得很好｜他跟公司的同事们～不来｜他跟邻居们～得非常和睦｜他已经跟大家～熟了｜他们俩实在～不下去，终于离婚了｜他们在一起～了好几十年｜这人脾气古怪，相当难～。❷〈丙〉居于(某种位置、条件、情况等)：～于｜～在｜～于…时代｜～于…环境｜～于…条件｜～于…境地｜～于…时期｜～于…之中｜～于…之下｜中国正～于发展时期｜我们～于和平建设的环境｜比赛一开始，他们就～于劣势｜灾区人民正～在十分困难的境地｜我要是～在他这种地位，是不会失败的。❸〈丁〉处罚：～死刑｜～极刑｜～得了｜～不了｜他被～了三年徒刑｜这个杀人凶犯已被～死刑｜这个罪大恶极的坏蛋应～以极刑。

【提示】"处"又读 chù，见第 967 条。

【构词】处理品/处女/处女地/处身/处世/处事/处死/处刑/处治/处心积虑/处之泰然

959 **处罚**(罰) 丁

chǔfá (v. punish; n. punishment)

[动]使犯错误或犯罪的人受到政治或经济上的损失而有所警戒：～学生｜～小偷｜～坏人｜～犯罪分子｜～不守纪律的人｜～投机倒把分子｜～贪污犯｜～得狠｜～得重｜～得轻｜～重了｜～轻了｜～不了｜严厉地～｜狠狠地～｜～两次｜学校～了两个学生｜交通警正在～违章骑车的人｜对他～得太轻了｜对这些坏人要～得重一些｜严厉地～他们，社会秩序才会安定｜那个司机被～，一个月不准开车。

[名]指受到的惩罚：～重｜～轻｜严厉的～｜应有的～｜对他的～太轻了｜这样的～，重了些｜危害人民生命财产的人应受到严厉的～｜这些凶犯终于得到应有的～。

【近义词】处分/惩罚/处治

【反义词】奖励

960 **处方** 丁

chǔfāng (prescription)

[名]医生给病人写的药方：开～|祖传～|中药～|西药～|一张～|大夫在给他开～|这是他家的祖传～|这是他爷爷传下来的秘密～|这是中药～，得去中药房取药|他拿着大夫开的～去交钱取药|凭这张～去药房取药。

【近义词】药方

961 **处分** 乙

chǔfèn（n. punishment；v. punish）

[名]对犯罪或犯错误的人按情节轻重作出的处罚决定：受到～|警告～|记大过～|撤职～|应得的～|严厉的～|学校的～|工厂的～|他因违反校规而受到学校的～|他的错误十分严重，受到撤职～|他对自己的错误认识得比较深刻，不予以～|他在学生时代曾受过两次记大过的～|他主动要求组织上给他～。

[动]对犯罪或犯错误的人按情节轻重做出处罚决定：～学生|～干部|～得重|～得轻|严厉地～|～一次|学校～了违反校规的学生|这次～了一名贪污受贿的干部|对这个工人～得太重了|对他～轻了，没有用，要重一点儿|因违反纪律他曾被～过两次。

【近义词】处罚/惩罚/处治/处理

【反义词】奖励

【提示】①“处分”和“处罚”语意轻重不同：“处分”语意较轻，“处罚”语意较重。②“处分”的“分”不能读成fēn。

【构词】安分/辈分/本分/部分/成分/充分/非分/福分/过分/名分/情分/生分/水分/天分/盐分/养分/缘分/过分/恰如其分

962 **处境** 丁

chǔjìng（unfavourable situation）

[名]所处的情况（多指不利的情况）：～困难|～危险|～恶劣|～不幸|～为难|～孤立|改变～|现在的～|过去的～|自身的～|家庭的～|～的好坏|他那时的～相当困难|他现在的～很不幸|他们的～非常危险|最近他的～有所改善|他们决心改变自己的～|他不顾自身的～这么困难，还热情地帮助别人|他不在乎～的好坏，一心扑在工作上。

【近义词】境地/境况/境遇

963 **处决** 丁

chǔjué（execute）

[动]❶执行死刑：～罪犯|进行～|立即～|最近又～了一批杀人抢劫犯，真是大快人心|这些罪犯将被～|这几个杀人凶手明日～。❷处理决定：～事务|～问题|～迅速|大会休会期间，一切事项由常委会～|这方面的事务由校长办公室～|他们无权～这件事|请求上级迅速～此事。

964 **处理** *乙

chǔlǐ（v. deal with；settle；n. dealing）

[动]❶安排（事物）；解决（问题）：～问题|～矛盾|～案件|～关系|～纠纷|～信件|着手～|拒绝～|希望～|答应～|～得好|～不好|～得了|～不了|～得过来|～不过来|～得圆满|～得快|～得草率|～完|～错|～好|～一下|正确地～|公正地～|简单地～|公开～|及时～|他第一次着手～这样棘手的问题|这么重大的案件，一定要～|我希望能在星期天～一下个人的事情|这场财产纠纷，他～得十分圆满|这么多读者来信，什么时

候能～完？|他自己的家庭矛盾，总是～不好|这么多事情怎么～得过来？|这事就这么草草地～了？❷〈丙〉指减价或变价出售：～服装|～鞋|～菜|～水果|～积压物资|～残品|～不出去|降价～|那里正在～毛衣，去看看吧|那个店准备～存货|积压物资太多了，要赶快～|这些残品都～不出去了。

[名]对事物处理的情况：得到～|案件的～|对人的～|对罪犯的～|对这件事的～非常得当|对他的～是错误的|这件事得到了圆满的～|应该重视邻里之间关系的～。

【近义词】[动]处分/处置/解决/安排

965 **处于** 丙

chǔyú (be in a certain condition)

[动]在某种地位或状态下：～优势|～劣势|～昏迷状态|～包围之中|～战争年代|～和平建设时期|～困境|比赛开始，甲队～优势|病人正～昏迷状态|敌人正～我军的包围之中|那时我国正～艰苦的战争年代|他正～长身体的时期|他们正～试验成功的兴奋之中。

【近义词】处在/在

【提示】"处于"是书面语，口语常说"处在"。

966 **处置** 丁

chǔzhì (handle)

[动]❶处理；解决：～得当|～及时|～文件|～信件|～污水|～伤口|～得合理|～得迅速|给予～|需要～|及时～|尽快～|妥善～|随时～|～的目的|～的方法|这样～，非常合理|～上访信件，一定要及时|门前的垃圾～得很快|工厂流出的污水要尽快～|伤口要及时～才不会感染|这些孤寡老人已得到妥善的～|要赶快找出～环境污染的办法。❷发落；惩治：～叛徒|～罪犯|～得重|～得轻|给予～|受到～|严厉地～|对这个干部～得重了些|对违反校规的学生要～得当|那个坏人受到严厉～|要公平地～这些犯错误的好人|这些人并不是需要严厉～的对象。

【近义词】处理

967 **处** *乙

chù (place)

[名]❶地方：住～|长(cháng)～|短～|好～|高～|低～|近～|远～|伤心～|售票～|交款～|大～着眼，小～着手|请给客人们安排个住～|多吃水果有好～|站在高～才看得更远|近～没有大的商店|什么事都要往远～想|他内心深～非常痛苦|说到伤心～，听众也都落下眼泪|前边就是火车售票～|先去交款～付钱，然后取货。❷机关或机关里的一个部门：教育～|总务～|财务～|人事～|外事～|他在教育～工作|他是总务～～长|在财务～领取这笔款子|请到人事～办理手续。

【近义词】❶地方

【提示】"处"又读 chǔ，见第 958 条。

968 **处处** 丙

chùchù (everywhere)

[副]各个地方；各个方面：过去这里～是垃圾，现在～都是盛开的鲜花|节日里，～都是欢乐的人群|～都有助人为乐的热心人|这里～可以看到感人的事情|残疾人～受到关心和照顾|他～为别人着想|这孩子～都好，就是爱玩儿。

【近义词】到处/满处/各处

969 **触**(觸) 丁 〔部首〕角 〔笔画〕13

chù (touch)

[动]❶碰;遇着;接触:~电|~礁|小心~电!|那条船差一点儿~礁,真危险!|他感觉到一只手在~他的口袋|他~了一下旁边人的胳膊,说:"醒醒,该下车了。"|事态紧张到一~即发|别用竹竿去~那个鸟窝!❷因某种刺激而引起(感情变化、回忆等):~景生情|~痛|~伤|听了这个消息,他的心像是被什么东西~了一下|这封信~起了他对往事的回忆|看到这种场面,不禁~景生情,流下热泪|儿子的话~痛了母亲的心|这件事~伤了他们的友情。

【近义词】碰/撞

【提示】"触"的偏旁"虫"在右边,不能写在左边。

【构词】触电/触动/触发/触机/触礁/触角/触觉/触摸/触怒/触须/触景生情/触类旁通/触目惊心

970 **触犯** 丁

chùfàn (offend)

[动]言语行动没有礼貌,冲撞了对方;侵犯:~法律|~校规|~领导|~利益|~尊严|不准~|免得~|严重地~|公开~|惟恐~|无意~|故意~|~的结果|他胆大包天,竟敢~国法|他杀人抢劫,~了刑法|他经常旷课,~了校规|你若是~了他,就要倒霉了|人民的利益和权利不许~|他这种行为严重地~了社会主义道德|他故意~法律,应该从严处置|你应该懂得~国家利益的结果是什么。

【近义词】冒犯/违犯

【反义词】遵守

【构词】案犯/初犯/从犯/盗犯/惯犯/进犯/冒犯/侵犯/囚犯/人犯/首犯/逃犯/同犯/违犯/凶犯/要犯/战犯/主犯/罪犯

971 **穿** *甲 〔部首〕穴 〔笔画〕9

chuān (wear)

[动]❶把衣服、鞋、袜等物套在身体上:~衬衣|~裤子|~裙子|~大衣|~运动服|~鞋|~靴子|~得进去|~不进去|~得下|~不下|~得漂亮|~得整齐|~得多|~得少|~得快|~得慢|~错|~脏|~破|~坏|~旧|~一年|~两回|讲究~|舍得~|多~|少~|~的次数|~的季节|~的机会|她~了一条红裙子|他~着一双黑色高统靴|衣服太瘦,~不进去|她~得特别时髦,十分引人注目|屋子里有暖气,不要~得太多|你~得太单薄了,当心感冒|小朋友们比赛谁~得快|我们俩衣服一样,经常~错|白色衣服时间不长就~脏了|这孩子又把鞋~反了|快~上大衣,外边冷|今天~多了,热得直冒汗|这衣服~了好几年了,该换新的了|这双鞋只~了两回就不要了吗?|她最大的优点就是不讲究吃、~|这老太太一辈子不舍得吃,不舍得~|只带几件随身~的就够了|车上冷,多~一点儿|现在不是~这种衣服的季节|这么高级的衣服,~的机会不多。❷〈乙〉通过(孔、隙、空地等):~针|~线|~马路|~小巷|~树林|~草地|~峡谷|~桥洞|~窗户|~过|~进|~过去|~得过去|~不进来|横~|斜~|一直~|她经常帮奶奶~针|~马路时要小心|~过广场就是地铁车站|~过这片小树林就看见海了|眼儿太小,线~不过去|我们的小船从桥

洞～了过去｜从这个院子～得出去吗？｜他在人群中～过来～过去地找他的孩子｜横～马路要注意来往车辆｜斜～过去就到了｜从大厅一直～过去就是经理办公室。❸〈丙〉破；透：～进｜～透｜～破｜～得进｜～不进｜刺～｜打～｜射～｜烧～｜磨～｜他在门上～个小孔｜在墙上～个洞安烟筒｜腰变粗了，在皮带上再～个眼儿｜钉子～进木板｜弹片～透铁板｜子弹～进大腿｜衣服上烧～了两个洞｜为了找你，鞋底都快磨～了。❹〈丁〉用绳、线等通过物品连贯起来：～珠子｜～糖葫芦｜～铜钱｜～钥匙｜～铁丝｜～珠帘｜～项链｜～起来｜～成｜～好｜～上｜～在…上｜～到一起｜用线把这些珠子～起来｜把铜钱～在铁丝上｜钥匙链上～着五把钥匙｜这是用贝壳～成的项链｜这些珠子～到一起就是一个帘子｜把扣子都～在一根线上，就不容易丢了。

【反义词】❶脱/解

【构词】穿插/穿刺/穿戴/穿山甲/穿梭/穿堂风/穿堂门/穿小鞋/穿孝/穿衣镜/穿越/穿凿/穿着(zhuó)

972 川流不息 丁 〔部首〕川 〔笔画〕3

chuān liú bù xī (flowing past in an endless stream)

(行人、车马等)像水流一样连续不断：行人～｜车辆～｜顾客～｜～地行驶｜这条繁华的街道上行人～｜上下班交通高峰时，各种车辆～｜这家商店新近开张，从早到晚顾客～｜高速公路上各种车辆～地行驶着。

【构词】川贝/川菜/川剧/川资

973 传(傳) ＊乙 〔部首〕亻 〔笔画〕6

chuán (pass)

［动］❶由一方交给另一方；由上一代交给下一代：～球｜～命令｜～口信｜～话｜～家产｜～祖业｜～过来｜～过去｜～错｜～给(他)｜～到了｜～得好｜～得快｜一代一代～｜小王，快！把球～过来！｜把球～给我｜这是后边～过来的纸条，请你接着往前～｜请替我～个口信给他｜这些家产是他祖父～下来的｜这份遗产～给了三个儿子｜这些书画你们要一代一代～下去｜他～球～得又准又快｜他把话～错了，害得我白跑了一趟。❷把学问、技艺等教给别人：～经验｜～本领｜～武艺｜～秘方｜～知识｜～给儿子｜～给徒弟｜～下去｜师傅把手艺～给了徒弟｜老中医把祖传的秘方～给他的学生｜他年纪大了，想赶快把这些经验～下去｜这种武术是从少林寺里～出来的｜这种烹调方法是从南方～过来的。❸广泛散布：～花粉｜～消息｜～喜讯｜～捷报｜～谣言｜～得满城风雨｜瞎～｜乱～｜蝴蝶在～花粉｜这个喜讯很快在全校～开了｜前方不断～回来胜利的捷报｜他的先进事迹，一～十，十～百，现在没有人不知道了｜这件事都～走了样｜这话可别～到他的耳朵里｜这些谣言已经在全城～遍了｜这是谣言，不许你们瞎～！❹〈丙〉热或电等从物体的一部分传到另一部分：～热｜～电｜～过来｜～出去｜这种杯子好，不～热｜听说水还能～音｜通过金属可以迅速把热～到另一边儿｜木板不～电，很安全｜通过导线把这股电流～过去｜电波能～到很远的地方｜这间房子隔音很好，楼上的声音～不下来。❺〈丙〉发出命令叫人来：～犯人｜～证人｜～原告｜～当事人｜～到法庭｜立即～｜法院～他去一趟｜他被法庭～去了｜立即把犯

人～上来｜应该～证人出庭作证｜～案件当事人出庭｜他们被～到法庭作证去了。❻〈丁〉病原体由有病的生物体侵入别的生物体内：～得快｜～得上｜～不上｜～给人｜蚊子能～疟疾｜老鼠会～鼠疫｜这种病也～家畜｜这种病～得快极了｜只要注意就～不上这种病｜你别把肝炎～给家里人｜这种病是从国外～进来的。

【近义词】❸传播/散布/宣传

【提示】"传"又读 zhuàn，见第 8599 条。

【构词】传抄/传代/传导/传道/传粉/传呼/传话/传唤/传家宝/传教/传教士/传令/传票/传奇/传情/传染病/传人/传神/传声筒/传世/传送带/传诵/传言/传扬/传阅/传宗接代

974 传播 乙

chuánbō (spread)

[动]广泛散布：～新闻｜～信息｜～谣言｜～经验｜～花粉｜～技术｜～友谊｜～知识｜～思想｜～得快｜～开｜值得～｜应该～｜加以～｜不准～｜得到～｜不宜～｜停止～｜大量～｜迅速～｜广泛～｜公开～｜容易～｜～的范围｜～的形式｜～的途径｜～媒介｜到处都在～这条新闻｜各地都在～他的事迹｜苍蝇能～病菌｜不准你～谣言｜蝴蝶在～花粉｜这种先进技术已在全厂～开来｜科学种田等农业科技知识，在农村～得很广泛｜这种错误理论不宜～｜要尽快找出～这种病毒的途径。

【近义词】传/传布/散播/散布/流传/宣传

【构词】重播/春播/点播/广播/联播/流播/秋播/撒播/散播/试播/夏播/演播/直播/转播

975 传达(達) 丙

chuándá (pass on)

[动]把一方的意思告诉给另一方：～意见｜～文件｜～指示｜～精神｜～计划｜～决定｜～意图｜～消息｜～信息｜～下来｜～得清楚｜～得准确｜～两遍｜～一次｜进行～｜决定～｜全文～｜重点～｜详细～｜简单～｜及时～｜～的重点｜～的范围｜～的对象｜～的时间｜他向我们～领导的意见｜由老王～中央的指示｜他向大家～了这次代表大会的精神｜上级的意图他～得很清楚｜这个文件～得很及时｜这个消息～晚了，我们早知道了｜对这次会议要进行详细的～｜希望以后能及时向我们～领导的决定｜请决定一下～的范围、时间和地点。

【近义词】转达

976 传单(單) 丁

chuándān (leaflet)

[名]印成单张向外散发的宣传品：贴～｜撒～｜印～｜散发～｜革命～｜反革命～｜街上～多极了｜今天～到处都是｜墙上贴着一张～｜我书包里也有一张～｜那个年青人正在向人群撒～｜工人们在地下室里印～｜敌人到处寻找印发～的人。

977 传递(遞) 丁

chuándì (deliver)

[动]一个接一个送过去：～茶水｜～消息｜～文件｜～报纸｜～过去｜～上去｜～出去｜门外两个服务员在给客人～茶水｜课堂上，淘气的学生在底下～纸条｜你们在～什么东西？快拿出来！｜这个消息要尽快～出去｜工作报告都～上去了｜球场上，他把球准确地～给守门员｜他们的动作很灵敏，球～得很快。

【近义词】传送
【构词】呈递/投递/邮递/转递

978 **传染** 丙

chuánrǎn (infect)

[动]❶病原体从有病的生物体侵入别的生物体内:～别人|～儿童|～家畜|～病菌|～痢疾|～得快|～上|可能～|受到～|害怕～|防止～|免得～|小心～|容易～|～的媒介|～的途径|～的渠道|老鼠～鼠疫|这种病很容易～别人|这种病也会～给家畜|这种病毒～得很快|他～上了痢疾|他们已经受到了～,要迅速隔离|苍蝇～的疾病很多。❷也可引申为一方对另一方给以影响:他一打哈欠就～给我,我也打起哈欠|有一个笑起来,大家也都受到～,跟着大笑起来|他把睏劲儿～给我了|吸烟这个恶习,是他朋友～给他的|好事、坏事都会互相～。
【近义词】感染/沾染
【构词】点染/感染/浸染/蜡染/污染/熏染/印染/有染/沾染

979 **传授** 丁

chuánshòu (teach)

[动]把学问技艺等教给别人:～知识|～经验|～本领|～技术|～方法|～绝招|～武功|～得快|～得多|～有方|～得法|进行～|答应～|拒绝～|热心～|个别～|单独～|认真地～|耐心地～|毫无保留地～|系统～|亲自～|亲口～|老师向我们系统地～知识|老工人耐心地向青年工人～技术|他拒绝～他的绝技|他毫无保留地把这门手艺～给下一代|老中医亲口～他的秘方|他～的内容,我们都记在本子上了|老一辈人～给我们的宝贵经验,够我们用一辈子的。
【近义词】传/教(jiāo)授
【构词】函授/讲授/教(jiāo)授/教(jiào)授/口授/面授

980 **传说**(説) 丙

chuánshuō (v. it is said; n. legend)

[动]辗转述说:～的事情|～的故事|到处都在～他的事迹|～的故事不一定是真的|～的事情不一定可信|～在古时候有这样一个国王…
[名]群众口头上流传的关于某人某事的叙述或某种说法:～可信|～真实|古老的～|美丽的～|神话～|～故事|一种～|～中的人物|神话～在世界各地都有|这种～并不可信,但我爱听|牛郎织女这个美丽的～流传至今。
【近义词】[动]转述;[名]传闻
【构词】按说/胡说/解说/据说/论说/评说/浅说/劝说/述说/诉说/听说/瞎说/小说/邪说/学说/演说/异说/杂说/再说/无话可说/总的来说

981 **传送** 丁

chuánsòng (deliver; convey)

[动]把物品、信件、消息、声音等传到别处:～邮包|～信件|～药品|～情报|～消息|～过来|～过去|～出去|～出来|～给前方|～给朋友|～到手中|尽快～|这些信件由小王～出去|这个情报要立刻～给指挥部|这些药品要尽快～到前线医院|这个孩子机智地把信～到八路军的手中|把胜利的消息～出来|优美的歌声一直～到工地上|用传送带把建筑材料～上去|用传真把材料～过去。
【近义词】传递

982 **传统**(統) 乙

chuántǒng (tradition)

[名]世代相传、具有特点的社会因素,如风俗、道德、思想、作风、艺术、制度等:保留～|继承～|发扬～|保持～|具有～|重视～|民族～|社会～|历史～|光荣～|优良～|好～|一种～|～风俗|～习惯|～礼节|～道德|～节目|～小吃|～观念|～风格|～剧目|好的～应该保留,坏的～要打破|优良的～要继续发扬下去|艰苦朴素的民族～要一代一代传下去|要继承老一代的光荣～|剧团保留了很多～剧目|应该尊重各个民族～的风俗习惯|父母之命,媒妁之言是旧的～观念,应该打破|各民族的～食品,各有特色|中国～的医学得到了继承和发扬。

【构词】笼统/体统/统统/系统/血统/一统/正统/总统

983 **传真** 丁

chuánzhēn (fax)

[名]利用光电效应,通过有线电或无线电装置,把照片、图表、书信、文件等的真迹传送到远方的通讯方式:发～|收～|～照片|～机|今天给对方发了一个～|还没收到他发来的～|这是刚收到的～照片。

【构词】逼真/纯真/当真/乱真/清真/认真/失真/率真/天真/童真

984 **船** 甲 〔部首〕舟 〔笔画〕11

chuán (ship)

[名]水上的主要运输工具:上～|下～|坐～|开～|划～|造～|～头|～尾|来往的～|一只～|一条～|一艘～|很多～|这些～|海面上的～来来往往|我们的～顺流而下|他们的～沿河而上|我喜欢坐～去旅行|明天早上8点开～,7点半就得上～|他划着一条小～过河|我们坐在～上观赏两岸的风光|～头风大,快进来吧|他每天坐在山上看海上来来往往的～。

【近义词】舟/船只/船舶

【构词】船帮/船埠/船舱/船夫/船工/船户/船家/船老大/船民/船钱/船身/船位/船坞/船舷/船员/船主

985 **船舶** 丁

chuánbó (shipping)

[名]船的总称:～行驶|～工程|那些～|河面上～来来往往|～在海面上日夜行驶着|夜间,～停靠在岸边|坐在山上可以望见河里的～。

【近义词】船只/船

986 **船只**(隻) 丁

chuánzhī (vessels)

[名]船的总称:来来往往的～|码头上停靠着各种～二十多艘。

【近义词】船舶/船

【提示】①"船舶"和"船只"是"船"的总称,泛指很多船;"船"既指许多船,也指一只一只的船。不能说"一只船只"、"两只船舶"。可以说"这些船"、"很多船",也可以说"三只船"。②"船舶"比"船只"的书面语色彩更强,故多用于科学技术方面。如可以说"船舶工程",不能说"船只工程"。

987 **喘** 丙 〔部首〕口 〔笔画〕12

chuǎn (breathe heavily)

[动]急促呼吸:～气|～一口气|～～气|～得厉害|～不上气|～不出气|～不过气|～了好几个月|跑得直～|不停地～|他～着气跑进来|等我～

一口气再跟你说|别急，~~气，喝点儿水再干|他一上楼就~不上气来|他晚上~得更厉害|屋子里闷得人都~不过气来|他又犯病了，已经~了好几天了|你上哪儿去了？跑得直~|看他不停地~，真叫人着急。

【近义词】喘气/喘息

【构词】喘气/喘息/喘吁吁

988 **串** *丙 〔部首〕丨 〔笔画〕7

chuàn (v. string together; m. bunch)

[动]❶连接贯通：~珠子|~文章|~台词|~起来|~成|~到一起|~一次|~一下|~一遍|把这些珠子~起来|把这些山楂~起来做糖葫芦|你把这两段文章~在一起|现在先~一下台词|这几个句子~不到一块儿。❷勾结起来做坏事：这些人~在一起干尽坏事|他们~起来，制造假口供|这是他们几个人~起来干的。❸〈丁〉错误的连接：~线|~电话|~味儿|~行|~不了|最近电话总~线|他家的电话经常~到我家来|这两种菜一块炒就~味儿了|他念~行了，自己都没发现|戴上眼镜看就~不了行了|这收音机有毛病，总是~台。❹〈丁〉由这里到那里走动：~门|~亲戚|~商店|~大街|~小巷|~胡同|我今年夏天去南方~亲戚|每个朋友家我都去~过|他成天~大街，不好好工作|亲戚朋友太多了，春节时~不过来|这些小商贩们推着车走大街~小巷地叫卖。

[量]用于连贯起来的东西：一~葡萄|一~糖葫芦|一~香蕉|一~珠子|这~葡萄有多重？|来两~糖葫芦|这~香蕉太多，半~卖不卖？|这~珠子是假的。

【构词】串供/串讲/串联/串铃/串门子/串亲戚/串通/串味儿/串戏/串乡/串秧/串游/串珠

989 **窗** 甲 〔部首〕穴 〔笔画〕12

chuāng (window)

[名]墙壁上通气透光的装置：关~|开~|~前|玻璃~|铁~|~明几净|一扇~|门~坏了，该修一下|他家门~真干净|晚上别忘了关~|他喜欢开着~睡觉|~前放着一盆花|这扇玻璃~真大|他家真干净，什么时候都是~明几净。

【近义词】窗子/窗户

【构词】窗格子/窗花/窗口/窗幔/窗纱/窗扇/窗台/窗子/窗明几净

990 **窗户** 甲

chuānghu (window)

[名]墙壁上通气透光的装置：~大|~小|~干净|~坏了|开~|关~|修理~|安装~|玻璃~|一扇~|一个~|他的屋子不大，~倒不小|~擦得挺干净|~坏了，关不上|打开~换换空气|我不喜欢关着~工作|他家安装了双层玻璃~|他在屋后又开了一扇小~。

【近义词】窗/窗子

【构词】储户/船户/存户/大户/佃户/订户/个体户/绝户/客户/立户/猎户/落户/门户/农户/商户/首户/屠户/小户/用户/账户/住户/专业户

991 **窗口** 丙

chuāngkǒu (window)

[名]❶窗户跟前：~凉快|~风大|~危险|坐在~|站在~|放在~|~冷，别站在那儿|还是~这儿凉快|~风大，小心着凉|别让小孩儿去~，那儿

危险|她坐在～看书|他每天站在～等信|这盆花就放在那个～吧。❷(售票室、挂号室、银行、邮局等)墙上开的窗形的口:售票～|挂号～|1号～|2号～|两个～|这个～|售票在那个～|请先到挂号～去挂一下号|寄包裹在3号～|取款在2号～|这两个～都卖去上海的票。

992 **窗帘**(簾) 丙

chuānglián (curtain)

[名]挡窗户的东西,用布、绸子、呢绒等制成或用线编织而成:～漂亮|～厚|～薄|买～|挂上～|布～|呢绒～|拉开～|纱～|做～|一块～|一道～|你的～真漂亮|这种呢绒～稍厚了点儿|我去买两块现成的～|我想买布自己做～|他家挂的那种～挺好|买的～不如做的～合适。

【提示】"窗帘"在口语中一般要儿化。

【构词】草帘/盖帘/酒帘/门帘/眼帘/雨帘

993 **窗台**(臺) 丙

chuāngtái (windowsill)

[名]托着窗框的平面部分:～高|～宽|上～|～上|这个～宽,可以放些书|～太高了,小孩儿够不着|他家～上经常放着鲜花|别上～,小心摔着。

【构词】补台/拆台/城台/出台/倒(dǎo)台/灯台/登台/电台/电视台/柜台/锅台/后台/奖台/讲台/井台/镜台/看台/垮台/擂台/凉台/楼台/炉台/茅台/炮台/平台/前台/球台/晒台/上台/塌台/跳台/舞台/戏台/下台/压台/砚台/阳台/印台/站台/烛台

994 **疮**(瘡) 丁 〔部首〕疒 〔笔画〕9

chuāng (sore)

[名]❶通常称皮肤上或黏膜上发生溃烂的疾病:长～|生～|手上的～|腿上的～|嘴里的～|一个～|这个～可疼了|这个～越来越大|腿上长了个～,走不了路|嘴里长了个～,不能吃饭|脸上的～快好了|这是上次长～留下的疤。❷外伤:刀～|他脸上的刀～快好了|他治外～特别有经验。

【构词】疮疤/疮痕/疮口

995 **床**(牀) 甲 〔部首〕广 〔笔画〕7

chuáng (bed)

[名]供人躺在上面睡觉的家具:～宽|～底下|～上|～舒服|买～|铺～|铁～|木～|钢丝～|单人～|双人～|双层～|帆布～|折叠～|大～|小～|软～|硬～|一张～|孩子长高了,～显得小了|这张～有多宽?|这种～太软了,并不舒服|我喜欢木～|他家人多,房子小,不得不用双层～|折叠～的好处是不用时可以折叠起来|我的鞋在～底下放着呢。

【近义词】床铺

【构词】床头柜/床沿/床罩

996 **床单**(單) 丙

chuángdān (sheet)

[名]铺在床上的长方形布:～好看|～大|铺～|换～|布～|一条～|一种～|这条～真好看|这条～太短了,应该买长一点儿的|这条～长短正合适|我喜欢买布自己做～|冬天要铺厚点儿的～|～要经常换。

【提示】"床单"在口语中一般要儿化。

997 **床铺**(舖) 丁

chuángpù (bed)

［名］床和用板子搭的铺的总称：～大｜～小｜～宽｜～窄｜～硬｜～软｜～舒服｜搭～｜整理～｜一张～｜很多～｜这张～宽，可以睡三个人｜～太硬，睡着不舒服｜在桌子旁边再搭个～｜～都铺好了，客人们请早点儿休息吧｜睡惯了硬～，睡软的腰疼｜这屋里有三张～，您睡哪儿都行。

【近义词】床/铺(pù)

【构词】当(dàng)铺/地铺/店铺/吊铺/饭铺/通铺/统铺/药铺

998 **床位** 丁

chuángwèi (bunk)

［名］医院、旅馆、轮船等为病人、旅客、住宿者设置的铺位：～不够｜～富余｜～满了｜有～｜没～｜增加～｜医院里的～｜旅馆里的～｜轮船上的～｜一个～｜这个医院～多｜医院的～都住满了，您暂时还住不进来｜那个医院～富余｜这家旅馆生意很好，～从来没有空过｜实在不行，给您加一个～｜等医院有空～时，打电话通知您｜我要订两个二等舱的～。

999 **闯**(闖) ＊乙 〔部首〕门 〔笔画〕6

chuǎng (rush)

［动］❶猛冲：～红灯｜～封锁线｜～进来｜～进去｜～出来｜～过去｜他想～红灯，被警察叫住了｜这孩子又～什么祸了？｜侦察兵～过敌人的封锁线｜突然外边～进一个人来｜这小伙子开着摩托车横冲直～。❷〈丙〉走出家庭，到实际生活中锻炼；为一定目的而到处活动、奔走：～关东｜～江湖（"江湖"泛指社会）｜～天下｜～牌子｜～新路｜～出去｜～出来｜在外面～｜在艺术界～｜到社会上～｜出去～｜～一～｜～几年｜那时很多人活不下去了，就去～关东｜这种产品终于～出牌子了｜不能总是老一套，要～一条新路｜真不简单，他在外边居然～出名了｜在外面～不下去的时候，再回来｜年青人就应该出去～～｜你知道他这几十年是怎么～过来的吗！

【构词】闯荡/闯祸/闯将/闯江湖/闯劲儿/闯练

1000 **创**(創) 乙 〔部首〕刂 〔笔画〕6

chuàng (start; initiate)

［动］(开始)做；(初次)做：～纪录｜～家业｜～事业｜～好成绩｜～出来｜他在跳水项目上～了全国纪录｜这次比赛希望你再～佳绩｜这个家业是他祖父～下的｜这是他最近～下的新纪录｜他决心在这方面～出一番事业来。

【构词】创汇/创获/创纪录/创见/创举/创刊/创刊号/创牌子/创设/创始/创收/创议/创造力/创制

1001 **创办**(辦) 丁

chuàngbàn (set up)

［动］开始办：～一个工厂｜～一所学校｜～一所医院｜努力～｜刚刚～｜～过｜～了｜～得早｜也～了一所双语学校｜她晚年曾经～过一家医院｜这个语音实验中心～得比较晚，设备现在看还不落后｜去年～的味精厂，经济效益不错｜国家应该拿出更多的钱，大力～教育机构，以培养大批人才。

【近义词】创建/创立

1002 **创建** 丁

chuàngjiàn (establish)

［动］创立；第一次建立：～一个组织｜～一所工厂｜～一所学校｜～一家医院｜～一个慈善机构｜～新的事业｜毛泽东等人～了中国共产党｜这所工厂

是一位旅居海外的老华侨～的｜她～的那所学校目前已经停办了。
【近义词】创办/创立/建立
【构词】筹建/封建/改建/扩建/兴建/修建/营建

1003 **创立** 丙

chuànglì (found)
[动](初次)建立:～一门学说｜～新的思想体系｜～新学科｜～人民的国家｜～一所学校｜～一家医院｜很难～｜这一重要学说是50年前～的｜他苦苦钻研几十年,终于～了这个领域中一种新的理论体系｜一个新的学科很难一下子～｜他所～的学说后来又有了新的发展。
【构词】成立/订立/独立/对立/孤立/建立/确立/设立/树立/挺立/中立/屹立/站立/势不两立/亭亭玉立

1004 **创新** 丙

chuàngxīn (v. bring forth new ideas; n. creativity)
[动]丢掉旧的,创造新的:有～精神｜大胆～｜继续～｜他在工作中勇于～,很受老板赏识｜在艺术上有所～、有所提高,需要艰苦的努力。
[名]指创造性;新意:他的小说在很多方面都有～｜他的～只停留在艺术形式上,内容上并没有什么大的突破。
【反义词】守旧
【构词】尝新/从新/重新/翻新/革新/更新/清新/刷新/崭新/除旧布新/面目一新/破旧立新/弃旧图新/吐故纳新/推陈出新/温故知新

1005 **创业**(業) 丁

chuàngyè (start an undertaking)
[动]创办事业:艰苦～｜～艰难｜有～精神｜发扬～精神｜这几年他们艰苦～,终于使穷山沟改变了面貌｜新时期需要大批有～精神的实干家｜不懂得～的艰难,就不会爱惜今天所取得的成果｜～难,守业更难｜发扬～精神,努力进取,不断提高｜他们的事迹可以写一部激动人心的～史｜祖国的山山水水都留下了这些～者的足迹。
【反义词】守业/守成
【提示】"创业"为动宾式复合词,可作主语、谓语和定语。
【构词】毕业/产业/待业/副业/工业/行业/结业/就业/开业/林业/旅游业/牧业/农业/企业/轻工业/商业/失业/事业/守业/受业/停业/歇业/休业/修业/营业/渔业/职业/专业/转业/作业/重工业/不务正业/成家立业/各行各业/兢兢业业

1006 **创造** 乙

chuàngzào (v. create; n. creation)
[动]想出新方法、建立新理论、做出新成绩或东西:发明～｜～财富｜～奇迹｜～幸福｜～新的纪录｜～条件｜～世界｜～未来｜为了建设好我们的国家,我们必须～一个和平的环境｜他～了一套新的理论和方法｜中国古代传说,汉字是仓颉～的｜先辈～出的财富,我们要好好保护｜用我们勤劳的双手,努力～幸福的未来。
[名]新的方法、理论;新的东西:新的～｜伟大的～｜～是一种极大的乐趣｜我们不能总因袭前人,应当有所～｜这些孩子利用课余时间搞了许多发明～｜这种治疗方法的确是一大～。
【反义词】仿造/模仿
【构词】编造/打造/缔造/锻造/翻造/

仿造/改造/构造/假造/建造/捏造/人造/深造/生造/塑造/伪造/臆造/再造/制造/铸造/粗制滥造

1007 **创作** 乙

chuàngzuò (v. create; produce; n. creation)

[动]创造文艺作品:～电影剧本|～一部电视剧|～一幅油画|这几年她～了大量的文学作品|这几年这位作家没～什么作品|她～了十几部中篇小说。

[名]指文艺作品:一种～|搞～|这是一部伟大的～|文学～是一种艰苦的劳动|她不适合于从事艺术～|小丁是搞～的。

【构词】操作/大作/动作/发作/耕作/工作/合作/佳作/杰作/看作/劳作/名作/习作/协作/写作/遗作/原作/造作/振作/制作/著作/装作/拙作/骄柔造作/精耕细作/无恶不作

1008 **炊事员**(員) 丁

[部首]火 [笔画]8

chuīshìyuán (cook)

[名]担任做饭、做菜以及厨房里其他工作的人员:一位～|老～|他是我们单位的～|～病了,大家只好自己做饭吃。

【近义词】厨师/厨子

【构词】炊具/炊烟/炊帚

1009 **吹** *甲 [部首]口 [笔画]7

chuī (blow)

[动]❶合拢嘴唇用力吐气:～灯|～蜡烛|～一口气|他～了～手上的灰|孩子喜欢～肥皂泡儿。❷〈乙〉(风、气流等)流动、冲击:风～雨打|海风～在脸上,感到一阵清新|我想去理发店～～风,头发太乱了。❸〈丙〉吹气演奏:～笛子|～口琴|～小号|～黑管|～箫|～唢呐|～口哨|他～笛子～得特别好|冲锋号～响了,战士们发起了最后的攻击。❹〈丙〉〔口〕说大话;夸口:别听他～,他根本干不了|他这个人就好(hào)～,实际上什么都不会|我不是～,再喝两瓶我也醉不了|他～得天花乱坠,～得神乎其神。❺〈丙〉〔口〕(爱情、事情、友谊、交情)破裂;不成功:小王出国的事已经～了|她跟她男朋友～了|我俩从小一起长大,关系绝不会～的。

【构词】吹打/吹风/吹风机/吹拂/吹鼓手/吹冷风/吹嘘/吹奏/吹吹拍拍/吹毛求疵/吹胡子瞪眼

1010 **吹牛** 丁

chuī niú (boast)

说大话;夸口。也说"吹牛皮":爱～|老～|净～|会～|～吹得很厉害|吹什么牛|没吹过牛|吹了一次牛|他净～,说他半年学会了三门外语,谁信呢!|这要看你的真本事了,光～可不行|老胡是我们这儿的～大王|他～吹得可凶了|～谁不会啊,又不上税,这不算本事。

【近义词】吹/吹嘘/说大话/夸海口/自夸

【提示】离合词,使用时中间可插入其他成分,如:他吹了半天牛。

【构词】顶牛

1011 **吹捧** 丁

chuīpěng (flatter)

[动]吹嘘捧场:～自己|极力～|吹吹捧捧|善于～|喜欢～|没完没了地～|他从来都不～别人|他～自己的老婆长得如何如何漂亮,其实她相貌很

一般|你们俩不要互相～|～上级的人不一定值得信任|吹吹捧捧不是好作风|他总是没完没了地～别人，实际上是为了抬高他自己。

【反义词】讥笑/贬低

1012 **捶** 丁 〔部首〕扌 〔笔画〕11

chuí (beat; pound)

[动]用拳头或棍棒等敲打：～背|～腰|～衣服|～了一会儿|～累了|～碎了|母亲干了一天家务活儿，累得直不起腰来，父亲就给她～背|你给我～～腰。

1013 **锤**(鍾) 丁 〔部首〕钅 〔笔画〕13

chuí (v./n. hammer)

[动]用锤子敲打：～进去|千～百炼|你把这根钉子～进去|我～了半天，把钉子～弯了，也没～进去。

[名]❶古代一种兵器，木把上头有一金属圆球。❷像锤的东西：秤～。❸敲打东西的器物，锤子：铁～|汽～|钉～|一把铁～|你想把钉子钉进去得用铁～。

1014 **垂** *丙 〔部首〕丿 〔笔画〕8

chuí (hang down)

[动]❶东西的一头向下：下～|～下头来|～涎三尺|银幕～了下来，电影马上就要开演了|你别总～头丧气的，打起精神来。❷〈丁〉流传：永～不朽|名～千古|他人已死了，但他的精神却永～不朽。❸〈丁〉敬辞，用于别人(多是长辈或上级)对自己的行动，"承蒙"的意思：～询|～问。❹〈丁〉接近；快要：～老|～危|在他生命～危的时候，他想到的是国家的利益。

【构词】垂柳/垂暮/垂青/垂死/垂危/垂下/垂线/垂杨柳/垂帘听政/垂死挣扎/垂手可得/垂头丧气/垂涎三尺

1015 **垂直** 丙

chuízhí (vertical)

[动]两条直线相交成直角时，就说这两条直线互相垂直。此概念可推广到一条直线与一平面或两个平面的垂直：～线(也叫"垂线")|与…～|～于…|互相～|画一条直线～于这个平面|两条互相～的直线所构成的夹角是90度角。

【反义词】平行/倾斜

【提示】"直"中间有三横，不能写成两横。

【构词】笔直/刚直/简直/僵直/径直/朴直/强直/曲直/率直/爽直/一直/正直

1016 **春** *甲 〔部首〕日 〔笔画〕9

chūn (spring)

[名]❶春季：～景|～风|温暖如～|迎～|～花秋月是挺美的|冬天过去了，～天还会远吗？❷〈丁〉比喻生机：妙手回～|刘大夫妙手回～，把我从死亡线上拉了回来。

【提示】①"春"现多作为词素，一般不单用。②春，姓。

【构词】春饼/春播/春分/春风/春光/春假/春卷/春联/春梦/春秋/春色/春心/春意/春游/春雨/春装/春风化雨/春华秋实

1017 **春耕** 丁

chūngēng (n. spring ploughing; v. plough in the spring)

[名]春季播种之前，翻松土地的工作：～时节|～季节|～时期|～生产|目前正是～大忙季节|我们应该大力

搞好～生产|农民在～时期十分繁忙。
[动]春季播种之前,翻松土地:农民们已开始～了|他们正在准备～。
【构词】笔耕/冬耕/机耕/浅耕/秋耕/深耕

1018 **春季** 丙

chūnjì (spring)
[名]一年的第一季,中国习惯指立春到立夏的三个月时间,也指农历“正、二、三”三个月:北京～风大雨少|～是农民最忙的季节|～耕种,秋季收获。
【构词】淡季/冬季/旱季/换季/秋季/四季/旺季/夏季/雨季/月季

1019 **春节**(節) 乙

Chūn Jié (the Spring Festival)
[名]农历正月初一,是中国传统节日,也指正月初一以后的几天:过～|一个热闹祥和的～|喜迎～|～期间,商品非常丰富|～是全家团圆的日子|今年的～联欢比往年都热闹|～该回家了,可我却走不开。
【构词】灯节/端午节/儿童节/复活节/妇女节/国庆节/环节/季节/建军节/礼节/劳动节/情节/情人节/圣诞节/时节/使节/调节/细节/愚人节/中秋节

1020 **春天** 甲

chūntiān (spring)
[名]春季:美好的～|温暖的～|让我们迎接科学的～|～来了,树枝吐出了绿芽|桃树～开花。
【构词】白天/半天/变天/苍天/成天/冲天/当天/冬天/翻天/飞天/伏天/改天/归天/航天/黑天/后天/今天/蓝天/礼拜天/聊天/露天/满天/每天/明天/前天/青天/晴天/秋天/热天/升天/暑天/霜天/谈天/通天/头天/西天/夏天/先天/艳阳天/阴天/雨天/整天/昨天/叫苦连天/杞人忧天/热火朝天/人定胜天/如日中天/一步登天/一手遮天/坐井观天

1021 **纯**(純) *丙 〔部首〕纟 〔笔画〕7

chún (pure)
[形]❶纯净;不含杂质:～金|～铝|～毛|～水|～银|思想不～|他的英语发音很～|这儿的水很～,喝了不会闹肚子的|这女孩儿的思想特别～,真可贵。❷〈丁〉纯粹;单一;单纯:～白|～黑|～技术|～利|她穿了一件～白的连衣裙|他出国留学～为镀金。❸〈丁〉纯熟;熟练:你的功夫还不～,还得练练|他是一位技术～熟的老工人。
【反义词】❸生/生疏
【构词】纯度/纯净/纯利/纯朴/纯熟/纯真/纯正

1022 **纯粹** 丁

chúncuì (pure)
[形]不掺杂别的成分的;不含杂质的:他立志要做一个高尚的人、～的人|这道菜不是～的粤菜。
【近义词】单纯/纯正/地道/单一/纯净
【反义词】混杂
【提示】“纯粹”也可作副词,表示判断、结论的不容置疑(多跟“是”连用):我这样做并不是～为了赚钱,也是想为大伙儿提供点儿方便|他的病～是自己找的。
【构词】国粹/精粹

1023 **纯洁**(潔) 丙

chúnjié (adj. pure; v. purify)
[形]纯洁清白;没有污点;没有私心:~的友谊|~的思想|心地~|天真~的童年多么让人怀恋啊!|这是一种非常~的感情。
[动]使纯洁:~组织|~队伍|~思想|我们应该~自己的语言,做到语言美|为了~医务人员的思想,院长召开了医风医德教育大会。
【反义词】肮脏/污浊/邪恶
【构词】光洁/简洁/廉洁/清洁/圣洁/贞洁/整洁/冰清玉洁

1024 **蠢** 丁 〔部首〕虫 〔笔画〕21
chǔn (stupid)
[形]❶愚蠢;不聪明:~办法|很~|这件事你做得太~了|这个人真~,这么简单的问题也不明白!❷笨拙;不灵便:动作很~|他太胖了,胖得都有些~了|他动作显得~笨,但头脑极为聪明。
【反义词】❶聪明;❷灵巧/灵便/敏捷
【构词】蠢笨/蠢材/蠢货/蠢人

1025 **磁带**(帶) 甲 〔部首〕石 〔笔画〕14
cídài (tape)
[名]涂着氧化铁粉等磁性物质的塑料带子,用来录音、录像等:录音~|录像~|英语~|音乐~|一盘~|一盒~|小姐,您这儿有什么最新的流行歌曲~?|我买了一盒~|你能不能借我这盘音乐~?
【构词】磁场/磁化/磁极/磁力/磁石/磁体/磁铁矿/磁头/磁性/磁针
背带/彩带/地带/附带/吊带/肚带/光带/海带/胶带/领带/轮带/纽带/皮带/飘带/裙带/热带/声带/丝带/温带/携带/一带

1026 **磁铁**(鐵) 丁
cítiě (magnet)
[名]用钢或合金钢经过磁化制成的磁体,有的用磁铁矿加工制成,也叫磁石或吸铁石:一块~|一吨~|~矿|他好像被~吸住了一样,一点儿也动弹不得|针掉在地下可以用~吸起来。
【构词】白铁/打铁/地铁/锻铁/废铁/钢铁/炼铁/马口铁/生铁/熟铁/洋铁/斩钉截铁

1027 **雌** 丁 〔部首〕此 〔笔画〕14
cí (female)
[形]生物中能产生卵细胞的(跟“雄”相对):~花|~性|~雄|~鼠|这是一只~兔|~蚁和雄蚁有翅膀,工蚁和兵蚁没有。
【近义词】母
【反义词】雄/公
【提示】说动物的性别,可用“雄”、“雌”或“公”、“母”,如“雌兔”、“母牛”;说人的性别,则要用“男”、“女”。
【构词】雌蜂/雌花/雌蕊/雌兔/雌性/雌雄

1028 **辞**(辭) 丁 〔部首〕舌 〔笔画〕13
cí (v. take leave; n. diction)
[动]❶告别:~别|~行|告~|时间不早了,我得告~了|我是来向您~行的|~别了母亲,他踏上了征途。❷辞职:这份工作太辛苦,我打算把它~了|你怎么能这样随意地把工作~了?|~去工作以后,他还没找到新工作。❸辞退;解雇:你要是不好好干,我就~了你|他上班老迟到,最后被老板~了。❹躲避;推托:推~|不~辛苦|给他的工作,不管多累,他

从来都不推～|他干工作不～劳苦，大家很尊重他。

[名]优美的语言：修～|～藻|～章。

【提示】在很多合成词里，“辞”也作“词”，如“辞典”、“辞素”也作“词典”、“词素”。

【构词】辞别/辞呈/辞赋/辞令/辞去/辞让/辞色/辞书/辞退/辞行/辞藻/辞章

1029 **辞职**(職)　丁

cí zhí (resign)

请求解除自己的职务：～报告|～申请|提出～|不能～|辞得了职|辞不了职|老李已经向领导交了～报告|他想～，可是领导就是不同意，看来是辞不了了|他从来没辞过职，他觉得老板对他不错。

【提示】离合词，中间可插入其他成分，如：辞不了职|辞了职|辞过职。

【构词】罢职/本职/撤职/称职/到职/调职/副职/复职/革职/公职/供职/官职/兼职/降职/就职/离职/免职/去职/任职/失职/停职/退职/在职/正职/专职

1030 **慈爱**(愛)　丁　〔部首〕心　〔笔画〕13

cí'ài (affection)

[形](年长者对年幼者)仁慈喜爱：～的父亲|～的母亲|～的目光|～地望着|充满～|我永远也不会忘记李老师那双～的眼睛|她就像一个～的母亲|爷爷～地对我说：“孩子，出门在外，要多加小心。”|妈妈的声音里充满了～。

【近义词】慈善/慈祥

【反义词】凶恶/凶狠/凶暴/残忍/残酷

【提示】慈，姓。

【构词】慈悲/慈和/慈善

博爱/宠爱/错爱/恩爱/抚爱/割爱/敬爱/可爱/酷爱/怜爱/恋爱/令爱/母爱/偏爱/亲爱/情爱/求爱/热爱/仁爱/疼爱/喜爱/相爱/心爱/友爱/珍爱/钟爱/自爱

1031 **慈祥**　丁

cíxiáng (kindly)

[形](老年人的态度、神色)和蔼安详：～的目光|～的眼睛|～的面容|～地望着|～地说|老人带着～的笑容闭上了眼睛|老奶奶～地对小孙女说：“快点儿吃吧，菜都凉了。”|老先生笑了，笑得那样～|姥姥不像姥爷那么严厉，她总是那么～、温和。

【近义词】慈爱/慈善

【反义词】严厉/凶恶/凶狠

【构词】不祥/吉祥

1032 **瓷**　丙　〔部首〕瓦　〔笔画〕10

cí (china)

[名]用高岭土等烧制成的材料，所做器物比陶器更坚硬细致，色白或发黄。瓷器是中国古代伟大发明之一：白～|青～|细～|～碗|～杯|～瓶|这个花瓶不像是～的|陶和～合称陶～|这个白～碗是清代烧制的。

【构词】瓷杯/瓷雕/瓷瓶/瓷器/瓷土/瓷碗/瓷砖

1033 **词**(詞)　*甲　〔部首〕讠　〔笔画〕7

cí (word)

[名]❶语言里的最小的、可以自由运用的单位：这些～他一个也不懂|这两个～写起来一样，但意思不同，念法也不同|这个～怎么用？❷〈乙〉说话或诗歌、文章、戏剧中的词句：戏～|台～|有～儿|没～儿|振振有～|义

正～严|～不达意|他一着急嘴里就没～儿了|他说起来还挺有～儿,一写起来就不行了|他在台上一着急,忘～儿了。❸〈丙〉一种韵文形式,由五言诗、七言诗和民间歌谣发展而成,起于唐代,盛于宋代。也叫长短句:唐诗宋～|作诗填～|他的～比他的诗作得更好|这首～作于30年代。

【构词】词法/词干/词根/词类/词牌/词谱/词曲/词素/词头/词尾/词形/词性/词序/词义/词语/词缀/词组

1034 词典 甲

cídiǎn (dictionary)

[名]也作"辞典",收集词汇加以解释供人检查参考的工具书:汉语～|汉英～|常用词～|法律～|翻～|查～|开卷考试可以带～|学习外语要学会用～|碰到不认识的字,翻翻～就行了。

【构词】辞典/大典/法典/古典/经典/药典/用典/字典/引经据典

1035 词汇(彙) 丙

cíhuì (vocabulary)

[名]一种语言里所使用的词的总称,也指一个人或一部作品所使用的词:汉语～|英语～|鲁迅先生的～|《红楼梦》的～|学习～|掌握～|增加～量|扩大～量|我掌握的英语～不多。

【提示】"词汇"是词的总称,因此不能说"一个词汇"、"这个词汇",但可说"很多词汇"、"大量词汇"、"这些词汇"等。

【构词】语汇/字汇/总汇/外汇

1036 词句 丁

cíjù (words and phrases)

[名]词和句子;字句:很多～|这些～|大量～|～不通顺|认识一些～|这篇文章中很多～都不通|请把这些～翻译成汉语。

【构词】单句/断句/分句/复句/佳句/警句/绝句/例句/炼句/名句/诗句/文句/问句/语句/造句/字句

1037 此 乙

〔部首〕止
〔笔画〕6

cǐ (this)

[代]❶表示近指的代词(跟"彼"相对);这;这个:～情～景|～人|～物|～人来～的目的,你清楚吗?|～书的作者是位农民|对不起,～书不卖。❷表示此时或此地:～间|从～|自～|就～|由～向前|我两年前见过他一面,从～再也没有他的消息了|今天就到～为止,明天继续讨论。

【反义词】彼/那/那个

【构词】此岸/此地/此间/此致/此伏彼起/此地无银三百两/此路不通/此一时,彼一时

1038 此后(後) 丁

cǐhòu (after this)

[连]从此以后,用于连接分句与分句、句子与句子:她去年冬天感觉身体不适,～一直没上班|我大学一毕业就来到这家公司,～一直没换过地方|她三岁时吃鱼吐过,～,一闻见鱼味儿就恶心。

【构词】而后/过后/今后/落后/前后/然后/随后/往后/以后/之后/最后/茶余饭后/惩前毖后/思前想后/瞻前顾后/争先恐后

1039 此刻 丙

cǐkè (this moment)

[名]这时候:～的情景|永远记住～|～,她激动得说不出话来,只是不住

地点头|此时～的情景我永远也不会忘记。

【构词】即刻/立刻/片刻/顷刻/少刻/深刻/时刻/一刻/时时刻刻

1040 **此时**(時) 丁

cǐshí (now)

[名]这个时候:～的心情|～的工作|～此刻|他～的心情十分不好,你别惹他|～打来的电话,他都不接|他～正在吃饭。

【近义词】此刻

1041 **此外** 乙

cǐwài (besides)

[连]除此以外,表示除了上面所说的情况之外的:他家只有一个老母亲,～没有别的亲人|他只喜欢画画儿,～对什么都不感兴趣|感冒了要好好休息,～还要多喝水|他家有一棵枣树,～还有一棵梨树。

【近义词】另外

1042 **刺** *乙 〔部首〕刂 〔笔画〕8

cì (stab)

[动]❶尖的东西进入或穿过物体:～人|～手|～破|～伤|～中|～疼|～穿|～进|～透|～死|～得深|～得厉害|～一下|别在汽车上织毛衣,小心～着人|他的手被针～疼了|这个公安干警为了追捕罪犯,被～伤了|大夫用银针～进穴位|我的手被鱼刺～得好疼|他一下子就～中了敌人的心脏。❷〈丙〉刺激:～眼|～鼻|～耳|～骨|～得直流眼泪|光线太强了,～眼|屋子里有股～鼻的臭味|这也叫音乐,真～耳!|外边刮起了～骨的寒风|阳光～得人睁不开眼|洋葱味～得他又是眼泪又是鼻涕的|要鼓励他,别总拿话去～他|他的行为～疼了母亲的心。❸〈丙〉乘人不防备时进行杀害;暗杀:遇～|被～|行～|他被～身亡|他在讲演后回家途中遇～。

【近义词】❶扎/捅/戳;❷刺激

【提示】"刺"又读 cī,象声词,如:～的一声。

【构词】刺柏/刺柴/刺丛/刺刀/刺菜/刺头/刺耳/刺骨/刺话/刺槐/刺客/刺目/刺配/刺杀/刺参/刺探/刺绣/刺眼/刺痒/刺字/刺刀见红

1043 **刺** 丁

cì (thorn)

[名]❶尖锐像针的东西:～多|扎～|鱼～|竹～|花～|一根～|这种鱼好吃,但是～多|他的手上扎了根～|玫瑰花有～,不敢摘|他的舌头被鱼～扎了一下|他的手让仙人球上的～扎出了血。❷比喻说得尖锐刺耳的话语:带～|有～|话里的～|你没听出来吗,他话里带～呢!|我听得出来他话里的～|你总说～话干什么!

1044 **刺激** 丙

cìjī(v. stimulate; n. irritation)

[动]❶现实的物体和现象作用于感觉器官的过程;声、光、热等引起生物体活动或变化的作用:～眼睛|～神经|～大脑|～皮肤|～鼻子|～味觉|～食欲|～精神|受～|不宜～|强烈地～|太强的阳光会～眼睛|劣质化妆品会～皮肤的|辣椒能～食欲|烟味～得人直咳嗽。❷推动事物,使起积极的变化:～生产力发展|～积极性|～购买力|～市场繁荣|～市场需求|有力地～|改革开放～了经济的发展|经济改革～了生产力发展|物

价下降～了人们的购买力｜集市贸易大大地～了市场繁荣｜群众的积极性被～起来了。❸使人激动；使人精神上受到挫折或打击：～人｜～精神｜受～｜～一下｜深深地～｜他经常用玩笑去～朋友｜别总用那些话去～他｜我稍～他一下，他就大发脾气｜这件事深深地～了他的心。

［名］精神上受到的挫折或打击：～大｜～深｜～多｜精神上的～｜有害的～｜很大的～｜受到的～｜经受的～｜这件事给他的～太大了｜他一生经受过的～太多了｜精神上的～使他至今不能正常工作｜这对他是个非常大的～｜母亲再也不能经受任何～。

【构词】冲激/奋激/愤激/感激/过激/偏激

1045 次 甲

〔部首〕冫
〔笔画〕6

cì（time）

［量］用于反复出现或可能反复出现的事情：一～｜初～｜第二～｜每～｜多～｜～～｜有一～｜我去过一～长城｜初～见面，请多关照｜他是第二～来北京了｜这种药片一天四～，每～一片｜他汉语考试～～都得满分｜我问过他几～，他都说不知道｜有一～，他对我说起你。

【近义词】回/趟/遍

【构词】次第/次货/次日

1046 次 丙

cì（second-rate）

［形］质量差；品质差：人～｜质量～｜节目～｜品质～｜东西～｜～得很｜～极了｜太～了｜真～｜写得～｜做得～｜考得～｜～于｜～品｜这人说话不算数，真～！｜你的成绩太～了！｜这种人品质太～，不能跟他交朋友｜这是哪儿买的裙子，做工太～了！｜这种电视机不比进口的～｜他的工作能力不～于你。

【近义词】差

【反义词】优

1047 次品 丁

cìpǐn（defective goods）

［名］不符合质量标准的产品：～多｜生产～｜买～｜杜绝～｜减少～｜发现～｜大量的～｜这批产品中～不少｜他们厂的产品没有～｜应杜绝或减少～｜这是～，所以便宜。

1048 次数（數） 丁

cìshù（frequency）

［名］动作或事件重复出现的回数：～多｜练习的～｜试验的～｜失败的～｜成功的～｜出席的～｜旷课的～｜出场的～｜他来北京出差的～不多｜他旷课的～已经超过30小时｜他失败的～比成功的～要多｜你的病复发的～越多越不好｜你练习的～不够，所以到现在也不熟练。

【近义词】回数

1049 次序 丁

cìxù（order）

［名］事物在空间或时间上排列的先后：～打乱｜～颠倒｜～井然｜～调整｜安排～｜列出～｜按照～｜弄乱～｜更改～｜人名的～｜地名的～｜字母的～｜节目的～｜出场的～｜排队的～｜原定的～｜请尽快调整一下节目的～｜请按照～一个一个地上车｜把原来的～打乱，重新编排｜演员的名字是根据出场的～排列的。

【近义词】次第

1050 **次要** 丙

cìyào (less important)

[形]重要性较差的：地位～|形式～|～的问题|～的地位|～的人物|～的内容|形式是～的，内容才是主要的|他在家中处于～的地位|配角看来是～人物，但要演好也不容易|这些都是～问题，要抓住主要的。

【反义词】主要/重要

1051 **伺候** 丙　〔部首〕亻〔笔画〕7

cìhou (serve)

[动]在人身边给人做事，照料饮食起居：～病人|～老人|～伤员|～起居|～饮食|～得好|～得周到|～得舒服|甘心～|懒得～|耐心地～|专门～|难～|护士耐心地～病人|她小心地～伤员|她每天～父母的起居和饮食|他～老人～得很周到|他们的工作是～残疾人的生活|这位小姐真难～！

【近义词】侍候/服侍

【提示】"伺"又读 sì，如"伺机"。

【构词】伺机/伺隙

等候/恭候/火候/季候/节候/静候/立候/气候/时候/侍候/守候/听候/问候/迎候/症候

1052 **聪明**(聪) 乙　〔部首〕耳〔笔画〕15

cōngmíng (clever)

[形]智力发达，记忆和理解能力强：孩子～|脑子～|天资～|样子～|～过人|～非凡|～绝顶|～超群|～起来|显得～|长得～|干得～|变得～|相当～|极端～|～的孩子|～的见解|～的办法|～的决定|这孩子～过人|他天资～，学习成绩很好|经过几次挫折，他变得～起来|这孩子长得～可爱|最～的办法是什么便宜货都不买|这是一个十分～的决定。

【近义词】聪颖/聪慧

【反义词】笨/笨拙/愚蠢/愚笨

【构词】聪慧/聪敏/聪颖

1053 **葱** 丁　〔部首〕艹〔笔画〕12

cōng (onion)

[名]多年生草本植物，叶子圆筒形，中间空，鳞茎圆柱形，开小白花，种子黑色，是普通蔬菜或调味品：～辣|～好吃|生～|大～|一根～|一段～|～末|这～真辣|～可以做调味品|烧鱼时放点儿～可以去腥|北方人喜欢吃生～|山东人爱吃煎饼卷大～。

【构词】葱白/葱翠/葱花/葱绿/葱头

1054 **匆匆** 丁　〔部首〕勹〔笔画〕5

cōngcōng (hurriedly)

[形]急急忙忙的样子：行色～|来去～|～而去|～出走|～出了大门|～上了火车|那个人行色～，放下东西就走了|他来去～，没有与他过多交谈过|他来也～，去也～，不知在忙乎什么|他们吃了饭便～而去|他戴上帽子就～出了大门|他出示了机票和护照就～登上了飞机。

【近义词】匆忙/急忙/匆促/慌忙

【反义词】从容/悠闲/安闲

【构词】匆促

1055 **匆忙** 丙

cōngmáng (hastily)

[形]心里着急，行动加快：时间～|上班～|决定～|回国～|准备～|临行～|感到～|走得～|办得～|决定得～|非常～|～的脚步|～的样子|～地上场|～地动身|～地告别|匆匆忙忙|因时间～，就不去看你了|他神色

～，好像有什么急事｜这次决定得非常～，来不及跟你商量｜他走得非常～，忘了带伞｜他没带笔就～地去参加考试了｜他还没准备好，就匆匆忙忙上场了｜在～之间，把名字写错了。

【近义词】急忙/匆促/匆匆/慌忙

【反义词】悠闲/从容

1056 **从**(從) 丁 〔部首〕人 〔笔画〕4

cóng (from)

[介]❶表示起点：～早到晚｜～东到西｜～上海到北京｜～头到尾｜～无到有｜～胜利走向胜利｜～今以后｜～外行变成内行｜他～小学到大学都是在北京上的｜～这儿往南走5分钟就到了｜～开始到结束我一直都在会场｜～不懂到懂，他付出了很大的努力｜～今天起你就是我们公司的一个成员了｜他家人口～两口增加到八口。❷表示经过，用在表示处所的词语前面：～小路走｜～桥上过｜～桥底下穿｜～门缝里看｜～他家门口经过｜咱们～这条小路过去｜大卡车不能～这里过｜我每天都～这个商场门前经过｜你的车可以～隧道里穿过去。

【近义词】由/自

【提示】从，姓。

【构词】从犯/从简/从军/从良/从略/从命/从权/从师/从属/从速/从先/从小/从新/从业/从优/从征/从政/从中/从长计议/从善如流/从心所欲

1057 **从不/没** 乙

cóng bù/méi (never)

表示从过去到现在都不(没有)：从不喝酒｜从不考虑｜从不骄傲｜从没参观过｜从没开过车｜从没迟到过｜他从不做损害别人的事｜他从不吸烟｜他从不拒绝别人的要求｜他从不浪费一点儿粮食｜他从不锻炼身体｜这种事我从没考虑过｜他从没出过错误｜入冬以来从没下过雪｜他从没说过别人的坏话。

【近义词】从未

【提示】“从没”后面的动词或形容词后通常要带“过”。如：来参观的人从没少过｜他从没经历过这种事。

1058 **从…出发**(發) 乙

cóng…chūfā (start off from)

考虑或处理问题时，从某一方面来观察、考虑：从工作出发｜从生产出发｜从长远利益出发｜从身体健康出发｜从实际情况出发｜做什么事都要从人民的利益出发｜处理这些问题应该从工作出发｜制定生产计划要从实际情况出发｜如果都从个人出发，事情就办不好了。

1059 **从此** 乙

cóngcǐ (from now on)

[连]从这个时候起：去年我们通过一封信，～没再联系｜他16岁离开家乡，～没再回来过｜修了立交桥后，～不怎么塞车了｜这挫折，使他～越来越聪明了｜那天差一点儿发生火灾，～他再也不在床上吸烟了。

【近义词】自此

1060 **从…到…** *甲

cóng…dào… (from…to…)

❶表示起点和终点：从10点到12点｜从1953年到1957年｜从今天到明天｜从上海到北京｜从失败到成功｜从不懂到懂｜从无到有｜从小到大｜从浅到深｜他每天从8点到12点上课｜从上海到北京坐飞机两个多小时｜他们的生活从一无所有到丰衣足食，变化真

大。❷〈乙〉表示某一范围内的全部：这里从小孩儿到大人的鞋都有｜从吃的到穿的，应有尽有｜从室内装修到买家具、布置新房，他全包了。

1061 **从而** 乙

cóng'ér (thus)

[连]上文是原因、方法等，下文是结果、目的等；因此就：他们采用了新的技术，~大大地提高了劳动生产率｜由于修建了很多立交桥，~解决了交通堵塞问题｜由于找到了事故发生的原因，~为杜绝这种事故创造了条件｜乡镇企业发展了，农民的生活~也富了起来。

【近义词】因而/因此

【构词】俄而/反而/故而/忽而/既而/继而/进而/然而/甚而/时而/始而/幸而/因而

1062 **从…看来**(來) 丁

cóng…kànlái (as far as … is concerned)

根据客观情况估计：从这件事看来｜从这个情况看来｜从今天的讨论看来｜从这一点看来｜从他的态度看来｜从今天这个事情看来，问题不那么简单｜从他今天的样子看来，他的病好多了｜从今天讨论的情况看来，表示赞同的人还不少呢｜这本书卖得很快，从这一点看来这本书还挺受欢迎的。

1063 **从来**(來) 乙

cónglái (always)

[副]表示从过去到现在都是如此：~不玩｜~不去｜~不推辞｜~没去过｜~没看过京剧｜~没出过交通事故｜~就很干净｜~一丝不苟｜~十分丰富｜~都赢｜~都先考虑别人｜星期天他~不出去｜别人请他帮忙，他~不拒绝｜他~不吸烟，不喝酒｜他~没去外地旅行过｜开学以来，他~没迟到过｜他的屋子~就是这么干净｜他工作~认真负责｜每次下棋，~都是他占上风｜有什么好事，他~都让给别人。

【近义词】历来/向来

【反义词】从不/从没

【提示】“从来＋没”时，后面的动词、形容词通常要带“过”。如：~没去过长城。

1064 **从…起** 甲

cóng…qǐ (from)

表示开始：从今天起｜从10点钟起｜从一百元起｜从小王起｜从左起｜从这个地方起｜从10月1日起放假两天｜商店一般从9点起开始营业｜这里从一元钱起到几千元的商品都有｜从右起第三个人就是张老师｜从小张起，后边的人都到前边来｜从这条街起，西边的房子都要拆｜你是从哪年起认识他的？

【近义词】自…始

1065 **从前** 甲

cóngqián (before)

[名]过去的时候；以前：想起~｜回忆~｜~的事｜~的样子｜~的房子｜~的日子｜~的朋友｜~，这里是一片荒山，今天变成了花果山｜他~在这里工作过两年多｜我~当过工人｜想想~，看看现在，变化多大啊！｜我常常想起~的小伙伴｜几年不见，他还是~的老样子｜这是我~住过的房子｜那都是~的事，别总想它了。

【近义词】以前/先前/过去/昔日/往日

【反义词】现在/目前/当前/未来/以后/将来

【构词】产前/当前/跟前/近前/空前/面前/目前/日前/史前/事前/提前/午前/先前/眼前/以前/雨前/战前/支前/之前/裹足不前/勇往直前

1066 **从容** *丙

cóngróng (calm)

[形]❶不慌不忙;情绪稳定或平静:态度～|神色～|举止～|样子～|回答～|准备～|显得～|走得～|死得～|表演得～|说得～|～就义|～地走去|～地下车|～的态度|从从容容|他表演时神态十分～|他回答问题非常～|在敌人面前,他死得非常～|他告别了亲人,～地上了火车|事先做好准备,考试时就会从从容容的|他那遇事～的态度,给人留下深刻的印象。❷〈丁〉(时间或经济)宽裕:时间～|经济～|手头～|时间很～,你们慢慢地写吧|这几天手头不太～|等我经济～的时候再去旅行。

【近义词】❶镇定/镇静/沉着;❷宽裕/宽绰/充裕

【反义词】❶慌忙/慌张/慌乱;❷拮据/紧张

1067 **从容不迫** 丁

cóngróng bù pò (calm and unhurriedly)

不慌不忙,非常镇定:态度～|神色～|回答～|准备～|整理～|显得～|走得～|说得～|～地进行|～地叙述|～地下车|～的样子|～的态度|在战场上他～,成功地指挥了这场战斗|临行前的准备,时间虽匆忙,但他～|在非常紧张的工作中,他总是显出～的样子|他～地走上刑场|他～地叙述这件事发生的经过。

【近义词】不慌不忙/从容自若

【反义词】惊慌失措/心慌意乱/慌里慌张

【提示】"不"用在四声前发生变调,实际读 bú。

1068 **从事** *乙

cóngshì (be engaged in)

[动]❶投身到某种事业中去;参加做某种事:～革命事业|～教育事业|～编辑工作|～医务工作|～宣传活动|～体力劳动|～设计工作|～文学创作|长期～|热心～|专门～|他18岁就开始～革命活动|他长期～教育事业|我在公司里专门～统计工作|她积极～妇女解放运动。❷〈丙〉(按某种办法)处理:鲁莽～|军法～|大胆～|谨慎～|小心～|马虎～|认真～|草率～|要耐心说服,千万不可鲁莽～|这些人一律按军法～|这事你可要谨慎～|这件事要仔细调查,不能草率～。

1069 **从头**(頭) 丁

cóngtóu (from the beginning)

[副]❶从最初(做):～做|～说|～写|～开始|～教|～听|提起这事,我得～说起|这个曲子你～弹一遍|现在咱们～开始学|没学过不要紧,我可以～教你们|什么事都要～做起。❷重新(做):～来|～再来|～听一遍|～写一遍|错了没关系,～来!|你们再～听一遍|跳得不错,再～来一遍|这个地方唱得不对,～再来!|你刚才说的什么呀,～再说一遍!

【近义词】❷从新/重新

【构词】案头/把头/白头/班头/被头/奔头/鼻头/笔头/布头/插头/车头/

城头/出头/锄头/垂头/磁头/葱头/村头/打头/带头/当头/挡头/倒头/到头/灯头/低头/地头/点头/掉头/调头/顶头/兜头/渡头/断头/对头/额头/分头/坟头/风头/斧头/盖头/镐头/个头/跟头/工头/骨头/关头/罐头/光头/过头/号头/黑头/喉头/猴头/后头/户头/滑头/话头/回头/火头/鸡头/肩头/箭头/接头/街头/尽头/劲头/镜头/聚头/巨头/开头/炕头/磕头/空头/口头/苦头/块头/来头/浪头/老头/犁头/里头/临头/零头/领头/龙头/笼头/码头/埋头/馒头/矛头/眉头/闷头/苗头/魔头/木头/奶头/挠头/年头/念头/扭头/派头/盼头/喷头/劈头/平头/齐头/起头/牵头/前头/墙头/桥头/拳头/人头/乳头/山头/上头/舌头/伸头/石头/势头/手头/梳头/说头/蒜头/抬头/探头/剃头/田头/甜头/头头/秃头/推头/外头/窝头/膝头/下头/先头/线头/想头/心头/兴头/袖头/崖头/烟头/摇头/一头/迎头/由头/芋头/源头/云头/灶头/找头/兆头/枕头/指头/纸头/钟头/砖头/赚头/准头/嘴头/瘾头/狗血喷头/三天两头/一年到头/蚂蚁啃骨头/银样镴枪头

1070 从未 丁

cóngwèi (never)

[副]从过去到现在都没有：～推辞过|～考虑过|～拒绝过|～参加过|～去过|～玩过|～喝过|～搬过家|他做事～马虎过|给他什么工作～推辞过|他～考虑过个人问题|开了十几年车，～出过交通事故|他爱喝酒，但～喝醉过|他～抽过烟，所以身体很好。

【近义词】从没/从不

【反义词】从来

【提示】"从未"有文言色彩，多用于书面语。所修饰的动词、形容词常带"过"。如：～考虑过|～想过这个问题。

1071 从小 丁

cóngxiǎo (from childhood)

[副]从年纪小的时候：～爱运动|～不吃肉|～就老实|～不爱说话|～就吃苦|～就努力学习|他～就爱干活儿|我～就喜欢音乐|他～就吃了很多苦|这孩子～不爱吃肉|他～就好强|他～生活在一个偏僻的山村里|他～就看了很多侦探小说。

【构词】矮小/大小/短小/家小/娇小/老小/渺小/妻小/起小/弱小/瘦小/缩小/微小/细小/狭小/纤小/幼小/窄小/自小

1072 从中 丁

cóngzhōng (out of)

[副]在其间；在其中：～作梗|～取利|～捞取|～挑拨|～调解|这事办得不顺是因为有人～作梗|这笔买卖他～捞到不少好处|他总是喜欢～挑拨人家的关系|这事得请人～调解一下。

1073 丛(叢) 丙

〔部首〕人
〔笔画〕5

cóng (clump)

[名]❶生长在一起的草木：草～|花～|树～|～中|我们就站在花～前边照一张|那只小松鼠钻进树～里去了|她在草～中向我招手。❷泛指聚集一起的人或东西：人～|论～|书～|～书|我看着他消失在人～中|他整天埋在书～里，什么活动都不参加|这是新出的一套历史小～书。

【提示】丛，姓。
【构词】丛刊/丛林/丛山/丛书

1074 **凑** *丙 〔部首〕冫 〔笔画〕11

còu (put together)

[动]❶聚集；把零碎的放在一起：～300人|～资金|～钱|～路费|～东西|～一个小组|～一桌|～一个班|～一下|～了半天|～不起来|～在一起|～齐|～完|～够|～足|一齐～|共同～|现在资金还～不起来|我也来～一份|10个人就可以～一桌|再加一个学生就可以～一个班|这些钱都是大家～出来的|等学费～够了就可以交上去了。❷接近：～上去|～过去|～到|我们在谈工作，你～上来做什么？|他们在打架，你别～过去|人们都～过来问："你摔疼了吧？"|他把花～到鼻子上说："啊，真香啊！"|他～到跟前才看清楚是卖什么的|听说前边在卖便宜货，大家都使劲儿往前～。❸〈丁〉碰；遇；趁：～机会|～热闹|～上|这种事要～机会|你～上这样的好机会，真让人高兴|他们举行晚会，到时我也去～～热闹|他就喜欢～热闹。
【构词】凑份子/凑集/凑近/凑拢/凑趣/凑热闹/凑手/凑数/凑整

1075 **凑合** 丁

còuhe (gather together)

[动]❶聚集：他把朋友～在一起办了个小公司|把这些东西～在一起可以开个小杂货铺了|这几个人每天～在一起不是打牌就是喝酒|把大家的好主意～起来，还愁没有办法解决吗！❷拼凑：临时～|事先应做好准备，别临时～|他东借一张桌子，西借一张床，就这么瞎～|他东抄一点儿，西抄一点儿，～出一篇文章来。❸勉强适应不很满意的事物或环境；将就：～着吃|～着穿|～着用|～着住|～着过|～不了|～下去|～一夜|决不～|没有什么菜，就～着吃点儿吧|这衣服还挺好的，～着穿吧|房子小了点儿，～着住吧|他俩感情不好，再也～不下去了|我跟这种人怎么也～不到一块儿|下这么大雨，就在这里～一夜吧|他吃饭要有荤有素，决不～|他们勉强～了十几年，终于还是离婚了。
【近义词】❶聚集；❷拼凑；❸将就

1076 **凑巧** 丁

còuqiǎo (luckily)

[副]表示正是时候或正遇着所希望的或所不希望的事情：真～|真不～|我正要找他，～他来了|我正想买一本词典，真～，朋友送给我一本|真不～，刚要出门，下起雨来了|我有要紧的事找他，真不～，他今天一早去上海了|我刚走到邮局，真不～，邮局下班了。
【近义词】正巧/正好/恰巧/恰好
【构词】赶巧/刚巧/工巧/乖巧/机巧/技巧/精巧/可巧/灵巧/碰巧/偏巧/奇巧/乞巧/恰巧/轻巧/取巧/手巧/细巧/纤巧/小巧/新巧/正巧/熟能生巧

1077 **粗** *乙 〔部首〕米 〔笔画〕11

cū (thick)

[形]❶(条状物)横剖面较大：毛线～|树～|木头～|绳子～|胳膊～|腰～|～极了|太～了|长得～|～线|～棍子|这毛线太～了，织背心不好|这棵树真～，有好几百年了吧|他的腰越来越～|你帮我找根～一点儿的绳子。❷比较宽的线条或线条形的东

西：～眉毛｜～线条｜写得～｜画得～｜这条线画得太～了｜这孩子眉毛长得真～｜这一笔写得有点儿～｜这个人～眉大眼，挺好看的｜你画的什么，一头～一头细。❸〈丙〉颗粒大：沙子～｜面～｜米粉～｜磨得～｜这是～沙，那是细沙｜这袋玉米面怎么磨得这么～！｜今天的米粉不好吃，太～了｜我喜欢吃～一点儿的玉米面。❹〈丙〉声音大而低：声音～｜嗓门儿～｜～声～气｜～嗓子｜～得很｜～得要命｜他说话声音真～｜他生来就是～嗓门儿，不会小声说话｜你对人～声～气的，多不好啊！｜这种歌就得用～嗓子唱，否则不够味。❺〈丙〉（质料）不精细；不光滑：料子～｜呢子～｜皮肤～｜手艺～｜活儿～｜手工～｜文章～｜织得～｜写得～｜～得很｜这种呢料子有点儿～｜我成天在地里风吹日晒的，皮肤没法儿不～｜这活儿做得够～的｜他的手艺～得很。❻〈丙〉说话做事不经过考虑；轻率；没有礼貌：～人｜～话｜他这个人太～，但心地善良｜这个人说话～得难听，真没教养！｜我是个～人，请多包涵｜你是从哪儿学来的这些～话？

【近义词】❶粗大；❺糙/毛糙；❻粗鲁/粗野

【反义词】❶细；❺精密/细致

【构词】粗笨/粗鄙/粗布/粗糙/粗大/粗纺/粗放/粗肥/粗豪/粗话/粗活儿/粗陋/粗浅/粗人/粗纱/粗疏/粗饲料/粗线条/粗野/粗壮/粗茶淡饭/粗粮细作/粗手笨脚/粗枝大叶/粗制滥造

1078 粗暴 丁

cūbào (rude)

［形］说话做事不经过考虑；轻率；遇事容易发急，不能控制感情：性情～｜态度～｜说话～｜脾气～｜行为～｜变得～｜做得～｜极端～｜～得要命｜～极了｜～的办法｜～的性格｜～的作风｜～地拒绝｜～地干涉｜～地破坏｜～地践踏｜他的性情～极了｜对客人说话不许这么～｜他一喝酒，就变得～起来｜你不能用～的方法来处理这件事｜你～地干涉儿子的婚事是错误的｜我们提的建议，都被他～地拒绝了。

【近义词】粗鲁/暴躁

【反义词】温顺/温和/和蔼/和气/温柔/柔和

1079 粗粮（糧） 丁

cūliáng (coarse food grain)

［名］一般指大米、白面以外的食粮，如玉米、高粱、豆类等（区别于"细粮"）：～好吃｜吃～｜做～｜～细做｜～营养价值高｜要多吃一些～｜～和细粮搭配着吃｜～的营养比细粮高。

【近义词】糙粮

【反义词】细粮

【构词】糙粮/陈粮/存粮/断粮/干粮/公粮/军粮/口粮/钱粮/秋粮/食粮/细粮/夏粮/余粮/杂粮

1080 粗鲁 丁

cūlǔ (rough)

［形］说话做事不经过考虑；没有礼貌：性格～｜行为～｜动作～｜样子～｜脾气～｜说话～｜干活儿～｜～得要命｜～极了｜～得令人讨厌｜骂得～｜变得～｜～的举动｜极端～｜～地骂｜～地问｜～地干预｜他的性格真～｜他说话～得要命｜他骂人骂得真～｜他～地问："谁把我的杯子弄倒了？"｜他的举动～，让人反感。

【近义词】粗暴/粗野/鲁莽

【反义词】文静/文雅/斯文
【提示】“粗鲁”多用于言语、行动方面;“粗暴”多用于作风、态度、性情方面。
【构词】愚鲁

1081 **粗细**(細) 丁

cūxì (thickness)

[名]❶粗细的程度:～适中|～正好|～合适|～不同|手指～|量(liáng)～|这种毛线～正好|这样的面条～正好|这样～的铅笔画画儿正合适|我见过像碗口～的蛇|有这样～的橡皮管吗?|我家～不同的各种毛衣针很多,你来挑吧。❷粗糙和细致的程度:活儿的～|皮肤的～|手工的～|面粉的～|加工的～|这两种玉米面～不一样|师傅和徒弟做出来的活儿就是～不同|从衣服的领子就可以看出做工的～|看看做工～再决定买不买。
【构词】底细/尖细/奸细/精细/纤细/详细/心细/仔细

1082 **粗心** 丙

cūxīn (careless)

[形]不细心;不认真:学习～|干活儿～|办事～|～得很|～极了|～得要命|写得～|做得～|～的人|这孩子学习上～得厉害|他真～,寄信时忘了贴邮票|这是为大家办事,千万～不得|这个～的学生,每次考试总是忘了写自己的名字。
【近义词】粗疏/马虎
【反义词】细心

1083 **粗心大意** 丙

cūxīn dàyì (negligent)

做事不细心;不认真;马虎:做事～|干活儿～|学习～|开车～|写字～|太～了|～的作风|他做事总是～|考试时可不能～啊!|开车时～会出事故的|劳动时由于～,让机器轧伤了手指|你一定要克服～的工作作风。
【近义词】粗枝大叶
【反义词】小心翼翼/一丝不苟

1084 **醋** *乙 〔部首〕酉 〔笔画〕15

cù (vinegar)

[名]❶调味用的有酸味的液体:～酸|～香|醮～|放～|老陈～|～越陈越好|这～真够酸的|做鱼时放点儿～去腥味|听说山西人喜欢吃～|吃饺子时应该蘸点儿～。❷〈丙〉比喻嫉妒(多指在男女关系上):吃～|～意|～劲儿|～坛子|一看妻子跟别的男人说话,他就吃～了|看见男朋友对别人笑笑,她就～意大发|你看,王先生对女服务员多说几句话,王太太的～劲儿就上来了|你可别跟王太太太亲近了,她丈夫是个～坛子。
【构词】醋罐子/醋劲儿/醋酸/醋心/醋意

1085 **促** 丁 〔部首〕亻 〔笔画〕9

cù (urge)

[动]催;推动(事物前进):～生产|～工作|～团结|～合作|～成功|～一～|这样做是为了～一～工作|我们应该～团结,不能～分裂|他们俩的婚事有希望了,咱们再从旁边～一～|他们进度太慢,就得～。
【近义词】催
【构词】促成/促进派/促请/促退/促膝

1086 **促进**(進) 乙

cùjìn (promote)

[动]促使发展:～友谊|～贸易|～变

化|～现代化|～发展|～生产|～交流|～协作|～了解|～发育|～成熟|～繁荣|大大～|有力地～|共同～|互相～|积极～|文化代表团的互相往来～了两国人民的友谊|集市贸易的发展,～了市场的繁荣|同学们在学习上要互相学习,互相～|改革开放政策有力地～了中国经济的发展|技术改革对发展生产起了～的作用。

【近义词】促使/推动/推进

【反义词】促退

【构词】寸进/奋进/改进/后进/混进/激进/急进/渐进/跨进/迈进/冒进/前进/劝进/上进/挺进/推进/先进/行进/引进/涌进/跃进/增进/长进/突飞猛进/循序渐进

1087 **促使** 丙

cùshǐ (impel)

[动]推动使达到一定目的:～发展|～变化|～发生|～好转|～恶化|～增加|～谅解|～团结|～成功|～下决心|改革开放的政策～中国经济迅速发展|亲人和朋友的关怀～他的病情日益好转|麻痹大意的思想～事故频频发生|家庭的熏陶,～他很早就成了一名优秀的钢琴家|由于大家的帮助,～他们两家解除了误会。

【近义词】促进

【反义词】阻碍

【构词】差(chāi)使/出使/大使/公使/即使/假使/来使/密使/迫使/驱使/唆使/特使/天使/信使/行使/支使/指使/致使/主使/专使/纵使/颐指气使

1088 **窜**(竄) 丙 〔部首〕穴 〔笔画〕12

cuàn (flee)

[动]❶乱跑;乱逃(用于匪徒、敌军、兽类):乱～|抱头鼠～|一群小鹿被狼追赶得在林中乱～|敌人吓得四处逃～|从胡同口突然～出一个骑摩托车的小伙子|敌人被我们打得抱头鼠～|你这个小偷,想往哪儿～?❷跳;往上冲:～起来|～上来|向上～|火苗一直～到了二楼|一听这话,我的怒火一下子～了上来。

1089 **催** *乙 〔部首〕亻 〔笔画〕13

cuī (urge)

[动]❶叫人赶快行动或做某事:～他|～房租|～钱|～稿子|～交学费|～电话费|～他睡觉|～大家吃饭|～得紧|～得急|～不动|～急了|～烦了|～了半天|～一下|成天～|一个劲儿～|直～|三番五次地～|房东又来～房租了|妈妈～女儿快起床|出版社～稿子～得很急|你～得我连饭都没吃好|你要是把我～急了,我就不帮你了|我们～了半天他还没下来,你再上去～一下|孩子成天～着妈妈买冰鞋。❷〈丁〉使事物的产生和变化加快:～眠|～生|～肥|～产|这种药吃了可以～你很快入睡|这些瓜果全是用化肥～起来的,所以不大好吃|打了针可以～产。

【构词】催逼/催产/催促/催肥/催化剂/催泪弹/催眠/催眠曲/催眠术/催生/催讨

1090 **摧残**(殘) 丁 〔部首〕扌 〔笔画〕14

cuīcán (wreck)

[动]使(政治、经济、文化、身体、精神等)蒙受严重损失:～身体|～健康|～生命|～幼苗|～新生力量|～人材|受到～|遭受～|进行～|严重～|任意～|百般～|肆意～|一场大暴雨～了新生的幼苗|封建的买卖婚姻不知

～了多少无辜的妇女｜长年吸烟严重地～了他的健康｜这件事是对他精神上最大的～。

【近义词】残害/蹂躏

【构词】病残/伤残/凶残

1091 **摧毁** 丙

cuīhuǐ (destroy)

[动]用强大的力量破坏：～城市｜～房屋｜～阵地｜～工事｜～设施｜～村庄｜～制度｜～政权｜～统治｜～文化｜决定～｜禁止～｜加以～｜遭到～｜全部～｜彻底～｜迅速～｜顺利地～｜彻底～｜强烈的地震～了这个城市｜我们的炮火～了敌人的阵地｜可怕的绝症没有～他的意志｜要彻底～旧的封建统治｜我们很快地修复了被～的桥梁。

【近义词】毁灭/粉碎

【反义词】建造/创建

【构词】拆毁/捣毁/焚毁/击毁/烧毁/撕毁/销毁/坠毁

1092 **翠绿**(綠) 丁 〔部首〕羽 〔笔画〕14

cuìlǜ (emerald green)

[形]像翡翠那样的绿色：～的竹林｜～的叶片｜～的松林｜～的麦田｜～的柳枝｜～得喜人｜生得～｜长得～｜变得～｜失去～｜一片～｜雨后的松林显得格外～｜望着这一片一片～的庄稼，真让人高兴｜这些麦苗长得～喜人｜干旱使这里的竹林失去了～｜她今天穿了一件～的小棉袄。

【近义词】碧绿/嫩绿

【构词】翠蓝/翠鸟/翠生生/翠玉

1093 **脆** 丁 〔部首〕月 〔笔画〕10

cuì (fragile)

[形]❶容易折断破碎：纸～｜血管～｜金属～｜～得很｜～极了｜太～了｜这种纸太～，不宜做包装纸｜这种金属管比较～，容易断｜老年人的脑血管又薄又～，一旦破裂非常危险。❷(较硬的食物)容易弄碎弄裂：枣～｜瓜～｜虾片～｜～得很｜～极了｜～得好吃｜炸得～｜做得～｜～枣｜～麻花｜这枣～极了，你快尝尝｜这虾片炸得又香又～｜这瓜～得真好吃。❸(声音)清楚悦耳：声音～｜嗓音～｜歌声～｜～得动人｜～得好听｜他说话的声音很～｜他的嗓音又～又甜｜这歌声～得动人。

【近义词】❶酥

【反义词】❶韧；❷皮

【构词】脆骨/脆生生/脆枣

1094 **脆弱** 丁

cuìruò (weak)

[形]禁不起挫折；不坚强：性格～｜感情～｜意志～｜身体～｜体质～｜～得很｜～极了｜显得～｜看上去～｜长得～｜生得～｜变得～｜非常～｜过分～｜相当～｜～的人｜～的性情｜～的意志｜她并不是感情～的女人｜看上去他的体质～得很｜他最近变得～起来｜这几天他显得过分～｜你要振作起来，改变你～的性格。

【近义词】虚弱/软弱/懦弱

【反义词】坚强/刚强/坚韧

1095 **村庄**(莊) 丙 〔部首〕木 〔笔画〕7

cūnzhuāng (village)

[名]农民聚居的地方：一个～｜富饶的～｜贫困的～｜幽静的～｜那个～有二三十户人家｜前边就是一个～｜这个～非常美丽｜他的家乡是个富饶美丽的～｜他的晚年是在一个幽静的～里度过的。

【近义词】村子/村落
【反义词】城市
【构词】村姑/村话/村口/村落/村民/村舍/村俗/村头/村学/村寨/村镇
端庄/饭庄/山庄/田庄

1096 **村子** 丙

cūnzi (village)

[名]农民聚居的地方:一个～|美丽的～|～里|那个～有好几十户人家|这个～基本上已经脱贫了|这个～已经变成一个富饶美丽的村庄。

【近义词】村庄/村落
【反义词】城市

1097 **存** *乙 〔部首〕子 〔笔画〕6

cún (exist)

[动]❶存在;生存:父母俱～|荡然无～|片瓦无～|万古长～|这位老人60多了,父母俱～|往日的一片荒凉景象荡然无～|一场战争,村子里片瓦无～|愿我们之间的友谊万古长～。❷储存;保存;蓄积:～货|～邮票|～粮|～钱|～好|～起来|～坏|～烂|～不住|～不下|～到仓库里|～满|～了很多|仓库里还～着好多布|冰箱里～了好多肉和菜|这些西红柿都～烂了|白菜～不好就都坏了|天热了,这些东西～不住了|俗话说,家有～粮,心里不慌|吃不了的土豆～到地窖里去|剩下的钱～到银行去吧|一会儿停水,赶快～点儿水吧|水库里～满了水|肚子里～了一股凉气,真不好受|门口这个坑一下雨就～好多水|省着点用!这水可是一点儿一点儿～起来的。❸储蓄:～钱|～活期|零～整取|～二年|～50元|～上|～起来|～进银行里|～到信用社|他去银行～钱|他每月～100元|我想～定期|他把用不着的钱都～起来了|那笔款子已经～上了|钱～银行里比较安全。❹寄存:～行李|～车|～小件|～东西|～旅馆里|～寄存处|～朋友家|～车棚里|～一下|车站有～行李的地方吗?|请大家把车～到车棚里|你把东西先～在我这儿,你去办事好了|这些东西暂时在你这儿～一下好吗?❺〈丙〉保留;心里怀着(某种想法):～心|～念头|～希望|～话|～事|～想法|～计划|～心眼|～成见|～在心里|～在脑子里|～了好几年|～不住|你对他可别～这个心|我对他～着很大的希望|他这个人什么话都～不住|有话就说,别～在肚子里|这个计划我在心里～了不是一年两年了。

【近义词】❶存在;❷保存/聚集;❸储蓄;❹寄存;❺保留/怀
【反义词】❶亡;❷销毁;❸取(款);❹取
【构词】存案/存储/存单/存档/存根/存活/存货/存据/存款/存粮/存留/存身/存食/存亡/存心/存疑/存在/存照/存折/存执/存贮

1098 **存放** 丁

cúnfàng (leave with)

[动]把东西暂时托付给别人保管:～行李|～钱包|～在朋友家|～在银行里|～的东西|火车站有～行李的地方|贵重的东西可以～在服务台|你把东西～在我这儿,快去买票|用不着的钱还是～在银行里安全|小姐,我取一下刚才～在这儿的行李。

【近义词】寄放
【反义词】索取

1099 **存款** 丁

cún kuǎn (deposit)
把钱存在银行里：去～｜我去银行～｜～在哪个窗口？｜他在银行里存了一笔款。
【近义词】存钱
【反义词】取钱/取款
【提示】①离合词，中间可插入其他成分，如：存多少款｜存了许多款。②作名词时是指存在银行里的钱：～多｜有～｜取～｜～的数字｜一笔～｜他在银行里的～不少｜我的钱月月光，没有～｜我去把～取出来｜这笔～的数字真不小。

1100 **存在** 乙

cúnzài (exist)
[动]事物持续占据着时间和空间；实际上有，还没有消失：～战争｜～人类｜～动物｜～现象｜～情况｜～误解｜～问题｜～迹象｜～矛盾｜～思想｜～希望｜～幻想｜～缺点｜～可能性｜～两重性｜～差异｜～困难｜大量～｜单独～｜孤立～｜永远～｜普遍～｜继续～｜你说的那种情况，早就不～了｜这件事的处理上～很多问题｜这次考试，他～着侥幸心理｜他的工作中还～一些缺点｜前进的道路上～着很多困难｜这种现象在自然界中大量地～着。
【反义词】消失/消逝
【构词】好在/何在/健在/内在/潜在/实在/所在/外在/现在/正在/自在

1101 **寸** 乙 〔部首〕寸 〔笔画〕3

cùn (*a traditional unit of length*)
[量]❶长度单位：10分等于1～，10～等于1尺｜裤长2尺9～｜这件衣服再长2～就好了。❷形容极短或极小：～草不生｜～土必争｜～步不离｜鼠目～光。
【提示】寸，姓。
【构词】寸步/寸草/寸功/寸劲/寸头/寸土/寸心/寸步不离/寸草不生/寸土必争

1102 **磋商** 丁 〔部首〕石 〔笔画〕14

cuōshāng (consult)
[动]交换意见；反复商量；仔细讨论：双方～｜两国～｜～大计｜～有关条款｜进行～｜经过～｜通过～｜同意～｜建议～｜～的时间｜～的地点｜～的结果｜经过反复～，达成了一致的意见｜两国就共同关心的问题进行了～｜虽然进行了几轮～，但结果并不令人满意。
【近义词】商量/商讨/商谈/研究

1103 **搓** 丙 〔部首〕扌 〔笔画〕12

cuō (rub with the hands)
[动]两个手掌反复磨擦，或把手掌放在别的东西上来回揉：～手｜～背｜～澡｜～绳｜领口不干净，还得再～～｜～～手就不冷了｜在农村的时候，我学会了～草绳｜我从来没用搓板～过衣服｜衣服太脏了，不用手～洗不干净。
【构词】搓板/搓弄/搓揉/搓洗/搓澡/搓手顿脚

1104 **措施** 乙 〔部首〕扌 〔笔画〕11

cuòshī (measure)
[名]针对某种情况而采取的处理方法：～落实了｜～定出来了｜～具体｜～得当｜～不得力｜采取～｜制定～｜重大的～｜防火～｜防盗～｜医疗～｜学校制定的这些～，是为了保证同学们有一个安静的学习环境｜中国在经济建设方面，制定了一系列改革～｜最近，我们宿舍经常丢东西，警察采

取了防范～|计划制定出来了，但还要有相应的～来保证。

【提示】“措施”多用于书面语中较重大的事情：×我们家买了一个电暖器，由于采取这个～解决了冷的问题。口语中一般说“办法”。

【构词】措辞/措手不及
软硬兼施

1105 **挫折** 丙 〔部首〕扌 〔笔画〕10

cuòzhé (setback)

[名]失败；失利：遭受～|经得起～|害怕～|大的～|暂时的～|受到了～|有～并不一定是坏事，它能锻炼人的意志|事业上的～没有使她后退，反而增强了她的信心|在～面前，他不灰心。

【近义词】失利/失败

【构词】挫败/挫伤
波折/摧折/存折/对折/骨折/攀折/曲折/夭折/周折/转折/奏折

1106 **错**(錯) 甲 〔部首〕钅 〔笔画〕13

cuò (adj. wrong; v. miss; n. mistake)

[形]❶不正确：～字|～句|～题|你说对了，我说～了|凡是～的东西，都应该改正|我哪儿说～了，请你指出来|你的作业～得太多了|这件事我做～了|她～把我当成她妈妈了|这道题不知怎么算～了。❷坏；差（只限于用否定式“不错”）：全聚德烤鸭的味道不～|面包做得不～|她们俩的关系不～。

[动]相对行动时避开：～车|～过了机会。

[名]过错；错处：有～|没～|挑～|改～|这篇文章一个～也没有|如果让我挑～的话，我能从他的话里挑出许多～来。

【近义词】[形][名]差/坏

【反义词】[形][名]对

【提示】形容词“错”不能受程度副词“很”等修饰：×老师，我很～了，你批评我吧。

【构词】错爱/错别字/错车/错处/错待/错怪/错过/错觉/错开/错漏/错乱/错落/错杂

1107 **错误**(誤) 甲

cuòwù (mistake)

[名]不正确的事物、行为等：～很大|造成～|犯～|减少～|检讨～|承认～|坚持～|避免～|纠正～|他们的～是严重的|一定要认真改正～|有～不怕，只要改正就行。

【近义词】缺点/错/差错/过失

【反义词】正确/对

【构词】笔误/迟误/耽误/勘误/口误/失误/无误/延误/正误

1108 **错字** 丙

cuòzì (wrongly written character; misprint)

[名]写得不正确的字或刻错、排错的字：今天的报纸上有一个～|他文化水平太低，净写～|文章上的～太多|注意不要写～。

D

1109 **搭** *乙 〔部首〕扌 〔笔画〕12

dā (put up)

[动]❶支起来;架起来:～架子|～棚子|～台子|～帐篷|～鸡窝|～好了|～得结实|开始～|继续～|认真地～|临时～|喜鹊在树上～了一个窝|院子里～了一个车棚|他用树枝～了一个鸡窝。❷〈丙〉凑上;加上:～人力|～力气|～人情|～时间|～钱|～东西|～工夫|～得多|～得少|可以～|应该～|多～|少～|为了帮助她学习,我～了很多时间|这些活儿,再～一天工夫也不够|我们七个人,再～你们两个人足够了。❸〈丙〉把软的东西放在可以支架的东西上:～毛巾|～衣服|～被子|可以～|能～|允许～|不准～|禁止～|乱～|整齐地～|绳子上～了很多衣服|你把衣服～在竹竿上|树上～着一根绳子|把被子～在铁丝上晒一晒。❹〈丁〉连接在一起:关系～上了|～伴儿|～伙儿|～话|～茬儿|在国外的时候,我们曾～过伙儿|他说话总是前言不～后语。❺〈丙〉共同抬起:～桌子|～柜子|～轿子|～机器|～一下|～一次|能～|可以～|～的角度|请你帮我把书柜～进来|机器太沉,三个人～不动|这些木头一天的时间准能～完。❻〈丙〉乘;坐(车船等):～火车|～汽车|～飞机|～进城的车|可以～|能～|愿意～|～一回|～一次|我明天进城可以～你的车吗?|飞机票没有了,只好～火车了|从这儿去上海,～汽车最方便。

【反义词】❶拆

【构词】搭班/搭伴/搭茬儿/搭乘/搭档/搭话/搭伙儿/搭架子/搭界/搭救/搭拉/搭理/搭链/搭脉/搭桥/搭手/搭言/搭桥牵线

1110 **搭配** 丁

dāpèi (arrange in pairs or groups)

[动]按一定的目的安排分配:好坏～|大小～|强弱～|新旧～|～得合适|～得合理|～错了|～对了|硬性～|合理地～|自愿～|适当～|拔河比赛两队队员应该男女～|学习汉语要注意词语～|这两个词～得不好。

1111 **答应**(應) 乙 〔部首〕竹 〔笔画〕12

dāying (answer)

[动]❶ 应声回答:我～了|他～了|孩子～了|～晚了|～得快|～得响亮|应该～|不肯～|不敢～|痛快地～|我叫了他半天,他也不～|老张一叫我,我就～了|我～了两遍,你都没听见|听见有人叫我,我一边～一边往楼下跑|我喊你,你为什么不～?❷同意;允许:领导～了|爸爸～了|厂长～了|姑娘～了|对方～了|～了孩子|～了别人|～帮忙|～来|～讲和|～合作|应该～|可以～|必须～|基本～|对那些不合理的要求,我们坚决不～|我们请示过了,领导就是不～|我～孩子星期天去公园玩|这件事我早就～他了|老师～明天给我补课。

【近义词】❶应答;❷允许/同意/准许

【反义词】❶呼唤/招呼/召唤;❷拒绝

【提示】"答应"的"答"dā,在这里不能读成 dá;"答"dá 见第 1112 条。
【构词】答茬儿/答理/答腔/答言
报应/策应/承应/对应/反应/感应/供应/呼应/回应/接应/救应/内应/顺应/效应/照应/支应/一呼百应/有求必应

1112 **答** *乙

dá (answer)

[动]❶回答:学生～|老师～|～题|～试卷|～话|～得对|～错了|～得快|～得慢|～得清楚|～得认真|应该～|必须～|开始～|停止～|老师提的问题我都～对了|～完第一题,再～第二题|今天的数学题,我全～对了|这些问题,你全能～出来吗?❷〈丁〉受了别人的好处,回报别人:～谢|报～。
【提示】"答"又读 dā,见第 1111 条。

1113 **答案** 乙

dá'àn (key; answer)

[名]对问题所做的解答:～找到了|～做出来了|～记住了|～对了|～错了|没有～|标准～|寻找～|研究～|修改～|这本书上的～不标准|在考试之前,她就知道了～|你的～不一定对|现成的～没有,需要我们自己去寻找。

1114 **答辩**(辯) 丁

dábiàn (reply)

[动]答复别人的指责、控告、问难,为自己的行为或论点进行辩护:论文～|～开始了|～结束了|～通过了|～很成功|～很激烈|～得好|学生～|被告人～|同意～|安排～|公开～|今天下午,毕业生进行论文～|法庭上被告人为自己做了～。
【近义词】申辩/辩驳/辩解/辩护/分辩
【提示】注意"辩"与"辨"和"辫"的区别。
【构词】分辩/诡辩/狡辩/论辩/强辩/巧辩/申辩/声辩/雄辩/争辩

1115 **答复**(復) 丙

dáfù (v./n. reply)

[动](对所提出的问题或要求)给予回答:上级～了|单位～了|对方～了|条件～了|～得及时|～得快|～得干脆|应该～|必须～|请求～|工人们提出的问题,领导全部～了|我们提出的要求,限你三天～|记者的提问我们都～|今天～不了,明天也可以|他提的问题,我～不了|这些问题能～的就～。
[名]对别人提出的问题或要求所做的回答:我的～|他的～|这样的～使我感到很为难|我们对老师的～十分满意|她所期待的也正是这样的～。
【近义词】回答/回复/回话
【反义词】提问/询问

1116 **答卷** 乙

dájuàn (answer sheet)

[名]考试时书写答案的卷纸:外语～|英语～|口语～|中级汉语～|高级汉语～|数学～|物理～|～交了|做完的同学,请把～交上来|这是试卷,这是～,请把答案写在～上|老师把～发给我们,让我们把错的地方改过来。
【提示】"卷"又读 juǎn,见第 3611 条。
【构词】案卷/白卷/画卷/交卷/开卷/考卷/书卷/压卷/阅卷

1117 **达**(達) 丙 〔部首〕辶 〔笔画〕6

dá (extend)

[动]❶通:四通八～|直～|这是直～

上海的快车｜飞机直～东京，中间不停。❷达到：不～目的，誓不罢休｜安全行车已～10万公里｜早稻亩产～500公斤｜他出国已～五年之久｜他的发言特别精彩，掌声长～5分钟。❸表达：词不～意｜转～领导的意见。
【近义词】❶通；❷到达/达到
【提示】达，姓。
【构词】达标/达旦/达官/达观

1118 **达成** 丙

dá chéng (reach)
达到；得到：～协议｜～谅解｜～一致意见｜争取～｜设法～｜经过一个星期的谈判，终于～了协议｜协议是～了，就看怎么落实了｜双方～一致意见，要共同组建一个公司。
【提示】"达成"是动补结构，中间可插入"得"或"不"，如：达得成｜达不成。

1119 **达到** 乙

dá dào (achieve)
到(多指抽象事物或程度)：～顶点｜～目的｜～标准｜～要求｜～定额｜～高潮｜～谅解｜～团结｜～统一｜～联合｜这个村的人均年收入已～小康水平｜今年小麦亩产～500公斤｜你们厂的产品质量从来没有～过标准｜要～人人满意的程度太难了｜达不到标准的产品，一律退回｜达不到目的誓不罢休｜我的水平达得到要求。
【提示】"达到"是动补结构，中间可插入"得"或"不"，如：达得到｜达不到。

1120 **打** *甲 〔部首〕扌 〔笔画〕5

dǎ (hit)
［动］❶用手或器具敲打物体：～锣｜～鼓｜～铁｜敲锣～鼓庆胜利｜树上的枣都被人～光了。❷器皿、蛋类等因撞击而破碎：瓶子～了｜玻璃～了｜暖瓶～｜玻璃让气枪～了一个洞｜不小心～了一个碗｜你帮我～一个鸡蛋｜这个月让你～了两个暖瓶。❸放射；发出：～电话｜～电报｜～雷｜～闪｜我已经给家里～了电报，他们一定会到车站接我｜我～了两次电话你都不在｜在军队里的时候，我学会了～枪｜炮兵～了二十多发炮弹。❹做某种游戏或运动：～排球｜～篮球｜～乒乓球｜～太极拳｜～扑克｜～麻将｜他在国家队～了三年排球｜我乒乓球～得不错，在学校拿过冠军｜他～桥牌～得特别好｜他不好好学习，天天～扑克。❺殴打；捕捉(禽兽等)；攻打：～人｜～孩子｜～鱼｜～鸟｜～兔子｜～架｜～碉堡｜两个孩子在一起总～架｜老师怎么能随便～学生呢？｜我没完成作业，爸爸～了我｜鸟是保护类动物，不能～｜星期天，我们上山去～野鸡｜没有经过训练的部队～不了夜仗｜五小时内要把那座碉堡～下来。❻翻动；拉；开启：～开门｜～开书｜～开箱子｜～瓶盖｜请大家把书～开，翻到第15页｜有什么东西，～开箱子就知道了｜需要什么笔，～开铅笔盒自己拿。❼操纵开关：～开灯｜～开电视｜交通规则规定：夜间行车会车时不准～大灯。❽〈乙〉买；舀取：～票｜～水｜～油｜～酒｜～醋｜小孩身高超过1米要～票｜去商店～二斤酱油来｜中午我在食堂～饭吃｜井太深，水～不上来。❾〈乙〉提；举：～伞｜～灯笼｜～旗子｜两个人～一把伞｜前边～旗子的是我弟弟｜这样的媳妇，～着灯笼也难找。❿〈乙〉捆：～行李｜～包｜～包裹｜支援灾区的衣服～了10个包｜只用五分钟就把行李～好了｜这么多麦子～成捆儿得多长时间？⓫〈乙〉表示身体

上的某些动作：～哈欠｜～喷嚏｜～哆嗦｜～瞌睡｜～嗝｜太晚了，困得孩子直～哈欠｜只要你～个手势我就过来｜他睡觉～呼噜，谁也不愿意跟他睡一屋｜不知是冷还是害怕，他竟～起哆嗦来了。⑫〈丙〉挖；钻；凿开：～井｜～洞｜～眼儿｜～石头｜开山凿石，～眼儿放炮｜这口井～得不错｜今年～出两口甜水井｜这里～过两次井，可就是～不出水来。⑬〈丙〉编织：～毛衣｜～草鞋｜我姐姐～的毛衣可好看了｜我一天能～两双袜子｜这种图案的毛衣，我～不了。⑭〈丙〉建立；制造：～家具｜～基础｜～沙发｜～柜子｜～桌子｜～地基｜我从小就学会了～家具｜盖楼房，地基要～好｜这种土～不了墙。⑮〈丙〉砍；割：～草｜～柴｜一上午我～了两筐草｜再～三天柴，就够一个冬天烧的了｜每天放学回来我都给羊～点儿草。⑯〈丙〉与人交涉：～交道｜～官司｜～赌｜我是司机，天天和汽车～交道｜你没和他～过交道，要是和他～过交道就知道他是什么人了｜为了得这笔遗产，和他～了两年的官司。⑰〈丁〉定出；设计：～草稿｜～主意｜～分｜你千万不要～我的主意，我不一定去｜你先～一个草稿让我看看。⑱〈丁〉做；从事：～工｜～杂儿｜～下手｜我在城里～工～了三年｜刚到工厂的时候我只是给人家～杂儿。⑲〈丁〉采取某种方式：～比方｜～官腔｜刚当了两天官就～起官腔来了｜为了说服他，我～了很多比喻｜一是一二是二，不要跟我～马虎眼。

【构词】打靶/打靶场/打把势/打摆/打包/打边鼓/打不平/打不住/打草/打草稿/打岔/打颤/打长工/打赤膊/打赤脚/打冲锋/打出手/打底子/打地铺/打地摊/打点/打点滴/打斗/打赌/打短/打短工/打盹/打哆嗦/打稿/打跟头/打更(gēng)/打工/打躬/打鼓/打卦/打官腔/打官司/打光棍/打滚/打棍子/打哈哈/打哈欠/打夯/打号子/打黑枪/打闪/打滑/打晃/打火/打火机/打饥荒/打尖/打江山/打搅/打劫/打结/打筋斗/打救/打开/打垮/打捞/打擂台/打冷颤/打冷战/打零杂/打埋伏/打闷棍/打鸣/打蔫/打牌/打炮/打坯/打平手/打气/打前站/打枪/打趣/打拳/打群架/打扰/打闪/打扇/打食/打手/打水漂/打胎/打探/打天下/打铁/打挺/打通宵/打头阵/打弯/打下手/打先锋/打消/打歇/打旋/打雪仗/打哑谜/打哑语/打掩护/打眼/打印机/打油诗/打游击/打鱼/打援/打圆场/打杂/打照面/打折扣/打皱/打主意/打住/打转/打桩/打坠/打字/打字机/打字纸/打嘴仗/打坐/打草惊蛇/打成一片/打躬作揖/打家劫舍/打马虎眼/打情骂俏/打退堂鼓/打鸭子上架/打笔墨官司/打肿脸充胖子

1121 打 丙

dǎ (from)

[介]从：她～广东来｜～来到北京，我就没有回去过｜～小我就没去过奶奶家｜～毕业我们就没见过面｜～水路走，半天时间就能到。

【近义词】从/自/由

1122 打败(敗) 丙

dǎ bài (defeat)

❶战胜(敌人)：～敌人｜～对手｜～客队｜可以～｜能够～｜打不败｜打得败｜被～｜必须～｜经过五天五夜的战斗，终于～了敌人｜主队～了客队｜你打

得败他吗？|国家篮球队～了地方篮球队|这是一支打不败的队伍。❷在战争或竞赛中失败；打败仗：敌人～了|对方～了|中国队～了|女队～了|听到中国足球队～的消息，球迷们都哭了。

【近义词】❶击败/战胜/挫败/胜；❷失败/败北/败阵/失利

【反义词】战胜

【提示】“打败”是动补结构，中间可插入“得”或“不”，如：打不败|打得败。

【构词】残败/惨败/成败/挫败/腐败/击败/溃败/破败/失败/衰败/战败

1123 **打扮** 乙

dǎban (make up)

［动］使衣着和容貌漂亮、好看；装饰：～得端庄|～得华丽|专心地～|认真地～|精心地～|爱～|细心地～|女孩子就爱～|每天早上她都～一番|新娘子～起来可漂亮了|节日的校园～得非常漂亮|她不仅长得好看，而且会～|过节了，应该给孩子～～|这样～起来，显得年轻多了|他～得像个农民。

【近义词】装饰/装扮/化妆

【构词】改扮/假扮/装扮

1124 **打倒** 乙

dǎ dǎo (overthrow)

攻击使垮台；推翻：害怕（被）～|担心（被）～|～反动派|～敌人|坚决～|能够～|应该～|我们要～旧的势力|不能想～谁就～谁|以前他被～过，现在又站起来了。

【近义词】推翻/推倒

【反义词】建立/扶持/扶植

【提示】“打倒”是动补结构，中间可以插入“得”或“不”，如：打不倒|打得倒。

【构词】拜倒/颠倒/告倒/拉倒/推倒/压倒

1125 **打发**(發) 丁

dǎfa (send)

［动］❶派出去：～孩子去叫人|～仆人买东西|～汽车去接。❷使离去：把他～走了，我再去|我好不容易才把他～走|我才把张三～走，李四又来了|三两句话就被他～走了|这种人好～。❸消磨（时间、日子）：～时间|～日子|～岁月|～漫漫长夜|日子慢慢地～|两年时间太长了，我都不知道怎么～|只要你和我在一起，日子好～|就这样～日子，也不是办法呀！

【近义词】❶派遣；❸消磨/虚度

1126 **打击**(擊) 丙

dǎjī (strike)

［动］❶敲打；撞击：～乐器|～停止了。❷攻击；使受挫折：～群众|～不正之风|～敌人|应该～|必须～|承受～|经受～|进行～|坚决～|主动～|彻底地～|沉重地～|对于违法犯罪分子，要坚决进行～|千万不要～群众的积极性|他利用职权～别人|要想办法～盗窃分子|车匪路霸该～～了|我从来不怕别人～。

1127 **打架** 丙

dǎ jià (fight)

互相殴打：互相～|常常～|不该～|经常～|小时候，我常常和他～|小朋友们在一起不应该～|～不是好孩子|在一起好好的，为什么～？|两口子～不记仇|我和他又打了一架|我们只打嘴架，不动手|好好的，打什么

架？

【提示】离合词，中间可以插入其他成分，如：两个人玩着玩着，就打起架来了｜记得上小学三年级的时候，我和他打过一次架。

1128 **打交道** 丙

dǎ jiāodào (have dealings with)

交际；来往；联系：和人～｜和马～｜和车～｜和领导～｜和学生～｜和书～｜由于业务的关系，我常常和他～｜我是司机，必须和车～｜这个人脾气太怪，没法和他～｜～多了，你就会知道他是一个好人。

1129 **打量** 丙

dǎliang (look sb. up and down)

［动］❶ 观察：～着客人｜～着孩子｜～着朋友｜认真地～｜仔细地～｜随便地～｜他上下～着我｜妈妈仔细地～着我们的新屋子｜我～了她半天，才看出她是谁｜警察一边～着来人，一边问话。❷以为；估计：我～他今天在家才来的｜这事你～别人不知道，其实，除了你妈妈，别人都知道了｜我～她今天会来，可她没来。

【近义词】❶端详；❷估计

1130 **打猎**(獵) 丁

dǎ liè (hunt)

在野外捕捉鸟兽：到山里～是最快活的事｜李将军的爱好是～｜爷爷小时候以～为生｜他～从没空手回来过｜山里人都喜欢～｜我小时候跟爷爷去打过一回猎｜枪都不会打，还打什么猎？

【提示】离合词，中间可插入其他成分，如：打过猎｜打了一次猎。

【构词】捕猎/出猎/禁猎/射猎/涉猎/行猎/游猎

1131 **打破** 丙

dǎ pò (break)

❶突破原有的限制、拘束等：～常规｜～纪录｜～情面｜～界限｜～框框｜旧的制度就应该～｜他的一句笑话～了僵局｜在国际举重比赛中，他～了世界纪录｜工作中，我们应该～部门间的界限｜这个纪录不容易被～。❷击碎；摔破：～玻璃｜～杯子｜～头｜～碗｜不小心～了花瓶｜是谁把玻璃～了？｜谁～的谁赔。

【提示】“打破”是动补结构，中间可插入“得”或“不”，如：打不破｜打得破。

1132 **打扰**(擾) 乙

dǎrǎo (disturb)

［动］打搅，扰乱：～朋友｜～全家｜～邻居｜～工作｜～学习｜～休息｜不要～｜不敢～｜防止～｜避免～｜～一次｜同学们都睡了，不要～他们了｜吃饭的时候来～你，真不好意思｜知道人家学习，就不要去～了｜工地的喧闹声，严重～了附近居民的生活。

【近义词】干扰

【构词】烦扰/纷扰/搅扰/惊扰/困扰/侵扰/骚扰

1133 **打扫**(掃) 丙

dǎsǎo (sweep)

［动］扫除；清理：～院子｜～宿舍｜～树叶｜～教室｜～马路｜～厕所｜会～｜能～｜应该～｜～得快｜～得干净｜进行～｜定期～｜今天下午我们全班～卫生｜你这屋子也该～～了｜室内卫生～完了，该去～室外了。

【构词】横扫/清扫

1134 **打算** 甲

dǎsuàn (v./n. plan)

[动]考虑;计划:～回家|～吃饭|～休息|～进城|～写信|～参加|你～什么时候去美国?|有了钱,我～买一台电视机|放假以后,我～一个人去旅游|我～去中国留学。

[名]关于行动的方向、方法等的想法;念头:我的～|这种～|你心里有什么～我全知道|你完全可以把你的～告诉我。

【近义词】计划/考虑/盘算/思量

1135 **打听**(聽) 乙

dǎting (ask about)

[动]探问:～消息|～情况|～行情|～下落|～底细|～住处|～地址|不准～|想～|必须～|详细～|秘密～|随便～|劳驾,～一下,去邮局怎么走?|我～了两天,也没～出结果来|他到外边～消息去了|出门在外,不知道的事情要多向别人～|我向她详细～了家里的情况|你去～～学校到底发生了什么事|这件事,我～清楚了。

【近义词】打探/探问/询问/探询/探听/摸底

【构词】动听/好听/监听/静听/难听/旁听/窃听/倾听/视听/收听/探听/闻听/误听/中(zhòng)听/闭目塞听/危言耸听/洗耳恭听

1136 **打仗** 丙

dǎ zhàng (fight)

进行战争;进行战斗:国家～|前线～|会～|要～|开始～|准备～|学会～|反对～|防止～|避免～|担心～|青年人都去～了|在战争中学会～|我们要做好～的准备|前方又～了|要做好双方的工作,千万不要～|由于这几年净～,经济受到很大破坏|我们希望和平,但也不怕～|我看他们打不了仗|一旦打起仗来,人民的生活就会受影响|这地方打过许多次仗了。

【提示】离合词,中间可插入其他成分,如:打过仗|打了一仗。

【构词】败仗/恶仗/干仗/开仗/胜仗/仰仗/依仗/仪仗/倚仗/硬仗/明火执仗

1137 **打招呼** 丙

dǎ zhāohu (say hello)

❶用语言或动作表示问候:我总跟他～,但就是不知道他姓什么|熟人见面应该～,这是礼貌|这人不爱说话,见人从不～|天天见面,也应该～。

❷(事前或事后)就某项事情或某种问题予以通知:今天的会,我已经跟他～了|你结婚怎么也不跟我～|这么大的事,事先也不跟我～|你回国时一定跟我打个招呼。

1138 **打针**(針) 乙

dǎ zhēn (give an injection)

把液体药物用注射器注射到有机体内:不～病好不了|～打得屁股都疼了|孩子就怕～,一～就哭|在医院实习,我学会了～|开始～,还真有点儿紧张|我已经打了三针了,病还没好|我没打过这种针|一天打两次针。

【提示】离合词,中间可插入其他成分,如:打过针|打了一针。

【构词】表针/别针/唱针/穿针/顶针/耳针/方针/分针/钩针/金针/进针/秒针/时针/晕针/扎针/指针

1139 **大** *甲 〔部首〕大 〔笔画〕3

dà (big)

[形]❶在体积、面积、数量、力量、强度等方面超过一般或超过所比较的对象:年纪～|眼睛～|衣服～|鞋～|声音～|力气～|脾气～|功劳～|风～|雨～|房子～|学校～|国家～|问题～|困难～|身高力～|那孩子～眼睛忽闪忽闪的,可好看了|这件衣服比那件衣服～|冰箱的声音太～了,吵得睡不着觉|这种型号的计算机容量～|这个商店比那个商店～|年龄虽然～了,但身体不错。❷〈乙〉用于"不"后,表示程度浅或次数少:不～快|不～好|不～出门|不～高兴|他不～看电视|她长得不～漂亮。❸〈乙〉排行第一的:～哥|～嫂|～姐|他是我家老～。❹〈丙〉放在某些时令、节日前,表示强调:～冬天|～清早|～热天|～过节的,你去哪儿?|中国人习惯～年三十晚上吃饺子|～白天的,拉什么窗帘?

【反义词】小

【提示】①"大"又读 dài,见 1197 条"大夫"。②大(Dà),姓。

【构词】大白/大白话/大报/大本营/大辩论/大饼/大伯/大不了/大部头/大菜/大餐/大肠/大车/大白菜/大出血/大葱/大袋鼠/大刀/大敌/大抵/大典/大殿/大动脉/大豆/大度/大端/大发/大凡/大粪/大风/大副/大纲/大姑子/大鼓/大褂/大观/大寒/大汉/大号/大合唱/大后方/大后年/大后天/大户/大花脸/大话/大吉/大集体/大计/大家庭/大家畜/大驾/大将/大轿车/大劫/大解/大姐/大舅子/大举/大军/大楷/大考/大客车/大课/大块头/大牢/大老粗/大礼服/大力士/大联合/大梁/大料/大路/大路货/大陆架/大略/大妈/大麻/大麦/大忙/大门/大名/大脑炎/大年/大年夜/大娘/大排行(háng)/大篷车/大器/大气/大气候/大前年/大前天/大清早/大晴天/大秋/大权/大人物/大扫除/大少爷/大赦/大婶/大师/大师傅/大事/大事记/大手笔/大叔/大暑/大数/大帅/大水/大蒜/大踏步/大堂/大提琴/大田/大厅/大同/大头针/大腿/大王/大尉/大限/大写/大猩猩/大行星/大熊猫/大选/大学生/大烟/大烟鬼/大爷/大姨子/大油/大月/大杂院/大藏(zàng)经/大旱/大灶/大丈夫/大政/大著/大字/大宗/大步流星/大材小用/大刀阔斧/大动干戈/大而无当/大发雷霆/大放厥词/大风大浪/大公无私/大功告成/大海捞针/大惊小怪/大快人心/大逆不道/大起大落/大器晚成/大千世界/大失所望/大显身手/大相径庭/大兴土木/大有作为/大张旗鼓/大智若愚

1140 大半 丙

dàbàn (n. more than half; adv. very likely)

[名]过半数;大部分:我们班～是日本人|书架上的书～是工具书|时间过了一～了,他还没来|这本书我们已经学了一～了。

[副]表示较大的可能性:他今天～不回家吃饭了|他～不会喜欢这件衣服。

【构词】多半/参半/对半/过半/夜半/一半/月半/折半

1141 大包大揽(攬) 丁

dà bāo dà lǎn (undertake the whole thing)

把事情、任务都尽量兜揽过来:他什么都～,但什么也办不成|既然他敢

～，说明他有把握｜既然他们～了，我们就不管了｜工程的事周工程师已经～了，你们就别管了。

【构词】包揽/承揽/兜揽/独揽/收揽/招揽/总揽

1142 **大便** 丙

dàbiàn (shit)

[名]屎：解～｜拉～｜～干燥｜这是通～的药。

【近义词】屎

【提示】"大便"也可作动词用，意思是"排大便"：要让孩子定时～。"便"又读 pián，如"便宜"。

【构词】不便/趁便/搭便/方便/粪便/即便/简便/近便/就便/两便/灵便/轻便/请便/顺便/随便/听便/童便/小便

1143 **大臣** 丁

dàchén (minister)

[名]君主国家的高级官员：外交～｜内务～｜钦差～｜各位～都来了｜国家领导人在人民大会堂会见来访的各国～。

【构词】称臣/功臣/奸臣/谋臣/使臣/忠臣/重(zhòng)臣/钦差大臣/一朝(cháo)天子一朝(cháo)臣

1144 **大大** 丙

dàdà (greatly)

[副]表示数量、程度、范围、规模等方面超过一般的：～超过｜～减少｜～改善｜～节约｜～加强｜22 路公共汽车开通以后，～方便了沿线的群众｜由于工厂引进了先进的自动化设备，～减轻了工人的劳动强度｜采用新方案，～节省了资金｜新住宅楼的建成，～改善了教师的居住条件。

1145 **大胆**(膽) 乙

dàdǎn (bold)

[形]有勇气；不畏缩：～革新｜～设计｜～引进｜～指挥｜～发言｜行动～｜想像～｜想法～｜～得出奇｜～得惊人｜工作要～，不要前怕狼后怕虎｜任务交给你了，你要～地干｜他～地设计了新的施工方案。

【构词】斗(dǒu)胆/肝胆/孤胆/苦胆/瓶胆/球胆/丧胆/鼠胆/熊胆/义胆/壮胆

1146 **大道** 丙

dàdào (main road)

[名]宽阔的路：林荫～｜笔直的～｜幸福～｜～两旁是绿油油的稻田｜我们村新修了一条～｜顺着这条～往前走就到邮局了｜沿着他指给我们的～一直往前走，就能看到图书馆。

【近义词】大路/街

【反义词】小道/胡同/小巷

1147 **大地** 丙

dàdì (earth)

[名]广大的地面：～广阔｜～辽阔｜春回～｜祖国～｜茫茫的～｜干旱的～｜秋天的～｜金色的～｜温暖的阳光照耀着～｜20 年来，中国～发生了翻天覆地的变化｜隆隆的炮声震撼着～｜洪水过后，～一片狼藉。

【提示】"地"又读 de，见第 1344 条。

1148 **大都** 丙

dàdōu (mostly)

[副]大多：我们班的学生～来自亚洲｜这些楼房～是 80 年代以后建的｜这些产品的质量～不好｜青年人～有好

奇心。

【近义词】大多

【提示】“都”又读 dū，如“都市”。

1149 **大队**(隊) 丙

dàduì (regiment)

[名]队伍编制，由若干中队组成：警卫～|我们～有五个中队|缉查～查获了一批走私汽车|部队的～相当于营或团一级组织|我们～今晚有任务|北京第四建筑～承建了我们学校的教学楼。

1150 **大多** 丁

dàduō (mostly)

[副]大部分；大多数：今年的毕业生～分配在北京|树上的苹果～已经成熟了|散会以后，人～都走了。

【近义词】大都

1151 **大多数**(數) 乙

dàduōshù (majority)

[名]表示超过半数很多的数量：～同学同意老师的意见，只有个别同学不同意|期末考试，～同学都及格了|这个计划只要～同意就可以执行|我们要相信～。

【反义词】少数

1152 **大方** *丙

dàfang (generous)

[形]❶对于钱财不计较；不吝啬：花钱～|待人～|非常～|在待人待物方面，他可～了|花钱～点儿，不要那么小气。❷(举止)自然；不拘束：走路～|说话～|举止～|动作～|体态～|说话～点儿，不要拘束|这小伙子举止～，办事干练。❸〈丁〉(样式、颜色等)不俗气：服饰～|衣着～|样子～|款式～|这件衣服很～，就买这件吧|房间布置得很～|新娘打扮得很～|家具做得～。

【近义词】❶慷慨；❷自然；❸雅致

【反义词】❶小气/吝啬；❷拘谨/羞涩；❸俗气

【提示】“大方”又读 dàfāng，词义不同，指专家学者、内行人。

1153 **大概** 甲

dàgài (general)

[形]不十分精确或不十分详尽：～知道|～听说了|～清理出来了|我先把学校的情况～介绍一下|他～明天来|我的经历，你～还不知道吧？

【近义词】粗略

【反义词】详细/详尽

【提示】“大概”作名词时表示大致的内容或情况，如：这件事我只知道个～。

【构词】梗概/气概/一概

1154 **大哥** *丙

dàgē (eldest brother)

[名]❶男性中排行最大的：～比我大两岁|我是～，弟弟妹妹有什么事都找我|～在外地工作，管不了家里的事。❷尊称年纪和自己相仿的男子，用于口语：请问这位～，哪儿有旅馆？|马～待人很诚恳|张～，李～，我们快走吧。

【构词】阿哥/哥哥/八哥/鹦哥

1155 **大公无私**(無) 丁

dà gōng wú sī (selfless)

完全为社会和人民大众的利益着想，毫无自私自利之心；处理公正，不偏袒任何一方：新来的经理～，得到了全体职工的好评｜我们要做一个～的人｜在关键的时候能不能做到～，这是对每个人的考验。

【近义词】无私/公而忘私

【反义词】自私/自私自利/损公肥私/假公济私/以权谋私

【构词】查私/家私/无私/隐私/营私/自私/走私

1156 大锅饭(鍋飯) 丁

dàguōfàn (eat from the same big pot – get the same pay as everyone else regardless of one's performance in work)

供多数人吃的普通伙食，也比喻干多干少得到的报酬一样：多少年来，他们一大家子一直吃的是～｜总吃～，经济效益就上不去｜这么多年～吃惯了，工作懒懒散散｜在奖酬金分配上，我厂改变了吃～的状况｜都什么年代了，还想吃～！

【构词】白饭/包饭/便饭/菜饭/茶饭/吃饭/淡饭/份饭/干饭/盒饭/混饭/酒饭/开饭/客饭/留饭/年饭/派饭/泡饭/烧饭/水饭/讨饭/晚饭/午饭/稀饭/下饭/要饭/早饭/斋饭/抓饭/做饭

1157 大会(會) 乙

dàhuì (plenary session)

［名］国家机关、团体等召开的全体会议；人数众多的群众集会：～开始了｜～开幕了｜～散了｜～结束了｜～很顺利｜～很成功｜群众～｜代表～｜妇女～｜联合国～｜庆祝～｜筹备～｜～文件｜～决议｜～通知｜～发言｜国务院总理主持了庆祝～｜学生会主席宣布～开幕｜世界妇女代表～在北京召开｜学校今天下午开～，不上课｜第十四届全国人民代表～第二次会议隆重开幕了。

1158 大伙儿(兒) 乙

dàhuǒr (everybody)

［代］指一定范围内所有的人，用于口语：～都进城了，我们也去吧｜下课以后，～到我家吃饭去｜我们～要向他学习。

【近义词】大家

【提示】可用于代词后面，但不能用于名词后面：×儿童们～在院子里做游戏。

【构词】帮伙/包伙/并伙/拆伙/搭伙/合伙/家伙/结伙/开伙/入伙/散伙/同伙/团伙/退伙

1159 大家 甲

dàjiā (everybody)

［代］指一定范围内所有的人：～先走吧，我一会儿再走｜～都到齐了，开会吧｜～的事～办｜你去通知～，今天晚上礼堂有舞会｜～要冷静，不要着急｜听到国家队赢的消息，我们～都激动得跳了起来。

【近义词】大伙儿/大家伙儿

1160 大街 乙

dàjiē (street)

［名］城镇中路面较宽、比较繁华的街道：一条～｜逛～｜～上｜～上人来车往，好不热闹｜～两旁摆满了地摊儿｜王府井～是北京最繁华的街道之一｜这条～不准走汽车。

【近义词】大道

【反义词】小巷/胡同

【构词】当街/逛街/跨街/临街/上街/市街

1161 **大局** 丁

dàjú (overall situation)

[名]整个的局面;整个的形势:～已定|以～为重|～动荡|全国～|整个～|世界～|稳定～|影响～|顾全～|关心～|～对我们有利|一切以改革的～为重|～不稳定,还搞什么经济建设|我们要照顾到～。

1162 **大理石** 丁

dàlǐshí (marble)

[名]大理岩的通称,多用做装饰及雕刻、建筑材料:中国云南大理出产的～最有名|现在时兴用～装饰屋子|这个塑像是用～雕刻的|大厅的柱子是用～建造的。

1163 **大力** 丙

dàlì (all-out)

[副]用最大的力量;尽最大的努力:～培育|～兴办|～支持|～发展|～推广|～宣传|～配合|～整顿|～建设|云南省～开展旅游事业|要～宣传雷锋助人为乐的精神|对于先进技术要～推广。

【近义词】全力/尽力

1164 **大量** *乙

dàliàng (a large number)

[形]❶数量多:～水果|～工作|～现金|～事实|～事例|～时间|～地减少|～地采购|～地生产|图书馆有～的资料|去年,我国进口了～的粮食|春节前夕,～的水果运进了北京|我们厂～收购废钢铁。❷〈丁〉气量大;能容忍:他是一个宽宏～的人,不会跟我们计较的|对人要宽宏～,不要小肚鸡肠|你～一点儿,不要总为小事生气。

1165 **大陆**(陸) 乙

dàlù (continent)

[名]❶广大的陆地:新～|亚洲～|是谁发现了美洲新～,你知道吗?|卫星穿过亚洲～上空。❷特指中国领土的大陆部分(相对中国沿海岛屿而言):港澳同胞时常回～探亲|回～寻根的台胞越来越多。

【构词】内陆/水陆/着(zhuó)陆

1166 **大米** 乙

dàmǐ (rice)

[名]稻的子实脱壳后叫大米:东北～|一袋～|一斤～|东北的～好吃|一个月吃20斤～|～多少钱一斤?|中国南方人喜欢吃～,北方人喜欢吃面食。

【构词】白米/苞米/糙米/柴米/炒米/陈米/海米/毫米/黄米/机米/江米/厘米/立方米/糯米/淘米/虾米/小米

1167 **大拇指** 丁

dàmǔzhǐ (thumb)

[名]手和脚的第一个指头,也叫拇指:～叫刀拉(lá)破了|不小心让机器把～切掉了|～上有一颗痣。

【构词】二指/发(fà)指/戒指/六指/拇指/屈指/染指/食指/手指/五指/小指/中指

1168 **大脑**(腦) 丙

dànǎo (brain)

[名]中枢神经系统中最重要的部分,正中有一道沟,分左右两个半球,表面有很多皱襞:动物界中,人的～最

发达｜这孩子～反应有点儿慢｜他～有毛病，反应迟钝｜思考问题要通过～｜～是思维的器官。

【构词】后脑/流脑/前脑/首脑/头脑/小脑/樟脑/探头探脑

1169 **大炮** 丁

dàpào (artillery)

[名]❶通常指口径大的炮：这门～是从敌人手里缴来的｜我们部队有30门～｜这些～都是国产的｜战士们把敌人的～全摧毁了。❷比喻好说大话或好发表激烈意见的人：这人是个～，你不要理他｜他就爱放～，你千万不要相信他｜他又开始放～了。

1170 **大批** 乙

dàpī (large quantities of)

[形]数量大：～粮食｜～货物｜～物资｜～难民｜今年下半年，将有～外国留学生来我们学校学习汉语｜～的救灾物资运往灾区｜～难民涌往联合国难民营｜～～的外国人来中国旅游。

【构词】报批/分批/横批/眉批/审批

1171 **大气压**(氣壓) 丁

dàqìyā (atmospheric pressure)

[名]压强的一种常用单位，也称大气压强，简称"气压"，是重要的气象要素之一：高山上的～比地面上的～小得多｜喜马拉雅山上的～很低，让人喘不上气来｜在水面上，～的差异引起了空气的流动。

【构词】按压/冲压/低压/血压/锻压/高血压/积压/挤压/加压/欺压/气压/电压/眼压/镇压/重压

1172 **大人** *乙

dàren (adult)

[名]❶成年人：一结婚就成～了｜～的事，小孩不要管｜小时候，我常听～讲故事｜这部电影，为什么他们～能看我们小孩不能看？❷〈丁〉旧时称地位高的长官：张～｜高～｜巡抚～。

1173 **大嫂** 丙

dàsǎo (eldest brother's wife)

[名]❶大哥的妻子：～是去年娶进门的｜母亲去世早，全靠～把我们抚养成人｜大哥和～不和，常常吵架。❷尊称年龄和自己相仿的妇人：～，你想买点儿什么？｜请问～，去公园怎么走？｜卖东西的是位～。

【构词】姑嫂/嫂嫂/兄嫂

1174 **大厦** 丁

dàshà (mansion)

[名]高大的建筑物，多指高楼：人民～｜上海～｜南宁～｜高楼～｜建～｜～修好了｜～建成了｜今年我市新建了三座～｜新盖的商业～真漂亮｜这幢～主要用于办公。

【提示】"厦"又读 xià，如"厦门"(地名)。

【构词】广厦/后厦/偏厦

1175 **大声**(聲) 甲

dà shēng (loud)

发出的声音大：～点儿，我听不清楚｜他耳朵有点儿聋，不～说他听不见｜你就知道～嚷嚷，好像别人听不见似的。

【构词】出声/答声/恶声/风声/歌声/呼声/欢声/回声/娇声/吭声/朗声/厉声/连声/闷声/名声/男声/女声/平声/悄声/轻声/去声/人声/入声/

上(shǎng)声/失声/双声/四声/童声/尾声/无声/响声/相声/心声/喧声/扬声/应声/有声/语声/掌声/吱声/住声/纵声/做声

1176 **大使** 丙

dàshǐ (ambassador)

[名]由一国派驻在他国的最高一级外交代表,全称是"特命全权大使":外国～|中国～|美国～|法国～|俄罗斯～|罗马尼亚～|毛里塔尼亚～|新任驻中国～|国家主席接见了三国驻中国～|五个国家的～向国家主席递交了国书。

1177 **大使馆**(館) 乙

dàshǐguǎn (embassy)

[名]由一国设在他国的外交办公机构:墨西哥～|印度尼西亚～|日本～|新加坡～|斯里兰卡～|明天上午,我去韩国～办签证|～让我们去办回国手续|我在～工作了四年|在～工作的人,大都是外交官。

1178 **大肆** 丁

dàsì (wantonly)

[副]毫无顾忌地(多指做坏事):～散布|～鼓吹|～屠杀|～宣扬|～攻击|～歪曲|～诬蔑|～吹嘘|他们～进行破坏活动|为了发泄对社会的不满,他们～进行煽动性宣传|他～挥霍,破坏了国家干部的形象。

【近义词】大举/大力

【构词】放肆

1179 **大体**(體) 丁

dàtǐ (adv. on the whole; n. cardinal principle)

[副]就多数情形或主要方面来说:这些事,我～知道|我们的意见～相同|你的办法,～可以,就这么办吧。

[名]重要的道理:识～,顾大局|你太不识～了。

【提示】"体"字右边是"本",不能写成"木"。

1180 **大同小异**(異) 丁

dà tóng xiǎo yì (mostly alike except for slight differences)

多数相同,少数不同:你们两人的意见～|这两个方案～,没有根本的区别|这两篇文章～。

1181 **大无畏**(無) 丁

dàwúwèi (dauntless)

[形]什么都不怕(指对于困难、艰险等):这种～的精神值得我们学习|在困难面前就应该有这种～精神|他那股～的劲头,谁也比不了。

【近义词】勇敢/无所畏惧

【反义词】畏惧

1182 **大小** 乙

dàxiǎo (adults and children)

[名]❶大人和孩子:～一共来了七口|全家～六口人,全靠父亲一个人养活|参加婚礼的人,～来了 80 口子。❷指大小的程度:这双鞋我穿～正合适|这件衣服～合适,就是颜色不好看。

1183 **大型** 乙

dàxíng (large-scale)

[形]形状或规模大:～机械|～歌舞|～钢材|～设备|～工程|～吊车|～车床|今晚,我们去剧场看～歌剧《白

毛女》|这些～设备是新买来的|我们厂有五台～机械|这部～纪录片刚刚上映。

【反义词】小型

【构词】成型/典型/定型/发型/口型/类型/脸型/面型/模型/轻型/外向型/微型/小型/新型/血型/原型/造型/纸型/中型/重型

1184 大学(學) 甲

dàxué (university)

[名]实施高等教育的学校：北京～|上海～|交通～|工业～|航空～|科技～|上～|一所～|～课程|～水平|～课本|～教育|～本科|我弟弟去年考上了～|清华大学是中国有名的一所～|五年来我自修了～所有的课程|上～是我多年的愿望|我明年～毕业。

1185 大雁 丁

dàyàn (wild goose)

[名]一种鸟，羽毛紫褐色，生活在水边，以植物的种子、鱼和虫子为食。飞时一般排列成行，是一种候鸟，也叫鸿雁：冬天来了，一群群～飞往南方|他用箭射下一只～|一群～在湖边觅食。

【构词】鸿雁/头雁/鱼雁

1186 大衣 乙

dàyī (overcoat)

[名]较长的外衣：布～|棉～|皮～|呢子～|长～|短～|做～|买～|穿～|脱～|这件～还是去年买的呢|棉～穿着就是暖和|屋里太热，把～脱了吧。

1187 大意 丙

dàyì (general idea)

[名]主要的意思：报告～|文章～|内容～|段落～|报告的～我都记下来了|故事的～我知道，详细的我就说不上来了。

【提示】"大意"作形容词时，读作 dàyi，意思是"疏忽，不注意"：粗心～|太～了|不能～|做事～|我一再提醒他，夜间开车千万不要～|粗心～的人，谁也不放心|事关重大，千万不要～。

1188 大有可为(爲) 丁

dà yǒu kě wéi (have bright prospects)

事情很值得做，很有发展前途：养殖业～|年青人～|大学生在工厂还是～的|～的事业，我们不干谁干！

【近义词】大有作为

1189 大于 丁

dàyú (greater than)

[动]比某事物大或发展快：市场上的冰箱供～求|人口增长的速度～社会财富增加的速度。

【反义词】小于

1190 大约(約) 乙

dàyuē (about)

[副]❶表示估计的数目不十分准确：～7 点钟|～25 公斤|～有 100 箱|～有 70 包|～有 30 块钱|～需要两年|～15 天|参加会议的人～来了 280 人|今天买东西～花了 200 多块钱|～8 年前去过中国|汉语～学了 10 年|什么时间去过澳大利亚记不太清了，～是 1992 年 5 月份吧。❷表示有很大的可能性：～走了|～来了|～去了|～听到了|～去世了|这人不可信，托

他办事～办不成｜他不在家，～又出差了｜他没来上课，～病了。

【近义词】❶大概/大致；❷可能

【反义词】❶精确

【构词】背(bèi)约/成约/缔约/订约/赴约/负约/稿约/公约/和约/换约/毁约/婚约/节约/解约/立约/履约/盟约/密约/契约/失约/誓约/守约/特约/条约/婉约/违约/相约/隐约/依约/制约/租约

1191 大致(緻) 丙

dàzhì (approximately)

［形］❶大体上：～相同｜～清楚｜～了解｜～明白｜～的想法｜～的经过｜～的过程｜～的情节｜～的位置｜～内容｜这篇作文我～看了看，写得不错｜这只是我～的想法，还想征求大家的意见｜这两份计划～相同。❷大概；大约：他们家的～情况，我已经知道了｜这些物资～还够用。

【近义词】❶大体；❷大概/大约

【构词】标致/别致/导致/精致/景致/细致/兴致/雅致/一致/以致/招致/淋漓尽致/闲情逸致

1192 大众(衆) 丙

dàzhòng (the public)

［名］劳动群众：劳苦～｜人民～｜～文艺｜～丛书｜～的要求｜～的愿望｜～的意见｜团结～｜依靠人民～｜脱离～｜人民～需要什么，我们就创作什么｜作为一个领导干部，就应该关心人民～的生活｜战争年代我们依靠人民～，搞经济建设我们仍然要依靠人民～。

【构词】出众/观众/当众/公众/聚众/民众/群众/示众/听众/万众/乌合之众/兴师动众

1193 大自然 丙

dàzìrán (nature)

［名］自然界：征服～｜利用～｜美好的～｜破坏～｜美化～｜爱护～｜保护～｜热爱～｜～是人类生存的基础，所以我们要爱护～，保护～｜任何乱砍乱伐的行为，都是对～的破坏，必然会受到～的报复｜～多美啊！

1194 呆 *乙

〔部首〕口
〔笔画〕7

dāi (dull)

［形］❶反应迟钝；不灵敏：～头～脑｜不～｜有点儿～｜很～｜～人｜～极了｜你别看他～头～脑的，其实他聪明得很｜～人有～福｜他儿子有点儿～｜你太～了，这么容易的题也不会做。❷〈丙〉面目表情死板：发～｜吓～了｜～若木鸡｜～～地站着｜～了半天｜气～了｜听到母亲去世的消息，他～了半天｜突如其来的事故把他吓～了｜他～～地站在那儿，一言不发。

【近义词】❶傻/迟钝/笨；❷发愣/发呆

【反义词】❶机灵/灵敏/聪明/灵俐

【构词】呆笨/呆痴/呆楞/呆气/呆傻/呆子/呆若木鸡/呆头呆脑

1195 呆 乙

dāi (stay)

［动］停留。同“待”dāi：～着｜～几天｜～不住｜～长了｜～晚了｜～久了｜～得住｜～烦了｜应该～｜不能～｜我在陕西～了五天就回来了｜一个人在屋里～着太冷了｜在家里一～就～了三年｜母亲一直在家里～着，从没有参加过工作。

【近义词】待/停留/逗留/滞留

1196 **歹徒** 丁 〔部首〕歹 〔笔画〕4

dǎitú (scoundrel)

[名]坏人(多指强盗):杀人～|持枪～|抓～|群众把抢商店的～围住了|两名女售货员和～进行搏斗|公安机关当天就把三名～抓获归案|～把一名公安战士杀害了。

【近义词】坏人

【构词】歹毒/歹人/歹心/歹意

暴徒/出徒/党徒/道徒/赌徒/恶徒/匪徒/高徒/教徒/酒徒/门徒/囚徒/叛徒/僧徒/师徒/信徒/学徒

1197 **大夫** 甲 〔部首〕大 〔笔画〕3

dàifu (doctor)

[名]医生:外科～|内科～|牙科～|值班～|专科～|妇科～|～走了|～来了|朱～|金～|外科的刘～医术很高明|我的病是北京医院的～治好的|有病要及时找～。

【近义词】医生

【提示】"大"又读 dà,见第 1139 条。

【构词】病夫/车夫/船夫/更夫/姑夫/伙夫/脚夫/姐夫/老夫/马夫/妹夫/农夫/懦夫/匹夫/前夫/情夫/挑(tiāo)夫/屠夫/武夫/纤夫/姨夫/渔夫/丈夫

1198 **戴** 甲 〔部首〕戈 〔笔画〕17

dài (wear)

[动]把东西放在头、面、胸、臂等处:～帽子|～校徽|～头巾|～眼镜|～红花|～项链|～耳环|～手套|～手表|～多了|～晚了|胸前～花|姑娘～发卡|他～着假面具,谁也没把他认出来|帽子都～破了也舍不得扔|警察给歹徒～上了手铐|值勤的老大爷左臂上～着红袖章。

【反义词】摘/脱

【提示】戴,姓。

1199 **带**(帶) *甲 〔部首〕巾 〔笔画〕9

dài (bring)

[动]❶随身拿着;携带:～书|～笔|～行李|不～|别～|我的包儿忘～了|他不管到哪儿去,都喜欢随身～本书|这次出差不用～行李。❷〈乙〉捎带着做某事:你上街时顺便给我～瓶酒来|你走时,请把门～上。❸〈乙〉呈现;显现:～着微笑|她面～凄凉的神情|他说这话时,脸上～着讽刺的笑。❹〈乙〉含有:这苹果甜中～点儿酸味儿|这酒微微～点儿黄色|他说话总～刺儿。❺〈丙〉连带;附带:～刺的玫瑰花|她连蹦～跳地跑过来|这些～叶的桃子真新鲜。❻〈丙〉引导;带动:～队|～班|他～了三个徒弟|这次参加比赛由他～队|他把大家的热情都～起来了。

【构词】带班/带兵/带操/带刺/带菌/带菌者/带累/带路/带头人/带头羊/带孝/带信儿/带鱼

1200 **带儿**(兒) 丙

dàir (belt)

[名]带子或像带子的长条物:一根～|鞋～|裙～|腰～|皮～|我的鞋～断了|你用这根～把这卷纸捆上|她的腰上系了一根～。

1201 **带动**(動) 丙

dàidòng (bring along)

[动]❶通过动力使有关部分动起来:～机器|～水泵|～齿轮|用马达～比用柴油机～经济得多|机船～着木船向前驶去。❷引导着前进:～全局|～群众|～同学|～教学|～生产|～

全省|干部要～群众|学习好的同学要～学习差的同学|在班长的～下,我们提前完成了任务。
【近义词】❶牵动;❷带领/推动

1202 **带劲**(勁) 丁

dàijìn (energetic)
[形]❶有力量;有劲头儿:他干起活来可～了|谁干活也没有他～。❷能引起兴趣:玩乒乓球不～,还是玩网球吧|开着刚买的新车,多～|这玩意儿真～|你瞧他玩得多～。
【提示】"带劲"用作义项❶时,在口语中一般儿化。
【构词】差劲/吃劲/冲劲/闯劲/醋劲/寸劲/得(děi)劲/对劲/费劲/干劲/跟劲/够劲/鼓劲/过劲/后劲/加劲/较劲/可劲/来劲/卖劲/没劲/起劲/巧劲/韧劲/傻劲/上劲/省劲/使劲/死劲/松劲/懈劲/心劲/药劲/用劲/有劲/钻劲

1203 **带领**(領) 丙

dàilǐng (lead)
[动]领导或指挥(一群人进行活动):～群众|～部队|～孩子|～车队|～参观|～干活|～跳舞|愿意～|同意～|应该～|阿姨～着孩子们唱歌|赵老师～三年级同学去外地做语言实习了|部队领导～着战士们抢险救灾。
【近义词】指挥/指引/统领/率领

1204 **带头**(頭) 丙

dài tóu (take the lead)
首先行动起来带动别人;领头:～干活儿|～致富|～跳舞|年青人～|领导～|男同学～|必须～|害怕～|应该～|学习～|老秦～报名去支援灾区|班长要在学习上～|领导不～谁～|你在班上应该带个好头。
【近义词】领头
【提示】离合词,中间可以插入其他成分,如:这次你就带个头儿吧。口语中"带头"的"头"一般儿化。

1205 **代** 丙 〔部首〕亻 〔笔画〕5

dài (take the place of)
[动]代替;代理:～课|～办|～笔|～领|～买|～市长|～校长|～经理|孙老师病了,周老师给我们～课|请你～我写一份报告|你去商店～我买一瓶啤酒来|国家总理突然去世,第一副总理暂～总理。
【近义词】代理/代替
【提示】代,姓。
【构词】代笔/代表队/代表团/代表作/代步/代偿/代称/代词/代耕/代沟/代购/代销/代课/代劳/代理人/代名/代培/代乳粉/代售/代序/代言人/代用品

1206 **代** 乙

dài (historical period; generation)
[名]❶历史的分期:近～|现～|古～|唐～|汉～|清～|当～英雄|岳飞是宋～的民族英雄|当～作家创造了不少优秀的文艺作品。❷世系的辈分:老一～|新一～|下一～|子孙后～|第二～|我们要关心下一～,爱护下一～,培养下一～|让老一～的优良传统～～相传|历史的重任落在我们这一～人身上。
【近义词】❷辈

1207 **代办**(辦) 丙

dàibàn (n. chargé d'affaires; v. act on sb.'s behalf)

[名]大使或公使不在职时,在使馆高级人员中委派的临时负责人员,叫“临时代办”,简称为“代办”:中国驻美国临时～会见了美国客人|有什么事请找～|～不在办公室,去外交部了|～回答了记者提出的问题。

[动]替别人代行办理事物:～机票|～托运|～邮购|～护照|从这个月开始,我们增添了～业务|我们宾馆～机票、车票|你的事我不能～。

【近义词】[动]代理/代替

1208 **代表** *甲

dàibiǎo (n. representative; v. represent)

[名]❶被选举或委派代表别人或组织的人:工人～|学生～|选举～|关心～|感谢～|～参观|～投票|～反对|～拥护|～讲话|～选出来了|～很认真|～很热情|我们选举金山同学为～|～全面听取了大家的意见|你是人民的～,就应该反映人民的意见。❷显示同一类的共同特征的人或事物:国家的～|人民的～|民族～|～人物|～作品|～著作|～产品|改革的～|优秀的～|创新的～|他是新一代青年的～|她是我们班优秀学生的～。

[动]❶〈乙〉代表个人或集体办事或发表意见:～国家|～学院|～我们班|～总统|～个人|主动～|明确地～|临时～|同意～|他只是～了一部分人的意见|我～全班同学感谢老师|我们的意见你～不了。❷〈丙〉人或事物表示某种意义或象征某种概念:～光明|～文明|～和平|～自由|绿灯～放行,红灯～禁止通行|这三个人～了三种性格。

【近义词】[动]❶代替/替代/替;❷表示/意味/象征

【构词】报表/地表/电表/发表/姑表/挂表/华表/怀表/课表/秒表/年表/跑表/师表/试表/手表/数表/水表/体表/图表/外表/仪表/姨表/战表/钟表/为人师表

1209 **代号**(號) 丁

dàihào (code name)

[名]为了简便或保密而用来代替正式名称的别名、编号或字母:产品～|工厂～|部队～|行动～|机关～|我们这次行动的～是“顺利”|在战争年代,为了行动方便,我们每个人都有一个～|我们单位的～是0018。

1210 **代价**(價) 丙

dàijià (cost)

[名]❶获得某种东西所付出的钱:花费～|付出～|～高|～巨大|不惜～|全部～|适当的～|为了买计算机,付出了1万元的～|我们要用最小的～,办最多的事|这个设计方案不错,～小,效益高。❷为达到某种目的所耗费的物质或精力:痛苦的～|爱情的～|血的～|战争的～|自由的～|10年的战争付出的～是巨大的|为了学好汉语,我付出了很大的～|不管～有多大,我们也要把这个任务拿下来。

【近义词】❶钱/价钱/报酬

1211 **代理** 丙

dàilǐ (act as agent)

[动]暂时代人担任某单位的负责职务:临时～|～厂长职务|能够～|可以～|主动～|暂时～|校长住院期间,由副校长～校长职务|你让我～,我可～不了|我不在的时候,公司的事由你全权～。

【近义词】代办

1212 **代数**(數) 丁

dàishù (algebra)

[名]代数学简称为“代数”:中学有～课|～老师姓夏|我的～考试才得了82分|在所有科目中,我的～成绩最好。

1213 **代替** 乙

dàitì (substitute for)

[动]以甲换乙,起乙的作用:年青人～老年人|用纸～布|妇女～男人|你～我|用符号～|用煤～|可以～|能够～|打算～|国内产品～了进口产品|天然气～了煤气|包饺子没有案板,我们就用桌子～|我们厂有很多工作都让机器人～了|我下午有事,你～我去开会吧|经过多年的研究,终于实现了用塑料～钢板的梦想。

【近义词】代表/替代/取代/顶替

【构词】倒替/顶替/更替/交替/接替/轮替

1214 **贷**(貸) 丁 〔部首〕贝 〔笔画〕9

dài (borrow or lend)

[动]借入或借出:～款|～不了|可以～|能～|同意～|用不着～|只有向银行～款才能解决当前的困难|我向银行～款,～了几次也没～出来|～了半天才～出10万元钱来。

【近义词】借

【反义词】还(huán)

1215 **贷款** 丁

dài kuǎn (loan)

甲国借钱给乙国;银行等机构借钱给用钱的部门或个人:世界银行为中国西北地区～20万美元|他们不肯～给我们|我们公司向银行贷了一笔款。

【近义词】借款

【提示】①离合词,中间可插入其他成分,如:贷了一笔款。②“贷款”可以作名词,指甲国贷给乙国的款项;银行、信用合作社等机构贷给用钱的部门或个人的款项。如:偿还～|一笔～。

1216 **袋** 乙 〔部首〕衣 〔笔画〕11

dài (n. bag; m. *used for bagged things*)

[名]口袋:布～|粮～|麻～|草～|衣～|塑料～|纸～|米～|用麻～装上土可以挡住洪水|～里还有20斤大米|塑料～里装的是什么?

[量]用于袋装的东西:一～米|三～粮食|10～沙子|五～大豆|七～面粉|八～石灰|支援灾区的粮食整整装了200～|我刚去商店买了两～米|修这间房子得15～水泥。

【近义词】袋子

【提示】指较小的口袋时,“袋”可以儿化。

【构词】袋鼠/袋子

1217 **待** *乙 〔部首〕彳 〔笔画〕9

dài (treat)

[动]❶对待:～人|～客|～人接物|礼貌～人|要教育孩子礼貌～人|我不愿去他家,他～人太冷淡|他是我的客人,你要好好～他。❷〈丙〉等待;等候:～明天|～明年|～机会|守株～兔|～查|～定|严阵以～|整装～发|以逸～劳|目前有很多问题有～解决|情况还不太清楚,有～进一步调查|～你生日那天,我一定送你一件你喜欢的礼物|～天黑了,他才

偷偷回家｜他在家已经～业～了三年了。❸〈丁〉打算；要：～要出门，客人来了｜本～不理他，但又怕他面子上过不去。

【近义词】❶招待/接待/款待/对待；❷听候/等待/等候

【提示】①"待"又读 dāi，表示停留：～一会儿。②注意"待"的左边是"彳"，不要写成"侍"shì。

【构词】待到/待机/待见/待考/待客/待令/待命/待人/待时/待答不理/待价而沽/待理不理/待人接物

1218 **待业**(業) 丁

dàiyè (unemployed)

等待就业：～青年｜～人员｜回家～｜在家～｜工厂倒闭了，我们成了～人员｜单位不景气，只好在家～｜对于～人员，政府应想办法给以安置｜我在家都～好几年了。

【近义词】失业/下岗

【反义词】就业/上岗

【提示】离合词，中间可插入其他成分，如"待了一年业"。

1219 **待遇** 丙

dàiyù (treatment)

［名］❶指权利、社会地位等：～平等｜～提高｜～降低｜～特殊｜～不同｜政治～｜生活～｜劳动人民应该享受平等的～｜干一样的活儿，～一样｜他是副部长，但是享受部长级～｜他来我国访问时，曾受到很高的～。❷物质报酬；工资福利：～高｜～低｜～丰厚｜～优厚｜工作虽然艰苦，但～很高｜经过几年的努力，工人的福利～提高了很多｜优厚的～吸引了不少人。

【近义词】❷报酬/酬劳/酬金/福利

【构词】感遇/厚遇/冷遇/礼遇/奇遇/巧遇/相遇/知遇/不期而遇

1220 **怠工** 丁 〔部首〕心 〔笔画〕9

dàigōng (slow down)

有意地不积极工作，降低工作效率：开始～｜继续～｜防止～｜避免～｜反对～｜故意～｜消极～｜～发生了｜工人～｜全体～｜工厂效益不好，工人常常～｜对那些～的人要进行批评教育｜工人～是有原因的｜为了和敌人进行斗争，我们采取消极～的办法。

【提示】离合词，中间可插入其他成分，如：怠了三天工。

1221 **怠慢** 丁

dàimàn (cold-shoulder)

［动］❶冷淡：～客人｜～了顾客｜显得～｜不能～｜故意～｜过分地～｜快去倒茶，别～了客人｜他对谁都不～｜他是我们请来的专家，千万～不得。❷客套话，表示照顾不周：有～的地方请多多包涵｜那天我不在家，多有～。

【近义词】冷淡/轻慢/失礼/失敬

【反义词】厚待/款待/优待/热情

【构词】傲慢/迟慢/缓慢/简慢/快慢/且慢/轻慢/手慢

1222 **逮捕** 丙 〔部首〕辶 〔笔画〕11

dàibǔ (arrest)

［动］捉拿：～开始了｜～的计划｜～罪犯｜～逃犯｜～杀人犯｜应该～｜公开～｜秘密～｜决定～｜必须～｜刑警追捕三天三夜，终于将逃犯～归案｜他是1935年被敌人～的｜对这些流氓应该～法办｜经理因经济问题被～了。

【提示】"逮"用于"逮捕"时读 dài，用于其他处时读 dǎi。

【构词】就捕/拘捕/拒捕/猎捕/搜捕/围捕/巡捕/诱捕/抓捕/追捕

1223 **耽误**(誤) 丙 〔部首〕耳 〔笔画〕10

dānwù (delay)

[动]因拖延或错过时机而误事：～时间|～工夫|～青春|～工作|～休息|～学习|～事情|害怕～|不能～|故意～|看电视太～时间了|有病赶紧看,千万不要～了|因感冒发烧～了两天课|因买不着车票～了旅行。

【构词】耽搁

1224 **担** 丙 〔部首〕扌 〔笔画〕8

dān (carry on a shoulder pole)

[动]❶用肩膀挑：～水|～土|～柴|～草|～行李|～不动|～得少|～得慢|小时候,我们家那里没有自来水,要去很远的地方～水吃|他身大力不亏,一次能～100斤柴|这么重的两筐蔬菜你可～不动。❷担负;承担：～责任|～任务|～罪名|～风险|～名声|～得起|领导～|干部～|可以～|能够～|领导给我这副担子太重了,我怕～不起来|这个责任领导不～谁～|你～得起这个罪名吗?

【近义词】❶挑;❷担当/负担/承担/承受/负责/肩负

【反义词】卸

【提示】"担"作名词、量词时读 dàn,见第1246、1247条。

【构词】担不是/担待/担当/担搁/担惊

1225 **担保** 丁

dānbǎo (assure)

[动]表示负责,保证不出问题或一定办到：领导～|厂长～|老师～|单位～|个人～|学校～|朋友～|可以～|能够～|愿意～|～参加|～完成|～干好|你就把这个任务交给我吧,我～在年底以前完成|既然单位出面～,我们还有什么不放心的|我敢～他今晚一定来。

【近义词】保证/管保/保管

【构词】管保/环保/劳保/取保/人保/讨保/治保/准保/作保

1226 **担负**(負) 丙

dānfù (take on; bear)

[动]承当(责任、工作、费用)：教师～|家长～|学校～|～学费|可以～|同意～|不能～|拒绝～|主动～|愉快地～|旅行的费用妈妈替我～|教师要～起教育下一代的责任|他们～着十分重要的工作。

【近义词】承担/承当/肩负/负责/承受

【反义词】推卸/推脱/推委

1227 **担任** 乙

dānrèn (hold the post of)

[动]担当某种工作或职务：～院长|～校长|～厂长|～部长|～主编|～秘书|～班主任|准备～|同意～|愿意～|勉强～|小李～我们足球队的队长|我可以～主编工作|她已经～四年班主任了。

【近义词】担负/担当/肩负/身负/承担

【构词】常任/充任/出任/到任/调任/放任/赴任/后任/继任/接任/兼任/就任/连任/留任/前任/聘任/荣任/上任/升任/胜任/听任/外任/委任/现任/卸任/新任/信任/责任/重任

1228 **担心** 乙

dān xīn (feel anxious)

放心不下：大家～|朋友们～|妻子～|老师～|家长～|～孩子|～学校|～生意|～出事|不用～|用不着～|这孩子出去一天了,还不回来,真让人

～|厂长～这个月的生产任务完不成|毕业后我～找不着合适的工作|我最～孩子的学习上不去|孩子都这么大了,用不着～|我总为他担着一份心|他已经那么大了,你还担什么心?
【近义词】操心/顾虑
【反义词】放心
【提示】离合词,中间可以插入其他成分,如:在学习上,孩子从来没让我担过心。

1229 **担忧**(憂) 丁

dānyōu (worry)
[动]发愁;忧虑:～名声|～事业|～产品|～家里|妈妈～|老师～|群众～|用不着～|经常～|多余～|他一人在外生活,怎么不让人～呢?|母亲日夜为儿子的生死～|他自己都不～,你～什么?|这几年,我一直为父亲的身体～。
【近义词】忧虑/忧愁/焦虑
【构词】报忧/烦忧/深忧

1230 **丹** 丁 〔部首〕丿 〔笔画〕4

dān (red)
[名]❶红色:～砂|～顶鹤|～枫|～桂|对祖国我是一片～心。❷依成方制成的颗粒状或粉末状的中药:～药|灵～妙药|人～|丸散膏～。
【提示】丹,姓。
【构词】丹参/丹顶鹤/丹青/丹田/丹心

1231 **单**(單) *乙 〔部首〕八 〔笔画〕8

dān (single)
[形]❶一个(跟"双"相对):～音节|～个人不能在沙漠里行走,容易出危险|我买了一张～人床|他到现在还是～身。❷奇数的(跟"双"相对):～数|～号|～日|～行|节日期间,为了保证交通畅通,汽车分～双号行驶|马路东边门牌是～号,西边是双号|进门的时候,大家要排成～行。❸〈丙〉只有一层的(衣服等):～衣|～裤|就穿一件～裤你不怕冷?|这件大衣是～的还是夹的?|妈妈为我准备了五件～衣,三件棉衣。
【反义词】双/对
【提示】又读 shàn,姓。
【构词】单帮/单薄/单产/单程/单传/单纯词/单打/单打一/单单/单刀/单干/单干户/单杠/单个/单轨/单价/单间儿/单据/单句/单恋/单人舞/单衫/单身/单身汉/单数/单弦/单相思/单行本/单行线/单眼皮/单一/单衣/单音词/单子/单字/单刀直入/单口相声/单枪匹马/单人独马

1232 **单** 乙

dān (only)
[副]只;光:作事～凭经验不行|这么多人,为什么～说我一个?|别人都有了,～缺他一个人的。
【近义词】只/仅/光

1233 **单纯**(純) *丙

dānchún (simple)
[形]❶简单纯一;不复杂:孩子～|姑娘～|思想～|想法～|心地～|生活～|工作～|～得可爱|～得可笑|～得幼稚|学生们的想法很～|农村人就是～|他看问题总是这么～。❷〈丁〉单一;只顾:～地追求|～地强调|～地依靠|～地惩罚|～地追求外表华丽怎么能行?|现在有一些学校～追求升学率,不注重学生素质的培养。
【近义词】单一/纯粹/纯
【反义词】复杂/混杂

【构词】精纯/提纯/真纯

1234 **单词**(詞) 乙

dāncí (word)

[名]单纯词;词(区别于词组):只有一个音节的～是单音节词|汉语中有些～是单纯词|请用这个～造句|学习英语记住～很重要|每篇课文后面都有20多个～。

【构词】贬词/辩词/唱词/陈词/答词/代词/悼词/动词/副词/歌词/供词/贺词/介词/连词/量词/名词/生词/实词/誓词/数词/颂词/讼词/台词/叹词/提词/体词/填词/托词/歪词/挽词/婉词/谓词/文词/系词/戏词/献词/谢词/虚词/严词/言词/语词/赞词/证词/致词/助词/祝词

1235 **单调**(調) 乙

dāndiào (monotonous)

[形]简单、重复而没有变化:工作～|生活～|色彩～|节目～|形式～|声音～|式样～|画得～|安排得～|饭菜～|吃饭、工作、睡觉,生活太～了|改革开放以前,中国人的服装从式样到色彩都很～,后来发生了很大的变化|流水线上的工人～地重复着同一个动作。

【近义词】贫乏/简单

【反义词】丰富/复杂

【构词】笔调/变调/步调/抽调/低调/对调/高调/歌调/格调/借调/滥调/老调/论调/腔调/强调/情调/请调/曲调/色调/声调/提调/同调/外调/选调/韵调/主调/陈词滥调/油腔滑调

1236 **单独**(獨) 丙

dāndú (alone)

[形]不跟别的合在一起;独自:～一个人|～活动|～住|～用|～地进行|～地会谈|～地完成|这个词不能～作谓语|她自己～过了十几年|学了一个星期,我就可以～开车了|老人～住一个房间比较方便。

【近义词】独自/独力/单身/单个

【反义词】共同/合伙/一同/一起/一块儿/一路

【构词】孤独/惟独

1237 **单位** 乙

dānwèi (unit)

[名]❶计量事物的标准量的名称:计量～|计算～|时间～|长度～|重量～|核算～|数量～|～面积|计算长度的～是米、厘米、尺等|重量～是公斤、市斤、吨等|为了统一度量衡,国家制定了标准的计量～|计算粮食的产量,要计算～产量。❷指机关、团体或它所属的部门:～独立|～成立了|～撤销了|～合并了|先进～|落后～|大～|小～|文化～|行政～|中央～|基层～|工作～|听说你们～经济效益不错|我们学校大小有20多个～|下午召集教学、科研～的领导开会|我住的房子是～的。

【近义词】❷部门/机关

1238 **单元** 丁

dānyuán (unit)

[名]整体中自成段落、系统,自为一组的单位(多用于教材、房屋等):～复习|～练习|本学期的课程分五个～|目前正进行第七～的练习|第二课分三个～学习|我们住的楼一共有七个～,我住第六～。

【构词】纪元/公元/美元/日元/铜元/银元/状元

1239 **胆(膽)** *丙 〔部首〕月 〔笔画〕9

dǎn (gallbladder)

[名]❶胆囊:鱼~|苦~|鱼这么苦,肯定把~弄破了|他的~囊已经被切除了|人的~在身体的什么地方,你知道吗? ❷胆量;勇气:~大|~小|有~|没~|他从小~就大,什么也不怕|你~也太大了,这么贵的东西你也敢买! ❸〈丁〉某些器物内部装水、气等物的东西:球~|瓶~|~坏了|新买的球~又坏了|暖瓶~不太保温了。

【近义词】❷胆量

【提示】表示第二个义项时,“胆”可以儿化。

【构词】胆敢/胆固醇/胆管/胆寒/胆红素/胆力/胆略/胆囊/胆瓶/胆魄/胆气/胆色素/胆石病/胆识/胆小鬼/胆虚/胆汁/胆壮/胆大包天/胆大妄为/胆大心细/胆战心惊

1240 **胆量** 丁

dǎnliàng (courage)

[名]不怕危险的精神;勇气:~大|~小|~过人|缺乏~|放开~|需要~|锻炼~|姑娘的~|过去的~|惊人的~|斗争的~|有~,你就过去和他谈|这么大的男子汉,一点儿~都没有|干这种工作需要有~|你的~真不小,这样的事你也敢干!

【近义词】胆力/胆气/勇气/胆子

1241 **胆怯** 丁

dǎnqiè (timid)

[形]胆小;畏缩:敌人~|对方~|姑娘~|小伙子~|变得~|明显地~|过分地~|~得厉害|~地问|~地回答|他躲在那儿一动也不敢动,心里十分~|小鸟~地看着我手里的食,就是不敢过来|孩子~地看着妈妈,不敢说话。

【近义词】怯懦

【反义词】大胆/勇敢

【构词】惊怯/惧怯/露怯/畏怯/心怯/羞怯

1242 **胆子** 丁

dǎnzi (courage)

[名]胆量:~大|~小|姑娘的~|缺乏~|没有~|你~是越来越大了|他~太小,办不了什么大事|这姑娘~小,不敢走夜路。

【近义词】胆量/胆儿

1243 **氮** 丁 〔部首〕气 〔笔画〕12

dàn (nitrogen)

[名]气体元素,符号 N(nitrogenium)。无色无味,不能燃烧,植物营养的重要成分:~肥|~族|含~的肥料叫~肥|~肥可以促进农作物茎和叶子的生长|空气中含~量太小,影响植物生长。

1244 **但** 乙 〔部首〕亻 〔笔画〕7

dàn (but)

[连]但是,表示转折关系:试验虽然失败了,~我不灰心|我想暑期回国,~没有回成|母亲虽然去世了,~我永远怀念着她。

【近义词】但是/不过/可是

【提示】①“但”用于书面语。②但,姓。

1245 **但是** 甲

dànshì (but)

[连]用在后一分句里,表示转折语气:虽然我学了三年汉语,~汉语水

平还是不太高|她的病虽然很重，~她思想很乐观|我们反对战争，~我们不害怕战争。

【近义词】但/然而/可是/不过

1246 **担**（擔）　丁

dàn（*a unit of weight*）

［量］用于成担的东西：一~柴|两~盐|三~米|农民把一~~的粮食送到了粮食收购站|今年打了10~棉花|下午上山打了两~柴。

【提示】"担"又读dān，见第1224条。

1247 **担子**　丁

dànzi（a carrying pole and the loads on it）

［名］❶扁担和挂在两头的东西：~重|~轻|一副~|挑~|卸~|~太重，我挑不起来|力气再大也挑不起两副~|~把我肩膀都压红了。❷比喻担负的责任：领导的~|干部的~|厂长的~|老师的~|工作的~|生活的~|家庭的~|学习的~|~重|学习的~太重了，压得孩子喘不过气来|厂长这副~一压就压了他10年|局长这副~可不轻呀。

1248 **淡**　*乙　　〔部首〕氵　〔笔画〕11

dàn（thin）

［形］❶液体或气体中所含的某种成分少；稀薄：~墨|天高云~|天上飘着几片~~的白云|屋里的烟太浓，进不去人，等~了再进去|清晨，大地上飘着一层~~的云雾。❷（味道）不浓；不咸：菜~|口~|~水|~汤|这道菜太~了，再加点儿盐|每天喝点儿~茶对身体有好处|你尝尝汤~不~。❸〈丙〉颜色浅：~蓝|~绿|~黄|这幅画颜色太~了|夏天应穿~色的衣服|窗帘是~黄色的。❹〈丁〉冷淡；不热心：这两口子感情很~|对这种事就得~然处之|他对人向来就很~。❺〈丁〉营业不旺盛：~季|旅游~季|~月|旅游~季机票比较便宜|现在是~季，生意很难做|清~的生意很难维持全家的生活。

【近义词】❸浅；❹冷淡

【反义词】❶浓；❷咸；❸深；❹热情；❺旺

【构词】淡薄/淡泊/淡淡/淡饭/淡化/淡漠/淡然/淡忘/淡雅/淡妆

1249 **淡季**　丁

dànjì（off season）

［名］营业不旺盛的季节或某种东西出产少的季节（跟"旺季"相对）：现在北方蔬菜是~，品种很少|冬天是旅游的~|每年的11月是我们销售的~。

【反义词】旺季

1250 **淡水**　丁

dànshuǐ（fresh water）

［名］含盐分极少的水：~鱼|~养殖|~虾|~珍珠|~湖|在小岛上找到一点儿~很困难|人没有~不能生活|有很多阿拉伯国家建造了~处理装置，以解决~供应不足的问题。

【反义词】咸水

【构词】白水/跺水/茶水/潮水/吃水/抽水/大水/滴水/发水/废水/沸水/风水/给水/滚水/汗水/洪水/会水/活水/祸水/击水/降水/胶水/节水/开水/口水/苦水/泪水/冷水/凉水/流水/露水/落水/墨水/奶水/逆水/溺水/排水/汽水/潜水/泉水/软水/山水/生水/圣水/顺水/死水/缩水/汤水/甜水/跳水/脱水/下水/薪水/涎水/香水/血水/药水/饮水/引水/

油水/游水/雨水/脏水/涨水/汁水/治水/自来水/落花流水/蜻蜓点水/穷山恶水/如鱼得水/拖泥带水/望穿秋水/污泥浊水/行云流水/一衣带水

1251 **诞辰**(誕) 丁 〔部首〕讠〔笔画〕9

dànchén (birthday)

[名]生日:今天是毛泽东～100周年|我们以崇敬的心情纪念孙中山先生的～|召开纪念鲁迅先生～100周年大会。

【近义词】生日/生辰/寿辰

【反义词】忌辰/忌日

【提示】"诞辰"是书面语,多用于所尊敬的人。口语中说"生日"。

【构词】忌辰/年辰/生辰/时辰/星辰

1252 **诞生** 丙

dànshēng (be born)

[动]❶出生:鲁迅1881年9月25日～在浙江绍兴|1897年他～在一个诗人家庭里|他刚～几天母亲就去世了。❷产生:1921年7月1日中国共产党～了|这部巨著～在清朝最昌盛时期|第一台电报机的出现,标志着一种崭新的通讯工具的～。

【近义词】❶出生/降生

【反义词】❶去世/逝世/下世/谢世

【提示】表示第一义项时多用于对社会有贡献、在群众中有威望并受到尊敬的人。表示第二义项时多用于政党、团体、国家或其他重大事物。

1253 **弹**(彈) 丁 〔部首〕弓〔笔画〕11

dàn (bullet)

[名]枪弹;炮弹;炸弹:流～|飞～|信号～|燃烧～|导～|原子～|氢～|阵地上到处是没有爆炸的炮～|施工现场挖出一颗二次世界大战时扔下的炸～|炮～飞过来却没有炸,原来是一个哑～|不要害怕,～着点离我们远着呢。

【提示】"弹"又读tán,如"弹簧"。

【构词】弹袋/弹道/弹弓/弹痕/弹夹/弹壳/弹坑/弹片/弹头/弹丸/弹雨/弹着点/弹子/弹子锁

1254 **弹药**(藥) 丁

dànyào (ammunition)

[名]枪弹、炮弹、手榴弹、炸弹、地雷等具有杀伤力或其他特殊作用的爆炸物的统称:一箱～|缺少～|～仓库|阵地上堆满了～|打仗前要准备好充足的～|～没有了就和敌人拼刺刀|没有～没法爆破。

【构词】白药/补药/草药/成药/毒药/服药/膏药/火药/酒药/救药/凉药/良药/灵药/麻药/妙药/农药/配药/入药/芍药/司药/汤药/丸药/西药/下药/泻药/医药/炸药/中药/抓药

1255 **蛋** *乙 〔部首〕虫〔笔画〕11

dàn (egg)

[名]❶鸟、龟、蛇等所产的卵:鸡～|鹅～|鸽子～|乌龟～|咸鸭～|～炒饭|打～|磕～|我们挖出一窝蛇～来|恐龙～是受国家保护的,不能随便买卖|听人说,老人常吃鹌鹑～对身体有好处。❷球形的东西:泥～|地瓜～|孩子们团泥～～玩|用铁做的小铁～可以做气枪的子弹|他把信揉成个纸～,扔了。

【提示】表示第二个义项时,"蛋"可以儿化。

【构词】蛋白/蛋粉/蛋羹/蛋黄/蛋鸡/蛋品/蛋青/蛋清

1256 **蛋白质**(質) 丙

dànbáizhì (protein)
[名]天然的高分子有机化合物，由多种氨基酸组成。由于所含氨基酸的数量、性质和结合方式不同，蛋白质分很多种。是构成生物体活质的最重要部分，是生命的基础：吸收～|缺少～|～的含量|多吃鸡蛋可以增加体内的～|这种食品～的含量较高。

1257 **蛋糕** 乙

dàngāo (cake)
[名]用鸡蛋和面粉加糖、油制成的松软食品：巧克力～|牛奶～|生日～|果酱～|一块～|一盒～|～大|～小|～新鲜|～漂亮|～太甜|生日～做得真漂亮|这是广州风味的～|他们这个店的～现买现做，非常好吃。
【构词】扒糕/冰糕/发糕/蜂糕/花糕/金糕/年糕/切糕/丝糕/雪糕/糟糕/枣糕

1258 **当**(當) *甲 〔部首〕小 〔笔画〕6

dāng (just at)
[介]❶表示事情发生的时间，后面有“的时候”或“时”相配合：～我考上大学时，妈妈送给我一只手表作礼物|～他还是个孩子的时候，父母就早早地离开了他|～我回到家时，孩子已经睡了。❷〈乙〉向；对；朝。后面常带“着”：～着大家的面，你把问题说清楚|～着爸爸的面，他不敢说|～着女同学不要胡说八道|你有话～面说，不要背后乱说。
【提示】❶“当”又读 dàng，见第 1285 条。
【构词】当班/当差(chāi)/当家的/当街/当今/当口/当权/当权派/当日/当先/当院/当政/当众/当断不断/当机立断/当家作主/当局者迷/当面锣，对面鼓/当牛作马/当仁不让/当头棒喝/当头一棒/当务之急

1259 **当** *甲

dāng (be; work as)
[动]❶担任；充当：～官|～学生|～老师|～工人|～校长|～模范|～牛马|～得好|～得顺利|不能～|应该～|继续～|准备～|他已经～了10年经理了|你这种病，～医生的也没办法|我～学生的时候经常旅游|我开始是售票员，后来～了司机。❷〈乙〉承当；承受：我可～不起这种夸奖|一人做事一人～|他从来都是敢做敢～。❸〈丙〉掌管；主持：～家|～政|～权|～家做主|我们家是父亲～家，什么事都是他作主|他～政以后，人民生活有了改善|人民～家做了主人|有事你去问他吧，我可～不了这个家。

1260 **当** 丙

dāng (should)
[助动]应当：能省的就省，～用的还得用|～吃不吃，就会生病|你是家长，～管的事情还得管。
【近义词】应当/应该/该

1261 **当场**(場) 丁

dāngchǎng (on the spot)
[名]就在那个地方和那个时候：～捕获|～表演|他～给大家表演了一个魔术|小林～给大家演习了一遍|这是他～跟我们说的。
【近义词】当时

1262 **当初** 丙

dāngchū (at that time)

[名]泛指从前或特指过去发生某件事情的时候：～这里是一片荒地｜～我一句汉语也不会说，是他帮助我学会了汉语｜～要不是几个朋友帮助，我哪会有今天！
【近义词】当时/当年
【反义词】今日/如今
【构词】开初/年初/起初/如初/月初/最初

1263 **当代** 丙

dāngdài (the contemporary era)
[名]当前这个时代：～社会｜～历史｜～文学｜～科学｜～青年｜～作家｜～伟人｜～英雄｜我喜欢～小说｜我们要做～的好青年｜～科学技术发展迅速。
【近义词】当今/目前
【反义词】古代/古时

1264 **当…的时候**(時) 乙

dāng…de shíhòu (while)
在…的时候：当水在摄氏零度的时候，就会变成冰｜当他苏醒过来的时候，发现自己躺在一张床上｜当我接过毕业证书的时候，激动得哭了｜当字不会写的时候，我就去查字典。

1265 **当地** 乙

dāngdì (local)
[名]人、物所在的或事情发生的那个地方；本地：～人｜～产｜～居民｜～驻军｜～口音｜～风俗习惯｜～流传着很多民间故事｜他不是～人，不懂我们的规矩｜如果要了解那里的情况，就应到～去调查｜她在～找了一个婆家。
【近义词】本地
【反义词】外地

1266 **当家** 丙

dāng jiā (manage household affairs)
主持家务：母亲～｜父亲～｜媳妇～｜人民～｜穷人～｜工人～｜校长～｜可以～｜能够～｜真正～｜正式～｜永远～｜我们家是媳妇～｜～的没来，谁说了也不算｜你当得了家吗？｜我从来没当过家，不知道怎样安排家庭开支。
【提示】离合词，中间可插入其他成分，如：我当不了这个家。

1267 **当局** 丁

dāngjú (the authorities)
[名]指政府、党派、学校中的领导者：政府～｜学校～｜～认为｜政府～同意了学生们的要求｜这是学校～决定的｜～的决定是正确的。

1268 **当面** 丙

dāng miàn (face to face)
在面前；面对面(做某件事)：不要～不说，背后乱说｜你怎么能～造谣呢？｜这封信你要～交给他｜今天当着你的面，我要把话说清楚。
【反义词】背地
【提示】离合词，中间可以插入其他成分，如：这道题我当着老师的面做了一遍，已经会了。

1269 **当年** *乙

dāngnián (in those years)
[名]❶指过去某一时间：～我离开家的时候，才18岁｜～你是怎么跟我说的，现在为什么又不承认了？｜爸爸～说的话我记得清清楚楚｜听老人们说，～这里有一座石桥，后来让人给

拆了。❷〈丁〉指身强力壮的时期:那时候我正～,干活儿就不知道什么叫累|正～的时候,应该多学点儿本领|我现在正～,学什么都快。

【近义词】❶当初

【反义词】❶今日/如今

【提示】"当年"读 dàngnián 时,是"本年、同一年"的意思。如:这棵树～栽～就开了花。

1270 **当前** 乙

dāngqián (present)

[名]目前;现阶段:～的任务|～的形势|～时局|～我们主要的任务是把经济效益搞上去|～,中国正处于一个伟大的变革时期|～正是春耕季节,农民们整日忙忙碌碌。

【近义词】现在/目前/眼下

【反义词】过去/从前/先前

1271 **当然** 甲

dāngrán (certainly)

[形]❶应当这样:立功受奖,理所～|他期末考试不及格,心情不好是～的|你说应早点儿复习,那～|小赵是我们班的～代表|你这样做,群众对你有意见也是～的|你别想～了,事情没那么简单。❷合于情理,没有疑问:有困难～应该解决|这个会我～去参加|你的病～会好。

1272 **当时**(時) 乙

dāngshí (then)

[名]指过去发生某件事情的时候:老师昏倒的时候,大家都不在,～教室里一个人也没有|这个事件发生在1988年,～他正在北京|听说要去西安旅行,～的高兴劲儿就甭提了|～我采访他的时候,他还很年轻。

【近义词】当日

1273 **当事人** 丁

dāngshìrén (person concerned)

[名]❶指参加诉讼的一方,民事诉讼中的原告、被告,刑事诉讼中的自诉人、被告:法官宣布～出庭|～各自诉说了自己的理由|法官判处～500元罚款。❷跟事情有直接关系的人:他是～,让他说吧|～不在,我们也说不清楚|要想把问题弄清楚,必须找到～。

1274 **当心** 丁

dāngxīn (take care)

[动]小心;留神:大家～|同学们～|孩子们～|～小偷|～敌人|～滑倒|～感冒|～车|～衣服|～烫着|～下雨|买东西的时候,～别丢了钱包|闯下这么大的祸,～爸爸打你|天黑路滑,～掉到沟里去。

【近义词】小心/留神

1275 **当选**(選) 丁

dāngxuǎn (be elected)

[动]选举时被选上:～部长|～校长|～议员|～厂长|～经理|～总统|～总理|～班长|～组长|～代表|经过选举,他～为第十任校长|她～为人大常委会副委员长|～的代表有150人|按规定,选票超过半数才能～。

【反义词】落选

【构词】编选/补选/大选/改选/公选/节选/精选/竞选/落选/评选/普选/人选/入选/筛选/挑选/推选/文选/应选/优选/预选

1276 **当中** 丙

dāngzhōng (in the middle)

[名]❶正中:屋子～|广场～|花园～|大厅～|桌子～|照片～|院子～|我们学校院子～有一个喷水池|照片中有七个人,～的那个人是我爸爸|屋子～有一个火炉|老师坐在～,学生们围在四周。❷中间;之内:文章～|人群～|报告～|老师～|工人～|厂长～|作家～|我们～有三个人去过长城|我们班～他最年轻|一年～她没有休息过一天。

【近义词】❶正中/中心/中央;❷内/中间/之内

【反义词】两头/周围/四周

1277 **挡**(擋) 乙 〔部首〕扌 〔笔画〕9

dǎng (block)

[动]❶拦住;抵挡:～风|～水|～雨|～路|～风沙|～太阳|赶快用土袋子～水|穿上羽绒服可以～寒|用石头把门～上|他在门口～住我,不让过去。❷遮蔽:前面的高楼～住了我们家的窗户|乌云～不住太阳|你～着我,我怎么看得见?|用窗帘～一下就晒不着了。

【近义词】❶阻挡/阻拦/拦阻;❷遮/遮挡/遮蔽

【构词】挡寒/挡饥/挡驾/挡箭牌

1278 **党**(黨) *乙 〔部首〕小 〔笔画〕10

dǎng (party)

[名]❶政党,在中国特指中国共产党:共产～|～代表|～代会|～报|～校|～组|～支部|～章|～的旗帜|～的作风|～的政策|～领导我们取得了一个又一个胜利|一切听从～的安排|要认真抓好～风～纪。❷〈丁〉由私人利害关系组成的集团,常用在固定词组中:死～|结～营私|狐群狗～。

【提示】党,姓。

【构词】党报/党风/党纲/党棍/党籍/党纪/党刊/党课/党龄/党徒/党团/党务/党校/党羽/党证/党纪国法/党同伐异

1279 **党派** 丙

dǎngpài (political parties and groups)

[名]各政党或政党中各派别的统称:～林立|～纷争|～联合|～协商|～增多|重要～|民主～|进步～|一个～|任何～|执政党应尊重民主～的意见|他很早就参加了进步～。

【构词】帮派/分派/教派/京派/老派/流派/气派/遣派/摊派/特派/委派/选派/学派/右派/正派/指派/宗派/左派/做派

1280 **党委** 丙

dǎngwěi (party committee)

[名]某些政党的各级委员会的简称,在中国特指中国共产党的各级委员会:校～|厂～|团～|上级～|～指示|～要求|～安排|～布置|我们要认真按照～的要求做好工作|～号召党员吃苦在前,享受在后|我们必须响应～的号召。

【构词】部委/地委/工委/计委/纪委/监委/建委/经委/军委/科委/民委/农委/区委/省委/市委/体委/团委/推委/县委/原委/政委/支委

1281 **党性** 丁

dǎngxìng (party spirit)

[名]阶级性最高最集中的表现,在中国特指共产党员的党性,就是无产阶级的阶级性最高最集中的表现,是衡量党员阶级觉悟高低和立场是否坚

定的准绳：～强｜～差｜～丧失了｜～加强了｜保持～｜增强～｜书记的～｜我们这一代老党员～还是很强的｜他虽然是一个党员，可一点儿～也没有｜党委计划在下半年对全体党员进行～教育。

1282 **党员**（員） 乙

dǎngyuán (party member)
[名]政党的成员，在中国特指中国共产党党员：～带头｜～领导｜～代表｜～学习｜～讨论｜～增加｜发展～｜批评～｜开除～｜在困难面前～要走在前头｜这时候～应该带头｜今年我们学校发展了五个～｜对于那些违犯党纪国法的～要坚决进行处理。

1283 **党章** 丁

dǎngzhāng (party constitution)
[名]一个政党为保证全党在政治上、思想上的一致和组织、行动上的统一而制定的章程，一般包括党的总纲、组织机构、组织制度及党员的条件、权利、义务和纪律等内容：中国共产党的～是在党的全国代表大会上通过的｜～是党的组织和党员行动的准则｜每个党员都要认真学习～，按～的要求规范自己的行动｜党员和党的组织都要按～的要求办事。
【构词】报章/臂章/辞章/典章/公章/规章/徽章/会章/肩章/简章/奖章/领章/帽章/篇章/诗章/私章/图章/违章/文章/胸章/袖章/勋章/印章/乐(yuè)章/证章/奏章/出口成章/官样文章/顺理成章/约法三章/杂乱无章

1284 **党中央** 丁

dǎngzhōngyāng (the party central committee)
[名]政党的领导核心，在中国特指中国共产党中央委员会（简称"党中央"）：～向全体党员发出了号召｜党员必须和～保持一致｜最近～召开了一次全体会议，会上做出了重大决策｜总书记代表～看望了受灾群众。

1285 **当**（當） *乙

dàng (equal to)
[动]❶抵得上：以一～十，以十～百｜一块钱～两块钱花｜他力气大，一个人～两个人用。❷〈丙〉看作；看成；作为：别把次品～正品卖｜水果哪能～饭吃？｜他是好心人，把别人的事～自己的事办｜婆婆把儿媳～亲女儿看｜我一直把她～亲妹妹看待。❸〈丙〉以为；认为：这道数学题我～算错了，其实对了｜外边唰唰响，我～是下雨呢｜这么年轻，我～她是学生，原来是老师｜我～是谁呢，原来是你呀｜这么长时间不见，我～你出国了呢。❹〈丁〉用实物作抵押向当铺借钱：～衣服｜～东西｜～首饰｜可以～｜实在不行就把这件大衣～了｜这点儿东西能～多少钱？｜家里实在没东西可～了。
【提示】又读 dāng，见第 1258 条。
【构词】当家子/当年/当票/当铺/当日/当时/当晚/当月/当年

1286 **当天** 丁

dàngtiān (the same day)
[名]某件事发生的那一天：～来｜～去｜～走｜～打来回｜～完成｜～做｜去天津旅行很方便，可以～去～回｜～的作业要～完成｜她星期天上午来的，～下午就走了｜领导交给他的任务，他～就完成了。

【近义词】当日/即日

1287 **当做** 乙

dàngzuò (treat as)

[动]认为;作为;看成:～同志|～亲人|～老师|～礼物|～工具|～眼中钉|～笑话|我一直把他～我的老师|很重要的一本资料让他～废纸扔了|我们都把他～真正的朋友。

【构词】承做/叫做/看做

1288 **档案**(檔) 丙 〔部首〕木 〔笔画〕10

dàng'àn (files)

[名]机关或企业等分类保存的各种文件和资料:人事～|历史～|国家机密～|文字～|保存～|保护～|抢救～|～丢失了|～销毁了|～材料|要保护好这些珍贵的～材料|工程结束以后,把这些～送到～室保存起来|要建立学生～|这些～先不能销毁,以后还有用。

1289 **档次** 丁

dàngcì (grade)

[名]按一定的标准排列的等级次序:～高|～低|分～|商品～|拉开～|提高～|产品质量分三个～|商店最近来了一批高～的服装|这种车～太低了|产品的～提高了,企业的利润也就增加了|拉开工资～,体现了多劳多得的原则。

【近义词】等级

1290 **荡**(蕩) 丁 〔部首〕艹 〔笔画〕9

dàng (swing)

[动]❶摇动;摆动:～秋千|～桨|飘～|他在秋千上～来～去|树叶随风飘～|社会动～不安。❷无事走来走去:他总在街上闲～|他在村子里到处游～。❸全部搞光;清除:我已经倾家～产|侵略者在村子里进行了第三次扫～。

【近义词】❶摇/摆

【构词】荡除/荡涤/荡平/荡漾/荡气回肠

1291 **刀** 甲 〔部首〕刀 〔笔画〕2

dāo (knife)

[名]切、割、削、砍、铡的工具:菜～|水果～|马～|砍～|铡～|镰～|手术～|一把～|～刃|～快|～钝|没有～,菜怎么切?|～不快了,用石头磨磨|用～把树枝砍下来|用～把竹子削尖了当武器用|用剃须～把胡子刮刮。

【提示】刀,姓。

【构词】刀把/刀背/刀叉/刀锋/刀斧手/刀具/刀口/刀片/刀枪/刀伤/刀削面/刀子嘴/刀耕火种/刀光剑影/刀山火海

1292 **刀刃** 丁

dāorèn (the edge of a knife)

[名]刀口:好钢用在～上|～卷了,该磨磨了|砍骨头把～砍崩了|新买的菜刀～很钝。

【提示】“刀刃”的“刃”可儿化:刀刃儿。

【构词】白刃/兵刃/锋刃/开刃/利刃

1293 **刀子** 乙

dāozi (knife)

[名]刀(用于口语):我新买了一把～|用～把纸裁开|不小心让～拉了一个口子|这是切肉的～,那是切水果的～|这把～很快。

【近义词】刀

1294 **叨唠**(嘮) 丁 〔部首〕口 〔笔画〕5

dāolao (talk on and on)
[动]没完没了地说：爱～|喜欢～|天天～|尽～|没完没了地～|上了年纪的人就爱～|半年没见面了，妈妈见了我～起来没完|你就知道～，都快把人烦死了|奶奶在世的时候就爱～，好在我们都习惯了。
【近义词】叨叨/叨咕
【构词】叨登/叨咕/叨念/叨叨

1295 **捣**(搗) 丁 〔部首〕扌 〔笔画〕10
dǎo (pound)
[动]❶用棍棒等的一端撞击：～蒜|～药|～米|不能～|可以～|～了很多|继续～|应该～|慢慢地～|容易～|把蒜～成蒜泥很好吃|熬中药时应先把大块的～一～|他正在～米。❷搅乱：～乱|～鬼|～麻烦|你～什么鬼？|你总来～麻烦|你～什么乱？快走吧！
【近义词】❶砸
【构词】捣动/捣鼓/捣鬼/捣毁/捣麻烦/捣弄

1296 **捣蛋** 丁
dǎo dàn (make trouble)
借端生事；无理取闹：天天～|尽～|爱～|～鬼|正事不干，就知道～|小时候，我总爱到爷爷那去～|你再～，我就打你。
【近义词】捣乱/闹事/肇事/滋事/惹是生非
【反义词】安分守己/循规蹈矩
【提示】离合词，中间可以插入其他成分，如：他被公安局抓起来了，这回他可捣不了蛋了。

1297 **捣乱** 丁
dǎo luàn (cause trouble)
进行破坏；扰乱：附近的孩子常常到我们学校～|要防止敌人的破坏和～|如果他们胆敢再来～，我们就去告他们|爸爸在干活儿，不要来～。
【近义词】扰乱/搅乱/捣蛋
【反义词】安分守己/循规蹈矩
【提示】离合词，中间可以插入其他成分，如：姐姐在学习，你捣什么乱？
【构词】暴乱/兵乱/错乱/打乱/动乱/烦乱/纷乱/胡乱/祸乱/搅乱/零乱/忙乱/迷乱/内乱/叛乱/平乱/扰乱/散乱/骚乱/添乱/紊乱/杂乱/战乱/作乱/神经错乱/手忙脚乱/心慌意乱/眼花缭乱

1298 **倒** *甲 〔部首〕亻 〔笔画〕10
dǎo (fall)
[动]❶(人或竖立起来的东西)横躺下来：人～了|孩子～了|树～了|柱子～了|桌子～了|瓶子～了|杯子～了|要～|大风把树刮～了|把自行车靠在墙上就～不了了|学校的围墙～了|冲在前边的战士身中五枪，终于～下了。❷〈丙〉失败；垮台：政府～了|政权～了|银行～了|商店～了|工厂～了|公司～了|会～|应该～|必然～|一定～|商店经营不好，没过两月就～了|由于连续～了两个内阁总理，造成国家政局不稳|这家银行～得可惜。❸〈丙〉转移；转换；腾挪：～班|～粮食|～东西|～课|～柜子|～不了|不能～|可以～|～出来|今天下午的课～到明天上午上|把这些桌子～到那间屋子去|我们厂是三班～，这个星期我上早班|进城得～两趟车。❹〈丁〉买卖；出倒：～衣服|～粮食|～布匹|～山货|～苹果|不能～|可以～|～出去|他在街上开了个小店，～卖服装|～水果赚了不少钱|

他过几个月跑一次南方，去～茶叶。

【近义词】❶垮/塌；❷垮台；❸移/换/挪；❹卖/倒腾

【提示】“倒”又读 dào，见第 1320 条。

【构词】倒班/倒毙/倒伏/倒戈/倒换/倒卖/倒牌子/倒嗓子/倒手/倒塌/倒台/倒替/倒胃口/倒卧/倒休/倒牙/倒运/倒买倒卖

1299 **倒闭**（閉） 丁

dǎobì（close down）

[动]指企业或商店因亏本而停业：工厂～|商店～|银行～|纷纷～|开始～|必然～|宣布～|出现～|可能～|正式～|由于经济萧条，很多企业都～了|工厂管理混乱，亏损严重，终于～了|最近有五家银行宣布～|经营不好的商店必然会～。

【近义词】关门/停业

【反义词】开业/开张

【构词】封闭/关闭/禁闭

1300 **倒霉** 丙

dǎo méi（have bad luck）

遇事不利；遭遇不好：群众～|学生～|老师～|农民～|老百姓～|～透了|～极了|真～|自认～|～的天气|～的日子|太～了|～的事怎么尽让我遇上了|今天真～，一出门就滑了个大跟斗|丢了这么多钱，只好自认～|最近我们家太～了，三口人病了两口。

【近义词】糟糕

【反义词】幸运

【提示】①离合词，中间可插入其他成分，如：倒了大霉|倒了霉。②也写作“倒楣”。

1301 **倒腾**（騰） *丙

dǎoteng（turn over and over）

[动]❶翻腾；移动，用于口语：～衣服|～东西|～书包|～柜子|～抽屉|别～了|～什么|柜子里太乱了，今天没事～～|别～了，越～越乱|把东西全～到那屋去。❷〈丁〉买进卖出；贩卖：～衣服|～粮食|～皮货|～水果|～鞋子|～蔬菜|～木材|～文物|～钢材|敢～|今年上半年我～水果，下半年～蔬菜|光～烟赚不了多少钱，还想～点儿酒|我也是瞎～，什么赚钱～什么。

【近义词】❶翻/移动；❷买卖

【提示】口语中多说 dáoteng。

1302 **倒爷**（爺） 丁

dǎoyé（profiteer）

[名]指从事倒买倒卖活动的人：工厂倒闭之后，他就当起～来了|人们习惯把倒买倒卖的人称为～|现在的～可赚大钱了|他是个～，专倒服装。

【提示】①含贬义。②口语中“倒”字儿化，读作“dǎoryé”。

【构词】大爷/佛爷/老天爷/老爷/少爷/师爷/太爷/兔爷/王爷/爷爷

1303 **岛**（島） 乙 〔部首〕山 〔笔画〕7

dǎo（island）

[名]海洋、江河或湖泊里被水环绕、面积小的陆地：小～|珊瑚～|人工～|印度尼西亚是一个千～之国|斐济是一个～国，全国有 300 多个～，有的～上有人，有的～上没人|外国有个千～国，中国有个千～湖|青海湖里有一个小～，叫鸟～。

1304 **岛屿**（嶼） 丙

dǎoyǔ（island）

[名]岛(总称):南太平洋有很多~|这些~历来是我国的|这个~的归属问题,两国一直争论不休。

1305 **导弹**(導彈) 丙

〔部首〕寸、巳 〔笔画〕6

dǎodàn (missile)

[名]装有弹头和动力装置并能制导的高速飞行武器。依靠控制系统制导,能使弹头击中预定目标。导弹种类很多,可以从地面上、舰艇上或飞机上发射出去,轰击地面、海上或空中的目标:一枚~|地对空~|空对空~|制导~|远程~|短程~|~射中了|这个国家拥有自己制造的各种~|在军事演习中,~准确地击中了目标|现在很多国家的舰艇上都装备了~|从飞机上发射出一枚~|在这里举行~试射。

【构词】导电/导航/导火线/导热/导线/导向/导引

飞弹/流弹/炮弹/枪弹/氢弹/实弹/手榴弹/投弹/饮弹/原子弹/炸弹

1306 **导航** 丁

dǎoháng (navigate)

[动]利用航行标志、雷达、无线电装置等引导飞机或轮船等航行:雷达~|无线电~|灯塔~|指挥塔~|需要~|进行~|临时~|同意~|答应~|自动~|~设备|~仪器|在民航学校我学会了~技术|飞机一般都用雷达~|在没有设备的情况下,我们只好用小旗给轮船~。

【构词】出航/返航/护航/回航/开航/领航/迷航/民航/偏航/启航/试航/首航/停航/通航/巡航/夜航/引航/宇航/远航

1307 **导师**(師) *丙

dǎoshī (teacher)

[名]❶高等学校或研究机关中指导别人学习、进修、写作论文的人:学校为每个研究生指定了~|我的~对我要求很严|在~的指导下,我的毕业论文终于写完了。❷在大事业、大运动中指示方向、掌握政策的人:他是中国人民的伟大~|在关键的历史时刻,~给我们指明了方向|可以说他是全世界和平的~。

【提示】"导师"前面不能带姓:×这位是夏~。

1308 **导体**(體) 丁

dǎotǐ (conductor)

[名]具有大量能够自由移动的带电粒子,容易传导电流的物质。这种物质也容易导热。一般金属都是导体:以金属线作~|这种~既导电又导热。

1309 **导演** 丙

dǎoyǎn (v. direct; n. director)

[动]排演戏剧或拍摄电影时,组织和指导演出工作(比喻用法带贬义):~戏剧|~电影|~话剧|~电视剧|~得出色|~得顺利|~了(这场)丑剧|~了(这场)战争|成功地~|大胆地~|他~的这部电影不错,获得了世界大奖|没有一定的水平~不了历史题材的戏|是他~了这场离婚闹剧|这场战争是战争贩子~的。

[名]担任导演工作的人:电影~|话剧~|戏剧~|服从~|尊重~|~同意了|~确定了|~认真|~严格|~审定|担任~|成为~|更换~|我的叔叔在北京电影制片厂担任~|在剧组里,~最辛苦|~让演员们体会剧

中人物的感觉|春节联欢晚会的~一时还很难确定。

1310 **导游** 丁

dǎoyóu (v. guide a sightseeing tour; n. tourist guide)

[动]带领游览,指导游览:这次游览西湖,由他~|今天我给大家~。

[名]担任导游工作的人:我毕业以后一直在旅游局当~|当~很累,年纪大的人干不了|给外国人当~必须懂外语|他从事~工作已经快十年了。

【近义词】向导

【构词】畅游/出游/春游/环游/交游/郊游/旅游/漫游/漂游/秋游/上游/神游/下游/闲游/巡游/野游/云游/中游/周游

1311 **导致** 丙

dǎozhì (lead to)

[动]引起:~战争|~失败|~纠纷|~瘫痪|~分裂|战争~了国家的分裂|一场车祸~了他全身瘫痪|长期的紧张工作~他神经衰弱|一次大火~二十多人丧生。

【近义词】招致/致使

1312 **到** 甲 〔部首〕刂 〔笔画〕8

dào (arrive)

[动]❶达于某一点;到达;往:~站|~点|~时间|~家|~齐了|~农村去|~工厂去|~得早|~得晚|~过一次|领导应经常~群众中去,了解群众的呼声|飞机晚点了,下午两点多才~上海|这个周末我们~长城去|从天津~北京坐火车只用一个多小时。❷用在动词的后边,表示动作的结果:收~|看~|接~|做~|拿~|搬~|学~|听~|见~|增加~|减少~|见~老朋友真高兴|昨天停电一直停~晚上9点钟|铅笔不小心掉~地上了|报名参加考试的学生已增加~800人。❸〈丙〉周到:有照顾不~的地方,请多多原谅。

【提示】用在动词后表示通过动作使人或事物到达某一个地方时,必带表示处所的宾语:×请把论文送~杨老师。应该说"请把论文送~杨老师那里"。

【构词】到案/到场/到点/到顶/到家/到任/到手/到头/到头来/到位/到职

1313 **到处**(處) 乙

dàochù (everywhere)

[副]各处;处处:~走|~去|~玩|~看|~有|~是|~跑|~转|~打听|~游览|公园里~都是绿树|我~打听他的消息|节日里,大街两旁~摆满了鲜花|听说有一种草药能治妈妈的病,我~去买也没买到。

1314 **到达**(達) 乙

dàodá (reach)

[动]到了(某一地点、某一阶段):汽车~|轮船~|飞机~|~首都|~终点|~目的地|~机场|平安~|安全~|~的地点|早上6点飞机~中国北京|汽车~学校的时间是下午4点|看来这个月货物~不了码头|火车晚点了,~时间不清楚。

【近义词】到/达到/抵达

【反义词】出发/动身/起程

1315 **到底** 乙

dào dǐ (to the end)

到尽头;到终点:一竿子插~|汉语虽然难,但我也要坚持学~|公安警察警告歹徒,顽抗~,死路一条|顺着这

条路走～就到学校了。

【提示】离合词，中间可以插入其他成分，如：这口井很深，已经放下了10米长的绳子，还到不了底｜我终于坚持学到了底。

1316 **到底** *乙

dàodǐ (on earth; after all)

[副]❶用在问句中，表示深究：你明天～来不来？｜～哪种答案对？｜这～是怎么一回事？｜～谁打你了？你可告诉我们呀。❷〈丙〉表示经过种种变化或曲折最后终于实现：经过多次论证，方案～通过了｜我劝说了很久，她～被我说服了｜在爸爸面前，她～说出了心中的委屈。❸〈丁〉毕竟：～是研究生，水平就是高｜我～比你们大几岁，生活经验就是比你们丰富｜班长～是班长，同学们遇到什么困难他都帮忙。

【近义词】❶究竟；❷终于；❸毕竟

【提示】带“吗”的疑问句不能用“到底”：×你～去老师家吗？

1317 **到来**(來) 丁

dàolái (come)

[动]来临(多用于事物)：春天～了，到处是盛开的鲜花｜冬天～了，天气变冷了｜圣诞节～了，到处是节日气氛。

【提示】“到来”一般不能带宾语：×下午3点才～了汽车。

1318 **到期** 丁

dào qī (become due; expire)

到了规定的期限：图书馆借的书～得还｜我在银行存的钱已经～｜在银行贷的款～不还要罚款的。

【提示】离合词，中间可以插入其他成分，如：你借的材料已经到了期，该还了。

1319 **到…为止**(爲) 丙

dào…wéizhǐ (up to)

表示截止到某时间、某地点等：到目前为止，我们已经学了1000个生词｜到3月15日为止，我到中国已经整一年了｜你打算学习到几点为止？｜到学习完这课为止，我们已经学了20课｜这次旅游，到上海为止，我已去了8个城市。

1320 **倒** *乙 〔部首〕亻 〔笔画〕10

dào (reverse)

[动]❶上下颠倒或前后颠倒：次序～了｜上下～了｜左右～了｜时间～了｜日子～了｜可以～｜不能～｜新买的书，里面的页码有的装～了｜你把书摆～了｜冰箱不能～放。❷反转或倾斜容器，使里面的东西出来；倾倒；比喻把话全说出来：～水｜～茶｜～酒｜～垃圾｜～废纸｜～土｜～满了｜来不及～｜随便～｜服务员给我～了一杯橘子水｜这是～垃圾的地方｜主人很热情，连续给我～了两杯酒｜他有话就是～不出来｜我和老朋友～了一夜的苦水。❸〈丙〉使向相反的方向移动；后退：～车｜～船｜～错了｜能～｜可以～｜慢慢～｜容易～｜禁止～｜小心地～｜路太窄，车～不过来｜你再往后～一～，我们就过去了｜后面有车，没法～｜车不能～着在路上开｜他每天练习～着走路。

【提示】“倒”又读dǎo，见第1298条。

【构词】倒彩/倒插门/倒车/倒挂/倒好儿/倒立/倒算/倒锁/倒贴/倒叙/倒悬/倒烟/倒影/倒映/倒栽葱/倒置/倒转/倒装/倒打一耙/倒挂金钟/倒行逆施

1321 **倒(是)** *乙

dào(shì) (adv. *indicating contrast*)

[副]❶表示跟意料的相反:我学习比她好,可期末考试分数她～比我高|旧衣服～比新衣服好看|平时不努力,假期～忙起来了|本想省事,没想～费事了。❷〈丙〉表示事情不是那样,有反说的语气:你说的～轻松,你来试试看|汉语好学,说得～容易|你想得～美,哪有这么便宜的事!❸〈丙〉表示让步:吃～吃了,就是不太饱|复习～复习了,就是没全记住|考～考了,但是没考上。❹〈丙〉表示催促或追问:你～说话呀!|你～走啊!|你～表个态呀!|时间不早了,你～快准备呀!❺〈丁〉表示舒缓的语气:孩子学习知道努力,～不用我催促|一天三顿饭有妻子管,～用不着我操心|爸爸～不反对这件事,妈妈就难说了。

【近义词】❶反倒;❸倒是

1322 **倒退** 丁

dàotuì (go backwards)

[动]往后退;退回(后面的地方、过去的年代、以往的发展阶段):历史～|时间～|文化～|文明～|队伍～|汽车～|明显～|不要～|开始～|停止～|防止～|～的原因|两国的关系有些～|他学习不努力,成绩开始～|汽车已经～到路边了|我们不希望～,那是没有出路的|只能前进,不能～。

【近义词】后退/退缩

【反义词】前进/进步

1323 **稻子** 丁 〔部首〕禾 〔笔画〕15

dàozi (rice)

[名]一年生草本植物,叶子狭长,花白色或绿色。子实叫稻谷,去壳后叫大米:割～|种～|收～|运～|今年的～长得不错|100斤～能打80斤大米|这是谁家的～,长得这么好!|我在农村学会了种～|中国南方主要的农作物是～。

【近义词】稻

【构词】稻草/稻谷/稻糠

1324 **悼念** 丁 〔部首〕忄 〔笔画〕11

dàoniàn (mourn)

[动]怀念死者,表示哀痛:群众～|人民～|～烈士|～死者|～亲人|沉痛地～|深切地～|每到这个日子,我们都去墓地～他|昨天学校为他举行了～大会|这位伟大的科学家逝世以后,报刊上发表了不少～文章|对他表示深切～。

【构词】惦念/概念/挂念/观念/怀念/留念/默念/牵念/闪念/思念/想念/邪念/信念/悬念/意念/杂念

1325 **道** *乙 〔部首〕辶 〔笔画〕12

dào (say)

[动]❶说:能说会～|一语～破|说三～四|说长～短|常言～:没有不透风的墙|直到火车快开的时候,她才向妈妈～出了真情。❷〈丙〉用语言表示(谢意):～谢|～喜|～歉|我代表全班向关心我们、帮助我们的老师们～谢|是我错了,我向你～歉|他是来向我～别的。❸〈丁〉以为;认为:门一响,我～是爸爸回来了呢|一觉醒来,我～天还没亮呢,原来已经10点了|第一次听到山里的林涛声,我～是下雨了呢。

【近义词】❶说/讲/开口

【构词】道白/道别/道岔/道场/道道

儿/道钉/道姑/道冠/道观/道号/道贺/道家/道教/道经/道具/道口儿/道门儿/道袍/道破/道人/道士/道徒/道喜/道谢/道学/道院/道不拾遗/道貌岸然/道听途说

1326 **道** *甲

dào (m. *used for long strip-like things*)

[量]❶用于江、河和某些长条形的东西:一~河|万~霞光|两~裂缝|一~闪电。❷用于门、墙、防线等:三~防线|几~工序|两~门|为了安全,门口设了两~岗|一夜之间,我们冲破了敌人三~防线。❸用于命令、题目等:刚刚下了一~命令|这次考试一共出了9~题,其中4~题比较难。❹〈丁〉次:新桌子多上几~漆|三~手续你才办了一~,还差得远呢。

1327 **道** *乙

dào (road)

[名]❶路:水~|车~|马~|大~|小~|近~|远~|~滑|~黑|~好走|~难走|林阴~|一条~|夜里不要走这条~,不安全|从这条~走比较近|我们从大~走吧|他向来是一条~走到黑,拉都拉不回来。❷线条;细长的痕迹:横~|细~|粗~|竖~|斜~|黑~|白~|~浅|~深|重点词语下面,要打个横~|你横一~竖一~,在画什么呢?|~画得浅,看不清楚。❸〈丙〉方向;方法;道理;学术或宗教的思想体系:志同~合|生财有~|头头是~|传~|~教|~学|得~多助,失~寡助|说起北京的小吃来,他说得头头是~|你知道~家学说的主要内容吗?|两口子志同~合,生活很美满|你帮我找条发财致富的~吧。

1328 **道德** 乙

dàodé (moral)

[名]社会意识形态之一,是人们共同生活及其行为的准则和规范:~败坏|~沦丧|~高尚|~低下|缺乏~|讲求~|遵守~|封建~|传统~|职业~|体育~|新闻~|公共~|~观念|我们要做一个~高尚的人|服务员要讲求职业~|这种人没有一点儿公共~|提倡文明建设,提高~修养。

【构词】美德/品德/报德/恩德/功德/公德/积德/美德/品德/缺德/丧德/盛德/师德/失德/医德/离心离德/三从四德/同心同德/一心一德

1329 **道理** 甲

dàolǐ (principle; truth)

[名]❶事物的规律:~懂了|~明白了|~正确|~简单|~深刻|做人的~|懂得~|充分的~|一定的~|他从老师那知道了热胀冷缩的~|老师不仅教我们知识,还给我们讲做人的~|他从实践中知道了很多~。❷事情或论点的是非得失的根据;理由;情理:讲~|~清楚|反抗的~|离婚的~|你说的话很有~,我完全同意|他那样做,自有他的~|我们要和他们摆事实,讲~|你是我们班的好学生,我不说你也知道这个~。

【近义词】❶规律/原理;❷理由

1330 **道路** 乙

dàolù (road)

[名]地面上供人或车马通行的部分;两地之间的通道:~铺平了|~修好了|~找到了|~广阔|~曲折|~坎坷|乡村的~|生活的~|今后的~|漫长的~|反抗的~|斗争的~|每天

交通高峰时刻，~严重堵塞|随着航空事业的发展，我国开辟了一条又一条空中~|在人生的~上，会遇到很多困难|文学创作的~并不好走。

1331 **道歉** 乙

dào qiàn (apologize)

表示歉意，特指认错：答应~|同意~|拒绝~|向顾客~|向对方~|用不着~|表示~|主动~|诚恳地~|~的原因|那次是我不对，向你表示~|你踩了人家的脚，应该向人家~。

【近义词】致歉/赔礼

【提示】离合词，中间可以插入其他成分，如：我已经向他道过歉了|我向他道了一次歉|这么点儿小事道什么歉？

1332 **盗** 丁 〔部首〕皿 〔笔画〕11

dào (steal)

[动]偷：~取|~钱|~物|~钢材|~文件|~文物|~珍宝|~走|~不了|一夜之间，就被人~走了5吨粮食|节日期间要注意防火防~|他过去有过偷~行为|把钱放在保险柜里，窃贼就~不走了。

【近义词】偷/盗窃/偷盗

【构词】盗案/盗匪/盗寇/盗卖/盗墓/盗取/盗用/盗贼

1333 **盗窃**(竊) 丁

dàoqiè (steal)

[动]用不合法的手段秘密地取得：~情报|~钱财|~公物|~资料|~文件|~文物|~行为|~案件|~罪行|容易~|~的时间|一些~分子不择手段地~国家财物|一些不法分子千方百计地~国家科技情报|要坚决打击~活动|他因犯~罪被公安机关逮捕。

【近义词】偷/偷盗/窃取

【提示】用于书面语中。口语中说“偷”。

【构词】扒窃/惯窃/失窃/偷窃/行窃

1334 **得** *甲 〔部首〕彳 〔笔画〕11

dé (get)

[动]❶得到(跟“失”相对)~了冠军|~奖章|~奖品|~了表扬|一举两~|如鱼~水|~寸进尺|~了第一名|~利|取~|可以~|必须~|不能~|~不了|在奥运会上，我国运动员~了15块金牌|期末考试，我~了全班第一名|他在国外~了博士学位|今年我~了两次感冒。❷〈乙〉计算或演算产生结果：1加1~2|4乘4~16|计算了半天，~出个负数来|7+8怎么能~16呢？❸〈丙〉完成：饭~了|菜~了|衣服洗~了|裤子做~了|快~了|过两天~|都坐好，饭马上~|房子盖~了，我们就搬家|这幢楼再有两月也~不了。❹〈丙〉表示许可：军事重地，未经许可，不~入内|我不同意，谁也不~动用。

【近义词】❶取得/得到/获得/赢得/争得/夺得；❷等于；❸完/完成/完结；❹准许/允许

【反义词】❶失/失去/失落

【提示】作助词时读轻声，见第1347条。作助动词时读děi，见第1349条。

【构词】得便/得逞/得宠/得当/得法/得分/得劲/得救/得人心/得胜/得失/得时/得势/得手/得数/得体/得闲/得用/得志/得寸进尺/得道多助/得过且过/得天独厚/得心应手/得意忘形

1335 **得病** 丙

dé bìng (fall ill)

生病：我的朋友~住院了|听说老师

～了,今天的课改到明天上｜喝生水会～的｜这样不干不净地乱吃,哪能不～?｜快期末考试了,千万不要～｜他得了什么病?

【提示】离合词,中间可以插入其他成分,如:他得了很重的病｜去年我得了一场大病。

1336 **得不偿失**(償) 丁

dé bù cháng shī (the loss outweighs the gain)

得到的抵不上失去的:花这么大的代价,换回这么点儿收获,～｜～的事,我不干｜冒雨去看电影,～｜跑20里路买两瓶啤酒,～。

【构词】报失/得失/丢失/挂失/过失/冒失/迷失/散失/丧失/损失/闪失/消失/遗失/走失/坐失/千虑一失/万无一失

1337 **得到** 甲

dédào (get)

事物变为自己所有;获得:房子～了｜奖金～了｜机会～了｜～好处｜～土地｜～知识｜～批准｜～加强｜～休息｜必须～｜能够～｜容易～｜全部～｜顺利地～｜～这次学习机会很不容易｜他意外地～了一大笔遗产｜只要你努力学习,是可以～好成绩的｜孩子都出去了,他才～片刻安静｜～的比失去的多。

【近义词】获/获得

【反义词】失/失去/丧失

【提示】"得到"是动补结构,中间可以插入"得"或"不",如:得得到｜得不到。

1338 **得了** 丙

déliǎo (awful)

表示情况严重,用于反问或否定式:20天不上课,也不向学校请假,这还～吗?｜对他的错误再不进行批评教育就不～了｜那孩子真不～,什么事都敢干｜她的孩子真不～,考试得了全校第一名。

1339 **得力** 丁

délì (capable)

[形]做事能干;有才干:干部～｜教师～｜领导～｜指挥～｜措施～｜确实～｜认为～｜～的助手｜～的秘书｜工厂倒闭的原因是领导不～｜工程进展顺利主要是指挥～｜如果没有这几个～助手,我什么也干不成｜不是他能力不行,主要是他手下的几个人不～。

1340 **得以** 丁

déyǐ (so that…can)

[动](借此)可以:在医生的精心治疗下,我才～重新站起来｜在朋友的帮助下,我才～到中国学习｜由于他的支持,科研规划才～继续实施。

【构词】给以/加以/可以/难以/所以/予以/足以/忘乎所以

1341 **得意** 丙

déyì (proud of oneself)

[形]称心如意:孩子～｜老师～｜姑娘～｜表情～｜不要～｜笑得～｜～的样子｜～的神情｜～地说｜～地笑｜看他那～的样子｜老师见自己的学生考得这么好,心里很～｜看到自己的成绩,他～地笑了｜不要～太早,任务还没完成呢｜有了成绩也不要表现得太～｜看到自己在报上发表的文章,心里暗暗～。

【提示】离合词,中间可插入其他成分,如:这回他可得了意了｜你得什么意?

1342 **得罪** 丁

dézuì (offend)

[动]冒犯了别人，使别人生气或怀恨：～顾客|～群众|～领导|～同学|不能～|害怕～|～的原因|～的后果|他可～不得|他那坏脾气～了不少人|他来借钱，我没借给他，就把他给～了|干工作就不要怕～人。

【构词】办罪/抱罪/抵罪/顶罪/定罪/犯罪/伏罪/服罪/负罪/告罪/功罪/怪罪/归罪/悔罪/见罪/开罪/领罪/论罪/免罪/判罪/赔罪/请罪/认罪/受罪/赎罪/恕罪/死罪/逃罪/畏罪/问罪/谢罪/遭罪/治罪/罚不当罪/立功赎罪

1343 **德语/德文**(語) 乙

〔部首〕彳 〔笔画〕15

Déyǔ/Déwén (German)

[名]日耳曼语，使用的国家主要是德国、奥地利以及瑞士的部分地区：他的～讲得很好|我是在德国学的～|我认为～比英语好学。

【提示】德，姓。

【构词】德操/德行/德性/德育/德才兼备/德高望重

1344 **的** 甲 〔部首〕白 〔笔画〕8

de (part. *placed between the attributive and the words the attributive modifies*)

[助]❶用在定语和中心词之间：a.表示定语和中心词是修饰关系：斗争～决心|聪明～姑娘|幸福～生活|铁～纪律|讨论～问题|暂时～困难|新鲜～空气|学习要有刻苦～精神|老师对我寄予了很大～希望|我希望在中国～日子里，多交几个中国朋友|产品～质量最近有所下降。b.表示定语和中心词是领属关系：学生～作业|小文～姐姐|北京～小吃|国家～财产|他～书|我～妈妈|自己～房子|南方～气候|学校～宿舍|我们都是北京航空大学～学生|我～书怎么在你这儿？c.定语是人名或人称代词，中心词是表示职务或身份的名词，意思是这个人担任这个职务或取得这个身份：今天的晚宴可是你～东。d.定语是指人的名词或人称代词，与中心词组成名词结构作宾语，则定语是动作的受事：你为什么总找我～麻烦？|你一定要帮我～忙|大家都爱开他～玩笑。❷用来造成没有中心词的"的"字结构：a.代替上文所说的人或物：这件衣服是新买～(衣服)|这支笔是他～(笔)，那支是我～(笔)|那些孩子有3岁～(孩子)，有5岁～(孩子)。b.指某一种人或物：卖水果～(人)已经走了|我在山里看见了一个打猎～(人)|我喜欢吃甜～(东西)。c.表示某种情况或状态：外边雨下得哗哗～，别出去了|他的脸晒得黑红黑红～|别总是动手动脚～，老实一会儿吧。d.人称代词加"的"作宾语，表示与所说的人或事无关：你走你～，别管我|他吃他～，咱们看咱们～|你们讨论你们～，我不参加。e."的"用在重复的动词或形容词中间，表示有这样的，有那样的：他们说～说，唱～唱，非常热闹|医院里看病～看病，拿药～拿药，人很多|这些苹果小～小，烂～烂，我看别买了。❸用在谓语动词后，强调这种动作的施事者或时间、地点、方式等：这是谁买～肉？|昨天你什么时候打～电话？|田老师今天上午上～口语课|我是在

副食店打～油｜他是在西单买～机票。❹用在两个同类的词或词组之后，表示"等等、之类"的意思：笔、本子、橡皮什么～买了一大堆｜主人沏茶倒水～，待我们可热情了｜废铜烂铁～，要它干什么？

【提示】①又读 dí，见第 1381 条"的确"。又读 dì，见第 4551 条"目的"。②表示领属关系时一般都带"的"，但人称代词作定语、中心词是表示亲属关系的名词时，可以不带"的"，如：我妈妈｜他姐姐｜我叔叔｜我妻子。

1345 …的话（話） 乙

…dehuà（part. if）

［助］用在表示假设的分句后面，引起下文：有空～，我们去西安旅行｜机票买不到～，就不去了｜如果有决心～，汉语一定能学好｜万一他不来～，你就代替他｜关系重大，你要特别小心，否则～就会出问题｜你务必在下午 6 点以前赶到，要不～就来不及了｜他同意了当然更好，不同意～，我们就另想办法。

1346 地 甲

〔部首〕土
〔笔画〕6

de（part. *used after an adverbial*）

［助］表示它前面的词或词组是状语：认真～学习｜热烈～鼓掌｜忘我～工作｜自言自语～说｜合理～安排｜冷静～处理｜周密～计划｜渐渐～冷了｜密切～合作｜紧密～团结｜学生们跟着老师们一句一句～念｜要有计划～安排自己的学习和工作｜天渐渐～冷了，要注意多穿衣服｜他们热烈～欢迎专家的到来｜他认真～工作，得到了大家的好评。

【提示】①单音节形容词和动词（少数动词除外）作状语不能带"地"：×快～跑｜×慢～走。②名词、双音节形容词作状语一般要带"地"：我们要历史地分析问题。

1347 得 甲

de（part. *placed after a verb or adjective to introduce a complement*）

［助］❶用在动词或形容词后面，连接表示程度或结果的补语：写～好｜说～好｜学～认真｜亮～刺眼｜跑～直喘｜打球打～忘了吃饭｜你的衣服洗～一点儿也不干净｜我儿子画画画～可好了｜他汉语说～非常流利｜教室打扫～可干净了。❷用在动词和补语之间，表示可能，否定式是把"得"换成"不"：拿～动｜办～到｜回～来｜抬～起来｜这些粮食你扛～动扛不动？｜连他都办～到，我还能办不到？｜时间这么紧，他还来～了吗？❸用在动词后面，表示可能，否定式是"不得"：他去～，你去不～｜我为什么就去不～？｜昨天的饭吃不～了｜他这人虚荣心很强，批评不～｜生鱼不仅吃～，而且营养价值较高。

1348 得很 甲

dehěn（very）

用在形容词后边，表示程度高：今年夏天热～｜干活儿累～｜中国改革开放的形势好～｜那座山高～｜路远～。

1349 得 *甲

děi（need）

［助动］❶表示情理上、意志上或实际上的需要；应该；必须：这事你～出面，不能推给别人｜工程进度这个月～赶上去｜柜子太重，～三个人抬｜这件衣服起码～300 块钱｜要想取得好的成绩，平时就～努力｜办学校的事，

～领导亲自出马才行｜你的腰病～去医院按摩。❷〈乙〉表示估计；揣测：看天气，今天～下雨｜没带雨伞，非～挨淋不可｜考试不及格，爸爸准～批评我。

【提示】“得”作动词时读 dé，见第 1334 条；作助词时读轻声，见第 1347 条。

1350 **灯**(燈) 甲 〔部首〕火 〔笔画〕6

dēng (lamp; light)

[名]照明或做其他用途的发光器具：电～｜油～｜路～｜车～｜常明～｜红绿～｜～坏了｜～亮了｜～安上了｜装～｜修～｜一盏～｜开～｜关～｜正月十五闹花～｜～多了，浪费电｜山区没有电，只好点油～｜这是节能～｜出门时别忘了关～｜请你帮我开一下～｜红～亮了，行人可以过马路了。

【构词】灯草/灯光/灯花/灯会/灯节/灯具/灯笼裤/灯谜/灯捻/灯市/灯塔/灯台/灯头/灯心/灯心草/灯心绒/灯影/灯油/灯盏/灯罩/灯座/灯红酒绿

1351 **灯火** 丙

dēnghuǒ (light)

[名]泛指亮着的灯：万家～｜～通明｜～辉煌｜大会堂里，～彻夜不熄｜战争年代，～是被严格控制的｜从泰山顶上看泰安市的～，像灿烂的群星｜整座城市没有一丝～，黑暗可怖｜节日的夜晚，到处是～。

【构词】败火/点火/动火/妒火/发火/防火/放火/肝火/过火/红火/交火/接火/借火/救火/军火/开火/烤火/烈火/冒火/灭火/恼火/怒火/炮火/起火/清火/去火/山火/上火/烧火/生火/失火/停火/玩火/窝火/熄火/星火/虚火/烟火/焰火/野火/战火/着火/纵火/走火/洞若观火/飞蛾投火/赴汤蹈火/隔岸观火/黑灯瞎火/煽风点火/万家灯火

1352 **灯笼**(籠) 丙

dēnglong (lantern)

[名]悬挂起来的照明用具，多用细竹或铁丝做骨架，糊上纸或纱，里面用蜡烛或电灯做光源：糊～｜做～｜打～｜挂～｜大红～高高挂｜每年春节，我们家门口都挂两个大～｜天安门城楼上有一排大～｜马车上的小～不停地摇摆｜爷爷的手很巧，会做各式各样的～。

1353 **灯泡** 丁

dēngpào (bulb)

[名]电灯泡：25 瓦的～光线太暗，对眼睛不好｜～质量不好｜请帮我买一个～来｜马路两旁点了很多彩色～，非常漂亮。

【提示】口语中要儿化。

【构词】肺泡/浸泡/燎泡/气泡/眼泡

1354 **登** *乙 〔部首〕豆 〔笔画〕12

dēng (mount)

[动]❶(人)由低处到高处(多指步行)：～山｜～机｜～车｜～岸｜～船｜～房顶｜可以～｜不能～｜敢～｜打算～｜准备～｜大胆地～｜顽强地～｜我喜欢的运动是～山｜从现在开始，看谁先～上山顶｜机场的喇叭已经广播：乘坐 CA 3211 航班的乘客开始～机了｜年龄大了，～不上去了。❷刊登；记载：～记｜～报｜～消息｜～光荣榜｜～头版｜～新闻｜～启事｜～得快｜～得详细｜～得及时｜同意～｜禁止～｜我的文章～在刊物上了｜这条消息～在头版头条｜厂长的先进事迹～在报纸

上了|作者要求把全文～出来|文章太长，版面太小，～不下。❸〈丙〉踩；踏：～桌子|～窗台|～着石头|～着肩膀|轻轻地～|能～|可以～|不要～|你～着我的肩膀上去|好好的沙发，全让这帮孩子～脏了|太高，～着梯子也上不去|石头太滑，～不住。❹〈丁〉穿（鞋等）：鞋太小，不使劲～穿不进去|听到有人叫他，他～上鞋就往外跑|裤腿太瘦，～不进去。

【构词】登岸/登报/登场/登程/登高/登科/登临/登陆场/登陆艇/登门/登攀/登载/登峰造极/登堂入室

1355 登记（記） 乙

dēngjì (register)

［动］把事项写在特备的表册上以备查考：～开始了|～结束了|结婚～|住宿～|详细～|财产～|土地～|～物品|～得很详细|应该～|必须～|要求～|早～|～的时间|～的要求|住宿必须先～|一定要按照要求～|在机场，我详细～了所带物品|不～怎么算结婚呢？|入学时要～你的姓名、年龄、家庭住址等项目。

1356 登陆（陸） 丁

dēng lù (land)

渡过海洋或江河，登上陆地，特指作战的军队登上敌方的陆地：部队正在进行～演习|一定要按照计划～|～的时间是明天下午|敌军力量很强，～很困难。

【提示】离合词，中间可插入其他成分，如：在一片喊声中，部队登了陆。

1357 蹬 丙

〔部首〕足
〔笔画〕19

dēng (press down with the foot)

［动］腿和脚向脚底的方向用力：～三轮|～自行车|～不动|可以～|不能～|～坏了|我使劲～了他一脚|他～三轮车～得特别快|上坡时我实在～不动了。

1358 等 *甲

〔部首〕竹
〔笔画〕12

děng (wait)

［动］❶等候；等待：～船|～人|～车|～通知|～飞机|～急了|～了一天|应该～|继续～|可以～|～不了|快走吧，人家～我们呢|～了一天也没～到，都把人急死了|～～我，咱们一起走|再不来，我们就不～他了。❷〈丙〉程度和数量上相同：衣服的尺寸大小不～|每个月的工资大致相～|他们两人所犯的错误程度不～。

【近义词】❶等候/等待；❷相等

【构词】等次/等第/等号/等价/等式/等同/等外/等闲视之

1359 等 乙

děng (grade)

［名］等级：特～产品，价格当然要高一些|体育比赛的奖品分四～。

【近义词】级/等级

1360 等 甲

děng (and so on)

［助］❶表示列举未完，可以叠用：我去过日本、美国、加拿大～国|我看过鲁迅、老舍、曹禺～中国著名文学家的作品|每次出差时，毛巾、牙刷、香皂～～生活用品他都要带全。❷列举后煞尾：我们常把笔、墨、纸、砚～四种文具称为文房四宝|我们办公室订了《人民日报》、《体育报》、《作家文摘》、《文汇报》和《光明日报》～报纸|来我们学校参观的有北京大学、清华大学、南开大学、天津大学～十所大

学的老师。

1361 **等待** 乙

děngdài (wait)

[动]不采取行动,直到所期望的人、事物或情况出现:～时机|～机会|～命令|～治疗|～亲人|～朋友|～处分|～分配|继续～|耐心地～|～的目的|～的结果|他在河边静静地～着女朋友的到来|现在出国手续很难办,你得耐心～。

【近义词】等候/期待

【构词】担待/对待/管待/厚待/接待/交待/看待/款待/慢待/虐待/优待/坐待/刮目相待/迫不及待/拭目以待/虚位以待/严阵以待/倚马可待/指日可待

1362 **等到** 丙

děngdào (by the time; when)

[连]表示时间、条件:～我赶到家,朋友们都走了|～他心情好时再劝他|～医生来了,跟医生说说。

【近义词】等

1363 **等候** 丙

děnghòu (wait)

[动]等待(多用于具体的对象):～朋友|～命令|～学生|～信号|～处理|～安排|～分配|～回答|继续～|兴奋地～|决定～|～下去|同学们～着老师的到来|我在家整整～了他一天,也没见他的影儿|明天我在公园门口～你。

【近义词】等待/恭候

1364 **等级**(級) 丁

děngjí (grade)

[名]按质量、程度、地位等的差异而做出的区别:～提高|～打破了|～森严|～高|～低|～明确|～相同|核对～|～观念|工资的～|商品的～|～标准|每种茶叶都分几种～|～的不同决定着价钱的高低|把这些商品按～分开|他的～观念很强|职务不同,工资的～也不同。

【近义词】级别/等

1365 **等于** 乙

děngyú (equal)

[动]某数量跟另一数量相等;差不多就是:～零|～废话|～白说|～白来|4加4～8|学了汉语不用,～白学|你明白了,不～大家都明白了|别看我会开车,但机械知识～零。

1366 **瞪** 丙 〔部首〕目 〔笔画〕17

dèng (open [eyes] wide)

[动]❶用力睁大,只与“眼睛”搭配:把眼睛～大点儿|她～着一双大眼睛直发愣|～着眼睛说瞎话。❷瞪大眼睛注视:他死死地～着我,一句话也不说|爸爸～了一眼多嘴的孩子|他就会用眼睛～人|他～我,我也不怕|我用眼睛～了她一下,没想到把她～哭了。

1367 **凳子** 丙 〔部首〕几 〔笔画〕14

dèngzi (stool)

[名]没有靠背的、供人坐的家具:铁～|木～|长～|短～|大～|小～|高～|矮～|方～|我家大大小小有七个～|这条～能坐三个人|女孩儿看见奶奶来了,赶紧拿个小～让奶奶坐下。

1368 **堤** 丙 〔部首〕土 〔笔画〕12

dī (dyke)

[名]沿河或沿海防水的建筑物,多用土石等筑成:黄河两边筑起了三米高的防洪大~|筑~光用土不结实,还得加一些白灰|我家就在~那边的平房里|这~可该修了,不修就该塌了|这么矮的~怎么能挡住洪水?

【近义词】堤岸/堤坝

1369 **低** *甲　〔部首〕亻　〔笔画〕7

dī (adj. low; v. hang down)

[形]❶从下向上距离小;离地面近:飞得~|显得~|觉得~|飞机飞得很~|广告牌子挂得太~了,不醒目。❷〈乙〉在一般标准之下;等级在下的:这边的地势比那边的地势~|我的外语水平很~|唱歌者的声音不能~于伴奏乐器的声音|旧社会,劳动者的社会地位很~|~年级学生今天去参观。

[动]〈乙〉(头)向下垂:姑娘不好意思地~下了头|犯罪分子只有~头认罪,接受改造,才有出路|他有~头走路的习惯|决不能向邪恶势力~头|我是一条顶天立地的汉子,让我~头比登天还难。

【近义词】❶矮

【反义词】❶高

【提示】"低"的右边不要写成"氏",下边有一"丶"。

【构词】低矮/低产/低潮/低沉/低垂/低档/低调/低估/低徊/低缓/低贱/低空/低栏/低利/低廉/低落/低眉/低能/低能儿/低平/低热/低弱/低头/低洼/低微/低纬度/低压/低语/低三下四/低声下气

1370 **低级**(級) 丁

dījí (elementary)

[形]❶初步的;形式简单的:化妆品不能买~的|这些都是~产品。❷庸俗的:这些人品质恶劣,~下流|那些刊物充满~趣味。

【反义词】高级

1371 **低劣** 丁

dīliè (inferior)

[形](质量)很不好:质量~|产品~|作品~|纸张~|认为~|显得~|普遍~|明显~|确实~|~的食品不能吃|这件衣服的质量太~了|经过专家评估,定为~产品|这么~的作品竟然也能出版!

【反义词】优/优质

【构词】卑劣/粗劣/恶劣/伪劣/拙劣

1372 **低温** 丁

dīwēn (low temperature)

[名]较低的温度:食品要在~下保存|热带植物不能在~条件下生长|科学家们正在研究这些动物是如何在~下生活的。

【反义词】高温

1373 **低下** 丁

dīxià (low)

[形]❶(生产水平、经济地位等)在一般标准之下:质量~|待遇~|水平~|地位~|职位~|生产力水平~,产品质量自然也就上不去|这孩子智力~,学习很差|在国外,他是一个地位~的人|这个公司待遇~,所以他辞职了。❷(品质、格调等)低俗:趣味~|这个电影情调~,不值得看|这个人趣味~,我不愿和他做朋友。

【反义词】❶高;❷崇高

1374 **滴** 丙　〔部首〕氵　〔笔画〕14

dī (drip)
[动]液体一点一点向下落：～下来｜～落｜往下～｜每天晚上我都让妈妈给我～几滴眼药｜累得他汗水直往下～｜～下来的雨水把衣服弄湿了｜水龙头拧不紧，总是往下～水。
【构词】滴水不漏/滴水成冰/滴水穿石

1375 **滴** 乙

dī (drop)
[量]用于滴下的液体的数量：一～水｜一～血｜两～墨水｜～～汗水｜不小心，刀把手拉破了，血一～一～往下流｜衣服上滴上了两～墨汁，怎么也洗不掉｜滴两～眼药就好了。

1376 **敌**(敵) 丁 〔部首〕攵 〔笔画〕10

dí (n. enemy; v. oppose)
[名]敌人：仇～｜死～｜分清～我｜任何时候都要分清～友｜你怎么～我不分呢？｜上级派海军与～交战｜我方应尽量避免与～接触｜坚决消灭敢于反抗之～。
[动]抵抗；反抗：寡不～众，终于败下阵来｜北京队不～国家队，以二比一告负｜凭我们的实力，我就不信～不过他们。
【近义词】[名]敌人/仇敌/对头；[动]抵抗
【反义词】[名]友/朋友/友好/相好/知音
【提示】多用于书面语或作为词素使用。
【构词】敌国/敌后/敌舰/敌军/敌寇/敌情/敌手/敌特/敌伪/敌意/敌阵

1377 **敌对**(對) 丁

díduì (hostile)
[动]有利害冲突不能相容；仇视而对抗：～力量｜～势力｜～的局面｜双方～｜要坚决清除～势力｜我们要改变～的态度，采取团结的态度｜两人总是那么～，没法合作。
【近义词】敌视/仇视
【反义词】友好

1378 **敌人** 乙

dírén (enemy)
[名]敌对的人；敌对的方面：～进犯｜～进攻｜～逃跑｜～失败｜～强大｜～狡猾｜～野蛮｜消灭～｜战胜～｜打败～｜实力强大的～｜一群～｜～的情况｜要坚决干净彻底消灭敢于来犯的～｜～进攻了，我们要做好反击的准备｜我们要警惕～的阴谋｜两人矛盾很大，形同～。
【反义词】友人

1379 **敌视**(視) 丁

díshì (be hostile to)
[动]当做敌人看待；仇视：～人民｜受到～｜公开～｜～的原因｜对新生事物不能抱着～的态度｜你不要用～的眼光看我｜什么时候也不能～人民。
【构词】傲视/卑视/逼视/鄙视/仇视/电视/短视/俯视/环视/忽视/监视/近视/窥视/藐视/蔑视/凝视/怒视/歧视/轻视/扫视/审视/探视/透视/斜视/巡视/仰视/远视/诊视/正视/直视/重视/注视

1380 **笛子** 丁 〔部首〕竹 〔笔画〕11

dízi (flute)
[名]中国的横吹管乐器，用竹子制成，上边有一排供吹气、蒙膜和调节发音用的孔。也叫"横笛"：吹～｜一支～｜他去南方出差的时候买了一支～｜～是中国的民间乐器｜我们老师

会吹～,吹得可好听了|在中国我学会了吹～|吹～并不太难学,但要学好也不容易。

1381 **的确**(確) 乙 〔部首〕白 〔笔画〕8

díquè (indeed)

[副]完全确实;实在:你这样办事～不对|昨天～下雨了|那时我～做过上大学的梦|我～来过这个地方|这幅画的的确确是宋代的。

【提示】①"的"又读 de,见第 1344 条;又读 dì,见第 4551 条"目的"。②否定副词不能用于"的确"的前边:× 这本教材不～是你的。

【构词】精确/明确/正确/准确

1382 **的确良/涤纶**(滌綸) 丁

díquèliáng/dílún (dacron)

[名]涤纶的纺织物,有纯纺的,也有与棉、毛混纺的。的确良做的衣物耐磨、不走样、容易洗、干得快:一米～|一尺～|一块～|用～做窗帘好看|70年代,人们特别喜欢～做的衣服|～衣服,夏天穿有点儿热|～便宜是便宜,就是不透气。

1383 **抵** 丙 〔部首〕扌 〔笔画〕8

dǐ (support)

[动]❶支撑:把门～住,别让风刮开了|他坐在椅子上,双手～着下巴沉思|柱子太细,～不住。❷抵抗;抵挡:两个孩子头～着头,谁也不让谁|我们一个排怎么也～不住敌人一个团的进攻。❸抵偿;抵押:杀人～命,欠债还钱|欠钱还不了,只好拿电视机～了|银行的贷款还不了,可以用现有的固定资产～。❹相当;能代替:三个臭皮匠,能～一个诸葛亮|木棍怎么能～枪用?|老将出马,一个～俩。

【近义词】❶撑/顶;❷顶;❸偿;❹顶

【提示】"抵"字右边不能写成"氏",下面有一"丶"。

【构词】抵偿/抵触/抵挡/抵赖/抵命/抵押/抵御/抵债/抵账/抵罪

1384 **抵达**(達) 丁

dǐdá (arrive)

[动]到达:尚未～|已经～|～上海|飞机下午 4 点～日本东京|请问,火车～北京的时间是几点?|妈妈已经平安～美国。

【近义词】到/到达

【提示】多用于书面语中,口语中说"到"。

1385 **抵抗** 丙

dǐkàng (resist)

[动]用力量制止对方的进攻:开始～|继续～|全民～|～敌人|～暴力|～进攻|～得英勇|坚决～|停止～|顽强地～|人民奋起～敌军入侵|在我军强大的攻势下,敌人完全丧失了～能力|在和平年代,领导干部要～住金钱的诱惑。

【构词】对抗/反抗/顽抗/违抗

1386 **抵制** 丁

dǐzhì (boycott)

[动]阻止有害的事物,使不能侵入或发挥作用:～歪风邪气|～选举|～投票|～得正确|继续～|必须～|有力地～|～的方式|～的办法|我们要坚决～他们给我们的压力,但要注意～的方法|对错误的东西,我们要坚决～|我们不能什么都～,错的我们要～,对的我们要拥护。

【反义词】接受

1387 **底** *丙 〔部首〕广 〔笔画〕8

dǐ (bottom)

[名]❶物体的最下部;时间的末尾:井～|鞋～|箱～|海～|锅～|年～|月～|听说年～以前,中山舰就可以从河～打捞上来|新买的鞋才穿了一个多月,～儿就磨破了|一到月～就没钱花|你真是井～之蛙,没见过大市面。❷〈丁〉事情的根源或内情(多儿化):刨根问～|摸～|他们那里的情况我不摸～|我的～儿你还不清楚吗?连大学都没毕业|你别再刨根问～儿了,我什么也不会说的。

【提示】①"世纪"不能用"底",只能用"末":×本世纪～,世界科技将有很大的发展。②底,姓。

【构词】底版/底本/底层/底肥/底稿/底火/底襟/底牌/底气/底情/底数/底细/底下人/底限/底线/底薪/底蕴/底子

1388 **底片** 丙

dǐpiàn (negative)

[名]拍摄过或未拍摄过的胶片,也叫"底版":冲～|洗～|～冲出来了,看来效果还不错|洗照片得有～|～有毛病,照片洗出来效果不好|～没有了,今天照不了了。

【构词】冰片/唱片/弹片/刀片/碘片/瓜片/画片/胶片/镜片/卡片/鳞片/麦片/名片/明信片/漆片/切片/拓片/图片/香片/相片/雪片/鸦片/样片/药片/叶片/影片/皂片/照片

1389 **底下** *乙

dǐxia (under)

[名]❶下面,表示方位,可引申指下级:树～|桌子～|楼～|柜子～|床～|地～|天～|山～|石头～|大衣～|打捞队在海～打捞出很多瓷器,据说是唐代的|这个地区地～埋着很多文物|楼～有一个存车棚|上边让我们怎么干,我们～就怎么干|手～活儿太多,没时间去玩儿。❷〈丙〉以后:开始的事我知道,～的我就不知道了|行了,～的话你就不要说了|开始几句我还能听清楚,～我就听不见了。

【近义词】❶下面/下边/下头;❷以后/往后/下边/下面/下头

【反义词】❶上面/上边/上头;❷以前/从前/开头/前面

1390 **地** *甲 〔部首〕土 〔笔画〕6

dì (land)

[名]❶大地;田地;地区;地面:山～|荒～|玉米～|高～|低洼～|盐碱～|水泥～|～上有水,注意别滑倒了|他承包了50亩山坡～|这一带～势比较高。❷〈乙〉地区;地点:所在～|内～|外～|全国各～欢度春节|到达目的～的时间是夜里一点|他经常去外～出差|这里是省会的所在～。❸〈丙〉花纹或文字的衬托面:学校的牌子是黑～金字|她穿着一件白～蓝花的连衣裙|被面是红～绿花,十分鲜亮。

【提示】"地"又读de,见第1346条。

【构词】地板革/地板砖/地表/地层/地秤/地道/地洞/地段/地方/地方戏/地方志/地沟/地基/地雷/地理学/地脉/地盘/地皮/地平线/地铺/地契/地壳(qiào)/地球仪/地权/地热/地摊/地头/地温/地下室/地下水/地域/地狱/地震仪/地支/地质学/地租/地大物博/地角天涯/地尽其力/地久天长/地老天荒/地灵人杰

1391 **地板** 丙

dìbǎn (floor)

[名]室内地面上铺设的东西：木～|铺～|大厅里铺的是木～|木～比塑料～好|木～要经常打蜡|这种新型建材铺～不错。

【构词】案板/菜板/搓板/采板/导板/帆板/钢板/鼓板/古板/黑板/画板/夹板/甲板/脚板/叫板/刻板/快板/老板/楼板/门板/拍板/平板/铺板/散板/上板/身板/石板/手板/死板/踏板/檀板/跳板/铁板/铜板/下板/样板/腰板/走板

1392 **地步** 丙

dìbù (unfavourable condition)

[名]❶处境；景况(多指不好的)：他落到这种～是罪有应得|已经弄到这种～，我也没办法|处于这种～的人，一般都会这么想。❷达到的程度：学习成绩是差了一点儿，但还没有到不及格的～|病到了这种～，医生也没办法|他迷足球已经迷到了疯狂的～。

【近义词】❶处境/景况；❷程度

1393 **地带**(帶) 乙

dìdài (district)

[名]具有某种性质或范围的一片地方：沙漠～|平原～|繁华～|开阔～|中间～|沙漠～都种上了荆棘|王府井是北京的繁华～之一|这个～比较混乱，社会治安不好|穿过这片荒地，就到了安全～。

【近义词】地区

1394 **地道** 丙

dìdao (genuine)

[形]❶真正；纯粹：～的北京话|～的四川菜|～的名牌货|～的农民|～的知识分子|他的汉语说得真～，没有一点儿洋味儿|别看他是北方人，但会做一手～的粤菜|这是～的杭州龙井茶|他学了五年汉语，汉语能不～吗？❷好；实在；够标准：东西～|人～|手艺～|做工～|功夫～|确实～|这人太不～了，说话不算话|新买的大衣，做工太～了|红木家具就是～。

1395 **地点**(點) 乙

dìdiǎn (place)

[名]所在的地方：开会～|吃饭～|开会～另行通知|下午老～见面|开饭店选择～很重要|这个～不错，买东西方便|办工厂的报告是批了，但建厂～还没选好。

【近义词】地方/处所

1396 **地方** 乙

dìfāng (locality)

[名]❶中央政府下属的各行政区域：～政府要服从中央政府的领导|～每年都要向中央汇报情况|要充分发挥～的积极性|中央也要经常征求～的意见。❷本地；当地：王县长经常给～上的群众讲国际国内形势|这些产品都具有～特色|中国几乎每个省都有～戏。

1397 **地方** 甲

dìfang (place)

[名]❶某一区域；空间：云南大理是一个美丽的～|这～经常有野生动物出现|东西多了，没～放|斐济是旅游的好～|～太小了，放不下这么多东西。❷部分：报告突出了三个～|这篇报道，有的～写得好，有的～写得

不好，不好的～要改一改｜图纸设计得不错，有的～超过了国际先进水平。

1398 **地理** 丙

dìlǐ (geography)

[名]全世界或一个地区的山川、气候等自然环境及物产、交通、居民点等社会经济因素的总的情况：学～｜讲～｜研究～｜～课｜～位置｜云南的～位置很好，有利于经济开发｜～位置虽然不好，但只要努力，可以变不利为有利｜今天有～课｜他是研究世界～的。

1399 **地面** 乙

dìmiàn (ground)

[名]❶地的表面：这里～太低了，下雨总存水｜河床高出～1米多｜这块～能盖二十多幢楼。❷房屋等建筑物内部以及周围铺筑的一层东西：室内的～是水泥的｜大理石～非常光滑｜现在铺筑～的建筑材料越来越多。

1400 **地球** 乙

dìqiú (the earth)

[名]太阳系九大行星之一，按离太阳远近的次序计为第三颗，形状像球而略扁。周围有大气层包围着，表面是陆地和海洋，有人类和动植物生存：～是有地心吸力的｜人们担心环境污染会导致～毁灭，这决不是杞人忧天｜他计划环绕～旅行｜他每天坚持晨跑，二十多年来他跑的距离相当于绕～两周｜大气层把～团团围住｜今天～上生活着五十多亿人。

1401 **地区**(區) 乙

dìqū (area)

[名]较大范围的地方：～变化了｜～开发了｜开放～｜贫困～｜西部～｜平原～｜多山～｜交界～｜中国西部～还比较落后｜中国东北～适合种大豆｜1970年我在川藏～工作过一年｜这一～的人爱吃辣的。

【近义词】地方

1402 **地势**(勢) 丙

dìshì (terrain)

[名]地面高低起伏的形势：～高｜～低｜观察～｜村民们都转移到了～高的地方｜中国的～是西高东低｜这块地方～高，下雨不容易积水｜最好不要在～低的地方盖房｜～低的地方适合种水稻。

【构词】把势/大势/得势/攻势/火势/架势/来势/劣势/气势/趋势/权势/声势/失势/时势/手势/守势/水势/形势/倚势/优势/长势/仗势/阵势/姿势/狗仗人势/趋炎附势/审时度势/虚张声势/装腔作势

1403 **地毯** 丙

dìtǎn (carpet)

[名]铺在地上的毯子：羊绒～｜纯毛～｜混纺～｜红～｜织花～｜这条～上的图案非常好看｜大厅里铺着红～｜～脏了不好洗｜纯毛～比化纤～贵多了。

【构词】壁毯/挂毯/毛毯/棉毯/绒毯/线毯/棕毯

1404 **地铁**(鐵) 丁

dìtiě (underground)

[名]"地下铁道"的简称：修～｜建～｜乘～｜～票｜～站｜坐～又快又方便｜这里的～四通八达｜要想解决城市的交通问题，就得修建～｜～的造价太

高,这个城市一时还修不起。

1405 **地图**(圖) 乙

dìtú (map)

[名]说明地球表面的事物和现象分布情况的图,上面标着符号和文字,有时也着上颜色:世界~|军用~|中国~|外国~|作战~|北京~|旅游~|出门旅行一定要带上~|~标得很清楚|墙上挂着两张~,一张是中国~,一张是世界~。

【构词】版图/草图/插图/构图/挂图/海图/宏图/画图/绘图/蓝图/力图/略图/描图/企图/晒图/示意图/试图/贪图/妄图/意图/远图/云图/制图/惟利是图

1406 **地位** 乙

dìwèi (position)

[名]人或团体在社会关系中所处的位置:~提高了|~变化了|~平等|社会~|国际~|学术~|历史~|知识分子的~|工人的~|领先的~|我国的国际~越来越高|不管是男人还是女人,他们的社会~是一样的|田教授的学术~很高|不管~高还是~低,他们都享有相同的权利。

【近义词】位置/身份/职位

1407 **地下** *乙

dìxià (underground)

[名]❶地面之下;地层内部:~水|~管道|~铁道|~电缆|~商场|~岩石|~存车场|~通道|~蕴藏着许多宝藏|从~挖出了很多文物|我们学校用的是~水|连年干旱,~水位降低了|把一些有害的垃圾埋到~。❷〈丙〉秘密的;不公开的:~党|~工作|~活动|~组织|~工厂|发现的一些伪劣产品都是~工厂生产的|在战争年代,搞~工作是非常危险的|形势危急,我们不得不转入~工作。

【近义词】❷秘密

【反义词】❶地面/地表/天空

【提示】"地下"读 dìxia 时,意思是地面上,如:我从~拾起一支钢笔。

1408 **地形** 丙

dìxíng (topography)

[名]地面起伏的形状:~变化了|~险要|~低凹|~开阔|观察~|利用~|察看~|双方的~|山上的~|附近的~|起伏的~|~的特点|~的高低|部队抢占了有利~|团长非常熟悉这里的~|要充分利用~优势,打好这一仗|这儿的~对我们很有利。

【近义词】地貌

1409 **地震** 丙

dìzhèn (earthquake)

[名]由地球内部的变化引起的地壳的震动。按照发生的原因分为陷落地震、火山地震和构造地震三种:发生~|强烈~|~区|1994年1月日本大阪、神户地区发生了大~|世界上每年都有~发生|中国是~较多的国家之一|~给国家和人民的生命财产造成了很大损失|中国云南丽江发生了强烈~。

【构词】防震/抗震/前震/余震

1410 **地址** 乙

dìzhǐ (address)

[名](人或团体)居住或通信的地方:通信~|工厂的~|学校的~|通信~|~清楚|~不详|~变了|~改了|没有~怎么写信|请把你的通信~告诉我,以后我给你写信|按照信封上的

~终于找到了朋友的家|因为不知道老师的~,所以一直没有写信。

【近义词】住址

【构词】坝址/旧址/居址/遗址/原址/住址

1411 **地质**(質) 丙

dìzhì (geology)

[名]地壳的成分和结构:研究~|~学家|~学家李四光具体分析了中国的~状况|作为一个~工作者,常年在野外考查,确实很辛苦|经过多年的调查,他掌握了大量~资料|东部和西部的~结构不一样。

1412 **地主** *丙

dìzhǔ (landlord)

[名]❶指旧时占有土地,自己不劳动,依靠出租土地剥削农民为主要生活来源的人:旧社会,我们村有5个~|他的爷爷是个大~|他家原来是~,后来没落了|年青的时候,他做生意,赚了钱就买地,到了五十多岁就过起了~的生活。❷〈丁〉指住在本地的人:你们来到我们这儿,就该我尽~之谊。

【提示】义项❷在生活中用得较少。

【构词】霸主/宾主/财主/车主/船主/店主/东道主/公主/雇主/户主/教主/君主/买主/卖主/民主/窝主/物主/业主/债主/自主/做主/施主/反客为主/六神无主/先入为主/喧宾夺主

1413 **第** 甲 〔部首〕竹 〔笔画〕11

dì (*used before numerals to form ordinal numbers*)

[头]用在整数的数词前面,表示次序:~一|~二|~三|~四|安全~一|友谊~一,比赛~二|考试他得了全班~一名|文章的~一部分讲国内形势,~二部分讲国际形势|我这是~三回到中国旅行了|请把书翻到~56页。

1414 **帝国**(國) 丁 〔部首〕亠 〔笔画〕9

dìguó (empire)

[名]一般指版图很大或有殖民地的君主国家:那本书是写一个~的兴衰历史的。

【构词】帝都/帝号/帝君/帝王/帝业/帝制

爱国/邦国/报国/出国/篡国/岛国/敌国/公国/共和国/古国/故国/救国/旧国/举国/开国/立国/联合国/列国/邻国/卖国/盟国/民国/叛国/穷国/属国/天国/外国/王国/亡国/误国/相国/殉国/异国/战国/祖国

1415 **帝国主义**(義) 丁

dìguózhǔyì (imperialism)

[名]资本主义发展的最高阶段:~的侵略行径必然遭到全世界人民的反对|那个国家是一个~国家。

1416 **弟弟** 甲 〔部首〕八 〔笔画〕7

dìdi (younger brother)

[名]❶同父母(或只同父、只同母)而年纪比自己小的男子:一个~|我的~|没有~|~比我小三岁|他是我同父异母的~|~今年上四年级|我有两个~,一个妹妹。❷同辈而年纪比自己小的男子:你在我面前只能是小~了|你年纪比我小,当然是~了|桃园三结义,刘备年长为大哥,关羽和张飞是~。

【提示】弟,姓。

【构词】弟妇/弟妹/弟子

老弟/内弟/妻弟/师弟/徒弟/兄弟/子弟/称兄道弟/难兄难弟

1417 **弟兄** 丙

dìxiong (brothers)

[名]弟弟和哥哥:亲~|像~|~三个|我们俩是亲~|我没有~,只有一个姐姐|我们~五个都上大学了|他们几个关系特别好,跟亲~一样。

【构词】父兄/老兄/内兄/年兄/仁兄/师兄

1418 **递**(遞) 乙　〔部首〕辶　〔笔画〕10

dì (pass)

[动]传送;传递:~茶|~申请书|~烟|~东西|~眼色|~早了|~慢了|可以~|应该~|用不着~|正式~|公开~|及时~|大会上,很多人往主席台上~条子|姐姐暗暗给我~眼色|申请书是~上去了,不知什么时候能批下来|咱们部门申请购置办公设备的报告~晚了,总公司已经开过审批会了。

【近义词】传/传送/递交

【构词】递补/递加/递减/递降/递送/递眼色

1419 **递交** 丁

dìjiāo (present)

[动]当面送交:~国书|~申请书|~请愿书|~报告|~材料|同意~|打算~|可以~|公开~|正式~|及时~|三国大使向中国国家主席~了国书|通过关系把报告~上去了|大家一致同意把这封信~给市长|我已向领导~了申请。

【近义词】交

【提示】多用于较庄重的场合。

1420 **递增** 丁

dìzēng (increase by degree)

[动]一次比一次增加:连年~|产量~|生产总值连年~|工厂效益好,工人的工资不断~|新厂长上任以后,企业扭亏为盈,各项指标连月~。

【构词】倍增/激增

1421 **缔结**(締結) 丁　〔部首〕纟　〔笔画〕12

dìjié (form; conclude)

[动]订立(条约等):中俄两国~了友好条约|由于形势发生了变化,条约暂时还~不了。

【近义词】订立/签订

【反义词】取缔/撤销/废除/废止

【构词】缔交/缔盟/缔姻/缔约/缔造

1422 **颠簸**(顛) 丁　〔部首〕页　〔笔画〕16

diānbǒ (jolt)

[动]上下震动:汽车~|飞机~|小船~|开始~|继续~|~得厉害|觉得~|经不起~|剧烈地~|轻微地~|~的道路|船小风大,~得厉害,很多乘客都吐了|大飞机一般都比较平稳,但遇到气流也~|道路不平,汽车自然~|年龄大了,受不了这样的~。

【近义词】跳动/颠

【反义词】平稳/稳/四平八稳

【构词】颠连/颠沛/颠仆/颠倒黑白/颠倒是非/颠来倒去/颠扑不破/颠三倒四

1423 **颠倒** 丁

diāndǎo (invert)

[动]❶上下、前后跟原有的位置相反:前后~|上下~|次序~|位置~|先后~|不能~|不准~|禁止~|不

宜～|弄～了|搞～了|故意～|书放～了|搬运冰箱的时候是不能～的|他把我的名字写～了|箱子～是～了,不过没关系。❷使错乱:这几天你怎么神魂～的,是不是有什么心事?|他们～历史,混淆黑白|你不要～是非,要讲道理。

【构词】拜倒/打倒/告倒/拉倒/潦倒/倾倒/推倒/压倒

1424 **颠覆** 丁

diānfù (subvert)

[动]采取阴谋手段从内部推翻合法政府:～政府|～国家政权|～活动|被～|能够～|企图～|妄图～|计划～|进行～|公开～|秘密～|～的阴谋|这些人长期密谋～新政权|新生的人民政权被敌人～了。

1425 **掂** 丁 〔部首〕扌 〔笔画〕11

diān (weigh in the hand)

[动]用手托着东西上下晃动来估计轻重:顾客～了～|姑娘～了～|～～分量|～～重量|～了～西瓜|～了～箱子|用不着～|仔细～|随便～|你～～这个西瓜有多重|他很会～,一～就能～出有多重来|我～着足有5斤重。

【近义词】掂量

1426 **点**(點) *甲 〔部首〕灬 〔笔画〕9

diǎn (spot)

[名]❶液体的小滴:雨～|水～|雨～不停地打在我身上|刚洗完澡,身上布满了水～|把桌子上的水～擦干净。❷汉字的笔画,形状是"丶":汉字有一个笔画叫"～"|洗衣服的"洗"是三～水旁|这个字少写了一～|"热"的下面有四～。❸时间单位,一昼夜的二十四分之一:一～|三～|十二～|火车14～开|飞机15～15分到京。❹〈乙〉小的痕迹:墨～|油～|泥～|衣服上到处都是油～,怎么也洗不掉|这都是泥～,一洗就掉|新出的一种洗涤剂特别好使,什么油～、墨～,一洗就掉。❺〈乙〉规定的钟点:火车误～了|飞机正～到达|这里的车常常晚～|到～了,你还不快走?❻〈乙〉事物的方面或部分:你总爱哭,这～不太好|你有很多优～,但缺～也不少|你要注意骄傲自满这一～,这样才能不断进步。❼〈丙〉小数点:今年粮食增产百分之十一～二|期中考试成绩是八十四～五|37.5读作三十七～五。❽〈丁〉几何学中指没有长、宽、厚而只有位置的几何图形:三～成一线|两条线相交处或线段的两端都是～。❾〈丁〉一定的地点或程度的标志:起～|终～|冰～|沸～|从起～到终～共是2000米|水达到沸～以后就会变成蒸汽。

【提示】"点"的❶❷❹❼义项时常儿化。

【构词】点兵/点播/点拨/点滴/点化/点火/点将/点名/点破/点燃/点首/点题/点头/点心/点穴/点种/点缀/点子/点铁成金/点头哈腰

1427 **点** *甲

diǎn (a little)

[量]❶表示少量,前面只能加数词"一",或不加数词:一～时间|一～意见|一～小事|一～东西|一～礼物|有～害怕|再走一～|往前一～|给～|买～|这～小事,我来帮你解决|这是我的一～心意,请收下|离上课还有一～时间,我们再聊聊吧|暑假期间一～书也没看|看见他走远了,感觉危险没有了,怒火便一～一～升腾

起来｜他写小说跟我有～关系。❷〈乙〉用于事项(意见、建议、希望)：我向领导提了两～意见｜报告一共有五～内容｜大家要重点学习文章的第二～。

【提示】义项❶可以"儿"化。

1428 **点** *甲

diǎn (put a dot)

[动]❶用笔加上点儿：～逗号｜～句号｜～标点｜～错了｜～歪了｜可以～｜用不着～｜忘了～｜老师告诉我们怎样～标点符号｜过年的时候，人们在馒头上～上红点，表示喜庆｜古汉语不～标点符号｜这句话的标点～错了，应该～句号，不应该～逗号｜这真是画龙～睛之笔。❷(头或手)向下稍微动一动，立即恢复原位：领导跟他谈话的时候，他不住地～头说："是，是"｜我冲他～了半天头，他也不理我｜你要同意就～～头，要不同意就摇摇头｜进屋的时候他正在接电话，他冲我～了～头。❸〈乙〉引着火：～炉子｜～烟｜～灯｜～蜡烛｜～火把｜火～着了｜～了一次｜～得及时｜可以～｜难～｜小心地～｜主动地～｜圣诞节的晚上，大厅里～满了蜡烛｜煤气炉～了半天也～不着｜屋里～着灯，却没有人｜主人赶忙上前给客人～烟｜结婚典礼开始了，孩子们～着了鞭炮。❹〈丙〉一个一个地查对数目：～钱｜～货｜～名｜～对了｜～错了｜～得清楚｜～得认真｜～得马虎｜～了一遍｜应该～｜需要～｜熟练地～｜容易～｜～了两遍也没～清楚到底有多少钱｜你把这些货～～｜银行里的服务员～钱～得可快了｜上课前，老师都要～一下名。❺〈丙〉使液体一滴一滴地向下落：～药水｜～油｜～眼药｜～鼻子｜～了一次｜用不着～｜可以～｜应该～｜忘记～了｜小心～｜～的方法｜医生让我一天～三次眼药水｜～豆腐可是个技术活儿，～老了～嫩了都不好吃｜往门的合页上～几滴油就不响了｜他眼睛里～进去两滴眼药。❻〈丙〉触到物体立刻离开：医生轻轻地～着我的穴位｜干工作要扎实，不能蜻蜓～水｜他用竹篙轻轻一～，小船就离了岸｜妈妈用手～着我的脑门批评我。❼〈丙〉指点；启发：我实在弄不明白的时候，你～我一下儿｜你一～，我就清楚了｜他很聪明，什么事一～就透｜老师一下儿就把我学习中的问题～出来了。❽〈丁〉在许多人或事物中指定：～节目｜～菜｜～戏｜～歌｜～完了｜～好了｜～兵｜～将｜～得好｜～得不错｜开始～｜随便～｜客人～｜顾客～｜妈妈生日那天，我为妈妈～了一首歌｜观众一致～他唱一段京剧｜菜单上的菜很多，但不知～哪个好。❾〈丁〉播种的一种方法，每隔一定距离挖一小坑，放入种子：～玉米｜～花生｜～豆子｜～了一亩｜～了一上午花生，腰都直不起来了｜玉米地里又～上了豆子｜今天～不完，明天接着～。

【近义词】❶划/画；❹清点；❺滴；❼点拨；❾种

1429 **点火** 丁

diǎn huǒ (light a fire)

❶点燃；操纵燃烧装置：你～我做饭｜太空～实际上是卫星在宇宙间的再发射｜各就各位，现在开始～｜柴太湿，点不着火。❷比喻挑起是非，制造事端：老赵脾气爆，～就着｜你就知道在背后～，事惹起来了你又不管｜你不～，他还那么大脾气呢，你再一

～,非出事不可|你煽风,他～,配合得倒不错!

【反义词】❶灭火

【提示】离合词,中间可插入其他成分,如:点一把火。

1430 **点名** 丁

diǎn míng (call the roll)

❶查点人员数目时一个一个地叫名字:请大家坐好,现在开始～|每天上操时都点一遍名|我们上课从来不～。❷指名:不上课也不请假,老师在班里～批评了他|这种坏风气应该批评,但最好不要～|再不承认,我就要～啦|比赛时,教练～让他上场。

【提示】离合词,中间可插入其他成分,如:点了他的名。

1431 **点燃** 丁

diǎnrán (ignite)

[动]使燃烧;点着:～篝火|～蜡烛|柴火有点儿潮,好不容易才～|爱情之火重新被姑娘～了|节日的夜晚,每人手里都拿着一个～的火把|不小心烟头把被子～了,差点儿酿成火灾。

【近义词】点火

【反义词】熄灭

1432 **点心** 甲

diǎnxin (pastry)

[名]糕饼之类的食品:一块～|一斤～|吃～|买～|每天早上我都吃～|现在的～质量越来越好,但价格也越来越贵|中国人有个习惯,过年过节的时候都给老人买两盒～|小时候,我最爱吃～。

【近义词】糕点

1433 **点钟**(鐘) 甲

diǎnzhōng (o'clock)

[名]表示整点的时间:现在是下午3～|通知大家今天晚上7～开会|每天上午8～上课,12～下课。

【近义词】点

【提示】有分、秒的时候不能用"点钟":×现在是9～12分。

【构词】壁钟/编钟/电子钟/分钟/挂钟/洪钟/金钟/警钟/闹钟/丧钟/时钟/座钟

1434 **点缀**(綴) 丁

diǎnzhuì (embellish)

[动]加以衬托或装饰,使原有的事物更好:屋子用彩灯一～,漂亮多了|衣服的口袋再～一下就好看了|节日的广场被鲜花和红旗～得格外漂亮|红花需要绿叶来～。

1435 **点子** 丁

diǎnzi (idea)

[名]❶主意;办法:出～|有～|鬼～|～多|你～多,你说怎么办|你还别说,他鬼～就是多|事情怎么办,请大家多出～|人多～多,办法一定会有的|笑话说多了,大家觉得没意思,这时有人出了个新～。❷液体的小滴:泥～|油～|汽车一过,溅了一身泥～|刚买的新衣服就溅了很多油～。❸关键的地方:有劲儿要使在～上。

【近义词】❶主意/办法;❷点儿

1436 **典礼**(禮) 丙 〔部首〕八 〔笔画〕8

diǎnlǐ (ceremony)

[名]郑重举行的仪式:开工～|开学～|竣工～|毕业～|通车～|～开始

了|～结束了|举行～|参加～|明天我要参加朋友的结婚～|定于1月30日举行竣工～|由于天气的原因,～临时取消了|国家领导人参加了京九铁路通车～。

【近义词】仪式

【提示】①"典礼"的"典"下面的横要长,不要写成"曲"。②典,姓。

【构词】典当/典范/典故/典押/典雅/典章

薄礼/财礼/彩礼/常礼/答礼/队礼/非礼/观礼/贺礼/厚礼/还礼/回礼/婚礼/祭礼/见礼/节礼/敬礼/军礼/年礼/赔礼/聘礼/少礼/失礼/收礼/寿礼/受礼/送礼/挑礼/洗礼/献礼/谢礼/行礼/虚礼/巡礼/赞礼/葬礼/赠礼/分庭抗礼

1437 **典型** 丙

diǎnxíng (n. mode; adj. typical)

[名]❶具有代表性的人物或事件:成为～|作为～|树立～|培养～|爱护～|～树立起来了|全国的～|正面～|反面～|改革的～|先进～|两种～|包公是中国古代清官的～|要充分发挥先进～的作用|～包括正面～,也包括反面～。❷用文学艺术概括的手法,表现出人的某种社会特征的艺术形象:创造～|塑造～|小说中的～|现实主义的～|杰出的～|～塑造得好|～的意义|完美的～|～形象|～性格|小说完美地创造出了工人阶级的～|电影中的～人物塑造得很成功|作品把～人物的性格描绘得淋漓尽致|他在舞台上塑造的老北京人的～形象,受到了观众的欢迎。

[形]人或事件具有代表性:很～|非常～|他是个～的官僚主义者|他的先进事迹很～。

【近义词】典范/榜样

1438 **电**(電) 甲 〔部首〕乙 〔笔画〕5

diàn (electricity)

[名]有电荷存在和电荷变化的现象。电是一种重要的能源,广泛用在生产和生活各方面:有～|没～|停～|断～|村里没有～,买了电视也没法看|自从山村有了～,生活可方便了|由于电力不足,我们厂经常停～|现在的家用电器,如冰箱、电视、电饭锅,哪样离了～也不行|～是家庭不可缺少的能源。

【构词】电表/电波/电唱机/电传(chuán)/电灯泡/电杆/电工/电光/电焊/电汇/电机/电缆/电量/电疗/电路图/电门/电能/电气化/电扇/电视机/电视剧/电视片/电烫/电筒/电网/电文/电线杆/电讯/电闸/电子表/电子琴/电子钟

1439 **电报**(報) 乙

diànbào (telegram)

[名]用电信号传递文字、照片、图表的通信方式。电报分有线电报和无线电报两种:发～|打～|来～|送～|加急～|普通～|密码～|～打了|～发了|用不着打～|我接到了妈妈的～,～说爸爸病了,让我回去|～是发出去了,但不知能不能及时收到|有急事可以打加急～,当天就可以收到。

【构词】板报/壁报/表报/禀报/晨报/呈报/酬报/党报/登报/谍报/恶报/发报/公报/海报/谎报/回报/画报/简报/剪报/见报/捷报/警报/举报/快报/密报/年报/墙报/情报/申报/书报/填报/晚报/喜报/小报/虚报/学报/月报/战报/周报/恩将仇报/感恩图报

1440 电冰箱 乙

diànbīngxiāng (refrigerator)

[名]冷藏装备,在一个可以隔热的柜子里面装上电动机,带动压缩机使制冷剂在管道里循环产生低温:一台～|买～|～是冷藏食物用的|新买的～是235升的|没有～真不方便|市场上什么样的～都有,价钱也不贵。

【构词】暗箱/冰箱/蜂箱/风箱/烘箱/烤箱/皮箱/票箱/提箱/跳箱/戏箱/信箱/衣箱/邮箱

1441 电车(車) 甲

diànchē (tram)

[名]用电做动力的公共交通工具。电车分有轨和无轨两种:一辆～|有轨～|无轨～|50年代,北京和天津有很多有轨～,现在让无轨～代替了|进城坐110路～比较方便|～的票价一般比汽车便宜|～既经济又没有污染,是城市公共交通的理想工具。

1442 电池 丙

diànchí (battery)

[名]将化学能或光能等变成电能的装置。如手电筒用的干电池,汽车用的电瓶等:手电筒里的～没电了,得换新的了|我的收音机使用2号～|高能～好是好,但太贵了|～分1号～、2号～、5号～和7号～|这种牌子的～比较好。

【构词】差池/城池/舞池/盐池/砚池/游泳池/鱼池/浴池/乐池

1443 电灯(燈) 甲

diàndēng (electric lamp)

[名]利用电能发光的灯,通常指白炽灯:一盏～|开～|关～|～光|我的家乡安上了～,从此结束了使用煤油灯照明的历史|没有电,～安上也没有用|把～打开,屋里太暗了。

【构词】壁灯/冰灯/彩灯/车灯/吊灯/风灯/宫灯/挂灯/管灯/华灯/幻灯/街灯/矿灯/龙灯/路灯/绿灯/马灯/明灯/汽灯/上灯/台灯/提灯/桅灯/尾灯/熄灯/油灯

1444 电动机(動機) 丁

diàndòngjī (motor)

[名]把电能变成机械能的机器,是近代的重要动力装备,通称马达:一台～|新～|安装～|新买的～马力大|抽水机是用～带动的|～在工农业生产中发挥了很大的作用|我在工厂劳动的时候学会了修理～|家用电器里都有～。

【近义词】马达

1445 电风扇(風) 乙

diànfēngshàn (electric fan)

[名]利用电动机带动叶片旋转,使空气流动的装置。天气炎热时用来使空气流通,让人有凉爽的感觉:一台～|修理～|如今这个村的生活水平提高了,家家都安装了～|现在市场上的～品种可多了,不仅有台式、吊式～,还有壁式、落地式～|这台～里的电动机质量不好,噪音太大。

【近义词】电扇

【构词】打扇/电扇/吊扇/风扇/宫扇/门扇/蒲扇/台扇/团扇/羽扇/掌扇/折扇

1446 电话(話) 甲

diànhuà (telephone)

[名]利用电流使两地的人互相交流

的装置:打～|装～|有～|没～|移动～|长途～|市内～|直拨～|程控～|有事给我打～|我给远在国外的妈妈打了一个长途～|刚才是谁来的～?|自从家里安了～,觉得方便多了|～是打了,但他不在家。

1447 **电力** 丙

diànlì (electric power)

[名]用来做功的电能,常指做动力的电:～大|～弱|需要～|使用～|我国新建了几座核电站,解决了～的问题|由于～不足,我们厂每星期都要停电|使用～加工粮食。

1448 **电铃**(鈴) 丙

diànlíng (electric bell)

[名]利用电磁铁特性通电后使铃发出音响信号的装置:～响了|打～|按～|我们学校上课下课都使用～|现在的～不用人来操纵,安上定时装置,到时自己就响|～坏了,只好用哨子代替。

【构词】车铃/风铃/杠铃/警铃/门铃/驼铃/哑铃

1449 **电流** 丙

diànliú (electric current)

[名]流动的电荷,电流通过导体产生热效应、磁效应、发光效应、化学效应等:～通过了他的全身,虽经抢救脱离了危险,但他却永久失去了记忆|这台新买的收音机～声太大,影响了收听效果。

1450 **电炉**(爐) 丙

diànlú (electric stove)

[名]利用电能产生热量的设备:我们厂新购进了一台电阻～和两台感应～|～不仅可以做饭,还可以用来取暖|用～做饭耗电量太大|有的炼钢厂炼钢用～。

【构词】壁炉/地炉/风炉/缸炉/高炉/锅炉/回炉/火炉/平炉/手炉/司炉/香炉

1451 **电路** 丁

diànlù (circuit)

[名]电流在电器装置中的通路,由电源、导线、电器元件等连接而成:检查～|～不通|由于～不通,收音机发不出声音来|修电器首先得懂得～,学会看～图|收音机的～比电视机的～简单多了|是～出毛病了,修一修,这台录音机还能用。

1452 **电脑**(腦) 丙

diànnǎo (computer)

[名]电子计算机的俗称:一台～|使用～|～打字|～软件|这个公司实现了办公自动化,每个办公室都配备了～|机关干部都应学会使用～|～对提高办公效率起了很重要的作用|～已逐步走进家庭|中国的～市场很有发展前途。

【近义词】电子计算机

1453 **电钮**(鈕) 丁

diànniǔ (button)

[名]电器开关或调节等设备中通常用手操作的部分:按～|操纵～|机器上都有～,轻轻一按,机器就起动了|这个～向上扳是开,向下扳是关|洗衣机的～在这儿|你按一下～,试试电视机修好了没有。

【近义词】开关/按钮

1454 **电器** 丙

diànqì (electric equipment)

[名]指家用电器:市场上,电冰箱、电视机等家用~的品种很多|如今,每个城市家庭都有许多家用~。

【构词】暗器/兵器/成器/瓷器/大器/核武器/机器/酒器/军器/利器/料器/木器/漆器/容器/神器/陶器/武器/小器/凶器/仪器/玉器/乐器/竹器/投鼠忌器

1455 **电气**(氣) 丁

diànqì (electric)

[名]有电荷存在和电荷变化的现象:~化|这个村子已实现了~化|这家工厂全部是~设备。

【构词】傲气/憋气/才气/财气/岔气/潮气/出气/喘气/打气/呆气/胆气/底气/地气/动气/斗气/毒气/赌气/断气/发脾气/废气/风气/服气/福气/负气/鼓气/骨气/官气/寒气/豪气/浩气/和气/换气/晦气/秽气/火气/匠气/骄气/娇气/脚气/节气/解气/景气/客气/空气/口气/阔气/老气/冷气/力气/凉气/煤气/媚气/闷气/名气/暮气/牛气/怒气/暖气/脾气/贫气/热气/锐气/撒气/丧气/杀气/傻气/神气/生气/湿气/士气/手气/受气/暑气/水蒸气/顺气/松气/送气/俗气/胎气/叹气/淘气/天气/天然气/透气/土气/雾气/习气/喜气/闲气/消气/小气/歇气/邪气/泄气/懈气/心气/腥气/性气/凶气/秀气/咽气/氧气/一气/意气/义气/勇气/有气/语气/元气/怨气/运气/朝(zhāo)气/沼气/争气/正气/志气/稚气/唉声叹气/垂头丧气/回肠荡气/平心静气/瓮声瓮气/乌烟瘴气/一鼓作气/扬眉吐气/一团和气

1456 **电视**(視) 甲

diànshì (television)

[名]利用无线电波传送物体影像的装置,使人能收到传送的声音和影像:一台~|看~|修~|买~|调~|彩色~|黑白~|几乎每天晚上我们都看~|~节目现在是越来越丰富|看~多了影响孩子的学习|我买了一台彩色~。

【近义词】电视机

1457 **电视台**(臺) 乙

diànshìtái (television station)

[名]播送电视节目的场所:电视是由~发射出来的|北京最近又增了一个有线~|这个电视剧不错,全国好几家~同时播出|~邀请我参加他们的节目演出。

1458 **电台** 乙

diàntái (broadcasting station)

[名]❶广播电台:广播~|北京~|~的文艺节目丰富多彩|今天晚上~实况转播足球比赛。❷无线电台的通称:~收到了海上的求救信号|不知道为什么,~就是收不到信号。

1459 **电梯** 乙

diàntī (lift)

[名]建筑物中用电做动力的升降装置:乘~|修~|有~|一般情况下,7层以上的楼房才有~|~有垂直升降~和梯式~|我家住在18层,但我从不坐~,为的是锻炼身体。

【构词】吊梯/扶梯/滑梯/阶梯/楼梯/人梯/软梯/绳梯/舷梯/悬梯

1460 电线(綫) 丙

diànxiàn (wire)

[名]传送电力的导线,多用铜或铝制成:一根～|一段～|新～|旧～|拉～|接～|～不够长,接不上|～太细有危险|大风把～刮断了,险些电着人|一群小鸟站在高压～上|室内不准随便接～,因为容易发生火灾。

【构词】暗线/长线/垂线/导线/地线/断线/防线/复线/改线/干线/光线/弧线/环线/火线/接线/界线/经线/裤线/路线/麻线/棉线/毛线/内线/前线/曲线/热线/绒线/纱线/射线/视线/水线/丝线/天线/铜线/外线/纬线/虚线/沿线/战线/针线/直线/支线/中线/轴线/主线/专线

1461 电压(壓) 丙

diànyā (voltage)

[名]电位差,以伏特为单位:高～|低～|有～|～太低了对电器有损害|电灯忽明忽暗是～不稳的原因|稳压器可以解决～不稳的问题。

1462 电影 甲

diànyǐng (film)

[名]一种综合艺术,用强灯光把拍摄的形象连续放映在银幕上,看起来像实际在活动的形象:外国～|国产～|宽银幕～|看～|拍～|演～|～导演|～演员|～艺术|今天大礼堂演～|现在有一些年轻人喜欢看外国～|我国的～事业发展得很快|一部～的成败要看是否拥有观众。

【构词】暗影/背影/侧影/倒影/灯影/叠影/合影/后影/幻影/剪影/近影/留影/掠影/面影/人影/日影/摄影/身影/缩影/投影/显影/笑影/阴影/踪影/杯弓蛇影/捕风捉影/刀光剑影/浮光掠影/含沙射影/绘声绘影/立竿见影

1463 电影院 乙

diànyǐngyuàn (cinema)

[名]专供放映电影用的场所:一家～|去～|进～|建～|～是放电影的地方|自从买了电视机,我去～看电影的次数越来越少了|我家附近有一家～,专放立体电影。

【近义词】影剧院/影院

1464 电源 丁

diànyuán (power)

[名]把电能供给电器的装置,如电池、发电机等:没有～|切断～|接～|修电器要注意先把～切断|过去农村没有～,放电影只好用手摇发电机放映|屋子里没有～,灯还是安不上。

【构词】本源/兵源/病源/财源/发源/根源/光源/火源/货源/矿源/来源/能源/起源/泉源/热源/声源/水源/渊源/源源/震源/资源

1465 电子 丙

diànzǐ (electron)

[名]构成各种原子的一种基本粒子,质量极小,带负电,在原子中围绕原子核旋转:～表|～石英钟|～计算机|～游戏机|孩子们都喜欢玩～游戏机|我买了一台～计算机。

1466 店 乙

〔部首〕广
〔笔画〕8

diàn (shop)

[名]❶客店:住～|今天咱们先在这家～里住下,明天再赶路|这家小～很干净,房价也不贵。❷商店:小吃

～|副食～|百货～|夫妻～|布～|分～|烤鸭～|快餐～|粮～|前面有一个～,不知那里卖不卖食品|～是盖起来了,但暂时还开不了业|～里雇了五个服务员。

【近义词】❶旅店;❷铺(pù)/商店/店铺/铺子

【构词】店东/店伙计/店家/店面/店铺/店钱/店堂/店小二/店主

1467 **店员**(員) 丁

diànyuán (shop assistant)

[名]商店、服务行业的职工:当～|一位～|～的工作|妹妹在商店里当～|～的待遇现在也提高了|这家饭店光～就有500多个|～的素质低,服务质量就上不去|素质高的～一般都是专业学校出来的。

【近义词】服务员

1468 **惦记**(記) 丙 〔部首〕忄 〔笔画〕11

diànjì (remember with concern)

[动](对人或事物)心里老想着,放不下心:～孩子|～老师|～妻子|～朋友|～功课|～工作|～学习|～着考试|不用～|免得～|真心地～|～的原因|来中国以后,我一直～着妈妈的病|我在国外生活得很好,根本用不着家里～|她～的事情太多了,弄得夜里睡不好觉|刚出来几天,他就～着回家。

【近义词】挂念/牵挂/想念/惦念

【提示】"惦记"的"惦"是"忄"旁,不要写成"掂"。

1469 **垫**(墊) *丙 〔部首〕土 〔笔画〕9

diàn (pad)

[动]❶用东西支、铺或衬,使加高、加厚或平整,或起隔离作用:～沙子|～稻草|～鞋|～平|～高|不用～|需要～|认真地～|慢慢地～|～的方法|床不平,需要～一～|鞋里～上一层垫就舒服多了|路不平,用沙子～平了|粮袋应该～起来,免得受潮|两个瓶子之间应～上一层布,免得碰破了。❷〈丁〉暂时替人付钱:朋友～上了|单位～上了|主动～上|能～|可以～|勉强～|～的数量|～的时间|你先把钱给我～上吧,下午我再还你|你不在家的时候我替你把房费～上了|我只能给你～80块钱,多了我就没有了|我给他～的钱,他都还给我了。

【构词】垫背/垫补/垫底/垫付/垫肩/垫脚/垫脚石/垫圈/垫子

1470 **奠定** 丙 〔部首〕大 〔笔画〕12

diàndìng (establish)

[动]使稳固;使安定:～了格局|～基础|中央领导亲自为纪念碑～基石|我们一定要为以后的工作～坚实的基础。

【构词】奠都/奠基/奠酒

1471 **淀粉**(澱) 丁 〔部首〕氵 〔笔画〕11

diànfěn (starch)

[名]有机化合物,是二氧化碳和水在绿色植物细胞中经光合作用形成的白色无定形的物质:含～|马铃薯和红薯含～多|炒菜出锅前加点儿～好吃|我认为玉米～比较好。

【近义词】团粉

【构词】蛋粉/干粉/骨粉/红粉/花粉/金粉/凉粉/米粉/面粉/奶粉/藕粉/铅粉/授粉/水粉/团粉/鞋粉/牙粉/药粉/鱼粉

1472 **殿** 丁 〔部首〕殳 〔笔画〕13

diàn (hall)

[名]高大的房屋，特指供奉神佛或帝王受理朝事的房屋：佛～｜大雄宝～｜故宫里有很多大～｜这几座～都是明朝建的｜～前有一棵大树。
【构词】殿后/殿军/殿试/殿堂/殿下/殿宇

1473 **刁** 丁　〔部首〕乙　〔笔画〕2

diāo (tricky)
[形]狡猾：很～｜放～｜耍～｜这人又～又滑，没人愿跟他打交道｜你也太不像话了，敢在老师面前放～｜你再敢耍～，我就不理你了。
【近义词】滑/狡猾
【提示】"刁"不要写成"刀"。
【构词】刁悍/刁滑/刁蛮/刁顽/刁钻

1474 **叼** 丁　〔部首〕口　〔笔画〕5

diāo (hold in the mouth)
[动]用嘴夹住（物体的一部分）：～起｜～住｜～着｜一头巨鹰～走了一只小羊｜新疆维吾尔自治区有一种游戏叫～羊比赛｜他嘴里经常～着烟｜小鸡让猫给～走了。

1475 **雕刻** 丙　〔部首〕隹　〔笔画〕16

diāokè (v. carve; n. sculpture)
[动]在金属、象牙、骨头或其他材料上刻出形象：艺人在～｜～图案｜～佛像｜～象牙｜～玉器｜～艺术品｜～得细腻｜～得生动｜精心～｜认真地～｜喜欢～｜学习～｜～的水平｜～的材料｜我从小就喜欢～｜他用萝卜～了一朵花｜这个象牙～得真细腻｜老式的中国椅子上都～着各种图案｜这么复杂的花纹我～不了。
[名]雕刻成的艺术作品：象牙～｜玉石～｜桌子上摆着象牙～｜这一座～，形象太生动了｜这是十分贵重的玉石～。
【近义词】雕/刻/镌刻/镂刻
【构词】雕版/雕花/雕漆/雕饰/雕像/雕琢/雕虫小技/雕梁画栋

1476 **雕塑** 丁

diāosù (v. carve; n. sculpture)
[动]雕刻和塑造：～人物｜～头像｜这些人物～得栩栩如生｜要把这些英雄人物的内在气质～出来｜我在艺术学校学会的～｜他～的时候，老师在一旁指导。
[名]雕塑的形象：一组～｜人体～｜公园里有一个天女散花的～，十分好看｜走廊的两侧摆满了人体～｜街头的那组～是他的作品。
【近义词】雕刻
【构词】彩塑/面塑/泥塑

1477 **掉** *甲　〔部首〕扌　〔笔画〕11

diào (fall)
[动]❶落下；脱落：～叶子｜～头发｜～眼泪｜～白灰｜～颜色｜～没了｜～得快｜～过一回｜容易～｜～的原因｜～的时间｜老了，头发快～光了｜快70岁了，一颗牙也没～｜衣服不知什么时候～在地上了。❷〈乙〉落(là)在后面：～队｜～在后面｜我病了一个月，学习一下子～下来了｜他受伤后～了队｜他跑第一圈时～在后面，第二圈就赶上来了。❸〈乙〉丢失；遗漏：钥匙～了｜钱包～了｜钢笔～了｜容易～｜～不了｜帽子不知～在什么地方了｜这里～了一个字｜文件包可能～在出租车里了。❹〈丙〉减少；降低：牲口～了膘｜～了两斤肉｜～分量｜～体重｜～价｜开始～｜慢慢～｜喝减肥茶喝得～了5斤肉｜我是冬天长肉，夏天～肉｜这匹马～膘～得厉害，可能有病

了|鸡蛋的价格一直～不下来。❺〈丙〉回;转:一直往前走,不要～头|这条路汽车不能～头|到前边把车头～过来|他把脸～过来向着我。❻〈丁〉互换:高个和矮个～一下位置|把眼睛近视的同学～到前边去。

【构词】掉包/掉膘/掉队/掉过/掉换/掉价/掉色/掉头/掉转/掉以轻心

1478 **吊** *乙 〔部首〕口 〔笔画〕6

diào (hang)

[动]❶悬挂;向上提或向下放:～着|～起来|～下去|湖南人爱吃辣的,家家屋檐下都～着辣椒|学校门口～着一对大灯笼|吊车把建筑材料全～上去了|我把水桶～下去。❷〈丁〉祭奠死者或对遭到丧事的人家、团体给予慰问:参加～唁的人排成长长的队伍|全厂职工到他家～丧。

【构词】吊车/吊床/吊带/吊灯/吊环/吊脚楼/吊兰/吊铺/吊桥/吊丧/吊嗓子/吊桶/吊线/吊销/吊孝/吊唁/吊装

1479 **钓**(釣) 乙 〔部首〕钅 〔笔画〕8

diào (fish)

[动]用钓竿等用具捉鱼或其他水中动物:～鱼|～不着|几乎每个星期他都去～鱼|我在国外看见过用瓶子～鱼|一上午我～了10斤鱼|白～了一天,一条鱼也没～上来|你见过～螃蟹吗?很简单,用一根小棍就可以把螃蟹从窝里～出来。

【构词】钓饵/钓竿/钓钩/钓具/钓丝

1480 **调**(調) 乙 〔部首〕讠 〔笔画〕10

diào (transfer)

[动]调动;分派:～人|～干部|～物资|～粮食|～工作|能～|决定～|同意～|～得快|请求～|计划～|主动～|这是新～来的校长|他是从外地～来的|老师想把他～到二年级去|领导～他到农村去工作|人手不够,再～几个来|给灾区～去了50车皮粮食。

【近义词】调动/分派/调派

【提示】"调"又读 tiáo,见第6327条"调和"。

【构词】调拨/调防/调号/调令/调门/调遣/调任/调头/调研/调用/调运/调职/调子/调兵遣将/调虎离山

1481 **调查** 乙

diàochá (v. investigate; n. investigation)

[动]为了了解情况进行考察(多指到现场):上级～|组织～|进行～|～事故|～农村|～案情|～原因|～得详细|必须～|停止～|帮助～|秘密～|～的对象|～的结果|领导应多到基层去～～|一定要把这个问题～清楚|问题没～清楚以前,不要轻易下结论|没有～就没有发言权|省长亲自到现场～|～了两个星期,才把问题～清楚|对这一案件要认真地～。

[名]了解情况的活动:一种～|～报告|这种～没有什么意义|他在进行一次很重要的～。

【近义词】考查/勘察

【构词】备查/抄查/抽查/访查/复查/核查/稽查/检查/考查/盘查/普查/清查/审查/搜查/侦查

1482 **调动**(動) 丙

diàodòng (transfer)

[动]❶更动(位置、用途):～干部|～部队|～兵力|～位置|～了一回|～开始了|可以～|能够～|需要～|用

不着~|秘密地~|~的时间|~的手续|一年内~了两回工作|我们应该服从领导的~|部队经常进行~。❷调集动员:~积极性|~进步力量|能够~|可以~|努力~|充分~|~的方法|~的目的|打破了大锅饭,~了职工的积极性|要把群众的积极性充分~起来|省里~了两千多人去参加抗洪救灾|人力不够,就~社会上的闲散人员,发挥他们的作用。

1483 **调度** 丁

diàodù (v. dispatch; n. dispatcher)

[动]管理并安排(工作、人力、车辆等):~车辆|~好|人员紧张,一时~不过来|你先帮我把车辆~一下,我马上就回来|小伙子精明强干,一会儿工夫就把工作~完了|这么多事,我一个人~不开。

[名]管理、安排(工作、人力、车辆等)的人员:我在汽车队当了15年~|要人要车去找~,找我没用|别看~官不大,权力可不小|~这活儿可不好干。

1484 **调换** 丁

diàohuàn (exchange)

[动]彼此互换;更换:~房间|~位置|~班级|~工作|~老师|~单位|~顺序|~得对|可以~|同意~|全部~|主动地~|高兴地~|~的原因|~的方式|我视力不好,请求老师把我~到前面去|这两个词前后~一下就行了|领导同意我~工作|把口语课和听力课~一下|两人经协商,同意今天下午~房子。

【近义词】调动/交换/对调/改换/更换

1485 **跌** 乙 〔部首〕足 〔笔画〕12

diē (fall)

[动]❶摔:~倒|~了一跤|~伤了|老人~倒了|头~破了|~跟头|~疼了|~坏了|担心~下去|不小心~了一跤,把胳膊~折了|站稳了,不要~下去了|天黑路滑,一下~到沟里去了|在哪儿~倒就在哪儿站起来|年轻人~一下没关系,要是老人~一下就危险了。❷(物价)下降:物价~了|股票~了|美元~了|~得快|~得厉害|~得突然|可能~|~的数量|~的结果|股票~下去再没上来|美元与人民币的汇率从1比8.7~到1比8.3|这几天股票~得厉害|我们的商品质量好,~不了价。

【构词】跌跟头/跌价/跌交/跌落

1486 **爹** 丙 〔部首〕父 〔笔画〕10

diē (father)

[名]父亲,也说"爹爹",用于口语:当~|他~|~娘|小时候,~每天都送我去上学|~给我买了一辆新车|快去把你~找回来,有人找他|~是个地道的庄稼人|不认真学习,对不起疼我养我的~娘|他中年死了妻子,又当~又当娘,好不容易才把几个孩子拉扯大。

【近义词】爸爸/父亲

1487 **叠(疊)** 丙 〔部首〕又 〔笔画〕13

dié (pile up)

[动]❶一层一层往上加:~椅子|~桌子|~得高|可以~|能够~|~过一次|高高地~|小心地~|熟练地~|把桌子一层一层~起来,地方就空出来了|不要~得太高,最多~五层|把书一摞一摞~好。❷折叠:~衣服

|～被子|～毛巾|～整齐|～歪了|～乱了|熟练地～|小心地～|～的方法|～的技术|幼儿园的老师教孩子们～被子|不穿的衣服～好放到柜子里去|奶奶教我用纸～小人|瞧你,餐巾～得一点儿也不整齐。

【近义词】❶重叠;❷折/折叠

【提示】“叠”不能写作“迭”,“叠”和“迭”音同义不同。

1488 **碟子** 丁 〔部首〕石 〔笔画〕14

diézi (small plate)

[名]盛菜蔬或调味品的器皿,比盘子小,底平而浅:一个～|白瓷～|洗～|我家大大小小有20多个～|～里还盛着东西呢|新买的～是硬塑料的|～上的图案是龙凤呈祥。

【近义词】盘子

1489 **丁** 丙 〔部首〕一 〔笔画〕2

dīng (man)

[名]❶成年男子;人口:男人都被抓了壮～|又生了一个男孩子,你家是人～兴旺啊。❷蔬菜、肉类切成小块:鸡～|肉～|黄瓜～|土豆～|萝卜～|切成～|这道菜菜名叫炒三～|我最喜欢的菜是辣子鸡～。❸称从事某些职业的人:园～|老师是辛勤的园～。❹天干的第四位:甲乙丙～|他在甲班,我在～班。

【提示】丁,姓。

1490 **盯** 丙 〔部首〕目 〔笔画〕7

dīng (stare)

[动]把视线集中在一点上;注视:～着|～住|紧～|你要紧紧～住前面那个人,千万不要让他跑了|姑娘被小伙子～得不好意思了|他久久地～着墙上的照片,回忆着往事|妈妈使劲地～着我看,好像我做错了什么事似的|你不用老～着我,我跑不了。

【近义词】看

【构词】盯梢/盯视

1491 **钉**(釘) 丙 〔部首〕钅 〔笔画〕7

dīng (follow closely)

[动]❶紧跟着不放松:你～着前锋,我～着后卫|我～着他一步也不敢离开|他紧～着对方的前锋|你老～着我干什么?❷督促;催问:这事你得～着点儿,千万不要忘了|你走吧,手续我～着办|买机票的事我已经～过好几次了,没问题|火车票太难买了,我～了好几天也没买上|出国的事,你要～着签证处快办。

【提示】“钉”又读 dìng,见第1517条。

【构词】钉锤/钉螺/钉帽/钉梢/钉子/钉是钉,铆是铆

1492 **钉子** 丙

dīngzi (nail)

[名]金属制成的细棍形的物件,一端有扁平的头,另一端尖锐,主要起固定或连接作用,也可以用来悬挂物品或做别的用处:大～|小～|长～|短～|铁～|二寸～|～锈了|～弯了|～折了|桌子坏了,用～钉一下就行了|～太小,钉不上|墙上钉(dìng)几个～,挂衣服用|没有～,蚊帐就挂不上。

1493 **叮嘱**(囑) 丁 〔部首〕口 〔笔画〕5

dīngzhǔ (exhort)

[动]再三嘱咐:母亲～|老师～|领导～|～孩子|～了好几次|必须～|用不着～|忘记～|耐心地～|诚恳地～|热情地～|～的话|～的事情|～的内容|妈妈一再～我多穿点儿衣服|我暗暗～自己,今后一定要努力学

习，争取考上名牌大学｜考试前，老师～学生答题时要认真仔细，不要着急｜妈妈总把我们当长不大的孩子，～完这个又～那个。

【近义词】嘱咐

1494 **顶**(頂) 乙 〔部首〕页 〔笔画〕8

dǐng (top)

[名]人或物体上最高的部分：楼～｜屋～｜房～｜山～｜塔～｜头～｜～上｜～端｜楼～上安了一排太阳能热水器｜再爬10分钟就能爬到山～了｜湖水很深，我一下去就没(mò)了～｜塔～上长了许多小草｜树～上挂着几颗红枣。

【构词】顶峰/顶风/顶梁柱/顶棚/顶事/顶替/顶用/顶针/顶撞/顶嘴/顶天立地/顶头上司

1495 **顶** *乙

dǐng (carry on the head)

[动]❶用头支承：～坛子｜～书包｜～罐子｜～歪了｜～不了｜～起来｜～不动｜可以～｜能～｜～了两次｜朝鲜妇女运东西不用背(bèi)背(bēi)，也不用肩扛，而是用头～｜50斤重的一袋大米，他能用头～着走｜下雨了，没有雨伞，只好～块塑料布｜这么重的东西，我可～不动。❷〈丙〉用头撞击：一抬头就～着天花板了，～了个大包｜两只山羊～起来了｜开场不到10分种，前锋就把球～进去了｜小心，牛会～人的！❸〈丙〉用语言进行顶撞：小孩子不应该跟大人～嘴｜老师一说他，他就跟老师～｜我说他一句，他敢～我三句｜服务员跟顾客～起来了。❹〈丙〉从下面拱起：蒸汽把锅盖～起来了｜从砖缝里～出一个小芽｜树根把水泥地～起一个大包｜鞋让脚指头～了一个大洞。❺〈丙〉对面迎着：～着风往前走｜走到半路下起雨来，前不着村后不着店，只好～着雨走｜炎热的夏季，农民天天～着太阳干活儿，真够辛苦的。❻〈丁〉相当；抵：小伙子就是能干，一个能～俩｜别看她是个姑娘，干活儿能～小伙子用｜水果怎么也不能～饭吃｜别看他平时说话不多，可说一句～一句。❼〈丁〉顶替；支持；担当：考试作弊现象很严重，有人竟然～着别人的名考｜师傅有病，我替他～了一个班｜老教师虽然退下来了，但是青年教师又～了上去｜他的工作你～不了｜家务活太重，我实在～不下去了｜你已经连续～了两班，不能再～了｜人手不够，你再坚持～～吧｜再让我～，我怕～不下来。❽〈丁〉支撑；抵住：～门｜～墙｜～房梁｜～得结实｜～得及时｜～住了｜～好了｜～不住｜～了两次｜使劲～｜用桌子把门～住｜他使劲～着门不让别人进来｜墙快倒了，只好用几根柱子～住｜先用肩膀～着点儿，我去找根棍子～。❾〈丁〉指转让或取得企业经营权、房屋租赁权：几个人合伙把乡办工厂～下来了｜小卖部已～给别人了｜把房子～出去，资金就周转开了｜租金太高，我～不了。

【近义词】❻抵；❼代替/坚持；❽抵住

1496 **顶** 丙

dǐng (most)

[副]表示程度最高：我的女儿～爱吃海螃蟹了｜～多再有两个星期就放假了｜今年的考试题太难了，我～多考了70分｜干起活儿来他～卖力气了｜赶到北京，～快也得两天。

1497 **顶** 丙

dǐng (m. *for things which have a*

top）
[量]用于有顶的东西:买了一～草帽|这～帽子很好看|买～蚊帐,省得让蚊子咬。

1498 **顶点**(點) 丁

dǐngdiǎn (apex)
[名]最高点;极点:这群流氓坏到了～|只要我们努力攀登,一定能到达科学的～|已经到达～了,还往哪儿走?|已经热到～了,不能再热了。

1499 **顶端** 丁

dǐngduān (peak)
[名]最高最上的部分;末尾:树的～落着三只乌鸦|我们走到胡同的～才发现有一家小餐馆|把电视天线安到楼的～效果会更好。
【提示】"顶端"的"端"不要写成"瑞"。

1500 **定** 乙 〔部首〕宀 〔笔画〕8

dìng (calm down)
[动]❶使平静;稳定:坐了半天才把神～下来|等了一个多月签证也没下来,弄得他心神不～|不要着急,先～～神再说|开学好几天了,学生还没把心～下来。❷决定;使确定:～任务|～制度|～办法|～稿|～人员|～标准|～日子|～错了|必须～|准备～|认真～|正式地～|先把参加会议的人～下来再说|领导不～,自有不～的道理|在新的规章制度没～下来之前,还是执行原来的|结婚的日子～下来没有?|你出国的事还没～,过几天再说吧。❸预先约定:～车票|～报纸|～房间|～出租车|～杂志|～早了|～多了|用不着～|可以～|应该～|不能～|负责～|忘了～|难～|快～|你负责～房间,我负责～机票|如火车票～晚了,只能推迟几天走了,|这月的报纸全～完了,下月再～吧。
【提示】定,姓。
【构词】定案/定单/定都/定夺/定稿/定购/定户/定婚/定货/定局/定礼/定论/定苗/定名/定盘星/定钱/定亲/定情/定然/定神/定位/定心丸/定型/定影/定语/定员

1501 **定点**(點) 丁

dìng diǎn (fixed point)
选定或指定在某一处:牛奶～供应,住在这个楼的居民可到楼下103号取奶|这里修理家用电器都～,对顾客很方便。

1502 **定额**(額) 丁

dìng'é (quota)
[名]规定的数量:完成～|规定～|每个月他都能完成～|～是厂里定的,完不成要受罚|我们的～是每人每月完成60件|～定得不合理,应找领导反映。

1503 **定价**(價) 丁

dìngjià (fix a price)
[名]规定的价钱:商品～|～高了|～低了|牡丹牌彩色电视机的～是每台2700元|这批货还没有～,不能卖|～高了卖不出去,～低了工厂又赔本。
【近义词】价格/价钱

1504 **定居** 丁

dìngjū (settle down)
[动]在某个地方固定地居住下来:牧民～|渔民～|～不了|可以～|不能

～|用不着～|牧场～|海边～|必须～|应该～|～的地方|不能老这么游荡,应该找个地方～下来|牧民不可能长期在一个地方～|我弟弟在外国～了|旅居国外30多年的老华侨决定回国～。

【近义词】居住/安家

【构词】安居/卜居/分居/共居/故居/寡居/寄居/家居/旧居/聚居/客居/困居/邻居/旅居/栖居/起居/迁居/侨居/屈居/群居/散居/同居/退居/闲居/新居/移居/隐居/幽居/杂居/自居/祖居/离群索居/奇货可居

1505 **定理** 丁

dìnglǐ (theorem)

[名]已经证明具有正确性,可以作为原则或规律的命题或公式:几何～|数学～|发现～|这是根据几何～换算出来的|他发现了一条数学～|这些～应该背下来。

1506 **定量** 丁

dìngliàng (ration)

[名]规定的数量:～配给(jǐ)|～供给(jǐ)|有～|用不着～|～高|～低|标准～|以前,粮、油都～供给|我们可以对汉语的词汇进行～分析|工作任务要有～要求。

1507 **定律** 丁

dìnglǜ (scientific law)

[名]科学上对某种客观规律的概括,反映事物在一定条件下发生一定变化过程的必然规律:一条～|物理～|化学～|这道物理题,应该根据这条～来做|这条～我总记不住|他发现了一条新的化学～。

【构词】法律/格律/规律/纪律/节律/戒律/禁律/七律/诗律/心律/刑律/旋律/一律/韵律

1508 **定期** 丙

dìngqī (v. fix a date; adj. regular)

[动]定下日期:～召开|～完成。

[形]有一定期限的:～存款|～检查|～发行|对饮食行业要～进行卫生检查|为保证教职工的身体健康,学校～为教职工体检|我想存一笔5000元的～存款。

【近义词】[动]按期

1509 **定向** 丁

dìngxiàng (directional)

[副]指有一定的方向:这些学生是～招来的|60年代,国家～培养了一批对外汉语教学人才|拆除建筑物,现在采用～爆破新技术。

【构词】单向/导向/动向/方向/风向/横向/流向/面向/内向/偏向/倾向/趋向/去向/外向/相向/一向/意向/指向/志向/转向/走向

1510 **定性** 丁

dìng xìng (determine the nature)

❶测定物质所含成分及性质:对这些矿物质要进行～分析|～分析的结果已经出来了。❷对犯错误或犯罪的人,确定其问题的性质:他的问题现在还没有～|厂长犯的错误已经～|问题基本清楚,如何～还需要研究。

【提示】离合词,中间可插入其他成分,如:定不了性。

1511 **定义(義)** 丁

dìngyì (definition)

［名］对于一种事物的本质特征或一个概念的内涵和外延的确切而简要的说明：掌握～｜～准确｜～简明｜～含糊｜文学的～｜商品的～｜下～｜～的内容｜～的内涵｜老师讲的～很清楚｜老师讲了半天～，我也不明白｜只要你明白了～，题就好做了｜我还真不知道文学的～是什么。

1512 **订**(訂) ＊乙 〔部首〕讠 〔笔画〕4

dìng (conclude; draw up)

［动］❶经过商量而立下条约、计划、章程等：～规划｜～措施｜～章程｜～条件｜～条约｜～得好｜～得全面｜～得具体｜愿意～｜同意～｜全面地～｜系统地～｜这份合同～得很全面｜一定要～出详细的计划来｜要～一个学习计划。❷预先约定(也作“定”)：～书｜～杂志｜～票｜～房间｜～座位｜～牛奶｜～好了｜～多了｜～了一次｜应该～｜不能～｜需要～｜开始～｜早～｜直接～｜及时～｜～的时间｜去车站～了一张卧铺票｜机票需要提前一天～｜报纸～得太多，看不过来｜你去饭店～五桌饭。❸〈丙〉装订：～书｜～本｜～教材｜～文件｜～得结实｜～得整齐｜必须～｜需要～｜用不着～｜认真地～｜我用废纸～了一个本子｜把这些资料～起来｜～了一晚上也没把书～好｜本子太厚，订书机～不透｜～得不好，还得重新～～。

【近义词】❶签订/订立；❷预订；❸装订

【构词】订户/订交/订立/订书机/订约/订正

1513 **订购/定购**(購) 丁

dìnggòu (order)

［动］约定购买：～货物｜～粮食｜～衣服｜提前～｜不能～｜可以～｜必须～｜～多了｜～少了｜及时～｜需要～｜～的时间｜～的地点｜在东北～了五车皮大豆｜大米需要提前～｜～的货物下个月才能运到｜～货物得找小赵，他有经验。

【近义词】买

1514 **订婚/定婚** 丙

dìng hūn (be engaged)

男女订立婚约：已经～｜还没～｜订了婚｜他们俩已经～了｜～的时候告诉我们一声｜小妹说自己年龄小，不同意～｜～是两个人的事，别人不要管｜现在我们还是学生，怎么能～呢？｜家里为哥哥举行了隆重的～仪式。

【反义词】退婚

【提示】离合词，中间可以插入其他成分，如：他俩在今年6月订了婚｜他们没订过婚。

【构词】成婚/重婚/初婚/复婚/后婚/悔婚/结婚/金婚/军婚/赖婚/离婚/配婚/抢婚/求婚/群婚/通婚/退婚/完婚/晚婚/未婚/新婚/许婚/银婚/再婚/早婚/主婚

1515 **订货/定货**(貨) 丁

dìng huò (order goods)

订购产品或货物：要～｜订了货｜没～｜明天去广州参加～会｜要说～，还是他有经验｜经理让我去东北～｜店里的存货不多了，得赶紧去～｜～可是一门学问，不懂容易上当｜等了一下午～的，人也没来｜我们订的那批货明天到。

【近义词】订购

【反义词】退货

【提示】离合词，中间可以插入其他成分，如：订了货｜订了一批货。

1516 **订阅/定阅**(閲) 丁

dìngyuè (subscribe)

[动]预先付款订购(报纸、刊物):～报纸需要提前一个月|学校为我们～了五种报纸|今年我～了两本杂志|在邮局～的刊物到现在也没来。

1517 **钉**(釘) 丁 〔部首〕钅 〔笔画〕7

dìng (nail)

[动]❶把钉子捶打进别的东西里;用钉子、螺丝钉等把东西固定在一定的位置或把分散的东西连合起来:～箱子|～柜子|～板凳|～牌子|～架子|～桌子|～好了|～结实了|～歪了|用不着～|认真地～|使劲地～|～的方法|～的地方|椅子快散架了,用钉子～一～|用几块木板～了一个箱子|窗户坏了,得～一下儿|你扶好了,我来～|门坏得太厉害了,再～也～不好了。❷用针线把带子、纽扣等缝住:～扣子|～带子|～花边|～齐了|～错了|～坏了|～反了|～结实了|～得好看|会～|用不着～|～的位置|长这么大我就没～过扣子|扣子～上了,但～反了|衣服边上～上花边就好看了|要～就～结实了,别上午～下午掉。

【提示】"钉"又读 dīng,见第 1491 条。

1518 **丢** *甲 〔部首〕丿 〔笔画〕6

diū (lose)

[动]❶遗失;丧失:～帽子|～钱包|～衣服|～照相机|～钥匙|～自行车|～提包|～行李|～箱子|～护照|～工作|～机会|～性命|容易～|～过一次|～的地方|～的东西|新买的自行车～了|书～在什么地方了,怎么想也想不起来|收音机～了一天,别人拾到又给我送回来了|不努力工作,最后把饭碗都～了。❷扔:～垃圾|～烟头|～废纸|～炸弹|～下朋友|舍不得～|顺手～|随便～|不要随地～纸屑|这是我从外地带回来的,真舍不得～|烟头、果皮要～到垃圾箱里。❸(乙)搁置;放:～了手艺|～了功课|～光了|容易～|～了很久|不能～|这几年,把专业全～了|学到的手艺千万不能～|几年不用,外语全～了|专业～了容易,捡起来就难了。

【近义词】❶遗失;❷扔;❸搁置

【反义词】❶拾/捡

【构词】丢丑/丢掉/丢脸/丢面子/丢弃/丢眼色/丢盔弃甲/丢三落(là)四/丢卒保车

1519 **丢人** 丁

diū rén (lose face)

丢脸:考试不及格真～|既然他不怕～,就让他去吧|让她做点儿小生意,她嫌～|他嫌我穿的衣服不时髦,丢了他的人|我今天真丢了大人了,在马路上摔了个大跟头。

【提示】离合词,中间可插入其他成分,如:你自己去吧,我可跟你丢不起这个人。

1520 **丢失** 丁

diūshī (lose)

[动]遗失:～文件|～证件|～钱包|～资料|～人格|发现～了|害怕～|不能～|～的时间|～的地点|这些文件很重要,千万不要～|～的照相机终于找回来了|书可能～在教室里了。

【近义词】遗失/失掉

【反义词】得到

【提示】主要用于书面语,口语中说

"丢"。

1521 **东(東)** *甲　〔部首〕一　〔笔画〕5

dōng (east)

[名]❶四个主要方向之一,太阳出来的一边:～方|～边儿|～头|～风|～城|～北|～房|路～|靠～|太阳从～边儿出来|你往～看,那片稻田是我家的|～边太阳西边雨|我家住的是～房|往～走一点儿,就到邮局了。❷〈丁〉主人:～家|房～|股～|我在国外住的房子是租的,房～是一位老太太|您是我的～家,许多事情还得请您多关照|我是这家公司的股～。❸〈丁〉请客的主人:今天我做～,请你们吃饭|我做了两回～了,今天该你做～了。

【近义词】❶东边/东方

【反义词】❶西/西边/西方

【提示】东,姓。

【构词】东半球/东床/东风/东宫/东家/东南亚/东欧/东三省/东鳞西爪/东山再起

1522 **东北** *乙

dōngběi (northeast)

[名]❶东和北之间的方向:～方|～边|～角|朝～走|往～开|今天刮的是～风|～方向有一片乌云|～角有一家饭店|我们学校位于北京城的～。❷〈丁〉特指中国的辽宁、吉林、黑龙江三省:我出生在中国的～|～是一个好地方,土地肥沃,物产丰富|～比北京冷多了|～是中国的粮仓。

【构词】败北/华北/淮北/江北/南北/西北/天南地北/走南闯北

1523 **东奔西走** 丁

dōng bēn xī zǒu (rush around)

形容到处奔忙或为某一目的而四处活动:妹妹数年来为生活～,没有片刻工夫做自己的学问|为了找到合适的工作,他～|他～,想为儿子找一所合适的学校。

【构词】奔走/撤走/出走/赶走/疾走/竞走/逃走/退走/行走

1524 **东边(邊)** 甲

dōngbiān (east)

[名]东:从～来了一个人|～有一家书店|我家住在～,他家住在西边|～那座楼是个医院|你往～靠一靠。

【近义词】东/东方/东部/东头

【反义词】西/西边/西方/西部/西头

【提示】"东边"在口语中一般要"儿"化。

1525 **东部** 乙

dōngbù (east)

[名]东边的地区:～地区发生了水灾|国家把～作为经济开发区|故事发生在～沿海地区|～资源丰富,要尽力开发。

【近义词】东/东边/东面/东方

【反义词】西/西方/西边/西部/西面

1526 **东道主** 丁

dōngdàozhǔ (host)

[名]请客的主人:我代表大家感谢～|他是我们的～|今天谁是～?|还是我做～吧。

1527 **东方** 乙

dōngfāng (the east)

[名]东:～红,太阳升|～已经发亮|火红的太阳从～升起。

【近义词】东/东边/东面

【反义词】西/西边/西面/西方

1528 东面 乙

dōngmiàn (east)

[名]东边:你坐在~,我坐在西面|主席台在~|床放在屋子的~|院子~有个花坛。

【近义词】东/东边/东方/东部/东头

【反义词】西/西边/西方/西部/西面/西头

1529 东南 乙

dōngnán (southeast)

[名]❶东和南之间的方向:~风|~方向|面向~|一刮~风,天气就暖和了|我的家在~方向|一直往~走就到奶奶家了。❷特指中国东南沿海地区,包括上海、江苏、浙江、福建、台湾等省市:最近几年中国~地区发展比较快|国家的政策是发展~,带动西北|~地区的沿海省、市,地理条件比较好。

【构词】华南/淮南/江南/西南/指南/岭南

1530 东西 *甲

dōngxi (thing)

[名]❶泛指各种事物:买~|吃~|送~|拿~|找~|丢~|卖~|~的质量|~的价格|~好|他买~去了|一上午买了一大堆~|来中国一年,学到了很多~|语言这~不是轻易就能学好的|他做的~质量就是好|好~谁都爱吃。❷〈丙〉特指人或动物(多含厌恶或喜爱的感情):这小~可聪明了|这~真笨,教了他多少遍了,就是记不住|把老人叫老~,太不礼貌了|这人不是个好~。

【近义词】❶事物;❷家伙

【构词】归西/偏西/中西/声东击西

1531 冬 甲

〔部首〕夂
〔笔画〕5

dōng (winter)

[名]冬季:立~|入~|~天|~季|入~以后,地里的白菜才能收|隆~腊月,冻得人伸不出手来|中国北方春夏秋~四季分明|屋里连个炉子都没有,怎么过~?

【近义词】冬天/冬季

【提示】冬,姓。

【构词】冬菜/冬令/冬眠/冬闲/冬小麦/冬衣/冬泳/冬至/冬装

1532 冬瓜 丁

dōngguā (white gourd)

[名]一年生草本植物,茎上有短须,能爬蔓,叶子大,开黄花。果实球形或长圆柱形,表面有毛和白粉,是普通蔬菜:一个~|五斤~|炒~|煮~|~条|~可以炒着吃,也可以做汤|去年,我种的~大的足有50多斤|夏天多吃点儿~可以解暑|~既好吃又便宜|~的皮和种子可以入药。

【构词】北瓜/菜瓜/地瓜/黄瓜/苦瓜/木瓜/南瓜/傻瓜/丝瓜/糖瓜/甜瓜/西瓜/香瓜/顺藤摸瓜

1533 冬季 丙

dōngjì (winter)

[名]一年的第四季,农历的十、十一、十二三个月为冬季:~旅行,可以去冰城哈尔滨|我喜欢~,因为在~可以看到下雪|~是体育锻炼的好季节。

【近义词】冬/冬天

【反义词】夏/夏季/夏天

1534 冬天 甲

dōngtiān (winter)

[名]冬季：中国南方有的地方几乎没有～|哈尔滨的～银装素裹，美丽极了|～到了，天气冷了|现在的～越来越暖和了|～地里没活儿，是农闲季节。

【近义词】冬/冬季

【反义词】夏/夏季/夏天

1535 **董事** 丁 〔部首〕艹 〔笔画〕12

dǒngshì (director)

[名]某些企业、学校、团体等的领导机构(董事会)的成员：他是校董事会的～|～们到齐了才能开会|一般每个月召开一次～会|王～不在家，明天再找他吧。

【提示】董，姓。

1536 **懂** 甲 〔部首〕忄 〔笔画〕15

dǒng (understand)

[动]知道；了解：学生～了|孩子～了|意思～了|内容～了|道理～了|～规矩|～道理|～人情|～英语|～礼貌|应该～|～得多|完全～|难～|看～了|听～了|老师讲了一遍，我就～了|他是学外语的天才，不仅～英语，还～法语和西班牙语|不～就是不～，不要不～装～|上课不注意听讲，怎么～得了？|几年不见，他也～起事来了。

【近义词】知道/明白/了解

1537 **懂得** 乙

dǒngde (understand)

[动]知道(意义、做法等)：学生～|青年～|意思～|～规矩|～道理|～爱情|～技术|～用心|～好歹|完全～|经过几个月的电脑培训，我～了计算机的不少原理|你说的这些道理大家都～|你～我为什么这样做吗？|他应该～这句话的意思。

【近义词】了解/理解/明白

1538 **懂事** 丙

dǒng shì (sensible)

了解别人的意图或一般道理：孩子太小，还不～|这人不太～，我不愿跟他来往|孩子～是大人教育的结果|不～的孩子谁也不喜欢|艰苦的生活使他很早就懂了事|这孩子这几年～多了。

【提示】离合词，中间可插入其他成分，如：懂了事|懂不了事。

1539 **动**(動) *甲 〔部首〕力 〔笔画〕6

dòng (move)

[动]❶改变事物原来的位置或状态：别～|没～|想～|不能随便～别人的东西|爸爸的书可～不得|没有我的允许，谁也不能～|你往旁边～～，让我坐下|柜子里的衣服全让他～乱了。❷活动；动作；行动：大家先～起来，有问题以后再说|一声令下，大家就～起来了|光嘴上说，就是不～。❸〈乙〉使用；使起作用：这人光～嘴不～手|大家都～～脑子，想想办法|我的存款已～过一次了，再～就没了|车是爸爸的命根子，你千万不能～|君子～嘴不～手。❹〈乙〉用在动词后，作动词的结果补语或可能补语：拿不～|走不～|搬得～|扛不～|咬不～|跑得～|箱子太重，你一个人拿不～|老师的一席话，深深地打～了他|他这个牛脾气，谁也劝不～他。❺〈丙〉感动；触动：她还真跟我～起感情来了|这人心硬，跟谁也不～感情|不知为什么，他又～怒了|别为了一点儿小事就～肝火。

【反义词】❶静

【构词】动不动/动产/动词/动画片/

动火/动量/动能/动念/动怒/动气/动情/动容/动弹/动听/动土/动问/动武/动物学/动向/动心/动刑/动议

1540 动荡(蕩) 丁

dòngdàng (turbulent)

[动]❶波浪起伏:水面~|在阵阵清风的吹拂下,湖水欢乐地~着|船在大海中剧烈地~|轮船驶过,河水~了很长时间|人生就像大海中的船,在~中前进。❷(局势、情况)不稳定:局势~|社会~|生活~|由于社会~,人民生活受到了影响|~的局势还没有稳定下来|在~中生活了七年。

【近义词】摇动/波动/激荡

【反义词】稳定

【构词】闯荡/涤荡/放荡/迸荡/浩荡/晃荡/回荡/激荡/狂荡/浪荡/飘荡/扫荡/坦荡/跳荡/摇荡/游荡/震荡/浩浩荡荡

1541 动工 丁

dòng gōng (begin construction)

开工;施工:开始~|准备~|不能~|职工宿舍楼已~修建|~才五个月,工程就完成了一半|计划批下来以后就~|~的那天,请领导剪彩|前方~,车辆请绕行。

【近义词】开工/施工

【反义词】竣工

【提示】离合词,中间可插入其他成分,如:工地已经动了工|天太冷,动不了工。

1542 动机(機) 丙

dòngjī (motive)

[名]推动人从事某种行为的念头:~好|~不纯|~卑鄙|良好的~|善良的~|学生的~|闹事的~|小偷的~|真正的~|全部~|~好,方法不对头,也会把事情搞坏|不能只强调~,不管效果|不知他写匿名信的~是什么|这样做的~是什么,她很清楚。

【近义词】想法/念头

【反义词】效果

1543 动静 丙

dòngjing (the sound of sth. astir)

[名]❶动作或说话的声音:~没有了|~大|~小|听见~|注意~|屋里的~|外面的~|细微的~|听了半天也没听到什么~|~小一点儿,别把孩子吵醒了|白天人们都去上班了,楼里一点儿~也没有,安静极了。❷(打听或侦查的)情况:村里的~|敌人的~|搬家的~|转移的~|特别的~|这几天,敌人一点儿~也没有|你注意观察,有~马上报告|领导同意是同意了,可老不见~。

【近义词】❶声音/声响/响动;❷情况/情形

1544 动力 丙

dònglì (power)

[名]推动工作、事业发展的力量:~产生了|~充足|增加~|得到~|带来~|需要~|变为~|成为~|思想上的~|爱情的~|生活的~|~的来源|只有人民,才是创造世界历史的~|只有把美好的理想变为行动的~,理想才能成为现实|没有目的就没有~|这孩子学习的~不足。

1545 动乱(亂) 丁

dòngluàn (turmoil)

[名]社会骚动变乱:发生了~|出现了~|~停止了|避免~|世界~|社会~|政治~|国家~|局部~|严重

～|～的年代|～的日子|最近这个地区多次发生～|～严重影响社会秩序,应该坚决制止|要认真总结发生～的原因|东部地区发生了～|～被平息了。

【近义词】骚动/动荡

【反义词】安定/稳定

1546 动脉 丁

dòngmài (artery)

[名]把心脏压出来的血液输送到全身各部分的血管:大～|小～|～注射|病情严重,赶快进行～输血|输血时,护士找了半天也找不到～|医生确诊他患有～硬化症。

【构词】按脉/把脉/搭脉/地脉/号脉/静脉/矿脉/命脉/切脉/山脉/血脉/叶脉/诊脉

1547 动人 乙

dòngrén (moving)

[形]感动人:事迹～|景色～|故事～|情景～|报告～|眼睛～|画面～|讲得～|写得～|确实～|实在～|～的事迹|～的演讲|话剧表演非常～|他给我们讲了一个十分～的故事|今天的先进事迹报告会实在～|这本小说写得很～。

【近义词】感人

1548 动身 乙

dòng shēn (set out)

启程;出发:已经～|还没～|他～|9点的飞机,7点～来得及|大家把东西准备好,马上～|～的日子快到了|车票买不到,怎么～?|事情太多,到现在他还动不了身。

【近义词】出发/启程

【提示】离合词,中间可以插入其他成分,如:签证下不来的话就动不了身。

1549 动手 *乙

dòng shǒu (start work)

❶开始做;做:主人～|客人～|亲自～|～快|～早|可以～|决定～|计划～|早～|及时～|别站着,快～做饭吧|大家听明白了就～干吧|我们必须赶快～,晚了就来不及了|这是我亲自～做的。❷〈丙〉指打人:有话好好说,为什么～打人?|你要再～,大伙就不依了|不管怎么说,～是不对的。❸〈丁〉用手接触:请勿～|禁止～|不准～|随便～|～罚款|小孩子就爱～动脚|陈列品不准～摸|这些都是贵重物品,请勿～。

【近义词】❶做;❷打人;❸摸

【提示】离合词,中间可以插入其他成分,如:家里的活儿我从没动过手|他趁人不注意就动起手来。

1550 动态(態) 丁

dòngtài (development)

[名](事情)发生的情况:观察～|分析～|了解～|社会～|政治～|科技～|敌人的～|掌握～|研究～|从报纸上就可以看出经济发展的～|要密切注意他们的～|科技人员要掌握世界科技发展的～|我们要掌握教学上的新～。

【近义词】动向/动静

【构词】变态/表态/病态/步态/常态/丑态/富态/故态/静态/窘态/旧态/情态/神态/生态/失态/事态/世态/体态/心态/液态/仪态/醉态/作态/一反常态

1551 动物 甲

dòngwù (animal)

[名]生物的一大类,多以有机物为食物,有神经,有感觉,能运动:一种～|爬行～|两栖～|哺乳～|动物园里的～可多了|～是人类的朋友,我们要保护它们|熊猫是国家一级保护～|孩子们特别喜欢～。

1552 **动物园**(園) 乙

dòngwùyuán (zoo)

[名]饲养许多种动物(特别是科学上有价值或稀少罕见的动物)供人参观的公园:一座～|参观～|游览～|北京～是中国最大的～|我在国外时去过野生～|～里的工作人员非常辛苦|星期天,我常带孩子去～玩。

【构词】公园/故园/果园/花园/家园/菁园/乐园/梨园/陵园/田园/庭园/校园/幼儿园/庄园

1553 **动摇** 丙

dòngyáo (shake)

[动]使不稳固;使不坚定:～军心|～信念|～根基|这次农民起义彻底～了封建王朝|困难和失败并没有～他继续试验的决心|再大的困难也～不了我。

【反义词】坚定/稳固

【构词】扶摇/招摇/风雨飘摇

1554 **动用** 丁

dòngyòng (put to use)

[动]使用:学校～|单位～|～资金|～部队|～公款|能够～|不能～|决定～|建议～|舍不得～|企图～|秘密～|～的理由|～的原因|公款不准随便～,谁～了谁担责任|为修路,～了全村的劳动力|这是给儿子娶媳妇的钱,谁也不能～|这一工程～的人力物力无法计算。

【近义词】使用/利用/运用

1555 **动员**(員) 乙

dòngyuán (mobilize)

[动]发动人参加某项工作:全国～|全民～|～群众|～朋友|～人民|～报名|～参加|～了一次|必须～|开始～|组织～|紧急～|～报告|～的范围|要～群众积极参加植树活动|情况紧急,你快回村～几个人来|我们～过了,可是没有几个人愿去|我已～了很多人参加下午的活动。

【近义词】发动/鼓动

1556 **动作** 乙

dòngzuò (movement)

[名]全身或身体的一部分的活动:～学会了|～掌握了|～完成了|～改变了|～练完了|～熟练|～缓慢|～准确|舞蹈～|落地的～|跳高的～|他游泳的～十分标准|简易太极拳一共有24个～|～基本对了,但力量不够|为了掌握这个高难～,他练了一遍又一遍。

1557 **冻**(凍) 乙 〔部首〕冫 〔笔画〕7

dòng (freeze)

[动]❶(液体或含水的东西)遇冷凝固:肉～了|～白菜|～柿子|～饺子|～豆腐|缸里的水都～成冰了|剩菜都～在冰箱里了,坏不了|大葱放在外边全～坏了|～柿子可好吃了。❷受冷或感到冷:多穿点儿衣服,别～着|外边冷,别把孩子～坏了|你放心吧,我～不着|今天没戴手套,手～得生疼。

【近义词】❶结冰/冰冻/凝固;❷冷/寒冷

【反义词】❶化/融化/解冻/化冻;❷

热/温暖

【构词】冻疮/冻豆腐/冻肉/冻伤/冻土

1558 **冻结**(結) 丁

dòngjié (freeze)

[动]❶液体受冷凝结:河水～|湖水～|血液～|～成冰|能够～|担心～|害怕～|慢慢～|容易～|湖水已～|这年冬天十分寒冷,水落到地上就～成冰了。❷停止流通或停止变动(多指人员、资金等):资金～|人事～|财产～|～存款|开始～|要求～|宣布～|解除～|～的目的|由于工厂倒闭,银行～了我们单位的资金|两个单位合并之前,人事调动暂时～。

【近义词】❶上冻/冻

【反义词】❶化冻/解冻/溶化;❷解冻

1559 **栋**(棟) 丁 〔部首〕木 〔笔画〕9

dòng (*for building*)

[量]用于房屋:一～房子|一～楼房|一～居民楼。

1560 **洞** 乙 〔部首〕氵 〔笔画〕9

dòng (hole)

[名]物体中间的穿通的或凹入较深的部分:山～|穿～|打～|钻～|挖～|补～|～填上了|～挖好了|这个～很深,从来没人敢进去|鞋子磨破了一个～|衣服上这么多～,补不上了|～里黑乎乎的,什么也看不见。

【构词】洞察/洞穿/洞房/洞府/洞窟/洞悉/洞箫/洞穴/洞眼/洞若观火/洞天福地

1561 **都** 甲 〔部首〕阝 〔笔画〕10

dōu (all)

[副]❶表示总括,所总括的成分一般在前:客人～走了|家里的人～去看电影了|不管学什么语言～要从语音开始学起|这几栋楼～是今年新盖的。❷表示"甚至":今天一点儿～不热|今天的考试他一个问题～没答错|这件事连我～不知道,他怎么会知道?|大雨把里边的衣服～淋湿了。❸表示"已经":～12点了,该睡觉了|天～黑了,快走吧|～到吃饭时间了,快回家吧。

【近义词】❶全;❷甚至;❹已经

【提示】"都"又读 dū,见第 1573 条"都市"。

1562 **兜** 丁 〔部首〕儿 〔笔画〕11

dōu (wrap up in a bag)

[动]做成袋形把东西拢住:用手帕～点儿枣回去给孩子吃|老大娘用毛巾～了几个鸡蛋|小孩想用衣襟～几个苹果,可～了半天也～不起来。

【构词】兜底/兜兜/兜兜裤/兜肚/兜风/兜揽/兜圈子/兜售/兜销/兜子

1563 **兜儿**(兒) 丁

dōur (pocket)

[名]口袋一样的东西:裤～|衣～|有～|这条裤子上有四个～|这几个～是装粮食用的|～太小,装不了多少东西|买东西得带～|～里装的是什么东西?|我～里就带了 50 块钱。

【近义词】袋/口袋

1564 **抖** *丙 〔部首〕扌 〔笔画〕7

dǒu (tremble)

[动] ❶颤动; 哆嗦: 手～|脚～|全身～|～得厉害|～了一下|使劲地～|他冻得全身都～起来了|看到爸爸严厉的面孔, 他情不自禁地～了一

下｜爷爷自从得了这种病，手和脚就不停地～。❷使振动；甩动：衣服上的土～～就掉了｜衣服洗完后～～再晾，免得出褶｜他帮助女朋友把雪～了下来｜地毯上的土怎么～也～不掉。❸〈丁〉鼓动；振作：他竟敢在领导面前～威风｜在事实面前，他的威风再也～不起来了｜我们要～起精神大胆干。❹〈丁〉全部倒出；彻底揭穿：他把抽屉里的东西全～出来，也没找到他要的那本书｜在警察面前，他把知道的事全～出来了｜你必须把你的罪行一条一条地往外～。

【近义词】❶发抖/颤抖/颤动/哆嗦/发颤/战抖；❷抖动/振动/甩动/甩/抖擞；❸鼓/振奋/振作/抖擞；❹揭露/揭穿/揭发

【构词】抖颤/抖动/抖搂/抖战

1565 **陡** 丙 〔部首〕阝 〔笔画〕9

dǒu (steep)

[形]坡度很大，近于垂直：非常～｜不太～｜～坡｜坡太～，车上不去｜爬这么～的坡太危险了｜对面那座山太～，爬不上去｜走这么～的山路，我还是第一次｜坡～路滑不好走。

【反义词】平坦/平缓

【提示】“陡”不要念成“徒”(tú)。

【构词】陡壁/陡变/陡峻/陡立/陡坡/陡峭/陡然/陡崖

1566 **斗(鬥)** *丙 〔部首〕斗 〔笔画〕4

dòu (fight)

[动]❶群众用说理、揭发、控诉等方式打击敌对分子或坏分子；斗争：～恶霸｜我们要坚决和坏人坏事～到底。❷使动物斗：～牛｜～蛐蛐｜～鸡｜～输了｜～赢了｜～了半天｜～了一回｜我看过一回～牛比赛｜两只狗又～起来了｜我的鸡怎么也～不过他的鸡。❸〈丁〉争胜负：要敢于和强队～｜比赛的时候，我们不仅要～智，还要～勇｜你的嘴皮子～不过他｜要说要心眼儿，我可～不过你｜小时候，我和弟弟常常～嘴。

【近义词】❶斗争；❷比/比赛

【提示】“斗”又读 dǒu，指容量单位。

【构词】斗法/斗牛/斗殴/斗牌/斗气/斗士/斗心眼儿/斗智/斗嘴

1567 **斗争** *乙

dòuzhēng (v./n. struggle)

[动]❶矛盾的双方互相冲突：学派～｜思想～｜坚持～｜坚决～｜公开～｜～的结果｜～的方式｜敌我双方～得很激烈｜要坚决和错误思想～到底｜我们必须和旧的传统势力进行～｜我们必须继续跟他们～下去｜接不接受这个任务，我～了一晚上。❷〈丙〉群众用说理、揭发、批判、控诉等方式打击敌对分子或坏分子：～坏蛋｜～恶霸｜～坏分子｜～的对象｜～的目标｜要坚决和盗窃分子～下去｜群众觉醒了，敢于站起来和恶霸～了。❸〈丁〉努力奋斗：为了美好的理想而～｜不～就不能取得胜利｜我们要为国家的强盛而～。

[名]矛盾双方的冲突：一场～｜～开始了｜～停止了｜～结束了｜～的结果｜有～｜～激烈｜～尖锐｜～残酷｜减少～｜这种～没有什么意义｜这里的～太激烈了。

【近义词】❶争斗/冲突；❷揭露/批判/控诉；❸奋斗

【反义词】❶妥协/和解/和好

【构词】纷争/竞争/抗争/力争/论争/战争/分秒必争

1568 **斗志** 丁

dòuzhì (fighting will)

[名]战斗的意志:提高～|加强～|～昂扬|～旺盛|～顽强|～消沉|磨炼～|激发～|消磨～|群众的～|高昂的～|同学们的～是那么的高昂|领导的关怀激发了全体职工的～|我们必须有坚强的～才能战胜困难|战士们意气风发,～昂扬。

【近义词】意志

1569 **豆腐** 乙 〔部首〕豆 〔笔画〕7

dòufu (bean curd)

[名]食品,把黄豆磨成浆,煮开后加入石膏或盐卤结成块,压去部分水分而成:一块～|一斤～|切～|炒～|～是用黄豆做成的|我喜欢吃南～,我妻子喜欢吃北～|～的营养价值很高,所以人们都喜欢吃|我爱吃家常～。

【提示】豆,姓。

【构词】豆瓣/豆瓣酱/豆包/豆饼/豆腐干/豆腐脑/豆腐皮/豆腐乳/豆角/豆沙/豆芽/豆油/豆渣/豆汁

陈腐/防腐/迂腐

1570 **豆浆**(漿) 丙

dòujiāng (soya-bean milk)

[名]食品,黄豆泡透后磨成的浆,加水去渣而成:喝～|卖～|一碗～|早上我爱喝～,又经济,又实惠|在农村的时候,我学会了磨～|其实做～没什么难的。

【构词】翻浆/灌浆/灰浆/酒浆/泥浆/琼浆/糖浆/血浆/岩浆

1571 **豆子** 丙

dòuzi (bean)

[名]❶豆类作物:种～|割～|～地。❷豆类作物的种子:一斤～|一袋～|妈妈说～有营养,让我多吃点儿|～可以磨成面做豆糕。

1572 **逗** 乙 〔部首〕辶 〔笔画〕10

dòu (tease)

[动]引逗;招引:～孩子|～小狗|～小猫|～着玩|～急了|～哭了|不要～|不会～|～乐|～了半天|两人～着～着就打起来了|孩子一～就笑了|我把妹妹～哭了|一句话把大家～得笑起来。

【近义词】引逗/招引/惹

【构词】逗点/逗号/逗乐/逗留/逗趣/逗笑/逗引

1573 **都市** 丁 〔部首〕阝 〔笔画〕10

dūshì (city)

[名]大城市:日本东京是一个国际化大～|～的灯光特别明亮|世界上你去过哪几个大～?|这座～的街道十分整齐。

【近义词】城市/城

【提示】①都(Dū),姓。②“都”又读dōu,见第1561条。

1574 **督促** 丁 〔部首〕目 〔笔画〕13

dūcù (urge)

[动]监督催促:上级～|政府～|领导～|家长～|朋友～|～群众|～学生|～孩子|可以～|必须～|加以～|用不着～|经常～|～的作用|～的目的|家长～孩子学习|我们班的学生都能按时完成作业,从不用老师～|干活儿的时候大家互相～着点儿|你不～,他就不干|工作要自觉,不能总让

人～。

【近义词】催促/监督

【反义词】放任/听任

【提示】“督”的下部是“目”，不要写成“曰”或“日”。

【构词】督战/督阵

1575 **毒** 丙 〔部首〕毋 〔笔画〕9

dú (adj. poisonous; v. kill with poison)

[形]❶毒辣；猛烈：他的心肠特别～｜这种药很～，用药量不要太大｜由于学习不努力，他被爸爸～打了一顿｜中午太阳正～，人们好像并不理会，仍在地头干着活儿｜你说，这人心怎么这么～？❷有毒的：～蛇｜～草｜～饵｜这是一条～蛇，千万小心｜是～草就该除掉。

[动]用有毒的东西害死：他被～死了｜这些药可以～老鼠｜老鼠被～死了。

【近义词】[形]毒辣/恶毒/猛烈/坏

【反义词】[形]善/善良/慈善/慈祥

【构词】毒草/毒刺/毒打/毒饵/毒化/毒剂/毒计/毒箭/毒辣/毒谋/毒气/毒蛇/毒手/毒素/毒刑/毒药/毒液

1576 **毒** *丙

dú (poison)

[名]❶进入机体后能跟有机体起化学变化，破坏体内组织和生理机能的物质：有～｜中(zhòng)～｜下～｜这种蛇有～，千万不要动它｜这种花虽然有～，但这种～可以治病｜村民们把放～的坏人抓住了。❷指对思想意识有害的事物：一些学生中黄色书刊的～太深，走上了犯罪的道路｜你尽在这儿放～，没人听你的｜不要看这种书，小心中～。❸毒品：吸～｜戒～｜贩～｜要坚决打击贩～分子｜他学会了吸～｜那里有个戒～所。

1577 **毒害** 丁

dúhài (poison)

[动]用有毒的东西使人受害：～人民｜～学生｜～群众｜～儿童｜～青年｜遭到～｜受到～｜深深地～｜严重地～｜～的过程｜～的结果｜鸦片～过中国人民｜一些黄色书刊～了青少年｜战争中他受到过化学武器的～｜他受～太深了。

1578 **毒品** 丁

dúpǐn (drug)

[名]指作为嗜好用的鸦片、吗啡、海洛因等：贩卖～｜查获～｜～在那一带泛滥得很厉害｜～严重地损害了一些人的身心健康｜他因为贩卖～被抓起来了。

1579 **毒性** 丁

dúxìng (poisonousness)

[名]能危害生物体机能并引起死亡的性能：～发作｜具有～｜他误食毒蘑，～发作后，抢救了一天才抢救过来｜那种植物的花具有～｜这种药物没有～。

1580 **独**(獨) 丁 〔部首〕犭 〔笔画〕9

dú (single)

[形]❶一个：他不合群，喜欢～来～往｜他给大家跳了个～舞｜他没有结婚，还是一个人～居。❷自私；容不得人：这人很～，从不跟人来往｜现在的独生子女都～｜一个人生活了20多年，～惯了。

【近义词】❶单；❷惟/只

【构词】独白/独步/独裁/独裁者/独

唱/独创/独到/独夫/独个/独角戏/独揽/独立国/独轮车/独幕剧/独木桥/独木舟/独身/独舞/独行/独眼龙/独院/独占/独资/独子/独奏/独出心裁/独当一面/独断专行/独立思考/独立王国/独木难支/独善其身/独树一帜/独一无二/独木不成林

1581 **独裁** 丁

dúcái (dictate)

[动]掌握大权,实行专制统治:政府～|实行～|坚持～|反对～|防止～|一贯～|不能～|～政治|～国家|他～惯了,听不进别人的意见|人民对～统治早就不满,纷纷起来抗议|～统治者没有好下场|实行集体领导,防止～。

【近义词】独揽

【构词】剪裁/套裁/体裁/制裁/仲裁/总裁

1582 **独立** 乙

dúlì (independent)

[动]❶一个国家或一个政权不受别的国家或别的政权的统治而自主地存在:国家～|人民～|要求～|不能～|反对～|坚决～|～不了|宣布～|获得～|保持～|第二次世界大战以后,很多国家先后～了|我们国家经过几十年的奋斗,终于～了|国家要～,人民要解放。❷不依靠别人:生活～|经济～|子女～|机构～|单位～|应该～|希望～|真正～|～的见解|～的艺术|要培养～生活的能力|要善于～思考,不依靠别人|她保持了自己～的人格。

【反义词】依赖

1583 **独立自主** 丁

dúlì zìzhǔ (maintain independence and keep the initiative)

独立起来,自己做主,不依靠外力:我们要～,自力更生|～,生产自救|军事指导者首先需要的是～地组织和使用自己的力量。

1584 **独特** 丙

dútè (unique)

[形]独有的;特别的:功能～|体形～|景色～|现象～|内容～|造型～|风味～|认为～|～的创造力|～的形式|这栋建筑物的造型很～|中国苏州的城市建设非常～|小说用～的手法描写了农村的生活。

【近义词】特别/特殊/特异

【反义词】共同/一般/普通

1585 **独自** 丙

dúzì (alone)

[副]自己一个人:中秋之夜,我～在院子里赏月|这事我～去处理,你们不要插手|儿女们都在外地,剩下老人一人～生活|他不声不响的,～搞起公司来了。

【近义词】单独/单身/单个儿

【反义词】共同/一同/一起

【构词】暗自/各自/来自/亲自/擅自/私自

1586 **读(讀)** 甲 〔部首〕讠 〔笔画〕10

dú (read)

[动]❶看文字时,按照语音发出声来:～书|～报纸|大声～|小声～|～文章|～文件|～课文|～生词|会～|能～|～不了|～累了|老师让我们每人～一遍课文|我把这篇短文～三遍,然后你们把大意写出来|～书～

得口都干了|老师带着我们～生词。❷阅读;看:假期我～了三本名著|古代的一些作品,我现在还～不懂|你～过这本小说吗?❸指上学:～完初中～高中,～完高中又上大学,这辈子光～书就～了15年|这个山村的许多孩子没钱～书|他在国外～了五年大学。

【近义词】❶念/朗读;❷看/阅读/阅览;❸上学/学习

【构词】读本/读后感/读物/读音

1587 **读书**(書) *乙

dú shū (read)

❶看着书本,出声地或不出声地读:他一个人在屋里默默地～|校园里传来朗朗的～声|～的时候小声点儿,不要影响别人休息。❷〈丁〉指学习功课:他～很用功|15岁的时候他就不～了,帮助妈妈在家里干活儿|你的任务是～,别的事你就不用管了|哥哥现在在大学～|他小时候读过三年书|他的眼睛坏了,读不了书了。

【近义词】❶念书/阅读;❷学习/上学

【提示】离合词,中间可以插入其他成分,如:读了三年书|读过书。

【构词】板书/背(bèi)书/兵书/藏书/草书/辞书/丛书/工具书/鼓书/古书/国书/婚书/家书/教书/禁书/经书/军书/楷书/历书/隶书/秘书/念书/聘书/评书/情书/诗书/史书/手书/说书/图书/文书/闲书/行书/休书/修书/样书/医书/遗书/议定书/战书/证书/罄竹难书

1588 **读物** 丙

dúwù (reading material)

[名]供阅读用的书籍,包括书、杂志、报纸等:简易～|通俗～|历史～|文学～|汉语～|科普～|最近这家出版社出版了一套历史～|这些科普～的内容非常浅显易懂|这些简易～对学习汉语很有帮助。

1589 **读者** 乙

dúzhě (reader)

[名]阅读书刊文章的人:广大～|忠实～|没有～|学校设立了一个～服务部|我们出版社要尽量满足广大～的需要|这类书的～越来越少了|现在武侠小说的～越来越多。

【构词】笔者/编者/患者/或者/记者/来者/老者/使者/学者/长者/作者

1590 **堵** 乙 〔部首〕土 〔笔画〕11

dǔ (block up)

[动]❶堵塞;阻挡:～窗户|～窟窿|～洞|～枪眼|～下水道|～人|不能～|可以～|～不上|应该～|把老鼠洞～上,老鼠就出不来了|这条路每天早上都～车|赶快把这个窟窿～上,要不越来越大|下水道～了,水下不去。❷憋闷:你让她把话说出来,她心里就不～了|最近我心里～得慌|出了这种丢人现眼的事,我心里能不～吗?

【近义词】❶挡住/堵塞/堵住

【反义词】❶通/掏/抠/挖/挖掘/疏通

【提示】①衣服、鞋类上的窟窿不能用"堵",应说"补":×妈妈用一块花布把我裤子上的窟窿～上了。②堵,姓。

【构词】堵车/堵截/堵心/堵嘴

1591 **堵塞** 丁

dǔsè (block up)

[动]阻塞(穴、通道)使不通:隧道～|管道～|下水道～|交通～|发生～|

造成～|避免～|全部～|故意～|～的原因|车辆太多，容易造成交通～|隧道被沙石～了|管道都～好几天了|船员及时～了船体的漏洞。

【近义词】堵/阻塞

【反义词】畅通/通畅

【提示】“塞”又读 sāi，见第 5454 条。

1592 **赌**（賭） 丁 〔部首〕贝 〔笔画〕12

dǔ (gamble)

[动]赌博；争输赢：～钱|～博|～输赢|打～|～什么|从小他就养成了好(hào)～的毛病|媳妇因为他改不了～的坏毛病而跟他离了婚|他不会～，可又偏爱～，几年下来，把老爷子留下来的遗产全～光了|经过这次教育，我再也不～了|我估计他今天来不了了，不信咱打～|打～就打～，你说～什么？

【近义词】赌博

【构词】赌本/赌场/赌鬼/赌棍/赌局/赌具/赌气/赌钱/赌徒/赌注

1593 **赌博** 丁

dǔbó (gamble)

[动]用斗牌、掷色子等形式，拿财物作赌注比输赢：进行～|禁止～|一起～|在中国，～是违法的|因～，他被公安局抓起来了|这些刑事案件都是～引起的。

【近义词】赌钱/耍钱

【提示】“赌博”的“赌”，左边是“贝”，不要写成“目”或“土”。

【构词】广博/渊博

1594 **杜绝**（絕） 丁 〔部首〕木 〔笔画〕7

dùjué (eradicate)

[动]彻底制止；消灭（坏事）：事故～了|后患～了|～浪费|～贪污|能够～|可以～|～不了|彻底～|完全～|永远～|～的方法|交通事故～是～不了，但可以尽量减少|要坚决～贪污行为|如果措施得当，迟到早退的现象是可以～的。

【近义词】消灭/消除/根绝/根除

【提示】杜，姓。

【构词】杜鹃/杜康/杜梨/杜宇/杜撰

断绝/隔绝/根绝/回绝/拒绝/决绝/灭绝/奇绝/气绝/弃绝/谢绝/卓绝/自绝/赶尽杀绝/艰苦卓绝/深恶(wù)痛绝/滔滔不绝

1595 **镀**（鍍） 丁 〔部首〕钅 〔笔画〕14

dù (plate)

[动]用电解或其他化学方法使一种金属附着到别的金属或物体表面上，形成一个薄层：～锌|～锡|～金|～银|这条项链是～金的，值不了多少钱|故宫有很多大水缸，缸的表面～着一层金。

1596 **肚子** 乙 〔部首〕月 〔笔画〕7

dùzi (belly)

[名]人和某些动物躯干的一部分，在胸的下面或后面：大～|小～|～疼|随着年龄的增长，他的～越来越大|有人说喝啤酒容易长～|～大得连弯腰都困难|半夜里，孩子嚷嚷～疼|医院成功地从病人的～里摘除了一个 20 斤重的大瘤子。

【近义词】腹部

【构词】肚肠/肚量/肚囊/肚皮/肚脐

1597 **度** 乙 〔部首〕广 〔笔画〕9

dù (n. degree; m. time)

[名]❶温度、电量等计量单位的名称：明天的最高气温是 15～，最低气温是 3～|这个月用了 90～电，平均每

天用3～|地震发生在东经125～。❷限度:工作要适～,不要太劳累|实现了机械化,减轻了工人的劳动强～|由于劳累过～,她昏了过去。

[量]次:再～|一～|他曾三～来我校视察|一年一～的教师节又来到了。

【提示】度,姓。

【构词】度假/度量衡/度命/度曲/度日/度数

1598 **度过**(過) 乙

dùguò (spend)

[动]过:～日子|～暑假|～星期天|～节日|～新年|～童年|白白～|愉快地～|幸福地～|紧张地～|～的时光|我～了一个愉快的假期|要让老人幸福地～晚年|在国外～了十个春秋。

【近义词】度/过

1599 **渡** 乙 〔部首〕氵 〔笔画〕12

dù (cross)

[动]由一岸到另一岸:～过|～河|～海|不能～|我们坐船～过黄河|河太宽,～不过去|他远～重洋,来中国留学。

【提示】"渡"用于江河、海洋和困难等,"度"用于时间的转移,如:渡过难关(×度过难关)|欢度佳节(×欢渡佳节)。

【构词】渡口/渡轮/渡桥/渡头

1600 **渡船** 丁

dùchuán (ferryboat)

[名]通过江、河等的运输工具:一条～|没有～|坐上～|河上没有桥,过河只能坐～|～很大,能装好几辆汽车|自从修了桥,过河再也不用坐～了。

【构词】兵船/冰船/驳船/帆船/飞船/旱船/航船/画船/货船/舰船/客船/龙船/楼船/轮船/民船/木船/汽船/商船/拖船/行船/摇船/游船/渔船/晕船/战船/借风使船/脚踩两只船

1601 **渡口** 丁

dùkǒu (ferry crossing)

[名]有船或筏子摆渡的地方:在～|到～|从～过河|～有很多人等着过河|再往前走500米就是～|～的船坏了,今天过不了河了。

1602 **端** *乙 〔部首〕立 〔笔画〕14

duān (carry)

[动]❶平举着拿:～饭|～水|～盘子|～碗|～锅|～茶|～不动|～不了|能～|可以～|快给客人～杯茶来|服务员一手～了三个盘子|把盘子～好,别把菜洒了|这菜是刚～上来的,趁热吃|这么多菜,我一个人～不过来。❷〈丁〉把事情、问题、困难等全摆出来:你有什么话一起～出来,不要吞吞吐吐的|把问题全～出来,大家一起研究|那些丢人的事,他怎么敢往外～。

【提示】端,姓。

1603 **端** 丙

duān (end)

[名]❶东西的一头:阳台的这一～放着月季花,另一～放着菊花|竹竿的一～是尖的|把绳子的这一～拴在树上,另一～拴在柱子上。❷〈丁〉方面;项目:这个建筑的设计特点还很多,这里仅举其一～|中国的武术变化多～。

1604 **端正** 丙

duānzhèng (adj. upright; v. rectify)

[形]❶不歪斜:五官～|脸庞～|相貌～|字迹～|姿势～|力求～|长得～|放得～|摆得～|姑娘长得五官～|他写字的姿势很～|字写得歪歪扭扭,一点儿也不～。❷正派;正确:品行～|行为～|思想～|态度～|路线～|作风～|方向～|他言谈大方,举止～|他学习成绩好是因为他学习态度～|他想找一个品行～的姑娘为妻。

[动]使端正:～态度|～姿势|你应该进一步～工作态度|领导班子要～作风,改进工作|舞蹈教师在帮她～姿势。

【近义词】[形]❶周正/方正;❷正派/正确

【反义词】[形]❶歪斜;❷不端

【构词】纯正/订正/反正/方正/扶正/改正/刚正/更正/公正/矫正/教正/纠正/就正/修正/雅正/严正/真正/指正/转正/拨乱反正/改邪归正/矫枉过正/堂堂正正/邪不压正

1605 **短** 甲 〔部首〕矢 〔笔画〕12

duǎn (short)

[形]两端之间的距离小:裤子～|绳子～|胳膊～|头发～|时间～|日子～|太～|不～|～得多|～一点儿|～得厉害|绳子太～,不够长|我们几个人比起来,他学汉语的时间最～|北京的气候是冬天和夏天长,秋天和春天～|报告写得太长,应该～一点儿|现在有些女孩子头发留得太～,像个男孩子似的。

【反义词】长

【构词】短波/短促/短笛/短工/短号/短见/短路/短跑/短评/短期/短浅/短欠/短枪/短拳/短缺/短少/短视/短寿/短途/短小/短训/短讯/短语/短暂/短装/短兵相接/短篇小说/短小精悍

1606 **短处**(處) 丁

duǎnchù (shortcoming)

[名]缺点:每个人都各有各的长处,也各有各的～|要学习别人的长处,不要总看别人的～|不要抓住别人的～不放。

【近义词】缺点

【反义词】长处/优点

1607 **短促** 丁

duǎncù (very brief)

[形](时间)极短;急促:时间～|青春～|假期～|声音～|呼吸～|显得～|～的时间|时间显得如此～,一晃就过去了20年|暑假太～了,还没怎么玩就过去了|老人的呼吸声越来越～|远处传来～的呼救声。

【近义词】急促/短暂

【反义词】漫长

1608 **短期** 乙

duǎnqī (short-term)

[名]短时期:～贷款|～班|～行为|～教学|～出国|丈夫去外地出差,～内回不来|学校里有一个～汉语学习班|长期在国外工作不行,～还可以。

【反义词】长期

1609 **短暂**(暫) 丁

duǎnzàn (transient)

[形](时间)短:时间～|春光～|人生～|旅途～|～地休息|～地停留|～地访问|在国外停留的时间很～|虽然在中国旅行的时间很～,但却给我留下了难忘的印象|时光是～的,我们要珍惜时间,珍惜人生。

【近义词】短促
【反义词】长久/久远

1610 **锻炼**(鍛煉) 甲 〔部首〕钅 〔笔画〕14

duànliàn (take exercise)

[动]❶通过体育活动增强体质:～开始了|继续～|学生～|老师～|老人～|～身体|～臂力|～耐力|～肌肉|～得刻苦|应该～|坚持～|参加～|定期～|～的决心|～的时间|我几乎每天早上都～|～身体,保卫祖国|坚持体育～,可以提高工作效率|工作太忙,没有时间～。❷在实际工作和斗争中经受考验:学生要～|干部要～|思想～|能力～|～了群众|～了青年|～了队伍|～了知识分子|～得勇敢|～得坚强|受到～|自觉～|～的机会|～的目的|几年的部队生活～了他|艰苦的环境,可以～人的意志|在工作中受到了～|干部都应到基层去～,提高自己的工作能力。

【近义词】❷锤炼/磨炼
【提示】"锻炼"的"炼"不要写成"练"。
【构词】锻工/锻压/锻冶/锻造
锤炼/精炼/熔炼/提炼/修炼/冶炼/千锤百炼/真金不怕火炼

1611 **缎子**(緞) 丁 〔部首〕纟 〔笔画〕12

duànzi (satin)

[名]质地较厚、一面平滑有光彩的丝织品:一匹～|一尺～|一块～|～衣料|～被面|这块～不错,做旗袍合适|这几床被面都是～的|中国苏州出产的～最有名|～做的短袖衫,夏天穿着凉快|结婚的时候,妈妈给我们做了四床～被。

【提示】"缎"字的左边不要写成"钅"。

1612 **段** 甲 〔部首〕殳 〔笔画〕9

duàn (section)

[量]❶用于长条分成的若干部分:一～木头|把黄瓜切成五～|手指让机器轧成了两～|这～铁路是我们工程队修的|有两～香肠就够吃了。❷表示一定的距离:离开车还有一～时间|再往前走一～就到了。❸事物的一部分:你把这～文章念一下|他每天给我们讲一～故事|听他用汉语说两～话,就可以知道他的汉语水平。

【近义词】❶节
【提示】段,姓。
【构词】段落/段位/段子

1613 **断**(斷) *乙 〔部首〕斤 〔笔画〕11

duàn (break)

[动]❶(长形的东西)分成两段或几段:铁丝～了|绳子～了|骨头～了|铅笔～了|桥～了|电话线～了|～了一次|～不了|快～了|要～了|电线让风刮～了|老人掉到沟里摔～了腿|绳子～了,新洗的衣服全掉到地上了|粉笔掉到地上～成几节。❷断绝;隔绝;中断:～水|～电|～奶|～气|～了关系|～了联系|～了一年|我们正在图书馆学习,电突然～了|毕业以后,我们俩的关系就～了|8个月的孩子～不了奶|我们家住的地方常常～水～电。❸〈丙〉判断;断定:俗话说得好,清官难～家务事|我可～不清你们的事|法院～案子～得很公平。❹〈丁〉戒除:他抽了几十年的烟,现在～了|他心脏不好,大家都劝他把酒～了|你能～烟,我就能～酒。

【近义词】❶折;❷停;❸判断;❹戒
【构词】断案/断层/断肠/断炊/断代/断代史/断档/断定/断根/断后/断魂/断交/断句/断绝/断粮/断奶/断片/断气/断然/断送/断头台/断弦/断想

/断续/断言/断语/断线风筝/断章取义/断子绝孙

1614 **断定** 丁

duàndìng (conclude)

[动]下结论：医生～|领导～|法官～|～好坏|～真伪|～死因|～离婚|敢～|能～|～不了|准确地～|～的时间|～的根据|谁对谁错，我一时～不了|经现场勘察，～死者是自杀|我～今天他来不了|这是谁写的字，你能～吗？

【近义词】判定/判断

1615 **断断续续**(續) 丁

duànduàn xùxù (intermittent)

时而中断，时而继续：身体不好，上班也～的|英语我～学了五年|远处传来～的歌声|这部小说他～写了10年|雨～下了一天。

【近义词】时断时续/陆陆续续

【反义词】连续不断/接连不断

1616 **断绝**(絕) 丁

duànjué (break off)

[动]原来有联系的失去联系；原来连贯的不再连贯：～关系|～来往|～音信|关系～|希望～|粮食～|消息～|害怕～|暂时～|彻底～|正式～|～的原因|我和他～了一切来往|两国～了外交关系|原来我们有来往，后来关系就～了|前面出现了塌方，道路完全～了。

【近义词】隔断/隔绝

1617 **堆** 乙 〔部首〕土 〔笔画〕11

duī (pile)

[动]堆积：～土|～粮食|～起来|～雪人|～沙子|～得高|～不下|～完了|不能～|路边～了很多沙子|要下雨了，快把粮食～起来|仓库里～满了货物|丰收的粮食～成了山|货物不能～得太高|屋里～的全是书。

【近义词】垛/码/摞

1618 **堆** 丙

duī (n./m. heap)

[名]堆积成的东西：土～|雪～|糖果～|院子里堆了好几堆雪～|他们俩坐在土～上聊天儿|太阳出来了，雪～慢慢融化了。

[量]用于成堆的物或成群的人：院子里有两～土|把苹果分成三～，每人一～|那边那一～人不知在干什么。

【提示】“堆”作名词在口语中一般“儿”化。

1619 **堆积**(積) 丙

duījī (pile up)

[动](事物)聚集成堆：行李～|资料～|矛盾～|粮食～|货物～|不能～|大量～|满满地～|随便～|～的地方|矛盾～得太多，一时解决不完|把这些货物暂时全～起来|马路上～了很多垃圾。

【近义词】聚集

【构词】沉积/冲积/聚积/累积/面积/容积/体积/囤积/淤积/郁积

1620 **兑换** 丙 〔部首〕八 〔笔画〕7

duìhuàn (exchange)

[动]用一种货币换另一种货币：现在一美元可以～多少人民币？|我想把人民币～成美元|中国银行有～业务|我们饭店不能～外币。

【近义词】换/兑付

1621 **兑现**(現) 丁

duìxiàn (cash)

[动]❶凭票据到银行换取现款:支票~|汇票~|股票~|公债~|~支票|~了三次|应该~|不能~|必须~|同意~|负责~|~的方式|~的银行|财务室用支票~了5万元现金|1997年的公债可以~了|用旅行支票可以在银行~现金。❷比喻诺言的实现:政策~|合同~|诺言~|条件~|可以~|能够~|~得及时|抓紧~|保证~|真正~|完全~|~的条件|他说的话从来没有~过|我们的政策一定要~,不能失信于民|到年底,领导答应的已全部~。

1622 **队**(隊) 乙 〔部首〕阝 〔笔画〕4

duì (queue)

[名]❶行列:排~|站~|列~|排好~往前走|买车票请排~|那个~是兑换外币的|买机票不知排哪个~。❷具有某种性质的集体:失业的工人自动组织了一个装卸~|这个建筑~的技术是全市一流的|他们哥儿俩都参加了体操~。

【构词】队礼/队列/队日/队形

1623 **队伍** *乙

duìwu (procession)

[名]❶有组织的群众行列:~排好了|~集合了|~解散了|~整齐|学生~|~排得很整齐|游行的~一眼望不到边|走在前边的是学生~。❷〈丙〉军队:这支~是从南边过来的|中国人民解放军是人民的~|他是在~里长大的。❸〈丙〉有组织的集体:教师~|干部~|知识分子~|革命~|教师~的素质越来越高|要注意干部~的培养。

【近义词】❶队/队列;❷军队/部队

【构词】落伍/入伍/退伍

1624 **队员**(員) 丙

duìyuán (team member)

[名]具有某种性质的集体中的成员:她是体操队~|有五名~获得了比赛冠军|当一名消防队~是很辛苦的。

1625 **队长**(長) 乙

duìzhǎng (team leader)

[名]队伍的领导:足球队~|排球队~|工程队~|体操队~|施工队~|当~|校足球队~是赵金山|~,我可当不了,还是你当吧|咱们选个~吧。

1626 **对**(對) *甲 〔部首〕又、寸 〔笔画〕5

duì (prep. to; v. be directed at)

[介]指示动作的对象:我的孩子~学习可认真了|他只~我笑了笑,没说话|老师~我们很关心|姑娘~小伙子说出了心里话|身体有病他也不~别人说。

[动]❶朝;向(常带"着"或其他成分):他把枪口~着敌人|我站在窗前,正~着太阳|我家的大门~着一条河。❷〈乙〉把两个东西放在一起比较,看是否一样:~表|~笔迹|~号码|~答案|咱俩~~答案吧|我这表刚~过,怎么会不准呢?|一~笔迹就知道了,这封信不是他写的。❸〈丙〉搀和(多指液体):往茶杯里~点儿开水|汤咸了,~点儿水吧。

【近义词】[动]❶朝/向

【构词】对白/对半/对唱/对答/对等/对敌/对歌/对号/对换/对火/对角线/对襟/对劲儿/对垒/对立面/对脸/对流/对偶/对台戏/对胃口/对心/对

眼儿/对仗/对折/对阵/对症/对证/对质/对子/对牛弹琴/对症下药

1627 **对** 甲

duì (right)

[形]正确;正常;相合:你的意见很~,我完全赞同|你的脸色怎么不~,是不是病了?|这几道数学题答得全~|这个字写得~,那个字写得不~。

【近义词】正确/正常/相合

【反义词】错

1628 **对** 乙

duì (pair)

[量]用于按性别、左右、正反等相结合的成双的人、动物或事物;双:一~夫妻|一~男女|一~鸽子|一~石狮子|一~耳环|一~花瓶|他俩是天生的一~儿|鸳鸯成双成~地在水中游|厂里又有几~青年结了婚|这些耳环你喜欢哪~就买哪~。

【近义词】双/副

【反义词】单/只/个/支

1629 **对岸** 丁

duì'àn (the opposite bank)

[名]江、河、湖的另一边:~住着十几户人家|河的~是一片小树林|我游到~需要一个小时|雾太大,~看不清楚|~的船向我们划过来了。

【近义词】彼岸

【构词】彼岸/登岸/堤岸/海岸/护岸/口岸/伟岸/沿岸/回头是岸

1630 **对比** 乙

duìbǐ (v. contrast; n. ratio)

[动](两种事物)相对比较:中西~|古今~|新旧~|男女~|大小~|轻重~|进行~|加以~|~的内容|~的对象|只要前后一~,就看出变化来了|他~了一下,认为还是原来使用的教材好|~的对象不同,结果当然也不一样。

[名]比例:双方人数的~是1比8|要调整各班组之间的人数~|如今,世界力量的~已发生了显著的变化|对于收入,两人按4比6的~分成。

【近义词】比较/对照

1631 **对不起** 甲

duìbuqǐ (sorry)

❶表示有愧于某人:不努力学习~教我的老师|妈妈为我们操劳了一辈子,现在想起来真~她老人家|我觉得很~你。❷用于表示歉意:~,踩着您的脚了|~,我来晚了|弄脏了人家的衣服应该说声~。

【近义词】对不住

【反义词】对得起/对得住

1632 **对策** 丁

duìcè (countermeasure)

[名]对付的策略或办法:~找到了|~正确|~周密|研究~|商量~|政府的~|问题的~|学校的~|经济~|应付的~|既然他们来了,我们就想个~|解决这个问题我有~|我想了一个~,大家看看怎么样。

【近义词】办法/方法

1633 **对称**(稱) 丁

duìchèn (symmetrical)

[形]指图形或物体对某个点、直线或平面而言,在大小、形状和排列上具有一一对应关系:~破坏了|~好看|~呆板|布局~|大小~|楼房~|图

案～|要求～|形成～|力求～|设计得～|完全～|基本～|中国古代的建筑大都讲究～|现在的青年穿衣服不讲究～|校园的布局很～|老人认为什么～了都好看。

【提示】"对称"的"称",在这里不要读成 chēng。"称"chēng 见第 796 条。

1634 对待 乙

duìdài (treat)

[动]以某种态度或行为加之于人或事物:～人民|～朋友|～老师|～客人|～孩子|～生活|～困难|～历史|～科学|认真地～|严肃地～|公正地～|冷静地～|～的方式|～的态度|对于眼前的困难我们要认真～|你应该虚心地～同学们的批评|他从来没有这样～过我|不能用这种蛮横的态度～老人。

【近义词】看待

1635 对得起 丙

duìdeqǐ (not let sb. down)

对人无愧;不辜负:我完全～他,而他却对不起我|父母把我们养大,我们要～父母|二十多年来,他谁都～,惟独对不起自己。

【近义词】对得住

【反义词】对不起/对不住

【构词】发起/奋起/唤起/看不起/了不起/提起/突起/掀起/兴起/一起/缘起/引起/早起/东山再起/狼烟四起/异军突起/一波未平,一波又起

1636 对方 乙

duìfāng (the opposite side)

[名]跟行为的主体处于相对地位的一方:我没有意见,不知～有什么想法|我大声地呼叫,可～没反应|足球队又一次败于～。

【反义词】我方

1637 对付 乙

duìfu (deal with)

[动]❶采取一定的办法、措施去对待(人或事):～敌人|～挑战|～考试|～检查|能够～|可以～|认真～|～得了|果断地～|～的方法|这点儿困难他完全～得了|这办法～敌人可以,～自己人不行|又要照顾老人,又要～考试,她怎么受得了?|事到如今,你也只能想想办法～了|等我～完他,再来～你|一个人～两个歹徒|别看他们是孩子,可～起来也不那么容易。❷凑合;将就:～着吃|～着穿|粮食还能～|材料还能～|能够～|可以～|容易～|随便～|～着住|钱虽然不多,但也能～|中午～一顿得了|这件衣服我都～着穿了五年了,不能再～了|电视机不太清楚,可也能～着看。

【近义词】❶应付;❷将就/凑合

【构词】拨付/垫付/发付/交付/托付/应(yìng)付/预付/支付

1638 对话(話) 乙

duìhuà (v. talk; n. dialogue)

[动]❶ 两人或更多人进行谈话:～开始了|～中断了|继续～|停止～|我进来以后,他们一下子停止了～|只有经常进行～,感情才能沟通|经过～,增进了了解。❷ 两方或几方之间的接触或谈判:两国～|南北～|两国的外交部长进行了～|两国就边界问题进行～|厂长和工人们正在～。

[名]两个人或更多人的谈话:一段～|～的内容|他们几个人的～我都听

见了|剧中的这段～十分精彩|我把他们的～记录下来了。

1639 **对抗** 丁

duìkàng (antagonize)

[动]❶对立起来相持不下：开始～|引起～|造成～|～激烈|～严重|～尖锐|激烈地～|～的原因|～的现象|～的局面|两种思想展开了激烈的～|由于两种社会制度不同，造成了～。❷抵抗：坏人～|敌人～|犯人～|～命令|～政府|～人民|～上级|～得激烈|～得坚决|不准～|害怕～|有力地～|～的结果|敌人再～就坚决消灭它|我们不能胆怯，要坚决～|他多次～上级的命令|一些别有用心的人煽动群众～政府的政策。

【近义词】❶对立；❷抵抗

1640 **对…来说**(來說) 丙

duì…láishuō (as for as … is concerned)

表示从某人、某事的角度来看：对学生来说，最重要的是学习|北京的气候，对养花来说不算太好|对久居国外的华侨来说，中国代表团的到来是一件大喜事。

【提示】“对…来说”也可以说“对于…来说”。

1641 **对了** 丙

duì le (int. there)

❶ 表示突然想起应该做的或应该补充说明的事情（一般用于句首）：～，有人让我告诉你，明天下午开会|～，我差点儿忘了告诉你明天上课的事|～，今天下午有场电影，咱们去看吧。❷正确：你说～|他写～|回答～的同学请举手。

1642 **对立** 丙

duìlì (oppose)

[动]两种事物或一种事物的两个方面之间相互排斥、相互斗争、相互矛盾：～开始了|～产生了|～明显|～尖锐|～严重|思想～|观点～|态度～|造成～|发生～|完全～|～的原因|两国二十多年来一直～着|他们两人关系一直不错，不可能～|不能把家庭和工作～起来|由于利益问题，两个单位发生了～|矛盾的双方既～又统一。

【反义词】统一

1643 **对联**(聯) 丁

duìlián (antithetical couplet)

[名]写在纸上、布上或刻在竹子上、木头上、柱子上的对偶语句：写～|挂～|贴～|一副～|这两年我收集了1000多副～|请你帮我写副～好吗？|大殿的柱子上写着～|～分上联和下联。

【提示】“对联”在口语中一般“儿”化。

【构词】并联/蝉联/串联/春联/关联/上联/寿联/挽联/喜联/下联

1644 **对门**(門) 丙

duìmén (the building or room opposite)

[名]大门相对的房子：别看他俩住～，可谁也不认识谁|我和张老师住～|～住的是我爷爷|～那家如今也做起生意来了。

【近义词】对面/对过儿

【提示】“对门”在口语中一般“儿”化。

1645 **对面** 乙

duìmiàn (opposite)

[名]❶对过：我家～是公园｜～有一家书店｜我们班～是三班｜～山上有一座古庙｜我家在学校～。❷正前方：～走来一队小学生｜～来了一辆马车｜他站在～，眼含热泪地看着我。
【近义词】对过
【提示】“对面”在口语中一般“儿”化。

1646 **对手** 丁

duìshǒu (opponent)
[名]❶竞赛的对方：～很难对付，要小心点儿｜他们是老～了，互有胜负｜要想战胜～很困难。❷特指本领不相上下的竞赛对方：下围棋，他还没碰到过～｜讲剑术，我不是你的～，可讲拳术，你又不是我的～。

1647 **对头**(頭) 丁

duìtóu (correct)
[形]❶正确；合适：方法～，工作就能顺利进行｜你的想法不大～｜往这边走恐怕不～，他家是在那边。❷正常(多用于否定)：他的样子不大～，恐怕要出事｜这几天的天气不～，怕是要地震。
【提示】“对头”作名词时读作 duìtou，意思是仇敌、对手，如：死～｜冤家～。

1648 **对象** *乙

duìxiàng (target)
[名]❶行动、思考时作为目标的人或事务：批评的～｜团结的～｜培养的～｜教育的～｜主要～｜合适的～｜他研究的～是汉语｜学生是老师教育的～｜熊猫是国家重点保护～｜那些犯错误的孩子是我们挽救的～。❷〈丙〉特指恋爱的对方：找～｜搞～｜介绍～｜～漂亮｜～年青｜～聪明｜～英俊｜姑娘的～｜小伙子的～｜女儿的～｜～的名字｜～的情况｜姑娘早就有～了｜中学生不应搞～｜俩人搞了三年～，后来又吹了｜都三十好几了，还没找到合适的～。
【近义词】❷情侣/男朋友/女朋友

1649 **对应**(應) 丁

duìyìng (correspond)
[动]一个系统中的某一项，与别一系统中的某一项在性质等方面相当：相互～｜这两段话前后～，相得益彰｜这副对联上、下联的意思相互～。
【提示】“对应”的“应”，不能读成 yīng。“对应”作形容词时意思是针对某一情况的，与某一情况相应的：～关系｜～措施｜天气太冷，这些动物受不了，我们应该采取～措施｜我还没有想出～办法｜敌人要逃跑，我方立即采取～行动。

1650 **对于**(於) 乙

duìyú (with regard to)
[介]用来介绍出有关系的人或物：～文学，他还是有研究的｜老师们～学校的建设很关心｜考试～学生来说很重要｜～你能不能升级，就看你的考试成绩了｜～中英两种文字的区别，专家们进行了研究｜～这一问题，大家的意见还不太一致。

1651 **对照** 丁

duìzhào (contrast)
[动]互相对比参照：前后～｜英汉～｜古今～｜中西～｜～事实｜～原文｜～原著｜～一下｜通过～｜形成～｜认真地～｜仔细地～｜我是～说明书把机器装好的｜经与原文～，没有发现错误｜～好学生找出自己的不足｜他反复～了一下，还是感觉不满意。

【近义词】对比/比照

1652 **吨**(噸) 乙 〔部首〕口 〔笔画〕7

dūn (ton)

[量]公制重量单位,1 吨等于 1000 公斤:一～钢|10～粮食|35～化肥|这辆卡车能装 8～货|今年,我们村需要 4～化肥|剩下的 50～煤运不出去。

1653 **蹲** *乙 〔部首〕足 〔笔画〕19

dūn (squat)

[动]❶两腿尽量弯曲,像坐的样子,但臀部悬空:～累了|～不下去|～酸了|～麻了|不能～|他喜欢～着吃饭|肚子太大,～不下去|老汉～在地上,心疼地看着被水淹的庄稼|前面的～下点儿,后面的人看不见。❷〈丙〉比喻呆着或闲居:没工作只好在家～着|毕业以后,一直在家～着|年青的时候,因打架～过监狱|老在家里～着,也不出去转转。❸〈丁〉为某事停留在某地:为抓住盗窃分子,公安人员在雪地里～了一大一夜|要想了解基层的情况,就要下去～～|领导决定来我们厂～一段时间。

【近义词】❷呆/闲居

【构词】蹲班/蹲膘/蹲点/蹲苗

1654 **顿**(頓) 甲 〔部首〕页 〔笔画〕10

dùn (m. *used for meal*)

[量]❶用于吃饭:一～饭花了 100 多块|一天三～,～～不能少|昨天那～饭吃得不舒适。❷用于批评、斥责、打骂:挨了一～打|爸爸把我骂了一～|经理狠狠地批评了我一～。

【提示】顿,姓。

【构词】顿挫/顿号/顿时/顿首/顿悟/顿足捶胸/顿开茅塞

1655 **顿时**(時) 丙

dùnshí (suddenly)

[副]立刻;一下子:一阵狂风吹过,乌云～散开|他跟我一说,我～明白了|大会主席一宣布会议开始,会场～安静下来|狂风暴雨一过,地上～成了水的世界。

【近义词】马上/立刻/立即/随即/当下

1656 **哆嗦** 丙 〔部首〕口 〔笔画〕9

duōsuo (tremble)

[动]由于心理或生理上受到刺激而身体颤动:病人～|罪犯～|浑身～|嘴唇～|手～|腿～|～得厉害|冻得～|吓得～|疼得～|剧烈地～|～的手|穿得太少,孩子冻得直～|听到外面的枪炮声,他～起来|老人慢慢伸出那双～的手|听到惊人的喜讯,他激动得说话都有点儿～。

【近义词】发抖/颤抖/战抖/打颤/发颤/抖

1657 **多** *甲 〔部首〕夕 〔笔画〕6

duō (many)

[形]❶数量大:人～|东西～|花～|水～|～民族|～功能|～得很|不～|家里来了很～客人|人～力量大|他～才～艺|少说话,～办事。❷〈乙〉超出原有或应有的数目(跟"少"相对):这里你～写了一个字|您～找了我一块钱|人数我数错了,～数了两个人。❸〈乙〉表示相差的程度大:他比我高～了|我比他跑得快～了|今年冬天比去年冷～了。

【近义词】❶许多/好多/众多

【反义词】❶❷少

【提示】多,姓。

【构词】多边/多边形/多方/多寡/多晶体/多面手/多幕剧/多年/多情/多事/多心/多样/多一半/多疑/多义词/多元论/多嘴/多才多艺/多愁善感/多谋善断

1658 **多** 甲

duō (to what extent)

[副]❶用在疑问句里,问程度或数量:你知道这口古井有～深吗? | 山东的泰山有～高? | 新建的京九铁路有～长? | 孩子,你今年有～大了? ❷用在感叹句里,表示程度很高:你看这些花～漂亮啊! | 北国的雪景,～美! | ～好的老人啊! 退休了还为大家做好事 | 你知道这几年我～想你呀! ❸指某种程度:不管遇到～大的困难,我们也能克服 | 无论生活有～艰难,我也不怕 | 考试全班第一名,心里要～高兴有～高兴。

1659 **多** 甲

duō (more)

[数]用在数量词后,表示不确定的零数:我每天工作十～个小时 | 一支笔花了五块～钱 | 这一箱苹果足有三十～斤。

1660 **多半** *丙

duōbàn (probably)

[副]❶大概:听口音,他～是东北人 | 我浑身无力,～是病了 | 雨下得这么大,她～不会来了。❷〈丁〉表示在大多数情况下是这个样子:上了年纪的人～有心脏病 | 小孩子～都贪玩 | 生活在海边的人～会游泳。

【近义词】❶大概/大抵;❷大都/大多/大半

1661 **多亏**(虧) 丙

duōkuī (v. thanks to; adv. fortunately)

[动]表示由于别人的帮助或某种有利因素才取得了好的结果:这次能解决问题,～了你 | 我考试成绩这么好,～了老师的帮助 | 今年庄稼能丰收,～了这几场雨。

[副]表示由于别人的帮助或某种有利因素,避免了不幸:～你来了,要不非出大事不可 | 我能活到今天,～医生抢救得及时。

【近义词】[副]幸亏

【提示】"多亏"后面不能带"着"、"过":×我能去外国学习还不是～过你。

1662 **多劳多得**(勞) 丙

duō láo duō dé (more pay for more work)

付出的劳动多,得到的报酬也多:按照～的分配原则,我们的奖金比过去多了 | 我们现在是～,不好好干,就拿不到那么多奖金 | 总吃大锅饭,不按照～的原则办事,只能影响大家的积极性。

【近义词】按劳取酬/按劳分配

1663 **多么**(麼) 甲

duōme (to what extent)

[副]❶用在疑问句里,问程度:你说去王府井路很远,到底有～远? | 这件行李～重? ❷用在感叹句里,表示程度高:黄山的风景～美啊! | ～漂亮的小姑娘呀! | 我～希望能早日回到自己的祖国啊! | 你瞧,他～厉害呀! ❸指较深的程度:不管山～高,路～险,连长总是走在前边 | 无论困难有～大,我们也能克服 | 不论你～

有钱,她也不会答应嫁给你。
【近义词】❶多/何等;❷多
【构词】没什么/那么/什么/为什么/要么/怎么/这么

1664 **多少** 甲

duōshao (how many)
[代]疑问代词。❶询问数量:你们班有～人?|这袋大米有～斤?|你到底拿了～钱?|你们学了～生词? ❷表示不定的数量:～人参加考试,现在还定不下来|为了这本书,他不知熬了～个夜晚|你知道～就说～|有～人就去～人。
【近义词】几
【提示】"多少"读作 duōshǎo 时是副词,表示或多或少,稍微。如:这件事我～知道一点儿|她～有点儿感冒。

1665 **多数**(數) 乙

duōshù (majority)
[名]较大的数量:～是|～不是|～没有|我们班有 20 人,～是日本学生|衣服不少,～不是我的|这儿的老师～来自北方|这次考试～同学考得不错|～学生遵守学校的规定。
【近义词】大半/多半
【反义词】少数/小半

1666 **多余**(餘) 丙

duōyú (superfluous)
[形]❶超过需要数量的:～的人|～的学生|～的劳力|～的名额|～的房间|～的资金|～的粮食|～的书|～的工具|～的教室由学校统一安排|～的粮食他全部卖给了国家|衣服已经足够了,再买就～了。❷不必要的:孩子们都大了,～替他们担心|出国～带这么多东西|他那么仔细的一个人,你～嘱咐他。

1667 **夺**(奪) 乙 〔部首〕大 〔笔画〕6

duó (take by force)
[动]❶强取;抢:要把敌人抢走的阵地再～回来|他一把～过我手里的工具,飞快地铲起土来|这个权谁也～不走|大火～走了 27 条生命。❷争先取得:冠军被申花队～走了|奥林匹克运动会上,我国运动员～得了 12 块金牌|我们有信心把失去的奖杯再～回来。
【近义词】❶抢/劫;❷争取/夺得
【反义词】❶送/让;❷让
【构词】夺标/夺冠/夺魁/夺目/夺权/夺占/夺路而逃/夺门而出

1668 **夺得** 丁

duódé (win)
[动]通过各种手段获得:～冠军|～胜利|～权力|校运动会上,我们班～五个第一|这块金牌你是怎么～的?|这批武器都是从敌人手中～的。
【近义词】获得/夺取

1669 **夺取** 丙

duóqǔ (capture)
[动]❶用武力强取:～山头|～土地|～政权|～城市|能够～|应该～|决定～|打算～|我们～了敌人的阵地|一小时之内,我们一定要～那座山头|用武力～政权。❷努力争取:今年农业～了大丰收|我们一定要～冠军|这次比赛要集中力量,～胜利。
【近义词】❶强占/攻占;❷争取/力争

1670 **躲** 乙 〔部首〕身 〔笔画〕13

duǒ (avoid; hide)

[动]躲避;躲藏:～车|～雨|～开|～一～|～不了|你这几天为什么老～着我?|汽车来了,赶快～开|雨太大,我们～～再走吧|你先在山洞里～一会儿,等敌人走了再出来|～得了初一～不了十五|看你往哪儿～,～到哪儿我也要把你找出来|困难是～不开的,要敢于迎着困难上。

【近义词】躲藏/躲避

【构词】躲懒/躲让/躲闪/躲债

1671 **躲避** 丁

duǒbì (avoid)

[动]故意离开或隐蔽起来:～车辆|～困难|～矛盾|～斗争|～风雪|～开会|～得及时|～得快|能够～|必须～|巧妙地～|暂时～|秘密～|情况危急,先到乡下～几天|他有意～口语考试|等他想～的时候已经来不及了。

【近义词】躲藏/隐蔽/回避

【构词】规避/回避/力避/闪避/逃避/退避/隐避

1672 **躲藏** 丁

duǒcáng (hide)

[动]把身体隐蔽起来:居民～|孩子～|凶手～|～得很深|～得及时|应该～|注意～|需要～|用不着～|迅速～|～的地方|～的时间|～的目的|你赶快～起来|他在我家～了10天|他们～的地方被敌人发现了。

【近义词】藏躲/隐藏/隐蔽/潜藏

1673 **朵** 乙 〔部首〕几 〔笔画〕6

duǒ (m. *for flowers or clouds*)

[量]用于花和云彩或像花和云彩的东西:一～花|一～菊花|两～月季花|几～白云|这～牡丹花多漂亮!|天上飘着几～白云|桌布上绣～花就好看了。

【提示】朵,姓。

1674 **跺** 丁 〔部首〕足 〔笔画〕13

duò (stamp)

[动]用力踏地:～脚|～地|～掉|～去|进屋前他用力～了～脚|听到孩子被拐卖的消息,他急得直～脚|光～脚有什么用,还不赶快想想搭救的办法!|他用力～去脚上的土。

【近义词】蹬/踏

1675 **舵** 丁 〔部首〕舟 〔笔画〕11

duò (rudder)

[名]船、飞机等控制方向的装置:掌～|～手|转～|你掌～,我来摇船|我掌不好～,船老往旁边歪|掌握好飞机的升降,～是最关键的。

【构词】舵工/舵轮/舵盘/舵师/舵手/舵位

1676 **堕落**(墮) 丁

duòluò (degenerate)

[动](思想、行为)往坏里变:孩子～了|青年～了|思想～|生活～|～得厉害|～得快|～严重|甘心～|完全～|彻底～|确实～|～的原因|～的程度|他甘心～,别人也没办法|几年不见,没想到她竟～到这般地步|他从一个局长～成人民的罪人|他长期不注意思想修养,终于走上了～的道路。

【近义词】腐化/蜕化/失足

【构词】败落/剥落/部落/沉落/出落/村落/错落/低落/段落/发落/击落/降落/角落/冷落/利落/零落/流落/沦落/没(mò)落/旁落/飘落/破落/起落/失落/疏落/数(shǔ)落/衰落/脱落/下落/陷落/院落/陨落/坠落/坐落/瓜熟蒂落

E

1677 **蛾子** 丁 〔部首〕虫 〔笔画〕13

ézi (moth)

[名]昆虫,腹部短而粗,有四个带鳞片的翅膀:一只～|白～|小～|屋里飞进来好多～|路灯底下的～最多|很多种～对庄稼有害|～的卵经过孵化就变成了幼虫。

1678 **鹅**(鵝) 乙 〔部首〕鸟 〔笔画〕12

é (goose)

[名]家禽,羽毛白色或灰色,额部有橙黄色或黑褐色肉质突起,雄的突起较大。颈长,嘴扁而阔,脚有蹼,能游泳,吃谷物、蔬菜、鱼虾等:一只～|一群～|养～|喂～|白～|我们村现在几乎家家都养～|～蛋是很好的食品|～蛋比鸭蛋大|我家养的那只～可以看家,生人来了它就用嘴拧|～的毛可以做羽绒服。

【构词】鹅蛋脸/鹅黄/鹅卵石/鹅毛/鹅毛雪/鹅绒/鹅行鸭步

1679 **俄语/俄文**(語) 丙

〔部首〕亻 〔笔画〕9

Éyǔ/Éwén (Russian)

[名]俄罗斯民族的语言:学～|说～|会～|他会说～|我学了一年～|他是一位～老师。

【构词】俄而/俄顷/俄延

1680 **额**(額) 丁 〔部首〕页 〔笔画〕15

é (forehead)

[名]头部眉毛以上头发以下的部位。通称额头:前～|～头|～角|前～上有一块伤疤|这几天忙得我焦头烂～|他的前～宽,我想他一定聪明。

【构词】额度/额角/额数/额头/额手称庆

1681 **额外** 丁

éwài (extra)

[形]超出规定的数量或范围的:～开支|～计算|～收入|～开支,厂里一律不给报销|请老师不要再～加重学生的负担了|领导决定给他一些～奖励|老师～准许我参加补习班。

【近义词】另外

【反义词】分内

1682 **讹**(訛) 丁 〔部首〕讠 〔笔画〕6

é (v. blackmail; n. error)

[动]讹诈:～人|～钱|你不要～人,我并没有答应过你|他～了我许多钱|我和他一起做生意,结果被他～去了许多东西。

[名]错误:这是个～字|不要以～传～|现在外面有些～传,不要相信。

【构词】讹传/讹误/讹诈

1683 **恶心**(惡) 丙 〔部首〕心 〔笔画〕10

ěxin (feel sick)

[动]❶有要呕吐的感觉:病人～|孩子～|夜里～|患者～|感到～|让人～|引起～|突然～|早晨起来就～|我最近经常～,可能是怀孕了|厕所里传出来的臭味真～人。❷使人厌恶:一见他那丑态,我就～|她那卖弄风骚的样子,使人十分～|他说的话

真让人～。

【提示】①“恶”又读 è，见第 1684 条；又读 wù，见第 3753 条“可恶”。②“恶心”是表示心理活动的动词，可受程度副词修饰。

1684 **恶（惡）** 丙 〔部首〕心 〔笔画〕10

è（evil）

［形］❶凶狠；凶猛：守门人太～了，我们都不敢进去｜做人不要这么～，不然会失去朋友的｜你不～一点儿，别人就会欺负你｜这山里有一群～狼。❷坏的；不好的：～习｜～人｜～意｜～作剧｜～言～语｜～势力打倒了，群众的腰杆挺起来了｜他跟人说话总是～言～语，没有一点儿温柔劲儿｜我们认为善的，他们认为～。

【近义词】❶凶/凶恶/凶狠/凶暴/凶猛；❷坏/恶劣

【反义词】❶善；❷好

【提示】“恶”又读 ě，见第 1683 条；又读 wù，见第 3753 条“可恶”。

【构词】恶霸/恶斗/恶感/恶鬼/恶棍/恶果/恶狠狠/恶疾/恶名/恶魔/恶声/恶俗/恶徒/恶习/恶行/恶言/恶语/恶战/恶仗/恶浊/恶作剧/恶贯满盈/恶性循环

1685 **恶毒** 丁

èdú（vicious）

［形］（心术、手段、语言）阴险狠毒：强盗～｜罪犯～｜手法～｜说话～｜～地歪曲｜他的心太～了，跟他打交道要小心点儿｜我怎么也没有想到，这个吃斋念佛的大善人竟有如此～的心肠｜他常在背后～地攻击别人｜这伙土匪～得很。

【近义词】歹毒/狠毒/阴毒

【反义词】善良

1686 **恶化** 丙

èhuà（worsen）

［动］情况向坏的方面变化；使情况变坏：病情～｜形势～｜关系～｜局势～｜水质～｜突然～｜感情～｜环境～｜造成～｜防止～｜极度～｜我接到家里的电报说爸爸的病又～了｜形势不断～，我们要做好撤离的思想准备｜我们不能眼看着他们的关系如此～下去，应该想个办法才行｜这种作法只能使我们的关系越来越～｜由于该国侵犯了我国的领土，～了两国的关系。

【近义词】变坏

【反义词】好转/转危为安/化险为夷

【提示】小病不能说“恶化”：×我的感冒越来越～。

1687 **恶劣** 丙

èliè（odious）

［形］很坏：品质～｜条件～｜环境～｜作风～｜态度～｜手法～｜行为～｜～的行为｜～的行径｜特别～｜地质工作者已经习惯了在～条件下工作｜服务员的～态度真令人受不了｜他的思想品质特别～｜环境～到惊人的地步｜他的表现～得很｜南极的气候很～｜飞机坠毁的原因与～的天气有关。

【近义词】坏/卑劣/卑鄙/低劣/粗劣

【反义词】好/优异/优秀/良好

1688 **恶性** 丁

èxìng（malignant）

［形］能产生严重后果的趋向：～肿瘤｜～疾病｜～贫血｜～案件｜～事故｜～循环｜～膨胀｜～发展｜医院最后确诊孙先生得的是～肿瘤｜应采取有效的措施杜绝～事故再次发生｜这种～循

环对人的危害很大。

【反义词】良性

1689 **饿**(餓) 甲 〔部首〕饣 〔笔画〕10

è (adj. hungry; v. starve)

[形]肚子空,想吃东西:～了|很～|不～|早上没吃东西,刚到10点肚子就～了|干活儿累,肚子就～得快|别等他了,大家都～极了|你怎么～了也不知道吃饭呢?

[动]使挨饿:家里没人做饭,让孩子～了一整天|吃太饱了不好,总～着也不好|他总嫌饭不好吃,你～他一天,他就什么都吃了。

【反义词】饱

1690 **恩** 丁 〔部首〕心 〔笔画〕10

ēn (kindness)

[名]恩惠:有～|报～|～仇|～怨|他对我有～,我将来一定要报答他|谁对我有～我都知道|我们不能知～不报|我虽对你有～,但我并不图报|你可不能～将仇报。

【近义词】恩德/恩惠

【反义词】仇/怨

【提示】①"恩"的上面是"因"不是"田"。②恩,姓。

【构词】恩仇/恩赐/恩德/恩典/恩公/恩惠/恩义/恩怨/恩泽

1691 **恩爱**(愛) 丁

ēn'ài (deeply in love)

[形]夫妻间感情亲热、真挚:夫妻～|伉俪～|应当～|理应～|～得很|永久～|～的夫妻|～的生活|～地相处|日子虽然苦一点儿,但夫妻～,生活倒也安乐|一看便知小两口儿挺～的|即使是～的夫妻,也免不了有拌嘴的时候|夫妻俩恩恩爱爱,从没红过脸|夫妻的～是建立在互相尊重的基础上的。

【近义词】亲爱/亲热/亲昵

【反义词】疏远/生疏

1692 **恩情** 丁

ēnqíng (loving-kindness)

[名]深厚的情义;恩惠:～铭刻在心|～深|～大|报答～|知道～|老师的～|乡亲的～|母校的～|母亲的～|从前的～|全部的～|你对我的～我不会忘的|祖国的～永不忘|父母对我们的～特别深|我不知道怎么报答他的～|你对我的～我一辈子也报答不完。

【近义词】恩惠/恩德/恩典

1693 **恩人** 丁

ēnrén (benefactor)

[名]对自己有大恩的人:我的～|他是～|大～|警察叔叔是我的救命～|爸爸告诉我,周大爷是我们全家的～,在关键的时候救了我们全家|你可是孩子的～,没有你,孩子还不知道变成什么样呢。

【反义词】仇人

1694 **而** *乙 〔部首〕一 〔笔画〕6

ér (and)

[连]❶连接语意一致的词语,多是描写性的,表示并列关系。有"并且"、"又"的意思:这是一项伟大～艰巨的任务|粉红的脸上长着一双大～黑的眼睛|原来有基础～又有发展前途的手工业,还要继续发展。❷连接肯定和否定互相补充的成分,有"但是"、"却"的意思:这个菜是肥肉做的,但肥～不腻|茅台酒浓～不烈,清～不淡|看问题不能只看一面,～是要看

全部。❸〈丙〉连接语意相反或相对的成分，有"然而"、"但是"、"却"的意思，表示转折：订了制度～不执行，等于没订｜说了～不做，等于白说｜学习英语～不加强口语练习，是学不好的。❹〈丙〉连接事理上前后相因的成分，表示承接或递进关系：因困难～畏惧～退却～消极的人，是干不了大事的｜庄稼由于缺水～枯死｜汉语是可以学好的，～学好的关键是勤奋。❺〈丁〉把表示时间或方式的成分连接在动词上面：在危险的时刻他挺身～出｜洪水铺天盖地～来，淹没了整个村庄｜他匆匆～来，又匆匆～去。❻〈丁〉表示"到"的意思：他一～再，再～三地来捣乱｜由春～夏，由夏～春，一年四季他就没闲过。

【近义词】❶与/和/又/并且/而且；❷❸但是/可是/然而/却

【构词】而今/而况/而立

1695 **而后**(後) 丁

érhòu (then)

[副]以后；然后：一般情况下，我回家都是先写作业，～看电视｜国家队先在训练基地训练了一个月，～又参加了几场热身赛｜你们要把情况调查清楚，～再行动。

【近义词】以后/然后

1696 **而且** 甲

érqiě (and also)

[连]表示意思更进一层：她不仅漂亮～聪明｜这种牌子的电视机不光样子好看，～清晰度也好｜我们不仅可以～一定能够完成这个任务｜读书是学习，工作也是学习，～是更重要的学习｜他不但是我的朋友，～是我的救命恩人｜警察不仅罚了款，～还扣了我的车。

【近义词】并且

【提示】多用于第二分句，与第一分句的"不但"、"不仅"、"不光"等相呼应。

1697 **而已** 丁

éryǐ (that is all)

[助]罢了：他不过说说～，你不必那么认真｜我只是想想～，不会真去的｜这次去南方，不过去看看～，不会在那里投资的｜地球只是一个普普通通的星球～。

【近义词】罢了

【提示】"而已"的"已"不要写成"自己"的"己"。

1698 **儿女**(兒) 丙 〔部首〕儿 〔笔画〕2

érnǚ (sons and daughters)

[名]子女：～长大了｜～懂事了｜～听话｜～孝顺｜～能干｜养育～｜抚养～｜教育～｜支持～｜理解～｜想念～｜老师的～｜国外的～｜惦记～｜一群～｜～的性格｜～的看法｜～如今都大了，你也该享享福了｜无论如何也要把～们抚养成人｜退休了，在家里给～们看看孩子，做做饭｜作为中华～，要为国家的繁荣富强贡献力量。

【近义词】孩子/子女

【构词】儿歌/儿化/儿郎/儿男/儿时/儿孙/儿童节/儿媳妇/儿戏

才女/处女/独女/妇女/歌女/宫女/孤女/闺女/妓女/娇女/美女/男女/少女/使女/孙女/侍女/舞女/仙女/修女/侄女/子女/家庭妇女/善男信女

1699 **儿童** 乙

értóng (children)

[名]较幼小的未成年人：～上街要有

大人带领|公园里有很多～在玩耍|今天是6月1日,是～的节日|对虐待～的行为,要坚决进行打击|还有一些贫穷国家缺医少药,～死亡率很高。

【近义词】孩子/小孩子/幼儿/孩童/幼童

【构词】报童/孩童/马童/牧童/神童/书童/顽童/学童/幼童/返老还童

1700 **儿子** 甲

érzi (son)

[名]男孩子(对父母而言):大～|小～|一个～|有～|～今年已经15岁了|～结婚那天,亲朋好友来了近百人|有人喜欢～,有人喜欢女儿,要我说,～、女儿都一样|受传统观念的影响,他非要再生一个～不可。

【近义词】男孩儿

1701 **耳朵** 乙 〔部首〕耳 〔笔画〕6

ěrduo (ear)

[名]听觉器官。人和哺乳动物的耳朵分为外耳、中耳、内耳三部分,内耳除管听觉外,还管身体的平衡:左～|右～|掏～|～大|～聋|年纪大了,～不管用了|小白兔,白又白,两只～竖起来|蝙蝠的～特别灵|游泳时～进水了|他恶狠狠地说:"再不把钥匙交出来,就把你的～割下来!"|我的左～有点儿聋。

【构词】耳背/耳边风/耳垂/耳底/耳朵软/耳朵眼儿/耳福/耳根/耳刮子/耳光/耳环/耳机/耳鸣/耳目/耳旁风/耳塞/耳生/耳饰/耳熟/耳顺/耳语/耳针/耳坠子

花朵/云朵

1702 **二** 甲 〔部首〕一 〔笔画〕2

èr (two)

[数]❶数目字;1加1的得数:接～连三|～两酒|一分为～|三心～意|昨天参加会议的人足有一万～千人|一加一得～|他是我们班第～名|我们俩在一个年级,他在一班,我在～班。❷次等的:这件衣服是～等品|他得了～等奖。

【近义词】两

【提示】读数目字时一般用"二",如"一千二百",不说"一千两百"。在一般量词前,不能用"二",而应该用"两":×下午二点我要去看电影。|×二块钱|×二天时间才能写完。|×买了二件衣服。

【构词】二把刀/二把手/二百五/二房东/二伏/二锅头/二胡/二赖子/二郎腿/二楞子/二流子/二手/二踢脚

1703 **二氧化碳** 丁

èryǎnghuàtàn (carbon dioxide)

[名]无机化合物:植物夜里施放出来的是～|～可以灭火。

1704 **贰(貳)** 丁 〔部首〕贝 〔笔画〕9

èr (two)

[数]"二"的大写。汉字的数字有大写、小写两种:一、二、三、四等是小写;壹、贰、叁、肆等是大写。

【近义词】二/两

F

1705 **发**(發)　*甲　〔部首〕又　〔笔画〕5

fā (send out)

[动]❶送出;交付:~信|~文件|~书|~奖品|~错了|~得快|~得及时|可以~|准备~|放心地~|要求~|乱~|多~|~的数量|~的方法|下午学校给毕业生~证书|老师说教材今天不~了,明天再~。❷〈乙〉发射:~炮|~信号弹|~传真|~了两颗|~了一次|不能~|~不了|传真是~了,可到现在也没回音|信号弹已经~了|向敌人阵地~了100多发炮弹|电波不知是从哪儿~出来的|我已经给他~了一份电传。❸〈乙〉发布;表达:~号召|~命令|~通知|~言|~话|~指示|~议论|~誓|他看我半信半疑的样子,就~起誓来|空~了一通议论,什么事也管不了|我已经~过言了。❹〈乙〉显现出;流露出;感到:~脾气|~火|~牢骚|~愁|~怒|~慌|~冷|~苦|~烫|~急|~呆|让他~~火儿,他的气就消了|人家又没惹你,你跟人家~什么脾气?|今天感到有点儿~烧|坐了半天,脚都~麻了。❺〈丙〉产生;发生:~电|~芽|~霉|天气太潮,柜子里衣服都~霉了|我跟妈妈学会了~豆芽|春天到了,小草~芽了|我们村自己能~电。❻〈丙〉因得到大量财物而兴旺:~家|~财|这几年,他做生意~了点儿财|不努力奋斗就~不了财|他这两年养鱼可~了。❼〈丙〉因变化而显现:~红|~白|~青|~硬|秋天,庄稼都~黄了|春天来了,小草~绿了|刚才,你吓得脸都~白了|塑料放时间长了就~硬。❽〈丁〉使食物发酵或置于水中使其膨胀:~海带|~鱿鱼|~海参|~干贝|会~|能~|~不了|~得快|~得好|~的方法|~过一次|我自己会~面蒸馒头|我~过鱿鱼,但没~好|干贝最好~了,用水泡两天就行|木耳用热水~一个小时就可以。❾〈丁〉开始行动;派出;开出:地铁每天早上5点钟~车|班车早就~出去了|上午~了12趟车,下午~了15趟车|大家正在整装待~。

【提示】"发"在表示"头发"的义项时读fà,如:理发|白发|发型;在"头发"一词中读轻声,见第6441条。

【构词】发榜/发报/发兵/发病率/发颤/发潮/发车/发痴/发呆/发电机/发动机/发放/发愤/发疯/发福/发稿/发光/发汗/发话/发坏/发慌/发昏/发迹/发急/发家/发酵/发紧/发窘/发酒疯/发掘/发刊词/发狂/发困/发懒/发亮/发落/发毛/发霉/发明权/发难/发怒/发疟子/发胖/发情/发球/发散/发射点/发售/发水/发送/发酸/发条/发文/发问/发祥地/发泄/发芽/发言人/发源/发晕/发怔/发作/发号施令/发人深省/发扬光大

1706 **发表**　乙

fābiǎo (publish)

[动]❶向社会或集体表达(意见);宣布:~意见|~看法|~见解|~言论|~声明|~公告|~得及时|~得深刻|~了几次|可以~|必须~|公开~|

～的目的｜～的内容｜要让大家把意见充分～出来｜讨论会上，代表们纷纷～自己的见解｜两国公报在报纸上～了｜校长在学生集会上～了两个小时的讲话。❷在报刊上刊登（文章、图画、歌曲等）：～论文｜～文章｜～诗歌｜～小说｜～歌曲｜他的小说在《小说月报》上～了｜这份杂志每期能～30篇作品｜这篇文章～得可真不容易｜关于我们学校深化改革的连续报道已经～完了｜他的图片是在《人民日报》上～的｜一年来，老师在报纸和刊物上～了10幅国画。

【近义词】❶表达/发布/宣布/公布/颁布；❷刊登/登载

1707 发病 丁

fā bìng（[of a disease] come on）

某种疾病在有机体内开始发生：一到春天他就～｜他在外地工作，就担心母亲～｜应该找出～的规律来｜听说这种病人吃鱼容易～｜最近不知怎么了，常常～。

【近义词】闹病

【提示】离合词，中间可插入其他成分，如：这几年他从未发过病｜他去年一年发了四次病。

1708 发布(佈) 丁

fābù（issue）

[动]宣布（命令、指示、新闻等）：主席～｜国务院～｜气象台～｜～命令｜～通知｜～条例｜～法规｜同意～｜正式～｜在记者招待会上，～了一个重要的新闻｜国务院～的命令，要坚决执行｜天气预报是气象台～的。

【近义词】公布/颁布/宣布

1709 发财(財) 丁

fā cái（get rich）

（个人或私人企业）获得大量财物：恭喜～｜他这两年可～了｜～的方法有的是，就看你想不想干｜你～了也得想着我们大家点儿｜他做买卖发了财。

【提示】离合词，中间可以插入其他成分，如：小本生意发不了什么大财｜去年他发了一笔大财。

【构词】浮财/横财/家财/理财/敛财/破财/钱财/生财/贪财/外财

1710 发愁 丁

fā chóu（worry）

因为没有办法或主意而感到愁闷：厂长～｜学生～｜家长～｜老师～｜病人～｜～房子｜～考试｜～没钱｜～得厉害｜感到～｜～的原因｜因孩子升学问题而～｜你不要～，有事大家商量｜长这么大他不知道什么叫～，这回他可知道了｜妈妈心眼儿小，什么事都爱～。

【近义词】忧愁/忧闷/愁闷/犯愁

【提示】离合词，中间可插入其他成分，如：发什么愁｜发起愁来。

【构词】哀愁/犯愁/解愁/忧愁

1711 发出 乙

fāchū（give out）

[动]发生（声音、疑问等）：～声音｜～响声｜～香味｜～光｜～热｜～信号｜必须～｜不停地～｜紧急～｜迅速～｜玉兰花～阵阵香味｜他～的鼾声像打雷｜远处不时～隆隆的炮声｜对这种方法是否可行，大家～疑问。❷发表；发布：外交部～｜国务院～｜学校～｜～命令｜～通知｜～号召｜～了好几天｜考虑～｜正式～｜立即～｜～的时间｜期末考试的通知已经～了｜警报～得

非常及时|党中央～了向雷锋同志学习的号召|裁判员向犯规的运动员～了黄牌警告。❸送出：～信件|～稿件|～的时间|～的方法|稿件上午就～了|给家里的信已经～好几天了|今年～了五篇稿子，只登了三篇。

【近义词】❶发生/产生；❷发表/发布/颁布

【反义词】❷❸收回

1712 **发达**(達) 乙

fādá (developed)

[形]事业兴旺或事物已有充分进展：国家～|事业～|交通～|工业～|科技～|运输～|四肢～|肌肉～|开始～|相当～|确实～|～的水平|～的条件|国家兴旺～，人民才能过上好日子|努力赶上～国家的水平|运动员的肌肉相当～|我国在科技方面还不太～。

【近义词】繁荣/兴旺/兴盛/景气

【反义词】衰败/衰落/萧条

1713 **发电**(電) 丙

fā diàn (generate electricity)

发出电力：我们村自己可以～|过去农村放电影用手摇发电机～|利用水力～又经济又实惠。

【提示】离合词，中间可插入其他成分，如：电厂受到破坏，发不了电了。

1714 **发动**(動) 乙

fādòng (start)

[动]❶使开始：～战争|～内战|～进攻|～政变|～得快|～得迅速|请求～|要求～|停止～|突然～|帝国主义～了侵略战争|～了一场自上而下的经济改革运动|这一夜，敌人一共～了四次进攻|历史上农民～过多次起义。❷使行动起来：～群众|～老百姓|～妇女|～青年|可以～|能～|需要～|开始～|努力～|尽量～|～的对象|～的原则|～群众，掀起爱国卫生运动|劳力不够，就把家属～起来|～职工积极参加义务劳动。❸使机器运转：机器～|～马达|～柴油机|～汽车|～拖拉机|～得慢|准备～|停止～|很难～|～的响声|天气太冷，机器～不起来|汽车已经～了|他们又～起了马达|没有电，马达也～不起来。

【近义词】❷推动/鼓动/动员/带动

1715 **发抖** 乙

fādǒu (shiver)

[动]由于害怕、生气或受到寒冷等原因而身体颤动：老爷爷～|病人～|小孩～|浑身～|全身～|两腿～|嘴唇～|激动得～|冻得～|感到～|吓得～|紧张得～|～的样子|看到那个凶神恶煞的大汉，吓得她浑身～|没有棉衣，也没有遮盖，孩子冻得直～|爸爸看到不争气的儿子，气得四肢～|她突然倒在地上，嘴唇～。

【近义词】打颤/战抖/发颤/哆嗦

1716 **发奋图强**(奮圖) 丁

fāfèn tú qiáng (work with firm resolve to succeed)

振作起来，努力奋斗：自力更生，～|在父亲的鼓励下，他克服困难，～，终于完成了学业|农民们～，终于改变了家乡的落后面貌。

【提示】“强”又读 qiǎng，见第 4441 条“勉强”；又读 jiàng，如“倔强”。

【构词】逞强/富强/刚强/好(hào)强/加强/坚强/列强/顽强/压强/要强/增强/年富力强

1717 **发挥**(揮) *乙

fāhuī (bring into play)

[动]❶把内在的性质或能力表现出来:～作用|～力量|～专长|～优势|～才能|～威力|～聪明才智|～积极性|～得好|～得一般|可以～|开始～|正常～|自觉地～|使每个工人能最大限度地～他们的积极性|今天水平～得不正常|药物用得不适量,就～不了它的作用|没有大家的支持,你有多大的能力也～不出来|要使每个人的聪明才智都得到～。❷〈丙〉把道理或意思充分地表达出来:～得对|～得充分|～了一下|喜欢～|擅长～|借题～|不停地～|深入地～|认真地～|他对文章的主要思想进行了～|郑先生又开始借题～了|你的论点～得还不够,还应该再～～。

【近义词】❶施展/发扬;❷表达/抒发

1718 **发火** 丁

fā huǒ (get angry)

发脾气:老人脾气大,动不动就～|丈夫脾气好,从不对妻子～|有事大家商量,光～有什么用?|～也解决不了问题。

【近义词】发脾气

【提示】离合词,中间可以插入其他成分,如:他又发起火来了|他发了一顿火,气就消了。

1719 **发觉**(覺) 丙

fājué (come to know)

[动]开始知道(隐藏着的或以前没有注意到的):被～|家长～|校长～了|老师～了|～情况|～受骗|及时～|迅速地～|～的问题|他刚刚～做的题全错了|孩子逃学的事,家长始终没有～|幸亏你～得早,要不非出大事故不可|现在没～,以后也会～的|把东西藏在这儿谁也～不了。

【近义词】发现/察觉/觉察/感到

1720 **发明** 乙

fāmíng (v. invent; n. invention)

[动]最先创造出前所未有的新事物或新方法:科学家～|医学家～|～火药|～飞机|～电话|～新技术|～新武器|能够～|可以～|～得快|鼓励～|成功地～|～的条件|中国两千年前就～了指南针|活字印刷术是毕昇～的|工厂鼓励工人～创造。

[名]创造出的新事物或新方法:新～|你最近有什么新～没有?|造纸术是中国古代四大～之一|不善于思考,当然也不会有什么～。

【近义词】发现/创造

1721 **发脾气**(氣) 丁

fā píqi (lose one's temper)

因事情不如意而吵闹或骂人:处长最近总爱～|快去劝劝他吧,他又～了|爱～的人容易得罪人|你～总该有～的原因吧,说出来让大家听听|他向我发过一回脾气|他发了一顿脾气就走了。

【近义词】发火

1722 **发票** 丁

fāpiào (invoice)

[名]商店开给顾客的收据,上面写着售出物品的名称、数量、价格和日期等。也叫发货票:开～|写～|一张～|买东西要开～,不然没法报销|～上的价格写得不对,请售货员重开一张|我买东西从来不要～|如果商品质量有问题,可以凭～到商店去退换。

【近义词】发货票

1723 发起 丁

fāqǐ (initiate)

[动]❶倡议(做某件事情):~募捐|~竞赛|~得早|主动~|大胆~|勇敢~|迅速~|~的单位|~的时间|~的理由|学生运动是他~的|~义务植树活动是十分有意义的。❷发动(战役、进攻等):~进攻|~反击|向敌人~了进攻。

【近义词】❶倡议/提倡/倡导

1724 发热(熱) 丁

fā rè (give out heat)

❶产生热量:恒星本身就发光~|电灯泡又发光又~❷发烧:我今天有点儿~,可能感冒了|这孩子一直~,已经打了三针了。❸比喻不冷静,头脑不清醒:他好(hào)激动,脑袋一~什么都干得出来|你不要头脑~,把定额定得太高。

【构词】导热/低热/地热/隔热/火热/加热/解热/酷热/脸热/闷热/内热/亲热/清热/散热/湿热/受热/暑热/退热/炎热/眼热/余热/知冷知热/炙手可热

1725 发烧(燒) 甲

fā shāo (have a fever)

体温超过正常的温度,是疾病的一种症状:最近一段时间,他老~,可能有炎症|我感冒从不~|~太厉害了要吃退烧药|我全身无力,头也发昏,可能是~了|~多少度? 用体温计量一量|我这一个月发了三次烧|我每天晚上发低烧。

【近义词】发热

【提示】离合词,中间可以插入其他成分,如:他发了两天烧,还没好。

【构词】焚烧/高烧/红烧/火烧/燃烧/退烧/怒火中烧

1726 发射 丙

fāshè (launch)

[动]射出(枪弹、炮弹、火箭、电波、人造卫星等):~子弹|~出去|不能~|卫星发射站成功地~了一颗通讯卫星|炮兵在~炮弹|查一查电波是从哪儿~出来的|那里有一座电视~台。

【构词】点射/反射/俯射/跪射/喷射/平射/扫射/闪射/斜射/仰射/影射/照射/折射

1727 发生 甲

fāshēng (happen)

[动]原来没有的出现了;产生:战争~了|危机~了|火灾~了|~纠纷|~事故|~水灾|~矛盾|~变化|~关系|~得突然|~过一次|要~|避免~|意外~|不幸~|~的经过|不幸的事情终于~了|这座楼里曾~过这样一件事情|我们俩从没有~过矛盾|在这天的深夜,空难~了|伟大的"五四"运动的~,决不是偶然的|这个月全市共~了50起交通事故。

【近义词】产生/出现/发现/爆发

1728 发誓 丁

fā shì (swear)

庄严地说出表示决心的话或对某件事做出保证:男人~|~报仇|~改革|爱~|喜欢~|答应~|急得~|我~学好外语|我向天~,我一辈子对你好|我说的事都是真的,不信我可以~|别光听他~,要看他的行动|大家~要为死难的弟兄报仇。

【近义词】明誓/立誓/起誓/宣誓/赌咒

【提示】离合词，中间可插入其他成分，如：他发了誓｜他向我发过誓，一定要回来。
【构词】赌誓/立誓/盟誓/明誓/起誓/宣誓

1729 **发现**(現) 甲

fāxiàn (v. discover; n. discovery)
[动]❶经过研究、探讨等，看到或找到前人没有看到的事物或规律：专家~｜教授~｜~金矿｜~油田｜~文物｜~古迹｜~得早｜~得及时｜突然~｜能够~｜在新疆塔里木盆地~了大油田｜在古都西安~了很多文物古迹。❷发觉：老师~了｜学校~了｜~缺点｜~受骗｜~流血了｜~得快｜能~｜想到明天就要分开，这时他才突然~自己是那样离不开她｜他的秘密终于被大家~了｜我第一次~孔雀这么漂亮｜三年前，我回家探亲时，~家家都安了自来水｜过去我没~他有这么多毛病｜我~他有点儿不大高兴。
[名]发现的事物或规律：这是一项重大~｜考古中的这一~很有价值｜这是对于熊猫生活规律的极有意义的~。
【近义词】[动]❷发觉

1730 **发行** 丙

fāxíng (issue)
[动]发出新印刷的货币、公债或新出版的书刊等：银行~｜邮局~｜书店~｜出版社~｜~货币｜~纪念邮票｜~刊物｜~报纸｜~得快｜~得顺利｜~了一年｜应当~｜可以~｜开始~｜扩大~｜公开地~｜同意~｜~的地点｜~的时间｜邮局曾~过一套敦煌艺术的邮票｜我们请书店代理~了五种图书｜这种报纸是去年才开始~的｜这个刊物~了两年，读者反映不错。
【近义词】发刊/刊出/发出
【提示】“行”又读 háng，见第 4630 条“内行”。

1731 **发言** 乙

fā yán (speak)
发表意见(多指在会议上)：正在~｜毕业生代表在会上~｜他正在会上~呢，现在出不来｜大会主席规定，每人~不得超过 30 分钟｜他发了一小时的言。
【近义词】讲话
【提示】离合词，中间可以插入其他成分，如：他发了五分钟的言｜发完言我就走了｜大会开了三天，他只发了一次言。

1732 **发炎** 丁

fā yán (inflammation)
有机体对于微生物、化学药品、物理性刺激等致病因素所引起的复杂反应。发炎的症状是体温增高，血液成分改变，局部症状是发红、肿胀、发热、疼痛、机能障碍：伤口~了，得上点儿消炎药｜天气热，动手术容易~｜发烧说明刀口~了。
【提示】离合词，中间可插入其他成分，如：手上的伤口又发了炎。
【构词】肠炎/肺炎/肝炎/关节炎/肾炎/脑炎/胃炎/消炎

1733 **发扬**(揚) 乙

fāyáng (develop)
[动]发展和提倡(优良作风、传统等)：~民主｜~新道德｜~正气｜~创造力｜~优势｜~成绩｜要~｜自觉地~｜继续~｜需要~｜好的作风日后要继续~｜我们要~艰苦朴素的精神｜

对文化遗产，要批判地继承，推陈出新，～光大｜老一代的光荣传统我们青年人要把它～下去。

【近义词】发展/提倡

【提示】“发扬”的“扬”左边不是“木”。

1734 **发扬光大** 丁

fāyáng guāngdà (develop to a higher stage)

发展提倡，使日益盛大：艰苦奋斗的精神要～｜互相帮助、互相促进的学习气氛在我们学校已经～｜“五四”运动的光荣传统要～。

1735 **发育** 丙

fāyù (grow)

[动]生物体成熟前，机能和构造发生变化，如植物开花结果，动物的性腺逐渐成熟：～得早｜～得快｜～得慢｜～的时间｜～的条件｜孩子正处在～期，应加强营养｜现在的孩子都～得早｜果树～得慢是因为缺肥。

【近义词】生长

【构词】哺育/德育/抚育/教育/节育/美育/培育/生育/体育/养育/孕育

1736 **发展** *甲

fāzhǎn (v. develop; n. development)

[动]❶事物由小到大、由简单到复杂、由低级到高级地发生变化；扩大：～快｜～顺利｜～缓慢｜经济～了｜农业～了｜体育～了｜社会～了｜～得迅速｜应当～｜促进～｜得到～｜积极地～｜蓬勃地～｜～的方向｜教育事业在蓬勃～｜城市经济迅速～起来｜不能容忍这种情况再～下去｜把出口商品生产更快地～起来｜中国足球运动最近几年得到了～。❷〈乙〉扩大：～组织｜～党员｜～会员｜～得多｜～得快｜不能～｜可以～｜～的时间｜～的对象｜最近读书会～了一批会员｜我们学校的人数有了较大的～｜你要经得起考验，组织上认为该～你的时候一定～你。

[名]指事物由小到大发生变化的情况：医疗卫生工作有了很大～｜研究工作有了重大～｜学校的～，给了我们很大鼓舞。

【近义词】发达/进步/成长/扩展/扩大

【反义词】衰退/停滞

【构词】画展/进展/开展/扩展/美展/平展/铺展/伸展/施展/书展/拓展/影展/招展

1737 **伐** 丁 〔部首〕亻 〔笔画〕6

fá (fell)

[动]砍：林场早就不用斧子～树了｜这片山林被当地人～得太厉害了｜林业局规定不经允许不得乱～树木｜有些不成材的树也该～～了。

【近义词】砍

【提示】注意“伐”不能写成“代”。

【构词】伐木/伐罪

1738 **罚**(罸) 丙 〔部首〕四 〔笔画〕9

fá (punish)

[动]处罚：单位～｜警察～｜老师～｜裁判～｜～款｜～站｜～唱歌｜～司机｜～运动员｜～得多｜～错了｜应该～｜决定～｜害怕～｜担心～｜真～｜～的原因｜～的根据｜司机喝酒就该～，而且要重～｜5号队员因多次犯规被裁判红牌～下｜今天被警察～了10块钱｜由于他上班常常迟到，厂长～了他一个月的奖金。

【近义词】处分/处罚/惩罚/惩办

【反义词】赏/奖/奖励

【构词】罚金/罚球/罚不当罪

1739 **罚款** 丁

fá kuǎn (impose a fine)

司法或行政机关强制违法者缴纳一定数量的钱,作为处罚;订合同的一方以一定数量的钱处罚违反合同的另一方:违反交通规则当然要～|司机因超载被～20元|我的同学因乱扔纸屑被执法人员～5元|乙方没有按期完成施工任务,甲方要对乙方～。

【提示】离合词,中间可插入其他成分,如:他酒后开车,被罚了款。

1740 **法** 丁 〔部首〕氵 〔笔画〕8

fǎ (law)

[名]体现统治阶级的意志,由国家制定或认可,受国家强制力保证执行的行为规则的总称:守～|犯～|违～|执～|要教育每个公民遵纪守～|我从没犯过～|犯～的事咱不干|家有家规,国有国～|～有很多,如法令、条例、命令、决定等|邻居家的孩子犯～,被公安局抓起来了。

【提示】法,姓。

【构词】法案/法办/法宝/法币/法场/法典/法度/法纪/法家/法警/法兰绒/法理/法力/法门/法名/法器/法权/法事/法帖/法网/法学/法眼/法医/法衣/法政/法治

1741 **法定** 丁

fǎdìng (legal)

[形]由法律、法令所规定的:按照～的手续办理|这是～的,谁也变不了|这些不合理的规定为什么不能改?难道是～的?

1742 **法官** 丁

fǎguān (judge)

[名]指司法和审判人员:当～|是～|一位～|～审案|他一毕业就当了～|～执法要严,不能放过一个坏人,也不能冤枉一个好人|～当场宣布了审判结果。

【构词】罢官/达官/副官/感官/宦官/将官/教官/警官/军官/看官/考官/客官/器官/清官/升官/史官/贪官/尉官/文官/武官/五官/校官/赃官/长(zhǎng)官

1743 **法规**(規) 丁

fǎguī (laws and regulations)

[名]法律、法令、条例、规则、章程等的总称:遵守～|国家的～|公布～|制定～|要组织群众学习～,使每个人都知法、懂法、遵法|这些～是去年公布的|今年国务院又公布了三个～。

1744 **法郎** 乙

fǎláng (franc)

[名]法国、瑞士等国的货币:10～|用美元可以兑换～|这个国家使用的货币是～。

【构词】伴郎/儿郎/货郎/令郎/女郎/情郎/新郎

1745 **法令** 丙

fǎlìng (laws and decrees)

[名]政权机关颁布的命令、指示、决定等的总称:制定～|颁布～|执行～|国家又颁布了新的～|这些～是国务院颁布的|我们要遵守国家的政策、～。

【构词】传令/辞令/待令/电令/调令/发令/奉令/号令/将令/节令/禁令/

酒令/军令/口令/勒令/律令/密令/命令/赦令/时令/使令/手令/司令/条令/通令/违令/夏令/县令/训令/严令/月令/政令/指令/发号施令/外交辞令

1746 **法律** 乙

fǎlǜ (law)

[名]由立法机关制定,国家政权保证执行的行为规则:~产生了|~制定了|~通过了|~无情|学习~|颁布~|废止~|中国的~|古代的~|~刊物|~报纸|~的地位|~体现统治阶级的意志|人人学习~,人人遵守~|这是~常识,我还能不知道?|应该按照~办事。

1747 **法人** 丁

fǎrén (corporation)

[名]法律上指根据法律参加民事活动的组织,如公司、社团等:我们公司是独立的~单位|田校长是我们学校的~代表|这个组织是个~团体。

1748 **法庭** 丁

fǎtíng (court)

[名]法院设立的审理诉讼案件的机构或地方:进入~|~上|审判那天,~里坐满了人|原告和被告在~上进行了辩论|为打官司的事我去了好几次~。

【提示】"法庭"的"庭"里面是"廴",不能写成"辶"。

【构词】边庭/出庭/到庭/家庭/开庭/门庭/前庭/天庭/闲庭

1749 **法西斯** 丁

fǎxīsī (fascist)

[名]❶指意大利法西斯党的"标志"(拉丁文 fascas)。❷指法西斯主义的倾向、运动、体制等。

【构词】瓦斯

1750 **法语/法文**(語) 甲

Fǎyǔ/Fǎwén (French)

[名]法兰西民族的语言,国际通用语言之一:学~|教~|说~|会~|我在大学学的是~|我能把~翻译成中文|他的~水平很高。

1751 **法院** 丙

fǎyuàn (court)

[名]独立行使审判权的国家机关:中级~|高级~|最高~|县~|市~|~院长|打官司得去~|我的朋友在~工作|~判处他无期徒刑。

1752 **法则**(則) 丁

fǎzé (rule)

[名]规律:事物的~|运动的~|什么事物都有自己的~|有的事没有固定的~,靠我们自己去创造|~是我们人类自己定的。

【近义词】规则

【构词】典则/否则/规则/简则/守则/四则/细则/原则/准则/总则/以身作则

1753 **法制** 丙

fǎzhì (legal system)

[名]统治阶级按照自己的意志,通过政权机关建立起来的法律制度,包括法律的制定、执行和遵守,是统治阶级实行专政的方法和工具:进行普法教育,增强~观念|社会主义~是保护人民权利的工具|应当加强~,健

全～|对公民进行～教育。
【近义词】法律

1754 **法子** 丙

fǎzi (way)
[名]方法;办法:想～|有～|没～|～多|～好|小田的～就是多|没有电,机器转不起来,我也没有～|这～真灵,一试就成功|你这～不行,解决不了问题|大家有什么好～都说出来。
【近义词】方法/办法/主意/点子
【提示】多用于口语。

1755 **帆** 丁 〔部首〕巾 〔笔画〕6

fān (sail)
[名]挂在桅杆上的布篷,可以利用风力使船行走:～船|落～|祝你一～风顺|鼓～行船走得快|桅杆被风刮断了,～掉下来了|船长命令船员把～挂起来。
【构词】帆板/帆布/帆布床/帆篷

1756 **帆船** 丁

fānchuán (sailboat)
[名]利用风力张帆行使的船:机～|木～|古代的～|一只～|海上行驶着一只～|现在的渔民一般都不使用～了|奥运会有一个比赛项目,叫～比赛。

1757 **番** *丙 〔部首〕田 〔笔画〕12

fān (m. time)
[量]❶回;次:他三～五次地找我的麻烦|他思考了一～才做决定|经过几～锻炼,孩子们成熟多了|经过几～努力,才把丢的东西找到|他说了一～道理。❷〈丁〉种(zhǒng):别有一～滋味|来到这里,好似进入了另一～天地。
【近义词】❶次/回;❷种(zhǒng)
【构词】番菜/番瓜/番号/番木瓜/番薯

1758 **番茄** 丁

fānqié (tomato)
[名]一年生或两年生草本植物,全株有软毛,花黄色,结浆果,球形或扁圆形,红或黄色,是普通蔬菜。也叫西红柿:一个～|一斤～|炒～|吃～|摘～|种～|我最喜欢～炒鸡蛋|～可以生吃|～可以做菜,也可以做汤。
【近义词】西红柿

1759 **翻** *甲 〔部首〕羽 〔笔画〕18

fān (turn over)
[动]❶上下或内外交换位置;歪倒、反转:车～了|船～了|～身|～地|～土|～跟头|～得好|～得快|～过两次|～的时间|～的地点|一辆汽车～到沟里去了|晒粮食应该经常～着点儿|武术学校的学生们都会～跟头|孩子～了～身子,又睡着了。❷为了寻找而移动上下物体的位置:～箱子|～柜子|～抽屉|～口袋|～书包|～档案|～了一遍|～书|彻底～|立即～|～的结果|～了半天箱子,也没找到要找的衣服|～～口袋,看看钥匙在不在里面|把柜子～了个底儿朝天,也没找到。❸〈丙〉爬过;越过:～山|～墙头|～山越岭|～得快|～了两回|开始～|继续～|勇敢地～|计划～|～过这道山梁就到张家寨了|～过前面那座山头,我们休息一会儿|迅速～过墙头。❹〈丙〉翻译:～得快|～不了|不会～|能够～|～了一个月|开始～|练习～|准确地～|容易～|～文章|这份科技资料～得很

准确|英文资料我~不好,日文还可以|你帮助~~,看这句话是什么意思|一年时间,他~了三本小说|没学过古文,不会~。❺〈丙〉(数量)成倍地增加:产量~一番|工资~了一番|老师的工作量~了一倍|我们店今年的销售量~了两番|今年我们的产量必须~番。❻〈丙〉对人的态度突然变得不好:今天我跟他~了|你怎么跟人家~起脸来了|别理他,他的脸说~就~|你不要~脸不认人。❼〈丁〉推翻原来的:~案|~旧账|~口供|~供词|~得快|~得早|能~|可以~|不能~|~不了|彻底~|全部~|立即~|~的原因|铁证如山,这个案~不了|昨天刚承认,今天又~了|过去定错的案子,必须~过来。

【近义词】❹译

【构词】翻案/翻白眼/翻版/翻地/翻动/翻覆/翻盖/翻跟头/翻供/翻滚/翻悔/翻脸/翻晒/翻腾/翻天/翻新/翻修/翻印/翻越/翻江倒海/翻来覆去/翻天覆地/翻云覆雨

1760 翻身 丙

fān shēn (turn [the body] over)

❶转动身子:昨夜睡不着觉,来回~|妻子每天为瘫痪的丈夫~。❷比喻从受压迫、受剥削的情况下解放出来:推翻了剥削阶级,劳动人民才~做了主人|翻了身的农民从此有了自己的土地|~农奴过上了幸福的生活。

【提示】离合词,中间可插入其他成分,如:他翻了个身,又睡着了。

1761 翻译(譯) 甲

fānyì (v. translate; n. translator)

[动]把一种语言文字的意义用另一种语言文字表达出来;把代表语言文字的符号或数码用语言文字表达出来:学生~|专家~|老师~|~文章|~论文|~小说|~英文|~古文|~错了|~得好|~得准确|~得熟练|能~|愿意~|开始~|继续~|认真地~|~的水平|我弟弟可以用英文~小说|科技资料一定要~得准确|法国的歌剧是我们老师~的。

[名]做翻译工作的人:他是英文~|他做了八年~了。

【近义词】译

【提示】"翻译"的"译"左边是"讠",不要写成"氵"。

【构词】笔译/编译/重译/今译/口译/破译/意译/音译/摘译/直译

1762 繁 丁

〔部首〕糸
〔笔画〕17

fán (numerous)

[形]繁多;复杂:春天的杨树枝~叶茂|事太~,我真有点儿应付不了|~花落尽,春去秋来|手续太~,应该尽量简化。

【近义词】多/复杂

【反义词】少/简单

【构词】繁复/繁富/繁花/繁乱/繁茂/繁密/繁盛/繁琐/繁星/繁衍/繁育/繁杂

1763 繁多 丁

fánduō (various)

[形]种类多;丰富:花色~|品种~|名目~|动物~|植物~|文件~|事情~|比赛~|商品的花色~,型号齐全|公园里树木~,空气清新。

【近义词】繁杂

【反义词】稀少/单一

1764 繁华(華) 丁

fánhuá (flourishing)

[形](城镇、街市)兴旺热闹:城市～|市场～|街道～|确实～|相当～|王府井是北京最～的街道之一|县城不大,但是很～|在我的记忆当中,蓬莱是个古老的小城,街道狭窄,市面冷落,没想到变得这样～|今天亲眼目睹了商业街的～。

【近义词】繁荣/繁盛/热闹

【反义词】冷落/冷清/荒凉/萧条

【构词】才华/风华/浮华/光华/豪华/精华/年华/荣华/升华/中华

1765 繁忙 丁

fánmáng (busy)

[形]事情多,没有空儿:银行～|医院～|厂长～|老师～|事务～|公务～|生产～|工作～|相当～|确实～|特别～|～、充实、愉快的生活,使时间过得飞快|长江～的航运,又恢复正常了|田野里一片～的春耕景象|我们办公室人少事多,一年到头都显得很～|春节期间,铁路最～。

【近义词】忙碌/匆忙

【反义词】轻闲/清闲/悠闲/安闲

1766 繁荣(榮) 乙

fánróng (prosperous)

[形](经济或事业)蓬勃发展;昌盛:国家～|城市～|市场～|经济～|文化～|科技～|开始～|变得～|相当～|～的条件|北京天天在发展,一天比一天更美丽,更～|市场～,物价稳定|～的集市贸易,活跃了商品经济|家乡变得更加～、美丽了|海外的华人都希望中国～昌盛。

[动]使繁荣:～经济|这一措施,～了市场经济|作家的大量涌现,～了文学艺术事业。

【近义词】发达/兴旺/兴盛/昌盛

【反义词】荒芜/荒凉/萧条/凋敝

【构词】恩荣/光荣/枯荣/求荣/殊荣/兴荣/虚荣/欣欣向荣

1767 繁体字(體) 丁

fántǐzì (the original complex form of a simplified Chinese character)

[名]已有简化字代替的汉字,如"僅"是"仅"的繁体字,"禮"是"礼"的繁体字等:你会写这个～吗?|我学过～。

【反义词】简体字

1768 繁殖 丙

fánzhí (breed)

[动]生物产生新的个体以传代:现在有些鱼类都是人工～的|动物要有计划地～|听说澳大利亚袋鼠～得很快|春天正是蚊子、苍蝇～最快的季节|大熊猫的～能力特别低。

【近义词】生殖/繁衍

【构词】骨殖/垦殖/生殖/拓殖/增殖

1769 繁重 丁

fánzhòng (onerous)

[形]又多又重:任务～|工作～|家务～|作业～|功课～|觉得～|感到～|变得～|的确～|相当～|特别～|这是我经历的一次最～的采访|～的家务使妈妈过早地衰老了|机械化水平的提高,把工人从～的体力劳动中解脱出来|家务～没关系,只希望丈夫能理解她|新的更加～的任务已经摆在我们面前。

【近义词】沉重/艰巨

【反义词】轻便/轻巧/轻微

1770 凡 乙

〔部首〕凡
〔笔画〕3

fán (any; all)

[副]总括某个范围内的一切:~在这方面犯有错误的人,都要批评|~跟他接触过的人,没有一个不说他好的|~到过的地方,他都拍了照片。

【近义词】凡是/大凡

【构词】凡尘/凡夫/凡例/凡人/凡事/凡庸

1771 凡是 丙

fánshì (all)

[副]总括某个范围内的一切:~错误的东西,我们都要反对|~重大问题,都要经过集体讨论,共同决定|~他的作品,我都爱读。

【近义词】凡/大凡

1772 烦(煩) 丙

〔部首〕火
〔笔画〕10

fán (adj. annoyed; v. annoy)

[形]烦闷:这几天心里特别~|今年家里净是~事|整天呆在家里,~得很|这几天我总是心~意乱的。

[动]❶厌烦:我特别~他|我最~做数学题|我今天心情不好,别来~我。❷劳烦:对不起,~您替我请个假|~您给我买本书。

【近义词】[形]闷/烦愁/烦恼

【反义词】[形]愉快/高兴

【构词】烦愁/烦劳/烦乱/烦难/烦扰/烦冗/烦琐/烦心/烦忧/烦杂

1773 烦闷(悶) 丁

fánmèn (unhappy)

[形]心情不愉快:心情~|心中~|爸爸~|感到~|觉得~|特别~|~的原因|~的心情|也不知道为什么,一连几天他竟~得茶不思,饭不想|你心里~,大家都知道,可你也不能不吃饭呀|~的事谁都有,就看你想得开想不开|这点儿小事不值得~|考试不及格,难怪他~。

【近义词】烦恼/烦心/烦乱/苦恼/不快

【反义词】高兴/愉快/痛快/畅快/快乐/快活

1774 烦恼(惱) 丁

fánnǎo (adj. worried; n. worry)

[形]烦闷苦恼:他正为失恋而~|工作上遇到的困难使我非常~|你有什么可~的?

[名]烦闷苦恼的心情:有~|产生~|~很多|他不愿意把自己的~告诉爸爸妈妈|儿子犯法关进了监狱,给老人增添了~|他的出现,给姑娘又增添了一丝~。

【构词】懊恼/苦恼/气恼/惹恼/羞恼

1775 烦躁 丁

fánzào (agitated)

[形]烦闷急躁:心情~|病人~|顾客~|~得厉害|~得难受|不要~|~几天了|感到~|觉得~|热得~|经常~|~的心情|闷热的天气,令人~|恐怖而又~的感觉搅扰着他|~的家庭纠纷一个接一个|~得他坐立不安|妻子分明觉察到了我内心的~。

【近义词】急躁/焦躁/焦灼

【反义词】安静/安定

【提示】"烦躁"的"躁"不能写成"燥"。

【构词】暴躁/浮躁/急躁/焦躁/毛躁

1776 反 丙

〔部首〕丿
〔笔画〕4

fǎn (adj. reverse; v. oppose)

[形]颠倒的;方向相背的:衣服穿~了|你把我的意思弄~了|孩子小,穿鞋不知道~正|他的手被~绑在柱子上。

[动]反抗：～帝～封|～霸|～浪费|～腐败是目前的中心工作|这篇小说的主要思想是～封建|工作中要～官僚主义。

【反义词】[形]正

【构词】反霸/反比/反比例/反哺/反差/反衬/反串/反帝/反动派/反戈/反顾/反光/反话/反悔/反间/反目/反叛/反扑/反身/反手/反胃/反响/反省/反义词/反语/反证/反作用/反唇相讥/反攻倒算/反躬自问/反客为主/反其道而行之

1777 **反** 丙

fǎn (instead)

[副]反而；相反地：这两年工作减轻了，身体～不如以前了|比赛输了，他不怨自己水平低，～怨裁判不公平|解释了半天，～让人听不懂了。

【近义词】反倒/反而

1778 **反驳**(駁) 丁

fǎnbó (refute)

[动]说出自己的理由，来否定别人跟自己不同的理论或意见：专家～|学生～|作者～|～有理|～得有力|～得巧妙|～了半天|不能～|应当～|敢～|坚决地～|大胆地～|公开地～|～的方法|对错误的观点他敢于～|等大家说完了，他才慢慢地做了～|他～得有理、有利、有节，很令人信服|原告的申述马上遭到了被告的～。

【近义词】驳斥/批驳

【反义词】赞成/赞同

【构词】辩驳/批驳

1779 **反常** 丁

fǎncháng (abnormal)

[形]跟正常的情况不同：今年的气候～，该冷的时候不冷，该热的时候不热|我发现他最近的情绪有点儿～，心里肯定有事|你今天怎么这么～，回来这么早？

【反义词】正常

1780 **反倒** 丁

fǎndào (on the contrary)

[副]反而，表示跟上文意思相反，或出乎预料和常情之外：他不但不恨她，～千方百计地帮助她|没想到我这身经百战的老将，～败在一个小娃娃手里|立冬过后，天气～暖和了。

【近义词】反/反而

1781 **反动**(動) 乙

fǎndòng (reactionary)

[形]指思想上或行动上维护旧制度，反对进步，反对革命：思想～|行为～|～阶级|～思想|～集团|～言论|十分～|很～|～得很|～当局|这伙人非常～，经常发表～言论|对于这些～行为，我们要进行坚决的斗争。

【反义词】革命/进步

1782 **反对**(對) 甲

fǎnduì (oppose)

[动]不赞成；不同意：人民～|学生～|干部～|～霸权主义|～校长|～厂长|～侵略|坚决～|～了一次|必须～|大胆地～|她没有真正地～过我|恋人的不满和～，并没有改变他的打算|这门亲事，连她母亲也～|我想“下海”的打算遭到了全家的～|主意已定，谁～也没用。

【近义词】反抗

【反义词】赞同/赞成/同意/支持/拥护/提倡

1783 **反而** 丙

fǎn'ér (instead)

[副]表示跟上文的意思相反,或出乎常情和意料之外:年龄大了,身体～更结实了|狂风过后,雨没有停,～更大了|夫妻打了一架,感情～比以前更好了|吃了药,病没好,～更厉害了。

【近义词】反倒/反

1784 **反复**(復) 乙

fǎnfù (adv. repeatedly; n. relapse)

[副]表示同一或同类行为、动作重复进行:账目～核对过了,没有发现什么问题|这些重大问题要经过大家的～讨论才能最后决定|这些生词大家要～地读。

[名]重复的情况:情况是复杂的,斗争会有～|他偷东西的毛病本来已经改了,但现在又有～|在改正错误的过程中出现～,是正常的。

1785 **反感** 丁

fǎngǎn (disgusted)

[形]情绪上反对或不满意:我对他的行为非常～|我对那种官不大,架子不小的人最为～|他动不动就教训人,令人～|最近他是有些反常,看见什么事都不顺心,都～。

【近义词】讨厌/厌恶/憎恶

【反义词】满意/赞同/赞赏/欣赏

【构词】恶感/观感/好感/口感/快感/灵感/流感/美感/敏感/铭感/情感/肉感/伤感/手感/随感/同感/痛感/性感/遥感/语感/预感

1786 **反革命** 丁

fǎngémìng (counterrevolutionary)

[名]与革命政权对立的人或行为:一小撮～分子疯狂地进行反动活动|他是个～,国家已对他实行了专政。

【构词】薄命/保命/奔命/毙命/偿命/从命/催命/待命/抵命/断命/奉命/复命/革命/害命/狠命/活命/救命/军命/抗命/苦命/领命/卖命/没命/拼命/请命/饶命/人命/任命/丧命/舍命/生命/使命/授命/受命/寿命/死命/送命/算命/逃命/天命/听命/玩命/亡命/效命/性命/严命/遗命/要命/挣命/遵命/草菅(jiān)人命/耳提面命/乐天知命/临危授命/疲于奔命/死于非命/听天由命/相依为命

1787 **反攻** 丁

fǎngōng (counterattack)

[动]防御的一方对进攻的一方实行进攻:～开始了|～停止了|～胜利了|及时～|～晚了|～顺利|敌人～|部队～|～几次了|应该～|必须～|发起～|指挥～|猛烈地～|全线～|在团长的指挥下,部队开始～了|要抵住敌人的～|由于指挥得当,我们～很顺利|战局发生了变化,我们由防御转入了～。

【近义词】进攻/反击

【反义词】防御

【构词】夹攻/进攻/强攻/抢攻/围攻/主攻/助攻/专攻/总攻/远交近攻

1788 **反击**(擊) 丙

fǎnjī (v. strike back; n. counterattack)

[动]回击:～失败了|～敌人|～侵略者|～得对|～得快|要～|决定～|组织～|拼命地～|勇敢地～|迅速地～|～的方法|～的时间|要坚决有力地

~敌人的进攻|现在还不是~的时候|目前我们还不具备~的能力|对那些不实之词,要进行~。

[名]回击的行为:这是对敌人的~|这种~是很有力量的|摆事实,就是对谣言的一种~。

【近义词】抵抗/对抗/反对/抗争

【反义词】投降/服从/顺从

1789 反抗 乙

fǎnkàng (resist)

[动]用行动反对;抵抗:~停止了|~激烈|群众~|农民~|~敌人|~压迫|~剥削|继续~|拼命地~|大胆地~|人民纷纷拿起武器进行~|只有把人民组织起来,才能有力地~侵略者|那伙盗窃犯被逮捕时拼命~。

【近义词】抵抗/对抗/反对/抗争

【反义词】投降/服从/屈服/顺从

1790 反馈(饋) 丁

fǎnkuì (feedback)

[动](消息、信息等)返回:~意见|~信息|~回来|消息发出去了,但还没有听到~意见|消费者对商品质量的评价,已~到生产单位|南方的信息已经~回来了。

【近义词】返回

1791 反面 丁

fǎnmiàn (reverse side)

[名]❶物体上跟正面相反的一面:正面是黑的,~是白的|把镜子的~也擦干净了|正面还可以,~颜色不太好看。❷坏的、消极的一面(跟"正面"相对);问题的另一面:~人物|~形象|~教材|要把这件丑事作为~教材来教育大家|在这部电影里,他演~人物。

【反义词】正面

1792 反射 丁

fǎnshè (reflect)

[动]声波、光线从一种媒质进入另一种媒质时返回原媒质的现象:阳光通过镜子~到我身上|声波在大厅里来回~,造成很重的回声|他利用~的光看书。

【近义词】折射

1793 反思 丁

fǎnsī (rethink)

[动]反省或检讨存在的错误或问题:进行~|值得~|应该~|必须~|领导~|家长~|干部~|认真地~|全面地~|你的问题很严重,应该好好~~|应对侵略的历史进行~|面对现实,他不得不~|经过~,他认识到了问题的严重性|女主人公的~,给了我不少启示。

【近义词】反省(xǐng)/回顾/检讨

1794 反问(問) 丙

fǎnwèn (ask a question in reply)

[动]对提问的人发问:学生~|记者~|~得好|~得大胆|~得有力|能够~|立即~|突然~|~的语气|~的内容|领导话音刚一结束,他就站起来~|有时孩子~得很有道理,你不得不佩服|她突然的~,把我弄得很下不来台。

【近义词】反诘

【构词】查问/动问/发问/访问/顾问/过问/借问/拷问/盘问/请问/探问/套问/提问/慰问/学问/询问/疑问/责问/质问/自问/追问/不耻下问/反躬自问

1795 **反应(應)** 乙

fǎnyìng (v. respond; n. response)
[动]有机体受到外界刺激后产生相应的活动:~不过来|~得快|~得慢|~如何|~灵敏|头脑不灵活,~不过来|他愣了一下,一时没~过来|吃了药以后,~如何?|他在数学方面~十分快。
[名]事情所引起的意见、态度或行动:对他的工作,大家的~很好|打针以后他没有过敏~|请你去了解一下大家对这个剧本的~。
【提示】"反应"的"应"在这里不能读成 yīng。

1796 **反映** 乙

fǎnyìng (v. reflect; n. reflection)
[动]❶反照,比喻把客观事物的实质表现出来:~现实|~水平|~能力|~性格|~态度|真实地~|深刻地~|小说~了主人公同情穷苦人的优秀品质|作品深刻~了那一代人经历的苦难|事情虽小,却~了他的思想境界|故宫的建筑~了中国古代劳动人民的聪明才智|电影深刻~了旧中国妇女的遭遇。❷把情况、意见告诉上级或有关部门:群众~|职工~|工人~|学生~|~情况|~问题|~得对|~得片面|~了两次|必须~|坚持~|客观地~|充分地~|~的渠道|~的结果|这事应该及时向领导~|老师已把学生的意见~给校长了|意见可以~,但~得要客观、真实。
[名]表现出来的客观事物的实质;向上级或有关部门告诉的情况:群众对你的行为~很大|这些群众~,我们应该认真研究。
【构词】播映/衬映/倒映/公映/辉映/上映/首映/相映/照映/交相辉映

1797 **反正** 乙

fǎnzhèng (anyway)
[副]❶表示情况虽然不同,而结果并无区别:不管你去不去,~我去|他来不来没关系,~你得来|不管东西好坏,~我不买。❷指明情况或原因:~我要去商店,我顺便给你买来吧|你别着急,~不是什么要紧的事|~今天没什么事,我们就一起去公园吧|~我觉得心里没底,不知道能不能成功。
【近义词】❶横竖

1798 **反之** 丁

fǎnzhī (otherwise)
[连]与此相反;反过来说;反过来做:勤奋学习、要求进步的人总会取得成就,~将一事无成|坚持治疗,可能会治好你的病,~,则后果不堪设想|不施肥不行,~,施肥过多对庄稼也不利。
【近义词】不然/否则
【提示】多用于书面语。
【构词】敬而远之/总而言之

1799 **返** 丙 〔部首〕辶 〔笔画〕7

fǎn (return)
[动]回;归:质量不合格,需要~工|任务没有完成,暂时还~不了航|中国人民受剥削受压迫的日子一去不复~了|学校规定8月29日~校。
【近义词】回/归
【构词】返潮/返程/返工/返航/返销/返修/返照/返老还童

1800 **返回** 丁

fǎnhuí (return)

[动]回;回到(原来的地方):～学校|～机场|按时～|定期～|不能～|打算～|可以～|应该～|多次～|领导要求大家按时～|训练了一天的战士们～了营地|你计划什么时候～学校?|你发着烧怎么能～学校呢?|买不到车票,我怎么～单位?

【近义词】回到/回

【构词】驳回/撤回/来回/轮回/收回/退回/挽回/巡回/迂回/折回

1801 **贩卖**(販賣) 丁 〔部首〕贝 〔笔画〕8

fànmài (traffic)

[动]商人买进货物再卖出以获得利润:商人～|农民～|～水果|～蔬菜|～衣服|～水产品|～军火|～得快|～过几回|可以～|能够～|允许～|禁止～|大量地～|偷偷地～|～的种类|～的地点|以前他～衣服,现在又～起布匹来了|听说～药材赚钱|什么赚钱就～什么|说起～东西来,还得请教你|去年,他～蔬菜赔了不少钱。

【近义词】买卖

【构词】贩毒/贩运/贩子

1802 **范畴**(範疇) 丁 〔部首〕艹 〔笔画〕8

fànchóu (category)

[名]人的思维对客观事物的普遍本质的概括和反映;类型、范围:文艺理论这门学科的～也决不是无边无际的|周教授对辩证法的～有独到的见解|政治经济学的～包括抽象劳动、具体劳动、商品价值等。

【近义词】范围/领域

【提示】范,姓。

【构词】范本/范例/范文

1803 **范围**(圍) 乙

fànwéi (scope)

[名]周围界限:学校的活动～并不小|最近在全区～内,开展了一次大规模的交通安全检查活动|复习～老师已经布置了|森林的～越来越小。

【近义词】范畴

【提示】表示事物的周围不能说"范围":×我们家～没有书店。

1804 **犯** 乙 〔部首〕犭 〔笔画〕5

fàn (violate)

[动]❶抵触;违犯:～法|～规|～纪律|～过一次|对方手球～规,裁判没看见|～法的事咱可千万不能干|打球时只要注意一点儿就～不了规。❷发作;发生:～病|～错误|～毛病|～脾气|～傻|～糊涂|～懒|～了几天|容易～|偶然～|我～了一次错误|最近他的老毛病又～了|厂长最近不知怎么的,动不动就～脾气|中午不睡会儿觉,下午就～困|他的胃病一～起来可厉害了。

【近义词】❷发

【提示】非慢性病不能说"犯":×他～感冒了,不能来上课。

【构词】犯案/犯病/犯不上/犯不着/犯愁/犯得上/犯得着/犯规/犯忌/犯戒/犯困/犯难/犯傻/犯事/犯疑

1805 **犯法** 丁

fàn fǎ (violate the law)

违犯法律、法令:他知法～,应当严肃处理|他～被公安局抓起来了|贩卖枪支可是～的事|据统计,青少年～逐渐增多|偷税漏税属于～行为。

【近义词】违法/犯罪

【反义词】守法

【提示】离合词,中间可以插入其他成分,如:你放心吧,我犯不了法。

1806 **犯浑**(渾) 丁

fàn hún (do a stupid thing)

言行不合情理,不讲道理:他~的时候别理他|他对人热情,也爱帮助人,但有时也~。

【提示】离合词,中间可插入其他成分,如:他要是犯起浑来,谁也管不了。

1807 **犯人** 丙

fànrén (prisoner)

[名]犯罪的人,特指在押的:~在接受劳动改造|监狱里押着500多名~|公安机关正在追捕逃跑的~。

【近义词】罪犯

1808 **犯罪** 丙

fàn zuì (commit a crime)

做出违法的、应受处罚的事:少年~|~行为|~严重|~频繁|承认~|害怕~|开始~|后悔~|证明~|故意~|~的念头|~的原因|~的事实|贪污和浪费是极大的~|一切违法~的行为都将受到法律的制裁|坚决打击一切~分子|法院经过调查,认为他的~事实确凿。

【近义词】违法/犯法

【提示】离合词,中间可插入其他成分,如:他承认自己犯了罪|他犯过罪,但出狱后表现不错。

1809 **饭**(飯) 甲 〔部首〕饣 〔笔画〕7

fàn (meal)

[名]❶煮熟的谷类食品(多指米饭):一碗~|大米~|小米~|今天的~做得有点儿硬|每顿我能吃四两~。❷指每天定时吃的食物:早~|午~|晚~|吃~|一顿~|~钱|~费|买~|打~|盛(chéng)~|做~|长这么大,我就没做过~|我喜欢吃妈妈做的~|今天在饭馆吃的~|我每天中午回家吃~。

【近义词】❶米饭;❷食物

【构词】饭菜/饭锅/饭盒/饭局/饭粒/饭量/饭铺/饭食/饭摊/饭厅/饭桶/饭庄/饭桌

1810 **饭店** 甲

fàndiàn (hotel)

[名]❶较大而设备好的旅馆:住~|离开~|豪华~|五星级~|到北京出差时我住在长城~|这家~太贵,住不起|~好是好,就是太贵了|我们公司在~包了一个房间。❷饭馆儿:这家~做的粤菜好吃|没时间做饭了,我们去外边的~吃吧|常在~吃可吃不起|那家~24小时营业。

【近义词】❶旅馆;❷饭馆

【构词】分店/货店/酒店/客店/旅店/马店/商店/书店/药店/别无分店

1811 **饭馆**(館) 丙

fànguǎn (restaurant)

[名]卖饭菜供人食用的店铺:小~儿|下~儿|一家~儿|每天中午都在~儿吃饭|这家~儿比较便宜|这条街现在到处都是~儿|这几年他开~儿赚了不少钱|附近没有~儿。

【近义词】饭店/饭庄/饭铺/餐厅

【提示】"饭馆"在口语中要儿化。

1812 **饭碗** 丁

fànwǎn (bowl)

[名]❶盛饭用的碗:一个~|一摞~|一堆~|买~|洗~|家里的~不多了,应该再买几个|吃完饭把~都刷

了吧。❷比喻借以维持生活的职业、工作。多用于口语:找～|抢～|铁～|打～|出了一次事故,把～丢了|连～都没有,还结什么婚?|没有人抢你的～,你安心工作吧。

〔部首〕氵
〔笔画〕7

1813 **泛** 丁

fàn (spread out)

[动]❶透出;冒出:地里直往上～泥浆|水又～出来了|脸上～出红色|地里往上～碱,不长东西。❷广泛;一般地:～论|～指|这是一篇～读课文|我不是指具体的哪一个人,而是～指。

【近义词】❶冒/透

【构词】泛读/泛泛/泛碱/泛论/泛酸/泛舟

1814 **泛滥**(濫) 丙

fànlàn (overflow)

[动]江河湖泊的水溢出来;比喻坏思想坏事物扩散流传:江河～|湖泊～|黄河～|长江～|不正之风～|坏思想～|个人主义～|防止～|容易～|～的情况|～的后果|历史上黄河～过多次|修堤筑坝,防止江河再次～|～的洪水淹没了大片农田|黄色书刊的～,毒害了不少青少年|不许个人主义～。

〔部首〕方
〔笔画〕4

1815 **方** 乙

fāng (square)

[形]四个角都是90°的四边形或六个面都是方形的六面体:这块木板是～的|我要的是～的,不是圆的|这个镜框不太～。

【反义词】圆

【提示】方,姓。

【构词】方案/方便面/方步/方程式/方寸/方块字/方框/方位/方位词/方向盘/方言/方音/方圆/方正/方桌/方子

1816 **方** *丙

fāng (direction)

[名]❶方向;方面;方法:一～有难,八～支援|四面八～都是我们的人|双～签订了贸易协定|责任在甲～,不在乙～|前～有动静,要特别注意|张老师教子有～。❷〈丁〉药方:开～儿|药～|处～|偏～儿|学了两年中医也不会开～儿|听说这个偏～儿很灵|这个～儿是我家祖传的|你不交～儿怎么抓药呢?

【提示】义项❷读音要儿化。

1817 **方案** 乙

fāng'àn (scheme)

[名]工作的计划:施工～|教学～|行动～|设计～|制定～|没有～|～批准了|～定出来了|～定得好|～理想|～科学|这个～定得非常好|我们设计的～,上级领导批准了|今天,专家们讨论我们的～。

【近义词】计划

1818 **方便** *甲

fāngbiàn (adj. convenient; v. make things convenient)

[形]❶便利;适宜:交通～|乘客～|旅客～|病人～|顾客～|吃饭～|购买～|看病～|存款～|感到～|提供～|确实～|特别～|～的交通|～的食品|北京的交通越来越～了|我家居住的地方买东西特别～|这条公共汽车线路的开通,给周围的群众带来了～|这里人多,说话不～。❷〈丙〉婉辞,指有富余的钱:手头最近不～|

手头～的时候再还你钱。

[动]使便利：你这样做既～别人，又～自己｜在这里修一座桥，～了行人。

【近义词】[形]❶便利/适宜/恰当/适当

【反义词】[形]❶麻烦/不便/不当/失当/不宜；❷拮据(jiéjū)

1819 **方程** 丁

fāngchéng (equation)

[名]含有未知数的等式，也叫方程式：解～｜～式｜一元一次～｜你会用～来解这道题吗？｜我没有学过～｜这个～式我解了半天也没解出来。

【构词】单程/返程/工程/归程/过程/航程/回程/兼程/教程/进程/课程/里程/历程/疗程/路程/旅程/起程/启程/前程/全程/日程/赛程/途程/行程/议程/章程/各奔前程

1820 **方法** 甲

fāngfǎ (method)

[名]进行工作、处理事情所采取的手段：～找到了｜～掌握了｜～学会了｜～对｜～好｜～错｜～正确｜～简单｜寻找～｜改进～｜思想～｜工作～｜创作～｜学习～｜教育～｜学习外语应该掌握～｜我们提倡理论联系实际的学习～｜采用新～，提高了工作效率｜作为领导，应该不断改进工作～｜推广好的学习～。

【近义词】办法/法子/方式

1821 **方面** 甲

fāngmiàn (aspect)

[名]指事情的一面；并列的人或事物的某一方：思想～｜理论～｜政治～｜军事～｜文化～｜农业～｜吃的～｜穿的～｜教学～｜只要你们同意，我们这～没问题｜医学～的知识我一点儿也不懂｜安全～大家要特别注意｜你以后在说话～要注意点儿｜优势在我们～。

1822 **方式** 乙

fāngshì (way)

[名]说话做事所采取的方法和形式：～好｜～适当｜～特殊｜～灵活｜讲究～｜工作的～｜学习的～｜生活的～｜先进的～｜落后的～｜你这种生活～对健康不利｜要改变你的学习～｜你有你的生活～，我有我的生活～｜批评人要注意～方法。

【近义词】方法

1823 **方向** *甲

fāngxiàng (direction)

[名]❶指东、南、西、北等：～朝东｜～对了｜～错了｜～确定了｜～找到了｜～改变了｜辨明～｜指明～｜掌握～｜迷失～｜前进的～｜正确的～｜在沙漠里最容易迷失～｜我们走的～没错｜我们应该往东北～走。❷〈乙〉前进的目标：青年人应该有自己的努力～｜一定要坚持正确的政治～。

【近义词】❷目标/目的

1824 **方针(針)** 乙

fāngzhēn (policy)

[名]引导事业前进的方向和目标：制定～｜确定～｜提出～｜～通过了｜～改变了｜调整～｜过去的～｜现在的～｜国家的～｜文化～｜教育～｜中国对外开放的～政策不会改变｜国家的～已经确定了，就看我们怎么执行了｜我们要宣传党的教育～｜广大群众一致拥护这一～政策。

1825 **房东**(東) 丁 〔部首〕户 〔笔画〕8

fángdōng (landlord)

[名]出租或出借房屋的人(对“房客”而言):在外国留学的时候,我的～对我特别好|我每天都帮助～打扫卫生|我的～对人特别苛刻。

【近义词】房主

【反义词】房客

【提示】房,姓。

【构词】房产/房产主/房客/房契/房舍/房事/房檐

财东/船东/店东/股东/做东

1826 **房间**(間) 甲

fángjiān (room)

[名]房子内隔成的各个部分:～美化了|～修理了|～大|～高|～漂亮|～安静|打扫～|布置～|整理～|中国式的～|出租～|～的面积|～的地板|我的～是新装修的,特别漂亮|大学的时候我们四个人住一个～|我的～号码是1201|我们宿舍楼每个～都有电话。

【近义词】房屋/屋子/居室

1827 **房屋** 丙

fángwū (house)

[名]房子的总称:～是有,但都住满了|这些～大都是70年代盖的|一场大地震几乎损坏了全村的所有～|这家公司经营～租赁业务。

【近义词】房子/屋子

【构词】里屋/茅屋/书屋/同屋/外屋/正屋

1828 **房子** 乙

fángzi (house)

[名]有墙、顶、门、窗,供人居住或做其他用途的建筑物:三间～|新～|盖～|建～|修～|买～|卖～|租～|拆～|～太贵,买不起|农民对～看得特别重,只要有钱就想盖～|都三十多岁了,还没买上套～|～太小,放不了多少东西|买这套～要多少钱?

【近义词】屋子

1829 **房租** 丁

fángzū (rent)

[名]租房的钱:交～|收～|要～|～贵|～便宜|我每月的～是500元钱|现在的～越来越贵|就目前来讲,这里的～是最便宜的|在国外的时候,～占我总收入的40%。

【近义词】房费

1830 **防** 乙 〔部首〕阝 〔笔画〕6

fáng (guard against)

[动]为防止损失,预先采取措施:～火|～水|～洪|～病|春节期间尤其要注意～火～盗|樟脑丸可以～虫蛀|我们要做好思想准备,以～坏人破坏|今晚有寒流,要注意～冻|衣服太薄,～不了寒。

【提示】防,姓。

【构词】防备/防病/防潮/防盗/防毒/防范/防风/防风林/防腐/防旱/防洪/防护林/防火/防空/防空洞/防空壕/防区/防沙林/防身/防水表/防卫/防务/防雨布/防震/防腐倡廉/防患未然

1831 **防护**(護) 丁

fánghù (protect)

[动]防备和保护:花了十几年时间营造了这片～林带|黄河两岸栽树是为了～土地不流失|为了保证施工安

全，要制定～措施。

【近义词】保护

1832 **防守** 丙

fángshǒu (defend)

[动]警戒守卫：部队～|空军～|海军～|～阵地|～大桥|～工厂|～仓库|～了两年|能够～|必须～|继续～|勇敢地～|顽强地～|～的办法|解放军～着中国的大门|守门员的责任就是～球门|人太少，～不过来|要主动进攻，不能消极～|三营的指战员顽强地～着阵地。

【近义词】守卫/防御

【反义词】进攻

1833 **防线**(綫) 丁

fángxiàn (line of defence)

[名]防御工事连成的线：一道～|冲破～|在黎明前要冲破敌人的～|部队在坚守着自己的～|～要守护好，不让一个敌人过来。

1834 **防汛** 丁

fángxùn (flood control)

在江河涨水的时期采取措施，防止泛滥成灾：洪水到来之前，各地要做好～工作|省领导亲临现场指挥～|国务院成立了～指挥部，指挥全国的～工作。

【构词】潮汛/春汛/秋汛/桃汛/渔汛

1835 **防疫** 丁

fángyì (epidemic prevention)

预防传染病：春天容易得传染病，要做好～工作|由于采取了有利的～措施，我们学校没有一个得传染病的|儿童要打～针。

【构词】检疫/免疫/时疫/鼠疫/瘟疫

1836 **防御** 丙

fángyù (defend)

[动]抗击敌人的进攻：全民～|部队～|海军～|边防军～|～空袭|～进攻|组织～|主动地～|～工事|加紧修筑工事，～敌人的进攻|战争进入了由～到进攻的阶段|封建帝王修筑长城的目的就是为了～外族的侵略。

【近义词】防卫/防守

【反义词】进攻/攻击

【构词】抵御/驾御/抗御/守御

1837 **防止** 乙

fángzhǐ (prevent)

[动]预先设法防止坏事发生：～事故|～水灾|～破坏|～贪污|～传染|～发炎|汽车队今年采取了必要的措施，～了交通事故的发生|进行安全教育，～意外事故发生|要～骄傲自满|冬天室内生火取暖要～煤气中毒。

【近义词】防备/防范/预防/避免

1838 **防治** 丙

fángzhì (provide prevention and cure)

[动]预防和治疗(疾病、病虫害等)：～疾病|～病虫害|～棉虫是非常困难的|医疗队来到我们村后有效地～了地方病|到目前为止，还没有药能～这种病。

【构词】惩治/处治/法治/根治/救治/礼治/没治/统治/人治/文治/医治/诊治/整治/政治/自治

1839 **妨碍**(礙) 丙 〔部首〕女 〔笔画〕7

fáng'ài (hinder)
[动]使事情不能顺利进行;阻碍:～别人|～交通|～学习|～工作|～上课|～休息|免得～|的确～|严重地～|不能～社会的公共利益和他人的自由|我们做我们的生意,从来没有～过谁|最近我不去你那儿的原因,是怕～你的工作|舞厅的喧闹声严重～了附近居民的休息|在马路边上卖东西的小商贩～了交通。
【近义词】妨害/阻碍
【构词】障碍/阻碍

1840 **仿佛** 乙 〔部首〕亻 〔笔画〕6

fǎngfú (be alike)
[动]像;类似:东方国家的某些风俗习惯相～|夏天的烈日～一团火,烤得人没处躲没处藏|他站在那里～一根电线杆,一动也不动。
【近义词】类似/近似
【提示】"仿佛"的"佛"在这里读 fú,不能读成 fó。
【构词】仿古/仿生学/仿宋体/仿效/仿造/仿照/仿制

1841 **访问**(訪問) 甲 〔部首〕讠 〔笔画〕6

fǎngwèn (visit)
[动]有目的地去看望人并跟他谈话:代表团～|总统～|总理～|校长～|记者～|作家～|～城市|～工厂|～专家|～教师|～成功|～顺利|～了五天|愿意～|可以～|开始～|专程～|正式～|非正式～|～的国家|～的日程|中国政府代表团～了非洲五个国家|三年前,我们～过这个国家|有时间的话,我们应该～～这位老专家|时间有限,我们～不过来,以后再～吧。
【近义词】拜访/走访
【提示】表示问候、慰问不能用"访问":×春节期间,学校领导到医院～了病号。
【构词】访寻

1842 **纺**(紡) 丙 〔部首〕纟 〔笔画〕7

fǎng (spin)
[动]把丝、麻、棉、毛等纤维拧成纱,或把纱捻成线:～纱|～线|～棉花|棉花～成线才能织布|现在很少用手工～线了|毛线是用机器～的。
【构词】纺车/纺绸/纺锤/纺锭/纺织娘/纺织品

1843 **纺织**(織) 乙

fǎngzhī (spin and weave)
[动]把丝、麻、棉、毛等纤维纺成纱或线,织成布匹、绸缎、呢绒等:～女工|～技术|～品|她在～厂当～女工|上海的～技术不错|不到半年她就学会了～。
【近义词】纺
【构词】编织/促织/耕织/交织/组织

1844 **放** *甲 〔部首〕方 〔笔画〕8

fàng (put)
[动]❶使处于一定的位置:～桌子|～椅子|～柜子|～自行车|～得稳|～得平|～得合适|不能～|～不下|随便～|小心地～|～的地方|～的角度|教室里～着20套桌椅|电视机～在墙边比较合适|电冰箱应该～稳了。❷加进去:～糖|～盐|～水|～牛奶|醋～了|油～了|～得合适|～得多|～得早|～了两回|必须～|晚～|～的时间|～的数量|～的种类|汤里～盐太多了|菜里再～点儿佐料就好吃了|喝咖啡应该～点儿糖|做红烧鱼一定要～糖～醋。❸解除约

束,使自由:~俘虏|~鸽子|~虎归山|~得对|~得及时|不能~|应该~|要求~|保证~|迅速地~|坚决地~|~的条件|~的时间|早上把鸡从窝里~出来|放学后,我跟同学去~鸽子|三年后,他从监狱里~出来了|把守好牢门,别把犯人~跑了|没有他的事,把他~了吧|游泳池的水全~干净了。❹在规定的时间内停止(学习、工作):~假|~寒假|~暑假|~学|~得早|~得迟|~了两天|应该~|不能~|同意~|正式~|~的日期|春节按规定~三天假|下午5点才~学|~假的时候,我们结伴去南方旅行。❺〈乙〉赶着牲畜找食物或活动:~牛|~羊|~鸭子|~牲口|~了一天|愿意~|能够~|敢~|喜欢~|每天~|经常~|~的时间|每天放学后,我都去~一会儿羊|爷爷和爸爸小时候都~过牛|哥哥上午~鸭子,下午~马。❻〈乙〉发出;点燃:~炮|~枪|~信号弹|~电影|~录音磁带|~焰火|~鞭炮|~得多|大胆~|停止~|禁止~|~的时间|~的数量|~信号弹,命令部队前进|军训的时候学会的~枪|小姑娘也敢~鞭炮|国庆节,广场上~了两个小时的礼花|今天学校礼堂~电影。❼〈丙〉扩展;加大:~照片|~裤长|~地图|~长袖子|能~|可以~|~不了|~得合适|巧妙地~|小心地~|~的尺寸|~的大小|裤褪有点儿短,得~长一点儿|裤腰瘦了,想~肥一点儿还~不了|把照片~大到8寸|照片~得太大了。❽〈丙〉控制速度、态度等:~明白|~老实|~慢|把收音机的声音~大点儿,后面的人听不清楚|把脚步~轻点儿,别把病人吵醒了|在法官面前你还不~老实点儿!|只要把态度~端正了,才能正视自己的问题。❾〈丙〉搁置:这个问题先~一~,以后再研究。

【构词】放大镜/放贷/放胆/放荡/放刁/放毒/放飞/放风/放工/放火/放空/放宽/放冷风/放冷箭/放牧/放炮/放屁/放晴/放任/放哨/放生/放肆/放行/放眼/放羊/放养/放映机/放债/放账/放置/放逐/放纵/放虎归山

1845 放大 乙

fàngdà (enlarge)

[动]使图像、声音、功能等变大:照片~|声音~|图纸~|不能~|可以~|~得对|~得合适|必须~|能够~|~的图片|这几张照片照得不错,我去~几张|施工图纸~了两倍|这些图片可以~。

【近义词】扩大

【反义词】缩小

1846 放假 甲

fàng jià (have a holiday)

在规定的日期停止学习或工作:每年7月开始~|国庆节学校规定~两天|你什么时候~?~以后我们去旅行。

【提示】①离合词,中间可以插入其他成分,如:放寒假|放了一个月假|放不了假。②"假"又读 jiǎ,见第3104条。

【构词】病假/补假/产假/长假/春假/度假/告假/寒假/婚假/例假/年假/请假/暑假/销假/休假/续假

1847 放弃(棄) 乙

fàngqì (abanden)

[动]丢掉(原有的权力、主张、意见等):~权力|~表决权|~机会|意见~了|观点~了|考试~了|~得对|~了三次|不能~|舍不得~|决定~

|同意～|全部～|～的原因|为了按时完成科研任务,王教授～了出国考察的机会|选举是每个公民的权力,不要随便～|正确的意见决不能轻易～。

【近义词】抛弃/丢弃/舍弃

【反义词】坚持/保持/保存/保留

【构词】背弃/鄙弃/屏弃/丢弃/抛弃/舍弃/唾弃/嫌弃/休弃/厌弃/扬弃/遗弃/前功尽弃/自暴自弃

1848 放射 丁

fàngshè (radiate)

[动]由一点向四外射出:前方～出一道耀眼的强光|让青春～出灿烂的光辉|隆冬的夜晚,只有远处的路灯～出微弱的光|他两眼～出智慧的光。

【近义词】发射

【提示】武器只能说“发射”,不能说“放射”:×部队向敌人阵地放射炮弹。

1849 放手 *丙

fàng shǒu (let go)

❶松开握住物体的手:他刚一～,鸽子就飞了|刚到手的东西怎么能～呢?|快～,把我的衣服都弄脏了!|千万不要～,一～他就跑了。❷〈丁〉解除顾虑或限制:～不管|～去干|应该～|同意～|主张～|完全～|要敢于～让青年人自己干|家长对孩子老不敢～|你～工作吧,有困难我会帮你。

【近义词】❶松手/撒手

【反义词】❷约束/束缚

【提示】离合词,中间可插入其他成分,如:他放开手,终于让我走了|他在工作上总放不开手,顾虑特别多。

1850 放松(鬆) 丙

fàngsōng (relax)

[动](对事物的注意或控制)由紧变松:思想～|精神～|大脑～|肌肉～|全身～|腹部～|工作～|学习～|纪律～|～管理|～警惕|～了几个月|不能～|感到～|适当地～|完全～|高考之前,学习可千万不能～|她～了对自己的要求|工作了一天,大脑也该～～了|对青年职工的思想教育不能～。

【反义词】抓紧

【构词】宽松/蓬松/轻松/肉松/手松/稀松

1851 放心 乙

fàng xīn (be at ease)

心情安定,没有忧虑和牵挂:妈妈～|老师～|领导～|人人～|群众～|～睡觉|～工作|～学习|彻底～|～地住院|～地疗养|家长对孩子的学习总不～|万一有事,我一定叫你,你就～休息吧|这么小的孩子出远门,当妈的怎么能～呢?|他又检查了一遍,确认无事故隐患后,才～走了|我对他总放不下心|他终于放了心。

【反义词】担心/操心/揪心/挂心

【提示】离合词,中间可以插入其他成分,如:自从孩子出国我就没放过心|直到老师的病好了,大家才放下心。

1852 放学(學) 丙

fàng xué (school is over)

学校每天结束课业,学生回家:刚～|已经～|～回家吃饭|今天我们学校～早|～后早点儿回家,不要在外边玩|每天下午4点～|～以后我们去参加足球比赛。

【近义词】下学

【反义词】上学

【提示】离合词，中间可以插入其他成分，如：下午3点我们还放不了学。

1853 **放映** 丙

fàngyìng (show)

［动］利用强光装置把图片或影片上的形象照射在幕上或墙上：～电影｜～幻灯｜3月份共～15部影片｜这部片子我们这儿～好多遍了｜这部片子不能给儿童～｜幻灯～得很清楚｜他的～技术很好。

【近义词】上映

1854 **非** 丙 〔部首〕丨 〔笔画〕8

fēi (simply must)

［副］❶跟"不"呼应，表示一定要这样：这些钢材～领导同意不得动用｜今天的报告很重要，你～参加不可｜这活儿～赵工程师来不成｜要学会拉小提琴，～下几年苦功不行｜你这病～动手术不行。❷必须；一定要：他～去，我也管不了｜这么冷的天，她～穿裙子！｜他～说我去过他家，其实我没去过。

【提示】义项❷只用于口语中。

【构词】非但/非得(děi)/非凡/非分/非礼/非命/非难(nàn)/非议

1855 **非** 丙

fēi (contrary to)

［形］不合于：～法｜～人道｜～法的事情我不干｜那些～人道的做法受到了社会的谴责。

1856 **非…不可** 乙

fēi…bùkě (have to)

❶表示必然性：修理电视机非到专修点不可｜今天的足球比赛他们队非输不可｜非我参加不可的会议，请提前通知我。❷表示决心和强烈的愿望：我非学好汉语不可｜今天的工作非干完不可｜不让他来，可他非来不可。

1857 **非…才…** 丁

fēi…cái… (have got to)

表示"一定要…才能…"的意思：我的病非住院治疗才有好的可能｜我们非改革开放才能彻底摆脱落后面貌｜每天非等学生们写完作业他才回家。

1858 **非常** 甲

fēicháng (unusually)

［副］十分；极：问题～复杂｜洛阳的牡丹花～漂亮｜这儿的商品～便宜｜我～喜欢看电影｜有人说汉语～难学，我看不一定｜北京冬天～冷，夏天又～热。

【近义词】十分/特别/极/最/格外

1859 **非法** 丁

fēifǎ (illegal)

［形］不合法：～经营｜～居留｜～活动｜～收入｜～入境｜～占据｜这伙人～进行倒买倒卖活动｜对这些～活动要坚决进行打击｜外国人签证到期不离境就算～居留｜公安机关没收了他的～收入。

【反义词】合法

1860 **飞(飛)** *甲 〔部首〕乙 〔笔画〕3

fēi (fly)

［动］❶(虫、鸟等)鼓动翅膀在空中活动：小鸟～了｜燕子～了｜老鹰～了｜蚊子～了｜苍蝇～了｜蝴蝶～了｜～得高｜～得快｜～了一圈｜～不了｜不会～｜轻轻地～｜慢慢地～｜～的动作｜

老鹰在天上～来～去｜冬天来了，一群群大雁往南～去｜蜻蜓在水面上～｜蚊子～得可快了，抓了半天也没抓着。❷利用动力机械在空中行动：飞机～｜炮弹～｜～往南京｜～得快｜～得稳｜～了8小时｜安全地～｜定期地～｜～的航线｜～的高度｜这架飞机已经累计～了1000多个小时｜人造卫星在天上～了三个多月了。❸〈丙〉在空中飘浮游动：雪花～｜柳絮～｜风筝～｜气球～｜彩云～｜～了半天｜～不起来｜自由地～｜轻轻地～｜雪花满天～｜你看，气球～得多高！｜春天柳絮到处～。❹〈丁〉挥发：香味儿～了｜汽油～了｜～光了｜～净了｜半瓶子汽油全～了｜擦在身上的香水一会儿就～光了｜把瓶盖盖紧，要不酒精全～没了。

【提示】义项❹只用于口语，书面语用“挥发”。

【构词】飞奔/飞驰/飞弹/飞碟/飞动/飞机场/飞轮/飞沫/飞跑/飞禽/飞人/飞逝/飞速/飞天/飞行员/飞扬/飞越/飞涨/飞蛾投火/飞黄腾达/飞沙走石/飞针走线/飞檐走壁

1861 飞船 丁

fēichuán (airship)

[名]宇宙飞行器，宇宙飞船的简称：在地球上可以跟踪宇宙～｜坐宇宙～上月球｜科学家在～上进行了很多科学实验。

1862 飞机(機) 甲

fēijī (plane)

[名]飞行的工具，由机翼、机身、发动机等构成：～起飞｜～降落｜一架～｜上～｜下～｜制造～｜设计～｜购买～｜直升～｜～是先进的飞行工具｜坐～去上海只需两个多小时｜～开始轰炸｜～快是快，但票价太贵了｜这架～太小，只能坐三十多人。

1863 飞快 丙

fēikuài (very fast)

[形]❶非常迅速：汽车～｜火车～｜摩托车～｜动作～｜发展～｜跑得～｜开得～｜算得～｜游得～｜～的速度｜她在舞台上～地旋转，美极了｜运动会上他跑得～｜～的汽车擦身而过｜摩托车～地向前驶去｜湖面上那只～的小船溅起堆堆浪花。❷非常锋利：手术刀～｜镰刀～｜磨得～｜～的刀｜他把菜刀磨得～｜我旅行的时候在青海买了一把～的藏(Zàng)刀｜这把刀～，你可小心点儿。

【近义词】❶神速/飞速/火速；❷锋利

【反义词】❶缓慢；❷钝

【提示】义项❷只用于口语。

【构词】不快/畅快/称快/赶快/欢快/加快/凉快/勤快/轻快/爽快/松快/特快/痛快/外快/眼快/愉快/嘴快/亲痛仇快/手疾眼快/先睹为快/心直口快/眼明手快

1864 飞舞 丁

fēiwǔ (flutter)

[动]像跳舞似地在空中飞：雪花～｜燕子～｜蜜蜂～｜柳絮～｜蝴蝶～｜彩旗～｜轻轻地～｜悠闲地～｜自由地～｜～的姿势｜雪花在空中～｜100多面彩旗迎风～｜一群彩蝶在花丛中～｜鸟类的～千姿百态。

1865 飞翔 丁

fēixiáng (hover)

[动]盘旋地飞：海鸥～｜燕子～｜老鹰～｜小鸟～｜高高～｜开始～｜继续～｜

自由地～|海鸥在怒吼的大海上自由自在地～|看着远去的飞机,我的心好像也～起来|我要能像老鹰那样在空中～多好啊!|望着大海的怒吼,看着～的海燕,我的心怎么也平静不下来。

【近义词】飞行/翱翔

【构词】滑翔/回翔

1866 飞行 丙

fēixíng (fly)

[动](飞机、火箭等)在空中航行:我驾着飞机在祖国的蓝天上～|现在～高度是12000米|小鸟～靠的是有力的双翅。

【近义词】飞翔

1867 飞跃(躍) 丙

fēiyuè (leap)

[动]飞腾跳跃:小鸟从这个树枝～到那个树枝上|摩托车从小河沟上～而过。

【提示】"飞跃"的"跃"不能读成 yào。

【构词】欢跃/活跃/雀跃/腾跃/跳跃/踊跃/鱼跃/龙腾虎跃

1868 肥 *乙

〔部首〕月
〔笔画〕8

féi (fat)

[形]❶含脂肪多:猪～|羊～|鱼～|肉～|减～|养得～|长得～|这口猪养得真～|我的孩子最怕吃～肉|她养的鸡鸭个个都特别～。❷〈丙〉肥沃:土地～|变得～了|北大荒的土地特别～|地～不用使化肥|我们家乡的土壤相当～。❸〈丙〉(衣服、鞋、袜等)肥大:衣服～|裤子～|袖子～|裤腿～|太～|衣服太～,穿不了|裤子～点儿穿着舒服|这身衣服好是好,就是稍微～了点儿。

【近义词】❷肥沃

【反义词】❶❸瘦

【提示】人胖不能说"肥":×弟弟小时候可～了。

【构词】肥肠/肥大/肥厚/肥胖/肥缺/肥实/肥瘦/肥硕/肥田/肥效/肥源/肥壮/肥头大耳

1869 肥料 丙

féiliào (fertilizer)

[名]能供给养分使植物发育生长的物质:～增加了|～少了|～便宜|～充足|化学～|优质～|生产～|积的～|～的种类|～的质量|要获得农业的丰收,必须有充足的～|这花长得不好,主要是缺少～|这几年县里建了一个～加工厂,农民买～方便多了|～的种类很多,有粪肥、化肥、绿肥等。

【近义词】肥

1870 肥沃 丁

féiwò (fertile)

[形](土地)含有适合植物生长的养分、水分:土地～|土壤～|麦田～|水田～|相当～|的确～|格外～|这一地区的土地相当～|土壤～才能长出好庄稼|建设住宅楼占用了大量～的土地。

【近义词】肥美

【反义词】贫瘠/瘠薄

【提示】"肥沃"的"沃"右边不是"天",是"夭"。

1871 肥皂 丙

féizào (soap)

[名]洗涤去污用的化学制品,通常制成块状:一块～|洗衣服,我喜欢用～,不喜欢用洗衣粉|这种牌子的～

比较好使|泡沫多的~不一定好用。

1872 **匪徒** 丁 〔部首〕匚 〔笔画〕10

fěitú (gangster)

[名]强盗;为害人民的坏分子:一帮~抢走了老百姓的牛羊|部队进山抓~|为害人民的~终于被抓住了|人民政府不允许~为非作歹。

【近义词】强盗/土匪

【构词】匪帮/匪患/匪祸/匪首/匪穴/匪夷所思

1873 **诽谤**(誹謗) 丁 〔部首〕讠 〔笔画〕10

fěibàng (slander)

[动]无中生有,说人坏话,毁人名誉;诬蔑:对那些~人的言论要进行调查|行得端做得正,不怕别人~|事实摆在这里,我们不怕~|对敌人的大肆诬蔑和~,我们并不感到意外。

【近义词】诬蔑/造谣

【反义词】歌颂/颂扬

1874 **肺** 乙 〔部首〕月 〔笔画〕8

fèi (lung)

[名]人和高等动物的呼吸器官:一叶~|~病|从我记事开始,就知道妈妈的~不好|老师做了~切除手术|经透视,发现~上有一个肿块。

【构词】肺病/肺活量/肺结核/肺气肿/肺水肿/肺心病/肺炎/肺叶/肺脏

1875 **废**(廢) 丙 〔部首〕广 〔笔画〕8

fèi (adj./v. waste)

[形]失去原来作用的或没有用的:~铁|~纸|~报纸|~稿子|~钢材|~水|~气|把~报纸全卖了|~品公司收购了30吨~钢材|这是一堆~铜烂铁。

[动]不再使用;不再继续:~除|~掉|你要继续干下去,不能半途而~。

【构词】废旧/废料/废人/废止

1876 **废除** 丙

fèichú (abolish)

[动]取消;废止(法令、条约、制度等):法令~了|制度~了|条约~|章程~了|特权~了|应该~|要求~|请求~|同意~|正式~|~的理由|~一切不合理的规章制度|从新法令实行之日起,过去的法令全部~|~旧的习俗并不是一件容易的事。

【近义词】解除/破除/取消/废止/废弃

【反义词】保留/建立

【构词】拆除/铲除/革除/根除/剪除/解除/开除/扣除/免除/排除/破除/清除/驱除/剔除/消除/摘除

1877 **废话**(話) 丙

fèihuà (nonsense)

[名]没有用的话:说~|都是~|你说了半天,尽是~|少说~,多干实事|厂长说的都是~,大家一点儿也不感兴趣|有的领导作报告是~连篇,一点儿不吸引人|这事大家都知道了,就别说了,说了也是~。

1878 **废品** 丁

fèipǐn (waste product)

[名]不合格的产品;破的、旧的或失去原有使用价值的物品:成为~|卖~|收~|这个月工厂出了很多~|这些~不能流到市场上去|家庭里的~可以卖到收购站|院里常常有收~的|离我们家不远有一个~收购站。

【近义词】残品

【反义词】正品

1879 **废气(氣)** 丁

fèiqì (waste gas)

[名]在工业生产或动力机械运转中所产生的对本生产过程无用的气体：工业～|汽车～|排放～|工厂在生产中产生的～对人有害，应该处理好。

1880 **废物** 丁

fèiwù (trash)

[名]❶失去原有使用价值的物品：这些～，经过他的巧手一改造，又利用起来了|这些产品都成了～|院子里堆着一大堆～。❷无用的东西(骂人的话)：你真是个～，连这么简单的活儿都不会干|他那个～能当老师？|我早就成了老～了，干不了什么了。

【近义词】废品

1881 **废墟** 丙

fèixū (ruins)

[名]城市、村庄遭受破坏或灾害后变成的荒凉地方：一片～|成为～|～上|一场大地震使本来热闹的城市变成了～|飞机轰炸过后，村庄立时成了～|～上，一群孩子在寻找食物|一位妇女抱着不满周岁的孩子坐在～上啼哭|在～上建起了现代化城市。

1882 **沸腾(騰)** 丙 〔部首〕氵 〔笔画〕8

fèiténg (boil)

[动]❶液体达到一定温度时急剧转化为气体，这时不仅液面发生汽化而且液体内部也发生汽化，产生气泡：水～了|汤～了|钢水～|～的水|再烧一会儿，水就～了|铁水在炉里～着|水已到了～的温度。❷比喻事情蓬勃发展或情绪高涨：热血～|群众～|人民～|工地～|校园～|会场～|车间～|～的场面|～的情景|听到国家足球队赢球的消息，大家～了|三峡工地到处是～的劳动场面|面对眼前的一切，我分明地感受到了战士们的热血在～|全国各地～着空前的建设热潮。

【近义词】❶开锅；❷欢腾

【提示】"沸腾"的"沸"不读 fú，也不读 fó。

【构词】沸点/沸水/沸扬/沸反盈天/沸沸扬扬

1883 **费(費)** 乙 〔部首〕贝 〔笔画〕9

fèi (fee)

[名]费用：水～|电～|房～|交通～|资料～|保险～|药～|住院～|交～|收～|免～|计～|这个月的水电～我替你交了|一年的学～大约2000美元|贫困地区的孩子可以免～上学|房～、煤气～、水电～、电话～加在一起得200多块钱。

【提示】费，姓。

【构词】费话/费解/费劲儿/费神/费事/费心/费尽心机

1884 **费** 乙

fèi (cost)

[动]花费；耗费：～水|～电|～衣服|～鞋|～时间|～钱|～劲儿|～脑筋|用得～|花得～|穿得～|特别～|小孩子穿鞋就是～|用这种洗衣机洗衣服～水|为找个理想的工作，几个月来他～了不少劲儿|打扫打扫屋子～不了多少工夫|抄稿子太～时间了。

【近义词】花费/消费/耗费

【反义词】省/节约

1885 **费力** 丙

fèi lì (need great effort)
耗费力量：走路～|爬楼～|爬山～|学习～|不怕～|担心～|干得～|特别～|真～|～的事|干工作不能怕～|～不讨好的事我可不干|搬家的活儿可～了|帮你办这点儿事，费不了多少力。
【近义词】费劲儿
【反义词】省力
【提示】离合词，中间可以插入其他成分，如：为孩子的学习，她费了不少的力。

1886 **费用** 乙

fèiyòng (expense)
[名]花费的钱；开支：～报销了|～结算了|～节省了|～大|～小|～多|～少|申请～|会议的～|交通～|出差～|旅行的～|每个月的生活～太多了|出国留学的～全部由家里负担|这次旅行的～太多了|我们要尽可能地节约～。
【近义词】开销/花费/开支

1887 **吩咐** 乙 〔部首〕口 〔笔画〕7

fēnfù (tell)
[动]口头指派或命令：领导～|老师～|家长～|～孩子|～司机|～秘书|～部下|等待～|听从～|～的事|～的口气|你有什么事尽管～|我们听从领导的～|老师～完了才下课|我哪能不听您的～？
【近义词】嘱咐/叮嘱
【提示】①"吩咐"不能用于下级对上级，晚辈对长辈：×我～妈妈给我洗衣服。②"吩咐"也可写作"分付"。③"吩咐"的"咐"有时也可读轻声。

1888 **分** *甲 〔部首〕八、刀 〔笔画〕4

fēn (divide)
[动]❶使整体事物变成几部分或使连在一起的事物离开：～家|～遗产|～房产|～苹果|～糖|～钱|～得合理|～得公平|～成三份|可以～|愿意～|同意～|公开地～|～的办法|～的结果|他把一个梨～成了五瓣|人多东西少，不够～|老人去世后，儿女们把家产全～了|一家人～在三个地方住。❷分配：～任务|～工作|～奖金|～宿舍|～得公平|～得合理|可以～|～的标准|刘老师把～给她的房子让给了别人|这个月每人～了300元奖金|取消～房，实行买房|这次学校的住房～得很合理，大家都没意见。❸〈乙〉辨别：～颜色|～品种|～好坏|～雌雄|～好歹|～轻重|你这人怎么好歹不～呢？|咱们班有一对双胞胎，不仔细看，还真～不出来|我们俩的衣服一样，放在一起，～不清哪件是你的，哪件是我的|交朋友要～清好坏人。
【反义词】❶合
【提示】"分"又读 fèn，见第1926条"分量"。
【构词】分贝/分担/分得/分店/分发/分封/分隔/分毫/分号/分洪/分家/分界/分居/分句/分开/分流/分娩/分秒/分派/分神/分手/分水岭/分头/分享/分心/分野/分赃/分针/分支/分崩离析/分道扬镳/分门别类/分秒必争/分庭抗礼/分文不取

1889 **分** 甲

fēn (n. point; m. fen, *a fractional unit of money in China* [= 1/10 *of a jiao*])
[名]表示成绩或比赛胜负的分数：期末考试，我数学得了95～，语文得了

92～|他的体操在运动会上得了满～|排球比赛我队以1～之差打败了。

[量]❶1角钱的十分之一:打一次电话2毛5～钱|过去发一封信只用8～钱。❷1小时的1/60:现在是3点15～|下午2点30～开会|现在是几点几～?

【提示】①又读fèn,见第1926条“分量”。②作名词时一般要儿化。

1890 **分辩**(辯) 丁

fēnbiàn (defend oneself)

[动]说明事实真相,用来消除误会或受到的指责;辩白:就事故责任问题,他在会上～起来|有理跟他也～不清|厂长在职工大会上为自己～。

【近义词】辩白

【提示】注意“分辩”的“辩”中间是“讠”,不要写成“辨”。

1891 **分辨** 丁

fēnbiàn (distinguish)

[动]根据不同事物的特点,在认识上加以区别;辨别:～颜色|～声音|～真假|～正误|～不开|～错了|～得快|学会～|容易～|仔细～|这幅画是真是假,一时～不出来|熊老师语音～能力特别强,一听就知道你是哪儿的人|他的眼睛有毛病,不能～颜色。

【近义词】辨别/辨明/分别

【提示】注意不要把“分辨”的“辨”写成“辩”。

1892 **分别** 乙

fēnbié (v. part; adv. respectively)

[动]❶离别:朋友～|亲友～|同学～|在机场～|在车站～|不能～|舍不得～|～的日子|～的时间|～的地方|～了一年|在机场她和女朋友～了|同窗四年的好友就要～了|～以后她常常给我写信|这次～只是暂时的,用不了多久就会见面的。❷〈丁〉辨别:～真假|～颜色|～对错|～轻重|～大小|～黑白|～不了|～不开|～的技术|我是色盲,红的黄的我～不开|你能～出谁是哥哥谁是弟弟吗?|真货假货难以～|他看了半天才～出来。

[副]分头;各自;不同:～对待|～处理|大家～进入比赛场地|问题不同,应～对待。

【近义词】[动]❶分离/离开/离别;❷辨别/区别/区分

【反义词】[动]❶团聚/团圆

1893 **分布**(佈) 丙

fēnbù (distribute)

[动]散布(在一定范围内):人口～|资源～|森林～|商店～|～得广|～得均匀|我国的煤炭资源～得很广|我国的人口～不平衡|北京的大专院校主要～在海淀区|小吃店有100多个,～在全区各个街道|针叶林主要～在中国东北。

【近义词】散布/分散

1894 **分寸** 丁

fēncùn (sense of propriety)

[名]说话或做事的适当限度:注意～|掌握～|知道～|讲～|说话的～|做事的～|办事的～|有～|没～|对老人说话要注意～|他办事特别鲁莽,不知道～|他的话很有～。

【近义词】限度/深浅/轻重/高低

1895 **分队**(隊) 丁

fēnduì (contingent)

[名]一般指军队中相当于营到班一级的组织:我们～有100多人|中队下面有4个～|我在第三～当过分队长|突击的任务就交给我们～吧。

1896 **分割** 丙

fēngē (cut apart)

[动]把整体或有联系的东西强行分开:不能～|已经～|～开|台湾是中国领土不可～的一部分|把敌人～开来,个个歼灭|不能把问题～开来看。

【近义词】分开/割裂

【反义词】联系/衔接/连接

【构词】交割/切割/收割/宰割

1897 **分工** 丙

fēn gōng (division of labour)

分别从事各种不同而又互相补充的工作:社会工作只有～不同,没有贵贱之分|在单位我～管教学|我们既～又合作。

【提示】离合词,中间可插入其他成分,如:我们分了工,他管生活,我管学习|咱们分分工,你管买菜,我管做饭。

1898 **分红**(紅) 丁

fēn hóng (draw dividends)

分配盈余;分配利润:我们厂每年都～|有的工厂实行股份制,效益好可以～|今年分不了红了,工厂效益不好。

【提示】离合词,中间可插入其他成分,如:他分的红比我分的红多。

【构词】潮红/大红/粉红/花红/火红/金红/橘红/口红/脸红/描红/披红/水红/桃红/通红/鲜红/血红/殷红/眼红/枣红/朱红/紫红/棕红/走红/姹紫嫣红/万紫千红

1899 **分化** 丁

fēnhuà (break up)

[动]❶性质相同的事物变成性质不同的事物:随着私有制的产生,人类便～成为阶级|在生长过程中不断～|改革开放以来,出现了贫富两级～问题。❷使分化:我们要用党的政策感化他们,～他们|敌人终于被我们～了|我们要积极地～对立面。

【近义词】分裂/瓦解

【反义词】统一/联合

1900 **分解** 丙

fēnjiě (resolve)

[动]❶排除;调解:他们俩的矛盾难以～|因为一件小事,两人吵得难以～。❷分化瓦解:我们是团结的集体,谁也休想把我们～开|要想方设法从内部～敌人。

【近义词】❶排解;❷分化/瓦解

1901 **分类** 丁

fēn lèi (classify)

根据事物的特点分别归类:图书资料要～存放|东西太乱,没法～|～存放便于查找|账目没～,不好查。

【提示】离合词,中间可以插入其他成分,如:这么点儿东西还分什么类?|把东西分分类。

【构词】败类/词类/畜类/门类/人类/同类/相类/异类/种类/不伦不类/分门别类/呼朋引类/物伤其类/诸如此类

1902 **分离** 丙

fēnlí (separate)

[动]❶分开:～杂质|～空气|开始～

|继续～|主张～|打算～|同意～|迅速～|～的原因|～的结果|～的过程|理论与实践是不能～的|机器从空气中～出氧气来|我和家人已经～多年了|夫妻感情不好,不得不～。❷别离:亲人～|夫妻～|父子～|姐妹～|同学～|师生～|后悔～|永久地～|暂时地～|～的后果|～的滋味|由于工作的关系,俩人～了|夫妻～的滋味是很痛苦的|～的时刻,俩人紧紧地拥抱在一起。

【近义词】❶分开;❷离别/别离/分别/分手

【反义词】❶合并/结合;❷相逢/相见/相会/重逢/团聚/团圆

【构词】背离/别离/撤离/调离/隔离/距离/流离/乱离/迷离/偏离/脱离/游离/支离/不即不离/扑朔迷离/若即若离/形影不离/众叛亲离

1903 分裂 丙

fēnliè (split)

[动]整体的事物分开:队伍～了|群众～了|国家～|细胞～了|～队伍|～党|～得快|不能～|妄图～|搞～|担心～|反对～|突然～|彻底地～|～的后果|～的原因|历史上有很多人搞～|细胞在生长过程中不断～成一个个小细胞|由于观点、立场不同,队伍终于～了|我们是团结的整体,不能～|要坚决反对一切～行为。

【近义词】分化/瓦解

【反义词】团结/统一

【构词】爆裂/唇裂/断裂/干裂/割裂/决裂/龟(jūn)裂/开裂/破裂/碎裂/绽裂/身败名裂/四分五裂/天崩地裂

1904 分泌 丙

fēnmì (secrete)

[动]由生物体的某些细胞、组织或器官里产生出来的某种物质:～物|内～|～液体|内～紊乱是身体不适的一个原因|眼睛里有很多～物|胃可以～胃液。

【提示】不要把"分泌"的"泌"读成 bì。

1905 分明 丙

fēnmíng (clear)

[形]清楚;不含糊:好坏～|真假～|职责～|爱憎～|公私～|奖惩～|界限～|说得～|听得～|必须～|在大是大非问题上立场应该～|在公与私问题上要态度～,决不能含糊|新订的规章制度奖罚～|两国的国界很～,从没有任何争议|鲁迅先生的爱和憎,从来很～。

【近义词】[形]清楚/清晰/明显;[副]显然/明明

【反义词】[形]模糊/隐约

【提示】作副词时意思是"明明"、"显然":他～没来过,你为什么说他来过呢?|这～是黄色,怎么能说是红色!|花上还带着水滴呢,～刚刚下过雨。

1906 分母 丁

fēnmǔ (denominator)

[名]一个分数中,写在横线下面的数,如:$\frac{2}{3}$(读作"三分之二"),3是～。

1907 分配 *乙

fēnpèi (distribute)

[动]❶按一定的标准或规定分(东西):～粮食|～物资|～住房|～得合理|～得公平|应该～|必须～|答应～|同意～|主张～|合理地～|认真地～|～的原则|新宿舍是学校～给我的|要先制定～标准,然后再～|～

给我们办公室五张桌子|人多东西少,没法~|在寒流到来之前一定要把救灾物资~下去|办公用品由领导统一~。❷〈丙〉安排;分派:国家~|上级~|~工作|~任务|~毕业生|~人力|~得顺利|能够~|开始~|服从~|停止~|~的原则|大学毕业以后,我被~在中学当语文老师|时间紧,任务重,劳动力要合理~|每个人都要服从组织的~|领导~我去完成一项重要的工作。

【近义词】❶分/分发;❷分派/安排

【提示】“配”的右边是“己”,不是“已”、“巳”。

1908 **分批** 丁

fēn pī (in batches)

分几次完成:救灾物资~运到灾区|在广州订的货~运抵北京|几十吨的货物一次装不完,只能~装。

【提示】离合词,中间可插入其他成分,如:你们这些人可以分三批去参加学习。

1909 **分期** 丁

fēn qī (by stages)

分几段时间完成:购买商品房可以~付款|如果手头没那么多钱,一次付不了,可以~付|这些货物可以~运送。

【提示】离合词,中间可插入其他成分,如:这项工程分三期完成。

1910 **分歧** 丁

fēnqí (difference)

[名](思想、意见、记载等)不一致;有差别:有~|没~|~大|~小|在口语教学的方法上,我和刘老师有~|讨论会上,大家意见有~是正常的|在对待如何教育孩子的问题上我和爱人有些~,但~不大|~是有的,这不奇怪,关键是我们怎么去解决、去统一。

【近义词】矛盾

【反义词】统一/一致

1911 **分清** 丁

fēn qīng (distinguish)

分辨清楚:~敌友|~真假|~美丑|~善恶|~黑白|可以~|能够~|必须~|很难~|交朋友要~好人坏人|质量检查员当然能~正品次品|在战争年代,和人接触要~敌友。

【提示】是动补结构,中间可以插入“得”或“不”,如:分不清|分得清。

1912 **分散** *丙

fēnsàn (v. scatter; adj. scattered)

[动]❶散在各处:我的大学同学~在全国15个省、市|敌机来了,大家赶紧~开|窗外汽车的马达声~了学生的注意力|文章有的细节描写过多,~了对主题的叙述。❷〈丁〉散发;分发:前面围了很多人,近前一看,原来有人在~传单|大会开始前,先向会议代表~文件。

[形]不集中:~活动|很~|大家住得很~|你的钱使用得太~,所以办不成大事|这些楼盖得太~了。

【近义词】[动]❶散开;❷散发

【提示】“散”又读 sǎn,见第5461条。

【构词】拆散/涣散/解散/溃散/扩散/流散/飘散/驱散/失散/疏散/四散/云散/一哄而散

1913 **分数**(數) *丙

fēnshù (mark)

[名]❶评定成绩或胜负时所记的分儿:他考的~是85|我报刊课的~是90|裁判们给她打的~是19.8。❷

〈丁〉把一个单位分成若干等份,表示其中一份或几份的数,是除法的一种书写形式,如$\frac{2}{3}$(读作三分之二)。

【近义词】❶成绩

1914 **分析** 乙

fēnxī (analyse)

[动]把一件事情、一种现象、一个概念分成较简单的组成部分,找出这些部分的本质属性和彼此之间的关系:教授~|大家~|~矛盾|~形势|~问题|~情况|~文章|~得对|~得有理|会~|认真地~|进行~|深入地~|~的水平|~的能力|要学会~句子的成分|你~~这句话是什么意思|这个句子的语法关系我~不好|调查组对材料进行了认真~|课上,老师让我们~小说《子夜》的思想内容。

【近义词】辨析

【反义词】综合

【提示】"析"右边是"斤",不要写成"斥"。

【构词】辨析/解析/离析/剖析/赏析/透析/分崩离析

1915 **…分之…** 甲

fēnzhī (*the way that a fraction is read*)

分数的读法:三~一|五~三|我们班的同学有三~一是南方人|今年的粮食增加了百~七|6月份以来,蔬菜的价格降低了百~十。

1916 **分钟**(鐘) 甲

fēnzhōng (minute)

[名]时间单位,60秒等于1分钟:再有10~就下课了|往前走5~就到商店了|都过了20~了,他怎么还不来?

【近义词】分

1917 **分子** 丙

fēnzǐ (numerator)

[名]一个分数中,写在横线上面的数是分子,如$\frac{3}{5}$,分子是3。

1918 **芬芳** 丁 〔部首〕艹 〔笔画〕7

fēnfāng (fragrant)

[形]香;香气:路边到处是~的鲜花|~的花朵和晴朗的天空,使她的心绪慢慢平静下来|生活对于她来说,就像~的玉兰花,幸福美好。

【近义词】香

【反义词】恶臭/腐臭/臭

1919 **纷纷**(紛) 乙 〔部首〕纟 〔笔画〕7

fēnfēn (numerous and confused)

[形]❶议论多而杂;往下落的东西多,错落不整齐:落叶~|大雪~|议论~|大雪~,下了一天一夜|选举会上大家议论~|秋风一吹,树叶~往下落。❷指众多的人接二连三地发出某种动作,进行某种活动:人们~涌上街头,庆祝比赛的胜利|在机枪的扫射下,冲在前面的战士~倒地|人们~到医院为受伤的武警战士献血。

【近义词】❶纷纭/纷繁

【构词】纷繁/纷飞/纷乱/纷忙/纷争/纷纷扬扬

1920 **坟**(墳) 丙 〔部首〕土 〔笔画〕7

fén (grave)

[名]坟墓:上~|修~|筑~|挖~|新~|每年清明节,我们弟兄都给妈妈上~|城外不远处有一大片~|~上

长了很多草|有好几年没给～添土了|那是他们家的祖～。

【近义词】坟墓/坟地

【构词】坟场/坟地/坟堆/坟丘/坟山/坟头

1921 **坟墓** 丁

fénmù (tomb)

[名]埋葬死人的穴和上面的坟头：这些都是革命烈士的～|每年光修～就花掉不少钱。

【近义词】墓/坟

【构词】盗墓/公墓/陵墓/扫墓

1922 **粉** *丙 〔部首〕米 〔笔画〕10

fěn (powder)

[名]❶粉末：面～|玉米～|花～|藕～|蜜蜂正在采集花～|小麦磨成的～叫面粉。❷特指化妆用的粉末：白～|红～|抹～|这种～真香|她正在往脸上擦～|她整天涂脂抹～的。❸〈丁〉用淀粉制成的食品：凉～|～皮|～丝|用麻酱拌的凉～特别好吃|菠菜炒～，南方人爱吃|你喜欢吃面条还是喜欢吃米～？

【构词】粉红/粉皮/粉墙/粉丝/粉条/粉蒸肉/粉墨登场/粉身碎骨

1923 **粉笔**(筆) 乙

fěnbǐ (chalk)

[名]用来在黑板上写字的笔：一支～|白～|红～|老师上课离不开～|新生产出来的无尘～很受老师欢迎|买了一盒白～，两盒彩色～。

【构词】败笔/彩笔/代笔/刀笔/电笔/动笔/伏笔/附笔/钢笔/搁笔/工笔/画笔/金笔/绝笔/蜡笔/练笔/落笔/漫笔/毛笔/眉笔/墨笔/排笔/铅笔/亲笔/润笔/石笔/手笔/水笔/随笔/文笔/下笔/信笔/遗笔/硬笔/圆珠笔/运笔/执笔/主笔/拙笔/生花之笔

1924 **粉末** 丁

fěnmò (powder)

[名]极细的颗粒；细屑：那块石头已被碾成了～|～全撒在地上了|用粉笔写字净掉～|老师手上粘满了～。

【近义词】粉尘

【构词】本末/锯末/煤末/年末/始末/微末/月末/周末/强弩之末/舍本求末

1925 **粉碎** 丙

fěnsuì (smash)

[动]❶使彻底失败或毁灭：敌人被～了|阴谋被～了|～进攻|～围剿|～入侵|全部～|坚决～|～了敌人的颠覆活动|这一仗彻底～了敌人对解放区的围剿|只要我们集中优势兵力，完全可以～敌人的进攻。❷使物体成碎末：草必须～了才能喂牲口|一天能～10吨矿石|用机器～比人工快多了。

【近义词】❶打败/击败/打垮/摧毁

【构词】零碎/破碎/散碎/琐碎/细碎/杂碎/零七八碎/支离破碎

1926 **分量** *丙

fènliàng (weight)

[名]❶重量：～够|～足|～多|～少|掂～|没～|～不够|～不足|这袋米的～不足|一包棉花没有多少～|你掂一掂～够不够。❷〈丁〉言语或文章的深度、水平：他说的话～很重|文字不多，～显得轻了些|这篇文章很有～。

【近义词】❶重量/斤两/轻重

【提示】注意"分量"的"分"，不能读成

fēn。"分"fēn 见第 1888 条。

1927 **分外** 丁

fènwài (adv. particularly; n. beyond one's duty)

[副]超过平常;特别:月到中秋~明|鲜花在灯光的衬托下~美丽|春天在花园里散步,心情~舒畅|爷爷看见从国外归来的孙子,心里~高兴。

[名]本分以外:工作都应努力去做,没有分内~之分|他从不把我的事看做是~的事。

【近义词】[副]特别/十分/格外/非常/异常

1928 **分子** 丙

fènzǐ (member)

[名]属于一定阶级、阶层、集团或具有某种特征的人:知识~|落后~|积极~|坏~|先进~|破坏~|活跃~|犯罪~|坚决打击盗窃~|对先进~的先进事迹要进行广泛宣传|他从一个国家干部蜕化成一个犯罪~|近几年知识~的待遇得到不断提高。

1929 **奋斗**(奮鬥) 乙 〔部首〕大 〔笔画〕8

fèndòu (struggle)

[动]为达到一定的目的而努力干:学生~|~了一生|~了两年|应当~|努力~|拼命地~|艰苦~|~的目标|~的结果|只要努力~下去,必然有光辉的前程|这些年他靠个人~创办了一家房地产公司|为远大的理想而~|为了国家的富强,他~了一生。

【近义词】斗争

【构词】奋发/奋飞/奋击/奋进/奋力/奋起/奋争

1930 **奋勇** 丁

fènyǒng (courageously)

[副]鼓起勇气:战士们~杀敌|抗洪现场,人人~当先|我们迈着矫健的步伐,~前进。

1931 **奋战**(戰) 丁

fènzhàn (fight bravely)

[动]奋勇战斗:在敌众我寡的情况下,战士们英勇~,终于取得了胜利|战士们连续~了两天两夜。

【近义词】奋斗

【构词】备战/笔战/参战/初战/出战/大战/督战/恶战/海战/酣战/寒战/会战/混战/激战/交战/决战/开战/抗战/空战/苦战/冷战/力战/恋战/临战/论战/内战/请战/求战/善战/商战/舌战/实战/水战/死战/挑战/停战/统战/巷战/休战/宣战/血战/厌战/夜战/迎战/应战/征战/助战/转战/作战/背(bèi)水一战/决一死战/心惊胆战

1932 **份** 乙 〔部首〕亻 〔笔画〕6

fèn (part)

[量]❶整体分成的部分,或组成整体的部分:每人一~水果|把物资分成20~|一共分了100多~。❷用于报刊、文件等:三~报纸|一~杂志|10~文件|我们办公室今年定了两~杂志。❸餐厅、商店为单人搭配的食物量:中午买了一~米饭,两~菜|快餐6块钱一~。

【提示】量词"份"在口语中一般要儿化。

1933 **愤恨**(憤) 丁 〔部首〕忄 〔笔画〕12

fènhèn (resentful)

[形]愤慨痛恨:无比~|~的心情|~的人们|这一带的老百姓对地痞流氓

～极了|说起那帮土匪,没有不～的|光～有什么用,要敢于和他们进行斗争。

【近义词】仇恨/憎恨/痛恨

【反义词】喜爱/热爱/疼爱

【构词】愤愤/愤激/愤慨/愤世嫉俗

1934 **愤怒** 乙

fènnù (angry)

[形]气愤到了极点:人民～了|群众～了|老百姓～了|顾客～了|感到～|引起～|用不着～|无比～|～的人民|～的喊声|文章表明了作者强烈的～之情|我对他的行为非常～|工人们～起来了,呐喊声震天动地。

【近义词】愤慨/恼怒/气愤/生气

【构词】暴怒/触怒/动怒/发怒/含怒/恼怒/迁怒/息怒/余怒/震怒/众怒/恼羞成怒

1935 **粪**(糞) 丙　〔部首〕米　〔笔画〕12

fèn (excrement)

[名]从肛门排泄出来的经过消化的渣滓;屎:猪～|牛～|～堆|～池|～是最好的有机肥料|地边上堆满了～|青年们正在猪圈(juàn)里起～|庄稼一枝花,全靠～当家。

【近义词】屎

【构词】粪便/粪肥/粪坑/粪筐/粪土

1936 **丰产**(豐産) 丙　〔部首〕一　〔笔画〕4

fēngchǎn (high yield)

[动]农业上指比一般产量高:～田|粮食～|今年,我们村的小麦又～了|张庄建立了两块～田|农科所的技术员在给村民们介绍～的经验|我们村年年～。

【近义词】高产

【提示】丰,姓。

【构词】丰厚/丰茂/丰美/丰年/丰沛/丰饶/丰盛/丰硕/丰盈/丰姿/丰足/丰富多彩/丰功伟绩/丰衣足食

1937 **丰富** 甲

fēngfù (adj. rich; v. enrich)

[形](物质财富、学识经验等)种类多或数量大:物资～|矿产～|资源～|水源～|商品～|经验～|知识～|内容～|感情～|相当～|格外～|改革开放以来,市场上的商品显得特别～|我们祖国有～的石油资源|他有着～的教学经验|作为一个老师,必须具备～的知识。

[动]使丰富:通过实践,他～了自己的经验|我们要不断～自己的知识。

【近义词】丰盛/丰硕/丰厚/丰满

【反义词】贫乏/简单/单调

1938 **丰满**(滿) 丁

fēngmǎn (plentiful)

[形]❶充足:羽毛～|花生～|觉得～|变得～|确实～|格外～|～的葵花子|豆子长得个个～|小鸟长大了,但羽毛还不够～。❷(身体或身体的某一部分)胖得匀称好看:身体～|体态～|长得～|变得～|相当～|确实～|～的形象|～的身材|～的胸脯|～的乳房|她长得很～|湿淋淋的衣服紧贴在姑娘那～的身上|姑娘如今长得越发～了。

【近义词】❶饱满/丰硕/充实;❷丰腴

【反义词】❶贫乏;❷干瘪/枯瘦/干瘦

1939 **丰收** 丙

fēngshōu (bumper harvest)

[动]收成好:农业～|粮食～|庄稼～|小麦～|棉花～|水果～|作品～|获得～|夺取～|全面～|～的季节|～

的情景|连续10年获得粮食大～|～的粮食堆满仓|秋天到处是～的景象|在遇到自然灾害的情况下，仍然～|今年你可～了，发表了十几篇文章。

【近义词】丰产

【反义词】歉收/歉产/减产

【构词】查收/创收/回收/接收/麦收/没(mò)收/签收/歉收/抢收/秋收/税收/吸收/夏收/招收/征收/美不胜收

1940 **封** 丙　　〔部首〕寸　〔笔画〕9

fēng (seal)

[动]封闭：大河～了|大门～了|信～了|～火|～山|～紧|～严|～了一年多|～的方法|～的时间|睡觉时要把炉子～上，以免中煤气|信没～口就发出去了|科技资料全～起来了|他想用金钱～住我的嘴，那是妄想|一场大雪把山～住了，谁也上不去|放假的时候，学校的门全～了。

【近义词】闭/关

【反义词】开/启

【提示】封，姓。

【构词】封存/封底/封地/封顶/封冻/封港/封火/封口/封里/封面/封皮/封套/封条/封官许愿/封山育林

1941 **封** 甲

fēng (m. *for sth. enveloped*)

[量]用于装封套的东西：一～信|两～电报。

1942 **封闭**(閉) 丁

fēngbì (close)

[动]❶严密盖住或关住使不能通行或随便打开：道路～|港口～|机场～|思想～|文化～|国家～|消息～|～得严|停止～|继续～|全部～|迅速地～|因下大雪，高速公路～了|国家～对于发展商品经济十分不利|情况紧急，把所有的大门全～起来|人民的思想是～不住的。❷查封：～报社|～书店|～电台|～资料|～赌场|应该～|决定～|同意～|突然～|正式～|～的时间|我们的报社被反动派野蛮～了|公安机关～了那些进行色情服务的舞厅|反动政府突然～了学校。

【近义词】❶封锁/关闭；❷查封

【反义词】❶打开/开放/开启；❷启封

1943 **封建** 乙

fēngjiàn (feudal)

[形]带有封建社会色彩的：～社会|～主义|～时代|～思想|头脑～|家庭～|老人～|反对～|特别～|表现得～|爷爷奶奶的思想特别～|都什么年代了，头脑还这么～！|残余的～思想意识在一些人的头脑里一时还难以彻底清除掉。

1944 **封锁**(鎖) 丙

fēngsuǒ (block)

[动]❶(用强制力量)使跟外界断绝联系：～消息|～经济|～技术|文化～|经济～|军事～|实行～|继续～|反对～|全面～|～的手段|～的对象|消息～得很严密，怎么也打听不到|真理是～不住的|在高科技方面，他们对我们一直采取～的政策。❷(采取军事等措施)使不能通行：边境～了|道路～了|海关～了|港口～了|机场～了|车站～了|码头～了|军队～|武警～|～不了|～了一个月|敌人～了所有通往解放区的道路|敌人～是～不住的，因为人民支持我们|前面的大桥被～了。

【近义词】封闭

【反义词】开放

【构词】暗锁/闭锁/反锁/枷锁/拉锁/明锁/碰锁/上锁/撞锁

1945 **蜂** 丁 〔部首〕虫 〔笔画〕13

fēng (bee)

[名]❶有毒刺能蜇人的群聚昆虫:一窝～|一只～|～群|～窝|荷叶上落着一只～|手让～蛰了一下|～把脸蛰肿了。❷特指蜜蜂:成群的～在花丛下采蜜|爷爷养了10箱～,春天一来,他就到处去放～。

【构词】蜂巢/蜂毒/蜂房/蜂蜜/蜂农/蜂王/蜂窝/蜂窝煤/蜂箱

1946 **蜂蜜** 丁

fēngmì (honey)

[名]蜜蜂用所采集的花蜜酿成的黏稠液体,黄白色,有甜味,主要成分是葡萄糖和果糖:一瓶～|一斤～|喝～|酿制～|～可以治病|我们家养了20箱蜂,每年能产几百斤～|～的营养十分丰富。

【提示】"蜂蜜"的"蜜"下半部是"虫",不要写成"山"。

1947 **锋利**(鋒) 丁 〔部首〕钅 〔笔画〕12

fēnglì (sharp)

[形]❶(工具、武器等)头尖或刃薄,容易刺入或切入物体:菜刀～|刺刀～|剑～|匕首～|剪子～|斧子～|磨得～|打得～|造得～|确实～|格外～|他拿着～的刀剑上山了,他要向土匪讨还血债|菜刀磨得特别～,小心别拉(lá)了手|小分队像一把～的钢刀,切断了敌人的退路。❷(言语、文笔等)尖锐:言辞～|语言～|文笔～|措辞～|说话～|～的言辞|鲁迅的文章十分～|现在他谈吐也～起来了|老太太用她那惯有的爽朗的口吻说话,有时还有几分～。

【近义词】❶锐利/尖利/快;❷尖锐/刻薄

【反义词】❶钝

1948 **风**(風) *甲 〔部首〕风 〔笔画〕4

fēng (wind)

[名]❶跟地面大致平行的空气流动,是由于气压分布不均匀而产生的:大～|小～|春～|寒～|刮～|顶～|据天气预报说,明天有6级大～|～太大了,吹得人站不住|北京春天～多|狂～过后,接着就下起了冰雹|屋子不严实,到处漏～|腰受～了,疼得直不起来。❷〈丁〉消息;风声:伤员来咱村养伤,可千万别把～透出去|最近没听到什么～|敌人闻～而逃。

【近义词】❷消息

【提示】风,姓。

【构词】风波/风采/风潮/风车/风尘/风笛/风干/风骨/风化/风级/风纪/风纪扣/风镜/风口/风雷/风凉/风量/风铃/风流/风帽/风貌/风靡/风琴/风情/风骚/风扇/风神/风声/风势/风霜/风水/风速/风涛/风头/风土/风闻/风物/风习/风箱/风向/风行/风雅/风衣/风雨/风雨衣/风月/风云/风韵/风灾/风姿/风钻/风餐露宿/风尘仆仆/风吹草动/风吹雨打/风风火火/风风雨雨/风和日丽/风花雪月/风卷残云/风流云散/风马牛不相及/风平浪静/风起云涌/风调雨顺/风言风语/风雨飘摇/风雨同舟/风烛残年

1949 **风暴** 丁

fēngbào (storm)

[名]❶刮大风而且往往同时有大雨

的天气现象：~来了|~形成了|~登陆了|~减弱了|~可怕|~危险|~厉害|~强大|海上的~|担心~|出现~|~的速度|~的特点|他们冒着强大的~保护着羊群|这场~来得特别突然|~给沿海城市造成了很大的损失|对即将来临的~,渔民们早有思想准备。❷比喻规模大而且气势猛烈的事件或现象：政治~|革命~|迎接~|掀起~|出现~|孕育着~|引起~|被压迫的人民掀起了推翻剥削阶级的革命~|革命~到来前夕，他回到了祖国。

【近义词】❷风潮

1950 **风度** 丁

fēngdù (demeanour)

[名]美好的举止姿态：~犹存|~不凡|~翩翩|~潇洒|保持~|失去~|讲究~|缺乏~|学者的~|名人的~|科学家的~|诗人的~|军人的~|他那淳朴大方的~,给我留下深刻的印象|转业多年了，但他还一直保持着军人的~|你瞧，那个小伙子多有~！|从言谈到举止他都表现了外交家的~。

【近义词】风采/风姿/风韵/风范

1951 **风格** 丙

fēnggé (style)

[名]❶气度；作风：~高|~低|发扬~|失去~|集体主义~|好~|崇高的~|一种~|在特定的情况下，小事却常常反映出一个人的~|要求于人的甚少，给予人的甚多，这就是松树的~|我国运动员在奥林匹克运动会上赛出了水平，赛出了~。❷一个时代、一个民族、一个流派或一个人的文艺作品所表现的主要思想特点和艺术特点：~形成了|~变化了|~豪放|~淳朴|~刚健|~幽默|表演的~|独特的~|作曲的~|小说表现了他独特的语言~|艺术上不同的形式和~可以自由发展|老舍的艺术~我十分喜欢。

【近义词】❶风度/作风；❷特点

【构词】表格/出格/够格/规格/国格/合格/及格/价格/降格/品格/破格/人格/升格/体格/性格/严格/资格/别具一格

1952 **风光** 丁

fēngguāng (scenery)

[名]风景；景象：~美|~好|~依旧|~秀丽|北国~|江南~|桂林~|草原~|迷人的~|明媚的~|领略祖国的大好~|同学们贪婪地饱览大自然的美好~|运动员们无心欣赏目不暇接的异国~|我的故乡是个依山傍水的古城，城不大，~却很别致。

【近义词】风景/景象/景致/景色

【构词】暴光/背光/波光/采光/晨光/春光/灯光/电光/耳光/发光/反光/感光/寒光/火光/激光/借光/精光/聚光/亮光/溜光/流光/漏光/目光/逆光/容光/散光/闪光/赏光/时光/曙光/霞光/星光/验光/阳光/荧光/月光/增光/争光/烛光

1953 **风景** 乙

fēngjǐng (scenery)

[名]一定地域内由山水、花草、树木、建筑物以及某些自然现象形成的可供人欣赏的景象：欣赏~|观赏~|描写~|~美丽|西湖的~|三峡的~|长城的~|公园的~|优美的~|~画|黄山的~非常美丽|坐火车旅行，可以顺便欣赏沿途的~|时间太紧，来

不及观赏香山的～。

【近义词】景色/景致/风光/景物

1954 **风浪** 丁

fēnglàng (stormy waves; hardship)

[名]水面上的风和波浪;比喻艰险的遭遇:～袭来|～增大|～平息|迎着～|战胜～|避开～|大海的～|一阵～|遇到～|政治～|革命～|人生的～|我们船队迎着～走了两天|～没有什么可怕的,只要我们敢于迎着～上,就一定能战胜它|要经受得住政治～的冲击。

【近义词】风暴/风雨/风霜

1955 **风力** 乙

fēnglì (wind power)

[名]风的强度:今天的～能达到6至7级|～2至3级的时候,人的脸只稍微感觉有风|据天气预报说,今天夜间～有7级,有关部门应注意做好防风准备。

1956 **风气**(氣) 丙

fēngqì (tendency)

[名]指社会上流行的爱好或习惯:～形成了|～败坏了|～好|～不正|～庸俗|社会～|国家的～|城市的～|读书的～|学习的～|恶劣的～|送礼的～|全社会要树立遵守交通规则的～|这个地区请客吃喝的～越来越严重|学校有些～不正,应引起我们的注意。

1957 **风趣** 丁

fēngqù (humour)

[名]幽默或诙谐的趣味(指人的性格、谈吐、文章等):姜老师严肃有余而～不足|别看他没有文化,可说话很有～|文章处处反映出作者的智慧和～。

【近义词】情趣/趣味

【构词】别趣/凑趣/打趣/逗趣/乐趣/没趣/奇趣/情趣/诗趣/识趣/童趣/无趣/谐趣/兴趣/雅趣/野趣/有趣/知趣

1958 **风沙** 丁

fēngshā (sand blown by the wind)

[名]风和被风卷起的沙土:刮起～|～漫天|～太大,前边什么也看不见|～挡住了视线|北京这几年的～小多了|沙漠地区的天气特点就是～大,～多。

【提示】"沙"的右边是"少",不要写成"小"。

1959 **风尚** 丁

fēngshàng (prevailing custom)

[名]在一定时期中社会上普遍流行的风气和习惯:～好|～文明|～落后|成为～|改变～|保持～|现代的～|学习的～|愚昧的～|坏的～|毫不利己,专门利人的精神,已经成为社会～|这种认真学习业务的～我们应该大力提倡|爱国、爱厂的崇高～在我们厂已经形成。

【近义词】风气/风俗/习惯/习气

【构词】崇尚/高尚/和尚/时尚

1960 **风俗** 乙

fēngsú (custom)

[名]社会上长期形成的风尚、礼节、习惯等的总称:保留～|～改变了|～特别|成为～|了解～|尊重～|破坏～|民间的～|社会～|古代的～|外国的～|～是随着时代的变化而变化

的|我们要尊重少数民族的～|过年吃饺子是中国人的～|到了一个新的地方,首先要了解当地的～|中国人有中国人的～,外国人有外国人的～。

【近义词】习惯/习俗/风尚/风气

【构词】鄙俗/尘俗/粗俗/村俗/恶俗/凡俗/还(huán)俗/旧俗/陋俗/民俗/僧俗/时俗/世俗/随俗/通俗/脱俗/习俗/乡俗/庸俗/入境问俗/入乡随俗/伤风败俗/移风易俗

1961 **风味** 丁

fēngwèi (special flavour)

[名]事物的特色(多指地方色彩):～失去了|～独特|～地道|别有～|讲究～|保持～|地方～|南方～|广东～|家乡的～|食品的～|宫廷～|很多人喜欢四川～的菜|家乡菜的～我哪能忘得了|牧童骑在水牛上哼着地方小曲,别有一番～|这首民歌不错,地方～很浓。

【近义词】特色/特点/滋味

【构词】串味/乏味/够味/海味/回味/口味/腊味/美味/南味/品味/情味/气味/趣味/入味/体味/调味/玩味/香味/寻味/野味/一味/意味/余味/韵味/滋味/走味/津津有味

1962 **风险**(險) 丁

fēngxiǎn (risk)

[名]可能发生的危险:遇到～|存在～|避开～|害怕～|有～|冒～|～小|战争的～|投资的～|打仗的～|任何～|一次～|如今做生意哪有不冒～的,怕担～就别做生意|做开颅手术,医生要冒很大的～|有～我倒不怕,就怕得不到支持|有～的工作我不做。

【近义词】危险

1963 **风筝** 丁

fēngzheng (kite)

[名]一种玩具,在竹篾做的骨架上糊纸或绢,拉着系在上面的长线,趁着风势可以放上天空:放～|做～|糊～|买～|卖～|～坏了|～飞起来了|5月是放～的最好季节|小时候我最爱放～了|民间艺人做的～特别好看|做～可是个技术,做不好～飞不起来|山东潍坊是中国的～之乡,每年那里都举办世界～节。

1964 **疯**(瘋) *丙 〔部首〕疒 〔笔画〕9

fēng (mad)

[形]❶神经错乱;精神失常:～了|不～|有点儿～|耍酒～|“文革”的时候,他妈妈被逼～了|她以前～过,现在治好了|一群孩子围着一个～女人|他干起活来跟～了一样,不知道累。❷〈丁〉农作物生长茂盛,但不结果实:今年的棉花长～了,没结几个棉桃|不能让葡萄架～长,长～了就不结葡萄了。❸〈丁〉野性的;不受拘束的:孩子都玩～了,吃饭都不知道回家|几个～丫头还在外边玩儿呢|就知道～玩,不好好儿学习!

【构词】疯狗/疯话/疯魔/疯人/疯人院/疯瘫/疯长(zhǎng)

1965 **疯狂** 丙

fēngkuáng (insane; frenzied)

[形]发疯,比喻猖狂:敌人～|土匪～|言论～|显得～|变得～|表现得～|确实～|这个～的家伙是什么事都干得出来的|敌人～地进攻|反动派的～并不表明它的强大|那群野狗～地向我扑来|最近一个时期,坏人的破

坏活动变得更～了。

【近义词】猖狂/猖獗

1966 **疯子** 丁

fēngzi (madman)

[名]患严重精神病的人:他是个～,他犯罪不是故意的|这个～经常打人|疯人院里有许多～。

【近义词】神经病

1967 **逢** 乙 〔部首〕辶 〔笔画〕10

féng (meet)

[动]遇到;遇见:～山开路,遇水架桥|久别重～,分外高兴|～年过节的时候,我都带孩子回老家。

【近义词】遇到/碰到

【提示】逢,姓。

【构词】逢迎/逢场作戏

1968 **缝**(縫) 丙 〔部首〕纟 〔笔画〕13

féng (sew)

[动]用针线将原来不在一起或开了口儿的东西连在一起:～衣服|～鞋子|～裤子|～袜子|～扣子|～伤口|～得好|～得快|～了几针|不会～|可以～|小心～|认真地～|仔细地～|耐心地～|～的技术|～的质量|老奶奶坐在油灯下为战士们～裤子|看见爸爸笨拙地为我～衣服,一时心里酸酸的|我只会～扣子,别的不会～|医生给他的伤口～了十几针。

【反义词】拆

【提示】"缝"又读 fèng,见第 1970 条。

【构词】缝补/缝合/缝纫/缝纫机/缝制/缝缀

1969 **讽刺**(諷) 丙 〔部首〕讠 〔笔画〕6

fěngcì (satirize)

[动]用比喻、夸张等手法对不良的或愚蠢的行为进行揭露或批评:～敌人|～人|～不正之风|～得巧妙|～得深刻|～了半天|运用～|学会～|遭到～|尖锐地～|辛辣地～|善意地～|恶意地～|～小品|～小说|～的技巧|～的作用|小说用～的手法深刻揭露了他的贪心|有意见就提,为什么～人?|他就爱～人,让人心里不舒服|这是一个～小品,～了社会上存在的不正之风|恶意的～和善意的～不是一回事,不能混为一谈。

【近义词】嘲讽/讥讽/挖苦

【反义词】恭维/奉承

【构词】冲刺/穿刺/带刺/毒刺/粉刺/骨刺/讥刺/马刺/毛刺/拼刺/枪刺/挑刺/行刺/鱼刺/话中带刺

1970 **缝**(縫) 丁

fèng (crack)

[名]接合的地方;缝隙:门～|一道～|有～|隔着门～看人,把人看扁了|桌面裂了一道～|风是从窗户～进来的。

【提示】①"缝"又读 féng,见第 1968 条。②在口语中常儿化。

【构词】缝隙/缝子

1971 **奉献**(獻) 丁 〔部首〕大 〔笔画〕8

fèngxiàn (offer as a tribute)

[动]恭敬地交付;呈献:～精神|做出～|学习他的～精神|人不能只讲索取,还要讲～|他为人民做出了～|她把青春～给了学校的孩子们。

【近义词】献/呈献

【反义词】索取

【提示】奉,姓。

【构词】奉承/奉告/奉还/奉命/奉陪/奉劝/奉送/奉公守法/奉若神明

1972 **奉行** 丁

fèngxíng (pursue)

[动]遵照执行:我们~的是国家法令,希望你能配合我们工作|我们一贯~和平共处的外交政策。

【近义词】执行

【提示】"奉行"的"奉"不要写成"奏"。

1973 **凤凰**(鳳) 丁　〔部首〕几　〔笔画〕4

fènghuáng (phoenix)

[名]古代传说中的百鸟之王,羽毛美丽,雄的叫凤,雌的叫凰:美丽的~|家有梧桐树,不怕引不来~|山村里飞来了一只金~。

【提示】凤,姓。

【构词】凤冠/凤梨/凤尾鱼/凤尾竹/凤仙花/凤眼

1974 **佛教** 丙　〔部首〕亻　〔笔画〕7

Fójiào (Buddhism)

[名]世界上主要宗教之一:信仰~|~徒|~的经典也叫释典|中国有一些人信仰~|你是~徒吗?

【提示】"佛"又读 fú,见第 1840 条"仿佛"。

【构词】佛法/佛经/佛门/佛事/佛手/佛寺/佛堂/佛像/佛牙/佛珠/佛子

承教/传教/赐教/道教/管教/回教/基督教/家教/劳教/礼教/领教/请教/求教/任教/儒教/入教/身教/受教/说教/胎教/讨教/天主教/调教/言教/遗教/执教/指教/主教/助教/宗教/九流三教/孺子可教/言传身教/因材施教

1975 **否** 丁　〔部首〕口　〔笔画〕7

fǒu (negate)

[动]❶否定;不同意:爸爸问他昨天是否逃学了,他矢口~认|我的合理化建议被他~了|同意的在表上写"是",不同意的写"~"|辛辛苦苦准备了一个月,让他一句话给~了。❷用"能否"、"是否"、"可否"等表示"能不能"、"是不是"、"可不可以":明天能~去,还是个未知数|以上可~,请领导批示|有时间的话,你下午是~来一下。

1976 **否定** 乙

fǒudìng (negate)

[动]否认事物的存在或事物的真实性:他们的工作有缺点也有成绩,采取全盘~的态度是错误的|方案由于缺乏依据,被专家们~了|领导~了错误的建议。

【近义词】否决/否认

【反义词】肯定/确认/认可

1977 **否决** 丁

fǒujué (veto)

[动]否定(议案):~了|被~|职工代表大会~了住房分配方案|联合国大会~了这几个国家提出的议案|这个方案制订得不错,估计大会~不了。

【近义词】否定

【反义词】通过

1978 **否认**(認) 丁

fǒurèn (deny)

[动]不承认:学生~|孩子~|~事实|~犯罪|~贪污|~存在|不能~|想~|妄图~|全部~|矢口~|~的根据|~的理由|大家去问他,他一口~|人、赃俱在,~也是没用的|犯罪分子对他的罪行极力~|他~拿了同学的东西|是我做的我决不~,不是我

做的我也决不能承认。

【近义词】否定/推翻/否决

【反义词】承认/确认/认可

1979 **否则**(則) 乙

fǒuzé (otherwise)

[连]表示“如果不是这样”:他今天肯定有事,～他一定会来的|你再提醒他一下吧,～他会忘的|有病赶紧治,～就耽误了|最好今天下午去,～就来不及了。

【近义词】不然/要不然

1980 **夫妇**(婦) 丁 〔部首〕一 〔笔画〕4

fūfù (husband and wife)

[名]夫妻:新婚～|一对～|他俩是新婚～|他们～感情特别好,从没见他们吵过架|这对～能说会道|提倡一对～只生一个孩子。

【近义词】夫妻

【构词】夫君/夫妻/夫权/夫人/夫婿 产妇/寡妇/农妇/泼妇/仆妇/情妇/少妇/媳妇/新妇/渔妇/孕妇/主妇

1981 **夫妻** 丙

fūqī (man and wife)

[名]丈夫和妻子:小～|老～|～恩爱|成为～|变成～|～相爱|结发～|～反目|这几年,～俩开了一个小吃店|大家祝他们～白头偕老|这对～的模范事迹要广泛宣传。

【近义词】夫妇

【构词】发(fà)妻/寡妻/后妻/娇妻/前妻

1982 **夫人** 甲

fūrén (wife)

[名]古代称诸侯的妻子为夫人,现在用来尊称一般人的妻子,多用于外交场合:总统～|总理～|老～|嫂～|一位～|贤慧的～|聪明的～|漂亮的～|总理偕～参观了汽车制造厂|陪同访问的还有总统～|介绍一下,这是我的～。

【近义词】妻子

【提示】“夫人”的“人”也可读轻声。

1983 **敷衍** 丁 〔部首〕攵 〔笔画〕15

fūyǎn (act in a perfunctory manner)

[动]❶做事不负责任或待人不诚恳,只做表面上的应付:～别人|～领导|～同事|～朋友|～病人|随便～|～的态度|～的话语|对我的要求他从不认真考虑,总是～我|说几句～过去算了|像他这样的人是不会去～别人的|光说几句～的话有什么用?|对待教学工作可千万不能～。❷勉强维持:～了一阵子|～了几天|～地生活|工厂早就快倒闭了,现在只是勉强～着|家里仅有的那点儿钱也～不了几天|虽然这样做明知道吃亏,但总可以～一阵子。

【近义词】应付/搪塞

【提示】“敷衍”的“衍”也可读轻声。

1984 **伏** 丁 〔部首〕亻 〔笔画〕6

fú (lean over)

[动]❶身体向前靠在物体上;趴:她～在我的肩上哭起来|中午～在桌子上睡了一会儿|战士们～在地上一动也不动。❷隐藏;低下去:把头～下去|～在里面不动,敌人发现不了|老虎的习性是昼～夜出。❸屈服;低头认罪:在事实面前他只有～罪|爸爸劝他去公安局～法认罪|打不过人家

就～输｜杀人犯昨天～法。

【近义词】❶趴；❷隐蔽

【提示】伏，姓。

【构词】伏案/伏笔/伏兵/伏地/伏法/伏击/伏侍/伏暑/伏天/伏帖/伏卧/伏线/伏罪

1985 **扶** 乙 〔部首〕扌 〔笔画〕7

fú (support with the hand)

[动]用手支持使人、物或自己不倒；用手帮助躺着或倒下的人坐或立：～着老人｜～着伤员｜～着病人｜～着墙｜～着桌子｜～着树｜～得稳｜～直｜～正｜应该～｜轻轻地～｜小心～｜～着孩子点儿，别让他摔着｜一个小学生～着盲人过马路｜小树被风刮倒了，应该～起来｜车夫放下车子，～那老女人起来｜护士把病人从床上～起来｜你～他一下，他就站起来了。

【近义词】搀/帮

【提示】扶，姓。

【构词】扶持/扶贫/扶桑/扶手/扶梯/扶掖/扶正/扶助

1986 **辐射**(輻) 丁 〔部首〕车 〔笔画〕13

fúshè (radiate)

[动]从中心向各个方向沿着直线伸展出去；热的传播方式之一：核～｜以北京为起点的公路，向四面八方～出去。

1987 **幅** 乙 〔部首〕巾 〔笔画〕12

fú (m. *for cloth, painting, etc.*)

[量]用于布帛、呢绒、图画等：一～画｜两～布｜做被子用一～布不够。

1988 **幅度** 丁

fúdù (range)

[名]物体振动或摇摆所展开的宽度，比喻事物变动的大小：去年我厂生产增长～很大｜电线在空中摇摆的～越来越大｜我国粮食生产大～增长｜今年，要加大增产的～。

1989 **符号**(號) 丁 〔部首〕竹 〔笔画〕11

fúhào (symbol)

[名]记号、标记；佩带在身上表明职别、身份等的标志：戴～｜画～｜认～｜有～｜书上有很多～，我弄不懂是什么意思｜要注意标点～的运用。

【近义词】记号/标记

【提示】符，姓。

1990 **符合** 乙

fúhé (accord with)

[动](数量、形状、情节等)相合：～要求｜～情况｜～条件｜不～｜计划定得不～实际｜他～当老师的条件｜～人民利益的事我们要坚决去办｜账目和实际数量不～｜质量不～要求。

【近义词】适合/吻合/合乎

【反义词】不合/不符

1991 **俘虏** 丁 〔部首〕亻 〔笔画〕9

fúlǔ (captive)

[名]打仗时捉住的敌人：优待～｜捉住～｜交换～｜审问～｜教育～｜做～｜抓～｜顽固的～｜一群～｜～的态度｜上级让我们加强对～的管理｜优待～是我军的一贯政策｜～交待了自己的罪行｜双方在指定地点交换了～。

1992 **服** 丙 〔部首〕月 〔笔画〕8

fú (serve)

[动]❶承当(义务或惩罚)：他在部队～了四年役｜～兵役是每个公民的义

务｜老人惟一的儿子还在监狱～刑。❷服从；信服：张师傅的技术没有不～的｜人到了年龄不～老不行｜说起种西瓜的技术，我最～我爷爷了｜厂长说话办事让人心～口～。❸吃(药)：他一时想不开，～毒自杀了｜这种药一日～三次，每次～两片｜要按医嘱～药，～多了会出问题的。❹适合：刚到农村的时候我水土不～，身上长了很多疙瘩｜来了一个多月了，还是～不了这里的水土。

【提示】服，姓。

【构词】服毒/服法/服软/服丧/服色/服饰/服输/服帖/服刑/服药/服役/服用/服罪

1993 **服从**(從) 乙

fúcóng (obey)

[动]遵照；听从：～命令｜～指挥｜～分配｜～决定｜～领导｜～组织｜～管理｜可以～｜能够～｜应该～｜愿意～｜保证～｜表示～｜拒绝～｜自觉地～｜对上级的指示思想上想不通，但行动上要～｜毕业以后她～组织的分配，来到了边疆｜下级～上级｜集体的决定大家都要～。

【近义词】遵照/听从/顺从/遵从

【反义词】违背/违反/抵制/抗拒

【构词】跟从/盲从/屈从/侍从/顺从/随从/听从/无从/胁从/依从/自从/遵从/何去何从/轻装简从/惟命是从/无所适从

1994 **服气**(氣) 丁

fúqì (be convinced)

[动]由衷地信服：她的外语水平大家都～｜我最～刘老师｜不～咱俩比比｜经过比较，大家才～了｜对于我们厂的产品质量，没有不～的。

【近义词】信服

1995 **服务**(務) 甲

fúwù (serve)

[动]为集体(或别人的)利益或某种事业而工作：为人民～｜为群众～｜为大家～｜为顾客～｜为病人～｜～得周到｜～得好｜接受～｜热情地～｜主动地～｜～态度｜～质量｜～人员｜～工作｜～的对象｜列车员热情地为旅客～｜从70年开始我就干～工作｜要有为人民～的思想｜他不讲理地说："我为你～，谁为我～？"

【近义词】效劳

【提示】"服务"不能带宾语：×她从15岁开始就干起了～孩子的工作。

1996 **服务员**(務員) 甲

fúwùyuán (attendant)

[名]机关的勤杂人员；旅馆、饭店等服务行业中招待客人的工作人员：是～｜当～｜一位～｜成为～｜高中毕业后我应聘到一家宾馆当～｜这家商店的～待人特别热情｜如今～的待遇也提高了｜晚上有事可以找～｜前台的那个～对客人的态度非常好。

【近义词】招待员/接待员

1997 **服装**(裝) 丁

fúzhuāng (dress)

[名]衣服鞋帽的总称(一般专指衣服)：买～｜做～｜～商店｜～厂｜做～生意很赚钱｜这儿新开了一个～店，里面卖的全是高档～｜这批～是从南方运来的｜我们商店的～质量好，价格低。

【近义词】衣服

1998 **浮** 乙 〔部首〕氵〔笔画〕10

fú (float)

[动]❶停留在液体表面上;在表面上:~上来|~起来|~在水面|水面上~着一层油|树叶~在水面上|沉船终于~出来了|脸上~着微笑。❷在水里游:他一口气能~到对岸|一群鸭子在水面上~着嬉戏|我到现在也没学会~水|10钟内你能~到对岸吗?

【近义词】❶漂;❷游

【反义词】❶沉

【构词】浮标/浮财/浮尘/浮沉/浮荡/浮华/浮夸/浮力/浮名/浮皮/浮萍/浮浅/浮桥/浮尸/浮土/浮现/浮想/浮言/浮游/浮云/浮躁/浮肿/浮光掠影/浮皮潦草

1999 **浮雕** 丁

fúdiāo (relief sculpture)

[名]雕塑的一种,在平面上雕出凸起的形象:精美的~|墙上的~|一块~|人民英雄纪念碑四面都是~|这座~是中央美术学院创作的。

【构词】贝雕/冰雕/彩雕/根雕/木雕/漆雕/石雕/微雕/牙雕/玉雕/竹雕/砖雕

2000 **浮动**(動) 丁

fúdòng (float)

[动]❶漂浮移动;上下变动:水草~|彩霞~|~得快|轻轻地~|~的白云|几片白云在空中慢慢~|花瓣在水面上轻轻~|远处的几盏灯火在黑暗中~|企业根据效益好坏~工人的工资。❷不稳定:面临毕业分配,人心~是很正常的|最近,物价~得很厉害。

【近义词】❶漂动/流动/漂浮;❷动荡

【反义词】❶固定;❷稳定

2001 **福** 丁 〔部首〕礻 〔笔画〕13

fú (happiness)

[名]❶幸福:~利|享~|祝~|~音|~地|造~人类|享了一辈子~|身在~中不知~|植树造林是造~子孙的事。❷福气:口~|眼~|有~|大饱眼~|他是个有~的人|随着人们文化水平和生活水平的提高,多子多~的传统观念已经过时了。

【提示】福,姓。

【构词】福地/福分/福相/福星/福音/福至心灵

2002 **福利** 丁

fúlì (welfare)

[名]生活上的利益,特指对职工生活(食、宿、医疗等)的照顾:~费|~国家|~待遇|~设施|社会~|高~|~事业|为人民谋~|那个公司的~很高,很多人都希望能去那里工作。

2003 **福气**(氣) 丁

fúqi (good luck)

[名]指享受幸福生活的命运:有~|没~|有~的人|好~|你真有~,大学刚毕业就被一家公司录用了|你的~真不小,儿女这样孝顺|他是个没~的人。

2004 **抚养**(撫養) 丁 〔部首〕扌 〔笔画〕7

fǔyǎng (bring up)

[动]保护并教养(子女):~孩子|~后代|~成人|~长大|精心~|~了十几年|能~|肯~|愿意~|打算~|负责~|~的能力|~的义务|由国家~|他从小失去父母,是叔叔把他~大的|~孩子是父母的职责|他们夫

妻离婚后，孩子由男方～。
【近义词】教育/抚育/哺养
【提示】“抚养”只用于长辈对晚辈，不能说“抚养老人”。
【构词】抚爱/抚摸/抚弄/抚琴/抚慰/抚恤/抚恤金/抚掌/抚古思今/抚今追昔
供养/涵养/给(jǐ)养/寄养/领养/培养/饲养/调养/营养/滋养/娇生惯养

2005 **抚育** 丁

fǔyù (foster)

[动]照料儿童或照管动、植物，使健康地生长：～孤儿｜～成长｜～成材｜～幼苗｜在阳光～下｜那只小熊猫是人工～的｜现在40岁左右的中年人是在新中国的～下成长起来的。

2006 **辅导**(輔導) 甲 〔部首〕车 〔笔画〕11

fǔdǎo (v.coach; n.guidance)

[动]帮助和指导：～汉语｜～学生｜认真～｜希望～｜请求～｜～得好｜得(děi)～｜开始～｜进行～｜可以～｜给学生～｜～了两个小时｜他请中国朋友～口语｜他每天下午都给学生～汉语。

[名]指帮助和指导的活动：一次～｜两个小时的～｜～的印象｜～的过程｜有～｜没～｜他每星期有两次～｜经过老师的～，他进步很快｜这星期没有～课。

【构词】编导/倡导/传导/教导/开导/领导/前导/劝导/疏导/推导/先导/向导/训导/引导/诱导/执导/指导/主导/因势利导

2007 **辅助** 丁

fǔzhù (assist)

[动]从旁帮助：～工作｜～劳动｜多加～｜希望～｜得到～｜由他～你工作｜在同事的～下他完成了科研任务｜他爱人～他收集了大量资料｜开始我只是做些～性工作。
【近义词】帮助

2008 **俯** 丙 〔部首〕亻 〔笔画〕10

fǔ (bow)

[动](头)低下：～首｜～视｜～冲｜～首甘为孺子牛｜我站在全市最高的建筑上，～视市容｜天上的大雁～冲下来。
【近义词】低
【反义词】仰
【构词】俯察/俯冲/俯伏/俯就/俯射/俯身/俯视/俯首/俯顺/俯卧/俯卧撑/俯仰/俯拾即是/俯首帖耳/俯仰由人/俯仰之间

2009 **斧子** 丁 〔部首〕父 〔笔画〕8

fǔzi (axe)

[名]砍竹、木等用的工具：新～｜旧～｜一把～｜砍了一～｜他抡起～就把那棵小树砍断了｜我买了一把～。
【构词】斧头/斧削(xuē)/斧正

2010 **腐败**(敗) 丁 〔部首〕广 〔笔画〕14

fǔbài (rotten)

[形]❶腐烂：～的食物｜防止～｜避免～｜这些～的木料不能做家具｜不要吃～的食物。❷形容人的思想陈旧或变坏：思想～｜作风～｜生活～｜～的原因｜他的思想十分～｜对于个别生活～的政府官员，必须严厉地惩治。❸(制度、组织、机构、措施等)混乱；黑暗：社会～｜政治～｜政府～｜～透了｜反对～｜只有提倡廉洁，反对～，才能有效地行使政府的职能｜人民纷纷起来反对～的政治｜这个政府

～透顶，迟早要垮台。
【近义词】腐烂/腐朽
【反义词】❶新鲜；❷清廉/廉明/廉洁
【构词】腐旧/腐儒/腐乳/腐殖质/腐竹

2011 **腐化** 丁

fǔhuà (degenerate)
[形]思想行为变坏(多指过分贪图享乐)：生活～|贪污～|～变质|～极了|～透了|必须把～分子从政府机构里清除出去|他的生活极为～|他早已～变质，不能再当国家干部。
【近义词】腐朽/堕落
【反义词】廉洁/清廉/廉明

2012 **腐烂**(爛) 丁

fǔlàn (decompose)
[动]❶有机体由于微生物的滋生而破坏：动物～了|尸体～了|肉～了|水果～了|～得厉害|～几天了|会～|快～了|担心～|～的原因|天太热，食物不放进冰箱，很快就～了|这种水果很容易～。❷(制度、组织、机构、措施等)混乱；黑暗：政治～|开始～|～的现象|旧制度～了|只有彻底摧毁～的旧制度，社会才会发展。
【近义词】腐败/腐朽
【反义词】❶新鲜；❷廉明/廉洁/清廉

2013 **腐蚀**(蝕) 丙

fǔshí (corrode)
[动]❶通过化学作用，使物体逐渐消损破坏：～金属|～衣服|～木材|～皮肤|被～|被海水～|～得严重|受到～|船体被海水～了|工厂排出的废气把这座古代建筑～了|衣服被硫酸～了。❷使人在坏的思想、行动、环境等因素影响下逐渐变坏：～青年|～灵魂|～干部|这种杂志对青少年～很严重|你不能用这种坏思想～儿童|他经常看黄色录像，思想受到了～。
【近义词】侵蚀
【构词】侵蚀/吞蚀/锈蚀

2014 **腐朽** 丙

fǔxiǔ (rotten)
[形]❶木料等含有纤维的物质由于长期的风吹雨打或微生物的侵害而破坏：木材～了|门窗～了|～的木料|～的柱子|完全～了|～得不能用了|～的木料怎么能做桌椅呢？|这所房子的柱子、门窗都～了。❷比喻思想陈腐、生活堕落或制度败坏：思想～|观念～|机构～|在一些偏僻的农村，一些人封建主义的～观念还很严重|他的思想极为～。
【近义词】腐败

2015 **赴** 丁 〔部首〕走 〔笔画〕9

fù (go to)
[动]❶到(某处)去：～京|奔～|开～|开～前线|奔～战场|他明日～上海谈联合办厂一事|9月1日必须～校报到。❷参加；投入：～宴|～会|全力以～|前～后继|我一定全力以～完成任务。
【构词】赴会/赴难(nàn)/赴席/赴宴/赴约/赴汤蹈火

2016 **副** ＊乙 〔部首〕刂 〔笔画〕11

fù (m. pair)
[量]❶用于成对成套的东西：一～对联|两～手套|全～武装|他买了一～手套|我配了一～眼镜。❷〈丙〉用于面部表情(数词仅限于"一")：一～笑脸|一～丑恶的嘴脸|一～庄严的面孔|一～严肃的表情。

【构词】副本/副产品/副歌/副官/副品/副食店/副手/副职

2017 **副** *乙

fù (deputy)

[形]❶居第二位的;辅助的:~职|~主席|~班长|~市长|他是主管工业的~省长|正~院长团结一致,才能搞好工作。❷〈丙〉附带的;次要的:~业|~食|~产品|~作用|在中国,人们习惯把肉、蛋、蔬菜等类食品叫做~食|这种药吃多了会有~作用|这是一家~食品商店。

【反义词】❶正;❷主

2018 **副食** 乙

fùshí (non-staple food)

[名]和饭一起吃的鱼、肉、蔬菜等食品:~品|~店|~供应|买~|吃~|~基地|北京市民的~越来越丰富|这个商店主要卖~|吃饭不能光吃~。

【反义词】主食

【构词】捕食/采食/蚕食/茶食/吃食/饭食/寒食/伙食/寄食/忌食/进食/酒食/就食/绝食/冷食/粮食/零食/流食/猫食/觅食/面食/偏食/乞食/日食/肉食/膳食/素食/甜食/挑食/停食/吞食/吸食/消食/野食/衣食/饮食/月食/主食/饿虎扑食/废寝忘食/丰衣足食/饥不择食/嗟来之食/节衣缩食/弱肉强食/因噎废食

2019 **副业**(業) 丁

fùyè (sideline)

[名]主要职业以外,附带经营的事业:~生产|搞~|经营~|发展~|~收入|国家允许职工工作之余从事~|农民们靠~生产增加了收入。

2020 **副作用** 丁

fùzuòyòng (side effect)

[名]随着主要作用附带发生的作用(通常指不好的作用):产生~|引起~|起~|有~|这种药对胃的~很大,你的胃不好,最好别吃|中药的~很小。

2021 **覆盖**(蓋) 丁 〔部首〕西 〔笔画〕18

fùgài (cover)

[动]遮盖:~大地|~了城市|~起来|~得严实|被…~|冰雪~了大地|森林~了山川|麦地上~了一层厚厚的雪。

【反义词】掀开

【构词】覆灭/覆没(mò)/覆亡/覆水难收

翻盖/华盖/铺盖/修盖/掩盖/遮盖

2022 **赋予**(賦) 丁 〔部首〕贝 〔笔画〕12

fùyǔ (entrust [an important task] to sb.)

[动]交给(重大任务使命等):~重任|~特殊任务|~光荣使命|这是历史~你们青年人的伟大使命|~你这么重要的工作,是对你的信任|学校对你~重任,你千万要认真对待。

【近义词】给予

【构词】赋税/赋闲/赋性/赋有

给(jǐ)予/寄予/授予/准予

2023 **复**(復) 丁 〔部首〕夂 〔笔画〕9

fù (v. repeat; adv. again)

[动]❶重复:~写|~练|~制|~印|请把这篇文章~印两份|这不是徐悲鸿的真迹,是~制品。❷转过来或转

回去：～活｜反～｜翻来～去｜循环往～｜他躺在床上翻来～去，怎么也睡不着｜他这个人说了话不算，总是反～无常。❸回答；答复：～信｜～电｜批～｜你何时来京，请电～｜他在给我的～信中说下周来我家。❹恢复：光～｜收～｜～婚｜～古｜～刊｜～原｜他的身体已经～原了｜他们准备马上～婚。❺报复：～仇｜不要总是想着～仇，首先应该把问题弄清楚。

[副]再；又：～查｜～发｜～试｜一去不～返｜死灰～燃｜今年春天他旧病～发｜～查时，发现他已得了癌症。

【构词】复查/复仇/复读/复发/复返/复工/复古/复核/复合词/复婚/复交/复旧/复句/复刊/复课/复明/复赛/复审/复试/复数/复苏/复位/复现/复写/复信/复姓/复学/复原/复诊/复职

2024 复辟 丁

fùbì (restore the old order)

[动]失位的君主复位，泛指被推翻的统治者恢复原有的地位或被消灭的制度复活：～帝制｜～旧制度｜封建制度～了｜梦想～｜企图～｜全面～｜～的行动｜彻底粉碎反动派的～阴谋｜帝制被推翻以后，袁世凯一直梦想～帝制。

【提示】"辟"又读 pì，如"辟谣"。

2025 复合 丁

fùhé (compound)

[动]合在一起；结合起来：～词｜～体｜～元音｜"朋友"是个～词｜这是一种～肥料，含有氮和锂。

2026 复活 丁

fùhuó (come back to life)

[动]死了又活过来(多用于比喻)：人～了｜树～了｜慢慢～了｜完全～了｜人死不能～｜枯死的老树又～了｜他对爱情的渴望又～了。

【构词】成活/粗活/存活/干(gàn)活/苟活/过活/扛活/苦活/快活/揽活/零活/灵活/木活/农活/派活/轻活/生活/铁活/细活/养活/圆活/杂活/重(zhòng)活/做活/耳软心活/你死我活

2027 复活节(節) 丙

Fùhuó Jié (Easter)

[名]基督教纪念耶稣复活的节日：过～｜庆祝～｜欢度～｜～快到了｜～放两天假｜去年的～我是在北京过的。

2028 复述 乙

fùshù (retell)

[动]把别人说过的话或自己说过的话重说一遍：～他的话｜～主要内容｜～大意｜～课文｜～不下来｜～不了｜～得很全面｜他能把你刚才说的话一字不漏地～出来｜他不喜欢～课文这种练习方法｜请把我的话～一遍。

2029 复习(習) 甲

fùxí (review)

[动]学过的东西再学习，使巩固：～功课｜～课文｜～生词｜语法～了｜～了两个小时｜～了两遍｜认真～｜开始～｜～的方法｜～的重点｜他把学过的生词又～了一遍｜考试前应该认真～｜他每天晚上～当天的功课。

2030 复兴(興) 丁

fùxīng (rejuvenate)

[动]衰落后再兴盛起来：～国家｜～

经济|文艺～|民族～|全面～|～起来|他是文艺～时代的一位伟大画家|随着经济的繁荣,文学艺术也全面～了|要尽快～经济,改善人民生活。

【提示】"兴"又读 xìng,如"兴趣",见第7185条。

【构词】不兴/时兴/新兴/振兴/中兴/百废俱兴

2031 **复印** 乙

fùyìn (duplicate)

[动]按照原件用复印机复制:～教材|～文件|～资料|准备～|打算～|可以～|～机|我想～一些复习材料|请把这份文件～三份。

【构词】编印/彩印/承印/打印/大印/叠印/翻印/付印/胶印/开印/刊印/刻印/烙印/排印/铅印/石印/缩印/套印/洗印/血印/影印/油印/心心相印

2032 **复杂**(雜) 甲

fùzá (complicated)

[形](事物的种类、头绪等)多而杂:情况～|手续～|问题～|～的关系|变得～|搞得很～|特别～|～极了|这个图书馆的借书手续很～|把简单的问题搞～了|这里的工作并不～。

【反义词】简单

【构词】驳杂/搀杂/掺杂/错杂/打杂/繁杂/烦杂/混杂/夹杂/拉杂/庞杂/勤杂/闲杂

2033 **复制**(製) 丙

fùzhì (reproduce)

[动]按照原来的样子制造或照原样重印(多指工艺品或书籍):～品|～古画|～古书|～家具|～一件文物|进行～|非法～|～得很像|大量～|这件文物珍藏在博物馆,这里展示的是～品|荣宝斋专门～中国的名人字画|他～古画的技术十分高明。

2034 **付** 乙 〔部首〕亻 〔笔画〕5

fù (pay)

[动]交;给:～款|～钱|～出|交～|托～|支～|～诸实施|请到收款台～款|～出了辛勤的劳动|你买了东西还没～钱呢。

【提示】①"师傅"、"副厂长"、"副食"不能写成"师付"、"付厂长"、"付食"。②付,姓。

【构词】付排/付清/付印/付邮/付与/付账/付之一炬/付之一笑/付诸东流

2035 **付出** 丁

fùchū (pay)

[动]交出(款项或代价):～劳动|～巨款|～代价|～精力|～汗水|～心血|为了写好这部书,他～了全部心血|只要你～了劳动,就会有相应的报酬|他为教育事业的发展～了巨大努力。

2036 **付款** 丁

fù kuǎn (pay a sum of money)

(购物或在饭馆吃饭等以后)给钱:用现金～|用支票～|付了一笔款|付清了款|付不了款|我想用支票～,可以吗?

【提示】离合词,中间可插入其他成分,如:付过款|付多少款。

2037 **父亲**(親) 甲 〔部首〕父 〔笔画〕4

fùqin (father)

[名]有子女的男子是子女的父亲:一位～|你的～|他的～|当～|做～|严

厉的～|年迈的～|～的习惯|照顾～|我～在工厂工作|～去世已经三年了|他今年刚刚当了～。

【近义词】爸爸

【提示】多用于书面语或较正式的场合,“爸爸”多用于口语和当面的称呼。

【构词】父辈/父本/父老/父母/父母官/父系/父兄/父子

表亲/成亲/嫡亲/定亲/干亲/换亲/皇亲/接亲/结亲/近亲/可亲/母亲/内亲/攀亲/抢亲/求亲/娶亲/认亲/双亲/说亲/送亲/探亲/提亲/投亲/退亲/相亲/乡亲/省(xǐng)亲/许亲/血亲/姻亲/迎亲/远亲/沾亲/招亲/任人惟亲/事必躬亲

2038 **腹** 丁 〔部首〕月 〔笔画〕13

fù (belly)

[名]人和某些动物的肚子:小～|～部|挺～|收～|～胀|～泻|这种药应该空～吃|他每天坚持做～部按摩|做体操时应该收～。

【构词】腹地/腹稿/腹疾/腹鸣/腹膜/腹腔/腹水/腹泻/腹心/腹背受敌

2039 **负**(負) *丙 〔部首〕刀 〔笔画〕6

fù (bear)

[动]❶用背(bèi)背(bēi):～重|～薪|他在～重竞走中得了第一名|他每天～重跑步。❷负担;担当:肩～重任|工作～责|出了事,责任由我～|他肩～着工作的重担,不敢稍有放松。❸遭受:～伤|～屈含冤|他～伤了,不得不退出比赛|我在战斗中从未～过伤|打仗时他～了重伤。❹拖欠;亏欠:～债|亏～|～债累累|经商一年没有赚到钱,还～了很多债|他～了债却要儿子还。❺〈丁〉背弃;辜负:～约|忘恩～义|不～众望|小王果然不～众望,这次比赛拿了两个第一|宁可别人～我,我决不～人。❻〈丁〉失败(跟“胜”相对):胜～难测|比赛结果甲队以两分之差～于乙队。

【反义词】❻胜

【构词】负电/负荷/负荆/负疚/负气/负数/负心/负约/负载(zài)/负债/负重/负罪/负荆请罪

2040 **负担** 丙

fùdān (v. bear; n. burden)

[动]承担(责任、工作、费用等):～学费|～生活费|由…～|家庭～|合理～|～了十几年|我在中国的学习费用由父母～|家里只～我的学费,生活费我自己～。

[名]承受的压力或担当的责任等:加重～|减轻学习～|～很重|生活～|思想～|一种～|作业太多,学生的～很重|应解除他的思想～|他已经够累了,不要再加重他的～了。

【近义词】[动]担负

2041 **负伤**(傷) 丁

fù shāng (be injured)

身体部分地受到伤害:～了|负了伤|负了重伤|头部～|腹部～|～的战士|他昨天踢足球,脚负了伤,今天不能去上课了|他～以后,仍然坚持战斗|这次战斗～的人数很多。

【近义词】受伤

【提示】离合词,中间可插入其他成分,如:负了点儿轻伤|负了三次伤。

2042 **负责**(責) 甲

fùzé (v. be responsible for; adj. conscientious)

[动]担负责任:由…～|对…～|～教

学工作|我～照顾伤员|我们要向人民～|一切后果由你～|他～保卫工作。

[形](工作)尽到应有的责任:工作～|他是一位很～的干部|王先生做事很～。

【反义词】敷衍(fūyǎn)

【提示】作动词时也可看做是结合紧密的动宾结构,中间可插入其他成分,如:负什么责?|负不了责。

【构词】斥责/呵(hē)责/见责/尽责/苛责/谴责/塞(sè)责/失责/痛责/卸责/职责/指责/重责/自责/罪责

2043 **富** 乙 〔部首〕宀 〔笔画〕12

fù (rich)

[形]❶钱多财产多(跟“贫”、“穷”相对):～户|～有|～裕|～人|发家致～|过去的穷山村,现在～起来了|他家里很～|现在大家都～了。❷丰富;多:～饶|～强|丰～|～于幻想|这种食品～含维生素|青少年时代总是～于幻想。

【反义词】穷/贫

【提示】富,姓。

【构词】富贵/富豪/富矿/富农/富饶/富人/富庶/富态/富翁/富足/富富有余/富丽堂皇/富民兴邦

2044 **富强** 丁

fùqiáng (prosperous)

[形](国家)出产丰富,力量强大:国家～|～的国家|希望自己的祖国～起来|我们的国家比以前～多了|要想国家～,必须重视教育。

【反义词】贫弱

2045 **富有** *丙

fùyǒu (adj. rich; v. be full of)

[形]拥有大量的财产:～的人|～的家庭|特别～|～的原因|她出生在一个～的家庭|他是一位～的商人|他的家庭十分～。

[动]〈丁〉大量具有(多指积极方面):～生命力|～战斗力|～活力|～经验|～民族特色|～牺牲精神|他是一位～正义感的年轻人|从事这种工作必须～牺牲精神|那是一群～活力的年轻人。

【近义词】富裕/富足

【反义词】贫困/贫穷

【提示】动词“富有”的宾语常常是表示抽象意义的词语,所以不能说“富有钱”、“富有工作”。

【构词】赋有/公有/固有/国有/据有/具有/没有/私有/所有/稀有/享有/拥有/占有/绝无仅有/前所未有/无奇不有/无中生有/应有尽有

2046 **富余(餘)** 丁

fùyu (have more than needed)

[动]足够而有剩余:～的钱|～的时间|～的劳动力|资金～|～得多|～两本书|我～一本词典,你先拿去用吧|时间～,咱们去看场电影吧。

【近义词】盈余/富裕

【反义词】缺少

2047 **富裕** 丙

fùyù (well-off)

[形](财物)多到能满足需要而且有余;充裕:～的农民|～的程度|生活～了|集体～了|～极了|农民的生活～了|走共同～的道路|～起来的人们首先想到的是发展教育|他家生活很～。

【近义词】富有/富足

【反义词】贫穷/贫困

【构词】充裕/丰裕/宽裕/优裕

2048 **附带**(帶) 丁 〔部首〕阝 〔笔画〕7

fùdài (attach)

[动]额外带上:~说明|~条件|~声明|我们为农村办学,不~任何条件|我除了自己看病以外,又~看了看住院的朋友|他送我一身衣服,~一顶帽子。

【近义词】附加

【构词】附笔/附耳/附会/附件/附录/附逆/附设/附议/附庸/附注/附着(zhuó)/附庸风雅

2049 **附和** 丁

fùhè (echo)

[动]自己没有主张,只是应和别人的意见或随着别人(多含贬义):~别人|~他人|~着说|善于~他人|随声~|~的语气|他总是~别人,从来没有自己的意见|没有人~他的意见|对问题应该有自己的看法,不能总随声~。

【提示】"和"在这里不能读成 hé。

【构词】唱和/酬和

2050 **附加** 丁

fùjiā (add)

[动]额外加上:~条件|~说明|~款|~任务|不许随便~条件|不接受~条件|谈判双方不应~任何条件|这些~任务实在难以完成。

【近义词】附带

2051 **附近** 甲

fùjìn (nearby)

[名]靠近某地的地方:在~|~地区|~居民|~的邮局|学校~|工厂~|火车站~有很多商店|他家就在~|~有一家邮局。

2052 **附属**(屬) 丁

fùshǔ (subsidiary)

[动]依附;归属:~于某公司|~物|~国|~关系|这所小学~于师范大学|我不是你的~物,不能什么都听你的|我们之间是朋友关系,不是谁~于谁的关系。

【近义词】归属/属于

【提示】作定语时指某一机构所设或管辖的:~工厂|~学校|~医院|~单位|他在一家大学~工厂工作|前边就是我们单位的~医院。

【构词】部属/臣属/从属/归属/家属/金属/眷属/军属/抗属/隶属/烈属/领属/侨属/亲属/所属/统属/下属/直属

2053 **妇女**(婦) 乙 〔部首〕女 〔笔画〕6

fùnǚ (woman)

[名]成年女子的通称:一位~|~用品|~时装|~运动|~队长|~的地位|尊敬~|保护~|现代~|青年~|已婚~|~和男子享有平等的权力|附近有家~用品商店。

【构词】妇科/妇联/妇女节/妇婴/妇幼

2054 **妇人** 丙

fùrén (married woman)

[名]已婚的女子:一位~|老~|年迈的~|几年不见,她已经从一位少女变成了~|她穿得好像贵~一样。

G

2055 **该**(該) *甲 〔部首〕讠 〔笔画〕8

gāi (aux.v. should; v. be one's turn)

[助动]❶应该;理应如此。可以单独回答问题,否定用"不该":～走了|～上课了|～去|不～来|快八点了,～去上课了|你不～听他的话|这个电影太好了,你真～去看看。❷〈乙〉估计情况应该如此。不能单独回答问题,没有否定式:看样子又～下雨了|你今年～毕业了吧?|你要是能跟我们一起去,～有多好|接到信,～放心了吧?

[动]❶应当是。必带名词或小句宾语:今天～我值班了|～你了,你快去吧|～你表演节目了。❷〈丁〉活该;不委屈(多用于口语):～!～!谁让你不听劝告。❸〈丁〉欠(钱或账):～钱|～他十块钱|我还～你一百块钱呢|东西先拿走,没钱先～着吧。

2056 **该** 乙

gāi (this)

[代]指代上文说过的人或事(多用于公文):～地|～同志|～文|～书|上海是中国沿海城市,～地交通方便|王力是位年轻医生,～同志工作努力|这是他写的第一部小说,目前～书已出版。

2057 **改** 甲 〔部首〕攵 〔笔画〕7

gǎi (change)

[动]❶改变:～时间|～地点|样子～了|服务态度～好了|～成|～为|～做|彻底～了|开会的时间～在明天了|在北京生活了五年,口音全～了。❷修改:～文章|～稿子|～衣服|这件上衣太大了,～小点儿|那篇文章我已经～过三遍了。❸改正:～错|～错字|～标点符号|请把写错的字～过来。

【提示】改,姓。

【构词】改版/改扮/改动/改观/改行(háng)/改换/改悔/改嫁/改口/改判/改期/改日/改天/改写/改选/改样/改业/改装/改锥/改嘴/改朝换代/改过自新/改天换地/改头换面/改弦更张/改弦易辙

2058 **改编**(編) 丙

gǎibiān (adapt)

[动]根据原著重写(体裁往往与原著不同):把…～成…|进行～|重新～|～得很好|由…～|把小说～成剧本|把这篇文章～成教材|这部电影是根据同名小说～的。

【近义词】改写

【构词】草编/合编/汇编/简编/收编/缩编/统编/选编/在编/主编

2059 **改变**(變) 甲

gǎibiàn (v./n. change)

[动]事物发生显著的变化;改换、更动:～观点|～计划|～关系|～生活条件|～方法|～不了|～了两次|生活习惯～了|教学计划～了|服务态度～多了。

[名]事物发生的变化:人的～|思想的～|他的思想有了很大的～|这种

～对人们有好处。
【近义词】转变
【构词】癌变/兵变/病变/惨变/陡变/恶变/哗变/婚变/巨变/量变/裂变/民变/叛变/事变/突变/蜕变/演变/应(yìng)变/政变/质变/转变/瞬息万变/随机应变/谈虎色变/摇身一变/一成不变

2060 改革 乙

gǎigé (v./n. reform)
[动]把事物中旧的不合理的部分,改成新的能适应客观情况的:～考试制度|～经济体制|文字～|土地～|教育～|主张～|欢迎～|要求～|旧的经济体制必须～|工厂正在进行～|我们要～考试制度,使之更适合培养人才的要求。
[名]改造旧事物的活动:一种～|教材的～|工厂的～|～正在进行中|学校的～取得了很大成绩|这一～促进了生产的发展。
【近义词】改良/改造
【反义词】复旧

2061 改建 丁

gǎijiàn (reconstruct)
[动]在原有的基础上加以改造,使适合新的需要(多指厂矿、建筑物等):～工厂|～教学楼|～图书馆|把…～成…|把宿舍～成教室|把这家旧工厂～成学校|原来的图书馆经过～成了教学楼|工厂的～工作正在进行。
【近义词】改造

2062 改进(進) 乙

gǎijìn (v. improve; n. improvement)
[动]改变旧情况使有所进步:～学习方法|～服务态度|有所～|值得～|～了很多|这家商店的服务质量有所～|～了生产工具,产品的质量也提高了。
[名]指改进的结果:有～|很大的～|农村教育工作有了很大～|这种～是很明显的|使用新的工具,也是生产上的一种～。
【近义词】改善

2063 改良 丙

gǎiliáng (improve)
[动]去掉事物的个别缺点,使之更适合要求:～品种|～土壤|进行～|对…进行～|对苹果进行～|对现有的小麦品种加以～|～土壤的工作正在进行。
【近义词】改善

2064 改善 乙

gǎishàn (improve)
[动]改变原有的情况使好一些:～关系|～生活|～待遇|～服务态度|～学习条件|～生活环境|有所～|城市居民的生活环境～了|两国关系得到～|咱们今天～一下生活,去饭馆吃吧。
【近义词】改良
【构词】慈善/和善/面善/亲善/妥善/完善/伪善/行善/友善/隐恶扬善/与人为善

2065 改邪归正(歸) 丁

gǎi xié guī zhèng (give up evil-ways and return to the path of virtue)
不再做坏事,走上正路:劝他～|欢迎～|只要～就好|他～了|要～也并不

太容易｜只要你～，就会受到社会的欢迎。

2066 **改造** 乙

gǎizào (transform)

[动]对原有的事物加以修改或变更，或从根本上改变旧的建立新的，使适合形势或需要：～沙漠｜～山河｜～自然｜～思想｜对…进行～｜把…～成…｜对犯人进行～｜把沙漠～成良田｜经过两年的～，这条河终于可以利用了｜～思想，重新做人。

【近义词】改革

2067 **改正** 乙

gǎizhèng (correct)

[动]把错误的改成正确的：～错误｜～缺点｜～错字｜发现错误要及时～｜请把这个错字～过来｜有了错误就要～。

【近义词】更正/修正

2068 **改组**(組) 丁

gǎizǔ (reorganize)

[动]改变原来的组织或更换原有的人员：～政府｜～内阁｜～领导班子｜进行～｜彻底～｜总统下令对现任内阁加以～｜～后的新内阁成员都很年轻｜今年厂里的领导班子要～。

【构词】班组/编组/词组/机组/小组

2069 **概况** 丁 〔部首〕木 〔笔画〕13

gàikuàng (general situation)

[名]大概的情况：生活～｜经济～｜国家的～｜学校的～｜介绍～｜了解～｜请介绍一下学校的～｜详细情况我不了解，只能谈谈～｜你应该了解一下那个公司的～。

【构词】概观/概率/概略/概论/概貌/概述/概数/概算/概要

病况/惨况/何况/近况/景况/境况/窘况/情况/盛况/实况/战况/状况

2070 **概括** 乙

gàikuò (v. summarize; adj. brief)

[动]把事物的特点归结在一起；总括：～主要内容｜高度～｜～得很全面｜大家的发言～起来不外两种意见｜他把这篇文章的主要内容都～出来了。

[形]简单扼要：～地说｜讲得很～｜请把你的想法～地讲讲｜他十分～地谈了大家的意见｜他介绍得很～。

【近义词】总括

【反义词】详尽/具体

2071 **概念** 乙

gàiniàn (concept)

[名]把所感觉到的事物的共同特点抽出来，加以概括就成为概念：一种～｜政治～｜数学～｜～清楚｜～模糊｜基本～｜首先应弄清～｜～不清，意见就很难统一｜这是物理学上的～。

2072 **钙**(鈣) 丁 〔部首〕钅 〔笔画〕9

gài (calcium)

[名]金属元素，符号 Ca(calcium)，白色，化学性质活泼：缺～｜增加～质｜牛奶中含有丰富的～｜中老年人应补～。

2073 **盖**(蓋) *乙 〔部首〕皿 〔笔画〕11

gài (cover)

[动]❶由上而下地遮掩；蒙上：～盖儿｜～被子｜别～｜～不上｜～不严｜～

起来｜～上盖子｜用纸把书上的字～住｜请你把锅～上。❷建筑(房屋)：～房子｜～工厂｜图书馆～好了｜这幢楼～了一年了，还没～好。❸〈丙〉打上(印)：～章｜～公章｜学生证上应该～学校的公章｜不～章不行。❹〈丁〉超过；压倒：～过｜～下去｜他的嗓门很大，把别人的声音都～下去了｜他游泳的本领已经～过我了。

【近义词】❶蒙

【反义词】❶揭/掀

【提示】①"盖"儿化后则成为名词，同"盖子"，多用于较小的东西。②盖，姓。

【构词】盖杯/盖帘/盖头/盖碗/盖棺论定/盖世无双

2074 盖子 *丙

gàizi (lid)

[名]❶器物上部有遮蔽作用的东西：锅～｜茶壶～｜瓶～｜茶杯～｜盖上～｜打开～｜揭开～｜把茶杯～打碎了｜你把药瓶的～盖上｜这个茶杯没有～。❷〈丁〉动物背上的甲壳：乌龟～｜这种甲虫的～非常漂亮，孩子们叫它"花手绢"。

【近义词】盖儿

2075 干(乾) *乙

〔部首〕干
〔笔画〕3

gān (dry)

[形]❶没有水或水很少(跟"湿"相对)：～燥｜晒～｜烤～｜晾～｜衣服晾～了｜河里的水～了｜小心，椅子上油漆还没有～。❷〈丙〉空虚；空无所有：外强中～｜别看他气势汹汹，实际上外强中～｜我的钱已经用～了｜家里的粮食已经～了｜东西别等用～了再买。❸〈丙〉只有形式的：～笑｜～哭｜～号。❹〈丙〉白白地；无效地：～着急｜他也想不出好办法，只是～着急。❺〈丁〉不用水的：～洗｜这种料子的衣服不能用水洗，只能～洗。❻〈丁〉不是亲属而结成名义上的亲属关系：～爹｜～妈｜～亲｜～儿子。

【反义词】❶❺湿

【提示】①"干"又读 gàn，见第 2113 条。②干(Gān)，姓。

【构词】干巴/干瘪/干冰/干菜/干草/干电池/干戈/干渴/干哭/干酪/干连/干粮/干裂/干亲/干洗/干笑/干枝梅/干打雷，不下雨

2076 干杯 乙

gān bēi (drink a toast)

把杯中的酒喝完(用于劝人喝酒)：干一杯｜干了这杯｜接连干了三大杯｜为我们的友谊～｜为客人们的健康～！

【提示】离合词，中间可插入其他成分，如：干过一杯了｜干上三杯。

【构词】对杯/盖杯/奖杯/量杯/碰杯/烧杯/贪杯/银杯

2077 干脆 乙

gāncuì (clear-cut)

[形]直截了当；爽快：很～｜说话～｜办事～｜这件事办得很～｜他为人做事特别～｜他答应得十分～。

【反义词】拖沓(tà)

【提示】作状语时，是"索性"的意思，表示下决心采取一种最彻底最果断的行动：今天天气不好，路又远，～别去了｜既然来了，～就别走了。

【构词】薄脆/甘脆/尖脆/清脆/爽脆/酥脆

2078 干旱 丙

gānhàn (arid)

[形]土壤、气候因降水不足而干燥：～的土地｜～的天气｜天气～｜～缺雨

|遇上～的年头|去年春天北方地区长期～|这种小麦耐～|～的天气影响了粮食产量。
【近义词】干燥
【反义词】湿润
【构词】春旱/防旱/荒旱/抗旱

2079 **干净** *甲
gānjìng (clean)
[形]❶没有尘土、杂质等：～的衣服|～的杯子|宿舍很～|爱～|衣服洗得～|黑板擦得很～|宿舍打扫得非常～。❷〈乙〉比喻一点儿也不剩：吃～|喝～|忘得干干净净|把敌人消灭～|杯子里的酒没喝～。
【近义词】❶清洁/洁净；❷完/光/干(gān)
【反义词】❶肮(āng)脏
【构词】白净/澄净/纯净/洁净/明净/清净/素净/匀净/一干二净

2080 **干扰**(擾) *丙
gānrǎo (v. disturb; n. interference)
[动](动作或声音)影响别人；扰乱；打扰：～教学|～比赛|进行～|造成～|受到～|排除～|学习受到～|睡眠受到～|工地的噪音严重地～了附近居民的正常生活|他正在复习功课，你最好不要去～他。
[名]〈丁〉妨碍无线电设备正常接收信号的电磁振荡：有～|～大|这个电台的节目听不清，～太大。
【近义词】扰乱/搅扰

2081 **干涉** 丙
gānshè (interfere)
[动]过问或制止(多指不应该管硬管)：～他人自由|～婚姻自由|～别国内政|多次～|一再～|粗暴地～|那是他的私事，你不应该～|我们的外交政策是不～他国内政。
【近义词】干预
【构词】跋涉/交涉/牵涉/远涉

2082 **干预**(預) 丁
gānyù (intervene)
[动]过问(别人的事)：～政治|～裁决|领导～|直接～|横加～|这是他职责范围内的事，你不要～|校长亲自出面～，才解决了他的问题。
【近义词】干涉
【提示】"干涉"指不应该管而硬管，含有不尊重对方强加过问的意思，多含贬义色彩。"干预"指过问，可以用于好的方面，也可以用于坏的方面，是中性词。

2083 **干燥** 乙
gānzào (dry)
[形]没有水或水分很少：～的天气|～的沙漠|气候～|空气～|皮肤～|北京冬天的气候特别～|房间里很～|去拾一些～的树枝来烧。
【近义词】干旱/干
【反义词】湿润/潮湿
【构词】枯燥

2084 **甘** 丙 〔部首〕一 〔笔画〕5
gān (sweet)
[形]甜(跟"苦"相对)：～露|～泉|同～共苦|苦尽～来|山下的一股～泉吸引了许多游人|其中的～苦，只有自己明白|我们是同～共苦的朋友。
【近义词】甜
【反义词】苦
【提示】①"甘"也是动词，有"从心里愿意"的意思：不～受辱|不～落后|～

居末位|为你受苦也心～。②甘，姓。

【构词】甘草/甘苦/甘露(lù)/甘美/甘甜/甘休/甘油/甘于/甘雨/甘愿/甘拜下风

2085 **甘心** 丁

gānxīn (do sth. willingly)

[动]❶从心里愿意：～吃亏|～失败|～落后|～情愿|村里的年轻人都去城市工作了，他却～留在农村种地|他～拿出自己收入的一部分给孤儿院的孩子。❷称心满意：不～|这次比赛不得第一决不～|考不上大学他怎么能～呢？

【近义词】甘愿/情愿

2086 **甘蔗** 丁

gānzhe (sugarcane)

[名]多年草本植物，茎圆柱形，有节，表皮光滑，黄绿色或紫色。茎含糖，是主要的制糖原料：一根～|种～|砍～|～的用途很多|中国南方各省都种～|我很爱吃～。

2087 **杆** 乙　〔部首〕木　〔笔画〕7

gān (pole)

[名]有一定用途的细长的木头或类似的东西：一根～子|木～|旗～|电线～|竖～|横～|把两根～子捆在一起|把衣服搭在～上。

【近义词】棍/杆子

【提示】口语中多儿化，说"杆儿"。

2088 **竿** 丁　〔部首〕竹　〔笔画〕9

gān (rod)

[名]截取竹子的主干而成的杆子：竹～|鱼～|钓～|标～|一根竹～|把钓鱼～儿折断了。

【提示】口语中常儿化，说"竿儿"。

2089 **肝** 乙　〔部首〕月　〔笔画〕7

gān (liver)

[名]人和动物体内最大的消化腺，主要功能是分泌胆汁，储藏动物淀粉，调节蛋白质、脂肪和碳水化合物的新陈代谢等。还有解毒、造血和凝血作用：猪～|鸡～|～病|～脏|～功能|鱼～油|～硬化|～炎|他～功能不正常|他得了～炎，需要休息一段时间|他的～有些大。

【构词】肝胆/肝火/肝硬变/肝脏/肝肠寸断/肝胆相照/肝脑涂地

2090 **肝炎** 丁

gānyán (hepatitis)

[名]肝脏发炎的病：得～|传染上～|病毒性～|预防～|慢性～|～患者|～门诊|～属于传染病|发现～病毒|小李得了～。

2091 **赶**(趕) *乙　〔部首〕走　〔笔画〕10

gǎn (catch up with)

[动]❶追：～上|～过|～不上|～时髦|～先进|迎头～上|他刚走，你快追，还能～上他|比赛一开始，小王跑在我的前面，跑了一圈，我终于～上了他。❷〈丙〉加快行动，使不误时间：～路|～任务|～火车|～作业|你现在才走，肯定～不上火车了|快吃，咱们今天还要～路|这篇文章我必须今晚～写出来。❸〈丙〉驾御：～牲口|～车|他～着一辆牛车|他生长在农村，从小就会～车。❹〈丙〉驱逐；轰：～鸭子|～蚊子|～走|～开|～着一群羊上山|把敌人～出去。

【近义词】❶追；❹轰

【构词】赶场/赶超/赶车/赶点/赶集/

赶脚/赶考/赶路/赶庙会/赶巧/赶热闹/赶早/赶尽杀绝/赶鸭子上架

2092 **赶紧**(緊) 乙

gǎnjǐn (hastily)

[副]抓紧时间,毫不拖延:～走｜～做｜～看｜他病得很厉害,得～请医生｜你～上车吧,火车快开了｜你还不～吃饭!

【近义词】马上/赶快

2093 **赶快** 乙

gǎnkuài (quickly)

[副]抓紧时机,加快速度:～走｜～来｜～去教室｜时间不早了,你～去上课吧｜不～去就来不及了!

【近义词】赶紧/马上

2094 **赶忙** 丙

gǎnmáng (hurriedly)

[副]表示动作、行为迅速、急迫:～跑过去｜～拿起来｜～做准备｜发现他受了伤,大家～把他送进医院｜知道我来到了北京,他～来看我。

【近义词】连忙

【提示】"赶紧"、"赶忙"、"赶快"这三个词基本意思相同,但用法有区别。"赶紧"、"赶快"常用在祈使句里。"赶忙"一般不用于祈使句,多用于陈述句中。如:"你赶紧(赶快)打个电话,问问是怎么回事。"这里"赶紧"、"赶快"不能换成"赶忙"。

2095 **赶上** 丙

gǎnshang (overtake)

❶追上:～她｜赶得上｜赶不上｜他刚出去,你快点儿走,还能～他。❷遇到(某种情况或某个时机):～一场雨｜～吃午饭｜正～｜刚好～｜他来的时候正～北京下雪｜我来得太晚了,没～看他的演出｜我一到他家,正～吃饺子。

【构词】皇上/看上/路上/身上/世上/天上/晚上/早上/扶摇直上/高高在上/后来居上/迎头赶上/蒸蒸日上/至高无上

2096 **杆** 丁 〔部首〕木 〔笔画〕8

gǎn (stalk)

[名]器物上像棍子的细长部分:笔～儿｜钢笔～儿｜毛笔～儿｜秤～儿｜枪～｜烟袋～儿｜扛枪～儿｜耍笔～儿｜他是个笔～子,文章写得好｜这支笔～儿长,那支笔～儿短｜他扛着枪～儿,走得很神气。

【提示】在口语中一般要儿化。

2097 **感** 丁 〔部首〕心 〔笔画〕13

gǎn (sense)

[尾]用在某些词后构成新词,使具有某种感觉:恶～｜好～｜观～｜反～｜杂～｜自豪～｜使命～｜安全～｜危机～｜这张照片立体～很强｜现代青年应该有一种使命～｜他的责任～很强。

【构词】感触/感戴/感恩/感官/感光/感怀/感念/感佩/感泣/感染力/感人/感伤/感叹/感叹号/感叹句/感悟/感性/感言/感应(yìng)/感召/感知/感恩戴德/感恩图报/感同身受

2098 **感到** 甲

gǎndào (feel)

[动]感觉到:～高兴｜～幸福｜～愉快｜亲身～｜深深～｜见到你,我～非常高兴｜同学们都～这本教材太难｜我～有点儿累。

【近义词】觉得

2099 **感动**(動) 乙

gǎndòng (move)

[动]思想感情受到外界事物的影响而激动;使感动:~了观众|~上帝|同学们很~|~得说不出话|受~|被…~了|为…所~|群众被他的表演~了|听众为他的事迹所~|看了这部电影,大家深受~。

【近义词】激动

2100 **感化** 丁

gǎnhuà (help [a misguided person] to change by persuasion)

[动]用行动影响或善意劝导,使人的思想、行为逐渐向好的方面变化:~了他|受到~|被~|被他的行动所~|~不了|不能~|她终于被同学们的行为~了|一次谈话怎么能~他呢?|他受到校长的~,承认了错误。

【构词】变化/丑化/磁化/淡化/毒化/恶化/分化/焚化/风化/孵化/钙化/激化/简化/僵化/教化/开化/老化/绿化/美化/奴化/强化/消化/洋化/氧化/液化/转化/出神入化/潜移默化

2101 **感激** 乙

gǎnjī (feel grateful)

[动]因对方好意或帮助而对他产生好感和谢意:很~|十分~|表示~|对他~|由衷地~|从心里~|~得很|~得流下眼泪|他非常~他的老师|我~地握着他的手连声道谢|看得出来,他的~是出自内心的。

【近义词】感谢/感动

【反义词】抱怨/埋(mán)怨/怨恨

【提示】"感激"和"感谢"都是动词,都表示对别人的好意或帮助怀有谢意。区别是:"感谢"着重指表示报答酬谢,可以是物质酬谢,更多的是用言语行动相谢,语意较轻;"感激"重点在"激",指因对方的好意或受到别人的好处而激动,并产生谢意,语意较重。

【构词】偏激

2102 **感觉**(覺) *乙

gǎnjué (v. feel; n. feeling)

[动]觉得:~不错|~良好|~正常|可以~到|应该~到|~到的压力|你现在~怎么样?|打了针后他~好多了。

[名]〈丙〉客观事物的个别特性在人脑中引起的反应:一种~|~正常|~强烈|~麻木|失去~|恢复~|病人的~|舒服的~|痛苦的~|走进医院他总有一种不安的~|对冷热变化没有~|我和你的~是一样的。

【近义词】[动]感受/觉得

2103 **感慨** 丁

gǎnkǎi (v. sigh with emotion; adj. emotional)

[动]有所感触而慨叹:~万端|~一番|~地说|面对家乡的巨大变化,他~万端|他回国以后,既~经济发展的迅速,又~人的精神面貌的变化|同学们都~地说,长这么大还从来没见过这么美丽的地方。

[形]有所感触的:~的语气|~的样子|无限~|他十分~地握着我的手说:"祖国的健儿真了不起!"|他以~的语气描述了那里的变化。

【近义词】感叹/慨叹/喟叹

【构词】愤慨/慷慨

2104 **感冒** 甲

gǎnmào (n. cold; v. catch cold)

[名]一种传染病:～药|重～|得了～|病毒性～|患～的人很多|最近流行～,小心别传染上|他把～传染给我了。

[动]患感冒这种病:防止～|预防～|免得～|经常～|从来不～|他没～|去年冬天他～了三次|昨天我们班有三个同学～了。

【近义词】伤风

2105 感情 乙

gǎnqíng (emotion)

[名]❶对外界刺激的比较强烈的心理反应:动～|～激动|～丰富|富于～|～外露|表达～|他是个～丰富的人|看话剧时,他真的动了～,一边看一边流泪。❷对人或事物关切、喜爱的心情:～深厚|有～|友好的～|真挚的～|产生～|充满～|对…充满～|阶级～|民族～|培养～|建立～|联络～|伤～|他对母校充满了～|他们在一个班一起学习了四年,彼此产生了～|他是一个很有～的人|他对人～真挚。

【近义词】情感/激情

2106 感染 丁

gǎnrǎn (infect)

[动]❶受到传染:～了流行性感冒|～了痢疾|伤口～了|～得很厉害|～了两次|容易～|会～|小心～|夏季应该特别注意食品卫生,否则容易～痢疾|幸亏大夫及时给他的伤口做了消毒处理,要不可真要～了。❷通过语言和行为引起别人相同的思想感情:～了观众|～了我|受到了～|深受～|这首歌具有很强的～力|那位青年助人为乐的事迹～了很多人。

【近义词】❶传染;❷感动

2107 感受 丙

gǎnshòu (n. experience; v. be affected by)

[名]接触外界事物得到的影响;体会:有～|～很深|～不多|介绍～|生活～|学习～|请你谈谈在中国学习的～,好吗?|看这本书,我的～很多。

[动]受到(影响);接受:～家庭的温暖|～成功的喜悦|可以～到|能够～到|只有辛勤地工作,才能～到成功的喜悦|只要你到建筑工地看看,你就会～到工人们的劳动热情有多高|我亲身～到了青年人的热情和魄力。

【近义词】感触

2108 感想 乙

gǎnxiǎng (impressions)

[名]由接触外界事物而引起的思想反应:一种～|产生～|谈～|交流～|～很多|学习的～|他们的～|阿里向老师谈了他去南方旅游的～|他经常把自己的读书～写在日记上。

2109 感谢(謝) 甲

gǎnxiè (thank)

[动]感激或用言语行动表示感激:非常～|十分～|～你的帮助|表示～|～老师|～学校|衷心地～|～一番|对你的热情帮助我表示衷心地～|～你的关心和爱护|不用～我,这是我该做的。

【近义词】感激

【构词】称谢/酬谢/辞谢/答谢/道谢/多谢/鸣谢/婉谢/谢谢/致谢

2110 感兴趣(興) 乙

gǎn xìngqù (be interested in)

对某人或某种事物产生喜好的情绪：对…～|对…不～|非常～|很～|不太～|他对中国的传统文化很～|我对足球不～|他～的课，就去上；不～的课，从来不去。

【提示】"感兴趣"是个动宾短语，后边不能再有宾语，如不能说：我感兴趣这本书；如有宾语则需借助介词"对"，组成介词短语，放在"感兴趣"前面。如：我对这本书感兴趣。

2111 **敢** *甲 〔部首〕攵 〔笔画〕11

gǎn (dare)

[助动]❶表示有勇气有把握做某事：～想|～干|～说|～做|不～去|～不～写|过去连想都不～想的事，现在变成了现实|你～不～跟小王比赛乒乓球？❷〈乙〉表示有把握对某事做出判断：小王到底来不来，我不～肯定|医生也不～保证他的病马上就好|我～肯定这次比赛我们队一定获胜。

【近义词】敢于

【提示】"敢"的右半部分为"攵"，不能写成"又"或"欠"。

【构词】敢当/敢情/敢怒不敢言

2112 **敢于** 丙

gǎnyú (have the courage to)

[动]有决心、有勇气做某事：～斗争|～胜利|～挑重担|～创新|～改革|～牺牲|青年人应该有～斗争、～胜利的精神|他们厂的领导班子～改革，取得了很大成绩|他的～创新的精神应该表扬。

【近义词】敢

【提示】"敢于"一般不用在单音节动词前。否定式用"不敢"，不用"不敢于"。

2113 **干(幹)** *甲 〔部首〕干 〔笔画〕3

gàn (do)

[动]❶做(事)：～活儿|～革命|～工作|～得好|～得了|～得漂亮|～得痛快|～了两天|～了一辈子|～了一场|喜欢～|愿意～|继续～|应该～|能～|加油～|快～|巧～|大～|加油～吧，争取今天～完|小张很喜欢自己的工作，他想～一辈子|这小伙子～起活来真勤快。❷〈丙〉担任(某种职务)；从事(某种工作)：他～过队长|～导游|～翻译|～了一年|大学毕业后，他～起了导游|他～过会计，～过售货员，就没～过教师这一职业。

【近义词】做

【提示】"干"又读 gān，见第 2075 条。

【构词】干架/干警/干练/干事/干校/干休所/干字当头

2114 **干部** 甲

gànbù (cader)

[名]❶国家机关、军队、人民团体中的公职人员(士兵、勤杂人员除外)：国家～|军队～|妇女～|当～|由工人转成～|高级～|一般～|军队转业～|～的生活|～待遇|国家要求每一个～都要很好地为人民服务|你是国家～，不能以权谋私。❷担任一定的领导工作或管理工作的人员：领导～|村～|班～|系～|好～|坏～|受欢迎的～|～要联系群众，关心人民的生活|老卫在这个工厂当了十年厂长，是一位深受工人拥护的好～。

【近义词】❷领导

2115 **干活儿(兒)** 乙

gàn huór (work)

做工作(一般指从事体力劳动)：干庄稼活儿|干重活儿|干轻活儿|干细活儿|干了半天活儿|干了两个小时粗

活儿|给老板～|～干得很好|能～|会～|干起活儿来|开始～|没干什么活儿|不～|那个小伙子干起活儿来不要命|放假后,他回农村帮助父母干农活儿。
【近义词】做活儿
【提示】“干活儿”是个动宾结构,如带补语一般要放在“干”和“活儿”中间。如:干了三天活儿。

2116 **干劲**(勁) 丙

gànjìn (enthusiasm)
[名]干事儿的劲头:有～|没有～|～大|～足|～冲天|鼓足～|需要～|同学们的～|工人的～|群众的～|一种～|一股～|听说星期天要义务劳动,同学们都鼓足了～,准备大干一场|土地分到了家,农民的～也足了|工厂实行改革以来,工人们的～很大。
【提示】口语中一般要儿化,说“干劲儿”。

2117 **干吗**(嗎) 乙

gànmá (why on earth)
干什么(用来询问原因或目的):今天星期天,你去教室～?|你～说这些话?|你找他～?|不～,随便问问|都放假了,你～不回家?
【近义词】干什么
【提示】“吗”在这里读 má,不要读成轻声。

2118 **干线**(綫) 丁

gànxiàn (main line)
[名]交通线、电线、输送管(水管、输油管之类)等的主要路线:一条～|一道～|一股～|交通～|铁路～|公路～|架起一条～|铺设输油～|破坏运输～|～被破坏了|京广铁路是中国南北交通的大～|工人们要在一年内架起这条连接北部山区的输电～。
【近义词】主线
【反义词】支线/辅线

2119 **刚**(剛) *甲 〔部首〕刂 〔笔画〕6

gāng (just)
[副]❶表示行动或情况发生在不久前:～来|～走|～下课|～起床|～下飞机|～吃完饭|电影～开演|他～走,你快去,还能追上他|他～走进教室,上课铃就响了。❷〈乙〉(指时间、空间、数量等)正好在那一点上;有不早不晚、不前不后、不多不少正合适的意思:～好|～够|～及格|这件衣服他穿着不大不小,～好合身|15本书,我们班一人一本～够|这次考试我一分不多一分不少,～及格。❸〈丙〉表示勉强达到某种程度;仅仅:他讲话的声音很小,我坐在后边～能听到|他个子很高,我站在他面前,～到他肩膀。
【近义词】刚刚
【提示】刚,姓。
【构词】刚好/刚健/刚烈/刚强/刚巧/刚毅/刚硬/刚勇/刚正/刚直

2120 **刚才**(纔) 甲

gāngcái (moment ago)
[名]指说话以前不久的时间:～的话|～的事|～的表演|比～好一点儿|跟～一样|～有个电话找你|～的表演很好看,可惜你没看|你的脸色比～好多了|～说的话可别忘了|～我在路上捡到一块手表。
【提示】①“刚才”和“刚”意思相近,但词性不同。“刚”是副词,只能用在动词前作状语,“刚才”是名词,可以作定语、宾语等。②用“刚”的句子,动

词后可以用表示时量的词语,“刚才”不行。如“我刚来一会儿”,不能说“我刚才来一会儿”。③“刚才”后可以用否定词,“刚”不行。如“你刚才不去,现在想去也晚了”,不能说“你刚不去,现在想去也晚了”。

2121 **刚刚** 乙

gānggāng (just)

[副]❶表示行动或情况发生在不久前,比“刚”更有强调的意味:我～去过他那儿|我～给你打过一个电话|我～吃过饭。❷恰好:不多不少,～够我俩吃|这块布～够做一件衣服。

2122 **钢**(鋼) 乙 〔部首〕钅 〔笔画〕9

gāng (steel)

[名]经过精炼的含碳的铁,坚硬而有弹性,是重要的工业材料:～板|～管|～轨|～厂|炼～|轧～|不锈～|一吨～材|这个工厂每年生产500万吨～|近年,中国的～产量增长很快。

【构词】钢板/钢刀/钢锭/钢管/钢轨/钢筋/钢盔/钢炮/钢枪/钢丝/钢条/钢铁/钢印

2123 **钢笔**(筆) 甲

gāngbǐ (pen)

[名]笔头用金属制成的笔:一支～|一杆～|～尖|～帽|～杆|～水|名牌～|高级～|这支～是朋友送的|我的～没水了,你先借我一支吧。

【近义词】金笔

2124 **钢材** 丁

gāngcái (steel products)

[名]钢锭或钢坯经过轧制后的成品:一种～|一吨～|一块～|大批～|优质～|合格的～|需要～|缺少～|购买～|进口～|发展经济离不开～|这个钢厂每年生产100万吨各种～。

【构词】成材/蠢材/棺材/建材/教材/木材/器材/取材/人材/身材/寿材/素材/题材/选材/药材/就地取材/五短身材

2125 **钢琴** 丁

gāngqín (piano)

[名]键盘乐器:一架～|弹～|买～|～曲|～伴奏|～家|～老师|学～|弹了一个小时～|他从五岁起就开始学习～了|他的～弹得好极了。

【构词】风琴/古琴/胡琴/口琴/柳琴/木琴/竖琴/提琴/扬琴/月琴/钟琴/对牛弹琴

2126 **缸** *丙 〔部首〕缶 〔笔画〕9

gāng (vat)

[名]❶用陶、瓷、玻璃等制作的盛东西的器物:水～|烟灰～|酒～|鱼～|搪瓷～|～里装满了水|鱼～碎了|他总是用那个大搪瓷～子喝茶。❷〈丁〉像缸的器物:汽～|内燃机汽～|蒸汽机汽～|三～|四～|单～|这辆汽车装有四个汽～|这辆摩托车只有一个汽～。

【构词】缸炉/缸瓦/缸砖/缸子

2127 **纲**(綱) 丁 〔部首〕纟 〔笔画〕7

gāng (key link)

[名]网上的总绳,比喻事物最主要的部分(多指文件或言论):总～|～领|政治～领|大～|提～|～举目张|准备发言提～|提～挈领|考试大～|每个政党都有自己的政治～领|每次在会上发言,他都写好发言提～|同学们都希望考试前,老师能给他们一个

复习提～。

【构词】纲常/纲纪/纲目/纲举目张

2128 **纲领**（領） 丙

gānglǐng (guiding principle)

[名]政府、政党、社团根据自己在一定时期的任务而规定的奋斗目标和行动步骤。泛指起指导作用的原则：正确的～|错误的～|新的～|理论～|行动～|政治～|制定～|通过～|学习～|实现～|一种～|这是一个～性的文件|代表大会通过了新的政治～。

2129 **纲要** 丁

gāngyào (outline)

[名]提纲；要点：制定～|通过～|学习～|宣传～|抓住～|他起草了一份提高教师待遇的～，准备提交大会讨论|"内容提要"是每一本书的～|这是一本农业发展～|会议讨论了生产发展～。

【近义词】提纲/要领

2130 **岗位**（崗） 丙 〔部首〕山 〔笔画〕7

gǎngwèi (post)

[名]原指军警守卫的处所，现泛指职位：工作～|领导～|重要～|平凡的～|坚守～|离开～|走上工作～|提拔到领导～|两个～|～责任制|大学毕业以后，他就走上了工作～|老王在平凡的～上做出了不平凡的业绩。

【构词】岗警/岗楼/岗卡（qiǎ）/岗哨/岗亭/岗子

2131 **港** 乙 〔部首〕氵 〔笔画〕12

gǎng (port)

[名]可以停泊大船的江海口岸：～湾|～务|海～|军～|油～|不冻～|船一到～，你就会看到接你的人|天津的塘沽～是离北京最近的大～|这是一个新兴的～口城市。

【构词】港湾/港务

2132 **港币**（幣） 丙

gǎngbì (Hong Kong dollar)

[名]香港地方通行的货币，以"元"为单位：一～|你知道目前～和人民币的兑换率吗？

【构词】货币/金币/镍币/钱币/铜币/外币/新币/银币/硬币/纸币/铸币

2133 **港口** 丙

gǎngkǒu (port)

[名]在河、海等岸边所设的码头，便于船只停泊、旅客上下和货物装卸的地方：大～|到～|从～起航|我们应该在那个～下船|我们的轮船要在这个～停泊三天。

【近义词】码头

2134 **杠杆** 丁 〔部首〕木 〔笔画〕7

gànggǎn (lever)

[名]在外力作用下能凭一个固定支点转动的杆，是一种简易的机械：～原理|做一个～|借助～|劳动人民很早就知道利用～的原理移动笨重的物体|～虽然简单，但用途却很广。

【提示】"杠杆"读时要儿化；"杆"在这里是第三声，不能读成 gān。"杆"gān 见第 2087 条。

【构词】杠房/杠夫/杠铃/杠子

秤杆/光杆/脚杆/枪杆/铁杆

2135 **高** *甲 〔部首〕亠 〔笔画〕10

gāo (high)

[形]❶由下向上距离大,离地面远(与“低”相对):~空|~楼|山~|天~|~极了|长得~|跳得~|老鹰飞得很~|那座山太~了,我爬不上去|人往~处走,水往低处流。❷高度:~矮|身~|3尺~|小王比小李~3公分|这棵小树长得有三层楼那么~了。❸〈乙〉等级在上的:~年级|~等|~等学校|地位~|职务~|他现在是一家公司的~级职员|这几年老王的职务越来越~,工作也越来越忙。❹〈丙〉超过一般标准或平均程度以上的:~价|~温|~速|~标准|~水平|质量~|层次~|这是一场~水平的体育比赛|这所学校培养的学生水平较~。❺〈丁〉岁数大:~龄|~寿|您老今年~寿?|已有80~龄的老人,也参加了比赛。

【反义词】❶❸❹低

【提示】高,姓。

【构词】高矮/高昂/高傲/高才/高才生/高参/高低杠/高调/高跟鞋/高寒/高见/高就/高利贷/高粱米/高龄/高炉/高明/高射炮/高深/高士/高手/高寿/高竿/高汤/高堂/高徒/高下/高压锅/高压线/高雅/高姿态/高不成,低不就/高不可攀/高风亮节/高高在上/高歌猛进/高朋满座/高人一等/高山流水/高视阔步/高抬贵手/高谈阔论/高枕无忧

2136 高产(產) 丁

gāochǎn (high yield)

[名]指高的产量:创~|夺~|获得~。

【提示】作形容词时指产量高,超过一般标准:~作物|~作家|~田|~油井|经过五年的试验,他们终于研究出一种~小麦|他一年之内出版了两部长篇小说,真是一位~作家|这是一种~作物。

2137 高超 丁

gāochāo (superb)

[形]好得超过一般水平:技术~|武艺~|本领~|~的见解|~的表演|特~|凭着~的技艺,这次比赛他一定会拿冠军|老师傅开了20年车,从来没出过事故,真可谓技术~。

【反义词】低下

2138 高潮 丙

gāocháo (climax)

[名]比喻事物高度发展的阶段:新的~|斗争的~|小说的~|剧情~|形成~|迎接~|掀起~|进入~|达到~|出现~|一个~接着一个~|~开始了|~结束了|中国人民决心把改革推向~|进入4月份,北京市的植树造林形成了~。

【反义词】低潮

【构词】春潮/大潮/低潮/返潮/防潮/风潮/工潮/海潮/寒潮/回潮/江潮/狂潮/浪潮/落潮/弄潮/怒潮/热潮/人潮/退潮/心潮/学潮/涨潮/心血来潮

2139 高大 乙

gāodà (tall and big)

[形]又高又大:身材~|个子~|~的建筑|~的运动员|确实~|特别~|~得很|显得~|我的朋友身材~,这样小的衣服他怎么能穿?|他个子并不太高,可照出相来却显得特别~。

【反义词】矮小

2140 高档(檔) 丁

gāodàng (superior quality)

[形]质量好，价格高的：～服装｜～商品｜～饭店｜喜欢～的｜买～的｜喝～酒｜随着人民生活水平的提高，越来越多的～商品进入平民百姓家｜年轻人大都喜欢～服装｜他虽然有钱，但从来不穿～服装。

【反义词】低档

【提示】“高档”的“档”读第四声 dàng，不能读成 dǎng。

【构词】存档/搭档/低档/归档/横档/中档

2141 高等 丙

gāoděng（higher）

[形]比较高深的；高级的：～数学｜～化学｜～院校｜～学府｜他的专业是经济，可是他对～数学也很感兴趣｜在中国，大部分～院校都接收外国留学生｜汉语水平考试他获得了～水平证书。

【反义词】初等/低等

2142 高低 丁

gāodī（n. height; adv. just）

[名]❶高低的程度：测量楼房的～｜人的～｜他们几个的身材～一样｜因为离得太远，我估计不出那座山的～。❷好坏优劣：分～｜分不出～｜比～｜见～｜他俩汉语水平差不多，很难分出～｜今天晚上他们两个队就要在赛场上见～了。❸深浅轻重（指说话做事）：不懂～｜他这个人说话不知～，你别见怪｜你办事太没个～，这么重要的事也不放在心上。

[副]无论如何：～不去｜～不肯｜～得完成｜我说了半天，他～不同意｜不管我怎么说，他～不去。

【近义词】[名]❶高度；❷好坏/上下；❸轻重/深浅

2143 高度 *乙

gāodù（n. altitude; adj. high）

[名]高低的程度：电视塔的～｜山的～｜飞行的～｜达到～｜超过～｜测量～｜计算～｜你能计算出这座塔的～吗？｜你用尺子量一量这个书架的～｜这个水坝的～有10米。

[形]〈丙〉程度很高的：～的热情｜～紧张｜～文明｜～的责任感｜～评价｜～赞扬｜～发展｜对这次运动会，当地市民表现出～的热情｜专家们～评价了他在科学研究中做出的成绩。

2144 高峰 丙

gāofēng（peak）

[名]高的山峰；常用来比喻事物发展的最高点：攀登～｜爬上～｜人口出生的～｜～季节｜达到～｜每年的春节前后，是中国火车运输的～｜这位著名歌唱家的演唱把晚会推向～｜我们终于攀上了那座～。

【近义词】高潮/高山

【构词】冰峰/波峰/顶峰/洪峰/眉峰/奇峰/群峰/山峰/驼峰/主峰

2145 高贵(貴) 丁

gāoguì（noble）

[形]❶达到高度道德水平的：品德～｜精神～｜～的品质｜确实～｜非常～｜～极了｜显得～｜他那助人为乐的品质是～的｜雷锋的～品德永远值得人们学习。❷指地位特殊、生活优越的：～的人｜～的客人｜地位～｜出身～｜他虽然生长在一个～的家庭，但他的行为却很卑劣｜你是我们请来的～的客人，当然要盛情招待｜他出身于贵族家庭，～的身份使他难于像平民一样生活。

【近义词】高尚/崇高
【反义词】低下/卑劣/卑下

2146 高级(級) 丙

gāojí (senior)

[形]❶(质量、水平等)超过一般的：～宾馆|～轿车|～手表|吃得～|穿得～|真～|确实～|显得～|装修得～|他在一家～宾馆预订了房间|房子的外表虽然很普通，但里面的家具却很～。❷(阶段、级别)达到一定高度：～动物|～阶段|～干部|～职员|～讲师|～法院|王先生是一家工厂的～工程师|作为～职员，他的工资不低|人类属于～动物。

【近义词】高等
【反义词】低级/初级

2147 高考 丁

gāokǎo (college entrance examination)

[名]高等学校招收新生的入学考试：参加～|举行～|～试题|通过～|～落榜|～的时间|～的地点|全国统一的～一般在每年的7月举行|今年北京地区有15万考生参加了～。

2148 高空 丁

gāokōng (high altitude)

[名]距离地面较高的空间：～飞行|～作业|飞向～|射向～|挂在～|在～飘荡|他每天都要从这个架子爬上去，在～工作|大雁在～飞翔。

【构词】半空/碧空/苍空/长空/低空/防空/航空/架空/亏空/凌空/领空/凭空/扑空/晴空/上空/时空/太空/腾空/天空/星空/悬空/夜空/真空/海阔天空/天马行空/坐吃山空

2149 高粱 丙

gāoliang (Chinese sorghum)

[名]一年生草本植物，花序圆锥形，生长在茎的顶端，子实红褐色。品种很多，子实除供食用外，还可以酿酒和制淀粉：种～|收割～|～米|～酒|～米饭|喜欢～|中国的东北盛产～|当地人特别喜欢吃～米饭|～酒的味道很香醇。

2150 高明 丁

gāomíng (wise)

[形](见解、技能、办法等)超过一般人；出色：办法～|手法～|医术～|～的决定|～的领导|～的地方|实在～|真～|～得多|～得很|做得～|设计得～|他想的这个办法真～|他的主意比你的～得多。

【近义词】高妙/高超
【反义词】拙劣/低劣

2151 高尚 丙

gāoshàng (noble)

[形]道德品质高：道德～|品质～|风格～|～的行为|～的职业|很～|非常～|～得很|显得～|变得～|他觉得听音乐是一种～的享受|这位普通工人的品质～|教师是一种～的职业。

【近义词】崇高
【反义词】卑鄙/卑劣/庸俗

2152 高烧(燒) 丁

gāoshāo (high fever)

[名]指体温在摄氏39度以上：发～|持续～|出现～|～退了|～不退|～不止|～病人|～40度|他～40度，打了退烧针，也不退烧|小王～39度，我

们急忙把他送进了医院。

【反义词】低烧

【提示】“烧”字右半部上边不能加“、”，不能写成“戈”。

2153 **高速** 丙

gāosù (high speed)

［形］速度非常快：~公路|~火车|~运行|~行驶|~发展|~前进|促进国民经济的~发展|汽车在公路上~行驶。

【构词】车速/从速/飞速/风速/光速/火速/急速/疾速/加速/快速/流速/神速/声速/时速/迅速/音速

2154 **高温** 丁

gāowēn (high temperature)

［名］较高的温度，在不同的情况下所指的具体数值不同：~天气|持续~|在~下工作|耐~|受不了~|今年北京的夏天持续了近两个月的~天气|炼钢工人每天都在~下工作。

【反义词】低温

2155 **高兴**(興) 甲

gāoxìng (adj. glad; v. be happy to)

［形］愉快而兴奋：很~|真~|~得不得了|~了一天|今天大家都很~|看到你，我真~。

［动］喜欢；乐意做某事：~看|~去|不~|他不~做这件事|今天也让你~~|我~去就去，不~去就不去。

【近义词】［形］快活/欢乐/愉快；［动］喜欢/乐意

【反义词】［形］难过/痛苦

【提示】“兴”又读 xīng，如“兴盛”。

【构词】败兴/背(bèi)兴/乘兴/豪兴/即兴/尽兴/酒兴/扫兴/诗兴/谈兴/喜兴/雅兴/意兴/游兴/余兴/助兴

2156 **高血压**(壓) 丁

gāoxuèyā (high blood pressure)

［名］成年人的动脉血压持续地超过140/90毫米水银柱时叫做高血压：患~|得了~|~病人|治疗~|体型肥胖的人往往会得~|这种药~病人不能吃|我的~病又犯了。

【反义词】低血压

2157 **高压** *丙

gāoyā (high pressure)

［名］❶较高的大气压强：~地区|~锅|利用~锅做食物要特别注意安全。❷相对较高的电压：~电|通常我们把250伏以上的电源称作~电|那是~线，你要小心。❸心脏收缩时血液对血管的压力：他的~已经180了，得注意休息。❹〈丁〉残酷迫害；极度压制：不怕~|顶住~|~政策|~手段|在敌人的~面前，他毫不畏惧|对群众运动，决不能采取~政策。

【近义词】❶❷❸低压

2158 **高原** 乙

gāoyuán (plateau)

［名］海拔较高、地形起伏较小的大片平地：~地区|~植物|~气候|来到~|青藏~|大学毕业以后，他在~地区工作了五年|~地区的夏天非常凉爽|这里是~，不像盆地那样热。

【反义词】盆地

2159 **高涨**(漲) 丁

gāozhǎng (rise)

［动］(物价、运动、情绪等)急剧上升或发展：物价~|情绪~|士气~|持

续～|突然～|群众情绪～|物价持续～，严重影响了人民生活|战斗前夕，士气～，大家决心打好这一仗。

【近义词】飞涨

【提示】“高涨”的“涨”应读第三声。“涨”又读 zhàng，如“头昏脑涨”。

【构词】暴涨/飞涨/看涨/上涨

2160 **高中** 丙

gāozhōng（senior middle school）

［名］中国高级中学的简称：～学生|～课程|普通～|重点～|考～|考不上～|上～|王先生的孩子今年～毕业，该考大学了|王老师教～三年级的语文|他在～上学。

2161 **搞** *甲 〔部首〕扌 〔笔画〕13

gǎo（do）

［动］❶做；弄；干，还可以代替不同的动词，随不同的宾语而有不同的意义：～对象（找结婚对象）|～教学（从事教学工作）|～关系（拉关系）|～展览（举办展览）|不要～一言堂（不要一个人说了算）|～卫生|～运动|～科研|～试验|～联络|～特殊化|～贸易|想～|打算～|喜欢～|可以～|很难～|～了三天|正～着呢|～过两次|～一下儿|～了一阵子|～了一番|公开～|快～|直接～|～得很不错|～下去|～出来|～起来|～到了|～坏了|把生产～上去|把我的房间～得乱七八糟|领导干部不要～特殊化|他在学校～了一个美术展览。❷〈乙〉设法得到：～两张电影票|～了一台电视机|～点儿东西吃|～一条船来|快去～点儿水来|我～不到吃的，咱们还得饿一顿。

2162 **搞鬼** 丁

gǎo guǐ（play tricks）

暗中使用诡计：不许～|～不成|搞了鬼|从中～|这是他搞的鬼|这件事之所以办不成，是他在～|要老老实实工作，不许～|你搞什么鬼！

【近义词】使坏

【构词】捣鬼/赌鬼/恶鬼/见鬼/酒鬼/厉鬼/魔鬼/闹鬼/弄鬼/色鬼/死鬼/小鬼/烟鬼/醉鬼/做鬼

2163 **搞活** 丁

gǎo huó（enliven）

使事物充满生气，有活力：～经济|～市场|改革开放把中国的经济～了|一个快要破产的工厂被他～了|这个厂的设备太陈旧，很难再～|这里的领导太无能，我看经济是搞不活了。

【提示】离合词，中间可插入其他成分，如：搞得很活/搞不活。

2164 **稿** 丙 〔部首〕禾 〔笔画〕15

gǎo（draft）

［名］诗文图画等的草底：草～|底～|写～|打个～儿|诗～|画～|讲～|起～|初～|审～|投～|征～|～纸|～件|～费|～酬|明天开会老王要做报告，他正在写讲～|你先起草一个～儿，咱们再讨论。

【提示】①“稿”的左边是“禾”，不能写成“木”。②“稿”口语中常常儿化。

【构词】稿本/稿酬/稿费/稿约

2165 **稿件** 丁

gǎojiàn（manuscript）

［名］出版社、报刊编辑部等称作者交来的作品：处理～|收发～|审阅～|编排～|～很多|一些～|儿童节前夕，这家报纸每天都收到孩子们的大

量～|王编辑常常利用晚上的时间处理～|这些～是要退还作者的。

2166 **稿纸**(紙) 丁

gǎozhǐ (manuscript paper)

[名]供写稿用的纸,多印有一行行的直线或小方格:一张～|买～|用～写|写了满满三张～|这种～很实用|那种～很好看,但不好用。

2167 **稿子** 丁

gǎozi (draft)

[名]❶诗文图画的草底:写～|起～|打个～|这张山水画刚画了个～|这是讲演～,还得再修改修改|他写文章从来不打～。❷写成的诗文:写～|改～|审～|一篇～|给报纸写～|小张写的这篇～很不错|这篇～改一改还能用。

【近义词】❶草稿;❷稿件

2168 **告** *乙 〔部首〕口 〔笔画〕7

gào (tell)

[动]❶向人述说;告诉:～急|～捷|～密|～知|好言相～|奔走相～|胜利的消息传来,大家奔走相～。❷表明:～辞|～别|自～奋勇|今年7月他们将～别母校,走上工作岗位。❸〈丙〉请求:～假|～退|～饶|～了两天假|他向老师～假|因为有急事,只好中途～退。❹〈丁〉检举;提出诉讼:～发|～状|诬～|向法院～发了他|向领导～了他一状。❺〈丁〉宣布或说明某种情况的实现或完成:～成|～吹|～终|大功～成|这个工作暂时先～一段落,明年再继续干|原来的计划全部～吹。

【构词】告病/告吹/告贷/告发/告急/告假/告捷/告借/告警/告老/告密/告饶/告示/告退/告慰/告知/告终/告罪

2169 **告别** *乙

gàobié (leave)

[动]❶离别;分手;辞行:～故乡|～母校|～父母|～昨天|～过去|相互～|握手～|～酒会|～宴会|和朋友～|向老师～|临行前,他特地到老师家向老师～|他～故乡,出国留学|酒会以后,大家互相～。❷〈丙〉和死者最后诀别,表示哀悼:向遗体～|～仪式。

2170 **告辞**(辭) 丙

gàocí (take leave)

[动](向主人)辞别:～了|该～了|要～了|提前～|请求～|客人～|客人向主人～|我怕影响老师休息,谈了一会儿,就～了|哎呀,都11点了,我该～了。

【提示】"告辞"、"告别"都是动词,这两个词的基本意思相同,都是"离别"、"分手"的意思,但用法不同。"告别"后面可直接带宾语,宾语可以指人,也可以指处所,如"告别老师","告别故乡"等。"告辞"后边一般不带宾语,告辞的对象,通常用介词组成介宾短语,放到"告辞"前边,而且宾语通常是指人的。如"向老师告辞","向朋友告辞"。不说"告辞老师","向学校告辞"。

【构词】拜辞/辩辞/卜辞/不辞/措辞/固辞/敬辞/恳辞/谦辞/说辞/推辞/托辞/挽辞/婉辞/微辞/文辞/修辞/言辞/致辞/义不容辞/与世长辞/振振有辞

2171 **告诫**(誡) 丁

gàojiè (warn)

[动]警告劝诫(多用于上级对下级或长辈对晚辈):老师～学生|父母～孩子|必须～|及时～|受到父母的～|谆谆～|明确～|严肃～|～的话|领导曾多次～他,要廉洁自律,可他置领导的～于不顾,终于走上犯罪的道路|我多次～他,不要再喝酒,他就是不听。

【近义词】正告/警告

【构词】规诫/劝诫

2172 **告诉**(訴) 甲

gàosù (tell)

[动]说给对方,使人知道。可带"了"、"过",一般不带"着";可带双宾语:～朋友|～同学|才～|刚～|没～|不～|亲自～|顺便～|事先～|～你一件事|能～吗|会～|请你～他|老师让我～你|这件事已经～了小李|我曾经～过你|请你把详细情况～我|小李已经～我了|请～我他的情况|这么重要的事,你怎么才～我?

【提示】"诉"的右边是"斥",不能写成"斥"。

【构词】败诉/撤诉/陈诉/反诉/公诉/控诉/哭诉/起诉/泣诉/倾诉/上诉/申诉/胜诉/投诉

2173 **告状**(狀) 丁

gào zhuàng (lodge a complaint aganist sb. with his superior)

❶向某人的上级或长辈诉说自己或别人受到的委屈:向领导～|向老师～|爱～|喜欢～|别～|告他的状|告了他一状|去～|去老师那儿～|小明爱向老师～,小朋友们都不喜欢他|听说他向领导告了你一状。❷(当事人)请求司法机关审理某一案件:向法院～|～告到法院了|他怀疑邻居偷了他的车,于是就去法院告了他一状。

【提示】离合词,中间可插入其他成分,如:告一状|告过状。

【构词】病状/惨状/奖状/现状/形状/原状/症状/罪状/奇形怪状

2174 **哥哥** 甲 〔部首〕一 〔笔画〕10

gēge (elder brother)

[名]❶同父母(或只同父、只同母)而年纪比自己大的男子:一个～|我有两个～|没有～|他的～|朋友的～|～的书|这是我～|我～比我大三岁。❷称呼年龄比自己大的男子:我比你大,你就叫我～好了。❸同族同辈而年纪比自己大的男子:叔伯～|远房～|我有一个叔伯～,他是我伯父的儿子。

【反义词】弟弟

2175 **歌** *甲 〔部首〕欠 〔笔画〕14

gē (song)

[名]歌曲:唱～|一首～|民～|山～|国～|好听的～|容易唱的～|教～|中文～|英文～|用汉语唱～|阿里给我们唱了一首英文～儿|请老师教我们唱中文～儿。

【提示】用于口语中时,多儿化,说"歌儿"。

【构词】歌本/歌词/歌调/歌喉/歌迷/歌女/歌谱/歌声/歌坛/歌舞/歌谣/歌咏/歌功颂德/歌舞升平

2176 **歌唱** 丙

gēchàng (sing)

[动]❶唱(歌):学生在～|小鸟在～|应该～|可以～|需要～|放声～|齐声～|自由～|愉快地～|孩子们在草

地上大声～|他高兴地放声～。❷〈丁〉用唱歌、朗诵等形式颂扬：～祖国|～人民|～美好的明天|值得～|要～|～的对象|共同～|大会结束时，代表们共同～祖国的繁荣富强|他用诗篇～了美好的明天。

【构词】伴唱/播唱/酬唱/独唱/对唱/高唱/合唱/欢唱/绝唱/领唱/轮唱/卖唱/齐唱/清唱/说唱/弹唱/演唱/吟唱/咏唱

2177 **歌剧**(劇) 丙

gējù (opera)

[名]综合诗歌、音乐、舞蹈等艺术而以歌唱为主的戏剧：一场～|一出～|看～|听～|～演员|～创作|古典～|大型～|传统～|精彩的～|这是一群喜欢～的年轻人|他是一位有名的～演员。

2178 **歌曲** 丙

gēqǔ (song)

[名]供人歌唱的作品，是诗歌和音乐的结合：创作～|演唱～|播送～|爱好～|爱听～|通俗～|现代～|流行～|校园～|～的作者|～的风格|欢快的～|小王喜欢听流行～|收音机里播放着幽雅的古典～。

【构词】插曲/词曲/度曲/昆曲/配曲/谱曲/歪曲/弯曲/舞曲/戏曲/小曲/心曲/序曲/夜曲/乐曲

2179 **歌手** 丁

gēshǒu (singer)

[名]擅长唱歌的人：一名～|一位～|农民～|青年～|著名～|受欢迎的～|当了一名～|参加比赛的～|获奖～|他是青年人喜爱的一位～|那次流行歌曲比赛以后，他成了一名专业～。

2180 **歌颂**(頌) 丙

gēsòng (sing the praises of)

[动]用诗歌颂扬，泛指用言语、文字等赞美：～祖国|～人民|～英雄|～未来|～和平|用诗～|值得～|应该～|热情～|～了一番|这部影片～了两国人民的友谊|他通过自己的诗～了辛勤工作的教师|祖国的大好河山值得～。

【近义词】颂扬/赞颂

【反义词】揭露/批判

【构词】称颂/传颂/赞颂

2181 **歌星** 丁

gēxīng (singing star)

[名]擅长唱歌而又有一定知名度的歌手：著名～|青年～|青年人喜爱的～|红～|经过几年努力，她从一个普通歌手成长为一位很有影响的～|这位～演唱的歌曲在青年中很流行。

【构词】繁星/恒星/红星/火星/吉星/金星/救星/巨星/零星/流星/明星/木星/寿星/水星/童星/土星/卫星/舞星/新星/星星/行星/影星/陨星/大步流星/寥若晨星

2182 **歌咏** 丁

gēyǒng (singing)

[名]歌唱：～队|～晚会|组织一场～晚会|参加～比赛|小王参加了学校的～队|每年五月学校都举办中外学生～比赛。

【近义词】歌唱

2183 **搁**(擱) *乙 〔部首〕扌 〔笔画〕12

gē (put)

［动］❶使处于一定的位置；放：～起来｜～下｜～进去｜～不下｜～得下｜～在心里｜把书～在桌子上吧｜把衣服～进箱子里｜箱子里衣服太多，～不进去了。❷〈丙〉加进去：～点儿米｜～点儿水｜汤里～点儿盐｜咖啡里～点儿糖｜菜里～盐～少了｜做红烧鱼得(děi)～酱油。❸〈丁〉搁置：～下｜～起来｜～一～｜这件事～了一个月了｜你手头的事先～一～｜两件事都很重要，哪件事也不能～下。

【构词】搁笔/搁不住/搁放/搁浅/搁置

2184 **鸽子**(鴿)　丙　〔部首〕鸟　〔笔画〕11

gēzi (pigeon)

［名］一种常见的鸟，翅膀大，善于飞行，品种很多，羽毛有白色、灰色等，以谷类植物的种子为食物，有的可以用来传递书信。常用做和平的象征：一只～｜养～｜喂～｜一群～在天空飞翔｜他养了十只～，六只白色的，四只灰色的｜这只～是信鸽。

2185 **胳膊/胳臂**　乙

〔部首〕月　〔笔画〕10

gēbo/gēbei (lump; arm)

［名］肩膀以下手腕以上的部分：粗～｜右～｜长(cháng)～｜～粗壮有力｜～上挎着一个书包｜他不小心把～摔折了｜老李左～受过伤。

【构词】胳膊肘儿/胳肢窝/胳膊肘朝外拐/胳膊拧不过大腿

臂膊/赤膊

2186 **疙瘩**　丁　〔部首〕疒　〔笔画〕8

gēda (lump; knot)

［名］❶皮肤上突起的或肌肉上结成的硬块：小～｜大～｜长～｜出～｜起～｜红～｜白～｜脸上长了许多小～｜他手上起了个～。❷小球形或块状的东西：面～｜咸菜～｜芥菜～｜炒～｜在绳子上系一个～｜你能把这个～解开吗？｜这团线都结成～了。❸比喻郁结在心里的苦闷或想不通的问题：解不开的～｜他思想上有～｜帮助解开他们两人中间的～｜他心上的～早就解开了。

2187 **割**　乙　〔部首〕刂　〔笔画〕12

gē (cut)

［动］截断：～麦子｜～草｜～尾巴｜～血管｜～盲肠｜麦子～完了｜血管被～断了｜～得干干净净｜～得很整齐｜～不断｜～得很仔细｜～掉了｜用力～｜努力～｜快点儿～｜必须～｜应该～｜战士们正帮助农民～麦子｜得了急性盲肠炎需要把盲肠～掉｜他不小心把手～破了。

【提示】"割"不能读成 gé。

【构词】割爱/割除/割断/割据/割裂/割让/割舍

2188 **革命**　乙　〔部首〕革　〔笔画〕9

gémìng (v. revolutionize; n. revolution)

［动］被压迫阶级用暴力摧毁反动的社会制度，夺取政权，建立新的进步的社会制度：进行～｜鼓动～｜彻底～｜～到底｜反对～｜坚持～｜继续～｜要～｜敢于～｜～的主力｜～的对象｜工人农民起来～了｜这位老同志14岁就跟着共产党～了｜要～到底，不能半途而废。

［名］根本改革：技术～｜产业～｜思想～｜民主～｜一场～｜一次～｜这是一次生产技术上的伟大～｜产业～必然带来巨大的社会变革。

【提示】①作定语时指具有革命意识的:~青年|~妇女|~文学|最~|工人阶级是最~的阶级|他从小就受到~文学的影响。②“革命”是离合词,中间可插入其他成分,如:你革谁的命?|革了一次命。③革,姓。

2189 **革新** 丙

géxīn (v. innovate; n. innovation)

[动]革除旧的,创造新的:技术~|设备~|教材~|~技术|~工艺|应该~|必须~|敢~|主张~|坚持~|大胆~|技术人员准备对这些设备进行彻底~|应该鼓励青年人不断~技术|原有的操作方法必须~。

[名]指创新:一场~|一个~项目|~精神|应该推广这项~成果|人人都要学习他这种~精神|这哪里是~,明明是换汤不换药!

【近义词】创新/更新

【反义词】保守/守旧/复旧

2190 **格** 丁 〔部首〕木 〔笔画〕10

gé (squares formed by crossed lines)

[名]❶隔成的方形空栏或框子:方~|表~|横~|打~|划~儿|请把你的名字填在方~里|他在这张纸上打了几个横~|这个书架有四个~儿。❷格式;标准:~律|价~|及~|出~|破~|合~|别具一~|这次考试他不及~|产品质量都合~|质量不错,就是价~太高了|他被破~聘为教授。

【提示】①“格”的第一义项在口语中一般要儿化。②格,姓。

【构词】格调/格斗/格律/格杀/格言/格子

2191 **格格不入** 丁

gé gé bù rù (incompatible with)

有抵触,不相容:他们俩~|把性格、爱好~的两个人安排住一个房间,不吵架才怪呢!

【近义词】水火不容

【反义词】水乳交融

【提示】“不”在四声前实际读二声。

2192 **格局** 丁

géjú (pattern)

[名]结构和格式:建筑~|大楼的~|房子的~|原有的~|~新颖|~不同|~一样|设计出新~|打破了过去的~|保持原有的~|~被破坏了|这里居民住宅的~很特殊|维修这幢古建筑时应注意保持原有的~。

【近义词】格式/风格

2193 **格式** 丁

géshi (form)

[名]一定的规格样式:书信~|公文~|书写~|编排~|传统~|一种~|固定~|原有的~|改变~|形成了~|按照~|~整齐|~清楚|要求按照书信的~写|这种表的~不符合要求|这种类型的诗歌已经形成了固定的~。

【近义词】格局/式样/款式

2194 **格外** 丙

géwài (especially)

[副]表示程度超过一般:~好|~高兴|~漂亮|~努力|今天天气~凉爽|这几天他显得~精神|你要~小心|他对足球~感兴趣|这次考试他考得~好|这学期小王学习~用功|这个消息让他~高兴|奶奶对孙子~喜欢。

【近义词】非常/分外/特别

2195 **隔** *乙 〔部首〕阝 〔笔画〕12

gé (after or at an interval of)

[动]❶间隔;距离:~一小时|~一段时间|相~很远|这个车站每~10分钟开来一辆公共汽车|我现在很忙,~两天再去看他|这两个商店仅~一条马路。❷〈丙〉遮断;阻隔:~成两半|~开|~断|他把那间大房子~成了两小间|两个村子中间~着一座山。

【构词】隔断/隔膜/隔世/隔心/隔夜/隔音/隔岸观火/隔三差(chà)五/隔靴搔痒

2196 **隔壁** 乙

gébì (next door)

[名]左右相连接的屋子或人家:~的房间|~的住户|卧室的~|书房~|住在~|在~住|~有家饭馆|我的朋友就住~|~的房间没人住|~住着一位老师。

【构词】板壁/陡壁/戈壁/绝壁/面壁/碰壁/墙壁/峭壁/影壁

2197 **隔阂**(閡) 丙

géhé (estrangement)

[名]彼此情意不通,思想有距离:思想有~|感情有~|语言的~|民族的~|产生~|造成~|出现~|有~|没有~|消除~|~形成了|~加深了|~明显|~减少了|一层~|老师的话消除了同学之间的~|语言的~影响了我们之间的相互了解|我们之间没有任何~。

【近义词】隔膜

2198 **隔绝**(絶) 丁

géjué (cut off)

[动]隔断:~消息|~音信|完全~|与社会~|与家人~|可以~|必须~|防止~|我和大伯音信~快30年了|灭火的方法之一,就是~空气|他在深山里过着与世~的生活。

【近义词】隔断/断绝

【反义词】联系/接触

2199 **隔离**(離) 丁

gélí (segregate)

[动]不让聚在一起,使断绝往来;也指患传染病的人、畜和健康的人、畜分开,避免接触:~区|~带|~病房|与外界~|~起来|~了三个月|完全~|暂时~|应该~|必须~|要求~|~审查|~治疗|对他的~审查长达半年之久|他得的是传染病,必须马上~|病人已经~了|我们的生活不能完全与外界~。

【近义词】隔开/分离

【反义词】接触

2200 **个**(個) *甲 〔部首〕人 〔笔画〕3

gè (m. *before nouns without special measure words of their own*)

[量]❶通用个体量词(用于没有专用量词的事物,也可用于某些有专用量词的事物):一~人|两~苹果|三~馒头|一~旅游团|一~村子|一~字|一~故事|一~季节|在北京过了好几~春节|一~劳动模范|摔了一~跟头|写上一~号码|一~一~走,别挤|他们班的学生一~~都考得不错。❷〈丙〉用于约数的前面,显得语气轻快、随便:他们哥儿俩差~两三岁|每星期去~一两趟|这本书我得看~三遍五遍的。❸〈丙〉用于带宾语的动词后,有表示动量的作用,使整个语句显得轻松、随便:见~面儿|

说～话儿|看～电影|他就爱画～画儿,写～字什么的|洗～澡,睡～觉,休息休息。❹〈丁〉用于动词和补语中间,使补语略带宾语的性质(有时跟"得"连用):玩～痛快|笑～不停|看～仔细|问～明白|大雨从昨天到今天一直下～不停|把敌人打得～落花流水。❺〈丁〉前面加"一"跟少数名词、动词结合,用在谓语动词前,表示快速或突然:一～不小心,就把手指划破了|他一～箭步窜了上去,就把那个小偷抓住了。

【构词】个人/个头儿/个位/个性/个子

2201 **个别** 乙

gèbié (individual)

[形]❶单个;各个:～谈话|～辅导|～照顾|会后,老师要跟他～谈话|对身体不好的要给予～照顾。❷极少数;少有:极其～|～词语|～同学|这种现象是极～的|～人的意见不能代表大家|他这篇文章中只有极～的词语用得不太恰当。

【近义词】特殊/特别

【反义词】一般/普遍/多数

【构词】辨别/差别/辞别/各别/话别/级别/鉴别/诀别/阔别/类别/临别/派别/区别/送别/永别/甄别/作别

2202 **个儿**(兒) *丙

gèr (size)

[名]❶身材或物体的大小:大～|小～|高～|矮～|～大|～小|挑了一个大～的|他是个大～|这里的苹果～真大!|别看他～不高,跑起来快得很。❷〈丁〉指一个个的人或物:挨～|逐～|论～|老师挨～问问题|买鸡蛋论斤不论～|上飞机前,要挨～进行安全检查。

2203 **个人** *乙

gèrén (individual)

[名]❶一个人(跟"集体"相对):～问题|～生活|～自由|～利益|～服从集体|集体领导和～负责相结合|那是你～的问题。❷〈丙〉自称,"我"(在正式场合发表意见时用):～意见|～认为|我～认为这个办法是非常合理的|我～是反对这样做的。

【反义词】集体

2204 **个体**(體) 乙

gètǐ (individual)

[名]单个的人或生物:～经济|～劳动|～生产|～经营|～户|～劳动者|群体是由～组成的|鼓励发展～经济|这家商店是～户经营的。

【反义词】集体/整体

【构词】草体/大体/得体/肌体/集体/具体/楷体/可体/立体/流体/气体/躯体/肉体/尸体/团体/物体/形体/遗体/整体/政体/主体/字体

2205 **个体户** 丙

gètǐhù (self-employed labourer)

[名]以劳动者个人及家庭成员为主,用自有的生产资料和少量资金,独立从事生产经营活动的经济单位:一位～|当上～|成为～|城市里的～|遵纪守法的～|会经营的～|科技～|运输～|～的利益|这一带的餐馆大部分是～经营的|国家保障～的合法权益|他大学毕业后就当上了～。

2206 **个性** *丙

gèxìng (personality)

[名]❶在一定的社会条件和教育影响下形成的一个人的比较固定的特性:有～|没～|缺少～|～强|～突出|～明显|～温和|～粗暴|～的形成|～的培养|他没什么～,做事随和|她丈夫的～耿直、鲁莽|她是个～很强的女孩子|良好的家庭教育养成他敦厚善良的～。❷〈丁〉事物的特性,即矛盾的特殊性:事物的～|抓住～|～特征|人们研究具体事物,通过对～的研究去把握共性|～不能离开共性而存在。

【近义词】特性/性格

【反义词】共性

2207 个子 乙

gèzi (height)

[名]指人的身材,也指动物身体的大小:高～|矮～|小～|大～|～高|～小|～大|一米八的～|别看他～小,力气可不小|这只狗～很大|因为他长得高,人们都叫他大～。

【近义词】个儿

2208 各 甲

〔部首〕夂
〔笔画〕6

gè (each)

[代]表示不止一个,并且彼此不同:～国|～班|～学校|～民族|～位|～位朋友|～种书籍|～门功课|～条战线|～方面的代表|他～门功课都不错|小王这两天正忙着办理出国前的～种手续。

【近义词】每

【提示】"各"和"每"都是指示代词,其区别是:"各"可以直接加在一些名词前;"每"一般要跟量词或数量词组合才能加在名词前("人"、"家"、"年"、"月"、"日"、"星期"等除外)。

【构词】各得其所/各行其是/各有千秋/各自为政

2209 各奔前程 丁

gè bèn qiánchéng (each goes his own way)

各人走自己的路。比喻各自向着自己的目标努力:两个儿时的朋友由于各自的志向不同,大学毕业后就～了|既然咱们的理想不同,只好～了|从此,两个好朋友～,互不来往了。

【近义词】各奔东西/分道扬镳

2210 各别 丁

gèbié (distinct)

[形]❶各不相同;有分别:～处理|～解决|～对待|他们两人的问题性质不同,应～处理|对于本质上不同的事物,应该～对待,不应该不加区别地简单处理。❷特别(形容人的性格,多含贬义):很～|非常～|～极了|这个人真～,和谁也处不好|小李的脾气就是～,为这么点儿事就生气发脾气。

【近义词】❶分别;❷特别

【提示】"个别"和"各别"都是形容词,区别是:①"个别"是单个或极少数的意思;"各别"是各不相同,有分别。②"个别"常作定语;"各别"常作谓语、状语。

2211 各行各业(業) 丁

gè háng gè yè (all walks of life)

泛指各种不同的行业或职业:～的人|～的代表|这所职业学校的毕业生遍布全市～|来自全国～的代表欢聚一堂,共商国家大事。

【近义词】各界

【反义词】清一色

2212 **各界** 丁

gèjiè (all circles)

[代]指各阶层的人：～人士｜～代表｜～名人｜明天，～代表要在这儿开会｜到会的都是～名人｜～有识之士就目前局势达成共识，并发表了告全市人民书。

2213 **各式各样**(樣) 丙

gè shì gè yàng (all kinds of)

许多不同的式样：～的服装｜～的家具｜～的建筑｜～的汽车｜～的设计｜～的工艺品｜儿童玩具～｜这个城市的建筑～｜柜台上摆放着～的工艺品｜公路上奔驰着～的小汽车。

【近义词】各种各样

2214 **各种**(種) 甲

gèzhǒng (various kinds of)

[代]很多不同的种类：～人｜～书籍｜～车辆｜～体育运动｜～活动｜～比赛｜～学校｜假期里学校有～补习班｜小张最喜欢买书，～书籍买了一大书架。

【近义词】各类

2215 **各自** 丙

gèzì (each; respective)

[代]各人自己；各个方面中自己的一方面：～的特点｜～的风格｜～的情况｜～的问题｜～解决｜～准备｜同学们都根据～的情况，订出了学习计划｜看完电影以后，大家都～回家了｜篮球比赛进行得非常激烈，双方观众都为～一方加油｜会上每个学校都介绍了～的教学经验。

【近义词】自己

2216 **给**(給) *甲 〔部首〕纟 〔笔画〕9

gěi (v. give; prep. for)

[动]❶使对方得到：～了一本书｜～过他钱｜没～他｜不～｜会～｜想～｜应该～｜愿意～｜～多了｜多～了｜～少了｜少～了｜老师～了我一张话剧票｜我从来没～过他钱｜把词典～我｜你多～了我10元钱｜材料～得很及时｜～我一杯水喝。❷〈丙〉使对方遭受(代替某些具体动作动词)：～(打)他一拳｜～(射)了他一枪。

[介]❶表示行为的对象；为(wèi)：小王～我们当翻译｜～报纸写文章｜医生～他打了一针。❷引进交付、传递的接受者：～我来信｜家里～他寄来几件衣服｜信已经寄～他了｜这本词典留～你用吧。❸引进动作的接受者；向：～老师行个礼｜～他道歉。❹〈乙〉同"叫"、"让"、"被"：玻璃杯～我打碎了｜房间都～打扫干净了｜自行车～他骑坏了｜饭都～他吃光了。❺〈丙〉加强语气，表示说话人的意志，用于命令句，常说"给我…！"：你～我小心点儿！｜你～我滚出去！｜你～我下来！

【近义词】[介]❶为；❹叫/让/被

【提示】"给"又读 jǐ，如"供给"，见第2273条。

2217 **给以** 丙

gěiyǐ (give)

[动]给(必带双音节动词宾语)：～帮助｜～批评｜～教育｜～鼓励｜～奖励｜～惩罚｜对学习好的同学应该～奖励｜对于不遵守纪律的同学要～批评。

【提示】"给以"的宾语只能是所给的事物(多为抽象事物)，不能是接受的人。接受的人，要用"对"提前，如：应该对失学儿童～必要的帮助。

2218 **根** *甲 〔部首〕木 〔笔画〕10

gēn（m. *for strip like things*；n. root）

[量]用于条形物(可儿化)：一～竹竿(棍子、筷子、树枝)|两～柱子|一～线|一～头发|两～火柴|三～电线杆|一～冰棍儿。

[名]❶植物生长在土里的部分，是吸收水分、营养的器官：～系|～茎|～芽|侧～|主～|须～|生～|长～|除～|树～|菜～|这棵树～很深|叶落归～|斩草除～。❷〈乙〉物体的下部或某部分和其他东西连着的地方：～基|～底|耳～|墙～儿|山～儿|牙～儿|山～下有一条河|这几天我的耳～有些疼|他坐在墙～底下晒太阳。❸〈丙〉事物的本源；人的出身底细：病～儿|祸～儿|刨～问底|知～知底|我们是老朋友，彼此都知～知底|要想彻底治好这种病，得先查清病～。❹〈丁〉代数方程式内未知数的解，"方根"的简称：～式|平方～|立方～。

【构词】根除/根底/根雕/根基/根茎/根苗/根须/根芽/根由/根治/根子/根深叶茂

2219 根本　乙

gēnběn（n. foundation；adj. fundamental）

[名]事物的根源或最重要的部分：问题的～|抓住～|水和土是农业的～|深入调查研究是弄清这个问题的～|必须从～上解决问题。

[形]最重要的、关键的；起决定作用的：～的问题|～的原因|～的矛盾|他身体这么好，最～的原因是他坚持锻炼|团结是胜利的～保证。

【提示】"根本"作状语，表示"始终；完全；从头到尾"(用于否定句)：～不同意|～不相信|～不可能|～没有|～没看见|他～就不住在这儿|你～就不了解情况。

2220 根据(據)　乙

gēnjù（v. base on；n. basis）

[动]把某种事物作为结论的前提或语言行动的基础：～规定|～标准|～原则|～统计数字|～老师的意见|～天气预报|你说这话～什么？|～大多数同学的意见，决定去香山|这样做是～学校的规定。

[名]作为根据的事物：一种～|三条～|有～|找到～|需要～|依靠～|～可靠|～充分|事实的～|理论的～|批评的～|处理的～|重要的～|主要～|全部～|说话要有～|你这样说的～是什么？|他这样说是有～的。

【近义词】据/依据

【提示】"根据"的动词用法和"据"基本相同，但也有区别，主要是：①"据"可以跟单音节词组合，"根据"不能。如：据实报告|×根据实报告。②"据"常跟"某人说""某人看来"之类的小句组合，用"根据"时，要把这种小句改为名词性短语。如：据他说，情况并不严重|根据他的说法，情况并不严重。

【构词】存据/单据/割据/借据/考据/论据/票据/凭据/契据/欠据/失据/实据/收据/数据/依据/占据/证据/字据

2221 根据地　丁

gēnjùdì（base）

[名]据以发展事业或进行武装斗争的地方：红色～|革命～|建立～|创建～|扩大～|～的武装斗争|井冈山革命～|～的人民|1927年10月毛泽

东领导的农民武装在井冈山建立了第一个革命～|动员人民群众保卫～|～的面积不断扩大|这里是我们发展经济的～。

2222 **根深蒂固** 丁

gēn shēn dì gù (deep-rooted)

比喻基础牢固,不容易动摇:意识～|思想～|势力～|重男轻女的封建思想在一些人头脑里～,不是一下子可以消除的|改革开放已经二十几年了,但重文轻商的意识在偏远地区还是～。

【构词】巩固/加固/坚固/牢固/凝固/顽固/稳固

2223 **根源** 丙

gēnyuán (source)

[名]使事物产生的根本原因:思想～|社会～|事故的～|问题的～|查找～|探索～|寻找～|弄清～|～找到了|～查清了|这起交通事故的～是司机酒后开车|要防止再出问题,就要彻底查找～。

【近义词】起源

2224 **跟** 甲 〔部首〕足 〔笔画〕13

gēn (prep. with; conj. and; v. follow)

[介]a.引进动作的对象。❶同:有事～大家商量|他不愿意～我见面。❷向:这个意见很好,快～大家说说|这本书是～朋友借的。b.引进比较异同的对象:～…相同|～…相反|～…不一样|～…差不多|我的意见～你相反|北京冬天的气候～东京可不一样。

[连]表示联合关系(同"和"):老师～学生|父亲～儿子|铅笔～尺子|书包里只有书～本子|李先生～王小姐正在街上走。

[动]表示在后面紧跟着向同一方向行动:～着他|～不上|～得上|他跑得太快了,我～不上|妈妈在前面走,孩子在后面～着|你总～着我干什么?

【近义词】[介]同/向;[连]和/同/及/与

【提示】"跟"、"和"、"同"、"与":这四个词都是兼类词,都可用作介词和连词。作连词时,"跟"多用于口语,"同"多用于书面语,"和"的用途很广,在口语和书面语中都很常用,"与"只用于书面语。

2225 **跟前** 乙

gēnqián (in front of)

[名]身边;附近:他～|桌子～|在父母～|窗户～|纪念碑～|黑板～有一张桌子|请你到我～来|小王进来,坐在窗户～那把椅子上|大孩子毕业后到外地工作了,现在老两口～只有一个女儿。

【近义词】面前/前面/附近/身边

2226 **跟随**(隨) 丁

gēnsuí (follow)

[动]在后面紧跟着向同一方向行动(同"跟"):～他走|～着|别～着他|小王从小就～着父亲在山里打猎|他走到哪儿,那只小狗就～到哪儿。

【近义词】跟

2227 **跟头**(頭) 丁

gēntou (fall)

[名]❶(人、物等)失去平衡而摔倒:摔～|栽～|跌～|小孩子刚学走路免不了要摔～|一个～栽下来,摔得头

破血流。❷向下弯曲而翻转的动作：翻～|他能在杠子上一连翻十几个～。
【近义词】筋斗

2228 **跟踪** 丁

gēnzōng (follow the tracks of)
[动]紧跟在后面(追赶、监视)：～追击|～服务|有人～|紧紧～|悄悄～|～上了|～了好几天了|被人～|他发现后面有人～|～的人很快被他甩掉了。
【近义词】盯梢/追踪
【构词】萍踪/潜踪/失踪/行踪/遗踪/追踪

2229 **耕** 丁 〔部首〕耒 〔笔画〕10

gēng (plough)
[动]用犁把田里的土翻松：～地|～田|～种|春～|深～细作|用牛～田|用拖拉机～田|如今中国农村用拖拉机～地的农户越来越多了|他很羡慕那种男～女织的田园生活。
【构词】耕畜/耕读/耕夫/耕稼/耕具/耕牛/耕田/耕耘/耕植/耕作/耕云播雨

2230 **耕地** 丙

gēngdì (cultivated land)
[名]种植农作物的土地：本村有～1000亩|这里是山区，～面积很少|这里的～十分肥沃。
【近义词】田地

2231 **耕种** 丁

gēngzhòng (plough and sow)
[动]耕地和种植：开始～|组织人力～|抓紧～|提前～|～的季节|～的时候|忙于～|忙着～|进行～|准备～|赶忙～|～得及时|～了半个月|春天来了，农民们又该～土地了|每到～的季节，他都从城里赶回农村。
【提示】"耕种"的"种"zhòng，在这里不能读成 zhǒng。"种"zhǒng 见第 8458 条。
【构词】播种/春种/轮种/芒种/栽种

2232 **更改** 丁 〔部首〕一 〔笔画〕7

gēnggǎi (change)
[动]改换；改动：～计划|～时间|～日期|～航线|～路线|～日程表|～程序|可以～|愿意～|能～|不能～|必须～|做～|进行～|加以～|略微～|局部～|～了两次|～了三回|会议的日程临时～|你把～的日期告诉大家|这是集体讨论决定的，你一个人怎么能随便～呢？
【近义词】更正/改变/改动/改换/更动/变动
【反义词】照旧
【提示】"更"又读 gèng，见第 2237 条。
【构词】更动/更名/更年期/更替/更衣
篡改/翻改/悔改/劳改/批改/评改/删改/涂改/土改/修改/朝令夕改

2233 **更换** 丁

gēnghuàn (alter)
[动]变换；替换：～领导|～教师|～衣服|季节～了|时间～了|位置～了|需要～|应该～|值得～|～了一件衣服|～一下|～了三次|～一番|全部～|普遍～|随着季节的变化，应该随时～衣服|这辆车的发动机需要～了|这所学校的领导已经～了三次。
【近义词】替换/变换

2234 **更新** 丁

gēngxīn (renew)

[动]旧的去了，新的来到：～观念｜～知识｜～装备｜人员～｜设备～｜产品～｜不断～｜全部～｜逐渐～｜加以～｜需要～｜值得～｜应该～｜愿意～｜这个工厂的设备已经陈旧了，需要～｜社会在发展、在变化，人们的观念也要不断～。

【近义词】革新

2235 **更正** 丁

gēngzhèng (make corrections)

[动]改正已发表的谈话，或文章中有关内容、字句上的错误：～错别字｜进行～｜准备～｜需要～｜必须～｜已经～了｜～一下｜～过来｜这篇文章写得不错，只是有几个错别字要～一下｜他经过思考后，把作业中的错误都做了～｜那篇文章有错误，今天报上已经发表了～的消息。

【近义词】更改

【提示】"更正"、"更改"这两个词都是动词，都有"改"、"改换"的意思。区别是："更正"着重指改正已发表的谈话、文章中有关内容或字句上的错误；"更改"可指已发表的，也可以是未发表的。"更正"的对象多是指语言文字的错误；"更改"的对象多是指日期、决定、计划、路线等。

2236 **梗** 丁 〔部首〕木 〔笔画〕11

gěng (stalk)

[名]（～儿）某些植物的枝或茎：花～｜桔～｜菠菜～｜油菜～｜这菜都长出～了，太老了｜菠菜～也很好吃。

【提示】①"梗"在口语中一般要儿化。②"梗"又是动词，意思是挺直：～着脖子｜脖子～～着｜看他～着脖子的样儿，你的话他怎么会听？

【构词】梗概/梗塞/梗咽/梗直/梗阻

2237 **更** 甲 〔部首〕一 〔笔画〕7

gèng (more)

[副]表示程度增高，更加：～好｜～喜欢｜～漂亮｜～愿意｜～多｜～不容易｜～不明白了｜～看不清楚了｜看得～清楚了｜学习～努力了｜听懂不容易，会说～不容易｜北京的夏天比以前～热了｜他比我～不喜欢说话。

【近义词】更加

【提示】"更"又读 gēng，见第 2232 条"更改"。

2238 **更加** 乙

gèngjiā (more)

[副]表示程度上又深了一层或数量上进一步增加或减少：～努力｜～好看｜～认真了｜～漂亮｜～伟大｜～说明问题｜～不容易了｜借用别人的东西，应该比用自己的～小心｜你穿上这件衣服，～漂亮了｜本来视力就不好，这么小的字就～看不清楚了。

【近义词】越发

2239 **工** 丁 〔部首〕工 〔笔画〕3

gōng (worker)

[名]❶工人和工人阶级：矿～｜瓦～｜女～｜技～｜～农联盟｜他从技～学校毕业后当了一名车～｜在纺织厂工作的大部分是女～。❷工作；生产劳动：做～｜上～｜勤～俭学｜男女同～同酬是男女平等的重要条件｜他除了学习以外，还要利用业余时间去餐馆做～。❸工程：动～｜开～｜竣～｜这架横跨长江的铁路大桥已于昨日竣～，正式通车了｜计划中的体育馆准备下半年动～兴建。❹工业：化～｜～交系统｜我的朋友是学化～的｜应该提高轻～产品的质量。❺一个劳

动日的工作：三个～|五个～时|盖一所小学需要用多少～？|砌这段墙只需六个～。

【构词】工本/工笔/工兵/工潮/工程兵/工读/工段/工房/工分/工蜂/工间操/工匠/工科/工矿/工棚/工期/工区/工伤/工商界/工时/工头/工休/工业化/工艺/工友/工余/工贼/工整/工种(zhǒng)/工装/工作服/工作面/工作证

2240 工厂 甲

gōngchǎng (factory)

[名]直接进行工业生产活动的单位：一家～|一个～|一座～|建～|办～|管理～|经营～|～的工人|～的产品|大～|小～|初中毕业以后，他进了一家～当了工人|这家～是十年以前建的|别看他年轻，他已经是～的厂长了。

2241 工程 乙

gōngchéng (engineering)

[名]土木建筑或其他生产、制造部门用比较大而复杂的设备来进行的工作：土木～|机械～|化学～|采矿～|水利～|～开工了|～结束了|～完成了|军事～|生物～|系统～|主干～|主体～|三峡～|特大～|重要～|大型～|～的基础|～的进度|一项～|三处～|城市建筑如住房、交通、通讯等是一套系统～|这个火车站的主体～已经完工了|水利～正在施工。

2242 工程师(師) 乙

gōngchéngshī (engineer)

[名]技术人员的职务名称之一，能够独立完成某一专门技术任务的设计、施工的专门人员：一位～|一名～|机械～|电气～|建筑～|当上了～|成为～|培养～|优秀～|青年～|小李大学毕业，在这家工厂工作了两年，就当上了～|这项工作由王～负责|这所著名大学是～的摇篮。

2243 工地 丙

gōngdì (construction site)

[名]进行建筑、开发、生产等工作的现场：建筑～|在～|深入～|去～参加劳动|王工程师正在～指挥施工|作为大桥建筑负责人，他大部分时间是在建桥～上度过的|～严禁吸烟。

2244 工夫 乙

gōngfu (time)

[名]❶时间(指占用的时间)：一会儿～|不大～|费～|花～|三天的～|他只用了三天的～，就学会了游泳|这工作我只用半天～就做完了。❷指空闲时间：有～|没～|没有闲～|快考试了，我哪有～陪你玩？|明天有～再来玩吧|等有了～咱们好好聊聊。

【提示】①在口语中一般要儿化。②也作“功夫”。

2245 工会(會) 乙

gōnghuì (labour union)

[名]工人阶级的群众性组织：组建～|参加～|加入～|～会员|～代表|～领袖|～领导|工厂～|车间～|～应该代表工人的利益|这次罢工是由～组织的|～代表和公司代表正在进行谈判|老李是这家工厂的～主席。

2246 工具 乙

gōngjù (tool)

[名]❶进行生产劳动时所使用的器具:简单的～|复杂的～|先进的～|好～|坏～|使用～|制造～|掌握～|改进～|～落后了|～修理好了|一种～|一件～|生产～|劳动～|钢笔是写字的～|锄头是农民常用的生产～|他换了一种～,很快就把机器修理好了。❷用以达到目的的手段或事物:宣传～|交际～|交通～|传播～|报纸是宣传～|语言是人们用以交际的～|自行车是中国人最常用的交通～。

【近义词】器具

【提示】"具"字中间是三横,不能写成两横。

【构词】餐具/茶具/厨具/炊具/刀具/道具/灯具/钓具/耕具/画具/家具/教具/酒具/面具/农具/器具/寝具/食具/玩具/文具/卧具/刑具/烟具/用具/渔具/雨具/灶具

2247 工具书(書) 丁

gōngjùshū (reference book)

[名]专为读者考查字义、词义、字句出处和各种事实而编写的书籍,如字典、词典、索引、百科全书等:一本～|一套～|汉语～|学习英语的～|编写～|购买～|使用～|查找～|离不开～|新～|旧～|这是一本很受大中学生欢迎的～|要学好汉语,应该学会使用汉语～|《现代汉语词典》是一本很实用的～|考试时不能使用～。

2248 工龄(齡) 丙

gōnglíng (length of service)

[名]工人或职员的工作年数:十年～|～长|～短|计算～|按～计算|工人从参加工作那天起计算～|王师傅是个有着30年～的老工人|退休金根据～计算。

【构词】超龄/船龄/党龄/芳龄/高龄/婚龄/教龄/军龄/妙龄/年龄/适龄/同龄/学龄/艺龄

2249 工钱(錢) 丙

gōngqian (wages)

[名]❶做零活儿的报酬:付～|给～|发～|领～|扣～|～很多|～不多|～很少|按小时付～|一小时五元～|做一条裤子得付多少～?|一般在餐馆做临时工,都是按小时计算～。❷工资:你每月领多少～?|这月的～还没发|我们的～都是每月自己到银行去取。

【近义词】工资

2250 工人 甲

gōngrén (worker)

[名]个人不占有生产资料、依靠工资收入为生的劳动者(多指体力劳动者):一名～|一个～|钢铁～|煤矿～|纺织～|铁路～|运输～|老～|新～|当～|成为一名～|有经验的～|先进～|～师傅|小王从技工学校毕业后就当了～|他是从一名普通～走上领导岗位的。

2251 工人阶级(階級) 丁

gōngrénjiējí (the working class)

[名]不占有任何生产资料,依靠工资为生的劳动者所形成的阶级:共产党是～的政党|在中国,～是领导阶级|～是对资产阶级而言的。

【近义词】无产阶级

【反义词】资产阶级

2252 工事 丁

gōngshì (fortifications)

[名]保障军队发挥火力和隐蔽安全的建筑物:一座～|水泥～|坚固的～|防御～|临时～|修建～|摧毁敌人的～|占领敌人的～|躲进～里|坚守在～里|在～里守卫了三天三夜|依靠坚固的～作战|这个城市的周围都是敌人的～|这是战争时期构筑的～|用大炮摧毁敌人的～。

2253 **工序** 丙

gōngxù (working procedure)

[名]组成整个生产过程的各段加工,也指各段加工的先后次序:一道～|一种～|第一道～|最后一道～|生产～|加工～|按～要求进行工作|这个机器零件虽然简单,也要经过五道～才能生产出来|每道～都应按标准保证质量|工人们在各自的岗位上,按～组装汽车。

【近义词】程序

2254 **工业**(業) 甲

gōngyè (industry)

[名]采取自然物质资源,制造生产资料、生活资料或对农产品、半成品等进行加工的生产事业:轻～|纺织～|重～|钢铁～|石油～|～生产|～战线|～化|现代～|大～|～发达|～落后|落后的～|发展～|～化国家|发展轻～,满足人民生活需要|～生产带来了严重的环境污染|由一个落后的农业国变成了一个先进的～国。

【反义词】农业

2255 **工艺品**(藝) 乙

gōngyìpǐn (handicraft)

[名]具有高度技巧性、艺术性的手工产品:一件～|传统～|民间～|少数民族～|古老的～|珍贵的～|制造～|推销～|卖～|收藏～|"苏绣"是苏州的传统～|他在～商店买了两件首饰|这是少数民族传统的～|这儿的～吸引了很多外国游客。

2256 **工资**(資) 乙

gōngzī (wages)

[名]作为劳动报酬按期付给劳动者的货币或实物:一个月的～|一年的～|高～|低～|～很高|～很低|工人的～|教师的～|厂长的～|发～|领～|扣～|长～|减～|靠～生活|我们一家三口靠爸爸的～生活|随着工龄的增长,工人的～也不断增加|国家提高了中小学教师的～。

【近义词】工钱/工薪/薪金/薪水

【构词】笔资/茶资/车资/川资/独资/合资/集资/军资/劳资/欠资/师资/谈资/天资/投资/外资/物资/薪资/邮资

2257 **工作** *甲

gōngzuò (v. work; n. job)

[动]从事体力或脑力劳动,也泛指机器、工具受人操纵而发挥生产作用:～了一天|～了四个小时|～开始了|～结束了|～认真|～努力|～顺利|～愉快|教师在～|工人在～|～得很认真|～得很好|可以～|愿意～|必须～|喜欢～|参加～|准备～|进行～|停止～|～的时间|～的成绩|早上7点半他就来到办公室开始～了|和王先生一起～很愉快|已经～10小时了。

[名]❶职业:好～|坏～|找～|一份～|一个～|～难找|找到一个好～|找不到～|合适的～|满意的～|工资高的～|待遇好的～|介绍～|参加～|分配～|教师的～|领导的～|工会

的～|教学～|社会～|长期～|稳定～|临时的～|～计划|～态度|～成绩|大学毕业后他想找一份稳定的～|合适的～不好找，尤其是女学生，要想找个理想的～更难。❷〈乙〉业务；任务：一项～|你的～|他的～|大家的～|～完成了|政府的～|班主任的～|本职～|中心～|这个城市的绿化～搞得很好|他的～完成得很不错|他正在向工人们布置～。

【近义词】[动]劳动；[名]任务/职业

【反义词】[动]休息

2258 **攻** *丙 〔部首〕工 〔笔画〕7

gōng (attack)

[动]❶攻打（跟"守"相对）：～城|～阵地|～车站|～碉堡|～炮楼|～得及时|～得猛烈|～得快|～得英勇|～了两次|～了一阵子|～一下儿|敢～|可以～|必须～|负责～|难～|容易～|～城部队已经做好了一切准备|敌人～了一阵子，～不下来，就撤走了|这儿的地势险要，加上工事坚固，敌人怎么也～不上来。❷〈丁〉致力研究；学习：～书法|～诗词|～有机化学|～古典哲学|专～语法|小王在张教授的指导下，专心～读物理学，取得了显著成绩|李老师是专～数学的|努力三年，终于～下了英语。

【近义词】❷研究

【反义词】❶守

【构词】攻打/攻坚/攻破/攻取/攻势/攻守/攻心/攻占/攻城略地/攻其不备/攻守同盟

2259 **攻读**（讀） 丁

gōngdú (assiduously study)

[动]努力读书或钻研某一门学问：～中国文化史|～古典哲学|专心～|潜心～|刻苦～|～了10年|这几年，李先生一直在～文艺理论|这本书是李老师十几年潜心～的结晶。

【近义词】研究/研读

【构词】拜读/伴读/饱读/泛读/复读/耕读/工读/借读/精读/朗读/领读/默读/通读/宣读/选读/研读/阅读

2260 **攻关**（關） 丁

gōngguān (storm a strategic pass)

[动]❶攻打关口：猛烈～|～部队|～成功|快速～|～的战斗准备已经做好，只等一声令下，就向敌人进攻|～部队伤亡较大，需要马上支援。❷比喻突破难点：～项目|～任务|刻苦自学，有困难就要敢于～|对于重点科研项目，要组织有关人员协作～|这个科研项目已经到了～阶段。

2261 **攻击**（擊） 丙

gōngjī (v./n. attack)

[动]❶进攻：～敌人|～侵略军|～对方|发动～|进行～|受到～|遭到～|开始～|准备～|妄图～|计划～|停止～|发起～|～的时间|～的方式|～的对象|我军主力部队今晨四点向敌人发起了～|～部队迅速摧毁了敌人的工事。❷恶意指摘：～社会制度|～共和国|～政府|文章～了执政党|恶毒～|直接～|公开～|受到～|反对～|害怕～|不怕～|他在文章中，使用恶毒的语言～新生的人民政权|对于这种带～性的言论，我们当然应该反驳|批评要讲道理，那种恶毒～，我们当然不能接受。

[名]指进攻或指摘的行为：一种～|这种～|敌人的～|这种恶毒的～吓不倒我|他的讲话完全是一种～。

【近义词】进击/进攻

2262 **攻克** 丙

gōngkè (capture)

[动]攻下(敌人的据点等),也比喻战胜困难、障碍等:~堡垒|~炮楼|~敌人的指挥所|~难题|~顽症|~难关|努力~|顽强~|坚决~|很难~|容易~|轻而易举地~|保证~|力争~|必须~|争取~|两次~|攻击部队一举~了敌人的指挥所|在这项科学研究中,他~了一道道难关|这种给病人带来巨大痛苦的疾病,终于被张大夫~了。

【构词】扑克/坦克/休克

2263 **功** 丁 〔部首〕工 〔笔画〕5

gōng (merit)

[名]❶功劳;功绩(跟"过"相对):大~|二等~|特等~|立~|记~|立了大~|立了一次~|有~|没~|这次抗洪抢险小王从洪水中救出了10名群众,应该给他记一~|这项科研成果张工程师贡献最大,应该给他记头~|无~不受禄,我没有做出什么成绩,这奖金我不能要。❷成效;成就:事半~倍|劳而无~|~亏一篑|教育之~|好大喜~|改进了工作方法,就能取得事半~倍的效果|这个地区经济的发展,教育之~不可没(mò)。❸技艺;功夫:武~|唱~|练~|苦~|他的武~很好|别看他是业余歌手,他的唱~不比专业演员差|他从五岁开始每天跟父亲练~。

【近义词】❶功劳;❷成绩;❸功夫

【反义词】❶过/罪

【构词】功臣/功德/功底/功过/功利/功率(lǜ)/功名/功勋/功业/功用/功罪/功不可没(mò)/功败垂成/功德无量/功德圆满

2264 **功夫** 乙

gōngfu (time)

[名]❶表示时间:一会儿~|三天~|有~|没~|我没~和你瞎聊|才一个月的~,这棵小苗就长高了一尺多|一会儿的~他就不见了。❷本领;造诣:有~|~深|练~|他在诗词方面很有~|他的~是在体校学的。

【提示】义项❶也可写作"工夫"。

2265 **功绩**(績) 丁

gōngjì (merits and achievements)

[名]功劳和成绩:不朽的~|英雄的~|科学家的~|历史的~|建立~|创立~|承认~|否定~|歌颂他的~|宣传英雄的~|英雄的~深深刻在人民心里|他从来不向任何人夸耀自己的~|人民纪念他是由于他在战争中的不朽~。

【近义词】功劳/功勋

【反义词】过失/罪过

2266 **功课**(課) 丙

gōngkè (lessons)

[名]学生按照规定学习的知识、技能:一门~|三门~|~好|~差|复习~|做~|这学期他要学习五门~|他每门~都学得很好|今天上课要检查昨天讲的~。

2267 **功劳**(勞) 丙

gōngláo (contribution)

[名]对事业的贡献:~大|~小|~显著|有~|建立~|教师的~|群众的~|战士的~|人民的~|主要~|特殊~|~属于大家|~属于人民|老李在学校建设中出了不少力,~不小|

～再大也不能骄傲｜因为他对人民有过～，所以我们今天还要纪念他。

【近义词】功绩/功勋

【反义词】错误/过错/罪过

【提示】“功绩”、“功劳”、“功勋”这三个词都是名词，都有成绩、贡献的意思，区别是：“功勋”的词义重，指对人民、对国家有特殊的贡献，常用于对人民有杰出贡献的人；“功劳”的词义一般，多指对事业付出的劳动、做出的贡献，在口语、书面语中普遍使用；“功绩”的词义较“功劳”重，较“功勋”轻，指对人民、对国家做出的重大成就和贡献。

2268 **功能** 丙

gōngnéng（function）

[名]事物或方法所发挥的有利作用和效能：～多｜～好｜～齐全｜～正常｜～特殊｜～一样｜～不同｜人体～｜消化～｜生理～｜肌肉的～｜语法～｜报纸的～｜交际～｜～失调｜～减弱｜～丧失｜发挥～｜调整～｜具有多种～｜掌握语言的交际～｜头部受伤，导致他的记忆～减退｜这台机器虽然贵一点儿，但～齐全｜森林对气候有良好的调节～。

【近义词】功效

2269 **功效** 丁

gōngxiào（effect；efficacy）

[名]功能；效率：～高｜～低｜～显著｜～很好｜～大｜产生～｜收到～｜见～｜重视～｜～产生了｜～发挥出来了｜～提高了｜～降低了｜～提高一倍｜药物的～｜机器的～｜广告的～｜一定的～｜全部～｜～的大小｜～的高低｜这种药降血压很有～｜由于操作不当，严重影响了这台机器～的发挥｜气功对某些疾病有神奇的～｜遵照大夫的意见，他边吃药边锻炼，一个月后～显著。

【近义词】功能

2270 **恭敬** 丁 〔部首〕心 〔笔画〕10

gōngjìng（respectful）

[形]对尊长或宾客严肃有礼貌：很～｜非常～｜过分～｜～的话｜～的行为｜态度～｜言语～｜显得～｜表现得～｜变得～｜装得～｜～得过分｜应该～｜要～｜必须～｜～地说｜～地回答｜～地请教｜对长辈很～｜他见到老师，～地敬了一个礼｜说话时她的态度显得特别～｜他一下子变得～起来。

【近义词】尊敬/尊重

【反义词】傲慢

【构词】恭贺/恭候/恭谨/恭请/恭顺/恭维/恭喜/恭祝

2271 **供** 乙 〔部首〕亻 〔笔画〕8

gōng（supply）

[动]❶供给；供应：～水｜～电｜～煤气｜～孩子上学｜～暖气｜～吃｜～穿｜～学费｜打算～｜应该～｜能够～｜停止～｜～了三年｜～不上｜～不了｜～不起｜他父母死得早，是姐姐～他上的大学｜你们要这么多，我们可～不起｜这个城市～水很紧张。❷提供某种方便条件，以备利用：～使用｜～休息｜～参考｜～学习｜这儿有个小亭子～游客休息｜每次考试前，老师都发些复习材料～我们复习时参考｜候车室准备了行李车，～旅客使用。

【近义词】❶供给/供应；❷提供

【反义词】❶求

【提示】“供”又读 gòng，如“供词”、“供养”、“供职”。

2272 **供不应求**(應) 丁

gōng bù yìng qiú (demand exceeds supply)

供应的不能满足需要的：教材～|商品～|人材～|～的情况|这种商品一上市就出现了～的现象|装修住宅的居民越来越多，装饰材料一时～|生产厂家组织力量生产，市场上～的局面得到缓解。

【近义词】脱销

【提示】"供不应求"的"不"用在第四声前，发生变调，读 bú；"应"在这里不能读成 yīng。"应"yīng 见第 7690 条。

2273 **供给**(給) 乙

gōngjǐ (supply)

[动]把生活必须的物资、钱财、资料等给需要的人使用：～食品|～衣物|～钱财|～物资|父母～|学校～|国家～|由…～|保障～|保证～|继续～|不断～|增加～|减少～|愿意～|可以～|必须～|～了一年|～得及时|～不断|大量～|全部～|随时～|直接～|适当～|～的对象|～的时间|～的数量|师范院校学生的生活费用由国家～|发展经济，保障～|大自然～他们丰富的水草|工厂需要的生产资料是他们～的。

【近义词】供应/提供

【反义词】需求

【提示】"供给"的"给"在这里不能读成 gěi。"给"gěi 见第 2216 条。

2274 **供销**(銷) 丁

gōngxiāo (supply and marketing)

[动]供应生产资料和消费品，以及销售各种产品的商业性活动：～活动|～单位|～繁荣|～两旺|发展～市场|保证～|搞活～|～紧张|～不畅|他在工厂负责～工作|～工作搞好了，工厂才有前途|上半年工厂～渠道不畅，生产受到很大影响。

2275 **供应**(應) 丙

gōngyìng (supply)

[动]以物资满足需要(有时也指以人力满足需要)：～粮食|～肉类|～教材|～原料|～电力|物资～|食品～|水果～|搞好～|增加～|减少～|停止～|可以～|愿意～|能够～|应该～|不～|～充足|～缺乏|～丰富|～紧张|～得及时|～了一年|计划～|大量～|全部～|随时～|主动～|长期～|市场～充足|发展生产才能保证～|农村用粮食和原料～工业发展|农业搞不好，粮食～就紧张|我们厂向商店～肉食品。

【近义词】供给

2276 **公** *丙　〔部首〕八　〔笔画〕4

gōng (adj. public; n. official business)

[形]❶属于国家或集体的(跟"私"相对)：～款|～物|～事～办|～房|～费|～职|～债|～差(chāi)|前几天小王辞去了～职，出国学习去了|他住的是～房，房租很低|要教育孩子爱惜～物。❷共同的；大家承认的：～用|～举|～推|～议|～德|～愤|～约|～理|他的行为引起了～愤|每逢～休日，他常常和朋友逛公园|你这人怎么这样不讲～德？|这间厨房是大家～用的|同学们～推他作代表|谁是谁非，自有～论。❸属于国际间的：～海|～里|～元|～斤|一～里等于两华里。❹(禽兽)雄性的(跟"母"相对)：～牛|

~鸡|~山羊|~狗。❺〈丁〉公平;公正:大~无私|秉~办事|~买~卖|这件事你可要秉~办理|咱们俩到底谁对谁错,请老师~断。

[名]❶公事;公务:办~|~余|这几天他很忙,星期天也要去办公室办~|~余时间我喜欢看电视。❷对上了年纪的男子的尊称:张~|王~|诸~。

【反义词】[形]❶私;❹母

【提示】公,姓。

【构词】公厕/公差/公畜/公德/公敌/公断/公吨/公房/公愤/公干/公海/公害/公函/公积金/公祭/公家/公检法/公举/公决/公开信/公开性/公款/公理/公历/公粮/公论/公民权/公墓/公判/公仆/公审/公升/公使/公式化/公事/公署/公私/公诉/公诉人/公堂/公庭/公文/公物/公务员/公心/公休/公选/公演/公议/公映/公余/公寓/公允/公章/公账/公正/公职/公众/公报私仇/公而忘私/公事公办/公私合营/公私兼顾/公诸于世

2277 公安 丙

gōng'ān (public security)

[名]社会整体(包括社会秩序、公共财产、公民权力等)的治安:~局|~人员|~部队|高中毕业后他报考了警官学校,准备做一名~人员|~人员到现场维持秩序|学校附近就是~局。

2278 公报(報) 丁

gōngbào (bulletin)

[名]公开发表的关于重大会议的决议、国际谈判的进展、国际协议的成立、军事行动的进行等正式文告:一份~|联合~|上海~|发表~|签署~|执行~|贯彻~|违反~|恪守~精神|破坏~的原则|撕毁~|研究~|~的精神|~的内容|~的原则|关于两国正式建立外交关系的~|会谈后两国领导人签署了联合~|对方的作法违背了联合~的原则|1971 年中美建交的《上海~》是中美关系的基石。

【近义词】公告

2279 公布(佈) 丙

gōngbù (promulgate)

[动](政府机关的法律、命令、文告、团体的通知事项)公开发布,使大家都知道:~命令|~方案|~决定|~结果|~计划|~消息|~账目|~真相|~法令|~条例|决议~|希望~|请求~|同意~|可以~|不许~|~得及时|~得太晚了|今天~|正式~|定期~|政府~法令|学校~作息时间|老师~考试结果|宪法~了|名单~了|这次考试的结果一个星期以后才能~|5 月 1 日学校~了新的作息时间|会议决议明天将在报纸上~。

【近义词】颁布/发布/宣布

【反义词】保密

2280 公尺 丁

gōngchǐ (meter)

[量]公制长度单位,1 公尺分为 100 厘米,合 3 市尺:两~|一~长|两~宽|这里的水有三~深|往前走大约 200 ~有一家商店。

【提示】"公尺"现在多称"米"。

【构词】标尺/角尺/戒尺/矩尺/卷尺/卡尺/皮尺/曲尺/市尺/算尺/英尺/折尺/镇尺

2281 公道 丁

gōngdao (fair)

[形]公平;合理:很～|非常～|不～|～的话|～的价格|～的交易|价钱～|待遇～|报酬～|说话～|办事～|分配～|处理得～|裁决得～|判决得～|这家商店服务态度好,价格也～|老王办事很～|一个大人欺负一个孩子,太不～了|这件衣服价钱虽高了些,但还算～|他看见不～的事就想管。

【近义词】公平/公正/合理

2282 公费(費) 乙

gōngfèi (public expense)

[形]由国家或团体供给费用的:～留学|～留学生|～旅行|～考察|～学习|～用餐|～名额|他是一名～留学生|大学毕业后有～留学的机会,他就出国学习了|这次旅行是外交部组织的～旅游。

【近义词】自费

【构词】白费/党费/稿费/官费/耗费/花费/会费/经费/军费/路费/旅费/免费/盘费/破费/膳费/消费/小费/学费/邮费/运费/杂费/自费

2283 公分 丁

gōngfēn (centimeter)

[量]公制长度单位,1公分等于1米的1/100,也叫厘米:1～|长10～|宽5～|高2～|1米等于100～|这个盒子长50～,宽30～,高20～|电冰箱和墙的距离应保持30～。

2284 公告 丁

gōnggào (announcement)

[名]政府或机关团体等向公众发出的通告:一项～|国务院的～|市政府的～|学校的～|发布～|张贴～|广播～|看～|读～|散发～|了解～|执行～|～发布了|～贴出去了|按～的要求办|接到上级的～|布告栏里贴着一张～。

【近义词】通告

2285 公共 乙

gōnggòng (public)

[形]属于社会的;公有公用的:～汽车|～场所|～场合|～厕所|～事业|～财物|～财产|～卫生|～道德|～财产大家都应该爱护|要培养孩子从小讲～道德|～场所不准吸烟。

【反义词】私有

【构词】拢共/通共/统共/一共/总共

2286 公共汽车(車) 甲

gōnggòng qìchē (bus)

供乘客乘坐的汽车。有固定的路线和停车站:一辆～|331路～|～站|乘～|坐～|换～|等～|北京的～|市内～|郊区～|长途～|买～票|～司机|～售票员|在～上|上～|挤～|他每天乘～上下班|～是北京市民的主要交通工具之一|请问,附近有～站吗?|在这个城市乘～不如骑自行车方便。

2287 公关(關) 丁

gōngguān (public relations)

[名]公共关系:～部门|～部经理|～小姐|～先生|～学|～工作|搞～|这个公司的～工作搞得好|王小姐很会交际,她是～部的经理|～是门学问,目前这方面的论著不少。

2288 公斤 甲

gōngjīn (kilogram)

[量]公制重量单位,1公斤等于1千克,合2市斤。也叫千克:1～苹果|2

~香蕉|0.5~茶叶|这个箱子重20~|小王身高1.8米,体重70~|1~猪肉多少钱?

2289 **公开**(開) 乙

gōngkāi (adj. open; v. make public)

[形]不加隐蔽;面对大家(跟"秘密"相对):~的场所|~的方式|~的面目|~的行动|~地讲|~地表示|~地反对|人们已经~谈论这件事了|这已经是~的秘密了|~的敌人容易防,秘密的敌人难防。

[动]使秘密成为公开的:事实~了|秘密~了|矛盾~了|谈话内容~了|~账目|~信件|~争吵|应该~|可以~|值得~|能~|敢~|同意~|请求~|允许~|宣布~|主动地~|大胆~|完全~|他把这件事~出来了|她在好朋友面前~了自己的秘密|私人信件是不能~的。

【反义词】[形]秘密;[动]隐瞒

2290 **公里** 甲

gōnglǐ (kilometer)

[量]公制长度单位,1公里等于1千米,合2市里。也叫千米:2~长|10~远|从学校到天安门有10~|这两个城市的距离是200~|机场到市区大约20~。

【构词】被里/表里/返里/故里/海里/华里/家里/邻里/哪里/那里/夜里/英里/这里

2291 **公路** 乙

gōnglù (road)

[名]市区以外的可以通行各种车辆的宽阔平坦的道路:一条~|一段~|宽阔的~|笔直的~|高速~|修筑~|四通八达的~|~运输|过去这里没有~,农民进城很不方便|汽车在高速~上飞快地行驶|这座城市建起了四通八达的~网,大大地改善了交通状况。

【近义词】马路

2292 **公民** 丙

gōngmín (citizen)

[名]取得某国国籍,并根据该国法律规定享有权利和承担义务的人:合法~|全体~|男~|女~|~的权力|~的义务|~的自由|~的财产|~的安全|法律保护~的合法权益|法律规定~男女平等|~享有劳动权|~有受教育的权利|服兵役是每个~应尽的义务|~有选举权和被选举权。

【近义词】国民

【构词】边民/臣民/船民/村民/国民/汉民/回民/饥民/贱民/居民/军民/黎民/良民/流民/乱民/牧民/难(nàn)民/农民/贫民/平民/侨民/全民/人民/山民/市民/庶民/顺民/选民/遗民/移民/渔民/灾民/祸国殃民

2293 **公平** 丁

gōngpíng (fair)

[形]处理事情合情合理,不偏袒任何一方面:很~|确实~|的确~|~交易|买卖~|办事~|分配~|处理~|价钱~|应该~|必须~|要~|要求~|显得~|认为~|裁决得~|处理得~|~的老师|~的裁判|事情解决得很~,大家都很满意|他处事~,没有私心,大家都很佩服他|做生意讲究~,生意不成人情在嘛|无论做什么事,我一向主张~。

【近义词】公正/公道

【反义词】偏心/偏颇

2294 **公顷**(頃) 丙

gōngqǐng (hectare)

[量]公制地积单位,1 公顷等于 1 万平方米,约合 15 市亩:1 ~ 土地|占地 15 ~|两 ~ 玉米|森林面积有 100 ~|他家承包了 10 ~ 土地,准备种小麦和玉米。

2295 **公然** 丁

gōngrán (openly)

[副]公开地;毫无顾忌地:在大庭广众之下,他 ~ 动手打人|他 ~ 在光天化日之下拦路抢劫|侵略者 ~ 出兵侵占别国领土。

【近义词】竟然/居然

2296 **公认**(認) 丁

gōngrèn (generally acknowledge)

[动]大家一致认为:~ 的事实|~ 的好老师|~ 的领袖|~ 的好学生|~ 的领导|~ 的水平|~ 的优秀作家|举世 ~|世界 ~|民众 ~|学生 ~|读者 ~|得到 ~|一致 ~|小王是全系 ~ 的好学生|张老师课上得好,这是全校 ~ 的。

2297 **公社** 丁

gōngshè (commune)

[名]❶原始社会中,社会成员共同生产、共同消费的社会结合形式:原始 ~|氏族 ~|~ 的建立|~ 产生|~ 的解体|原始社会的氏族 ~ 分为母系和父系两个相互衔接的阶段|氏族 ~ 是以母系氏族 ~ 制度为典型形态的。❷无产阶级政权的一种形式:巴黎 ~|广州 ~|~ 社员|1871 年法国无产阶级建立的巴黎 ~ 是第一个无产阶级自己的政权。❸特指中国于 1959 年及以后成立的人民公社(现已撤销):人民 ~ 社员|人民 ~ 社长|人民 ~ 的领导|人民 ~ 的建立|人民 ~ 的职能已由乡政府代替。

2298 **公式** 丙

gōngshì (formula)

[名]❶用数学符号或文字表示几个量之间关系的式子,具有普遍性,适合于同类关系的所有问题:数学 ~|计算 ~|换算 ~|化学 ~|用 ~ 计算|根据 ~ 计算|背 ~|记 ~|把这些 ~ 背下来|我最讨厌那些数学 ~ 了|把这些数字往 ~ 里一套,算出结果就行了。❷泛指可以应用于同类事物的方式、方法:一种 ~|形成 ~|~ 化|现成的 ~|过时的 ~|办什么事都应该实事求是,那种 ~ 化的处理方法是不行的|社会主义事业是一种全新的事业,没有一种现成的 ~ 可以拿来用。

【近义词】❷模式/程式

2299 **公司** 乙

gōngsī (company)

[名]大型的工商业组织,经营产品的生产、商品的流转或某些建设事业:钢铁 ~|煤炭 ~|石油 ~|建筑 ~|电器 ~|联合 ~|跨国 ~|国营 ~|私营 ~|大 ~|小 ~|一家 ~|一个 ~|建 ~|办 ~|成立 ~|~ 成立了|~ 办起来了|经营一家 ~|~ 破产了|~ 发展了|这是一家最大的私人运输 ~|大学毕业后他进入一家食品 ~ 工作。

【构词】官司/上司/土司/阴司

2300 **公务**(務) 丁

gōngwù (public affairs)

[名]关于国家或集体的事务:一件 ~|办理 ~|处理 ~|~ 很多|~ 缠身|~

人员｜～员｜～增加了｜～减少了｜～办完了｜重要的～｜紧急～｜～活动｜惦记着～｜研究～｜谈～｜忘记了～｜老王每天～缠身,下班的时间总是很晚｜你再等一会儿,我把这件～处理完了,和你一起去｜小李想考～员。

2301 **公用** 丙

gōngyòng（for public〔common〕use）

[动]公共使用;共同使用:～电话｜～汽车｜～自行车｜～厨房｜～卫生间｜～洗衣机｜全家～｜全班～｜全宿舍～｜可以～｜完全～｜应该～｜必须～｜希望～｜不能～｜不喜欢～｜反对～｜～了两年｜学生宿舍里有～电话、～厨房和～洗衣机｜这些工具书都是～的,你什么时候想用都可以用。

2302 **公用电话**(電話) 乙

gōngyòng diànhuà（public telephone）

公共使用的电话:一部～｜学校的～｜宿舍楼的～｜大街上的～｜机场里的～｜打～｜用～｜～费｜～亭｜有～｜没有～｜安装～｜设立～｜使用～｜管理～｜拆除～｜缺少～｜需要～｜修理～｜增加～｜打了两次～｜打一次～多少钱?｜学生宿舍里有～｜请问,这部～可以打国际长途吗?

2303 **公有** 丁

gōngyǒu（publicly-owned）

集体或全民所有:～制｜～经济｜～财产｜属于～｜收归～｜全部～｜希望～｜必须～｜不能～｜一律～｜在社会主义制度下,土地、森林、矿山等都是～的｜～经济始终占主导地位。

【近义词】国有

【反义词】私有

2304 **公有制** 丁

gōngyǒuzhì（public ownership）

[名]生产资料归公共所有的制度:～经济｜～体制｜～成分｜实行～｜推行～｜加强～｜巩固～｜建立～｜削弱～｜增大～成分｜加大～比例｜破坏了～｜～建立起来了｜～确立了｜～削弱了｜建立一个以～为主、多种经济体制共存的新的经济体制｜～经济是现阶段中国经济的主体。

【近义词】国有制

【反义词】私有制

2305 **公元** 乙

gōngyuán（the Christion era）

[名]国际通用的公历纪元,从传说的耶稣诞生那一年算起:采用～纪年｜～1995年｜～前221年｜中国从1949年开始正式采用～纪年｜秦始皇统一中国大概是在～前211年。

2306 **公园**(園) 甲

gōngyuán（park）

[名]供公众游览休息的园林:一座(个)～｜北海～｜海滨～｜香山～｜天坛～｜国家～｜森林～｜去～｜逛～｜建～｜修～｜～的树木｜～的山水｜～的风景｜～的门票｜～的建筑｜～开放了｜～开门了｜～关门了｜保护～｜爱护～｜～被破坏了｜～里面｜～门口｜～外面｜～附近｜星期天他喜欢去～散步｜北京的～我都去过了。

【提示】"公园"的"园"不能写成"方圆"的"圆"。

2307 **公约**(約) 丁

gōngyuē（convention）

[名]❶条约名称之一。国际间关于经济、技术或法律等方面专门问题的多边条约:一项～|签订～|遵守～|违反～|违背～|破坏～|维护～|在～上签字|起草～|通过～|～生效|～过时了|万国邮政～|国际船舶载重线～|日内瓦～。❷人民群众基于共同的意愿所制定的共同遵守的章程:拥军～|爱国卫生～|制定～|～的内容|宣读～|广播～|遵守～|校园里的广告栏里贴着《创建文明校园～》|既然制定了～,大家就应该遵守。

【近义词】条约

2308 **公债**(債) 丁

gōngzhài (government bonds)

[名]国家向公民或向外国借的债:一笔～|大量～|建设～|～券|发行～|买～|偿还～|～的利息|～的期限|～到期了|五年期～|积极购买～|去年他买了1万元人民币的～|三年期的～今天到期了|今年～的利息很高。

【近义词】国债

【构词】背(bēi)债/逼债/抵债/躲债/放债/负债/国债/还(huán)债/借债/内债/欠债/讨债/外债/血债

2309 **公证**(證) 丁

gōngzhèng (notarization)

[名]法院或被授以权力的机关对于民事上权利义务关系所做的证明:一份～|身份～|学历～|合同～|～书|财产～|遗嘱～|有效～|～事务所|～机关|～材料|～手续|～的时间|～费|申请～|办理～|～办好了|～复印件|～原件|可以～|需要～|希望～|小李准备去国外留学,现在正忙着办理学历～|这份～的有效期是一年,过期还得重新办理。

【近义词】证明

2310 **宫** 丙 〔部首〕宀 〔笔画〕9

gōng (imperial palace)

[名]❶帝王的住所:皇～|故～|行～|东～|～殿|～女|～灯|～廷|北京的故～是古代皇帝居住和处理朝政的地方|～女是指在～廷里服役的女子。❷神话中神仙居住的房屋:天～|龙～|月～|传说东海深处有龙～,东海龙王就住在那里|长篇神话小说《西游记》里有许多天～的描写。❸人民文化活动或娱乐用的房屋的名称:少年～|民族～|劳动人民文化～|王老师的女儿是北京市少年～体操队的队员|文化～里正举办美术展览。

【近义词】殿

【提示】宫,姓。

【构词】宫灯/宫禁/宫女/宫扇/宫妆

2311 **宫殿** 丙

gōngdiàn (palace)

[名]泛指帝王居住的高大华丽的房屋:一座～|高大的～|漂亮的～|华丽的～|富丽堂皇的～|建造～|修建～|～建好了|～修复了|～倒塌了|～被破坏了|～的结构|～式的建筑|这座建筑是仿照唐朝～的式样建造的|他住的地方像～一样|这些被战火毁坏的～要想修复是很难的。

【构词】大殿/金殿/配殿/偏殿/正殿

2312 **弓** *丙 〔部首〕弓 〔笔画〕3

gōng (n. bow; v. bend)

[名]一种发射箭或弹丸的器械:一张～|～箭|拉～|开～|左右开～|弹～|她的力气很小,拉不开这张～|酒杯里的那条蛇原来是～的影子|古时候

打仗离不开～箭|这张～是王师傅亲手做的。

[动]〈丁〉使弯曲：～着背|～着腰|～着身子|～着腿|～得很厉害|洞口不大，只有～着腰才能走进去|他的背～得很厉害。

【近义词】[动]弯

【反义词】[动]直

【提示】弓，姓。

【构词】弓背/弓身/弓弦/弓形/弓腰/弓子

2313 **巩固**(鞏固) 乙 〔部首〕工 〔笔画〕6

gǒnggù (adj. consolidated; v. consolidate)

[形]坚固；不易动摇(多用于抽象事物)：很～|～的防线|～的联盟|～的基础|～的政权|～的关系|政权～|基础～|制度～|国防～|认为～|两国人民的友谊更加～|因为有～的后方，对前方的战斗十分有利|工人和农民已经结成了～的联盟。

[动]使坚固：～关系|～联盟|～基础知识|～政权|～学习成绩|～阵地|～原有的成果|～国防|能～|可以～|应该～|必须～|得到～|开始～|继续～|需要～|大力～|努力～|自觉地～|很快～|我们要进一步～工农联盟|～专业基础，学好专业知识。

【近义词】[形]牢固/坚固/稳固

【反义词】[动]削弱/动摇

【提示】巩，姓。

2314 **汞** 丁 〔部首〕工 〔笔画〕7

gǒng (mercury)

[名]一种金属元素，为银白色液体，有毒，不溶于水，可用来制造药品、温度计、血压计等，俗称水银：～灯|红～|～是银白色的。

【近义词】水银

2315 **拱** 丁 〔部首〕扌 〔笔画〕9

gǒng (cup one hand in the other before the chest)

[动]❶两手相合，臂的前部上举：～手|～手礼|进门后，他两手抱拳向大家～了～手|旧时男子相见多行～手礼。❷环绕：～卫|众星～月|天津、保定、张家口是北京的～卫城市|记者们像群星～月一样，簇拥着他走进大厅。❸肢体弯曲成弧形：～背|～嘴|～腰|～肩缩背|他～着嘴，满脸的不高兴|小花猫～了～腰，从桌子上跳了下来。❹用身体撞动别的东西或拨开土地等物体：～开门|～地|门被～开了|他双手抱着一摞书，用肩膀～开了大门|小孩儿从人群里～了出来|蚯蚓从地下～出许多土来。❺植物生长，从土里向外钻或顶：～出来|～出了芽|～不出来|～出一寸高了|麦苗～出土来了。

【近义词】❹❺顶

【构词】拱别/拱火/拱立/拱门/拱桥/拱手/拱卫/拱肩缩背

2316 **贡献**(貢獻) 乙 〔部首〕贝 〔笔画〕7

gòngxiàn (v. contribute; n. contribution)

[动]拿出物资、力量、经验等献给国家或公众：～力量|～青春|～知识|～生命|～智慧|～财产|～粮食|～土地|主动～|积极～|全部～|自觉～|纷纷～|愿意～|能够～|他为民族的解放～出了生命|他把这些画～给了博物馆|为了实现这一远大理想，他愿意～出自己的一切。

[名]对国家或公众做的有益的事：～大|～小|～突出|～显著|做～|做出

～|科学家的～|工人的～|鲁迅的～|历史的～|重要的～|伟大的～|主要的～|很多～|不少～|全部的～|～的多少|～的大小|一种～|他们做出的～我们永远不会忘记|科学家对人类做出的～是无法用金钱来计算的|年轻人应该为人民做出更多的～。

【近义词】[动]奉献;[名]功劳

【反义词】[动]索取

【提示】贡,姓。

【构词】贡缎/贡品/贡院

2317 **共** *乙 〔部首〕八 〔笔画〕6

gòng (altogether)

[副]❶表示数量的总计;一共:～有|～计|～分三场|这本书～有12篇课文|我们班～有20名学生|丛书～分10册。❷〈丙〉一起;一块儿:和平～处|～事|同甘～苦|宾主～进晚餐|全国各族人民的代表在北京～商国策。

【构词】共处/共存/共管/共居/共聚/共勉/共事/共议/共振

2318 **共产党**(産黨) 乙

gòngchǎndǎng (the Communist Party)

[名]无产阶级的政党:～的政策|～的性质|～的纲领|～的任务|～的组织形式|中国～|建立～|参加～|成立～|发展～|～壮大了|～成立了|～诞生了|～员|中国～是中国无产阶级的政党|没有～,就没有新中国|他是一名～员。

【构词】篡党/叛党/入党/死党/同党/脱党/整党/政党

2319 **共产主义**(産義) 丁

gòngchǎnzhǔyì (communism)

[名]❶指无产阶级的整个思想体系:～思想|～道德|～信念|～教育|～理想|～观念|相信～|树立～信念|加强～教育|对青少年进行～道德品质的教育|他在学生时代就树立了～信念。❷一种社会制度,无产阶级认为它是人类最理想的社会制度:建立～|实行～|～制度|为了～|向往～|"各尽所能,按需分配"是～的分配原则|社会主义是～的初级阶段。

2320 **共和国**(國) 丙

gònghéguó (republic)

[名]实施共和政体的国家:～的公民|～的孩子|～的英雄|建立～|保卫～|巩固～|热爱～|～成立了|～强大了|～繁荣了|强大的～|新生的～|繁荣的～|富强的～|自由的～|为了保卫年轻的～,千百万人献出了自己的生命|人民代表投票选举～的领导人。

2321 **共计**(計) 丁

gòngjì (amount to)

[动]合在一起计算;总计:～20人|～多少元?|～1000元人民币|出席今天大会的代表～1500人|这些东西加起来～50元人民币。

【近义词】总计/合计

【构词】大计/定计/毒计/估计/诡计/合计/活计/伙计/家计/会(kuài)计/累计/妙计/奇计/巧计/设计/生计/算计/统计/心计/预计/约计/中(zhòng)计/总计/百年大计/缓兵之计/将计就计/锦囊妙计/千方百计

2322 **共鸣**(鳴) 丁

gòngmíng (resonance)

[名]原指物体因共振而发生的现象,比喻由别人的某种情绪引起的相同

的情绪:产生~|引起~|发生~|心灵的~|感情的~|情绪上的~|听众的~|读者的~|强烈的~|她的演讲引起了大家的~|这歌声引起山谷的~。

【近义词】同感

2323 **共青团**(團) 丙

gòngqīngtuán (the Communist Youth League)

[名]共产主义青年团的简称。共青团是共产党领导下的先进青年的群众性组织:参加~|加入~|~支部|~团员|~组织|成立~|建立~|~的队伍|他16岁就加入了~|这次义务劳动是学校~组织的|他虽然不是~团员,但~组织的活动他都参加。

【构词】兵团/财团/党团/集团/剧团/军团/谜团/面团/蒲团/社团/师团/汤团/团团/疑团/乐团

2324 **共同** 乙

gòngtóng (common)

[形]❶属于大家的;彼此都有的:~目标|~理想|~目的|~财产|~语言|~节日|~点|~的想法|~的思想|在中国学习,汉语是我们的~语言|5月1日是全世界劳动者~的节日|~的目标把我们联系在一起。❷大家一起(做):~完成|~前进|~生活|~使用|~战斗|~办理|这项工作很重要,需要我们大家~努力|他们俩~生活了20年|这台洗衣机我们可以~使用。

【近义词】❷一同/一起

【反义词】独特/分头/独自

【提示】"共同"是非谓形容词,不能受程度副词修饰。例如,不能说"很共同"、"非常共同"。

2325 **共性** 丁

gòngxìng (general character)

[名]共同具有的性质:事物的~|人物的~|艺术的~|具有~|缺乏~|发现~|形成~|改变~|把握~|分析~|好动是孩子的~|他善于抓住事物之间的~来分析问题|喜欢幻想是青年人的~。

【近义词】通性

【反义词】个性

2326 **钩**(鉤) *丙 〔部首〕钅 〔笔画〕9

gōu (hook)

[动]❶用钩状物搭、挂或探取:~树枝|~住一根棍子|~出来|~起来|~不住|~了一会儿|~上来|把水桶从井里~上来了|杂技演员用脚~住绳子倒挂在空中。❷〈丁〉一种编织、缝纫的方法:~边儿|~毛衣|~桌布|~网兜儿|~窗帘|手工~|机器~|会~|可以~|用钩针~|~得快|~得漂亮|~了一天|小王会~网兜儿|这块桌布全是手工~成的。

【提示】①"钩"作名词表示钩子或钩形的符号(形状是"✓",一般用来标志正确的文字或事物)。在口语中常儿化。②钩,姓。

2327 **钩子** 丙

gōuzi (hook)

[名]悬挂东西或探取东西的用具,形状弯曲:衣服~|钓鱼~|火~|秤~|铁~|用~钩出来|把衣服挂在衣架的~上|他找来一个大铁~,把掉进水里的东西钩上来了。

2328 **勾** 丁 〔部首〕勹 〔笔画〕4

gōu (cancel; cross out)

[动]❶用笔画出符号,表示删除或截取:～出来|～掉|～起来|用笔～|他用红笔～掉了几个多余的词|我把文章里最精彩的对话～出来了|～掉几个字。❷画出形象的边缘;描画:～了～|～出来|～～画画|～了一笔|他只几笔就把这座建筑的轮廓～出来了|只见他在纸上～～画画,一会儿一只可爱的小狗就画出来了|一笔～出只鸽子。❸用灰、水泥等涂抹砖石建筑物的缝儿:～缝儿|～完了|～好了|你去用水泥～一～墙缝|今天我～了一天墙缝。❹引;招引:～引|～起回忆|～起往事|看到照片,～起了我的回忆|他的话～起了我满肚子的火。

【提示】①"勾"又读 gòu,如"勾当"。②勾(Gōu),姓。

【构词】勾搭/勾画/勾魂/勾脸/勾留/勾通/勾引/勾针/勾心斗角

2329 **勾结**(結) 丙

gōujié (collude with)

[动]为了进行不正当的活动暗中互相串通、结合:～敌人|～坏人|～流氓|～汉奸|和敌人～|互相～|秘密～|暗中～|私下～|准备～|妄图～|～了一年|～了一番|～了一阵子|～起来|～上了|～的目的|～的手段|战争年代他暗中～敌人,出卖了我们的同志|他利用手中的权力,和社会上的不法分子～在一起,干了很多坏事。

【近义词】串通/联合

2330 **沟**(溝) *丙 〔部首〕氵 〔笔画〕7

gōu (ditch)

[名]❶水道:河～|山～|村里有一条小水～|那个小村子坐落在深山～里。❷人工挖的水道或工事:暗～|地～|～渠|公路两旁有地～,雨水从地～里流走了|平坦的田地上～渠纵横,那是农民修的水渠。❸〈丁〉类似沟的浅槽:车～|垄～|瓦～|一道道车～|黄土地上有一道道马车走过的～|雨水顺着瓦～流下来。

【提示】义项❶的"沟"在口语中常儿化。

【构词】沟壑/沟渠/沟沿

2331 **沟通** 丁

gōutōng (link up)

[动]使彼此相通:～关系|～感情|～信息|文化～|思想～|两地～|水路～|尽快～|马上～|盼望～|可以～|应该～|必须～|～得早|～得及时|～得顺利|加以～|促进～|继续～|全部～|～的渠道|～的办法|～的结果|海峡两岸人民盼望能早日直接～|这条航线进一步～了两国的贸易往来|要相互配合做好工作,就要经常～情况。

【近义词】联系

2332 **狗** 乙 〔部首〕犭 〔笔画〕8

gǒu (dog)

[名]哺乳动物,嗅觉和听觉都很灵敏,毛有黄、白、黑等颜色。有的可训练成警犬,有的可帮助打猎、牧羊。也叫犬:一只～|养～|小～|大～|狼～|喂～|遛～|～肉|～毛|～皮|～是人类的忠实朋友|王先生养了一只可爱的小～|小王从来不吃～肉。

【构词】狗腿子/狗尾草/狗熊/狗急跳墙/狗皮膏药/狗头军师/狗血喷头/狗仗人势

2333 **构成**(構) 乙 〔部首〕木 〔笔画〕8

gòuchéng (form)
[动]形成;造成:～威胁|～犯罪|～灾害|～侵权|～了新体系|材料的～|句子的～|由…～|可以～|能够～|直接～|这个汉字是由两部分～的|沙漠对人类～了威胁|这篇文章介绍了新的语法体系的～。
【近义词】组成/形成

2334 **构思** 丁
gòusī (work out the plot of a literary work)
[动]做文章或创作艺术作品时运用心思:～一篇文章|～一部长篇小说|～一首诗|～巧妙|～新颖|～奇特|～简单|～复杂|正在～|开始～|进行～|需要～|认真～|精心～|专心～|这篇小说～得很巧妙|王老师正在～一篇文章,不要打扰他|文章的结构已经～好了。
【近义词】构想

2335 **构想** 丁
gòuxiǎng (conceive)
[动]构思:他正在～一部电视连续剧|他大胆～了公司发展的蓝图。
【近义词】构思
【提示】"构想"作名词时,表示"形成的想法",如:一种～|大胆的～|美好的～|关于体制改革的～|这是一个大胆的～|关于教学改革,张老师提出了具体的～。

2336 **构造** 乙
gòuzào (structure)
[名]各个组成部分的安排、组织和相互关系:汉字的～|句子的～|语法～|人体～|内部～|外部～|～简单|～复杂|～合理|掌握它的～|研究它的～|地质学家正在研究这个地区的地质～|这种计算机的～很复杂|要写好汉字,就要掌握它的～|王大夫画了一张人体～图。
【近义词】结构

2337 **购**(購) 丙 〔部首〕贝 〔笔画〕8
gòu (buy)
[动]买:采～|统～|～货|～物|代～|订～|抢～|套～|征～|收～|选～|小李在这家商店订～了一套家具|这个商店的服务态度好,商品齐全,来这儿～物的人很多|市场繁荣,～销两旺。
【近义词】买
【反义词】销/卖
【构词】购办/购备/购销/购置

2338 **购买**(買) 丙
gòumǎi (purchase)
[动]买:～文具|～书本|～汽车|～住房|～股票|～水果|～军火|国家～|教师～|私人～|集体～|个人～|应该～|可以～|必须～|想～|打算～|允许～|要求～|希望～|开始～|停止～|高价～|大量～|及时～|纷纷～|积极～|学校计划～一批电子计算机|年轻人都想～私人住房|近年来～私人汽车的越来越多。
【近义词】买/购
【反义词】销售/卖
【构词】采买/收买

2339 **购买力** 丁
gòumǎilì (purchasing power)
[名]指个人或机关团体购买商品和支付生活费用的能力:居民的～|教师的～|农民的～|城市的～|农村的

～|～高|～低|～提高了|～下降了|考虑到～|照顾到～|目前出售的商品房定价太高，跟城市居民的～不符|随着农村经济的发展，农民的～大大提高了|跟消费者的～相比，这种商品的价格定得太高了。

〔部首〕勹
2340 **够** *甲
〔笔画〕11

gòu (adj. enough; v. reach)

[形]❶表示达到一定标准或某种程度：～好了|～长了|～冷的|～热的|～棒的|～忙的|阿里汉语说得～好的了|这两天小王已经～忙的了，不要再麻烦他了|北京的冬天～冷的|你看，我当老师～不～资格？|你身高才一米六，不～标准|我还没睡～呢，让我再睡会儿。❷数量上可以满足需要：钱～了|～用了|～花了|时间～|足～了|～分量|吃～了|你带的钱～不～？|这些铅笔～你一年用的。

[动]〈乙〉伸直胳膊或用长形的工具取东西：～下来|～得着(zháo)|～不着(zháo)|东西放得太高了，我～不着|你个儿高，帮我～下来吧|他伸手到架子上～东西。

【构词】够本/够不上/够不着/够得上/够得着/够格/够交情/够劲儿/够朋友/够呛/够瞧的/够受的/够味儿/够意思

〔部首〕辛
2341 **辜负**(負) 丙
〔笔画〕12

gūfù (let down)

[动]对不住(别人的好意、期望或帮助)：～了父母的期望|～了国家的培养|～了老师的教育|～了朋友的信任|～了他的一片苦心|～父母的养育之恩|没有～|决不～|不能～|完全～了|不想～|我一定要努力学习，决不～父母的期望|你这样做，～了朋友对你的信任|朋友的好意你千万不能～啊。

【提示】①"辜"字下面是"辛"，不能写成"幸"。②辜，姓。

〔部首〕亻
2342 **估计**(計) 乙
〔笔画〕7

gūjì (v./n. estimate)

[动]根据某些情况，对事物的性质、数量、变化等作大概的推断：～价钱|～时间|～病情|～结果|～大小|～距离|～高低|～好坏|～得不准|～得对|～准确|～一番|～一下儿|～一次|可以～|会～|能～|～出来|无法～|过高地～|错误地～|～的结果|敌人总是过高地～自己的力量|你～今天的考试难不难？|我～小王今天不会来了。

[名]做出的推断：一种～|他们的～|原来的～|这只是我的～，不一定准确|实践证明，你的～错了|对这件事情的结果，我们要有个清醒的～。

【近义词】估量/推测/推断

【构词】估产/估价/估量/估摸/估算

〔部首〕子
2343 **孤单**(單) 丁
〔笔画〕8

gūdān (lonely)

[形]单身无靠，感到寂寞，或感到力薄：老人很～|孩子很～|感到～|觉得～|显得～|免得～|怕～|不～|不觉得～|～得很|特别～|～的人|～的小鸟|～的孩子|～的情绪|～的心情|实在～|的确～|生活得～|屋子里只有她孤孤单单的一个人|虽然退休了，可他并不感到～|放假后，同学们都回家了，宿舍里只有他一个人，他太～了。

【近义词】孤独/寂寞

【构词】孤傲/孤本/孤岛/孤儿/孤高/

孤寡/孤寒/孤寂/孤军/孤苦/孤零零/孤僻/孤身/孤臣孽子/孤芳自赏/孤家寡人/孤陋寡闻/孤掌难鸣/孤注一掷

2344 **孤独**(獨) 丁

gūdú (lonely)

[形]独自一个人;孤单:老人很～|生活～|感到～|觉得～|怕～|显得～|防止～|免得～|避免～|～得很|～极了|实在～|特别～|的确～|～的老人|～的孩子|～的寡妇|你一个人在家太～了,应该出去走走|她死了丈夫,孩子们又不在身边,～得很|他和同学们在一起时就不感到～了|这里虽然只有我一个人,但我并不感到～。

【近义词】孤单

2345 **孤立** 丙

gūlì (adj. isolated; v. isolate)

[形]❶不能得到同情和援助:坏人～了|敌人～了|他很～|感到～|显得～|担心～|搞得很～|～的原因|她在群众中太～了|虽然只剩下他一个人了,但他并不感到～和寂寞。❷同其他事物不相联系:这不是～的现象|我们不能～地看问题|世界上的一切事物都不是～的。

[动]使得不到同情和援助:～敌人|～坏人|～殖民主义者|～侵略者|害怕～|受到～|防止～|反对～|避免～|可能～|坏人应该受到～|这样做就是为了～敌人|你这样做,不是把自己～起来了吗?

2346 **姑姑** 乙 〔部首〕女 〔笔画〕8

gūgu (aunt)

[名]父亲的姐妹,也叫姑母:他的～|我的～|有两个～|大～|小～|～的孩子|～的丈夫|我把～的丈夫叫姑夫|我～明天结婚|我～来北京旅游了|他～特别喜欢他。

【构词】姑表/姑夫/姑舅/姑老爷/姑妈/姑母/姑奶奶/姑嫂/姑爷/姑丈/姑子/姑妄听之/姑妄言之/姑息养奸

2347 **姑娘** *甲

gūniang (girl)

[名]❶未婚女子:一个～|一位～|漂亮～|美丽的～|聪明的～|可爱的～|她是一位聪明可爱的～|是一位～帮助了我|照片上的～长得真漂亮。❷〈丁〉女儿:这是张老师的～|王先生有两个～,大～已经结婚了,二～正在大学学习。

【近义词】❷女儿

【构词】伴娘/厨娘/大娘/红娘/后娘/奶娘/娘娘/婆娘/乳娘/婶娘/师娘/新娘/姨娘

2348 **姑且** 丁

gūqiě (for the moment)

[副]❶表示说话人暂时做出某种让步,多用于书面语:以前的事～不说,今天的事又是为什么呢?|你的态度好坏～不论,这样做本身就是错误的。❷表示在不得已的情况下只能如此,多用于书面语:我从来没有演过戏,你认为我行,～试试吧|我这里有支铅笔,你～用着|由于时间关系,我们～讨论到这里|她的名字我忘了,～叫她张女士吧。

【近义词】暂且/暂时

2349 **鼓** *乙 〔部首〕士 〔笔画〕13

gǔ (drum)

[名]❶打击乐器,多为圆桶形或扁圆形,中间空,一面或两面蒙着皮革:大

～|铜～|手～|花～|打～|敲～|～声|一面～|～不打不响,理不讲不明|这面～是新的|小王会打～|又打～又敲锣,真热闹!|我们乐队又买了个铜～。❷〈丙〉形状、声音、作用像鼓的:石～|耳～|我的耳～可能有毛病了|石～是珍贵的历史文物。

【构词】鼓板/鼓词/鼓点儿/鼓风机/鼓楼/鼓膜/鼓气/鼓师/鼓手/鼓书/鼓乐(yuè)/鼓噪/鼓鼓囊囊/鼓足干劲

2350 **鼓** 丁

gǔ (make sound)

[动]❶使某些乐器或东西发出声音;敲:～琴|～掌|～起琴来|～起掌来|演出结束时,观众们热烈地～起掌来|同学们～掌欢迎他再唱支歌。❷发动;振奋:～动|情绪～起来了|精神～起来了|～起勇气|～足干劲|小王～了～气,终于走上台去表演节目|老师的话使他又～起了勇气。❸凸起;涨大:～着嘴|～起嘴|～得圆圆的|～得大大的|皮球～起来了|口袋～起来|书包～起来了|肚子～得圆圆的|腮帮子～起来了|眼珠子～出来了|很快～起来|马上～起来|慢慢～起来|那孩子～着小嘴,显得很不高兴|气得他眼睛～得圆圆的|风～起了他那白色的风衣|～起风帆,破浪前进。

【反义词】泄

2351 **鼓吹** 丁

gǔchuī (advocate)

[动]❶宣传提倡:～革命|～改革|～人道主义|～唯心主义|报纸～|革命家～|舆论～|大力～|积极～|公开～|开始～|继续～|不断～|公然～|这件事他～了一年,可是毫无结果|对于报纸大力～的什么改革,他一点儿也不感兴趣。❷吹嘘:～自己的才能|好(hào)～|讨厌～|反对～|会～|～了一番|到处～|极力～|别听他～|他就好～|取得一点儿成绩就到处～!

【近义词】宣扬

【构词】告吹/胡吹/瞎吹

2352 **鼓动**(動) 丙

gǔdòng (agitate)

[动]用语言文字等激发人们的情绪,使他们行动起来:～工人罢工|～学生罢课|～游行|～闹事|领导～|坏人～|一再～|再三～|会～|可以～|敢～|～了一阵子|进行～|喜欢～|受到～|反对～|受到坏人～|在…的～下|热情地～|积极～|大胆～|他几句话就把大家的情绪～起来了|是坏人～他这样做的|你知道这样做不对,就应该劝阻他,怎么还～他去做?

【近义词】发动/怂恿

【反义词】阻止/劝阻

2353 **鼓励**(勵) 乙

gǔlì (v. encourage; n. encouragement)

[动]激发;勉励:～学生|～人民|～群众|～孩子|～学习|～发明|～创造|～上进|～投资|老师～|父母～|政府～|应该～|必须～|值得～|要～|希望～|～了一回|～了一番|多～|热情地～|给予～|互相～|适当地～|老师～学生努力学习|对于孩子的每一点进步,父母都应该及时地～|对认真学习、按时完成作业的同学应该给予～。

[名]指进行鼓励的行为:一种～|最好的～|得到～|受到～|老师的～,

使他增强了信心｜他的话，对我是一种～｜你的批评，是对我最好的～。

【近义词】鼓舞/激励

【反义词】打击/压制

【构词】激励/奖励/勉励

2354 **鼓舞** 乙

gǔwǔ (v. inspire; n. inspiration)

[动]使振作起来，增强信心或勇气：～人｜～着我们｜～了大家｜～学生｜～群众｜～人心｜～斗志｜～士气｜～情绪｜受到～｜得到～｜感到～｜英雄的事迹～了广大群众｜他的精神～着我们｜听了他的报告，我深受～。

[名]使人振作起来的做法：一种～｜巨大的～｜极大的～｜得到～｜这对我们是一种巨大的～｜他的话给了我们极大的～。

【近义词】鼓励/振奋

【反义词】丧气/消沉

2355 **鼓掌** 乙

gǔ zhǎng (applaud)

拍手，多表示高兴、赞成或欢迎：～欢迎｜～通过｜～感谢｜鼓起掌来｜热烈～｜热情地～｜高兴地～｜喜欢～｜不～｜不要～｜没有～｜不能～｜鼓了5分钟的掌｜鼓了一阵掌｜大家站起来～欢迎｜听说小王要唱歌，同学们高兴地～欢迎｜演出结束时，观众热烈地鼓起掌来。

【提示】离合词，中间可插入其他成分，如：鼓了半天掌｜鼓起掌来。

【构词】巴掌/反掌/抚掌/合掌/击掌/脚掌/马掌/魔掌/拍掌/手掌/熊掌/执掌/主掌/了如指掌/摩拳擦掌/易如反掌

2356 **古** 乙 〔部首〕十 〔笔画〕5

gǔ (ancient)

[形]经历多年的：～文｜～画｜～建筑｜～庙｜～都｜～玩｜～墓｜这是一座有1000年历史的～庙｜要恢复这些～建筑是不容易的｜我朋友很喜欢～玩和～画。

【近义词】老/旧

【反义词】新

【提示】①"古"作名词时是"古代"的意思，跟"今"相对。②古，姓。

【构词】古板/古刹(chà)/古董/古都/古国/古籍/古今/古旧/古历/古朴/古琴/古趣/古诗/古书/古体诗/古铜色/古玩/古稀/古训/古雅/古远/古装/古筝/古道热肠/古井无波/古色古香/古往今来/古为今用

2357 **古代** 乙

gǔdài (ancient times)

[名]过去距离现代较远的时代(区别于"近代"、"现代")，在中国历史分期上多指19世纪中叶以前：～汉语｜～诗词｜～历史｜～建筑｜～文化｜～服装｜～社会｜～发明｜～的故事｜中国～有很多伟大的发明和创造｜我要学好～汉语｜我们要研究现代，也要研究～｜这是一座～建筑。

【反义词】近代/现代/当代

2358 **古典** 丙

gǔdiǎn (classical)

[形]古代流传下来的在一定时期被认为是优秀的或典范的：～文学｜～音乐｜～哲学｜～戏曲｜～歌剧｜～艺术｜喜欢～文学｜爱听～音乐｜这座建筑体现了欧洲～建筑的风格｜小王正在学习中国～哲学｜他不喜欢看～歌剧｜她具有一种东方的～美。

【反义词】现代

2359 古怪 丁

gǔguài (eccentric)

[形]跟一般情况不同，使人觉得奇怪的；生疏少见的：～的脾气｜～的性格｜～的服装｜～的样子｜性格～｜脾气～｜想法～｜行为～｜相貌～｜觉得～｜显得～｜长得～｜打扮得～｜变得越来越～｜实在很～｜的确～｜这位老人的脾气很～｜她的性格很～｜别看他长得～，但心地善良｜她打扮得真～｜这些～的事你是从哪儿听来的？

【近义词】怪诞／奇怪

【反义词】普通／一般

【构词】错怪／鬼怪／见怪／惊怪／难怪／奇怪／无怪／妖怪／责怪／作怪／大惊小怪／千奇百怪／兴妖作怪／妖魔鬼怪

2360 古迹 乙

gǔjì (place of historic interest)

[名]古代的遗迹，多指古代流传下来的建筑物：北京的～｜唐代的～｜重要的～｜珍贵的～｜罕见的～｜大量～｜保护～｜发现～｜参观～｜修复～｜破坏～｜三处～｜中国有许多名胜～｜这些～得到很好的保护｜导游给我们介绍了这一地区～的分布情况｜最近西安附近又发现了一处秦代的～。

【近义词】遗迹／陈迹

【提示】“迹”读 jì，不要读 jī(旧读 jī)。

2361 古老 乙

gǔlǎo (ancient)

[形]经历了久远年代的：～的传说｜～的故事｜～的国家｜～的文化｜～的民族｜～的民歌｜～的风俗｜～的兵器｜～的建筑｜～的城市｜很～｜确实～｜～得很｜～的中国变得年轻了｜这是一座～的城市｜这座庙～得很｜这首～的民歌在草原上一代一代流传下来。

【近义词】古／陈旧

【反义词】新／年轻

【构词】苍老／垂老／法老／父老／告老／见老／阔老／卖老／衰老／养老／遗老／元老／月老／终老／天荒地老／倚老卖老

2362 古人 丁

gǔrén (the ancients)

[名]泛指古代的人：～的话｜～的文章｜～的服装｜～的画像｜～的思想｜～的字画｜谈论～｜批评～｜学习～｜害怕～｜了解～｜受～的影响｜和～一样｜替～担忧｜超过～｜了解和谈论～是为了告诫今人｜你别老是替～担忧了｜细想起来，～的话还是很有道理的｜他珍藏着多幅～字画。

【反义词】今人

2363 古文 丁

gǔwén (ancient Chinese prose)

[名]中国五四运动(1919 年 5 月 4 日)以前的文言文的统称：学习～｜教～｜喜欢～｜背诵～｜先秦～｜选注～｜～注释｜～成绩｜～老师｜一篇～｜他是我们的～老师｜我觉得～太难了｜在中学的语文课本里有很多～名篇。

【近义词】文言文

【反义词】白话文

【构词】跋文／榜文／碑文／本文／呈文／电文／范文／公文／国文／祭文／经文／课文／论文／盲文／铭文／批文／全文／散文／上文／时文／斯文／天文／条文／外文／温文／西文／戏文／下文／序文／遗文／译文／引文／语文／原文／韵文／杂文／征文／正文／中文／作文

2364 骨 丁

〔部首〕骨
〔笔画〕9

gǔ (bone)

[名]❶骨头：～架｜～骼｜～头｜脚～｜我的脚～扭伤了｜做手术时，需要取下一块头～。❷比喻在物体内部支撑的架子：伞～｜船的龙～｜钢～水泥｜木～架｜铁～钢筋｜这把伞的伞～坏了，撑不起来了｜他的身体像铁～钢筋似的，结实极了｜这座建筑全部是钢～水泥的。❸品质；气概：～气｜有～气｜没～气｜媚～｜傲～｜这是个有～气的小伙子｜人不可以有傲气，但不可无傲～｜谁都看不起没～气的人。

【提示】"骨"又读 gū，如"骨朵"。

【构词】骨刺/骨董/骨粉/骨灰/骨架/骨节/骨膜/骨牌/骨盆/骨气/骨髓/骨血/骨折/骨瘦如柴

2365 **骨干**(幹) 丙

gǔgàn (backbone)

[名]长骨的中央部分。多用来比喻在总体中起主要作用的人或事物：～分子｜～力量｜～队员｜～队伍｜～作用｜培养～｜选拔～｜发挥～的作用｜教学～｜文艺～｜科研～｜作为～｜她是学校的教学～｜我们学校的教学工作中真正的～大都是四五十岁的人｜国有企业是中国的～企业｜在工作中应该充分发挥～分子的作用。

【近义词】中坚/栋梁

【提示】"干"又读 gān，如"干净"。

2366 **骨肉** 丁

gǔròu (flesh and blood)

[名]指父母兄弟子女等亲人，也常用来比喻紧密相连、不可分割的关系：～分离｜～团聚｜～团圆｜～离散｜～情谊｜～相残｜拆散～｜如同～｜视同～｜结为～兄弟｜想念自己的亲～｜亲如～｜～之情｜～同胞｜战争使这个国家的人民～相残｜他待我像亲～一样｜这孩子可是她惟一的～啊｜我怎么能忘记这～情谊啊！｜解放军和人民群众亲如～｜春节是～团聚的日子。

【近义词】骨血

【构词】冻肉/果肉/肌肉/筋肉/烤肉/皮肉

2367 **骨头**(頭) *乙

gǔtou (bone)

[名]❶人和脊椎动物体内支持身体、保护内脏的坚硬组织：～架子｜～折(shé)了｜～断了｜一根～｜一块～｜人的～｜猪～｜牛～｜啃～｜他瘦得只剩下一把～了｜把断了的～接上｜狗都喜欢啃～。❷〈丙〉比喻人的品质：懒～｜硬～｜软～｜贱～｜没～｜他是条硬～的好汉｜敌人抓住他拷打一番他就投降了，真是个软～！｜这个懒～，都11点了还不起床！

【提示】"骨头"的"骨"读 gǔ，不能读作 gú(旧读 gú)。

2368 **谷子**(穀) 丙 〔部首〕八 〔笔画〕7

gǔzi (millet)

[名]中国北方的粮食作物，果实脱壳后叫小米：种～｜收获～｜～熟了｜割～｜～长得不错｜地里种着玉米和～｜～丰收了。

【提示】谷，姓。

【构词】谷草/谷地/谷物/谷雨

2369 **股** 丙 〔部首〕月 〔笔画〕8

gǔ (m. strand)

[量]❶用于成条的东西：一～线｜一～泉水｜一～头发。❷用于气体、气味、力气等：一～热气｜一～冷气｜一～香味｜一～劲儿｜一～臭气｜一～力量。❸用于成批的人：两～敌人｜一～土匪。

【构词】股本/股金/股利/股市/股息

2370 **股东(東)** 丁

gǔdōng (share holder)

[名]股份公司的股票持有人:大～|小～|～的权力|～的责任|～的利益|～的义务|当～|成为～|变成～|老～|新～|重要的～|保护～的利益|维护～的权益|感谢～的帮助|他是这家股份公司的～|凡是持有这家公司股票的人都可以成为这家公司的～|王先生拥有这家公司50%的股份,他是这家公司最大的～。

2371 **股份** 丁

gǔfèn (share)

[名]❶股份公司或其他合伙经营的资本单位:～制企业|～公司|天利～有限公司|这是一家～制私人企业|李老板是这家～公司的最大股东。❷投入股份制企业的资金单位:认购～|拥有～|占有～|掌握～|出卖～|收买～|他拥有这家～公司40%的～|掌握公司50%的～,就掌握了公司的经营权。

【近义词】股子

【提示】"股份"也写作"股分"。

【构词】备份/等份/年份/身份/省份/县份/月份

2372 **股票** 丁

gǔpiào (stock)

[名]股份公司用来表示股份的证券:一张～|一笔～|一批～|大量～|～市场|～的行(háng)情|～的价格|炒～|～持有者|～占有者|买～|认购～|发行～|抛售～|～上涨|～贬值|～升值|～下跌|他一下子买了1万元的～|最近这家公司的～贬值了|他把手里的～全都抛出去了|听说他靠买卖～发了一笔财。

2373 **雇** 丙 〔部首〕户 〔笔画〕12

gù (hire)

[动]❶出钱让人给自己做事:～工|～人|～用人|～保姆|～临时工|～职员|～售货员|～保镖(biāo)|～司机|～了一个月|～了一年|～不着(zháo)|～得着(zháo)|～过用人|～得起|～不起|准备～|想～|愿意～|可以～|用不着～|必须～|两位老人～了一个小保姆做家务|～用人每月得付很多钱,我可～不起|他的公司～着四个职员。❷出钱让别人用车、船等为自己服务:～车|～出租汽车|～船|～得着|～不着|～得起|～不起|我想～一辆出租汽车|路不远,用不着～汽车|天黑了,～不着出租汽车,只好走回来了。

【构词】雇工/雇农/雇请/雇主

2374 **雇佣(傭)** 丁

gùyōng (employ)

[动]用货币购买劳动力、兵力等:～观点|～思想|～劳动|～兵役制|～兵|～关系|这些士兵大部分是～来的,战斗力很差|私营企业里老板和工人是一种～关系|要改变职工的～观点,生产才能搞好,企业才能发展。

【提示】"雇佣"的"佣"应读第一声yōng,不能读成第四声yòng。

2375 **雇员(員)** 丁

gùyuán (employee)

[名]受雇在企业、公司等单位工作的人:一般～|高级～|聘请～|解雇～|应(yìng)聘做～|当～|大学毕业后,他在一家公司当～|这家公司打算聘

请一位高级～|有四名～被公司解雇了。

2376 **故** 丁 〔部首〕攵 〔笔画〕9

gù (n. reason; adj. purposely; conj. so)

[名]原因;缘故:何～|借～|缘～|平白无～|开会时,他常常无～缺席|他借～离开了会场|你怎么平白无～骂人呢?

[形]❶故意;有意:～杀|～意|明知～犯|欲擒～纵|～作镇静|他这样做其实是～作镇静|这不是明知～犯吗?❷原来的;从前的;旧有的:～人|～友|～乡|～土|～居|～园|～宫|温～知新|依然如～|这是鲁迅先生的～居|去年暑假我回～乡看了看|学过的生词要经常复习,俗话说"温～知新"嘛。

[连]所以;因此:他学习好,考试前又作了充分准备,～能顺利通过考试|因有急事,～不能前往|任何有群众的地方,都有积极的、中间的和比较落后的三部分人,～领导者必须善于团结大多数群众。

【构词】故道/故地/故都/故宫/故国/故交/故旧/故居/故垒/故里/故去/故人/故世/故态/故土/故我/故友/故园/故宅/故址/故步自封/故弄玄虚/故土难移

2377 **故事** *甲

gùshi (story)

[名]❶真实的或虚构的用做讲述对象的事情,有连续性,能吸引人,感染人:讲～|听～|编～|儿童～|童话～|民间～|神话～|历史～|喜欢～|爱听～|一个～|给孩子们讲～|小时候奶奶常给我讲～|王老师很会编～。❷〈乙〉文艺作品中用来体现主题的情节:有～|～性|～情节|这个电影～曲折,很吸引人|这篇小说太平淡了,缺乏～性|只要有～、能吸引人,观众就喜欢看。

2378 **故乡**(鄉) 乙

gùxiāng (native place)

[名]出生或长期居住过的地方;家乡;老家:我的～|他的～|回～|去～|回忆～|来到～|～的亲人|～的山水|～的朋友|热爱～|留恋～|离开～|离不开～|告别～|这就是我的～|去年暑假我又回到了～|北京是我的第二～|我永远忘不了～的亲人,～的山水。

【近义词】家乡

【构词】城乡/家乡/老乡/梦乡/侨乡/山乡/水乡/睡乡/思乡/他乡/同乡/外乡/下乡/仙乡/异乡/背(bèi)井离乡/衣锦还(huán)乡/异国他乡/鱼米之乡

2379 **故意** 乙

gùyì (intentionally)

[形]有意识的:～的行为|～地说|～地做|～批评|～表扬|～反对|～表示同意|是～的|确实不是～的|他这样做不是～的|他明明知道,可～装作不知道的样子|说话的时候他～把声音压得低低的。

【近义词】有意/成心/有心

【反义词】无意/无心

2380 **故障** 丁

gùzhàng (breakdown)

[名](机械、仪器等)发生的不能顺利运转的情况;毛病:出～|发现～|排除～|寻找～|找到～|～发生了|～

出现了|~排除了|~增加了|~减少了|严重~|大~|小~|一般~|录音机出~|汽车出~|人为的~|操作上的~|这次~严重地影响了生产|这辆汽车的发动机出了~|机器的~很快被排除了。

【近义词】毛病

2381 **顾**(顧) *乙 〔部首〕页 〔笔画〕10

gù (attend to)

[动]❶注意;照管:兼~|只~|照~|光~|净~|~及|~全|~念|~此失彼|自~不暇|奋不~身|后~之忧|他只~别人,不~自己|我们应该~全大局|小王光~着学习了,有人进来都不知道。❷〈丙〉转过头来看;看:~盼|回~|环~|左~右盼|瞻前~后|义无反~|看他那左~右盼的样子,好像在等什么人|小王走进来,环~左右,最后走到李先生跟前。

【近义词】❶照顾;❷看

【提示】顾,姓。

【构词】顾及/顾忌/顾念/顾盼/顾全/顾此失彼/顾名思义/顾影自怜

2382 **顾不得** 丁

gù bu de (unable to attend to)

表示在某种情况下或由于某种原因只能做某件事,而没有时间或精力做另外的事:听说小王病了,他~休息就陪小王去医院了|王老师整天在学校忙于教学,连家也~回|母亲离家在外,也~我们了|任务紧急,~这么多了|他忙得连孩子也~照顾了。

2383 **顾客** 乙

gùkè (customer)

[名]商店或服务行业称呼买东西的人或服务对象:一名~|为~服务|方便~|为了~|照顾~|~的利益|~的安全|~的钱包|老~|普通~|特殊~|~至上|~的意见|他是这家饭馆的老~|这家商场的货物齐全,服务态度也好,所以~也多|为~服务,方便~,是服务行业应该放在第一位的。

【近义词】顾主

2384 **顾虑**(慮) 丁

gùlǜ (v./n. worry)

[动]恐怕对自己、对别人、对事情不利而不敢照自己的本意说话或行动;担心:~学习成绩|~面子|~地位|~孩子|~安全|~重重|有话就说吧,你~什么?|要干就大胆地干,不要~这,~那|过去她~孩子,自从厂里有了托儿所,她什么都不~了。

[名]怕给自己、别人或事情带来不利的思想活动:~很多|~很大|~少|~产生了|~消除了|~增加了|~减少了|思想上的~|内心的~|老人的~|过去的~|现在的~|很多~|一个~|两层~|这种~是多余的|我没有什么~|阿里来中国以前,怕不适应北京的气候,~很大,一到北京,他的~就完全消除了。

【近义词】担心/顾忌

【构词】多虑/挂虑/过虑/焦虑/考虑/思虑/无虑/疑虑/忧虑/远虑/处心积虑/深谋远虑/深思熟虑

2385 **顾全大局** 丁

gùquán dàjú (take the interests of the whole into account)

照顾并保全整个的局面,使不受损害:要~|必须~|会~|愿意~|应该~|想~|能~|不~|没~|为了~|~的做法|~的计划|领导干部定计

划、处理问题都要～|为了～,个人利益受点儿损失是值得的|做事情要～。

2386 **顾问**(問) 丙

gùwèn (adviser)

[名]有某方面的专门知识,供个人或机关团体咨询的人:一位～|担任～|当～|请～|成了～|聘为～|需要～|技术～|生活～|法律～|好～|～的作用|这家工厂聘请了两名常年法律～|高工程师退休后,被一家建筑公司请去当了～|要充分发挥～的作用。

【近义词】参谋

〔部首〕口
〔笔画〕8

2387 **固定** 丙

gùdìng (adj. fixed; v. fix)

[形]不变动或不移动的(跟"流动"相对):～的时间|～的地点|～的工作|～的收入|～职业|～的位置|～的地方|很～|特别～|大学毕业后他有了份～的工作|他们每个星期六都在～的时间、～的地点见面|他家客厅的每件家具都有～的位置,不能乱动。

[动]使不移动或不变动:～下来|～起来|～不了|～一下|应该把学习时间～下来|我不愿意把自己～在某个单位|这个镜框松了,请你把它～一下儿。

【近义词】稳定/稳固

【反义词】流动/变动

【提示】固,姓。

【构词】固辞/固疾/固守/固态/固习/固步自封/固若金汤

2388 **固然** *丙

gùrán (no doubt)

[连]❶表示承认某个事实,引起下文转折。后一分句常有"但是"、"可是"、"却"等呼应:药～可以治病,但是服用不当也会产生相反的作用|工作～很忙,但还是可以抽出一些时间来的|这样做～好,就是太浪费时间了。❷〈丁〉表示承认某一事实,也不否认另一事实:考上大学～好,考不上也不必灰心|彩色照片～好,黑白照片也有特色。

【近义词】当然/虽然

2389 **固体**(體) 丙

gùtǐ (solid)

[名]有一定体积和形状,质地比较坚硬的物体:一种～|变成～|形成～|～状态|～的形状|～的重量|由～变成液体|钢、铁、玻璃等在常温下都是～|金属在一定的高温下会由～变成液体|炒菜的时候他喜欢用～酱油。

【反义词】液体/气体

2390 **固有** 丁

gùyǒu (inherent)

[形]本来有的;不是外来的:～属性|～特点|～矛盾|～文化|～资本|～财产|～资源|～的概念|～的领土|开发～资源|研究它的～属性|发扬～文化|喜欢阳光是这些植物的～属性|每个民族都应继承和发扬本民族的～文化|这些丰富的资源都是这个地区～的。

【近义词】原有

2391 **固执**(執) 丁

gùzhí (obstinate)

[形]坚持已见,不肯改变:性情～|脾气～|性格～|思想～|态度～|～的老人|～的孩子|真～|实在～|～得很|～得厉害|变得～|显得很～|～已见|～地说|这个老人～得很,要想

说服他可不容易｜不管妈妈怎么说，那孩子就是～地站在那儿不动｜随着年龄的增长，他也越来越～了｜在这个问题上，他表现得很～。

【近义词】顽固

【反义词】随和

【提示】“固执”的“执”也可读轻声。

【构词】父执/回执/坚执/拘执/偏执/争执

2392 **刮** *甲 〔部首〕刂 〔笔画〕8

guā (blow)

[动]❶(风)吹：～风｜～起大风｜～掉了｜～了一天｜开始～｜继续～｜～得很大｜～得很厉害｜没～｜又～起风来了｜风不～了｜风～得真大｜大风把树叶全都～下来了｜什么风把你～来了？❷〈乙〉用刀等在物体的表面移动，把物体表面的某些东西去掉或取下来：～胡子｜～脸｜～锅｜～干净｜～起来｜～下来｜～了半天｜～了一阵｜～掉｜用力～｜轻轻地～｜小心地～｜可以～｜会～｜能～｜愿意～｜开始～｜继续～｜～完了｜～了10分钟｜张先生起床后第一件事就是～脸｜他用小刀把管子上的铁锈～干净了｜你快～～粥锅，免得待会儿不好洗。

【近义词】❶吹；❷剃

【构词】刮刀/刮刮叫/刮脸/刮削/刮目相看

2393 **瓜** 丙 〔部首〕瓜 〔笔画〕5

guā (melon)

[名]一种植物，茎蔓生，叶子像手掌，花多黄色，果实可以吃：西～｜冬～｜黄～｜南～｜丝～｜～秧｜～叶｜～子｜～皮｜～农｜种～｜摘～｜收～｜买～｜切～｜吃～｜这个西～又大又甜｜今年夏天，我们吃了很多好西～｜苦～原来是南方的蔬菜，现在北京人也喜欢吃了｜新疆的哈密～闻名全国｜种～得～，种豆得豆。

【构词】瓜蒂/瓜葛/瓜农/瓜皮帽/瓜条/瓜蔓(wàn)/瓜子脸/瓜熟蒂落/瓜田李下

2394 **瓜分** 丁

guāfēn (divide up)

[动]像切瓜一样地分割或分配。多指分割疆土：～别国领土｜～一个国家｜～势力范围｜～赃物｜被～｜～完了｜遭到～｜～掉了｜梦想～｜开始～｜停止～｜继续～｜进行～｜反对～｜制止～｜疯狂地～｜贪婪地～｜清朝末年，中国的领土不断遭到～｜强盗早已把赃物～完了｜坚决反对～别国土地｜他们总是梦想～新的势力范围。

【近义词】分割

【反义词】兼并

2395 **瓜子** 丙

guāzǐ (melon seeds)

[名]瓜的种子，特指炒熟的西瓜子、葵花子等：一粒～｜一斤～｜买～｜吃～｜嗑(kè)～｜五香～｜～皮儿｜黑～｜白～｜大多数女孩子都喜欢吃～｜他特别会嗑～｜吃～的时候不要乱扔皮儿｜她总是一边看电视，一边吃～｜这种南方的～很好吃。

【提示】在口语中一般要儿化。

2396 **寡妇**(婦) 丙 〔部首〕宀 〔笔画〕15

guǎfu (widow)

[名]死了丈夫的妇人：一个～｜年轻的～｜孤独的～｜～的生活｜～的名誉｜～的地位｜～的利益｜成了～｜看上了一个～｜她虽然是个～，但并不感到孤独｜老王要结婚了，听说未婚妻

是位年轻的～|丈夫死了，她成了～，一个人带着不满三岁的孩子过。

【构词】寡淡/寡恩/寡酒/寡居/寡母/寡妻/寡情/寡闻/寡助/寡廉鲜耻

2397 **挂**(掛) *甲 〔部首〕扌 〔笔画〕9

guà (hang)

[动]❶借助绳子、钉子、钩子等物使物体高悬或附着在高处：～地图|～照片|～灯笼|～起来|～上去|～了三天|～一会儿|把衣服～在衣架上|请你帮我把地图～起来|墙上～着一张大照片。❷〈乙〉惦念；不放心：～心|～念|～虑|牵～|～着孩子|～念着老母亲|你放心去吧，不要～念孩子|他人在国外，可心里总是～着家乡年迈的父母|你让他办的事，他会～在心上的。❸〈丙〉钩上；连接上或切断电话：～住了|～上了|～破了|～电话|桌子角把我的衣服～住了|话没说完，他就把电话～了|钉子把衣服～破了。❹〈丙〉登记：～号|～失|看病得(děi)先～号|张教授是心脏病专家，我要～他的号|丢了银行的存款单据，应该马上～失。

【近义词】❶摘

【构词】挂碍/挂不住/挂彩/挂齿/挂锄/挂花/挂怀/挂幌子/挂兰/挂历/挂镰/挂零/挂虑/挂面/挂名/挂牌/挂牵/挂失/挂帅/挂锁/挂毯/挂图/挂孝/挂心/挂一漏万/挂羊头，卖狗肉

2398 **挂钩**(鈎) 丁

guà gōu (link up with)

原意是用车钩把两节车厢连接起来，多用来比喻相联系：和工厂～|跟农村～|～单位|挂起钩来|那家工厂是我们的～单位|商店和生产单位直接～|只要和生产单位挂起钩来，商店的货源就不成问题了。

【近义词】联系

【提示】离合词，中间可插入其他成分，如：挂上钩|挂不上钩。

【构词】车钩/秤钩/搭钩/钓钩/拉钩/领钩/上钩/脱钩/鱼钩

2399 **挂号**(號) *乙

guà hào (register)

❶为了确定次序并便于查考而编号登记(多指去医院看病时的登记手续)：挂一个号|～排队|排队～|看病先～|去医院～|挂不上号|挂得上号|挂内科的号|挂王大夫的号|提前～|～证|～处|看病应该先～|我去医院～|他去得太晚了，没挂上号。❷〈丙〉重要的信件和印刷品付邮时由邮局登记编号，给收据，以便丢失时追查：～信|～邮件|我寄一封～信|邮递员送来一封～信|我想往法国巴黎寄一封信，要～，多少钱？

【提示】离合词，中间可插入其他成分，如：挂不上号|挂过号了。

2400 **挂念** 丁

guàniàn (miss)

[动]因想念而放心不下：～孩子|～老人|～病人|～家庭|父母～(孩子)|老师～(学生)|会～|不～|别～|免得～|省得～|用不着～|特别～|的确～|时刻～|天天～|互相～|你离开我们后，大家都非常～你|我已平安返回学校，请不必～|孩子们走了以后，我一直～着他们。

【近义词】记挂/惦念/想念

【反义词】放心

2401 **乖** *丙 〔部首〕丿 〔笔画〕8

guāi (well-behaved)

[形]❶(小孩儿)不闹;听话:很～|～极了|～孩子|越来越～|这孩子很～|～孩子,听话,别闹了!|这孩子越长越～了。❷〈丁〉伶俐;机警:嘴～|学～了|变～了|～多了|～极了|这孩子的嘴～极了,见什么人说什么话|吃了一次亏,他变得～多了。

【近义词】❶听话;❷巧

【反义词】❶闹;❷笨

【构词】乖觉/乖谬/乖僻/乖巧/乖张

2402 **拐** *乙 〔部首〕扌 〔笔画〕8

guǎi (turn)

[动]❶转变方向:～弯|左～|右～|向东～|往西～|～来～去|～过来|～过去|往前走,～个弯就到了|车子～弯|～得太猛了|在交通路口机动车应该向右～,禁止左～|他向右一～就进去了。❷〈丙〉走路不稳;瘸(qué):～子|～了腿|把腿～了|～得厉害|他脚上打了泡,走起路来一～一～的|昨天他打球伤了腿,今天～得很厉害|他的腿～了。❸〈丁〉用诱骗的手段带走;拐骗:～骗钱财|～卖儿童|～带妇女|～骗犯|严厉打击～卖妇女儿童的犯罪集团|那人～了人家的钱就逃走了|她怎么也没想到自己惟一的儿子被～到他乡。

【近义词】❶转(zhuǎn);❷瘸;❸骗

【构词】拐棍/拐卖/拐骗/拐杖/拐子

2403 **拐弯儿**(彎兒) *丙

guǎi wānr (turn a corner)

❶行路转方向:左～|右～|拐了一个弯儿|拐不过弯儿来|拐了三道弯儿|车辆～要慢行|～的地方容易出交通事故|这地方太窄,汽车拐不过弯儿来|上山时沿着山路要拐十几个弯儿。❷〈丁〉(思路、语言等)转变方向:话说得离题太远,不容易拐过弯儿来|他说话不会～|说着说着就～了。

【近义词】转弯儿

【提示】离合词,中间可插入其他成分,如:拐了几个弯儿|拐不了弯儿。

【构词】臂弯/打弯/河弯/绕弯/转弯

2404 **怪** 乙 〔部首〕忄 〔笔画〕8

guài (strange)

[形]奇怪;不平常:～人|～事|～现象|～样子|很～|确实～|～得很|～极了|觉得～|感到～|看他那～样子,大家都笑起来|这件事～得很|那人样子长得很～|你说～不～,我刚放在这儿的东西不见了。

【近义词】奇

【反义词】平常

【构词】怪诞/怪话/怪僻/怪事/怪胎/怪物/怪异/怪里怪气/怪模怪样

2405 **怪** 丙

guài (blame)

[动]责备;怨:～他|～你|～老师|～父母|不～他|不能～|～不得他|～不了|～不着|不用～|不要～|自己做错了事,不能～别人|这事不能～他,～我没有讲清楚|你们怎么～到我头上来了?|这可～不着我。

【近义词】怨/批评

2406 **怪** 丙

guài (quite)

[副]表示有相当高的程度,有"很"、"挺"、"非常"的意思,多用于口语,后面必须用"的"呼应:～好的|～不错的|～脏的|～可爱的|～聪明的|～想他的|～有意思的|～不好意思的|～不好听的|～不高兴的|小王好长

时间没来上课了,同学们～想他的|这孩子长得～可爱的|这个人～有意思的。

【近义词】很/挺/非常

2407 **怪不得** 丙

guài bu de (no wonder)

说明某种情况是可以原谅的,不能责怪。"怪不得"后面一定要有名词或代词宾语:这是我弄错了,～他|他来晚了,这～他,因为开会的时间通知错了|这场球输了,～天气,只怪我们自己|我们再三提醒他,他总不听,现在出了问题,就～我们了。

【提示】作副词时表示明白了原因,不再感到奇怪:下雪了,～这么冷|～我最近没有看到他,原来他去上海了|原来他在北京住过好几年,～他普通话说得这么好|窗户忘关了,～这么冷。

2408 **棺材** 丁 〔部首〕木 〔笔画〕12

guāncai (coffin)

[名]装殓(liàn)死人的东西,一般用木材制成:一口～|大～|小～|做～|抬～|装入～|埋～|～很重|～很大|把～放进墓穴|～里放了死者生前喜欢的物品|做一口～要用很多木材|这～是用最好的木料做成的。

【近义词】棺木

2409 **关**(關) *甲 〔部首〕八 〔笔画〕6

guān (shut)

[动]❶使开着的物体合拢:～门|～窗户|～上|～着|～不上|～得早|～得晚|～得快|～了五次|～了两下儿|～得紧|～得严|窗户～上了|请把门～好|这家的大门整天～着|我跑到公共汽车跟前,车门已经～上了。❷〈乙〉放在里面不使出来:～犯人|～小偷|～坏人|～孩子|～起来|～进去|～住|～得满满的|～了两天|～了三次|偷偷地～|秘密地～|笼子里～着一只鸟|监狱里～着犯人|他把孩子～在家里了|那个小偷被警察～了一个星期。❸〈乙〉(商店等)停止工作;(企业等)倒闭:商店～门了|工厂～了|公司～了|～得早|～得晚|下午7点～门|就要～门了|已经～门了|这里的商店上午8点开门,下午6点就～门了|你快去吧,商店快～了|因为经营得不好,他只好～了自己的工厂。❹〈丙〉关联;牵涉:有～|无～|事不～己|人命～天|无～痛痒|息息相～|休戚相～|～你什么事?|这事与你无～|事～成败,你一定要小心|你的意见已经反映到有～部门了。

【近义词】❶合/闭

【反义词】❶开;❷放;❸开

【提示】关,姓。

【构词】关爱/关隘/关东/关节/关口/关联/关门/关卡/关外/关系户/关系网/关押/关张/关注

2410 **关** 丙

guān (barrier)

[名]❶古代在交通险要或边境出入的地方设置的守卫处所:边～|～口|山海～|居庸～|守～|破～|把～|闭～自守|闭～锁国|一夫当～,万夫莫开|帝国主义的洋枪利舰,打破了满清王朝闭～锁国的美梦|这地方山高路险,真是一夫当～,万夫莫开啊!|要严加防范,不能让一个坏人混过～去。❷货物出口和入口收税的地方:海～|出～|进～|～卡|～税|他正在办理出～手续|海～工作人员检查了

他的行李|有的物品出入海～时是应该申报的。❸比喻重要的转折点或不容易度过的一段时间：难～|年～|过～|生活～|语言～|他有信心过好期末考试这一～|到中国学习，首先要过语言～，过不了这一～怎么学习专业呢？|对我来说，口语考试是最难的一～。

【近义词】❶隘

2411 关闭(閉) 丁

guānbì (close)

[动]❶使开着的物体合拢；关：～大门|～门窗|马上～|立刻～|已经～了|决定～|要求～|同意～|应当～|准备～|打算～|害怕～|～的时间|被～了|门窗都紧紧～着|我们赶到那儿时，大门已经～了|大门被～得死死的，我们推不开。❷(工厂、商店、学校等)歇业；停办：～工厂|～大使馆|商店被～了|～了三年了|因严重污染环境，这家工厂被～了|～了三年的博物馆，今天又开放了|政府决定～驻那个国家的大使馆，撤回全部外交人员。

【近义词】关

【反义词】❶敞开

2412 关怀(懷) 丙

guānhuái (show loving care for)

[动]关心；爱护：～孩子|～病人|～学生|～伤员|政府～人民|领导～群众|～多|～少|会～|能～|应该～|必须～|希望～|受到～|热情地～|特别地～|在…的～下|人人都应～青少年的成长|这些孩子得到了政府和人民的～|在领导的～下，他们胜利完成了任务。

【近义词】关心

【构词】畅怀/放怀/感怀/挂怀/寄怀/介怀/襟怀/开怀/缅怀/遣怀/伤怀/忘怀/心怀/胸怀/正中(zhòng)下怀

2413 关键(鍵) 乙

guānjiàn (key)

[名]事物最紧要的部分；对情况起决定作用的因素：事情的～|问题的～|～问题|～时刻|～因素|抓住～|找到～|～在于|这是问题的～|能不能成功，～在于是否团结|我们找到了问题的～|决定战争胜负的～是人，不是武器|这件事情的解决，王先生起了～作用。

【近义词】要害

【构词】电键/琴键

2414 关节炎(節) 丁

guānjiéyán (arthritis)

[名]关节发炎的病：得了～|患了～|有～|严重的～|轻微的～|～又犯了|治疗～|治好了～|治～的药|他有～|小王的～越来越重了|这种药治疗～很有效|一到冬天他的～就犯。

2415 关切 丁

guānqiè (concerned)

[形]亲切：态度～|目光～|～的目光|～的神情|～的口气|感到～|显得～|变得越来越～|～地询问|～地表示|～的心情|～的话语|王老师态度和蔼、～|医生～地问："你哪里不舒服？"|他那真挚、～的神情，使我十分感动。

【近义词】关心/关怀

【反义词】冷漠/冷淡/淡漠

【提示】"关切"的"切"qiè在这里不能读成qiē。"切"qiē见第5132条。

【构词】悲切/急切/恳切/密切/迫切/

凄切/切切/亲切/确切/热切/深切/贴切/一切/殷切/真切

2416 关头(頭) 丙

guāntóu (moment)

[名]起决定作用的时机或转折点:紧要~|重要~|生死~|危险~|紧急~|危险~才显示出英雄本色|现在是对我考验的紧要~|在生死~,他把生的希望让给别人,把死的威胁留给自己。

【近义词】关口/时机

2417 关系(係) *甲

guānxì (n. relation; v. concern)

[名]事与事、人与人或人与事物之间的某种性质的联系:同学~|朋友~|师生~|父女~|母子~|上下级~|家庭~|~密切|~亲密|~好|~一般|~紧张|~复杂|搞好~|保持友好~|维持现有~|改变~|弄清~|主要~|老~|特殊的~|我跟小李完全是同学~|我们之间只有工作~,没有上下级~|因为工作~,我们常常见面。

[动]〈丙〉关联;牵涉:~到全班|~到每一个人|~着你的前途|~着比赛的胜负|~着你的幸福|农业生产搞得好坏~到全国人民的吃饭问题|这次考试~着你的前途,你一定要争取考好|这件事~到全班同学的利益。

【近义词】[名]联系;[动]涉及

【构词】嫡(dí)系/父系/根系/联系/母系/派系/谱系/牵系/世系/水系/体系/维系

2418 关心 甲

guānxīn (be concerned about)

[动](对人或事物)常放在心上;重视和爱护:~学生|~人民|~政治|~群众生活|~天气变化|~孩子的学习|~这次比赛|~改革|~他的健康|~得很|~一下|应该~|会~|愿意~|表示~|开始~|受到~|真正~|实在~|以前~|过去~|~起来|~地问|~地说|老师~学生|姐姐对我很~|这是大家~的问题|同学们非常~考试的成绩|我对你们~不够。

【近义词】关怀/关切

【反义词】冷淡/冷漠

【提示】"关心"是表示心理活动的动词,可用程度副词修饰,如:很~|非常~。

2419 关于(於) 乙

guānyú (about)

[介]表示动作所涉及的人,或事物所涉及的范围:~学习问题|~考试问题|~旅游的事|~这个问题,我们明天再讨论|假期里他读了几本~中国历史的书|~万里长城,民间有许多传说|~假期旅游的事,学校正在联系|中国有许多~风、雨、雷、电的神话故事。

【提示】"关于"和"对于"都是介词,都能构成介宾短语作状语、定语。其区别是:"关于"表示关联、涉及的事物,如:关于这个问题,我直接跟老师联系。"对于"多用来指出对象,表示对待关系,如:对于这个问题,我们一定要想办法解决。

2420 关照 *乙

guānzhào (look after)

[动]❶关心照顾;互相照应:~朋友|~客人|感谢~|承蒙~|注意~|需要~|要求~|亲自~|热情~|多多~|~得及时|~得不够|~一下|~

一番|要～|能～|望多加～|希望给予～|在生病期间,我受到老师和同学们的热情～|你比他大,路上就多～他点儿|我对他的～还很不够|在大家的～下,事情办得很顺利。❷〈丙〉口头通知:你～一下食堂,给考试的同学留饭|我已经～了司机,请他下午去机场接客人|下午开会的事,我已经～了。

【近义词】❶关心/照顾;❷告诉

〔部首〕宀
〔笔画〕8

2421 官 乙

guān (officer)

[名]政府机关或军队中经过任命的、一定等级以上的公职人员:大～|小～|高～|当～|辞～|做～|～员|外交～|军～|罢～|升～|法～|警～|副～|武～|贪～|赃～|清～|当了半辈子～|～越做越大|～不大,架子却不小|大～也好,小～也好,都应该好好为人民服务|～当大了,责任也更重了|他是一位外交～|听说他最近又升～了。

【近义词】❶吏/僚

【反义词】❶民

【提示】①官,姓。②口语中"官"常儿化。

【构词】官办/官兵/官差(chāi)/官场/官称/官费/官服/官府/官话/官价/官爵/官吏/官气/官腔/官人/官商/官署/官司/官衔/官衔/官运/官长(zhǎng)/官职/官制/官报私仇/官官相护/官样文章

2422 官方 丁

guānfāng (the government)

[名]政府方面:～评论|～消息|～承认|～支持|～默许|得到～支持|和～联系|来自～的消息说,政府将和反对派进行谈判|关于这场骚乱的原因,目前尚无～消息|据说他们这样做是得到～支持的。

【反义词】私人

2423 官僚 丁

guānliáo (bureaucrat)

[名]❶官员;官吏:封建～|～制度|～资本|大～|小～|一群～|痛恨～|反对～|政府没(mò)收了～资本|推翻～制度容易,要彻底清除旧作风却不容易|这本小说描写了封建社会一群～的生活。❷指官僚主义:除掉～作风|你太～了。

【近义词】❶官吏/官员;❷官僚主义

【构词】臣僚/幕僚/同僚

2424 官僚主义(義) 丙

guānliáozhǔyì (bureaucracy)

[名]指脱离实际,脱离群众,不关心群众利益,只知发号施令而不进行调查研究的工作作风和领导作风:有～|犯～|～作风|～态度|严重的～|～错误|反对～|防止～|避免～|痛恨～|～的影响|～的危害|他犯有～的错误|老百姓最痛恨～作风|建立干部深入群众的制度,是防止～的有效措施。

【近义词】官僚

2425 官员(員) 丁

guānyuán (official)

[名]经过任命的一定等级的政府工作人员(旧时通用,现在多用于外交场合):政府～|外交～|高级～|中央～|地方～|～的住宅|～的家属|～的生活|任命～|派出～|重要～|一位～|代表团团长是外交部的一位重要～|这种汽车是政府的高级～乘坐的|最近中央政府查处了一批犯有贪

污罪的～。
【近义词】官
【反义词】平民

2426 **观**(觀) 丁 〔部首〕又 〔笔画〕6

guān (look at)
[动]看:参～|旁～|纵～|通～|～看|～摩|～望|～战|走马～花|察颜～色|坐井～天|眼～六路,耳听八方|下午同学们要去工厂参～|昨天晚上我们～看了一场精彩的文艺表演|纵～全局,形势大好。
【近义词】看
【构词】观察家/观潮派/观感/观礼/观摩/观世音/观望/观象台/观音/观瞻/观阵

2427 **观测**(測) 丙

guāncè (observe)
[动]观察并测量(天文、地理、气象、方向等):～气象|～天气|～海洋|～沙漠|～水流|～得准确|～得清楚|～得及时|～了两次|～了三回|～一下|～了一番|～了一阵子|能～|可以～|应该～|值得～|开始～|继续～|停止～|坚持～|容易～|随时～|每天～|～的技术|～的资料|～的结果|天文学家正在～这两个星球之间的距离|他～了很长时间才～到那颗行星|他把～的结果记录下来。
【近义词】观察

2428 **观察** 乙

guānchá (observe)
[动]仔细察看客观事物或现象:～地形|～病情|～灾情|～问题|～现场|～他的表情|～变化|～得准确|～细致|～一下|～一番|可以～|能～|会～|值得～|应该～|肯～|开始～|进行～|注意～|认真～|仔细～|～的结果|他一直在～蚂蚁的生活规律|他仔细～了一下周围的情况|他把～到的情况都记下来了。
【近义词】观看/察看
【构词】洞察/督察/俯察/监察/检察/警察/纠察/觉察/勘察/考察/明察/失察/视察/侦察

2429 **观点**(點) 乙

guāndiǎn (point of view)
[名]观察事物时所处的位置或采取的态度:学生的～|专家的～|政治～|经济～|群众～|过去的～|当前的～|正确的～|错误～|保守的～|反动～|新～|旧～|主要～|临时～|～正确|～成立|～接近|～一样|～明确|提出～|阐明～|说明自己的～|坚持自己的～|隐瞒自己的～|同意他的～|搞清他的～|转变～|一种～|三个～|干部应该有群众～|小王的文章～正确,论据充分|他从来不隐瞒自己的～|对待物价问题,我们的～很相近。
【近义词】观念

2430 **观光** 丁

guānguāng (go sightseeing)
[动]到外国或外地去参观、游览:去～|喜欢～|可以～|愿意～|值得～|去长城～|去杭州～|到处～|～了一个星期|今年夏天他参加了一个～团,去昆明、桂林等地～了一趟|每年都有很多外宾来北京～|小李陪我们在上海各处～了一圈。
【近义词】游览/参观

2431 **观看** 丙

guānkàn (watch)

[动]特意看;参观;观察:～表演|～比赛|～演出|～展览|～风景|仔细～|认真～|随便～|高兴地～|要求～|注意～|必须～|可以～|愿意～|～得很认真|～了三次|～一下|～一回|～了两个小时|今天～|晚上～|昨天下午我们～了一场足球比赛|希望学校组织我们去首都剧场～这场话剧|～服装表演的人很多|在美术展览会上,每件作品他都～得很仔细。

【近义词】看

【构词】参看/查看/察看/好看/耐看/难看/收看/探看/小看/眼看/验看/照看/刮目相看/另眼相看/杀鸡给猴看

2432 观念 丙

guānniàn (idea)

[名]思想意识:旧～|新～|封建～|传统～|不同的～|相同的～|原有～|家庭～|国家～|消费～|生活～|生育～|文化～|更新～|改变～|树立新～|～改变了|～变化了|新～代替了传统的旧～|社会不断进步,旧有的～也得改变|年轻人的家庭～越来越淡薄了。

【近义词】意识

2433 观赏(賞) 丁

guānshǎng (view and admire)

[动]观看欣赏:～工艺品|～夜景|～舞蹈|可以～|应该～|值得～|喜欢～|希望～|供～|尽情～|随便～|～一下|～一番|～了一天|王先生把自己珍藏的字画拿出来给客人～|公园里的梅花开了,我们去～一番吧|这种植物有很高的～价值|快把你的画拿出来让我们～～。

【近义词】欣赏/观看

【构词】颁赏/称赏/激赏/鉴赏/奖赏/受赏/叹赏/玩赏/欣赏/悬赏/赞赏/孤芳自赏/奇文共赏/雅俗共赏

2434 观众(衆) 乙

guānzhòng (spectator)

[名]看表演或比赛的人:广大～|热情的～|忠实的～|常年～|老～|固定的～|普通～|一般～|特殊～|～的希望|～的要求|～的水平|～的掌声|～的意见|～的利益|～的权力|～的感情|欺骗～|糊(hù)弄～|保护～的利益|吸引～|失去～|考虑～的心理|感动～|一名～|一批～|一群～|这个话剧吸引了广大～|他们的演出深深地打动了～|剧场里不时响起～的掌声|根据～的要求,演出又加演了几个节目。

2435 管 *乙

〔部首〕竹
〔笔画〕14

guǎn (manage)

[动]❶管理;负责(工作、供给等):～经济|～工业|～农业|～外事|～后勤|～教学|～宣传|～学习|～吃|～住|～接|～送|直接～|自己～|希望～|要求～|可以～|不便～|负责～|～得太死|～得太多|～了一下|～了三次|～了三年|王老师～教学,有事可以去找他|小王～生活,我～体育|学校的车～接送老师上下班|这个商店卖的东西,有问题～换～退。❷约束;管教:～孩子|～学生|～错了|～得太严|～一下|服～|严格～|适当地～|孩子们吵架了,你快去～～吧|孩子不～不行,～得太严也不行|这件事你们得好好儿～～。❸〈丙〉过问;干涉:～闲事|～不着(zháo)|好(hào)～|爱～|你～得太多了|不该你～的事,你不要～|我劝你别～闲事。

【近义词】❶管理;❷管束/管教;❸干涉
【提示】管,姓。
【构词】管保/管家/管见/管教/管窥/管束/管弦乐/管制

2436 **管道** 丙

guǎndào (pipeline)

[名]用金属或其他材料制成的圆而细长中空的东西,工业上或建筑上用来输送或排除液体、气体等:下水～|污水～|石油～|煤气～|自来水～|修建～|埋设～|铺设～|架设～|～坏了|～裂了|30米长的～|一根～|一排～|工人们正在铺设煤气～|一条500公里长的输油～就要建成了|这条公路下面埋设了许多～|这条路没有排水的～,一下雨,路面就成了河。

【近义词】管子

2437 **管理** 乙

guǎnlǐ (manage)

[动]❶负责某项工作使顺利进行:～工厂|～学校|～国家大事|～得好|～得有成绩|搞～|抓～|进行～|学会～|改善～|加强～|服从～|大胆～|科学～|民主～|统一～|认真～|～水平|～经验|妇女也能～国家大事|这个工厂实行了民主～|他把这所学校～得挺好|应该提高干部的～水平。❷保管和料理:～图书|～宿舍|～资料|这些图书就让小李～吧|这些宿舍是学生自己～的|这些果树～得真好。

【近义词】管

2438 **管辖**(轄) 丁

guǎnxiá (administer)

[动]管理;统辖(人员、事务、区域、案件等):直接～|～范围|～的人口|～的区域|接受～|不受～|脱离～|～了一年|由…～|北京、天津、上海、重庆等市由国务院直接～|这个县～15个乡,50万人口|这个地区由几个国家的政府共同～了50年|这个地方在北京市的～之内。

【近义词】管理/统辖
【构词】统辖/直辖

2439 **管子** 丙

guǎnzi (tube)

[名]圆筒形中间空的器物:水～|油～|铁～|竹～|塑料～|玻璃～|皮～|粗～|细～|装～|接～|修理～|～坏了|～裂了|需要一根～|买～|插进一根～|一条～|一排～|卫生间的水～坏了|这里的人用竹～把山泉引进了村子里|这根～裂了,需要换根新的。

【近义词】管道

2440 **馆**(館) 甲 〔部首〕饣 〔笔画〕11

guǎn (accommodation for guests)

[名]❶招待宾客居住的房屋:宾～|旅～|王先生在宾～订了两个房间|这个地区旅～很多,居住很方便|他觉得五星级的宾～太贵,他只在一家普通旅～租了一个房间。❷一个国家在另一个国家办理外交的人员常驻的处所:使～|大使～|领事～|北京建国门一带是使～区|李先生是驻外使～的二等秘书|在领事～也可以办理签证。❸某些服务性商店的名称:饭～|照相～|理发～|茶～|酒～|这个地方集中了各种风味的饭～|他想开一个小饭～|北京的茶～比以前少多了。❹储藏、陈列文物或进行文化体育活动的场所:图书～|文化

～|展览～|博物～|体育～|天文～|下课以后，他常常去图书～复习功课|下个星期展览～将举行美术作品展览|张老师经常带孩子去博物～参观。

【提示】义项❸的"馆"在口语中一般要儿化。

2441 **冠军**(軍) 乙 〔部首〕冖 〔笔画〕9

guànjūn (champion)

[名]体育运动等竞赛的第一名，也指得第一名的人：获得～|夺得～|成为～|排球～|体操～|足球～|长跑～|世界～|全国～|全校～|跳高～|射击～|两个～|三项～|～的称号|～的宝座|～的奖杯|～的奖章|小李是校运动会一百米赛跑的～|他是世界体操比赛中三项～获得者|获得～不容易，保住～更不容易。

【提示】①"冠军"的"冠"不能写成"寇"kòu。"冠"字上边没有"丶"。"冠"又读 guān，原义为帽子，如"冠冕堂皇"、"皇冠"等。②冠(Guàn)，姓。

2442 **罐** 丙 〔部首〕缶 〔笔画〕23

guàn (jar)

[名]盛东西用的大口的器具，多为陶器或瓷器：水～|酒～|药～|瓦～|～子|玻璃～|陶瓷～|一个～子|打碎了药～|把茶叶装进～里|白糖放在那个玻璃～里|考古工作者从地下挖出许多陶～和瓦～。

【构词】罐车/罐笼/罐子

2443 **罐头**(頭) 乙

guàntou (tinned food)

[名]罐头食品的简称，是加工后装在密封的铁皮罐子或玻璃瓶里的食品：～食品|牛肉～|鱼～|猪肉～|水果～|一个～|买～|打开～|～盒|～瓶子|喜欢～|加工～|～工厂|他带了些～准备在路上吃|村子里开办了水果加工厂，把本地产的水果加工成～销售到外地|中午来不及做饭，只好吃～|小王特别爱吃牛肉～。

2444 **惯**(慣) *丙 〔部首〕忄 〔笔画〕11

guàn (adj. habitual; v. spoil)

[形]习以为常；习惯：过～了|看～了|听～了|吃得～|用～了|住～了|干～了|苦～了|舒服～了|看不～|吃不～|他已经～了，每天都睡得很晚|住～了四合院，刚一搬进楼房，还真有点儿住不～|刚来的时候他吃不～中国饭，现在都离不开中国饭了|王先生过～了这种平静的生活。

[动]〈丁〉纵容(子女)养成不良习惯或作风：～孩子|～坏了|～得不得了(liǎo)|～得不成样子|不能～|别～|～出来的|这孩子的坏习惯都他妈妈～出来的|他把那个小儿子～得不像个样子|她爱孩子，但从来不～着他们。

【近义词】[形]习惯；[动]宠

【构词】惯犯/惯匪/惯技/惯性/惯用/惯于/惯贼

2445 **惯例** 丁

guànlì (convention)

[名]一向的做法；常规：按照～|依照～|遵循～|打破～|破除～|形成～|国际～|飞行～|谈判～|比赛～|～打破了|～恢复了|一种～|这已经成为～了|要敢于打破～|山里人还一直遵循着这种古老的～|按照这里的～，对他实行了土葬。

【近义词】常规

【反义词】特例

2446 **惯用语**(語) 丁

guànyòngyǔ (idiom)

[名]为一般人熟悉的经常使用的固定短语:学习~|掌握~|收集~|喜欢~|爱用~|使用~|精彩的~|丰富的~|理解~|他的~|老师的~|一个~|大量~|阿里特别喜欢汉语的~|他正在收集~|这篇小说中有很多~|汉语中不但有大量的成语,还有丰富的~。

2447 **灌** 丙 〔部首〕氵 〔笔画〕20

guàn (irrigate)

[动]❶浇;灌溉:~田|春~|冬~|浇~|排~|~了两遍水|春天到了,田里的小麦该~水了|立冬以前,要给小麦~一次水。❷倒进去或装进去:~水|~油|~酒|~气|~满了|~足了|~醉了|~了三次|~两回|~一下|能~|可以~|开始~|需要~|多~|少~|很难~|把开水~进暖瓶里|司机往油箱里~油|瓶子里~满了酒。

【近义词】❶浇;❷倒

【构词】灌肠/灌溉渠/灌米汤/灌区/灌渠/灌注

2448 **灌溉** 丙

guàngài (irrigate)

[动]把水输送到田地里:~农田|~小麦|~玉米|~面积|~工程|~系统|开始~|继续~|打算~|可以~|计划~|停止~|~完了|~好了|~了一遍|~两天|~得不错|~得及时|他们很快就~完了这一大片农田|两年时间,终于建好了这个~系统|天太旱了,地里的小麦必须马上~|上午~不完,下午继续|水库建成后,全县大部分农田能得到~。

【近义词】浇灌

2449 **灌木** 丁

guànmù (bush)

[名]矮小而丛生的木本植物:~丛|~林|种植~|砍伐~|~的作用|一片~|长满~|公路两旁种了两行~|为了防止沙漠的侵蚀,老百姓在这一带栽种了大批~|~有很好的防风固沙作用|一只野兔钻进了~丛。

【反义词】乔木

【构词】电木/伐木/棺木/果木/红木/花木/积木/就木/林木/麻木/乔木/软木/树木/土木/朽木/硬木/枕木/无本之木/行将就木/移花接木

2450 **贯彻**(徹) 乙 〔部首〕贝 〔笔画〕8

guànchè (carry out)

[动]彻底实现或体现(方针、政策、方法等):~方针|~政策|~会议精神|~大会决议|~上级指示|~宪法|~得好|~迅速|~得及时|~了一阵|~一下|能~|可以~|必须~|得到~|要求~|坚持~|开始~|停止~|坚决~|全面~|自觉~|认真~|~的结果|~的过程|认真~党的方针、政策|会议精神得到全面~|我们要把改革的精神~到底|看起来,这次会议的精神他们不打算~。

【近义词】执行/落实

【反义词】抵制

【提示】贯,姓。

【构词】贯穿/贯串/贯通

2451 **光** 乙 〔部首〕小 〔笔画〕6

guāng (light)

[名]指照耀在物体上,使人能看见物体的那种物质:太阳~|灯~|月~|白~|红~|绿~|强~|弱~|有~|

无～|怕～|蔽～|遮～|挡～|返～|一束～|教室里的～线太暗了|她的眼睛怕～,所以她总是戴着太阳镜|和暖的阳～照进了屋子|把窗帘拉上吧,太阳～太强了。

【提示】光,姓。

【构词】光斑/光波/光大/光度/光复/光杆/光顾/光降(jiàng)/光景/光溜/光能/光年/光盘/光谱/光圈/光荣榜/光束/光速/光学/光焰/光阴/光源/光泽/光照/光柱/光怪陆离/光明正大/光天化日/光宗耀祖

2452 光 丙

guāng (bare)

[动](身体)露着:～膀子|～着身子|～着头|他～着膀子还觉得热|他总是～着头,从来不戴帽子|孩子们～着脚在沙滩上玩呢。

【近义词】露/赤

2453 光 乙

guāng (with nothing left)

[形]❶一点儿不剩,全没有了;完了:吃～|喝～|花～|用～|全～了|要～了|快～了|钱快花～了|两瓶啤酒全被他喝～了|两个孩子把糖都吃～了|准备的纸都用～了|客人们把菜吃得～～的|敌人被消灭～了。❷明亮;光滑:很～|～极了|～得耀眼|～得照人|擦得～|抹得很～|～得不得了(liǎo)|～～的桌面|玻璃很～|地板擦得～～的|皮鞋擦得很～。

2454 光 乙

guāng (only)

[副]只;单:～听,不写|～看,不说|今天我们～谈学习,不谈其他问题|不能～看到成绩,看不见缺点|～我们班,就有2/3的人报名参加运动会|不～他一个人,还有别人去。

【近义词】只/单

【提示】副词的"光"多用于口语。

2455 光彩 丙

guāngcǎi (n. splendour; adj. honourable)

[名]颜色和光泽:～照人|～动人|～夺目|～鲜艳|金属的～|青春的～|脸上的～|发出～|放出～|增加～|失去～|减少～|这块宝石的～很好|她的脸上已经失去了青春的～|这些丝绸真是～夺目。

[形]光荣;体面:实在～|的确～|特别～|～的事情|～的做法|劳动～|获奖～|作弊不～|感到～|觉得～|老师很～|父母很～|他考上了名牌大学,父母觉得特别～|考试作弊不是件～的事情|他得了第一名,我们班的同学都感到很～。

【近义词】[名]光泽;[形]光荣

【反义词】[形]可耻/羞耻

【构词】带彩/倒(dào)彩/灯彩/挂彩/喝(hè)彩/剪彩/结彩/精彩/色彩/水彩/五彩/异彩/油彩/云彩

2456 光棍儿(兒) 丁

guānggùnr (bachelor)

[名]没有妻子的成年人;单身汉:打～|～一人|～的生活|他已经三十多岁了,仍然是～一人|这些年村里经济发展了,～也越来越少了|过去这个村是有名的～村,如今村里的～们一个个都找到了老婆。

2457 光滑 丙

guānghuá (smooth)

[形]物体表面平滑,不粗糙:很～|实

在～|特别～|～的石头|～的地板|～的墙壁|路面～|皮肤～|头发～|桌面～|擦得～|磨得～|变得～|～得很|～得发亮|雪后路面～，开车一定要小心|这孩子的小脸～极了|我需要一张～点儿的纸|那套用具漆得很～。
【近义词】滑溜/平滑
【反义词】粗糙
【构词】打滑/刁滑/奸滑/狡滑/平滑/柔滑/润滑/圆滑

2458 **光辉**（輝） 乙

guānghuī（n. brilliance; adj. brilliant）
[名]闪烁耀目的光：～照人|～四射|～灿烂|充满～|发出～|失去～|闪着～|放～|放射～|闪耀着～|太阳的～|时代的～|思想的～|理想的～|生命的～|奇妙的～|美丽的～|耀眼的～|灿烂的～|太阳的～普照大地|乌鸦的翅膀遮不住太阳的～|月亮挂在树梢，整个村庄都沐浴在银色的～里。
[形]光明；灿烂：～的榜样|～的形象|～的日子|～的事业|～的历史|～的著作|～的名字|英雄的形象无比～|雷锋是中国青年的～典范|5月1日是全世界劳动人民的～节日|他们从事的事业是～的事业。
【近义词】[名]光彩；[形]灿烂

2459 **光亮** 丁

guāngliàng（adj. bright; n. light）
[形]明亮：特别～|真～|～的地板|～的头发|～的玻璃|前额～|家具～|墙壁～|显得～|觉得～|擦得～|照得～|～得很|这间教室又宽敞又～|他的家具漆得光光亮亮的|他把皮鞋擦～了就出门去了|一进屋就看见洁白的墙壁，～的窗子。
[名]亮光：没有～|透出～|一点儿～|一些～|缺少～|看见～|有～|屋子里黑乎乎的，没有一点儿～|他躺在床上一动不动，只是眼睛闪动着～|房间里很黑暗，只是从门缝里透进些～。
【近义词】[形]明亮；[名]亮光
【反义词】[形]黑暗
【构词】傍亮/擦亮/敞亮/发亮/放亮/洪亮/嘹亮/明亮/漂亮/天亮/透亮/鲜亮/响亮/雪亮/油亮/月亮/心明眼亮

2460 **光临**（臨） 丙

guānglín（honour sb. with one's presence）
[动]敬辞，称宾客到来：欢迎～|希望～|盼望～|感谢～|～北京|～开幕式|～大会|～宴会|～寒舍|届时～|两次～|应邀～|朋友～|领导～|代表～|明天下午4点在留学生食堂举行茶话会，欢迎老师～|欢迎各国朋友～北京，和我们一起欢度节日|订于7月10日上午10点举行毕业典礼，敬请～。
【近义词】莅(lì)临
【构词】濒临/登临/驾临/降临/来临/面临/亲临

2461 **光芒** 丁

guāngmáng（radiance）
[名]向四面放射的强烈光线：～四射|～万丈|太阳的～|电灯的～|宝石的～|耀眼的～|万丈～|那块宝石闪烁着美丽的～|她的眼睛露出动人的～|探照灯发出刺目的～|太阳的～照耀着大地。
【近义词】光辉/光彩/光泽/光线
【提示】"光芒"用于书面语。

【构词】锋芒/麦芒

2462 光明 乙

guāngmíng（bright）

[形]明亮;也用来比喻正义的,有希望的或有前途的:前途～|～大道|～的远景|～的未来|～的事业|正大～|～磊落|追求～|充满～|在你们面前是一条～大道|他们正在绘制一个～的远景|我们的事业是～的|做人就要～正大|在我的理想世界里充满了～。

【近义词】明亮

【反义词】黑暗

2463 光荣(榮) 乙

guāngróng（glory）

[形]由于做了对人民有利的事而被公认为值得尊敬的:～花|～榜|～之家|～的职责|～传统|～的历史|～的使命|～的教师|感到～|觉得～|死得～|活得～|祖国的～|人民的～|集体的～|父母的～|无上的～|～牺牲|～参加|～出席|～选上|～评上|英雄们的胸前戴着～花|保卫国家财产是我们的～职责|这本书写了他这一生的～历史|他想当一名～的人民教师|他考上了大学,全村的人都感到～|他把大家对他的信任当做一种～|他为保卫国家而～牺牲|她～地出席了全国妇女代表大会|他～地被评上全国劳动模范|他认为～是属于集体的。

【近义词】光彩/体面

【反义词】可耻/羞耻

2464 光线(綫) 乙

guāngxiàn（light）

[名]通常指照耀在物体上,使人能看见物体的那种物质,如太阳光、月光、灯光等:～好|～不好|～暗|～强|～弱|这间屋子的～真好|这儿～太暗了,看不清楚|现在～不好,等出太阳了再照相|别在～太强的地方看书|～太强或太弱都会影响视力。

【近义词】光/光芒/亮光

2465 广(廣) 丙

〔部首〕广
〔笔画〕3

guǎng（wide）

[形](面积、范围)宽阔;多:地～人稀|视野～|见闻～|见识～|知识面～|流传～|这个地方地～人稀,可以大力开发|站在这里视野会更～|你的见闻～,你来给大家讲讲|别看他年轻,知识面却很～|这个美丽动人的故事流传很～。

【近义词】宽/阔

【反义词】狭/窄

【提示】广,姓。

【构词】广播剧/广播站/广博/广度/广柑/广告学/广漠/广厦/广义/广宇/广而告之/广开言路/广种薄收

2466 广播 甲

guǎngbō（v./n. broadcast）

[动]广播电台、电视台发射无线电波、播送节目:～新闻|～通知|～电视剧|～文艺节目|～天气预报|～小说|～比赛实况|～广告|～的时间|～的内容|～两遍|开始～|继续～|现在正在～国际新闻|这个消息已经～了好几遍|那个电视剧～的时间有些变动|这个台～的内容很丰富。

[名]指广播电台的节目:新闻～|外语～|收听～|我每天早上听完新闻～才去上班|他坚持每天收听一小时外语～|今天都有什么～节目?

【近义词】[动]播放/播送

2467 **广场**(場) 乙

guǎngchǎng (square)

[名]面积广阔的场地,特指城市中的广阔的场地:天安门～|人民～|文化～|体育～|～大|我们在天安门～照了很多相|这个～真大,可以站下好几千人|这里要修建一个文化～|～东边那座高大的建筑是什么地方?|今天～的四周摆满了鲜花,好像过节一样|人民英雄纪念碑矗(chù)立在天安门～上。

【近义词】场地

2468 **广大** *乙

guǎngdà (vast)

[形]❶面积、空间宽阔:～地区|～农村|～的领土|～的沙漠|幅员～|他愿意为～农村做贡献|西北的～地区正等待建设和开发|中国幅员～,人口众多。❷〈丙〉范围、规模巨大:～的组织|～的运动|这是一个～的群众组织|现在正在进行打击伪劣商品的～的群众运动|科学种田在农村已有～的发展。❸〈丙〉人数众多:～群众|～观众|～干部|～青年|～读者|这部小说受到～读者的欢迎|他的事迹教育了～干部|你要多听听～群众的意见|他们的精彩表演吸引了～观众。

【近义词】❶广阔/宽大;❸众多

【反义词】❶狭小/窄小

2469 **广泛** 乙

guǎngfàn (wide; broad)

[形]表示涉及的方面广、范围大;普遍。一般只用于抽象事物:～的群众基础|～的宣传|～的民主|～的交往|～的应用|内容～|～地传播|～地阅读|～地征求|～地搜集|他和朋友们有着～的交往|乒乓球运动在中国有～的群众基础|他的提议得到～的支持|他～地查阅了各种资料,终于找到了答案|他们～地交换了意见|他们谈话的内容十分～|这个词的用法非常～。

【近义词】广大/普遍

【反义词】狭窄

【构词】泛泛/浮泛/活泛/空泛/宽泛/松泛

2470 **广告** 乙

guǎnggào (advertisement)

[名]一种宣传方式,通过报纸、广播、电视等介绍商品或文娱节目等:登～|贴～|画～|～栏|～牌|～节目|播～|一条～|墙上贴了很多～|他在给一家电影院画～|我是在报上的～栏里看到这条～的|那条～登在什么报上?|大街上竖着各色各样的～牌|这个孩子喜欢看电视里的～节目。

2471 **广阔**(闊) 乙

guǎngkuò (broad)

[形]广大宽阔:～的国土|～的草原|～的田野|～的胸怀|～的前途|幅员～|胸怀～|土地～|中国幅员～,物产丰富|政治家应胸怀～|你们年轻,有着～的前途|马儿在～的草原上飞奔|孩子们在～的田野上愉快地跑着。

【近义词】宽阔/宽广/辽阔/广大

【反义词】窄小/狭窄/狭小

【构词】摆阔/宏阔/开阔/空阔/宽阔/辽阔/波澜壮阔

2472 **逛** 乙 〔部首〕辶 〔笔画〕10

guàng (ramble)

[动]外出散步;闲游;游览:～公园|～马路|～大街|～商店|～北京|～

累了｜～遍｜～了一天｜～来～去｜一到星期天，他们全家就去～公园｜她很喜欢～商店｜他整天在外边～大街｜我不买东西，只是～～｜今天我～了好几条街，也没买到合适的鞋｜他今天一早出去，～到现在还没回来｜天黑了，别～了｜北京有名的地方我都～遍了｜时间太紧了，咱们～完故宫、北海，就～不了别的地方了｜他每天这个时候都在街上～来～去。

【近义词】游览/闲逛

【构词】逛荡/逛灯/逛街

2473 **规定**(規) 乙 〔部首〕见 〔笔画〕8

guīdìng (v. stipulate; n. stipulation)

[动]对某一事物做出关于方式、方法或数量、质量的决定：～时间｜～标准｜～数目｜～纪律｜～任务｜明文～｜具体～｜正式～｜公开～｜严格～｜～的期限｜～的指标｜～的条例｜图书馆～借书的期限是一个月｜学校～了学生应该遵守的纪律｜这辆车～乘车人数不得超过20人｜他这个月的生产额已超过～的指标｜国家正式～的法律，谁也不能违犯｜合同上已详细地～了你的工作期限、工资待遇和住房条件等等。

[名]指所规定的内容：有～｜做出～｜取消～｜遵守～｜修改～｜服从～｜违反～｜工厂的～｜比赛的～｜国家的～｜每年招多少学生，学校都有～｜已经制定出来的～不是不可以修改｜如果这个～大家不同意，可以取消｜这次比赛的各项～正在起草｜双方都必须遵守合同上的～｜人人都要服从宪法上的～。

【近义词】决定

【构词】规避/规程/规范化/规劝/规条/规约

2474 **规范**(範) 丁

guīfàn (n. standard; v. standardize)

[名]约定俗成或明文规定的标准：形成～｜制定～｜遵守～｜符合～｜合乎～｜道德～｜语言～｜社会～｜生活～｜思想～｜～的语言｜这个词这样用不合乎汉语～｜这样做违反了起码的道德～｜爱护公共财物已形成一种社会～｜他的行为成为青年人的～。

[动]使合乎规定的标准：～动作｜～语音｜要用道德标准来～行为｜～语言是一项重要任务。

【近义词】标准/典范/范例

【构词】典范/防范/风范/就范/模范/师范/示范/遗范

2475 **规格** 丁

guīgé (specifications)

[名]产品质量的标准，如一定的大小、轻重、精密度、性能等；泛指规定的要求和条件：～提高｜～统一｜～相同｜降低～｜合乎～｜达到～｜产品的～｜住房的～｜接待的～｜两种～｜现在请人吃饭的～提高了｜这次宴请的～跟以前一样｜这种产品质量已达到了～｜今天来的客人是什么人？接待的～不低呀！｜我们商店有好几种～的电视机供您挑选｜各种～的服装都应该生产。

【近义词】标准

2476 **规划**(劃) 丙

guīhuà (n./v. plan)

[名]比较全面的、长远的发展计划：～全面｜～具体｜远景～｜科研～｜城市～｜十年～｜增产～｜创作～｜发展

~|建设~|宏伟的~|~的内容|修改~|制定~|一项~|这个城市~很鼓舞人心|这个区域的经济发展~非常全面|今天我们听了一个关于科研的报告|你们厂的增产~应该再具体些|他们向大会提出了一套农业发展的五年~|他们正在讨论实现这项~的具体措施|~的内容还需要进一步修改。

[动]做规划:~科研工作|~远景|参与~|科学地~|他们正在~一个城市改建的宏伟蓝图|希望你来参与~这项科研工作。

【近义词】计划/打算

2477 规矩 丙

guīju (n. established practice; adj. well-behaved)

[名]一定的标准、法则或习惯:~多|~严|定~|守~|立~|记住~|懂~|改变~|学校的~|考试的~|新~|老~|他们家~很多|他给自己定了好多~|学生就要遵守学校的~|你可不能破坏大家一起立的~|现在不能总按老~办事了|我刚来,不太了解你们这里的~,请多多关照|他爸爸给他定了条~:写完作业才能玩。

[形]指行为端正老实,合乎标准或常理:孩子~|说话~|办事~|上课~|做生意~|为人~|写得~|~地站着|~的学生|孩子们上课都很~|他是个~的商人,做生意从来不坑骗别人|这个小伙子办事非常~|为人要规规矩矩|他最近表现得特别~。

【近义词】[名]标准/规则/法则;[形]老实/安分/本分

【反义词】[形]放肆/散漫/虚伪

2478 规律 乙

guīlǜ (law)

[名]事物之间的内在的必然联系。这种联系不断重复出现,在一定条件下经常起作用,并且决定着事物必然向某种趋向发展:历史~|生活~|价值~|经济~|科学~|战争~|市场~|生产~|发展~|客观~|普遍~|一般~|特殊~|寻找~|发现~|存在~|违反~|形成~|掌握~|~的普遍性|~的特殊性|刮风下雨是一种自然~|他每天吃完饭出去散步已形成一种~|只要掌握了汉语的语法~,汉语就不难学了|摸清敌人的活动~,就能战胜敌人|对立统一是宇宙的根本~|他生活没有~,想吃就吃,想睡就睡。

【近义词】法则

【反义词】例外

2479 规模 乙

guīmó (scale)

[名](事业、机构、工程、运动等)所包括的范围:~扩大|~小|~空前|~相等|初具~|工厂的~|农场的~|现在的~|建设的~|宏伟的~|大~|小~|这项工程的~真宏伟!|这座宾馆的建设已超过原来的~|这个机构~太大,应该缩小|这个住宅小区已经初具~|这个农场将来的~要比现在大两倍|我们为老师八十寿辰开了一个小~的庆祝会|这种商品很受顾客欢迎,准备大~生产。

【近义词】范围

【提示】“模”又读 mú,如“模子”。

【构词】船模/航模/楷模/劳模

2480 规则(則) 丙

guīzé (n. rule; adj. regular)

[名]规定出来供大家共同遵守的制

度或章程：交通～｜借书～｜拼写～｜游戏～｜考试～｜比赛～｜奖惩～｜使用～｜工厂管理～｜制定～｜遵守～｜重要的～｜人人都要遵守交通～｜我先宣布考试～｜谁也不能违反比赛～｜这是新制定的工厂管理～｜这个游戏～太复杂，我不想玩了｜你记住这几个词的拼写～了吗？

［形］（在形状、结构分布上）合乎一定的方式；整齐：不～｜很～｜～四边形｜这几条街道很不～｜这片草地像一个不～的三角形｜这一带的建筑排列得很～。

【近义词】［名］规矩/准则/原则；［形］平整/整齐

【提示】“规则”是指用文字固定下来的办事应遵守的规章制度或原则，“规矩”着重指一些不成文的道德、传统或习惯。“规则”是书面语。

2481 **规章** 丁

guīzhāng (regulations)

［名］规则章程：～制度｜法令～｜遵守～｜讨论～｜你们要遵守这里的～制度｜现在我们在讨论应该订哪些～。

【近义词】规则

2482 **硅** 丁　〔部首〕石　〔笔画〕11

guī (silicon)

［名］非金属元素，符号 Si。黑灰色粉末或晶体，有光泽，能和多种元素化合，可用来制造合金，也是重要的半导体材料。旧称矽(xī)：二氧化～｜～肺｜长期吸入含二氧化～的灰尘会引起一种疾病叫～肺｜高纯度的～是重要的半导体材料。

2483 **龟**（龜） 丁　〔部首〕刀　〔笔画〕7

guī (turtle)

［名］爬行动物的一科，身体长圆而扁，有坚硬的壳，背部隆起，四肢短，趾有蹼，头、尾巴和四肢都能缩入甲壳内。多生活在水边，吃植物或小动物：～甲｜～板｜～的种类很多，如乌～、水～、象～等｜～甲可以用做药材｜～肉很好吃｜孩子们都知道《～兔赛跑》这个故事。

【近义词】王八/鳖

【提示】“龟”又读 jūn，如“龟裂”。

【构词】龟甲/龟缩

2484 **归**（歸） 丙　〔部首〕彐　〔笔画〕5

guī (return)

［动］❶返回：～国｜～家｜～队｜早出晚～｜早去早～｜～天｜他是印度尼西亚～国华侨｜他忙极了，每天早出晚～｜他整天不～家。❷还给；归还：物～原主｜完璧～赵｜偷车贼已抓获，这车该物～原主了｜《完璧～赵》是中国古代的一个历史故事。❸属于（谁所有）：～国家｜～学校｜～你｜～个人｜这些收入一部分～学校，一部分～个人｜姐姐出国了，这间屋子全～妹妹了｜这个荣誉不～我个人，是大家的｜我只要一个，剩下的全～你。❹由（谁负责）：～他管｜～我们解决｜～他做｜～你负责｜～他写｜～我演｜这个角色应该～小张来演｜这个事～老王管，你去问他吧｜这个总结前一部分～你写，后一部分～我写｜旅游的车辆问题应～学校解决，不用班里去租。❺〈丁〉用在相同的动词之间，表示动作并未引起相应的结果，后面有表示转折的分句：说～说，但至今也没有人去做｜你请我吃饭，吃～吃，吃了，你的问题也不一定能解决得了。

【近义词】❶回；❷还(huán)

【提示】归，姓。

【构词】归案/归并/归程/归档/归队/归附/归根/归功/归公/归客/归口/归来/归路/归纳/归期/归侨/归去/归属/归顺/归宿/归天/归途/归西/归向/归心/归隐/归于/归葬/归置/归舟/归总/归罪

2485 归根到底 丁

guī gēn dào dǐ (in the final analysis)

归结到根本上：朋友们都很热心帮你，但～还是得靠你自己努力｜～还是一个经费问题解决不了｜～还是他自己不想改正错误｜这些事情～还是要靠人去做｜说了半天，～还是离不开一个“钱”字｜这事～还是怪他自己没有勇气。

【近义词】归根结底

2486 归还（還） 丁

guīhuán (return)

［动］把借来的钱或物还给原主：～借款｜～图书｜～自行车｜～衣服｜立刻～｜按时～｜全部～｜尽快～｜准备～｜拒绝～｜借人家的东西，应该尽快～｜图书馆的书要按时～｜银行的贷款我打算全部～｜如果你有困难，可以先～一部分｜这些钱是不需要～的｜他说这房子是他的，拒绝～。

【近义词】还

【反义词】出借

2487 归结（結） 丁

guījié (sum up)

［动］总括而求得结论：～起来｜～成｜～一下｜这个报告～起来讲了五个问题｜这几个问题可以～成两个方面｜发生这样的事，～起来有三个原因｜他准备把他这10年的工作经验～成几点给大家介绍一下｜请你把大家的意见～一下，明天开会研究。

2488 归纳（納） 丁

guīnà (conclude)

［动］归拢并使有条理（多用于抽象事物）：～要点｜～课文｜～意见｜～成公式｜～一下｜～起来｜～～｜请你把大家的意见～一下｜他把他的经验～成四点向大家介绍｜这些问题要好好儿地～～｜代表们的发言，他～得非常好。

〔部首〕门
〔笔画〕9

2489 闺女（閨） 丁

guīnü (daughter)

［名］没结婚的女子；女儿：大～｜黄花～｜谁家的～这么漂亮，有对象了吗？｜她做～的时候就认识了那个小伙子｜他有一个儿子，两个～｜小王生了个～。

【近义词】姑娘/女儿

【反义词】小伙子/儿子

【提示】多用于口语中。

【构词】闺房/闺阁/闺门/闺秀

〔部首〕车
〔笔画〕6

2490 轨道（軌） *丙

guǐdào (track)

［名］❶火车、电车等行驶、天体运行、物体运动的路线：电车～｜火车～｜卫星～｜地球的～｜延伸～｜进入～｜脱离～｜维修～｜保养～｜拆除～｜连接～｜笔直的～｜新的～｜你沿着这条电车～一直走就到了｜这条～是去年新铺的｜他们把人造卫星送上了～｜他们准备在这里修建一条新的～｜～的维修和保养很重要。❷〈丁〉行动所遵循的规则、程序或范围：生活的～｜工作的～｜发展的～｜正常的～｜走上～｜进入～｜经过几个月的准备，这个厂的生产已走上～｜我们厂已步入正

常的生产～|这件事使他改变了人生的～|他的生活开始进入正常的、健康的～。

【近义词】轨迹

2491 **鬼** *乙 〔部首〕鬼 〔笔画〕9

guǐ (ghost)

[名]❶迷信的人所说的人死后的鬼魂:恶～|冤～|屈死～|怕～|有～|～故事|你相信世界上有～吗?|他胆子很大,不怕～|我从小爱听～故事|《聊斋志异》这本书里写了很多恶～和善～的故事。❷〈丙〉骂人的话;对人表示憎恶的称呼:烟～|酒～|色～|讨厌～|胆小～|淘气～|老～|死～|他是个烟～,早晨刚起床就得抽烟|这个老酒～,今天又喝醉了|你真是个胆小～,什么事都怕|那个讨厌～今天又来电话了。❸〈丁〉不可告人的打算或勾当:～～祟祟|捣～|搞～|心里有～|你做可以,但不许捣～|这又是谁搞的～?|他不回答你的问题,准是心里有～。

【提示】"鬼"作形容词时的意思是:①恶劣;糟糕:～地方|～天气|～点子|～主意|这～天气,又刮风了!|这～地方,种什么都长不好|那个～地方,夏天热得要死,冬天冷得要命。②机灵:这孩子真～|这只小松鼠可～了,我刚一抬脚,它就跑了。

【构词】鬼把戏/鬼才/鬼点子/鬼怪/鬼魂/鬼混/鬼火/鬼见愁/鬼脸/鬼门关/鬼斧神工/鬼哭狼嚎/鬼使神差(chāi)/鬼头鬼脑

2492 **鬼子** 丁

guǐzi (devil)

[名]对侵略中国的外国人的憎称:洋～|～兵|打～|消灭～|游击队炸毁了～的弹药库|～来了,给我狠狠地打!|那个孩子说:我长大了也去打～!|一定要把胆敢来侵犯的～消灭干净!

2493 **桂冠** 丁 〔部首〕木 〔笔画〕10

guìguān (laurel)

[名]月桂树叶编的帽子,古代希腊人用来授予杰出的诗人或竞技的优胜者。后来欧洲习俗以桂冠为光荣的称号。现也指体育竞赛的冠军:戴～|献～|授予～|一顶～|他戴上了体操冠军的～|国家授予这位杰出的科学家以名誉院士的～。

【提示】桂,姓。"冠"又读 guàn,见第2441条"冠军"。

【构词】桂花/桂皮/桂圆/桂枝
　　夺冠/凤冠/花冠/皇冠/鸡冠/弱冠/树冠/王冠

2494 **柜台**(櫃臺) 丙 〔部首〕木 〔笔画〕8

guìtái (counter)

[名]营业用的器具,式样像柜而比较长,用木头或玻璃板制成:衬衣～|毛衣～|鞋帽～|站～|请问毛衣～在哪儿?|他在鞋帽～工作|这个～里都是贵重的商品|请你从～里多拿出几支笔来我们挑一挑|他从18岁就开始站～。

【构词】柜橱/柜房

2495 **柜子** 丙

guìzi (cabinet)

[名]收藏衣服、文件等用的器具,方形或长方形,一般为木制或铁制:衣服～|碗～|大～|小～|玻璃～|书～|衣服洗好了,请放到～里|这些杯子都放到玻璃～里|书太多了,没地方放,再去买一个书～吧|他家里大～

小～足有七八个。

【近义词】柜/橱

2496 **跪** 乙 〔部首〕足 〔笔画〕13

guì (kneel)

[动]两膝弯曲,使一个或两个膝盖着地:～下|～在地上|～了半天|～麻|那时候我们给爷爷拜年都得～下|她～在地上擦地板|旧时老百姓见了官都要～着|我～一会儿腿就～麻了|孩子们～在地上玩游戏|他总～着干活,腿都～肿了。

【构词】跪拜

2497 **贵**(貴) *甲 〔部首〕贝 〔笔画〕9

guì (expensive)

[形]❶价格高;价值大:价钱～|东西～|很～|这个商店的东西比较～|你别看价钱～,质量不一定好|这个地方的东西比那个地方要～得多|时间比金子还～|春雨～如油。❷〈丙〉值得珍贵或重视:可～|知道错了马上就改,这是他们的可～之处|时间非常可～,要趁着年轻多学习学习|不务正业的人一旦改好了,比金子还可～|物以稀为～|我认为最可～的是真挚的友情。❸〈丁〉以某种情况为可贵:人～有自知之明。❹敬辞,称与对方有关的事物:～姓|～校|～国|请问您～姓?|希望今后能继续与～公司合作。

【反义词】贱/便宜

【提示】贵,姓。

【构词】贵贱/贵金属/贵客/贵戚/贵人

2498 **贵宾**(賓) 丙

guì bīn (honoured guest)

尊贵的客人(多指外宾):迎接～|招待～|～的房间|今天国家主席设宴招待从外国来的～|他们像接待～一样,接待分别了50年的老同学。

【构词】酬宾/国宾/来宾/幕宾/内宾/上宾/外宾/相敬如宾

2499 **贵姓** 甲

guì xìng (May I ask your name?)

敬辞。问人姓什么:您～?|先生～?|夫人～?

【近义词】姓

【构词】百姓/大姓/单姓/复姓/老百姓/同姓/外姓

2500 **贵重** 丁

guìzhòng (valuable)

[形]价值高;值得重视:～物品|～首饰|～药品|～金属|～礼物|～物品请大家自己保管好|大夫给他开的都是～药品|这个柜台里都是～首饰|他把友情看得比什么都～|你送我这么～的礼物,我太感谢你了|真挚的爱情,一旦失去了,你才会觉出它的～。

【近义词】名贵/珍贵/宝贵/昂贵

2501 **贵族** 丁

guìzú (noble)

[名]奴隶社会或封建社会以及现代君主国家里统治阶级的上层,享有特权:～家庭|～小姐|～生活|～出身|他出身于～家庭|她曾经是个～小姐|他们过的是～生活|他们学校过去是一个～的花园。

【反义词】贱民/平民

【构词】大族/汉族/豪族/皇族/回族/家族/九族/满族/蒙族/苗族/灭族/民族/亲族/士族/世族/氏族/水族/同族/外族/王族/望族/维族/遗族/异族/藏(zàng)族/种族/壮族/宗族

2502 **滚** *乙　〔部首〕氵〔笔画〕13

gǔn (roll)

[动]❶滚动：～雪球｜～铁环｜～下来｜～出来｜孩子们在外边玩～雪球，球越～越大｜咱们来～铁环好吗？｜小心点儿，别～下去｜那两个孩子在地上～来～去｜你看，衣服都～破了｜又～进去一个球｜苹果从纸袋里～出来｜石头从山顶上～下来｜球～到河里去了。❷〈丙〉走开；离开（含斥责意）：～开｜～出去｜～得远远的｜你是什么人？快～出去！｜快～开，还站在这儿做什么！｜你～得远远的，我不想见到你！｜老板说：你不想干就～蛋！｜你快～一边去，别在这里捣乱！❸〈丁〉（水）开了：水～了｜汤～了｜快下饺子吧，水～了半天了。

【近义词】❶滚动；❷滚蛋；❸沸腾

【提示】滚，姓。

【构词】滚边/滚蛋/滚刀/滚刀肉/滚滚/滚开/滚雷/滚木/滚热/滚水/滚汤/滚烫/滚雪球/滚圆/滚珠/滚瓜烂熟/滚瓜溜圆/滚瓜流油

2503 **滚动**（動） 丁

gǔndòng (roll)

[动]一个物体（多为圆球形或圆柱形）在另一个物体上接触面不断改变地移动：车轮～｜珠子～｜轻轻地～｜车轮～着向前驶去｜她的眼睛里～着泪珠｜火车轮子飞快地～着｜荷叶上～着露珠。

【近义词】转动

2504 **棍子** 丙　〔部首〕木〔笔画〕12

gùnzi (rod)

[名]用树枝、竹子截成，或用金属制成的圆长条：木～｜铁～｜竹～｜长～｜细～｜一根～｜拄着～｜他用树枝做了一根～｜他用木～当拐杖｜这根～太细，去找根粗点儿的来｜衣服晾在竹～上吧｜你怎么用～打人？

【近义词】棍/棍棒/棒

2505 **锅**（鍋） 乙　〔部首〕钅〔笔画〕12

guō (pot)

[名]做菜做饭用的器具，圆形中凹：铁～｜饭～｜火～｜大～｜平～｜他喜欢用铁～炒菜｜用电饭～做饭，既方便又好吃｜砂～豆腐真好吃｜中国的火～种类很多，我特爱吃海鲜火～。

【构词】锅巴/锅饼/锅盔/锅台/锅贴/锅灶/锅子

2506 **锅炉**（爐） 丙

guōlú (boiler)

[名]产生水蒸气的装置，一般由盛水钢制容器和烧火的装置构成，有的锅炉也用来烧热水：～房｜烧～｜他在～房工作了一辈子｜他烧了十几年～｜我去～房打点儿开水来。

2507 **国**（國） 甲　〔部首〕口〔笔画〕8

guó (country)

[名]国家；代表国家的：祖～｜～内｜～外｜本～｜外～｜治～｜为～｜叛～｜富～｜强～｜弱～｜保家卫～｜回～｜出～｜工业～｜大～｜～宝｜～术｜～库｜一定要把我～建设成一个富～强～｜他一直在～外学习｜你要努力学习，为～争光｜应该勤俭建～｜他下个月要出～讲学｜要依法治～｜这个东西现在成了～宝｜武术是中国的～术。

【近义词】国家

【提示】国，姓。

【构词】国宝/国宾/国柄/国策/国耻/国粹/国都(dū)/国度/国防军/国歌/

国格/国号/国花/国画/国徽/国魂/国货/国籍法/国交/国界/国境/国君/国库/国立/国门/国难(nàn)/国戚/国人/国色/国史/国事/国手/国书/国体/国威/国文/国务/国学/国宴/国医/国有化/国语/国葬/国债/国色天香/国泰民安

2508 **国产**(產) 丁

guóchǎn (made in our country)

[形]本国生产的：～汽车|～录像机|～影片|～电视机质量相当好|我家的电器大部分都是～的|今天晚上有一个得奖的～影片，一块儿去看吧。

【反义词】进口/外来

2509 **国法** 丁

guófǎ (national law)

[名]国家的法纪：制定～|有～|遵守～|触犯～|～难容|每个国家都有它自己的～|家有家法，国有～|他的行为已经触犯了～|他犯的罪～难容。

2510 **国防** 丙

guófáng (national defence)

[名]一个国家为了保卫自己的领土主权，防备外来侵略，而拥有的人力、物力，以及和军事有关的一切设施：～力量|～设施|～建设|～军|加强～|现代化～|为了保卫祖国，应该有一支强大的～军|我们要加强～力量|我们拥有先进的～设施。

2511 **国会**(會) 丁

guóhuì (parliament)

[名]某些国家的最高的权力机关，也称“议会”：～选举|～议员|他是～议员|马上就要进行～选举了。

【近义词】议会

2512 **国籍** 丙

guójí (nationality)

[名]指个人具有的属于某个国家的身份：双重(chóng)～|加入…～|具有…～|改变～|选择～|我的～是中国|他具有双重～|20年前他就加入了泰国～|他改变了自己的～|～是可以选择的。

【构词】本籍/厂籍/除籍/典籍/古籍/户籍/经籍/秘籍/史籍/书籍/图籍/外籍/文籍/学籍/原籍/祖籍

2513 **国际**(際) 乙

guójì (international)

[名]国与国之间；世界各国之间；与世界各国有关的(事物)：～地位|～关系|～协定|～公约|～威望|～形势|～市场|～舞台|～贸易|～新闻|～象棋|～警察|～儿童节|～妇女节|～劳动节|～音标|～法庭|～组织|～比赛|～机场|～歌|我国的～地位日益提高|这种商品已经打入～市场|他在一家～贸易公司工作|我每天都听～新闻|参加了～象棋比赛|这个～音标怎么念？|三月八日是～妇女节。

【反义词】国内

【构词】边际/此际/耳际/发(fà)际/分际/交际/脑际/人际/天际/漫无边际/一望无际

2514 **国际法** 丁

guójìfǎ (international law)

[名]调整各国之间的政治、经济、军事、文化等各种关系的准则的总称：一般～|区域～|制定～|通过～|履行～|～的制定|～的实施|～的效力

|~的内容|~的对象是国家之间的关系|~的内容是国际关系中形成的有约束力的原则、规则和规章制度。

【近义词】国际公法

2515 **国际主义**(義) 丁

guójìzhǔyì (internationalism)

[名]马克思主义关于国际无产阶级团结的思想,是国际共产主义运动的指导原则之一:~战士|~精神|~原则|白求恩大夫是~战士|我们应该发扬~精神|要以爱国主义和~的精神教育年轻的一代。

【反义词】民族主义/沙文主义

2516 **国家** 甲

guójiā (country)

[名]阶级统治的工具,是统治阶级对被统治阶级实行专政的暴力组织,主要由军队、警察、法庭、监狱等组成;指一个国家的整个区域:建立~|保卫~|建设~|治理~|热爱~|分裂~|危害~|颠覆~|落后的~|发达的~|独立的~|古老的~|资本主义~|社会主义~|~干部|~的主人|~的预算|~的利益|~的法律|~的命运|~大事|~财产|~机关|~领土|维护~的利益是每个公民的责任|不能做危害~利益的事情|将贫困、落后的~建设成经济发达的~|人人都要热爱自己的~|我们都是~的主人|这是关系到~命运的大事|~的财产不应受到损害。

【近义词】国度/国/社稷/江山

2517 **国库券**(庫) 丁

guókùquàn (state treasury bond)

[名]某些国家的国家银行发行的一种短期债券,可以作为国内支付手段,但不能直接用来购买商品。简称国库券:购买~|发行~|人们踊跃购买~|中国从1981年开始发行~。

【提示】"国库券"的"券"quàn,不能读成juàn,不能写成"卷"。

【构词】彩券/地券/奖券/借券/门券/胜券/债券/证券

2518 **国力** 丁

guólì (national power)

[名]国家在政治、经济、科学技术等方面所具备的实力:~强|~减弱|削弱~|~增强以后,一个国家就会有更多的朋友|战争使~大为减弱|这场内战大大地消耗了他们的~。

2519 **国民** 丁

guómín (the people of a nation)

[名]具有某国国籍的人是这个国家的国民:中国~|英国~|~经济|~收入|他是法国~|~经济发展迅速|~收入日益提高。

【近义词】公民

2520 **国民党**(黨) 乙

guómíndǎng (the Kuomintang〔KMT〕)

[名]1912年8月,孙中山先生以中国同盟会为基础组成的资产阶级政党:参加~|~党员|他很早就加入了~|他是~党员。

2521 **国旗** 丙

guóqí (national flag)

[名]由国家正式规定的、代表本国的旗帜:升~|降~|挂~|中国~|各国~|中华人民共和国的~是五星红旗|节日期间,家家门口挂~|运动场外

悬挂着各国～|天安门广场每天早上举行升～仪式。

【构词】八旗/白旗/彩旗/红旗/会旗/奖旗/降旗/锦旗/军旗/令旗/升旗/手旗/献旗/校旗/义旗/在旗

2522 国情 丁

guóqíng (the condition of a country)

[名]一个国家的社会性质、政治、经济、文化等方面的基本情况和特点。也特指一个国家某一时期的基本情况和特点：了解～|符合～|介绍～|各国的～|我不了解这个国家的～|盲目加快经济发展速度，不符合我国～|请你介绍一下这个国家的～|各国的～不尽相同。

2523 国庆节(慶節) 丙

guóqìngjié (National Day)

[名]开国纪念日：庆祝～|～联欢晚会|～到了，好好儿庆祝一下|中国的～是十月一日|全国人民热烈庆祝～|我们准备举行～联欢晚会。

2524 国土 丁

guótǔ (territory)

[名]国家的领土：保卫～|丢失～|神圣的～|保卫～，人人有责|任何人不许侵犯我国～|他们收复了丧失的～|把敢来侵犯的敌人消灭在我们的～上|祖国神圣的～不容侵犯。

【近义词】领土

2525 国王 乙

guówáng (king)

[名]古时某些国家的最高统治者；现代某些君主制国家的元首：～陛下|老～|年轻的～|他是这个国家的～。

【近义词】皇帝/君主

【反义词】皇后/王后

【构词】霸王/称王/大(dài)王/帝王/蜂王/君王/龙王/魔王/女王/亲王/勤王/拳王/兽王/天王/阎王

2526 国务院(務) 丙

guówùyuàn (the State Council)

[名]中国最高国家权力机关的执行机关，掌管国家最高行政事务：～总理|他在～工作|他是～的国务委员。

2527 国营(營) 丙

guóyíng (state-run)

[形]国家投资经营：～商店|～饭店|～工厂|～企业|这个商店是～的|我常去～商店买东西|这个饭店不是～的|他在～企业里工作。

【近义词】公营

【反义词】私营

【构词】安营/拔营/兵营/公营/劫营/经营/军营/老营/联营/露营/民营/私营/宿(sù)营/偷营/行营/野营/运营/扎营/阵营/钻营

2528 国有 丁

guó yǒu (state-owned)

国家所有：土地～|矿山～|～化|～财产|～企业|～制|收归～|转化为～|这些都是～企业|矿山、土地都属～财产|铁路收归～|把私人所有的生产资料转化为～。

【近义词】公有

【反义词】私有

2529 果断(斷) 丁

〔部首〕木
〔笔画〕8

guǒduàn (resolute)

[形]有决断;不犹豫:指挥员～|办事～|处理得～|变得～|～的行动|～地指挥|～地说|这个领导处理问题非常～|你这个决定很～|请你办事～点儿|法院对这个案子裁决得十分～|在这个问题上,他表现得非常～|应该赶快采取～的措施|他～地说:"马上出发!"|他～地指挥了这场战斗。

【近义词】决断

【反义词】犹豫/迟疑/踌躇

【提示】果,姓。

【构词】果冻/果脯/果腹/果干/果敢/果酱/果决/果料/果木/果木园/果农/果皮/果品/果肉/果酸/果糖/果园/果真/果枝/果汁/果子/果子酱/果子酒/果子露/果不其然

2530 **果然** 乙

guǒrán (really)

[副]表示事实与所说或所料相符:天气预报说今天有雨,～下雨了|听说这个剧不错,看了以后～非常感人|吃了这种药,病～很快就好了|经过详细调查,这件事～是他干的|按照他的办法试验了一下,～成功了。

【近义词】果真

2531 **果实**(實) 丙

guǒshí (fruit)

[名]植物体的一部分,花受精后,子房逐渐长大,成为果实;也比喻经过艰苦斗争得来的成果:～累累|享受～|沉甸甸的～|丰硕～|劳动～|胜利～|这种树的～可以吃|苹果树上结满了又红又大的～|沉甸甸的～把树枝都压弯了|大家一起来享受我们的劳动～吧|他们的劳动已经结下了丰硕的～。

【近义词】果儿/果子

2532 **果树**(樹) 丙

guǒshù (fruit tree)

[名]果实主要供食用的树木:～园|种～|一棵～|一片～|这个～园里有苹果树、桃树|我在房前种了一棵～|这座山种满了～|这一大片～明年就可以结果了。

2533 **裹** ＊丙 〔部首〕亠 〔笔画〕14

guǒ (wrap)

[动]❶用纸、布或其他东西缠绕;包扎:～着绷带|～伤口|～着棉被|～严|～紧|外边冷,快给孩子～上被子|手上的绷带松了,重新～一下|苹果外边～上一层纸可以保鲜|哎哟,你的腿摔破了,快～上纱布|他用大衣～得严严的,只露出两只眼睛。❷〈丁〉为了某种目的把人或物夹在别的人或物里面:～在包里|～在人群里|～进去|他不买票,～在人群里上了火车|他们干的是违反法律的事,你可别～进去。

【近义词】❶包/缠绕;❷混/卷

【提示】注意"裹"的写法,"裹"中间是"果",不是"里"。

【构词】裹腿/裹挟/裹胁/裹足不前

2534 **过**(過) ＊甲 〔部首〕辶 〔笔画〕6

guò (pass)

[动]❶经过(处所);经过或度过(某个空间或时间):～来|～去|～马路|～河|～桥|～山|～年|～节|～日子|～两个月|你们快～来看,这是什么?|～马路要注意来往的车辆|去那个村子要～一条小河|～了那个商店就到了|那座桥太窄了,大汽车～不去|前边～火车了,快停下来|再～

几天就～年了｜他们的日子越～越好｜你辛苦了一辈子，现在可以～一个幸福的晚年了。❷〈乙〉超越（某种范围或限度）：～时间｜～线｜～一个月｜～三万｜坐～站｜走～了｜睡～了｜球～线了，该对方发球｜已经～了下班时间，你怎么还不走？｜营业时间已～，今天买不成了｜图书馆的书～一个月不还（huán）要罚款的｜这房子如果～五万，我就不想买了｜他在车上睡着了，连坐～了站都不知道｜明天早上可别睡～了｜这罐头已～了保质期｜已经～了合同期，怎么还没完成？❸〈丙〉用在动词加"得"的后面，表示胜过或通过的意思：跑得～｜比不～｜说不～｜喝不～｜赛不～｜信得～｜抵得～｜你比我年轻，我可跑不～你｜这是个让人信得～的商店｜在学习方面，谁也比不～他｜我再有三张嘴也说不～他｜别泄气，明年一定要赛～他们！❹〈丁〉经过（某种处理）：～水｜～油｜～脑子｜～秤｜～磅｜～目｜这衣服太脏了，多～几次水｜先把鱼～一下油，再加水炖，特别香｜这些行李都要～一下秤，看看是否超重｜他常常说话不～脑子｜这篇文章请您～～目。

【构词】过半/过不去/过场/过秤/过错/过道/过得去/过得硬/过冬/过访/过关/过活/过火/过激/过继/过家家/过奖/过节/过劲儿/过景/过境/过客/过来人/过礼/过量/过门/过敏/过目/过期/过日子/过筛子/过甚/过剩/过时/过世/过手/过数/过水面/过堂/过堂风/过厅/过头/过午/过心/过夜/过瘾/过硬/过载/过重/过关斩将/过河拆桥/过街老鼠/过路财神/过目成诵/过眼烟云/过意不去/过犹不及

2535 过 丙

guò（excessively）

［副］表示数量或程度过分，"太"的意思：～高｜～早｜～迟｜～胖｜～大｜～多｜价钱～高，很多人买不起｜出发的时间～早，大家都起不来｜人如果吃的甜食～多，就容易得糖尿病｜晚上别睡得～晚｜你把这些年青人的能力估计得～低了｜火车马上就要开了，你别走得～远｜行李～重，要罚款的｜晚上别吃得～多。

【近义词】太/过于

【提示】"过"作副词时，只能用在单音节的形容词前。

2536 过 ＊甲

guò（part. *used after a verb to indicate the completion of an action*）

［助］❶用在动词后，表示动作完毕：吃～了｜问～了｜去～了｜写～了｜我已经吃～饭了｜昨天你看～电影去哪儿了？｜明天我问～他就给你打电话｜他试～以后说："我买这件。"｜这本小说我已读～上部，现在开始读下部。❷〈乙〉用在动词或形容词之后，表示过去曾经有这样的经历或某种动作、状态：去～｜听～｜学～｜说～｜住～｜参观～｜热～｜冷～｜热闹～｜这种药曾经治好～很多人｜我看～那个电影｜这个地方三年前我曾经来～一次｜你听说～这件事？｜我没参观～那个工厂｜我找～他两次，都不在｜我从来没吃～这种东西，不知道怎么做｜上星期冷～几天，现在又热起来了｜他的儿子回来时，他们家曾经热闹～几天。

【提示】①"动词＋过"表示动作完毕时可以用于过去，也可用于现在和将

来。②"动词|形容词＋过"表示曾经发生过的事情时,否定形式是"没＋动词|形容词＋过"。如:这里从来没这么热闹～。

2537 过程 乙

guòchéng (process)

[名]指事物进行或事物发展所经过的程序:成长～|发展～|生产～|比赛～|学习～|制作～|整个～|全部～|请你介绍一下这件事情的发展～|生产～中要注意安全|比赛的～也是一个向对方学习的～|戒烟也要有一个～|请你谈谈他成长的～|我想看看制作蛋糕的全～|从准备到完成,整个～只用了10个月。

【近义词】进程/程序

2538 过度 丁

guòdù (excessive)

[形]超过适当的程度:～紧张|～兴奋|～疲劳|～悲伤|饮酒～|由于～紧张,一句话也说不出来|他～兴奋,一夜没睡着|他因～疲劳而昏倒了|～追求名誉和地位是很危险的|～悲伤使他的心脏病复发|饮酒～对身体有害|谦虚得太～了就显得很虚伪|不管做什么都不能～。

【近义词】过分/过于

【反义词】适度

2539 过渡 丙

guòdù (transition)

[动]由此岸到彼岸;多比喻事物由一个阶段逐渐发展而转入另一个阶段:～时期|～阶段|～方法|～形式|～到…|我们去河那边,每天从这里～|要～的人很多,咱们早点儿去|适应新的环境总要有一个～|现在的困难只是～时期的困难|我们由六天工作制逐渐～到五天工作制|由战争年代～到和平建设时代|这是一个漫长而艰难的～阶段。

【近义词】渡/摆渡

【构词】摆渡/横渡/津渡/竞渡/轮渡/强渡/抢渡/偷渡/引渡/远渡

2540 过分 丙

guòfèn (excessive)

[形](说话、做事)超过一定的程度或限度:～着急|～简单|～劳累|～热情|～客气|玩笑～|批评～|要求～|宣传得～|认真得～|你身体不好,别～劳累|他因为～紧张,把下面的歌词忘了|你对他是不是～热情了?|你～相信他的宣传,才买了伪劣商品|你别～要求他,他还是个孩子|这个玩笑太～了|他确实不错,你这样写一点儿不～|这样对待你的朋友未免太～了|他这个人聪明得太～了,反而害了自己|你把他宣传得～了。

【近义词】过头/过火/过度

【反义词】适当

2541 过后(後) 丁

guòhòu (afterwards)

[名]❶往后:我们先这么做,有什么问题～再说|今天的会就开到这儿,还有什么意见～再提|先买一件吧,穿坏了,～再买|这些钱你拿去,～有什么困难尽管来找我。❷后来:我先去买了本书,～才来你家,所以晚了|我把书借给他,～他又还给我了|我把钥匙放在电视机上,～就忘了|他刚说过的话,～就不承认了|他打算先去上海,再去南京,～又改变了主意|他的书包丢了,～在树底下找着了。

【近义词】往后/后来

2542 **过来**(來) *甲

guò lai (come over)

❶从另一个地点向说话人(或叙述的对象)所在地来:快～,这儿的风景可美了|你～一下,我要告诉你一件事|船从对岸～了|我刚从那边～,老王不在那儿|你们都～吧,这儿有座儿。❷用在动词后表示动作向说话人所在地移动:走～|坐～|扔～|跑～|飞～|拿～|请你把车开～|把球扔～|把书拿～|他急急忙忙地跑～|从那边飞～一只海鸥|那边太挤了,坐～一点儿。❸〈乙〉用在动词后表示正面对着自己:转～|倒～|翻～|回～|开～|你把头转～我看看|他转过身来看着我|把衣服翻～再仔细找找|他回过头来对我说:"喂,小声点!"❹〈丙〉用在动词后表示回到原来的、正常的状态:醒～|改～|休息～|觉悟～|劝～|救～|他整整昏迷了三天,今天终于醒～了|他的毛病改～了|大夫把他救～了|我们怎么劝也劝不～|他这个坏习惯已经改不～了|睡一觉就休息～了|我太累了,到今天还没休息～|经过教育,他已经觉悟～|我可劝不～,你们去劝劝他吧。❺〈丁〉用在动词后表示时间、能力、数量充分(多跟"得"或"不"连用):忙得(不)～|看得(不)～|照顾得(不)～|数得(不)～|吃得(不)～|公园里到处是花,我都看不～了|一个人看两台机器照顾不～|你又要工作又要做家务,忙得～忙不～?|这点儿事算什么,我一个人干得～|汽车一辆接一辆,都数不～了|做这么多菜,哪儿吃得～!

【反义词】过去

【提示】"过来"的义项❶,"来"有时读第二声,有时读轻声。义项❷❸❹,有时"过来"二字都可读轻声,有时只有"来"读轻声。

2543 **过滤**(濾) 丁

guòlǜ (filter)

[动]使流体通过滤纸或其他多孔材料,把所含的固体颗粒分离出去:～水|～药|～器|～纸|～嘴|这水太脏了,要～一下才能喝|汤药熬好后用纱布～一下再喝|他抽的烟都是带～嘴的。

2544 **过年** 乙

guò nián (celebrate the New Year or the Spring Festival)

在新年或春节期间进行庆祝等活动:过新年|过农历年|过个高兴的年|过团圆年|喜欢～|盼望～|老张不在,他回家～去了|孩子们都回来了,今年我们高高兴兴地过个团圆年|中国人还是兴过农历年|北方人～一定要吃饺子|小孩子们最喜欢～,又热闹又好玩儿|他们家真热闹,每天都跟～似的。

【提示】离合词,中间可插入其他成分,如:过个年|过了年。

2545 **过去** 甲

guòqù (the past)

[名]时间词,现在以前的时期(区别于"现在"、"将来"):～的事|～的工作|～的习惯|～的规矩|～的时代|～的朋友|～的照片|那都是～的事了,不要再想了|他们是我～的朋友,至今一直保持着联系|他还是按～的规矩办事|这都是我～在南方拍的照片|这个村～连电灯都没有,现在家家

看上了电视|～这里是一片荒地|他～在哪儿工作？

【近义词】以前/从前

【反义词】现在/目前/将来/以后/往后

2546 **过去** *甲

guò qu (go over)

❶做动词时表示离开或经过说话人(或叙述的对象)所在地向另一个地点去:刚刚～一辆车|信就放在桌上,你～看吧|你别过来,我～|我看见他从邮局门口～了|别～,那儿危险!❷用在动词后,表示动作向离开说话人的地点移动:跑～|走～|拿～|扔～|送～|把球扔～给他|从这条街走～要十分钟|请你把这杯咖啡给客人送～|他刚从我身边跑～|你别过来了,一会儿我拿～。❸〈乙〉用在动词后,表示反面对着自己:转～|背(bèi)～|翻～|倒(dào)～|回～|他转过身去|他气得把脸背～|上课时他总回过头去跟后边的人说话|把这张纸翻～,电话号码记在背面。❹〈丙〉用在动词后,表示失去原来的、正常的状态:昏～|晕～|死～|快去叫大夫,病人又昏～了|他一听说没考上大学,差点儿晕～|这股难闻的气味,能把人熏得晕～。❺〈丁〉用在动词后,表示事情通过,动作完毕:骗～|瞒～|这个孩子很巧妙地把敌人骗～了|这事可瞒不～|我看了不少小说,但看～就忘|已经做～的事,就不要后悔了|这事说～就算了,别再去提它了。

【反义词】过来

2547 **过失** 丁

guòshī (fault)

[名]因疏忽而犯的错误:～严重|～不少|工作中的～|领导上的～|政策的～|严重的～|小的～|纠正～|指出～|有～|他在工作上的～是严重的|他的疏忽造成了生产上的～|这都是我的～,跟你没关系|有了～不要怕,及时改正就好|要尽快找出造成～的原因|你知道由于你的～所产生的后果有多严重吗？

【近义词】失误/错误

2548 **过问**(問) 丁

guòwèn (concern oneself with)

[动]参与其事;参加意见:工人的住房问题领导应该～|跟他没关系的事他也要～|对儿女的婚事,他很少～|这事老王负责去办,你就不要～了|对别人的事,他从不喜欢～|这是大家的事,你不～行吗？

【近义词】问/管/干预/干涉

2549 **过于** 丁

guòyú (too)

[副]表示程度或数量过分:～谦虚|～客气|～浪费|～夸张|～热情|他最近～劳累,病倒了|你～客气,我真有点儿不好意思了|他的家弄得～豪华|这样说有点儿～夸张了|那个售货员～热情,我只好买了一件衣服|～谦虚,就显得虚伪了。

【近义词】过分/过度

【反义词】适当/适度

H

2550 **哈哈** 甲 〔部首〕口 〔笔画〕9

hāhā (interj. aha)

[象]形容笑声：~大笑|笑~|电影看到可笑处，大家都~地大笑起来|他很风趣，常常逗得大家~大笑|屋子里传来了~~的笑声。

【构词】哈巴狗/哈达/哈哈镜/哈密瓜/哈欠/哈腰

2551 **咳** 丙 〔部首〕口 〔笔画〕9

hāi (interj. *expressing sadness, regret or surprise*)

[叹]表示伤感、后悔或惊异：~！他就这样地不辞而别！|~！他们最后还是离婚了|~！我怎么就忘了多问一句呢？|~！我真不应该责备他|~！我真糊涂，又没锁门！|~！真有这样的事？|~！他又结婚了？

【提示】"咳"又读 ké，见第 3738 条"咳嗽"。

2552 **还**(還) *甲 〔部首〕辶 〔笔画〕7

hái (still)

[副]❶表示现象继续存在或动作继续进行；仍旧：11 点了，他~没睡|你~跟以前一样年轻、漂亮|他~在那个工厂干活儿|他们~没下课，请你等一会儿|雨~在下，再多坐一会儿|路~远着呢，咱们慢慢走吧|音乐会已结束，但人们~不想离开。❷〈乙〉表示在某种程度之上有所增加，或在某个范围之外有所补充，有"更"的意思，常和"比"连用：今天比过年~热闹|春天了，怎么比冬天~冷？|我买完东西，~要去看一个朋友|你~有什么意见？|我~有别的事，先走了。❸〈丙〉用在形容词前，表示程度上勉强过得去，一般是往好的方面说：这件大衣~合适，就买它吧|她这个朋友~老实|他的毛笔字写得~不错|我父母近来身体~好|他的英语说得~可以。❹〈丙〉"还"用在上半句里，表示陪衬，下半句进而推论，有"尚且"的意思，多有反问的语气：我自己~不会呢，怎么教你呀！|一个孩子~照顾不好，何况两个|这个词我意思~没弄懂，怎么造句？|健康人~觉得冷，更不用说病人了。❺〈丁〉表示对某件事物，没有想到如此，而居然如此。多有赞叹的语气。常和"真"连用：你~真把收音机修好了！|没想到他~真的生气了，我以为他是开玩笑呢|他~真能干，两个人的活儿他一个人就干完了|这个办法~真好，一擦就干净了|这种药~真灵，我吃了两片就完全好了。❻〈丁〉表示数量少，时间早。常用"还不(没)…就…""还…就…"格式：~不到 9 点，他就睡了|他~没毕业就出国留学了|天~不大亮他们就出发了|~在 10 年前我们就认识了|这些书他~在上中学时就读过了。❼〈丁〉表示加强语气，多用于反问，有时有责备或禁止的意思：9 点了，~不起床！|人们吃伪劣商品的亏~少吗？|大家都睡了，你们~吵！|亮红灯了，~不赶快停车！|吃东西不先洗手，~能不生病？|对老人这么说话~行？|一千元钱一双皮鞋，你~说便宜？|

他这个毛病继续发展下去～怎么得了！|都上中学了，～不懂这个？

【提示】①"还"、"又"都表示动作再一次出现，但"还"主要表示未实现的动作，"又"主要表示已实现的动作。如：我看过一遍，明天还想再看一遍|昨天我已经看过一遍，今天我又看了一遍。②"还"又读 huán，见第 2822 条。

2553 还是 *甲

háishi (adv. still; conj. or)

[副]❶表示现象继续存在或动作继续进行。有"仍然"的意思：这两天下大雪，他～按时去公司上班|他告诉我好几遍，我～没记住|都 60 岁了，他～显得那么年轻|20 年了，他～老习惯，每天晚上一杯二锅头|我看了好几遍，～看不懂|尽管困难很多，我们～完成了任务|虽然他很忙，～热情地帮助别人。❷〈乙〉表示经过比较、考虑认为某种做法或某种事物比较好：我们～走小路吧，走小路快|公共汽车比较挤，咱们～坐出租车去吧|～吃面包吧，这样省时间|你的经验多，～你来说吧|我的英语不太好，～你给他翻译一下吧|我看～星期天去吧，那天大家都有空儿。

[连]用在问句里表示选择，放在每一个选择的项目前面，第一项之前可以不用"还是"：你去～不去？|他是明天上午到，～下午到？|咱们是先买冰箱，～先买录相机，你决定吧|只有一块金表，留给儿子，～留给女儿？老人有点儿为难|不管你相信～不相信，事实总是事实。

【近义词】[副]❶仍然；[连]或者

【提示】"还是"和"或者"都表示选择，但"还是"可以用在选择问句中，"或者"不能。如"你去还是不去？"而不能说"你去或者不去？"

2554 孩子 甲

〔部首〕子
〔笔画〕9

háizi (child)

[名]❶儿童：～可爱|～有出息|大～|女～|教育～|可爱的～|乖～|这个～真可爱|今天的～真幸福|你不是小～了，应该懂事了|几年不见，你长成大～了|这个班男～多，女～少。❷子女：听说老王生了一个女～|你现在几个～了？|他家～多，房子不够住|他教育～很有经验|你要做个有出息的～。

【近义词】儿童/子女/小孩儿

【反义词】大人/成人

【构词】孩提/孩童/孩子气/孩子头

2555 海 *甲

〔部首〕氵
〔笔画〕10

hǎi (sea)

[名]❶大洋靠近陆地的部分：大～|～边|～底|～面|～鸟|～水|～涛|～浪|靠～|他常去～边游泳|他长这么大，没见过大～|我家靠～，可以听到～浪拍打岩石的声音|孩子们喜欢去～滩拾贝壳|这个事就像～底捞月，不会成功，你别白费劲儿了。❷〈乙〉比喻连成一大片的同类事物；大的（器皿或容器等）：林～|火～|人～|旗～|花～|～量|～碗|夸下～口|展览会上人山人～|我走进这个公园，好像进入了花～|战争使这个城市变成一片火～|你真是～量，可我喝一小杯酒就醉了|他饭量大，吃饭得用～碗|他已夸下～口，三天之内就把那个罪犯抓住。

【近义词】海洋

【反义词】陆地

【提示】海，姓。

【构词】海岸线/海报/海豹/海波/海菜/海产/海潮/海程/海带/海岛/海盗/海底/海防/海风/海龟/海涵/海货/海疆/海禁/海军呢(ní)/海军旗/海口/海蓝/海里/海量/海路/海轮/海螺/海洛因/海米/海绵/海难(nàn)/海内/海鸥/海滩/海塘/海棠/海图/海湾/海碗/海味/海鲜/海啸/海蟹/海盐/海燕/海洋学/海域/海员/海运/海葬/海藻/海战/海底捞月/海底捞针/海角天涯/海枯石烂/海阔天空/海誓山盟

2556 **海岸** 丁

hǎi'àn (seacoast)

[名]邻接海洋边缘的陆地：～带|～炮|～线|～曲折|～绵长|这里～曲折，港湾、岛屿很多|这里交通方便，沿着～有公路干线，可直达几个大城市|这里～绵长，沿海有很多美丽的滨海城市。

2557 **海拔** 丙

hǎibá (elevation)

[名]以平均海平面做标准的高度：～500米|这个地带～大都在1千米以上|这个地方地势低平，平均～只有4米左右。

【近义词】拔海

【构词】救拔/提拔/挺拔/选拔/自拔/一毛不拔

2558 **海滨**(濱) 丁

hǎibīn (seashore)

[名]海边；沿海地带：～浴场|～城市|～公园|每年夏天我都去～浴场游泳|这是一个美丽的～公园|去年在～建造了一座漂亮的疗养所|他在靠～的地方买了一栋小别墅|他每天早上去～公园散步|他的家乡是一座富于热带风光的～城市。

【近义词】海岸

【构词】河滨/水滨

2559 **海港** 丁

hǎigǎng (seaport)

[名]沿海停泊船只的港口：重要的～|深水～|优良的～|我国沿海地区有很多重要的～|烟台是山东重要的～和渔港|青岛是中国北方最优良的～之一。

【近义词】港口

【构词】封港/河港/军港/良港/领港/入港/商港/疏港/外港/引港/渔港

2560 **海关**(關) 乙

hǎiguān (customs)

[名]对出入国境的一切商品和物品进行监督、检查并照章征收关税的国家机关：～检查|～批准|设置～|报告～|请示～|出入～|通过～|经过～|～的规定|～的职权|～的纪律|我国～又破获一起毒品走私案件|出入～时，把护照拿出来|先别捆这么紧，过～时可能还要检查呢|这种东西能不能带出国，你先请示一下～|你有向～申报的物品吗？|我们应该遵守～的规定|他终于没逃过～人员敏锐的眼睛，被查出了毒品。

2561 **海军**(軍) 丙

hǎijūn (navy)

[名]在海上作战的军队：～航空兵|～陆战队|～舰艇|～战士|参加～|加入～|建设～|当～|强大的～|他从小就想当一名～战士|我们要有自己的～|我们要建设一支强大的～|我的孩子特别喜欢戴～帽。

【近义词】水兵
【反义词】陆军/空军

2562 **海面** 丙

hǎimiàn (sea surface)

［名］海水的表面：今天～上多么平静！|渔民们在～上捕鱼|看，～上漂着个什么东西？|潜艇一会儿进入海底，一会儿露出～|那条大鱼又浮出～|海鸥贴着～飞。

【近义词】水面
【反义词】海底

2563 **海外** 丁

hǎiwài (overseas)

［名］泛指国外：～同胞|～游子|～关系|去～|流亡～|每年都有很多～同胞回来参观访问|他的～关系比较多|他的祖父很早就去～谋生|他在～生活了40年|他已在～成家立业|最近他的儿子从～回来了。

【近义词】国外
【反义词】海内/国内

2564 **海峡**(峽) 丙

hǎixiá (strait)

［名］两块陆地之间连接两片海洋的狭窄水道：台湾～|形成～|山东半岛和辽东半岛遥遥对峙，形成渤海～|他们把这段～填成了平地。

【构词】地峡/山峡

2565 **海洋** 乙

hǎiyáng (ocean)

［名］海和洋的统称：～性气候|～生物|穿越～|他是研究～生物的|我喜欢～性气候，全年温差不大，空气湿润|他对祖国的思念穿越了所有的山峰和～。

【近义词】海/洋
【反义词】陆地
【构词】崇洋/重(chóng)洋/大洋/东洋/留洋/南洋/漂洋/外洋/汪洋/西洋/现洋/洋洋/银洋/远洋

2566 **害** *乙 〔部首〕宀 〔笔画〕10

hài (n./v. harm)

［名］祸害；害处：虫～|风～|灾～|有～|受～|除～|大家一齐动手消灭虫～|农作物受到风～而减产|一场暴风雪给这个地区的人民带来灾～|吸烟对身体有～|我们一定要抓住那些罪犯，为民除～|他打死了恶狼，为村民们除了一～。

［动］❶使受损害：～国家|～人民|～自己|～人|受～|决不能做既～国家又～自己的事|他想～别人，结果～了自己|这块香蕉皮真～人不浅，把我摔了一大跤|这次水灾受～面积不是太大|你这几年不在家，可把你太太～苦了，又要上班又要照顾孩子|你的地址不写清楚，～得我找了一个多钟头|我的朋友失约了，～得我白等了一天。❷〈丙〉杀害，前面常带"被""遇"等词：被～|遇～|～死|他的祖父50年前就是在这里被～的|那个年轻人在和歹徒搏斗中遇～|他还不太懂事的时候，他的父亲不幸被人～死。❸〈丁〉发生疾病：～病|～眼|～肚子|吃了不干净的东西要～病的|一到冬天我就经常～病|他因气候不适应，～了一场大病|他正在～眼，不敢出门。

【近义词】［名］弊/祸；［动］损害/伤害
【反义词】［名］利/益
【构词】害病/害命/害鸟/害人虫/害臊/害羞/害眼/害群之马

2567 **害虫**(蟲) 丙

hàichóng (injurious insect)

[名]对人有害的昆虫:消灭～|扑灭～|杀死～|不及早消灭这些～就会造成虫灾|苍蝇、蚊子等都是～|大家一齐动手扑灭～|不杀死～就会传染疾病。

【反义词】益虫

【构词】草虫/长(cháng)虫/成虫/臭虫/蝗虫/蛔虫/甲虫/昆虫/懒虫/毛虫/腻虫/爬虫/蚊虫/蚜虫/益虫/幼虫/蛀虫

2568 **害处**(處) 乙

hàichu (harm)

[名]对人或事物不利的因素;坏处:～大|有～|～多|～少|吸烟的～很大|喝酒过多对身体有很大的～|让年轻人多吃点儿苦没有什么～。

【近义词】坏处/弊病/弊端

【反义词】益处/好处

2569 **害怕** 乙

hàipà (be afraid)

[动]遇到困难、危险等而心中不安或发慌:～困难|～考试|～刮风|～战争|～噪音|～猫|感到～|心里～|有了困难不要～|我从小～考试|儿女们～老人寂寞,每天轮流来陪她|他身体不好,对噪音特别～|你别～,这里非常安全|他胆子很大,从来不知道什么叫～|孩子们又想看惊险的影片,又～得乱叫|夜里一个人在街上走,就感到有点儿～|我一见到狗就～极了。

【近义词】畏惧/惧怕/恐惧/怕/可怕/恐怖/胆怯

【构词】后怕/惊怕/惧怕/可怕/恐怕/哪怕/生怕

2570 **害羞** 丁

hài xiū (shy)

因胆怯、怕生或做错了事怕人嗤笑而心中不安;难为情:说话～|唱歌～|感到～|他连回答老师的问题也～|她见到男同学就～|一听说让她唱个歌,她～地跑进屋里去了|真不～,抢弟弟的玩具!

【近义词】怕羞

【提示】离合词,中间可插入其他成分,如:害什么羞|没害过羞。

【构词】含羞/娇羞/口羞/没羞/怕羞/识羞/遮羞/珍羞

2571 **含** *乙 〔部首〕人 〔笔画〕7

hán (keep in the mouth)

[动]❶东西放在嘴里,不咽下也不吐出来:～糖|～药|～一口水|～满|～着|～一会儿|～半天|你～一片药,嗓子就不疼了|这种漱口水在嘴里多～一会儿再吐出来|他嘴里经常～着糖|这孩子把饭～在嘴里,半天也不咽下去。❷〈丙〉带着某种意思、情感;包含:～笑|～怒|～羞|～恨|～冤|～眼泪|～水分|～碘|～盐|～维生素|～糖分|～养分|这位售货员脸上总是～着微笑|他心里～着不满,但不表露出来|她就这样～恨死去|他～着羞愧的心情去见父亲|他～着歉意离开了朋友的家|这种蔬菜～维生素比较多|这种东西～糖量太高|这种苹果虽然很甜,但～水分太少|他～着眼泪看完这封信|应多吃一些～碘的食品。

【近义词】衔(xián)/噙(qín)

【反义词】吐

【构词】含苞/含悲/含愤/含恨/含糊/

含混/含量/含怒/含情/含笑/含羞/含羞草/含蓄/含冤/含蕴/含垢忍辱/含糊其辞/含沙射影

2572 含糊 *丙

hánhu (vague)

[形]❶不明确;不清晰:意思～|说话～|文章～|内容～|概念～|回答～|观点～|印象～|结论～|～不清|～其辞|他的话很～,让人听不明白|这篇文章的内容比较～,读者不明白它要说什么|他对汉语语法概念很～|你的观点十分～,到底是赞成还是反对?|请你回答时不要含含糊糊的|他病得很重,说话已经～不清了。❷不认真;马虎:这件事可一点儿也不能～!|这可～不得! ❸〈丁〉示弱(多用于否定式):不～|要是说朋友有困难求他帮助,他是毫不～的|这些年轻人干起活儿来谁也不～|要让我跟他比赛,我绝不～|他很能干,不管干什么,都不～|不论是让我做什么,你看见我～过吗!|他们干得好,我们也不～呀!

【近义词】❶模糊/含混/隐约/笼统

【反义词】❶清楚/明朗/鲜明/清晰/明显/明确/认真

【构词】稠糊/糊糊/浆糊/烂糊/眯糊/迷糊/面糊/模糊/腻糊/晕糊

2573 含量 丙

hánliàng (content)

[名]一种物质中所含的某种成分的数量:蛋白质的～|维生素的～|铝的～|～合适|～高|～少|～丰富|提高～|减少～|测定～|控制～|实际的～|铁的～合适|这种东西糖的～太高,不宜多吃|这种食品铅的～超过标准,别给孩子吃|这里边铝的～极小|这种蔬菜各种维生素的～都很多|请测定一下铅的～|请计算一下它确切的～。

2574 含义(義) 丁

hányì (implication)

[名]词句等所包含的意义:～深刻|～丰富|～模糊|～明显|说明～|理解～|弄懂～|真正的～|词的～|文章的～|符号的～|术语的～|手势的～|这篇文章～深刻|这个词～丰富|我不理解他这句话的～|请你说明一下它的～|这才是他这篇文章真正的～。

【近义词】意义/意思

【提示】"含义"也可写作"涵义"。

2575 含有 丁

hányǒu (contain)

[动]包含有:～碘|～铅|～盐|～糖|～化纤|这种食品～多种维生素|这种毛衣～30%的毛|应该多吃一些～碘的食品|这里边都～哪些成分?|他的话里～责备的意思|我觉得他话里～称赞你的意思。

【近义词】有

2576 寒 丁

〔部首〕宀
〔笔画〕12

hán (cold)

[形]❶冷:～冬|～风|～气|天～地冻|受～|～冬腊月就是指农历12月天气最冷的时候|现在已进入～冬季节,要多注意身体|这天～风凛冽,街上行人稀少|刺骨的～风迎面扑来|快喝点儿热茶去去身上的～气|我只是受了一点儿～,不要紧。❷害怕;畏惧:心～|胆～|这些话令人心～|看到这种情况真叫人胆～。

【近义词】冷/凉

【反义词】暑/热/暖
【构词】寒蝉/寒颤/寒潮/寒窗/寒带/寒光/寒家/寒流/寒门/寒气/寒秋/寒热/寒舍/寒食/寒士/寒暑/寒暑表/寒酸/寒腿/寒微/寒心/寒鸦/寒衣/寒症/寒冬腊月

2577 **寒假** 甲

hánjià (winter vacation)
[名]学校中冬季的假期:放～|～作业|现在学校都放～了|～期间你打算做些什么?|你们～放多长时间?
【反义词】暑假/春假/秋假

2578 **寒冷** 乙

hánlěng (cold)
[形]冷:气候～|天气～|海水～|～的季节|～的冬天|～的初春|感觉～|这个地方气候～,不适合种水稻|天气～,多穿点儿衣服|虽然外边～,屋里却非常暖和|紧张的劳动使人们忘记了～|冬泳运动员丝毫不感到海水的～,游得可高兴了。
【近义词】寒/冷
【反义词】酷暑/炎热
【构词】冰冷/齿冷/干(gān)冷/僵冷/清冷/生冷/受冷/阴冷/制冷/心灰意冷

2579 **寒暄** 丁

hánxuān (exchange of amenities)
[动]见面时谈天气冷暖之类的应酬话:～话|～一下|朋友见面总要～一下|见到老朋友,免不了要～几句|学习外语要注意学习～语。
【提示】"寒暄"的"暄",左边是"日",不要写成"口"。

2580 **函授** 丁 〔部首〕凵 〔笔画〕8

hánshòu (teach by correspondence)
[名]以通信辅导为主的教学方式:～大学|～学院|他现在在上～大学|他已在～学院毕业。
【构词】函电/函复/函告/函购/函件/函聘/函数

2581 **喊** *甲 〔部首〕口 〔笔画〕12

hǎn (shout)
[动]❶大声叫:～口号|大声～|～哑嗓子|～累了|～得响|～不出来|游行时他带领大家～口号|别大声～,人家都休息了|他掉到水里拼命～救命|你每天这么～,当心～坏嗓子|他嗓子哑了,～不出来|你要是～累了就休息一会儿。❷〈乙〉叫(人):～人|～小王|～名字|～一声|～上来|～进来|～出来|～过来|～到这儿来|你去～几个人来一起搬|你把小王～到这儿来|他在楼上,快把他～下来|经理把他～到办公室去了|听,有人在～你|你走的时候～一声|我～了他好几声,他都没听见|马上要开车了,你再去～他一下。
【近义词】叫/喊叫

2582 **喊叫** 丙

hǎnjiào (shout)
[动]大声叫:～孩子|～警察|～救命|大声地～|痛苦地～|～的声音|～的人群|他～孩子回家吃饭|警察～司机停车|人们大声地～:"有人落水了!快救人呀!"|老人痛苦地～儿子的名字|观众们激动地～:"好球!"|从场内传出球迷们疯狂的～声。
【构词】哀叫/吠叫/嚎叫/号叫/吼叫/呼叫/惊叫/鸣叫/嚷叫/嘶叫/啼叫

2583 **罕见**(見) 丁 〔部首〕冖 〔笔画〕7

hǎnjiàn (seldom seen)

[形]难得看见;少见:人才~|脾气~|性格~|现象~|病例~|景象~|气候~|~的工程|~的洪水|~的大旱|~的建筑物|像他这样的奇才在世界上也是~的|这种自然现象非常~|这样的病例在我国是相当~的|我认为这个艺术品在世界上也是~的|"早穿棉、午穿纱"的这种气候在我国是~的|他这种古怪的性格,在我们这里算是~的|像他这样助人为乐的事迹,在社会上并不~|那里发生了一场~的洪灾|今年遇到了~的大旱|人们都说长城是世界上~的建筑物|今天下了一场~的大雪|他们发现了一个~的神童。

【近义词】少见

【提示】罕,姓。

2584 **捍卫**(衛) 丁 〔部首〕扌 〔笔画〕10

hànwèi (defend)

[动]坚决保卫:~领空|~主权|~尊严|~政权|~民主|~城市|英勇地~|必须~|~国家的尊严是每个公民的职责|他为~国家和人民的财产献出了生命|他们英勇地~了这个城市。

【近义词】保卫/保护/守卫/庇护

【反义词】颠覆/推翻

【提示】"捍卫"只能带宾语,不能带补语,不能说"捍卫得很英勇"。

2585 **旱** 丙 〔部首〕日 〔笔画〕7

hàn (dry)

[形]❶不降雨、雪或雨雪太少:天~|庄稼~|防~|抗~|~情|大~|因为天~,影响了今年庄稼的收成|天太~了,庄稼长得不好|总不下雨,庄稼都~了|村长组织农民一齐防~抗~|昨天下了一场大雨,~情稍有缓解|那个地区遭到了百年不遇的大~。❷跟水无关的:~田|~地|~路|~船|~烟|这里都是~地,不能种水稻,只能种~稻|这位老人爱抽~烟|你见过中国的民间舞蹈"跑~船"吗?|今年夏天我要买把~伞|去那个村要走十来里~路。

【近义词】❶干旱/干涸

【反义词】涝/湿

【构词】旱冰/旱船/旱稻/旱地/旱季/旱井/旱路/旱桥/旱情/旱伞/旱象/旱鸭子/旱烟/旱烟袋/旱涝保收

2586 **旱灾**(災) 丁

hànzāi (drought)

[名]由于长期没雨或少雨而又缺乏灌溉,使作物枯死或大量减产的自然灾害:~严重|~加重|闹~|发生~|战胜~|严重的~|今年的~比较严重|他们战胜~,保证了粮食生产计划的完成|这个地区经常闹~|做好防旱抗旱,避免~的发生|由于大家积极抗旱,使这场严重的~得到缓和|可怕的~使那个地区的人民背(bèi)井离乡。

【反义词】涝灾/水灾

【构词】雹灾/兵灾/虫灾/飞灾/风灾/洪灾/蝗灾/火灾/救灾/抗灾/涝灾/闹灾/沙灾/受灾/水灾/天灾/遭灾/招灾/震灾

2587 **焊** 丙 〔部首〕火 〔笔画〕11

hàn (weld)

[动]用熔化的金属把金属工件连接起来,或用熔化的金属修补金属器物:气~|电~|~起来|~一下|~上

|电～工|这个接头断了，～一下就行了|把这几根铁条～在一起，再油漆一下就是一个很好看的小书架|他的儿子是个电～工人。

【近义词】焊接

【构词】焊工/焊花/焊剂/焊接/焊料/焊钳/焊枪/焊条

2588 **汗** 乙 〔部首〕氵 〔笔画〕6

hàn (sweat)

[名]人或高等动物从皮肤排泄出来的液体：～多|出～|流～|冒～|滴～|淌～|擦～|抹～|一身～|一头～|一手～|一脸～|冷～|头上的～|～味|～迹|～水|～珠|屋子里真热，我都出～了|喝了药出出～，感冒就好了|他的～像珠子一样滴在地上|快把～擦擦|他累得满头大～|他紧张得手心直冒～|你吓得我出了一身冷～|这种洗衣粉能洗掉～迹|他身上有～味。

【近义词】汗水

【构词】汗斑/汗褂/汗碱/汗毛/汗青/汗衫/汗水/汗腺/汗颜/汗液/汗珠子/汗马功劳/汗牛充栋

2589 **汉奸**(漢) 丁 〔部首〕氵 〔笔画〕5

hànjiān (traitor〔to China〕)

[名]原指汉族的败类，后泛指投靠侵略者，出卖国家民族利益的中华民族的败类：当～|做～|成了～|肃清～|消灭～|惩办～|镇压～|抓～|审判～|公开的～|暗藏的～|大～|～的嘴脸|～的活动|～的下场|～的罪行|抗日战争时期他当了～|在群众的协助下，终于抓出了这个暗藏的～|人民政府惩办了一批～，真是人心大快|充当可耻的～绝没有好下场|群众愤怒地揭露这个～的种种罪行。

【构词】汉白玉/汉堡包/汉民/汉人/汉姓/汉子/汉族

藏奸/锄奸/内奸/权奸/耍奸

2590 **汉学**(學) 丁

Hànxué (Sinology)

[名]外国人称研究中国的文化、历史、语言、文学等方面的学问为汉学：研究～|搞～|～家|他是法国有名的～家|他现在在研究～|他是搞～的|他到中国来是想做～这方面的研究|他在～研究方面取得了很大的成绩。

2591 **汉语**(語) 甲

Hànyǔ (Chinese)

[名]汉族的语言，是中国的主要语言：说～|研究～|使用～|练习～|懂～|教～|学习～|现代～|古代～|地道的～|～语音|～语法|～方言|～体系|～的历史|～的规范|～知识|～字典|～水平|～程度|～爱好者|～教学|他来中国研究现代～|你～说得真地道|老师使用～给外国学生讲课|我觉得～的声调不太好学|学习一年以后，他的～水平提高了|他对～的知识懂得很多|这个外国学生的～程度相当高|这次来中国旅游的都是～爱好者。

【近义词】华语/中文

2592 **汉字** 甲

Hànzì (Chinese character)

[名]记录汉语的方块文字：～形成|～演变|～发展|～简化|学习～|使用～|写～|练习～|认识～|改革～|简化～|简体～|繁体～|古代的～|常用～|规范的～|工整的～|通用的～|～的来源|～的偏旁|～的笔画|～艺术|～书法|～是表意的文字|～

有它独特的特点|这个～已经简化了|今天的～是由象形字不断地演变而形成的|他认识很多～|他对～的来源很感兴趣|他的～写得很工整|写～时要注意它的笔画。

2593 **行** 乙 〔部首〕彳 〔笔画〕6

háng (m. line)

[量]用于成行的东西:一～|第三～|最后一～|两～泪|这首诗只有四～|在这儿种上两～树|等我把最后几～写完再走|每张纸只写了一～字|那个词在第五页第八～里。

【近义词】排

【提示】"行"又读 xíng。"行"xíng 见第7168 条。

【构词】行帮/行辈/行当(dàng)/行道/行规/行会/行家/行距/行情/行情学/行业语

2594 **行** *丙

háng (line)

[名]❶人或物排成的直行和横行的总称:直～|横～|竖～|单～|双～|请大家排成直～|这些树种得不成～|这里风景真好,小桥流水,柳树成～|你们排成双～就都能照进去了。❷〈丁〉行业;职业:这一～|那一～|各～|内～|外～|改～|～～|他热爱教师这一～|今天各～各业的人都来了|他改～了,不当记者了|你朋友是干哪一～的?|对电脑我是外～|三百六十～,～～出状元|他这一～干得很出色。

2595 **行列** 丙

hángliè (ranks)

[名]人或物排成的直行和横行的总称;队伍:～整齐|排成～|组成～|加入～|跨进～|冲出～|走出～|退出～|自行车的～|整齐的～|先进的～|～的前面|～的中间|左边的～有点儿散乱|战争年代,各行各业都有人参加了革命的～|这种产品已进入国际先进～|欢迎他参加到我们的～中来。

2596 **行业**(業) 丙

hángyè (trade)

[名]工商业中的类别,泛指职业:～合并|～发达|～兴旺|～红火|开辟～|扩大～|缩小～|参加…～|从事…～|热爱…～|重视…～|管理～|服装～|食品～|钢铁～|房地产～|汽车～|个体～|服务～|运输～|新型的～|～的规模|～的声誉|这几年服装～发展很快|那几种～越来越兴旺|最近房地产～不太景气|你在从事什么～?|不应轻视服务～的工作|对食品～要加强管理|这是一种新型的～,它的规模还不小呢|要维护自己～的声誉|他们在不同的～中做出了优异的成绩。

2597 **航班** 丁 〔部首〕舟 〔笔画〕10

hángbān (scheduled flight)

[名]客轮或客机航行的班次,也指某一班次的客轮或客机:两个～|三个～|国际～|国内～|下一个～|～号|去纽约的飞机一星期有几个～?|我想乘下一次国际～去东京|我要订一张中国民航 921～的机票|请问从北京去广州 1321～的飞机几点起飞?|请告诉我那班飞机的～号。

【近义词】航次/班次

【构词】航标/航程/航船/航次/航空兵/航空港/航空信/航路/航模/航速/航天器/航天站/航务/航向/航空母

舰/航天飞机

挨班/白班/插班/搭班/带班/当(dāng)班/倒班/顶班/跟班/工班/换班/加班/接班/科班/快班/领班/轮班/慢班/排班/日班/上班/升班/替班/跳班/同班/戏班/下班/歇班/休班/夜班/早班/掌班/值班/中班/坐班

2598 航道 丁

hángdào (channel)

[名]船舶在江、河、湖泊等水域中安全行驶的通道:～通畅|～纵横|～开通|～堵塞|疏通～|开辟～|一条～|这条～已经开通|这条～上来往船只很多|他是位老船长,在这条～上跑了20多年了。

【近义词】航路

2599 航海 丁

hánghǎi (v./n. voyage)

[动]驾驶船只在海洋上航行:他在远洋～的时候,写了许多日记。

[名]指驾驶船只在海洋上航行的活动:～事业|～旅游|～家|大力发展～事业|～事业日益发达|我国将大力发展～旅游事业|他想当一名～家。

【反义词】航空

【构词】拔海/冰海/沧海/尘海/出海/赶海/公海/宦海/火海/近海/苦海/林海/领海/墨海/脑海/内海/孽海/浅海/情海/人海/深海/四海/外海/下海/沿海/远海/云海/八仙过海/曾经沧海/刀山火海/翻江倒海/浩如烟海/精卫填海/瞒天过海/泥牛入海/排山倒海/人山人海/五湖四海

2600 航空 乙

hángkōng (aviation)

[名]指飞机在空中的飞行活动:～事业|～公司|～专业|～设备|～技术|～部队|～部门|～信|～母舰|～运输|～旅游|～安全|～保险|搞～|民用～|国际～|我国～设备齐全,技术先进|他们在～部门工作|我们拥有强大的～部队|他是学习～专业的|我国大力发展～旅游事业|这封信寄～挂号|我加入了～保险|他们非常热爱～工作|这个城市即将开始～摄影测量工作。

【反义词】航海

2601 航天 丁

hángtiān (aerospace)

[名]指人造地球卫星、宇宙飞船等在地球附近空间或太阳系空间的飞行:～技术|～事业|～飞机|～局|～机构|～计划|我国～应用技术已走在世界前列|“发展”号～飞机安全返回|削减～机构的经费|他们拥有一个比以往更好的～计划|他参加了～飞行活动。

2602 航线(綫) 丁

hángxiàn (air or shipping line)

[名]水上和空中航行路线的统称:～封闭了|～恢复了|～变更了|～增加了|～正确|～多|～少|开辟～|国际～|货轮的～|飞机的～|远洋～|新的～|一条～|新开辟的这条～已经开始启用|由北京到全国各地的～增加了|这条～安全可靠|最近为了支援灾区,这条～十分繁忙|将来还要开辟几条新的国际～|这条旅行的～经过好几个游览胜地|这里的远洋～通往五大洲。

2603 航行 丙

hángxíng (sail; fly)
[动]船在水里或飞机在天空行驶:轮船~|飞机~|~10个小时|开始~|继续~|结束~|禁止~|准备~|顺利地~|~的时间|~的路线|~的海面|我们的船沿着三峡缓慢地~|万吨级货轮在太平洋上~|飞船~在规定的航线上|飞机~得很顺利|我乘坐的飞机已顺利地~了15个小时|这里禁止渔船~|他成功地完成了这次~任务|这是一次愉快的~|我们~的路线不会改变。

2604 **航运**(運) 丁

hángyùn (shipping)
[名]水上运输事业的统称:内河~|沿海~|远洋~|~事业|~公司|我国的远洋~事业正在发展|这家公司是经营内河~的|他在一家~公司工作。

2605 **豪华**(華) 丁 〔部首〕亠 〔笔画〕14

háohuá (luxurious)
[形]❶(生活)过分讲究排场;奢侈:场面~|服装~|追求~|显得~|搞得~|实在~|过分~|惊人的~|~的生活|他的生活十分~|这个晚会的场面太~了|他的生活变得~起来|这样搞是不是显得过分~了? ❷(建筑、设备或装饰)富丽堂皇;十分华丽:宾馆~|饭店~|宫殿~|别墅~|客厅~|城市~|家具~|汽车~|~得不得了|~得惊人|~的宾馆|~的宫殿|~的家具|这个宾馆真~|他家的客厅~极了|他买了一套~家具|现在他出入坐着~车|他的屋子布置得像座~的宫殿|有的饭店修建得过分~。
【近义词】华贵/华丽
【反义词】朴素/朴实/俭朴/简陋
【构词】豪放/豪富/豪杰/豪举/豪迈/豪门/豪气/豪强/豪情/豪奢/豪绅/豪士/豪爽/豪侠/豪兴/豪饮/豪言壮语

2606 **毫不** 乙 〔部首〕亠 〔笔画〕11

háo bù (not in the least)
一点儿也不:~客气|~奇怪|~吝惜|~可惜|~自私|~犹豫|~后悔|他说话~客气|他没考上大学,~奇怪|这个收音机已经坏得不能修了,丢了~可惜|他~犹豫地同意了大家的意见|我没参加这次旅行,~感到后悔。
【构词】毫发(fà)/毫克/毫厘/毫毛/毫末/毫升/毫无二致

2607 **毫米** 丙

háomǐ (millimeter)
[量]公制长度单位,1毫米等于1米的千分之一。旧称公厘:500~|1千~|几~|那个地区年降水量2000~|这个零件要求的精度很高,差1/10~都不行。

2608 **毫无**(無) 乙

háo wú (without)
一点儿也没有:~表情|~经验|~道理|~结果|~价值|~办法|~保留|~私心|他唱歌时脸上~表情|对教小学生我~经验|他们讨论了一个上午,~结果|他把他的经验~保留地介绍给大家|这些资料~保存价值|他任务没有完成,跟这台机器~关系|对处理这件事情我~办法。
【构词】虚无/一无

2609 **好** *甲 〔部首〕女 〔笔画〕6

hǎo (good)

[形]❶优点多的;使人满意的:~人|~东西|~事情|~脾气|~办法|~天气|~工作|~结果|~成绩|房子~|质量~|心眼儿~|生活~|做得~|睡得~|吃得~|他是个~老师|你想个~办法|他考了个~成绩|我想找个~工作|今天天气~极了|这种瓷器质量非常~|他毛笔字写得真~|你菜做得太~了|昨天晚上睡得很~。❷友爱;和睦:~朋友|~邻居|关系~|跟…~|~上了|搞~|处得~|我和他是~朋友|我有个~邻居,他经常帮助我|他跟他父亲最~|那个姑娘跟他很~|你又跟谁~上了?|他们俩从小就很~|跟邻居要处~关系|他跟经理的关系总是搞不~|他们~了一年就吹了。❸(身体)健康;(疾病)痊愈:身体~|病~了|治~|~起来|他的身体很~|这半年我身体没有~过|经常锻炼身体~|你父亲的病~点儿了吗?|他最近腿不太~|母亲的腰不~,经常疼|他的病全~了,请放心|他的胳膊~了,可以抬起来了|他的眼睛治~了|吃了这个药,你的病会~起来的|老王,你~!|请向老张问~!❹〈乙〉用在动词后,作结果补语,表示完成或达到完善的地步:写~|准备~|做~|买~|安装~|坐~|站~|放~|穿~|信写~了|旅行用的东西准备~了没有?|衣服做~了,试一试|菜都买~了,开始做吧|屋子还没布置~|请大家坐~,开始上课|书没放~,掉下来了|把衣服穿~再出去。❺〈乙〉容易:~走|~懂|~写|~学|~解决|~办|~回答|~考|~唱|~弹|这条路近,但不~走|他的话~懂|这个字笔画多,不~写|中文很~学|这个事~解决|老师的问题~回答|这个学校不~考|这个曲子真不~弹。❻〈乙〉用动词前,表示使人满意的性质:~看|~听|~闻|~吃|~受|~用|~使|~玩儿|这个电影~看极了|他唱得真~听|这种东西~吃,不~闻|看了这本小说心里真不~受|这玩意儿真~用,一转,盖儿就打开了|这把刀不~使,换一把|这个地方真~玩儿,下次还来。❼〈乙〉单用,表示赞许、同意、结束等语气:~,出去玩吧|~,就这么办吧!|~!又踢进去一个球!|~了,该睡了|~了,下课吧。❽〈丙〉反语,表示不满意:~,又输了!|~,肚子疼了吧?以后可得少吃点儿|~啊,你把我的花全弄坏了!|~啊,老王,你害得我们都去不了(liǎo)了!

【近义词】❶优/良/佳/妙

【反义词】❶坏/差/歹/糟

【提示】"好"又读 hào,见第 2637 条。

【构词】好不/好歹/好端端/好过/好汉/好话/好家伙/好赖/好评/好人/好人家/好日子/好使/好事/好手/好受/好说话/好似/好天/好闻/好笑/好心/好意/好好先生/好声好气/好事多磨/好说歹说

2610 好 *甲

hǎo (quite)

[副]❶用在形容词、动词前,表示程度深:~大|~黑|~白|~亮|~冷|~圆|~漂亮|~热闹|~难|~容易|~快|~慢|~远|~一阵忙|~一通(tòng)玩|~大的西瓜!|~冷的天哪!|他回来得~晚!|这茉莉花~香啊!|你今天~漂亮啊!|他的眼睛~亮~亮!|今天的考试~难!|这车走得~慢!❷〈乙〉用在数量词、

时间词前，强调多或久：～多｜～些｜～久｜～几个｜～几天｜～几年｜～几个月｜～一阵子｜～半天｜～久不见了，你好吗？｜这玩意儿很好用，我一下买了～几个｜他一出差就是～几个月｜他学了～几年钢琴｜昨天我们等了你～一阵子，你为什么没来？｜我找了～半天才找到。❸〈丙〉用在“个…”前，表示责备、轻视的意思：～个老王，你一个人躲在这里喝酒啊！｜～个小马，你结婚了都不告诉我们！｜～个小刘，这就是你修的电视？怎么只有声音没有影儿啊！

【近义词】❶很

2611 好 丙

hǎo (so as to)

[连]用在后一小句的某些动词前，表示前一小句中动作的目的。有“便于”的意思：请告诉我你的电话号码，有事～找你｜带把伞，下雨时～用｜你带点儿饼干，路上饿了～吃｜多买几个灯泡，坏了～换｜带上毛衣，冷了～穿｜把这些都记在一个本子上，忘了～查｜给我一张纸，我～给你画。

【近义词】以便/便于

2612 好比 丙

hǎobǐ (be just like)

[动]表示跟以下所说的一样；如同：他～一只大雁，在空中自由飞翔｜听了他的话，心里～被人刺了一刀｜心里～抱着一个火炉，热乎乎的｜他～坐在针毡上，很不自在｜他见到父亲～老鼠见了猫｜屋子每天都要打扫，～每天都要洗脸一样｜上台唱歌别紧张，就～台下没有观众｜你不要向他问起这件事，就～你什么都不知道。

【近义词】如同/好像/仿佛/好似

2613 好吃 甲

hǎochī (delicious)

[形]吃起来舒服、满意：饺子～｜苹果～｜～极了｜～得不得了(liǎo)｜觉得～｜做得～｜相当～｜确实～｜～的东西｜中国的饺子真～｜你做的鱼太不～了｜这个菜甜得一点儿也不～｜我做的牛肉汤绝对～，不信尝尝｜这个饭馆做不出～的菜｜我想给孩子买点儿～的。

【反义词】难吃

【构词】口吃/零吃/讨吃/吞吃/小吃

2614 好处(處) 甲

hǎochu (benefit)

[名]对人或事物有利的因素；优点：～多｜～大｜没有～｜得到～｜带来～｜捞取～｜骑车的～｜散步的～｜笑的～｜早起的～｜惟一的～｜一点儿～｜喝茶的～很多｜抽烟对身体没有一丝～｜他这样做没有给自己带来任何～｜你帮他干这个事，得到了多少～？｜朋友的～我永世难忘｜清洁工人的工作给人们带来很大的～｜我现在已经体会到早睡早起的～了｜笑的～是使人永远年轻。

【近义词】益处/利益/优点

【反义词】害处/坏处/弊病/弊端/缺点

2615 好多 丁

hǎoduō (a lot of)

[形]表示数量多或程度深：～人｜～车｜～话｜～东西｜～花｜～树｜～菜｜～衣服｜～房子｜～问题｜～事情｜～亲戚｜～年｜～时间｜～次｜～趟｜～回｜～种｜来了～｜改了～｜吃了～｜增加了～｜瘦了～｜这件事我问过～人｜我有～话要对你说｜院子里种了～种花

|他做了～菜招待我|这一带新盖了～房子|～问题都没解决|他这次回国见到了～亲戚|他出国～年了|写这本书花了～时间|我去找了他～趟|为他的事我跑了～次|今天参观服装展览的人来了～|戏还没演完，观众就走了～|他的毛病改了～|你最近瘦了～。

【近义词】许多/好些

2616 **好感** 丁

hǎogǎn (favourable impression)

[名]对人对事满意或喜欢的心情：产生～|怀有～|缺乏～|表示～|博得～|失去～|我对他这种人没有～|他对那个女孩子产生了～|人们对他怀有一种特殊的～|这么一来，我失去了对她的～|他的表现，使人们对他的～更加强烈。

【反义词】反感/恶感

2617 **好好儿**(兒) 乙

hǎohāor (in perfectly good condition)

[形]❶形容情况正常；完好：这两个人昨天还～的，今天就吵起来了|祖父留下来的古画现在还保存得～的|我睡得～的，让你吵醒了|刚才还～的，怎么一会儿就哭起来了？|～的一本书，让他给弄脏了|～的一对夫妻被拆散了|他小时候的玩具至今还～的|别着急，～地跟大家说|你的儿子应该～地管管了|你～地呆在家里别出去。❷尽力地；尽情地；认真地：～想想|～找找|～看看|～吃一顿|～复习一下|～干|你再～想想，钥匙放哪儿了？|你～看几遍就明白了|可考完了，我得～玩几天|我真得～谢谢你呀！|今晚咱们～喝它几杯！|下班后我们去～吃一顿！|快考试了，我得～复习一下|不论做什么工作都得～干。

【近义词】❶好端端；❷尽情/认真

【提示】“好好儿”中的第二个“好”读第一声 hāo。

2618 **好坏**(壞) 丁

hǎohuài (good and bad)

[名]好和坏：懂得～|不分～|他已经长大了，懂得～了|他真不知～，大家关心他，他还不领情|他买东西从来不挑，～都要|这人真傻，～话都听不出来|他对朋友不分～，都热情接待|考试分数的～不能完全代表真正的水平|不管那里的条件～，我都决定要去|不管天气～，出发的日期不变。

【近义词】好歹/好赖

2619 **好久** 乙

hǎojiǔ (a long time)

[名]很久；许久：～不…|～没…|等了～|病了～|来了～|坐了～|讲了～|练了～|弹了～|～不见了，你好吗？|～不弹这个曲子了，都忘了|～不说了，都不熟练了|～没收到信了|～没去看他了|昨天我等了他～|他来这里～了|我练了～了，想休息一会儿|这个问题我考虑了～～。

【近义词】很久/许久

【反义词】不久

2620 **好看** *甲

hǎokàn (good-looking)

[形]❶看着舒服；美观：花～|衣服～|戏～|演员～|家具～|图案～|式样～|觉得～|显得～|力求～|只顾～|长得～|设计得～|摆得～|红得～|～极了|～得不得了(liǎo)|～多了|确

实～|～的孩子|今天的电影实在～|他设计的图案～极了|这些家具这种摆法一点儿也不～|那个演员连走路的样子都～|这么一打扮,显得～多了|她长得很～,用不着打扮|你只顾～,穿这么一点儿,当心感冒|你看这苹果红得多～！|她今天穿了一件～的裙子|我给你看一样～的东西。❷〈丙〉脸上有光彩;体面:脸上～|面上～|儿子当了先进工作者,做父母的脸上也～|儿子干了坏事,父母也觉得脸面上不～。

【近义词】❶漂亮/美丽;❷光荣/体面/荣耀

【反义词】❶难看/丑陋;❷丢脸

2621 **好容易** 乙

hǎoróngyì (with great difficulty)

[副]很不容易(才做成某件事):我找了半天,～才找到了他|今天的练习真难做,我～才做完|这饭真不好吃,我～才吃完|我～把屋子打扫干净,孩子们又给弄脏了|我～把这篇文章写完,他们又说不需要了|我～买来了音乐会的票,他又不想去了。

【近义词】好不容易

【提示】"好容易"也可说成"好不容易",意思不变,只是强调意味更重一些。

【构词】变易/改易/更(gēng)易/简易/交易/贸易/平易/浅易/轻易/容易

2622 **好说**(說) *丁

hǎoshuō (no problem)

❶客套话,用在别人向自己致谢或恭维自己时,表示不敢当:～,～！您过奖了|～,～！您太夸奖了|～,～！您太客气了|～,～！这是我应该做的。❷〈丙〉表示同意或好商量:这事～|这问题～|不～|你儿子的工作问题,～|至于要花多少钱的问题,～|你说的这件事嘛,不～。

【反义词】难说

2623 **好听**(聽) *乙

hǎotīng (pleasant to hear)

[形]❶声音听着舒服:声音～|歌～|曲子～|唱得～|弹得～|拉得～|～极了|～得不得了(liǎo)|～的音乐|她的声音真～|这支歌～极了|贝多芬的交响乐太～了|我唱得不～|他的鼓敲得可～了|他钢琴弹得～得不得了(liǎo)|我给你听一支特别～的曲子。❷〈丙〉指言语使人满意:说得～|～的话|不～|你专喜欢听～的,以后可要吃亏的！|他就会说～的|别看他说得～,他从来不做|他这话说得不大～|他说话不～,得罪了朋友。

【反义词】难听

2624 **好玩儿**(兒) 乙

hǎowánr (amusing)

[形]有趣;能引起兴趣:玩具～|游戏～|公园～|觉得～|～极了|～得不得了|太～了|真～|～的东西|这是什么东西？挺～的|你的孩子真～|那个游戏太～了|我觉得这个地方不～|我们玩个～的游戏,怎么样？|枪这东西可不是～的。

【构词】把玩/古玩/赏玩/贪玩/闲玩/游玩/珍玩

2625 **好像** 甲

hǎoxiàng (seem)

[动]有些像;仿佛:他们的关系～母亲和女儿|现在～春天一样,一点儿也不冷|他工作起来就～一头牛,从来不说一声累|他们那么亲密,～一

家人｜他不想吃饭，～病了｜他不声不响地坐在那里，～有心事｜那个人在那儿站了半天了，～在等谁｜我～在哪儿见过你｜这孩子的脸～红苹果，多好看！

【近义词】好似/如同/犹如/仿佛

【提示】动词“好像”后面不能带“了”、“着”、“过”，不能带补语，不能重叠。

【构词】雕像/佛像/画像/立像/录像/偶像/群像/人像/摄像/神像/塑像/头像/肖像/胸像/绣像/遗像/音像/影像/坐像

2626 **好些** 乙

hǎoxiē (quite a lot)

[形]许多：～人｜～事情｜～地方｜～花｜～话｜～树｜～问题｜～房子｜～年｜～次｜～遍｜～条｜瘦了～｜大了～｜改了～｜忘了～｜快了～｜～人都来参加他的婚礼｜他告诉我～可笑的事情｜北京有～名胜古迹｜他一来就解决了～问题｜最近又新建了～工厂｜他来这儿～年了｜他～天没上班了｜学过的生词我忘了～｜毕业的学生已经走了～｜你的表慢了～，该修修了｜这衣服洗了～遍，够干净的了｜因工作太累，最近他瘦了～。

【近义词】好多/许多

【构词】某些/哪些/那些/险些/一些/有些/这些

2627 **好样的**(樣) 丁

hǎoyàngde (great fellow)

指有骨气、有胆量或有作为的人。多用于口语：真是～｜不是～｜他跳到河里救出那个孩子，真是～｜他敢大胆地揭发那些危害人民利益的坏人坏事，真是～｜他真是～，多少钱也不会打动他的心｜他坚决要到条件最差的山区去工作，真是～｜这孩子没出息，将来也不会是～。

【提示】“好样的”在口语中“样”字要儿化。

2628 **好在** 丁

hǎozài (fortunately)

[副]表示具有某种有利的条件或情况。常用在分句的开头：雨还在下，再坐一会儿吧，～时间还早呢｜那本书丢了没关系，～我还有一本｜不喜欢这件衣服的颜色可以去换，～你还没穿过｜咱们就走着去吧，～不远｜～饭还没熟，你先去办事，回来再吃也不晚｜～我还有点儿钱，你先拿去用吧。

2629 **好转**(轉) 丁

hǎozhuǎn (take a favourable turn)

[动]向好的方向转变：情况～｜形势～｜关系～｜局势～｜病情～｜心情～｜天气～｜有～｜逐渐～｜开始～｜明显～｜～的趋势｜～的迹象｜近来他的病情大有～｜他们的关系没有多大～｜今天天气开始～了｜当前局势出现了～的势头｜我看不出有～的迹象｜经过努力，他的身体明显～｜他的伤势出现了～的趋势。

【反义词】逆转/恶化

【提示】“好转”的“转”zhuǎn 在这里不能读成 zhuàn。

【构词】暗转/别转/拨转/倒转/掉转/调转/回转/逆转/扭转/批转/婉转/旋转/运转/展转/中转/周转

2630 **耗** 丙 〔部首〕耒 〔笔画〕10

hào (consume)

[动]减损；消耗：～油｜～电｜～水｜～时间｜～心血｜～完｜～尽｜～干｜～没

|～下去|～不起|～了半天|这种电冰箱～电多不多？|锅里的水快～干了|油快～完了，该加油了|你家这么多电器，得～多少电哪？|这种电器～不了多少电|他为儿女～尽了心血|为写这本书～尽了他一生的心血|这些鸡毛蒜皮的事～了我好多时间|别在这儿瞎～时间，快干活儿去！|做好了又不要了，白白～了我半年的时间。

【近义词】耗费/消耗/花费

【反义词】节省/节约

【构词】耗损/耗资/耗子

2631 **耗费**(費) 丁

hàofèi (consume)

[动]消耗：～钢铁|～时间|～人力物力|～资金|～燃料|～粮食|电力的～|～完|～尽|～掉|修建这座大楼，大量的人力物力被～了|为了修建这项工程，国家～了大量的资金|应该尽力减少燃料的～|这样做，人力物力～太大了|他们把财力物力都～尽了，也没办成这件事。

【近义词】耗损/消耗/花费

【反义词】节省/节约

2632 **号**(號) *甲 〔部首〕口 〔笔画〕5

hào (n. mark; m. *for workmen and order*)

[名]❶标志；信号：记～|问～|逗～|句～|分～|加～|减～|乘～|除～|在句子中间较小的停顿的地方要标上逗～|你们在这几个词旁边做一个记～。❷〈乙〉表示等级：大～(衬衫)|中～(衬衫)|特大～|我穿中～衬衫|他又高又胖，得穿特大～的。❸〈丙〉军队或乐队里所用的西式喇叭：长～|圆～|吹～|他的长～吹得非常好。❹用号吹出的表示一定意义的声音：起床～|集合～|冲锋～|熄灯～|吹起床～了，快起来！|熄灯～已吹过了，还不睡？❺〈丁〉旧指商店：商～|银～|分～|宝～|这家商店在别处还有分～。

[量]用于人数或次序等：今天有三十几～人出工|第三～简报|7～车厢|1～电池|门牌～|5月3～|今天来参加的大概有100多～人|我的票是9～车厢|他住和平街，门牌63～|今天是5月4～。

【提示】“号”又读háo，如“号哭”。

【构词】号兵/号灯/号角/号令/号码/号脉/号炮/号旗/号手/号数/号头/号外/号衣/号子

2633 **号称**(稱) 丁

hàochēng (be known as)

[动]❶以某种名号著称：～大力士|～天才|～霸王|～神童|～神医|～才子|～女强人|～天堂|四川～“天府之国”|苏州～“丝绸之乡”|苏州、杭州～“人间天堂”|无锡商业繁盛，～“小上海”|他十三岁就考上大学，～当今的神童|他医术高明，手到病除，～这个地区的神医|她把毕生精力扑在工作上，～我们研究所里的女强人。❷名义上是：他～百万富翁，其实有一半财产并不归他所有。

2634 **号码**(碼) 乙

hàomǎ (number)

[名]表示事物次第的数目字：证件的～|收据的～|发票的～|存折的～|邮政～|门牌～|电话～|登记～|编写～|查对～|改动～|记住～|这是我的电话～|他家的门牌～是多少？|你们家邮政～是多少？|存折的～

写在这儿｜请你核对一下支票的～｜请登记一下你的汽车～｜这几张收据的～已经核对过了。

【构词】暗码/编码/菜码/尺码/电码/价码/解码/密码/明码/起码/数码/页码/译码

2635 号召 乙

hàozhào (v./n. call)

[动]指政府、组织、领导人召唤(群众共同去做某一件事):国家～｜学校～｜～人民｜～学生｜～妇女｜～增产节约｜～绿化｜～改革｜～计划生育｜～努力生产｜～支援灾区｜～参军｜积极～｜反复～｜工厂～全体工人开展增产节约运动｜学校～学生积极参加绿化祖国的活动｜国家反复～人民搞好计划生育｜政府～群众积极捐献,支援灾区。

[名]向群众提出的要求、召唤:政府的～｜上级的～｜发出～｜响应～｜拥护～｜青年人积极响应政府的～,纷纷参军｜政府向人民发出支援灾区的～｜国家提出积极开展全民健身运动的～｜政府的每一个～我们都积极响应。

【提示】"号召"的"召"zhào 不能读成 zhāo。

【构词】感召/密召/应召/征召

2636 浩浩荡荡(蕩) 丁

〔部首〕氵 〔笔画〕10

hàohào dàngdàng (vast and mighty)

形容水势大,泛指广阔或壮大:江水～｜东风～｜队伍～｜～的海水｜～的游行队伍｜～的场面｜～地前进｜游行队伍～｜汹涌的波涛～,真是壮观｜～的摩托车队吸引了路上的行人｜这种～的场面我还是头一次见呢！｜长江的江水～地奔流入海。

【近义词】浩荡

【构词】浩大/浩繁/浩瀚/浩浩/浩劫/浩渺/浩气/浩叹/浩然之气/浩如烟海

2637 好 乙

〔部首〕女
〔笔画〕6

hào (like)

[动]❶喜爱(跟"恶"wù 相对):～学｜～玩｜～吃｜～穿｜～看书｜～动脑筋｜～花钱｜～表现自己｜～管闲事｜～开玩笑｜～干净｜～清静｜～热闹｜～听音乐｜～运动｜这孩子非常～学｜他不～学习,～玩｜他又～吃,又～喝｜这孩子～动脑筋,制作了许多小发明｜这个人～开玩笑,有的人不喜欢他｜年纪大了就～热闹,怕孤独｜他～清静,人一多,就头疼｜他不～运动,越来越胖。❷常容易(发生某件事):～生病｜～摔跤｜～生气｜～哭｜～丢东西｜～忘事｜他身体很好,不～生病｜他一到冬天就～感冒｜他特～生气,大家都怕他｜他～丢东西,这已经是第三把伞了。

【近义词】爱/喜爱

【反义词】恶/厌恶

【提示】"好"又读 hǎo,见第 2609 条。

【构词】好强/好色/好胜/好大喜功/好为人师/好逸恶劳

2638 好客 丁

hàokè (hospitable)

[形]指乐于接待客人,对客人热情:这个民族～｜这个人～｜非常～｜～的山村｜～的性格｜～的主人｜他们家特别～,我们都愿意去他家玩｜这个地方的百姓非常～｜我的这个朋友不是～的人｜中国是一个～的国家｜我们

到了一个～的山村｜～的主人热情地招待我们｜～的女主人给我端来热乎乎的奶茶。

2639 **好奇** 丙

hàoqí (curious)

[形]对自己不了解的事物觉得新奇而感兴趣：孩子～｜觉得～｜十分～｜～的目光｜～的性格｜～的心理｜～心｜～的神态｜～的语气｜～地观察｜～地打听｜这个孩子对什么都～｜他看到墙上的小蜘蛛感到很～｜他的～心特别强｜她那～的神态看上去挺有趣｜姑娘～的目光弄得他不好意思起来｜孩子～地摸着那个圆圆的东西｜孩子们～地观察地上的蚂蚁。

【构词】称奇/出奇/传奇/惊奇/离奇/猎奇/神奇/稀奇/新奇/珍奇

2640 **呵** 丙 〔部首〕口 〔笔画〕8

hē (interj. ah; oh)

[叹]表示惊讶：～，你真不简单哪！｜～，这小伙子真了不起！｜～，是你呀！｜～，这么大的西瓜！｜～，你什么时候来北京的？｜～，没想到又碰见你了！｜～，她就是你太太呀！

【近义词】嗬

【构词】呵斥/呵护/呵欠/呵责

2641 **喝** *甲 〔部首〕口 〔笔画〕12

hē (drink)

[动]❶把液体或流质食物咽下去：～水｜～酒｜～茶｜～咖啡｜～牛奶｜～药｜～汽水｜～汤｜～一杯｜～一瓶｜～两盅｜～光｜～醉｜～完｜～多了｜～足｜～得惯｜好～｜难～｜夏天多～水好｜他喜欢～咖啡｜我真怕～中药｜他只想～粥，不想吃别的｜这种汽水都～够了｜她做的汤怎么～也～不够｜广东的肉粥你～得惯吗？｜～杯热茶，觉得特别舒服｜这是什么水？真难～！❷〈丙〉特指喝酒：这个人就是爱～两口｜他好(hào)～的毛病改不了(liǎo)了｜别理他，他～醉了｜今天你是不是又～多了？说话颠三倒四的｜来，～干了它！｜他们都～迷糊了，家在哪儿都不知道了。

【近义词】饮

【提示】"喝"又读 hè，如"喝彩"、"喝问"、"喝令"等。

【构词】喝闷酒｜喝西北风

2642 **荷花** 丁 〔部首〕艹 〔笔画〕10

héhuā (lotus)

[名]多年生草本植物，生在浅水中，地下茎肥大而长，有节，叶子圆形，花大，淡红色或白色，有香味，又叫"莲花"：一朵～｜观赏～｜粉红色的～｜～塘｜～淀｜北京的7月正是观赏～的好季节｜学校旁边的池塘里有一片～｜～是高雅纯洁的象征。

【近义词】莲花

【构词】荷包/荷包蛋

冰花/补花/菜花/草花/插花/茶花/窗花/葱花/灯花/雕花/繁花/钢花/桂花/国花/焊花/昏花/火花/菊花/绢花/开花/葵花/蜡花/兰花/浪花/泪花/礼花/零花/芦花/麻花/帽花/梅花/棉花/盆花/绒花/市花/霜花/水花/松花/碎花/昙花/探花/天花/挑花/铁花/鲜花/献花/香花/校花/胸花/绣花/雪花/牙花/腰花/印花/樱花/油花/种花/珠花/烛花/火树银花/锦上添花/铁树开花/走马观花

2643 **核** *丙 〔部首〕木 〔笔画〕10

hé (pit)

[名]❶核果中心的坚硬部分，里边有果仁：桃～｜杏～｜吐～｜有～｜～小｜杏～里的果仁很好吃｜这是一种无～葡萄｜吃的时候把～吐出来｜他连～一起吃下去了｜芒果真好吃，就是～太大了。❷〈丁〉物体中像核的部分：细胞～｜～细胞｜细胞～是细胞的组成部分之一。❸〈丁〉指原子核、核能、核武器等：～装置｜～讹诈｜～燃料｜～弹头｜～武器｜～潜艇｜～反应堆｜～弹｜～试验｜～燃料主要有铀、钚、钍等｜～潜艇能长时间地连续地在水下进行活动。

【提示】"核"又读 hú，如"桃核"、"杏核"等，多用于口语。

【构词】核查/核弹头/核电站/核定/核对/核辐射/核果/核计/核军备/核扩散/核垄断/核能/核潜艇/核仁/核实/核试验/核算/核战争/核装置/核准

2644 核桃 丁

hétao (walnut)

[名]一种果实，球形，外果皮平滑，内果皮坚硬，有皱纹。果仁可以吃，可以榨油，也可以入药。也指生长这种果实的树：～树｜～皮｜～仁｜敲～｜剥～｜～酥｜孕妇应该多吃～｜常吃～对人体有益｜我经常给奶奶敲～吃｜～仁可以做菜吃｜～酥不管老少都适合吃。

【构词】碧桃/扁桃/胡桃/毛桃/棉桃/山桃/寿桃/樱桃

2645 核武器 丁

héwǔqì (nuclear weapon)

[名]利用原子核反应所放出的能量造成杀伤和破坏作用的武器，包括原子弹、氢弹和放射性战剂。也叫原子武器：制造～｜使用～｜禁止～｜销毁～｜没有～｜一批～｜人类应该销毁一切～｜核大国应该首先承诺不使用～｜如果把研制～的费用用于和平建设，那该多好！

【近义词】原子武器

2646 核心 丁

héxīn (core)

[名]事物的中心或主要部分：～小组｜～力量｜～作用｜～部分｜领导～｜问题的～｜事业的～｜精神的～｜形成～｜他是～小组的成员之一｜问题的～是如何提高产品的质量｜你们应该在技术改革中起～作用。

【近义词】中坚/中心/重(zhòng)心

2647 和 甲

［部首］禾
［笔画］8

hé (prep. together with; conj. and)

[介]表示相关、比较等：这个问题我们～他们共同研究一下｜我～老张一起工作了三年｜我已经～大家谈了，他们都表示赞成｜厂里的领导经常～工人们一起干活儿｜我的外语水平～他相比差远了｜若比工作能力，我～他没法比｜我～他不一样，他在大学学的是金融，我学的是企业管理。

[连]表示联合，常用来连接词或词组，它连接的成分是并列的，意义上往往是同类的：我～你｜老师～学生｜书～本子｜上海～南京｜调查～研究｜吃～喝｜看到的～听到的｜这个学校老师～学生一共五百来人｜请把书～本子都放在桌子上｜长城～故宫我都去过了｜他家有父亲、母亲、两个姐姐～一个弟弟｜他把这次旅行中看到的～听到的写了一篇文章。

【近义词】[介]跟/同；[连]同/与/跟/

及

【提示】①"和"作连词用,如并列的成分有三个或三个以上,"和"一般放在最后一个成分之前。如:我今天买了苹果、梨、葡萄和橘子。②"和"又读hè,如"附和",见第 2024 条;又读huó,如"和面";又读 huò,如"和稀泥"。③和(Hé),姓。

【构词】和畅/和风/和服/和好/和缓/和局/和美/和平鸽/和棋/和亲/和善/和尚头/和事佬/和数/和顺/和谈/和议/和风细雨/和盘托出/和颜悦色/和衷共济

2648 和蔼(藹) 丁

hé'ǎi (affable)

[形]态度温和,容易接近:态度～|性格～|目光～|声音～|对人～|～地说|～地招呼|～地回答|～可亲|～的面容|这位老师～可亲,学生们都喜欢她|这位售货员的态度非常～|他的性情～,从不发脾气|这位工厂领导待人～,受到工人的爱戴|他～地抚摸着孩子的头说:"弄坏了没关系,以后注意点儿就行了。"|她那～的目光给人们留下很深的印象。

【近义词】和气/和善/温和

【反义词】严厉/蛮横/粗暴/凶狠/凶恶

2649 和解 丁

héjiě (reconcile)

[动]不再争执,恢复和睦友好的感情:夫妻～|兄弟俩～|双方～|两派～|两个单位～|民族～|希望～|在朋友们的帮助下,这对夫妻～了|误会消除以后,这两个单位取得了完全的～|经过谈判,双方赞成～|对方至今拒绝～,一定还有别的原因|他昨天生气地走了,今天又主动来～。

【近义词】和好

2650 和睦 丁

hémù (harmonious)

[形]相处得好;不争吵:家庭～|婆媳～|民族～|关系～|气氛～|～地相处|～地共事|～地生活|不～|～的家庭|和和睦睦|他们一家人非常～|她们婆媳如同母女,相处得非常～|各民族～相处|宴会上充满着一片～的气氛|我们在一个单位～地共事了30年|不要吵了,和和睦睦地过日子多好啊!|他们祖祖辈辈在这里～地居住着。

【反义词】不和/不睦/争吵

2651 和平 乙

hépíng (peace)

[名]指没有战争的状态:实现～|赢得～|失去～|保卫～|呼吁～|盼望～|热爱～|要求～|破坏～|反对～|世界～|国家的～|持久的～|～条约|～协定|～力量|～谈判|～环境|～人士|～运动|全世界人民都热爱～,反对战争|我们要为实现世界～而奋斗|人们都盼望有一个～的环境|人们盼望真正的～早日到来|他们这种行为违反了～协定|应该～解决国际争端|1978 年中日双方签署了～友好条约。

【反义词】战争

2652 和平共处(處) 丁

hépíng gòng chǔ (peaceful coexistence)

指不同社会制度的国家,用和平方式解决彼此争端,在平等互利的基础上发展彼此间经济和文化联系:～五项

原则|坚持～|实现～|破坏～|中国一贯坚持～五项原则|我们愿意和不同社会制度的国家～|你知道～五项原则的内容吗？

2653 **和气**(氣) 丁

héqi (gentle)

[形]态度温和;和睦:态度～|说话～|待人～|办事～|显得～|感到～|十分～|～地过日子|他对人一贯～|这个售货员态度特别～|他说话的语调总是那么～|他见到年纪大的人格外～|狼装作～的样子对小羊说:"我是你爸爸的好朋友"|他们一家人和和气气地过日子。

【近义词】和蔼/和善/温和

【反义词】蛮横/粗暴/厉害/凶恶

2654 **和尚** 丁

héshang (Buddhist monk)

[名]出家修行的男佛教徒:当～|小～|老～|他年纪很小的时候就出家当了～|俗话说,一个～挑水吃,两个～抬水吃,三个～没水吃。

【近义词】僧/僧徒/僧侣

2655 **和谐**(諧) 丁

héxié (harmonious)

[形]配合得合适、匀称、协调:家庭～|气氛～|关系～|颜色～|布局～|节奏～|旋律～|感到～|力求～|相处得～|搭配得～|设计得～|配合得～|演奏得～|他的家庭很～|他们兄弟之间的关系不大～|这几件家具的颜色搭配得挺～|他和公司里的同事相处得很～|桌子放在这儿破坏了整个布局的～|双方贸易洽谈会是在～的气氛中进行的|听着～的音乐旋律,我的心简直要醉了。

【近义词】协调/匀称

【反义词】刺耳/刺目

2656 **和约**(約) 丁

héyuē (peace treaty)

[名]交战国在法律上结束战争状态而订立的有关停战、恢复和平关系的条约:～签订了|～生效|～作废|起草～|签订～|修改～|承认～|宣布～|遵守～|违背～|撕毁～|两国的～|交战双方的～|永久的～|～的内容|～的条款|～的副本|～的起草者|这个～从今天开始生效|他们单方面撕毁～|这两个国家签订了一个新的～|1919年6月28日在巴黎西南凡尔赛宫签订了《凡尔赛～》|除此之外,～还包括履行～的保证等各项条款。

2657 **何** 丁 〔部首〕亻 〔笔画〕7

hé (what)

[代]❶表示疑问的代词,有"什么"、"哪"、"哪里"、"为什么"的意思:～人|～物|～事|～种|～故|～年|～月|～日|～地|～处|～往|从～而来|～不|他是～人?|你找我有～事?|你是～年～月～日到北京来的?|你现在住在～处?|你从～而来?|公共汽车这么挤,你～不叫辆出租车?❷用于反问的语气表示强调:～济于事|～足挂齿|谈～容易|有～不可|～乐不为|～足为奇。

【近义词】什么/哪/哪里/为什么

【提示】①带有文言色彩,多用于书面语。②何,姓。

【构词】何不/何尝/何从/何妨/何干(gān)/何苦/何其/何如/何首乌/何谓/何消/何须/何许/何以/何在/何乐而不为/何去何从

2658 **何必** 丙

hébì (why)

[副]用反问语气表示不必：～客气|～麻烦别人|～坐车|～生气|～穿大衣|～买新的|～打电话|～吃药|～等到明天|咱们都是老朋友了，～这么客气呢？|自己能做的事～去麻烦别人？|他不是故意的，你～生这么大气？|这件衣服还能穿，～买新的！|我没有什么病，～吃药呢？|今天能做完的事～等到明天？|这么近，～坐车呢！

【近义词】何苦/不必

【提示】"何必"也可以单独使用：这点儿事也要去麻烦别人，～呢！|衣服还能穿，又去买新的，～呢！

2659 **何等** 丁

héděng (how)

[副]表示与平常不同，带有感叹的语气，相当于"多么"：～幸福|～美丽|～巧妙|～和睦|～热情|～残酷|～容易|～麻烦|～可笑|今天孩子们的生活～幸福|那里的风景～迷人|这个小玩意儿做得～巧妙|战争～残酷|他待人～热情|他的屋子装饰得～和谐|修理收音机对他来说～容易。

【近义词】多么

2660 **何况** 丙

hékuàng (let alone)

[连]❶用反问的语气表示更进一层的意思。放在第二分句句首，它的前面可加"更"、"又"：北京人都不认识这个地方，～外地人|这个公园平时人都很多，更～星期天|他第一本书还没学完，更～第三本|他连小说都能翻译，～这篇小文章|一个面包都吃不了，～两个|一门外语还学不好，～又要学两门、三门|这个村子够穷的了，～又遇上这场罕见的干旱。❷表示进一步说明理由，以加强对事实的说服力：天这么晚了，～下着雨，你就别走了|我去过那个地方，～今天又没有空儿，你一个人去吧|违反交通规则就应该受罚，～你又不是第一次了|他现在忙得要命，～你的事又不着急，就别去麻烦他了。

【近义词】况且/再说

2661 **合** *乙 〔部首〕人 〔笔画〕6

hé (close)

[动]❶关闭；合拢：～眼|～嘴|～上书|～起来|快～上眼睡吧|他～着眼坐着养神呢|他急得一夜没～眼|他笑得～不上嘴|请大家把书～上|这门怎么～不上了？❷结合到一起；凑在一起：～用|～买|～看|～写|～办|～开|～在一起|～成|他跟朋友～译了一部小说|他们几个人～办了一个小工厂|他们～开一个商店|我们～用一本词典|我们几个的钱～在一起可以买辆汽车了。❸〈丙〉符合：～心意|～口味|～情理|～情～理|～规矩|～标准|～习惯|这个菜很～我的口味|群众提的意见正～他的心意|他处理问题太不～理了|这话说得～情～理|这批商品不～标准，应该退货|这样说可以听懂，但不～中国人的习惯。❹〈丁〉折合；共计：1公斤～2市斤|现在1美元～多少人民币？|盖一间房，工钱、料钱～起来得上万元。

【近义词】❶关/闭；❸符合

【反义词】❶开；❷分

【提示】合，姓。

【构词】合办/合抱/合璧/合编/合并症/合不来/合成词/合成革/合得来/

合欢/合击/合剂/合计/合家/合脚/合金/合金钢/合力/合流/合龙/合拢/合谋/合拍/合群/合身/合十/合时/合手/合数/合体/合同工/合同制/合围/合心/合演/合叶/合一/合宜/合意/合影/合用/合于/合约/合葬/合掌/合辙/合奏/合作化/合作社/合浦珠还

2662 合并 丁

hébìng (merge)

[动]把分散的、独立的事物合在一起：两个单位～|几个公司～|～商店|～工厂|需要～|准备～|决定～|申请～|完全～|～成|～起来|～在一起|可以～|这两家银行已经～了|这两个班学生水平都差不多，～怎么样？|这个公司和那个公司～了|上级已同意我们两个单位～|他们申请～已得到上级批准|这几个小单位～成了一个大公司|这次～只是临时性的。

【反义词】分开

【构词】归并/火并/兼并/交并/吞并/一并

2663 合唱 丙

héchàng (v./n. chorus)

[动]由若干人分几个声部共同演唱一首歌曲：男声～|女声～|混声～|下面由男声～|先由你领唱，然后大家～|现在开始～。

[名]由几个声部共同演唱歌曲的演唱形式：大～|小～|～队|我最喜欢听《黄河大～》|他是男声～队的演员|我参加了学校的～队|下面请大家听小～。

【反义词】独唱

2664 合成 *丙

héchéng (compose)

[动]❶由部分组成整体：～一伙儿|～一个组|～一股力量|这是他们几个人～一伙儿干的|由几个小班～一个大班上课|“红旗”、“朋友”、“闹钟”都是～词|热心的朋友们给他们～了这段姻缘。❷〈丁〉用成分比较简单的物质制成成分复杂的物质：分子～|材料～|药～|～食物|进行～|人工～|自然～|～的材料|～的食物|～的方法|～的步骤|～的比例|～的过程|～纤维也可以用来做纺织品|～橡胶在某些方面可以代替天然橡胶|这个皮包是～革的，不是真皮的|这些都是用人工～的方法制成的。

2665 合法 丙

héfǎ (legal)

[形]符合法律的：合同～|收入～|地位～|权益～|婚姻～|买卖～|证件～|遗嘱～|产权～|裁决～|分配～|行为～|～继承权|～的手段|～政府|～斗争|～地经营|你们这个合同在法律上是不～的|由父母包办的婚姻是不～的|这个商店经营的商品都是～的|他已经取得这份遗产的～继承权|每个公民的～权益都受到法律保护|我们要为这件事找到～的依据|这是我们应该享受的～权益|他们利用～的手段保护自己的权益|经过坚决的斗争，中国终于赢得了在联合国的～席位。

【近义词】法定

【反义词】非法/不法

2666 合格 丙

hégé (qualified)

[形]符合标准：干部～|条件～|成绩～|产品～|质量～|考试～|检查～|

验收～|考得～|完全～|一律～|基本～|～的学生|～的标志|这批产品质量都不～|这个厂的产品经过检查一律～|他因为考试成绩不～,没被录取|因为机器零件做得不～而影响了生产|应该制定产品～的标准|每件产品上都打上～的标志|他们制作的食品～率只有80%。

2667 **合乎** 丁

héhū (conform with)

[动]符合;合于:～标准|～要求|～条件|～规定|～原则|～逻辑|～心意|～习惯|～国情|这些产品完全～质量上的要求|那样做不～国家的规定|你刚才说的不～事实|他找到一个～理想的工作|儿子说的话正～妈妈的心意|不做不～国家利益的事|选举的结果完全～群众的愿望|这句话这么说不～中国人的习惯。

【近义词】符合/相符/相合/吻合/切合

【反义词】不符/不合

2668 **合伙(夥)** 丁

héhuǒ (form a partnership)

[动]合成一伙,共同干事:～经营|～生产|～管理|～组织|～设计|～筹备|～进行|想～|我和朋友～经营一家商店|他们两家～开了一个小饭馆|这两家电影公司～拍了一部电影|我想跟你～筹备一个服装公司|听说你想组织一个新年晚会,咱们～搞怎么样?|这个样式是我和他～设计的|你肯不肯跟我们～?

【近义词】协作/合作

【反义词】单干/分工

2669 **合金** 丙

héjīn (alloy)

[名]一种金属元素与其他金属元素熔合而成的物质:～钢|铝～|他家的窗户全换成铝～的了。

【构词】白金/拜金/包金/本金/菜金/赤金/酬金/订金/镀金/罚金/股金/黄金/基金/奖金/奖学金/劳金/礼金/脉金/美金/描金/鸣金/泥金/年金/聘金/千金/沙金/赏金/赎金/税金/烫金/淘金/贴金/乌金/五金/现金/薪金/恤金/押金/冶金/佣金/诊金/重金/资金/租金/点铁成金/沙里淘金/一诺千金

2670 **合理** 乙

hélǐ (reasonable)

[形]合乎道理或事理:要求～|分配～|安排～|收费～|布局～|～条件|处理得～|～地使用|这个公司的规定不太～|他们的建议十分～|这套房子的格局很～|对于～的要求,应该满足|需要制定一个～的收费方法|这件事已经得到～的解决|这个问题处理得非常～|你应该～地安排一下这次旅行、参观的日程|你虽然钱多,但要～地使用才行。

【近义词】有理/在理

【反义词】无理/荒谬

2671 **合情合理** 丁

hé qíng hé lǐ (fair and reasonable)

合乎常情和事理:办得～|说得～|～地解决|～地安排|这样处理～|这事应该办得～|法院判决得～|希望你～地把事情安排好|请你尽量～地处理这件事。

【反义词】无理/荒谬

2672 **合适(適)** 甲

héshì (suitable)

［形］符合实际情况或客观要求：内容～｜题目～｜时间～｜人选～｜价格～｜衣服～｜安排～｜分配～｜定价～｜安排得～｜改得～｜～的工作｜～的机会｜～的场地｜他做这种工作很～｜这件衣服不～，太肥了｜这张画挂在那里正～｜这个地方你改得很～｜这次旅游日期、地点安排得再～也没有了｜这个指标定得不～，高了点儿｜我找个～的机会跟他谈谈｜关于新厂长，目前还没有～的人选｜在您认为～的时间，请来我家做客。

【近义词】适合/适宜/合宜/适当/恰当

【反义词】失当/不当

【构词】安适/不适/舒适/闲适

2673 合算 丙

hésuàn (adj. worthwhile; v. reckon)

［形］所费人力物力较少而收效较大：买卖～｜价钱～｜交易～｜单干～｜买得～｜肯定～｜花10元钱吃一碗面条不～｜5元钱买两双袜子挺～｜这点儿事花了我一上午时间，不～｜这笔买卖太不～了｜你这些货物卖得很～｜他为结婚欠了很多钱，这事闹得太不～了｜你这几件衣服买得挺～｜我每天晚上帮他复习，这时间花得～。

［动］考虑；打算：这事我们再好好儿～一下｜别着急，去还是不去，咱们还得～～。

【近义词】［形］上算；［动］估计/考虑

2674 合同 乙

hétong (contract)

［名］两方面或几方面在办理某事时，为了确定各自的权利和义务而共同订立并遵守的工作性条文：～生效｜～作废｜～到期｜订立～｜履行～｜修改～｜撕毁～｜劳资～｜师徒～｜一年的～｜产销～｜～单位｜～医院｜～的内容｜～的期限｜这个～即日起生效｜双方都要履行～｜他们单方面撕毁了～｜我们订立了三年的产销～｜他把这批货物都卖给了～单位｜你的～医院是哪个？｜这个～内容订得不具体，需要修改。

【近义词】契约/合约

2675 合营(營) 丁

héyíng (jointly operate)

［动］共同经营：公私～｜中外～｜～工厂｜～商店｜～企业｜这是一家公私～的工厂｜那家商店跟另外一家～了｜他们两家～的小饭馆生意不错。

【反义词】私营/单干

2676 合资(資) 丁

hézī (pool capital)

双方或几方共同投资(办企业)：～经营｜～开饭店｜～办工厂｜～企业｜中外～｜可以～｜愿意～｜希望～｜这个大饭店是几家～经营的｜这个食品工厂是中外～办的｜他在一家中外～的公司里工作｜现在中外～企业日益增多。

2677 合作 乙

hézuò (cooperate)

［动］为了共同的目的一起工作或共同完成某项任务：通力～｜大力～｜中外～｜互相～｜技术上～｜长期～｜～建设｜～研究｜～演出｜～编写｜～生产｜～得很顺利｜～了一年｜希望我们在技术上互相～｜由于你们大力～，使我们获得了成功｜希望我们今后继续～｜我们希望双方能长期～下去｜为了这个研究项目，他们～了好几年

|我们两个单位～编写了一部词典|希望我们能在经济贸易方面加强～。
【近义词】协作/配合
【反义词】单干/分工

2678 **盒** 乙 〔部首〕人 〔笔画〕11

hé (n./m. box)
[名]盛东西的器具,一般比较小,用纸或木板、金属等制成,大多有盖儿:纸～|木～|铁～|烟～|饭～|菜～|钱～|笔～|文具～|首饰～|点心～|糖～|针线～|这个烟～真漂亮|爸爸给儿子买了一个新笔～|菜和饭都装在饭～里了|把这些糖装在～子里吧。
[量]用于装盒的东西:一～饭|一～点心|一～烟|他送我一～糖|我买了两～点心。
【近义词】[名]盒子/匣子
【构词】盒饭/盒子/盒子枪

2679 **禾苗** 丁 〔部首〕禾 〔笔画〕5

hémiáo (seedlings of cereal crops)
[名]谷类作物的幼苗:～壮|～干枯|绿油油的～|雨露滋润～壮|由于气候干旱,地里的～都枯死了。
【近义词】禾/幼苗
【构词】保苗/补苗/出苗/定苗/痘苗/独苗/扶苗/根苗/花苗/火苗/间(jiàn)苗/矿苗/麦苗/青苗/树苗/蒜苗/秧苗/疫苗/幼苗/鱼苗/育苗

2680 **河** *甲 〔部首〕氵 〔笔画〕8

hé (river)
[名]❶天然的或人工的大水道:江～|内～|运～|护城～|大～|小～|～深|～浅|～宽|～清|～面|～底|～边|～岸|～水|过～|跳～|一条～|这条～很深|～水多清啊!|鱼儿在～底游来游去|他们经常去～边钓鱼|过了～再走200米就是他家|他跳进～里救出了那个孩子|故宫外边有一条护城～。❷〈丁〉特指黄河:～西|～套。
【近义词】江/河流
【构词】河滨/河槽/河川/河床/河段/河肥/河工/河沟/河谷/河口/河渠/河山/河身/河滩/河套/河弯/河蟹

2681 **河道** 丁

hédào (river course)
[名]河的路线,通常指能通航的河:～畅通|～堵塞|～狭窄|～宽阔|～弯曲|～加宽|～延长|挖掘～|疏通～|改造～|～的清理|～的畅通|为了～畅通,必须立即着手疏通工作|改造～是当务之急|这条～狭窄,经常堵塞,必须加宽并进行清理|要经常保证～的畅通和安全。
【近义词】水道

2682 **河流** 丙

héliú (rivers)
[名]地球表面较大的天然水流(如江、河等)的统称:～密布|～纵横|～堵塞|疏通～|清理～|挖掘～|利用～|改造～|治理～|～的长度|～的泥沙|主要的～|这里～密布,水上交通发达|这里～湍(tuān)急,可以利用它来发电|他们制定了一个改造～的宏伟计划|中国主要的～有长江、黄河等|为避免～的泥沙淤积,必须经常进行清理工作。
【近义词】江河

2683 **贺词**(賀詞) 丁 〔部首〕贝 〔笔画〕9

hècí (speech of congratulation)
[名]在喜庆的仪式上所说的表示祝贺的话:致～|写～|发表～|一篇～|

他在公司的开幕式上致～。

【近义词】祝词

【提示】贺,姓。

【构词】贺匾/贺电/贺函/贺礼/贺年/贺喜/贺仪

2684 嘿 乙 〔部首〕口 〔笔画〕15

hēi (interj. hey)

[叹]❶表示招呼或提起注意:～,小王,你什么时候来的?|～,小心你的钱包!|～,不早了,快走吧!❷表示得意:～,这次比赛,我又赢了!|～,你看我终于买到了!❸表示惊异:～,花全开了!

2685 黑 *甲 〔部首〕黑 〔笔画〕12

hēi (black)

[形]❶像煤或墨的颜色:头发～|脸～|手～|～眼珠|～影子|～颜色|～皮鞋|～大衣|弄～|晒～|涂～|你的头发真～|她有一双又大又亮的～眼睛|我要买一件～大衣|你的脸都晒～了|你的手怎么弄得这么～?❷〈乙〉没有光亮:天～|屋子～|洞里～|周围～|外边～|～极了|天～了,早点儿回家吧|屋子真～,怎么不开灯?|外边～,走路小心点儿|他每天一早出去,天～才回来|这里边～得什么也看不见。❸〈丙〉秘密的;不公开的(多指违法的):～市|～话|～人|～户口|～名单|～社会|他总去～市买东西|这个价钱是～市价|他们都是～人,没有户口|你已经上了～名单了。❹〈丁〉坏;狠毒:心～|心眼儿～|人～|手～|～心肠|～帮|～社会|他心眼儿真～,东西卖得比谁都贵|他人太～,不能跟他交往|这个家伙心～手～,干了不少坏事|当心,他的～手已经向你们伸来。

【近义词】❶青/墨/乌/玄

【反义词】❶白/亮

【提示】黑,姓。

【构词】黑板/黑板报/黑沉沉/黑店/黑豆/黑话/黑货/黑亮/黑麦/黑面/黑名单/黑幕/黑木耳/黑钱/黑枪/黑社会/黑市/黑手/黑手党/黑天/黑土/黑匣子/黑信/黑猩猩/黑熊/黑枣/黑账/黑不溜秋/黑灯瞎火/黑更(jīng)半夜

2686 黑暗 乙

hēi'àn (dark)

[形]没有亮光;常比喻社会腐败、政治反动:屋里～|天色～|社会～|制度～|统治～|岁月～|时代～|～的内幕|～的角落|～的年代|冲破～|揭露～|感到～|森林里一片～|他在那个～的屋子里住了好几年|中国人民推翻了反动派～的统治|～的旧社会使他家破人亡|人们冲破～,迎来了光明|要彻底揭露这～的内幕|他在文章里诅咒那～的年月。

【近义词】昏暗/暗淡/腐败

【反义词】光明/光亮/明朗/明亮

2687 黑白 丁

hēibái (black and white)

[名]❶黑色和白色:～电视|～片|～分明|他家的电视是～的|我买了一台～电视机|这个电影是～片|过去的电影都是～的|她的眼睛～分明。❷比喻是非、善恶:～不分|～颠倒|不分～|颠倒～|混淆～|他处理事情总是～不分|父亲不分～,把儿子批评了一顿|你这样做简直是颠倒～|把敌人当成朋友,真是混淆了～。

【近义词】❷是非/善恶

2688 **黑板** 甲

hēibǎn (blackboard)

[名]用木头或玻璃等制成的黑色平板,可以在上面用粉笔写字:擦～|写～|～报|一块～|你把这个句子写在～上|把～擦干净|我们办了一个～报。

2689 **黑夜** 丙

hēiyè (night)

[名]夜晚;夜里:～降临了|～过去了|漫长的～|短暂的～|等到～|熬过～|害怕～|讨厌～|乡村的～|海上的～|冬天的～|他昨天～到北京的|这种鸟总是在～里出来找东西吃|不管白天～,他都在努力工作|～即将过去,曙光就在眼前。

【反义词】白天

2690 **痕迹** 丙　〔部首〕疒　〔笔画〕11

hénjì (mark)

[名]物体留下的印儿:留下～|有～|除去～|车轮的～|果汁的～|战争的～|～清晰|一点儿～|一些～|一块～|这是人类刀耕火种时代留下的～|这些～说明他们来过这里|看,这儿有车轮的～|怎么除掉衣服上果汁的～?|看着这战争留下的～,又引起我对那个年月的回忆|这里已经找不到一点儿过去的～。

【近义词】印痕

2691 **很** 甲　〔部首〕彳　〔笔画〕9

hěn (very)

[副]表示程度相当高:～好|～聪明|～大|～美|～快|～喜欢|～理解|～能干|～努力|～成功|快得～|热得～|高兴得～|～能办事|今天天气～好|这张画～美|这次试验～成功|那里夏天热得～|这孩子聪明得～|他～能体谅别人|他～会关心人|他～想当一名教师|我～理解他此时的心情|他～喜欢音乐。

【近义词】非常/十分/甚/颇/挺/极

2692 **狠** *丙　〔部首〕犭　〔笔画〕9

hěn (ruthless)

[形]❶凶恶;残忍:人～|心～手辣|打得～|他的心太～了|这个人心～手辣|～心的父亲抛弃了儿子|他们把他打得好～。❷〈丁〉用全部力量;坚决:～抓工作|～抓学习|～抓质量|～～打击|～～批评|要～～抓一下你们厂的质量问题|你要～抓一下他的学习|不～～打击那些贩毒分子怎么行!|老师～～地把我批评了一顿。

【近义词】凶/毒

【反义词】善

【提示】"狠"的右边是"艮",不能写成"良"。

2693 **狠毒** 丁

hěndú (vicious)

[形]凶狠;残酷:心肠～|手段～|～的人|～的目光|这个人的心肠十分～|他的手段～极了|他是一个非常～的人贩子|一看他那～的目光,就知道他不是好人|她的心～得像只恶狼|他就像毒蛇一样～。

【近义词】恶毒/歹毒/毒辣/凶恶

【反义词】善良/和善/慈祥

2694 **狠心** 丁

hěn xīn (cruel)

❶下定决心,不顾一切:下～|狠了心|狠～|～走了|～卖掉|～丢下|他下

～要把它做完｜对干好这件事我是狠了心了｜你狠～就可以坚持到底了｜你一～，这点儿困难就克服了｜他一～，丢下家里的人参加了革命｜你～把你的工厂卖掉？｜他竟这样～地走了｜我可下不了这个～。❷心肠残忍：父母～｜老板～｜～的坏蛋｜～地打｜～地骂｜～地强迫｜变得～｜实在～｜他的父母真～，把他卖给了别人｜你不要这样～地打骂他们｜他～地反对女儿的婚事｜不要～地拒绝我的请求。

【近义词】❷黑心/狠毒/心毒

【反义词】❷善良/仁慈

【提示】离合词，中间可插入其他成分，如：狠不下心｜狠了狠心。

2695 **恨** 乙 〔部首〕忄 〔笔画〕9

hèn (hate)

［动］仇视；怨恨：～敌人｜～吸毒｜～自私自利｜～铁不成钢｜～没出息｜～之入骨｜～透｜～死了｜～极了｜～起来｜你为什么这么～他？｜我最～那种没有公共道德的人｜我真～他吸毒｜父亲对儿子说："我是～铁不成钢啊！"｜对不讲卫生的人，我真～死了｜大家对敌人～得咬牙切齿｜对这种自私自利的行为，我～得要命｜你怎么对这种人就～不起来呢？

【近义词】憎

【反义词】爱

【构词】恨事/恨入骨髓/恨铁不成钢/恨之入骨

2696 **恨不得** 丙

hèn bu de (very anxious to)

表示急切地盼望做某事（多用于实际做不到的事）：我～把他的球扔出去｜我～坐上火箭去见他｜我～马上就看到这本书｜我～立刻就到家｜我～一口吃下去｜他～一下子就成功｜她～一天就减肥成功｜为了这项工程，他～不吃饭，不睡觉｜为了朋友，他～拿出他的全部财产。

【近义词】巴不得/恨不能

2697 **哼** *乙 〔部首〕口 〔笔画〕10

hēng (v. groan; interj. humph)

［动］❶鼻子发出的声音：他摔了一跤，疼得直～～｜他昨天晚上～～了一夜｜这孩子真乖，打针一声没～。❷〈丙〉低声唱或有节奏地朗读诗文：～小曲儿｜～歌｜～诗｜他一边走一边～着小曲儿｜你～的什么歌？｜你摇头晃脑地在～什么呢？｜他哪会唱歌，只会瞎～～｜这个歌我不大会，跟着你们～～吧。

［叹］〈乙〉表示不满意、不相信、鄙视：～，这也叫诗！｜～，你还知道有个家！｜～，我可不相信！｜～，他可不像你，见了烟酒不要命！｜你还想要钱？～，做梦！｜你呀！～！等着瞧吧！

2698 **恒星** 丁 〔部首〕忄 〔笔画〕9

héngxīng (fixed star)

［名］本身能发出光和热的天体，如织女星、太阳。过去认为这些天体的位置是固定不动的，所以叫恒星。实际上恒星也在运动：～年｜～系｜一个～年等于365天6小时9分10秒｜一个～日等于23小时56分4秒｜由无数～组成的集合体叫～系，如银河系和河外星系｜一个～月等于27天7小时43分11.5秒。

【反义词】行星

【提示】恒，姓。

【构词】恒产/恒齿/恒定/恒量/恒温/恒心/恒星年/恒星系

2699 **横** *丙 〔部首〕木 〔笔画〕15

héng (v. traverse; adj. horizontal)

[动]❶从左到右或从右到左;也指使物体变成横向:桌子～过来放好看|村子前边～着一条小河|他把胳膊一～,不让人过去|这是谁的自行车?干吗～在路中间啊? ❷〈丁〉下定决心,不顾一切:～下心|～了心|心一～|你不～下心来是干不成的|这次他～了心,什么后果都不考虑了|只要～了心,就没什么可顾虑的了|他心一～,决定离开家乡|他心一～,卖掉了房子。

[形]跟地面平行的;表示左右向的;跟物体长的一边是垂直的:～线|～梁|～队|～写|～挂|～放|～切|～拍|人行～道|在这些词下边划一条～线|请大家排成一个～队|这张画应该～着挂|切肉时要～着切|你们别动,我再～着拍一张|过马路时请走人行～道。

【反义词】直/竖

【提示】①"横"又读 hèng,见第 2701 条。②"横"作名词时,表示汉字的笔画,形状是"一"。

【构词】横标/横财/横陈/横穿/横笛/横渡/横断面/横队/横额/横幅/横贯/横眉/横批/横披/横剖面/横肉/横扫/横生/横竖/横向/横心/横溢/横冲直撞/横倒竖歪/横眉冷对/横七竖八/横生枝节/横躺竖卧/横行霸道/横征暴敛

2700 **横行** 丁

héngxíng (run wild)

[动]行动、态度粗暴不讲道理;依仗暴力做坏事:～霸道|一贯～|～的日子|～的时候|到处～|四处～|你真～霸道!|他在村子里一贯～|看你～到几时!|你们～不了几天了!|那些家伙～的日子永远不复返了。

【近义词】蛮横(hèng)

2701 **横** 丁

hèng (harsh and unreasonable)

[形]❶粗暴;凶狠:态度～|说话～|～话|～着呢|～得要命|特别～|那位售货员态度真～|他说话好～啊!|你～什么?有理说理呀!|他今天特别～,谁惹他了? ❷不吉利的;意外的:～事|～祸|～死|听说他家失火了,这简直是飞来的～祸|没想到他家发生了这样的～事!|他的～死使大家感到震惊。

【近义词】❶粗暴/粗鲁/横蛮

【反义词】❶温和/和蔼/和气

【提示】"横"又读 héng,见第 2699 条。

2702 **轰动**(轟動) 丁 〔部首〕车 〔笔画〕8

hōngdòng (cause a sensation)

[动]同时惊动很多人;广泛地惊动:世界～|全国～|全场～|观众～|演出～|～世界|～全国|～政界|～文艺界|～一时|引起～|她的歌声一停,场内观众顿时～起来|这个新来的模特～了整个模特界|他的事迹～了全国|这本书引起了广泛的～|我第一次见到这种～的场面。

【近义词】惊动/震动/哄动

【构词】轰赶/轰击/轰隆/轰鸣/轰然/轰嚷/轰响/轰炸机

2703 **轰轰烈烈** 丁

hōnghōng lièliè (vigorous)

形容气魄雄伟,声势浩大:～地开展|～地搞起来|开展得～|搞得～|～的

革命斗争|～的群众运动|～的技术革新运动|～的战斗场面|～的建设场面|～的事业|春季爱国卫生运动正在～地展开|打击犯罪分子的群众运动已经～地搞起来了|这个运动开展得～|他们厂的技术革新运动搞得～|这种～的生产场面真是激动人心|他决心要干一番～的事业。

【近义词】热火朝天/如火如荼(tú)/大张旗鼓

【反义词】冷冷清清

【构词】暴烈/惨烈/刚烈/激烈/节烈/剧烈/猛烈/浓烈/强烈/热烈/先烈/英烈/贞烈/忠烈/壮烈/兴高采烈

2704 **轰炸** 丁

hōngzhà (bomb)

[动]从飞机上对地面或水上各种目标投掷炸弹:～开始了|飞机～|～城市|～阵地|工厂被～|滥加～|遭到～|躲避～|防止～|～的目标|～的计划|～的阴谋|～了一次|～了两个小时|～一番|敌人的～非常残酷|敌机猛烈地～这个城市|许多工厂遭到～|敌人的飞机对这里滥加～|他们为了躲避～,逃离了自己的家乡|他们～的目标是对方的弹药库。

2705 **烘** 丁 〔部首〕火 〔笔画〕10

hōng (bake)

[动]用火或蒸汽使身体暖和或者使物体变热或干燥:～蛋糕|～烟叶|～茶叶|～衣服|～手|～被子|～土豆|～面包|～潮气|～干|衣服湿了,～一下吧|太冷了,～～手吧|是在～白薯吧?真香啊!|他们围着炉子～着身子|鞋已经～干了,穿上吧|土豆～熟了,快来吃!|现在身上～暖和了,刚才可把我冻坏了|你面包～得太焦了,不好吃|蛋糕在～箱里～半小时就行了。

【近义词】烤

【构词】烘烤/烘笼/烘染/烘托/烘箱/烘云托月

2706 **虹** 丁 〔部首〕虫 〔笔画〕9

hóng (rainbow)

[名]大气中一种光的现象,天空中的小水珠经日光照射发生折射和反射作用而形成的弧形彩带,由外圈到内圈呈红、橙、黄、绿、蓝、靛、紫七种颜色。虹出现在和太阳相对的方向:彩～|出现彩～|一道～|雨后天空出现一道美丽的彩～|你看天空那道彩～多漂亮啊!

【近义词】彩虹

2707 **宏大** 丁 〔部首〕宀 〔笔画〕7

hóngdà (grand)

[形]巨大;雄壮伟大:规模～|场面～|气势～|计划～|工程～|～的目标|～的气派|～的理想|这个住宅小区建筑规模～|三峡水利工程气势～|这个大型历史剧设计新颖,场面～|他立志要干一番～的事业|他从小就立下了～的理想|这些年轻人都有一个～的奋斗目标。

【近义词】伟大/庞大/巨大/宏伟

【反义词】细小/微小/渺小

【提示】宏,姓。

【构词】宏观/宏论/宏图/宏愿/宏瞻/宏旨/宏观世界

2708 **宏伟**(偉) 丙

hóngwěi (magnificent)

[形](规模、计划等)雄壮伟大:建筑～|宫殿～|蓝图～|气势～|规模～|设计～|构思～|建设得～|～的建筑

|～的目标|～的规划|长城是世界上最～的建筑之一|这座大桥设计得真～|对这个城市的改建,我们有一个～的规划。

【近义词】宏大/雄伟

【构词】俊伟/魁伟/奇伟/雄伟

2709 **洪水** 丙 〔部首〕氵 〔笔画〕9

hóngshuǐ (flood)

[名]河流因大雨或融雪而引起的暴涨的水流:～猛涨|～到来|～退去|～泛滥|～淹没|～造成|～凶猛|夏季的～|～的灾害|～的高峰|在～到来之前做好防洪抗洪工作|这一带经常～泛滥|无情的～毁掉了这个村庄|～来势凶猛,淹没了大片的庄稼|～的破坏性极大,一定要做好～的疏导工作。

【提示】洪,姓。

【构词】洪波/洪大/洪恩/洪峰/洪福/洪荒/洪亮/洪流/洪涛/洪灾/洪钟/洪水猛兽

2710 **红**(紅) *甲 〔部首〕纟 〔笔画〕6

hóng (red)

[形]❶像鲜血或石榴花的颜色:颜色～|脸～|布～|～枣|～旗|～毛衣|～灯|～花|～叶|～头巾|～得像火|抹得太～|晒～|急～|染～|变～|这花真～|秋天去香山看～叶|她围了一块～头巾|她的脸～得真好看|这件衣服～得刺眼|你的脸抹得那么～,太难看了|他们每天去游泳,脸都晒～了|为这事,他眼睛都熬～了|秋天,枫叶变～了。❷〈丙〉象征喜庆、顺利、成功或受人重视、欢迎:披～|戴～花|～人|～榜|～运|开门～|满堂～|唱～|演～|可～了|孩子们给英雄戴上大～花|新娘、新郎胸前戴着～花|～榜上有我朋友的名字|他今年走～运了|他可是我们主任的大～人啊!|这个商店开门～,第一天就赚了不少|这个新歌手没几天就唱～了|他在我们厂可～了! ❸〈丙〉象征革命或政治觉悟高:～军|～五月|又～又专|～心|他年轻时曾参加过～军|他有一颗为人民服务的～心。

【近义词】赤

【反义词】黑/白

【构词】红案/红榜/红包/红宝石/红潮/红尘/红蛋/红豆/红粉/红汞/红果/红花/红火/红军/红利/红脸/红绿灯/红棉/红娘/红壤/红人/红润/红色/红薯/红糖/红彤彤/红土/红外线/红心/红星/红学/红血球/红颜/红眼/红艳艳/红药水/红叶/红缨枪/红运/红晕/红涨/红蜘蛛/红妆/红白喜事/红光满面/红红绿绿/红口白舌/红男绿女/红十字会

2711 **红茶** 乙

hóngchá (black tea)

[名]茶叶的一大类,是全发酵茶。色泽乌黑油润,沏出的茶色红艳,具有特别的香气和滋味:喝～|喜欢～|沏～|泡～|一杯～|一壶～|我喜欢喝～|沏一壶～怎么样?|安徽的祁红是中国有名的～之一。

【构词】春茶/棍儿茶/花茶/绿茶/毛茶/面茶/名茶/奶茶/烹茶/品茶/清茶/山茶/新茶/油茶/早茶/砖茶

2712 **红领巾**(領) 丁

hónglǐngjīn (red scarf)

[名]红色的领巾,代表红旗的一角,中国少年先锋队员的标志;也指少先队员:戴～|一条～|～是红旗的一角,它是用烈士的鲜血染成的|孩子

们高兴地戴上了～|可爱的～们星期日来街上做好事|～是祖国的未来。

【构词】餐巾/领巾/毛巾/面巾/手巾/头巾/围巾/浴巾/枕巾

2713 **红旗** *乙

hóngqí (red flag)

[名]❶红色的旗子，是无产阶级革命的象征：～招展|～飘飘|悬挂～|高举～|革命的～|五星～|一面～|五星～迎风飘扬|战士们举着～向敌人冲去|这个战士牺牲时手里还紧握着～|节日那天家家门口挂～|运动场上升起了中国的五星～。❷〈丙〉竞赛中用来奖励优胜者的红色旗子：获得～|插～|保住～|授予～|奖励～|优胜～|这次数学比赛我们班获得一面～|工厂奖励这个车间一面优胜～|孩子说今天老师又给他插了一个小～|这次他们终于把～夺了回来。❸〈丙〉比喻先进的：～车间|～班组|～食堂|～商店|～团支部|～单位|～手|这个食堂年年被评为～食堂|这家银行获得～单位的光荣称号|她连续三年被评为三八～手。

2714 **哄** 丁 〔部首〕口 〔笔画〕9

hǒng (fool)

[动]❶用假话或手段骗人：～人|～不了|你别总～他，他可是个老实人|他最喜欢～别人|你别～人，我不会相信的|这个你只能～小孩|你这一套，连小孩也～不了的|你～得了谁！❷用言语或行动引人高兴；特指看(kān)小孩或带小孩：～小孩|～一～|～得大家笑|奶奶～孙子|她在～小孩玩|妈妈～孩子睡觉|他把我们～得哈哈大笑。

【近义词】❶骗；❷看(kān)(孩子)/逗

【提示】“哄”，又读 hōng，如“哄堂大笑”；又读 hòng，见第 2715 条。

2715 **哄** 丁

hòng (taunt)

[动]吵闹；开玩笑：～人家|～同学|起～|～开了|～起来|～急了|～得太厉害|～得过分|大家干活儿的时候，他就在旁边起～|孩子们听说不去划船了，就～开了|裁判员不公平，场内观众都～了起来|别把他～急了，他会生气的|他们～得太过分了，新娘脸都红了。

【提示】“哄”，又读 hōng，如“哄堂大笑”；又读 hǒng，见第 2714 条。

2716 **喉咙**(嚨) 丙 〔部首〕口 〔笔画〕12

hóulóng (throat)

[名]咽部和喉部的统称：～痒|～发炎|～难受|～哑了|放开～|保护～|～大|～卡住了|～堵住了|我感冒了，～真疼|～痒，直想咳嗽|他～大，楼下都听得见他说话|你的～怎么哑了？|鱼刺卡住～|有口痰堵在～里|他高兴得放开～大唱起来|她是个歌唱演员，平时特别注意保护～。

【近义词】嗓子/咽喉

【构词】喉管/喉结/喉舌/喉头

2717 **猴子** 乙 〔部首〕犭 〔笔画〕12

hóuzi (monkey)

[名]哺乳动物，种类很多，形状略像人，身上有毛，灰色或褐色，有尾巴，行动灵活，喜欢群居，口腔有储存食物的颊囊，以果实、野菜、鸟卵和昆虫为食物：～机灵|～可爱|～淘气|～顽皮|小～|老～|机灵的～|淘气的～|一只～|一群～|这只小～真机灵|那只老～抱着小～，多有意思！|顽

皮的小～抢走了我的帽子|他瘦得像只～|他比～还机灵。

【近义词】猿/猴

【构词】猴皮筋/猴拳/猴头/猴戏/猴年马月

2718 **吼** *丙　〔部首〕口　〔笔画〕7

hǒu (roar)

[动]❶(猛兽)大声叫:狮子～|老虎～|动物园里的狮子一～,吓了我一跳|笼子里的老虎冲着游人大～一声。❷发怒或情绪激动时大声叫喊:大～一声|～了半天|成天地～|用力～|你～什么!好好儿说嘛|我在楼梯上就听见老王在屋子里～|他用力地大～一声,把小偷吓跑了|你～了半天了,不觉得累吗!|他要么不说话,一说话就是高声地～。❸〈丁〉泛指风、汽笛、大炮等发出很大的响声:风在～,马在叫|黄河在怒～|汽笛发出一声长～|大炮向敌人发出愤怒的～声。

【近义词】喊

2719 **厚** *乙　〔部首〕厂　〔笔画〕9

hòu (thick)

[形]❶扁平物上下两面的距离大:木板～|纸～|被子～|衣服～|饺子皮～|脸皮～|这条裤子太～,没有薄点儿的吗?|这包子皮真～,咬了两口还没见到馅儿|天暖了,～被子该收起来了|锅底下垫块～纸板|肉切得太～,不好熟|昨天下了一场～～的雪。❷厚度:一尺～|两层纸～|两尺～|今天的雪有二寸～|他们两家隔了一道两尺～的墙|肉切成一寸～的片儿。❸〈丙〉(感情)深:深情～谊|我们带来中国人民对贵国人民的深情～谊|你的深情～谊我永远难忘。❹〈丙〉(利润)大;(礼物)重:～利|～礼|他为了感谢老人救命之恩,送来了一份～礼|这笔生意可以得到～利。❺〈丁〉优待;推崇;重视:～待|～今薄古|～古薄今|～此薄彼|有～有薄|今天我们受到主人的～待,非常感谢|我们要继承文化遗产,但也不能～古薄今|对公司职员不能有～有薄。

【反义词】❶❸薄/稀/淡

【提示】厚,姓。

【构词】厚爱/厚薄/厚待/厚道/厚礼/厚利/厚实/厚望/厚谢/厚颜/厚意/厚谊/厚遇/厚葬/厚古薄今/厚今薄古

2720 **厚度** 丁

hòudù (thickness)

[名]扁的物体上下两面之间的距离:～加大|～均匀|测量～|改变～|铁板的～|玻璃的～|墙壁的～|油层的～|准确的～|这块玻璃的～合适|铁板的～还要加大|工人们在测量岩石的～|这个油井油层精确的～是多少?|计算一下它准确的～。

2721 **候补**(補) 丁　〔部首〕亻　〔笔画〕10

hòubǔ (be a candidate〔for a vacancy〕)

[动]挨着次序等候补上缺额:～委员|～队员|他当选为中央～委员|他是这个排球队的～队员|我不是正式队员,是～的。

【构词】候场/候车/候教/候鸟/候审/候诊

帮补/抵补/递补/垫补/缝补/弥补/替补/添补/填补/贴补/修补/药补/增补/找补/织补/滋补

2722 **候选人**(選) 丁

hòuxuǎnrén (candidate)

[名]在选举前预先提名作为选举对象的人:选出～|提出～|～的名单|人民代表的～|参加国际比赛的～|几个～|请先提出代表的～|这是这次参加选举的～名单|他们是我们学校人民代表的～|按规定必须先选出十个～|希望你成为下一届总统的～。

2723 **后**(後) *甲 〔部首〕口 〔笔画〕6

hòu (back)

[名]❶在背面的(指空间跟"前"相对):～门|～院|～排|～村|～边|～面|屋～|大树～|书～|他家～门有一条小河|～排也都坐满了|～院有棵桃树|屋～种了很多花|他站在树～等人|书～有个附录|我家前有山,～有水。❷表示次序:先来～到|有先有～|～来居上|先易～难|一前一～|～几个|～一封信|～几个月|～几排|大家别挤,总得有个先来～到吧|学习要先易～难|他们俩一前一～地进了大门|～几个人不是我们学校的|我～一封信是前天寄出的|每次看电影我都坐～几排。❸表示在某事或某时间以后:饭～|课～|解放～|走～|来～|看～|听～|三天～|几个月～|晚饭～我去找你|课～去游泳好吗?|解放～他的生活越来越好|你走～我很想你|听～把录音机关上。❹〈丙〉后代的人,指子孙等:封建社会讲究的孝道之一是:不孝有三,无～为大|他们夫妻一直没有孩子,到他们这一辈子绝了～。❺〈丙〉君主的妻子:皇～|～妃|太～。

【近义词】❶后面/后边/背后;❷以后/之后

【反义词】❶前/前面/前边/前头;❷先

【提示】①"后"作"君主的妻子"义时,没有繁体字。②后,姓。

【构词】后半晌/后半天/后半夜/后辈/后背/后备/后备军/后尘/后代/后爹/后盾/后福/后父/后跟/后宫/后顾/后话/后患/后悔药/后婚/后脊梁/后记/后继/后脚/后襟/后进/后劲/后景/后路/后妈/后门/后母/后脑/后脑勺儿/后娘/后怕/后起/后人/后任/后晌/后身/后生/后世/后事/后手/后天/后卫/后效/后学/后腰/后遗症/后影/后援/后院/后账/后肢/后缀/后坐/后坐力/后发制人/后顾之忧/后会有期/后来居上/后起之秀/后生可畏/后台老板/后浪推前浪

2724 **后边**(邊) *甲

hòubian (at the back)

[名]❶空间或位置靠后的部分:房子～|树～|村子～|书～|～的门|～的院子|～的桌子|～的同学|坐在～|房子～有一个游泳池|院子～是一条小河|村子～有座桥|书～有个总词汇表|把～的门关好|这本书放～的桌上|～的同学请坐到前边来|～还有个座位|看电影时我坐在～。❷次序靠后的部分;文章或讲话中后于现在所叙述的部分:～两排|～三个人|最～的座位|～的那辆车|文章的最～|最～的那页|～两排的票也都卖完了|～那三个人你认识吗?|最～的座位是我的|你们坐～的那辆车|他～的那句话我没听清楚|我的话说完了,～我再念一个通知|关于这个问题,～还要详细说。❸〈乙〉指在过去某一时间之后的时间:他的眼前一黑,～发生的事就不知道了。

【近义词】后/后头/后面/背后

【反义词】前头/前面/前边/前方

2725 **后代** 丙

hòudài (later periods)

[名]❶某一时代以后的时代:~人|~画家|~艺术家|这些古老的建筑都是~人们重新修复的|这幅画是~画家临摹的|经过~艺术家的加工,拍出了这部动人的神话故事片|这都是~人推测的,是否准确不知道|许多历史事件,要靠~人去给它做出公正的评价。❷后代的人;也指个人的子孙:黄帝的~|工人的~|英雄的~|教师的~|有~|留下~|传给~|关心~|培育~|爱护~|影响~|造福~|子孙~|我们都是黄帝的~|他是英雄的~|他家没有~|要把我们民族优良的传统传给~|他把这个孤儿当做自己的~|要关心~的健康成长|他给~留下了宝贵的精神财富|要以好的道德品质去影响~|我们要为~造福。

【近义词】后世/子孙/后裔/后嗣(sì)

【反义词】前代/先祖/祖先/前辈

2726 **后方** 丙

hòufāng (rear)

[名]❶远离前线的安全地区:~巩固|~空虚|~安全|~艰苦|开辟~|建设~|保卫~|控制~|占领~|加强~|我军的~|辽阔的~|战时的~|~的力量|~的人民|~的学校|敌人的~空虚,对我方很有利|要保卫住我们的大~|我们控制了敌人的~|加强~的力量很重要|我们有~人民群众的大力支援,一定会取得胜利|她曾在战时的~医院里工作过。❷后面;后头:注意从~开过来的车子|~出现一架敌机,注意!

【反义词】前方/前线

2727 **后果** 丙

hòuguǒ (consequence)

[名]最后的结果(多指坏的方面):~严重|~不堪设想|产生~|一切~|事情的~|战争的~|逃跑的~|浪费的~|这件事的~相当严重|酒后开车,~是非常可怕的|你这样继续发展下去,~不堪设想|不注意安全生产,会造成严重的~|由于父母的娇惯,才出现了今天这种~|战争的~是导致成千上万的人家破人亡|要记住粗心产生的~的危害性|你再这样下去,一切~由你负责。

【近义词】结果

【反义词】前因

2728 **后悔** 乙

hòuhuǐ (regret)

[动]做错了事或说错了话后心里自恨不该这样做:朋友~|公司~|心里~|~事|~参加|~同意|~粗心|~迟到|~一辈子|~了半天|表示~|~的心情|~的话语|~的神色|~的目光|顾客在这个店买东西,不会~的|话说出来以后,我心里非常~|他刚办完离婚手续,马上又~了|他~不该跟她吵|他~同意了朋友的无理要求|他~去了赌场|他不听别人劝告,现在~已经晚了|这样处理,你会~一辈子的|他怀着~的心情来见父母。

【近义词】懊悔/追悔

【构词】懊悔/翻悔/反悔/改悔/愧悔/失悔/痛悔/追悔

2729 **后来**(來) 乙

hòulái (later)

[名]❶指在过去某一时间以后的时

间：我去年见过他一次，～再也没见过他｜他在上海工作了几年，～又调到北京来的｜一年前收到过他一封信，～再也没有他的消息｜他刚来时不大习惯，～慢慢习惯了｜他起初不信这是真的，～亲眼看到这一切也就信了｜他起先烟抽得很厉害，～病了一场就不再抽了。❷表示后到的；后成长起来的：～的货｜～人｜～的货先放在仓库里｜～的客人请到楼上坐｜我们的事业自有～人。

【近义词】以后

【反义词】起初/起先

【提示】"后来"和"以后"的区别："以后"可以单用，可以指过去，也可指将来，如：以后请再来。"后来"只指过去，不能说"后来请再来"。

2730 后面 乙

hòumian（in the rear）

［名］❶空间或位置靠后的部分；在背面的：树～｜墙～｜请你排在我～｜他在门～藏着呢｜请大点儿声，～的人听不见。❷次序靠后的部分；文章或讲话中后于现在所叙述的部分：考试的时候，前面的题我全做了，～的题没做｜关于这个问题，我～还要分析。

【近义词】后边/后头/背面

【反义词】前面/前边/前头

2731 后年 乙

hòunián（the year after next）

［名］明年的明年：他的儿子～大学毕业｜他们准备～结婚｜～是父亲80大寿，要好好儿庆贺一下。

【反义词】前年

2732 后期 丁

hòuqī（later stage）

［名］某一时期的后一阶段：19世纪～｜抗日战争～｜癌症～｜～治疗｜～制作｜他是在抗日战争～参加军队的｜他的病已是癌症～了｜这部片子已进入～制作，很快就能与观众见面了。

【近义词】末期

【反义词】前期

2733 后勤 丁

hòuqín（rear service）

［名］指后方对前方的一切供应工作，也指机关团体等的行政事务性工作：搞～｜干～｜负责～｜抓～｜当～｜企业的～｜学校的～｜军队的～｜～人员｜～部门｜～工作｜～工作非常重要｜～是一项相当繁忙而又辛苦的工作｜他负责整个工厂的～｜要搞好这么大一个企业的～很不简单｜学校的～要支持教学工作｜大大小小的事都要找～｜你们好好儿干吧，我给你们当～。

【构词】出勤/地勤/考勤/满勤/内勤/全勤/缺勤/外勤/辛勤/殷勤/值勤

2734 后台（臺） 丁

hòutái（backstage）

［名］❶舞台后面供化装和准备上演的地方：老王在～给演员化装呢｜演员们都在～卸装｜散戏后我去～找她｜演员们在～等着上场｜一出戏的演出成功跟～工作人员的劳动分不开。❷比喻躲在背后操纵、支持的人或集团：～出面｜～操纵｜～支持｜～强硬｜没有～｜依靠～｜失去～｜厂长的～｜公司的～｜～老板｜这个公司的～支持他们这样干｜他们的～相当厉害｜他们胆子这么大，是因为有一个强硬的～｜尽快查明他们的～老板是谁｜那人一死，他们失去了一个地位显赫的～｜他们依靠～的势力干了不少坏

事。

【反义词】前台

2735 **后天** *乙

hòutiān (the day after tomorrow)

[名]❶明天的明天:明天没空儿,~去|~是星期天,一块儿去爬山好吗?|开会的时间不是明天,是~|这是~的飞机票,请收好|照片要等到~才能取|今天不行,~呢?❷〈丙〉生物离开母体独立生存的时期:~失调|~不足|这孩子先天不足,~失调,身体很弱|他~营养不足,所以总生病|只先天好不行,~也很重要|先天不足的孩子,只好靠~的条件补救|他生下来时只有4斤,但~的环境、条件好,长得很快|~的因素不可忽视。

【反义词】❶前天;❷先天

2736 **后头(頭)** 丙

hòutou (behind)

[名]后面;次序或位置靠后的部分:楼~|房~|床~|屋子~有一块菜地|他在沙发~藏着呢|他跟在我~跑|我坐在礼堂~几排,所以听不清楚他的讲话|文章的~有个附录。

【近义词】后边/后面/背后

【反义词】前头/前边/前面

2737 **后退** 丙

hòutuì (retreat)

[动]向后退;退回(后面的地方或以往的发展阶段):~开始|~危险|部队~|汽车~|敌人~|潮水~|人流~|~得快|~一步|~几公里|停止~|不准~|指挥~|突然~|果断地~|主动地~|安全地~|全部~|决定~|~的部署|~的时间|战略上的~也是必要的|部队开始向南~|这几辆车都得~1米|敌人匆忙地~了几公里|只能前进,不许~|请大家~到原来的位置上|他果断地指挥了这次~|难民们在艰难地~着|这个企业又~到原有的生产水平上|若再~一步,就是悬崖|总部做出~的部署。

【近义词】撤退/退/倒退

【反义词】前进

2738 **呼** *乙 〔部首〕口 〔笔画〕8

hū (breathe out)

[动]❶生物把体内的气体排出体外:~出一口气|~出二氧化碳|他深深地~了一口气|他~出的烟味真难闻|人吸进去的是氧气,~出的是二氧化碳。❷大声喊:~声|~口号|~天喊地|欢~|大声疾~|游行的人群一边走一边~口号|我好像听见了山那边传来的~声|当领导的应该多听听群众的~声|好消息传来,大家立即欢~起来|我们要大声疾~,不要破坏大自然生态平衡。❸〈丙〉叫;叫人来:直~其名|一~百应|~之即来|有事~我|你怎么对他直~其名?|他是一家之主,一~百应|有事就找我,我~之即来。

【近义词】❶吐;❷喊/呼喊;❸叫

【反义词】❶吸

【提示】呼,姓。

【构词】呼喊/呼号(háo)/呼唤/呼叫/呼救/呼吸道/呼应/呼风唤雨/呼饥号寒/呼幺(yāo)喝(hè)六/呼朋引类/呼天抢地/呼吸相通/呼之欲出

2739 **呼呼** 丙

hūhū (onom.)

[象声]多形容风声或喘气声:~的风声|~地吹|~地睡|~的风声真吓人|~的西北风越刮越猛|北风~地吹|

他～地睡得真香。

2740 **呼声**(聲) 丁

hūshēng (voice)

[名]呼喊的声音;指群众的意见和要求:～变弱|～中断|～高|～低|～大|～小|倾听～|时代的～|群众的～|人民的～|各界的～|和谈的～|改革的～|强烈的～|远处传来的～渐渐消失了|孩子们的～非常响亮|人民要求改革的～很高|应该理解青年人的～|领导应该重视群众的～|老百姓不要战争,要求和平的～十分强烈。

【近义词】喊声

2741 **呼吸** *乙

hūxī (breathe)

[动]❶生物体与外界进行气体交换:～加快|～停止|～阻塞|～微弱|～急促|～困难|～正常|动物～|植物～|病人～|鱼的～|～均匀|恢复～|无法～|急促地～|～的声音|～的次数|～器官|病人的～又加快了|天冷他就～困难|屋内太闷,我去外边～一下新鲜空气|我赶到朋友家,他已停止了～|这个地方憋得无法～|老人开始均匀地～,看来已经没有危险。❷〈丙〉比喻关系密切:领导与群众共～|军队和人民共～。

2742 **呼啸**(嘯) 丁

hūxiào (whistle)

[动]发出长而高的声音:大海～|洪水～|火车～|炮弹～|狂风～|战马～|发出～|尖厉的～|西北风的～真刺耳|洪水～着向村庄涌来|火车～着飞驰而过|警车尖厉的～惊醒了睡梦中的人们|他们顶着～的狂风在工地上干活儿|炮弹～着落在阵地前方|战马长长地～一声倒在地上。

【近义词】咆哮

【构词】长啸/海啸/叫啸

2743 **呼吁**(籲) 丁

hūyù (appeal)

[动]向个人或社会申述,请求援助或主持公道:学生～|群众～|文章～|报纸～|大会～|声明～|～和平|～自由|～团结|～革新|～的结果|很多人写文章,～空气污染的问题应尽快解决|报纸～让失学的儿童尽早回到课堂里来|人们积极～不要捕杀这些野生动物|世界人民一致～停止战争|人们～严厉打击各类犯罪分子。

【近义词】要求

2744 **忽略** 丁 〔部首〕心 〔笔画〕8

hūlüè (neglect)

[动]没有注意到:领导～|文章～|～孩子|～群众|～人才|～质量|～安全|～教育|～改革|避免～|容易～|故意～|偶然～|这个厂长只顾生产,～了群众的文化生活|不能～孩子的教育问题|你怎么会～了母亲的生日呢!|不能只抓产量而～了质量|因为～了安全生产,造成了不幸的事故|这些细微的现象很容易被～。

【近义词】忽视/大意/疏忽

【反义词】重视/注意

2745 **忽然** 甲

hūrán (suddenly)

[副]表示来得迅速而又出乎意料;突然:刚才天还挺好,今天～刮起大风来|我正要睡觉,～有人敲门|机器～不转了|他说了两句,～不说了|他正上课,～外边有人找他|我刚要给他打电话,～他来了|这钟停了两天,～

又走起来了｜他～来信说最近太忙，不来北京了。
【近义词】突然/忽而/猛然/骤然/陡然
【反义词】逐渐/渐渐
【提示】“忽然”与“突然”意义相近，它们的区别是：①“忽然”表示事情发生非常迅速；“突然”强调出乎意外；②“突然”是形容词，可作定语、谓语、补语，如：突然的事情｜这事太突然了｜他来得很突然。“忽然”是副词，只能作状语。

2746 **忽视**(視) 丙

hūshì (ignore)
[动]不注意；不重视：～人才｜～老人｜～顾客｜～外语｜～环境｜～条件｜～质量｜～教育｜～锻炼｜～安全｜容易～｜～的结果｜这些杰出的人才被～了｜这个问题被公司～了｜别光为赚钱，～了顾客的利益｜他～了锻炼身体，毕业以后住进了医院｜不能～对贫困地区儿童教育的问题｜走私现象不容～｜群众的生活问题不可～｜往往是看来微不足道的事情容易被～。
【近义词】忽略/疏忽
【反义词】注意/重视

〔部首〕士
〔笔画〕10

2747 **壶**(壺) 乙

hú (kettle)
[名]陶瓷或金属等制成的容器，有嘴儿，有把(bà)儿或提梁，用来盛液体，从嘴儿往外倒：茶～｜酒～｜水～｜喷～｜一把～｜这把茶～做得真精致｜这种水～，水开了会发出响声｜他每天早上拿着喷～浇花。
【提示】①“壶”可以作量词，用于盛在壶里的液体，如：三～水｜一～酒。②壶，姓。

〔部首〕艹
〔笔画〕12

2748 **葫芦**(蘆) 丁

húlu (gourd)
[名]一年生草本植物，茎蔓生，叶子互生，心脏形，花白色。果实中间细，像两个球连在一起，表面光滑，可做器皿，也可供玩赏：把～劈开可以用来舀水｜架子上长着许多～｜～长熟以后是黄颜色的｜墙上挂着个酒～｜不知他～里卖的什么药。

〔部首〕月
〔笔画〕9

2749 **胡** 丁

hú (recklessly)
[副]表示不认真，随心所欲：～闹｜～做｜～说｜～写｜～画｜～唱｜～跳｜～编｜～买｜～吃｜这孩子不好好儿念书，就会～闹｜你～说些什么！｜他不会跳舞，～跳呢｜这个故事是他～编的｜我做不好，～做｜我唱不好，～唱｜你别在书上～写｜买东西要有计划，不能～买。
【近义词】乱/瞎
【提示】胡，姓。
【构词】胡扯/胡吹/胡话/胡椒/胡搅/胡萝卜/胡闹/胡琴/胡桃/胡须/胡言/胡搅蛮缠/胡说八道/胡思乱想/胡子拉碴/胡作非为

2750 **胡来**(來) 丁

húlái (mess things up)
[动]❶不按规程，任意乱做：选举是个严肃的事情，不能～｜做什么都要认真，不可～｜要严格按照操作规程，千万别～｜没有驾驶证不能开车，你可不要～｜他哪里会修理，尽～｜电这玩意不是好玩的，你不懂就别～。❷胡闹；胡作非为：这是办公室，你们不可以～｜我们劝这个家伙不要～，他就是不听｜你再～，一切后果由你负

责！|你以后再敢这样～，就把你抓起来！
【近义词】❷胡闹/胡作非为
【反义词】❷安分守己

2751 **胡乱**(亂) 乙
húluàn (carelessly)
[副]马虎；草率；任意；没有道理：～写|～划|～讲|～做|～吃|～擦|～发表|～分配|～介绍|～种|他～画几笔也比我画得好|我在台上～讲了几句就下来了|吃了饭，他用毛巾在嘴上～擦了两下|今天起晚了，我～吃了两口面包就上班来了|我～做了几个菜，你尝尝|不了解情况别～发表意见|你别听他～介绍，有些情况不是这样|没有什么好花，我～种了一些。
【近义词】草率/任意/随便
【反义词】认真/严肃

2752 **胡说**(説) 丙
húshuō (talk nonsense)
[动]❶乱说：他一喝多了，就开始～|他喜欢天南海北地～|老师要他回答问题，他就～一通(tòng)|这事你知道了，可别到外边去～。❷说话没有根据或没有道理：背后～|暗地～|公开～|恶意～|随便～|卑鄙地～|故意～|没有根据地～|你～，我怎么没看见呢？|别信他的话，他是在～|你没有根据地～人家，这是犯罪|你～些什么，一点儿也不觉得难为情！|不要总背后～别人|他竟敢公开地～，卑鄙！
【近义词】乱说

2753 **胡同** 丙
hútòng (alley)
[名]狭窄的小街：小～|～口|死～|一条～|这几条～都是通着的|你进这条小～，走到头儿就到了|出了这个～口，往左拐有个邮局|这是条死～，前面出不去|我看见牌子上写着“此路不通”，这才明白走进了一条死～。
【近义词】巷
【反义词】大街
【提示】“胡同”口语中常儿化。

2754 **胡子**(鬍) 乙
húzi (beard)
[名]嘴周围和连着鬓角长的毛：～长(cháng)|～短|～白|长(zhǎng)～|留～|剃～|刮～|络腮～|大～|～拉碴|～茬|你～长了，快刮刮吧|几年不见，～都白了|他打算把～留起来|那个花白～的老大爷是小王的爷爷|他长着一脸络腮～|看你，～拉碴的，真难看|把你那～茬好好剃剃。
【近义词】胡须/须

2755 **蝴蝶** 丙 〔部首〕虫 〔笔画〕15
húdié (butterfly)
[名]昆虫，翅膀阔大，颜色美丽，静止时四翅竖立在背部，腹部瘦长。吸花蜜。种类很多，有的幼虫吃农作物，对人类有害，有的幼虫吃蚜虫，对人类有益：～美丽|～飞|捕捉～|花～|～标本|一只～|花园里的～真美丽|这只～好看极了|～在草地上飞来飞去|他捕捉了很多～做标本|你今天打扮得像只花～|中国云南大理有个有名的～泉。
【近义词】蝶
【提示】也作“胡蝶”。
【构词】蝴蝶花/蝴蝶结

2756 **糊** 丁 〔部首〕米 〔笔画〕15
hú (paste)

［动］用黏性物把纸、布等粘起来或粘在别的器物上：～纸盒｜～信封｜～墙｜～窗户｜～风筝｜～灯笼｜～在墙上｜～在窗户上｜～壁纸｜用胶水～｜用浆糊～｜～得很好看｜～得上｜～了两遍｜～了一个钟头｜她在一家工厂～纸盒｜天冷了，得把窗户缝～一下｜这个风筝是他自己～的｜他的房间～上了漂亮的壁纸｜窗户上的玻璃碎了，先～上一层报纸吧｜这盏灯笼～得真漂亮｜这种胶水不行，怎么也～不上去。

【近义词】粘(zhān)

【构词】糊口/糊涂虫/糊涂账

2757 **糊涂**(塗) *乙

hútu (confused)

［形］❶不明事理；对事物的认识模糊或混乱：老人～｜病人～｜脑子～｜心里～｜思想～｜办事～｜为人～｜～得不得了｜睡得糊糊涂涂｜装～｜犯～｜弄～了｜忙～了｜气～了｜一时～｜确实～｜～人｜～事｜～的念头｜这位老人快90岁了，脑子一点儿不～｜这个病人神志有点儿～了｜别看他说话糊里糊涂，心里一点儿不～｜这个人说话办事～得要命｜别理他，他在装～呢！｜最近我经常犯～，戴着眼镜找眼镜｜你都把我气～了，我刚才说到哪儿了？｜这事把他搞得糊里糊涂｜我爷爷最近明显地～了｜你的话我越听越～｜他不是～人，不会干出这种～事的｜你这种～的念头很危险！｜他聪明一世，～一时。❷〈丙〉内容混乱的：～账｜写得～｜算得～｜这笔账～极了｜这篇文章写得一塌～｜这表格做得糊里糊涂｜这真是一笔～账！

【近义词】❷混乱

【反义词】明白/清楚/清醒

2758 **湖** 甲 ［部首］氵 ［笔画］12

hú (lake)

［名］被陆地围着的大片积水：～深｜～浅｜～宽｜～水｜淡水～｜咸水～｜这个～深极了｜那个～比较浅，可以游泳｜这个～水真清啊！｜中国最大的咸水～是青海湖。

【近义词】湖泊

【构词】湖泊/湖色/湖田/湖光山色

2759 **狐狸** 丁 ［部首］犭 ［笔画］8

húli (fox)

［名］哺乳动物，形状略像狼，面部较长，耳朵三角形，尾巴长，毛通常赤黄色。性狡猾多疑，夜间出来活动，吃野鼠、鸟类、家禽等。毛皮可做衣物：狡猾的～｜～尾巴｜这只～真狡猾｜他比～还狡猾｜他干了很多坏事，但～尾巴终究是藏不住的｜～皮可以做衣服｜那片森林里有一只十分美丽的～。

【提示】狐，姓。

【构词】狐步/狐臭/狐狸精/狐媚/狐疑/狐假虎威/狐狸尾巴/狐朋狗友/狐群狗党/狐死首丘

2760 **护**(護) *丙 ［部首］扌 ［笔画］7

hù (protect)

［动］❶保卫；卫护：～路｜～航｜～林｜～校｜～岸｜～耳｜～膝｜种树既可以美化环境，又可以～路｜决定派战斗机为他们～航｜这位～林工人在山上工作了一辈子｜用石头筑成的建筑是用来～岸的｜他有关节炎，妈妈用毛线给他织了个～膝｜这个东西可以～腿｜老鸡都知道～着小鸡呢！❷〈丁〉对错误的思想行为无原则地支持或保护：～着坏人｜～着孩子｜～着自己人｜～短｜这孩子每次做错了事，奶奶

就出来～着他|双方发生争执时,都～着自己这一边|你总是喜欢～短,这不太好吧!|决不能～着坏人,尽管他是你的朋友|你们不能一味地～着孩子,这会害了他。

【近义词】❶保护;❷偏向/袒护

【构词】护岸/护兵/护城河/护持/护短/护耳/护法/护航/护驾/护理/护林/护坡/护身符/护送/护腿/护卫/护卫舰/护卫艇/护膝/护养

2761 **护士** 乙

hùshi (nurse)

[名]医疗机构中配合医生治疗,观察和了解病情,并照顾病人饮食起居的人:男～|女～|～长(zhǎng)|当～|～学校|～的工作|～的责任|我们称～是白衣天使|战争年代,～就是白衣战士|她就是～长,对～们非常严格|她从小就想当一名～|她刚从～学校毕业|～的工作又脏又累,但非常受人尊敬|～的责任非常重大,不容许有半点儿的差错。

2762 **护照** 乙

hùzhào (passport)

[名]用以证明出国公民身份的证件,由本国主管机关发给:办～|领～|取～|发～|～的有效期|外交～|出国～|公务～|他的出国～办好了|我明天去取～|办出国～需要哪些手续?|办～手续不太麻烦|我的～有效期是五年|他办的是因私出国探亲的～。

2763 **互利** 丁 〔部首〕一 〔笔画〕4

hùlì (mutually beneficial)

互相有利:平等～|～的原则|形式上的～|他们的友谊是建立在平等～的基础上的|应该根据平等～的原则发展各国间的关系|国家间的关系只有建立在平等的基础上才能做到～|～应该是真正的～,而不是形式上的～|只有实现～,才可能有真正的平等|必须是真～而不是假～。

【近义词】互惠

【构词】互惠/互让/互生/互训

2764 **互相** 甲

hùxiāng (mutually)

[副]表示彼此同样对待的关系:～帮助|～支持|～尊重|～学习|～了解|～制约|～牵制|～鼓励|～谦让|～理解|～爱慕|～敌视|～谅解|～埋怨|邻居之间关系和睦,遇到困难就能～帮助|人与人之间要～尊重|希望你们～学习,以长补短|矛盾的各方面都是～制约着的|夫妻间应该～谦让|出了问题不要～埋怨,要多做自我批评|只要～谅解,问题很容易解决|～尊重主权和领土完整。

【近义词】相互/彼此

【提示】①"互相"与"相互"意义相近,它们的区别是:"互相"是副词,只能作状语;"相互"是形容词,可作定语、谓语等。如:支持是相互的|相互关系。②"相"又读 xiàng,如"相声"。

2765 **互助** 丙

hùzhù (help each other)

[动]互相帮助:朋友之间～|单位之间～|各国之间～|～友爱|～合作|组织～|加强～|真诚～|长期～|～的精神|～的原则|～小组|团结～|同学之间应该～友爱|希望大家发扬团结～的精神|在训练中他们开展了～|他们班有一个数学方面的～小组|今后我们继续加强这种真诚的友好

～｜农民们自愿组织起一个～组进行生产。

【近义词】合作/协作

2766 户 *乙 〔部首〕户 〔笔画〕4

hù (household)

[名]❶人家;住户:～籍｜～主｜大～｜小～｜千家万～｜家喻～晓｜他父亲是他们家的～主｜他出生于大～人家｜这个院子里住着好几～｜电脑已经进入了千家万～｜这～人家三年前就搬走了｜这件事要做到家喻～晓。❷〈丙〉门第:门当～对｜门～相当｜他们俩结婚真是门当～对｜他父亲不同意这门婚事,是因为他们俩门不当～不对。❸〈丁〉指建立了正式财物往来关系的个人或团体:存～｜账～｜开～｜订～｜这笔钱已经入了账～｜他在这家银行开了个～。❹〈丁〉门:门～｜～枢不蠹(dù)｜我要出差,你在家看好门～｜流水不腐,～枢不蠹｜这个城市的社会风气相当好,家家夜不闭～。

【近义词】❶住户;❹门

【提示】户,姓。

【构词】户籍/户口簿/户头/户主

2767 户口 丁

hùkǒu (registered permanent residence)

[名]地方民政机关以户为单位登记本地区居民的册子,也指作为本地区居民的身份:报～｜上～｜销～｜迁～｜转～｜城市～｜农村～｜长期～｜临时～｜黑～｜你给外地的亲戚报上～了吗?｜他今天去给新出世的儿子上～｜他去国外工作,本市的～已经销了｜他们将农村～转为城市～｜他是临时～,不能参加选举｜我的～已经迁到新疆去了。

【近义词】户籍

2768 花 *甲 〔部首〕艹 〔笔画〕7

huā (n. flower; adj. multi-coloured)

[名]❶种子植物的繁殖器官,由花瓣、花萼、花托、花蕊组成,有各种颜色,有香味:～香｜～可入药｜～开｜～谢｜鲜～｜香～｜鲜艳的～｜盛开的～｜凋谢的～｜～开得真大｜一朵～｜一盆～｜一束～｜一枝～｜～束｜～丛｜～展｜种～｜花园里的～真漂亮｜这叫什么～?好香啊!｜现在又到了樱～盛开的季节｜这地方一年四季都有～,这～谢了,那～又开了｜我送他一束鲜～｜你就站在～丛里照一张吧｜他在～盆里种了一棵菊～。❷〈乙〉形状像花朵的东西:灯～｜火～｜雪～｜窗外飘着雪～｜窗上结着冰～｜我最爱吃玉米～。❸〈丙〉烟火的一种,在夜间放可以看到喷出许多火花:～炮｜礼～｜放～｜今晚去公园看放～｜每年春节我们都在院子里放～｜我不敢放炮仗,只敢放～。❹〈丙〉花纹:蓝～｜白～｜～密｜大～｜小～｜碎～｜这块布～太密,我不喜欢｜被面应该买大～的｜她买了一块头巾,底是白色的,上边有点儿小碎～。❺〈丁〉比喻事业的精华:音乐之～｜理想之～｜文艺之～｜艺术之～｜在这次文艺比赛大会上,艺术之～争相开放。❻〈丁〉作战时受的外伤:挂～｜他在战争中挂过两次～｜他挂了～,但还在坚持战斗。

[形]❶〈乙〉有花纹的,颜色或种类错杂的:衣服太～｜～书包｜～布｜～头巾｜～猫｜～脸｜～极了｜穿得～｜这块布太～了,我不喜欢｜这头巾不太～,老年人可以戴｜他给女儿买了件～衬

衫|我想买块～布做被子|这只小～猫真可爱|她的衣服件件都～得要命|年纪越大越应该穿得～一点儿|你看你这副小～脸,怎么弄的?❷〈丙〉眼睛模糊:眼～|老眼昏～|年纪大了,眼睛也～了|那位老大爷耳不聋,眼不～|我现在老眼昏～,什么也干不了(liǎo)|他不是老王,你看～眼了。❸〈丁〉用来迷惑人的;不真实或不真诚的:～言巧语|～招儿|你别用～言巧语来骗人|不要听信他的～言巧语|注意他又在玩什么～招儿|在这个问题上,他要了一个小～招儿。

【近义词】[名]❶花朵;❺精华;❻外伤

【反义词】[形]❶素净

【提示】花,姓。

【构词】花把势/花白/花瓣/花苞/花边/花草/花茶/花厂/花池子/花丛/花旦/花灯/花点子/花匠/花样子/花房/花肥/花粉/花岗岩/花鼓/花鼓戏/花骨朵/花冠/花环/花甲/花架子/花椒/花轿/花茎/花镜/花卷/花篮/花蕾/花脸/花露水/花蜜/花苗/花名册/花木/花鸟/花农/花炮/花盆/花瓶/花圃/花期/花腔/花圈/花蕊/花哨/花生豆/花生酱/花生米/花生油/花市/花束/花台/花坛/花厅/花销/花絮/花眼/花招/花砖/花好月圆/花红柳绿/花花公子/花花绿绿/花花世界/花街柳巷/花里胡哨/花容月貌/花天酒地/花团锦簇/花香鸟语/花言巧语/花枝招展

2769 花 甲

huā (spend)

[动]用;耗费:～钱|～时间|～力气|～心思|～劳动|～精力|白～|～光|～尽|～掉|随便～|乱～|够～|多～|少～|痛痛快快地～|～得可惜|～得起|～一个月|～的劳动|～的时间|～的钱|买一台电脑要～我好几个月的工资|在学习上要多～点儿心思|他真能乱～,一个月工资半个月就～光了|要学会少～钱,多办事|东西买回来不能用,这钱算是白～了|搞这项工程,人力、物力～得太多了|你倒是～得痛快,下半月吃什么?|这么贵的学费我可～不起|我～了两年的时间翻译完了这本小说|这些钱～到月底还有剩余。

【近义词】费/耗

【反义词】积/省/攒

2770 花朵 丙

huāduǒ (flower)

[名]花的总称:～大|～鲜艳|美丽的～|五颜六色的～|牡丹花的～又大又鲜艳|公园里鲜艳夺目的～吸引了很多游客|蜜蜂、蝴蝶在～间飞来飞去|这些可爱的孩子是祖国的～|要培育好这些祖国的～。

【近义词】花

2771 花费(費) 丁

huāfèi (v. spend; n. money spent)

[动]因使用而消耗掉:～时间|～金钱|～精力|～心血|～工夫|～粮食|～力气|～的钱数|做这个东西要～很多时间|他们～了大量的资金办起了这个厂|老校长为了教育事业～了一生的心血|因为赌钱,他把家产全～了|他把毕生的精力都～在这项研究事业上|这项大工程～的人力、物力可真不少。

[名]消耗的钱:～大|增加～|减少～|很大的～|他家每月的～很大|这个

月的～又增加了|要减少一些不必要的～|重新装修房子需要不少的～啊！

【近义词】[动]耗费/消费/破费；[名]花销

【反义词】[动]节约/节省

2772 **花色** 丁

huāsè (design and color)

[名]❶花纹和颜色：～好|～鲜艳|～清新|～流行|选择～|设计～|衣服的～|桌布的～|流行的～|～的格调|～的特点|这块桌布的～真漂亮|他挑了一件～简单的衬衫|这是现在最流行的～|你们研究出来的这种～的连衣裙销路可好了。❷同类物品从外表上区分的种类：～繁多|～丰富|～贫乏|～增加|～减少|窗帘的～|皮鞋的～|裙子的～|时装的～|这家时装店～多，进去看看吧|这里窗帘的～太少|这个店棉布的～太贫乏了|棉布的～丰富得看不过来了。

【近义词】❶花样；❷品种

2773 **花生** 丙

huāshēng (peanut)

[名]一年生草本植物，花黄色，地下结果。果仁可以榨油，也可以吃。这种植物的果实也叫落花生，有的地方叫仁果、长生果：～很香|炒～|炸～仁|煮～|～油|～酱|～米|～仁|一粒～|一颗～|～越嚼越香|把～炒一下特别好吃|～带着壳煮一煮很好吃|来一盘炸～米|～酱是老年人喜欢的食品|我喜欢用～油炒菜。

【近义词】落花生/长生果

2774 **花纹**(紋) 丁

huāwén (decorative pattern)

[名]各种条纹和图形：～好看|～奇特|席子的～|地毯的～|毛衣的～|黑色的～|绿色的～|各种～|地毯上的～真好看|这个大罐子是什么时代的？～很奇特|你看，每个贝壳上的～都不一样|她会织各种～的毛衣|这种～是他设计出来的|这么特别的～是怎么织出来的？|古代人竟然能烧出这么漂亮的～！

【构词】斑纹/波纹/裂纹/螺纹/平纹/条纹/笑纹/斜纹/指纹/皱纹

2775 **花样**(樣) 丁

huāyàng (pattern)

[名]❶花纹的式样：～新颖|～翻新|画～|设计～|裙子的～|窗帘的～|桌布的～|流行的～|过时的～|一种～|这件衣服的～美观大方|连衣裙的～不断翻新|这种窗帘布的～已经过时了|这是他设计的一批最流行的～|你穿的那些衣服的～也该变变了，别总是条儿的、格儿的。❷泛指事物的式样或种类：～多|～丰富|～齐全|～增加|～减少|～单调|商品的～|家具的～|菜的～|游泳的～|游戏的～|比赛的～|新～|那个商场货物～齐全|这个饭馆饭菜～丰富|你每天吃的饭～太少|游乐场最近又给孩子们增添了一些游戏的新～|今天晚饭又有什么新～？❸不正当的手段；骗人的手法：鬼～|出～|玩～|骗人的～|一套～|你那套～骗得了谁！|你又出什么～去害人了！|你别在我面前玩～，我不会上当的|让你那套骗人的～见鬼去吧！|快把你那鬼～收起来吧！

【近义词】❸花招

2776 **花园**(園) 乙

huāyuán (garden)

［名］种植花木供游玩休息的场所：～大｜美丽的～｜有名的～｜玫瑰～｜私人～｜皇家～｜御～｜一家～｜一个～｜这个～真不小啊！｜这是一个很有名的～｜这个公园里修建了各国的著名～，如意大利～、法国～等｜过去这里曾是供皇家游赏的御～｜那是过去一个贵族的私人～。

2777 **哗哗**（嘩） 丙 〔部首〕口 〔笔画〕9

huāhuā（onom.）

［象声］常用于水声：水～地流了一地｜厨房里的水～地响｜雨～地下个不停｜～的雨声吵得人没法入睡。

2778 **划**（劃） *乙 〔部首〕刂 〔笔画〕6

huá（row）

［动］❶拨水前进：～水｜～船｜～舢板｜～桨｜～过去｜～回来｜～得快｜～得好｜～累了｜～够了｜～了两个小时｜慢慢地～｜轻轻地～｜用力～｜～到…去｜他用力地～着水｜我们常去北海～船｜他们愉快地～着双浆｜他的船～得很快｜～累了，休息一会儿吧｜我们慢慢地～着｜咱们把船～到桥那边去｜你们快把船～过来。❷〈丙〉用尖锐的东西把别的东西分开或在表面上刻过去、擦过去：～火柴｜～玻璃｜～一道口子｜～一个缝儿｜～一道印子｜～块皮｜～一刀｜～着(zháo)了｜～破｜～开｜灯灭了，快～根火柴照一下｜按照窗户大小～下一块玻璃｜他的手让小刀～了一道口子｜火柴湿了，怎么～也～不着｜树枝把他的脸～了一道印子｜别在树皮上乱～｜在公共汽车上，我的书包让小偷～开了。❸〈丁〉所费人力物力与收效相比较：～得来｜～不来｜花费这么多资金做这笔买卖～不来｜烧煤气比用电气～得来。

【提示】“划”又读 huà，见第 2791 条。

【构词】划拉/划拳/划水/划算

2779 **华丽**（華麗） 丁 〔部首〕十 〔笔画〕6

huálì（magnificent）

［形］美丽而有光彩：服装～｜帽子～｜首饰～｜宫殿～｜饭店～｜摆设～｜家具～｜装潢～｜色彩～｜词藻～｜外表～｜羽毛～｜追求～｜喜欢～｜不算～｜打扮得～｜装修得～｜～的衣服｜～的外表｜这座宫殿真～｜礼物不大，包装却很～｜他家布置得相当～｜她今天打扮得过分～｜不管做什么，他都特别讲究～｜他的作品好就好在没有～的词藻｜他不追求～的外表。

【近义词】华美/富丽/华贵

【反义词】朴素/简朴

【提示】“华”作姓氏时读 Huà。

【构词】华北/华表/华彩/华达呢/华灯/华东/华发(fà)/华盖/华工/华贵/华美/华南/华夏/华语/华章/华中/华而不实

富丽/瑰丽/宏丽/佳丽/美丽/明丽/俏丽/清丽/秀丽/艳丽/壮丽

2780 **华侨**（僑） 丙

huáqiáo（overseas Chinese）

［名］旅居国外的中国人：归国～｜爱国～｜海外～｜老～｜美国～｜～后裔｜他们是刚从英国回来的～｜这位旅居国外五十多年的老～给我们讲述了他的辛酸经历｜这是海外的爱国～捐助的｜他们是 50 年代的归国～｜他是生长在法国的～后裔。

【构词】归侨/外侨

2781 **华人** 丙

huárén（Chinese）

［名］中国人；也指取得所在国国籍的中国血统的外国公民：～地区｜～商店｜～饭馆｜外籍～｜法籍～｜这里是～聚居的地区｜这个商店是～开的｜这条街上～经营的饭馆很多｜这个公司的老板是个美籍～。

【近义词】华裔

2782 **滑** *乙 〔部首〕氵 〔笔画〕12

huá (slippery)

［形］❶光滑：路～｜地板～｜石头～｜冰上～｜地上～｜路面～｜下雨后路很～｜地板打了蜡，特别～｜这种绸子摸上去又软又～｜路面结冰了，～得很｜游泳池底下很～，要小心。❷〈丙〉狡滑；不诚恳；不负责任：人～｜～头｜～头～脑｜要～｜～得很｜这个家伙可～了｜他是个～头，你要小心点儿｜这个人～头～脑，把工作交给他，不可靠｜你好好儿做，别要～！

【近义词】❶光/光滑；❷狡猾

【反义词】❶涩；❷诚实

【提示】滑，姓。

【构词】滑动/滑竿/滑旱冰/滑稽/滑稽戏/滑溜/滑轮/滑腻/滑坡/滑润/滑梯/滑头/滑翔/滑翔机/滑行/滑雪板/滑音/滑头滑脑

2783 **滑冰** 乙

huá bīng (skate)

体育运动项目之一，穿着冰鞋在冰上滑行；泛指在冰上滑行：～运动｜～运动员｜～健将｜～健儿｜～表演｜～比赛｜～冠军｜花样～｜速度～｜参加～｜喜欢～｜～很有意思｜明天有～比赛｜他在这次比赛中得了～冠军｜他参加的项目是花样～｜我参加的是速度～｜天渐渐暖和了，在河上～是很危险的｜我已学会～了｜滑了一会儿冰就累了｜冰都快化了，还滑什么冰！｜我今年冬天滑了三次冰。

【近义词】溜冰

【反义词】游泳

【提示】离合词，中间可插入其他成分，如：滑了两次冰｜滑不了冰。

【构词】刨(bào)冰/干(gān)冰/旱冰/溜冰

2784 **滑雪** 丙

huá xuě (ski)

脚穿滑雪板，手拿滑雪杖在雪地上滑行：～运动｜～比赛｜～冠军｜～健将｜参加～｜～是一项很有益的运动｜他们每年冬季都去～｜去年的～比赛，他得了冠军｜欢迎我们的～健儿胜利归来｜今年冬天我还没去滑过雪｜昨天我滑了一下午雪，累得不得了(liǎo)｜滑什么雪呀，还不如去滑冰呢！

【提示】离合词，中间可插入其他成分，如：滑过雪｜滑了一次雪。

【构词】初雪/大雪/积雪/瑞雪/踏雪/洗雪/小雪/昭雪/阳春白雪

2785 **画(畫)** *甲 〔部首〕凵 〔笔画〕8

huà (paint)

［动］❶用笔或类似笔的东西做出图形：～画儿｜～山水｜～人像｜～风景｜～动物｜～花卉｜～油画｜～素描｜～漫画｜～插图｜～在纸上｜～在黑板上｜～在布上｜～在墙上｜～上去｜～错｜～满｜～完｜～坏｜～进去｜～得好｜～得逼真｜～得像｜～一个月｜认真地～｜～龙点睛｜他喜欢～山水｜他擅长～人像｜他的马～得太逼真了｜他～的虎好像要从纸上跳出来｜他们在墙上～了一幅很大的宣传画｜他们经常去野外～风景｜他给朋友～了一张像，简直像极了｜他连那棵树上面的鸟窝

也～进去了|孩子在本子上～着玩|这张画儿，他～了三个月才～完。❷〈乙〉用笔或类似笔的东西做出线或作为标记的文字：～线|～三角|～勾|～叉|～十字|～正字|～记号|不懂的词下边～个三角|有问题的地方～个记号|对的请～√，不对的～×|统计选票时一般～"正"字|这条线～得不直。

【近义词】❶绘；❷划

【构词】画板/画笔/画布/画册/画船/画幅/画稿/画工/画架/画匠/画具/画卷（juàn）/画廊/画眉/画片/画屏/画谱/画师/画室/画坛/画图/画外音/画像/画押/画院/画展/画轴/画饼充饥/画地为牢/画虎类狗/画龙点睛

2786 画 甲

huà (picture)

［名］画成的艺术品：油～|水彩～|山水～|水粉～|人物～|壁～|国～|水墨～|漫～|古～|名～|画～|欣赏～|收藏～|～的作者|一张～|一幅～|一本～|～展|这是一幅世界名～|他的专业是油～|这幅水墨～已成为国宝|这位老人收藏了很多古～|这幅～的作者是一位青年画家。

【近义词】图/图画

【提示】口语中儿化，读 huàr。

2787 画报(報) 乙

huàbào (pictorial)

［名］以刊登图画和照片为主的期刊或报纸：中国～|人民～|电影～|中文～|英文～|看～|订～|一期～|上个月的～|一本～|一册～|一种～|我喜欢看《人民～》|他订了好几种～|这种～已经出了三期了|你有上个月的《电影～》吗？

2788 画家 丙

huàjiā (painter)

［名］擅长绘画的人：当～|成了～|大～|青年～|著名的～|他从小就想当一个～|他终于成了一位有名的大～|张大千先生是中国当代著名的～|以擅长画马而闻名世界的大～是徐悲鸿|这幅画出自一位青年～之手。

2789 画面 丁

huàmiàn (general appearance of a picture)

［名］画幅、银幕等上面呈现的形象：～清晰|～模糊|～简洁|动人的～|感人的～|可怕的～|巨大～|因为受到干扰，电视的～非常模糊|这张画～简洁，我特别喜欢|舞台背景上呈现出天安门广场的巨大～|电影银幕上那些感人的～给我留下了很深的印象|看着那一幕幕动人的～，我不禁流下了眼泪|孩子们看到那可怕的～都惊叫起来。

【近义词】图景/场面

2790 画蛇添足 丙

huà shé tiān zú (draw a snake and add feet to it－ruin the effect by adding sth. superfluous)

比喻做多余的事，反而不恰当：你这么做简直是～|你这篇文章写得挺好的，最后又加上这么两句，有点儿～了|他说完了怕人家听不明白，又～地解释了半天，真没必要|这张画画得不错，他却又～，在天上画了一架飞机。

2791 划(劃) *乙

［部首］刂
［笔画］6

huà (delimit)

[动]❶分开；把整体分成几部分：～界线|～范围|～等级|～成分|～清楚|～完|～成|～好|～出去|这两个村子之间的地界～清了|人们把这些饭店～了好几个等级|把这些学生～成三个等级的班|这次考试的范围大致～了一下|等级考试的界线～得非常清楚|两国之间的边界要～得非常准确|这些不应～进他的职权范围|他家在土地改革时～成中农。❷〈丁〉(款项或账目)从某一单位或户头转到另一单位或户头；分出来拨给：～付|～款|～账|～一部分|～到|～给|～过去|～过来|请～一笔款子支援我们厂|这笔钱已～到他们公司的账上了|能否再～一些款子给我们？|那批货已给～过来了|这些水泥马上就给你们～过去|你们的钢材能不能～过来一些？

【近义词】❶划分；❷划拨

【提示】"划"又读 huá，见第 2778 条。

【构词】划拨/划策/划价/划时代/划一/划一不二

2792 划分　丁

huàfēn (divide)

[动]❶把整体分成几部分：～范围|～边界|～区域|～土地|～财产|粗略地～|精确地～|～的标准|～的方法|行政区域的～|财产的～|～成|～为|老人把财产～成6份，分给儿女们|要～一下各单位负责绿化的范围|～国界的谈判正在进行|这个地段的卫生包干区～给你们单位|这种～的方法很不合适。❷区别：～阶级|～性质|～成分|～等级|～级别|按照质量好坏～了三个等级|社会里的人可以～为不同的阶级|工资按照人们职务的不同～了好几个级别|当初农村～成分时，他家被划为贫农。

2793 化　*乙

〔部首〕亻
〔笔画〕4

huà (v. melt; suffix)

[动]❶融化；熔化：雪～了|冰～了|糖～了|冰淇淋～了|盐～了|～冻|～铁|～雪|～完|～没了|～开|～得快|难～|～了半天|慢慢～|一点儿一点儿～|太阳一出来，雪就～了|冰棍要～了，快吃吧|冰都～成水了|～雪的时候比下雪的时候要冷|地开始～冻了，该播种了|冻肉放在热水里～得更慢|这冰糖真难～，半天才～开|菜里的盐没～开，我吃了一个大盐疙瘩。❷〈丙〉变化；使变化：～脓|～整为零|～公为私|～险为夷|～为乌有|～装|他的伤口～脓了|在剧中他～装成一个王子|他演一个老医生，～装～得真像|经过大家的帮助，他们终于～险为夷|把这项工程～整为零，一段一段地进行|一场暴风雪把这里的一切都～为乌有|梁山伯和祝英台～作两只蝴蝶。❸〈丁〉消化；消除：～食|～痰|～淤|他不好好吃饭，要先让他～～食|这种药可以～痰|贴上这种膏药可以～淤。

[尾]〈丙〉加在名词或形容词之后构成动词，表示转变成某种性质或状态：自动～|大众～|系统～|电气～|机械～|水利～|现代～|美～|净～|丑～|恶～|绿～|简～|复杂～|老～|硬～|我们正为建设现代～的国家而努力|他们已经基本上实现了电气～|这个村子从播种到收割全部是机械～|我们要美～环境|他的病开始恶～|全国人民都在为绿～祖国而努力|这个汉字已经简～了|人们正在研究如何净～废水的问题|每天的饭

菜要多样～。

【构词】化冻/化肥/化工/化合/化疗/化名/化募/化脓/化身/化石/化纤(xiān)/化学/化验/化淤/化缘/化斋/化装/化妆/化妆品/化妆盒/化为乌有/化险为夷/化雨春风/化整为零

2794 **化肥** 丁

huàféi (chemical fertilizer)

[名]化学肥料的简称：施～|追加～|使用～|购买～|一吨～|～厂|～有氮肥、磷肥、钾肥及微量元素肥料等|～的肥分多，见效快|农民给庄稼施～|农民给庄稼追肥时，经常使用～|明年要多购买一些～|这里的农民办起了自己的～厂。

【近义词】肥料

【构词】饼肥/畜肥/氮肥/底肥/堆肥/粪肥/河肥/花肥/积肥/钾肥/减肥/磷肥/绿肥/面肥/尿肥/圈(juàn)肥/施肥/水肥/塘肥/土肥/追肥/脑满肠肥/燕瘦环肥

2795 **化工** 丙

huàgōng (chemical industry)

[名]化学工业的简称。利用化学反应生产化学产品的工业，包括基本化学工业和塑料、合成纤维、石油、橡胶、药剂、染料等各种工业：～专业|～学院|～厂|他是学习～专业的|他在～学院工作|这附近有个很大的～厂。

2796 **化合** 丙

huàhé (chemical combination)

[动]两种或多种物质经过化学反应而形成新的物质：～物|～价|氢和氧～成为水|两种或多种物质～后可以形成新的物质|水就是氢和氧的～物。

2797 **化石** 丙

huàshí (fossil)

[名]古代生物的遗体、遗物或遗迹藏在地下变成跟石头一样的东西：恐龙～|鱼～|发现～|找到～|研究～|观察～|一千多年前的～|研究～可以了解生物的演化和确定地层的年代|考古学家们最近又新发现了一个恐龙～|他们找到了一些贝壳的～|这是两千年前的鱼～。

2798 **化纤**(纖) 丁

huàxiān (chemical fiber)

[名]化学纤维的简称。以高分子化合物为原料制成的纤维。用天然的高分子化合物制成的叫人造纤维，用合成的高分子化合物制成的叫合成纤维：～制品|现在有很多～制品|这些东西都是～的|他这身西服不是纯毛的，是～的。

【构词】光纤/纤纤

2799 **化学**(學) 甲

huàxué (chemistry)

[名]研究物质的组成、结构、性质和变化规律的科学，是自然科学中的基础学科之一：～工业|～成分|～反应|～变化|～实验|～药品|～专业|生物～|医药～|研究～|大力发展～工业|他在～工厂工作|氢和氧化合成水是一种～反应|这些～药品要好好保管|他的专业是生物～|这种物质的成分和性质要用～方法检验。

2800 **化验**(驗) 丙

huàyàn (laboratory test)

[动]用物理的或化学的方法检验物质的成分和性质：～血｜～尿｜～唾液｜～结果｜～正常｜经过～｜做…～｜～一下｜常规～｜～室｜～单｜你咳嗽总不好，应该去～一下｜我～了血和尿，都正常｜大夫，我什么时候可以知道～结果？｜你明天来做一下血常规～｜你去～一下尿，这是～单。

2801 **化妆**(妝) 丁

huà zhuāng (make up)

用脂粉等使容貌美丽：喜欢～｜经过～｜化了妆｜化好了妆｜适当地～｜她每天早上～｜她还没化好妆，再等一会儿｜她这一～显得更漂亮了｜你不～会更好看些｜她越～越难看｜一看就知道她是化过妆的｜她～以后看不出是60岁的人｜～太过分，反而效果不好｜妇女们需要适当地化一下妆。

【提示】离合词，中间可插入其他成分，如：化好妆｜化一下妆。

【构词】淡妆/宫妆/红妆/嫁妆/梳妆/卸妆

2802 **话**(話) 甲 〔部首〕讠 〔笔画〕8

huà (word)

[名]说出来或写出来的语言：好～｜坏～｜谎～｜瞎～｜好听的～｜土～｜地方～｜普通～｜一席～｜一句～｜一段～｜一些～｜一番～｜他这句～对极了｜这些～我认为他说得合情合理｜不要总说别人的坏～｜不能跟爱说谎～的人做朋友｜你这一席～使我受到很大的启发｜他喜欢听好听的～，总有一天会得到教训的｜国家大力提倡推广普通～。

【构词】话把(bà)儿/话本/话别/话柄/话茬儿/话锋/话旧/话篓子/话说/话筒/话头/话务员/话匣子/话音/话语/话不投机/话里有话

2803 **话剧**(劇) 丙

huàjù (modern drama)

[名]用对话和动作来表演的戏剧：～精彩｜～有意思｜喜欢～｜演～｜看～｜编写～｜～演得好｜～演员｜一幕～｜一场～｜昨晚的～真精彩｜我喜欢看～｜他是～演员｜今晚的～演得太感人了｜这个～一共演了十几场，深受欢迎｜这个～有三幕五场。

【近义词】戏剧/剧

2804 **话题**(題) 丁

huàtí (topic of conversation)

[名]谈话的中心：～岔开了｜～多｜～新｜～有趣｜抓住～｜选择～｜寻找～｜换～｜老人们的～｜今日～｜热门～｜一个～｜关于这方面的～很多｜这个～太大了，不容易讨论｜这个～很新，是个热门～｜先确定一个～，然后再组织大家讨论｜打击假冒伪劣商品在社会上成了一个普遍的～｜电视节目中的《今日～》很受欢迎。

2805 **槐树**(樹) 丁 〔部首〕木 〔笔画〕13

huáishù (Chinese scholartree)

[名]落叶乔木，羽状复叶，花淡黄色，结荚果，圆筒形。花和果实可以制黄色染料。花、果实以及根上的皮都可入中药：种～｜～花｜一棵～｜我家门前有棵～｜我想在院子里种两棵～｜～的花可以吃｜～的花和果实可以制黄色的染料｜～开花季节，满院子都是扑鼻的清香味。

【提示】槐，姓。

2806 **怀**(懷) *丙 〔部首〕忄 〔笔画〕7

huái (v. keep in mind; n. bosom)
[动]❶心里存有:～恨|心～鬼胎|不～好意|～着兴趣|～着好奇心|～着…感情|～着怨气|～着…心情|～着…信念|～着理想|～着希望|这事至今他还～恨在心|这孩子虽小,但胸～大志|黄鼠狼给鸡拜年——不～好意|我～着浓厚的兴趣参观了这个画展|孩子们～着好奇心观察地上的蚂蚁|他～着无比激动的心情看完这封信|他对自己的事业～着必定成功的信念|他们～着雄心壮志走上工作岗位。❷〈丁〉思念:～友|～旧|～古|人上了年纪后都会产生～旧思想|他登上长城,一种～古之思油然而生。
[名]胸部或胸前;胸怀:～里|睡在～里|抱在～里|敞着～|孩子在妈妈～里睡着了|他从～里掏出一个红纸包|他把信藏在～里|天太热了,老汉们都敞着～在树下乘凉|老朋友们在一起开～畅饮。
【近义词】[动]❶抱;❷思念;[名]胸
【反义词】[名]背(bèi)
【提示】怀,姓。
【构词】怀抱/怀表/怀春/怀古/怀鬼胎/怀恨/怀旧/怀恋/怀胎/怀才不遇

2807 怀念 丙

huáiniàn (think of)
[动]思念:～家乡|～亲人|～朋友|～祖国|～那个时代|～童年|令人～|引起～|充满～|加深～|激起～|强烈地～|深沉地～|无限地～|沉痛地～|诚挚地～|日夜～|对祖国的～|对亲人的～|对家乡的～|对那个时代的～|对童年的～|～的程度|永久的～|强烈地～|他无时无刻不～着自己的祖国|母亲日夜～着儿子|望着天上的明月,他不禁～起家乡和亲人|学生时代那种真挚纯洁的友情真令人～|这个电影激起他对战友们深沉的～|这一刹那,引起了他对故乡和亲人强烈的～之情。
【近义词】想念/思念/惦念/怀想
【反义词】淡忘

2808 怀疑 *丙

huáiyí (doubt)
[动]❶疑惑;不很相信:～别人|～朋友|～他的能力|～事情的真实性|～错了|～了很久|开始～|引起～|受到～|无故～|瞎～|乱～|～的目光|～的对象|～的口吻|不要无缘无故地～别人|妻子消除了对丈夫的～|我一直～这个产品质量有问题|这个数字的可靠性值得～|这个现象引起大家的～|事实证明他～错了|他总是以～的眼光看着别人|你不能总这样～下去|他～地盯着那个人看了好半天。❷猜测:抽屉里的东西好像被人动过了,我～有人来过|他的车子不在,我～他又旅行去了|我～是他弄错了|我～这幅画是让他买走了。
【近义词】❶疑惑/疑心;❷猜测/估计
【反义词】❶相信/信任

2809 怀孕 丁

huái yùn (pregnant)
妇女或雌性哺乳动物有了胎:才～|刚～|没有～|～三个月|怀过孕|怀一次孕|他的妻子～了|结婚10年她没怀过孕|她怀了几次孕都失败了|她几次～都没成功。
【提示】离合词,中间可插入其他成分,如:怀过孕|怀了一次孕。
【构词】包孕/避孕/身孕/受孕

2810 坏(壞) *甲

〔部首〕土
〔笔画〕7

huài (bad)

[形]❶不好的；恶劣的；使人不满意的：人～|心眼儿～|天气～|条件～|脾气～|影响～|品德～|记性～|表现～|～事|～书|～电影|～主意|考～了|做～了|～透了|～极了|他脾气很～，但心不～|竟然发生了这种事，影响太～了|我的记性～极了，总忘事|他最近表现不～，有很大进步|大家都赞成查禁市场上出售的～书、～录像带|我们出发那天遇上了～天气|他尽给别人出～主意|这个人的品德～透了|我这次语法考～了。❷用在一些动词后，作补语，表示变坏：弄～|摔～|碰～|撞～|做～|冻～|惯～了|水果买了不吃，都放～了|让他玩吧，这东西弄不～的|他的腿摔～了，上不了班了|快带上手套，别冻～了|这孩子都让奶奶惯～了。❸〈乙〉表示程度深，多用在表示心理状态的动词或形容词的后边：气～了|急～了|累～了|饿～了|冻～了|热～了|高兴～了|乐～了|忙～了|闷(mèn)～了|憋～了|今天这事可把我气～了|早点儿休息，别累～身体|饭好了吗？我可饿～了|收到他考上大学的通知书，全家都乐～了|为准备婚礼，最近把他忙～了|连下好几天雨，出不去，可把人憋～了。

【近义词】❶差/劣；❸极

【反义词】❶好/优/优良

【提示】"坏"作动词时，意思是变得不能用或有害，或者使破损，使败坏：机器～了|灯～了|车～了|～了大事。

【构词】坏包/坏东西/坏分(fèn)子/坏话/坏人/坏死/坏血病

2811 坏处(處) 乙

huàichu (harm)

[名]对人或事物有害的因素：～多|～大|没有～|增加～|减少～|抽烟～很多|适当地喝一点儿酒没有～|让孩子们参加一些劳动，只有好处，没有～|多听听群众的意见，对工作没有～|在发展教育事业上多花点儿钱，又有什么～呢！

【近义词】缺点

【反义词】好处/优点

2812 坏蛋 丙

huàidàn (scoundrel)

[名]坏人。骂人的话，口语中常用：大～|小～|抓～|他是个～|你这个～，又在干什么坏事呢？|这个小～是哪儿来的？|快把这些～抓起来|今天又抓了很多～。

【近义词】坏人/坏东西/坏家伙

【反义词】好人

2813 欢呼(歡) 丙 〔部首〕又 〔笔画〕6

huānhū (hail)

[动]欢乐地呼喊：群众～|观众～|～胜利|～万岁|鼓掌～|齐声～|激动地～|～的声音|～的人群|～起来|战士们～着胜利|群众大声地～万岁|观众们一次又一次地鼓掌～|试验成功了，工人们激动地～起来|运动场上不断传来～声|会场上响起长久的～声|他的讲话被群众的～打断了好几次。

【构词】欢畅/欢度/欢歌/欢聚/欢快/欢实/欢慰/欢欣/欢心/欢愉/欢悦/欢蹦乱跳/欢眉喜眼/欢声笑语/欢天喜地/欢欣鼓舞

2814 欢乐(樂) 丙

huānlè (happy)

[形]快乐(多指集体的)：充满～|～

的气氛|～的场面|～的人群|～的歌声|～的童年|～的节日|生活～|家家～|节日的～|童年的～|说不出的～|节日的夜晚充满了～的气氛|天安门前～的场面令人难忘|这张照片使我想起那～的童年|见到一年的劳动有了成果,人人都无比～。

【近义词】欢快/欢畅

【反义词】痛苦/忧伤/愁闷

【提示】"乐"又读 yuè,如"音乐"。

【构词】安乐/伯乐/逗乐/康乐/可乐/快乐/取乐/同乐/享乐/行乐/游乐/娱乐/作乐/及时行乐

2815 **欢送** 乙

huānsòng (see off)

[动]高兴地送别(多用集会方式):～外宾|～代表团|～客人|热烈～|～仪式|～的时间|～会|在机场～|去车站～|夹道～|今天他要去机场～外宾|明天我们要去～运动员出国比赛|工厂给即将退休的老工人举行了一个～会|～会开得相当隆重|人们举着红旗和鲜花夹道～贵宾回国|～晚会上洋溢着热情友好的气氛。

【近义词】送别

【反义词】欢迎/迎接

2816 **欢喜** 丙

huānxǐ (joyful)

[形]快乐;高兴:～极了|～得很|～得跳起来|感到～|无比～|格外～|空～|满心～|～的人们|～的心情|～的神情|～的眼泪|～地笑|～地说|今天他心里格外～|孩子们～得跳起来|老人的心里充满～|他满心～地告诉大家这件事|儿子来电话说不能回来过春节了,老人空～一场|人们的眼里流出～的泪水|北京队又进了一个球,场上的人都～地叫了起来|他掩饰不住内心的～,紧紧地拥抱住了朋友。

【近义词】快乐/高兴/愉快

【反义词】伤心/难过/忧伤

【构词】报喜/冲喜/道喜/恭喜/贺喜/惊喜/可喜/狂喜/随喜/同喜/欣喜/有喜/沾沾自喜

2817 **欢笑** 丁

huānxiào (laugh heartily)

[动]快活地笑:孩子们～|心里～|尽情地～|大声地～|一齐～|充满～|失去～|带来～|～的人们|～的场面|～的声音|～的气氛|幼儿园的孩子们在～|人们的心里在～|让我们尽情地～吧!|大厅里传出一阵阵～的声音|小孙子的诞生给他们家带来了～|联欢晚会上充满了～的气氛。

【近义词】欢乐

【反义词】痛苦

2818 **欢迎** *甲

huānyíng (welcome)

[动]❶很高兴地迎接:～外宾|～朋友|～代表团|～很热烈|受到～|鼓掌～|隆重地～|亲自～|列队～|夹道～|～大会|～的盛况|～的仪式|～新同学来我们学校学习|热烈～朋友们来我国参观访问|体育代表团回到北京,受到热烈～|今天我们都去机场～外国客人|客人走进大厅时,大家都鼓掌～|你们的隆重～,使我非常感动|对你们如此盛大的～,深表感谢|这样热烈的～场面,我第一次见到|我们举行一个小型的～会,～从外地来的老同学。❷〈乙〉愿意接受:～指导|～批评|～品尝|～参观|～提意见|～合作|～你们来我厂

批评指导|~大家品尝|~大家多提意见|我们~她唱个歌好吗?|群众都格外~这个节目|农民们都~这个政策|这个新产品受到顾客的热烈~|你能改正错误,这种态度值得~。

【构词】承迎/逢迎/奉迎/亲迎/失迎/曲意逢迎/远接近迎

2819 **环**(環) *乙 〔部首〕王 〔笔画〕8

huán (ring)

[名]❶圈形的东西:耳~|花~|铁~|~形|~状|她戴了一副金耳~|他用花编了一个花~|孩子们喜欢玩滚铁~|这是一条~形街道|这些点心都做成~状的。❷〈丙〉指互相关联的许多事物中的一个:重要的一~|薄弱的一~|一~套一~|很多事情都是一~套一~|这是其中很重要的一~,不可忽视|找出薄弱的一~,及时解决。

【近义词】❶圈(quān);❷环节

【提示】环,姓。

【构词】环保/环抱/环顾/环流/环佩/环球/环绕/环生/环视/环卫/环线/环形/环行/环宇/环子

2820 **环节**(節) 丁

huánjié (link)

[名]指互相关联的许多事物中的一个:薄弱~|重要~|中心~|基本~|要抓住问题的主要~|不能忽略工作中的薄弱~|工作中每个~都要重视|这是很重要的~,不可忽视|问题出在哪个~上,要赶快了解一下。

【近义词】环

2821 **环境** 乙

huánjìng (environment)

[名]周围的地方;周围的情况和条件:~改变|~污染|~恶劣|~幽美|~艰苦|~复杂|~危险|重视~|保护~|美化~|破坏~|改善~|污染~|利用~|学校的~|高原的~|恶劣的~|战争~|工作~|学习~|自然~|地理~|~保护|~卫生|这里的自然~十分幽美|那时候战争的~是相当艰苦的|这里的工作~真好|要重视~卫生|保护~,人人有责|这个工厂的废水污染了周围的~|这里的地理~非常复杂|我们要美化学校的~。

【近义词】情况/条件

2822 **还**(還) *甲 〔部首〕辶 〔笔画〕7

huán (give back)

[动]❶归还:~书|~车|~债|~我河山|~图书馆|~给朋友|~清|~完|~得起|~不上|~不了|~不清|~回去|~得快|马上~|按时~|分期~|一定~|不用~|我去图书馆~书|快把车子~给人家|他欠的钱太多了,一时~不上|你向银行贷这么多款,以后~得起吗?|我借用一下,马上~你|从那里借来的东西全都~回去了|算了,那点儿钱,你不用~了。❷〈乙〉回报别人对自己的行动:~手|~口|~嘴|~价|~礼|以眼~眼,以牙~牙|打不~手,骂不~口|他胆子真小,挨了打不敢~手|这孩子,我说一句,他~我十句|这么贵的东西,你怎么不~~价!|朋友送我一件礼物,我该~他什么好呢?❸〈丙〉返回原来的地方或恢复原来的状态:~家|~乡|~俗|~历史真面目|~其本来面目|我工作结束立刻~家|他们是~乡知识青年|他原来是个和尚,现在~俗了|这个地方经过修整,已经~它的本来面目了。

【提示】①"还"又读 hái,见第 2552 条。②还(Huán),姓。

【构词】还本/还魂/还击/还价/还口/还礼/还手/还俗/还席/还阳/还阳草/还愿/还债/还账/还嘴

2823 **还原** 丁

huán yuán (restore)

事物恢复原状:不能～|无法～|可以～|～不了(liǎo)|这块布已经剪成一片一片了,无法～了|拆了它,要想再～可就不容易了|你把它拆散了,还能让它～吗?|这东西让他弄坏了,不可能～了|你把它弄成这个样子,可还不了原了|你们用完这个屋子,请把它～成原来的样子。

【近义词】复原

【提示】离合词,中间可插入其他成分,如:还不了原。

2824 **缓**(緩) 丁 〔部首〕纟 〔笔画〕12

huǎn (slow)

[形]❶迟;慢:水势～|跳动～|～步|～行|～下来|这里的水势很～|要到站了,火车的速度渐渐～下来|这位老人的心脏跳动越来越～|他～步走上楼去|参观的人在大厅里～～地走着|前面正在修路,请车辆～行。❷不紧张;不剧烈:气氛～下来|关系～下来|局势～下来|药性～|屋里的紧张气氛渐渐～下来|他俩的关系终于～下来|那里的局势不但没～下来,反而更加紧张|这种药的药性比较～,不会有副作用。

【近义词】慢/徐

【反义词】快/速/急

【提示】"缓"还可作动词:①延缓;推迟:这笔款子可以再～几天付。②恢复正常的生理状态:他刚才晕过去了,现在～过来了|花浇了点儿水,马上又～过来了。

【构词】缓步/缓冲/缓急/缓解/缓坡/缓期/缓刑/缓行/缓醒/缓征/缓兵之计/缓不济急

2825 **缓和** 丙

huǎnhé (v. mitigate; adj. relax)

[动]使局势、气氛等变得温和、不剧烈、不紧张:～气氛|～语气|～关系|～矛盾|～局势|～情绪|～一下|～过来|～下来|～不了|赶快～一下会场上的气氛|我们帮他们～一下关系吧|这样做～不了他们的矛盾|这样一来,不但没能～局势,反而更加深了两国的矛盾|他的情绪还没有～下来|他的语气开始～下来|他那幽默的谈话,～了场内的空气。

[形]局势、气氛等和缓:气氛～|关系～|矛盾～|局势～|情绪～|语气～|～多了|逐渐～|很～|相当～|比较～|一天比一天～|～的口气|会场上的气氛有些～|他们的关系～了一点儿|那里的局势～多了|他跟我们谈话的语气相当～,不像生气的样子|现在形势一天比一天～|他是以～的口气对我们说的。

【近义词】和缓/弛缓/舒缓

【反义词】紧张/激化

2826 **缓缓** 丙

huǎnhuǎn (slowly)

[副]很慢:～地走|～地流|～地移动|～地爬|～地说|那位老人在街上～地走着|拥挤的路上,行人在～地向前移动|一只乌龟在～地爬着|河水～地流着|他～地述说着这一段历史。

【近义词】徐徐/迟迟/款款

【反义词】快速/高速/迅速

2827 **缓慢** 丙

huǎnmàn (slow)

[形]慢;不快:行动～|速度～|脚步～|进度～|动作～|语调～|节奏～|生长～|发育～|运行～|发展～|进步～|～地生长|～地降落|年纪大了,行动就～了|这个工程的进度非常～|这种植物生长～|这个孩子因营养不良而发育～|事情进行得相当～|这事你办得未免过于～了|飞机正在～地降落|他说话语调～|像你这样～的速度,什么事都耽误了。

【近义词】迟缓

【反义词】迅速/快速/急速/急促

2828 **换** *甲 〔部首〕扌 〔笔画〕10

huàn (exchange)

[动]❶给人东西同时从对方那里取得别的东西:～东西|～房子|～粮食|～着玩|～成|～回来|～给…|不～|能～|可以～|想～|肯～|～一～|～一下|我拿小熊跟你～那个娃娃好吗?|咱们俩的自行车～着骑吧|她们俩胖瘦一样,衣服经常～着穿|他们用粮食～回一些日用品|这孩子总喜欢跟同学～东西|他想跟别人～邮票,不知～成了没有?|我把大房间～给儿子住,我住小的。❷变换;更换:～人|～衣服|～床单|～车|～眼镜|～座位|～牙|～时间|～地点|～样儿|～口味|～上|～下|～好|～一下|负责这件事的人都～了,我一个也不认识|裁判员要求～人|你的床单脏了,～下来洗洗|我想～一辆新车|去天安门要～几次车?|这个座位太远了,请你给～一下|他的孩子还没～牙呢|他房间的布置经常～样儿|快把新衣服～上,客人快到了|今天～～口味,吃西餐如何?|我希望把开会时间～到下午。❸〈乙〉兑换:～美元|～日元|～外汇|～硬币|～零钱|～成|～得了(liǎo)|～得开|～来|今天美元和人民币怎么～?|我想～些美元|我要把日元～成人民币|这100元请给～成两张50元的|对不起,我这里～不开这么多钱|银行下班了,今天～不了啦。

【近义词】❶调换;❷更换;❸兑换

【构词】换班/换茬/换代/换防/换个儿/换工/换季/换肩/换气扇/换钱/换亲/换算/换洗/换血/换牙/换言之/换汤不换药

2829 **换取** 丁

huànqǔ (exchange sth. for)

[动]用交换的方法取得:～友谊|～爱情|～荣誉|～地位|～外汇|～机器|～信任|～欢心|用汗水～|用勤奋～|用金钱～|～不来|～得了|～到|这个银行可以用人民币～美元|他用勤奋～了今天的荣誉|他千方百计地想用金钱～她的欢心|金钱、地位～不来她的感情|人民对他的信任,是他用勤勤恳恳的工作～的|靠吃吃喝喝～来的友谊不会长久的|用金钱～到的爱情不是真正的爱情。

【近义词】取得/猎取/博取

2830 **患** 丙 〔部首〕心 〔笔画〕11

huàn (suffer from〔illness〕)

[动]害(病):～病|～肝炎|～肠炎|～眼病|～精神病|～者|他经常～病|他～了什么病?|他～的是心脏病。

【近义词】得(病)

【提示】"患"作名词时,指祸害、灾难:祸～|匪～|水～|隐～|灾～|防～未然|解放前黄河水～不断,两岸人民

深受其害|要保障安全生产，必须建立健全必要的规章制度，要防～未然。

【构词】患难/患得患失/患难与共

2831 **患者** 丁

huànzhě (patient)

[名]害某种病的人：接触～|探视～|肝炎～|肺结核～|癌症～|精神病～|～的情况|～的要求|肝炎～须隔离治疗|住在这儿的都是癌症～|他接触过肺结核～|这个大夫治好了很多精神病～|医务人员应该尽力满足～的要求。

【近义词】病人

2832 **幻灯**（燈） 丙 〔部首〕幺 〔笔画〕4

huàndēng (slide show)

[名]通过一种光学装置映射在白幕上的图片或文字：放～|看～|～机|老师给学生们放～|孩子们很喜欢看～|利用～向人们普及科学知识|他们制作了很多有关宣传如何预防传染病的～片|这是各地风景的～片，现在放给你们看|我们学校又新买了两台～机。

【构词】幻灯机/幻化/幻境/幻觉/幻梦/幻灭/幻术/幻象/幻影

2833 **幻想** 丙

huànxiǎng (v. imagine; n. imagination)

[动]对还没有实现的或不可能实现的事物有所想像：～将来|～当诗人|～去国外|～写小说|～飞上天|大胆地～|人们～着美好的将来|年轻人～着光明的前途|他们～着幸福的生活|他～将来当一个大夫|他～写一本科学小说|他大胆地～有一天开着飞机到月球上旅游。

[名]对还没实现的或不可能实现的事物的想像：～落空|～破灭|富于～|充满～|丢掉～|打破～|存在～|青年人的～|儿时的～|美丽的～|一辈子的～|一连串的～|任何～|一切～|他想出国留学的～化成泡影|你这个～太荒唐了|年轻人对未来充满了美丽的～|你要丢掉那些不切实际的～|对这种人不要寄予任何～|当一名科学家是他儿时的～|用机器人做危险的工作，是人们长期以来的～|他当年的～，今天成了现实。

【近义词】痴想/空想/梦想/妄想

【反义词】现实/实际

2834 **唤** 丙 〔部首〕口 〔笔画〕10

huàn (call out)

[动]发出大声，使对方觉醒、注意或随声而来：呼～|～醒|～起|祖国在呼～我们|他大声呼～着朋友的名字|我～他，他没有回答|母亲～醒儿子，叫他快快起床|这张照片～起了我对儿时的回忆|敌人的残暴～起人民的觉醒|他的话～起我对往事的回忆。

【近义词】叫/呼唤

【构词】唤起/唤醒

2835 **荒** 丙 〔部首〕艹 〔笔画〕9

huāng (waste)

[形]❶因无人管理而长满野草；荒芜：～地|～山|～原|过去这里是一片～山|一批青年人来到这片～原。❷冷清；偏僻：～岛|～郊|～无人烟|他们遇到了风浪，飘到一个～岛上|他们来到一个～无人烟的地方。

【提示】“荒”还可作动词，有“荒疏”的意思，如：地～了。作名词时指荒地，如：开～|垦～。

【构词】荒草/荒村/荒诞/荒废/荒郊/荒漠/荒年/荒僻/荒疏/荒滩/荒野/荒淫/荒原/荒诞不经/荒时暴月/荒无人烟

2836 **荒地** 丁

huāngdì (wasteland)

[名]没有耕种的土地:开垦～|这块～|一片～|这里过去是一片～|他们把这片～变成了良田|他们在这块～上种了很多果树|我们决心开垦这块～。

2837 **荒凉** 丁

huāngliáng (wild)

[形]人烟少;冷清:山区～|村庄～|环境～|景象～|很～|～极了|变得～|描写得～|实在～|～的地方|一片～|这个山区过去非常～|战争使这一带村庄变得十分～|这里曾经是～得可怕的地方,现在是一片繁荣景象|小说把这个地方描写得～极了|那里一片～。

【近义词】荒僻/萧条/冷清

【反义词】繁华/热闹

【构词】悲凉/冰凉/苍凉/乘凉/冲凉/风凉/纳凉/凄凉/清凉/秋凉/受凉/歇凉/阴凉/着(zháo)凉/世态炎凉

2838 **荒谬**(謬) 丁

huāngmiù (absurd)

[形]极端错误;非常不合情理:理论～|逻辑～|提法～|言论～|事情～|言谈～|感到～|处理得～|说得～|实在～|～的想法|～的问题|～地决定|你这种理论太～了|他那篇文章真～|这事办得～极了|他那～的想法,没人会同意的。

【近义词】荒唐/错误/荒诞

【反义词】正确/合理

2839 **荒唐** 丁

huāngtáng (absurd)

[形]❶(思想、言行)错误到使人觉得奇怪的程度:提法～|思想～|观点～|情节～|～透顶|感到～|说得～|～的论调|～的言行|～的决定|他只相信算命先生的话,真是太～了|这些谣言实在～透了|这个规定～得出奇|这个故事编得非常～|他竟然～地把女儿卖给了人贩子|他轻易地做出这个～的决定。❷(行为)放荡没有节制:生活～|～人|～事|～公子|～的家伙|一直～|一贯～|他的生活一贯～|他尽干～事|这是个～公子,他父亲都管不了他|他总跟那些～的家伙混在一起|他年轻时曾经很～,后来改好了。

【近义词】❶荒谬/荒诞;❷放荡

【反义词】❶正确

【构词】颓唐

2840 **慌** *乙 〔部首〕忄 〔笔画〕12

huāng (adj. flurried; v. be scared)

[形]❶心里不镇静,动作忙乱:心里～|发～|～手～脚|走得～|～极了|太～了|～得拿错了衣服|～得上错了车|他一上台讲话心里就发～|还有一个小时才开车,你～什么!|马上要考试了,我现在～极了|他走得太～了,大衣也没穿|他答得太～了,最重要的问题都忘了说|他起晚了,～得早饭没吃就去公司上班了|他做事总是～手～脚的。❷"慌"放在动词或形容词后作补语(前面加"得",读轻声),表示情况、状态达到较高的程度:累得～|闷得～|渴得～|饿得

～|疼得～|乱得～|闹得～|急得～|困得～|挤得～|热得～|屋子里闷得～,想出去走走|我困得～,先睡了|公共汽车挤得～,我坐出租车去|那个地方乱得～,别去那儿|怎么现在还不来车?真让人急得～|我渴得～,哪儿有汽水卖?

[动]〈丙〉由慌张而造成某种状态:～了手脚|～了神儿|小偷一听说警察来了,立刻～了手脚|到了机场发现机票丢了,这下～了神儿了。

【近义词】急/慌张

【构词】慌促/慌神儿/慌手慌脚

2841 **慌乱**(亂) 丁

huāngluàn (flurried)

[形]慌张而混乱:心里～|情绪～|言语～|举止～|步子～|手脚～|说话～|做事～|引起～|特别～|～的人群|～地回答|一片～|她今天的表演有点儿～|考试的时候千万不要～|弹这首曲子时这个地方你的指法有些～|突然停电,引起一片～|他从来没有像今天这样～过|他～地处理了家里的事情就走了。

【近义词】慌张/慌忙/仓皇

【反义词】沉着(zhuó)/从容/镇静/镇定

【提示】多用在消极方面。

2842 **慌忙** 丙

huāngmáng (hurried)

[形]急忙;不镇静;不沉着:显得～|走得～|～跑了|～离开|～逃走|～问|～解释|～站起来|～下车|～的样子|他办事总是慌慌忙忙|这事决定得太～了|他一看是不认识的人,～把门关上|看见生人,孩子～抱住妈妈|准备得太～,很多东西忘记带了|他～解释说:“这事我一点儿也不清楚”|～之中最容易出错。

【近义词】慌张/急忙/匆忙

【反义词】沉着/从容/镇静/镇定

2843 **慌张**(張) 丁

huāngzhāng (flustered)

[形]心里不镇静,动作忙乱:神情～|语气～|言语～|心里～|行动～|手脚～|显得～|感到～|表现得～|走得～|特别～|～地说|慌慌张张地跑|慌里慌张地写|～的毛病|看他神色～,出了什么事了?|考试的时候不要慌慌张张,免得写错了|你今天～得厉害,所以唱得不如平时好|他一看见台下坐着那么多人,顿时～起来|那个女人～地说:“我的钱包不见了。”|敌人扔下枪,慌慌张张地逃走了|你慢慢儿做,别慌里慌张的!|脸上的微笑遮掩不了他心里的～。

【近义词】惊慌/恐慌/发慌/慌忙/慌乱

【反义词】沉着/从容/镇静/镇定

【构词】乖张/关张/紧张/开张/夸张/扩张/铺张/伸张/声张/舒张/嚣张/样张/印张/纸张/主张/改弦更张/纲举目张/剑拔弩张/自作主张

2844 **黄** 甲 〔部首〕八 〔笔画〕11

huáng (yellow)

[形]像丝瓜花或向日葵花的颜色:颜色～|头发～|脸色～|皮肤～|花～|～颜色|～头发|～脸|～皮肤|～花|～衣服|～得很|这孩子又～又瘦|向日葵花的颜色是～的|他的身体不好,脸色发～|他的皮肤～得很,是不是得了肝炎?|他的女朋友是个～头发、蓝眼睛的外国姑娘|他特别喜欢穿～衬衫。

【提示】①“黄”作动词时意思是事情

失败，计划不能实现。如：他的婚事～了/这个计划～了。②黄，姓。

【构词】黄包车/黄豆/黄蜂/黄花/黄花鱼/黄酱/黄酒/黄历/黄连/黄粱梦/黄梅戏/黄米/黄牛/黄牌/黄泉/黄鼠狼/黄土/黄鱼/黄莺/黄道吉日/黄金时代/黄口小儿/黄袍加身

2845 **黄瓜** 乙

huánggua (cucumber)

［名］一年生草本植物，茎蔓生，有卷须，叶子互生，花黄色。果实圆柱形，通常有刺，成熟时黄绿色：～好吃｜炒～｜拌～｜一斤～｜一根～｜他家人人都爱吃～｜凉粉拌～很好吃｜我买一斤～｜给我一根～。

2846 **黄昏** 丙

huánghūn (dusk)

［名］日落以后天快黑的时候：～来临｜～的景色｜～时候｜～时分｜临近～｜送走了～｜盼来～｜迷人的～｜这里的～真迷人｜他们约好～时分在海边见面｜每到临近～时刻，这里的风景显得更美｜这位老人在他的小屋前送走了一个又一个～｜等他找到了真正的爱情时，已临近生命的～了。

【近义词】傍晚/薄暮

【反义词】清晨/黎明/拂晓/破晓/早晨

【构词】晨昏/发昏/迷昏

2847 **黄金** 丁

huángjīn (gold)

［名］❶一种贵重金属，赤黄色，质柔软，延展性大，化学性质稳定。可用来制造货币、装饰品等：～首饰｜～制品｜一两～｜一克～｜储藏～｜收购～｜～的价格｜～的产量｜这条项链是～的｜这枚～戒指是24K的｜这些货币是用～铸造的｜她喜欢买～首饰。❷比喻宝贵：～地段｜～时间｜～时代｜上大学期间是我的～时代。

【近义词】金子/金

2848 **黄色** *丙

huángsè (yellow)

［名］❶黄的颜色：喜欢～｜～的桌布｜～的毛衣｜～的窗帘｜～的皮肤｜～的头发｜他不喜欢～｜他屋里挂着～的窗帘｜他那～的皮肤说明他有亚洲血统｜那个小姑娘有着～的头发、蓝色的眼睛。❷〈丁〉象征腐化堕落，特指色情：～小说｜～歌曲｜～录像带｜～电影｜这是一本～小说｜他唱的是～歌曲｜应该查禁～录像带｜不能让～电影毒害青少年。

2849 **黄油** 乙

huángyóu (butter)

［名］从牛奶或奶油中提出的淡黄色固体，主要成分为脂肪，是一种食品：～面包｜抹～｜夹～｜买～｜缺少～｜没有～｜一块～｜一磅～｜孩子们爱吃用～做的食品｜面包上抹点儿～｜面包夹～｜我买一块～｜他太胖了，不敢吃～。

2850 **皇帝** 乙 〔部首〕白 〔笔画〕9

huángdì (emperor)

［名］最高封建统治者的称号：当～｜做～｜～的称号｜～的宝座｜末代～｜他五岁时就当了～｜他只做了100天的～｜在中国，～的称号始于秦始皇｜他登上了～的宝座｜现在人们把独生子女看作家里的“小～”｜可别把孩子宠成“小～”。

【近义词】国王/天子/君主/帝王/皇上

【构词】皇朝/皇储/皇恩/皇宫/皇冠/

皇家/皇历/皇亲/皇权/皇上/皇室/皇太后/皇太子/皇天/皇位/皇子/皇族

称帝/反帝/废帝/上帝/天帝/五帝

2851 **皇后** 丁

huánghòu (empress)

[名]皇帝的妻子:当～|选～|当选为～|这个女孩子后来当上了～|她当选为～|皇宫中在选～|杨玉环不是唐明皇的～,她只是一个妃子。

【近义词】王后

〔部首〕虫 〔笔画〕15

2852 **蝗虫(蟲)** 丁

huángchóng (locust)

[名]昆虫,是农业害虫,主要危害禾本科植物:闹～|消灭～|扑灭～|捉～|一只～|一群～|～是一种害虫|因为闹～,农业受到很大损失|要及早消灭～,保证农业丰收|大家一齐动手扑灭～|小时候他常常到田里去捉～。

【近义词】蚂蚱

〔部首〕日 〔笔画〕10

2853 **晃** *丙

huǎng (dazzle)

[动]❶光芒动摇不定,忽明忽暗:～眼|～人|～得眼睛都花了|～得睁不开眼|～了一下|～了一会儿|一～一～的|灯光太亮,有点儿～眼|你怎么又用镜子～人!|太阳光把我的眼睛都～花了|戴上墨镜就不～了|灯上罩上张纸就～不了眼了|前边汽车的车灯～得我什么也看不清楚。❷〈丁〉很快地闪过:自从我们分别,一～就是40年|时间过得真快,他一～长成个大小伙子了|四年的大学生活很短,一～就过去了|只见门外一个人影,一～就不见了。

【近义词】❶闪耀

【提示】"晃"又读 huàng,见第2854条。

【构词】晃眼

2854 **晃** 丁

huàng (shake)

[动]摇动;摆动:船～|人～|身子～|电灯～|车～|～胳膊|～树|～瓶子|摇头～脑|～身子|～得厉害|～得难受|～起来|～晕了|～累了|～倒了|～来～去|～一分钟|用力～|轻轻地～|不停地～|剧烈地～|左右～|上下～|来回～|～的次数|～的时间|小船在水面上轻轻地～着|喝药之前,先～～药瓶子|电灯～得好厉害,是不是地震了?|路不平,人在车里～得真难受|你别在我前边～来～去,头都给你～晕了|他不停地～着头说:"不行!不行!"|那个人是不是喝醉了,怎么走路来回地～?

【近义词】摇动/摆动/晃荡/摇晃

【提示】"晃"又读 huǎng,见第2853条。

〔部首〕火 〔笔画〕6

2855 **灰** 乙

huī (grey)

[形]介于黑色和白色之间的颜色:～裤子|～上衣|脸色～|天空～|他总喜欢穿一件～上衣|你的脸色发～,是不是病了?|天空总是～的,可见空气污染多严重|你的衣服不是黑的就是～的,不会换换颜色吗!|我家的汽车是～的|请你把墙涂成～的。

【构词】灰暗/灰白/灰顶/灰浆/灰锰氧/灰色/灰鼠/灰头土脸

2856 **灰** 丙

huī (ash)

[名]❶物质经过燃烧后剩下的粉末状的东西:烟～|炉～|骨～|煤～|～肥|烧成～|化为～|烟～别磕在地上

|他要求死后把他的骨～洒在大海里|战争使这个村庄化为～烬|把草烧成～可以做肥料。❷尘土;某些粉末状的东西:～多|～厚|～大|桌上的～|路上的～|屋子里的～|身上的～|玻璃窗上的～|厚厚的～|一层～|这个地方的～真大|桌子上的～好厚啊!|快把玻璃窗上的～擦一擦|一刮风,路上的～全扬起来了|这屋子一会儿就是一层～,总也擦不干净|你去哪儿了?弄了一身的～|房间好久没人住了,积了厚厚的一层～|这个地方真脏,到处是～|这些石～是用来修房的。

【近义词】土/尘土

2857 **灰尘**(塵) 丙

huīchén (dust)

[名]附在器物上或飞扬着的细土:～多|～大|～厚|～飞扬|桌上的～|屋里的～|路上的～|厚厚的～|满身的～|很多～|抹～|擦～|落上～|一层～|你桌上的～真多|一刮风,到处～飞扬|你的房间里这么多～|刚擦干净,一会儿又是一层～|快把身上的～扫扫|没吃完的饭菜要盖好,免得落上～。

【近义词】尘土

【构词】除尘/凡尘/风尘/拂尘/浮尘/红尘/蒙尘/前尘/沙尘/洗尘/烟尘/音尘/战尘/征尘/步人后尘

2858 **灰心** 丙

huī xīn (lose heart)

因遭到困难、失败而失望或情绪低落:～极了|感到～|不～|没有～|不许～|变得～了|特别～|～的样子|～地走了|几次试验都没成功,我的朋友非常～|我感到太～了|他的事业受到挫折以后,没有～,反而干得更起劲|不管遇到多大困难,千万不要～|看他那～的样子,真叫人着急|他～地放弃了这项科研项目|他遭到公司的拒绝,～地走了。

【近义词】失望

【反义词】信心十足

【提示】离合词,中间可插入其他成分,如:灰了心|灰过心|灰不了心。

2859 **挥**(揮) *乙 〔部首〕扌 〔笔画〕9

huī (wave)

[动]❶举起手臂(连同拿着的东西)摇摆:～手|～刀|～剑|～旗|～拳头|～花束|～帽子|～头巾|～了一下|～了半天|不停地～|大笔一～|运动员们不停地向观众～手|群众热情地～着花束迎接外宾|那个家伙一见他～起拳头,吓得转身就跑|他勇敢地～起大刀,向敌人砍去|他的手～了一下,让大家出去。❷〈丙〉用手把眼泪、汗珠等抹掉:～泪|～汗|～汗成雨|他～泪告别了家乡和亲人。❸〈丁〉散出;散:～金如土|他整天大吃大喝,～金如土。

【近义词】❶晃(huàng)/舞/挥舞;❷擦/抹;❸花

【构词】挥动/挥发/挥毫/挥泪/挥洒/挥手/挥舞/挥汗如雨/挥金如土

2860 **挥霍** 丁

huīhuò (squander)

[动]任意花钱,没有节制:～钱财|～遗产|～人民的血汗|～掉|～光|～一番|不许～|防止～|任意～|随便～|大肆～|～的钱财|～无度|他们随便～国家的财物|他们把祖上的遗产～光了|他把父亲留下的钱～得精光|他们得了一笔钱,又要～一番了|

他有了钱就大肆～，真可气！|你乱～的毛病应该好好儿改改！|应该告诉他们任意～钱财的严重后果|他整日～无度，怎么劝他也不听。

〔部首〕小
2861 **辉煌**(輝) 丙 〔笔画〕12

huīhuáng (brilliant)

[形]光辉灿烂：灯火～|战果～|业绩～|成就～|前途～|远景～|建造得～|装饰得～|布置得～|搞得～|相当～|无比～|～的胜利|～的成绩|～的历史|～的著作|～的战役|这里一到晚上灯火～|你们年轻人的前途无比～|他们取得的业绩相当～|这座宾馆建造得金碧～|我们的事业取得了～的成绩|这是一部～的著作。

【近义词】灿烂

【反义词】黯淡

【提示】"辉煌"多用于"成就"、"奇迹"、"远景"、"战果"等方面。

〔部首〕忄
2862 **恢复**(復) *乙 〔笔画〕9

huīfù (resume)

[动]❶变成原来的样子：邦交～了|体力～了|感情～了|关系～了|往来～了|交通～了|航线～了|谈判～了|～名誉|～知觉|～原状|～本来面目|～生产|～健康|～秩序|～得快|得到～|完全～|基本上～|无法～|早已～|逐渐～|～的过程|～正常|他们俩的感情～了|这一带的交通还没完全～|这两个国家的邦交已经正式～|经过重修，这处遗址～了本来面目|祝你早日～健康|一场激烈的争论之后，现在已经～平静|这里的秩序已经～正常|他们厂的生产～得很快|他身体～得不错。❷〈丙〉把失去的收回来，使它变回原来的样子：～失地|～江山|～旧河山|～边疆|～版图|～统治|～领导|～自由|～政权|赶走侵略者，～失地|袁世凯梦想～帝制，结果失败了|在大家的帮助下，他～了自由。

【近义词】复原

〔部首〕口
2863 **回** *甲 〔笔画〕6

huí (return)

[动]❶从别处到原来的地方：～家|～学校|～国|～乡|～来|～去|～了一趟|～不了|拿～|带～|买～|他下了班就～家了|你儿子什么时候～国？|他打算毕业后～老家工作|他～上海去了|他工作三年才～了一趟家|他从商店买～二斤葡萄。❷答复；回报：～信|～电报|～话|～礼|～得了|我还没给朋友～信|你赶快给家里～个电话|你能不能去，赶快给他～个话|老王正等你～话呢。❸〈乙〉改变成相反的方向：～头|～身|～过来|～过去|一直走，别～头|别～身，小心烫着|他～过头来跟我打招呼|她气得～过身去不理他。

【近义词】❶返/归；❷转/掉

【提示】回，姓。

【构词】回拜/回报/回禀/回潮/回程/回春/回荡/回电/回返/回访/回复/回归/回归线/回航/回合/回话/回还(huán)/回回/回教/回敬/回绝/回口/回扣/回礼/回笼/回笼觉(jiào)/回炉/回路/回马枪/回民/回棋/回请/回身/回神/回声/回升/回师/回手/回首/回思/回溯/回头路/回味/回文诗/回席/回响/回形针/回忆录/回音/回应(yìng)/回赠/回执/回族/回肠荡气/回光返照/回头是岸/回心转意

2864 **回** *甲

huí (m. time)

［量］❶指事情、动作的次数：一～|两～|好多～|第一～|有一～|我去过两～上海|长城我去玩过好多～|我给他打了好几～电话，都没人接|我第一～见到这么美的风景|有一～，我在公共汽车上遇见了他|我一～又一～地劝他，他总是不听。❷〈乙〉用于事情，前边常用“这么”、“那么”、“怎么”，有“件”的意思：怎么～事？|这么～事|那么～事|像～事情|一～事|两～事|这～事|那～事|这到底是怎么～事？|原来是这么～事|你看他干活儿倒挺像～事|这是两～事，别混在一块儿谈|这～事，我一点儿也不清楚|你说的原来是那～事呀，老王办的，问他吧。❸〈丙〉章回小说或评书所分的章节：第三～|这一～|上一～|下一～|《西游记》这部小说有一百～|我现在正在看第二十～|这一～写得特别精彩|上一～讲到哪儿了？

【近义词】❶次

2865 回避 丁

huíbì (avoid)

［动］❶让开；躲开；躲避：～熟人|～记者|～事实|～责任|～矛盾|～困难|～问题|～几天|～两个月|～一下|～不了|～开|打算～|应该～|主动～|巧妙地～|他最近总是～朋友们|不论怎样，你不能～这件事的责任|一会儿他们来了，我最好～一下|这个问题想～也～不掉|这个事实他非常巧妙地～开了|应该积极想办法解决，不能总是采取～的态度。❷审判人员由于同案件有利害关系或其他关系而不参加该案的审判：被告是你的亲戚，你还是～一下吧|这个被告我认识，我应该～。

【近义词】躲避

【反义词】面对/正视

2866 回答 甲

huídá (v./n. answer)

［动］对问题给予解释；对要求表示意见：～问题|～提问|～得很好|～错了|～完了|～清楚|～不了|～了十分钟|～一遍|好好儿～|认真～|主动～|正面～|老老实实～|简单地～|～的内容|～的态度|老师提问，学生～|请你～一个问题|明天～你们的要求|他～得非常正确|这个问题他～得不太完全|这些问题全部～完了|这个题目我～不了|你要认真～我的问题|他毫不犹豫地～说：“同意。”|他只～对了一半。

［名］对问题给予的解释：～开始|～正确|听见～|学生的～|老师的～|领导的～|对方的～|正确的～|错误的～|诚恳的～|他的～很简单|对方的～很明确|他的～是正确的|你听见他的～了吗？|这个～是错误的|这才是他发自内心的～。

【近义词】回复/答复

【反义词】提问/发问

2867 回顾(顧) 丁

huígù (review)

［动］回过头来看：～家园|～过去|～历史|～当年|～往事|～童年|～那个时代|～走过的道路|～一下|经常～|痛苦地～|他离开家时，不止一次地～站在家门口的妈妈|他经常～往事|我们要认真地～一下过去走过的道路|我们简单地～一下这段历史|这本书写的是他对童年时代的～|他写了一本～他前半生的小说。

【近义词】回忆

【反义词】展望

2868 **回击**(擊) 丁

huíjī (counterattack)

[动]受到攻击后,反过来攻击对方:～对方|～敌人|～谎言|决定～|给予～|进行～|受到～|有力地～|愤怒地～|重重地～|这次对敌人的～相当猛烈|战士们英勇地～了敌人|我们决定给敌人以～|敌人遭到重重的～。

【近义词】攻击/反击

2869 **回来**(來) *甲

huí lái (back)

❶从别处到原来的地方来:从上海～|～晚|～早|～得很快|回得来|回不来|回家来|回北京来|马上～|快点儿～|～一下|他父亲刚从上海～|他～晚了,洗了澡就睡了|他总是～得很晚|他去外地出差了,一个星期之内回不来|运动员们都回北京来了|请你马上～一下。❷〈乙〉用在动词后作补语,表示到原来的地方来:跑～|走～|开～|买～|拿～|寄～|搬～|带～|还(huán)～|退～|他没坐车,是走～的|他是跑～的|我的车停在公司门口了,没开～|他从商店买～好多东西|这是哥哥从国外寄～的|他们是上个月搬走的,现在又搬～了|你从上海带回什么好东西来了?|这本书小王借走了,还没还(huán)～呢|毕业了,他把在学校里用的东西全搬回家来了。

【近义词】回去

【反义词】出去

【提示】义项❶,"来"有时读轻声。义项❷,"回来"有时也读轻声。

2870 **回去** *甲

huí qù (return)

❶表示从别处到原来的地方去:从这里～|～早|～晚|～得很晚|回得去|回不去|回家去|立刻～|早点儿～|～一下|我打算去趟南京,从那儿回上海去|我该走了,～晚了,妈妈会着急的|因为工作太忙,最近他经常～得很晚|没车了,这下可回不去了|你家来电话让你马上～一下|这些学生早就回韩国去了。❷〈乙〉用在动词后作补语,表示到原来的地方去:跑～|走～|开～|搬～|买～|拿～|寄～|带～|还(huán)～|放～|退～|他忘了带词典,又跑～拿了|他跑回宿舍去拿词典|没车了,我们走～吧|这儿有很多土特产,咱们买点儿～|这里没有这个人,快把信退～吧|回国时给朋友带一些礼品～|你把这本书放回教室去吧。

【近义词】回来

【提示】义项❶,"去"有时也读轻声。义项❷,"回去"有时也读轻声。

2871 **回收** 丁

huíshōu (retrieve)

[动]把物品(多指废品或旧货)收回利用:～旧电器|～旧家具|～啤酒瓶|～报纸|可以～|应该～|进行～|鼓励～|旧报纸～以后可重新造纸|～废旧物品再加以改造利用,可为国家节约很多财富|这些工业废水必须～处理才能排入江河。

2872 **回头**(頭) 乙

huítóu (later)

[副]稍等一会儿;过一段时间以后:～再说|～见|～告诉你|这个问题～再说|我们～研究一下这个计划|～请你到我办公室来一下|好吧,咱们～见|这事～再告诉你。

2873 **回想** 丙

huíxiǎng (recall)

[动]想(过去的事):～过去|～往事|～童年时代|～苦难的岁月|～当时的情况|～那个场面|～那事的细节|～三年前|～起来|～一下|不愿～|不要总是～过去,要多想想将来|～起往事,不胜感慨|他经常～那苦难的战争岁月|～起当时的每一个细节,至今还十分清晰|当时的情况～不起来了|你再仔细～一下,当时他是怎么跟你说的|我不愿～那件令人不愉快的事。

【近义词】回忆/追想/追忆

【反义词】预想

2874 **回信** *乙

huí xìn (write back)

❶答复来信:有～|收到～|写～|回过信|回封信|一封～|我给家里写了信,现在还没收到～|昨天我收到了～|今天我就给朋友写～|我已经给他回过信了|收到他的信后,我回了他一封信。❷〈丙〉答复的话:有～儿|听～儿|等～儿|给我个～儿|我给他打过几次电话,还没～儿|好吧,你就听～儿吧|就这样,我在家等你的～儿|有消息了就给我个～儿|事情办好了,会给你个～儿的|你应该给我回个信儿。

【近义词】回音/复信

【反义词】去信

【提示】①离合词,中间可插入其他成分,如:回封信|回过信|回个信儿。②义项❷在口语中要儿化。

【构词】报信儿/潮信/宠信/带信儿/复信/家信/坚信/口信儿/快信/来信/迷信/密信/亲信/轻信/取信/确信/深信/失信/书信/私信/送信/听信儿/通信/威信/相信/凶信/音信/印信/自信/轻诺寡信/通风报信

2875 **回忆**(憶) 乙

huíyì (recollect)

[动]回想:～过去|～童年时代|～往事|～艰苦的岁月|～过去的经历|～走过的道路|～当时的情景|～他的笑容|～一下|～起来|他经常～过去的事|这些照片使他～起幸福的童年时代|他认真地～当时的情景|事情已经过去30年了,实在～不起来了|我～起来了,那件事发生在春节前三天|你慢慢地～,别着急|你～起那个人的样子了吗?

【近义词】追忆/回首

【反义词】瞻望

【构词】记忆/追忆

2876 **毁** 丙 〔部首〕殳 〔笔画〕13

huǐ (destroy)

[动]破坏;损坏:房子～了|桥梁～了|名声～了|前途～了|家庭～了|～了森林|～了建筑|～了友谊|～了身体|～了眼睛|～了孩子|彻底～了|完全～了|～掉|被～|一场暴风雨把大片庄稼～了|他们离婚了,一个好好的家庭也就～了|怎么能为了眼前的利益～他的前途!|由于过于劳累而～了健康|滥砍滥伐,使这片森林被～得相当严重|这么做,可把儿子的幸福彻底～了|这是国家的财产,不可随随便便地～掉。

【近义词】坏/破坏/糟蹋

【反义词】建立

【构词】毁谤/毁害/毁誉/毁约

2877 **毁坏**(壞) 丁

huǐhuài (damage)

[动]损坏;破坏:～身体|～道路|～声誉|～仪器|～庄稼|受到～|防止～|被～|～得严重|彻底～|故意地～|暗中～|～的道路|～的程度|～的原因|在敌机的轰炸下,大桥在刹那间被～了|连日的大暴雨～了这一带的道路|这次地震,这个城市～得比较严重|由于火山爆发,这个村庄受到～|要防止有人故意地～国家财产|尽快查出造成山林～的原因。

【近义词】破坏/损坏

【反义词】建设/建立/保护

2878 毁灭(滅) 丁

huǐmiè (destroy)

[动]摧毁;消灭:国家～了|城市～了|森林～了|理想～了|～庄稼|～信念|～文件|～罪证|免于～|遭到～|被～|彻底～|完全～|这个城市是在一次大地震中～的|战争使他的理想完全～了|再艰难的环境也不能～他的信念|由于及早采取了措施,这些村庄才免于～|这片山林被无情的大火～掉了。

【近义词】歼灭/消灭

【构词】覆灭/幻灭/歼灭/磨灭/破灭/扑灭/熄灭/消灭/天诛地灭/自生自灭

2879 悔 丁 〔部首〕忄 〔笔画〕10

huǐ (regret)

[动]做错了事或说错了话,心里自恨不应该这样:～婚|～棋|～过自新|～之晚矣|～之无及|～不当初|经过教育,他已～过自新|当时大家都劝他别那么干,他不听,现在～之晚矣|因为吸毒走上犯罪道路,现在～之无及|早知今天这样,真是～不当初啊!

【近义词】懊悔/后悔/失悔

【构词】悔过/悔婚/悔棋/悔悟/悔罪/悔不当初

2880 悔改 丁

huǐgǎi (repent and mend one's ways)

[动]认识错误并加以改正:小偷～了|～错误|～得及时|开始～|容许～|决定～|保证～|坚决～|认真～|无意～|努力～|～的愿望|～的决心|～的态度|这个小偷经过教育开始～了|应该容许人家～|看他似乎有～的愿望|看得出来他正在努力～|应该给他一个～的机会|大家都很欢迎他积极～的态度。

2881 悔恨 丁

huǐhèn (regret deeply)

[动]做错了事或说错了话,心里恨自己:心里～|～做错了事|非常～|～极了|～不已|～一辈子|～得不得了(liǎo)|～地说|这件事他心里一直非常～|他～当时不应该那么做|他～没有听朋友们的劝告|他对自己过去的行为～极了|这事使他～不已|你不听大家的忠告,会～一辈子的|他伤了那个姑娘的心,～得不得了|他～地说:"我对不起你呀!"

【近义词】懊悔/后悔

2882 贿赂(賄賂) 丁 〔部首〕贝 〔笔画〕10

huìlù (bribe)

[动]用金钱等收买人以便达到自己的目的:～别人|～官员|～海关人员|～一回|～两次|搞～|企图～|受～|用…～|进行～|拒绝～|接受～|公开～|暗中～|～的对象|～的手段|～的目的|～的金钱|～的数额|～的性质|～的证据|～的现象|～的行为

|走私犯企图～海关人员|为了这批货物，他～了公司的经理|他经不起金钱的诱惑，终于被～了|他以送生日礼物的名义，公开地～这个干部|他们～的手段非常卑劣。

【近义词】行贿

【反义词】受贿/纳贿

【提示】“贿赂”用作名词时，指用来买通别人的财物，如“接受贿赂”、“一笔贿赂”等。

2883 **会**(會) *甲 〔部首〕人 〔笔画〕6

huì (aux.v. can; v. meet)

[助动]❶懂得怎么做或有能力做某事；在某方面有特长：～说汉语|～游泳|～唱歌|～画飞机|～过日子|～关心别人|～说话|他～说汉语|你～不～游泳？|我不大～唱歌|这孩子～画油画|人一多，他就不～说话了|他很～过日子|他不大～关心别人。❷〈乙〉表示有可能实现。通常表示将来的可能性：～去|～懂|～看到|～听到|～实现|～在家|～下雨|一定～|肯定～|～答应|不～下来|不～不答应|不～不认识|明天我～去的|你以后一定～明白的|你将～看到这本书|今天不～下雨|你的愿望一定～实现|你现在去，他～在家|昨天已经给他打电话了，我想他～考虑的|我了解他，这事他不～不答应。

[动]❶见面；会面：～朋友|～客|～面|今天我要去～一个朋友|这几天他身体不好，不～客|我跟他～过两次面|昨天我去晚了，没～着(zháo)小王。❷熟悉；通晓：～英语|～京剧|～电工|～下棋|他不～德语，～英语|他又～京剧又～越剧|我～电工，我来修吧|他什么都～|我什么也不～。

【构词】会标/会餐/会费/会馆/会合/会徽/会聚/会考/会来事/会盟/会面/会期/会旗/会亲/会商/会审/会师/会务/会心/会演/会要/会意/会战/会账/会诊

2884 **会** 甲

huì (meeting)

[名]有一定目的的集会：有～|开～|散～|讨论～|学术～|联欢～|欢迎～|欢送～|短～|马拉松～|一个～|今天的～|明天上午有个～，你必须参加|现在正在开～，不能会客|他们要毕业了，咱们开个欢送～好吗？|昨天晚上的联欢～真热闹|这个～开得真长，简直是个马拉松～|已经散～了，里边没有人了。

2885 **会场**(場) 乙

huìchǎng (meeting-place)

[名]开会的场所：～定好了|～安排好了|布置～|收拾～|大会～|这次会议的～已经安排好了|请把～布置一下|下周有个科学讨论会，请安排一下～|会议结束了，我们收拾一下～吧。

2886 **会话**(話) 甲

huìhuà (v. converse; n. conversation)

[动]对话(多用于学习别种语言或方言)：用汉语～|用英语～|进行～|经常～|～一个小时|同学之间～|老师跟学生～|你们应该经常用汉语～|我们每天用汉语～|我们每天至少用英语～一个小时。

[名]学习别种语言或方言时的对话材料：这本教材里的～部分编得很好|他们正在练习课文里的～。

【近义词】对话

2887 **会见(見)** 乙

huìjiàn (meet with)

[动]跟别人见面(多用于外交场合):~外国客人|~记者|~代表|~朋友|经常~|~两次|国家领导人上午~了外国客人|他准备~新闻界的记者|他~了来自各地的代表|国家领导人经常~外宾|这个月他~了好几次外国客人。

【近义词】见面/会晤/会面

2888 **会客** 乙

huì kè (receive a visitor)

和来访的客人见面:开始~|停止~|拒绝~|不能~|不想~|~时间|会两次客|~室|我们单位9点开始~|快下班了,停止~|今天开会,拒绝~|现在是上课时间,不能~|只能利用中午休息时间会一个小时客|请在~室等一下。

【提示】离合词,中间可插入其他成分,如:会什么客|会不了客。

2889 **会谈(談)** 乙

huìtán (v. talk; n. talks)

[动]双方或多方共同商谈:两国领导人~|双方代表~|两个部门~|~贸易问题|~边界问题|~文化交流问题|~顺利|~成功|认真地~|真诚地~|友好地~|正式~|双方代表正在~贸易问题|这两个部门将~技术交流问题|他们~了三个小时。

[名]双方或多方共同商谈事情的正式活动:~开始|~结束|~延期|~取消|~中断|进行~|举行~|恢复~|安排~|破坏~|一场~|一次~|~从今天开始|~进行得很顺利|现在正在举行贸易方面的~|这是一次非常成功的~|~的时间定在下个月。

2890 **会同** 丁

huìtóng ([handle an affair] jointly with other organizations concerned)

[动]跟有关方面聚集在一起办事:~有关部门|~有关单位|~作战|~解决|这件事由学校~有关单位解决|由公司~有关部门来处理这件事|我们双方~作战,定能战胜敌人|他们~当地公安部门查获了这批假烟。

2891 **会晤** 丁

huìwù (meet)

[动]会面;会见:双方~|~大使|~代表|参加~|同意~|拒绝~|进行~|准时~|频繁地~|愉快地~|正式~|公开~|秘密~|~的时间|~的地点|总统~了各国大使|国家领导人在人民大会堂~了各国外交使节|领导人亲切地~了体育代表团|国家领导人频繁地与外国客人~|他们决定了~的时间和地点|这次~进行得很愉快|那次~给人留下了难忘的印象。

【近义词】会面/会见

2892 **会议(議)** 乙

huìyì (conference)

[名]有组织有领导地商议事情的集会:~开始|~结束|~中断|~成功|工作~|教学~|生产~|国际~|紧急~|召开~|举行~|出席~|参加~|列席~|~的规模|~的日程|~的内容|~的时间|一次~|~即将结束|这次工作~非常成功|~定于3月中旬举行|立即召开防洪抗洪的紧急~|参加~的代表都已到齐|这次学术~规模很大,出席人数很多|~是

在热烈的气氛中进行的。
【近义词】会

2893 **会员**(員) 丁

huìyuán (member)
[名]某些群众组织或政治组织的成员:工会～|电影协会～|国际汉语学会～|～国|成为～|接收～|吸收新～|他是工会～|他是电影协会～|中国是联合国的～国|国际汉语教学学会吸收了几位新～。

2894 **汇**(匯) 丙 〔部首〕氵 〔笔画〕5

huì (converge)
[动]❶汇合;聚集:～成巨流|～成巨大的力量|～在一起|小河能～成大海|只要团结起来就能～成巨大的力量|无数条小河～在一起,就可形成大海。❷通过邮电局、银行等把甲地的款项转到乙地:～款|～钱|～给父亲|～到上海|电～|～一笔款|～款在第三号窗口|他每月都给父亲～钱|这笔钱我要～给弟弟|钱～到上海要几天?
【近义词】❶汇合/会合;❷寄
【构词】汇编/汇费/汇合/汇寄/汇价/汇聚/汇拢/汇票/汇演/汇总

2895 **汇报**(報) 丙

huìbào (v./n. report)
[动]综合材料或情况向上级或群众报告:～成绩|～工作|～生产|～先进事迹|～情况|～思想|向上级～|向群众～|～得很及时|～完了|～上来|详细～|～一次|～一下|他～了一年来的工作情况|他向学校领导～了学生的成绩|他把最近的生产情况～给上级|他们向群众～了这位英雄的先进事迹|今年的工作总结他～得很全面|请把工程进展情况及时～上来|我简单地～一下运动会的筹备工作。
[名]给上级或群众的报告材料:～简单|写～|听～|看～|各地的～|思想～|工作～|生产～|～的内容|～的可靠性|一份～|这个～相当全面|他正在写一份～材料|他认真地听取各地代表的～|这个工作～的真实性有多大,我有点儿怀疑。
【近义词】报告/上报/呈报

2896 **汇集** 丁

huìjí (collect)
[动]聚集:～人才|～力量|～财力|～物力|～材料|～情况|～成果|～名画|～成小册子|～的成果|这本书里～了很多建筑方面的材料|这项研究成果～了他一生的心血|在这项工程上～了大量的财力和物力|他把很多名画～成册|他把各方面的人才～到他的公司里|把这些零散的资料加以～就是一本很好的书|这本书是他耗费毕生精力～的成果。
【近义词】聚集/集中/会集
【反义词】分散

2897 **汇款** 丙

huì kuǎn (remit money)
把款汇出:汇一笔款|～手续|他去邮局～|我要汇一笔款给家里|请填写一下～单|在这里办～手续|这里不能～,请到学院路邮局去。
【提示】①离合词,中间可插入其他成分,如:汇不了款|汇多少款。②"汇款"作名词时指汇出或汇到的款项:一笔～|收到～。

2898 **汇率** 丁

huìlǜ (exchange rate)

[名]一个国家的货币兑换其他国家的货币的比例：美元对人民币的～是多少？|我想问一下今天美元对日元的～是几比几？

【近义词】汇价

【提示】“率”又读 shuài，如“坦率”。

【构词】倍率/比率/概率/功率/利率/频率/生产率/税率/效率/斜率/心率/圆周率

2899 **绘**(繪) 丁 〔部首〕纟 〔笔画〕9

huì (paint)

[动]画：～画|～图|～一张图|他正在～图|他正在～制一张校园平面图。

【近义词】画

【构词】绘图/绘制/绘声绘色/绘影绘声

2900 **绘画**(畫) 丁

huì huà (v. paint; n. painting)

[动]造形艺术的一种，用色彩、线条把实的或想像中的物体形象画在纸、布或其他底子上：他从小喜欢～|我不善于～。

[名]画：这幅～是唐代名作|这里正在举办～展览。

2901 **昏** 丙 〔部首〕日 〔笔画〕8

hūn (v. faint; adj. dark)

[动]头脑模糊不清；失去知觉：头～|～头～脑|～得厉害|～过去|～了两次|累～了|饿～了|气～了|他一喝酒就头～|我～头～脑的，没锁门就走了|我今天头～得厉害|大夫，他又～过去了|他累～在机器旁边|饭好了吗？我都快饿～了|这孩子简直玩～了，连饭都不吃了。

[形]黑暗：天～地暗|～天黑地|一阵狂风吹来，霎时天～地暗。

【近义词】[动]晕；[形]暗

【反义词】[动]醒；[形]亮

【构词】昏暗/昏沉/昏黑/昏花/昏黄/昏君/昏乱/昏睡/昏死/昏庸/昏天黑地/昏头昏脑/昏头转向

2902 **昏迷** 乙

hūnmí (stupor)

[动]脑功能严重紊乱而长时间失去知觉：～过去|～了|～着|～了几天|～状态|～不醒|～的病人|他因摔了一跤而～过去|他一直～着|他～了三天了|这个病人正处在～状态中|这两天他一直～不醒|对～的病人要给以特别的照顾。

【近义词】晕厥/昏厥

【反义词】苏醒

【构词】财迷/痴迷/歌迷/官迷/凄迷/棋迷/球迷/入迷/色迷/书迷/舞迷/戏迷/影迷/着(zháo)迷/纸醉金迷

2903 **婚姻** 乙 〔部首〕女 〔笔画〕11

hūnyīn (marriage)

[名]结婚的事；因结婚而产生的夫妻关系：～美满|～幸福|～成功|～自主|～法|结束～|终止～|破坏～|促成～|不幸的～|包办～|买卖～|他们的～非常美满|他的～很不幸|过去妇女的～不能自主|～法是保护妇女权益的|他们的～受到第三者的破坏|他们美满的～是朋友们促成的|现在很少有包办～了|我们极力反对买卖～|这是一个失败的～。

【近义词】婚事/姻缘

【构词】婚变/婚假/婚嫁/婚礼/婚龄/婚配/婚期/婚娶/婚事/婚书/婚外恋/婚约

2904 **浑身**(渾) 丙 〔部首〕氵 〔笔画〕9

húnshēn (all over)
[名]全身：～是汗｜～不舒服｜～疼｜～冰凉｜～的衣服｜～上下｜他～都是汗｜你去哪儿了？怎么～是土？｜今天我～不舒服｜我觉得～发冷，可能感冒了｜他～的衣服都湿了｜他～的皮肤都晒红了｜干了一天活儿，～的骨头都疼得要命｜他一洗衣服，就弄得～上下都是水。
【近义词】全身/一身/通身/满身/遍身
【提示】浑，姓。
【构词】浑厚/浑话/浑朴/浑然/浑圆/浑浊/浑浑噩噩/浑水摸鱼

2905 **混** *乙 〔部首〕氵 〔笔画〕11

hùn (mix)
[动]❶搀杂；混杂：～了沙子｜～了黄土｜～着放｜～着吃｜～进去｜～在一起｜米里～了好多沙子｜这两种东西不能～着放｜这两种药不能～着吃｜他在酒里～进去好多水｜好的和坏的别～在一起放｜把这两种面粉～一下，做出的饺子更好吃。❷〈丙〉用欺骗的手段使人相信假的东西：～进来坏人｜～在人群里｜～过去｜～过海关｜～过人们的眼睛｜～出去｜他没买票，～进了电影院｜他偷偷地～在人群里｜那个走私犯想～过海关｜他想用一张假护照～出国去。❸〈丙〉只顾眼前，得过且过地生活：～日子｜～饭吃｜～时间｜～得很好｜～得不错｜～得没有意思｜～好了｜～糟了｜～下去｜～出来｜～了一辈子｜～了三年｜整天～｜胡～｜糊里糊涂地～｜他不好好儿工作，整天～日子｜他在这里打工是为了～口饭吃｜他不是来学习的，而是在一天天地～时间｜你最近～得不错吧？｜他在那里～时间不短了｜我就这样糊里糊涂地～了一辈子｜你不能再这样胡～下去了｜～了半辈子，也没有～出什么成绩来。
【近义词】❶搀
【提示】"混"又读 hún，如"混水摸鱼"。
【构词】混充/混饭/混迹/混日子/混入/混同/混淆/混血/混杂/混战/混账/混世魔王/混为一谈

2906 **混纺**(紡) 丁

hùnfǎng (blending)
[名]用两种或几种不同的纤维混合在一起纺织成的纺织品：穿～｜～的衣服｜～的衣料｜穿～的衣服容易起静电｜这件衣服不是毛的，是～的。
【构词】粗纺/麻纺/毛纺/棉纺

2907 **混合** 丙

hùnhé (mix)
[动]搀杂在一起：两种药物～｜男女～｜加以～｜均匀地～｜～液体｜～状态｜～编队｜～加热｜～居住｜～比赛｜～在一起｜不能～｜可以～｜这两种物质不能～｜这两种成分成功地～在一起，制成了涂料｜这种～的液体味道特别好｜我乒乓球男女～双打获得冠军｜这两个菜不能～加热｜四号楼是中外学生～居住的宿舍楼。
【近义词】搀杂/夹杂/杂糅

2908 **混合物** 丁

hùnhéwù (mixture)
[名]两种或数种物质混合在一起所形成的物质：空气是氧和氮等的～｜空气中飘浮着氢、氧、氮、二氧化碳等～。

2909 **混乱**(亂) 丙

hùnluàn (confusion)

[形]没条理;没秩序:思想～|秩序～|交通～|局势～|经济～|财政～|制度～|手续～|市场～|队列～|管理～|指挥～|生产～|造成～|引起～|制造～|组织得～|表达得～|实在～|～的局面|一阵～|这一带的交通秩序十分～|由于手续～,给工作带来不必要的麻烦|他的话引起了人们思想上的～|要迅速找出生产～的原因|他们很快克服了市场价格～的局面|这次活动组织得有些～。

【近义词】纷乱/杂乱/紊乱

【反义词】安定/安宁/稳定

2910 **混凝土** 丙

hùnníngtǔ (concrete)

[名]用水泥、砂、石子和水按一定比例混合制成的建筑材料,有耐压、耐水、耐火、可塑性等各种性能:～路面|～建筑|～地板|制造～|加工成～|这是一座钢筋～建筑|这条路是用～铺成的。

2911 **混淆** 丙

hùnxiáo (confuse)

[动]界限模糊(多用于抽象事物);混杂:善恶～|真假～|是非～|～黑白|～矛盾|～界限|故意～|公然～|容易～|不容～|～起来|～不清|他这样做简直是黑白颠倒,～是非|请你不要把这两种不同性质的矛盾～起来|这两个词的意思和用法差不多,很容易～|真的,假的,善的,恶的,他总是～不清。

2912 **混浊**(濁) 丁

hùnzhuó (turbid)

[形]水、空气等含有杂质,不清洁,不新鲜:江水～|目光～|变～了|相当～|～的空气|～的程度|～不清|这一带住宅区的空气相当～|工厂旁边的这条小河越来越～|这里的水质～得厉害|他的目光渐渐～起来|汽车尾气污染所造成的～空气令人窒息。

【近义词】浑浊/污浊

【反义词】清亮/清澈/明净/明澈/新鲜

2913 **豁** 丁 〔部首〕谷 〔笔画〕17

huō (crack)

[动]❶裂开:手～了|嘴唇～了|袖子～了|领子～了|墙～了|～了个口子|～开|他不小心手～了个口子|这孩子生下来嘴唇就～着|这墙是什么时候给～开的?|他摔了一跤,把裤子～了。❷狠心付出很高的代价;丢开不要:～出命|～出一个晚上|～出全部财产|～出去|我～出命也要帮助他|我～出一个晚上不睡觉,也要把文章写完|父亲～出全部财产,也要让儿子上大学|我～出去了,今天我跟你拼了!

【提示】"豁"又读 huò,如"豁达"。

【构词】豁出去/豁口/豁子/豁嘴

2914 **活** 甲 〔部首〕氵 〔笔画〕9

huó (live)

[动]生存;有生命:～下去|～不成|～得很好|生活再苦,也要～下去|他的伤这样重,恐怕～不成了|只要～着,就能重建家园|这棵花又～了。

【近义词】生

【反义词】死

【构词】活版/活宝/活动/活动家/活泛/活分/活佛/活话/活火山/活计/活见鬼/活教材/活路/活埋/活命/活菩萨/活棋/活钱/活食/活水/活脱/活血/活页/活用/活捉/活蹦乱跳/活灵活现

2915 活 丙

huó (active; lively; vivid)

[形]❶活动;灵活:方法～|脑子～|说法～|做法～|办事～|～话|画得～|讲得～|演得～|觉得～|演～|～得很|他的教学方法很～|你做这种工作脑子要～一点儿|他办什么事都比较～|他话讲得很～,明天有空儿就来,没空儿就不来|这个演员演得很～|这位画家画虾,简直把虾画～了!|这孩子～蹦乱跳的,哪像有病?❷表示在活的状态下:～鸡|～鸭|～鱼|～水|～人|这个湖的水是～水,比较干净|他们家经常买～鸡吃|～鱼虽然好吃,可我不敢杀|这鱼刚才还是～的,怎么一会儿就不动了?

【近义词】❶灵活

【反义词】死

【提示】"活"还可作副词,表示程度深,略相当于"真正"、"简直"。如:他～像一只猴子|她长得～像她妈妈。

2916 活 *甲

huó (work)

[名]❶指工作(一般指体力劳动):～重|～细|～轻|干～|有～|找～|艰苦的～|重～|细～|庄稼～|木匠～|这种～很重|这～很细,要认真点儿|你现在干什么～呢?|我想找个～干|我干不了细～,只会干粗～|我们都干过庄稼～|他总是干艰苦的～|他会干木匠～。❷〈乙〉指产品或制成品:出～|这批～|这批～做得不错|你们车间一个小时出多少～?|像你这么干,一天出不了多少～。

【近义词】工作

【提示】这里的"活"一般儿化,读成huór。

2917 活动(動) *甲

huódòng (v. exercise; n. activity)

[动]❶指运动、散步、锻炼等:～四肢|～胳膊|～关节|～一下|～30分钟|～不了|～不开|～开|～到7点半|坚持～|剧烈地～|轻微地～|他每天早上要～一下胳膊、腰和腿|弹钢琴可以～手关节|他每天坚持～一个小时|这地方太小,这么多人打太极拳～不开|你全身都～开了,就不觉得冷了|你心脏不好,不要～得太剧烈|不要总坐着,看一小时书后站起来～～|走,出去～一下,打一会儿篮球|我最近身体不好,只能轻微地～一下。❷〈乙〉为达到某种目的而采取行动:一到晚上,猫头鹰就出来～、捕食|注意,敌人正在四处～着|经费太少,～不下去了。❸〈丁〉钻营、说情、进行贿赂等:～一个名额|四处～|～一下|他很会～,居然给儿子～了一个名额|为了提升问题,他都～到领导家里去了|办成这件事要花很多钱,我可～不起|为了这事,他到处托人～。

[名]〈乙〉表示为达到某种目的而采取的行动:～开始|～结束|～取消|～有趣|科研～|文娱～|体育～|革命～|庆祝～|外交～|演出～|募捐～|参加～|举行～|组织～|一系列～|一种～|一些～|现在欢迎新同学的联欢～正在进行|那个庆祝～已经取消|我们工厂经常开展体育～|他很早就参加了革命～|为灾区人民的募捐～已经开始了好几天了|你应该多参加一些户外～|学校为学生组织了一系列语言实践～|这次演出～的时间和地点定下来了。

【近义词】[动]运动

2918 **活该**(該) 丙

huógāi (serve sb. right)

[动]表示应该这样,一点儿也不委曲,不值得怜惜:～如此|别人的话不听,结果吃了大亏,这是他～如此|钱包不放好,丢了～!|他每天还是抽这么多烟,要是病了,那就～了!|你～!谁让你喝这么多酒呢!

【提示】是不客气的说法,多用于责骂人时。

2919 **活力** 丁

huólì (vigour)

[名]旺盛的生命力:有～|充满～|增添～|他的生活充满了～|这些年轻人很有～|这些绿色植物给房间增添了不少～。

2920 **活泼**(潑) 乙

huópo (lively)

[形]生动自然;不呆板:孩子～|姑娘～|样子～|性格～|曲子～|画面～|文笔～|显得～|表演得～|写得～|画得～|相当～|～的儿童|～可爱|这孩子真～|他的性格很～|这张画画得非常～|他的文章写得很～|这孩子长得～可爱|看着这些～可爱的孩子,他想起了自己的童年。

【近义词】活跃/灵活/天真/生动

【反义词】生硬/呆板/死板/沉静

2921 **活跃**(躍) 乙

huóyuè (adj. active; v. enliven)

[形]行动积极而活泼;气氛热烈而有生气:学生～|会场～|市场～|思想～|气氛～|晚会～|～得很|～极了|显得～|格外～|一贯～|～的年轻人|～的性格|～的农村经济|这个班的学生特别～|这个农贸市场非常～|今天晚会上的气氛显得格外～|在这次大会上,他表现得非常～|他的思想一贯～|他们单位的文娱活动搞得相当～|会上充满了～的气氛。

[动]使活跃:～气氛|～市场|～经济|～生活|～学术空气|～在舞台上|～在运动场上|～在生产战线上|～在外交场合|～一下|他那幽默的讲话～了屋子里的气氛|这些政策迅速地～了农村经济|这些活动～了孩子们的假期生活|科学讨论会～了学术空气|学校组织了舞蹈队、合唱队,～了学生的文娱生活|咱们唱个歌,～～会场气氛|一到下午4点,学生们就开始～在操场上。

【近义词】活泼

【反义词】严肃

2922 **伙**(夥) 丙 〔部首〕亻 〔笔画〕6

huǒ (m. group)

[量]用于人群:一～人|这～人|成群结～|三个一群,五个～|这一～人是从外地来的|他们结成一～,干了很多坏事|他们干活儿时把人分成三～|院子里三个一群五个一～地在谈论这件事。

【近义词】群/帮/批

2923 **伙伴** 丙

huǒbàn (partner)

[名]共同参加某种组织或共同参加某种活动的人;泛指朋友:小～|好～|新～|球队的～|童年时代的～|找～|结成～|星期天他和小～们一起去钓鱼|这是他刚认识的新～|这是我童年时代的～|我找了两个～跟我一起做这事|他跟～们约好了下午4

点去踢球。

【近义词】同伴/伴侣/朋友

【构词】搭伴/结伴/就伴/老伴/旅伴/陪伴/同伴/舞伴/游伴/做伴

2924 **伙计**(計) 丁

huǒji (partner)

[名]❶合作的人:老～|新～|找～|喂,老～,咱们现在开始干吧!|干这种活儿,我们俩是老～了。❷旧时指店员或长工:当～|小～|他以前在这家布店里当过～|他是那个酒店的小～|喂,～,再来碗酒!

2925 **伙食** 乙

huǒshí (food)

[名]饭食。多指部队、机关、学校等集体所办的饭食:～好|～差|～便宜|～实惠|～费|改善～|我们学校的～办得很好|他们机关的～经济实惠|幼儿园的～又便宜又好吃|你一个月～费花多少钱?|今天是周末,食堂改善～。

2926 **火** *乙 〔部首〕火 〔笔画〕4

huǒ (n. fire; v. lose temper)

[名]❶物体燃烧时所产生的火焰:～着(zháo)了|～灭了|～旺|～烧起来|大～|山～|着～了|点～|灭～|救～|～点着了|大风把～吹灭了|炉子里的～真旺|不小心～烧起来了|这场大～一个小时才扑灭|炉子里的～灭了,我再重点一下|那边着～了,大家快帮着去救～!|这片森林几乎被～烧光了。❷〈丙〉指怒气:发～|～气|好大的～|这么大的～|他动不动就发～|这人～气真大。❸〈丁〉中医用来指热症:有～|肝～|上～|去～|清～|败～|你是心里有～,去医院看看吧|他这两天肝～旺,总发脾气|上～了,嘴上起了好多小泡|这种药是去～的|天太热了,吃根冰棍儿去去～|夏天多喝点儿茶可以清～。

[动]〈丁〉发怒:他～了|你先别～,听我跟你说|他一看这封信～得要命|你再闹,我可真～了!

【提示】火,姓。

【构词】火把/火爆/火车头/火光/火锅/火海/火候/火花/火化/火鸡/火警/火炬/火炕/火辣辣/火力点/火炉/火苗/火炮/火盆/火气/火枪/火墙/火热/火山口/火烧/火烧云/火势/火速/火塘/火烫/火腿/火网/火线/火星/火源/火葬/火种(zhǒng)/火烛/火海刀山/火冒三丈/火上加油/火烧眉毛/火树银花/火眼金睛/火中取栗

2927 **火柴** 乙

huǒchái (match)

[名]用细小的木条蘸上磷或硫的化合物制成的取火的东西:擦～|划(huá)～头|～盒|～棍|一盒～|一根～|安全～|请你给我一根～|我要一盒～|现在我们常用的是安全～|现在很多人都用打火机,不用～点烟了。

【近义词】洋火

【构词】茅柴/木柴/劈柴

2928 **火车**(車) 甲

huǒchē (train)

[名]一种重要的交通运输工具,由机车牵引若干节车厢在铁路上行驶:～到达|～晚点|开～|坐～|乘～|一列～|37次～|这趟～|电气～|～票|～司机|这趟～正点到达北京|～晚点了一个多小时|他从小就想开～|我想坐～去上海|我没买上去广州的～

票。

2929 **火箭** 丙

huǒjiàn (rocket)

[名]利用反冲力推进的飞行装置,速度很快,目前主要用来运载人造卫星、宇宙飞船等,也可以装上弹头制成导弹:制造～|发射～|～发动机|～也可作为～发动机的简称|可以用～来发射人造卫星。

【构词】暗箭/毒箭/冷箭/令箭/射箭/响箭/袖箭/药箭

2930 **火力** *丙

huǒlì (thermal power)

[名]❶利用燃料获得的动力:～发电|～资源|这是最大的～发电厂|煤、石油、天然气等～资源十分丰富。❷弹药发射或投掷后所形成的杀伤力和破坏力:～强|～猛|～弱|压倒～|集中～|最大的～|现在敌人的～太猛,先别冲上去|敌人的～越来越弱|我们终于把敌人强大的～压下去了|我们集中～打击敌人|我们以猛烈的～向敌人发起总攻。❸〈丁〉指人体的抗寒能力:～大|有～|增加～|这孩子～大,大冷天就穿一件毛衣|天很冷,不吃饱,身上就没有～|多喝点儿肉汤,身上增加点儿～|我一点儿～也没有,穿这么多还冷。

【近义词】❸热量

2931 **火山** 丁

huǒshān (volcano)

[名]因地球表层压力减低,地球深处的岩浆等高温物质从裂缝中喷出地面而形成的锥形高地。火山由火山锥、火山口、火山通道组成:～爆发|活～|死～|休眠～|～口|～锥|～通道|～灰|一座～|由于～爆发而引起了～地震|这是一座死～|这座～长期以来一直处于静止状态|这些都是～喷发出来的岩浆、岩块。

【构词】冰山/朝(cháo)山/出山/丛山/坟山/隔山/关山/河山/假山/江山/界山/开山/靠山/矿山/名山/浅山/群山/上山/深山/泰山/下山/仙山/雪山/安如泰山/半壁江山/逼上梁山/调虎离山/放虎归山/火海刀山/开门见山/日薄西山/铁案如山/万水千山/愚公移山

2932 **火焰** 丙

huǒyàn (flame)

[名]燃烧着的可燃气体,发光,发热,闪烁而向上升:～高|～往上窜|炉子里的～|蜡烛的～|熊熊的～|蓝色的～|心中的～|革命的～|愤怒的～|燃烧着的～|众人拾柴～高|炉子里的～窜得好高啊|～迅速地蔓延开来|熊熊的～有一人多高|革命的～是扑不灭的。

【近义词】火苗/火舌

【构词】敌焰/毒焰/烈焰/气焰/势焰/凶焰

2933 **火药(藥)** 丙

huǒyào (gun powder)

[名]炸药的一类。爆炸时有的有烟,如黑色火药,有的没有烟,如硝酸纤维素:制造～|发明～|～的应用|中国在很早以前就已经会制造～|～是中国古代四大发明之一|这些～发潮了,所以没有引爆。

2934 **火灾(災)** 丁

huǒzāi (conflagration)

[名]失火造成的灾害:发生～|引起

～|防止～|森林～|一起～|一次～|一场～|几年前这里发生过一起很大的～|由于电线短路引起了一场～|要制定一个防止～发生的措施|这场森林～是由吸烟引起的。

【近义词】失火

【反义词】水灾

2935 **获**(獲、穫) 丙 〔部首〕艹 〔笔画〕10

huò (capture)

[动]❶捉住;抓住:捕～|俘～|一敌兵被我军所～|中国有句古话说:"野兔始～,走狗已烹"|我方捕～敌军的一个暗探。❷得到;取得:～胜|～利|～奖|～救|～罪|不劳而～|一无所～|这次比赛我们队～胜|今天给～奖的人发奖|这艘外国渔船在海上～救|不劳而～的思想是错误的|今天白跑了一天,一无所～。

【近义词】得

【反义词】失

【提示】用于书面语中。

【构词】获救/获取/获释/获悉/获知/获准

2936 **获得** 乙

huòdé (gain)

[动]取得;得到(多用于抽象事物):～冠军|～奖励|～荣誉|～好评|～掌声|～经验|～教训|～动力|～资格|～地位|～幸福|～自由|～友谊|～表扬|～赞美|～信任|～同情|～理解|～重视|～满足|～改善|～休息|～温暖|梦想～|希望～|意外地～|连续～|他们厂的产品～了顾客普遍的好评|这次全国足球赛他们队～冠军|在工作上～了不少宝贵的经验|这个干部～了群众的赞扬和信任|经过斗争,他们终于～了婚姻自由|我们希望～领导上的支持和帮助|他连续三年～先进工作者的荣誉。

【近义词】取得/得到/博得

【反义词】失去/失掉/丧失

2937 **获取** 丁

huòqǔ (obtain)

[动]取得;夺取:～情报|～利润|～名利|～功名|～名誉|～利益|～地位|他在这笔买卖中～了不少利润|从报纸上～了有关这方面的情报|他用不正当的手段～了名誉和地位|你从中～了多少好处?

【近义词】取得/夺取/猎取/获得

【反义词】失去/丧失

2938 **或** *乙 〔部首〕戈 〔笔画〕8

huò (or)

[连]❶用在叙述句里表示选择关系。有时用一个"或",有时用"或…或…":老张～小李|长城～颐和园|今天～明天|橘子～苹果|听～写|去～来|正确～错误|好～坏|问他～问我|～放桌上～放床上|～你来,～我去|～反对,～同意|～快～慢|～大～小|～前～后|～多～少|～早～晚|这封信请交给老张～小李|明天我想去参观长城～颐和园|你能来～不能来都早点儿告诉我|有问题找我～找刘老师都可以|这包东西～你来取,～我给你送去,由你决定|～去～留,你随便吧。❷〈丙〉表示几种交替的情况,意思是"有的…有的…",或"有时…有时…":图书馆里人很多,大家～看报,～看杂志,～复习功课|操场上很多人在锻炼,他们～打球,～跑步,～练太极拳|每到周末,他～去爬山,～去钓鱼,～去朋友家下棋。

【构词】或许/或者

2939 **或多或少** 丙

huò duō huò shǎo (more or less)

多多少少(有一点儿):～有点儿像|～有点儿道理|～买一点儿|～写几句|～说两句|人老了,身体都会～有些毛病|他的性格跟他父亲～有些相似之处|他的话～有点儿道理|你～写几句吧。

【近义词】多少/多多少少

2940 **或是** 丁

huòshì (either … or …)

[连]❶表示选择关系:～今天,～明天,你给我一个答复|～围巾,～手套,随你挑一件|～考北京大学,～考清华大学,你要早做决定。❷表示"有时…有时…"、"有的…有的…":每天傍晚他～散步,～打太极拳|大厅里挤满了人,～喝茶,～聊天儿,～闭目养神|猴山上的猴子千姿百态,～抓耳挠腮,～闭目打盹,～上窜下跳|阅览室里人真不少,～看书,～看报,～看杂志。

【近义词】或者

2941 **或许**(許) 丁

huòxǔ (perhaps)

[副]也许:～有帮助|～有用|～能赶上车|～生病了|～会好些|～能成功|这本词典对你学习外语～有用|这会儿去～能赶上火车|你去问老李,他～了解一些情况|用这种药～能治他的病|这～就是他要找的那份资料。

【近义词】或/或者/也许

2942 **或者** *甲

huòzhě (or)

[连]❶表示选择。有时用一个"或者",有时用"或者…或者…":这种戏大人～小孩子都爱看|报纸看完放在桌上～放在书架上都行|他每天饭后都吃个苹果～橘子什么的|～考北大,～考清华,只能选一个。❷〈丙〉表示"有的…有的…"或"有时…有时…":大厅里坐满了人,～谈话,～看报,～闭目养神|商店里的顾客真不少,～买衣服,～买鞋,～买玩具|来游乐场玩的人真多,～滑滑梯,～荡秋千,～骑木马|每次去他家都看见他～在画画儿,～在下棋。

【近义词】或/或是

2943 **货**(貨) 乙 〔部首〕贝 〔笔画〕8

huò (goods)

[名]供出售的商品:～好|～便宜|～多|～真价实|看～|有～|进～|优质～|劣质～|畅销～|抢手～|一批～|这个店里的～又便宜又好|这批～卖得特别快|您先看看～再签合同|库里还有～,先不用进了|这都是一些～真价实的商品|这些商品可是抢手～,一拿出来马上卖光。

【近义词】货物/商品

【构词】货币/货舱/货场/货车/货船/货柜/货架子/货款/货郎/货郎鼓/货轮/货色/货摊/货位/货物/货源/货运/货主/货真价实

2944 **货币**(幣) 丙

huòbì (money)

[名]充当一切商品的等价物的特殊商品:～流通|～交换|当～|用～可以购买商品|这种～在市场上可以流通|古代曾以布、帛、金、粟作为～|一种新的～——欧元已经开始在世界上流通|他捡到一枚唐代的～。

【近义词】钱/钱币

2945 **货物** 丙

huòwù (goods)

[名]供出售的物品：~齐全|~缺少|~的品种|~的质量|~的价格|一批~|这种~|这个商店的~品种齐全，价格公道|这种~销路很好|真奇怪，~的价格越贵，买的人越多。

【近义词】货/商品

2946 **祸(禍)** 丁 〔部首〕礻 〔笔画〕11

huò (disaster)

[名]危害性大的事情；灾难：~从天降|~不单行|惹~|闯~|招来大~|天灾人~|杀身之~|他洗澡时滑了一跤，胳膊脱臼(jiù)，真是~从天降|他净在外边惹~|天有不测风云，人有旦夕~福|他知道自己闯了~，所以藏起来一直不敢见父亲。

【近义词】祸患/灾难

【反义词】福

【构词】祸端/祸根/祸害/祸患/祸乱/祸事/祸首/祸水/祸不单行/祸国殃民/祸起萧墙

2947 **祸害** 丁

huòhai (n. disaster; v. ruin)

[名]❶危害性大的事情；灾难：~无穷|消除~|避免~|造成~|极大的~|这条河给人们造成极大的~|蝗虫如不消灭，~无穷|采取了积极的防洪抗洪措施，避免了一场~。❷引起灾难的人或事物：这个~|一个~|大~|除掉~|成了~|快扔了它，留着是个~|他在乡里横行霸道，成了一大~|这个东西迟早是个~。

[动]损害；损坏：~庄稼|~财物|~东西|~老百姓|这些可恶的耗子把屋里的东西全~了|这片庄稼地全让野猪给~了|这些土匪一进村就开始~老百姓。

J

2948 **几乎** 乙 〔部首〕几 〔笔画〕2

jīhū (almost)

[副]❶表示非常接近:他接到信高兴得～跳起来|屋子里～坐满了人|他的声音小得～听不见|树上的苹果～全熟了|他的汉语说得～跟中国人一样|这个村的农民～每家都盖了新房|这件事～每个人都知道。❷差点儿:～忘了|～摔了|～迟到|我～忘了应该给他打电话这个事|今天早上～迟到|路上真滑,我～摔倒了|要不是你提醒,我～坐过了站。

【近义词】❶差不多;❷差一点儿

【提示】①表示"差一点儿"的意思时,肯定式经常表示否定的意思:我～摔倒(没摔倒);否定式经常表示肯定的意思:这次考试我～不及格(及格了)。②"几"又读 jǐ,见第 3031 条。

【构词】几案

2949 **击**(擊) 丁 〔部首〕凵 〔笔画〕5

jī (beat)

[动]❶打;敲打:～鼓|～球|旁敲侧～|这出戏叫《～鼓骂曹》|他～球真准|他把对手～倒在台下|你旁敲侧～地跟他说说就行了|他的手指有节奏地～打着桌子。❷攻打:声东～西|迎头痛～|不堪一～|～倒|～中(zhòng)|敌人在搞声东～西,别上他们的当|我们给敌人来个迎头痛～|他们都是些不堪一～的家伙|我军的大炮～中了敌人的阵地。❸碰;接触:～倒|～中|一个响雷～中了那棵大树|他不小心被电～了一下|他在人流的撞～下跌倒了。

【近义词】打

【构词】击败/击毙/击打/击发/击毁/击剑/击节/击溃/击落/击破/击掌

2950 **基本** *甲 〔部首〕土 〔笔画〕11

jīběn (basic)

[形]❶主要的;根本的:～状况|～原则|～技能|～原理|～规律|～矛盾|～知识|～方针|～工资|～设备|～利益|～群众|～的生活用品|这是他们现在的～状况|应该学点儿有关法律方面的～知识|我们已经讨论出一个～方案|这些年轻人是我们的～力量|这些都是不可缺少的～生活用品|他们已经掌握了发动机的～原理。❷〈乙〉大体上;大部分:～完成|～解决|～领会|～弄懂|～消灭|～告一段落|～正确|～满意|职工们的住房问题已经～解决|这个原理我～弄懂了|这个案子～告一段落|对他们的工作,我～满意|他们的产品～合格|你的回答～正确|他的病～好了。

【近义词】❶根本;❷大体/大致

【构词】基本功/基本上/基层/基础/基地/基调/基督/基督教/基肥/基建/基金/基石/基业/基于

2951 **基层**(層) 丙

jīcéng (grass-roots unit)

[名]各种组织中最低的一层,它跟群众的联系最直接:深入～|下放到～|检查～|了解～|关心～|重视～|工厂的～|～单位|～组织|～领导|～的意见|～的情况|～工作|～的要求

|～的困难|领导干部应该经常深入～|他非常重视～工作|他最近下到农村的～单位去了解情况|～干部应该是群众的贴心人|从～反映上来的意见要好好儿总结一下。

【构词】表层/底层/地层/断层/夹层/阶层/矿层/楼层/煤层/皮层/气层/上层/水层/下层/岩层/油层/云层/中层

2952 **基础**(礎) 甲

jīchǔ (foundation)

[名]❶建筑物的根脚：～牢固|打好～|奠定～|大楼的～|这座房子的～已经不太牢固了|这幢大楼的～相当稳固|房子的～要打得坚固点儿|打好～是非常重要的。❷事物发展的根本或起点：～雄厚|～扎实|～差|群众～|经济～|思想～|爱情的～|事业的～|理论～|～知识|～阶段|这个城市的工业～十分雄厚|多学点儿自然科学的～知识|他的外文～比较差|他们的爱情没有什么感情～|我们这个工程正处于～阶段|他是教～理论的|他们的生产在原来的～上又有了很大提高。

【近义词】根基

【反义词】尖端/顶端

2953 **基地** 丙

jīdì (base)

[名]作为某种事业基础的地区：军事～|工业～|农业～|钢铁～|原料～|训练～|建设～|～的设施|～的条件|～的情况|强大的～|这是我国最大的海军～|要建设一个大型的原料～|这个体育训练～的设施十分完备|这个工业建设～的条件非常好。

2954 **基督教** 丁

Jīdūjiào (Christianity)

[名]世界上主要宗教之一，公元1世纪产生于亚细亚的西部地区，奉耶稣为救世主。公元4世纪成为罗马帝国的国教，公元4世纪分裂为天主教和东正教。公元16世纪宗教改革以后，又陆续从天主教分裂出许多新的教派，合称新教。中国所称基督教多指新教：信奉～|～徒|～教堂|他全家都信～|他是一个虔(qián)诚的～教徒|他每周都要去～教堂做礼拜。

2955 **基金** 丁

jījīn (fund)

[名]为兴办维持或发展某种事业而储备的资金或专门拨款：～不足|筹备～|作为～|充作～|活动～|教育～|福利～|一笔～|～必须用于指定的用途，并单独进行核算|教育～不足，这个学校暂时办不起来|现在正在筹划一笔儿童福利～|拨出一部分款子作为活动～。

【近义词】资金

2956 **机**(機) 丙 〔部首〕木 〔笔画〕6

jī (machine)

[名]❶机器：打字～|拖拉～|缝纫～|电视～|洗衣～|电子计算～|～房|他们家日子越来越好，这～那～的都买齐了|他现在已经能上～操作了|他家什么"～"都有了。❷飞机的简称：登～|离～|～上|～内|去上海的旅客开始登～了|旅客们全部离～|我的一件行李忘在～上了|～内都找遍了，没见到小王|～上各种设备非常齐全。❸具有时间性的客观条件；机会：～不可失|可乘之～|随～应变|见～行事|坐失良～|领导上的官僚主义作风，给了坏人可乘之～|遇见

什么事，他都能随～应变｜到了那里你要见～行事｜这么好的机会，你可不能坐失良～哟。❹重要的事务：日理万～｜国家领导人日理万～，非常辛苦。❺心思；念头：动～｜心～｜杀～｜他一见了钱就起了杀～｜这事可费了他不少心～｜他做事往往动～不纯。

【构词】机变/机舱/机车/机帆船/机耕/机关枪/机件/机井/机警/机灵鬼/机敏/机谋/机能/机票/机器人/机器油/机群/机械化/机心/机修/机绣/机要/机宜/机油/机缘/机运/机制/机组/机不可失

2957 **机场**（場） 甲

jīchǎng (airport)

[名]飞机起飞、降落、停放的场地：～上｜～大厅｜首都～｜国际～｜国内～｜～上停着很多飞机｜我去～接一位朋友｜明天我们在～候机厅见面。

2958 **机车**（車） 丁

jīchē (locomotive)

[名]用来牵引车厢在铁路上行驶的动力车，通称火车头：制造～｜蒸汽～｜电力～｜内燃～｜～的汽笛声｜一辆～｜电力～既快又没有污染｜这个厂专门制造各种～｜他住在铁路边上，每天都能听到～的汽笛声。

【近义词】火车头

2959 **机床**（牀） 乙

jīchuáng (machine tool)

[名]机器的一类。广义的机床指工作母机，又称工具机，一般指金属切削机床、木材切削机床、锻压机床等；狭义的机床专指金属切削机床：一台～｜～厂｜这是一台新～｜他正在～上操作｜我们是～厂的工人。

2960 **机动**（動） 丙

jīdòng (motorized)

[形]❶利用机器开动的：～车辆｜～三轮车｜～帆船｜～小舢板｜～渔船｜～玩具｜～装置｜这条街上～车辆非常多｜现在的小帆船也有～装置｜孩子们更喜欢～玩具｜骑着～三轮车省力多了｜这条渔船是～的。❷在进行工作和处理问题时根据实际情况而灵活变动：时间～｜作战～｜工作～｜解决得～｜运用得～｜～处理｜～安排｜我的工作时间很～｜课程的设置可以～一点儿｜这件事处理得比较～｜这些经费可以～使用｜我们的军队利用灵活～的战略战术打击敌人。❸准备灵活运用的：～经费｜～力量｜～资金｜～粮食｜～人员｜～时间｜～兵力｜～名额｜这些～经费不能随便动用｜要多储备一些～粮食｜我们公司还有一部分～经费｜我这里还有几个～名额。

【近义词】❷灵活

【反义词】❶人力/手动；❷呆板/死板

2961 **机构**（構） 丙

jīgòu (organization)

[名]❶机械的内部构造或机械内部的一个单元：齿轮～｜连杆～｜液压～｜传动～｜一种～｜机器的这一部分叫液压～｜一台机器由好几个～组成｜是传动～出了点儿故障。❷泛指机关、团体或其他工作单位：健全～｜撤销～｜设立～｜扩大～｜精简～｜国家～｜法律～｜行政～｜外事～｜业务～｜办事～｜宣传～｜专门～｜特殊～｜重要～｜他们公司又增设了一个业务～｜要加强我们的法律～｜这个～空有

虚名，应该撤销｜这个办事～的权力还不小呢。❸机关、团体等的内部组织：～庞大｜～健全｜～重叠｜～臃(yōng)肿｜精简～｜调整～｜这个～过于庞大，得好好儿精简一下｜这里～重叠现象相当严重｜这样臃肿的～不调整一下怎么行！

【构词】结构/虚构

2962 机关(關) *乙

jīguān (office)

[名]办理事务的部门：～扩大｜调离～｜国家～｜上级～｜司法～｜公安～｜宣传～｜慈善～｜～干部｜～领导｜他在公安～工作了几十年｜国家～结构臃肿，政府正着手精简｜这事已经向上级～报告过了｜他已调离文化～｜他投资办了一个慈善～。❷〈丙〉周密而巧妙的计谋：～算尽｜～暴露｜设下～｜识破～｜巧妙的～｜隐藏的～｜他的～已经完全暴露｜这都是他们设下的～｜尽管～非常隐蔽、巧妙，最终还是被我们识破了。❸〈丁〉整个机械的关键部分；用机械控制的：打开～｜安上～｜操纵～｜大门的～｜玩具的～｜小心点儿，这里边～挺多的｜这舞台的～真复杂｜你打开～，这小汽车就会跑｜这个大门的～很简单｜这里边安装了一个特别的～。

2963 机会(會) 甲

jīhuì (chance)

[名]恰好的时候；时机：～多｜～难得｜有～｜找到～｜抓住～｜利用～｜放弃～｜争取～｜失去～｜错过～｜提供～｜就业的～｜学习的～｜成功的～｜见面的～｜偶然的～｜惟一的～｜一次～｜这个～实在难得，千万不要错过｜以后去外地开会的～会很多的｜战争年代，他失去了上大学的～｜由于一个偶然的～，我认识了他｜好好儿地利用这个～学点儿外语｜公司给他提供了出国进修的～。

【近义词】时机/机遇

2964 机灵(靈) 丁

jīling (clever)

[形]聪明伶俐，善于随机应变：孩子～｜头脑～｜眼睛～｜～地回答｜～地应付｜～的小伙子｜～鬼｜～劲儿｜这孩子～得很｜他干活儿脑子可～了｜人们都喜欢这个～的小伙子｜凭他那个～劲儿，事情准能办成。

【近义词】机伶/机敏/机智/灵活/聪明

【反义词】迟钝/愚笨/呆笨/笨拙

【构词】百灵/魂灵/激灵/精灵/哭灵/起灵/轻灵/神灵/生灵/失灵/守灵/停灵/亡灵/显灵/心灵/性灵/阴灵/英灵/幽灵/福至心灵/人杰地灵/在天之灵

2965 机密 丁

jīmì (adj. confidential; n. secret)

[形]重要而秘密：～文件｜～资料｜这件事十分～，不能让任何人知道｜他十分～地对我说："出大事了！"

[名]机密的事：～暴露｜保守～｜刺探～｜泄露～｜窃取～｜涉及～｜国家～｜军事～｜内部的～｜国家～不能泄露｜要严格保守军事～｜他的罪行是窃取国家重大～｜这是关于他们两个人的～｜他因为刺探军事～而被驱逐出境。

【近义词】秘密/机要

2966 机器 甲

jīqì (machine)

[名]由零件组成、能运转、能变换能

量或产生有用功的装置：～先进｜～精密｜～笨重｜～报废｜制造～｜使用～｜发动～｜安装～｜改进～｜工厂的～｜国家的～｜私人的～｜集体的～｜轧钢的～｜插秧的～｜焊接的～｜治疗的～｜大型～｜一台～｜一部～｜一架～｜一种～｜～的寿命｜～的使用｜～的质量｜～的性能｜～的特点｜这种～好是好，就是太笨重了｜他们淘汰了一些旧～，安装了新～｜现在又发明了一种先进的插秧～｜使用不当会缩短～的寿命｜这种～的性能很好。

【近义词】机械

2967 **机枪**（槍） 丁

jīqiāng (machine gun)

［名］装有枪架、能自动连续发射的枪，"机关枪"的简称：重～｜轻～｜一部～｜～扫射｜他们缴获了敌人很多～｜他用～击中了一架敌机｜鬼子用～向无辜的百姓扫射。

【近义词】机关枪

【构词】暗枪/标枪/步枪/长枪/大枪/刀枪/短枪/钢枪/焊枪/黑枪/花枪/火枪/缴枪/快枪/冷枪/猎枪/马枪/鸟枪/排枪/骑枪/气枪/手枪/水枪/投枪

2968 **机体**（體） 丁

jītǐ (organism)

［名］具有生命的个体的统称，包括植物和动物，如最低等最原始的单细胞生物、最高等最复杂的人类。也叫有机体：～发育｜～死亡｜～健全｜～衰老｜～正常｜保护～｜破坏～｜损害～｜人的～｜生物的～｜动物的～｜国家的～｜党的～｜健全的～｜～的寿命｜～的功能｜随着年龄的增长，人的～也逐渐衰老｜经常参加体育锻炼可以增强～的抵抗力｜不良的工作作风会损害我们国家的～。

【近义词】有机体

2969 **机械** 乙

jīxiè (machinery)

［名］利用力学原理组成的各种装置：～先进｜～精密｜维修～｜工业～｜农业～｜矿山～｜冶金～｜采矿～｜纺织～｜建筑～｜大型～｜落后的～｜～工程师｜～手表｜～工业｜～的效率｜～的噪音｜～产品｜这种～是世界上最先进的｜这些采矿～早该淘汰了｜他的专业是冶金～｜那时人们已会使用简单的～来减轻劳动强度｜建筑工地上～的噪音真大｜现在买这种～手表的人已经不多了。

【近义词】机器

【提示】"械"不要读成 jiè。

【构词】缴械/军械/器械/枪械

2970 **机遇** 丁

jīyù (opportunity)

［名］境遇；时机；机会（多指有利的）：～到来｜～出现｜～好｜～难得｜抓住～｜掌握～｜难得的～｜一次～｜一种～｜这次他找到理想的工作，～是主要因素之一｜～已经悄悄来到你的身边｜人才的成功还需要～｜这是一次难得的～，千万不可错过。

【近义词】机会/时机/机缘

2971 **机智** 丁

jīzhì (resourceful)

［形］脑筋灵活，能够根据情况的变化灵活应付：侦察员～｜孩子～｜～勇敢｜聪明～｜培养～｜锻炼得～｜回答得～｜十分～｜～地应付｜～地抓住｜～的战士｜～的目光｜我们的战士个个

～勇敢｜他在部队里锻炼得非常～｜公安干警～地抓住了那几个罪犯｜他们～地跟敌人周旋｜他们以无比的～战胜了敌人。

【近义词】聪明/机敏/机警/机灵

〔部首〕禾
〔笔画〕10

2972 **积**(積) 丁

jī (accumulate)

[动]逐渐聚集：～钱｜～土｜～水｜～德｜～下｜～起来｜～满｜日～月累｜～少成多｜～劳成疾｜他这几年～了不少钱｜柜子上～了厚厚一层土｜门外的垃圾越～越多｜小河沟里～满了水｜你～点儿德吧，这种损人利己的事不能干！｜一点儿一点儿地～起来就多了，～少成多嘛！

【近义词】聚集

【构词】积案/积弊/积储/积存/积德/积淀/积恶/积肥/积分/积极性/积聚/积木/积怒/积习/积蓄/积雪/积郁/积怨/积攒/积重(zhòng)难返

2973 **积极**(極) 乙

jījí (positive)

[形]❶肯定的；正面的(多用于抽象事物)：～因素｜～作用｜～措施｜～的主张｜～的办法｜～的影响｜～的方面｜他在部队里受到了～的教育｜必须采取～的措施防止事故的发生｜要从～的方面想一些解决问题的方法。❷热心的；上进的：工作～｜学习～｜思想～｜劳动～｜～得很｜一向～｜相当～｜～分子｜～人物｜～地争取｜～地完成｜～地准备｜～地帮助｜他们工作相当～｜他是我们厂的～分子｜他在公司里表现得十分～｜他们正在～地准备考试｜给他的任务他都能～地去完成。

【反义词】消极

【构词】北极/磁极/地极/电极/负极/寒极/两极/南极/消极/阳极/阴极/正极/终极

2974 **积极性**(極) 乙

jījíxìng (enthusiasm)

[名]进取向上，努力工作的思想和表现：有～｜发挥～｜调动～｜挫伤～｜打击～｜学习～｜工作～｜劳动～｜群众的～｜要充分发挥年轻人的～｜要把广大群众的～调动起来｜这件事挫伤了他的劳动～｜对这种事，他没有一点儿～。

2975 **积累**(纍) 乙

jīlěi (accumulate)

[动](事物)逐渐聚集：～资金｜～财富｜～材料｜～经验｜～知识｜～卡片｜～资料｜～商品｜～起来｜～下来｜迅速～｜认真～｜多年～｜在工作中，他～了丰富的经验｜我～了不少有关这方面的资料｜他的知识都是一点一滴～起来的｜这是他多年～下来的积蓄｜这些卡片是他长年～的宝贵材料。

【近义词】积储/积存/积蓄/聚积

【反义词】消费/消耗

【提示】“累”又读 lèi，见第 3977 条。

【构词】带累/家累/亏累/累累/连累/牵累/拖累

2976 **积压**(壓) 丁

jīyā (overstock)

[动]长期积存，未作处理：～物资｜～货物｜～资金｜～文件｜～人才｜～材料｜～在这里｜～起来｜仓库里～了大量的货物卖不出去｜他那里～了很多文件，来不及处理｜这么多机器～在那里，真可惜！

2977 **肌肉** 丙 〔部首〕月 〔笔画〕6

jīròu (muscle)

［名］人和动物体内的一种组织，由许多肌纤维集合构成，上面有神经纤维，在神经冲动的影响下收缩，引起器官运动。也叫筋肉：～发达｜～健美｜～损伤｜～拉伤｜～松弛｜锻炼～｜胸前的～｜大腿的～｜胳膊的～｜运动员们的～十分发达｜运动时他不小心拉伤了大腿的～｜她真是老了，面部～都松弛了｜常做这种运动可以使你的～更加健美｜经常嚼口香糖可以锻炼脸部的～。

【近义词】筋肉

【构词】肌肤/肌理/肌体

2978 **饥饿**(饑餓) 丙 〔部首〕饣 〔笔画〕5

jī'è (hungry)

［形］肚子空，想吃东西：～难忍｜灾民～｜忍受～｜战胜～｜感到～｜非常～｜～的人民｜～正威胁着那个地区的难民｜他们想尽各种办法战胜了～｜他们正在忍受～的痛苦｜他们正挣扎在～的贫困线上。

【近义词】饿

【反义词】饱

【构词】饥肠/饥寒/饥荒/饥民/饥馁(něi)/饥色/饥不择食/饥寒交迫

2979 **激** 丁 〔部首〕氵 〔笔画〕16

jī (stimulate)

［动］❶使感情冲动：～起兴趣｜～起愤怒｜～起不快｜～起诗兴｜～于义愤｜你别总用那种话去～他｜再好的歌舞也～不起他的兴趣｜喝了这杯酒，～起了他的诗兴｜他的行为～起人们的愤怒。❷水势受阻碍或震荡而向上涌起飞溅：～起浪花｜～起风波｜海水打在岩石上～起层层浪花｜这个事～起一场小小的风波｜一颗石子把水～起好几尺高。❸冷水突然刺激身体使得病：雨水～着｜～病了｜～出毛病｜他昨天被雨水～了一下，今天发烧了｜别让凉水～着他｜手在冰水里～了一下｜水太凉了会～出病的。

【构词】激昂/激荡/激愤/激化/激活/激将(jiàng)/激进/激剧/激浪/激灵/激流/激怒/激切/激赏/激越/激增/激战/激昂慷慨/激浊扬清

2980 **激动**(動) 乙

jīdòng (adj. excited; v. excite)

［形］(感情)因受刺激而冲动：情绪～｜感情～｜心情～｜群众～｜～得很｜～极了｜～得说不出话来｜～得流下眼泪｜～得厉害｜万分～｜过分～｜～地握手｜～地拥抱｜～地唱｜～地说｜接到这封信，他的心情十分～｜老人见到儿子，～得流下了眼泪｜心脏不好的人不能过分～｜老朋友见面～地拥抱起来。

［动］使感情冲动：～人心｜～群众｜这个喜讯真是～人心｜他的歌声～了场内的观众｜我从报上看到了他那～人心的事迹。

2981 **激发**(發) 丁

jīfā (arouse)

［动］受到刺激或鼓舞而使某种情绪奋发起来：～激情｜～积极性｜～斗志｜～勇气｜～热情｜～自豪感｜～上进心｜～起来｜他的话～了大家的勇气｜老师要～孩子们的上进心｜这个宏伟的目标～了全国人民的劳动积极性｜他这样一说，立刻把大家的热情～起来了。

【近义词】刺激

2982 **激光** 丁

jīguāng (laser)

[名]某些物质原子中的粒子受光或电的激发,由低能级的原子跃迁为高能级原子,当高能级原子的数目大于低能级原子的数目,并由高能级跃迁回低能级时,就放射出相位、频率、方向等完全相同的光,这种光叫做激光。颜色很纯,能量高度集中,广泛应用在工业、军事、医学、探测、通讯等方面。也音译成“莱塞”:产生～|连续～器|脉冲～器|～可以应用在工业、军事、医学、探测、通讯等方面|～可以刺穿优质钢板|用～可以治疗胆结石。

2983 **激励**(勵) 丁

jīlì (encourage)

[动]激发鼓励:～年轻人|～战士|～大家|受到～|需要～|～的话|～的信|～的言辞|互相～|班长的英雄事迹～着战士们|老校长的一番话极大地～了我们|一封封～的信像雪片似地飞来|他总是热情地～我们|他们在互相～着。

【近义词】激发/鼓励/勉励

2984 **激烈** 乙

jīliè (intense)

[形]动作快速紧张;言辞尖锐猛烈:斗争～|战斗～|枪声～|言辞～|争论～|运动～|拼搏～|争吵～|辩论得～|争夺得～|过分～|空前～|日益～|～地争夺|～地进行|战斗正在～地进行着|这场足球赛踢得相当～|老年人不宜做过分～的运动|他那～的言辞令人吃惊。

【近义词】猛烈/强烈/剧烈

【反义词】温和/平和

2985 **激情** 丁

jīqíng (passion)

[名]十分冲动的情绪或强烈的感情:满怀～|失去～|增添～|表达～|创作～|满腔的～|对生活的～|心中的～|他充满～地唱完了这首歌|这些动人的事迹激发了他的创作～|他无法表达此刻心中的～|艰难的处境使他失去了对工作的～|他～满怀地走上领奖台。

2986 **激素** 丙

jīsù (hormone)

[名]内分泌腺分泌的物质。直接进入血液分布到全身,对肌体的代谢、生长、发育和繁殖等起重要调节作用。包括甲状腺素、肾上腺素、胰岛素等:注射～|吃～|含～|大量的～|他每天要注射～|他正在吃含～的药|他渴望找到一种能治这种病的～|他吃～吃得人都发胖了。

【构词】吃素/词素/淡素/毒素/寒素/尿素/朴素/色素/味素/要素/因素/音素/语素/元素/安之若素/我行我素

2987 **讥笑**(譏) 丁 〔部首〕讠 〔笔画〕4

jīxiào (ridicule)

[动]用旁敲侧击或带刺的话指责或嘲笑对方的错误、缺点或某种表现:～别人|受到～|害怕～|故意～|～的语言|～的口吻|～的态度|～的神情|～的目光|他学习不好,但同学们并没～他|不要去～人家的缺点|他好吃懒做,受到村里人的～|他总是用～的口吻跟我说话|朋友们的～深深地刺伤了他。

【近义词】讥讽/嘲笑/嘲弄
【构词】讥嘲/讥刺/讥讽

2988 **鸡**(鷄) 甲 〔部首〕鸟 〔笔画〕7

jī (chicken)
[名]家禽,品种很多,嘴短,上嘴稍弯曲,头部有肉质的冠。翅膀短,不能高飞。也叫家鸡:～肉|～蛋|～汤|公～|母～|一只～|一群～|他最喜欢吃～|他家的母～每天下一个蛋|一只公～一叫,村里的公～跟着就全叫起来|这群小～真好玩儿。
【构词】鸡雏/鸡冠/鸡冠花/鸡冠子/鸡肋/鸡毛店/鸡毛帚/鸡舍/鸡头/鸡头米/鸡尾酒/鸡瘟/鸡胸/鸡血石/鸡眼/鸡杂/鸡肠鼠肚/鸡飞蛋打/鸡口牛后/鸡零狗碎/鸡毛掸子/鸡毛蒜皮/鸡鸣狗盗/鸡皮疙瘩/鸡皮鹤发/鸡犬不宁/鸡犬升天/鸡蛋里挑骨头

2989 **鸡蛋** 甲

jīdàn ([hen's] egg)
[名]鸡产的卵:煮～|煎～|～清|～黄|一个～|一斤～|一筐～|他每天早上吃一个～|他喜欢吃煎～|西红柿炒～很好吃|每次都是他吃～清我吃～黄。
【近义词】鸡子儿

2990 **吉普车**(車) 丁 〔部首〕士 〔笔画〕6

jípǔchē (jeep)
[名]轻型越野汽车,能适应高低不平的道路:开～|坐～|一辆～|他开了一辆～|我是坐～来的|这辆～真漂亮。
【提示】吉,姓。
【构词】吉利/吉期/吉庆/吉日/吉时/吉他/吉祥物/吉星/吉凶/吉兆/吉人天相

2991 **吉祥** 丁

jíxiáng (auspicious)
[形]好的运气;事情顺利:表示～|带来～|～话|～物|～兆头|～的标记|～的日子|～的名字|祝你全家大小～如意|你这个小孙子将给你全家带来～|这个时候你不会多说点儿～话吗?|他们选用熊猫作为象征～的标记|他们想给孩子起个～的名字。
【近义词】吉利
【反义词】凶险

2992 **极**(極) 乙 〔部首〕木 〔笔画〕7

jí (extremely)
[副]表示最高程度:～好|～快|～冷|～重要|～随便|～能说明问题|～会跳舞|～敢冒险|～有成效|～受鼓舞|～不希望|～靠得住|～过意不去|～不安全|～不清楚|下雪天,车子开得～慢|他的妹妹～会唱歌|他的事迹使我们～受鼓舞|我～不希望你这样做|这句话的意思～不清楚|她是个～聪明的孩子。
【近义词】非常/极其/十分/极为/最
【构词】极地/极点/极顶/极光/极目/极品/极圈/极为/极刑/极致

2993 **极度** 丁

jídù (exceedingly)
[副]程度很深的:～兴奋|～疲劳|～贫困|～虚弱|～悲伤|～消沉|～忧虑|～憎恨|～紧张|由于～兴奋,一夜都没睡着|那个地区的人民还处于～贫困的境地|他刚动完手术,现在身体～虚弱|他曾有一段时间～消沉,不知是为什么|他由于～悲伤,病了一场。
【近义词】过度/极端

【反义词】适度

2994 **极端** 丙

jíduān (n. extreme; adv. exceedingly)

[名]事物顺着某个发展方向达到的顶点:走～|两个～|你看你,又走～了不是!|他处理什么事总是走～|他没有主见,往往由这个～走到另一个～|这是互不相容的两个～。

[副]达到顶点的:～兴奋|～劳累|看着她～悲伤的样子,我充满同情|这个人～正直,不会干那种见不得人的事。

【近义词】极度

2995 **…极了** 甲

jí le (extremely)

表示达到最高度,用在形容词后作补语:好～|忙～|累～|高兴～|痛快～|漂亮～|今天天气好～|昨天玩得痛快～|这个商店的东西贵～|当你饿～的时候,吃什么都香。

【近义词】非常/极其

2996 **极力** 丁

jílì (do one's utmost)

[副]用尽一切力量;想尽一切办法:～反对|～赞成|～设法|～克服|～支持|～说服|～控制|～压制|我们～赞同他的主张|我们一定～帮助你渡过难关|我们～说服他跟我们一起去旅行|他～控制心中的愤怒|他～压制住自己的感情。

【近义词】大力/竭力/全力

2997 **极其** 乙

jíqí (extremely)

[副]非常;极端:～光荣|～深刻|～丰富|～方便|～严厉|～灵敏|～关心|～憎恶|～融洽|～珍惜|～重视|他这方面的经验～丰富|这里的交通～方便|这个排球队新来了一位～严厉的教练|他们～珍惜学生时代的美好时光|他们之间建立起～深厚的友谊|我们怀着～喜悦的心情来到这个城市|这个报告使我们受到了～深刻的教育。

【近义词】极/极为

【构词】何其/尤其/与其

2998 **极限** 丁

jíxiàn (the limit)

[名]最高的限度:达到～|超越～|忍耐的～|汽车的载重已经达到了～|我的耐心已经达到了～|你可以想像,一个人愤怒到了～时,将会发生什么事。

【构词】大限/界限/局限/宽限/年限/期限/权限/上限/寿限/无限/下限/有限

2999 **籍贯(貫)** 丁 〔部首〕竹 〔笔画〕20

jíguàn (native place)

[名]祖宗居住过的地方;个人出生的地方:填写～|我的～是山东青岛|他祖父的～是上海,他出生在北京|请在这里填写你的～。

【提示】籍,姓。

【构词】横贯/连贯/万贯/一贯

3000 **集** 乙 〔部首〕隹 〔笔画〕12

jí (market)

[名]❶农村或城市中定期买卖货物的市场:～上|赶～|有～|一个～|大～|小～|这是在～上买的|每个星期他都要去赶一次～|今天没有～,明

天才有|这里每月初一、十五都有大~|一到赶~那天,~上人山人海,可热闹了。❷把许多单篇或单张作品收集在一起编成的书:诗~|文~|小说~|地图~|全~|上~|下~|这是新出版的地图~|这本小说~里收集了20篇小说|我买了一套《鲁迅全~》|《水浒》这部小说我只看了上~。

【近义词】❶集市

【提示】集,姓。

【构词】集大成/集锦/集居/集聚/集句/集刊/集录/集权/集日/集散地/集训/集镇/集子/集思广益

3001 集合 *甲

jíhé (assemble)

[动]❶许多分散的人或物聚在一起:团员~|快点儿~|可以~|开始~|全体~|顺利地~|~的时间|~的地点|队伍已~完毕,请首长检阅|同学们已经在教室里~了|快点儿到操场去~。❷〈丙〉使集合;汇合:~各种材料,加以分析|这部著作~了各种学术观点,很有价值。

【近义词】集结/聚集/聚

【反义词】散/分散

3002 集会(會) 丁

jíhuì (assembly)

[动]集合在一起开会:~开始了|群众~|开始~|停止~|参加~|隆重的~|~的时间|首都各界群众隆重~,纪念毛泽东同志诞辰一百周年|~的地点改在广场。

【近义词】聚会

3003 集市 丁

jíshì (market)

[名]农村或小城市中定期买卖货物的市场:~贸易|~交易|热闹的~|张大妈到~去了|~的货物可真多呀!|他正在~上卖羊呢。

【近义词】集

3004 集体(體) 乙

jítǐ (collective)

[名]许多人合起来的有组织的整体(跟"个人"相对):~生活|~领导|~学习|关心~|大~|一个~|~经济|~所有制|~智慧|~的名义|~宿舍|~财产|个人利益服从~利益|我们的~是全国先进~|我们公司10对新婚夫妇举行了~婚礼。

【近义词】团体/集团

【反义词】个体

3005 集团(團) 丙

jítuán (group)

[名]为了一定的目的组织起来共同行动的团体:社会~|统治~|犯罪~|重要~|一个~|~的成员|~的性质|~的统治|~分裂了|这个反动~凶恶、残暴|在一个单位内不能几个人搞成一个小~|全国二十余家汽车制造行业的企业联合组成~公司。

【近义词】团体

3006 集邮(郵) 丁

jí yóu (philately)

收集和保存各种邮票:~市场|~杂志|~本|~册|~活动|~门市部|喜欢~|爱好~|~展览|小王是个~迷|~是一种很好的活动,它可以增长知识,陶冶性情|古城西安在省博物馆举办陕西省第八届~展览会。

【提示】离合词,中间可插入其他成分,如:我曾经集过邮,现在不集了。

【构词】付邮/军邮/空邮/通邮/乡邮

3007 **集中** 乙

jízhōng (v. concentrate; adj. concentrated)

[动]把分散的人、事物、力量等聚集起来;把意见、经验等归纳起来:~人力|~力量|~精力|~一下|可以~|开始~|全部~|~的目的|这几天我要~精力准备考试|这个国家的财富~在少数人手中|~优势兵力,各个歼灭敌人。

[形]不分散;很统一:很~|十分~|大家的意见比较~|这个地区的人口十分~|他讲课很深奥,必须精神非常~才能听懂。

【近义词】聚集/聚合/集合/集聚/集结

【反义词】分散

3008 **集资**(資) 丁

jízī (raise funds)

聚集资金:~办公司|~建房|~办学|进行~|可以~|怎么~|大家~办公司|在国家教育经费不足的情况下,群众~办学是一个可行的办法|这条铁路是~修建的。

【提示】离合词,中间可插入其他成分,如:集过资|集不了资。

3009 **及** 乙 〔部首〕丿 〔笔画〕3

jí (and)

[连]连接并列的名词或名词性词组:书本、纸张~其他文具都准备齐了|王浩、李冬~其他适龄青年都报名参了军。

【近义词】和

【提示】用“及”连接的成分如在意义上有主次之分,主要成分放在“及”的前面。多用于书面语中,如:市长~陪同人员参观了工厂。

3010 **及格** 乙

jí gé (pass a test)

(考试成绩)达到或超过规定的最低标准:成绩~|数学不~|勉强~|刚刚~|这次考试许多人不~|你考得不错,我刚~。

【近义词】合格/达标

【提示】离合词,中间可插入其他成分,如:及不了格|没及过格。

3011 **及时**(時) 乙

jíshí (in time)

[形]❶正赶上时候,适合需要:~雨|抓得~|你这顿饭准备得太~了,我们全饿了|他们把设备~送到了工厂|这真是一场~雨啊!❷不拖延;马上;立刻:~参加|~通知|~播种|~出发|有问题就~解决|机器坏了要~修理。

【近义词】❷马上/立刻

3012 **及早** 丁

jízǎo (as soon as possible)

[副]趁早:~吃|~走|~去|~做|生了病要~治|有事~说|~走吧,晚了就耽误了。

【近义词】趁早/赶快

【构词】趁早/迟早/大早/赶早/明早/清早/提早/早早

3013 **急** *甲 〔部首〕心 〔笔画〕9

jí (impatient)

[形]❶想要马上达到某种目的而激动不安:~着要走|你别~,饭马上就好|你着什么~?电影8点才开演呢。❷〈乙〉容易发怒;急躁:~性子|没说两句话他就~了|他这个人什么都

好，就是脾气太～了｜～什么，有话慢慢儿说嘛！❸〈乙〉很快而且猛烈；急促：～雨｜～转弯｜水流很～｜话说得是～了点儿，可没别的意思｜看到那个孩子站在路当中，他马上来了个～煞车，才没出事｜水大浪～，小船在河上摇来摆去。❹〈乙〉急迫；紧急：～事｜～件｜我有～事，现在不能去，你先走吧｜他得了～病，得马上住院。

【反义词】慢/缓

【构词】急病/急步/急茬/急匆匆/急促/急电/急腹症/急件/急救/急救包/急忙/急迫/急速/急先锋/急行军/急性病/急性子/急用/急诊/急症/急赤白脸/急风暴雨/急功近利/急公好(hào)义/急流勇退/急起直追/急如星火/急中生智/急转直下

3014 急剧(劇) 丁

jíjù (rapid)

[形]急速；迅速而猛烈：～上升｜～降落｜～减少｜气温～下降｜销售量～下滑｜最近天气忽冷忽热，感冒的人数～增加。

【近义词】迅猛/急遽

【反义词】缓慢

3015 急忙 乙

jímáng (hurriedly)

[形]心里着急，行动加快：～走开｜～打开｜～进行｜～开始｜～停止｜～的样子｜听说厂里有事儿，他～披上衣服跑出门去｜听说爱人出差回来了，他～往家里赶｜早晨街上净是急急忙忙赶着上班的人。

【近义词】连忙/迅速

3016 急切 丁

jíqiè (eager)

[形]❶迫切：要求～｜心情～｜～的心情｜～地问｜～请求｜～地盼望成功｜他～地问："我以后还能再见到你吗？"｜这是我们～的愿望。❷仓促：过分～｜显得～｜相当～｜～间找不着适当的话来表达｜准备得太～了，所以该带的许多东西没有带。

【近义词】急迫/迫切/紧迫

3017 急需 丁

jíxū (be badly in need of)

[动]紧急需要：～钱｜～人｜小王，我现在～一笔钱，能不能借我一点儿｜公司刚刚成立，～大批德才兼备的人才。

3018 急于 丁

jíyú (anxious)

[动]想要马上实现：～做成｜～回答｜～求成｜～离开｜她～回老家，准备明天就走｜这批货他～脱手｜他～求成，反而把事情做坏了。

3019 急躁 丙

jízào (irritable)

[形]❶碰到不顺心的事情马上激动不安：性格～｜心情～｜太～｜别～｜～得厉害｜～的毛病｜～的小伙子｜一听说事情弄糟了，他就～起来｜考试的时候千万别～｜办事不能～，要有耐心。❷想马上达到目的，不做好准备就开始行动：～冒进｜不能～｜～起来｜别～，大家商量好了再动手｜这事不能～，急也没用。

【近义词】冒失/性急

【反义词】冷静/稳重

【提示】"急躁"的"躁"不能写成"燥"。

〔部首〕疒
〔笔画〕10

3020 疾病 丙

jíbìng (disease)

[名]病(总称):～的传播｜～缠身｜预防～｜消灭～｜内科～｜外科～｜中草药可以有效地防治某些～｜赵大夫在儿科～治疗方面是专家。

【近义词】病/疾患

【提示】"疾"的部首是"疒",不能写成"广"。

【构词】疾步/疾驰/疾患/疾苦/疾驶/疾书/疾恶如仇/疾风劲(jìng)草/疾言厉色

3021 **即** *乙 〔部首〕卩 〔笔画〕7

jí (be)

[动]❶就是:非此～彼｜现在请王华,～国家队的教练给我们做示范｜腊八粥～用枣、米等多种谷物煮成的粥。❷〈丙〉靠近;接触:若～若离｜可望而不可～｜他们两人的关系始终若～若离。

【构词】即或/即刻/即日/即时/即位/即席/即兴/即景生情

3022 **即便** 丁

jíbiàn (even if)

[连]表示假设的让步:～谈不成,也没什么关系｜～你那天不在,我也能办好｜～你对我有意见,但工作还得做好。

【近义词】即使/即或/假设/假如

【提示】"即便"所表示的条件,可以是尚未实现的事情,也可以是与既定事实相反的事情;"即使"的"即"不能写成"既"。

3023 **即将**(將) 丙

jíjiāng (be about to)

[副]将要;就要:理想～实现｜展览会～闭幕｜新的生活～开始。

【近义词】行将/快要/将要/就要

3024 **即使** 丙

jíshǐ (even though)

[连]表示假设的让步:～我们的工作取得了很大的成绩,也不能骄傲自满｜～你当时在场,恐怕也没有别的办法｜法律无情,～你爸是法院院长,也救不了你。

【近义词】即便/即令/即或/哪怕/就是/就算/纵然/纵使

【提示】"即使"与"即便"的用法相同。

3025 **嫉妒** 丁 〔部首〕女 〔笔画〕13

jídù (be jealous of)

[动]对才能、名誉、地位或境遇比自己好的人心怀怨恨;忌妒:不要～｜产生～｜必然～｜一定～｜～的眼睛｜～的心情｜人家不能比你好,好了,你就～｜有什么可～的,有本事你也干呀!｜别～,他不就比你多拿了二十几块钱吗?

【近义词】妒忌/忌妒/眼红

【提示】"嫉"不能读成jì。

【构词】嫉恨/嫉视/嫉羡

3026 **级**(級) 乙 〔部首〕纟 〔笔画〕6

jí (level)

[名]❶等级:高～｜上～｜下～｜平～｜同～｜县～｜二～工｜司局～干部｜享受局～待遇｜他喜欢穿高～服装｜我们两人的工资是同～｜老王是上～派来的,我们可不能慢待人家。❷年级:升～｜同～不同系｜我儿子明年就要上六年～了｜阿里是三年～的学生｜他因为生病留～了。

【提示】"级"作量词时,用于"台阶"、"楼梯"等:十多～台阶｜我家住的楼不高，上不了几～台阶。

3027 **级别** 丙

jíbié (rank)

[名]等级的区别：～高低|差一个～|～相同|～不够|老王是处长，他比我～高|你是什么～的干部？|他是一级运动员，我是三级运动员，我们的～不同。

3028 **脊梁** 丁 〔部首〕月 〔笔画〕10

jǐliang (backbone)

[名]人或动物背上中间的骨头：～骨|～挺直|～弯了|～骨比较正|别让人家戳(chuō)你的～骨|挺起你的～|沉重的劳动压弯了他的～。

【近义词】脊背

【构词】脊背/脊梁骨/脊神经/脊髓/脊柱/脊椎
鼻梁/大梁/栋梁/后梁/桥梁/山梁/上梁/悬梁/正梁

3029 **给予**(給) 丙 〔部首〕纟 〔笔画〕9

jǐyǔ (give)

[动]给(gěi)：～帮助|～同情|～优惠待遇|这是领导～我们的光荣任务|在困难的时候，是他～我热情的帮助。

【近义词】给/赋予

【提示】“给予”的“给”不读 gěi；“给”gěi 见第2216条。

3030 **挤**(擠) *甲 〔部首〕扌 〔笔画〕9

jǐ (v. jostle; adj. crowded)

[动]❶在拥挤的环境中用身体排开人或物：别～了|人多～不出来|公共汽车上的人太多了，～了半天才下车|大家～一～，给这位老大爷让个座。❷用压力使从空隙中出来：～牛奶|～牙膏|～时间|最近太忙，好不容易才～出半天来轻松轻松|你要～时间学习，不能太放松自己|他正在往桶里～牛奶。

[形]〈乙〉(人、物)紧紧靠拢在一起；(事情)集中在同一时间内；拥挤：屋里～满了人|广场上～得水泄不通|这儿太～了，咱们快走吧|这样安排，时间太～，还是把时间安排得松一点儿好。

【近义词】[形]拥挤

【反义词】[形]松/松动

【构词】挤兑/挤压/挤眉弄眼

3031 **几**(幾) 甲 〔部首〕几 〔笔画〕2

jǐ (how many)

[代]❶询问数目(估计数目不太大)：～个|～天|～本|～点|～斤|～碗|～根|这是～斤梨？|你能在家住～天？|你～时回来？❷表示大于1小于10的不定数目：～本书|十～岁|～百人|现在的书真贵，100块钱都买不了～本|今天来上课的就～个人|十～岁的孩子怎么走得了这么长的路？

【近义词】❶多少

【提示】“几”又读 jī，见第2948条“几乎”。

【构词】几多/几个/几何学/几时/几许

3032 **几何** 丁

jǐhé (geometry)

[名]几何学：平面～|立体～|解析～|～图形|今天上午有～课|～没考好。

【构词】奈何/任何/如何/为何/无可奈何/无论如何

3033 **迹象** 丁 〔部首〕辶 〔笔画〕9

jìxiàng (sign)

[名]指表露出来的不很显著的情况，可借以推断过去或将来：许多～|败落的～|好的～|不少～|什么～|这种～|种种～表明他就是小偷|有不少～说明大熊猫曾经来过这里|许多～表明海平面在慢慢升高。

【近义词】现象/预兆/征候/征兆

【提示】"迹"不读 jī。

3034 **技能** 丙 〔部首〕扌 〔笔画〕7

jìnéng (technical ability)

[名]掌握和运用专门技术的能力：掌握～|～高低|劳动～|专业～|职业高中很重视培养学生的专业～|劳动～是在实践中不断提高的|～的培养与知识的传授同等重要。

【近义词】技巧/技术/能力

【构词】技法/技工/技师/技艺

3035 **技巧** 丙

jìqiǎo (skill)

[名]表现在艺术、工艺、体育等方面的巧妙技能：～提高了|～比赛|～一般|～高超|表现～|运用～|绘画～|全部～|一种～|演员的～很重要|他的演奏～得到专家的一致好评|这幅画显示了作者高超的绘画～。

【近义词】技能/技术

3036 **技术**(術) 甲

jìshù (technology)

[名]人类在利用自然和改造自然的过程中，积累起来并在生产劳动中体现出来的经验和知识，也泛指其他操作方面的技巧：学～|～革新|～水平|～领域|～高超|电子～|尖端～|既要学文化，也要学～|王师傅的操作～最好|开展一场～革命|他掌握了修理汽车的～。

【近义词】技能/手艺

【构词】国术/幻术/剑术/马术/美术/魔术/骗术/权术/拳术/手术/算术/巫术/武术/相术/心术/学术/妖术/医术/艺术/战术/不学无术

3037 **技术员**(員) 乙

jìshùyuán (technician)

[名]技术人员的职称之一，在工程师的指导下，能够完成一定技术任务的技术人员：张～的业务很好|这位是我们车间的～|他今年刚评上～|这活儿～能干，我们也能干。

3038 **季** 丙 〔部首〕禾 〔笔画〕8

jì (season)

[名]❶一年分春夏秋冬四季，一季三个月：春～|冬～滑雪赛|《大众电影》是月刊，不是～刊。❷季节：雨～|旱～|旺～|淡～|新加坡无四季之分，只有雨～和旱～|现在是卖空调的旺～|现在是蔬菜淡～，所以菜很贵。

【提示】①"季"字上边是"禾"，不能写成"木"。②季，姓。

3039 **季度** 丁

jìdù (quarter)

[名]以一季为单位时称为季度：～奖|四个～|哪个～|今年没有～奖，只发年终奖|这本杂志预定在第三～出版|本～的生产任务已经完成。

【近义词】季

3040 **季节**(節) 乙

jìjié (season)

[名]一年里的某个有特点的时期：～性|农忙～|严寒～|什么～了，你还穿这么厚的衣服！|秋天是收获的～

|秋天是北京最美的～。

3041 **寄** *甲 〔部首〕宀 〔笔画〕11

jì (post)

[动]❶通过邮局递送：～信|～钱|～包裹|可以～|～过好几次|我去邮局～信||稿件～出去了|包裹已经～走了。❷〈乙〉付托；寄托：～存|～希望于青年|你可以把书先～存在我这里|这孩子只好～托您代为照看|我对考大学已不～什么希望了。❸〈丁〉依附别人；依附别的地方：～食|～居|他结婚好几年了，没有房子，只好～居在父母家|他在我这里已经～居了三年|我一直在他家～食。

【近义词】❶邮/邮寄/投寄；❷存/放/寄存/寄托/存放/寄予

【反义词】❶收；❷取/提取

【构词】寄存/寄放/寄怀/寄居/寄身/寄生/寄生虫/寄食/寄售/寄宿/寄宿生/寄予/寄语/寄寓/寄人篱下

3042 **寄托** 丁

jìtuō (leave with)

[动]❶托付：可以～|想～|不能～|把孩子～在邻居家里|我母亲的生活就～给你了，一切请多关照。❷把理想、希望、感情等放在(某人身上或某种事物上)：～着期望|～人们的哀思|希望～在你们身上|作父母的把希望都～在孩子身上了|作者把自己的思想、情感～在剧中主人公身上。

【近义词】❶寄存/托付

【构词】拜托/衬托/付托/烘托/假托/摩托/枪托/全托/日托/入托/受托/推托/委托/信托/依托/重托/嘱托/转托

3043 **寂静** 丁 〔部首〕宀 〔笔画〕11

jìjìng (quiet)

[形]没有声音；很静：～打破了|～无声|显得～|～的夜晚|～的田野|～得可怕|喜欢～|异常～|夜深了，四周一片～|他们在～的乡间小路上漫步|一阵尖利的警笛声划破了夜的～。

【近义词】安静/清静/幽静

【反义词】吵闹/喧闹/热闹

【构词】寂寥/寂然

3044 **寂寞** 丙

jìmò (lonely)

[形]❶孤单冷清：～得厉害|不会～|忍受～|感到～|～的老人|他没有儿女，每天～地打发日子|晚上只剩下我一个人在家里，真是～|只要有书看，我就不觉得～了。

【近义词】孤寂/孤单/孤零零/寂寥/枯寂/落寞

【反义词】热闹

3045 **计**(計) 丙 〔部首〕讠 〔笔画〕4

jì (n. idea; stratagem; plan; v. count)

[名]❶主意；策略；计划：～策|缓兵之～|眉头一皱，～上心来|百年大～，质量第一|他中(zhòng)了～|这是他的缓兵之～，你不要上当|我们设～捉住了罪犯。❷测量或计算度数、时间等的仪器：时～|体温～|晴雨～|你家有体温～吗？|墙上的电子～时器正指着12点。

[动]计算：核～|共～|数以万～|～数|～有|这两个月的租金共～500元|我们赛跑，请你～时|今天参加工作的～有80人|这孩子才三岁，已经会简单地～数了。

【近义词】[名]计策/计谋/办法

【提示】计，姓。

【构词】计策/计程车/计谋/计数器/计算尺/计议

3046 **计划**(劃) 甲

jìhuà (n./v. plan)

[名]工作或行动以前预先拟定的具体内容和步骤:五年～|教学～|工作～|生产～|拟订～|制定～|国家的～|改革的～|整个～|周密的～|一项～|～部门|我们的行动～暂时保密|人类必须有～地利用自然资源|今年的工作～还没制定出来|这份教学～应再修改一下。

[动]做计划;打算:～生育|～修路|～得详细|认真地～|先～一下再动手|学校～盖一座教学大楼|他～暑假去西藏旅行。

【近义词】[名]规划/蓝图;[动]打算/筹划/筹算/谋

3047 **计较**(較) 丁

jìjiào (fuss about)

[动]❶计算比较:斤斤～|过分地～|不要～|不～|你不要～别人提意见的方式|他从不～个人的得失。❷争论:好(hào)～|经常～|我不同你～,等你心平气和了再说|别～了,静下来谈一谈不好吗?

【近义词】❶权衡/衡量;❷争论/争辩/争执

3048 **计算** *乙

jìsuàn (calculate)

[动]❶根据已知数目通过数学方法求得未知数:～人数|～产值|需要～|～一下|～的方式|这道题太难,我～不出来|这个月生产了多少产品,你要认真～一下|这堆土有几方,等～完了再告诉你。❷〈丙〉考虑;筹划:仔细～|应该～|他这人做事向来不～|你应该～一下下一步该怎么走。

【近义词】计/算

3049 **计算机**(機) 丙

jìsuànjī (computer)

[名]能进行数学运算的机器:～系|～专业|～课|～商店|～培训班|买～|用～|学～|～的性能|～的种类|～的型号|当今的时代是～的时代|你家的～是什么型号的?|他还不会用～|他正在学～。

【近义词】电脑

3050 **记**(記) 甲 〔部首〕讠 〔笔画〕5

jì (remember)

[动]❶把印象保持在脑子里:～不清|～生词|～了两遍|用不着～|容易～|～的方式|好～|～住|下午～着再提醒我一声|他家的电话号码我～不清了。❷记录;记载;登记:～事|～日记|～笔记|～账|～一大功|上课的时候应认真～笔记|我把你的地址～下来。

【反义词】❶忘怀/忘记/忘却/遗忘

【构词】记仇/记分/记工/记功/记挂/记过/记恨/记录片/记念/记取/记认/记事/记述/记诵/记叙/记叙文/记要

3051 **记得** 乙

jìde (remember)

[动]想得起来;没有忘掉:一定～|不～|事情的经过现在还～|这件事不～是在哪一年了|这个人我已经不～了。

【近义词】记着

【反义词】忘/忘记

3052 **记号**(號) 丁

jìhao (mark)

[名]为引起注意,帮助识别、记忆而做的标记:做～|清楚的～|没有～|有一个～|联络～|请你在有问题的地方做个～|虽然做了～,但还是想不起是怎么一回事了|这条路走得对,树上有他留的～。

【近义词】代号/符号/标记

3053 **记录**(録) *乙

jìlù (v. take notes; n. notes)

[动]把听到的话或发生的事写下来:开始～|认真地～|～大家的发言|这本书～了他半生的事迹|你把他说的话～下来|在审讯时,我～了他的供词。

[名]❶当场记录下来的材料:查阅～|会议～|历史的～|秘书的～|演讲～|试验～|详细的～|这份～还没有整理好|查一下上个月的会议～。❷〈丙〉在一定时期、一定范围以内记载下来的最高成绩:世界～|创造～|刷新～|全国～|跳高～|最好～|他是这项～的保持者|这项世界～是我国运动员创造的|他保持着三项田径世界～。❸〈丙〉做记录的人:推荐他做～|谁做～?|他是这次大会的～。

【提示】也作"纪录"。

【构词】笔录/抄录/登录/附录/纪录/节录/目录/取录/实录/收录/书录/语录/摘录/著录/转录

3054 **记性** 丁

jìxing (memory)

[名]记忆力:～好|～坏|我的～|他的～|您瞧我这～,什么都忘|您老都80岁了,～还这么好|我～不好,你得(děi)多提醒我。

【近义词】记忆力

【反义词】忘性

【提示】多用于口语中,书面语多用"记忆力"。

3055 **记忆**(憶) 乙

jìyì (v. remember; n. memory)

[动]记住或想起:清楚地～|能够～|学会～|对往事,老人～得很清楚|我～不清楚了|现在我还能够～起小时上学的学校。

[名]保持在脑子里的过去事物的印象:～犹新|留下美好的～|童年的～|难忘的～|永恒的～|痛苦的～|一个辛酸的～|这次欧洲之行给他留下美好的～|儿时的～总是难忘的|大学的生活,我至今～犹新。

【近义词】回想/回忆

【反义词】忘怀/忘记/忘却/遗忘

3056 **记忆力** 丁

jìyìlì (memory)

[名]记住事物的形象或事情经过的能力:～强|～弱|～好|～差|锻炼～|小王的～真好,十年前的事他还记得清清楚楚|年纪大了,～就差了|我的～没他好。

【近义词】记性

【反义词】忘性

3057 **记载**(載) 丙

jìzǎi (record)

[动]把事情写下来:历史～|～了他的事迹|～得很详细|不便～|真实地～|血与火的历史,～了他的光辉业绩|作者在这篇文章里详细地～了他童年的经历|这本书真实地～了那段历史。

【近义词】记录
【反义词】抹/抹去/抹掉
【提示】“记载”不要读作 jìzǎi。“载”zài 见第 7990 条。
【构词】登载/刊载/连载/转载/三年五载/一年半载

3058 **记者** 乙

jìzhě (journalist)
[名]通讯社、报社、电台等采访新闻和写通讯报道的专职人员:新华通讯社～|～招待会|著名～|首席～|战地～|体育～|他大学毕业后就进报社做了～|他是中央电视台的～|报社～纷纷来采访他|他就这个问题回答了～的提问。

3059 **忌** 丁 〔部首〕心 〔笔画〕7

jì (envy)
[动]❶忌妒:猜～|别瞎猜～,根本没那回事。❷怕:顾～|～惮|有了两三次作案的经验以后,他就无所～惮了。❸认为不适合而避免:～嘴|～生冷|胃都成这样了,还不～嘴!|他自小～食羊肉。❹戒除:～烟|～酒|为了孩子的健康,从明天开始我～烟了。
【近义词】忌讳/戒/怵/怕
【构词】忌辰/忌妒/忌讳/忌口/忌日/忌食/忌嘴

3060 **既** 乙 〔部首〕儿 〔笔画〕9

jì (both … [and])
[连]跟“且”、“又”、“也”等副词呼应,表示两种情况兼而有之:～高且大|～聪明又用功|～要有干劲,也要有科学的态度|她～懂书画,又懂音乐,真是全才|她～聪明又漂亮,怪不得男孩子都喜欢她。
【近义词】又
【构词】既定/既而/既是/既往不咎

3061 **既…也…** 乙

jì…yě… (both … and …)
固定搭配,连接两个结构相同或相似的词语,后一部分表示进一步的说明:既要学好听说课,也要学好阅读课|他既会踢足球,也会打排球|她既很能干,也很贤惠。

3062 **既…又…** 乙

jì…yòu… (as well as)
固定搭配,表示同时具有两个方面的性质或情况。连接动词或形容词:这孩子真不错,既听话又能干|这房子装修得不错,既豪华又高雅。

3063 **既然** 乙

jìrán (now that)
[连]用在上半句话里,下半句话往往用副词“就”、“也”、“还”跟它呼应,表示先提出前提,而后加以推论:～知道错了,就应当赶快纠正|你～一定要去,我也不便阻拦|～病了,你就好好儿在家休息,不要来上课了。
【近义词】既是

3064 **继**(繼) 丁 〔部首〕纟 〔笔画〕10

jì (continue)
[动]继续;接续:～任|中～线|前仆后～|相～落成|老张离休了,他的～任是个三十几岁的年轻人|多少先烈为了祖国的解放,前仆后～,英勇牺牲。
【近义词】连/继续
【反义词】断
【构词】继承权/继承人/继而/继父/

继母/继配/继任/继室/继子/继往开来

3065 **继承** 丙

jìchéng (inherit)

[动]❶依法承受(死者的遗产等):~权|~人|~财产|~遗产|~皇位|老皇帝死了以后,谁来~他的皇位?|他现在花的,都是他从父亲那里~来的财产|他不愿~母亲的遗产,放弃了自己的那份权利。❷泛指把前人的作风、文化、知识等接受过来:~光荣传统|~文化遗产|~优良作风|~革命精神|我们应该批判地~古代文化遗产|他~了喜欢读书的家风。❸后人继续做前人遗留下来的事业:~先烈的遗志|可以~|全部~|~的方式|把老一辈人开创的事业~下去。

【构词】秉承/担承/奉承/师承/仰承/应承/轴承/一脉相承

3066 **继续**(續) 甲

jìxù (continue)

[动](活动)连下去;延长下去;不间断:~不停|~工作|~说|~休息|~上升|~下雨|同学们~学习|比赛~进行|这种情况再也不能~下去了。

【近义词】连续/持续

3067 **纪律**(紀) 乙 〔部首〕纟 〔笔画〕6

jìlǜ (discipline)

[名]政党、机关、部队、团体、企业等为了维护集体利益并保证工作的正常进行而制定的要求每一个成员遵守的规章、条文:~严明|遵守~|制定~|违反~|两条~|外事~|劳动~|革命~|他经常迟到、旷工,严重违反了劳动~|课堂~是完成教学任务的重要保证。

【提示】纪,姓。

【构词】纪纲/纪录/纪录片/纪年/纪念碑/纪念币/纪念册/纪念馆/纪念品/纪念日/纪念塔/纪念章/纪实/纪行/纪元

3068 **纪念** 乙

jìniàn (v. commemorate; n. souvenir)

[动]❶用事物或行动对人或事物表示怀念:~烈士|值得~|隆重~|~活动|今天我们开大会,~"五四"运动80周年|为~毛泽东诞辰100周年,他们出版了这套大型画册。

[名]用来表示纪念的物品:~册|~品|~碑|~塔|~章|~日|~堂|这张照片是父亲留给他的~|邮电部特为这次运动会发行了一套~邮票|这支笔留给你做个~吧。

【近义词】怀念/庆祝

【提示】也作"记念"。

3069 **纪要** 丁

jìyào (summary)

[名]记录要点的文字:新闻~|会谈~|会议~|她把谈判~交给了我|这是会谈~,你看一下吧。

【提示】也作"记要"。

3070 **嘉奖** 丁 〔部首〕士 〔笔画〕14

jiājiǎng (commend)

[动]称赞和奖励:~三军将士|~有功人员|受到~|通令~|这个连队在军事训练中成绩优异,受到上级~|他学习勤奋,受到~|市里~了保护公共财产的有功人员。

【近义词】称赞/奖励

【反义词】惩罚

【提示】作名词时指称赞的话语或奖

励的实物：最高的～｜大家的信任，就是对我最好的～。

【构词】褒奖/过奖/夸奖/评奖/授奖/受奖/中（zhòng）奖

3071 **夹**（夾） ＊乙 〔部首〕一 〔笔画〕6

jiā （press from both sides）

［动］❶从两个相对的方面加压力，使物体固定不动：～住｜～起来｜用钳子～住烧红的铁块｜两座大山～着一条小沟｜你在左，我在右，他～在中间。❷夹在胳膊底下：～着书｜～着皮包｜可以～着走｜东西买得太多，两手拿不过来，他只好把书～在腋下。❸〈丙〉夹杂；搀杂：～在人群里｜风声～着雨声｜白话中～着文言，念起来不顺口｜今天很冷，雨里～着雪粒。

【近义词】❸搀/混

【构词】夹板/夹板气/夹壁墙/夹层/夹带/夹道/夹缝/夹攻/夹击/夹角/夹生饭/夹馅/夹心

3072 **夹杂**（雜） 丁

jiāzá （be mingled with）

［动］混杂：没～｜不～｜～着｜～在一起｜锣鼓声和鞭炮声～在一起｜他心里没有～一丝邪念｜我听出了他笑声里～着不安。

【近义词】搀杂/混杂

3073 **夹子** 丙

jiāzi （clip）

［名］夹东西的器具：发～｜皮～｜讲义～｜文件～｜钱装在皮～里｜碗太烫，他只好用～把碗取了出来｜风大，把衣服用～夹上吧｜他夹着一个讲义～。

3074 **佳** 丙 〔部首〕亻 〔笔画〕8

jiā （good）

［形］美；好：～句｜～人｜～音｜成绩甚～｜身体欠～，恕不远送｜老王，你的～作获奖了｜每逢～节倍思亲｜最近我身体欠～，不能陪您去上海了。

【近义词】美/好

【反义词】坏

【构词】佳话/佳节/佳境/佳句/佳丽/佳酿/佳偶/佳品/佳期/佳趣/佳人/佳肴/佳音/佳作

3075 **家** ＊甲 〔部首〕宀 〔笔画〕10

jiā （n. family; m. *for families or business establishments*; suf. *used after certain nouns to indicate a specified kind or class of people*）

［名］❶家庭；人家：有～｜无～｜～中｜～里｜他～的生活十分幸福｜你～发生了什么事？｜他～有四口人｜李～和王～是亲戚。❷家庭所在的地方：回～｜我的～在北京｜我刚搬的～。❸〈乙〉经营某种行业的人家或具有某种身份的人：农～｜厂～｜渔～｜我们应该尊重厂～的意思｜树林前边有一户农～｜船～送我们过了河，却不要船钱。❹〈丙〉学术流派：儒～｜法～｜百～争鸣｜一～之言｜学术问题不能搞一言堂，应该提倡百～争鸣｜这也算是一～之言吧，我们应该尊重｜他是研究墨～思想的。

［量］用来计算家庭或企业等：一～饭馆｜两～商店｜这样的学校，全国独此一～｜这里住着两～人。

［尾］用在某些名词后面，指掌握某种专门学识或从事某种专门活动的人：政治～｜文学～｜艺术～｜科学～｜李政道先生是世界著名的物理学～。

【提示】①“家”用在某些名词后面，表

示属于那一类人，读轻声，如：女人～｜男人～｜姑娘～。②家，姓。

【构词】家财/家蚕/家产/家常话/家丑/家祠/家当/家底/家电/家法/家访/家风/家规/家鸡/家计/家家/家教/家境/家居/家眷/家口/家里/家门/家谱/家禽/家雀/家人/家什(shi)/家史/家世/家室/家书/家鼠/家私/家兔/家小/家信/家学/家训/家严/家燕/家宴/家养/家业/家用/家园/家院/家贼/家宅/家珍/家政/家族/家破人亡/家徒四壁

3076 家常 丁

jiācháng (the daily life of a family)

[名]家庭日常生活：～话｜～便饭｜拉～｜她们俩谈起～来｜饭馆里的菜咱也做不来，就随便吃点儿～便饭吧｜我只会说～话，不会说官场辞令。

【近义词】日常

3077 家畜 丁

jiāchù (livestock)

[名]人类为了经济或其他目的而驯养的兽类，如猪、牛、羊、马、骆驼、家兔等：除了种地外，还养了些～｜靠饲养～发了财｜他去买了些～的饲料。

【近义词】牲畜

【提示】"畜"又读 xù，见第 7251 条"畜产品"。

【构词】耕畜/公畜/力畜/母畜/肉畜/乳畜/牲畜/役畜/仔畜

3078 家伙(傢) 乙

jiāhuo (tool; weapon)

❶指工具或武器：干活儿的～｜吃饭的～｜种地的～｜这种～很好使｜没有～干不了这个活儿。❷指人(含轻视或戏谑意)：这～一看就不像好人｜这～净干坏事｜小～很机灵｜你这～还真有两下子！

【近义词】❶工具/东西

3079 家具(傢) 乙

jiājù (furniture)

[名]家庭用具，主要指木器，也包括炊事用具：木制～｜～展览｜～展销｜定做～｜购买～｜大～｜小～｜摆～｜老式～｜这～真漂亮，在哪儿买的？｜他家摆的全是老式～｜这些红木～真贵。

【提示】①"家具"的"具"有时也可读轻声。②除了"家伙"和"家具"是"傢"的简化字之外，其他的"家"均没有对应的繁体字。

3080 家属(屬) 丙

jiāshǔ (family members)

[名]家庭内户主本人以外的成员，也指职工本人以外的家庭成员：我的～｜谁的～｜带～｜～院｜随军～｜春游的时候，可以带～｜这个～院真大｜她是我的～｜～每年可以到部队探一次亲。

3081 家庭 甲

jiātíng (family)

[名]以婚姻和血统关系为基础的社会单位，包括父母、子女和其他共同生活的亲属在内：～承包｜～教育｜～幸福｜～和睦｜建立～｜农民～｜普通～｜大～｜小～｜一个～｜～成员｜～人口｜～教师｜～妇女｜～教养｜～矛盾｜工人～｜知识分子～｜幸福的～是相似的｜他有一个幸福美满的～｜她在这个四世同堂的～里生活得很幸福。

【近义词】家

3082 **家务**(務) 丁

jiāwù (household duties)

[名]家庭事物:操持~|~劳动|干~活|整天看(kān)孩子,忙~|~活儿永远干不完|星期天干了一天~,真累。

3083 **家乡**(鄉) 乙

jiāxiāng (hometown)

[名]自己的家庭世代居住的地方:~变样了|~富裕了|离开~|思念~|保卫~|建设~|战士的~|~的父老|~的口音|~的山水|~的特产|他来北京十几年了,~的习惯还是改不了|我的~这几年大变样了|他7岁就离开了~。

【近义词】老家/故乡

3084 **家喻户晓**(曉) 丁

jiā yù hù xiǎo (be known to every household)

每家每户都明白:这消息很快就~了|通知要尽快下发,力争做到~|牛郎织女的故事在中国~。

【构词】报晓/薄晓/分晓/拂晓/揭晓/破晓/知晓

3085 **家长**(長) 丁

jiāzhǎng (the head of a family)

[名]❶家长制之下的一家中为首的人:~制|~作风|在我们这个大家庭里,爷爷是~,他的话谁都得听|你要什么~威风!❷指父母或其他监护人:好~|称职的~|学生~|学校明天开~座谈会|作为学生的~,我有权提意见。

【提示】"长"又读 cháng,见第717条。

3086 **加** *甲 〔部首〕力 〔笔画〕5

jiā (add)

[动]❶两个或两个以上的东西或数目合在一起:2~3等于5|喜上~喜|我们三个人,再~上你,人数够了|把这两堆苹果~在一起,够分了。❷〈乙〉使数量比原来高;增加:~大|~强|~快|~急|~了一个人|大家再~一把劲儿,争取在天黑前把活儿干完|三斤不够,再~一斤|~大改革力度|~强纪律。❸〈乙〉把本来没有的添加上去;安放:~符号|~注解|这个问题是有点儿难,~上注解就容易明白了。❹〈丁〉加以:不~考虑|严~管束|事情比较复杂,不~考虑地仓促行事,难免出错|这孩子要严~管束|这把椅子稍~修理就能用。

【反义词】减

【提示】加,姓。

【构词】加班费/加倍/加大/加法/加固/加害/加号/加价/加劲儿/加快/加料/加码/加冕/加塞儿(sāir)/加数/加添/加温/加楔/加薪/加压/加油添醋/加枝添叶

3087 **加班** 丁

jiā bān (work overtime)

在规定以外增加工作时间或班次:经常~|必须~|能~|可以~|不要~|为了赶这批活儿,工人们经常~加点|怎么回来这么晚?是不是又~了?|昨天晚上加了一夜班。

【提示】离合词,中间可插入其他成分,如:加一天班|加了班。

3088 **加工** 乙

jiā gōng (process)

❶将原材料、半成品等制成成品,使达到规定的要求:木器~|塑料~|~厂|~工业|经过~,这些半成品都成

了成品|我们公司下设木器～厂。❷指做使成品更完美、精致的各种工作:这件作品还有点儿小毛病,再～一下就更漂亮了|这个零件还得再～一下|这件衣服的领子,你再加加工吧。

【提示】离合词,中间可插入其他成分,如:加一次工|加过工。

3089 **加急** 丁

jiājí (expedite)

[动]加快速度,变得急促而猛烈:这件事得～处理|咱们得～工作,不然就来不及了|他的呼吸～,病情越来越危险。

【构词】发急/告急/缓急/火急/焦急/紧急/窘急/救急/起急/危急/心急/性急/应(yìng)急/着急/操之过急/当务之急/轻重缓急/燃眉之急/十万火急

3090 **加紧**(緊) 丙

jiājǐn (step up)

[动]加快速度或加大强度:～复习|～脚步|～工作|～生产|～教育|～试验|～了封锁|必须～|努力～|～田间管理|为了迎接奥运会,运动员们～训练|元旦快到了,商业部门～组织货源|学生们正～复习,迎接考试。

【近义词】加快/加速

【反义词】放松/放慢

3091 **加剧**(劇) 丁

jiājù (intensify)

[动]加深严重程度:病情～|危险～|双方的武装冲突有～的趋势|紧张的局势进一步～|病情～,赶快通知家属。

【近义词】增加

【反义词】减轻/减缓

3092 **加强** 乙

jiāqiáng (strengthen)

[动]使更坚强或更有效:力量～了|～纪律|～团结|～法制|～国防|～管理|～联系|～学习|开始～|需要～|得到～|普遍～|～思想工作|普及法律知识可以～群众的法律观念|工人们的纪律观念得到了～|我们要～团结,搞好工作|工厂要～管理。

【近义词】增强/加紧

【反义词】减弱/削弱

3093 **加热**(熱) 丁

jiā rè (heat)

使物体的温度增高:把牛奶～|把水～|馒头都凉了,放到锅里加加热。

【提示】离合词,中间可插入其他成分,如:加一下热|加过热|加了热。

3094 **加入** 丙

jiārù (add)

[动]❶加上;掺进去:酒中～冰块|面粉中～水|菜中～一点儿味精,味道就更美了。❷参加(成为组织的一员):～工会|～科研的行列|中国即将～世界贸易组织|球迷协会欢迎更多的球迷～|他～了戏剧家协会。

3095 **加深** 丁

jiāshēn (deepen)

[动]加大深度;变得更深:友谊～了|矛盾～|～感情|～理解|可以～|迅速～|～的原因|随着时间的推移,他们的感情一天天地～|为了～理解,他们经常在一起聊天儿|他们之间的

矛盾～了。

【构词】高深/艰深/精深/幽深/资深/纵深/莫测高深

3096 加速 丙

jiāsù (accelerate)

[动]加快速度：～步伐｜～建设｜～工作｜～进度｜火车开始～｜夏天的高温使食物的腐烂～了｜汽车出了城，不断～｜排长命令～前进。

【近义词】加紧/加快

【反义词】放慢/放松/减缓/减速

3097 加以 *乙

jiāyǐ (v. *used before a disyllabic verb to indicate that the action is directed towards sth. or sb. mentioned earlier in the sentence*; conj. in addition)

[动]用在多音节的动词前，表示如何对待或处理前面所提到的事物：～考虑｜～克服｜～说明｜～制裁｜～讨论｜～推广｜对这本书的内容他不曾～评论｜您三十多年宝贵的教学经验应该～总结。

[连]〈丁〉用在因果复句中，表示进一步的原因和条件：我本来就不想去，～有点儿头痛，所以就没去｜他是初次到南方，～水土不服，很快病倒了。

【近义词】[动]予以

3098 加油 丙

jiā yóu (refuel; lubricate)

❶在汽车、飞机、拖拉机等油箱里加油类燃料；在机械的轴承部分加润滑油：～站｜你的汽车该～了｜请给我的自行车加点儿油｜我的车没油了，前面有没有～站？❷(～儿)比喻进一步努力；加劲儿：～干｜运动员，～！

【提示】离合词，中间可插入其他成分，如：加把油｜加点儿油｜加过一次油。

3099 加重 丁

jiāzhòng (make heavier)

[动]增加重量或程度：负担～了｜病情～｜～剥削｜～语气｜不能～｜继续～｜过分地～｜～的原因｜听到孙子不幸身亡的消息，奶奶的病情一下就～了｜爸爸去世后，妈妈的负担又～了。

3100 颊(頰) 丁

〔部首〕页
〔笔画〕12

jiá (cheek)

[名]脸的两侧从眼到下颌的部分，俗称脸蛋儿：两～｜面～｜两～飞起了红晕｜他的面～上长了一颗痣｜两～被风吹得通红。

【近义词】脸

3101 甲 *丙

〔部首〕曰
〔笔画〕5

jiǎ (first)

[名]❶居第一位：～等｜他的考试成绩列在～等。❷爬形动物和节肢动物身上的硬壳：龟～｜～壳虫｜龟～非常坚硬。❸〈乙〉手指和脚趾上的角质硬壳：指～｜指～长(cháng)了，该剪了。❹〈丙〉围在人体或物体外面起保护作用的装备，用金属、皮革等制成：盔～｜装～车｜丢盔卸～｜他身穿盔～，看上去很是威武｜敌人丢盔卸～，大败而逃。

【提示】甲，姓。

【构词】甲虫/甲骨文/甲鱼/甲状腺

3102 甲板 丁

jiǎbǎn (deck)

[名]轮船上分隔上下各层的板(多指最上面即船面的一层):～上|走上～|～上站了很多看日出的人|他站在～上,望着蔚蓝的大海,陷入沉思|浪很大,人们在～上站也站不稳。

3103 **假** 乙 〔部首〕亻 〔笔画〕11

jiǎ (false)

[形]虚伪的;不真实的;伪造的;人造的(跟"真"相对):～话|～发|～牙|～仁～义|那件事一点儿不～,是我亲眼看见的|这部电视剧的情节～得要命|他这个人最爱说～话|你怎么能卖～药?|这个人很～,大家都不喜欢他。

【近义词】伪/伪造/虚伪/虚假/虚妄

【反义词】真/真诚/真实

【提示】"假"又读 jià,见第 3120 条。

【构词】假扮/假充/假道学/假借/假面具/假名/假嗓子/假山/假释/假手/假说/假死/假托/假想/假象/假牙/假意/假造/假公济私/假仁假义

3104 **假定** 丁

jiǎdìng (v. suppose; conj. if)

[动]姑且认定:你～他不会帮助你,你就自己干吧。

[连]如果:～他明天起程,后天就可以到达|～甲方胜诉,乙方就得向甲方赔款 20 万。

3105 **假冒** 丁

jiǎmào (pass oneself off as)

[动]冒充:～名牌|～厂长|～法官|～工作人员|坚决把～伪劣产品赶出市场|他～警察,进行诈骗|你的产品～名牌,是要受罚的。

3106 **假如** 丙

jiǎrú (if)

[连]如果:～明天不下雨,我一定去|～你说得是真的,那我把钱借给你|～她不乐意,那我决不勉强。

【近义词】假若/倘若/倘或/倘使/要是/如果/假设

3107 **假若** 丙

jiǎruò (if)

[连]如果:～你遇到这种事,你该怎么办?|～这事的主角是你,你又会怎么样?|～我考上大学,我一定请客。

【近义词】假如/倘若/倘或/倘使/要是/如果/假设

【构词】莫若/如若/设若/倘若/宛若

3108 **假设**(設) 丁

jiǎshè (suppose)

[连]如果:这本书印了 10 万册,～每册只有一名读者,那也有 10 万个读者|～我去还办不成,那就只有劳您大驾了|～你是法官,这个案子你怎么断?

【近义词】假如/倘若/倘或/倘使/要是/如果

【提示】"假设"作名词时,指设想,尤指科学研究上根据客观现实提出的推测性说明(这些假定性的解释一经实践证明是正确的,就成为理论):宇宙大爆炸的～,目前还没有完全证实|这种～完全有可能成立。

【构词】安设/摆设/常设/陈设/创设/分设/建设/开设/铺设/添设/虚设/增设

3109 **假使** 丙

jiǎshǐ (if)

[连]如果:～你同意,我们明天一清早就出发|～吃了这种药有反应,就

立即停止服用｜～你马上就走，那还来得及。

【近义词】假如／倘若／倘或／倘使／要是／如果／假设

3110 **假装**(裝) 丁

jiǎzhuāng (pretend)

[动]故意装出一种动作或姿态来掩饰真相：～高兴｜～生气｜～生病｜～商人｜～学生｜妈妈轻轻地叫了两声，她～睡着了，没有答应｜为了不扫大家的兴，我只好～很高兴｜这种病症～不出来，看样子他是真病了｜他～生病，不去上课。

【近义词】伪装／装／装假

3111 **价**(價) 丙 〔部首〕亻 〔笔画〕6

jià (price)

[名]❶价格：物～｜差～｜零售～｜批发～｜物美～廉｜近几年物～上涨得比较快｜这种商品是什么～儿？｜商品上应该标出～儿｜你们那儿的物～怎么样？❷价值：等～交换｜你卖东西，我付钱，咱们这可是等～交换｜这是无～之宝。

【近义词】价格／价钱

【构词】价码／价目／价签／价值连城

3112 **价格** 乙

jiàgé (price)

[名]商品价值的货币体现，如，一件衣服卖5块钱，5块钱就是这件衣服的价格：～上升｜～浮动｜～便宜｜～稳定｜～昂贵｜～相同｜提高～｜降低～｜调(tiáo)整～｜商品～｜过去的～｜收购～｜批发～｜零售～｜你们那儿这种冰箱的～是多少？｜这里的～真便宜｜最近电器～不断下降。

【近义词】价／价钱

3113 **价钱**(錢) 丙

jiàqian (price)

[名]价格：～公道｜西红柿的～是多少？｜这衣服是什么～买的？｜我不知道这衣服的～，因为是别人送我的。

【近义词】价格／价

【提示】“价钱”比“价格”更多用于口语。

3114 **价值** *乙

jiàzhí (value)

[名]❶积极作用：没有～｜很有～｜参考～｜使用～｜人的～｜科学～｜有～的作品｜这本工具书没有多少参考～｜这部作品的艺术～不大。❷〈丁〉体现在商品里的社会必要劳动，价值量的大小决定于生产这一商品所需要的社会必要劳动时间的多少，不经过人类劳动的东西如空气，即使对人们有使用价值，也不具有价值：～降低｜商品～｜～很高｜衡量～｜永恒的～｜～是一切商品所共有的东西｜劳动形成商品的～。

3115 **架** 丙 〔部首〕木 〔笔画〕9

jià (put up)

[动]❶支撑；支起：～桥｜～电线｜～起来｜～不住｜把这两块木板～起来就是个床｜梯子～在墙上｜许多居民楼的房顶上都～起了共用天线。❷招架：用棍子～住砍过来的刀｜～不住他一再恳求，我只好答应了。

【近义词】❶架设／支

【提示】作名词时指殴打或争吵的事：打～｜吵～｜劝～｜这小两口，三天两头地吵～｜他们又打起来了，你快去劝～吧。

【构词】架不住／架次／架得住／架豆／

架空/架势/架子/架子车

3116 **架** 乙

jià (m. *for sth. which rests on a tripod or stand*)

[量]多用于有支柱的或有机械的东西:几～飞机|两～书|院里种着一～葡萄|那～藤萝开得真好。

3117 **架子** 丙

jiàzi (stand; shelf)

[名]❶由若干材料纵横交叉地构成的东西,用来放置器物、支撑物体或安装工具等:书～|碗～|衣裳～|花瓶～|骨头～|保险刀的～|把托盘放在～上|书～上摆着许多书|把碗放在碗～上。❷比喻事物的组织、结构:写文章要先搭好～|这部作品的～已搭好,要不了几天就能完工。❸自高自大、装腔作势的作风:官～|拿～|他一点儿～都没有|官不大,～倒不小|他就喜欢拿～。❹架势:锄地有锄地的～,一拿锄头就看出来他是个内行|他摆开了要大干一场的～。

3118 **驾**(駕) 丁 〔部首〕马 〔笔画〕8

jià (drive)

[动]❶使牲口拉(车或农具):两匹马～着车|那匹～车的马真健壮。❷驾驶:～车|～飞机|～马车|张老头可是～车的老把式|他～着马车在田野上飞奔|他因违规行驶,～车执照被没(mò)收了。

【构词】驾临/驾御/驾辕/驾云/驾轻就熟

3119 **驾驶**(駛) 丙

jiàshǐ (drive; pilot; steer)

[动]操纵(车、船、飞机、拖拉机等);使行驶:～飞机|～汽车|～卡车|开始～|要求～|学习～|练习～|熟练地～|小心地～|～人员|～技术|～执照|～水平|～的方法|老韩从前～过多种型号的汽车,开摩托自然难不倒他|小王只花了两个星期就学会了～汽车|他～飞机从未出过事故。

【近义词】开/驾

【构词】飞驶/疾驶

3120 **假** 丙 〔部首〕亻 〔笔画〕11

jià (holiday)

[名]按照规定或经过批准暂时不工作或不学习的时间:病～|寒～|暑～|请～|续～|休～|销～|春节放～四天|王主任,孩子病了,我明天请个～|放～的时候我去旅行|我休了一个月的病～,但还没好,只好续～。

【提示】“假”又读 jiǎ,见第 3103 条。

【构词】假日

3121 **假期** 丙

jiàqī (vacation)

[名]放假或休假时期:愉快的～|短暂的～|度过～|盼～|有～|你们的～多长?|～打算干什么?|我想在～里好好儿休息休息。

【近义词】假日

3122 **假条**(條) 乙

jiàtiáo (application for leave)

[名]写明请假理由和期限的纸条子:病～|事～|写个～|一张～|想请假可以,让大夫写个～来|麻烦你把我的～带给老师|这是小王的～,他今天请半天事假。

3123 **嫁** *丙 〔部首〕女 〔笔画〕13

jià（[of a woman] marry）
［动］❶女子结婚（跟“娶”相对）：出～|～人|～女儿|～不出去的姑娘|瞧你这厉害样儿，将来～人谁敢要？|我才不～人呢。❷〈丁〉转移（罪名、损失、负担等）：转～|～祸于人|自个儿干的事自个儿承担，别想～祸于人|不能将损失转～到顾客身上。
【构词】嫁祸/嫁接/嫁人/嫁妆

3124 **歼灭**（殲滅） 丙 〔部首〕歹 〔笔画〕7
jiānmiè（annihilate）
［动］消灭（敌人）：～敌人|～入侵者|～土匪|完全～|彻底～|集中优势兵力，各个～敌人|我们要打一场～战|要～敌人的有生力量|敌人已被我们全部～。
【构词】歼击/歼击机/歼灭战

3125 **监察**（監） 丁 〔部首〕皿 〔笔画〕10
jiānchá（supervise）
［动］监督各级国家机关和机关工作人员的工作，并检举违法失职的机关或工作人员：～部|～局|～处|～科|向～处举报|给～局写信|向～人员反映情况|这个情况向～处反映后，他们已派人进行了调查取证工作|在反腐败斗争中～部门起了重要作用。
【近义词】督察
【构词】监测/监场/监房/监工/监管/监护/监禁/监控/监牢/监守/监听/监押/监制/监守自盗

3126 **监督** 丙
jiāndū（supervise）
［动］察看并督促：上级～|群众～|必须～|开始～|逃避～|民主～|～作用|～的方式|领导必须接受群众的～|她在市场上做物价～工作|政府机关要接受人民的～|群众的～有利于克服官僚主义。
【近义词】督察/督促/监视

3127 **监视**（視） 丙
jiānshì（keep watch on）
［动］从旁注视，以便发觉不利于自己方面的活动：～敌人|～着天空|～得很严|停止～|秘密地～|～的目标|严密地～敌人|每隔一天就把～的情况向上级作一次汇报|他正在～盗窃集团的活动。
【近义词】监督

3128 **监狱**（獄） 丙
jiānyù（prison）
［名］监禁犯人的场所：关进～|蹲～|第二～|模范～|敌人的～|敌人把他关进了～|他刚从～里释放出来|他是蹲过～的人|他是～里的工作人员。
【近义词】牢房/大狱/囚牢/牢狱
【构词】地狱/断狱/劫狱/决狱/牢狱/入狱/下狱/冤狱/越狱

3129 **坚持**（堅） 甲 〔部首〕土 〔笔画〕7
jiānchí（persist in）
［动］坚决保持、维护或进行：～原则|～真理|～锻炼|～工作|～不懈|自觉～|顽强地～|努力～|～的结果|为了监视罪犯的活动，他在雨地里～了一整夜|她不顾病痛，～把试验做完了|他是一个敢于～原则的人。
【近义词】持续/保持
【反义词】间断/中断/中止/断断续续/放弃
【提示】坚，姓。
【构词】坚忍/坚守/坚毅/坚贞/坚壁清野/坚不可摧

3130 **坚定** 乙

jiāndìng (adj. firm; v. strengthen)

[形](立场、主张、意志等)稳定坚强;不动摇:～的信念|～的立场|～的态度|～的性格|～的语调|～地回答|立场～得很|他～地站在人民一边|在敌人的监狱里,他表现得很～。

[动]使坚定:～立场|～信念|～了方向|～了必胜的信念|在斗争中他们～了必胜的信念|领导干部们～了为人民服务的方向。

【近义词】[形]坚决/坚毅/果断/坚强/顽强

【反义词】[形]犹豫/动摇/迟疑/犹疑

3131 **坚固** 丙

jiāngù (solid)

[形]结合紧密,不容易破坏;牢固;结实:工事～|结构～|楼房～|力求～|盖得～|确实～|～耐用|～的阵地|我的盾～得很,什么矛也戳(chuō)不破|商品的～耐用是十分重要的质量标准|赵州桥不仅形式优美,而且结构～。

【近义词】坚硬/坚实/稳固/牢固

3132 **坚决** 乙

jiānjué (resolute)

[形](态度、主张、行动等)确定不移;不犹豫:应当～|执行得～|～拥护|～反对|～要求|态度异常～|我们～完成任务|他说话时态度非常～|我们要与落后、愚昧的旧思想做～的斗争。

【近义词】果断/坚定/坚强

【反义词】犹豫/迟疑/踌躇

3133 **坚强** 乙

jiānqiáng (strong)

[形]强固有力,不可动摇或摧毁:意志～|相当～|～的堡垒|～的核心|～地生活|孩子们个个都很～|艰难时需要～,欢乐时需要谨慎|他终于～地战胜了病魔。

【近义词】刚强/刚毅/坚韧/坚定/坚毅/顽强

【反义词】软弱/脆弱/懦弱/薄弱

3134 **坚韧**(韌) 丁

jiānrèn (firm and tenacious)

[形]坚固有韧性:意志～|显得～|确实～|～的性格|～的精神|～无比|你看那毛竹扁担多么～|她就是靠～和顽强战胜了重重困难|他有着～的性格,什么困难也压不倒他。

【近义词】坚忍/坚强/坚毅/柔韧

【反义词】脆弱

3135 **坚实**(實) 丁

jiānshí (solid)

[形]❶坚固结实:～的基础|～的地基|～的步伐|用红木做的家具～得很|这地基很～,再加盖两层没问题|只有基础打得～,才能不断提高业务水平。❷健壮:身体～|他～的体魄是长期锻炼的结果。

【近义词】坚固/牢固/结实/扎实

【反义词】柔弱/薄弱

3136 **坚信** 丁

jiānxìn (firmly believe)

[动]坚决相信:～胜利|我～我们队会胜|～我们的事业一定会成功|我～你一定会考上大学。

【近义词】相信

3137 **坚硬** 丙

jiānyìng (hard)

[形]非常硬：质地～|冻得～|相当～|～的原因|～的山石|～的骨头|～的牙齿|这种核桃壳异常～|这种花岗石异常～|地冻得非常～，一镐挖下去，只留下一个白点。

【近义词】硬邦邦

【反义词】柔软/绵软/软绵绵/松软

【构词】粗硬/刚硬/僵硬/强硬/生硬/死硬/心硬/嘴硬/欺软怕硬

3138 **坚贞不屈**(貞) 丁

jiānzhēn bù qū (faithful and unyielding)

坚守气节，不向恶势力屈服：他在敌人的监狱里受尽了严刑拷打，百般折磨，但～，正气凛然|烈士们～的革命精神永远激励人们前进|中国人民～地同侵略者进行了殊死的斗争。

【近义词】忠贞不渝/宁死不屈/不屈不挠/百折不饶/宁为玉碎，不为瓦全

【反义词】屈节辱命/奴颜婢膝/卖身求荣

【构词】抱屈/卑屈/憋屈/不屈/负屈/叫屈/理屈/受屈/委屈/冤屈/宁死不屈

3139 **尖** ＊乙 〔部首〕小 〔笔画〕6

jiān (sharp)

[形]❶末端细小；尖锐：很～|～～的|铅笔削(xiāo)得太～了|她白嫩的皮肤，～～的下巴，长得挺漂亮|这把剪刀不～了，该磨一磨了。❷〈丙〉声音高而细：嗓子～|声音～|她的嗓子真～，再高的调门也唱得上去|她～声～气地叫我，我还以为是个小女孩儿呢|他是粗嗓子，不是～嗓子。❸〈丁〉(耳朵、眼睛、鼻子)灵敏：你的鼻子真～，还没到家就闻见饭菜的香味儿了|她的眼睛特别～，见过一面的人她都能认出来。

【构词】尖兵/尖刀/尖顶/尖刻/尖利/尖酸/尖细/尖嘴薄舌/尖嘴猴腮

3140 **尖端** 丁

jiānduān (n. pointed end; adj. most advanced)

[名]尖锐的末梢；顶点：刺刀的～|树枝的～|手指的～|他手指的～总感觉发麻|宝剑的～已经弯曲|筷子的～是红色的。

[形]发展水平最高的(科学技术等)：～科学|～技术|他是研究～科学的|这种～产品我们厂目前还生产不出来|制造这种机器需要引进～技术。

3141 **尖锐**(鋭) ＊乙

jiānruì (sharp-pointed)

[形]❶物体有锋芒，容易刺破其他物体的：锥子～|钉子～|竹签～|针头～|磨得～|削得～|～的匕首|这根竹子削得这么～干什么用？|铅笔削得太～容易断。❷(声音)高而刺耳：声音～|～得吓人|～得刺耳|～的汽笛声|～的叫声|我最怕听她唱歌，声音～得让人难受|深夜里，突然传来两声～的火车汽笛声|阵地上子弹不断发出～的呼啸声。❸〈丙〉认识客观事物灵敏而深刻：目光～|看问题～|看得～|～地揭穿|～地指出|～的目光|别看他年轻，看问题倒很～|他～地指出问题的关键是什么。❹〈丙〉(言论、斗争等)激烈：批评～|斗争～|言论～|矛盾～|谈话～|关系～|问题～|～得很|写得～|说得～|～的批评|～地指责|你们对他的批评太～了|他们之间的矛盾越来越～|这个问题提得十分～|那时我们生活在～复杂的斗争环境中|那时他在

斗争最～的地方搞地下工作。

【近义词】❶锐利/锋利/尖利；❸敏锐；❹激烈

【构词】精锐/敏锐

3142 **尖子** *丙

jiānzi (point)

[名]❶物体锐利的末端或细小的头儿：笔～|针～|刀～|塔～|他的手被针～扎了一下|你没把那座塔的～照进去|这支笔～坏了，换一个吧。❷〈丁〉超出同类之上的人或物品：培养～|出～|业务～|学习～|技术～|这是个专门培养业务～的学校|他们班出了好几个学习～|小王是我们车间的技术～|他们兄弟里就数他是个～|这可是头等的～货，抢手着呢。

【近义词】尖儿

3143 **间**(間) 甲 〔部首〕门 〔笔画〕7

jiān (m. *for rooms*)

[量]房屋的最小单位：一～屋子|一～卧室|两～门面|这～|那～|他家三～卧室，他住那个小间|他最近搬进了三～一套的新居|这～客厅真大，可以举行舞会了。

【提示】"间"又读 jiàn，见第 3185 条"间隔"。

【构词】间距/间量

3144 **煎** *丙 〔部首〕灬 〔笔画〕13

jiān (fry)

[动]❶烹饪方法，锅里放少量油加热后，把食物放进去使表面变黄：～鱼|～豆腐|～饺子|～鸡蛋|～馒头片|～好|～黄|～糊|～熟|～得好|～一下|～10分钟|他喜欢吃～饺子|带鱼～着吃更好吃|他把豆腐～糊了|时间不要太长，～几分钟，～黄了就行了。❷〈丁〉把东西放在水里煮，使所含的成分进入水中：～中药|～汤药|～两遍|他的药～好了|～中草药一般要～两遍|注意，别把药～糊了。

【近义词】❶炸；❷煮

【构词】煎熬/煎饼/煎迫/煎心

3145 **兼** 丙 〔部首〕八 〔笔画〕10

jiān (simultaneously)

[动]同时涉及或具有几种事物：～课|～工程师|～老师|～技术员|～写小说|～翻译资料|～得多|～一下|长期～|临时～|一直～|由他～|品学～优|～听则明|～收并蓄|他除了自己的工作以外，还～了一点儿别的课|他是这个公司的董事长～总经理|他除上课外，～搞点儿业余创作|职务～得太多，什么也搞不好|他临时在这里～点儿课|这个学生品学～优|要多听听大家的意见，～听则明嘛！

【构词】兼爱/兼备/兼并/兼程/兼顾/兼课/兼施/兼职/兼收并蓄/兼容并包

3146 **兼任** 丁

jiānrèn (hold two or more jobs concurrently)

[动]❶同时担任几个职务：～教员|～技术员|～董事长|由…～|～一年|长期～|临时～|他还在另一个学校～英语老师|这个车间主任还～厂里的工会主席|除了本职工作以外，他还～了好几个职务|他们成立了一个文化俱乐部，王老师～主任，刘老师～副主任|职工业余技术学校的校长就由王技术员来～吧|老王病了，由我临时～他的职务。❷不是专任的：～教员|～组长|～工会主席|他是～教员，一周只来上两次课|他是～工

会主席,他的主要工作是车间主任。
【近义词】兼
【反义词】专任

3147 **肩** 乙 〔部首〕户 〔笔画〕8

jiān (shoulder)
[名]人的胳膊或动物前肢和躯干相连的部分:～宽|并～|擦～|耸～|两～|一家的生活重担压在他的～上|我量一下你的～有多宽|我看见他俩并着～在公园散步|昨天我和他擦～而过,他没看见我|他没回答我的问题,只是耸了一下～|他把箱子扛在～上往车站走去。
【近义词】肩膀
【构词】肩负/肩荷(hè)/肩头/肩窝/肩章

3148 **肩膀** 丁

jiānbǎng (shoulder)
[名]人的胳膊或动物前肢和躯干相连的部分:～宽|～圆|～硬(能担负重大责任)|他的～又宽又厚|他拍着我的～说:"好好儿干吧,你一定能成功!"|他的～真有劲儿,一次可以扛两袋米。
【近义词】肩
【提示】在口语中一般儿化。

3149 **艰巨**(艱) 乙 〔部首〕又 〔笔画〕8

jiānjù (arduous)
[形]困难而繁重:任务～|工作～|事业～|斗争～|工程～|建设～|相当～|无比～|～的任务|三峡水利工程相当～|那时和敌人的斗争十分～|领导把最～的工作交给了我们|当我们开始工作以后,才体会到任务的～。
【近义词】艰辛/艰难/繁重/艰苦
【反义词】容易
【构词】艰窘/艰涩/艰深/艰危/艰险/艰辛/艰苦卓绝

3150 **艰苦** 乙

jiānkǔ (hard)
[形]艰难困苦:农民～|工作～|条件～|生活～|环境～|岁月～|劳动～|历尽～|饱尝～|～极了|打得～|进行得～|异常～|十分～|～锻炼|～奋斗|～作战|～学习|～创作|～研究|～的人们|～的日子|～的历程|这里农民的生活比较～|那里的工作条件异常～|这位老人一生饱尝了生活的～|这项工程进行得确实～|学习也是一项～的劳动|在那～的岁月里,出现了很多感人的事迹|～的环境才能锻炼人的意志。
【近义词】辛苦/艰辛/艰难/劳苦/困苦
【反义词】舒适/舒服/富足/优裕/宽裕

3151 **艰难**(難) 丙

jiānnán (difficult)
[形]事情复杂,不能顺利进行或发展:生活～|处境～|呼吸～|步履～|做事～|种田～|不畏～|觉得～|过得～|生活得～|进行得～|变得～|～地说|～地做|～地得到|～的事情|～的岁月|～的日子|～的生活|战争年代人民的生活多么～啊!|这场战斗进行得相当～|现在出门坐车不是那么～了|他非常～地找到了一份工作|～的处境使他变得坚强起来。
【近义词】困难/艰辛/艰苦
【反义词】轻松/容易
【提示】"艰难"的"难"在这里不能读成 nàn。"难"nàn 见第 4614 条。
【构词】繁难/烦难/犯难/两难/万难/为(wéi)难/畏难/疑难/作难

3152 **艰险**(險) 丁

jiānxiǎn (perilous)

[形]困难和危险:不畏～|山路～|路途～,你要做好充分的准备|山路～,你要加倍小心。

3153 **奸** 丁 〔部首〕女 〔笔画〕6

jiān (wicked)

[形]虚伪、狡猾;自私:人～|藏～要滑|～得很|～得要命|～计|～臣|那个人～得很,少跟他来往|这个人干活儿可～了,净找轻活儿干|小心,别中了他的～计!

【近义词】奸诈/狡猾

3154 **茧**(繭) 丁 〔部首〕艹 〔笔画〕9

jiǎn (cocoon)

[名]❶某些昆虫的幼虫在变成蛹之前吐丝做成的壳,通常是白色或黄色的:作～|蚕～|一个～|蚕已开始吐丝作～了|蚕～是缫丝的原料|你这样做等于作～自缚,结果反而使自己受困。❷手掌脚掌因磨擦而生成的硬皮:长(zhǎng)～|老～|厚～|他整天干粗活儿,手都磨出～来了|他那长满老～的手,一看就知道是个勤劳的老农民|长期刻写蜡版,中指上磨出一块厚厚的～。

3155 **检测**(檢測) 丁 〔部首〕木 〔笔画〕11

jiǎncè (test)

[动]检查测量:～质量|～水位|～温度|～成分|～含量|～的准备|进一步～|准确地～|自我～|～要求|～报告|～产品质量的结果,合格率为80%|他每天都要～一下水位|铅的含量是多少,还没准确地～过|你每天可以做一下血压的自我～|汽车出厂时都要做尾气～|这是质量～报告。

【近义词】检验/测定/检查

【提示】检,姓。

3156 **检查** *甲

jiǎnchá (v. examine; n. self-criticism)

[动]❶为发现问题用心查看:～身体|～卫生|～视力|～护照|～车辆|～作业|～原因|～纪律|～得严格|～得认真|～得仔细|～得及时|～一次|～两遍|仔细～|认真～|定期～|按时～|挨家挨户地～|挨个儿～|一件一件地～|全面～|你去～一下他们卫生搞得怎么样|事故的原因～出来了吗?|他们对来往的车辆～得很严格|学校每年定期给小学生～一次身体|你一件一件地～一遍,东西肯定没有丢。❷〈乙〉找出缺点和错误,并做自我批评:～问题|～错误|～缺点|～思想根源|～得深刻|～得认真|～得好|认真～|～两遍|你要好好儿地～一下贪污问题|你要认真～犯错误的根源|你要深刻地～～为什么跟乘客吵架|他～了两遍,都不深刻。

[名]指检查的行为或检查的内容:写～|做～|他这两天在家写～呢|你要在群众大会上做～|这个～写得太不认真了。

【近义词】[动]❶检测;❷检讨;[名]检讨

3157 **检察** 丁

jiǎnchá (procuratorial work)

[动]检举核查;考察:～部门|～机关|司法机关正在～审理这个案件|这个案子由～部门处理|他是～机关的一个～员。

3158 **检举**(舉) 丁

jiǎnjǔ (inform against)

[动]向司法机关或其他有关国家机关和组织揭发违法、犯罪行为：～坏人|～罪行|积极～|立刻～|向司法机关～|向有关单位～|他～了公司领导的贪污行为|见到坏人坏事就应立刻～|人们向有关机关～了这个部门的问题。

【近义词】揭发/举报

3159 **检讨**(討) 丙

jiǎntǎo (v. self-criticize; n. self-criticism)

[动]找出缺点或错误，并做自我批评：～缺点|～错误|～问题|～得认真|～得深刻|～得诚恳|～一回|～一番|彻底～|老老实实～|好好地～|他深刻地～了自己的错误|他～得很诚恳，大家都很满意|关于你跟顾客吵架的事，要好好儿地～。

[名]指检讨的行为或检讨的内容：写～|做～|进行～|书面～|～会|明天你别来上班，在家写～|这事是我不对，我来做～|大家对他的～非常不满意|这事你回去再写一个书面～。

【近义词】检查

3160 **检修** 丁

jiǎnxiū (overhaul)

[动]检查并修理(机械、建筑物等)：～工具|～房屋|～设备|～自行车|～热水器|～完|～不了|好好儿地～|经常～|定期～|这房子一下雨就漏，该找人～一下了|这些设备都～过了，没有问题|线路还没～完，不能使用|为了安全，热水器要定期～。

3161 **检验**(驗) 丙

jiǎnyàn (examine)

[动]检查验看：～产品|～质量|～成果|～指纹|～伤痕|～性能|～理论|～一遍|～了半天|进行～|接受～|经不起～|彻底～|仔细地～|～的标准|～的目的|～的对象|严格～|检查员的～|时间的～|这批产品已经～过了|他认真地～产品的质量|这种锅防腐蚀的性能怎么样，要～一下|他的那套理论经不起实践的～|～的结果证明，这种产品的防水性能不错|这部作品经受住了时间的～。

【近义词】检查/检测

3162 **碱** 丙 〔部首〕石 〔笔画〕14

jiǎn (alkali)

[名]❶含氢氧根的化合物的统称，能跟酸中和生成盐，如氢氧化钠、氢氧化钾等。❷含有10个分子结晶水的碳酸钠，无色晶体，用作洗涤剂，也用来中和发面中的酸味：～多|～少|～大|放～|～大了，蒸出的馒头发黄|～少了，面就发酸|和(huó)面时～要放得合适。

【近义词】❷苏打

【构词】碱地/碱化/碱土/碱性

3163 **拣**(揀) *乙 〔部首〕扌 〔笔画〕8

jiǎn (pick up)

[动]❶把地上的东西拿起来：～麦穗|～柴火|～破烂|～球|～钱包|～手表|～得多|～得快|～干净|～起来|难～|认真～|孩子们在地里～麦穗|跟他打乒乓球，尽～球了，真没意思|他从地上～起一个钱包，大声喊："这是谁的？"|把扔在地上的废纸～干净！❷〈丙〉挑选：～机会|～好的|～

大的｜～便宜的｜挑肥～瘦｜东挑西～｜你～个机会把这封信交给她｜他净～大个儿的吃｜他总是～容易干的活儿做｜这孩子净～好听的话说｜时间来不及了，咱们～近道走吧｜他东挑西～的，到现在也没选中一个女朋友。

【近义词】❶捡/拾；❷挑/选

【反义词】❶丢/扔/甩

【提示】"拣"用作义项❶时，也可写作"捡"。

【构词】拣选

3164 **捡**(撿) 乙　〔部首〕扌〔笔画〕10

jiǎn (pick up)

[动]把地上的东西拿起来：～麦穗｜～柴火｜～球｜～石头｜～破烂｜～垃圾｜～起来｜～来｜～到｜他们一边玩一边～树枝｜我喜欢去海边～贝壳｜过去他们家靠～破烂维持生活｜快把地上的书～起来｜这个钱包是在公园里～到的｜我～来了很多红叶。

【近义词】拾/拣

【反义词】丢/扔/甩

3165 **简便**(簡) 丙　〔部首〕竹〔笔画〕13

jiǎnbiàn (simple and convenient)

[形]简单方便：方法～｜手续～｜计算～｜包装～｜使用～｜～得很｜～极了｜图～｜～的算法｜～的办法｜这种演算方法比较～｜这种工具使用起来～得很｜现在办理护照的手续～多了｜要想得周到一些，别只图～｜我找到了一种～的制作方法。

【近义词】简单

【反义词】复杂/繁琐

【提示】简，姓。

【构词】简报/简本/简编/简化字/简捷/简洁/简介/简历/简练/简略/简慢/简朴/简谱/简省/简缩/简写/简讯/简章/简装

3166 **简称**(稱) 丁

jiǎnchēng (v. be abbreviated to; n. abbreviation)

[动]简单地称呼：化学肥料～化肥｜北京大学～北大｜全国妇女联合会～全国妇联｜中国科学技术协会～中国科协。

[名]较复杂名称的简化形式："全国侨联"是中华全国归国华侨联合会的～｜"人代会"是人民代表大会的～｜"中国文联"是中国文学艺术界联合会的～。

3167 **简单**(單) *甲

jiǎndān (simple)

[形]❶结构单纯；头绪少；容易理解、使用或处理：设备～｜结构～｜工具～｜工作～｜问题～｜内容～｜动作～｜原理～｜方式～｜办法～｜手续～｜饭菜～｜行李～｜生活～｜计划～｜回答得～｜写得～｜解释得～｜想得～｜过分～｜～地答复｜～地讨论｜～的问题｜～的情节｜故事的内容十分～｜这个机械原理～极了｜这个报告写得过于～｜我们～地讨论一下这个问题｜请～介绍一下这本书的情节。❷〈乙〉(经历、能力等)平常、不稀奇(多用于否定式)：人不～｜经历～｜能力不～｜他的工作能力很不～｜他的第一篇小说就得了奖，真不～｜他们一家人都不那么～！不是经理就是教授。❸〈丙〉(做事)不认真；不细致：～交待｜～从事｜他～交待了几句就走了｜这个问题很重要，可不能～从事。

【近义词】❶简洁/简略；❷平凡/普通/一般；❸草率/马虎

【反义词】❶复杂/繁杂；❸细致/认真

3168 **简短** 丁

jiǎnduǎn (brief)

[形]说话或写文章言词不长，内容简单：说话～|文章～|报道～|说明～|解释～|说得～|写得～|～地说|～地写|～的评论|～的话|他的话虽然～，但给人印象很深|这篇报道写得～有力|他～地发表了自己的意见|他在报上发表了一篇～的评论|他～的几句话，就把观众吸引住了。

【近义词】简练/简洁/简略/简要

【反义词】冗长/详尽/详细

3169 **简化** 丁

jiǎnhuà (simplify)

[动]把繁杂的变成简单的：手续～|汉字～|婚礼～|仪式～|生活～|～字|办旅游手续应～一下|这个字早已～了|我对汉字～很赞同。

3170 **简陋** 丁

jiǎnlòu (simple and crude)

[形](房屋、设备等)简单粗糙；不精美：房子～|设备～|陈设～|设施～|条件～|盖得～|布置得～|～的茅屋|～的工厂|这一带的房屋都相当～|这个工厂设备～得不得了|他家的客厅布置得很～|他长期在这样～的条件下工作|那时他们一家就住在一间～的茅草屋里。

【近义词】简单/简易/粗陋

【反义词】齐全/完善/完备

【构词】鄙陋/丑陋/粗陋/浅陋

3171 **简明** 丁

jiǎnmíng (concise)

[形]简单明白：文章～|说话～|章程～|规则～|～得很|十分～|～地说|～地汇报|～的道理|～的情况|写文章要～扼要|这个章程十分～|他的发言～、深刻|他～地说明了这个道理|请你写一份～的调查报告。

【近义词】简要/简练/扼要

【反义词】详细/繁琐/冗长

3172 **简体字**(體) 丁

jiǎntǐzì (simplified Chinese character)

[名]用简体写法写出的汉字：写～|用～|认识～|会～|“體”的～是“体”|现在的小学生只认识～。

【近义词】简化字

【反义词】繁体字

3173 **简要** 丁

jiǎnyào (brief)

[形](写文章、说话等)简单、明白，能抓住重点：文章～|提纲～|说明～|内容～|文字～|章程～|力求～|要求～|写得～|叙述得～|介绍得～|交代得～|～地阐明|～地汇报|他的文章～、深刻|报告的内容力求～|那里的情况你可以介绍得～一些|请你～地阐明一下你的观点|我只写了一个～的提纲|先制定一个～的规划。

【近义词】简练/扼要/简明/简略

【反义词】详尽/详细/繁琐

3174 **简易** 丁

jiǎnyì (simple and easy)

[形]❶简单而容易的：方法～|手续～|～得很|～英语|这种制作方法十分～|办理这类手续～得很|我学的是《～英语读本》。❷设施简陋的：～楼房|～公路|～运货车|他住的是～

楼房｜村子里修了一条～公路｜他就靠那辆～运货车采购货物。

【近义词】❶简便/简单;❷简陋

【反义词】❶复杂;❷完备/完善

3175 **简直** 丙

jiǎnzhí (simply)

[副]表示完全如此(带有夸张的语气):～太多了｜～跟真的一样｜～是奇迹｜～是糟透了｜～是个孩子｜～累得直不起腰来｜～忙得喘不过气来｜你的家布置得太漂亮了,～像宫殿!｜他的汉语说得～跟中国人一样｜他一说起来～就没完没了(liǎo)｜这～是在喊,哪是唱!｜这件事～太奇怪了｜今天他高兴得～连饭都不想吃了。

【近义词】几乎

3176 **剪** 乙 〔部首〕刀 〔笔画〕11

jiǎn (cut)

[动]用剪刀等使东西断开:～布｜～纸｜～窗花｜～绳子｜～指甲｜～树枝｜～羊毛｜～头发｜～短｜～齐｜～碎｜～开｜～坏｜～得好看｜～得合适｜～一下｜～不动｜难～｜乱～｜故意～｜细心地～｜你的指甲该～了｜这窗花～得真漂亮｜谁给你～的头发?都没～齐｜这铁丝太粗,我～不动｜这篇文章我想～下来｜你若不会～树枝就别乱～。

【近义词】裁

【构词】剪报/剪裁/剪除/剪刀差/剪辑/剪接/剪贴/剪影/剪纸/剪子/剪草除根

3177 **剪彩** 丁

jiǎn cǎi (cut the ribbon at an opening ceremony)

在新造车船出厂、道路桥梁首次通车、大建筑物落成或展览会等开幕时举行的仪式上剪断彩带:大桥通车～10点开始｜市领导参加了这项工程落成典礼的～仪式｜请您为我们饭店建成～。

【提示】离合词,中间可插入其他成分,如:他剪的彩｜剪了彩｜剪过彩。

3178 **剪刀** 丁

jiǎndāo (scissors)

[名]使布、纸、绳等东西断开的铁制器具,两刃交错,可以开合:～快｜～钝｜磨～｜一把～｜这把～很快,小心手｜～钝了,该磨一磨了｜绳子解不开,用～剪吧｜他的工作就是磨～、磨菜刀｜他拿着一把小～在剪指甲。

【近义词】剪子

【构词】宝刀/冰刀/菜刀/柴刀/车刀/刺刀/锉刀/大刀/单刀/钢刀/刮刀/尖刀/戒刀/军刀/开刀/砍刀/镰刀/猎刀/麻刀/马刀/跑刀/佩刀/球刀/剃刀/屠刀/瓦刀/腰刀/铡刀/战刀/折刀/主刀/捉刀

3179 **减** *乙 〔部首〕冫 〔笔画〕11

jiǎn (subtract)

[动]❶从原有的数量中去掉一部分:～价｜～租｜～分｜～人｜～刑｜～一部分｜～去｜～下来｜～掉｜年末商店里大～价｜如果犯规就要～分｜把多余的人～下来｜五～三还剩多少?｜盖房子可不能偷工～料啊!｜办学校的经费不能再～了。❷〈丙〉降低;衰退:～压｜～速｜～饭量｜～温｜～产｜～锐气｜～干劲｜～信念｜～志气｜～下来｜因水灾,粮食产量～了很多｜车子开到市中心时,速度逐渐～下来｜由于身体不好,饭量大～｜他虽然年老了,但干劲不～当年｜我对成功的信念丝毫未～。

【反义词】加/增/添
【构词】减法/减肥/减号/减缓/减价/减免/减色/减数/减缩/减退/减削/减薪/减刑/减员/减租

3180 **减产**(產) 丁

jiǎn chǎn (drop in production)
产量减少;减少生产:粮食~|棉花~|造成~|避免~|逐年~|大量~|~的原因|虽遇上旱灾,粮食并没~|为了避免~,应及早采取措施|因管理不利,造成油料作物~|要尽快解决棉花大量~的问题|已经找出造成粮食~的原因。
【反义词】增产
【提示】离合词,中间可插入其他成分,如:减了产|减不了产。

3181 **减低** 丁

jiǎndī (lower)
[动]降低:~物价|~速度|~温度|~标准|~强度|~兴趣|大大地~|稍有~|最近物价稍有~|开车到市中心时要~速度|价钱没变,但分量~不少|这样也好,可以~一下他那狂热的情绪|这么一来,我对写诗的兴趣大大地~了。
【近义词】降低/下降
【反义词】上升

3182 **减轻**(輕) 乙

jiǎnqīng (lighten)
[动]减少重量、数量或程度:负担~|任务~|责任~|病情~|体重~|~痛苦|~压力|~税收|~重量|~困难|~不了|~了很多|适当地~|尽量~|~的办法|儿女们工作以后,他的家庭负担~了很多|打了针以后,他的病情大大地~了|他控制饮食以后,体重~了两公斤|这次行军,请大家尽量~行李的重量|他帮助我~了很多工作上的困难|他的话~了我精神上的压力。
【近义词】减少/减弱/减免
【反义词】加剧/加重
【构词】见轻/看轻/口轻/年轻/手轻

3183 **减弱** 丁

jiǎnruò (weaken)
[动](气势、力量等)变弱:风势~|力量~|势力~|兴趣~|呼吸~|凝聚力~|能量~|势必~|逐渐~|大风刮了一夜,现在逐渐~|敌人被消灭了一个团,势力必然~|A组的力量只能加强,不能~|实验的失败,并没有~他进行科学研究的兴趣|这场激烈的战斗,大大地~了敌人的力量。
【近义词】削弱/减少/减退
【反义词】加强/加剧

3184 **减少** 乙

jiǎnshǎo (reduce)
[动]减去一部分:人数~|费用~|利润~|废品~|产量~|时间~|矛盾~|~病号|~经费|~消耗|~犯罪|~污染|~成本|~了很多|~得厉害|~要求|继续~|适当地~|大量地~|努力~|~的原因|今年学生人数不但没~,反而增加了|他们车间的废品大大~了|希望大家尽量~浪费|他要求~工作量|现在吸烟的人逐渐~起来|加强教育,努力~犯罪的现象|他千方百计地~不必要的开支。
【反义词】增加/增多/增添

3185 **间隔**(間) 丁 〔部首〕门 〔笔画〕7

jiàngé (v. space; n. interval)

[动]隔开：～一周｜～两米｜～开｜～得大一点儿｜两个疗程之间要～一周｜每棵树之间要～1米｜两个村子被一条小河～开。

[名]事物在空间或时间上的距离：～匀整｜～整齐｜～远｜～长｜～大｜～宽｜有～｜苗与苗之间的～要均匀｜这两次疗程的～要多长时间？｜这两棵树的～至少要1米｜每行字之间要有一定的～，挤在一起多难看！

【近义词】[动]隔；[名]距离

【提示】"间隔"的"间"不能读成 jiān，"间"jiān 见第3143条。

【构词】间谍/间断/间或/间苗/间歇

分隔/相隔/悬隔/远隔/阻隔/天悬地隔

3186 间接 丁

jiànjiē (indirect)

[形]通过第三者发生关系的：～经验｜～关系｜～宾语｜～选举｜～了解｜～传染｜～造成｜我跟他是～的朋友关系｜这个词在句子里作～宾语｜我是通过老王～了解到这个情况的｜这种鸟吃害虫，～地保护了庄稼｜有很多病是～传染的。

【近义词】辗转

【反义词】直接

【构词】承接/对接/反接/焊接/嫁接/剪接/交接/连接/邻接/拼接/衔接/迎接/枝接/直接

3187 鉴别(鑒) 丁 〔部首〕金 〔笔画〕13

jiànbié (distinguish)

[动]根据不同事物的特点，在认识上加以区别：～古画｜～文物｜～真伪｜～真假｜～一下｜～出｜～得出来｜他能～出这个瓷瓶是哪个朝代的｜这幅古画是真是假，应该请人～一下｜他～出这个古瓶是伪造的｜这些古玩做得真精细，一般人～不出来真伪｜真假好坏他一眼就～出来了。

【近义词】辨别/区别

【构词】鉴察/鉴定人/鉴戒/鉴赏/鉴貌辨色/鉴往知来

3188 鉴定 丙

jiàndìng (v. appraise; n. appraisal)

[动]❶鉴别和评定人的功过、出身和优缺点：～出身｜～优缺点｜～表现｜～人品｜～一下｜这个人的工作表现已～过了｜大家给他～一下他一年来工作中的表现｜他的学历证书要～一下。❷辨别并确定事物的真伪、优劣：～文物｜～字画｜～碑帖｜～年代｜～式样｜～质量｜～含量｜～出｜请～一下这幅古画是不是真品｜已～出这个瓷盘是明末清初之物｜有关部门～出这种食品的铅含量已超过标准。

[名]评定人的优缺点或确定事物真伪优劣的文字：写～｜做～｜毕业～｜自我～｜工作～｜产品～｜质量～｜一份～｜每人都要写一份自我～｜我的毕业～还没做｜每年都要搞一次年终～｜买东西时应看看商品有没有质量～。

【近义词】鉴别

3189 鉴于 丁

jiànyú (in view of)

[介]觉察到；考虑到：～他的表现｜～这种情况｜～这种处境｜～现在的地位｜～目前形势｜～目前的情况，不急于做出决定｜～他平时工作中的表现，可以把这个重任交给他｜～他的健康状况，还是劝他提早退休的好｜～当前的经济状况，有的项目可以缓

一缓。

3190 **践踏**(踐) 丁　〔部首〕足　〔笔画〕12

jiàntà (trample)

[动]❶脚底接触地面或物体,踩:～草坪|～青苗|～庄稼|随意～|～得不成样子|牌子上写着"请勿～草坪"|教育孩子不要～青苗|这片草地被孩子们～得不成样子|这是庄稼,不可任意～。❷比喻摧残:～人权|～真理|～民主|～法律|～法制|～原则|受到～|肆意～|任意～|你不能总是这样～自己,要振作起来|那个时候人民的民主自由受到当权者的～|祖国的大好河山受到侵略者的～|法制被～得不成样子。

【近义词】❶踩/踏;❷糟踏/摧残

【反义词】保护/爱护

【构词】践诺/践行/践约

3191 **贱**(賤) *丙　〔部首〕贝　〔笔画〕9

jiàn (cheap)

[形]❶(价钱)低:菜～|水果～|～得很|～极了|～得多|～卖|～价|这一带的菜都很～|这西瓜价钱不～|过了时的服装经常是～价处理|小商店里的东西要～得多。❷〈丁〉地位低下:出身～|地位～|微～|贫～|～民|人无贵～之分|他虽出身低～,但人品高尚。

【近义词】❶廉;❷卑贱

【反义词】❶贵

3192 **见**(見) *甲　〔部首〕见　〔笔画〕4

jiàn (see)

[动]❶看到;看见:～人|～树|～汽车|～过|～到|～得多|～不着|视而不～|喜闻乐～|一进屋,只～他在低头看书|只闻其声,不～其人|这本书我在朋友家～过|我几天没～到老王了|这种事情我～得多了|这儿真好,真是百闻不如一～啊!❷会见;见面;接触;遇到:～领导|～外宾|～世面|我有事想～主任|他明天要～一位美国客人|孩子大了要出去～～世面|他的眼睛一～风就流泪|他一～血就晕|你不想再跟他～上一面吗?❸〈乙〉用在表示感觉、视觉、听觉、嗅觉等有关的动词后作补语,表示结果:看～|望～|听～|闻～|梦～|站在这儿能看～大海|你的声音太轻,我听不～|昨晚又梦～妈妈了|你再晚点儿来,就看不～他了|在楼下就能闻得～炸鱼的味儿。❹〈丙〉指明出处或需要参看的地方:～报纸|～右图|～左上角|～附录|～第139页|～《西游记》|这个报告的全文～明天的报纸|详情～他的来信|历代纪元表,～辞典的附录|人体的消化系统请～左图。❺〈丁〉看得出;显现出:～成效|～好转|～进步|～效果|～长进|～繁荣|～轻|初～|日～|他的工作已初～成效|他的学习日～进步|这孩子至今不～有多大长进|他吃了药,病～轻|我国的经济日～繁荣|原来他是这种人,真是日久～人心哪!

【近义词】❶❷瞧/看/瞅

【提示】见,姓。

【构词】见爱/见报/见不得/见地/见告/见怪/见教/见老/见礼/见谅/见面礼/见轻/见世面/见外/见闻/见习/见笑/见责/见长(zhǎng)/见证/见罪/见财起意/见多识广/见风使舵/见风是雨/见风转舵/见缝插针/见怪不怪/见棱见角/见钱眼开/见仁见智/见所未见/见微知著/见义勇为/见异思迁/见物不见人

3193 **见解** 丙

jiànjiě (view)

[名]对事物的认识和看法：～正确｜～新颖｜有～｜发表～｜提出～｜自己的～｜独到的～｜大胆的～｜不同的～｜这些～｜这个～｜你的这个～比较新颖｜每个人都可发表自己的～｜对这个问题他有他独到的～｜他大胆地提出了与众不同的～。

【近义词】观点/看法/意见

3194 **见面** 甲

jiàn miàn (meet)

彼此对面相见：～难｜跟他～｜见他一面｜见见面｜见一下面｜见上面｜见了一次面｜终于～｜难得～｜这次分手以后，再想～就不容易了｜我跟他好久没～了｜咱们约个时间见见面｜离开北京之前，希望能再见你一面｜我虽去上海了，但没跟他见上面｜他们一共见了三次面｜他终于跟分别五十多年的姐姐见了面｜我们虽在一个城市，一年却难得见一次面。

【近义词】会面/会见

【提示】离合词，中间可插入其他成分，如：见过面｜见不了面｜见一面。

3195 **见识**(識) 丁

jiànshi (v. enrich one's experience; n. experience)

[动]接触事物，扩大见闻：～人｜～事｜～世面｜～风土人情｜～一下｜～～｜～过｜农村劳动三年，使他～了不少人和事｜这次出国旅游，～了很多有趣的风土人情｜这个会你一定要参加，～～也好嘛！｜他从小娇生惯养，没～过什么大世面。

[名]见闻；知识：～广｜～多｜长(zhǎng)～｜有～｜没～｜他的～｜很多～｜你～广，你来跟大家说说｜这次进京开会真长了不少～｜此地非常闭塞，呆在这里，什么～也没有｜连《红楼梦》作者是谁都不知道，真没～！

【近义词】[动]认识；[名]知识/见闻

3196 **见效** 丁

jiànxiào (become effective)

[动]发生效力：～快｜不大～｜立刻～｜采用这些措施改变农村贫困面貌～快｜吃了许多药，总不～｜他想了各种办法消除朋友的疑虑，都不大～｜我对他说不做完作业不许玩游戏机，立刻～。

【近义词】生效

3197 **键盘**(鍵盤) 丁 〔部首〕钅 〔笔画〕13

jiànpán (keyboard)

[名]钢琴、风琴、打字机等上面安着很多键的部分：～不平｜～发黄｜～坏了｜钢琴的～｜风琴～｜打字机～｜这架钢琴的～高低不平｜我的琴坏了，～上有1/3的键按下去起不来｜他的手指在～上灵活地飞舞着｜要学打字，必须先熟悉～上的字母。

【构词】表盘/茶盘/底盘/地盘/舵盘/光盘/绞盘/冷盘/脸盘/罗盘/磨盘/碾盘/拼盘/棋盘/全盘/软盘/沙盘/算盘/胎盘/通盘/托盘/吸盘/营盘/硬盘/玉盘/转(zhuàn)盘

3198 **箭** 乙 〔部首〕竹 〔笔画〕15

jiàn (arrow)

[名]古代兵器，长约二三尺的细杆上装上尖头，杆的末梢附有羽毛，搭在弓弩上发射：～射出去｜拔～｜射～｜～法｜一支～｜古代的～｜现代的～｜现代的～一般用钢、铝合金、塑料等

制成|他每支～都射中(zhòng)了箭靶子|他～法很好,是射～运动员。

【构词】箭靶子/箭步/箭垛子/箭头/箭在弦上

3199 **件** 甲 〔部首〕亻 〔笔画〕6

jiàn (m. piece)

[量]用于衣服(多指上衣类)、个体器物、事情、案子、公文等。可儿化:一～大衣|两～衬衫|一～艺术品|三～家具|五～行李|一～大事|三～公文|几～首饰|天冷了,我要买一～羽绒服|他收藏了很多～艺术品|这套家具加上沙发一共七～|我只有一～行李|我今天来要告诉你两～事情|那～走私案办得怎样了?|今天收到两～公文。

【提示】衣服里"裙子"、"裤子"不能用"件",要用"条"。

3200 **健康** 甲 〔部首〕亻 〔笔画〕10

jiànkāng (n. health; adj. healthy)

[名](人体)生理机能正常,没有缺陷和疾病的状态;(事物)情况正常,没有缺陷的状态:影响～|老人的～|顾客的～|语言的～|饮食的～|思想的～|多喝酒会损害～|疗养了3个月,他的～很快恢复了|汽车尾气污染,影响了人们的～|说话要注意语言的～|身体的～固然重要,思想方面的～也不可忽视。

[形](人体)生理机能正常,没有缺陷和疾病;(事物)情况正常,没有缺陷:身体～|思想～|身心～|内容～|表演～|风气～|长得～|活得～|发展得～|～地成长|～地开展|～地活着|～的感情|～的状况|～的娱乐|～的食品|两位老人的身体非常～|这些小说的内容都是～的|这孩子长得很～|他们生活条件虽差,但活得挺～|孩子们在～地成长|我们的事业在～地发展|别让孩子们去玩那种不～的游戏|胡萝卜、花生、大豆都属于～食品。

【近义词】[形]健壮/强健/健美

【反义词】[形]衰弱/虚弱/瘦弱

【构词】健步/健儿/健将(jiàng)/健美操/健身房/健谈/健旺/健忘/健在

安康/杜康/小康

3201 **健美** 丁

jiànměi (vigorous and graceful)

[形]健康而美丽:身体～|体格～|～的体魄|～操|经常进行体育活动可以使你的身体更～|在我们中间她显得那么年轻～|这些运动员个个都有～的体魄|她每天都要做一个小时～操|要想有～的皮肤,请用这种化妆品。

【近义词】健壮

【构词】爱美/比美/臭美/醇美/纯美/肥美/丰美/甘美/和美/精美/俊美/柔美/审美/甜美/完美/秀美/优美/赞美/两全其美/十全十美/天不作美

3202 **健全** 丙

jiànquán (adj. sound; v. perfect)

[形]❶强健而没有缺陷:身心～|体魄～|肌体～|发育～|～的体格|这孩子大脑发育不很～|身心～是干好工作的基础|青少年应该具备～的体魄|没有健康的思想比没有～的肌体更可怕。❷(事物)完善,没有欠缺:设施～|法制～|制度～|设备～|～的规章制度|～的法制观念|～的队伍|这个实验室的设备十分～|你们这里的考勤制度不够～|应该制定～的规章制度|我们的事业要有～的法

制来保障｜我们缺少一支～的技术干部队伍。

[动]使完善；使完备：～组织｜～制度｜～机构｜～起来｜我们厂应该～生产制度｜逐步建立～各级司法机构｜要把医院的岗位责任制～起来。

【近义词】[形]❶健壮/健康；❷完善；[动]完善

3203 **健壮**(壯) 丁

jiànzhuàng (healthy and strong)

[形]强壮，有力气：身体～｜体格～｜体魄～｜孩子～｜长得～｜发育得～｜变得～｜十分～｜～的身体｜这小伙子体格相当～｜这孩子长得挺～｜这些小鹿养得多么～！｜不论做什么工作都应有个～的体魄。

【近义词】强壮/强健/健康

【反义词】虚弱

【构词】悲壮/粗壮/胆壮/肥壮/强壮/少(shào)壮/雄壮/茁壮/兵强马壮/老当益壮/理直气壮/身强力壮

3204 **渐**(漸) 丙 〔部首〕氵 〔笔画〕11

jiàn (gradually)

[副]表示程度、数量的逐步增减；一步一步地：～冷｜～热｜～暖｜～远｜～多｜～小｜天气～冷，注意添加衣服｜随着天气转暖，公园里游人～多｜经过治疗，他病已～愈｜车已～远，终于没了踪影。

【近义词】逐渐/渐渐/逐步

【反义词】突然

【提示】多用于书面语中。

【构词】渐次/渐进/渐近/渐显/渐隐/渐入佳境

3205 **渐渐** 乙

jiànjiàn (little by little)

[副]表示程度或数量随时间缓慢地增减：～接近｜～停止｜～习惯｜～暖和｜～大起来｜～低下去｜～慢下来｜～听不见｜～走远｜风～停了｜这里的生活我～习惯了｜树叶～黄了｜车速～慢下来｜天气～暖和起来｜～地，我了解了这个地方的风俗习惯。

【近义词】逐渐/逐步/渐次

【反义词】突然/骤然

【构词】日渐/逐渐/防微杜渐

3206 **溅**(濺) 丙 〔部首〕氵 〔笔画〕12

jiàn (spatter)

[动]液体受冲击向四外射出：～一身泥｜～一裤子水｜～上墨点｜～上油｜～到衣服上｜～起来｜～出来｜～得到处都是｜四处～｜飞～｜汽车飞驰而过，～我一身的水｜快套上围裙，免得油～到衣服上｜他一洗脚就把水～得满地都是｜他说话时唾沫星四处飞～｜海水拍打在岩石上，～起朵朵浪花｜你的墨水都～在我的本子上了。

3207 **建** *乙 〔部首〕廴 〔笔画〕8

jiàn (build)

[动]❶建筑；建造：～厂房｜～楼房｜～电站｜～水库｜～桥梁｜～住房｜～得好｜～得快｜～得多｜～起来｜～好｜～成｜新～｜扩～｜重(chóng)～｜马上～｜盲目地～｜这一带又～了不少居民楼｜国家准备在这里～一个大型水库｜这座立交桥～得又快又好｜这一片厂房不久前刚～起来｜人民大会堂～于1958年｜应该少～一些高级宾馆。❷〈丙〉设立；成立：～国｜～军｜～党｜～校｜～厂｜～团｜～起来｜～得早｜新～｜扩～｜刚～｜明年是我校～校一百周年｜刚～厂时只有几十个工人｜这个话剧团是什么时候～的？｜我

们这个技术小组一年前就～起来了|这个艺术学校～得比较晚|应该多～几个这样的福利院。

【近义词】❶造

【反义词】❶拆

【构词】建材/建盖/建功/建构/建设性/建树/建账/建置/建制/建筑物/建筑学

3208 **建交** 丁

jiàn jiāo (establish diplomatic relations)

建立外交关系:两国～|和…～|～10周年|已经～|正式～|～仪式|这两个国家还没～|中国和日本已经～了|中国和韩国是在1992年正式～的|两国已经～十多年了。

【反义词】断交

【提示】离合词,中间可插入其他成分,如:建了交。

3209 **建立** 乙

jiànlì (establish)

[动]❶开始成立:～政权|～新中国|～观测站|～实验室|～特区|～机关|～武装|～得早|～起来|～了一个月|尽快～|多～|陆续～|重新～|即将～|这附近应该～一个医院|在沿海地带～了几个经济特区|这个气象观测站～得比较早|要尽快把老年人活动站～起来。❷开始产生;开始形成:～友谊|～邦交|～外交关系|～感情|～规章制度|～新家庭|～法制|陆续～|重新～|即将～|我们之间～了深厚的友谊|这两个国家已～了外交关系|我们应该把新的规章制度～起来|他俩的感情是在互相帮助的基础上～起来的|他对自己的事业逐渐～起信心。

【近义词】建设/创建/创立/设立/成立

【反义词】拆除/撤除/废除

3210 **建设**(設) 甲

jiànshè (v. build; n. development)

[动](国家或集体)创立新事业或增加新设施:～祖国|～农村|～公路|～特区|～工厂|～机场|～发电站|～新生活|～精神文明|～得好|～起来|～成|大量～|和平～|努力～|在郊区～起不少大工厂|没有科学文化知识就不能～好新农村|即将在这里～一座大型发电站|这些高楼大厦是在战争的废墟上～起来的|要把祖国～得更加繁荣富强|这里正在紧张地～一条新铁路|要努力～好物质文明和精神文明。

[名]所创立的新事业或增加的新设施:扩大～|增加～|破坏～|水利～|工业～|经济～|思想～|精神文明～|城镇～|～的规模|～的速度|大规模的～|各地农村正在进行大规模的水利～|他一毕业就参加了经济特区的～|我国的精神文明～取得了很大成绩|到21世纪中叶我国的经济～将有巨大发展。

【近义词】建立/建筑/建造

【反义词】破坏

3211 **建议**(議) 乙

jiànyì (v. propose; n. proposal)

[动]向集体、领导等提出自己的主张:～试试|～开个会|～去南方旅游|～举办展览|～你买一点儿尝尝|积极～|一再～|多次～|～好几次|我～开会研究一下|我们～公司领导尽快做出决定|我～你先尝尝再买|我一再～他先把英语学好|他积极向我

～每天早上打打太极拳|对于改革奖惩制度,我们早就～过几次了。

[名]向集体、领导等提出的主张:～好|～合理|提出～|支持～|采纳～|根据～|合理化～|有价值的～|积极的～|一条～|他的～比较合理,可以考虑|工人们提出了很多合理化～|公司采纳了大家提的～|这些～每一条都很有价值。

【近义词】提议/倡议

3212 建造 丙

jiànzào (build)

[动]修建房屋、道路、桥梁等:～房屋|～桥梁|～花园|～公路|～地下铁道|～得漂亮|～得雄伟|开始～|需要～|允许～|抓紧～|及时～|迅速～|即将～|这里即将～一座立交桥|这个饭店～得像座宫殿|现在正在抓紧～一条高速公路。

【近义词】建筑/修建

【反义词】摧毁/毁坏

3213 建筑(築) 乙

jiànzhù (v. build; construct; n. building)

[动]❶修建(房屋、道路、桥梁等):～房屋|～桥梁|～公路|～水库|～得漂亮|～得牢固|～得别致|开始～|进行～|迅速～|尽快～|这里要～一条隧道|这条大坝～得相当牢固|这一带居民楼～得真漂亮。❷建立:～在痛苦上|～在金钱上|～在名利、地位上|不能把自己的幸福～在别人的痛苦上|～在金钱上的婚姻是不会长久的|他们的友谊是～在吃喝玩乐上。

[名]建筑物:～雄伟|～古老|～别致|维修～|保护～|拆除～|古老的～|现代化的～|高层～|传统的～|雄伟的～|新式的～|独特的～|～的年代|～的格局|这座～看上去相当别致|要保护这些古老的～|凡是违章～一律拆除|这一片高层～都是今年盖起来的|这些～的格局都比较新颖。

【近义词】[动]❶修建/修筑/建设/建造;❷建立

【构词】构筑/浇筑/修筑

3214 僵 *丙

〔部首〕亻 〔笔画〕15

jiāng (numb)

[形]❶(肢体)不能活动:手指～了|身体～了|舌头～了|～得不能动|～得说不出话|冻～|变～|今天真冷,我的手脚都～了|他的舌头～得说不了话|我的脚都冻～了|坐得太久了,我的腿都变～了。❷〈丁〉事情难于处理;停滞不前:关系～|局面～|情况～|事情～|～得不得了|～得不可收拾|搞～|弄～|闹～|谈～|自从那次争吵以后,他俩关系就～了|现在这个局面～得难以收拾|这件事都让小王弄～了|他俩已经闹～了,谁也劝不好|这次谈判谈～了。

【近义词】僵硬/僵持

【构词】僵板/僵持/僵化/僵局/僵冷/僵尸/僵死/僵卧/僵硬/僵直

3215 姜(薑) 丁

〔部首〕女 〔笔画〕9

jiāng (jinger)

[名]多年生草本植物,根茎黄褐色,叶子披针形,穗状花序,花冠黄绿色,通常不开花。根茎有辣味,是常用的调味品,也可入药。通常指这种植物的根茎:～汤|～沫|～丝|一斤～|～是常用的调味品|喝～汤可以去寒|炖鱼时放些～丝可以去腥味。

【提示】①姜,姓。②作为姓氏的"姜",没有对应的繁体字。

3216 **将**(將) 乙　〔部首〕丬〔笔画〕9

jiāng (*to indicate the object is the recipient of the following verb*)

[介]把:～房间收拾干净|～书拿来|～窗户打开|～问题搞清楚|～他累坏了|～事情办好|空气恶浊,请～门窗打开|我们一定～这项工作做好|请～这封信转给小王。

【近义词】把

【提示】①"将"又读 jiàng,如"将官"。②将(Jiāng),姓。

【构词】将次/将将/将就/将息/将养/将要/将错就错/将功赎罪/将计就计/将心比心/将信将疑

3217 **将** 乙

jiāng (will)

[副]表示行为或情况在不久以后发生:他不久～去上海工作|天～下雨,不如早点儿出发|飞机～于明早 8 时起飞|今年产量～大大增加|我～永远记住你的劝告|毕业后他～是大学老师。

【近义词】将要/就要/即将

3218 **将近** 丁

jiāngjìn (close to)

[动](数量等)快要接近:～50 岁|～300 人|～200 米|～20 层|～20 年|～70 里|～完成|～竣工|～成功|～结束|～毕业|～黄昏|～深夜|～晚秋|～晌午|他～80 岁了,还那么硬朗|今天来了～200 人|这个烤鸭店有～300 年的历史|一眨眼工夫,车子已经开出了～100 米|这条地铁工程～竣工|他的毕业论文～完成|事业～成功时又遇到新问题|～黄昏时分,公园里游客渐渐稀少|～晚秋,天气已有寒意。

【近义词】接近/临近/靠近

3219 **将军**(軍) 丙

jiāngjūn (general)

[名]将(jiàng)领一级的高级军官;泛指高级将领:当～|一名～|～有大将(jiàng)、上将、中将、少将、准将等级别|这位～平易近人,受人尊敬|他年轻时就当上了～|他是一位名望很高的～。

【近义词】将(jiàng)领/将官/将校

3220 **将来**(來) 甲

jiānglái (future)

[名]现在以后的时间:～的幸福|～的情况|～的工作|～的前途|孩子的～|祖国的～|～他想当一名科学家|～我们退休了,可以到各地去旅游|这些都是～的事情,现在考虑还太早|这都是为了你的～着想|祖国的～会更加繁荣富强|孩子的～会比我们这一代更美好|为了～,我们要加倍努力工作。

【近义词】未来/今后/以后

【反义词】过去/现在/以前/目前

3221 **将要** 乙

jiāngyào (will)

[副]表示行为或情况在不久以后发生:～来|～走|～做|～完工|～实现|～解决|～成功|～结婚|～下雨|～停止|～来临|～开发|他～离开北京去上海|这座大桥～完工|我们的愿望～实现|他们下月～举行婚礼|会议～进行一周|暴风雪～来临,请大家做好准备。

【近义词】将/即将/就要

3222 **江** 甲 〔部首〕氵 〔笔画〕6

jiāng ([large] river)

[名] ❶大河：～长|～宽|～水|～面|～边|一条～|这条～又长又宽|～水真清啊|鱼儿跳出～面|他经常在～边钓鱼|中国第一大河是长～|他家就住在珠～旁边。❷指长江：～南|～北|～淮|～汉|他过去在～南一带打过游击|听他的口音像是～北人|解放军在～北待命，准备渡～作战。

【近义词】河

【提示】江，姓。

【构词】江北/江潮/江东/江防/江湖/江流/江轮/江米/江米酒/江南/江山/江天/江河日下/江郎才尽

3223 **桨**(槳) 丁 〔部首〕木 〔笔画〕10

jiǎng (oar)

[名]划船用具。多为木制，上半圆柱形，下半扁平而略宽：划～|双～|木～|～打下去，水面立刻现出波纹|我们划着双～在湖上游玩|我们在船上一边划着～，一边唱歌|我的～不小心掉在水里了。

3224 **奖**(獎) 乙 〔部首〕大 〔笔画〕9

jiǎng (v./n. reward)

[动]给予荣誉或财物来鼓励：～一支笔|～一本纪念册|～一块金牌|～500元钱|～罚分明|他考上大学，父亲～他一块表|他讲演得了第一名，学校～他一部汉语词典|～罚分明才能激发工人的劳动积极性。

[名]为了鼓励或表扬而给予的荣誉或财物等：发～|领～|获～|颁～|得～|一等～|最高～|物质～|精神～|超产～|现在由校长向优秀学生发～|获～的艺术家们走上主席台领～|他工作好，年年都得～|这次作文比赛，他得了个头等～|我参加了先进工作者的颁～大会。

【近义词】赏

【反义词】[动]惩/罚

【构词】奖杯/奖惩/奖金/奖励/奖牌/奖品/奖旗/奖券/奖赏/奖台/奖学金/奖掖/奖章/奖状/奖勤罚懒

3225 **奖金** 丙

jiǎngjīn (bonus)

[名]作奖励用的钱：～多|发～|领～|年终～|超产～|这个单位每年～很多|他们公司一年发两次～|他这个月领了一笔～|这是今年超额完成任务的～。

3226 **奖励**(勵) 丙

jiǎnglì (v./n. reward)

[动]给予荣誉或财物来鼓励：～先进工作者|～模范|～三好学生|～一台录音机|～一面锦旗|～一支钢笔|～了三次|适当地～|普遍～|好好儿～|及时～|工厂～了一批先进工作者|学校～他一套画册|要好好儿地～一下这个孩子|对工作好的要～|凡是学习优秀的或出勤好的全部～。

[名]为了表扬、鼓励所给予的荣誉或财物：接受～|物质～|精神～|三八红旗手的～|三好学生的～|先进生产者的～|一定的～|他在工厂得到了先进生产者的～|这本书作为给你的～|学校给予他优秀学生的～|对工作成绩显著的人都予以一定的～|对优秀的职工都给予适当的物质～或精神方面的～。

【近义词】奖赏/嘉奖/鼓励

【反义词】处罚/惩罚/处分(fèn)

3227 **奖品** 丁

jiǎngpǐn (prize)

[名]作奖励用的物品:~多|~好|发~|有~|作为~|得到~|准备~|很多~|一份~|这些~真不错,准备奖给谁的?|现在我发给你们每人一份~|参加者每人都能得到一份~|父亲已经给儿子准备好了一个非常好的~|他把这支钢笔作为~奖给女儿。

3228 **奖学金**(學) 乙

jiǎngxuéjīn (scholarship)

[名]学校、团体或个人给予学习成绩优良的学生的奖金:发~|给~|有~|得到~|享受~|~的待遇|一笔~|他毕业后得到了去美国留学的~|他在大学里享受~的待遇|学校发给优秀学生们一笔~。

3229 **奖状**(狀) 丁

jiǎngzhuàng (certificate of merit)

[名]为奖励而发给的荣誉证书:发~|得~|给~|一张~|学习~|工作~|助人为乐的~|治病救人的~|学校发给他一张优秀学生~|他今年又得了一张先进生产者的~|在学校里他从来没得过~。

3230 **讲**(講) *甲 〔部首〕讠 〔笔画〕6

jiǎng (speak)

[动]❶说:~话|~故事|~笑话|~情况|~经过|~意见|~英语|~普通话|~错|~明白|~得快|~得详细|~得生动|~不了|~出来|~下去|~起来|~一遍|~半小时|开始~|继续~|多~|大胆地~|随便~|故意~|慢慢~|我喜欢听奶奶~故事|你详细地~~事情的经过|他会~好几种外语|这句话你没~对|我爱听他做报告,他~得特生动|有什么意见都~出来吧|他喝了一口水,接着又~下去|你多~一些国外见闻|你不用准备,随便~几句就行了。❷解释;说明:~语法|~历史|~要求|~第三课|~不好|~懂|~清|~明|~得不错|~得有条理|~得深入浅出|~得乱七八糟|难~|反复~|来回来去地~|一遍一遍地~|他是在中文系~现代文学的|我~~这个词的几种用法|你应该把这件事~明白|他的课~得很有条理|他反复~了好几遍,我还是听不懂|他一遍又一遍地~,真有耐心。❸为了对某些问题取得一致意见而进行讨论:~价钱|~条件|~报酬|~定|~妥|~好了价,再决定进多少货|这批货的价钱已经~定了|事先应该把条件~清楚|劳动时间和报酬还没~妥呢|在提出要求时要~得委婉些。❹〈丙〉就某方面来说:~贡献|~技术|~干劲|~学历|~年龄|~资格|~学习|~优点|~起|~到|~起学历,他虽不如你,但实际经验比你多|~年龄,他可以当你父亲了|~到人品,他可真是没说的|~条件,再也找不到比这更好的了。❺〈丙〉重视某一方面,并设法使它实现,满足要求:~卫生|~礼貌|~情面|~义气|~实惠|~实际|~道德|~文明|苹果不洗就吃,真不~卫生!|要教育孩子~礼貌|随地吐痰,真不~公共道德!|买东西要~实用|他什么时候开始~起排场来了?

【近义词】❶说;❷讲解;❸❹论;❺讲究/讲求

【构词】讲稿/讲和/讲价/讲理/讲评/讲情/讲求/讲师/讲授/讲台/讲坛/讲堂/讲题/讲学

3231 **讲话**(話) *乙

jiǎng huà (speak)

❶说话;发言:～动听|～客气|～随便|会～|爱～|怕～|善于～|讲什么话|讲一句话|讲一次话|讲了话|讲过话|讲完话|～的口气|～的艺术|他～别人都不爱听|这孩子真会～|他从小就不爱～|你这讲的是什么话!|从开会到散会,他没讲过一句话|今天的会上他没～|他今天的～受到群众的好评|他在大会上发表了关于技术改革的～|他做了一个简短有力的～|他今天～的内容是跟教育改革有关的。❷〈丙〉指责:公园里的花你这样随便摘,别人会～的|你这么铺张浪费,不怕别人～吗!|他自以为他干了坏事,别人不敢～。

【近义词】❶说话/讲演;❷指责

【提示】离合词,中间可插入其他成分,如:讲了一次话。

3232 **讲解** 丁

jiǎngjiě (explain)

[动]解释;解说:～词句|～课文|～画面|～模型|～内容|～原理|～道理|～构造|～历史|～清楚|～完|～得深刻|～一遍|继续～|开始～|进行～|耐心地～|热情地～|～人员|～的语言|老师耐心地～这道数学题|～人员热情地～每一个模型|这个道理他～得很透彻|这个原理很复杂,他～了好几遍|老师～完电脑操作方法,就让每个人都试着操作一次。

【近义词】解说/讲

3233 **讲究** 丙

jiǎngjiu (v. pay attention to; adj. elegant)

[动]重视;讲求:～营养|～款式|～排场|～信用|～质量|～效率|～卫生|～速度|～礼仪|～面子|～修辞|～实惠|～准确|～吃喝|～送礼|过分～|吃饭要～营养搭配|办喜事不宜过分～排场|服装要～美观大方|生产不要只～速度,还要～质量|在公共场所,人人都要～礼貌|他们家特别～卫生。

[形]精巧、细致、美好:吃饭～|穿着(zhuó)～|衣服～|陈设～|家具～|款式～|餐具～|布置得～|吃得～|穿得～|设计得～|～得很|～得不得了|过分～|相当～|他家吃饭可～了|他家的房间布置得十分～|他虽有钱,但穿得一点儿也不～|他家的陈设～得太过分了。

【近义词】[动]讲求/重视;[形]考究/精美

【反义词】[形]马虎

【构词】查究/根究/考究/盘究/深究/探究/推究/学究/研究/终究/追究

3234 **讲课**(課) 丙

jiǎng kè (lecture)

讲解传授:老师～|讲语文课|讲数学课|讲一节课|讲四小时课|讲完课|讲过课|讲不了(liǎo)课|王老师正在～|我们喜欢听张老师～|他给我们讲物理课|他一个上午要讲四节课|他现在身体不好,讲不了那么多课了。

【近义词】上课

【提示】离合词,中间可插入其他成分,如:讲了一节课。

3235 讲理 丁

jiǎng lǐ (reason)

❶评论事理的正确和错误：跟他～|找人～|讲这个理|～的地方|～的权力|这个事是他不对，我去跟他～|不能让他这样欺侮人，得找他～去|你来讲讲这个理，到底是谁的错！|有理～，不能动手打人|那个年代，哪有老百姓～的地方！❷遵从道理：蛮不～|不～的人|这个人真不～，撞倒了人还要骂人|你别不～，我亲眼看见是你先撞了人的|你们好好儿谈谈，他不是那种不～的人。

【提示】离合词，中间可插入其他成分，如：你讲你的理|讲什么理。

3236 讲述 丁

jiǎngshù (tell about)

［动］把事情或道理讲出来：～经过|～原理|～道理|～思念|～心情|～情况|～过程|～得生动|～得有声有色|～得清楚|～完|～出来|详细地～|形象地～|全面地～|生动地～|他详尽地～了事情发生的经过|信上～了他对母亲的思念|这本小说的内容他～得有声有色|老师生动地给学生～了那段历史。

【近义词】陈述/叙述/诉说

3237 讲演 丁

jiǎngyǎn (give a lecture)

［动］对听众讲述有关某一事物的知识或对某一问题的见解：登台～|开始～|结束～|正在～|继续～|善于～|爱好～|他正在礼堂给学生～|请你继续～吧|他很善于～|他～的时候喜欢打手势。

【近义词】演讲/演说

3238 讲义（義） 丙

jiǎngyì (teaching materials)

［名］为讲课而编写的教材：写～|看～|编～|发～|一份～|这一课～写完了|他在编写明年用的～|上课前先把～发给学生。

3239 讲座 乙

jiǎngzuò (lecture)

［名］一种教学形式，多利用报告会、广播、电视或刊物连载的方式进行：举办～|有～|参加～|听～|英语～|学习～|音乐知识～|一次～|明天下午学校有一个关于中国民乐的～|电视台将举办一期日语学习～|我的英语就是靠每天听广播英语～学的|这期杂志里刊登了有关这方面的～。

【构词】插座/茶座/池座/灯座/底座/叫座/就座/举座/客座/落座/卖座/满座/末座/让座/入座/上座/首座/四座/星座/雅座/在座/正座

3240 酱（醬） 丙

〔部首〕酉
〔笔画〕13

jiàng (sauce)

［名］❶豆、麦发酵后，加上盐做成的糊状调味品：～咸|～辣|～甜|炸～|做～|放～|一瓶～|一斤～|一种～|甜～|辣～|这种～太咸了|北京人做饺子馅时要放点儿～|今天中午咱俩吃炸～面，我来炸～|我要买一瓶甜面～。❷像酱的糊状食品：花生～|芝麻～|辣椒～|苹果～|他喜欢吃花生～|他做的芝麻～烧饼很好吃|这种辣椒～是甜辣味的|我要一瓶什锦果～。

【构词】酱菜/酱豆腐/酱缸/酱色/酱园/酱紫色

3241 **酱油** 乙

jiàngyóu (soy sauce)

[名]用豆、麦和盐酿造的咸的液体调味品：～咸|～浓|～淡|放～|辣～|～膏|固体～|袋装～|一瓶～|这种～比较淡，适合拌凉菜用|这是带辣味的～|汤淡，放点儿～|他不小心打翻了～瓶|你去买瓶～。

3242 **降** 乙 〔部首〕阝 〔笔画〕8

jiàng (fall)

[动]❶落下：～雨|～雪|～旗|今年～了好几场大雪|寒流一来，温度就要～下来好几度|大雨～了一夜|这场雪～了有一米多深|昨天的气温～到零下18度|天气恶劣，飞机被迫～落。❷使落下；降低：～价|～级|～体温|～血压|～体重|～得快|～得多|～不了|～下来|～下去|～到|这个干部犯了错误，被连～三级|这种药可以～血压|他就是不吃肉，体重也～不下来|他从二年级～到一年级|他的体温～到37°，不发烧了。

【近义词】落

【反义词】升

【提示】①"降"又读xiáng，见第6435条"投降"。②降(Jiàng)，姓。

【构词】降半旗/降格/降级/降落伞/降旗/降生/降水/降水量/降温

3243 **降低** 乙

jiàngdī (lower)

[动]下降；使下降：温度～|价格～|质量～|产量～|生活费～|成本～|标准～|血压～|～要求|～标准|～物价|～损耗|～水平|～身份|迅速～|开始～|希望～|急剧～|普遍～|突然～|一再～|暴风雪的袭击使气温～了10度|虽遇上旱灾，但产量没有～|不能因为这个原因就～录取的标准|要想办法～原料的损耗|这些商品一再～价格，但买的人还是不多|他们的生活费普遍～了5%。

【近义词】下降

【反义词】提高

3244 **降价**(價) 丁

jiàng jià (reduce the price)

降低原来的定价：粮食～|衣服～|家具～|食品～|电器～|～出售|～处理|降不了价|希望～|降一点儿价|～的商品|大幅度～|突然～|一再～|普遍～|听说那个商店的电器～了|到了傍晚，有些鱼就要～处理|这种东西降多少价也别买|那个市场专门卖～的商品|最近过季商品在大幅度地～。

【近义词】落价

【反义词】涨价

【提示】离合词，中间可插入其他成分，如：降了一次价|降过价。

3245 **降临**(臨) 丁

jiànglín (befall)

[动]来到：夜幕～|夜色～|大祸～|幸福～|大驾～|～世上|～寒舍|突然～|意外～|夜色～，街上行人逐渐稀少|这个幸福意外地～到他身上|一个又白又胖的小宝宝～到世上|不知大驾～，有失远迎|你今天～寒舍，我感到非常荣幸|人们正在欢庆节日，战争不幸～。

【近义词】光临/来临

3246 **降落** 丁

jiàngluò (land)

[动]落下；飞机下降到陆地：飞机～|雪花～|～下来|～得慢|～在头上|

~在跑道上|~到身上|~到地上|缓缓~|一下子~|突然~|飞机缓缓地~在跑道上|降落伞缓慢地~在草地上|几只海鸥~在船头上|这种倒霉事不定~在谁的身上。

【近义词】下降/降临

【反义词】上升

3247 **焦点**(點) 丁 〔部首〕灬 〔笔画〕12

jiāodiǎn (focus)

[名]❶平行光线经透镜折射或曲面镜反射后的会聚点:球面镜有一个~|透镜有两个~,位于透镜的两侧。❷比喻事情或道理引人注意的集中点:争论的~|谈论的~|关心的~|矛盾的~|问题的~|~访谈|这个问题成了全校谈论的~|这件事是当前新闻界的采访~|到底家务活由谁来干,成了他们家争论的~。

【提示】焦,姓。

【构词】焦愁/焦脆/焦黑/焦化/焦黄/焦渴/焦枯/焦雷/焦炉/焦虑/焦煤/焦土/焦心/焦躁/焦灼/焦头烂额

3248 **焦急** 丙

jiāojí (anxious)

[形]着急:旅客~|心情~|样子~|心里~|感到~|显得~|等得~|万分~|~地等待|~地寻找|~地问|~地打听|~地走|~的心情|~的样子|车总不来,旅客们非常~|为了母亲的病,他~得要命|你要尽快来信,免得大家~|他~地寻找飞机票|他怀着万分~的心情来到朋友病床前|他无法掩饰内心的~。

【近义词】着急/焦虑/焦灼

【反义词】平静/安然

3249 **焦炭** 丁

jiāotàn (coke)

[名]一种固体燃料,质硬,多孔,发热量高。用煤高温干馏而成。多用于炼铁:生产~|一吨~|~是炼铁的燃料|炼一炉铁要用多少~?|这节车厢装的是~。

【构词】冰炭/煤炭/木炭/泥炭/石炭/涂炭

3250 **胶**(膠) 丁 〔部首〕月 〔笔画〕10

jiāo (glue)

[名]某些具有黏性的物质,用动物的皮、角等熬成或由植物分泌出来,也有人工合成的:用~粘|开~|~通常可用来黏合器物|~有鳔~、桃~、万能~等|果~可以吃,阿(ē)~可以入药|这鞋刚穿几天就开~了|这木片掉下来没关系,用~粘一下就行了。

【构词】胶版/胶版纸/胶布/胶带/胶合板/胶结/胶木/胶泥/胶水/胶鞋/胶靴/胶印/胶质/胶柱鼓瑟

3251 **胶卷** 丙

jiāojuǎn (film)

[名]成卷的照相胶片:彩色~|黑白~|一卷~|装~|冲~|这卷~是24张的|请给我一卷彩色~|这个~是什么牌子的?

【提示】①"卷"又读 juàn,见第 5874 条"试卷"。②在口语中一般要儿化,读作 jiāojuǎnr。

【构词】彩卷/春卷/花卷/漫卷/舒卷/席卷/烟卷

3252 **胶片** 丁

jiāopiàn (film)

[名]涂有感光药膜的塑料片,用于摄影:黑白~|彩色~|一卷~|我把那

卷～放在抽屉里了｜这么美的景色得用彩色～来照｜这卷～是黑白的。

3253 **交** *甲 〔部首〕亠 〔笔画〕6

jiāo (deliver)

[动]❶把事物转移给有关方面：～作业｜～房租｜～学费｜～稿子｜～考卷｜～表｜～活儿｜～公粮｜～税｜～任务｜～齐｜～清｜～全｜～多｜～少｜～得快｜～不起｜～出来｜来不及～｜早～｜快～｜多～｜自觉～｜我已经～了语文作业，数学作业还没～｜考试刚进行半个小时他就～卷了｜调查表没～齐，还差三个人的｜他因～不起昂贵的房租而搬走了｜他出色地完成了上级～给他的任务｜出版社让你快点儿～稿｜要自觉向国家～税。❷〈乙〉跟人往来交际，使关系密切：～朋友｜～好人｜～坏人｜～上｜～到｜～错｜～下去｜～得太杂｜～得多｜乱～｜慎重地～｜有选择地～｜广泛地～｜他来中国后～了很多中国朋友｜～朋友要～好人，不能～坏人｜他不是好人，别再跟他～下去了｜朋友不能～得太杂，要有选择｜他至今没有～上一个理想的女朋友｜他是诚心诚意地要跟农民～朋友。❸〈乙〉几个方向的线条或线路互相穿过：～于一点｜～在一起｜这两条直线～于一点｜这几条铁路～在一起｜这条公路和那条铁路在这里相～而过。

【近义词】❶缴/纳；❷结交；❸交叉

【反义词】❶接收

【构词】交白卷/交拜/交办/交杯酒/交兵/交差(chāi)/交待/交道/交底/交锋/交割/交工/交欢/交还(huán)/交汇/交火/交集/交际花/交际舞/交加/交接/交结/交界/交流电/交纳/交配/交情/交融/交售/交税/交通车/交通线/交响乐/交响诗/交椅/交易所/交运/交战/交战国/交账/交织/交作/交浅言深/交头接耳/交相辉映

3254 **交叉** 丁

jiāochā (cross)

[动]❶几个方向不同的线条或线路互相穿过：铁轨～｜铁路～｜河流～｜～火力网｜立体～桥｜两手～｜树枝～｜～在一起｜互相～｜这几条铁轨～在一起｜这里修建了很多立体～桥｜他～着两手站在窗前沉思｜只见前边乱树～，挡住了路口｜黑暗中几只手电筒的亮光～着射过来。❷有相同有不同的；有相重(chóng)的：～感染｜大家的意见相互～｜要注意疾病的～感染｜这几本书的内容有很多～的地方。❸间隔穿插：～作业｜～进行｜他们采用～作业的方法｜这几项工作可以～进行｜我可以～着来做这些事情。

【近义词】交错/穿插

【提示】"叉"又读 chǎ，如"叉开腿"；又读 chà，如"排叉"。

【构词】刀叉/夜叉

3255 **交错**(錯) 丁

jiāocuò (crisscross)

[动]两种以上的东西夹杂在一起；几个方向不同的线条或线路互相穿过：犬牙～｜纵横～｜枝叶～｜河流～｜阡陌～｜～地进行｜～地前进｜～的沟壑｜～的皱纹｜～的花纹｜～的线条｜铁路纵横～，四通八达｜这几种颜色的条纹互相～，非常好看｜这几项工作～着进行｜部队在纵横～的山沟里战斗着。

【近义词】交叉/错杂

3256 **交代** *丙

jiāodài (hand over)

［动］❶把经手的事务移交给接替的人：～任务｜～工作｜～事情｜～清楚｜～明白｜～好｜～得明确｜详细～｜领导～给他一项重要的工作｜他把公司的事情～完，就去国外了｜他把办公室的工作都详细地～给张主任了。❷嘱咐：～一遍｜～一番｜～清楚｜一再～｜老师一再向学生～，应按时完成作业｜教练不断给运动员～，比赛时千万别慌｜领导一再～要注意安全生产｜他把家里的事都～好了才走的｜他不放心，～了一遍又一遍。❸〈丁〉把事情或意见向有关的人说明；把错误或罪行坦白出来：～政策｜～问题｜～罪行｜～事实｜～动机｜～得清楚｜～得彻底｜～出来｜～全｜～完｜～彻底｜老实～｜痛痛快快～｜如实～｜主动～｜被迫～｜～的问题｜公安人员向罪犯们～政策｜他主动向政府～了自己的罪行｜他的问题还没完全～出来｜只有老老实实～出来才有出路｜他～的问题比较彻底。

【近义词】❷嘱咐；❸交待

【提示】义项❸的"交代"也作"交待"。

3257 **交点**（點）　丁

jiāodiǎn（point of intersection）

［名］线与线、线与面相交的点；也比喻矛盾的焦点：铁路的～｜这里是四条铁路的～｜你把这几条线的～找出来｜他正处于可胜可败的～上。

3258 **交付**　丁

jiāofù（pay）

［动］交给：～定金｜～押金｜～钥匙｜～任务｜～使用｜～出去｜～给人｜这次买卖订金已经～过了｜他把家里所有房门的钥匙都～给管家了｜上级又～给我们一个新的任务｜那栋新楼已于昨日～使用。

3259 **交换**　乙

jiāohuàn（exchange）

［动］❶双方各拿出自己的给对方；互相换：～礼物｜～名片｜～纪念品｜～意见｜～经验｜～心得｜～情报｜～场地｜～座位｜～留学生｜～学者｜～完｜决定～｜进行～｜要求～｜～过来｜拒绝～｜正式～｜定期～｜顺利地～｜互相～｜～的条件｜～方式｜圣诞节时，我们互相～礼物｜到会的人互相～名片｜我们要求开会～一下双方的看法｜比赛打完一局，双方开始～场地｜这些邮票是跟他朋友～来的｜他们在北京正式～议定书｜你可以提出你的～条件。❷用商品换商品：用大米～｜用鸡蛋～｜进行～｜～来｜～的对象｜产品的～｜商品～｜他在集市上用大米～到一些日常用品｜他们用自产的农作物～来一些机器｜他们把多余的产品拿到市场上去～｜产品的～最初出现在原始公社之间。

【近义词】❷交流/交易

3260 **交际**（際）　乙

jiāojì（v. contact；n. communication）

［动］人与人之间的往来接触；社交：需要～｜应该～｜愿意～｜频繁地～｜一般～｜适当地～｜广泛地～｜他的工作需要与很多人进行～｜他从小就不愿意与人～｜我们需要多与新闻界的人～。

［名］人与人之间往来接触的活动；社交活动：～多｜～减少｜他每月的～费不是一个小数字｜在正式的～场合上要特别注意礼节｜工作太忙，要减少一些～｜书信来往，也是一种～。

【近义词】往来/应酬

3261 **交流** 乙

jiāoliú (v./n. exchange)

[动]彼此把自己有的供给对方:~情况|~经验|~感情|~文化|~技术|~人才|~心得|~思想|经常~|积极~|广泛~|定期~|工人们经常~技术|他们在会上~学习心得|我们和兄弟院校在科研成果方面~得很频繁|希望我们能定期~一下经验。

[名]进行交流的活动:~增多|~广泛|扩大~|减少~|我们跟各国的文化~日益频繁|他要参加一个学术~会议|希望增加一些这方面的~|我们之间有一种感情的~。

【近义词】交换

3262 **交涉** 丁

jiāoshè (negotiate)

[动]跟对方商量解决有关的问题:~成功|~问题|~场地|~事情|~有关事宜|~得顺利|~完|~成|~下去|~不了|~了半年|~了几次|进行~|负责~|需要~|正在~|口头~|再三~|屡次~|直接~|~的结果|派他去~一下住宿问题|关于租用会议场地问题~得很顺利|派车去机场接人的事已经~好了|财产问题很麻烦,至今没~出结果来|谁来赔偿的问题还要继续~下去|这事由我去直接跟他~|贷款问题~的结果非常令人满意。

【近义词】联系

3263 **交手** 丁

jiāo shǒu (come to grips)

徒手或用刀、棒等激烈地对打;双方作战:跟敌人~|用刺刀~|交三次手|交过手|交上手|他跟那家伙一~,就知道不是他的对手|双方激烈地交起手来|他俩交过几次手都不分胜负|他俩在操场交上手了。

【近义词】交战

【提示】离合词,中间可插入其他成分,如:交过手|交了手。

3264 **交谈**(談) 丙

jiāotán (converse)

[动]互相接触谈话:~起来|亲切地~|高声~|秘密地~|低头~|用英语~|在车上~|~的时候|~的内容|两个朋友一边喝茶一边~|他们在~一笔生意|你们秘密地~什么呢?|他们在用日语~|工作时没有~的时间|请告诉我跟他们需要~的内容。

【近义词】谈话

3265 **交替** 丁

jiāotì (alternate)

[动]❶接替:新旧~|昼夜~|新老~|进行~|~手续|他们正在互相~工作|老干部和年轻干部的~是正常的|决定在什么时候办理~手续?|天上的星星已经看不清了,这是夜和昼~的时间。❷替换着;轮流:循环~|~使用|~出现|~进行|这两种练习方法可以~使用|这几个画面在屏幕上~出现|这两种治疗方法可以~进行。

【近义词】❶接替;❷轮流

3266 **交通** 乙

jiāotōng (traffic)

[名]各种运输和邮电事业的总称:~发达|~堵塞|~中断|~恢复|~方便|~通畅|~落后|发展~|改善~|

整顿～|指挥～|封锁～|铁路～|公路～|水陆～|现代化～|～工具|～部门|～要道|～秩序|～事业|～条件|～事故|我国水陆～十分发达|暴雨使这一带公路～中断了几天|要大力发展落后山区的～事业|～警察每天指挥～,非常辛苦|这里的～秩序十分好。

3267 **交往** 丁

jiāowǎng (contact)

[动]互相来往:～多|～深|～密切|两国～|两家～|开始～|有～|进行～|中断～|一般～|正常～|频繁地～|广泛地～|偶尔～|他们之间～比较密切|他们两家没有什么～|我们跟他只是一般～|跟他频繁～的人都是厂里的同事。

【近义词】来往

【构词】过往/既往/来往/前往/神往/往往/向往/以往

3268 **交易** 丙

jiāoyì (business)

[名]买卖商品:～自由|～公平|做～|进行～|取消～|市场～|工商～|政治～|现货～|现金～|黄金～|公平～|非法～|自由～|平等～|一笔～|我们的～是自由平等的|必须立即取缔非法～|不能拿原则做～|我想最好是采用现货～|这笔粮食～已经做成了。

【近义词】贸易

3269 **郊区**(區) 乙　〔部首〕阝〔笔画〕8

jiāoqū (suburbs)

[名]城市周围在行政管辖上属这个城市的地区:住～|在～|发展～|建设～|～农民|他喜欢住～|我们学校在北京～|大力发展～的交通。

【近义词】郊外

【反义词】市区

【构词】郊外/郊游

3270 **教** 甲　〔部首〕攵〔笔画〕11

jiāo (teach)

[动]把知识或技能传给人:～写字|～唱歌|～画画儿|～历史|～学生|～成年人|～大学|～小学|～一年级|～得好|～得快|～完|～熟|～明白|～懂|～好|～会|～起来|～下去|～出来|耐心地～|认真地～|互相～|长期～|把着手～|老师～孩子们唱歌|他过去～过中学|这位老师～得特别好|他想了很多办法～学生写汉字|这些优秀的工程师都是那位教授～出来的|这些人～起来有点儿费劲|老师傅把着手～新来的徒弟。

【反义词】学

【提示】"教"又读 jiào,见第 3290 条"教材"。

3271 **浇**(澆) 丙　〔部首〕氵〔笔画〕9

jiāo (irrigate)

[动]❶让水或别的液体落在物体上:～在身上|～在菜上|～在路面上|～在饭上|～热水|～酱油|～醋|～油|～汁儿|～下去|～上去|～进去|～湿|～透|把盐水～在路面上,雪融化得快|这条鱼还没～汁儿|我全身都让雨～透了|用热水可以把蚂蚁～死|煎鸡蛋上少～一点儿辣椒油,味道更好。❷灌溉,把水输送到田地里:～菜|～麦子|～萝卜|～水|～地|～得多|～透|～湿|～完|～下去|～不上|多～|少～|他在后院～菜园子呢|这块地该～一～了|这盆花水～得太多,会～死的|这地太干了,多～点

儿水｜这次总算把麦地～透了。
【近义词】❷灌溉

3272 **浇灌** 丁

jiāoguàn (irrigate)
[动]❶把水输送到田地里：～麦田｜～庄稼｜～树木｜～菜地｜～得及时｜～完｜～透｜他用水管子在～菜地｜这片庄稼今天～不完｜幸好～得及时，否则全旱死了｜东头那块地得多～些水。❷把流体向模(mú)子内灌注：～铁水｜～混凝土｜～铅水｜～铅字｜～模子｜～进去｜～出｜～好｜工人把铅水～进模子里｜一炉铁水不够～这么多模子｜铅版已经～好了｜你们小组～出多少铸件了？
【近义词】❶浇注/浇铸；❷灌溉
【构词】春灌/倒(dào)灌/冬灌/机灌/井灌/排灌/喷灌/秋灌/淹灌

3273 **骄傲**(驕) 乙 〔部首〕马 〔笔画〕9

jiāo'ào (arrogant)
[形]❶自以为了不起，看不起别人：学生～｜态度～｜～得很｜～得不得了｜显得～｜防止～｜表现得～｜变得～｜过分～｜确实～｜～地说｜～地表示｜～地夸耀｜～的神情｜～的情绪｜～的人｜～的资本｜虚心使人进步，～使人落后｜这个学生虽然学习很好，但从不～｜他有了一点儿成绩就～起来了｜在会上他～地夸耀自己的成果｜要防止～自满的情绪｜他以为他的家庭就是可以～的资本｜你应改掉～的毛病。❷因为自己或者与自己有关的集体或个人具有优良品质或取得伟大成就而感到光荣：战士们～｜工人们～｜值得～｜感到～｜～地回答｜～地宣布｜无比～｜十分～｜我为祖国的繁荣而感到～｜他的进步值得我们为他～｜他无比～地说："我成功了！"
【近义词】❶自满/自大/高傲；❷自豪
【反义词】❶谦虚/虚心；❷自卑/自愧
【构词】骄兵/骄横(hèng)/骄狂/骄气/骄阳/骄子/骄奢淫逸

高傲/孤傲/狂傲/啸傲/自傲

3274 **娇**(嬌) 丁 〔部首〕女 〔笔画〕9

jiāo (tender)
[形]❶(女子、小孩、花朵等)柔嫩、美丽可爱：孩子～｜～小｜她那～小的身材适合跳舞｜比起姐姐，妹妹的样子更～｜江山如此多～，引无数英雄竞折腰｜这个女孩儿～得可爱。❷意志脆弱、不能吃苦、习惯于享受的作风；指物品、花草容易损坏：～得要命｜～得不得了｜～闺女｜～小姐｜这孩子动不动就哭，太～了｜她简直是个～小姐，这点儿苦也吃不得｜他的身体～极了，稍一冷就感冒｜这种花～得要命，轻轻一碰，花瓣就掉了。
【近义词】娇气
【反义词】皮实
【构词】娇痴/娇宠/娇滴滴/娇惯/娇贵/娇憨/娇好/娇美/娇媚/娇嫩/娇女/娇妻/娇柔/娇弱/娇声/娇态/娇小/娇羞/娇艳/娇纵/娇生惯养

3275 **娇气**(氣) 丁

jiāoqì (finicky; unable to endure hardship)
[形]❶意志脆弱、不能吃苦、习惯于享受的作风：孩子～｜～得要命｜～极了｜变得～｜～的毛病｜他又～，又懒惰，什么苦都受不了｜这个人真～，刚干一点儿活儿就喊累｜她～得不得了，动不动就哭鼻子｜这孩子被娇惯得越来越～。❷指物品、花草等容易损坏：花～｜瓷器～｜这种花特～，水

浇多了不行，少了也不行｜我喜欢养一些草花，它们一点儿不～｜这种瓷非常～，一碰就碎｜这些玻璃小玩意儿好看是好看，就是太～｜这孩子肠胃特～，稍吃得不合适就拉肚子。

【近义词】娇

【反义词】皮实

3276 **嚼** 丁 〔部首〕口 〔笔画〕20

jiáo (chew)

[动]上下牙齿磨碎食物：～饭｜～口香糖｜～烂｜～碎｜～细｜～累｜～酸｜～起来｜～不动｜多～｜细～｜慢～｜一口馒头在嘴里～半天｜他嘴里成天～着口香糖｜肉～烂了再咽下去｜我不能吃花生，～不动｜这老太太牙真好，什么都～得动｜这牛肉干～起来太费劲儿，腮帮子都～累了｜吃饭要细～慢咽。

3277 **搅**(攪) 丙 〔部首〕扌 〔笔画〕12

jiǎo (stir)

[动]❶用棍子等在混合物中转动使均匀：～肉馅｜～粥｜～奶粉｜～鸡蛋｜～水泥｜～石灰｜～匀｜～开｜～化｜～碎｜～完｜～不动｜～起来｜～一遍｜一起～｜多～｜一个劲儿地～｜你和(huó)面，我～肉馅｜牛奶里放一勺糖，～一下｜打几个鸡蛋，再放点儿面粉～匀｜用搅拌机～得又快又好｜一通电它就自己～起来｜多～几遍就能～碎。❷(动作、声音或用动作、声音)影响别人使人感到不安：～人｜～得不能休息｜～得不能工作｜～糊涂｜工地上搅拌机声音太～人了｜隔壁房间的录音机～得我们不能学习｜孩子们吵闹的声音把我的头都～昏了｜这事全让他～糊涂了｜屋子被他～得乱七八糟。

【近义词】❶拌；❷扰

【构词】搅拌机/搅动/搅和(huo)/搅乱/搅扰

3278 **搅拌** 丁

jiǎobàn (stir)

[动]用棍子等在混合物中转动、和弄，使均匀：～水泥｜～混凝土｜～面粉｜～菜馅｜～均匀｜～开｜～得动｜～不开｜～起来｜～出来｜～几遍｜用力～｜不断～｜工人们在～混凝土｜菜馅要～均匀｜这水泥～起来有点儿费劲｜你再～几下就能～开了。

【近义词】搅

3279 **脚** *甲 〔部首〕月 〔笔画〕11

jiǎo (foot)

[名]❶人或动物的腿的下端，接触地面支持身体的部分：～大｜～肥｜～痛｜～肿了｜～崴了｜扭了～｜崴(wǎi)了～｜一只～｜一双～｜他人不高，～倒不小｜我～肥，穿不了这种鞋｜坐了一天火车，～都肿了｜我不小心把～崴了一下。❷〈乙〉东西的最下部：山～｜墙～｜高～杯｜他坐在墙～下晒太阳｜我们在山～下集合｜桌子～坏了，请你修一下。

【近义词】足

【反义词】手

【构词】脚板/脚背/脚本/脚脖子/脚蹬子/脚底/脚夫/脚跟/脚后跟/脚力/脚镣/脚面/脚盆/脚气/脚钱/脚手架/脚踏车/脚腕子/脚心/脚印/脚掌/脚趾头/脚注/脚资/脚踏实地/脚踩两只船

3280 **脚步** 丙

jiǎobù (step)

[名]❶指走路时两脚之间的距离：～

大|他走路时～很大|可以用～量一下房间。❷指走路时腿的动作：～重|～轻|～轻快|～沉重|加快～|放轻～|轻快的～|～声|你走路～怎么那么重？|他加快～往山上跑去|他迈着轻快的～在院子里走着|我听见他上楼的～声了。

【近义词】步子/步伐

3281 **狡猾** 丙 〔部首〕犭 〔笔画〕9

jiǎohuá（cunning）

［形］诡计多端，不可信任：敌人～|狐狸～|～得很|～极了|相当～|确实～|～地说|～地笑|～的人|～的目光|～的微笑|走私犯再～也逃不过公安干警的眼睛|这个家伙～得不得了|他～地看着周围的人|这是一只～的狐狸。

【近义词】奸滑/狡滑/狡诈

【构词】狡辩/狡计/狡赖/狡诈/狡兔三窟

3282 **绞**（絞） 丁 〔部首〕纟 〔笔画〕9

jiǎo（twist）

［动］❶把两股以上条状物扭在一起：～铁丝|～棉线|～毛线|～得紧|～在一起|～起来|～成|～乱|这根绳子是用好几股麻线～成的|把两股毛线～在一起，可以织一件厚毛衣|这些棉线～得找不到头儿|乱七八糟的事全～到一块儿了！❷握住条状物的两端同时向相反方向转动，使受到挤压：～手巾|～被单|～干|～尽脑汁|～不动|～得了|使劲儿～|一块儿毛巾没～干就挂上了|这床单太大了，一个人～不了（liǎo）|来，一人拉一头，两个人一块儿～|不使劲儿～怎么能～干！❸用绳子等捆住或套住，再用力拉紧：～杀|～死|～架|～刑|当时他就是在这里被敌人～死的|可以用辘轳把掉在井里的水桶～上来。

【近义词】❶扭；❷拧；❸勒/吊

【构词】绞缠/绞架/绞结/绞脑汁/绞盘/绞索/绞痛/绞刑

3283 **角** 乙 〔部首〕角 〔笔画〕7

jiǎo（horn）

［名］❶牛、羊、鹿等头上长出的坚硬的东西，一般细长而弯曲，上端较尖：～长（cháng）|～硬|长（zhǎng）～|牛～|羊～|鹿～|一只～|犀牛～很硬，可以做图章|这小牛的～还没长好|这梳子是用牛～做的|梅花鹿的～真好看|犀牛头上只长着一只～。❷物体两个边沿相接的地方；两堵墙或类似墙的东西相接处的凹角：桌子～|墙～|床～|书～|拐～|东南～|一个～|他不小心头碰在桌子～上|把棍子立在墙～|他的被子叠得四个～像刀削过似的|我们学校在北京的西北～|他在院子的四个～上都种上了花。❸从一个点引出两条射线所形成的，或从一条直线上展开的两个平面，或从一点上展开的多个平面所形成的图形：90°～|两面～|多面～|90°的～叫直～|他画了一个六～形的图。

【构词】角尺/角斗/角钢/角楼/角门/角球/角逐

3284 **角** 甲

jiǎo（m. jiao, *a fractional unit of money in China*）

［量］❶人民币的辅助单位之一，1角等于1元的1/10：1～|5～2分|1元钱的1/10是1～|1～等于10分钱|过去1斤柚子5～钱，现在长了十多倍。❷

可以分成角形的东西:一~饼|一~西瓜|一~蛋糕|一大~|这~|他把月饼切成6~,每人一~|我这~饼可以吃两顿|我只要一小~西瓜。

【近义词】❶毛

3285 **角度** *丙

jiǎodù (angle)

[名]❶角的大小。通常用度或弧度来表示:~大|~相同|~合适|计算~|选择~|调整~|改变~|加大~|两角的~|夹角的~|斜坡的~|拍摄的~|发球的~|精确的~|合适的~|拍照时~要选择好|你测算一下这个山坡的~|他发球的~不对,所以总是发到线外|你找到一个适合的~再拍|这是个等边三角形,每个角的~都是60°。❷〈丁〉看事情的出发点:~不同|~正确|改变~|确定~|寻找~|历史的~|未来的~|科学的~|文学的~|政治的~|艺术的~|群众的~|个人的~|解决问题的~|鼓励的~|分析问题的~|恰当的~|看问题的~不同,得出的结论也不一样|如果换一个~来看这个问题,就会得出另外的结论|这个问题应该从历史的~来分析|他总喜欢从个人的~来观察事物|应从鼓励的~来对待年轻人。

3286 **角落** *丙

jiǎoluò (corner)

[名]❶两堵墙或类似墙的东西相接处的凹角:屋子的~|院子的~|工地的~|教室的~|每个~|这个~|各个~|他屋子的~里也堆满了书|我找遍院子的每个~也没见到那串钥匙|他坐在图书馆的一个~里看书|中午工人们找个阴凉的~休息。❷〈丁〉指偏僻的地方:祖国的每个~|农村的各个~|树林的~|校园的~|他的事迹传遍祖国各个~|他们不知不觉走到一个人烟稀少的~|他在边疆的一个~里呆了好几年。

【近义词】旮旯儿(gālár)

【反义词】中间/当中/中心

3287 **饺子**(餃) 甲 〔部首〕饣 〔笔画〕9

jiǎozi (dumpling)

[名]半圆形的有馅的面食:~好吃|做~|包~|捏~|吃~|煮~|煎~|炸~|素~|肉馅~|~皮|~馅|北京的~味道不错|今天咱们包~吃好吗?|中国北方人都喜欢吃~|煮~也有学问,煮不好就破|我爱吃不放肉的素馅~|她~皮擀得可快了。

3288 **缴**(繳) 丁 〔部首〕纟 〔笔画〕16

jiǎo (pay)

[动]❶向政府或公共团体交付规定数额的金钱或实物(指履行义务或被迫):~学费|~党费|~水电费|~公粮|~税|~利润|~齐|~足|~来|~上去|~给|~不起|~不出来|~得多|自愿~|积极~|主动~|学校通知明天~学费|农民积极~公粮|他的公司每年上~给国家不少利润|这个楼的水电费都~齐了|房租太贵,实在~不起|这是大家~来的工会会费。❷迫使交出(武器):~枪|~械|这门大炮是这次战斗~来的|这是从敌人那儿~下的枪支弹药。

【近义词】交/交纳/缴纳

【构词】缴获/缴枪/缴税/缴械

3289 **缴纳**(納) 丁

jiǎonà (pay)

[动]向政府或公共团体交付规定数

额的金钱或实物（指履行义务或被迫）：～利润｜～公粮｜～税款｜～党费｜～房租｜～给｜～不起｜积极～｜自愿～｜他们积极主动向政府～税款｜他们公司每年～给国家很多利润｜农民自愿多～公粮。

【近义词】交纳/交

【反义词】索取

3290 **教材** 乙 〔部首〕攵 〔笔画〕11

jiàocái（teaching material）

［名］有关讲授内容的材料，如书籍、讲义、图片、授课提纲等：～不错｜编～｜发～｜买～｜用～｜当～｜准备～｜有～｜出版～｜汉语方面的～｜一本～｜一套～｜很好的～｜实用的～｜反面～｜这套汉语～很受欢迎｜最近他又新编了一本英语口语～｜我们就用这套～吧｜那本～今年年底可以出版｜这件事是对青少年进行教育的好～｜这位老人一生苦难的经历就是对晚辈最好的～。

【近义词】教科书/讲义

【提示】①"教"又读 jiāo，见第 3270 条。②教（Jiào），姓。

【构词】教案/教本/教鞭/教材/教程/教导员/教父/教工/教官/教规/教化/教皇/教诲/教具/教科书/教龄/教门/教派/教区/教师节/教士/教唆犯/教徒/教务/教义/教益/教友/教正/教职员/教主

3291 **教导**（導） 丙

jiàodǎo（v. instruct; n. instruction）

［动］教育指导：～孩子｜～学生｜～后代｜～很严｜～过几次｜严格地～｜认真地～｜谆谆～｜经常～｜～的方式｜老师严格地～学生｜老师傅耐心地～年轻工人｜他谆谆～我们不要忘记我们民族的优良传统｜你这个当父亲的～孩子的方式方法不对。

［名］教育指导的言行：～不起作用｜接受～｜听从～｜老师的～｜妈妈的～｜这个老师对学生的～十分得法｜妈妈的～对他不起作用｜他永远不会忘记老师傅的谆谆～。

【近义词】教育/教诲/指导/训导/教训

3292 **教会**（會） 丁

jiàohuì（church）

［名］天主教、东正教、新教等教派的信徒的组织：参加～｜加入～｜一个～｜～学校｜这个学校是～办的｜他全家都加入了天主教～｜他中学是在～学校上的。

3293 **教练**（練） 丙

jiàoliàn（coach）

［名］训练别人掌握某种技术或动作的人员：～严格｜～厉害｜～耐心｜当～｜足球～｜女排～｜体操～｜老～｜严格～｜一位～｜我们队的王～厉害极了｜他在女子篮球队当～｜多亏了那位严厉的～，才训练出了这样出色的运动员。

3294 **教师**（師） 乙

jiàoshī（teacher）

［名］担任教学工作的人员：当～｜做～｜人民～｜中学～｜英语～｜优秀的～｜模范～｜不称（chèn）职的～｜一名～｜一位～｜中文～都要用普通话讲课｜他在一个大学里当～｜他们全家都是～｜他被选为模范～｜他是物理课～。

【近义词】教员/老师/先生

【反义词】学员/学生

3295 **教室** 甲

jiàoshì（classroom）

[名]学校里进行教学的房间：～敞亮|～干净|～乱|去～|我们的～|他们班～|一间～|一个～|我们的～又干净又豁亮|我们去～上课|这个楼里有二十多间～。

【近义词】讲堂/课堂

3296 **教授** 乙

jiàoshòu（professor）

[名]高等学校中职别最高的教师：提升～|评～|大学～|物理系～|一级～|副～|老～|一名～|一位～|有名望的～|他最近被提升为副～|他被评为一级～|他是北京大学历史系～|他是一位德高望重的老～。

3297 **教唆** 丁

jiàosuō（instigate）

[动]指使或挑动别人做坏事：～孩子|～年轻人|～干坏事|～去偷盗|～犯|这事是谁～你干的？|那个老头～孩子们去偷窃|这个青年人犯罪就是这些黄色书刊～的。

【近义词】唆使

3298 **教堂** 丙

jiàotáng（church）

[名]基督教徒举行宗教仪式的场所：修建～|去～|大～|基督教～|一座～|这里修建了一座～|他每个星期天都去～做礼拜|我要去～做弥撒。

【构词】拜堂/草堂/朝(cháo)堂/穿堂/大堂/店堂/殿堂/饭堂/佛堂/高堂/公堂/过堂/会堂/讲堂/课堂/礼堂/亮堂/灵堂/庙堂/名堂/食堂/堂堂/天堂/厅堂/学堂/印堂/澡堂/正堂/中堂

3299 **教条**(條) 丁

jiàotiáo（dogma）

[名]❶宗教上的信条，只要求信徒信从，不允许批评和怀疑。❷只凭信仰，不加思考而盲目接受或引用的原则、原理：当做～|死守～|严守～|接受～|引用～|死搬～|抽象的～|死板的～|乏味的～|不能把这个理论当做～，死搬硬套|他在文章里引用了很多抽象的～|我真不愿意看他作品中那些乏味的～。

【近义词】❶教义/信条

3300 **教学**(學) 乙

jiàoxué（teaching）

[名]教师把知识、技能传授给学生的过程：～灵活|～严谨|搞～|进行～|研究～|负责～|改进～|懂得～|老师的～|课堂～|电化～|语文～|计算机～|远程～|网上～|～活动|～方法|～效果|～质量|～目的|～经验|～要求|～条件|～经费|王老师的～生动活泼|要不断改进～方法|课堂～要讲究效果|他有非常丰富的～经验|要求尽快改善落后山区的～条件。

3301 **教训**(訓) 乙

jiàoxun（v. teach sb. a lesson; n. lesson）

[动]教育劝告人改正缺点错误：～孩子|～学生|～下级|～敌人|受到～|严加～|应该～|～几句|～一顿|～一番|狠狠地～|好好儿地～|～的目

的|～的方式|～的办法|父亲把儿子狠狠地～了一顿|儿子竟敢～起父亲来了|你不能这样严厉地～孩子。

[名]从错误或失败中取得的知识：～深刻|～沉痛|汲取～|得到～|接受～|记住～|总结～|历史的～|过去的～|工作的～|失败的～|血的～|惨痛的～|宝贵的～|一次一次的～|一条～|一种～|这个历史～太沉痛了|应该从这个事件中吸取～|这次比赛失败，他们总结出三条～|难道你还不想接受过去的～吗！|血的～使人们觉醒过来。

【近义词】教育/教导/教诲

【构词】冬训/短训/古训/集训/家训/军训/培训/受训/庭训/校训/遗训

3302 教研室 丙

jiàoyánshì (teaching and research section)

[名]教育厅、局和学校中研究教学问题的组织：英语～|现代文学～|～主任|一个～|他在历史～工作|下课后请到～来一下|我们系有七个～|我来介绍一下，这位是我们～主任。

3303 教养(養) 丁

jiàoyǎng (v. bring up; n. breeding)

[动]对下一代的教育培养：～子女|～成人|～之恩|父母～|辛苦地～|父母有责任～子女|他辛苦地把儿子～成人。

[名]指一般文化和品德的修养：有～|缺乏～|文化～|道德～|人的～|这些干部都是很有文化～的|要把下一代培养成具有～的人|他的一举一动都显示了他的身份和～。

【近义词】[动]培育/教育；[名]修养

3304 教育 甲

jiàoyù (v. educate; n. education)

[动]教导，培育：～学生|～后代|～群众|～得好|进行～|加强～|抓紧～|缺乏～|接受～|需要～|热情地～|耐心地～|～的方式|老师～学生要尊敬老人|对犯错误的青少年要加强～|我永远忘不了党对我的关怀～|在大家的～帮助下，他改变了自己的态度。

[名]培养新生一代准备从事社会工作的整个过程，主要是指学校对儿童、少年、青年进行培养的过程：～改革|～革命|发展～|进行～|普及～|重视～|办～|高等～|初等～|政治～|文化～|思想～|传统～|法制～|素质～|良好的～|～质量|～制度|～水平|～计划|～事业要不断发展|国家应当重视～|要加强下一代的传统～|要让孩子们受到良好的～|这个学校的～质量有了很大的提高。

【近义词】[动]教导/教诲/教训

3305 教员(員) 乙

jiàoyuán (teacher)

[名]担任教学工作的人员：当～|做～|中学～|优秀的～|体育～|英语～|一名～|一位～|他当了30年～|他是一个职业学校的～|我们学校有一位优秀的语文～。

【近义词】教师/老师/先生

【反义词】学员/学生

3306 轿车(轎車) 丁

〔部首〕车 〔笔画〕10

jiàochē (carriage)

[名]❶旧时供人乘坐的车，车厢外面套着帷子，用骡、马等拉着走：一辆～|坐～|我坐过马拉的～。❷供人乘

坐的、有固定车顶的汽车：～大｜～新｜开～｜坐～｜修理～｜大～｜小～｜一辆～｜这辆～可以坐多少人？｜他们开着大～去旅行｜他们新买了一辆红色的小～。

【近义词】❶马车；❷汽车

【构词】轿夫/轿子

3307 **较**(較) 乙 〔部首〕车 〔笔画〕10

jiào (prep. *used to compare a difference in degree*; adv. comparatively)

[介]用来比较性状和程度：～以前好｜～上个月多｜他的身体～过去好｜这儿的东西～那里贵得多｜他的英语～我熟练得多｜他的女儿～一般孩子聪明｜他的歌声～任何人都动听。

[副]表示具有一定的程度：～近｜～冷｜～明显｜～清楚｜～干净｜～少｜～能动脑子｜～爱看电影｜这篇文章写得～好｜这里的环境～清静｜这个工厂的设备～先进｜这个年轻人～会办事。

【近义词】[介]比/比较；[副]比较

【提示】①“较”作副词时不用否定式，不能说“这儿的气候不～冷”。②多用于书面语。

3308 **较量** 丁

jiàoliàng (contest)

[动]用竞赛或斗争的方式比本领、实力的高低：双方～｜～武艺｜～球艺｜～枪法｜～实力｜～本领｜～半天｜～一下｜～几次｜～一番｜开始～｜进行～｜激烈地～｜反复～｜多次～｜暗中～｜再三～｜甲乙双方～一下球艺｜这两个公司在激烈地～｜我跟他～过几次枪法｜经过多次～，我感到他们的实力比我们强多了｜我们～了半天，结果不分胜负。

【近义词】比赛

3309 **叫** *甲 〔部首〕口 〔笔画〕5

jiào (shout)

[动]❶人或动物的发音器官发出较大的声音，表示某种情绪、感觉或欲望：狗～｜鸟～｜～起来｜～出来｜～得震耳朵｜～得难听｜～哑｜～三遍｜～半小时｜～一夜｜扯着嗓子～｜大声～｜不停地～｜突然～｜乱～｜大～｜拼命地～｜这种鸟～起来真难听｜球迷们的嗓子都～哑了｜这是谁家的狗？昨晚～了一夜｜蝉在树上不停地～｜你们别这么大喊大～好吗？❷招呼；呼唤：～人｜～门｜～号｜～名字｜～电话｜～来｜～进去｜～上来｜～回来｜～过去｜～起来｜～通｜～醒｜按时～｜有礼貌地～｜小王在楼下～你｜有人在～门，我去开｜大夫在～你的名字｜电话～通了｜快把孩子～回来吃饭｜我～了你半天，你怎么不答应？｜都8点了，快把他们～起来｜每天早上妈妈按时～我。❸(名称)是；称为：～小莲｜～阿姨｜～杏仁豆腐｜～鳗鱼｜这个学生～杨丽君｜你～什么名字？｜他～我奶奶～得可亲了｜让我～她妈妈，我～不出来｜你怎么敢～起叔叔的外号了！｜你这也～男子汉！｜中国有个成语～“画蛇添足”。❹〈乙〉告诉某些人员(多为服务行业)送来所需要的东西：～车｜～菜｜～煤｜你们等一下儿，我去～辆出租车｜这个地方偏僻，～不着车｜菜～得太多，吃不了｜可以把饭菜～到家里来吃｜家里还有煤，这月少～点儿吧。

【构词】叫板/叫菜/叫好/叫号/叫花子/叫魂/叫劲/叫苦/叫驴/叫骂/叫卖/叫门/叫屈/叫嚣/叫阵/叫座/叫

苦连天

3310 **叫** *甲

jiào (v. ask; order; prep. *used in a passive sentence to introduce the doer of the action*)

[动]❶使;命令:~学生回答|~他买菜|~我为难|~人生气|~荒山变良田|老师~我们写一篇作文|他常~我去他家吃饺子|这事真~人着急|妈妈~我早点儿回家|我一定要~后进班变成先进班。❷〈乙〉容许或听任:他不~你去,就别去了|我要给妈妈买件衣服,她嫌贵,不~我买|这是谁~你写的?|他不~我告诉你这件事|既然他喜欢,就~他玩吧。

[介]〈丙〉用在句子中表示主语是受事,相当于"被":衣服~雨淋湿了|自行车~朋友骑走了|画儿~风刮下来了|他的手~玻璃划破了|屋子~他们搞得乱七八糟。

【近义词】[动]让;[介]被

3311 **叫喊** 丁

jiàohǎn (shout)

[动]大声叫;嚷:人们~|~什么|~了几声|~了半天|疼得~|高兴得~|~起来|大声~|拼命地~|不停地~|他推着车~着:"卖鱼,新鲜的活鱼!"|他在楼下~了半天,也没人答应|妈妈的信使他高兴得~起来|牙疼疼得他直~|他拼命地~:"抓小偷!"

【近义词】叫嚷/喊叫

【构词】高喊/呼喊/空喊/呐喊/嘶喊

3312 **叫唤** 丁

jiàohuan (cry out)

[动]❶大声叫:~得吵人|~得震耳朵|~起来|疼得~|气得~|拼命地~|一个劲儿地~|高声~|你在那里~什么?|他一~起来,简直能把人耳朵震聋|伤口把他疼得直~|他已习惯孩子们吵吵闹闹地~了。❷(动物)叫:小鸟~|狗~|~得好听|~得吵人|~起来|我最讨厌猫头鹰~的声音|夜莺~得真好听|小狗一见生人就~起来|树上的蝉不停地~,吵得我不能入睡。

【近义词】❶叫嚷/喊叫;❷鸣叫/吼叫

【构词】传唤/呼唤/使唤/召唤

3313 **叫嚷** 丁

jiàorǎng (shout)

[动]大声叫:~起来|气得~|疼得~|高兴得~|大声~|拼命~|不停地~|市场上小商贩们大声~着招揽生意|他们说着说着就~起来|他被儿子气得大声~|孩子们一听说出去玩,高兴地~起来|只要他一回来,屋子里~声就不断。

【近义词】喊叫/叫唤/叫喊

【构词】吵嚷/闹嚷/嚷嚷/喧嚷

3314 **叫做** 乙

jiàozuò (be called)

[动](名称)是;称为:~师傅|~铁人|~荔枝|~氧化作用|~虹|~颠倒黑白|~自讨苦吃|~舍近求远|人们都把他~钢铁战士|他们管我爷爷~师傅|我的家乡把红薯~地瓜|人们把这两个星座~牛郎星和织女星|中秋节也可以~八月节|你这样处理~混淆是非,颠倒黑白。

【近义词】叫/称

3315 **觉(覺)** 丙 〔部首〕见 〔笔画〕9

jiào (sleep)

[名]睡眠(指从睡着到睡醒)：～多｜～少｜午～｜好～｜懒～｜年纪大了，～少多了｜我每天都得睡午～｜祝你睡个好～｜一～醒来，快8点了｜他好(hào)睡懒～，早上9点才起来。

【提示】"觉"又读 jué，见第3615条。

3316 **揭** *丙 〔部首〕扌 〔笔画〕12

jiē (take off)

[动]❶把粘在别的物体上的片状物成片取下：～画｜～膏药｜～商标｜～邮票｜～纸｜～下来｜～走｜～去｜～坏｜～破｜好～｜难～｜慢慢儿～｜是谁把墙上的画～下来的？｜他把信封上的邮票～走了｜把这层纸～去，就知道是不是中(zhòng)奖了｜商标粘得真结实，～不下来｜这纱布真不好～｜你慢点儿～，别把照片～破了。❷把覆盖或遮挡的东西拿开：～幕｜～锅｜～盖儿｜～开｜～起来｜慢慢儿～｜在热烈的掌声中～下蒙在纪念碑上的红绸｜他～开锅盖看看今天吃什么｜他轻轻地～下雕像上的布｜他出席了大楼落成～幕典礼｜馒头还没熟，别忙着～锅｜他～开窗帘。❸〈丁〉使隐蔽的事物显露：～老底｜～隐私｜～内幕｜～问题｜～缺点｜～得透｜～得深｜～开｜互相～｜深～｜他就喜欢～人家的隐私｜大家～出他不少经济问题｜对他的犯罪事实还～得不够｜这件事的内幕终于～出来了｜你们不要互相～老底嘛！

【近义词】❶扯/撕；❷掀

【反义词】❶贴/粘；❷蒙/盖；❸瞒/捂

【提示】揭，姓。

【构词】揭榜/揭穿/揭底/揭短/揭盖子/揭锅/揭老底/揭幕/揭晓

3317 **揭发(發)** 丁

jiēfā (expose)

[动]使没有发现的坏人坏事显露出来：～坏人｜～错误｜～罪行｜～问题｜～内幕｜～真相｜～阴谋｜～得彻底｜～得深刻｜～出来｜～下去｜敢于～｜准备～｜公开～｜大胆～｜彻底～｜积极～｜主动～｜人们纷纷～他的罪行｜这一起盗窃案的真相终于～出来了｜对坏人坏事要勇于～｜对他的经济问题还要继续～｜这是群众～的。

【近义词】揭露/揭穿

【反义词】包庇/掩盖/隐瞒/隐藏

3318 **揭露** 丙

jiēlù (expose)

[动]使隐蔽着的事物显露出来：～矛盾｜～本质｜～问题｜～敌人｜～阴谋｜～罪行｜～真相｜～内幕｜～秘密｜～内情｜～出来｜～出去｜～得深刻｜～得彻底｜进行～｜予以～｜大胆～｜充分地～｜坚决～｜有力地～｜无情地～｜全部～｜我们要～他行贿受贿的罪行｜这部小说把金钱社会的黑暗～得相当充分｜群众积极～了这伙不法分子的阴谋。

【近义词】揭发/揭穿

【反义词】掩饰/掩盖

3319 **揭示** 丁

jiēshì (reveal)

[动]使人看见原来不容易看出的事物：～宇宙的奥秘｜～社会发展规律｜～物质运动规律｜～事物的本质｜～内心世界｜～人类的起源｜～出来｜～得清楚｜～得充分｜～得具体｜彻底～｜真正～｜深刻地～｜成功地～｜这部小说深刻地～了当时进步学生的内心世界｜他的文章向人们～了一条真理｜这部电影对封建大家庭的罪恶～得淋漓尽致｜好的、坏的都应该～给

大家看|这条定律具体地～了事物间的内在联系。
【近义词】显示/展示
【反义词】掩饰/掩盖

3320 **接** *甲　〔部首〕扌　〔笔画〕11

jiē (connect)
[动]❶连接;使连接:～电线|～绳子|～电源|～纱头|～水管|～桌子|～轨|～起来|～过来|～上|～通|～到|～好|～完|电线断了,他正在～呢|电源没～好,所以灯不亮|把电话线～到屋子里来|美国的长途～通了|两张桌子～起来可以当一张床|电视连续剧少看了两集就～不上了|我说完了你～着说。❷托住;承受:～球|～西瓜|～水|～住|～稳|～好|双手～|跳起来～|他连球都～不住,还要参加比赛!|快把他的行李～过来|苹果没～好,掉地上了|你别扔,我可～不着|他双手～过客人送给他的礼物|他跳起来～住了对方踢过来的球。❸接受;收到:～电话|～电报|～信|～礼品|～到|～不着(zháo)|～下来|我今天～到三封信|这个通知是刚～到的|这个礼物你不～下,我就生气了|他新～到一个任务,明天就出发|他给我来过三次电话,一次也没～着。❹迎接:～人|～车|～孩子|～病人|～到|～进来|～出来|～回来|～过来|～得及时|～得正好|～了半天|早点儿～|热情地～|明天一早我要去机场～一个外国朋友|他一下班就得去幼儿园～孩子|我去晚了,没～着这趟车|3号病床的病人让家属～走了|今天是周末,早点儿把孩子～回来。❺〈丁〉从别人那里把工作接过来并继续下去:～活儿|～任务|～班|～课|～工作|～过来|～下来|今天可～了不少活儿|主任让我～王老师的课|你把我的工作～过去吧|他终于答应把这个职务～下来了|任务～得太多,怕完不成。
【近义词】❶连;❸收;❹迎
【反义词】❶断;❷扔;❹送
【提示】接,姓。
【构词】接班人/接茬/接产/接防/接风/接骨/接管/接轨/接合/接火/接济/接驾/接界/接境/接口/接力棒/接邻/接纳/接亲/接取/接壤/接任/接生/接手/接谈接替/接头/接线/接线生/接续/接引/接应(yìng)/接援/接枝

3321 **接班** 丁

jiē bān (take over from)
❶接替上一班的工作:接小刘的班|接中班|11点～|提前～|我每天下午3点～|我一般是接小王那个班|今天小王病了,我得早点儿去接他的班。❷指接替前辈人的工作、事业:女儿～|儿子～|青年人～|～人|提前～|以前工厂工人退休了,儿女可以～|老厂长退下来了,由年轻人接了班|要培养一批德才兼备的～人|我们要继承先辈的遗志,接好他们的班。
【近义词】接替
【反义词】交班
【提示】离合词,中间可插入其他成分,如:接过老一辈的班|接了班。

3322 **接触**(觸) *乙

jiēchù (get in touch with)
[动]❶挨上;碰着:～病菌|～药物|～阳光|～目光|～现象|～事物|～社会|～生活|～书本|～乐器|多～|～几回|开始～|直接～|这间屋子常年～不到阳光|他从来没～过乐器|

他大学毕业以后才真正开始～社会|这种现象我～得多了|你的手一～到这个按钮，警报器就会响起来|你要尽量少～各种药物|很多病是通过～传染的。❷〈丙〉(人跟人)接近并发生交往或冲突：～群众|～病人|～广泛|保持～|难以～|开始～|希望～|普遍～|直接～|经常～|秘密～|～的地点|～的时间|～的方式|这个干部广泛～群众，受到好评|他每天都要～各种病人|这个人脾气古怪，难以～|希望你和我们经常保持～。

【构词】笔触/抵触/感触

3323 **接待** 乙

jiēdài (receive)

[动]对宾客或顾客表示欢迎并给以应有的待遇：～周到|～外宾|～游客|～朋友|～代表团|～得周到|～得热情|～不了|～不过来|准备～|停止～|负责～|友好地～|诚恳地～|热情地～|正式～|～的规格|～单位|～任务|～仪式|～的客人|～室|我们～不周，请多多原谅|昨天我～了一个外国代表团|这个单位～我们非常热情|来的访问团太多了，我们都～不过来了|他友好地～了我的一家|这是国家的贵宾，～的规格要高一些。

【近义词】招待/款待

3324 **接到** 乙

jiē dào (receive)

收受：～信|～电报|～信号|～包裹|～礼品|～客人|我好久没～他的信了|今天～一个包裹|你～我寄给你的生日礼物了吗？|这里可以～无线电信号了|我没～你的来稿啊！

【近义词】接收/收受

【提示】"接到"是个动补结构，中间可插入"得"或"不"，如：接得到|接不到。

3325 **接二连三**(連) 丁

jiē èr lián sān (one after another)

一个接着一个，形容接连不断：喜讯～|事情～|～地传来|～地出现|～地失败|～的事故|家里的事情～，哪顾得上看病！|喜讯～地传到我们村|不愉快的事情在他家～地发生|他～地收到朋友们的贺信|前方～地打胜仗|～的成功，使得他忘乎所以。

【构词】再三

3326 **接见**(見) 乙

jiējiàn (receive sb.)

[动]跟来的人见面：～外宾|～代表|参加～|准备～|拒绝～|希望～|～得频繁|～一回|～几次|诚恳地～|热情地～|友好地～|～的时间|～的规格|～的地点|国家领导人正在～外宾|国家领导人～了与会代表，并和他们一起照了相|他的工作就是～外宾|工厂领导热情地～了来访的记者|请定一下～的时间和地点。

【近义词】会见/会晤/接待

3327 **接近** 乙

jiējìn (approach)

[动]靠近；相距不远：观点～|时间～|水平～|比分～|～群众|～朋友|～正常|～目标|～标准|～地面|～边界|～黄昏|～春节|～竣工|～胜利|～破产|～死亡|～成熟|力求～|希望～|～不了|～不得|难～|容易～|随便～|～的方法|～的看法|这两个队的比分逐渐～|这个干部喜欢～群众|他的体温已～正常|我们的有些产品质量已～世界水平|这座大桥已

～竣工｜那个人很古怪，～不得｜他平易近人，很容易～。
【近义词】靠近/挨近/临近/逼近/贴近
【反义词】离开/远离

3328 **接连**(連) 丙

jiēlián (in succession)
[副]一次跟着一次；一个跟着一个：～获奖｜～发表｜～比赛｜～发生｜～吃药｜～不断｜他～说了三遍我才听懂｜他在报上～发表了好几篇文章｜他获得了冠军，他的朋友们～上门祝贺｜我～吃了三天药才退烧｜～发生了三起事故，引起了工厂领导的重视｜最近暴风雨天气～不断。
【近义词】连接/连续/接续
【反义词】中断/间断
【构词】勾连/黄连/连连/流连/牵连/相连/一连/粘连/株连/藕断丝连

3329 **接洽** 丁

jiēqià (take up a matter with)
[动]跟人联系、洽谈有关事项：～工作｜～业务｜～生意｜～事情｜～问题｜～款项｜～妥当｜～不了｜需要～｜愿意～｜～的结果｜我们和那个公司正在～一笔生意｜关于原料问题已经和他们～好了｜定于明日和外贸部门正式～｜双方～的结果令人满意。
【近义词】洽谈
【构词】欢洽/融洽/商洽

3330 **接收** 丁

jiēshōu (receive)
[动]❶收受；接到：～电视节目｜～电波信号｜～情报｜～来稿｜～文件｜～订货｜～贺礼｜～到｜～工作｜我家电视可以～到十几个省的节目｜装上天线就能～这个地方上空的电波信号｜他生日那天～了不少贺礼｜他在公司负责文件的～工作。❷根据法令把机构、财产等拿过来：～工厂｜～银行｜～财产｜～人员｜～过来｜全部～｜政府～了这几家银行和工厂｜无人认领的自行车，先由你们～保管｜大哥去世后，财产由他全部～过来。❸对事物容纳而不拒绝：～新会员｜～留学生｜～病人｜～复员军人｜～得了｜～不下｜我校每年都～好几百名外国留学生｜我们热情地～复员军人来这里工作｜医院床位太少，～不了这么多病人住院｜他们愿意～我们入会。
【近义词】❶接受；❷接管；❸接纳/吸收
【反义词】❶推辞/推却/拒绝

3331 **接受** 乙

jiēshòu (accept)
[动]对事物容纳而不拒绝：～任务｜～意见｜～方案｜～经验｜～真理｜～遗产｜～条件｜～礼物｜～邀请｜～建议｜～教训｜～监督｜～帮助｜～批评｜～救济｜～祝贺｜～贿赂｜～下来｜～一回｜打算～｜拒绝～｜表示～｜公开～｜广泛～｜虚心～｜高兴地～｜～的态度｜这样的学生，我们不想～｜我不能～你这个观点｜他拒绝～对方提出的条件｜他欣然～了朋友的邀请｜他表示愿意～大家的建议｜这种毫无根据的批评，我～不了｜老师傅的那些建议他全～下来了。
【近义词】接收/接纳
【反义词】反对/拒绝/推辞/谢绝

3332 **接着** 甲

jiēzhe (adv. go on with; conj. after that)
[副]紧接着前边的动作：～说｜～写｜

～做｜～喝｜～弹｜～唱｜上午做不完，下午～做｜我～念，你～往下写｜别管他，咱们～吃。

［连］连着（上面的话）；紧跟着（前面的动作）：他买完了鞋，～又去了一家书店｜他在汤锅里撒了把盐，～盛起了一大碗｜教练说："你们注意看我的动作。"～，她就开始给大家做示范。

3333 **皆** 丁 〔部首〕白 〔笔画〕9

jiē (all)

［副］都；都是：市场上进口商品比比～是｜这是放之四海而～准的真理。

【近义词】全/都

【提示】带有文言色彩，用于书面语中，口语中说"都"。

3334 **街** 甲 〔部首〕彳 〔笔画〕12

jiē (street)

［名］旁边有房屋的比较宽阔的道路：上～｜逛～｜～口｜～上｜一条～｜～上车水马龙，热闹极了｜他上～买菜去了｜一到星期天我就去逛～｜这条～上又建了一座超级市场｜那个店就在这条～的～口上。

【近义词】街道/大街/道路

【反义词】巷(xiàng)/胡同

【构词】街灯/街门/街面上/街市/街头剧/街心/街谈巷议/街头巷尾

3335 **街道** 乙

jiēdào (street)

［名］旁边有房屋的比较宽阔的道路：～热闹｜～宽阔｜～干净｜美丽的～｜一条～｜这条～又宽阔又干净｜节日的～人来人往，热闹非凡｜过去的小土路如今成了一条美丽的～。

【近义词】街/大街/道路

【反义词】巷(xiàng)/胡同

3336 **街坊** 丁

jiēfang (neighbour)

［名］住家接近的人或人家：是～｜住～｜老～｜几家～｜我的～｜我跟王师傅是～｜我们两家过去住过～｜刘大妈是我的老～｜我们几家～像一家人似的和睦相处。

【近义词】邻居/邻里

【构词】村坊/粉坊/酱坊/面坊/磨(mò)坊/牌坊/染坊/油坊/作(zuō)坊

3337 **街头**(頭) 丁

jiētóu (street)

［名］街；街上：走上～｜沦落～｜十字～｜他母亲在～卖冰棍｜学生们利用假日走上～，为公众做好事｜战争使很多孤儿沦落～｜他就像走到十字～，失去了方向。

【近义词】街/街上

3338 **阶层**(階層) 丙 〔部首〕阝 〔笔画〕6

jiēcéng (stratum)

［名］❶指在同一个阶级中因社会经济地位不同而分成的层次：～不同｜贫农～｜小市民～｜不同的～｜同一个～｜农民阶级中分贫农、中农等几个～｜父母反对她的男朋友和她结婚，因为他们不是一个～的人｜他们虽然属于不同的～，但关系十分融洽。❷指由不同阶级出身，因某种相同的特征而形成的社会集团：知识～｜领导～｜各～｜这个楼里住的都是知识～的人｜那是领导～的事，我们管不了｜各个～的人都拥护改革开放政策｜会上各个～的代表都发了言。

【近义词】阶级

3339 **阶段** 乙

jiēduàn (stage)

[名]事物发展进程中划分的段落：~长|~重要|划分~|处于…~|达到…~|历史~|初级~|高级~|基础~|感性~|试用~|进行~|发展~|普及~|过渡~|学习~|研究~|形成~|发育~|恋爱~|第一~|这个~|儿童的发育~是非常重要的|中国历史划分几个~|对此案件的处理现处于停滞~|这些教材还在试用~|他们正处在恋爱~，还谈不上结婚|三峡水利工程的第一~工程已经完工。

【近义词】时期

【构词】波段/唱段/地段/工段/河段/路段/片段/身段/手段/线段

3340 **阶级**(級) 乙

jiējí (class)

[名]人们在一定的社会生产体系中，由于所处的地位不同和对生产资料关系的不同而分成的集团：划分~|产生~|工人~|农民~|无产~|资产~|奴隶主~|压迫~|统治~|反动~|~立场|~感情|~路线|~利益|~成分|~出身|自从有了私有财产，就产生了~|这些人是新兴的资产~|他对农民怀有极深的~感情。

【近义词】阶层

3341 **结**(結) 丙 〔部首〕纟 〔笔画〕9

jiē (bear)

[动]长出(果实或种子)：~苹果|~桃|~葡萄|~子儿|~得早|~得大|~得多|~满|~出|这棵树~了不少苹果|今年遭虫害，一个桃子也没~|这些西瓜~得好大啊！|今年葡萄~得比哪年都多|这些油菜花都开始~子儿了|架子上~满了嫩绿的豆荚。

【提示】“结”又读 jié，见第 3361 条。

【构词】结巴

3342 **结果** 丁

jiē guǒ (bear fruit)

长出果实：开花~|结了果|结出果|当年我们栽下的小树苗，今天都已开花~|这种树只开花不~|开什么花结什么果。

【提示】离合词，中间可插入其他成分，如：结不了果|结过果。

3343 **结实**(實) 乙

jiēshi (sturdy)

[形]❶坚固耐用：鞋~|袜子~|布料~|椅子~|~极了|~得很|~得多|做得~|织得~|编得~|这种丝袜真不~，刚穿一次就破了个洞|这种布料不太好看，但~极了|这玩具做得很~，不怕摔|这种眼镜架比你那种要~得多。❷健壮：身体~|孩子~|~得很|长得~|结结实实|他的身体很~|这小伙子~得像头牛|你的儿子长得真~|把身体锻炼得结结实实的|在农村劳动了一年，身子反倒比以前更~了。

【近义词】❷壮实

3344 **截** 丙 〔部首〕戈 〔笔画〕14

jié (cut)

[动]❶切断；割断(长条形的东西)：~木头|~肢|~枝|~一段|~两半|~成|~断|~下|这根长木头可以~成四段|他~下一根树枝当拐杖|好好的木条怎么~断了？|出车祸以后，他~去左腿，安了假肢。❷阻止，使不能前进；扣留所经手的物品、款项等：~车|~款子|~回来|~住|~下|我们在路上~了一辆车，才回到

家的|这笔巨款终于被～回来了|快～住那孩子，别让他上马路。❸（到一定期限）停止：～至明天|～至5点|报名时间～至本周末|～至昨天，参观人数已超过一千人|交费时间～至下午5点半。

【近义词】❶切/割；❷拦

【构词】截道/截断/截夺/截获/截击/截留/截流/截门/截面/截取/截然/截瘫/截肢/截长补短

3345 **截止** 丁

jiézhǐ (end)

[动]（到一定期限）停止：到昨天～|到6月底～|已经～|即将～|一周前～|～的日期|报名日期～到本周末|优惠酬宾已在昨天～|购买国库券三天前就～了|展览会～的时间是下月5号。

【近义词】截至

【提示】"截止"和"截至"的区别：①"截止"可以作谓语和定语；"截止"前还可带时间状语。②"截至"相当于"截止到"，不能作谓语和定语，前面也不能带时间状语。

3346 **劫** 丁 〔部首〕力 〔笔画〕7

jié (rob)

[动]❶用暴力把别人的东西夺过来据为己有：～财|～货|～车|～去|～走|～得精光|～得一干二净|今天真倒霉，遇到一伙人～车|他在路上遇到土匪，把他的钱～走了|幸亏来了警察，他的货才没被～去。❷用威力强迫或胁迫：他们把这个人～去作人质|一伙人把他～入一间黑屋子里|忽然来了一群人把他～走。

【近义词】抢/夺

【构词】劫道/劫夺/劫匪/劫机/劫掠/劫难/劫数/劫洗/劫营/劫余/劫狱/劫寨

3347 **劫持** 丁

jiéchí (kidnap)

[动]要挟（yāoxié）；利用对方的弱点，强迫对方答应自己的要求：～飞机|～汽车|～人质|～走|～到|企图～|两个暴徒企图～飞机|暴徒把飞机～到别的国家去了|被～的人质都安全回到了自己的家。

【近义词】胁迫/要挟

3348 **节**（節） 丙 〔部首〕艹 〔笔画〕5

jié (save)

[动]节约；节制：～电|～水|～食|～煤|～油|～衣缩食|为了减肥，他正在～食|人人都要～水～电|父母～衣缩食，供儿子上大学。

【近义词】省/节约/节省

【反义词】费/浪费

【提示】节，姓。

【构词】节哀/节疤/节操/节电/节骨眼/节货/节假日/节俭/节礼/节烈/节令/节略/节拍/节气/节钱/节赏/节食/节水/节选/节用/节油/节制/节外生枝/节衣缩食

3349 **节** 甲

jié (n. joint; m. section)

[名]❶物体各段之间相连的地方：有～|竹～|藕～|关～|甘蔗～|竹枝长在～上|甘蔗有～的地方最难啃|从有～的地方切一刀。❷节日；节气：过～|五一国际劳动～|三八妇女～|春～|清明～|元宵～|民工们都回家过春～去了|端午～家家都吃粽子|在西方，圣诞～比元旦还热闹|等过～的时候，我一定回来。

[量]用于分段的事物或文章：一～火车｜两～甘蔗｜两～藕｜一～课｜第一章第三～｜这列火车有十几～车厢｜我买了三～藕，怎么吃好？｜我们每天上午有四～课｜这个曲子你一个小～一个小～地练习。

3350 **节目** 甲

jiémù（programme）

[名]文艺演出或广播电台、电视台播送的项目：～精彩｜～没意思｜看～｜表演～｜播送～｜文艺～｜体育～｜戏曲～｜～时间｜～内容｜～单｜今年春节晚会的～相当精彩｜你给大家表演一个～｜现在正在播放体育～｜先看看～单，都有什么～。

【构词】编目/侧目/触目/刺目/夺目/耳目/反目/纲目/过目/回目/极目/价目/举目/剧目/科目/栏目/满目/盲目/眉目/面目/名目/怒目/篇目/书目/数目/题目/条目/头目/细目/项目/心目/醒目/眼目/要目/悦目/张目/账目/注目/总目/慈眉善目/横眉立目/金刚怒目/琳琅满目/巧立名目/赏心悦目/獐头鼠目

3351 **节能** 丁

jiénéng（save energy）

节约能源：～灯｜～装置｜～措施｜～宣传｜～知识｜～工作｜～竞赛｜我家用的是～灯，很省电｜安装上一种～装置，可以减少电的耗费量｜这样用电太费，必须采取～措施｜应该广泛宣传～知识｜他们厂正在开展～竞赛｜把～工作落到实处，经济效益才能提高。

【提示】离合词，中间可插入其他成分，如：节不了能｜节了能。

3352 **节日** 甲

jiérì（festival）

[名]纪念日；传统的庆祝或祭祀的日子：～快乐｜～放假｜～休息｜庆祝～｜妇女的～｜孩子的～｜～的气氛｜～的祝贺｜～的服装｜祝你们～愉快｜这个～只放一天假｜建筑工人们～也不休息｜6月1日是孩子们的～｜10月1日国庆节，到处洋溢着～的气氛｜向大家致以～的祝贺｜中秋节、端午节、春节等都是中国的传统～｜一到春节，到处呈现出一片～的气氛｜清明节是祭祀祖先的～，民间习惯在这天去扫墓。

【近义词】节

【构词】白日/春日/次日/当日/冬日/度日/多日/改日/隔日/后日/吉日/集日/即日/忌日/假日/今日/近日/旧日/来日/连日/烈日/落日/明日/末日/平日/前日/秋日/去日/日日/生日/时日/素日/他日/往日/昔日/夏日/旭日/异日/早日/值日/昨日/暗无天日/饱食终日/拨云见日/不可终日/光天化日/黄道吉日/夜以继日/有朝(zhāo)一日

3353 **节省** 乙

jiéshěng（save）

[动]使可能被耗费掉的不被耗费掉或少耗费掉：～资金｜～开支｜～粮食｜～人力｜～时间｜～费用｜～土地｜～纸张｜～零花钱｜～得多｜～出来｜～下来｜力求～｜适当地～｜全部～｜过分～｜～的办法｜应该～一些不必要的开支｜这项改革为国家～了大量人力和物力｜他用生活费里～下来的钱帮助一个生活困难的孩子｜一边烧饭一边打扫房间，可以～出很多时间｜难道过日子～一点儿不好吗？

【近义词】省/节约

【反义词】费/浪费
【提示】"省"又读 xǐng,如"反省"。

3354 **节育** 丁

jiéyù (birth control)
[动]限制和控制生孩子:～好|应该～|提倡～|宣传～|～的好处|～知识|～问题|事实证明,～好处很多|中国大力提倡～|应该向群众广泛宣传～知识。

3355 **节约**(約) 乙

jiéyuē (economize)
[动]使可能被耗费掉的不被耗费掉(多用于较大的范围):增产～|～能源|～资金|～人力|～水电|～粮食|～经费|～汽油|～纸张|～开支|～时间|～下来|～出来|提倡～|号召～|力求～|厉行～|注意～|大大地～|一贯～|自觉地～|努力～|～的原则|～的精神|～的计划|～的习惯|～水电,人人有责|他改进了烧锅炉的方法,～了不少燃料|这样安排可以把～出来的人力支援别的部门|国家号召大力开展增产～运动|他一贯坚持～的原则|要教育青年人养成～的习惯。
【近义词】节省
【反义词】浪费

3356 **节奏** 丁

jiézòu (rhythm)
[名]❶音乐中交替出现的有规律的强弱、长短的现象:～快|～放慢|～明快|～清楚|有～|音乐的～|歌声的～|强烈的～|欢快的～|～感|这个地方的～要加快|我喜欢～明快的曲子|他弹得很有～|随着《蓝色的多瑙河》欢快的～,人们跳起了华尔兹|这孩子～感很强,可以培养他学音乐|我受不了迪斯科音乐强烈的～。❷比喻均匀的、有规律的工作进程:～快|～紧张|～缓慢|打乱～|有～|生活的～|工作的～|～的变化|那个地区人们的工作～相当紧张|他的生活平平淡淡,没有～|环境的改变打乱了我的生活～|青年人喜欢快～,不论是生活还是工作|长期快～的工作,使他的健康受到了损害。
【近义词】旋律/节拍

3357 **杰出** 丁 〔部首〕灬 〔笔画〕8

jiéchū (outstanding)
[形](才能、成就)超出众人:人才～|才华～|才能～|成就～|贡献～|～的领袖|～的学者|～的人物|～的代表|他的才能非常～|他在艺术方面的成就是～的|他在历史上做过～的贡献|他是当代最～的作家。
【近义词】出色/优秀/突出/卓绝
【反义词】平庸

3358 **杰作** 丁

jiézuò (masterpiece)
[名]超过一般水平的好作品:得意的～|他的～|这些作品都是～|这首诗是他的～中最出色的一篇|您的～我已拜读,得益匪浅。
【近义词】佳作

3359 **竭力** 丙 〔部首〕立 〔笔画〕14

jiélì (do one's utmost)
[副]用一切力量:～完成|～协助|～做出|～装作|领导上交给我们的任务,一定～完成|他～做出什么事都没发生的样子|在事故面前,他～使自己镇静下来|你的事我们一定～帮助。
【近义词】尽力

【构词】竭诚/竭泽而渔

3360 **洁白**(潔) 丙 〔部首〕氵 〔笔画〕9

jiébái (spotlessly white)

[形]没有被其他颜色污染的白色：羽毛～|墙壁～|皮肤～|洗得～|～的牙齿|～的上衣|～的玉|～的雪|她的皮肤就像雪一样～|他家的墙刷得～|她一笑露出一口～的牙齿|他递给我一条～的围巾|天上飘着～的雪花。

【近义词】雪白/皎洁

【反义词】污黑

【构词】洁净/洁身自好(hào)

3361 **结**(結) *丙 〔部首〕纟 〔笔画〕9

jié (v./n. knot)

[动]❶在条状物上打疙瘩或用这种方式制成物品：～网|～绳|～领带|～疙瘩|～毛衣|～得好|～得快|～完|～错|用心地～|渔民们在海滩上～渔网|他总是～着一条紫红色的领带|她毛衣～得又快又好。❷发生某种关系；由液体变固体：～缘分|～仇|～恨|～良缘|～痂|～硬块|～下|～为|～成|～冰|怨仇宜解不宜～|从此我们俩～下了深厚的友谊|他们因为什么～下了这么大的仇？|祝你们喜～良缘|他们终于～成夫妻|经常打针的地方～了一个硬块|河水已经～冰。❸〈丁〉发展或进行到最后阶段，不再继续：～账目|～欠债|～案子|～一下|～清|～完|账该～一下了|我欠你的债早就～清了|这案子什么时候才能～呀！

[名]条状物打成的疙瘩：打～|活～|死～|蝴蝶～|领～|他把绳子打了个死～，害我解了半天|她用红丝带打了个蝴蝶～，真好看|他在衣领上打了个黑色的领～。

【近义词】❶系(jì)

【反义词】❶解

【提示】"结"又读 jiē，见第 3341 条。

【构词】结案/结拜/结伴/结肠/结成/结仇/结存/结核/结核病/结伙/结集/结交/结庐/结盟/结纳/结亲/结社/结束语/结尾/结义/结语/结冤/结缘/结怨/结扎/结账/结子/结草衔环/结党营私/结发(fà)夫妻

3362 **结构**(構) 乙

jiégòu (structure)

[名]❶各个组成部分的搭配和排列：～改变|～严密|～简单|～零乱|～紧凑|安排～|分析～|研究～|调整～|经济～|人口～|知识～|饮食～|原子～|电子表的～|年龄～|家庭～|文章的～|语法～|机器的～|复杂的～|相同的～|特殊的～|如今人们的饮食～有了很大改变|这篇文章的～十分紧凑|我们一起来分析一下这个句子的语法～|工厂对职工的年龄～做了一次调查|工资～由基本工资、职务工资、工龄工资三个部分组成。❷建筑物上承担重量或外力部分的构造：～坚固|砖木～|钢筋混凝土～|这座大桥的～相当坚固|这些建筑都是钢筋混凝土～，可抗 7 级地震|中国的古建筑多是砖木～。

3363 **结果** 丙

jiéguǒ (result)

[名]在一定阶段事物发展所达到的最后状态：～圆满|～很糟|～成功|有～|看～|问～|公布～|等～|打听～|比赛的～|检查的～|鉴定的～|考试的～|研究的～|讨论的～|计算的～|必然的～|粗心的～|努力的～|血液化验的～没有问题|还没打听

到问题处理的～|谈判的～非常圆满|现在公布投票的～|鉴定的～是合格率只有70%|这次考得不好,是你太粗心的～。

3364 **结果** 甲

jiéguǒ (finally)

[连]用在叙述过程或原因的话的后面,引出事物发展的最后状态:排球赛激烈地进行了两个小时,～北京队赢了|大夫们进行了紧张的抢救,～他脱离了危险|挑来挑去没有一件合她的心意,～空着手回来了|大家怎么劝也不行,～他俩离婚了|他没有认真复习,～考了个倒数第一名。

3365 **结合** *乙

jiéhé (combine)

[动]❶人或事物间发生密切联系:理论和实践～|领导和群众～|官兵～|师生～|～实际问题|～教学|～生产|～起来|～得紧|～得密切|加以～|进行～|力求～|有机地～|～的结果|理论要和实践～起来|订生产计划应当～企业的实际|他用中西医～的疗法治好了很多病人|工作虽然很忙,还要注意劳逸～|学校教育和家庭教育要很好地～起来|我们来自五湖四海,为了一个目的～到一起了。❷〈丙〉指结为夫妻:他俩的～是合法的|这对夫妻的～是父母包办的,很不幸福|经过很多挫折,他们终于～成美满的一对。

【近义词】❶联合/联系;❷结婚

【反义词】分开/分离/脱离

3366 **结婚** 乙

jié hūn (marry)

男子和女子经合法手续结合成为夫妻:朋友～|结过婚|结两次婚|结成婚|结不了婚|～证书|～手续|～登记|～典礼|告诉大家一个好消息,小王～了|他以前结过婚,又离了|过去他家穷,结不起婚|没房子,到现在也结不了婚|他们今天去办理～登记手续|你们什么时候举行～典礼呀?

【反义词】离婚

【提示】离合词,中间可插入其他成分,如:结了婚|结过婚。

3367 **结晶** 丁

jiéjīng (valuable results)

[名]比喻珍贵的成果:智慧的～|艺术的～|友谊的～|爱情的～|劳动的～|心血的～|长城是中国古代劳动人民智慧的～|这本书是他半生心血的～|要保护我国传统文化艺术的～|这项科研成果是大家集体劳动的～。

【构词】冰晶/茶晶/晶晶/墨晶/水晶/液晶

3368 **结局** 丁

jiéjú (ending)

[名]最后的结果;最终的局面:～令人满意|～非常圆满|～出人意料|～悲惨|电影的～|事情的～|这样的～|故事的～|事情的～|故事的～是大团圆|比赛的最后～出人意料,我们输了一个球|这部电影的～真是悲惨!|没想到事情的～竟是这样的!|你早听了大家的劝告,何至有今天这样的～!

【近义词】结果

【反义词】开端

3369 **结论**(論) 乙

jiélùn (conclusion)

[名]对人或事物所下的最后的论断:~正确|~明确|~相同|~扼要|下~|做~|得出~|同意~|推翻~|初步的~|科学的~|历史的~|圆满的~|错误的~|这个调查得出的~是错误的|对什么事都不要轻易下~|他推翻了过去自己所做的~|~部分他写得很简单。

【近义词】论断

3370 **结束** 甲

jiéshù (end)

[动]发展或进行到最后阶段,不再继续:战争~|灾难~|关系~|工程~|会议~|宴会~|故事~|课程~|节目~|生命~|假期~|考试~|谈话~|比赛~|训练~|~战斗|~访问|~工作|~学习|~得快|~不了|~得顺利|希望~|宣告~|准备~|基本~|彻底~|胜利地~|愉快地~|即将~|联欢会在热烈的掌声中~了|假期即将~,学生们纷纷返回学校|希望我们尽快~这场不愉快的谈话|这场球赛~得非常干脆|我们愉快地~了这次旅游。

【近义词】了(liǎo)结/终结/终了(liǎo)

【反义词】开头/开始

【构词】管束/光束/花束/拘束/收束/约束/装束

3371 **结算** 丁

jiésuàn (settle accounts)

[动]把一个时期的各项经济收支往来核算清楚:~账目|作~|~得正确|~得清楚|~完毕|~一次|现金~|非现金~|年终~|~的结果|每个月底都要~一下账目|这账~得清清楚楚|会计正在作年终~|~的结果,跟账目有些出入。

3372 **结业**(業) 丁

jié yè (complete a course)

结束学业(多指短期训练的):训练班~|短期班~|即将~|已经~|~考试|~典礼|~仪式|~证书|这期教师集训班即将~|暑期汉语班已经~了|下周举行~考试|校长向学员们颁发~证书。

【近义词】毕业

【提示】离合词,中间可插入其他成分,如:5月份结不了业。

3373 **解** *乙 〔部首〕角 〔笔画〕13

jiě (untie)

[动]❶把束缚着或系着的东西打开:~扣儿|~鞋带|~绳子|~疙瘩|~领带|~包袱|~开|~下来|~得快|~不开|~了半天|难~|麻利地~|他的孩子已学会~鞋带了|可别系死扣,~起来费劲儿|这个疙瘩真难~,我~了半天也没~开|天太热了,把领带~下来吧|他很利索地把树上的绳子~了下来。❷〈丙〉知道得清楚;明白:令人不~|善~|易~|难~|他的话令人不~|这只小狗倒挺善~人意的|这本书通俗易~。❸〈丁〉去掉;消除:~暑气|~寒气|~油腻|~疑心|~恶心|~渴|~困|~得了|快喝口酒,~~身上的寒气|饭后吃水果可以~油腻|太甜的饮料~不了渴,越喝越渴|做鱼时多放点儿姜可以~腥味。

【近义词】❷懂

【反义词】❶系(jì)

【构词】解馋/解嘲/解愁/解冻/解毒/解饿/解乏/解放区/解寒/解恨/解惑/解甲/解禁/解救/解渴/解闷/解囊/解聘/解气/解劝/解热/解事/解释/

解手/解数/解说/解送/解题/解体/解脱/解围/解疑/解约/解职/解甲归田

3374 **解除** 丁

jiěchú (remove)

[动]去掉;消除:误会~|压力~|顾虑~|旱情~|病痛~|~警报|~职务|~困境|~婚约|~合同|~负担|~疲劳|~忧虑|~束缚|~威胁|要求~|决定~|予以~|~得了|彻底~|不得不~|尽早~|终于~|他们之间的误会终于~了|干完活儿洗个热水澡可以~疲劳|他被~一切职务|我们向对方要求~这个合同|朋友们的关怀也~不了他的忧虑|他俩感情完全破裂,不得不~婚约。

【近义词】消除/排除/取消/解决/破除

3375 **解答** 乙

jiědá (answer)

[动]解释回答(问题):老师~|~疑问|~算术题|~询问|~问题|~不了|~得清楚|作~|给予~|拒绝~|口头~|耐心地~|这个干部~不清大家提出的疑问|乘务员小姐耐心地~乘客的问题|对群众提出的一些要求,领导一一作了~|这道应用题有两种~的方法。

【近义词】回答/解释

【反义词】发问/提问/询问/质疑

3376 **解放** 乙

jiěfàng (v. liberate; n. liberation)

[动]❶解除束缚,得到自由或发展:~妇女|~思想|~劳动力|~生产力|~得彻底|~不了|~出来|和平~|尽快~|彻底~|大大地~|完全~|民族~|家乡~|~全中国|~得早|~得彻底|~出来|他的思想太不~了,所以企业总是搞得不好|要把妇女从繁重的家务劳动中~出来|实行农业机械化可以~出大批劳动力|改革开放的目的就是为了~生产力|孩子送托儿所后,我才完全~了。❷推翻反动统治,在中国特指1949年建立新中国:~前|~后|我是~后出生的|~前他是个工人。

[名]解除束缚,得到自由的状态:个性~|精神~|争取民族的~。

【反义词】[动]❶束缚/奴役

3377 **解放军**(軍) 丙

jiěfàngjūn (liberation army)

[名]为解放人民而组织起来的军队,特指中国人民解放军:当~|是~|参加~|~战士|~部队|~官兵|勇敢的~|一位~|哪里有危险,哪里就有我们的~战士|他的父亲和哥哥都是~|他是1948年参加的~|这孩子说他长大了要当~。

3378 **解雇** 丁

jiěgù (dismiss)

[动]停止雇用:~职员|~工人|应该~|随便~|随时~|他工作不负责任,被老板~了|这个月公司又~了两个人|你怎么可以随随便便~工人!|在这里工作随时都可能被老板~。

【近义词】开除/解聘

【反义词】雇用/录用

3379 **解决** 甲

jiějué (solve)

[动]处理问题,使有结果:政府~|学校~|问题~|矛盾~|~困难|~纠

纷|～疑问|～得好|～得快|～得圆满|～得了|～不过来|应该～|予以～|要求～|帮助～|得到～|难以～|完全～|彻底～|基本～|合理～|普遍～|～的办法|～的方案|职工的福利问题由各单位自己～|食堂和托儿所办得不错，～了教师们的后顾之忧|这两家的纠纷～得很圆满|职工住房问题暂时～不了|资金不足问题已得到～|工人上下班的交通问题已基本～|工人们提出了一个～原材料不足的合理化建议。

3380 **解剖** ＊丙

jiěpōu (dissect)

[动]❶为了研究人体或动植物体各器官的组织构造，用特制的刀、剪把人体或动植物剖开：法医～|学生～|～人体|～尸体|～器官|～兔子|～青蛙|～完毕|～得细心|～得顺利|进行～|做～|经过～|要求～|学习～|熟练地～|经常～|大胆地～|～的结果|～实验|～报告|～课|大夫在～病人的遗体|中学时我们学习过～青蛙|为查明死因，法医对尸体做了仔细的～|经过～，证明这个人是因酒精中毒而死|根据～实验，大家写一个～报告。❷〈丁〉比喻分析；剖析：～思想|～灵魂|～社会|～矛盾|～典型事例|～得深刻|严于～|尖锐地～|认真～|他经常～自己的思想|这部小说～了30年代中国的封建家庭|作者对小说中主人公的内心世界～得非常深刻|他一贯严于～自己|你要认真地～一下你的灵魂！

【近义词】❷剖析/分析

3381 **解散** 丁

jiěsàn (dismiss)

[动]❶集合的人分散开：队伍～|到会者～|～队伍|宣布～|马上～|统统～|尽快～|逐渐～|到了中午游行队伍就～了|队长宣布～后，队员们说说笑笑地休息去了|庆祝会结束后，广场上的人们也逐渐～了|老师生气地说："我没让～队伍，你们怎么都乱起来了呢？"❷取消(团体或集会)：公司～|团体～|学校～|～剧团|～小组|～非法组织|～议会|～不得|～掉|那个公司刚成立不久就～了|这是个非法组织，必须立即～|我们的合唱团人数越来越少，不得不～|总统～了议会。

【近义词】❶分散；❷取消

【反义词】❶集合；❷保留

【提示】"散"又读 sǎn，见第5461条。

3382 **解释**(釋) 乙

jiěshì (v. explain; n. explanation)

[动]说明含义、原因、理由等：老师～|～原因|～概念|～误会|～得清楚|～错|～明白|～两遍|科学地～|简单地～|请老师再～一遍这个句子|老师傅给工人～机械原理|这个定义他～得非常精辟|这种自然现象现在还～不了|他俩的误会已经～清楚|他～了好几遍我还是糊涂|售货员热心地向顾客～这种产品的特性和用法|对有意见的人多做～工作。

[名]对原因、理由等进行的说明：～很清楚|得到～|科学的～|通俗的～|一种～|他的～听起来还算中肯|这种～我觉得很不科学|听得出来，这是一种非常婉转的～|你应该给我们一个满意的～|这种自然现象已经得到科学的～。

【近义词】解说/说明/阐明/阐释

【构词】保释/冰释/阐释/获释/假释/

开释/稀释/消释/注释

3383 **姐姐** 甲 〔部首〕女 〔笔画〕8

jiějie (elder sister)

[名]❶同父母(或只同父、只同母)而年纪比自己大的女子:有～|是～|一个～|我的～|大～|我没有～,只有一个哥哥|她是我的～|我的三个～都结婚了|她是我同父异母的～。❷同族同辈而年纪比自己大的女子:叔伯～|堂～|表～|她是我的堂～|我的叔伯～有六个,我是老七|我最喜欢我姑姑家的表～|你比我大两岁,我就叫你～吧。

【近义词】姊姊/姐

【反义词】妹妹/妹

3384 **戒严**(嚴) 丁 〔部首〕戈 〔笔画〕7

jièyán (enforce martial law)

国家遇到战争或特殊情况时,在全国或某一地区内采取非常措施,如增设警戒、组织搜查、限制交通等:开始～|遇上～|7点～|～的命令|～的时间|～的时候|现在正～,一切车辆禁止通行|在战争年代,经常天不黑就开始～|记得小时候晚上看电影遇上～,一夜没回家|～的时候,我们只好在家呆着。

【近义词】戒备/警戒

【提示】离合词,中间可插入其他成分,如:戒了严。

【构词】戒备/戒尺/戒除/戒律/戒条/戒指

家严/谨严/精严/森严/威严/先严/庄严/嘴严/尊严/壁垒森严/义正辞严

3385 **界** 丁 〔部首〕田 〔笔画〕9

jiè (n. boundary; suf. circles)

[名]❶不同事物的分界:以河为～|以山为～|国～|省～|村～|这两个村以这条沟为～|山西省和陕西省以黄河为～|这块石碑就是两个村的村～。❷一定的范围:出～|地～|～外|～内|球出～,换发球|他们的车已过了我方管～|他们的部队至今仍在我省～内,还没走远。

[尾]指社会上按职业、工作、地位或性别等的不同而划分的人群:文艺～|科学～|妇女～|工商～|学术～|军～|政～|各～|现在正在召开全国文艺～代表大会|今天来的人都是各地妇女～的代表|各～人士都在会上发了言。

【近义词】[名]❶界限;❷范围

【构词】界碑/界标/界尺/界河/界面/界山/界石/界桩

3386 **界限** 丁

jièxiàn (limit)

[名]❶不同事物的分界:～分明|～模糊|混淆～|划清～|是非～|生死～|敌我～|新旧思想的～|改革和保守的～|这里的气候一年四季～很不明显|时代的～很难划出来。❷尽头处;限度:有～|没有～|这片大草原一望无际,几乎没有～|侵略者的野心是没有～的|对金钱和权势的追求不能过分,要有个～。

【近义词】界线/分界

3387 **界线**(綫) 丙

jièxiàn (boundary line)

[名]❶两个地区分界的线:～清楚|越过～|形成～|打破～|国家的～|村子的～|一条～|一道～|这两个村子虽小,但它们的～非常清楚|山西省和陕西省的～就是黄河|两国之间

的～早已划定|越过这条～就是出了国境|这片茂密的森林是山区与平原的天然～|这个城市正处在长江南北的～上。❷不同事物的分界：～鲜明|划清～|混淆～|是非～|敌我～|新旧思想的～|改革和保守的～|是非～一定要分清|他混淆了这两类不同性质矛盾的～|历史的～是很难划得清楚的。❸某种事物的边缘：～清楚|超越～|朋友的～|这块土地的～不太清楚|新的高尔夫球场场地的～已经划定|他总把球踢到～外边去|他俩的关系已超越了一般朋友的～。

【近义词】界限/分界

【提示】“界线”的义项❷也可写作“界限”。

3388 **借** 甲 〔部首〕亻 〔笔画〕10

jiè (borrow)

[动]❶暂时使用别人的物品或金钱；借进：～书|～钱|～车|～房子|～人|～到|～来|～出来|～得多|～不着|～了三个月|跟朋友～|从图书馆～|向银行～|长期～|不好意思～|难～|我去图书馆～本书|这车是跟小王～的|买房子的钱是向哥哥～来的|《鲁迅全集》没～全|你～得这么多，看得完吗？|你们厂能不能～给我们一个技术员？|他不好意思跟旁边的同学～词典。❷把物品或金钱暂时供别人使用；借出：～出去|～给人|你没有这本书，我可以～给你|我的车让小王～去了|这些杂志只能在这儿看，不能～走|他跟我～，我不好意思不～|我的那本书～给了好几个同学，～来～去，最后就～丢了。

【反义词】还(huán)

【构词】借贷/借单/借调/借端/借方/借故/借光/借火/借据/借款/借契/借取/借券/借势/借宿/借条/借问/借用/借阅/借债/借支/借重/借刀杀人/借风使船/借古讽今/借花献佛/借尸还魂/借题发挥

3389 **借鉴**(鑒) 丁

jièjiàn (use for reference)

[动]跟别的人或事相对照，以便取长补短或吸取教训：～经验|～语言|必须～|值得～|作为～|互相～|创作文学作品，可以～别人的艺术表现手法|搞现代化，别国的经验教训值得～|优秀的文化遗产可以作为艺术创作的～|艺术各门类是可以互相～的。

【构词】明鉴/年鉴/赏鉴/印鉴

3390 **借口** 丙

jièkǒu (v./n. excuse)

[动]以(某事)为理由(非真正的理由)：～有事|～考察|～出差|～工作忙|他～有事，没等会议结束就走了|他总是～工作忙，不干家务事|他今天～身体不好，没来上班|她～不舒服，拒绝记者的采访。

[名]假托的理由：把…当做～|以…为～|找～|他以工作忙为～，不参加体育锻炼|你不要把时间紧当～，不按时完成任务|他以考察工作为～，出国玩了一趟|他经常找～不来上课|你如果不想跟他交朋友，随便找个什么～就行了|他说太忙，没空儿写信，其实这只是一个～而已。

【近义词】[动]假借/假托；[名]理由/原因

3391 **借助** 丁

jièzhù (with the help of)

[动]靠别的人或事物的帮助：～辞典

|～放大镜|～风力|我～辞典,可以看懂这本书的大概内容|这部词典字太小了,我必须～放大镜才能看清楚|风车转动完全～风的力量|他想～你父亲的实力办个公司。

【近义词】借/凭借

3392 **介绍**(紹) 甲　〔部首〕人　〔笔画〕4

jièshào (introduce)

[动]❶使双方相识或发生联系:～朋友|～对象|～来宾|～姓名|～不过来|～一下|开始～|作～|热情地～|自我～|我给小王～了一个对象|他把今天到会的嘉宾一一作了～|客人太多,～不过来了|我来自我～一下,我叫齐鲁,山东人|快把你的太太给我们～～。❷引进(新的人或事物):～优良品种|～新技术|～新会员|～进来|他把国外的先进设备～进来|小王去工厂工作是我～的|他们需要一个打字员,可以把小张～过去|是谁把你～到这儿来的?❸使了解或熟悉:～经验|～情况|～剧情|～得清楚|～完|～错|热情地～|具体地～|他热情地～本单位的先进经验|我～得不好,请大家原谅|请具体地～一下你的设计方案|我们按照他～的方法试了试,果然效果不错。

【近义词】❶引见;❷推荐;❸解释/说明

【提示】介,姓。

【构词】介词/介入/介绍信/介意

3393 **届** 乙　〔部首〕尸　〔笔画〕8

jiè (m. *for sessions graduating classes, etc.*)

[量]略同于"次",用于定期的会议或毕业的班级等:本～|下一～|历～|第一～|中共十一～三中全会胜利闭幕|这是本～人大代表的名单|我们是先后同学,他是第一～,我是第五～|他是本～毕业生中的优秀生。

【近义词】次

【构词】届满/届期/届时

3394 **斤** 甲　〔部首〕斤　〔笔画〕4

jīn (m. jin, *a unit of weight*)

[量]重量单位,市斤的通称,合500克:一～|半～|半～八两|多少～|几～|我买一～苹果|梨多少钱一～?|这一箱橘子是多少～?|这条鱼大概有两～多|他们俩半～八两(比喻彼此一样,不相上下,多含贬义)。

3395 **金** 乙　〔部首〕金　〔笔画〕8

jīn (metals)

[名]❶金属,通常指金、银、铜、铁、锡等:五～商店|这窗户是铝合～的|这种零件在五～商店可以买到。❷金属元素,符号Au (aurum)。黄色,是贵重金属,用来制造货币、装饰品等。通称金子或黄金:～戒指|～项链|～首饰|18K～|24K～|他送给女朋友一条～项链|她手上戴了一枚～戒指|这里的～首饰全是18K的|这不是～的,你上当了。❸比喻尊贵、贵重:～口|～凤凰|～童玉女|您真是～口难开呀!❹像金子样的颜色:～色的太阳|～色的纽扣|～色的头发|～色的阳光普照大地|长了一头～色的头发|他的妻子是个～发女郎。

【近义词】❶金属;❷金子/黄金

【提示】金,姓。

【构词】金笔/金币/金殿/金粉/金刚/金刚石/金刚钻/金贵/金婚/金库/金嗓子/金条/金星/金子/金碧辉煌/金蝉脱壳(qiào)/金刚怒目/金戈铁马/金鸡独立/金科玉律/金口玉言/金玉

良言/金枝玉叶/金字招牌

3396 **金额**(額) 丁

jīn'é (amount of money)

[名]钱数:～大|总～|货物的～|贸易～|他一看这个商品的～就不想买了|去年国内保险的总～是好几个亿|去年我国进出口贸易的总～是多少?

【近义词】数额

3397 **金黄** 丁

jīnhuáng (golden yellow)

[形]黄而微红,略像金子的颜色:～的麦子|～的头发|～的果实|一片～|树上结满了～的柑橘|农民们高兴地望着～的麦浪|她那～的头发真好看。

【构词】苍黄/橙黄/蛋黄/鹅黄/二黄/昏黄/焦黄/枯黄/蜡黄/米黄/嫩黄/牛黄/土黄/蟹黄/杏黄/雄黄/炎黄

3398 **金牌** 丁

jīnpái (gold medal)

[名]奖牌的一种,奖给第一名;泛指第一或最高的荣誉:荣获～|夺～|得～|拿～|一块～|一枚～|国际比赛第一天,他们就夺得两块～|他说他这次参加比赛就是去拿～的|我们的运动员获得了～,为国争了光|这种产品荣获国家质量评比～奖。

【构词】标牌/词牌/打牌/底牌/盾牌/挂牌/红牌/黄牌/奖牌/老牌/路牌/冒牌/门牌/名牌/桥牌/曲牌/王牌/洗牌/杂牌/招牌/正牌/纸牌

3399 **金钱**(錢) 丁

jīnqián (money)

[名]货币;钱:为了～|挥霍～|浪费～|～的诱惑|～买不到幸福|～不是万能的,但没有～也不行|他这样辛勤地劳动不全是为了～|他经不住～的诱惑,堕落成了罪犯|他虽有花不完的～,但一个朋友也没有。

【近义词】钱/钱财

3400 **金融** 丁

jīnróng (finance)

[名]指货币的发行、流通和回笼,贷款的发放和收回,存款的存入和提取,汇兑的往来等经济活动:～工作|～部门|～界|～风潮|～危机|～事业|～工作对发展国民经济非常重要|他在～部门工作了几十年|他是～界的知名人士|受亚洲～危机的影响,他的公司倒闭了。

【构词】交融/通融/消融

3401 **金属**(屬) 乙

jīnshǔ (metal)

[名]具有光泽和延展性、导电、传热等性质的物质。除汞以外,在常温下都是固体,如金、银、铜、铁、锰、锌等:～加工|～结构|～切削机床|黑色～|有色～|这些器具都是有色～制成的|这个架子是～的,相当结实|这台机床可切削～|这种零件有～的,也有塑料的。

【反义词】非金属

3402 **金鱼**(魚) 丙

jīnyú (goldfish)

[名]鲫鱼经过人工长期培养形成的变种,身体的颜色有红、黑、蓝、红白花等许多种,是著名的观赏鱼:～好看|养～|喂～|一条～|一种～|～缸|～的种类|这些～真好看|他家养了

好几种～|～缸让猫给弄翻了|～的种类很多。
【构词】草鱼/带鱼/鲫鱼/甲鱼/鲸鱼/鲤鱼/木鱼/青鱼/沙鱼/章鱼

3403 **筋** 丁 〔部首〕竹 〔笔画〕12

jīn (sinew)
[名]❶肌腱或骨头上的韧带:～断了|～扭了|抽～|蹄～|伤～|脚腕子的～扭了一下,真疼!|他恶狠狠地说:"小心我抽了你的～!"|我喜欢吃牛蹄～|俗话说:伤～动骨一百天,你就安心养着吧|他从马上摔下来,幸好没伤着～骨。❷可以看见的皮下静脉管:青～|手上的～|脖子上的～|老人的手背青～暴露|他一激动,脖子上的～就鼓起来|他小腿上的～鼓得老高,这是静脉曲张的表现。❸像筋的东西:钢～|牛皮～|橡皮～|这些钢～是用来盖楼的|孩子们喜欢跳牛皮～。

3404 **今后(後)** 乙 〔部首〕人 〔笔画〕4

jīnhòu (from now on)
[名]从今以后的时间:～的生活|～的工作|～的事|～你要加倍努力工作|～还要请你多多帮助|～的日子会越来越好|别只顾眼前,还要考虑一下～怎么办。
【近义词】以后/此后
【反义词】以前/此前
【构词】今年/今人/今日/今世/今天/今昔/今朝(zhāo)/今不如昔

3405 **今年** 甲

jīnnián (this year)
[名]说话时的这一年:～的收成|～的任务|～的计划|～的指标|～他85岁了|～他准备再买一辆车|他～大学毕业|～的任务已经提前完成|～的收成比去年好。
【近义词】本年
【反义词】去年/明年

3406 **今日** 丙

jīnrì (today)
[名]说话时的这一天:～举行|～结束|～到达|～的工作|毕业典礼定于～举行|出国考察团已于～上午10点离开北京|外宾们～游览了长城|我国领导人～设午宴欢迎外国客人。
【近义词】今天
【提示】多用于书面语中,口语中用"今天"。

3407 **今天** 甲

jīntiān (today)
[名]❶说话时的这一天:～的事|～的天气|～的报纸|～我参观了一个美术展览|～我给你打了好几次电话|～我们考最后一门课|～的天气暖和得像春天一样|～的新闻节目你看了吗?❷现在;目前:～的中国|～的生活|～的农民|～的问题|～的农民已走上了勤劳致富的道路|～的中国发生了巨大变化|～的问题是如何提高产品的质量。
【近义词】今日/现在
【反义词】❷过去

3408 **津津有味** 丁 〔部首〕氵 〔笔画〕9

jīnjīn yǒu wèi (with relish)
形容有滋味;有趣味:～地看|～地吃|～地吸烟|听得～|孩子们在～地看小猴子表演骑自行车|他们在～地听老爷爷讲故事|瞧他吃得～的样子,我的口水都要流出来了|这是什么书,你看得那么～?

【构词】津要/津液

3409 **津贴**(貼) 丁

jīntiē (allowance)

[名]工资以外的补助费，也指供给制人员的生活零用钱：～不多|发～|领～|生活～|劳务～|那时一个小职员月薪80，～40|当时一个小战士每月只有七八块钱～|一会儿请大家去领这个月的～|每月除了工资以外，还给点儿生活～。

【近义词】补贴/补助

3410 **紧**(緊) *甲 〔部首〕糸 〔笔画〕10

jǐn (tight)

[形]❶物体受到几方面的拉力或压力以后所呈现的状态：拉得～|绷得～|拧～|攥～|他的小拳头攥得真～|你绳子拉得不～|弦绷得太～会断|谁把瓶盖拧得这么～！|螺丝一定要拧～|把门关～，太冷了|老大娘～握着他的手说："谢谢你帮助我！"❷〈乙〉非常接近，空隙极小：鞋～|领子～|门～|～挨着|～靠着|鞋太～，穿着脚疼|窗户真～，拉不开|我们两家～挨着|他的桌子～靠着墙。❸〈丙〉动作先后密切接连；事情急：时间～|任务～|～接着|催得～|～追|这个任务很～，三天之内务必完成|外面风刮得很～，就别出去了|一个问题～接着一个问题发生|老师～催着我们交作文。❹〈丁〉经济不宽裕；缺少钱：日子～|手头～|钱～|显得～|感到～|～得很|最近手头有点儿～，缓两天吧|我生活不会安排，总觉得钱～|这个月应酬多一些，显得钱～了点儿|他日子总是过得那么～。

【反义词】松

【构词】紧凑/紧促/紧邻/紧迫感/紧缺/紧身/紧严/紧要/紧锣密鼓

3411 **紧急** 丙

jǐnjí (urgent)

[形]必须立即采取行动、不容许拖延的：任务～|情况～|时间～|～通知|～会议|～关头|～措施|～动员|～集合|～出发|～行动|～刹车|我感到情况相当～|任务非常～，大家务必按时完成|现在播送～通知，请大家注意收听|大厅里正召开～会议|请大家都去操场～集合|因为～刹车，把眼镜摔坏了|这个病人需要做～处理。

【近义词】紧迫/火急

【反义词】从容

3412 **紧密** 丙

jǐnmì (inseparable)

[形]❶十分密切，不可分隔：联系～|配合得～|团结得～|～合作|～相连|～结合|这两件事的联系不是那么～|工作中他们配合得非常～|全国人民都～地团结在一起|我和中学的同学一直保持着～的联系。❷多而连续不断：枪声～|雨点～|锣鼓声～|～的炮火|在～的锣鼓声中，戏开场了|～的枪声告诉人们，战斗还在激烈地进行。

【近义词】❶严密/密切；❷密集

【反义词】❶松散(sǎn)/涣散(sàn)；❷稀疏/零星

3413 **紧迫** 丁

jǐnpò (pressing)

[形]急迫，没有缓冲的余地：任务～|形势～|时间～|十分～|～的地步|～感|时间十分～，还是坐飞机去吧|前方的战事相当～|他遇到～的事情

也是这么不慌不忙的，一点儿不着急|当前最～的任务是抓好产品的质量|对自己的工作应该有～感。
【近义词】急迫/紧急/紧要
【反义词】从容

3414 **紧俏** 丙

jǐnqiào (in great demand but short supply)
[形](商品)销路好，供不应求：相当～|～物资|～商品|这种洗碗机在市场上十分～|这种简便的小拖拉机在农村～得很|去年夏天特别热，空调一下子成了～商品|这种健身器是市场上的～商品。
【近义词】短缺/紧缺
【反义词】滞销/冷门(货)
【构词】俊俏/卖俏/走俏

3415 **紧缩**(縮) 丁

jǐnsuō (reduce)
[动]由大变小；由多变少：人员～|开支～|经费～|～编制|～范围|～文章|需要～|～不了|这个月的开支太大了，下个月要～一点儿|文章太长，能否～一下|办公室的人员～到三四个足够了|公安人员的包围圈不断～，罪犯们已无处藏身。
【构词】龟缩/减缩/冷缩/浓缩/伸缩/收缩/退缩/萎缩/畏缩/压缩

3416 **紧张**(張) *甲

jǐnzhāng (nervous)
[形]❶精神处于高度准备状态，兴奋不安：精神～|心情～|～得厉害|感到～|免得～|变得～|过分～|～地表演|～的毛病|我每次看牙，神经都～得要命|她第一次上台唱歌，感到非常～|考试时由于过分～，会回答的也都答错了|司机开车时精神处在高度～之中。❷〈乙〉激烈、紧迫：生活～|气氛～|比赛～|情节～|～极了|感到～|过分～|～地施工|场上的比赛非常～|故事的情节～得要命|那时一天上四节课，也没觉得有多～|游览参观的日程安排得太～了|我感到他们家的气氛有点儿～|每天过分～的训练，差一点儿把她累垮了。❸〈丙〉供应不足，难于应付：粮食～|原料～|劳力～|药品～|经济～|供应～|～起来|感到～|开始～|暂时～|战争年代，粮食、弹药都相当～|最近大规模流行病毒感冒，各大药厂的感冒药顿时～起来|这两年他家的经济不太～了|职工住房～的问题逐渐得到了解决。
【近义词】❶慌张/慌乱；❷紧迫/紧急；❸拮据
【反义词】❶松弛/沉着(zhuó)/从容；❷和缓/悠闲/轻松；❸充裕/富足/宽绰

3417 **锦绣**(錦綉) 丁 〔部首〕钅 〔笔画〕13

jǐnxiù (as beautiful as brocade; splendid)
[名]精美鲜艳的丝织品，比喻美丽或美好：～大地|～山河|～前程|我热爱祖国的～河山|他们有着～前程。
【构词】锦标/锦标赛/锦缎/锦旗/锦囊妙计/锦上添花/锦心绣口/锦衣玉食

3418 **仅**(僅) 乙 〔部首〕亻 〔笔画〕4

jǐn (only)
[副]表示限于某个范围，意思跟“只”相似：他把～有的存款都捐献出来了|我和他～是一般的朋友|买这么多东西～花去300元|他牺牲时～给孩

子留下一封信｜我的成绩～次于小张｜人民大会堂～用10个月就完工了｜～学了半年，他就能用中文跟人交谈了｜今天没去干活儿的～我们几个人｜他衣服不少，～衬衫就不下10件｜他结婚过于铺张，～酒席就办了20桌｜他家今年～苹果就收了好几千斤。

【近义词】仅仅/只

3419 **仅仅** 乙

jǐnjǐn (only)

[副]表示限于某个范围，意思跟“只”相似，但强调的意味更浓，多用于口语：我们～是一般朋友｜我们～见过一面，他就记住了我的名字｜这些粮食～够吃三天｜这两天他～睡了三个小时｜～半年，这座小楼就建起来了｜～几天的工夫，他就瘦了好多。

【近义词】仅/只

3420 **尽**(盡) *乙 〔部首〕尸 〔笔画〕6

jǐn (give priority to)

[动]❶把某些人或事物尽量放在优先地位：～旧的穿｜～大个儿的拿｜～老人先上｜～孩子们吃｜你们～着大个儿的拿，别客气｜别挤，～着老人先上车｜“女士优先”就是凡事先～着女士。❷〈丙〉力求达到最大限度：请～着这块料子做，能做多大做多大｜你～着这些钱买，多给孩子们买点儿吃的。

【提示】这里的“尽”不能读成jìn。“尽”jìn见第3453条。

3421 **尽管** 乙

jǐnguǎn (adv. feel free to; conj. though)

[副]表示不必考虑别的，放心去做：～说｜～提｜～用｜～睡｜～吃｜～看｜～拿｜你有意见～提出来｜你～吃，锅里有的是｜你～睡，到时候我叫你｜你～拿去用，我这里还有一本。

[连]表示姑且承认某种事实，下文往往有“但是”“然而”“也”“还是”等表示转折的词语跟它呼应：～当时条件不好，但是我们却工作得很愉快｜～很多人反对，我也不改变我的观点｜～我不太喜欢这种颜色，但我还是买了一件｜～我不想参加，但最终还是去了。

【近义词】[副]只管；[连]虽然

3422 **尽快** 丁

jǐnkuài (as quickly as possible)

[副]尽量加快：～解决｜～完成｜～答复｜～消灭｜～投产｜～制定｜职工希望～解决住房问题｜这是新产品，～投入生产｜他回来后请他～给我回个电话｜请你方～交货｜～作出决定，不要拖拖拉拉。

【近义词】赶快/赶紧

【反义词】拖延/耽搁

3423 **尽量** 乙

jǐnliàng (as much as possible)

[副]表示力求在一定范围内达到最大限度：～写｜～说｜～简单｜～早点儿｜同学们～写，能写多少就写多少｜应～发动大家一起来搞｜午饭～简单，因为下午还要上班呢｜明天你～早点儿来｜衣服请你～做得好一点儿。

3424 **谨慎**(謹) 丙 〔部首〕讠 〔笔画〕13

jǐnshèn (cautious)

[形]对外界事物或自己的言行密切注意，以免发生不利或不幸的事情：行为～｜办事～｜说话～｜交友～｜用

药～|开车～|应该～|需要～|显得～|～地工作|～从事|过分～|一贯～|～的态度|他待人处(chǔ)事非常～|交朋友要～|这个案件很复杂,要处理得特别～|他～地拆下收音机的零件|他做事过于～|夜间开车要格外～|他具有谦虚～的品德。

【近义词】小心/慎重/拘谨

【反义词】大意/粗心/草率/疏忽

【提示】"谨"的右边下面是三横,不能写成两横。

【构词】谨防/谨密/谨严/谨小慎微

3425 **进**(進) *甲 〔部首〕辶 〔笔画〕7

jìn (advance)

[动]❶向前移动:不～则退|～了一层|～了一步|向前～|敌～我退,敌疲我打|学习上不～则退|我们两国的关系更～了一步|上坡时,只能向前～,不能往后退。❷从外面到里面:～屋|～教室|～村|～站|～校门|～来|～去|～不来|～得去|赶快～|一个一个地～|外边冷,快～屋里来|他～我们厂工作好多年了|车子已经～大门了|门这么小,大卡车～不来|马上开演了,赶快～去|别挤,一个一个～。❸〈乙〉用在动词后作补语,表示到里面:走～|跑～|写～|放～|跳～|掉～|倒～|买～|上课了,学生们纷纷走～教室|他把这件事写～日记里|他把朋友的信放～抽屉里|我们厂需要调～技术人员|他今天又买～不少股票|大家的意见希望你能听得～。❹〈丙〉收入;接纳:～钱|～外快|～图书|～高档商品|～新工人|～粮食|～不了|～完|今天又～了一批新书|今年不打算～人|我们是小本经营,～不了这么多高档货|秋收后,粮库里又该～新粮食了|那个商店新～了一批自动洗衣机|货全～完了。

【反义词】❶退;❷❸❹出

【构词】进逼/进兵/进餐/进出/进度/进发/进犯/进贡/进化论/进货/进击/进见/进款/进身/进食/进士/进退/进位/进香/进行曲/进言/进益/进账/进驻/进退维谷/进退两难

3426 **进步** 乙

jìnbù (v. progress; adj. progressive)

[动](人或事物)向前发展,比原来好:社会～了|科学～了|学习～了|取得～|有～|最近他的学习～很明显|人类社会在不断地～|这一年来他的思想～得很快|他的书法有了很大～。

[形]适合时代,对社会发展起促进作用的:学生～|思想～|刊物～|技术～|表现得～|～组织|～人士|～书籍|～青年|～言论|当时很多思想～的学生纷纷参加了革命|这个刊物当时是～的|那时我们的科学技术很不～|他在学校里表现得十分～|那个年代,爱国人士经常发表～演说,写～文章|只要是新的、～的东西,总会受到人们的欢迎。

【近义词】[动]发展/前进;[形]先进

【反义词】[动]退步/倒退;[形]落后/保守

3427 **进程** 丁

jìnchéng (course)

[名]事物发展变化或进行的过程:加速～|缩短～|革命的～|战争的～|工程的～|历史的～|伟大～|这项革新成果的应用,使预计的工作～大大缩短|蒸汽机的发明加速了工业化的

～|这本书描述了中国推翻封建社会的历史～|在改革的～中，涌现出不少年轻的企业家。
【近义词】历程/过程

3428 **进而** 丁

jìn'ér (and then)
[连]继续往前；进一步。用于后一小句，前一小句先说明完成某事：这个试验先在车间进行，～在全厂推广|先学好中文，再～学习专业|他们先进行技术改革，～开展增产节约运动。
【近义词】进一步

3429 **进攻** 乙

jìngōng (attack)
[动]❶接近敌人并主动攻击：～开始|～失败|～敌人|～顺利|停止～|发起～|打退～|全面地～|敌人几次疯狂地～，结果都失败了|我军向敌人的主力发起了猛烈～|我军打退了敌人一次又一次的～|在我军猛烈的炮火下，敌人不得不停止～。❷在斗争或竞赛中发动攻势：主动～|～的路子|～意识|甲乙两队～都很主动|甲队在比赛一开始就组织了一次漂亮的～|甲队利用罚角球攻进两个球，说明队员～意识很强。
【近义词】进击/攻击/反攻/袭击
【反义词】防守/防卫/退守

3430 **进化** 乙

jìnhuà (evolve)
[动]事物由简单到复杂，由低级到高级逐渐发展变化：～快|～缓慢|～停止|人类～|生物～|社会～|～的过程|～的条件|生物由简单到复杂，由低级到高级逐渐～|生物～的规律是从单细胞到多细胞，从水生到陆生|动物的哺乳类是由古代爬行类～而来的|达尔文创立了"自然选择"的～理论。
【近义词】演化
【反义词】退化

3431 **进军**(軍) 丙

jìnjūn (march)
[动]军队出发向目的地前进，也泛指向某一目标或目的地前进：～南极|向大自然～|向现代化～|～的号角|胜利～|我们的部队迅速向敌人的后方～|这个考察团即将向南极～|向现代化～的号角已经吹响。
【近义词】进发/挺进/进兵
【反义词】撤退/撤军/退兵

3432 **进口** 乙

jìn kǒu (enter port)
❶船只驶进港口：货船～|外国商船～应当有检疫证明|这个港口停止使用，商船一律不准～|这艘货轮太大，在这里进不了口。❷外国或外地区的货物运进来：石油～|粮食～|国外～|依赖～|～设备|～商品|那里是一直需要粮食～的地区|这些设备是从国外～的|中国依靠石油～的日子一去不复返了|商店里～货越来越多|这些违禁物品不能～|这些商品进不了口。
【反义词】出口
【提示】①离合词，中间可插入其他成分，如：进了口|进不了口。②"进口"作名词时，指进入建筑物或场地所经过的门或口儿，口语中要儿化：剧院的～儿|医院的～儿。

3433 **进来**(來) 甲

jìn lai (come in)

❶从外面到里面来：～一个人｜～一辆车｜进屋来｜进教室来｜进得来｜进不来｜快～｜刚～｜～的时候｜外边～一个不认识的人｜从窗户～一只小鸟｜快把客人请进屋来｜他没买着票，进不来｜我刚～，你就要走？｜我～的时候，大门是开着的。❷用在动词后作补语，表示到里面来：跑～｜拿～｜带～｜挤～｜住～｜走进屋来｜跑进大厅来｜带进家来｜搬不进来｜车开得进来｜代表们走进来｜风从窗缝吹～｜我好不容易才挤～｜你怎么把他带进家来？｜门太小，大钢琴搬不进来｜你那个小车开得进来。

【反义词】出去

3434 进取 丁

jìnqǔ (be enterprising)

[动]努力向前；立志有所作为：～心｜～精神｜他经常鼓励青年要有～精神｜如果缺乏～精神，就不会有所作为｜他年纪虽小，但很有～心｜团结、～，是学校对我们的要求｜他在工作中不断～，成绩显著。

【近义词】上进

【反义词】退步/后退

3435 进去 甲

jìn qu (go in)

❶从外面到里面去：～几个人｜～细菌｜～脏东西｜进屋去｜进邮局去｜进得去｜进不去｜容易～｜刚～｜快～｜一个一个～｜一张团体票可以～10个人｜伤口～细菌就会化脓｜眼睛里～了一粒砂子｜我看见他进商店去了｜你没买票，怎么能进得去！｜你快～叫他｜请排好队一个一个地～｜这个公司要求的条件高，不容易～。❷用在动词后作补语，表示到里面去：走～｜放～｜写～｜塞～｜挤～｜跑进屋去｜吃～｜装不进去｜开得进去｜快把钱放进钱包里去｜他把这段事写进小说里去了｜人太多，我挤不进去｜一大盘子饭他全吃～了｜这么小的包，这么大的西瓜，怎么装得～！

【近义词】出来

3436 进入 乙

jìnrù (enter)

[动]进到某个范围或某个时期里：～学校｜～社会｜～军事要地｜～市区｜～会场｜～埋伏圈｜～梦乡｜～新阶段｜～尾声｜～角(jué)色｜已经～｜这是禁区，不能～｜代表们一个一个地～会场｜汽车～繁华市区｜敌人～了我们的埋伏圈｜没一会儿她就～了甜甜的梦乡｜我国～了一个经济发展的新时期。

【近义词】进去

【反义词】出来

3437 进行 甲

jìnxíng (carry on)

[动]从事(某种活动)：～讨论｜～比赛｜～调查｜～改革｜～比较｜～破坏｜～建设｜～指导｜～试验｜～得顺利｜～得快｜～不了｜～下去｜～到底｜应该～｜开始～｜停止～｜继续～｜不宜～｜同意～｜决定～｜坚决～｜紧张地～｜公开～｜秘密～｜这个案件正在～详细的调查｜对这两种牌子的洗衣机可以～比较｜手术～得十分顺利｜这种改革还要继续～下去｜希望你们提出一个～试验的方案。

【近义词】举行

【提示】①“进行”总是用于持续性的和正式、严肃的行为，短暂性的和日常生活中的行为不用。如：×进行学习。②“进行”后的宾语不能是单音节的。

3438 **进修** 乙

jìnxiū (engage in advanced studies)

[动]为了提高政治或业务水平而进一步学习(多指暂时离开职位,参加一定的学习组织):～外语|～一门课|～一年|可以～|同意～|～的时间|～的学生|～的目的|他来外语学院～英语|他在北京大学～了一年|领导上批准他去上海～|就是这位从上海来～的医生给我做的手术|你可以一边工作一边～|～的目的就是进一步提高业务水平。

【近义词】学习

3439 **进一步** 乙

jìn yī bù (further)

表示事情的进行在程度上比以前提高:～实现|～改进|～开展|～提高|～健全|～了解|～商量|～的认识|～的理解|～的调查研究|～的改革|～的提高|～的发展|～的说法|要～健全社会主义法制|～提高产品的质量|有些具体问题,还需要再～商量|经过一年来的交往,我对他有了～的了解。

【近义词】进一层

3440 **进展** 丁

jìnzhǎn (make progress)

[动](事情)向前发展:～顺利|～很大|工程的～|事情的～|案情的～|工作的～|～的情况|～的速度|工程～很快|好几个月了,案件调查不见～|会议～十分顺利|他的翻译工作～神速|你们的试验～怎么样?|我们两国之间的贸易合作～相当顺利。

【近义词】发展

【反义词】停顿

【提示】“进展”和“发展”的区别:①“进展”侧重于事物向前发展;“发展”侧重于事物由小到大,由低级到高级的变化。②“进展”不能带宾语,不能说“进展教育事业”;“发展”可带宾语,如“发展教育事业”。

3441 **晋升** 丁 〔部首〕日 〔笔画〕10

jìnshēng (promote)

[动]提高(职位、级别):职位～|级别～|～主任|～厂长|～中将|～一级|他将～为我们厂的厂长|他工作时间不长,现在却已～为处长|他的职务一下子～了三级|今年每人都～一级工资|在这个公司里,人人都有～的机会。

【近义词】晋级/提升/提拔

【反义词】降级/降职

【提示】晋,姓。

【构词】晋级/晋见/晋谒(yè)

高升/公升/毫升/回升/荣升/上升/提升

3442 **禁** 丁 〔部首〕示 〔笔画〕13

jìn (prohibit)

[动]❶不许可:～烟|～赌|～食|～看|～入|～得了|严～|要采取有力的～赌措施|胃不好的人要～食生冷食物|生产重地,严～入内|我不信这赌博风就～不了!|公共场所严～吸烟|严～随地吐痰|保护草坪,游人严～入内!❷(把人等)关起来,限制其自由:监～|～闭。

【近义词】禁止/不许

【反义词】许可/准许/容许

【提示】“禁”又读 jīn,如“禁不住”。

【构词】禁闭/禁地/禁忌/禁绝/禁猎/

禁令/禁书/禁卫军/禁烟/禁欲/禁运

3443 **禁区**(區) 丁

jìnqū (forbidden zone)

[名]❶不允许一般人进入的地区:进入～|走入～|军事～|过去故宫是～,现在成了游览胜地|这里是军事～,不得入内。❷因有特殊价值而受到特别保护的地区:划为～|为保护原始森林,这里划为～,不许砍伐|这一带作为保护熊猫的～,不许狩猎。❸医学上指因容易发生危险而禁止动手术或针灸的部位:打开～|突破～|医学领域的～|他敢于在传统针灸学所认为的～中下针,治好了聋哑病人|大夫们成功地做了这例心脏手术,突破了医学领域的～。

【近义词】禁地

3444 **禁止** 乙

jìnzhǐ (prohibit)

[动]不许可:～吸烟|～赌博|～通行|～打猎|～攀折花木|～贩毒|～进口|～发行|～放映|～喧哗|必须～|加以～|要求～|难以～|遭到～|～得了(liǎo)|～不住|严厉～|坚决～|～的办法|～的范围|坚决～黄色书刊的流行|前方施工,～车辆通行|公共场所～大声喧哗|必须严厉～贩毒分子的活动。

【近义词】阻止/禁锢/制止

【反义词】提倡/支持/允许/准许

3445 **近** *甲　〔部首〕辶　〔笔画〕7

jìn (near)

[形]❶空间或时间距离短:学校～|路～|距离～|时间～|～得很|～极了|靠～|走～|相当～|～处|舍～求远|～几年|～日|我们学校很～,就在对面|这条路～多了,走这条路吧|那个大商场离我家～极了|高考的日期越来越～了|从这儿走可以～一里多路|走小路要～10分钟呢|这是条最～的道|你走～点儿,让我好好看看你|他就在～处,你去找吧|～几年的日子好过多了|远水救不了～火啊!❷〈丙〉亲密;关系密切:关系～|一点儿也不～|我跟小王的关系比较～|他们两家关系特别好,平时走得很～|他跟父亲一点儿也不～。

【近义词】❷亲

【反义词】❶远;❷疏

【构词】近便/近道/近郊/近景/近况/近邻/近路/近旁/近前/近亲/近情/近因/近水楼台

3446 **近代** 丙

jìndài (modern times)

[名]❶过去距离现代较近的时代,在中国历史分期上多指19世纪中叶到五四运动之间的时期:～文学|～历史|～小说|我爱看描写～社会生活的电影|我家里藏有许多～小说|他是研究～文学的。❷在史学上通常指资本主义时代:世界～史|世界～历史时期,一般以1640年英国资产阶级革命为开端,终于1917年俄国十月社会主义革命。

3447 **近来**(來) 乙

jìnlái (recent)

[名]指过去不久到现在的一段时间:～天气晴朗|～工作很忙|～天气一直不太好,经常刮风|他～经常出差|你～在干些什么?|他父亲～身体欠佳。

【近义词】最近

【反义词】以往

3448 近年 丁

jìnnián (recent years)

[名]指过去不远的数年：～生活安定|～在家休息|～旅居国外|～的事|～老百姓的日子越来越好|～他退休在家，照顾孙子|～他一直在国外讲学|这是～发生的事。

3449 近期 丁

jìnqī (in the near future)

[名]最近的一个时期：～出版|～上映|～开幕|～举行|～竣工|～完成|他的书～将由人民出版社出版|这部电影将于～上映|书法展览将在～举行|这座大桥～即可竣工。

【近义词】最近

3450 近视(視) 丁

jìnshì (nearsightedness)

[名]❶视力缺陷的一种，能看清近处的东西，看不清远处的东西：眼睛～|～得厉害|高度～|轻度～|假性～|他看东西总眯着眼，可能有点儿～|我眼睛～，左眼度数深，右眼浅|他～得挺厉害，得赶快配眼镜|他是高度～|他一家子都是～眼。❷比喻眼光短浅：这些人是～眼，只看到眼前的利益|他太～了，只顾眼前多挣钱，不考虑将来的前途。

【近义词】弱视

【反义词】远视

3451 近似 丁

jìnsì (similar)

[动]相近或相像，但不相同：发音～|词义～|相貌～|～程度|“已”、“己”和“巳”这三个汉字有些～|这两个词意思～，但用法不同|他的相貌～那个男影星。

【近义词】相近/相像

【提示】“似”又读 shì，如“似的”。

【构词】好似/酷似/类似/貌似/神似/胜似/相似/形似

3452 浸 *丙

〔部首〕氵
〔笔画〕10

jìn (soak)

[动]❶泡在液体里：～在水里|～一下|～透|～湿|～一会儿|把白菜放在盐水里～一会儿再拿出来|我先把衣服～在盆里，一会儿再洗|把豆腐皮先放在温水里～软，再卷上肉沫炸。❷〈丁〉液体渗入或渗出：～水|～汗|地潮湿得直往外～水|衣服让汗～透了|伤口的血水都～到纱布上了。

【近义词】❶泡；❷渗

【构词】浸没(mò)/浸泡/浸染/浸润/浸透

3453 尽(盡) *乙

〔部首〕尸
〔笔画〕6

jìn (exhaust)

[动]❶完：弹～粮绝|取之不～，用之不竭|用～|流～|花～|想～|吃～|大洋的水取之不～，用之不竭|敌人弹～粮绝，只好投降|油～了，灯也就灭了|冰箱里的肉全吃～了|我会想～办法帮你解决|给他的钱，几天就花～了。❷〈丙〉全部用出；用力完成：～义务|～力量|～职|～心～责|～到|放心，我会～全部力量帮助你|我已经～了最大的努力，还是没成功|这事，他没有～到自己的职责|我们这些退休老人们在街道上～一点儿义务，算是发挥余热吧。

【近义词】❶完/竭

【提示】“尽”又读 jǐn，见第 3420 条。

【构词】尽量/尽情/尽数/尽头/尽心/

尽兴(xìng)/尽责/尽职/尽忠/尽人皆知/尽善尽美/尽释前嫌/尽收眼底

3454 **尽力** 丙

jìn lì (try one's best)

用一切力量：～做｜～写｜～争取｜～帮助｜～找｜～而为｜为她～｜为事业～｜尽了力｜尽过力｜我们毕业后，要为建设祖国而～｜他这一生为教育事业尽了不少力｜他们所做的一切都是为儿子～｜真抱歉，我没能为你尽过一点儿力｜我看，他对这事一点儿不～｜我一定～帮助你｜希望你～做好。

【近义词】[动]出力/效力/效劳

【提示】离合词，中间可插入其他成分，如：尽了力｜尽过力。

3455 **劲**(勁) *乙　〔部首〕力　〔笔画〕7

jìn (strength)

[名]❶力气；力量：～大｜有～｜用～｜使～｜全身的～｜手～｜酒～｜他个子不大，～倒不小｜他的胳膊真有～，球发到看台上去了｜我把全身的～都使出来了，也打不开这个盖儿｜写毛笔字要用手腕子的～｜这种酒的后～大。❷〈丙〉精神；人从事某种活动时产生的兴奋心理状态：～足｜鼓～儿｜冲～儿｜拼～儿｜倔强的～儿｜干～｜一股～｜最近他学习的～儿不那么足｜怎么刚起床就显得那么没～儿？｜你好好儿打球，我们在场外给你鼓～｜他鼓足了～儿，一下子跳了过去｜他干活儿就靠他那点儿拼命的～儿｜他一贯干～不足。❸〈丙〉神情；态度：傻～儿｜得意～儿｜骄傲～儿｜高兴～儿｜看他那得意～儿，又升官了吧？｜一看他那高兴～儿，准是又有什么喜事了。❹〈丁〉趣味；有意思：没～｜这本书真没～，书价还挺贵｜今天的活动真没～。

【近义词】❶力气/力量❷劲头/精神；❸神情；❹趣味

【提示】多用于口语中。❶❷❸项用时多儿化。

3456 **劲头**(頭) 丁

jìntóu (strength)

[名]❶力气；力量：～大｜有～｜全身的～｜他的～真大，一次能扛200斤｜他比我小，可～比我大多了｜你整天都吃些什么，会有这么大的～！❷积极的情绪：～足｜有～｜高兴的～｜拼命的～｜刻苦的～｜坚持不懈的～｜他一干起工作来就～十足｜一让他做功课他就没～了｜我真佩服他们大冬天也坚持锻炼的～｜他那刻苦钻研的～值得我们学习｜做什么都得有股认真的～。

【近义词】❶力气/力量；❷劲儿

【提示】口语中一般要儿化。

3457 **京剧**(劇)/**京戏**(戲) 乙

〔部首〕亠　〔笔画〕8

jīngjù/jīngxì (Beijing opera)

[名]中国全国性的戏曲剧种之一。也叫京戏：～好听｜～难懂｜喜欢～｜看～｜听～｜唱～｜表演～｜～演员｜一出～｜～的唱腔｜～真好看，但是听不太懂｜这出～我听不懂，但能看懂｜我奶奶就喜欢看～｜收音机里一播放～，爷爷就跟着哼起来｜你来给大家唱一段～，好吗？｜梅兰芳是世界闻名的～表演艺术家。

【提示】京，姓。

【构词】京白/京城/京都/京官/京胡/京华/京派/京腔/京师

3458 **惊**(驚) 丙　〔部首〕忄　〔笔画〕11

jīng (surprise)

[动]❶由于突然来的刺激而精神紧张:心~|~喜交加|又~又喜|~得说不出话来|他听到电视里播放哀乐,心里一~|一个苹果从树上掉下来,他突然一~叫了起来|儿子突然回来,母亲又~又喜|人们都被这突然发生的事件~呆了。❷举动等影响别人,使吃惊或受侵扰:~了孩子|~了邻居|打草~蛇|~跑|~飞|~得四邻不安|~得不能休息|声音小点儿,别~了左右邻居|你这样一来,就会打草~蛇,让罪犯跑了|他大叫一声,把鸟全~飞了。❸骡马因害怕而狂跑不受控制:马~了|骡子~了|快躲开,那匹马~了|他冲上去勇敢地勒住受了~马。

【构词】惊愕/惊骇/惊呼/惊惧/惊扰/惊叹/惊叹号/惊喜/惊吓/惊险/惊醒/惊疑/惊弓之鸟/惊师动众/惊世骇俗/惊涛骇浪/惊天动地/惊心动魄

3459 惊动(動) 丙

jīngdòng (startle)

[动]举动影响别人,使吃惊或受侵扰:~母亲|~大家|~全国|现在别去~他,我在楼下等一会儿|外边吵吵嚷嚷的声音,~了屋子里的人|这位伟人的逝世,~了举国上下|他自己想办法克服了困难,没有~任何人。

【近义词】惊扰/震惊/震动

3460 惊慌 丁

jīnghuāng (scared)

[形]害怕慌张:敌人~|神色~|~起来|~得要命|显得~|感到~|变得~|~地逃走|~地说|十分~|~的样子|走私犯在公安干警的讯问下神色十分~|他在敌人面前表现得一点儿也不~|妹妹~地跑进来喊:“我的小猫不见了!”|看他那~的样子,准是出了什么事。

【近义词】惊惶/惊恐/慌张

【反义词】沉着/镇定/镇静

【构词】发慌/恐慌/心慌/着(zháo)慌

3461 惊奇 丙

jīngqí (amazed)

[形]觉得很奇怪:感到~|表示~|令人~|十分~|~地看|~地问|~地发现|~的样子|~的眼睛|~的口吻|这个魔术家的表演,令人感到十分~|看到这些精细的雕刻,客人们~得睁大了眼睛|朋友们~地问:“这件事是真的吗?”|人们~地发现这里蕴藏着丰富的煤矿|这个地区以令人~的速度建设着。

【近义词】惊讶/惊异/惊诧/诧异

【反义词】漠然/木然/平静

3462 惊人 丙

jīngrén (astonishing)

[形]使人吃惊:消息~|胆量~|技艺~|记忆力~|速度~|破坏~|浪费~|变化~|大得~|贵得~|快得~|~的速度|~的发言|~的才智|~的成就|~的发现|你带来的这个消息实在太~了|那次地震造成的破坏真是~|这个店的东西价钱贵得~|那个地区的发展速度快得~|凭他那~的才智,没有办不了的事|原来这毛衣是你丈夫织的,这真是一个~的发现。

【反义词】寻常/普通/一般

3463 惊讶(訝) 丙

jīngyà (surprised)

[形]感到很奇怪:感到~|觉得~|令

人～|十分～|～地看|～地问|～地说|～的目光|～的神情|这件事使人们～不已|气功能治病？我感到十分～|看到孩子们的杂技表演，客人们～得目瞪口呆|参观的人～地说："这简直是一个美丽的神话！"|看到这座宫殿似的宾馆，人们脸上露出了～的神情。

【近义词】惊奇/惊诧/吃惊/惊异

【反义词】漠然/木然/平静

3464 **惊异**(異) 丙

jīngyì (astonished)

[形]觉得十分奇怪：感到～|觉得～|表示～|～地看|～地听|～地问|～的样子|～的目光|～的神情|那个地方的风俗习惯使游客们感到十分～|精彩的表演使观众们～得半天闭不上嘴|我们～地听他介绍这个地区的变化|看他那～的表情，好像不相信我说的是真的。

【近义词】惊奇/惊讶/惊诧/吃惊

【反义词】漠然/木然/平静

3465 **精** ＊丙 〔部首〕米 〔笔画〕14

jīng (refined)

[形]❶经过提炼或挑选的：少而～|～米|～盐|做得～|吃得～|～选|～讲多练|～打细算|～耕细作|～读|菜别做得太多，要少而～|给孩子吃得太～，会造成营养不良|这些种子都是经过～选的|上语言课要～讲多练|他的太太过日子很会～打细算|这是新出版的～读课本。❷完美；最好：～益求～|这个师傅做的衣服手工比较～|我们要学习他在医术上～益求～的精神。❸聪明伶俐；机智：人～|非常～|他～得很，对自己没好处的事从来不做|这孩子～得跟猴儿似的|他看着傻，其实很～。❹〈丁〉对学问、技术或业务有透彻的了解并熟练地掌握；精通：～于计算机|～于针灸|～于书法|～于交际|～于武术|他什么都懂点儿，但什么都不～|琴、棋、书、画他样样都～|他爷爷～于武术，八十多岁了，还每天练拳|他～于木工手艺。

【近义词】❶细

【反义词】❶❷粗/糙；❸傻/痴

【构词】精兵/精诚/精粹/精读/精炼/精良/精灵/精明/精品/精巧/精锐/精深/精神病/精审/精髓/精微/精液/精英/精装/精子/精兵简政/精打细算/精明强干/精疲力竭/精神文明/精卫填海/精益求精

3466 **精彩** 甲

jīngcǎi (brilliant)

[形](表演、展览、言论、文章等)优美；出色：节目～|文章～|结尾～|表演～|比赛～|唱得～|演得～|描写得～|～的晚会|～的场面|～的片断|今晚的演出十分～|这一段描写真～|我认为最～的是父子团圆的那个场面|今天是我看到的一场最最～的足球赛。

【近义词】精美/出色

【反义词】拙劣/粗劣/低劣

3467 **精打细算**(細) 丁

jīng dǎ xì suàn (careful calculation and strict budgeting)

(在使用人力物力上)仔细地计算：过日子要～|办什么事情都应～|他的太太很会～|人人都要学会～。

3468 **精华**(華) 丁

jīnghuá (cream)

[名](事物)最重要、最好的部分:取其～|吸收～|语言的～|音乐的～|文学作品的～|艺术的～|民族的～|～部分|继承民族文化遗产时要取其～,去其糟粕|这个乐曲是我国民族音乐中的～|为革命而献身的烈士都是民族的～|这些古典名著可以说是我国古典文学的～|科学家是知识分子中的～。

【近义词】精英/精粹/精髓

【反义词】糟粕/败类

3469 精简(簡) 丁

jīngjiǎn (streamline)

[动]去掉不必要的,留下必要的:～机构|～编制|～开支|～人员|～掉|～下去|～得对|认真～|彻底～|～机构,～人员,为的是提高工作效率|要把可开可不开的会议～掉|整天不干事的人要～下去|文章太长,我看这一部分可以～掉|把～下来的人员安排到人力不足的单位去。

【反义词】增加

【构词】木简/书简/竹简

3470 精力 乙

jīnglì (energy)

[名]精神和体力:～充沛|～旺盛|～不支|～集中|～分散|～有限|～衰竭|～过人|有～|消耗～|浪费～|用尽～|恢复～|学生的～|学习的～|创作的～|大量的～|无穷的～|充足的～|他虽然年过80,但～仍然十分充沛|一个人的～有限,家务事干得太多,干工作就没有～了|琐碎的小事别去找他,免得分散他的～|他花费了毕生的～创办起这所中学|在他的身上好像蕴藏着无穷无尽的～|他把主要的～都用在创作上了。

【近义词】精神

【提示】"精力"和"精神"的区别:①"精神"侧重于"神";"精力"侧重于"力",指精神和体力。②"精神"可用于人,也可用于抽象事物,如:革命精神|艰苦奋斗的精神;"精力"只能用于人。

3471 精美 丁

jīngměi (exquisite)

[形]精致、美好:语言～|花纹～|装潢～|雕刻～|服装～|家具～|建筑～|包装～|力求～|设计得～|装饰得～|相当～|～的图案|～的艺术品|这个酒瓶的装潢十分～|这套服装设计得相当～|大厅里展出的都是～的工艺品|他这一段文字写得太～了|出口商品的包装应该力求～。

【近义词】精致/精巧/精细

【反义词】粗糙/粗劣/粗陋

3472 精密 丁

jīngmì (precise)

[形]精确、细密:设计～|加工～|要求～|必须～|制造得～|组装得～|相当～|～地计算|～地研究|～仪器|～度|仪表的结构要求绝对～|机器的零件制造得非常～|只有～观察才能做出正确的结论|经过～的计算,工程所需要的时间可以减少三个月。

【近义词】准确/精确/精细/周密

【反义词】粗糙/粗疏

3473 精确(確) 丁

jīngquè (accurate)

[形]非常准确;非常正确:数字～|测量～|计算～|统计～|分析～|解释～|语句～|～得很|使用得～|～的数字|～的统计|这个词这样解释不太～|这个建筑总面积测量得十分～

|请你们再～地计算一下|明天我可以给你一个～的统计数字。
【近义词】精密/确切

3474 **精神** *甲

jīngshén (spirit)
[名]❶指人的意识、思维活动和一般心理状态:～振奋|～分裂|～愉快|～苦闷|～集中|～错乱|～失常|～反常|分散～|爱国主义～|集体主义～|革命～|奋斗～|创造～|乐观～|～状态|～贵族|～财富|～食粮|～压力|～负担|～作用|～支柱|～面貌|这个消息传来,人们的～顿时振奋起来|工作的时候～要集中|要培养青年一代的爱国主义～|要充分发扬艰苦奋斗的～|你总这样说会加重他的～负担|好的书籍是我们不可缺少的～食粮|他自从娶了这个能干的太太,～面貌焕然一新。❷〈乙〉主要的目的和意图;主要的意义:传达～|贯彻～|领会～|中央的～|上级的～|文件的～|报告的～|新的～|基本～|主要的～|文件～已经传达下去|这次会议的～我们正在学习|我们坚决拥护和贯彻中央的～|要好好领会一下这个报告的主要～。

3475 **精神** 丙

jīngshen (vigorous)
[形]行动活泼而积极;气氛蓬勃而热烈:小伙子～|很～|走路～|觉得～|～得很|～极了|显得～|长得～|变得～|打扮得～|非常～|～的年轻人|这个孩子长得真～|九十多岁的老人走起路来还那么～|他今天理了发,穿了件新毛衣,显得格外～|我真喜欢她那两只～的大眼睛|新来的老师是个非常～的小伙子。

3476 **精通** 丁

jīngtōng (be proficient in)
[动]对学问、技术或业务有透彻的了解并熟练地掌握:～业务|～技术|～法律|～外语|要求～|力求～|努力～|在这个公司工作要求～日语|他对自己的业务非常～|他对中草药～得很|对法律知识,学了一点儿,但谈不上～|他的技术不错,但还没达到～的程度。
【近义词】精/通晓/深通/熟悉
【反义词】生/生疏

3477 **精细**(細) *丙

jīngxì (fine)
[形]❶精密细致:手工～|工艺～|雕刻～|考虑问题～|要求～|制作得～|～地挑选|这件大衣的做工真～|这种雕刻工艺要求制作得非常～|这个问题他考虑得非常～。❷〈丁〉机警聪明;细心:为人～|办事～|～得很|～的人|～的头脑|他做事非常～|别看他长得又粗又大,为人～得很|他可是一个相当～的人。
【近义词】❶精密;❷精明
【反义词】❶粗糙;❷粗心

3478 **精心** 丁

jīngxīn (meticulous)
[形]特别用心;细心:工作～|护理～|特别～|～制作|～安排|～设计|～挑选|～照料|～保养|～饲养|～培育|这个病人你要～照顾|这个图案是他～设计出来的|客人的参观活动都是由他～安排的|在他们的～培育下,小树苗一天天地长高了。
【近义词】经心/专心/细心
【反义词】粗心

3479 **精益求精** 丁

jīng yì qiú jīng (constantly strive for perfection)

学术、技术、作品、产品等好了还要求更好:技术～|医术～|要求～|～的作风|～的精神|～的态度|他一次一次地修改自己的作品,力求～|他的技术非常高明,但自己仍不满足,还要～|他对工作～的精神值得我们学习。

【反义词】粗制滥造

【构词】受精/糖精/味精/香精/妖精

3480 **精致**(緻) 丙

jīngzhì (exquisite)

[形]精巧细致:花纹～|玉雕～|项链～|家具～|摆设～|包装～|要求～|认为～|加工得～|制作得～|设计得～|～的灯具|台布上的图案设计得真～|他家客厅的摆设～极了|出口商品的包装要力求～美观|他送给太太的生日礼物是一个相当～的戒指。

【近义词】精美/精巧/精细

【反义词】粗糙/粗劣/粗陋

3481 **兢兢业业**(業) 丁

〔部首〕十 〔笔画〕14

jīngjīngyèyè (cautious and conscientious)

小心谨慎,认真负责:工作～|一向～|一贯～|～的人|～的精神|～的态度|这些干部工作～,受到群众称赞|他做事一向～,从没听他说过苦和累|他对工作～的态度值得大家学习|他真是一个～的好干部。

【近义词】勤勤恳恳

【反义词】马马虎虎/敷衍了事

3482 **鲸鱼**(鯨魚) 丙 〔部首〕鱼 〔笔画〕16

jīngyú (whale)

[名]哺乳动物,种类很多,生活在海洋中,胎生,形状像鱼,体长可达30多米,是现今世界上最大的动物。前肢形成鳍,鼻孔在头的上部,用肺呼吸,肉可以吃,脂肪可以制油,用于医药和其他工业:捕杀～|～的种类|一条～|最大的～|禁止捕杀～|～的全身都是宝|这条～有30米长。

【构词】鲸吞

3483 **经**(經) *乙 〔部首〕纟 〔笔画〕8

jīng (pass through)

[动]❶通过(处所、时间、动作等):～年累月|～他一说|～朋友介绍|这趟列车不～天津|这次航班～上海到东京|坐火车～十几个小时才到广州|他们～年累月工作在海上|～他这么一改,文章通顺多了|不～他的同意,谁也不能去|他们是～朋友介绍认识的|～严格挑选,他们三人进入了球队。❷〈丙〉接受;受:～住|～不住|～得住|～得了|～不了|～不起|～得起|他们～住了这场严峻的考验|这种花可～不起风吹日晒|他再也～不起任何精神上的刺激。❸〈丙〉经历:～风雨见世面|～大事|饱～沧桑|我这辈子～的大事可是不少!|这位老人一生饱～沧桑。

【近义词】❶经过;❷受/经受;❸经历

【提示】经,姓。

【构词】经办/经管/经纪人/经久/经络/经贸/经期/经手/经年累月/经天纬地

3484 **经常** 甲

jīngcháng (day-to-day)

[形]平常的;一般的;平时的:~的工作|~的任务|~的事|修剪草坪是父亲~的工作,母亲~的工作是洗衣做饭|来不及做饭,吃一袋方便面是~的事|给地里拔草施肥是他们~的任务|帮助学习困难的同学是大家~做的。

【近义词】平常/日常

【提示】“经常”作状语时是“常常”、“时常”的意思,如:这里~下雨|他~去外地旅行|屋子要~打扫。

3485 **经典** 丁

jīngdiǎn (classics)

[名]❶指传统的具有权威性的著作:博览~|载入~|载于~|他博览《四书》、《五经》等儒家~|古代圣贤的话都载入了~。❷泛指各宗教宣扬教义的根本性著作:释译~|伊斯兰教的~|佛教的~|他精通佛教~|据说唐玄奘曾在这里翻译过佛教~|《古兰经》是伊斯兰教的~。

3486 **经费**(費) 丙

jīngfèi (funds)

[名](机关、学校等)经常支出的费用:~不足|~困难|~紧张|~充足|~宽裕|~增加|~缺乏|申请~|使用~|压缩~|减少~|教育~|行政~|科研~|实验~|一笔~|一项~|一种~|~的来源|~的用途|因~不足,校舍的扩建只好暂停|他们向学校申请一笔科研~|大家要求缩减出外考察的~|~不多,使用时要精打细算。

【近义词】费用

3487 **经过**(過) 甲

jīngguò (v. pass; n. course)

[动]通过(处所、时间、动作等):~北京|~三个月|~一年|~6个小时|~消毒|~处理|~考虑|~精选|~选举|~同意|~讨论|~调查|~打扫|我从上海直接去东京,不必~北京|这条河~好几个省市|我们~天安门的时候顺便去照张相吧|这件包裹~一个多月才到北京|这件事我们就可以定下来,不必~他|这些礼物是~精心挑选的|这事是~研究的|这些水果是~消毒的|这事不能自作主张,必须~领导同意才能去做|~大家帮助,他才有今天的进步|这个合同~双方签字才能生效。

[名](经历的)过程:事情的~|你把这次事故发生的~详细说说|你把采访的~写一下。

【近义词】[动]经历/经;[名]过程

3488 **经济**(濟) *甲

jīngjì (n. economy; adj. economical)

[名]❶经济学上指社会物质生产和再生产活动:~发展|~改革|~搞活|~调整|~合作|~交流|~衰退|~繁荣|~发达|~稳定|管理~|抓~|垄断~|农村~|集体~|个体~|社会主义~|计划~|~政策|~地位|~信息|~建设|~战线|~效益|我国国民~发展迅速|农村的~搞活了,农民的生活水平也大大提高了|我们一定要赶上世界~发达的国家|要国家富强,就要搞好~建设|进一步加强两国之间的~合作与交流。❷〈乙〉个人生活费用:~改善|~好转|~富裕|~困难|~条件|~状况|~来源|~收入|他家人口多,收入少,~很困难|他家的~条件不怎么富裕|他家主要~来源是父母的工资|生产搞好了,职工的~收入就会逐

渐提高。

[形]用较少的人力、物力、时间获得较大的成果:这个饭馆的饭菜既~又实惠|这部作品以~的笔墨描绘了将近一个世纪的时代风貌。

【构词】接济/救济/周济

3489 **经理** 乙

jīnglǐ (manager)

[名]某些企业的负责人:当~|晋升~|总~|副~|部门~|他在一家公司当~|我不是~,只是一个普通职员|他最近升为总~了。

3490 **经历**(歷) 乙

jīnglì (v./n. experience)

[动]亲身见过、做过或遭受过:~战争|~革命|~苦难|~危险|他一生~过很多战争|中国人民~了无数的苦难,才过上今天的和平生活|这位老人~过无数次战斗|这种事情我~得多了。

[名]亲身见过、做过或遭受过的事:~简单|~平凡|调查~|讲述~|工作~|生活~|社会~|革命~|学习的~|解放前的~|过去的~|光荣的~|悲惨的~|我的~非常简单,出了校门就进了工厂|他的生活~非常曲折|爷爷对我讲述他过去悲惨的~。

【近义词】[动]经受;[名]经过/阅历/经验/历史

【构词】病历/公历/挂历/简历/旧历/来历/履历/农历/日历/台历/夏历/校历/学历/阳历/阴历/阅历/资历

3491 **经商** 丁

jīng shāng (engage in business)

经营商业:喜欢~|不愿~|他父亲在外地~,很少回家|很多农民都弃农~了|父母希望他毕业以后就去~。

【提示】离合词,中间可插入其他成分,如:他经了半辈子商|我可经不了商|他种过地,经过商。

3492 **经受** 丁

jīngshòu (go through)

[动]接受;受:~考验|~锻炼|~灾难|~打击|~痛苦|~检查|~住|~得起|运动员要~严格的训练|他们厂的产品~住了这次质量大检查|他~不了这么巨大的痛苦|他~不起一次又一次的失败|他的精神再也~不住来自四面八方的压力。

【近义词】承受/禁(jīn)受/受

3493 **经销**(銷) 丁

jīngxiāo (sell)

[动]经手卖出:书店~|商店~|公司~|总~|~图书|~商品|本店~办公用品|这个厂的产品直接由各大商场~|我们商店不~这种商品|本书由新华书店总~。

【近义词】销售

3494 **经验**(驗) 甲

jīngyàn (experience)

[名]由实践得来的知识或技能:~丰富|~宝贵|总结~|有~|缺乏~|交流~|介绍~|推广~|传播~|学习~|历史~|生活~|管理~|建设~|工作~|教学~|他在管理企业方面~非常丰富|治疗这种病,张大夫很有~|在会上,代表们互相交流~|他在教学中积累了很多宝贵的~|历史的~教训不能忘记。

【近义词】经历/体验

【反义词】教训

3495 **经营(營)** 丙

jīngyíng (manage)

[动]筹划并管理(企业等):国家～|个体～|独家～|集体～|～工厂|～公司|～商店|～饭店|～房地产|～服装|～药材|～不善|～有方|～得好|打算～|停止～|负责～|苦心～|～方式|～能力|～的项目|～的状况|这家公司是他独家～的|企业因～不善倒闭了|他准备～一家服装店|这家饭店～得不错|别看这个经理年轻,～能力蛮高的。

【近义词】经管

3496 **茎(莖)** 丁 〔部首〕艹 〔笔画〕8

jīng (stem)

[名]植物体的一部分,下部分和根连接,上部一般都生有叶、花和果实:～的种类|～的样子|植物的～|草莓的～|葡萄的～|甘薯的～|～的种类很多|草莓的～不能直立向上生长,平铺在地面上|葡萄、黄瓜的～是攀缘～,不能直立,要附着(zhuó)在别的东西上|大多数植物的～是直立向上长的,比如玫瑰。

【近义词】梗

3497 **井** 乙 〔部首〕一 〔笔画〕4

jǐng (well)

[名]从地面往下凿成的能取水的深洞,洞壁多砌上砖石:～深|～浅|挖～|凿～|水～|一口～|一眼～|枯～|～底|～边|～台|～口|～水|这口～不太深|他在院子里挖了一口～|这口～解决了农民吃水的问题|他就像～底之蛙,眼光太短浅了。

【提示】井,姓。

【构词】井然/井底之蛙/井井有条/井水不犯河水

3498 **警察** 乙 〔部首〕言 〔笔画〕19

jǐngchá (police)

[名]国家维持社会秩序和治安的武装力量。也指参加这种武装力量的成员:当～|人民～|交通～|一名～|一位～|他想当一名交通～|他是一位受群众信赖的人民～|～的工作非常辛苦。

【构词】警报/警备/警车/警笛/警官/警棍/警句/警觉/警铃/警犬/警醒/警钟

3499 **警告** 丙

jǐnggào (v. warn; n. warning)

[动]提醒;对有错误或不正当行为的个人、团体、国家提出告诫,使认识所应负的责任:～敌人|～犯罪分子|～得及时|提出～|发出～|严重～|郑重～|及时～|民警～司机不许再闯红灯|裁判员～犯规的队员|对学生的错误,老师及时提出～|我～过你好几次,你总是不听|公安机关向肇(zhào)事者提出严重的～。

[名]对犯错误者的一种处分:给予～|取消～|～处分|行政～|学校给予这个学生～处分|公司给了他一个行政～|他受到了严重～处分。

【近义词】[动]正告/告诫/提醒

3500 **警戒** 丁

jǐngjiè (guard against)

[动]军队为防备敌人的侦察和突然袭击而采取保障措施:加强～|注意～|今天晚上敌人可能偷袭我们,要加强～。

【构词】惩戒/犯戒/告戒/劝戒/受戒/训戒

3501 **警惕** 丙

jǐngtì (watch out for)

[动]对可能发生的危险情况或错误倾向保持敏锐的感觉：～敌人|～走私犯|～坏人|～阴谋|～野心|～洪水|必须～|提高～|引起～|保持～|放松～|丧失～|高度～|时刻～|随时～|～地看|～地听|～地搜寻|～的眼光|～的神色|要～坏人的破坏活动|时刻～敌人的阴谋活动|提高～，保卫祖国和人民的安全|这种可疑的情况引起人们的～|这次事故是因为他放松了对安全生产的～|战士们～地守卫着祖国的边疆|他用～的眼光看着眼前的这个俘虏。

【近义词】留神/小心

3502 **警卫**(衛) 丁

jǐngwèi (guard)

[动]用武装力量实行警戒、保卫：～机关|认真地～|～部队|战士在四周～|这是一支非常优秀的～部队。

【近义词】保卫

3503 **景** 丁 〔部首〕日 〔笔画〕12

jǐng (scene)

[名]❶风景：雪～|夜～|美～|远～|近～|街～|他经常站在窗前欣赏街～|我真想把这雪～拍下来|这里的夜～更迷人。❷情形；情况：背～|前～|晚～|对它的前～，我不那么乐观|这位老人年轻时受了很多苦，晚～还不错|我对公司的远～有足够的信心。❸戏剧、电影、电视的布景和摄影棚外的景物：内～|外～|换～|这部戏内～拍完了|明天他们要去外地拍外～|因天气不好，今天外～拍不成了。

【近义词】❶风景/景致

【提示】景，姓。

【构词】景观/景况/景气/景泰蓝/景仰/景致

3504 **景色** 丙

jǐngsè (scenery)

[名]景致；风景：～迷人|～美丽|～动人|～壮观|～神奇|欣赏～|描写～|秋天的～|黄昏的～|大海的～|草原的～|热带的～|江南的～|乡村的～|这里的～美丽动人|人们都赞叹大海壮观的～|我喜欢秋天满山红叶的～|他们利用假日去泰山观看日出的～。

【近义词】景致/风景

3505 **景物** 丙

jǐngwù (scenery)

[名]可供观赏的景致和事物：～模糊|～清晰|描写～|自然～|周围的～|两岸的～|我们坐着船去浏览三峡两岸迷人的～|至今我仍深深怀念故乡的～|我的家乡山川秀丽，～宜人。

3506 **景象** 丙

jǐngxiàng (scene)

[名]现象；状况：～壮观|～悲惨|繁荣的～|凄凉的～|动人的～|欢乐的～|和平的～|热闹的～|战争使人们离乡背井的～深深地刺痛了我|那里的劳动～真是令人鼓舞|天空突然出现了一种奇异的～|到处呈现出一片丰收的～。

【近义词】现象/情景/景色/景物

3507 **颈**(頸) 丁 〔部首〕页 〔笔画〕11

jǐng (neck)

[名]头和躯干相连接的部分：～长｜～粗｜～部｜这种鹿的～很长，所以叫长～鹿｜他～部受了伤，已经送往医院了｜他的病在～上扎几针就好了。
【近义词】脖子/颈项
【提示】"颈"用于书面语，口语中常说"脖子"。
【构词】颈项/颈椎

3508 **静** 乙 〔部首〕青 〔笔画〕14

jìng (quiet)
[形] ❶安定不动：风平浪～｜～一下｜～一会儿｜～～地坐着｜这几天风平浪～，是打鱼的好时机｜这孩子就像猴子似的，一会儿也～不下来｜只有饭后的10分钟才能～一会儿｜孩子们～～地坐着听老师讲故事。❷没有声响：屋子～｜夜晚～｜～极了｜院子里真～啊！｜阅览室里～得好像一个人也没有｜在～～的月夜，他更思念家乡和亲人｜溪水～～地流过村庄。
【近义词】❶平静；❷安静
【反义词】❶动；❷闹
【提示】静，姓。
【构词】静场/静电/静脉/静态/静物/静心/静养/静止/静坐

3509 **静悄悄** 丁

jìngqiāoqiāo (very quiet)
形容非常安静，没有声响：院子里～｜四周～｜～的夜晚｜～的校园｜～地坐着｜夜深了，四周～的｜他家里～的，一个人也没有｜在一个～的夜晚，他离开了家乡｜他～地躺在床上，回忆着那令人留恋的往事。
【反义词】闹哄哄/闹嚷嚷
【提示】①作定语时要带"的"：×静悄悄礼堂。②不能受程度副词修饰。

3510 **境** ＊丙 〔部首〕土 〔笔画〕14

jìng (border)
[名]❶国家或地域的边界：出～｜入～｜过～｜～内｜～外｜再往前走一步就出国～了｜到时，他们会送你过～的｜现在我们的汽车已经进入天津市～内。❷〈丁〉境况；境地：家～｜处～｜事过～迁｜梦～｜他的家～不是太好｜你应该体谅他现在的处～｜如今事过～迁，情况全变了｜他听着听着就进入了梦～。
【构词】境况/境遇

3511 **境地** 丁

jìngdì (circumstances)
[名]生活上或工作上遇到的情况：陷入困难的～｜落到这样的～｜现在的～｜过去的～｜危险的～｜尴尬(gāngà)的～｜困惑的～｜他们的生活正处于困难的～｜他不听大家的劝告才落到今天这样的～｜他们已经落到相当危险的～｜你那个玩笑，使我陷入十分尴尬的～。
【近义词】境界/境域

3512 **境界** 丁

jìngjiè (boundary)
[名]❶土地的界限：火车已经驶出了北京的～。❷事物所达到的程度或表现的情况：～高｜～低｜～高尚｜～低下｜思想～｜精神～｜艺术～｜理想～｜美好的～｜神奇的～｜崇高的～｜一种～｜这个干部思想～高尚，受到群众的爱戴｜这出剧把我们带入了一个神奇的～｜这就是他理想的～｜他们要求把工作提到一个更高的～。
【近义词】❶界限/地界；❷境地/境域

3513 **敬** 丁 〔部首〕攵 〔笔画〕12

jìng (respect)

[动]❶重视并且恭敬地对待：～老｜他们结婚二十多年，一直相～相爱｜这里正在开展～老爱幼活动｜我向他～了一个礼。❷有礼貌地送上(饮食或物品)：～烟｜～酒｜～茶｜新娘向客人～烟｜我～你一杯酒。

【近义词】❶尊敬/敬爱/敬重；❷献

【提示】敬，姓

【构词】敬告/敬贺/敬老院/敬礼/敬佩/敬仰/敬意/敬重

3514 **敬爱**(愛) 乙

jìng'ài (respect and love)

[动]尊敬热爱(用于下级对上级或晚辈对长辈)：～领袖｜～父母｜～老人｜～老师｜～英雄｜应该～｜值得～｜表示～｜受到～｜博得～｜赢得～｜深深地～｜由衷地～｜要培养孩子～父母、～老人的品德｜这位舍己救人的英雄受到人们的～｜这位老师博得了学生们的～｜他就是我们最最～的人。

【近义词】尊敬/崇敬/爱戴/敬重

【反义词】轻慢/侮慢

3515 **敬而远之**(遠) 丁

jìng ér yuǎn zhī (stay at a respectful distance from sb.)

表示尊敬，但不愿接近：这位领导架子大，大家对他都～｜大家都很喜欢他，可我对他是～｜我的老同学自从升了官，我就对他～了。

3516 **敬酒** 丙

jìng jiǔ (toast)

恭敬地向别人献上酒：向他～｜给你～｜祝贺你成功，我敬你一杯酒！｜大家都向新郎～。

【提示】离合词，中间可插入其他成分，如：敬你一杯酒。

3517 **敬礼**(禮) 乙

jìng lǐ (salute)

❶立正、举手或鞠躬行礼表示恭敬：向老师～｜向军旗～｜过去见到老师都要敬个礼｜向革命前辈们～。❷敬辞，用于书信结尾：此致～。

【反义词】失礼/失敬/无礼

【提示】离合词，中间可插入其他成分，如：他给我敬了个礼。

3518 **镜头**(鏡頭) 丁 〔部首〕钅 〔笔画〕16

jìngtóu (camera lens)

[名]❶摄影机或放映机上，由透镜组成的光学装置。用来在胶片或幕上形成影像：一个～｜买～｜装上～｜我这相机上的～非常好｜～摔坏了，我又买了一个装上了｜请你帮我把～拆下来。❷拍电影时从摄影机开始转动到停止时所拍下的一系列画面：特写～｜一组～｜两个～｜这组～拍得非常好｜这个片子里有你的三个特写～。

【构词】镜框/镜片

3519 **镜子** 乙

jìngzi (mirror)

[名]有光滑的平面，能照见形象的器具：一面～｜照～｜买～｜商场里有一面大～，顾客从那里过时都喜欢照一照｜她特别爱照～。

3520 **竟** 丙 〔部首〕立 〔笔画〕11

jìng (unexpectedly)

［副］表示出于意料之外：真没想到他～敢当众撒谎｜都以为他肯定不会答应，谁知他～答应了｜他～这样不讲理，真没想到！

【近义词】竟然/居然

【反义词】果然/果真

3521 竟然 丙

jìngrán（unexpectedly）

［副］表示出乎意料：来中国一年了，他～没去过长城！｜刚学了一年汉语，他～能够翻译一般文章了｜他～能用双手写字！

【近义词】竟/居然

【反义词】果然/果真

3522 竞赛（競賽） 乙

［部首］立
［笔画］10

jìngsài（contest）

［动］互相比赛，争取优胜：结束～｜进行～｜开始～｜运动场上，选手们正激烈地进行～｜因下雨，～暂停。

【近义词】竞争/比赛

【提示】"竞赛"的"竞"不能写成"竟"。

【构词】竞技/竞走

3523 竞选（選） 丁

jìngxuǎn（campaign for［office］）

［动］候选人在选举前做种种活动争取当选：～总统｜参加～｜～活动｜今天公布～结果｜他参加了总统～｜～活动需要有大量的资金支持。

【近义词】选举

3524 竞争 丙

jìngzhēng（v. compete；n. competition）

［动］为了自己方面的利益而跟别人争胜：市场～｜商业～｜害怕～｜公平～｜不愿～｜国家机关进行机构改革，实行人员～上岗｜这个项目有好几家公司～｜他害怕～，不愿参加～。

［名］跟别人争胜的活动：一种～｜～意识｜～对手｜学习上的～｜商业方面的～｜不正当～｜保证质量才能使企业在～中立于不败之地｜考大学实际上也是一种～。

【近义词】竞赛/比赛

3525 净 *丙

［部首］冫
［笔画］8

jìng（clean）

［形］❶清洁；干净：～水｜洗～｜擦～｜衣服还没洗～｜水果不洗就吃，不干不～的，小心得病！｜玻璃擦了半天也擦不～。❷〈丁〉没有剩余：喝～｜吃～｜花～｜用～｜冰箱里什么都没有了，全吃～了｜旅行的时候，我把钱全用～了｜我一口气把水喝～了。❸〈丁〉纯：～重｜～利｜这头猪～重120斤｜这个月公司的收入～利是10万元。

【近义词】❶清洁/干净；❷完；❸纯

【反义词】❶脏/乱

【构词】净尽/净利/净土/净重

3526 净 丙

jìng（nothing but）

［副］表示单纯而没有别的；只：书架上～是科技方面的书｜这几天～下雨｜今天来的人～是女士。

【近义词】只/仅

3527 净化 丁

jìnghuà（purify）

［动］清除杂质使物体纯净：～废水｜～城市空气｜～灵魂｜～环境｜这套设备可以～工厂的废水｜你的思想里不健康的东西太多，需要～｜如何～城

市空气，是一项很重要的科学研究工作。

3528 **究竟** 乙 〔部首〕穴 〔笔画〕7

jiūjìng (exactly)

[副]❶用在问句里表示追究，意义与“到底”相近：～是怎么回事？｜你～答应不答应？｜你往返一趟～花了多长时间？｜姐弟俩～谁是谁非，三言两语说不清楚。❷毕竟；到底：虽然菜咸了点儿，但是她～把菜做出来了｜他～是老会(kuài)计，算账真有经验。

【近义词】❶到底；❷毕竟/到底

【提示】①表示追问时，不能用在以“吗”表示疑问的疑问句中：×你～去看电影吗？②“究竟”作名词时表示结果、原委：大家都想知道个～｜想到门外看个～。

3529 **纠纷**(糾紛) 丁 〔部首〕纟 〔笔画〕5

jiūfēn (dispute)

[名]争执的事情：发生～｜有～｜调解～｜他们之间的～不好解决｜她特别善于为别人调解～｜我们住在同一宿舍，关系很好，但也经常会发生一些小～。

【近义词】矛盾

【构词】纠察/纠缠/纠葛/纠合/纠集/纠结/纠偏/纠正

3530 **纠正** 乙

jiūzhèng (correct)

[动]改正(思想、行动、办法等方面的缺点、错误)：～错误｜～缺点｜～片面性｜应该～｜努力～｜父母要及早～孩子的坏习惯｜必须～重男轻女的封建思想｜他及时～了工作中的缺点和错误｜他发音不太好，你帮助他～～｜他发现自己说错了话，马上做了～｜这种违反规定的做法已经得到～。

【近义词】改正/更正/矫正/克服

【反义词】坚持

3531 **揪** 丙 〔部首〕扌 〔笔画〕12

jiū (seize)

[动]紧紧地抓住；抓住并拉：～住｜～不住｜～下来｜～树叶｜他从树上～下一个苹果｜～着绳子往上爬｜把他～过来｜这孩子真让人～心。

【近义词】抓/握/拉

【反义词】放/松

【构词】揪辫子/揪心

3532 **久** 甲 〔部首〕丿 〔笔画〕3

jiǔ (long)

[形]❶时间长(跟“暂”相对)：～别重逢｜～经考验｜我们很～没见面了｜他已经很～没来信了｜～别重逢，格外高兴。❷时间的长短：来了有多～？｜他来了已有半小时之～了。

【近义词】长

【反义词】短/暂

【构词】久别/久病/久久/久留/久违/久仰/久远/久而久之

3533 **九** 甲 〔部首〕丿 〔笔画〕2

jiǔ (nine)

[数]数目，八加一后所得：～号｜～月｜～个人｜～年｜～棵树。

【构词】九泉/九州/九九归一/九牛一毛/九死一生/九牛二虎之力

3534 **玖** 丁 〔部首〕王 〔笔画〕7

jiǔ (nine)

[数]数目九的大写：～仟～佰｜～拾元整。

【提示】数字大写时应统一全为大写，如："玖仟玖佰"不能写成"九仟玖佰"。

3535 **酒** 甲 〔部首〕氵 〔笔画〕10

jiǔ (wine; liquor)

[名]用粮食、水果等含淀粉或糖的物质经发酵制成的含乙醇的饮料，如葡萄酒、白酒等：一瓶～|二斤～|好～|低度～|喝～|饮～|罚～|我敬你一杯～|他很喜欢喝～|他喝～喝醉了|我送他一瓶～。

【提示】酒，姓。

【构词】酒吧/酒馆/酒鬼/酒力/酒量/酒令/酒徒/酒窝/酒席/酒兴/酒肴/酒宴/酒意/酒盅/酒酣耳热/酒囊饭袋/酒肉朋友

3536 **酒店** 丙

jiǔdiàn (wineshop; hotel)

[名]酒馆，也指较大而设备较好的旅馆（多作名称用）：咸亨～|一家～|中国大～|街上新开了一家～|那家～饭菜很便宜|他是那家～的老板|代表团下榻在中国大～。

【近义词】饭店/饭馆

3537 **酒会**(會) 丁

jiǔhuì (cocktail party)

[名]形式比较简单的宴会，用酒和点心待客，不排席次，客人到场、退场都比较自由：举行～|参加～|有～|会后有～|～将于下午5点结束|～一时半会儿完不了。

【近义词】宴会

3538 **酒精** 丁

jiǔjīng (alcohol)

[名]有机化合物，也叫乙醇：～中毒|用～消毒|一瓶～|做手术前先要用～消毒|他喝酒太多，昏迷不醒，可能是～中毒了。

3539 **救** *乙 〔部首〕攵 〔笔画〕11

jiù (rescue)

[动]❶给予援助使脱离危险或灾难：～命|营～|搭～|抢～|一定要把他～出来|现在哭也没用，快～人吧！|他正在～着落水的儿童|我这病到底还有没有～，您实话告诉我|大火终于扑灭了，国家财产得～了。❷〈丙〉援助人、物使免于(灾难、危险)：～亡|～荒|～灾|～急|～场如～火，您快替他上场演出吧|大家快去～火吧|～灾物资怎么还没运来？

【近义词】挽救/拯救

【构词】救兵/救国/救护/救荒/救火/救急/救命/救生圈/救生衣/救世主/救亡/救星/救援/救治/救助/救死扶伤

3540 **救济**(濟) 丁

jiùjì (extend relief to)

[动]用金钱或物资帮助灾区或生活困难的人：～款|～粮|～物资|国家～|～灾民|～得及时|～过一次|可以～|减少～|迅速～|～工作|那里发生了地震，需要马上运物资去～|～水患灾民的工作还在进行|由于～及时，灾民们渡过了难关。

3541 **救灾**(災) 丁

jiù zāi (send relief to a disaster area)

救济受灾的人民：抗震～，重建家园|～物资已源源运到。

【提示】离合词，中间可插入其他成分，如：幸亏兄弟省市帮助我们救了

灾|这么点儿物资怎么救得了(liǎo)灾?

3542 **旧**(舊) 甲　〔部首〕|　〔笔画〕5

jiù (old)

[形]过去的;过时的;用过的:~时代|~经验|~社会|很~|~书|~房子|厂里的设备都很~了|这篇论文阐述的观点大都是~的|房子很~,但设备不错|这些~书~报卖了吧。

【近义词】老/古/陈

【反义词】新

【构词】旧病/旧部/旧地/旧货/旧交/旧居/旧历/旧情/旧日/旧诗/旧时/旧式/旧事/旧书/旧俗/旧闻/旧物/旧习/旧友/旧怨/旧址/旧制/旧调重弹

3543 **舅舅** 丙　〔部首〕臼　〔笔画〕13

jiùjiu (uncle)

[名]母亲的弟兄:大~|他是我的~|~对我非常好。

【近义词】舅父

【提示】多用于口语,书面语多称舅父。

【构词】舅父/舅妈

3544 **舅母** 丙

jiùmǔ (aunt)

[名]舅父的妻子:我的~已经80岁了|~和舅父都住在乡下。

【近义词】舅妈

【提示】多用于书面语,口语中称"舅妈"或"妗子"。

3545 **就** 丙　〔部首〕亠　〔笔画〕12

jiù (come near)

[动]❶靠近;凑近:各~各位|避难~易|避实~虚|我到这里来工作完全是为了~她|看书时为了~灯,他搬了把椅子坐在桌旁|作战时应当避实~虚。❷菜蔬、果品等与主食或酒两者搭着吃:我吃面条时喜欢~蒜|别光吃饭,~点儿菜|他常常拿豆腐干~酒喝。

【构词】就便/就此/就范/就教/就里/就擒/就寝/就任/就势/就手/就位/就席/就绪/就学/就医/就义/就诊/就职/就坐

3546 **就** 乙

jiù (with regard to)

[介]❶引进动作的对象、范围或表示行为的凭据,按照、根据:~事论事|~现有的技术力量看,我们完全能够承担这项工程|大家~文学的现状进行了热烈的讨论|~学习成绩来说,我还不如你。❷趁着;借着。"就"后多加"着":~着你今天在家,帮我把衣服洗了|~着进城的机会,去看了趟朋友|~着现在还年轻,得抓紧时间好好学习|~着这场雨,咱们赶快把苗栽上。

3547 **就** *甲

jiù (adv. at once; conj. even if)

[副]❶表示时间,说明动作将在短时间内发生:我这~来|您略等一等,饭~好了|展览明天~结束了,你还不快去|您等一会儿,他马上~回来。❷表示事情发生得早或结束得早:他15岁~参加革命了|大风早晨~住了|4岁的时候,他~认识一千多个汉字了。❸表示前后两件事情紧接着发生:想起来~说|卸下行李,~到车间去了|李红一到,我们~出发|我一来他~走了。❹表示在某种条件或情

况下自然怎么样(前面常用“只要”、“要是”、“既然”等):只要用功,~能学好|他要是不来,我~去找他|谁愿意去谁~去|既然你有,我~不买了|要是下雨我~不去。❺表示事实正是如此:那~是他的家|这人~是他哥哥|我父亲~在那个厂工作。❻〈乙〉用在两个相同的成分之间,表示容忍:大点儿~大点儿吧,就要这件了|玉米粥~玉米粥吧,总比饿肚子强|去~去,看他能把我怎么样! ❼〈丙〉表示原来或早已是这样:街道本来~不宽,每逢集市更显拥挤|我~知道他会来的,他果然来了|他原来~瘦,现在更瘦了。❽〈丙〉仅仅;只,表示数量少:以前~他一个人知道,现在大家都知道了|我~一件大衣|他~会唱一支歌|~一百多斤,不胖。❾〈丙〉表示坚决:我~不信我学不会! |你~坚持做下去,保证成功|我~去,你不要管我! ❿〈丙〉表示对比起来数目大、次数多、能力强等(“就”轻读):最近写作很顺利,一天~能写三千来字|他们家的客人,一来~一大串。

[连]表示假设的让步,只能出现于复句的前一分句,同后一分句的“也”、“还是”等呼应,多用于口语:你们~想告诉我,我也不想听|天气~再冷,他还是坚持冷水淋浴|我~再傻,也不会相信这种话。

【近义词】[连]即使/就是

【提示】“就”作连词,也说成“就是”,如:你们就是想告诉我,我也不想听。

3548 就餐 丁

jiùcān (dine)

[动]到吃饭的地方去吃饭:请大家~|会后我们去饭店~|请通知大家~的地点|今天大家在野外~。

【提示】一般用于书面语。

【构词】分餐/会餐/进餐/聚餐/快餐/冷餐/美餐/配餐/晚餐/午餐/西餐/野餐/夜餐/早餐/正餐/中餐

3549 就地 丁

jiùdì (on the spot)

[副]就在原地(不到别处):~取材|~使用|~解决|~生产|~而卧|这些零件可以~生产|医护人员可以~培养|这些食品的生产如果~取材,成本可以更低些。

3550 就近 丁

jiùjìn (nearby)

[副]在附近(不去远处):~工作|~上学|蔬菜、肉类等副食品都是采取~生产,~供应的办法|为了孩子~上学,我们搬了家|~买,省时省力|我家离电影院很近,可以~看电影。

3551 就是 乙

jiùshì (adv. just; conj. even if)

[副]表示强调,态度坚决:不管怎么说,他~不同意|不懂~不懂,不要装懂|他分析得~有道理|这孩子~招人喜欢|我~不信你的话。

[连]❶同“即使”,表示假设的让步,下半句常用“也”与之呼应:~下大雨,我也去参加考试|~说错了,也没关系。❷同“只是”,表示轻微的转折,多用于后一分句前:我工作、学习都很好,~体质比较差,常常生病|这件衣服质量不错,~价格贵了点儿。

【提示】①用在句末,表示肯定(多加“了”):我同意~了|别着急,我帮你~了。②单用,表示同意:~,您的话太对了|~,太阳这么好,怎么会下雨

呢？

3552 **就是说**(説) 丙

jiùshì shuō (that is to say)

表示解释、推理：他已经把房子退了，～他不想在这里再住下去了｜他请你去参加他的生日宴会，～他已经原谅你了｜你看，雾已经散了，～天要晴了。

3553 **就是…也…** 丙

jiùshì…yě… (even if)

表示假设的让步：她体质弱，就是乘无轨电车也会晕车｜学生就是违犯了纪律，教师也不能随意体罚｜就是遇到再大的困难，我们也要克服｜你就是说错了，也没什么关系。

3554 **就算** 丁

jiùsuàn (granted that)

[连]表示假设的让步；即使：～有困难，也算不了什么｜～你知道也没用｜～你不去，别人也会去的。

【近义词】即使

3555 **就业**(業) 丁

jiù yè (get a job)

得到职业，参加工作：～人员｜设法～｜～的机会｜开拓新思路，保障职工～｜妥善安排下岗职工再～｜广开～门路，促进社会稳定。

【提示】离合词，中间可插入其他成分，如：他身体太差，就不了业｜他三年前就过业，现在又失业了。

3556 **就职**(職) 丁

jiù zhí (assume office)

正式到任(多指较高的职位)：宣誓～｜前往～｜～以后｜今天，总统正式到任，并即席发表了～演说｜刚～不久的副市长到灾区视察工作｜三天以前他就了职。

【近义词】到任/任职

【提示】离合词，中间可插入其他成分，如：就了职｜就不了职。

3557 **鞠躬** 丁 〔部首〕革 〔笔画〕17

jū gōng (bow)

弯身行礼：～道谢｜行了个～礼｜深深地鞠了一个躬｜他向老师鞠了个躬｜他向父亲的遗像鞠了三个躬。

【近义词】行礼

【提示】①离合词，中间可插入其他成分，如：鞠了躬｜鞠了三个躬。②鞠，姓。

3558 **拘留** 丁 〔部首〕扌 〔笔画〕8

jūliú (detain)

[动]❶公安机关对需要受侦查的人的一种紧急措施，把他在规定的时间内暂时押起来：～三天｜～起来｜被～｜他暂时被～，以后还要接受审判｜他已经被～三天了｜～的时间不能太长。❷把违反治安管理的人短期关在公安机关拘留所内，是一种行政处罚：刑事～｜～的处罚要比逮捕轻。

【构词】拘捕/拘谨/拘泥/拘押/拘役

3559 **拘束** 丁

jūshù (constrained)

[形]过分约束自己，显得不自然：有点儿～｜感到～｜显得～｜第一次跟女朋友的父母见面，他感到很～｜在生人面前，他显得有点儿～｜别太～了，大家放松些，随便聊聊。

【近义词】拘谨

【反义词】自由/放松

3560 **居** 丁 〔部首〕尸 〔笔画〕8

jū (reside)

[动]❶住:分～|～室|到京以后,我还没找到～处|他们夫妻早就分～了|这是我的～室,请进。❷处在某个位置或占有某种地位。多用于书面语:～左|～首|后来～上|～功自傲|～安思危|二者必～其一|老将军从不以功臣自～|中国的原油产量～世界第六位。

【提示】居,姓。

【构词】居处/居功/居官/居家/居留/居留权/居留证/居所/居委会/居心/居中/居安思危/居高临下

3561 **居民** 丙

jūmín (resident)

[名]固定住在某一地方的人:这个地区的～|本市～|为～服务|街道～|～委员会|一听到出了事,楼里的～都跑了出来|今年城镇～的人均年收入提高了20%。

3562 **居然** 丙

jūrán (unexpectedly)

[副]表示事情超乎常理,出人意料:我真没想到他～会做出这种事来|这位失去了双手的姑娘～学会了用残臂写字、打乒乓球|～有人敢冒着这么狂暴的风雪上山|两人性格不同,～成了好朋友|许多贵重的器材～扔在露天里,实在令人痛心。

【近义词】竟然/竟

【反义词】果然

3563 **居室** 丁

jūshì (room [in a suite])

[名]指套房中可住人的房间:一～|两～|这座住宅楼每套住房都是三个～,一个厅|我买了一套两～住房|他想租两～的住房。

【近义词】房间

3564 **居住** 丙

jūzhù (live)

[动]较长时间内住在一个地方:共同～|长期～|他家一直～在北京|他在老家农村～了一年,后来又回到了城市|他～在北京东郊|他夏天～在别墅里。

3565 **菊花** 丁 〔部首〕艹 〔笔画〕11

júhuā (chrysanthemum)

[名]多年生草本植物,秋季开花。有的品种中医可以入药:一盆～|一朵～|一枝～|黄～|白～|种～|赏～|我种了四盆～|这种紫色的～叫墨菊|今天公园里有～展览。

【提示】菊,姓。

3566 **局** 丙 〔部首〕尸 〔笔画〕7

jú (bureau)

[名]❶机关组织系统中大于处小于部的单位:教育～|文化～|商业～|水利～|各个～已分头传达了部里的通知|请把这份报告送给～领导审阅|明天全～机关工作人员参加植树活动。❷办理某些业务的机构:邮～|电话～|电信～|供电～|他去邮～寄信。❸形势;情况:顾全大～|大～已定|当～者迷,旁观者清。

【构词】局促/局外/局外人

3567 **局部** 丙

júbù (part)

[名]一部分;非全体:~受伤|~工作|~麻醉|~地区有小阵雨|这次只是~地区受灾|这次车祸他双腿~受伤。

3568 **局面** 丙

júmiàn (situation)

[名]事情在一定时期内呈现的形势或状况:~稳定|~动荡|政治~|混乱~|敌强我弱的~只是暂时的|这个~正在起变化|我们要努力开创一种安定团结的政治~|是他造成了目前这种被动~。

【近义词】场面/场合/局势

3569 **局势**(勢) 丁

júshì (situation)

[名]政治、军事等一定时期内的发展情况:~混乱|~动荡|稳定~|把握~|分析~|~的发展|新政府上台之后,那里的~已日趋和缓|现在我们已经有足够的力量来左右战场上的~了|~的发展完全不出我们所料。

【近义词】形势/局面

3570 **局限** 丁

júxiàn (limit)

[动]限制在狭小的范围里:受~|被~|~性|中级口语不能~在对日常生活用语的掌握上|由于历史的~,他对这个问题的看法有片面性|他的视野被~在城市生活的圈子里|长期生活在学校里,~了他观察社会的深度。

【近义词】限制

3571 **局长**(長) 乙

júzhǎng (director)

[名]机关组织系统中,小于部大于处的单位首脑:新~|老~|副~|~上任|~说了,这事只能做好,不能做糟|~,有您一封信|他是我们教育局的~|新上任的~是个女的。

【提示】"长"又读 cháng,见第 717 条。

3572 **橘子** 甲 〔部首〕木 〔笔画〕16

júzi (orange)

[名]橘子树所结的果实,球形稍扁,果实红黄色,果肉多汁,味道甜,果皮、种子、树叶等中医都可入药:一斤~|一个~|大~|甜~|酸~|我买了二斤~|这种~一点儿也不酸|他特别爱吃~。

【提示】"橘子"俗写作"桔子"。

【构词】橘红/橘黄

3573 **举**(舉) *甲 〔部首〕丶 〔笔画〕9

jǔ (lift)

[动]❶向上托起或向上伸出:~起|~起来|向上~|~不动|没~|别~|表决的时候,全体与会者都~了手|他把孩子~到肩上|他高~着红旗走在队伍前面。❷〈乙〉提出:~例|你能不能给我们~个例子|请你~出事实来。❸〈丙〉选举;推举:受群众的推~,他当上了厂长|大家公~他为职工代表。

【近义词】❶擎

【构词】举报/举兵/举步/举措/举国/举家/举荐/举例/举人/举止/举重/举棋不定/举一反三/举足轻重

3574 **举办**(辦) 丙

jǔbàn (conduct)

[动]举行活动或办理事业:~晚会|~展览|~讲座|不能~|~不起来|为了更好地教育下一代,省广播电台

～了题为“父母学校”的系列讲座｜我们的群众福利事业还～得不够｜这次展览～的时间长达一个月之久。
【近义词】举行

3575 **举动**(動) 丁
jǔdòng (movement)
[名]人的动作或行为：他的～｜文明的～｜做出的～｜有～｜这几天老张的～很反常｜他不动声色地观察着对方的～｜大家都没想到他竟会做出这样粗鲁的～。
【近义词】举止/动作/行动/行为

3576 **举世闻名**(聞) 丁
jǔshì wénmíng (world-famous)
全世界都闻其名声，形容名声很大：金字塔是～的名胜古迹｜万里长城是古老中国的象征，～｜他是～的医生｜秦始皇墓以其规模之巨大～。
【近义词】出名/有名/举世瞩目
【反义词】默默无闻

3577 **举世瞩目**(矚) 丁
jǔshì zhǔmù (become the focus of world attention)
全世界的人都关注着。指某一重要的人或事件受到世界的普遍关注：中国的改革开放，是一件～的大事｜第四届世界妇女代表大会在北京的召开～。
【近义词】举世闻名
【反义词】默默无闻

3578 **举行** 乙
jǔxíng (hold)
[动]进行(集会、比赛等)：～文娱晚会｜～比赛｜～谈判｜～义演｜～演出｜音乐会本周～不了｜他们定于5月1日～婚礼｜今天上午8点～了新闻发布会｜我国政府～隆重仪式欢迎来访贵宾。
【近义词】进行/举办
【提示】“举行”和“进行”在用法上有区别：“举行”后面能带名词性宾语；“进行”常带动词性宾语。如：明天上午举行婚礼｜这个问题我们还要进行研究。

3579 **聚** 丙 〔部首〕耳 〔笔画〕14
jù (assemble)
[动]汇集；会合：物以类～，人以群分｜～众闹事｜现场附近～着一大群看热闹的人｜我跟失散多年的妹妹终于～在一起了｜上个月大哥来此地出差，同我们～了聚。
【近义词】合/集
【反义词】分/离/散
【构词】聚宝盆/聚餐/聚赌/聚光灯/聚居/聚敛/聚拢/聚齐

3580 **聚会**(會) 丁
jùhuì (get together)
[动]会合：进行～｜想～｜～一下｜～在一起｜不能～｜老同学～在一起很不容易｜大家～在一起，感到很高兴｜我们每星期能～～，是件最令人愉快的事｜我很想和老同学～一下。
【近义词】聚/聚集/聚合
【反义词】散/分布

3581 **聚集** 丙
jùjí (gather)
[动]人或事物凑在一起：～人力｜～财力｜人口～｜人才～｜～力量，打击敌人｜这支代表队～了全国的射击名手｜他们～了分散在各地的抵抗力量

|这片小树林是遛鸟的人～的地方|在他的旗帜下，～了有10余万人。
【近义词】聚合/聚积/聚拢/聚合
【反义词】分散/离散

3582 **聚精会神**(會) 丙

jù jīng huì shén (concentrate one's attention on)
集中全部精神：客厅里大家都在看电视，他却坐在一角～地读小说|他在～地写信，连我进来都没听见|同学们～地听老师讲课。
【近义词】专心致志
【反义词】神不守舍

3583 **拒** 丁 〔部首〕扌 〔笔画〕7

jù (refuse)
[动]拒绝：来者不～|～不执行|～谏饰非|对上级命令怎能～不执行？|领导干部要～腐蚀，～拉拢，廉洁奉公。
【近义词】拒绝
【反义词】接受
【构词】拒捕/拒守

3584 **拒绝**(絶) 乙

jùjué (refuse)
[动]不接受(别人的请求、意见或赠礼)：～接受|被～|没有～|小朱多次～了客商的贿赂|他这个人刚愎自用，～一切批评和建议|渐渐地，他～得不那么坚决了|姑娘的～使小伙子十分难堪|我没想到一片好心竟遭到她的～。
【近义词】回绝/推辞/推却/谢绝
【反义词】采纳/答应/接收/接受/同意

3585 **据**(據) 丙 〔部首〕扌 〔笔画〕11

jù (v. occupy; prep. according to)
[动]占据：～为己有|这些资料你不能全部～为己有|敌人已占～了那座城市|这个山头很难～守。
[介]依据；按照：～理力争|～实报告|这个电影～同名小说改编。
【构词】据称/据实/据守/据闻

3586 **据点**(點) 丁

jùdiǎn (fortified point)
[名]军队用作战斗行动凭借的地点：一个～|除掉～|消灭～|～已被攻破|周围的大村子都成了游击队的～|敌人把抢来的粮食运到～去了|敌人的～被我们除掉了。

3587 **据说**(説) 乙

jùshuō (it is said)
[副]据别人说：小李一年前"下海"了，～现在已经是一家公司的总经理了|～我们团很快就要开赴前线了|他的亲生父母～还活着|这种新药～疗效很好。
【近义词】听说
【提示】用"据说"时，表示后面所说的事实是传说，在句中多作插入语，"据说"本身不能有主语。

3588 **据悉** 丁

jù xī (it is reported)
根据了解到的情况知道：～，这种流行病毒已经得到了控制|～军用飞机正在轰炸那座城市|～，股市行(háng)情上涨。
【提示】多用于书面语。多指较为重要的情况。
【构词】洞悉/获悉/详悉/知悉

3589 **巨大** 乙 〔部首〕匚 〔笔画〕4

jùdà (huge)

[形](规模或数量等)很大:～的工程|～成就|～的山石从山上轰然滚落下来|葛洲坝规模～,在国内首屈一指|这部名著的改编获得了～的成功。

【反义词】微小

【提示】巨,姓。

【构词】巨变/巨额/巨富/巨匠/巨款/巨人/巨商/巨头/巨著

3590 **具** 丁 〔部首〕八 〔笔画〕8

jù (m. *for coffins, dead bodies, and certain instruments or machines*)

[量]用于棺材、尸体和某些器物:一～尸体|五～木乃伊。

【提示】①作为后缀多加在单音节语素后面,构成名词,指用具:农～|文～|家～|雨～|餐～。②“具”字中间三横,不能写成两横。

3591 **具备**(備) 乙

jùbèi (possess)

[动]具有;齐备:这些孩子普遍～高智商和数学头脑|跳伞运动员要～大胆、沉着、机变的素质|目前实行改革已～条件|他不～做教师的条件。

【近义词】具有

【反义词】缺乏/缺少/欠缺

【提示】“具备”、“具有”都有“有”的意思,但“具备”使用范围较狭窄,限于具体条件、技能等,而“具有”使用范围较宽。

3592 **具体**(體) *乙

jùtǐ (concrete)

[形]❶细节方面明确的,不抽象的,不笼统的:很～|～意见|看法～|局长的意见很～|你谈的意见太不～了|你对本单位情况的介绍还应该～一点儿|请你～地谈谈合作的条件|他们的要求提得十分～。❷〈丙〉特定的:～人|～时间|开会的～时间还没通知|任务都落实到～的人了|参加这项工作的～要求是什么?

【近义词】❶明确;❷特定

【反义词】抽象/空洞/概括/笼统/一般

【提示】“具体”作动词时表示把理论或原则联系到特定的人或事物上,后面一定要带“到”,没有否定式:～到不同国家的人,情况也不相同|～到学校应该怎么做,还得讨论。

3593 **具有** 乙

jùyǒu (have)

[动]有(多用于较抽象的事物):～能力|～水平|～性格|这种治感冒的新药同时～消炎镇痛的功能|电子玩具对每一个孩子都～很大的吸引力|外国朋友都很喜欢～中国特色的工艺品|世界上的万事万物都～运动的属性。

【近义词】有/具备

【反义词】缺乏

3594 **距** 丙 〔部首〕足 〔笔画〕11

jù (be apart from)

[介]在空间或时间上相隔:天津～北京有240里|唐代～今已经有一千多年|两地相～不远|他去世～今已有10载。

3595 **距离**(離) 乙

jùlí (distance)

[名]空间或时间上相隔的长度:～远|～近|有～|他家和学校的～太远,

孩子上学很不方便|两个人思想上的～越来越大，连话都懒得说|新来的小李始终和周围的人保持着一定的～。

3596 **距离**(離) 乙

jùlí (be away from)

[介]在空间或时间上相隔：北京和西安～有一千二百多公里|从1949年全中国解放，～今天已有五十多个年头了|这个县城～省城很远|我就读的大学～我家不算远。

3597 **锯**(鋸) 丁 〔部首〕钅〔笔画〕13

jù (v./n. saw)

[动]用锯割开木料等：把木料～成木条|他们正在～树|这把钢锯可以～钢板。

[名]由有尖齿的薄钢片制成，可以割开木料、钢材等：拉～|电～|手～|钢～|一把～|这是把新～|用～把木头锯成木板|他们两人正在拉～。

【构词】锯齿/锯末/锯条/锯屑/锯子

3598 **俱乐部**(樂) 乙 〔部首〕亻〔笔画〕10

jùlèbù (club)

[名]进行社会、政治、文艺、娱乐等活动的团体和场所：工人～|足球～|国际～|～今晚有场精彩的文艺演出|海员～的成员今天到农村去参观|老年人～是老干部们娱乐休闲的一个好去处。

3599 **句** 甲 〔部首〕口〔笔画〕5

jù (m. sentence)

[量]用于语言，是表示完整意思的语言单位：一～话|他总是三～话不离本行(háng)|他刚写了两～诗，就写不下去了|他刚说了一～话就发觉自己说错了。

【构词】句读(dòu)/句法/句号

3600 **句子** 甲

jùzi (sentence)

[名]用词和词组构成的，能够表达完整意思的语言单位：一个～|一组～|完整的～|错误的～|造～|改写～|每个～都有一定的语调，表示陈述、疑问、祈使或感叹语气|这个～不大完整，应当改一改|文章中许多～都有语法错误。

3601 **剧**(劇) 丙 〔部首〕刂〔笔画〕10

jù (drama)

[名]戏剧：演～|话～|独幕～|惨～|丑～|谁能想到，一个普通工人竟成为一位～作家！|他对原～进行了修改|现在好的电视～简直太缺少了|他们表演的不过是一场政治丑～。

【近义词】戏

【提示】①“剧”还可作形容词，有猛烈、厉害的意思。②剧，姓。

【构词】剧变/剧毒/剧目/剧情/剧痛/剧务/剧院/剧照/剧种/剧作/剧作家

3602 **剧本** 丁

jùběn (script)

[名]戏剧作品，由人物对话或唱词以及舞台指示组成：电影～|文学～|电视～|这是一部众所周知的好～|在写了一阵子电影～后，他如今打算写小说了|她把～还(huán)给了导演，她觉得自己演这个角色不合适。

3603 **剧场**(場) 乙

jùchǎng (theater)

[名]供演出戏剧、歌舞、曲艺等用的场所：大～|小～|新～|露天～|首都～|首都各大～近期正在上演这出话剧|新建的～已开始启用|这个茶楼里有个小～。

【近义词】剧院/戏院

3604 **剧烈** 丙

jùliè (violent)

[形]猛烈：～争论|～振动|～疼痛|他经历了长时间～的思想斗争|他忍受着十分～的疼痛|我的思想发生了～变化|风浪越来越大，船身～地摇晃着|拳击运动对中老年人来说太过于～了|脚下的大地～地抖动起来，他意识到地震了。

【近义词】激烈/猛烈/强烈

【反义词】和平/平和/和缓

3605 **剧团**(劇團) 丁

jùtuán (troupe)

[名]表演戏剧的团体，由演员、导演和其他有关人员组成：参加～|建立～|退出～|这个～的演出非常成功|现在有很多～的演员改行作流行歌手了|县～到山区演出地方小戏，受到当地父老乡亲的热烈欢迎。

3606 **剧院** 丙

jùyuàn (theater)

[名]❶剧场：新建的～|一家～|这个～正在上演新戏|这家～十分豪华|我没在这个～看过戏。❷用作较大剧团的名称：北京人民艺术～|～的演员|～近日将再次演出舞剧《天鹅湖》|演员们是从全国二十多个大型～挑选出来的|这几年戏曲不景气，各～人才出现了外流现象。

【近义词】❶剧场/戏院；❷剧团

3607 **捐** 丁 〔部首〕扌 〔笔画〕10

juān (v. donate; n. tax)

[动]献出或舍弃：为国～躯|为了支援灾区人民，大家纷纷～钱～粮|战争期间，他～过一架飞机|赵老先生把家里珍藏多年的名画～给博物馆了|我们都～过几次款。

[名]税收的一种名称：车～|苛～杂税。

【构词】捐弃/捐躯/捐税/捐助/捐资

3608 **捐款** 丁

juān kuǎn (contribute money)

捐助款项：向灾区～|～办学|～修路扶贫|这次～共有1千多万元|所有～一律用于救助灾区|政府号召广大群众向今年遭受严重洪灾的地区～。

【提示】离合词，中间可以插入其他成分，如：捐过款|捐了一笔款。

3609 **捐献**(獻) 丁

juānxiàn (donate)

[动]拿出财物献给(国家或集体)：～出来|～给国家|不愿～|～给了图书馆|世界卫生组织向该国～了大量药品|他把一幅家藏名画～给了博物馆|他死后把眼角膜～给了医院。

【近义词】献/捐赠/捐助/贡献

3610 **捐赠**(贈) 丁

juānzèng (contribute〔as a gift〕)

[动]赠送(物品给国家或集体)：～图书|～古字画|～文物|他把所有个人财产都～给了国家|他为造这座桥～了10万元|这套教学设备是一家公司～给我们学校的。

【构词】奉赠/回赠/馈赠/转赠/追赠

3611 **卷(捲)** *乙 〔部首〕八 〔笔画〕8

juǎn (roll up)

[动]❶把东西弯转裹成圆筒:～起来|～好|～裤腿|～不上去|老班长在废纸上放了一小撮烟丝,～了一支烟|她正在～头发|他～了一张饼,就着咸菜吃起来|他的被子胡乱地～在炕头上|他的袖子～得高高的|他匆匆地把那张画～了起来|他把裤腿往上～了～。❷〈丙〉人或物被一种大的力量撮起或裹进去:风～着雪花打得他的脸发痛|他被洪水～走了|大象能用鼻子把树上的嫩枝嫩叶～到嘴里|激流把我～进漩涡中心|他被～进了这场纠纷。

【近义词】裹

【提示】①"卷"又读 juàn,如:读书破万～|试～。注意:该意义的"卷"不是"捲"的简化字。②"卷"下面不是"巳"或"己",而是"㔾"。

【构词】卷尺/卷动/卷铺盖/卷心菜/卷烟/卷子/卷土重来

3612 **卷** 丙

juǎn (m. roll)

[量]用于成卷儿的东西:一～纸|一～画|请你把这 10～纸装上车|这～行李是谁的?

3613 **圈** 丁 〔部首〕口 〔笔画〕11

juàn (fold pen; sty)

[名]养牛羊等牲畜的建筑,有棚和栏:猪～|羊～|今日广大农村六畜兴旺,牛羊满～|猪～里的猪不知什么时候不见了。

【提示】①"圈",又读 juān,意思是把家畜或家禽围起来,如:把鸡圈起来;又读 quān,如"用圆圈圈起来"。②圈(Juàn),姓。

3614 **掘** 丁 〔部首〕扌 〔笔画〕11

jué (dig)

[动]刨;挖:～井|～土|发～|院里～了一个坑|他正在地里～白薯呢|～了半天也没～着什么|他在路边～了一条沟。

【近义词】刨/挖

【反义词】埋

【构词】掘进/掘土机

3615 **觉(覺)** 丙 〔部首〕见 〔笔画〕9

jué (sense)

[动]❶(人或动物器官)对刺激的感受和辨别:～不出|不知不～|我这几天感冒,吃什么东西也～不出味儿来|下了雪,～出冷了|不知不～就走到家了。❷觉悟:～醒|自～自愿|我已经～出他不高兴了|要自～遵守纪律|你应该～醒了。

【提示】"觉"指睡眠时读 jiào,见第 3315 条。

3616 **觉察** 丁

juéchá (detect)

[动]发觉;看出:～出来|～到|没有～|日子长了,我才～出他耳朵有些聋|他一走进会议室,就～到那儿的气氛很紧张|我讲了几分钟,～出听众对这个问题不太感兴趣|你悄悄从边门出去,谁也不会～|他表情有点儿不自然,可别的人并没～到|他们几个人的问题,领导早已有所～。

【近义词】察觉/发觉/发现

3617 **觉得** *甲

juéde (feel)

[动]❶产生某种感觉:～高兴｜～冷｜～累｜～紧张｜～很方便｜没～｜那孩子坐在屋顶上,一点儿也不～害怕｜下午的发言都又长又空,他～会场气氛很沉闷｜才吃了两剂药,妈妈就～好多了｜我～对不起她｜她～体力完全恢复过来了｜这事没办成,他～很惋惜｜他刚坐起来,突然～一阵眩晕,只好又躺下去。❷〈乙〉认为(语气较不肯定):我～你应该去学音乐｜我～不会下雨｜我～派小张去比较合适｜大家都～没必要再这样搞下去了。

【近义词】❶感到/感觉;❷认为

3618 **觉悟** 乙

juéwù (v. come to understand; n. consciousness)

[动]在认识上由迷惑而明白;由模糊而清楚;由错误而正确:孩子～｜老百姓～了｜～得快｜～得及时｜～得彻底｜～到｜～起来｜～过来｜开始～｜彻底～｜真正～｜慢慢地～｜经过教育,他开始～自己做错了事｜人民～到只有团结起来,才能打败敌人｜他终于～过来,考大学并不是成才的惟一途径｜至今他还没有～到问题有多么严重｜不能着急,他慢慢会～的。

[名]政治思想和阶级意识上的醒悟和认识:～提高｜～低｜有～｜缺乏～｜提高～｜群众的～｜革命～｜政治～｜思想～｜～程度｜经过学习,大家的～提高了｜要启发他们的革命～｜这里的群众有很高的思想～。

【近义词】[动]觉醒/醒悟

【构词】参悟/彻悟/顿悟/感悟/悔悟/领悟/醒悟/执迷不悟

3619 **觉醒** 丁

juéxǐng (awaken)

[动]由迷惑而明白;由模糊而清楚;醒悟:人民～｜奴隶们～｜～得快｜～过来｜～起来｜开始～｜完全～｜奴隶们～了,只有推翻奴隶制,才能自由｜被独裁政治愚弄的人们终于～了｜～了的五四青年首先提出要求科学与民主。

【近义词】觉悟/醒悟

【提示】"觉醒"与"觉悟"意义相近,但"觉悟"可以作名词,"觉醒"不行:×提高觉醒。

【构词】唤醒/惊醒/清醒/苏醒/提醒

3620 **决** 乙 〔部首〕冫 〔笔画〕6

jué (definitely)

[副]一定(用在否定词前面):～不｜～无｜～没｜～非｜这件事我～不答应｜如果是他碰上这种事,他～不会犹豫的｜这里～无此人,你弄错了｜我～没有不尊重你的意思｜我～不敢跟你开玩笑,这是真的｜这件事的发生～非偶然。

【近义词】绝

【构词】决雌雄/决斗/决断/决计/决绝/决裂/决然/决胜/决死/决意/决一死战

3621 **决不** 丁

jué bù (certainly not)

一定不:～答应｜～后悔｜～参加｜～告诉｜～留恋｜～心疼｜～浪费｜～骄傲｜他～后悔自己做过的事情｜我～参加这个活动｜这事我知道,但是我～会告诉你的｜他～浪费一分一秒的时间｜我如果有了好成绩,～骄傲。

【近义词】绝不

3622 **决策** 丁

juécè (make policy)

[动]决定战略或策略：领导～|经理～|作出～|尽快～|盲目～|我们公司的一切由经理来～|这事应由领导来～|希望你尽快作出～。

【近义词】决定

【提示】“决策”作名词时，指决定的策略或办法，如：重大～|这一～是完全正确的。

3623 **决定** 甲

juédìng (v. decide; n. decision)

[动]对如何行动作出主张：由他～|领导～|他～报考医学院|到底什么时候结婚，他们还没～。

[名]决定的事项：～英明|～重要|做出～|修改～|通过～|政府的～|学校的～|大会的～|领导的～|公正的～|临时的～|学校的这个～非常正确|大会作出的这个～是经代表们讨论过的|你们的～是错误的。

【近义词】决议

3624 **决口** 丙

jué kǒu (burst)

(河堤)被水冲出缺口：河堤～|造成～|引起～|堵住～|当年这里河堤～，死伤人数不计其数|暴风雨引起河堤～，造成数千人无家可归|解放军帮助百姓堵住～，保卫了人民的生命财产。

【提示】离合词，中间可插入其他成分，如：河堤决了口|三年前决过口。

3625 **决赛**(賽) 丁

juésài (finals)

[动]体育运动等竞赛中决定名次的最后一次或最后一轮比赛：足球～|排球～|进入～|进行～|参加～|～权|世界杯足球赛现已进入～阶段|场内正在进行排球～|他们队不能参加～|真遗憾，因为一球之差而失去了～权|在最后的～中，他们队得了冠军。

【近义词】比赛

【反义词】预赛

3626 **决算** 丁

juésuàn (v. settle final accounts; n. final accounts)

[动]根据年度预算执行的结果而编制年度会计报告：～出来|～的结果|～的结果将公布出来给大家看。

[名]根据年度预算执行结果而编制的年度会计报告：做～|本年度的～|去年的～还没做出来|今年的年终～已经报上去了。

【反义词】预算

3627 **决心** 乙

juéxīn (n. determination; v. determine)

[名]坚定不移的意志：～大|～坚定|下～|表示～|有～|抱～|动摇～|影响～|领导的～|改革的～|戒烟的～|离婚的～|反抗的～|共同的～|一种～|他～很大，这次一定要得冠军|他没有戒烟的～，所以到现在也没戒掉|他抱着一定要完成任务的～来到工地|他离婚的～已定，谁劝也没有用|任何力量也动摇不了我们改革的～。

[动]一心一意，坚定不移地做某事：～考北京大学|～参军|～自己动手做|～改正错误|他～考计算机系|他～自己做，不去麻烦别人|因为身体越来越不好，他～戒烟了。

【近义词】[名]信念/信心；[动]决定

3628 **决议**(議) 丙

juéyì (resolution)

[名]经一定会议讨论通过的决定:～正确|～英明|传达～|执行～|服从～|通过～|讨论～|拥护～|支持～|大会的～|党委的～|正式的～|～的内容|～的精神|大会～已于昨日上午全体通过|代表们热烈拥护大会～|我们坚决执行上级的～|今天下午开会传达大会～的精神。

【近义词】决定/决策

3629 **决战**(戰) 丁

juézhàn (v. carry on a decisive battle; n. decisive battle)

[动]敌对双方使用主力进行战役或战斗以决胜负:这次双方都出动了主力,要～到底|他们的策略是避开敌人主力,避免与敌人～。

[名]敌对双方使用主力以决胜负的战役或战斗:进入～|展开～|一场～|大～|双方展开了激烈的～|这是一场你死我活的大～。

3630 **绝**(絶) 丙　〔部首〕纟〔笔画〕9

jué (unique)

[形]❶独一无二的;没有人能赶上的:主意～|做法～|画得～|写得～|做得～|他这个主意真～!|你这个做法太～了|他的菊花画得可～了|他把假花做得跟真的一样,真叫～了。❷走不通的;没有出路的:路～了|堵～|～路|再往前走,路就～了|后退的路全被堵～了|咱们的车怎么走到～路上来了?快往回开吧|我们真是～处逢生。❸绝对(用在否定词前面):～不|～没|～无|我～不食言,说了的一定做到|我～没有跳槽的意思|发生这种事故～非偶然。

【近义词】❶好/妙;❸决

【反义词】❶坏

【构词】绝版/绝笔/绝壁/绝唱/绝代/绝地/绝顶/绝后/绝户/绝迹/绝技/绝交/绝境/绝句/绝路/绝密/绝妙/绝命书/绝情/绝色/绝食/绝世/绝艺/绝育/绝招/绝症/绝种(zhǒng)/绝无仅有

3631 **绝对**(對) 乙

juéduì (absolute)

[形]❶没有任何条件的;不受任何限制的:说话～|判断～|看问题～|说得太～|做得太～|～的权利|～真理|～优势|～静止|～服从|他说话太～了|你看问题别这么～好吗?|这事他做得太～了|这个队占有～的优势|我们对你～服从。❷完全;一定:～正确|这个饭馆的菜,～好吃|你的话,我～相信|你把东西放在我这里,～安全。

【近义词】❷完全

【反义词】❶相对

3632 **绝望** 丁

jué wàng (despair)

希望断绝;毫无希望:敌人～|事情～|生活～|感到～|陷入～|开始～|表现得～|完全～|～地说|～地喊|～的心情|～的样子|他对生活还没完全～|他虽说是失败了,但对未来从没有～过|他们至今没有找到线索,有点儿～了|他～地看着儿子,伤心极了|看到他那～的样子,大家都为他难过。

【近义词】失望/无望

【反义词】有望/希望/指望

【提示】离合词,中间可插入其他成

分，如：绝了望｜绝过望。

【构词】巴望/拜望/承望/观望/厚望/看望/渴望/名望/盼望/期望/企望/切望/热望/奢望/声望/失望/守望/探望/威望/无望/希望/仰望/遥望/有望/欲望/愿望/展望/张望/指望/众望/大失所望/大喜过望

3633 **绝缘**(緣) 丁

juéyuán (insulate)

[动]❶跟外界或某一事物隔绝，不发生接触：与外界～｜他整天在家里写书，跟外界几乎～了｜我好久不打球了，与球～快一年了｜我讨厌城市的喧闹，来到农村后，才真正与城市生活～了。❷隔绝电流，使不能通过。具有极高电阻的物质可以用来绝缘：橡胶可以用来～｜因～不好，差一点儿出事｜这种物质是～体｜这个零件～的性能良好。

【近义词】❶断绝/隔绝

3634 **均** 丙 〔部首〕土 〔笔画〕7

jūn (equal)

[形]分布或分配在各部分的数量相同：分配不～｜安排不～｜～摊｜由于奖金分配不～，大家很有意见｜所需费用由参加者～摊。

【近义词】匀

【构词】均分/均衡/均势/均摊/均沾

3635 **均匀** 丙

jūnyún (even)

[形]分布或分配在各部分的数量相同；时间的间隔相等：密度～｜行(háng)距～｜大小～｜速度～｜分配～｜安排～｜呼吸～｜播种～｜注意～｜分布得～｜搅拌得～｜大体～｜～地撒｜播种的行距要～｜她脸上的粉涂得不～，真难看｜油漆要求刷得～些｜病人已经呼吸～地睡着了｜他把豆种～地撒在地里。

【近义词】均/匀

3636 **菌** 丁 〔部首〕艹 〔笔画〕11

jūn (fungus)

[名]低等植物的一大类，不开花，没有茎和叶子，不含叶绿素，种类很多，如细菌、真菌等。

3637 **军**(軍) 乙 〔部首〕冖 〔笔画〕6

jūn (army)

[名]❶军队：敌～｜我～｜解放～｜全～｜各～｜我～已占领了敌人阵地｜他18岁就参了～｜全～指战员都表了决心｜海、陆、空三～进入一级战备状态。❷军队的编制单位，下辖若干师：第一～｜两个～｜他在第一～｜敌人的兵力有两个～｜各～的领导都来参加了这个会议。

【近义词】❶军队

【构词】军车/军刀/军法/军费/军服/军港/军工/军功/军号/军徽/军婚/军火/军机/军籍/军纪/军阶/军垦/军礼/军力/军粮/军烈属/军龄/军令/军令状/军旅/军民/军棋/军旗/军器/军情/军区/军权/军犬/军容/军师/军属/军团/军威/军衔/军校/军械/军心/军需/军训/军衣/军营/军援/军乐(yuè)/军政/军职/军种(zhǒng)

3638 **军备**(備) 丙

jūnbèi (armament)

[名]军事编制和军事装备，如武器、军装、器材、技术等：～落后｜裁减～｜扩充～｜～力量｜～竞赛｜两国经谈判达成协议，共同裁减～｜“二战”时该

国的～非常落后。

3639 **军队**(隊) 乙

jūnduì (army)

[名]为政治目的服务的武装组织：～强大|～勇敢|～出发|建立～|训练～|参加～|派遣～|指挥～|率领～|人民～|革命～|正式的～|强大的～|～的装备|～的驻地|～的生活|～的通讯员|～的文工团|我们的～作战非常勇敢|他的几个儿子都参加了人民～|他率领着～去灾区，参加救援工作|～的生活团结、紧张、严肃、活泼|我看过～文工团演出的《白毛女》。

【近义词】军/队伍

3640 **军阀**(閥) 丁

jūnfá (warlord)

[名]❶旧时拥有武装部队，割据一方，自成派系的人：～割据|～混战|反动～|那时～混战，老百姓苦不堪言|～割据的年月，人民生活无法安定|他的父亲过去是反动～。❷泛指控制政治的反动军人：～作风|大～|这是～作风，应该改一改|在～的统治下，老百姓生活很苦|人们恨死这个大～了。

【构词】财阀/党阀/门阀/学阀

3641 **军官** 丙

jūnguān (officer)

[名]被授予尉官以上军衔的军人的统称。也指军队中排长以上的干部：～能干|～年轻|当～|～家属|一名～|校级～|营级～|海军～|这位～精明能干|她是～家属|这是一位年轻的空军～|他说长大以后要当一名海军～|他晋升为团级～了。

3642 **军舰**(艦) 丙

jūnjiàn (warship)

[名]有武器装备能执行作战任务的军用舰艇的统称，主要有战列舰、巡洋舰、驱逐舰、航空母舰、潜艇、鱼雷艇等。也叫兵舰：一艘～|他是这艘～的舰长|～远航归来|～在海上遇到风暴。

【构词】兵舰/敌舰/炮舰/旗舰/战舰/航空母舰

3643 **军人** 丙

jūnrén (armyman)

[名]有军籍的人；服兵役的人：当～|一名～|～的风度|他家兄弟几个全是～|他的儿子也想当一名～|他有着～的风度。

【近义词】兵/军士

3644 **军事** 乙

jūnshì (military affairs)

[名]与军队或战争有关的事情：～繁忙|～失利|负责～|研究～|懂得～|掌握～|关心～|我国的～|～部门|～法庭|～博物馆|～活动|～工作|～机密|～技术|～训练|～地图|～书籍|～知识|～策略|他最近～繁忙，很少回家|他是专门研究～的|他大学毕业以后分配到～部门工作|这是～机密|他喜欢看有关～方面的书籍|他们经常参加～训练。

3645 **军医**(醫) 丁

jūnyī (military surgeon)

[名]军队中有军籍的医生：当～|一名～|他从医学院毕业以后当了一名～|他是这个部队的～|他是一位非

常有名的～。

【构词】法医/就医/良医/名医/求医/神医/兽医/西医/校医/行(xíng)医/牙医/庸医/中医/讳疾忌医

3646 **军用** 丁

jūnyòng (for military use)

军事上使用的：～物资｜～地图｜～飞机｜～器材｜这是～物资，不能挪做他用｜他们边看～地图，边研究作战方案｜～飞机在向灾民们投放粮食。

3647 **军装**(裝) 丁

jūnzhuāng (military uniform)

[名]军人穿的制服：换～｜脱～｜穿～｜一套～｜新～｜他穿上～真神气｜他是去年脱下～，转业到这里来的｜军队的～又换了新的样式｜八一建军节那天，战士们都换上一套新～。

【近义词】军服

3648 **君** 丁 〔部首〕口 〔笔画〕7

jūn (monarch)

[名]❶国家的最高统治者：～主｜～王｜～权｜国～｜封建时代～要臣死，臣不敢不死｜～臣正在商议国事。❷对人的尊称：王～｜张～｜诸～｜他叫苏明，人们尊称他苏～｜今天请诸～来有要事相商｜在这方面我不及赵～。

【反义词】❶臣

【提示】①指国家的最高统治者时，多用于古代。②表示对人的尊称时，多用于书面语中，现在很少使用。

【构词】君权/君王/君主/君子/君子协定

3649 **俊** 丁 〔部首〕亻 〔笔画〕9

jùn(handsome)

[形]❶相貌长得清秀好看：孩子～｜姑娘～｜长得～｜～得很｜很～｜～姑娘｜这孩子真～！｜那个姑娘长得真～！｜她越长越～。❷才智出众的人：～才｜～杰｜他能力极强，是个～才｜他是知识界的～杰。

【近义词】❶美/俏/漂亮

【反义词】❶丑/丑陋

【构词】俊杰/俊美/俊俏/俊秀

K

3650 **咖啡** 甲　〔部首〕口　〔笔画〕8

kāfēi (coffee)

[名]❶常绿小乔木或灌木，叶子长卵形，先端尖，花白色，有香味，结浆果，深红色，内有两颗种子。种子炒熟制成粉，可以作饮料。产在热带和亚热带地区：种植～|产～|栽培～|～园|中国广东、云南一带都种植～|这种～是美国哥伦比亚产的|他在～园里工作。❷咖啡种子制成的粉末或饮料：袋装的～|筒装的～|一袋～|一包～|一筒～|～粉|一种～|我喜欢喝～|这种～是三合一速溶型的|煮～很有学问|请给我冲一杯～|我喜欢喝热～|我的～里不要加糖。

【提示】这里的"咖"不能念成 gā。

3651 **卡** 丁　〔部首〕卜　〔笔画〕5

kǎ (n. card; m. calorie)

[名]卡片：资料～|年历～|优惠～|职工考勤采取打～的办法|凭优惠～购物可以少花钱。

[量]热量单位卡路里的简称：1000～热量|人体每天需要多少～热量，你知道吗？

【提示】"卡"作动词时读 qiǎ，意思是：①夹在中间不能活动：鱼刺～在嗓子里。②把人或财物留住(不肯调拨或发给)；阻挡：～住|～不住。③用手的虎口紧紧按住：他紧紧～住敌人的脖子。

3652 **卡车**(車) 甲

kǎchē (truck)

[名]运输货物、器材等的载重汽车：开～|驾驶～|军用～|载重～|大～|一辆～|他刚学会开～|他能驾驶大型～|他每天开着一辆十轮大～运输建筑材料。

3653 **卡片** 丁

kǎpiàn (card)

[名]用来记录各种事项以便排比、检查、参考的纸片：查～|建立～|资料～|病历～|目录～|图书～|生词～|～柜|～箱|～盒|一张～|这是资料～，你慢慢查吧|给每个病人都建立了病历～|把生词写在～上，学习起来非常方便|文艺小说类的目录～在那边的～柜里。

3654 **开**(開) *甲　〔部首〕一　〔笔画〕4

kāi (open)

[动]❶使关闭着的东西不再关闭；打开：～门|～箱子|～锁|～抽屉|～灯|～柜子|～得大|～得了|～一下|～一会儿|～开|～着|～大|早晨起来把窗户～～透透气|锁坏了，箱子～不～了|钥匙丢了，～不了门了|昨天晚上办公室的灯～了一夜。❷(合拢或连接的东西)展开；分离：花～了|扣子～了|～胶了|～了个口儿|～不了|～出|公园里的花都～了|你的扣儿～了，快扣上|樱花现在还～不了，到3月底差不多|你的裤子划～了个口子。❸发动或操纵(枪、炮、车、船、飞机、机器等)：～车|～船|～炮|～枪|～飞机|～机器|～过来|～进去|～出来|～上去|～起来|～走|一辆

红色小汽车~进来了|他~了几十年的火车|回乡后他~起了拖拉机|车~到路口请停一下|这孩子长大要学~飞机|准备好,向敌人~炮!|这坡太陡,车~不上去。❹举行(会议、座谈会、展览会等):~会|~运动会|~讨论会|~经验交流会|~五天会|下周学校~春季运动会|这个讨论会要~三天|昨天的会~到下午5点。❺〈乙〉建立(工厂、学校、商店、医院等):~工厂|~医院|~饭馆|~商店|~起|~得了|~下去|这个地方要~一个大工厂|这条街上又新~了一家饭馆|这个商店他~不下去了,只好关门。❻〈乙〉开始:~饭|~学|~业|~拍|~演|~战|还不到12点就~饭了|你的店什么时候~业?|这出戏7点~演。❼〈乙〉(液体)受热而转化成气体的现象:水~了|汤~了|炉子上的水~了|火不旺,半天了,锅还不~|这么小的火,汤怎么~得了!|水~了10分钟了。❽〈丙〉冰冻的江河、土地融化:湖~了|~冻|~不了|河~了,我们又可以去划船了|虽然已是春天了,但那里的江河还~不了冻|大地~了冻,繁忙的春耕又开始了。❾〈丙〉打通;开辟:~个窗口|~个洞|~山|~矿|~路|~通|买票的人太多了,我们又多~了一个售票口|他们在这片荒山上~出来几亩良田|从这个村到那个村新~了一条路。❿〈丙〉(队伍)由驻地或休息处出发:部队~走了|大队人马~来了|先头部队已经~走了|我们的大队人马~进村来|野营部队又~回来了|敌军又~来了一个师。⓫〈丁〉写出(多指单据、信件等);说出(价钱):~价|~发票|~药方|~介绍信|~清单|你~个价,多少钱一箱?|大夫给病人~了一张药方|清单~好了,你去买吧。⓬〈丁〉支付(工资、车费等)费用:~工资|~饭费|~工钱|~不了|~出来|今天~工资,你去取了吗?|这个厂真糟糕,连工钱也~不出来|这个钱财务科不给~。⓭〈丁〉解除封锁、禁令、限制等:~斋|~禁|~戒|~荤|~一次|~几天|~一下|好几天没吃肉了,今天下馆子去~~荤|他今天被宣布无罪~释。⓮〈丁〉用在动词或形容词后作补语,表示:a.扩大或扩展:传~|散~|这个消息很快在全校传~了。b.表示开始并继续下去:天没亮他就干~了|喝了一口水,他就说~了|老师讲完后,同学们就开始写~了。

【反义词】关/闭/合

【提示】开,姓。

【构词】开拔/开场/开场白/开初/开创/开春/开打/开导/开倒(dào)车/开道/开冻/开端/开恩/开饭/开房间/开放/开赴/开锅/开国/开航/开户/开花/开化/开怀/开荒/开荤/开伙/开价/开讲/开胶/开戒/开禁/开掘/开口子/开快车/开矿/开列/开裂/开路/开绿灯/开锣/开门/开门红/开拍/开盘/开炮/开篇/开票/开启/开腔/开窍/开刃/开山/开释/开市/开首/开天窗/开庭/开通/开脱/开外/开胃/开戏/开线/开销/开小差(chāi)/开言/开颜/开眼/开业/开凿/开闸/开斋/开斋节/开战/开绽/开张/开仗/开罪/开诚布公/开诚相见/开门见山/开门揖盗/开山祖师/开源节流/开宗明义

3655 **开办**(辦) 丙

kāibàn (start; establish)

[动]建立(工厂、学校、商店、医院等):

～工厂|～学校|～商店|～医院|～公司|～银行|他们集资～了一家饭馆|资金不够,这个公司至今没～起来|人们要求多～几家医院|我家附近新～了一家银行。

【近义词】建立

【反义词】关闭

3656 **开采** 丁

kāicǎi (mine)

[动]挖掘(矿物):国家～|工人～|公司～|～石油|～铁矿|～煤炭|～地下资源|～得快|进行～|加以～|允许～|禁止～|停止～|组织～|大力～|大量～|积极～|随便～|盲目～|任意～|艰苦地～|顺利地～|国家决定大力～地下资源|工人们在日夜不停地～石油|禁止人们盲目～矿石|这里矿藏丰富,应组织人力进行～。

【近义词】采掘/挖掘

3657 **开除** 丙

kāichú (expel)

[动]机关、团体、学校等将成员除名,使退出集体:～学生|～工人|～团籍|～党籍|～公职|～出去|～不得|他被学校～了|这样的败类应该立即从我们的队伍中～出去|他没有犯错误,～不得。

【近义词】除名

【反义词】接纳/接收/吸收

3658 **开刀** 丁

kāi dāo (operate)

❶医生用医疗器械给病人做手术:必须～|大夫给他肚子上开了一刀|你的病非～不可!|你必须～,否则病好不了。❷比喻先从某个方面或某个人下手处治或处理:拿他～|拿这件事～|你小心点儿,出了问题,先拿你～!|我可不干,否则他们又要拿我～|要敢于向错误的事情～|等拿到确凿的证据,就可以～了。

【提示】离合词,中间可插入其他成分,如:开了刀|开过刀|开了一刀。

3659 **开动(動)** 丙

kāidòng (set in motion)

[动]❶(车辆)开行;(机器等)运转:机器～|汽车～|部队～|～思想|～马达|～不了|～起来|缓慢地～|马达坏了,～不起来|火车缓缓地～起来,越开越快|学习要多～脑筋|门外传来了汽车～的声音。❷出发前进:军队已经向前线～|队伍～的时间已经到了。

【近义词】❶发动/运转;❷开拔/出发

【反义词】❶停止;❷驻扎

3660 **开发(發)** 丙

kāifā (exploit)

[动]❶以荒地、矿山、森林、水力等自然资源为对象进行劳动,以达到利用的目的;开拓:～荒山|～矿藏|～油田|～山区|～农业|～自然资源|～边疆|～旅游区|～特区|～西部|～得早|～出来|～不了|开始～|进行～|决定～|值得～|合理地～|迅速～|积极～|应该合理地～自然资源|中国政府提出了“西部大～”的口号|这个地方的地下矿藏应该～出来|这里风景优美,值得～。❷发现和发掘人才、技术等供利用:～先进技术|～人才|～智力|人才～中心|技术～中心|～出来|进行～|积极～|有效地～|要积极～先进技术|要广泛地～人才|建立一个人才～中心非常必要|这是新建的技术～中心|要重视智

力的～。

【近义词】❶开辟/开拓/开采/挖掘

3661 **开饭**(飯)　丙

kāi fàn (serve a meal)

❶把饭菜摆出来准备吃:马上～|要～了|～了,快来吃饭了|你们都去洗手,马上就～了|今天12点以前开不了饭。❷食堂开始供应饭菜:12点～|准时～|～的时间|学校食堂每天12点～|下午6点准时～|你们食堂早上～的时间从几点到几点?

【提示】离合词,中间可插入其他成分,如:开了饭|开午饭。

3662 **开放**　*乙

kāifàng (bloom)

[动]❶(花)展开:百花～|～得早|争先～|相继～|樱花在三四月～|今年梅花～得早|公园里各种各样的花相继～|花瓶里插着一束正在～的鲜花。❷〈丙〉解除封锁、禁令、限制等;允许出入、通行:国家～|城市～|思想～|完全～|彻底～|全面～|我国人民一致拥护改革～,搞活经济|图书馆～的时间是早上8点到下午5点|节日期间,各大公园免费～|这几个沿海城市已正式对外～。

【近义词】❶开/盛开

【反义词】❶凋谢/谢;❷关闭

3663 **开工**　丁

kāi gōng (go into operation)

开始生产;(土木工程)开始修建:工厂～|工程～|准备～|正式～|～典礼|这个厂刚建成,还没～|这项工程已经～了|这座大桥准备什么时候～?|新车间明天正式～|今天工地上举行隆重的～典礼。

【近义词】生产/动工/施工

【反义词】停工/竣工

【提示】离合词,中间可插入其他成分,如:开了工|开不了工|开了一个月的工。

3664 **开关**(關)　丁

kāiguān (switch)

[名]❶电器装置上接通和截断电路的设备。通称电门:装～|安～|收音机～|电灯～|总～|这个电灯的～接触不良|电灯的总～在这儿|收音机上的～坏了。❷设在流体管道上控制流量的装置:自来水～|油门～|气门～|总～|这个闸门的～是电控的|他在厨房里又安了个自来水～|为修理水管子,他把总～给关上了|没钥匙,油门的～打不开。

【近义词】❶电门

3665 **开化**　丁

kāihuà (become civilized)

[动]❶由原始的状态进入有文化的状态:～早|逐渐～|人类的～|人类的～经过了几万年的历史|看他这个样子,就像还没～的野人|这个民族还没有～。❷冰雪开始融化:冰冻～|立春之后,河里的冰冻已经～。

【近义词】❷融化/化

【反义词】❷冰冻

3666 **开会**(會)　乙

kāi huì (hold a meeting)

若干人聚在一起议事、联欢、听报告等:领导～|大家～|代表们～|去～|咱们～讨论一下这个问题|为他的事开了三天会|～的时间改了|今天不～了,明天开。

【反义词】闭会/休会/散会

【提示】离合词，中间可插入其他成分，如：开什么会｜开了一天会。

3667 **开课**（課）　乙

kāi kè (school begins)

❶学校开始上课：～的时间｜没～｜我们学校已经～了｜他们学校明天～｜我们已经～一个月了｜小学～的时间比较晚。❷设置课程，也指教师（主要是高等学校的教师）担任某一课程的教学：开历史课｜开语文课｜开一门课｜这学期系里准备开公共外语课｜今年我没在系里～｜刘老师给我们开写作课｜我今年只开一门听力课。

【近义词】开学/上课

【反义词】停课

【提示】离合词，中间可插入其他成分，如：开了课｜开一门课。

3668 **开垦**（墾）　丁

kāikěn (cultivate)

［动］把荒地开辟成可以种植的土地：～荒地｜～荒山｜～出来｜能够～｜进行～｜决心～｜共同～｜迅速～｜积极～｜大量～｜～的土地｜这里有很多荒地，应该～出来｜他们决心把这片荒山全部～出来种上果树｜由于大家的努力，这片地～得相当快｜被～出来的土地已经种上了庄稼。

【近义词】开辟/开发/开拓

3669 **开口**　丙

kāi kǒu (start to talk)

张开嘴说话：～说话｜～回答｜大胆～｜不敢～｜不好意思～｜难以～｜父亲不～，谁也不敢拿｜学生们都积极～回答问题｜这种话我可开不了口｜为自己的困难，他从没向领导开过一次口｜他想向领导提出要求，但又不好意思～｜两个小时的会，他一直没～。

【近义词】说话

【提示】离合词，中间可插入其他成分，如：开了口｜开不了口。

3670 **开阔**（闊）　丁

kāikuò (open; wide)

［形］❶（面积或空间范围）大：土地～｜河面～｜～的天地｜～的天空｜这个湖湖面很～｜这片田野显得多么～！｜这个广场显得很～。❷（思想、心胸）乐观、开朗：心胸～｜思路～｜～的胸襟｜他是个心胸～的人，不会生你的气｜写文章，思路要～一些｜他最近心境变得～多了｜比大海还～的是人的胸怀。

【近义词】广阔/宽阔/辽阔

【反义词】狭窄/狭小/狭隘

3671 **开朗**　丁

kāilǎng (open and clear)

［形］❶地方开阔，光线充足：天空～｜天地～｜觉得～｜豁然～｜钻出山洞，觉得眼前豁然～｜得知这个喜讯后，好像天地都更加～了。❷指人的性格、思想、心胸等乐观、舒畅、快乐：性格～｜思想～｜性情～｜变得～｜笑得～｜特别～｜～的姑娘｜～地笑了｜他的性格十分～｜他最近比以前～多了｜看她笑得多～｜这是一个～、随和的青年。

【近义词】❶开阔；❷爽朗

【反义词】❶狭小；❷阴郁

【构词】明朗/晴朗/爽朗/硬朗

3672 **开明**　乙

kāimíng (enlightened)

［形］原意是从野蛮进化到文明，后来指人思想不守旧：厂长～｜政府～｜思

想～|态度～|政策～|措施～|政治～|处理得～|～人士|～士绅|～的党派|～的组织|中国历史上的康熙皇帝是一位～的君主|改革开放的政策确实～|他这些措施比你的要～得多|我们非常幸运地遇上了一位～的领导。

【近义词】进步

【反义词】守旧

3673 开幕 丙

kāi mù (begin a performance)

❶一场演出、一个节目或一幕戏开始时打开舞台前的幕：戏～|～半天了|～几分钟|刚～|准时～|早就～|我们到剧场时，演出已～了|我们走进戏院，戏已～半天了|今晚的话剧7点准时～。❷(会议、展览会等)开始：展览会～|人民代表大会～|运动会～|正式～|隆重～|准时～|～词|～仪式|～典礼|我区人民代表大会隆重～|大学生春季运动会正式～|在展览会～典礼上，市领导致～词|明天上午9时准时举行～仪式。

【近义词】❶开演/开场；❷揭幕

【反义词】闭幕

【提示】离合词，中间可插入其他成分，如：开不了(liǎo)幕|开了幕。

3674 开辟(闢) 乙

kāipì (open up)

[动]❶打开通路；创立：～航线|～通道|～运输线|～隧道|～旅游区|～市场|～商业区|～牧场|～出来|重新～|迅速～|要～一条新的航线|这里正在～一条隧道|这里的风景好，适合～成旅游区。❷开拓发展：～边疆|～新的天地|～新时期|～未来|～前途|～工作|积极～|大胆～|这里的教育事业，等着我们去～|青年人应积极地去～边疆。

【近义词】开发/开拓/开创

3675 开设(設) *丙

kāishè (open)

[动]❶设立(商店、作坊、工厂等)：～工厂|～商店|～服务部|～小卖部|希望～|准备～|要求～|应该～|多～|这家医院又新～了牙科门诊|像这种方便群众的小卖部应该多～一些。❷〈丁〉设置(课程)：～公共英语|～读写课|～一门课|希望～|要求～|这学期一共～三门课|希望学校～语言实践课|这门课是新～的，过去没有|课是不是～得太多了点儿？

【近义词】设立/设置

3676 开始 甲

kāishǐ (v. begin; n. beginning)

[动]❶从头起；从某一点起：新的一年～|新学期～|从今天～|12月1日～|8点～|从第三页～|新学期～了，你有什么计划？|下午的会两点～，5点结束|从第三课～，每课的生词都写一遍。❷着手进行：～工作|～上课|～写|～学习|～练习|～搜集|～生效|～新的生活|～反攻|我们每天8点～上课|这孩子4岁～学习钢琴|请大家站好，现在～做操|合同从1月1日起～生效|我们向敌人～了猛烈的反攻|电影已经～一刻钟了。

[名]开始的阶段：～不习惯|～觉得难|～的时候|～几天|新的～|他来中国留学，～生活不太习惯|学习汉语，～觉得有点儿难|做事情，～的时候总会遇到一些困难|新的一年，对他来说也是新的～。

【近义词】开头/开端/起始

【反义词】结束/完毕/终了/终结

【构词】初始/创始/起始/终始/下车伊始/周而复始

3677 开水 丙

kāishuǐ (boiling/boiled water)

[名]煮沸的水:烧～|喝～|倒～|一杯～|一壶～|白～|我去烧壶～|我只喝～,不喝茶|请给我倒一杯～|吃药得用白～|这是一杯凉～。

【近义词】沸水/滚水

【反义词】生水

3678 开天辟地(闢) 丁

kāi tiān pì dì (the creation of heaven and earth － since the beginning of history)

中国古代神话传说盘古氏开辟天地后才有世界,因此用"开天辟地"指有史以来,也指从来、历来:～头一回|～第一次|一亩地打这么多粮食,还真是～头一回呢!|这种怪事～第一次听说|我是～头一回看到这么美的演出。

3679 开头(頭) 丁

kāitóu (beginning)

[名]开始的时刻或阶段:文章的～|事情的～|信的～|～我们不认识,后来成了好朋友|～他们感情不错,后来不知为什么离婚了|～我不习惯这个菜的味道,后来每顿饭都少不了(liǎo)它了|他这篇文章的～写得好,一下子就把读者吸引住了|信的～应该这么写。

【近义词】开端/开始/起头

【反义词】末尾/结尾/终结

【提示】①"开头"还表示事情、行动、现象等最初发生:事情刚刚～|从我这儿～|今年的工作要开个好头。②"开头"口语中一般要儿化。

3680 开拓 丁

kāituò (open up)

[动]打开通路;扩展:～荒地|～边疆|～处女地|～航线|～运输线|～经济|～贸易|～市场|～眼界|～渠道|进行～|决定～|准备～|大力～|积极～|全面地～|他们～了这片荒地,种上了庄稼|大批年轻人加入了～边疆的劳动大军|这里新～了一条铁路运输线|这件事使我大大地～了眼界|他们准备～一门新的学科|再大的困难也阻挡不了他们～新事业的决心。

【近义词】开辟/开发

3681 开玩笑 甲

kāi wánxiào (crack a joke)

❶用言语或行动戏弄人:开一句玩笑|开个玩笑|开开玩笑|喜欢～|别～|跟别人～|～的话|我只是跟你开个玩笑,别生气|他特别喜欢～|我随便开几句玩笑,他当真了|因为一句～的话,把她气哭了。❷用不严肃的态度对待工作或事情;不负责,不认真:随便～|这么重要的事,你怎么可以～!|开快车、闯红灯多危险!这也可以随便～吗?|有病赶快去治,这可不是～的事。

【近义词】闹着玩

3682 开心 丁

kāixīn (happy)

[形]心情快乐舒畅:孩子～|样子～|打球～|聊天儿～|过年～|旅游～|觉得～|吃得～|玩得～|听得～|生

活得～|～得要命|～极了|特别～|～地做游戏|～的事|看！幼儿园里的孩子们多～啊！|和老朋友聊天儿我觉得非常～|我们这次去南方旅行，玩得可～了|在大学里，他们生活得十分～|今天打了一场球，～极了|我最～的事就是一边喝咖啡，一边听音乐。

【近义词】快乐／高兴

【提示】"开心"作动词时意思是拿人开玩笑，使自己高兴：拿人～|寻～|你别拿我～了，我怎么会唱京剧呢！|他就喜欢拿别人～|你总喜欢拿人寻～，这不太好。

3683 **开学**(學) 甲

kāi xué (school begins)

学期开始：快～了|马上～|～典礼|～准备|暑假过完了，各个学校都～了|快～了，你的书、本子都准备好了吗？|明天上午9点举行～典礼|～准备都做好了|洪水冲倒了校舍，学校一时开不了学了。

【反义词】放假

【提示】离合词，中间可插入其他成分，如：开了学|开不了(liǎo)学。

3684 **开演** 乙

kāiyǎn ([of play, film] begin)

[动](戏剧等)开始演出：电影～了|～10分钟|～一会儿了|准时～|7点～|快进去吧，戏已经～了|电影已经～一会儿了|芭蕾舞7点准时～。

3685 **开夜车**(車) 丙

kāi yèchē (burn the midnight oil)

为了赶时间，在夜间继续学习或工作：经常～|连着～|他～准备考试|为了完成这篇稿子，他连开了三天夜车|他常常～，不注意休息，终于病倒了。

【近义词】熬夜

3686 **开展** 乙

kāizhǎn (develop)

[动]使从小向大发展；使展开：～体育运动|～增产节约活动|～文娱活动|～友谊比赛|～文化交流|～竞赛|～批评|得到～|大力～|积极～|广泛～|经常～|工厂里正在大力～增产节约活动|全民健身运动已经普遍地～起来|小学应多～一些课外活动。

【近义词】发展／展开

3687 **开支** 丁

kāizhī (expenditure)

[名]付出的费用：～大|～繁重|节省～|紧缩～|不必要的～|家庭的～|他家每月的～相当大|尽量地节省～|要减少一些不必要的～|家庭的～要精打细算。

【近义词】支出

【提示】"开支"也可作动词，意思是付出(钱)：明天工厂～。

【构词】超支／垫支／分支／借支／近支／旁支／枪支／透支／预支

3688 **凯旋**(凱) 丁 〔部首〕几 〔笔画〕8

kǎixuán (return in triumph)

[动]胜利归来：军队～|英雄们～|运动员～|迎接～|盼望～|胜利～|光荣～|～的歌声|～的战士|～的时刻|战争胜利了，我们的英雄～了|运动会结束了，我们的运动健儿～归来|人们站在码头上迎接～归来的战舰|人们终于盼到了战士们～的这一天。

【反义词】败北

【提示】①"旋"又读 xuàn,如"旋风"。②凯,姓。

【构词】回旋/螺旋/盘旋/周旋

3689 **刊登** 丁　〔部首〕刂 〔笔画〕5

kāndēng (publish in a newspaper or magazine)

[动]新闻或文章在报纸刊物上印出:报纸～|杂志～|～报道|～文章|～小说|～启事|～歌曲|～出来|希望～|值得～|同意～|拒绝～|准备～|各大报纸都～了这条消息|他的小说～在《人民文学》杂志上|他的论文在杂志上～出来了|编辑部不同意～这篇文章|下期杂志上准备～他的一首诗。

【近义词】刊载/登载

【构词】刊头/刊行(xíng)/刊印/刊载(zǎi)

摩登/攀登/摘登/照登/五谷丰登

3690 **刊物** 丙

kānwù (publication)

[名]登载文章、图片、歌谱等定期的或不定期的出版物:发行～|出版～|定期～|内部～|文艺～|儿童～|理论～|艺术～|～的种类|这个架子上都是文学～|这属于内部～,不能外借|希望多出版一些儿童～|这家书店,～的种类相当多。

【近义词】期刊

3691 **勘探** 丁　〔部首〕力 〔笔画〕11

kāntàn (prospect)

[动]查明矿藏分布情况,测定矿体的位置、形状、大小、成矿规律、岩石性质、地质构造等:～矿藏|～地质|～石油|～得顺利|进行～|准备～|禁止～|大力～|积极～|～的方法|～的技术|～队|地质～是非常艰苦的工作|地质工作队正在这一带～石油分布的情况|他们对这里的水质进行了详细的～|现在的～技术比以前先进多了|他们是昨天刚来的地质～队。

【近义词】勘测/勘察

【构词】勘测/勘察/勘误/勘正

暗探/刺探/打探/窥探/密探/试探/钻探

3692 **看** *丙　〔部首〕目 〔笔画〕9

kān (look after)

[动]❶看守保护;关心照顾:～家|～门|～机器|～果园|～孩子|～病人|～羊|～行李|～自行车|～得好|～得认真|～得了(liǎo)|～不过来|～一会儿|好好～|一起～|日夜～|轮流～|精心地～|你们都走吧,我来～家|他一个人～三台机器|他退休以后在家～起孙子来|你替我～一会儿行李,我去去就来|他们日夜～着这片山林|儿女们轮流在医院～着父亲|他是我们厂子～大门的工人。❷〈丁〉监视、注视拘押的人:～罪犯|～小偷|～俘虏|～起来|～住|好好～|～住他,别让他跑了|那个小偷已经被～起来了|好好地～着他,要是跑了,你负责|他一个人～不了(liǎo)这么多罪犯。

【近义词】看守

【提示】"看"又读 kàn,见第 3694 条。

【构词】看管/看家/看家狗/看家戏/看守/看守所/看押

3693 **砍** *乙　〔部首〕石 〔笔画〕9

kǎn (chop)

[动]❶用刀斧猛力把东西断开:～树

|～柴|～光|～断|～掉|～倒|～死|～伤|～不动|～下来|～不下来|～半天|～一下|～一刀|～一斧子|用力～|猛～|乱～|这孩子每天都上山～柴|他～树时不小心～伤了脚|这木头真硬,～不动|这树枝我～不下来|要保护森林,不许乱～乱伐。❷〈丙〉削减;取消:～价|～项目|～文章|～节目|～掉|～去|在这个商店买东西可以～价|这个科研项目被～掉了|时间不够,可以～去一两个节目|五千字的文章被～去了一半。

【构词】*砍刀/砍伐*

3694 **看** *甲　〔部首〕目　〔笔画〕9

kàn (see; look at; watch)

[动]❶使视线接触人或物:～书|～电视|～电影|～球赛|～报纸|～清楚|～完|～起来|～下去|～得高兴|～一遍|专心地～|反复地～|他喜欢～足球赛|这本小说还没～完|他～报～得很仔细|他翻来覆去地～了好几遍,也没～懂。❷访问:～朋友|～同学|～病人|～父母|特意～|偶尔～|顺便～|我去～一个朋友,一会儿就回来|他带着水果去医院～病人|我有时间一定常去～你|他今天是特意来～您的。❸判断病人的病症并治疗:～病|～好了|～得好|～不了|早～|仔细地～|有病就应该去～|王大夫～好了我的病|他～不了这个病|这个病如果早点儿去～,就不用开刀了。❹〈乙〉观察并加以判断:～问题|～情况|～天气|他～问题很全面|我～他好像有什么心事|我～今天要下雨|我～不出来谁做得好|～～事情的发展再说吧。❺〈乙〉对待:另眼相～|刮目相～|～得起|领导对他总是另眼相～|今天我得对你刮目相～了|只要你～得起我,我一定帮你的忙。❻〈丙〉用在表示动作或变化的词或词组前面,表示预见到某种变化趋势,或者提醒对方注意可能发生或将要发生的某种不好的事情或情况:别跑!～摔着!|～,菜都凉了,快吃吧|快穿上大衣,～冻着!|～车!|～脚底下!|～石头!|～前面!❼〈丁〉用在动词或动词结构后面表示试一试:想想～|找找～|做做～|尝尝～|做几天～|穿几天～|你再想想～,是不是丢在教室里了?|你试试～,好用再买|让她先来做几天～,再决定要不要聘她|这个微波炉先用几天～～,如果有毛病可以拿去换。

【提示】"看"又读 kān,见第 3692 条。

【构词】*看穿/看得起/看顾/看好/看开/看客/看破/看齐/看轻/看上/看台/看透/看相/看笑话/看涨/看中(zhòng)/看重/看风使舵*

3695 **看病** 甲

kàn bìng (see a patient)

❶(医生)给人治病:给人～|大夫不在家,～去了|那个大夫能看这种病|他专门给小孩～|王大夫给人～特别认真。❷找医生治病:看什么病|看一次病|他带孩子～去了|你去医院看什么病?|他每月至少要看一次病|我很少去医院～。

【近义词】*治病*

【提示】离合词,中间可插入其他成分,如:看什么病|看了一次病|看不了病。

3696 **看不起** 乙

kàn bu qǐ (look down upon)

不重视;不认真对待;轻视:～人|他～别人,只觉得他自己最了不起|别

～这东西，少了它还不行｜你别以为他是孩子而～他，其实他能帮你做很多事｜我最～那种爱拿官架子的人。
【近义词】轻视
【反义词】看得起
【提示】多用于口语中。

3697 **看待** 丁

kàndài (treat)
[动]对待：～生活｜～工作｜～爱情｜～问题｜平等～｜一样～｜他对不同的学生都一样～｜要严肃～这一错误｜她一直把我当做妹妹～｜我从来没把你当做客人～。
【近义词】对待

3698 **看法** 乙

kànfǎ (view)
[名]对客观事物所抱的见解：～正确｜～一致｜～简单｜～主观｜发表～｜谈出～｜交换～｜领导的～｜错误的～｜新颖的～｜群众的～｜改变～｜我们几个人的～完全一致｜事实证明，你的～太主观了｜请大家谈谈对这个问题的～｜我非常同意你的～｜你应该多听听群众的～。
【近义词】意见/想法/见解/见地
【提示】"看法"的"法"在一般情况下读轻声。

3699 **看见**(見) 甲

kàn jiàn (see)
看到：～人｜～事｜～情况｜没～｜难～｜清楚地～｜隐约～｜明明～｜～的人｜我在商店～他太太了｜我今天没～他来上班｜坐在后边看得见吗？｜天气不好，就看不见对面的山｜我刚才明明～他的大衣挂在这儿｜看不见黑板上的字的同学，请坐到前边来。
【提示】"看见"是动补结构，中间可插人"得"或"不"，如：看得见｜看不见。

3700 **看来**(來) 乙

kànlái (it appears)
[连]依据客观情况估计；表示经观察而做出判断：～不反对｜～很高兴｜～是个大夫｜～30岁｜～没听懂｜他看上去很高兴，～领导同意了｜他穿了件白大褂，～是个大夫｜这事～他一点儿也不知道｜这些问题都回答错了，～他没有好好儿复习｜天阴阴的，～今天要下雨。
【近义词】看起来/看样子

3701 **看起来**(來) 丁

kàn qǐlái (it seems)
依据客观情况估计：～这件事比较麻烦｜从他的学习成绩～，他最近的(dí)确下了不少功夫｜人们的脸上都露出了笑容，～问题已经得到解决｜从这件事情～，加强对孩子们的教育非常重要。
【近义词】看来/看样子

3702 **看望** 丁

kànwàng (call on)
[动]到长辈或亲友处问候起居情况：～父母｜～老师｜～朋友｜～病人｜需要～｜打算～｜主动～｜亲自～｜热情地～｜他每年春节都回老家去～父母｜我想去～我的老师｜领导们经常去职工宿舍～大家｜慰问团去灾区～受灾的人们。
【近义词】探望

3703 **看样子**(樣) 乙

kàn yàngzi (it looks as if)

从外表估计、打量：这位老人～有八十多岁｜～他今天心情很好｜～他是一个非常聪明的孩子｜～要有一场暴风雨｜～这是经过精心挑选过的｜都9点多了，～他今天不会来了。

【近义词】看来/看上去/看起来

3704 **看做** 丁

kànzuò (look upon as)

[动]当做；认为；看成：～自己的家｜～自己的事｜～好事｜～亲人｜～最大的幸福｜～耳旁风｜他把工厂～自己的家｜他把帮助别人～是自己应该做的事｜他把两位老人～自己的父母，精心地照顾他们｜他把别人的苦与乐也～是自己的苦与乐｜你总把人家的忠告～耳旁风！

【近义词】当做/看成

3705 **慷慨** 丁 〔部首〕忄 〔笔画〕14

kāngkǎi (vehement)

[形]❶充满正气，情绪激昂：～悲歌｜～激昂｜～陈辞｜面对投降派，他～陈辞，述说了救国的道理｜听了他～激昂的演讲，群众的情绪受到极大的鼓舞。❷不吝啬；大方：天性～｜花钱～｜为人～｜显得～｜特别～｜我的朋友为人非常～｜他花钱～得很｜他把自己多余的衣服全都～地送给了需要的人｜他是一个在金钱方面非常～的人。

【近义词】❷大方

【反义词】❷吝惜/小气/吝啬/悭吝

3706 **糠** 丁 〔部首〕米 〔笔画〕17

kāng (chaff)

[名]稻、谷子等作物子实的皮或壳(多指脱下来的)：米～｜吃～咽菜｜解放前爷爷经常吃～咽菜｜旧中国的农民过的是～菜半年粮的日子｜～可以作为家畜家禽的饲料。

3707 **扛** 乙 〔部首〕扌 〔笔画〕6

káng (shoulder)

[动]用肩膀承担物体：～枪｜～锄头｜～箱子｜～粮食｜～得动｜～不了｜～起来｜～上去｜～回去｜～到｜他战争年代～过枪，上过前线｜他能～100斤大米｜这箱子太重，我～不动｜你～得了这么多行李吗？｜这个重要的任务需要你把它～起来｜来，我来帮你～上去吧｜把行李～到车上去。

【近义词】背(bēi)

3708 **抗旱** 丁 〔部首〕扌 〔笔画〕7

kàng hàn (fight a drought)

在天旱时，采取水利措施，使农作物不受损害：参加～｜组织～｜积极～｜～工作｜～措施｜～物资｜～大军｜他们积极参加～｜要采取有效的～措施｜～物资都准备好了｜军民组成了一支强大的～大军。

【反义词】抗洪/排涝

【提示】离合词，中间可插入其他成分，如：如果不依靠国家，怎么能抗得了今年的大旱？

【构词】抗暴/抗衡/抗洪/抗拒/抗涝/抗命/抗灾/抗震/抗争

3709 **抗击**(擊) 丁

kàngjī (resist)

[动] 抵抗并且反击：～敌人｜～侵略｜～许多天｜进行～｜艰苦地～｜他们在这一带～过敌人｜我们从这里出发去～侵略者的进攻｜我们的部队对敌军进行过艰苦的～｜自从敌人进攻这个地区以来，他们已经～了好几天了。

【近义词】抵御/反击/抵抗

3710 **抗议**(議) 丙

kàngyì (v./n. protest)

[动]对某人、某团体、某国家的言论、行为、措施等表示强烈反对：国家～|外交部～|大使馆～|群众～|报纸～|愤怒地～|一致～|纷纷～|坚决～|外交部发表声明，～侵犯我国主权的野蛮行径|我们坚决～这种虐待妇女儿童的野蛮行为。

[名]对某人、某团体、某国家的言论、行为、措施等表示的强烈反对：提出～|严正的～|强烈的～|对这一事件，我方提出强烈的～。

3711 **抗战**(戰) 丁

kàngzhàn (war of resistance against aggression)

[名]抵抗外国侵略的战争。在中国特指1937—1945年反抗日本帝国主义侵略的战争：～胜利|～八年|参加～|～时期|1945年，中国～胜利了|～艰苦地进行了8年，终于取得胜利|那时候，中国人民坚信～一定会胜利|他参加～那年才15岁。

3712 **炕** 丁 〔部首〕火 〔笔画〕8

kàng (heatable brick bed)

[名]中国北方人用土坯或砖砌成的睡觉用的长方台，上面铺席，下面有孔道，跟烟囱相通，可以烧火取暖：～热|～凉|睡～|烧～|上～|这～真暖和，难怪老年人喜欢它|这个～烧得真热|奶奶至今喜欢睡～|大家快上～来暖和暖和。

【构词】炕洞/炕头儿/炕席/炕桌

3713 **考** 乙 〔部首〕十 〔笔画〕6

kǎo (give an examination)

[动]❶提出难解的问题让对方回答：～学生|今天老师又～我们了|孩子拿这个问题～奶奶|爸爸被儿子～住了。❷通过书面或口头提问的方式，考查知识或技能：～大学|～中学|～研究生|～外语|～计算机系|～驾驶证|～100分|～得好|～不上|～完|～坏|～砸|～进|～三天|～两次|～一门|难～|他这门课～了个不及格|今天～得不怎么好，他有点儿不高兴|他担心～不好，拿不到驾驶证|他～了两次才～上大学|这个专业比较难～，要求的分数很高。

【近义词】❶测验

【构词】考查/考场/考点/考分/考绩/考究/考卷/考评/考期/考勤/考区/考生/考题/考证

3714 **考察** 丙

kǎochá (inspect)

[动]实地调查；细致深刻地观察：科学家～|登山队～|探险队～|上级～|～工作|～干部|～水利工程|～地形|～矿藏资源|～南极的气候|～环境|～风俗|～市场|～民情|认真～|多次～|实地～|地质工作者～了这一带的矿藏资源|探险队员们实地～了南极的气候|领导们～了这个经济开发区。

【近义词】考查/观察/调查/察看/勘查

3715 **考古** 丁

kǎogǔ (v. engage in archaeological studies; n. archaeology)

[动]根据古代的遗迹、遗物和文献等研究古代历史：爱好～|～工作|～很有意思，但需要有坚韧不拔的

毅力｜他们对～特别感兴趣｜他们非常热爱～工作｜他在敦煌多年从事～工作。

［名］考古学：他是～专业的学生｜他写了好几本～方面的书。

【构词】仿古/复古/怀古/千古/上古/往古/远古/作古/厚今薄古

3716 **考核** 丁

kǎohé（appraise）

［动］用一定的标准来检查衡量（行为、活动）：专家～｜领导～｜学校～｜～职工｜～干部｜～技术｜～能力｜经过～｜通过～｜进行～｜重视～｜严格～｜定期～｜～的方式｜录用干部要经过全面的～｜学校定期～学生的学习成绩｜公司对新职员的业务水平和工作能力进行了一次严格的～｜通过～才能被录取｜他们的技术水平由专家们来～。

【近义词】考查/审核

【构词】查核/复核/结核/内核/审核

3717 **考虑**（慮） 乙

kǎolǜ（consider）

［动］思索问题，以便做出决定：～很全面｜～很细致｜～不成熟｜～问题｜～销路｜～效益｜～地位｜缺乏～｜～得太多｜～周到｜～不周｜～一会儿｜～一番｜～半天｜初步～｜全面～｜～的结果｜他～问题很全面｜不能只～个人的利益｜我～这件事让小王去做更合适｜这事你们有点儿欠～｜你～好了告诉我一声｜我觉得这件事～得不够周全｜我～得还很不成熟，这些意见仅供你们参考。

【近义词】斟酌/思虑/思索/琢磨

3718 **考取** 丁

kǎo qǔ（pass an entrance examination）

投考被录取：～大学｜～重点中学｜今年他～了北京的一所大学｜他报考了师范大学没～｜如果考不取这所大学，明年再考。

【反义词】落榜

3719 **考试**（試） 甲

kǎoshì（v. examine; n. examination）

［动］通过书面或口头提问的方式，考查知识或技能：学生～｜应付～｜准备～｜害怕～｜～完｜他们正在楼上～｜明天要～，今晚不能看电视了｜你很长时间没上课，这次可以不参加～｜我一～完就去旅行｜你～的时候一定不要慌。

［名］考查知识和技能的一种方法，有口试、笔试或现场作业等：期末～｜升学～｜外语～｜数学～｜～成绩｜下周要进行期中～｜星期三有口语～｜他语法～的成绩不错。

【近义词】测验/考查/考核/检查/测试

3720 **考验**（驗） 丙

kǎoyàn（v./n. test）

［动］通过具体事件、行动或困难环境来检验（是否坚定、忠诚或正确）：～干部｜～战士｜～立场｜～意志｜～胆量｜～思想｜接受～｜经受～｜经不起～｜～一番｜～好几年｜艰难的环境最能～一个人的意志｜艰苦的战争～了每一个人｜我们准备接受各种～。

［名］通过具体事件、行动或困难环境对是否坚定、忠诚、正确进行的检验：长期的～｜严峻的～｜严格的～｜再严峻的～他也经受得住｜他们正面临着严峻的～｜经过长期的～，证明他的

信仰是坚定的。

【近义词】考察

3721 **烤** 乙 〔部首〕火 〔笔画〕10

kǎo (bake)

[动]将物体挨近火使熟或干燥：~肉|~白薯|~面包|~热|~熟|~焦|~糊|~干|~着(zháo)|~好|~得香|~不得|~五分钟|小火~|慢慢~|谁家在~肉？味道真香啊！|你衣服都湿了，快脱下来~~|看，面包~焦了！|鸭子~好了，快趁热吃|他们架起几根树枝~起白薯来了。

【近义词】烘

【构词】烤火/烤箱/烤鸭/烤烟

3722 **靠** *乙 〔部首〕丿 〔笔画〕15

kào (v. lean against; prep. depend on)

[动]❶(人)坐着或站着时，让身体一部分重量由别人或物体支持着；倚靠：~墙|~椅子|~门|~树|~身上|背(bèi)~背(bèi)|~紧|~住|~稳|~不得|~得紧|他~墙坐着晒太阳|~着树站着的那个人就是小王|孩子~在妈妈身上睡着了|他们背~背坐在草地上。❷(物体)凭借别的东西的支持立着或竖起来：这根树桩不能~在这儿，太危险！|把伞~在墙上|自行车别~门上，以免妨碍上下楼。❸接近；挨近：~岸|~码头|~山|~河|~边|~过来|往这~|往后~|傍晚渔船陆陆续续地~岸了|他家~着公园|我家~大街，吵得很|人们都向他~过来听他说话。❹〈丙〉依靠：~父母|~朋友|~工资|~自己|~劳动|~努力|~不住|完全~|主要~|在家~父母，出门~朋友|他一家生活就~那点儿工资|这个商店顾客多，就是~服务态度好|他学习好完全是~勤奋|如今农村耕地全~拖拉机了。❺〈丙〉信任；信赖：~得住|~不住|事情交给他办，~不住|这里的商品都~得住|他说的话~不住|这件事要让~得住的人去办。

[介]依赖；依靠：~劳动生活|~开车挣钱|~工资养活|~勤奋取得|他家~父亲生活|我~朋友帮助解决了困难|他~勤奋学习考上了大学|不能总~老天爷吃饭|细菌~显微镜才能看清楚|他们~热情的服务态度吸引了很多顾客。

【近义词】[动]❶❷依靠/倚；❸挨近；[介]凭/依据/凭借

【构词】靠背(bèi)/靠边/靠不住/靠得住/靠垫/靠拢/靠山/靠枕

3723 **靠近** 丙

kàojìn (be near)

[动]向一定目标运动，使彼此间的距离缩小：~码头|~车站|~敌人阵地|迅速~|慢慢地~|船越来越~码头|火车慢慢向北京站~|我军迅速向敌人阵地~|别让孩子~炉子。

【近义词】接近

【反义词】疏远

3724 **棵** 甲 〔部首〕木 〔笔画〕12

kē (m. *usu. for plants*)

[量]多用于植物：一~树|一~草|一~菊花|他屋前有一~枣树|这~大白菜长得真好|他就像一~无人知道的小草|这~牡丹开得多好看！

【近义词】株

3725 **磕** 丁 〔部首〕石 〔笔画〕15

kē (knock against sth. hard)

[动]❶碰在硬东西上：~破|~坏|~

碎|～在墙上|～得真疼|不小心摔了一跤，～破了一点儿皮|杯子掉地上，～掉了一块瓷。❷磕打：～烟袋锅子|～土|～泥|～烟灰|～掉|～一下|老大爷～了一下烟袋锅子，又接着说下去|他～掉鞋上的泥|请把烟灰～在烟灰缸里。

【近义词】❶碰/撞

【构词】磕打/磕碰/磕头

3726 **颗**(顆) 乙 〔部首〕页 〔笔画〕14

kē (m. *for anything small and roundish*)

[量]多用于颗粒状的东西：一～黄豆|一～珠子|一～牙|一～子弹|一～花生|一～星|一～心|一～种子|他今天去医院拔了一～牙|至今还有一～敌人的子弹留在他的小腿里|礼物虽小，但它表示了对母亲的一～爱心。

【近义词】粒

3727 **颗粒** 丁

kēlì (a grain [of rice, wheat, etc.])

[名]❶小而圆的东西：～饱满|～干瘪|～大|玉米的～|麦子的～|珍珠的～|这片麦子的～长得多饱满！|珍珠的～有大有小|这个玉米棒子上有多少～？|这片地里黄豆的～又大又圆。❷(粮食)一颗一粒：～无收|～归仓|因闹灾荒，粮食～无收|经过精收细打，粮食～归仓。

【构词】饭粒/米粒/脱粒/子粒

3728 **科** 乙 〔部首〕禾 〔笔画〕9

kē (a branch of academic or vocational study)

[名]❶学术或业务的类别：文～|理～|牙～|神经～|妇～|专～|他喜欢理～，将来想上清华大学|你这种病得看神经～|她是妇产～的大夫|他是外语专～学校毕业的。❷行政机构按工作性质分设的办事部门：财务～|秘书～|总务～|你拿着这张支票去财务～取钱|他在我们学校外事～工作|他是总务～的～长。

【构词】科班/科第/科幻/科教/科教片/科举/科室

3729 **科技** 丙

kējì (science and technology)

[名]科学技术：搞～|研究～|～资料|～工作者|高～|他是搞～的|这里都是些～方面的资料|他是一个很有成就的～工作者。

【构词】竞技/绝技/口技/农技/特技/献技/杂技

3730 **科目** 丁

kēmù (subject)

[名]按事物的性质划分的类别(多指关于学术或账目的)：～多|划分～|～的种类|学校的～|喜欢的～|学校的～很多，有语文、数学、地理、历史等|这张表格里的～你要认真填写|我最讨厌的～是算术。

3731 **科普** 丙

kēpǔ (popular science)

[名]科学普及的简称：～读物|～知识|～小报|～杂志|～工作|他喜欢看～读物|这本小册子是向读者宣传～知识的|我买了几份～杂志。

3732 **科学**(學) 甲

kēxué (n. science; adj. scientific)

[名]反映自然、社会、思维等的客观规律的分科的知识体系:~先进|~发达|~落后|~进步|学习~|宣传~|相信~|研究~|自然~|社会~|农业~|现代~|国防~|尖端~|~常识|~原理|~杂志|~领域|~成果|~工作者|~发达,国家才能富强|他们是研究自然~的|他喜欢读~常识方面的书籍|这是我国~领域中又一项伟大成果|要勇于向~的高峰攀登。

[形]合乎科学的:方法~|想法~|说法~|设计~|生产~|~的方法|~的态度|~地安排|这种制作方法极不~|你的说法不十分~|方案要设计得~一些|要以~的态度去搞研究|如今这里的农民都实行~种田。

【反义词】迷信

3733 科学家 乙

kēxuéjiā (scientist)

[名]从事科学研究工作有一定成就的人:当~|农业~|军事~|医学~|一位~|老~|有名望的~|他长大想当一名~|今天在座的都是德高望重的老~|这种疑难病症要请教那些医学~。

【近义词】学者

3734 科学院 乙

kēxuéyuàn (academy of sciences)

[名]规模较大的从事科学研究的机关,有综合性质的和专门性质的两种:军事~|医学~|工程~|社会~|中国~|他在中国~工作|他毕业后就分配到军事~|这个~是个综合性质的~。

3735 科研 乙

kēyán (scientific research)

[名]科学研究:搞~|进行~|~计划|~成果|~工作|~项目|他们天天搞~,忙极了|今年的~计划订出来了|他们准备举办一个~成果展览|你明年的~项目是什么?

3736 科长(長) 乙

kēzhǎng (section chief)

[名]国家机关或企事业单位等的科级部门的负责人:提升~|当~|担任~|正~|副~|他没来几年就提升~了|他在总务科当~|他是人事科的副~。

3737 壳(殼) 丙

〔部首〕士
〔笔画〕7

ké (shell)

[名]坚硬的外皮:~硬|~软|鸡蛋~|子弹~|核桃~|外~|一层~|这个小虫子的~真好看|这是刚下的鸡蛋,鸡蛋~还热乎乎的呢|这是蝉刚脱下来的~。

【近义词】皮儿

【反义词】瓤/心儿

【提示】"壳"又读 qiào,意义相同,多用于书面语。

3738 咳嗽 甲

〔部首〕口
〔笔画〕9

késou (cough)

[动]喉部或气管的黏膜受到刺激时迅速吸气,随即强烈地呼气,声带振动发声,这种现象叫做咳嗽:孩子~|~止不住|~得厉害|~几声|~一晚上|~起来|压住~|大声地~|剧烈地~|天一凉,爷爷就~|最近他~得很厉害|孩子不发烧了,但又~起来

了|你要好好儿找找～的原因。

【提示】"咳"又读 hāi,见第 2551 条。

3739 **可** 乙 〔部首〕口 〔笔画〕5

kě (adv. *used for emphasis*; conj. but)

[副]❶表示强调的语气:我～没告诉他这件事|这个问题～得好好儿研究一下|你～不能随便乱说|你～不能再吸烟了|这孩子～愿意帮助大人干事了|这苹果～甜了|这～是件大喜事啊!|你～把大家急坏了。❷用在反问句里,加强反问的语气:都说那儿好,～谁去过呢?|都说味道不错,～谁吃过呢?|都说他平易近人,～谁敢给他提意见呢?❸用在疑问句里加强疑问的语气:这事你～听说过?|你～曾见到他?|这一阵子你身体～好?|你～曾给他打过电话?

[连]表示转折,意思跟"可是"相同:他年纪虽小,～知道的事不少|这菜的样子不好看,～味道很好|他想去旅行,～没有时间。

【提示】可,姓。

【构词】可悲/可鄙/可耻/可恨/可嘉/可敬/可怜虫/可身/可心/可疑/可意/可憎/可怜巴巴/可望而不可即

3740 **可爱**(愛) 乙

kě'ài (lovely)

[形]令人喜爱:孩子～|动物～|样子～|动作～|～得很|～极了|觉得～|长得～|变得～|天真得～|特别～|更加～|这只小熊猫真～|幼儿园的孩子个个都～极了|他时时怀念～的祖国|他实在舍不得离开这些～的学生。

【反义词】可恶(wù)/可恨/可憎

3741 **可不是** 丙

kě bú shì (exactly)

习用语。表示附和赞同对方的话:"今天天气真好。""～。"|"咱们应该换个新电视机了。""～。"|"这件衣服又贵又不好看。""～嘛,我一直就不喜欢。"|"这个学生一点儿也不用功。""～,今天又没来上课。"

3742 **可歌可泣** 丁

kě gē kě qì (moving)

值得歌颂,使人感动得流泪。指悲壮的事迹使人非常感动:～的史绩|～的事迹|战士们英勇战斗的事迹真是～|抗洪救灾中,涌现了许多～的英雄人物。

【构词】哀泣/悲泣/抽泣/哭泣/饮泣

3743 **可观**(觀) 丁

kěguān (worthy of viewing)

[形]❶值得看:景色～|大有～|那里的景色着实～|这出戏大有～。❷指达到比较高的程度:收入～|利润～|成绩～|规模～|数目～|这项水利工程的规模相当～|他们取得的科研成果十分～|他家的果园有着～的收入。

3744 **可贵**(貴) 丁

kěguì (valuable)

[形]值得珍视;珍贵:思想～|精神～|友谊～|事业～|人才～|自由～|～的品质|～的生命|～之处|他助人为乐的精神非常～|他们之间纯洁的爱情是十分～的|金钱买不到～的友谊|真后悔年轻时浪费了那么多～的时间|生命是～的,但有比生命更～的东西。

【近义词】宝贵/珍贵

3745 **可见**(見) 丙

kějiàn (it is thus clear that)

[连]承接上文,表示可以作出判断或结论:说了三遍还听不懂,~你没好好听|新书一上市就卖光了,~它是多么受读者欢迎。

3746 **可靠** 乙

kěkào (reliable)

[形]❶可以信赖依靠:朋友~|人品~|认为~|相当~|完全~|~的人|我的朋友为人~|这件事应该交给~的人去办。❷真实可信:这只是小道消息,不一定~|这些数据完全~。

【近义词】可信

【构词】牢靠/停靠/投靠

3747 **可口** 丁

kěkǒu (tasty)

[形]食品、饮料味道好或冷热适宜:菜~|觉得~|做得~|烤得~|特别~|确实~|~的饭菜|~的饮料|我觉得家乡的饭菜最~|她今天的饭菜做得特别~|这个店的烤鸭确实~。

【近义词】合口/适口/爽口

3748 **可怜**(憐) *乙

kělián (adj. pitiful; v. pity)

[形]❶值得怜悯:孩子~|老人~|样子~|处境~|生活~|~得很|~极了|觉得~|哭得~|说得~|饿得~|冻得~|相当~|实在~|~的灾民|~的难民|这个孤苦的老人实在~|灾区人民的处境十分~|这只无家可归的小猫饿得真~!|~的难民至今不能回到自己的家乡。❷〈丙〉(数量少或质量坏到)不值得一说:知识~|工资~|小得~|少得~|低得~|愚昧得~|这个地方十分干旱,雨水少得~|我在电脑方面的知识少得~|有些厂的职工待遇低得~|这个学校的运动场地小得~。

[动]对遭遇不幸的人表示同情:~老人|~灾民|~孤儿|~~他吧,别再让他干那么重的活儿了|孩子非常~关在笼子里的小鸟。

【近义词】[动]同情/怜悯/爱怜

【构词】哀怜/爱怜/乞怜/同病相怜/摇尾乞怜

3749 **可能** 甲

kěnéng (aux.v. may; n. possibility)

[助动]也许;或许:~下雨|~不在家|~要来|~参加|~还保存着|~离开北京|看这天儿,~要下雪|最近他~要出差|这点儿钱~不够|他~还会记得这件事。

[名]能成为事实的属性;可能性:成为~|有~|成功的~|治愈的~|增产的~|改进的~|两种~|这种病早发现早治,就有治好的~|成功或失败,这两种~都有|不及早消灭害虫,就会有减产的~|他不来的~性很大。

3750 **可怕** 乙

kěpà (terrible)

[形]使人害怕:样子~|脸色~|声音~|毒蛇~|瘟疫~|战争~|污染~|感到~|觉得~|~得很|~极了|长(zhǎng)得~|描写得~|野蛮得~|严厉得~|相当~|十分~|~的疾病|~的地震|~的暴风雪|~的梦|~的事|他生气的样子真~|瘟疫一旦闹起来,将是非常~的|我看恐怖电影,

一点儿不觉得～|小说里把战争描写得太～了|～的地震夺去了几十万人的生命|昨晚我做了一个非常～的梦。

【反义词】可爱

3751 **可巧** 丙

kěqiǎo (it happened that)

[副]表示正是时候或正遇着所希望的或不希望的事情:我正要去找他,～他来了|我刚要出门,～下起雨来|我到处都买不到那本词典,～我朋友送给我一本|我正发愁下了车会淋雨,～爸爸送伞来了。

【近义词】恰巧/正巧/凑巧/恰好/恰恰

【反义词】不巧

3752 **可是** 甲

kěshì (but)

[连]表示转折,前面常有"虽然"之类表示让步的连词呼应:虽然天气不好,～我还是要去旅行|虽然我很累,～心里很高兴|虽然他嘴上这么说,～心里却不这么想。

【近义词】但是/可

3753 **可恶**(惡) 丁

kěwù (hateful)

[形]令人厌恶,产生反感:小偷～|奸商～|行为～|～极了|感到～|特别～|相当～|确实～|～的罪犯|～的家伙|～的苍蝇|～的天气|奸商们制造假酒假药真是～极了|老鼠太～了,把我的衣服全咬坏了|一定要抓住那个～的罪犯|～的天气使我们推迟了旅行的时间。

【近义词】可恨/可憎

【反义词】可爱

【提示】"恶"又读 è,见第 1684 条。

【构词】痛恶/憎恶

3754 **可惜** 丙

kěxī (it's a pity)

[形]值得惋惜:扔了～|糟蹋了～|浪费了～|丢了～|觉得～|感到～|太～了|实在～|真～|～的事|这么好看的花瓶,摔了真～!|这么好的机会错过了,多～啊!|这座城市遭到破坏,太～了!|就差两分没考上大学,真是～!

【近义词】惋惜

3755 **可喜** 丁

kěxǐ (gratifying)

[形]令人高兴;值得欣喜:成绩～|消息～|成果～|十分～|非常～|～的进步|～的成就|～的事情|～的现象|～的进展|这项科研工作获得成功,真是～可贺!|他在学习上取得了～的进步。

【反义词】可悲

3756 **可想而知** 丁

kě xiǎng ér zhī (it is imaginable)

从表现、情况、环境等可以知道:他干工作又好又快,～他在家里也很能干|他连怎么打车都不清楚,～他平时很少坐出租车|人们看见他都敬而远之,～他的群众关系不会很好。

【近义词】由此可见

【构词】得知/感知/告知/明知/求知/熟知/预知/真知/未卜先知/众所周知

3757 **可笑** 丙

kěxiào (funny)

[形]❶引人发笑;滑稽:故事～|长相

～|打扮得～|演得～|特别～|马戏团的小丑非常～|这个故事特别～|他的鼻子长得十分～|他讲到～的地方，大家肚子都笑疼了。❷非常不合情理；荒谬：事情～|幼稚得～|错得～|不到300字的文章出了这么多错，真～！|他竟说出这种话来，真是～！

【近义词】❶滑稽；❷荒唐/荒谬

3758 **可行** 丙

kěxíng (feasible)

[形]可以实行；行得通：方案～|计划～|办法～|觉得～|十分～|～的方案|你说的办法切实～|他提的建议我觉得不～|你们要订一个切实～的计划|你们尽快拿出一个～的方案来。

【提示】"行"又读 háng，如"排成两行"。

3759 **可以** 甲

kěyǐ (can)

[助动]❶表示可能或能够：～来|～吃|～住|～玩|～旅行|我明天～再来一趟|这个游戏～三个人玩|这个房间～住两个人|我如果明天来不了，～请小王替我做|大豆～榨油|白菜～生吃。❷表示许可：现在你～回家了|这个地方～参观|要是买学习用品，这个钱～花|现在～进去了。

3760 **可以** *乙

kěyǐ (pretty good)

[形]❶好；不坏：文章还～|衣服还～|字还～|写得～|画得～|做得～|说得～|唱得～|长(zhǎng)得～|这张画还～|这孩子的字写得还～。❷〈丁〉表示程度相当高(多指说话人所不愿意的)；厉害：热得～|咸得～|贵得～|穷得～|调皮得～|今天的天气真热得～|今天商店的人真是多得～|那时我们真是穷得～|你的嘴真～，三个人都说不过你。

3761 **渴** 甲　〔部首〕氵〔笔画〕12

kě (thirsty)

[形]口干想喝水：口～|～极了|～得要命|～得不得了(liǎo)|觉得～|太～了|非常～|吃得太咸了就会口～|我～极了，冰箱里有什么喝的？|今天一天没喝水，可把我～坏了|你一天不喝水，不觉得～吗？

【构词】渴慕/渴念/渴盼/渴求/渴想

3762 **渴望** 丙

kěwàng (long for)

[动]迫切地希望：～和平|～胜利|～改革|～自由|～上大学|～幸福|充满～|～的目光|～的心情|人民反对战争，～和平|他～上大学|他～有个幸福的家庭|他充满了对美好生活的～|他非常～找到一个理想的工作。

【近义词】期望/盼望/希望

3763 **克** 甲　〔部首〕十〔笔画〕7

kè (m. gram)

[量]国际单位制公制的质量单位，1克等于1千克(公斤)的千分之一：500～|3000～|这包糖有500～|他的儿子生下来时重3500～|每人每天吃8～盐就够了。

【构词】克制/克己奉公/克勤克俭

3764 **克服** *乙

kèfú (overcome)

[动]❶用坚强的意志和力量战胜(缺点、错误、坏现象、不利条件等)：～缺

点｜～弱点｜～困难｜～急躁情绪｜～保守思想｜～不良作风｜～阻力｜～得了｜～不了｜～掉｜～一下｜必须～｜能够～｜加以～｜决心～｜彻底～｜坚决～｜认真～｜容易～｜他决心～自身的缺点｜他们～了技术资料不足的困难｜只要有毅力，没有～不了的困难｜要认真～官僚主义的工作作风。❷〈丙〉克制；忍受（困难）：～一下｜～不了｜室内不许吸烟，请大家～一下｜现在是临时停电，请～一会儿｜这里的条件差，对不起，只好请诸位～～了。

【近义词】❶战胜/改正；❷克制/抑制/忍受

【提示】义项❷主要用于口语中。

【构词】便服/归服/军服/口服/礼服/丧服/收服/素服/叹服/校服/心服/信服/驯服/压服/折服/制服

3765 **刻** 乙　〔部首〕刂　〔笔画〕8

kè（carve）

［动］用刀子在竹、木、玉、石、金属等物品上雕出花纹、文字等：～字｜～图章｜～碑文｜～蜡版｜～钢板｜～得好｜～得清楚｜～不动｜～错｜～完｜～满｜细心地～｜这块石碑上～着碑文｜请你帮我～一下钢板｜他的图章～得真好｜这石头太硬，～不动｜你要仔细地～，别～错了。

【近义词】雕

【构词】刻板/刻薄/刻毒/刻度/刻画/刻写/刻意/刻印/刻不容缓/刻骨铭心/刻舟求剑

3766 **刻** 甲

kè（m. quarter［of an hour］）

［量］用钟表计时，以15分钟为一刻：三点一～｜两点三～｜差一～十二点｜火车七点三～到北京｜飞机两点一～起飞｜差一～八点我们在学校门口集合。

3767 **刻苦** 乙

kèkǔ（hardworking）

［形］❶能吃苦；肯下功夫：工作～｜学习～｜训练～｜～钻研｜～极了｜练得～｜一贯～｜特别～｜～的精神｜～的学生｜战士们训练非常～｜他在工作上一贯认真～｜这些学生学得可～了｜他在～地研究一种新药｜我们应该学习他～钻研的精神。❷俭省朴素：生活～｜过分～｜他们生活很～｜你不能过分～，身体要紧｜他过日子很～，从不乱花一分钱。

3768 **客** 丙　〔部首〕宀　〔笔画〕9

kè（guest）

［名］❶被邀请或来拜访的人；客人（跟"主"相对）：贵～｜稀～｜来～｜迎～｜送～｜有～｜男～｜女～｜他家～最多｜～到齐了，开饭吧｜今天家中有～，不能去你那里了｜他正在门口送～｜～随主便，你做什么我吃什么｜您是贵～，请上坐。❷旅客；顾客：～车｜游～｜服务小姐站在宾馆门口迎～送～｜这个商店是个老字号了，从不欺～。

【近义词】❶客人；❷顾客

【反义词】❶主/主人

【构词】客舱/客船/客店/客队/客饭/客房/客观/客户/客机/客居/客轮/客商/客套/客套话/客源/客运

3769 **客车**（車） 丁

kèchē（passenger train/car）

［名］铁路、公路上载运旅客用的车辆。铁路上的客车还包括餐车、邮车和行李车：乘～｜坐～｜21次～｜大～｜

一趟～|我坐21次～回家|这辆大～可以坐好几十人。

3770 **客观**(觀) 丙

kèguān (n.objectivity; adj. objective)

[名]在意识之外,不依赖主观意识而存在的方面:认识～|承认～|强调～|～事物|～事实|～条件|～原因|～规律|～存在|要承认～事实|不能光强调～原因,还应从主观上找找问题所在|我们的工作受到～条件的限制。

[形]按照事物的本来面目去考察,不加个人偏见的:看法～|观点～|态度～|描写～|分析～|反映～|处理～|讲得～|解释得～|～地谈|～地分析|～地看问题|～的态度|～的立场|这篇文章的观点比较～|这部电影反映现实非常～|看问题应该～一点儿。

【反义词】主观

3771 **客气**(氣) 甲

kèqi (adj. polite; v. be courteous)

[形]对人谦让,有礼貌:态度～|言词～|说话～|～得很|～起来|～地问|这位服务员说话非常～|他今天怎么忽然对我～起来了?|他～地拒绝了朋友的邀请|他说话总是客客气气地说,从不勉强别人。

[动]说客气的话;做客气的动作:～半天|～一下|这么～|都是自己人,你还～什么!|别～了,快拿着吧|你再这么～,我可要生气了!

【近义词】谦让

【反义词】冒昧/莽撞

3772 **客人** 乙

kèren (guest)

[名]❶被邀请受招待的人:～来了|～走了|来～了|请～|一位～|很多～|～还没到,等一会儿再开饭|～来齐了,开始上菜|吃了饭～就走了|为了给女儿过生日,他请了很多～|今天有几位～要来洽谈生意。❷旅行的人:来往的～|302房间的～|上海来的～|这个旅馆～总是那么多|还有两位～没走|来来往往的～都喜欢住他这里|312房间的～昨晚走的|我要找一个刚从南京来的～。

【反义词】主人

3773 **客厅**(廳) 丙

kètīng (drawing room)

[名]接待客人用的房间:～大|～漂亮|大～|小～|一间～|他家的～挺大,有20平米|你的～布置得好漂亮哟!|请客人先到小～休息一下。

3774 **课**(課) 甲 〔部首〕讠〔笔画〕10

kè (class)

[名]❶有计划的分段教学:上～|下～|有～|没～|现在上～了,请大家坐好|下～以后,请你来办公室一下|我们星期五下午没有～。❷教学的科目:主～|语文～|外语～|实验～|必修～|选修～|一门～|语文～是必修～|一周有一次实验～|我选修了三门～。❸教学的时间单位:一节～|第三节～|每天上午有四节～|我们一周要上20节～|一节～是50分钟|第二节～后你来一下。

【构词】课表/课间/课外/课余

3775 **课本** 甲

kèběn (textbook)

[名]教科书:买～|数学～|物理～|语文～|新～|一本～|你们的～都买齐了吗？|我忘了带英语～了|这些是这学期的新～。

【近义词】教科书

3776 **课程** 乙

kèchéng (course)

[名]学校教学的科目和进程:～多|～枯燥|～新颖|～紧|安排～|设置～|增加～|文科～|外语～|本学期的～|本学期的～稍有增加|这一周的～已经排满了|二年级的～是怎么安排的？|这是每个班的～表|每门～的上课时间还没安排好|每门～的进度快慢由各位老师自己定。

3777 **课时**(時) 丁

kèshí (class period)

[名]学时,一节课的时间。通常为45分钟或50分钟:语文课每周有10个～|他担任两个班的英语课,每周一共有8～|他每周要上12个～的课。

【近义词】学时

3778 **课堂** 丙

kètáng (classroom)

[名]教室在用来进行教学活动时叫课堂;泛指进行各种教学活动的场所:～活跃|～干净|～安静|～乱|～严肃|当做～|破坏～|打扫～|大学的～|社会的～|～纪律|～气氛|～秩序|～讨论|～作业|张老师上课时,～非常活跃|老师一走进教室,～马上安静下来|工人们把工地当做～|唱唱歌可以活跃一下～的气氛|这个班的～秩序太糟糕了|明天我们对这个问题进行一次～讨论|～作业做不完,大家回去接着做。

【近义词】课室/教室

3779 **课题**(題) 丁

kètí (task; problem)

[名]研究或讨论的主要问题;亟待解决的重大事项:～合适|～定下来|研究～|讨论～|选～|主要的～|新～|一个～|你们的科研～要尽快定下来|我们选什么～还要再研究一下|环境污染是当前很重要的～之一|这个～非常重要。

3780 **课文** 甲

kèwén (text)

[名]教科书中的正文(区别于注释和习题等):～长|～难|～深|～有意思|念～|抄～|背(bèi)～|翻译～|一篇～|我们学的～越来越长|这种～一点儿意思也没有|老师要求我们每天背诵～|每课～都有六十多个生词,太多了。

3781 **肯** 乙 〔部首〕止 〔笔画〕8

kěn (be ready to)

[助动]表示愿意、乐意;表示接受要求:～说|～帮助人|～下功夫|～参加|我打电话问了,他不～来|我问他为什么,他不～说|这孩子～帮助人|他不～加入我们的排球队|只要～下功夫,就一定能学好。

【近义词】愿意/同意

3782 **肯定** 乙

kěndìng (v. affirm; adj. affirmative)

[动]承认事物的存在或事物的真实性:～成绩|～质量|～优点|～能力|给予～|得到～|加以～|充分～|全

面～|～的态度|国家已经～了这种产品的质量|对优秀的文艺作品要给予～|要充分～学生的优点|对这项科研成果,学校予以全面的～。

[形]❶表示承认的;正面的:回答～|口气～|～的语气|征求他的意见时,他的回答是～的|他以～的语气答复了我们。❷确定;明确:身份～|关系～|态度～|地点～|时间～|意思～|说得～|回答得～|开会时间、地点～了,我再告诉你|到底去不去,他说得不太～|请你～地告诉大家,同意还是不同意|希望你尽快给我们一个～的答复。

【近义词】[动]承认/确认/认可;[形]明确/确定

【反义词】[动]否定/否认;[形]否定

3783 **啃** 丁 〔部首〕口 〔笔画〕11

kěn (gnaw)

[动]一点儿一点儿往下咬;也比喻苦苦地钻研:～骨头|～鸡腿|～猪蹄|～得动|～不下来|～得干净|使劲～|慢慢～|一点儿一点儿地～|我家的小狗最喜欢～骨头|我的牙不好,～不动|他每天在家～书本呢|他们决心一定要把这个难题～下来|这本书我实在～不动。

【近义词】咬

3784 **恳切** 丁 〔部首〕心 〔笔画〕10

kěnqiè (earnest)

[形]诚恳而殷切:言辞～|语调～|态度～|回答～|特别～|～地说|～地表示|～的神情|～的目光|～地请求|朋友们～地劝告我要努力干下去|老张的态度～得很|他～地表示愿意帮助我|她那～的目光我至今不能忘怀。

【近义词】殷切/诚恳/诚挚/真诚

【反义词】虚伪/虚假

【构词】恳请/恳谈/恳托

3785 **恳求** 丁

kěnqiú (implore)

[动]诚恳地请求:老人～|～医生|～领导|～帮助|～保护|～批准|～辞职|～调动|～的口吻|～的语调|～的眼光|他～医生一定要救活他的亲人|他～领导给他调动工作|领导拒绝他辞职的～|看到他那～的目光,只好答应了他的请求。

【近义词】请求/要求/乞求/央求

3786 **坑** *丙 〔部首〕土 〔笔画〕7

kēng (n. pit; v. entrap)

[名]洼下去的地方:挖～|填～|泥～|土～|沙～|水～|炮弹～|大～|小～|深～|一个～|这个～又大又深|他们在挖～栽树|这个水～要及早填平|小心,前边有一个深水～|现在咱们的工作是一个萝卜一个～,谁也不能请假。

[动]〈丁〉用狡诈、狠毒的手段使人受害:～人|～骗|我被他～了|他把我～得好苦。

【构词】坑道/坑骗/坑人/坑洼/坑子

3787 **空** 乙 〔部首〕穴 〔笔画〕8

kōng (empty)

[形]不包含什么;里面没有东西或没有内容;不切实际的:～钱包|～口袋|～箱子|～房子|～瓶子|～着手|～话|～想|～谈|搬～|腾～|掏～|花～|坐吃山～|屋子里～～的,一个人也没有|这篇文章写得太～了|让他去买菜,他～着手回来了|他尽说～话,脱离实际|放假了,学生宿舍差不

多人都走~了|你整天不干活儿,这样下去会坐吃山~的。

【反义词】满/实

【提示】"空"又读 kòng,见第 3804 条。

【构词】空城计/空荡荡/空泛/空腹/空喊/空话/空架子/空口/空旷/空灵/空论/空名/空身/空谈/空文/空袭/空运/空战/空谷足音/空空如也/空口无凭/空前绝后/空穴来风/空中楼阁/空口说白话

3788 **空洞** 丁

kōngdòng (hollow)

[形]没有内容或内容不切实:内容~|理论~|语言~|检讨~|文章~|讲话~|报告~|宣传~|觉得~|特别~|~的说教|~的评论|文章写得没有实际内容,太~了|我觉得今天的报告~无物|这种~的理论,什么问题都解决不了。

【近义词】空虚/贫乏/空泛

【反义词】充实/具体/切实

【构词】地洞/涵洞/黑洞/漏洞/门洞/桥洞/溶洞/岩洞/窑洞

3789 **空话**(話) 丁

kōnghuà (idle talk)

[名]内容空洞或不能实现的话:~连篇|说~|他的演说~连篇|他讲的全是~|你不能尽说~,应该给大家解决点儿实际问题。

3790 **空间**(間) 乙

kōngjiān (space)

[名]物质存在的一种客观形式,由长度、宽度、高度表现出来:~大|充满~|占据~|狭小的~|大部分的~|活动的~|我每天生活的~就这么大|这些粗笨的家具占去了房间大部分的~|应该给孩子们一个可以进行娱乐活动的~。

【近义词】地方

3791 **空军**(軍) 丙

kōngjūn (air force)

[名]在空中作战的军队,通常由各种航空兵部队和空军地面部队组成:参加~|~军官|~战士|~部队|强大的~|他三年前参加了~|他是一名~战士|我们要建设一个现代化的~部队|我们的~越来越强大。

3792 **空气**(氣) *甲

kōngqì (air)

[名]❶构成地球周围大气的气体。无色,无味,主要成分是氮气和氧气,还有极少量的氡、氦、氖、氩、氪、氙等惰性气体和水蒸气、二氧化碳等:~稀薄|~新鲜|~干燥|~湿润|~闷热|~寒冷|~污染|~流通|呼吸~|海边的~|房间的~|~的湿度|~的比重|~的成分|~流动形成了风|快打开窗户透透~|他每天早晨都到树林里去呼吸新鲜~|要保持室内~的湿度。❷〈丙〉气氛:~活跃|~沉闷|~紧张|学习~|政治~|这个班的学习~非常浓厚|孩子们唱歌、跳舞,给家里增添了欢乐的~|他说了一个可笑的故事,打破了屋子里沉闷的~。

【近义词】❶大气;❷气氛/氛围

3793 **空前** 乙

kōngqián (unprecedented)

[形]以前从未有过:盛况~|成就~|~的灾难|~的大胜仗|~的损失|~团结|~繁荣|~激烈|~高涨|他们科研上取得的成就可以说是~的|这场足球赛踢得~激烈|广场上的群众

此时情绪～高涨。

【近义词】破天荒/史无前例

3794 空调(調) 丁

kōngtiáo (air conditioner)

[名]空气调节装置。可调节房屋、机舱、船舱、车厢等内部的空气温度、湿度、洁净度、气流速度等,使达到一定的要求:安装～|有～|～机|～设备|冷暖～|最近我家安装了一部～|我家没有～,夏天屋子里热得不得了|大饭店里都有～设备。

【提示】"调"又读 diào,见第 1480 条。

【构词】失调/微调/下调/谐调

3795 空想 丁

kōngxiǎng (v./n. daydream)

[动]凭空设想:喜欢～|力戒～|切忌～|任意～|～的情节|坐在屋里～,纯粹是浪费时间|他就喜欢闭着眼睛～|靠～是解决不了问题的|小说里的人物、情节都是他～出来的。

[名]不切实际的想法:编造的～|奇怪的～|他的那些～玄着呢|脱离实际的想法就是～|他提出来的不是理想,而是～|他的那些～实在可笑!

【近义词】幻想/梦想

3796 空心 丁

kōng xīn (hollow)

树干髓部变空或蔬菜中心没长实,泛指东西的内部是空的:树～了|大白菜～|萝卜～了|～菜|～砖|～球|别看这棵树这么粗,里边已经～了|这种～面条可好吃了|蕹菜中间是～的,所以又叫～菜|我一敲就知道,这面墙是～墙。

【反义词】实心

【提示】离合词,中间可插入其他成分,如:萝卜空了心。

3797 空虚 丁

kōngxū (void)

[形]里面没有什么实在的东西;不充实:精神～|生活～|心灵～|后方～|国库～|财政～|人力～|能源～|～得厉害|感到～|变得～|弄得～|特别～|他感到精神～,总想去找点儿什么刺激|他虽是孤寡老人,但每天写诗作画,生活丝毫不觉得～|敌人后方～,给了我们一个消灭他们的好机会|舒适的生活也掩饰不了他内心的～。

【近义词】空洞/空泛

【反义词】充实/实在

【构词】气虚/务虚/心虚/玄虚

3798 空中 乙

kōngzhōng (in the sky)

[名]天空中:～无云|飞向～|～的白云|今天～无云,晴朗得很|～乌云密布,大雨就要来临|突然,～出现一道美丽的彩虹|～飞着几只风筝|鸟儿们排成一字形在～飞。

【近义词】天空

【反义词】陆地

3799 恐怖 丙

〔部首〕心
〔笔画〕10

kǒngbù (horrible)

[形]由于生命受到威胁而引起的惧怕、不安:电影～|场面～|样子～|表情～|战争～|火灾～|洪水～|内心～|～得很|～极了|觉得～|制造～|充满～|特别～|十分～|～的年代|～的现场|这个电影太～了,孩子不能看|那充满～的战争年代,至今人们记忆犹新|他张大了～的眼睛。

【近义词】恐惧/害怕

【构词】恐慌/恐龙/恐吓(hè)

3800 **恐惧**(懼) 丁

kǒngjù (fear)

[动]害怕:内心～|精神～|目光～|神色～|产生～|消除～|充满～|引起～|感到～|非常～|～的样子|～的心理|我一走夜路,就感到～|他的目光充满了～|你太严厉了,弄得孩子们一看见你就感到～|要想办法消除他对考试的～心理。

【近义词】害怕/惧怕/畏惧

【反义词】无畏

【提示】"恐惧"是表示心理活动的动词,可以受程度副词修饰,如:很～。

【构词】怯惧/畏惧/疑惧/忧惧

3801 **恐怕** 乙

kǒngpà (I'm afraid)

[副]表示估计并担心:～他不会同意我们的意见|你这样做,～要遭到大家的反对|没完成任务,～又要挨批评了|他出差～有半个多月了|他～这两天就要回北京了|现在去,～书店都关门了。

【近义词】怕/大概/也许/可能

【提示】"恐怕"是副词,没有"害怕"的意思:×我恐怕考试。

3802 **孔** 乙 〔部首〕子 〔笔画〕4

kǒng (hole)

[名]洞;窟窿;眼儿:～大|～细|～深|有～|钻～|鼻～|针～|小～|一个～|在纸箱上挖两个～,苹果容易保存|这座桥有17个～,叫十七～桥|在墙上钻个～,电话线就可以拉进来了。

【近义词】洞/窟窿/眼儿

【提示】孔,姓。

【构词】孔道/孔隙/孔穴

3803 **孔雀** 丁

kǒngquè (peacock)

[名]鸟,头上有羽冠,雄的尾巴的羽毛很长,展开时像扇子;常见的有绿孔雀和白孔雀两种。成群居住在热带森林中或河岸边,吃谷类和果实等。多饲养来供玩赏,羽毛可以做装饰品:～开屏|保护～|～毛|美丽的～|白～|绿～|一只～|这只～真好看|～开屏时别提多漂亮了|朋友送我一根非常美丽的～毛。

3804 **空** 丙 〔部首〕穴 〔笔画〕8

kòng (v. empty; adj. vacant)

[动]腾出来;使空:～一行|～两格|～一间屋子|～一个地方|～一个座位|～出来|写文章时,第一行要～两格|别写得太密,每行字中间～一行|他～出一间屋子来当客房|给我～一块地方放衣服|请在前排～出几个位子给客人坐|这套房子暂时～着吧。

[形]没被利用的或里面缺少东西:车上很～|～房间|～位子|～地|屋子里东西少,显得特别～|看戏的人不多,剧场里～得很|我们饭店一个～房间也没有,全住满了|这儿还有个～位子,快过来|他利用～地种了点儿花|工作排得满满的,一点儿～时间也没有。

【近义词】[动]留

【提示】"空"又读kōng,见第3787条。

【构词】空当/空地/空额/空暇/空闲/空余/空子

3805 **空白** 丁

kòngbái (blank space)

[名](版面、书页、画幅等上面)空着,

没有填满或没利用的部分：～多｜～大｜填满～｜利用～｜填补～｜减少～｜留～｜报纸的～｜书页的～｜思想的～｜精神的～｜内心的～｜艺术的～｜学术的～｜很大的～｜一片～｜～支票｜利用这个～登一个广告｜小孙子填补了他精神上的～｜考试时太紧张了，只觉得脑子里一片～｜这张～表格请你回去填一下｜他丢了一张～支票，赶快登报声明支票作废｜他的科研成果，填补了这一学术领域的～。

3806 空儿(兒) 乙

kòngr (free time)

[名]尚未占用的地方或时间：有～｜没～｜填～｜抽～｜一个～｜一点儿～｜车子坐得满满的，一点儿～也没有了｜今天没～，下次再说吧｜这个练习是填～｜我抽～去看你吧｜我利用中午吃饭的～去商店买东西｜她用孩子睡觉这点儿～写了一封信。

【近义词】空子/空闲/空暇

3807 空隙 丁

kòngxì (gap; interval)

[名]❶中间空着的地方；尚未占用的时间：～大｜～小｜有～｜留～｜工作～｜生产～｜行(háng)间～｜两行字中间的～要大一点儿｜这几棵树之间～太小了｜农作物行间应有一定的～｜他利用生产～学习英语｜我只能用工作～看看报纸。❷可乘的机会(多指做坏事)：小偷乘他熟睡的～拿走了钱包｜他总忘了锁车，终于有一天被小偷钻了～。

【近义词】❷空子

【构词】乘隙/缝隙/间隙/嫌隙/寻隙

3808 控诉(訴) 丁

〔部首〕扌
〔笔画〕11

kòngsù (accuse)

[动]向有关机关或公众陈述受害经过，请求对于加害者做出法律的或舆论的制裁：群众～｜农民～｜～侵略者｜～罪犯｜要～｜进行～｜准备～｜强烈地～｜气愤地～｜悲痛地～｜～大会｜农民～出售假农药的不法奸商｜～大会上，受害者对贩卖、虐待妇女、儿童的坏蛋进行了～。

【近义词】控告/指控

3809 控制 乙

kòngzhì (control)

[动]❶掌握住不使任意活动或越出范围：～严｜～紧｜计算机～｜政府～｜～枪支｜～车速｜～温度｜～火势｜～数量｜～风沙｜～时间｜～资金｜～人口｜～体重｜～感情｜～得严格｜～得松｜～不了｜～住｜进行～｜失去～｜加以～｜有效地～｜自动～｜国家对枪支～很严｜这种东西的生产由有关部门～｜这些都由电子计算机来～｜一定要～车速，避免发生事故｜要减肥，必须～饮食｜他今天没～住自己，冲别人发了火｜火势太大，一时～不了｜人口增长率必须继续～下去。❷使处于自己的管理或影响之下：～山头｜～阵地｜～电台｜～交通要道｜～敌人｜受～｜摆脱～｜我军～了敌人的阵地｜这条交通要道已经完全～在我们手中。

【近义词】操纵/掌握/抑制/节制/限制

【反义词】放纵/放任

3810 抠(摳) 丁

〔部首〕扌
〔笔画〕7

kōu (scratch)

[动]❶用手指或细小的东西从里边往外挖：～耳朵｜～出来｜～下来｜～坏｜～掉｜～破｜～不得｜使劲～｜他从

沙发缝里～出一根针来｜这孩子把自己的脸～破了｜在墙上～了一个洞。❷雕刻：～花｜～图案｜～好｜～成｜窗棂上～着古色古香的花纹｜他把树根～成一件艺术品。❸不必要的深究：～书本｜～字眼儿｜～难题｜他就喜欢死～书本｜别人说话他总要～字眼儿｜他特别爱～语法｜他非要把这道难题～懂不可。

【近义词】❶挖；❷雕/刻；❸钻

3811 **口** *甲

kǒu（n. mouth; m. *for family members, pigs, knives, etc.*）

［名］❶人或动物进饮食的器官，有的也是发声器官的一部分，通称"嘴"：～干｜～喝｜张～｜开～｜闭～｜漱～｜病从～入｜他～渴了，要喝水｜你张开～我看看｜吃完饭要漱～。❷容器通外面的地方：瓶～儿｜碗～儿｜坛子～儿｜这瓶～儿太小，倒不出来｜瓶～儿堵住了｜把糖装在大～瓶里。❸出入通过的地方：出～｜入～｜门～｜坑道～｜洞～｜胡同～｜汽车就停在胡同～｜他家门～有棵枣树｜我在火车站出～等你。❹〈乙〉（人体、物体的表层）破裂的地方：割了个～｜撕了个～｜划了一个～｜裂了个～｜很大的～｜很长的～｜不小心，手划了一个～｜你的衣服在哪儿撕了个～？❺〈丙〉性质相同或相近的单位形成的管理系统：财贸～｜宣传～｜文艺～｜政法～｜他在财贸～工作｜这些事归宣传～管｜他决定离开文艺～。❻〈丁〉刀、剑、剪刀等锋利部分：剑～｜刀～｜剪刀～｜小心，刀～很快｜剑～非常锋利｜刀～钝了，该磨磨了。

［量］❶用于人或物：一家三～人｜两～猪｜一～井｜一～缸。❷用于口腔动作的次数：让蚊子咬了一～｜给我吃两～｜一～一～地喝，别着急｜他一～就吞下去了。❸用于言语说话（只能说"一口"，不能用其他数词）：他能说一～流利的英语。

【近义词】［名］❶嘴；❹口子；❻刃

【构词】口碑/口才/口吃/口齿/口服/口福/口感/口供/口红/口技/口紧/口径/口诀/口粮/口令/口琴/口轻/口哨/口舌/口授/口述/口水/口算/口头语/口味/口吻/口误/口香糖/口信/口型/口译/口音/口罩/口子/口碑载道/口蜜腹剑/口若悬河/口是心非

3812 **口岸** 丁

kǒu'àn（port）

［名］在河、海等的岸边设有码头，便于船只停泊、旅客上下和货物装卸的地方：通商～｜国际化的～｜一个～｜在沿海地区开了几个～｜这是一个～城市｜这是一个重要的通商～。

【近义词】港口

3813 **口袋** 乙

kǒudai（bag）

［名］❶用布、皮等做成的装东西的用具：～结实｜布～｜纸～｜塑料～｜粮食～｜面～｜一个～｜我把菜用塑料～装好，放到冰箱里了。❷衣服上的兜儿：一个～｜四个～｜他的上衣有两个～｜中山装有四个～｜钱放在上衣～里。

【近义词】兜

3814 **口号**（號） 乙

kǒuhào（slogan）

［名］供口头呼喊的有纲领性和鼓动作用的简短句子：喊～｜革命～｜政治

～|战斗～|响亮的～|一个～|各种～|～声|游行队伍边走边高呼～|人们举着写有标语～的旗子向广场走去|工人们提出“大干30天”的响亮～。

3815 **口气** *丙

kǒuqì (tone)

[名]❶说话时流露出来的感情色彩：埋怨的～|幽默的～|感激的～|开玩笑的～|命令的～|批评的～|赞许的～|傲慢的～|他说话总是带着开玩笑的～|他话里带有教训人的～|他以诙谐的～发表了自己的意见。❷说话的气势：～大|～硬|～严厉|～重|～坚决|～缓和|这孩子人不大，～倒不小|对方的～十分强硬，一点儿也不肯让步|过了一会儿，他的～开始缓和下来|你应该注意对群众说话时的～|你不能用这种～对父母说话。❸〈丁〉说话中透露出来的意思；言外之意：探～|听～|听他的～，好像不太愿意帮忙|你去探探他的～，我们提的要求有没有希望|听他刚才话里的～，似乎有可以商量的余地。

【近义词】口吻/语气

3816 **口腔** 丁

kǒuqiāng (oral cavity)

[名]口内的空腔，由两唇、两颊、硬腭、软腭等组成。口腔内有牙齿、舌、唾腺等器官：～卫生|～科|要注意～卫生|看牙挂～科|他是～科的主任医师。

【构词】帮腔/鼻腔/唱腔/答腔/腹腔/官腔/开腔/胸腔/装腔

3817 **口试**(試) 丙

kǒushì (oral examination)

[名]考试的一种方式，要求应试人口头回答问题：开始～|进行～|～成绩|明天有外语～|教室里正在进行～|我们先笔试，然后～|～的时候千万别紧张|他外语～的成绩不错。

【反义词】笔试

3818 **口头**(頭) 丙

kǒutóu (oral)

[形]❶用说话方式来表达的，区别于“思想”或“行动”：～上答应|～上同意|～上表示决心|～上改正错误|～上服从|停留在～上|他～上承认错误，心里很不服气|～上这样说，实际上不这么干|他～上答应了，可到现在也没有下文|他办事只停留在～上，不见实际行动|他就是一个～革命派，说得好听，光说不做。❷用说话方式来表达的，区别于“书面”：～汇报|～翻译|～总结|～创作|～文学|～表扬|～抗议|～通知|他向领导做了～汇报|他受到了领导的～表扬|这事是他～通知的，没贴布告。

【反义词】❷书面

3819 **口语**(語) 甲

kǒuyǔ (spoken language)

[名]谈话时使用的语言：练习～|～能力|～水平|～训练|～课|他每天跟中国朋友练习一小时～|他的～水平提高得很快|你应该加强～方面的训练|我们每周有4节～课|这个词～里常用。

【反义词】书面语

3820 **扣** *乙 〔部首〕扌 〔笔画〕6

kòu (buckle)

[动]❶用圈、环等东西套住或搭住：～扣子|～严|～上|～不上|～得整齐|用力～|你上边的扣子～错了|你

出去时把门～上。❷器物口朝下放置或覆盖别的东西：把饭～上，免得凉了｜快把锅盖～严了｜他用网子～住一只蝴蝶｜吃剩的菜用个碗～起来。❸比喻安上（罪名或不好的名义）：他就喜欢给别人～帽子｜他被～上反革命的帽子｜你为什么给他～上落后分子的帽子？❹〈丙〉用强制手段把人或财物留住不放：～人｜～行李｜～驾驶证｜～执照｜～借书证｜～人质｜～下｜～住｜～起来｜～在屋里｜～在公安机关｜他违反交通规则，警察～了他的驾驶证｜因为书过期未还，图书馆～下了他的借书证｜那些走私犯已经～起来了｜那个偷钱包的人正～在派出所呢。❺〈丙〉从原数额中减去一部分：～分｜～工资｜～房租｜～伙食费｜～成本费｜～钱｜～光｜～完｜～去｜～掉｜～出去｜考试时汉字写错了也要～分儿的｜你再不好好工作就要～工资了｜每月～掉房租、水电费就剩不下多少钱了｜～去成本费还能赚不少。❻〈丁〉用力朝下击打：7号运动员～的球，对方都接不起来｜这球～得真漂亮。

【近义词】❶系（jì）；❷盖；❹押/扣留；❺除/减

【反义词】❶解/开；❷掀；❹放；❺加

【构词】扣除/扣发/扣留/扣帽子/扣眼儿/扣子/扣押/扣人心弦

3821 **枯** 丙 〔部首〕木 〔笔画〕9

kū (withered)

［形］❶（植物等）失去水分：树～了｜草～了｜花～了｜～树｜～木｜～草｜爷爷栽的那棵树早就～死了｜这房子很久没人住，园子里的花、草全～了｜经他一修整，这棵即将～死的老榕树又长出了新芽。❷（井、河流等）变得没有水：河～了｜井～了｜～井｜海～石烂｜这条小河～了，鱼也没有了｜这是一口～井｜这对恋人发誓海～石烂心不变。

【近义词】干

【构词】枯竭/枯井/枯涩/枯瘦/枯萎/枯朽/枯木逢春

3822 **枯燥** 丁

kūzào (dull)

［形］简单、重复而没有变化，没有趣味：理论～｜文章～｜内容～｜工作～｜训练～｜学习～｜生活～｜谈话～｜讲解～｜～得要命｜～极了｜觉得～｜认为～｜讲得～｜写得～｜特别～｜～的课程｜这种理论文章～无味｜他做报告语言～，谁都不爱听｜你每天这样生活，不觉得～吗？｜这本小说写得太～了｜他成天跟～的数字打交道。

【近义词】单调/乏味/平淡/枯涩

【反义词】有趣/风趣/诙谐/幽默

3823 **哭** 甲 〔部首〕犬 〔笔画〕10

kū (cry)

［动］因痛苦悲哀或感情激动而流泪，有时候还发出声音：孩子～｜～父亲｜～失去亲人｜爱～｜好（hào）～｜～得伤心｜～哑｜～出来｜～起来｜～好几回｜～半天｜一直～｜大声～｜动不动就～｜委屈地～｜呜呜咽咽地～｜嚎啕大～｜去看看，孩子～了｜父亲去世，他～得好伤心｜这么大了，还这么好～｜她的眼睛都～红了｜想～，就大声～出来吧｜父亲说了她几句，她就非常委屈地～起来。

【近义词】哭泣/泣

【反义词】笑

【构词】哭鼻子/哭泣/哭穷/哭丧/哭诉/哭哭啼啼/哭天抹泪/哭笑不得

3824 **窟窿** *丙 〔部首〕穴 〔笔画〕13

kūlong (hole)

[名]❶洞;孔:~大|~圆|~深|挖个~|捅个~|掏个~|填~|补~|堵~|冰~|墙上的~|衣服上的~|墙上这个~越来越大|他吸烟把裤子烧了个~|这鞋没穿几天就破了个大~|他从冰~里救出了三个孩子。❷〈丁〉比喻亏空:~大|拉~|补~|填~|经济上的~|财政上的~|账上的~|他家的~越拉越多|账上的~越来越大,怎么补啊!|为了买高档商品,捅下个大~,以后怎么填?

【近义词】❶洞孔;❷亏空

3825 **苦** *甲 〔部首〕艹 〔笔画〕8

kǔ (bitter)

[形]❶像胆汁或黄连的味道:药~|黄连~|水~|味道~|~得要命|~得不能吃|~得咽不下去|~极了|觉得~|太~了|相当~|~的味道|中药太~了,他不肯喝|是不是鱼胆弄破了,怎么这么~哇!|我就喜欢苦瓜的那个~味。❷〈乙〉难受;痛苦:日子~|生活~|心里~|命~|样子~|学习~|工作~|训练~|教书~|~得很|~了一辈子|叫~|觉得~|怕~|过得~|~日子|~命|愁眉~脸|过去他家日子过得很~|运动员的训练可~了|老人过了一辈子~日子,如今~去甘来,晚年非常幸福|他工作勤勤恳恳,不怕~,不怕累|你整天愁眉~脸,有什么难处吗?❸〈乙〉有耐心地;努力地:~学|~练|~干|~劝|~想|~~哀求|~~挽留|运动员每天都要~练好几个小时|学习外语得勤学~练|他经常一个人坐在屋子里~思冥想|你再~劝也是没有用的。

【近义词】❷痛苦/难受

【反义词】❶甘甜;❷乐/快乐

【构词】苦熬/苦差(chāi)/苦楚/苦处/苦胆/苦工/苦瓜/苦果/苦海/苦活儿/苦力/苦闷/苦命/苦肉计/苦涩/苦水/苦头/苦笑/苦心/苦役/苦于/苦战/苦衷/苦尽甘来/苦口婆心

3826 **苦难**(難) 丁

kǔnàn (misery)

[名]痛苦和灾难:~深重|脱离~|历尽~|忘记~|承担~|人间的~|战争的~|无尽的~|~的遭遇|~的岁月|~的日子|旧中国,老百姓~深重|他历尽人间的~|战争给人们带来无尽的~|人们永远不会忘记那~的岁月|她就这样结束了~的一生。

【近义词】痛苦/灾难

【反义词】幸福

【提示】"苦难"的"难"在这里不能读成 nán。"难"nán 见第 4601 条。

3827 **苦恼**(惱) 丁

kǔnǎo (vexed)

[形]痛苦烦恼:思想~|内心~|生活~|工作~|~半天|感到~|觉得~|增加~|解脱~|忘记~|十分~|相当~|确实~|~的事|~的问题|经理整天为公司的事~|这个问题使我感到相当~|他~地闭着眼睛,一句话也不说|这真是一个令人十分~的问题。

【近义词】烦恼/痛苦/烦闷/愁闷

【反义词】高兴/愉快/快乐

3828 **库**(庫) 丁 〔部首〕广 〔笔画〕7

kù (warehouse)

[名]储存大量东西的建筑物:粮~|材料~|油~|弹药~|金~|国~|水

～|入～|出～|这种商品～里还有很多|我们的部队炸毁了敌人的弹药～|粮食都已入～。

【近义词】仓库/库房

【提示】库,姓。

3829 **库存** 丁

kùcún (stock)

[名]指库中现存的现金或物资:～多|～减少|～增加|清点～|检查～|～的情况|～的物资|这种商品现在～已经不多了|～一天天在减少|月底要清点一下～。

3830 **库房** 丁

kùfáng (storehouse)

[名]储存财物的房屋:清点～|管理～|～里的物资非常丰富|这个号的鞋～里可能还有|你到～里再去取一些出来|他是～管理员。

【近义词】仓库/库

3831 **裤子**(褲) 乙 〔部首〕衤 〔笔画〕12

kùzi (trousers)

[名]穿在腰部以下的衣服,有裤腰、裤裆和两条裤腿:～长|～肥|～瘦|～大|穿～|脱～|长～|短～|厚～|黑～|蓝～|西装～|一条～|你的～太肥了,不合适|你试试这条～长短怎么样|天气暖和了,该换条薄点儿的～了。

【构词】裤兜/裤脚/裤腿/裤线/裤腰/裤衩/裤裆

3832 **夸**(誇) 丙 〔部首〕大 〔笔画〕6

kuā (boast)

[动]❶把事情说得超过了原有的程度;夸大:～下了海口|一点儿小成绩让他～得比天还大|他～下了海口,将来要办一个大公司|什么事～过了头就会适得其反。❷称赞:～孩子|～学生|～成绩|～学问|～才能|～手艺|老师～学生学习有进步|婆婆～儿媳能干|没有一个乘客不～这位售票员好|承蒙您这么～我,实在不敢当。

【近义词】❶夸大/夸口;❷夸奖/称赞

【反义词】❷批评/指责/责备

【构词】夸大/夸海口/夸口/夸耀/夸赞/夸张/夸嘴/夸大其辞/夸夸其谈

3833 **夸奖**(獎) 丁

kuājiǎng (praise)

[动]用言语表达对人或事物的优点的喜爱;称赞:～孩子|～学生|～媳妇|～职工|多蒙～|承蒙～|得到～|受到～|～的语调|～的口气|母亲～孩子|老师～学生作文写得好|领导～职工工作很出色|这位售货员得到乘客的～。

【近义词】称赞/赞扬/表扬

【反义词】批评/责备/指责

3834 **垮** 丙 〔部首〕土 〔笔画〕9

kuǎ (collapse)

[动]倒塌:堤坝～了|桥～了|墙壁～了|房屋～了|公司～了|身体～了|企业～了|经济～了|势力～了|打～|搞～|累～|震～|冲～|挤～|完全～|彻底～|桥被大水冲～了|大部分房屋在这次地震中震～了|艰苦的劳动差点儿没把他的身体累～|这个公司由于资金不足,被另一个公司挤～了。

【近义词】倒(dǎo)/塌/坍

3835 **挎** 丁 〔部首〕扌 〔笔画〕9

kuà (carry on the arm)

[动]❶胳膊弯起来挂住或钩住东西：~篮子|~在胳膊上|紧紧地~|她~着篮子去买菜|她们俩紧紧地~着胳膊在路上走|她的两个胳膊，一边~着个菜篮子，一边~着一个大口袋。❷把东西挂在肩头、脖颈或腰里：~照相机|~BP机|~枪|~书包|斜~|~在肩上|~在脖子上|~在腰上|他肩上~着一个照相机，骑车穿行在北京的胡同里|孩子~着书包去学校|他腰上~着一把剑，像个勇士。

3836 **跨** *乙　〔部首〕足　〔笔画〕13

kuà (stride)

[动]❶抬起一只脚向前或向左右迈(一大步)：~一步|~门槛|~进|~过去|~得过去|~不过来|向前~|他~着大步向学校走去|我刚~进大门就看见他了|这条沟我~得过去。❷〈丙〉两腿分在物体的两边坐着或立着：~在马上|横~两岸|~上去|他们一~上马就飞奔起来|他~在骆驼背上照了一张相|这座大桥横~长江两岸。❸〈丁〉超越一定数量、时间、地区等的界限：~年度|~地区|~行业|亚洲地~寒、温、热三带|我们即将~入新的世纪|这条河~过好几个省市|这是个~行业的部门|这是个~地区的组织。

【近义词】❶迈；❷骑

3837 **块**(塊) 甲　〔部首〕土　〔笔画〕7

kuài (n./m. piece; lump)

[名]成疙瘩或成团儿的东西：糖~儿|鸡~儿|鱼~儿|肉~儿|煤~儿|石头~儿|切~儿|结~儿|肉~儿太大，不容易烂|把土豆切成~儿，和牛肉一起烧|这糖放的时间太长了，都结成~儿了。

[量]❶用于块状或某些片状的东西：一~香皂|两~手表|一~桌布|一~地|一~招牌|一~黑板|一~绸子|这~桌布真好看|门上挂着一~招牌|去买两~香皂来。❷用于银币或纸币，等于"圆"：一~钱|三千~|儿子跟爸爸要两~钱。

【近义词】[量]❷元

3838 **筷子** 乙　〔部首〕竹　〔笔画〕13

kuàizi (chopsticks)

[名]用竹、木、金属等制的夹饭菜或其他东西的细长棍儿：~细|~长|~精致|用~|象牙~|竹~|木~|银~|一双~|一根~|一把~|这种~又细又长|我的美国朋友不会用~|我喜欢用竹~。

【近义词】箸

3839 **快** *甲　〔部首〕忄　〔笔画〕7

kuài (fast)

[形]❶速度快；走路、做事等费的时间短：车~|飞机~|表~|信息~|节奏~|走路~|做事~|说话~|进步~|发展~|传染~|提高得~|学得~|走得~|游得~|~得多|~得很|~五分钟|~几个小时|~一点儿|确实~|~车|~信|坐飞机比坐火车~|我的表每天~一分钟|这个曲子节奏太~了|他最近进步得相当~|这孩子聪明，什么都学得~|寄~信要贴多少钱邮票？❷快慢的程度：多~？|这车一小时跑多~？|你一百米跑多~？|这机器一分钟转多~？❸赶快：~跑|~吃|~干|~来帮忙|你~来帮我一下|~送医院去看看吧！❹〈乙〉(刀、剪、斧子等)锋利：刀~|剪刀~|锯~|刀口~|~极了|这把刀~得很|斧子不~了，磨磨吧|这

把剪刀磨得真～啊！|你有～一点儿的刀吗？❺〈乙〉灵敏：脑子～|手～|反应～|手脚～|动作～|思维～|你脑子比我～多了，你来做吧|他眼疾手～，一下子就抓住了那个小偷|年纪大的人反应不那么～了|他动作～得很，三下两下就修理好了。❻〈丁〉愉快；高兴；舒服：拍手称～|这事引起他的不～|处决了那个罪犯，人人拍手称～|我们不能做亲者痛、仇者～的事|他今天身上感到有点儿不～。

【近义词】❶❷❸疾速；❹利；❺灵；❻乐

【反义词】❶❷❸慢/缓；❹钝；❺迟钝；❻苦

【构词】快报/快车/快当/快感/快件/快捷/快慢/快门/快慰/快信/快意/快嘴/快马加鞭/快刀斩乱麻

3840 **快餐** 丙

kuàicān（snack）

［名］预先做好的能够迅速提供顾客食用的饮食，如汉堡包、盒饭等：～方便|～便宜|吃～|中式～|西式～|～店|吃～可以省很多时间|～又便宜又好吃|我最爱吃这种～|麦当劳快餐店准备在北京开100家～连锁店。

【近义词】速食

3841 **快活** 丙

kuàihuo（happy）

［形］愉快；快乐：朋友～|观众～|节日～|心情～|精神～|样子～|小鸟～|劳动～|学习～|游泳～|旅行～|～极了|觉得～|过得～|活得～|玩得～|显得～|特别～|～地唱|～地说|今天大家的心情都很～|自由的小鸟多～啊！|在大海里游泳感到特别～|他们～地唱着歌|室内充满了～的气氛。

【近义词】愉快/快乐/开心/高兴

【反义词】痛苦/悲伤/烦闷/忧愁/忧伤/伤心

3842 **快乐**（樂） 乙

kuàilè（happy）

［形］感到幸福或满意：孩子～|生日～|春节～|心情～|样子～|旅行～|～得流下眼泪|寻找～|显得～|充满～|玩得～|过得～|生活得～|学习得～|特别～|～地说|～地笑|～地玩儿|～的假日|～的晚年|祝你生日～|他看上去特别～|妈妈～得流下眼泪|他们～地做着游戏|老人过着～的晚年|我们度过了一个～的假日。

【近义词】快活/高兴/愉快/开心

【反义词】痛苦/悲伤/忧愁/忧伤/伤心/烦闷

3843 **快速** 丁

kuàisù（speedy）

［形］速度快的；迅速：～行军|～前进|～解决|～炼钢|～育肥|队伍在～行军|司令部命令部队～前进|他们使用的是～育肥法。

【近义词】急速/迅速

【反义词】缓慢/迟缓

3844 **会计**（會計） 丁 〔部首〕人 〔笔画〕6

kuàijì（accountant）

［名］❶监督和管理财务的工作，主要内容有填制各种记账凭证、处理账务、编制各种有关报表等：～工作|～工作是一项很重要的工作|他负责～工作|他是～科的科长。❷担任会计工作的人员：当～|好～|他不愿当～

|他是公司里的～|这是一位责任心极强的～。

【提示】“会计”的“会”kuài 在这里不能读成 huì。“会”huì 见第 2883 条。

〔部首〕宀
〔笔画〕10

3845 **宽**(寬) *乙

kuān (wide)

[形]❶横的距离大;范围广:河～|马路～|房间～|肩膀～|知识面～|管得～|留得～|加～|这张床太～了,房间里放不下|这条河～得很,你游不过去|现在的学生知识面比较～|这事你也要管,未免管得太～了吧?|那个～肩膀、大高个儿的小伙子是谁呀?|做床单必须买～面儿的布才够|这里的马路全都加～了。❷〈丙〉宽大有气量;不严厉:对人～|处理～|要求～|～得很|从～处理|他一向对别人～,对自己严|这次分数普遍给得～了些|坦白交待可以从～处理。❸〈丁〉宽裕;富余;有余:手头～|～多了|手头～了,也不能忘记节约呀!

【近义词】❶阔;❷松

【反义词】❶窄/狭小;❷严;❸紧

【提示】宽,姓。

【构词】宽畅/宽度/宽泛/宽厚/宽让/宽容/宽恕/宽松/宽慰/宽心/宽心丸/宽裕/宽窄/宽打窄用/宽宏大量

3846 **宽敞** 丁

kuānchang (spacious)

[形]宽阔;宽大:屋子～|礼堂～|客厅～|院子～|胡同～|觉得～|显得～|建得～|设计得～|特别～|相当～|～的住房|～的街道|～的花园|他家的客厅十分～|这个教室～极了|屋里东西多了,就不显得～了|我希望有个～的院子种点儿什么。

【近义词】宽阔/宽大/宽广

【反义词】狭窄/狭小/窄小

3847 **宽大** 丁

kuāndà (spacious; wide)

[形]❶面积和容积大:房间～|院子～|停车场～|衣服～|显得～|觉得～|设计得～|相当～|～的外套|～的桌子|这个院子～得很|人瘦了,衣服就显得～|一看他那～的手掌就知道他是个常干活儿的人|他总穿着那件～的外衣|这里应该修建一个～的停车场。❷对人宽容厚道;对犯错误或有罪的人从宽处理:他这个人胸怀～,大家都喜欢他|只要你坦白交待,政府就会对你～处理。

【近义词】❶宽敞/宽阔/宽广/广大

【反义词】❶狭窄/狭小/窄小

3848 **宽广**(廣) 丁

kuānguǎng (broad)

[形]面积或范围大;也用来形容人的心胸、视野等:湖面～|草地～|道路～|场地～|飞机场～|眼界～|胸怀～|思路～|视野～|觉得～|感到～|显得～|修得～|～的大海|～的领域|站在高山上,视野更～了|他的思路～得很|他那～的知识面令人赞叹|我喜欢他那～的胸怀。

【近义词】宽阔/辽阔/广阔/宽敞

【反义词】狭小/狭窄/狭隘/窄小

3849 **宽阔**(闊) 丙

kuānkuò (broad)

[形]❶横的距离大;范围广;面积大:地势～|水面～|街道～|眼界～|觉得～|显得～|设计得～|变得～|～起来|～的湖面|～的前额|这里的地势非常～|他是个眼界～的人|小船

在～的湖面上荡来荡去。❷(思想)开朗,不狭隘:心胸～|胸襟～|思路～|他的思路～得很|他胸襟～,待人热情。

【近义词】宽大/宽广/广阔/开阔

【反义词】狭窄/狭隘

3850 **款** *乙 〔部首〕欠 〔笔画〕12

kuǎn (money)

[名]❶钱:存～|取～|汇～|一笔～|巨～|现～|公～|我想把这笔～取出来|这是公～,不能随便挪用|拾到的包里有一笔巨～,他赶快送到派出所去了。❷〈丁〉书画上题的作者或赠送对象的姓名:上～|下～|落～|这份礼物的落～要写上我们俩的名字|这幅画的上～写的是"李公教正"|这张画的下～落的谁的名字?

【近义词】❶钱

【构词】款步/款额/款式/款项/款子

3851 **款待** 丙

kuǎndài (entertain)

[动]亲切优厚地招待:～客人|～朋友|～贵宾|受到～|热情地～|诚恳地～|亲切地～|他用最好的酒来～客人|她做了拿手的清蒸鲤鱼～老同学|今天在朋友家受到了热情～|他热情地～了多年不见的老朋友。

【近义词】接待/招待

【反义词】慢待

3852 **筐** 丙 〔部首〕竹 〔笔画〕12

kuāng (basket)

[名]用竹篾、柳条、荆条等编的容器:编～|竹～|柳条～|土～|粪～|水果～|菜～|一只～|一个～|他们编的～真不错|这个水果～是用荆条编的。

3853 **狂** *丙 〔部首〕犭 〔笔画〕7

kuáng (unrestrained)

[形]❶不加约束;尽情地(多指欢乐):～欢|～笑|他们几个一碰到一起就～饮起来|他突然不知为什么～笑起来。❷猛烈;声势大:～风|～奔|～叫|～喊|天突然刮起～风|他们在外边～喊什么?|马群在草原上～奔|几个喝醉的人在街上～叫。❸精神失常;疯狂:～犬|～人|丧心病～|鲁迅先生的《～人日记》你看过吗?❹〈丁〉极端地自高自大:态度～|说话～|人～|～极了|～得很|～劲儿|这个人太～了,谁也瞧不起|你说话别这么～,以后会后悔的|瞧他那个～劲儿,谁他都不放在眼里。

【近义词】❷猛;❸疯;❹傲

【构词】狂暴/狂奔/狂放/狂吠/狂欢/狂澜/狂怒/狂热/狂人/狂喜

3854 **狂风**(風) 丙

kuángfēng (gale)

[名]猛烈的风:～大作|一阵～|一场～暴雨造成了水灾|刚才还是晴朗的天空,突然～大作|一场～刮倒了好几棵大树。

3855 **狂妄** 丁

kuángwàng (wildly arrogant)

[形]极端的自高自大:敌人～|言词～|口气～|态度～|出言～|～极了|表现得～|特别～|～地说|～地宣称|～地攻击|～地叫嚣|他说话的口气～得很|因为他～自大,在群众中非常孤立|这次比赛中,他表现得太～。

【近义词】高傲/骄横/狂

【反义词】谦虚/谦逊/谦卑/虚心

3856 **框** 丁 〔部首〕木 〔笔画〕10

kuàng (frame)

[名]❶嵌在墙上为安装门窗用的架子:门~|窗~|把钥匙挂在门~上|门~上有一块牌子|窗~坏了,该修一修了。❷镶在器物周围起约束、支撑或保护作用的东西:镜~|相~|这个镜~真漂亮|这个相~是他自己做的。

【提示】"框"又读 kuāng,作动词,意思是"约束"、"限制",如:用这个框(kuàng)子把这幅画框(kuāng)起来。

【构词】框架/框框/框子

3857 **矿**(礦) 乙 〔部首〕石 〔笔画〕8

kuàng (ore deposit)

[名]❶地表或地壳里由于地质作用形成的并在现有条件下可以开采和利用的矿物的集合体。也叫矿床或矿体:报~|采~|找~|群众积极向有关单位报~|很多人到这里来找~。❷指矿石:金~|铁~|他们发现了黄铁~|这儿有丰富的金~|这就是铁~。❸开采矿物的场所:他在煤~劳动|他正在~上干活|他在~上当~警。

【近义词】❶矿床;❷矿石;❸矿区

【构词】矿灯/矿工/矿警/矿坑/矿脉/矿泉水/矿源

3858 **矿藏** 丁

kuàngcáng (mineral resources)

[名]地下埋藏的各种矿物的总称:~丰富|~贫乏|丰富的~|我国有非常丰富的~|他们在大西北寻找~。

【提示】"藏"又读 zàng,如"西藏"、"宝藏"。

3859 **矿产**(產) 丁

kuàngchǎn (mineral products)

[名]地壳中有开采价值的物质,如铜、铁、煤等:~多|~丰富|各种~|这里蕴藏着铁、煤、石灰石等~|我国有着非常丰富的~。

【近义词】矿藏/矿物

3860 **矿井** 丁

kuàngjǐng (mine)

[名]为采矿而在地下修建的井筒和巷道的统称:~深|~黑|~坍塌|~爆炸|下~|这个~很深|~里真黑|~发生了坍塌事故|矿工们每天下到~里干活儿。

【构词】机井/枯井/市井/水井/探井/天井/盐井/油井/离乡背(bèi)井

3861 **矿区**(區) 丁

kuàngqū (mining area)

[名]采矿的地区:这个~|那个~|他们在那个~采矿|这条公路从钢厂修起,一直通到~|这个~的煤,储藏量十分丰富。

3862 **矿山** 丁

kuàngshān (mine)

[名]开采矿物的地方,包括矿井和露天采矿场:那座~真大|我国有很多~|他们打算去~干活儿。

3863 **矿石** 丙

kuàngshí (ore)

[名]含有有用矿物并有开采价值的岩石:~丰富|~资源|各种~|这些~里都含金质|这是一些含有铁质的~|这个大厅展出了各种各样的~|

这些黑石头都是～。

3864 **矿物** 丁

kuàngwù (mineral)

[名]地壳中存在的自然化合物和少数自然元素,具有相对固定的化学成分和性质。大部分是固态的(如铁矿石),有的是液态的(如自然汞)或气态的(如氦)。

3865 **旷工**(曠) 丁 〔部首〕日 〔笔画〕7

kuàng gōng (stay away from work without leave)

(职工)不请假而缺勤:～受罚｜不许～｜经常～｜无故～｜随便～｜工人～要扣工资｜他已经旷过好几次工了｜在这里工作不许～｜老板把～的职工炒了鱿鱼。

【提示】①离合词,中间可插入其他成分,如:旷过工｜旷过一次工。②旷,姓。

【构词】旷达/旷古/旷世/旷野/旷日持久

3866 **旷课**(課) 丁

kuàng kè (be absent from school without leave)

(学生)不请假而缺课:学生～｜经常～｜不许～｜无故～｜～的学生｜学生不许～｜～超过规定的时数要开除｜他经常无故～。

【提示】离合词,中间可插入其他成分。如:旷了课｜旷了三天课。

3867 **况且** 丙 〔部首〕冫 〔笔画〕7

kuàngqiě (moreover)

[连]表示更进一层或追加理由。常和"又"、"也"、"还"等配合使用:候机厅里太热,～离起飞时间还早,咱们先到外边呆一会儿吧｜那个地方很冷,～你的身体又不好,还是多穿点儿吧｜路不太远,～还有很多时间,咱们就走着去吧｜今天来的都是老朋友,～你又不是第一次唱歌,有什么不好意思的?

【近义词】何况

【提示】况,姓。

3868 **亏**(虧) 丁 〔部首〕二 〔笔画〕3

kuī (v. lose [money]; conj. fortunately)

[动]❶受损失;损失(本钱):生意～了｜买卖～了｜～本｜～得多｜～不了｜～惨了｜～大了｜～得不少｜他这笔生意～了｜他这笔买卖连老本都～进去了｜这个工厂今年搞得不错,已经扭～为盈｜跟我一起干,绝对～不了｜他～的钱到现在还没赚回来。❷欠缺;短少:血～｜肾～｜气～｜理～｜花～了｜用～了｜他这是肾～,吃点儿中药就好了｜他气血两～,需要好好儿调理一下｜他觉得自己理～,不好意思地低下了头｜这月钱又花～了。❸亏负:～良心｜你不～我什么,我也不～你什么,咱们是两不～｜这样做你不觉得～心?｜～心的事绝对不能干｜既不能～了群众,也不能～了集体。

[连]❶幸而有;多亏。必带名词或小句作宾语:～你提醒我,否则我就忘了｜～你来接我,不然这么多行李我真不知怎么办了｜这次全～了大家,生产任务才顺利完成｜～了有棵大树挡着,才没滚下山去。❷反说,表示讽刺:～他还是个大学生,一点儿礼貌也不懂!｜～你还是姐姐,也不帮帮妹妹!｜这种话～你说得出来!｜这种事～你干得出来!

【构词】亏本/亏负/亏空/亏欠/亏蚀/亏心

3869 **亏待** 丁

kuīdài (treat unfairly)

[动]待人不公平或不尽心：～客人|～孩子|～别人|受～|不该～|这是远方来的客人，可不能～他啊！|放心，我们绝不会～他们的|你不该～别人的孩子|因为受到了～，没住几天他就走了。

【近义词】慢待

3870 **亏损**(損) 丁

kuīsǔn (lose)

[动]❶支出超过收入；损失本钱：～大|～严重|工厂～|企业～|饭店～|出现～|减少～|明显～|严重～|～的数额|这家公司今年～相当严重，几乎倒闭|这家饭店这两年出现了～|他们今年～的数额有十多万元。❷身体因受到摧残或缺乏营养以致虚弱：气血～|营养～|元气～|精血～|～的原因|～的结果|长期营养不良引起气血～|一场大病，他的元气～得很厉害。

【近义词】❶亏折(shé)

【反义词】❶赢利

【构词】耗损/劳损/磨损/破损/缺损/污损/无损

3871 **葵花** 丁 〔部首〕艹 〔笔画〕12

kuíhuā (sunflower)

[名]一年生草本植物，茎很高，叶子互生，心脏形，有长叶柄。开黄花，圆盘状头状花序，常朝着太阳。种子叫葵花子，可以榨油：种～|～子|一朵～|他在院子里种了很多～|～子可以吃|山坡上盛开着一朵朵～。

【近义词】向日葵

3872 **昆虫**(蟲) 丙 〔部首〕日 〔笔画〕8

kūnchóng (insect)

[名]节肢动物的一纲，身体分头、胸、腹三部。头部有触角、眼、口器等。胸部有足三对，翅膀两对或一对，也有没翅膀的。腹部有节，两侧有气孔，是呼吸器官。多数昆虫都经过卵、幼虫、蛹、成虫等发育阶段。如蜜蜂、蚊、蝇、跳蚤、蝗虫、蚜虫等：捕捉～|～的幼虫|～的卵|～标本|有害的～|有益的～|一种～|一只～|对人有害的～要消灭掉|孩子们捕捉～做标本|他的屋子里有各种～的标本。

3873 **捆** 乙 〔部首〕扌 〔笔画〕10

kǔn (tie; bundle up)

[动]用绳子等把东西缠紧打结：～行李|～书|～东西|～好|～紧|～上|～起来|～在一起|～得紧|～得松|～不住|使劲～|紧紧地～|马上就上飞机了，箱子还没～好|这行李怎么也～不紧|这绳子不结实，多～几道|把书和报纸都～在一起吧|把衣服、鞋、书～成一个大包就行了。

【近义词】绑

【反义词】解

【构词】捆绑/捆缚/捆扎

3874 **困** *乙 〔部首〕口 〔笔画〕7

kùn (adj. sleepy; v. be stranded)

[形]疲乏想睡：孩子～|～极了|～得睁不开眼|孩子～了，快带他去睡吧|太～了，眼睛都睁不开了|他的报告太长了，我都听～了。

[动]❶〈丙〉陷在艰难痛苦中或受环境、条件的限制无法摆脱：为生活所

～|为疾病所～|被债务所～|～住|～死|～得走投无路|为生活所～，他不得不终止了学业|暴风雪把他～在了西藏。❷〈丙〉控制在一定范围内；围困：～住敌人|～在山里|～在家里|要把敌人～住，断绝他们的增援|我们把敌人～在那座山上|别总把孩子～在屋子里，该让他多出去玩玩。

【近义词】[动]❶难；❷围；[形]乏/倦

【提示】"困"指疲乏想睡时，它的繁体字是"睏"。

【构词】困顿/困乏/困惑/困境/困窘/困倦/困扰/困守/困兽犹斗

3875 **困苦** 丁

kùnkǔ (hardship)

[形](生活上)艰难痛苦：生活～|过得～|非常～|相当～|～的日子|那时，他家的生活相当～|我家过去的日子过得十分～。

【近义词】艰苦/艰难/困难/贫苦

3876 **困难**(難) 甲

kùnnan (n. difficulty; adj. difficult)

[名]复杂、阻碍多的状况：～多|～大|～重重(chóngchóng)|怕～|有～|遇到～|克服～|工作上的～|经济上的～|资金上的～|人力上的～|技术上的～|很大的～|他刚参加工作，～比较多|他们在技术上遇到很大的～|我们克服了重重～，终于到达了目的地|即使有再大的～，我们也不怕|他帮助我们解决了交通上的～。

[形]❶穷困；不好过：家庭～|生活～|日子～|过得～|～的生活|极端～|严重～|那时他家生活非常～|全国人民齐心合力，终于渡过了三年～时期。❷事情复杂，阻碍多：工作～|处境～|时局～|经费～|交通～|十分～|相当～|他现在的处境十分～|有的地区交通仍然非常～|经费～的问题已经得到解决。

【近义词】[名]艰难/艰辛；[形]❶困苦/艰苦/穷苦；❷艰难

【反义词】[形]❶富裕/富有；❷便利/容易

3877 **扩充**(擴) 丁 〔部首〕扌 〔笔画〕6

kuòchōng (expand)

[动]扩大充实：～组织|～设备|～人马|～面积|～数量|～实力|～队伍|～校舍|需要～|同意～|要求～|迅速～|大力～|我们单位需要～一些新设备|要迅速～科研队伍|科技人员的实力得到进一步～。

【近义词】扩大/扩展/增加

【反义词】裁减/缩减/缩小/压缩

【构词】扩编/扩军/扩音器/扩印

3878 **扩大** 乙

kuòdà (enlarge)

[动](使范围、规模等)比原来大：影响～|势力～|范围～|矛盾～|生产～|～眼界|～地盘|～实力|～面积|适当地～|这个公园又～了不少|他们的服务项目准备再～一些|他们积极设法～商品销售网点|扩建以后，校舍的面积比原来～一倍|这次到各地旅游真是～了眼界。

【近义词】扩充/扩展/扩张

【反义词】缩小/收缩/紧缩/缩减

3879 **扩建** 丁

kuòjiàn (extend)

[动]把厂矿企业建筑等的规模加大：～厂房|～校舍|～城市|～工业基地|必须～|需要～|进行～|加以～|迅

速～|这个厂又～了几个新的厂房|学生不断增长，急需～校舍|这个城市正在进行～|～后的广场显得更加雄伟了。

【近义词】扩大/扩展/扩充

【反义词】缩小/紧缩

3880 扩散 丁

kuòsàn（spread）

［动］扩大分散出去：气体～|消息～|毒气～|粉尘～|癌细胞～|影响～|谣言～|丑闻～|～得快|～得迅速|开始～|停止～|免得～|～开|～出去|禁止～|不许～|故意～|他身上的癌细胞已经开始～|这个消息已经在全厂～开来|这个丑闻已经～到全世界。

【近义词】传播/散播/散布

3881 扩展 丁

kuòzhǎn（expand）

［动］向外伸展；扩大：面积～|范围～|版图～|势力～|开始～|进行～|禁止～|停止～|～得快|～开|进一步～|向外～|～的余地|果园的面积～了一倍|他们总想～自己的势力|扔进一个小石子，水的波纹立即向四周～开来|农贸市场的范围～得越来越大|街道两旁盖满了大楼，已经没有～的余地了。

【近义词】扩张/扩充/扩大

【反义词】收缩/缩小

3882 扩张（張） 丁

kuòzhāng（expand）

［动］扩大（势力、疆土等）：～势力|～疆土|企图～|进行～|反对～|大肆～|～政策|～的野心|军事～|经济～|文化～|～势力范围|要揭露他们向别国～的野心|他们的～政策，严重损害了别国的利益。

【近义词】扩大/扩展/扩充

【反义词】缩小/收缩

3883 阔（闊） 丙

〔部首〕门
〔笔画〕12

kuò（wide）

［形］❶（面积）宽；宽广：辽～|广～|宽～|他家的客厅很宽～|这里海～天空，使人的心胸开朗|他们几个人一坐在一起就高谈～论起来。❷富裕；钱多；排场大：家里～|～极了|～得很|～起来|摆～|～少爷|过去他很穷，现在突然～起来了|他过去是个～少爷，只会吃喝玩乐。

【近义词】❷阔绰/富/富裕

【反义词】❷穷/穷困

【构词】阔别/阔步/阔绰/阔气/阔人

L

3884 **拉** *甲 〔部首〕扌 〔笔画〕8

lā (pull)

[动]❶用力使朝自己所在的方向或跟着自己移动：～车｜～绳子｜～纤｜～锯｜～网｜～窗帘｜～幕｜～直｜～紧｜～近｜～开｜～过来｜～上来｜～进去｜～出来｜～起来｜～得动｜～得快｜用力～｜快～｜他爷爷～了一辈子车｜把窗帘～好｜把桌子～过来一点儿｜他们手～着手边跳边唱｜他把孩子～到身边来｜随着铃声，舞台上的幕布缓慢地～开了。❷用车载运：汽车～｜马车～｜平板三轮～｜～人｜～货｜～菜｜～家具｜～钢材｜～来｜～去｜～不动｜～走｜～完｜～得多｜～得快｜～三次｜～两趟｜快～｜多～｜少～｜这辆大卡车能～多少钢材？｜这辆三轮车是用来～菜的｜快把门口的垃圾～走｜再～两趟，就可以全部～完｜少～点儿，别累坏了。❸〈乙〉带领转移（多用于队伍）：～队伍｜～上山｜～到山上｜～到安全的地方｜他～着队伍到山里去打游击｜他把队伍～到树林里去休息｜他～起一批人马参加了抗日的队伍。❹〈乙〉牵引乐器的某一部分使乐器发出声音：～小提琴｜～大提琴｜～手风琴｜～二胡｜～曲子｜～得好｜～得不熟练｜他小提琴～得很好｜这个曲子你～得还不太熟练｜这个地方～错了，你再～一遍｜他一吃完饭就～起琴来。❺〈丙〉拖长；使延长：～面｜～橡皮筋｜～长｜～开｜～下来｜他会做～面｜他说话爱～着长音｜做操时，把距离～开一点儿｜队伍快跟上，别～开距离｜这两个队的比分～得越来越远。❻〈丙〉帮助：～一下｜～一把｜别人有困难就要～他一下｜他现在困难重重，你快～他一把吧。❼〈丙〉一件事情关联到其他事情和人；因牵制而使受累：～进来｜～进去｜～上｜他不但自己干坏事，还～别人一起干｜这件案子把他朋友也～进去了｜这事是他～上几个朋友一块儿干的｜你为什么把我也～进去？❽〈丁〉为对自己有利，用手段使别人靠拢到自己方面来；联络：～关系｜～交情｜～近乎｜～买卖｜～生意｜～广告｜～上｜他喜欢跟别人～关系｜他最近又～了一笔买卖｜你别去跟那伙人～近乎。❾〈丁〉排泄：～大便｜～屎｜～肚子｜～痢疾｜～稀｜这两天我有点儿～肚子｜这几天他都～瘦了。

【构词】拉扯/拉倒（dǎo）/拉肚子/拉关系/拉后腿/拉近乎/拉锯/拉客/拉亏空/拉力/拉链/拉拢/拉买卖/拉山头/拉手/拉锁/拉套/拉稀/拉下脸/拉下马/拉下水/拉杂/拉帮结伙/拉家带口

3885 **垃圾** 乙 〔部首〕土 〔笔画〕8

lājī (rubbish)

[名]脏土或扔掉的破烂东西：清除～｜扔掉～｜运走～｜变成～｜院子里的～｜历史～｜社会～｜～堆｜～箱｜～车｜要及时清除外边的～｜你那思想上的～也该好好清除一下了｜那些战争贩子已被扫进历史的～堆。

3886 **喇叭** 丙 〔部首〕口 〔笔画〕12

lǎba (horn)

[名]❶管乐器,上细下粗,最下端的口部向四周张开,可以扩大声音:～响|吹～|～的声音|～太响了,震耳朵|他喜欢吹～|他～吹得真不错|裤腿跟～似的那种裤子叫～裤。❷有扩音作用的、喇叭筒状的东西:按～|鸣～|汽车～|无线电～|高音～|汽车～响,可能你要的车来了|这个地方不许鸣～|外边的高音～真吵死人了!

3887 **蜡烛**(蠟燭) 丙 〔部首〕虫 〔笔画〕14

làzhú (candle)

[名]用蜡或其他油脂制成的供照明用的东西,多为圆柱形:～灭了|～亮|点～|吹～|燃烧的～|红～|白～|小～|一根～|一支～|一包～|～被风吹灭了|～在燃烧|她就像一支～,燃烧自己,照亮别人|新房里点着一对红～。

【近义词】蜡/烛

【构词】蜡版/蜡笔/蜡黄/蜡染/蜡台/蜡丸/蜡纸

秉烛/灯烛/花烛/香烛

3888 **腊月**(臘) 丁 〔部首〕月 〔笔画〕12

làyuè (the twelfth month of the lunar year)

[名]农历十二月:～初八|～三十|中国人～初八有吃腊八粥的习俗|～三十晚上家家吃团圆饭、守岁。

【构词】腊八/腊八粥/腊肠/腊梅/腊味

包月/大月/当月/蜜月/明月/年月/日月/闰月//小月/新月/元月/斋月

3889 **落** 丁 〔部首〕艹 〔笔画〕12

là (leave out)

[动]❶遗漏:字～了|标点符号～了|名字～了|～一笔|～一行|文章不长,字倒了～好几个|考卷交了以后才想起来把名字给～了|你～了一道手续,所以还得再去一趟。❷把东西放在一个地方,忘记拿走:书包～了|～在汽车里|～在火车上|～在家里|我的钱包～在卖鞋的柜台上了|我的练习本～在家里了。❸因为跟不上而被丢在后面:～下|～在后面|～了十多米|我们队～下两个人|可不能把我～下|他总是～在最后面|他一个星期没上课,～了好几课书。

【近义词】❶漏;❷忘

【提示】"落"又读 luò,见第 4283 条。

3890 **辣** *丙 〔部首〕辛 〔笔画〕14

là (hot)

[形]❶像姜、蒜、辣椒等有刺激性的味道:辣椒～|芥末～|蒜～|～得很|觉得～|怕～|真～|特别～|有一点儿～|～菜|～汤|～味儿|这种辣椒一点儿也不～|这种小辣椒～得我直出汗|他怕～,别放辣椒|这个菜带点儿～味,很好吃。❷〈丁〉狠毒:心狠手～|口甜心～|敌人心狠手～|这个人口甜心～,不可跟他交朋友|你的手段也太～了!

【近义词】❶辛;❷狠/毒

【构词】辣酱/辣子

3891 **辣椒** 丙

làjiāo (hot pepper)

[名]❶一年生草本植物,叶子卵状披针形,花白色。果实大多像毛笔的笔尖,也有灯笼形、心脏形等,青色,成熟后变成红色,一般都有辣味,供食用:一棵～|种～|收～|他家种了很

多～|这棵～结得不少。❷这种植物的果实:～好吃|～太辣|吃～|炒～|红～|青～|尖～|一个～|一斤～|～酱|这种灯笼形的～不太辣,好吃|他每天都要炒一盘～|他顿顿离不开～酱。

【构词】胡椒/花椒/青椒

3892 **啦** 甲 〔部首〕口 〔笔画〕11

lɑ (part. *a fusion of* 了 *and* 啊)

[助]是"了"(le)和"啊"(ɑ)的合音:❶表示肯定和确认的语气:他养的花别提多好～!|你现在是大学生～,应该好好学啊!|这事交给他最合适～!❷表示提醒对方注意:车来～,注意!|快上课～!|别忘～,回北京后给我来个电话。❸表示不满情绪:你疯～!这个也可以吃吗!|你把客人都气走～!|车都开走了,你也不用去～!❹表示劝阻或和解:算～算～,你就少说几句吧|好～好～,大家都去干自己的事吧|行～行～,你别气坏了身子。

3893 **来**(來) *甲 〔部首〕一 〔笔画〕7

lái (come)

[动]❶从别的地方到说话人所在的地方:客人～了|信～了|～货|～学校|～北京|～晚|～齐|～不了|～得快|～得早|～一年了|～一会儿|～三次|突然～|你的朋友～了吗?|车～了,快上车吧|他昨天～了一个电话|报纸～得真早|等客人～齐了就开饭|哎呀!你终于～了,我们都等急了|这个老师一周只～三次。❷(问题、事情等)发生;来到:问题～了|事情～了|病～了|秋天～了|～事了|～问题了|～暴风雨|～寒流|～得快|春天～了,柳树发芽了|不能等问题～了再去解决,那就晚了|这种病～得快,去得也快|马上就要～寒流了,请大家做好准备。❸用在另一个动词或动词结构后,表示来做某件事:看你～了|寄信～了|你的同学找你～了|他到北京出差～了|你干什么～了?|今天是你生日,我们给你贺喜～了。❹〈乙〉用在另一个动词前,表示要做某件事:你～念一遍|我～试一试|请大家～出出主意|你如果没时间,只好我～做|你～弹弹这一段,我总弹不好。❺〈乙〉做某个动作(代替意义更具体的动词):～一杯酒|～两碗面|～段京戏|再～一个|请给我～一杯咖啡|您还～点儿什么?|这种颜色的～两件|他是海量,再～两瓶也醉不了。❻〈乙〉从过去到现在;以来:一星期～|几天～|三千年～|这一年～他进步非常快|几天～他一直不大舒服|一百年～中国走过了不平凡的历史进程。❼〈丙〉用在动词结构(或介词结构)与动词(或动词结构)之间,表示前者是方法、方向或态度,后者是目的:我们开个联欢会～欢迎新同学|他买了很多点心、水果～招待客人|我可以举出很多事实～反驳他|老师想了很多办法～帮助困难的学生|他用冰袋放在孩子头上～给他降温。

【反义词】去

【提示】①"来"放在动词后可以作补语:a.表示趋向:进～|上～|出～|回～|送～|寄～|拿～|带～|买～|你出～一下儿|他出差了,后天回～|他给我寄～一件生日礼物|你要的东西我没买～。b.表示有或没有能力完成某一动作:山太高了,你上得～吗?|门太小,车进不～|电视机太大了,我一个人拿不回～。c.表示彼此感情好,

没有抵触:合得～|谈不～|处不～|我跟他倒是挺谈得～的|这种人我跟他处不～。d.在"…来…去"这一格式中表示动作的多次反复:走～走去|飞～飞去|想～想去|翻～覆去|研究～研究去|讨论～讨论去。②来,姓。

【构词】来稿/来函/来劲儿/来路/来人/来日/来生/来使/来世/来头/来文/来意/来由/来龙去脉/来日方长

3894 **来** 乙

lái (about)

[数]用在十、百、千等数词或数量词后,表示概数:十～天|二十～人|五十～岁|十～件行李|二斤～重|五米～高|三尺～长|二里～地|四米～宽。

【提示】①用在数词后时,数词须是以十为单位的整数,不能带零数,如:三十来天|二百来斤|×二十八来天|×二百零八来斤。②用在数量词后时,"来"后须有相关的形容词或名词,如:一斤来重|三里来地。

3895 **来** 乙

lái (part. *to indicate sth. has happened*)

[助]用在句末,表示曾经发生过什么事情,意思相当于"来着":你最近忙什么～?|我昨天去颐和园划船～|他刚才说什么～?

3896 **来宾**(賓) 丙

láibīn (guest)

[名]来的客人,特指国家、团体邀请的客人:～多|接待～|招待～|邀请～|宴请～|诸位～|各位～|一批～|很多～|最近他们接待了好几批～|在人民大会堂宴请各国的～|诸位～,让我们为友谊干杯!

【近义词】客人/宾朋

【反义词】主人

3897 **来不及** 乙

lái bu jí (there's no time [to do sth.])

因时间短促,无法顾到或赶上:时间～|～说|～写|～吃|～准备|～买|已经～|我不吃饭了,时间～了|坐这趟火车已经～了|我走得很匆忙,～跟他告辞了,请转告一下|你～做的,我来帮你做。

【近义词】赶不上/赶不及

【反义词】来得及/赶得上

【构词】遍及/波及/不及/触及/顾及/累(lěi)及/涉及/提及/危及/殃及

3898 **来得及** 乙

lái de jí (there's still time)

还有时间,能够顾到或赶上:现在～|～说|～写|～吃|还～|火车8点才开,现在出发～|他刚出门,你出去追他还～|你如果～做完,就把它做完,别留到明天。

【近义词】赶得上/赶得及

【反义词】来不及/赶不上/赶不及

3899 **来访**(訪) 丁

láifǎng (come to visit)

[动]前来访问:朋友～|记者～|外宾～|欢迎～|拒绝～|经常～|不断～|～的人|今天有朋友～,我不准备出去|请～的客人到大厅里休息|他拒绝任何人的～。

【近义词】访问

3900 **来回** 丙

láihuí (adv. back and forth; n.

round trip）
[副]来来去去不止一次：～跑|～走|～动|～绕|～说|～唱|孩子在院子里～跑，一会儿也不停|他每天吃完饭就到外边去～走|同样一句话，他总要～说好几遍。
[名]指往返一次：从我家到学校一个～用20分钟|从北京到天津，坐汽车一天可以打两个～。

3901 **来回来去** 丁

lái huí lái qù（over and over again）
指动作或语言来回不断地重复：～地走|～地说|～地唱|～地动|～地解释|～地看|～地听|他急得在屋子里～地走|他～地唱着这一个调|老师生怕学生不懂，～地讲了好几遍。
【近义词】反复

3902 **…来看/来讲**(講) 丁

…láikàn/láijiǎng（judging from）
和介词“从”、“就”等构成的介宾词组连用，作插入语，表示估计：从这件事～，问题不那么简单|从这次比赛～，他们平时训练还不够认真|就这件事～，他对工作还是认真负责的|就这一件事～，他够开除的份儿了。

3903 **来客** 丙

láikè（visitor）
[名]来访的客人：接待～|招待～|很多～|远方的～|每个～|今天～较多，他饭都没时间吃|为了招待远方的～，他一早就出去买菜了|他热情地接待每一位～。
【近义词】客人/宾客
【反义词】主人

3904 **来历**(歷) 丁

láilì（origin）
[名]人或事物的历史或背景：～不明|～清楚|弄清～|说明～|审查～|讯问～|事情的～|名称的～|不寻常的～|此人～不明，需要调查一下|经过审查，这个人～清楚|他很有～，可不是一般人|公安人员讯问他这支枪的～|请你介绍一下这块无字碑的～|你知道这个菜为什么叫宫保鸡丁吗？我给你说说它的～。
【近义词】来路/来头/由来/历史/背景

3905 **来临**(臨) 丁

láilín（come）
[动]来到：春天～|黑夜～|贵宾～|中秋节～|暴风雨～|好日子～|末日～|幸福～|欢迎～|盼望～|早早地～|即将～|正在～|不幸～|终于～|寒冬就要～了，要及早做好防寒准备|黑夜过去，黎明的曙光即将～|春节即将～，家家忙着采购年货|客人们的～给这个小山村带来极大的喜悦。
【近义词】来到/到达/光临/降临
【反义词】离开/离去/消失
【提示】多用于书面语。

3906 **来年** 丁

láinián（next year）
[名]明年：～回国|～的计划|～的收成|他准备～结婚|我～毕业后打算在北京找工作|今年办不成，只好等到～再说。
【近义词】明年
【反义词】今年/后年

3907 **…来说**(説) 丁

… láishuō（as far as … is concerned）

"来说"和介词"就"、"对"等构成的介宾词组连用,作插入语,以提起对某方面的注意。可以放在主语前,有停顿:对养花~,这里的气候不算很好|对学生~,学习是主要的|对一个产品~,质量是最重要的|对这里~,秋天旅游最好,不冷不热|就主要指标~,这批产品已经达到国际先进水平|就这次考试的成绩~,他的确有很大的进步。

3908 **来往** 丙

láiwǎng (v. come and go; n. contact)

[动]来和去:这列火车不停地~于京、津两地之间|这艘客轮~于长江水上|长城每天都有很多~的游人。

[名]互相访问、交际的活动;联系:~增加|有~|没~|朋友之间的~|工作上的~|他和朋友的~突然中断|我和他的~非常密切|父母要女儿和那个青年人断绝~|他们之间只是工作上的~|希望今后继续加强这种友好~。

【近义词】[名]交往/交际/往来/联系

【反义词】隔绝/隔离

3909 **来信** 乙

láixìn (letter)

[名]寄来或送来的信件:~收到|接到~|朋友的~|群众~|一封~|朋友的~都收到了|今天接到母亲的~,高兴极了|这是我老同学的~|一封一封的群众~像雪花一样飞来。

【近义词】信/信件

3910 **来源** 丙

láiyuán (source)

[名]事物所从来的地方;事物的根源:~减少|~缺乏|~断绝|~广泛|~充足|切断~|增加~|断绝~|原料~|材料~|经济~|经费~|生活~|消息~|学生的~|名字的~|主要的~|重要的~|他家的经济~是靠父亲每月的工资|我们厂的原料~十分充足|要了解一下这个消息的~|合理的税收和利润是国家财政收入的~。

【近义词】起源/根源/来历

【提示】"来源"作动词时表示(事物)起源;发生:文艺作品~于实践|世界上一切知识都~于劳动。

3911 **来自** 乙

láizì (come from)

[动]从某个地方来:~上海|~世界各地|~五湖四海|~四面八方|~不同的地方|~一个地方|我们班同学~世界各个国家|他~上海,我~山东|我们虽然~不同的国家,但是彼此关系密切|这些产品~不同的厂家|这些伪劣商品都是~一个地方|这里可以买到~世界各地的商品。

3912 **赖**(賴) 丁 〔部首〕刀 〔笔画〕13

lài (v. hang on in a place; adj. bad)

[动]❶留在某处不肯走开:~在这儿|~着不走|~着要钱|~半天|设法~|这人真没出息,三十多岁了,还~在家里|他一天到晚~在这儿不走|侵略军无耻地~在别国的土地上|孩子在商店里~着要买玩具|他在门口~了半天了,就是不走,要钱。❷不承认自己的错误或责任:~账|~掉|~不了|~得一干二净|~得光光的|欠钱还钱,可不能~账|这个责任应该是谁的,谁也~不掉|这东西明明

是他弄丢的，他却～得一干二净。❸责怪：～别人｜～条件差｜～机器｜～天气｜～环境｜瞎～｜乱～｜随便～｜没有证据不能乱～别人｜他不高兴，怎么能～我呢？｜明明是他违反操作规程，反而～机器有毛病。

[形]坏：人～｜关系～｜工作～｜质量～｜成绩～｜长得不～｜写得不～｜这个人太～了｜他的工作不～｜这个产品质量够～的｜这孩子字写得不～｜他弟弟比他更～！

【近义词】[动]❸怪/责怪；[形]坏/差

【反义词】[形]好

【提示】赖，姓。

【构词】赖婚/赖皮/赖账/赖子

3913 **兰花**（蘭） 丁 〔部首〕八 〔笔画〕5

lánhuā (orchid)

[名]多年生草本植物，叶子丛生，条形，先端尖，春季开花，淡绿色，味芳香，供观赏。花可制香料。也叫春兰：～香｜～好看｜种～｜喜欢～｜一盆～｜～又香又好看｜院子里摆了很多～｜朋友送我一盆～。

【近义词】兰草/春兰

【提示】兰，姓。

3914 **蓝**（藍） 甲 〔部首〕艹 〔笔画〕13

lán (blue)

[形]像晴天天空的颜色：～天｜～眼睛｜～色｜～的海洋｜～裤子｜深～｜浅～｜他的毛衣颜色是～的｜天空～～的，没有一丝云彩｜她有一双美丽的～眼睛｜我喜欢～色｜他穿着一件～夹克。

【提示】蓝，姓。

【构词】蓝本/蓝图

3915 **拦**（攔） 乙 〔部首〕扌 〔笔画〕8

lán (block)

[动]不让通过；阻挡：～车｜～人｜～马｜～去路｜～住｜～起来｜公共汽车没有了，只好～一辆出租车｜你别～他，他想走你也～不住｜他在花周围～上一道篱笆｜这块地用铁丝网～起来了｜这两个排球运动员～网～得真棒。

【近义词】挡/截/阻挡/拦挡

【反义词】放

【构词】拦挡/拦击/拦截/拦劫/拦路/拦路虎/拦腰

3916 **栏杆**（欄） 丁 〔部首〕木 〔笔画〕9

lángān (railing)

[名]用石、木等做成的起拦挡作用的东西：桥～｜凉台～｜看台～｜扶好～，别掉下去｜桥～上雕刻着很多小狮子｜我们站在凉台～前照相。

3917 **篮球**（籃） 甲 〔部首〕竹 〔笔画〕16

lánqiú (basketball)

[名]❶球类运动项目之一，把球投入对方防守的球架铁圈中算得分，得分多的获胜：比赛～｜打～｜喜欢～｜～赛｜～运动员｜～队｜今天我们学校和清华大学比赛～｜我喜欢打～｜明天我们一起去看～比赛好吗？｜他是我们国家的～运动员｜我参加了学校的～队。❷篮球运动使用的球，用牛皮做壳，橡胶做胆，也有全用橡胶制成的：～撒气｜～瘪了｜～该打气了｜一个～｜这个～气不足了｜这个～该打气了｜这个～真棒，是新买的吧？

3918 **篮子** 丙

lánzi (basket)

[名]用藤、竹、柳条、塑料等编成的容

器，上面有提梁：提～|编～|竹～|草～|塑料～|菜～|一只～|奶奶提着一个～去买菜|这竹～编得真精致|手编的竹～、草～在市场上很受欢迎。

【近义词】筐子

3919 **懒**(懶) 乙 〔部首〕忄 〔笔画〕16

lǎn (lazy)

[形]❶不爱劳动和工作；不勤快：手～|腿～|人～|～得很|～得要命|～得出奇|～极了|～家伙|～孩子|～鬼|好(hào)吃～做|这家伙～得要命|他手脚太～，就是不愿意干活儿|你这个～鬼，只吃不干活儿|他整天～～地躺在床上，什么也不干|这种好吃～做的人，谁都讨厌。❷疲倦；没力气：身子～|觉得～|发～|～得动|我觉得身子特别～，好像发烧了|你身子发～，肯定是病了|今天特别累，饭也～得吃，人也～得动|看他那～洋洋的样子，是不是哪儿不舒服了？

【近义词】❶懒惰；❷疲乏/乏

【反义词】❶勤劳；❷精神

3920 **懒惰** 丁

lǎnduò (lazy)

[形]不爱劳动和工作；不勤快：孩子～|思想～|性格～|作风～|～极了|～的习惯|～的人|～的毛病|～的行为|这个年轻人怎么这么～！|他～得要命|他从小养成了～的习惯|你要好好改改你那～的毛病|这个～的家伙，哪个科室都不要他。

【近义词】懒/懒散

【反义词】勤/勤快/勤劳/勤奋

3921 **烂**(爛) *乙 〔部首〕火 〔笔画〕9

làn (v. rot; adj. mashed)

[动]腐烂：梨～了|水果～了|菜～了|这些水果再不吃就要～了|菜买得太多，吃不了～了多可惜|香蕉容易～，快点儿吃掉它。

[形]❶某些固体物质组织破坏或水分增加后松软：肉～了|饭～了|～得很|～极了|煮得～|炖得～|蒸得～|肉煮了一个多小时，应该～了|菜烧得太～了不好吃|他牙不好，饭煮得～一点儿。❷破碎；破烂：衣服～了|被子～了|～得不成样子|穿～|你的衣服～成这个样子，也该买件新的了|这孩子一年要穿～好几双鞋|我的书全让老鼠咬～了|这些破铜～铁可以卖给收废品的。❸〈丙〉头绪乱：～账|～摊子|这简直是一本～账、糊涂账！|这个～摊子，我可不来收拾！❹〈丁〉表示程度极深：～醉|～熟|他一喝酒就喝得～醉|他睡得～熟，怎么叫也不醒。

【构词】烂糊/烂漫/烂泥/烂熟/烂摊子/烂账/烂醉

3922 **狼** 乙 〔部首〕犭 〔笔画〕10

láng (wolf)

[名]哺乳动物，形状和狗相似，面部长，耳朵直立，毛黄色或灰褐色，尾巴向下垂。昼伏夜出，性残忍而贪婪，吃兔、鹿等，也伤害人畜，对畜牧业有害。毛皮可以制衣褥等：～可怕|～残忍|～凶恶|怕～|恶～|野心～|～心狗肺|～吞虎咽|一只～|一群～|～群|～专吃小动物，太凶恶了|敌人就像一群吃人的恶～|看他那～吞虎咽的样子，好像三天没吃饭似的。

【构词】狼狈为奸/狼吞虎咽/狼心狗肺/狼子野心

3923 **狼狈**(狽) 丁

lángbèi (in a difficult position)

[形]传说狈是一种兽,前腿特别短,走路时要趴在狼身上,没有狼,它就不能行动,所以用"狼狈"形容困苦或受窘的样子:处境～|情景～|样子～|～极了|感到～|显得～|弄得～|搞得～|十分～|特别～|～地逃跑|～的局面|～的下场|～相|现在他的处境相当～|这件事把厂长弄得～极了|敌人被我们打得～地逃跑了|他～地站在那里,走也不是,不走也不是|他全身被雨淋透了,那副～相真好笑。

【近义词】尴尬/窘迫

【反义词】坦然

3924 **朗读**(讀) 乙 〔部首〕月 〔笔画〕10

lǎngdú (read aloud)

[动]清晰响亮地把文章念出来:学生～|演员～|集体～|～课文|～诗歌|～小说|～台词|～得自然|～得熟练|～一遍|～一回|～一下|会～|喜欢～|练习～|开始～|进行～|大声地～|专心地～|～的语调|～的方法|学生们大声地～课文|他～诗歌～得很有感情|你～得不太熟,还要多练习几遍|他在认真地～一篇小说|老师给我们讲了～文章的方法|他～的语调非常自然。

【近义词】朗诵

【反义词】默读

3925 **朗诵**(誦) 丙

lǎngsòng (recite)

[动]大声朗读,把作品的感情表达出来:播音员～|演员～|学生～|～散文|～诗歌|～课文|～一遍|喜欢～|练习～|学习～|欣赏～|参加～|～的节奏|～的技巧|～可以陶冶性情|～可以培养语言才能|那个演员～台词～得真动人|你今天～得很成功|他从小学就开始练习～|她参加～比赛获第一名。

【近义词】朗读

【反义词】默读

3926 **浪** *乙 〔部首〕氵 〔笔画〕10

làng (wave)

[名]❶水波;波浪:风平～静|乘风破～|白～滔天|大～|巨～|今天～很大,不要去划船了|今天天气真好,风平～静|他们的船乘风破～,飞速前进|看那海水后～推前～,真壮观|大～不断冲击着他们的小船|海面上掀起了巨～。❷〈丙〉像波浪起伏的东西:麦～|声～|热～|金色的麦～随风起伏|他一出屋,热～扑面而来。

【近义词】波浪/潮水

【构词】浪荡/浪花/浪迹/浪涛/浪头/浪游/浪子/浪子回头金不换

3927 **浪潮** 丁

làngcháo (tide)

[名]波浪和潮水,常用来比喻大规模的社会运动或群众运动:～汹涌|掀起～|形成～|改革的～|时代的～|革命的～|建设的～|生产的～|伟大的～|猛烈的～|小船在～汹涌的海面上破浪前进|海面上掀起了狂怒的～|全国各地掀起了经济体制改革的～|青年人积极投入经济建设～|革新技术,提高生产已经成为这个时代巨大的～|改革的～一浪高过一浪,任何人都也阻挡不了。

【近义词】波浪/潮水/高潮

3928 **浪费**(費) 乙

làngfèi (waste)

[动]对人力、财物、时间等用得不当或没有节制:～粮食|～人力|～青春

|～金钱|～时间|～口舌|～人才|反对～|制止～|杜绝～|减少～|造成～|白白地～|大量～|～的粮食|～的人力|～粮食是可耻的|这样做是在～人才|怎么说他都不听，我不想再～口舌了|过去在人力、物力方面～得太多了|那么多宝贵的时间就这样白白地～掉了。

【近义词】挥霍/铺张/糟蹋

【反义词】节约/节省/俭省/节俭

3929 **浪漫** 丁

làngmàn (romantic)

[形]❶富有诗意，充满幻想：作品～|曲子～|情感～|～的幻想|～的作品|～的音乐|～的色彩|～的感情|～的情调|～的诗人|～主义|你这个想法太～了|这个曲子听起来真～！|这真是一部～主义的作品|他写的诗充满了～主义的色彩|他是个～主义的诗人。❷行为放荡，不拘小节(常指男女关系而言)：作风～|生活～|变得～|他的生活作风太～了|几年不见，她变得越来越～了|你应该改变一下你这～的生活。

【构词】烂漫/漫漫/迷漫/弥漫/散(sǎn)漫

3930 **捞**(撈) *乙 〔部首〕扌 〔笔画〕10

lāo (dredge up)

[动]❶从水或其他液体里取东西：～鱼|～虾|～海带|～饺子|～面条|～衣服|～够了|～满了|～干净|～起来|～出来|～上来|拼命～|不停地～|多～|快～|随便～|乱～|～了一会儿|～了半天|孩子们一放假就去海边～鱼～虾|饺子好了，该～出来了|快把面条～出来，时间长了不好吃|衣服掉水里了，赶快～起来|锅里的饺子～干净了吗？|他们从水底～上来一条沉船|这里不让随便～鱼。❷〈丙〉用不正当的手段取得：～房子|～职称|～选票|～外快|～油水|～好处|～钱|～稻草|～足|～得着|～到了|拼命～|～一把|～一笔|他又请客又送礼的，是为了多～点儿选票|这里没有多少油水可～|他千方百计地想～套房子|这下他的钱可～足了|只要有机会他就拼命地～|这次他要狠狠地～一把|他从这笔生意里～到了不少好处|他到处～救命稻草，来挽救败局。

【构词】捞本/捞稻草/捞取/捞一把

3931 **劳动**(勞動) 甲 〔部首〕艹 〔笔画〕7

láodòng (labour)

[动]进行体力劳动；干活儿：工人～|农民～|～得很好|～了一年|参加～|热爱～|要求～|拼命地～|辛勤地～|上山～|下乡～|～的场面|～了三天|～了一辈子|工人正在工厂～|我在农村～了几年|人人都应参加～|他们在土地上辛勤地～了一辈子|他们经常下乡～。

【近义词】工作/做工/做事/干活儿

【反义词】休息/歇息

【提示】劳，姓。

【构词】劳动服/劳动节/劳动者/劳顿/劳乏/劳烦/劳改/劳改犯/劳工/劳绩/劳教/劳军/劳苦/劳累/劳力/劳碌/劳模/劳神/劳务/劳心/劳作/劳苦功高/劳民伤财/劳师动众/劳燕分飞

3932 **劳动力** 丁

láodònglì (labour force)

[名]❶人的劳动能力：有～|没有～|失去～|丧失～|农村～|他老了，已

经失去了～|村里对丧失～的老人照顾得很好|按照～的强弱合理地安排他们的工作。❷相当于一个成年人所具有的体力劳动的能力，有时指参加劳动的人：～多|～少|～不够|～富裕|青壮年～|弱～|强～|男～|女～|增加～|组织～|这个村～很多|一到秋收，他家～就不富裕了|希望再给我们增加几个～|他身体不好，只能算半个～|他家三个儿子全是强～|对男～和女～的待遇应该是一样的|按照不同的～，安排他们力所能及的工作。

【近义词】劳力

3933 **劳驾**(駕) 甲

láo jià (excuse me)

客套话。用于请别人做事或让路：～，请你给我拿一下那本书|～，请问这附近哪儿可以打电话|～，我要买五张明信片|劳您驾，帮我拿一下行李|～～，请大家让出一条路来|～，请让一下|这点儿小事，我怎么好劳您大驾呀！|你就再帮我一次吧，～啦！

【构词】保驾/车驾/大驾/挡驾/护驾/接驾/救驾/凌驾/御驾/尊驾

3934 **牢** 丙 〔部首〕宀 〔笔画〕7

láo (firm)

[形]结实；坚固：做得～|钉(dìng)得～|系(jì)得～|捆得～|记得～|～～地抓住|～～地记住|请把钉子钉(dìng)得～一点儿|学过的东西他都记得很～|他自己没把箱子放～，掉下来了，还怪别人！|把鞋带系～|你要～～记住父亲的话。

【近义词】固/牢固/坚固/结实/扎实

【构词】牢靠/牢笼/牢狱/牢不可破

3935 **牢房** 丁

láofáng (prison cell)

[名]监狱里监禁犯人的房间：进～|关进～|坐～|男～|女～|他因为偷汽车进了～|把这些家伙关到～里去|干这种事是要坐～的|这几间是男～。

【近义词】监狱/监牢

3936 **牢固** 丙

láogù (firm)

[形]结实；坚固：桥～|大楼～|家具～|江山～|防线～|友谊～|知识～|地位～|修得～|～地掌握|～的建筑|～的友谊|这座大桥好几百年了，还是这么～|学过的知识他都掌握得很～|这个古代的建筑虽然是木结构的，但修建得相当～|他～地树立起自己的威信|他～地确立了自己的地位|任何力量都破坏不了我们之间～的友谊。

【近义词】坚固/巩固/坚实/结实/稳固/牢靠

【反义词】松散/松懈/动摇

3937 **牢记**(記) 丁

láojì (keep firmly in mind)

[动]牢牢地记住：～生词|～课文|～经验|～友谊|～历史|～教导|～…教训|～…的关怀|～苦难|永远～|～在心里|你们要～学过的知识|～学过的生词和课文|～我们之间的友谊|～我国苦难的历史|我会～您的教导|要永远～过去的教训|朋友们的帮助和关怀，我～在心里。

3938 **牢骚**(騷) 丙

láosāo (complaint)

[名]烦闷不满的情绪;抱怨的话:～多|～不断|～满腹|发～|勾起～|引起～|这么大的～|这么多的～|发不完的～|一肚子～|一大堆～|～话|他总是～满腹|他就喜欢对别人发～|没想到这件事引起他这么大的～|他整天有发不完的～|他有一肚子的～要发泄|他那些～话都没人爱听了|有意见就当面提出来,别在下面发～。

【近义词】怪话/怨言

3939 **老** *甲 〔部首〕老 〔笔画〕6

lǎo (adj. old; prefix)

[形]❶年岁大:人～|～得快|～得多|～多了|～糊涂了|变～|长得～|显得～|～人|～先生|～太太|～两口|～一代|我的父母都～了|这几年他～得很快|几年不见他,～多了|我真是～糊涂了,做菜常常忘了放盐|最近他显得特别～|她60岁了,一点儿不显～|这位～先生,80岁了,仍然不服～,每天坚持写作|这～两口每天早上都去散步。❷〈乙〉很久以前就存在:家具～|机器～|设备～|资格～|样式～|～朋友|～地方|～邻居|～牌子|～传统|～习惯|～房子|～毛病|～古董|～脾气|这些家具样子太～了|这些机器设备太～了,该换换了|他的资格比我～|今天～朋友聚会,特别高兴|我们不能忘记～传统|还是～牌子的东西可靠|明天我们还是在～地方见面|他这个～毛病改不了了(liǎo le)|这～古董是什么朝代的?❸〈丙〉蔬菜长过了头,不宜吃;烧得火力大、时间长:菜长(zhǎng)～了|煮～了|菜炒～了|这豆子太～了,没法吃|这韭菜～得跟草一样,怎么吃呀!|南瓜就得吃～的,越～越好吃|这个菜别炒得太～|鸡蛋煮～了,他们要吃嫩的。

[头]❶放在指人或动物、植物的名词前,构成名词。“老”不表示年岁大:～虎|～鼠|～鹰|～百姓|～玉米|～倭瓜。❷放在单音姓氏前,用作称呼,语气比直呼姓名亲切:～王|～李|～张|～赵。❸〈乙〉放在二到十的数字前,表示兄弟的排行。放在“大”前表示排行第一,放在“幺”(yāo)前表示最末:～大|～三|～五|～幺。

【近义词】❶年老/年迈;❷旧

【反义词】❶少/小/年轻;❷新;❸嫩

【提示】①“老”作名词时,是对老年人的尊称,如:李～|王～|张～。②老,姓。

【构词】老板娘/老伴/老半天/老辈/老伯/老巢/老粗/老搭档/老大/老大难(nán)/老底/老弟/老掉牙/老豆腐/老夫/老夫子/老干部/老姑娘/老古董/老好人/老虎凳/老虎钳/老花眼/老黄牛/老茧/老将/老境/老练/老迈/老面皮/老奶奶/老蔫儿/老农/老派/老婆婆/老婆子/老气/老前辈/老人斑/老少/老式/老手/老太爷/老套子/老头子/老外/老顽固/老翁/老倭瓜/老相/老小/老兄/老朽/老爷们/老爷爷/老爷子/老一套/老鹰/老玉米/老丈/老者/老子/老总/老成持重/老大不小/老当益壮/老调重弹/老奸巨猾/老马识途/老谋深算/老牛破车/老气横秋/老弱残兵/老生常谈/老实巴交/老态龙钟/老羞成怒//老有所乐/老有所为/老有所学/老有所养/老死不相往来

3940 **老(是)** *乙

lǎo(shi) (always)

[副]❶强调时间长:～不去|～没人|～不做|～忙|～长(zhǎng)|他最近～

不去上班|我想去看你，～没时间|他家电话～没人接|这房子～没人住，院子里长满了草|这个曲子～不弹，都忘了|他～忙得要命，谁知他在忙什么！❷经常：～去|～写|～迟到|～玩|～添麻烦|～呆在家里|～开玩笑|～难受|～这么和气|～发脾气|我们～去那个商店买东西|这孩子～迟到|我～给你们添麻烦，真不好意思|别～呆在屋里，出去活动活动|他～跟人开玩笑|这几天肚子～不好受|他说话～那么和气。❸〈丙〉很；极：～长(cháng)|～高|～粗|～早|～远|～大|这老爷爷留着～长的白胡子|他们爬上了～高～高的山顶|这棵树种了没几年，长得～粗～粗的了|他爷爷～早就去世了|他们搬到～远的南方去了|我买了个～大的西瓜，足够咱们四个人吃了。

【近义词】❶总是；❷经常；❸很/挺

【提示】①"老"❸一般只修饰表示程度高的形容词，如：老长|老深|老远。不能说：老浅|老短。②义项❸不能用"老是"替代。

3941 老百姓 乙

lǎobǎixìng（common people）

[名]人民；居民：～是国家的主人|军队和～是一家人|～应该关心国家大事|政府为～做了很多好事。

【近义词】人民/居民

【提示】"老百姓"指人民，区别于军人和政府官员。

3942 老板(闆) 乙

lǎobǎn（boss）

[名]私营工商业的财产所有者；掌柜的：当～|工厂～|商店～|大～|小～|他是这个企业的～|他父亲是丝绸商店的大～，他是小～|他过去曾经当过这个大饭店的～。

【近义词】掌柜的

【反义词】雇员/伙计

3943 老成 丁

lǎochéng（experienced; steady）

[形]经历多，做事稳重：少年～|样子～|为人～|待人～|办事～|变得～了|表现得～|～多了|确实～|～的样子|这个人为人～|他办事～，让人放心|他比刚来时～多了|他现在变得很～了|他确实是个做事～的小伙子。

【近义词】稳重

【反义词】轻浮

3944 老大妈/大妈(媽) 乙

lǎodàmā/dàmā（aunty）

[名]尊称年老的妇女(多用于不相识的)：这位～|一位～|慈祥的～|～，这是您的孙子呀？|～，今年多大年纪了？|这位～是我的邻居|～，儿子又来信了吧？|这位～过去帮了我不少忙|我的邻居是位热情、善良的～。

【近义词】老大娘

【反义词】老大爷

3945 老大娘/大娘 乙

lǎodàniáng/dàniáng（granny）

[名]尊称年老的妇女(多用于不相识的)：这位～|一位～|～，别着急，我帮您去找您儿子的家|这位～，您住在哪儿？我送您回去|～，上街买菜呀？|这位～过去还是先进生产者呢。

【近义词】老大妈

【反义词】老大爷

3946 老大爷/大爷(爺) 乙

lǎodàye/dàye（uncle; grandpa）

[名]尊称年老的男子(多用于不相识):这位～|一位～|～,您还认识我吗?我是顺子|～,您现在有几个孙子了?|这位～90岁了,耳不聋,眼不花|～,请问这家是姓刘吗?|这位～虽然退休了,却一直为这里的居民服务。

【近义词】老爷爷

【反义词】老大娘/老大妈

3947 **老汉**(漢) 丁

lǎohàn (old man)

[名]年老的男子;年老的男子自称:每天都有几个～坐在这儿下棋|～我今年88了。

【近义词】老头儿

【构词】大汉/好汉/懒汉/罗汉/莽汉/铁汉/闲汉/银汉/硬汉/气冲霄汉

3948 **老虎** 乙

lǎohǔ (tiger)

[名]哺乳动物,毛黄色,有黑色斑纹。听觉和嗅觉都很敏锐,性凶猛,力气大,夜里出来捕食鸟兽,有时伤害人。毛皮可以做毯子和椅垫,骨、血和内脏都可以制药:一只～|大～|小～|保护～|～也是受保护的动物|动物园里有好几只大～。

【近义词】虎

【构词】壁虎/马虎/猛虎/蝎虎/藏龙卧虎/生龙活虎/降龙伏虎/照猫画虎/前怕狼,后怕虎

3949 **老化** 丁

lǎohuà (age)

[动]❶某些高分子化合物,如橡胶、塑料等,在光、热、空气、机械力等的作用下,逐渐变得黏软或硬脆:塑料做的东西时间长了会～的|这些有机玻璃已经～了|这个橡皮圈～了,所以漏气。❷人的年龄逐渐变老;知识、技术等变得陈旧:干部～|知识～|人口～|干部一年比一年～,这是个问题呀!|要尽早解决干部～的问题|这个厂技术设备～的情况相当严重。

3950 **老家** 丁

lǎojiā (native place)

[名]❶在外边成立了家庭的人称故乡的家庭:回～|想～|～的亲戚|～的人|～来人了|我想回趟～看看|真想念～的人|这是我～的哥哥|他从～来|我～还有一个奶奶和一个姑姑。❷指原来的籍贯:我～是山东|你～是哪儿?|他～是湖南,生在北京。

【近义词】籍贯/祖籍

3951 **老年** 丙

lǎonián (old age)

[名]六七十岁以上的年纪:进入～|～人|～教师|～大学|～社会|时间过得真快,我们都已进入～了|请哪位给～人让个座儿|这些保健食品是为～人准备的|我们学校的～教师受到特别的照顾|听说那个～大学办得很好|我现在又上学了,～大学书法系。

【近义词】老人

【反义词】青年/少年/童年/幼年

3952 **老婆** 丙

lǎopo (wife)

[名]妻子:讨～|娶～|怕～|她是我～|这是我～的照片|他怕～在我们这儿出了名了|你该娶个～了|星期天小王陪～逛了一天商店。

【近义词】妻子

【反义词】丈夫

【提示】口语里常用。

【构词】阿婆/产婆/公婆/外婆/巫婆/渔婆/三姑六婆

3953 **老人** *乙

lǎorén (old man or woman)

[名]❶老年人:照顾～|关心～|这位～|孤寡～|她的工作是照顾～|大家都来关心一下～的生活|这些孤寡～在养老院里过得很愉快。❷〈丙〉指上了年纪的父母或祖父母:赡养～|孝顺～|孝敬～|虐待～|侍奉～|～的晚年|他白天上班,下班后还要照顾家里的～|赡养～是做儿女的义不容辞的责任|他们非常孝顺～|虐待～的人应受到法律制裁。

【近义词】❶老年人/老人家

【反义词】❶年轻人/孩子

3954 **老人家** 丙

lǎorenjia (*a respectful form of address to an old person*)

[名]❶尊称年老的人:您～|他～|这位～|两位～|您～今年多大年纪了?|～您有空儿常来坐坐|这位～想买点儿什么?|两位～在这里住了好几十年了。❷对人称自己的或对方的父亲或母亲:你父亲他～身体还好吧?|我母亲她～已经过世了|请代我向她～问好。

3955 **老师**(師) 甲

lǎoshī (teacher)

[名]尊称传授文化、技术的人。泛指在某些方面值得学习的人:当～|女～|男～|年轻～|小学～|中学～|大学～|他在一个中学当～|这个幼儿园里都是女～,没有男～|昨天他们班新来了一位年轻的～|他当了30年的小学～|在种植棉花方面,你们可是我的～呀|他是我的汉语～|在我们心中,您永远是我们最敬爱的好～。

【近义词】教师/教员

【反义词】学生

3956 **老实**(實) 乙

lǎoshi (honest)

[形]❶言行和内心思想一致(指好的思想行为);不虚假:人～|说话～|做人～|办事～|为人～|～极了|表现得很～|装得～|特别～|～人|～话|～事|～的商人|～承认|～地工作|他办事很～|这个人为人～可靠|他装得很～,其实狡猾得很|要做～人、说～话、做～事|这是个老老实实的商人,从不卖假冒伪劣商品|你～说,这事到底是谁干的!|我～告诉你,你出国学习的事没有希望了|他在这家银行老老实实地工作了50年。❷规规矩矩,不惹是生非:孩子～|性格～|为人～|实在～|过分地～|表现得～|～的农民|～的姑娘|～地等待|～地生活|这孩子非常～,从不跟人打架|他这人～得厉害,吃了亏也不说|他过分～,常受人欺侮|一有客人,这孩子就表现得特别～|他们都是一些～的个体户|他们老老实实地在这块土地上生活了一辈子。❸"不聪明"的委婉说法:我儿子太～了,怕做不好那个工作|你也太～了,这几句话都说不好!|你脑子不会灵活一点儿吗!怎么这么～!

【近义词】诚实/诚恳/忠实/忠厚/诚挚/实在/规矩

【反义词】狡猾/狡诈/奸诈/奸滑/刁滑/油滑/狡黠

3957 **老鼠** 丁

lǎoshǔ (mouse)

[名]鼠的通称,多指家鼠。哺乳动物,常见的有褐家鼠、黑家鼠与小家鼠三种,毛褐色或黑色,门齿发达,多穴居在住房的墙壁或阴沟中,繁殖力很强,吃粮食,咬衣服,并能传播鼠疫:~可恶|~讨厌|捉~|消灭~|有~|~洞|一只~|一群~|~真可恶,把柜子里的衣服都咬破了|~讨厌死了,每天夜里出来偷吃的|你看这门,都让~啃烂了|我想找只猫来捉~|~会传播鼠疫,要彻底消灭它们|我们这个楼里没有~|他是属~的|这是个~洞,快把它堵死!

【近义词】耗子/家鼠

【构词】仓鼠/袋鼠/黑鼠/黄鼠/灰鼠/家鼠/松鼠/田鼠/野鼠/银鼠

3958 老太婆 丁

lǎotàipó (old woman)

[名]老年的妇女:早上来这个公园锻炼身体的大多是~|我这个~就喜欢跟年轻人在一起|这些~又唱又跳的,过得挺快活。

【近义词】老太太

【反义词】老头儿/老头子

3959 老太太 *乙

lǎotàitai (old lady)

[名]❶尊称年老的妇女:这位~|一位~|~,您想买什么?|~,您穿这件衣服很好看|谁给这位~让个座儿?|这些~每天早上在院子里打太极拳|这几位~过去还是我们学校舞蹈队的积极分子呢|别老叫我"~",我还不老哪!❷〈丙〉尊称别人的母亲(也对人称自己的母亲或婆婆):这是给我们家~买的一块料子|我们家~说了,明天请你们家~来吃饺子|这件生日礼物,~看了一定高兴。

【近义词】老太婆

【反义词】老头儿/老头子

3960 老天爷(爺) 丁

lǎotiānyé (God; Heavens)

[名]信仰宗教等的人认为有个主宰一切的神,尊称这个神叫老天爷。现多用来表示惊叹:~!你是不是把整包盐全倒里边啦!|我的~!这两个大箱子你一个人怎么扛上来的!|哎哟,~!车都开走了,你还在睡哪!

3961 老头儿(頭兒) *乙

lǎotóur (old man)

[名]年老的男子:这几个~每天一吃完饭就坐在这里聊天儿|这个~每天在这个汽车站帮着维持秩序|你看那个~八十多岁了,身体多硬朗啊!|这几个退休~,整天闲不住,为大家做这做那。

【近义词】老大爷/老汉/老头子

【反义词】老太太/老太婆

3962 老乡(鄉) *丙

lǎoxiāng (fellow-townsman)

[名]❶同一籍贯的人(在外地说):遇到~|认识~|山东~|我也是山东人,咱们是~|我今天遇到一个~|我认识了一个从山西来的~|他是我刚认识的湖南~|他能在城里找到工作,全靠~帮忙。❷〈丁〉对不知姓名的农民的称呼:~,我跟您打听一个人|~,请问这是刘家庄吗?|~,你们一亩地打多少粮食?

【近义词】同乡

3963 老爷(爺) 丁

lǎoye (master)

[名]❶旧社会对官吏及有权势的人的称呼，现在用时含讽刺的意思：当～|做～|官～|当官做～|人民的～|～架子|在这出戏里他扮演一个县官～|他现在当官做～了，看他那个神气劲儿！|干部是人民的勤务员，不是人民的～|他摆什么官～架子？不就是一个小小的局长嘛！❷旧社会官僚、地主人家的仆人等称男主人：～，请用茶！|～，车备好了|刘家来人说，他家～请您去一趟，有要事商量。❸外祖父：我小时候，～常常带我去钓鱼|我～最喜欢画竹子|这些都是我～留下的|那时我最喜欢去～家。

【近义词】❸外祖父/外公

【反义词】❸外祖母/姥姥/外婆

3964 **老一辈**(輩) 丁

lǎoyībèi (older generation)

[名]年纪较大或辈分较高的人：尊敬～|照顾～|～的话|～的经验|年轻人应该尊重～|要多听听～的意见|～的经验是非常宝贵的|要让我们的～过上幸福的晚年|咱们这些～要多跟年轻人交朋友。

【近义词】长辈

【反义词】小辈

【构词】父辈/后辈/平辈/前辈/上辈/同辈/晚辈/下辈/先辈/小辈/祖辈/祖祖辈辈

3965 **姥姥** 丙 〔部首〕女 〔笔画〕9

lǎolao (grandma)

[名]外祖母：我～最疼爱我|这是～留给我的戒指|这些歌谣都是那时～教给我的|我时常思念已经过世多年的～|我小时候最高兴的事就是住～家。

【近义词】外婆/外祖母

【反义词】老爷/外公/姥爷/外祖父

3966 **涝**(澇) 丁 〔部首〕氵 〔笔画〕10

lào (waterlog)

[动]❶庄稼因雨水过多而被淹：防旱防～|庄稼～了|每年都是北方旱，南方～|那里的庄稼又～了|在汛期到来之前，及早做好防～工作|抗～物资都已准备好了。❷因雨水过多而积在田地里的水：排～|现在主要的工作是赶快排～。

【反义词】❶旱/干旱

3967 **乐**(樂) 丙 〔部首〕丿 〔笔画〕5

lè (laugh)

[动]笑：孩子～了|爱～|想～|～不起来|～得前仰后合|～得直不起腰来|～坏了|再～一下|逗～了|看！宝宝～了！|他真爱～|我一看见他那个样子就想～|大家都～了，可我～不起来|他的滑稽表演～得大家前仰后合|哎哟，我肚子都～疼了！|小孙子的表演可把奶奶～坏了。

【近义词】笑

【反义词】哭

【提示】①常用于口语中。②“乐”还可用作形容词，有“高兴”的意思。如：心里乐坏了。③“乐”又读 yuè，如“音乐”。④乐(Lè)，姓(与“乐”Yuè不同姓)。

【构词】乐事/乐天/乐土/乐于/乐园/乐不可支/乐不思蜀/乐极生悲/乐善好施/乐天知命

3968 **乐观**(觀) 乙

lèguān (optimistic)

[形]精神愉快，对事物的发展充满信心：性格～|前途～|局势～|感到～|

充满～|盲目～|过分～|～的精神|～的性格|～的态度|～的老人|～的形势|～地估计|～地说|～地对待|他的性格非常～|人们对国家的发展前途非常～|他对目前的困难充满着～的精神|对这件事不可盲目～|这是一位非常～的老人|他用～的态度对待自己的疾病|要～地对待当前发生的这些事情|他过分～地估计了这个企业的发展前景。

【反义词】悲观

3969 **乐趣** 丁

lèqù (pleasure)

[名]使人感到快乐的意味:享受～|得到～|失去～|带来～|尝到～|家庭的～|人生的～|医生的～|生活中的～|工作上的～|劳动的～|绘画的～|最大的～|无穷的～|说不出的～|一种～|一点儿～|他的～就是每天写写字,画画画儿|他一生最大的～是工作,不停地工作|大家的关心和帮助使这位孤寡老人享受到家庭的～|小孙子的降生给全家带来了莫大的～|看着病人健康地走出医院是当医生的最大～|当教师虽然很辛苦,但从中可以得到无穷的～|他把帮助别人,给别人快乐当成一种～|他从劳动中找到了人生最大的～。

【近义词】兴趣/兴味/趣味/快乐

【反义词】苦衷/苦恼

3970 **乐意** 丁

lèyì (be willing to)

[助动]甘心情愿:～帮助|～去|～做|～接受|～唱|～照顾|他～帮助我|他们～去艰苦的地方工作|她不～做我的女朋友|他～接受大家的劝告|你～不～照顾这位老人?|他既然不～参加,那就算了。

【近义词】愿意

【提示】"乐意"可作动词用,有"愿意"、"高兴"的意思。如:他心里不～|去看电影,我当然～。

3971 **了** 甲 〔部首〕乛 〔笔画〕2

le (part. 1. *indicating a tone of affirmation or change of a state*; 2. *used after a verb to indicate the completion of an action or change*)

[助]"了"分语气助词"了"和动态助词"了"两种。

1.语气助词"了",可以表示几种不同的语气:❶表示肯定的语气,肯定某件事已经发生:我吃完饭～|他去公司～|他已经毕业～|我打过电话～。❷表示情况的变化:a)表示已经出现或将要出现某种情况:春天～|春节到～|天要冷～|叶子快红～|你已经是大学生～|我们马上要有一套新房子～|他又不想吃甜的～|我们都已经不年轻～|暴风雨就要来～。b)表示在某条件之下出现某种情况:一到冬天,我就不想出门～|你再晚一点儿来,我可能就出去～|你要是多穿件衣服,就不会感冒～。c)表示认识、想法、主张、行动等有变化:我现在知道这样做不对～|就这么一会儿,他又改变主意～|他考虑了半天,还是去～。d)表示催促或劝止:扔～,扔～,多脏啊!|走～,走～,车还在外边等着呢!|好～,好～,别哭～!|行～,不要说～!

2.动态助词"了",放在动词后边,可以表示动作或变化的完成:❶用于已发生的动作或变化:昨天我买～一双鞋|他翻译～三本小说|我参观～革命历史博物馆|我吃～地道的北京烤鸭

|我已经在北京住～40年了～|我学～一年日语了,我还想再学一年|我已经买～一件毛衣了,不想再买了|我们已经讲～三个问题了,现在开始讲第四个问题。❷用于预期的或假设的动作:我看～电影就回家|明天我们吃～饭就出发|你写完～作业,我才让你出去玩|如果你看见～,一定会觉得很可笑。

【提示】①语气助词“了”表示肯定事件已发生的语气时,否定式是在动词前加上“没有”或“没”,句尾不用“了”。如,“我昨天没去看电影”,不说“我昨天没去看电影了”。②“了”又读 liǎo,见第4125条。

3972 **勒** 丁　〔部首〕革　〔笔画〕11

lēi (tie sth. tight)

[动]用绳子等捆住或套住,再用力拉紧;系(jì)紧:～脖子|～手|～脚|～根绳子|～条带子|～了一道印儿|～红了|～结实|～紧|～断了|～得太紧|～得真疼|～得慌|～死|使劲儿～|慢慢地～|～一下|这衣服领子太小,有点儿～脖子|这带子太细,～手|中间再～根绳子就结实了|表带把手腕子都～红了|把绳子～结实点儿|～得太紧了,绳子～断了|小狗脖子上的皮带别～太紧|不用使劲儿,随便～几下就行了。

3973 **雷** *乙　〔部首〕雨　〔笔画〕13

léi (thunder)

[名]❶云层放电时发出的响声:～响|打～|～声|春～|这～真响|我从小怕打～|干(gān)打～,不下雨|～声轰鸣|会场上掌声如～。❷〈丁〉军事上用的爆炸武器:地～|水～|鱼～|布～|扫～|战争留下的数十万个地～给当地居民带来巨大危害|联合国维和部队里有一支扫～队|他是挖～能手,已亲手挖出了敌人布下的100颗地～。

【近义词】❶霹雷/霹雳

【提示】雷,姓。

【构词】雷达兵/雷电/雷管/雷击/雷鸣/雷同/雷阵雨/雷打不动/雷打不散(sàn)/雷厉风行/雷声大,雨点小

3974 **雷达**(達) 丁

léidá (radar)

[名]利用极短的无线电波进行探测的装置。无线电波传播时遇到障碍物就能反射回来,雷达就根据这个原理,把无线电波发射出去,再用接收装置接收反射回来的无线电波,这样就可以测定目标的方向、距离、大小等,接收的电波映在指示器上可以探测目标的影像。雷达在使用上不受气候条件的影响,广泛应用在军事、天文、气象、航海、航空等方面:～装置|～监视|安装～|～失灵|据说当飞机低空飞行时,一般的～发现不了。

3975 **雷雨** 丁

léiyǔ (thunderstorm)

[名]由积雨云产生的一种天气现象,降水伴随着闪电和雷声,往往发生在夏天的下午:～天气|有～|天气预报说这几天都是～天气|我们去长城那天偏偏碰上了～天儿|今天下午有～,别忘了带伞。

3976 **垒**(壘) 丁　〔部首〕土　〔笔画〕9

lěi (build by piling up bricks, stones, earth, etc.)

[动]用砖、石、土块等砌或建筑:～堤

坝｜～墙｜～房基｜～砖｜～石头｜～高点儿｜～齐｜～好｜～得快｜～得牢固｜～得整齐｜～得漂亮｜～不好｜～了三天｜往上～｜一层一层地～｜整整齐齐地～｜不停地～｜他们想在这里～一道堤坝｜这个地方～一堵墙，～得高一点儿｜他们～得又快又齐｜他们一层一层地往上～石头，～得真快｜这个房基什么时候可以～好？

【近义词】砌

3977 **累** 甲 〔部首〕田 〔笔画〕11

lèi (tired)

［形］疲劳：活儿～｜工作～｜～得要命｜～得不想吃饭｜～得腰酸腿疼｜～极了｜～死人｜觉得～｜感到～｜～活儿｜走～了｜干～了｜你们的工作～不～？｜干这种活儿真～！｜我每天都～得腰酸腿疼｜他连着干 8 小时也不感到～｜年轻人～一点儿没关系｜他总抢着干～活儿｜我走得有点儿～，咱们休息一会儿吧｜干～了就歇一会儿。

【近义词】乏/疲劳/疲乏

【提示】①“累”可用作动词，有“使疲劳”的意思，如：～人｜～脑子｜～了一天了｜～病了｜～坏了。②“累”又读 lěi，如“积累”，见第 2975 条。

3978 **类**(類) 乙 〔部首〕米 〔笔画〕9

lèi (n./m. kind)

［名］种类：分～｜归～｜两～｜几～｜好几～｜同～｜你们工厂的产品有多少～？｜我们这里的书分好几～｜杂志、报纸全堆在一起，太乱了，给它们分分～放好｜这些问题请你按性质不同归一下～｜请把同～的放在一起。

［量］表示种类，用于人和任何事物：两～人｜各～情况｜这些衣服可以分成三～，一～是工作服，一～是休闲服，另一～是礼服｜我跟他不是一～人。

【近义词】［名］种/种类/类别

【构词】类比/类别/类人猿/类书/类推

3979 **类似** 丙

lèisì (similar)

［形］大致相像：这两个东西～｜这两种方法～｜～的错误｜～的方法｜～的情况｜～的现象｜我住的那套房子跟你这套～｜这两种面包的制作方法～｜以后不要再发生～的错误｜我不希望再出现～的情况｜跟此案～的案件最近经常发生。

【近义词】好似/好像/近似/相近/相像

3980 **类型** 丙

lèixíng (type)

［名］具有共同特征的事物所形成的种类：～多｜～单一｜区别～｜机器的～｜电视机的～｜产品的～｜商品的～｜同样的～｜不同的～｜一种～｜这种～｜这种产品的～太单一了｜这种～的洗衣机早就淘汰了｜他在小说里塑造了几种不同～的大学生｜他搜集了各种不同～的蝴蝶｜这几个孩子的性格是属于同一种～的。

【近义词】种类

3981 **棱** 丁 〔部首〕木 〔笔画〕12

léng (edge)

［名］❶物体上不同方向的两个平面连接的部分：窗户～｜桌子～｜椅子～｜有～有角｜见～见角｜头碰在桌子～上了，真疼｜椅子～都磨圆了｜他的被子叠得真整齐，有～有角的｜活儿做得真好，见～见角｜窗户～上积了好多土｜～～角角的地方要好好擦擦。

❷物体上一条条凸起来的部分：瓦～|这地面稍微有点儿～，走路不容易打滑|这种鞋鞋底没有～，下雨容易滑倒|瓦～上积满了雪。

3982 **冷** *甲 〔部首〕冫 〔笔画〕7

lěng (cold)

［形］❶温度低；感觉温度低：天气～|水～|手～|～水|～饭|～气|～饮|～咖啡|～得很|～得要命|～得哆嗦|这几天天气真～！|水～得要命，我不想游了|他～得直哆嗦|他天天喝～水|屋子里有～气，所以不热|我喝～咖啡|牛奶我喜欢喝～的。❷〈丙〉不热情；不温和：人～|态度～|～面孔|～言～语|～～地说|～～地笑|他对人态度非常～|他对人总是不～不热|整天看他的～面孔，真难受|他～～地回答说："不知道。"|他最近说话总是～言～语的|她～得像一块冰。

【近义词】❶寒/凉/寒冷；❷冷淡/冷漠

【反义词】❶暖/热；❷热情/火热

【提示】冷，姓。

【构词】冷板凳/冷冰冰/冷不丁/冷不防/冷布/冷藏/冷场/冷处理/冷冻/冷风/冷宫/冷汗/冷话/冷荤/冷箭/冷酷/冷库/冷脸子/冷落/冷门/冷漠/冷暖/冷炮/冷僻/冷气/冷枪/冷清/冷热病/冷色/冷食/冷水/冷烫/冷天/冷笑/冷战/冷嘲热讽/冷暖自知/冷若冰霜/冷血动物/冷言冷语/冷眼旁观

3983 **冷淡** 丁

lěngdàn (adj. slack; v. treat coldly)

［形］❶不热闹；不兴盛：生意～|市场～|买卖～|～下来|～得很|～极了|最近生意很～|这个买卖做得不好，～得很|这个市场不知什么原因突然～下来了。❷不热情；不亲热；不关心：态度～|脸色～|样子～|语调～|关系～|对人～|～得很|～极了|过分～|表现得～|～的态度|～的样子|～地回答|～地说|这里的服务小姐态度真～|他说话的语调听起来很～|最近他们的关系相当～|你对他别过分～|他对这件事表现得非常～|我真不想看他那～的脸色|他～地回答："不知道。"|他们之间一直感情～，很可能要离婚。

［动］使受到冷淡的待遇：～别人|～顾客|受到～|顾客是上帝，不能～他们|他今天让顾客受到了～，被解雇了|他在朋友家受到～以后再也没去他家|今天来的人真多，他怕～了我，就让他弟弟来招呼我。

【近义词】［形］冷清/冷落/萧条；［动］冷落

【反义词】［形］热闹/兴盛/热情/热忱/热心/亲切

3984 **冷静** 丙

lěngjìng (desolate; calm)

［形］❶人少而静；不热闹：街上～|校园～|村子～|家里～|周围～|～多了|～下来|太～了|喜欢～|害怕～|习惯了～|感到～|觉得～|变得～|～的校园|～的大街|一过12点，街上就变得非常～|放假了，校园里显得特别～|他家里人不多，平时很～|人老了就怕～|他怕乱，喜欢～|他已经习惯了～。❷遇事不慌不忙，非常镇定，而且不感情用事：头脑～|态度～|情绪～|神色～|遇事～|处事～|保持～|需要～|～得很|变得～|表现

得～|～下来|～一下|～地考虑|～地对待|～地说|～的态度|～的头脑|虽遭受到地震,但人们非常～|这位大夫在做手术时非常～|在非常混乱的情况下,你应该保持～|在这危急的时刻,他表现得异常～|不要激动,先～一下|过了很长时间,他才～下来|你要永远保持～的头脑|这件事很重要,你要～地考虑一下|他～地说:"放心吧,我会处理好这个问题的。"

【近义词】❶冷清/安静/清静/寂静;❷沉着/镇静/镇定

【反义词】❶热闹;❷冲动/激动/慌张/惊慌

3985 **冷却** 丙

lěngquè (cool down)

[动]物体的温度降低,或使物体的温度降低:铁板～了|铁水～了|完全～|加速～|～下来|把水瓶放在冰水里～以后再喝|刚出炉的铁水还没完全～|把热饭放在冰块上可以加速～|他的脸就像还没完全～的铁板,黑红黑红的|失败并没有使他对事业的热情～下来。

【反义词】加热

【构词】除却/辞却/减却/了却/抛却/省却/失却/推却/退却/忘却

3986 **冷饮**(飲) 丙

lěngyǐn (cold drink)

[名]凉的饮料,大多是甜的,如汽水、矿泉水、酸梅汤等:喝～|要～|喜欢～|一杯～|一瓶～|～店|你喝什么～?|我要一杯～|我们去～店喝点儿什么吧。

【反义词】热饮

【构词】畅饮/热饮/痛饮/宴饮

3987 **愣** *丙 〔部首〕忄 〔笔画〕12

lèng (v. dumbfounded; adj. rash)

[动]呆;失神:～了一下|～了一会儿|～在那儿|～住了|吓～了|气～了|吓得一～|气得～了半天|他看见我～了一会儿,然后叫了起来:"你不是老李吗!"|别～在那儿,快点儿去呀!|他发现屋子里都是不认识的人,一下子～住了|他被这种情况吓～了|他突然大声一叫,把我吓得一～|还不赶快去找,～着干什么!

[形]〈丁〉说话、做事不考虑后果:人～|～小子|～头～脑|～极了|～着呢|～得要命|可～了|～干|～这么说|他这个人可～了|这个～小子,尽给我找麻烦|他干什么事都～头～脑的,让人不放心|喂!你别这么～干,要注意安全!|他～要这么做,真没办法!|不是这么回事,他～这么说,多气人!

【近义词】[动]呆/失神;[形]鲁莽/粗鲁

3988 **厘米**(糎) 乙 〔部首〕厂 〔笔画〕9

límǐ (centimeter)

[量]公制长度的单位,1厘米等于1米的1%:100～|50～|长90～|85～长|多少～|这张桌子长120～|他穿100～长的裤子|有70～的儿童棉毛衫吗?|你这衣服太长了,再去掉半～就好了|你的大衣短了点儿,再长出一～正合适。

【近义词】公分

3989 **梨** 乙 〔部首〕木 〔笔画〕11

lí (pear)

[名]梨树所结的果实,是普通的水果,品种很多:～甜|～水分多|鸭～|

苹果～|～树|～花|～干儿|～核|这种～很甜|鸭～水分多|他家院子里种了一棵～树|把～肉晒成～干非常好吃。

【近义词】梨子

3990 **犁** 丁 〔部首〕牛 〔笔画〕11

lí (v./n. plough)

[动]用犁耕地:～地|～了两趟|～了三亩|～完|～得平整|我爷爷那时是用牲口～地|我们村还用牛～地|现在农村大多已经改用拖拉机～地了|已经～了好几趟了|再有两趟就～完了|这头牛一天能～多少亩地?|这地～得很平整。

[名]翻土用的农具,有很多种,用畜力或机器(如拖拉机)牵引:拉～|过去这个地方穷,都是用人拉～|有的地方用牛拉～|他们买了拖拉机,再也不要用牛去拉～了。

【近义词】[动]耕

3991 **黎明** 丙 〔部首〕水 〔笔画〕15

límíng (dawn)

[名]天快要亮或刚亮的时候:～来临|～过去|～到来|歌颂～|盼望～|喜欢～|赢得～|灿烂的～|～时刻|～的风光|～的景色|～的村庄|～的河边|黑暗过去了,～即将来临|他～即起,开始练功|今晚上车,明日～时分就可到达|～的景色美丽动人|他喜欢独自坐在～的河边沉思。

【近义词】拂晓/破晓/凌晨

【反义词】黄昏/傍晚

【提示】黎,姓。

【构词】黎黑/黎民/黎族

3992 **离**(離) *甲 〔部首〕亠 〔笔画〕10

lí (v. leave; prep. be apart from)

[动]❶分离,离开;离婚:～家|～校|～厂|～手|～婚|～不了|～不开|他们结婚两年就～了|他爸爸跟他妈妈～了三年了|他昨天忽然～家出走了|他毕业了,今天去办～校手续|我三年前就～厂不干了|他每天书不～手|至今他还是烟不～口|这么大了,晚上睡觉还～不开妈妈。❷〈丙〉缺少:人～了盐可不行|四川人吃饭～不了辣椒|我～了眼镜就跟瞎子一样|他每天睡觉都～不了安眠药|他顿顿饭～不了酒|谁也～不了朋友的帮助。

[介]距离;相距:学校～我家不太远|车站～这儿大概100米|现在～全国运动会只有一个月了|我们做的～国家的要求还差得远呢|～下班时间还有半个小时|～飞机起飞还有20分钟。

【近义词】[动]❶分/分离/离开/离别,❷缺/少/缺少;[介]距

【反义词】[动]❶返/回/归

【提示】离,姓。

【构词】离愁/离队/离宫/离合/离合器/离间(jiàn)/离乱/离谱/离奇/离弃/离情/离散/离题/离心/离心力/离异/离职/离经叛道/离群索居/离弦走板/离乡背(bèi)井/离心离德

3993 **离别** 丁

líbié (part)

[动]比较长久地跟熟悉的人或地方分开:～父母|～亲友|～家乡|～祖国|～母校|～北京|～社会|～过|～得太久了|不想～|悲伤地～|匆匆地～|过早地～|短暂地～|永远地～|痛苦地～|～的情景|～的地方|～的朋友|我们就要～了|他～了父母去边疆工作|他很早就～了家乡|别难过,这只是暂时地～|我时常想起～已久的家乡和亲友。

【近义词】别离/分别/分离/分手/分开/告别/离开

【反义词】相见/相会/相逢/团圆/聚会

【提示】"离别"多用于书面语。

3994 **离婚** 乙

lí hūn (divorce)

依照法定手续解除婚姻关系:同意～|愿意～|要求～|～手续|～证书|离过婚|离过一次婚|～两年了|听说他们俩～了|老王跟他妻子～了|丈夫不同意～|妻子要求马上～|他们的～手续办好了|他的妻子是离过婚的|他离过两次婚|他们～快两年了。

【近义词】离异/离

【反义词】结婚/复婚

【提示】离合词,中间可插入其他成分,如:离了婚|离过婚|离不了婚。

3995 **离开**(開) 甲

lí kāi (depart from)

跟人、物或地方分开:～父母|～家乡|～祖国|～北京|～屋子|～学校|～办公室|～桌子|～书本|～酒|～水|～现实|～社会|～人世|～帮助|～得及时|～得早|～了一会儿|离得开|离不开|希望～|不忍～|舍不得～|强迫～|不得不～|悄悄～|匆忙地～|愉快地～|痛苦地～|～的心情|～的决心|父母年纪大了,他不忍～他们|为了工作,他不得不～可爱的家乡|请你立刻～这个屋子|他悄悄地～了人世|他这辈子是离不开酒了|他至今没有～过一次家|他说完就匆匆地～了|我真舍不得～你们|我刚～了一会儿,东西就不见了。

【近义词】脱离

【反义词】回来

【提示】"离开"是动补结构,中间可插人"得"或"不",如:离得开|离不开。

3996 **离休** 丁

líxiū (retire with honours)

[动]具有一定资历、符合规定条件的老年干部离职休养:～干部|～制度|～手续|～一年了|他父亲今年该～了|他父母都是～干部|我们国家制定了老干部的～制度|你的～手续办好了吗?|他已经～好几年了。

【近义词】退休

【构词】罢休/半休/病休/补休/厂休/倒(dǎo)休/工休/公休/轮休/全休/退休/午休/善罢甘休/无尽无休/一不做,二不休

3997 **篱笆**(籬) 丁　〔部首〕竹　〔笔画〕16

líbā (bamboo or twig fence)

[名]用竹子或树枝等编成的遮拦的东西,一般环绕在房屋、场地等的周围:围～|修～|拆～|～墙|一道～|一圈～|他在院子周围修了一道～|他的房子四周修了一圈～墙|他用～把菜地圈(quān)起来了|你弄个～把这些小鸡圈(juān)起来,免得乱跑。

【近义词】栅栏

3998 **理** *丙　〔部首〕王　〔笔画〕11

lǐ (manage)

[动]❶管理;办理;整理:～财|～家|～抽屉|～衣服|～线团|～书|～报纸|～发|～头绪|～一下|～好|～出来|～不过来|～完|～整齐|你应该学会～财|他从来不～家|把衣服～平|书太乱了,好好～～吧|把要用的报纸～出来|东西太多太乱,我都～不过来了。❷〈丁〉对别人的言语、行动表示态度;表示意见(多用于否定):～人|他不爱～人|他们俩吵架

了,谁也不～谁|他见了我～都不～|你爱～不～,我怕什么!|别～他,咱们走!|狗有什么可怕的,你越怕它,它越咬你。

【近义词】❶整理/收拾/办理/管理/料理;❷理会/理睬/答理/睬

【提示】理,姓。

【构词】理财/理发/理会/理解/理科/理亏/理疗/理论/理屈/理事/理想/理性/理学/理由/理智/理屈词穷/理所当然/理直气壮

3999 **理** 丙

lǐ (reason)

[名]道理;事理:～直|～屈|～亏|有～|没～|歪～|～直气才壮|这事～应如此|这件事他有点儿～亏|有～没～都不能动手打人|这个人没～也要狡三分|他那都是些歪～,听不得。

【近义词】道理

4000 **理睬** 丁

lǐcǎi (pay attention to)

[动]对别人的言语行动表示态度;表示意见(多用于否定):不予～|不加～|不屑于～|故意不～|完全不～|谁也不愿意去～他的事|他经常不～别人|他不屑于～这种小事|为这事找他好几次,他都不予～|他明明看见了,故意不～|这事可以完全不去～它。

【近义词】答理/理会

4001 **理发**(髮) 乙

lǐ fà (haircut)

剪短并修整头发:～师|～馆|不～|去～|我～|理个发|理一次发|为他～|经常～|他去～了,过一会儿就回来|我刚才理了个发|他两个星期理一次发。

【提示】①离合词,中间可插入其他成分,如:我去理个发|理完了发。②"理发"的"发"不能读成 fā。

【构词】鬓发/黑发/华发/假发/金发/毛发/脱发/须发/削发

4002 **理会**(會) 丁

lǐhuì (understand)

[动]❶懂;了解:不～|～错了|～得太慢|充分～|这段话的意思不难～|我的难处没人～。❷注意;理睬(多用于否定):我叫了他三次,他仍不～|他已经来了半天,可是没人～他|他从没～过我。

4003 **理解** 乙

lǐjiě (v. understand; n. understanding)

[动]懂;了解:很～|不～|能～|完全～|～他的感情|～一点儿|～得很深刻|～得很全面|我能～你的意思|你应该～这些年轻人|有不～的问题,可以问老师。

[名]指互相了解得很清楚的状态:得到～|一种～|～比什么都重要|我希望得到大家的～|感谢你对我的这种～。

【近义词】[动]懂/明白/领会/了解/知道

4004 **理论**(論) 乙

lǐlùn (theory)

[名]人们由实践概括出来的关于自然界和社会知识的有系统的结论:～正确|教育～|语言～|～著作|系统的～|一种～|一部分～|他从事～工作|～指导实践|他干什么总有一套～。

4005 **理事** 丁

lǐshì (member of a council)

[名]代表团体行使职权并处理事情的人:常务～|商务～|协会～|当～|做～|～会|他是这个协会的常务～|今天下午要开～会。

4006 **理所当然** 丁

lǐ suǒ dāng rán (of course)

按道理就应该这样:他这样做～|学校给你处分,～|做坏事,受惩罚,～|你是领导,这件事～地应由你来承担责任|你是客人,这杯酒～要你先喝|这是～的事情。

4007 **理想** 乙

lǐxiǎng (ideal)

[名]对未来事业的想像或希望(多指有根据的、合理的):崇高的～|美好的～|远大～|有～|人类的～|实现～|～破灭|我们的～终于实现了|总有一天,这个～会变成现实|他的～是当一名飞行员|一个人应该有崇高的～|青年人要树立远大的～。

【近义词】志向/希望/幻想/梦想

【反义词】现实/实际

【提示】"理想"作形容词时,意思是符合希望的;使人满意的:比较～|不太～|～的工作|～的妻子|这个任务完成得很～|这件衣服的式样不太～|这里有比较～的学习环境|他总觉得自己的工作不～。

4008 **理由** 乙

lǐyóu (reason)

[名]事情为什么这样做或那样做的道理:提不出～|成为～|找～|缺乏～|一个～|三条～|一点～|一大堆～|一肚子～|充分的～|没有～|充足的～|～不充分|他这样做的～十分充足|如果你一定那样做的话,就应该说明～|找不到任何～。

【近义词】道理/原由

【构词】经由/来由/情由/事由/因由/原由/自由

4009 **理直气壮**(氣壯) 丁

lǐ zhí qì zhuàng (speak with compelling arguments and confidence)

理由充分,说话有气势:～地说|～地做|～地回答|他～地回答着大家的质问|明明是他不对,说话自然不那么～|有大家的帮助,他说话更加～|这个问题他回答得～。

【近义词】义正词严

【反义词】理屈词穷

4010 **里**(裏) *甲　〔部首〕里　〔笔画〕7

lǐ (inside)

[名]❶里边;里边的:～～外外|～屋|～应外合|由表及～|～层|～间|外屋是客厅,～屋是卧室|这套房子,～～外外都打扫得十分干净。❷里面;内部:院子～|手～|箱子～|肚子～|屋子～|箱子～都是书|手～拿着一束花|教室～一个人也没有。❸附在"这"、"那"、"哪"等字后边表示地点:这～|那～|哪～|你的朋友住在哪～?|这～没有你要买的东西。❹〈丁〉(～儿)衣服被褥等东西不露在外面的那一层;纺织品的反面:被～儿|衣服～儿|大衣～儿|帽～儿|鞋～儿|被～儿该拆洗了|这面是面儿,那面是～儿|这块料子只能做大衣～儿。

【近义词】❶❷内/中/里面/内部

【反义词】❶❷外/外面/外边/外头/外部
【提示】义项❷❸读轻声。
【构词】里程/里间/里子/里应外合/里通外国

4011 **里** 甲

lǐ (m. li)
[量]长度单位,也说市里。500米等于1市里,合½公里:1公里等于2～|从这里到天安门大约有20～。
【提示】表示长度单位的"里"不是"裹"的简化字。

4012 **里边**(邊) 甲

lǐbian (inside)
[名]一定的时间、空间或某种范围以内:箱子～|屋子～|这～|问题～|工作～|去年一年～他只来过一次|从这件事～我们可以明白很多道理|生活～有很多欢乐,也有很多烦恼。
【近义词】里/里面/内
【反义词】外边/外面

4013 **里面** 乙

lǐmiàn (inside)
[名]里边;内部:教室～|窗子～|柜子～|生活～|屋子～很热|这～什么也没有|他脑子～主意很多|工作～有很多问题。
【近义词】里/里边/之内/内
【反义词】外/外面/外边

4014 **里头**(頭) 丙

lǐtou (inside)
[名]里边:院子～|墙～|心～|那～|最～|屋子～没有人|锅～的饭剩得不多了|我看这～没什么问题|坐在最～的那个年轻人就是他。
【近义词】里/里边/里面
【反义词】外头/外面/外边

4015 **礼**(禮) 丙 〔部首〕礻 〔笔画〕5

lǐ (courtesy)
[名]❶表示尊敬的言语行动:～节|～尚往来|敬～|懂～|赔～|这个人讲话真是无～|是你错了,你应该向人家赔～|你这个人怎么如此不懂～? ❷礼物:送～|收～|重～|厚～|你应该送给他一份谢～|千里送鹅毛,～轻情义重|你收了人家的～,就应该感谢人家。❸社会生活中由于风俗习惯形成的为大家共同遵守的仪式:婚～|典～|葬～|丧～|星期天他要去参加朋友的婚～|九月一日举行开学典～。
【近义词】❶礼仪;❷礼物/礼品;❸典礼/仪式
【提示】"礼"左边是"礻",不能写作"衤"。
【构词】礼服/礼花/礼教/礼金/礼帽/礼炮/礼俗/礼仪/礼遇/礼治/礼尚往来/礼贤下士

4016 **礼拜** *丙

lǐbài (week; religious service)
[名]❶星期:上～|下～|这～|～三|～天|这本书我已经看了两个～了|我已经三个～没看见小张了|下个月他有一个～的假。❷〈丁〉宗教徒向所信奉的神行礼:做～|～堂|～寺|他每个星期都要去教堂做～。
【近义词】星期/周

4017 **礼拜天/礼拜日** 乙

lǐbàitiān/lǐbàirì (Sunday)
[名]星期日(因宗教徒在这一天做礼

拜),也叫星期天:～你做什么? |下个～他准备去长城。

【近义词】礼拜天/星期天/星期日/周日

【提示】多用于口语。

4018 **礼节**(節)　丁

lǐjié (etiquette)

[名]表示尊敬、祝颂、哀悼之类的各种惯用形式,如鞠躬、握手、献花圈、鸣礼炮等:懂～|讲～|有～|注意～|～很多|～太烦琐|～周全|过去的结婚仪式有很多～|在正式的交际场合要注重～。

【近义词】礼貌/礼数

4019 **礼貌**　乙

lǐmào (politeness)

[名]言行谦虚恭敬的表现:讲～|懂～|有～|出于～|合乎～|重视～|文明～|一种～|讲究～|注意～|表现得很有～|～的言语|～的行为|你对老师太没～了|这些孩子个个懂～,很让人喜欢|你这样做,是一种不讲～的行为。

【近义词】礼节/礼数

【构词】面貌/才貌/地貌/风貌/概貌/美貌/面貌/品貌/全貌/容貌/外貌/相貌/笑貌/形貌/原貌

4020 **礼品**　丁

lǐpǐn (gift)

[名]礼物:～多|～少|～太轻|～很重|送～|收～|准备～|带来了～|赠送～|挑选～|贵重的～|珍贵的～|～商店|一包～|一些～|一部分～|这些～是准备送给谁的? |这么贵重的～,让您太破费了。

【近义词】礼物/礼

4021 **礼堂**　乙

lǐtáng (auditorium)

[名]供开会或举行典礼用的大厅:大～|小～|建～|修～|一座～|一个～|今天上午在～开会|～里人很多。

4022 **礼物**　甲

lǐwù (gift)

[名]为了表示尊敬或庆贺而赠送的物品,泛指赠送的物品:～送走了|～带来了|～选好了|～准备好了|～太多|～不足|～太轻|～太重|送～|收～|接受～|谢绝～|拒收～|挑选～|喜欢这些～|讨厌这些～|生日～|结婚～|节日的～|妈妈的～|贵重的～|难得的～|这是他给孩子准备的生日～|这些～是送给妈妈的|王先生从来不接受任何～。

【近义词】礼/礼品

4023 **荔枝**　丁　〔部首〕艹　〔笔画〕9

lìzhī (lichee)

[名]一种水果,果肉白色,多汁,味道很甜,是中国的特产:一斤～|三颗～|新鲜～|～干儿|爱吃～|～树|小王特别喜欢吃～|今年～大丰收。

【构词】侧枝/插枝/果枝/接枝/叶枝/主枝

4024 **栗子**　丁　〔部首〕木　〔笔画〕10

lìzi (chestnut)

[名]一种树生果实,包在多刺的壳斗内,成熟时壳斗开裂而散出。果实可以吃,味甜美:一斤～|～皮|～肉|很多～|糖炒～|北京的冬天正是吃糖炒～的季节|北部山区种了很多～树。

【提示】栗，姓。

4025 **历代**(歷)　丁　〔部首〕厂 〔笔画〕4

lìdài (past dynasties)

[名]过去的各个朝代：～王朝｜～名画｜～佳作｜～文人｜～名师｜他收藏了中国～著名画家的作品｜张老师正在选编一部《～诗歌选》。

【提示】历，姓。

【构词】历朝/历程/历次/历法/历届/历尽/历久/历历/历练/历时/历史观/历史剧/历书/历险

4026 **历来**(來)　丁

lìlái (always)

[名]从过去到现在，很久以来：～的政策｜～的做法｜～的主张｜坚持团结，反对分裂，这是我们～的方针｜这是他们部队～的传统｜中国政府～主张把和平共处五项原则作为处理国际关系的准则｜他～重视学以致用｜他～奉公守法｜我们～提倡艰苦奋斗的优良作风。

【近义词】向来/从来/一向/一贯/素来

【反义词】偶尔/偶然

4027 **历年**　丙

lìnián (over the years)

[名]过去多年：～的积蓄｜～的做法｜～的习惯｜从这本著作中可以看出作者～花费的心血｜这些成绩是他～刻苦工作的结果｜他一次还清了～的贷款｜～的战乱，使人民饱受苦难。

【近义词】长期/多年

4028 **历史**　甲

lìshǐ (history)

[名]自然界和人类社会的发展过程；某种事物的发展过程或个人的经历；过去的事实：～发展｜～复杂｜～悠久｜～漫长｜回顾～｜尊重～｜忘记～｜创造～｜家庭的～｜本人的～｜人类的～｜50年的～｜一段～｜一部～｜几代人的～｜～悲剧｜～的进程｜～发展的趋势｜～的背景｜～的结论｜～证明了他是正确的｜我们不能忘记～的教训｜你们肩负着时代赋予的～使命｜他对中国～感兴趣｜～上流传着很多反对强暴，为民除害的动人故事｜我们要学好～。

【近义词】史

【反义词】现实/现状

【构词】病史/丑史/国史/家史/秘史/青史/通史/文史/信史/艳史/野史/正史

4029 **利**　*丙　〔部首〕刂 〔笔画〕7

lì (profit)

[名]❶利益；好处：有～｜无～｜天时地～人和｜兴～除弊｜有～有弊｜你这样做对大家的工作不～｜这是一件对大家有～的事，你一定要干好｜我最不喜欢那种见～忘义的人。❷〈丁〉利润或利息：～大｜～小｜谋～｜年～｜牟取暴～｜做这种买卖没～｜薄～多销｜他借给你钱，一定会向你要～的｜你可以试试，能得～就干，没～就拉倒｜你借我的钱下月本～一并还清。

【近义词】❶益/利益/益处/好处；❷利润/利息/利钱

【反义词】❶害/弊

【提示】①“利”作动词时的意思是使有利：毫不～己，专门～人｜这一政策～于发展生产｜吃这种奶粉～于儿童的生长发育。②利，姓。

【构词】利滚利/利率/利落/利尿/利器/利钱/利刃/利索/利诱/利于/利

嘴/利己主义/利令智昏/利欲熏心

4030 **利弊** 丁

lìbì (advantages and disadvantages)

[名]好处和坏处:权衡~|认清~|考虑~|区分~|在做这件事之前,我们应该仔细想想它的~|你提出两种办法我看都可以,各有~|你知道这样做的~吗?

【近义词】利害

【构词】百弊/积弊/流弊/时弊/舞弊/作弊

4031 **利害** 丁

lìhài (gains and losses)

[名]利益和损害:~相关|~一致|权衡~|辨别~|不计~|知道~|种种~|我们两人之间没有什么~关系|只要对大家有好处的事他就干,从不计个人~|你想过做这事的~得失吗?|他想怎么干就怎么干,从不讲~|这件事关系到大家的~。

【近义词】利弊/得失

4032 **利害/厉害**(厲) 乙

lìhai (fierce)

[形]剧烈;凶猛,难以对付或忍受:很~|~极了|手法~|疼得~|哭得~|冷得~|这个女人很~|我第一次碰见这么~的猫|我的心跳得~|他病得很~|不给你点儿颜色看,你不知道我的~。

【近义词】猛烈/剧烈/激烈/强烈/凶猛

【反义词】温和

【提示】"利害"也作"厉害"。

4033 **利润**(潤) 丙

lìrùn (profit)

[名]经营工商业等赚的钱:上交~|分配~|~增长|~多|~薄|~丰厚|~合理|获得~|增加~|年~|月~|公司的~|几千元的~|这种买卖没什么大~|有些商人为了追求高额~什么事都敢干。

【近义词】利/赚头

【构词】潮润/丰润/光润/红润/浸润/柔润/湿润/温润/细润/鲜润/圆润/滋润

4034 **利息** 丁

lìxī (interest)

[名]因存款、放款而得到的本金以外的钱:~高|~低|~很多|吃~|计算~|你应该把钱存到银行里,这样可以得到~|他存了很多钱,这些年他只靠~就可以生活了|国家几次降低了银行存款~。

【近义词】利/利钱

4035 **利益** 乙

lìyì (interest)

[名]好处:~一致|个人~|集体~|长远~|合法~|共同~|谋~|出卖民族~|眼前的~|根本的~|国家、人民的~高于一切|为了人民的~,他们不惜牺牲个人的一切|保障群众的~|维护消费者的~|从长远~出发,我们应该做好这件事。

【近义词】益处/好处

【构词】补益/公益/教益/进益/权益/日益/收益/受益/无益/效益/有益/愈益

4036 **利用** 甲

lìyòng (use)

[动]❶使事物或人发挥效能:废物~|~时间|~机会|~矛盾|合理~|科

学～|充分～|可以～|～得好|得到～|～一下儿|人才应当合理～|废品也可以～|充分～业余时间学习英语|～空间放东西|他～假期去了一趟上海|他的时间～得很好|你要充分～在中国学习的机会,多说汉语。❷用手段使人或事物为自己服务。多用于贬义:～权力|～关系|被人～|互相～|你不要被人～|他们不是真正的朋友,而是互相～|有人～青少年的幼稚,唆使他们犯罪。

【近义词】❶使用/应用/运用

4037 **例** *乙 〔部首〕亻 〔笔画〕8

lì (example)

[名]❶用来帮助说明某种情况或道理的事物:举～|～证|用举～的办法,能清楚地说明这个道理|他举的这个～子很能说明问题。❷〈丙〉指合于某种条件的事例:病～|在治疗中我们发现,10个病人中,有7～属于这种病症|由于酒后开车而出车祸的事～太多了。❸〈丙〉从前有过,后来可以仿效或依据的事情:史无前～|这种事情是没有先～的,我们不能开这个头|这真是一场史无前～的比赛。

【近义词】例子

【构词】例规/例会/例假/例句/例题/例言/例证/例行公事

4038 **例如** 甲

lìrú (for example)

[动]举例用语,用在所举的例子前面,表示下面就是例子:我们是百货店,～毛巾、文具等我们全卖|他很喜欢运动,～跳高、跳远,他的成绩都很好|他去过很多地方,～杭州、桂林等等,他都去过。

4039 **例外** 丁

lìwài (be an exception)

[动]在一般的规律、规定之外:不能～|不应～|可以～|大家都去,谁也不能～|如果有病,可以～,不上体育课|他每年都不回家过春节,今年～,他回家了。

【提示】"例外"作名词时表示在一般规律、规定之外的情况,如:有～|没～|一般都是丈夫比妻子的身材高,但也有～。

4040 **例子** 乙

lìzi (example)

[名]用来帮助说明某种情况的事物:举个～|这个～|这个～说明不了什么问题|你讲的我不太明白,请你举个～|同学们最爱听老师讲课时举～。

4041 **立** *乙 〔部首〕立 〔笔画〕5

lì (stand)

[动]❶站:起～|～正|～着|坐～不安|别总～着,快坐下歇一歇|他一看见老师,连忙～起来|他～在窗前,看着院子里的小鸟。❷使竖立:磁带要～着放|小树倒了,你去把它～起来|他捡起地上的木棍,把它～在墙角。❸〈丙〉建立;树立:～功|～志|～下|我从小就～下一个心愿,长大一定去南极|你～下的誓言难道全忘了吗?|我～志要当一名科学家。

【提示】立,姓。

【构词】立案/立春/立冬/立法/立方体/立功/立柜/立国/立户/立脚点/立论/立秋/立誓/立体声/立夏/立言/立业/立意/立约/立账/立志/立足/立足点/立此存照/立竿见影/立功赎

罪/立身处世/立时三刻/立锥之地/

4042 **立场**(場)　乙

lìchǎng (standpoint)

[名]认识和处理问题时所处的地位和所抱的态度:个人～|家庭～|他的～|他总是站在个人～看问题|你看问题的～有点儿不对|你应该站稳～,不要总是摇来摆去。

4043 **立方**　乙

lìfāng (cube)

[名]❶指数是3的乘方,如 $a^3(a\times a\times a)$,$8^3(8\times 8\times 8)$。❷指立方米:这一～木料,可以做个立柜|这些木料有多少～?

【近义词】立方米

4044 **立方米**　丁

lìfāngmǐ (cubic meter)

[量]指体积相当于每个边都是一米的立方体,也称立方:四～木材|一～石料|这些石料大约有三～。

【近义词】立方

4045 **立即**　乙

lìjí (immediately)

[副]立刻;马上:听了我的话,他～站起来|有了病应该～去看|一出房间,他～感到凉嗖嗖的。

【近义词】立刻/马上/即刻/立时

【提示】"立即"的"即"不能写成"既"。

【构词】随即/旋即/迅即/在即

4046 **立交桥**(橋)　丁

lìjiāoqiáo (overpass)

[名]使道路形成立体交叉的桥梁,不同去向的车辆等可以同时通行:一座～|修建～|～上|汽车在～上行驶|在那个繁华热闹的地区新修了一座～|有了～以后,这里再也不堵车了。

【构词】便桥/搭桥/吊桥/渡桥/浮桥/拱桥/旱桥/舰桥/鹊桥/索桥/天桥/引桥

4047 **立刻**　甲

lìkè (immediately)

[副]表示紧接着某个时候;马上:他听了我的劝告,～去上班了|他见了我,～站了起来|我刚上公共汽车,～有人站起来给我让坐|接到他的信,我～写了回信。

【近义词】马上/立时/即刻/立即

4048 **立体**(體)　丁

lìtǐ (three-dimensional)

[形]❶具有长、宽、厚的(物体):～图形|～感|～电影|他画的图～感很强|我们去看了一场～电影|这些雕塑不是～的,是浮雕。❷上下多层次的,包括各方面的:不要只从一个方面看,要～地看问题|他所描写的人物性格是～的,不苍白|这个城市的交通十分发达,～交叉的公路很多。

【反义词】平面

4049 **沥青**(瀝)　丁　〔部首〕氵〔笔画〕7

lìqīng (asphalt)

[名]黑色或棕黑色,呈胶状,可用来铺路面,作建筑物防水材料等:～路面|铺～|～的气味|一桶～|火热的太阳把～路面都晒软了|我的鞋上沾了一块～|～的气味很不好闻|工人们正在路上铺～|这批油毡上的～质量不好,根本不能防水。

【提示】"沥青"也称作"柏油",如"柏油马路"。

【构词】垂青/丹青/淡青/蛋青/冬青/返青/放青/看(kān)青/踏青/铁青/乌青/知青/炉火纯青/万古长青

4050 **粒** 乙 〔部首〕米 〔笔画〕11

lì (m. *for grainlike things*)

[量]用于小圆珠形或小碎块形的东西:一～米|一～石榴子儿|两～瓜子儿|一～宝石|一～黄豆|一～砂子|谁知盘中餐,～～皆辛苦|哎哟,我吃着(zháo)一～砂子!|她的戒指上镶嵌了一～红宝石|我家种的水稻,～～饱满。

【近义词】颗

【提示】"粒"作为名词,表示小圆珠形或小碎块形的东西,后面常儿化,如:米～儿|豆～儿|盐～儿|老玉米～儿。

4051 **力** 乙 〔部首〕力 〔笔画〕2

lì (force; ability)

[名]力量;能力;体力:人～|物～|财～|视～|脑～|药～|理解～|说服～|战斗～|大～士|用～|无～|有～|这个孩子的理解～很强|你的话很有说服～|他用～推门|我实在无～继续帮助你|应对这种错误言论给以有～回击|他面色苍白,四肢无～,一定生病了。

【近义词】力量/劲儿/能力

【提示】力,姓。

【构词】力避/力持/力促/力挫/力道/力度/力戒/力气活儿/力战/力证/力主/力作/力不从心/力竭声嘶/力排众议/力所能及/力透纸背/力挽狂澜/力争上游

4052 **力量** *乙

lìliàng (power)

[名]❶力气;能力:用不完的～|～大|有～|集中～|～雄厚|～强大|～不足|～小|贡献～|发挥～|人民的～|一种～|一部分～|全部～|为改变家乡面貌,我要贡献出我的全部～|我们要集中～打击敌人|充分发挥每一个人的～,争取尽快完成任务|团结起来～大|他的～特别大,举重得了第一名|靠一个人的～推不动这辆车,大家一起推才行。❷〈丁〉作用;效力:药物的～|精神的～|物质的～|神奇的～|伟大的～|一种～|这种农药的～很大|他借着一杯烧酒的～,跳进冰冷的河水|这些书在他心中产生了神奇的～。

【近义词】❶力气/力/劲儿/能力

【提示】"量"在这里也可读轻声。

4053 **力气**(氣) 乙

lìqi (strength)

[名]气力;劲儿:用尽～|没～|有～|费～|花～|白费～|卖～|～大|～小|你是白费～,这么重的石头你怎么搬得动!|我一点儿～也没有了|他这次帮你干活儿真卖～|他们用尽～还是失败了|他比我～大|这匹马真有～,拉这么重的车。

【近义词】力量/力/劲儿

4054 **力求** 丙

lìqiú (do one's best to)

[动]极力追求,尽力争取:～避免|～克服|～完成|～超过|～浅显|～生动|～简明|～真实|～达到|～克服工作中的缺点|写文章要～真实朴素|～尽快完成任务|文字～简练,内容必须生动|～避免不必要的损失|～得到好的结果。

【近义词】争取/力争

【提示】"力求"的宾语一般是形容词或动宾结构，名词作宾语时要求有修饰语，如：～高质量｜～好结果。

4055 **力所能及** 乙

lì suǒ néng jí (within one's power)

自己的能力所能办到的：要让孩子多做些～的事情｜凡是～的事我都做了，但这篇文章我实在写不了。

4056 **力图**(圖) 丁

lìtú (strive to)

[动]极力谋求；竭力打算：～达到目的｜～实现｜～找到职业｜～赚钱｜～得到｜他～在这片黑土地上建立一个现代化农场｜他多方争取，～在这个小山区办一座学校｜我跑遍全市，～找到一份较好的工作｜他终于进入商海，～赚到更多的钱。

【近义词】力求/力争/谋求

4057 **力争** 丙

lìzhēng (work hard for)

[动]极力争取：～上游｜～超额｜～超过｜～达到｜～获得｜～成为｜～超额完成任务｜亩产～达到千斤｜～成为全年无事故车间｜百米赛跑～拿到第一名｜～参加南极探险队。

【近义词】力图/力求/争取

4058 **俩**(倆) *甲 〔部首〕亻 〔笔画〕9

liǎ (two)

[数]❶两个：咱～｜你们～｜～人｜～桌子｜～杯子｜～月｜夫妻～｜兄弟～｜姐儿～｜父子～｜咱～去看电影吧｜他们夫妻～都是医生｜他们～是同桌｜请把这～杯子洗一洗｜他们父子～长得真像。❷〈丁〉很少；几个：这么～钱儿，哪够花呀！｜就这么～人，怎么做得完这些活儿？｜卖报纸，每天挣不了仨瓜～枣儿的。

【近义词】❶两/二

【提示】"俩"后面不能再接量词：×～个人｜×～张桌子。

4059 **联**(聯) 丁 〔部首〕耳 〔笔画〕12

lián (unite)

[动]联结；联合：～盟｜～络｜～合｜～欢｜这两页是并～在一起的｜我们～手打败了四年级的排球队｜他们～名给学校领导写了一封信。

【构词】联播/联防/联贯/联合国/联接/联句/联军/联络员/联绵/联绵字/联名/联赛/联手/联谊/联姻/联营/联运/联翩

4060 **联邦** 丁

liánbāng (union)

[名]由若干具有国家性质的行政区域联合而成的统一国家：～共和国｜英～｜～制｜～制国家｜建立～｜美国是～制国家｜德意志～共和国简称德国。

【构词】邻邦/外邦/友邦

4061 **联合** 乙

liánhé (unite)

[动]联系使不分散；结合：～工农｜～友军｜～各民族｜～各党派｜进行～｜反对～｜破坏～｜政治～｜经济～｜组织～｜搞～｜～起来｜～得好｜能够～｜应该～｜～各民族共同抵抗侵略｜在斗争中大家～起来了｜～友军，共同对敌｜我们几家公司应该在经济上搞～｜各党派已实现了～。

【近义词】结合

【反义词】分裂/分散
【提示】“联合”不能写作“连合”。

4062 **联欢**(歡) 乙

liánhuān (have a get-together)
[动]为了庆祝或加强团结,在一起欢聚:～会|进行～|组织～|师生～|军民～|周末晚上学校要组织大家一起～|我们拳击队和田径队的队员经常在一起～|～会上她一连唱了三支歌|下个月我们准备组织一次～活动。
【构词】承欢/合欢/交欢/尽欢/狂欢/失欢/喜欢/新欢/握手言欢

4063 **联络**(絡) 丙

liánluò (contact)
[动]接洽;联系:～感情|～关系|～同学|～好了|～得及时|失掉～|中断～|停止～|保持～|进行～|加强～|秘密～|～了三次|我去找了他三次,但始终没与他～上|1938年,我和部队失去了～|你要立即停止和他～|今后我们之间应加强～|我已经和大家～好了,下星期天见面。
【近义词】联系/接洽
【构词】经络/橘络/笼络/脉络/网络/缨络

4064 **联盟** 丙

liánméng (alliance)
[名]两个或两个以上的国家为了共同行动而订立盟约所结成的集团;也指个人、集体或阶级的联合:结成～|建立～|参加～|扩大～|加强～|经济～|军事～|工农～|巩固～|为了维护共同的利益,这几个国家建立了经济～|为了加强两国之间的友好～,两国的领导人经常进行互访|他们之间结成了巩固的～|公司的经济～正在扩大。
【构词】缔盟/结盟/同盟

4065 **联系**(繫) 甲

liánxì (v. contact; n. relation)
[动]彼此接上关系:加强～|断绝～|失掉～|保持～|～不上|～群众|～实际|～工作|～经费|我跟他电话～了三次,都没～上|我找你们经理是来～工作的|理论应该～实际|我和他一直保持着书信～|今后希望我们加强～|你去和他们～～,看看能不能给我们礼堂用用。
[名]有来往的关系;事物或现象之间相互依赖、制约、转化的关系:他们之间有着非常密切的～|我和他早就没有任何～了。
【近义词】联络/关系
【提示】“系”字上边有一横撇,不能写作“糸”。

4066 **联想** 丁

liánxiǎng (associate with)
[动]由于某人或某事物而想起另外有关的人或事物:喜欢～|引起～|产生～|利用～|～到|他的话,引起了我的～|看了这部电影,使我～到小时候的生活|看了他的作品,～到他坎坷的一生,使我非常感动|他的思想非常活跃,特别喜欢～。
【近义词】想像/遐想
【提示】“联想”不能写作“连想”。

4067 **连**(連) *乙 〔部首〕辶 〔笔画〕7

lián (v. link; adv. in succession)
[动]连接:～着|～起来|～在一起|～不上|我们的心紧紧地～在一起|山～着山,海～着海|这座桥把两岸的交通～起来了|你把这两个问题～

起来想，就想清楚了。

[副]〈丙〉表示同一动作接连发生或同一情况接连出现，动词后常跟数量词组：听写时，每个词老师都～念三遍｜晚会上，她～唱四支歌｜我今天～看两场电影｜我给他～发三封电报。

【近义词】[动]连接/接；[副]一连

【提示】①“连”作副词时，一般只能修饰单音节动词，双音动词前要用“连着”或“一连”如：他们一连讨论了三天。｜×他们连讨论了三天。②连，姓。

【构词】连词/连带/连根拔/连贯/连锅端/连环画/连结/连襟/连累/连篇/连任/连日/连写/连衣裙/连阴天/连阴雨/连用/连载/连轴转/连篇累牍/连鬓胡子

4068 连…带…(帶) 丁

lián…dài… (together with)

固定格式。❶中间可嵌入动词或名词，表示两种情况或两种事物都包括在内：连人带马都来了｜连书带本都丢了｜连洗澡带理发总共才用了15元。❷中间嵌入性质相近的单音动词，表示两种动作同时发生，不分先后：连哭带骂｜连打带闹｜孩子们连蹦带跳地跑来了｜他连拉带扯地把我叫出来了｜我们一路上连说带笑，一点儿也不觉得累。

【提示】“连…带…”这一结构中间插入性质相近的单音动词，可以组成许多四字结构，表示两种动作同时发生，不分先后，如：连拉带扯｜连打带骂｜连哭带闹｜连说带唱｜连跑带跳。

4069 连…都/也… 甲

lián…dōu/yě… (even)

“连”作介词，表示强调，含有“甚至”的意思，下文常有“都”、“也”与之呼应：连我都知道了，他当然知道｜他已经～水都不能喝了｜我～床底下也找了，还是没找到｜这么美丽的地方，我过去～听说也没听说过｜～他的名字我都不知道，怎么能谈得上了解？｜这个暑假我～一天也没休息过。

4070 连队(隊) 丁

liánduì (company)

[名]军队里对连以及相当于连的单位的习惯称呼：回～｜光荣的～｜勇敢的～｜我们～｜～的驻地｜～的工作｜～的战士｜～的光荣｜这是一支具有光荣历史的～｜这个月我们～举行实战演习｜他已经向～请假了｜我一个月以后准时回～｜他是我们～的连长｜我是～的炊事兵。

【近义词】连

4071 连滚带爬 丁

lián gǔn dài pá (tumble)

“连滚带爬”是由“连…带…”组成的固定结构，表示两种动作同时发生，有“又滚又爬”的意思：他～地逃了出去｜听到枪声，他～地跑回了家｜敌人～地退下去了｜看见老虎，他吓得浑身发抖，～地逃下山去。

4072 连接 丙

liánjiē (link)

[动]互相衔接；使连接：～起来｜～在一起｜～上｜～不起来｜～不上｜不能～｜紧紧地～｜我们的心紧紧地～在一起｜你把这两根绳子～起来｜在两条河～的地方，有一个小镇｜这座桥把两岸的经济～起来了

【近义词】衔接/联接/连/接

【反义词】拆开

【提示】“连接”也写作“联接”。

4073 **连连** 丁

liánlián (repeatedly)

[副]在很短的时间里，行为动作接连反复进行：他～点头｜小李～表示感谢｜火车开了，他～向我们挥手｜失败一次可以，～失败就不可原谅了。

【近义词】连续/接连/不断

4074 **连忙** 乙

liánmáng (hastily)

[副]赶快；急忙：听到敲门声，他～去开门｜看到我，他～站起来｜看到我饥饿的样子，他～给我盛了一碗饭｜听到老师的提问，他～站起来回答｜他～握住我的手说：“你可来了！”

【近义词】赶快/急忙/赶忙/赶紧

【提示】“连忙”一般用在陈述句中，不能用在祈使句中：×你～吃饭。｜×请～回答问题。祈使句中一般用“赶快”、“赶紧”。

4075 **连绵**(綿) 丁

liánmián (continuous)

[动](山脉、河流、雨雪等)接连不断：阴雨～｜群山～｜雪峰～｜～不断｜群山～起伏｜～的细雨下个不停｜这几天阴雨～，不见晴天。

【提示】“连绵”也写作“联绵”。

【构词】缠绵/海绵/联绵/绵绵/丝绵

4076 **连年** 丁

liánnián (successive years)

[名]接连多年：～丰收｜～出差｜～生病｜～比赛｜～闹灾｜在乒乓球比赛中，他～获得省级冠军｜我的家乡～获得大丰收｜他～出差在外，家里的事一点儿也不管了｜这一带山区～旱灾，人民生活很苦。

【近义词】连续/接连

4077 **连同** 丁

liántóng (together with)

[连]连；和：经理～他的秘书都坐进了汽车｜飞行员～飞机都失踪了｜市长～出访的随行人员都参加了宴会。

【近义词】和/同

【提示】“连同”多用于书面语，口语中一般用“和”、“同”。

4078 **连续**(續) 乙

liánxù (continue)

[动]一个接着一个：～工作｜～考试｜～游泳｜～比赛｜～演出｜～不断｜～三次｜他～拉了三天肚子｜阴雨天气～了一个月｜他日夜～工作，终于累病了｜我们团～演出了十场｜这几个～动作难度很大｜他们～打了几个胜仗｜他～三次夺得世界冠军。

【近义词】继续/持续

4079 **连续剧**(劇) 丁

liánxùjù (serialplay)

分为若干集在电台或电视台连续播放的情节连贯的戏剧：创作～｜演～｜看～｜喜欢～｜一部～｜播放～｜30集电视～｜电视～评奖活动｜～中的主角｜《四世同堂》是一部非常好的电视～｜今晚演～的第几集？｜每天晚上都有好几部电视～播出。

4080 **连夜** 丁

liányè (all through the night)

[副]❶当天夜里(就做)：～工作｜～完成任务｜～起草｜～写文章｜～复习

|白天大家商议完,他～起草了这份文件|我昨天出发,～赶路,一早就到了你这里|这篇文章不着急,你不必～写|明天考试,我必须～复习功课。❷连续几夜:她～看护病人,已经三天没休息了|这几天,他～工作,终于累病了|春节时,鞭炮声～不断。

4081 **莲子**(蓮) 丁 〔部首〕艹 〔笔画〕10

liánzǐ (lotus seed)

[名]莲的种子,可以吃:～粥|一斤～|12颗～|～肉|～很大|这个莲蓬里有10颗～|这些～真大|～粥真好喝|～当中有绿色的莲心,是苦的。

【近义词】莲蓬子儿

【构词】莲藕/莲花/莲蓬/莲蓬子儿/莲肉/莲台/莲心/莲座

4082 **廉价**(價) 丁 〔部首〕广 〔笔画〕13

liánjià (cheap)

[名]价钱比一般低:～书|～出售|～处理|～物资|～旅馆|～买进|这些积压物资应该～售出|这些过时的服装必须～处理掉|我～买进了一批水泥|这次出去旅行,我们住的是～旅馆,所以花钱不多。

【近义词】便宜/贱

【反义词】昂贵

【提示】廉,姓。

【构词】廉耻/廉吏/廉明

4083 **廉洁**(潔) 丁

liánjié (incorruptible)

[形]不损公肥私;不贪污:～奉公|很～|一向～|提倡～|～的官员|～的领导|不～|～起来|为(wéi)官～|作为国家的公务员,应该具有～的品德|他为官一向很～|真没想到他竟然～起来了|他～奉公,不谋私利,受到人民的赞扬。

【近义词】廉明/清明/廉正

【反义词】贪污/腐败

4084 **廉政** 丁

liánzhèng (honest and clean government)

使政治廉洁清正:实行～|提倡～|注意～|主张～|～措施|国家提倡～,受到人民的欢迎|税务部门应该特别注意～|自实行～以来,各企业经济效益越来越好。

4085 **帘**(簾) 丁 〔部首〕穴 〔笔画〕8

lián (curtain)

[名]用布、竹子或苇子等做成的有遮蔽作用的器物:竹～|窗～|门～|～子|挂上～儿|新～子|有～儿|做个～儿|屋子中间挂了个～儿,把一间屋子隔成了两间|窗～儿旧了,应该换条新的了|为了防止西晒,他去窗外挂了个竹～|他家门上挂的～儿真好看,是珠子串成的。

【提示】口语中常儿化。

【构词】帘布/帘幕/帘子

4086 **镰刀**(鐮) 丁 〔部首〕钅 〔笔画〕18

liándāo (sickle)

[名]收割庄稼和割草的农具,由刀和木把构成,有的刀上带小锯齿:一把～|新～|用～|～很快|～好用|这把～很好用|～不快了,得磨一磨|我还没学会用～割麦子|这把～是旧的,不好用,你换一把吧。

4087 **脸**(臉) *甲 〔部首〕月 〔笔画〕11

liǎn (face)

[名]❶头的前部,从额到下巴:一张

～|～上|红～|黑～|～红|擦～|洗～|她的～很白|听了表扬,她的～一下子红了|这孩子～上有很多雀斑,但很可爱|他左边～上长了一颗痣|她见人就笑,长着一张笑～。❷〈丙〉情面;面子:丢～|没～|不要～|有～|你学习这样差,真给大家丢～|你做出这样的事,还有什么～见人?|他多次盗窃工厂的财物,被厂里开除了,还去厂里闹,真不要～|他在村子里是个有头有～的人物。

【近义词】❶面/面孔;❷情面

【构词】脸蛋儿/脸红/脸颊/脸面/脸盘儿/脸盆/脸皮/脸谱/脸色/脸膛/脸形/脸红脖子粗

4088 **脸盆** 丁

liǎnpén (washbasin)

[名]洗脸用的盆:一个～|新～|花～|塑料～|一～水|搪瓷～|我的～摔破了,又买了个新的|这一大～水,足够我洗衣服用了|我有一个塑料的红～,还有一个搪瓷的花～|他常常用～洗衣服。

【构词】便盆/骨盆/花盆/火盆/脚盆/临盆/面盆/倾盆/浴盆/澡盆

4089 **脸色** *丙

liǎnsè (complexion)

[名]❶脸上表现出来的健康情况;气色:～很好|～红润|～苍白|他的～|父亲的～|近来母亲的～很好,吃得也多了|他～红润,朝气蓬勃|他的～苍白,好像有病的样子|小王的～越来越不好,可能心脏病又发作了。❷〈丁〉脸上的表情:～平静|～阴沉|讨好的～|看～|他看起来总是～阴沉,可能有什么心事|面对观众热烈的掌声,他的～很平静|小狗总是看主人的～行动。

【近义词】❷神色/神态/神情/表情

4090 **恋**(戀) 丁 〔部首〕心 〔笔画〕10

liàn (love)

[动]❶恋爱:初～|失～|～情|～着|～人|人们常说,初～的成功率是极小的|他可能失～了|我知道,他深深地～着那个女孩儿|他在树下等着自己的～人。❷想念不忘,不忍分离:～家|～～不舍|～厂|留～|迷～|他很～家,几乎每星期往家写一封信|他～～不舍地告别家乡,出国留学去了|这工厂是他亲手建立起来的,他～着厂里的一草一木。

【构词】恋歌/恋家/恋旧/恋慕/恋念/恋情/恋群/恋人/恋战/恋恋不舍

4091 **恋爱**(愛) 乙

liàn'ài (v. be in love; n. love)

[动]男女互相爱慕:开始～|自由～|～成功|～失败|～至上|不准～|～时期|他们正处在～的白热化阶段|家里不同意他们俩～,可是他们俩不听。

[名]男女互相爱恋的行动表现:谈～|搞～|他已经30岁了,还没谈过～|他们两人正在搞～|他在少年时代就开始谈～了|他最喜欢听～故事|小张正跟小李谈～呢。

4092 **炼**(煉) 丙 〔部首〕火 〔笔画〕9

liàn (refine; smelt)

[动]用加热等办法使物质纯净或坚韧:～铁|～钢|～焦|～油|冶～|～好了|没～好|百～成钢|真金不怕火～|这炉钢没～好|他是一名～钢工人|他在工厂～铁已经～了10年了|这是一座现代化的～油厂。

【构词】炼丹/炼焦/炼焦炉/炼句/炼乳/炼油/炼狱

4093 **练**(練) 乙 〔部首〕纟〔笔画〕8

liàn (practice)

[动]练习;训练:～一～|～～|～毛笔字|～画画|～书法|～唱歌|～听力|～操|～舞蹈|认真～|一次一次地～|～不会|～了几天|今天下午我们要～一小时唱歌|每天早上～一会儿操,对身体有好处|他～了几天书法,就不肯～了|不下功夫,什么也～不会|他整天～武术。

【近义词】练习

【提示】练,姓。

【构词】练笔/练操/练达/练功/练武

4094 **练兵** 丁

liàn bīng (troop training)

指训练军队,也泛指训练一般工作人员:开始～|正在～|结束～|参加～|练一次兵|练什么兵|不～|继续～|停止～|～的时候|我们部队每年都进行一次大～|我参加过一次～|～结束后我再回家探亲|这是我们防洪工作的一次～|你在这里做雇员,实际是为今后自己办企业做一次～|咱们今天先练练兵,明天再正式开始工作。

【提示】离合词,中间可以插入其他成分,如:练好兵|练过一次兵。

4095 **练习**(習) 甲

liànxí (v. practise; n. exercise)

[动]反复学习,以求熟练:～书法|～唱歌|～舞蹈|～写汉字|～画画|～走路|～说话|反复～|认真～|～了三天|～完了|想～|不愿～|～一次|一个月前他的腿摔坏了,现在正～走路|他每天都～写汉字|他现在不愿～弹钢琴,你就让他休息一会儿吧|老师教了以后,自己还要经常～～。

[名]为巩固学习效果而安排的作业等:～本|～题|交～|做～|写～|留～|没有～|你的～交了没有?|我还没做～呢|今天的～真多|老师今天留的～我没记,你能借我抄抄吗?|他正在家写～呢。

4096 **链子**(鏈) 丁 〔部首〕钅〔笔画〕12

liànzi (chain)

[名]用金属的小环连起来制成的像绳子的东西:铁～|金～|车～|钥匙～|～很长|～很短|一根～|一条～|这条金～你戴着十分漂亮|那条狗被铁～锁着呢|他锁车的～坏了|他在狱中双脚被铁～锁着,走起路来哗哗响|你的车～断了,应该换条新的。

4097 **粮食**(糧) 乙 〔部首〕米〔笔画〕13

liángshi (grain)

[名]供食用的谷物、豆类和薯类的统称:一斤～|一袋～|一吨～|～分量|买～|存～|～涨价|～丰收|～仓库|今年我们村的～又丰收了|～产量在不断增加|～又涨价了|这里有一座～仓库|人人都应该节约～。

【构词】粮仓/粮草/粮荒/粮商/粮行(háng)/粮栈/粮站

4098 **凉** *乙 〔部首〕冫〔笔画〕10

liáng (cool)

[形]❶温度低:～水|～饭|手～|脚～|天气～|很～|太～|不～|有点儿～|水太～,你最好别游泳|你的手怎么这么～?|一到秋天,天气就～起来了|饭还没～,你吃吧。❷〈丁〉比喻灰心或失望:～了半截|心里～了|一看那破旧的厂房,我就～了半截|

听了他的话，我心里就～了｜看他那满不在乎的样子，我的心～透了。

【近义词】❶冷；❷灰心/失望

【反义词】热

【提示】"凉"读 liàng 时，是使温度降低的意思，如：饭太烫，～～再吃。

【构词】凉白开/凉拌/凉冰冰/凉菜/凉粉/凉津津/凉面/凉棚/凉气/凉爽/凉丝丝/凉台/凉亭/凉席/凉鞋/凉药/凉意

4099 **凉快** 甲

liángkuai (pleasantly cool)

［形］清凉爽快：很～｜非常～｜～多了｜不～｜好～｜屋里～｜早晨～｜船上～｜显得～｜～不下来｜贪～｜今天比昨天～多了｜屋里太热，还是院子里～｜洗完澡，喝杯冷饮，凉凉快快的，真舒服｜他贪～，睡在地上，结果生了病｜已经立秋了，天还～不下来。

【近义词】凉爽/凉

【反义词】炎热

【提示】"凉快"也可作动词用，有"使凉快"的意思，如：咱们到树底下～～去。

4100 **凉水** 丙

liángshuǐ (cold water)

［名］❶温度低的水：一盆～｜用～｜洗～澡｜用～洗衣服洗不干净，还是加点儿热水吧｜他每天晚上洗～澡｜那杯～是凉(liàng)凉(liáng)的白开水，可以喝。❷没煮开过的生水：一杯～｜喝～｜用～｜有人一喝～就拉肚子｜我最喜欢喝～｜那是一杯～，你别喝｜～里有细菌，应该烧开后再喝。

【近义词】❶冷水；❷生水

【反义词】❶热水；❷开水

4101 **量** 乙 〔部首〕日 〔笔画〕12

liáng (measure)

［动］用尺、容器或其他作为标准的东西来确定事物的长短、大小、多少或其他性质：～体温｜～地｜～布｜～长度｜～高度｜～体重｜～尺寸｜～体积｜～容积｜～一～｜～～｜要～｜没法～｜～不了｜～一下｜你发烧了，～～体温吧｜他们到村外～地去了｜我用步～了一下，这条街大概有 500 米长｜她天天～体重｜做服装以前，必须先～个尺寸。

【提示】动词"量"不能读成 liàng，"量"liàng 见第 4114 条。

【构词】量杯/量具/量体裁衣

4102 **梁** 丁 〔部首〕木 〔笔画〕11

liáng (beam)

［名］❶架在墙上或柱子上支撑屋顶的横木：大～｜房～｜架～｜横～｜你们把那根大～抬过来｜这间房子有危险，应该在这里再架根～｜这根～真粗｜房～全架好了｜这是根柏木～｜上～不正下～歪。❷物体中间隆起成长条的部分(常用作语素，构成合成词)：鼻～｜脊～｜山～｜桥～｜他长得高鼻～，大眼睛｜远处山～上走着一个人｜他热得光着脊～。

【近义词】❶檩/横梁

【提示】梁，姓。

【构词】梁上君子

4103 **良** 丁 〔部首〕丶 〔笔画〕7

liáng (good)

［形］好：～机｜～田｜～师益友｜～药｜不～｜～好｜你就是有点儿消化不～，吃点儿药就好了｜他身体～好，可以参加比赛｜～药苦口利于病。

【近义词】优/好

【反义词】差/劣/坏

【提示】①“良”上边有一点，不能写作“艮”。②良，姓。

【构词】良策/良方/良机/良久/良民/良田/良心/良性/良言/良药/良医/良友/良缘/良辰美景/良师益友

4104 **良好** 乙

liánghǎo（good; fine）

［形］令人满意，好：手术～｜身体～｜学习～｜成绩～｜感觉～｜运转～｜情况～｜～的开端｜～的习惯｜他有早睡早起的～习惯｜他手术经过～，你不必担心｜飞机飞行情况～｜我今天感觉～，伤口已经不疼了｜今天的合作，使我们的友谊有了一个～的开端｜他的学习成绩～。

【近义词】优良/好

【反义词】恶劣

【提示】“良好”不能形容人。

4105 **良心** 丁

liángxīn（conscience）

［名］指对是非的内心的正确认识，特别是跟自己的行为有关的：有～｜没～｜凭～办事｜说～话，我这样做全是为了你好｜你竟然这样对待你的父母，你还有～吗？｜你背（bèi）着我干这种缺德事，真没～！

4106 **良种**（種） 丁

liángzhǒng（improved variety; fine breed）

［名］家畜或作物中的优良品种：小麦～｜～水稻｜～家兔｜购买～｜交换～｜培育～｜研究～｜种植～｜这是～小麦，产量很高｜他买了一对～家兔｜这是农科院新近培育出来的～玉米。

【提示】“种”又读 zhòng，见第 8466 条。

4107 **两**（兩） 乙　〔部首〕一　〔笔画〕7

liǎng（m. liang）

［量］重量单位市两的通称；10 钱等于 1 两。旧制 16 两等于 1 斤；现用市制，10 两等于 1 斤：二～酒｜三～花生米｜你一次能喝几～酒？｜这是 7～当归，是你的母亲托我带给你的药材｜20～是 1 公斤｜来二～酒，半斤花生仁。

【构词】两边/两边倒/两便/两重（chóng）性/两党制/两可/两利/两码事/两面/两面光/两面派/两面性/两难/两栖//两下子/两翼/两院制/两败俱伤/两次三番/两面三刀/两栖动物//两全其美/两相情愿/两小无猜/两袖清风

4108 **两** *甲

liǎng（two）

［数］❶数目，一个加一个是两个。“两”字一般用于量词前和“半”、“千”、“万”、“亿”前：～扇门｜～张桌子｜～把椅子｜～盏灯｜～杯酒｜～间屋子｜～半儿｜～个半月｜～年｜～千｜～亿｜～只手｜她长着～只水灵灵的大眼睛｜他送我～本书｜他已经有～天没回家了｜我买了～斤包子。❷〈丙〉表示不定的数目，和“几”差不多：过～天再说｜你真有～下子｜他看了我～眼，没认出我是谁｜你过来，我想跟你说～句话｜我没什么新衣服，有～件还是别人送的。❸〈丁〉双方：～败俱伤｜～相情愿｜～全其美｜势不～立｜这种不顾他人利益的做法，只能～败俱伤。

【近义词】二

【提示】“两”和“二”是同义，但用法不同：①数目字，只用“二”，不用“两”：零点二五｜三分之二｜一、二、三、四｜第二｜二叔｜二十二人。②“百”、“千”、

"万"、"亿"前面可用"二",也可用"两":二百三十人|两百多人|三万二千人|三万两千人|两亿七千万|二亿七千万。③量词前面一般用"两"不用"二":两块表|两张纸|两件衣服。④在度量衡单位前二者均可用:二斤|两斤|二公里|两公里("二两酒"不能说"两两酒")。

4109 **两极**(極) 丁

liǎngjí (the two poles of the earth)

[名]❶地球的南极和北极:～的天气|～的冰川|～的生物|他曾去～探险|～都有生物存在|～有许多矿藏。❷电极的阴极和阳极或磁极的南极和北极:电池的～|磁铁的～|你把电池的两～装反了|电极～的符号是"－"和"＋"|磁铁的～同极相斥,异极相吸。❸比喻两个极端或两个对立面:～分化|经济上出现了～分化的现象。

4110 **两口子** 丁

liǎngkǒuzi (married couple)

[名]指夫妻:老～|王家～|他们～|成了～|～的生活|他们～没儿没女|小李～开了个店|他们俩30年前就是～了|我们～生活一直很好。

【近义词】夫妻

【提示】"两口子"也说"两口儿",如:他们家有四口人,老两口儿和小两口儿。

4111 **两旁** 丙

liǎngpáng (both sides)

[名]左边和右边:马路～|桌子～|房子～|～的花草|～的建筑|～的人|公路～是两排整齐的杨柳|房屋～是清翠的竹林|桌子～放着椅子|大门～两个大石狮子,威武雄壮|喷水车向路～喷洒着清水,路面立时显得十分干净。

【近义词】两边/旁边/两厢

【构词】近旁/偏旁/声旁/四旁/形旁/一旁

4112 **两手** 丁

liǎngshǒu (skill)

[名]❶本领:有～|留～|教～|学～|露～|他做菜很有～|没～敢去参加武术比赛?|跟你学～,怎么样?|那我就给你露～。❷指相对的两个方面的手段、办法等:没有～准备,遇到问题,就会感到突然|在找工作的问题上,我已经作了～准备,去公司也行,去工厂也行。

【近义词】❶本领/本事

【提示】义项❶一般要儿化。

4113 **辆**(輛) 甲 〔部首〕车 〔笔画〕11

liàng (m. *for vehicles*)

[量]用于车:一～汽车|两～马车|一～三轮车|两～大卡车|三～小轿车|一～救火车|门口停着两～小轿车|那～卡车是运西瓜的|我们雇一～出租车吧。

4114 **量** *丙 〔部首〕日 〔笔画〕12

liàng (quantity; amount)

[名]❶数量;数目:降雨～|流～|容～|剂～|含～|北方的降雨～比南方要低|这座桥的车流～很大|这串项链的含金～很低。❷〈丁〉能容纳或禁受的限度:饭～|气～|胆～|酒～|他的酒～不如你大,别让他喝了|这个人很有胆～|他的饭～真大,一顿能吃二斤包子。

【提示】"量"在这里不能读成 liáng。

"量"liáng 见第 4102 条。

【构词】量变/量词/量力/量刑/量才使用/量入为出

4115 **晾** 丁 〔部首〕日 〔笔画〕12

liàng（dry in the air）

[动]❶把东西放在外面通风或阴凉的地方，使干燥；晒：～白薯干｜～干菜｜～衣服｜～被子｜～一～｜～～｜～好了｜别～｜没～｜可以～｜没～干｜～透了｜～了三天｜这些刚洗过的衣服你拿出去～～｜衣服还没～干，先别往回收｜这种野菜～干以后可好吃了｜房顶上～的是白薯干儿｜你的被子该～～了。❷把东西放一会儿，使温度降低：水太热，你～～再喝｜粥～凉了｜菜做好了，别老～着，快吃吧。

【近义词】❶晒；❷凉（liàng）。

【反义词】❶捂

4116 **亮** *甲 〔部首〕亠 〔笔画〕9

liàng（adj. bright；v. light）

[形]光线强：很～｜太～了｜更～｜～极了｜比较～｜不～｜不大～｜他把桌子擦得比原来～多了｜这孩子的眼睛又黑又～｜这双皮鞋怎么也擦不～｜今晚的月亮真～！

[动]❶〈丙〉发光：灯～了一下又灭了｜手电筒～了三下｜天早就～了｜他每天天刚～就出去散步。❷〈丁〉显露；显示：～思想｜～底｜～问题｜～相｜～出来｜不敢～｜我给你～～底吧，我根本就不想经商｜只有把思想～出来，别人才好帮助你｜他总是不敢把问题全～出来。

【近义词】[形]光亮；[动]❷露（lòu）

【反义词】[形]暗

【构词】亮底/亮度/亮晶晶/亮牌子/亮闪闪/亮堂/亮相

4117 **亮光** 丁

liàngguāng（light）

[名]黑暗中的一点光或一道光：～闪动｜发现～｜看见～｜路灯的～｜发出～｜有～｜没～｜一点～｜一线～｜一道～｜黑夜中，远处的～给他增加了希望｜油灯发出微弱的～｜忽然，他看见一道～从眼前闪过｜随着黎明的到来，路灯的～显得越来越苍白｜火柴的一点点～很快就消失了。

【近义词】光

4118 **谅解**（諒）丙 〔部首〕讠 〔笔画〕10

liàngjiě（understand）

[动]了解实情后原谅或消除意见：～对方｜～我｜～他的处理｜～他的心情｜不～｜不能～｜应该～｜得到～｜我知道他脾气不好，我能～｜这里的生活确实很艰苦，希望大家能～｜工作上如有安排不周的地方，希望你～｜我不是故意迟到，愿你能～我｜他能～母亲的一番苦心。

【近义词】理解/原谅

【提示】"谅解"是表示心理活动的动词，可以被程度副词修饰，如：很～｜非常～。

4119 **聊** 乙 〔部首〕耳 〔笔画〕11

liáo（chat）

[动]闲谈：咱们～～｜～了一会儿｜～什么｜～起来｜～工作｜～生活｜～老人｜～孩子｜随便～｜瞎～｜我们～了一个晚上｜大家在一起愉快地～起来｜他跟我～了一会儿就睡了｜我们～生活，～工作，～孩子，什么都～｜我就爱瞎～。

【近义词】聊天儿/闲谈/谈天儿

【提示】聊，姓。

【构词】聊赖/聊且/聊胜于无/聊以卒岁

4120 **聊天儿**(兒) 乙

liáo tiānr (chat)

谈天儿;闲谈:爱～|常～|和我～|我们吃过晚饭就开始～|他常和我～|他这个人就是不爱～|你和谁～呢?

【近义词】闲聊/谈天儿

【提示】离合词,中间可插入其他成分,如:聊了一会儿天儿。

4121 **疗效**(療) 丁 〔部首〕疒 〔笔画〕7

liáoxiào (curative effect)

[名]药物或医疗方法治疗疾病的效果:有～|～好|一定的～|这种药治肝炎很有～|腰痛病用按摩的方法～比较好|虽然住了两个月的院,但～不明显。

【构词】疗程/疗养院

4122 **疗养**(養) 丁

liáoyǎng (recuperate)

[动]患有慢性病或身体衰弱的人,在特设的医疗机构进行以休养为主的治疗:～院|去～|～一个月|王厂长去北戴河～了|经过一段时间的～,身体好多了|医生建议我去疗养院～一段时间。

【近义词】休养

4123 **辽阔**(遼闊) 丁 〔部首〕辶 〔笔画〕5

liáokuò (vast)

[形]宽广;空旷:地域～|国土～|江面～|幅员～|天空～|显得～|觉得～|确实～|～的田野|～的大地|～的海洋|～的海滩|东北地域～,土地肥沃|～的沙漠一眼望不到边|轮船开出了港湾,水域一下子～起来|中国地大物博,幅员～。

【近义词】广阔/宽阔

【反义词】狭小/窄小/狭窄

4124 **潦草** 丁 〔部首〕氵 〔笔画〕15

liáocǎo (illegible; sloppy)

[形]字不工整;做事不认真,不仔细:字迹～|稿子～|做事～|练习～|觉得～|写得～|字写得太～,看不清楚|刚学习写汉字不要写得太～|这孩子办事太～,让人不放心|他非常～地整理了一下房间就走了。

【近义词】草率/马虎

【反义词】工整/齐整/认真/仔细/细致

【构词】潦倒

败草/草草/柴草/打草/稻草/灯草/毒草/干草/甘草/谷草/花草/荒草/劲草/狂草/兰草/粮草/落草/麦草/茅草/牧草/青草/起草/衰草/水草/算草/烟草/药草/杂草/奇花异草

4125 **了** 甲 〔部首〕乛 〔笔画〕2

liǎo (finish)

[动]❶完毕;结束:～事|不～～之|～结|孩子不结婚,当妈的心事就～不～|这事总算～了,以后不要再提了|咱俩的事已经～了,以后不要再找我了。❷在动词之后,跟"得"、"不"连用,表示可能或不可能:一顿饭哪吃得～这么多|我看他10点前是来不～了|真的假不～,假的真不～|放心走吧,你的事我们忘不～。

【近义词】❶完毕/结束/了结

【提示】"了"作助词时读le,见第3971条。

【构词】了不得/了当/了得/了结/了解/了局/了了(liǎoliǎo)/了却/了然/了事/了手/了账/了如指掌

4126 **了不起** 乙

liǎobuqǐ (amazing)

不平凡；优点突出：非常～｜没什么～｜觉得～｜考试全班第一名，真～｜不要把自己看得～，没有大家的帮助，你什么事也办不成｜外语没什么～的，只要努力学习就一定能学会｜有了成绩要谦虚，不要认为自己～。

4127 **了解**(瞭) 甲

liǎojiě (understand)

[动]❶知道得清楚：上级～｜大家～｜人民～｜学生～｜老师～｜完全～｜～得清楚｜非常～｜大概地～｜你说你～我，其实你并不～我｜村里的人都～他的为人｜你～这儿的情况吗？｜不～情况就不要乱说。❷打听；调查：～情况｜～社会｜～动向｜～敌情｜～及时｜直接～｜继续～｜深入地～｜多方面～｜～的结果｜你把情况～清楚了再说｜受灾情况还要进一步～｜～了10多天，才把情况基本～清楚｜领导要多到基层～群众的要求｜要掌握真实情况，就要亲自到群众中去～｜这个人的情况我已～过了。

【近义词】❶熟悉/知道；❷打听/调查/探问/探听

4128 **料** *丙 〔部首〕米 〔笔画〕10

liào (v. expect; n. material)

[动]预料；料想：～不到｜～事如神｜我就～到你今天会来｜不出我的所～，他果然出事了。

[名]❶材料：停工待～｜～都备齐了，可以动工了｜盖房子用了不少～。❷〈丁〉喂牲口用的谷物：老王给牲口加～去了｜出远门多给牲口带点儿～｜光草没～，牲口不爱吃。

【近义词】[名]❶材料；❷饲料

【构词】料定/料酒/料理/料峭/料石/料想

4129 **列** 乙 〔部首〕刂 〔笔画〕6

liè (v. list; m. *for a series or row of things*)

[动]❶排列；罗列：今天请客，我给你～个菜单儿｜请按我～的书目帮我借一下书。❷安排到某项事务之中：请把这项工作～入日程｜把教材的编写～为工作的重点。

[量]用于成行列的事物：一～火车｜队伍整齐地排成一～。

【近义词】[量]行/排

【提示】列，姓。

【构词】列兵/列车长/列车员/列传(zhuàn)/列岛/列队/列国/列举/列强/列席

4130 **列车**(車) 丙

lièchē (train)

[名]配有机车、工作人员和规定信号的连挂成列的火车：国际～｜特快～｜～来了｜～走了｜～开了｜～停了｜～脱轨了｜舒服的～｜干净的～｜运货的～｜～在华北平原上奔驰｜～就要到站了，下车的旅客请准备好｜从北京坐13次特快～到上海只用14个小时｜这是开往南京的普通～。

【近义词】火车

【提示】“列车”不能直接作“坐”、“乘”的宾语：×爷爷70多岁了还没坐过～。

4131 **列举**(舉) 丁

lièjǔ (enumerate)

[动]一个一个地举出来：～事实｜～例子｜～证据｜～的事例｜为了把问题

说清楚，他～了很多例子｜他把事实全都～出来了｜问题太多，我在这里就不一一～了。

【近义词】罗列

4132 **列入** 丁

lièrù (enroll)

［动］排列进去：不该～的就不要～｜怎么把我也～困难户里边了？｜职工住房～了议事日程。

4133 **列席** 丁

lièxí (attend [a meeting] as an observer)

［动］参加会议，有发言权而没有表决权：～会议｜～代表｜有15名代表～了会议｜坐在前排的是～代表｜请领导～我们今天的会议。

4134 **裂** 丙 〔部首〕衣 〔笔画〕12

liè (crack)

［动］破开：新买的木雕～了一个大口子｜我的脚冬天总～口子｜桌面～了一条缝儿｜刚粘上就～开了｜好久没下雨了，地都～了。

【近义词】破／绽／豁

【构词】裂变／裂唇／裂缝／裂痕／裂口／裂纹／裂隙

4135 **烈火** 丁 〔部首〕灬 〔笔画〕10

lièhuǒ (raging fire)

［名］猛烈的火：～燃烧｜～熄灭｜～熊熊｜～凶猛｜扑灭～｜森林的～｜满山的～｜周围的～｜心中的～｜爱情的～｜斗争的～｜冲天的～｜森林的～烧了40多天，终于被扑灭了｜革命的～是扑不灭的｜～过后一片狼藉。

【构词】烈风／烈酒／烈马／烈日／烈暑／烈属／烈性／烈焰／烈阳

4136 **烈士** 丙

lièshì (martyr)

［名］为正义事业而牺牲的人：～光荣｜～伟大｜纪念～｜怀念～｜悼念～｜学习～｜革命～｜死难～｜～的姓名｜～的生平｜～的事迹｜～的遗愿｜清明节，学生们到～陵园悼念革命～｜我们今天的幸福生活是～用生命换来的｜我们要学习～的事迹，实现～的愿望｜上级追认他为革命～。

4137 **劣** 丁 〔部首〕力 〔笔画〕6

liè (bad)

［形］坏；不好：优胜～汰｜～等产品｜他历史上有很多～迹｜这些都是假冒伪～产品。

【近义词】坏／差

【反义词】优／好

【构词】劣等／劣根性／劣迹／劣马／劣绅／劣势／劣质／劣种

4138 **猎人**(獵) 丙 〔部首〕犭 〔笔画〕11

lièrén (hunter)

［名］以打猎为业的人：老～｜一位～｜正在为难的时候，他碰到了一个～｜爷爷是一个有经验的～｜幸亏～给我们当向导，要不天黑也到不了目的地｜胆这么小还想当～？

【构词】猎捕／猎刀／猎狗／猎户／猎获／猎具／猎枪／猎取／猎犬／猎手／猎物

4139 **林场**(場) 丁 〔部首〕木 〔笔画〕8

línchǎng (tree farm)

［名］从事培育、管理、采伐森林等工作的单位或地方：东北～｜国营～｜爸爸在～当伐木工｜～内严禁吸烟｜前

面是一片～|～的工作条件越来越好|我喜欢～，喜欢这片生我养我的土地。

【提示】林，姓。

【构词】林带/林地/林海/林立/林木

4140 **林区**(區) 丁

línqū (forest region)

[名]树木覆盖的地区：老刘在～工作已经20多年|～这几年有了很大的发展|～禁止吸烟。

4141 **林业**(業) 丁

línyè (forestry)

[名]培育和保护森林以取得木材和其他林产品的生产事业：保护～资源|近几年来，我国的～生产发展得很快|一些地方～遭到了破坏|国家应增加对～的投入。

4142 **磷** 丁 〔部首〕石 〔笔画〕17

lín (phosphorus)

[名]非金属元素，符号P(phosphorum)。磷酸盐是重要的肥料之一，人和动物的神经、脑和骨组织中都含有磷的成分，磷的化合物可以治疗佝偻病、软骨病等：在这种矿物质中～的含量很高|人的体内需要～元素|坟地里经常闪动着～火。

【构词】磷肥/磷光/磷火

4143 **临**(臨) 乙 〔部首〕丨 〔笔画〕9

lín (be close to; face)

[动]❶靠近；对着：我家～着街，买东西很方便|村子背山～水，风景十分优美|一头小鹿在～水照影。❷到达；来到：国家领导人亲～灾区视察|大儿子结婚，小儿子考上了大学，真是双喜～门。

【近义词】❶靠近/接近；❷到达/到来

【提示】临，姓。

【构词】临别/临产/临场/临到/临风/临街/临界/临界点/临了(liǎo)/临门/临摹/临难(nàn)/临盆/临期/临时工/临头/临危/临刑/临战/临阵/临终/临阵磨枪/临阵脱逃

4144 **临床**(牀) 丁

línchuáng (clinical)

[形]医学上称医生给病人诊断和治疗疾病：～医生|～医学|～经验|张医生～经验非常丰富|～实验结果令人满意|医生都要经过～实习。

4145 **临近** 丁

línjìn (close to)

[动](时间、地区)靠近；接近：春节～了|时间～了|～学校|～商店|～湖边|～上海|～开学|～车站|他住在～颐和园的一所疗养院里|～考试，他才想起复习来|我们学校在～马路的地方盖了一栋楼|春节～了，可家里没有一点儿过节的气氛。

【近义词】接近/靠近/贴近/将近

【反义词】远离

4146 **临时**(時) 乙

línshí (temporary)

[形]❶暂时；短期；非正式的：～停车|～政府|～机构|～身份证|～调动|～工|这本书我先～借用一下，下午就还|由于前方出了故障，火车～停车|国家成立了～政府|他是一个～工。❷临到事情发生的时候：应该做好准备，省得～着急|比赛时他受伤了，～决定由我上场|平时不努力学习，～抱佛脚就来不及了。

【近义词】❶暂时/短期
【反义词】❶长久/长期/正式

4147 **邻**(鄰) 丁 〔部首〕阝 〔笔画〕7

lín (neighbour)

[名]住处接近的人家:四～|东～|一家有事,四～都来帮忙|那位司机是我的～人|远亲不如近～。

【提示】"邻"的"阝"在右边,不能写在左边。

【构词】邻邦/邻家/邻接/邻近/邻里/邻人/邻舍

4148 **邻国**(國) 丁

línguó (neighbouring country)

[名]接壤的国家:要和～搞好关系|我们两国是一衣带水的～|我们国家有十几个～。

【近义词】邻邦

4149 **邻居** 乙

línjū (neighbour)

[名]住家接近的人或人家:街坊～们|～照料|～帮忙|告别～|见到～|遇见～|找～|求～|从前的～|好～|新～|老～|穷～|～关系|～的东西|～的孩子|我们是多年的老～了|我的～在银行工作|～之间要互相帮助|远亲不如近邻,有困难还得靠～帮忙。

【近义词】邻里

4150 **淋** 丙 〔部首〕氵 〔笔画〕11

lín (drench)

[动]水或雨落在身上或别的物体上:～雨|～湿|～透|昨天进城～了雨|一场大雨把粮食全～湿了|出门带上雨伞,不要让雨～着|衣服让水～湿了。

【近义词】浇

【构词】淋漓/淋浴/淋漓尽致

4151 **零** *甲 〔部首〕雨 〔笔画〕13

líng (zero)

[数]❶数的空位,用于数码写成"〇":三〇五房间|二〇〇〇年|二〇一次航班。❷表示没有数量:一切从～开始|这句话等于～|五减五等于～。

【提示】"零"作形容词时表示零碎;小数目的:～用|～售|～钱|能不能给多换点儿～钱|每个月得拿出一些钱来～用|这里不～售,只批发。

【构词】零部件/零点/零工/零活/零乱/零落/零散/零食/零数/零涕/零头/零用/零杂/零嘴

4152 **零件** 丙

língjiàn (part)

[名]可以用来装配成机器、工具等的单个制件:汽车～|自行车～|机器～|～坏了|飞机～|买～|换～|找～|他自己买～装了一辆自行车|进口车的～坏了不好配|机床的～坏了,怎么也配不上|国产～可以代替进口～。

4153 **零钱**(錢) 乙

língqián (small change)

[名]❶币值小的钱(如角、分):口袋里都是～,连一张整的都没有|你有～吗?能帮我把这张整钱破开吗?❷零花的钱:我不抽烟不喝酒,一个月花不了多少～|每个月妈妈都给我点儿～花|每个月除了工资外,我还能额外挣点儿～。

4154 **零售** 丁

língshòu（retail）

[动]把商品不成批地卖给消费者：商店里的商品一般都～，不批发｜啤酒～比批发要贵｜市场上牛肉的～价格是每斤7元5角。

【近义词】零卖

【反义词】批发

4155 **零碎** 丁

língsuì（scrappy）

[形]细碎；琐碎：材料～｜内容～｜工作～｜讲得～｜～的东西｜～的意见｜～的材料｜～地学了一点儿｜仓库里～的材料都要充分利用起来｜大事没多少，～事可不少｜文章内容太～，重点不突出｜这些事务性工作太～｜家务事零零碎碎总也干不完。

【近义词】细碎/零星/零散/琐碎

【反义词】完整/完全/集中

4156 **零星** 丁

língxīng（fragmentary）

[形]细小零碎的；稀少零散的：～资料｜～的东西｜～小雨｜～的见解｜～的几片树叶｜～地记载｜～地收集｜只有～一点儿材料了，你先拿去用吧｜气象预报说明天有～小雨｜草原上～散布着一些野菊花｜零零星星的小雨下了一夜。

【近义词】零碎/零散/稀少/稀疏

【反义词】繁多

4157 **铃**（鈴） 乙 〔部首〕钅 〔笔画〕10

líng（bell）

[名]用金属制成的响器：风～｜铜～｜驼～｜电～｜打～｜摇～｜挂～｜响～｜～坏了｜下课～响了｜爷爷家的大门上挂着一个小铜～，风一刮就响｜早上闹钟没有打～，起晚了。

4158 **玲珑**（瓏） 丁 〔部首〕王 〔笔画〕9

línglóng（exquisite）

[形]❶（东西）精巧细致：宝塔～｜小巧～｜公园内有一座13层的～宝塔｜象牙雕刻细巧～｜这只花瓶小巧～，让人爱不释手。❷（人）灵活敏捷：都说她八面～，一接触果然不假｜她长得小巧～，十分可爱。

【近义词】❶精巧/精致/细巧/灵巧；❷灵活/伶俐

【反义词】❶粗糙/粗重；❷迟钝/笨拙/蠢笨

4159 **伶俐** 丁 〔部首〕亻 〔笔画〕7

línglì（clever）

[形]聪明；灵活：他是一个聪明～的孩子｜人倒是很～，就是个头儿矮了一点了｜小学生们～地跳起了舞蹈｜参加辩论会的学生口齿都很～。

【近义词】聪明/机灵/灵活/灵敏/敏捷

【反义词】笨/笨拙/愚笨/愚蠢

【构词】伶牙俐齿

4160 **凌晨** 丁 〔部首〕冫 〔笔画〕10

língchén（small hours）

[名]天快亮的时候：每天我～5点起床｜我们明天～出发｜～，下起了小雨。

【近义词】早晨/清晨

【反义词】黄昏/傍晚

【提示】凌，姓。

【构词】凌逼/凌波/凌迟/凌驾/凌空/凌厉/凌乱/凌人/凌辱/凌云

4161 **灵**（靈） 丁 〔部首〕火 〔笔画〕7

líng（clever）

[形]❶灵活；灵巧：孩子们很～，一教就会｜在学习上他比谁都～｜车闸不～容易出事故｜年纪大了，耳朵也不～了｜新媳妇心～手巧｜警犬的鼻子特别～。❷灵验：你说的法子根本不～｜这种药治感冒比较～｜上次你告诉我的办法太～了。

【近义词】❶巧/灵活/灵巧/灵敏；❷灵验

【反义词】❶笨/呆/笨拙

【构词】灵便/灵车/灵床/灵感/灵慧/灵机/灵牌/灵棚/灵堂/灵通/灵位/灵犀/灵性/灵秀/灵验/灵药/灵芝

4162 灵魂 *丙

línghún（soul）

[名]❶信仰宗教等的人认为附在人的躯体上作为主宰的一种非物质的东西，灵魂离开躯体后人即死亡：我认为人是血肉之躯，可生可灭，哪有什么～？｜有人说人死了以后～就飞上了天。❷心灵；思想：孩子们的～是非常纯洁的｜经过几年的劳动改造，他的～发生了很大的变化｜这姑娘的～是这样的美好。❸比喻起统帅作用的因素：没有正确的人生观就等于没有～｜实事求是宣传工作的～。❹〈丁〉人格；良心：任何时候都不能出卖自己的～｜人的～有高尚和卑下之分。

【近义词】❶魂/魂灵；❷心灵/思想/精神；❹人格/人品/品质/良心

【构词】断魂/返魂/勾魂/鬼魂/国魂/还（huán）魂/叫魂/惊魂/神魂/亡魂/销魂/心魂/阴魂/英魂/幽魂/游魂/冤魂/招魂/忠魂

4163 灵活 乙

línghuó（flexible）

[形]敏捷；不呆板；善于随机应变：头脑～｜手脚～｜政策～｜价格～｜措施～｜动作～｜运用～｜安排～｜处理～｜变得～｜确实～｜～的态度｜～的办法｜～地处理｜舞蹈演员优美～的动作，博得了观众的掌声｜别看老爷爷80多岁了，手脚还挺～｜遇事脑子要～一点儿｜新领导处理问题比老领导～多了｜学外语脑子要～，不能死记硬背｜既要严肃对待，又要～处理。

【近义词】敏捷/灵敏/伶俐/机灵/机智/灵巧

【反义词】古板/死板/笨/笨拙/机械

4164 灵敏 丁

língmǐn（sensitive）

[形]灵活敏捷；反应快：嗅觉～｜视觉～｜动作～｜头脑～｜反应～｜仪器～｜办事～｜异常～｜确实～｜～的动作｜电子秤反应很～｜警犬的嗅觉要比一般的犬～得多｜猴子在树上～地跳跃着｜当记者反应一定要～。

【近义词】灵活/灵便/敏捷

【反义词】迟钝/迟缓

【构词】聪敏/过敏/机敏/锐敏

4165 灵巧 丁

língqiǎo（dexterous）

[形]灵活而巧妙：身子～｜动作～｜舞步～｜办事～｜～得很｜觉得～｜变得～｜多么地～｜确实～｜～地转动｜她的手可～了，一张纸在她手里三剪两剪就剪出一个花样来｜别看她这几年胖了，可动作还是那么～｜现在的玩具是越做越～了。

【近义词】灵活/灵便/灵敏/敏捷

【反义词】笨拙/笨/蠢笨

4166 **岭**(嶺) 丁 〔部首〕山 〔笔画〕8

lǐng (mountain)

[名]顶上有路可通行的山;泛指高大的山脉:翻山越～|重(chóng)山峻～|大兴安～|秦～|南～|我家住在～南|翻过这道～就到我们村了。

【近义词】山/山岭

4167 **领**(領) *乙 〔部首〕页 〔笔画〕11

lǐng (lead)

[动]❶带;引:小孩过马路要有大人～着|你～我去吧,我不认识路|他～兵打仗可以,搞经济建设就不行了|小李把客人～进客厅以后就出去了。❷领取:～工具|～工资|～东西|～书|～笔记本|～文件|～不了|～多了|～少了|应该～|可以～|我们厂每月4号～工资|你到办公室去～一把苕帚|昨天就把零部件～来了|工作服是～来了,但太小,穿不进去。❸〈丁〉接受:心～神会|你的情我～了,但东西我不能要|礼物轻重不是主要的,但你的心意我～了。

【近义词】❶带/引/带领;❷取/领取;❸受/接受

【构词】领海/领班/领唱/领带/领地/领读/领队/领港/领工/领钩/领航/领带夹/领教/领结/领巾/领空/领口/领扣/领路/领略/领命/领情/领取/领事馆/领属/领水/领头/领悟/领衔/领养/领有/领章/领主/领罪

4168 **领导**(導) 甲

lǐngdǎo (v. lead; n. leader)

[动]指引;带领:～军队|～学生|～工人|～群众|～生产|班长～|厂长～|可以～|必须～|～不了|加强～|上级决定让我～这项科研项目|我～才能有限,～不了这么大个厂。[名]担任领导的人;领导者:～的作风|当～|他是我们的～|当～的不能搞官僚主义。

【近义词】[动]带领/率领/统领/引导/指导;[名]领袖/头儿

4169 **领会**(會) 丙

lǐnghuì (understand)

[动]领略事物而有所体会:～精神|～政策|～意图|～思想|道理～了|～得透彻|～得不够|必须～|加以～|认真～|彻底～|完全～|全面～|～到了|上级的指示精神我们要认真～|老师今天讲得太难,很多同学～不了|他一边看文件一边～文件的精神|校长的意思大家都～错了|看来你并没有～我的意思。

【近义词】理解/体会/了解/领略/懂得/明白

【反义词】不解

4170 **领事** 丁

lǐngshì (consul)

[名]由一国政府派驻外国某一城市或地区的外交官员,主要任务是保护本国和它的侨民在该领事区内的法律权利和经济利益,管理侨民事务等:有事可找我们～|～不在,有事可以跟我说|你的事必须～同意,我才能给你办。

4171 **领土** 丙

lǐngtǔ (territory)

[名]在一国主权管辖下的区域,包括陆地、领水、领海和领空:祖国的～一寸也不能让|这片岛屿自古以来就是我国的～|要捍卫祖国的每一寸～。

【近义词】国土/疆土

4172 **领先** 丁

lǐngxiān (take the lead)

[动]❶共同前进时走在最前面：北京队～|暂时～|继续～|遥遥～|明显地～|他迈开大步，～登上了山顶|她～到达终点|他跑得真快，遥遥～。❷比喻水平、成绩等处于最前列：北京队的比分一直处于～地位|在乒乓球比赛中，他曾一度～10分，但最后还是输了|这个厂的电子产品质量在全国一直处于～地位。

【反义词】落后

【构词】当先/起先/抢先/事先/首先/率先/优先/预先/原先/早先/占先/争先/祖先

4173 **领袖** 乙

lǐngxiù (leader)

[名]国家、政治团体、群众组织等的领导人，多指有功绩的、受群众欢迎的最高领导人：群众～|支持～|拥戴～|歌颂～|大家的～|人民的～|学生会的～|杰出的～|～人物|新的～|～的才能|他是一位伟大的～|他不愧是～人物|既然～是我们选举出来的，我们就应听从～的指挥。

【近义词】领导

【构词】拂袖/水袖/套袖/罩袖

4174 **领域** 丙

lǐngyù (domain)

[名]❶一个国家行使主权的区域：任何国家都不应该侵犯别国的～|这是我们国家的～。❷学术思想或社会活动的范围：知识～|科技～|应该加强思想～的交流|最近几年，科技～涌现出很多优秀人才|这个问题是文化～的问题。

【近义词】❶国土/疆土/领土；❷范围

【构词】地域/海域/疆域/绝域/流域/区域/水域/西域/异域/音域

4175 **领子** 丁

lǐngzi (collar)

[名]衣服上围绕脖子的部分：～开得有点儿大，穿着不合适|～脏了，应该洗一洗|用领洁净洗～洗得干净|衣服～破了。

【近义词】领口

4176 **另** 乙 〔部首〕口 〔笔画〕5

lìng (other)

[形]另外：你先走吧，我～找一辆车去|他背(bèi)着我们～搞了一套|别着急，我～想办法|你有事，我～找一个人参加。

【近义词】另外

【构词】另案/另册/另起炉灶/另眼相看

4177 **另外** 乙

lìngwài (other)

[形]在所说的范围之外：我说的不是这件事，是～一件事|今天没时间了，～找时间谈吧|我们村今年买了两辆卡车，～还买了三台拖拉机。

4178 **令** 丙 〔部首〕人 〔笔画〕5

lìng (cause)

[动]❶致使；使得：我听到一件～人高兴的事情|桂林山水美得～人陶醉|校长的演讲～人激动|他的表现～我失望。❷表示命令，多指上级对下级的命令：因违反纪律，学校～他退学|～你三天之内交清罚款|领导～你马上赴任。

【近义词】❷命令
【提示】多用于书面语，口语中多说“叫”、“让”。
【构词】令爱/令箭/令郎/令旗/令亲/令堂/令尊

4179 **溜** *丙 〔部首〕氵 〔笔画〕13

liū (slide)

[动]❶滑行；往下滑：孩子冬天喜欢～冰｜一块大石头从山坡上～下来，险些砸着人｜他以极快的速度从雪坡上～下来｜他～冰～得可快了。❷〈丁〉偷偷地走开：还没下课他就～了｜他～得真快，转眼就不见了｜他想偷偷～进去，又怕被门卫看见｜直到天黑他才悄悄～回家。
【近义词】❶滑/滑行
【构词】溜边/溜冰/溜冰场/溜达/溜号/溜滑/溜肩膀/溜平/溜圆

4180 **硫酸** 丁 〔部首〕石 〔笔画〕12

liúsuān (sulphuric acid)

[名]无机化合物，分子式 H_2SO_4，无色油状的液体，呈强酸性，溶于水，能产生大量的热，是强烈的脱水剂，可以用来制造肥料、染料、炸药、医药品等，也用于石油工业和冶金工业：一瓶～｜他被～烧伤了皮肤｜～溅到衣服上，把衣服烧了个洞。
【构词】悲酸/发酸/泛酸/果酸/寒酸/尖酸/穷酸/甜酸/胃酸/辛酸/心酸

4181 **留** 甲 〔部首〕田 〔笔画〕10

liú (remain)

[动]❶停止在某一处所或地位不动；不离去：我～下看家，你们去吧｜她毕业后～校当了老师｜经过慎重考虑，他决定～下来｜天太晚了，～在我这儿住吧。❷保留；遗留：你给我的信我一直～着｜谢谢你给我～了四张票｜我去上班了，厨房里给你～了饭。
【近义词】❷保留
【反义词】❶走
【提示】留，姓。
【构词】留步/留存/留后路/留后手/留话/留级/留情/留任/留声机/留守/留宿/留言/留尾巴/留一手/留意/留影/留用/留职

4182 **留恋**(戀) 丁

liúliàn (be reluctant to leave)

[动]不忍丢弃或离开：～母校｜～部队｜～大学生活｜～过去｜～亲人｜无限地～｜深深地～｜互相～｜～的感情｜～的心情｜～的表情｜毕业两年了，但我还～大学的生活｜大家怀着～的心情离开了母校｜他异常～地望着这片养育他的土地｜这地方没什么可～的。
【近义词】眷恋/依恋/怀恋/迷恋
【反义词】舍弃
【构词】爱恋/初恋/单恋/顾恋/怀恋/眷恋/迷恋/热恋/失恋/思恋/贪恋/晚恋/依恋/早恋

4183 **留念** 甲

liú niàn (keep as a souvenir)

留作纪念(多用于临别赠送)：毕业前，同学们互相签名～｜送你一个小礼物～｜来，我们大家照一张合影，留个念。
【近义词】纪念

4184 **留神** 丁

liú shén (take care)

注意；小心(多指防备危险和错误)：走路～｜开车～｜姑娘～｜应该～｜前面路不好走，要～｜～别掉下去｜接电

源的时候，~别电着|跟他做生意，~别上当|~你的钱包。

【近义词】注意/留心

【提示】离合词，中间可插入其他成分，如：留点儿神。

4185 留心 丁

liú xīn (be careful)

注意；小心：家长~|大家~|老人~|走路~|姑娘~|~坏人|~身体|~敌人|~学习|~培养|~一点儿|要~|开始~|~的样子|~地听|格外~|天黑了，要~敌人偷袭|这几天你多~他|商店里有没有我需要的书，你替我~点儿|进入高中以后，爸爸开始~我的学习了|我~观察了半天，也没看出什么名堂来。

【近义词】注意/小心/留神/当心/留意/在意

【提示】离合词，中间可插入其他成分，如：留点儿心。

4186 留学(學) 丙

liú xué (study abroad)

留居外国学习或研究：他决定去美国~|他~三年了，还没回来|我的孩子15岁那年就去国外~了|~回来报效祖国|在中国四年的~生活令我难忘|他是自费~|他在日本留过三年学|都50岁了，还留什么学？

【提示】离合词，中间可插入其他成分，如：留过学|留了一年学。

4187 留学生 甲

liúxuéshēng (student studying abroad)

[名]在外国学习的学生：我们学校是专门招收外国~的学校|日、韩~在我们学校占多数|暑期组织~去外地旅游|大使馆每个月都组织~活动。

4188 留意 丁

liú yì (be careful)

注意：~报纸|~路面|老师~|家长~|~身体|~时事|要~|~学习|应该~|时刻~|处处~|老人雪天出门要特别~|跟他打交道要~|这几天你要时刻~他的行踪|我在商店~过，没看见你需要的东西|你对自己的身体要留点儿意|我早就对他的行动留了意。

【近义词】注意/经意/当心/小心

【提示】离合词，中间可插入其他成分，如：留点儿意|留了意。

4189 流 *甲

〔部首〕氵
〔笔画〕10

liú (v. flow; n. stream of water)

[动]液体流动；移动：手拉(lá)了一个大口子，鲜血直~|~了一地的水|泉水是从山沟里~出来的|下水道堵了，污水全~出来了。

[名]❶指江河的流水：河~|水~|激~|洪~|那条河中有一股急~|这条水~弯弯曲曲地向东去了。❷〈乙〉像水流的东西：气~|暖~|他的话像一股热~温暖了我的心|寒~来了，添件衣服吧。❸〈丙〉品类；等级：名~|第一~|他这个作家根本不入~|他是我国第一~的学者。

【近义词】[动]淌/流动

【构词】流播/流布/流产/流畅/流程/流窜/流弹/流荡/流毒/流芳/流放/流感/流光/流火/流离/流连/流量/流落/流民/流脑/流年/流派/流盼/流配/流气/流散/流沙/流失/流食/流逝/流势/流水线/流水账/流苏/流俗/流速/流淌/流体/流亡/流线型/流向/流泻/流星/流星雨/流刑/流行

病/流行色/流言/流溢/流萤/流寓/流贼/流质/流注/流转

4190 **流传**(傳) 丙

liúchuán (spread)

[动](事迹、作品等)传下来或传播开:~到今天|~着民谣|~着顺口溜|~得很久|能够~|禁止~|到处~|千古~|普遍~|~得很广|公开地~|秘密地~|~的消息|他的事迹到处~|这些故事是从老一辈~下来的|《西游记》故事~至今,仍为广大群众所喜爱|他们收集了许多~在各地的民间故事。

【近义词】传播/传布

【提示】"传"又读 zhuàn,见第 8599 条。

【构词】单传/嫡传/电传/讹传/风传/哄传/家传/口传/留传/美传/谬传/频传/盛传/失传/世传/相传/宣传/谣传/祖传

4191 **流动**(動) *丙

liúdòng (flow)

[动]❶(液体或气体)移动:空气~|泉水~|~得快|~得缓慢|不停地~|自然地~|~的血液|~速度|~的岩浆|~的气流|溪水没日没夜地~着|把门打开,空气就能~了|冰雪融化,河水慢慢~起来。❷〈丁〉经常变换位置:人才~|资金~|物资~|~得快|~得及时|开始~|帮助~|促进~|合理地~|适当地~|~资产|~人员|在山区里~着一支电影放映队|单位控制得太死,资金无法~|两个厂的人才适当~一下,对双方都有好处。

【近义词】❷变换/变动

4192 **流寇** 丁

liúkòu (roving bandits)

[名]流动不定的土匪:山上还有一些残余的~|要坚决消灭那些危害人民生命安全的~|~不断到村里来骚扰。

【近义词】土匪

【构词】草寇/盗寇/敌寇/穷寇/水寇/外寇

4193 **流浪** 丁

liúlàng (roam)

[动]生活没有着落,到处转移漂泊:孩子~|~生活|到处~|四处~|悲惨地~|孤独地~|~汉|~的日子|~的经历|最近发现十几个~的孩子,最大的才 12 岁|爸爸很小的时候就没有了父母,过着~的日子|他四处~,寻找在战争中失去的亲人|这个歌手喜欢~的生活。

【近义词】流落/流离/漂泊/浪迹

【反义词】定居

4194 **流利** 乙

liúlì (fluent)

[形]话说得快而清楚;灵活而不凝滞:语言~|说话~|书法~|文章~|非常~|特别~|感觉~|确实~|相当~|~的普通话|~的语调|他普通话说得很~|这个同学能讲一口~的中国话|他能用左手~地写汉字|别看他年纪小,他什么事都能~地表达清楚。

【近义词】流畅/通畅

【反义词】生涩/涩滞/凝滞

4195 **流露** 丁

liúlù (show unintentionally)

[动](意思、感情等)不自觉地表现出

来:感情～|真情～|～出喜悦|～出得意|自然～|明显地～|无意中～|言语中不断～出对他的不满|脸上情不自禁地～出喜悦|要出国留学的想法他早就～出来了|这首歌～出的感情是不太健康的。

【近义词】显露/透露/吐露/暴露/表现

【反义词】隐藏

【提示】"露"又读 lòu,如"露马脚"。

4196 **流氓** 丙

liúmáng (rogue)

[名]❶原指无业游民,现指不务正业、为非作歹的人:抓～|捉拿～|打～|指使～|改造～|本地～|可恨的～|一批～|～团伙|抓住那个～!|这一带常有～活动|公安机关摧毁了一个～团伙。❷指放刁、撒赖、施展下流手段等恶劣行为:～成性|～行为|～动作|他从小染上的～习气,总也改不了|对这种～行为,领导要进行批评|他在汽车上耍～,被当场抓住。

4197 **流水** 丙

liúshuǐ (running water)

[名]流动的水,也比喻接连不断:～作业|花钱如～|小河～哗啦啦|小溪中的～清澈见底。

【反义词】死水

4198 **流通** 丁

liútōng (circulate)

[动]流转通行;不停滞;指商品流转:信息～|商品～|资金～|空气～|～得快|促进～|扩大～|～的渠道|～的领域|打开窗户,让空气～一下|决不能让假币在市场上～|商品积压太多,影响资金～|并不是产品质量不好,而是～渠道不畅。

【反义词】停滞/堵塞

4199 **流行** 丙

liúxíng (v. be in vogue; adj. popular)

[动]传播很广;盛行:样式～|款式～|感冒～|今年～这种服装的款式|这些～歌曲～不了多长时间|中山装～了一阵子|现在社会上又开始～卡拉OK|时下感冒～,许多人都病了|电影上演后,这首歌就～开来了。

[形]传播很广的;盛行的:很～|十分～|最近这些歌曲在学校非常～|这种式样的服装已经不～了。

【近义词】盛行/风行/风靡/时兴

【提示】"流行"的"行"xíng 在这里不能读成 háng。

4200 **流域** 丙

liúyù (river valley)

[名]一个水系的干流和支流所流过的整个地区:长江～|黄河～|珠江～|淮河～|海河～|黄河～是中国文化的摇篮|长江～的土地十分肥沃。

4201 **柳树**(樹) 丙 〔部首〕木 〔笔画〕9

liǔshù (willow)

[名]落叶乔木或灌木,叶子狭长,种类有垂柳、旱柳等:～成阴|河边栽了一排～|初春,～远远看去一片鹅黄,真是好看|～虽然好看,但爱长虫子|他用～枝条编了一顶帽子。

【提示】柳,姓。

【构词】柳编/柳笛/柳眉/柳琴/柳体/柳条/柳条包/柳条帽/柳絮/柳腰/柳暗花明

4202 **六** 甲 〔部首〕亠 〔笔画〕4

liù (six)

[数]数目,五加一所得:今天星期～|一、二、三、四、五、～|三加三等于～|我吃了～块饼干。

【构词】六弦琴/六亲不认/六神无主

4203 **陆**(陸) 丁 〔部首〕阝〔笔画〕7

liù (six)

[数]"六"的大写。

【提示】"陆"作为数字读 liù,又读 lù,如"陆地"。

4204 **龙**(龍) *乙 〔部首〕龙〔笔画〕5

lóng (dragon)

[名]中国古代传说中的一种神异动物:～腾虎跃|～争虎斗|～飞凤舞|～船|～舞|耍～灯|～宫|叶公平时最喜欢～,但果真见了～却又害怕了|中华民族是～的传人|～是人们传说的,也许根本就没有这种动物。❷〈丁〉中国封建时代用"龙"作为帝王的象征,也把"龙"字用在帝王使用的东西上:～床|～椅|～袍|真～天子|故宫里的～椅～案等物品都是历代帝王传下来的|～袍都是黄色的。

【提示】龙,姓。

【构词】龙船/龙灯/龙宫/龙井/龙卷风/龙袍/龙舌兰/龙廷/龙套/龙王/龙舞/龙虾/龙须菜/龙须草/龙眼/龙舟/龙爪槐

4205 **龙头**(頭) 丁

lóngtóu (tap)

[名]自来水管的放水活门,有旋转装置可以打开或关上:水～坏了,关不住|新买的～是铜制的|谁忘记关水～了?水流了一地。

4206 **聋**(聾) 丁 〔部首〕耳〔笔画〕11

lóng (deaf)

[形]耳朵听不见声音。通常把听觉迟钝也叫聋:别看他八十多岁了,耳不～眼不花|他耳朵～得厉害,没助听器根本听不见|人们都说十～九哑|耳朵一～,反应也迟钝了|他耳朵～是因为战争年代让炮震的。

【近义词】耳背(bèi)

4207 **笼子**(籠) 丙 〔部首〕竹〔笔画〕11

lóngzi (cage)

[名]用竹篾、树枝或铁丝等制成的器具,用来养虫鸟兽或装东西:鸟～|铁～|木～|编～|买～|～里有两只小鸟|～编得真漂亮|～门没关好,鸟全飞了|铁～里有一头狮子。

【提示】"笼"又读 lǒng,见第 4211 条"笼罩"。

【构词】笼火/笼鸟/笼屉

4208 **隆重** 丁 〔部首〕阝〔笔画〕11

lóngzhòng (grand; solemn)

[形]盛大而庄重:仪式～|婚礼～|显得～|布置得～|会场～|～的典礼|～的婚礼|～礼节|～节日|～的气氛|～地庆祝|～地举行|～地宣布|国家领导人在人民大会堂～欢迎贵国总理来我国访问|学校为学生们举行了～的毕业典礼|第九届全国人民代表大会在北京～开幕。

【近义词】盛大/郑重/庄重

【反义词】草率

【提示】隆,姓。

【构词】隆冬/隆隆/隆起

4209 **拢**(攏) 丙 〔部首〕扌〔笔画〕8

lǒng (hold together)

[动]❶合上;使不松散或不离开:合

不～|～上|～不上|看到多年不见的孙女,老奶奶笑得合不～嘴|新建的音乐厅～音效果好|快开学了,你也该～一～心了|把那些木材～在一起|你对她再好也～不住她的心。❷梳理(头发):头发都乱了,用梳子～一～|头发太长不好～|新式的发型用不着～|她刚～完头,孩子就醒了。

【近义词】❷梳/梳理

【构词】拢岸/拢共/拢子

4210 **垄断**(壟斷) 丙 〔部首〕土 〔笔画〕8

lǒngduàn (monopolize)

[动]泛指把持和独占(金融、市场等):财团～|～市场|～经济|～物价|～开支|～了三年|开始～|继续～|反对～|形成～|拼命地～|～的地位|～的权利|他～着整个纺织业|石油市场一直被这家公司～着|这种经济上的～必然加深各种社会危机。

【近义词】把持/独占/操纵

4211 **笼罩**(籠) 丙 〔部首〕竹 〔笔画〕11

lǒngzhào (shroud)

[动]罩住;覆盖:晨雾～|乌云～|月色～|黑暗～|暮色～|～着山城|～着村庄|月光～着整个山村|远处的山峰被晨雾～着|乌云～着大地,暴风雨就要来了|墓地里～着一种悲凉的气氛|辩论会上～着紧张的气氛。

【近义词】覆盖/遮盖/包围

【提示】"笼"在这里不能读成 lóng,"笼"lóng 见第 4207 条"笼子"。

【构词】笼络/笼统

被罩/床罩/灯罩/口罩/面罩/乳罩/纱罩/外罩

4212 **楼**(樓) 甲 〔部首〕木 〔笔画〕13

lóu (building)

[名]楼房:高～|大～|小～|两层～|办公～|写字～|宿舍～|一座～|教学～|商品～|商业～|我们学校新盖了一栋教学～|改革开放以来,城里建了不少高～|平地起高～|这幢～盖了一年也没盖起来|盖了这么多～也不够住。

【近义词】楼房

【提示】楼,姓。

【构词】楼板/楼层/楼船/楼台

4213 **楼道** 丙

lóudào (corridor)

[名]楼房内部的走道:一条～|～里|人们在～里放了许多东西|～里的灯坏了|从～的这一头走到那一头,我也没找到朋友的家|他正在打扫～。

4214 **楼房** 丙

lóufáng (building)

[名]两层或两层以上的房子:我们家住的是～|其实住～不如住平房舒服|老人一般都不爱住～,上下楼不方便|前面那片～是我们学校的学生宿舍。

4215 **楼梯** 乙

lóutī (stairs)

[名]架设在楼房的两层之间供人上下的设备,形状像台阶:不愧是年轻人,上下～的速度真快|～打扫完了,楼道还没打扫|老人上下～要当心。

4216 **搂**(摟) 丙 〔部首〕扌 〔笔画〕12

lǒu (hold in one's arms)

[动]两臂合抱:孩子撒娇,非让妈妈～着睡觉|两个情人紧紧～在一起|这棵树真粗,两个人～不过来|她把

孩子～得很紧，生怕别人抢走。

【近义词】抱

4217 **漏** *乙 〔部首〕氵〔笔画〕14

lòu (leak)

[动]❶东西从孔或缝中流出或掉出：～雨｜～风｜～沙子｜～水｜～得快｜盆～了｜锅～了｜口袋～了｜房子～｜房顶坏了，一下雨就～｜他家住的茅草房四处～风｜米从袋子里～出来他也不知道｜铝壶让我给烧～了｜水龙头～水～得厉害。❷〈丙〉遗漏：～记了一笔账｜文章中～了一段话｜这篇文章丢字～字太厉害｜把人数核对一下，不要把谁～了｜～掉的字要赶快补上｜这个月的账目～报了。❸〈丁〉泄漏：考题千万不要～出去｜事情重大，千万不要走～风声｜这事要～出去，会影响厂长的名誉｜不管记者怎么追问，他是只字不～。

【近义词】❷丢/落(là)/遗漏；❸泄漏/走漏

【构词】漏洞/漏斗/漏缝/漏夭/漏网/漏泄/漏子

4218 **漏税** 丁

lòu shuì (evade taxation)

(纳税者)由于疏忽大意或者不了解税收法令而没有交纳应缴的税款。通常指有意违反税收法令逃避应该缴纳的税款：要对偷税～的行为进行惩罚｜对那些～者不仅要强行补税，还要罚款｜这个个体户因多次～被罚款｜有意偷税～是违法行为。

【提示】离合词，中间可插入其他成分，如：漏过税。

【构词】版税/财税/地税/赋税/关税/缴税/抗税/粮税/免税/纳税/上税/所得税/逃税/偷税

4219 **露** 乙 〔部首〕雨〔笔画〕21

lòu (reveal; show)

[动]显露；表现：窗台下～出一个小脑袋｜没说两句就～馅儿了｜看了儿子的优异成绩，爸爸的脸上～出了少有的笑容｜也不知道他忙什么，好几天也不～面｜东西全～着，也不盖一盖。

【提示】"露"又读 lù，见第 4231 条。

【构词】露丑/露底/露风/露富/露骨/露脸/露马脚/露怯/露头/露馅/露一手

4220 **露面** 丙

lòu miàn (put in an appearance)

显露出来(多指人出来交际应酬)：经理去哪儿了？怎么好几天不～？｜怕债主逼债，他躲在姑姑家不敢～｜为了锻炼儿子，他多次让儿子在公开场合～｜到北京后，他就露过一次面｜他露不了面了，他已于昨天回老家了｜露了一面以后就再也见不着他了。

【近义词】显露

【提示】①离合词，中间可插入其他成分，如：露了面。②口语中一般要儿化。

4221 **喽**(嘍) 丙 〔部首〕口〔笔画〕12

lou (part. *for an expected or assumed action*)

[助]❶同"了"(le)$_2$，用于预期的或假设的动作：进～门就别想再出去｜他要知道～一定生气｜你如果把这本书给～我，我一定会认真读。❷同"了"(le)$_1$，带有提醒注意的语气：下雨～！｜水开～！｜回家～！

4222 **炉子**(爐) 丙 〔部首〕火〔笔画〕8

lúzi (stove)

[名]供做饭、烧水、取暖、冶炼等用的器具或装置：电～|火～|煤球～|～灭了|点～|我们家早就不用煤油～做饭了|新买的～不好用|在～上烧了一壶水|冬天屋子里没～怎么受得了？

【构词】炉具/炉台/炉灶/炉火纯青

4223 **路** *甲 〔部首〕足 〔笔画〕13

lù (road)

[名]❶道路：水～|旱～|大～|小～|修～|山～|弯～|这是通往飞机厂的～|要想富，先修～|前面已经没～可走了|顺着这条小～走下去就到了|天黑～滑不好走|常言说得好，～是人走出来的|～不好，慢点儿开。❷路程：～很远，一天到不了|～不远，骑自行车20分钟就到|从这儿到圆明园大约有5公里的～。❸〈乙〉路线：进城坐22～汽车|乘坐105～车可以到火车站|兵分三～向敌人进攻。❹〈丁〉种类：他俩是一～货，不干好事|这些都是大～货，价钱贵不了|她在剧团也不过是二三～角色。

【近义词】❶道/道路；❷路程；❸路线

【提示】路，姓。

【构词】路标/路灯/路段/路费/路劫/路径/路牌/路人/路数/路途/路障

4224 **路程** 丁

lùchéng (journey)

[名]道路的远近：坐火车到上海有两天的～|～不远，半天就到了|300里～，开车一天就到|考察队向牧民打听前面的～|我们一起走完了那段令人终生难忘的～。

【近义词】行程/路途

4225 **路过(過)** 丙

lùguò (pass by)

[动]途中经过(某地)：从北京到南京～天津、济南、徐州等地|从我们学校去北京大学～清华大学|～我们家的时候一定来玩。

【近义词】经过

4226 **路口** 丙

lùkǒu (intersection)

[名]道路会合的地方：十字～|三岔～|前方有一个十字～|过了前边的～就到了|～有一个小卖部|过了丁字～往左拐就到我们学校了。

4227 **路面** 丁

lùmiàn (pavement)

[名]道路的表层，用土、小石块、混凝土或沥青等铺成：～很宽|柏油～|～不平，下雨总积水|几年不修，～全坏了|新修的～很平|用沥青修～经济实惠。

4228 **路上** 乙

lùshang (on the road)

[名]❶道路上面：～停着一辆卡车|孩子不要站在～，危险|不要在～玩。❷在路途中：这些足够～吃了|～我们谈了很多很多|～要注意交通安全。

【近义词】❷途中

4229 **路线(綫)** 乙

lùxiàn (route)

[名]❶从一地到另一地所经过的道路：～确定了|～不同|规定～|选择～|打听～|寻找～|老的～|新的～|

去的～和回来的～不一样|有两条～,不知你走哪条?|去美国你走哪条～?❷指思想、政治和工作方面所遵循的途径:～对了|～错误|政治～|思想～|群众～|外交～|教育～|正确的～|反动的～|要坚持走群众～|思想～不对头,就干不好工作|这是～问题,要认真进行研究。

【近义词】❶道路/线路;❷方向

4230 **路子** 丁

lùzi (way)

[名]途径;门路:有～|没～|～宽|～广|你帮我找找～|～是有,就看你敢不敢干|找了很多～,但是都不行|他～多,有事你找他。

【近义词】门路/途径

4231 **露** 丙 〔部首〕雨 〔笔画〕21

lù (reveal)

[动]显露;表现:揭～|暴～|水面上～着几个小脑袋|他找到了称心的工作,脸上～出了笑容。

【近义词】显露/表现

【反义词】藏

【提示】①"露"又读 lòu,见第 4219 条。②"露"的另一个义项是在房屋、帐篷的外面,没有遮盖,如"露宿街头"。③"露"(lù)的"显露、表现"义与"露"lòu 义同。

【构词】露酒/露水/露水珠/露宿/露台/露天/露天矿/露头角/露珠

4232 **鹿** 丁 〔部首〕鹿 〔笔画〕11

lù (deer)

[名]哺乳动物反刍类的一科,种类很多,四肢细长,尾巴短,一般雄性头上有角,个别种类雌的也有角,毛多是褐色。有的有花斑或条纹,听觉和视觉都很灵敏:小～|梅花～|长颈～|山上有一群～|～的角是珍贵的药材|～的奔跑速度非常快。

【提示】鹿,姓。

【构词】鹿角/鹿角菜/鹿茸/鹿死谁手

4233 **录**(録) 乙 〔部首〕水 〔笔画〕8

lù (record)

[动]❶记载;抄写:记～|摘～|抄～|我把书中有意义的话全抄～下来了|你摘～的这几段文章,写得真好。❷录制:～音|～像|～放|收～|这首歌很好听,应该把它～下来|录像带～得不清楚|你有时间帮我把这篇课文～一遍|内容太多,今天恐怕～不完|领导的讲话很重要,要全部～下来。

【近义词】❶记/抄/记录/抄写

【反义词】❷放

【构词】录放/录像机/录制

4234 **录取** 丁

lùqǔ (enroll)

[动]选定(考试合格的人):～新生|～公务员|～服务员|饭店～|学校～|～得多|开始～|同意～|择优～|分批～|公开～|可以～|～的学生|～通知书|～的条件|国家机关公开～公务员|酒店决定～两名调酒师|学校今年～了 800 名新生。

【近义词】录用/挑选/选定

【反义词】解除/解雇/解聘/开除

4235 **录像** 乙

lù xiàng (videotape)

用光学、电磁等方法把图像和伴音信号记录下来:新买的～机效果很好|～、录音效果都不理想|我负责大会～工作|他的结婚典礼录了像|他给我们录过像。

【提示】①离合词,中间可插入其他成分。②作名词时,表示用录像机、摄像机记录下的图像:今天晚上我看～。③"录像"的"像"不能写成"象"或"相"。

4236 **录音** 甲

lù yīn (record)

用机械、光学或电磁等方法把声音记录下来:用这种录音机～效果好|报告人不同意我们～|没有录音机怎么～?|上课时,他们给我录了音|广播电台给我录过一次音。

【提示】①离合词,中间可插入其他成分。②作名词时表示用录音机录下的声音:放～|听～。

4237 **录音机**(機) 乙

lùyīnjī (tape recorder)

[名]把声音记录下来并能重新放出的机器:把专家的讲座用～录下来|学习外语需要有～|光有录音带,没有～也不行|市场上的～质量越来越好,品种越来越多。

4238 **录用** 丁

lùyòng (employ)

[动]收录(人员);任用:肯～|可以～|被～|优先～|因为外语考试不及格,旅行社没有～他|外企公司～条件特别高|我的孩子一直被科海公司～着|成绩好的学生被优先～了|他技术好,工作努力,公司决定继续～他。

【近义词】聘用/任用/录取

【反义词】辞退

【提示】学校录取学生不能说"录用":×他学习成绩优异,提前被大学～了。

4239 **陆**(陸) 丁 〔部首〕阝 〔笔画〕6

lù (land)

[名]陆地:大～|登～|水～交通|～路|海军进行登～演习|采用～运比较方便|这里～路交通不如水路交通发达。

【近义词】陆地

【提示】①"陆"又读 liù,是"六"的大写,见第 4203 条。②陆(Lù),姓。

【构词】陆沉/陆离/陆路/陆桥/陆运

4240 **陆地** 丙

lùdì (land)

[名]地球表面除去海洋(有时也除去江河湖泊)的部分:一片～|发现～|离开～|海洋中有一片小小的～|～被青草覆盖着|这是一个岛国,海洋多,～少|海员们到～上取了一些淡水。

4241 **陆军**(軍) 丙

lùjūn (army)

[名]陆地作战的军队。现代陆军通常由步兵、炮兵、装甲兵、工程兵、铁道兵和各种专业部队组成:～战士|～司令|强大的～|这个国家的～非常强大|～向敌人发起了进攻|我们不仅要有强大的～,还要有强大的海军和空军。

4242 **陆续**(續) 乙

lùxù (one after another)

[副]表示先先后后,时断时续:～来|～走|～入场|～到货|～播放|～发表|近几年,他～发表了三十多篇文章|快开会了,代表们～走进会场|从外地订的货这几天～到|代表们～走出了会议大厅|教师们陆陆续续搬进了新居。

【近义词】断断续续/先后

4243 **驴**(驢) 丙 〔部首〕马 〔笔画〕7

lǘ (donkey)

[名]哺乳动物,比马小,耳朵长,胸部稍窄,毛多为灰褐色,尾端有毛。多用作力畜:一头~|骑~|喂~|养~|过去农村都用~拉磨(mò)|骑~看唱本——走着瞧|听说过去贵州没有~|家里干农活就靠这头~了。

4244 **铝**(鋁) 丙 〔部首〕钅 〔笔画〕11

lǚ (aluminium)

[名]金属元素,符号 AL(aluminium)。银白色,质轻,富有延展性。用来制造电线和包装用的铝箔。铝的合金在飞机、火箭、车辆、船舶制造业中占重要的地位,也用来制造炊事用具:~线|~锅|~盆|~板|~勺|~材|~盒|~合金|~制品|新买的电线是~的|我们家的炊具大部分是~的|~锅传热比铁锅快。

4245 **旅** 丁 〔部首〕方 〔笔画〕10

lǚ (brigade)

[名]❶军队的编制单位,隶属于师,管辖几个团或几个营:一个~管辖三个团|~比团大,比师小|我们~有1000多人|有的部队没有~的编制。❷泛指军队:强兵劲~|军~之事我不懂。

【构词】旅伴/旅程/旅费/旅居/旅社/旅行袋/旅行社

4246 **旅店** 丁

lǚdiàn (inn; hotel)

[名]旅馆:一家~|住~|到南京后他没有马上回家,先找了家~住下了|如今的~条件是好了,但价格也贵了|长期住~可住不起|学校没有宿舍,只好暂时住~|那家~比较好,还是住那里吧。

【近义词】旅馆/旅社

4247 **旅馆**(館) 乙

lǚguǎn (hotel)

[名]营业性的供旅客住宿的地方:一家~|~的房间|建~|~都住满了|住这家~需要提前登记|要住就住一个大的、条件好的~。

【近义词】旅店/旅舍/旅社

4248 **旅客** 乙

lǚkè (traveller)

[名]旅行的人:~走了|~来了|~来来往往|~多|帮助~|协助~|方便~|欢迎~|迎接~|外国的~|中国的~|~上车|~下飞机|~的人数|现在是旅游旺季,~特别多|车上坐满了南来北往的~|我们要尽量满足~的要求|空姐搀扶着年老的~走下了飞机。

4249 **旅途** 乙

lǚtú (journey)

[名]旅行的途中:~劳累|~辛苦|~安全|~顺利|人生的~|愉快的~|艰苦的~|漫长的~|坎坷的~|危险的~|~生活|~见闻|祝你们~愉快|人生的~是艰难的|我们是在~中结识的。

4250 **旅行** 甲

lǚxíng (travel)

[动]为了游览或办事,从一个地方到另一个地方(多指路程较远的):出国~|去外地~|去南方~|喜欢~|~

愉快|组织～|～的日子|～的生活|经常～|我们班利用假期集体去西双版纳～|学校每年都组织我们～一次|考察团在欧洲～了二十多天。

【近义词】旅游/游览

【提示】“行”又读 háng,如“行业”。

4251 **旅游** 丙

lǚyóu (tour)

[动]旅行游览:～结束了|～顺利|～愉快|～了一趟|～一个星期|要～|愿意～|提倡～|喜欢～|组织～|参加～|建议～|同意～|快乐地～|轻松地～|短期～|到泰国～了5天|整个假期我都在～|只要有时间,我就去～|大家在一起～很愉快|～要注意安全|现在喜欢～的人越来越多。

【近义词】旅行/游玩/游览

【提示】“旅游”不能带宾语:×他们在西安～了兵马俑。

4252 **旅游业**(業) 丁

lǚyóuyè (tourism)

[名]一种服务行业,专门为旅游的人办理各种旅行业务,如安排食宿、交通工具等:最近几年～发展很快|～是随着人民的生活水平不断提高而发展起来的|现在～正兴旺。

4253 **履行** 丁 〔部首〕尸 〔笔画〕15

lǚxíng (fulfil)

[动]实践(自己答应做的或应该做的事):～职责|～合同|～诺言|～协议|～手续|～条约|开始～|继续～|严格～|认真地～|自觉地～|～的条件|～的时间|双方都在认真～着合同|每个国家工作人员都要认真～自己的职责|既然签订了协议就应该～。

【近义词】执行/实行/实践/实施/施行

【构词】履带/履历/履约/履险如夷

4254 **屡次**(屢) 丁 〔部首〕尸 〔笔画〕12

lǚcì (repeatedly)

[副]一次又一次:在中国留学的时候,他～被评为优秀学生|我们～战胜来犯的敌人|～批评,他都不改,我也拿他没办法。

【近义词】多次/反复/累次/屡屡/一再

【构词】屡屡/屡次三番/屡见不鲜/屡教不改/屡试不爽

4255 **律师**(師) 丁 〔部首〕彳 〔笔画〕9

lǜshī (lawyer)

[名]受当事人委托或法院指定,依法协助当事人进行诉讼,出庭辩护,以及处理有关法律事务的专业人员:请～|辩护～|当～|打官司应该请～|～在法庭上为被告辩护|我请的～经验非常丰富|张～在～界名气很大,要能请到他出庭为你辩护,官司准能打赢。

【提示】律,姓。

【构词】律己/律令/律诗/律条

4256 **率** 丁 〔部首〕亠 〔笔画〕11

lǜ (rate)

[名]两个相关的数在一定的条件下的比值:圆周～|税～|效～|出勤～|及格～|合格～|产品的合格～很高|这个学校的高考升学～很高|我们班的出勤～不低于95%。

【提示】“率”又读 shuài,见第 5988 条“率领”。

4257 **绿**(綠) 甲 〔部首〕纟 〔笔画〕11

lǜ (green)

[形]颜色的一种,像草和树叶茂盛时

的颜色，蓝颜料和黄颜料混合即呈现这种颜色：～树成阴｜红花～叶｜～草｜浅～｜深～｜门的外边是一片～草｜这块～布做窗帘好看｜～地毯夏天给人一种凉爽的感觉｜爱护～地。

【提示】“绿”又读lù，如“绿林好汉”。

【构词】绿茸茸/绿茶/绿灯/绿地/绿豆/绿豆糕/绿豆蝇/绿肥/绿茵茵/绿洲

4258 绿化 丁

lǜhuà（afforest）

［动］种植树木花草，使环境优美卫生，防止水土流失：～山区｜这个城市～搞得比较好｜搞好～工作是环保部门的责任｜～搞了多年，效果比较理想｜全民动员，～祖国｜那座荒山已经～。

4259 卵 丙

〔部首〕丿
〔笔画〕7

luǎn（egg）

［名］动植物的雌性生殖细胞；昆虫学上特指受精的卵：乌龟是～生动物｜蜻蜓喜欢在湖边产～｜～孵化成幼虫需要五天。

【构词】卵巢/卵生/卵石/卵细胞

4260 乱（亂） *甲

〔部首〕乙
〔笔画〕7

luàn（disordered）

［形］❶没有秩序和条理：屋子～｜写得～｜内容很～｜屋里几天没收拾，～成一团了｜家里太～了，该收拾收拾了｜稿子太～，前后都分不清楚｜马路上车太～，要注意交通安全｜我们班的纪律很～，影响学习｜东西让孩子全翻～了｜这么一来，计划全打～了。❷〈丙〉任意；随便：～吃｜～跑｜～叫｜这是珍贵的工艺品，不准～动｜不要在文物上～写～画。❸〈丙〉不安宁：这几天我心里～得很｜心烦意～，什么也干不下去。

【近义词】❷随意/随便/任意；❸烦躁

【反义词】❶整齐

【构词】乱兵/乱臣/乱弹琴/乱纷纷/乱坟岗/乱哄哄/乱乎/乱离/乱伦/乱民/乱世/乱套/乱糟糟/乱真/乱子

4261 乱七八糟 丁

luànqībāzāo（at sixes and sevens）

形容混乱；乱糟糟的：屋里～的，显然好久没有收拾了｜这些～的东西留着有什么用，扔了算了！｜墙上让孩子们画得～的｜衣服、鞋、书～的堆了一大堆。

【近义词】乌七八糟/杂乱无章

【反义词】整齐划一/井井有条/有条有理

4262 掠夺（奪） 丙

〔部首〕扌
〔笔画〕11

lüèduó（plunder）

［动］抢劫；夺取：～土地｜～矿山｜～资源｜～钱财｜～光了｜继续～｜公开地～｜疯狂地～｜～的手段｜～的结果｜侵略者～别国的资源｜人民的胜利果实，任何人也～不了｜这一带的资源全让入侵者～光了｜盘踞在山里的土匪经常下山～村民的钱财。

【近义词】抢夺/抢劫/夺取/掠取

【构词】剥夺/裁夺/篡夺/定夺/抢夺/窃夺/争夺

4263 略 乙

〔部首〕田
〔笔画〕11

lüè（omit）

［动］省去；简化：由于时间关系，有的问题就～去不讲了｜已经讲过的东西在这里从～｜今天校长只讲了科研和教学两个问题，其他的都～过去了。

【近义词】省

【构词】略称/略略/略图/略为/略语

4264 **略微** 丁

lüèwēi (slightly)

[副]稍微：新买的衣服好看是好看，就是～大了一点儿|下午的会我～晚到一会儿，不要等我|再～走近一点儿就看清楚了。

【近义词】稍微/稍稍/略略

【构词】卑微/低微/寒微/精微/轻微/稍微/衰微/缩微/微微/细微/些微/幽微

4265 **抡**(掄) 丁 〔部首〕扌〔笔画〕7

lūn (brandish)

[动]用力挥动：～刀|～锤|～棍子|战士们～刀向敌人砍去|歹徒～拳打来|我只会扶钢钎，不会～锤|他～起棍子向敌人打去。

4266 **轮船**(輪) 乙 〔部首〕车〔笔画〕8

lúnchuán (steamboat)

[名]利用机器推动的船，船身一般用钢铁做成：一艘～|远洋～|小～|上～|海面上行驶着一艘～|我国制造的～吨位越来越大|～是长江流域的主要交通工具|坐～去上海时间太长。

【构词】轮班/轮唱/轮次/轮渡/轮番/轮换/轮空(kōng)/轮胎/轮替/轮休/轮训/轮椅

4267 **轮廓** *丙

lúnkuò (outline)

[名]❶构成图形或物体的外缘的线条：～分明|～清晰|～模糊|画出～|现出～|景物的～|村子的～|脸的～|身体的～|文章的～|清楚的～|大致的～|优美的～|他不愧是画家，三笔两笔就把人物的～勾勒出来了|在月光下万寿山显出朦胧的～|她的整个～像她妈妈|前面，泰山的～已经越来越清楚了。❷〈丁〉(事情的)概况：老师向大家介绍了事情的～|我只能把大概～说一下，详细的还需要到实地调查。

【近义词】概况/概貌

【构词】寥廓/胸廓

4268 **轮流** 丙

lúnliú (take turns)

[动]依照次序一个接着一个，周而复始：～主持|～坐庄|～得快|～了一次|可以～|同意～|愿意～|不停地～|～表演|～值日|～举行|～打扫|～听|～看|假期老师们～值班|教室的卫生我们班的同学～打扫|三个儿子～照顾多病的老人|会场上，与会代表～发表意见。

【近义词】依次/挨次/顺次/轮番

4269 **轮子** 丙

lúnzi (wheel)

[名]车辆或机械上能够旋转的圆形的部件：汽车～|火车～|自行车～|～坏了|汽车有四个～|火车～飞快地旋转着|古代马车的～都是用木头做的。

【近义词】车轮

4270 **论**(論) *丙 〔部首〕讠〔笔画〕6

lùn (v. discuss; n. theory)

[动]❶分析和说明事理：他的论文题目是"～对外汉语教学"|我们不能就事～事|凡事都要～个理|今天非得～出个是非来。❷〈丁〉评定；看待：不能什么事都一概而～|任务完成后，要～功行赏|这是两回事，不能相提并～。

[名]学说:唯物~|唯心~|对于相对~,这本书讲得比较清楚|他开始相信进化~,但后来不信了。
【近义词】❶议/评/说;❷评定
【提示】论,姓。
【构词】论辩/论处(chǔ)/论敌/论调/论断/论据/论理/论说/论说文/论坛/论题/论议/论战/论争/论著/论罪

4271 论点(點) 丁

lùndiǎn (argument)
[名]议论中的确定意义以及支持这一意义的理由:~清楚|一个~|文章的~|他的~|这篇文章~明确,条理清楚|论说文~一定要清楚|~不明确,别人就不清楚你要说明什么问题|说了半天,也不知道他的~是什么。

4272 论述 丁

lùnshù (expound)
[动]叙述和分析:全面~|~清楚|~观点|进行~|文章共~了四个问题|~了半天也没把问题~清楚|他的毕业论文~了中国的交通问题,~得非常透彻|本文准备就以下两个问题分别加以~。
【近义词】阐述/论说/分析

4273 论文 乙

lùnwén (thesis)
[名]讨论某种问题或研究某种问题的文章:学术~|毕业~|写~|交~|指导~|~答辩|~合格|~成绩|硕士~|博士~|~不及格不能毕业|7月12日开始~答辩|讨论会上,宣读了9篇~|有11篇~获得了优秀奖。

4274 论证(證) 丁

lùnzhèng (expound and prove)
[动]论述并证明:方案科学不科学还需要专家进行~|~的结果不理想|专家们对方案的可行性进行了认真的~。

4275 啰唆(囉) 丁 〔部首〕口 〔笔画〕11

luōsuo (talkative)
[形]说话唠叨;事情琐碎:说话~|妈妈~|办事~|文章~|~了半天|喜欢~|用不着~|写得~|变得~|不停地~|格外~|确实~|~的句子|~的老太太|老奶奶年纪大了,就爱~,一~起来就没完没了(liǎo)|街道主任很热心,就是说话有点儿~|爱~的毛病总是改不了|申请护照的手续太~,应该进行改革|手续太~,办了一上午也没办完。
【近义词】唠叨/琐碎/麻烦/繁琐
【反义词】简洁/干脆/爽快/简单/简便

4276 螺丝钉(絲釘) 丁

〔部首〕虫 〔笔画〕17
luósīdīng(screw)
[名]圆柱形或圆锥形金属杆上带螺纹的零件:拧~|~掉了|安装窗户必须有~|别看~小,作用可大了|没有~,门就安不上|~锈住了,拧不动。
【近义词】螺钉
【构词】螺钉/螺号/螺母/螺栓/螺丝/螺丝刀/螺丝垫/螺丝帽/螺丝母/螺纹/螺旋桨
铆钉/门钉/图钉

4277 骡子(騾) 丁 〔部首〕马 〔笔画〕14

luózi (mule)
[名]哺乳动物,是驴和马交配所生的杂种,比驴大,毛多为黑褐色。寿命长,力气大,多用作力畜:一头~|买~|养~|~拉车比马有劲|很多人~和马分不清。

4278 **罗列**（羅） 丁 〔部首〕四 〔笔画〕8

luólìè (spread out)

［动］❶分布；陈列：他的桌子上～着许多古玩｜群山峻岭巍然～在眼前。❷列举：拼命～｜详细～｜～的内容｜～的材料｜为了把事情说清楚，他～了大量的事实｜他～了大量数字，对他的观点进行论证。

【近义词】❷列举

【提示】罗，姓。

【构词】罗锅/罗汉/罗盘/罗圈腿/罗圈椅/罗网/罗纹/罗织

4279 **萝卜**（蘿蔔） 乙 〔部首〕艹 〔笔画〕11

luóbo (turnip)

［名］两年生草本植物，叶子羽状分裂，花白色或紫色。主根肥大，圆柱形或球形，皮的颜色因品种不同而异，是普通蔬菜之一：红～｜白～｜青～｜水～｜吃～｜烧～｜切～｜～丝｜～馅儿｜～块儿｜多吃～有助消化｜水～可以生吃｜～馅儿的饺子很好吃。

【提示】“卜”又读 bǔ，如“占卜”。

4280 **箩筐**（籮） 丁 〔部首〕竹 〔笔画〕14

luókuāng (a large bamboo basket)

［名］用竹子或柳条等编的器具，或圆或方，多用来盛粮食、蔬菜等物品：背了一～粮食｜～里放了很多苹果｜这里的姑娘们几乎都会编～。

4281 **逻辑**（邏輯） ＊丙

〔部首〕辶 〔笔画〕11

luójí (logic)

［名］❶思维的规律；客观的规律性：～严谨｜～成立｜讲究～｜符合～｜合乎～｜客观的～｜生活的～｜奇怪的～｜荒唐的～｜错误的～｜生活的～是不能违背的｜教育工作者要研究教育事业发展的～｜他在会上讲的那些话不符合～｜事物本身的～是客观存在的｜语言表达要讲究～｜他这完全是强盗～。❷〈丁〉指逻辑学：教师应懂得一些～的基本知识｜～是同学们喜欢的一门课｜～是研究思维规律的科学｜～是这个学期新开的课。

【构词】逻辑思维/逻辑学

4282 **锣**（鑼） 丙 〔部首〕钅 〔笔画〕13

luó (gong)

［名］打击乐器，用铜制成，形态像盘子，用锣槌敲打发出声音：一面～｜敲～｜～鼓｜～声｜铜～｜敲～打鼓庆胜利｜走街串巷的卖糖人用～声招徕顾客｜庆祝会上，敲～的敲～，打鼓的打鼓，可热闹了。

4283 **落** ＊乙 〔部首〕艹 〔笔画〕12

luò (fall)

［动］❶掉下；下降：～下来｜～不下来｜～满｜秋天到了，树叶纷纷～下｜他意志坚强，从来没在困难面前～过泪｜桌子上～了很多土｜一夜之间，地上～了厚厚的一层雪｜太阳快要～山了。❷留下；停留：1987 年她在深圳～了户｜手上的疤是在农村割草时～下的｜树上～着几只小鸟｜花上～着一只蝴蝶。❸〈丙〉归属：这份资料很重要，千万不能～在别人手里｜历史的重担～在我们肩上了。❹〈丙〉遗留在后边：上届有好几个代表～选了｜他的考试成绩又～在别人后边了｜你的思想已经～伍了｜她是因为生病，学习才～在别人后边的。

【近义词】❶掉/降；❷留/停

【反义词】❶升/涨(zhǎng)

【提示】"落"又读 là，见第 3889 条；又读 lào，如"落价"。
【构词】落榜/落泊/落差(chā)/落潮/落地窗/落地灯/落地式/落第/落户/落脚/落空/落款/落墨/落寞/落幕/落难(nàn)/落魄/落日/落生/落水/落水狗/落汤鸡/落拓/落网/落伍/落照/落座

4284 **落成** 丁

luòchéng (be completed)

[动](建筑物)完工：水库～｜大楼～｜体育馆～｜宾馆～｜纪念堂～｜正式～｜顺利～｜～典礼｜～仪式｜新盖的少年宫已经～了｜今天，学校隆重举行教学楼～典礼｜新～的宿舍楼有一百多套房子。
【近义词】建成/竣工/完工
【反义词】开工/动工/兴工/奠基/破土
【提示】"落成"不能带表示地点的补语：×办公楼就～在湖边上。

4285 **落地** 丁

luòdì (fall to the ground)

[形]下端直到地面或放在地上的：～窗｜～灯｜～扇｜房间里的～窗帘真好看｜这台～风扇我已经用了三年了。

4286 **落后**(後) 乙

luòhòu (backward)

[形]停留在比较低的发展水平上；落在形势后面的：国家～｜经济～｜思想～｜观念～｜文化～｜承认～｜实在～｜明显地～｜～的状况｜～的局面｜～的学生｜～分子｜～的工具｜～的小山村这几年也富裕起来了｜目前我国的生产水平还比较～｜厂里的机器设备早就～了｜必须改变～的生产方式｜～的管理体制不改变，生产就上不去。
【近义词】后进
【反义词】先进

4287 **落实**(實) 丁

luòshí (carry out)

[动]使(计划、措施、政策等)得以贯彻执行：责任～｜任务～｜资金～｜～政策｜～得好｜～得快｜能够～｜可以～｜狠抓～｜～的方法｜～的结果｜放假期间安全措施要～｜任务要～到人｜计划是定了，就看怎么～了｜各级组织要认真～知识分子政策｜资金一旦～就马上开工。
【近义词】兑现/实现
【反义词】落空/流产/告吹

4288 **落选**(選) 丁

luò xuǎn (fail to be elected)

没有被选上：在选举大会上他～了｜本来有希望当选的几个人没想到反而～了｜他不为人民办实事，～是当然的｜这次选举他落了选。
【近义词】名落孙山
【反义词】当选
【提示】离合词，中间可插入其他成分，如：落了选。

4289 **骆驼**(駱駝) 丙 〔部首〕马 〔笔画〕9

luòtuo (camel)

[名]哺乳动物，身体高大，背上有驼峰，蹄扁平，蹄底有肉质的垫，适于在沙漠中行走。不怕风，有高度的耐渴能力。供骑乘或运货，是沙漠地区的主要力畜：一头～｜拉～｜骑～｜～是沙漠里的主要运输工具｜沙漠里有一支～运输队｜～是很温顺的动物。
【提示】骆，姓。

M

4290 **妈妈**(媽) 甲 〔部首〕女 〔笔画〕6

māma (mother)

[名]母亲:当～|她是～|我的～|没有～|失去～|～从小就疼爱我|世界上哪有～不疼孩子的|我来中国学习,最想的就是我～|她大声呼喊着～,可～再也没有醒来。

【近义词】母亲

【提示】用于口语中。

【构词】大妈/姑妈/后妈/舅妈/奶妈/姨妈

4291 **抹布** 丁 〔部首〕扌 〔笔画〕8

mābù (rag)

[名]擦器物的布块等:用～|拿～擦|洗～|用～把桌子上的土擦干净|擦玻璃找不着～|打扫卫生的时候,～不够用|用旧毛巾当～比较好使。

【提示】①"抹"又读 mǒ,见第 4526 条;又读 mò,如"抹墙"。②"抹"字右边的偏旁是"末",不能写成"未"。

【构词】抹脸/抹澡

4292 **麻** 丁 〔部首〕广 〔笔画〕11

má (flax)

[名]大麻、亚麻、黄麻、剑麻、蕉麻等植物的通称,麻类的纤维是纺织等工业的重要原料:种～|收～|我们村靠种～致了富|～的用途很大,可以制绳,也可以编织麻袋。

【提示】麻,姓。

【构词】麻包/麻布/麻刀/麻豆腐/麻纺/麻风/麻花/麻将/麻酱/麻秸/麻辣辣/麻利/麻纱/麻绳/麻酥酥/麻线/麻药/麻衣/麻疹/麻织品/麻子/麻醉剂/麻木不仁

4293 **麻痹** 丁

mábì (v. paralyze; adj. slaken one's vigilance)

[动]❶机体某一部分知觉能力丧失:四肢～|全身～|神经～|小儿～|他脸部肌肉～,不会笑|他年老以后,双腿～,只能坐轮椅出去活动。❷使失去警惕性:～敌人|～思想|边防战士时时提高警惕,思想从来没有～过。

[形]形容失去警惕性,疏忽大意:你太～了,怎能把钱包到处乱扔呢?|出门时要把身份证件保存好,千万不能～大意。

【提示】"麻痹"的"痹"bì 不能念成 pì。

4294 **麻袋** 丁

mádài (gunnysack)

[名]用粗麻布做的袋子:一条～|新～|破～|缝～|～里装的全是粮食|厂里买了 700 条～|每人买了一～大米。

4295 **麻烦**(煩) 甲

máfan (v. trouble; adj. troublesome)

[动]使人费事或增加负担:～同事|～老师|～领导|～了一次|经常～|暂时～|～的次数|为买一本书～了很多人|期末考试前,我～了老师很多次|这事别人办不了,非～你不可|自己能办的事决不～别人。

[形]烦琐;费事:真～|太～|这件事

非常～|办出国手续太～|他服务周到,从来不怕～。

【近义词】[动]打搅/烦劳/劳驾;[形]繁琐

【构词】愁烦/厌烦

4296 **麻木** 丁

mámù (numb)

[形]❶反应迟钝或没有反应:思想～|精神～|感情～|表情～|感觉～|～得厉害|开始～|异常～|过分～|～的原因|老人的面部表情很～|长期处于痛苦之中,他精神早就～了|自从出了那件事以后,她对人越来越～了。❷指发麻的感觉:腿～|四肢～|手指～|嘴唇～|舌头～|全身～|～了很久|觉得～|～的现象|～的程度|坐车坐得两腿～|最近,我总感觉左半边身子～|他嘴唇～得连话也说不清楚了。

4297 **麻雀** 丁

máquè (sparrow)

[名]鸟,头圆,尾短,嘴呈圆锥状,头部和颈部是栗褐色,背面褐色,杂有黑褐色斑点,翅膀短小,不能远飞:一只～|一群～|电线上落着很多～|地里立着很多稻草人,目的是防止～偷吃庄稼。

4298 **麻醉** 丁

mázuì (anaesthetize)

[动]❶用药物或针刺等方法使整个有机体或有机体的某一部分暂时失去知觉:～开始|～成功|全身～|局部～|施行～|害怕～|需要～|暂时～|～的方法|～的效果|这是大手术,需要全身～|这么小的手术不用～,坚持一下就行了|针灸～效果不错。❷比喻用某种手段使人认识模糊、意志消沉:精神～了|灵魂～了|～人的斗志|～人的意志|～不了|慢慢地～|容易～|～手段|这些不健康的书籍～了不少青年|在金钱的腐蚀面前,有些领导被～了|金钱容易～人的意志。

【近义词】❷麻痹

【反义词】清醒

【构词】沉醉/酣醉/酒醉/烂醉/买醉/迷醉/泥醉/陶醉/心醉

4299 **码头**(碼頭) 乙 〔部首〕石 〔笔画〕8

mǎtou (wharf)

[名]在江海湖泊或港湾内,供停船时装卸货物和乘客上下的建筑物:～上停了很多轮船|货物卸在天津塘沽～|～上人来人往,好不热闹。

4300 **蚂蚁**(螞蟻) 丁 〔部首〕虫 〔笔画〕9

mǎyǐ (ant)

[名]昆虫,体小,长形,黑色或褐色,头大,有一对复眼,触角长,腹部卵形。雌蚁和雄蚁有翅膀,工蚁没有。在地下筑穴,成群穴居:一只～|一窝～|一群～|～窝|～能推动比它本身重几倍的物体|～搬家说明天要下雨|学习要有～啃骨头的精神。

【构词】白蚁/兵蚁/虫蚁/工蚁

4301 **马**(馬) 甲 〔部首〕马 〔笔画〕3

mǎ (horse)

[名]哺乳动物,头小,面部长,耳直立,颈部有鬣(liè),四肢健壮,每肢有蹄,善跑,尾生有长毛。是重要的力畜之一,可供拉车、耕地、骑乘等用:骏～|白～|烈～|野～|画～|拴～|喂～|骑～|驯～|跑～场|一匹～|～不吃夜草不肥|骏～奔驰在辽阔的草

原上|我们家养了一匹～|画家徐悲鸿最擅长画～|这匹烈～谁也驯服不了|草原上长大的孩子没有不会骑～的。

【提示】马,姓。

【构词】马鞍/马鞭/马刺/马大哈/马刀/马灯/马店/马队/马蜂窝/马褂/马后炮/马甲/马驹子/马具/马裤/马拉松/马匹/马前卒/马球/马术/马蹄/马蹄表/马蹄莲/马蹄铁/马桶/马头/马头琴/马尾松/马靴/马扎/马掌/马桩

4302 **马车**(車) 丁

mǎchē (carriage)

[名]马拉的车,用于载人和运货,有的双轮,有的四轮:一辆～|赶～|坐～|这里的运输工具主要是～|旅游区有很多～,游客可以坐～游览|城市里白天不允许～通行。

4303 **马达**(達) 丁

mǎdá (motor)

[名]电动机的总称(英文 motor 的音译):电扇里的～烧坏了|～的质量不好,有杂音|没有～,抽水机转动不起来。

4304 **马虎** 乙

mǎhu (careless)

[形]疏忽大意;不细心;草率;敷衍:人～|办事～|工作～|写字～|计算～|～得厉害|安排得～|一贯～|～的毛病|～的习惯|这孩子学习太～|他办事一向很～,你要多提醒他点儿|她做事从不～,你就放心吧|对工作他总是马马虎虎|不管工作重要不重要,都不应该～。

【近义词】疏忽大意/粗枝大叶/草率/敷衍/粗心

【反义词】认真/细心

4305 **马克** 乙

mǎkè (mark)

[名]德国的本位货币:1～|1000～|可以用美元兑换～。

4306 **马克思主义**(義) 丙

Mǎkèsīzhǔyì (Marxism)

[名]马克思(Karl Marx)和恩格斯(Friedrich Engels)所创立的无产阶级思想体系。它的基本组成部分是马克思主义哲学、政治经济学和科学社会主义:～是无产阶级政党指导思想的理论基础|认真学习～,用于指导我们的工作。

4307 **马力** 丁

mǎlì (horsepower[h.p.])

[名]功率单位,一马力等于每秒钟把75公斤的物体提高一米所做的功:拖拉机的～比汽车大|加大～向前奔驰|新研制的内燃机～很大|汽车的～不够,爬不上去。

4308 **马铃薯**(鈴) 丁

mǎlíngshǔ (potato)

[名]多年生草本植物,羽状复叶,小叶有柄,卵圆形,花白色或蓝紫色。地下块茎肥大,供食用:我很喜欢吃～做的菜|今年～大丰收|很多国家把～作为主要食物。

【近义词】土豆儿

【提示】口语中不同的地区有“土豆儿”、“山药蛋”、“洋芋”等名称。

【构词】白薯/番薯/甘薯/红薯/凉薯/木薯

4309 **马路** 乙

mǎlù (road)

[名]城市或近郊的供车马行走的宽阔平坦的道路;泛指公路:过～|一条～|～上|行人过～要走人行横道|我家前面的～拓宽了两米多|～上来往的车辆很多|夜里～上清静极了|～上积了很多水也没人管。

【反义词】公路/道路/路

4310 **马上** 甲

mǎshàng (at once)

[副]表示动作或状态即将发生;立刻:天～就要下雨了|你等一下,我～就来|吃完饭～走|车～就要开了|你们先干着,材料～就运到|～就考试了,你还不复习?

【近义词】立刻/立即

4311 **马戏**(戲) 丁

mǎxì (circus)

[名]人骑在马上做各种表演;经过训练的动物,如狗、马、猴子等参加杂技表演:看～|演～|～团|孩子们都到广场看～去了|～团的小动物表演的节目有意思极了。

【近义词】杂技/杂耍

4312 **骂**(罵) 乙 〔部首〕马 〔笔画〕9

mà (curse)

[动]用粗野或恶意的语言侮辱;斥责:～人|～街|有理讲理,不要～人|～人可不是好孩子|爸爸脾气特别大,对孩子张口就～,抬手就打|看见这不争气的孩子,我真想狠狠地～他一顿|你可别惹他,惹急了他什么话都能～出来|事情已经这样了,～他有什么用?|这事让领导知道了非～我不可。

【近义词】斥责/批评

【构词】骂架/骂街/骂名/骂阵/骂骂咧咧

4313 **嘛** 甲 〔部首〕口 〔笔画〕14

ma (part. *indicating that sth. is obvious*)

[助]❶表示道理显而易见:你有意见就提～|这本书本来就是我的～|你不是说一会儿就走～?|老师,你讲慢点儿～,我都听不清楚|中文本来就很难学～|这本来就是你的错～|有病就去医院看看～。❷用在句子停顿处,引起听话人对下文的重视:组织交给的工作～,就要认真完成|大家的事～,就得大家做|有病～,就要好好休息。

【近义词】❷吗

4314 **吗**(嗎) 甲 〔部首〕口 〔笔画〕6

ma (part. *used at the end of a question*)

[助]❶用在句末,表示疑问:你去过长城～?|你喝过北京的豆汁儿～?|你们今天上课～?❷用在反问句末尾,表示强调、质问、责备的语气:难道这事怨我～?|你这样做对得起父母～?|你不知道他今天不在家～?❸用在句中停顿处,点出话题:衣服～,该买的还得买|纪律问题～,确实应引起领导的注意|这种皮鞋～,到处都有。

【近义词】❸嘛

4315 **埋** 乙 〔部首〕土 〔笔画〕10

mái (bury)

[动]用土、雪等盖住:～地雷|～粮食

|～机器|～木桩|～水管|～得深|～得浅|需要～|用不着～|不准～|秘密地～|～的地方|～的时间|入土为安，还是赶快把人～了吧|赃物就～在石头底下|一场大雪把麦苗全～住了|这些文物在地下～了两千多年|把枪支～起来，不要让敌人发现了。

【提示】“埋”又读 mán，如“埋怨”，见第4325条。

【构词】埋藏(cáng)/埋伏/埋名/埋设/埋葬

4316 **埋没** 丁

máimò (cover up)

[动]❶掩埋；埋起来：～尸体|～村庄|这里地下～着文物|大雪把村庄～了|这座古城是两千年前被风沙～的|沙漠～了无数的绿洲。❷指人才、功绩等受到漠视或未被发现：～人才|～功劳|～成绩|～才能|完全～|真正～|故意～|你的才能领导是不会～的|他天资聪明，可惜被时代～了|人民英雄的功绩谁也～不了。

【近义词】湮没

【提示】“没”又读 méi，见第4370条。

【构词】抄没/沉没/出没/覆没/辱没/吞没/淹没

4317 **埋头**(頭) 丁

mái tóu (be engrossed in)

专心；下功夫：他～苦干的精神值得我们学习|他整天～在书堆里|杨教授每天～著书，孩子的事他从不过问|他每天晚上只知埋头看书，什么事也不干。

【提示】离合词，中间可插入其他成分，如：埋着头。

4318 **买**(買) 甲 〔部首〕乙 〔笔画〕6

mǎi (buy)

[动]用钱换东西：～衣服|～书|～饭|～水果|～教材|～得多|～了一次|不用～|可以～|不会～|～的东西|～的桌子|～的杯子|刚从商店～了几支铅笔|裙子～得有点儿大了|饭～得太多，吃不了|上学的东西都～齐了|在自选市场～东西比较方便。

【近义词】购/购买/购置/采购

【反义词】售/卖/出售/发售

【提示】买，姓。

【构词】买办/买方/买关节/买好/买卖人/买面子/买通/买主

4319 **买卖**(賣)* 乙

mǎimài (business)

[名]❶生意；交易：这两年的～还是很兴隆的|～兴隆，财源广进|这笔～做成了，可以赚一大笔钱|如今兵荒马乱的，～也不好做|父亲成年在外跑～，一年也回不了几趟家。❷〈丁〉指商店：他家有好几处～|他在城里开着几处小～。

【近义词】❶生意/交易；❷商店

4320 **卖**(賣) * 甲 〔部首〕十 〔笔画〕8

mài (sell)

[动]❶用东西换钱：～鞋|～粮食|～房子|～电器|～照相机|～不了|可以～|不能～|～了一次|～得多|～不了|～的东西|～的水果|～的教材|商店的服务员正在～东西|旧房～了以后买新房|一时拿不出钱来，只好把心爱的钢琴～了|前边有家商店～音响。❷〈丙〉为了自己的利益而出卖祖国或亲友：～国|～国求荣|～身投靠|～朋友|在关键的时候他把大家给～了|这个条约是～国条约|宁肯自己吃亏也不能～朋友。❸

〈丁〉尽量用出来；不吝啬：为了把厂子尽快建成，大家可～力气了｜我们都要为厂子～把力，不能坐享其成｜他把全身的劲都～出来了，也没把车推上来。

【近义词】❶售；❷出卖

【反义词】❶买/购

【提示】注意，"卖"的上半部是"十"，不要写成"土"。

【构词】卖唱/卖方/卖功/卖乖/卖关子/卖国/卖国贼/卖老/卖力/卖命/卖弄/卖人情/卖艺/卖友/卖主/卖嘴/卖座

4321 **卖国**(國) 丁

mài guó (betray one's country)

为了私利投靠敌人，出卖祖国和人民的利益：这些人～求荣，肯定没有好下场｜这个政府迫于外国的压力签订了很多～条约｜他是一个～贼。

【提示】离合词，中间可插入其他成分，如：卖了国。

4322 **迈**(邁) 乙　〔部首〕辶　〔笔画〕6

mài (step)

［动］抬脚向前走：他向前～了一大步｜战士们～着正步接受领导的检阅｜父亲得了脑血栓，腿脚不利索，走路只能一步一步向前～｜再往前～两步就行了。

【构词】迈步/迈进

4323 **脉搏** 丁　〔部首〕月　〔笔画〕9

màibó (pulse)

［名］心脏收缩时，由于输出血液的冲击引起的动脉的跳动：～跳动｜～停止｜～收缩｜～很快｜～弱｜病人的～｜生活的～｜时代的～｜跳动的～｜～的次数｜失血过多，～停止了跳动｜长跑以后，～跳动很快｜老奶奶的～很弱，几乎摸不着｜作为一个领导干部，要随时掌握群众的思想～｜改革开放以来，人们的生活～加快了。

【构词】脉案/脉全/脉理/脉礼/脉络/脉门/脉息/脉象

4324 **瞒** 丙　〔部首〕目　〔笔画〕15

mán (hide [the truth from])

［动］隐藏真情不让人知道：～着家长｜～着朋友｜～岁数｜～了很久｜～过一次｜故意～｜能～｜不应该～｜报名参军的时候，他～了两岁｜这事再也不能～下去了｜母亲去世的消息他一直～了两个多月｜事情明摆着，想～也～不过去｜把事情真相告诉他吧，不要再～他了｜～得了今天，～不了明天。

【近义词】隐瞒

【构词】瞒哄/瞒上欺下/瞒天过海

4325 **埋怨** 丁

mányuàn (blame)

［动］因为事情不如意而不满或怨恨：群众～｜学生～｜老师～｜～孩子｜～天气｜～了一通(tòng)｜受到～｜事情搞砸了，再～也没用｜工厂效益不好，工人们都～领导｜光～孩子有什么用，我们大人也该找找原因｜不要再互相～了，还是找找失败的原因吧。

【提示】不要把"埋怨"的"埋"mán读成mái。"埋"mái见第4315条。

4326 **馒头**(饅頭) 乙　〔部首〕饣　〔笔画〕14

mántou (steamed bread)

［名］一种用发酵的面粉蒸成的食品，一般上圆而下平，没有馅儿：一个～｜一斤～｜蒸～｜炸～｜北方人爱吃～，南方人爱吃米饭｜山东的～好吃｜我

10岁的时候就学会了蒸～。

4327 **满**(滿) ＊甲 〔部首〕氵 〔笔画〕13

mǎn (full)

[形]❶全部充实,达到容量的极点:桶里的水已经～了|连续几天的大雨,湖水快～了|他一仰脖就把～～一杯酒喝下去了|今年大丰收,家里粮食全堆～了。❷〈丙〉全:踢球踢得～身都是泥|晚上,我求他帮我复习一下功课,他～口答应了|天气真热,热得～头大汗|～院子都是花。❸〈丙〉满足:他对老师的态度不～|他对自己的学习成绩不～|考了全班第一名,他心～意足。

【提示】满,姓。

【构词】满分/满腹/满口/满门/满面/满勤/满世界/满堂彩/满堂灌/满堂红/满心/满眼/满员/满载/满族/满座

4328 **满怀**(懷) 丁

mǎnhuái (have one's heart filled with)

[动]心中充满:～信心|～希望|～豪情|～柔情|～忧思|～敬意|～喜悦|～着欢乐|～着钦敬|他对孩子考上大学～希望|大学毕业以后,同学们～豪情走上了工作岗位|他壮志～。

4329 **满腔** 丙

mǎn qiāng (have one's bosom filled with)

[名]充满心中:～愤怒|～热血|～热情|没有～的热情,就不能干好工作|～的热血已经沸腾|他对敌人有～的仇恨|一群热血～的青年,走上了前线。

【近义词】一腔

4330 **满意** 甲

mǎnyì (satisfied; satisfactory)

[形]符合自己心意的:很～|对…～|不～|他取得了～的成绩|领导对我们的工作感到～|跑了一整天,她终于买到了自己～的衣服。

【近义词】如意/中(zhòng)意/称(chèn)心

4331 **满月** 丁

mǎn yuè (a baby's completion of its first month of life)

(婴儿)出生后满一个月:孩子刚～,母亲就去世了|孩子都～了,还没起名字|孩子过～那天,来了很多人|等满了月,就带孩子回老家。

【提示】离合词,中间可插入其他成分,如:满了月。

4332 **满足** 乙

mǎnzú (satisfy; satisfied)

[动]❶感到已经足够:群众～了|顾客～了|精神上～了|生活～了|条件～了|心愿～了|～现状|应该～|开始～|感到～|觉得～|表示～|她的学习成绩已经是全班第三名了,可她还不～|他刚取得一点儿成绩就～起来了。❷使要求等得到实现:～要求|～供应|～需要|政府应该～人民的需要|多建房快建房,以～教师的需要|目前还～不了大家的要求。

【近义词】❶知足

4333 **慢** 甲 〔部首〕忄 〔笔画〕14

màn (slow)

[形]速度低;走路、做事等费的时间长:语调～|速度～|表～|手脚～|脑

子～|施工～|吃饭～|希望～|念得～|山高路险,汽车开得很～|他是个～性子,走路～,吃饭～,办事～,总之一切都～|～点儿讲,不要着急|老师讲课讲得很～。

【近义词】缓慢

【反义词】快

【构词】慢车/慢火/慢件/慢坡/慢性病/慢性子/慢悠悠

4334 **慢性** 丁

mànxìng (chronic)

[形]发作得缓慢的;时间拖得长久的:～自杀|～中毒|他得的是～病,一时半会儿好不了|吸烟多了,就会～中毒。

4335 **漫长**(長) 丙 〔部首〕氵 〔笔画〕14

màncháng (very long)

[形]长得看不见尽头的(时间、道路等):～的岁月|～的历史|～的路程|～的冬季|～的日子|～的人生|～的过程|觉得～|感到～|人生的道路是～的|～的冬季终于过去了|20里的山路我觉得那么～|人民解放军守卫在～的边境线上|中国的封建社会是～的。

【近义词】悠长/漫漫

【反义词】短暂/短

【提示】"长"又读 zhǎng,见第8122条。

【构词】漫笔/漫步/漫道/漫画/漫谈/漫天/漫游

4336 **蔓延** 丁 〔部首〕艹 〔笔画〕14

mànyán (spread)

[动]像蔓草一样向周围扩展:野草～|火势～|传染病～|瘟疫～|～全国|～各地|～得快|继续～|开始～|迅速～|森林大火向四处～|战火已经～到江边|大火裹着浓烟,迅速向山上～|传染病在全村～。

【提示】"蔓"又读 wàn,如"瓜蔓儿"。

【构词】迟延/耽延/苟延/绵延/迁延/伸延/顺延/推延/拖延/外延

4337 **茫茫** 丁 〔部首〕艹 〔笔画〕9

mángmáng (boundless)

[形]没有边际,看不清楚:白～|～林海|～草原|～无际|远处水天相接,白～一片|～的草原上到处开满了野花|汽车在～的黑夜里行驶。

【构词】苍茫/浩茫/迷茫/渺茫/微茫

4338 **茫然** 丁

mángrán (blank; at a loss)

[形]完全不知道或失意的样子:感到～|前途～|觉得～|～的样子|～的神情|～地回顾|～若失|～地笑笑|～不知|事情发生的原因和经过我都～|事情发生得太突然,我一时感到～|丈夫的车开走了,她～若失地站在那里,久久不肯离去|他这么一追问,我更加～了。

4339 **盲从**(從) 丁 〔部首〕目 〔笔画〕8

mángcóng (adj./v. follow blindly)

[形]不问是非地附和别人:太～|遇事要认真思考,不要～|吃了几次～的苦头,他也渐渐聪明起来了|他什么事都爱～,从来没有自己的主见。

[动]盲目随从:你对领导总是～,这没有好处|我们不能事事～别人,要有主见。

【构词】盲肠/盲肠炎/盲动/盲流/盲棋/盲文

4340 **盲目** 丙

mángmù (blind)

[形]眼睛看不见东西，比喻认识不清：～的行动｜～地进行｜～服从｜～地相信｜～地追求｜～地崇拜｜外国留学生学习汉语并不是～地学，都有自己的学习目的｜对于领袖不要～地崇拜｜事先应有周密的计划，不能～地干。

4341 **盲人** 丁

mángrén (blind person)

[名]失去视力的人：大城市的马路上有专供～走的路｜～就业的机会比平常人的少｜新开办了一所～学校｜别看～看不见东西，但听力都很灵敏。

4342 **忙** 甲 〔部首〕忄 〔笔画〕6

máng (busy)

[形]事情多，没有空儿：这几天～得一点儿时间都没有｜～的时候，一天到晚不得闲｜大家～得很，哪有时间看电影｜当了厂长以后，他就更～了｜我今天太～，咱们明天再见面吧。

【近义词】繁忙/忙碌

【反义词】闲

【构词】忙乎/忙活/忙乱/忙于

4343 **忙碌** 丁

mánglù (busy)

[形]忙着做各种事；紧张而没有空闲：学习～｜工作～｜生活～｜生产～｜训练～｜老师～｜工人～｜显得～｜～地做着｜～的人们｜为了让全村的人都富起来，村长一天到晚地～｜～了半天，也～不出成绩来｜随着夏收的到来，大家开始～起来｜～了一天，累得他连腰都直不起来了。

【构词】劳碌/碌碌/庸碌

4344 **猫** 乙 〔部首〕犭 〔笔画〕11

māo (cat)

[名]哺乳动物，面部略圆，躯干长，耳朵短小，眼大，瞳孔随光线强弱而缩小放大，四肢较小，掌部有肉质的垫，行动敏捷，善跳跃，能捕鼠，毛柔软，有黑、白、黄、灰褐等色：一只～｜黑～｜花～｜白～｜～眼睛｜～尾巴｜我家养了一只小～｜农村养～可以减少鼠害｜我特别喜欢～。

【构词】猫头鹰/猫眼石

4345 **毛** *乙 〔部首〕毛 〔笔画〕4

máo (hair)

[名]❶动植物的皮上所生的丝状物；鸟类的羽毛：羽～｜羊～｜牛～｜猕猴桃上长着许多细～｜桃子的表面有一层～｜每年的春天都剪一次羊～｜狗一到春天就脱～。❷〈丁〉东西上长的霉：馒头长～了，不能吃了｜面包放的时间长了，上面长了一层绿～｜食物一长～就不能吃了。❸〈丁〉小：～孩子｜～贼｜你个小～孩子懂什么？｜外边下着～～雨｜我根本不把那些～贼放在眼里。

【提示】毛，姓。

【构词】毛玻璃/毛糙/毛刺/毛发/毛纺/毛孩子/毛巾被/毛孔/毛裤/毛料/毛驴/毛毛雨/毛呢/毛皮/毛茸茸/毛毯/毛线/毛躁/毛织品/毛重(zhòng)/毛竹

4346 **毛** 甲

máo (m. *mao, a fractional unit of money in China*)

[量]人民币1元的$^1/_{10}$：白菜5～钱一斤｜7块8～钱一斤羊肉｜大葱几～钱一斤？

【近义词】角
【提示】用于口语。在书面上一般用“角”。

4347 **毛笔**(筆) 丙

máobǐ (writing brush)

[名]用羊毛、鼬毛等制成的笔,供写字、画画儿用:～字|一支～|一杆～|在中国他学会了用～写字|张教授～字写得特别好|国外买不到～,我托人给他捎了几支。

4348 **毛病** 乙

máobing (defect)

[名]❶指人或物的缺点:～多|～增加|～改了|添～|有～|家具的～|知识分子的～|生活上的～|走路的～|老～|这孩子好习惯不多,坏～不少|思想上的～要改一改,要不将来会犯大错误|从小养成的～改起来不容易。❷指器物等发生故障:找～|～找到了|出～|汽车出了～,发动不起来|电视机有～了,图像不清楚|刚骑了10分钟,自行车就出了～|收音机不响了,也不知道哪儿出了～。
【近义词】❶缺点;❷故障

4349 **毛巾** 乙

máojīn (towel)

[名]擦脸和擦身体用的针织品,织成后经纱拳曲,露在表面,质地松软而不光滑:洗～|买～|新～|旧～|破～|新买了一条～|谁把我的～拿走了?

4350 **毛线**(綫) 丙

máoxiàn (knitting wool)

[名]通常指羊毛纺成的线,也指羊毛和人造毛混合纺成的线或人造毛纺成的线:一斤～|一团～|黑～|红～|纯毛～|混纺～|用两斤～织成了一件毛衣|用这种～织成的毛裤又暖和又结实|今年～的品种特别多。

4351 **毛衣** 乙

máoyī (sweater)

[名]用毛线织成的上衣:一件～|红～|白～|这件花～的样子很漂亮|新娘子穿了一件红～|兔毛～漂亮是漂亮,但不怎么暖和。

4352 **毛泽东思想**(澤東) 丙

Máo Zédōngsīxiǎng (Mao Zedong Thought)

[名]马克思列宁主义的普遍真理和中国革命具体实践相结合而形成的体系,是以毛泽东为代表的中国共产党在马克思列宁主义指导下,在半个多世纪中领导中国人民进行民主革命和社会主义革命、社会主义建设的实践经验的结晶:认真学习马克思列宁主义、～|马克思列宁主义、～是中国共产党的理论基础。

〔部首〕矛
〔笔画〕5

4353 **矛盾** 乙

máodùn (n. contradiction; adj. contradictory)

[名]自相抵触、互相排斥的两种事物或言语行为:～出现了|～形成了|～加深了|～暴露了|～减少了|～尖锐|～缓和|遇到～|解决～|存在～|社会～|民族～|一般的～|主要～|～既然出现了,就不要回避|他们之间的～很大,谁也解决不了|工作中间的～是可以解决的|一切事物都存在着～。
[形]比喻言语行为自相抵触:很～|非常～|到底是考大学还是去工作,

他在思想上很～|在对待小王的态度上,她处在非常～的状态中。

4354 **茅台酒** 丙 〔部首〕艹 〔笔画〕8

máotáijiǔ (maotai [a famous Chinese spirit])

[名]贵州仁怀县茅台镇出产的白酒,酒味香美。俗称茅台:一瓶～|一斤～|酿造～|～是中国的名酒|～的历史悠久|他送我一瓶～。

【提示】茅,姓。

【构词】茅草/茅房/茅坑/茅庐/茅棚/茅舍/茅台/茅屋

4355 **茂密** 丁 〔部首〕艹 〔笔画〕8

màomì (dense)

[形](草木)茂盛而繁密:森林～|芦苇～|竹林～|庄稼～|长(zhǎng)得～|～的树林|前面有一片～的树林|考察队穿过～的森林,到达目的地|这一带的杂草灌木非常～,一眼望不到边|种植园里的香蕉树很～。

【近义词】茂盛/浓密

【反义词】稀疏

【提示】"茂"下边是"戊",不要写成"戍"或"戌"。

4356 **茂盛** 丁

màoshèng (luxuriant)

[形](植物)生长得多而茁壮:庄稼～|竹林～|鲜花～|财源～|长(zhǎng)得～|开得～|春天来了,桃花和杏花开得格外～|雨水过后,小苗长得更～了|这片水稻长得十分～。

4357 **冒** *乙 〔部首〕日 〔笔画〕9

mào (send out)

[动]❶向外透;往上升:～烟|～火|～泡|～尖|～气|～汗|管道坏了,水直往外～|油田打的第一口井～出了油|房子着火了,～着浓浓的烟|热得我脸上直～汗|看来他们走的时间不长,杯子里的水还在～热气呢。❷〈丙〉不顾;顶着:战士们～着危险抢救人民的生命财产|他～着倾盆大雨来到我家|他做事从来不敢～险。❸〈丁〉冒充:这肯定是～牌货|高考的时候,竟有人～名顶替参加考试|按规定办事,不能虚报～领。

【提示】冒,姓。

【构词】冒充/冒犯/冒功/冒号/冒火/冒尖/冒昧/冒名/冒傻气/冒失/冒失鬼/冒头/冒烟/冒雨

4358 **冒进**(進) 丁

màojìn (advance rashly)

[动]超过具体条件和实际情况的可能;工作开始得过早,进行得过快:我们制订计划时,要根据实际情况,不能～|不顾客观情况,一味～,是要碰钉子的|敢想敢干是好的,但不要～。

4359 **冒牌** 丁

mào pái (fake)

(货物)冒充名牌:如果全民打假,～货就会绝迹|这肯定是～货,正牌的质量比这好得多。

【提示】①口语中要儿化。②离合词,中间可插入其他成分,如:假冒名牌。

4360 **冒险**(險) 丁

mào xiǎn (take chances)

[动]不顾危险地进行某种活动:～行动|必须～|值得～|需要～|用不着～|不怕～|反对～|～逃跑|～的结果|一个人爬山太～了,我不敢去|他们的～举动,受到了领导的严厉批评

|希望以后不要再做这种～的事|战士们～冲了上去|大家为他的～行为担心。

4361 **帽子** *甲　〔部首〕巾　〔笔画〕12

màozi (hat)

[名]❶戴在头上保暖、防雨、遮阳等或做装饰的用品:一顶～|戴～|摘～|东北的冬天特别冷,出门必须戴～|小王今天戴了一顶漂亮的花～|～的沿儿大点儿好,可以遮太阳|爷爷一年四季都戴着那顶蓝～|商店的橱窗里摆着各种各样的～。❷〈丙〉比喻罪名或坏名义:批评要有根据,不能乱扣～|小偷的～应该给他摘掉,偷东西的不是他。

【构词】帽耳/帽花/帽徽/帽盔/帽舌/帽檐

4362 **贸易**(貿) 乙　〔部首〕贝　〔笔画〕9

màoyì (trade)

[名]商业活动:发展～|扩大～|～增加|～搞活|～发达|进行～|双边～|自由～|边境～|集市～|出口～|～场所|～中心|最近几年,这个省的边境～很活跃|两国就双边～进行了谈判|扩大集市～,方便群众生活|我国的对外～发展很快。

4363 **玫瑰** 丁　〔部首〕王　〔笔画〕8

méiguī (rose)

[名]落叶灌木,茎干直立,刺很密,叶子互生,花多为紫红色,有香气,果实扁圆形,是栽培较广的观赏植物:一枝～|一棵～|一盆～|一朵～|一束～|～花|花园里开满了～花|～花特别香|买了一束～花送给朋友。

4364 **枚** 丁　〔部首〕木　〔笔画〕8

méi (m. *for small-piece things*)

[量]用于形体较小的东西:一～铜钱|两～勋章|三～像章。

【提示】枚,姓。

4365 **梅花** 丙　〔部首〕木　〔笔画〕11

méihuā (plum blossom)

[名]梅树的花:一枝～|一朵～|～香自苦寒来|这幅～图不知出自哪位画家之手|～在雪中开放|奶奶常常给我们讲～仙子的故事|～的花瓣落了一地。

【提示】梅,姓。

【构词】梅花鹿/梅雨/梅子

4366 **酶** 丁　〔部首〕酉　〔笔画〕14

méi (enzyme)

[名]生物体的细胞产生的有机胶状物质,由蛋白质组成,作用是加速有机体内进行的化学变化,如促进体内的氧化作用、消化作用、发酵等。一种酶只对某一类或某一个化学变化起催化作用。

4367 **霉** 丁　〔部首〕雨　〔笔画〕15

méi (mould)

[名]霉菌;东西因霉菌的作用而变质:发～|～烂|要充分利用～的作用|发～的米饭吃不得。

【构词】霉菌/霉烂/霉气/霉雨

4368 **煤** 乙　〔部首〕火　〔笔画〕13

méi (coal)

[名]矿物,黑色固体。是古代植物体在不透空气或空气不足的情况下受到地下高温高压而形成的。主要用于燃料和化工原料:用～|烧～|买～|～矿|～炉|一吨～|大同的～质量

较好|～的品种很多|～是重要的化学原料|多少年来，我家一直烧～做饭|中国是世界上产～最多的国家之一|要号召大家节约用～|单位建立了节～奖。

【构词】煤层/煤焦油/煤矿/煤末/煤气灯/煤气罐/煤气炉/煤球/煤炭/煤田/煤窑/煤油/煤渣

4369 **煤气**(氣) 乙

méiqì (gas)

[名]❶液化石油气的俗称：一罐～|烧～|用～|如今村里家家做饭都用上了～|这罐～快用完了|用～做饭十分方便。❷煤不完全燃烧时产生的气体，主要成分是一氧化碳，有毒：中(zhòng)～|有～|～中毒|为防～中毒，要经常开窗|他中～了，快送他去医院|这屋里有～味儿，快开开门。

4370 **没** *甲 〔部首〕氵 〔笔画〕7

méi (adv. have not; v. not have)

[副]❶表示"已然"的否定：他还～吃饭|他今天～来|下午我～去图书馆。❷表示"曾经"的否定：我～问过他|我～看过那个电影|商店昨天～开门。

[动]❶没有：我～房子，和朋友住在一起|他～钱，所以不能去旅游|我～理由不答应他。❷不存在：家里～人|院子里～树|湖里～鱼。❸〈乙〉表示"全都不"：这事～人同意|～谁会喜欢他|这里～地方可住。❹〈乙〉不如；不及：我～他高|你～他胖|谁也～他跑得快。❺〈丙〉不够；不到：他俩～说三句话就吵起来了|来了～几天就回去了|睡了～两小时就被叫起来了。

【构词】没边儿/没劲/没来由/没脸/没门儿/没命/没跑儿/没谱儿/没趣/没戏/没羞/没影儿/没缘/没治/没准儿

4371 **没吃没穿** 丁

méi chī méi chuān (poor)

缺少粮食和衣物：战乱年代，爷爷一家～|～的，这日子怎么过！|人们永远忘不了三年自然灾害时期那～的日子。

【近义词】缺吃少穿

【反义词】丰衣足食

【构词】拆穿/戳穿/点穿/洞穿/贯穿/横穿/揭穿/看穿/说穿

4372 **没错**(錯) 乙

méicuò ([I'm] quite sure)

❶完全正确。用于表示同意别人说法的场合：你说的～，他就是那种人|～，她一哭起来就没完|～，他就爱去那家饭馆吃饭。❷没有错误：你做的算术题～，全对了|你写的没什么错，就是这一句话需要再改一改。

【近义词】对/正确

4373 **没关系**(關係) 甲

méi guānxi (it doesn't matter)

不要紧；不用顾虑："我有点儿感冒。""～，吃点儿药就好了。"|今天的会你不参加～|"借你的钱忘了还了，真对不起。""～！"

【近义词】没什么

4374 **没什么**(麼) 乙

méi shénme (it's nothing)

没关系：碰破了点儿皮，～|～，请进来吧|"也没跟你打招呼就来了，真不好意思。""这～。"

【近义词】没关系

4375 **没事儿**(兒) *乙

méi shìr (be free)

❶没有事情做,指有空闲时间:今天我没什么事,可以陪你上商店|~的时候多来看看妈妈|我这几天~,可以帮你搬家。❷没有职业:他现在~,在家闲着呢|前几年我~,生活困难|我~的时候,他给我介绍过好几个工作。❸〈丙〉没有事故或意外:我~了,病全好了|我~,摔得不重|他~,一点儿也没伤着。

4376 **没说的**(說) *丙

méi shuō de (really good)

❶指没有可指责的缺点:要说他的工作,那真是~|这个人工作~,就是脾气急点儿。❷指不成问题:领导交给的任务按时完成,~|你的事交给我吧,咱俩~。❸〈丁〉指没有商量或分辩的余地:我已经干了三天了,明天该你干了,~!|这车是我的,说不借就不借,~!

4377 **没意思** 甲

méi yìsi (bored)

❶无聊:一个人呆在家里,真~|和他在一起真~|退休以后整天没事干,实在~。❷没趣味:这本书~|这个电影太~了|她说这话特别~。

4378 **没用** 乙

méi yòng (useless)

❶没有价值:你净说~的话|这些家具都坏了,~了|~的东西全扔掉|这些书没什么用,卖了吧。❷(指人)没有能力:你这个人真~,这么点儿事也办不了|我是个~的人,辜负了你的期望。

4379 **没有** 甲

méiyǒu (have not)

[副]❶表示"已然"的否定:饭还~凉,你快吃吧|我~听见他说的话|你已经三天~睡觉了,睡一会儿吧。❷表示"曾经"的否定:我从来~学过汉语|我从来~想过当教师|来中国一年了,我还~去过长城呢。

【提示】"没有"和"没"意思相同,口语中多用"没",后面带"了"又有宾语时尤其如此。但问句末了或单独回答问题时一般都用"没有"。

4380 **没辙**(轍) 丁

méi zhé (can find no way out)

没有办法:领导不同意,我也~|这件事困难太大,谁都~|他不上课,老师也~。

【提示】离合词,中间可插入其他成分,如:没一点儿辙|没了辙。

【构词】车辙/覆辙/故辙/合辙/找辙

4381 **眉毛** 丙 〔部首〕目 〔笔画〕9

méimao (eyebrow)

[名]生在眼眶上缘的毛:黑~|描~|她的~又细又长|年纪大了,连~都白了|男人的~一般都比女人的粗|他是个慢性子,火烧~都不着急。

【构词】眉笔/眉端/眉峰/眉尖/眉目/眉梢/眉心/眉眼/眉宇

鹅毛/汗毛/鸿毛/皮毛/绒毛/胎毛/脱毛/羊毛/翎毛/多如牛毛

4382 **眉头**(頭) 丙

méitóu (brows)

[名]两眉附近的地方:皱～|～一皱,计上心来|我又没做错什么事,你皱什么～?|一看到不顺心的事他就皱～|经理紧锁着～在屋里走来走去。

4383 **媒介** 丁 〔部首〕女 〔笔画〕12

méijiè (medium)

[名]使(人或物)发生关系的人或事物:重要～|宣传～|新闻～|语言是人类交往的～|消息通过新闻～传了出去|苍蝇是传染疾病的～|在处理小王和小李两个人的关系上,他起到了～作用。

【构词】媒婆/媒人
耿介/孤介/简介/评介/中介

4384 **镁**(鎂) 丁 〔部首〕钅 〔笔画〕14

měi (magnesium)

[名]金属元素,符号 Mg(magnesium)。银白色,质轻,燃烧时发出眩目的白色光。用来制闪光粉、烟火等,镁铝合金用于航空器材方面:～光|～光灯。

4385 **每** 甲 〔部首〕母 〔笔画〕7

měi (every; each)

[代]指全体中的任何一个或一组,强调个体之间的共性:～两个星期开一次小组会|～年暑假我都去外地旅行|～一事物都有自己的特点|～个月交两次作业|～篇文章都倾注了他的心血|母亲的～一分钱都是汗水换来的|我们要珍惜～一粒粮食|～一个人都应该记住这一点。

【构词】每每/每年/每况愈下

4386 **每** 乙

měi (each; every)

[副]表示重复动作中的任何一个或一组:这种期刊是双月刊,～逢双月出版|～逢春节,家家都要吃饺子|登山运动员～前进一步,都要付出极大的努力|～到北京,我都去看望老朋友|这部名著～看一次都有新的收获。

4387 **美** 乙 〔部首〕大 〔笔画〕9

měi (beautiful)

[形]❶美丽;好看:风景～|环境～|式样～|心灵～|长得～|画得～|语言～|～得动人|觉得～|爱～|创造～|布置得～|黄山的景色很～|桂林山水～如画|姑娘都爱～。❷令人满意;好;得意:又想吃好喝好,又想不花钱,哪有那～事!|小两口过得和和～～|晚上～～地吃了一顿|你夸他两句,他就～得不知怎么好了。

【近义词】❶俊/美丽

【反义词】❶丑

【构词】美餐/美差(chāi)/美称/美感/美工/美化/美金/美景/美酒/美貌/美梦/美名/美女/美人/美人蕉/美容/美食家/美术片/美术字/美谈/美味/美学/美言/美意/美育

4388 **美德** 丁

měidé (virtue)

[名]美好的品德:一种～|传统～|要学习这种助人为乐的～|孝敬老人是中国的传统～|这种吃苦在前,享受在后的～,值得每个人学习。

4389 **美观**(觀) 丙

měiguān (pleasing to the eye)

[形](形式)好看;漂亮:造型～|样式～|要求～|注意～|影响～|修建得～|布置得～|设计～|～的外形|客

厅装饰得～大方|衣服设计很～。

【提示】"美观"不能用于人：×你瞧，前面那位小姐长得多～！

4390 **美好** 乙

měihǎo (fine)

[形]好(多用于生活、前途、愿望等抽象事物)：生活～|前途～|日子过得～|无限～|～的品德|～记忆|～的形象|～的人生|～的环境|～的明天|中国给我留下了～的印象|要把家乡建设得更加～|明天的生活更～。

【提示】"好"又读 hào，见第 2637 条。

【构词】安好/倒(dào)好/刚好/好好/和好/欢好/交好/叫好/旧好/看好/良好/买好/卖好/讨好/完好/相好/行(xíng)好

4391 **美丽**(麗) 乙

měilì (beautiful)

[形]好看；使人看后产生快感的：风景～|鲜花～|花纹～|夕阳～|觉得～|长(zhǎng)得～|打扮得～|～的国家|～的公园|～的传说|孔雀公主是一位～的姑娘|雨后的彩霞～极了|祖国山河多么～呀！|民间流传着许多～、动人的传说|让青春散发出～的光环。

【近义词】秀丽/艳丽/绚丽/漂亮

【反义词】丑陋/丑恶/难看

4392 **美满** 丁

měimǎn (happy and satisfactory)

[形]美好圆满：生活～|家庭～|婚姻～|觉得～|～的日子|祝你们夫妻俩婚后幸福～|老人的家庭非常～|他有一份称心的工作，一个～的家庭。

4393 **美妙** 丁

měimiào (wonderful)

[形]美好、奇妙：音色～|舞姿～|歌声～|演奏得～|画得～|～的青春|～的风光|～的诗句|长江三峡的～风光，给旅游者留下了深刻的印象|夜晚的灯光多么～啊！|这首诗～极了！

【构词】奥妙/不妙/绝妙/奇妙/巧妙/微妙/玄妙/莫名其妙

4394 **美术**(術) 乙

měishù (art)

[名]供人欣赏的造型艺术，包括绘画、雕塑等，有时也专指绘画：～学校|～老师|喜欢～|她在大学学习～|～课上，老师教我们素描|小时候，我特别喜欢～。

4395 **美元** 乙

měiyuán (American dollar)

[名词]美国的本位货币，也叫美金：1～|兑换～|他到银行去取～|1～可以兑换多少人民币？

4396 **美中不足** 丁

měi zhōng bù zú (a blemish in an otherwise perfect thing)

虽然很好，但还有缺陷：今天出去玩儿，大家都很快乐，～的是你没去|去长城忘了带相机，真是有点儿～|那个话剧演得真好，～的是剧场太大，声音不够清楚。

【反义词】尽善尽美/十全十美

4397 **妹妹** 甲 〔部首〕女 〔笔画〕8

mèimei (younger sister)

[名]❶同父母(或只同父、只同母)而年纪比自己小的女子：一个～|有～|

大～|小～|我的～|我母亲的～我叫她姨母|我父亲没有～|他～刚上小学|我有两个～。❷同辈而年纪比自己小的女子:我比你小一岁,你就叫我～吧|小～,你别哭,我帮你去找妈妈|她比我年纪小,我总把她当～看。

【反义词】姐姐

4398 **闷**(悶) 丙 〔部首〕门 〔笔画〕7

mēn (adj. stuffy; v. cover tightly)

[形]气压低或空气不流通而引起的不舒畅的感觉:很～|太～了|～热|今天又热又～|房间里太～了,打开窗子吧|这里夏天天气～热,一到秋天就舒服了。

[动]使不透气:你总把孩子～在家里,他能不闹吗?|茶刚泡好,先～一会儿再喝|饭已经蒸好了,再在锅里～一会儿。

【近义词】[形]清爽

【提示】"闷"又读 mèn,见第 4404 条。

4399 **门**(門) 甲 〔部首〕门 〔笔画〕3

mén (n. door; m. *for guns*)

[名]❶房屋、车、船、院子的出入口:屋～|院～|前～|后～|对～|我们两家住对～|你在公园的前～等我|他从～里走出来|他把汽车停在～边。❷装置在出入口、用木料或金属等做成的可开关的东西:开～|关～|竹～|木～|铁～|一扇～|我家就住在那红漆大～里|他拆下来一扇～当床|那个花园的～是竹子做的,很好看。❸器物可以开关的部分:柜～|炉～|书柜的～儿坏了,该修修了|你把炉～儿打开,火就旺了。❹形状或作用像门的:球～|电～|闸～|他把球踢进对方的球～里了|这个电～坏了,跑电。

[量]❶用于炮:一～大炮|这～迫击炮的射程很近|那里有三～大炮。❷用于功课、专业:我这学期学了五～功课|今天～～功课都留了作业|这～专业我不想再学了。

【提示】门,姓。

4400 **门当户对**(當對) 丁

mén dāng hù duì (be well-matched in social and economic status [for marriage])

指男女双方家庭的社会地位和经济状况相当,结亲很合适:这是桩～的亲事,两家的老人马上同意了|封建社会,男女结婚讲究～|我不在乎是不是～,只要两人有感情就行。

4401 **门口** 甲

ménkǒu (entrance)

[名]门跟前:家～|学校～|～放着一辆车|把东西放～就行了|学校～有很多卖东西的小商贩。

【提示】在口语中"门口"要儿化。

4402 **门市部** 丁

ménshìbù (retail department)

[名]零售货物的商店:一家～|开～|我们药厂在墙外开了一个～|这些小商品～都有|马路两边有很多～。

4403 **门诊**(診) 丙

ménzhěn (outpatient service)

[名]医生在医院或诊所里给不住院的病人看病的行医方式:～部|看～|我今天挂了个内科～的号|他是外科～的大夫|今天是星期天,～不开,只能挂急诊。

【提示】不能带宾语,常作定语和宾

语。

【构词】初诊/出诊/复诊/候诊/会诊/急诊/就诊/确诊/听诊/误诊

4404 **闷**(悶) 丙 〔部首〕门 〔笔画〕7

mèn (depressed)

[形]心情不舒畅;心烦:这几天她～～不乐,不知发生了什么不愉快的事|孩子离家10天了,连一点儿音信也没有,他心里能不愁～吗? |他整天一个人在家里喝～酒|这几天我～得很,想出去玩儿玩儿|你总一个人呆在家里,～不～啊?

【提示】"闷"又读 mēn,见第4398条。

4405 **们**(們) 甲 〔部首〕亻 〔笔画〕5

men (*used after a personal pronoun or noun referring to a person to form a plural*)

[尾]用在代词或指人的名词后面,表示复数:我～|你～|他～|它～|人～|朋友～|老师～|同学～|先生～|女士～|暑假,我～去北海旅游|同学～,现在开始上课|科研会上,专家～发表了很好的意见。

4406 **蒙**(矇) *丙 〔部首〕艹 〔笔画〕13

mēng (cheat)

[动]❶欺骗:～人|～不了|他把大家都～了|你要说实话,不要～人|你～别人可以,可～不了我。❷〈丁〉乱猜:瞎～|乱～|～错了|不知道就是不知道,不要乱～|这道题我～对了|想好了再回答,不要瞎～。

【近义词】❶骗/欺骗

4407 **萌芽** 丁 〔部首〕艹 〔笔画〕11

méngyá (sprout)

[名]植物新生出来的幼苗,也用来比喻刚产生而还未成长壮大的事物:花草的～,预示着春天的到来|对于处于～状态的民间文艺,我们应大力支持|中国封建社会商品经济的发展,已经孕育着资本主义的～。

【构词】萌动/萌发/萌生

抽芽/出芽/顶芽/豆芽/发芽/根芽/叶芽/滋芽

4408 **猛** 丙 〔部首〕犭 〔笔画〕11

měng (fierce)

[形]猛烈:～击|～打|很～|这两年,我国的轻工业生产突飞～进|敌人的炮火太～,攻不上去|最近,蔬菜的价格～涨|司机看见路当中有人,～地把车停下了|穷追～打落水狗。

【近义词】凶

【构词】猛不防/猛虎/猛进/猛禽/猛士/猛兽/猛醒/猛子

4409 **猛烈** 丙

měngliè (vigorous)

[形]气势汹,力量大:火势～|炮火～|山洪～|枪声～|攻势～|打得～|燃烧得～|～地进攻|山区的气候寒冷,风势～|阵地遭到敌人的～进攻|同学们迎着～的寒风前进。

4410 **猛然** 丙

měngrán (suddenly)

[副]表示情况来得迅速而猛烈:他～倒下,就再也没站起来|汽车～停下,从车上跳下一个人来|他～回头,看见一个人跟在后面。

4411 **梦**(夢) 乙 〔部首〕夕 〔笔画〕11

mèng (dream)

[名]睡眠时由于大脑皮层的一部分没有停止活动而引起的脑中的表象活动:做～|美～|噩～|这几天,我尽做噩～|昨天我做～回国了|她多么希望这个美妙的～能成为现实呀!

【提示】作动词时意思是做梦:～见|昨天夜里我～见他了|我特别想～见他,可是怎么也～不见他。

【构词】梦话/梦幻/梦见/梦境/梦乡/梦游症

4412 梦想 丙

mèngxiǎng (v. dream of; n. dream)

[动]渴望;妄想:～和平|～自由|～解放|～发财|～出国|喜欢～|他天天～能考上大学|山区的老百姓～着富裕起来|你别～了,这根本办不到|他～将来能出人头地。

[名]不切实际的想法;渴望实现的理想:他的～|一种～|美丽的～|这虽然是我的～,但肯定能实现|我有一个美丽的～。

【提示】"梦想"不能带名词宾语:×她～医生,可妈妈不同意。

4413 眯 丙

〔部首〕目
〔笔画〕11

mī (narrow[one's eyes])

[动]眼皮微微合上:～上眼|～不上|～着|照片照得不好,眼睛都～上了|奶奶～着眼睛看着我|风太大,把眼睛～上点儿|他高兴地把眼睛～成了一条缝|他总爱～着眼睛看书。

4414 迷 丙

〔部首〕辶
〔笔画〕9

mí (v. get lost; n. fan)

[动]❶分辨不清,失去判断能力:～路|～了方向|第一次来西安时,我～了两次路|不要走得太远,小心～了路|他有识路的本事,不管到哪儿,从来没～过路。❷因对某人或某一事物发生特殊爱好而沉醉:被～住|～上|他被姑娘的美貌～住了|最近他～上了电脑|桂林的山水非常～人|我看他是鬼～心窍|女孩子们都～上了这个红歌星|他看书看入～了。

[名]沉醉于某一事物的人:球～|影～|戏～|他是个球～|这些戏～都会唱京剧|年轻的影～都喜欢那个演员。

【构词】迷宫/迷航/迷魂汤/迷魂阵/迷津/迷离/迷恋/迷路/迷乱/迷茫/迷蒙/迷梦/迷人/迷途/迷雾

4415 迷糊 丙

míhu (muddled; dazzled)

[形](神智或眼睛)模糊不清:孩子～|头脑～|眼睛～|～了一下儿|犯～|装～|开始～|觉得～|～的眼睛|小事～,大事清楚|最近,眼睛老～,看不清东西|你不说还好,你一说我更～了|他整天迷迷糊糊,什么事也干不好。

4416 迷惑 丁

míhuò (puzzle)

[动]辨不清是非,摸不着头脑;使迷惑:～群众|～青年|他的花言巧语～了不少人|看问题要看问题的实质,不要被表面现象所～|你说得再好听,也～不了我。

【构词】不惑/蛊惑/惶惑/解惑/困惑/疑惑/诱惑

4417 迷失 丁

míshī (lose [one's way, etc.])

[动]弄不清;走错(方向、道路):～方向|～道路|～航向|～目标|～路途|

担心～|害怕～|队伍在沙漠里～了方向|山路曲折，我们一时竟～了归路|前进的道路上，千万不要～方向。

4418 **迷信** 丙

míxìn (v. have blind faith in; n. superstition)

[动]信仰鬼神、命运等；泛指盲目信仰崇拜：农村还有不少人～鬼神|有病不去医院，却～那些江湖郎中|不要～命运，要自己创造人生。

[名]信仰鬼神、命运的行为：有病不治去求巫医，这是一种～|应该破除～。

4419 **谜语**(謎語) 丙 〔部首〕讠 〔笔画〕11

míyǔ (riddle)

[名]暗射事物或文字等供人猜测的隐语：一个～|说～|猜～|今天学校有～晚会|老师给大家说了一个～|你猜猜这个～是什么意思|小学生们特别喜欢猜～。

【构词】谜底/谜面/谜团

4420 **弥补**(彌補) 丁 〔部首〕弓 〔笔画〕8

míbǔ (make up)

[动]补足不足之处，以抵消其亏损、欠缺的方面：～损失|～缺陷|～不足|～亏空|～赤字|能够～|可以～|愿意～|设法～|得到～|努力～|～的方法|这场大火给国家造成的损失是无法～的|一定要谨慎从事，否则就会造成难以～的损失|改善经营方式，把亏损～回来。

【提示】弥，姓。

【构词】弥封/弥勒/弥留/弥天大谎/弥天盖地

4421 **弥漫** 丁

mímàn (spread all over the place)

[动]指水过满，四处流出。引申指烟、雾气、风雪、尘土、光线和气味等充满空间或遍布各地：烟雾～|尘土～|硝烟～|风沙～|大雾～|战火～|迅速～|～了大厅|～了山村|大风卷起的黄沙～了整个天空|浓烈的烟味～了会议室，让人喘不过气来|毒气在室内迅速～|战火纷飞，硝烟～。

【近义词】充溢

4422 **米** 乙 〔部首〕米 〔笔画〕6

mǐ (rice)

[名]❶稻米；大米：大～|南方人爱吃～，北方人爱吃面|大家都爱吃东北～|～放时间长了容易生虫子|这一袋～大约有100斤。❷泛指去掉壳后或皮后的种子，多指可以吃的：小～|高粱～|花生～|炒花生～吃起来很香|小～可以煮粥。

【提示】米，姓。

【构词】米醋/米粉/米粉肉/米酒/米糠/米粒/米汤

4423 **米/公尺** 甲

mǐ/gōngchǐ (meter)

[量]公制长度的主单位。1米为100厘米，合3市尺：这间房子有3～高|孩子的身高有1～|他跳远跳出了9.20～的好成绩。

【近义词】公尺

4424 **米饭**(飯) 甲

mǐfàn ([cooked] rice)

[名]用大米或小米做成的饭：一碗～|蒸～|白～|吃～|妈妈做的～好吃|我一天三顿吃～|中午吃了点儿剩～|用大米和小米混在一起做的～好

吃。

4425 **秘密** 乙 〔部首〕禾 〔笔画〕10

mìmì（adj./n. secret）

[形]有所隐藏,不让人知道的:～文件|～的事|～交往|他们俩～来往了十多年,没有人知道|他十分～地对我说:我要结婚了!

[名]指秘密的事情:～泄露了|～揭开了|严守～|保守～|发现～|姑娘的～|国家的～|很多～|这是商业～,千万不要泄露出去|他们之间有什么～我也不知道|要严守我们的～。

【构词】秘本/秘藏/秘方/秘籍/秘诀/秘史

4426 **秘书**(書) 丙

mìshū（secretary）

[名]管理文书并协助机关或部门的负责人处理日常工作的人员;秘书职务:聘请～|当～|～工作|他在办公室负责～工作|金主任有一个得力的～|他在机关当了5年～。

4427 **蜜** 丙 〔部首〕宀 〔笔画〕14

mì（honey）

[名]❶蜂蜜:一瓶～|采～|一勺～|喝～|糖不如～甜|春天,蜜蜂在忙着采～|每天早上喝一勺～,对身体有好处。❷甜美:甜言～语|甜～|小两口过着甜～的生活|他的甜言～语你可不要相信。

【构词】蜜柑/蜜饯/蜜色/蜜语/蜜月/蜜枣

4428 **蜜蜂** 乙

mìfēng（bee）

[名]昆虫,成群居住,能采花粉酿蜜:一群～|一窝～|一只～|他靠养～致了富|成群的～在花丛中飞舞|～的蜂蜜、蜂蜡、王浆有很高的经济价值|那棵树上有个～窝。

【构词】雌蜂/工蜂/胡蜂/黄蜂/马蜂/树蜂/土蜂/雄蜂

4429 **密** 乙 〔部首〕宀 〔笔画〕11

mì（dense; intimate）

[形]❶事物之间的距离近,空间小;关系近;感情好:～友|亲～无间|庄稼种得不能太～了|居民区的楼房盖得太～,采光不好|操场上～～麻麻站了很多人。❷秘密:他们双方进行了～谈|他前来～报军情|指挥员～令部队前去增援。

【近义词】❶稠

【反义词】❶稀/疏

【提示】密,姓。

【构词】密报/密闭/密布/密电/密告/密集/密件/密林/密令/密码/密谋/密商/密谈/密探/密信/密友/密语/密植/密旨

4430 **密度** 丁

mìdù（density）

[名]疏和密的程度:～大|～适中|～合理|～相同|注意～|确定～|人口～|庄稼～|均匀的～|种植果树要注意～|我国有些城市人口～太大|庄稼的～要适中。

4431 **密封** 丁

mìfēng（seal up）

[动]严密地封闭:～起来|～不住|能～|瓶口用白蜡～效果比较好|食品用塑料袋～可以起到保鲜的作用|由于～不严,这箱罐头全变质了。

【构词】冰封/查封/弥封/启封/原封/自封

4432 **密切** *乙

mìqiè (adj. close; v. build closer links [between two parties])

[形]❶关系近;感情好:关系～|来往～|交往～|配合～|联系～|显得～|过分地～|异常～|～合作|～相关|在大学的四年里,他们俩的关系一直很～|领导干部要～联系群众|由于工作的关系,我们的交往开始～起来。❷〈丙〉仔细周到:～注意|～关注|～配合|要～注视事态的发展|经过几年的～观察,科学家们掌握了老虎的生活习性|只要我们～配合,问题一定能解决。

[动]〈丙〉使关系近:～干部与群众的关系|进一步～两国之间的交往。

【近义词】紧密

【反义词】疏远

【提示】"密切"一般不直接作定语:×他们俩是多年的～战友。可用"亲密"。

4433 **棉** 丁 〔部首〕木 〔笔画〕12

mián (cotton)

[名]棉花:一斤～|纯～|～布|～线|～衣|～鞋|～帽子|～手套|湖北省的天门县以种～为主|要提高农民种～的积极性|我这件衣服是纯～的。

【构词】棉袄/棉被/棉布/棉猴/棉裤/棉毛裤/棉毛衫/棉农/棉袍/棉纱/棉毯/棉桃/棉套/棉田/棉线/棉鞋/棉絮/棉织品/棉籽

4434 **棉花** 乙

miánhuā (cotton)

[名]棉桃中的纤维,用来纺纱、絮衣服等:三斤～|收～|摘～|种～|絮～|用～做被子很暖和|新疆今年～大丰收|国家近几年来不断提高～收购价格。

4435 **棉衣** 乙

miányī (cotton-padded clothes)

[名]絮了棉花的衣服:穿～|脱～|做～|缝～|拆～|新～|这件～是妈妈亲手做的|如今冬天气候越来越暖,许多年轻人冬天都不穿～了|～里的棉花太旧了,一点儿都不保暖。

4436 **免** 丁 〔部首〕刀 〔笔画〕7

miǎn (remove)

[动]❶去掉;除掉:他是去年被～去职务的|学校根据他家的经济情况,决定～去他的学费和住宿费|为提高工作效率,海关～了很多手续。❷不可;不要:施工重地,闲人～进|～开尊口。

【构词】免不了/免礼/免税/免刑/免修/免验/免疫/免战牌/免征/免职/免罪

4437 **免除** 丁

miǎnchú (remit)

[动]免去;免掉:～职务|～学费|～关税|～兵役|～后患|～损失|能够～|可以～|同意～|应当～|完全～|要求～|他向学校申请～学费|上级～了他的科长职务|这些进口物资按规定可以～关税。

4438 **免得** 丙

miǎnde (so as not to)

[连]以免。用在复句的第二分句开头:到了中国以后,你要马上给家里

写信，~家里人挂念｜出门多穿点儿衣服，~感冒｜写信时字要写工整点儿，~别人看不懂｜问一下路，~走错了。

4439 **免费**(費) 丁

miǎn fèi (free of charge)

免缴费用；不收费：节假日，公园~游览｜我们乡小学可以~上学｜全省实现了~医疗｜医院决定~为她治疗｜学校免了我的学费。

【提示】离合词，中间可插入其他成分，如：免了学费。

4440 **勉励**(勵) 丁 〔部首〕力 〔笔画〕9

miǎnlì (encourage)

［动］在肯定成绩的基础上劝人努力；鼓励：老师~｜~青年｜~学生｜~孩子｜~了一番｜诚恳地~｜热情地~｜经常~｜老师说了一些~的话就走了｜在学习上，家长要多~孩子｜领导的~，给了大家极大的鼓舞。

【提示】不要把“勉励”的“励”写成“厉”或“历”。

4441 **勉强** *丙

miǎnqiǎng (adj. do with difficulty; v. force sb. to do sth.)

［形］❶能力不够还努力去做：显得~｜觉得~｜感到~｜~支持｜~进行｜~站着｜~吃｜~写｜~坐起来｜拉了几天肚子，浑身无力，今天~来上课｜没有把握，就不要~去做｜他身染重病，仍~工作。❷不是心甘情愿的：用不着~｜笑得~｜说得~｜做得~｜~承认｜~答复｜这门亲事他本来不愿意，但由于父亲的压力，他~同意了｜今天的事他做得很~｜在大家的劝说下他才~来了。❸〈丁〉将就；凑合：这点儿钱~能花到月底｜这个词用在这儿很~｜鞋子小是小了点儿，但还能~穿。

［动］让人做别人不愿做的事：他不愿唱，你就别~他了｜没有人~我，是我自己愿意来的｜做这件事得自愿，谁也不能~谁。

4442 **面** 乙 〔部首〕一 〔笔画〕9

miàn (face)

［名］❶脸：这个人~白无须，大约四十多岁年纪｜他说话时~上带着笑｜他长得~黄肌瘦｜一句话说得她~红耳赤。❷表面；物体外面的那一层：桌子~划了一道沟｜这一段路~不很平｜水~上漂着一条船｜白色的墙~上写着许多字。❸粮食磨成的粉：白~｜小米~｜高粮~｜新麦子磨的~好吃｜用玉米~做的窝头可好吃了｜南方人爱吃米，北方人爱吃~。❹面条：冷~｜热~｜一碗~｜~汤｜四川凉~很好吃｜来一碗朝鲜冷~｜这一碗~有三两｜你吃~还是吃米饭？

【近义词】❶脸

【提示】义项❸❹的“面”，其繁体字为“麵”。

【构词】面包/面包圈(quān)/面禀/面茶/面陈/面呈/面斥/面额/面馆/面颊/面筋/面具/面料/面嫩/面庞/面盆/面皮/面洽/面软/面色/面纱/面善/面商/面生/面食/面试/面授/面熟/面谈/面汤/面向/面叙/面议/面值

4443 **面** 乙

miàn (m. *for flat things*)

［量］❶用于扁平或能展开的东西：一~红旗｜一~镜子｜一~墙。❷用于见面的次数。只和动词“见”搭配：去

年见过他一～。

4444 **面包**(麵) 甲

miànbāo (bread)

[名]食品,把面粉加水等调匀,发酵后烤制而成:一块～|一个～|三片～|切～|烤～|他早饭喜欢吃～|黑～营养价值高|我学会了做～。

4445 **面包车**(車) 丁

miànbāochē (van)

[名]样子像面包的汽车:学校新买了一辆～|坐～出去旅行|～里坐着9个人。

4446 **面对**(對) *丙

miànduì (face)

[动]❶对着:～广场|～商店|我们学校～着大海,风景十分优美|她从小就腼腆,不敢～众人说话|要敢于～现实。❷〈丁〉面临:～着敌人的强大压力,他毫不动摇|～着死亡,他悲观绝望|～困难,他充满勇气和信心。

4447 **面粉**(麵) 丙

miànfěn (flour)

[名]小麦磨成的粉:一袋～|一斤～|馒头是用～做的|～可以做很多食品|今天买的～很白。

4448 **面积**(積) 乙

miànjī (area)

[名]平面或物体表面的大小:～扩大了|～大|～小|～一样|～相近|计算～|测量～|增加～|土地～|学校的～|建筑～|使用～|居住～|大厅的～足有100平方米|新分的房子建筑～有90多平米|～太小,东西堆不下|我家有四室一厅,客厅的～比哪间卧室都大。

4449 **面孔** 丙

miànkǒng (face)

[名]脸:～变了|～板着|～通红|换了～|老师的～|陌生的～|熟悉的～|一张～|这几天不知道为什么他老板着～,谁也不理|老师那和蔼可亲的～,使我难以忘怀|他动不动就摆出训人的～。

【构词】鼻孔/耳孔/脸孔/毛孔/桥孔/瞳孔

4450 **面临**(臨) 丙

miànlín (be faced with)

[动]面前遇到(问题、形势等):～考试|～困难|～危险|～倒闭|～破裂|～崩溃|～死亡|～的新问题|～的新局面|学生～|国家～|工厂～|中国目前～的任务是进行经济改革|他正～着生命危险|～着升学考试,他一点儿也不紧张|这个工厂的效益不好,～倒闭。

4451 **面貌** 乙

miànmào (face; looks)

[名]❶脸的形状;相貌:～改变了|～清秀|～英俊|人的～|露出的～|暴露的～|～的特征|姑娘的～长得很端正|他的～特征我记得清清楚楚|这些佛像的姿态、～各不相同。❷比喻事物所呈现的景象、状态:～一新|社会～|精神～|国家～|城市的～|学校的～|真正的～|落后的～|本来的～|山区人民改变了贫穷落后的～|改革开放以来,人们的精神～发生了很大的变化|改革是改变企业落后～的根本办法|三年来,这个城市已

～一新。

【近义词】❶面孔/相貌

4452 **面面俱到** 丁

miàn miàn jù dào (attend to each and every aspect of a matter)

各方面都照顾到,没有遗漏:工作头绪太多,很难做到～|当领导的考虑问题要周全,要～。

4453 **面目** 丁

miànmù (face; appearance)

[名]面容、相貌;事物所呈现的景象:～暴露了|～丑恶|真正的～|本来的～|野心家的～|～全非|历史的～|街道的～|新～|这几年,北京的～焕然一新|天太黑,看不清来人的～。

4454 **面前** 乙

miànqián (in front of)

[名]面对着的,距离近的地方:部队～出现了一条河|摆在你～的只有两条路,要么顽抗到底,要么老实交代|车速很快,一转眼,车就开到了我的～|困难～没有捷径可走|房子～有一条小路。

4455 **面容** 丁

miànróng (face)

[名]面貌;容貌:～慈祥|～安详|～憔悴|～疲倦|改变了～|老人的～|孩子的～|焦急的～|美丽的～|清秀的～|爷爷那慈祥的～经常在我的脑海里出现|那姑娘有着美丽的～|出车祸以后,孩子的～全毁了。

4456 **面条儿**(麵條兒) 甲

miàntiáor (noodles)

[名]用面粉做的细条状的食品:吃～|切～|煮～|炒～|一碗～|一斤～|过生日吃的～叫做寿面|吃～既经济又方便|手工做的～比机器做的～好吃。

4457 **面子** 丁

miànzi (reputation)

[名]体面;情面:～挽回了|～保住了|～大|～小|爱～|有～|留～|讲～|给～|丢～|领导的～|老师的～|看在他爸爸的～上,领导才同意了|他太不够朋友了,一点儿～都不给我留|让班长去吧,班长有～|他生气地说:"我给你～,谁给我～?"|你瞧人家多有～,说了一句话,事情就办成了。

4458 **苗** 丙 〔部首〕艹 〔笔画〕8

miáo (seedling)

[名]❶初生的植物嫩茎或嫩叶:麦～|秧～|蒜～|小～|花～|树～|今年的麦～长得不错|谷子～太密,应该间间(jiàn jiàn)～|这些绿绿的小～真可爱。❷某些初生的饲养的动物:鱼～|池塘里的鱼～死了不少。

【提示】苗,姓。

【构词】苗木/苗圃/苗条/苗头/苗子/苗族

4459 **描** 丁 〔部首〕扌 〔笔画〕11

miáo (trace)

[动]❶照底样画(多指用薄纸蒙在底样上画):～图案|～画|～花样|～得清楚|～得好|专心地～|认真地～|开始～|～了两笔|学写毛笔字要先学会～红|孩子在认真地～画|把这些字都～下来。❷在原来颜色淡或需要改正的地方重复地涂抹:～眉|

淡淡地～|黑黑地～|每天早上她都～一下眉毛|字写得不太清楚,再～一～|左边的笔画太浅,应该再～深一点儿。

【构词】描画/描金/描摹/描图

4460 **描绘**(繪) 丁

miáohuì (depict)

[动]描画图形,也指用语言文字来描写:作家～|文章～|～风光|～景色|～人物|～生活|～得精彩|加以～|详细地～|技术员在～蓝图|文章生动地～了新中国成立五十年来的巨大变化。

【近义词】描画/描写/描述

【构词】彩绘/测绘

4461 **描述** 丁

miáoshù (describe)

[动]描写叙述:～人物|～生活|～友谊|～爱情|作家～|作品～|～得生动|～得详细|～得成功|需要～|开始～|进行～|加以～|大胆地～|～的对象|～的内容|～的方法|小王生动地～了旅行的所见所闻|作品～了一对青年男女的爱情故事|作品在人物～上很成功。

【近义词】描绘/描写/叙述

4462 **描写**(寫) 乙

miáoxiě (describe)

[动]用语言文字把人物、事件、环境等形象具体地表现出来:～生动|～具体|～真实|～典型|～性格|～动作|～生活|～景物|～了一番|大胆地～|生动地～|～的角度|～的方法|～的技巧|老舍的作品里～了许多劳动人民的形象|他正在创作一部～农村改革开放的小说|这部作品～的是活生生的人,是火热的生活。

【近义词】描述/描绘/刻画/叙述

4463 **秒** 乙 〔部首〕禾 〔笔画〕9

miǎo (second)

[量]时间的计量单位名称,60 秒为 1 分:他 100 米跑仅用了 11～|现在是 3 点 15 分 25～。

【构词】秒表/秒针

4464 **渺小** 丁 〔部首〕氵 〔笔画〕12

miǎoxiǎo (tiny)

[形]藐小;微小:个人～|敌人～|目标～|显得～|觉得～|感到～|认为～|变得～|实在～|一滴水珠比起大海来显得那么～|在这些英雄面前,我感到自己很～|和国家利益相比,个人利益总是～的。

【近义词】微小

【反义词】伟大/高尚

【构词】渺茫/渺渺/渺然/渺无人烟/渺无音信

4465 **庙**(廟) 乙 〔部首〕广 〔笔画〕8

miào (temple)

[名]供祖宗神位、神佛或历史上有名人物的处所:一座～|土地～|妈祖～|山上有一座～|～里供奉着几尊佛像|～里有十几个和尚。

【构词】庙产/庙会/庙宇/庙祝

4466 **妙** 乙 〔部首〕女 〔笔画〕7

miào (wonderful)

[形]好;美妙;神奇:～计|～境|～言|真～|～极了|诸葛亮使～计战胜了曹操|师傅的办法真～|张医生医术高明,～手回春|你想的办法～极了。

【构词】妙计/妙境/妙龄/妙算/妙药/

妙用/妙语

4467 **蔑视**(視) 丁 〔部首〕艹 〔笔画〕14

mièshì (despise)

[动]轻视;小看:～敌人|～困难|～权贵|～法律|加以～|公开～|极端～|一贯～|～的态度|～的目光|～的原因|～法律的行为必然会受到法律的制裁|看到他得意忘形的样子,我～地哼了一声|国与国之间是平等的,大国不能～小国|大家都～这种损人利己的行为。

【近义词】藐视/轻视/歧视

【反义词】重视

【提示】"蔑"下边是"戍",不能写成"戊"或"戌"。

4468 **灭**(滅) 乙 〔部首〕一 〔笔画〕5

miè (extinguish)

[动]❶熄灭;使熄灭:吹～|扑～|熄～|～灯|～火|油灯让风吹～了|消防队员在紧张地～火|这烟太差劲了,刚点着就～了。❷消灭;使灭亡:这种药～蚊效果不错|这种农药药力不够,～不了棉花地里的虫子|老鼠太多,一两次～不了。

【构词】灭顶/灭火/灭火器/灭迹/灭绝/灭口/灭种/灭族

4469 **灭亡** 丙

mièwáng (become extinct)

[动](国家、种族等)不再存在或使不存在:民族～了|封建制度～了|国家～了|要～|会～|～了很久了|自取～|濒于～|导致～|彻底～|迅速～|～的时间|～的命运|秦朝～以后,建立了汉朝|封建制度在中国虽然～了,但封建思想在一些人的头脑里依然存在|侵略者到头来只能是自取～。

【近义词】消灭/消亡/毁灭/沦丧/断送

【反义词】涌现/出现

【构词】败亡/出亡/存亡/悼亡/覆亡/救亡/流亡/沦亡/伤亡/逃亡/消亡/兴亡/阵亡/夭亡

4470 **民兵** 丙 〔部首〕乙 〔笔画〕5

mínbīng (militia)

[名]不脱离生产的、群众性的人民武装组织及组织成员:每个乡都有自己的～组织|～是保卫国家不可缺少的力量|他是我们村的～。

【构词】民变/民法/民房/民愤/民风/民歌/民工/民警/民力/民气/民情/民权/民生/民俗/民心/民谚/民谣/民乐(yuè)/民政

4471 **民航** 丁

mínháng (civil aviation)

[名]民用航空的简称:～公司|～事业|中国～|中国的～事业发展很快|出国的时候,我坐的是中国～班机|我在～公司工作。

4472 **民间**(間) 丙

mínjiān (folk)

[名]❶人民中间:～文学|～传说|～音乐|这个故事在～广泛流传。❷非官方的:～组织|～贸易|政府从不干预～组织的内部事务|两国的～贸易往来频繁。

【反义词】官方

4473 **民事** 丁

mínshì (civil)

[名]有关民法的事务:～纠纷|～诉讼|这是一桩～纠纷|这桩～纠纷是

怎么处理的？|法院负责处理一些～诉讼案件。

4474 **民意** 丁

mínyì (the will of the people)

[名]人民共同的意见和愿望：～调查|～测验|～所归|代表～|符合～|了解～|体察～|反映～|政府制定政策要符合～|上个月学校就教学和科研的发展问题搞了一次～测验|领导应该经常到基层了解～。

4475 **民用** 丙

mínyòng (for civil use)

[形]人民生活所使用的：～建筑|～航空|～产品|～器材|我们厂主要生产～产品|这几架是～飞机，那几架是军用飞机|这些～建筑今年完工。

4476 **民众(衆)** 丁

mínzhòng (populace)

[名]人民大众：～喜欢|～反对|～赞成|～投票|接近～|唤起～|组织～|联合～|欺骗～|全国的～|各地的～|～的力量|～的意见|～的愿望|新政府获得～的一致拥护|我们要多做～喜欢的事|他们制造假象欺骗～。

【近义词】群众

4477 **民主** 乙

mínzhǔ (n. democracy; adj. democratic)

[名]指人民在政治上享有的自由发表意见、参与国家政权管理的权利：～加强了|需要～|要求～|实现～|发扬～|提倡～|扩大～|国家的～|充分的～|～精神|～思想|最近报纸上连续发表了几篇关于～与法制的文章|人民应该享有充分的～。

[形]合于民主原则：～作风|很～|他作风～，很受群众拥护|新厂长是经过职工～选举产生的。

【反义词】专治/独裁

4478 **民族** 甲

mínzú (nation)

[名]历史上形成的稳定共同体，一般使用共同的语言，居住在共同的地域，过着共同的经济生活，具有表现在共同文化上的共同心理素质：～发展|～生存|～灭亡|～独立|～分裂|中国的～|当地的～|少数～|～习惯|～语言|～风格|～尊严|～服装|～音乐|中国是一个多～的国家|藏族是一个笃(dǔ)信宗教的～|要尊重少数～的习惯|这些～服装很漂亮。

4479 **敏感** 丁 〔部首〕攵 〔笔画〕11

mǐngǎn (sensitive)

[形]生理上或心理上对世界事物反应很快：政治家～|记者～|作家～|姑娘～|思想～|过分～|异常～|～的问题|～的案件|～地意识到|记者对新鲜事物反应很～|这是个～问题，处理时要慎重|有的动物对天气变化很～|对这些小事没必要这么～。

【提示】敏，姓。

4480 **敏捷** 丙

mǐnjié (quick)

[形](动作或思维)迅速而灵敏：动作～|反应～|思路～|确实～|～地捕捉|～地思考|猴子上树时动作非常～|他不愧是记者，对事物反应异常～|他抱住树干，～地爬了上去。

【近义词】灵敏/灵巧

【反义词】笨拙/迟钝/呆笨
【构词】报捷/告捷/简捷

4481 **敏锐**(鋭) 丁

mǐnruì (sharp)

[形](感觉)灵敏;(眼光)锐利:思想～|目光～|听觉～|反应～|头脑～|要求～|变得～|异常～|～地看到|～地发现|～地感到|有经验的警察辨别能力特别～|战士们～地观察着前方|作家的生活感觉、艺术感觉都相当～。

【近义词】灵敏/敏捷/锐利/锐敏
【反义词】迟钝/呆笨/鲁钝

4482 **明白** 丙 〔部首〕日 〔笔画〕8

míngbai (adj. clear; v. know)

[形]内容、意思等使人容易了解;清楚;明确:道理很～|问题～|～一些|讲得～|说得～|写得～|了解得～|听得～|～地知道|～地告诉|我已～地通知他今天晚上开会,他不来我也没办法|听了半天我也没听～他讲的什么|老师讲课讲得很～|他是个～人,一点就破。

[动]知道;了解:～道理|～其中的奥妙|我～你的意思|我～他为什么不来|你怎么还不～?

【提示】明,姓。
【近义词】清楚/明了
【反义词】模糊/糊涂
【构词】明察/明澈/明灯/明断/明慧/明净/明决/明快/明朗/明丽/明了/明媚/明示/明文/明晰/明喻/明月/明早/明智/明珠暗投

4483 **明亮** *乙

míngliàng (bright)

[形]❶光线充足:房间～|教室～|灯光～|月光～|阳光～|显得～|觉得～|～的房间|学生们在宽敞、～的教室里学习|一支100瓦的灯泡把屋子照得格外～。❷发亮的:小姑娘有一双～的黑眼睛|中秋的月亮～极了|这颗珍珠闪着～的光。❸〈丙〉明白:听了你的话,我的心里一下子～了|前途是～的。

【近义词】❶明朗/明净/敞亮/亮堂;❸清楚/明白
【反义词】❶黑暗/阴暗

4484 **明明** 丙

míngmíng (obviously; undoubtedly)

[副]表示显然如此或确实如此(下文意思往往转折):我～告诉了你,你怎么说不知道?|这事～是你干的,你怎么不承认?|你～知道明天考试,还去外边玩!

4485 **明年** 甲

míngnián (next year)

[名]今年的下一年:～上三年级|孩子～就上学了|～下半年我回国。

4486 **明确**(確) 乙

míngquè (adj. clear and definite; v. make clear)

[形]清晰明白而确定不移:目的～|方向～|目标～|政策～|任务～|规定～|观点～|意思～|责任～|答复～|划分得～|表达得～|～地宣布|～地表达|他来中国的目的很～,就是学习汉语|他～向父母表示,他不同意这门亲事|文章的中心意思我认为不太～|学校的规定已经很～了,不需要再解释了。

[动]使清晰明白而确定不移:你应该

给大家～责任，这样才好办事｜这次会议～了我们的任务。
【近义词】清晰
【反义词】模糊

4487 **明天** ＊甲

míngtiān (tomorrow)

[名]❶今天的下一天：今天开会，～参观｜我～请假，请你帮我说一下｜～老师有事，不上课了。❷〈乙〉不远的将来：我们的～会更美好｜为了美好的～，我们要努力奋斗。

4488 **明显**(顯) 乙

míngxiǎn (clear)

[形]清楚地显露出来，容易让人看出或感觉到：字迹～｜目标～｜成绩～｜问题～｜错误～｜变化～｜非常～｜这几年家乡有了～的变化｜通过半年的学习，我的汉语水平有了～的提高｜从这个瓷瓶的花纹上可以～地看出这是唐代的文物｜衣服上的痕迹已经不太～了。
【近义词】鲜明

4489 **明信片** 丙

míngxìnpiàn (postcard)

[名]专供写信用的硬纸片，邮寄时不用信封：一张～｜寄～｜我生日那天，收到了很多～｜我常用～给妈妈写信｜这张～真漂亮。

4490 **明星** 丁

míngxīng (star)

[名]有名的演员、运动员：一位～｜喜爱～｜崇拜～｜电影～｜戏剧～｜孩子们特别崇拜电影～｜十几个国家的足球～组成了一个～足球队｜墙上挂满了电影～的照片。

4491 **鸣**(鳴) 丙　〔部首〕口 〔笔画〕8

míng (cry)

[动]❶(鸟兽或昆虫)叫：蝉～｜虫～｜鸟～｜鸟～深涧，十分动听｜夏天，蝉的～叫声十分好听｜池塘里发出阵阵蛙～。❷发出声音：狂风暴雨，电闪雷～｜妻子耳～的毛病治了好长时间也治不好｜节日的夜晚，礼炮齐～。
【构词】鸣放/鸣叫/鸣禽/鸣谢/鸣冤

4492 **名** ＊乙　〔部首〕口 〔笔画〕6

míng (n. name; m. *for people*)

[名]❶名字；名称：报～｜地～｜人～｜签～｜书～｜冒～｜署～｜挂～｜除～｜笔～｜艺～｜起～｜这种花的～儿叫虎皮掌｜孩子都快两个月了，还没起～｜因旷课时间太多，他被学校除了～｜你要参加考试，得先去报～。❷名声；名誉：出～｜有～｜她是女排里有～的主攻手｜中国的茅台酒驰～中外。❸〈丙〉名义：他们以开会为～游山玩水｜他打着公司的～，到处坑人骗人｜他以参加比赛为～不来上课。
[量]用于人：三～医生｜两～战士｜二十多～工作人员。
【提示】名，姓。
【构词】名册/名产/名词/名分/名号/名家/名节/名句/名利/名利场/名伶/名流/名门/名目/名片/名气/名刹/名山/名师/名士/名氏/名帖/名望/名位/名衔/名言/名医/名著/名缰利锁/名垂千古/名垂青史

4493 **名称**(稱) 丁

míngchēng (name)

[名]事物的名字：～确定了｜～改变了｜～合适｜～相同｜确定～｜选择～｜

变换～|公司的～|团体的～|学校的～|动物的～|过去的～|原来的～|专用的～|饮料的～|我们公司的～已经改了半年多了|楼门口挂了好几个单位的～|这个～起得很新颖。

4494 **名次** 丁

míngcì (position in a name list)

[名]按照一定标准排列的姓名或名称的次序:考试成绩的～排出来了,他的～在前,我的～在后|上中学的时候,我学习很好,～一直在全年级前几名。

【近义词】顺序/次序

4495 **名单**(單) 丁

míngdān (name list)

[名]记录人名的单子:学生～|教工～|领奖人员～|～上有我的名字|今年获奖人员的～已经列出来了|～是按照姓氏笔画排列的。

4496 **名额**(額) 丁

míng'é (quota of people)

[名]人员的数额:～增加了|～取消了|～有限|扩大～|压缩～|分配～|学生的～|去年的～|招收的～|规定的～|有限的～|今年学生招收～限制在1500名以内|应大家的要求,厂领导决定再增加两个进修～|经费有限,外出考察的～必须压缩。

4497 **名副其实**(實) 丁

míng fù qí shí (be worthy of the name)

名称或名声与实际相符合:他决心做一个～的好学生|成人教育应该～,体现成人的特点|他是一位～的优秀建筑师。

【近义词】名实相符

4498 **名贵**(貴) 丁

míngguì (famous and precious)

[形]著名而且珍贵:字画～|药品～|家具～|花木～|首饰～|～树木|算不上～|非常～|确实～|这些书画很～|用南非钻石做的首饰非常～|这种～树木只有南方才有。

【近义词】贵重/宝贵/珍贵

4499 **名牌** 丁

míngpái (famous brand)

[名]出名的(货物):穿～|～专卖店|～运动衣|～旅游鞋|皮尔·卡丹西服是世界～产品|这些服装都是～,工薪阶层买不起|一看他那一身～,就知道他是个讲究穿戴的人。

【提示】口语中要儿化,读 míngpáir。

4500 **名人** 丁

míngrén (famous person)

[名]著名的人物:文化～|戏剧界～|～聚会|参加今天座谈会的有很多～|今天的会议,文艺界的～都来了|几年不见,他也成了～了。

4501 **名声**(聲) 丁

míngshēng (reputation)

[名]在社会上流传的评价:好～|坏～|～不低|～在外|不能让这么一件事坏了自己的～|人要爱惜自己的～|他这人在当地～很坏|在他的家乡他的～很好。

4502 **名胜**(勝) 乙

míngshèng (a place famous for its

scenery or historical relics)

[名]有古迹或优美风景的地方:游览～|～古迹|西安是古都,～古迹很多|这是一部介绍北京～古迹的纪录片|北京的～我几乎都游览过了。

【构词】得胜/好(hào)胜/决胜/取胜/全胜/优胜/战胜/争胜/制胜

4503 **名义**(義) 丁

míngyì (name)

[名]❶做某事时用来作为依据的名称或称号:以个人的～|以公司的～|以单位的～|以组织的～|以访问的～|以改革的～|以辅导的～|利用单位的～|我以大会主席的～宣布,会议到此结束|我以校长的～对优秀学生给予奖励|我不允许你假借我的～到处行骗。❷表面上;形式上(后面常带"上"字):～上的公司|～上的职务|他～上是帮你,实际上是帮自己|她～上是经理,实际上做不了主|他只是～上的队长罢了。

【近义词】名誉

4504 **名誉**(譽) 丁

míngyù (fame)

[名]个人或集团的名声:我的～|教授的～|工程师的～|演员的～|女孩儿的～|作家的～|科学家的～|国家的～|集体的～|单位的～|公司的～|爱护自己的～|追求～地位|损害别人的～|败坏他人～|玷(diàn)污她的～|有损国家的～|～恢复了|～受损害|～扫地|他把～看得跟生命一样重要|我们应该为死者恢复～|损害国家～的事不能做。

【近义词】名义

【提示】作形容词时,意思是名义上的,多指赠给的名义,含尊重意,如:～会长|～主席|～教授|～会员。

【构词】称誉/驰誉/过誉/毁誉/美誉/荣誉/声誉/盛誉/享誉/信誉/饮誉/赞誉

4505 **名字** 甲

míngzi (name)

[名]❶一个或几个字跟姓合在一起,用来代表一个人,区别于别的人:你叫什么～?|你的～很好听|这个人我见过几次,可不知道他的～|她的～是她爸爸给起的|其实人的～就是一个符号,叫什么都行。❷一个或几个字,用来代表一种事物,区别于别种事物:这种植物不知道叫什么～|这个村子的～叫李庄。

4506 **命** *丙 〔部首〕人 〔笔画〕8

mìng (n. life; v. order)

[名]❶生命;性命:救～|救了他的～|没～了|丧了～|一条人～|要不是抢救及时,他的～就没了|他这人的～真大,从五层楼摔下来只受了点儿轻伤|杀人是要偿～的。❷寿命:长～|短～|孩子过生日时我送的礼物是一把长～锁|他真是短～,二十几岁就死了。❸〈丁〉命运:～好|～硬|～苦|算～|宿～论|我认～了|她请人算过～|她总说自己～苦|这是～中注定的。❹〈丁〉命令;指示:奉～|待～|我这是奉～行事|将在外,君～有所不受|部队就地待～。

[动]❶上级对下级有所指示:～部队迅速撤离|学校～你立即返校|～他去办此事。❷给与(名称等):～名|～题|这个文件我想重新给它～名|这艘轮船是以一个女英雄的名字～名的|这是一篇～题作文。

【构词】命案/命笔/命定/命根/命令

句/命脉

4507 **命令** 乙

mìnglìng (n./v. order)

[名]上级对下级的指示:上级的～|司令员的～|战斗的～|集合的～|停火的～|正确的～|错误的～|一道～|～的内容|发出～|接受～|服从～|违抗～|下～|宣布～|起草～|传达～|这是～,你必须服从|通讯员去传达～|我不敢违抗上级的～。

[动]上级对下级有所指示:上级～|～集合|～出发|～进攻|～转移|～撤退|～停产|～搬迁|～改建|～复工|～退赔|团长～一连半夜12点行动|班长～开炮。

4508 **命名** 丁

mìng míng (name)

给予、授予名称:～典礼|～大会|这项计划还没被～|这列火车以毛泽东的名字～|这个家庭被～为模范家庭|白求恩医院是以白求恩医生的名字～的医院。

【提示】离合词,中间可插入其他成分,如:以他的名字命的名。

4509 **命题**(題) 丁

mìng tí (assign a topic)

出题目:～作文|由我～|这次考试由谁～?|我们是考试的～人员|我命过一次题。

【提示】离合词,中间可插入其他成分,如:命过题|他命的题。

4510 **命运**(運) 乙

mìngyùn (destiny)

[名]❶指生死、贫富和一切遭遇:人的～|他的～|～好|悲惨的～|他一生受苦,～很不好|我不知道自己将来的～会怎么样|她的～真悲惨。❷比喻发展变化的趋向:个人的～|将来的～|公司的～|家庭的～|失败的～|破产的～|死亡的～|这一切关系着国家的～|公司的～有点儿不妙|侵略者难逃灭亡的～。

4511 **谬论**(謬論) 丁 〔部首〕讠 〔笔画〕13

miùlùn (fallacy)

[名]荒谬的言论:政治上的～|学术界的～|书中的～|发表～|一种～|一条～|出现～|反驳～|这种～在会上遭到了批驳|你怎么能相信这样的～?|这本书里有很多～。

【构词】谬传/谬奖/谬误/谬种(zhǒng)

4512 **摸** *乙 〔部首〕扌 〔笔画〕13

mō (feel)

[动]❶用手指触一下(物体)或接触后轻轻移动:～脏了|～坏了|～一下|～一次|～ 回|能～|可以～|不许～|不敢～|别～我|不准～|轻轻～|你～～试试|她～着我的头说,你的头很热|我～了～他的手,他的手冰凉|他那脾气,是老虎屁股～不得|请勿～展品。❷用手探取;寻找:～鱼|～钱|～车票|～烟|～火柴|～口袋|～了很久|～几遍|他在河里～鱼|他在包里～了半天,～出一支笔来|你在抽屉里～什么呢?❸〈丙〉试着了解;试着做:～情况|～底|～行(háng)情|～经验|～规律|～方法|～他的脾气|～不透他的意思|～他的态度|～清楚|～明白|～准|～透|他的底细～清楚了|他的脾气被她～透了|我刚学着做生意,还不太～行情,请多指点|经过几年的努力,他们

终于～出了一套养虾的方法。❹〈丙〉在暗中行动；在认不清的道路上行走：～着黑走路要小心｜他慢慢地～到门口开亮了灯｜今晚去～敌营。

【构词】摸底/摸黑

4513 **摸索** 丁

mōsuǒ (grope)

[动]❶试探着行进：他们在黑夜里～着前进｜他的眼睛瞎了，但能～着料理自己的生活。❷寻找（方向、方法、经验等）：～方向｜～方法｜～经验｜～规律｜～路子｜～窍门｜～真理｜进行～｜共同～｜慢慢～｜通过实践，他逐渐～出一套工作方法来｜窍门要慢慢去～｜在工作中，他已～出一些成功的经验。

【构词】检索/绞索/缆索/勒索/离索/利索/求索/绳索/思索/搜索/探索/线索/追索

4514 **蘑菇** 丁 〔部首〕艹 〔笔画〕19

mógu (mushroom)

[名]指供食用的蕈类，特指口蘑：采～｜毒～｜炒～｜～很多｜我买一斤～｜我要一个炒～｜颜色鲜艳的野生～往往有毒。

【构词】草菇/春菇/冬菇/香菇

4515 **模范**(範) 丙 〔部首〕木 〔笔画〕14

mófàn (n. model; adj. exemplary)

[名]值得学习的、可以作为榜样的人：老～｜新～｜劳动～｜学习～｜工作～｜军人的～｜妇女的～｜青年的～｜省里的～｜公司的～｜单位的～｜学校的～｜当～｜做～｜评为～｜评选～｜去年她被选为劳动～。

[形]值得学习的；可以作为榜样的：～事迹｜～人物｜～行为｜～行动｜～作用｜他是一个～丈夫｜他的～事迹感动了大家。

【提示】“模”又读 mú，见第4539条“模样”。

4516 **模仿** 乙

mófǎng (imitate)

[动]照某种现成的样子学着做：儿童的～能力特别强｜～别人的打扮｜～某种风格｜～得很逼真｜喜欢～｜善于～｜不宜～｜用不着～｜准确地～｜成功地～｜专门～｜故意～｜～能力｜小孩子喜欢～大人的动作｜罪犯～别人的笔迹｜他～我说话｜他不喜欢～别人｜这幅画几乎看不出来是～着别人的作品画的。

【近义词】依照

4517 **模糊** 丙

móhu (blurred)

[形]不清楚；不分明：字迹～｜一片～｜模模糊糊｜这封信被雨水打湿了，字迹已～不清｜我模模糊糊记得有这么回事儿。

【反义词】清楚/清晰

4518 **模式** 丁

móshì (model)

[名]某种事物的标准形式或使人可以照着做的标准样式：一种～｜～化｜命题～｜工作～｜生活～｜搞市场经济没有一个现成的～可以供我们照着做｜这是一种很好的工作～｜这种生活～我不大喜欢。

4519 **模型** 丙

móxíng (model)

[名]依照实物的形状和结构按比例制成的物品，多用来展览或实验：工作～|大楼～|这是宇宙飞船～|他设计制作这座大楼的～，只用了一个月就完成了|那个公园里有苗族居室的～。

4520 **膜** 丁 〔部首〕月 〔笔画〕14

mó (membrane; thin coating)

[名]人或动物体内像薄皮的组织；泛指像膜的薄皮：耳～|脑～炎|肋～|横膈～|苇～儿|塑料薄～|橡皮～|纸浆表面结了一层薄～|他的耳～被震破了|吹笛子时得贴上苇～|食品上都盖着塑料～。

【提示】用时一般要儿化。

4521 **磨** 乙 〔部首〕石 〔笔画〕16

mó (grind)

[动]❶摩擦：～破了|～平了|～光了|他手上～了一个大泡|袜子～破了|没关系，就～破了一点儿皮|我劝了他好半天，嘴皮都快～破了。❷用磨料磨物体使光滑、锋利或达到其他目的：～刀|～墨|～水泥地|～玻璃|铁杵～成针|这刀该～了|这斧子～得还不够快。❸折磨：他被这场病～得没了样子了|这孩子真～人。❹消耗时间；拖延：～洋工|～工夫|～时间|快走吧，别～时间了|他不答应，你就跟他～|你再～也没有用|让他办什么事他总是～～蹭蹭的。

【提示】"磨"又读 mò，如"磨坊"。

【构词】磨蹭/磨床/磨刀石/磨合/磨练/磨灭/磨难/磨损/磨牙/磨洋工/磨刀霍霍/磨砖对缝

4522 **摩擦** 丁 〔部首〕广 〔笔画〕15

mócā (v. rub; n. friction)

[动]物体和物体紧密接触，来回移动：物体～|两手～|车轮～|轴承～|～地面|～双手|～皮肤|～生电|～生热|～严重|避免～|防止～|进行～|轻微～|太冷了，他不停地～着双手|天气干燥，～会产生静电|～生热，这是人人都知道的。

[名](个人或党派团体)因彼此利害矛盾引起的冲突：制造～|避免～|闹～|公开的～|工作中他尽量避免与别人发生～|他俩在闹～|你不要制造新的～。

【近义词】矛盾/争执

【提示】也作"磨擦"。

【构词】摩擦力/摩擦音/摩天/摩托艇/摩拳擦掌

4523 **摩托车**(車) 丙

mótuōchē (motorcycle)

[名]装有内燃发动机的两轮车或三轮车。有的地区叫机器脚踏车：骑～|一辆～|这种～是中国产的|他骑～骑得非常快|展览馆正在举办～展销会|他骑的是三轮～|在农村，邮递员一般都骑～送信。

4524 **魔鬼** 丁 〔部首〕鬼 〔笔画〕20

móguǐ (devil)

[名]宗教或神话传说里指迷惑人、害人性命的鬼怪，比喻邪恶的人或势力：他是～|他像～一样凶恶|她受到了～的迷惑|那个故事里说～把公主变成了一只天鹅。

【近义词】恶魔/妖怪/鬼怪/魑魅

【反义词】神仙

【构词】魔法/魔方/魔怪/魔君/魔窟/魔力/魔手/魔头/魔王/魔影/魔掌/魔障/魔爪

4525 **魔术**(術) 丁

móshù (magic)

[名]杂技的一种,以迅速敏捷的技巧或特殊装置把实在的动作掩盖起来,使观众感觉到物体忽有忽无,变化不测。也叫幻术或戏法:变～|演～|～师|～表演|今晚有～表演|他在表演～|他是个～演员|他会变小～|我喜欢看～。

4526 **抹** 丙 〔部首〕扌〔笔画〕8

mǒ (put on)

[动]❶涂抹:涂脂～粉|～点儿药|～胶水|他在面包上～了一点儿果酱|那孩子把墨水～得到处都是|你手受伤了,我给你～点儿药。❷擦:～桌子|～干净|～嘴|他吃完饭把嘴一～就走了|用那块干净的布～桌子|她躲在一边偷偷地～眼泪。❸勾掉;除去;不计在内:～杀|～掉|把这个字～了|那段录音被～掉了|这笔钱可以把零头～掉。

【近义词】❶涂;❷擦

【提示】①"抹"字右边是"末",不能写成"未"。②"抹"又读 mā,见第 4291 条"抹布"。

【构词】抹脖子/抹粉/抹黑/抹灰/抹煞/抹稀泥/抹一鼻子灰

4527 **抹杀(殺)** 丁

mǒshā (obliterate)

[动]一概不计,全部勾销:一笔～|～成绩|～事实|～界限|～差别|～特点|～个性|～积极性|不容～|故意～|很难～|完全～|～创造性|这个事实谁也～不了|历史事实不容～|这样做会～他们的积极性。

【近义词】否定/勾销

【提示】也作"抹煞"。

4528 **末** 丙 〔部首〕一〔笔画〕5

mò (end)

[名]❶东西的梢;尽头:～梢|秋毫之～。❷不是根本的、主要的事物(跟"本"相对):本～倒置|舍本逐～。❸最后;终了;末尾:春～|～班车|明～清初|～了(liǎo)|故事发生在明～清初|～班车晚上 11 点从车站开出|最后一行～了那个字我不认识。❹末子:茶叶～|锯～|把药研成～|他把一种草研成～敷在伤口上|把茶叶～倒掉吧。

【反义词】始/头

【提示】"末"字上边一横比下边一横长,不能写成"未"。

【构词】末车/末代/末端/末伏/末后/末了(liǎo)/末流/末路/末年/末期/末日/末梢/末世/末尾/末席/末座

4529 **莫** 丁 〔部首〕艹〔笔画〕10

mò (don't)

[副]不要:～哭|～问|冒昧地来访,请～见怪|～说一百块钱,就是一千块钱我现在也拿得出来。

【提示】莫,姓。

【构词】莫不是/莫非/莫如/莫若/莫测高深/莫可名状/莫逆之交/莫衷一是

4530 **莫名其妙** 丁

mò míng qí miào (be baffled)

没有人能说明它的奥妙(道理),表示事情很奇怪,使人不明白:他这人简直～|他为什么这么做?真叫人～|大家不知道他这话是什么意思,都～地望着他|她～地哭了起来。

【提示】"莫名其妙"也作"莫明其妙"。

4531 **墨** 丙 〔部首〕土 〔笔画〕15

mò (China ink)

[名]❶写字绘画的用品,一般是用煤烟或松烟等制成的黑色块状物,也有用其他材料制成别种颜色的;也指用墨和水研出来的汁:一块～|研～|笔～纸砚(yàn)|你研的～太稠了|～太稀了|文具店一般都有卖～的。❷借指写的字和画的画:～宝|遗～。

【提示】墨,姓。

【构词】墨宝/墨笔/墨斗(dǒu)鱼/墨海/墨盒/墨黑/墨迹/墨家/墨镜/墨菊/墨绿/墨水/墨汁/墨竹/墨守成规

4532 **墨水儿**(兒) 乙

mòshuǐr (ink)

[名]❶写钢笔字用的各种颜色的水:红～|蓝～|我买了一瓶红～|～用完了|我喜欢用圆珠笔,所以很少买～。❷墨汁:一瓶～|写毛笔字研墨太麻烦,不如去买一瓶～。❸比喻学问或读书识字的能力:他肚子里还有点儿～|他读书不多,肚子里没什么～。

4533 **默默** 丁 〔部首〕黑 〔笔画〕16

mòmò (quietly)

[副]不说话;不出声:～无言|～无闻|他一直～地坐在那里|一连几天,她总是～干活儿,一句话也不说|他～发誓,长大一定要当总统。

【提示】默,姓。

【构词】默哀/默祷/默读/默记/默契/默然/默认/默写/默许/默默无闻

4534 **陌生** 丙 〔部首〕阝 〔笔画〕8

mòshēng (strange)

[形]不熟悉;生疏:～人|～的电话|～的地址|很～|感到～|～的城市|这人面孔很～|虽然我们是第一次见面,可并不感到～|对很多城里孩子来说,割麦子是件～的事情。

【近义词】生/生疏

【反义词】熟/熟悉

【提示】"陌生"多用于书面语。

4535 **谋**(謀) 丁 〔部首〕讠 〔笔画〕11

móu (v. work for; n. plan)

[动]❶谋求;图谋:～幸福|～事|～生|～害|早年你一个人去了国外,当时你是怎么～生的?|大家选他当了村长,他怎么能为自己～私利呢?|当干部不能以权～私|为了～生,他开始去打工|他的理想是为人类～福利。❷商议:我们的意见不～而合。

[名]主意、计谋;计策:阴～|足智多～|这个人特别有～略|他们的阴～彻底破产了|我这个人从不搞阴～。

【构词】谋反/谋害/谋划/谋略/谋面/谋取/谋杀/谋生/谋食/谋士/谋事/谋算

4536 **谋求** 丁

móuqiú (seek)

[动]设法寻找:～职位|～和平|～名利|～幸福|～出路|～发展|～独立|～解决的办法|两国领导人正在谈判,以～两国关系正常化|他想去国外～发展|为了～更高的职位,他辞职去了另一家公司。

4537 **某** *乙 〔部首〕木 〔笔画〕9

mǒu (some; certain)

[代]❶指一定的人或物(知道名称而不说出来):～部门|当地驻军～部|他对～～厂长很有意见|他出生在四川～地|～单位生产的产品质量极差

|在~种意义上说他是对的。❷指不定的人或事物:~年秋天,他曾回过家乡|~些看过这个电影的人,都想再看一遍。❸〈丁〉用来代替自己或自己的名字:我王~人怕过谁? |我张~说话算话|赴汤蹈火,孙~在所不辞|有我李~陪你去,你就放心好了。

4538 **某些** 丙

mǒuxiē (some)

[代]指一些人或事物:~工作|~建筑|~教师|~学生|~学校|~工厂|~人|~事|~特点|~人就是不自觉|~单位受到了批评|~同学今天迟到了|~工人受到了表扬。

4539 **模样**(様) *乙 〔部首〕木 〔笔画〕14

múyàng (appearance)

[名]❶人的长相或装束打扮的样子:~漂亮|~可爱|~潇洒|~出众|~丑陋|~可怕|~很凶|~特别|那人是什么~? |几年不见,她的~更漂亮了|他摆出一副满不在乎的~|她老多了,~变得都快认不出来了。❷〈丙〉表示约略的情况(只用于时间、年岁):我等了有半个小时的~|那个男人有40岁~。❸〈丁〉形势;趋势;情况:不像要下雨的~|看~,这家人要搬家。

【提示】"模"又读 mó,见第4515条"模范"。

4540 **亩**(畝) 乙 〔部首〕亠 〔笔画〕7

mǔ (m. *mu, a traditional unit of area*)

[量]市亩的通称,10分等于1亩,100亩等于1顷。1市亩等于60平方丈,合666.7平方米:一~地|今年小麦~产量是多少? |你们村一共有多少~地? |我今年种了两~土豆。

【构词】亩产

4541 **母** 乙 〔部首〕母 〔笔画〕5

mǔ (n. mother; adj. female)

[名]❶母亲:父~|~女|老~|她们~女长得特别像|父~离婚以后,孩子的心理健康受到很大影响。❷家族或亲戚中的长辈女子:祖~|姑~|伯~|姨~|舅~。

[形](禽兽)雌性的(跟"公"相对):~鸡|~牛|这只猴子是~的|刚生下来的小熊猫是公的还是~的?

【反义词】[名]父;[形]公/雄

【提示】母,姓。

【构词】母爱/母本/母畜/母机/母家/母舰/母乳/母体/母系/母校/母性/母音/母语

4542 **母亲**(親) 甲

mǔqīn (mother)

[名]妈妈;有子女的女子:我的~|年轻的~|老~|他从小就失去了~|我的~年纪大了,但身体很好|我~是一位医生。

【近义词】母/妈妈

【反义词】父/父亲/爸爸

4543 **墓** 丙 〔部首〕艹 〔笔画〕13

mù (grave)

[名]坟墓;墓地:扫~|修~|~碑|公~|烈士~|他死后被葬在八宝山革命公~|清明节,中国人有扫~的习惯|十三陵是明代的皇家~地。

【近义词】坟/坟墓/墓地

【构词】墓碑/墓场/墓道/墓地/墓门/墓室/墓穴/墓葬/墓志

4544 **幕** 丙 〔部首〕艹 〔笔画〕13

mù (tent)

[名]❶覆盖在上面的大块的布、绸、毡子等;帐篷:帐～|夜～|帐～里,主人热情地招待着客人|夜～降临,喧闹的城市渐渐归于平静。❷挂着的大块的布、绸、丝绒等(演剧或放电影所用的):开～|闭～|银～|大～拉开,演出开始了|～落了,掌声雷鸣般响了起来。❸戏剧较完整的段落,每幕可以分为若干场:第一～第二场|这里美丽的景色好像一～～动人的画面|我们俩第一次见面的情景一～一～地重现在我眼前。

【构词】幕布/幕府/幕后/幕僚

4545 **木** 乙 〔部首〕木 〔笔画〕4

mù (tree)

[名]❶树木:果～|伐～|独～不成林|桃树是一种果～|松～易燃,常用来制作火把|这里住着许多伐～工人。❷木头:桃～|枣～|红～|檀香～|老式家具一般都是～制的|这座～塔听说没用一颗钉子|这种～箱已经过时了。

【提示】木,姓。

【构词】木版/木版画/木柴/木船/木雕/木耳/木筏/木工/木瓜/木刻/木料/木马/木棉/木偶/木偶片/木偶戏/木排/木器/木然/木石/木梳/木薯/木炭/木炭画/木星/木已成舟

4546 **木材** 丙

mùcái (wood)

[名]树木采伐后经过初步加工的材料:一堆～|～加工|使用～|优质～|～公司|这批～是从东北运来的|一立方～可以做一个立柜|他在～加工厂工作。

【近义词】木头

4547 **木匠** 丁

mùjiang (carpenter)

[名]制造或修理木器、制造和安装房屋的木制构件的工人:他是～|请～|当～|人们叫他小～|张～来自南方|～都尊奉鲁班为祖师爷|这位年轻～的技术很好。

【近义词】木工

【构词】工匠/花匠/画匠/巨匠/皮匠/漆匠/巧匠/石匠/铁匠/铜匠/瓦匠/锡匠/鞋匠/银匠

4548 **木头**(頭) 乙

mùtou (wood)

[名]木材和木料的统称:一块～|一根～|～桌子|搬～|抬～|他手中拿着一根～棍子|那里有一堆～|你们把这些～抬走吧|他家的家具都是～的。

【近义词】木料

4549 **目** 丁 〔部首〕目 〔笔画〕5

mù (eye)

[名]❶眼睛:侧～|～睹|～光|～不暇接|～不忍睹|～中无人|他的工作成绩是有～共睹的|那件事仍历历在～|他～光炯炯地望着我。❷大项中再分的小项:项～|细～|他是这个项～的负责人|我想看看账的细～。

【构词】目测/目次/目击/目录学/目不忍睹/目不识丁/目不暇接/目不转睛/目瞪口呆/目光短浅/目光如豆/目光如炬/目空一切/目无法纪/目无全牛/目中无人

4550 **目标**(標) 乙

mùbiāo (target)

[名]❶射击、攻击或寻求的对象:发现～|暴露～|～太大|攻击的～|你～太大,容易暴露|敌机终于发现了～|他想利用夜间去侦察一下敌人的军事～。❷想要达到的境地或标准:奋斗～|～远大|～明确|我的奋斗～是当画家|一个人没有远大的～就不会有成就。

【构词】超标/达标/得标/灯标/夺标/浮标/航标/会标/界标/锦标/路标/商标/投标/袖标/音标/招标/指标/中(zhòng)标/坐标

4551 **目的** 乙

mùdì (purpose)

[名]想要达到的地点或境地;想要达到的结果:～地|～实现了|～相同|～清楚|～明确|政治～|个人～|学习的～|生活的～|这次旅行的～地是上海|我来这里的～是想见见你|他的～达到了|他有着不可告人的～。

【提示】"目的"的"的"dì不能读成de。

4552 **目睹** 丁

mùdǔ (witness)

[动]亲眼看到:耳闻～|我～了事情发生的全部经过|整个事件我都亲眼～了|几年来我耳闻～了许多感人的事情。

4553 **目光** 丙

mùguāng (sight)

[名]❶指视线:他们都把～投向我|两人的～碰到了一起。❷眼睛的神采:～炯炯|他～有神。❸眼光;见识:～远大|～如豆|看问题～要远大|这人真是～短浅。

【近义词】眼光

4554 **目录**(錄) 丁

mùlù (catalogue)

[名]❶按一定次序开列出以供查考的事物名目:资料～|图书～|财产～|你先去查一下～,看看有没有那本书|以前在图书馆查图书～都是手工的,现在可以用电脑了|他已经拿到了商品的～。❷书刊上列出的篇章名目(多放在正文前):翻～|看～|这本论文选的～错字很多|你看看～里有没有他的文章?

4555 **目前** 甲

mùqián (at present)

[名]指说话的时候:～形势|～的情况|到～为止,我还没打算投资那个项目|～的形势还不允许我们这么做|～我还不能给你肯定的答复|该厂～的生产能力还不够大。

【近义词】当前/现在/眼前

【反义词】以后/将来/从前/过去

4556 **目中无人**(無) 丁

mù zhōng wú rén (consider everyone beneath one's notice)

形容骄傲自大,看不起人:别～|你这样做未免有点儿～|你看她那态度,简直是～!|他这样～,总有一天会吃亏的。

〔部首〕牛
〔笔画〕8

4557 **牧场**(場) 丙

mùchǎng (pasture)

[名]牧放牲畜的草地。也说"牧地":～工人|～很大|一片～|这片～水草肥沃|一群羊正在～上自由地吃草、嬉戏|他常在那片～放牧|他在～工作|她刚来～时才14岁|我们～今年

又增加了100头羊｜~的生活有时是很单调的。

【提示】“牧”的左边是“牛”，不能写成“扌”。

【构词】牧草/牧歌/牧区/牧人/牧师/牧童/牧业/牧主

4558 **牧民** 丙

mùmín (herdsman)

[名]牧区中以畜牧为生的人：许多~｜~的生活｜~的子女｜~放牧｜~们正在追赶一群野马｜这里的~过着游牧生活｜~大多喜欢住在帐篷里。

4559 **牧区**(區) 丁

mùqū (pastoral area)

[名]❶放牧的地方：这片~是我们县的｜这儿的~今年遭受了风灾。❷以畜牧为主的地区：~人民的生活有了很大提高｜这一带~牲畜健旺，水草丰足。

4560 **牧业**(業) 丁

mùyè (animal husbandry)

[名]畜牧业：农~｜发展~｜大力发展~已成为该地农民致富的一条门路｜很多人得益于当今的农业、~政策。

4561 **穆斯林** 丁 〔部首〕禾 〔笔画〕16

Mùsīlín (Moslem)

[名]伊斯兰教信徒：他是~｜~餐厅｜~饭馆｜新疆的~。

【提示】穆，姓。

【构词】碑林/层林/成林/丛林/翰林/护林/老林/绿林/密林/儒林/森林/山林/石林/树林/武林/笑林/幼林/育林/园林/造林

N

4562 **拿** *甲 〔部首〕手 〔笔画〕10

ná (hold; take)

[动]❶用手或用其他方式抓住、搬动(东西):~钱|~筷子|把书~走|他手里~着一支毛笔|他~起来,又放下了|她太小,还~不动那个小凳子。❷〈乙〉用强力取;捉:警察~住几个小偷|一定要~下敌人的阵地|这门课太难了,我看他~不下来。❸〈乙〉掌握:到底能不能去,我也~不准|这事儿你~得稳吗?|这样的工作他~不起来。❹〈乙〉领取;得到:~工资|~奖金|~头奖。❺〈丙〉刁难;要挟:~他一把|他半路上不干了,想~我一把|这事谁都干得了,你~不住我。❻〈丙〉装出;故意做出:~架子|你~什么架子?没有你,别人也干得了|别~腔作势。

【提示】"拿"作介词时:a.引进所凭借的工具、方法等,意思跟"用"相同:~笔写字|~这个标准去衡量。b.引进所处理的对象:你们别~我开心了|你干吗~电视机出气?

【构词】拿获/拿架子/拿手/拿糖/拿主意/拿腔拿调/拿腔作势

4563 **拿…来说**(來說) 丙

ná…láishuō (take … for example)

引进处置的对象:拿产品质量来说,已有很大提高|拿汉语水平来说,她比班上其他同学要强些|拿穿衣服来说,她很有品位。

4564 **哪** 甲 〔部首〕口 〔笔画〕9

nǎ (which; what)

[代]❶用于疑问句,后面跟量词或数量词,表示要求在几个人或事物中确定一个:我是小王,你是~位呀?|长江流经~几个省?|我们这儿有两个王伟,你找~个?|这儿有好几种扇子,你要~一把?|你学的是~种语言?❷用于疑问句,表示要求在同类事物中加以确指:~是你家?|这里边~是你的?❸用于虚指,表示不确定的一个:你~天有空儿就请过来吧。❹用于任指,表示任何一个,后面常有"都"、"也"呼应,或者用两个"哪"一前一后呼应:~种颜色都行|这几件衣服~一件也不适合你|~条路近就走~条路。

【提示】在口语里常常说 něi 或 nǎi,如"哪个"可说成 něige 或 nǎige。

【构词】哪个/哪里/哪怕/哪些/哪样

4565 **哪个**(個) 乙

nǎge (which)

[代]哪一个:你是~大学的?|~人叫你来的?|你要~橘子?|~商店卖瓷器?

4566 **哪里**(裏) 甲

nǎlǐ (where)

[代]❶问什么处所:你是~人?|你住在~?|你~不舒服?|这个消息你是从~得到的?❷泛指任何处所:他除了这个小村子,一辈子~都没去过|~有压迫,~就有反抗。❸用于反问句,意在否定:~知道他会改变主意?|河这么宽,~能游得过去?|

～知道你前脚走，他后脚就到了。❹谦虚，用来婉转地推辞对自己的褒奖："你字写得真好！""～，～。"|"你汉语说得真好！""～～。"|"你对我帮助太大了！""～～。"
【近义词】哪儿

4567 **哪怕** 乙

nǎpà (even if)
[连]表示姑且承认某种事实，后边多用"都"、"也"、"还"等相呼应：～一夜不睡，也要把这篇文章赶完|～天气不好，也要去|～是再大的困难，我们也能克服。
【近义词】即使

4568 **哪些** 乙

nǎxiē (which)
[代]哪一些：～是你的？|今年夏天你都去了～地方？|还有～表没填？|你们讨论～问题？
【提示】"哪些"在口语里也可以说nǎixiē或něixiē。

4569 **那** 甲 〔部首〕阝 〔笔画〕6

nà (that)
[代]指示比较远的人或事物。❶后面跟量词、数量词，或直接跟名词：～个人|～座楼|～朵花|～三个人|～时候|～地方我去过|～两棵树是我年轻时栽的|～盆花是我昨天买的。❷单用：～是谁？|～是我们学院的宿舍|～是1997年的事|～我知道。❸等于"那些"：～是我的几个同学|你看，～都是去年放养的鱼。
【反义词】这
【提示】①在口语里，"那"常说nèi。②"那"用作姓氏时读Nā。
【构词】那么点儿/那么些/那么着/那阵

4570 **那** 甲

nà (then)
[连]表示顺着上文的语意，申说应有的结果（上文可以是对方的话，也可以是自己提出的问题或假设）："今天我有事，去不了。""～你什么时候有时间？"|要是你能去，～就最好早点儿去|既然你喜欢这个工作，～就该好好儿干。

4571 **那边**(邊) 乙

nàbiān (there)
[代]指比较远的处所：山～是海|我刚从～回来|你们～气候怎么样？
【反义词】这边

4572 **那个**(個) *甲

nàge (that)
[代]❶那一个：～人|～苹果|～家庭|～比这个好看|～屋子没人住|～人你认识吗？❷〈乙〉那东西；那事情：那是骑马用的，你要～干什么？|你别为～担心，不会出事的。❸〈丙〉用在动词、形容词前，表示夸张：看她～高兴劲儿！|他干得～欢啊，就甭提了|她跑得～快呀，我都追不上她了。❹〈丁〉代替不便直接说的话（含有婉转或诙谐的意味）：你刚才的做法也太～了（不好）|你骗个孩子，真有点儿～（不应当）|你刚才的脾气也太～了（太坏）。
【反义词】这个
【提示】"那个"在口语里常说成nèige。

4573 **那里**(裏)/**那儿**(兒) 甲

nàlǐ/nàr (there)

[代]指示比较远的处所：～我还没去过|～盛产桃子|去～我知道怎么走|她刚从～回来|香港～的气候怎么样？|这个周末，老李～有个聚会。
【反义词】这里

4574 **那么**(麼) *甲

nàme (like that)
[代]❶指示性质、状态、方式、程度等：像橘子～黄|他～凶，我不敢去见他|你对老人怎么～说话？|我不好意思～说|活儿～多，一个小时干不完|说起来容易，可做起来没有～容易|问题并不像你想的～简单。❷〈乙〉放在量词前，表示估计：找～三四十人就行了|我估计走～两三个钟头才能到|再有～十来斤也就够了。

4575 **那么** 甲

nàme (then)
[连]表示顺着上文的语意，申说应有的结果（上文可以是对方的话，也可以是自己提出的问题或假设）："我不同意这么做。""～你说怎么做？"|要是你觉得可以这么办，～我们赶快去办吧！|既然你们都想去，～我留下看家吧。

4576 **那时**(時) 丁

nàshí (at that time)
[代]那个时候（可用于过去，也可用于将来）：～我还小|～天正下着雨|～说的话，我现在怎么能记得？|你现在不好好学，等将来用时不会，～后悔也晚了。
【近义词】那会儿
【反义词】这时/这会儿

4577 **那些** 甲

nàxiē (those)
[代]指示比较远的两个以上的人或事物：～人是来旅行的|～歌她不知听了多少遍，还想听|到了晚上我们乘凉的时候，老人就爱把～鬼故事讲给我们听。
【反义词】这些
【提示】"那些"在口语里常说成nèixiē。

4578 **那样**(樣) 甲

nàyàng (like that)
[代]指示性质、状态、方式、程度等：她不像你～害羞|看他急得～，怪可怜的|～也好，先试试再说|别～说|别这样～的了，你还是去一趟吧。
【近义词】那么样
【提示】①"那样"在口语里常说成nèiyàng。②"那样"、"那么"有时可通用，如：她不像你那么害羞|她不像你那样害羞。但"那样"可以作定语或状语，也可作补语，"那么"不能作补语，比如"急得那样"，不能说成"急得那么"。

4579 **纳闷儿**(納悶兒) 丁

〔部首〕纟 〔笔画〕7
nà mènr (feel puzzled)
因为疑惑而发闷：有些～|很～|让人～|我还～呢，半夜三更谁会打电话来？|这儿一个人也没有，他心里有些～|都过了半小时了，他还没来，真叫人～。
【近义词】奇怪
【提示】①离合词，中间可插入其他成分，如：正纳着闷儿|纳什么闷儿。②纳，姓。
【构词】纳粹/纳贡/纳罕/纳贿/纳款/纳粮/纳聘/纳降

4580 **纳税** 丁

nà shuì (pay taxes)

交纳税款:依法～|～凭证|～人|～人的钱|依法～是公民的职责|作为～人,应该按期～|一个人一年纳多少税?

【提示】离合词,中间可插入其他成分,如:纳多少税|纳过税。

〔部首〕口
〔笔画〕9

4581 **哪** 甲

na (part. *used in the same way as* 啊, *only after words ending with consonant* n)

[助]同“啊”。当前一字的韵尾是 n 时,“啊”a 变成“哪”na:❶用在句末,表示赞叹的语气:多蓝的天(tiān)～!|来了这么多人(rén)～!❷用在句末,表示辩解、嘱咐等语气:别催了,我们总得吃完饭(fàn)～|千万要多来信(xìn)～。❸用在句尾,表示疑问的语气:这水果新鲜不新鲜(xian)～?❹用在句中稍作停顿,让人注意下面的话:做人(rén)～,应该自重。

【近义词】啊/哇/呀

〔部首〕口
〔笔画〕7

4582 **呐** 甲

na (part. *used in the same way as* 呢)

[助]用法同“呢”:❶用在选择疑问句、正反疑问句、特指问句的末尾,表示疑问的语气:你喝白酒～,还是喝啤酒?|你想不想去～?|哪个是他的～?❷用在陈述句的末尾,表示确认事实:他 8 点才来～|饭还没做好～。❸用在陈述句的末尾,表示正在进行:外边还在刮风～|他正看书～。❹用在句中表示停顿(多对举):高兴～,就来;不高兴～,就别来。

〔部首〕丿
〔笔画〕2

4583 **乃** 丁

nǎi (v. be; be indeed; adv. only then)

[动]是;就是;实在是:失败～成功之母|此～善举|此～不义之财|《红楼梦》～一部奇书|此～东北特产。

[副]才:惟虚心～能进步|今～知之。

【提示】乃,书面语,带有文言色彩。

〔部首〕女
〔笔画〕5

4584 **奶** 丙

nǎi (milk)

[名]❶乳房:马～子葡萄。❷乳汁的通称:人～|牛～|羊～|马～|喝～|喂～|吃～|给孩子吃～|给孩子吃母～好|母～不多,不够孩子吃的|我喝咖啡加～,喝茶不加～|这头母山羊一天能产五公斤～。

【构词】奶茶/奶粉/奶酒/奶酪/奶妈/奶名/奶母/奶娘/奶牛/奶皮/奶水/奶头/奶牙/奶羊/奶罩/奶汁/奶嘴

4585 **奶粉** 丁

nǎifěn (milk powder)

[名]牛奶除去水分制成的粉末,易于保存,食用时用开水冲成液体:速溶～|国产～|进口～|这种牌子的～多少钱一袋?|～用开水一冲就可以喝|袋装～不如罐装～好保存。

4586 **奶奶** 乙

nǎinai (grandmother)

[名]❶祖母:他～|你～|我～已经去世三年了|我～今年都 80 岁了。❷称跟祖母辈分相同或年纪相仿的妇女:老～|这孩子真可爱,见了年纪大的人就叫爷爷～。

【近义词】祖母

【构词】催奶/断奶/发奶/牛奶/下奶

4587 **耐** 丙 〔部首〕寸 〔笔画〕9

nài (be able to endure)

[动]受得住;禁得起:～用|～穿|～得住|尼龙包～磨|这种料子很～洗|他再也～不住性子了。

【构词】耐火砖/耐久/耐看/耐劳/耐性/耐人寻味

4588 **耐烦**(煩) 丙

nàifán (patient)

[形]不急躁;不怕麻烦;不厌烦:不～|很～|他一副不～的样子|你快走吧,他都等得不～了|那件事我不明白,他很～地解释了一遍又一遍。

4589 **耐力** 丁

nàilì (endurance)

[名]忍受的能力:有～|～强|他很有～|女人比男人有～|要有很好的～,才能跑下来1万米。

4590 **耐心** 乙

nàixīn (adj. patient; n. patience)

[形]心里不急躁,不厌烦:～工作|～帮助|很～|～等待|～说服|只要～地学,一定能学会|她～地教他包饺子。

[名]做事不厌烦、不急躁的心态:没有～|失去～|我已经失去了说服他的～|做事要有～,不能急躁。

4591 **耐用** 乙

nàiyòng (durable)

[形]可以长久使用,不容易用坏:很～|十分～|不～|～物品|这种地毯经久～|搪瓷器具比玻璃器具～|这属于～物品,一时半会儿不会坏。

4592 **南** 甲 〔部首〕十 〔笔画〕9

nán (south)

[名]四个主方向之一,早晨面对太阳时右手的一边:～边儿|～面|～头儿|～方|～风|山～|坐北朝～|雁～飞|在地图上标方向,一般是上北下～,左西右东|我的窗子朝～开,所以屋里阳光充足|秋天了,大雁又向～飞了|今天刮的是东～风|他家就住在公园～边。

【反义词】北

【提示】南,姓。

【构词】南半球/南北/南瓜/南国/南货/南极/南极光/南极圈/南纬/南味/南温带/南腔北调/南辕北辙

4593 **南边**(邊) 甲

nánbian (south)

[名]南面:山～|路～|商店～|楼的～|～的房间|他往～走了|～有条河|山～是别的县了。

【近义词】南面/南方/南部

【反义词】北边/北面/北方/北部

4594 **南部** 乙

nánbù (southern part)

[名]南;靠南的部分:校园～|沙漠～|国家～|广州位于广东省～|本省～山区近几年经济发展很快。

【近义词】南边/南方/南面

【反义词】北部/北边/北方/北面

4595 **南方** 乙

nánfāng (south)

[名]❶南边:往～走|向～|在～|他

往～一指说:"那就是我家。"|车子向～开去|操场在楼的～。❷南部地区,在中国指长江流域及其以南的地区:他家住～|他是～人|他喜欢吃～风味菜|他说一口～话。

【近义词】❶南边/南面/南;❷南国/江南

【反义词】❶北边/北面/北;❷北方/北国

4596 南面 乙

nánmiàn (south)

[名]南边儿:学校～|坐在～|面向～|河～|他往～走了|她住～的房间|山～称为"阳",山北面称为"阴"。

【近义词】南/南边/南方/南部

【反义词】北/北边/北方/北部/北面

4597 男 甲

〔部首〕田 〔笔画〕7

nán (male)

[形]男性(跟"女"相对):～学生|～司机|～主人公|～病房|医院里～护士比较少见|他家有一～一女两个孩子|我找的是那位～医生。

【反义词】女/女性/女子/女人

【构词】男低音/男儿/男方/男高音/男孩儿/男篮/男排/男声/男生/男士/男中音/男装/男子汉

4598 男人 乙

nánrén (man)

[名]❶男性的成年人:大～|那个喝茶的～是她哥哥|每个～都渴望成功|你看他说话声音像蚊子似的,哪像个～!❷丈夫:他是我～|我～现在不在家|她～死了。

【近义词】❶男性/男子/男儿;❷丈夫

【反义词】❶女人;❷妻子

4599 男性 丁

nánxìng (the male sex)

[名]人类两性之一,能在体内产生精细胞:～特征|～气质|～魅力|男孩到了青春期,～特征会越来越明显|她被他的～魅力征服了|他的～气质很强。

【反义词】女性

4600 男子 丙

nánzǐ (man)

[名]男性:中年～|老年～|～汉|～单打|～冠军|他是一位中年～|他是乒乓球～单打冠军|他参加了～十项全能比赛|他这个人有点儿大～主义|～汉大丈夫,敢做敢当。

【近义词】男人/男儿/男子汉

【反义词】女子/女人/女性

4601 难(難) 甲

〔部首〕又 〔笔画〕10

nán (difficult)

[形]❶做起来费事:作业～|～办|～走|～写|这些题真～|这篇课文没什么～词～句,你能读懂|汉语并不～学。❷不好:～听|～闻|～看|你做的这菜～吃死了|这人说话真～听|这张画画得真～看|星期天我买的那件衣服,我说好看,别人说～看。

【反义词】❶易/容易/简单

【提示】"难"又读 nàn,见第 4614 条。

【构词】难保/难缠/难产/难处(chù)/难点/难耐/难听/难为情/难于/难分难解/难能可贵/难舍难分/难言之隐

4602 难道 乙

nándào (adv. *used to give force to a rhetorical question*)

[副]加强反问语气，句末常有“吗”、“不成”：事到如今，～你还不明白吗？|小心点儿！你～不想活啦？|这事～非他去不成？|河水～能倒流？

【近义词】莫非/岂

4603 **难得** 丙

nándé (rare)

[形]不容易得到或办到(有“可贵”意)；不常常发生：知音～|机会～|～的资料|～的人才|～的文物|～见面|～听到|～去一次|～来一回|这小伙子真是个～的人才|这个机会太～了，你不要轻易放过|你～来北京，就多住些日子吧。

4604 **难度** 丁

nándù (difficulty)

[名]技术或技艺方面困难的程度：～增加|～减少|～大|～小|～适中|存在～|具有～|文章的～|试题的～|动作的～|表演的～|这篇课文对二年级的学生来说，～适中|要想在比赛中获奖，训练时就应加大～|这项工作让小王去完成，存在一定的～。

4605 **难怪** 丙

nánguài (v. understandable; conj. no wonder)

[动]可以谅解，不应当责怪：这也～他，因为领导没讲清楚|年轻人经验少，工作中出点儿问题，这也～|昨天的事也～小王，我们大家都有责任。

[连]怪不得：～我好久没见到他，原来他回国了|原来他的爱人要来北京了，～他这么高兴|～他没有朋友，原来这么爱吵架。

【提示】“难怪”不能放在表示原因的小句中，如：×人们都穿着大衣，～今天这么冷。而应放在说明现象的小句中，如：～人们都穿着大衣，原来今天这么冷。

4606 **难关**(關) 丁

nánguān (difficulty)

[名]难通过的关口，比喻不易克服的困难：闯过～|渡过～|经济上的～|生活上的～|学习上的～|事业上的～|许多～|一个～|学习汉语要先闯过拼音的～|考试对每个学生都是一道～|他们闯过了道道技术～，终于铺成了这条铁路。

【近义词】困难

4607 **难过**(過) 乙

nánguò (v. have a hard time; adj. feel sorry)

[动]不容易过活：住院的日子很～|考试的那几天，同学们都觉得～极了|等待的日子真是太～了。

[形]难受：心里～|样子～|～得不得了|不要～|不值得～|感到～|觉得～|用不着～|～的样子|～地说|对于老张的死，大家都觉得～极了|他没考上大学，心里～得不得了|这事用不着～，继续努力就是了。

【近义词】[形]难受

【反义词】[形]快活

4608 **难堪** 丁

nánkān (embarrassed)

[形]难以忍受：感到～|弄得～|～的样子|～的表情|～地站在那儿|～地说|～地苦笑|你这样做，会让客人觉得～的|他感到很～，脸涨得红红的|你在众人面前那样批评我，这不明明让我～吗？

【近义词】为难/尴尬(gāngà)

4609 难看 *乙

nánkàn (ugly)

[形]❶不好看;丑:表情～|脸色～|五官～|鼻子～|样子～|身材～|显得～|觉得～|长(zhǎng)得～|打扮得～|这个皮包虽然小了点儿,但样子不～|他病了几天,所以现在的脸色很～|红配绿,～死了|这姑娘的身材不～。❷〈丙〉不光荣;不体面:如果考试不及格,那就太～了|我哪会唱歌,你这不是让我～吗?

【近义词】❶丑;❷丢人/丢脸

【反义词】❶美丽/好看/美观/体面/顺眼;❷光荣

4610 难免 丁

nánmiǎn (hard to avoid)

[形]不容易避免:～上当|～失败|～出错|～遇到|～碰到|～发生问题|～忘记|我总爱提意见,～会得罪人|工作中谁都～犯错误|相处时间长了,两人～会产生矛盾|年轻人犯点儿错误也是～的。

【近义词】不免/未免

4611 难受 乙

nánshòu (feel ill)

[形]❶身体不舒服:浑身～|肚子～|眼睛～|坐着～|躺着～|觉得～|感到～|疼得～|～的样子|～的滋味|～的原因|做胃部检查很～|我感冒了,浑身都觉得～。❷心里不痛快;伤心:看着儿子受伤的腿,妈妈的心里很～|你说话总不注意,现在该让你～～了|没考上大学,他心里很～。

【近义词】❶不适;❷不快/难过/伤心/忧伤

【反义词】❶舒服;❷高兴/愉快/快乐/欢喜

4612 难题(題) 丙

nántí (difficult problem)

[名]不容易解决或解答的问题:出～|～解决了|～很多|遇到～|碰上～|解决～|政治上的～|任何～|一道～|你怎么总给我出～?|对你来说,这不算是～|改革中会出现很多～|无论什么～都难不倒我们。

4613 难以 丙

nányǐ (hard to)

[副]很难;不容易:～相信|～想像|～忘记|～发现|～入睡|～控制|～整顿|～了解|～平静|美丽的山河,真是～用纸笔来描绘|你的话是～服人的|那段美丽的故事,使我一生～忘怀|这个问题不解决,人们的心情～舒畅。

【近义词】难于

4614 难(難) 丁

〔部首〕又
〔笔画〕10

nàn (calamity)

[名]不幸的遭遇;灾难:遭～|遇～|大～临头|多灾多～|～兄～弟|你呀,大～不死,必有后福啊!|她是和父母逃～到这里的|飞机遇～,乘客无一生还|战争开始后,百姓们纷纷逃到别国避～。

【近义词】灾/灾难

【反义词】福

【提示】“难”又读 nán,见第 4601 条。

4615 难民 丁

nànmín (refugee)

[名]由于战火或自然灾害的影响而

流离失所、生活困难的人：～营｜～区｜～所｜沦为～｜成为～｜解救～｜拯救～｜一群～｜一伙～｜～的队伍｜战争使多少百姓沦为～｜那里的～已经到了死亡的边缘｜无辜的～正一天天走向死亡｜国际红十字会正紧急向那里的～运送救援物资。

4616 脑袋(腦) *乙

〔部首〕月
〔笔画〕10

nǎodai (head)

[名]❶头：～大｜～小｜低下～｜抬起～｜光着～｜摇晃～｜孩子的～｜一个～｜他不停地摇着～说："不行，不行！"｜你有几个～，敢说这种话？｜在车祸中，他的～外部受伤，缝了几针。❷〈丙〉脑筋：～清楚｜这孩子的～真聪明｜用你的～好好想一想再回答｜我的～实在不行，考试时什么都想不起来了。

【近义词】❶头/首/脑瓜子；❷脑/脑子

【提示】多用于口语中。

【构词】脑充血/脑电波/脑海/脑积水/脑际/脑浆/脑壳/脑门/脑膜/脑膜炎/脑炎/脑溢血/脑满肠肥

4617 脑筋 *丙

nǎojīn (brains)

[名]❶指思考、记忆等能力：伤～｜费～｜开动～｜动～｜他的～真好，多难的课文念两遍就记住了｜这孩子真让人伤～，你怎么说他都不听｜遇事多动动～，想想办法｜想这些事太费～，还是想点儿高兴的事吧。❷〈丁〉指意识、观念：老～｜旧～｜死～｜你还是老～，跟不上形势｜你的～该换一换了｜孩子们嫌我的～太旧，不爱和我谈心里话。

【近义词】❶脑子/头脑；❷思想/意识/观念

【构词】抽筋/钢筋/面筋/皮筋/青筋/蹄筋/转筋

4618 脑力 丙

nǎolì (intelligence)

[名]人的记忆、理解、想像等的能力：用～｜费～｜恢复～｜～劳动｜～劳动者｜～用尽｜～耗尽｜～劳动者特别要注意劳逸结合｜充分的睡眠可以使人尽快恢复～｜他耗尽～，也解不出那道题。

4619 脑子 *乙

nǎozi (brain)

[名]❶人体中管全身知觉、运动和思维、记忆等活动的器官：人～｜～有病｜～受伤｜他的～里长了个瘤子｜他摔了一跤，～受了伤。❷〈丙〉脑筋：～好｜～笨｜～快｜～灵活｜～慢｜有～｜没～｜小王～好，又用功，学习成绩总是那么好｜我这人真没～，总爱忘事｜他的～活，心眼儿快。

【近义词】❷脑筋

【提示】多用于口语中。

4620 恼火(惱) 丁

〔部首〕忄
〔笔画〕9

nǎohuǒ (annoyed)

[动]生气：别～｜你先别～，有话慢慢说｜他动不动就～｜为这点儿小事，你不该～。

【近义词】发火/冒火/发怒/生气/动气

【提示】①不能带宾语：×我～他。②是表示心理活动的动词，可以受程度副词修饰，如：很～。

【构词】恼恨/恼怒/恼人/恼羞成怒

4621 闹(鬧) *乙

〔部首〕门
〔笔画〕8

nào (make a noise)

［动］❶吵；扰乱：～洞房｜～会场｜大～天宫｜～急了｜～了一顿｜～了一场｜经常～｜故意～｜公开～｜大～｜小打小～｜孩子们～起来了｜他俩昨天～了一场｜好孩子，别～｜昨天俩人～翻了｜前天，他大～会场。❷〈丙〉发泄（感情）；～情绪｜～脾气｜～气｜小王正在～情绪呢｜别～脾气了，快吃饭吧｜她总是跟我～气。❸〈丙〉害（病）；发生（灾害或不好的事）：～眼睛｜～嗓子｜～肚子｜～病｜～肠炎｜～胃病｜～灾荒｜～水灾｜～天儿｜～贼｜～鬼｜～矛盾｜～误会｜～笑话｜这个孩子总是在人前～笑话｜这些日子，他俩～意见了，谁也不理谁｜不知怎么的，这孩子总～肚子。❹〈丁〉干；弄；搞：～革命｜～生产｜～罢工｜～罢课｜～离婚｜～分家｜～明白｜～乱了｜～糊涂了｜今天我一定要把问题～清楚｜这两口子正～离婚呢｜你这么说，倒把我～糊涂了｜我～革命那会儿，你还没出生呢。

【近义词】❶吵嚷/争吵/扰乱；❷发生/产生；❹干/弄/搞/做

【构词】闹别扭/闹病/闹洞房/闹肚子/闹哄哄/闹饥荒/闹剧/闹乱子/闹脾气/闹气/闹情绪/闹市/闹腾/闹天儿/闹新房/闹性子/闹意见/闹灾/闹钟

4622 闹事 丁

nào shì (make trouble)

捣乱，破坏社会秩序：总～｜别～｜怕～｜净～｜光～｜经常～｜故意～｜容易～｜要～｜不愿意～｜他们又要～了，你去看看吧｜怕～，什么都干不成｜怎么总是你～？｜快回去吧，别在这儿～了。

【提示】离合词，中间可插入其他成分，如：你去看看，他们在那边闹什么事呢？｜三年前，他们在这里闹过事。

4623 闹笑话（話） 丙

nào xiàohua (make a stupid mistake)

因粗心大意或缺乏知识经验而发生可笑的错误：故意～｜容易～｜会～｜要～｜不愿意～｜怕～｜闹了笑话｜刚学汉语，少不了～｜他俩没少在人前～｜刚来中国时，闹了不少笑话｜他呀，～是经常事儿。

4624 闹着玩儿（兒） *丙

nàozhe wánr (joke)

❶做游戏；用言语或行动戏弄人：正～｜爱～｜愿意～｜别～｜不能～｜总～｜净～｜光～｜经常～｜老～｜一群孩子正在那边～呢｜没礼貌！哪能跟爷爷～？｜别生气，我跟你～呢｜～，得分人分地点。❷〈丁〉用轻率的态度对待人或事情：这封信得拿好，丢了可不是～的｜汽车一开动就如同老虎出山，那可不是～的｜干这工作哪能容你这么～？

4625 呢 *甲

〔部首〕口
〔笔画〕8

ne (part. *used at the end of a special, alternative, or rhetorical question*)

［助］❶用在疑问句（特指问句、选择问句、正反问句）的末尾，表示疑问的语气：问题出在哪儿～？｜让小李去好还是让小张去好～？｜这事行不行～？❷用在陈述句末尾，表示动作或情况正在继续：她正在河边洗衣服～｜等会儿再走吧，外边下着雨～｜别进去，孩子正睡觉～。❸〈乙〉用在句中表示停顿或表示对举：明天我们几个

去,你～,去不去都行|喜欢～,你就买,不喜欢～,就别买。❹〈丙〉用在陈述句的末尾,表示确认事实使对方信服:那儿的商店多着～|还远着～,快走吧|这次学习,收获不小～。

【提示】①“呢”又作“呐”。②“呢”又读ní,如“呢子大衣”。

4626 **内** 甲 〔部首〕丨 〔笔画〕4

nèi (inside)

[名]里头;内部:国～|院～|屋～|校～|车～|～部|～衣|～外有别|请勿入～|年～|由～到外|饭馆门口写着:～设雅座|院～的梅花枝子伸到了墙外|室～禁止吸烟。

【近义词】里/中/里头/中间/里面/里边/内部

【反义词】外/外边/外头/外面/外部

【构词】内宾/内当家/内定/内耳/内分泌/内服/内功/内耗/内河/内画壶/内奸/内景/内疚/内陆/内陆河/内陆湖/内乱/内情/内燃机/内热/内人/内伤/内外/内务/内线/内详/内向/内销/内秀/内衣/内因/内应/内宅/内债/内争/内中/内助/内紧外松/内外交困/内外交流/内忧外患

4627 **内部** 乙

nèibù (inside)

[名]某一范围之内:～调整|～变化|～吸收|～讨论|～团结|～整顿|～修理|进入～|人民～|国家～|公司～|房屋～|学校～|这个食堂只对～职工营业|他们厂非常重视～管理|这个国家～发生了暴乱。

【反义词】表面/外部/外边

4628 **内地** 丁

nèidì (inland)

[名]距离边疆(或沿海)较远的地区:了解～|去～|离开～|～情况|～经济|～特点|他刚从～来到边疆,还不太适应|～和沿海地区的经济都得到了很大发展|他准备去中国～进行旅游考察。

4629 **内阁**(閣) 丁

nèigé (cabinet)

[名]某些国家中的最高行政机关,由总理或首相和一些阁员组成:新～|旧～|～总理|～大臣|组建～|～辞职|由…组成新～|以…为首的新～昨天组成|昨天～集体辞职|他是本届～中年龄最大的。

【构词】出阁/高阁/闺阁/暖阁/绣阁/组阁

4630 **内行** 丁

nèiháng (adj. be expert at; n. expert)

[形]对某事或工作有丰富的知识和经验:很～|特别～|非常～|十分～|挺～|不太～|不怎么～|老张对养蜂十分～|他对电脑很～|哪儿呀,我不怎么～。

[名]内行的人:这事老张是个～|外行怎么能领导～?|学嘛,谁生下来就是～?

【提示】“内行”的“行”不能读成 xíng。“行”xíng 见第 7168 条。

【构词】懂行/改行/隔行/粮行/排行/商行/同行/外行/银行/在行

4631 **内科** 丙

nèikē (internal medicine)

[名]医疗机构中主要用药物来治疗内脏疾病的一科:～病房|～大夫|～护士|～病人|～医生|～药|看～|精

通～|研究～|主治～|吴大夫是～的主治医生，你去找他吧|今天的～号挂满了，你明天再来吧|我去～找李大夫。

【构词】本科/产科/豆科/妇科/工科/菊科/理科/农科/皮科/前科/外科/文科/学科/医科/预科/专科

4632 **内幕** 丁

nèimù (inside story)

[名]外界不知道的内部情况(多指不好的)：～揭开了|发现～|集团的～|事情的～|选举的～|全部～|黑暗的～|这家公司的～你了解吗？|选举的～今天终于弄清了|我今天发现了一点儿考试作弊的～。

4633 **内容** 甲

nèiróng (content)

[名]事物内部所含的实质或意义：课文～|文章～|故事～|讨论～|谈话～|研究～|没有～|～丰富|主要～|今天开会要讲的～很多，请大家注意听|我对报告的～不感兴趣，就提前出来了|你把这篇课文的主要～说一说。

【近义词】意思

【反义词】形式

【提示】"内容"的"容"下面是"谷"，不能写成"各"。

4634 **内心** 丁

nèixīn (heart)

[名]心里头：～感受|～变化|～紧张|～激动|～充实|～满意|～世界|～深处|～的秘密|从他的面部表情，可以看出他～的激烈斗争|这是姑娘～的秘密|夜深了，一个人走在路上，～不免有些紧张|她再也控制不住～的激动，哭着扑向妈妈的怀里。

【近义词】心里/心头/心中/心底

【反义词】外表/外貌

4635 **内在** 丁

nèizài (inherent)

[形]事物本身所固有的：～原因|～条件|～因素|～的规律|～联系|～的矛盾|～的力量|～的感情|事物的发展、变化都有它～的规律|只有找出其～的原因，才能从根本上解决问题|这首诗有一种～的感人力量|这姑娘有一种～的性格美。

【反义词】外在

4636 **内脏(臟)** 丁

nèizàng (internal organs)

[名]人或动物胸腔和腹腔内器官的统称：人的～|动物的～|解剖～|车祸中，他的～受了重伤|我从不吃动物的～|他的～发生了病变。

【提示】"脏"又读 zāng，见第 8016 条。

【构词】肺脏/肝脏/脾脏/肾脏/五脏/心脏

4637 **内战(戰)** 丁

nèizhàn (civil war)

[名]国内战争：打～|进行～|阻止～|掀起～|停止～|反对～|～时期|～年代|～期间|连年～|～不断|～给百姓带来了深重的灾难|十年～使国家遭受重大损失|反对～的呼声连连不断|～时期，很多公路都被破坏了。

4638 **内政** 丁

nèizhèng (internal affairs)

[名]国家内部的政治事务：国家～|本国～|干涉～|插手～|～大臣|～

事务｜～问题｜这纯属本国～，别国无权干涉｜他是国家的～大臣｜今天～大臣发表了电视讲话。

【反义词】外交

4639 **嫩** *丙 〔部首〕女 〔笔画〕14

nèn（tender）

［形］❶初生的；娇嫩：～叶｜～芽｜～草｜～玉米｜～肉｜脸皮儿～｜～藕｜～黄瓜｜～苗儿｜小宝宝皮肤～～的，真可爱｜柳树发出了～芽儿｜孩子的小手又白又～。❷〈丁〉指某些食物烹调的时间短，容易咀嚼：炒～点儿｜煮～点儿｜很～｜太～｜非常～｜十分～｜～极了｜有点儿～｜这肉炒得挺～的｜用来涮火锅的羊肉应该是～的｜只有小牛的肉才这么～呢｜这种菜得炒～点儿，不然不好吃。❸〈丁〉（某些颜色）浅：～黄｜～绿｜～红｜～紫｜这件毛衣样子不错，就是颜色～了点儿｜这么大年纪，还穿那么～的颜色！｜请您给我拿那件～黄色的上衣。

【近义词】❶细嫩/柔弱/鲜嫩；❸浅/淡

【反义词】老

【构词】嫩寒/嫩红/嫩黄/嫩绿/嫩气

4640 **能** 甲 〔部首〕厶 〔笔画〕10

néng（can）

［助动］❶表示有能力有条件做某事：～做｜～生产｜～走｜～造｜～裁｜～学｜～看｜～教｜～干｜小王虽然年轻，但～独立开展工作｜我们厂目前还不～生产这种产品｜这种新型卡车一次～拉6吨货。❷表示擅于做某事：～交际｜～言善辩｜～管理，会经营｜～写～算｜～跳～唱｜～说会道｜他很～团结人｜三个人中数他最～跑了｜这小伙子～歌善舞，谁都喜欢他。❸表示情理、环境、条件上许可：不～不尊敬老人｜这儿不～吸烟｜这个池塘里～养鱼。

【近义词】能够/会/可以

【提示】初次学会某种动作或技术，可以用“能”，也可以用“会”；恢复某种能力，只能用“能”，不能用“会”。如：学了一年中文，他能（会）看中文报纸了｜他病好了，能（×会）工作了。当表示有条件做某事时，不能用“会”，如：×停电了，我不会学习。而只能用“能”：停电了，我不能学习。

【构词】能耐/能人/能者多劳/能征惯战/能工巧匠/能掐会算/能屈能伸/能说会道

4641 **能** 丙

néng（able）

［形］有能力的：～人｜～手｜～工巧匠｜～者多劳｜他是有名的大～人啊，你怎么不认识？｜小李是我厂的纺织～手｜～者多劳，你就多干点儿吧。

4642 **能** 丙

néng（ability）

［名］能力；才干：技～｜本～｜智～｜低～｜低～儿｜无～｜无～之辈｜吃奶是婴儿的本～，不用学就会｜他们都是智～很高的人｜这是些无～之辈。

4643 **能干**（幹） 乙

nénggàn（capable）

［形］有才能，会办事：显得～｜变得～｜学得～｜表现得～｜一贯～｜异常～｜～的工人｜～的样子｜～的小伙子｜他妻子很～｜我们厂长精明～｜他是个～的人｜那姑娘结婚以后变得～了。

【近义词】干练/精干

【反义词】无能/低能/平庸

4644 **能歌善舞** 丙

néng gē shàn wǔ（be good at singing and dancing）

在唱歌跳舞方面具有能力和特长：～的人｜～的民族｜变得～｜这是一个～的民族｜听说你～，给我们大家来一段吧｜到了这个山寨，你不知不觉地就变得～了。

4645 **能够** 甲

nénggòu（can）

[助动]❶表示具备某种能力，或达到某种程度：～完成｜～做到｜～实现｜～说服｜～避免｜小李～单独完成这个任务｜我一个小时怎么～写完这么多作业？｜再有两三年，我们村就～富裕起来。❷表示有条件或情理上许可：这是个秘密，我哪～随便告诉你？｜再存上几万，咱们就～买汽车了｜我不～随便答应你的要求｜雨这么大，我怎么～让你走呢？｜这条河道～行驶轮船。

4646 **能力** 乙

nénglì（ability）

[名]能胜任某项任务的主观条件：需要～｜培养～｜具备～｜业务～｜技术～｜组织～｜生活～｜劳动～｜写作～｜阅读～｜表达～｜实际～｜有～｜没～｜～大小｜～的差别｜他的工作～很强｜多说才能锻炼表达～｜他有～完成这项任务｜妈妈很注意培养孩子的生活～｜安娜的阅读～很强｜他得了一场大病，失去了劳动～。

【近义词】才能/才干

4647 **能量** 丙

néngliàng（energy）

[名]❶度量物质运动的一种物理量，一般解释为物质做功的能力：运动～｜电子～｜磁场～｜化学～｜原子～｜光的～｜这台发电机的～是很大的｜人类可以利用太阳的～发电｜我们应把它的化学～了解清楚。❷比喻人的活动能力：～大｜有一点儿～｜没什么～｜他人不大，～不小｜一个小孩子，有什么活动～？｜你可千万别低估了他的～。

【近义词】❶能

4648 **能手** 丁

néngshǒu（dab）

[名]具有某种技能，对某项工作、运动特别熟练的人：成为～｜培养～｜请教～｜技术～｜射击～｜管理～｜打猎～｜养花～｜他是一名养牛～｜他是厂里有名的技术～｜蜘蛛真是个编织～｜她又获得了生产～的光荣称号。

【近义词】好手/高手/能人

4649 **能源** 乙

néngyuán（energy resources）

[名]能产生能量的物质：利用～｜节约～｜缺乏～｜～丰富｜～贫乏｜～有限｜寻找～｜重要～｜丰富的～｜一种～｜风车把风作为～｜我们应该注意节约～｜这是一个～贫乏的国家。

4650 **嗯** 甲 〔部首〕口 〔笔画〕13

ńg（interj. *used in questioning*）

[叹]表示疑问：～？你说什么？｜～？钥匙放哪儿了？｜～？你从哪儿来？｜～？这是什么字？

【提示】读作三声 ňg，表示出乎意料或不以为然：～，钱包怎么没了？｜～，怎么是你啊？｜～，没那么冷吧？读作四声 ǹg 时，表示答应："你的电话！"

"～。"|"今天下午3点咱们在这里准时见面好不好?""～。"

4651 **泥** *乙 〔部首〕氵〔笔画〕8

ní (mud)

[名]❶含水的半固体状的土:～水|～人|～沙|～潭|～塘|～路|和(huò)～|稀～|身上溅满了～|鞋上的～太多了|前些天,这个村子发生了～石流,死了不少人|你们和点儿～,把墙垒一下儿。❷〈丙〉半固体状的像泥的东西:印～|枣～|蒜～|苹果～|我最喜欢吃枣～馅儿的点心|他习惯吃饺子蘸蒜～|土豆～作皮儿,包上豆沙馅,用油一炸,好吃极了。

【构词】泥巴/泥肥/泥浆/泥坑/泥疗/泥泞/泥人/泥石流/泥水匠/泥塑/泥胎/泥潭/泥塘/泥瓦匠/泥牛入海/泥沙俱下/泥塑木雕

4652 **泥土** 丙

nítǔ (soil)

[名]土壤;土:一把～|一包～|满身～|洗掉～|～的芳香|清晨,春风伴着～的芳香,迎面扑来|人们用草袋装满～,挡在堤坝上|临行前,他抓了一把家乡的～|你从哪儿来?怎么满身～?|小花狗身上沾满了～。

4653 **尼龙**(龍) 丁 〔部首〕尸〔笔画〕5

nílóng (nylon)

[名]一种由树脂制成的纤维,也叫锦纶:～绳|～线|～丝|～袜子|～网|～兜|～包|～鱼网可结实了|～袜子现在已经过时了|老张送我一个～包,很好看。

4654 **拟**(擬) 丁 〔部首〕扌〔笔画〕7

nǐ (draw up)

[动]❶设计;起草:～定|～计划|～草案|初～|草～|～好|～完|～出|～不了|～不出来|局长说:你们厂先～个计划交给我|这点儿事还～什么计划?|校长,这是我们系初～的教学计划,请您看一下|三天了,连个草案都～不出来?❷打算;想要:代表团～于下月访问日本|我校～在下周进行考试|这项任务～由一科去办。

【构词】拟订/拟稿/拟古/拟人/拟议/拟作

4655 **拟定** 丁

nǐdìng (draw up)

[动]起草制定:～计划|～条文|～公约|～合同|～办法|～题目|～大纲|～名单|应该～|必须～|都让什么人参加,你们～一个名单|你们把计划～得具体一点儿|这个教学大纲～得很全面|我们双方应该～一份合同。

4656 **你** *甲 〔部首〕亻〔笔画〕7

nǐ (you [singular])

[代]❶称对方(一个人):～是哪国人?|～的歌唱得真不错|我想请～来吃饭|我认识～。❷〈乙〉单位间互相称对方:～厂|～校|～院|～店|～处|～队|～部|请将～公司上个月的销售情况上报公司总部|我校有三名学生分配～院,请接洽。❸〈丁〉泛指任何人(有时实际上指"我"):这孩子,真让～没办法|朋友,～想变得年轻漂亮吗?请用××牌护肤霜|不管是谁,要想成功,～就得努力。

4657 **你们** 甲

nǐmen (you [plural])

[代]称不止一个人的对方或包括对方在内的若干人：开会的事～别忘了｜～的意见我已经跟刘厂长说了｜～的担心是多余的｜～列车员的工作真够辛苦的｜～三个人到我这儿来一下。

【构词】哥儿们/姐们儿/人们/他们/它们/她们/我们/咱们

4658 **逆流** 丁 〔部首〕辶 〔笔画〕9

nìliú (counter current)

[名]跟主流方向相反的水流。用来比喻反动的潮流：长江流到这里产生了一股～｜最近，国际上产生了一股～，妄图为纳粹翻案。

【构词】逆差(chā)/逆耳/逆风/逆光/逆境/逆水/逆反心理/逆来顺受/逆水行舟

4659 **年** 甲 〔部首〕丿 〔笔画〕6

nián (year)

[名]❶时间单位，地球绕太阳一周的时间：今～｜去～｜三～五载｜前～｜三～前我和他见过面｜我在这个学校学习了五～｜今～的气候有点儿反常。❷时期；时代：清朝末～｜光绪～间｜近～｜这是明朝初～的瓷器｜近～来服装行业发展很快。❸岁数：～纪｜～龄｜～轻力壮。❹一年中庄稼的收成：丰～｜歉～｜～成｜今年是个丰收～｜一定要想办法渡过灾～。❺年节；有关年节的(用品)：过～｜拜～｜～画｜～货｜今年我厂搞了一个集体大拜～｜过～民间都习惯吃～糕。

【提示】①"年"前直接加数词，不用量词。②计算年龄的单位不能用"年"，如：×这是他5年的儿子。此句中"5年"应改为"5岁"。③年，姓。

【构词】年表/年菜/年成/年初/年底/年饭/年份/年糕/年根/年关/年号/年华/年画/年会/年货/年假/年鉴/年节/年景/年礼/年历/年利/年轮/年迈/年末/年年/年谱/年岁/年头/年尾/年息/年下/年限/年兄/年夜/年月/年终

4660 **年代** 乙

niándài (age)

[名]❶时代：战争～｜和平～｜动乱的～｜艰苦的～｜特殊的～｜残酷的～｜这是一个创造的～，改革的～｜战争～，多少人被迫离开自己的家园｜我们都生活在这幸福的～里。❷每一世纪中从"…十"到"…九"的10年，如1930—1939是20世纪30年代：30～｜19世纪20～｜20世纪60～末｜二十世纪40～到60～，世界上战争不断｜本世纪50～，这个民族只有四千多人｜20世纪80～是中国经济发生巨大变化的时期。

【近义词】时代/年月/岁月

4661 **年度** 丁

niándù (year)

[名]根据业务性质和需要而有一定起止日期的12个月：会计～｜财政～｜学习～｜预算～｜～结算｜～测算｜按～｜据～测算，今年小麦产量增长5%｜新年伊始，我们应做好今年的～计划｜你们的～总结做了没有？

4662 **年级**(級) 甲

niánjí (grade)

[名]学校中根据学生修业年限分成的班级，如中国规定初级中学修业年限为三年，学校中就分成三个年级：一～｜三～四班｜我们～｜他们～｜哪个～｜什么～｜低～｜高～｜～差别｜～

不同|他是三～学生|明天分～讨论|低～学生打扫教室,高～学生去拔草|～不同,学的课程也就不一样|你是哪个～的?

4663 **年纪**(紀) 甲

niánjì (age)

[名]人的年龄:～大|～小|～轻|～老|上～了|我的～|父母的～|小小的～|您今年多大～?|～大了,不中用了|他虽然上了～了,但耳不聋,眼不花|上了～的人,走路应格外小心。

【近义词】年龄/年岁/岁数

【提示】"年纪"只能用于人,不能用于动植物。

【构词】厂纪/党纪/法纪/风纪/军纪/世纪/违纪/整纪/政纪/遵纪

4664 **年龄**(齡) 乙

niánlíng (age)

[名]人或动植物已经生存的年数:～增长|～限制|～大|～小|～合适|～相同|计算～|限制～|登记～|虚报～|孩子的～|古树的～|熊猫的～|退休的～|死亡的～|生存的～|准确的～|真正的～|～大了,总爱忘事|那条狗的～大概是三岁|那棵古树的～谁也说不清|用属相计算～的方法他不会。

【近义词】年纪/年岁/年寿

【提示】"年龄"前不能有表示具体岁数的数量词,如:×他在三岁年龄时候就死了父亲。

4665 **年青** 乙

niánqīng (young)

[形]处在青少年时期:～一代|～男女|很～|特别～|不怎么～|这么～|又～又漂亮|显得～|现在的～一代,思想真开放|～男女在一起时间长了,难免产生感情|她三十多了,但看上去还很～。

【近义词】年轻

【反义词】老/衰老

4666 **年轻**(輕) 甲

niánqīng (young)

[形]年纪不大(多指十几岁至二十几岁):显得～|要求～|感到～|变得～|打扮得～|～的一代|～的时候|～的心|～的脸|～的面孔|～的国家|～的学科|～人爬起山来就是快|你又～,又聪明,只要努力,就一定会成功的|～人当然应该多学点儿东西|我心情舒畅,也觉得自己～了|这个～城市发展很快|这是一门～的艺术。

【近义词】年青

【反义词】老/衰老

4667 **年头儿**(頭兒) 丁

niántóur (year; years)

[名]❶年份;多年的时间:五个～|有～了|～不少了|好～|坏～|～不济|～不错|～真好|我来北京已经有三个～了|这事可有～了,你听我慢慢跟你说|今年真不是个好～,我家三口人全生了一场大病。❷时代:这～|那～|那～,学生不上课,工人不上班,农民不种地,全乱了|这～,年轻人哪里还肯穿那种老气的衣服。

【近义词】❶年份;❷时代

【提示】多用于口语中。

4668 **捻** 丁 〔部首〕扌 〔笔画〕11

niǎn (twist with the fingers)

[动]用手指搓:妇女们～线|僧人～佛珠|～绳子|～胡须|～好|～得快|

～亮｜～小｜轻轻地～｜仔细地～｜慢慢地～｜～的方法｜娘说:快～点儿绳子,好做鞋｜把油灯～亮点儿,我看不见｜大夫轻轻地～着针问:感觉怎么样?｜行了,你～的线够用了。

【近义词】搓

4669 **撵**(攆) 丁 〔部首〕扌 〔笔画〕15

niǎn (oust)

[动]轰;赶走:～走｜～跑｜～麻雀｜～～｜～出来｜～不了｜～不动｜～出去｜尽管我们住得很挤,但也不能～他走｜我被他们～出了门｜这个孩子怎么～也不回家｜你怎么～起女儿来了?｜你～我干什么?这是我的家!

【近义词】赶/轰

【反义词】邀/邀请

【提示】多用于口语中。

4670 **念** *甲 〔部首〕心 〔笔画〕8

niàn (read aloud)

[动]❶读:～课文｜～报纸｜～了两遍～｜～了两小时｜～了 节课｜～了两段｜～着口诀｜～一～｜～串了行｜～错｜～不下来｜马丽～课文～得很好｜他激动得再也～不下去了｜请你把这句话的语气～出来｜你怎么又～开英文了?❷〈乙〉上学:～小学｜～了一个学期｜～过大学｜～研究生｜没～成｜～不起｜～到大学毕业｜小明已经～中学二年级了｜他呀,中学能～下来就不错｜他小时候连小学都～不起,还提什么～大学呢｜小王～完大学还想～研究生。❸〈丙〉想念:惦～｜怀～｜～旧｜～～不忘｜你可回来了,奶奶正～着你呢｜他已离家20年,但还常常～着故乡｜事都过去了,你怎么还总是～～不忘啊?

【近义词】❶读;❷上学;❸想念/思念

【提示】①义项❶❷的"念"繁体字为"唸"。②念,姓。

【构词】念白/念佛/念经/念旧/念念不忘/念念有词

4671 **念书**(書) 丙

niàn shū (read)

❶看着书出声地读:念英文书｜念中文书｜念什么书｜念谁的书｜念了半天书｜念了一个小时书｜小声～｜大声～｜～念累了｜～念睏了｜你看,柳树下是谁在～?｜大声地～,有利于记忆｜念了半天书了,该休息休息了｜我怎么总看见你～,没看见你写作业呢?❷指学习功课:念过书｜没念过书｜努力～｜拼命～｜念不了书｜念完书｜多念念书｜不能～｜愿意～｜念不起书｜你现在不～,将来怎么找工作?｜他正～呢,别打扰他。

【提示】离合词,中间可插入其他成分,如:念过书。

4672 **念头**(頭) 丁

niàntou (idea)

[名]心里的打算、想法:出现了～｜产生了～｜孩子的～｜心里的～｜脑子里的～｜搬家的～｜逃跑的～｜出国的～｜离婚的～｜新的～｜突然的～｜可怕的～｜一个～｜因赌博输了很多钱,他产生了偷钱的～｜我劝你打消离婚的～。

【近义词】想法/思想/意念/闪念/心思

4673 **娘** 丙 〔部首〕女 〔笔画〕10

niáng (mum)

[名]母亲:～亲｜爹～｜亲～｜她～早就去世了｜他从小没了～,生活很苦｜我～今年50岁。

【近义词】妈妈/母亲

【提示】这一称呼多在过去的时代和目前的大部分农村中使用。

【构词】娘家/娘舅/娘们儿/娘娘/娘亲/娘胎/娘子/娘子军

4674 **酿**(釀) 丁 〔部首〕酉 〔笔画〕14

niàng (brew)

[动]利用发酵作用制造(酒、醋、酱油等);蜜蜂做蜜:～酒|～完了|～成了|会～|不愿意～|可以～|～了一缸|慢慢～|～蜜|～的方法|四川宜宾～的酒很有名|你这么个小毛孩子,竟会～酒?|奶奶～的大酱最好吃|用粮食可～酒,也可以～醋。

4675 **鸟**(鳥) 乙 〔部首〕鸟 〔笔画〕5

niǎo (bird)

[名]脊椎动物的一纲,体温恒定,卵生,嘴里无齿,全身有羽毛,一般都会飞行:小～|飞～|～食|～岛|喂～|养～|打～|遛(liù)～|张大爷每天早上都要遛两个小时的～|养～是他的一大乐趣|树上的～儿叫得真好听。

【构词】鸟粪/鸟害/鸟尽弓藏/鸟枪换炮/鸟语花香

4676 **尿** 丁 〔部首〕尸 〔笔画〕7

niào (v. urinate; n. urine)

[动]撒尿:～尿|～湿|～完|～了|～了一床|～裤子|不能～|新产品～不湿,对新生儿很方便|他把裤子～湿了|小孩～床是难免的。

[名]人或动物体内,由肾脏产生,由尿道排出的液体:撒～|尿～|～布|马～|路上积了许多马～|这里不能撒～|人～可以作肥料。

【构词】尿布/尿床/尿道/尿素

4677 **捏** 丙 〔部首〕扌 〔笔画〕10

niē (pinch; mould)

[动]用拇指和别的手指夹或把软东西弄成一定的形状:～鼻子|～拳头|～着笔|～着烟|～泥人儿|～面人儿|～饺子|～碎|～坏|～扁|～一根头发|～着电影票|慢慢～|他手里～着一只笔|年三十儿,家家都要～饺子|你背上有个小虫,我给你～下来|泥人张的泥人儿～得太棒了。

4678 **捏造** 丁

niēzào (fabricate)

[动]假造事实:～谎言|～事实|～谣言|～得荒唐|～得很可笑|不要～|不应该～|纯属～|进行～|故意～|～的目的|他们～事实,迫害好人|根本没有这种事,全是～的!|这纯属～,我不会承认的!|那人不干正事,专门～谎言。

【近义词】编造/假造/虚构/伪造

【提示】"捏造"含贬义,有"无中生有"的意思。

4679 **您** 甲 〔部首〕心 〔笔画〕11

nín (*polite form for* you)

[代]"你"的尊称:～早!|张老,～去哪儿?|～老高寿?|请问～的尊姓大名?|～二位里边坐吧|～慢慢吃,我先出去一下儿|这件事由～决定|向～致敬。

【提示】"您"没有复数。如:×让您们久等了。应为:让你们久等了。

4680 **柠檬**(檸) 丁 〔部首〕木 〔笔画〕9

níngméng (lemon)

[名]指柠檬树或这种植物的果实。果实味极酸,可做饮料:～汁|～茶|～水|～饮料|一杯～|一瓶～|小姐,

来一杯～茶|我不喜欢～，太酸了|～有消毒杀菌作用。

4681 **凝固** 丁 〔部首〕冫 〔笔画〕16

nínggù（solidify）

[动]由液体变成固体：～得快|～得慢|能够～|可以～|会～|开始～|避免～|慢慢地～|钢水冷却后～成钢锭|鲜血流下来，渐渐～成血块儿|蛋白质遇热会～。

【近义词】凝结/凝集

【构词】凝固点/凝聚/凝聚力/凝神/凝思/凝滞/凝重

4682 **凝结**（結） 丁

níngjié（congeal）

[动]气体变为液体或液体变为固体；比喻聚集、建立（心血、友谊等）：～着智慧|～着心血|～着友谊|～得快|～得慢|能够～|可以～|慢慢地～|容易～|～的时间|～的现象|窗户上～着一层冰|长城～着劳动人民的智慧|这是鲜血～成的战斗友谊|浓浓的蒸汽慢慢～成水滴。

【近义词】凝聚/凝集/冻结/凝固

【反义词】溶化/溶解

4683 **凝视**（視） 丁

níngshì（stare）

[动]聚精会神地看：～对方|～照片|～远方|～窗外|～了很久|～着|长久地～|呆呆地～|惊奇地～|～的目光|～的神态|我常常～着那些美丽的星星|他～了我半天才“呀”地一声说：是你呀！|厂长～着窗外，思考着他的计划。

【近义词】注视/凝望/注目

4684 **宁静**（寧） 丁 〔部首〕宀 〔笔画〕5

níngjìng（peaceful）

[形]（环境、心情）安静：～的海边|～的校园|～的田野|感到～|十分～|特别～|显得～|打破～|恢复～|～的山林中几只小鸟在鸣叫|一群采茶姑娘的到来，打破了清晨的～|夜晚的校园很～|我的心十分～。

【提示】“宁”又读 nìng，见第 4686 条“宁可”。

【构词】宁日

4685 **拧**（擰） 丙 〔部首〕扌 〔笔画〕8

nǐng（screw）

[动]控制住物体向里转或向外转：～螺丝|～灯泡|～水龙头|～开关|～紧|～松|～正|～歪了|～坏了|～一下|小心地～|快把水龙头～上|螺丝松了，一定得～紧|这床单太大，你一个人～不动，我来帮你。

4686 **宁可**（寧） 丙

nìngkě（would rather）

[连]表示比较两方面的利害得失后选取的一面。这种选取往往是假设的，并含有夸张的意味：我～一辈子不结婚，也不要他做丈夫|～多花点儿钱，也不买伪劣产品|我～一夜不睡觉，也得把这本书看完|～站着死，也不跪着生。

【近义词】宁肯/宁愿/情愿

【提示】①“宁”又读 níng，见第 4684 条“宁静”。②宁（Nìng），姓。

【构词】宁缺勿滥/宁死不屈

4687 **宁肯** 丁

nìngkěn（would rather）

[连]宁可：～费点儿事，慢一点儿，也得把事做好|～牺牲自己，也不能泄

露秘密｜～自己吃亏，也不能让朋友为难。

【近义词】宁可/宁愿/情愿

4688 **宁愿**(願) 丁

nìngyuàn (would rather)

[连]宁可：我～被打死，也不出卖同胞｜～站着死，决不跪着生｜～走着去，也不去挤公共汽车。

【近义词】宁可/宁肯/情愿

【构词】本愿/称(chèn)愿/初愿/甘愿/宏愿/还(huán)愿/情愿/请愿/如愿/誓愿/私愿/素愿/心愿/许愿/遗愿/意愿/志愿/祝愿/自愿/封官许愿/两相情愿/心甘情愿/一厢情愿/自觉自愿

4689 **牛** *甲 〔部首〕牛 〔笔画〕4

niú (cattle; ox)

[名]❶哺乳动物，身体大，趾端有蹄，头上长有一对角，尾巴尖端有长毛。是反刍类动物，力气大，供役使，乳用或乳、肉两用，皮、毛、骨等都有用处：喂～｜养～｜～皮鞋｜～皮｜～奶｜奶～｜母～｜黄～｜水～｜牦～｜乳～｜小～｜一头～｜～在耕地｜这头～老了｜你看我的包怎么样？～皮的！❷〈乙〉比喻固执或骄傲：～脾气｜～气｜小军考了一百分，又～气起来了｜你这～脾气怎么就不能改一改？

【提示】牛，姓。

【构词】牛痘/牛黄/牛角/牛角尖/牛劲/牛郎星/牛马/牛毛/牛毛雨/牛排/牛脾气/牛皮/牛皮癣/牛皮纸/牛气/牛性/牛仔/牛仔裤

4690 **牛奶** 甲

niúnǎi (milk)

[名]牛的乳汁：喝～｜煮～｜鲜～｜这孩子从小是吃～长大的｜对婴儿来说，～远远比不上母奶好｜我喜欢喝鲜～｜睡前喝一杯～，有利于睡眠。

4691 **扭** 乙 〔部首〕扌 〔笔画〕7

niǔ (turn round)

[动]❶转动；掉转：～头｜～身子｜～脖子｜～脸｜～过来｜～一下｜～一～｜不停地～｜慢慢地～｜能～｜会～｜他～过身子，向我敬了个礼｜早晨起床后，他发现自己的脖子不能～了｜正在考试，你怎么能～过脸去跟别人说话？❷拧伤：～腰｜～脚｜～伤｜～坏｜～断｜～了一下｜～得很疼｜～肿｜～红了｜他一不小心，～伤了脚｜他下楼时～了腰，疼得很厉害｜先做一下准备活动，不然会～伤腰或～伤脚。❸身体左右摇动：～秧歌｜～腰｜～动身体｜一～一～的｜～一～｜～了～｜～了一圈｜他脚受伤了，走路一～一～的｜那儿的人都喜欢～大秧歌｜你刚～了这么一会儿就累了？｜我都70岁了，哪能～得动？

【构词】扭摆/扭打/扭动/扭结/扭曲/扭送/扭秧歌/扭亏为盈

4692 **扭转**(轉) 丙

niǔzhuǎn (turn round)

[动]❶掉转：～车头｜～船头｜～身子｜～身体｜能够～｜开始～｜一见公安人员，他～车头就跑｜她～身子向我微笑了一下｜电视不清楚，请你把天线～一下儿。❷纠正或改变事物的发展方向：局势～了｜风气～了｜～方向｜～局面｜～形势｜～得快｜能够～｜加以～｜迅速～｜彻底～｜顺利～｜现在的社会风气很不好，一定要彻底～｜两国政府正积极商讨对策，尽快～这种紧张局势｜经过新厂长的努力，

亏损局面很快～过来了。

4693 **纽扣儿**(紐) 丁 〔部首〕纟〔笔画〕7

niǔkòur (button)

[名]可以把衣服扣起来的小形球状物或片状物:系(jì)～|解～|做～|买～|钉(dìng)～|～掉了|～丢了|一个～|一排～|一种～|他们厂新生产的那种～很别致|他的西服上钉了两排～|天太热,解开～凉快凉快。

【构词】纽带/纽结/纽子
活扣/解扣/领扣/死扣

4694 **浓**(濃) 乙 〔部首〕氵〔笔画〕9

nóng (dense)

[形]含某种成分多;程度深:～茶|～烟|～云|～雾|～眉|兴趣～|学术空气～|学习气氛很～|这房间里酒味很～|这茶太～了,我喝不了|他对京剧有很～的兴趣|这幅画地方色彩很～。

【近义词】稠

【反义词】淡/稀/薄/浅

【构词】浓淡/浓烈/浓眉/浓密/浓缩/浓香/浓艳/浓郁/浓重/浓妆艳抹

4695 **浓度** 丁

nóngdù (density)

[名]单位溶液中所含溶质的量叫做这一溶液的浓度:～太大|～太小|～不够|降低～|酒精～|药水～|奶水～|有一定的～|药水的～太大,对植物对人都没好处|低度酒都在一定程度上降低了酒的～|这饮料的～不够,所以不好喝。

4696 **浓厚** 丁

nónghòu (thick)

[形]❶(烟雾、云层等)多而厚;(气味、滋味)强烈:云层～|雾气～|夜色～|香气～|滋味～|酒香～|～的云层|这真是好酒啊,一打开盖儿,一股～的酒香扑鼻而来|你看那～的黑云,肯定要下雨了|这菜有～的四川风味。❷(色彩、意识)重;(兴趣)大:乡土气息～|民主空气～|地方色彩～|诗意～|兴趣～|这幅画乡土气息～|我对电脑的兴趣十分～|我们班团结、活泼的空气～。

【构词】薄厚/敦厚/丰厚/憨厚/浑厚/宽厚/深厚/温厚/雄厚/优厚/忠厚/得天独厚/天高地厚

4697 **农产品**(農産) 丁

〔部首〕冖 〔笔画〕6

nóngchǎnpǐn (agricultural products)

[名]农业中生产的物品,如稻子、小麦、玉米、棉花等:～丰富|～短缺|～不足|～的种类|～的分布|～的质量|～的调拨|～的产量|这一地区～十分丰富|科研人员认真调查研究,决心改进、提高～的质量|你们那儿的主要～是什么?

【提示】农,姓。

【构词】农夫/农副业/农妇/农工/农会/农活/农机/农家/农科/农垦/农历/农林/农忙/农贸/农牧民/农牧业/农奴/农奴主/农舍/农时/农事/农闲/农校/农谚/农业国/农业税/农艺

4698 **农场**(場) 丙

nóngchǎng (farm)

[名]使用机器、大规模进行农业生产的企业单位:地方～|部队～|去～|下～|建设～|发展～|整个～|一个～|50年代,大批青年去开发建设了

那个～|这个大～，每年向国家交售几十万吨粮食|干部们下～，去亲自了解调查那里的情况。

4699 **农村** 甲

nóngcūn（countryside）

［名］以从事农业生产为主的人居住的地方：～变化|～改革|～发展了|支援～|参观～|了解～|深入～|离开～|中国的～|南方的～|贫困的～|广大～|个别～|偏僻～|～干部|～妇女|近几年来，～面貌有了很大变化|“希望工程”帮助了不少～中失学的孩子|中国有广大的～|那时一大批知识青年去了～。

【近义词】乡村/村庄

【反义词】城市

【构词】荒村/山村/乡村/渔村

4700 **农户** 丁

nónghù（peasant household）

［名］从事农业生产的人家：一家～|勤劳的～|朴实的～|富裕的～|帮助～|北方的～|参观～|现在这里一般的～都有电视机、电冰箱了|北方的～家中冬天都很暖和|战士们常常帮助～收庄稼。

4701 **农具** 丙

nóngjù（farm tools）

［名］进行农业生产所使用的工具：一种～|一批～|新式～|老式～|更新～|改进～|生产～|改革～|这种旧式～已经没人用了|你的～该更新一下了|商店里进了一批新式～。

【提示】“具”字中间是三横，不能写成两横。

4702 **农贸市场**（貿場） 丙

nóngmào shìchǎng（market of farm produce）

农产品货物买卖的市场：搞好～|搞活～|整顿～|管理～|逛～|大型～|小型～|附近的～|一个～|他家楼下就有一个～|那是一个商品种类齐全的大型～|下午没事，我去逛了一下～。

4703 **农民** 甲

nóngmín（farmer）

［名］长期参加农业生产的劳动者：～办学|～经商|～办厂|老实的～|善良的～|勤劳的～|富裕的～|当～|成为～|支援～|～代表|～家庭|他的父母都是朴实、善良的～|那里的～生活十分艰难|富裕起来的～渴望文化生活|现在～经商的现象十分普遍。

4704 **农田** 丙

nóngtián（farmland）

［名］耕种的田地：一片～|一块～|几亩～|耕种～|管理～|变成～|肥沃的～|荒芜的～|绿色的～|一出村，我们便看见那无边的～|一开春，农民们便忙着管理～|春雨滋润着干渴的～|看着那大片荒芜的～，心里真难受。

【近义词】田地

【构词】薄田/大田/丹田/肥田/耕田/旱田/良田/煤田/棉田/坡田/沙田/水田/梯田/屯田/心田/盐田/秧田/油田/园田/种田/

4705 **农药**（藥） 丙

nóngyào（farm chemical）

［名］农业上用来杀虫、杀菌、除草以

及促进作物生长的药物的统称：生产～|购买～|进口～|出口～|制造～|洒～|喷～|打～|用～|棉花生虫了，赶快打～吧|苹果皮上有很多～，得去了皮吃才好|他们生产的～出口到了国外。

4706 **农业**(業) 甲

nóngyè (agriculture)

[名]栽培农作物和饲养牲畜的生产事业：～生产|～改革|～发达|发展～|重视～|现代化～|～政策|～问题|～人口|这个村正在积极普及～知识|要把～改革运动深入下去|～政策直接影响着～的发展。

4707 **农作物** 丙

nóngzuòwù (crops)

[名]农业上栽种的各种植物：～的生长|～的管理|～的栽培|～的发育|～的害虫|～的知识|～生长的规律|一种～|现在正是加强～管理的大好时节|农业技术人员积极推广～的栽培技术|他是个老农民了，对～的生长规律了如指掌。

4708 **弄** *乙 〔部首〕王 〔笔画〕7

nòng (do)

[动]❶做；搞：～饭|～菜|～好|～坏|～糟|～完|～上去|～下来|～出结果|～个明白|你快去～饭，我饿了|我不会包饺子，你来～吧|这到底怎么回事？我一定要～个水落石出。❷〈丙〉摆弄；玩弄：～花|～鸟|～收音机|你别总～那只小虫子，它会咬你的|男孩子都爱～枪～棍的|人老了，～～花、养养鸟倒挺不错的。❸〈丙〉设法取得：～票|～车|～吃的|～喝的|听说那个话剧不错，你去～几张票吧|大家都走得又累又渴，得～点儿水来喝啊|你别着急，我正想办法给你～呢。

【提示】多用于口语中。

【构词】弄鬼/弄假/弄假成真/弄巧成拙

4709 **弄虚作假** 丁

nòng xū zuò jiǎ (practice fraud)

要花招，欺骗人：经常～|老～|不能～|不应该～|不要～|～的人|现在的打假运动就是要打击那些～的人|产品靠～是站不住脚的|他们～的手段太高明了。

4710 **奴隶**(隸) 丙 〔部首〕女 〔笔画〕5

núlì (slave)

[名]为奴隶主劳动而没有人身自由的人：～造反|～起义|当～|作～|变成～|打骂～|杀害～|解放～|古代的～|金钱的～|众多的～|一个～|一群～|～社会|～制度|～的心理|我们不能作金钱的～|众多的～起来反抗。

【近义词】农奴

【构词】奴才/奴隶主/奴仆/奴性/奴役/奴颜媚骨

4711 **奴役** 丁

núyì (enslave)

[动]把人当做奴隶使用：～人民|～群众|～百姓|～士兵|～妇女|受到～|遭到～|摆脱～|残酷地～|被～的命运|解放后～妇女的情况已成为历史|妻子坚决提出离婚，因为她要摆脱丈夫对她的～|统治者～百姓的时代已经过去了。

【构词】兵役/差(chāi)役/夫役/服役/苦役/劳役/仆役/退役/现役/衙役/

战役

4712 **努力** 甲 〔部首〕力 〔笔画〕7

nǔlì (try hard)

[形]把力量尽量使出来:～工作|～学习|～一番|应该～|必须～|要～|肯～|开始～|继续～|学得～|一贯～|～的方向|～提高|～完成|只要～,没有做不成的事情|我已经尽了最大的～|他学习非常～|你继续～吧,一定能考上大学。

【近义词】尽力/奋力/勤奋/勤勉

【反义词】懒惰/懈怠

4713 **怒** 丙 〔部首〕心 〔笔画〕9

nù (furious)

[形]❶形容气势很大:～涛|狂风～号|百花～放|这里正是江河入海口,所以～涛汹涌|春天,百花～放,争奇斗艳|昨天夜里狂风～号,真吓人。❷愤怒:恼～|发～|～火|～气|～视|～容满面|～不可遏|老羞成～|虽然停止了争吵,但老刘仍然～气满面|他恼～地说:你为什么血口喷人!|他老羞成～,一拳打了过去。

【提示】"怒"的上半部分是"奴",不能写成"如"。

【构词】怒潮/怒斥/怒冲冲/怒放/怒号/怒骂/怒目/怒气/怒容/怒色/怒视/怒涛/怒发冲冠/怒目横眉

4714 **怒吼** 丁

nùhǒu (roar)

[动]猛兽发威吼叫;比喻发出雄壮的声音:野兽～|狂风～|北风～|人民～|～一声|发出～|～的猛虎|～着|狮子饥饿时就会～|汹涌的海水～着|炮弹～着射向敌人。

4715 **怒火** 丁

nùhuǒ (fury)

[名]形容极大的愤怒:～燃烧|～熊熊|燃起～|充满～|心头的～|满腔的～|一团～|敌人的侵略行径,激起民众的满腔～|她哭着喊着,摔着东西,以发泄胸中的～|机枪喷射着复仇的～。

4716 **女** 甲 〔部首〕女 〔笔画〕3

nǚ (female)

[形]女性的:～司机|～飞行员|～教师|～学生|～售票员|～演员|～经理|～广播员|～总理|随着社会的进步,～经理、～厂长会越来越多|那个～播音员的声音真好听|她是一个很有名的～飞行员。

【反义词】男

【提示】①"女"与"男"相对,只表示人的性别,不能用于动物,如:×他养了一只女猫。用于动物时多用"母",如"母猫"、"母牛"。②"女"作定语表示性别时应紧挨中心词,如:×她生了一个漂亮的女小孩儿。应为:她生了一个漂亮的小女孩儿。

【构词】女低音/女方/女高音/女工/女孩/女皇/女将/女角(jué)/女眷/女郎/女流/女气/女强人/女权/女色/女神/女声/女生/女王/女巫/女婿/女中音/女主人/女装

4717 **女儿**(兒) 甲

nǚ'ér (daughter)

[名]女孩子(对父母而言):大～|二～|小～|没有～|喜欢～|想念～|惦记～|批评～|打扮～|安慰～|他的妻子生了一个～|～的心很细,最心疼父母|老王的二～早就结婚了,还

用你介绍对象？|他们的小～太懒，一点儿活儿不干。

【反义词】儿子

【构词】产儿/宠儿/孤儿/孩儿/健儿/娇儿/男儿/乞儿/乳儿/少儿/侍儿/胎儿/小儿/婴儿/幼儿

4718 女人 乙

nǚrén (woman)

[名]女性的成年人：漂亮～|～见识|～打扮|好～|坏～|聪明的～|你这个男子汉怎么办事像个小脚～？|前边那个～真漂亮|那个年轻～抱着个小孩儿。

【反义词】男人

【提示】在口语中，“女人”有时也有“妻子”的意思，如：老张的～很善良。

4719 女士 乙

nǚshì (lady)

[名]对妇女的尊称(多用于外交场合)：尊贵的～|尊敬的～|～们|三位～|各位～|这位～|～服装|～先行|～优先|～优先是对妇女的一种尊重|～们、先生们：欢迎大家的到来|二位～，请这边走。

【反义词】男士

4720 女性 丁

nǚxìng (the female sex)

[名]妇女：勤劳的～|城市～|农村～|旧社会的～|古代的～|劳动～|～地位|～作用|～力量|社会应充分调动发挥～的力量|我们首先应该自尊、自立，才能做一个时代的新～|任何社会都不该歧视～|劳动～为社会创造了巨大的财富。

【反义词】男性

4721 女子 丙

nǚzǐ (woman)

[名]女性的人：～运动|～铅球|～长跑|～800米跑|～速滑|～单打|～双打|～国际象棋|年轻～|漂亮～|小～|“～无才便是德”是一种腐朽的封建意识|她是本届乒乓球～单打冠军|那年轻～微笑着向我们走来|～篮球队的水平还有待提高。

【提示】表示女性参加的运动项目、运动队通常用“女子”，不用“女性”或“女人”。如：×今天举行女性篮球赛。应为：今天举行女子篮球赛。

4722 暖 乙

〔部首〕日
〔笔画〕13

nuǎn (warm)

[形]暖和：～冬|～房|～箱|～壶|～瓶|～气|～色|外边太冷了，屋子里比较～|这孩子一生下来就被送进了～箱|外边冰天雪地，但～房中却是春意盎然，百花盛开|今年又一次出现～冬现象，这对小麦生长十分不利。

【反义词】冷/凉/寒

【构词】暖房/暖阁/暖壶/暖流/暖瓶/暖色/暖水瓶/暖洋洋

4723 暖和 甲

nuǎnhuo (warm)

[形](气候、环境)不冷也不太热，使人感到舒服：天气～|屋里～|～多了|开始～|觉得～|实在～|今天的天气真～|一过3月，天气就～起来了|去年冬天～得出奇|暖气一停，屋里马上就不～了|老大爷穿着皮大衣，觉得很～。

【近义词】温暖

【反义词】寒冷

4724　暖气(氣)　乙

nuǎnqì (heating)

[名]利用锅炉烧出蒸汽或热水，通过管道送到建筑物内的散热器中，散出热量，使室温增高，管道中的蒸汽或热水叫暖气；上述设备也叫暖气：有~|没~|来~了|停~了|~太热|~不热|~正好|~正合适|我们学校的~烧得很好|每年3月中旬~就停了|我的屋里没有~，冬天冷死了。

4725　挪　丁

〔部首〕扌
〔笔画〕9

nuó (move)

[动]挪动；转移：~桌子|~床|~地方|~走|~完|~一下儿|~了几回|~到外边|这张办公桌太大，我一个人~不动|这台机器咱俩可~不动|把桌子~进来|运动会往后~了两天|开会的地方~了，~到大礼堂去了。

【构词】挪动/挪借/挪窝/挪用

O

4726 **噢** 丙 〔部首〕口 〔笔画〕15

ō (interj. oh)

[叹]表示了解,同“喔”(ō):~,是这样!|~,原来是你呀!|~,闹了半天,你们是在说我呀!

【提示】“噢”读 ò 时,表示领会、醒悟:~,我懂了!

4727 **哦** 丙 〔部首〕口 〔笔画〕10

ó (interj. oh; what)

[叹]表示将信将疑:~,他真是这样说的?|~,你说的全是实话?|~,这办法肯定行?

【提示】“哦”又读 ò,表示领会、醒悟。如:~,我明白了|~,我想起来了。

4728 **殴打**(毆) 丁 〔部首〕殳 〔笔画〕8

ōudǎ (beat up)

[动]重重地打人:~妻子|~孩子|~一顿|~一回|停止~|动手~|受到~|经常~|马路上一群人正在互相~|几个流氓正在~一个三轮车车夫|那时,他的父亲经常被工头~。

【构词】鞭打/抽打/吹打/捶打/吊打/毒打/攻打/开打/拷打/磕打/扭打/拍打/扑打/敲打/摔打/痛打/武打/严打/零敲碎打/稳扎稳打

4729 **呕吐**(嘔) 丁 〔部首〕口 〔笔画〕7

ǒutù (vomit)

[动]指不由自主地吐出了胃里的食物:~开始了|~止住了|~减轻了|~加重了|经常~|病人~|孕妇~|~食物|~胃液|~了一次|~了一阵子|停止~|避免~|这种药专治~,你试试吧|~的感觉太难受|小李一坐汽车就~|他最近~的次数越来越多了。

【提示】“呕吐”多用于书面语中,口语中常说“吐”。“呕吐”的“吐”tù 在这里不能读成 tǔ。“吐”tǔ 见第 6472 条。

【构词】呕心沥血

4730 **偶尔**(爾) 丙 〔部首〕亻 〔笔画〕11

ǒu'ěr (occasionally)

[副]有时候:~发生|~出现|~存在|~看见|~相见|~碰到|~抽烟|~来|~写一点儿|~看电视|天边~飘过几片白云|他不经常写信来,只是~来一封|我们俩不常见面,~碰到一两次,也不怎么说话。

【近义词】间或/有时/偶然

【反义词】时常/常常/经常

4731 **偶然** 丙

ǒurán (accidental)

[形]不经常;不平常:纯属~|相当~|特别~|~的事件|~的现象|~的机会|~发生|~相见|~发言|~感冒|~不舒服|这种事发生得太~了|一个~的机会,他们俩相识了|五四运动难道是~爆发的吗?

【近义词】偶尔/间或

【反义词】必然

【提示】“偶然”和“偶尔”都有“不经常”的意思,可作状语。但词义的着重点不同,“偶然”着眼于意外,跟“必然”相对;“偶尔”着眼于次数少,有时跟“经常”相对。另外,词性和语法功能也不同,“偶然”是形容词,常作定语、谓语;“偶尔”是副词,不能作定语、谓语。

P

4732 **趴** 丙　〔部首〕足　〔笔画〕9

pā (lie on one's stomach)

[动]❶胸腹朝下卧倒：～着｜～在马路上｜～下｜～不下｜～到天亮｜～出毛病｜～了一天｜地上太凉，别～出病来｜这么小的地方，我哪儿～得下呀！｜赶快～下，别让他们看见！｜一个满脸是血的人～在路上，肯定出事故了。❷身体向前靠在东西上；伏：～在桌子上｜～在椅子上｜～着看书｜上课时他竟然～在桌子上睡觉｜孩子～在妈妈肩上睡着了｜你别～在窗台上，太危险了！

4733 **扒** 丁

pá (gather up)

[动]用手或工具使东西集中或散开：～草｜～柴｜～粮食｜～在一起｜～成一堆儿｜～成小山｜～得快｜下午有雨，你快把草都～起来｜他7岁就上山～柴｜他在草里～了半天，什么也没找到｜一听楼下有人喊，他赶紧～了几口饭就出去了。

【提示】"扒"又读 bā，见第60条。

【构词】扒犁/扒窃/扒手

4734 **爬** 甲　〔部首〕爪　〔笔画〕8

pá (crawl)

[动]❶昆虫、爬行动物等行动或人用手和脚一起着地向前移动：孩子～｜虫子～｜老鼠～｜～出来｜～上去｜～下来｜～出洞来｜～进屋去｜～过来｜～不了｜累得我～不动了｜婴儿在床上～过来～过去｜再～衣服就磨破了｜乌龟一天也～不了10里地。❷抓着东西往上去；攀登：～山｜～树｜～墙｜～杆｜～一会儿｜～向山顶｜～了一个小时｜～不上去｜～得快｜～得利索｜我可不敢～泰山｜山里的孩子～树～得很快｜～～山，散散步，对身体很有好处｜他的孩子又～墙头了。

【提示】"爬"左边是"爪"，不是"瓜"。

【构词】爬虫/爬格子/爬坡/爬行

4735 **怕** 甲　〔部首〕忄　〔笔画〕8

pà (fear)

[动]❶害怕；畏惧：～狗｜～猫｜～老虎｜～虫子｜～爸爸｜～困难｜～汽车｜～冷｜～热｜～得病｜～惹麻烦｜～挨批评｜老鼠最～猫｜这辈子我就没～过谁！｜他～挨爸爸的打，不敢回家。❷担心：你穿得太少，我～你感冒，咱们别出去了｜我～他会出事｜～你太忙，就没来找你。

【近义词】❶害怕/畏惧/胆怯；❷担心

4736 **怕** 乙

pà (I'm afraid)

[副]表示估计。相当于"也许"或者"恐怕"：天阴得厉害，～是要下雨吧？｜这个人～有40岁了｜这个瓜～有十多斤吧。

【近义词】恐怕

4737 **拍** *甲　〔部首〕扌　〔笔画〕8

pāi (pat; clap)

[动]❶用手掌打：～皮球｜～手｜～土｜～肩膀｜～后背｜轻轻地～｜～红｜～疼｜～几下儿｜～了四次｜～了10分钟

|他～～身上的土进屋了|那个球坏了,～不起来了|他捡起个大西瓜～了～说:“保沙保甜!”❷〈丙〉拍摄:～风景|～山水|～人物|～电影|～照片|～坏|～完|～出来|他～过故事片|他们几个正在山上～照片呢|您的肺部有点儿问题,去～一张片子吧|电视剧～好了,不久就要和观众见面了。❸〈丙〉发(电报等):～电报|～加急的|有急事,为什么不～个电报?|邮局关门了,～不了电报了|电报～不出去真急人。❹〈丁〉献媚奉承:～领导|～上级|～厂长|～主任|～过|没～上|～马屁|这人很会给领导～马屁|他呀,～了这个～那个,整天不干别的事|他想～厂长,可是没～好。

【构词】拍岸/拍案/拍巴掌/拍打/拍击/拍马屁/拍卖/拍戏/拍掌

4738 拍摄(攝) 丙

pāishè (take [a picture]; shoot)

[动]用摄影机把人物的形象留在底片上:～照片|～图片|～镜头|～场面|～景物|～内景|～山水|～成功|开始～|中止～|允许～|这个故事片正在～当中|很多著名演员都参加了～|记者巧妙地～了这组镜头|他～了大量珍贵的历史镜头。

【近义词】拍/照/拍照

4739 拍照 丁

pāizhào (photograph)

[动]照相:允许～|禁止～|设法～|学会～|等候～|希望～|熟练地～|随便地～|认真地～|我想单独～|我喜欢在雪景中～|军事重地,禁止～。

【近义词】拍/摄/拍摄

【提示】“拍照”不能带宾语:×拍照雪景。

4740 拍子 丙

pāizi (racket)

[名]❶拍打东西的用具:乒乓球～|网球～|羽毛球～|球～|好～|高级～|修一下～|买了个～|一副～|我的～怎么不见了?|他今天买了副羽毛球～|这种新式～特别好用。❷音乐中计算乐音历时长短的单位:打～|～打得好|根据～|按照～|这里要拉长到三～|请你们按照～来唱|他打～节奏感很强。

4741 排 *乙

〔部首〕扌
〔笔画〕11

pái (n./m. row)

[名]❶排成的行列:前～|后～|后～的票都没卖出去|我的座位在靠窗的那～|我想坐前～,不然看不清。❷〈丙〉军队的编制,连的下一级,班的上一级:他是我们～的新兵|我是三～的战士|我们～长回家探亲去了。

[量]用于成行列的东西:一～子弹|两～整齐的牙齿|请大家站成三～|电影院有30～座位。

【构词】排笔/排叉(chà)/排场/排放/排风扇/排骨/排洪/排解/排涝/排练/排律/排炮/排遣/排球/排水/排水量/排他性/排头/排头兵/排外/排尾/排戏/排险/排泄/排演/排印/排字

4742 排 *乙

pái (put in order)

[动]❶一个挨一个地按着次序摆:～队|～字|～名次|～第一名|～前面|～得整齐|～得直|～得乱|～错了|～得对|～一下|应该～|孩子们的队伍～得整整齐齐|我～在前边,一定能买到足球票|天上的大雁一会儿～

成个“一”字,一会儿～成个“人”字。❷〈丙〉用力除去:～水|～险|～故障|～气|～光|～干|～得快|～得彻底|容易～|快～|及时～出|大家动手,快把污水～出去|王师傅很有经验,几分钟就把故障～除了|抽油烟机一打开,油烟味很快都～走了。❸〈丁〉排演:～戏|～话剧|～节目|～第一场|～得不错|～得认真|～一遍|开始～|能～|着手～|认真～|反复～|～的时间|演员们正在紧张地～节目|话剧已经～出来了|这两场戏不能同时～。

4743 **排斥** 丙

páichì (repel)

[动]使别的人或事物离开自己这方面:～对方|～新生力量|～知识分子|～教师|～进口货|不能～|进行～|设法～|有意～|公开～|互相～|一贯～|～的行为|他的意见受到～|带同种电荷的物体相互～|现实主义的创作方法并不～艺术上的夸张|不应该～不同意见。

【近义词】排除/排挤

【反义词】吸引

4744 **排除** 丁

páichú (get rid of)

[动]除掉;消除;排泄出去:～阻力|～障碍|～险情|～故障|～污水|～尿液|～干扰|～怀疑|～危险|～得快|～得及时|可以～|加以～|及时～|慢慢～|尽量～|顺利～|大胆～|～的可能性|做气功一定要～杂念,平心静气|经过调查,～了对小张的怀疑|张师傅有丰富的工作经验,他一来,故障很快被～了|战士们顺利地～了地雷。

【近义词】清除

4745 **排队**(隊) 丁

pái duì (line up)

一个挨一个排列成行:～上车|～买票|～挂号|～拿药|总～|经常～|讨厌～|排好队|排不成队|排成一队|不管是谁,都得～|不～就别买|您腿不方便,不用～了,快到前边来买吧|大家排成队,整齐地前进。

【提示】离合词,中间可插入其他成分,如:排好队。

4746 **排挤**(擠) 丁

páijǐ (push out)

[动]利用势力或手段使不利于自己的人失去地位或利益:～人|～忠臣|～同行|～小厂|想～|受～|遭到～|设法～|企图～|互相～|长期～|公开～|～的手段|你们不该～他|他们用极为卑劣的手段把有才华的人～出去|他虽然耿直无私,却总是受～。

【近义词】排斥/排除

【构词】挨挤/推挤/拥挤

4747 **排列** 丙

páiliè (put in order)

[动]顺次序放:～名单|～卡片|～词语|～分数|～顺序|～名次|～队伍|～得整齐|～美观|～得好看|～多次|应该～|可以～|能～|进行～|着手～|人字形～|～的方法|～的速度|车间里～着各种各样的机器|书籍按类～在书架上|学生们的队伍～得非常整齐|学生们～在校门口,向参观团致敬。

4748 **排球** 甲

páiqiú (volleyball)

[名]球类运动项目之一:打～|玩～|～比赛|～运动|男子～赛|打一场～|一个～|今天下午我们要举行一场～比赛|中国的女子～队是世界上有名的|你喜欢打～吗?

4749 **排长**(長) 丁

páizhǎng (platoon leader)

[名]军队编制中排的领导人:三～|一～|张～|李～|正～|副～|老～|新～|见习～|当～|～撤职了|～升官了|老～要复员了,我们都有点儿舍不得|三～,今晚咱们开个会|从今天开始你当～。

【提示】“长”又读 cháng,见第 717 条。

4750 **牌** 乙 〔部首〕片 〔笔画〕12

pái (plate; board)

[名]❶用木板或其他材料制成的标志,上边多有文字:价目～|车～|木～|铁～|铜～|厂～|门～|学校门口挂的校～掉下来了|您先看看价目～再点菜|他高举着写了我名字的～子,在机场出口处接我。❷企业为自己的产品起的名称:老～儿|冒～儿货|英雄～儿金笔很有名|你不要买,这是假的,冒～儿货。❸一种娱乐品:纸～|扑克～|麻将～|桥～|打～|出～|玩～|输～|赢～|你喜欢打扑克～吗?|玩～只是一种娱乐,不应该用～赌钱|我不会玩～。

【提示】义项❶❷的“牌”在口语中一般要儿化。

【构词】牌坊/牌号/牌价/牌局/牌楼/牌位/牌照/牌匾

4751 **牌子** 丙

páizi (plate)

[名]❶牌,用木板等材料制成的标志,上边多有文字:这家餐馆的～是我写的|大楼门口挂着许多～,其中有一块是出版社的|你快把商店的～挂出去。❷生产厂家给自己生产的产品起的专用名称:这种～|那个～|你买的这种～的衬衫是名牌儿货|这个～的自行车特别畅销。

4752 **徘徊** 丁 〔部首〕彳 〔笔画〕11

páihuái (pace up and down; hesitate)

[动]❶在一个地方来回地走;比喻犹豫不决:～的身影|～的脚步|一个人～|～很久|不停地～|焦急地～|久久地～|独自～|～了半天|我焦急地在路上～着|你该马上作出决定,不能再～了|他老是～在两种意见之间,不能作出决定。❷比喻事物在某个范围内来回摆动,不再前进:这个村的粮食亩产量一直～在 300 斤左右。

4753 **派** 甲 〔部首〕氵 〔笔画〕9

pài (v. send; n. group)

[动]分派;派遣;委派:～人|～干部|～留学生|～代表|～军队|～工作组|～车|～飞机|～任务|～得快|～得合适|～得及时|～过几次|要～|准备～|负责～|尽量～|急忙～|适当地～|～的时间|～的次数|学校～王老师出国教汉语|执行任务的人都～好了|他是上级～来的干部|连长,你～我去吧,我保证完成任务|今天家中请客,母亲～我去采购。

[名]指立场、见解或作风习气相同的一些人:党～|学～|乐观～|逍遥～|在学术观点上,他们是一～的|他们属于不同的党～。

【近义词】[动]调/使/叫/打发

【构词】派生词/派头/派系/派性/派驻

4754 **派别** 丁

pàibié (group)

[名]学术、宗教、政党等内部主张不同而形成的分支或小团体：~形成了|~取消了|~多|~少|形成~|分成~|产生~|取消~|学术~|宗教~|党内的~|新的~|一种~|~斗争|~的头子|在那场运动中出现了不少~|学校中各种不同的学术~积极地开展学术活动|戏曲界的不同~叫流派。

4755 **派出所** 丁

pàichūsuǒ (police substation)

[名]中国公安部门的基层机构，管理户口和基层治安等工作：区~|街道~|~所长|一个~|上户口得去~|把小偷送到~去|~的警察都去执行任务了。

4756 **派遣** 丁

pàiqiǎn (send sb. on mission)

[动](政府、机关、团体等)命人到某处做某项工作：~调查组|~工作组|~外交使团|~大使|~特务|~军队|~战斗机|被~|受~|可以~|应该~|希望~|同意~|大量~|顺利地~|临时~|~的计划|~的人数|国家~代表团访问友好国家|国家~军队驻守边疆|他被~去国外出任大使|省里~一批教师去支援山区教育|政府~考察队去南极进行科学考察。

【近义词】指派/差遣

【提示】①"派遣"和"派"："派遣"多用于政府、机关委派去办理公事，语意较郑重；"派"可用于政府、机关委派去办公事、大事，也可用于个人委托、指使去办私事、小事，语意较随便。②"派遣"的"遣"不要写成"遗"。

【构词】差(chāi)遣/调遣/先遣/消遣/自遣

4757 **攀** *丙 〔部首〕手 〔笔画〕19

pān (climb)

[动]❶抓住东西往上爬：~绳子|~杠子|~树|~柱子|~高峰|~上来|~得上去|他~着绳子往上爬|你能~上那棵树吗？|他很会~杠子。❷〈丁〉指跟地位高的人结亲或拉关系：~亲戚|~高枝儿|~同乡|~关系|~上|~不成|想~|愿意~|打算~|他想让他的女儿~高枝，嫁给局长的儿子|这个亲戚没~成|他总是跟我~关系，为了让我帮他办事。

【构词】攀扯/攀登/攀附/攀高枝/攀亲/攀绕/攀谈/攀缘/攀越/攀折/攀龙附凤

4758 **攀登** 丙

pāndēng (climb)

[动]抓住东西爬上去：~高峰|~雪山|~悬崖峭壁|~学术高峰|~成功|~失败|~得快|~过多次|可以~|肯~|希望~|开始~|熟练地~|大胆地~|~的决心|~的勇气|~的速度|有了~高山的工具，那就爬得更快了|青年人应努力地~科学的高峰|那么高的山，要一口气~上去是不可能的|这次~雪山的计划还没有落实|他在~珠穆朗玛峰的途中受了伤。

【近义词】攀援

4759 **盘**(盤) *丙 〔部首〕皿 〔笔画〕11

pán (check closely)

[动]❶仔细查问或清点：~问|~货|

今天～了一天货，真累｜你别再～问我了｜我们一年～一次账。❷〈丁〉垒；砌；搭；绕：～炕｜～灶｜～腿｜～好｜他一会儿就把灶～好了｜他～的炕很结实，取暖效果也好｜他～着腿坐在炕上｜我不会～腿，～一会儿就累了｜一条花蛇～在树上。

【构词】盘剥/盘查/盘缠/盘点/盘费/盘货/盘究/盘库/盘绕/盘算/盘腿/盘问/盘膝/盘账/盘坐/盘根错节

4760 **盘** 乙

pán（n./m. dish）

［名］盛放物品的一种扁而浅的器具：小～儿｜圆～儿｜方～儿｜鱼～儿｜菜～儿｜木～儿｜铁～儿｜铜～儿｜银～儿｜这个饭店的菜～儿全是江西产的｜茶几上摆着一个非常精美的小竹～儿｜他家的这个鱼～儿多漂亮啊。

［量］用于盘装的食品等：一～菜｜两～肉｜三～瓜子。

【提示】①在口语中多儿化，尤其是指比较小的盘子时。②盘，姓。

4761 **盘旋** 丁

pánxuán（spiral）

［动］环绕着飞或者走：～了一阵｜～一回｜停止～｜独自～｜～的山路｜～地前进｜～地飞翔｜飞机在空中～｜风在～｜游人沿山路～而上｜勘探队员～在山路上｜敌机一直在战士们的头顶上～｜一只苍鹰～在空中｜蝴蝶在花丛中～飞舞。

【近义词】回旋/回绕

4762 **盘子** 乙

pánzi（tray）

［名］盛放物品的一种扁而浅的器具：瓷～｜金～｜端～｜摆～｜他把那个红色的瓷～打碎了｜你把鱼放在～里｜他在餐馆洗～。

4763 **盼** 丙 ［部首］目 ［笔画］9

pàn（hope for）

［动］盼望：～亲人｜～孩子｜～妈妈｜～新年｜～雨｜～粮食｜～水｜～来了｜～上了｜～回来｜～白了头｜好日子终于～来了｜孩子们天天～过年｜妈妈站在门口等啊～啊，终于把儿子～回来了｜农民们到底～来了这场雨。

【近义词】盼望

4764 **盼望** 乙

pànwàng（long for）

［动］殷切地期望：～佳音｜～喜讯｜～好结果｜～出版｜～增加｜～回信｜～下雨｜～丰收｜～放假｜～解决｜～多一点儿｜～了好几年｜衷心地～｜长久地～｜～的心情｜我们天天～着你能早点儿回来｜刚一放假，他又～着开学了｜大家都～运动员们胜利归来。

【近义词】希望/祈望/期望/巴望/渴望/盼

4765 **判处**（處） 丁 ［部首］刂 ［笔画］7

pànchǔ（sentence）

［动］法院对审理结束的案件做出处罚决定：～罪犯｜～案犯｜～恰当｜～正确｜作出如下～｜～死刑｜～10年｜～的依据｜那个大贪污犯被～了死刑｜他～案件十分公正｜法院～他有期徒刑15年。

【近义词】判决

【构词】判案/判别/判词/判罚/判决书/判明/判刑/判罪

4766 **判定** 丁

pàndìng（judge）

［动］分辨断定：根据贴没贴防伪标志，可以～音像制品的真假｜一名好的指挥官应能准确～战局｜从他的话里很难～他是同意还是不同意。
【近义词】判断/断定

4767 **判断**（斷） 乙

pànduàn（v. judge；n. judgment）
［动］判定是非等：～好坏｜～是非｜～真假｜～形势｜～结局｜～风向｜～得正确｜～错了｜～一下｜认真～｜仔细～｜容易～｜共同～｜请你～一下，可能会出现什么情况｜他不慌不忙，仔细地～着对手的棋路｜根据我的～，他俩不会离婚｜根据这些线索，现在还很难～谁是作案人。
［名］作出的断定：～正确｜～错误｜下～｜你的～是正确的｜他对事情做出了错误的～。
【近义词】判定/断定

4768 **判决** 丁

pànjué（pronounce）
［动］法院对审理结束的案件做出决定：～罪犯｜～犯人｜～完毕｜做出～｜～得对｜～得好｜～得正确｜公正地～｜～能力｜～的依据｜老刘在法院工作多年，最善于～疑难案件｜公安工作是人命关天的大事，对案件必须认真地、公正地做出～｜他们只是简单地做了一下调查，就草草地对犯罪嫌疑人进行了～。
【近义词】判处

4769 **畔** 丙 〔部首〕田 〔笔画〕10

pàn（bank）
［名］（江、湖、道路等）旁边；附近：江～｜湖～｜河～｜池～｜桥～｜路～｜枕～｜湖～坐着一对谈恋爱的年轻人｜柳树下，小河～，一群群孩子正在游戏玩耍｜桥～，各色彩旗迎风飘扬。
【提示】“畔”不能错读成 bàn。

4770 **叛变**（變） 丁 〔部首〕丶 〔笔画〕9

pànbiàn（betray）
［动］背叛自己一方，采取敌对行动或投向敌对的一方：可能～｜公开～｜～行为｜大家都知道他曾～过｜在革命遇到困难的时候，他～投敌了。
【构词】叛兵/叛党/叛国/叛离/叛乱/叛卖/叛逆/叛逃

4771 **叛徒** 丁

pàntú（traitor）
［名］有背叛行为的人，特指背叛祖国或背叛革命的人：可恶的～｜无耻的～｜捉住～｜惩办～｜发现～｜当了～｜变成～｜大～｜一伙～｜～的嘴脸｜～犹大出卖了耶稣｜这就是～的下场｜我们的队伍中出了～｜因为～的告密，他被捕了。

4772 **庞大**（龐） 丁 〔部首〕广 〔笔画〕8

pángdà（huge）
［形］特别大（常含过大或大而无当的意思，指形体、组织或数量等）：规模～｜组织～｜机构～｜队伍～｜数字～｜开支～｜显得～｜认为～｜变得～｜那个国家的军费开支非常～｜这个财团有～的金融机构｜机构过于～，容易造成人浮于事｜这种树的根系～得惊人。
【近义词】巨大
【提示】①“庞大”和“巨大”虽然都有很大的意思，但适用的对象和范围不同。“庞大”多用于形体和组织；“巨大”多用于规模和数量。“庞大”有大而无当的意思，多含贬义；“巨大”是中性词。②庞，姓。

【构词】庞杂/庞然大物

4773 **旁** *乙 〔部首〕亠 〔笔画〕10

páng (side)

[名]❶旁边：路～|村～|桌～|门～|床～|身～|学校～|汽车～|～若无人|～观者清|～听|～坐|当事者迷，～观者清|村～有一条小河|烈士墓～，有一棵高大的松树。❷〈丙〉其他；另外：找你没～的事，只是请你给我画张画儿|～人的话不必都听|～的树都可以锯，这一棵一定要留下。

【近义词】❶附近/邻近

【构词】旁白/旁观/旁门/旁人/旁听/旁证

4774 **旁边**(邊) 甲

pángbiān (side)

[名]左右两边；附近的地方：路～|村子～|小河～|院子～|学校～|汽车～|工厂～|商店～|他家～|操场～|马路～停放着很多汽车|池塘～的椅子上坐着一对年轻人|他就住在我家～|这个钢铁厂的～住着很多工人。

【提示】口语中一般要儿化。

4775 **胖** 乙 〔部首〕月 〔笔画〕9

pàng (fat)

[形](人体)脂肪多，肉多：～娃娃|～小子|～丫头|～大嫂|～大妈|～老太太|～乎乎|～墩墩|太～|～极了|～得不得了|我得少吃点儿了，不然更～了|你哪儿～啊，正合适|张家的～大婶可热心肠了|儿媳妇生了一个大～小子，老俩口乐得闭不上嘴|这个女孩儿～～的，真可爱。

【近义词】肥胖/肥壮

【反义词】瘦/清瘦

【提示】①"胖"又读 pán，如：心广体胖。②"胖"只能用于人，不能用于动物，指动物用"肥"，如：这只兔子很肥。

【构词】胖大海/胖墩墩/胖乎乎/胖头鱼

4776 **胖子** 丁

pàngzi (a fat person)

[名]肥胖的人：大～|小～|矮～|张～|李～|吃成～|变成～|张～，近来又发福了？|小～，你几岁了？|他本来挺瘦的，不知怎么的这两年就变成了个大～了。

【反义词】瘦子

4777 **抛** *丙 〔部首〕扌 〔笔画〕7

pāo (throw)

[动]❶扔；投掷：～球|～手榴弹|～锚|～砖引玉|他一下把球～出去20米|这儿的少数民族每年都有一次～绣球的活动|他把球～过来，可是我没接住。❷丢下：他跑得最快，把其他人远远～在后面|那只猴子一边吃香蕉，一边把香蕉皮～在一边|他～下妻子儿女，一个人走了。❸〈丁〉抛售：他非常清楚什么时候～股票可以赚大钱|赶快把手里的货全～出去！

【近义词】扔/掷/甩/丢

【反义词】拾/捡

【构词】抛锚/抛却/抛洒/抛售/抛头露面/抛砖引玉

4778 **抛弃**(棄) 丁

pāoqì (abandon)

[动]扔掉不要：～亲人|～妻子|～儿女|～朋友|～生命|～事业|应当～|打算～|舍不得～|～的原因|～的后果|他占有了她，却又～了她|他～优

裕的城市生活，来到了边疆｜生活太苦了，父亲几次想～这个小女儿，可都舍不得｜他～了妻子和儿女，和另一个女人结了婚。

【近义词】丢弃/废弃/毁弃/遗弃/前功尽弃/自暴自弃

4779 **刨** 丁 〔部首〕刂 〔笔画〕7

páo (dig)

[动]❶挖掘：～土｜～坑｜～下水道｜～了一天｜～了两次｜能～｜可以～｜应当～｜必须～｜同意～｜开始～｜细心地～｜这些树必须～掉，这里要盖楼｜春天了，人们开始～坑种树｜这是千年古墓，我们必须细心地、一点儿一点儿地～｜听说财宝就埋在这块地底下，可他～了半天，什么也没～出来。❷从原有的事物中减去；除去（多用于口语中）：他不小心摔了两个盘子，经理～了他50块钱的工资｜～去水、电、房费，还能剩多少钱？｜这次去旅行，～去你，就剩三个人了。

【近义词】❶挖

【提示】"刨"又读 bào，如：刨木头。

【构词】刨除/刨分/刨根问底

4780 **跑** *甲 〔部首〕足 〔笔画〕12

pǎo (run)

[动]❶两只脚或四条腿迅速前进：快～｜边～边跳｜～过去｜～回来｜～了一圈｜兔子～得特别快｜他～百米得了第一｜我比他～得快｜他～得满头大汗｜每天坚持慢～对身体有好处。❷〈乙〉逃走：别让猫～了｜监狱里～了一个犯人｜我让儿子做功课，可他偷着～出去玩了。❸〈丙〉为某种事务而奔走：～买卖｜～工作｜～材料｜我终于把签证～下来了｜他这几天在为儿子～工作｜他到南方～买卖去了。❹〈丁〉物体离开了应在的位置：～水｜～气｜我的自行车胎～气了｜我的钢笔被他拿～了｜帽子被风刮～了。

【构词】跑表/跑车/跑刀/跑电/跑动/跑光/跑旱船/跑江湖/跑龙套/跑马/跑马场/跑买卖/跑圈(quān)/跑生意/跑题/跑腿/跑外/跑鞋/跑圆场

4781 **跑步** 甲

pǎo bù (run)

按照规定的姿势往前跑：练习～｜学习～｜准备～｜开始～｜打算～｜他正在～｜早晨起来跑跑步对身体有好处｜公共汽车快开走了，我跑了几步就上去了。

【近义词】奔跑

【提示】离合词，中间可插入其他成分，如：跑了几步。

4782 **跑道** 丁

pǎodào (runway)

[名]❶供飞机起飞和降落时滑行用的路：飞机～｜修建～｜机场的～正在修建｜飞机正在～上滑行｜飞机离开～直上蓝天。❷运动场中赛跑用的路：短跑～｜长跑～｜速滑～｜第一～｜离开～｜偏离～｜冲出～｜我这次的400米跑是在第二～｜那辆赛车冲出了～，撞到围墙上起火了。

4783 **炮** 乙 〔部首〕火 〔笔画〕9

pào (cannon)

[名]❶一种武器：打～｜发～｜火箭～｜火～｜大～｜高射～｜榴弹～｜高射～击落了一架敌机｜这是一种新型大～，威力极大｜听说火箭～的构造比较复杂。❷鞭炮：放～｜鞭～｜走，放～去！｜过年时男孩子都爱放～。

【近义词】❶大炮/火炮;❷鞭炮

【构词】炮兵/炮车/炮灰/炮击/炮舰/炮楼/炮手/炮台/炮膛/炮艇/炮筒子/炮位/炮眼/炮衣/炮仗

4784 **炮弹**(彈) 丙

pàodàn (shell)

[名]用火炮发射的弹药:～打出去了|制造～|运送～|装～|发射～|大批～|充足的～|一颗～|一发～|几箱～|各种～|～的数量|～的性能|这种～体积小,可威力大|那是一个专门制造各种～的兵工厂|这是一颗没有爆炸的～。

4785 **炮火** 丁

pàohuǒ (artillery fire)

[名]指战场上发射的炮弹与炮弹爆炸后发出的火焰:～连天|～猛烈|冒着～|敌人的～|我军的～|密集的～|～的威力|～的亮光|～的气势|那场战斗相当激烈,猛烈的～映红了半边天|战士们冒着敌人的～奋勇前进|我军密集的～击败了敌人的又一次进攻。

4786 **泡** *丙 〔部首〕氵 〔笔画〕8

pào (v. soak; n. bubble)

[动]❶较长时间地放在液体中:～茶|～菜|～饭|～脚|～大了|～坏了|～臭了|～出味了|～了一天|～了一会儿|麦子不能老～在雨水里,得赶快想办法呀!|跑了一天了,临睡前～～脚,对身体有好处|把衣服～一～再洗。❷〈丁〉故意消磨(时间):～病号|～蘑菇|～时间|你在我这儿～了一个小时了,还不赶快去看书|你别再～蘑菇了,我不会同意的|这事不能再～下去了,得赶快做。

[名]气体在液体中鼓起的气泡:气～|冒～|肥皂～|水面上冒起一个个气～|下着倾盆大雨,地面上溅起一个个水～|锅里的水冒～了,开了。

【提示】"泡"作名词时在口语中常儿化。

【构词】泡病号/泡菜/泡饭/泡蘑菇/泡泡纱/泡汤/泡桐/泡影/泡子

4787 **泡沫** 丁

pàomò (foam)

[名]聚在一起的许多小泡:起～|漂着～|肥皂～|洗衣粉的～|很多～|最近研制出的一种低～洗衣粉很受欢迎|你用了多少肥皂?怎么有那么多～?|他正在刷牙,嘴里满是～。

【构词】吐沫/唾沫

4788 **培训**(訓) 丁 〔部首〕土 〔笔画〕11

péixùn (train)

[动]培养和训练:～人才|～干部|～教师|～厨师|～职工|～司机|～得及时|～了一次|应当～|必须～|接受～|希望～|开始～|抓紧～|停止～|加强～|分别～|分期～|定期～|早～|先～|紧急～|集中～|分散～|积极～|～中心|～方法|～的时间|这是个专门～汉语教师的学校|有事有病没参加的要单独～一次|他在厨师～班里学习了三个月。

【构词】培土/培植

4789 **培养**(養) 丙

péiyǎng (cultivate)

[动]❶以适宜的条件使其繁殖、生长:～细菌|～疫苗|～花卉|～植物|～细胞|～幼苗|～鱼苗|～成功|～失败|～得好|～得快|～了一次|可以～|加以～|进行～|负责～|现在

～|精心～|大量～|直接～|～的条件|～的技术|～的范围|他们为圆明园～了近万株各类品种的菊花|经过菜农的精心～,大棚里的蔬菜长得十分旺盛。❷按照一定的目的,长期地训练或教育;使成长:～师资|～干部|～下一代|～智力|～技能|～兴趣|～感情|～新人|～成能手|～得好|值得～|经过～|得到～|受到～|大量～|有效地～|大胆～|好好儿～|主动～|容易～|及时～|～的人数|家长要～孩子吃苦耐劳的精神|这个学校～了不少外国留学生|父母亲节衣缩食,决心～出一个大学生来|在组织的～下,我成了一名技术过硬的技术员。

4790 **培育** 丙

péiyù (foster)

[动]培养幼小的生物,使它发育成长:～树苗|～新品种|～花卉|能～|应该～|进行～|热心～|精心～|辛勤地～|～的过程|～的结果|菊花和金鱼都是中国人首先～出来的|教师们辛勤～着学生|～人的工作是一项十分重要而又十分艰巨的工作|伟大的艺术家无一不受到同时代人民群众的～。

4791 **赔**(賠) *乙 〔部首〕贝 〔笔画〕12

péi (pay for)

[动]❶赔偿:～钱|不用～|～人家|～得起|～不起|～不了|～得了|～一笔钱|～一辆车|～两万块钱|应该～|必须～|～的办法|～的数量|把图书馆的书弄丢了就得～|这么珍贵的文物要是弄坏了,谁～得起啊?|是我把花瓶打坏的,当然得由我来～了。❷〈丙〉向人道歉或认错:～礼|～罪|～不是|～个错|向…～礼|跟…～个不是|错怪了人家,就得向人家～个礼|我昨天说话失礼了,今天向您～个礼|用不着～礼,知错就行了。❸〈丁〉买卖亏损:～本|～了一大笔钱|～了不少|～光了|全～了|～的金额|～的数目|老胡去年炒股票～了本儿|他不会做生意,一年的工夫～了两万块|经商一年,他把钱全～光了。

【近义词】❸亏/亏欠/亏损

【反义词】❸赚/盈余/获利

【构词】赔本/赔不是/赔礼/赔钱/赔情/赔小心/赔笑/赔罪

4792 **赔偿**(償) 丙

péicháng (compensate)

[动]偿还使他人所受的损失:～钱财|～损失|～医疗费|～手续费|可以～|应当～|必须～|予以～|要求～|答应～|得到～|照价～|如数～|全部～|适当地～|主动～|～的金额|～的数目|无论谁损坏了公物,都应照价～|这么大的一笔数字,一年内哪能～得了?|当事人要求厂方～他的经济损失和精神损失。

4793 **赔款** 丁

péi kuǎn (pay an indemnity)

❶损坏、遗失别人或集体的东西用钱来补偿:向…～|要求～|打算～|准备～|希望～|同意～|主动～|～的办法|～的数目|延误了合同规定的交货日期就得～|对于假冒伪劣产品,顾客有权要求加倍～|他酒后开车撞伤了人,赔了一大笔款。❷战败国向战胜国赔偿损失和作战费用:清朝末年,腐败的满清王朝多次向侵略者割地～。

【提示】离合词，中间可插入其他成分，如：赔了款|赔过款。

4794 **陪** 乙 〔部首〕阝 〔笔画〕10

pèi (accompany)

[动]陪伴：～客人|～朋友|～外宾|～参观团|～老人|～病人|～爱人|～孩子|～一下|愿意～|要求～|热情地～|小心地～|他虽然平时忙得不得了，但节假日总是尽量～妻子逛逛街|外宾来时，他～着参观了好几天|那个不孝的儿子，一次都没去医院～爸爸。

【构词】陪伴/陪衬/陪床/陪都(dū)/陪嫁/陪客/陪审/陪送/陪葬

4795 **陪同** 丙

péitóng (v. accompany; n. companion)

[动]陪伴着一同(进行某一活动)：～客人|～朋友|～代表团|～外宾|～吃饭|～旅游|～观光|～赴宴|～参观|～一次|愿意～|应该～|决定～|需要～|～的时间|～的目的|导游小姐～外宾游览了颐和园|外国贵宾由国家主席～，检阅了中国人民解放军陆海空三军仪仗队|村干部～我们参观了他们的养牛场。

[名]指陪伴进行某一活动的人：今天客人游长城，你作～|他们是客人，我是～。

4796 **配** *丙 〔部首〕西 〔笔画〕10

pèi (find sth. to fit or replace sth. else)

[动]❶把缺少的具有一定规格的物品补足：～眼镜|～钥匙|～零件|我的钥匙丢了，得去～一把|我的自行车～了个零件，花了30元|这个商店只卖眼镜，不～眼镜|老张去了好几个药店，才把那副中药～全。❷衬托；陪衬：红花～绿叶|黑～红|～起来|～到一块儿|黑裙子～件红毛衣，挺好看|这两种颜色～不到一块儿|这套家具和墙的颜色很相～|这首歌～那个舞蹈十分优美。❸〈丁〉够得上；符合；相当：这个姑娘完全～得上他|他那种人，怎么～当厂长？|我的画哪～装在这么好的镜框里？|他～当先进|他不～当我们的领导。

【构词】配餐/配搭/配殿/配对/配婚/配给(jǐ)/配件/配角(jué)/配料/配曲/配色/配售/配戏/配药/配音/配乐(yuè)/配置/配制/配种(zhǒng)

4797 **配备**(備) 丁

pèibèi (equip)

[动]根据需要分配(人力或物力)：～力量|～骨干|～秘书|～机器|～计算机|～汽车|～齐了|～全了|可以～|必须～|抓紧～|同意～|大量～|容易～|每个工作人员都～了一台电脑|厂长工作太忙，还得再～一名助手|人都～齐了，该动工了。

【提示】"配备"作名词时，意思是成套的设备、装备等，如：现代化的～。

4798 **配方** 丁

pèifāng (prescription)

[名]医生为病人所开的处方：西药～|中药～|抄写～|研究～|寻找～|一张～|根据这张～去拿药|他是多年的老中医，哪能看不懂～？|这张～开的这味中药有问题。

【近义词】药方/处方

4799 **配合** 乙

pèihé (coordinate)

［动］各方面分工合作来完成共同的任务：双方～｜夫妻～｜～形势｜～工作｜～学习｜～改革｜～紧密｜～得默契｜～得不理想｜～一下｜～过几次｜应该～｜注意～｜设法～｜努力～｜积极～｜大力～｜多方～｜成功地～｜巧妙地～｜～的办法｜他们的双人舞～得十分默契｜课堂上，只有师生密切～，才能很好地完成教学任务｜这次战斗所以能取得胜利，是军民密切～的结果。

【近义词】合作/协作

4800 **配偶** 丁

pèi'ǒu (spouse)

［名］指丈夫或妻子（多用于法令文件）：～双方｜丧失～｜～的要求｜～的意见｜～的财产｜～的所属单位｜～的遗嘱｜他失去～已经多年｜他想找一个年轻漂亮的好～。

【构词】对偶/佳偶/木偶/求偶/丧偶/玩偶

4801 **配套** 丁

pèi tào (form a complete set)

把若干相关的事物组合成一整套：～工程｜～产品｜～服装｜能～｜可以～｜要求～｜容易～｜他们的产品打入市场后很受欢迎，现在他们还准备搞～新产品｜～工程，流水作业，有利于提高产品质量｜这种机器不容易～｜这部书已经配不成套了｜这些家具我不是～买的，所以配不成套。

【提示】离合词，中间可插入其他成分，如：配不了套。

4802 **佩服** 丙 ［部首］亻 ［笔画］8

pèifú (admire)

［动］对于才能高过自己的人表示尊敬、心服：～烈士｜～英雄｜～他的胆量｜～他的毅力｜～这种精神｜值得～｜感到～｜我们都非常～他的人品｜人们说到白求恩大夫，没有一个不～的｜他让大家～的地方实在太多了。

【近义词】信服/敬佩/钦佩

【构词】佩戴/佩刀/佩剑

4803 **喷**（噴） 乙 ［部首］口 ［笔画］12

pēn (spurt)

［动］（液体、气体、粉末等）受压力而射出：～水｜～农药｜～饭｜～油｜～唾沫星儿｜～墙壁｜～衣服｜～湿｜～得高｜～一下｜～一次｜～一遍｜应该～｜～的技术｜苹果树该～农药了｜他笑得把饭都～出来了｜淋浴器的喷头坏了，～不出水来了。

【近义词】喷射/射

【提示】“喷”又读 pèn，如“喷香”。

【构词】喷薄/喷发/喷饭/喷灌/喷壶/喷火器/喷漆/喷泉/喷洒/喷水池/喷头/喷雾器/喷涌/喷子/喷嘴

4804 **喷射** 丁

pēnshè (spray)

［动］利用压力把液体、气体或成颗粒的固体喷出去：～岩浆｜～石油｜～火焰｜～得高｜～得远｜～一回｜能～｜开始～｜继续～｜中断～｜大量～｜猛烈地～｜～的时间｜～的过程｜记者用摄像机记录下了火山～的全过程｜机枪怒吼着，一道道火舌从机枪口～出来｜战士们的眼里～出愤怒的火焰。

4805 **盆** 乙 ［部首］皿 ［笔画］9

pén (basin)

［名］一种盛东西或洗东西用的器具：花～｜脸～｜面～｜脚～｜饭～｜洗衣～｜澡～｜水～｜菜～｜大～｜小～｜一个

～|花～被小猫碰到地上摔碎了|他端着饭～边走边吃|水果在白瓷～里放着呢|他的洗衣～里泡着一大堆衣服。

【构词】盆花/盆景/盆浴/盆栽/盆子

4806 **盆地** 丙

péndì (basin)

[名]被山或高地围绕着的平地:四川～|一块～|大～|～的气候|～的特点|住在～|靠近～|挨着～|他家住在四川～|～四周都是高山,气候炎热|那块～上空总是灰蒙蒙的。

4807 **烹饪**(飪) 丁 〔部首〕灬 〔笔画〕11

pēngrèn (cook)

[动]做饭做菜:学习～|学会～|擅长～|～工作|～技术|～的要领|～的火候|～的设备|～大师|～专家|他是京城有名的～大师|中国菜的～过程是很复杂的|长期的勤学苦练,使他练就了一套～的绝活儿|他擅长～。

【近义词】烹调

【构词】烹茶

4808 **烹调**(調) 丁

pēngtiáo (cook)

[动]烹炒调制(菜蔬):～菜肴|～美味|～得好|会～|喜欢～|学习～|精心～|认真～|～技术|～方法|～技师|～专家|～的佳肴|别看他没进过烹饪学校,但在～方面却很有两下子|～很讲究刀工和火候|我这哪称得上～,炒熟了就是了。

【提示】"调"在这里不能读成diào。

4809 **蓬勃** 丙 〔部首〕艹 〔笔画〕13

péngbó (flourishing)

[形]繁荣;旺盛:朝气～|生机～|～的朝气|～的生机|～的生命力|～的景象|～的局面|～地发展|～地展开|春回大地,到处呈现出～的生机|我院的体育运动正～地展开|改革的大潮使中国大地变得朝气～。

【近义词】勃勃

【构词】蓬乱/蓬蓬/蓬散/蓬松/蓬头垢面

4810 **棚** 丙 〔部首〕木 〔笔画〕12

péng (shed)

[名]简陋的房屋或竹木搭起的架子:马～|牛～|牲口～|柴火～|天～|凉～|草～|搭～|修～|他想在西瓜地旁边搭一个瓜～|他把枪藏在柴火～里才没被敌人发现。

4811 **膨胀**(脹) *丙 〔部首〕月 〔笔画〕16

péngzhàng (expand)

[动]❶由于温度增高或其他因素,物体的长度或体积增加:物体～|气体～|空气～|腹部～|～得快|引起～|开始～|慢慢地～|迅速地～|豆子泡一天就完全～开了|他的肠胃不好,所以常常感到腹部～|一般地说,物体遇热就会～起来的。❷〈丁〉借指某些事物扩大或增长:通货～|资金～|机构～|引起～|造成～|控制～|过分～|恶性～|～的势头|～的危险|政府金融机构应该赶快抑制通货～的势头|由于政府出台了一系列政策,有力地控制了通货～|目前各大城市的民工队伍日趋～。

【近义词】胀/膨大

4812 **朋友** 甲 〔部首〕月 〔笔画〕8

péngyou (friend)

[名]❶彼此有交情的人:～来访|～

光临|～重逢|～推荐|～支持|交～|有～|做～|找到～|信任～|依靠～|访问～|青年～|老年～|观众～|大～|小～|漂亮的～|知心～|亲密的～|可敬的～|可信的～|一个～|一位～|～的情况|～的礼物|～的忠告|～之间|长期的接触使他们从～变成恋人|只有在危难之中才能找到真正的～|我们既是师生又是～|今天是他大喜的日子,一大群～前来祝贺。❷指恋爱的对象:男～|女～|你的儿子有～了吗?|他还没找到女～|这是她的男～。

【近义词】友人

【构词】窗友/队友/工友/故友/教(jiào)友/近友/旧友/良友/盟友/密友/难(nàn)友/农友/票友/戚友/棋友/亲友/师友/文友/校友/学友/益友/战友/知友/挚友/狐朋狗友/良师益友

4813 **捧** *乙 〔部首〕扌 〔笔画〕11

pěng (hold in both hands)

[动]❶用双手托:～水|～土|～奖杯|～哈达|～花生|～枣|～一把糖|～起来|～出来|～不了|～在手里|他把冠军的奖杯高高兴兴地～回了家|老华侨手～家乡的黄土,老泪纵横|小姑娘把一大碗花生～到解放军叔叔的面前|他把战友的遗物～了出来。❷〈丙〉奉承人或代人吹嘘:～演员|～名角(jué)|～领导|～人|～场|～了一通|～了几句|～了一阵子|～坏了|～不得|～红|～出了名|他们把那个演员都快～到天上去了|刚刚登台没两天的人竟被～成青年艺术家了|他那个人呀,就会～领导|你别～我,我没那么大本事。

【提示】"捧"可以作量词,用于能捧的东西,如:一～枣|一～土。

4814 **碰** *甲 〔部首〕石 〔笔画〕13

pèng (touch)

[动]❶运动着的物体跟别的物体突然接触:～墙|～杯|～人|～坏|～晕|～一下儿|～了一次|故意～|不小心～|～着了|让自行车～了一下,没什么|那水果是蜡做的,一～就碎|前面是墙,别～着了|谁把杯子～坏的?❷〈乙〉碰见;遇到:～面|～头儿|～见|～着|～不着|～上|～不上|～到|～不到|～在一起了|真巧,我在街上～见了老朋友|我们俩不在一个公司工作,很难～上一回|这些日子我没～着过他。❸〈丙〉试探:～运气|～～看|～一下|你去～～运气,看能不能中(zhòng)个奖|我去～一～,也许他会同意。

【构词】碰杯/碰壁/碰去/碰面/碰巧/碰锁/碰头/碰撞/碰一鼻子灰

4815 **碰钉子**(釘) 丙

pèng dīngzi (meet with a rebuff)

比喻遭到拒绝或受到斥责:会～|可能～|常～|总～|怕～|小心～|免得～|免不了～|到处～|～的原因|年轻人哪有不～的?|干推销工作,～是常有的事|我怕～,所以不敢去求他|你去找他,肯定～|我在他那里碰了个软钉子|为这事我已经碰过三回钉子了。

【近义词】碰壁

4816 **碰见** 乙

pèng jiàn (run into)

事先没有约会而见到:～小王了|～老师了|～知己了|～老朋友了|～了两次|～过一回|总～|老～|时常～|三天两头～|啊,今天我算～知音了|

这种好事我怎么从来没～过？|下班的路上～一个卖水果的，就买了两斤梨|我在路上经常～他|我明天可能碰得见他|我碰不见他，你还是去他家找他吧。

【近义词】遇见/遇到

【提示】“碰见”是动补结构，中间可插入“得”或“不”，如：碰得见|碰不见。

4817 **批** 丙 〔部首〕扌 〔笔画〕7

pī (criticize)

[动]❶批评；批判：～…的错误|～一次|～了一会儿|～了好几年|～深|～透|～完|他的官僚作风应该～～了|今天我又挨～了|今天会上，我们把他～了一顿。❷指示；批改：～文件|～作文|～水泥|～钢材|～意见|～假(jià)|～一下|～下来|～不下来|你的出国申请～下来了|老师在你的文章后～了几句话，快看看|关于他的住房申请，厂长已经～了|请总经理把意见～在文件上|公司～给你们10吨钢材。

【构词】批驳/批发/批复/批改/批购/批假/批件/批量/批条/批文/批语/批阅/批注/批转

4818 **批** 乙

pī (batch; group)

[量]用于大宗的货物和多数的人：一～货|一～粮食|一～物资|一～青年|一～战士|六七十年代，大～青年上山下乡|一～又一～急救物资源源不断运往灾区|一～～新产品投入了市场。

4819 **批发**(發) 丁

pīfā (wholesale)

[动]成批地出售商品：～商品|～烟酒|～钢材|～部|～价|可以～|给予～|打算～|要求～|需要～|直接～|及时～|老张负责厂里的纸烟～工作|我们是老客户，还按原来的～价卖给我们吧|这个商店～兼零售。

4820 **批复**(復) 丁

pīfù (give an official written reply to a subordinate body)

[动]对下级的书面报告批注意见答复：局长～|公司～|首长～|国务院～|～文件|～计划|～得快|～得及时|给予～|请求～|及时～|～的意见|～的文件|最近国务院～了一份关于房改的文件|王局长～的意见请大家看一看|为什么我们的建房计划迟迟不予以～？

4821 **批改** 丁

pīgǎi (correct)

[动]修改文章、作业等并加批语：老师～|编辑～|～文章|～作文|～练习|～稿件|～论文|～得认真|～得仔细|～得马虎|～过一次|～一下|加以～|进行～|着手～|大量～|认真～|适当～|粗略地～|这么一大堆卷子，什么时候才能～完？|这些作文是王老师～的|他～学生的作业十分认真。

4822 **批判** 乙

pīpàn (criticize)

[动]对错误的思想、言论或行为作系统的分析，加以否定：～错误思想|～封建意识|～卖国主义|～无政府主义|～机会主义|～得对|～了一回|要～|害怕～|遭到～|自我～|大会～|学术～|重点～|系统地～|～的文章|对于腐朽堕落的思想应该严肃

地～|对他的错误可以～,但不能过火|不能随便～人,要有根据。

【近义词】批评

4823 **批评**(評) 甲

pīpíng (v. criticize; n. criticism)

[动]对错误和缺点提出意见:～人|～孩子|～领导|～报纸|～缺点|～错误|～得对|～得恰当|～得尖锐|～得中肯|～了一次|～了一顿|要～|必须～|展开～|提出～|接受～|挨～|同学们～他破坏课堂纪律|情况还没问清楚,怎么就胡乱～人?|他对大家的～表示愿意接受。

[名]指进行批评的行为:我接受你的～|这种～肯定会对你有好处|我不害怕～。

【近义词】批判

【反义词】表扬/表彰

【构词】定评/短评/好评/讲评/考评/品评/审评/史评/书评/述评/戏评/影评/总评

4824 **批示** 丁

pīshì (v. make comments and instructions; n. written instructions or comments [on a report submitted by a subordinate])

[动](上级对下级的公文)用书面表示意见:～文件|～计划|～信件|～得快|～得及时|他正在～文件|你的工作报告领导已经～了|他从来不积压文件,总是及时～。

[名]上级对下级用书面表示的意见:局长已对建房方案作了～|这是领导的～,请遵照执行。

4825 **批准** 乙

pīzhǔn (approve)

[动]上级对下级的意见、建议或请求表示同意:国家～|上级～|领导～|～报告|～计划|～条约|～逮捕|～加入|～一个月了|会～|应当～|予以～|申请～|得到～|获得～|私自～|书面～|口头～|正式～|全部～|他们的计划已获得了～|现在工作太忙,你请假没被～|报告已送上去了,只等领导～了|建一所学校的计划已被～。

4826 **坯** 丁 〔部首〕土 〔笔画〕8

pī (earthen brick)

[名]特指土坯:土～|打～|脱～|春天脱好～,秋天就可以盖房了|盖房我不会,我只会打～。

4827 **披** 乙 〔部首〕扌 〔笔画〕8

pī (drape over one's shoulders)

[动]覆盖或搭在肩上:～大衣|～棉袄|～着风衣|～斗篷|～雨衣|～一件衣服|～好|～上|～一～|他～着雨衣,冒雨跑了出去|外边冷,你再～上一件大衣吧|他～着大衣,从汽车里走出来|她～着一件毛披肩。

【构词】披发/披风/披拂/披挂/披甲/披肩/披露/披靡/披散/披阅/披肝沥胆/披坚执锐/披荆斩棘/披麻戴孝/披头散发/披星戴月

4828 **劈** 丁 〔部首〕刀 〔笔画〕15

pī (split)

[动]用刀斧破开:～木头|～竹子|～柴火|～碎|～开|～烂|～了一堆|～了一斧|～下来|～得动|他才10岁,能～得了树?|到底是小伙子,不大一会儿就～了这么一大堆柴|一刀～下去,树杈就掉下来了|这么一大堆木头,我一个人哪～得了?

【构词】劈面/劈杀/劈风斩浪/劈天盖地/劈头盖脸

4829 **啤酒** 甲 〔部首〕口 〔笔画〕11

píjiǔ (beer)

[名]一种用大麦和啤酒花制成的酒：好～|名牌～|生产～|制成～|～厂|～瓶|瓶装～|罐装～|一杯～|一瓶～|一箱～|一车～|青岛～远销海外，深受欢迎|我很喜欢喝～|我只能喝一杯～，再喝就醉了。

4830 **脾气**(氣) 乙 〔部首〕月 〔笔画〕12

píqi (temperament)

[名]❶性情：～好|～随和|～倔强|～古怪|～暴|～躁|改了～|摸清他的～|妈妈的～|年轻人的～|孩子～|炮筒子～|不同的～|两种～|他是个好～，从来没和别人吵过架|他对我的～了解得清清楚楚|一个人一个～，谁也别强求谁|他～暴躁，动不动就发火。❷容易发怒的性情；急躁的情绪：～大|有～|没～|发～|他大发～|他的～大得不得了|这个人没～，总是笑呵呵的。

【近义词】❶性子/性情/性格

4831 **疲惫**(憊) 丁 〔部首〕疒 〔笔画〕10

píbèi (exhausted)

[形]非常疲乏：精神～|军队～|身体～|样子～|感到～|显得～|～地闭着眼|他实在太～了，一躺下就睡着了|这种病就是让人感到浑身～|跑了一天，他～得不得了。

【近义词】疲倦/劳累/困乏/疲乏/疲劳

【反义词】精力充沛

【提示】多用于书面语。

【构词】疲顿/疲累/疲软/疲弱/疲塌/疲于奔命

4832 **疲乏** 丁

pífá (tired)

[形]疲劳：身体～|过分～|感到～|觉得～|显得～|忘记～|～的脚步|～的样子|～的感觉|参观了一天，晚上感到十分～|你怎么了？为什么显得这么～？|他在医院守候了半个月的病人，过分的～使他自己也病倒了|爬到山顶，他一点儿不觉得～。

【近义词】困乏/劳累/疲倦/疲劳/疲惫

【构词】不乏/解乏/困乏/劳乏/贫乏/缺乏

4833 **疲倦** 丙

píjuàn (tired and sleepy)

[形]疲乏；困倦：全身～|身体～|样子～|～得不得了|感到～|觉得～|不知～|忘记～|显得～|干得～|站得～|分外～|过分～|两夜没睡觉，工人们都非常～|他像一头老黄牛，总是那样不知～地干着|干了一天，他拖着～的身子回到了家|到底是老了，什么都不干还觉得～。

【近义词】困倦/劳累/疲乏/疲劳

【构词】怠倦/困倦/厌倦/诲人不倦/孜孜不倦

4834 **疲劳**(勞) 乙

píláo (tired)

[形]因体力或脑力消耗过多而需要休息：身体～|浑身～|～得要命|～过度|感到～|觉得～|开始～|不怕～|不知～|忘记～|过分～|～的身子|～战术|工人们为早日竣工，不分黑天白夜地干，～极了|他太～了，靠在椅子上就睡着了|极度的～，使他的健康严重受损|走了一天的山路，使他～得不想吃饭|他是一个不知～

的人。

【近义词】劳累/疲乏/疲倦/疲惫/困乏

4835 **皮** 乙 〔部首〕皮 〔笔画〕5

pí (skin)

[名]❶人或生物体表面的一层组织:牛～|马～|羊～|兔～|狐狸～|萝卜～|荞麦～|苹果～|一层～|一块～|～厚|～薄|一不小心碰掉了一块～|大夫正在给那个烧伤病人植～|人们常说:脸～厚,吃个够;脸～薄,吃不着|他吃苹果总是不削～,连～一块吃。❷(～儿)表面或包在外面的一层东西:地～|水～|书～|包袱～|包子～|饺子～|春卷～|馒头～|起～|撕～|你还不把那些新书包上～儿?|这块花包袱～她已经用了20年了|他擀饺子～儿可快了|地～很潮,可能昨夜下过雨了。

【反义词】内/里

【提示】皮,姓。

【构词】皮袄/皮包/皮包骨/皮鞭/皮层/皮尺/皮蛋/皮筏/皮肤病/皮猴/皮货/皮夹子/皮匠/皮筋/皮科/皮毛/皮帽子/皮棉/皮袍/皮球/皮肉/皮褥子/皮软/皮实/皮糖/皮艇/皮桶子/皮箱/皮鞋/皮靴/皮衣/皮影戏/皮疹/皮质/皮子

4836 **皮带**(帶) 丁

pídài (leather belt)

[名]用皮革制成的带子;特指用皮革制成的腰带:牛～|名牌～|黑色～|黄色～|一条～|一根～|宽～|他买了一条新～,扎在腰间很漂亮|这条～太宽了,系在腰上不舒服。

4837 **皮肤**(膚) 乙

pífū (skin)

[名]身体表面包在肌肉外部的组织:黄～|黑～|～白|～细|～粗糙|～嫩|～干燥|刺激～|保护～|～干裂|～发黄|要想～好,早晚用"大宝"|你看,这小宝宝的～多嫩呀!|这种化妆品刺激～,小孩别用|他～虽然黑,但长得很漂亮。

4838 **皮革** 丁

pígé (leather)

[名]用猪、牛、羊等的皮去毛后制成的熟皮,可以做鞋、箱等用品:人造～|～箱子|～背包|黄色～|～的质量|一种～|这个厂生产的～制品从式样到质量都很好|他买的那个～背包很实用|人造～好看但不结实。

4839 **匹** 乙 〔部首〕匚 〔笔画〕4

pǐ (m. *for horses, mules, etc*.)

[量]❶用于骡马:一～马|一～骡子|这是一～既勤劳又忠实的老马|他卖了一～骡子,买了两头驴。❷用于整卷的绸或布(50尺、100尺不等):两～绸子|一～布|店里进了10～花布。

【构词】匹敌/匹夫/匹配/匹夫之勇/匹马单枪

4840 **屁** 丁 〔部首〕尸 〔笔画〕7

pì (wind [from bowels])

[名]❶由肛门排出的臭气:放～|臭～|响～|一个～|他当众放了一个响～,羞得脸通红|吃黄豆不能喝凉水,不然一个劲儿地放～。❷比喻没有道理或不值一提的事物:这么点儿～事,你就不能忘了它?|～话!哪有的事?❸泛指任何事物,相当于"什么",多用于否定或斥责:他那里～事没有,让我白跑一趟|你知道个～!

【构词】屁股蛋/屁话/屁事/屁滚尿流

4841 **屁股** 丙

pìgu (buttocks [of humans])

[名]臀部;泛指动物身体后端靠近肛门的部分:～大|～小|打～|揍～|拍～|妈妈拍着小宝宝的～说:宝宝,快睡吧|婆婆气坏了,一～坐在地上哭着喊着:"我不活啦!"|这个人脾气大得很,真是老虎～摸不得。

【构词】八股/入股/招股

〔部首〕言 〔笔画〕20

4842 **譬如** 丙

pìrú (for example)

[动]比如:我很喜欢吃水果,～苹果、香蕉、梨什么的|他的爱好很多,～画画儿、书法、养花等等|你什么家务事都不会干怎么行? ～有一天我不在家,你吃什么?

【近义词】比如

〔部首〕竹 〔笔画〕15

4843 **篇** 甲

piān (piece [*for article, paper*, pagc, ctc.])

[量]用于文章、纸张、书页等:一～作文|一～论文|两～稿子|第三～课文|共10～|这本词典缺了两～,我去换|这～作文写得很有文采|你的这～论文再修改一下可以发表|这本小说选里共有12～小说。

【构词】篇幅/篇目/篇页/篇章/篇子

〔部首〕亻 〔笔画〕11

4844 **偏** *丙

piān (inclined to one side)

[形]❶不正;歪斜:太阳～了|方向～了|意思～了|～得厉害|～得太多|有点儿～|～了一些|觉得～了|摆得～|放得～|坐～了|挂～了|你把画挂～了|1号起脚射门,可惜球踢～了|他的头发总是～向一边|咱们走的方向不太对,我觉得咱们走～了|太阳～西了,该回家了。❷〈丁〉只重视一方面或对人对事不公正:～心|～爱|～重|～听|～信|你对儿子太～心了|你总是～听～信,这样怎么能当好领导?|他对音乐有些～爱。

【反义词】正

【提示】"偏"字上面有"丶",不能把"户"写成"尸"。

【构词】偏爱/偏殿/偏方/偏废/偏护/偏激/偏离/偏旁/偏颇/偏巧/偏食/偏瘫/偏袒/偏题/偏西/偏斜/偏心/偏远/偏重

4845 **偏** 乙

piān (contrary to what is expected)

[副]表示故意跟客观要求或客观情况相反:大夫说他的病不能喝酒,可他～喝|父母希望他学英语,可他～要学法语|你让我去,我～不去。

4846 **偏差** 丁

piānchā (deviation)

[名]工作上产生的过度或不及的差错:出现～|产生～|纠正～|避免～|防止～|政策上的～|执行中的～|大的～|严重的～|明显的～|一些～|一种～|银行工作必须细致认真,出不得半点儿～|为了防止出现～,我们制定了严格的规章制度|有～就要纠正。

【提示】"差"又读 chà,如"差点儿";又读 chāi,如"出差";又读 cī,如"参差"。

4847 **偏见**(見) 丁

piānjiàn (prejudice)

[名]偏于一方面的见解;成见:存在～|抱有～|克服～|打破～|消除～|

造成～|减少～|个人的～|阶级的～|民族～|世俗～|很深的～|明显的～|～比无知离真理更远|你不能以世俗的～对待这桩婚事|他对此事存在着～|因为他有了～，所以很不喜欢这个孩子。

【近义词】成见

4848 **偏僻** 丁

piānpì（remote）

［形］离城市或中心区远，交通不便：～的山村|～的地区|～的小路|～的镇子|～的角落|～一些|显得～|不算～|太～|过分～|确实～|故事发生在一个～的小镇|她任教的那个小学～极了|在郊外～的一角，发生了一起人命案|夜晚，一个人行走在～的小路上，他不免有些害怕。

【近义词】荒僻

【构词】孤僻/乖僻/怪僻/荒僻/静僻/冷僻/生僻/幽僻

4849 **偏偏** 丙

piānpiān（contrary to what is expected）

［副］❶表示故意跟客观要求或客观情况相反，或事实跟主观想法恰好相反：父母极力反对这门婚事，可儿子～要和这个姑娘结婚|我好不容易才找到他家，可他～不在家|我们本来打算今天出去玩，可～下起雨来了|这个商店皮鞋很多，可我喜欢的那种款式却～没有。❷表示范围，相当于"单单"、"只有"：别的班周末都不上课，为什么～我们班上？|大家都喜欢这种颜色的毛衣，可～她不喜欢。

【提示】"偏偏"和"偏"的区别在于："偏偏"可用在动词前，也可以用在主语前；"偏"却只能用在动词前。

4850 **偏向** 丁

piānxiàng（v. be partial to; n. erroneous tendency）

［动］（对某一方）无原则地支持和袒护：～子女|～亲人|～同伙|～一方|～某队|不要～|不该～|不许～|唯恐～|防止～|过分～|裁判员明显～甲队|妈妈～小弟，引起哥哥的不满|如果你过分～好学生，就会引起其他同学的不满。

［名］不正确的倾向：工作中出现～，要及时纠正|科研工作出现了一些～，这也是难免的。

【近义词】偏袒

4851 **便宜** *甲 〔部首〕亻 〔笔画〕9

piányi（adj. cheap; n. petty gain）

［形］价钱低：价钱～|物价～|电费～|东西～|处理品～|蔬菜～|粮食～|～得多|～得很|～一点儿|～一些|觉得～|以为～|不～|变得～|确实～|过分～|～的商品|这个店的商品比别的店～一些|这件上衣才20块钱，真～|～没好货，好货不～|～的东西质量不一定差。

［名］〈乙〉不应得的利益：占～|捞～|贪～|图～|拣～|找～|大～|小～|她是一个爱占～的人|你总是图～，怎么样？今天吃亏了吧？|占小～吃大亏|他没捞着～，反而上了大当。

【近义词】［形］贱/低廉

【反义词】［形］贵/昂贵

【提示】"便"又读 biàn，见第355条。

4852 **片** 甲 〔部首〕片 〔笔画〕4

piàn（m./n. slice）

［量］❶用于平而薄的东西：几～树叶|三～面包|两～药|～～白云。❷用

于地面、水面等：一～稻田|一～麦子|一～汪洋|白茫茫一～。❸用于景象、声音、语言、心意等：一～欢呼声|一～丰收的景象|一～好心|一～胡言乱语。

[名]平而薄的东西，一般不很大：肉～儿|布～儿|瓦～儿|玻璃～儿|他把肉切成了薄薄的肉～儿|杯子掉到地上，摔成了碎～儿|别乱扔纸～儿。

【提示】"片"又读 piān，如"相片儿"、"唱片儿"、"电影片儿"等。

【构词】片段/片面性/片时/片儿汤/片瓦无存/片言只字

4853 **片刻** 丁

piànkè (a moment)

[名]极短的时间；一会儿：停留～|休息～|迟疑～|稍等～|思索～|停顿～|～间|对不起，请您稍等～，我马上就回来|这人就那么反复无常，～之间就能改变自己的主意|他休息～就又上了手术台|思索了～，他果断地说："就这么办了。"

【近义词】一会儿/一阵儿/一阵子/少顷

4854 **片面** 乙

piànmiàn (one-sided)

[形]❶单方面的：～之辞|～意见|～反映|～汇报|你们公司～撕毁合同，是要负法律责任的|作为领导，你怎么能够只听他一个人的～之辞呢？|你听说的只是～意见，并不代表我们。❷偏于一面的(跟"全面"相对)：思想～|看法～|观点～|意见～|言辞～|内容～|理解～|解释～|分析～|报道～|调查～|了解～|过分～|～地强调|～地做出结论|你所说的那些，是一种十分～的看法|我们不能～地看待这个问题|工作中应尽量避免～性|你对这篇文章的理解有些～|做工作他总是过分～地强调困难。

【反义词】❷全面

4855 **骗**(騙) 乙 〔部首〕马 〔笔画〕12

piàn (deceive)

[动]用谎言或诡计使人上当；欺骗：～人|～钱|～东西|～小孩儿|受～|～得了|～不了|不能～|不应该～|～过|～了一次|那几个赌徒常常合起伙来～别人的钱|这些不法商人利用卖假货～了大笔的钱|不要总是～孩子，那样会让他失去真诚|顾客们都让小贩们～怕了，常常自己带秤去买东西|我们的眼睛要擦亮一些，不能总是上当受～|你～得了他，可～不了我|他从来没～过人。

【近义词】欺骗/诈骗/哄骗/诱骗

【构词】骗供/骗局/骗取/骗术/骗子/骗子手

4856 **飘**(飄) 乙 〔部首〕风 〔笔画〕15

piāo (wave to and fro)

[动]随风摇动或飞扬：～雪花|～柳絮|～下一张纸|～来一股香味|～去|～走|～过来|～呀～|刚才还好好儿的，怎么突然～起雪花了？|碧蓝的天空中～着几朵白云|远处～来阵阵笛声|五颜六色的彩旗在街道两旁随风～动|风筝在空中～。

【提示】"飘"指在空中随风摇动或飞扬；"漂"指在液体表面停留或移动。

【构词】飘泊/飘带/飘荡/飘动/飘浮/飘忽/飘零/飘流/飘落/飘渺/飘飘然/飘散/飘舞/飘扬/飘摇/飘移

4857 **飘扬**(揚) 丙

piāoyáng (flutter)

[动]在空中随风摆动:红旗～|～着国旗|随风～|迎风～|广场上无数面彩旗迎风～|议会大厦前,～着五颜六色的会旗|五星红旗迎风～|柳絮随风～,好像雪花一样。

【提示】"飘扬"的"扬"偏旁是"扌",不能写成"木"。

4858 **漂** 丁 〔部首〕氵 〔笔画〕14

piāo (float)

[动]停留在液体表面不动,或顺着液体流动的方向移动:小船～着|白鹅～着|身体～在水面|可以～|慢慢地～|～远了|～走了|～过来|海上～来一只小船|那些美丽的花瓣儿顺水～走了|海员们的生活比较单调,他们一年到头～在海上。

【提示】"漂"又读 piǎo,如"漂白";又读 piào,如"漂亮"。

【构词】漂泊/漂浮/漂流/漂移/漂游

4859 **漂亮** *甲 〔部首〕氵 〔笔画〕14

piàoliang (beautiful)

[形]❶好看;美观:姑娘～|长相～|模样～|脸蛋儿～|裙子～|家具～|颜色～|～极了|～一些|爱～|显得～|觉得～|变得～|确实～|十分～|相当～|这姑娘比小时候～多了|你看,那新娘子打扮得多～啊!|人老了,再也～不起来喽!❷〈乙〉精彩;出色:字体～|板书～|动作～|干得～|打得～|踢得～|处理得～|安排得～|～仗|～球|今天这场足球踢得真～|这个警察的擒拿动作相当～|他的毛笔字确实～。

【近义词】美丽/美观/好看/精彩/出色

【提示】"漂"又读 piāo,见第 4858 条;又读 piǎo,如"漂白"。

4860 **票** 甲 〔部首〕西 〔笔画〕11

piào (ticket)

[名]印的或写的作为凭证的纸片:电影～|车～|戏～|话剧～|股～|月～|飞机～|一张～|一叠～|集体～|个人～|～的种类|你买着电影～了吗?|股～那东西不是谁都可以玩的,弄不好会倾家荡产的|今天参观我们买的是集体～|你坐车怎么不买～?|选举时我投了他一～。

【构词】票额/票房/票根/票据/票面/票子

4861 **撇** 丁 〔部首〕扌 〔笔画〕15

piē (cast aside)

[动]❶抛弃;弃之不顾:～下妻儿|～下老人|～下儿女|～下工作|暂时～下|他～下家人,一个人到国外去了|你先～下这个问题,谈主要的|这种小事你为什么总～不下?|那孩子长大了,就～下他的养父母不管,这太不像话了!❷从液体表面上轻轻地舀:你把豆浆上的沫子～一下|这汤里的油太多,你～一～吧。

【提示】"撇"又读 piě,如"撇砖头"。

4862 **瞥** 丁 〔部首〕目 〔笔画〕16

piē (glance)

[动]很快地看一下:一～|～一下|～了一眼|妹妹刚要说话,姐姐～了她一眼,吓得妹妹赶忙闭上了嘴|我的作文题目是《上海一～》|他～了我一眼,什么都没说|考试时,不许～别人的卷子|上课时,我～见他在偷偷写信。

4863 **拼** 丙 〔部首〕扌 〔笔画〕9

pīn (join together)

[动]❶合在一起；连合：～音｜～花布｜～木板｜～一下｜～在一起｜～好了｜～完了｜～起来｜会～｜能～｜可以～｜小女孩正在～图案｜她把一块块儿碎布～成一张很好看的布贴画｜这个桌面刚～上，你别碰它｜这两块板一薄一厚，～不到一块儿去。❷不顾一切地干：～命｜～力气｜～体力｜～时间｜年纪这么大了，别再～命干了｜长跑既要～体力，又要～耐力｜他～了半年，还真考上大学了。

【构词】拼版/拼刺/拼凑/拼合/拼接/拼劲/拼盘/拼死/拼写/拼音

4864 **拼搏** 丁

pīnbó (go all out to)

[动]使出最大力量争取：敢～｜肯～｜能～｜要～｜得～｜应当～｜进行～｜开始～｜继续～｜经过～｜决心～｜～一下｜战场上的～｜运动场上的～｜顽强～｜努力～｜全力～｜艰难地～｜～的精神｜～的决心｜～的结果｜中国女排奋力～，终于又一次获得冠军｜关键时刻要敢于～｜他靠着一股顽强的～精神，拿下了第二局｜我要学习他那种勇于～的劲头。

4865 **拼命** 乙

pīn mìng (do sth. desperately)

把性命豁出去；比喻尽最大的努力：敢～｜～干｜～推｜～跑｜～工作｜～学习｜～劝说｜～抽烟｜～喝酒｜～打扮｜我拼了这条命也要拿下百米冠军｜你跟我拼什么命？我又没得罪你｜为了半年以后能考上大学，现在他～学习｜最近她～打扮，是不是有男朋友了？｜要出成绩就得～训练｜在战场上就要敢于跟敌人～。

【提示】离合词，中间可插入其他成分，如：拼了老命。

4866 **频繁**(頻) 丁 〔部首〕页 〔笔画〕13

pínfán (frequent)

[形](次数)多：活动～｜会议～｜次数～｜战斗～｜来往～｜接触～｜太～｜变得～｜过分～｜最近的会议太～了，应该减少一些｜你现在还是个学生，社会交往哪能这样～？｜这段路的交通秩序很差，交通事故～发生。

【构词】频传/频道/频段

4867 **频率** 丁

pínlǜ (frequency)

[名]物体每秒振动的次数；在单位时间内某种事情发生的次数：这台仪器振动的～太低，修一下儿吧｜心脏收缩的～过快或过慢都会使人感觉不适｜机器运转的～越大，消耗的能量就越快。

4868 **贫**(貧) 丁 〔部首〕贝 〔笔画〕8

pín (poor)

[形]穷；缺少；不丰富：～穷｜～乏｜～农｜～民｜～苦｜～弱｜～血｜～水｜清～｜一～如洗｜那里的农民生活依然十分～困｜这片黄土高坡水源极其～乏｜一场水灾过后，这里的人们一～如洗｜语言～乏，怎能写出好文章？｜这里是～水地区。

【近义词】穷/贫穷/贫困/贫寒/贫苦

【反义词】富/富裕/富足/富贵/富饶

【提示】“贫”上边是“分”，与“贪”的上部不同。

【构词】贫雇农/贫寒/贫瘠/贫贱/贫矿/贫民窟/贫农/贫气/贫弱/贫血

4869 **贫乏** 丁

pínfá (lacking)

[形]缺少;不丰富:资源～|矿产～|石油～|煤炭～|水产～|森林～|水源～|知识～|语言～|材料～|觉得～|显得～|感到～|变得～|一样～|～的状况|～的程度|由于太年轻,他工作经验显得很～|那个国家的石油～得很|这篇文章的内容有些～|他的知识～得可怜。

【近义词】缺乏/匮乏

【反义词】丰富/富足

4870 **贫苦** 丙

pínkǔ (hard up)

[形]贫困穷苦;生活资料不足:生活～|家庭～|出身～|忍受～|摆脱～|变得～|极端地～|同样地～|～的生活|～的日子|～的老百姓|～的过去|小王家境～,生活艰难|～的生活,锻炼了他吃苦耐劳的意志|要想甩掉～的帽子,就得拼命去干。

【近义词】贫穷/穷困/困苦/贫困

【反义词】富裕/富饶/富足

4871 **贫困** 丁

pínkùn (impoverished)

[形]生活困难;贫穷:～地区|～山区|～居民|生活～|日子～|群众～|脱离～|告别～|忍受～|害怕～|极端～|～现象|～面貌|～的省份|连年多病,使他的生活极为～|“希望工程”就是要帮助～地区的孩子们上学|极度～的生活使母亲过早地衰老了。

【近义词】贫穷/贫苦/贫寒/穷困

【反义词】富裕/富有/富足

【构词】春困/犯困/窘困/穷困/围困

4872 **贫民** 丁

pínmín (poor people)

[名]职业不固定而生活贫穷的人:城市～|救济～|帮助～|援助～|～区|～窟|～住宅|部分～|一些～|大批～|国际难民署正在紧急调拨物资,援助那里的～|战争使这一地区的～更加贫困|去年这个～区发生了一场火灾。

4873 **贫穷**(窮) 丙

pínqióng (poor)

[形]生产资料和生活资料缺乏:家乡～|国家～|家庭～|家里～|不～|摆脱～|脱离～|消灭～|陷入～|忍受～|面对～|变得～|过得～|普遍～|一样～|确实～|极为～|～的原因|～的根源|他人虽～,但很有志气|那时他家十分～|由于家乡～,他来城里打零工。

【近义词】缺乏/匮乏/贫困/穷困

【反义词】丰富/富足/富裕

4874 **品** 丁 〔部首〕口 〔笔画〕9

pǐn (v. sample; suf. product)

[动]辨别好坏:～茶|～酒|～咖啡|～～味道|～一下|仔细地～|你～一～,这龙井茶真不错|外宾们～了一口茅台酒,不断地点头|服务小姐端着饮料,对顾客们说:这是新产品,欢迎大家～尝|一个人人品怎么样,时间一长就～出来了。

[尾]指物品:商～|产～|名～|战利～|制～|副食～|食～|用～|展～|生活必需～。

【提示】品,姓。

【构词】品茶/品第/品格/品级/品节/品貌/品名/品评/品味/品位/品性

4875 **品尝**(嘗) 丁

pǐncháng (taste)

[动]仔细地辨别;尝试(滋味):～饭菜|～美味|～佳肴|～味道|～海鲜|～美酒|～奶茶|～咖啡|～一下|可以～|欢迎～|想～|细细地～|随便～|共同～|这龙虾的滋味如何,请大家～|留学生们～着中国的菜肴,一个劲儿地说:"太好吃了!"|他～了半天,什么感觉都说不出来|这种咖啡可香了,请大家～。

【近义词】品/尝/品味

【构词】饱尝/何尝/浅尝/未尝

4876 **品德** 丙

pǐndé (moral character)

[名]品质道德:～高尚|～崇高|～好|～不佳|～不怎么样|～太差|战士的～|儿童的～|思想～|共产主义～|养成的～|优秀～|谦虚的～|勤劳的～|俭朴的～|一种～|～的好坏|～的优劣|人们都在颂扬他那公而忘私的高尚～|他的崇高～永远值得我们学习|要注意对儿童思想～的培养|给我印象最深的就是他那高尚的～。

【近义词】品行/品质/品性/品格

4877 **品行** 丁

pǐnxíng (moral conduct)

[名]有关道德的行为:～好|～端正|～不端|～恶劣|英雄的～|学生的～|孩子的～|青年人的～|高尚的～|暴露出来的～|这孩子学习不错,但～太差|无论学校还是家长,都应加强对孩子的～教育|对一个人来说,～比才能更重要|他是个～端正的人。

【近义词】品性/品质/品德/德行

4878 **品质**(質) 丙

pǐnzhì (quality)

[名]❶行为、作风上所表现的思想、认识、品德的本质:～好|～高尚|～高贵|～优秀|～坏|～恶劣|～低劣|学习他的好～|思想～|革命～|高贵～|恶劣的～|不同的～|～问题|～的好坏|他那一心为公的优秀～永远值得我们学习|事情虽小,但我们从中能看出一个人的～|这是～问题,不能小看。❷物品的质量:产品的～|布的～|烟的～|丝绸的～|～优良|～纯正|～好|～低劣|这种料子的～不错|那种香烟的～太低劣,你别买了|这种稻米～优良|～的好坏,直接影响到产品的销路。

【近义词】❶品德/品性/品行

4879 **品种**(種) *乙

pǐnzhǒng (breed)

[名]❶产品的种类:～增加|～减少|～齐全|～繁多|～单调|～少|货物的～|商品的～|百货的～|小麦的～|要想赢得顾客的满意,还得在花色～上下功夫|秋季是这一带水果～最多的季节|这个商店货物～齐全。❷〈丙〉经过人工选择和培育具有共同遗传特点的生物体:小麦的～|特殊～|珍贵～|这是一种特殊～的苹果|这些新疆马是马中的优良～|他培育优良～的水稻共花了10年的时间。

【提示】"品种"的"种"在这里不能读成 zhòng。

【构词】白种/拌种/变种/兵种/播种/采种/断种/工种/黑种/黄种/火种/祸种/浸种/剧种/绝种/良种/劣种/灭种/孽种/配种/情种/人种/树种/特种/同种/物种/下种/选种/有种/语种/育种/杂种/种种/籽种

4880 **聘** 丁 〔部首〕耳 〔笔画〕13

pìn (engage)

[动]❶聘请：～专家｜～顾问｜～教授｜～教练｜～律师｜～工程师｜～技术员｜决定～｜希望～｜要求～｜正式～｜专门～｜～的办法｜～的时间｜他被我们学校～为兼职教授｜厂长，赶快～一名工程师来充实这里的技术力量吧｜我们公司太穷，～不起顾问。❷定亲；女子出嫁：～金｜～礼｜～闺女｜出～｜奶奶有个老规矩，一年不～俩闺女｜这里～女儿比娶媳妇花的钱还多呢｜这年头儿，真是～不起闺女了。

【构词】聘金/聘礼/聘书

4881 **聘请**(請) 丁

pìnqǐng (engage)

[动]请人担任职务：公司～｜大会～｜单位～｜～学者｜～讲师｜～教练｜～翻译｜～导演｜～过一次｜愿意～｜决定～｜建议～｜快～｜正式～｜多多～｜～的客人｜～的人数｜他们公司～了一个电脑专家｜他是很有经验的厨师，被一家大饭店～走了｜他们足球队～了一位有名的教练｜他被电影厂～过两年｜我给儿子～了一位家庭教师。

【近义词】聘任/聘用/招聘

【构词】报请/呈请/吃请/促请/烦请/恭请/回请/恳请/申请/宴请/邀请/有请/约请

4882 **聘任** 丁

pìnrèn (appoint sb.to a position)

[动]聘请担任职务：单位～｜学校～｜系里～｜工厂～｜领导～｜～厂长｜～工程师｜～编辑｜～研究员｜～一次｜～一回｜应当～｜决定～｜定期～｜～办法｜～手续｜新～的厂长能力很强，生产指标马上就上去了｜这个律师我们打算长期～下去｜工程技术人员都～好了，就等着开工了。

【近义词】聘请/聘用/招聘

【反义词】辞退

4883 **聘用** 丁

pìnyòng (employ)

[动]聘请：～技术员｜～教练｜～研究员｜～演员｜～一次｜～一回｜应当～｜值得～｜决定～｜准备～｜同意～｜受到～｜被～｜大胆地～｜大量～｜他们厂虽不大，但～了不少技术人员｜我们厂准备再～一批保安人员｜面试非常成功，结果他被～了。

【近义词】聘任/聘请/招聘

【反义词】辞退

4884 **乒乓球** 乙 〔部首〕丿 〔笔画〕6

pīngpāngqiú (table tennis)

[名]球类项目之一，在球台中央支着球网，双方站在球台两边用球拍打来打去；也指乒乓球运动使用的球：～运动｜～赛｜看～｜～队员｜～爱好者｜一场～｜打～｜玩～｜白色～｜桔黄色～｜他是世界有名的～冠军｜我最近迷上～了｜中国的～运动十分普及｜这里的～运动搞得红红火火｜小小的～牵动着亿万人的心。

4885 **苹果**(蘋) 甲 〔部首〕艹 〔笔画〕8

píngguǒ (apple)

[名]一种圆形、味甜或略酸的水果：大～｜小～｜二斤～｜～核(hú)｜～皮｜红～｜富士～｜国光～｜～汁｜一个～｜一筐～｜近年来，富士～比较畅销｜这种～的颜色虽然好看，但不好吃｜小姑娘那～般的小脸真是可爱极了｜他从树上摘下一个大～｜树上的～全熟了｜我买了三斤～。

4886 **平** *乙 〔部首〕一 〔笔画〕5

píng (flat)

[形]❶表面没有凹凸;不倾斜:路很～|桌面～|放～|摆～|挂～|削～|～～的水面|一马～川|这块农田被勤劳的农民修整得很～|这段路不～,你小心点儿|～～的水面上浮着一群白鹅|你把椅子放～,别摔着|一碗水要端～。❷〈丙〉跟别的东西高度相同;不相上下:洪水已经和房顶一样～了,大家都逃到了土山上|这盘棋是～局|他俩是～辈人,互相常开玩笑|现在两个队的比分～了|俩人这回打了个～手。❸〈丙〉安定:暴雨过去了,现在已经风～浪静了|你们不要再打了,应该～心静气地谈一谈了。

【提示】平,姓。

【构词】平白/平板车/平辈/平淡/平地/平定/平反/平方根/平房/平复/平和/平衡木/平滑/平缓/平价/平局/平均数/平空/平面图/平人/平绒/平声/平生/平实/平视/平手/平顺/平素/平台/平添/平头/平纹/平昔/平息/平心/平行线/平移/平庸/平正/平直/平装/平分秋色/平铺直叙/平起平坐/平心而论/平心静气/平易近人

4887 **平安** 乙

píng'ān (safe and sound)

[形]没有事故,没有危险;平稳安全:孩子～|大人～|生活～|一路～|求得～|～的消息|～家信|～的日子|～地工作|～地到达|～地回来|～着陆|祝您一路～|他～到达北京后马上给家里写了一封～信|飞机～着陆,大家都松了一口气。

【近义词】安全

【反义词】危险

4888 **平常** 乙

píngcháng (n. usually; adj. common)

[名]平时:～的表现|～爱说爱笑|～很热闹|他～很少锻炼身体|他们～不注意教育孩子,才使孩子走上了犯罪的道路|他今天的打扮怎么和～不一样?|他～总是第一个来,今天为什么迟到了?

[形]普通;不特别:他今天的打扮很不～|他战功卓著,有着很不～的经历|他从总统的位子上退下来以后,一直过着～人的生活。

【近义词】[名]平时;[形]普通

4889 **平等** 乙

píngděng (adj. equal; n. equality)

[形]泛指地位相等:男女～|官兵～|人人～|地位～|待遇～|能～|要～|应该～|必须～|真正的～|大致～|基本～|～待人|～地交往|～地协商|当今社会男女～|各党派都应有～地参政议政的权力|这种分配太不～了|法律面前,人人～。

[名]指人们在社会、政治、经济、法律等方面享有相等待遇:要求～|争取～|有～|黑人举行游行,抗议社会的不～。

4890 **平凡** 丙

píngfán (ordinary)

[形]平常;不稀奇:～的岗位|～的工作|～的劳动|～的生活|～的经历|～的一生|～的小事|显得～|觉得～|嫌他～|他有着～的一生,却做出了

不～的事迹|我的工作虽然～，但却非常有意义|他总是换工作，就是因为嫌生活太～|他是一个～的人，可是有着高尚的品格。
【近义词】平常
【反义词】特殊
【构词】不凡/超凡/大凡/但凡/非凡/思凡/下凡/身手不凡

4891 **平方** 乙
píngfāng (square)
[名]❶指一个数的自乘：6的～是36。❷指平方米：他家的房子有80～。

4892 **平衡** 丙
pínghéng (adj. balanced; v. balance)
[形]对立的各方面在数量或质量上相等或相抵：力量～|收支～|产销～|供求～|保持～|求得～|掌握～|失去～|基本～|容易～|难～|上月我们公司的收支基本上～|他的工资比别人低，心里很不～|他能在各种势力之间保持～|经过改革，这个厂的产品达到了产销～。
[动]使相等或相抵：必须～各方面的力量，使其为实现共同目标而努力|做预算首先要注意～收支|站在平衡木上，我的身体怎么也～不了。
【近义词】均衡
【构词】均衡/抗衡/权衡/争衡

4893 **平静** 乙
píngjìng (calm)
[形](心情、环境等)没有不安、动荡：情绪～|内心～|心里～|生活～|湖面～|显得～|感到～|保持～|打破～|一样的～|暂时的～|～的心|～的世界|～地生活|～地坐着|赛场上国旗冉冉升起的那一刻，她那激动的心情怎么也不能～|微风吹过～的水面，荡起片片涟漪(liányī)|小城节日的夜晚一改往日的～|数十年如一日，她～地生活着。
【近义词】镇静/稳定
【反义词】动荡/不安

4894 **平均** 乙
píngjūn (v./adj. average)
[动]把总数按份儿均匀计算：请你把各班的人数～一下|这是100个苹果，～每人10个|奖金的分配不能～|这3000块钱，～成5份，发给大家|这一地区人的～寿命73.5岁|这儿年气温～18度，四季如春。
[形]没有多少或轻重的分别：人数～|奖金～|财产～|力量～|绝对～|基本～|～地分配|～地使用|完全～|奖金～分配，这不是大锅饭吗？|一起吃饭时～分摊饭费叫AA制|子女所得遗产基本～。

4895 **平面** 丁
píngmiàn (plane)
[名]最简单的面，在一个面内任意取两点连成直线，如果直线上所有的点都在这个面上，这个面就是平面：这是一张～图|清晨，一轮红日从海～上升起|你会算这道～几何题吗？|这个盒子的每一个～上都贴着一张画儿。

4896 **平民** 丁
píngmín (the common people)
[名]泛指普通的人：一般～|～百姓|～的要求|～生活|～的权利|～的地位|我们都是些～百姓|政府应对那里的～给予照顾|北京的～百姓都很

关心时事|城市～的文化生活越来越丰富。

【反义词】贵族

4897 **平日** 丁

píngrì (ordinary days)

[名]一般的日子(区别于特定的日子,如节假日或特指的某一天):除了节假日,他～很少休息|今天不比～,你要打扮得漂亮些|她～很少出门,今天却早早离开了家。

【近义词】平时

【反义词】节日/假日

4898 **平时**(時) 乙

píngshí (ordinary times)

[名]一般的、通常的时候(区别于特定的或特指的时候);又指平常时期(区别于非常时期,如战时、戒严时):他今天取得的好成绩,都是～努力的结果|这个人～不言不语,该说的时候却是能言善辩|～多流汗,战时少流血。

【近义词】平日

4899 **平坦** 丁

píngtǎn (smooth)

[形]没有高低凹凸(多指地势):地势～|土地～|道路～|～的马路|觉得～|铺得～|变得～|同样～|特别～|一条～的柏油马路横贯东西|崎岖不平的小道如今已变成了～的公路|这一带地势～,土地肥沃。

4900 **平稳**(穩) 丁

píngwěn (smooth and steady)

[形]平安稳当;没有波动或危险:市场～|物价～|局势～|语调～|感到～|保持～|飞得～|走得～|开得～|～地运行|飞机在蓝天上～地飞行着|近日市场物价趋于～|由于司机的驾驶技术高超,车开得又快又～|飞机～着陆|地面不平,没法儿把桌子放～。

【反义词】动荡

4901 **平行** 丙

píngxíng (parallel)

[形]等级相同,没有隶属关系的:～单位|～机关|～院校|～职务|～班|咱们是～单位,怎么能说我们领导你们呢?|这几个班是～班,可以一同组织活动。

4902 **平原** 乙

píngyuán (plain)

[名]起伏极小、海拔较低的广大平地:华北～|山东～|大～|小～|无边的～|辽阔的～|肥沃的～|绿色的～|登高远望,华北大～尽收眼底|这一～地区,当年活跃着一支英勇的游击队|这是一块肥沃的大～|山谷中的这块小～,住着上千户人家。

【反义词】山地

4903 **平整** 丁

píngzhěng (adj. neat; v. level)

[形]平正整齐;(土地)平坦整齐:衣服～|土地～|地面～|道路～|菜地～|操场～|显得～|铺得～|修得～|一样～|特别～|～的农田里,是一片绿绿的麦苗|华北大平原到处是一片片～的土地|床铺叠得平平整整|衣服叠好,～地放在床上。

[动]使土地平坦整齐:农民们正在～土地|这块经过～的土地种上了蔬菜|土地～以后要在这里盖楼。

【近义词】规则/匀称/平展/平正
【构词】工整/规整/齐整/调整/完整/休整

4904 **萍水相逢** 丁 〔部首〕艹 〔笔画〕11

píng shuǐ xiāng féng ([of strangers] meet by chance like patches of drifting duckweed)

比喻从来不认识的人偶然相遇：你们二人只不过是～，怎么能这么快就结婚呢？｜我们虽然是～，但很快成了好朋友｜我与她在旅游中～，以后一直保持着通信联系。

4905 **凭**(凴) 丙 〔部首〕几 〔笔画〕8

píng (v. rely on; prep. base on)

[动]依靠；倚仗：～力气｜～本事｜～关系｜～技术｜～双手｜～事实｜～材料｜他能当厂长，完全是～自己的才能｜就～着这点儿资金，他硬是办成了一家公司｜养活这个家，全～他的这点儿工资。

[介]根据：～票入场｜你～什么打人？｜买东西必须～票付款｜你～本事吃饭，怕什么？

【构词】凭吊/凭借/凭据/凭空/凭栏/凭险/凭信/凭仗

4906 **瓶** 甲 〔部首〕瓦 〔笔画〕10

píng (n./m. bottle)

[名]容器，一般口较小，颈细肚大，多用瓷或玻璃制成：花～｜酒～｜暖～｜～胆｜瓷～｜油～｜醋～｜水～｜～子｜你看，那个花～多精美！｜听了这话，他心里像是打翻了五味～儿｜这人懒得油～子倒了都不扶一下！｜～里装的是酒，不是水。

[量]用于瓶装的东西：三～酒｜两～水｜一～奶｜一～油｜一～醋｜桌上摆着两～花｜我买了三～汽水｜我能喝三～啤酒。

【近义词】瓶子

4907 **瓶子** 乙

píngzi (bottle)

[名]同"瓶"：油～｜醋～｜酒～｜水～｜大～｜小～｜玻璃～｜啤酒～｜饮料～｜把～拿好了，别打了｜近来啤酒～爆炸，炸伤人的事时有发生｜旅游景点内，不许随地乱扔饮料～。

【近义词】瓶

4908 **评**(評) 丙 〔部首〕讠 〔笔画〕7

píng (comment)

[动]评论；评定；评判：～为｜～上｜群众～｜老师～｜裁判员～｜～理｜～分数｜～工资｜～奖｜～先进｜～优秀｜～得好｜～得公正｜～一下｜能～｜应该～｜公开～｜反复～｜～的标准｜～的结果｜那部电影～上"百花奖"了｜今年看谁能～为标兵｜他们正在～那些酒的优劣｜这个裁判～得公正｜这次唱歌比赛由群众参加～奖。

【近义词】评比/评定/评论/评说
【构词】评点/评断/评分/评改/评功/评级/评奖/评介/评剧/评理/评判/评书/评述/评说/评戏/评薪/评议/评语/评阅/评注

4909 **评比** 丁

píngbǐ (appraise through comparison)

[动]通过比较评定高低：～开始｜～结束｜～技术｜～出名次｜～出优劣｜可以～｜参加～｜～的范围｜他们厂正在进行质量～活动｜经过两次讨论，我们～出三个劳动模范｜这次～的范

围只限35岁以下的工人｜～活动到今天已经结束｜这次技术～我没有参加。

【近义词】评论

4910 **评定** 丁

píngdìng (evaluate)

[动]经过评判或审核来决定:职称～｜级别～｜～讲师｜进行～｜参加～｜认真～｜严格地～｜难～｜这次职称～工作比往年做得早｜大家讨论之后～出一、二、三等奖各一名｜考试已经结束,但老师还没有～分数。

【近义词】评价/评估

4911 **评估** 丁

pínggū (assess)

[动]评议估计:～成绩｜～等级｜～教学｜可以～｜～过一次｜参加～｜着手～｜～的程序｜～的结果已经出来了｜这次的教学～工作进行得很顺利｜年终,厂里对各科室人员的工作进行了～｜由专家进行的产品质量～,将于下个月开始。

【近义词】评价/评说/评论

4912 **评价**(價) 丙

píngjià (v. evaluate; n. evaluation)

[动]评定价值高低:～古人｜～作品｜～成果｜进行～｜正确地～｜～一个人要尽量做到公正、全面｜要正确～伟人毛泽东的功过。

[名]评定的价值:读者对这部作品给予了很高的～｜我对他的工作不了解,没法做出～｜人民给了他最公正的～。

【近义词】评论/评估

4913 **评论**(論) 丙

pínglùn (v. comment on; n. comment)

[动]批评或议论:～领导｜～干部｜～作品｜～一下｜群众的～｜他～文艺作品常常很有见地｜经过～,大家一致选他当模范｜大家～～这件事,到底谁是谁非。

[名]批评或议论的文章:一篇～｜发表～｜报纸上发表了一篇关于经济问题的～｜那篇～文章是他写的｜报纸上经常刊登他写的～。

【近义词】[动]评价/议论/评说/评述

4914 **评审**(審) 丁

píngshěn (examine and appraise)

[动]评议审查:～干部｜～教员｜～工程师｜多次～｜可以～｜参加～｜～的方法｜～的顺序｜要参加我们的球队,必须经过严格的～｜他的论文～时没有通过｜参加这次学术会议的论文,都要经过专家～。

【构词】编审/传审/复审/公审/候审/开审/陪审/收审/受审/送审/提审/听审/庭审/预审/政审/终审

4915 **评选**(選) 丁

píngxuǎn (choose through public appraisal)

[动]评比并推选:～干部｜～厂长｜～先进｜～作品｜专家～｜群众～｜公正地～｜～出｜最近又～出了10首最受欢迎的新歌｜大家意见分歧太大,实在～不下去了｜这本书内容已经过时了,怎么能～得上优秀图书?

〔部首〕尸
〔笔画〕9

4916 **屏障** 丁

píngzhàng (protective screen)
[名]像屏风那样遮挡着的东西(多指山岭、岛屿):天然～|苍翠的～|秀美的～|成为～|一道～|燕(Yān)山山脉是华北大平原的天然～|北部的防风林,像～一样阻止了风沙的南袭。

4917 **坡** 乙　〔部首〕土 〔笔画〕8

pō (slope)
[名]地形倾斜的地方:山～|土～|高～|陡～|斜～|大～|小～|～地|30度～|牛儿正在山～吃草|小心,前边有个大下～儿!|学习就像爬～,每前进一步都要付出艰辛|顺～往下走,一拐弯就到我家了。
【提示】口语中一般要儿化。
【构词】坡岸/坡道/坡地/坡度/坡田

4918 **泼**(潑) 丙　〔部首〕氵 〔笔画〕8

pō (splash)
[动]用力把液体向外倒或向外洒,使散开:～水|～沥青|～匀|～湿|～完|～净|～了一身|～了一盆|～了一会儿|你先～点儿水再扫地吧|他的胳膊疼得连水都～不了了(liǎo le)|我刚走到门口,一盆水突然～了过来|他～了我一身水|工人们正在往路面上～沥青。
【提示】"泼"字右边是"发",不能写成"友"。
【构词】泼妇/泼悍/泼辣/泼冷水/泼墨/泼水节

4919 **颇**(頗) 丁　〔部首〕页 〔笔画〕11

pō (quite)
[副]很;相当地:～佳|～具规模|那女子才貌～佳|他对京剧～感兴趣|他的话～为费解|他对大家的好言相劝～不以为然。
【提示】"颇"多用于书面语中。

4920 **婆婆** 丁　〔部首〕女 〔笔画〕11

pópo (mother-in-law)
[名]丈夫的母亲:她～|我的～|我～对我特别好|你～帮你照顾孩子吗?|他家的～对儿媳像对女儿一样亲。
【构词】婆家/婆母/婆娘/婆媳/婆子

4921 **破** *甲　〔部首〕石 〔笔画〕10

pò (adj. broken; v. break)
[形]❶完整的东西受到损伤变得不完整:鞋～了|碗～了|～衣服|～房子|非常～|房子已经很～了,该修一修了|他的头被车撞～了|他穿的衣服很～。❷〈乙〉讥讽质量等不好:谁爱看那个～电影!|这～书,哪里值那么多钱?|看你买的这辆～车,三天两头地坏!
[动]❶〈丙〉使损坏;使分裂;使整的变成零的:～板子|～木头|～冰|～钱|～得开|～不开|你～这么多木料是要打家具吗?|那么点儿小孩哪～得了板子呢?|他每年冬天都～冰打鱼|劳驾您帮我～点零儿钱好吗?|100块钱,我～不开。❷〈丙〉突破;破除;揭露:～纪录|～了规矩|～案|～密码|～谜语|这次的游泳比赛～了两项纪录|今天我非要～～他的规矩不可|今天公安干警又～了一桩重大案件|这个密码谁也～不开。
【构词】破案/破败/破冰船/破财/破钞/破费/破格/破工夫/破解/破戒/破句//破浪/破例/破脸/破落户/破谜/破灭/破伤风/破损/破题/破天荒/破土/破相/破晓/破译/破绽/破折号/破关斩将/破竹之势

4922 **破产**(產) 丙

pò chǎn (bankruptcy)

丧失全部财产;比喻失败或落空:工厂～|企业～|银行～|宣告～|担心～|遭到～|～的困境|～的原因|阴谋～了|美人计～|可能～|会～|最近,这家大银行宣告～|由于金融危机,很多企业纷纷～|他们的阴谋彻底～了|他在去年破了产|他曾经破过产,但10年后,他的生意又兴旺起来了。

【近义词】失败/倒闭/垮台

【提示】离合词,中间可插入其他成分,如:破了产。

4923 **破除** 丁

pòchú (do away with)

[动]除去(原来被人尊重和信仰的不好的事物):～迷信|～旧风俗|彻底～|应当～|加以～|决心～|大胆～|一切陈规陋习都应彻底～|～迷信,解放思想|～情面,照章办事。

【近义词】消除/扫除

【反义词】建立

4924 **破坏**(壞) 乙

pòhuài (destroy)

[动]❶事物受损坏:～建筑|～房屋|～铁路|～大桥|～和平|～关系|～情绪|～家庭|～名誉|彻底～|进行～|搞～|受到～|任意地～|～的手段|地震～了房屋、通讯及人们正常的生活秩序|～了别人的名誉,应该赔偿损失|你说这样的话,真～情绪|你不要去～别人的家庭|你们的做法,严重地～了我们双方所达成的协议。❷变革(社会制度、风俗习惯等):～旧习俗|～旧制度|～旧世界,建立新世界。

【近义词】损坏/损害/摧毁/毁坏

【反义词】建立/建设/保护

4925 **破获**(獲) 丁

pòhuò (unearth)

[动]破案并捕获:～一起大案|～了犯罪集团|～了假钞|～了一个流氓团伙|能～|要～|准备～|公安局～了一批非法枪支|警察在群众的配合下迅速～了这桩大案|由于公安人员采取了大胆而周密的措施,很快～了这一批犯罪分子。

【近义词】拿获/捕获

4926 **破旧**(舊) 丁

pòjiù (old and shabby)

[形]破烂陈旧:房子～|衣服～|～的被子|～的鞋子|显得～|一样～|确实～|几件～的家具|他的衣服虽有些～,但很整洁|他独身一人,住在一间～的房子里。

【近义词】破烂

4927 **破烂**(爛) 丙

pòlàn (adj. ragged; n. junk)

[形]因时间久或使用久而残破:衣服～|家具～|东西～|穿得～|特别～|～的衣服|～的报纸|这些～东西,谁希罕!|别看他穿得～,吃得可不错|他穿的衣服已～得不成样子了。

[名]破烂的东西;废品:收～儿|卖～儿|堆着～儿|捡～儿|捡来的～儿|卖掉的～儿|扔掉的～儿|～儿的用处|～儿的价值|他无依无靠,每天靠捡～儿维持生活|收～儿的来了,快把咱那些～儿拿去卖了|他在～儿堆里捡里了两本很有收藏价值的书。

【近义词】[形]破旧/破碎/破损/破败/

褴褛(lánlǚ)

【提示】“破烂”作名词时，口语中要儿化。

4928 **破裂** 丁

pòliè (break)

[动]完整的东西出现裂缝；比喻关系、感情、谈判等中断而不能再继续下去：瓜皮～|水管～|耳膜～|关系～|家庭～|和谈～|感情～|发生～|造成～|担心～|彻底～|完全～|～的程度|啤酒瓶子突然～，扎伤了他的眼|砂锅用米汤煮过后不容易～|既然感情已经～，何不早点儿离婚呢？|已经～的谈判，近期又恢复了。

4929 **破碎** 丁

pòsuì (tattered)

[形]破成碎块的；零碎的：～的玻璃|～的碗|心～了|撕得～|摔得～|彻底～|完全～|～的杯子|～的心|～的纸片|那时，山河～，民不聊生|三言两语怎能慰藉她那颗～的心？|～的纸片，从楼上飘下来。

【近义词】破烂/破损/破败

4930 **迫害** 丙 〔部首〕辶 〔笔画〕8

pòhài (persecute)

[动]压迫使受害(多指政治性的)：～群众|～童工|～女工|～干部|～知识分子|～得十分悲惨|反对～|禁止～|加以～|企图～|设法～|受到～|遭到～|政治～|人身～|残酷地～|凶狠地～|野蛮地～|～的手段|～的残酷性|老板～童工|老王是受～者之一|他受到10年的政治～。

【近义词】危害/残害/陷害/坑害/毒害/伤害

【构词】迫降(jiàng)/迫近/迫切/迫使/迫不得已

4931 **迫切** 乙

pòqiè (urgent)

[形]需要到难以等待的程度；十分急切：要求～|愿望～|心情～|感到～|要求得～|很～|分(fèn)外～|极端～|特别～|～的愿望|～的心情|～地要求|～地期待|人们～要求解决饮水问题|他～盼望着回家过年|他参军的要求非常～。

4932 **迫使** 丁

pòshǐ (force)

[动]用强力或压力使(做某事)：～敌人投降|～敌人放下武器|～对方同意|～学校停课|～对方离婚|他们绑架了他的儿子，～他交出100万赎金|对金钱的迷恋～他不断地犯罪。

4933 **扑(撲)** *乙 〔部首〕扌 〔笔画〕5

pū (throw oneself on)

[动]❶用力向前冲，使全身突然伏在物体上：～球|～蝴蝶|～蜻蜓|～蚂蚱|～空(kōng)了|～倒(dǎo)|～过去|～上来|～了一次|儿子一头～进妈妈的怀里|大黄狗向他～过去|他一下子～到我身上。❷〈丙〉把全部心力用到(工作、事业等上面)：老李一心～在工作上|她的心全～在孩子们身上了。❸〈丁〉扑打；拍：～粉|～着翅膀|～在脸上|～了一层|～匀|～完|他给儿子洗完澡，又～了一层痱子粉|一不小心，粉～到眼里去了|海鸥～着翅膀，直冲蓝天。

【构词】扑鼻/扑打/扑粉/扑救/扑克/扑空/扑面/扑灭/扑闪/扑腾

4934 **扑克** 丁

pūkè (poker)

[名]一种纸牌,共52张,玩法多样:玩～|打～|一副～|一张～|～的玩法|～的打法|他是个～迷,一玩起来,什么都忘了|打～得懂规矩|他玩～总是输。

4935 **扑灭**(撲滅) 丁

pū miè (put out)

扑打消灭:～蚊子|～苍蝇|～害虫|～大火|设法～|抓紧～|着手～|能～|会～|这个地区蝗虫泛滥,要设法～|只要重视,蚊蝇是可以～的|大火扑不灭,一连烧了三天|火还小,扑得灭。

【提示】"扑灭"是动补结构,中间可插入"得"或"不",如:扑不灭|扑得灭。

4936 **铺**(鋪) 乙 〔部首〕钅 〔笔画〕12

pū (spread)

[动]把东西展开或摊平;铺设:～床|～路|～轨|～沙子|～地毯|～砖|～得快|～得好|要～|开始～|需要～|想～|及时～|室内的墙刷好了,地板也～上了|床都～好了,准备睡觉了|这条高速公路从深圳一直～到北京。

【提示】"铺"又读 pù,如:铺子|床铺。

【构词】铺陈/铺底/铺垫/铺盖/铺盖卷/铺轨/铺排/铺设/铺叙/铺张/铺天盖地

4937 **葡萄** 丙 〔部首〕艹 〔笔画〕12

pútáo (grape)

[名]一种水果,圆形或椭圆形,成熟时紫色或黄绿色,味酸甜、多汁。也指生长这种水果的植物:～架|～叶|～珠|～干|～酒|～糖|一串儿～|一颗～|种～|摘～|新疆的～又大又甜|我买了二斤～|我家院里种了一架～|我从～架上摘了一串紫～|这人,吃不着～,就说～酸!

【提示】口语中可读轻声 pútao。

【构词】葡萄干/葡萄酒/葡萄紫

4938 **葡萄糖** 丁

pútáotáng (glucose)

[名]有机化合物,分子式 $C_6H_{12}O_6$,单糖类,无色晶体,有甜味,广泛存在于生物体中,特别是葡萄内含量多,通常用淀粉制成。葡萄糖营养价值很高,是人和动物的能量的主要来源,医药上用作滋补剂,也用来制造糖果、点心等:他经常给老人喝点儿～水|他晕过去了,医生给他输了一瓶～。

【构词】白糖/冰糖/果糖/红糖/皮糖/乳糖/砂糖/食糖/喜糖/蔗糖

4939 **仆人**(僕) 丁 〔部首〕亻 〔笔画〕4

púrén (servant)

[名]指被雇到家庭中做杂事、供役使的人:雇～|指使～|迫害～|奴役～|～的生活|～的要求|～的愿望|男～|女～|她给人家当了一辈子～|他雇了十多个～|她当～的时候认识了这个小伙子。

【构词】仆从/仆妇/仆役

【提示】"仆人"为旧时用法,现称雇到家中做杂事的人为"保姆"或"阿姨"。

4940 **朴实**(樸實) 丁 〔部首〕木 〔笔画〕6

pǔshí (plain; guileless)

[形]朴素;踏实;不浮夸:穿着～|～一点儿|～一些|要～|应当～|写得～|觉得～|打扮得～|～的打扮|同样～|小兰浑身上下透出一种～的美|这小伙子很～|他穿得很～|他性格～。

【近义词】质朴/朴素/简朴
【反义词】浮夸
【提示】"朴"又读 piáo,姓。
【构词】朴厚/朴陋/朴直/朴质/朴拙

4941 **朴素** 乙

pǔsù (plain)

[形]❶(颜色、式样等)不浓艳、不华丽:衣着～|穿着～|风格～|语言～|行文～|应该～|～一点儿|显得～|穿得～|～的感情|～的话|这姑娘打扮得很～|这短短的几句话,包含着～的哲理|这篇文章风格～。❷(生活)节约,不奢侈:生活～|作风～|提倡～|一样～|确实～|～的生活|～的本色|～的习惯|老军长的生活十分～|他一直保持着艰苦～的生活作风。

【近义词】朴实/俭朴/简朴
【反义词】奢侈/奢靡/豪华/阔绰
【提示】"朴素"与"朴实"都是形容词,都有本色、无华、自然的意思,区别在于:①词义的着重点不同。"朴素"着重指外表上俭朴,不华丽;"朴实"着重指本质上踏实,不浮夸;②适用的方面不同。"朴素"常用于服饰、陈设、生活作风等方面;"朴实"则常用于品质、态度等方面。

4942 **普遍** 乙 〔部首〕日 〔笔画〕12

pǔbiàn (universal)

[形]存在的面很广;具有共同性的:～现象|～问题|～意义|～的弱点|～的看法|～关心|～支持|～反对|～增加|～扩大|经调查发现,中小学生的视力～下降|由于生活水平、医疗水平的提高,人们的寿命～延长|这一带的群众体育运动开展得很～。

【近义词】广泛/一般/共同
【反义词】个别/特殊
【提示】普,姓。
【构词】普度/普法/普选/普照/普天同庆

4943 **普查** 丁

pǔchá (general survey)

[动]普遍调查:～开始了|～结束了|～成功了|～可靠|人口～|工业～|房屋～|～妇女病|～血吸虫病|～了两次|彻底～|～的重点|～的结果|最近国家进行了一次人口～|血吸虫病的～工作是很有必要的|通过～,发现了大量的第一手材料。

4944 **普及** 丙

pǔjí (v. popularize; adj. popular)

[动]普遍传布、推广,使大众化:～教育|～科学技术|可以～|能～|开始～|设法～|大力～|逐步～|容易～|～的任务|～的地区|我国正在大力～中学教育|农村中～法律知识的工作仍很艰巨|我们要进一步～防火常识。

[形]传播得普遍:在这里,普通话已经很～了|有关人体生理卫生的知识还不太～。

【反义词】提高

4945 **普通** 乙

pǔtōng (ordinary)

[形]平常的;一般的:～公民|～百姓|觉得～|相当～|一样～|～的东西|～的款式|～的样子|～的技术|～教育|他虽是高级干部,但却和～百姓一起吃住|我只是个～公民|他虽是一个普普通通的工人,却有着非常高尚的品质|我读的是～中学,不是重点中学|他的样子很～。

【近义词】平凡/平常/寻常/一般
【反义词】特殊/特别/独特/杰出/突出/卓越/超群

4946 **普通话**(話) 丙

pǔtōnghuà (common speech)

[名]现代汉语的标准语,以北京语音为标准音,以北方话为基础方言,以典范的现代白话文著作为语法规范:推广～|普及～|学习～|提倡～|说～|讲～|研究～|～讲得很好|地道的～|纯粹的～|我们应大力推广～|作为汉语老师,说不好～怎么行?|别看他只学了一年多汉语,～却讲得很地道|那个法国学生能说一口流利的～。

4947 **谱**(譜) 丁 〔部首〕讠 〔笔画〕14

pǔ (n. chart; v. set to music)

[名]❶按照对象的类别或系统,采取表格或其他比较整齐的形式,编辑起来供人参考的书或用来指导练习的图形:菜～|年～|食～|画～|棋～|～子|他编了一本作家年～|他整天看棋～,但是棋艺并不见提高|这是菜～,请您点菜|中国的食～内容十分丰富。❷曲谱:歌～|乐(yuè)～|他识～的能力很强,看着歌～就能把歌唱出来。❸大致的标准;把握:那人做事一点～儿也没有|这次考试,我心里有点～儿。

[动]就歌词配曲:～曲|请给这首诗～上曲|他～的曲子很有特点。

【构词】谱表/谱曲/谱写/谱制/谱子

4948 **谱曲** 丁

pǔ qǔ (compose music)

给歌词配曲:会～|能～|可以～|愿意～|值得～|打算～|开始～|认真～|共同～|他的拿手戏是为歌词～|这首歌是由著名的作曲家～的|他看了一遍歌词,觉得没有～的价值|那支民歌是他和他的老师共同～的|他为这段歌词谱了曲|这次获奖作品中有他谱的一首曲。

【提示】离合词,中间可插入其他成分,如:谱上曲|谱过曲。

4949 **瀑布** 丁 〔部首〕氵 〔笔画〕18

pùbù (waterfall)

[名]从山壁或河身突然降落的地方流下的水,远看好像挂着的白布:～流淌|～飞泻|～雄伟|欣赏～|远望～|自然的～|黄果树～|湍急的～|一条～|一道～|～的雄姿|那飞流直下的～,真是壮观极了|人们到这里来,主要目的是为了欣赏～|从山上流下一道～。

Q

4950 **期** 乙　　〔部首〕月　〔笔画〕12

qī（n. designated time; a period of time; m. issue）

[名]预定的时日；一段时间：定～|限～|到～|过～|学～|假～|潜伏～|考～|周～|～刊|这次的考～已过，请您参加下一～的吧|社会治安应长～抓，不能搞突击|这种病的潜伏～很长，应多观察。

[量]用于分期的事物：这种杂志我已经读过三～了|汉语培训班已经办过两～。

【构词】期货/期考/期满/期盼/期票/期许

4951 **期待** 丁

qīdài（expect）

[动]期望；等待：亲人们～|父母～|～未来|～回信|～佳音|～朋友|～支援|～录取|焦急地～|紧张地～|～的眼睛|人们把～的目光投向了大夫，可大夫却无奈地摇了摇头|高考完毕的学生们，现在正焦急地～着大学录取通知书的到来|这正是他～的那封信。

【近义词】期望/等待

【反义词】失望/绝望

4952 **期间**(間) 乙

qījiān（period）

[名]某个时间以内：节日～|春节～|国庆节～|大学～|运动～|改革～|生病～|疗养～|农忙～|大学～，每个寒暑假我都要去旅游|春节～，火车的客流量很大|他平时在外打工，农忙～才回家干农活儿。

【近义词】时间/时期/期限

4953 **期刊** 丁

qīkān（periodical）

[名]定期出版的刊物，如周刊、月刊、季刊等：中文～|英文～|文艺～|小说～|学术～|订阅～|新的～|～的代号|～的印刷|这种电影～挺畅销的|这里的～借阅手续很复杂|现在人们对～欣赏水平大大提高了。

【近义词】刊物

4954 **期望** 丁

qīwàng（expect）

[动]对事物的未来或人的前途有所希望和等待：农民～|教师～|～胜利|～谈判|～约会|～发表|～同意|殷切地～|～的神情|难民们都～着交战国首脑的谈判成功|这个小孙子正是他们一家所～的。

【近义词】渴望/热望/想望/指望/希望/盼望

【反义词】失望

【提示】“期望”、“希望”和“盼望”：都是表示心理活动的动词，都含有“想望”的意思，区别在于：①词性不完全相同。“期望”、“希望”可兼作名词，“盼望”不能。②语意轻重不同。“期望”、“盼望”含有殷切等待的意思，语意较重；“希望”只是一般地想望，语意较轻。③语体色彩不同。“期望”多用于书面，“希望”书面、口语都常用；

“盼望”常用于口语。

4955 **期限** 丁

qīxiàn (time limit)

[名]限定的一段时间;也指所限时间的最后界线:～延长了｜～超过了｜规定～｜超过～｜合同的～｜保修～｜有效～｜这台电视机的保修～是一年｜这是法定的～,不能违背｜交货～已到,再不交就要罚款了。

4956 **欺负**(負) 丙 〔部首〕欠 〔笔画〕12

qīfu (bully)

[动]用蛮横无礼的手段侵犯、压迫或侮辱:～老人｜～孩子｜～弱者｜受～｜挨～｜故意～｜随便～｜～的对象｜～的手段｜总～｜我们一贯反对强国～弱国｜这个流氓总爱～妇女,今天终于受到了法律的严惩｜国家穷,百姓就会受～｜他谁都～,简直太霸道了!

【构词】欺哄/欺凌/欺瞒/欺辱/欺生/欺侮/欺压/欺诈/欺软怕硬/欺上瞒下/欺世盗名/欺世惑众

4957 **欺骗**(騙) 乙

qīpiàn (cheat)

[动]用虚假的言语或行动来掩盖事实真相,使人上当:～可耻｜～顾客｜～群众｜～一次｜～多年｜受到～｜蒙受～｜无耻地～｜公开地～｜～的目的｜群众是～不了的,他们的眼睛雪亮雪亮｜这孩子不是～老师,就是～家长｜那些不法商人,常常用假冒伪劣产品～顾客｜你不要受他的～。

【近义词】哄骗/蒙骗/诈骗/骗

【构词】拐骗/惯骗/哄骗/坑骗/蒙骗/受骗/行骗/诱骗

4958 **妻子** 乙 〔部首〕女 〔笔画〕8

qīzi (wife)

[名]男女结婚后,女子是男子的妻子:当～｜作～｜有～｜没～｜漂亮～｜贤惠的～｜好～｜他的～｜～的责任｜她是个贤惠的～｜作～的该支持丈夫的事业｜你的～很漂亮。

【近义词】媳妇

【构词】妻室/妻小/妻儿老小

4959 **七** 甲 〔部首〕一 〔笔画〕12

qī (seven)

[数]数目,六加一后所得:～个人｜～斤水果｜～间房子｜～点钟｜～棵树｜一个星期～天。

【构词】七步之才/七颠八倒/七姑八姨/七老八十/七零八落/七扭八歪/七拼八凑/七窍生烟/七擒七纵/七上八下/七十二行/七手八脚/七折八扣

4960 **七嘴八舌** 丁

qī zuǐ bā shé (all talking at once)

[成]形容人多语杂,讲个不停:厂长被工人们那～的意见搞得头昏脑涨｜老师对孩子们说:发言得一个个来,哪能这么～的?｜娘说:姑娘大了,做事处处要小心,否则会招来～的闲话。

【构词】唇舌/鼓舌/喉舌/嚼舌/口舌/帽舌/饶舌/学舌/咬舌

4961 **柒** 丁 〔部首〕木 〔笔画〕9

qī (seven)

[数]数目“七”的大写。

4962 **凄惨**(慘) 丁 〔部首〕冫 〔笔画〕9

qīcǎn (miserable)

[形]凄凉悲惨:家境～｜生活～｜～的哭声｜显得～｜唱得～｜真～｜～地呻

吟|～地哭诉|老人晚年无依无靠，生活～|～的唢呐声震撼着每个人的心|一个无辜的小生命，就这样～地死去了|一双儿女跪在父母坟前，哭得十分～。

【近义词】悲惨/凄楚/凄凉/凄苦/凄切

【提示】"凄"的左边是两点水"冫"，而不是三点水"氵"。

【构词】凄楚/凄惶/凄苦/凄厉/凄迷/凄切/凄清/凄然/凄婉/凄咽/凄风苦雨

4963 **凄凉** 丁

qīliáng (bleak)

[形]寂寞冷落；凄惨（多用于形容环境或景物）：家境～|身世～|～的秋色|～的景色|感到～|显得～|过得～|满目～|相当～|遍地的落叶，使人感到有些～|母亲的笑容里带有几分～|他的晚年过得十分～。

【近义词】凄清/凄惨

【反义词】愉快/热闹

4964 **漆** 丙　〔部首〕氵　〔笔画〕14

qī (lacquer)

[名]用漆树皮里的黏汁或其他树脂制成的涂料：油～|乳胶～|红～|白～|黑～|透明～|～皮儿|～片|一桶～|刷～|请问，你们店的哪种～最好？|那种进口～质量真好，漆完的桌子亮得能照出人影|老高买的那套家具质量太差，没用几天～就掉了。

【提示】漆，姓。

【构词】漆布/漆雕/漆工/漆匠/漆皮/漆器/漆树/漆黑一团

4965 **漆黑** 丁

qīhēi (pitch-dark)

[形]非常黑；很暗：头发～|皮肤～|～的夜晚|长（zhǎng）得～|变得～|晒得～|烧得～|暴雨即将来临，天空突然变得一片～|那姑娘～的头发，大大的眼睛，真漂亮！

【构词】傍黑/擦黑/昏黑/焦黑/摸黑/抹黑/墨黑/乌黑/油黑

4966 **沏** 丁　〔部首〕氵　〔笔画〕7

qī (infuse)

[动]（用开水）冲；泡：～茶|～一杯|～一壶|～上了|～浓了|～完了|能～|会～|水不开，～不了茶|茶早就～好了，您快喝吧|请给我～一壶花茶。

4967 **其** 丙　〔部首〕其　〔笔画〕8

qí (his [her, its, their])

[代]❶第三人称代词，相当于"他（她、它）"或"他（她、它）们"：孩子的不良习惯应及时纠正，不能任～发展|错误思想不可任～自流。❷表示领属，相当于"他（她、它）的"或"他（她、它）们的"：评价一个人，不但要听～言，更要观～行|要让每一个人都各得～所|我们要做好大学生的分配工作，充分发挥～所长。❸指示代词，相当于"那"、"那些"、"那个"、"那样"：钻研业务、献身教育的优秀青年，在我院是不乏～人的|他不厌～烦地给学生讲解了多次。

【提示】多用于书面语中。

【构词】其后/其先

4968 **其次** 乙

qícì (next)

[名]指次序较后的、次要的人或事物：我们班阿里学习最好，～就是丁力了|你首先要注意学好发音，～要注意语法|一个好的运动员首先要有好的心理素质，技术还在～|决心最重要，～是计划。

4969 **其间**(間) 丁

qíjiān (during this [or that] time)

[名]指某一段时间：我来中国已经一年多了，～耳闻目睹的新鲜事可真不少|大家毕业10年了，～的风风雨雨对他的锻炼真不小|奥运会共进行了18天，～各路英雄大显神威。

4970 **其实**(實) 丙

qíshí (in fact)

[副]引出和上文相反的意思，指明下文所说的才是实际情况，大都带有转折的意味：我以为他是日本人，～他是中国人|刚一接触觉得他很冷淡，～他是个挺热情的人|他看起来很年轻，～他已经快四十岁了。

4971 **其他** 乙

qítā (other)

[代]代替一定范围以外的人或事物：～人|～事|～部分|～种类|～问题|～时间|～项目|～运动|～要求|～规定|我只提这一点，没有～要求|水的问题解决了，～就好办了|那一刻，我只想赶快救人，～什么也没想。

【近义词】其它

4972 **其它** 乙

qítā (other [referring to things only])

[代]同"其他"，用于事物：关于他，我只知道他是个英国人，～情况我就不知道了|我只爱吃香蕉，～水果都不爱吃。

【近义词】其他

4973 **其余**(餘) 乙

qíyú (the remaining)

[代]剩下的：～的人|～的东西|～的桌椅|～问题|～部分|～项目|～的运动员|～的学生|～的打算|～的规定|有52名运动员今天出发，～的三天以后出发|一排战士准备突围，～的跟我来！|目前最重要的是解决治安问题，～问题以后再说。

【近义词】其他/另外

4974 **其中** 乙

qízhōng (among them)

[名]那里面：这个班有15个人，～10个是女生|这一带有6个工厂，～最大的一个是电视机厂|这个队有30名运动员，小李是～最优秀的。

4975 **棋** 丙 〔部首〕木 〔笔画〕12

qí (chess)

[名]文娱项目的一类，一副棋包括若干颗棋子和一个棋盘，下棋的人按一定规则移动棋子来比输赢：象～|军～|围～|跳～|下～|摆～|布～|走～|输～|赢～|老刘是个～艺、～德都很高的人|你下的这是什么臭～？|下～是我的拿手戏|他们正在下～，我在旁边观～。

【构词】棋锋/棋局/棋路/棋迷/棋盘/棋谱/棋圣/棋手/棋坛/棋艺/棋友/棋子/棋逢对手

4976 **奇怪** *乙 〔部首〕大 〔笔画〕8

qíguài (strange)

[形]❶跟平常不一样：～的动物|～的性格|～的动作|～的样子|～的发型|～的病|感到～|真～|相当～|～地问|这样～的动物，我还是第一次见到|他家昨晚发生了一件十分～的

事｜他理了一个～的发型。❷〈丙〉出乎意料，难以理解：看法～｜病得～｜死得～｜冷得～｜输得～｜赢得～｜瘦得～｜胖得～｜这次比赛输得真～｜她病得有点儿～，怎么说病就病了呢？

【构词】奇兵/奇才/奇策/奇峰/奇功/奇观/奇计/奇谋/奇趣/奇缺/奇事/奇谈/奇闻/奇袭/奇勋/奇异/奇遇/奇耻大辱/奇货可居/奇珍异宝/奇装异服/奇文共赏/奇形怪状

4977 **奇花异草**(異) 丁

qí huā yì cǎo (exotic flowers and rare plants)

奇异的花草：拐过一座假山，豁然开朗，一路～，真是美不胜收｜房前屋后，种着各种～｜公园里，各种～竞相争艳。

4978 **奇迹** 丙

qíjì (miracle)

[名]难以想像的不平凡的事情：～出现了｜创造～｜发现～｜世界～｜惊人的～｜一个～｜无数～｜我们的举重运动员创造了～｜中国工农红军的二万五千里长征，创造了中外战争史上的～｜希望你们再接再厉，再一次创造～。

【提示】"迹"不要读作 jī。

4979 **奇妙** 丁

qímiào (marvellous)

[形]新奇巧妙：～的机器人｜～的飞船｜～的玩具｜效果～｜景色～｜设计～｜构思～｜感到～｜表演得～｜真～｜无比～｜那个口技演员会摹仿各种～的声音｜不看不知道，世界真～｜天真的孩子，头脑中有着许许多多～的幻想。

【近义词】新奇/奇怪/奇特/奇异

4980 **奇特** 丁

qítè (peculiar)

[形]跟寻常的不一样；奇怪而特别：景色～｜建筑～｜礼节～｜服饰～｜长(zhǎng)得～｜～的造型｜～的发型｜这个民族～的风俗，引来了不少观光客｜他们悼念死者的方式有些～｜那条金鱼长得十分～。

【近义词】奇怪/奇异/奇妙/特别/独特

【反义词】一般/平常/普通

【提示】"奇特"和"奇怪"：都是形容词，都含有"不同于一般"的意思，区别在于：①词义不完全相同。"奇特"还有"特别"的含义，所指的对象往往是带有特殊性的事物；"奇怪"还有出乎意料，难以理解的意思，"奇特"却没有这一意思。②"奇特"不能重叠；"奇怪"可以重叠成"奇奇怪怪"。

4981 **歧视**(視) 丁 〔部首〕止 〔笔画〕8

qíshì (discriminate against)

[动]不平等地看待：～小国｜种族～｜～弱者｜～残疾人｜不能～｜受～｜忍受～｜故意～｜大国不应～弱国、小国｜人们上街游行，反对种族～｜残疾人不应受到～。

【近义词】蔑视/轻视/鄙视

【反义词】尊重

【构词】歧路/歧途/歧义

4982 **齐**(齊) *乙 〔部首〕文 〔笔画〕6

qí (v. reach the height of; adj. neat)

[动]❶达到同样的高度：那个沟里的雨水～了腰了｜我儿子的个儿都～我眉毛了｜河水涨得～了岸。❷〈丙〉跟某一点或某一直线取齐：小玲对理发

员说:“您就～着耳朵剪吧。”|～着画好的线剪下了就行了。

[形]❶整齐:摆～|放～|切～|剪～|～极了|很～|排得～|站得～|教室的桌椅摆得特别～|战士们的队伍走得很～|集体舞,动作不～就不好看。❷一致;全;完备:人心～,泰山移|人都到～了,开会吧|旅行要带的东西都准备～了吧?

【近义词】[动]❶达到;[形]❶整齐/齐整,❷同样/一致/全/齐全/齐备/完备

【提示】齐,姓。

【构词】齐备/齐唱/齐名/齐全/齐声/齐刷刷/齐心/齐整/齐奏/齐头并进/齐心协力

4983 **齐全** 丁

qíquán (complete)

[形]应有尽有(多指物品):商品～|药品～|花色～|设备～|要求～|准备得～|相当～|～的证件|～的工具|这个商店并不大,但商品却很～|等人员配备～,就开始动工。

4984 **旗号**(號) 丁 〔部首〕方 〔笔画〕14

qíhào (banner)

[名]旧时标明军队名称或将领姓氏的旗子,现用来比喻某种名义(含贬义):变换～|名导演的～|记者～|他经常打着某高级干部的～行骗|虽然他打着名人的～,但是没人相信他。

【近义词】旗帜/幌子/招牌/牌子

【构词】旗杆/旗籍/旗舰/旗人/旗手/旗语/旗装/旗鼓相当/旗开得胜

4985 **旗袍** 丙

qípáo (*chi-pao*, a close-fitting woman's dress with high neck and slit skirt)

[名]中国妇女的一种民族服装,原为满族妇女所穿,高领,有袖或无袖,贴身,长及小腿,穿来显得高雅苗条:穿～|买～|做～|～的尺寸|～的大小|～的材料|～的花色|～的款式|一件～|她穿上～后,身材显得更苗条了|～是中国传统女装|我非常喜欢中国的～。

【提示】在口语中一般要儿化,读作qípáor。

【构词】长袍/道袍/龙袍/皮袍/睡袍/战袍

4986 **旗帜**(幟) 丙

qízhì (flag)

[名]❶旗子:高举～|赠送～|学校的～|一面～|～的形状|～的图案|祖国的～在奥运会场上不断地升起|广场上,五颜六色的～迎风飘扬|两个队长互换～。❷比喻榜样或模范;比喻有代表性或号召力的某种思想、学说或政治力量:树立～|高举～|拥护～|少年的～|群众的～|科学界的～|爱国主义的～|伟大的～|光荣的～|～的作用|雷锋是全心全意为人民服务的一面～。

【近义词】❶旗/旗子;❷榜样/样板/模范/楷模

4987 **旗子** 乙

qízi (flag)

[名]用绸布、纸等做成的方形、长方形或三角形的标志:举起～|升起～|降下～|卷起～|连队的～|飘扬的～|漂亮的～|一面～|广场上飘扬着五彩缤纷的各色～|队长扛着～走在前面|那个在前面打着～的运动员真威风。

【近义词】旗/旗帜

4988 **骑**(騎) 甲 〔部首〕马 〔笔画〕11

qí (ride)

[动]两腿跨坐(在牲口或自行车等上面):～自行车|～马|～驴|～骆驼|～墙|～上去|～不了|～回来|他～着摩托车消失在雨夜里|我不敢～蒙古草原的烈马|谁～走了我的自行车?|她～着骆驼照了一张相。

【构词】骑兵/骑墙/骑士/骑手/骑虎难下

4989 **起** *甲 〔部首〕走 〔笔画〕10

qǐ (rise)

[动] ❶由躺而坐,由坐而站,或离开原来的位置:～床|～身|早～|晚～|～得来|～不来|～得了|～不了|他每天早上6点～床锻炼身体|为了赶火车,他今天早～了两个小时|高烧三天,使他～不来床了|已经9点钟了,他还不～|你～来,让老大爷坐一会儿。❷〈乙〉物体由下往上升:～锚|～网|～吊|新机场建成后,每天可供100架次的飞机～落|飞机已经～飞了|已经～锚了,很快就要启航了。❸〈乙〉长出(疱、疙瘩):～疙瘩|～痱子|～疱|～疹子|～了一身|～了一片|～过一次|～了三天|他脸上开始～粉刺了|她的脸上什么都不～,十分光滑|哟,这孩子～痱子了。❹〈丙〉把收藏或嵌入的东西弄出来:～钉子|～下来|～不了|～完了|～出来|把花～到大盆儿里去吧|那么小的孩子哪～得动这个大钉子啊!|警察去小偷家里～赃物。❺〈丙〉发生:～风|～浪|～作用|～疑心|～变化|无风不～浪|几年不见,家乡～了翻天覆地的变化|你别再去了,不然她该～疑心了|先进人物应～到模范作用。❻〈丁〉拟定:你先～个草稿,我看看|这个草稿,我可～不好|他稍稍想了一下,就下笔～开草稿了。

【近义词】❶起床/起来;❷上升/升起;❸长/长出;❺产生/发生;❻拟/拟定/起草/草拟

【构词】起笔/起兵/起步/起程/起吊/起动/起稿/起更(gēng)/起火/起急/起家/起价/起降/起敬/起居/起立/起灵/起落/起锚/起名/起腻/起跑/起始/起誓/起诉书/起跳/起头/起卧/起先/起小/起行/起眼/起夜/起疑/起因/起赃/起重机/起子

4990 **起草** 丁

qǐ cǎo (draft)

打草稿:～报告|～通知|～计划|～作文|～讲义|～快|能～|必须～|不用～|开始～|认真地～|总经理,我～了一个报告,请您过目|他写文章,从来不用先～|你～的那份计划我看了,还不错|写报告以前,我先起了个草|我起过草,可是草稿不见了。

【提示】离合词,中间可插入其他成分,如:起个草。

4991 **起初** 丙

qǐchū (at first)

[名]最初一段时间:他～是个农民,后来成了一名军人|～我不喜欢围棋,后来由于同事的影响,才开始下起围棋|～,我有点儿紧张,拿到考卷后10来分钟才慢慢镇静下来。

【近义词】起先/最初/开初/开头/开始

【反义词】后来/末了/最后

【提示】"初"字左边是"衤"旁,不是"礻"旁。

4992 **起床(牀)** 甲

qǐ chuáng (get up)

睡醒后下床(多指早晨):不～|想～|要～|不愿意～|没～|能～|打算～|准备～|赶快～|马上～|～的时间|～的时候|起了床|起不了床|星期天他10点多才～|赶快～,要迟到了!|他病得起不来床了|他每天起了床就去跑步。

【提示】离合词,中间可插入其他成分,如:起不了床|起了床。

4993 **起点(點)** 丁

qǐdiǎn (starting point)

[名]开始的地方或时间:～高|～低|确定～|指明～|指定～|学习的～|一个～|这次旅行的～是北京|我要把这次成功看作前进的新～|这个国家的经济发展～比较高|唐朝的～是公元618年。

4994 **起飞(飛)** 丙

qǐfēi (take off)

[动](飞机)开始飞行;比喻事业开始上升、发展:飞机～了|～得早|～顺利|～一小时|可以～|允许～|等待～|顺利地～|～的时间|飞机还有20分钟就～了|机场扩建后,到今天为止,已有30架次的飞机顺利地～和降落|这个国家的经济以迅猛的速度～了。

【构词】翻飞/放飞/纷飞/奋飞/试飞/腾飞

4995 **起伏** 丁

qǐfú (rise and fall)

[动]高低升降,一起一落:波涛～|海浪～|麦浪～|心潮～|～的波浪|大海波涛～,特别壮观|～地发展|～地前进|这孩子的学习成绩总是～不定|夜晚,他心潮～,久久不能入睡。

【近义词】起落

【构词】初伏/出伏/二伏/埋伏/末伏/平伏/潜伏/入伏/三伏/收伏/头伏/隐伏/制伏/中伏

4996 **起哄** 丁

qǐ hòng (boo and hoot)

(许多人在一起)胡闹;许多人向一两个人开玩笑:再～,我就急了|有话好好说,起什么哄?|大家不要～,有意见可以提嘛。

【提示】离合词,中间可插入其他成分,如:起过哄|起什么哄。

4997 **起劲(勁)** 丁

qǐjìn (energetic)

[形](工作、游戏等)情绪高,劲头大:工作很～|唱歌～|干得～|讲得～|特别～|～地喊叫|～地反对|～极了|十分～|大家干得正～,忽然下起了大雨|这小伙子干活儿总是干得十分～|他呀,只有跳舞的时候才最～。

4998 **起来(來)** *甲

qǐ lái (stand up)

❶由躺而坐,由坐而站:你～,让老大爷坐一会儿|他刚从床上～,没10分钟又躺下了|客人要走,主人连忙～送客|他累得起不来了。❷起床:快～吧,都9点了!|我早就～了,都锻炼回来了|我昨晚睡得太晚,今天早晨就起不来了。❸〈乙〉泛指兴起、出现、升起等:～一股风|～两个气球|～一个风筝|我做的风筝怎么起不来呢?|他们的干劲已经～了。❹〈乙〉

用在动词后，表示向上：站～|升～|飞～|拉～|提～|国旗升～了|小鸟飞～了|他把我从地上拉～。❺〈乙〉用在动词或形容词后，表示开始并继续：唱～|玩～|聊～|吃～|看～|暖～|冷～|天气渐渐暖和～了|他们又在一起玩～|他一读起报来连饭也不吃|他们两个一聊～就没完。❻〈丙〉用在动词后，表示完成或达到目的：他的身体已经好～了|我想～了，他姓张|先把学校办～，然后再建医疗所。

4999 **起码**(碼) 丁

qǐmǎ (minimum)

[形]最低限度：～的条件|～的要求|～的了解|这本书我～看了一个月|他现在一个月～挣一万块钱|要想搞研究，得有～的专业知识。

【近义词】基本

5000 **起身** 丁

qǐ shēn (leave)

❶动身：后天～|马上～|我明天～去天津|你的行李都准备好了，怎么还不～？❷起床：他每天6点钟～|～后，他先去锻炼一个小时，然后再吃早饭。

【近义词】❶动身/起程；❷起床

5001 **起诉**(訴) 丁

qǐsù (sue)

[动]向法院提起诉讼：向法院～|～要求|～程序|～书|～人|她已向法院～，提出与丈夫离婚。

5002 **起义**(義) *丙

qǐyì (v./n. revolt)

[动]❶对反动统治发动武装反抗：秘密～|公开～|勇敢～|坚决～|～的口号|～的时间|～的地点|～的信号|～的口令|～的目的|～的纲领|～的规模|～军|那个地区的农民已经～了，规模大得很呢|我们必须迅速～，不然革命就会失败|你们都想～，我也赞成～|马上购买武器，准备～|反动派逼得我们非～不可|不～就活不下去了。❷〈丁〉反动集团内武装力量背叛所属的集团，转到革命方面：阵前～|部队第二天就要公开～，城里空气紧张极了。

[名]对反动统治发动的武装反抗活动：农民～|工人～|～终于爆发了|他们一起领导了"二月～"|当年参加上海～的军官有些还活着。

【近义词】[名]暴动

5003 **起源** *丙

qǐyuán (n. origin; v. originate)

[名]事物发生的根源：战争的～|灾难的～|人类早期的军事活动是竞技体育的真正～|他著文研究人类的～。

[动]〈丁〉开始发生；由某事物发展而来：一切知识无不～于劳动|造纸业～于中国。

【近义词】[动]发源；[名]本源/根源/来源

【提示】作动词用时，后面常带以"于"引导的介词词组。

5004 **岂不**(豈) 丁 〔部首〕山 〔笔画〕6

qǐ bù (adv. *used to reinforce affirmation in a rhetorical question*)

用反问的语气加强肯定，表示"难道不"：你这样做～惭愧？|不吃饭就走～更快？|把两边窗户都开了睡～凉快？|你这样做～让她伤心？

【反义词】岂非
【提示】多用于书面语。
【构词】岂但/岂非/岂敢/岂肯/岂能

5005 **岂有此理** 丁

qǐ yǒu cǐ lǐ (outrageous)

哪有这个道理(对不合情理的事表示气愤):他这个人,喜新厌旧,真是～!|你撞了人,还骂人,太～了!|～!大白天竟敢当众抢劫!

5006 **企图**(圖) 乙 〔部首〕人 〔笔画〕6

qǐtú (v./n. attempt)

[动]暗中计划;打算:这些罪犯～抢银行|侵略者～掩盖事实真相|他～独吞这笔钱。

[名]事先做的打算:罪恶～|恶劣～|他掩盖犯罪事实的～终于得逞了|他们破坏我们公司名誉的～已经被揭露出来了|他的～十分恶劣|我们已经发觉了他的逃税～|一定要揭露他的罪恶～|敌人的进攻～已经被我们发现了。

【近义词】[动]图谋/谋划/策划/打算/妄图/妄想;[名]意图/意向/打算
【提示】"企图"多含贬义。不能带动态助词"着"、"了"、"过"。宾语只能用动词性词语。
【构词】企鹅/企及/企求/企望

5007 **企业**(業) 乙

qǐyè (enterprise)

[名]从事生产、运输、贸易等经济活动的部门,如工厂、矿山、铁路、贸易公司等:|～破产|～倒闭|～整顿|～改革|～竞争|～发展|～大|～兴旺|管理～|搞活～|领导～|国有～|集体～|个体～|地方～|工矿～|合资～|外资～|独资～|民办～|盈利的～|亏损的～|大型～|合法～|不法～|～的名称|～的性质|～的规模|～的设备|～的产品|～的机构|～的规章制度|～的法人|～的自主权|～的信誉|～的前途|那家～上个月破产了|国有～要改革才能发展|他们办的那家～现在十分兴旺|搞好一个大型国营～可不是一件容易的事|我哥哥现在负责经营一家中外合资～|这三家地方～都严重亏损|大多数盈利的私人～都有一套行之有效的管理办法。

5008 **乞求** 丁 〔部首〕乙 〔笔画〕3

qǐqiú (beg for)

[动]态度谦卑地请求:灾民～|难民～|饥民～|奴隶～|乞丐～|犯人～|俘虏～|～主人|～一口饭|～几个钱|～一件衣服|～和平|～爱情|～宽恕|～谅解|～帮助|～支持|～保护|～的目光|～的神情|～的口吻|～的结果|～地说|战争年代人们只～安定的生活|这些人～的只是一片面包|小姑娘犹犹豫豫地～过路人给她儿个钱|她只是向主人～一件旧衣服,却被骂了一顿|～爱情不会有什么好结果|为了共同的事业,我真诚地～你的谅解和支持|不应该～和平,而要靠斗争来争取|我只依靠自己,不打算～别人|我永远忘不了那位老人向我乞讨时那～的目光|孩子～地望着我,期待着我的回答。

【近义词】祈求/企求/央求/恳求/请求/求告
【提示】①多用于书面语。②乞,姓。
【构词】乞儿/乞丐/乞怜/乞灵/乞巧/乞食/乞讨/乞降(xiáng)/乞援

5009 **启程**(啓) 丁 〔部首〕户 〔笔画〕7

qǐchéng (set out)

[动](为了去别处)离开原来所在的地方:什么时候~?|几点~|提前~|~的时间|上午哥哥~去上海|去西安的旅游团刚刚~|现在8点,部队~3个多小时了|为了保密,我们不得不半夜~|总统特使已经秘密~|现在还早,~的时间还没确定。

【近义词】起身/起程/上路/动身/走/登程

【提示】启,姓。

【构词】启齿/启动/启封/启航/启蒙/启行(xíng)/启用

5010 **启发**(發) 乙

qǐfā (v. enlighten; n. enlightenment)

[动]通过举例和说理引起对方联想而有所领悟:经验~我|老师~学生|~群众|~孩子|~人们的积极性|~人们的自觉性|~人们的觉悟|~了一阵|~了一番|~了多次|~了半天|耐心~|再三~|互相~|深刻地~|热情~|~的方式|~的技巧|~的艺术|~的效果|~的结果|他的话深深地~了我|王老师总是耐心地~那些理解力差些的学生|必须~学生独立思考|他不愿这样,你可不要强迫,要~他的自觉性|这孩子真聪明,这么难的题~他两句就会自己做了|你应该~~你儿子,别老是骂他。

[名]启发的作用或效果等:得到~|受到~|深受~|给人~|有~|他的话使我受到很大~|他的报告总是很有~性|这本书使我深受~|这件事对我很有~。

【近义词】启示

5011 **启示** 丁

qǐshì (inspire)

[动]启发指示,使有所领悟:深刻~|受到~|深受~|他们的谈话使我受到~|老师的话~了我,使我知道了该怎样面对困难。

【近义词】启发

5012 **启事** 丁

qǐshì (notice)

[名]为了公开声明某事而登在报刊上或贴在墙壁上的文字:~写好了|~印出来|~贴出来|~登出来|~见报|~在电台广播|写~|印~|张贴~|广播~|登~|看~|学校的~|公司的~|招领~|失物~|招生~|招工~|征婚~|结婚~|离婚~|征聘~|征稿~|征订~|寻人~|一则~|~的种类|~的格式|~的内容|~的标题|晚报上登出来一份征友~|报上每天都有寻人~|墙上贴着一张失物招领~。

5013 **砌** 丁 〔部首〕石 〔笔画〕9

qì (build by laying bricks or stones)

[动]用和(huò)好的灰泥把砖石等一层层地垒起:~砖|~炉灶|~墙|第一次~|重新~|一层一层地~|台阶~好了|灶~在厨房里|墙都~起来了|~得这么快!|墙~得不直|下雨了,今天这段墙就~不了了|这段墙我自己~可~不上|我刚学~墙,还~不好|这段围墙我~了一个月才~完|我帮人~过两次烟囱|这种墙不好~,慢慢~吧。

5014 **器** 丁 〔部首〕口 〔笔画〕16

qì (implement)

[名]用具;工具:瓷~|铁~|木~|兵~|武~|扩音~|放大~|~物|这个商店是卖木~的|景德镇的瓷~很有

名。

【构词】器件/器量/器皿/器物/器宇/器重

5015 **器材** 丙

qìcái (equipment)

[名]器具和材料：～买来了|～领齐了|～损坏|发放～|搬运～|保管～|无线电～|卫生～|文教～|机电～|建筑～|广播～|运动～|军用～|民用～|贵重～|特殊～|普通～|大批～|零星～|一种～|～的名称|～的品种|～的型号|～的质量|～的规格|～的价格|～的用途|体育～已经买齐了|照相～上月涨价了|这批运动～基本合格|这个学校的无线电～很现代化|公司最近购买了一批贵重的机电～|这个店是经营医疗～的|你去仓库领取10吨建筑～。

5016 **器官** 丙

qìguān (organ)

[名]构成生物体的一部分，由数种细胞组织构成，能担任某种独立的生理机能，例如眼睛、耳朵、肝脏等：呼吸～|排泄～|生殖～的作用|呼吸～的构造|身体各～的功能|他的消化～已经发生病变|我的呼吸～有问题吗？|全身各种～都很健康|医生要检查他的消化～。

5017 **器具** 丁

qìjù (apparatus)

[名]用具；工具：手术～|实验～|医疗～|～的种类|～的规格|手术～已经准备好了|所有的实验～都很精密|我们准备请技术人员专门维修一下这批医疗～|他们生产的各种～的质量都还可靠|这个店出售的手术～规格不全。

5018 **器械** 丁

qìxiè (appliance)

[名]有专门用途的或构造较精密的器具：～配置齐|～保养|～损坏|～维修|～贵重|～高级|～精密|订购～|保管～|修理～|使用～|医疗～|体育～|武术～|消防～|精密～|～的种类|～的规格|～的使用说明|一种～|医疗器材公司订购的这批手术～昨天已经发货了|学校的体育～损坏了很多，急需修理|你要好好保养这些医疗～，它们都贵重得很呢。

5019 **气(氣)** 丙 〔部首〕气 〔笔画〕4

qì (gas)

[名]❶气体：空～|氧～|沼～|毒～|煤～|自行车没～了|这(自行)车该打～了。❷特指空气：透～|～压|今天～压很低，让人喘不上气来|厨房应开个天窗，可以透～|打开窗户透一透～。❸(～儿)呼吸时出入的气：～上不来|有～儿|断～儿|咽～儿|接上～儿|喘～|换～|一口～|这老头儿刚才还活着，这会儿怎么没～儿了？|他咽～了！死了！|只要我有一口～，我就要干到底|爬那么高的楼，累得她上～不接下～|休息这么一会儿，我～儿还没喘匀呢。❹味儿：泥土～|香～|臭～|她从我身边一过，就留下股香～|那里臭～熏天，让人恶心。❺人的作风、气质、习气：娇～|官～|孩子～|这个人官～十足|你又不是千金小姐，怎么这么娇～！|20多岁了，别这么孩子～。❻不满、愤怒的情绪：～大|～消了|扬眉吐～|惹～|受～|忍～吞声|咽不下这口～|消消～|我宁可辞职不干，也不愿再

受老板的～了|为了保住自己的地位,他不得不忍～吞声|他欺负人,我咽不下这口～!|你的～也太大了点儿|我都认了错,你的～还不能消了吗?|喝口茶,消消心头的～。

【近义词】❶气体;❷空气;❸气息

【提示】"气"不能写成"乞"。

【构词】气窗/气锤/气促/气垫/气垫船/气度/气短/气管/气管炎/气焊/气节/气绝/气孔/气浪/气量/气门/气门芯/气闷/气恼/气馁/气派/气泡/气枪/气色/气盛/气数/气态/气筒/气象台/气性/气血/气焰/气宇/气运/气质/气冲牛斗(dǒu)/气贯长虹/气急败坏/气势汹汹/气吞山河/气象万千/气壮山河

5020 气 乙

qì (get angry)

[动]❶生气;发怒:～坏了|～极了|～得不得了|～得发抖|他～得浑身直哆嗦。❷使人生气:～人|～得某人要死|～死某人|～他一下|～～他|我就是要故意～他一下|别～他了。

【近义词】恼/生气/动气/发火/发怒/冒火

5021 气喘 丁

qìchuǎn (be short of breath)

[动]呼吸困难,呼吸时感觉很费力,肺炎、慢性支气管炎等病多有这种症状:天气一变冷,王老太太就～|他又犯病了,这两天～得厉害|他～了半天才说出一句话来。

【构词】残喘/发喘/咳喘/痰喘/哮喘

5022 气氛 丙

qìfēn (atmosphere)

[名]一定环境中给人某种强烈感觉的精神表现或景象:教室的～|考场的～|运动场的～|社会～|节日～|学术～|一种真诚的～|友好的～|这个大家庭的～很和谐|讨论会上～很活跃|战斗虽然还没开始,～却已经十分紧张了|会场上充满了欢快的～|鞭炮声给节日增添了一种热烈的～。

5023 气愤(憤) 丙

qìfèn (indignant)

[形]生气;愤恨:感到～|表示～|忍住～|特别～|非常～|很～|无比～|对…～|～得很|～极了|～的神情|～地说|这个服务员态度不好,店里的顾客都特别～|听到这个消息,大家～得很|对他的行为,你可能很～|看见他这个样子,爸爸感到～极了|对这种违约行为,那家石油公司表示～|他忍住～说了句:"你走吧。"|他低下头,不敢面对大家无比～的目光|他毫不掩饰～的神情|群众～地质问道:"你们都做了哪些坑害顾客的事?"|哥哥～地瞪着眼,咬着牙,握紧了拳头。

5024 气概 丙

qìgài (lofty spirit)

[名]在对待重大问题上表现的态度、举动或某种力量(专指正直的、英勇的等等):有～|缺乏～|英雄～|军人～|男子汉～|～不一般|～不凡|一种～|他眉宇间流露出一种军人～|他这种英雄～在困难面前充分显示出来|这个人太软弱,缺乏男子汉～|这个巨大的工程显示了我们的民族～。

【近义词】气魄/气势

5025 气功 丁

qìgōng (*qigong*, a system of deep

breathing exercises)
[名]中国特有的一种锻炼身体的方法、手段:练～|学～|教～|传授～|～的特点|～动作|～的用途|～的种类|～治病|～门诊|～医疗|只有不多的几种古代的～流传下来了|王老太太每天早晨在小树林里练～|中国的～很复杂,也很神奇|你知道什么地方传授～吗?|～要天天练才能见效。

5026 **气候** *乙

qìhòu (climate)
[名]❶一定地区里经过多年观察所得到的概括性的气象情况,它与气流、纬度、海拔高度、地形等有关:～正常|～恶劣|～反常|～异常|～温暖|～变化|观察～|观测～|海洋性～|大陆性～|北方的～|～的类型|近10年来这个地区～变化很大|世界上许多地区～都转暖了|云南昆明地区～一年四季都很温和|北京春天～干燥,夏天～炎热|观察～、预报气象是气象工作人员的工作|南方的～比北方的～使人感到舒适一些。❷〈丁〉比喻动向或形势:政治～|前几天,这个地区政治～十分紧张|那个国家政治～变化太快了|我们要认真研究国际国内政治～。❸〈丁〉比喻结果、成就或发展前途:成～|那几个人没什么本事,成不了什么～|原本一个小小的乡镇企业,让他经营这么几年,反倒成了大～。
【近义词】❶天气
【提示】义项❸只限于构成短语“成气候”。

5027 **气力** 丁

qìlì (effort)
[名]体力;力气:～增加|～大|～惊人|～不足|～恢复|～用尽|恢复～|有～|锻炼～|通过练武术,这孩子～增加了不少|我年纪大了,～不如以前了|休息了片刻,我的～就又恢复了|他～用尽也没把那块石头搬走|那个男子～惊人|孕妇～不足会难产的|他累得连说话的～都没有了。

5028 **气流** 丁

qìliú (airflow)
[名]❶流动的空气:～移动|热～|高空～|暖湿～|高空～移动很快|南方的热风挡住了北方来的冷～|一股暖湿～明天将移到本市上空。❷由肺的膨胀或收缩而吸入或呼出的气,是发音的动力:～振动声带发声。

5029 **气魄** 丁

qìpò (boldness of vision)
[名]❶做事处理问题时所具有的勇气、见识和果断的作风:政治家的～|改革者的～|厂长的～|办事的～|显示～|～不大|没有～|缺少～|他那种大企业家的～在公司初创时就表现出来了|这位经理办事没胆量,～不大|部长刚上任就显出一种改革的～。❷气势:长城的～|～雄伟|伟大的～|一种～|长城的～非常雄伟|他的诗歌具有黄河、长江一样的雄伟～。
【近义词】气势/气概
【构词】胆魄/魂魄/落魄/体魄/心魄

5030 **气球** 丁

qìqiú (balloon)
[名]在薄橡皮、涂有橡胶的布、塑料等制成的囊中灌入某种气体所制成的球。气球种类很多,有的可做玩

具,有的可用做运载工具,还有的用于气象研究或军事目的等:～升空了|～飞了|～飞得越来越高|～破了|～充足了气|～又圆又大|把这个～充满气|一个圆圆的～飞上了天。

5031 **气势**(勢) 丁

qìshì (momentum)

[名](人或事物)表现出来的某种力量和形势:有～|将军的～|千军万马的～|长城的～|长江的～|那座建筑的～|文章的～|～宏伟|～大|～汹涌|那种宏伟的～在他的长诗中表现得很充分|这部作品很有～|他的设计方案常常显示出一种宏伟的～|这部电影～很大。

【近义词】气魄/气概

5032 **气体**(體) 丙

qìtǐ (gas)

[名]没有一定形状也没有一定体积,可以流动的物体:～挥发|～蒸发|～燃烧|～流动|～加热|～难闻|～有害|～无害|释放～|观察～|利用～|制造～|酸性～|化学～|收集的～|排出的～|压缩的～|膨胀的～|危险的～|难闻的～|五瓶～|一升～|一种～|～的性质|～的种类|～的颜色|～的成分|～的密度|～的比重|～的透明度|加热后,一种可燃～在瓶子内产生|这种有害～释放时,有一种特殊的味道|打开盖子,这种～几秒钟就会挥发掉|这种～透明无害|这种燃烧过的～有害而且难闻|制造这种～的技术很复杂|很多化学药物在一定温度下都会释放某种～|人们正在观察分析这种～,而且希望不久能合理利用这种～。

【反义词】液体/固体

5033 **气味** *丙

qìwèi (smell)

[名]❶物体散发出的、鼻子可以闻到的味儿:散发～|发出～|有～|充满～|闻出～|饭菜的～|食品的～|液体的～|芳香的～|特有的～|～好闻|～难闻|一种～|一股～|一种化学药品的～从屋子里散发出来|这种香水的～很好闻|纸袋发出一股臭烘烘的～|屋子里充满了花草芳香的～|我闻出了他身上那种特有的～。❷〈丁〉比喻性格和志趣(多含贬义):这两个人真是～相投。

5034 **气温** 乙

qìwēn (temperature)

[名]空气的温度:～升高|～降低|～回升|～变化|～高|～低|高～|低～|～计|昨夜刮大风,～降低了好几度|2月以后,我国大部分地区～开始回升|城里～比市郊高5℃|这几种蔬菜不宜在低～下生长|高～对心脏病人不利。

5035 **气息** 丁

qìxī (breath)

[名]❶呼吸时出入的气:～微弱|病人的～一般比健康人弱|他说不出话,只剩下一丝微弱的～。❷气味,常比喻趣味、风格或有生机的事物:生活的～|时代的～|春天的～|春天来了,到处都充满了生命的～|读他的小说,你可以真实地感觉到那个时代的～|这个人的作品很有生活～|我喜欢富于乡土～的小说。

5036 **气象** *乙

qìxiàng (meteorological phenomena)

[名]❶大气的状态和现象，例如刮风、闪电、下雨、下雪等：观测～|～学|～知识|～专业|～学会|～学院|～专家|～资料|～日记|～卫星|～站|～台|～火箭|～专业的学生经常要观测～|昨天的～预报真准，今天果然下雨了。❷〈丙〉情景；情况：节日～|新～|欣欣向荣的～|～雄伟|一种～|泰山日出真是～雄伟|节日的首都市场呈现出一派繁荣的～。

5037 **气压**(壓) 丙

qìyā (atmospheric pressure)

[名]物体所受大气的压力，离海面越高，气压越小，如高空或高山上的气压就比平地的气压小：～升高|～降低|～高|～低|～稳定|测量～|～变化|～表|最近几天～升高了不少|山上比山下～高|低～不利于人类的生存|这个地区夏季～变化很大。

5038 **汽** 丁 〔部首〕氵 〔笔画〕7

qì (steam)

[名]❶由液体或某些固体受热而变成的气体，如水受热变成的水蒸汽：冒～|热～|水～|雾～|他跑得满身是汗，头上直冒热～|他刚洗过澡，弄得满屋子的水～|雨过天晴，马路上却还留着一层迷迷蒙蒙的雾～。❷特指水蒸汽：前面是一片～，什么也看不见|壶冒～了，水开了。

【构词】汽锤/汽灯/汽笛/汽缸/汽轮机/汽艇

5039 **汽车**(車) 甲

qìchē (automobile)

[名]用内燃机做动力，主要在公路或马路上行驶的交通工具，通常有四个或更多的橡胶轮胎，用来运载人或货物：买～|开～|驾驶～|维修～|保养～|生产～|载重～|豪华～|公共～|长途～|～票|～灯|～轮子|～厂|～发动机|～修理厂|～生产|～销售|～工业|～站|～队|～库|～零件|～驾驶员|～司机|快上车吧，～已经发动了|公司的～明天一早来拉货|我们厂的那三辆～都开了十多年了|这种～跑得又快又稳|我爸爸那辆～买了没两年就坏了，修了几次也没修好|这辆～刚大修了一次，没问题|你这辆～该保养了吧？

5040 **汽船** 丙

qìchuán (steamboat)

[名]用蒸汽机或内燃机发动的小型船舶：开～|驾驶～|维修～|保养～|～的船头|～的船尾|～的船身|五条～|一艘～|一只～慢慢驶入码头|把～停靠在岸边。

5041 **汽水** 甲

qìshuǐ (soft drink)

[名]加一定压力，使二氧化碳溶于水中，加糖、果汁、香料等制成的冷饮料：买～儿|喝～儿|做～儿|倒(dào)～儿|生产～儿|～儿瓶|夏天～儿卖得很快|买了瓶～儿，结果瓶子碎了，～撒了一地|～儿开着盖儿搁了半天，都没汽儿了|这种～儿挺好喝，又甜，又爽口。

【提示】在口语中一般要儿化。

5042 **汽油** 乙

qìyóu (gasoline)

[名]轻质石油产品的一类，从石油中经分馏而得，易挥发，燃点很低，用作

内燃机燃料、溶剂等：～涨价｜～贵｜～纯度高｜灌～｜加～｜～箱｜～罐｜～桶｜～瓶｜一瓶～｜一桶～｜一罐～｜5公斤～｜5公升～｜5吨～｜最近～又涨价了｜我得在前边加油站给车加点儿～｜我加了5升～，多少钱？

5043 **掐** 丁 〔部首〕扌 〔笔画〕11

qiā (pinch)

［动］❶用手指甲按；用拇指和另一个指头用力捏或截断（物体）：～花｜～人中｜使劲儿～｜用力～｜～断｜～掉｜他昏过去了，～一～他的人中｜别～公园里的花儿｜把菜根～掉。❷用手的虎口紧紧按住：～脖子｜～死人｜～住｜猛～｜使劲儿～｜用力～｜两人都使劲儿～住对方的脖子｜他～住我的手腕子不放。

【构词】掐架/掐尖/掐算/掐头去尾

5044 **恰当**（當） 丙 〔部首〕忄 〔笔画〕9

qiàdàng (proper)

［形］合适；妥当：意见～｜说法～｜做法～｜用法～｜行为～｜计划～｜～安排｜～使用｜～的人选｜说得～｜做得～｜用得～｜认为～｜觉得～｜这种做法不～｜这篇文章里有些词用得不～｜他们俩在一起总是吵，所以最～的办法是把一个调到别的办公室去｜你这样做我认为不～｜让他当经理是一个～的安排｜他是新经理的最～的人选。

【反义词】不当/失当

【构词】恰好/恰恰/恰巧/恰切/恰如/恰似

5045 **恰到好处**（處） 丁

qià dào hǎochù (just right)

办事或说话正合分寸：做法～｜说得～｜做得～｜认为～｜觉得～｜～的批评｜放这么些盐～，再放就咸了｜小王说话、办事总是～｜～的批评容易使人接受。

【近义词】恰如其分

5046 **恰好** 丙

qiàhǎo (as it happens)

［副］正好：你要看的那本书～我这里有｜昨天你来，我～不在家｜你来得真是时候，我～正想找你去呢。

【近义词】正好/碰巧/凑巧/恰恰/恰巧/正巧/刚好

5047 **恰恰** 丙

qiàqià (just)

［副］正好；正：他以为这样做大家都高兴，事实上～相反｜他给所有到会的人都发了一份材料，可～忘了给大会主席留一份。

【近义词】正好/恰巧/刚好

5048 **恰巧** 丁

qiàqiǎo (by chance)

［副］凑巧：今天我上街买东西，～碰上一个老朋友｜本想和同学一起看足球赛，可～我家来客人了。

【近义词】正好/恰好/刚好/碰巧/凑巧/恰恰

5049 **恰如其分** 丁

qià rú qí fèn (appropriate)

办事或说话正合分寸：做法～｜说得～｜做得～｜认为～｜觉得～｜～的批评｜这么做才～，不然容易使人产生反感｜话说得～才容易使人接受｜他这么做我认为～｜～的批评容易使人接受｜对这个问题，你说明得～｜对客人要表示～的礼貌和热情。

【近义词】恰到好处

5050 **洽谈**(談) 丁 〔部首〕氵 〔笔画〕9

qiàtán (negotiate)

[动]为了取得协议,跟人商量讨论彼此有关的事:～取得成功|～开始|～中断|进行～|举行～|开始～|中断～|继续～|认真～|～完毕|～生意|～工作|这次贸易～取得了圆满成功|双方决定明天举行～|这笔生意已经～完毕,明天就签协议了|我们去和他们～合作开发新产品的事|技术转让～会明天结束。

【构词】洽商

5051 **牵**(牽) *乙 〔部首〕大 〔笔画〕9

qiān (lead along)

[动]❶用力使朝自己所在的方向或跟着自己移动:～狗|～牛|～孩子|～手|傍晚,牧童～着老牛回家了|他俩手～着手在河边漫步|那个杂技演员～着一条狗走到台上。❷〈丁〉一事或人关联到其他的事或人:～进去|那次事故是他的责任,怎么会把你也～进去了?|他偷东西根本没我的事,可他硬把我～上了。

【近义词】❶拉;❷牵缠/牵扯/牵累/牵连/牵涉/拉扯

【构词】牵动/牵挂/牵记/牵就/牵累/牵连/牵念/牵牛星/牵强/牵涉/牵头/牵系/牵线/牵引/牵制/牵肠挂肚/牵强附会/牵线搭桥

5052 **牵扯** 丁

qiānchě (involve)

[动]因某人或某事产生影响而使别的人或别的事不利;联系在一起:～某人|～进去|～到|～广|受～|直接～|无故～|～的范围|～面|这个案件～进很多人|这次事故直接～到他|自己的事你自己解决,不该～别人|我们家的事不打算～亲戚朋友|这次事故大家都怕～进去,哪儿敢去为他说话啊!|咱们离这种事儿远着点儿,省得受～|这个案件～的范围很广|你这话～面儿可太广了。

【构词】胡扯/拉扯/瞎扯/闲扯

5053 **牵引** 丁

qiānyǐn (draw)

[动]机器或牲畜拉(车辆、农具等):～车厢|火车头～着列车缓缓开进车站|这种火车头可以～60节车厢。

【构词】博引/导引/逗引/勾引/荐引/接引/索引/吸引/诱引/援引/摘引/招引/指引

5054 **牵制** 丁

qiānzhì (contain)

[动]拖住使不能自由活动(多用于军事):～敌人|受～|被～|他的部队～了五万多敌人|他的工作受到家庭的～。

5055 **铅**(鉛) *丙 〔部首〕钅 〔笔画〕10

qiān (lead)

[名]❶金属元素,符号Pb(plumbum),青灰色,质软而重,延性弱,展性强,容易氧化。主要用途是制造合金、蓄电池、电缆的外皮等:～有毒|含～|～的用途|～的危害|～丝|～球|～印|～字|有些炊具、食具,甚至某些食品都含～,对人体十分不利|～的用途很广,但～对人体的危害也很大|我买两米～丝。❷〈丁〉铅笔芯:一根～|一盒～|我的自动铅笔没～了,你能不能借我几根?|这种铅笔的～比较粗。

【构词】铅版/铅笔画/铅粉/铅华/铅球/铅丝/铅条/铅印/铅字

5056 **铅笔**(筆) 甲

qiānbǐ (pencil)

[名]用石墨或加颜料的粘土做笔芯的笔:用～写字|用～|削(xiāo)～|黑色～|深色～|红～|彩色～|自动～|绘图～|～帽|～尖儿|～心|～盒|一支～|这种～用得太快|这支～削得太尖|这种规格的～写出的字颜色太浅。

5057 **千** 甲 〔部首〕丿 〔笔画〕3

qiān (thousand)

[数]数目,十个百:一～米|～克|五～元|两～|三～个|他每月工资是两～元。

【提示】千,姓。

【构词】千古/千金/千卡/千里马/千里眼/千米/千秋/千变万化/千差万别/千疮百孔/千锤百炼/千夫所指/千呼万唤/千回百转/千娇百媚/千金一诺/千金一掷/千钧一发/千里鹅毛/千伶百俐/千难万难/千篇一律/千奇百怪/千千万万/千秋万岁/千山万水/千丝万缕/千头万绪/千辛万苦/千言万语/千依百顺/千载难逢/千真万确

5058 **千方百计**(計) 丙

qiān fāng bǎi jì (by every possible means)

形容想尽或用尽种种方法:你一定要～为我搞到那个公司的股票|他想办的事,～也要办到|他这可真是～,费尽心机。

5059 **千军万马**(軍萬馬) 丁

qiān jūn wàn mǎ (thousands upon thousands of horses and soldiers – a mighty force)

形容雄壮的队伍和巨大的影响、威力及气势:黄河之水浩浩荡荡,就像～,奔腾向前|各种车辆组成的巨大洪流,每天都～般地通过这个路口。

【构词】鞍马/斑马/兵马/出马/川马/河马/军马/骏马/烈马/劣马/落马/木马/牛马/跑马/犬马/人马/赛马/上马/套马/下马/野马/辕马/战马

5060 **千克** 丙

qiānkè (kilogram〔kg〕)

[量]公制重量或质量的单位,一千克等于一公斤,合二市斤。也叫公斤:5～小麦,20～大米|300～棉花|人们在口语中一般不说一千～,说1吨。

5061 **千瓦** 丁

qiānwǎ (kilowatt〔kw〕)

[量]电的实用功率单位,1个千瓦就是1000瓦特:这台放大器的输出功率是1.5～|这台机器的耗电量是5000千瓦。

5062 **千万**(萬) 乙

qiānwàn (be sure to)

[副]务必(表示恳切的嘱咐):那里危险,～不要去!|这件事你～记着|～要小心,别触了电|这是贵重物品,～别丢了。

5063 **迁**(遷) 丁 〔部首〕辶 〔笔画〕6

qiān (move)

[动]离开原来的所在地搬到别处去:～居|～葬|～户口|～来|～走|～到某地|这家人～走了,户口还没～呢|这家人把家从南方～到了北方|楼上

新～来一户，两口子带个孩子｜这儿的老住户都～走了。

【构词】迁都(dū)/迁居/迁怒/迁徙(xǐ)/迁延/迁移/迁葬

5064 **迁就** 丁

qiānjiù (yield to)

[动]将就别人：主动～｜一贯～｜随便～｜过于～｜太～｜～某人｜～的结果｜～这种坏人违反我做人的原则，我不干｜妈妈太～他了｜爷爷老是～小孙子｜他最近身体有病，脾气不太好，你就～他一下，好吗？｜我让着他点儿可以，可也不能～得过了头｜这个人对谁都不肯～｜～的结果是把孩子宠坏了。

5065 **签订**(簽訂) 乙 〔部首〕竹 〔笔画〕13

qiāndìng (conclude and sign)

[动]订立条约或合同并签字：～条约｜～合同｜～协议｜正式～｜及早～｜秘密～｜两国政府今年～了友好互助条约｜双方昨天下午在人民大会堂～了一个经济技术合作协议｜合同～以后，双方又就具体技术问题举行了多次会谈｜很多国家都希望～一个世界裁军协议｜这个条约～得非常及时｜合同应当尽早～｜我打算明天和他们～那个协议｜正式～这样一个条约目前还不是时候｜所有这方面的协议两国都是秘密～的。

【反义词】废除

【构词】签到/签收/签条/签子

编订/拟订/审订/校订/修订/预订/增订/制订/装订

5066 **签发**(發) 丁

qiānfā (sign and issue)

[动]由主管人仔细地审查、对照、考察、决定，同意后签名正式发出(公文、证件等)：～命令｜～文件｜～通知｜～证件｜～报告｜～护照｜～签证｜～得快｜及时～｜正式～｜～的时间｜～人｜总理～了这个命令｜局长立即向所有下属单位～了紧急通知｜部长及时～了有关工程的报告｜经理为那个新产品正式～了合格证｜大使馆为他～了入境签证｜外交部～了这五个人的护照｜我的护照～得太慢｜开公司必须有工商局～的经营许可证。

5067 **签名** 丁

qiān míng (sign one's name)

写上自己的名字：为某人～｜在…上～｜热情地～｜郑重～｜正式～｜某人的～｜～的时间｜～的笔迹｜这位著名的作家正热情地为读者～｜校长郑重地在他的毕业证书上签了名｜医生没在他的病假条上～｜公证人已经同意在他的财产证明上～｜你可以请那个电影明星为你～呀｜有的来宾拒绝在～簿上～｜你的～对我来讲非常珍贵｜请您在这儿～。

【近义词】署名

【提示】离合词，中间可插入其他成分，如：签上名｜签过一次名。

5068 **签署** 丁

qiānshǔ (sign)

[动]在重要文件上正式签字：～协议｜～文件｜～声明｜秘密～｜正式～｜公开～｜～的时间｜今天两国总统正式～了这份公报｜双方秘密～了一份停战协议｜有关这个条约的所有文件都已公开～｜公司副总经理不敢～这份协议｜我没有～这份协议的权力。

5069 **签证**(證) 丁

qiānzhèng (v./n. visa)

[动]指一国主管机关在本国或外国公民所持的护照或其他旅行证件上签注、盖印,表示准其出入本国国境:为…～|给…～|尽快～|及时～|昨天我去使馆～,没签下来|使馆没给他～,可能是因为他没有经济担保人|请您尽快为我～。

[名]指经过一国主管机关(如大使馆、领事馆等)签注、盖印,表示准许出入本国国境的护照或证件:～办下来|发～|领取～|办～|他去美国的～还没办下来呢|我想问问,我的～下来了吗?|去欧洲旅行,你得有几个国家的～|不发你～,你哪儿也去不了|请你明天上午到使馆来领取你的～|明天我去领事馆办～。

5070 **签字** 丁

qiān zì (sign)

在文件上写上自己的名字,表示负责:在…上～|在某地点～|正式～|某人的～|～的时间|～的位置|～的习惯|～仪式|双方已经在合同上～|那个协议还没～|你的～应该写在这里|我要看一下经理签过字的那份文件。

【提示】离合词,中间可插入其他成分,如:签了字|签过字。

5071 **谦虚**(謙) 丙 〔部首〕讠 〔笔画〕12

qiānxū (modest)

[形]虚心,不自满,愿意接受批评:～难得|说话～|为人～|显得～|表现～|非常～|比较～|相当～|太～|难得地～|～得很|～得不得了|～极了|～一点儿|～地说|～地表示|～地笑|～的人|～的品质|～的作风|～的美德|～的态度|～的语气|～的外表|他这样～真是难得|那个作家很～|这位代表说话很～|她父亲为人～|他这么说显得相当～|关于他的作品,他谈得比较～|这是一位～的朋友|我在他身上发现了一种～的品质|她～地表示,她才刚刚开始学习创作,希望大家帮助她|你～点儿,别那么自高自大!

【近义词】谦逊

【反义词】骄傲/傲慢/自高自大

【构词】谦卑/谦辞/谦恭/谦和/谦让/谦抑/谦谦君子

5072 **谦逊**(遜) 丁

qiānxùn (modest)

[形]谦虚、恭敬、谨慎:为人～|讲话～|显得～|特别～|十分～|非常～|相当～|～得很|～极了|～一点儿|～地表示|～地说|这位教授相当～|他为人确实～|这位领导讲话十分～|在专家面前,你应该～点儿|我觉得他特别～|他～的态度给人印象很深。

【近义词】谦虚

【反义词】骄傲/傲慢/自高自大

5073 **钱**(錢) *甲 〔部首〕钅 〔笔画〕10

qián (money)

[名]❶货币:找给某人～|现～|外国～|古～|一块～|一角～|一分～|一毛～|一叠～|还没找我～呢|买车票50块～够不够?|我手里有几枚古～|这本书两块八,我给你三块～,你应该找我两毛～。❷款子:筹～|攒～|省～|存～|取～|用～|花～|借～|还～|饭～|车～|买书的～|一笔～|他刚借来一笔～,准备开个小饭店|你是存～还是取～?❸钱财:有～|有～人|现在他有～有势,不是10年前的他了|有什么别有病,没什么别没～|这是有～人常来的地方。

【提示】钱,姓。

【构词】钱包/钱币/钱财/钱钞/钱粮/钱票/钱庄

5074 **前** *甲 〔部首〕八 〔笔画〕9

qián (front)

[名]❶正面(指空间,跟“后”相对):～门|～面|～边|房～房后|窗～|向～|往～|朝～|～～后后|～门锁住了,咱们走后门吧|下了车就往～走|他在那个商场～～后后跑了个遍,也没找到个卖布的。❷次序靠近开始部分(跟“后”相对):～舱|～排|～三名|～仆后继|靠～|你坐在～边,比我看得清楚|无数先烈～仆后继,才有我们今天的好生活|这本书～几页印得不清楚|这种东西物美价廉,今天要不是我排队排得比较靠～,还真买不上呢。❸〈乙〉过去的;较早的(指时间,跟“后”相对):～天|～～后后|～所未有|吃了饭,他把下午发生的事又～～后后想了一遍|这种情况真是～所未有。❹〈乙〉指某事物产生之前:下班～|战～,他是个大学教师|下班～请务必把灯都关上|来～给我打个电话。❺〈乙〉未来的(用于展望):～程|～途|～景|往～|朝～|向～|你要向～看,不要老想过去那点儿伤心事|你不要盲目乐观,要充分看到～面的困难|你还年轻,～边的日子还长着呢。❻〈丙〉从前的(指现在改变了名称、性质、职务、身份等的事物或人):～教育部长|～夫|～总理|她是我的～妻|这是美国～总统里根的一篇就职演讲。

【反义词】❶❷❸❹后/后边/后面/后头

【构词】前半晌/前半天/前半夜/前臂/前朝/前尘/前此/前导/前敌/前额/前房/前锋/前夫/前后脚/前襟/前景/前科/前例/前门/前妻/前任/前日/前晌/前哨/前身/前生/前世/前台/前庭/前卫/前贤/前嫌/前言/前沿/前夜/前因/前缘/前站/前震/前肢/前缀/前奏/前奏曲/前车之鉴/前俯后仰/前功尽弃/前呼后拥/前仆后继/前思后想/前无古人/前仰后合/前因后果/前怕狼后怕虎/前言不搭后语

5075 **前辈**(輩) 丁

qiánbèi (senior)

[名]年纪较大的,资历深的人;对这种人的尊称:老～慈爱地笑了|我们的～积累了丰富的生产经验|我们应该尊重这些老～|有事要多请教老～|～的有益经验要靠我们继承。

【反义词】后辈/晚辈

【构词】后辈/老辈/年辈/朋辈/平辈/上辈/同辈/晚辈/我辈/下辈/先辈/小辈/长(zhǎng)辈/祖辈/祖祖辈辈

5076 **前边**(邊) 甲

qiánbian (in front)

[名]前面:走～|坐～|在～|～请|～坐|～就是北京大学|～来了个老大娘|您走～,我后边跟着|上小学时,他坐在我～|小姐,您～请|先上来的乘客请～坐。

【近义词】前面/前头/前方

【反义词】后面/后头/后边/后方

【提示】在口语中一般要儿化。

5077 **前程** 丁

qiánchéng (future)

[名]前途:～远大|～万里|～似锦|展望～|担心～|锦绣～|这个青年～远大|别看他现在只是个学生,以后的～不可限量|展望我们国家的锦绣～,我们更应加倍努力。

5078 **前方** 丙

qiánfāng (the front)

[名]❶空间或位置靠前的部分：注视～|奔向～|左～|注意，～发现敌人|～有灯光|千军万马奔向～|他的目光注视着～|左～是一座山，右～有一条河，正～是平原。❷接近战线的地区(跟“后方”相对)：上～|开赴～|支援～|～的将士|～的军人|～的亲人|战争期间，男人都上～打仗去了|又一支部队开赴～|战时，一切工作都是为了支援～|～的军人想念家乡的亲人。

【反义词】❶前面/前头/前边

【反义词】❶后头/后面/后边/后方；❷后方

5079 **前赴后继**(後繼) 丁

qián fù hòu jì (advance wave upon wave; march forward bravely)

前面的人上去了，后面的人再跟上去，形容英勇斗争，勇往直前：我们几代人～，艰苦奋斗，一定要把国家建设成一个强大的现代化的国家|一代一代科学家～地推动着科学事业的蓬勃发展。

【构词】过继/后继/相继

5080 **前后**(後) 丙

qiánhòu (around)

[名]❶比某一特定时间早一点儿或晚一点儿的一段时间：春节～|圣诞节～|考试～|放假～|他准备在“五一”节～来北京|春节～，北京市场上商品特别丰富。❷(时间)从开始到结束：～有三个月|～用了一年|从他得病到他去世～还不到半年。❸在某物或某个地方的前面或后面：学校～各有一条公路|宿舍楼～都种满了树|～次序不要颠倒了。

5081 **前进**(進) 乙

qiánjìn (advance)

[动]向前行动或发展：时代在～|人类在～|中国在～|社会在～|不断～|勇敢～|艰难～|停止～|继续～|开始～|～了两公里|～的方向|～的目标|～的道路|～的路线|～的力量|～的动力|～的勇气|～的脚步|～的步伐|～的气势|一列火车～在京广铁路上|一支部队～在通往边境的山路上|～的道路上充满了曲折|部队已经停止～|一队战士正在山路上艰难～。

5082 **前景** 丁

qiánjǐng (prospect)

[名]❶图画、舞台、银幕上看上去离观看者最近的景物：设计～|布置～|安排～|画的～|照片的～|舞台的～|这幅画～很简单|舞台的～是一张桌子、两把椅子|导演有意布置了一个零乱的～。❷将要出现的景象：展示～|描绘～|改革的～|丰收的～|光明的～|人类的～|社会的～|悲观的～|改革开放的光明～非常鼓舞人心|现代化的光辉～就要变成现实|丰收的～鼓舞着农民|目前，这个国家的发展～还难以预料|我对公司的～很乐观|一个信息化社会的发展～十分广阔|这个报告为我们描绘了一个现代化国家的～。

【近义词】❷将来/未来

【反义词】❶背景/后景

5083 **前列** 丁

qiánliè (front row)

[名]最前面的一排。比喻带头的地位:处于～|站在～|最～|他的研究成果一直处于世界理论化学研究的～|他始终站在改革开放的最～。

5084 **前面** 乙

qiánmian (in front)

[名]❶空间或位置靠前的部分:～是(某个地方)|～有一个人|～来了一个人|在～|坐～|～坐|～陈列|～有个饭馆儿|～就是我的学校|～开过来一辆小汽车|房子～有棵大树|～陈列的都是中国小说|您坐～吧,后头没座儿了|请大家都往～坐。❷次序靠前的部分;文章或讲话中先于现在所讲的部分:～讲过|～提到|～讨论了|这个意思～我已经讲过,这里再强调一下|我在～已经提到过这个问题|～我们讲了计算机的基本原理,现在来看怎样操作。

【反义词】❶后面;❷下面/后面

【提示】在口语中可以儿化。

5085 **前年** 乙

qiánnián (the year before last)

[名]去年的前一年:～生的孩子,现在都该上托儿所了|他是～来的中国|～你在不在北京?

5086 **前期** 丁

qiánqī (earlier stage)

[名]某一时期的第一个阶段:20世纪～是这个国家最黑暗的年代|战争～,优势在敌人方面|～工程最近刚刚完成|为了搞好这次实验,我们要做大量的～准备工作。

【近义词】初期

【反义词】后期/末期

5087 **前人** 丁

qiánrén (predecessors)

[名]古人;以前的人:～种树,后人乘凉|～开辟的事业要我们去完成|今天科学家们进行的科学研究是我们的～所不敢想像的|我们要尊重～,又要超越～|～的梦想今天已经成为现实。

【反义词】后人/后辈

5088 **前所未有** 丁

qián suǒ wèi yǒu (unprecedented)

历史上从来没有过:～的规模|～的速度|～的气魄|这么大的工程在这个地区是～的|中国的经济以～的速度蓬勃发展|他这种创造性的治疗方法真称得上是～|这种事可是～。

【近义词】史无前例

【反义词】司空见惯

5089 **前提** 丁

qiántí (prerequisite)

[名]事物发生或发展所必须满足的条件:～条件|基本～|必要～|重要～|法律～|理论～|他同意与我合作的～是由我筹集经费|我们必须讲清楚这样做的基本～|安定团结是发展经济的重要～,我们的建设事业需要这样一个～,缺少这样一个～,离开或者改变这样一个～,现代化事业就会失败。

【构词】别提/孩提

5090 **前天** 乙

qiántiān (the day before yesterday)

[名]昨天的前一天:～家里来了个客人|他～刚到北京|我姐姐直到～都

没接到你的电话，只好一个人先走了｜你看过～的《北京日报》吗？

5091 **前头**(頭) 丙

qiántou (in front)

[名]前面：在～｜坐～｜～坐｜～有个理发馆｜电影院～站着好多人｜我想坐车～，后头坐着头晕｜阿里上课总坐在我～｜～看戏看得清楚｜总的原则，～已经讨论过了，这里再总结一下。

【近义词】前边/前面

【反义词】后头/后边/后面

5092 **前途** 乙

qiántú (future)

[名]原指前面的路程，比喻将来的情景、希望：～远大｜～光明｜关心～｜考虑～｜牺牲～｜有～｜孩子的～｜民族的～｜国家的～｜公司的～｜个人的～｜中医的～｜中国文学的～｜改革开放的～｜美好的～｜发展～｜这个青年科学家～远大｜我们的～是光明的｜父母大都关心儿女的～｜你快毕业了，要多考虑考虑自己的～｜为了照顾父母，他宁可牺牲自己的～｜这个专业没什么发展～｜这个唱歌的孩子将来肯定有～｜别老和我谈什么～问题。

【近义词】前程/未来/将来

5093 **前往** 丁

qiánwǎng (go to)

[动]前去；去：～某处｜于某个时间～｜计划～｜准备～｜启程～｜我校张明教授～贵校联系业务｜我们已经订了去上海的车票，拟于下星期一启程～｜部长准备～美国参加联合国大会。

5094 **前线**(綫) 丁

qiánxiàn (the front)

[名]作战时双方军队接近的地带(跟"后方"相对)：～守住了｜～巩固了｜～打起来了｜～很紧急｜～十分平静｜支援～｜奔赴～｜亲临～｜返回～｜重返～｜～的形势｜～的官兵｜～医院｜部队明天就要奔赴～｜师长亲临～指挥战斗｜后方要全力以赴支援～｜这批伤员治好了伤，明天就要重返～｜～的形势已经紧张起来｜明天她要去～医院工作。

【近义词】前方

【反义词】后方

5095 **钳子**(鉗) 丁 〔部首〕钅 〔笔画〕10

qiánzi (pliers)

[名]用来夹住或夹断东西的工具：用～｜拿～｜握～｜使～｜一把～｜他用～夹住了一个钉子｜拿～把这节铁丝夹断｜他手里握着一把钢丝～。

【构词】钳工/钳制

5096 **潜伏**(潛) 丁 〔部首〕氵 〔笔画〕15

qiánfú (lurk)

[动]隐藏；埋伏：秘密～｜大胆地～｜在某处～｜～一天｜～的部队｜～的地点｜～的目的｜部队秘密地～在密林中｜病菌在人体内～着｜树林里～着很多战士｜你们可以～在山谷里｜他们在草丛里坚持～了三天｜上级命令部队～。

【提示】潜，姓。

【构词】潜藏/潜伏期/潜流/潜入/潜水/潜水艇/潜水衣/潜水员/潜台词/潜逃/潜艇/潜望镜/潜心/潜行/潜意识/潜泳/潜在/潜移默化

5097 **潜力** 丁

qiánlì (potentiality)

[名]存在于事物内部，不容易发现或发觉的力量、能力：～发挥｜～大｜～不足｜～小｜发挥～｜利用～｜缺乏～｜惊人的～｜全部～｜商业～｜科研～｜他的～还没有充分发挥出来｜这种新技术～很大｜那个企业生产～不足｜这个地区的经济很有～可挖｜要充分利用这种材料的～｜这个地区没有什么商业～｜这个学校缺乏科研的～。

5098 **浅**(淺) *甲 〔部首〕氵 〔笔画〕8

qiǎn (shallow)

[形]❶从上到下或从外到里的距离小：很～｜非常～｜特别～｜比较～｜～得很｜～极了｜游泳池的水很～｜这种鱼在～海很少发现。❷〈乙〉字句、内容等简明易懂：课文～｜道理～｜文章～｜字句～｜～谈｜～释｜讲得～｜写得～｜这本书内容很～，很好读｜他只是个孩子，跟他讲道理要讲得～一点儿｜文章的名字是：～谈汉字的结构。❸〈乙〉知识、经验不足；缺乏学识修养：你阅世太～，容易上当｜他资历太～，当经理不够资格｜他这两句话说得太～薄。❹〈乙〉感情等不深厚：我跟他的关系比较～，这种话不好跟他讲｜我跟他交情还～，这种事不好求他。❺〈乙〉颜色淡：～蓝｜～红｜～色｜比…～｜～～地搽粉｜这种衣服的颜色越洗越～｜她那条裙子也是红的，可比我那条颜色～｜脸上～～地搽了点儿粉｜我喜欢～色上衣。

【反义词】深

【构词】浅白/浅薄/浅尝/浅淡/浅海/浅见/浅近/浅陋/浅浅/浅滩/浅显/浅笑/浅易

5099 **谴责**(譴責) 丁 〔部首〕讠 〔笔画〕15

qiǎnzé (condemn)

[动]从正义的立场出发，用严厉的言语指出别人的错误或罪行：愤怒～｜严厉～｜一致～｜全世界都在愤怒～这种侵略行为｜我们一致～侵略者的罪行｜破坏环境，危害他人的行为应该受到严厉～。

【近义词】斥责

5100 **嵌** 丁 〔部首〕山 〔笔画〕12

qiàn (embed)

[动]把较小的东西插入并固定在较大东西的凹处(多指美术品的装饰)：～石｜～金｜～银｜～花｜～象牙｜～在…上｜巨大的屏风上～着两条玉雕的龙｜这是一个～宝石的金戒指。

【构词】嵌镶

5101 **欠** *乙 〔部首〕欠 〔笔画〕4

qiàn (owe)

[动]❶借别人的财物等没有还或应当给人的东西还没有给：～钱｜～账｜～债｜～人情｜～下某人一笔钱｜他们～了我们公司很大一笔钱｜你帮了我这么大的忙，我～你的这个情日后一定偿还。❷不够；缺乏：～佳｜～妥｜～一点儿火候｜～骂｜～打｜～揍｜～考虑｜她近来身体状况～佳｜这锅红烧肉还～一点儿火候｜那件事你做得可有点儿～考虑｜万事俱备，只～东风。❸〈丙〉身体一部分稍微向上移动：～脚｜～身子｜孩子个子小，要～下脚才够得着桌子上的苹果｜见王经理走了进来，她只略微～了～身子，并没中断和客户的谈话。

【构词】欠安/欠据/欠款/欠缺/欠伸/欠身/欠条/欠债

5102 **歉意** 丙 〔部首〕欠 〔笔画〕14

qiànyì (apology)

[名]感到对不起的意思:深致～|表示～|我代表航空公司对这次事故中受伤的旅客深致～|他来向我表示了～|请代我向你的哥哥转致～。

【构词】歉疚/歉年/歉然/歉收

5103 **枪**(槍) 乙　〔部首〕木 〔笔画〕8

qiāng (gun)

[名]口径在2厘米以下,发射子弹的武器,如手枪、步枪、机关枪等:～响|～走火|～对准|～瞄准|～坏了|响～|打～|开～|持～|握～|掏～|拔～|背～|扛～|把～放下|拿～顶着|那老虎一愣神的工夫,张大爷的～"嘭"的一声就响了|听到一阵急促的脚步声,几个警察拔～追了出去|他用～顶着我后背,我不走行吗!

【构词】枪刺/枪弹/枪法/枪杆/枪决/枪口/枪杀/枪手/枪栓/枪膛/枪托/枪械/枪眼/枪支/枪子儿/枪林弹雨

5104 **枪毙**(斃) 丁

qiāngbì (execute by shooting)

[动]用枪打死:昨天～了两个杀人犯|他再敢来捣乱,我～了他。

【提示】战场上用枪射击把敌人打死,不说"枪毙",而称"击毙"。

【构词】倒毙/击毙/路毙

5105 **腔** 丁　〔部首〕月 〔笔画〕12

qiāng (cavity)

[名]❶动物身体或物体内部空的部分:口～|鼻～|胸～|腹～|满～热血|共鸣～|人的共鸣～有口、鼻、胸、腹等,而提琴的共鸣～就只有它的音箱|我的口～发炎了。❷话:开～|答～|我问了她半天,她就是不答～。❸说话的腔调:京～|广东～|学生～|那个商人说话有股子上海～|他说话还带着学生～。❹乐曲的调子:唱～|花～|她是唱花～女高音的|他在京剧唱～上有很多革新。

5106 **墙**(墻) 甲　〔部首〕土 〔笔画〕14

qiáng (wall)

[名]砖、石或土等筑成的屏障或外围:砖～|土～|院～|城～|宫～|篱笆～|高～|矮～|筑～|一堵～|一道～|花园四周是一道黄土筑成的矮～|他把自行车靠在～上|～上挂着一张画。

【构词】墙报/墙根/墙角/墙头/墙头草/墙头诗/墙倒众人推

5107 **墙壁** 丙

qiángbì (wall)

[名]墙的正面或反面:～上|一面～|不要在～上乱涂乱画|这面～上有一张化妆品的广告|房间里的～都是白色的|～上挂着钟。

5108 **强** *乙　〔部首〕弓 〔笔画〕12

qiáng (strong)

[形]❶力量大:～国|～敌|～项|～手|身～体壮|敌～我弱|工作能力～|记忆力～|劳动力～|爆发力～|耐力～|很～|非常～|极～|最～|较～|更～|～得多|～多了|～一些|奋发图～|我们要经过50年的努力,把我国建设成一个工业～国|他腕力很～|那个教授的研究能力比我～得多。❷程度高(常用于感情或意志方面);坚强:责任心～|思想性～|生命力～|事业心～|针对性～|很～的责任感|他的荣誉感特别～|这种植物有很～的生命力|这孩子真要～,什么事儿都要争第一|这种材料的耐热性比较～。❸优越;好。多用于比较:更

～|比…～|～得多|～多了|～一些|今年这个市的工业生产比去年更～|现在的生活比过去～多了|作为一个记者，她各方面条件都比我～。❹〈丙〉使用强力；强迫：～制|～占|～渡|他们使用特权和暴力～占了大片的土地|英雄们～渡大渡河。

【反义词】弱

【提示】①“强”又读 qiǎng，见第 5118 条“强迫”；又读 jiàng，如“性子强”。②强（Qiáng），姓。

【构词】强渡/强风/强攻/强悍/强加/强健/强将/强劲/强力/强权/强人/强身/强手/强徒/强项/强行/强行军/强硬/强占/强壮/强取豪夺/强弩之末

5109 强大 乙

qiángdà（powerful）

［形］（力量）坚强雄厚：国家～|～的精神力量|建设得～|十分～|～起来|全世界和平力量日益～|发展本民族的经济已经形成一股～的历史潮流|这个国家的经济基础发展得越来越～。

5110 强盗 乙

qiángdào（bandit）

［名］用暴力抢夺别人财物的人：野蛮的～|～行径|～逻辑|山里有很多～|那些～都被捉住了。

【构词】防盗/匪盗/惯盗/海盗/寇盗/失盗/偷盗

5111 强调(調) 乙

qiángdiào（stress）

［动］特别着重或着重提出：老师～|～经济效益|～制度|～理由|～防火|～练习|～安全|～了几遍|应该～|希望～|一再～|再三～|～的结果|～的口气|领导反复～要保证安全|搞生产必须特别～质量|最近新闻界突出～法制|他～个人作用～得太过分了|做工作我不主张过分～困难。

【提示】“调”又读 tiáo，如“调整”、“调解”。

5112 强度 乙

qiángdù（strength）

［名］力量大小的程度：～大|钢的～|很大的～|比赛前，运动员训练的～比平时大|这种水泥凝固后～很大。

5113 强化 丁

qiánghuà（strengthen）

［动］使坚强巩固：～改革|～教学|得到～|大大～|必须～社会保障体系|比赛前的～训练对运动员很有好处|我参加了一个英语口语～训练班。

5114 强烈 乙

qiángliè（strong）

［形］❶极强的；力量很大的：地震～|阳光～|气味～|～振动|～反响|三伏天，中午的阳光～得使人难以忍受|这次火山喷发比以往任何一次都～。❷鲜明的；程度很高的：感情～|愿望～|～要求|～抗议|他的作品有一种极其～的主观色彩|我已经体会到她感情的～|当时的青年都～追求自由恋爱和自主婚姻|外交部发表声明，～抗议该国的行为。

5115 强盛 丁

qiángshèng（powerful and prosperous）

［形］多指民族、国家的强大和昌盛：

祖国～|～的民族|～时期|能够～|会～|希望～|建设得～|迅速～|～起来|只要全民一心,努力奋斗,我们的国家就一定能～起来|汉、唐都是中华民族历史上的～时期|我们的祖国明天一定会更加～。

【近义词】强大

【反义词】衰弱

5116 **强制** 丁

qiángzhì (force)

[动]使用政治或经济压力使服从:公安机关～|税务机关～|老师～|～学生|～执行|～改造|～纳税|～学习|反对～|非法～|无理地～|～力|～性|～措施|～手段|～的办法|～的语气|税务局不得不～偷漏税的商贩补交税款|如果不服从判决,法院规定的处罚将～执行|如果受到～,学生的积极性就会受到挫伤|对孩子不能总是采取～手段|不应～小学生做大量家庭作业。

【近义词】强迫/强逼/强求/强使/逼迫

【反义词】情愿/自愿

5117 **强迫** 丙

qiǎngpò (force)

[动]施加压力使服从:～学生|～别人|～对方|～孩子|～接受|～承认|～劳动|～服从|～过几次|～了半天|必须～|应该～|不许～|禁止～|极力～|～的口气|～的目的|～的结果|你不能～他们接受你的意见|小孩子,只要你～他一回,就会引起他的反感|不准～学生做过多的家庭作业|即使必须～,也要避免使用过分生硬的语气。

【近义词】强逼/强使/逼迫/胁迫/迫使/强制

【反义词】自愿

5118 **抢(搶)** *乙 〔部首〕扌 〔笔画〕7

qiǎng (rob)

[动]❶用强力把别人的东西夺过来;抢劫:～球|用力～|猛～|疯狂地～|把书～走|～过来|～过几次东西|～的钱|被捕前,他拦路～过两次东西|警察把他们～来的东西都搜了出来|她一把～过我手中的书,说:“别看了!”❷〈丙〉赶在别人前头;争先:～着说|～在前头|～上一步|大家都～着把这个好消息告诉老师|我们要～在雨季到来之前把小麦收完|眼看老人就要摔倒,她赶快～上一步把她扶住|大家都～着发言。❸〈丙〉赶紧;突击:～修|～收小麦|～种小麦|他们正在～救病人|～修大坝的工作正在紧张进行。

【近义词】❶夺/劫/抢夺;❷争/抢先/争先;❸赶

【反义词】❶❷让

【提示】“抢”的右边不能写成“仑”。

【构词】抢白/抢渡/抢夺/抢工/抢攻/抢购/抢婚/抢建/抢亲/抢收/抢手/抢先/抢险/抢修/抢运/抢占/抢种(zhòng)

5119 **抢劫** 丁

qiǎngjié (rob)

[动]用暴力把别人的东西抢过来,据为己有:～案|～犯|这条路上有拦路～的坏人|他在回家的路上被人～了。

【构词】打劫/浩劫/拦劫/路劫/洗劫/遭劫

5120 **抢救** 丁

qiǎngjiù (rescue)

[动]在紧急或危险的情况下迅速救护：～开始|～及时|～顺利|～病人|～伤员|～文物|～野生动物|～得快|～得及时|～了一个小时|必须～|应该～|组织～|开始～|进行～|全力～|尽早～|尽力～|奋力～|及时～|～的经过|～的措施|～的结果|病人终于～过来了|野生动物保护组织对大熊猫～得比较及时|负责～伤员的是一位乡村医生。

【近义词】解救/挽救/急救/营救/援救

5121 **锹**(鍬) 丁 〔部首〕钅 〔笔画〕14

qiāo (spade)

[名]一种挖砂、土的工具，用熟铁或钢打造成片状，前半部看起来比较圆而前端略尖，后半部末端安有木把(bà)儿：铁～|一把～|新～|这把～很好用|他在用～铲土|这把～坏了，换把新的吧。

【近义词】铁锹/铁锨

5122 **敲** *乙 〔部首〕支 〔笔画〕14

qiāo (knock)

[动]❶(在物体上面)打、击，使发出声音：～门|～鼓|～锣打鼓|～错|～起警钟|～一下|用力～|使劲儿～|～～|～了～|～一～|他～鼓～得特别好|他气得直～桌子|你得用力～门，不然他在里屋听不见|我～了半天门，也没见动静|我轻轻地～了一下窗户，他就出来了。❷〈丁〉利用别人的弱点或某种借口抬高价格或索取财物；敲诈。多用于口语：～顾客|～钱财|～他两条烟|狠狠地～|～过一次|～到我头上来了|他利用一封匿名信，狠狠地～了她一笔|这一笔买卖，他～了人家八百多块|我告你去！谁叫你～我～得这么厉害！

【近义词】❶打/击/敲打；❷敲诈/勒索

【提示】“敲”的右半边不能写成“支”。

【构词】敲边鼓/敲打/敲门砖/敲诈/敲竹杠/敲骨吸髓/敲山震虎

5123 **悄悄** 乙 〔部首〕忄 〔笔画〕10

qiāoqiāo (quietly)

[副]没有声音或声音很低；(行动)不让人知道：～离开|～地走|他～地走进教室里|爱情～地在两个年轻人的心里生了根|他～地离开了，没有惊动任何人。

【近义词】安静

【反义词】公开

【提示】“悄悄”在口语中有时也可儿化。

5124 **乔装**(喬裝) 丁 〔部首〕丿 〔笔画〕6

qiáozhuāng (disguise)

[动]通过改换服装来隐瞒自己的身份：无论他怎样～打扮，都掩盖不了他的强盗嘴脸|他～打扮成工人模样，混进厂里行窃。

【提示】乔，姓。

【构词】乔木/乔其纱/乔迁

5125 **桥**(橋) 甲 〔部首〕木 〔笔画〕10

qiáo (bridge)

[名]架在河面上，把两岸接通的建筑物：一座～|木～|石～|铁～|公路～|立交～|架～|过～|从～上通过|走在～上|～上是车水马龙，～下是滔滔的长江|语言是人类心灵的一座～|江面上架起了一座～|在那里有小～流水人家，风景十分秀丽。

【近义词】桥梁

【提示】①“桥梁”和“桥”的区别在于：“桥梁”多用于泛指，作为各种桥的统称，而“桥”多指某座或某种具体的桥。所以，不能说“石桥梁”、“十七孔桥梁”。②桥，姓。

【构词】桥洞/桥孔/桥牌/桥头/桥头堡

5126 **桥梁** 乙

qiáoliáng (bridge)

[名]架在河面上，把两岸接通的建筑物，也比喻能起沟通作用的人或事物：这些现代化的～都是人类智慧的体现｜中国古代的～建造得很巧妙｜沟通两个伟人的～是超越一切语言障碍的音乐｜教师要用爱去架设沟通师生心灵的～｜要充分发挥商业在国民经济中的纽带和～作用。

【近义词】桥

5127 **瞧** 乙 〔部首〕目 〔笔画〕17

qiáo (look)

[动]看：～病｜～热闹｜～见｜～出来｜～一会儿｜～一～｜～了～｜～了半天也没～出来这是个什么东西｜老王上城外～朋友去了｜我昨天在街上～见他了。

【近义词】看

【提示】用于口语。

【构词】瞧病/瞧不起/瞧得起/瞧见

5128 **侨胞**(僑) 丁 〔部首〕亻 〔笔画〕8

qiáobāo (overseas compatriots)

[名]在国外居住的同胞：海外～｜近年来，世界各地的～回国探亲访友的越来越多｜今晚我们与海外～一起共度佳节。

【构词】侨汇/侨居/侨眷/侨民/侨属/侨务/侨乡/侨寓/侨资

5129 **巧** 乙 〔部首〕工 〔笔画〕5

qiǎo (clever)

[形]❶心思灵敏；技术高明；灵巧：手～｜嘴～｜能工～匠｜～干｜手艺～｜很～｜特别～｜～得很｜～极了｜～媳妇｜～办法｜～取｜这孩子嘴真～，这么早就会说话了｜张师傅想了个～办法，只用了一个星期就把活儿干完了｜～妇难为无米之炊｜这件工艺品真是～夺天工｜苦干还要加上～干，才有希望提前完成这个工程｜她的手真～。❷正好，正遇到某种机会上：真～｜正～｜偏～｜凑～｜太～了｜不～｜～得很｜～极了｜说来也～，我刚到家，他的电话就打来了｜你说～不～，我们俩在幼儿园就在一块儿玩，这回又到一个公司工作来了｜我一大早就赶到他办公室找他，但不～，他今天去总公司开会了｜真是～极了，星期一我去上海开会，我男朋友也去上海办事。

【近义词】❶灵/灵巧/灵敏；❷恰好/恰巧/正好/正巧

【反义词】❶笨/笨拙/拙

【构词】巧辩/巧干/巧合/巧计/巧匠/巧劲儿/巧克力/巧手/巧笑/巧遇/巧夺天工/巧立名目/巧取豪夺/巧言令色

5130 **巧妙** 乙

qiǎomiào (ingenious)

[形](方法、技术等)灵巧高明，超过寻常的：设计～｜方法～｜～的主意｜～的办法｜～的结构｜～地安排｜～地应用｜做得很～｜他这篇文章的结构非常～｜这是一个～的回答｜这个台灯设计得十分～。

【近义词】灵巧

【反义词】笨/笨拙/拙劣

5131 **翘**(翹) 丙 〔部首〕羽 〔笔画〕12

qiào (hold up)

[动]一头儿向上仰起：～尾巴｜向上

～|～起来|桌子上放着一张旧照片，两边都～起来了|他～着腿坐在那里|小狗～着尾巴跑过来。

【构词】翘板/翘楚/翘首/翘望/翘足引领

5132 **切** 乙 〔部首〕刀 〔笔画〕4

qiē (cut)

[动]用刀等锐利的工具把物品分成若干部分：～菜|～肉|～瓜|～成块儿|～成丝|用刀～|把肉～成块儿|把西瓜～开|～断电线|～得细|这位厨师～肉～得又快又好|这块肉太薄，～不成片儿，只能～丁儿|今天来几个客人，就把蛋糕～成几份。

【提示】"切"又读 qiè，见第 5135 条"切实"。

【构词】切除/切糕/切割/切口/切面/切片/切线/切削(xiāo)

5133 **茄子** 丁 〔部首〕艹 〔笔画〕8

qiézi (eggplant)

[名]❶一种普通的蔬菜，一年生草本植物，叶子为椭圆形，花为紫色。果实为球形或长圆形，有紫色、白色或浅绿色几种，表面有光泽：他在菜园里种了一片～。❷这种植物的果实：炒～|烧～|你去买几斤～|素烧～很好吃。

5134 **且** 乙 〔部首〕一 〔笔画〕5

qiě (adv. for the time being; conj. both … and …)

[副]暂且；姑且：～慢，我还有话说|～别说这电冰箱的价钱，就光看这质量，也不能买。

[连]❶两个"且"连用时，常用来连接两个动词，表示两种动作同时进行，相当于"一边…一边…"："你别怕，我一会儿就回来。"王小二～说～走|她在台上～歌～舞。❷连接两个分句，表示递进关系，相当于"况且"：这种工作报酬不高，～需一定的体力和耐力。

【近义词】[副]姑且/暂且

5135 **切实**(實) 丙

qièshí (practical)

[形]符合实际；实实在在：切切实实|～可行|～有效|～的政策|～的方法|～的工作|～的调查研究|～搞好|～加强|很～|这个学校的管理制度～有效|对这种新技术，必须做出～的研究|我们一定要切切实实抓好饭店管理。

【近义词】确实

【反义词】浮泛/浮夸/空洞/虚浮

【提示】"切"又读 qiē，见第 5132 条。

【构词】切齿/切记/切忌/切近/切脉/切盼/切身/切题/切肤之痛/切骨之仇

5136 **窃取**(竊) 丁 〔部首〕穴 〔笔画〕9

qièqǔ (steal)

[动]用不合法的手段秘密取得(多用作比喻)：～财物|～情报|～金钱|～文件|～资料|～职位|～地位|～权力|～科研成果|～胜利果实|多次～|巧妙地～|设法～|妄图～|～的财物|～的文物|～的权力|这个间谍曾经多次～经济情报|一些盗窃集团常把～的文物贱价卖出|阴谋家们已经着手～国家政权了。

【构词】窃案/窃夺/窃国/窃密/窃笑/窃贼

5137 **窃听**(聽) 丁

qiètīng (eavesdrop)

[动]用不合法的手段听：间谍～|～

谈话|～电话|多次～|通过电话～|～几次|设法～|～手段|～器|这个间谍曾多次通过电话～我们的谈话内容|他这种～手段不怎么高明|他已经在这条电话线上～了几个星期了。

5138 **钦佩**(欽) 丁 〔部首〕钅 〔笔画〕9

qīnpèi (admire)

[动]敬重佩服:～英雄|～科学家|～精神|～才能|～品德|对…～|令人～|极其～|特别～|相当～|～得很|～得不得了|感到～|表示～|深表～|～的样子|～的口气|～的语气|～名人|～艺术家|～地说|男孩子一般都～战争中的英雄|您这种艰苦奋斗的精神实在令人～|对他那种坚强的毅力,我极其～|他那种学习精神让我～得不得了|对他所取得的成就我们深表～|我怀着一种～的心情望着这位老人|女孩子～地说:"您真是太了不起了。"

【近义词】敬佩/佩服

【提示】钦,姓。

【构词】钦差/钦定/钦服/钦敬/钦命/钦慕/钦羡

感佩/惊佩/敬佩/赞佩

5139 **侵犯** 丙 〔部首〕亻 〔笔画〕9

qīnfàn (infringe)

[动]用暴力或其他非法手段触犯、损害别国或别人的权利:～领土|～领空|～领海|～边境|～主权|～人权|～人身安全|～人身自由|受到～|遭到～|遭受～|不许～|反对～|开始～|停止～|公然～|野蛮～|多次～|～的土地|最近敌机多次～我国领空|我国法律规定任何人都不准～他人的人身安全|他们的军舰公然～别国领海|参加选举是每个公民不可～的权利|我们一定要保卫我们神圣不可～的国土。

【近义词】侵入/侵扰/侵袭/侵占/进犯

【反义词】保卫

【构词】侵夺/侵扰/侵吞

5140 **侵害** 丁

qīnhài (encroach)

[动]侵入并损害:害虫～农作物|～他人利益|～人体|严重～|防止～|不准～|～的程度|～的方式|我们要采取有力措施,防止田鼠～庄稼|病菌通过食物进入人体,会严重～人体各部分组织。

5141 **侵略** 乙

qīnlüè (invade)

[动]指一个国家(或几个国家联合起来)侵犯别国的领土、主权,掠夺并奴役别国的人民。侵略的主要形式是武装入侵,有时也采用政治干涉或颠覆、经济和文化渗透等方式:野蛮～|长期～|多次～|～了十几年|～过几次|进行～|停止～|遭到～|遭受～|受到～|不许～|反对～|对付～|～的罪行|～政策|～战争|～阴谋|～行为|～行径|无论～者的～行径多么疯狂,最后总是以失败告终|任何国家都不能～弱小民族|世界人民热爱和平,反对～战争。

【近义词】侵犯/侵入/侵占/入侵

【反义词】抵抗/抵御

5142 **侵入** 丙

qīnrù (invade)

[动](敌人)进入境内;(外来的或有害的事物)进入内部:敌人～|病菌～|病毒～|～国土|～领空|～边境|一股不良的风气～教师队伍|不好的观

念～学术界|有害物质～肌体|公然～|～的时间|～的地点|～的手段|如果不及时采取消毒措施,病菌会迅速～皮肤|上次敌机～的时间是凌晨3点。

【近义词】侵略/侵犯/侵占/侵扰/侵袭/侵害/侵蚀/入侵

5143 **侵蚀**(蝕) 丁

qīnshí (corrode)

[动]❶逐渐侵害使变坏:病菌～肌体|风雨～建筑物|～思想|～得严重|～得快|～得缓慢|～得迅速|开始～|发现～|经过～|容易～|迅速～|严重～|慢慢～|～的程度|～的部位|～的后果|病毒已慢慢～到他的肺部|这些文物被风雨～得很厉害|经过几百年风雨的～,那座庙已经破得快要倒了。❷暗中一点儿一点儿地侵占(财物):～财物|～公款|～财产|这个经理利用职务之便～国家财产。

【近义词】侵害/腐蚀

5144 **侵占** 丁

qīnzhàn (invade and occupy)

[动]非法占有别人的财产、成果或用侵略手段占有别国的领土:～领土|～土地|～果园|～房屋|～财产|～多年|妄图～|禁止～|公然～|随便～|任意～|突然～|～的借口|～的手段|敌人突然～了我国边境内15公里的地区|我家的房子被他～了八年多|严禁～农田建商品房。

5145 **亲**(親) 丙 〔部首〕立 〔笔画〕9

qīn (related by blood or marriage)

[形]❶有血统或婚姻关系的:他待我就像～儿子一样|她们俩好得就像～姐妹|她是你的～生母亲,怎么能对你不好?❷感情好、关系密切的:特别～|～得不得了|～极了|～得很|他跟他爸爸平时就不怎么～,时不时地闹别扭|我们两家～得像一家人。

【近义词】❷好

【反义词】❷疏

【提示】①"亲"还可作动词,指用嘴唇接触(人或东西),表示亲热,如:他～了～孩子的脸。②"亲"作副词时表示动作行为是自己发出的:～临|～赴|～历|总理～临地震灾区慰问抗灾军民。

【构词】亲故/亲贵/亲家/亲近/亲旧/亲眷/亲口/亲历/亲临/亲睦/亲朋/亲善/亲事/亲疏/亲属/亲随/亲王/亲昵/亲吻/亲信/亲缘/亲政/亲族/亲嘴/亲密无间/亲痛仇快

5146 **亲爱**(愛) 乙

qīn'ài (dear)

[形]关系密切、感情深厚:～的祖国|～的母亲|～的老师|～的|～的爸爸,我很想念您|近来身体好吗?～的?|我十分想念～的祖国。

【近义词】恩爱/亲密/亲昵

【提示】"亲爱"一般不受程度副词修饰,例如,不说:很亲爱的妈妈。"亲爱的"常用来称呼自己的恋人或配偶。

5147 **亲笔**(筆) 丁

qīnbǐ (n. one's own handwriting; adv. in one's own handwriting)

[名]亲自写的字:这几个字是老先生的～|这是他的～信。

[副]亲自动笔(写):这些字是他～写的吗?|他～给我写了这幅对联。

5148 **亲密** 丁

qīnmì (intimate)

[形]感情好,关系密切:关系~|夫妻俩很~|显得~|变得~|表现得~|特别~|过分~|非常~|相当~|~得很|~极了|~起来|~的关系|~的朋友|~的伙伴|~的邻邦|~地合作|~地结合|~相处(chǔ)|~交谈|~地谈话|这两个人的关系过分~了|他们最近显得很~|他们俩经过这件事变得~起来|如此~的关系能保持多久呢?

【近义词】亲昵/亲热/亲近/亲爱/密切

【反义词】疏远

【提示】“亲密”的“密”不能写做“蜜”。

5149 **亲戚** 乙

qīnqi (relative)

[名]与自己家庭有婚姻关系或血统关系的家庭或它的成员:~多|~来|走~|串~|来~|一门~|~关系|你们家那个~走了吗?|过春节,中国人喜欢带上全家老小走~|这门~我怎么从来没见过?|我们俩是~|我们之间没有~关系。

5150 **亲切** 乙

qīnqiè (cordial)

[形]亲近;亲密;热情而关心:目光~|声音~|待人~|说话~|感到~|觉得~|感觉~|笑得~|说得~|变得~|真~|很~|非常~|特别~|过分~|格外~|异常~|相当~|~得很|~极了|~的话语|~的目光|~地招手|~地照顾|~地招待|~地关怀|~地教导|~地询问|母亲的眼神多么~|她待客很~|他的声音使我感到异常~|她笑得如此~,真让人想急也急不起来|他说话的语气~极了|我被他~的话语吸引住了|我生病的时候,她一直在我身边~地照顾我|总理~会见了美国客人。

【近义词】亲密/亲热/亲昵/亲近

【反义词】冷淡/冷漠

5151 **亲热(熱)** 丙

qīnrè (affectionate)

[形]亲密而热情:同学们很~|态度~|待人~|~得很|~极了|显得~|说得~|变得~起来|特别~|相当~|过分~|~的表示|~的话语|~的态度|~地打招呼|~地问候|~地说|~地招待|中国朋友的家人对我特别~|你待人应该~一点儿|她那样子显得并不~|听了这话,他的态度变得~起来|过分~的表示反而容易引起别人的反感。

【近义词】亲切/亲密/亲昵

【反义词】冷淡/冷漠

5152 **亲人** 丙

qīnrén (one's family members)

[名]❶直系亲属或配偶:除了我妻子,我已经再没有别的~了|他在国外见到我,就像见到~一样高兴。❷比喻关系亲密、感情深厚的人:欢迎~解放军|在这远离家乡的地方,你就是我的~。

【近义词】❶亲属

5153 **亲身** 丁

qīnshēn (personal)

[形]自己的:~经历|我曾~经历过“文化大革命”|我可以以我的~经历证明这样做是行不通的|这是我的~经历。

【近义词】亲自

5154 **亲生** 丁

qīnshēng (one's own)

[形]自己生育的或生育自己的：～儿女|～父母|你们都是我的～儿女，我不会偏向哪一个|他是我的～父亲|你不是她～的女儿，她是你的养母。

5155 **亲手** 丁

qīnshǒu (with one's own hands)

[副]用自己的手(做)：这件衣服是她～给我做的|妈妈～给我缝了一床新被。

5156 **亲眼** 丙

qīnyǎn (with one's own eyes)

[副]用自己的眼睛(看)：我～目睹了那场车祸|要不是我～看见，我还真不信|你应该～去看看。

【构词】碍眼/白眼/板眼/榜眼/虫眼/触眼/刺眼/瞪眼/洞眼/对眼/放眼/凤眼/害眼/合眼/花眼/晃眼/慧眼/火眼/鸡眼/急眼/挤眼/举眼/开眼/扣眼/泪眼/冷眼/眉眼/枪眼/泉眼/惹眼/肉眼/入眼/砂眼/傻眼/顺眼/挑眼/网眼/瞎眼/显眼/现眼/鞋眼/斜眼/心眼/腰眼/耀眼/眨眼/招眼/针眼/正眼/转(zhuǎn)眼/字眼/走眼/醉眼/喜眉笑眼/有板有眼/贼眉鼠眼/直眉瞪眼

5157 **亲友** 丁

qīnyǒu (relatives and friends)

[名]亲戚朋友：许多～|我的～|～不和|弟弟结婚那天，来了许多～|他是外地人，在这里没有～|他们家好(hào)客，来来往往的～特别多。

5158 **亲自** 乙

qīnzì (personally)

[副]强调事情由自己直接去做：～谈话|～陪同|～过问|～动手|这次会议总经理并没有～参加，他派助手去了|这个问题你应该～去解决|许多重要问题都由他～处理。

【近义词】亲身

5159 **琴** 丙 〔部首〕王 〔笔画〕12

qín (a general name for certain musical instruments)

[名]某些乐器的统称，如钢琴、风琴、提琴、口琴、胡琴等：拉～(如提琴、手风琴、胡琴)|弹～(如钢琴、风琴等)|～声|他～拉得特别好|他～弹得好，歌也唱得好|联欢会上有人拉～，有人唱歌，热闹极了|还离得老远，就听见一阵美妙的～声。

【提示】琴，姓。

【构词】琴键/琴师/琴书/琴童

5160 **勤** 丁 〔部首〕力 〔笔画〕13

qín (diligent; frequent)

[形]做事尽力，不偷懒；经常，次数多：手～|脚～|脑子～|雨水～|～读|～写|～学习|～洗澡|来得～|练跑步的要脚～，学外语的要口～|今年雨水～，要提前做好防洪准备|要想写出好文章，就要～动笔|他多半正跟那姑娘谈恋爱，信写得～着呢。

【近义词】勤快/勤勉/经常

【反义词】懒/惰/懒惰

【提示】勤，姓。

【构词】勤谨/勤快/勤勉/勤务/勤务兵/勤务员/勤杂工/勤学苦练

5161 **勤奋**(奮) 丁

qínfèn (diligent)

[形]不断地、不放松地努力(工作或学习)：学生～|老师～|学者～|编辑～|学习～|读书～|工作～|要～|必

须～|变得～|表现得～|真～|特别～|相当～|～的学生|～的人|～的老师|～的研究者|～学习|～工作|～地读书|～得很|～极了|～起来|天才来自于～|我哥哥工作很～|要有所成就,就必须～|他最近变得～起来|他从来就不是个～的人。

【近义词】勤恳/勤劳/勤勉

【反义词】懒/懒惰/懒散/怠惰

【构词】昂奋/发奋/感奋/兴奋/振奋

5162 **勤工俭学**(儉學) 丁

qín gōng jiǎn xué (study on a work-study basis)

❶利用学习以外的时间参加劳动,把劳动所得作为学习、生活费用:暑假我打算～,去麦当劳快餐店打工|～是国外很多年轻人求学的基本方式|中国改革开放以来,许多大学生也开始了～。❷中国某些学校的办学方式之一,学生在学习期间参加一定的劳动,学校用学生劳动的收入作为办学资金:这个学校～搞得很好|这个学校的主要办学方式是～|我们主要靠～解决办学资金问题。

5163 **勤俭** 丁

qínjiǎn (hardworking and thrifty)

[形]勤劳而节俭:～光荣|妈妈很～|～得很|～一些|要～|应当～|变得～了|非常～|很～|真～|相当～|～之家|～的家风|～的品德|～的传统|～的习惯|～的作风|～的生活方式|～建国|～办学|～地办事业|～持家|～过日子|要养成～的好习惯|～办一切事业是我们一贯的宗旨|～持家是中华民族的优良传统。

【近义词】勤劳/节俭

【反义词】奢侈/奢华/铺张

【构词】节俭/省俭

5164 **勤恳**(懇) 丁

qínkěn (diligent and conscientious)

[形]勤劳而踏实:农民很～|知识分子很～|劳动～|办事～|学习～|读书～|应该～|表现～|相当～|十分～|～的作风|～的人民|～地劳动|～地工作|勤勤恳恳|咱们公司的年轻人工作都很～|这个人办事十分～|你做事应该再～一点儿|他最近表现相当～|他～的工作作风受到广泛的赞扬|他在那里～地劳动了许多年。

【近义词】勤勉/勤劳/勤奋/辛勤

【反义词】懒惰/懒散/怠惰

5165 **勤劳**(勞) 丙

qínláo (industrious)

[形]努力劳动,不怕辛苦:农民～|教师～|母亲很～|十分～|～地工作|～的品德|～的传统|～的人民|～勇敢|妈妈一生～节俭,为了儿女把心都操碎了|这几年他靠～致了富|这些知识分子～的品德应该受到社会的尊重。

【近义词】勤奋/勤快/勤谨/辛勤/勤恳

【反义词】懒惰/懒

5166 **芹菜** 丁 〔部首〕艹 〔笔画〕7

qíncài (celery)

[名]一种普通的蔬菜,一年生或二年生草本植物,羽毛状双叶,小叶卵形,叶柄肥大,绿色或黄白色,花绿白色,果实扁圆形:买～|一斤～|一把～|一捆～|给我来一捆～|今天吃炒～|～饺子很好吃。

5167 **禽** 丁 〔部首〕人 〔笔画〕12

qín（birds）

［名］鸟类：飞～|鸣～|家～|这位画家擅画飞～|那个动物园里有许多名贵的飞～走兽。

【构词】禽兽

5168 **青** *乙 〔部首〕青 〔笔画〕8

qīng（blue, green or black）

［形］❶绿色、蓝色或黑色，常用来形容草、天、布等事物的色彩，还可形容人因健康状况不好而脸色阴暗，或因外伤皮下出血而造成的脸或身体其他部位表面的颜色：天～|草～|脸～|身上～|～草|～布|变～|～了一大片|～～的|那地方遍地～草，真是个好牧场|久旱逢春雨，麦苗又返～了|望着～～的稻苗，老爷爷高兴地笑了|你的眼窝有些发～，昨晚没睡好吧？|这孩子准又跟谁打架了，瞧脸上～一块紫一块的。❷〈丙〉指青年：～工|知～|在那个工地上干活儿的全是～工|科研队伍应该老中～三结合。

【近义词】❶绿/蓝/黑

【提示】青，姓。

【构词】青草/青瓷/青葱/青翠/青灯/青豆/青工/青光眼/青蒿/青灰/青椒/青筋/青绿/青梅/青霉素/青苗/青纱帐/青衫/青史/青丝/青蒜/青苔/青天/青铜/青虾/青眼/青衣/青鱼/青云/青紫/青出于蓝/青红皂白/青黄不接/青梅竹马/青山绿水/青天白日

5169 **青菜** 丙

qīngcài（green vegetables）

［名］❶一种普通的蔬菜，也叫小白菜，样子跟白菜相近，叶子直立，勺形或圆形，绿色：买～|一斤～|一把～|一捆～|给我来一捆～|～清炒很好吃。❷蔬菜的统称：他是卖～的|那些～不太新鲜。

5170 **青春** 丙

qīngchūn（youth; youthfulness）

［名］青年时期，也比喻旺盛的生命力：～闪光|～恢复|～再现|～消逝|～多么美妙|贡献～|献出～|奉献～|珍惜～|永葆～|焕发～|虚度～|浪费～|耽误～|恢复～|人的～|姑娘的～|小伙子的～|运动员的～|演员的～|我的～|祖国的～|闪光的～|宝贵的～|美好的～|～岁月|～年华|～时期|～期|～的活力|～的力量|～的气息|英雄的～在闪光|只有抓紧每一分钟，努力学习，努力工作，我们的～才不会虚度|年轻人，你们的～多么美好啊！|每一个爱国青年都愿为祖国奉献自己的～|北京人民决心找回古都的～|为了祖国的今天，多少英雄献出了他们宝贵的～|我们要把耽误的～找回来|要珍惜自己的～年华|这些大学生正处于～期|他的歌声总是充满～的活力。

【构词】初春/打春/回春/开春/立春/暮春/伤春/晚春/新春/迎春/游春/早春

5171 **青年** 甲

qīngnián（youth）

［名］现在一般指人十五六岁到三十岁左右的阶段或指处于这一年龄阶段的人：～工人|～男子|～妇女|～男女|～时代|～时期|～一代|中国～|文学～|知识～|农村～|当代～|21世纪的～|新时期的～|热血～|革命～|务农的～|一代～|一群～|一批～|一位～|一个人在～时期最需要正确的引导|我国的～一代正面临

新的挑战｜七十年代，大批知识～上山下乡｜在我国，农村～占～的大多数。

【近义词】青年人/年轻人/小伙子/后生

【反义词】老年/老年人/老人

5172 **青蛙** 丙

qīngwā (frog)

［名］两栖动物，头部扁而宽，口阔、眼大、皮肤光滑，颜色因环境而不同，通常为绿色，有灰色斑纹，脚趾间有薄膜相连。生活在水中或靠近水的地方，善跳跃，会游泳，多在夜间活动。雄的有发声器官，叫声响亮。主要吃农田里的害虫，对农业有益。幼体叫蝌蚪，青蛙通称田鸡：～叫｜～游泳｜～跳｜保护～｜捕捉～｜一只～｜一只～跳上河岸｜～是益虫｜夏夜，河塘里一片～的叫声。

【构词】井蛙/牛蛙/树蛙/雨蛙

5173 **轻**（輕） *甲 〔部首〕车 〔笔画〕9

qīng (light)

［形］❶重量小；比重小：箱子～｜身子～｜重量～｜很～｜特别～｜比较～｜相当～｜比…～｜～得很｜～多了｜～极了｜～了一点儿｜拿～的｜有～有重｜身～如燕｜这个包～得很｜他身子～，跳得就高｜这箱东西比较～｜我比你～多了｜拣出几样东西后，箱子～了一些｜我年纪大了，不能帮你多拿，搬几样～的总没问题吧？｜这些行李有～有重｜油比水～。❷〈乙〉用力小：手～｜动作～｜～放｜～～推｜～～抚摸｜～手～脚｜～～的动作｜他的动作～得使人难以觉察｜海风～～地吹在我的脸上｜我～～地走了进去｜在病房里，护士们总是～手～脚的。❸〈乙〉数量少；程度浅：年纪～｜工作～｜礼～｜受伤～｜～伤｜～伤员｜较～的工作｜伤得～｜你年纪～～的，干什么不好！偏偏偷东西！｜今年农作物受害较～｜礼～情义重｜我只是受了点儿～伤｜您年纪大了，干不了重活儿，就干点儿～活儿吧｜你伤得不～，最好能住院治疗｜说得～了，你不在乎；说得重了，你又嫌人家态度不好。❹〈丙〉不重要：责任～｜看得～｜这次事故，他的责任比你～得多｜他对名利、地位看得相当～。❺〈丁〉（说话做事）随便，没有经过认真考虑：～信｜～举妄动｜不要～信陌生人的话。

【反义词】❶重/沉

【提示】“轻”右边不能写做“圣”。

【构词】轻薄/轻淡/轻敌/轻风/轻浮/轻狂/轻灵/轻率/轻慢/轻蔑/轻飘飘/轻骑/轻巧/轻柔/轻软/轻伤/轻身/轻声/轻省/轻爽/轻闲/轻信/轻型/轻音乐/轻盈/轻重/轻舟/轻装/轻车简从/轻车熟路/轻而易举/轻歌曼舞/轻举妄动/轻描淡写/轻诺寡信/轻世傲物/轻手轻脚/轻言细语/轻于鸿毛/轻重倒置/轻重缓急/轻装简从

5174 **轻便** 丁

qīngbiàn (light; portable; handy)

［形］重量较小，建造较容易，或使用方便：工具～｜行李～｜比较～｜相当～｜很～｜～得很｜～极了｜～自行车｜～铁路｜这种小工具在家使用起来很～｜上班骑这种自行车要～得多。

5175 **轻工业**（業） 丁

qīnggōngyè (light industry)

［名］以生产生活资料为主的工业，包括纺织工业、食品工业、制药工业等：保护～｜重视～｜管理～｜～部门｜～的重要性｜～的地位｜这个地区～发

展得很快|天津市的～比较发达|我国～的发展对于整个国民经济有很大的影响|～的地位很重要。

【反义词】重工业

5176 **轻快** 丁

qīngkuài (brisk)

[形] 不费力；轻松愉快：脚步～|动作～|音乐～|曲子～|～一点儿|～多了|感到～|显得～|走得～|格外～|特别～|很～|～的步子|～的动作|～的歌曲|～地跳舞|～地骑|～地唱|～地跳|～地笑|这个体操运动员的动作～极了|这段曲子节奏～|你跳舞时步子要再～一些|脱去棉衣，我干活儿就觉得～多了|这几个动作他做得十分～|大家～地跳起舞来。

【近义词】轻捷/轻盈/轻巧/轻松/愉快

【反义词】沉重

5177 **轻视**(視) 丙

qīngshì (look down on)

[动]不重视；不认真对待：～别人|～对方|～妇女|～知识分子|～科学技术|～知识|～教育|～工作|～职业|～别人的长处|～劳动成果|～困难|不该～|不能～|不敢～|受到～|遭受～|不准～|不许～|特别～|一向～|非常～|极端～|～的态度|～的目光|～的口吻|～地笑|～地看|我们不应该～这些普通劳动者|～教育会给社会带来恶果|不能～任何规定的准备工作|～别人的成绩只会使自己停滞不前|他们～了知识分子的作用|他对我们这样的足球队～得很|我从来没有～过我所面临的困难|他脸上露出对我极为～的神情。

【近义词】轻蔑/藐视/鄙视/蔑视/歧视/看轻/小视/小看

【反义词】重视/看重

5178 **轻松**(鬆) 乙

qīngsōng (relaxed)

[形] 不感到有负担；不紧张：工作～|功课～|全身～|脚步～|心情～|脑子～|心里～|语气～|态度～|气氛～|上班很～|干活儿很～|上课～|～一会儿|～一下|～一点儿|可以～|感到～|说得～|唱得～|跳得～|干得～|很～|特别～|格外～|～的工作|～的语调|～地说|～地笑|～地跳|这点儿工作很～，我一个人一会儿就干完了|最近我没什么操心的事，脑子很～|她说话的口气比较～|最近，孩子们都放了寒假，家里的气氛特别～|在这里干活儿比较～|大家停下手里的活儿，～一下|考完了试，大家可以～～|干完一件事，心里就觉得～了一点儿|你看他跑步跑得多么～|这可不是件～的事，你考虑考虑再说吧|他～地对我笑了笑。

【近义词】轻快/松快

【反义词】紧张/沉重/繁重

5179 **轻微** 丁

qīngwēi (slight)

[形]轻而细微；程度浅的：声音～|响声～|香气～|损失～|伤势～|错误～|震动～|损坏～|破坏～|感觉～|认为～|～的声响|～的花香|～的损失|～的伤势|～的错误|～的震动|～的破坏|～的损失|～地颤动|这声音十分～，不会惊动他的|我的伤势比较～，几天就可以好|他的错误比较～，可以通过教育使其改正|这种空调发出的噪音很～|他最近睡眠不

太好，一点儿～的声响也能把他吵醒|这种材料有一种～的香味|这次股票交易我们只受了点儿～的损失|我看到他的眉毛～地动了动。

【近义词】细微/微小

【反义词】繁重/严重/重大

5180 **轻易** 丙

qīngyì (easy)

[形]简单容易；随随便便。否定形式可以说"轻易不"或"不轻易"：～相信|～行事|～请假|～借债|～下结论|～批评|～指责|～责备|～地认定|～的事情|我一向不～相信人|他～不向别人借钱|这件事你最好不要～下结论|你那么～地认定他是罪犯，有什么根据吗？

【近义词】容易/随便/随意

【反义词】艰难/费力/费劲儿/吃力/慎重/谨慎/审慎

5181 **氢**(氫) 丁 〔部首〕气 〔笔画〕9

qīng (hydrogen)

[名]气体元素，符号为 H(hydrogenium)。是元素中最轻的，无色，无臭(xiù)，是强烈的还原剂。氢的同位素已经知道的有三种，即氕、氘、氚。氢的导热能力特别强，常用来冷却发电机，在化学工业上用途也很广。通称氢气。

5182 **蜻蜓** 丁 〔部首〕虫 〔笔画〕14

qīngtíng (dragonfly)

[名]昆虫，身体细长，胸部的背面有两对膜状的翅，生活在水边，捕食蚊子等小飞虫，能高飞。雌的用尾点水而产卵于水中。是益虫：～飞|～吃蚊子|～捕食蚊虫|一只～|几只～正在水边飞来飞去捕食蚊子|我捉到一只～|～落在荷花上。

【构词】蜻蜓点水

5183 **倾听**(傾聽) 丁 〔部首〕亻 〔笔画〕10

qīngtīng (listen attentively to)

[动]认真细心地听取(多用于上对下)：领导～|老师～|～群众的意见|～人民的呼声|～雨声|～发言|～解释|愿意～|值得～|要求～|喜欢～|希望～|注意～|专心～|认真～|主动～|细心～|耐心～|默默～|领导应注意～群众的意见|王老师正在认真～学生的发言|李师傅专注地～着机床的运转声|他默默地～着窗外的雨声|领导必须多～下属的建议|这位副部长特别喜欢～群众的建议。

【近义词】聆听/谛听

【构词】倾巢/倾城/倾倒(dǎo)/倾覆/倾慕/倾盆/倾诉/倾谈/倾吐/倾向性/倾销/倾泻/倾心/倾轧/倾注/倾城倾国/倾家荡产/倾心吐胆

5184 **倾向** 丙

qīngxiàng (v. be inclined to; n. tendency)

[动]偏于赞成(对立的事物中的一方)：～某方|～于接受|～于拒绝|～于放弃|～于离开|～于采取|暂时～|完全～|逐渐～|慢慢～|忽然～|两个方案中，我～后一个|对于是否有外星人，我～于有。

[名]发展的方向；趋势：存在…～|掩盖…～|分析…～|个人主义～|好的～|不良～|严重的～|危险的～|一个～|一种～|这种不良～确实存在|不要企图掩盖这种危险的～|要积极分析研究这种～，并找出克服这种～的具体办法|这是一种不好的～。

【近义词】[动]偏向；[名]趋向/趋势

5185 **倾斜** 丁

qīngxié (slanting)

[形]不正或不直:房子～|大楼～|建筑物～|电线杆～|飞机～|汽车～|轮船～|机身～|车身～|船体～|身体～|会～|开始～|防止～|震得～|严重～|极度～|向左～|～的房屋|～的大楼|～的建筑物|～的电线杆|～的身子|～的程度|这座大楼因为质量太差,已经严重～|飞机着陆时,机身～得厉害|汽车拐弯时,司机的身体向右～了一下|如果这边东西装得太多,船身就会～|地震中,这个城市的多数建筑物都发生了程度不同的～|广告牌当初就造得有点儿～,现在被这场大风吹得更加～了|地震后的城市,到处是倒塌或～的建筑物|～的电线杆压倒了几棵小树。

【近义词】歪/斜/歪斜/偏斜

【反义词】端正/直立/平衡

【构词】偏斜/歪斜

5186 **清** *乙 〔部首〕氵 〔笔画〕11

qīng (adj. clear; v. count)

[形]❶(气体或液体)纯净透明,无杂质:水～|～泉|很～|特别～|相当～|极～|～得很|～得见底|～得照得见人影|～极了|湖水～～,连水里的鱼都看得清清楚楚|这儿的泉水特别～,特别凉,喝一口,舒服极了|山间有一处～泉,～得见底|村边有一条～～的小溪。❷清楚:看～|听不～|因为有浓雾,前面什么也看不～|你一定要问～他是什么人再让他进来。❸〈丙〉一点儿不留:账～了|算～|去年的账已经～了|我们终于还～了债务。

[动]〈丙〉清查;点验:东西～过|～人数|～行李|～～|～了～|仔细～|认真～|～得细|～得认真|～得快|～一遍|～一下|参加这次郊游的学生我已经～过了,一共是38个|请旅客们仔细～点一下自己随身携带的物品|咱们一起来～一～东西,明天就搬家。

【近义词】[形]❶清澈/明澈/纯净;❷清楚;[动]点/清点/查点/清查

【反义词】[形]❶浑/浊/浑浊

【提示】清,姓。

【构词】清白/清茶/清唱/清澈/清澄/清醇/清脆/清单/清淡/清道夫/清点/清芬/清风/清高/清官/清规/清剿/清教徒/清静/清客/清苦/清朗/清冷/清廉/清凉/清凉油/清明/清贫/清漆/清秋/清泉/清扫/清瘦/清爽/清算/清谈/清汤/清洗/清闲/清夜/清一色/清幽/清真/清蒸/清规戒律/清锅冷灶/清水衙门/清汤寡水

5187 **清查** 丁

qīngchá (check)

[动]彻底检查:调查组～|检察机关～|～坏人|～仓库|～账目|～物资|～资产|～债务|～文件|～图书|～文物|～得快|～得认真|～一次|～几遍|～一个星期|应该～|必须～|决定～|组织～|负责～|开始～|进行～|准备～|批准～|反对～|公开～|秘密～|及时～|彻底～|认真～|～的原因|～的对象|～的目的|～的范围|～的时间|～的结果|～的方法|～的作用|～的意义|这样的～侵犯人权|这种～没有必要|我们已经派出调查组～那里的流动人口|我们必须认真～一次公司的现有资产|对这个地区的文物,有关方面～得十分及时|由地方检察院负责～|这次～的目的是打击违法的经济活动。

【近义词】查/检查

5188 清晨 丙

qīngchén (morning)

[名]指日出前后的一段时间：在～｜～，大街小巷开始有人走动了｜他～就动身了。

【近义词】早晨/清早

5189 清除 丙

qīngchú (clear away)

[动]扫清除尽，全部去掉：～垃圾｜～积雪｜～污水｜～积水｜～杂草｜～污垢(gòu)｜～隐患｜～障碍｜～坏分子｜～内奸｜～间谍｜～奸细｜～不好的思想｜～封建意识｜～一遍｜应该～｜决定～｜打算～｜开始～｜继续～｜彻底～｜完全～｜及时～｜立即～｜主动～｜顺利～｜～的垃圾｜～的积雪｜～的坏人｜天刚亮，清洁工人就上街～垃圾了｜你们难道不打算～这堆脏东西吗？｜昨天～的垃圾已经运走了｜几名机械师正在飞机机身下认真检测，～隐患｜我们必须彻底～贪污受贿现象｜我们应该认真～守旧思想。

【近义词】肃清/排除/扫除/铲除/根除

5190 清楚 *甲

qīngchu (clear)

[形]事物容易让人了解、辨认；不混乱：事情～｜情况～｜内容～｜问题～｜观点～｜层次～｜结构～｜字迹～｜口齿～｜头脑～｜神志～｜思维～｜心里～｜历史～｜关系～｜说话～｜表达～｜论述～｜分析～｜认识～｜认为～｜听得～｜说得～｜记得～｜解释得～｜认识得～｜回答得～｜真～｜～的情节｜～的看法｜～极了｜现在情况很～，敌人准备逃跑了｜他的论文内容不～｜你的论文结构相当～｜他年纪大了，脑子不大～｜老师的分析十分～｜这个问题应该比较～了｜他的观点我认为很～｜这些客人都是哪天到的，你记得～吗？｜很～的事情让你给搞乱了｜他～地看到了事情的复杂性｜他对我们的情况很～｜我对家乡的发展情况不太～。

【近义词】明白/清晰

【反义词】含糊/含混/模糊

【构词】悲楚/愁楚/楚楚/苦楚/凄楚/翘楚/酸楚

5191 清洁(潔) 丙

qīngjié (clean)

[形]没有垃圾、尘土、油垢等脏东西：城市～｜街道～｜公园～｜教室～｜房间～｜院子～｜厨房～｜应该～｜要～｜必须～｜爱～｜注意～｜保持～｜需要～｜打扫得～｜很～｜～极了｜～的城市｜～的马路｜～的房间｜～的河水｜～的标准｜～的程度｜这个城市比较～｜我们参观的那个地区各条街道都十分～｜空气～是人类健康的必要条件｜那个女孩儿十分爱～｜教室里必须保持～｜他们的校园打扫得很～｜～的办公室里摆了几台计算机｜～的河水带给两岸人民的是健康、富足和幸福的生活。

【近义词】整洁/洁净/干净/卫生

【反义词】肮脏/污秽

5192 清理 丁

qīnglǐ (put in order)

[动]彻底整理或处理：工人～｜作家～文稿｜警察～现场｜法官～案件｜～会场｜～房间｜～报纸｜～单据｜～财物｜～思想｜～完｜～出来｜～一遍｜～半天｜应该～｜开始～｜进行～｜继续～｜决定～｜赞成～｜全面～｜彻底～｜

认真～|～的目的|～的结果|～的账目|～的案件|老师正在认真～备课笔记|交通警察已经彻底～完事故现场|工地～得很干净|这么多的资料～起来很费事|我的秘书已经把最重要的文件～出来了|会计准备把所有的账目～一遍|我们必须～一下自己的思想|你们要把这次～账目的结果报告给公司领导|请你不要弄乱我～好的文件。

【近义词】清点/清算/处理/整理

5193 **清晰** 丙

qīngxī (clear)

[形]清楚;不模糊:图像～|轮廓～|形象～|脚印～|语言～|口齿～|思路～|头脑～|记忆～|层次～|画面～|字迹～|发音～|说话～|应当～|要～|必须～|显得～|感觉～|听得～|看得～|非常～|格外～|很～|相当～|～得很|～的图像|～的口齿|～的思维|～的结构|～的笔迹|～的发音|～的表达|～地呈现|～地展示|电视图像十分～|虽然他只有两岁多一点儿,但口齿～极了|这位科学家反应迅速,思维～|文件下面他签字的笔迹依然非常～|说话～是做教师的起码条件|这部电影老了一点儿,画面显得不那么～|快到了,城市的轮廓已经看得很～了|他的文章以其～的层次受到老师的称赞|这部电影将农村的发展前景～地呈现在观众面前。

【近义词】清楚/分明/鲜明/明晰

【反义词】模糊/朦胧/隐约

5194 **清新** 丁

qīngxīn (fresh)

[形]清爽而新鲜;也比喻新颖别致,不落俗套:空气～|语言～|文字～|画面～|风格～|感觉～|显得～|特别～|十分～|相当～|格外～|～的空气|～的语言|度假村里空气格外～|玉兰花～宜人|那些青年诗人的作品语言特别～|他的文字风格我觉得相当～|文学语言就要追求～|电影银幕上～的画面使人觉得仿佛身临其境|这里的环境给人一种～的感觉。

【近义词】新鲜/新奇/新颖/清爽

【反义词】污浊/陈旧/陈腐

5195 **清醒** 丙

qīngxǐng (adj. sober; v. regain consciousness)

[形](头脑)清楚;明白:头脑～|～一点儿|～极了|～多了|～起来|应该～|开始～|变得～|～的看法|～的认识|～的现实主义者|～的政治家|～地认识到|～地分析|～地回答|～地思考|虽然多喝了点儿酒,他头脑仍然十分～|让人骗了这一次,你脑袋总该～一点儿了吧!|走出房间,让冷风这么一吹,我觉得～多了|血的教训使他开始～了|战争使人变得特别～|在复杂的情况下,最要紧的是要保持～的头脑|这种对于形势的～的看法已经为大多数人所接受|他是个～的政治家|我们已经～地认识到局势的严重性。

[动]由昏迷而恢复正常;使头脑清楚,明白:病人～了|伤员～了|～过来|～一下|慢慢～|很快～|经过一天一夜,他的神志终于慢慢～过来|看到病人～过来,张医生露出了欣慰的笑容|你要～一下头脑,不要上人家的当|～～吧,看看你那些"好朋友"都干了些什么!|这位伤员因为

体质好，～得很快｜昏迷了一天的他终于开始～了｜那位头部撞伤的小伙子现在已经完全～过来了。

【近义词】［形］清楚/明白；［动］苏醒/醒悟

【反义词】［形］糊涂；［动］昏迷

5196 **清早** 丁

qīngzǎo (early morning)

［名］清晨：一～｜大～｜起个大～｜～起床后，我发现全家人都出门了｜我爸爸一～就干活儿去了｜每天～他都去外面跑步。

【近义词】清晨/早晨

5197 **清真寺** 丁

qīngzhēnsì (mosque)

［名］伊斯兰教的寺院。也叫礼拜寺：一座～｜一个～｜上～｜参观～｜附近有一座～｜这一天，所有的伊斯兰教徒都上～做礼拜去了。

【近义词】礼拜寺

5198 **晴** 甲 〔部首〕日 〔笔画〕12

qíng (fine)

［形］天空中没有或者只有很少的云：天～｜～间多云｜～转阴｜～天｜明天白天，～｜今天夜间，～转阴｜天～了｜明天又是个大～天。

【反义词】阴

【提示】表示天气的"晴"，左边是"日"，不能写成"目"。

【构词】晴光/晴和/晴空/晴雨表/晴天霹雳

5199 **晴朗** 丁

qínglǎng (sunny)

［形］没有云雾，日光充足：天气～｜天空～｜变得～｜很～｜真～｜十分～｜非常～｜格外～｜特别～｜～起来｜今天早上，天气非常～｜别着急，下过这阵雨，天空就会～起来｜一场雨过，天空显得特别～｜大风过后，天空变得～了｜在一个～的早晨，我在海边看日出。

【近义词】明朗/清朗

【反义词】阴暗/阴沉/阴晦/阴霾(mái)

5200 **晴天** 丙

qíngtiān (fine day)

［名］天空中没有云或云很少的天气；天空中没有云或云很少的日子或时候：今天又是个大～｜住在这么个鬼地方，真是～一身土，雨天一身泥！｜好不容易遇上个～，一家人还不出去玩玩？

【反义词】阴天/雨天

5201 **情** *丙 〔部首〕忄 〔笔画〕11

qíng (feeling)

［名］❶感情：一片～｜一种～｜有～｜无～｜这一片慈母之～感动了在场的每一个人｜他这种爱国深～表现在他的每一部作品里｜他的话里充满了对祖国的怀念之～｜这部作品以～动人，以～感人｜就是对于犯了严重错误的人，我们也要动之以～，晓之以理｜看了他的光荣事迹展览，一种对英雄的敬仰之～在我心中升起。❷爱情：有～人终成眷属｜她那双美丽的大眼睛里流露出对小伙子的一片真～。❸情形；情况：了解实～｜这次灾～不那么严重｜最近他的病～又有所好转｜他正在向上级报告这里的灾～｜他到底怎么了？为什么不告诉我实～？｜这份军～报告来得很及时。❹〈丁〉私人间的感情和面子：人～｜

讲～|说～|求～|欠～|这个人从不讲人～|你向经理求个～吧|我又不欠他的～，为什么非得帮他这个忙？

【近义词】❶感情/情感；❷爱情；❸情况/情形；❹情分/情面/人情

【构词】情爱/情操/情场/情敌/情调(diào)/情分/情夫/情妇/情歌/情话/情怀/情境/情郎/情侣/情面/情趣/情人/情诗/情书/情丝/情网/情意/情谊/情由/情欲/情愿/情种/情不可却/情不自禁/情景交融/情随事迁/情投意合/情文并茂/情有可原

5202 情报(報) 丙

qíngbào (intelligence)

[名]关于某种情况的消息和报告，多带机密性质：～得到了|～翻译了|～送出去了|～减少|～发挥作用|～有价值|～重要|～准确|～机密|～可靠|拿到～|搜集～|提供～|弄到～|分析～|研究～|军事～|经济～|科技～|工业～|商业～|紧急～|假～|一份～|～人员|～机关|～系统|～中心|～的来源|～的性质|～的价值|～的作用|～的多少|～的真假|这方面的～已经得到了|那份～已经写好并且发出去了|这个经济～非常重要|我仔细分析过那份～，我认为它不大可靠|你必须给我们提供准确的～|弄到这样机密的～不是件容易事|这些～人员专门收集科技方面的最新～|他寄出的～大多数有一定价值|他们的～机关就在这座大楼里|我们先得搞清这些～的来源。

5203 情感 丁

qínggǎn (emotion)

[名]对外界刺激或肯定或否定的心理反应，如喜欢、愤怒、悲伤、恐惧、爱慕、憎恶等：～要控制|～迸发出来|～爆发|～在心里翻滚|～深厚|～丰富|～深沉|～热烈|～真切|～真挚|～复杂|～淡漠|～矛盾|培养～|激发～|尊重～|理解～|影响～|珍重～|交流～|沟通～|表达～|抒发～|控制～|压抑～|人类的～|民族的～|朋友的～|深厚的～|～的力量|～的作用|一种在他心里压抑了很久的～突然爆发出来|这部作品所表达的那种深厚的～激起了读者的强烈共鸣|这封信中流露的～非常真挚|恋爱双方必须尊重对方的～|他喜欢用这种方式表达自己的～|我无法体会他当时那种特殊的～|艺术家的～相当丰富|～与人类健康的关系很大。

【近义词】感情

5204 情节(節) 丁

qíngjié (plot)

[名]事情的变化和经过：～生动|～曲折|～复杂|～严重|安排～|展开～|分析～|故事的～|小说的～|电视剧的～|修改～|生动的～|紧张的～|一个～|这部电视剧～十分生动|这些罪犯所犯罪行～都很严重|要根据人物性格、人物关系来安排～|这部电视剧的～都是虚构的|经过修改的～比以前好多了|生动的～是作品吸引读者的重要因素|这是一个关键的～|昨天我看电视剧，正看到～发展的高潮，突然停电了|对这些罪犯，要根据～轻重分别处理。

5205 情景 乙

qíngjǐng (scene)

[名]一定场合下事物表现出来的具体的样子；景象：～难忘|～感人|～动人|～悲惨|～可怕|想起…～|春

天的～|夜晚的～|南方的～|熟悉的～|动人的～|奇妙的～|凄凉的～|这一母女重逢的～多么动人啊！|昨天下班的路上，我看见了汽车相撞的可怕～|眼前完全是一幅南国早春的～|二十多年过去了，可我始终难忘当年他教我学画的～|我看到的那个悲惨～使我终身难忘。

【近义词】情形/情况/景象

5206 **情况** 甲

qíngkuàng (situation)

[名]事物表现出来的样子；状况：～复杂|～严重|发现～|调查～|了解～|报告～|分析～|反映～|思想～|经济～|国内～|农村～|会议～|家庭～|身体～|天气～|发现的～|反映的～|工作的～|学习的～|真实的～|一种～|这种～一旦发生，后果不堪设想|在决定录用以前，他们还要了解一下，你的身体～|你发现的这个～很重要，要立即向上级报告|有紧急～请立即告诉我。

【近义词】情形/状况

5207 **情理** 丁

qínglǐ (reason)

[名]人的常情和事情的一般道理：～不通|～难容|通～|讲～|不近～|不合～|合乎～|违背～|他们那样做，真是～难容！|你这个人怎么这么不近～呢！

5208 **情形** 乙

qíngxíng (circumstances)

[名]事情表现出来的样子；状况：～复杂|说一下～|当时的～|我还记得当年在大学读书的～|你给我讲一讲你在国外留学的～，好吗？|详细～，你可以问我的秘书|会议开了两个小时，大家一直在吵，当时那种～，我还能说什么呢？

【近义词】情况/情景/状况

5209 **情绪**(緒) *乙

qíngxù (mood)

[名]❶人从事某种活动时产生的兴奋心理状态：～高涨|～变化|～低落|～冲动|～好|～高|～稳定|～乐观|～坏|～不安|～烦躁|流露～|表现～|控制～|群众的～|顾客的～|高涨的～|饱满的～|乐观的～|爱国的～|反抗～|不满～|对立～|抵触～|好～|年轻人～容易变化|～冲动时，最容易犯错误|尽管试验失败了，几个研究人员～仍然很乐观|要做大事，就要学会控制好自己的～|要做好服务工作，必须善于观察顾客的～|乐观的～对有慢性疾病的人尤其重要。❷〈丙〉指不愉快的情感：有～|闹～|他最近有点儿～，大概家里有什么不顺心的事|小王这两天闹～了，可能嫌工资低了吧。

【近义词】情感/心情/心绪

【构词】别绪/愁绪/就绪/思绪/头绪/心绪

5210 **请**(請) 甲 〔部首〕讠 〔笔画〕10

qǐng (request)

[动]❶有礼貌地提出要求，希望得到满足；邀请；聘请：应某人之～|我们明天有一个联欢会，您帮我～～王经理|张校长委托我～您来谈谈教学改革方面的事|这次宴会你～小王了吗？|王教授应北京出版社之～，把《回家》译成了英文。❷敬词。用于表示希望对方做某事：～进|～不要这样|～勿动手|见菜上齐了，主人说

了声:"～!"|一辆小汽车缓缓停在他面前,司机打开门,说了声:"～!"|小王打开门,微笑着对客人说:"～进。"|玛丽看了看表,着急地对出租车司机说:"～快一点儿。"|博物馆的展品前写着"～勿抚摸展品"的字样|～给我来一瓶啤酒。

【近义词】❶邀/邀请/请求

【构词】请安/请便/请功/请命/请赏/请缨/请战/请罪/请君入瓮

5211 **请假** 甲

qǐng jià (ask for leave)

因病或因事请求准许在一定时期内不做工作或不学习:因病～|向领导～|请一天假|～半天|我明天陪我妈妈去医院看病,已经请了假|张文因病～,已经五天了|我向公司请了两天假|李明因母亲病重,需～一个星期。

【近义词】告假

【反义词】销假

【提示】①离合词,中间可插入其他成分,如:请了一个月的假|请过假。②"假"又读 jiǎ,见第 3103 条。

5212 **请柬** 丁

qǐngjiǎn (invitation card)

[名]邀请客人时送去或发去的通知:准备～|写～|发～|送～|收到～|会议～|参加活动的～|宴会的～|一份～|星期一要宴请我们学校所有的外国专家,请你准备 20 份～|我收到小王的婚礼～|你把这份～送到王经理那里|我今天上午才收到这次宴会的～。

【近义词】请帖

5213 **请教** 丙

qǐngjiào (ask for advice)

[动]请求指教:学生～|雇员～|病人～|～别人|～老师|～专家|～朋友|～您一个问题|～了一会儿|～一下|应当～|必须～|打算～|想～|虚心～|主动～|诚恳地～|～的人|～的内容|～的范围|～的态度|～的口气|小王经常主动向同学～|不懂的事要虚心～别人|对不起,我想～您一个问题|我向您～一件事|我打算就这个问题～一下郑老师。

【近义词】求教/讨教

5214 **请客** 乙

qǐng kè (entertain guests)

自己出钱请别人吃饭、看电影等:请一次客|请两桌客|咱们晚上去听音乐会,我～|张文今天在四海饭店～|他今天高兴,请了我的客|你们请了几桌客?|现在请一次客怎么也得 200 块|老王的儿子结婚请了三天客。

【提示】离合词,中间可插入其他成分,如:请一次客|请过客。

5215 **请求** 乙

qǐngqiú (v./n. request)

[动]有礼貌地说明要求,希望得到满足:对方～|～领导|～政府|～医生|～老师|～任务|～批准|～支援|～帮助|～调动工作|～原谅|诚恳～|郑重～|向…～|～的结果|有两个业务员向公司～调动工作|你这个月耽误了一些功课,应该～老师帮你补上|他诚恳地向领导～过多次,可领导至今也没答应。

[名]所提出的要求:～批准了|提出～|批准～|下级的～|学生的～|顾客的～|病人的～|对方的～|惟一的～|他要求出国留学的～终于批准了

|爸爸已经答应了弟弟买自行车的～|我们应该接受对方提出的～|这是老人临终前惟一的～,我们一定尽力办到。

【近义词】[动]要求/恳求/央求;[名]要求

5216 **请示** 丙

qǐngshì (ask for instructions)

[动](向上级)请求指示:～上级|～政府|～领导|～经理|～部长|～问题|～几次|应该～|可以～|准备～|及时～|紧急～|尽快～|向…～|～的目的|～的问题|～的结果|这个问题很复杂,～～经理再处理吧|这个工程项目我们向总公司～了很多次,一直没有得到批准|我来～一件事|这类问题你们如果自己解决不了,就应该及时～上级|我们还不能处理这个问题,我们在等向上级的～结果|这样大的事,我们准备～领导后再做处理。

【近义词】请教

5217 **请帖** 丁

qǐngtiě (invitation card)

[名]邀请客人时送去或发去的通知:准备～|写～|发～|送～|收到～|开…会的～|参加…活动的～|宴会的～|一份～|下星期要宴请我们学校所有的外国专家,请你准备20份～|这次科研讨论会,我们一共发出200份～|你把这份～送到王经理那里|我今天上午才收到这次宴会的～。

【近义词】请柬

【构词】碑帖/回帖/名帖/妥帖/稳帖/谢帖/字帖

5218 **请问**(問) 甲

qǐng wèn (excuse me)

(敬辞)用于请求对方解答问题:～这个词是什么意思?|～去天安门怎么走?|～老张在不在?

5219 **请愿**(願) 丁

qǐngyuàn (present a petition)

[动]采取集体行动要求政府或主管当局满足某些愿望,或改变某种政策措施:～开始|～结束|～失败|学生～|工人～|准备～|主张～|同意～|反对～|组织～|指挥～|允许～|批准～|禁止～|向…～|～的目的|～的口号|～的时间|～的地点|～的结果|学生去～了|我们准备向学校当局～,～的时间就定在星期一上午9点|市政府大楼前坐满了～的群众。

5220 **庆贺**(慶賀) 丁 [部首]广 [笔画]6

qìnghè (congratulate)

[动]为共同的喜事表示庆祝或向有喜事的人道喜:～胜利|～得奖|共同～|一起～|向某人表示～|让我们共同～这次试验圆满成功!|你这次干得不错,来,咱们一块儿～～|朋友们围着他,对他的成功表示～。

【提示】庆,姓。

【构词】庆典/庆幸

祝贺/拜贺/道贺/电贺/恭贺/敬贺/致贺/祝贺

5221 **庆祝** 乙

qìngzhù (celebrate)

[动]为共同的喜事举行活动,表示高兴和纪念:～国庆|～胜利|～活动|～会|表示～|为了～球队的胜利,咱们今天应该开个酒会|今年国庆要举行盛大的～活动|我明天要去参加～

大楼落成典礼的活动。
【近义词】祝贺
【构词】恭祝/敬祝/预祝

5222 **穷**（窮） *乙 〔部首〕穴 〔笔画〕7

qióng（poor）
[形]❶缺乏钱物，生活困苦（跟“富”相对）：贫～|很～|～人|～家|～得很|太～|他家一直很～，所以无法供孩子读大学|你不要装～，谁不知道你有钱？|你现在虽然～，但只要努力干，将来一定能富起来|这里原来是个～山村，现在家家都富了。❷〈丙〉穷尽：无～无尽|日暮途～|读书对我来说有无～的乐趣|说不出来了吧？原来你也有理屈词～的时候|他已到了～途末路了，只好开枪自杀。
【近义词】❶贫/贫困/穷困/穷苦
【反义词】❷富/富裕/富有/富足/阔
【构词】穷愁/穷尽/穷寇/穷困/穷酸/穷根究底/穷极无聊/穷家富路/穷年累月/穷山恶水/穷奢极侈/穷途潦倒/穷途末路/穷乡僻壤/穷凶极恶/穷源溯流/穷则思变

5223 **穷苦** 丁

qióngkǔ（impoverished）
[形]贫穷困苦：～的家庭|～的生活|～的日子|为了改变～的生活，他整天不停地劳动|他是这个村子里最～的人|一想起那段～的日子，她就伤心。
【近义词】贫穷/贫困/穷困
【反义词】富裕/富有/富足/阔气

5224 **穷人** 丙

qióngrén（poor people）
[名]穷苦的人：没有～|都是～|贫民区住着的都是～|我没有钱，是个～，但是我的精神很富有|我是个～，但你没有权力瞧不起我！
【反义词】富人

5225 **秋** 甲 〔部首〕禾 〔笔画〕9

qiū（autumn）
[名]秋季：～风|～雨|～叶|～高气爽|～去冬来|～月|深～|早～|初～|晚～|已经是深～了，红叶红得真可爱|今天天气真好，～高气爽|真是一场～雨一场寒，天儿越来越凉了。
【近义词】秋天/秋季
【反义词】春/春天/春季
【提示】秋，姓。
【构词】秋播/秋波/秋菜/秋地/秋分/秋风/秋耕/秋灌/秋海棠/秋景/秋空/秋粮/秋凉/秋令/秋千/秋日/秋色/秋收/秋熟/秋水/秋天/秋汛/秋游/秋雨/秋庄稼/秋高气爽/秋毫无犯/秋后算账

5226 **秋季** 丙

qiūjì（autumn）
[名]一年的第三季，中国习惯指立秋到立冬的三个月时间，也指农历七、八、九三个月：到～|进入～|～的天气|现在已是～，天气渐渐凉了|～是北京最美的季节|今年～的雨水比较多。
【近义词】秋天
【反义词】春季/春天

5227 **秋收** 丁

qiūshōu（autumn harvest）
[动]秋季收获农作物：正在～|忙着～|～季节|这里正在～，家家都很忙|～的时候，他才从城里回来|他正在忙着～，没有时间看书。
【反义词】春种

5228 **秋天** 甲

qiūtiān (autumn)

[名]秋季:已是～|～的月亮|～的树叶|～到了,天儿不会再热了|～的风让人感到十分凉爽|我最喜欢～。

【近义词】秋季

【反义词】春天/春季

5229 **丘陵** 丙 〔部首〕丿 〔笔画〕5

qiūlíng (hills)

[名]连绵成片的小山:一片～|～地带|这一地区是～地貌,适合种果树|山的南边主要是～地带|他在这片～上种满了树。

【提示】丘,姓。

【构词】园陵/谒陵

5230 **球** *甲 〔部首〕王 〔笔画〕11

qiú (ball)

[名]❶以半圆的直径为轴,使半圆旋转一周而成的立体;由中心到表面各点距离都相等的立体;球形的物体:～心|～形|糖～|纸～|棉～|玻璃～|他把信团成一个纸～扔了|她给孩子买了一个红色的气～|医生拿着一个棉～在给他消毒|～面上有一些疤痕。❷指某些体育用品或球类运动:篮～|排～|网～|乒乓～|足～|咱们打～去|几个学生在操场上踢～|我最喜欢看～类比赛|昨天的足～比赛我们输了一个～。❸〈乙〉特指地球:北半～|南半～|全～|北半～的夏天,正是南半～的冬天|全～都应重视环境保护问题。

【构词】球技/球门/球拍/球赛/球台/球坛/球体/球心/球星/球艺

5231 **球场**(場) 乙

qiúchǎng (court)

[名]球类运动用的场地:～上|运动员们正在～上训练|～上人太多,踢不了球|我们学校连个～也没有|我们学校新建了一个～。

5232 **球队**(隊) 丁

qiúduì (team)

[名]参加球类比赛一方的队员:我们～|排～|足～|学校的～|公司的～|学生自发组织了一个～|～训练非常刻苦|～每周活动一次。

5233 **球迷** 丁

qiúmí ([ball game] fan)

[名]喜欢打球或看球赛而入迷的人:一个～|他是～|看到一个精彩的进球,～都欢腾起来了|要组织力量,防止～闹事|他是一个～,只要有球赛,他场场不落(là)|这里有一个～俱乐部。

5234 **求** *乙 〔部首〕一 〔笔画〕7

qiú (beg)

[动]❶请求:～人|～画|～了一会儿|～了一天|～你帮我办件事|有事不要～他,～他也帮不了你|小王是万事不～人,今天不知怎么～到我头上来了|他～邻居照顾自己的孩子|他的书法很有名,近来～字的人越来越多。❷〈丙〉追求;探求;寻求;需求:～学问|～真理|～答案|～安逸|～名|～利|～解放|～自由|李师傅不～名,不～利,只～在有生之年多为国家做点儿事|他算了半天,也没～出得数是多少|他只～一时痛快,不考虑后果|不能光～快,不注意质量|现在市场上很多商品供大于～。

【近义词】❶请求/要求；❷追求/探求/寻求/需求

【提示】求，姓。

【构词】求告/求和/求婚/求教/求救/求靠/求偶/求乞/求亲/求情/求全/求饶/求荣/求神/求生/求实/求售/求索/求学/求医/求雨/求援/求战/求证/求之不得/求同存异/求爷爷告奶奶

5235 **求得** 丁

qiúdé（seek）

［动］请求到；追求到：～帮助｜～同情｜～真理｜为了～真理，他研读了许多理论书籍｜这件事要办成，非得～他的帮助｜为了～事业的成功，他牺牲了家庭的幸福。

5236 **趋势**（趨勢） 丁 〔部首〕走 〔笔画〕12

qūshì（trend）

［名］事物发展的动向：～喜人｜适应～｜分析～｜研究～｜发展的～｜历史的～｜将来的～｜开放的～｜改革开放是社会发展的必然～｜从今年下半年开始，物价出现了下降的～｜从目前出版界的～来看，科普读物的出版越来越受到重视。

【近义词】趋向/倾向/动向/势头

【构词】趋避/趋承/趋奉/趋附/趋炎附势

5237 **趋向** 丁

qūxiàng（trend）

［名］趋势：当前的～｜出现～｜进步的～｜富裕的～｜未来城市的发展～引起了专家们的关注｜现在有些文章有向长的方面发展的～｜经过医生的精心治疗，病情出现了好转的～。

【近义词】趋势/倾向/动向/方向

5238 **区**（區） 乙 〔部首〕匸 〔笔画〕4

qū（district）

［名］行政区划单位，有跟省平行的自治区和比市低一级的市辖区：自治～｜行政～｜～长｜到～里去办点儿事｜从下月开始我就调到～里工作了｜你们的问题从～到县都很重视。

【提示】区（Ōu），姓。

【构词】区处/区分/区划/区间/区区/区委/区域

5239 **区别** 乙

qūbié（n. difference; v. distinguish）

［名］彼此不同的地方：有～｜没～｜～很大｜找出～｜这两个图案有什么～，我看不出来｜这两件衣服的颜色没有多大的～｜我不清楚这两个词在意义上有什么～｜不同国家的学生，心理素质的～比较明显。

［动］加以比较，认识事物不同的地方：～好坏｜～颜色｜～高下｜你～一下这两种产品质量的优劣｜你从字体上能～出哪封信是我写的吗？

【近义词】［名］差别/分别；［动］分别

5240 **区分** 丁

qūfēn（differentiate）

［动］对事物加以比较，找出不同的地方：要严格～不同性质的矛盾｜好坏优劣肯定能～出来｜两样东西差不多，不好～｜他是色盲，～不出哪个是红色，哪个是绿色。

【近义词】区别/分别

5241 **区域** 丙

qūyù（region）

[名]地区范围:划分～|扩大～|划定～|缩小～|开发这个～|～的名称|～的位置|～的面积|经过协商,双方划定了各自的～|目前正在进行行政～划分的工作|你只能在一定的～里行使权力。

5242 **曲线**(綫) 丁 〔部首〕丨 〔笔画〕6

qūxiàn (curve)

[名]按一定条件运动的动点的轨迹;在平面上表示的物理、化学、统计学过程等随参数变化的线:一条～|画～|首长指着一条～,详细说明了部队的行军路线|从这条上升的～可以看出我厂这几年的生产情况|这条～表示什么意思,你知道吗?|统计员把生产情况用～画出来了。

【提示】①“曲”又读 qǔ,见第 5252 条“曲子”。②曲(Qū),姓。

【构词】曲笔/曲别针/曲柄/曲尺/曲棍球/曲解/曲颈瓶/曲直/曲轴/曲里拐弯/曲曲弯弯/曲意逢迎

5243 **曲折** *丙

qūzhé (winding)

[形]❶弯曲:道路～|山路～|修得～|确实～|特别～|格外～|相当～|沿着小河有一条～的小路|汽车沿着～的山路行驶|道路～不平,非常难走。❷复杂的;不顺利的:情节～|剧情～|内容～|变化～|发展～|写得～|相当～|非常～|～的剧情|小说的内容～,扣人心弦|人生的道路上充满了～|道路是～的,前途是光明的。

【近义词】弯曲/崎岖

【反义词】笔直/平直

5244 **屈服** 丁 〔部首〕尸 〔笔画〕8

qūfú (yield)

[动]对外来的压力妥协让步,放弃斗争:不能～|不会～|完全～了|不肯～|～的后果|～的原因|对侵略者决不能～|我们要坚强,不能～|在敌人的威逼利诱下,他～了|他是个硬汉子,从没向困难～过。

【提示】屈,姓。

【构词】屈才/屈从/屈驾/屈就/屈居/屈曲/屈辱/屈膝/屈尊/屈打成招

5245 **驱逐**(驅) 丁 〔部首〕马 〔笔画〕7

qūzhú (drive out)

[动]赶走:～侵略者|～间谍|～特务|～了一次|应该～|必须～|开始～|坚决～|全部～|～的原因|～的对象|～的人数|～出境|人民奋起反抗,把侵略者～出了家园|一些小流氓让保安人员从饭店里～出去了。

【近义词】驱赶/赶走/赶跑

【构词】驱策/驱车/驱除/驱动/驱赶/驱寒/驱遣/驱使/驱邪/驱逐机/驱逐舰

5246 **渠** 乙 〔部首〕木 〔笔画〕12

qú (canal)

[名]人工开凿的水道:修～|挖～|一条～|一道～|水～|小～|冬天是挖～的好季节|稻田两边挖了两条～|这条～是两年前挖的|这条～足有一米深。

【近义词】渠道/水沟/沟

【提示】渠,姓。

5247 **渠道** 丙

qúdào (channel)

[名]在河湖或水库等的周围开挖的水道:挖～|修～|一条～|水库边上挖了一条很深的～|～两边栽满了柳树|～挖得太浅,还得再挖挖。

【近义词】水沟/渠/沟

5248 **取** *乙 〔部首〕耳 〔笔画〕8

qǔ (fetch)

[动]❶拿到身边：～东西｜～来｜～回｜可以～｜我回宿舍～两本书｜去银行～点儿钱｜照片从照相馆～回来了｜签证从大使馆～回来了｜请帮我把行李从行李架上～下来｜飞机票再～不回来，明天就走不了了。❷〈丙〉寻求：这是细致的工作，不能投机～巧｜暖气坏了，只好用电炉子～暖｜不要总拿小孩子～乐。❸〈丙〉采取；选取：音乐学院今年只～80名学生｜运动会800米跑只～前三名｜今年高考她又没～上。

【近义词】❶拿/提取；❸选/选取

【反义词】❶存；❸弃/舍

【构词】取材/取缔/取景/取决/取乐/取暖/取齐/取巧/取舍/取胜/取消/取信/取样/取悦/取证/取长补短/取而代之

5249 **取代** 丁

qǔdài (replace)

[动]排除别人或别的事物而占有其位置：用来～｜必须～｜～不了｜水～不了汽油｜用机器～手工生产｜他的作用是任何人不能～的。

5250 **取得** 甲

qǔdé (gain)

[动]得到：～谅解｜～成就｜～联系｜～胜利｜～信任｜～好分数｜这样的成绩不容易～｜只有通过实际工作，才能～经验｜祝你这次访问～圆满成功｜优异的成绩是靠努力～的｜在～领导的同意之后，他出发了｜过去的二十年，我们～了光辉的成就。

【近义词】得到/获得/赢得/获取

【反义词】失掉/失去/丧失

5251 **取消** 乙

qǔxiāo (cancel)

[动]使原有的制度、规章、资格、权利等失去效力：～资格｜～比赛｜计划～｜规定～｜～不得｜～不了｜已经～｜刚～｜不能～｜可以～｜不合理的规章制度就应该～｜学校决定～乱收费的规定｜情况变了，原定的计划不得不～｜由于老师病了，今天的听力课～了｜由于他考试作弊，考试资格被～了。

【近义词】撤消/废除/取缔

【反义词】恢复/保留

【构词】撤消/打消/抵消

5252 **曲子** 丁 〔部首〕丨 〔笔画〕6

qǔzi (tune)

[名]曲谱：一支～｜好听的～｜你给我吹支～听听｜他拉的～可好听了｜这支～是谁创作的？｜学了半年的乐器，连支完整的～也拉不了！

【提示】"曲"又读qū，见第5242条"曲线"。

【构词】曲调/曲牌/曲谱/曲艺/曲高和(hè)寡

5253 **娶** 丙 〔部首〕女 〔笔画〕11

qǔ (marry [a woman])

[动]把女子接过来成亲：嫁～｜～媳妇｜～过来｜人要讲良心，不能～了媳妇忘了娘｜年前他～了个如花似玉的媳妇｜他为～媳妇欠下不少账｜儿子都30了，还没～上媳妇｜他决定～张家的姑娘为妻｜媳妇说好了，可没钱～过来。

5254 **趣味** 丙 〔部首〕走 〔笔画〕15

qùwèi（interest）

［名］使人愉快、感到有意思、有吸引力的特性：～横生｜～高雅｜～低级｜富有～｜饶有～｜文学的～｜电影的～｜跳舞的～｜无穷的～｜写作的～｜鲁迅小说的语言很有～｜他说话很枯燥，特别没～｜从房屋的装修可以看出主人的～｜他俩～相投，可以说是天生的一对。

【构词】趣事/趣谈

5255 **去** *甲 ［部首］土 ［笔画］5

qù（go）

［动］❶从说话所在地到别的地方：～重庆｜～学校｜～里屋｜～电影院｜～农村｜～工厂｜～教室｜～朋友家｜她～了一小时了，还没回来｜她～商店了，一会儿就回来｜我决定明天坐火车～广州｜由于临时有事，北京～不成了。❷用在动词前，表示要做某件事：同意不同意你们自己～商量｜去上海的火车票买不着，你～帮我想想办法｜明天我们～踢足球｜他到医院～看朋友了。❸用在动词后，表示人或事物随动作离开原来的地方；表示动作的继续或空间的延伸等：学生们向校外走～｜我的书被他借～了｜我们给灾区人民送～了很多慰问品｜一眼望～，广场上人山人海。❹用在动词或动词结构后，表示去做某事：他看画展～了｜他们参加比赛～了｜我们吃饭～｜你们爬山～吗？❺〈丙〉除去；除掉：～皮｜～油｜～病｜～火｜～多了｜～短了｜不能～｜可以～｜应该～｜土豆～了皮才好吃｜这个字不能～，～了这句话就不通顺了｜水果最好～了皮再吃｜文章太长，应该～掉一部分｜头发太长，～点儿就好了。

【近义词】❶往/前往/前去/去到；❺去掉/除去

【构词】去处/去火/去留/去路/去年/去声/去世/去暑/去向/去职/去粗取精/去伪存真

5256 **去年** 甲

qùnián（last year）

［名］今年的前一年：我是～来中国留学的｜～发生的事我怎么会这么快就忘记了呢？｜～我还在日本呢｜～年8月份我大学就毕业了。

【反义词】今年/明年

5257 **去世** 丁

qùshì（pass away）

［动］（成年人）死去；逝世：刚～｜已经～｜～的消息｜听到老朋友～的消息，我忍不住哭了｜爷爷是去年～的｜他因心脏病突发，不幸～。

【近义词】死/逝世/亡故/故去/谢世/牺牲/死亡

【反义词】活/在世

5258 **圈** 乙 ［部首］囗 ［笔画］11

quān（circle）

［名］❶环形；环形的东西：铁～儿｜项～儿｜画～儿｜三～儿｜～儿画得不圆｜爸爸坐在小板凳上一口一口地吐着烟～儿｜每天我围着操场跑三～儿。❷比喻特定的范围或领域：生活～｜文化～｜中国队终于打进了决赛～。

【提示】①“圈”在口语中一般要儿化。②“圈”又读 juàn，见第3613条；又读 juān，如“圈起来”（“关起来”的意思）。

【构词】圈点/圈定/圈椅/圈阅

5259 **圈套** 丁

quāntào（trap）

［名］使人上当受骗的计策：设～｜做～｜是～｜小心别中(zhòng)了他的～｜～已经设好了，就等敌人来钻(zuān)了｜他明知是～，为什么还去钻？｜他的小～，骗不了人！

【近义词】阴谋/花招

5260 **圈子** *丙

quānzi (circle)

［名］❶圆而中空的平面形；环形；环形的东西：大家围成了一个～｜～太小，围大点儿｜有话直说，不要绕～｜孩子们在玩钻～的游戏。❷集体或活动的范围：要团结大多数，不要搞小～｜生活～不要太小，要多接触社会。

5261 **权**(權) *丁 〔部首〕木 〔笔画〕6

quán (power)

［名］❶权力：有职有～｜当～｜掌～｜我有～处理这个问题｜有～也不能乱用｜别忘了你手里的～是人民给的｜各级干部要掌好～，用好～｜他是有职有～的人。❷〈丁〉权利：我有～向上级反映问题｜没有调查研究，就没有发言～｜我有～接受父亲的遗产。

【近义词】❶权力/权柄；❷权利

【提示】权，姓。

【构词】权变/权柄/权臣/权贵/权衡/权奸/权门/权谋/权且/权势/权术/权位/权宜/权欲熏心

5262 **权利** 丙

quánlì (right)

［名］公民或组织成员依法行使的权力和享受的利益：获得～｜剥夺～｜失掉～｜具有～｜运用～｜保证～｜平等的～｜选举的～｜享有～｜公民的～｜学生的～｜通信的～｜申诉的～｜出版的～｜学习的～｜劳动的～｜正当的～｜真正的～｜宪法保护公民正当的～｜谁也不能剥夺孩子上学的～｜对于我受到的损失，我有向上申诉的～｜子女有继承父母财产的～。

【近义词】权

5263 **权力** 丙

quánlì (power)

［名］政治上的强制力量；职责范围内的支配和指挥权：掌握～｜行使～｜～分散｜～集中｜～重要｜争夺～｜剥夺～｜人民的～｜国家的～｜领导的～｜立法的～｜特殊的～｜～的性质｜～的作用｜全国人民代表大会是中国的最高国家～机关｜海关代表国家行使～｜～过分集中，就容易产生腐败｜学校有～开除违反校规的学生｜不能滥用人民给予的～。

【提示】公民应当享受的利益不能用“权力”：×消费者有权力要求经营者开发票。在这里应该用“权利”。

5264 **权威** 丁

quánwēi (authority)

［名］使人信从的力量和威望；在某种范围里被公认为最有影响的人或事物：具有～｜学术～｜尊重～｜迷信～｜否定～｜政治～｜理论界的～｜～的理论｜～的作用｜这个观点很有～性｜许教授是我们学校的学术～｜要勇于创新，不要迷信～｜这是一家～的鉴定机构。

【构词】国威/虎威/军威/示威/雄威/扬威/助威

5265 **权限** 丁

quánxiàn (limits of authority)

［名］职权范围：～确定了｜～缩小了｜

～不明|扩大～|超越～|政府的～|法院的～|管理的～|你的行为已经超越了你的～|领导给我的～就这么大|每个人工作的～已经很明确了。
【近义词】权力

5266 权益 丁

quányì (rights and interests)
[名]应该享受的不容侵犯的权利:享受～|公民的～|作者的～|要保护公民的合法～|工人的合法～应得到保护|这是我应享受的～,我有权这样做。

5267 泉 丁

〔部首〕白
〔笔画〕9

quán (spring)
[名]从地下流出来的水;泉眼:清～|山～|温～|～水|一股清～从山上流下来|山上有个温～|济南因～多而被称为"～城"。
【提示】泉,姓。
【构词】泉水/泉台/泉下/泉眼/泉源

5268 全 甲

〔部首〕人
〔笔画〕6

quán (complete)
[形]❶完备;齐全:图书馆的杂志很～|这套书不～,少了好几本|教室的椅子配～了|人还没有到～|衣服的花色很～,任你挑选。❷全部;整个:～国|～市|～省|～校|～厂|～班|～世界人民都反对霸权|这条公路～长50公里|今天召开～校学生大会。
【近义词】❶齐/齐全/完备;❷全部/整个
【反义词】❶缺/残缺/残破
【提示】全,姓。
【构词】全才/全称/全程/全家福/全景/全军/全貌/全能/全盘/全勤/全球/全权/全日制/全身/全盛/全胜/全托/全文/全新/全休/全神贯注/全始全终/全心全意/全知全能

5269 全部 甲

quánbù (whole)
[名]整个;各个部分的总和:～生命|～力量|～精力|～资金|～作品|～时间|～仪器|～内容|～问题|～做完|～写完|他把钱～捐给了"希望工程"|学生应把～精力放在学习上|学过的汉字我～记住了|今天的作业我～做完了|看问题要看～,不要看表面。
【近义词】全体/整体/整个
【反义词】局部/部分

5270 全都 丁

quándōu (all)
[副]全;都:人～到齐了,出发吧|这些书他～买了|你们～走,不要管我|去年种的树～活了|该来的人～来了。
【近义词】全/都
【提示】"都"又读dū,如"首都"。

5271 全会(會) 丁

quánhuì (plenary meeting)
[名](政党、团体)全体会议的简称:～通过了三个决议|中共中央召开了十三届六中～|十一届三中～是新中国历史的转折点。

5272 全集 丁

quánjí (complete works)
[名]一个作者(有时是两个或几个关系密切的作者)的全部著作编在一起的书:《毛泽东～》|《列宁～》|《马克思恩格斯～》|～共分12卷|我买了一套

《鲁迅全集》。

5273 **全局** 丙

quánjú (overall situation)

[名]整个的局面:～观念|～稳定|纵观～|掌握～|控制～|服从～|着眼～|带动～|涉及～|搞好～|建设的～|～的情况|局部利益要服从～利益|每个人都要有～观念|作为一个领导,要掌握～情况。

5274 **全力** 丁

quánlì (all one's strength)

[名]全部力量或精力:用～|拿出～|～推广|～帮助|用尽～才把石头抬起来|你放心干吧,我们～支持你|我们要～以赴完成上级交给我们的任务。

5275 **全力以赴** 丁

quán lì yǐ fù (spare no effort)

把全部力量或精力投进去:他们做事情缺乏一种～的精神|干工作他总是～|战士们～地抢救国家财产。

【近义词】全力

【构词】奔赴/开赴/派赴

5276 **全面** 乙

quánmiàn (overall)

[形]各个方面的总和:～了解|～情况|内容～|评价～|应当～|力求～|确实～|特别～|相当～|～地调查|农、林、牧、副、渔～发展|会议～总结了去年的工作|他考虑问题向来很～|我们必须学会～地看问题。

【反义词】片面

5277 **全民** 丁

quánmín (all the people)

[名]一个国家内的全体人民:～动员,保家卫国|国家的财产归～所有|议会决定举行～公决。

5278 **全体**(體) 甲

quántǐ (entire)

[名]各个部分的总和:～参加|～同意|～欢迎|～出席|～到会|～同学|～学生|～听众|～观众|～会员|他代表～同学在会上发了言|大会结束后,～起立唱国歌|演出结束了,在热烈的掌声中,～演员向观众谢幕|我们班～同学都参加了植树劳动。

5279 **全心全意** 丁

quán xīn quán yì (whole-heartedly)

用全部的精力:～为人民服务|雷锋对工作～,对同志满腔热情|他那种～、不计名利的精神值得我们学习。

【近义词】一心一意

【反义词】三心二意/半心半意

5280 **拳头**(頭) 丙 〔部首〕手 〔笔画〕10

quántou (fist)

[名]手指向内弯曲合拢的手:紧握～|挥～|举起～|他的～很硬|我用～狠狠地揍了他一顿|群众举起了愤怒的～|他挥了挥～想把孩子吓走。

【构词】拳击/拳脚/拳谱/拳曲/拳拳/拳师/拳术/拳坛

5281 **犬** 丁 〔部首〕犬 〔笔画〕4

quǎn (dog)

[名]狗:警～|牧～|军～|丧家之～|哥哥在部队训练军～|这种～可以给盲人带路|这是一条名～。

【近义词】狗

【提示】多用于书面语，口语中说“狗”。

【构词】犬齿/犬马/犬牙/犬子/犬牙交错

5282 **劝**(勸)　乙　〔部首〕又　〔笔画〕4

quàn (advise)

[动]拿道理说服人，使人听从：～人｜～了半天｜～了一会儿｜～不了｜～不住｜白～｜应该～｜好不容易才把他～回来，你又把他吓跑了｜大家～了她半天，她还是哭｜你不用～我，～我我也不去｜他要是犯起混(hún)来，谁也～不住｜妈妈多次～他，可是他就是不听｜为了这事我～了他好几次｜你去～～你妈妈吧，让她不要太伤心了｜俩人打得很厉害，谁也～不开。

【近义词】劝告/劝解/劝说

【构词】劝导/劝架/劝解/劝酒/劝慰/劝降(xiáng)/劝诱/劝止

5283 **劝告**　丙

quàngào (v. advise; n. advice)

[动]拿道理劝人，使人改正错误或接受意见：领导～｜同学们～｜老师～｜～女儿｜～丈夫｜～病人｜开始～｜耐心地～｜真心实意地～｜～的口气｜～的结果｜我多次～他，他就是不听｜老刘再三～他不要去，他还是去了｜他向来不听别人～｜为这事我～过他多次。

[名]进行劝告时所说的话：对别人的～，他总是听不进去｜他的～是很有道理的｜他总是不肯接受别人的～。

【近义词】劝/劝导/劝说/规劝

5284 **劝说**(説)　丁

quànshuō (persuade)

[动]劝人做某种事情或使对某种事情表示同意：奶奶～｜妈妈～｜医生～｜老师～｜朋友～｜～孩子｜～学生｜～病人｜～了半天｜耐心～｜好意～｜反复～｜～的语气｜～的态度｜孩子特别犟，不听人～｜医生耐心地～病人不要紧张｜我好意～，她反倒埋怨我｜你不要这么固执，听听朋友的～吧。

【近义词】劝告/劝/劝导/规劝

5285 **劝阻**　丁

quànzǔ (dissuade)

[动]劝人不要做某事或进行某种活动：群众～｜警察～｜邻居～｜老师～｜医生～｜亲友～｜朋友～｜～得对｜～得及时｜应该～｜必须～｜加以～｜竭力～｜再三～｜～的方式｜～的态度｜要不是你～得及时，他非犯错误不可｜由于警察及时赶来～，才避免了一场殴斗｜经过大家的再三～，他才没有去｜他这样做很危险，你们快去～他｜他不听别人的～，继续带病工作。

【近义词】劝止/阻止

【反义词】怂恿/煽动/鼓动

【构词】电阻/梗阻/拦阻/受阻/险阻

5286 **券**　丁　〔部首〕刀　〔笔画〕8

quàn (ticket)

[名]票据或作为凭据的纸片：入场～｜入门～｜债～｜证～｜没有入场～不能进｜凭优惠～才能优惠｜今年买了1千元的国库～｜那时购买紧俏商品要凭～。

【提示】不要把“券”读成 juàn，也不要把“券”写成“卷”。

5287 **缺**　*乙　〔部首〕缶　〔笔画〕10

quē (lack)

[动]❶缺乏；短少：～钱｜～水｜～肥｜～吃｜～不了｜～人手｜～得多｜庄稼

又～肥又～水，当然长不好｜流水线上～了好几个人｜我们又不～胳膊又不～腿，别人干得了的，我们为什么干不了！｜现在条件好了，再也不～吃少穿了｜～什么说话，不要客气｜我什么也不～，就是～钱。❷残破；残缺：这本书～了两页｜这张照片～了一个角｜桌子～了一条腿，站不住｜衣服～了一个扣子。❸该到而未到：大家都到了，就～小王了｜这个学生常常～课｜今天的会有5个人～席。

【近义词】❶短/少/乏/亏/缺少/短缺/短少/缺乏；❷残缺

【构词】缺德/缺憾/缺货/缺课/缺漏/缺欠/缺勤/缺损/缺心眼/缺三短四/缺心少肺

5288 缺点(點) 乙

quēdiǎn (shortcoming)

[名]欠缺或不完备的地方：指出～｜认识～｜承认～｜正视～｜改正～｜克服～｜～多｜～明显｜存在～｜掩盖～｜领导的～｜青年人的～｜一般的～｜自私的～｜骄傲的～｜他优点不少，～也很突出｜你要注意改正自己的～｜对自己的～要敢于正视｜有～不怕，只要注意改正就好｜这种产品的～是样子太老。

【近义词】毛病/缺欠/缺陷/短处

【反义词】优点/长处

【提示】机器设备有毛病不能说"缺点"：×上听力课的时候，录音机老出～。在这里应该说"毛病"。

5289 缺乏 乙

quēfá (v. lack; adj. lacking)

[动](所需要的、想要的或一般应有的事物)没有或不够：水源～｜人才～｜～人力｜～教师｜～医生｜～物资｜～设备｜～材料｜～教材｜～教养｜暂时～｜～的东西｜由于～经验，所以工作没做好｜一个作家对于群众～了解，～接近，～研究，～知心朋友，就不能很好地描写他们｜如果～信心，就学不好汉语｜由于人力～，不能按期完成任务｜我们只见过一面，彼此～了解。

[形]不能满足需要(常作谓语)：非常～｜严重～｜这里的水源非常～。

【近义词】缺少/缺欠/短缺/贫乏/匮乏/不足

【反义词】富有

5290 缺口 丁

quēkǒu (gap)

[名]物体上缺掉一块而形成的空隙：城墙有一个～，可以钻过去｜把～堵上，风就进不来了｜碟子边上有好几个～。

【提示】在口语中一般要儿化。

5291 缺少 乙

quēshǎo (lack)

[动]缺乏(多指人或物数量不够)：～雨水｜～零件｜～人手｜～资金｜知识～｜设备～｜教室～｜经验～｜～关怀｜～调查｜～热情｜感到～｜估计～｜长期～｜一向～｜人倒不少，就是～一个懂英语的｜教室的桌子够了，还～两把椅子｜第一次干～经验｜空气、阳光和水是维持生命不可～的东西｜教室都布置好了，就～一块黑板了。

【近义词】缺乏/缺欠/短少/短缺

【反义词】拥有

5292 缺席 丁

quē xí (absent)

开会或上课时没有到：上课时间不得

无故～|今天的会，因事～者两人，因病～者三人|这学期我～过五次。

【提示】离合词，中间可插入其他成分，如：上课他从未缺过席。

5293 **缺陷** 丁

quēxiàn (defect)

[名]欠缺或不够完备的地方：存在～|留下～|承认～|嘲笑～|克服～|讽刺～|作品的～|身体的～|制度的～|时代的～|管理的～|严重的～|明显的～|他虽然身体上有～，但心灵高尚，意志坚强|我们的足球队在训练上有很大的～|努力学习，弥补知识上的～|这屋子的～是采光不足|我们目前的办学制度还存在很多～。

【近义词】缺点/缺欠/欠缺/毛病/短处

【反义词】优点/长处

【构词】凹陷/沉陷/低陷/攻陷/沦陷/塌陷/诬陷

5294 **瘸** 丁 〔部首〕疒 〔笔画〕16

qué (limp)

[动]腿脚有毛病，行走时身体不稳：摔了一跤，把腿摔～了|他～着腿走了50里|你的腿怎么～了？

【近义词】跛

5295 **却** 乙 〔部首〕卩 〔笔画〕7

què (but)

[副]表示转折，比"倒"(dào)、"可"语气略轻：大家都高高兴兴地去旅行了，他～躺在病床上|他让我准时到，他～迟到了|现在已经是冬天了，天气～不怎么冷|他的话不多，～很有力量|这课课文虽然很长，生词～不多|助人为乐人人都懂，～不是人人都能做到|这件事能否成功，虽说把握不是很大，～可以试试看。

【提示】注意"却"右边是"卩"旁，不要写成"阝"旁。

【构词】却步/却说/却之不恭

5296 **确保**(碻) 丁 〔部首〕石 〔笔画〕12

quèbǎo (ensure)

[动]确实地保持或保证：～信誉|～安全|～质量|～供应|～供水|～供电|施工要～人身安全|必须～节日期间的副食供应|这个项目是国家的重点工程，要～施工质量。

【近义词】保证

【构词】确诊/确证

5297 **确定** 乙

quèdìng (adj. definite; v. define)

[形]明确而肯定：～的答复|～的计划|～的想法|请你给我一个～的答复|在～无疑的事实面前，他不得不承认自己的罪行。

[动]使明确而肯定：领导～|内容～|会议～|计划～了|～项目|～日期|～工作|～名单|～出国|果断～|慎重～|～的对象|放假以后我去不去旅行还没～|出发的日子一时还～不下来|参加语言实习的名单～下来了|明年的生产计划还没有最后～|具体开会时间明天才能～。

5298 **确立** 丁

quèlì (establish)

[动]稳固地建立或树立：已经～|正在～|～起来|新的制度已经～起来了|你要～自己的信念|他为自己～了生活目标|他们曾～过合作关系|新观念的～为改革创造了条件。

【近义词】建立/树立/成立/设立/创立

【反义词】取消

5299 **确切** 丁

quèqiè (exact)

[形]准确恰当而贴切;真实可靠:消息～|情报～|说法～|意见～|解释～|分析～|论述～|应当～|相当～|～地回答|～的消息|～的时间|你把出发的～时间告诉我,我也好有准备|这篇文章的用词十分～|我告诉你一个～的消息,"五一"放七天假|他说得那样～,我不得不相信。

【近义词】准确/精确/贴切/恰当

【反义词】不确

5300 **确认**(認) 丁

quèrèn (affirm)

[动]明确承认:政府～|法庭～|海关～|～事实|～证据|～学历|可以～|能够～|要求～|尽快～|～的对象|～的原则|护照需要到使馆～一下|参加会议的各国代表～了这些原则|科研小组的成果得到了专家们的～|法庭～了他的犯罪事实。

5301 **确实**(實) 甲

quèshí (reliable)

[形]真实可靠:听说他已经回国了,是否～,还不太清楚|在没有掌握～的证据之前,不要急于下结论|我得到了他出国的～消息|事情是否～,还需要进一步调查核实。

【近义词】切实/真实/实在/确切

【反义词】虚假

【提示】"确实"作副词时,指对事情的真实性表示肯定:学校的这些规定,我们～执行了|这件事～是我亲眼看见的|他～是条硬汉子。

5302 **确信** 丁

quèxìn (firmly believe)

[动]确实地相信;坚信:我～这件事不是他们干的|我们～理想一定能够实现|我～他一定能完成任务。

【近义词】坚信

5303 **确凿**(鑿) 丁

quèzáo (irrefutable)

[形]非常确实:事实～|消息～|证据～|数量～|罪证～|调查得～|论证得～|无比～|～的事实|在～的数据面前,我们无话可说|证据～,人赃俱在,你是抵赖不了的|在～的事实面前,罪犯低下了头。

【构词】穿凿/斧凿/开凿

5304 **裙子** 乙 〔部首〕衤 〔笔画〕12

qúnzi (skirt)

[名]一种围在腰部以下的服装:长～|短～|天气稍一暖和,姑娘们就穿上了～|这条～的式样、颜色都很漂亮|前边穿花～的那个人是我的妻子|女儿像个假小子,夏天从不穿～。

【构词】裙带/裙裤

5305 **群** 乙 〔部首〕羊 〔笔画〕13

qún (m. group)

[量]用于成群的人或东西:一～孩子|一～羊|两～蚂蚁|一～蜂|前边来了一～人|一～孩子在花园里唱歌|一～大雁在空中翱翔|一～鸭子在湖里游来游去|山坡上,一～羊正在吃着青草。

【构词】群芳/群婚/群居/群落/群起/群情/群山/群像/群雄/群英会/群策群力/群龙无首/群魔乱舞

5306 **群岛**(島) 丙

qúndǎo (islands)

［名］海洋中彼此相距很近的一群岛屿：～上｜西沙～十分美丽｜我去过南沙～｜舟山～最近几年经济发展很快。

5307 **群体**（體）　丁

qúntǐ（group）

［名］泛指本质上有共同点的个体组成的整体：雕塑～｜建筑～｜一个～｜这个建筑～是清华大学设计的｜这个科学研究～受到了上级有关部门的表彰｜在这个～中，他可以算得上是出类拔萃的｜我国的乒乓球队是一个具有实力的～。

【近义词】集体/整体

【反义词】个体

5308 **群众**（衆）　乙

qúnzhòng（the masses）

［名］❶泛指人民大众：～起来了｜～参加了｜～理解了｜～信任了｜～游行｜～抗议｜相信～｜团结～｜组织～｜发动～｜脱离～｜看不起～｜不满的～｜部分～｜～的力量｜～的利益｜要广泛听取～的意见｜～是真正的英雄｜领导干部要经常深入到～中去，了解他们的疾苦｜～的要求和呼声，我们应通过各种渠道反映上去｜从～中来，到～中去｜学校召开～座谈会。❷在中国指没有加入共产党、共青团组织的人；不担任党政职务的一般人：他是党员，我是～｜领导干部的一举一动，～是看得一清二楚的。

【近义词】人民/大众/公众/民众/百姓

R

5309 **然而** 乙 〔部首〕灬 〔笔画〕12

rán'ér (however)

［连］用在第二个分句的开头，表示转折：今年她没有考上大学，～她并没有丧失考上大学的信心｜我的确时时解剖别人，～更多的是更无情地解剖自己｜试验虽然失败了很多次，～他们并不灰心。

【近义词】但/但是/可是

【提示】多用于书面语，口语中一般用“但是”、“可是”。

5310 **然后(後)** 甲

ránhòu (then)

［副］表示某一行动或情况发生后，接着发生或引起另一行动或情况：打好了中文基础，～才能学习专业｜新来的学生先进行汉语水平考试，～根据考试成绩编班上课｜我们先去书店买书，～再去邮局｜你们先研究一下，～再作出决定。

【近义词】之后/而后

5311 **燃** 丁 〔部首〕火 〔笔画〕16

rán (burn)

［动］燃烧；点燃：火已经～起来了，我们开始做饭吧｜蜡烛已经快～没了｜大火还在慢慢地～着｜他就像蜡烛，点～自己，照亮别人。

【近义词】燃烧/烧/焚烧/点燃

【反义词】熄灭/熄/灭

【构词】燃点/燃眉之急

5312 **燃料** 丙

ránliào (fuel)

［名］能产生热能或动力的可燃物质：买～｜用～｜没有～｜～快用完了，怎么办？｜没有～，机器就发动不了｜～可分为固体～和液体～｜要想法弄点儿～来才行｜60年代中国的～十分紧缺。

5313 **燃烧(燒)** 乙

ránshāo (burn)

［动］物质剧烈氧化而发光、发热；比喻事物如火的形态、光彩或人的如火的感情：烈火～｜大火～｜蜡烛～｜树木～｜怒火～｜～着煤炭｜～着火苗｜可以～｜可能～｜引起～｜继续～｜迅速～｜充分地～｜～的时间｜～的汽油｜草原大火已经～一个多月了｜在北风呼啸中，大火猛烈地～着｜这批木炭的质量不好，～不起来｜在消防队员的奋力扑救下，～的火焰熄灭了｜看到敌人的暴行，怒火在我胸中～着｜晚霞尤如一团～的烈火，映红了半个天空。

【近义词】燃/烧/焚/焚烧

【反义词】熄灭

5314 **染** *乙 〔部首〕木 〔笔画〕9

rǎn (dye)

［动］❶用染料着色：～头发｜～衣服｜～布｜～裤子｜～黑了｜～红了｜～指甲｜～坏了｜～花了｜可以～｜不能～｜～得好｜～了一回｜头发不～哪能这么黑！｜现在有些女孩子喜欢把头发～成红色｜～衣服是个技术活儿，不会～的～不好｜衣服掉色了，得重新

~~|衣服全让鲜血~红了。❷〈丙〉感染;沾染:他从小就~上了皮肤病|可千万别~上这种病,~上就难治了|他这些坏毛病是小时候~上的|才十七八岁,就~上了吸烟的坏习惯!

【近义词】❶涂;❷感染/传染/沾染/沾

【提示】“染”字的右上部是“九”,不要写成“丸”。

【构词】染病/染坊/染缸/染色/染色体/染指

5315 **染料** 丙

rǎnliào (colourant)

[名]直接或经媒染剂作用而能附着在纤维和其他材料上的有色物质:染衣服没~怎么行?|这种~质量比较好|~的品种很多,不知你需要哪一种?

5316 **嚷** 乙 〔部首〕口 〔笔画〕20

rǎng (shout)

[动]喊叫;吵闹:~了一声|~了一会儿|~了几嗓子|不要~|~完了|~累了|~了一下午,把嗓子全~哑了|说话小声点儿,别~|有话好好说,你~什么!|这会儿,李大妈又在街上~上了|俩人因为一点儿小事就~起来了。

【近义词】喊/叫/吵

5317 **让**(讓) *甲 〔部首〕讠 〔笔画〕5

ràng (yield)

[动]❶谦让;退让;把方便和好处给别人:~步|~座|~位|~路|~球|不能~|可以~|~了一次|见困难就上,见荣誉就~|你听过《孔融~梨》的故事吗?|弟弟小,当哥哥的理应~着点儿|上次下围棋,他~我5个子儿,这次又~了我7个子儿,但是我还是输了|请往旁边~~,让我过去|哪位同志给这个老人~个座?❷表示指使、容许或听任:好容易过个星期天,妈妈还不~出去玩|你为什么~他买,不~我买?|领导不~去,我也没办法|~他去玩吧,别管他|是领导~我来的。❸〈乙〉索取一定的代价,把财物的所有权转移给别人:~房子|~字画|~出去|不能~|可以~|~不了|你就把这套房子~给我吧|在无可奈何的情况下,他把一部分产权~出去了|好不容易才买来的东西,我可不能~给你|邻居~出一间房子给我。❹〈丙〉请人接受招待:~茶|~酒|~烟|主人非常热情,不停地~茶~烟|大家喜欢什么就吃什么,我可不会~人|主人热情地把我~进了屋|他~了我半天,我都不好意思了。

【近义词】❶谦让;❷派/叫/容许;❸转让/出让

【反义词】❶争/夺/抢

【提示】“让”作介词时,同“被”:窗户~风吹坏了|手~树枝划破了。

【构词】让路/让位/让贤/让座

5318 **让步** 丁

ràng bù (give in)

在争执中部分地或全部地放弃自己的意见或要求:上级~|妻子~|学校~|可能~|做出~|表示~|明显地~|主动地~|~的原因|~的条件|在原则问题上他从不~|双方都必须~,问题才能解决|问题僵到这种地步,谁也不肯~|为什么只叫我~,不叫他~!|我已经~了,他还不同意|我们的~是有条件的|在压力下他只好~。

【近义词】退让/妥协

【提示】离合词，中间可插入其他成分，如：让过步｜让了一步。

5319 **饶**(饒) ＊丙 〔部首〕饣 〔笔画〕9

ráo (forgive)

［动］❶宽恕；免除处罚：～过一次｜不能～｜这次～了你，下次再犯绝不轻～｜中国有句古话：得～人处且～人｜想让我～你很容易，你必须以后好好干。❷〈丁〉无代价地增添；另外加：买了一条领带，～了一个领带夹｜小贩给我称了3斤鸡蛋，又～了一个｜大家都喜欢去那个小摊儿上买菜，因为那个小贩在称完菜后经常还给你～上一把。

【近义词】❶饶恕/宽恕；❷添加/添加

【提示】饶，姓。

【构词】饶命/饶舌/饶恕/饶头儿

5320 **扰乱**(擾亂) 丁 〔部首〕扌 〔笔画〕7

rǎoluàn (disturb)

［动］搅扰，使混乱或不安：～民心｜～军心｜～治安｜～安定｜～团结｜～了半天｜不准～｜到处～｜故意地～｜严重地～｜他因～社会治安被公安机关拘留了｜要坚决打击～社会治安的坏分子｜他在会上大喊大叫，～了会场秩序｜一些敌对分子严重地～了边境的安全。

【近义词】搅乱/骚扰/干扰/侵扰/捣乱

【反义词】平定/安定/稳定

5321 **绕**(繞) ＊乙 〔部首〕纟 〔笔画〕9

rào (wind)

［动］❶缠；缠绕：～毛线｜～绳子｜～乱了｜～得太紧｜～在树上｜～累了｜不好～｜把这些绳子～起来｜毛线～成了一团，怎么解也解不开｜孙女帮助奶奶～毛线。❷围着转动：月亮～着地球转，地球～着太阳转｜他～操场转了三圈｜飞机在空中～了几个圈子，又飞走了｜他迷了路，～了半天，又～回原地了。❸〈丙〉不从正面通过，从侧面或后面迂回过去：～小路｜～了一小时｜从这儿～过去近多了｜前方修路，车辆请～行｜～过昆明湖，就能看见石舫了。

【近义词】❶缠/缠绕；❷围绕/环绕；❸迂回

【构词】绕脖子/绕道/绕口令/绕路/绕圈子/绕弯儿/绕弯子/绕行/绕远

5322 **惹** ＊乙 〔部首〕心 〔笔画〕12

rě (cause [sth. undesirable])

［动］❶引起（不好的事情）：～事｜～祸｜～麻烦｜没事在家里呆着，不要到外面去～事｜什么事也没干成，还给我～了这么多麻烦｜一句话～起了一场大祸｜这下子可～下麻烦了。❷〈丙〉用言语或行动触动对方：～他｜～急了｜～火了｜我也不知道怎么就把他～翻了｜告诉你，我可不是好～的！｜你到底说什么了，～他生那么大的气？｜这人脾气古怪，你不要去～他。❸〈丁〉人或事物的特点引起爱憎的反应：这孩子长得挺～人爱的｜她的这身打扮可～人注意了｜他今天说的话太～人厌烦了。

【提示】“惹”上边是“若”，不要写成“苦”。

【构词】惹祸/惹乱子/惹事/惹是非/惹眼/惹火烧身/惹是生非

5323 **热**(熱) ＊甲 〔部首〕灬 〔笔画〕10

rè (adj. hot; v. heat up)

［形］❶温度高：很～｜～天｜不～｜看到妻子送来的～饭～汤，他心里暖乎

乎的|今天的天气可真～|今年夏天～得厉害。❷生病引起的高体温:一到下午他就发～,也查不出毛病来|妈妈摸了摸孩子的头,发现有点儿～|他浑身火～,一定是病了。

[动]〈乙〉使热;加热:～一～|～～|～好了|饭都凉了,再～一～|把菜～一下再吃|这汤刚～过,趁热喝了吧。

【近义词】[形]烫/暖

【反义词】[形]冷/凉/寒

【构词】热病/热忱/热诚/热带鱼/热点/热度/热敷/热烘烘/热呼/热火/热辣辣/热泪/热力/热恋/热门/热能/热气/热身/热水袋/热汤面/热腾腾/热望/热线/热孝/热心/热心肠/热血/热饮/热源/热中/热火朝天

5324 热爱(愛) 乙

rè'ài (love)

[动]热烈地爱:～祖国|～人民|～家乡|～教师|～北京|～工作|～劳动|值得～|永远～|衷心地～|确实～|～生活|我～生我养我的父母|要教育青少年～祖国|他非常～自己的本职工作|老华侨们至今仍～着、眷恋着自己的祖国|祖国啊,母亲!

【近义词】酷爱/喜爱

【反义词】憎恨/痛恨/憎恶/厌恶

5325 热潮 丁

rècháo (vigorous mass campaign)

[名]蓬勃发展、热火朝天的形势:学习～|劳动～|掀起～|出现了～|利用～|生产的～|竞赛的～|表演的～|搞技术的～|全市掀起了植树造林的～|学技术、学科学的～在全厂掀起来了|全班出现了你追我赶比学习的～。

【近义词】高潮/浪潮

【反义词】低潮

5326 热带(帶) 丙

rèdài (the tropics)

[名]赤道两侧南北回归线之间的地带:～气候|～国家|～地区|～水果|新加坡、泰国处于～|这些都是～植物|我喜欢～气候。

5327 热泪盈眶(淚) 丁

rè lèi yíng kuàng (one's eyes brim over with tears)

因高兴、感激或悲伤眼泪充满了双眼:灾区人民面对救灾物资,感动得～|看到多年不见的老朋友,我激动得～。

5328 热量 丙

rèliàng (quantity of heat)

[名]温度高的物体把能量传递到温度低的物体上,所传递的能量叫热量:～增加了|～减少了|～大|～不够|散发～|耗费～|人体的～|产生的～|～的来源|糖能给人增加～|这些食品能产生很多～|天气本来就热,再加上这么多人体散发的～,公共汽车里能不热吗?|咖啡可以供给人体许多～。

5329 热烈 乙

rèliè (heartily)

[形]兴奋激动:场面～|掌声～|发言～|辩论～|讨论得～|特别～|分外～|～地欢迎|～地参加|～地拥抱|～地握手|两国领导人进行了～的交谈|对代表团的来访我们表示～欢迎|全国人民～拥护中央的决定|辩论会上,大家争论得非常～。

5330 **热闹**(鬧) 乙

rènao (adj. bustling with activity; v. liven up)

[形]景象繁荣活跃:集市～|商店～|感到～|喜欢～|～得厉害|格外～|北京王府井是一个非常～的商业区|我们家乡过春节可～了|大嫂一回来,家里就～了|秋天农村呈现出一派～的丰收景象。

[动]使场面活跃,心情愉快:过年了,咱们得好好～一下|难得大家聚在一起,咱们今天～～|大家心情不好,怎么也～不起来。

【近义词】[形]热烈/红火

【反义词】[形]冷清/冷落/安静

5331 **热情** 甲

rèqíng (n. enthusiasm; adj. enthusiastic)

[名]热烈的感情:工作～|生产～|爱国～|～奔放|～洋溢|这些老一代知识分子的爱国～真是令我们敬佩|他在集会上发表了～洋溢的演说。

[形]有热情:主人～|观众～|朋友～|待人～|表现得～|体现出～|确实～|特别～|～的读者|～的观众|～的朋友|～的态度|～的眼神|～地招待|～地支持|～地接待|～地讴歌|她待人向来很～|他的改革方案,领导给予了～的支持|招待远方的客人,主人显得格外～|我们在西藏的那些日子里,藏族人民对我们很～|中央领导～地同外国朋友握手。

【近义词】热忱/热诚

【反义词】冷淡

5332 **热水瓶/暖水瓶** 乙

rèshuǐpíng/nuǎnshuǐpíng (thermos bottle)

[名]保温瓶的一种,瓶口较小,通常用来保存热水:一个～|买～|灌～|～里没有水了,烧壶水吧|～的水都凉了|这个～质量有问题,一点儿都不保暖。

【近义词】保温瓶/暖瓶

5333 **热心** 乙

rèxīn (warm-hearted)

[形]有热情,有兴趣,肯尽力:～人|老大娘～|小朋友～|工会～|～得要命|显得～|装作～|特别～|～地支持|～地帮助|～地参加|～地劝说|旅行的路上我遇到一位～的老大爷|他～地给大家办事|他对社会工作很～|售货员～地向他介绍商品|小杨对工会工作很～|对于技术革新,张师傅向来～。

5334 **人** *甲 〔部首〕人 〔笔画〕2

rén (human being)

[名]❶能制造工具并使用工具进行劳动的高等动物:好～|坏～|大～|男～|女～|中国～|外国～|注意!前边有～!|走在前边的那个～是我的朋友|时代在变,～的思想也在变|几年不见,他简直变了一个～。❷指成年人:我今年18岁,已经长大成～了|孩子小,还没有成～。❸〈乙〉指某种人:军～|主～|主持～|介绍～|他是我们厂的守门～|出门的～要特别注意身体|大会主持～还没来。❹〈乙〉别人;其他人:～云亦云|对～宽,对己严|他待～诚恳。❺〈乙〉指人的品质、性格或荣誉:他～很好,就是有点儿固执|他～厚道,心眼儿实|这种丢～的事你也干得出来?❻〈乙〉特指某一个人:～已经没了,伤

心也没用|他～没来,我可以代他签字吗?

【构词】人材/人称/人道/人贩子/人犯/人格化/人祸/人尖子/人杰/人来疯/人类学/人力车/人流/人伦/人马/人命/人品/人情味/人人/人生观/人世/人手/人像/人行道/人性论/人选/人影/人猿/人缘儿/人造革/人造毛/人造棉/人造丝/人证/人种/人地生疏/人定胜天/人多势众/人多嘴杂/人浮于事/人欢马叫/人杰地灵/人困马乏/人老珠黄/人面兽心/人情世故/人山人海/人寿年丰/人微言轻/人心所向/人仰马翻/人云亦云

5335 **人才/人材** *乙

réncái (a person of ability)

[名]❶德才兼备的人;能对社会做出贡献的人:～流动|～交流|～辈出|～难得|培养～|重视～|爱护～|发现～|浪费～|失去～|技术～|中国的～|管理的～|优秀的～|杰出的～|卓越的～|宝贵的～|大量～|缺少～|学校是培养～的地方|我们要尊重～,爱护～|学校为引进～,特设了校长特批住房|现代社会需要多层次、多类型的～|要充分发挥现有～的作用|你们单位是～济济,我们比不了。❷〈丁〉指美丽端正的相貌:～出众|一表～|几分～|她仗着有几分～,就谁也看不上|小伙子一表～,风度翩翩,姑娘们都喜欢他。

【近义词】❶天才/英才

5336 **人道主义**(義) 丁

réndàozhǔyì (humanitarianism)

[名]起源于欧洲文艺复兴时期的一种思想体系,提倡关心人、尊重人、以人为中心的世界观:实行～|坚持～|提倡～|宣扬～|医院要提倡～|他很有～精神。

5337 **人格** 丁

réngé (character)

[名]人的性格、气质、能力等特征的总和;个人的道德品质:～伟大|～高尚|～低下|～卑贱|教师的～|医生的～|伟大的～|高尚的～|可敬的～|～的力量|～的好坏|～丧失|保持～|出卖～|独立的～|作为一名教师,要有高尚的～|他的行为体现了他伟大的～|～有高尚与卑下之分|你只要敢于和邪恶的势力进行斗争,你的～就会得到人们的尊重|请你尊重我的～,不要无根据地乱说。

【近义词】人品/品格/品行/品质

5338 **人工** 乙

réngōng (artificial)

[名]人力;人力做的工:～呼吸|～降雨|～降雪|～操作|空军部队成功地为我省做了两次～降雨|他为落水者进行了～呼吸,终于把人救了过来|有很多事还得～操作,机器代替不了|机器坏了,只能用～代替。

【反义词】天然/自然

5339 **人家** 乙

rénjiā (family)

[名]住户;家庭:庄户～|买卖～|老实的～|富裕的～|普通的～|少数～|一户～|城市里的～|清白的～|村里住着十几户～|我给你介绍的这人是个富裕～|这是一个海边的普通～。

【近义词】住户/家庭

5340 **人家** 丙

rénjia (a person other than the

speaker or hearer）

［代］❶指说话人和听话人以外的人（相当“别人”）：等～回来了我们再走，要不就有点儿失礼了｜听说～小李还是优秀学生呢！｜～都学过两年汉语了，我才学过一年｜不要大声喧哗，会影响～休息的。❷称说话人自己（有亲热或俏皮的意味）：～等了都一个多小时了，你才来｜你拿了～的东西也不说一声｜你们吵什么？把～都吵醒了。

【近义词】❶别人/旁人/他人/他/他们；❷我

5341 **人间**（間） 丙

rénjiān（the world）

［名］人类社会：充满～｜布满～｜降临～｜来到～｜幸福的～｜自由的～｜悲惨的～｜理想的～｜黑暗的～｜～乐园｜～地狱｜～的景象｜“上有天堂，下有苏杭”说的是苏州、杭州是～的乐园｜七仙女因喜爱地上的生活，来到～跟董永结了婚｜～自有真情在｜圣诞节是为了纪念耶稣降临到～｜这部小说讽刺揭露了～的丑恶。

【近义词】人世/红尘/尘世

【反义词】世外

5342 **人均** 丁

rénjūn（per capita）

［动］按每人平均计算：～收入｜～产值｜～居住面积｜去年我们村～收入5000元｜全村栽了两万多棵果树，～100棵｜任务是上级按～数分配下来的。

【近义词】平均

5343 **人口** 乙

rénkǒu（population）

［名］❶居住在一定地区内的人的总和：～增加了｜～减少了｜～多｜～稀少｜～平衡｜控制～｜统计～｜清理～｜世界～｜中国～｜要控制～的增长｜你知道全世界有多少～吗？❷一户人家的人的总数：他家～少，只有三口人｜救灾物资按～多少分到了每一家。

5344 **人类**（類） 乙

rénlèi（mankind）

［名］人的总称：～进步｜～昌盛｜古代的～｜现代的～｜创造了～｜～社会｜～历史｜～的理想｜～的现实｜～的文化｜～的朋友｜～的救星｜劳动创造了～｜动物是～的朋友。

【近义词】人

5345 **人力** 丙

rénlì（manpower）

［名］人的劳力：～分配｜～节省了｜～消耗了｜～浪费了｜需要～｜利用～｜保证～｜节省～｜使用～｜增加～｜缺乏～｜工厂的～｜大量的～｜充足的～｜全部～｜集中～｜主要的～｜工地上～缺乏，按期完成任务有困难｜开工前要充分做好～、物力的准备｜中国有充分的～资源｜要尽快用机械代替～，减轻农民的劳动强度。

5346 **人们**（們） 甲

rénmen（people）

［名］泛指很多人：春天来了，～纷纷到郊外游玩｜时代变了，～的思想也在变｜至今～也忘不了他｜古旧的胡同和四合院向～述说着老北京的历史。

5347 **人民** 甲

rénmín（the people）

[名]以劳动群众为主的社会基本成员：～起义|～反抗|～前进|～欢迎|～支持|～信任|～幸福|～自由|保护～|依靠～|热爱～|代表～|欺骗～|古代的～|～的利益|～的权利|～的意志|～的生活|～的事业|～教师|～热爱廉洁奉公的干部|全心全意为～服务|多亏了中国～的友好帮助，我才脱离了危险|参观团所到之处，受到了各地～的热烈欢迎。

【近义词】老百姓

5348 **人民币**(幣) 乙

rénmínbì (RMB)

[名]中国的法定货币：这台彩电的标价是～2300元|用～做广告是违法行为|我们要爱护～，不能在～上乱写乱画。

5349 **人情** 丁

rénqíng (human feelings)

[名]❶人的感情；人之常情：～欠缺|～改变了|～淡|不通～|不近～|合乎～|讲～|利用～|正常的～|温暖的～|他虐待自己的儿女，实在不近～！|制定规章制度也要考虑合乎～|这种人，一点儿～也不讲！|这部小说特别有～味儿。❷情面；恩惠；情意；礼物：托～|买～|空头～|顺手～|儿子犯了法，他四处托～为儿子开脱|顺手～，谁不会做？|今天就买你个～，以后可就不行了|花了钱，还得搭～，真不合算|村里谁家有个婚丧喜庆的事，大家都得送个～，这是多年的习俗了|～的往来是难免的，但多了就受不了了。

【近义词】❶常情/人心/情分(fèn)

5350 **人权**(權) 丁

rénquán (human rights)

[名]指人享有的人身自由和各种民主权利：享受～|没有～|侵犯～|任何人都不能侵犯他人的～|公民应享有充分的～|一切侵犯～的行为都是违法的。

5351 **人群** 丙

rénqún (crowd)

[名]成群的人：～集中|～欢腾|～喧闹|～混乱|～奔跑|穿过～|随着～|发现～|看见～|带领～|指挥～|广场上的～|马路上的～|奔跑的～|慌乱的～|围观的～|警察驱散了围观的～|黑压压的～挤在广场上|～慢慢地向街东头集中。

【构词】超群/成群/千群/合群/恋群/失群

5352 **人参**(參) 丁

rénshēn (ginseng)

[名]多年生草本植物，根和叶都可入药，有滋补作用：养～|采～|挖～|吃～|～有补养身体的作用|用～泡酒喝可以滋阴壮阳|很多中药里都有～。

【提示】“参”又读 cān，如“参加”；又读 cēn，如“参差(cī)”。

【构词】丹参/党参/海参/苦参/沙参

5353 **人身** 丁

rénshēn (person)

[名]指个人的生命、健康、行动、名誉等：～自由|～安全|有错误可以批评、教育，不能进行～攻击|在执行任务的时候，千万要注意～安全|在监狱里，他失去了～自由。

5354 **人生** 丁

rénshēng (life)

[名]人的生存和生活：～动荡｜～美好｜～幸福｜～曲折｜把握～｜了解～｜崭新的～｜美好的～｜不幸的～｜艰难的～｜～的奥秘｜～态度｜～乐趣｜结婚可是～的一件大事｜每个人都要把握好自己的～｜他对待～的态度太消极了｜你不接触社会，不到人群中去，你就不会感受到～的乐趣。

【近义词】人世/生命/生活

5355 人士 丙

rénshì (personage)

[名]有声望的人物：～众多｜爱国～｜民主～｜党外～｜学术界～｜知名～｜权威～｜很多民主～参加了今天的座谈会｜他们都是爱国～，我们要团结他们｜有关权威～分析了当前国际形势。

5356 人事 丁

rénshì (ways of the world)

[名]❶事理人情；人世间的事情：～复杂｜～正常｜不懂～｜复杂的～｜现在的～关系越来越复杂｜这么大了，一点儿～都不懂！｜整天闷(mēn)在家里，社会上的～他一点儿也不知晓。❷关于工作人员的录用、培养、调配和奖惩等工作：负责～｜主持～｜领导～｜分管～｜安排～｜～调动｜～制度｜～部门｜～档案｜～工作｜我在单位负责～工作｜他掌有这个企业的～权和财权｜他的～关系还在外地｜～工作是一个复杂的工作。

5357 人体(體) 丙

réntǐ (human body)

[名]人的身体：～画｜～解剖｜画展上首次展出了～素描｜～的正常温度是37度左右｜学生们对～的特征进行了分析。

【近义词】身体

5358 人为(爲) 丁

rénwéi (man-made)

[形]人造成的(多用于不如意的事)：～的困难｜～的矛盾｜～的纠纷｜这些困难都是～造成的｜你们之间的矛盾都是～的，完全可以解决｜你不要再～地制造紧张空气了。

【提示】“为”又读 wèi，如“为什么”。

5359 人物 *乙

rénwù (figure)

[名]❶在某方面有代表性或具有突出特点的人：英雄～｜代表～｜模范～｜文艺界的～｜主要～｜大～｜杰出的～｜神秘的～｜著名的～｜头面～｜改革开放以来，各行各业出现了很多杰出的～｜战争年代涌现出许许多多英雄～｜你可别小瞧他，他可是我们单位了不起的～。❷〈丙〉文学和艺术作品中所描写的人：～高大｜～渺小｜～完美｜描写～｜刻画～｜创造～｜典型～｜中心～｜小说里的～｜主要的～｜陪衬的～｜小说成功地塑造了这个典型～｜你能说出《红楼梦》这部小说中的主要～吗？｜这个～在情节发展中起了重要作用。

【近义词】❶人/人士；❷形象

5360 人心 丙

rénxīn (public feeling)

[名]❶指众人的感情、愿望等：～振奋｜～欢腾｜～惶惶｜～思变｜～浮动｜～不稳｜～不齐｜～散了｜振奋～｜鼓舞～｜激动～｜征服～｜赢得～｜失去～｜收买～｜～齐，泰山移｜我告诉大家一个振奋～的消息｜他这是收买

～，不要相信他｜厂长的话极大地鼓舞了～。❷良心：有～｜没～｜这种人没有～，你对他再好也没用！｜这些流氓坏蛋，一点儿～也没有！

5361 **人性** 丁

rénxìng（human nature）

［名］人所具有的正常的感情和理性：～丧失｜～复苏｜灭绝～｜缺乏～｜不通～｜具有～｜通～｜我觉得在动物中，狗最通～了｜她灭绝～地杀死了自己亲生的儿子。

5362 **人员**（員） 乙

rényuán（staff）

［名］担任某种职务的人：～流动｜～复杂｜～集中｜减少～｜增加～｜机关的～｜公安～｜管理～｜技术～｜工作～｜研究～｜任务重了，～却没有增加｜工作～详细地向我们介绍了情况｜管理～的水平有待提高｜公安～在很短的时间内就破了案｜～的调（tiáo）配由经理负责。

5363 **人造** 乙

rénzào（man-made）

［形］人工制造的：～牛黄｜～纤维｜～地球卫星｜～皮革｜～石油｜～棉｜～丝｜～棉做衬衫夏天穿起来很凉快｜今年我国发射了3颗～地球卫星｜～牛黄的医疗效果很好｜这件皮衣不是真皮的，是～革的。

【近义词】人工

【反义词】自然／天然

5364 **人质**（質） 丁

rénzhì（hostage）

［名］一方拘留的对方的人，用来迫使对方履行诺言或接受某些条件：杀害～｜绑架～｜放～｜解救～｜迫害～｜关押～｜扣留～｜转移～｜交换～｜营救～｜～逃跑了｜可怜的～｜敌方的～｜一批～｜～的问题｜～的价值｜绑匪扣留了十几名～｜歹徒扬言要杀害～｜双方谈好了交换～的条件｜在公安人员的努力下，～终于解救出来了｜他把我作为～扣下了。

5365 **仁慈** 丁 ［部首］亻 ［笔画］4

réncí（benevolent）

［形］仁爱慈善：妈妈～｜首长～｜态度～｜样子～｜充满了～｜感到～｜格外～｜表面上～｜确实～｜虚假的～｜老大娘非常～｜～的东郭先生救了狼，却被狼吃掉了｜老师用～的目光看着我｜他是一位～的老人。

【近义词】仁爱／慈善

【反义词】残忍／残暴

【提示】仁，姓。

【构词】仁爱／仁德／仁义／仁人君子／仁人志士／仁至义尽

5366 **忍** 乙 ［部首］心 ［笔画］7

rěn（bear）

［动］忍耐；忍受：～无可～｜～气吞声｜～饥挨饿｜我从来没～过这么大的火｜这股气我～了半天了，实在～不下去了｜你再～一会儿吧，马上就到了｜她本来绷着脸，让我一逗，～不住笑了｜听到妈妈病重的消息，我～不住哭起来｜让孩子一个人干这么多活儿，我于心不～｜打针的时候，这孩子～住疼，一声没哭。

【近义词】忍耐／忍受

【构词】忍让／忍痛／忍心／忍俊不禁／忍气吞声／忍辱负重／忍辱含垢／忍无可忍

5367 **忍不住** 丙

rěn bu zhù (can't help [doing sth.])

不能忍受;不能忍耐:看到别人跳过去了,他～也要试一试|看见分别多年的姐姐,他的眼泪～掉了下来了|叫他不要说话,可他总～。

5368 **忍耐** 丙

rěnnài (restrain oneself)

[动]把痛苦的感觉或某种情绪抑制住,不使表现出来:～一会儿|需要～|处处～|～的结果|～的程度|要学会～,不要动不动就发火|他感冒发烧39°,但他还是～着继续工作|心里有什么委屈就说出来,不要再～了|看到他那不讲理的样子,我再也～不住了。

【近义词】忍/忍受

5369 **忍受** 丙

rěnshòu (bear)

[动]把痛苦、困难、不幸的遭遇等勉强承受下来:妈妈～着|～痛苦|～疼痛|～打骂|～屈辱|～寂寞|～打击|～贫苦|不能～|艰难地～|默默地～|尽量地～|他～着疾病的折磨,坚持学习|多年来他一直～着极大的屈辱,默默地工作|我什么样的苦都能～,但我～不了屈辱。

【近义词】忍/忍耐/容忍/承受

5370 **任** 丙 〔部首〕亻 〔笔画〕6

rèn (prep. at one's convenience; conj. no matter)

[介]任凭;听凭:～人宰割|商店里的商品～你挑选|有错误就赶紧纠正,不能～其错下去。

[连]不论;无论:～谁说他,他也不听|～有多难,他也不怕|～雨多么大,我也要走。

【近义词】[介]听凭/听任/任凭

【提示】"任"用作姓时读 Rén。

【构词】任教/任课/任免/任凭/任期/任所/任用/任职/任劳任怨/任人惟亲/任人惟贤/任重道远

5371 **任** 丙

rèn (assume a post)

[动]担任;任用:～命|～职|他在我们班曾经～过班长|你在单位～什么职?|小张～科长的职务已经三年了。

5372 **任何** 甲

rènhé (any)

[代]不论什么:～人都要遵纪守法|未经许可,～人不得入内|对于～人、～事,他一概不闻不问|我们能够战胜～困难|只要你努力学习,～东西都能学会。

5373 **任命** 丁

rènmìng (appoint)

[动]下命令任用:上级～|国务院～|学校～|总统～|厂长～|经理～|～干部|～局长|～得早|可能～|同意～|公开～|破格～|～的时候|～的经过|学校～他为学生处处长|是谁～你为经理的?|～以下三人为驻外国大使|校长在大会上宣布对他的～|～他为科长是我的决定。

5374 **任务(務)** 乙

rènwu (task)

[名]指定担任的工作；指定担任的责任：～接受了｜～完成了｜～艰巨｜～紧急｜～特殊｜完成～｜交待～｜执行～｜承担～｜今年的～｜以后的～｜学生的～｜商店的～｜开会的～｜主要的～｜～的多少｜学生的～是学习｜工厂提前完成了今年的～｜～太重，我们几个人完不成｜领导分配给我的～是打扫室内卫生｜上级把最艰巨的～交给了我们。

【近义词】工作/使命

5375 **任性** 丙

rènxìng (wilful)

[形]放任自己的性子，不加约束：孩子～｜姐姐～｜姑娘～｜～得厉害｜格外～｜表现得～｜确实～｜～的样子｜～的脾气｜这个人特别～，谁的话他都听不进去｜这孩子变得越来越～｜他从小就养成了～的脾气｜她天真活泼中又带有几分～。

5376 **任意** 丙

rènyì (wantonly)

[副]没有拘束，不加限制，爱怎么样就怎么样；没有任何条件的：～说｜～笑｜～跳｜～花钱｜～玩乐｜～发挥｜～胡闹｜～歪曲｜～挥霍｜命题作文应该按照老师出的题目写，不能～乱写｜作为一个军人，应该听从指挥，不能～行动｜欢迎顾客～选购本店的商品｜教师不能～打骂学生。

【近义词】随意/肆意/任性

5377 **认**(認) *乙 〔部首〕讠 〔笔画〕4

rèn (recognize)

[动]❶认识；分辨：～字｜～路｜～人｜不～得｜今天又～了几个汉字｜我去过他们家好几次了，现在去还是～不得｜有时间到我们家去～～门。❷〈丙〉承认；表示同意：我承认我不对，我～错还不行吗？｜在别人面前他从来没～过输｜当着老师的面他～了错｜吃多大亏我都～了｜今天我～倒霉。❸〈丁〉跟本来没有关系的人建立某种关系：我决定～您为我的师傅｜他们俩不知道什么时候～上亲了｜张师傅这一生～了八个徒弟，就数(shǔ)三徒弟有出息。

【近义词】❶认识；❷承认

【构词】认不是/认错/认罚/认领/认命/认赔/认亲/认人/认生/认输/认死理/认账/认证/认罪/认贼作父

5378 **认得** 乙

rènde (know)

[动]能够确定某一人或事物是这个人或事物而不是别的：～他｜～路｜～很多人｜奶奶没上过学，一个字也不～｜我～这个人，就是忘了他叫什么名字了｜你～那个地方吗？我可不～｜我～路，你不要送了。

【近义词】认识

5379 **认定** 丁

rèndìng (firmly believe)

[动]确定地认为；明确承认：专家～｜同学们～｜爸爸～｜～方向｜～目标｜专家们～这些文物是汉代的｜犯罪事实清楚，证据确定、充分，足以～他的罪行｜只要他～了这条路是正确的，就会坚决走到底。

【近义词】确定/确认

5380 **认可** 丁

rènkě (approve)

[动]许可；承认：老师～｜学校～｜家里～｜必须～｜要求～｜打算～｜考虑

～|完全～|基本上～|这个方案双方都能～|活动计划必须经过领导～|这项科研成果专家们基本上～了。

【近义词】同意/赞同/许可

5381 **认识**(識) 甲

rènshi (v. know; n. knowledge)

[动]能够确定这一人或事物不是别的人或事物:～老师|～汉字|～历史|～问题|～朋友|～邻居|～得快|能～|必须～|肯定～|高兴地～|自觉地～|深刻地～|～的内容|～的时间|～过程|来中国以后,我～了很多朋友|这几个汉字我不～|要充分～到自己的不足|早在五年前我们就～了|我来介绍你们俩～～。

[名]指人的头脑对客观事物的反映:感性～|理性～|～正确|他对自己的错误还没有正确的～|你对社会的～还不够深|你对这个问题的～有片面性。

【近义词】[动]认得/懂得/理解

5382 **认为**(爲) 甲

rènwéi (think)

[动]对人或事物作出判断,表示确定的看法:老师～|领导～|政府～|～对|～不错|～正确|～重要|～能干|固执地～|明显地～|顽固地～|我～他可以胜任这个工作|大家都～他不错|我也并不～我的观点完全正确|我一向～教育是一国之根本。

【提示】"为"又读 wèi,见第 6680 条。

5383 **认真** 甲

rènzhēn (serious)

[形]严肃对待,不马虎草率:态度～|样子～|学习～|工作～|办事～|讨论～|必须～|要～|讲究～|需要～|说得～|做得～|讨论得～|～的态度|～地改革|～地回答|～地调查|～准备|老师上课很～|他干什么事都那么～|世界上怕就怕"～"二字|他做事情从来没有像今天这样～过。

【近义词】负责

【反义词】马虎/草率/潦草

【提示】注意,"认真"的"真"中间有三横。

5384 **扔** 乙 〔部首〕扌〔笔画〕5

rēng (throw)

[动]❶挥动手臂,使拿着的东西离开手:～砖|～球|～标枪|～手榴弹|不能～|～过来|～得远|几个孩子往湖里～石头|请你把帽子～过来|她～标枪～得特别远|他～手榴弹不仅～得远,而且～得准。❷抛弃;扔掉:～掉|～破烂儿|～废品|～东西|～在地上|～到垃圾箱里|把这些没有的东西都～了|一些人不注意公共道德,随意乱～垃圾|这双鞋是我～的|这些东西还不能～,放着有用|把这些废纸都～到垃圾箱里。

【近义词】❶抛/掷/投/投掷;❷丢/丢掉/丢弃/舍弃/抛弃

【反义词】❷拾/拣/捡

5385 **仍** 乙 〔部首〕亻〔笔画〕4

réng (still)

[副]还;依旧;照旧:二十几年不见,他～那么年轻|明年我～在中国学习汉语|几个小时过去了,我～没见她的身影。

【近义词】还/还是/依然/仍然/依旧/照旧/仍旧

5386 **仍旧**(舊) 丙

réngjiù (still)

[副]还是；照旧：不管多忙多累，晚上他～坚持写作|别看他七十多岁了，精力～那么充沛|都5月份了，他～穿着那件小棉袄|放假后，我～计划去南方旅行。

【近义词】仍/仍然/照旧/照样/还是/还/依然

5387 **仍然** 乙

réngrán (still)

[副]表示情况继续不变或恢复原状：都4月份了，我们这里～供暖气|粮食紧缺的问题～十分严重|他把信看完，～装回信封里|参加工作以后，他的性格～没有改变。

【近义词】仍旧/依旧/还是/照旧/照样/仍/依然

5388 **日** 甲 〔部首〕日 〔笔画〕4

rì (sun)

[名]❶太阳：～出|风和～丽|拨云见～|泰山顶上看～出，别有情趣|～出而做，～落而息。❷白天：～～夜夜|夜以继～|～班|～场|你不能～夜不停地工作|我今天上～班，晚上回来。❸天；一昼夜：改～再来|一～不见，如隔三秋|他的病～见好转|限你三～后来取，过期不候。

【近义词】❶太阳；❷白天/昼；❸天

【反义词】❶月；❷夜

【构词】日班/日场/日工/日光灯/日光浴/日后/日环食/日历/日暮/日内/日前/日趋/日日/日食/日夕/日影/日月/日照/日志/日薄(bó)西山/日积月累/日久天长/日暮途穷/日上三竿/日新月异/日以继夜/日月如梭

5389 **日报**(報) 丙

rìbào (daily paper)

[名]每天早上出版的报纸：北京～|光明～|科技～|工人～|我今年订一份《天津～》|《人民～》办得越来越好。

5390 **日常** 乙

rìcháng (day-to-day)

[形]属于平时的：～生活|～工作|～用品|他上街买了点儿～用品就回来了|校长不在，副校长主持～工作|别看就他一个人，～生活安排得井井有条。

【近义词】平时/平常/寻常

5391 **日程** 乙

rìchéng (schedule)

[名]按日排定的行事程序：～定了|～满了|确定～|安排～|考虑～|学校的～|议事～|比赛～|会谈的～|紧张的～|学习的～|改造宿舍的事该提到议事～上来了|考试的～已经安排好了|～安排得很紧张|开会的～定下来以后，请电话通知我。

5392 **日光** 丁

rìguāng (sunlight)

[名]太阳发出的光：～浴|～灯|～充足|他把窗帘拉得严严的，屋里透不进一点儿～|在充足的～照射下，这些水果长得特别好。

5393 **日记**(記) 乙

rìjì (diary)

[名]每天所遇到的和所做的事情的记录：～本|工作～|记～|写～|爸爸有写～的习惯|不能随便看别人的～|老师要求我们每天记～|这是十几年前的～了|这些～记录了他的一生。

【提示】“记”右边是“己”，不要写成“已”或“巳”。

5394 **日期** 乙

rìqī (date)

[名]发生某一事情的确定的日子或时期:~定了|~提前了|~改变了|会议的~|开学的~|放假的~|比赛的~|出版的~|合适的~|离开的~|回国的~|安排~|确定~|开会的~是4月11日|放暑假的~还没定|写通知的时候不要忘了写上~。

5395 **日夜** 丙

rìyè (day and night)

[名]白天黑夜:~工作|不分~|为按时完成任务,工人们~加班|孩子们~守候在妈妈的病床前|在打捞中山舰的日子里,大家~奋战,没有睡过一个安稳觉。

【近义词】昼夜

5396 **日益** 丙

rìyì (day by day)

[副]一天比一天:人民的生活水平~提高|两国的关系~恶化|这几年国内的形势~好转|市场~繁荣。

【近义词】日渐/日趋

5397 **日用** 丙

rìyòng (of daily use)

[形]日常生活应用的:~品|~百货|~的钱|~的东西|这些~的东西一时也离不了|我想去商店买点儿~品|出门要多带点儿~的钱。

5398 **日用品** 乙

rìyòngpǐn (articles of everyday use)

[名]日常应用的物品:毛巾、肥皂都是~|没有什么好东西,都是~|商店卖的都是~|这是一家~商店。

5399 **日语/日文**(語) 甲

Rìyǔ/Rìwén (Japanese)

[名]日本民族的语言:学~|说~|~专业|~课本|~教材|~书|会~|他在大学教~|我以前学的~全忘了,连一句也不会说了|我到日本去的目的就是学习~。

5400 **日元** 乙

rìyuán (yen)

[名]日本的本位货币:~升值|~贬值|存~|挣~|换~|1美元可以换110多~|最近~又升值了|存5万~年息有多少?

5401 **日子** *甲

rìzi (day)

[名]❶日期:~到了|~过了|~错了|确定~|改变~|结婚的~|回国的~|开学的~|回家的~|出国的~|相同的~|正式的~|10年前的今天,是我们结婚的~|你出国的~定了吗?|你知道明天是什么~吗?❷〈乙〉时间(指天数):许多~|一段~|在国外的~|前一段~我常常头疼|我回故乡住了许多~|我们在一起处(chǔ)的~不长,但互相很喜欢|这么多书,你多少~能看完?|他有~没来上课了。❸〈乙〉指生活或生计:过~|爸爸去世后,我家的~越来越难过了|这种苦~我可过不了|解放后我家的~一天天好起来。

5402 **荣幸**(榮) 丙 〔部首〕艹 〔笔画〕9

róngxìng (honoured)

[形]光荣而幸运：很～｜无比～｜特别～｜确实～｜～地见到｜～地参加｜～地当选｜认识您感到万分～｜他～地当选为人民代表｜我～地登上了领奖台。
【近义词】光荣/荣耀/幸运
【反义词】不幸
【提示】荣，姓。
【构词】荣归/荣华/荣任/荣辱/荣升/荣耀

5403 **荣誉**（譽） 丁

róngyù（honour）
[名]光荣的名誉：～得到了｜～高｜赢得～｜争得～｜珍惜～｜授予～｜丧失～｜骗取～｜国家的～｜工人的～｜特殊的～｜一种～｜～称号｜～证书｜～勋章｜全班争得的～，我们要珍惜｜祖国的～高于一切｜我们决心夺回失去的～｜体育健儿为祖国争得了～。
【近义词】声誉/名誉/名声
【反义词】耻辱

5404 **融化** 丁 〔部首〕虫 〔笔画〕16

rónghuà（melt）
[动]冰、雪等化成水：雪～了｜冰～了｜盐～了｜雪山～了｜～得快｜会～｜能～｜能够～｜促使～｜需要～｜开始～｜继续～｜慢慢地～｜全部～｜彻底～｜充分地～｜～的原因｜～的速度｜冰放在水里很快就～了｜在春风的吹拂下，雪慢慢地～了｜砂糖放在热水里就会～。
【近义词】融/溶解/溶化/熔化
【反义词】冻结/凝固/凝结
【提示】“融”的偏旁“虫”在右边，不要写在左边。
【构词】融和/融合/融解/融融/融会贯通

5405 **融洽** 丁

róngqià（harmonious）
[形]彼此感情好，没有抵触：思想～｜感情～｜关系～｜会谈～｜显得～｜特别～｜～地交谈｜～地对话｜他们夫妻俩的关系非常～｜我国和周边国家的关系很～｜谈判是在～的气氛中进行的｜他俩在国外工作期间配合得很～，从没闹过矛盾。
【近义词】和睦/和谐
【反义词】别扭/不和/不洽
【提示】注意不要把“融洽”的“洽”写成“恰”。

5406 **熔** 丁 〔部首〕火 〔笔画〕14

róng（melt）
[动]固体加热到一定温度变成液体；熔化：矿石在电炉中～化了｜两种金属物质在高温下～为一体。
【构词】熔点/熔合/熔化/熔剂/熔解/熔炼/熔炉/熔岩

5407 **溶** 丁 〔部首〕氵 〔笔画〕13

róng（dissolve）
[动]固体溶解；溶化：～解｜～化｜～剂｜油和水不能～为一体｜这些糖还没有～，等～了你再喝。
【近义词】溶化/溶解
【反义词】凝结/凝聚/凝固

5408 **溶化** 丁

rónghuà（dissolve）
[动]（固体）溶解：～不了｜～了｜不能～｜很快～｜盐～了｜冰～｜～得快｜会～｜可以～｜能够～｜加速～｜冰山～了｜渐渐地～｜基本上～｜～的原因｜～的速度｜南极的冰山开始～｜冬天

的雪到现在还没有～|河里的冰已经～,不能再滑冰了|盐在水里很快～了。
【近义词】溶解/化
【反义词】凝固/凝结

5409 **溶解** 丁

róngjiě (dissolve)
[动]一种物质均匀分布在另一种物质中成为溶液:开始～|继续～|雪花～|糖～|～得快|～得充分|加速～|防止～|全部～|完全～|彻底地～|～的过程|～的原因|糖放在水里很快就～了|没有一定的温度冰是～不了的。
【近义词】溶化/化
【反义词】凝结/凝聚/凝固

5410 **溶液** 丙

róngyè (solution)
[名]通常指物质溶解在液体中所形成的均匀状态的混合物:他调配出一种化学～|～的浓度不够。
【构词】肠液/毒液/汗液/浆液/津液/精液/输液/体液/唾液/胃液/血液/汁液

5411 **容** *丙 〔部首〕宀 〔笔画〕10

róng (contain)
[动]❶容纳;包含:大会堂里能～一万人|教室太小,～不下30人|这辆大轿车只能～下45人。❷〈丁〉宽容;原谅:他心胸太狭窄,一点儿也不～人|虐待老人天理难～。❸〈丁〉允许;让:这事再～我想一想|再～他几天,看他还不还钱|他不～我解释,大声嚷了起来。
【近义词】❶容纳;❷宽容/原谅;❸允许/让
【构词】容光/容留/容貌/容情/容让/容身/容受/容颜/容止

5412 **容积**(積) 丁

róngjī (volume)
[名]容器或其他能容纳物质的物体的内部体积:～大|～小|多大的～|这个冰箱的～太小,放不了多少东西|集装箱的～很大|这个箱子的～是多少?

5413 **容量** 丁

róngliàng (capacity)
[名]容积的大小叫做容量;容纳的数量:这种计算机的～太小|里边没有多少～了|这只油桶的～是5公斤。

5414 **容纳**(納) 丁

róngnà (hold)
[动]在固定的空间或范围内接受(人或事物):～不了|～得了|～不下|这个体育场可以～5万人|仓库里哪能～下这么多东西!|新建的病房可以同时～500个床位。
【近义词】容

5415 **容器** 丙

róngqì (container)
[名]盛物品的器具:各种～|许多～|盒子、杯子、筐等都是～|没有～,拿什么装酒?|出发的时候不要忘了带盛水的～。

5416 **容忍** 丁

róngrěn (tolerate)
[动]宽容忍耐:领导～|～坏人坏事|～一次|能～|可以～|处处～|过分地～|尽量地～|长期～|暂时～|对

这一犯罪行为，我们是绝不能～的｜对敌人的残暴行径，我们再也～不下去了｜浪费严重已经到了让人无法～的地步｜对孩子的不良行为要批评教育，不能一味地～。

【近义词】宽容/忍/忍受/忍耐

5417 **容许**(許) 丙

róngxǔ (allow)

[动]许可：妈妈～了｜领导～了｜老师～了｜校长～了｜～迟到｜～请假｜～调动｜～改正｜获得～｜得到～｜基本上～｜大体上～｜～的限度｜在大是大非的问题上不～丧失原则｜在学习期间，学校不～旷课｜我的设计方案获得了专家们的认同，～年内动工｜要～人犯错误｜国家不～走私文物。

【近义词】许可/允许/准许/答应/同意

【反义词】禁止/谢绝

5418 **容易** *甲

róngyì (easy)

[形]❶做起事来不费事：考试～｜考题～｜学习～｜鉴别～｜应该～｜～一些｜认为～｜感到～｜特别～｜格外～｜～发现｜～吸收｜～合作｜～理解｜～控制｜同学们都认为今天的考试题～｜这一成绩得来不～，我们要珍惜｜把这些难题都解决了，可不是～的事｜这段文字不～懂｜都说汉语～学，可我认为不～。❷〈乙〉发生某种变化的可能性大：～腐蚀｜～发霉｜～变形｜～生病｜食品放在冰箱里不～变质｜春天～生病｜衣服在太阳底下暴晒～掉色。

【近义词】简单/易

【反义词】难/困难/艰难/费事/费力

5419 **绒**(絨) 丁 〔部首〕纟 〔笔画〕9

róng (fine hair)

[名]绒毛；上面有绒毛的纺织品：灯芯～｜平～｜条～｜～布｜毛～～｜这只小狗毛～～的，真好看｜这个玩具娃娃掉～｜我这件衣服是灯芯～的。

【构词】绒布/绒花/绒裤/绒毛/绒绳/绒毯/绒线/绒衣

5420 **揉** 丙 〔部首〕扌 〔笔画〕12

róu (rub)

[动]❶用手来回擦或搓：～一～｜～一下｜轻轻～｜别～｜没事，～～就好了｜帮爸爸捶捶后背～～肩｜你看，把眼睛都～红了｜这么高级的料子放在柜子里都～坏了｜轻一点儿～，都～疼了。❷用手掌搓东西：他把纸～成了一个纸团，扔进了纸篓｜包饺子的面要好好～～。

5421 **柔和** 丁 〔部首〕木 〔笔画〕9

róuhé (gentle)

[形]温和而不强烈；柔软：声音～｜歌声～｜曲调～｜目光～｜脾气～｜光线～｜灯光～｜喜欢～｜感到～｜性格～｜特别～｜确实～｜～地说｜～地回答｜轻音乐听起来很～｜我觉得日光灯的光线比较～｜月光～而又宁静｜母亲用慈祥、～的目光看着我｜这块布料摸起来感觉很～｜她的性格很～。

【近义词】温和/温柔/软和/轻柔

【反义词】强烈/生硬/坚硬

【提示】柔，姓。

【构词】柔肠/柔道/柔滑/柔美/柔情/柔韧/柔弱/柔顺

5422 **柔软**(軟) 丙

róuruǎn (soft)

[形]软和、不坚硬：头发～｜皮肤～｜

地毯～|丝绸～|被子～|棉衣～|觉得～|感觉～|显得～|特别～|格外～|比较～|～的程度|～的头发|在太阳底下晒过的被子特别～|沙发比板凳～多了|体操运动员的身体特别～|小女孩儿长着一头～的头发。

【近义词】软和/柔嫩

【反义词】坚硬/僵硬

【构词】耳软/服软/和软/脸软/绵软/面软/疲软/松软/酥软/瘫软/温软/嘴软

5423 **肉** 甲 〔部首〕冂 〔笔画〕6

ròu (meat)

[名]人或动物体内接近皮的部分的柔韧的物质:牛～|羊～|猪～|狗～|吃～|炖～|买～|卖～|～香|～腥|上街买两斤～|他爱吃牛～,不爱吃羊～|她瘦得都是骨头了,没有多少～|你瞧孩子胖得,浑身都是～!

【构词】肉案/肉搏/肉鸡/肉麻/肉皮/肉色/肉食/肉体/肉畜/肉眼泡/肉用鸡/肉眼凡胎

5424 **如** *乙 〔部首〕女 〔笔画〕6

rú (like)

[动]❶如同:～火～荼|～漆似胶|～临大敌|他几十年～一日地辛勤工作着|看到孩子到现在还没回来,母亲心急～焚。❷例如:四川小吃特别丰富,～麻辣烫、酸辣粉等|最近家里添了不少电器,～冰箱、彩电、洗衣机等。❸〈丙〉适合;依照:来中国学习汉语总算～了我的愿|今天的饭可～了你的意了|这几年我就没～过意|所借的钱我一定～数归还。

【提示】如,姓。

【构词】如常/如初/如故/如旧/如来/如期/如若/如实/如数/如一/如愿/如出一辙/如堕烟海/如法炮制/如虎添翼/如花似锦/如获至宝/如饥似渴/如胶似漆/如狼似虎/如雷贯耳/如临大敌/如芒在背/如梦初醒/如鸟兽散/如泣如诉/如日方升/如日中天/如释重负/如数家珍/如意算盘/如蝇逐臭/如影随形/如鱼得水/如坐针毡

5425 **如** 乙

rú (if)

[连]如果:下午您～不来,请提前打电话通知我|～是你的你就拿走|～是我的错,我一定改。

【近义词】如果/假设/假若/倘若/假使

5426 **如此** 丙

rúcǐ (so)

[代]这样,指上文提到的某种情况:事已～,我也没有办法|他清晨总是跑步,天天～|彼此的看法竟～相同,这是他没想到的|想不到他今天～热情。

【近义词】这样

5427 **如果** 乙

rúguǒ (if)

[连]表示假设:你～见到他,就代我向他问好|你～有困难,尽管对我说|～大家都出力,事情就好办了|～你不好好学习,就得不到好成绩。

【近义词】如/如若/假如/假使/假若/倘若

5428 **如何** 乙

rúhé (how)

[代]怎么;怎么样:近来你妈妈的身体～?|如此发展下去,结果～,可想而知|这几天忙得不知～是好|好久

不见了,近况～?

【近义词】怎么样/怎样

5429 **如今** 乙

rújīn (now)

[名]现在:事到～,我也没什么可说的了|～人们的生活可大大变了样|～再用老眼光看问题可不行了|～的年轻人可和我们那时不一样了|当年的小丫头,～变成大姑娘了。

【近义词】现在

【提示】"如今"指较长的一段时间,"现在"可以指较长的一段时间,也可以指极短的时间。

【构词】当今/而今/古今/迄今/现今/至今

5430 **如同** 丙

rútóng (like)

[动]好像:灯光把黑夜照得～白昼|学校绿化得～花园|我心里万分着急,～着火一样。

【近义词】仿佛/好像

5431 **如下** 丙

rú xià (as follows)

如同下面所叙述或列举的:原因～|情况～|记者的报道～|会议的日程介绍～|这次车祸发生的原因～。

5432 **如意** 丁

rúyì (satisfactory)

[形]符合心意:老人～|姐姐～|生活～|安排～|工作～|学习～|感到～|计划得～|相当～|基本～|～的算盘|～的想法|称心～|不可能事事都～|他把生活想像得非常～,可事实并不是那样|老李躺在床上打着自己的～算盘。

5433 **如醉如痴** 丁

rú zuì rú chī (as if intoxicated and stupefied)

形容沉浸在某种境界或思想活动中:听了那动人的音乐,他～|他～地读书,把一切都忘了|他～地说:"我要搞一辈子艺术。"

【构词】白痴/呆痴/憨痴/娇痴/书痴

5434 **乳** 丁 〔部首〕乙 〔笔画〕8

rǔ (milk)

[名]❶奶汁;像奶汁状的东西:母～|牛～|羊～|～汁|～制品|孩子吃母～最好|孩子妈妈没奶,只好吃代～粉|他不喜欢喝～制品。❷乳房:～罩|健～器。❸初生的:～燕|～猪|～牛|～牙|这孩子刚长了两颗～牙|这头小～牛长得真壮。

【构词】乳白/乳齿/乳畜/乳房/乳剂/乳胶/乳酪/乳名/乳母/乳娘/乳牛/乳酸/乳糖/乳头/乳腺/乳腺炎/乳香/乳燕/乳罩/乳汁

5435 **入** 乙 〔部首〕入 〔笔画〕2

rù (enter)

[动]❶进来或进去:～场|～水|～冬|～伏|～不了|非本单位工作人员禁止～内|学习外语他总～不了门|下午5点才～场完毕。❷参加:～学|～伍|～会|～会需要提前申请|他在三年前～伍参军了。

【近义词】❶进/进入/进去/进来;❷参加/加入

【反义词】出

【提示】注意"入"和"人"的书写区别。

【构词】入场/入超/入党/入定/入伏/入港/入骨/入伙/入籍/入静/入境/

入口/入库/入理/入列/入流/入门/入梦/入迷/入眠/入魔/入侵/入神/入声/入时/入世/入手/入睡/入土/入托/入味/入伍/入选/入学/入眼/入药/入夜/入狱/入院/入账/入赘/入不敷出/入境问俗/入木三分/入情入理/入乡随俗

5436 **入境** 丁

rù jìng (enter a country)

进入国境:他是去年10月21日～的|在中国驻法国大使馆办理～手续|～手续办好了|他从北边入了境。

【反义词】出境

【提示】离合词,中间可以加入其他成分,如:入不了境。

5437 **入口** 丁

rùkǒu (entrance)

[名]进入建筑物或场地所经过的门或口儿:公园～|影院～|有～|找不着～|机场～挤满了人|～处在大厅的南边|找了半天也没找到大楼的～在什么地方。

【反义词】出口

5438 **入侵** 丁

rùqīn (invade)

[动](敌军)侵入国境:全歼～之敌|敌人胆敢～,就坚决消灭它|敌人大举～|海军把～我国领海的敌舰打沉了。

5439 **入手** 丁

rùshǒu (start with)

[动]着手;开始做:从…～|教育应当从儿童～|工作要从调查研究～|从什么地方～要好好研究研究。

【近义词】着手

5440 **入学**(學) 丁

rù xué (start [enter a] school)

开始进某个学校学习;开始进小学学习:不能～|可以～|已经～|入不了学|根据～考试成绩分班|到现在还没接到～通知书|～日期还没有定下来|～才三天他就病了|他今年还没到～年龄,明年再上学吧。

【反义词】退学

【提示】离合词,中间可插入其他成分,如:入不了学|入了学。

5441 **软**(軟) ＊乙 〔部首〕车 〔笔画〕8

ruǎn (soft)

[形]❶指物体内部的组织疏松,受外力作用后,容易改变形状:很～|不～|床～|衣服～|今天食堂蒸的馒头特别～|我喜欢睡～床,不喜欢睡木板床|这姑娘的头发长(zhǎng)得又细又～|杂技演员的腰特别～。❷〈丙〉没力气:病虽然好了,但浑身还是发～,没有劲儿|你不要欺～怕硬!|他双腿一～就跪在地上了。❸〈丁〉容易被感动或动摇:心～|～心肠|～骨头|这个～骨头被敌人吓倒了|一到关键的时候她的心就～了|张大嫂是个～心肠。

【近义词】❶软和;❷弱;❸软弱

【反义词】❶硬;❷强/强壮;❸坚强

【构词】软包装/软刀子/软钉子/软缎/软膏/软骨/软骨病/软骨头/软和/软化/软禁/软绵绵/软磨/软木/软木画/软盘/软梯/软卧/软席/软饮料/软着(zhuó)陆/软组织/软硬兼施

5442 **软件** 丁

ruǎnjiàn (software)

[名]计算机系统的组成部分，是指挥计算机进行计算、判断、处理信息的程序系统或设备：计算机～|开发～|硬件有了，～还要跟上|计算机～有待进一步开发|现在的问题主要是～跟不上|他是搞计算机～开发的。

5443 **软弱** 丙

ruǎnruò (weak)

[形]缺乏力气；不坚强：身体～|性格～|态度～|～得厉害|感到～|变得～|表现得～|格外～|特别～|极端～|～的孩子|～的性格|她从小就～|你应该把～的性格改一改|你不要认为我～可欺！|病了一场，身子骨就～了|头疼发烧，四肢～无力。

【近义词】懦弱/脆弱/薄弱/虚弱/衰弱

【反义词】刚强/坚强/强硬/强壮/强健

5444 **锐利**(鋭) 丁 〔部首〕钅 〔笔画〕12

ruìlì (sharp)

[形](刀锋等)尖而快；(言论、目光、文笔等)尖锐：匕首～|钉子～|爪子～|极其～|比较～|磨得～|眼光～|思想～|观察～|异常～|不够～|这把刀～无比|鲁迅用～的笔锋抨击敌人|侦察员用～的眼光观察着周围动静。

【近义词】锋利/犀利/尖利/尖锐

【反义词】迟钝

【构词】锐角/锐敏/锐气/锐不可当

5445 **瑞雪** 丁 〔部首〕王 〔笔画〕13

ruìxuě (timely snow)

[名]应时的好雪：东北大地普降～|～兆丰年，明年又是一个好年头。

5446 **若** 丙 〔部首〕艹 〔笔画〕8

ruò (if)

[连]如果：你～明天能来就好了|～是有人来问我，这是什么地方？我就骄傲地告诉他，这是我的家乡|你～不吃药，病是好不了的|～要人不知，除非己莫为。

【近义词】如/如果/如若/假若/倘若/假使/若是

【提示】"若"一般用于书面语。

【构词】若即若离/若明若暗/若无其事/若隐若现/若有所失

5447 **若干** 丙

ruògān (a certain number)

[数]多少(问数量或指不定量)：今天他讲了关于精神文明建设的～问题|他走了～个小时才到学校|礼堂里坐了～人|他在乡下住了～年后不愿再回城了。

【近义词】好多/一些

【提示】"干"又读 gàn，如"干活儿"。

5448 **弱** 乙 〔部首〕弓 〔笔画〕10

ruò (weak)

[形]力气小；势力差；幼小：力量～|势力～|体～|～小|南方队的实力是～一些|对方虽然～，我们也不能轻视|刮了一天的大风，到晚上才～下来|你怎么连一个～女子都打不过？|老～病残应得到照顾。

【反义词】强/壮

【构词】弱视/弱小/弱智/弱不禁风/弱不胜衣/弱肉强食

5449 **弱点**(點) 丁

ruòdiǎn (weak point)

[名]不足的地方；力量薄弱的方面：～克服了|～突出|～多|暴露～|显

示出～|抓住～|存在～|工作中的～|孩子的～|共同的～|～的表现形式|他的～是爱占小便宜|心理素质差是这个球队多年的～|每个人都有他的～|骄傲自满是他致命的～。

【近义词】缺点

【反义词】优点/长处

S

5450 **撒** *乙 〔部首〕扌 〔笔画〕15

sā (let go)

[动]❶放开;张开:～手|～腿|～网|～出来|～开|奶奶把小鸡～在院子里|你～开我的手吧|对徒弟要手把手地教,不能～手不管|渔民们在～网捕鱼|孩子抓住妈妈的衣服就是不～手。❷〈丙〉尽量使出来(含贬义):～娇|～赖|～泼|～气|～野|我又没惹你,你别拿我～气|我不怕你～野|他一喝醉酒就～酒疯。

【近义词】❶放开/张开

【反义词】❶抓住

【提示】"撒"又读 sǎ,如"撒种"。

【构词】撒娇/撒酒疯/撒赖/撒尿/撒泼/撒气/撒手/撒腿/撒网/撒野

5451 **撒谎**(謊) 丁

sā huǎng (lie)

说谎:不许～|总～|～不是好孩子|既然是你干的就该承认,为什么～?|他常常在老师面前～|长这么大,我还没撒过谎。

【近义词】说谎

【提示】离合词,中间可插入其他成分,如:撒过谎|撒了个大谎。

【构词】扯谎/说谎/圆谎

5452 **洒**(灑) 乙 〔部首〕氵 〔笔画〕9

sǎ (sprinkle)

[动]使水或其他东西分散落下:水～了|汤～了|～水|～香水|～得少|～得及时|会～|应该～|开始～|继续～|白天～|现在～|均匀地～|仔细地～|地上～点儿水,屋里就不干燥了|她每天都往身上～香水|不小心把鸡汤～了一桌子|扫地之前往地上～点儿水。

【近义词】撒/泼

【构词】洒泪/洒落/洒扫/洒脱

5453 **腮** 丁 〔部首〕月 〔笔画〕13

sāi (cheek)

[名]两颊的下半部:托～|～上|～边|姑娘两～羞得通红|她的左～上有一块黑痣|你瞧,他两手托～不知在想什么。

【构词】腮帮子

5454 **塞** 丙 〔部首〕宀 〔笔画〕13

sāi (squeeze)

[动]把东西放进有空隙的地方;填入:～耳朵|～洞|～牙缝|～鼻孔|～窟窿|～得快|～得满|～不住|～得紧|必须～|开始～|～的工具|把东西全～进去了|窟窿太大,～了半天也～不住|游泳时把耳朵～上就进不了水了|屋里～满了东西|小小的书包里～了二十多本书。

【近义词】填/装/放/堵

【提示】"塞"又读 sè,如"阻塞";又读 sài,如"塞外"。

5455 **赛**(賽) *乙 〔部首〕宀 〔笔画〕14

sài (match)

[动]❶比赛:排球～|足球～|～围棋|～篮球|～技术|～水平|～得激烈|～了两回|可以～|能～|停止～|邀请～|参加～|～的场面|下午我们班

和三班～足球｜两国运动员～了两场，～的结果是1比1｜人不够，～不起来。❷〈丙〉胜；比得上：～老虎｜～小伙子｜这姑娘干起活儿来～小伙子｜三个臭皮匠，～过诸葛亮｜我就不信～不过你！｜萝卜治咳嗽～过梨。

【近义词】❶比赛/比试；❷胜过

【构词】赛场/赛车/赛程/赛马/赛跑

5456 **三** 甲 〔部首〕一 〔笔画〕3

sān (three)

［数］❶二加一所得的数目：我在中国学了～年汉语｜二加一等于～｜这本书我看了～遍｜今年我写了～篇论文。❷表示多次或多数：过～年五载，我就回来｜他一而再，再而～地要求，我只好答应了。

【构词】三伏/三合板/三合土/三级跳/三季稻/三脚架/三角板/三角带/三角铁/三角形/三角洲/三接头/三节棍/三军/三棱镜/三联单/三轮/三轮车/三明治/三七开/三生石/三思/三长两短/三朝元老/三从四德/三番两次/三纲五常/三姑六婆/三顾茅庐/三魂七魄/三角恋爱/三教九流/三令五申/三六九等/三媒六证/三民主义/三年五载/三朋四友/三亲六故/三三两两/三生有幸/三天两头/三头对案/三头六臂/三推六问/三心二意/三言两语/三灾八难/三足鼎立/三寸不烂之舌/三下五除二

5457 **三番五次** 丁

sān fān wǔ cì (again and again)

屡次：他～找我帮忙｜流氓地痞～来找我的麻烦｜领导～找我谈话｜他经不住别人～的劝说，就同意了。

5458 **三角** 丁

sānjiǎo (triangle)

［名］三角学的简称；形状像三角的东西：～函数｜学习～｜～课｜～铁｜糖～｜今天有～课｜前面是～地带｜不小心腿上拉了一个～口子。

【构词】把角/边角/鬓角/补角/触角/底角/顶角/豆角/对角/钝角/额角/拐角/号角/夹角/口角/棱角/邻角/菱角/鹿角/内角/牛角/墙角/锐角/视角/死角/头角/外角/犀角/眼角/羊角/衣角/直角/转角/总角/嘴角

5459 **叁** 丁 〔部首〕厶 〔笔画〕8

sān (three)

［数］数字"三"的大写：叁拾伍元（小写：三十五元）｜叁佰陆拾斤（小写：三百六十斤）。

5460 **伞**（傘） 乙 〔部首〕人 〔笔画〕6

sǎn (umbrella)

［名］挡雨或挡太阳的用具：折叠～｜花～｜雨～｜太阳～｜打～｜修～｜买～｜旱～｜今天下午有雨，别忘了带～｜～坏了，不知去哪儿修｜小巷里走来一位打～的姑娘。

【提示】伞，姓。

5461 **散** 丙 〔部首〕攵 〔笔画〕12

sǎn (v. fall apart; adj. scattered)

［动］没有约束；松开；分散：行李～了｜快～了｜防止～｜弄～了｜拆～了｜刚～｜会～｜完全～｜～的香烟｜书没捆好，全～了｜刚扫起来的树叶又让风刮～了｜放心吧，我捆的行李～不了｜放了几天假，学生们的心都～了。

［形］零碎的；不集中的：～居｜～装｜我买的是～装饮料｜他的书～乱地扔在床上。

【提示】“散”又读 sàn，见第 5463 条。
【构词】散板/散光/散记/散架/散居/散乱/散漫/散曲/散体/散文诗/散装/散兵游勇

5462 **散文** 丙

sǎnwén (prose)
[名]诗歌、小说、戏剧以外的文学作品，包括杂文、随笔、特写等：～发表了|写～|创作～|研究～|学生的～|好的～|鲁迅的～|一篇～|～的特点|～的主题|～诗|最近，老师又发表了两篇～|我特别喜欢看～|鲁迅的～写得很深刻|这篇～写得真精彩。

5463 **散** *丙 〔部首〕攵 〔笔画〕12

sàn (break up)
[动]❶由集聚而分散：人群～了|会～了|队伍～了|云～了|～得快|完全～了|雾～了|会议都～了一个多小时了，他还没走|还没～队，你怎么能乱跑？|电影～场很早。❷〈丁〉排除：星期天我们去公园～～心吧|屋里的烟～完了，我们再进去。❸〈丁〉散布；散发：孩子们在街上～传单|鲜花～着一股股迷人的香气|婚礼上新娘子不断地给大家～烟～糖。
【反义词】❶聚
【提示】“散”又读 sǎn，见第 5461 条。

5464 **散布**(佈) 丙

sànbù (spread)
[动]分散到各处：～谣言|～言论|～细菌|～得快|开始～|继续～|停止～|阻止～|迅速～|～的对象|～的范围|空气中～着很多灰尘|这些错误言论不能到处～|消息很快就～出去了|他到处～自己的观点|这些消息～出去不利于团结。
【近义词】散播/传播
【反义词】收集

5465 **散步** 甲

sàn bù (take a walk)
随便走走：每天～|在河边～|老王养成了每天～的习惯|每天早上我都坚持～|每天散散步有益健康|他们一边～一边聊天儿。
【提示】离合词，中间可以插入其他成分，如：散了一会儿步。“散步”的“散”还可以重叠，如：散散步。

5466 **散发**(發) 丁

sànfā (send forth)
[动]发出；分发：～香味儿|～臭气|～文件|～传单|～热量|～苹果|～食品|～得快|可以～|应该～|开始～|停止～|禁止～|大量～|～的范围|牡丹花～着香味儿|汽油味儿是从屋里～出来的|老师在给学生们～课本|他站在商场门口～广告。
【近义词】发散/发/发放/分发
【反义词】收集

5467 **桑树**(樹) 丁 〔部首〕木 〔笔画〕10

sāngshù (mulberry)
[名]落叶乔木，叶子是蚕的饲料，果穗可以吃：～的果穗叫桑葚，可以吃|村里种了 200 多棵～|～的叶子可以养蚕。
【提示】桑，姓。
【构词】桑蚕/桑那浴/桑农/桑榆暮景

5468 **嗓子** *乙 〔部首〕口 〔笔画〕13

sǎngzi (throat)
[名]❶喉咙：～红了|～肿了|最近两天～有点儿疼|～有点儿红，吃点儿

药就好了。❷嗓音：～坏了｜～哑了｜～变了｜～好｜～甜美｜你放开～唱吧｜小欣的～就是好，唱起歌来特别好听｜他的～哑了，说不出来话。

【近义词】❶喉咙；❷嗓音

【构词】嗓门/嗓音/嗓子/嗓子眼儿

5469 **丧失**(喪) 丙 〔部首〕十 〔笔画〕8

sàngshī (lose)

[动]失去：～信心｜～理智｜～勇气｜～自尊心｜～理性｜～人性｜～记忆｜～朋友｜～自由｜～国土｜担心～｜他重病在身，早已～了工作能力｜在任何时候都不要～原则｜困难是大，但我们不要～信心｜去年我～了一次去国外学习的机会｜他一时～了理智，抬手打了妻子。

【近义词】失掉/失去

【反义词】取得/获得/收复

【提示】"丧"又读 sāng，如"办丧事"。

【构词】丧胆/丧命/丧偶/丧生/丧魂落魄/丧家之犬/丧权辱国/丧心病狂

5470 **扫**(掃) *乙 〔部首〕扌 〔笔画〕6

sǎo (sweep)

[动]❶用扫帚、笤帚除去尘土、垃圾等：～地｜～雪｜～土｜～垃圾｜可以～｜不能～｜～得快｜～得及时｜～完了｜慢慢地～｜轻轻地～｜～马路｜～院子｜～树叶｜请帮我～～身上的土｜早上我们到厂里的时候，老王已经把院子～干净了｜今天的任务是上街～雪｜秋天的落叶～也～不完。❷〈丁〉除去；消灭：～盲｜～雷｜～尾｜维和部队在～雷｜据说世界上有几千万颗地雷还埋在地下，～几年也～不完｜你不去就自己回去，千万不要～了大家的兴｜工程已进行到～尾阶段。❸〈丁〉很快地左右移动：姐姐不高兴地用眼睛～了我一眼｜他端起冲锋枪向敌人～了一排子弹。

【提示】"扫"又读 sào，如"扫帚"。

【构词】扫荡/扫地/扫房/扫雷/扫雷舰/扫盲/扫描/扫墓/扫射/扫视/扫尾/扫兴/扫地出门

5471 **扫除** 丁

sǎochú (clean)

[动]❶清除肮脏的东西：大～｜～垃圾｜～脏土｜打算～｜～的工具｜今天下午全校大～｜这房子太脏，必须进行一次彻底的～。❷除去有碍前进的事物：～隐患｜～障碍｜～绊脚石｜要取得好成绩，首先要～学习上的障碍｜为了～隐患，他们认真地总结了前期工作。

【近义词】清扫/打扫/清除

5472 **嫂子** 乙 〔部首〕女 〔笔画〕12

sǎozi (elder brother's wife)

[名]哥哥的妻子：我～｜有～｜～的岁数跟我一样大｜哥哥和～因感情不和去年离婚了。

5473 **色** *乙 〔部首〕刀 〔笔画〕6

sè (colour)

[名]❶颜色：红～｜绿～｜紫红～｜桃红～｜咖啡～｜五颜六～｜雨后空中出现七～彩虹｜红～和蓝～混在一起是什么～？｜衣服让太阳晒得褪～了。❷〈丙〉脸上的神气、表情：脸～｜气～｜眼～｜面～｜病是好了，但脸～还不正｜大敌当前，他面不改～｜老师对谁都是和颜悦～。❸〈丙〉情景；景象：春～｜秋～｜景～｜月～｜夜～十分美好｜多么迷人的秋～啊！｜这里景～迷人。❹〈丁〉指妇女的美貌：女～｜美～｜姿～｜他是一个好(hào)～之徒

|她年轻时很有几番姿～|我看你是～迷心窍。

【提示】"色"又读 shǎi,如"掉色"。

【构词】色彩/色胆/色调(diào)/色度/色鬼/色盲/色情/色素

5474 **色彩** *丙

sècǎi (colour)

[名]❶颜色:～鲜明|～艳丽|～灰暗|她穿了一件～艳丽的旗袍|图案的～有点儿单调|依我看,～还是明亮一点儿好。❷〈丁〉事物的某种情调:民族～|文化～|这部电影很有地方～|小说表现了浓厚的民族～|这座寺庙具有唐代的文化～。

【近义词】❶颜色;❷情调

5475 **森林** 乙 〔部首〕木 〔笔画〕12

sēnlín (forest)

[名]指在相当广阔的土地上生长的很多树木:保护～|爱护～|破坏～|走入～|～减少了|～消失了|原始～|茂密的～|古老的～|～面积|～的资源|～的作用|神农架有大片原始～|～是木材的主要来源|由于砍伐严重,世界上的～面积越来越少|保护～资源就是保护人类自己。

【近义词】树林

5476 **杀**(殺) *乙 〔部首〕木 〔笔画〕6

shā (kill)

[动]❶使人或动物失去生命;弄死:～人|～敌|～羊|自～|被～|别看他一米八的大个子,连个鸡也不敢～|她一时想不开,开枪自～了|药量太小,～不死虫子。❷〈丙〉战斗:前线的战士和敌人～起来了|没事咱俩～盘棋吧|部队从敌人的包围圈里～了出来。❸〈丁〉减弱;消除:我们要把对手的威风～下去|从小养成的傲气,一时～不下去。❹〈丁〉药物等刺激皮肤或黏膜,使感觉疼痛:大葱把眼睛～疼了|伤口用盐水～～可以起消炎的作用。

【构词】杀场/杀风景/杀害/杀价/杀菌/杀气/杀青/杀伤/杀生/杀手/杀鸡取卵/杀鸡吓猴/杀人越货/杀身成仁/杀人不见血/杀人不眨眼

5477 **杀害** 丁

shāhài (murder)

[动]为了不正当的目的杀死(人):～俘虏|～作家|～老人|～妇女|～得多|长期～|公开～|残忍地～|阴险地～|～的时间|～的手段|～的地点|遭到～|这个公司的总裁在家中被人～了|他用同样的手段～了十几名妇女。

【近义词】杀戮/残杀/杀

【反义词】救助/救

5478 **刹车**(車) 丁 〔部首〕刂 〔笔画〕8

shā chē (brake)

❶用闸等止住车的行进:前面发生事故,司机只好紧急～|如果不是我～及时,你就没命了|这辆车～系统不太灵。❷比喻停止或制止:这件事不能再干下去了,要赶紧～。

【提示】离合词,中间可以插入其他成分,如:刹不住车。

5479 **沙** 丁 〔部首〕氵 〔笔画〕7

shā (sand)

[名]细小的石粒;像沙的东西:～土|～包|～坑|细～|黄～|操场上堆了很多～|森林可以防～|大风把～全刮起来了|狂风大作,飞～走石|这是专门运～的车|豆～馅儿的面包好

吃。

【提示】沙，姓。

【构词】沙包/沙暴/沙尘/沙袋/沙丁鱼/沙锅/沙果/沙荒/沙皇/沙砾/沙龙/沙门/沙弥/沙丘/沙瓤/沙石/沙田/沙哑/沙眼/沙鱼/沙枣/沙洲/沙里淘金

5480 **沙发**(發) 乙

shāfā (sofa)

[名]装有弹簧或厚泡沫塑料等的坐具:皮～|单人～|双人～|小～|转角～|～床|～垫|哟,新买了一套～? |市场上皮～的价格太高,一般人买不起|这套～好是好,就是咱家没地方放。

5481 **沙漠** 乙

shāmò (desert)

[名]地面完全被沙覆盖,缺乏流水,气候干燥,植物稀少的地区:～扩大|～缩小|～化|发现～|看见～|形成～|改造～|利用～|治理～|中国的～|干旱的～|～形成的原因主要是植被遭到破坏|中国西北地区有很多～|骆驼是～之舟|他在～里走了三天三夜|铁路被～掩盖了。

【构词】大漠/淡漠/广漠/荒漠/冷漠/漠漠

5482 **沙滩**(灘) 丁

shātān (sand beach)

[名]水中或水边由沙子淤积成的陆地:～消失|利用～|改造～|海滨的～|安静的～|荒凉的～|～的面积|～的位置|这里的～沙质细软,适合开发旅游|孩子们在～上玩耍|小岛的周围都是～|他喜欢躺在～上晒太阳。

【构词】暗滩/海滩/河滩/湖滩/荒滩/浅滩/险滩/盐滩

5483 **沙土** 丁

shātǔ (sandy soil)

[名]有 80% 以上的沙和 20% 的黏土混合而成的土壤。泛指含沙很多的土:一堆～|玩～|～地|～地里种出来的西瓜特别甜|村东边那块地是～地|孩子们喜欢玩～。

5484 **沙子** 乙

shāzi (sand)

[名]细小的石粒;像沙的东西:混凝土里含有一定比例的～,～多了不行,少了也不行|风吹了我一嘴～|眼睛让～迷了|操场的跑道是～铺的|米里有很多～|气枪里装满了铁～。

5485 **砂** 丁 〔部首〕石 〔笔画〕9

shā (grit)

[名]细小的石粒,同“沙”:很多～|米里有很多～|淘米时要挑一挑～|我吃着(zháo)一粒～,真倒霉!

【构词】砂布/砂轮/砂石/砂糖/砂眼/砂纸

5486 **纱**(紗) 丙 〔部首〕纟 〔笔画〕7

shā (yarn)

[名]棉花、麻等纺成的较松的细丝,可以捻成线或织成布;用纱织成的经纬线很稀的织品:这批～质量不错|棉花的质量不好,织出来的～自然也不好|过去农村的妇女都会纺～织布|快用～布把伤口包上|窗户上安上窗～,蚊子就会少些。

【构词】纱布/纱橱/纱窗/纱灯/纱锭/纱笼/纱帽/纱线/纱罩

5487 **傻** 乙 〔部首〕亻 〔笔画〕13

shǎ (stupid)

[形]❶头脑糊涂,不明事理:真～|太～|不～|有点儿～|你看他～,其实谁也没他心眼儿多!|她被突如其来的事吓～了|他成天装疯卖～|瞧他那～样儿,真可怜|你怎么这么～?就这么容易让她给骗了?❷死心眼儿,不知变通:李二是个老实人,一天到晚就知道～干|别在这～等了,人家早就走了。

【近义词】呆/憨/痴/蠢/笨

【反义词】精/聪明/机灵

【构词】傻瓜/傻乎乎/傻劲儿/傻乐/傻气/傻笑/傻眼/傻大黑粗/傻头傻脑

5488 **傻子** 丁

shǎzi (fool)

[名]智力低下,不明事理的人:他是个～,别跟他一般见识|许大娘的儿子是个～|你跟个～较什么真!

5489 **厦** 丁 〔部首〕厂 〔笔画〕12

shà (tall building)

[名]高大的房子:大～|广～|这里又建了一座商业大～|最近几年城市里的高楼大～越来越多|杜甫诗云:"安得广～千万间,大庇天下寒士俱欢颜"。

【提示】"厦"又读 xià,如:厦门(地名)。

5490 **筛**(篩) 丁 〔部首〕竹 〔笔画〕12

shāi (sieve)

[动]把东西放在箩或筛子里,来回摇动,使细碎的漏下去,粗的留在上面:～粮食|～沙子|～糠|～土|～石灰|～完了|～不了|沙子里有很多石子,得～一～|小时候我帮妈妈～过面|面长虫了,得用筛子～一～。

【构词】筛糠/筛选

5491 **筛子** 丁

shāizi (sieve)

[名]用竹条、铁丝等编成的有许多小孔的器具,可以把细碎的东西漏下去,较粗的成块的留在上面:铁～|竹～|用～筛|～多数是用竹条编的|用～可以把糠筛出来|～在农村用处很大,但在城市用处就不太大。

5492 **晒**(曬) 乙 〔部首〕日 〔笔画〕10

shài (dry in the sun)

[动]太阳把热照射到物体上:～衣服|～粮食|～被子|～太阳|～了一会儿|～了一阵|～了两小时|可以～|不能～|～坏了|～黄了|～透了|～干了|衣服已经～干了|被子都潮了,拿出去～一～|绳子上～满了衣服|今天没太阳,～不了。

【近义词】晾

5493 **珊瑚** 丁 〔部首〕王 〔笔画〕9

shānhú (coral)

[名]许多珊瑚虫的石灰质骨骼聚集而成的东西,形状像树枝,多为红色,也有白色或黑色的。可供玩赏,也用作装饰品:这是用～制成的盆景|这枝红～真漂亮!

5494 **删** 丙 〔部首〕刂 〔笔画〕7

shān (delete)

[动]去掉(文辞中的某些字句):～掉|～去|～一～|文章太长,得～一些下去|五千字的文章～掉了两千字|

这句话没用，得～下去｜您帮我改一下这篇文章，该加的加，该～的～。

【构词】删除/删定/删改/删减/删节/删节号/删繁就简

5495 **山** 甲 〔部首〕山 〔笔画〕3

shān (hill; mountain)

[名]地面形成的高耸的部分；形状像山的东西：高～｜大～｜冰～｜雪～｜爬～｜上～｜开～｜伐木工人已经进～了｜我十分留恋家乡的～和水｜这个村庄四周都是～｜放假我们决定去爬～｜南极的冰～正在溶化｜垃圾堆得像～一样。

【近义词】山峰/山脉/山岭/岭

【提示】山，姓。

【构词】山崩/山茶/山城/山川/山村/山歌/山根/山洪/山荒/山火/山货/山鸡/山脊/山涧/山景/山居/山口/山里红/山梁/山林/山路/山峦/山猫/山门/山民/山炮/山坡/山墙/山丘/山人/山洼/山窝/山乡/山崖/山羊/山药/山药蛋/山野/山阴/山樱桃/山芋/山岳/山庄/山嘴/山高水长/山高水低/山高水远/山回路转/山盟海誓/山南海北/山穷水尽/山清水秀/山摇地动

5496 **山地** 丙

shāndì (mountainous region)

[名]多山的地带：一片～｜走进～｜～资源｜我国是～较多的国家｜一般来说～多的地区比较贫穷｜要充分利用～资源。

5497 **山峰** 丙

shānfēng (peak)

[名]山的突出的尖顶：～耸立｜～林立｜～雄伟｜～壮丽｜～陡峭｜越过～｜攀登～｜远处的～｜美丽的～｜秀丽的～｜～的高度｜～的气势｜用望远镜可以看到远处的～｜高高的～挡住了我们的去路｜夕阳下的～格外美丽｜高大的～威严耸立。

【近义词】山岭/山

【反义词】山谷

5498 **山冈**(岡) 丁

shāngāng (low hill)

[名]不高的山：小～｜翻过～｜一片～｜越过前面的～就到我们家了｜～不高，一会儿就爬上去了｜～下有一家酒馆。

5499 **山沟**(溝) 丁

shāngōu (gully)

[名]❶山间流水的沟：一条～｜趟水过了～｜～里的水可凉了。❷山谷：穿过～就到了｜～里长满了野葡萄。❸偏僻的山区：过去的穷～，如今也富起来了｜我一直住在穷～里，这是第一次进城。

【构词】暗沟/车沟/代沟/地沟/壕沟/河沟/鸿沟/垄沟/明沟/水沟/阴沟

5500 **山谷** 丙

shāngǔ (valley)

[名]两山之间低凹狭窄的地方，中间多有溪流：穿过～｜进入～｜冲过～｜形成～｜长长的～｜深深的～｜神秘的～｜幽静的～｜远处的～｜～的流水｜～的两侧｜～里传来阵阵鸟鸣｜这个神秘的～，从来没有人敢进去｜～里长满了酸枣树｜考察队员走进了这座神秘的～。

【构词】苞谷/布谷/稻谷/河谷/深谷/五谷/峡谷/幽谷

5501 **山河** 丁

shānhé（mountains and rivers – the land of a country）

[名]大山和大河,指国家或国家某一地区的土地;也泛指国土:大好~|锦绣~|~破碎|祖国的~|我们从飞机上俯视祖国的锦绣~|我们伫立在山顶上,欣赏着~的壮丽、雄伟|祖国的~是如此的雄伟壮丽|大好~岂能容忍侵略者霸占!

【近义词】河山/江山

【构词】暗河/拔河/冰河/长河/封河/界河/开河/天河/投河/星河/银河/运河/口若悬河/气壮山河/信口开河

5502 **山脚** 丁

shānjiǎo（the foot of a hill）

[名]山的靠近平地的部分:我家住在~下|~下有一个小山村|从~到山腰大约有40米。

【构词】插脚/赤脚/跟脚/裹脚/合脚/后脚/裤脚/落脚/前脚/拳脚/捎脚/手脚/顺脚/跳脚/腿脚/歇脚/韵脚/针脚/阵脚/注脚/指手画脚

5503 **山岭**(嶺) 丁

shānlǐng（chain of mountains）

[名]连绵的高山:~高耸|~雄伟|~壮丽|越过~|华北的~|秀丽的~|高高~|~的周围|~的雄姿|登山队越过了高高的~|翻过~,一条大河呈现在眼前。

【近义词】山峦/山脉

5504 **山脉** 乙

shānmài（mountain range）

[名]连绵的山:~青翠|远方的~|连绵的~|~的气势|这条~跨越了三个省份|大雾笼罩着周围的~|远处~起伏。

【近义词】山岭

5505 **山区**(區) 乙

shānqū（mountain area）

[名]多山的地区:~教育|~农民|~儿童|改造~|支援~建设|贫穷的~如今也富起来了|~的教育还很落后|要充分利用~的资源。

5506 **山水** 丁

shānshuǐ（scenery with hills and waters）

[名]❶山和水;泛指有山有水的美丽风景:~秀丽|家乡的~|游览~|桂林~甲天下|我爱家乡的~。❷山上流下来的水:装两瓶~带回去给同学们尝一尝|从山上流下来的~清凉爽口。

5507 **山头**(頭) 丁

shāntóu（hilltop）

[名]❶山的顶部;山峰:爬上前面的~我们就休息|经过一个多小时的激战,我们终于占领了~|香山最高的~叫"鬼见愁"。❷设立山寨的山头,比喻独霸一方的宗派:拉~|立~|一些人就知道拉~,搞宗派|要顾全大局,不要另立~。

【近义词】❶山顶;❷宗派

【反义词】❶山脚

5508 **山腰** 丁

shānyāo（mountainside）

[名]山脚和山顶之间大约一半的地方:~有一个小亭子|刚爬到半~就

爬不动了｜两人一边走一边聊，一会儿就到了～。

【构词】叉腰/撑腰/弓腰/哈腰/后腰/裤腰/拦腰/懒腰/柳腰/猫（máo）腰/伸腰/身腰/围腰/折腰

5509 **闪**（閃） *乙 〔部首〕门 〔笔画〕5

shǎn（dodge）

［动］❶一晃而过；迅速侧身避开：～开｜～过｜他一转身～了过去｜车来了，快～开｜请往边上～一～，让我们过去。❷〈丁〉因动作过猛或过于用力，使身体的一部分筋肉受伤而疼痛：昨天抬桌子不小心把腰～了｜也不知怎么把脖子～了｜腰～得厉害，动不了了（liǎo le）。❸〈丁〉突然出现；闪耀：门后突然～出一个人来，把我吓了一大跳｜回国的念头在我脑子里～过｜火光～了一下就消失了｜远处的灯塔～个不停。

【近义词】❶躲；❷扭；❸冒/闪耀

【提示】闪，姓。

【构词】闪电战/闪动/闪光/闪光灯/闪击战/闪亮/闪闪/闪失/闪现

5510 **闪电**（電） 丙

shǎndiàn（lightning）

［名］云与云之间或云与地面之间所发生的放电现象：一道～｜刺目的～｜乌云密布，～一道接着一道｜～把小路照得通明｜～过后就是炸雷｜一般来说，～越亮，雷声越响。

【近义词】闪

5511 **闪烁**（爍） *丙

shǎnshuò（twinkle）

［动］❶（光亮）动摇不定，忽明忽暗：星光～｜灯光～｜火光～｜金光～｜江面上隐约～着灯光｜夜空中星光～｜她眼中～着自信的光芒。❷〈丁〉（说话）稍微吐露一点儿想法，但不肯说明确；吞吞吐吐：他故意～其辞，让人听不明白｜有话请明说，不要闪闪烁烁的。

【近义词】❶闪耀/闪动；❷含糊/吞吞吐吐

5512 **闪耀** 丁

shǎnyào（glitter）

［动］（光亮）动摇不定；光彩耀眼：阳光～｜目光～｜泪花～｜～着灯光｜～着光芒｜～着白光｜远处的灯光在不停地～｜军功章在胸前～｜军刀在太阳下～着刺眼的白光。

【近义词】闪烁/闪动

【构词】辉耀/夸耀/荣耀/照耀/炫耀

5513 **擅长**（長） 丁 〔部首〕扌 〔笔画〕16

shàncháng（be good at）

［动］在某方面有特长：～书法｜～绘画｜～音乐｜～表演｜～指挥｜～养花｜～围棋｜～教书｜我的老师～画山水画｜你～什么，填表的时候要填上｜其他运动我不会，只～打太极拳。

【近义词】善于/长于

【反义词】不善

【提示】“长”又读 zhǎng，见第 8122 条。

【构词】擅断/擅权/擅自/擅作主张

波长/短长/见长/漫长/绵长/冗长/身长/瘦长/特长/狭长/纤长/修长/延长/扬长/音长/悠长/专长

5514 **擅自** 丁

shànzì（do sth. without authorization）

［副］对不在自己的职权范围以内的事情自作主张：～主张｜～决定｜～购买｜领导不在，我们不能～决定｜他未

经领导同意,～与外商签订了合同|没有我的同意,谁也不能～做主!

【近义词】私自/随意

5515 **善** 丁 〔部首〕羊 〔笔画〕12

shàn (good)

[形]❶善良;慈善:为希望工程捐款是一大～举|老奶奶经常做～事|一看她的相貌就知道她的心～。❷容易:～变|～忘|你不要这样多愁～感了|我岂能～罢甘休!

【近义词】❶善良/慈善;❷易/容易

【反义词】❶恶/坏/凶

【提示】善,姓。

【构词】善感/善后/善举/善邻/善事/善心/善行(xíng)/善意/善战/善终/善罢甘休/善男信女/善善恶恶/善始善终

5516 **善良** 丁

shànliáng (kind-hearted)

[形]纯洁正直,没有恶意:心地～|生性～|～得过分|要～|应当～|喜欢～|歌颂～|过去～|确实～|～的性格|～的人们|她有一颗～的心|这姑娘勤劳～,对爱情忠贞|你也太～了,对待这样的人应该针锋相对|她那么美丽,那么～|那么～的人,怎么会杀人?

【近义词】慈善/和善

【反义词】恶毒/狠毒/阴险/凶残/残忍/凶狠/凶恶/邪恶

5517 **善于** 乙

shànyú (be good at)

[动]在某方面有特长:～学习|～思考|～表达|～抒情|～分析|～研究|～筹划|～合作|～谈判|这人～投机取巧|他性格开朗,～团结人|这姑娘能写会算,但不～言辞|学习要～动脑子。

【近义词】擅长/长于

5518 **扇子** 丙 〔部首〕户 〔笔画〕10

shànzi (fan)

[名]摇动生风的用具:一把～|扇(shān)～|纸～|羽毛～|夏天太热,没有～可不行|用～扇扇(shānshān),凉快多了|过去夏天都用～,现在改用电扇和空调了。

【构词】扇贝/扇骨/扇面/扇形/扇坠/扇子

5519 **伤(傷)** *乙 〔部首〕亻 〔笔画〕6

shāng (v. injure; n. injury)

[动]❶伤害:～心|～感情|～情面|～脑筋|～风化|～面子|～和气|大虎自从～了腿就再也没有站起来|只划破了一点儿皮,～得不厉害|他一向待人和气,从没～过谁|有事说事,可千万别～了和气|这种事处理起来很～脑筋|妹妹这次可～透了妈妈的心|夫妻吵吵架～不了感情。❷〈丁〉因过度而感到厌烦:吃肉吃～了,一见肉就想吐。

[名]人体或其他物体受到的损害:有～|没～|重～|轻～|内～|外～|我的～不重,你别担心|受了～的人都送医院了|他受了点儿轻～。

【近义词】[动]❶损/伤害;❷腻/烦

【构词】伤疤/伤兵/伤病员/伤风/伤感/伤寒/伤号/伤面子/伤情/伤神/伤食/伤逝/伤势/伤痛/伤亡/伤风败俗/伤天害理/伤心惨目

5520 **伤害** 丙

shānghài (hurt)

[动]使身体组织或思想感情受到损

害：～身体｜～感情｜～学生｜～群众｜～对方｜受到～｜避免～｜继续～｜直接～｜睡觉太多会～身体｜黄色书刊严重～了青少年的身心健康｜小动物多可爱，千万别～它｜为了让同伴不受到～，他勇敢地冲了上去。

【近义词】损害/损伤/危害

【反义词】保护/爱护

5521 **伤痕** 丁

shānghén (scar)

[名]伤疤，也指物体受损害后留下的痕迹：留下～｜心中的～｜累累～｜腿上的～是去年干活儿时留下的｜经过几天的激战，他已是～累累｜身上的～容易消除，但心上的～是难以消除的｜真是没有人性，把孩子打得～累累！

【近义词】伤疤/痕迹/疤痕

【构词】疤痕/斑痕/弹痕/泪痕/裂痕/印痕

5522 **伤口** 丙

shāngkǒu (wound)

[名]皮肤、肌肉、黏膜等受伤破裂的地方：～愈合｜～恶化｜～腐烂｜～好了｜洗～｜包扎～｜医治～｜腿上的～｜愈合的～｜～的面积｜～的深度｜没有药品，只好用盐水洗～｜医生很快把～处理好了｜由于治疗不及时，～开始发炎｜经过医生的精心治疗，～开始愈合了。

5523 **伤脑筋** 丙

shāng nǎojīn (troublesome)

形容事情难办，费心思：这件事真让人～｜你不要在那里～了，这事我来处理｜～的事我可不干｜碰到这样的难题，真是大～｜这两道题真～，做了半天也没做出来。

【近义词】费心思/费心

5524 **伤心** 乙

shāng xīn (broken-hearted)

❶由于遭受不幸或不如意的事而心里痛苦：母亲～｜让人～｜～得要命｜～了半天｜觉得～｜感到～｜说得～｜哭得～｜确实～｜～的事情｜～地听着｜～地流泪｜～地痛哭｜听到女儿不幸的消息，母亲～地哭了｜孩子死了，父母亲～到了极点｜一想起苦难的童年，她就～地流泪｜你不要太～了，你母亲的病会治好的。❷使伤心：你太伤我的心了｜我知道我伤了你的心，请你原谅我一次吧。

【近义词】悲伤/痛苦/痛心

【反义词】高兴/愉快/欢喜

【提示】离合词，中间可插入其他成分，如：伤过心｜伤了我的心。

5525 **伤员**(員) 丁

shāngyuán (wounded personnel)

[名]受伤的人员(多用于军队)：～送走了｜～治好了｜～找到了｜抢救～｜护理～｜救护～｜照看～｜慰问～｜看望～｜安慰～｜战场的～｜重～｜勇敢的～｜～的姓名｜～的情况｜医生们正在抢救～｜战场上的～都送到战地医院去了｜中央领导到北京医院看望～｜护士们精心护理～｜大部分～都治好归队了。

5526 **商** 丁 〔部首〕亠 〔笔画〕11

shāng (n. trade; v. discuss)

[名]❶商业：经～｜从～｜～业｜～学｜大学毕业以后我就开始经～｜改革开放后不少人弃政从～了｜工农～学兵，行行出状元。❷商人：马路旁有

很多小～小贩|经理正在和外～谈判。❸数学术语,除法运算的得数:8除以4,～是2。

[动]商量:协～|面～|我找你有要事相～|这件事需要面～|～谈的结果双方都很满意。

【提示】商,姓。

【构词】商船/商定/商贩/商行(háng)/商号/商会/商机/商计/商贾(gǔ)/商界/商旅/商洽/商情/商数/商谈/商务/商约/商酌

5527 **商标**(標)　丁

shāngbiāo (trademark)

[名]一种商品表面或包装上的标记、记号(图画、图案形文字等),使这种商品和同类的其他的商品有所区别:注册～|有～|看～|买东西要看准～|这种～的牛奶比较好|使用这种～需要到工商管理部门去注册|没有～的产品质量不可靠。

5528 **商场**(場)　乙

shāngchǎng (market)

[名]面积较大、商品比较齐全的综合商店;聚集在一个或相连的几个建筑物内的各种商店所组成的市场:百货～|综合～|大～|小～|西单～|～开业|～建成|国营～|～多|高级～|自选～|～的货物|～的地址|～的信誉|城里又新建了一个～|这个～的面积不大,但商品比较全|在～买了一件上衣。

【近义词】商店/市场

5529 **商店**　甲

shāngdiàn (shop)

[名]在室内出售商品的场所:～开业|～开门|～停业|整顿～|私营～|地下～|副食～|百货～|流动～|～的柜台|～的位置|～的财产|学校大门旁边有一个水果～|我常常到这家～买东西|这条街沿街有好几家～。

【近义词】商场

5530 **商量**　乙

shāngliang (consult)

[动]交换意见:～事情|～办法|～费用|～日期|～意见|～了半天|应该～|必须～|好好～|多～|充分～|认真～|冷静地～|及时地～|这么点儿小事还～什么?|遇事大家要多～|～了半天也没～出一个好办法来|再～下去也不会有什么好结果|到底去哪儿旅游,咱们再～～。

【近义词】商讨/商议/讨论/协商/研究

【反义词】裁决/裁断/决定

5531 **商品**　乙

shāngpǐn (commodity)

[名]为交换而生产的劳动产品:～齐全|～好|处理～|增加～|发展～|交换～|出售～|外国的～|～的价格|～的质量|～的包装|～信息|货架上摆满了～|发展～,繁荣市场|最近十几年,我国的～经济发展很快|厂家应该保证～的质量|～的价格太高,销售不理想。

5532 **商榷**　丁

shāngquè (discuss)

[动]商讨:可以～|应该～|进行～|虚心地～|平等地～|～的问题|～的地点|～的内容|双方就共同关心的问题进行了～|重大问题应该进行～|双方在友好的气氛中进行了～。

【近义词】商量/商讨/商议/讨论/研究

【提示】多用于书面语。

5533 **商人** 丙

shāngrén (businessman)

[名]贩卖商品从中取利的人：一个～|成为～|当了～|我是个～，不懂得政治|他是个诚实的～|他去年辞了职，当起～来了。

5534 **商讨**(討) 丁

shāngtǎo (discuss)

[动]为了解决较大的、较复杂的问题而交换意见；商量讨论：～大事|～办法|～名单|～决议|～对策|可以～|继续～|拒绝～|慢慢地～|会议～了两国的经济合作问题|双方～了几天，合同才定下来|经过认真～，才签订了协议。

【近义词】商量/商榷/商议/研究

5535 **商业**(業) 乙

shāngyè (commerce)

[名]以买卖方式使商品流通的经济活动：～发展了|～亏损了|～繁荣|～发达|～落后|发展～|扶持～|整顿～|重视～|古代的～|中国的～|～部门|～状况|～管理员|十几年来，中国～发展很快|～管理混乱的状况，引起了中央领导的高度重视|我从事～工作已经二十多年了。

5536 **商议**(議) 丁

shāngyì (discuss)

[动]为了某些问题取得一致意见而进行讨论：进行～|参加～|～一下|工作中的问题如何解决，还需要好好～一下|大家过来～一下，看看问题怎么解决|厂领导正在和车间主任们～下季度的工作|～的结果还没有告诉大家|你们回去再好好～～。

【近义词】商量/商讨/讨论/协商/研究

【反义词】裁决/裁断/决定

5537 **赏**(賞) 丁 〔部首〕贝 〔笔画〕12

shǎng (award)

[动]❶赏赐；奖赏：～给|奖～|～赐|～罚|工作中要有～有罚，～罚分明|大将军打了胜仗，皇帝～给他一匹马|工作提前完成了，不知领导奖～我们什么。❷欣赏；观赏：中秋～月|春天来了，城里的人们纷纷到香山公园～花|相声艺术雅俗共～。

【近义词】❶赏赐/奖/奖赏；❷观赏/鉴赏/欣赏

【反义词】❶罚/惩

【构词】赏赐/赏罚/赏光/赏鉴/赏金/赏脸/赏钱/赏识/赏玩/赏心悦目

5538 **晌午** 丁 〔部首〕日 〔笔画〕10

shǎngwu (noon)

[名]中午：昨天～|到了～|～的时候|吃完～饭就去上学|～你去哪儿了？我找了半天也没找到你|～你来吧，我在家等你。

【近义词】中午

【构词】端午/上午/下午/正午/中午

5539 **上** *甲 〔部首〕一 〔笔画〕3

shàng (up)

[名]❶高处：～不着天，下不着地|向～看就看见了|汉字的笔顺是先～后下，先左后右|水是从～往下流。❷用在名词后，指物体的顶部或表面：地～|手～|桌子～|椅子～|我在窗台～摆了几盆花|地～有很多水|桌子～有一本书。❸〈乙〉表示在某种事物的范围以内：书～|报～|历史～|思想～|事实～|《北京日报》～刊登

了我们学校的新闻|世界～的事情很复杂|他在汉语语音～下了很大的功夫|领导～很重视这个问题。

【反义词】❶❷下

【提示】"上"又读 shǎng,如"上声"。

【构词】上半天/上半夜/上报/上辈/上辈子/上臂/上膘/上宾/上苍/上策/上场/上场门/上朝(cháo)/上乘/上代/上灯/上等兵/上吊/上冻/上房/上访/上坟/上风/上告/上工/上供/上钩/上火/上将/上缴/上紧/上联/上列/上流/上路/上马/上门/上年纪/上品/上坡路/上身/上市/上手/上书/上税/上司/上溯/上算/上岁数/上锁/上膛/上天/上尉/上文/上下/上弦/上相(xiàng)/上校/上鞋/上心/上刑/上演/上议院/上映/上账/上阵/上肢/上座/上窜下跳/上方宝剑/上山下乡/上行下效

5540 上 *甲

shàng (go up)

[动]❶由低处到高处:车来了,请～吧|他在楼上,你～楼去找他吧|树太高,我可～不去|有事～来再说|都12点了,快～床睡觉吧。❷到;去(某个地方):～公园|～街|～商店|～杭州|～边疆|～邮局|他一早就～街了|她～姐姐家了,你明天再来找她吧|明天事太多,～不了公园了。❸到规定的时间开始日常的工作或学习等:～学|～课|～班|～早操|～完了|不～了|～了一会儿|孩子每星期～一次音乐课|每天早上8点～班|今天我们～口语课|到了～学的年龄就应该～学。❹〈乙〉出场:这场球赛,你们三人先～|现在该你～场了|8号刚～去赛了两分钟就下来了。❺〈丙〉涂;抹:～颜色|～药|～油|～漆|护士在给伤员～药|桌子做得很好,但漆～得不好|木地板每三年～一次漆|注意,千万别把这种药水～到眼睛里了。❻〈丙〉把一件东西安装在另一件东西上;把一件东西的两部分安装在一起:～螺丝|～刺刀|～紧|～结实|～歪|准备! ～刺刀! |大门～锁了|衣服的领子～歪了。❼〈丙〉登载或在屏幕上出现:～报|～账|～光荣榜|老师的事迹～报了|今年小李～了两回光荣榜|账～完了再下班。❽〈丙〉拧紧:～紧|～弦|钟表一个星期才～一次弦|弦已～满了,再～就断了|自动手表用不着～发条。❾〈丙〉"上"用在动词后作结果补语时:a.表示达到目的:爬～山顶|合～书|插～门|闭～眼睛|吃不～饭。b.表示开始并继续:爱～了她|两个人聊～了|又唱～了。❿〈丙〉达到;够:～了年纪,走路也不利落了|人一～了岁数,记性就不好了|今天来的人得～百|这本畅销书印了～万册。⓫〈丁〉添补;增加:机器该～油了|商店又～了一些货|现在是西瓜～市的季节|你帮我把货～到架子上去。

5541 上班 乙

shàng bān (go to work)

在规定的时间到工作的地点去工作:去～|都～|已经～|没～|～了|～时间到了,你还不快去～|病刚好她就去～了|你身体不好就别～了。

【提示】离合词,中间可以插入其他成分,如:他已经上了一年班了|正上着班,突然病了。

5542 上报(報) 丁

shàngbào (report to a higher body)

[动]向上级报告:应该~|赶快~|已经~|年终总结要及时写出来~|报表已经填好~了|材料该~的~|材料上星期就~了,但现在还没批回来。

5543 **上边**(邊) 甲

shàngbian (above)

[名]上面:椅子~|房子~|冰箱~|桌子~有一盆花|书在柜子~,你上去拿吧|怕压的东西要放在~|~的东西是我的,下边的东西才是你的。

【近义词】上面/上头

【反义词】下边/下面/下头

5544 **上层**(層) 丁

shàngcéng (upper levels)

[名]上面的一层或几层(多指机构、组织、阶层):~领导|~人物|这是~的意思|他跟~人物说得上话,你去找他吧|箱子里放了好几层东西,最~放的是衣服。

【反义词】下层

5545 **上当**(當) 乙

shàng dàng (be taken in)

吃亏;受骗:小孩儿~|顾客~|妈妈~|会~|以免~|避免~|经常~|小心~|留神~|~的人|~的事|~的时候|~的原因|上街买东西,要注意别~|人生在世,吃亏、~是难免的|他说:"别过去,小心~!"|妈妈不愿意他去,担心他~。

【近义词】吃亏/受骗

【提示】①离合词,中间可以插入其他成分,如:上了他的当|上了一次当|上过当|上了大当。②"当"又读dāng,见第1258条。

5546 **上等** 丁

shàngděng (first-class)

[形]质量高的;等级高的:~货色|~兵|~衣料|~食品|~皮货|~货|这些都是~货,价钱也就高些|姑姑托人给我买了一些~衣料。

【近义词】高级/高等

【反义词】次等/下等/低级

5547 **上帝** 丙

Shàngdì (God)

[名]中国古代指天上主宰万物的神;基督教所崇奉的神:好像做生意的人都信奉~,总是求~保佑他们生意兴隆|~呀!请保佑我们吧!|你做了这么多亏心事,~不会饶恕你的|平时学习不努力,考试的时候连~都帮不了你。

5548 **上级**(級) 乙

shàngjí (higher level)

[名]同一组织系统中等级较高的组织或人员:~领导|~组织|~命令|~同意|~批准|~关心|服从~|请示~|支持~|配合~|~的安排|~的指示|下级要服从~|他是我的老~|听说~要来检查我们的工作|事情重大,没有~的指示不能妄动|我们的施工方案~已经批准了。

【反义词】下级

5549 **上交** 丁

shàngjiāo (turn over to the higher authorities)

[动]交给上级单位:已经~|应该~|没有~|~了|多余的教学器材应~|每年我们~50万公斤粮食|这个企业今年~利税100万元。

【近义词】上缴

5550 **上进**(進) 丁

shàngjìn (make progress)

[动]向上;进步:学生～|孩子～|要求～|懂得～|愿意～|开始～|知道～|积极～|～的学生|～的要求|进入高中三年级才知道～|不求～的孩子永远没有出息|老师经常教育我们要有～心。

【近义词】进步

【反义词】退步

5551 **上课**(課) 甲

shàng kè (give a lesson; attend class)

教师讲课或学生听课:老师～|学生～|孩子～|教授～|能～|会～|开始～|继续～|准备～|决定～|请求～|认真～|喜欢～|紧张地～|正常地～|～的时间|～的教室|～的书本|每天我们上午～|～的时间到了,快进教室吧|今天我不舒服,不能去～了,帮我请个假|～的时候要注意听讲|夏老师～上得比较好。

【提示】离合词,中间可插入其他成分,如:上了一节课|上过课|上不好课。

5552 **上空** 丁

shàngkōng (in the sky)

[名]指一定地点上面的天空:在～|从～|飞过～|飞机在～飞过|～飘过来一片白云|气球在～慢慢飘动。

【提示】"空"又读 kòng,如"空白"。

5553 **上来**(來) *甲

shàng lái (come up)

❶由低处到高处;由远到近:他在楼下看书,叫他～,他就～了|快～看吧,焰火好看极了|从山下～几个人。❷〈乙〉(人员或事物)从较低的部门到较高的部门来:他是从基层～的干部|下面的意见都～了。❸〈乙〉用在动词后,表示由低处到高处或由远处到近处来:他快步走～和我握手|把东西搬～。❹〈丙〉用在动词后,表示成功地完成:今天的题我全都答～了|那首诗我只背了两句就背不～了。

【反义词】下来

【提示】"上来"作谓语时,"来"有时可读轻声;用在动词后作补语时,有时"上来"二字都可读轻声。

5554 **上面** *乙

shàngmian (above)

[名]❶位置较高的地方:河～架着一座小石桥|这个竹竿下面粗,～细|鸽子从我头～飞过|房～架着电视天线。❷次序靠前的部分;文章或讲话中前于现在所阅读、叙述的部分:～几位同学讲过的,我就不重复了|我～讲了几个政治问题,下面再讲讲经济问题|～列举的各种实例,都是有根据的。❸物体的表面:书桌～放着一本书|衣服～印着一朵花|他站在椅子～演讲。❹〈丙〉方面:在生意～我是个外行|他在口语～下了很大功夫|她又在这～做开文章了。❺〈丙〉上级:～派周部长来协助工作|这是～的意思,不同意也得干|他做什么事都听～的,自己一点儿主见也没有。

【近义词】上边/上头

【反义词】下边/下面/下头

5555 **上去** *甲

shàng qu (go up)

❶由低处到高处去:登着梯子～|你～把书包给我拿下来|我～以后你再

把棍子递给我。❷用在动词后面，表示由低处向高处，或由近处向远处，或由主体向对象：从这里爬～近｜孩子看见妈妈来了，连忙迎～｜我把所有的力量全使～了，还是没有考好。❸〈丙〉用在动词后，表示从较低的部门到较高的部门去：我们已经把他推荐～了｜你的意见我们已经反映～了｜我写的报告早就交～了。

【反义词】下去

5556 **上任** 丁

shàng rèn（take up an official post）

指官吏就职：明天你该走马～了｜～好几天了，也没把工作理出个头绪来｜～前上级领导找我谈了一次话。

【提示】离合词，中间可插入其他成分，如：上不了任｜上了任。

5557 **上升** 丙

shàngshēng（rise）

[动]❶由低处往高处移动：雾气～｜水位～｜飞机～｜炊烟～｜电梯～｜～得快｜会～｜开始～｜缓慢地～｜继续～｜～的道路｜～的速度｜气球徐徐～，一会儿就看不见了｜水库的水～了两米多｜风大，气球才～得快。❷等级、数量、程度等的升高或增加：价格～｜利润～｜温度～｜地位～｜职位～｜～得快｜应当～｜突然～｜～的条件｜电视机产量开春以来～得很快｜今天的气温还得～｜气温又～了好几度｜最近物价又～不少。

【近义词】❷增加/上涨

【反义词】下降

5558 **上述** 丙

shàngshù（above-mentioned）

[名]上面所说的（多用在文章段落或条文的结尾）：～问题｜～条文｜～新闻｜～要求｜～见解｜～文章｜正如～文章所指出的，我们必须作进一步的努力｜～问题还请大家进一步讨论｜～意见不是我个人的意见。

【提示】一般只作定语，多用于书面语。

5559 **上诉**（訴） 丁

shàngsù（appeal [to a higher court]）

[动]诉讼当事人不服第一审的判决或裁定，按照法律规定的程序向上一级法院请求改判：可以～｜允许～｜法院已经判了，如果不服你可以～｜～期已经过了，不能～了｜他多次～，也没有结果。

5560 **上台** 丁

shàng tái（go up onto the platform; take up an official post）

到舞台或讲台上去；比喻出任官职或掌权：～表演｜～领奖｜演员们正准备～表演｜该你～演讲了｜她胆子小，不敢～讲话｜他～三年多来就没干多少好事！｜自从他～当了厂长，厂里发生了很大变化。

【反义词】下台

【提示】离合词，中间可插入其他成分，如：上不了台｜上了台。

5561 **上头**（頭） *丙

shàngtou（on the top of）

[名]❶位置较高的地方：楼～有人｜柜子～放着好多工艺品｜山～一个人也没有。❷物体的表面：墙～贴着一张画｜黑板～的字是谁写的？｜把箱子放在床～｜把书放在桌子～就行

了。❸方面:在学习～不能马虎|不能把精力放在这～。❹上级:～有指示,今天无论如何得完成任务|我们没有责任,责任全在～|我们要领会～的意图。

【近义词】❶❷上边/上面;❸方面;❹上级

【近义词】❶❹下头

5562 **上午** 甲

shàngwǔ (morning)

[名]指半夜12点到正午12点的一段时间,一般也指清晨到正午12点的一段时间:～有4节课|昨天～你干什么去了?|飞机～9点起飞。

【反义词】下午

5563 **上下** 丙

shàngxià (high and low; old and young)

[名]❶在职位、辈分上较高的人和较低的人:只要～一条心,一定能按时完成任务|～的意见比较一致|～一条心,黄土变成金|全家～为弟弟的婚礼忙起来了|哥哥考上了大学,全家～都高兴极了。❷(程度)高低;优劣:难分～|不分～|这两个品牌的计算机质量不分～|他俩的学习成绩不相～。❸从上到下;上边和下边:这根竹竿～一般粗|大妈～打量着姑娘|标题的～各空一行。

5564 **上学**(學) 甲

shàng xué (go to school)

❶到学校去学习:学生～|老人～|孩子～|喜欢～|希望～|准备～|害怕～|停止～|早上～|晚上～|高兴地～|艰难地～|～的条件|～的日期|孩子们都～去了|今天你为什么不去～? ❷开始到小学学习:你几岁上的学?|孩子已到～的年龄了|按规定,孩子6岁就可以～。

【反义词】❶下学

【提示】离合词,中间可插入其他成分,如:上过学|上了三年学。

5565 **上旬** 丙

shàngxún (the first ten-day period of a month)

[名]每月1日到10日的10天:8月～我要到南方去开会|每年7月～放暑假|从6月～开始我们就停课复习了。

【构词】下旬/中旬

5566 **上衣** 乙

shàngyī (upper outer garment)

[名]上身穿的衣服:红～|短～|绸～|做～|买～|我的～是白色的|～的颜色浅一点儿比较好看|我的～哪儿去了?|钱装在～口袋里。

【反义词】裤子/裙子

5567 **上游** 丙

shàngyóu (upper reaches)

[名]❶河流接近发源地的部分:～地区|河流～|长江的～有很多支流|黄河的～被污染了。❷比喻先进:争～|大家都在争～,谁也不甘落后|鼓足干劲,力争～。

【反义词】下游

5568 **上涨**(漲) 丁

shàngzhǎng (rise)

[动]水位、商品的价格等上升:水位～|河水～|物价～|价格～|～很多|～得厉害|～了两次|开始～|担心～|阻止～|飞快地～|～的速度|～的

时间｜～的幅度｜河水～了两米｜河水再～就危险了｜要控制物价～｜今年物价～很厉害。
【近义词】上升
【反义词】下降

5569 **尚** 丁 〔部首〕小 〔笔画〕8
shàng (still)
[副]还：你说这话为时～早｜两国建交的时机～未成熟｜施工方案～待研究｜情况～不清楚，有待进一步调查｜革命～未成功，同志仍须努力｜此文内容～可，但语句欠通｜我虽然年迈，～能做一些力所能及的工作。
【近义词】还
【提示】①多用于书面语。②尚，姓。

5570 **梢** 丁 〔部首〕木 〔笔画〕11
shāo (tip)
[名]条状物的较细的一头：树～｜眉～｜辫～｜树～上有几只小鸟｜一句话说得她喜上眉～｜她的辫～上系着一个蝴蝶结。

5571 **捎** 丁 〔部首〕扌 〔笔画〕10
shāo (take along sth. to sb.)
[动]顺便带：～东西｜～书｜～包裹｜～烟｜～衣服｜～信｜～得多｜～不了｜～走了｜～完了｜能～｜可以～｜顺便～｜～的糖｜～的仪器｜～的资料｜你去商店吗？请帮我～点儿水果来｜这封信是他～来的｜这么多东西我可～不了｜我给妈妈买了很多好吃的东西，请你帮我～给她吧｜回国的时候，我给弟弟～了很多礼物。
【近义词】带
【提示】"捎"又读 shào，如"向后捎"。

5572 **稍** 乙 〔部首〕禾 〔笔画〕12
shāo (a little)
[副]稍微：衣服～长了点儿｜请～等一下，我马上就来｜眼神不好，天～一黑就看不清了｜我比我妹妹～高一点儿｜今天精神～好一些｜我～休息一会儿就来。
【近义词】略/略微/稍稍/稍微
【提示】"稍"又读 shào，如"稍息"。
【构词】稍稍/稍为/稍许/稍胜一筹/稍纵即逝

5573 **稍微** 乙
shāowēi (a bit)
[副]表示程度不深或数量不多：在大家的劝说之下，她的心情～好了一些｜菜～咸了一点儿，再少放点儿盐就好了｜衣服的颜色～暗了一点儿｜有些汉字的字形相似，～不小心就会写错｜这个问题你只要～动一动脑子就能回答上来。
【近义词】略微/稍稍/稍为/稍许

5574 **烧**(燒) *乙 〔部首〕火 〔笔画〕10
shāo (burn)
[动]❶使东西着火燃烧：～衣服｜～被子｜～坏了｜不能～｜可以～｜～的东西｜衣服让烟头～破了｜把这些废纸全～了｜在被敌人发现之前把这些文件都～了｜山火～掉了一片森林。❷加热或接触某些化学药品、放射性物质等使物体起变化：～水｜～砖｜～炭｜～手｜～破｜～点儿开水沏茶｜不小心让硫酸把衣服～了｜一冬～了两千斤煤。❸〈丙〉烹调方法，先用油炸，再加汤汁来炒或炖，或先煮熟再用油炸：～茄子｜～土豆｜～大虾｜～鱼｜～牛肉｜～熟了｜～烂了｜～透了｜大家都喜欢吃土豆～牛肉｜我的拿手菜是～茄子｜妈妈～的肉我最爱吃。

❹〈丙〉发烧:已经～了好几天了,吃药也不管事|～到40度,把人都～糊涂了|他还没退～。

【近义词】❶燃;❸熬/炖/煮

【反义词】❶灭/熄

【提示】注意,"烧"字右边的下面不是"元",是"兀"。

【构词】烧杯/烧饭/烧高香/烧化/烧荒/烧毁/烧火/烧碱/烧酒/烧瓶/烧伤/烧香/烧纸

5575 **烧饼**(餅) 丁

shāobing (baked cake)

[名]烤熟的小的发面饼:一个～|买～|烙～|芝麻～|陕西的～夹肉非常好吃|南方的～比北方的～好吃|爷爷以卖～为生。

【构词】薄饼/炊饼/春饼/大饼/豆饼/糕饼/锅饼/画饼/煎饼/烙饼/柿饼/铁饼/馅饼/油饼/月饼/蒸饼

5576 **烧毁** 丁

shāohuǐ (burn up)

[动]焚烧毁灭:房子～|衣服～|～村庄|～工厂|～文件|～资料|～森林|不能～|允许～|彻底～|～的时间|～的原因|一场大火把他的房子～了,也把他的希望～了|圆明园被侵略者～了|被～的这批文物是无价之宝。

【近义词】焚毁

5577 **勺子** 乙 〔部首〕勹 〔笔画〕3

sháozi (spoon)

[名]舀东西的用具,多为半球形,有柄:一把～|用～|买了一把～|没有～怎么盛饭?|这把～是用不锈钢的。

5578 **少** 甲 〔部首〕小 〔笔画〕4

shǎo (adj. few; little; v. lack)

[形]数量小:很～|不～|非常～|深夜路上的行人已经很～了|你～抽点儿烟就不咳嗽了|屋里的东西～得可怜。

[动]❶缺少;不够原有或应有的数目:欠你的钱一分也～不了你的|以后～不了麻烦你|书架上的书～了,不知是谁拿走了|该给你的东西一样也不～。❷丢;遗失:教室里～了两把椅子|我钱包里的钱～了,不知是谁偷走了|我们宿舍从没～过东西。

【近义词】[形]稀少;[动]❶缺;❷丢

【反义词】多

【提示】"少"又读 shào,见第5582条"少年"。

【构词】少不得/少不了(liǎo)/少见/少礼/少顷/少数/少许/少见多怪

5579 **少量** 丁

shǎoliàng (a little)

[形]数量和分量较小:～食品|～药物|～服用|每天～喝点儿酒,对身体有好处|汤有点儿淡,再～放点儿盐|再进点儿货可以,但要～进|每天～吃点儿水果,对身体有好处。

【近义词】稍许/少/少许

【反义词】多/大量

5580 **少数**(數) 乙

shǎoshù (minority)

[名]较少的数量:～同意|～反对|同情～|支持～|批评～|镇压～|利用～|变成～|～国家|～坏人|～学生|～学校|～单位|～节目|我们的原则是～服从多数|虽然是～人的意见,我们也要考虑考虑|在我们班里女同

学占～|～人不同意班长的意见。

【反义词】多数

5581 **少数民族** 丁

shǎoshù mínzú (minority nationality)

多民族国家中人数最多的民族以外的民族:中国是个多民族的国家,有很多～|云南省是～最多的省份|在中国,汉族以外的民族是～|要尊重～的风俗习惯。

5582 **少年** 乙

shàonián (juvenile)

[名]人从十岁左右到十五六岁的阶段或这个阶段的人:～老成|教育～|培养～|关心～|爱护～|残害～|利用～|毒害～|英俊的～|天真的～|坚强的～|机灵的～|堕落的～|～时代|～的梦想|～英雄|～画家|黄色书籍毒害了不少青～|他是一个～英雄|我们要关心～、教育～,使他们成为事业的接班人|～时代的梦想,终于实现了|现在～犯罪已成了社会问题。

【反义词】老年/老人

【提示】①"少"又读 shǎo,见第 5578 条。②少(Shào),姓。

5583 **少女** 丙

shàonǚ (young girl)

[名]年轻未婚的女子:～美丽|赞美～|喜欢～|漂亮的～|可爱的～|纯真的～|文静的～|～的姿态|～的神态|～的心灵|～的理想|大家正在客厅闲谈,忽然走进来一个楚楚动人的～|这个～有一颗善良的心|公园里一群少男～在唱歌。

5584 **少先队**(隊) 丙

shàoxiānduì (Young Pioneers)

[名]少年先锋队的简称,中国和某些国家的少年儿童的群众性组织:～员|参加～|我 8 岁那年加入了～|～是少年的先锋队组织|他是一名～员。

5585 **哨** 丁 〔部首〕口 〔笔画〕10

shào (sentry post)

[名]❶为警戒、侦察等任务而设的哨位:放～|～位|岗～|查～|连长命我去放～|边境上有很多岗～|他正在～所值勤。❷哨子:几个小孩儿在河边儿吹～|把～吹响点儿,我们听不见。

【构词】哨岗/哨棚/哨卡(qiǎ)/哨所/哨位/哨子

5586 **哨兵** 丙

shàobīng (sentry)

[名]执行警戒任务的士兵的统称:一名～|年轻的～|没有～|关键地带要放几个～|～向指挥部报告发现了敌情|夜深了,战士们都进入了梦乡,只有几个～在站岗。

5587 **奢侈** 丁 〔部首〕大 〔笔画〕11

shēchǐ (luxurious)

[形]花费大量钱财追求过分享受:生活～|～得厉害|～得惊人|追求～|反对～|喜欢～|～的生活|贵族们过着～的生活|从挖出来的殉葬品就不难知道,这些官吏曾是多么的～|我们一贯主张节约,反对～|他的家庭生活十分～。

【近义词】奢华

【反义词】俭朴/节俭/节约/朴素

【构词】奢华/奢靡/奢求/奢望

5588 **蛇** 乙 〔部首〕虫 〔笔画〕11

shé (snake)

[名]爬行动物,身体圆而细长,有鳞,没有四肢:一条～｜毒～｜眼镜～｜～皮｜～肉｜这是有毒的～,可千万不能动｜广东人喜欢吃～肉｜报上说发现了一条双头～｜动物中我最怕～。

【构词】蛇毒/蛇蜕/蛇蝎/蛇行/蛇足

5589 **舌头**(頭) 乙 〔部首〕舌 〔笔画〕6

shétou (tongue)

[名]辨别滋味、帮助咀嚼和发音的器官,在口腔底部,根部固定在口腔底上:吐～｜咬～｜发音时要注意～的位置｜不小心把～咬破了｜～是发音的主要器官。

【构词】舌根音/舌尖音/舌苔

5590 **舍**(捨) 丁 〔部首〕人 〔笔画〕8

shě (give up)

[动]舍弃;施舍:～近求远｜四～五入｜～粥｜～药｜～不得｜～不下｜他～家撇业好几年了｜不要～了西瓜,去捡芝麻｜她一狠心,～下孩子就去了深圳｜你～得把这么小的孩子丢下不管吗?｜我～不得离开家乡的亲人。

【近义词】丢/抛/舍弃

【反义词】求/取/要

【提示】①“舍”又读 shè(不是“捨”的简化字),如“宿舍”。②“舍”作姓时读 shè(不是“捨”的简化字)。

【构词】舍弃/舍身/舍本逐末/舍己为公/舍己为人/舍近求远/舍生取义/舍死忘生/舍芝麻,抱西瓜

5591 **舍不得** 丙

shě bu de (grudge)

很爱惜,不忍放弃或离开:妈妈～孩子出远门｜他～乱花一分钱｜我在中国呆了四年,真～离开这个国家｜就是穷死,我也～把孩子送人。

【反义词】舍得

5592 **舍得** 丙

shěde (be willing to part with)

[动]愿意割舍;不吝啬:父母～｜孩子～｜～花钱｜～用水｜～用电｜～力气｜～时间｜～扔掉｜～买｜～出力｜现在～｜确实～｜她给妈妈买东西可～花钱了｜在学习上他～花时间｜过去买件衣服你都舍不得,现在花这么多钱怎么～了?

【反义词】舍不得

5593 **摄**(攝) 丁 〔部首〕扌 〔笔画〕13

shè (take a photograph)

[动]❶摄影:拍～｜～下来｜～影｜～像｜你会～影吗?｜光圈太小,～不下来｜你拍～的那张雪景特别漂亮｜你们结婚那天,我把仪式全～下来了。❷吸取:～取｜树根从泥土中～取养分。

【构词】摄取/摄食/摄像/摄像机/摄影机/摄影棚/摄政

5594 **摄氏** 丙

shèshì (centigrade)

[名]用瑞典天文学家摄尔修斯制定的温度计刻度表示的温度,这种温度计的冰点为0度,沸点为100度:今天的气温是～24度。

【构词】名氏/人氏/姓氏

5595 **摄影** 丙

shè yǐng (photography)

通过胶片的感光作用，用照相机拍下实物影像，通称照相：～技术｜～工作｜～厂｜～事业｜我的～技术还是不错的｜这是谁的～技术？太糟糕了！｜大会的～工作已安排好｜～技术是不好掌握的｜他正在～棚里拍电影。

【近义词】照相

【提示】离合词，中间可插入其他成分，如：我在这里摄过影｜你摄的影全不清楚。

5596 **射** *乙 〔部首〕寸 〔笔画〕10

shè（shoot）

［动］❶用推力或弹力送出去：～箭｜～门｜～歪了｜～进了｜～中（zhòng）了｜可以～｜不能～｜～完了｜～了一次｜快～｜～得远｜～得准｜北京队～进了三个球｜中国～箭队～得不错，取得了奖牌｜鸟飞得太高，弓箭～不着｜无情的子弹～穿了他的胸膛。❷〈丙〉液体受到压力通过小孔迅速挤出：水从水龙头里～了出来｜管子坏了，水～了一地｜消防高压水龙头～出去的水柱，可高达十几米。❸〈丙〉放出（光、热、电波等）：一道强光～了出来｜手电筒的光束～在他的脸上｜阳光通过玻璃～到屋里来。

【构词】射程/射击场/射箭/射门/射手/射线

5597 **射击**（擊） 丙

shèjī（shoot）

［动］用枪、炮等火器向目标发射弹头：～敌人｜～敌机｜～目标｜～了一个小时｜马上～｜猛烈～｜喜欢～｜学习～｜遭到～｜迅速地～｜反复～｜激烈地～｜～的对象｜～的时间｜一声令下，炮兵开始向敌人～｜阵地遭到了敌人的～｜连长命令我们向来犯之敌～｜我们在军训时学习了～技术。

5598 **涉及** 丁 〔部首〕氵 〔笔画〕10

shèjí（involve）

［动］牵涉到；关联到：～政治｜～文化｜～经济｜～教育｜～数学｜～外国人｜～将来｜～得广泛｜要～｜会～｜避免～｜必然～｜容易～｜早～｜多～｜～的范围｜案子～到好几个人｜这个问题～面很广｜中央领导的讲话～到了教育问题。

【近义词】牵扯/牵涉

【构词】涉笔/涉猎/涉嫌/涉足

5599 **涉外** 丁

shèwài（concerning foreign affairs）

［形］涉及到与外国有关的：～工作｜～部门｜～问题｜～工作是非常重要的工作｜学校～工作由外事处负责。

5600 **社** 丁 〔部首〕礻 〔笔画〕7

shè（organized body）

［名］某些集体组织；某些服务性的单位：诗～｜报～｜合作～｜同学们自发成立了诗～，每星期活动一次｜1956年我们村成立了合作～｜人民有集会结～的自由｜今天的活动由旅行～负责组织。

【提示】注意，“社”字的左边是“礻”，不要写成“衤”。

【构词】社交/社评/社区/社团/社戏

5601 **社会**（會） 甲

shèhuì（society）

［名］指由一定经济基础和上层建筑构成的整体，泛指由于共同物质条件而相互联系起来的人群：人类～｜封建～｜奴隶～｜原始～｜共产主义～｜

社会主义～|～进步|～混乱|现实的～|文明的～|上层～|～风气|～地位|刚走上～,一点儿～经验也没有|每个人都是～的一员,都要为～作出自己的贡献|～安定,市场繁荣|～存在决定～意识|发展生产,满足～需求|最近几年这里的～治安不太好。

5602 **社会主义**(義) 丙

shèhuìzhǔyì (socialism)

[名]❶指科学社会主义。❷指社会主义制度,是共产主义的初级阶段:～建设|～社会|～革命|进入～|建设有中国特色的～|～和资本主义是两种截然不同的社会制度|～是共产主义的初级阶段|中国是～国家|我们正在进行～建设。

5603 **社论**(論) 丙

shèlùn (editorial)

[名]报社或杂志社在自己的报纸或刊物上,以本社名义发表的评论当前重大问题的文章:写～|发表～|刊登～|一篇～|《人民日报》在国庆节前发表了～|《求实》杂志的～发表了|老师们在学习《光明日报》～|《北京日报》的～我已经看到了。

5604 **社员**(員) 丁

shèyuán (member of a society)

[名]某些以社命名的组织的成员:过去我们都是人民公社的～|～们都去地里干活儿了|他是"九三"学社的～。

5605 **设**(設) 丙 〔部首〕讠 〔笔画〕6

shè (set up)

[动]❶设立;布置:～课|～岗|～宴|～机构|～分店|～错了|不能～|指挥部～在现场|课程～得太多了,我们都不知道选什么课好了|在这条街上又～了一家快餐店。❷筹划:～法|～圈套|他～了一条妙计,终于把爷爷请来了|你快点儿～法把妈妈接来。

【构词】设防/设岗/设宴/设身处地

5606 **设备**(備) 乙

shèbèi (equipment)

[名]进行某项工作或供应某种需要的成套建筑或器物:安装～|需要～|购买～|更新～|运输～|供应～|维修～|爱护～|珍惜～|电教～|音像～|仪器～|机械～|医疗～|大型～|先进的～|落后的～|～的状况|～的价格|学校今年更新了很多电教～|～太落后,无法提高生产效率|要加强对～的管理|～已经全部移交给学校了。

【近义词】设施/装备

5607 **设法** 丙

shèfǎ (try)

[动]想办法:～抢救|～调查|～出版|～控制|～实行|～逃走|努力～|赶紧～|快～|早～|我们要～在三天之内完成任务|要～帮助贫困地区的人民富起来|公安局正在～调查这个案件。

5608 **设计**(計) 乙

shèjì (v./n. design)

[动]正式做某种工作之前,根据一定的目的要求,预先制定方法、图样等:～家具|～图纸|～服装|～桥梁|～得快|能～|喜欢～|进行～|开始～|准备～|～的方案|～的标准|～的要

求|～的方式|设计院～的民用住宅楼非常实用|长江大桥～了两年才～出来|刚毕业的学生哪能～出这么复杂的工程?|经过大家的努力,新式服装～出来了。
[名]预先制定的方法、图样等:～巧妙|～合理|桥梁～|工程～|这项工程～得到大家的好评|房间的～很合理。

5609 设立 丁

shèlì (establish)
[动]成立(组织机构等):～工会|～托儿所|～保健科|学校新～了一个小卖部|这所大学共～了15个系。
【近义词】成立/建立

5610 设施 丁

shèshī (facilities)
[名]为进行某项工作或某种需要而建立起来的机构、系统、组织、建筑等:～完善|管理～|城市的～|学校的～|交通～|文化～|通讯～|安全～|服务～|先进的～|专用的～|～的状况|预防火灾,首先要健全防火～|如今通讯～非常先进|公用～要注意爱护|这是教学专用的～|城市基础～要搞好。
【近义词】设备/装备

5611 设想 丙

shèxiǎng (v. conceive; n. conception)
[动]❶想像;假想:～得好|～的方案|～的情景|～的规划|～的桥梁|～的学校|会场怎样布置,你先～一下|必须在雨季到来之前把大坝修好,否则洪水一旦泛滥,其后果不堪～|你费九牛二虎之力～的方案行不通|事情并不像你～的那样简单。❷着想:为我们～|为人民～|我们应该处处为国家～,不要光考虑个人的利益|老师为我们的身体～,要求我们每天做操。
[名]某种想像或假想:某种～|对未来的～|你这种对将来的～完全是空想|你的～虽好,但很难实现。
【近义词】[动]❶想像;❷考虑/着想

5612 设置 丁

shèzhì (set up)
[动]设立;安放:～分公司|～专区|～电话|～路障|～路标|可以～|开始～|打算～|帮助～|今年～|迅速～|这个小花园是为幼儿园的小朋友～的|～那么多标志不知是干什么用的?|总公司决定在外地～分公司|学校在大门口～了值班室|系里～了很多课程|晚上修路要～醒目的标志。

5613 申报(報) 丁

［部首］丨
［笔画］5

shēnbào (report to a higher body)
[动]用书面向上级或有关部门报告:每年我们都向上级～财务报表|今年的财政收入情况要如实～|计划已经～了,但到现在还没回音。
【提示】申,姓。
【构词】申辩/申明/申时/申说/申诉/申讨/申谢/申雪/申冤

5614 申请(請) 丙

shēnqǐng (apply for)
[动]向上级或有关部门说明理由,提出请求:～入学|～居留证|～电话|～房子|可以～|开始～|早～|～的原因|～的时间|我～出国留学,领导还没批下来|我～调动的报告已经写

了两回了，领导就是不同意｜我～奖学金，学校已经批下来了。

【近义词】请求/要求

5615 **申述** 丁

shēnshù (state)

［动］详细说明：～理由｜～要求｜～困难｜我反复向上级～了增加经费的理由｜我～了半天也没有用｜我推门进去，向主人～了来意。

【近义词】说明

5616 **呻吟** 丁 〔部首〕口 〔笔画〕8

shēnyín (groan)

［动］人因痛苦而发出声音：病人～｜伤员～｜～了一会儿｜开始～｜轻微地～｜痛苦地～｜难受地～｜～的声音｜10号病床的病人～了一夜｜伤员痛苦的～声，搅动着我的心｜伤痛使他忍不住～起来｜他是无病～，别理他。

【构词】悲吟/沉吟/低吟/歌吟/行(xíng)吟

5617 **伸** 乙 〔部首〕亻 〔笔画〕7

shēn (stretch)

［动］(肢体或物体的一部分)展开：～直｜～开｜～腰｜～腿｜～臂｜不能～｜可以～｜～了一下｜～完了｜他～了～懒腰｜小男孩～着一双脏兮兮的小手向路人乞讨｜衣来～手，饭来张口｜这个动作的要领是双臂前～，肩要平。

【构词】伸懒腰/伸缩/伸腿/伸腰/伸冤/伸张

5618 **伸手** 丁

shēn shǒu (ask for money, honour, etc.)

❶伸出手，比喻向别人或组织要(东西、荣誉等)：自从毕业以后，他就再也不向家里～要钱了｜在名利面前他从不～｜有困难我们自己解决，不要向国家～。❷插手(多含贬义)：该你干的你干，不该你干的你别乱～｜他这也～，那也～，到处～！

【近义词】❶要；❷插手

【提示】离合词，中间可插入其他成分，如：他们没向国家伸过一次手｜你伸什么手？

5619 **伸展** 丁

shēnzhǎn (stretch)

［动］向一定方向延长或扩展：道路～｜～双臂｜～翅膀｜自由～｜缓慢地～｜迅速地～｜笔直的公路向远处～｜马路还可以向两边～｜金色的麦田一直～到天边。

5620 **身** *乙 〔部首〕身 〔笔画〕7

shēn (n. body; m. suit)

［名］❶身体：转～｜回～｜探～｜扭～｜转过～去，让医生检查检查｜累了一天，他倒～便睡｜他翻了翻～又睡着了｜老王～上的这块疤是战争年代留下的。❷〈丙〉生命：消防队员奋不顾～冲了上去｜革命先烈的献～精神值得我们学习。❸〈丙〉本身；自己：在困难面前干部们以～作则｜那时已是～不由己｜～为领导，要走在群众前头。❹〈丁〉物体的中部或主要部分：树～｜墙～｜船～｜衣服的～长是60公分｜汽车的车～是银灰色的｜多年不修，船～已经腐烂了。

［量］用于衣服：一～衣裳｜换了～衣裳｜他穿了～黑礼服。

【构词】身长/身段/身法/身个/身故/身后/身家/身价/身架/身教(jiào)/身历/身量/身躯/身上/身世/身手/身

受/身条/身心/身影/身孕/身子骨/身败名裂/身不由己/身价百倍/身体力行/身外之物/身先士卒

5621 **身边**(邊) 乙

shēnbiān (by one's side)

[名]❶身体的近旁:老人～无儿无女|现在我～只有一个子女,其他都在外地工作|汽车飞快地从～擦过。❷随身:几天的工夫就把～带的钱全花光了|他无论走到哪里,～总离不开那本书。

5622 **身材** 丙

shēncái (stature)

[名]人的身体的高矮和胖瘦:～高大|～魁梧|五短～|～苗条|～好|～修长|～匀称|～一般|姑娘的～|小伙子的～|少女的～|这姑娘的～真好|他那魁梧的～,刚强的性格,令姑娘们倾慕|体操队员的～一般长得都比较匀称。

【近义词】身段/身量/身躯

5623 **身份/身分** 丙

shēnfen (status)

[名]❶人在社会上或法律上的地位:～平等|～提高了|～失去了|～高低|明确～|代理人的～|本来的～|学者的～|他是个～不明的人|他是以记者的～来中国访问的|律师以辩护人的～出现在法庭上|他的～一暴露,记者们一下子就把他围了起来。❷受人尊重的地位:他如今已是有～的人了|你这样做太有失你教师的～了|她觉得很不幸,好像降低了她的～似的|有～的人是从不上这里来的。

【近义词】地位

5624 **身体**(體) 甲

shēntǐ (body)

[名]一个人或一个动物的生理组织的整体,有时专指躯干和四肢:～康复|～垮了|～有病|～颤抖|～强壮|～弱小|～结实|保重～|当心～|留心～|糟踏～|～的状况|～的素质|他学习成绩下降的原因是～太差了|年龄大了,要当心～|当飞行员要具备一定的～条件|锻炼～,增强体质。

【近义词】身子

5625 **身子** *丙

shēnzi (body)

[名]身体;躯干:头钻过去了,～过不去|这几天感觉～不舒服|走正步时～要挺直。

【近义词】身体

【提示】多用于口语中。

5626 **深** *甲 〔部首〕氵 〔笔画〕11

shēn (deep)

[形]❶从上到下或从外到里距离大:水～|庭院～～|～山|～谷|～坑|水很～,不会游泳的人可别下去|种树的坑挖得太～了|井很～,水也很凉|这是一个～宅大院。❷〈乙〉高深;深奥:学问～|课文～|题太～|这次考试的化学试题太～,我才考了60分|讲语法时要由浅入～|这本汉语书太～,不适合我们学习|王教授的学问可～了|这么～的道理,孩子哪能懂?❸〈乙〉深刻;深入:老师给我留下了很～的印象|他的这本著作,在学术界产生了很～的影响|昨天晚上,老师找我～谈了一次。❹〈乙〉感情深厚,关系密切:他俩的感情一直很～|你的～情厚谊,我是永远也忘不了的

|我们俩又没有～仇大恨，我害你干什么？|此人不可～交。❺〈乙〉颜色浓：天色已～，快回家吧|衣服好看是好看，就是颜色太～了|这幅画的底色涂得有点儿～。❻〈丁〉距离开始的时间久：～夜|～秋|～冬|夜～人静|夜已很～了，人群还没有散开|～秋的夜晚，凉意甚浓。

【近义词】❺暗；❻晚

【反义词】❶浅；❺淡

【构词】深长（cháng）/深翻/深耕/深谷/深闺/深呼吸/深涧/深交/深究/深秋/深山/深思/深通/深宵/深信/深意/深渊/深造/深不可测/深仇大恨/深恶（wù）痛绝/深耕细作/深更（gēng）半夜/深居简出/深谋远虑/深入浅出/深思熟虑/深宅大院

5627 深奥 丁

shēn'ào（abstruse）

［形］（道理、含义）高深不易理解：内容～|讲得～|说得～|感觉～|～的道理|～的见解|～的哲理|有些科学知识是很～的，不努力钻研是弄不懂的|这些寓言故事蕴含了～的道理|伯父的话很～，我听不懂|孩子们还小，这么～的道理他们哪能听得懂？|本来很简单的问题，让他一讲倒～起来了。

【近义词】高深/艰深

【反义词】浅显/通俗

5628 深沉 丁

shēnchén（deep）

［形］❶形容程度深：夜色～|～的暮色|他睡得十分～，看样子是真累了|在～的暮色中，他终于看到了久别的村庄|他怎么也理解不了这种～的爱。❷低沉：调子～|声音～|乐曲～|歌声～|演奏～|变得～|避免～|～的调子|白大夫躺上床，一会儿就发出了～的鼾声|～的伐木声，让人心里不安。❸思想、感情不外露：经理虽然年轻，性格却有些～|那两只～的眼睛里饱含着多少痛苦和秘密呀！|夜幕下，老人的表情显得十分～。

【近义词】❶深；❷沉闷/低沉

【反义词】❷清脆/高亢

【构词】悲沉/沉沉/低沉/浮沉/昏沉/陆沉/升沉/消沉/阴沉

5629 深处（處） 丁

shēnchù（depth）

［名］很深、很远的地方：海洋～有无数的宝藏|他的一举一动暴露了他灵魂～的肮脏|森林～传来几声虎啸。

5630 深度 丙

shēndù（depth）

［名］❶深浅的程度；向下或向里的距离：潜水员在测量河水的～|洞的～不够，还得往里打|地基的～已经够了。❷触及事物本质的程度：他的发言缺乏～|他考虑问题有一定的～。

5631 深厚 乙

shēnhòu（profound）

［形］❶（基础）坚实：基础～|～的基础|～的造诣|这批学生有～的知识基础|足球运动在这个城市的群众基础非常～|他在中国画方面有着～的功力。❷（感情）浓厚：～的友谊|～的感情|～的情义|夫妻俩的感情十分～|老师和同学间的情义日益～|他对中国有着～的感情。

【近义词】❶坚实/扎实；❷深沉/深挚

【反义词】❶薄弱/浅薄；❷淡薄/淡漠

5632 **深化** 丁

shēnhuà (deepen)

[动]向更深的阶段发展：矛盾～|认识～|不断～|～改革|～友谊|随着武装冲突的升级，两国间的矛盾更加～了|科学技术越来越发展，人们对自然的认识也不断～|要不断～改革，增加改革的力度。

【反义词】淡化

5633 **深刻** 乙

shēnkè (deep)

[形]❶达到事情或问题的本质的：～的内容|～的含义|～的意义|～的记忆|文章的内容十分～|你对这个问题分析得相当～|家乡发生了极为～的变化|论文～地论述了汽车工业的现状。❷内心感受程度深：～的感受|～的体会|～地领悟|这次学习的体会十分～|北京给我留下了～的印象|他～地体会到外语在工作中的重要性。

【近义词】深入/透彻

【反义词】肤浅/浅薄/浅显

【提示】"深刻"多与"认识"、"体会"等表示抽象意义的词语搭配。

5634 **深浅**(淺) 丁

shēnqiǎn (depth)

[名]❶深浅的程度：河水的～|积雪的～|测量～|你去试一下河水的～，看能不能趟水过去|地质人员正在测量峡谷的～|一看他的表演，就知道他功夫的～了|认识的～直接关系到行动的正确与否。❷比喻做事的分寸：他是一个说话没有～的人|你做事太没～，怎么能让一个孩子独自走夜路呢？|你说话总要有个～，不能这样出口伤人。

【构词】粗浅/短浅/肤浅/浮浅/搁浅/浅浅/清浅/才疏学浅

5635 **深切** 丁

shēnqiè (deep)

[形]❶(感情)深厚而亲切：～的关怀|～的怀念|～的思念|他永远也忘不了老师对他的～关怀|远离家乡，他～地思念亲人|留学生们虽然语言还不太通，但彼此之间的友谊却是那样地～和真挚。❷(认识、感受)深刻而切实：～地了解|～地体会|～地认识|对当前的形势，你们是有～感受的|老师对我的水平有～的了解|实地考察两个月，感受～。

【近义词】❶深厚；❷深刻

【反义词】❶淡薄；❷肤浅/粗浅

5636 **深情** 丁

shēnqíng (deep feeling)

[名]深厚的感情：满怀～|～的目光|无限～|这件小小的礼物表达了同学们对老师的一片～|我永远也忘不了朋友们的～厚谊|他站在山坡上，满怀～地望着家乡的土地。

【近义词】感情/热情/情意/盛情

【反义词】薄情/寡情

5637 **深入** 乙

shēnrù (go deep into)

[动]透过外表达到事物的内部或中心：～实际|～群众|～人心|领导干部要～基层，～实际|他常常～到学生中去进行调查研究|这项政策已经～人心|经过～了解，我们成了朋友。

【反义词】脱离

5638 **深信** 丁

shēnxìn (firmly believe)

［动］非常相信：我～他不会骗我｜对于他的真诚，我们～不疑｜我～你一定能取得成功｜我～你是正确的。
【近义词】坚信/相信
【反义词】担心/怀疑

5639 **深夜** 丙

shēnyè (late at night)
［名］指半夜以后：每天～｜到～｜～醒来｜～出发｜他常常学习到～｜昨天～，我们楼里发生了一件怪事｜～的街道，静悄悄的没有一个人｜我们今天～出发，明天一早就到了。
【近义词】后半夜/下半夜/午夜
【反义词】凌晨/正午/白天

5640 **深远**(遠) 丁

shēnyuǎn (far-reaching)
［形］(影响、意义等)深刻而长远：意义～｜特别～｜～影响｜这次考察对他一生的研究具有～意义｜这本书对他影响十分～｜这次活动的作用是～的。
【近义词】长远
【反义词】浅近

5641 **深重** 丁

shēnzhòng (very grave)
［形］(罪孽、灾难、危机、苦闷等)程度高：罪孽～｜～的危机｜灾难～｜洪水给农民们带来了～的灾难｜面对如此～的危机，你们竟然如此麻木！｜他陷在～的苦闷中，无法摆脱。
【近义词】沉重/严重
【反义词】轻微

5642 **绅士**(紳) 丁 〔部首〕纟 〔笔画〕8

shēnshì (gentleman)
［名］指旧时地方上有势力、有功名的人，一般是地主或退职官僚：～风度｜开明～｜一位～｜有名的～｜他的父亲是一位～｜这位～的思想十分开明｜他是一位具有～风度的人。
【提示】现常用来形容行为举止言谈有风度的男人。

5643 **什么**(麽) *甲 〔部首〕亻 〔笔画〕4

shénme (what)
［代］❶表示疑问：a.单用，问事物：这是～？｜他说～？｜～是诚实？b.用在名词前，问人或事物：～人｜～颜色｜～地方｜他是你～人？｜你找我有～事？｜你丢的车是～颜色的？❷〈乙〉虚指，表示不确定的事物：我渴了，想喝点儿～｜都12点了，咱们该吃点儿～了｜里面好像在开～重要会议。❸〈乙〉任指：a.用在“也”“都”前面，表示所说的范围之内没有例外：请写一段500字左右的话，写～都可以｜只要认真学，～都能学会｜他～也不怕。b.两个“什么”前后照应，表示由前者决定后者：有～吃～｜给～要～｜学～像～｜种～收～｜想～说～｜你也不能见～就买～呀！｜你们准备了～节目就演～节目。❹〈乙〉表示吃惊或不满：～！九点了，车还没有开！｜～！代表团马上就到了？｜这是～鞋！一只大一只小！❺〈乙〉表示责难：闹～｜挤～｜折腾～｜哭～｜你笑～？(不应该笑)｜你们打～架！(不该打)｜你胡折腾～？(不该折腾)。❻〈丙〉表示否定，有时含不以为然的意味：听听音乐，有～要紧的｜写～呀，写一百遍也不管用！｜白开水有～好喝的！❼〈丙〉用在几个并列成分前，表示列举不尽：～唱个歌儿啊，跳个舞儿啊，他都行｜～花儿啊，草儿啊的，他都喜

欢。

【提示】“什”又读 shí,如“什锦”。

5644 **什么的** 乙

shénmede (things like that)

[代]用在一个成分或并列的几个成分之后,表示“…之类”的意思:他不喜欢下棋,打扑克～,就喜欢踢足球|字典呀课本呀～堆满了桌子|他就喜欢看文学作品～。

5645 **神** 乙 〔部首〕礻 〔笔画〕9

shén (god)

[名]❶宗教指天地万物的创造者和统治者,迷信的人指神仙或能力德行高超的人物死后的精灵:～位|财～|无～论|谁看见过～?|有的人相信～,有的人不相信～|～在什么地方?❷精神;精力:凝～|炯炯有～|他正在聚精会～地看书|孩子放在你这儿,让你费～了|散文的特点是形散～不散。

【近义词】神仙/仙

【反义词】鬼/人

【提示】神,姓。

【构词】神采/神甫/神怪/神交/神经病/神经质/神力/神聊/神灵/神妙/神明/神女/神气/神枪手/神似/神速/神算/神通/神童/神往/神威/神位/神像/神效/神学/神医/神游/神韵/神志/神州/神不守舍/神出鬼没(mò)/神乎其神/神机妙算

5646 **神话**(話) 丙

shénhuà (myth)

[名]❶关于神仙或神化的古代英雄的故事,是古代人民对自然现象和社会生活的一种天真的解释和美丽的向往:～故事|古代～|希腊～|各民族古代的～都充满了幻想|在世界各民族中都流传着关于人类起源的各种～和传说|这个城堡富有迷人的～色彩。❷指荒诞无稽之谈:情节过于离奇,有点儿近于～了|哼,这种莫名其妙的～谁会相信!

【近义词】❶传说/故事

【反义词】现实/事实

5647 **神经**(經) 乙

shénjīng (nerve)

[名]❶把中枢神经系统的兴奋传递给各个器官,或把各个器官的兴奋传递给中枢神经系统的组织,是由许多神经纤维构成的:脑～|脊～|中枢～|一场意外事故使他的脑～受到了严重的损害|这种病属于～系统的病|他是～外科的医生。❷指精神失常:犯～|～错乱|你犯什么～啊,都半夜两点了,还出去跑步?|接二连三的沉重打击使他～错乱了|你是不是～有点儿不正常?

5648 **神秘** 丙

shénmì (mysterious)

[形]使人摸不透的,高深莫测的:～感|～的人|非常～|飞碟又～地出现了|科学技术并不那么～,只要努力钻研,就可以掌握它|雾中的山显得十分～。

【近义词】神奇/秘密/诡秘

【反义词】平常/普通

5649 **神奇** 丁

shénqí (magical)

[形]非常奇妙:十分～|这个故事也太～了|这一古代传说被人们渲染上一层～的色彩|石林显得十分～。

【近义词】奇妙/奇特/神妙

【反义词】平淡/平凡/普通/一般

5650 **神气**(氣) ＊丙

shénqì (n. air; adj. spirited)

[名]神情:他说话的～很认真|团长的～极为严肃|看看他现在的～,想想他平时的模样,大家不禁笑了起来。

[形]❶精神饱满:很～|格外～|战士们穿上新军装,显得很～|今天是儿童节,小朋友们打扮得格外～。❷〈丁〉自以为优越而表现出得意或傲慢的样子:～活现|～十足|他有意不看大家,～地摆摆头|比赛还没有结束,你不要～得太早了|考试没有通过,他现在可一点儿也～不起来了。

【近义词】[名]神情/神色;[形]❶精神;❷傲慢/狂妄

5651 **神情** 丙

shénqíng (look)

[名]人脸上所显露的内心活动:～抑郁|高傲的～|～紧张|他脸上露出愉快的～|不知为何,他显得有点儿～紧张|他的眼里现出进退两难的～。

【近义词】神气/神色/神态

5652 **神色** 丁

shénsè (expression)

[名]神情:～匆忙|～自若|～慌张|他的～不对,像有什么心事|她～匆忙地向学校跑去|他～紧张,不知出了什么事。

【近义词】脸色/神气/神情/神态

【提示】"神色"与"脸色"的区别:所表示的意义范围不同,"神色"仅指脸上所显示的内心活动;"脸色"除上述意义外,还指脸上所显露的身体健康状况。

5653 **神圣**(聖) 丙

shénshèng (sacred)

[形]极其崇高而庄严的;不可亵渎的:～的使命|～的职责|～的领土|祖国～的领土不容侵犯|教书育人是我们教师的～职责|在海外游子的心中,没有比"祖国"更～的了。

【近义词】崇高/庄严

【反义词】渺小/卑贱/平凡/普通

【构词】朝(cháo)圣/棋圣/诗圣/显圣

5654 **神态**(態) 丁

shéntài (expression)

[名]神情态度:～严肃|～自若|～怡然|老人的～极为安详|他～严肃地走了进来|壁画上的人物～各异,栩(xǔ)栩如生。

【近义词】神气/神情/神色

5655 **神仙** 丁

shénxiān (supernatural being)

[名]❶神话传说中的人物,有超人的能力,可以超尘脱世,长生不老:"龙王"在中国的传说中是会降雨的～。❷比喻能预料或猜透事情的人:活～|他能掐会算,大家都管他叫活～|什么活～,都是骗人的把戏! ❸比喻逍遥自在,毫无拘束和牵挂的人:他过着～般的日子|他不是～却赛过～。

【近义词】神灵/神圣

【构词】狐仙/求仙/诗仙/水仙/天仙/修仙

5656 **审**(審) 丁 〔部首〕宀 〔笔画〕8

shěn (examine)

[动]❶审查:～阅|～稿|稿子都～过了|请专家～～这批论文|你认真～

一下这个方案。❷审讯：～案｜公～｜三堂会～｜几个主犯已经～过几遍了｜他正～着犯人呢｜～过的案子尚未结案。

【近义词】❶审核/审查；❷审理

【构词】审察/审订/审度/审核/审校(jiào)/审评/审慎/审视/审问/审阅/审时度(duó)势

5657 **审查** 丙

shěnchá (investigate)

[动]检查核对是否正确、妥当(多指计划、提案、著作、个人的资历等)：～资历｜～经费｜代表们正在～提案｜经过严格～，今年的计划最后被确定下来｜上级主管部门仔细地～了我们单位的经费开支。

【近义词】审核/核对

5658 **审定** 丁

shěndìng (examine and approve)

[动]审查决定：～计划｜～项目｜～报告｜昨天的会议～了我们的计划｜董事会～了新的开发项目｜八届人大～了政府工作报告。

5659 **审理** 丁

shěnlǐ (try [a case])

[动]审查处理(案件)：依法～｜～案件｜～纠纷｜这一案件的～工作正在进行｜法院依法～了这件长达八年的财产纠纷案｜～的过程将进行电视直播。

5660 **审美** 丁

shěnměi (appreciate the beauty)

[动]领会事物或艺术品的美：～观点｜～的角度｜这部作品反映出作者独特的～观点｜从～的角度看，这件文物价值连城｜这件衣服一点儿也不适合你，真是没有～眼光。

5661 **审判** 丁

shěnpàn (try)

[动]审理和判决(案件)：开庭～｜～案子｜公开～｜明天就要公开～这个案子了｜～结束后，群众无不拍手叫好｜最高法院对这起特大受贿案进行了公开～。

5662 **审批** 丁

shěnpī (examine and approve)

[动]审查批示(下级呈报上级的书面计划、报告等)：～计划｜～报告｜～文件｜报请上级～｜这个计划一～下来，我们就马上开始行动｜报告已经报上级～了。

5663 **审讯**(訊) 丁

shěnxùn (interrogate)

[动]公安机关、检查机关或法院向民事案件中的当事人或刑事案件中的自诉人、被告人查询有关案件的事实：～原告｜～被告｜审判长正在～当事人｜公安人员向上级汇报～的情况｜公安人员及时地～了贩毒嫌疑人。

【近义词】审问

【构词】传讯/电讯/短讯/简讯/警讯/密讯/死讯/通讯/闻讯/问讯/喜讯/音讯

5664 **审议**(議) 丁

shěnyì (review)

[动]审查讨论：～决定｜～章程｜～提案｜大会已经～了我们的提案｜代表们～并通过了新的章程｜我们的报告

已提交大会～。

5665 **婶子**(嬸) 丙 〔部首〕女 〔笔画〕11

shěnzi (aunt)

[名]婶母:爸爸的弟弟的妻子:大～|小～|二～|我～和我在同一个单位工作|他有两个～|我小～是个大学讲师。

【近义词】婶婶/婶母/婶儿

【构词】婶母/婶娘/婶婶

5666 **甚至** 丙 〔部首〕一 〔笔画〕9

shènzhì (adv. so much so that; conj. even)

[副]提出突出的事例,表示强调:他～笑得流出了眼泪|他胖多了,～我都认不出来了|他这个人十分粗野,～对父母、老师也不讲礼貌。

[连]指出突出的事例,表示更进一层:在广大农村,～在偏远的山区,都通了电|大多数人,～很小的孩子,都知道要爱护公物。

【近义词】甚至于/甚而至于/甚而/甚或

【提示】"甚至"作副词用在主语或谓语前作状语,后面常用"都"、"也"等配合。

【构词】甚而/甚或/甚为

备至/冬至/及至/几至/截至/竟至/乃至/夏至/以至/直至

5667 **甚至于** 丙

shènzhìyú (even)

[连]指出突出的事例,表示更进一层:大院里五十多岁～六十多岁的老人也参加了植树活动|在城市,在农村,～在偏僻的山区,都流传着这个故事|他们为祖国献出了一切,～最宝贵的生命。

【近义词】甚至/甚而至于/甚而/甚或

5668 **肾炎**(腎) 丁 〔部首〕月 〔笔画〕8

shènyán (nephritis)

[名]肾脏疾病的名称:急性～|慢性～|得了～|～是一种对人体危害较大的疾病|他得了急性～,住进了医院|这位大夫对～很有研究。

【构词】肾结核/肾亏/肾脏

5669 **慎重** 丙 〔部首〕忄 〔笔画〕13

shènzhòng (prudent)

[形]谨慎认真:～处理|～研究|态度～|老王～地处理了这起民事纠纷|出过一次差错之后,他开始变得～起来|甲方代表说话不太～。

【近义词】谨慎/郑重/庄重

【反义词】轻率/草率

【提示】慎,姓。

5670 **渗**(滲) 丁 〔部首〕氵 〔笔画〕11

shèn (ooze)

[动]液体慢慢地透过或漏出:～水|～血|～雨|雨水都～到地里去了|包扎伤口的绷带上～出了血|墙上～出的水把画给弄湿了。

【构词】渗漏/渗入

5671 **渗透** 丁

shèntòu (permeate)

[动]液体从物体细小空隙中透过;比喻一种事物或势力逐渐进入到其他方面(多指抽象事物):经济～|文化～|～了心血|水～了纸面,字迹变得模糊不清|封建观念深深地～进他的脑子里|细雨～着初春的大地。

【近义词】渗入/浸润

【反义词】脱离/隔绝

【构词】猜透/吃透/穿透/浸透/看透/

灵透/剔透

5672 **声**(聲) 甲 〔部首〕士 〔笔画〕7

shēng (n. sound; m. *for number of occurrence of sounds*)

[名]❶声音:雨～|说话～|病房里请不要高～说话|她小～地唱起歌来|脚步～又响起来了。❷声调:四～|上(shǎng)～|平～|“大”字念第几～?|汉语的～韵配合十分悦耳|“眼”字读第三～。

[量]表示声音发出的次数:电话响了好几～,可是没有人接|妈妈一～一～地呼唤着他|远处传来一～狗叫|我已经喊你三～了,你真没听见吗?

【近义词】[名]声音

【构词】声辩/声波/声称/声带/声控/声浪/声名/声母/声旁/声腔/声讨/声望/声息/声响/声言/声扬/声域/声援/声源/声韵/声韵学/声张/声东击西/声泪俱下/声嘶力竭

5673 **声调**(調) 甲

shēngdiào (tone)

[名]❶说话或乐曲的音调:拉长～|男人的～|优美的～|这种古乐的～十分优雅动听|为了不让别人听见,我们把～压得很低|那乐曲优美的～在我耳际久久回荡。❷指字调,语言学术语:汉语中,～有区别意义的作用|有的语言不讲究～|汉语的～在交际中时常会有变化,比如“不”的～是第四声,但用在第四声字前时,其～发生变化,读第二声。

5674 **声明** 丙

shēngmíng (v. state; n. statement)

[动]公开表示态度或说明真相:郑重～|～过期|主动～|外交部发言人在记者招待会上～我国政府的严正立场|事关重大,必须在报纸上～一下|我～不参加这项活动。

[名]声明的文告:发表～|简短的～|联合～|我们拥护我国政府的～|两国政府已联合发表了～|那份～就贴在布告栏上。

【近义词】[动]申明/宣布/宣称;[名]说明

【提示】多用于正式场合和书面语中。

5675 **声势**(勢) 丁

shēngshì (momentum)

[名]声威和气势:～浩大|虚张～|庆祝活动～之大前所未有|春季爱国卫生运动～浩大|这种会议只能造造～,解决不了什么实际问题。

【近义词】声威/气势

5676 **声音** 甲

shēngyīn (sound)

[名]声波通过听觉所产生的印象:～大|～小|走路的～|他听见了敲门的～|报纸反映了群众的～|他说话的～太大了,我无法入睡|你～小一点儿行不行?吵死人了!

【近义词】声

5677 **声誉**(譽) 丁

shēngyù (reputation)

[名]声望名誉:～卓著|外交～|获得～|你这样做有损自己的～|这种商品在消费者中享有很高的～|这次活动关系到我们学校的～,大家一定要做好。

【近义词】声望/名誉

5678 **生** 丙 〔部首〕丿 〔笔画〕5

shēng（pupil）

[名]❶学习的人；学生：学～|招～|毕业～|实习～|我们提倡尊师爱～|我和她是师～关系|外语系今年要扩大招～。❷生命：长～|杀～|放～|有～之年|在有～之年我一定要为国家多做贡献|佛家是不杀～的。❸生平：祝好人一～平安|他把毕～的精力都奉献给了教育事业|人～只有一次，每个人都要珍惜。❹生计：民～|营～|谋～|他靠给别人打工来谋～|为了求～，他去了海外|关系到国计民～的事我们一定要做好。

【近义词】❶徒

【反义词】❶师

【构词】生菜/生产线/生辰/生父/生根/生还（huán）/生荒/生活费/生火/生计/生聚/生恐/生来/生冷/生理学/生灵/生路/生民/生命线/生母/生僻/生平/生擒/生趣/生涩/生身/生手/生疏/生水/生死/生态/生铁/生徒/生土/生物学/生物钟/生息/生肖/生性/生涯/生养/生疑/生意经/生硬/生字/生搬硬套/生不逢时/生财有道/生花之笔/生老病死/生离死别/生灵涂炭/生龙活虎/生荣死哀/生杀予夺/生生世世/生态平衡/生吞活剥/生米煮成熟饭

5679 **生** 乙

shēng（give birth to）

[动]❶生育；生长；生存：～孩子|～根|起死回～|他～在北京|刚～的孩子怕冷|你怎能这样贪～怕死！❷产生；发生：～病|～效|惹事～非|刀上～了不少锈|条约已经～效|我～病快一年了。❸使柴、煤等燃烧：～火|～炉子|你帮妈妈～炉子|刚～的火怎么就灭了？|炉子～在西屋。

【近义词】❸点/烧

【反义词】❶死；❸灭

5680 **生** 乙

shēng（unripe）

[形]❶果实没有成熟或食物没有煮熟：～西瓜|～柿子|～饭|这桃子是～的|这菜你没炒熟，还～呢|我今天把饭煮成了夹～饭|黄瓜是可以～吃的|～的柿子不好吃。❷未经进一步加工或炼过的：～铁|～铜|～石膏|这是～石灰，不能抹墙|这是个用～铁造的锅。❸不熟悉：～人|～字|～地|刚到这儿，人～地不熟|小孩儿认～。❹生硬；勉强：～拉硬拽|～搬硬套|学习要灵活，不能～搬硬套|我本不想去，是他～拉硬拽去的。

【反义词】❶❷❸熟；❹自然

5681 **生病** 丙

shēng bìng（fall ill）

人体或动物体发生病疾：没～|不～|他身体很好，从不～|经常～既影响工作又影响学习|最近他生了场大病。

【提示】离合词，中间可插入其他成分，如：生过病|生了病|正生着病。

5682 **生产**（產） *甲

shēngchǎn（produce）

[动]❶人们使用工具来创造各种生产资料和生活资料：～机器|～粮食|～稳定|这个厂家～的电视机全国销量第一|今年上半年的～情况比去年同期好|我们这个厂只～丝绸，不～棉布。❷〈乙〉生孩子：她刚刚～完，需要好好休息|去医院～才是安全的|她～之后有点儿发胖。

【近义词】❶制造；❷分娩/生

【反义词】❶消费;❷死亡/死

5683 **生产力** 丁

shēngchǎnlì (productive forces)

[名]具有劳动能力的人跟生产资料(生产工具和劳动对象)相结合而构成的征服、改造自然的能力:人是～中具有决定作用的因素|～是生产中最活跃、最革命的因素|～的发展水平标志着人们征服自然的程度。

5684 **生产率** 丁

shēngchǎnlǜ (productivity)

[名]单位时间内劳动的生产效果或能力,用单位时间内所生产的产品数量或单位产品所需要的时间来表示,也叫劳动生产率:提高～|今年这个厂的～提高了20%|使用现代化设备后,劳动～大大提高。

5685 **生词**(詞) 甲

shēngcí (new word)

[名]不认识的或不懂得的词:一个～|～表|听写～|～多了就会影响阅读的速度|下面听写～|课文太简单了,一个～也没有。

5686 **生存** 丙

shēngcún (live)

[动]保存生命:人类～|～环境|～年代|没有空气和水,人类就无法～|他给了我～下去的勇气|要保护好我们～的环境。

【反义词】死亡

5687 **生动**(動) 乙

shēngdòng (vivid)

[形]具有活力能感动人的:～活泼|～的语言|～的例子|群众的语言十分～|文章除了准确之外,还要写得～一点儿|他给我们上了～的一课|他讲故事讲得十分～。

【近义词】逼真/活泼/形象

【反义词】死板/呆板/枯燥

5688 **生活** 甲

shēnghuó (n. life; v. live)

[名]人或生物为了生存和发展而进行的各种活动;衣、食、住、行等方面的情况:政治～|日常～|学习～|随着下台,他的政治～也就完结了|我们的文化～丰富多彩|～的路只能自己走,别人是无法代替的|～充满着矛盾|多年的贫困～养成了他节俭的习惯|不应当只追求舒适的～|改革开放以来,我们的～水平不断提高|他很关心我的～。

[动]为生存和发展进行各种活动:他长期～在学生中间|我们一起～了八年|凡是父亲～过的地方,我都想去看看|一个人脱离了社会就不能～下去|能在这样恶劣条件下～的动物值得研究|古代海洋中～着许多今天已经灭绝的生物。

【反义词】[动]死亡

5689 **生机**(機) 丁

shēngjī (a new lease of life)

[名]❶生存的机会:一线～|失去了～|出现了～|只要还有一线～,我们就要尽力抢救|这是公司惟一的～了,大家要团结一致,抓住机会|绝处逢生,直升机给我们带来了～。❷生命力;活力:～勃勃|～无限|一片～|春风吹过,大地上充满了～|他的到来给公司增添了～。

【近义词】❶希望;❷活力/生命力

5690 **生理** 丙

shēnglǐ (physiology)

[名]机体的生命活动和体内各器官的机能：～学｜～特点｜～解剖｜教师不仅要了解学生的心理特点，也要掌握学生的～特点｜他是～学方面的专家｜他最怕上～解剖课了。

5691 **生命** 乙

shēngmìng (life)

[名]❶生物体所具有的活动能力，生命是蛋白质存在的一种形式：牺牲～｜热爱～｜献出～｜～不息，工作不止｜～对于人来说，只有一次｜～诚可贵，爱情价更高。❷比喻能够使事物存在发展下去的能力：政治～｜艺术～｜文字的～｜我们要学习古人语言中有～的东西｜他非常珍惜自己的运动～｜人们都不理解，她这样年轻，为什么便结束了自己的艺术～？

【近义词】❶性命

【提示】"命"下面右边是"卩"而不是"阝"。

5692 **生命力** 丁

shēngmìnglì (vitality)

[名]指事物具有的生存、发展的能力：强大的～｜没有～｜具有～｜新生事物具有强大的～｜没有～的东西是不会存在长久的｜这项事业是很有～的。

5693 **生怕** 丁

shēngpà (fear greatly)

[副]惟恐；很怕：～感冒｜～受委屈｜～不合适｜我们在泥泞的山路上小心地走着，～滑倒了｜他穿得里一件，外一件的，～冻着｜父母什么都不让他做，～累着他。

【近义词】害怕/怕

5694 **生气(氣)** 乙

shēngqì (get angry)

因不合心意而不愉快：爱～｜感到～｜真～｜王老师对这件事非常～｜这种事不值得～｜他没听我说完就～地走了。

【近义词】发火/发怒/怄气

【反义词】消气/开心/满意

【提示】①离合词，中间可插入其他成分，如：生他的气｜生了气。②"生气"可以作名词，指生命力、活力，如：～勃勃｜充满～｜青年人最富有～。

5695 **生前** 丁

shēngqián (before one's death)

[名]指死者还活着的时候：～友好｜许多～友好都赶来向他作最后的告别｜他～最大的愿望就是得诺贝尔和平奖｜他～的愿望终于实现了。

【反义词】死后

5696 **生人** 丁

shēngrén (stranger)

[名]不认识的人：一个～｜遇见～｜拒绝～｜孩子怕见～｜不要给～开门｜一个～向我了解你的情况。

【近义词】陌生人

【反义词】熟人

5697 **生日** 甲

shēngrì (birthday)

[名]出生的日子，也指每年满周岁的那一天：～晚会｜～礼物｜～纪念｜他的～是8月1日｜他最喜欢妈妈送的

～礼物|每年的～他都要庆祝一番。
【近义词】诞辰/生辰

5698 **生疏** 丁

shēngshū (not familiar)
[形]❶没有接触过或很少接触的:人地～|业务～|十分～|翻译时碰到好几个十分～的词|那地方,人地～,要小心啊!|这次回老家,比10年前～多了。❷因长期荒废而不熟练:技艺～|手法～|业务～|八年不干厨师了,技艺～多了|好久不打字,手法～了许多|业务～是不行的。❸感情淡薄、不亲密:感情～|感到～|朋友间多年没交往,便～了|他俩竟然～到形同路人|好几年没见面,却谁也不感到～。
【近义词】❶陌生;❷荒疏/荒废;❸疏远
【反义词】❶熟悉;❷熟练;❸亲密/亲近/亲热
【构词】粗疏/荒疏/亲疏/上疏/稀疏/萧疏/注疏/奏疏

5699 **生态**(態) 丁

shēngtài (ecology)
[名]指生物在一定的自然环境下生存和发展的状态。也指生物的生理特性和生活习性:～环境|～平衡|～研究|保护～环境是每个公民的责任|破坏～平衡会给人类带来灾难|他把一生都献给了～研究。

5700 **生物** 乙

shēngwù (organisms)
[名]自然界中由活质构成并具有生长、发育、繁殖等能力的物体。生物能通过新陈代谢作用跟周围环境进行物质交换,动物、植物、微生物都是生物:～进化|海洋～|培养～|他是搞～学的|～随着环境进化、退化,甚至灭绝|海洋～的种类多极了。

5701 **生效** 丁

shēng xiào (become effective)
发生效力:明天～|正式～|没～|条约自签订之日起～|合同还没有正式～,所以我公司不承担任何责任|两国关于互换留学生的协议已正式～。
【近义词】有效
【反义词】失效
【提示】离合词,中间可插入其他成分,如:生不了效|生了效。

5702 **生意** 乙

shēngyi (business)
[名]指商业经营;买卖:做～|谈～|～人|他们公司最近～不太好|老板正在和外商谈～|小明家几代人都是做～的。

5703 **生育** 丁

shēngyù (bear [a child])
[动]生孩子:～指标|计划～|～年龄|计划～是中国的一项国策|她已过了最佳～年龄|他们结婚多年却一直未～。
【近义词】生产/分娩/孕育

5704 **生长**(長) 乙

shēngzhǎng (grow)
[动]人或其他生物体出生、发育、成长:～期|～得很快|～情况|高山上～着雪松|植物离开水就不～了|植物～需要一定的温度和湿度|他～在北京|应重视～发育期儿童的营养平衡。
【反义词】消亡

5705 **生殖** 丁

shēngzhí (reproduce)

[动]生物产生幼小的个体以繁殖后代:有性～|无性～|～期|～是生命的基本特征之一|～分有性～和无性～两种|许多动物由于～力下降而濒于灭绝|这些鱼每年都到这里来～后代。

【近义词】生产/生/产

〔部首〕牛
〔笔画〕9

5706 **牲口** 丁

shēngkou (beasts of burden)

[名]用来帮助人做活儿的家畜,如牛、马、驴等:大～|三头～|五匹大～|他家穷得连一头～也没有|他正在喂～|日子富裕了,他又添了两头大～|他正在为～准备草料。

【近义词】牲畜/家畜

5707 **牲畜** 丁

shēngchù (livestock)

[名]家畜:～家禽|大～|一批～|他们采取了多种措施,增强了～的抗病能力|农业、副业兴旺,～也多起来了|他是专门为～治病的兽医。

【近义词】家畜/牲口/畜牲

【提示】"畜"又读 xù,如"畜牧业"。

〔部首〕丿
〔笔画〕4

5708 **升** 乙

shēng (rise)

[动]❶由低往高移动:～旗|上～|旭日东～|太阳从东边～起,由西边落下|每周一学校都要举行～旗仪式|热气球越～越高。❷(等级)提高:～级|提～|高～|他30岁就被提～为部长|～级考试十分严格|他又高～了。

【反义词】降

【构词】升班/升沉/升格/升官/升级/升降/升降机/升旗/升迁/升任/升腾/升天/升值/升堂入室

5709 **升学**(學) 丁

shēng xué (go to a school of a higher grade)

由低一级的学校进入高一级的学校:～考试|～指南|～考试将在7月举行|书店里各种各样的～指南书多极了|由于身体的关系,他今年不能～了。

【提示】离合词,中间可插入其他成分,如:升不了学|升了学。

〔部首〕纟
〔笔画〕11

5710 **绳子**(繩) 乙

shéngzi (rope)

[名]用两股以上的麻、棕毛或稻草等拧成的条状物,主要用来捆东西:一根～|一条～|粗～|细～|请用～把东西捆起来|一条～也不剩了,我马上去买|这根～太细了,换一条粗的吧。

【近义词】绳

【构词】绳操/绳索/绳套/绳梯

〔部首〕小
〔笔画〕9

5711 **省** 甲

shěng (province)

[名]行政区划单位,直属中央:台湾～|～会|～份|去年这三个～的粮食减产|今年夏天南方大部分～份降雨偏多|～委正在召开紧急会议,讨论这个问题|石家庄是河北～的～会。

【提示】"省"又读 xǐng,如"反省"。

【构词】省份/省府/省俭/省劲儿/省力/省略/省略号/省却/省事/省心/省油灯

5712 **省** 乙

shěng (save)

[动]❶俭省;节约:～时间|～费用|～粮食|走这条近路,时间～多了|他每月都～下一些钱来寄回家里|该花的地方要花,该～的地方就别浪费。❷免掉;减去:～了几个字|～了两个人|～了几道手续|这道工序～不了|讲话时,有很多细节他都～去了|正式文件要写全称,请你把～了的字添上。

【近义词】❶俭省/节约;❷减/免

【反义词】❶费/耗/浪费;❷加/增/增加/添

5713 **省得** 丙

shěngde (so as to avoid)

[连]不使发生某种(不好的)情况;免得:～着急|～上当|～花钱|穿厚一点儿,～感冒|你就住在这儿,～天天来回跑|快告诉我吧,～我着急。

【近义词】免得/以免

5714 **省会**(會) 丁

shěnghuì (provincial capital)

[名]省行政机关所在地,一般也是全省的经济、文化中心。也叫省城:吉林省～|～所在地|～城市|海口市是海南省的～|沈阳是一个～城市|～一般是一个省的经济、文化中心。

【近义词】省城

5715 **省略** 丁

shěnglüè (omit)

[动]免掉、除去(没有必要的手续、言语等):～一句话|～几道题|～几段话|～这几段风景描写,可以使全篇显得更紧凑|为了节约时间,他～了开场的客套话|老师只给答案而～了解题的过程。

【近义词】省去/除去

【反义词】保留

5716 **省长**(長) 丙

shěngzhǎng (governor of a province)

[名]一个省的最高行政领导:老～|副～|王～|～去中央开会了|他是～的秘书|老～虽然离休了,可他还关心着我省的经济建设情况。

【提示】“长”又读 cháng,见第 717 条。

5717 **盛** 丁 〔部首〕皿 〔笔画〕11

shèng (flourishing)

[形]❶兴盛;繁盛:全～时期|～开|～极一时|这些玫瑰开得真～|这种热闹繁华真是～极一时|去年是这支球队的全～时期。❷强烈;旺盛;深厚:火势很～|年轻气～|起风了,火势更～了|他年轻气～,你不要和他一般见识|感谢你的～情款待。❸盛大;隆重:～典|～宴|～装|今天大家都穿上了节日的～装|今年举行建校40周年～典,届时希望你来参加。❹普遍;广泛:～行|～传|工人中,上夜校的风气很～|近年来,买车之风颇～|今年京城健身活动很～行。

【近义词】❶兴盛/繁盛;❷旺/强烈/旺盛

【提示】①“盛”又读 chéng,见第 830 条。②盛(Shèng),姓。

【构词】盛传/盛德/盛典/盛会/盛景/盛况/盛名/盛年/盛怒/盛世/盛暑/盛衰/盛夏/盛宴/盛意/盛誉/盛赞/盛装/盛极一时/盛气凌人

5718 **盛产**(產) 丁

shèngchǎn (abound in)

[动]大量地出产:～木材|～西瓜|～

大米｜大兴安岭林区～木材｜新疆～哈密瓜｜中东地区～石油。

5719 **盛大** 丁

shèngdà (grand)

［形］规模大，仪式隆重的（集体活动）：～的宴会｜～的阅兵式｜～的庆祝活动｜国庆节之夜，成千上万的人参加了～的节日晚会｜欢迎仪式后，国务院总理举行～的宴会欢迎来访的客人｜今年举行的庆典规模～。

【近义词】隆重

【反义词】简单/简易

5720 **盛开**(開) 丁

shèngkāi (be in full bloom)

［动］（花）开得茂盛：百花～｜桃花～｜玫瑰花～｜百花～的公园里，一片欢声笑语｜春天来了，到处都～着迎春花｜一丛丛不知名的野花迎风～。

【反义词】凋零/凋谢

5721 **盛情** 丁

shèngqíng (great hospitality)

［名］深厚的情谊：～难却｜感谢～｜我衷心感谢乡亲们的～招待｜～难却，我只好收下这份礼物了｜外国朋友所到之处，都受到了当地人民的～接待。

【近义词】深情

【反义词】无情/绝情

5722 **盛行** 丁

shèngxíng (be in vogue)

［动］广泛流行：～一时｜今年夏天，各类双肩包在少女中很～｜近几年来，境外旅游颇为～。

【近义词】流行

5723 **圣诞节**(聖誕節) 丙

〔部首〕土 〔笔画〕5

Shèngdàn Jié (Christmas Day)

［名］基督教徒纪念耶稣基督诞生的节日，在12月25日：去年的～，我是在南半球过的｜～夜，他们全家一起唱赞美诗｜～是西方最重要的节日之一。

【构词】圣餐/圣诞/圣诞树/圣地/圣躬/圣洁/圣经/圣庙/圣明/圣母/圣人/圣上/圣贤/圣训/圣旨

5724 **剩** 甲

〔部首〕刂 〔笔画〕12

shèng (be left [over])

［动］剩余：～饭｜～货｜大家都走了，只～下他一个人｜快点儿写，～的时间不多了｜都卖出去了，一点儿货也没～。

【构词】剩山残水/剩余产品/剩余价值/剩余劳动

5725 **剩余**(餘) 丙

shèngyú (v. be left over; n. surplus)

［动］从某个数量里减去一部分以后遗留下来：～物资｜～的资金｜～粮食｜票都卖出去了，一张也没有～｜他把～的粮食都卖给了国家｜～物资都运往地震灾区了。

［名］从某个数量里减去一部分以后遗留下来的人或事物：有～｜公司的～｜不但没有亏欠，而且还有些～｜由于去年的水灾，今年粮食的～不多了｜他把工资的～都帮助了穷人。

5726 **胜**(勝) 乙

〔部首〕月 〔笔画〕9

shèng (win)

[动]❶胜利:打～仗|获～|取～|昨天的比赛我们～了|他们打～了|～不骄,败不馁。❷打败(别人):以少～多|战～敌人|我们终于～了他们队|历史上,以少～多的例子并不少见|他战～了病魔,重新走上了工作岗位。❸比另一个优越(后面常带"过"、"于"等):～于|～过|事实～于雄辩|实际行动～过空洞的言辞|甲方的实力～过乙方。

【近义词】胜利/赢

【反义词】输/败/负

【构词】胜地/胜负/胜景/胜境/胜任/胜似/胜诉/胜算/胜仗

5727 **胜利** 甲

shènglì (v. win; n. victory)

[动]在斗争中获得成功;事业、工作上达到目的:～地完成|～地进行|～地召开|战斗～结束|激战一夜,我们终于～了|大会～闭幕|生产任务～完成。

[名]经过战斗、竞赛、奋斗所达到的预期的结果:一次～|取得～|欢庆～|运动员的～给人们带来了无限的欢欣和鼓舞|大家都盼望着～的到来|～一定属于我们|让我们举杯欢庆～。

【近义词】成功/胜/赢

【反义词】失败/输/败

5728 **师**(師) 丁 〔部首〕丨 〔笔画〕6

shī (teacher)

[名]❶称传授知识技术的人;学习的榜样:教～|～傅|～徒|全校～生欢庆节日|我们以能者为～|这个班～生关系特别融洽|我愿拜你为～。❷军队编制单位,隶属于军或集团军,下辖若干旅或团:～长|坦克～|～级|那几个～补充了一批战士和武器|这个军共有多少个～?|我们～的战士文化程度全在初中以上。

【反义词】❶生/徒

【提示】师,姓。

【构词】师表/师承/师德/师弟/师法/师父/师姐/师妹/师门/师母/师娘/师生/师徒/师团/师兄/师兄弟/师训/师友/师资/师出无名

5729 **师范**(範) 丙

shīfàn (teacher-training)

[名]师范学校的简称:～大学|～学校|～教育|他是～学院的学生|王老师从事～教育工作三十多年了|～毕业后,他到中学教物理。

5730 **师傅** 甲

shīfu (master worker)

[名]工、商、戏剧等行业中传授技术的人;对有技艺的人的尊称:老～|木匠～|武术～|～领进门,修行在个人|～手把手地教我学艺|这位木匠～在这一带很有名。

【反义词】徒弟

5731 **师长**(長) 丁

shīzhǎng (teacher)

[名]对教师的尊称:尊敬～|关心～|看望～|他听从了～的劝告,报考了师范|我永远也忘不了他对我～般的关怀和帮助|大家都指责他这种目无～的行为。

【近义词】教师/老师

【反义词】学生

【提示】"长"又读 cháng,见第 717 条。

5732 **失** 丁 〔部首〕丿 〔笔画〕5

shī (lose)

[动]❶失掉;丢掉:遗～|～主|～血|不要～了信心|不能为了赚钱而～了信誉|他在战争中～去了一条腿。❷没有把握住;失误:～手|～足|～策|～当|万无一～|马～了前蹄,他跌了下来|你对他有点儿～礼|你这样做太～策了|你大概～于检点了吧?|他十分小心,惟恐试验有～。❸违背;背弃:～信|～约|昨天晚上,他女朋友～约了|干部不能～信于民。

【近义词】❶丢/丢掉/失掉

【反义词】❶得

【构词】失策/失察/失常/失宠/失传(chuán)/失聪/失措/失单/失当(dàng)/失盗/失德/失地/失和/失悔/失火/失脚/失节/失禁/失敬/失控/失礼/失利/失恋/失灵/失落/失明/失陪/失窃/失群/失散/失色/失身/失神/失慎/失声/失时/失实/失势/失手/失算/失态/失体/失调(tiáo)/失陷/失笑/失信/失血/失言/失宜/失意/失音/失迎/失真/失职/失重/失主/失足/失道寡助/失魂落魄/失惊打怪/失之交臂

5733 失败(敗) 乙

shībài (v. fail; n. failure)

[动]在斗争或竞赛中被对方打败;工作或事业没有达到预定目的:试验～|演出～|遭到～|这次～的教训是惨痛的|～了并不可怕,可怕的是丧失了斗志|这一仗我们虽然～了,但人员损失不大。

[名]被对方打败或没有成功的情况:～是成功之母|对我来说这是一次很大的～|生活中有成功,也会有～。

【近义词】败/输

【反义词】成功/胜利

5734 失掉 丙

shīdiào (lose)

[动]原有的不再具有;没有了;没有把握住或没有取得:～理智|～联络|～机会|一次次失败使他～了信心|他因自私而～了朋友|由于没毅力,他～了一次又一次的机会。

【近义词】失去

【反义词】得到

【构词】丢掉/干掉/忘掉

5735 失眠 丙

shīmián (insomnia)

[动]夜间睡不着或醒后不能再入睡:常常～|～严重|他最近常常～,所以白天工作时没精神|他～很严重|不管发生多大的事,他从不～。

【构词】安眠/蚕眠/长眠/沉眠/成眠/催眠/冬眠/酣眠/入眠/熟眠/睡眠/夏眠/休眠/永眠

5736 失去 乙

shīqù (lose)

[动]失掉:～知觉|～机会|～朋友|他因劳累过度而～了知觉|～的友谊是很难再找回的|这药因保存不当而～了效力。

【近义词】失掉

【反义词】得到/获得

5737 失事 丁

shī shì (accident)

发生不幸的事故:飞机～|～严重|发射～|飞机～的原因尚不清楚|～现场聚集了很多人|红十字会的成员火速赶往～地点。

【提示】离合词,中间可插入其他成

分,如:失了事|失过事。

5738 **失望** 乙

shīwàng (v. lose hope; adj. disappointed)

[动]没有希望;失去信心:你真令人~!|我从没~过。

[形]因希望未实现而不愉快:很~|非常~|特别~|他就这样~地走了|看见她那~的样子,我也很难过|学生们对这个结果~到了极点。

【近义词】绝望/扫兴

【反义词】希望/满意

【提示】“绝望”比“失望”程度深,语意重。

5739 **失误**(誤) 丁

shīwù (error)

[动]由于疏忽或水平不高而造成差错:工作~|传球~|管理~|一着(zhāo)~,全盘皆输|由于管理~,账上出现很多差错|由于决策~,他给公司造成了巨大的经济损失。

5740 **失效** 丁

shī xiào (lose efficacy)

失去效力:药品~|协议~|操纵~|这药已经~了,别吃了|双方的协议宣告~|这个执照已经~了。

【反义词】生效

【提示】离合词,中间可插入其他成分,如:失了效。

5741 **失学**(學) 丁

shī xué (be unable to go to school)

因家庭困难、疾病等失去上学机会或中途退学:~儿童|~率|我们呼吁全社会都来救助~儿童|由于希望工程的启动,许多~儿童又回到了学校|他刚刚8岁就~了。

【提示】离合词,中间可插入其他成分,如:失过学|失了学。

5742 **失业**(業) 乙

shī yè (unemployed)

有劳动能力的人找不到工作:~群体|~人员|~率|最近几年,城市的~率有所增长|如何帮助~人员再就业是全社会的责任|~人口的增加给社会带来了不安定的因素|最近他~了。

【反义词】就业

【提示】离合词,中间可插入其他成分,如:失过业|失了一年的业。

5743 **失约**(約) 丁

shī yuē (fail to keep an appointment)

没有履行约会:屡屡~|从不~|常常~|他是个守信用的人,从不~|昨天晚上,他~了|由于常常~,女朋友和他吹了。

【反义词】守约

【提示】离合词,中间可插入其他成分,如:失过约|失了一次约。

5744 **失踪** 丁

shī zōng (missing)

下落不明(多指人):小孩~了|国宝~了|他的孩子~三年多了|~的国宝终于被追回了|跟踪了好几天的目标又~了。

【提示】离合词,中间可插入其他成分,如:失了踪。

5745 **狮子**(獅) 乙 〔部首〕犭 〔笔画〕9

shīzi（lion）

[名]哺乳动物，身体长约三米，四肢强壮，有钩爪，掌部有肉块，尾巴细长，末端有一丛毛，雄师的颈部有长鬣，全身毛棕色。产于非洲和亚洲西部。有“兽王”之称：小～｜母～｜一头～｜一头可爱的小～正在笼中玩耍｜～和老虎都是猛兽｜他凶猛得像头发怒的雄～。

5746 **施** 丁 〔部首〕方 〔笔画〕9

shī（carry out）

[动]❶施行；施展：实～｜～工｜对此他无计可～｜新规定从下个月开始实～｜～工日期已经定下来了。❷在物体上加某种东西：～肥｜你不要再对他～加压力。

【提示】施，姓。

【构词】施恩/施教/施设/施为/施礼/施舍/施威/施与/施斋/施政/施主

5747 **施肥** 丁

shī féi（apply fertilizer）

给植物上肥料：给黄瓜～｜施一次肥｜经常～｜我们每周给西瓜施一次肥｜～以后，植物长得很旺盛｜叶子这么黄，是～施多了吧？

【提示】离合词，中间可插入其他成分，如：施了一次肥｜施过肥。

5748 **施工** 乙

shī gōng（construction）

按照设计的规格和要求建筑房屋、桥梁、道路、水利工程等：～单位｜～队｜准备～｜这座大桥开始～了｜一定要保证～地点的安全｜这个～队是从南方来的。

【提示】离合词，中间可插入其他成分，如：施了工｜施了一年的工。

5749 **施加** 丁

shījiā（exert）

[动]给予(压力、影响等)：～影响｜给…～压力｜马上就要考试了，别再给他～压力了｜父母不断给他～压力，他终于让步了。

5750 **施行** 丁

shīxíng（enforce）

[动]按某种方式或方法去做；法令、规章等公布后从某时起发生效力：～方案｜～报复｜本条例自即日起～｜赵大夫给他～了两个月的针灸治疗｜新的法规已经～了一段时间。

【近义词】执行/实行/实施

【反义词】废除/废止

5751 **施展** 丁

shīzhǎn（put to good use）

[动]发挥；表现：～才华｜～绝招｜～才能｜他已经找到了～本领的地方了｜杂技运动员～绝技，令全场观众惊叹、倾倒｜他觉得自己的才华还没有完全～出来。

【近义词】发挥/表现

【反义词】蕴蓄/积蓄

5752 **湿**(濕) 乙 〔部首〕氵 〔笔画〕12

shī（wet）

[形]沾了水的或显出含水分多的：～度｜潮～｜～毛巾｜衣服都给雨淋～了｜汗水已经～透了他的背心｜用～毛巾擦擦汗吧。

【近义词】潮/润

【反义词】干

【构词】湿乎乎/湿季/湿淋淋/湿气/

湿热/湿疹

5753 **湿度** 丁

shīdù (humidity)

[名]空气内含水分的多少,泛指某些物质中所含水分的多少:调节～|保持～|空气的～|马上就要下雨了,空气～很大|～不够,农作物是不能很好生长的|研究人员正在测定土壤的～。

5754 **湿润**(潤) 丙

shīrùn (moist)

[形]潮湿而润泽:皮肤～|道路～|面部～|雨后的田野上,空气变得格外～清新|南方的土壤一般都比较～|他很激动,眼圈也～起来了。

【近义词】潮湿

【反义词】干燥

5755 **诗**(詩) 乙 〔部首〕讠 〔笔画〕8

shī (poetry)

[名]文学体裁的一种,通过有节奏、韵律的语言反映生活,抒发情感:古～|～歌|～集|一首～|一句～|他最喜欢写～了|～的语言很美|他才四岁就能背二十多首古～了|下一个节目是～朗诵。

【近义词】诗歌

【构词】诗碑/诗才/诗格/诗话/诗集/诗境/诗句/诗剧/诗礼/诗律/诗谜/诗篇/诗书/诗兴/诗意/诗余/诗韵/诗章/诗作/诗情画意

5756 **诗歌** 丁

shīgē (poem)

[名]泛指各种体裁的诗:写～|朗诵～|评价～|好的～被人们千古传唱|作家要深入生活才能写出好的～|我喜欢读自由体的～。

【近义词】诗

【构词】哀歌/悲歌/对歌/儿歌/放歌/副歌/高歌/国歌/欢歌/凯歌/恋歌/情歌/山歌/颂歌/挽歌/校歌/秧歌/渔歌/赞歌/战歌/壮歌/组歌/对酒当歌/慷慨悲歌/四面楚歌

5757 **诗人** 丙

shīrén (poet)

[名]写诗的作家:青年～|外国～|一位～|他是一位爱国～|他是位刚刚走出大学校园的青年～|他以～的眼光去观察事物。

5758 **尸体**(體) 丁 〔部首〕尸 〔笔画〕3

shītǐ (corpse)

[名]人或动物死后的身体:一具～|～解剖|～火化|法医正在给～拍照|～已经腐烂得辨不出男女了|她最怕上～解剖课了。

【构词】尸骨/尸检/尸解/尸亲/尸身/尸首/尸位

5759 **十** 甲 〔部首〕十 〔笔画〕2

shí (ten)

[数]❶数目,九加一后所得:二～|八～|～六人。❷表示达到顶点:～足|～分|～成|～拿九稳|～全～美|他对自己的成绩～分满意|任何事情都很难做到～全～美|他这人傲气～足。

【构词】十字架/十字街头/十字路口/十恶不赦/十拿九稳/十年九不遇/十室九空/十万火急/十指连心

5760 **十分** 甲

shífēn (very)

[副]很:～满意|～悲伤|～高兴|这个问题牵涉面广,～复杂|这些经验对于医务工作者来说～宝贵|办公室响起了～急促的电话铃声。
【近义词】非常/极/很

5761 **十全十美** 丁

shí quán shí měi (perfect)
各方面都非常完美,毫无缺陷:人都有缺点,哪能～呢?|世上没有～的事|你别再挑剔了,没有～的。

5762 **十足** 丁

shízú (full)
[形]十分充足:神气～|干劲～|他是个信心～的大学生|那个戴眼镜的青年是个～的书呆子。
【提示】一般不受程度副词修饰,如不能说"很十足"。

5763 **石灰** 丁 〔部首〕石 〔笔画〕5

shíhuī (lime)
[名]生石灰和熟石灰的统称,也特指生石灰。通称白灰:生～|熟～|一吨～|这房子多年没人住了,墙上的～已大片脱落|盖房子少不了～|一吨～大概多少钱?
【提示】石,姓。
【构词】石板/石版画/石笔/石雕/石坊/石方/石膏/石膏像/石工/石灰石/石灰岩/石灰质/石级/石匠/石坎/石刻/石窟/石料/石林/石榴/石棉/石墨/石英/石英钟/石油气/石钟乳/石沉大海/石破天惊
白灰/草灰/骨灰/炉灰/抹灰/炮灰/青灰/香灰/烟灰/洋灰/银灰/槁木死灰/碰一鼻子灰

5764 **石头(頭)** 乙

shítou (stone)
[名]构成地壳的坚硬物质,是由矿物集合而成的:大～|一块～|突然,一块大～从山上滚下来|他有一副～般的心肠|地上到处是～。
【近义词】石

5765 **石油** 乙

shíyóu (petroleum)
[名]具有不同结构的碳氢化合物的混合物,液体,可以燃烧,一般呈褐色、暗绿色或黑色,渗透在岩石的空隙中:一桶～|～输出国|进口～|每年国家都要花费一定数量的外汇用于购买～|世界～市场的走势看好|从～中可以提取汽油、煤油、柴油、石蜡等。

5766 **拾** 丁 〔部首〕扌 〔笔画〕9

shí (ten)
[数]"十"的大写:伍～捌|柒～伍|捌～|每组～本书|～斤五块钱|试验～次才成功。
【构词】拾零/拾取/拾物/拾遗/拾金不昧/拾人牙慧

5767 **拾** 乙

shí (pick up)
[动]把地上的东西拿起来:～金不昧|～麦子|他～到了一个钱包|她一边～贝壳一边数(shǔ)数(shù)儿|小孩子不能把～来的东西留下自己玩!
【近义词】捡/拣
【反义词】丢/扔

5768 **时(時)** 丁 〔部首〕日 〔笔画〕7

shí (time)
[名]❶指较长的一段时间:古～|盛

极一～|他是我上大学～的好朋友|汉字的形体,汉朝～发生了巨大的变化,人称“隶变”。❷规定的时间:误～|过～|按～|列车准～到站|每天最好定～进餐|7点开车,过～不候。

【近义词】时候

【提示】时,姓。

【构词】时弊/时病/时不时/时差(chā)/时常/时辰/时分/时或/时计/时局/时空/时令/时日/时尚/时势/时俗/时速/时文/时下/时限/时疫/时运/时针/时钟/时不我待/时不我与/时过境迁/时来运转(zhuǎn)

5769 **时常** 丙

shícháng (often)

[副]常常:这个地方～下雨,很少晴天|妈妈～提醒他注意锻炼身体|他～给家里写信。

【近义词】经常/常常

【反义词】偶尔/偶然

5770 **时代** 乙

shídài (times)

[名]历史上或个人生命中的某个时期:青年～|五四～|～潮流|～不同,人们的审美标准也不同|这已经不符合～潮流了|这本日记记下了他青年～的情怀、追求和探索。

【近义词】时期

5771 **时而** 丁

shí'ér (sometimes)

[副]❶表示不定时地重复发生:天空中～飘过几片薄薄的白云|远处～传来几声狗叫|海滩上那间小屋子～亮一下灯光。❷构成“时而…时而…”的格式,表示不同的现象或事情在一定时间内交替发生:这几天～晴天,～下雨|他的心情～忧郁,～激愤|小孙子一进门就～唱～跳地闹个不停。

【近义词】不时/有时

【反义词】常常/经常

5772 **时光** 丁

shíguāng (time)

[名]时间;时期;日子:消磨～|美好～|～宝贵|～不可虚度|人老了,才感到～的宝贵|我永远也忘不了大学时代那一段美好的～。

【近义词】时间/时期/日子/光阴/岁月

5773 **时候** 甲

shíhou (time)

[名]时间里的某一点;有起止点的一段时间:小～|什么～|到～|～不早了,快上床睡觉吧|上课的～,精神要集中|我们的下次约会是什么～?|你走的～我一定去送你。

【近义词】时间/时刻

【提示】“时候”的“候”不能写做“侯”。

5774 **时机(機)** 丙

shíjī (opportunity)

[名]具有时间性的客观条件(多指有利的):有利～|掌握～|错过～|一旦～成熟就立即动手|手术千万不要错过最佳～|报纸的宣传应当不失～。

【近义词】机会/机遇/良机

5775 **时间(間)** 甲

shíjiān (time)

[名]❶物质存在的一种客观形式,由过去、现在、未来构成的连绵不断的系统:～流逝|～观念|～是宝贵的|我们应该珍惜～。❷有起点和终点的一段时间;时间里的某一点:掌握

～|计算～|星期天的～应该属于孩子|演出～改在晚上7点30分|飞机起飞～是下午4点整|有～请到我家来玩儿。

【近义词】时候/期间/时期

5776 **时节**(節) 丙

shíjié (season)

[名]节令;季节;时候:清明～|农忙～|初春～|开始学戏那～,他才6岁|9月份正是农民们忙着秋收的～|清明～,人们纷纷去扫墓。

【近义词】季节/时候

5777 **时刻** 乙

shíkè (moment)

[名]时间里的某一点:分手的～|离别～|幸福的～|在危急～,他想到的是别人的安全|分手的～就要到了,他俩难过极了|希望大家严守～,准时到会。

【近义词】时候

【提示】"时刻"所表示的时间比"时候"更为短暂。

5778 **时髦** 丁

shímáo (fashionable)

[形]形容人的衣着、装饰或其他事物入时:赶～|衣着～|打扮～|这样的装束～极了|他这个人就喜欢赶～|没想到你也写起这种～文章来了。

【近义词】入时/新潮

【反义词】过时/陈旧

5779 **时期** 乙

shíqī (period)

[名]一段时间(多指具有某种特征的):困难～|抗战～|学生～|和平～的生活总是比较安定的|每个历史～都会有杰出人物出现|学生～是无忧无虑的。

【近义词】时代/期间/阶段

5780 **时时** 丙

shíshí (often)

[副]常常:20年来我～想起这件事|领导干部应～不忘自己是人民的公仆|他～提醒自己注意安全。

【近义词】常常/经常

【反义词】偶尔/有时

5781 **时事** 丁

shíshì (current affairs)

[名]最近期间的国内外大事:～报告|关心～|～述评|请看本台最新～报道|今天下午礼堂有个～报告|大家都应该关心～。

5782 **时装**(裝) 丁

shízhuāng (fashionable dress)

[名]样式最新的服装:～表演|一套～|～展览|这套～很适合你|他喜欢看～表演|～展览在四楼举办。

【反义词】古装

5783 **食** 丁 〔部首〕食 〔笔画〕9

shí (n. food; v. eat)

[名]❶人吃的东西:面～|主～|肉～|今天晚上的副～是什么?|南方人不喜欢吃面～|农民们过着丰衣足～的生活。❷一般动物吃的东西,饲料:鱼～|鸡～|猫狗～|鸡没～儿了|鸟儿出来找～儿了|超市里有专门卖猫～的货架。

[动]吃;吃饭:～肉|～草|他工作起来总是废寝忘～|多～蔬菜有益健康

｜老虎是～肉动物。

【构词】食道/食饵/食管/食具/食客/食粮/食量/食疗/食料/食谱/食宿/食糖/食盐/食言/食油/食指/食不甘味

5784 **食品** 乙

shípǐn (food)

[名]商店出售的经过加工制作的食物:罐头～｜～公司｜～加工｜这个地区的～加工业很发达｜这里专卖各种罐头～｜～卫生是每个厂家应该特别重视的。

【近义词】食物

5785 **食堂** 甲

shítáng (canteen)

[名]机关、团体中供应本单位成员吃饭的地方:职工～｜学生～｜几个～｜这个单位一共有5个～｜～里午饭供应的品种很多｜每个周末在职工～就餐的人不多。

【近义词】餐厅

5786 **食物** 乙

shíwù (food)

[名]可以充饥的东西:凡是可以找到的～都被他们吃光了｜大雪已经下了一周多了,山上一点儿～也没有了｜他把仅剩的一点儿～都分给大家了。

【近义词】食品

5787 **食用** 丁

shíyòng (be edible)

[动]吃:可以～｜这种蘑菇不可～,吃了会中毒｜老师教他们辨认草原上的可～植物｜花生油、豆油、菜油都是～油｜这些食品已变质,不能～了。

5788 **食欲** 丁

shíyù (appetite)

[名]人进食的要求:～不振｜没有～｜～好｜适当运动能促进～｜他病了好几天了,一点儿～也没有｜十八九岁的青年正处于～旺盛的阶段。

【构词】寡欲/节欲/禁欲/情欲/人欲/肉欲/色欲/兽欲/私欲/贪欲/物欲/性欲/意欲/纵欲

5789 **实**(實) 丁 〔部首〕宀 〔笔画〕8

shí (solid)

[形]❶内部完全填满,没有空隙:～心球｜这墙脚儿要弄点儿干土填～才行｜他把窟窿堵～了｜给树培土时,不要压得太～。❷真实;实在:～话｜～心眼儿｜我就～说了吧｜今年市政府为全市人民做了十件～事｜他的心眼儿太～,不会说假话。

【近义词】❷真/真实/实在

【反义词】❷虚/空/假

【构词】实诚/实词/实弹/实地/实干/实干家/实绩/实景/实据/实例/实录/实情/实权/实缺/实效/实言/实业/实意/实战/实证/实事求是

5790 **实话**(話) 丙

shíhuà (truth)

[名]真实的话:讲～｜说出～｜吐出～｜我所说的句句都是～｜要教育孩子讲～,不要说假话｜在法律的威严下,罪犯供出了～。

【近义词】真话

【反义词】空话/假话

5791 **实惠** 丁

shíhuì (practical benefit)

[形]有实际好处的:饭菜～|讲究～|得到～|这个饭店的饭菜很～|你送他实用的东西比送花要～一些|有些人只追求形式而不讲究～。
【近义词】好处
【构词】恩惠/互惠/仁惠/私惠/小惠/优惠

5792 **实际(際)** 乙

shíjì (n. reality; adj. real)
[名]客观存在的事物或情况:理论联系～|符合～|脱离～|符合～|讲求～|切合～|理论必须反映客观～|这份计划十分切合～|这篇文章～上是他弟弟写的。
[形]实有的;合乎事实的:～行动|～工资|想法～|应少说空话,多做些～工作|计划订得很～|举一个～的例子来说明。
【近义词】[名]本质/实质;[形]现实

5793 **实践(踐)** 甲

shíjiàn (v. practise; n. practice)
[动]实行;履行:积极地～|多～|进行～|～诺言|～主张|～路线|他正～着自己许下的诺言|这个锻炼计划,他没有～过|青年人应该努力学习,勇于～。
[名]人们改造自然和改造社会的有意识的活动:～出真知|缺乏～|～表明|～证明,他的理论是完全错误的|这次依法公审,是健全法制的一次很成功的～|如何使理论变为～呢?
【构词】糟践/作践

5794 **实况** 丙

shíkuàng (actual happening; live)
[名]实际情况:～转播|～报导|反映～|足球赛将进行～转播|中央电视台将转播大会～|请看有关缉毒问题的～报导。

5795 **实力** 丁

shílì (strength)
[名]实在的力量(多指军事或经济方面):经济～|～雄厚|增强～|他的加入使全队的～得到了增强|改革开放以后,中国的综合～有了提高|这个公司的经济～雄厚。

5796 **实施** 丙

shíshī (put into effect)
[动]实行(法律、政策等):付诸～|～细则|～法令|旧条例已停止～,新条例从今年7月1日起开始～|有关铁路管理的一些规章制度已经～了半年多了|局领导让我们尽快拿出具体的～方案。
【近义词】施行/实行
【反义词】废除/废止

5797 **实事求是** 乙

shí shì qiú shì (practical and realistic)
从实际情况出发,不夸大,不缩小,正确地对待和处理问题:～是我们一贯的方针|无论做什么,都要讲求～|处理问题,要本着～的原则。

5789 **实体(體)** 丁

shítǐ (entity)
[名]指实际存在的起作用的组织或机构:经济～|政治～|宗教～|原有的机构撤销,成立了一个经济～|这个机构实际上是一个政治～。

5799 **实物** 丁

shíwù (object)

[名]实际应用的东西;真实的东西:~教学|观察~|~演示|~教学是幼儿教育中经常采用的一种方式|通过~演示,我们对这种产品的了解更进了一步|人证和~俱在,你还想否认?

5800 **实习**(習) 丙

shíxí (do fieldwork)

[动]把学到的理论和知识拿到实际工作中去应用和检验,以锻炼工作能力:开始~|认真地~|~开车|学生们也该到具体工作中去~~了|他在这所中学~过三个月|~经费由校方开支。

【近义词】见习

5801 **实现**(現) 甲

shíxiàn (realize)

[动]使成为事实:~理想|目标~|~愿望|两国的邦交已经~了正常化|如果计划真的~不了,你怎么向大家交待?|这是一个不切实际的~不了的空想。

【近义词】达到

【反义词】落空

5802 **实行** 乙

shíxíng (carry out)

[动]用行动来实现(纲领、政策、计划等):~改革|~救济|停止~|这个单位一直~集体领导|现在~的政策有利于人才流动|~改革方案后,工厂的生产有了很大发展。

【近义词】实施/执行/施行

【反义词】废除

5803 **实验**(驗) 乙

shíyàn (v./n. experiment)

[动]为了检验某种科学理论或假设而进行某种操作或从事某种活动:进行~|~的目的|~了几年|攻关小组~了三十多次,终于成功了|经过多次~,新药品终于研制出来了。

[名]指实验工作:~证明|科学~|两个~|这种~没有危险|他是负责~课的老师|化学课、物理课都离不开~了。

【近义词】试验

5804 **实用** 乙

shíyòng (practical)

[形]有实际使用价值的:很~|较~|十分~|这种家具又美观又~|工艺美术品越来越~|这本书很有~价值。

5805 **实在** 乙

shízài (true)

[形]真实;不虚假:~的本事|心眼儿~|说得~|这孩子说话办事比他哥哥~|我看他实实在在,没有撒谎|这个人很~,是个可靠的人。

【近义词】诚实

【反义词】虚假/虚夸

【提示】作副词时意思是"的确":~漂亮|~不知道|~喜欢|大家对我~太好了|她妻子~勤快|这个舞蹈~太美了。

5806 **实质**(質) 丙

shízhì (essence)

[名]本质:揭示~|精神~|文章的~|问题的~究竟是什么呢?|我们要认真领会文件的精神~|这篇文章深刻揭示了腐败现象的~。

【近义词】本质/性质

【反义词】现象/表象/表面

5807 **识**(識) 丁 〔部首〕讠 〔笔画〕7

shí (know)

[动]认识;了解:～字|素不相～|有眼不～泰山|我们几个都不～水性,不敢下水|不～庐山真面目,只缘身在此山中|每天上午幼儿园都有～字课|我不～路,所以每到新的地方都不敢独自出门。

【近义词】认/认识/了解

【提示】"识"又读 zhì,如:博闻强识。

【构词】识货/识见/识破/识趣/识相(xiàng)/识羞/识字/识途老马/识文断字

5808 **识别** 丁

shíbié (distinguish)

[动]辨别;辨认:～真伪|容易～|便于～|各种标志都已被破坏,无法～这架飞机的国籍了|黄金的真假很容易～|他们两个这么相像,你们是怎么～出哪个是哥哥哪个是弟弟的?

【近义词】辨别/鉴别/分辨/区别

【反义词】混淆

5809 **史** 丁 〔部首〕口 〔笔画〕5

shǐ (history)

[名]历史:～学|近代～|世界～|他是搞古代～研究的|这届奥运会是有～以来参加国最多的一次|那场～无前例的政治运动真是一个惨痛的教训。

【提示】史,姓。

【构词】史册/史官/史话/史迹/史籍/史论/史评/史前/史诗/史实/史书/史学/史无前例

5810 **史料** 丁

shǐliào (historical materials)

[名]历史资料:查阅～|～记载|有关～|为了拍好这部记录片,他查阅了许多～,走访了很多当事人|据有关～记载,唐朝时就有高僧东渡日本讲学。

5811 **使** *乙 〔部首〕亻 〔笔画〕8

shǐ (use)

[动]❶用:好～|～上肥料|～锹|请把字典借给我～～|工具～完了请还回来|大家～把劲儿,争取提前干完|他～的劲儿太大了,门都被他弄坏了。❷致使;让;叫:～大家满意|～人生气|～人发疯|加强质量管理,～产品合格率不断上升|他的话～我大吃一惊|虚心～人进步,骄傲～人落后。❸〈丙〉支使:～唤|～人|～不动|已经～人去叫他了|～不动别人,就来～我,我才不干呢!|这位小姐～人～惯了,自己从不动手。

【近义词】❶用;❷叫/让/令;❸支使

【提示】多用于口语。

【构词】使不得/使臣/使馆/使唤/使女/使气/使性子/使眼色/使者

5812 **使得** 丙

shǐde (usable)

[动]❶可以使用:这把铁锹还～吗?|这把钳子～使不得?❷可以;能行:这个主意倒还～|把孩子交他照看,这怎么～?❸(意图、计划、事物)引起某种结果:科学种田～粮食产量有了大幅度提高|这个想法～他忘记了一切困难|由于他拒绝合作,～这个计划落空了。

【反义词】❶❷使不得

5813 **使节**(節) 丁

shǐjié (envoy)

[名]由一个国家派驻在另一个国家的外交代表,或由一个国家派遣到另一个国家去办理事务的代表:外国～|外交～|～团|各国～将于明日抵京参加国际大会|外交～团已离京回国|他的父亲是一位驻外～。

5814 **使劲**(勁) 丙

shǐ jìn (exert all one's strength)

用力:～划船|准备～|～哭|你别太～了,线都快拉断了|～的时候,脸都涨红了|他～抓住一棵大树才没滑下去。

【近义词】用力/使力

【反义词】松劲

【提示】①离合词,中间可插入其他成分,如:使不上劲|使一把劲。②多用于口语,常儿化。

5815 **使命** 丁

shǐmìng (mission)

[名]派人办事的命令,常比喻重大的责任:历史～|肩负～|完成～|当代中国青年肩负着振兴中国的～|大学应有～感,为祖国的建设出力。

【近义词】任务

【提示】具体的工作不能用"使命",而用"任务"。

5816 **使用** 甲

shǐyòng (use)

[动]使器物、资金、人员等为某种目的服务:～干部|～资金|～设备|我们还从没～过这种机器|经费一定要合理～|开机之前要先看看～说明。

【近义词】用/运用/利用

【反义词】闲置/抛弃/搁置

5817 **屎** 丁 〔部首〕尸 〔笔画〕9

shǐ (excrement)

[名]❶从肛门出来的排泄物;粪:拉～|有～|～尿|他大便干燥,两天没拉出～来|小孩儿把～拉在裤子上了。❷眼睛、耳朵等器官里分泌出来的东西:眼～|耳～。

【近义词】❶粪/大便

5818 **驶**(駛) 丙 〔部首〕马 〔笔画〕8

shǐ (sail; drive; speed)

[动]开动(车船等);(车、马)飞快地跑:驾～|行～|～过|轮船因故停～了|汽车飞快地～过|马车急～而来。

5819 **始** 丁 〔部首〕女 〔笔画〕8

shǐ (begin)

[动]起头;开始:这种习惯不知～于何时|自今日～,每天8点上班|自明年～,取消这种考试制度。

【构词】始创/始而/始末/始祖/始乱终弃

5820 **始终**(終) 乙

shǐzhōng (from beginning to end)

[副]从开始到最后:～经营|～努力|～贯彻|他～一个人生活|他～把国家和人民的利益放在第一位|那彩灯～亮着。

【近义词】一直/一贯

【反义词】偶尔/曾经

【构词】告终/临终/年终/善终/寿终/送终/月终/最终/不知所终/全始全终/善始善终/有始有终/自始至终

5821 **式** 丁 〔部首〕弋 〔笔画〕6

shì (type)

[名]❶样式:新～|西～|旧～|这种西～服装今年很流行|他俩举行了中

～婚礼|这种旧～家具现如今已经很难找到了。❷仪式;典礼:开幕～|毕业～|阅兵～|开幕～在五层的会议厅举行|八一前夕,陆海空三军举行了阅兵～|毕业～后,同学们离校奔赴各自的工作岗位。

【近义词】❶样式;❷典礼/仪式

5822 **式样**(樣) 丁

shìyàng (style)

[名]人造的物体的形状:老～|新～|旧～|这个商店专卖各种～的老年服装|楼房的～很美观|这种～早已过时了。

【近义词】样式/式

5823 **示范**(範) 丁 〔部首〕艹 〔笔画〕5

shìfàn (set an example)

[动]做出某种可供大家学习的典范:做～|～作用|～操作|老师请他出队给大家～|明天他将给全体教师～教学|老工人正在给徒弟们～操作。

【构词】示恩/示警/示弱/示意/示众

5824 **示威** 丙

shìwēi (demonstrate)

[动]有所抗议或要求而进行的显示自身威力的集体行动;向对方显示自己的力量:游行～|进行～|～失败|几千名工人在广场前举行了游行～|这次～的目的是要求增加工资和减少劳动时间|两次～均以失败而告终。

5825 **示意图**(圖) 丁

shìyìtú (diagram)

[名]为了说明内容较复杂的事物的原理或具体轮廓而绘成的略图:水利工程～|卫星运行～|阵地布置～|请把你画的那张～给我看看|通过卫星运行～,我对此有了更进一步的了解|张工程师正根据工程～向大家布置任务。

5826 **士兵** 丙 〔部首〕士 〔笔画〕3

shìbīng (rank-and-file soldiers)

[名]军士和兵的统称:一名～|男～|一群～正在打球|～的责任就是保卫祖国|～们正在进行军事演习。

【构词】士大夫/士林/士气/士人/士绅/士卒

5827 **侍候** 丁 〔部首〕亻 〔笔画〕8

shìhòu (look after)

[动]服侍:～父母|～老人|～病人|年轻人应当尽心～老人|我母亲生病时,妹妹一直在身边～|她～病人特别有耐心。

【近义词】服侍/伺候/侍奉

【构词】侍从/侍儿/侍奉/侍立/侍弄/侍女/侍卫/侍养/侍应生/侍者

5828 **世** 丁 〔部首〕一 〔笔画〕5

shì (lifetime)

[名]❶人的一辈子;一代又一代:一生一～|～交|～仇|这是他一生一～追求的目标|他们两家是～交|他家是十分有名望的～医。❷社会;人间:问～|～人|～道|他的又一部作品问～了|～人都十分关心环境保护问题|他要把这件丑闻公之于～。

【提示】世,姓。

【构词】世仇/世传(chuán)/世道/世风/世故/世纪末/世家/世间/世交/世路/世面/世亲/世人/世上/世事/世俗/世态/世外/世袭/世医/世谊/世态炎凉/世外桃源

5829 **世代** 丁

shìdài（generations）

[名]很多年代;好几辈子:～相传｜～务农｜他家～行医,有不少祖传秘方｜这些牧民世世代代过着游牧生活｜这张画他家～相传,保存得相当完好。

【近义词】祖辈

5830 **世纪**(紀) 乙

shìjì（century）

[名]计算年代的单位,一百年为一世纪:上个～｜20～｜跨～｜他是19～80年代的一位法国画家｜我们都是跨～的一代｜这本书写了本～发生的100件大事。

5831 **世界** *甲

shìjiè（world）

[名]❶自然界和人类社会的一切事物的总称:创造～｜认识～｜美妙的～｜～充满着矛盾｜～之大,无奇不有｜～上有许多尚未解开的秘密。❷地球上所有的地方;地球上某些部分地方:～各地｜周游～｜轰动～｜～应当充满爱｜第三～人口最多｜我们的目标是让产品走向～。❸〈乙〉领域;人的某种活动范围:内心～｜儿童～｜主观～｜海底～极为壮观｜让我们走进他的内心～｜这儿完全成了儿童～。

【近义词】❶宇宙;❷地球;❸领域/天地

5832 **世界观**(觀) 丁

shìjièguān（world outlook）

[名]人们对世界总的根本的看法:改变～｜培养～｜正确的～｜由于人们的社会地位不同,观察问题的角度不同,形成了不同的～｜我们要努力培养青年人正确的～和人生观｜实验的结果使他的～产生了动摇。

【近义词】宇宙观

5833 **似的** 丙 〔部首〕亻 〔笔画〕6

shìde（part. as if）

[助]用在名词、代词或动词后面,表示跟某种事物或情况相似:这床单像雪～那么白｜他仿佛睡着了～｜瞧他,乐得什么～。

【近义词】是的

【提示】"似"又读 sì,见第6066条"似乎"。

5834 **事** *甲 〔部首〕一 〔笔画〕8

shì（matter）

[名]❶事情;事故:公～｜家～｜出～｜老王有～请假了｜那件～的影响很大｜有～呼我｜真是没～找～｜小王出～了!｜别怕,什么～儿也没有。❷职业;工作:谋～｜找～儿｜二十多岁的人了,得找个～儿干｜毕业一年了,什么～儿也没找到｜他一直呆在家中没～儿干。❸〈乙〉关系或责任:有你的～｜不关你的～｜不能把～儿都推到他身上｜企业亏本,怎么会不关厂长的～儿?｜这儿没你的～儿,快走吧。

【近义词】❶事情/事故;❷工作/活儿;❸关系/责任

【构词】事端/事后/事理/事前/事项/事业/事宜/事由/事半功倍/事倍功半/事必躬亲/事出有因/事过境迁/事与愿违/事在人为(wéi)

5835 **事变**(變) 丁

shìbiàn（incident）

[名]突然发生的重大政治、军事性事件:西安～｜七七～｜发生～｜他们发动了～,迫使总统辞职了。

5836 **事故** 丙

shìgù (accident)

[名]意外的损失或灾祸(多指在生产、工作上发生的):工伤～|责任～|造成～|～发生很久了,还没有找出原因|油库严禁吸烟,以防发生～|这场重大～引起了有关方面的高度重视。

【近义词】事件/事

【构词】变故/病故/典故/国故/借故/旧故/亲故/如故/身故/世故/推故/托故/亡故/无故/缘故/掌故/一见如故/沾亲带故

5837 **事迹** 丙

shìjì (deed)

[名]个人或集体做过的比较重要的事情:生平～|模范～|～展览|英雄的～几天几夜也说不完|他的～使同学们非常感动|介绍时要注意模范～的真实性。

【近义词】业绩

【提示】"迹"不读jī(旧读jī)。

5838 **事件** 乙

shìjiàn (event)

[名]历史上或社会上发生的不平常的大事情:政治～|历史～|这一～引起社会各界的强烈反响|群众强烈要求说明这一～的真相|～的具体经过正在调查了解之中。

【近义词】事故/事情/事变

【提示】"事件"与"事故"的区别:"事件"一般用于指已经发生的事,可以是好事,也可以是坏事,一般用于大事。"事故"可以指已经发生的事,也可以用于尚未发生的事,一般用于不好的、不幸的、不应有的事。

5839 **事例** 丁

shìlì (instance)

[名]具有代表性、可以作例子的事情:收集～|典型～|讲解～|老师正结合实际～对学生进行爱国主义教育|这是一个十分典型的～。

【近义词】例子

5840 **事情** *甲

shìqing (matter)

[名]❶人类生活中的一切活动和所遇到的一切社会现象:～大|公司的～|～真相|他～多,忙不过来了|～决不会那么简单|你太年轻,还不懂这～的复杂性。❷〈丙〉事故;差错:不能马虎,出了～就麻烦了|他惹出这么大的～,你怎么一点儿不知道?|没有他的～,都是我一个人的错。❸〈丙〉职业;工作:找～干|没～干|他在一家私人企业找了一个～|他一直闲在家里没～干|这下子你可找到～了,当会计多好。

5841 **事实**(實) 乙

shìshí (fact)

[名]事情的真实情况:～证明|～多|摆～|～胜于雄辩|传闻与～不符|～证明他的结论是错误的。

【近义词】实情

【反义词】谣言/假想/谎言

5842 **事态**(態) 丁

shìtài (state of affairs)

[名]局势;情况(多指坏的):～严重|～扩大|～有所缓和|～严重,必须采取紧急措施|一定要注意～的发展,防止～扩大|当局若不做出较大让

步，~不会趋于缓和。

【近义词】局势/形势/情况

5843 **事物** 乙

shìwù (thing)

[名]指客观存在的一切物体和现象：客观~|认识~|新~|具体~|抽象~|~总是在不断变化和发展的|人们通过实践和学习逐步认识客观~|这些具体的~在学生们的头脑里留下了深刻的印象。

5844 **事务**(務) 丙

shìwù (affair)

[名]所做的事或所要做的事情：~繁忙|~杂|内部~|他~繁忙，很少能与家人在一起|大量的~压得他抬不起头来|这只是临时性的~。

5845 **事先** 乙

shìxiān (in advance)

[名]事情发生以前或处理以前：这件事我~一点儿也不知道|他~已经做了一些调查|你应该~打个招呼。

【近义词】事前/预先

【反义词】事后

5846 **事项**(項) 丁

shìxiàng (item)

[名]事情的项目：注意~|会谈的~|重大~|使用之前，请看注意~|有关保密的~已经告知大家了|代表们对条例的有关~提出了修改意见。

【构词】单项/进项/颈项/款项/强项/义项/用项

5847 **事业**(業) 乙

shìyè (undertaking)

[名]人所从事的具有一定目标、规模和系统而对社会发展有影响的经常活动：革命~|科学文化~|~心强|教师应忠于教育~|人民迫切地希望加快科学文化~的发展|他是一个~心极强的人。

5848 **誓言** 丁 〔部首〕言 〔笔画〕14

shìyán (oath)

[名]宣誓时说的话：立下~|发出~|入党时的~|我决不背叛这一~|入团时的~他一直记在心中|面对人民英雄纪念碑，他从心里发出了庄严的~。

【近义词】誓词/诺言

【反义词】戏言

【构词】誓词/誓师/誓死/誓愿/誓约

5849 **逝世** 丙 〔部首〕辶 〔笔画〕10

shìshì (pass away)

[动]去世：不幸~|突然~|~的消息|他~的前一天还在写作|对贵国总理的~，我们表示沉痛的哀悼|今年是毛泽东~二十四周年。

【近义词】去世/死/辞世/长眠/亡故

【反义词】诞生/出生

【提示】多用于受社会尊重的人。比“去世”等更带庄重、尊敬的色彩。

5850 **势必**(勢) 丁 〔部首〕力 〔笔画〕8

shìbì (be bound to)

[副]根据形势推测必然会怎么样：此地自然景观独特，旅游事业~日益兴旺|不注意安全生产，~酿成严重后果|看不到群众的力量，~要犯错误。

【近义词】必然/必定/必将

【反义词】未必/也许/或许

【构词】势利/势利眼/势头/势焰/势不可挡/势不两立/势成骑虎/势均力

敌/势如破竹

5851 **势力** 丙

shìli (force)

[名]政治、经济、军事等方面的力量：政治～|～大|扩大～|他在这一带很有～|不可小看了这股～|农民革命军的～日益增强|他靠着父亲的～为非做歹。

【近义词】实力/力量

5852 **是** *甲 〔部首〕日 〔笔画〕9

shì (be)

[动]❶联系两种事物。a.表示等同、归类或领属：《茶馆》的作者～老舍|我～他的朋友|7月2日～他的生日|这本书～我的。b.表示解释或描述：中国人～黑头发黑眼睛|他戴的～红帽子。c.表示存在：身上～一身的土|院子里全～花。❷跟"的"相呼应，构成"是…的"格式，表示强调：这个问题开会讨论一下～必要的|我～昨天从上海回来的。❸用于选择问句、是非问句或反问句：你～吃面条还～吃米饭？|你～不～病了？|难道～他拿走了？❹〈乙〉联系相同的两个词语。a.连用两次这样的格式，表示严格区分，互不相干：你～你，我～我，你可代表不了我|相声～相声，小品～小品，不能混为一谈|说～说，做～做，说得再好不去做也没用。b.单用这种格式，表示强调事物的客观性：不懂就～不懂，不要装懂|不知道就～不知道，我干嘛要说谎！c.单用这种格式，表示让步，含有"虽然"的意思：他来～来，但有点儿勉强|这东西好～好，就是太贵了。❺〈丙〉用在名词前，含有"适合"的意思：你来的正～时候|你这车停的不～地方。❻〈丙〉用于名词前，含有"凡是"的意思：～父母就得关心教育子女|～公家的东西一律归还。❼〈丙〉用在形容词或动词性谓语前，"是"重读，强调认同：他的病～不轻，脸色很不好|这房间～小，只能放下一张床|这事～难|文章写得～太啰嗦了。

5853 **是的** 丙

shìde (part. as)

[助]同"似的"，表示跟某种事物或情况相似：他的手背干裂，跟树皮～|这豆腐像棉花～，一点儿也不好吃|我的腿像断了～，真疼。

【近义词】似的

5854 **是非** *丙

shìfēi (right and wrong)

[名]❶事理的正确和错误：明辨～|～曲直，自有公论|不能颠倒～，混淆黑白|要让孩子从小就学会辨别～。❷〈丁〉口舌：惹起～|搬弄～|～窝|这儿～太多，咱们还是走吧|～是他惹起来的，该让他去想法子解决|一路上要小心，不要喝酒，不许招惹～。

【近义词】❶曲直/黑白；❷口舌

5855 **是否** 丙

shìfǒu (whether or not)

[副]是不是；表示商量、怀疑或不确定的语气：这种说法～有根据呢？|你～帮助过他？|不知大家～明白我的意思。

【提示】用于书面语。

5856 **适当**(適當) 乙 〔部首〕辶 〔笔画〕9

shìdàng (suitable)

[形]合适；妥当：措词～|～的机会|

～的人选|只要有了～的机会，他会显露才华的|由他去办这件事再～不过了|办公机构将进行～的调整。

【近义词】恰当/妥当/合适

【反义词】失当

【提示】“当”这里不读 dāng。

【构词】适度/适口/适量/适龄/适时/适体/适意/适中/适得其反/适逢其会/适可而止

5857 **适合** 乙

shìhé (fit)

[动]符合(实际情况或客观要求)：～国情|～环境|～要求|这个规定已不～现在的情况了|这种土壤种花生比较～|本地风光迷人，非常～发展旅游业。

【近义词】符合/适宜/合适

5858 **适宜** 丙

shìyí (suitable)

[形]合适；相宜：浓淡～|气候～|应对～|这种款式～中年妇女|朋友给他找了一间比较～的房子，劝他搬进去|这个房间挂绿色的窗帘非常～。

【提示】多用于书面语。

5859 **适应**(應) 乙

shìyìng (adapt to)

[动]适合(客观条件或需要)：～环境|～生活|开始～|我是北方人，对南方温暖湿润的气候还不太～|你还得～～这里的民情风俗|他已经开始～新的学习生活了。

【近义词】适合

【提示】“应”又读 yīng，见第 7691 条“应当”。

5860 **适用** 乙

shìyòng (applicable)

[形]适合使用：很～|不太～|较～|这种冰箱对家庭很～|我们要吸收外国文化中对我们～的东西|这本书我觉得不太～。

【近义词】合用

5861 **释放**(釋) 丁　〔部首〕采　〔笔画〕12

shìfàng (release)

[动]❶恢复被拘押者或服刑者的人身自由：准备～|～囚犯|获得～|他刑满～了|由于表现得好，他被提前～了|刑期未满，他现在还不能～。❷把所含的物质或能量放出来：～能量|大量～|～的过程|这种肥料的养分～缓慢|原子反应堆能适量地～原子能|太阳不停地～能量。

【构词】释典/释怀/释然/释疑/释义

5862 **市** 甲　〔部首〕亠　〔笔画〕5

shì (market)

[名]❶集中买卖货物的固定场所；市场：上～|夜～|菜～|王府井的夜～非常热闹|老年人喜欢赶早～|这是新上～的水果。❷城市：都～|～容|～民|深圳是一个现代化的都～|明天要进行～容检查|每个～民都应该遵守～规。❸行政区划单位，分直辖市和市：北京～|直辖～|上海～|天津～。❹属于市制的(度量衡单位)：～尺|～升|～斤|1～斤是 500 克|1 米等于 3～尺|两～斤等于 1 公斤。

【近义词】❶市场；❷城市

【构词】市尺/市寸/市花/市集/市价/市郊/市街/市斤/市井/市里/市两/市面/市亩/市顷/市区/市容/市声/市镇/市政/市制

5863 **市场**(場) *乙

shìchǎng (market)
[名]❶商品交易的场所;行销的区域:集贸～|国内～|国外～|这个～商品品种多,质量好|20万斤鲜鱼投放到了～|及时掌握～信息,才能立于不败之地。❷〈丙〉比喻人或事物(思想、言行)的活动场所:有～|没有～|失去～|悲观主义的论调,越来越没有～|这种活动在群众中没有～。

5864 **市民** 丁

shìmín (city resident)
[名]城市居民:一个～|～代表|～大会|环境卫生关系到每个～的健康|物价稳定是每个～都关心的问题|他是～们选出的代表。

5865 **市长**(長) 丙

shìzhǎng (mayor)
[名]城市的最高行政领导:前～|老～|一位～|老～给我们留下了许多宝贵经验|副～是一位刚30出头的年青人|由于劳累过度,～病倒了。
【提示】“长”又读cháng,见第717条。

5866 **室** 乙 〔部首〕宀 〔笔画〕9

shì (room)
[名]❶屋子:教～|～外|卧～|休息～里的座位都坐满了,没有空的了|适当的～外活动对病人的恢复是很有好处的|他从不在卧～里吸烟。❷机关、工厂、学校等内部的工作单位:档案～|教研～|图书～|老师们正在教研～开会|他负责档案～的工作|每天下午,图书～的人总是满满的。

5867 **视**(視) 丁 〔部首〕礻 〔笔画〕8

shì (look at)
[动]❶看:～而不见|～死如归|这么严肃的事你怎么能～同儿戏?|面对敌人他～死如归,正气凛然|他对此熟～无睹。❷看待:轻～|重～|藐～|校方十分重～学生们提出的问题|对待这个问题,应一～同仁|大家都藐～没有骨气的人。❸考察:～察|巡～|监～|中央领导～察了沿海地区的经济发展情况|他每天都在敌人的监～下活动|检查团巡～了几所中学的情况。
【构词】视角/视神经/视事/视听/视网膜/视而不见/视若无睹/视死如归/视同等闲/视同儿戏

5868 **视察** 丁

shìchá (inspect)
[动]上级人员到下级机构检查工作;察看:～工作|～地形|～灾情|市人民代表将到本市各单位～|～的结果令人十分满意|他经常到基层～,亲自作些调查研究。
【近义词】检察/观察/察看
【反义词】汇报/报告

5869 **视觉**(覺) 丁

shìjué (vision)
[名]物体的影像刺激视网膜所产生的感觉:～模糊|～清晰|～良好|由于白内障,他的～已经十分微弱了|戴上眼镜后,他的～清晰多了|下雨时开车,～效果不好。

5870 **视力** 丁

shìlì (vision)
[名]在一定距离内眼睛辨别物体形象的能力:～良好|～不佳|影响～|昏暗的光线对～的影响很大|由于每天坚持做眼保健操,他的～良好|学

校定期给学生们检查～。

5871 **视线**(綫) 丁

shìxiàn (view)

[名]用眼睛看东西时，眼睛和物体之间的假想直线；比喻注意力：转移～|挡住～|眼泪模糊了他的～|窗外的飞机转移了学生们的～|汽车挡住了我的～|罪犯想方设法转移公安人员的～。

【近义词】视野

5872 **视野** 丁

shìyě (field of vision)

[名]眼睛看到的空间范围；比喻思想、知识领域：～宽阔|～小|生活～|人在深谷底，～受到极大限制，抬头只见一线天空|多读书看报可以开拓一个人的～|老鹰眼睛的～比人眼广阔得多。

【近义词】眼界/视线

【构词】朝(cháo)野/粗野/荒野/旷野/撒野/山野/四野/田野/下野/原野/越野

5873 **试**(試) 甲 〔部首〕讠 〔笔画〕8

shì (try)

[动]❶试验；尝试：～行|～航|～制|你去～～，看能不能制服这匹马|先这么～一下看，再作决定|我～过了，这鞋太大了。❷考试：～题|～卷|口～|他初～顺利地过关了|外语有口～|今年的～题不太难。

【提示】"试"右边为"弋"，不要写成"戈"。

【构词】试办/试播/试车/试点/试飞/试工/试管/试航/试金石/试探/试题/试图/试想/试销/试用

5874 **试卷** 乙

shìjuàn (examination paper)

[名]考试时准备应试人写答案或应试人已经写上答案的卷子：一张～|交～|收～|发～|请大家坐好，马上就要发～了|时间到了，请把～交上来|～一共有三张。

【近义词】考卷/卷子

5875 **试行** 丁

shìxíng (try out)

[动]实行起来试试：～制造|～出售|～运转|新的火车时刻表将于下月初～|先～，再推广|新编的课本正在～阶段。

5876 **试验**(驗) 乙

shìyàn (v./n. experiment)

[动]为了察看某事的结果或某物的性能而从事某种活动：～机器|～原子弹|～一下|咱们不要忙着下结论，先～～吧|失败了，还可以再进行～|这种农药～了几十次，才研制成功。

[名]为了察看某事的结果或某物的性能而从事的某种活动：一个～|～阶段|这是一次非常成功的～|三个物理～同时进行|这种新药仅停留在～阶段。

【近义词】实验/尝试

5877 **试用** 丁

shìyòng (put into tried use)

[动]在正式使用以前，先试一个时期，看是否合适：～品|～期|～人员|欢迎～，请您多提建议|大学毕业后有一年的～期|这只是～本，我们还要修改。

5878 **试制**(製) 丁

shìzhì (trial-produce)

[动]试着制作:~汽车|~了半年|进行~|他们正在进行新车型的~工作|这种机器终于~成功了|请把~的过程给我们介绍一下。

5879 **收** *甲 〔部首〕攵 〔笔画〕6

shōu (take in; collect)

[动]❶把外面的东西拿到里面;把摊开的或分散的事物聚拢:~集|~藏|衣服~进来了没有?|他把东西都~进箱子里了|他喜欢~集古币。❷接;接到:~信|~包裹|我给你寄去的信你~到了没有?|等你~到我寄的包裹后,请立即回封信。❸〈乙〉取自己有权取的东西或原来属于自己的东西:~回|~复|~税|这个文物该~归国有|我~回所说的话|国家~复了失去的领土。❹〈乙〉获得(经济利益):~入|~益|~支相抵|近几年,人民的~入有所提高|当年投资,当年就~益了|公司去年~支平衡。❺〈乙〉收获;收割:~成|秋~|麦~|今年早稻~得多|去年~成不好|秋~过后,农民们纷纷外出打工。❻〈乙〉接受;容纳:~留|~礼物|他又~了一个徒弟|他因偷东西而被~容了|请~下这份礼物。❼〈丙〉约束;控制:~心|玩了一个假期了,也该~~心了|跑得太快了,一下子~不住脚,结果碰在车上|越睡不着,想的事越多,思绪怎么也~不住。❽结束;停止:~工|~场|~操|~工后,他们都去食堂吃饭了|好戏该~场了|~操后,学生们返回教室。

【构词】收编/收兵/收藏家/收操/收场/收车/收存/收发/收放/收服/收工/收管/收缴/收据/收口/收礼/收敛/收留/收拢/收录/收录机/收罗/收秋/收容/收煞/收审/收生/收生婆/收尸/收受/收摊/收摊子/收条/收听/收尾/收文/收效/收心/收押/收养/收音/收账

5880 **收藏** 丁

shōucáng (collect)

[动]收集保藏:~文物|~字画|专门~|老先生~了不少化石|一生辛辛苦苦~的古币在战火中全部遗失了|15年前他就开始秘密地~这些资料了。

【近义词】保藏/保存/收集

【反义词】散失/毁弃/销毁

【提示】"藏"又读 zàng,如"西藏"、"宝藏"。

5881 **收成** 丁

shōucheng (harvest)

[名]庄稼、蔬菜、果品等收获的成绩:~好|~减少|获得好~|去年~还不错|大伙都在谈论着今年~的好坏|今年遇上天灾,庄稼没~。

【近义词】收获

5882 **收复**(復) 丁

shōufù (recover)

[动]夺回(失去的领土、阵地):~失地|~国土|天黑以前一定要~无名高地|一定要保卫好烈士们用生命~的这块国土|北方的领土已~多年。

【近义词】光复/收回

【反义词】沦陷/失陷/陷落

5883 **收割** 丙

shōugē (reap)

[动]割取(成熟的农作物):～庄稼|～前|准备～|秋天到了,农民们开始～小麦了|～前的各项准备工作都已就绪|～的季节是农民们最忙碌的季节。

5884 **收购**(購) 丁

shōugòu (purchase)

[动]从各地买进:～棉花|大量～|～粮食|他们已提前完成了羊毛～计划|本公司正大量～棉花|本村已超额完成了粮食～任务。

5885 **收回** 丁

shōuhuí (take back)

[动]❶把发出去或借出的东西、借出去或用出去的钱取回来:～贷款|～成本|借出去的书,应该～了|公司开业的第一年,他就～了成本。❷撤销;取消:～我的承诺|你的命令是错误的,你应～成命。

5886 **收获**(穫) 乙

shōuhuò (v./n. harvest)

[动]收取成熟的农作物:～粮食|秋天～|～水果|秋天是～的季节|农民们正忙着～庄稼|他们～了大量的水果。

[名]比喻心得、战果等:这次去工厂实习,同学们都有很大～|请大家把这次学习的～、体会写下来|听了报告以后你有什么～?

【近义词】[名]心得/体会

5887 **收集** 丙

shōují (collect)

[动]使聚集在一起:～资料|～废品|～素材|我们已～过这方面的材料|请你～一下大家对于教学的意见|三十多年前丢失的那批文物,～起来很不容易。

【近义词】搜集/收罗

【反义词】散失/流散

5888 **收买**(買) 丁

shōumǎi (purchase)

[动]❶购买:～旧书|～人心|他～了许多艺术品|公司不惜重金～技术资料。❷用钱财或其他好处笼络人,使受利用:重金～|他这样做的目的是为了～人心。

【近义词】❶购买;❷笼络

5889 **收入** 乙

shōurù (v. take in; n. income)

[动]收进来:～国库|每天～的现金都存入银行|有二十多篇文章被～了论文集|这个证明应当～档案。

[名]收进来的钱财:财政～|工资～|额外～|近几年,个人～有所增加|改革开放以来,我国的旅游外汇～大大提高了|他每月的固定～近两千元。

5890 **收拾** *甲

shōushi (put in order)

[动]❶整顿;整理:～残局|～屋子|她的房间总是～得那么干净|妈妈高高兴兴地为儿子～行装|你给李叔叔～～房子|这残局只好留给你来～了。❷〈乙〉修理:我的自行车坏了,请你帮我～一下|你会～皮鞋吗?|我的录音机已经～好了。❸〈丙〉整治;惩治:这小子太狂,好好儿～～他!|你要不听话,看你父亲回来～你!❹〈丙〉消灭;杀死:据点的敌人,全叫我们～了|今晚就把那个叛徒～掉!

【近义词】❶整理/整顿;❷修理;❸整

治/惩治;❹消灭

5891 **收缩**(縮) *丙

shōusuō (shrink)

[动]❶(物体)由大变小或由长变短:体积~|肌肉~|布~了|铁受热就会膨胀,遇冷就会~|心肌的~是自动的,有节奏的|管道设计不科学,因~而引起了设备损坏。❷〈丁〉紧缩:~开支|~兵力|各项开支要适当~|对于办学的规模,一部分人主张扩大,一部分人主张~|我方把兵力~在交通线上。

【近义词】❶缩小/缩短;❷紧缩/压缩

【反义词】伸展/扩大/扩展/膨胀

5892 **收益** 丁

shōuyì (profit)

[名]生产上或商业上的收入:增加~|~甚少|~大|由于严格管理,公司的~很大|新技术在生产中的应用增加了工厂的~|这次活动~甚少。

【近义词】收入

5893 **收音机**(機) 乙

shōuyīnjī (radio)

[名]无线电收音机的通称:一台~|买~|修理~|他送给爸爸一台小~作为生日礼物|~坏了,送去修理了|他新买了一台高级的多功能的~。

5894 **收支** 丁

shōuzhī (revenue and expenditure)

[名]收入和支出:~压缩了|财政~|~平衡|由于经济状况不好,市政府压缩了财政~|去年,公司基本上达到~平衡|家庭的~由夫妻双方共同负责。

5895 **手** *甲 〔部首〕手 〔笔画〕4

shǒu (hand)

[名]❶人体上肢前端能拿东西的部分:一双~|一只~|两~|人人都有一双~|她双~捧着鲜花向我走来|他的~受伤了|对于人来说,~的作用大极了|他的双~非常灵巧。❷〈丁〉手段:眼高~低|心狠~毒|他做事总是眼高~低,因而常常失败|他这个人心狠~毒|你这一~起不了什么作用。

【反义词】脚/足

【提示】①作某些词语的后缀,表示擅长某种技能或做某种事的人:能~|选~|副~|枪~|杀~|突击~。②作量词用于“技能”、“本领”等:一~好字|一~绝活儿。

【构词】手背/手臂/手边/手柄/手册/手戳/手风琴/手感/手稿/手工业/手工艺/手鼓/手迹/手脚/手锯/手令/手炉/手帕/手气/手球/手软/手生/手书/手松/手提包/手提箱/手头/手推车/手腕/手腕子/手下/手相(xiàng)/手写/手写体/手心/手印/手语/手掌/手杖/手指头/手纸/手重(zhòng)/手肘/手足/手不释卷/手到病除/手疾眼快/手忙脚乱/手无寸铁/手舞足蹈/手足无措/手无缚鸡之力

5896 **手表**(錶) 甲

shǒubiǎo (wrist watch)

[名]带在手腕上的表:一块~|买~|送~|这块~还是20年前结婚时买的|昨天挤公共汽车时他的~丢了|他买了一块瑞士产的名牌~送给父亲。

5897 **手电筒**(電) 丁

shǒudiàntǒng (flashlight)

[名]利用干电池做电源的小型筒状照明用具,也叫手电、电筒或电棒:一个～|大～|带上～|楼道里的灯坏了,带上～吧|请把那个大～借我用用|他已经丢过好几个～了。

【近义词】电筒/手电

5898 **手段** 乙

shǒuduàn (means)

[名]❶为达到某种目的而采取的具体方法;本领;能耐:～高明|外交～|法律～|这个骗子的～不很高明,却有这么多人上当|他们夺取政权的～是宫廷政变|这要通过外交～来解决。❷待人处世所用的不正当的方法:～卑劣|玩弄～|不择～|你的～也过于狠毒了|为了达到目的,他不择～|～之毒辣,闻所未闻。

【近义词】❷手法/手腕/权术/伎俩

5899 **手法** 丁

shǒufǎ (technique)

[名]❶(艺术品或文学作品的)技巧:白描～|象征的～|写意的～|这篇文章的表现～独特|这部小说采用了白描的～|在作品中,作者成功地运用了象征的～。❷指待人处世不正当的方法:～阴险|他的卑劣的～被戳穿了|你的～也太阴险了!

【近义词】❶技巧;❷手段

5900 **手工** 乙

shǒugōng (handwork)

[名]❶靠手的技能做出的工作;用手操作:做～|～劳动|～缝制|妈妈靠给人做～供他上大学|这个东西是用～制作的|小学生每周都有一堂～课。❷给予手工劳动的报酬:～便宜|～贵|不要～|做这件衣服要多少～?|～太贵了,还不如买一件现成的呢|这个店～便宜。

5901 **手巾** 丁

shǒujīn (towel)

[名]毛巾:一块～|旧～|换～|那条旧～该换换了|他用一条白～包头|把～递给他擦擦汗。

【近义词】毛巾

5902 **手绢/手帕**(絹) 乙

shǒujuàn/shǒupà (handkerchief)

[名]随身携带的方形小块织物,用来擦汗或擦鼻涕等:一块～|洗～|买～|她刚三岁妈妈就教她洗～了|小朋友喜欢玩丢～的游戏|他总是随身带两块～。

【提示】"手绢儿"在口语中多儿化。

5903 **手榴弹**(彈) 丁

shǒuliúdàn (grenade)

[名]一种用手投掷的小型炸弹,有的装有木柄;田径运动员使用的投掷器械之一,形状跟军用的装有木柄的手榴弹一样:一枚～|投～|～爆炸了|～就在离他五米远的地方爆炸了|小战士仅剩最后一颗～|～飞出好几十米远|上体育课时我投～全班第一。

5904 **手枪**(槍) 丙

shǒuqiāng (pistol)

[名]单手发射的短枪。用于近距离射击:一只～|～套|他的～没有子弹了|小男孩儿爱玩玩具～|这是他第一次见真～。

5905 **手势**(勢) 丙

shǒushì (gesture)

[名]表示意思时用手(有时连同身体别的部分)所做的姿势:打～|做～|～复杂|交通警打～指挥车辆|我弄不明白他做的～是什么意思|聋哑人靠～交流思想。

5906 **手术**(術) 乙

shǒushù (operation)

[名]医生用医疗器械在病人的身体上进行切除、缝合等治疗:动～|心脏～|大～|这个高难的～只有他能做|他已经动过三次大～了|医生为他做了眼科～。

5907 **手套** 乙

shǒutào (gloves)

[名]套在手上的物品,用棉纱、毛线、皮革等制成,用来防寒或保护手:一只～|一副～|一双～|棉～|皮～|天冷了,别忘了戴～|我的～又丢了|他新买了一副皮～。

【提示】口语中一般要儿化。

5908 **手续**(續) 乙

shǒuxù (formalities)

[名](办事的)规定程序:～简单|～繁多|办理～|三道～都办完了|～十分简单|请按时办理登机～。

【近义词】程序

5909 **手艺**(藝) 丁

shǒuyì (craftsmanship)

[名]手工操作的技能和艺术:～高超|～不错|～好|这种～可不是一时半会儿就能学会的|两人要比一比～的高低|客人们赞叹着厨师～的精湛。

【构词】才艺/工艺/技艺/绝艺/卖艺/农艺/棋艺/球艺/曲艺/授艺/文艺/武艺/习艺/献艺/学艺/演艺/园艺

5910 **手指** 乙

shǒuzhǐ (finger)

[名]人手前端的五个分支:一根～|10个～|～头|～肚儿|他的～十分灵活|他的三个～被机器弄伤了。

【近义词】手指头

5911 **首** 乙 〔部首〕八 〔笔画〕9

shǒu (n. head; m. *for songs, poems, etc.*)

[名]头;首领。带文言色彩,多用于书面语:昂～|～长|罪魁祸～|几条龙灯～与尾相互衔接|秦末爆发了以陈胜、吴广为～的农民起义|以他为～的一伙人常酗酒闹事|他走路时总是昂～挺胸的。

[量]用于诗词、歌曲等:一～诗|几～歌|电台将一～～地教唱这些新歌|一～小诗表达了他对她的感情|这两～诗写得真好。

【近义词】[名]头/首领

【反义词】[名]尾

【提示】首,姓。

【构词】首倡/首车/首次/首恶/首犯/首府/首富/首级/首届/首肯/首饰/首尾/首位/首映/首座/首当其冲/首屈一指/首鼠两端

5912 **首创**(創) 丁

shǒuchuàng (originate)

[动]最先创造;创始:国内～|古代～|是谁～了蜡染工艺?|中国～活版印刷术|这种操作法,在我们厂还是～。

【近义词】创造/开创/独创

【反义词】仿效/仿造/摹仿

【构词】草创/初创/独创/开创/始创

5913 **首都** 甲

shòudū (capital)

[名]国家最高政权机关所在地，是全国的政治中心：北京是中国的～｜他一直在～居住｜泰国的～是曼谷。

【提示】“都”在这里不能读成 dōu。

【构词】帝都/奠都/定都/古都/故都/国都/京都/旧都/名都/陪都/迁都

5914 **首领**(領) 丁

shǒulǐng (leader)

[名]头和脖子；借指某些集团的领导人：义军～｜反动～｜盟军～｜他被大家推举为～｜部落的～不幸遇难了｜反动～被捕了。

【近义词】头领/头儿/领导

5915 **首脑**(腦) 丁

shǒunǎo (head)

[名]为首的(人、机关等)；领导人：政府～｜～会议｜～聚会｜七国～会议将于下个月在马来西亚的首都举行｜他当选为政府～｜两国～将如期会晤。

5916 **首席** 丁

shǒuxí (n. seat of honour; adj. chief)

[名]最高的席位：请您坐～｜～坐的是我们学校的校长｜～一直空着，市长没来。

[形]职位最高的：～代表｜～指挥｜他是我们公司的～代表｜乐队的～指挥是我的同学。

5917 **首先** 乙

shǒuxiān (first)

[副]❶最先；最早：讨论会上，班长～发言｜走进大厅，～看到的就是孙中山先生的雕像｜游泳比赛开始了，他～到达终点。❷第一(多用于列举事项)：～是大会主席报告，其次是代表发言｜～要保证质量，第二要考虑数量｜～要有干劲，其次要有科学精神。

【近义词】❶最先/最早；❷首要

【反义词】❶最后

5918 **首相** 丁

shǒuxiàng (prime minister)

[名]君主国家内阁的最高官职。某些非君主国家的中央政府首脑有时也沿用这个名称，职权相当于内阁总理：前～｜新～｜任命～｜～在他的办公室接受了记者的采访｜这个国家的～将于今日抵京，对中国进行友好访问｜这里是～官邸。

【提示】“相”又读 xiāng，如“相当”。

5919 **首要** 丁

shǒuyào (first)

[形]摆在第一位的；最重要的：～问题｜～任务｜～分子｜这是当前的～任务｜学生的～任务是学习｜工作有主次之分，别把～的工作忘了。

【近义词】首先/重要

【反义词】次要

5920 **首长**(長) 丁

shǒuzhǎng (senior officer)

[名]政府部门中的高级领导人或部队中较高级的领导人：部队～｜团～｜师～｜团～将于明天来我连检查工作｜老～十分关心部下的生活｜请～在报告上签字。

【提示】“长”又读 cháng，见第 717 条。

5921 **守** *丙 〔部首〕宀 〔笔画〕6

shǒu (defend)

[动]❶防守:把～|看～|～卫|我当过兵,～过三年边防|我是足球队里～大门儿的|我为人民～大桥。❷守候;看护:～护|～了一天|医生～着伤员|姐姐在病床边～了三个昼夜|你太累了,让我替你～一会儿吧。❸遵守;遵循:～法|～约|～纪律|大家都很～时间|他严～家训|孩子们非常～纪律。❹〈丁〉靠近;依傍:～着学校|～着这么好的老师不怕考不上大学|～着水的地方,可多种稻子|～着这么块宝地,不愁没饭吃。

【近义词】❶防守/守卫/把守;❷守候/看护/陪;❸遵守/遵循;❹靠/靠近

【反义词】❶攻

【构词】守兵/守财奴/守成/守敌/守寡/守候/守护/守将/守节/守旧/守军/守灵/守门/守门员/守身/守时/守势/守岁/守摊子/守土/守望/守孝/守业/守夜/守御/守约/守则/守职/守口如瓶/守株待兔

5922 **守法** 丁

shǒufǎ (abide by the law)

遵守法律或法令:～模范|～的公民|学会～|每个人都应该做遵纪～模范|他进监狱了,这是他不懂法、不～的结果|他表示要做一个～的商人。

【反义词】违法/犯法

【提示】离合词,中间可插入其他成分,如:守不了法|守什么法。

5923 **守卫**(衛) 丁

shǒuwèi (guard)

[动]防守保卫:～祖国|～工厂|容易～|战士们日日夜夜～着祖国的边防|请保卫科的同志负责～|节日期间我们派了足够的人～大桥。

【近义词】守护/保卫/防守

5924 **寿命**(壽) 丙 〔部首〕寸 〔笔画〕7

shòumìng (life span)

[名]生存的年限。比喻使用的期限或存在的期限:延长～|实际～|～缩短|由于医疗水平的提高,人的～大大地延长了|工人们定期检修机器,以延长机器的～|有一种小虫子生下来就死去,～实在是太短了。

【近义词】期限/年限

【提示】寿,姓。

【构词】寿斑/寿材/寿诞/寿酒/寿礼/寿联/寿面/寿数/寿堂/寿桃/寿限/寿星/寿终正寝

5925 **授** 丁 〔部首〕扌 〔笔画〕11

shòu (award)

[动]❶交付;给予(多用于正式或隆重的场合):～旗|～权|～奖|公司经理～予他很大的权力|首长～旗给这个先进集体|在～奖仪式上,他十分激动。❷传授;教:讲～|～课|函～|老师正在讲～新课|他每周～课四小时|通过三年的函～学习,他取得了大专毕业文凭。

【近义词】❶给;❷教

【反义词】❶受

【构词】授粉/授奖/授课/授命/授权/授受/授衔/授业/授艺/授意

5926 **授予** 丁

shòuyǔ (confer)

[动]给与(勋章、奖状、学位、荣誉等):～学位|～称号|～两次|他被～总统勋章|他被～文学硕士学位|他被上级～先进工作者的称号。

5927 **售** 丙 〔部首〕口 〔笔画〕11

shòu (sell)

[动]卖：～票｜～货｜零～｜下周日的球票本周一开始出～｜这个商店不仅零～而且批发｜～票工作进展顺利。

【近义词】卖

【反义词】买

【构词】售货员

5928 **售货**(貨) 丙

shòu huò (sell goods)

卖东西：～员｜～点｜～单位｜这个超市有好几个～点｜～员每天的工作十分辛苦｜他是负责～的｜他在这里摆摊售过货。

【提示】离合词，中间可插入其他成分，如：售鲜货｜售了一年货。

5929 **受** 乙 〔部首〕又 〔笔画〕8

shòu (receive)

[动]❶接受：～贿｜～教育｜～到帮助｜小杨～过多次表扬｜她～了五年大学教育｜参观团～到了热情的接待。❷遭受：～灾｜～批评｜～委屈｜小梅在这个家里很～委屈｜～欺侮的日子一去不复返了｜他一共～过两次伤。❸忍受；禁受：～不了｜～得住｜～得了｜叫人～不了的事还有呢｜什么样的磨炼我都～得住｜我～够这种窝囊气了。

【近义词】❷遭/挨；❸忍

【构词】受病/受潮/受挫/受敌/受罚/受粉/受害/受寒/受贿/受奖/受戒/受惊/受窘/受看/受苦/受累/受冷/受礼/受凉/受难(nàn)/受骗/受聘/受气/受气包/受穷/受屈/受热/受辱/受审/受暑/受胎/受听/受托/受训/受业/受益/受用/受孕/受灾/受阻/受罪/受宠若惊

5930 **受伤**(傷) 丁

shòu shāng (be injured)

身体或物体部分地受到破损：身体～｜军舰～｜司机～｜他的头部～了｜这次车祸没有人～｜～的人员正在抢救中。

【提示】离合词，中间可插入其他成分，如：受过伤｜受了一次伤。

5931 **瘦** 乙 〔部首〕疒 〔笔画〕14

shòu (thin)

[形]❶脂肪少；肉少：～弱｜～小｜很～｜姑娘～～的，高高的｜这牛太～了｜这肉太～，不解馋。❷(衣、裤、鞋、袜)窄小：太～｜有点儿～｜不～｜太～的鞋穿着不舒服｜这身衣服有点儿～，你穿不合适｜裤子做得太～了，可以往肥里放一下。

【反义词】❶胖(用于人)/肥(用于动物)；❷肥

【构词】瘦长(cháng)/瘦高挑(tiǎo)/瘦溜/瘦弱/瘦削(xuē)/瘦小/瘦子

5932 **蔬菜** 乙 〔部首〕艹 〔笔画〕15

shūcài (vegetable)

[名]可以做菜吃的草本植物，如白菜、黄瓜等：种～｜出售～｜储存～｜多吃新鲜～对身体健康有好处｜他今年种植的～多达十几种｜～的储存和运输问题是个大问题。

5933 **叔叔** 乙 〔部首〕又 〔笔画〕8

shūshu (uncle)

[名]父亲的弟弟；称呼跟父亲辈分相同而年纪较小的男子：我～｜亲～｜工人～｜刘～｜我有两个～｜隔壁的张～是位记者｜小朋友把捡到的钱交给了

警察～。

【构词】叔伯/叔父/叔叔

5934 **梳** 丙 〔部首〕木 〔笔画〕11

shū (comb)

[动]梳理:～头|～着|～毛|快点儿～头洗脸,时间已不早了|她就喜欢～小辫|她妹妹～着两条粗辫子。

【构词】梳辫子/梳理/梳头/梳洗/梳妆/梳妆台

5935 **梳子** 丙

shūzi (comb)

[名]整理头发、胡子的用具,有齿,用竹木、塑料等制成:一把～|用～|木头～|她的那把～用了四十多年了|这把～真漂亮,像件工艺品|小红的～又不见了。

5936 **输**(輸) *甲 〔部首〕车 〔笔画〕13

shū (transport)

[动]❶运输;运送:～出|～油管道|～电网|石油～出国首脑会议将于明日召开|工人们正在铺设～油管道|华北地区～电网已全部建成。❷〈乙〉在较量时失败;败:～球|服～|认～|昨天我们队～给对手两个球|他是个从不服～的人|他只好认～了。

【近义词】❷败

【反义词】❷赢/胜

【构词】输电/输电网/输血/输液/输赢/输油管道

5937 **输出** 丁

shūchū (export)

[动]从内部送到外部;商品或资本从某一国销售或投放到国外:商品～|～资本|～人才|发达国家向发展中国家～资金和技术|人才～促进了企业技术的更新|某国向我公司～了大批的彩电。

【反义词】输入

5938 **输入** 丁

shūrù (import)

[动]从外部送到内部;商品或资本从国外进入某国:资本～|商品～|汉字～|中外学生正在进行电脑汉字～比赛|随着进口啤酒的～,国产品牌受到一定冲击|这个财团向国内十家大公司～资金共计1亿美元。

5939 **输送** 丁

shūsòng (transport)

[动]从一处运到另一处;运送:～带|～人才|～信息|输油管道不断地～石油|这个技校向社会～了大批人才|根吸收的肥料都～到枝叶和花果上去了。

【近义词】运送/送

【反义词】接收/收回

5940 **舒畅**(暢) 丙 〔部首〕人 〔笔画〕12

shūchàng (happy)

[形]开朗愉快;舒服痛快:心情～|身体～|感到～|这几天他心情非常～|同学们玩得～极了|车窗打开了,凉爽的风吹进来,使人非常～。

【近义词】愉快/舒服/畅快

【反义词】郁闷/苦闷/忧郁

【提示】舒,姓。

【构词】舒缓/舒卷/舒散/舒松/舒坦/舒心/舒张/舒眉展眼

酣畅/和畅/欢畅/快畅/宽畅/流畅/顺畅/通畅

5941 **舒服** 甲

shūfu (comfortable)

[形]❶身体或精神上感到轻松愉快(用于人)：很～|身体～|感到～|打完球洗个热水澡，～极了|服药后他觉得～多了|我今天身体有点儿不～。❷能使身体或精神感到轻松愉快(用于环境和事物)：家里～|他换了间更～的房间|多么～的床啊！

【近义词】舒畅/愉快

【反义词】难受/痛苦

5942 **舒适(適)** 乙

shūshì (cosy)

[形]舒服安逸：环境～|日子～|很～|女儿给父亲准备了一间非常～的卧室|退了休的老人们安闲～地度着晚年|这样我已经觉得很～了。

【近义词】舒服/安逸

【反义词】艰苦

5943 **舒展** 丁

shūzhǎn (unfold)

[动]展开；不卷缩；不皱：眉头～|～筋骨|～身子|跳水运动员～了双臂准备往下跳|他站起来～～身体，又坐下继续工作|晨风中，正在～的枝叶微微颤动着。

【近义词】展开/伸展

5944 **疏忽** 丁 〔部首〕⻊ 〔笔画〕12

shūhu (neglect)

[动]粗心大意；忽略：～职守|～安全|～学习|一时～，酿成了重大事故|今天是我～了，没按时叫你起床|这样～大意的事，今后不能再出现了。

【近义词】忽略/忽视

【反义词】注意

【构词】疏导/疏放/疏解/疏懒/疏漏/疏略/疏慢/疏浅/疏散/疏失/疏松/疏通/疏于/疏远/疏财仗义

粗忽/飘忽/轻忽/玩忽/悠忽/恍忽

5945 **书(書)** *甲 〔部首〕乙 〔笔画〕4

shū (book)

[名]❶装订成册的著作：一本～|古～|～店|我买了几本～|那部～的内容非常丰富|～是人类精神的营养品。❷〈乙〉文件：证～|说明～|白皮～|判决～|这是他的大学毕业证～|说明～怎么找不到了？|判决～已经送交本人了。❸〈丙〉信件：家～|～札|小林常为他们传～带信|不能见面，只能靠飞雁传～了|～来信往，两个人逐渐产生了感情。

【近义词】❶书籍；❸信

【构词】书案/书报/书册/书场/书痴/书橱/书呆子/书坊/书房/书稿/书柜/书函/书画/书记/书简/书卷(juàn)/书卷气/书库/书迷/书面语/书名号/书目/书皮/书评/书签/书社/书生/书生气/书市/书肆/书摊/书童/书屋/书香/书信/书页/书院/书斋/书展/书桌

5946 **书包** 乙

shūbāo (schoolbag)

[名]布或皮革等制成的袋子，主要供学生上学时装书籍、文具用：大～|皮～|一个～|妈妈给他买了一个新～|你的～太沉了|他的～是皮的。

5947 **书本** 丙

shūběn (books)

[名]书的总称：～知识|依靠～|离开

～|光有～知识是不够的,还要有实践经验|他离开～就不能活了|他把～上学到的知识运用到了实际工作中。

【近义词】书/书籍

5948 **书店** 乙

shūdiàn (bookstore)

[名]卖书的店:一家～|儿童～|大～|这家～是南半球最大的|他上～了|这种书也许儿童～有卖的。

5949 **书法** 丁

shūfǎ (calligraphy)

[名]文字的书写艺术。特指用毛笔写汉字的艺术:～比赛|～展览|硬笔～|爷爷在老年大学学习～|他参加了全国少儿～比赛|他爸爸是位有名的～家。

5950 **书籍** 丙

shūjí (books)

[名]书的总称:文学～|一批～|～的分类|外文书店降价销售一批原版～|～的装帧也十分重要|～的分类要科学。

【近义词】书/书本

5951 **书记**(記) 乙

shūji (secretary)

[名]党、团等各级组织中的主要负责人:总～|支部～|他是我们支部的～|大家选他当班级团支部～|会上,支部～第一个发言。

5952 **书架** 乙

shūjià (bookshelf)

[名]放置书籍用的架子,多用木料或铁制成,也叫书架子:一个～|木～|铁～|他的房间里摆了四个大～|～上的书种类可真不少|他请木工给他打了个新～。

【近义词】书柜/书橱

5953 **书刊** 丁

shūkān (books and periodicals)

[名]书籍和刊物:订阅～|我去邮局订下半年的～|她妈妈在市图书馆的～部工作|读者要爱护～。

5954 **书面** 丁

shūmiàn (written)

[名]用文字表达的:～材料|～语|～汇报|今天上午我收到了他的～答复|访问回来后,他向领导做了～汇报|会议给每位代表都发了～材料。

【反义词】口头

【提示】不单独作谓语,一般作定语或状语。

5955 **书写**(寫) 丁

shūxiě (write)

[动]写:～标语|～工具|汉字的～|学生们正在～标语|汉字的～顺序是从左到右|他正在为大家～对联。

【近义词】写

5956 **书信** 丁

shūxìn (letter)

[名]信:～往来|～格式|～种类|他们常有～往来|你要特别注意～的格式|他正在给同学们讲～的写作。

【近义词】信

【提示】一般用于书面语。

5957 **熟** *甲 〔部首〕灬 〔笔画〕15

shú (cooked)

[形]❶食物加热到可以吃的程度:饭~了|菜~了|煮~了|这把刀是切~肉的|菜已经炒~了|萝卜既可以生吃,也可以~吃。❷植物的果实等完全长成:西瓜~了|~透了|不~|~了的瓜才甜|满园的桃儿早就长~了|苹果~了。❸〈乙〉因常见或常用而知道得清楚:~人|~视无睹|很~|这个人我不太~|~读唐诗三百首,不会吟诗也会吟|我和他姐姐很~。❹〈乙〉熟练:~手|~能生巧|纯~|常言道,~能生巧|他的技术已经很纯~了|他干木工已从生手变成了~手。❺〈乙〉程度深:~睡|深思~虑|儿子已经睡~了|这是经过深思~虑才决定的|他还在~睡。

【近义词】❷成熟;❸熟悉;❹熟练;❺深

【反义词】❶❷❸❹生

【提示】口语中也读作 shóu。

【构词】熟菜/熟地/熟惯/熟客/熟路/熟虑/熟眠/熟人/熟石膏/熟石灰/熟识/熟手/熟睡/熟思/熟铁/熟土/熟语/熟知/熟能生巧/熟视无睹

5958 熟练(練) 乙

shúliàn (skilled)

[形]工作、动作等因常做而有经验:~工人|业务~|十分~|老师傅的操作~极了|他学钢琴才学了一个月就能弹得如此~,真不简单|学员们已经能~地操作电脑了。

【近义词】纯熟/娴熟

【反义词】生疏

5959 熟悉 乙

shúxī (be familiar with)

[动]知道得清楚:~情况|~环境|~业务|我很~这一带的情况|窗外传来十分~的声音|不到两年他就~了全部业务。

【近义词】了解/熟习/熟识

【反义词】陌生/生疏

5960 暑假 乙

〔部首〕日
〔笔画〕12

shǔjià (summer vacation)

[名]学校中夏季的假期,在七八月间:放~|~到了|上个~|~你准备做什么?|考完试就放~|去年的~我学会了游泳。

【反义词】寒假

【构词】暑期/暑气/暑热/暑天/暑瘟

5961 数(數) *甲

〔部首〕攵
〔笔画〕13

shǔ (count)

[动]❶查点(数目);逐个说出数目:~数|~人|你去~~咱们今天种了多少棵树|从15~到30|请~~一共有多少人参加今天的会。❷〈乙〉计算起来、比较起来(最突出):~一~二|~不上|~得上|全班~他功课最好|今天来的都是大人物,哪里~得上他?|~起来,他最小了。

【近义词】❶查/点

【提示】"数"作名词时读 shù,见第5972条。

【构词】数不着/数得着/数伏/数九/数来宝/数落/数贫嘴/数说/数珠/数叨/数不胜数/数黑论黄/数米而炊/数一数二

5962 属(屬) 丁

〔部首〕尸
〔笔画〕12

shǔ (be subordinate to)

[动]❶隶属;归属:直~|附~|~于|我们单位是中央直~机关|这些财产~我所有|他在大学的附~小学当老师。❷用十二属相记生年:~鸡|~

羊|～马|他是～马的|～羊的今年是本命年|他和爷爷都～鸡,正好差四轮。❸系;是:你这样做纯～胡闹|我发誓,所言～实|你所说的,纯～子虚乌有。

【构词】属地/属国/属僚/属下/属性/属意/属员

5963 **属于** 乙

shǔyú (belong to)

[动]归某一方面或为某方所有:～我|～人民|～学校|公司现在～谁领导?|这些财产已经不～学校所有了|胜利是～人民的。

【近义词】归于/属/归

5964 **树**(樹) 甲 〔部首〕木 〔笔画〕9

shù (tree)

[名]木本植物的通称:柳～|一棵～|大～|他躲在了一棵大～的后面|他们种了一棵结婚纪念～|小～被风刮倒了。

【提示】树,姓。

【构词】树丛/树敌/树墩/树冠/树胶/树苗/树皮/树梢/树身/树阴/树阴凉/树脂/树种/树桩/树籽/树杈/树碑立传/树大根深/树大招风

5965 **树干**(幹) 丁

shùgàn (trunk)

[名]树木的主体部分:枯～|大～|锯～|这棵树的～大概有5米粗|～枯朽了,小鸟在里边安下了家|古树的～部分已变成了化石。

【近义词】树身

5966 **树立** 丙

shùlì (set up)

[动]建立(多用于抽象的好的事物):～榜样|～典型|～威信|～信心|英雄们为我们～了光辉的榜样|他从小就～了雄心壮志|全社会应～起助人为乐的风尚。

【近义词】建立

【反义词】取消/撤掉

5967 **树林** 乙

shùlín (woods)

[名]成片生长的许多树木,比森林小。也叫树林子:一片～|村边的～|守护～|孩子们正在小河边的～里玩耍|这片～的主人是王大爷|我们要注意～的防火工作。

【近义词】森林

5968 **树木** 丙

shùmù (trees)

[名]树(总称):花草～|～生长|管理～|乱砍乱伐～的后果是十分严重的|这一地区的～品种繁多|他一生都致力于～的种植研究工作。

【近义词】树

5969 **束** 丙 〔部首〕木 〔笔画〕7

shù (m. bunch)

[量]用于捆在一起或聚成一条的东西:一～|一～～|几～鲜花|一～～稻草整齐地立在田间|他把菊花一～一～地捆好,放在篮子里|他送给我一～鲜花。

【近义词】捆/扎/把

【提示】束,姓。

【构词】束手待毙/束手就擒/束手束脚/束手无策/束之高阁

5970 **束缚**(縛) 丙

shùfù (tie)

［动］使受到约束；使停留在狭窄的范围里：～思想｜～人｜摆脱～｜长期被～小圈子里，他的头脑都有些僵化了｜千万不要～青年人的创造性｜无形的～比有形的～更可怕。

【近义词】约束

【反义词】解放／解除

【构词】绑缚／捆缚／拴缚

5971 **竖**（豎） 丁 〔部首〕立 〔笔画〕9

shù（v. erect；adj. vertical）

［动］使物体跟地面垂直：～电线杆｜～杆子｜～起来｜工人们把柱子～起来了｜老外们惊喜地～起了大拇指｜请把标杆～直了。

［形］跟地面垂直的：～井｜他们几个横倒～卧地睡了｜他会弹～琴。

【反义词】横

【构词】竖井／竖立／竖琴／竖蜻蜓

5972 **数**（數） 乙 〔部首〕攵 〔笔画〕13

shù（number）

［名］❶数目：人～｜岁～｜次～｜～以万计的人参加了广场晚会｜别看他人不大，可心中有～｜请把参加会议的人～统计一下｜请你测一下你一分钟心跳的次～。❷数学上表示事物量的基本概念：自然～｜得～｜分～｜有理～｜小～。❸几；几个｜～个｜～十种｜～小时｜自助餐的品种达～十种｜经过～十个小时的飞行，终于抵达了目的地｜今天的会只有～人参加。

【提示】义项❶的“数”在口语中常儿化；“数”又读 shǔ，见第 5961 条。

【构词】数词／数额／数据库／数控／数量词／数码／数值

5973 **数额**（額） 丁

shù'é（a fixed number）

［名］一定的数目：～有限｜超出～｜不足规定～｜集资的～已达 880 万人民币｜我们的产量还不足规定～的一半｜旅费已超出规定～，要省着点儿花。

【近义词】数目

5974 **数据**（據） 丙

shùjù（data）

［名］进行各种统计、计算、科学研究或技术设计等所依据的数值：统计～｜～可靠｜～保密｜实验～｜目前统计出的～还要保密｜科研人员正在分析得出的～。

5975 **数量** 乙

shùliàng（quantity）

［名］事物的多少：～多｜扩大～｜～减少｜要保证～，更要保证质量｜近年来，境外旅客的～猛增｜大熊猫的～逐年减少。

【反义词】质量

5976 **数目** 丙

shùmù（number）

［名］通过单位表现出来的事物的多少：小～｜～惊人｜大～｜你数（shǔ）好以后，就把～告诉他｜他贪污公款的～惊人｜20 万可不是个小～了。

【近义词】数字／数量

5977 **数学**（學） 甲

shùxué（mathematics）

［名］研究现实世界的空间形式和数量关系的科学，包括算术、代数、几何、三角等：～老师｜～家｜讲～课｜他的～成绩一直不太好｜长大了，我想当个～家｜他是搞～的。

5978 **数字** 乙

shùzì (figure)

[名]❶表示数目的文字:大写～|小写～|写～|汉字的～有小写大写两种|一二三四五是小写～,壹贰叁肆伍是大写～|1、2、3、4、5是阿拉伯～。❷数量:天文～|小～|不是个大～|这笔钱对我来说简直是天文～|统计出的～表明,我们的估计是准确的|这个～有误,请再核对一下。

【近义词】数量/数目

5979 **刷** 乙 〔部首〕刂 〔笔画〕8

shuā (brush)

[动]❶用刷子等用具清除或涂抹:～牙|～鞋|～墙|已经洗干净了,不要再～了|小孩子已经学会～牙了|他用石灰把墙～得雪白。❷比喻除名;淘汰:～下来|被～了|～人|被～下来的选手都不服气|今年高考他被～了下来|他心事重重(chóngchóng),总担心会被～下来。

【近义词】❶擦/涂/抹

【构词】刷卡/刷洗/刷新

5980 **刷子** 丙

shuāzi (brush)

[名]用毛、棕、塑料丝、金属丝等制成的清除脏物或涂抹膏油等的用具,一般为长形或椭圆形,有的带柄:一把～|鞋～|毛～|他正用～刷厕所呢|别用这把～刷白皮鞋|这种～太软了,有硬一点儿的吗?

5981 **耍** 丙 〔部首〕女 〔笔画〕9

shuǎ (play)

[动]❶表演;舞动:～刀|～枪|～龙灯|～狮子|他们正在广场上～龙灯|他～刀～得可好了|那边有个～猴儿的,咱们过去看看热闹。❷玩弄;戏弄:～人|被～|你怎么能这样～我!|别把人家当猴儿～|咱们被人～了。❸施展;表现出来(多含贬义):～笔杆|～态度|～威风|他～了个小花招|你这脾气也～够了,该收场了|他就喜欢～笔杆子,可却没写出什么好作品来。

【近义词】❶表演;❷玩弄/耍弄;❸施展

【提示】①“耍”上面是“而”,不要写成“要”。②耍,姓。

【构词】耍把戏/耍笔杆/耍猴/耍花枪/耍花招/耍猾/耍奸/耍赖/耍赖皮/耍弄/耍脾气/耍贫嘴/耍钱/耍舌头/耍手段/耍手艺/耍态度/耍威风/耍无赖/耍笑/耍心眼儿/耍嘴皮子

5982 **摔** 乙 〔部首〕扌 〔笔画〕14

shuāi (fall)

[动]❶(身体)失去平衡而倒下;很快地往下落:～跤|～跟头|～倒|不小心,～了个大跟头|骑得这么快,也不怕～了!|敌机冒着黑烟～了下来。❷扔;使落下而破损:～坏|～漏|～破|他～破了三个茶杯|他一生气把电视机都～了|～坏的酒瓶堆在墙角。

【构词】摔打/摔跟头/摔跤

5983 **衰老** 丁 〔部首〕亠 〔笔画〕10

shuāilǎo (old and feeble)

[形]年老精力衰弱:显得～|～多了|开始～|两年没见,老人显得～多了|大病之后,他明显地～|心理～比生理～更可怕。

【构词】衰败/衰草/衰竭/衰落/衰迈/衰亡/衰微/衰朽

5984 **衰弱** 丙

shuāiruò (debilitated)

［形］（身体）失去了强盛的精力、机能：心脏～｜身体～｜神经～｜母亲十分～的神经已经受不住任何刺激了｜他身体一天天～下去｜病人的心脏十分～。

【近义词】虚弱/软弱

【反义词】健旺/强健/强盛

5985 **衰退** 丁

shuāituì (decline)

［动］（身体、精神、意志、能力等）趋向衰弱；（国家的政治经济状况）衰落：记忆力～｜经济～｜意志～｜一场大病使他的记忆力很快～了下去｜畜牧业出现了～｜他的自控力怎么～到这种地步！

【近义词】衰败/衰落

【反义词】增强/恢复

5986 **甩** 乙 〔部首〕用 〔笔画〕5

shuǎi (swing)

［动］❶挥动；抡：～胳膊｜～辫子｜～袖子｜老李～着大步往前走了｜她把辫子一～，转身就走了｜球拍被他～到屋顶上去了。❷抛开：～下｜～开｜～在后面｜我被他～开二十多米｜你可不能～下我不管｜赛跑的第一名把其他的人远远地～在后面。

5987 **帅**（帥） 丁 〔部首〕巾 〔笔画〕5

shuài (handsome)

［形］英俊；潇洒；漂亮：～极了｜～哥｜真～｜你男朋友真～！｜这个武打动作干净利落，～极了！｜他字写得真～！

【提示】①“帅”多用来指男子的漂亮。②帅，姓。

5988 **率领**（領） 乙 〔部首〕亠 〔笔画〕11

shuàilǐng (lead)

［动］带领（队伍或集体）：～队伍｜～学生｜～参观团｜白求恩大夫～一个医疗队来到中国｜这个代表团由谁～？｜由他～的这支球队屡战屡胜。

【近义词】带领

【反义词】跟随

【提示】“率”又读 lǜ，如“效率”。

【构词】率先/率性/率真/率直

5989 **拴** 丙 〔部首〕扌 〔笔画〕9

shuān (tie)

［动］用绳子等物系上；比喻留住人或人的思想感情：～马｜～住了｜～得牢｜他把羊～在一棵树上｜这件事把大伙儿～在了一起｜一大堆家务事儿把她～住了。

【近义词】捆/绑

【反义词】解/放

【构词】拴绑/拴缚

5990 **霜** 丙 〔部首〕雨 〔笔画〕17

shuāng (frost)

［名］在气温降到0℃以下时，接近地面空气中所含的水汽在物体表面上凝结成白色冰晶；像霜的东西：下～｜～打｜柿～｜天气太冷了，窗子上结满了～｜庄稼被～打了，肯定得减产｜听说柿～能治口腔炎｜明天有～冻，得做好防寒准备｜今年下～下得真早。

【构词】霜晨/霜冻/霜害/霜花/霜降(jiàng)/霜期/霜天

5991 **双**（雙） 丙 〔部首〕又 〔笔画〕4

shuāng (both)

[形]❶两个(多指对称的,与“单”相对):~翅|男女~方|~手|他摆着~臂大踏步走着|他实在太累了,~腿又酸又麻|男女~方见面后都十分满意。❷偶数的(跟“单”相对):每逢~日,往A市发一艘货船|我现在发号,凡是拿到单号的站在左边,~号的站右边。❸加倍的:他一个人干~份的工作|年终的那个月我们拿了~份工资。

【反义词】单

【提示】双,姓。

【构词】双胞胎/双边/双宾语/双杠/双轨/双季稻/双亲/双全/双人舞/双声/双数/双双/双薪/双眼皮/双月刊/双职工/双管齐下

5992 **双** 甲

shuāng (m. pair)

[量]用于成对的东西:一~鞋|一~手|一~袜子|每人发~白手套|桌子上摆着8~筷子|我最喜欢这~鞋了。

【反义词】只

5993 **双方** 乙

shuāngfāng (both sides)

[名]在某一件事上相对的两个人或集体:男女~|~队员|签约~|比赛开始前,~队员互换礼物|他们俩是~自由恋爱结婚的|由于~的努力,问题顺利地解决了。

【反义词】单方

5994 **爽快** 丁 〔部首〕大 〔笔画〕11

shuǎngkuai (refreshed)

[形]❶舒适痛快:心里~|身上~|今天精神分外~|把长久闷(mēn)在心里的话说出来后觉得十分~|洗了个澡,身上~多了。❷直爽;直截了当:性格~|为人~|真~|他这个人说话、办事~极了|老板极~地答应了|他是个~人。

【近义词】❶舒服/痛快/舒适

【反义词】❶忧郁/郁闷;❷忸怩/扭捏

【构词】爽脆/爽口/爽朗/爽利/爽目/爽身粉/爽心/爽直/爽然若失

5995 **谁**(誰) 甲 〔部首〕讠 〔笔画〕10

shuí (who)

[代]❶疑问代词,询问不知道的人:~拿走了今天的报纸?|您找~?|这是~的书?❷指代不能肯定的人:我并没有责怪~|好像~曾对我说过这件事|今天上午有~给我来过电话吗?❸指代任何人:我刚来,~也不认识|~先到~先买票|不论是~,都得按规章办事。

【提示】又读 shéi。

5996 **水** 甲 〔部首〕水 〔笔画〕4

shuǐ (water)

[名]❶最简单的氢氧化合物,无色、无味、无臭(xiù)的液体:一杯~|一桶~|~温|鱼离不开~|这~的味儿不大对劲儿|在人的生活中,~的作用可大了。❷泛指江、河、湖、海:~陆交通|~上人家|~旱码头|这里的~陆交通都十分通畅|青山绿~,风光秀丽|我爱祖国的山和~。❸稀的汁:药~儿|墨~儿|甘蔗的~儿很甜|这药~儿太难喝了|他把墨~儿弄了一身。

【提示】义项❸的“水”口语中常儿化。

【构词】水坝/水饱/水泵/水笔/水表/水滨/水兵/水波/水彩/水彩画/水草/水车/水程/水葱/水道/水电部/水

电站/水痘/水饭/水肥/水粉/水粉画/水阁/水沟/水管/水国/水害/水旱/水红/水葫芦/水花/水患/水火/水货/水碱/水浇地/水饺/水窖/水晶/水晶宫/水晶体/水井/水酒/水军/水寇/水牢/水雷/水力/水帘/水量/水淋淋/水灵/水流/水龙头/水路/水陆/水蜜桃/水面/水磨(mò)/水磨石/水墨画/水鸟/水牛/水暖/水平/水平面/水平线/水平仪/水枪/水球/水渠/水杉/水蛇/水蛇腰/水势/水手/水塔/水田/水土/水汪汪/水位/水文/水文站/水系/水仙/水线/水箱/水乡/水星/水性/水锈/水袖/水靴/水烟/水烟袋/水舀子/水银/水银灯/水印/水域/水运/水葬/水藻/水闸/水战/水肿/水竹/水柱/水准/水到渠成/水滴石穿/水火无情/水落石出/水乳交融/水深火热/水泄不通/水性杨花/水涨(zhǎng)船高/水中捞月

5997 水产(產) 丁

shuǐchǎn (aquatic products)

[名]海洋、江河、湖泊里出产的动物藻类等的统称,一般指有经济价值的,如各种鱼、虾、贝类等:~公司|~品|~品中,他最喜欢虾了|东部地区的~业很发达|他负责~品的进出口工作。

5998 水稻 乙

shuǐdào (rice)

[名]种在水田里的稻,有粳稻和籼稻两大类:种~|收~|插~|今年的~长势很好|由于水灾,去年~的产量有所下降。

【构词】旱稻/晚稻/早稻/中稻

5999 水电(電) 丁

shuǐdiàn (water and electricity)

[名]❶水和电:~费|浪费~|这个月的~费还没收|我们要节约~。❷利用水力发电:~站|应该在这条河上修个~站。

6000 水分 丙

shuǐfèn (moisture)

[名]物体内所含的水;比喻某一情况中夹杂不真实的成分:~充足|吸收~|~不大|植物靠它的根从土壤中吸收~|他说的话里有很大~|他这个人办事~很大,所以应该小心。

6001 水果 甲

shuǐguǒ (fruit)

[名]可以吃的含水分较多的植物果实的统称,如梨、桃、苹果等:~熟了|摘~|采~|一斤~|一筐~|她非常喜欢吃~|多吃~有益于身体健康|秋天是多种~成熟的季节。

6002 水库(庫) 丙

shuǐkù (reservoir)

[名]拦洪蓄水和调节水流的水利建筑物,可以利用来灌溉、发电和养鱼:十三陵~|挖~|夏天,有许多孩子在村边的~里洗澡|河的上游修了一个~|这个~的容量很大。

6003 水利 丙

shuǐlì (irrigation works)

[名]利用水力资源和防止水的灾害;水利工程的简称:~工程|兴修~|~枢纽|~灌溉|~建设|~工程师|我们要大力发展~事业|历史上许多地方官员十分重视兴修~|他正在~工地视察。

6004 **水力** 丙

shuǐlì (hydraulic power)

[名]海洋、河流、湖泊的水流所产生的做功能力,是自然能源之一,可以用来发电或做转动机器的动力:~资源|~发电|这个省的~资源十分丰富|这条河的上游有一个~发电站。

6005 **水泥** 乙

shuǐní (cement)

[名]一种重要的建筑材料,灰绿色或棕色的粉末:建筑~|~地面|搅拌~|钢筋~|一吨~|郊外有座~厂|这家工厂生产的~质量很好。

【构词】拘泥/烂泥/蒜泥/印泥/油泥/淤泥/枣泥

6006 **水平** 甲

shuǐpíng (level)

[名]❶跟水面平行的:~线。❷在生产、生活、政治、思想、文化、艺术、技术、业务等方面所达到的高度:~高|有~|没有~|生活~|专业~|技术~|医疗~|汉语~|提高~|她没有他那么高的~|加强学习,提高政治思想~和业务~|为了提高汉语~,他来到了中国。

【近义词】❷程度

6007 **水土** 丁

shuǐtǔ (water and soil)

[名]❶土地表面的水和土:~流失|保持~|森林能保持~|多植树能避免~流失。❷泛指自然环境和气候:~不服|初到南方,由于~不服,他病了|一方~养一方人。

6008 **水源** 丁

shuǐyuán (head-waters)

[名]❶河流发源的地方。一般泉水、冰雪水、沼泽、湖泊等都是河流的水源:形成~|~干枯|这股泉水就是山下那条河流的~|青藏高原的冰山雪地为长江和黄河提供了丰富的~。❷民用水、工业用水或灌溉用水的来源:保护~|疏清~|井水是这一地区民用水的重要~|丰富的~保证了这里的灌溉|这里的~有问题,所以村民容易生病。

6009 **水灾**(災) 丁

shuǐzāi (flood)

[名]因久雨、山洪暴发或河水泛滥等原因而造成的灾害:发生~|招致~|~严重|我们要防止~|~会给人类带来很大的损失|那一地区今年又发生了大~。

【反义词】旱灾

6010 **水蒸气**(氣) 丁

shuǐzhēngqì (steam)

[名]气态的水。常态下液态的水加热到100℃时就开始沸腾,迅速变成水蒸气:浴室里有许多~|由~冷却而成的水无毒|~没有细菌。

6011 **睡** 甲 [部首]目 [笔画]13

shuì (sleep)

[动]睡觉:早~早起|~着了|没~着|刚~|~醒|不~|能~|你看他~得多香!|别~了,该下车了|你昨晚~得好吗?

【构词】睡袋/睡裤/睡懒觉/睡莲/睡帽/睡梦/睡眠/睡魔/睡袍/睡容/睡乡/睡眼/睡衣/睡意

6012 **睡觉**(覺) 甲

shuì jiào (fall asleep)

进入睡眠状态：不～|没～|该～了|睡了一觉|睡不着觉|他总是工作到深夜，很晚才～|我每天中午都要睡一觉|他～了，你明天再来找他吧。

【提示】离合词，中间可以插入其他成分，如：他睡了一个小时的觉。

【构词】晌觉/午觉

6013 **睡眠** 丙

shuìmián (sleep)

［名］睡觉的生理现象：～很好|～不好|保证～|影响～|每天中午应该保证有一个小时的～时间|～能恢复体力和脑力|他看上去总是显得～不足的样子。

6014 **税** 丙 〔部首〕禾 〔笔画〕12

shuì (tax)

［名］国家向征税对象按税率征收的货币或实物：农业～|工业～|商业～|营业～|纳～|免～|交～|收～|征～|上级要求每月15日交～|这个商店里卖的都是免～商品|税务员负责收～。

【提示】税，姓。

【构词】税额/税法/税金/税款/税率(lǜ)/税收/税务/税源/税则/税制/税种(zhǒng)

6015 **税收** 丁

shuìshōu (tax revenue)

［名］国家征税时得到的收入：增加～|降低～|～政策|调整～|国家～取之于民，用之于民|今年的～政策有所改变|国家的～增加了。

6016 **顺**(順) *丙 〔部首〕页 〔笔画〕9

shùn (adj. in the same direction as; v. be agreeable)

［形］方向相同；通顺，没有障碍：～风|～水|～风行船，自然行得快|这件事，他干得很～|他写的文章字句不大～。

［动］❶适合：～心|～眼|不～他的意|这菜吃着很～口|你这样一打扮，看着就～眼了。❷顺从：归～|百依百～|你不要什么都～着他。❸〈丁〉使方向一致；使有条理次序：把船～过来，一只一只地靠岸停下|这篇文章还得～一～|书架上的书太乱，你把它们～一～。

【提示】顺，姓。

【构词】顺差/顺畅/顺次/顺从/顺带/顺当/顺道/顺耳/顺访/顺风/顺服/顺杆爬/顺脚/顺境/顺口溜/顺溜/顺路/顺毛驴/顺民/顺气/顺势/顺水/顺遂/顺心/顺延/顺眼/顺意/顺嘴/顺理成章/顺手牵羊/顺水人情/顺水推舟/顺藤摸瓜

6017 **顺** 乙

shùn (along)

［介］沿着：这条路没有人行道，你要～着路边走，免得被车碰着|他俩～着河岸散步|你～这条路走到头，然后向右拐，就是邮局|眼泪～着脸颊流下来。

【近义词】沿

【提示】"顺"作介词时一般带"着"。

6018 **顺便** 乙

shùnbiàn (conveniently)

［副］乘做某事的方便(做另一事)：你去买东西的时候，～也替我买点儿|我～来看看你|我去医院看病，～看望了一位住院的朋友。

【近义词】趁便/就便/顺手

6019 **顺利** 乙

shùnlì (smooth)

[形]在事物的发展或工作的进行中没有或很少遇到困难:很～|非常～|不～|工作～|他们～地完成了任务|我们～地到达海南|他～地考上了大学|我的工作一直很～。

6020 **顺手** 丙

shùnshǒu (smooth)

[形]❶做事没有遇到阻碍;顺利:非常～|不～|不太～|事情办得相当～|实验开始时不很～,也是很自然的。❷很轻易地一伸手;随手:他～从地上拾起一块石头|他～把灯关了。❸顺便;捎带着:院子扫完了,～也把屋子扫一扫|我今天洗衣服的时候,～把你的也洗了。

【近义词】❶顺利;❸顺便

6021 **顺序** 丁

shùnxù (order)

[名]次序:有～|没～|按照～|要按～买票|这里真乱,一点儿～都没有!|你应该熟悉工作～。

6022 **说**(說) *甲 〔部首〕讠 〔笔画〕9

shuō (say)

[动]❶用话来表达意思:～话|不～|我～|他什么也没～|我不会唱歌,只～了个笑话|听了他的话,我一句话也～不出来了。❷解释:～一下|～一～|一～就明白|关于这个问题,我再～几句|他～了半天,我还是不懂。❸〈乙〉责备;批评:挨～了|爸爸～了他几句|孩子大了,你不要总～他|我把她～哭了。

【构词】说不得/说不来/说不上/说不准/说辞/说道/说得来/说和/说话/说教/说客/说理/说媒/说明书/说明文/说亲/说书/说笑/说笑话/说长道短/说好说歹/说三道四/说一不二

6023 **说不定** 丙

shuōbudìng (perhaps)

[副]可能,没有把握的一种推测:他～一会儿就来了|来的那人～是他的父亲|这件事～能成功|这么多年没有他的消息,～他已经死了。

6024 **说法** 丙

shuōfa (wording)

[名]❶措辞:几种～|改换～|这是一种较为委婉的～|这种～比较容易让人接受。❷意见;见解:你刚才说女人比不上男人,这种～是错误的|是继续搞下去,还是停下来,大家～不一。

6025 **说服** 丙

shuō fú (persuade)

用理由充分的话使对方心服:～他|～对方|你要耐心地～小王,不要让他总想家|我～不了他,还是你去和他谈吧|我终于把他～了。

【提示】"说服"是动补结构,中间可插入"得"或"不":说得服|说不服。

6026 **说谎**(説謊) 丁

shuō huǎng (tell a lie)

有意识说不真实的话:不～|～了|～是不好的行为|他是个诚实的孩子,从不～|他在老师面前说了谎|我只说过一次谎,还被人家识破了。

【近义词】撒谎

【提示】离合词，中间可插入其他成分，如：说了个大谎|说过谎。

6027 **说明** 甲

shuōmíng（v. explain; n. explanation）

［动］❶解释明白：～原因|～问题|他～了事故的原因|你有困难，大家会帮助你，但你应该向大家～情况|请你给大家～一下。❷证明：事实充分～这种做法是正确的|他能这样做～他是很高明的人。

［名］解释意义的话：图片下边附有～|这段～写得很好|你给这些新产品写个～吧。

6028 **说情** 丁

shuō qíng（plead for mercy for sb.）

代人请求宽恕；给别人讲情：替人～|为他～|来他这里～的人很多|他已替小王说了情|你只要替我说这一回情就可以了|我给你向他说过情，但没有用，他不肯原谅你。

【近义词】求情

【提示】离合词，中间可以插入其他成分，如：说说情|说了一次情。

6029 **撕** 乙 〔部首〕扌 〔笔画〕15

sī（tear）

［动］用手使东西（多为薄片状的）裂开或离开附着处：～掉|～不开|～不动|～纸|～开|他把信～成了碎片|他从本子上～下一张纸来|他想把这块布～开，但是～不动。

【近义词】扯

【构词】撕扯/撕毁/撕破脸

6030 **斯文** 丁 〔部首〕斤 〔笔画〕12

sīwen（cultivated）

［形］文雅：假装～|很～|他说话挺～的|他的样子很～|他做事总是斯斯文文的。

【提示】斯，姓。

6031 **思** 丁 〔部首〕心 〔笔画〕9

sī（think）

［动］❶思考；想：多～|深～|寻～|前～后想|请你三～而后行|这件事很值得我们深～。❷思念；怀念；想念：～家|～亲|相～|他日日夜夜～恋着亲人|每逢佳节倍～亲|他～家心切，终于辞掉了工作，踏上归途。

【近义词】❶思考/想；❷思念/怀念/想念/惦念

【提示】思，姓。

【构词】思凡/思归/思过/思旧/思恋/思量/思路/思虑/思乡

6032 **思潮** 丁

sīcháo（trend of thought）

［名］❶某一时期内在某一阶段或阶层中反映当时社会政治情况而有较大影响的思想潮流：文艺～|社会～|民主～|在“五四”时期，各种社会～非常活跃|这是一种进步的政治～|这种文艺～在社会上影响很大。❷接二连三的思想活动：～起伏|～澎湃|看到这张照片，我～起伏，难以平静|写作的时候他～澎湃，一个剧本，几天就写好了。

【近义词】❶潮流

6033 **思考** 丙

sīkǎo（think）

[动]进行比较深刻、周到的思维活动：独立～|～问题|～一下|认真～|学生也要～国家和民族的大事|他正～着如何把计划付诸实施|你要好好儿地～～|时间紧迫，已经没有～的余地了|经过认真～，他决定报考师范院校。

【近义词】考虑/思索/思量

6034 **思念** 丙

sīniàn (think of)

[动]想念：～亲人|～家乡|～祖国|母亲～儿子|他～儿子～得吃不下饭，睡不好觉|他终于回到了日夜～的故乡。

【近义词】想念/怀念

【反义词】忘记

【提示】"思念"一般用于对活着的人，而不用于已经死去的人，例如不说："我们永远思念那些为人民的幸福而牺牲的烈士。"这时最好用"怀念"。

6035 **思前想后**(後) 丁

sī qián xiǎng hòu (ponder over)

形容前前后后地反复思考：～，他还是觉得这事做得不妥|他～，最后决定还是去。

【提示】"…前…后"是一种固定格式，可以组成很多四字语，如"承前启后"、"惩前毖后"、"空前绝后"、"瞻前顾后"等。

6036 **思索** 丙

sīsuǒ (ponder)

[动]思考探求：认真～|静静地～|～问题|他严肃～过这件事的前因后果|他～了很久|能告诉我你～的结果吗？|这种现象引起了作家痛苦的～。

【近义词】思考/考虑

6037 **思维**(維) 丙

sīwéi (thinking)

[名]在表象、概念的基础上进行分析、综合、判断、推理等认识活动的过程：～活动|进行～|～是人类特有的一种精神活动。

【构词】恭维/纤维

6038 **思想** *甲

sīxiǎng (thought)

[名]❶想法；念头：贪图享乐的～我不赞成|他早就有为祖国献身的～|你这种～是什么时候产生的？❷〈乙〉客观存在反映在人的意识中经过思维活动而产生的结果：～家|英雄主义～|～水平|～体系|～工作|他的～很进步|人的正确～是从社会实践中得来的|我们一定要加强～修养。

6039 **思绪**(緒) 丁

sīxù (thinking; mood)

[名]思路；情绪：～万千|～飞腾|近日～不宁，不能进行写作|不要扰乱了他的～|她尽量保持～的宁静。

6040 **私** 乙 〔部首〕禾 〔笔画〕7

sī (adj. private; n. privacy)

[形]❶属个人的或为了个人的：～事|～产|～心|～信。❷秘密而不合法的：～货|～盐|～通|任何人不得～设公堂，非法审讯他人|罪犯～刻了公章。

[名]个人或跟个人有关的事情：公～|无～|营～|正确处理公与～的关系|他在工作中能做到公而忘～|有的

人总做损公肥～的事。

【反义词】公

【构词】私奔/私产/私仇/私党/私方/私房/私访/私愤/私话/私货/私交/私利/私立/私了(liǎo)/私囊/私情/私商/私生活/私史/私事/私通/私下/私心/私刑/私蓄/私语/私欲/私章/私衷

6041 私人 乙

sīrén (adj. private; n. individual)

[形]❶属于个人或以个人身份从事的;非公家的:～企业|～资本|～秘书|～资本受法律保护|这是一家～企业。❷个人和个人之间的:～关系|他们几个人～感情一直很不错。

[名]个人:属于～|～可以办学|～有权处理私有财产|这幢楼的产权属于～|你跟我谈话是代表单位呢,还是代表～?

【近义词】个人

【反义词】国家/公家/单位

6042 私营 丁

sīyíng (privately run)

私人经营:～企业|这家商店是国营的还是～的?|～商店越来越多|要允许～企业的存在。

【反义词】国营

6043 私有 丙

sīyǒu (privately owned)

私人所有:～企业|～财产|要保护～财产|国有制与～制并存|这些房产属于～,允许自由买卖。

【反义词】公有/国有

6044 私有制 丁

sīyǒuzhì (private ownership)

[名]生产资料归私人所有的制度:消灭～|～社会|建立～|产生～|～与公有制是两种所有制形式|他是研究～社会经济的。

【反义词】公有制

6045 私自 丁

sīzì (privately)

[副]背着组织或有关的人,自己(做不合乎规章制度的事):～逃跑|这是公物,不能～拿走|他利用工作之便,～拿走许多重要资料。

6046 司法 丁

〔部首〕口
〔笔画〕5

sīfǎ (administration of justice)

[名]指检察机关或法院依照法律对民事、刑事案件进行侦察、审判:～机关|～部门|昨天,纵火犯被～机关依法逮捕|他在～部门工作。

【提示】司,姓。

【构词】司号员/司令员/司炉/司务长/司仪/司空见惯

6047 司机(機) 乙

sījī (driver)

[名]火车、汽车和电车等交通工具上的驾驶员:火车～|出租车～|他是我们单位的汽车～|要尊重～同志|～不能酒后开车。

6048 司令 丙

sīlìng (commander)

[名]某些国家军队中主管军事的人:空军～|海军～|～员|王～|他是这个军区的～|这一仗是～亲自指挥的。

6049 司令部 丁

sīlìngbù (headquarters)

[名]军队的某些高级指挥机构；也指战场上的最高指挥机构：海军～｜他在～当参谋｜～里人是不多，但都精明强干。

6050 **丝**(絲) *乙 〔部首〕一 〔笔画〕5

sī (silk)

[名]❶蚕丝：～织品｜真～｜～绸｜～线｜他穿了一件真～衬衫｜这种～袜穿起来很舒服｜这是杭州～绸。❷像丝的物品：铁～｜钢～｜萝卜～儿｜他切的土豆～真细｜有的微血管像头发～那样细。❸〈丙〉极少或极小的量：一～不差｜一～风也没有｜脸上一～笑容也没有。

【构词】丝绸/丝糕/丝瓜/丝绵/丝绒/丝线/丝织品/丝竹/丝丝入扣

6051 **丝毫** 丙

sīháo (the slightest amount)

[形]极少或很少；一点儿：～不差｜～不能马虎｜他没有～的顾虑｜这个人～的情义也没有。

【近义词】一点(儿)/一丁点儿

【反义词】许多

【提示】不能重叠，但可说"一丝一毫"。

【构词】挥毫/狼毫/秋毫/羊毫

6052 **死** 甲 〔部首〕歹 〔笔画〕6

sǐ (die)

[动]失去生命：～活｜～了一头牛｜～了几棵树｜人要～得有价值｜喷农药后，许多害虫都～了｜她病～在医院里｜难道他想～？

【近义词】去世/牺牲/故去/逝去/逝世/亡故/死亡

【反义词】活/生

【构词】死板/死党/死敌/死对头/死鬼/死胡同/死活/死火山/死角/死节/死结/死局/死扣/死理/死路/死难/死脑筋/死棋/死囚/死神/死尸/死守/死水/死胎/死亡率/死心眼儿/死信/死讯/死因/死战/死罪/死得其所/死灰复燃/死里逃生/死皮赖脸/死气沉沉/死去活来/死有余辜/死于非命/死马当活马医

6053 **死** 丙

sǐ (extremely)

[形]❶表示达到极点：笑～人｜高兴～了｜饿～了，快开饭吧｜脏～了，怎么不打扫打扫？❷不可调和的：～敌｜～对头｜他俩之间有个～结｜他们是～对头，见面就吵。❸固定；死板；不活动：～脑筋｜～心眼儿｜～规矩｜～水｜开会的时间要定～｜你这真是～要面子活受罪｜你怎么这样～心眼儿？｜～记硬背没有好处。❹不能通过：～胡同｜～路一条｜把漏洞堵～了。❺不顾生命；拼死：～战｜～守｜他紧紧地抓住栏杆，～不放手。

6054 **死亡** 丙

sǐwáng (die)

[动]失去生命：～惨重｜～率｜殖民主义正走向～｜许多动物由于缺少生态环境而～｜面对～他毫不畏惧。

【反义词】生存

6055 **死刑** 丁

sǐxíng (death penalty)

[名]剥夺犯人生命的刑罚：判处～｜执行～｜现在有些国家的法律已废除了～。

【构词】暴刑/从刑/大刑/电刑/动刑/毒刑/服刑/缓刑/极刑/减刑/绞刑/就刑/苦刑/酷刑/量(liàng)刑/临刑/

免刑/判刑/肉刑/私刑/徒刑/行刑/严刑/执刑/罪刑

6056 **寺** 丁 〔部首〕土 〔笔画〕6

sì (temple)

[名]❶佛教的庙宇：少林～|护国～|法源～|他常到～里去拜佛|～里有许多和尚|～里的建筑很有特色。❷伊斯兰教徒礼拜、讲经的地方：清真～。❸古代官署名：大理～|太常～。

【构词】寺观/寺庙/寺院

6057 **四** 甲 〔部首〕四 〔笔画〕5

sì (four)

[数]数目，三加一后所得：～个人|～头牛|～尾鱼|～张床|～把椅子|二加二等于～。

【提示】四，姓。

【构词】四边形/四不像/四方步/四近/四邻/四旁/四声/四史/四书/四外/四望/四围/四下里/四言诗/四野/四则/四周围/四海为家/四面楚歌/四平八稳/四舍五入/四时八节/四通八达/四仰八叉

6058 **四处**(處) 丙

sìchù (everywhere)

[名]周围各地：～奔走|～都是沙漠|草原上～都是牛羊|他为了儿子找工作～托人说情。

【近义词】四方/各处/四面八方

6059 **四方** 丁

sìfāng (all sides)

[名]指东、南、西、北，泛指各处：～响应|～奔走|他的威名震动了～|～农民都来投奔他。

【近义词】八方/四处/各处

6060 **四季** 丁

sìjì (the four seasons)

[名]指春、夏、秋、冬四个季节，每季三个月：～长青|～分明|～如春|这里的气候～温暖|这种花～都开花|松树～长春。

6061 **四面八方** 丙

sì miàn bā fāng (all directions)

四面指前后左右，八方指东南西北和东北、东南、西北、西南，泛指周围各地：来自～|～的客人|一方有难，～都来支援|北京是交通中心，铁路通向～。

【提示】"四…八…"是汉语中的一个固定格式，分别用在两个意义相近的词或词素前面，如：四通八达、四平八稳。

6062 **四肢** 丁

sìzhī (the four limbs)

[名]指人体的两上肢和两下肢，也指某些动物的四条腿：～发达|狗的～|马的～|他的～很健全，但脑子有问题|他～发达，头脑简单。

【近义词】四体

【构词】断肢/后肢/截肢/前肢/上肢/下肢/腰肢

6063 **四周** 丙

sìzhōu (all around)

[名]周围：～没有人|～静悄悄的|他仔细察看～，没有发现可疑的情况|许多人站在他的～听他讲话|房子～种满了花草。

6064 **肆** 丁 〔部首〕聿 〔笔画〕13

sì（four）

[数]"四"的大写。用在大写的数字或数量词组中：～拾柒|叁佰伍拾～|贰仟～佰元|陆佰壹拾～箱。

【提示】"肆"作形容词意思是不顾一切，任意妄为：放～|大～攻击。"肆"作名词意思是铺子：茶楼酒～。

6065 **似** 丁 〔部首〕亻〔笔画〕6

sì（seem）

[动]❶像；如同：相～|近～|类～|～是而非|他们俩写的字很相～|妹妹长得～妈妈，弟弟像爸爸|他总说那种～是而非的话。❷似乎：～属可行|～应从速办理|远处飘来一阵～有～无的乐声|你的病再养一个月，～可痊愈。❸表示超过：好～往年|人民生活一年强～一年|他的身体一天好～一天。

【近义词】❶❷像

【提示】"似"又读 shì，如"似的"，见第5833条。

6066 **似乎** 乙

sìhū（as if）

[副]仿佛；好像：他～很高兴|他～很紧张|他～知道这个字的意思，但又讲不出来。

【近义词】仿佛/好像

6067 **似是而非** 丁

sì shì ér fēi（specious）

好像是，又好像不是：他的话，总是～|这些论点～|做任何事情，都要认真，不能～的。

6068 **似笑非笑** 丁

sì xiào fēi xiào（faint smile）

又像笑又不是在真笑：他～地说："欢迎你"|他对人态度很神秘，说话时总是～的|希望你严肃一点儿，不要总做出～的样子。

【提示】"似…非…"是汉语中的一个固定格式，嵌用同一个单音名词、形容词或动词，表示又像又不像的意思。如：似绸非绸|似红非红|似懂非懂。

6069 **饲料**（飼） 丁 〔部首〕饣〔笔画〕8

sìliào（feed）

[名]喂家禽或家畜的食物：牛～|鸡～|给牛加点儿～|将玉米加工成～|黑豆是马最爱吃的～。

6070 **饲养**（養） 丙

sìyǎng（raise）

[动]喂养（动物）：～员|～场|精心～|他家～了二十多只鸡|这匹马交给你～|去年～的海龟全死了|这种小动物需要精心～|我可～不活这么多鸭子。

【近义词】喂养

6071 **松**（鬆） *乙 〔部首〕木〔笔画〕8

sōng（adj. loose; v. loosen）

[形]❶松散：这包书捆得太～，容易散|她～～地梳着一条大辫子|腰带系得～一点儿更好看。❷〈丙〉经济宽裕：这个月我手头～一些，给他寄了点儿钱去|过去日子过得很紧，现在宽～多了|他花钱手特别～，多少钱也能花出去。❸〈丙〉不坚实：馒头蒸得又～又软，真好吃|睡在～软的床上，真舒服|点心～脆适口。

[动]使松：～一～腰带|～口气|放～一下|一定要努力干下去，千万不能～劲儿|听说孩子考上大学了，他终

于～了一口气|他吃得太多了，～了～腰带。

【反义词】紧

【提示】松，姓。“松”作为姓氏，不是“鬆”的简化字。

【构词】松绑/松弛/松动/松泛/松花/松鸡/松紧带/松快/松气/松球/松仁/松软/松散/松手/松鼠/松涛/松香/松懈/松心/松针/松脂/松子/松松垮垮

6072 **松树**(樹) 丙

sōngshù (pine)

[名]一种四季常青的植物：一棵～|～林|～下坐着一位老人|～枝叶繁茂|香山有许多～。

【提示】“松树”的“松”不是“鬆”的简化字。

6073 **耸**(聳) 丁 〔部首〕耳 〔笔画〕10

sǒng (tower)

[动]❶直立：～立|高～入云|大楼高～入云|路边～立着一排钻天白杨。❷引起注意；使人吃惊：危言～听|他的话，简直是～人听闻|你不要总是危言～听，这没有什么可怕的。

6074 **送** *甲 〔部首〕辶 〔笔画〕9

sòng (deliver)

[动]❶把东西运去或拿去给人：～报|～信|～行李|把这本书～给李老师|他让我今天就把钱给他～去|麻烦你顺便把这封信～给他。❷赠送：奉～|姐姐～我一本纪念册|这是我～他的生日礼物|您太客气了，～这么多东西|我把那张音乐会的票～给朋友了。❸〈乙〉陪着离去的人一起走：～行|～别|～朋友|～到河边|他一直把我～下楼|别～了，请回吧|他到机场去～朋友。

【近义词】❶❷给

【反义词】❶❷要/接受；❸接/迎/迎接

【构词】送别/送亲/送人情/送丧/送死/送葬/送终/送往迎来

6075 **送礼**(禮) 丙

sòng lǐ (give sb. a present)

赠送礼品：～的人|喜欢～|他从不给人～|他憎恨那些只知道～走后门的人。

【反义词】受礼

【提示】离合词，中间可插入其他成分，如：送了许多礼。

6076 **送行** 乙

sòngxíng (see sb. off)

[动]到远行人启程的地方，和他告别，看他离开：为他～|～的人群|我这次没能给他～|小王今天要坐飞机去美国，我们都到机场为他～|为了给他～，我们大家聚在一起吃了一顿。

6077 **搜** 丁 〔部首〕扌 〔笔画〕12

sōu (search)

[动]❶仔细寻找：～集|～罗|～求|我把房间～遍了，也没找到钥匙|你再～一～，也许能从冰箱里找到点儿吃的。❷搜查：～身|～腰|～捕|什么也没～着|不能随便～别人的腰包|海关人员在他的行李中～出了毒品。

【近义词】❶找；❷搜查

【构词】搜捕/搜刮/搜罗/搜身/搜寻/搜索枯肠

6078 **搜查** 丁

sōuchá (search)

[动]搜索检查(犯罪的人或违禁的东西):～犯人｜～毒品｜禁止～｜允许～｜他没有～的权力｜警察～了他的房间,搜出许多赃物｜刑警人员对作案现场进行了～。

【近义词】搜

6079 **搜集** 丙

sōují (collect)

[动]到处寻找(事物)并聚集在一起:～意见｜～古代文物｜货币陈列室～了历代的货币｜他在业余时间～邮票｜这是～的最新资料｜这种名家字画他最喜欢～。

6080 **搜索** 丁

sōusuǒ (search for)

[动]仔细寻找(隐藏的人或东西):～前进｜～残敌｜四处～｜这片树林子已经～过两遍了｜他一边说话,一边用目光在房间里四处～着｜他们反复进行了～,结果还是没有发现什么可疑的情况。

【近义词】搜查/搜

6081 **艘** 丙 〔部首〕舟 〔笔画〕15

sōu (m. *for boats*)

[量]用于船只的量词:五～小船｜两～军舰｜在港口停泊着一～远洋货轮。

6082 **苏醒**(蘇) 丁 〔部首〕艹 〔笔画〕7

sūxǐng (revive)

[动]昏迷后醒过来:～过来｜医生赶到时,病人还未～｜春天来了,大地渐渐～｜大娘～过来一会儿,又昏过去了｜他摔晕了,半天才～过来。

【近义词】清醒

【反义词】昏迷/昏睡

【提示】苏,姓。

6083 **俗** 丁 〔部首〕亻 〔笔画〕9

sú (n. custom; adj. popular)

[名]风俗:入乡随～｜移风易～｜伤风败～｜风～｜民～｜习～｜世～｜流～｜随～｜这里的乡～十分古朴｜这种恶～应该除掉｜过春节,移风易～,人们不再放鞭炮。

[形]❶大众的;普遍流行的:通～｜～语｜～话｜～文学｜这些画是比较高雅的,而这些是比较～的,你要哪一种?｜我是个～人,说的话当然也～。❷不高雅:那样打扮实在太～了｜那个胖子,满口脏话,真是～极了!｜他是个很～气的人。

【构词】俗名/俗气/俗曲/俗人/俗套/俗文学/俗语

6084 **俗话**(話) 丙

súhuà (common saying)

[名]俗语,在大众中普遍流行的话:～说:龙生龙来凤生凤,老鼠生来会打洞｜～是老百姓在长期生活实践中总结出来的｜他的作品中经常引用～。

【近义词】俗语

6085 **素** 丁 〔部首〕糸 〔笔画〕10

sù (adj. white; plain; n. vegetable)

[形]本色,白色;颜色单纯,不艳丽:～服｜～净｜白色的床单太～了｜这块布料颜色～得很｜她喜欢穿～色衣裙。

[名]❶蔬菜、瓜果等食物(跟"荤"相对):～馅｜～菜｜～食｜荤～｜他一直坚持吃～｜他喜欢吃～馅饺子,不喜欢吃肉馅的｜他做的～菜比荤菜还好

吃。❷带有根本性质的物质：元～｜因～｜激～｜要～｜色～｜词～｜毒～。

【近义词】[形]淡

【反义词】[形]艳；[名]❶荤

【构词】素材/素菜/素餐/素淡/素服/素净/素酒/素来/素描/素日/素食/素席/素雅/素养/素油/素愿/素志/素昧平生

6086 **素质**(質) 丁

sùzhì (quality)

[名]素养；修养：文学～｜军事～｜～好｜～高｜这个人的～很高｜只要～好，就有培养前途｜他的军事～很高，有可能成为杰出的指挥员。

【近义词】素养

6087 **速成** 丙 〔部首〕辶 〔笔画〕10

sùchéng (speeded-up educational program)

[动]将学习期限缩短，在短期内很快学完：～班｜～学院｜他在英语～班学习了半年｜有些课题的研究可以～，而有些课题却不能｜在～班学得的知识很多都能现学现用。

【构词】速记/速决/速决战/速效/速写

6088 **速度** 乙

sùdù (speed)

[名]沿着一定方向运动的物体在单位时间内所经过的距离；泛指快慢的程度：～很快｜～太慢｜开车的～太快了不安全｜行车应保持一定的～｜他跑的～比我快。

6089 **塑料** 乙 〔部首〕土 〔笔画〕13

sùliào (plastic)

[名]一种人工制成的材料，一般有质轻、绝缘、耐腐蚀等特点：～用品｜～用具｜软～｜硬～｜～玩具｜～可以用来制造各种日用品｜这个杯子是～的｜～用品比较便宜。

6090 **塑造** 丁

sùzào (model)

[动]❶用泥土等可塑材料塑成人物或其他形象：～人物头像｜他以崭新的风格～了公园里的那组群雕｜老王～的人物头像生动极了。❷用语言文字或其他艺术手段表现人物形象：他在作品中～了许多独特的艺术形象｜那位电影演员～的曹操很成功。

【近义词】❶雕塑；❷描写/创造

6091 **宿舍** 甲 〔部首〕宀 〔笔画〕11

sùshè (dormitory)

[名]企业、机关、学校等供给工作人员及其家属或供给学生住的房屋：集体～｜女生～｜～楼｜这是小王的～｜我的～是2号楼206号｜我和他共住一个～｜我们的～很大。

【提示】①“宿”字下面是“佰”，不是“伯”。②宿，姓。③“舍”又读 shě，如：舍不得。

【构词】宿仇/宿敌/宿命论/宿营/宿怨/宿债

村舍/房舍/馆舍/寒舍/鸡舍/精舍/客舍/邻舍/旅舍/茅舍/农舍/田舍/校舍

6092 **诉讼**(訴訟) 丁 〔部首〕讠 〔笔画〕7

sùsòng (lawsuit)

[动]检察机关、法院以及民事案件中的当事人，刑事案件中的自诉人解决案件时所进行的活动：～人｜进行～｜～活动｜北京中级人民法院主持了这起杀人案件的～｜对侵犯遗产事件，

他向法院提起～。

【提示】"诉"字右边是"斥"，不能写成"斤"。

【构词】诉苦/诉说/诉冤/诉状

6093 **肃清**（肅清） 丁 〔部首〕肀 〔笔画〕8

sùqīng (eliminate)

[动]彻底清除：～内奸｜～封建意识｜必须～｜坚决～｜窜入林区的残敌尚未完全～｜必须坚决～一切消极影响。

【近义词】清除

【构词】肃静/肃立/肃穆/肃杀

6094 **酸** *甲 〔部首〕酉 〔笔画〕14

suān (sour)

[形]❶像醋的气味或味道：～菜｜～枣｜醋放多了，菜的味道太～｜这种糖～～的，挺好吃｜他爱闻那股～～的气味｜牛奶已经变～了。❷〈乙〉难过；伤心：辛～｜心～｜悲～｜他鼻子一～，眼泪流了下来。❸〈乙〉微痛无力的感觉：腰～腿疼｜手腕子～～的｜腿站～了。❹〈丙〉讥讽文人迂腐：～秀才｜书呆子，你不要太～了｜这个人说话～极了。

【反义词】❶甜

【构词】酸菜/酸楚/酸溜溜/酸梅/酸梅汤/酸牛奶/酸软/酸涩/酸甜/酸痛/酸辛/酸文假醋

6095 **蒜** 丁 〔部首〕艹 〔笔画〕13

suàn (garlic)

[名]一种草本植物，其地下鳞颈味辣，可以食用：大～｜一头～｜一瓣～｜吃～｜～的味道｜我很喜欢吃～｜北方人吃饺子喜欢就瓣～｜我买了三头～。

【构词】蒜瓣/蒜黄/蒜苗/蒜泥/蒜头

6096 **算** *甲 〔部首〕竹 〔笔画〕14

suàn (calculate)

[动]❶计算数目：珠～｜笔～｜心～｜预～｜他今天～了10道题｜大家认真～～这笔账｜这些题我全～对了。❷〈乙〉计算进去：明天球赛～我一个｜这次派人参加学习，你～上我了吗？｜～上他，一共三个人去看电影。❸〈乙〉推测：我～他今天该动身了｜你～错了，他今天不来｜你～一下，这亩地能打多少粮食？❹〈丙〉认做；当做：他可以～是一个好人｜在这个班里，他～是身体最好的｜钱包丢了，今天～我倒霉！❺〈丙〉算数，承认有效：这里，我说了～｜他说的不～｜你们这里谁说了～？

【构词】算草/算尺/算卦/算计/算命/算式/算题/算学/算账

6097 **算了** 乙

suànle (leave it at that)

作罢；不再计较：～，别说了！｜他不愿意就～吧｜你一个人去～。

【提示】多用于口语，没有否定形式。

6098 **算盘** 丁

suànpan (abacus)

[名]❶一种计算数目的用具：打～｜买～｜那个商店的会计计算账目时仍然使用～｜用～计算是中国的一种传统计算方法｜他打～打得特别好。❷心中的计划、打算：如意～｜他这次可打错了～｜他心中的小～打得可精细了。

6099 **算是** 丙

suànshi (count as)

[动]认作;当做:你也～个医生了,可要改改马虎的毛病啊!|他～我们班年龄最小的了。

【提示】作副词时表示经过相当长的时间以后某种愿望终于实现;总算:这一下你～猜着了|我们很早就有这个打算,现在～实现了|我的任务～完成了,你的呢?

6100 **算术**(術) 丁

suànshù (arithmetic)

[名]数学的一个分科,研究计数法、自然数和分数的四则运算,以及关于数的性质的基础知识:～题|学习～|他正在做～作业|这道～题真难。

【近义词】数学

6101 **算数**(數) 丙

suàn shù (count)

承认有效力:说话要～,不能翻悔|以前的不～,你得重新做|你说话到底算不算数?

6102 **虽**(雖) 丙 〔部首〕虫 〔笔画〕9

suī (though)

[连]虽然:事情～小,意义却很大|奶奶～上了年纪,身体却很好|～是两家人,但跟一家人一样亲。

【提示】后一分句常有表示转折的"可"、"但"、"却"等与之呼应。

6103 **虽然** 甲

suīrán (although)

[连]用在表示转折的复句中,下半句常有"但是"、"可是"与之呼应,表示转折:他～工作很忙,可是对业余学习并不放松|现在我们～生活富裕了,但是也要注意节约|～他年纪并不太大,但书倒读得不少。

【近义词】尽管/即使/纵然/虽说/虽

【提示】"虽"和"虽然"都用于转折复句,但在用法上稍微有些不同:①"虽然"能用在主语前或主语后,"虽"只能用在主语后;②"虽然"能用于口语和书面语,"虽"一般只用于书面语。

6104 **虽说**(説) 丙

suīshuō (although)

[连]虽然:～是开玩笑,也该有个分寸|～天气不太好,但我们还得赶到那里去|小妹～才16岁,可家里的活儿样样都能干。

【近义词】虽然/尽管/纵然

【提示】多用于口语。

6105 **随** *乙 〔部首〕阝 〔笔画〕11

suí (prep. along with; v. follow)

[介]❶表示向同一方向行动:～着形势的发展,我们的任务更加繁重了|树叶～风飘落|你们～我走吧|你～他一起去吧。❷顺便:请～手关灯|请～手关门。

[动]❶跟:跟～|追～|哪怕走到海角天涯,我也跟～着你|我在前面走,他紧～在后边。❷〈丙〉任凭:去不去～你吧|你不要管他了,～他去吧。❸〈丁〉像:他长得～他父亲|他说话做事～他妈。

【提示】随,姓。

【构词】随笔/随从/随大流/随地/随份子/随风倒/随感/随和/随军/随口/随群/随顺/随俗/随同/随心/随行/随员/随葬/随波逐流/随风转舵/随机应变/随声附和(hè)/随心所欲/随遇而安

6106 **随便** 乙

suíbiàn (casual)

[形]❶不在范围、数量等方面加以限制：～走｜～写｜～闲谈｜今天找你来，是想～谈谈｜明天你～什么时候来都可以，我总在家。❷怎么方便就怎么做，不加考虑：我说话很～，请你不要见怪｜上课时不能～说话｜写文章不能太～，要对读者负责。

【提示】"随便"作连词时，表示"任凭"、"无论"：～什么戏，他都爱看｜～谁来检查，他都照样干他的。

6107 **随后**(後) 丙

suíhòu (soon afterwards)

[副]表示紧接某种情况或行动之后，多与"就"连用：你先走，我～就去｜你先坐飞机去，行李～就到。

6108 **随即** 丙

suíjí (immediately)

[副]随后就；立即：事故发生后，警察～赶到现场｜下飞机后，我～搭车前往宾馆｜问过以后，我～记下了他的电话号码。

【提示】"随即"与"随后"都表示时间先后承续，都是副词，但在意义和用法上稍有不同：①在承接的时间上，用"随后"表示的不如用"随即"表示的接得紧凑。②"随后"常用于口语，"随即"多用于书面语。

6109 **随时**(時) 乙

suíshí (at any time)

[副]❶不拘什么时候：有问题可以～来问我｜我这几天在家休息，如果有事可以～往家里给我打电话。❷有需要或有可能的时候(就做)：我军将士严阵以待，准备～消灭来犯之敌｜按需生产，～缺货可以～供应。

【近义词】时时/时常/经常/常常

6110 **随时随地** 丁

suí shí suí dì (any time and any place)

不论在什么时候，不论在什么地方：一旦有问题，要～加以解决｜我们准备～为大家服务｜他～都十分注意自己的仪表｜那个包他～都背着。

6111 **随手** 丙

suíshǒu (conveniently)

[副]顺手：请～关灯｜请你～把门关上｜贵重的东西，不要～乱放｜我～把通知夹在了书里。

【近义词】顺手

6112 **随意** 丁

suíyì (at will)

[副]任凭自己的意思：室内温度可以～调节｜他～点了几个菜｜这里不能～出入，得出示工作证。

【近义词】任意

6113 **随着** 丁

suízhe (along with)

[介]跟随：路上的车很多，一辆～一辆｜这人没主见，总是～潮流走｜语言～社会的产生而产生，～社会的发展而发展。

【近义词】跟着

6114 **碎** 乙　〔部首〕石　〔笔画〕13

suì (broken)

[形]❶零星；不完整：～布｜～屑｜琐～｜墙角堆着几大堆～石子、～石块｜窗帘的花样要大方些，不要太小太

～。❷说话唠叨:嘴太～|闲言～语|老太太的嘴也太～了,成天说个没完。

6115 **岁**(歲) 甲 〔部首〕山 〔笔画〕6

suì (year [of age])

[量]表示年龄的单位:孩子三～了|我比他大一～|他有二十多～了|这匹马是六～口。

6116 **岁数**(數) 丙

suìshu (age)

[名]人的年龄:他今年多大～了?|妈妈是上了～的人了|我的～连自己也记不清了。

【提示】问别人年龄时,"岁数"一般只用于问年龄较大的人,不能用于问小孩。例如:×这小孩多大岁数了?

6117 **岁月** 丁

suìyuè (years)

[名]年月:漫长的～|艰苦的～|新的战斗～,给他的生命增添了光彩|我们常常回忆起那些～|随着～的流逝,母亲头上有了白发。

【近义词】年头/日子/年月

6118 **穗** 丁 〔部首〕禾 〔笔画〕17

suì (ear of grain)

[名]❶稻麦等禾本科植物的花或果实聚生在茎的顶端,叫做穗:麦～|稻～|拾麦～|弯弯的谷～预示着丰收。❷用丝线、布条或纸条等扎成的、挂起来往下垂的装饰品:灯笼～|旗子上还有丝线编成的～。

【提示】穗,姓。

6119 **隧道** 丁 〔部首〕阝 〔笔画〕14

suìdào (tunnel)

[名]在山中或地下凿成的通路:一条～|这列火车要经过好几条～|～里很黑|工人们干了6个月才挖通这条～。

【近义词】地道/地下通道

6120 **孙女**(孫) 丙 〔部首〕子 〔笔画〕6

sūnnǚ (granddaugher)

[名]儿子的女儿:小～|乖～|他有一个～、一个孙子|他今年就要抱～了。

【提示】孙,姓。

【构词】孙女婿/孙媳妇/孙子

6121 **孙子** 丙

sūnzi (grandson)

[名]儿子的儿子:我的～|大～|好～|漂亮的～|胖～|～长大了|张爷爷每天让～给他读报纸|张家的～长得又白又胖。

6122 **损**(損) 丁 〔部首〕扌 〔笔画〕10

sǔn (harm)

[动]❶减少:增～|～失|～兵折将|由于连日下雨,仓库里的粮食受潮变质,～失不小|请把兵员增～的数字报上来。❷损害;损坏:～人利己|这样会使大家利益受～|这项工作对国家有益无～|～人的事别干|乌云蔽日,无～于太阳的光辉|由于长时间的贩运,这批货物破～严重|玉杯掉在了地上,但完好无～|不许随意～坏公物。

【近义词】❶减/减少;❷损害/损坏

【反义词】❶加/增加/添

【构词】损公肥私/损人利己

6123 **损害** 丙

sǔnhài (damage)

[动]使事业、健康、名誉、利益等受到损失：～名誉|～健康|～程度有所减轻|商品质量差，～商店的声誉|他的不负责任严重～了公司利益|夫妻双方相互不信任，使他们之间的感情受到～。
【近义词】伤害/危害/损坏/损伤/破坏
【反义词】保护/爱护/增益/维护

6124 **损耗** 丁

sǔnhào (v. consume and lose; n. loss)
[动]损失消耗：～能量|～汽油|～设备|这辆卡车～油量太大|冬季的大白菜从菜地运到每个住户家里，有10%要～掉|产品的成本要加上制造中设备～的部分|如果干下去，将～大量的人力、物力。
[名]货物由于自然原因或运输而造成的消耗损失：运输中的～|自然～|粮食的～|搬运的～|水果的～|由于张师傅精心保护，这台机器一直用到现在，仅受到轻微的～|领导要求每一个职工应充分利用原材料，避免不必要的～|最近天气太热，店里的水果～很大。
【近义词】消耗
【构词】噩耗/内耗/消耗

6125 **损坏**(壞) 丙

sǔnhuài (damage)
[动]使失去原来的使用效能：～文具|～桌椅|～门窗|～庄稼|～的东西|～得严重|受到～|～的情况|桥梁～的程度，技术人员正在检查|这些文物在运输途中受到严重～|由于灭火及时，这栋房子才没受到太大～|不能让牲畜～庄稼。
【近义词】损害/损伤/破坏/毁坏
【反义词】修复/爱护/保护/修理

6126 **损人利己** 丁

sǔn rén lì jǐ (benefit oneself at the expense of others)
使别人受到损失而使自己得到好处：～的事情|～的思想|不能～|反对～的行为|我们坚决反对～的思想|他有～的毛病|这人净干些～的事|～最终没有好结果|他不～怎么会发财？|不能让他继续～，坑害群众了。
【近义词】自私自利/损公肥私
【反义词】大公无私/公而忘私
【提示】"己"不能写成"巳"或"已"。
【构词】克己/律己/屈己/体己/异己/知己/自己

6127 **损伤**(傷) 丁

sǔnshāng (harm)
[动]损害；伤害：～自尊心|～积极性|～腿骨|～的部位|受到～|造成～|经理的错误决策大大～了公司职工积极性|长期在高温下工作，使他的健康受到～|不按程序操作，容易～机器的制冷功能|练功姿势不对会～身体。
【近义词】损害/损失/损坏

6128 **损失** 乙

sǔnshī (v. lose; n. loss)
[动]没有代价地消耗和失去：～财物|～木材|～衣服|一场大火，山上的树木～了大半|由于工作疏忽，给国家财产造成了～。
[名]没有代价地消耗或失去的东西：巨大的～|严重的～|这次水灾造成的～是巨大的|这种～无法弥补。
【近义词】损耗
【反义词】获得/补偿

6129 **笋** 丁 〔部首〕竹 〔笔画〕10

sǔn (bamboo shoot)

[名]竹的嫩芽，味鲜美，可以做菜，也叫竹笋：～叶｜～干｜碗一样粗的～｜采～｜挖～｜爸爸今天从山上挖了好多～｜～干用水发一下炖肉很好吃｜这些～太老了，根本没法吃。

6130 **缩**(縮) *乙 〔部首〕纟 〔笔画〕14

suō (shrink)

[动]❶由大变小或由长变短；收缩：紧～｜～短｜～小｜热胀冷～｜～成一点儿｜天气一冷，这块塑料布就～小了｜布料一下水，就～了很多｜电线一遇冷就～｜衣服洗过后～得不成样子｜气球跑气了，逐渐在～小。❷没伸开或伸开了又收回去：～脖子｜～手～脚｜～回｜～成一团｜伸～｜小王晚上睡觉总把头～在被窝里｜他常把手～在袖子里｜年纪轻轻的，别老～着脖子，挺起胸来！❸〈丙〉后退：一有危险的事，他就不知～到哪儿去了｜他见困难就往后～。

【近义词】❸退

【反义词】❶涨(zhàng)/胀/膨胀；❷伸；❸进

【构词】缩编/缩减/缩水/缩微/缩写/缩印/缩影/缩手缩脚/缩头缩脑/缩衣节食

6131 **缩短** 丙

suōduǎn (shorten)

[动]使原有的长度、距离、时间变短：～距离｜～尺寸｜～时间｜长度～｜路程～｜自从架桥后，去县城的路～了一半｜现在单位正是人员紧张的时候，他不得不～假期｜经过谈话后，我们在看法上～了距离。

【近义词】缩减/压缩/减少

【反义词】延长/增加

6132 **缩小** 丙

suōxiǎo (reduce)

[动]使由大变小：～范围｜～差别｜面积～｜体积～｜开始～｜可能～｜迅速地～｜随着经济发展，我国的城乡差别进一步～｜由于集成电路的使用，收音机的体积～了很多｜近几年，农业用地面积逐年～。

【近义词】缩减/减/压缩/紧缩

【反义词】扩大/扩展/扩张/放大

6133 **索性** 丁 〔部首〕十 〔笔画〕10

suǒxìng (simply)

[副]表示直截了当；干脆：我们～一口气干完算了｜难得出来玩一次，～玩个痛快｜反正衣服都湿了，～洗了｜楼里这么吵，别学习了，～出去散步吧。

【近义词】干脆

【提示】索，姓。

【构词】索道/索赔/索桥/索求/索引

6134 **锁**(鎖) 丙 〔部首〕钅 〔笔画〕12

suǒ (lock)

[名]安在门、箱子、抽屉等的开合处或铁链的环孔中，使人不能随便打开的金属器具，一般要用钥匙才能开：铜～｜铁～｜大～｜银～｜最大的～｜结实的～｜沉重的～｜一把～｜张华回家时，看见自己家门上挂着一把新～｜父亲买回一把自动～｜昨天晚上，商店的～不知被谁撬开了｜那把～生锈了，用钥匙怎么也打不开。

【构词】锁骨/锁链/锁钥

6135 **锁** *丙

suǒ (lock)

[动]❶用锁使门、箱子、抽屉等关住或使锁链拴住:~门|~柜子|~抽屉|把箱子~起来|把狗~起来|多~几道|~不住|赶快~门走吧,大家都在楼下等着呢|教室里没有人,门都~着呢。❷〈丁〉一种缝纫方法:~边|~眼儿|~~边|邻居张阿姨帮我把裤子~了一下边|请帮我~~扣眼儿|这衣服的边还没~好。

【近义词】❶关

【反义词】❶开/启

〔部首〕斤
〔笔画〕8

6136 所 乙

suǒ (n. place; m. *for houses, schools, hospitals, etc.*)

[名]处所:场~|住~|居~|各得其~|你的住~在哪里?|他的居~十分简陋。

[量]用于房屋、学校、医院等:一~医院|三~房子|两~大学|一~~|一~一~|河边那三~白房子属于研究院|学校资金有限,不能一下子建那么多~宿舍。

【提示】所,姓。

【构词】所向披靡/所向无敌

6137 所 *乙

suǒ (part. 为/被…所, *expressing a passive meaning*)

[助]❶跟"为"或"被"合用,表示被动:为她~吸引|为金钱~动|为人~笑|被表面现象~迷惑|被人~弃|他看问题太片面,容易被表面现象~迷惑|星外来客尚未被科学~证实|他的小说风格还没有被读者~接受。❷〈丙〉用在动词前,跟动词组成名词性词组,作定语:人们~接受的事物|我~认识的人|他~提的意见|你~写的文章|他~忽视的因素,正是他失败的原因|物价问题是老百姓~关心的|如何提高学生的学习兴趣,一直是张老师~思考的。

6138 所得 丁

suǒdé (gain)

[名]得到、获得的东西:生产~|劳动~|~甚多|李教授把科技发明奖的~全部捐献给残疾人协会了|这些钱是他的劳动~。

6139 所得税 丁

suǒdéshuì (income tax)

[名]国家对个人和企业按一定比率从各种收入中征收的税:征收~|上缴~|个人~|扣除~|逃避~|在个人劳务收入中,要扣除应缴纳的~|缴纳~是每个公民的义务。

6140 所属(屬) 丁

suǒshǔ (subordinate)

[形]统属之下的;自己隶属的:~人员|~企业|~单位|~种类|教育部规定~各院校都要参加读书活动|命令~各部队一齐出动|国务院~机关人员正在精简|石油部~企业正在进行体制改革。

6141 所谓(謂) *乙

suǒwèi (so-called)

[形]❶所说的:~团结|~国家|~分析|~民主|~现代化|~年轻,就是永远积极向上,朝气蓬勃|这就是~的"飞流直下三千尺,疑是银河落九天"的庐山瀑布|那就是古人~的塞外了。❷〈丙〉(某些人)所说的(含不承认意):这个~的医生连感冒也治

不好｜那个～的专家其实一点儿学问也没有。

【提示】义项❷多用于引用别人的言语，含有否定的意义、贬义、讽刺意味。

【构词】称谓

6142 **所以** *甲

suǒyǐ (so)

[连]❶用在第二分句，表示结果或结论，前一分句常用"因为"与之呼应：我和他是同事，～我们很熟｜司机病了，～我来替他开车｜今年冬天天气很冷，～麦苗都冻死了｜因为蚊子很多，～要用蚊帐｜因为这里气候好，～植物种类很多。❷〈乙〉用在前一分句主语和谓语之间，提出需要说明原因的事情，下一分句说明原因：我～跟他比较熟，是因为我们是邻居｜他～喜欢小燕，是因为她长得漂亮｜我～总用这台机器，是因为我用惯了。❸〈丙〉上一分句说明原因，下一分句用"是…所以…的原因（缘故）"引导出结果：我和他一起工作过，这就是我～熟悉他的原因｜几个月没下雨，这就是草～枯死的原因｜前边发生了交通事故，这就是道路～堵塞的原因。

6143 **所有** 甲

suǒyǒu (all)

[形]全部；一切：～的画｜～的书｜～的财产｜～的房间｜～的衣服｜房间～的地方都找了，还是没有找着｜忘记过去～的一切，从新开始干｜～的人我都问过了，都不知道他在哪里。

【近义词】全部/一切

【反义词】个别/部分

【提示】多作定语，不受程度副词修饰，不能重叠，一般不作谓语。

6144 **所有权**(權) 丁

suǒyǒuquán (ownership)

[名]国家、集体或个人对于生产资料或生活资料的占有权：拥有～｜获得～｜归还～｜交还～｜这些土地的～归国家｜这份遗产的～归他｜他拥有这片房屋的～。

6145 **所有制** 丁

suǒyǒuzhì (system of ownership)

[名]生产资料归谁占有的制度，它决定人们在生产中相互关系的性质，是生产关系的基础：～的问题｜～不同｜多种～｜私有制也是社会主义～形式的一个重要组成部分｜改革开放后，各种～形式都在经济中充分发挥着作用。

6146 **所在** 丙

suǒzài (place)

[名]❶处所：很远的～｜驻守的～｜吃饭的～｜战斗的～｜在一处幽静的～，有一座汉墓｜谁也不知道他埋藏枪支的～。❷存在的地方：问题的～｜关键的～｜根本～｜厂里年年亏损，不能按市场需要及时调整生产是问题的～｜广大群众的支持，是我们得以发展的根本～。

【近义词】处所/地方/地点

T

6147 **他** *甲 〔部首〕亻 〔笔画〕5

tā (he)

[代]❶称你、我以外的男性第三者单数,或指性别不明及不必区分性别的第三者单数:~自己|有~|不是~|为了~|同学们一致选~为班长|~的书不小心弄丢了|~最近工作很忙|不管什么人,只要努力,~必将会有收获。❷〈丙〉虚指(用在动词与数量词之间):睡~一觉|吃~一顿|玩~一天|喝~个痛快|看~个够|再写~一晚,这篇论文就完成了|宴会上喝~个痛快|三天没睡了,今晚哪儿都不去,睡~个够。❸〈丁〉指别的方面或其他方面:留作~用|毫无~求|只图安安静静过日子,别无~求|暂时先留着,往后还有~用。❹〈丁〉另外的;其他的:~人|~处|~日|~山之石,可以攻玉|~乡也有情,~乡也有爱|~乡明月|~日再来拜访您。

【构词】他日/他杀/他伤/他乡

6148 **他们**(們) 甲

tāmen (they)

[代]称自己和对方以外的若干人:~的|告诉~|问~|让~|今晚我有事,请告诉~我不能参加学习了|~上星期到医院看望了那位英雄|~的父母都是我们厂的人。

6149 **他人** 丁

tārén (other people)

[代]别人:~的东西|~的钱财|为~着想|吸取~的经验|不许随便拿~的东西|他贩卖毒品,只顾自己发财,不管~死活|雷锋急~所急,想~所想。

6150 **它** 甲 〔部首〕宀 〔笔画〕5

tā (it)

[代]称人以外的事物:这把刀生锈了,赶快磨磨~|那张柜子放的不是地方,把~挪一挪|~的特殊性在于简单易学。

6151 **它们**(們) 甲

tāmen (they)

[代]称不止一个的事物:安装~|买到~|空运~|放弃~|~都陈旧了,只好作废品处理了|这里有几张旧桌椅,你先拿~去用吧|这些小虫子~也有家。

6152 **她** 甲 〔部首〕女 〔笔画〕6

tā (she)

[代]❶称自己和对方以外的某个女性:~的|娶~|给~买衣服|爱~|喜欢~|~从早忙到晚|做饭、喂奶、洗衣服,样样事都离不开~|~的两个女儿都考上了大学|一个女人应该有~独立的人格。❷称自己敬爱或珍爱的事物,如祖国、国旗等:生活在异乡的人时刻惦念着~——祖国母亲|国旗,~永远飘扬在我心中。

【构词】她们

6153 **她们**(們) 甲

tāmen (they)

[代]称自己和对方以外的若干女性：~的|表扬~|为~|对~|热爱~|~笑了|~是我们团仅有的几位女兵|完成任务后，~笑得那样甜|中国女排连得冠军，不知~为此淌了多少汗水。

【提示】有男性和女性同时存在时，要用“他们”，只有全部为女性时才用“她们”。

6154 **塌** *丙 〔部首〕土 〔笔画〕13

tā (collapse)

[动]❶倒下或陷下：楼~了|桥~了|路基坍~|冲~了|压~了|洪水来得太猛，一下子就把墙给冲~了|看台上站的人太多，加上拥挤，不一会儿看台就~了|这是石灰岩地区，路基经常~陷。❷凹下：~鼻子|~进去一块|~下去一点儿|她瘦得两腮都~下去了|面发得很软，轻轻一按就~下一个小窝。❸〈丁〉安定；镇定：洗完衣服，他才~下心来看书|孩子没睡觉，她干什么都~不下心。

【近义词】❶倒(dǎo)；❷凹；❸安心/镇定

【反义词】❷凸；❸慌张

【构词】塌方/塌架/塌台/塌陷

6155 **踏实**(實) 丙 〔部首〕足 〔笔画〕15

tāshi (steady and sure)

[形]情绪安定；不浮躁：~地工作|~多了|~得很|睡不~|十分~|经过几年的实际锻炼，小李变得~多了|孩子苏醒了，能吃东西了，母亲的心也~了|他工作一贯~|听医生一说，他心里~了许多。

【近义词】扎实/安定/安稳

【反义词】浮躁/虚浮/慌张

【提示】①“踏实”也作“塌实”。②“踏”又读 tà，见第 6175 条。

6156 **塔** 乙 〔部首〕土 〔笔画〕12

tǎ (pagoda)

[名]❶佛教的建筑物，有种种形式，通常有 5 层到 13 层，顶上是尖的：宝~|佛~|铁~|尖~|白~寺|这儿的佛~已年久失修|少林寺里有许多佛~|白~寺位于北京西城区|公园里有一座砖~。❷塔形的建筑物：金字~|~钟|夜间，大海上亮着灯~|水~应建在高地上。

【提示】塔，姓。

6157 **踏** 丙

tà (step on)

[动]踩：~步|~上脚|~上路程|~了~|~~脚|大家一起~着拍子唱歌|他们勇敢地~上了新的征程|要想成功，必须脚~实地地干才行。

【近义词】踩

【提示】“踏”又读 tā，见第 6155 条“踏实”。

【构词】踏板/踏步/踏春/踏访/踏勘/踏青/踏雪/踏月

6158 **抬** 甲 〔部首〕扌 〔笔画〕8

tái (lift)

[动]❶往上托；举：~手|~一下脚|~起头来|~得高|~了两次|能~起|可以~|应该~|他~起眼，看了一下四周，没发现什么情况|他把脚~得高高的|他~起头四处张望。❷共同用手或肩膀搬东西：~轿子|~木料|~病人|~担架|~过来|请帮忙~一下大衣柜|你们两个人把这张床~到卧室里去|病人出血很多，~的时候小心点儿。

【构词】抬杠/抬高/抬价/抬轿子/抬

举/抬筐/抬头/抬头纹

6159 **台**(臺) *乙 〔部首〕厶 〔笔画〕5

tái (n. platform; m. *for play, machine, etc.*)

[名]❶平而高的建筑物,便于在上面瞭望:瞭望~|塔~|高~|亭~楼阁|他站在高~上往下瞭望|他爬上瞭望~向远处望去|高~建在山顶上。❷公共场所或室内外高出地面便于讲话或表演的设备:主席~|舞~|~上~下|平~上|讲~|他走上~来,和演员一一握手|~上坐着几位著名的作家|~下观众聚精会神地看着京剧。❸〈丙〉像台的东西或类似桌子的器物:井~儿|窗~儿|锅~|写字~|梳妆~|柜~|他在井~上打水|我趴在窗~儿上看雨景|你的梳妆~真漂亮。

[量]用于戏剧、演出、机器、设备等:一~机器|一~戏|一~电脑。

【提示】①特指台湾:港~同胞|~币。②台,姓。

【构词】台笔/台布/台步/台秤/台词/台灯/台风眼/台基/台鉴/台历/台球/台扇/台钟/台柱/台柱子/台子

6160 **台风**(颱風) 丁

táifēng (typhoon)

[名]发生在太平洋西部海洋和南海海上的热带空气旋涡,是一种极猛烈的风暴,风力常达10级以上,同时有暴雨:强~|12级~|~警报|~预告|~过后|强烈的~摧毁了许多建筑物|气象台预告说今晚有10级以上~|~真厉害,一晚上刮倒了好几棵大树。

6161 **台阶**(階) 丁

táijiē (step)

[名]❶用砖、石、混凝土等筑成的一级一级供人上下的建筑物,多在大门前或坡道上:上~|下39级~|石板~|~塌了|爬~|到泰山旅游,不爬~就没乐趣了|他一口气爬了20级~|我国经济又上了一个新~。❷指解除僵持局面的办法或机会:给自己找个~|给人一个~|我们俩闹得很僵,后来我开了个玩笑,给了他个~下。

【构词】官阶/军阶/音阶

6162 **泰然** 丁 〔部首〕水 〔笔画〕10

tàirán (calm)

[形]形容心情安定:处之~|~自若|~无事|很~|~得很|~自得|十分~|对功名,张老先生~处之|他~自若地坐在沙发里喝茶,好像什么事都没发生过一样|他内心虽然紧张,脸上却显出~的神情。

【近义词】安然

【提示】泰,姓。

【构词】泰斗(dǒu)/泰然自若/泰山鸿毛/泰山压顶

6163 **太** *甲 〔部首〕大 〔笔画〕4

tài (extremely)

[副]❶表程度极高,多用于赞叹,句末常带"了":这法子~好了!|那女孩~漂亮了!|新买的那辆车~高级了!|国贸大厦~高了!|那位女歌手唱的歌~美了!|我们~感谢你了!❷表示程度过分,超过一般情况或要求,用于不理想的事情:这文章~长,最好删一删|那电影~旧了|这么重要的会,来的人~少了|水~热,没法儿洗脸|人来得~多了,椅子都不够了。❸〈乙〉很(多用于否定):不~好|不~够|不~全|不~舒服|不~理想|文章写了好几遍,都不~满

意|反复干了三四遍，还是不～合标准|老板这几天不～愉快|实验做了多少遍，都不～成功。

【近义词】❶可/非常/十分/特别/最；❷过于/过分；❸很/十分

【提示】太，姓。

【构词】太公/太古/太后/太湖石/太极拳/太监/太师椅/太阳灯/太阳地/太阳穴/太子/太仓一粟

6164 **太空** 丁

tàikōng (outer space)

[名]极高的天空：～飞行|～人|～遨游|～飞船|～旅行|我梦想有一天去～旅行|火箭飞入～，正按预定轨道运行|流星从～中陨落。

6165 **太平** 丁

tàipíng (peaceful)

[形]指社会平安；安宁：～年代|社会～|～人间|不很～|很不～|这里近几年社会治安不好，街上也不～|老百姓总算盼到了～的日子|如今世道～，人民生活稳定、安乐。

【近义词】安定

【反义词】混乱

6166 **太太** *乙

tàitai (Mrs.)

[名]❶对已婚妇女的尊称(带丈夫的姓)：张～|王～|李家的～|～们|王～回到家就晕倒了|李～都五十多了，看上去还那么年轻|那老头娶了一个二十八九的～。❷〈丙〉旧时称某人的妻子或丈夫对人称自己的妻子(多带人称代词作定语)：我～跟他原来是同学|他～是大户人家的小姐|你～真有福气。❸〈丁〉旧时通称官吏的妻子，或者仆人等称女主人：我们家的～可厉害了|我家～不在家，您明天再来吧|县长～明天请您吃饭。

6167 **太阳**(陽) 甲

tàiyáng (the sun)

[名]❶银河系恒星之一，地球和其他行星都围绕着它转，并且从它得到光和热：火红的～|～升起来了|～跳出了东海|～落山了。❷指阳光：有～|没～|外面～很热|～普照大地|中午～强烈的时候，我们先在屋里歇一歇|这几天连下了几天雨，一直没～。

【构词】残阳/端阳/还(huán)阳/骄阳/夕阳/向阳/斜阳/阴阳/朝(zhāo)阳/遮阳

6168 **太阳能** 丁

tàiyángnéng (solar energy)

[名]太阳所发出的辐射能，是地球上光和热的源泉，能产生高温，为人类所利用：利用～|贮存～|开发～|采用～|～热水器|～电池|～是天然能源，最大的好处是无污染|青藏高原的～资源丰富，可以开发民用。

〔部首〕心
〔笔画〕8

6169 **态度**(態) 甲

tàidu (manner)

[名]❶人的举止神情：～大方|好～|～恶劣|～谦虚|～温和|他的～终于恭敬起来|这样的～怎么能解决问题？|～好一点儿，别人才有可能与你合作。❷对于事情的看法和采取的行动：劳动～|表明～|～鲜明|～强硬|以科学的～做好管理工作|对不良行为，我们要～坚决地反对|他的学习～不大正确。

【近义词】❶神情/神态/举止

〔部首〕扌
〔笔画〕13

6170 **摊**(攤) *丙

tān (spread out)

[动]❶摆开;铺平:～开|～平|乱～一地|～出来|书～了一地|把被子～开,重新打捆|把问题～到桌面上谈|他把字典往桌上一～,就做起作业来了|东西～在那里就没人管了。❷〈丁〉烹饪方法:～鸡蛋|～饼|～了几回|～得厚了点儿|～薄了|～破了|妈妈每天早上都给我～鸡蛋吃|妻子把饼又～了一次,可丈夫还没回来|那饼～得真薄。❸〈丁〉分担:分～|～派|～到人头上|每人～一些|让一个人掏这么多钱,谁都受不了,还是平～吧|给小李买结婚礼品的钱由我们几个人～了|吃饭没我们的份儿,～钱却忘不了我们!❹〈丁〉碰到;落到(多指不如意的事):这种事情～到谁身上,谁都受不了|妻子病,孩子病,事儿全～到我一人头上了。

【构词】摊点/摊贩/摊牌/摊派/摊位/摊子

6171 **摊** 丙

tān (n. vendor's stand; m. *for pastelike substance*)

[名]设在路旁、广场上的售货处:～位|地～|水果～|小货～|摆～|咱们到地～上看看去|现在街面上小～小贩多得很|每个～位都得交纳管理费。

[量]用于摊开的糊状物:一～泥|一～牛粪。

6172 **贪**(貪) 丁 〔部首〕贝 〔笔画〕8

tān (embezzle)

[动]❶原指爱财,后来多指贪污:～赃枉法|～官污吏|～污|～财|～钱|有一些地方官员～赃枉法,无所不为|他～财～得要命。❷对某种事物的欲望老不满足;求多:～心|～玩|～得无厌|～天之功|～吃|～睡|这孩子太～玩了|学习时千万不要～多,要一步一步地来|人要勤快些,不要～吃～睡。❸片面追求;贪图:～便宜|～图|她就喜爱～别人的便宜|～图享受,使他走上犯罪的道路。

【近义词】图/贪图/追求

【提示】注意“贪”tān字与“贫”pín的区别:“贪”字上面是“今”,“贫”字上面是“分”。

【构词】贪杯/贪财/贪官/贪恋/贪图/贪污/贪心/贪赃/贪得无厌/贪多嚼不烂

6173 **贪污** 丁

tānwū (embezzle)

[动]利用职务上的便利非法地取得财物:～国家财产|～分子|多次～|～腐化|～受贿|大量的群众来信揭发了他的～行为|～是对人民的犯罪|水泥厂厂长～了40万巨款|他在担任采购工作期间多次～公款。

【近义词】侵吞

【提示】贬义词。

【构词】卑污/玷(diàn)污/奸污/泥污/血污/油污

6174 **瘫痪**(癱) 丁 〔部首〕疒 〔笔画〕15

tānhuàn (paralyze)

[动]❶由于神经机能发生障碍,身体一部分完全或不完全地丧失运动能力:完全～|半身～|～在床|他父亲～好几年了|在一次事故中,他的腿～了|他～后,经几年针灸治疗,又逐渐得到康复。❷比喻机构涣散,不能正常工作:由于产品积压卖不出去,工厂陷入～局面|这个部门确实～过一段时间,现在已整顿好了|这家企业的领导层再这样～下去,非倒闭不可。

【近义词】❶风瘫

【构词】瘫软/瘫子

6175 **滩**(灘) 丙 〔部首〕氵 〔笔画〕13

tān (beach)

[名]❶河、海、湖边水深时淹没,水浅时露出的地方,泛指河、海、湖边比岸低的地方:河～|海～|～地|盐～|湖～|黄昏时,他俩在海～上散步|河～上铺满了鹅卵石|她站在海～上,望着归来的渔船。❷江河中水浅多石而水流很急的地方:险～|～礁|这些年轻的船工,每天都与险～打交道|雅鲁藏布江～多浪猛|探险队闯激流,过险～,向河谷深处划去。

6176 **痰** 丁 〔部首〕疒 〔笔画〕13

tán (phlegm)

[名]肺泡、支气管和气管分泌出来的粘液,正常情况下分泌很少,肺部或呼吸道发生病变时就增多,并会有些病菌,是传播疾病的媒介物:～喘|有～|一口～|吐～|～盂|不准随地吐～|喉咙里有口～老吐不出来|～里有血。

6177 **坛**(壇) 丁 〔部首〕土 〔笔画〕7

tán (alter)

[名]❶用土、石等筑成的高台,古代用于举行重大仪式:天～|祭～|登～拜将。❷口小腹大的陶器,多用来盛酒、醋、酱油等:酒～|醋～|大酱～|特大的～子|洗～|擦～|买一口～子回去腌菜|不小心把酒～子摔坏了|这批～子没有一个完好无缺的。❸指文艺界或体育界:艺～|乒～|诗～|文～|球～|他是球～的一位名将|他在文～上有很高的地位。

【提示】指陶器时,"坛"的繁体字是"罈"。

6178 **潭** 丁 〔部首〕氵 〔笔画〕15

tán (pond)

[名]深的水池:清～|古～|龙～|龙～虎穴|门前有一个几丈深的深～|北京郊区有黑龙～和白龙～|～里有一些水草。

6179 **谈**(談) 甲 〔部首〕讠 〔笔画〕10

tán (talk)

[动]说话或讨论:漫～|～论|～话|～理想|面～|～心|～何容易|～点儿事|事先把话～清楚|他们一见面就～开了|请你继续～下去|师生俩～得非常高兴|这个问题他～了半天,我还是搞不明白|我跟他～过两次。

【近义词】说/讲

【提示】谈,姓。

【构词】谈柄/谈锋/谈吐/谈笑/谈心/谈兴/谈资/谈何容易/谈虎色变/谈天说地/谈笑风生/谈笑自若

6180 **谈话**(話) 乙

tán huà (talk)

两个人或许多人在一起说话:多次～|正在～|还在～|继续～|他们俩正在教室里～|夜已深,兄弟俩还在～|他们刚开始～就被人打断了|时间不多了,尽快结束～。

【近义词】说话/交谈/谈论/讲话/发言

【提示】离合词,中间可插入其他成分,如:谈了一小时的话|谈了些什么话?

6181 **谈话**(話) 丙

tánhuà (talk)

[名]用谈话的形式发表的有关政治问题或对其他重大问题的意见:这个

～很重要，报纸已报道了｜政府总理会见法国外长时的～，《人民日报》已全文刊登。

6182 **谈论**(論) 丙

tánlùn (discuss)

［动］用谈话的方式表示对人或事物的看法：～问题｜～过几次｜正～着｜～起来｜他年轻时常和同学们一起～救国救民的道路｜大家正～着报纸上的消息｜我们对这个问题已～了两个多小时｜～的主要话题是如何加强环保意识｜大家可以敞开～。

【近义词】谈/议论/评论/讨论

6183 **谈判** 乙

tánpàn (negotiate)

［动］有关方面对有待解决的重大问题进行会谈：～正在进行｜进行～｜停止～｜～了一年多｜～的地点｜双方就贸易问题通过～达成协议｜投资问题已与对方～了半年多，还未在合同上签字｜由于对方的无理要求，我方决定终止～｜经过～，使问题得到解决。

【近义词】会谈/商谈/协商

6184 **谈天** 丁

tán tiān (chat)

闲谈：没完没了地～｜常来～｜班上没什么事可做，大伙儿都聚在一起～｜我特别喜欢和她～｜～多浪费时间！

【近义词】闲聊/谈话/闲扯/聊天

【提示】①在口语中要儿化。②离合词，中间可插人其他成分，如：谈了一会儿天。

6185 **弹**(彈) *乙 〔部首〕弓 〔笔画〕11

tán (shoot)

［动］❶由于一物的弹性作用使另一物射出去：～射｜～没了｜～得远｜～一下｜在桌上～｜汽车真颠，竟把我～了起来｜乒乓球在桌上～了几下｜用劲儿一拉橡皮筋，飞机模型就～出去了。❷用手指、器具拨弄或敲打：～钢琴｜～琵琶｜～吉他｜～出乐曲｜～得非常好｜那女孩刚学4个月钢琴，～得还不错｜你太紧张，还没～，手就哆嗦起来了。❸〈丁〉利用机械使纤维变软：～棉花｜～被套｜～松点儿｜～薄些｜～不了｜您的棉花已经～好了｜旧棉花～出的被套不太松软。❹〈丁〉一个指头被另一个指头压住，然后用力挣开，借这个力量触物使动：～烟灰｜～衣服上的灰｜轻轻一～｜～了一下｜请不要把烟灰～在地上｜他帮他～去背(bèi)上的土。

【近义词】❶射

【提示】“弹”又读 dàn，见第1253条。

【构词】弹拨/弹唱/弹词/弹钢琴/弹力/弹射/弹跳/弹压/弹奏/弹冠相庆

6186 **坦白** 丁 〔部首〕土 〔笔画〕8

tǎnbái (frank)

［形］心地纯洁，语言直率：很～｜十分～｜～的胸怀｜～得很｜小李有～乐观的性格，大家都喜欢他｜父亲一生为人正直，心地十分～｜他把情况～地向上级做了汇报｜～地说，我对他还不十分了解。

【近义词】坦率/直率/坦然/坦荡

【提示】“坦白”作动词时，意思是如实说出(自己的错误或罪行)：～你的问题｜～从宽，抗拒从严。

【构词】坦诚/坦荡/坦率/坦直

6187 **坦克** 丙

tǎnkè (tank)

[名]装有火炮、机关枪和旋转炮塔的履带式装甲战斗车辆。也叫坦克车。(英 tank):一辆～|炸毁～|修理～|战斗中,战士们用炸药炸毁了敌人的十多辆～|多辆～因缺油变成了一堆堆废铁|你会开～吗?

6188 **毯子** 乙 〔部首〕毛 〔笔画〕12

tǎnzi (blanket)

[名]铺在床上、地上或挂在墙上的较厚的毛织品、棉织品或毛棉混织品,大多有图案或图画:一条～|棉织的～|纯毛～|红色的～|上星期,姐姐到工艺美术商店买回一块富有民族特色的～|挂在墙上的那幅～的图案体现了维吾尔族人民丰富多彩的生活|地上铺的～是化纤的|夜里盖一条～睡觉有点儿冷。

6189 **探** *乙 〔部首〕扌 〔笔画〕11

tàn (explore)

[动]❶试图发现(隐藏的事物或情况):～矿|～路|～试|钻～|～一～|地质小分队又要去秦岭～矿了|你先叫个人去～～路|再到水下～一下深浅|他已～出那人的心思。❷看望:～望|～视|～监|～病|每三年有一次～亲假|春节是人们～亲访友的时候|前两天,他去医院～望了一次老人。❸〈丙〉向前伸出:～头|～身|向前～|坐在公共汽车上,请不要把头～出车窗|他把门打开一条小缝,～出头来往外看|他～出身子向车下的人挥手告别。

【近义词】❶找/寻;❷看望;❸伸

【反义词】❸缩

【构词】探察/探访/探家/探监/探井/探究/探看/探矿/探路/探求/探身/探视/探听/探问/探险/探询/探照灯/探子/探囊取物

6190 **探测**(測) 丁

tàncè (survey)

[动]对于不能直接观察的事物或现象用仪器进行考察和测量:高空～|～海的深度|～煤的贮量|进行～|多次～|科研人员把事先准备好的仪器放入湖中,经过长时间的～,得到大量的数据|这里有没有石油,还需进一步～|地质工作人员对这一带地形作了一次～。

【近义词】勘探

6191 **探亲**(親) 丁

tàn qīn (go home to visit one's family)

探望亲属,现多指探望父母或配偶:～假|回家～|～回来|每年春节他都回家～|任务在身,只好放弃今年的～假|张连长爱人到连队～来了,可要好好儿接待。

【提示】离合词,中间可插入其他成分,如:春节我回家探了一次亲|今年春节探不了亲了。

6192 **探索** 丙

tànsuǒ (explore)

[动]多方寻求答案,解决疑问:～问题|多次～|～人生|艰苦的～|～救国救民的道路|人类对大自然不断地～,提高了征服自然的能力|我们正在～改革的办法|失败了不要气馁,要继续～下去。

【近义词】探求/寻求

6193 **探讨**(討) 丁

tàntǎo (inquire into)

[动]研究讨论：～原因|～课题|～方针政策|～一下|应当～|值得～|及时地～|仔细地～|教研室的几位教师常在一起～教学中的问题|大学生们以年轻人特有的热情～着人生|这个学术问题很值得～。

【近义词】探求/探索/研究/讨论

6194 **探头探脑**(頭腦) 丁

tàn tóu tàn nǎo (pop one's head in and look about)

不断探头看，多形容鬼鬼祟祟地窥探：他思想总不集中，时不时向外～|小偷在门口～，发现没人就溜进门去|你在这里～地干什么？

6195 **探望** 丁

tànwàng (look about)

[动]❶看(试图发现情况)：四处～|他不时地向窗外～|他～了一下周围的情况。❷看望(多指远道)：～父母|～朋友|～老师|我这次去广州，～了几位老朋友|我是专程来～老师的|好久没有来～您了。

【近义词】看望

6196 **叹**(嘆) 丁 〔部首〕口 〔笔画〕5

tàn (sigh)

[动]❶叹气；叹息：～了一口气|～了～气|长吁(xū)短～|～了声气|当他得知病情时，～了一口气，再没说话|教练感到自己的球队败局已定，轻声～了口气|别长吁短～地好不好？在哪儿摔倒就在哪儿爬起来。❷发出赞美的声音：赞～|感～|～赏|～为观止|这件象牙艺术品精美绝伦，令人赞～|外宾游览过故宫后，赞～不已|对吴桥杂技的精彩表演，观众无不～服。

【构词】叹词/叹赏/叹息

6197 **叹气**(氣) 丙

tàn qì (sigh)

心里感到不痛快而呼出长气，发出声音：唉声～|常～|又在～|光～有什么用？跌倒了再爬起来！|他为自己的命运不好连声～|你应该振作精神，别老～。

【提示】离合词，中间可插入其他成分，如：叹了一口气|叹什么气。

6198 **炭** 丁 〔部首〕山 〔笔画〕9

tàn (charcoal)

[名]木炭的通称：～灰|一堆～|几斤～|烧～|一斤～两块钱|这～怎么卖？|炼钢要用焦～|他在树林边上烧～。

【构词】炭画/炭盆

6199 **汤**(湯) *甲 〔部首〕氵 〔笔画〕6

tāng (soup)

[名]❶食物煮后所得的汁水：豆腐～|菜～|鸡蛋～|喝～|用～泡饭|广东人吃饭前都先喝～|把煮好的鸡～给病人送去|这两样东西最好不放在一起做～。❷〈丙〉汤药：中药～|煎药～|每天都要煎药～|这碗药～很苦。

【提示】汤，姓。

【构词】汤匙/汤锅/汤剂/汤面/汤水/汤团/汤药/汤圆

6200 **塘** 丁 〔部首〕土 〔笔画〕13

táng (dyke)

[名]❶堤岸；堤防：河～|海～|～坝|～堰|今年农田基本建设主要是修河～，防洪抗旱|～坝上有很多人在劳动|土～经洪水一冲就蹋了。❷水

池：水～|鱼～|泥～|往～里放水|～里有鱼|每年都要从～里挖泥作肥料|夏天荷～里的蛙声吵得人没法入睡。❸浴池：洗澡～。

【构词】塘坝/塘肥/塘堰

6201 **糖** 甲 〔部首〕米 〔笔画〕16

táng (sugar)

[名]❶有机化合物的一类，分为单糖、双糖和多糖三种，是人体产生热量的主要物质：葡萄～|乳～|蔗～。❷食糖的统称：一包～|一勺～|一袋～|白～|红～|中国人的食～量不足|糖尿病人少吃～|把～放奶里。❸糖果：一块～|水果～|花生～|小孩少吃～|店里卖的～品种又多又好|奶奶到商店给孙女买～去了。

【构词】糖葫芦/糖浆/糖精/糖尿病/糖食/糖稀

6202 **糖果** 丁

tángguǒ (candy)

[名]糖制的食品，其中多加有果汁、香料、牛奶或咖啡等：一包～|一斤～|卖～|吃～|送～|买几斤～放在家里，饿了吃两颗|这孩子喜欢吃～|这种～是奶油夹心的。

6203 **倘若** 丙 〔部首〕亻 〔笔画〕10

tǎngruò (if)

[连]表示假设：～天还不下雨，庄稼可就完了|～有空儿，请出席明天的会议|～时间紧张，就别来了|～不加紧干，这月就完不成任务了。

【近义词】如果/倘/假如/假使/假设

【提示】"倘若"用在复句的前一分句，后一分句常用"就"、"便"、"那么"等呼应。"倘若"可放在主语前，也可放在主语后。

6204 **躺** 甲 〔部首〕身 〔笔画〕15

tǎng (lie)

[动]身体倒在地上或其他物体上。也指车辆、器具等倒在地上：～在地上|～在床上|斜～着|他～在沙发上|他在床上～了两个小时|他一～下就睡着了|都几点了，还～着！|玩具娃娃～在床角|他要找的钢笔正～在地板上。

【近义词】倒/卧下

【反义词】站

【构词】躺柜/躺椅

6205 **趟** 乙 〔部首〕走 〔笔画〕15

tàng (m. *for times of walk*)

[量]表示走动的次数：一～|几～|～～|多～|他每天去一～医院|她逛多少～商店都不嫌累|他每天去一～办公楼取报纸和信件|我今天找了你三～，你到哪儿去了？

【近义词】次/回

6206 **烫**(燙) *乙 〔部首〕火 〔笔画〕10

tàng (v. scald; adj. scalding)

[动]❶温度高的物体与皮肤接触使感觉疼痛：～手|～嘴|～红了|～坏|～破一层皮|～起来个泡|～得真厉害|～不着|汤太热，把舌头都～疼了|把锅拿好了，～一下可受不了|他让开水把脚～了。❷〈丙〉利用温度高的物体使另一物体温度升高或发生变化：～酒|～衣服|用熨斗～|好好儿～一下裤子|把布～平了|天气太冷，～点儿酒喝|用热水～～脚|她把裙子～坏了|这点儿衣服～了半小时还没～完|在衣服上面垫块布再～。

[形]温度高：太～|很～|他的头很～，可能发烧了|水太～了，凉凉再喝

|你尝尝这汤～不～？

【构词】烫发(fà)/烫伤/烫手

6207 **掏** *乙 〔部首〕扌 〔笔画〕11

tāo (draw out)

[动]❶用手或工具伸进物体的口,把东西弄出来:～钱|～耳朵|～麻雀|～兜|他从口袋里～出一个打火机来|他在兜里～了半天,什么也没～出来|烟筒堵了,得把里边的东西～出来。❷〈丙〉挖:～洞|～窟窿|墙被～了个洞|这个洞是耗子～的。

【近义词】❷挖

【构词】掏底/掏心/掏腰包

6208 **滔滔不绝**(絕) 丁

〔部首〕氵 〔笔画〕13

tāotāo bù jué (an unceasing flow of water)

❶形容水滚滚不断地流:河水～,没有船怎么过得去?|上流下来的洪水～地从她眼前流过|～的长江从西向东流去。❷比喻话多,连续不断:他说话～,让人心烦|会上,那位女记者～地提了一大堆意见|小李～的话语,像山泉一般,温暖着老李的心。

【近义词】❶川流不息;❷侃侃而谈/娓娓而谈/口若悬河/喋喋不休

【反义词】❷沉默寡言/默不作声/噤若寒蝉

6209 **桃** 丙 〔部首〕木 〔笔画〕10

táo (peach)

[名]❶桃树,落叶小乔木,品种很多:～树|～花|～林|这是棵毛～,结的果不能吃。❷桃树结的果实:～子|摘～子|洗～子|夏天是～子上市的季节|吃～子前,要先把～子洗干净|你去买几斤～儿来|这个～儿真甜。

【构词】桃红/桃李/桃仁/桃色/桃子

6210 **桃花** 丁

táohuā (peach blossom)

[名]桃树所开的花:粉红的～|～遍野|一片～|朵朵～|春天,山坡上开着一片粉红的～|春雨过后,～落尽|～盛开的时节,我们去郊外春游。

6211 **逃** 乙 〔部首〕辶 〔笔画〕9

táo (flee)

[动]❶逃走;逃跑:～掉了|四处乱～|～得匆忙|一起～走|这回敌人～不了(liǎo)了|小偷乘人不备～走了|天网恢恢,犯罪分子能～到哪儿去!❷逃避:～荒|～难(nàn)|～学|～到乡下|～到人群中|战争期间,母亲带着弟弟～到姥姥家|考试这一关,你怎么也～不过去|不按自然规律办,最终～不掉自然规律的惩罚|～得了今天,～不了明天。

【近义词】❶跑;❷躲

【构词】逃兵/逃窜/逃犯/逃命/逃难(nàn)/逃散/逃生/逃税/逃脱/逃亡/逃席/逃学/逃债/逃之夭夭

6212 **逃避** 丁

táobì (escape)

[动]躲开不愿或不敢接触的事物:～困难|～问题|总～难题|～不了|～追杀|～痛苦|遇见麻烦的事,他总要～|勇敢者应面对现实,不应～矛盾|你应该打消～的念头。

【近义词】逃匿(nì)/躲避/躲开/隐蔽

6213 **逃荒** 丁

táo huāng (flee from famine)

因遇灾荒而跑到外乡谋生:～的人|

大～|不得不～|到别处～|～在外|不愿～|～的人回来说外面的日子也很难熬|过去,这里许多人出外～|这里十年九旱,～出去的人一个都没有回来的。

【提示】离合词,中间可插入其他成分,如:逃过荒。

【构词】备荒/春荒/度荒/饥荒/救荒/开荒/垦荒/粮荒/拓荒/灾荒

6214 **逃跑** 丁

táopǎo (run away)

[动]为躲避不利于自己的环境或事物而离开:～可耻|来不及～|很快～|～两次|打算～|四处～|慌忙～|枪声一响,敌人急急忙忙地～了|决不能让坏蛋～|小偷一听有人来了,慌忙～了。

【近义词】逃走/逃亡/逃奔/逃窜

【反义词】追赶/追踪/追捕

6215 **逃走** 丁

táozǒu (run away)

[动]逃跑:快～|都～了|没有～|急忙～|～不了|来不及～|警察一来,小偷马上～了|敌军已做好了～的准备|他们正打算～,但已来不及了。

【近义词】逃跑/逃亡/逃离/逃避

【反义词】追赶/追踪

6216 **淘气**(氣) 丁 〔部首〕氵 〔笔画〕11

táoqì (mischievous)

[形]顽皮:小孩～|～得厉害|爱～|太～|特别～|～的样子|～的面孔|老师耐心教育～的学生|弟弟是个～的孩子|你太～了,要规矩一点儿。

【近义词】调皮/顽皮

【反义词】规矩/老实

【构词】淘金/淘米/淘神/淘汰赛

6217 **淘汰** 丁

táotài (weed out)

[动]去坏的留好的;去掉不适合的,留下适合的:自然～|被～|～得很快|一个一个地～|这种型号太老了,早已被～|我们再不追赶上去,就要被～下来了|你应该努力工作,不然早晚要被公司～。

【近义词】去掉

【反义词】保留

【提示】常用于"被"字句。

6218 **陶瓷** 丁 〔部首〕阝 〔笔画〕10

táocí (pottery and porcelain)

[名]陶器和瓷器的统称:一套～茶具|～缸|～器皿|～制作|去年到江西出差,买了一套～茶杯|我们参观了制作～的作坊|中国～有几千年的历史。

【提示】陶,姓。

【构词】陶器/陶然/陶土/陶冶/陶醉

6219 **讨**(討) 丁 〔部首〕讠 〔笔画〕5

tǎo (send army to suppress)

[动]❶讨伐:征～|～伐|征～大军出发了|再次征～叛军。❷索取;请求:～债|～饭|～教|～便宜|～还(huán)|～不着|～不到|他爱～别人的便宜|他没钱,你～也没用|东西要不要都没关系,但得～个公道|这个月的生活费都给你了,不能再来～了。❸招惹:～人嫌|～人爱|～人喜欢|太～人恨|孩子聪明活泼,十分～人喜欢|你的性格不改,永远不会～别人喜欢|这样干是费力不～好|那人真～厌!❹讨论:商～|研～|～论|对这件事的看法,大家先～论一下|科研组的老师正在开研～会。

【近义词】❶征;❷要/索取/求取;❸

招惹/招；❹商量/研究

【构词】讨伐/讨饭/讨还/讨教/讨乞/讨饶/讨人嫌/讨债/讨账

6220 **讨价还价**(價還) 丁

tǎo jià huán jià (bargain)

比喻接受任务或举行谈判时提出种种条件，斤斤计较：喜欢～｜～惯了｜经常～｜不能～｜不应～｜他不管做什么事，都～｜做工作不能和买东西一样，什么事都～｜在这个原则问题上没有～的余地。

【近义词】斤斤计较

6221 **讨论**(論) 甲

tǎolùn (discuss)

[动]就某一个问题交换意见或进行辩论：～问题｜～报告｜～计划｜～形势｜～得热烈｜～出｜～起来｜～不了｜～两次｜～一番｜～～｜充分地～｜广泛地～｜集中～｜大家认真地～了这个问题｜今天会上～得真热烈｜～了三天，也没～出个结果来｜这个方案已经～了两次了｜一些细节问题，希望你们再详细地～一下。

【近义词】商量/研究/辩论

【反义词】裁定/裁决

6222 **讨厌**(厭) 乙

tǎoyàn (adj. disagreeable; v. loathe)

[形]惹人厌烦；令人心烦：孩子～｜天气～｜蚊子～｜风沙～｜噪音～｜～极了｜觉得～｜感到～｜变得～｜确实～｜～的样子｜～的动作｜～的地方｜这个人真～，一打电话就说起来没完｜这天气～极了，不是刮风就是下雨｜这孩子怎么变得越来越～了｜外边的噪音实在太～了，吵得人无法休息｜瞧他那～的样子！｜我真想赶快离开这个～的地方。

[动]厌恶；不喜欢：我～这个地方｜我～他，他太懒了｜你不～我吧？

【近义词】讨嫌

【反义词】可爱

6223 **套** *乙 〔部首〕大 〔笔画〕10

tào (v. cover with; m. set)

[动]❶罩在外面：～外衣｜～罩衫｜～裤子｜～在外边｜～上｜～好｜～不上去｜～起来｜外边冷，再～上一件毛衣吧｜词典外边～上个书皮，就不会脏了｜这件衣服是～在外边的，不是穿在里边的｜笔帽太小了，～不上去。❷〈丙〉用绳套等拴系：～车｜～牲口｜～马｜～狼｜～脖子｜～住｜～好｜～上去｜～起来｜～紧｜～结实｜把马～在车上｜他们～上车，准备去拉粮食｜快，～住狼的脖子！｜把绳子～紧，别让它跑了。❸〈丁〉模仿：～格式｜～理论｜～方法｜～模式｜硬～｜生搬硬～｜这道题你～上那个公式就行了｜这句话是从他的文章里～过来的｜别盲目地～用别人的经验｜书本上的理论不可生搬硬～。❹〈丁〉引出(真情实话)：～话｜～秘密｜～观点｜～出来｜他总想～我的话｜你真笨，人家几句话就把你的秘密～去了｜咱们想办法把他的意图～出来｜你可～不出他的真实想法。❺〈丁〉拉拢：～交情｜～近乎｜～关系｜～不了｜～不着｜喜欢～｜从不～｜你还不认识他，就要跟他～关系？｜他向来喜欢跟人～交情｜你别来跟我～近乎｜才认识没几天就跟人～上交情了｜这个采购员办事快，靠的是会～关系。

[量]用于成组的东西：一～家具｜一～餐具｜一～沙发｜一～房子｜一～课

本|一～邮票|一～衣服|一～机器|一～拳|一～办法|一～制度|一大～|老一～|他新买了一～红木家具|他住三间一～的房子|这～历史丛书共有多少本？|他那～手法，我还不知道吗！|你又在编一大～谎话来骗人！|办好公司要有一～制度。

【近义词】[动]❶罩；❷拴/系；❸模仿；❹引诱/套问；❺拉拢

【构词】套版/套裁/套车/套房/套服/套耕/套购/套间/套交情/套近乎/套裤/套马/套马杆/套衫/套数/套问/套鞋/套袖/套印/套用/套语/套装

6224 **特** 丙 〔部首〕牛 〔笔画〕10

tè (special)

[形]特殊；超出一般：～级|～权|～困|这些人都享有～权|这是一家～困户|这是人家送的～级茶叶。

【提示】作副词时意思是"非常、极"：他的球打得～棒|这是刚从冰箱里拿出来的，～凉|这孩子～淘气|这两天天气～好，咱们出去玩玩|这种笔～好写|他虽然五六十岁了，看上去～年轻。

【构词】特长(cháng)/特出/特等/特辑/特技/特快/特赦/特写/特异/特制/特质

6225 **特别** 甲

tèbié (adj.special；adv.especially)

[形]与众不同；不普通：脾气～|样子～|名字～|帽子～|造型～|见解～|礼节～|声音～|味道～|～得很|感到～|想得～|大得～|实在～|～的风味|～的魅力|～的感情|～的本领|他的性格很～，不易接近|她的衣服领子有点儿～|那个地区的风俗习惯～得很|我觉得这个声音很～，想不起来是谁|他总是把自己打扮得十分～|这菜有一股～的味道，别吃了|没有～的原因，不准请假|他跟小张有一种～的感情。

[副]❶非常；格外：今年～冷|这个故事～生动|我～喜欢她。❷特地：我～买了这件礼物送给你|有事来电话，不用～来一趟了。❸尤其：我喜欢听音乐，～是古典音乐|大家玩得很高兴，～是孩子们。

【近义词】特殊

【反义词】一般/普通/平常

6226 **特产**(產) 丁

tèchǎn (speciality)

[名]指某地或某国特有的、著名的产品：～丰富|～多|有～|北京的～|一种～|这里的～非常丰富|你们这里有什么～？|我给你带来了一些北京的～，你尝尝。

【近义词】土产

6227 **特此** 乙

tècǐ (hereby)

[副]公文、书信用语，表示为某件事特别在这里通知、公告、奉告等等：～通知|～公布|～说明|～表示感谢|5月3日上午9时将举行学术讨论会，希望踊跃参加，～通知|6月1日至7月15日将对这条公路进行全面施工，～通知|以上是本次考试合格录取名单，～公布。

6228 **特地** 丁

tèdì (specially)

[副]表示专为某件事：～派|～买|～写|～组织|～邀请|～来|～做|他～派人送来这个花篮|这本书是我～为你买的|我今天～来祝贺你的生日|

他～为那个孤寡老人做了一个小推车|他们～组织了一个团去外地学习,交流经验。

【近义词】特意/特别/特为

【反义词】顺便/乘便

6229 **特点**(點) 乙

tèdiǎn (characteristic)

[名]人或事物所具有的独特的地方:～多|～明显|找～|抓～|有～|发现～|利用～|掌握～|符合～|地方～|散文的～|语法的～|民族的～|身体的～|高原的～|共同的～|主要的～|一个～|一种～|这种梨的～是水分多|你这张人物画,没有抓住他面部的～|掌握了汉语语法的～,学起来就不难了|这篇文章最突出的～就是格调清新。

【近义词】特征/特性/特色

【反义词】共性/普遍性/共同点

6230 **特定** 丁

tèdìng (specific)

[形]❶特别指定的:～的人选|～的位置|～的表格|～的医院|～的机场|～的方法|～的商店|～的食品|～的路线|这架飞机只能在～的机场降落|车子要放在～的地方|这些都是老年人的～食品|报考这个考试必须填这种～的表格|这种东西要到～的商店去买。❷某一个(人、时期、地方等):～的环境|～的时期|～的时代|～的范围|～的地段|～的条件|这种植物要在～的条件下才能生长|在～的情况下可以采用这种方法|在～的历史时期内是可以这样做的。

【近义词】❷一定

6231 **特区**(區) 丁

tèqū (special zone)

[名]在政治、经济等方面实行特殊政策的地区:开发～|建设～|经济～|深圳～|新～|他被调到～去工作|这里是新开发的～|他们参加了建设～的工作|深圳～搞得越来越好。

6232 **特权**(權) 丁

tèquán (privilege)

[名]特殊的权利:享有～|依靠～|使用～|反对～|废除～|放弃～|乱用～|炫耀～|干部的～|地方的～|一种～|～阶层|～意识|～的危害性|～的作用|～思想|他在单位里享受着某种～|我们极力反对他们滥用～|他们利用～做了许多危害人民利益的事|人们非常痛恨那些生活腐化的～阶层|有了～思想,就不可能去全心全意地为人民服务。

【提示】使用时多带贬义。

6233 **特色** 丁

tèsè (characteristic)

[名]事物所表现的独特的色彩、风格等:～明显|～突出|具有～|体现～|形成～|抓住～|运用～|保持～|中国的～|民族的～|民歌的～|工人的～|写作的～|时代的～|这本小说保留了古代白话小说的～|在他身上表现出了那个时代中国知识分子的～|旗袍是具有中国民族～的服装。

6234 **特殊** 乙

tèshū (special)

[形]不同于同类的事物或平常的情况的:人～|房子～|结构～|方式～|名字～|形式～|标志～|色彩～|样式～|气味～|情况～|环境～|～得

很|～极了|感到～|显得～|变得～|确实～|～照顾|～的才能|～的风味|～的性能|～的现象|～的使命|～的意义|～的情感|～的例子|～的任务|～的职业|～的事情|他得的这种病非常～|他的性格～得很，所以朋友不多|目前的情况比较～，请大家谅解一下|你们这样对待我，显得我太～了|他是带着～的使命来的|他对那棵树有种～的感情|这个公司很难进，除非你有～的才干。

【近义词】特别/独特/出格

【反义词】一般/普通/平常

6235 **特务**(務) 丙

tèwu (spy)

[名]❶军队中指担任警卫、通讯、运输等特殊任务的：～连|～营|这个～连任务执行得很出色。❷经过特殊训练，从事刺探情报、颠覆、破坏等活动的人：当～|派～|抓～|～活动|潜伏～|他过去当过～|敌人派～来刺探情报|我们抓获了一个从海上来的～|他是潜伏下来的～|他正在进行～活动时被抓获。

【近义词】❷间谍

6236 **特性** 丁

tèxìng (characteristic)

[名]某人或某事物所特有的性质：民族～|商人～|革命战士的～|在他身上表现出了商人的～|这种空调具有环保的～|对人一团和气，不讲原则是他的一贯～。

【近义词】特征/特点

【反义词】共性/普遍性

6237 **特意** 丁

tèyì (specially)

[副]特地，表示专为某件事：～买|～送|～做|～来|～邀请|～组织|～派|～写|今天是妈妈的生日，我～为她做了一碗长寿面|我们～请你来给大家介绍一下经验|你不用～去买，什么时候上街顺便捎来就行|我们～组织了一个拉拉队，去给排球队助威|我不是～来看你的，是出来办事路过这里顺便进来看看。

【近义词】特地/特别/特为

【反义词】顺便/乘便

6238 **特征**(徵) 丙

tèzhēng (characteristic)

[名]可以作为事物特点的征象、标志等：～明显|～突出|具有～|抓住～|发现～|掌握～|找～|利用～|面部～|身体的～|健康人的～|主要～|共同的～|诗歌的～|他面部的最大～是鼻子扁平|京剧的脸谱可以表示出角色的性格～|画人像时首先要先找他的～|面色红润，精神饱满，目光有神是健康人的～。

【近义词】特点/特性/特色

【反义词】共同点/共性/普遍性

6239 **藤** 丁 〔部首〕艹 〔笔画〕18

téng (vine)

[名]某种植物的匍匐茎或攀缘茎，如白藤、紫藤、葡萄等的茎。有的可以编制箱子、椅子等：～箱|～椅|一根～|他家的家具都是用～编制的|顺～摸瓜，一定能找到案件的真凶|她每天坐在～椅上织毛衣|他们站在紫～下面照了一张相。

【构词】藤萝/藤子

6240 **腾**(騰) 丁 〔部首〕月 〔笔画〕13

téng (jump)

[动]❶奔跑或跳跃：龙～虎跃｜万马奔～｜听到这个好消息，整个学校都欢～起来。❷升(到空中)：～空｜～云驾雾｜飞～｜彩色气球～空而起｜头晕得好像～云驾雾｜一听到命令，飞机～空而起。❸使空(kòng)出来：～房子｜～座位｜～箱子｜～时间｜～工夫｜～空｜～好｜～完｜～不出来｜～出来｜～得快｜～不了｜给谁～｜往哪儿～｜怎么～｜赶快～｜不得不～｜把这个抽屉～出来放药品｜赶快～出一间屋子来，给客人住｜能不能给我～个地方放书？｜有些活儿让别人干，你好～出手来帮助我们｜你们车间～出两个人到我们车间来好吗？｜这些事我来做，你好～出时间学习外语｜这张桌子是给新来的职员～的。

【提示】腾，姓。

【构词】腾达/腾飞/腾空(kōng)/腾挪/腾越/腾跃/腾云驾雾

6241 **疼** ＊甲 〔部首〕疒 〔笔画〕10

téng (ache)

[动]❶伤、病等引起的极不舒服的感觉；痛：头～｜肚子～｜伤口～｜嗓子～｜浑身～｜很～｜～得要命｜～死了｜～得直流汗｜～了一夜｜～了几次｜一直～｜不时地～｜针扎似地～｜剧烈地～｜他今天胃～得厉害，吃不下东西｜我的腰～了好几天了｜他牙～得直哭｜这几天我的胳膊一直～｜伤口有点儿～，不太厉害。❷〈丙〉关怀喜爱：父母～｜奶奶～｜外婆～｜～孙子｜～儿子｜～得要命｜～极了｜十分～｜最～｜特别～｜外婆最～外孙子｜他～儿子～得要命｜看见孩子手摔破了，妈妈心里真～得慌｜你再不听话就没人～了｜这孩子知道～奶奶，把大个的苹果给奶奶吃。

【近义词】❶痛；❷爱/疼爱

6242 **疼痛** 丁

téngtòng (painful)

[形]由疾病创伤等引起的难受的感觉：～减轻｜～加剧｜～消失｜～严重｜肌肉～｜关节～｜胸部～｜全身～｜伤口～｜～得厉害｜～得难忍｜感到～｜忍受～｜忘记～｜解除～｜昼夜～｜相当～｜～的感觉｜～的部位｜吃了止痛药后，伤口的～好多了｜手术以后不能翻身，全身～得要命｜他忍着～一步一步地向前走去｜朋友们的关怀使他忘记了～｜打了针以后，～的感觉逐渐消失了。

【近义词】痛/疼

【反义词】舒服

6243 **踢** 甲 〔部首〕足 〔笔画〕15

tī (kick)

[动]抬起腿用脚撞击：～人｜～球｜～毽子｜～进去｜～出去｜～过来｜～上去｜～不了｜～不动｜～跑｜～疼｜～破｜～了个包｜～一脚｜～来～去｜乱～｜瞎～｜比赛时～人就算犯规｜在球队里他～中锋｜他又～进去一个球｜把那只鞋～过来｜这孩子不好好儿走路，都～破了好几双鞋了｜对不起，我～疼你了吧？｜我好好儿跟他说，他却～了我一脚｜你们～来～去的，这事到底该谁管哪？

【近义词】踹(chuài)

6244 **提** ＊甲 〔部首〕扌 〔笔画〕12

tí (carry)

[动]❶垂手拿着(有提梁、绳套之类的东西)：～水｜～箱子｜～篮子｜～灰｜～起来｜～进去｜～上来｜～得了｜～不动｜～走｜～起｜～到｜～一下｜他～

着一盒点心去看朋友|他～着两条鱼回来了|这只箱子太重,你～不动|他力气真大,能～三桶水|请把这个提包～到楼上去|他一只手能～50斤大米。❷使事物由下往上移;把预定的期限往前挪:往高～|往上～|往前～|～高一点儿|～不了|～三天|～一个月|～到6号|那张画再往高里～一点儿|裙子再往上～一～|他出国的日期往前～了一个星期|这项工程再往前～可不行了|婚礼日期～到10月1日。❸指出或举出:～意见|～问题|～建议|～不得|～完|～得多|～得好|～得及时|～得对|～得过分|多～|尽量～|请大家看了以后～出宝贵意见|我给你～个建议好吗?|他这个问题～得很好|你们的要求～得太过分了|还有什么好的方案,大家尽量～。❹〈乙〉取出;拿出来:～款|～货|～料|～五千元|～成|他到银行～款去了|这批货已经～来了|我今天又去～出来两千元|银行下班了,今天～不了款|这笔巨款,你最好亲自去～。❺〈丙〉把犯人从关押的地方带出来:～犯人|～人|～走|～出去|～上来|～不了|今天要～犯人来审问|把那个犯人～上来|这辆警车把犯人～到哪儿去了?❻〈丙〉谈(起、到):～以前的事|～这个人|～亲事|～出来|～起|～过|～一下|～好几次|我不愿～过去的事|你别总～那件事|他曾经跟我～过那个小伙子|他今天又～起那个问题|儿子的亲事,他～了好几次。

【提示】①"提"又读 dī,如"提防"。②提(Tí),姓。

【构词】提成/提纯/提词/提单/提灯/提兜/提盒/提婚/提货/提货单/提价/提篮/提梁/提亲/提琴/提神/提审/提箱/提携/提心吊胆

6245 提案 丁

tí'àn (motion)

[名]提交会议讨论决定的建议:～撤销|～正确|～全面|～可行|～合理|撤回～|支持～|接受～|讨论～|批准～|反对～|双方的～|经济～|教育～|新～|老～|片面的～|科学的～|一个～|两种～|～的内容|这个～已经撤回|他们提的这个～切实可行|大会通过了两项～|他们又提出一个新的～。

6246 提拔 丁

tíbá (promote)

[动]挑选人员使担任更重要的职务:～干部|～人才|～部长|～厂长|～得快|～得正确|应该～|期望～|要求～|得到～|准备～|不准～|决定～|早～|多～|大批地～|～的对象|他们厂～了一批年轻的干部|这个干部～得很快,现在已经是处长了|这些年轻有为的干部都得到了～|他渴望自己是～的对象|他尽～一些自己的亲信。

【近义词】选拔

6247 提包 丙

tíbāo (handbag)

[名]有提梁的包儿,用皮、布、塑料等制成:～好看|拿～|提～|～的样式|～的材料|一个～|一只～|这只～是真皮的|他手里提着一只精致的～|你这个～的款式非常新颖。

【近义词】手提包

6248 提倡 乙

tíchàng (advocate)

[动]指出事物的优点鼓励大家使用或实行：～普通话｜～简化汉字｜～科学｜～新风尚｜～读书｜～节约｜～忠诚｜～通俗｜～思考｜～艰苦朴素｜～计划生育｜～不得｜～下去｜～起来｜应该～｜大力～｜永远～｜认真～｜要大力～艰苦朴素的工作作风｜在青年人中应～爱读书的风气｜这种好的风尚应该～｜铺张浪费这种坏习气可～不得｜这种活动～了一阵，就不再进行了｜各服务行业应～礼貌待人。

【近义词】倡导/倡议/提议

【反义词】禁止/压制/反对/阻止

6249 提纲(綱) 丙

tígāng (outline)

[名](写作、发言、学习、研究、讨论等)内容的要点：～简单｜～扼要｜～清楚｜写～｜拟～｜改～｜发言～｜讨论～｜简单的～｜大概的～｜这个～还需要再修改一下｜你发言之前先写个～｜下次的讨论～我拟出来了｜他写文章从来不先弄个～｜写东西，不拟～怎么能写好？

【构词】大纲/党纲/上纲/政纲/总纲

6250 提高 甲

tígāo (raise)

[动]使位置、程度、水平、数量、质量等方面比原来高：水平～｜技术～｜速度～｜认识～｜成绩～｜工资～｜地位～｜威信～｜物价～｜～觉悟｜～待遇｜～收入｜～疗效｜～规格｜～警惕｜～眼界｜～得快｜～明显｜～不了｜希望～｜必须～｜要求～｜得到～｜不准～｜明显～｜迅速～｜普遍～｜逐渐～｜不断～｜他们的学习成绩普遍～｜经过改革，工作效率明显～｜产量增加了，但质量没有～｜通过讨论，大家的认识～了不少｜农民的收入逐年～｜工人要求～待遇。

【近义词】增高/拔高

【反义词】降低/减低/压低

6251 提供 乙

tígōng (provide)

[动]供给(意见、资料、物资、条件等)：～食品｜～药品｜～经费｜～住房｜～装备｜～资金｜～场地｜～方便｜～帮助｜～证据｜～例句｜～线索｜～材料｜～情况｜～不了｜～得及时｜～得充分｜开始～｜免费～｜大量地～｜多～｜国家给灾区～粮食和医药｜我们这个饭馆茶水免费～｜你们举行活动我们可以～场地｜群众向公安机关～了很重要的线索｜他向我们～了大量的信息。

【近义词】供给/供应/提交

【反义词】索取

【提示】“供”又读 gòng，如“口供”。

6252 提交 丁

tíjiāo (submit)

[动]把需要讨论、决定或处理的问题交有关机构或会议：～大会讨论｜～学校研究｜～有关部门审理｜这几个学生的问题～学校领导研究处理｜这几项议案～大会讨论｜这个案件已经～上级审理。

【近义词】交

6253 提炼(煉) 丁

tíliàn (refine)

[动]用化学方法或物理方法从化合物或混合物中提取所要的东西：～香精｜～煤焦油｜～出来｜～成｜加以～｜进行～｜～的方法｜～的技术｜从煤炭中可以～煤焦油｜这次的油～得不太

纯|这是从石油中～出来的|将石油进行～,可以制成各种产品|这篇文章太啰嗦,应该把观点再～～。

【近义词】提取/提制

6254 **提名** 丁

tí míng (nominate)

在评选或选举前提出有当选可能的人或事物名称:被～|他被～为我们车间的主任|这次被～的,有老张和老李|获奥斯卡奖～的影片有三部|被～的区人民代表中有张老师。

【提示】离合词,中间可插入其他成分,如:在选举足球队长时,他被提过名。

6255 **提前** 乙

tíqián (move up〔a date〕)

[动](把预定的时间等)往前移:时间～|假期～|名次～|～一小时|～半年|～出发|～动身|～完成|～实现|～准备|～通知|～的时间|出发的时间～了|这一来,他的名次～了很多|火车到达的时间～了10分钟|有什么事情请～通知我们|今年的生产任务～三个月完成了。

【近义词】提早

【反义词】推后/推迟/延迟

6256 **提取** 丁

tíqǔ (draw)

[动]❶从负责保管财物的机构或一定数量的财物中取出(存放的或应得的财物):～存款|～行李|～利润|～出来|他去银行～那笔款|你去库里～一批货|你们可以从中～5%的利润|我去火车站～行李。❷提炼而取得:～石油|～营养|从油页岩中可以～石油|这种滋补品是～多种营养成分配制成的|从蜂王浆里可以～多种营养成分。

【近义词】❶取/领取;❷提炼

6257 **提升** 丁

tíshēng (promote)

[动]❶提高(职位、等级等):～副院长|～厂长|～为|～得快|～了两级|希望～|申请～|要求～|他被～为我校副校长|他刚参加工作几年就～为厂长了|他在那个单位～得很快|他来了好几年也没～|领导给每个职工～了一级|他的～报告没被批准。❷用卷扬机等向高处运送(矿物、材料等):～矿石|～沙石|～水泥|～上去|～设备|用卷扬机把矿石～上来|从下边把水泥～到上边|这些～设备应该好好儿检修一下。

【反义词】降低

6258 **提示** 丁

tíshì (prompt)

[动]把对方没有想到或想不到的提出来,引起对方注意:老师～|～学生|～观众|～谜底|～台词|～答案|～错|～一遍|希望～|得到～|小声～|互相～|暗暗～|简单地～|～的方法|演出时,我在幕后给他们～台词|老师给我们～了这道题的解法|朋友暗暗～我怎么回答|他～我注意这两个词在用法上的不同。

【近义词】提醒

6259 **提问**(問) 丙

tíwèn (ask)

[动]提出问题来问:老师～|顾客～|孩子～|喜欢～|希望～|不断地～|顾客向售货员～|孩子都喜欢～|学生们向老师～,老师耐心地解答|他没完没了地～,把我弄得都不耐烦

了。
【近义词】问/询问
【反义词】回答/解答

6260 **提醒** 丙

tíxǐng (remind)
[动]从旁指点,促使注意:～我｜～学生｜～对方｜～司机｜～孩子｜～一下｜应该～｜小声～｜互相～｜及时地～｜不断～｜耐心地～｜暗暗～｜～的方式｜请你～我下午两点给老王打电话｜他经常～自己千万不要急躁｜我～过你多次,考试时不要粗心,你总不听｜我怕忘了带照相机,到时候你～我一下｜他暗暗～我,别忘了问老王那件事｜报纸一再～游人要爱护动物。
【近义词】提示/唤醒

6261 **提要** 丁

tíyào (summary)
[名]从全书或全文提出来的要点:写～｜拟～｜文章的～｜他正在为一本书撰写～｜你把这篇文章的～写出来｜我先看看这部书的～吧｜这部小说的内容～写得很精彩。
【近义词】要点/提纲

6262 **提议**(議) 丙

tíyì (v. propose; n. proposal)
[动]商讨问题时提出主张来请大家讨论:有人～｜代表们～｜～参观｜～研究｜～改革｜～比赛｜～谈判｜～禁止｜～结束｜一致～｜现在～｜大胆地～｜群众～清理街道两旁的小摊贩｜我～搞一次外语节目表演｜大家一致～办公室内禁止吸烟｜如没有别的事,我～现在散会｜人们积极～老张作为下一届工会主席的人选｜我～,为大家的身体健康干杯!
[名]商讨问题时提出的主张:合法的～｜错误的～｜我的～在会上通过了｜这个～是谁提的?
【近义词】建议

6263 **提早** 丁

tízǎo (shift to an earlier time)
[动]提前:时间～｜日期～｜～出发｜～完成｜～准备｜～做｜～买｜～写｜～一小时｜～三天｜应该～｜不能～｜明天早饭时间要～半小时｜出国留学要～做准备｜时间完全来得及,用不着～出发｜请朋友来家吃饭,东西得～买｜火车到达的时间～了10分钟｜开会讨论的题目应该～告诉大家。
【近义词】提前
【反义词】延迟/挪后/推迟/推后

6264 **题**(題) 乙 〔部首〕页 〔笔画〕15

tí (topic)
[名]题目:～难｜～简单｜～多｜出～｜漏～｜猜～｜命～｜离～｜走～｜对～｜一道～｜算术～｜语文～｜复杂的～｜容易的～｜难～｜这道～太难,我不会做｜～这么多,怎么做得完!｜这是谁出的～,真别扭!｜你的话离～太远了｜你这篇作文写得文不对～｜他说着说着就离了～｜他们尽给我出难～。
【近义词】题目
【提示】题,姓。
【构词】题跋/题词/题解/题库/题名/题字

6265 **题材** 丁

tícái (subject)
[名]构成文学和艺术作品的材料,即作品中具体描写的生活事件或生活现象:～丰富｜～新鲜｜～新颖｜～简

单|～相似|～广泛|挑选～|扩大～|注意～|历史～|现代～|爱情的～|散文的～|这类～|三种～|～的来源|这部小说的～十分新颖|他写作比较重视传统的～|他利用这个真实故事作～写了一部电视剧|以一起抢劫案为～,这部小说塑造了人民警察的光辉形象|他的作品多数写的是爱情～|这类～的小说,现在比较时髦。

6266 **题目** 乙

tímù (title)

[名]❶概括诗文或讲演内容的词句:～新颖|～清楚|～新奇|想个～|诗的～|书的～|讲演的～|这本书的～很吸引人|这个～让人看了莫明其妙|～和内容不符|他写了一首诗,～是《春》|我作文的～是《我的父亲》。❷练习或考试时要求解答的问题:～难|～多|～简单|出～|做～|练习的～|考试的～|语文～|复杂的～|一个～|今天语文考试的～非常容易|今天考试的～太多了|我们老师就喜欢出一些难的～、怪的～考我们|练习里的～要多做,才能熟练。

【近义词】题

6267 **蹄** 丙 〔部首〕足 〔笔画〕16

tí (hoof)

[名]马、牛、羊等动物生在趾端的角质物,也指具有这种角质物的脚:马～|牛～|羊～|猪～|一只～子|马～声越来越近了|他最喜欢吃猪～|快站远一点儿,当心马～踢了你。

【近义词】蹄子

【构词】蹄筋/蹄子

6268 **体**(體) 丁 〔部首〕亻 〔笔画〕7

tǐ (body)

[名]❶身体,有时指身体的一部分:～壮|～弱|查～|～检|上～|下～|他从小就～弱多病|～弱的人要多加强营养|我们每年都有一次查～|不久前我们刚～检过|你的孩子～重多少?|他这个人四～不勤,五谷不分。❷文字的书写形式;作品的表现形式:草～|字～|颜～|柳～|旧～诗|繁～|简～|他每天练习颜～字|他写的字一看就是学的王羲之的～|这个字的繁～怎么写?❸物体:固～|液～|气～|打火机里装的是一种气～|气～因温度降低或压力增加而变成液～|在常温下,钢、铁、木材、玻璃等都是固～。

【构词】体裁/体察/体罚/体格/体检/体例/体量/体念/体魄/体统/体味/体温计/体型/体恤/体液/体无完肤

6269 **体操** 丙

tǐcāo (gymnastics)

[名]体育运动项目,徒手或借助于某些器械进行的各种动作或表演:～优美|做～|学～|教～|表演～|比赛～|儿童～|老年的～|广播～|保健～|柔软～|轻松的～|两节～|～的动作|～的音乐|～的项目|这类～的动作十分优美|我们每天上午都做广播～|～表演的项目多种多样|这种保健～适合老年人。

【构词】出操/带操/德操/节操/军操/练操/情操/上操/收操/下操/早操/贞操

6270 **体会**(會) 乙

tǐhuì (v. realize; n. understanding)

[动]体验领会:～感情|～乐趣|～意图|～含义|～难处|～心情|～意思|

～观点｜～深刻｜～浮浅｜～到｜～出来｜～不了｜好好儿地～｜深刻地～｜做儿女的应该～母亲的心｜这里的含义你～得不够｜我还没～到它的乐趣｜你写得太深奥了，我～不了｜轮到自己作了母亲，她才～到了作母亲的辛苦。

[名]所领会的内容：有～｜谈～｜写～｜交流～｜自己的～｜学习的～｜工作的～｜新的～｜他对这本书的～十分深刻｜请谈谈你的～｜今天会上大家互相交流了一下自己的～｜在这个问题上，我又有了些新的～。

【近义词】[动]领会/领悟/理解/体验；[名]心得/感受/体验

【提示】"会"又读 kuài，如"会计"，见第3844条。

6271 体积(積) 乙

tǐjī (volume)

[名]物体所占空间的大小：～大｜～小｜占～｜箱子的～｜包裹的～｜柜子的～｜这台电视机～太大，进不去车门｜这一张双人床的～就占去房间一半的地方｜他家没有～太大的家具，全是小巧玲珑的。

【反义词】面积

6272 体力 丙

tǐlì (physical strength)

[名]人体活动时所能付出的力量：～好｜～强｜～不够｜消耗～｜花～｜用～｜～活儿｜～劳动｜好的～｜他的～好，耐力强｜干这种活儿，～不够是干不了的｜游泳特别消耗～｜我干～活儿干惯了，不觉得累｜他常年在农村干～劳动，所以身体很好｜以后到社会上去工作，没有一个好的～是不行的。

【反义词】脑力

6273 体谅(諒) 丁

tǐliàng (show understanding and sympathy for)

[动]设身处地为人着想，给以谅解：～别人｜～父母｜～群众｜～心情｜～处境｜～辛苦｜～一下｜必须～｜应该～｜互相～｜～地说｜～的态度｜应该学会～人｜他一点儿也不～父母的苦心｜我非常～你现在的难处｜夫妻俩互相～，就吵不起来了。

【近义词】体贴/谅解/原谅

【构词】鉴谅/原谅

6274 体面 丙

tǐmiàn (n. dignity; adj. honourable)

[名]体统；身份：有～｜顾～｜讲～｜有失～｜他是一个很有～的人｜他说话办事从来不顾～｜你这样对待别人，真是有失～｜你连这一点儿～都不讲了？｜你也应该顾点儿人家的～嘛！

[形]❶光荣；光彩：他在外面当了一个大公司的经理，回到家乡自然很～｜他考上了大学，连当父亲的也感到～。❷(相貌或样子)好看；美：他穿得很～｜这孩子长得真～。

【近义词】[名]身份/脸面/面子

6275 体贴(貼) 丁

tǐtiē (show consideration for)

[动]细心忖度别人的心情和处境，给予关怀、照顾：～老人｜～病人｜应该～｜受到～｜显得～｜变得～｜特别～｜～地说｜～地抚摸｜～地劝｜～的样子｜～的态度｜他十分～妻子｜他不懂得～父母｜医生、护士对病人都很～｜他长大以后变得会～别人了｜他希望找一个会～人的姑娘做妻子。

【近义词】关心/关怀/关切

6276 **体温** 丙

tǐwēn ([body] temperature)

[名]身体的温度。人的正常体温为37℃左右,疾病能引起体温的变化,剧烈运动也能使体温升高:～高|～低|～升高|～下降|量～|正常～|～的变化|今天他的～又升高了|吃了药以后,他的～降下来一些|我给你量一下～|正常的～应该是37℃左右|这两天他～的变化不大。

6277 **体系** 乙

tǐxì (system)

[名]若干有关事物或某些意识互相联系而构成的一个整体:～完美|～科学|～庞大|建立～|形成～|改变～|语法～|思想～|理论～|工业～|防御～|管理～|新的～|旧的～|完整的～|三种～|～问题|～的核心|这个工业～十分庞大|这样就可以形成一个完整的防御～|需要建立一个新的管理～|他们学的是另一种语法～|这是两个完全不同的理论～。

6278 **体现**(現) 丙

tǐxiàn (embody)

[动]某种性质或现象在某一事物上具体表现出来:～政策|～意志|～愿望|～精神|～威力|～特点|～美德|～传统|～作风|～原则|～品质|～得充分|～不了|～出来|得到～|处处～|生动地～|具体地～|集中地～|他身上～了艰苦朴素的优良作风|这部作品充分地～了民族风格|这场战斗～出我军强大的威力|宪法是人民意志的～|中国人民艰苦奋斗的优良传统在他们身上充分地～出来。

【近义词】表现/反映/显示

【反义词】蕴藏/蕴涵

6279 **体验**(驗) 丁

tǐyàn (learn through practice)

[动]通过实践来认识周围的事物;亲身经历:～生活|～工作|～感情|～优越性|～乐趣|～滋味|～痛苦|～幸福|～艰难|～不了|～得深刻|～一回|～一番|需要～|应该～|亲自～|多～|好好儿地～|自觉地～|他经常去农村～农民的生活|母亲对儿女的感情,你现在还无法～|你也应该～～那种工作的艰苦|他真正～到了读书的乐趣。

【近义词】感受/体会/体味

6280 **体育** 甲

tǐyù (physical education)

[名]❶以发展体力、增强体质为主要任务的教育,通过参加各项运动来实现:发展～|～大学|～课|～专业|应该使学生在德育、智育、～几方面都得到发展|他志愿报考～专业|他最喜欢上～课。❷指体育运动:参加～|爱好～|～活动|～运动|～项目|他最爱好的～活动是滑冰和游泳|这次运动会我参加的～项目是举重。

6281 **体育场**(場) 乙

tǐyùchǎng (stadium)

[名]进行体育锻炼或比赛的场地:一个～|这个～经常有足球比赛|今天～里正在进行运动会|这个～能坐下好几千人。

【近义词】运动场/体育馆/操场

6282 **体育馆**(館) 乙

tǐyùguǎn (gymnasium)

[名]室内进行体育锻炼或比赛的场所：～大｜～敞亮｜～里正在进行排球比赛｜我们学校有两个～｜我们每天下午在～打乒乓球｜老师说今天的体育课在～上。

【近义词】体育场/运动场

6283 **体制** 丁

tǐzhì (system)

[名]国家机关、企业、事业单位等的组织制度：～改革｜～确立｜～合理｜～完善｜～健全｜～简单｜废除旧～｜整顿～｜健全～｜改革～｜建立～｜国家的～｜企业的～｜学校的～｜经济～｜教育～｜医疗～｜科研～｜过去的～｜现在的～｜机关的～需要改革｜这个单位的～逐渐完善｜我们废除了旧～，建立起一个新～｜我们正在整顿领导～｜我们正在进行经济～的改革。

6284 **体质**(體質) 丁

tǐzhì (physique)

[名]人体的健康水平和对外界的适应能力：～增强｜～减弱｜～好｜～差｜～强｜～弱｜～一般｜增强～｜改变～｜学生的～｜儿童的～｜病人的～｜运动员的～｜好的～｜正常的～｜这个小伙子的～很好｜生了一场大病后，他的～大大减弱了｜要保持孩子们强壮的～｜锻炼身体，增强～，保卫祖国，建设祖国｜这孩子～弱，总生病。

6285 **体重** 丁

tǐzhòng ([body] weight)

[名]身体的重量：～增加｜～减少｜量～｜称～｜约(yāo)～｜孩子的～｜老人的～｜他最近～又增加了｜请你称一下这个孩子的～｜由于疾病的折磨，老人的～越来越轻｜你现在的～是多少？

6286 **剃** 丁 〔部首〕刂 〔笔画〕9

tì (shave)

[动]用特制的刀子刮去(头发、胡须等)：～头｜～胡子｜～秃子｜～平头｜～光头｜～得干净｜～得好看｜～不好｜～不了｜～掉｜～光｜～干净｜应该～｜好好儿地～｜他父亲过去的工作是给别人～头｜天太热了，他给儿子～了个秃子｜你该去～～头发了｜你好好儿～～胡子，都长(zhǎng)这么长(cháng)了！｜他把胡子全～光了。

【近义词】刮

【反义词】留/蓄

【构词】剃刀/剃度/剃头

6287 **替** 乙 〔部首〕日 〔笔画〕12

tì (v. replace; prep. for)

[动]代替：～工｜～班｜～他｜～下来｜～不了｜～一会儿｜～几次｜今天我是来～工的｜小王病了，我来～他的班｜你快去把他～下来，他到现在还没吃饭呢｜我不懂电工，他的工作我～不了｜请你～我一会儿，我去打个电话。

[介]表示行为的对象：他住院了，他的事一直是我在～他干着｜我们都～你高兴｜你应该～大家想想｜我们～你送行。

【近义词】[动]代/代替/顶/顶替；[介]为

【构词】替班/替补/替工/替身/替死鬼/替罪羊

6288 **替代** 丁

tìdài (substitute for)

[动]代替，以甲换乙，起乙的作用：他～我｜徒弟～师傅｜国产货～进口货｜机器～人｜富裕～贫困｜先进～落后｜

决定～|要求～|力图～|完全～|基本～|自动～|临时～|永久～|我是我,他是他,他～不了我|现在这里家家做饭都用天然气～了煤球|有些手工劳动,机器是没法～的|你要当心,他们常用次品～正品|将来有些危险的劳动可以用机器人～人来做|需要研究和制造各种能～人工作的机器。

【近义词】代替/替

6289 **替换** 丁

tìhuàn (replace)

[动]把原来的(工作着的人、使用着的衣物等)调换下来;倒换:～老师|～7号运动员|～位置|～衣服|～被子|～下来|～上去|～掉|～走|～完|～一下|～两天|应该～|要求～|轮流～|主动～|互相～|～的衣服|～的床单|教练用6号把5号～下来|这几件衣服可以～着穿|他主动要求把我～下来,由他照顾病人|出差时要多带几件～的衣服。

【近义词】替代/倒换

6290 **天** *甲 〔部首〕一 〔笔画〕4

tiān (sky)

[名]❶天空:～黑|～蓝|上～|升～|蓝～|满～|这～真蓝!|～突然黑下来,可能要下雨了|～有不测风云,人有旦夕祸福|人们欢庆卫星上～|气球随风升上了～|蓝蓝的～上没有一丝云彩|今天夜里繁星满～。❷天气:～晴|～阴|～热|～凉|～暖和|～冷|～好|阴～|晴～|今天～不错|～要下雨了,别出去了|等～暖和点儿了,咱们去外地旅行|找个好～出去玩玩|他的关节一疼就知道要变～了。❸日;一昼夜;或专指白天:30～|每～|一～一夜|哪～|一个月有30～或31～|他每～都去打球|他们三～三夜没睡觉,终于完成了任务|你打算哪～回上海?❹季节:春～|夏～|秋～|冬～|三伏～|黄梅～|春～到了,公园里的花全开了|北京的秋～天气最好,不冷不热|到了黄梅～,衣服好几天都干不了|一年四季,你喜欢什么～?❺〈乙〉古人或某些宗教指神佛、仙人居住的地方:升～|归～|他死后,灵魂就升～了|她就像～上的仙女下凡|他祈祷～上的神灵保佑他|他的灵魂到了～国。❻〈丙〉古人或某些宗教指自然界的主宰者;造物:～意|这一切都是～的旨意|～意是不可违背的|命运如何,只好听凭上～的安排。❼〈丁〉自然:人定胜～|与～斗|靠～吃饭|我们不能总是靠～吃饭|人们要战胜大自然,与～斗,与地斗|人定胜～,我们一定能克服这场自然灾害。

【近义词】❸日

【反义词】❶地

【构词】天边/天窗/天鹅/天鹅绒/天分(fèn)/天赋/天国/天花/天花板/天际/天井/天理/天良/天亮/天灵盖/天伦/天明/天幕/天棚/天平/天上/天使/天体/天天/天文馆/天文台/天文学/天仙/天险/天性/天涯/天意/天宇/天灾/天葬/天职/天主/天主堂/天资/天姿/天子/天足/天作之合/天崩地裂/天长地久/天翻地覆/天高地厚/天公地道/天寒地冻/天花乱坠/天荒地老/天昏地暗/天经地义/天罗地网/天马行空/天南地北/天怒人怨/天塌地陷/天网恢恢/天香国色/天悬地隔/天旋地转/天涯海角/天衣无缝/天造地设/天字第一号

6291 **天才** 丙

tiāncái (genius)
[名]❶卓越的创造力、想像力；突出的聪明智慧：有～｜相信～｜发挥～｜文艺～｜音乐～｜表演的～｜绘画的～｜演说的～｜经营的～｜管理的～｜超人的～｜～的领袖｜～的指挥家｜～的作家｜～不是天生的，～来自勤奋｜这个孩子很有～｜他具有绘画的～｜他的孩子很有音乐方面的～｜即使再有～的音乐家也得勤学苦练。❷具有卓越、超群才能的人：是～｜出～｜他真是个～｜他不认为自己是～｜这个学校出了好几个～。
【近义词】❶天资/天分/天赋；❷英才
【反义词】❷庸才/蠢材/白痴

6292 天长地久 丁

tiān cháng dì jiǔ (everlasting)
跟天和地存在的时间一样长，形容永久不变（多指爱情）：爱情～｜友谊～｜～地生活｜祝愿你们的爱情～｜希望我们的友谊～，万古长青｜但愿我们～，永不分离。
【近义词】地久天长

6293 天地 丁

tiāndì (world)
[名]❶天和地，指自然界或社会：～广大｜～辽阔｜震动～｜～之大，无奇不有｜～间竟有这样的事情！｜隆隆的炮声震动了～。❷比喻人们活动的范围：～大｜自己的～｜小～｜广阔的～｜个人的～｜活动的～｜他整天呆在自己的那块小～里，谁也不接触｜孩子们没有一个宽敞的活动～｜她陶醉在自己的艺术～里。
【近义词】❷范围

6294 天空 丙

tiānkōng (the sky)
[名]日月星辰罗列的广大的空间：～晴朗｜～明亮｜～阴沉｜看～｜仰望～｜观察～｜研究～｜升入～｜飞上～｜征服～｜污染～｜充满～｜黑夜的～｜傍晚的～｜蓝色的～｜美丽的～｜无垠(yín)的～｜灰暗的～｜～的云彩｜～的月光｜～的能见度｜今天的～晴朗无云｜他们仰望着～的圆月，思念着祖国的亲人｜彩色的气球升入～｜工厂烟囱里的黑色烟雾污染了清洁的～｜傍晚的～出现一道美丽的彩虹｜大雁在辽阔的～中飞翔。
【近义词】天上
【反义词】地上/大地

6295 天气(氣) 甲

tiānqì (weather)
[名]一定区域一定时间内大气中发生的各种气象变化，如温度、湿度、气压、降水、风、云等的情况：～好｜～晴朗｜～寒冷｜～热｜～反常｜～恶劣｜～适宜｜预测～｜预报～｜了解～｜今天的～｜夜间的～｜北京的～｜8月的～｜雷雨的～｜刮风的～｜变化的～｜～预报｜～形势｜今天的～十分晴朗｜最近～不正常，不是刮风就是下雨｜因～恶劣，飞机暂不起飞｜北京九十月份的～最好｜～预报说明天晴转阴，有小雨。
【近义词】气候/气象

6296 天然 丙

tiānrán (natural)
[形]自然存在的；自然产生的：～的景色｜～的山路｜～的通道｜～的屏障｜～牧场｜～资源｜～的森林｜～的水库｜～的形状｜～的联系｜～的香味｜～的颜色｜～的公园｜我喜欢～的景

色，不喜欢人工造景｜这里有着丰富的～资源｜这两件事有着～的联系｜这几座大山形成了一个～的屏障｜没有加香料，这是它～的香味｜这峡谷形成了～的国界。

【近义词】自然/天生

【反义词】人工/人造/人为

6297 **天然气**(氣) 丙

tiānránqì (natural gas)

[名]可燃气体，主要成分是甲烷，产生在油田、煤田和沼泽地带，是埋藏在地下的古代生物经高温、高压等作用形成的。主要用做燃料和化工原料：使用～｜～可以做燃料｜～是一种化工原料｜人们普遍使用～做饭。

6298 **天色** 丁

tiānsè (colour of the sky [refer to time of the day]; weather)

[名]天空的颜色，借指时间的早晚和天气的变化：～晚｜～早｜～晴朗｜～黑｜～大亮｜～好｜～阴沉｜～正常｜～反常｜看～｜观察～｜早上的～｜东边的～｜傍晚的～｜等他写完最后一个字时～已经大亮｜要想出去旅游，得先看看～｜～已晚，我该回去了｜看这阴沉沉的～，像是要下雨。

6299 **天上** 丙

tiānshàng (the sky)

[名]天空：在～｜挂在～｜看～｜～的月亮｜～有数不清的星星｜飞机在～飞｜一只鸟飞到～去了｜他看着～的圆月，不禁怀念起故乡｜她就像～的仙女一样漂亮｜他的生活发生了巨变，好像从～掉到了地上。

【近义词】天空

【反义词】人间/地下

6300 **天生** 丁

tiānshēng (innate)

[形]天然生成：～的性格｜～的脾气｜～的才干(gàn)｜～的口才｜～的本领｜～的慢性子｜～的美德｜～的善良｜～的聋哑人｜～的小眼睛｜～的残疾｜～好(hào)学｜～直爽｜～蛮横｜～怪僻｜～胆大｜～自私｜我认为人的性格、脾气都是～的｜助人为乐是他～的秉性｜他有一副～的好嗓子｜小张和小李真是～的一对｜猫会捉老鼠是它～的本能｜他是～的慢性子，你别跟他生气了｜这人～怪僻｜这孩子～好学。

6301 **天堂** 丁

tiāntáng (paradise)

[名]❶某些宗教指人死后灵魂居住的永享幸福的地方：～美好｜进～｜升～｜有人说～是人死后灵魂得到永远安息的地方｜他希望死后灵魂进～｜他现在已经去了～。❷比喻幸福美好的生活环境：幸福的～｜人间～｜～的生活｜人们都说“上有～，下有苏杭”｜这个地方环境真美，住在这里像是住在～里｜这里简直就是人间～。

【近义词】天国

【反义词】地狱

6302 **天文** 丙

tiānwén (astronomy)

[名]日月星辰等天体在宇宙间分布、运行等现象：观察～｜研究～｜通晓～｜～现象｜～学｜他们专门研究～｜他上知～，下知地理，学问真不小｜他喜欢学习～｜他的～知识十分丰富。

【近义词】天象

【反义词】地理

6303 **天下** *丙

tiānxià (China or the world)

[名]❶指中国或世界:～太平|～奇闻|～大乱|遍～|～同名同姓的人很多|那时～不太平,兵荒马乱的|儿子竟把母亲赶出家门,这真成了～奇闻了|桂林山水甲～|我们的朋友遍～|可怜～父母心。❷〈丁〉指国家的统治权:打～|分～|坐～|人民的～|他们为人民打～|如今已是人民的～|这不是你一个人的～,而是大家的～。

6304 **天线**(綫) 丁

tiānxiàn (aerial)

[名]用来发射或接收无线电波的装置。把发射机发射出来的无线电波送到空中去的叫发射天线,接收空中无线电波传给接收机的叫接收天线:安装～|收音机的～|接收～|发射～|公用～|一根～|把收音机上的～拉出来,声音就清楚多了|学校准备给这一栋楼安装公用～|电视机画面不清楚,是因为～有问题。

【反义词】地线

6305 **天真** *乙

tiānzhēn (innocent)

[形]❶心地单纯,性情直率;没有做作和虚伪:孩子～|心地～|～得很|～极了|笑得～|说得～|～地望着|～地问|～地笑|～的姑娘|～的性格|～的眼睛|这些孩子～活泼|看她笑得多么～|孩子～地问:"这只小熊猫只吃竹子吗?"|我们都喜欢这个～的小姑娘。❷〈丙〉头脑简单,容易被假象迷惑:想法～|显得～|过分～|太～了|～的想法|～的幻想|这种想法未免过分～了|你这种想法只是一种～的幻想|他是个骗子,你怎么会这么～地相信他的话?

【近义词】❶单纯/纯洁;❷简单/幼稚

【反义词】❶世故/虚伪;❷老练/成熟

6306 **天主教** 丙

Tiānzhǔjiào (Catholicism)

[名]以罗马教皇为教会最高统治者的基督教派,也叫罗马公教:信仰～|信奉～|宣传～|～徒|他家信奉～|他正在宣传～教义|他是一个虔(qián)诚的～徒。

6307 **添** *乙　〔部首〕氵〔笔画〕11

tiān (add)

[动]❶增添;增加:～人|～煤|～设备|～饭|～病|～家具|～钱|～麻烦|～满|～足|～够|～齐|～得不够|～得起|～得多|慢慢～|容易～|不用～|经常～|请给炉子再～点儿煤|我已经～过饭了|再～点儿钱就可以买辆新车了|他家的家具都～齐了|又给您～了不少麻烦|设备已经够了,不用～了|这么贵的家具我～不起。❷〈丙〉指生育(后代):～女儿|～儿子|恭喜你～了一个儿子|他家～了一个胖小子|不管～男～女,我都喜欢。

【近义词】❶加/增加

【反义词】❶减/减少

【提示】"添"的下边不能写成"小"。

【构词】添补/添丁/添加/添乱/添置/添油加醋/添枝加叶/添砖加瓦

6308 **填** 乙　〔部首〕土〔笔画〕13

tián (fill)

[动]❶把凹陷的地方垫平或塞满:～坑|～沟|～海|～井|～石头|～沙子|～平|～满|～完|～上|～不下|～

进去｜～得满｜～起来｜大家一齐动手，把道路～平｜这口井不用了，把它～上吧｜沟里～满了垃圾｜这个枕头里的木棉～得太满了。❷填写：～姓名｜～地址｜～职业｜～表｜～会客单｜～在空格里｜～在括号里｜～清楚｜～不下｜在这一栏里～上你的姓名｜我的履历表已经～好了｜你的申请表～得不合要求｜这个空格太小，～不下。

【提示】"填"的右边是"真"，中间是三横，不能写成两横。

【构词】填充/填词/填房/填空(kòng)/填窟窿/填料/填鸭/填鸭式

6309 **填补**(補) 丁

tiánbǔ (fill [a vacancy or gap])

[动]补足空缺或缺欠：～漏洞｜～牙齿｜～空白｜及时地～｜小心地～｜早～｜这个工会主席的空缺由老王～｜在这方面的研究还有许多空白，应该尽早～｜财务上的窟窿到现在也没～上。

【近义词】添补/补缺

【提示】"补"字的左边是"衤"，不能写成"礻"。

6310 **填写**(寫) 丁

tiánxiě (fill in)

[动]在印好的表格、单据等的空白处，按照项目、格式写上应写的文字或数字：～汇款单｜～会客单｜～卡片｜～登记表｜～报名表｜～姓名｜～年龄｜～数字｜～号码｜～人数｜～时间｜～错｜～清楚｜～一遍｜应当～｜要求～｜进行～｜详细地～｜认真地～｜严格地～｜简单地～｜～的项目｜～的方式｜～的要求｜寄钱必须先～一张汇款单｜这张履历表要求认真地～｜这个表格要求～两份｜这份表你少～了一张｜你没有按照～的要求～，这张表只好作废。

【近义词】写/填

6311 **田** 乙 〔部首〕田 〔笔画〕5

tián (field)

[名]❶田地：水～｜耕～｜稻～｜麦～｜一亩～｜他既没～又没房｜他家世世代代是种～的｜现在大部分地区用拖拉机耕～了｜他今年种了十来亩稻～｜～里的庄稼长得真好。❷指可供开采的蕴藏矿物的地带：煤～｜油～｜气～｜这里是一片大煤～｜我国又发现了一个新的油～｜他们正在开采煤～。

【近义词】地/田地/土地

【提示】田，姓。

【构词】田产/田畴/田埂/田鸡/田家/田垄/田螺/田契/田赛/田舍/田鼠/田头/田园/田园诗/田庄

6312 **田地** *丙

tiándì (field)

[名]❶种植农作物的土地：有～｜霸占～｜分～｜种～｜耕～｜一亩～｜一块～｜这里的～土质很好｜这块～适合种花生｜那个地区还是用水牛耕～｜如今农民都有了自己的～。❷〈丁〉地步：这步～｜这种～｜事情怎么会落到这步～！｜既然已经到了这步～，后悔也没有用。

【近义词】❶田/地/土地；❷地步/境地

6313 **田间**(間) 丁

tiánjiān (field)

[名]田地里，有时借指农村：～劳动｜来自～｜～有很多人在干活儿｜农民在～辛勤地劳动｜他来自～，一般农活儿都会｜他自小在～长大｜这张画

描写了恬(tián)静的～风光|他走在～小路上。

【近义词】田地/田野

6314 **田径**(徑) 丁

tiánjìng (track and field)

[名]指田径运动,包括各种跳跃、投掷、赛跑和竞走等:～运动员|～赛|他喜欢运动,尤其是～运动|他是优秀的～运动员|今天举行～比赛,他跳远得了第一名。

6315 **田野** 乙

tiányě (field)

[名]田地和原野:～广阔|～美丽|响彻～|笼罩～|绿色的～|早上的～|秋天的～|荒芜的～|无边的～|～的尽头|这片～|～上绿油油的庄稼长势喜人|嘹亮的歌声响彻了～|金色的阳光照耀在～上|秋天的～到处是稻谷飘香|这里土地广阔,望不到～的尽头。

【近义词】田地/田园

6316 **甜** *乙 〔部首〕舌 〔笔画〕11

tián (sweet)

[形]❶像糖和蜜的味道:苹果～|糖～|～得很|～极了|太～了|喜欢～|怕～|～食|～点心|这种蜂蜜～极了|这种巧克力不太～,我喜欢吃|有糖尿病的人不能吃太～的|喜欢～食的人都容易发胖|他每天早上一杯咖啡,一块～点心。❷〈丙〉形容舒适、愉快:心里～|日子～|睡得～|笑得～|过得～|忆苦思～|听了他的话,心里～～的|这孩子睡得多～!|孩子笑得可～了。

【构词】甜菜/甜点/甜瓜/甜美/甜蜜/甜面酱/甜润/甜食/甜睡/甜头/甜言蜜语

6317 **挑** *乙 〔部首〕扌 〔笔画〕9

tiāo (choose)

[动]❶挑选;选择:～书|～衣服|～位子|～女婿|～种子|～好|～干净|～准|～走|～上|～出去|～出来|随便～|你帮我～一件大一点儿的|他吃饭总～好的|我先进去给你～个好位子|米里的沙子都～出来了|他被话剧团～走了|老太太～到一个满意的女婿|这里的东西,喜欢哪个随便～。❷〈丙〉在细节上过分地指摘:～毛病|～吃|～穿|～字眼儿|～得厉害|特别～|他总爱～别人的毛病|他说话就喜欢～字眼|找对象他～得厉害。❸〈丙〉扁担等两头挂上东西,用肩膀支起来搬运:～水|～担子|～粮食|～重担|～起来|～不动|我去～两桶水来|他～着粮食去卖|他真有劲儿,200斤重担～起来就走|用大筐可以～得多点儿|我～不动这个担子|少～一点儿,别累坏了|家庭的重担她一个人～了起来。

【近义词】❶选/挑选;❷挑剔;❸担

【反义词】❸撂/扔

【提示】"挑"又读 tiǎo,见第 6333 条。

【构词】挑担/挑夫/挑拣/挑礼/挑剔/挑眼/挑子/挑嘴/挑肥拣瘦/挑三拣四/挑挑拣拣

6318 **挑选**(選) 丙

tiāoxuǎn (choose)

[动]从若干人或事物中找出适合要求的:～人才|～苹果|～衣服|～电视机|～干部|～文章|～时间|～日子|～专业|～节目|～环境|～工作|～丈夫|～得仔细|～得认真|～得合适|应该～|进行～|准备～|经过～|

严格地～|慎重地～|任意～|～的标准|～的条件|我们一起去～礼品|从这些文章中～一篇好的|他们准备～一个好日子结婚|他们买房子想～一个好环境|他～衣料～得可仔细了|你这个男朋友～得不合适。

【近义词】挑拣/挑/选择

6319 **条(條)** 甲 〔部首〕木 〔笔画〕7

tiáo (m. *sth. for long and thin*)

[量]❶用于细长的东西:一～鱼|一～蛇|一～河|一～街|一～绳子|一～毛巾|一～被子|一～裤子|一～裙子|一～腿|一～命|我买了三～鱼|这～街上有个超级市场|你这～裙子真漂亮!|他这～命是王大夫救活的。❷用于以固定数量组合成的某些长条形的东西:一～肥皂|一～烟|他两天就用了一～肥皂|这～烟多少钱?|一～烟里有十包。❸用于分项的:一～消息|一～意见|一～办法|一～纪律|一～计策|第一～|头版头～|我告诉你一～好消息|他给我提了三～意见|我们应该规定一～纪律|刚才我说完了第一～,现在我说说第二～|请大家注意今天报纸上头版头～新闻。

【构词】条案/条播/条陈/条凳/条幅/条令/条目/条绒/条田/条纹/条条框框

6320 **条件** *甲

tiáojiàn (condition)

[名]❶影响事物发生、存在或发展的因素;状况:～成熟|～变了|创造～|改善～|具备～|提供～|社会～|历史～|国内～|政治～|经济～|地质～|医疗～|生产～|重要～|有利～|基本～|良好～|必要～|在这里建一个大工厂,～还不成熟|丰富的水力资源为发展工业提供了有利～|要为孩子们创造良好的学习～|必须尽快改善农村的医疗卫生～。❷〈乙〉为某事而提出的要求或订出的标准:～放宽|～下降|～提高|～低|～苛刻|～平等|提～|讲～|答应～|交换～|规定～|对方的～|谈判的～|比赛的～|报名的～|提职的～|重要的～|合理的～|录取的～不能降低|对方提出的～太苛刻了|如果是合理的～,还可以接受|我们完全同意你们规定的～。

【近义词】❶因素;❷要求

6321 **条款** 丁

tiáokuǎn (clause)

[名]文件或契约上的条目:订～|查～|按照～|文件的～|法律～|契约的～|合同上的～|这是文件上定的～|查查合同上的～是怎么说的|应该按照规定的～执行|应该依照法律～来处理。

【近义词】条例/条目/项目

6322 **条理** 丁

tiáolǐ (orderliness)

[名]思想、言语、文字的层次:～严谨|～混乱|～分明|～清楚|有～|文章的～|语言的～|思维的～|这篇文章写得～清楚|他们的工作很有～|她把家里的生活安排得很有～|他回答问题不太有～。

【近义词】层次/秩序

6323 **条例** 丙

tiáolì (regulations)

[名]由国家制定或批准的规定某些事项的法律文件,也指团体制定的章

程：制定～|公布～|执行～|维护～|宣传～|遵守～|符合～|组织的～|法律～|关税～|刑法的～|交通～|军事～|工作～|暂行的～|具体的～|～的内容|～的款项|人人都应遵守交通～|你这样做违反了关税～|这种做法不符合我厂规定的工作～|请介绍一下民法～的主要内容。

【近义词】条目/条款/规定

6324 **条文** 丁

tiáowén (clause)

[名]法规、章程等分条说明的文字：～清楚|～简单|修改～|法律～|婚姻法的～都是维护妇女和儿童的利益的|这一点关税～上说得很明白|人人都要遵守法律～。

6325 **条约**(約) 乙

tiáoyuē (treaty)

[名]国家和国家签订的有关政治、军事、经济或文化等方面的权利和义务的文书：制订～|签订～|撕毁～|修改～|废除～|收回～|交换～|军事～|经济～|和平～|友好～|不平等～|～的内容|～的条款|这种不平等～应该废除|他们单方面撕毁～|我们跟许多国家签订了和平友好～|双方都要遵守和执行这个～。

6326 **条子** 丁

tiáozi (strip)

[名]❶狭长的东西：贴～|撕～|纸～|布～|他在门上贴了一张纸～，上面写着"请勿打扰"|你撕一条布～捆一下|他在门上挂了一个红布～，为了避邪。❷便条：写～|开～|留～|一个～|他不在家，你写个～，我转交给他|他托小张给我带来了一个～，让我晚上去他家一趟|我给他留个～，等他回来你交给他。

〔部首〕讠
〔笔画〕10

6327 **调和**(調) 丁

tiáohé (mediate)

[动]排解纠纷，使双方重归于好：矛盾～了|纠纷～了|双方～了|～矛盾|～纠纷|～得不错|～成功|愿意～|能够～|进行～|要求～|继续～|开始～|努力～|热心地～|公正地～|从中～|他们夫妻俩的矛盾终于～了|我们之间没有什么不可～的矛盾|我来从中给你们～一下吧。

【近义词】调解/调停

【提示】"调"又读 diào，见第 1480 条。

【构词】调处(chǔ)/调羹/调护/调价/调教/调理/调料/调配/调频/调情/调试/调唆/调停/调味/调笑/调养

6328 **调剂**(劑) 丁

tiáojì (adjust)

[动]把多和少、忙和闲等加以适当的调整：～精神|～关系|～气氛|～心情|～伙食|～生活|～物资|～市场|～商品|～时间|～得好|～得满意|进行～|稍加～|适当地～|互相～|很好地～|你应该多参加文艺活动，～一下生活|请小王给大家唱个歌～～气氛|今天咱们包饺子～一下伙食|我们两个单位互相～～库存物资|各单位技术力量强弱不均，最好由领导进行适当的～。

【近义词】调节/调整/调理

【反义词】保持/维持

【构词】冲剂/毒剂/粉剂/膏剂/合剂/汤剂/丸剂/药剂

6329 **调节**(節) 丙

tiáojié (regulate)

[动]从数量上或程度上调整,使适合要求:～空气|～气温|～室温|～流量|～湿度|～神经|～情绪|～波长|～感情|～进度|～数量|～得好|加以～|进行～|要求～|需要～|仔细～|稍微～|不断地～|自动～|～的方法|这种药可以～神经|这间房湿度～得比较合适|室内的湿度总是～不好|这种洗衣机可以自动～水流|请你把进度～得快一点儿|波长稍微～一下就行了。

【近义词】调剂/调整/控制/节制

6330 **调解** 丁

tiáojiě (mediate)

[动]劝说双方消除纠纷:～无效|～成功|～纠纷|～争端|～关系|～矛盾|～得好|～得及时|～得顺利|～一下|能够～|愿意～|要求～|加以～|进行～|经过～|难～|热心地～|诚恳地～|～的方式|～的结果|～小组|她热心地为双方～纠纷|法院正在～一桩离婚案|他们家的事,谁也～不了|这家的财产争端无法～|经过朋友们的～,他们夫妻终于和好了|你们愿意接受法院的～吗?

【近义词】调和/调停

【反义词】调唆/挑唆/挑拨

6331 **调皮** 丙

tiáopí (naughty)

[形]❶顽皮:孩子～|猫～|～得厉害|～得要命|变得～|太～了|实在～|过分～|～地笑|～地说|～的样子|～的动作|～的弟弟|这孩子～得要命|他变得越来越～|这个孩子实在是～|孩子瞪着大眼睛～地望着妈妈|他那～的样子真可笑|小猫那～的动作真好玩儿。❷不驯顺;狡猾,不易对付:人～|牲口～|这个人～得很,不好对付|这个人～得令人讨厌|这头驴相当～|这里边数那匹马最～|他过于聪明,工作上非常～。

【近义词】❶顽皮/淘气

【反义词】老实/驯服/规矩/驯顺/听话

【构词】表皮/草皮/车皮/扯皮/陈皮/地皮/豆皮/肚皮/粉皮/封皮/羔皮/桂皮/果皮/赖皮/脸皮/毛皮/面皮/奶皮/牛皮/泼皮/漆皮/俏皮/肉皮/书皮/树皮/水皮/铁皮/头皮/蜕皮/顽皮/虾皮/橡皮/信皮/眼皮/植皮

6332 **调整** 乙

tiáozhěng (adjust)

[动]改变原有的情况,使适应客观环境和要求:～机构|～比例|～内容|～方向|～任务|～工资|～房子|～物价|～时间|～计划|～镜头|～速度|～干部|～得合理|～得满意|～一番|应该～|可以～|加以～|进行～|准备～|要求～|经过～|略微～|普遍～|适当地～|充分～|～经济建设的步伐|需要～一下市场上的物价|夏季到了,又该～作息时间了|你的镜头稍微～一下就可以了|明年我们厂要～工资。

6333 **挑** 丁 〔部首〕扌 〔笔画〕9

tiǎo (lift up)

[动]❶用竹竿等的一头支起;翘起:～帘子|～旗|～灯笼|～大拇指|～眉毛|～起|～开|～上去|～上来|～不动|他～开窗帘,看看外边刮风了没有|他们～着灯笼在桥上走|他～起拇指赞叹道:“你们真了不起!”|他说得得意的时候～起了眉毛|这竹竿太细,用它～不动。❷用细长的东西

拨:～刺|～火|～水泡|～破|～出来|～不了|使劲儿～|慢慢地～|把手上的刺～出来|别把水泡～破了|把篝火～得旺一点儿|这根刺扎得太深,我～不出来。❸挑拨;挑动:～关系|～是非|～矛盾|～起|～得人家不和|故意～|从中～|这样做会～起他们两家不和的|他就爱～是非|不要去～人家夫妻打架|这个争端就是你故意～起的。

【近义词】❷拨;❸挑拨

【构词】挑刺/挑大梁/挑动/挑逗/挑花/挑明

6334 **挑拨**(撥) 丁

tiǎobō (foment)

[动]搬弄是非,引起纠纷;离间:～关系|～是非|～矛盾|～友谊|～感情|企图～|妄想～|喜欢～|反对～|加以～|进行～|存心～|故意～|疯狂地～|卑鄙地～|公开地～|～的手腕|你别去～人家的关系|你为什么～我们之间的友谊?|都是他在中间进行～的!|他们夫妻俩闹离婚就是你故意～的!

【近义词】离间/挑唆/挑动

【反义词】调解/调停/调和

【构词】点拨/撩拨/弹拨/一拨

6335 **挑衅**(釁) 丁

tiǎoxìn (provoke)

[动]借端生事,企图引起冲突或战争:敌人～|进行～|开始～|停止～|制止～|不停地～|公开～|疯狂地～|严重～|～的手段|～的目的|敌人又在我边境～|敌人又在进行～了|我们击退了敌人一次次的武装～|敌人疯狂地向我方进行～|这是敌人一次极其严重的～。

【近义词】挑战/挑动

【提示】含贬义。

6336 **挑战**(戰) 丁

tiǎo zhàn (challenge)

❶故意激怒敌人,使敌人出来打仗:向敌人～|敌人向我们～了|我们不必理会他们的～,等做好充分的准备再反击他们。❷鼓动对方跟自己竞赛:互相～|他们组向我们组～了|男生和女生互相在学习上～|你敢～我就敢应战|这次演讲比赛我方是～的一方。

【反义词】应(yìng)战

【提示】离合词,中间可插入其他成分:他们曾经向我们挑过战,但我们没有应战。

6337 **跳** *甲 〔部首〕足 〔笔画〕13

tiào (jump)

[动]❶脚上用力,使身体突然离开所在的地方:孩子～|运动员～|小鸟～|～得高|～得远|～过来|～起来|～上去|～不了|～不动|～绳|～皮筋|疼得～|高兴得～|使劲儿～|上下～|孩子们一边唱一边～|那个运动员～得真高|大家高兴得～起来|我年纪大了,～舞已经～不动了|孩子们～绳～得真好。❷物体由于弹性作用突然向上移动:小皮球在地上～了几下就滚到沟里去了。❸〈乙〉一起一伏地动:心～|眼～|～得快|一阵阵地～|怦怦地～|这几天眼皮总～,别有什么事|看他在那么高的钢丝上走来走去,我的心都快～出来了|我站在舞台上,心里怦怦地乱～。❹〈丙〉越过应该经过的一处而到另一处:～班|～级|～针|～行(háng)|他学习特别好,准备让他～班|他在一

年级时～了一级｜这缝纫机有毛病，总～针｜这沟你～得过去吗？

【构词】跳班/跳板/跳槽/跳荡/跳级/跳脚/跳井/跳马/跳棋/跳伞/跳绳/跳水/跳台/跳腾/跳箱/跳鞋/跳蚤/跳蚤市场

6338 **跳动**(動) 丙

tiàodòng (beat)

[动]一起一伏地动：心脏～｜脉搏～｜图像～｜～得慢｜～两次｜～半天｜开始～｜停止～｜引起～｜减少～｜急速～｜不断～｜～的频率｜～的声音｜～的原因｜我的脉搏～得较慢｜电视机屏幕的图像～得厉害｜剧烈的运动引起心脏急速地～｜大夫对他讲了心脏～快的原因。

【近义词】跳跃/跳/跳荡

【反义词】静止

6339 **跳高** 丁

tiàogāo (high jump)

[名]田径运动项目之一，运动员按照规则助跑后跳过横杆：喜欢～｜练习～｜～比赛｜～是田径运动项目之一｜他每天练习～｜～比赛中，他获得第一名。

6340 **跳舞** 甲

tiàowǔ (dance)

❶舞蹈：演员～｜孩子～｜喜欢～｜会～｜跳什么舞｜跳孔雀舞｜跳丰收舞｜他整天在家里不是唱歌就是～｜他边唱歌边～｜这个演员跳的是长鼓舞｜你给我们跳个舞。❷跳交际舞：她年轻时特别喜欢～｜周末舞会上，来～的人不少｜电视上每个星期都有教～的节目。

【提示】离合词，中间可插入其他成分，如：跳个舞｜跳不了舞。

6341 **跳远**(遠) 丁

tiàoyuǎn (long jump)

[名]田径运动项目之一，有急行跳远、立定跳远两种。通常指急行跳远，运动员按照规则，经助跑后向前跃进沙坑内：喜欢～｜练习～｜～比赛｜～运动员｜我喜欢看～｜他们每天艰苦地练习～｜场内正在进行～比赛｜这几位都是～运动员。

6342 **跳跃**(躍) 丁

tiàoyuè (jump)

[动]腿上用力，使身体突然离开所在的地方：小鸟～｜～起来｜～半天｜轻快地～｜高兴地～｜～的动作｜～运动｜小鸟欢快地～着｜年纪大了，已经～不起来了｜请大家跟我一起做～运动｜这种～的动作我做不了。

【近义词】跳/跳动/跳荡

【反义词】静止

【提示】“跃”不念 yào。

6343 **贴**(貼) *乙 〔部首〕贝 〔笔画〕9

tiē (stick)

[动]❶把薄片状的东西粘在另一个东西上：～邮票｜～画｜～商标｜～布告｜～照片｜～橡皮膏｜～墙纸｜～满｜～正｜～歪｜～错｜～多了｜～反了｜～上去｜～不上｜～得太结实｜～得乱七八糟｜～了半天｜整整齐齐地～｜寄航空挂号信～多少钱邮票？｜布告～在墙上了｜本子里～满了朋友们的照片｜地图～歪了｜胶水太多了，反而～不上｜你看你～得乱七八糟！❷〈丙〉紧挨：～身｜～墙｜～胸｜～得近｜～上去｜～身的衣服一定要干净｜电视机别～着墙｜他～着我的耳朵小声地说话

|孩子亲热地～在妈妈胸前|他们背～着背睡着了|海鸥～着水面飞着。❸〈丁〉补贴：～钱|～房租|～伙食费|～粮食|～进去|白白地～|经常～|月月～|家里每月都要～给他好几十元钱|我的工资全都～到房租里去了|这个月的工资全～到生活费里去了|几个孙子的生活费全让你～，你～得过来吗？

【近义词】❶粘；❷靠近/挨近；❸补贴

【构词】贴边/贴饼子/贴补/贴近/贴切/贴身/贴题/贴心

6344 **铁**(鐵) 乙 〔部首〕钅 〔笔画〕10

tiě (iron)

［名］金属元素，符号 Fe。是炼钢的主要原料，用途很广：缺～|～的用途|～的比重|～是炼钢的主要原料|他得的是缺～性贫血|他过去打过～|他在炼～厂工作|～的用途很多|～的比重较大|这些器皿都是用～做的。

【提示】铁，姓。

【构词】铁板/铁饼/铁蚕豆/铁窗/铁轨/铁画/铁环/铁甲车/铁匠/铁皮/铁锹/铁砂/铁水/铁丝/铁丝网/铁索/铁桶/铁腕/铁锨/铁锈/铁证/铁案如山/铁板钉钉(dìng dīng)/铁板一块/铁画银钩/铁面无私/铁石心肠

6345 **铁道** 丁

tiědào (railway)

［名］铁路：～长|修～|新～|一条～|～部|这条～有 400 多公里|北京有通向全国各地的～|最近又修了一条从北京到九龙的～|他在～部工作。

【近义词】铁路

6346 **铁饭碗**(飯) 丁

tiěfànwǎn (iron rice bowl－a secure job)

比喻非常稳固的职业、职位：打破～|失去～|喜欢～|～的弊端|～打破了，只拿钱不干活儿就吃不开了|有些人觉得～还不错|砸了～，人们的积极性就调动起来了|如今竞争上岗，再也没有什么～了。

【近义词】大锅饭

6347 **铁路** 乙

tiělù (railway)

［名］有钢轨的供火车行驶的道路：～长|修筑～|新～|成昆～|一条～|～医院|～工人|～运输|这里正在修筑一条～|京九～已正式通车|他父亲是～工人|我国～运输事业日益发展。

【近义词】铁道

6348 **厅**(廳) 丙 〔部首〕厂 〔笔画〕4

tīng (hall)

［名］❶聚会或招待客人用的房间：大～|门～|客～|餐～|三室一～|一个～|这个～又大又亮|我家的门～太窄了|客人们都在～里休息|他住的房子有三间卧室两个～|他们正在客～谈话。❷大机关里一个办事部门的名称：办公～|他是办公～主任|他在办公～工作|这事由办公～负责。❸某些省属机关的名称：教育～|财政～|～长|他的工作单位是福建省教育～|他在商业～工作|他是财政～～长。

6349 **听**(聽) *甲 〔部首〕口 〔笔画〕7

tīng (listen)

［动］❶用耳朵接受声音：～音乐|～报告|～戏|～收音机|～课|～说话|～广播|～见|～懂|～清楚|～准|～

不了|～进去|～出来|～不下去|～得明白|～不出来|仔细～|用心～|耐心地～|他每天早上都要～新闻联播|我喜欢一边～音乐一边工作|我叫了他好几声,他都没～见|老师说什么我没～清楚|是谁在唱歌,我～不出来|这报告太没意思了,我都～不下去了|老师讲课你怎么不用心～?❷〈乙〉听从(劝告);接受(意见):～指挥|～劝告|～话|～调动|～安排|～分配|一切行动～指挥|别人的意见他一点儿也～不进去|应该～领导的安排|这孩子太不～大人的话了。

【近义词】❶听见/闻;❷听从/接受

【构词】听差(chāi)/听从/听候/听觉(jué)/听课/听力/听命/听凭/听任/听筒/听戏/听信/听诊/听诊器/听政

6350 听话(話) 丁

tīng huà (be obedient)

听从长辈或领导的话:孩子～|应该～|懂得～|十分～|～的孩子|他的儿子特别～|孩子应该听妈妈的话|这孩子最近变得～了|在家要好好儿地～,别出去乱跑|这几个不～的孩子又闯祸了|他被调走了是因为不听领导的话。

【提示】离合词,中间可插入其他成分,如:你要听我的话|你到底听谁的话?

6351 听见(見) 甲

tīng jiàn (hear)

听到:～音乐|～脚步声|～风声|～讲话声|～消息|～动静|～打雷|～叫喊|听不见|清楚地～|突然～|隐隐约约地～|我～屋子里有人说话|我从没～过这么好的音乐|我隐隐约约地～有人在唱歌|睡到半夜,突然～有人大声叫喊|我明明～是你在喊,你怎么不承认?|我叫了他几声,他明明～了,偏说没有。

【近义词】听到

【提示】"听见"是动补结构,中间可插入"得"或"不",如:听得见|听不见。

6352 听讲(講) 乙

tīng jiǎng (listen to a talk)

听人讲课或讲演:～认真|喜欢～|专心～|安静地～|～的时候|学生们～十分认真|他们一边～一边做笔记|～的时候请关掉你的呼机或手机|平时不认真～,到考试时就后悔了。

【构词】串讲/开讲/宣讲/演讲/主讲

6353 听取 丁

tīngqǔ (listen to)

[动]听(意见、反映、汇报等):～意见|～反映|～汇报|～建议|～看法|～得不够|应该～|希望～|打算～|虚心地～|认真地～|诚恳地～|广泛地～|积极地～|多～|你应该多～群众的反映|他经常～大家的建议|大家的意见他～得很不够|我希望你虚心地～同志们的批评|他工作有成绩是因为广泛地～大家的高见。

6354 听说(説) 甲

tīng shuō (hear of)

听人说:～这个消息|～这件事|听人说|听老张说|～小张要结婚了,真是件大喜事|～小王出国了,什么时候走的?|这件事我听好多人说过|这事我是听人说的,不一定准确|你是从哪儿～的?我一点儿也不信|～的事,都不一定可靠。

【提示】离合词,中间可插入其他成

分,如:听人说/听谁说。

6355 **听写**(寫) 甲

tīngxiě (v. dictate; n. dictation)

[动]语文教学方法之一,由教师发音或朗读,学生笔录,用来训练学生听和写的能力:学生~|~汉字|~拼音|~句子|仔细地~|用心地~|学生们正在~|现在请大家~生词|请你们认真地~|~的时候要仔细。

[名]由教师发音或朗读、学生笔录的练习:有~|害怕~|~的练习|我们每天都有~|我最害怕~|经常做~这种练习,对听力学习有好处。

6356 **听众**(衆) 丁

tīngzhòng (audience)

[名]听讲演、音乐或广播的人:~多|~少|有~|没有~|吸引~|到会的~|热心的~|今天的音乐会,~真不少|这个节目没有多少~|这个小品节目吸引了不少~|我是这个节目的热心的~之一。

6357 **停** 甲 〔部首〕亻 〔笔画〕11

tíng (stop)

[动]❶停止:车~了|雨~了|钟~了|机器~了|~电|~水|~机|~下来|~不了|~不得|~几次|~一小时|经常~|突然~|逐渐~|雨~了再走吧|到站了,车渐渐~下来了|今天只~电不~水|看样子今天的大风~不了|机器~了一个多小时,还没修理好|这里经常突然~电|工作开始了就别~下来。❷停留:~了三天|车在门口~了一会儿就开走了|我经过天津时~了一天|我走累了,在路上~了一会儿|我在上海~了一个月,又去了广州。❸停放;停泊:~车|~船|~路边|~岸边|~满|不准~|路边~了很多自行车|夜晚船都~在岸边|院子里~满了汽车|楼前不准~车|请把车~在~车场里。

【近义词】❶停止;❷停留/逗留;❸停泊/停放

【构词】停办/停车/停放/停工/停火/停机/停建/停刊/停靠/停课/停灵/停食/停息/停歇/停学/停业/停战/停职/停滞

6358 **停泊** 丁

tíngbó (anchor)

[动](船只)停靠;停留:~船只|~军舰|~游艇|~江边|~岸边|~三天|准备~|任意~|紧急~|这个码头~了很多货船|游艇在岸边~|这艘轮船在这里~了几个小时|这是军港,别的船只不准~|这里不准任意~船只。

【构词】淡泊/湖泊/落泊/飘泊

6359 **停顿**(頓) 丁

tíngdùn (pause)

[动]❶(事情)中止或暂停:事情~|工作~|供应~|学习~|交通~|~状态|~得久|避免~|不该~|故意~|他的学习没有~过|交通一天也不能~|这项科学实验突然~下来|谈判~得太久了|这个剧的演出,中间~了两次。❷说话时语音上的间歇:~得合适|~得太长|~一下|略微~|念课文时,每句话中间要~一下|他说到这里,~了一下,又继续接着说下去|这两段乐曲中间不能~得太长|这个地方你~得很好|他念得不熟,一句话里~好几次。

【近义词】❶中止/停止/停滞

【构词】安顿/困顿/劳顿/萎顿/整顿

6360 **停留** 丙

tíngliú (remain)

[动]暂时不继续前进:行人～|车辆～|目光～|～得久|～两天|愿意～|必须～|允许～|不准～|准备～|早～|主动～|任意～|～的时间|～的地方|这个地方车辆不准～|请大家继续前进,不要～|我不打算在北京～|我在上海只～了三天|他的外语还～在一年级的水平上|这个公司至今还～在筹备阶段|到了那里,～的时间不要太长。

【近义词】停顿/逗留/停止

【反义词】前进/发展

6361 **停止** 乙

tíngzhǐ (stop)

[动]不再进行:实验～|战争～|工作～|广播～|比赛～|计划～|演出～|战斗～|～试验|～谈判|～攻击|～调查|～跳动|～供应|～不了|～得快|～得及时|～几分钟|必须～|可以～|愿意～|早～|果断～|公然～|广泛～|坚决～|突然～|主要演员病了,演出暂时～!这项科学试验是不能～的|内部装修,～营业|他的心脏～了跳动|事情已经清楚了,可以～调查了|这个月底就要～供暖|几十年来他从未～过锻炼|治疗绝对～不得。

【近义词】停滞/中止/停顿

【反义词】继续/进行/发展

6362 **停滞**(滯) 丁

tíngzhì (stagnate)

[动]因为受到阻碍,不能顺利地运动或发展:生产～|经济～|事业～|实验～|开始～|～的原因|～不前|～的状态|这个厂的生产发展处于～状态|两国的交往～了一个时期|我们的协作不会～下去的|别人都在进步,独有我～不前|这种～不前的局面稍有好转。

【近义词】停顿/停留/停止/中止

【反义词】发展/前进

【构词】沉滞/呆滞/僵滞/凝滞

6363 **亭子** 丙 〔部首〕亠 〔笔画〕9

tíngzi (pavilion)

[名]盖在路旁或花园里供人休息用的建筑物,面积较小,大多只有顶,没有墙:盖～|一座～|一个～|古色古香的～|北海公园湖边上那五个～叫“五龙亭”|我们在～里坐一会儿再往上爬|香山半山腰上的～叫半山亭。

【近义词】亭

【构词】亭亭玉立

6364 **挺** *丙 〔部首〕扌 〔笔画〕9

tǐng (straighten up)

[动]❶伸直或凸出(身体或身体的一部分):～腰|～肚子|～胸|～起来|～出来|～得直|使劲儿～|站直了,～胸,别～肚子|看他们昂首～胸的,多神气!|把腰杆～起来,别驼着背|让他～胸,他把肚子～出来了|这孩子腰总是～不直。❷〈丁〉勉强支撑:～过来|～不住|硬～|他身体不好时也～着去上班|太累了,都快～不住了|再大的困难都～过来了,这点儿困难算什么|身体不好就休息,别硬～|他总是硬～着坚持工作,终于有一天～不过去,昏倒在机器旁边。

【近义词】❶凸;❷撑/熬

【反义词】❶凹

【构词】挺进/挺举/挺立/挺身/挺直/挺胸凸肚

6365 **挺** 甲

tǐng (very)

[副]表示程度高。用在动词、形容词前作状语:～好|～美|～干净|～香|～努力|～会唱歌|～喜欢跳舞|～爱画画儿|这两天天气～好|他的屋子打扫得～干净|他干活儿～认真|这孩子虽小,倒～会说话|他从小就～爱唱歌|他～会做菜|他长得～高的。

【近义词】很/怪

6366 **挺拔** 丁

tǐngbá (tall and straight)

[形]❶直立而高耸:松树～|毛竹～|身材～|长得～|～的白杨|这里的竹林长得青翠、～|他的身材魁梧、～,是个典型的男子汉|～的白杨树显得坚强不屈,而又不缺乏温和。❷坚强有力;强劲:字～|笔力～|写得～|～的风格|他写的字清秀、～|这字笔力～,写得相当好。

【近义词】❶挺立

6367 **挺立** 丁

tǐnglì (stand upright)

[动]直立:高山～|青松～|～的雄姿|傲然～|高高～|勇敢地～|人民英雄纪念碑庄严～在天安门广场上|青松～在雪山顶上|英雄的塑像～在江边。

【近义词】直立/屹立/耸立

【反义词】倒伏

6368 **艇** 丁　〔部首〕舟　〔笔画〕12

tǐng (a light boat)

[名]指比较轻便的船,如游艇、救生艇等:乘～|驾～|小～|一只小～|一艘游～|我们乘着小～在湖上游玩|他们驾着一艘救生～在海上巡逻|他是这只～上的～长。

【近义词】船

【构词】潜艇/潜水艇/游艇

6369 **通** *甲　〔部首〕辶　〔笔画〕10

tōng (v. open up by poking; adj. coherent)

[动]❶使不堵塞:～水管|～阴沟|～下水道|～炉子|～火|～一下|～两次|～了一会儿|下水管堵住了,我找人来～一下|工人们正在～路边的阴沟|炉子里～出来好多煤灰|下水道我～了半天还是没～干净。❷没有堵塞,可以穿过;到达:思想～了|路～了|车～了|山洞～了|～风|～水|～电|～气|～船|～车|～北京|～出去|～过去|～一个月|刚～|一直～|这条路还没～车|打开窗户～～风吧|这栋新楼盖好了,但还没开始～煤气|这趟火车～往西安|火车可以从这个山洞～过去|这条铁路刚刚～车|对这事,他思想一直不～。❸〈乙〉连接;互相来往:～电话|～信|～消息|～邮|～航|～商|～气儿|互～有无|今天早上跟他～过电话|我们经常～信|我们好久不～消息了|以后有什么事多～～气儿|这几个地区刚刚开始～邮|我国很早就跟别的国家～商了。❹〈丙〉懂得:～法语|～医学|～法律|～乐器|～道理|精～|他～好几门外语|他既～西医,又～中医|我对医学一点儿不～|电脑这玩意儿,我一窍不～|对这玩意儿,我只能说粗～,精可谈不上。

[形]通顺:文字～|语法～|句子～|写得不～|这个句子语法不～|这篇

文章好几个地方句子不～|这句话写得不～。

【近义词】[动]❶疏通,❹懂得;[形]通顺

【反义词】[动]❶堵塞;[形]堵塞

【提示】通,姓。

【构词】通病/通才/通畅/通达/通敌/通电/通读/通婚/通货/通栏/通览/通例/通力/通路/通明/通票/通铺(pù)/通气/通融/通身/通体/通天/通通/通途/通宵/通晓/通心粉/通信员/通行证/通性/通讯员/通夜/通邮/通风报信/通今博古/通情达理

6370 **通报**(報) 丁

tōngbào (v. circulate a notice; n. circular)

[动]❶上级机关把工作情况或经验教训等用书面形式通告下级机关:～经验|～批评|～表扬|～消息|～各省|～下级|准备～|要求～|口头～|～的方式|学校～表扬了这位老师的先进事迹|这件事要在全厂～批评|这个经验在全厂～了。❷通知;告诉(上级或主人):～中央|～情况|详细～|直接～|赶快～|及时～|这事已～到领导那里了|请您在这里稍候,我马上去为您～。

[名]上级通告下级的文件:刚发下来的～你看了没有? |关于今年生产情况的～我们已经看过了。

【近义词】通知/报告

【提示】多用于较重大事件,生活中多用"通知"。

6371 **通常** 丙

tōngcháng (general)

[形]一般;平常:～的情况|～的方法|～他早上6点起床|～他星期日都不出去|家里的活儿～都是母亲做|按照～的情况,他早上先锻炼一个小时,然后去上班|他～是先喝汤再吃饭|写作文之前先起个草稿,这是他～的作法。

【近义词】一般/平常/日常/经常

【反义词】独特/奇特/偶尔

6372 **通道** 丁

tōngdào (thoroughfare)

[名]往来的大路;通路:开辟～|修建～|南北～|东西～|一条～|两座楼之间有一条～|这条铁路成了横贯东西的一条～|这是一条南北～。

【近义词】通路

6373 **通风**(風) 丁

tōng fēng (ventilate)

❶空气流通;透气儿:屋子～|通一会儿风|～设备|这屋子不～,夏天热得要命|打开窗户通会儿风|门窗关得死死的,一点儿都不～|这个饭馆没有～设备,闷(mēn)死人! ❷比喻透露消息:～报信|他什么都知道,有人给他～报信|有什么事给我们通点儿风啊! |希望你经常给我们通通风。

【近义词】❶透气儿;❷通气儿

【提示】离合词,中间可插入其他成分,如:通不了风|通一点儿风。

6374 **通告** 丁

tōnggào (v. announce; n. announcement)

[动]普遍地通知:～全校|～全市|～全国|～职工|～居民|准备～|书面～|口头～|迅速～|这个命令准备～全体居民|这个消息～全校教职员工|这个新的指示准备口头～大家。

[名]普遍通知的文告:起草～|发～|送～|张贴～|讨论～|看～|学习～|收听～|中央的～|大会的～|政府的～|学校的～|～的内容|外边贴出一张～|许多人围在那里看～|这是中央发的新的～|请你念念～的内容。

【近义词】[动]通知;[名]文告

6375 **通过**(過) *甲

tōngguò (v. pass through; prep. through)

[动]❶从一端或一侧到另一端或另一侧;穿过:车子～|电流～|～桥洞|～大街|～院子|～森林|～封锁线|允许～|禁止～|顺利地～|迅速地～|浩浩荡荡地～|自由～|电流～了导线|火车～隧道|队伍浩浩荡荡地～天安门|他们顺利地～敌人的封锁线|这条路车辆一律不准～|在大家的帮助下,他们～了难关。❷〈丙〉议案等经过法定人数的同意而成立:决议～|预算～|～草案|～计划|～名单|一致～|庄严地～|基本～|举手～|代表们鼓掌～了这项决议|大会庄严地～了《政府工作报告》。

[介]〈乙〉表示以人或事物为媒介而达到某种目的:我～小张认识的小李|～书籍学到了不少知识|～锻炼增强了体质|～讨论,大家得出了一致的看法|～大家的帮助,他改正了缺点|～刻苦学习,他终于考上了大学。

【近义词】[动]❶经过/过;[介]经过/经

【反义词】[动]❷否决/否定

6376 **通航** 丁

tōngháng (be open to navigation)

[动]有船只或飞机来往:开始～|这两地～、通邮、通商是大家的共同愿望|这条运河已经～|这条航线尚未～|有几条航线即将～。

6377 **通红**(紅) 丁

tōnghóng (very red)

[形]很红;十分红:脸～|眼～|鼻子～|炉子～|火炬～|旗帜～|被面～|天空～|枫叶～|烧得～|冻得～|搽得～|涨得～|打得～|～的手|～的面颊|他一激动脸就涨得～|外面冷吧?看你鼻子冻得～|他把炉子烧得～|看着他那冻得～的双手,真叫人心疼|～的西红柿真是可爱。

【近义词】红/红通通/红彤彤

6378 **通货膨胀**(貨脹) 丁

tōnghuò péngzhàng (inflation)

国家纸币的发行量超过流通中所需要的货币量,引起纸币贬值、物价上涨的现象:引起～|～的现象|大量发行钞票引起了～|这个国家～的现象经常发生|出现～时,纸币贬值,物价上涨,百姓苦不堪言。

【反义词】通货紧缩

6379 **通商** 丁

tōng shāng (have trade relations)

(国家或地区之间)进行贸易:跟别国～|～口岸|我国与世界各国～|跟我国～的国家越来越多|我国开辟了很多～口岸。

【提示】离合词,中间可插入其他成分,如:通过商|通不了商。

6380 **通顺**(順) 丙

tōngshùn (clear and coherent)

[形](文章)没有逻辑上或语法上的毛病:文理～|文字～|语句～|意思

~|造句~|说话~|~多了|~得很|~极了|要求~|写得~|说得~|改得~|大体~|基本~|~的文章|他写的文章文理~,逻辑性强|你这个句子不太~|经过修改,文章比原来~多了|他的作文基本上~|这篇文章他给改得很~|不~的文章修改起来很费时间。

【近义词】通畅/顺畅

【反义词】别扭

【构词】笔顺/耳顺/恭顺/归顺/和顺/理顺/柔顺/温顺/孝顺/驯顺/忠顺/百依百顺/名正言顺/文从字顺/一帆风顺

6381 **通俗** 丁

tōngsú (popular)

[形]浅显易懂,适合一般人的水平和需要的:内容~|意思~|词句~|语言~|提法~|措词~|演奏~|~极了|应当~|力求~|显得~|认为~|写得~|解释得~|论述得~|十分~|~歌曲|~读物|~地讲解|~地阐述|这本书内容比较~|他这种说法要~得多|给孩子看的书要力求~|他讲解得非常~,大家一听就明白了|他喜欢买一些~读物|这是一本~歌曲集。

【近义词】浅显/浅近

【反义词】高雅/深奥

6382 **通信** 丙

tōng xìn (communicate by letter)

用书信互通消息、交流情况等:通过信|通过几封信|互相~|经常~|~处|他离开北京后我们没通过信|我们一个月要通几次信|到了那里,希望我们经常通通信|他们通过互相~来介绍自己的情况。

【提示】离合词,中间可插入其他成分,如:通过信|通了三封信。

6383 **通行** 丁

tōngxíng (pass through)

[动]❶(行人、车马等)在交通线上通过:车辆~|可以~|禁止~|停止~|自由~|顺利地~|这是死胡同,前边不能~|前边修路,车辆停止~|军事要地,行人、车辆一律禁止~|路修好了,车辆可以顺利地~。❷(在一定范围内)普遍使用:全国~|世界~|~的语言|英语在很多国家~|这种电话卡只在北京~,别的地方不~|普通话是在全中国~的语言。

【近义词】❶通过;❷通用

6384 **通讯**(訊) 乙

tōngxùn (news report)

[名]详实生动地报道客观事物或典型人物的文章:~生动|写~|发表~|一篇~|这篇~写得非常感人|他写了一篇有关解放军战士舍己救人的~|他在《人民日报》上发表了那篇~。

【提示】作动词时表示利用电讯设备传递消息:无线电~|微波~。

6385 **通讯社**(訊) 丁

tōngxùnshè (news agency)

[名]采访和编辑新闻供给各报社使用的宣传机构:这个稿件是~提供的|这是~提供的最新消息|他曾在~工作过。

6386 **通用** 丁

tōngyòng (be in common use)

[动]❶(在一定范围内)普遍使用:钞

票～|信用卡～|货币～|可以～|开始～|继续～|中国～|全省～|各地～|暂时～|～的语言|～的货币|～的文字|人民币只在中国～|这种信用卡在几个大城市可以～|中国～的语言是汉语普通话。❷某些写法不同而读音相同的汉字彼此可以换用(有的限于某一意义)：～字|“措词”可以和“措辞”～|“词典”和“辞典”这两个词可以～。

【近义词】通行

6387 **通知** 甲

tōngzhī (v. notify; n. notice)

[动]把事项告诉人知道：上级～|学校～|～各县|～学生|～亲友|～得及时|～两遍|应该～|准备～|书面～|口头～|提前～|正式～|尽快～|这事我立刻去～大家|办公室～明天下午两点开会|你～得太晚了，很多人都回家了|这件事应该～到每个人|你如果不能参加，提前～我一声|开会的时间，我已经～大家了。

[名]通知事项的文书或口信：写～|起草～|发～|送～|广播～|收听～|接到～|政府的～|上级的～|一份～|一张～|～的内容|这个～非常重要|明天开会的～已经发出去了|我还没接到去学校报到的～|他正在家等候录取～|大家都在议论这个～的内容。

6388 **同** 乙 〔部首〕冂 〔笔画〕6

tóng (same)

[形]❶相同；一样：条件～|价格～|身份～|方法～|结果～|～父异母|～岁|～工～酬|这两个公司的条件略有不～|他们采用的方法不～，得出的结果也不～|他和我～年～月～日生|他们是～父异母的兄弟|～是一母所生，但他们俩的性格却截然不～|我们坐～一辆车来的。❷共同：～吃|～住|～甘苦|～去|干部与农民～吃～住～劳动|我和小张～用一本词典|这次旅行，小王与我们～去。

【近义词】❶相同；❷共同

【反义词】❶异

【提示】同，姓。

【构词】同案/同案犯/同班/同窗/同党/同道/同感/同化/同伙/同居/同僚/同龄/同路/同路人/同谋/同仁/同岁/同乡/同心/同义词/同音词/同宗/同族/同病相怜/同步增长/同床异梦/同等学力/同甘共苦/同工同酬/同工异曲/同归于尽/同流合污/同室操戈/同心同德/同心协力/同舟共济

6389 **同** 乙

tóng (prep. with; conj. and)

[介]❶引进动作的对象：有事～大家商量|我去～他告别|他～群众讨论这个问题|要多～老人聊聊天儿|这人不好，少～他来往。❷引进比较的事物：他～哥哥一样高|这件衣服～那件衣服一样贵|他～姐姐一样喜欢唱歌|这里的条件～那里的条件一样好。

[连]表示联合关系：我～你|书～本子|苹果～梨我都喜欢吃|机票～护照都放在皮包里了|老师～学生都去春游了。

【近义词】[介]跟；[连]和

6390 **同伴** 丙

tóngbàn (companion)

[名]在一起工作、生活或从事某项活动的人：～来了|～走了|～多|～好|

～亲切|关心～|帮助～|尊重～|支持～|寻找～|失去～|得到～|过去的～|童年的～|周围的～|热情的～|好～|性急的～|～的性格|～的情谊|～的事迹|一个～|一伙～|下班了,我的～们都回家了|他的～都很老实|他非常关心自己的～|他要寻找一个～一起去旅行|在旅途中,他结识了几个新～|他是我童年时代的～|我非常喜欢我～的人品。

【近义词】伙伴/朋友/伴侣

6391 **同胞** 丙

tóngbāo (born of the same parents)

[名]❶同父母所生的:～兄弟|～姐妹|我们是～姐弟|我们虽不是～兄弟,但比亲兄弟还亲|～手足竟为分遗产打起来了。❷同一个国家或民族的人:关心～|欢迎～|帮助～|香港～|台湾～|藏族～|受灾的～|～的消息|要关心在海外的～|欢迎海外～回来观光|今天参加会议的是来自全国各个地区的少数民族～。

6392 **同步** 丁

tóngbù (synchronized)

[形]科学技术上指两个或两个以上随时间变化的量在变化过程中保持一定的相对关系。泛指互相关联的事物在进行速度上协调一致:～增长|～发展|与时代～|把适合于当前情况的各项改革措施初步配起套来,～前进|要使德育、智育、体育～发展|工农业生产产值～增长|两个厂的生产在～上升|这两项事业的发展是不～的|这几项科学研究不必保持～关系。

6393 **同等** 丁

tóngděng (equal)

[形]等级或地位相同:～学历|～学力|～程度|～级别|～报酬|～条件|～权利|～待遇|～对待|～重视|～聪明|～恭敬|这里不论男女,干同样的工作都能得到～的报酬|大学毕业或具有～学力者,都可报考|我们应享受～的待遇。

6394 **同行** 丁

tóngháng (a person of the same trade)

[名]同行业的人:～不错|遇到～|找～|帮助～|支持～|协助～|关心～|照顾～|过去的～|我的～人挺好|他跟我是～|我出差时碰上一个～|我非常支持我～的研究工作|他是我在研究所工作时的～|我这个～的性格有点儿古怪。

【提示】"行"又读 xíng,见第 7168 条。

6395 **同类**(類) 丁

tónglèi (a person or thing of the same kind)

[名]类别相同的人或事物:～的人|～的动物|～的例子|～的话题|～的文章|～的食品|～的东西|～的内容|～的歌曲|～的工作|～的组织|～的景观|有些动物常会吞食自己的～|～的例子,请再举几个|～的收音机,我们办公室有好几台|他和他弟弟干的是～的工作。

6396 **同盟** 丙

tóngméng (alliance)

[名]由缔结盟约而形成的整体:结成～|订立～|攻守～|军事～|这伙犯罪集团订立了攻守～|他们几个国家

结成了军事～|他们为了实现共同的政治目的而结成了～。

6397 **同年** 丁

tóngnián (the same year)

[名]同一年:～生|～毕业|～建成|～去世|～参军|他的孩子和我的孩子是～同月同日生的|我们几个人是～大学毕业的|他母亲去世的～,他父亲也去世了。

6398 **同期** 丁

tóngqī (the corresponding period)

[名]❶同一个时期:去年～|历史～|粮食产量比去年～增长了8%|产品质量比去年～提高了许多。❷同一届:～毕业|～入学|我们几个人是～入学的|我和他是～毕业的|我们不是～的,他比我高一届。

6399 **同情** *乙

tóngqíng (sympathize)

[动]❶对于别人的遭遇在感情上发生共鸣:～灾区人民|～他的遭遇|～朋友的处境|～人民的疾苦|～他的苦难|～极了|～得很|应该～|表示～|充满～|感到～|得到～|引起～|无限～|深切～|特别～|～的目光|～的口吻|～地问|～地叹息|对你目前的处境,我十分～|他的遭遇引起大家的～|他的小说里流露出对旧中国劳动妇女的深切～。❷对别人的行动表示赞成:～他的意见|～他的行动|～人民的斗争|～中国的革命|～解放事业|我们～被压迫民族的解放斗争|中国人民～各国人民的反帝斗争|对你的建议,我们表示支持和～。

【近义词】❶怜悯/怜惜;❷赞同

【反义词】❶憎恨/憎恶;❷反对

6400 **同时**(時) 甲

tóngshí (at the same time)

[名]同一个时候:～到达|～出发|～毕业|～参加|～建成|与此～|回国的～|买书的～|我和他是～从北京出发的,他比我早到一天|他们俩是～参加革命的|这几栋楼是～建成的|在增产的～还要注意提高质量|发奋学习的～,还要注意休息|他给家里寄去一封信,与此～,他也收到一封家里寄来的信。

【提示】"同时"作连词时,表示更进一层,有"并且"的意思:这是我喜欢的工作,～也是很重要的工作。

6401 **同事** 丁

tóngshì (colleague)

[名]在同一单位工作的人:老～|我的～|公司的～|过去的～|他是我的～|这位是我公司的～|今天我遇见了过去的老～|今天我和～们一起聚会,吃晚饭。

6402 **同屋** 乙

tóngwū (v. share a room; n. roommate)

[动]同住一间屋子:我们在大学时～|小张和小李～。

[名]同住一间屋子的人:我的～是从上海来的|他就是我的～|你的～病了,你快回去看看他吧。

6403 **同学**(學) 甲

tóngxué (school mate)

[名]❶在同一个学校学习的人:老～|女～|男～|小～|同班～|大学～|他是我中学～|我跟他是同班～|这

是我的老～|我们班有五个男～，五个女～|我们大学的老～准备聚一次会。❷称呼学生：～，请问去邮局怎么走？|～们，请坐好，现在上课了|下课后，留下几个～打扫一下教室|小～，谢谢你。

【近义词】同窗/学生

【反义词】老师/先生

6404 **同样**(様) 乙

tóngyàng (adj. same; conj. likewise)

[形]相同；一样：～的|～的方法|～的意思|～的形式|～的时代|～的步骤|～的遭遇|～的结果|～的味道|～的重要|～有意义|他俩衣服用的～的料子|他俩过去有着～的经历|你们用的是～的方法，为什么结果会不同呢？|这两件事～重要。

[连]连接并列的成分或句子，其后有语音停顿：你不喜欢他，～，他也不喜欢你|上大学能成才，～，靠自学也能成才|体力活儿是劳动，～，搞科研也是在劳动。

【近义词】[形]相同/一样

【反义词】[形]异样/两样

6405 **同一** 丁

tóngyī (same)

[形]共同的一个或一种：～形式|～目标|～方向|～命运|～结果|～遭遇|～想法|我们为了～目标而奋斗|我们朝着～方向前进|我们是在～环境中工作。

【近义词】相同/同样

【构词】不一/单一/第一/合一/统一/万一/一一/逐一/专一/表里如一/心口如一/不管三七二十一

6406 **同意** 甲

tóngyì (agree)

[动]对某种主张表示相同的意见；赞成；准许：国家～|领导～|父母～|～意见|～主张|～结婚|～交往|～上课|～访问|～和解|～签字|～增加|～进行|～停留|～毕业|～使用|～办理|～考虑|～请假|可能～|会～|应该～|完全～|勉强～|坚决～|欣然～|立刻～|父母不～他们的婚事|领导～他们请假|学校～他们办理入学手续|他勉强～帮助我|朋友～与我和解|领导～他出国深造|你家里会～你和她交往的。

【近义词】赞成/赞同/准许/允许

【反义词】反对

6407 **同志** 甲

tóngzhì (comrade)

[名]❶为共同的理想、事业而奋斗的人，特指同一个政党的成员：坚强的～|依靠～|派遣～|党内的～|～的情谊|～的品质|两个～|三位～|这些～意志非常坚强|党内的～正在开会|他为了掩护～牺牲了|派遣三位～去那里工作。❷人们惯用的彼此之间的称呼：王～|老～|～，您贵姓？|～，请问去王府井怎么坐车？|老李～，您来了，快请坐|这里只卖女～穿的衣服|你这位～，怎么不讲道理？

6408 **铜**(銅) 乙 〔部首〕钅 〔笔画〕11

tóng (copper)

[名]金属元素，符号 Cu。淡紫红色，延展性和导电、导热性能好，是工业的重要原料，用途广泛：黄～|青～|～器|这把～酒壶造型很美|这枚戒指是金的，不是～的|这些出土的～

器都生了绿锈。

【构词】铜板/铜版/铜币/铜锤/铜鼓/铜管乐(yuè)/铜匠/铜绿/铜线/铜元/铜子/铜墙铁壁

6409 **童年** 丁 〔部首〕立 〔笔画〕12

tóngnián (childhood)

[名]儿童时期;幼年:~的幻想|~的记忆|~的伙伴|~时代|~的生活|幸福的~|辛酸的~|我的~|这是我~时代的照片|~的生活是最美好的|这张照片勾起了我~的回忆|我希望自己的孩子有一个幸福的~|我的~是在战争年月中度过的。

【近义词】幼年/少年

【提示】童,姓。

【构词】童工/童话/童仆/童趣/童声/童心/童星/童颜/童谣/童音/童真/童贞/童稚/童装/童子/童子鸡/童颜鹤发

6410 **桶** 乙 〔部首〕木 〔笔画〕11

tǒng (pail)

[名]盛东西的器具,用木头、铁皮、塑料等制成,多为圆筒形,有的有提梁:~大|~深|木~|铁~|塑料~|汽油~|水~|饭~|一只~|这只木~又大又深|把点心装在铁~里不容易潮|水~里装满了水。

6411 **筒** 丙 〔部首〕竹 〔笔画〕12

tǒng (a thick tube-shaped object)

[名]❶较粗的管状器物:笔~|烟~|邮~|万花~|垃圾~|竹~|我家门前有一个邮~|那支红笔在笔~里|请把香蕉皮请扔进垃圾~里。❷衣服等的筒状的部分:袖~|袜~|长~靴|你把什么塞在袖~里了?|我不喜欢穿长~袜|这双长~靴样子不错。

【构词】筒裤/筒裙/筒子

6412 **捅** 丁 〔部首〕扌 〔笔画〕10

tǒng (poke)

[动]❶戳(chuō);扎:~刀子|~窗户纸|~眼睛|~肚子上|~马蜂窝|~窟窿|~伤|~破|~下来|~进去|~不动|两个孩子打架,~伤了眼睛|这个淘气的孩子把窗户纸~了一个大窟窿|那流氓~了他一刀|他把树上的鸟窝给~下来了|管子堵住了,怎么~也~不动。❷碰;触动:~人|~疼|~一下|他用胳膊~了~前边的人|你的手~着我的脸了|你干吗~我?|你~他一下,让他别乱说话。❸戳穿;揭露:~出来|这事是谁~出来的?|这句话可~到他的疼处了|把问题~开了,就好解决了|最后这件事~到校领导那儿去了。

【近义词】❶戳/扎;❷碰/触;❸揭露/戳穿

【构词】捅咕/捅娄子/捅马蜂窝

6413 **统筹**(統籌) 丁 〔部首〕纟 〔笔画〕9

tǒngchóu (plan as a whole)

[动]统一筹划:~全局|~军务|~兼顾|~安排|公司的一切事务由他~|代表们的食住问题由你们来~安排|我们厂厂长~全局。

【构词】统编/统舱/统称/统共/统购/统管/统考/统铺(pù)/统摄/统帅/统率(shuài)/统辖/统销

6414 **统计**(計) 丙

tǒngjì (v. count; n. statistician)

[动]总括地计算一下:会计~|~人数|~钱数|~产量|~工作量|~客流量|~合格率|~出勤率|~错字|

～得准确｜～得全面｜～错｜～两遍｜进行～｜加以～｜精确地～｜认真地～｜～的数字｜～表｜请你～一下今天出席大会的人数｜他亲自在车上～每天的客流量｜这个月的产量已经～出来了｜粗略地～了一下，合格率只有60%｜这个～数字比较准确。

[名]担任统计工作的人：当～｜做～｜一位～｜他是我们公司的～｜他在一个工厂里当～｜他人很细心，工作又认真，是个很好的～员。

6415 统统 丙

tǒngtǒng (all)

[副]表示全部：～合格｜～参加｜～拿走｜～留下｜我们厂的产品～合格｜请把这些垃圾～清理掉｜把这些东西～搬到外边去｜我留下一件，剩下的～给你｜这个班的学生～是从上海来的｜他把所有的屋子～打扫干净了｜这个小商贩的货物～是假冒伪劣商品。

【近义词】通通/全/都

6416 统一 乙

tǒngyī (v. unify; adj. unified)

[动]部分联成整体；分歧归于一致：～祖国｜～思想｜～意见｜～行动｜～时间｜～口径｜～起来｜～不了｜逐渐～｜这个问题大家要先～一下思想｜意见太多，很难～起来｜经过讨论，大家的认识逐渐～起来了｜学校的校服暂时还～不了。

[形]一致的；整体的；单一的：意见～｜思想～｜时间～｜意志～｜～分配｜～指挥｜～的意志｜～的民族｜～的国家｜同学们的意见不～｜学校的教师宿舍楼要～分配｜公司里的工作由他～领导。

【近义词】[形]一致

【反义词】[动]分裂/分化；[形]分歧

6417 统战(戰) 丁

tǒngzhàn (united front)

[名]统一战线的简称：～政策｜～工作｜～对象｜要认真贯彻党的～政策｜～工作要做得细致些｜他是搞～工作的。

6418 统治 乙

tǒngzhì (rule)

[动]凭借政权来控制、管理国家或地区。也指支配、控制：～世界｜～城市｜～人民｜～得严密｜～得长久｜～两千年｜～几十年｜进行～｜实行～｜继续～｜残暴地～｜短暂地～｜完全～｜～阶级｜～的局面｜～的地区｜～集团｜～的对象｜封建～｜这个国家由他～了五十多年｜这里小农经济曾长时期占～地位｜皇帝去世以后由他的儿子继续～这个国家。

【近义词】控制/支配

6419 痛 乙

〔部首〕疒
〔笔画〕12

tòng (ache)

[动]疾病创伤等引起的难受的感觉：头～｜肚子～｜伤口～｜～得厉害｜～得要命｜～了半天｜怕～｜止～｜特别～｜～的感觉｜今天头有点儿～｜他的伤口～得很厉害｜他怕～，不肯打针｜这种药可以止～｜他让蜜蜂蜇了一下，特别～｜中国的针灸真的很神奇，针扎进去没有～的感觉。

【近义词】疼/疼痛

【构词】痛斥/痛楚/痛处/痛悼/痛风/痛悔/痛击/痛觉(jué)/痛哭/痛切/痛诉/痛惜/痛心/痛痒/痛饮/痛责/痛不欲生/痛定思痛/痛快淋漓/痛心疾

首/痛痒相关

6420 **痛恨** 丁

tònghèn (hate bitterly)

[动]深切地憎恨:～侵略者|～贪污分子|～凶手|～强盗|～不法商人|～歪风邪气|～得要命|～得咬牙切齿|充满～|表示～|受到～|特别地～|一贯～|～的口气|老百姓十分～制造伪劣商品的奸商|人们切齿～那些以权谋私的人。

6421 **痛苦** 乙

tòngkǔ (painful)

[形]身体或精神感到非常难受:精神～|～大|～小|～增加|～得厉害|～一辈子|造成～|带来～|增加～|引起～|感到～|陷入～|忍受～|极端～|实在～|～的环境|～的往事|～的时光|～地说|～地离开|～地思念|～地呻吟|这件事搞得他精神十分～|父亲去世时他～极了|这个病使我～了好几个月|自然灾害给人们带来了极大的～|女儿的婚事使他陷入了难言的～|为了谋生,村民们～地离开了家乡|老人～地思念远方的亲人。

【近义词】难受/苦恼

【反义词】舒服/痛快/愉快/幸福/欢乐

6422 **痛快** *甲

tòngkuài (delighted)

[形]❶舒畅;高兴:人们～|心里～|身上～|～一下|～一番|觉得～|贪图～|玩得～|过得～|干得～|看得～|实在～|～的事|～的时候|～地玩|～地唱|游人在长城上玩得十分～|考完试了,咱们痛痛快快地玩它一天|得了冠军时的～心情真是难以形容。❷〈乙〉爽快;直率:性格～|说话～|办事～|待人～|答应得～|说得～|承认得～|实在～|～地回答|～地承担|我的朋友为人十分～|他的性格非常～|他待人、办事都～得很|请他做什么事,他都答应得很～|他～地承担了最繁重的工作任务|他可是个～人。

【近义词】❶高兴/舒畅;❷爽快/直爽/直率(shuài)

【反义词】❶苦恼/痛苦;❷迟疑/踌躇/吞吞吐吐

6423 **偷** *乙 〔部首〕亻 〔笔画〕11

tōu (steal)

[动]❶私下里拿走别人的东西,据为己有:～钱|～东西|～自行车|～光|～走|～不了|～来|～出来|～的毛病|到处～|顺手～|成帮结伙地～|一次一次地～|这伙人专门～高级轿车|在他出去旅游时,家里的东西全被～光了|我的钱包让小偷～走了|这个家伙把我家里的电视～出来卖|这孩子,现在怎么～起东西来了!❷〈丙〉瞒着人:～吃|～看|～听|～着做|～着去|他上课时～着看小说|他净～着喝酒|～看别人的信是不道德的|他～着去赌钱,被家人发现了|干活儿～懒可不好|这些好事都是他和同学们～着做的。❸〈丁〉抽出(时间):～空儿|～闲|这是我平时～空儿做的|他忙里～闲,种点儿花,养点儿鱼。

【近义词】❶偷窃/偷盗/盗窃;❸抽空儿/偷空儿

【构词】偷安/偷盗/偷渡/偷空儿/偷懒/偷生/偷袭/偷闲/偷越/偷嘴/偷工减料/偷鸡摸狗/偷奸取巧/偷梁换柱/偷天换日

6424 **偷窃**(竊) 丁

tōuqiè (steal)

[动]偷:强盗～|小偷～|～钞票|～文物|～录音机|～财物|合伙儿～|疯狂地～|专门～|大量～|公开～|～的手段|～的行为|～的对象|这些强盗专门～汽车|这个团伙竟敢～武器库的枪支|家家装上防盗门,防备坏人～|他们竟在光天化日之下去仓库～。

【近义词】盗窃/偷盗/偷

6425 **偷税** 丁

tōu shuì (evade taxes)

有意不缴纳或少缴纳税款:～违法|不准～|经常～|～漏税|～的行为|～的单位|～漏税都是违法行为|～应该受到处罚|这个商店经常～|这个企业的～行为被电视台曝了光。

【近义词】漏税/逃税

【反义词】纳税

【提示】离合词,中间可插入其他成分,如:偷过税|偷了一次税。

6426 **偷偷** 乙

tōutōu (stealthily)

[副]形容行动不使人觉察:～看书|～喝酒|～吸烟|～跑出去|～拿走|他～把我的书包藏起来了|背(bèi)着妻子,他～跟朋友去喝酒|他～从医院里溜回家去|这几个学生不学习,～玩起游戏机来|他～地把别人的自行车骑走了。

【近义词】暗暗/悄悄

【反义词】公然

【提示】口语中一般要儿化。

【构词】惯偷/小偷

6427 **投** *乙 〔部首〕扌 〔笔画〕7

tóu (throw)

[动]❶向一定目标扔:～球|～篮|～手榴弹|～石子儿|～炸弹|～得远|～得准|～中(zhòng)|～偏|～过去|～出去|～进去|～了半天|使劲儿～|他～篮～得真准|他～标枪～得好远|这个球～偏了,没～进去|他～了半天,也没～进一个球|我用了很大的劲儿～铅球,还是～不远。❷放进去;送进去:～票|～资|我今天～了老张一票|我没～他的票|不是本区的～不了票|他～进一大笔资金炒股票|我把全部资金都～到那个公司里了|要这么多钱,我可～不起。❸〈丙〉跳进去(专指自杀行为):～河|～江|～海|～井|她真傻,为了一个男人去～河|她很坚强,决不会去～江的|你听说过"八女～江"这个故事吗?|她～过三次井,都没死成。❹〈丙〉投射:～到身上|～到窗户上|～到墙上|～影|她的目光～到我的身上|他们的影子～到窗户上|阳光～到玻璃窗上|放映机把电影～到幕上。❺〈丁〉寄给人(书信等):～稿|～信|～到报社去|他给杂志社～了好几篇稿子|他给我们报社～来了一篇通讯。❻〈丁〉找上去;参加进去:～军|～师|～亲友|～敌|弃暗～明|他18岁就～八路军去了|他去外地～师访友了|我们的部队已经～入战斗|这个坏蛋终于～到敌人那儿去了|他～到那位老演员的门下。❼〈丁〉合;迎合:～心思|～脾气|气味相～|情～意合|～其所好(hào)|他不要我的钱正～我的心思|这件衣服正～妈妈的心思|他的话～了我的脾气|他俩脾气相～|我们俩情～意合|他很机

灵,最会～人所好。

【近义词】❶扔/掷/抛;❷投放;❸跳;❹投射;❺寄;❻投靠/参加;❼迎合

【构词】投案/投奔/投诚/投弹/投敌/投递/投稿/投合/投河/投寄/投井/投军/投考/投靠/投篮/投枪/投亲/投射/投身/投生/投师/投顺/投宿/投诉/投胎/投医/投影/投缘/投机倒把/投机取巧/投井下石/投鼠忌器/投桃报李

6428 **投标**(標) 丁

tóu biāo (enter a bid)

承包建筑工程或承买大宗商品时,承包人或买主按照招标公告的标准和条件提出价格、填具标单,叫做投标:实行～|～的办法|这座立交桥工程我们公司投了标|事实证明,他们采用～的办法是正确的|这个大工程～的单位很多。

【反义词】招标

【提示】离合词,中间可插入其他成分,如:投过标|投了标。

6429 **投产**(産) 丁

tóuchǎn (go into operation)

[动]投入生产:工厂～|企业～|电视机～|～晚|～三个月|可以～|准备～|进行～|开始～|早～|快～|正式～|基本～|盲目～|大批地～|顺利地～|～的情况|这个洗衣机厂已经开始～|这种牌子的微波炉正大批～|没做好市场调查,产品不能盲目地～。

6430 **投放** 丁

tóufàng (throw in)

[动]❶投下去;放进:～鱼食|～鱼饵|～饲料|～食物|～进去|不准～|他正在～鱼饵|请不要往动物的笼子里～食物|这些鱼食不要全部～进去,会撑死它们的。❷把人力、物力、资金等用于工农业或商业:～资金|～劳力|～人力|～物力|～进去|～不起|国家在这项水利工程上～了很多劳力|他把大量的资金～到那个企业里|需要～很多资金才能改建厂房|西部大开发,国家准备～大量的资金。❸工商企业向市场供应商品:～市场|准备～|进行～|大批～|盲目地～|大量地～|这些商品已向全国各地市场～|这种产品准备～到国际市场|由于盲目地～市场,造成产品的积压、滞销|春节期间,我们向市场～了丰富的节日商品。

6431 **投机**(機) 丙

tóujī (adj. congenial; v. speculate)

[形]见解相同:两人～|谈话～|觉得～|谈得～|处得～|特别～|～的朋友|话不～半句多|我们几个人十分～|我们谈得非常～|他们一见面就显得特别～。

[动]利用时机谋取私利:会～|搞～|善于～|反对～|政治～|军事～|商业～|处处～|～生意|～买卖|～的心理|～的结果|～分子|～商人|～的手法|这个人专门会搞～|这人善于干～的买卖,千万别上他的当|这个人是～商|他～的手法非常巧妙,要当心!

【近义词】[形]投契/投缘/合拍

【反义词】[形]分歧

6432 **投机倒把** 丁

tóujī dǎobǎ (play the market)

指以买空卖空、囤积居奇、套购转卖

等手段牟取暴利：搞～｜靠～｜进行～｜～活动｜～分子｜他专门搞～｜他靠～赚了不少钱｜要防止一些人进行～活动｜对那些～分子要严加处置。

【构词】草把/火把/拖把

6433 **投票** 丁

tóu piào (vote)

选举的一种方式，由选举人将所要选的人的姓名写在票上，或在印有候选人姓名的选票上做出标志，投入票箱。表决议案也有用投票方式的：投他的票｜投他一票｜～选举｜～方式｜～箱｜投赞成票｜投反对票｜大家都愿意投老张的票｜到时候我一定投你一票｜这次选举大家希望用～的方式｜这件事我投反对票。

【提示】离合词，中间可插入其他成分，如：投你一票｜投了票。

6434 **投入** 乙

tóurù (v. throw into; n. investment)

[动]❶投到某种环境中去：～生产｜～工作｜～使用｜～战斗｜大规模地～｜纷纷～｜正式～｜这种电器已经开始～生产｜新建地铁已正式～使用｜天一破晓，战士们便～激烈的战斗｜这种商品已经大批地～市场｜天一亮，人们便纷纷～紧张的工作。❷指投放资金等：～资金｜～人力｜～物力｜他在那个公司～了不少资金｜这项工程～了大量的人力、物力｜我们力争做到少～，多产出｜他把所有的资金都～进去了。

[名]指投放的资金等：这笔～太大了｜～太大，冒的风险也大。

【提示】作形容词时指聚精会神地（做某事）：工作～｜表演～｜非常～｜特别～｜～的样子｜他不论做什么都十分～｜这个演员表演时特别～。

6435 **投降** 丙

tóuxiáng (surrender)

[动]停止对抗，向对方降服：敌人～｜～敌人｜～得早｜企图～｜接受～｜反对～｜宣布～｜提出～｜纷纷～｜无条件～｜假～｜～的条件｜～的声明｜敌人～了｜～敌人是可耻的行为｜敌军宣布无条件～｜敌人纷纷向我军～。

【近义词】投诚/归顺/降服

【反义词】受降

【提示】“降”又读 jiàng，见第 3242 条。

【构词】归降/纳降/乞降/请降/劝降/收降/受降/诱降/诈降/招降

6436 **投掷**(擲) 丁

tóuzhì (throw)

[动]扔；投：～手榴弹｜～标枪｜～铅球｜～得远｜～得准｜～出去｜～过去｜练习～｜准确地～｜用力～｜学生们在操场上～手榴弹｜他标枪～得真远｜他可以准确地把手榴弹～到前方的目标上｜你还应该加强练习～。

【近义词】扔

6437 **投资**(資) 丁

tóu zī (invest)

❶把资金投入企业、事业单位：国家～｜政府～｜外商～｜银行～｜愿意～｜应该～｜决定～｜进行～｜接受～｜支持～｜依靠～｜纷纷～｜积极地～｜～的项目｜～的数额｜～的成效｜国家对这个项目进行了～｜外商纷纷向这个企业～｜他们厂接受银行的～｜他们～的数额相当可观｜他们经过考察以后决定～。❷泛指为达到一定目的而投入资金：～办学｜～建厂｜智力～

|感情～|他打算～办一所私立学校|几个人共同～建立了一家公司|父母纷纷为孩子进行智力～。

【提示】离合词，中间可插入其他成分，如：投了资|投过资。

6438 **头**(頭) *甲 〔部首〕丶 〔笔画〕5

tóu（n. head; m. *used for livestock, e.g. cattle, mule, sheep*）

［名］❶人身最上部或动物最前部长着口、鼻、眼等器官的部分：～大|～圆|抬～|低～|摇～|这孩子的～真不小|～上戴着一朵红花|你抬～，我看看你的眼睛|走路时别老低着～|他歪着～在想什么呢？|鱼～做汤好喝极了|他睡觉时喜欢把～蒙在被子里。❷指头发或留头发的样式：梳～|洗～|烫～|她的～很讲究|你的～又脏又乱，该理理了|他剃了个小平～|她去理发馆烫～去了|你想梳个什么式的～？❸〈乙〉物体的顶端或末梢：山～|笔～|针～|线～|钢笔的笔～摔坏了，不好用了|你拿那～，我拿这～，看看这绳子有多长|这个东西两～大中间小，像个葫芦。❹〈乙〉事情的起点或终点：有～|没有～|起个～|提个～|走到～|看到～|写到～|没～没脑|这事拖到哪天是个～？|他们一开起会来就没个～！|我忘了这首歌的第一句怎么唱的，你给起个～|现在开始讨论，你给提个～|走到～就能看见那个邮局了|这片地真大，一眼望不到～|做事要有～有尾|他没～没脑的，说了些什么！❺〈乙〉物品的残余部分：布～|铅笔～|蜡～|烟～|这块布～可以给孩子做条裤子|他真节约，攒了一盒子铅笔～|抽完的烟～别往地下扔！❻〈丙〉头目：公司的～|学校的～|小～～|李～|王～|他是我们厂的～|有事找我们～去，我们不管|别看他年轻，还是个小～～呢！|李～刚从外地回来。❼〈丙〉方面：这～|那～|一～|两～|好几～|他不是我们这～的|我们俩是一～的|他们家分两～，妈妈和女儿是一～，爸爸和儿子是一～。

［量］❶用于牛、驴、骡、羊等家畜：一～牛|一～猪|这～羊真肥|他买了一～骡子|他牵着一～牛走了。❷用于大蒜：一～蒜|独～蒜|你给剥一～蒜|这～蒜真大|独～蒜特别辣。

【提示】名词❸～❼义项的“头”一般要儿化；义项❻只能用于口语，带有玩笑、随便的意味。

【构词】头等/头顶/头骨/头号/头巾/头颈/头盔/头领/头颅/头目/头年/头皮/头纱/头绳/头饰/头疼/头头/头尾/头衔/头绪/头雁/头羊/头油/头重脚轻/头昏脑胀/头昏眼花/头面人物/头头脑脑/头头是道/头痛医头，脚痛医脚

6439 **头** *乙

tóu（first）

［形］❶第一：～等|～号|这个学校培养出了～等人才|今天挂号我拿了～号|他是个～号的大傻瓜|这东西是～天刚做的。❷领头的：～羊|～车|～马|羊群跟着～羊走|他坐在～车里指路呢|飞在最前面的是～雁。❸用在数量词前表示次序在前的：～一遍|～一个月|～几天|～半本|～两辆|～两年|念～一遍不太熟，多念几遍就熟了|他来中国～一个月有点儿不习惯|新同学坐～两辆车|让代表们坐在～三排|这本小说～半本还好看，后边越看越没意思。❹〈乙〉临

近：～吃饭｜～睡觉｜～开会｜～考试｜～睡觉把药吃了｜～考试了才复习｜～开会才布置会场。

6440 **头发**(髮) 乙

tóufa (hair)

[名]人的前额以上、两耳以上和后颈部以上生长的毛：～少｜～长｜～黑｜～脏｜～亮｜有～｜剪～｜短～｜卷～｜烫～｜洗～｜黄～｜这孩子～又浓又黑｜他的～油亮油亮的｜他的～又多又亮｜他没～是因为吃药吃的｜姑娘们都爱留长～｜他的妻子是位黄～的外国姑娘。

6441 **头脑**(腦) 丙

tóunǎo (brains)

[名]❶脑筋；思维能力：～清楚｜～糊涂｜～清醒｜～简单｜～灵活｜～死板｜武装～｜充满～｜具有～｜政治家的～｜军事～｜他年纪虽然大了，但～清楚得很｜这孩子～十分灵活｜我的～太简单，这种复杂的问题应付不了｜这个人具备军事家的～｜别让一时的胜利冲昏了～｜他的～里整天胡思乱想。❷头绪：这事太复杂，我都摸不着～｜这件案子错综复杂，至今还没理出个～来。❸首领：今天来开会的都是些～人物｜不管怎样，人家是厂里的～。

【近义词】❶脑袋/脑子/脑筋/思想；❷头绪/条理；❸/头头/头领/首领/头目/头子

【反义词】❸群众/随从/喽啰

6442 **头子** 丁

tóuzi (chief)

[名]首领：当～｜土匪～｜流氓～｜他是那个偷盗集团里的～｜过去他当过土匪～｜这个流氓～最坏！｜政府处决了几个罪大恶极的流氓盗窃～。

【近义词】首领/头头/头目/头领

【反义词】随从/喽啰

【提示】含贬义。

6443 **透** *乙 〔部首〕辶 〔笔画〕10

tòu (v. penetrate; adj. thorough)

[动]❶(液体、光线等)渗透；穿透：～光｜～风｜～亮｜～气｜～进来｜～过去｜～不了｜～出来｜～一下｜窗户关得这么严，一点儿气都不～｜把窗帘拉开点儿，好～点儿亮｜门缝太大了，有点儿～风｜阳光～过窗户照进来｜把窗帘拉紧，别让灯光～出去｜这种衣服不～气，穿着特别热。❷〈丙〉暗地里告诉：～话｜～消息｜～信儿｜～风儿｜～题｜～秘密｜～出去｜～出来｜他让我给你～个信儿｜厂里打算提拔你，我先来向你～～风儿｜考题是谁～出去的？❸〈丙〉显露：白里～红｜～着高兴的样子｜～出欣喜的神情｜她的脸白里～红，真好看｜他说话～着和气｜他的脸上～出来一股机灵劲儿｜孩子们的目光里～出来惊喜的神情。

[形]❶透彻：讲解得～｜说得～｜看得～｜课文分析得很～｜道理讲得不怎么～｜问题看得非常～｜文件的精神吃得～｜到现在我也没看～你。❷〈丙〉达到饱满的、充分的程度：熟～｜烂～｜糟～｜红～｜恨～｜坏～｜雨没下～｜西瓜熟～了｜苹果烂～了，别吃了｜西红柿已红～了｜我恨～了这些不讲公共道德的人｜那家伙坏～了！｜今天倒霉～了，一出门就摔了一跤｜雨把衣服都淋～了。

【近义词】[动]❶渗透/穿过；❷泄漏/透露；❸显/显露；[形]❶透彻/清楚/

彻底;❷充分/极

【构词】透底/透顶/透风/透汗/透镜/透亮/透漏/透露/透气/透射/透视/透信/透雨/透支

6444 **透彻**(徹) 丁

tòuchè (thorough)

[形](了解情况、分析事理)详尽而深入:说话～|讲解～|分析～|了解得～|领会得～|讨论得～|看得～|想得～|实在～|～地研究|～地解释|他对情况的分析相当～|这个问题他讲得很～|这个道理你应该讲得～一些|他看问题不够～|老师～地给我们解释了这个道理。

【近义词】透辟/深入/深刻

【反义词】肤浅/模糊

6445 **透明** 丙

tòumíng (transparent)

[形](物体)能透过光线的:玻璃～|水晶～|纱巾～|感到～|洗得～|磨得～|～的珠子|～的液体|湖水清澈～,能看见湖底游动的鱼儿|玻璃杯都是～的|这衣服洗得都～了|这么～的衣服怎么穿?|他的心就像水晶似的～。

【近义词】透亮/通明/晶莹

【反义词】混浊/浑浊/昏暗

6446 **透明度** 丁

tóumíngdù (transparency)

物体透明的程度。现多指做事的公开性程度:～大|～小|～强|增加～|一定的～|干部处理一切事务都要有一定的～|咱们公司在财务方面应该增加点儿～|领导在工作上的～不够,应该加强群众监督。

6447 **秃** 丁 〔部首〕禾 〔笔画〕7

tū (bald)

[形]❶(人)没有头发;(鸟兽)没有毛:头～了|～得厉害|～尾巴|他的头有点儿～|他早早地就～顶了|他的头～得光光的|这是只～尾巴鸡。❷(树木)没有枝叶;(山)没有树林:山～了|～山|天太旱了,山也～了,树也～了|这座～山,一根草也不长|这里过去是一片～山,现在是年年丰收的果树园了。❸物体失去尖端:这支笔尖都～了,换一支吧|刀尖总这么磨都磨～了|你的指甲剪得太～了。❹首尾结构不完整:再加上这两句,文章就不显得～了|文章的结尾～了点儿。

【构词】秃笔/秃顶/秃头/秃子

6448 **凸** 丁 〔部首〕丨 〔笔画〕5

tū (bulge)

[形]高于周围:～出来|向外～|他喝啤酒喝得肚子都～出来了|他得了什么病?眼球怎么向外～呢?|这种表面～起来的镜子叫～面镜|常年的艰苦劳动,使他的手关节都～出来了|走路时要挺胸,别把肚子～出来。

【近义词】鼓/突

【反义词】凹

【构词】凸面镜/凸透镜

6449 **突出** *乙 〔部首〕穴 〔笔画〕9

tūchū (adj. protruding; v. highlight)

[形]❶鼓出来:下颚～|额头～|肋骨～|显得～|明显～|～的地方|～的原因|～的血管|～的山崖|～的青筋|他长得挺好,只是颧骨太～了|他的眼球～得厉害|看她满手～的青筋就

可知道她是一个勤劳的妇女。❷〈丙〉超过一般地显露出来：成绩～｜优点～｜才干～｜才貌～｜疗效～｜地位～｜打扮得～｜表演得～｜做得～｜～的结果｜他的才华相当～｜他的优点～，缺点也～｜这种药的疗效比较～｜青年演员中，他的演技较为～｜他最近工作得很～｜这次考试他取得了～的成绩。

[动]使超过一般地显露出来：～重点｜～个人｜～主题｜～主要方面｜～特征｜～中心｜～品德｜必须～｜喜欢～｜进一步～｜写文章要～重点｜这支曲子没有～主题｜处理事情要～主要方面｜写关于他的事迹要～中心｜他非常喜欢～个人｜把这一部分进一步～出来。

【近义词】[形]❶凸起；[动]显露/强调

【反义词】[形]❶凹陷；❷平常/普通/一般；[动]隐藏/掩盖

【构词】突变/突发/突进/突破口/突起/突飞猛进/突如其来

6450 突击(擊) *乙

tūjī (assault)

[动]❶集中兵力向敌人防御阵地猛烈而急速地攻击：部队～｜～阵地｜～据点｜～封锁线｜～防线｜进行～｜实行～｜准备～｜勇敢地～｜～的策略｜～的时刻｜～任务｜我们的部队～了敌人的防御阵地｜朝着敌人的碉堡～｜～进行得相当猛烈｜部队向敌军的封锁线进行猛烈～。❷〈丙〉比喻集中力量，快速完成(某项工作)：～外语｜～化学｜～播种｜～种树｜～修理｜～稿件｜～工程｜～搞卫生｜组织～｜临时～｜学生们正在～外语，准备考试｜农民们～播种｜经过一个多月的努力，他终于把成绩～上去了｜他花了一个星期的时间，把那篇稿子～出来了｜为了提前完成任务，他们～了三个月｜这些机器需要～修理｜对这些罪犯进行了～审问｜平时不学习，考试时临时～怎么行！

6451 突破 丙

tūpò (v. break through; n. breakthrough)

[动]❶集中力量向一点进攻或反攻，打开缺口：～阵地｜～封锁线｜～防线｜～包围｜进行～｜巧妙地～｜艰苦地～｜全面～｜迅速～｜我军～了敌人的防线｜他们艰苦地～了重围｜他们～包围的时间是在凌晨5点。❷打破(困难、限制等)：～定额｜～数额｜～水平｜～传统｜～框框｜～禁区｜基本～｜顺利地～｜这个月的生产指标已经～了｜今年的产量已～原有的计划｜这个运动员又一次～了世界纪录｜今年粮食生产～了10亿斤｜我们应该～旧的观念，跟上时代的步伐。

[名]打开的缺口；创新：有～｜新的～｜重大的～｜这次比赛，他在这个项目上又有～｜这项研究如果成功，在我国医学上是一个新的～｜他们在科学上有了巨大的～。

【近义词】[动]❷打破/超过

6452 突然 甲

tūrán (sudden)

[形]情况发生得急促而且出人意料：情况～｜事情～｜变化～｜显得～｜感到～｜来得～｜发生得～｜死得～｜宣布得～｜实在～｜的确～｜太～了｜～的事件｜～的情况｜～的行动｜～的想法｜～的变故｜情况有些～，使人感到不知所措｜事情的变化太～了，人们

都没有思想准备|这个事故发生得实在太～了|应该学会应付～发生的情况|这只是我一个～的念头|由于～的变故,这个会只好往后延几天。

【近义词】急速/意外

【反义词】缓慢

6453 **图**(圖) 乙 〔部首〕口 〔笔画〕8

tú (picture)

[名]❶用线条、颜色等描绘出来的形象;图画:看～|画～|制～|方位～|地形～|导游～|联络～|一张～|一本～|孩子们一边看着～,一边听故事|我给孩子买了一本看～识字的书|他从小就喜欢画～|公园门口有一个牌子上画着导游～|他给这本小说插了几张～|～的左下角是作者的签名。❷意图;计划:良～|宏～|雄～|蓝～|到那里以后,可以大展你的宏～了|这真是一个绝妙的良～|他们精心描绘着祖国建设的蓝～。

【近义词】❶画儿

【构词】图钉/图解/图景/图例/图谋/图书/图腾/图样/图章/图文并茂/图穷匕首见(xiàn)

6454 **图案** 丁

tú'àn (pattern)

[名]有装饰意味的花纹或图形,以结构整齐、匀称、调和为特点,多用在纺织品、工艺美术品和建筑物上:～美丽|～雅致|～陈旧|设计～|画～|收集～|欣赏～|修改～|拼成～|花布的～|窗帘的～|包装纸的～|瓷砖的～|立体～|华丽的～|简单的～|一种～|～的结构|～的颜色|这块布～朴素大方,做什么都好看|这位设计师设计的～独具特色|这一本～都是我逐渐收集起来的|她用碎花布拼成各种美丽的～|这座古建筑上的～都是清代设计的|这块布上～的色彩真鲜艳。

6455 **图表** 丁

túbiǎo (chart)

[名]表示各种情况和注明各种数字的图和表的总称,如示意图、统计表等:～清楚|～简单|～复杂|制作～|画～|填～|产量的～|体温的～|统计数字的～|一张～|这是本月生产增长情况的～|大夫看了他记录血压、体温的～后说:"你的病情大有好转。"

6456 **图画**(畫) 丙

túhuà (picture)

[名]用线条或色彩构成的形象:欣赏～|展出～|保护～|修改～|展览厅的～|古代的～|抽象派的～|雅致的～|彩色～|学生的～|～的作者|～的结构|～的大小|一张～|一幅～|一本～|一册～|这张～快要画好了|这一本～都是齐白石画的|人们欣赏着墙上的～|这些古代的～要很好地保护起来|这种抽象派的～我看不太懂|我从小就喜欢上～课|这张～的作者是个年轻的画家。

【近义词】画儿/图

6457 **图片** 丁

túpiàn (picture)

[名]用来说明某一事物的图画、照片、拓片等的统称:～好看|～多|～精致|故宫的～|北海公园的～|风景～|建筑～|动物～|花卉～|一张～|一套～|这些～真好看,是拍的还是画的?|我买一套长城的～带回国去|我喜欢这套花卉～|这一套～共有

10张|展览馆有一个世界名画～展览，参观的人还不少。
【近义词】图画/画儿
【提示】“片”又读 piān，如“电影片儿”。

6458 **图书馆**(書館) 甲

túshūguǎn (library)
[名]搜集、整理、收藏图书资料供人阅览参考的机构：～大|～安静|学校的～|北京～非常大|～里真安静|休息日人们都喜欢去～看书|我们学校～内各种文字的工具书、参考书都很全。
【近义词】阅览室

6459 **图像** 丁

túxiàng (picture)
[名]画成、摄制或印刷的形象：～清晰|～美丽|人物的～|风景～|他画的人物～非常逼真|用这种照相机照出来的～特别清楚|电视机的～不太清楚。

6460 **图形** 丁

túxíng (figure)
[名]❶在纸上或其他平面上表示出来的物体的形状：绘制～|按照～|纸上的～|楼房的～|他正在纸上画一个汽车零件的～|他很快地给我画了一张楼房的～|这张机器的～画得很简单。❷几何图形的简称：这些都是几何～|这些～得用圆规画。

6461 **图纸**(紙) 丁

túzhǐ (blueprint)
[名]画了图样的纸；设计图：画～|设计～|晒～|施工～|建筑的～|大楼的～|一张～|他只用了几天的工夫就把设计～画好了|他们正在复制～|～晒好了|工人们按照施工～紧张地劳动着。

6462 **徒弟** 丙 〔部首〕彳 〔笔画〕10

túdì (apprentice)
[名]跟从师傅学习的人：～聪明|～能干|～好学|当～|做～|收～|带～|教～|关心～|勤劳的～|一个～|我的～|这个～勤快得很|他给王师傅当～|请你收下我这个～吧|他现在带着两个小～|他把自己的绝活儿都教给～们了|有这么好的～，师傅再辛苦也高兴啊！
【近义词】弟子/学生
【反义词】师傅/老师
【提示】徒，姓。
【构词】徒步/徒工/徒劳/徒然/徒手/徒刑/徒子徒孙/徒劳无功/徒有虚名

6463 **途径**(徑) 丙 〔部首〕辶 〔笔画〕10

tújìng (road)
[名]路径(多用于比喻)：曲折的～|～多|～宽广|寻找～|发现～|开拓～|摸索～|科学的～|技术的～|传染的～|创作的～|培养的～|正确的～|惟一的～|正当的～|主要的～|两种～|他们正在摸索一条发家致富的～|要依靠大家的力量来探索发展农业的～|要杜绝这种疾病传染的～|要切断那些坏分子进行犯罪活动的～|发愤读书是自学成才的主要～。

6464 **涂**(塗) *乙 〔部首〕氵 〔笔画〕10

tú (apply)
[动]❶使油漆、颜色、脂粉、药物等附着在物体上：～油彩|～粉|～胭脂|～口红|～漆|～药膏|～在脸上|～在头上|～在伤口上|～指甲|～匀|

～好|～坏|～满|～得厚|～得深|～得快|～得上|～不上去|～两遍|～三天|乱～|好好～|薄薄地～|一层一层地～|你家的墙准备～什么色的？|家具做好了，还没～漆|这种油是～在头上的，不是～在脸上的|你的粉没～匀，东一块、西一块的|这种药膏～一个星期，你的伤口一定会好的|她不喜欢～胭脂，每天脸上只是～上一层薄薄的粉|别着急，家具上的油漆要一层一层地～。❷乱写或乱画；随意地写字或画画：～几个字|～几笔|～两下|在本子上～|～黑|～坏|乱～|瞎～|随便～|他每天没别的事，就在纸上～～画画|他随便～几笔，几只活蹦乱跳的虾就出来了|这孩子把我的书～得乱七八糟|这桌子上一道一道的，都是那个孩子～的|你用不着写太多，随便～几个字就行了|让他练习写字，他就乱～开了。❸〈丙〉抹去：～错字|～记号|～名字|～掉|～干净|～黑|～下去|～不下来|轻轻～|使劲儿～|一点儿一点儿地～|快把写错的字～掉重写！|这橡皮不好，越～越黑|你劲儿太大了，把纸都～破了|别着急，一点儿一点儿地～就～下去了。

【近义词】❶抹；❸抹去

【提示】涂，姓。

【构词】涂改/涂画/涂料/涂抹/涂刷/涂炭/涂写/涂鸦/涂脂抹粉

6465 **屠杀**(殺) 丁 〔部首〕尸 〔笔画〕11

túshā (massacre)

[动]大批残杀：～人民|～群众|～爱国者|～奴隶|遭到～|开始～|进行～|大量～|肆意～|大规模～|直接～|随便～|～的手段|二战期间，成千上万的犹太人遭到～|侵略者对人民进行了惨无人道的大～|敌人～人民的手段极其残忍。

【提示】屠，姓。

【构词】屠场/屠城/屠刀/屠夫/屠户/屠宰/屠宰场

6466 **土** *乙 〔部首〕土 〔笔画〕3

tǔ (soil)

[名]❶土壤；泥土：～好|～肥|～多|～松|黄～|红～|黑～|黏～|～山|～城|～堆|～坡|这里的～肥得流油|这盆花的～都板结了，应该松一松|这棵葡萄根的四周要再多培一些～|这里全是黄～，所以庄稼长得不好|他家门口的两个大～堆，得赶快清理掉|她的身上沾满了～|他从地上爬起来，拍了拍身上的～。❷〈丙〉土地：寸～必争|坚决捍卫国～的完整|我们要寸～必争，不许外来侵略者踏进一步。

【近义词】❶土壤/泥土；❷土地

【提示】土，姓。

【构词】土包子/土鳖/土拨鼠/土布/土产/土地庙/土法/土方/土匪/土改/土岗/土疙瘩/土埂/土豪/土皇帝/土木/土坯/土坡/土气/土丘/土人/土俗/土特产/土星/土音/土语/土葬/土政策/土质/土著/土崩瓦解/土生土长/土头土脑/土洋并举

6467 **土** *丙

tǔ (local)

[形]❶本地的；地方性的：～话|～政策|～生～长|他说的是山西的～话|我给你们带了一些家乡的～特产来，请品尝|这是你们搞的～政策吧！|他是～生～长的北京人。❷指我国民间沿用的生产技术和有关的设备、产品、人员等：～设备|～法|～专家|

～洋结合｜他们仍然用～法子打井｜这个青年人是我们村里的～专家｜他们用～洋结合的办法制造出了新产品。❸〈丁〉不合潮流的；土气的：衣服～｜样子～｜～得要命｜～极了｜穿得～｜～里～气｜～头～脑｜他上身穿着西服，下边穿双布鞋，真～｜这衣服的样式太～了，现在没有人穿了｜都什么年代了，还穿得这么～里～气的｜这个人～头～脑的，一点儿不开通。

【反义词】❷洋

6468 **土地** 乙

tǔdì (land)

[名]❶田地：～肥沃｜～贫瘠｜～坚硬｜～松软｜～平整｜开垦～｜使用～｜灌溉～｜占有～｜测量～｜征收～｜平分～｜买卖～｜农村的～｜种植的～｜分配的～｜肥沃的～｜二亩～｜一块～｜一片～｜～的好坏｜～的所有权｜这里的～十分肥沃｜这片～相当平整｜他们准备把这一大片～开垦出来｜他们用地下水灌溉～｜粮食是否增产跟～的好坏很有关系｜这块～的面积还没仔细测量过。❷疆域：～辽阔｜～广大｜失去～｜夺回～｜掠夺～｜祖国的～｜大量的～｜一寸～｜我国～辽阔，资源丰富｜保卫祖国的每一寸～｜我们终于夺回了被敌人占领的～。

【近义词】❶田地；❷疆域

6469 **土豆** 乙

tǔdòu (potato)

[名]马铃薯：～好吃｜种～｜吃～｜炒～｜～片｜～丝｜～条｜一斤～｜一个～｜这种～个儿真大｜他在院子里种了不少～｜～炒着吃煮着吃，他都爱吃｜孩子们都爱吃炸～条。

【近义词】马铃薯

【提示】口语中一般要儿化。

【构词】巴豆/爆豆/扁豆/菜豆/蚕豆/大豆/刀豆/黑豆/红豆/槐豆/黄豆/架豆/料豆/绿豆/毛豆/青豆/豌豆/小豆/云豆/一灯如豆

6470 **土壤** 丙

tǔrǎng (soil)

[名]地球陆地表面的一层疏松物质，由各种颗粒状矿物质、有机物质、水分、空气、微生物等组成，能生长植物：～肥沃｜～好｜～松软｜～坚硬｜黄色～｜黑色～｜红色～｜这一带的～十分肥沃｜我家乡的～贫瘠，庄稼长得不好｜这里的～不适合种棉花｜这片黑色～一定十分肥沃。

【近义词】土/泥土

【构词】红壤/黄壤/接壤/僻壤/天壤

6471 **吐** *乙 〔部首〕口 〔笔画〕6

tǔ (spit)

[动]❶使东西从嘴里出来：～痰｜～核(hú)儿｜～皮儿｜～口水｜～唾沫｜～烟圈｜～刺儿｜～在地上｜～在纸里｜～在痰盂里｜～在手绢里｜～掉｜～净｜～完｜～出来｜～出去｜～得到处都是｜随地乱～｜他吃葡萄从来不～皮儿｜不要随地～痰｜他不爱吃鱼，因为不会～刺儿｜把核儿～在纸里｜那个东西不能吃，快～出来｜你嘴里吃什么呢？快～掉！｜你们别把瓜子皮儿～得到处都是。❷〈丙〉从口或缝里长出来或露出来：～穗｜～芽｜～絮｜春蚕开始～丝了｜水稻都～穗了｜种下去的菜籽都～出了嫩嫩的幼芽。❸〈丁〉说出来：～字｜～实话｜～心里话｜～苦水｜～怨气｜～了口气｜～不完｜他唱得不错，但～字不太清楚｜他一肚子的苦水～也～不完｜你心里有

什么怨气，尽量～出来，别憋在心里｜今天我可～了这口气啦！

【反义词】❶咽/吞

【提示】"吐"又读 tù，见第 6472 条。

【构词】吐话/吐口/吐露/吐气/吐穗/吐絮/吐字/吐故纳新

6472 **吐** ＊乙

tù（vomit）

［动］❶（消化道或呼吸道里的东西）不自主地从嘴里涌出：～奶｜～血｜～酸水｜～白沫｜～起来｜～光｜～完｜～没了｜～得厉害｜～在地上｜～在痰盂里｜～三次｜全～了｜差一点儿～了｜直～｜他最近经常～血，应该去检查一下｜他把刚吃下去的面条全都～出来了｜他一坐船就～个没完｜他今天～了好几次，吃的东西都～净了｜他酒喝得太多了，哇哇地直～。❷〈丙〉比喻被迫退还侵占的财物：他把贪污的赃款全部～了出来｜多吃多占时很痛快，让他～出来就不那么痛快了。

【反义词】吞/咽

【提示】"吐"又读 tǔ，见第 6471 条。

6473 **兔子** 乙 ［部首］刀 ［笔画］8

tùzi（rabbit）

［名］哺乳动物，头部略像鼠，耳长，上唇中间分裂，尾短而向上翘，前肢比后肢短，善于跳跃，跑得很快。有家兔和野兔等种类：～温顺｜饲养～｜喂～｜一只～｜～是非常善良的动物｜他家养了好几只～｜他每天喂～萝卜、青菜｜～的肉很好吃。

【近义词】兔

【提示】注意，"兔"字下面有"、"，不能写成"免"。

【构词】兔唇/兔毫/兔死狗烹/兔死狐悲

6474 **团**（團） 乙 ［部首］口 ［笔画］6

tuán（n. regiment; m. *for things shaped like a ball or heap*）

［名］❶军队的编制单位，一般隶属于师，下辖若干营：步兵～｜坦克～｜炮兵～｜骑兵～｜～级｜他参军后被分配在炮兵～｜这个～战斗力很强｜他已经离开坦克～了｜他是～级干部｜他是我们～长。❷青少年的政治性组织，如儿童团、青年团等。在中国特指中国共产主义青年团：入～｜退～｜参加～｜～干部｜～的工作｜～的活动｜～的思想建设｜他16岁加入了青年～｜他是他们班的～干部｜我过去负责过～的工作｜～的活动开展得很活跃｜搞好～的思想建设非常重要。

［量］用于成团或成堆的事物：一～线｜一～雪｜一～泥｜一～纸｜一～光｜一～棉花｜一～和气｜一～漆黑｜一～混乱｜一～火｜乱作一～｜笑成一～｜织一件背心有四～线就够了｜他手里拿着一～雪往我窗户上扔｜他对谁都是一～和气，不讲原则｜外面一～漆黑，连个路灯也没有｜敌人的军队乱作一～，逃的逃，散的散｜你看他们几个都笑成一～了。

【构词】团拜/团粉/团伙/团课/团弄/团日/团扇/团体操/团团转/团子/团坐

6475 **团结**（結） 甲

tuánjié（unite）

［动］为了集中力量实现共同理想或完成共同任务而联合或结合：全党～｜人民～｜～朋友｜～群众｜～力量｜～大多数｜～得紧｜～得牢固｜应该～｜讲～｜加强～｜增进～｜重视～｜破坏～｜影响～｜要求～｜真正～｜紧密～｜

广泛地～|互相～|～的气氛|～的典范|～的愿望|全党全民～起来|他很会～人|～一切可以～的力量|这次访问,进一步增进了两国人民的～|不许任何人来破坏我们的～|这种言行大大地影响了我们之间的～|会场上充满了～友好的气氛|全世界人民大～万岁!|同学们应该互相～。

【近义词】联合/结合

【反义词】分裂/分离/斗争

【提示】"结"又读 jiē,见第3341条。

6476 **团聚** 丁

tuánjù (reunite)

[动]❶相聚(多指亲人分别后再相聚):全家～|母子～|夫妻～|亲人～|骨肉～|～在一起|盼望～|要求～|高兴地～|幸福地～|～的愿望|中秋节,全家～在一起赏月|离别了五十多年的亲人终于又～了|和亲人～的愿望终于实现了|他们全家幸福地～了|老同学们共同享受着～的欢乐。❷团结聚集:他的周围～着很多青年朋友|这些业余音乐爱好者经常～在一起练习演奏。

【近义词】❶聚会/相逢;❷聚集

【反义词】❶离别/分别/离散;❷分散

【构词】重(chóng)聚/共聚/欢聚/汇聚/集聚/凝聚/完聚

6477 **团体**(體) 丙

tuántǐ (organization)

[名]有共同目的、志趣的人所组成的集体:人民～|社会～|友好～|旅游～|～活动|这是一个书法业余爱好者的～|他们组成一个旅游～去泰国旅行|他退休后经常参加各种～活动。

【近义词】集团

【反义词】个人

6478 **团员**(員) 丙

tuányuán (member)

[名]❶代表团、参观团等的成员:五个～|三名～|代表团～|参观团～|旅游团～|这个文化代表团有十几名～|他带着几名参观团的～来参观我们工厂|我不是旅游团的团长,只是一个～。❷特指中国共产主义青年团团员:成为～|优秀的～|模范～|一名～|～应处处起带头作用|他一上中学就成了一名～|他是一个优秀～|他被评为我们学校的模范～。

6479 **团圆**(圓) 丁

tuányuán (reunite)

[动](夫妻、父子等)失散后再相聚:全家～|骨肉～|亲人～|母女～|盼望～|难～|～的时刻|大～|分散了几十年,今天终于全家～了|他们盼望离家几十年的父亲早日回来～|大年三十他们一家高兴地吃～饭|我永远怀念那年我们全家大～的美好时刻|今天大家在一起有说有笑,这一别不知何时再～。

【近义词】[动]团聚/相逢

【反义词】[动]离别/分别/离散

【构词】半圆/扁圆/长圆/方圆/桂圆/滚圆/浑圆/溜圆/汤圆/铜圆/银圆

6480 **团长**(長) 丙

tuánzhǎng (regimental commander)

[名]❶军队里团一级领导人:当～|他是炮兵团的～|他在坦克团里当～|他是一个很有才华的～。❷一个团体的领导人:代表团～|旅游团～|交响乐团～|老张是我们这个旅游团的

～|以他为～的文化代表团即将出国访问|这个乐团老张是～,老王是副～,我是团员。

【提示】“长”又读 cháng,如“长度”。

6481 **推** *甲 〔部首〕扌 〔笔画〕11

tuī (push)

[动]❶向外用力使物体顺着用力的方向移动:～车|～人|～门|～土|～开|～倒|～走|～翻|～不动|～起来|～过来|～出去|～进来|～不了|～得快|～不上去|用力～|不好～|轻轻地～|他～着自行车走过来|他轻轻地～开门,看见朋友还在睡|他不小心把旁边的人～倒了|坡太陡了,小车～不上去|他冷不防在后边～了我一下,吓了我一跳|护士把他从手术室里～出来|她每天用小车～着孙子出来晒太阳。❷使事情开展:～向高潮|这个运动已经全面～开|增产节约运动已经～向高潮|你这个经验非常好,准备在全厂～广。❸〈乙〉推委;推托;推辞;推卸:～给他|～他身上|～不开|～不掉|～得干干净净|～出去|互相～|拼命～|你别想～责任|这事你怎么都～到我头上来了?|不管怎么说,这个责任你是～不掉的|他把这个事～得一干二净|你们不要互相～了,你们俩都有责任!|如果有问题,就往我身上～吧!|他让我去给人当助手,我～了|大家一致请你当顾问,你可不能～呀|这个工作非你干不可,我看你是～不掉的啦!|这人也真是,这么好的差事他竟～掉不干|很多人请我吃饭,我都～了。❹〈乙〉推迟:会议～到下星期三开|出发的时间往后～半小时|他们的假期可能要往后～一个星期|儿子的婚期恐怕要～到明年了|你们的稿子一～再～,到底什么时候交?❺〈丙〉推选;推举:我们～他当工会主席|你们～一个代表参加这个会|我们一致同意把小王～上去|把小刘～出来,代表我们组去发言|这几个代表是各个车间～上来的。❻〈丙〉磨或碾(粮食):～麦子|～白面|～玉米|～磨(mò)|～碾子|～细|～匀|～完|～好|～出来|～起来|～半天|那位老大娘正在～麦子|他用电磨(mò)～玉米|这玉米面～得真细|她每天～碾子,要～到半夜|他要把麦子～成了白面|～下来的荞麦皮可以装枕头。❼〈丁〉用工具贴着物体的表面向前剪、削或铲:～草|～头|～平头|～光头|～干净|～齐|～得好|～得快|他正在院子里用～草机～草呢|他今天～了个平头|推土机一会儿工夫就把这里的土～平了|他这个头真难～,足足～了半个小时。

【近义词】❸推卸/推委/推托/推辞;❹推延/延/推迟;❺推选

【构词】推崇/推出/推倒/推导/推断/推故/推挤/推究/推举/推拒/推拿/推敲/推求/推却/推让/推土机/推托/推脱/推委/推问/推想/推卸/推延/推移/推重(zhòng)/推子/推本溯源/推波助澜/推陈出新/推诚相见/推而广之/推己及人/推聋装哑/推三阻四/推心置腹

6482 **推测**(測) 丁

tuīcè (infer)

[动] 根据已经知道的事情来想像不知道的事情: ～情况|～形势|～事态|～天气|～收成|～音量|～风速|～前景|～能力|～未来|～方位|～高度|～得准确|～出来|～起来|验证～|认真～|错误地～|正确地～|

～的方法|～的结果|你～一下今年水稻的产量|从目前工厂的生产情况可以～出它的前景如何|观察天上的云彩，能比较准确地～天气的变化|从场上比赛的情况大致能～出来比赛的结果|你这种～的方法极不科学。

【近义词】估计/推断/推想/猜测/预料/预测

【反义词】证实/证明

6483 **推迟**(遲) 丙

tuīchí (put off)

[动]把预定时间向后改动:考试～|假期～|演出～|时间～|～日子|～婚期|～考察|～出版|～选举|～旅行|～谈判|～起飞|～执行|～宣判|～完工|～毕业|～访问|～进行|～三天|打算～|反对～|～的原因|～的目的|他们的婚礼准备～举行|看样子假期要往后～几天|因天气恶劣,飞机～起飞|因为特殊原因,工程要～到明年春天进行|他们公然单方面～谈判|由于要进一步进行调查核实,所以～宣判|你放心,最晚～到3月份就可出版。

【近义词】推延/延/推

【反义词】提前

6484 **推辞**(辭) 丙

tuīcí (decline〔an appointment, invitation, etc.〕)

[动]表示拒绝(任命、邀请、馈赠等):应该～|可以～|打算～|果断地～|毅然～|委婉地～|他坚决地～了那个公司的聘请|他委婉地～了朋友们的约请|这次是庆祝"五一"节的演出,你可不能～哟!

【近义词】拒绝/推却/辞谢/回绝/推脱

【反义词】接受/承担/答应/同意/应允/承诺

6485 **推动**(動) 乙

tuīdòng (promote)

[动]使事物前进;使工作展开:～生产|～工作|～学习|～发展|～技术革新|～社会|～历史|直接～|充分～|迅速地～|～作用|～的力量|技术改革直接～了生产发展|这次运动会～了我校体育活动的开展|生产力的发展～了社会的进步|青年小组的竞赛活动对全厂的生产起了～作用|他们是社会进步的～力量。

【近义词】推进/促进

【反义词】阻碍/阻止/妨碍

6486 **推翻** 丙

tuī fān (overthrow)

❶用武力打破旧的政权,使局面彻底改变:～皇帝|～国王|～反动政权|～封建王朝|～反动阶级的统治|～旧制度|辛亥革命～了清朝统治|农民战争～了封建王朝的统治|反动统治终于被人民～了|他们勇敢地～了旧世界,建立了新世界。❷根本否定已有的说法、计划、决定等:～结论|～计划|～说法|～观点|～想法|～主张|～预言|～决议|～旧公式|～不了|想～|根本～|全盘～|大胆地～|经过讨论,他们～了原来的计划|多数人做出的改革方案,个别人是～不了的|他～了自己刚才的观点|这是不容～的真理。

【近义词】❶打倒/打垮/颠覆;❷否定/取消

【反义词】❶维护/巩固

【提示】"推翻"是动补结构，中间可插入"得"或"不"，如：推不翻|推

得翻。

6487 **推广**(廣) 乙

tuīguǎng (popularize)

[动]扩大事物使用的范围或起作用的范围：～普通话｜～简化字｜～汉语拼音｜～经验｜～新技术｜～优良品种｜～起来｜～下去｜～出去｜～开来｜～到｜～得快｜～得及时｜～得顺利｜必须～｜得到～｜进行～｜得以～｜继续～｜认真～｜积极～｜大规模～｜普遍～｜～的目的｜～的结果｜要在全国～普通话｜这种新技术已在各地～起来｜他的先进教学法已在全校～｜我们厂的改革经验已经～出去了｜这种科学种田的经验要尽快～到农村去。

【近义词】普及

6488 **推荐**(薦) 丙

tuījiàn (recommend)

[动]把好的人或事物向人或组织介绍，希望任用或接受：报纸～｜群众～｜电视～｜～干部｜～老师｜～广播员｜～候选人｜～电影｜～作品｜～歌曲｜～方法｜～经验｜～上去｜愿意～｜靠～｜经过～｜打算～｜大力～｜一致～｜尽力～｜热心～｜～的对象｜～的原因｜～的小说｜报纸向读者～一本好书｜老师向学生～这篇文章｜他把他的亲戚～到我们厂来工作｜这个推销员是老张～的｜群众一致～他当人民代表｜我尽力给你们～一个好的技术员｜广告里大力～这种新产品。

【近义词】推举/举荐

【反义词】压制/埋没

【构词】保荐/举荐/引荐/自荐

6489 **推进**(進) 丙

tuījìn (carry forward)

[动]❶推动工作，使前进：～改革｜～生产｜～建设｜应该在农村多办一些学校，～那里教育事业的发展｜技术革新～了生产的发展｜科学技术的发展使我国的经济建设迅速地向前～｜我们的工作还需要进一步～。❷(战线或作战的军队)向前进：向前～｜迅速～｜～到｜我们的军队继续向前～｜部队向前～了50米｜大部队正迅速地向前线～。

【近义词】❶推动/促进；❷前进/迈进/移动/挺进

【反义词】倒退/后退/退却/退缩

6490 **推来推去**(來) 丁

tuī lái tuī qù (make all sorts of excuses)

以各种借口推托、阻挠：有什么事你们总是～，谁也不管！｜到底是谁的责任？别再～的了！｜他们～的，到现在也不给解决｜他们～，谁也不肯出这个钱。

【近义词】推三阻四

【提示】"…来…去"是一个固定结构，可嵌入意义相同或相近的两个字，表示动作的多次反复。如：走来走去｜说来说去｜翻来覆去。

6491 **推理** 丁

tuīlǐ (inference)

[名] 逻辑学上指思维的基本形势之一，是由一个或几个已知的判断(前提) 推出新判断 (结论) 的过程，有直接推理、间接推理等：～正确｜～错误｜～严密｜运用～｜使用～｜学会～｜进行～｜加以～｜严格的～｜～的方法｜～的步骤｜逻辑～｜数学～｜抽象的～｜他这种～是错误的｜要学会逻辑～｜这个～很严密｜我最喜欢

看～小说。

6492 **推论**(論) 丁

tuīlùn (deduce)

[动]用语言的形式进行推理:进行～|他很善于根据事实进行～|根据出土文物,他～汉代那个地方的经济已十分繁荣。

【近义词】推理

6493 **推算** 丁

tuīsuàn (calculate)

[动] 根据已有的数据计算出有关的数值: ～时间|～日期|～数值|～产量|～费用|～年代|～速度|～成本|～人数|～利润|～得仔细|～得准确|～出来|～一下|～半天|进行～|加以～|精确地～|巧妙地～|～的方法|根据树的年轮可以～出这棵树的年龄|考古学家们根据这些陶瓷图案可以～出它们是什么时代的文物|从庄稼的长势能～出今年的产量|天文学家们精确地～出了在我国出现日全蚀的日期和时间|因为你～的步骤不对, 所以～出来的数据也不准确。

【近义词】计算/演算

6494 **推销**(銷) 丁

tuīxiāo (promote sales)

[动]推广货物的销路:～新产品|～热门货|～处理品|～电器|～得顺利|～得快|～很艰难|值得～|企图～|负责～|组织～|积极地～|大量～|大规模～|快～|～的手段|～员|～员们在大力～这种新产品|各个商店都在积极地～这种热门货|这种电器～得很快|这种价廉物美的商品值得大规模～|他这次来北京就是为了～他们的产品。

6495 **推行** 丁

tuīxíng (carry out)

[动]普遍实行;推广(经验、办法等):～方案|～条例|～政策|～路线|～思想|～婚姻法|～交通法|～公债|～国库券|～得好|～很快|～得顺利|必须～|～三年|～一个时期|值得～|着手～|计划～|全面地～|彻底地～|直接～|公开～|迅速地～|普遍～|～的途径|～的目的|这种好经验值得在全厂～|这种做法在某些单位～过一个时期|在广大农村普遍～科学种田|改革开放政策的积极～,有力地促进了我国经济的发展。

【近义词】实行/推广

【反义词】废止/废除

【提示】"行"又读 háng,如"站成两行"。

6496 **推选**(選) 丁

tuīxuǎn (elect)

[动]口头提名选举:～主席|～市长|～主任|～负责人|～战斗英雄|～先进工作者|～候选人|～代表|～先进单位|～得快|～得满意|应该～|打算～|进行～|认真地～|顺利地～|～的办法|～的对象|群众～他为代表出席大会|我们愿意～他当候选人|大家一致～他为我们厂的先进工作者|我们很顺利地～出几位生产标兵|我们是按照上级制定的～办法进行～的。

【近义词】推举/推荐/选举

【反义词】压制/埋没

6497 **腿** 甲 〔部首〕月 〔笔画〕13

tuǐ (leg)

[名]❶人和动物用来支持身体和行

走的部分：～长｜～短｜～粗｜～有劲儿｜前～｜后～｜牛～｜猪～｜一只～｜两条～｜他跑得快是因为他～长｜这孩子的～真有劲｜他真行，一会儿就啃了半只羊～｜今天走得太多了，累得我的两条～都抬不起来了｜她的～细得像两根筷子。❷器物下部像腿一样起支撑作用的部分：桌子～｜椅子～｜床～｜眼镜～｜一条～｜这张桌子有条～活动了｜别坐，椅子～坏了｜我的眼镜～摔断了。

【反义词】❶胳膊

6498 **退** *甲　〔部首〕辶　〔笔画〕9

tuì (retreat)

［动］❶向后移动；使向后移动：向后～｜～一步｜～到｜～下来｜～出去｜～回去｜～子弹｜～兵｜～敌｜～刀｜一直向前进，不要往后～｜秧歌舞是往前走三步，往后～一步｜别～了，再～后边没路了｜伤员们从前线～下来了｜我们的部队从包围圈里～出来了｜部队暂时～到山里去了｜枪不用时，得把子弹～出来｜敌人只好～兵。❷〈乙〉退出：～学｜～席｜～团｜～党｜～场｜～会｜～队｜～伙｜～出来｜～出去｜宴会没结束，他就～席了｜团员超龄后可以～出｜他因有事，中途～场了｜这个运动员早就～队改行了｜你刚参加进来怎么就要～伙了？｜你如不想参加，随时可以～出来｜他因身体不好，不得不～学。❸〈乙〉减退；下降：颜色～了｜湖水～了｜烧～了｜～漆｜～色｜～烧｜～潮｜～得快｜时间长了，画上的颜色～了不少｜孩子的烧～了些｜我经常在海水～潮时去拾贝壳｜他至今还穿着那件～了色的军衣。❹〈乙〉退还：～钱｜～货｜～房｜～票｜～礼｜～回去｜～不了｜应该～｜马上～｜不准～｜这件衣服不合适，不要了，可不可以～钱？｜商品如果是质量的问题，可以～｜我不能去上海了，必须赶快去～票｜这封信收信人地址不清楚，～回来了｜这种吃的东西买了以后是不准～的。❺〈丙〉把已定的事撤销：～佃｜～婚｜～亲｜这门亲事是父母包办的，应该～掉｜对方为什么突然要～婚呢？

【近义词】❸减退/下降；❹退还；❺撤销

【反义词】❶进；❸上升；❹索取/要

【构词】退避/退兵/退场/退潮/退佃/退化/退换/退回/退婚/退伙/退居/退路/退赔/退票/退坡/退亲/退却/退让/退热/退色/退烧/退守/退缩/退位/退伍/退席/退闲/退学/退役/退隐/退职/退避三舍

6499 **退步** 丙

tuìbù (v. lag behind; n. leeway)

［动］❶落后；向后退：成绩～｜学习～｜技艺～｜钢琴～｜英语～｜社会～｜不断～｜他虽然病了，耽误了几个月的课，但成绩并没～｜他的小提琴好久不练了，现在～了｜许久不练习说了，他的英语口语～了。❷退让；让步：彼此～｜主动～｜不能～｜有一方主动～，就不会发生矛盾｜他们彼此都不～，于是争吵起来｜原则问题是绝对不能～的｜今天若不是他忍让～，非打起来不可。

［名］后退的地步；退路：不要把话说绝了，要留个～。

【近义词】［动］❶落后/后退；❷退让/让步

【反义词】［动］进步/前进

6500 **退出** 丁

tuìchū (withdraw from)

[动]离开会场或其他场所,不再参加;脱离团体或组织:~会场|~组织|~战斗|~历史舞台|~比赛|~演出|纷纷~|突然~|自愿~|不准~|只好~|当场~|他突然不舒服,中途~比赛|散会了,人们纷纷~会场|他为什么突然~演出?|这个组织可以自由参加,也可随时~|观众都来了,你可不能~演出|他怎么那么随便,想参加就参加,想~就~!|那个团体我~得比较早,他~得比较晚|那时我觉得这个小组没有意思,立即~了。

【反义词】参加/加入

6501 **退还**(還) 丁

tuìhuán (return)

[动]交还(已经收下来或买下来的东西):~原主|~家具|~财产|~公物|~押金|~失主|~回去|~回来|~不了|~到|给~|这是公家的东西,应该马上~|他拾到一个钱包,立刻找到失主~给他|这原来是我们单位的东西,他们刚刚~回来|你们离开这里时,可以~房屋的押金|你们借来的球、球拍等用后要~到体育室去。

【近义词】交还/退回

【反义词】借出

【提示】"还"又读 hái,见第 2552 条。

6502 **退休** 丙

tuìxiū (retire)

[动]职工因年老或因公致残而离开工作岗位,按期领取生活费用:工人~|教师~|~得早|~得晚|申请~|要求~|愿意~|应该~|不准~|早就~|提前~|~工人|~干部|~人员|~金|我是三年前~的|他~得比较早,50岁就~了|他向单位申请~|他因为身体不好提前一年~了|这个~工人积极参加街道工作,发挥余热。

【近义词】离休

6503 **吞** *丙 〔部首〕口 〔笔画〕7

tūn (swallow)

[动]❶不嚼或不细嚼,整个儿地或成块地咽下去:~药片|~口水|~下去|~进去|~不下|~掉|~完|一口~下去|大口~|整个~|狼~虎咽|他学习就像囫囵~枣似的|他~了一下口水,接着说下去|他不小心~进去一个扣子|大蟒一口就把兔子~进去了|慢慢吃,别狼~虎咽的!|我长这么大不会~药丸|馄饨他不嚼,整个~了下去。❷〈丁〉并吞;吞没:~公款|~救济金|~财产|独~|私~|他因私~公款而被拘留|父亲留下的遗产被他哥哥独~了|拨给灾区的救济款谁也不能私~。

【近义词】❶咽/吞咽;❷并吞/吞噬

【反义词】吐

【构词】吞并/吞没(mò)/吞声/吞食/吞吐/吞咽/吞占/吞云吐雾

6504 **屯** 丁 〔部首〕一 〔笔画〕4

tún (v. stock; n. village [often used in village names])

[动]❶聚集;储存:~粮|~钱|~货|~得多|~得对|多~|尽量~|拼命~|他家的粮仓里~了不少麦子|仓库里的货~得不少|应该多~一些粮草,俗话说,家有存粮,心里不慌。❷(军队)驻扎:~兵|这个村子附近~了不少兵|过去这是一个军营,据说~的兵相当多|听说这儿是清代~兵的地方。

[名]村庄(多用于村庄名):这个~儿里住着许多家姓王的|他住在李家~

|～子不大,但家家都很富。

【近义词】[动]❶储/存;❷驻扎

【构词】屯兵/屯垦/屯落/屯田/屯驻/屯子

6505 **拖** *乙 〔部首〕扌 〔笔画〕8

tuō (drag)

[动]❶拉着物体使挨着地面或另一物体的表面移动:～车|～船|～树|～木板|～地板|～过来|～上去|～下来|～出来|～不动|～走|～坏|～下水|一个火车头可以～十几节车厢|大船后边～着一只小船|他们把砍下的树从山上～下来|他把孩子从桌子下边～出来|这筐菜真重,我一个人～不动|这椅子全让他～坏了|今天地板还没～过呢。❷在身体后面牵拉着:～着尾巴|～着辫子|～到地上|爷爷小时候脑后～着一条小辫子|狼～着它的大尾巴走过来了|小姐,您的围巾～到地上了!|你的裤腿太长了,都～着地了|她的长辫子快～到腰了。❸〈丙〉拖延:～时间|～日子|～期|～下来|～下去|～长|～后|～10天|～半年|往后～|他办事就喜欢～|房租他总是～着不交|这次交货你可不能再～期了|这项工程往后～了快一年了|交稿的时间,你也～得太长了吧|他们的婚期就这样～下来了。

【近义词】❶牵引/拉/拽;❸拖延

【反义词】❶推

【构词】拖把/拖布/拖车/拖船/拖床/拖带/拖斗(dǒu)/拖后腿/拖拉/拖累/拖轮/拖欠/拖腿/拖尾巴/拖鞋/拖债/拖儿带女/拖家带口/拖泥带水

6506 **拖拉机(機)** 丙

tuōlājī (tractor)

[名]主要用于农业的动力机器,种类很多,小型的用橡胶轮胎,大型的用履带。能牵引不同的农具进行耕地、播种、收割等:使用～|维修～|一台～|手扶～|小型～|大型～|～犁地又快又好|他们使用～收割小麦|他们又添置了一台小型～|他会开～。

6507 **拖延** 丁

tuōyán (delay)

[动]把时间延长,不迅速办理:～时间|～日期|～婚期|～谈判|～比赛|～开工|～开会|～得久|～3分钟|可能～|愿意～|不准～|喜欢～|～下去|故意～|适当地～|～的原因|对方经常～交货时间|因为某种原因他们又要～婚期|对方故意～谈判|交稿时间不能再～下去了|如果理由十分充足,适当地～一些时间是可以的|审理这个案件,～的时间越长,问题越多。

【近义词】推延/推迟/迟延

【反义词】提前/超前

6508 **托** *乙 〔部首〕扌 〔笔画〕6

tuō (support from under)

[动]❶手掌或其他东西向上承受(物体):～下巴|～腮|～茶盘|～盆底|～稳|～球|～住|～好|～上来|～上去|～出来|～起来|用力～|一人～头,一人～脚,把病人搬到床上去|她～着腮坐在桌前沉思|我们来个～球跑比赛|那个青年人把孩子从水里～上来了|他劲儿真大,10块砖,一只手不费劲儿地～了起来|他一只手稳稳地～着好几盘菜。❷〈丙〉委托;寄托:～人|～人情|～得上|～不着|上次我～你的事怎么样啦?|这事我已～小张帮我办了|这还得请你帮我～

个人情|我知道这种事很难～上人|到现在我也没～着个可靠的人|放心，我早就给你～下人了|没办法，只有～菩萨保佑了。❸〈丁〉推托：～病|～故|他～肚子疼，提前退场了|他总是～事情忙，不给家里写信|他今天又故意～病不来上班。

【近义词】❶举；❷委托/托付；❸推托

【反义词】❶压

【构词】托庇/托病/托辞/托底/托付/托孤/托故/托管/托疾/托门子/托梦/托名/托盘/托人情/托运

6509 **托儿所**(兒) 丙

tuō'érsuǒ (nursery)

[名]照顾婴儿或教养幼儿的处所：办～|送～|一个～|街道～|这个～是我们学校办的|这条街上新建了一个～|他的孩子4岁才送～|孩子们都喜欢去～|这所～办得不错。

【近义词】幼儿园/幼稚园

6510 **脱** *甲 〔部首〕月 〔笔画〕11

tuō (take off)

[动]❶取下；除去：～衣服|～袜子|～鞋|～手套|～帽|～下来|～下去|～不得|～掉|～光|～完|～得太多|～得太早|～一下|太热了，把毛衣～了吧|这个民族的习惯是进屋要～鞋|你的袜子～下来洗洗吧|都春天了，他身上的棉袄还不肯～呢|他一下子～得太多，着凉了。❷〈乙〉(皮肤、毛发等)掉下：～头发|～皮|一层一层地～|一把一把地～|他才40岁，头发就～光了|他每天去海边游泳晒得～了好几层皮|这只鸡尾巴上的毛都～没了，真难看|他生了一场病后头发、眉毛都～掉了|他的手掌得了一种皮肤病，不断地～皮。❸〈丙〉脱离：～身|～险|～轨|～缰|～产|～钩|～线|～开|她因为孩子小，～不开身，不能出去工作|他现在是～产学习|幸亏大夫们抢救及时，他终于～险了|你的袖子～线了，快缝缝吧|两列火车～钩了，幸亏发现得早，避免了一次事故。❹〈丁〉漏掉(文字)：～字|这一行里～了两个字|他抄的文章整整～了一行字|好好写，千万别～字。

【近义词】❶掉/脱落；❸脱离；❹漏

【反义词】❶生长；❹加添

【提示】脱，姓。

【构词】脱产/脱党/脱发(fà)/脱肛/脱稿/脱钩/脱轨/脱胶/脱节/脱白/脱粒/脱毛/脱帽/脱皮/脱贫/脱期/脱身/脱手/脱水/脱俗/脱胎/脱逃/脱险/脱销/脱氧/脱缰之马/脱口而出/脱贫致富/脱胎换骨/脱颖而出

6511 **脱离**(離) 乙

tuōlí (separate〔from〕)

[动]离开(某种环境或情况)；断绝(某种联系)：～航向|～危险|～家庭|～群众|～关系|～实际|～社会|～生产|～虎口|～烦恼|～家务劳动|～不了|暂时～|希望～|愿意～|好容易～|严重～|无法～|永远～|干部不能～群众|他和丈夫～了夫妻关系|机械化、电器化使人们～了繁重的体力劳动|他无法～失去挚友的痛苦|处理问题～不开当时的具体环境|他好不容易才～虎口|他很早就～了学校生活。

【近义词】分离/分开/断绝/摆脱

【反义词】结合/联系/进入/参加

6512 **脱落** 丁

tuōluò (fall off)

[动]❶(附着的东西)掉下：牙齿～|

头发～|毛发～|扣子～|油漆～|墙皮～|树叶～|花瓣～|～得多|～得早|～得慢|～下来|容易～|逐渐～|完全～|～的原因|他刚到中年,头发就～得差不多了|他不到60岁牙齿全部～了|公园里的牡丹花瓣已经开始～|这种油漆比较好,不容易～|院子里的树叶已完全～光了|他看着墙上～得乱七八糟的墙皮,真是生气。❷指文字遗漏:字句～|～文字|这里好像～了几个字|这本书年代久了,有的地方字句～了|这一页里～了好几行。

【近义词】❶脱/掉;❷遗漏

【反义词】❶附着/粘贴

6513 **驮**(馱) 丙 〔部首〕马 〔笔画〕6

tuó (carry on the back)

[动]用背部承受物体的重量:～粮食|～煤|～水|～在马背上|～得动|～起来|～上去|～过来|～完|那个地区缺水,人们用骡子到很远的地方去～水|这匹马能～好几袋粮食|我可～不动这么大袋的米|他～着受伤的战士去找大部队|他们用牛～着各种货物到山里去卖|用马把人和箱子～过河去。

【近义词】背(bēi)

【反义词】抱

【提示】"驮"又读 duò,如"牲口驮子"。"驮"字右边是"大",不能写成"犬"。

6514 **椭圆**(橢圓) 丁 〔部首〕木 〔笔画〕12

tuǒyuán (oval)

[名]像鸡蛋样的长圆形:老师教我们怎样画～|盛鱼的盘子一般都是～的|这张～形的桌子可以坐8个人。

6515 **妥** 丁 〔部首〕女 〔笔画〕7

tuǒ (proper)

[形]❶妥当:事情不～|处理不～|做得不～|办得不～|觉得～|认为～|你这样处理我认为欠～|这种做法太不～了|我觉得这事你办得十分稳～|这事交给他去处理,我越想越感到不～。❷齐备;停当(多用在动词后):办～|安排～|商量～|购～|谈～|这笔买卖已经和对方谈～|一切必需的物资全已购～|你托我的事,我还没办～|参观活动日程安排～了吗?

【近义词】❶妥当/适当/合适/稳妥;❷齐备/停当

【反义词】❶失当

6516 **妥当**(當) 丙

tuǒdàng (appropriate)

[形]稳妥适当:做法～|形式～|说法～|词句～|态度～|办事～|处理～|答复～|觉得～|认为～|力求～|安排得～|处置得～|办得～|解决得～|～地保管|～地安排|～地回答|～的办法|你刚才的那种说法不够～|我们认为对他的处置比较～|这事已和那个单位商量～了|这些文件应该～地保存起来|新来的这些大学生必须做出～的安排。

【近义词】妥善/适当/恰当/稳妥

【反义词】失当

6517 **妥善** 丁

tuǒshàn (appropriate)

[形]妥当完善:办法～|方案～|规定～|结论～|提法～|用法～|结构～|言词～|安置～|力求～|处理得～|～地安顿|～地办理|对这些人的安置要力求～|公司里的工作他安排得十分～|这是些重要的信件,请你～地保管起来|这件事情,他们已经做

出了～的处理。

【近义词】妥当/完善

【反义词】失当

6518 **妥协**(協) 丁

tuǒxié (compromise)

[动]用让步的方法避免冲突或争执：双方～|对方～|可以～|应当～|进行～|反对～|决定～|彻底～|自动～|～的态度|～的办法|～的策略|他从来不向任何人～|商量结果，他们决定向对方～|你若～，他就会得寸进尺|我们坚决反对这种不讲原则的～态度。

【近义词】让步/退让

【反义词】斗争

6519 **唾沫** 丁 〔部首〕口 〔笔画〕11

tuòmo (saliva)

[名]口腔中分泌的液体，作用是使口腔湿润，使食物变软容易咽下，还能分解淀粉，有部分消化作用。通称唾沫或口水：吐～|咽～|一口～|满口～|～星子|他咽了一口～，继续说了下去|他讲得高兴时，～星子喷得到处都是|他得了一种怪病，要不停地吐～。

【近义词】口水/唾液

【构词】唾骂/唾弃/唾涎/唾液/唾手可得

W

6520 **挖** 乙 〔部首〕扌 〔笔画〕9

wā (dig)

[动]用工具或手从物体的表面向里用力,取出其一部分或其中包藏的东西:～沟|～洞|～窟窿|～隧道|～防空洞|～井|～坑|～槽|～野菜|～土|～河泥|～鼻孔|～墙角|～上来|～下去|～进去|～出来|～不动|～得了|～得深|～不好|～干净|～宽|～大|～一个月|往下～|乱～|他们在地边上～了一道水沟|他在自家院子里～了一口井|地都冻了,～不动|你们先～好了坑,我们来栽树苗|他们从河里～出来好多淤泥|这条隧道终于～通了|这个槽～得太小了,再～宽一点儿|这条河整整～了三个月|我认为你们还有很多潜力可～|你们怎么～起人家的墙角来了? |今天从地里～回来十几斤土豆。

【近义词】掘/刨/掏/挖掘

【反义词】填

【构词】挖补/挖苦/挖墙脚/挖空心思

6521 **挖掘** 丁

wājué (excavate)

[动]挖;发掘:～文物|～史料|～矿藏|～材料|～主题|～潜力|深入～|国家组织人力～地下的矿藏|他们从土里～出来很多珍贵的历史文物|要不断～工人们的生产潜力|他们使用的是最先进的～工具。

【近义词】发掘/开掘

【反义词】埋藏/掩埋/埋没(mò)

6522 **娃娃** 丙 〔部首〕女 〔笔画〕9

wáwa (baby)

[名]小孩儿:男～|女～|洋～|胖～|泥～|布～|一个～|一群～|托儿所的～们真好玩儿|他给孩子买了个洋～|我最喜欢老王家的那个胖～。

【近义词】小孩儿

【反义词】大人

6523 **瓦** 丙 〔部首〕瓦 〔笔画〕4

wǎ (tile)

[名]铺屋顶用的建筑材料,一般用泥土烧成,也有用水泥等材料制成的,形状有拱形的、平的或半个圆筒形的等:烧～|盖～|红～|～片|～房|琉璃～|他干了一辈子烧～的活儿|他是砌砖盖～的建筑工人|故宫里的宫殿,屋顶都是用琉璃～盖的|如今农民大部分都住上了～房。

【构词】瓦房/瓦匠/瓦砾/瓦垄/瓦舍/瓦解冰消

6524 **瓦解** 丁

wǎjiě (disintegrate)

[动]❶比喻崩溃或分裂:制度～|社会～|敌军～|精神～|经济～|～得彻底|开始～|引起～|完全～|顷刻～|纷纷～|迅速～|～的命运|旧的社会制度土崩～|敌人在强大的攻势下开始～|家庭的破裂引起他精神的～。❷使对方的力量崩溃:～敌人|～罪犯|～得迅速|能～|设法～|我们一定要设法～敌人|我们决定彻底地～这个犯罪集团|我们采用了从内部～敌人的策略|我们对敌军进行了分化～的工作。

【近义词】崩溃/分化/分裂

6525 **袜子**(襪) 甲 〔部首〕衤 〔笔画〕10

wàzi (socks)

[名]一种穿在脚上的东西,用棉、毛、丝、化学纤维等织成或用布缝成:短～|毛～|棉～|丝～|布～|一只～|一双～|这～真不结实,穿一天就破了|妈妈给我织了一双毛线～|我买了一双新～。

【近义词】袜

6526 **哇** 乙 〔部首〕口 〔笔画〕9

wa (part. variant of ah)

[助]"啊"受到前一字收音 u 或 ao 的影响而发生的变音:好～|早～|住～|书～|你近来可好～?|你来得真早～!|这天儿真舒服～!|这真是一本好书～!|他现在在哪儿住～?|原来他姓王,不是姓伍～!

6527 **歪** *乙 〔部首〕一 〔笔画〕9

wāi (askew)

[形]❶不正;斜;偏:嘴～|头～|画～|领子～|树～|墙～|～得厉害|～得难看|长(zhǎng)～|挂～|做～|砌～|写～|画～|戴～|墙上的画有点儿～|这领子做～了|树～得厉害,会不会倒下来?|他总是～戴着帽子|他听大人讲故事时总是～着头|他牙痛得使劲儿～着嘴|你看这些字～到哪儿去了! ❷〈丙〉不正当的;不正派的:～点子|～才|～理|这孩子不学好,尽走～道!|别看他不用心读书,还有点儿～才呢!|谁要听你那些～理!|这些钱是他走～门邪道搞来的!

【近义词】❶斜/偏;❷邪

【反义词】❶正;❷正派

【构词】歪风/歪话/歪理/歪诗/歪斜/歪打正着/歪风邪气/歪门邪道/歪七扭八/歪歪扭扭

6528 **歪曲** 丙

wāiqū (distort)

[动]故意改变(事实或内容):～事实|～意思|～愿意|～真相|～历史|～政策|～真理|不能～|不准～|企图～|进行～|任意～|故意～|肆意～|这样翻译就～了它的原意|他们企图～事实的真相|不准你们随便～国家的方针政策|有些人肆意～历史|我希望你不要～我的意思。

【近义词】诬蔑/曲解/污蔑

【反义词】澄清/弄清

【提示】"曲"又读 qǔ,如"歌曲"。

6529 **外** *甲 〔部首〕卜 〔笔画〕5

wài (outside)

[名]❶外边的:窗～|门～|车～|课～|校～|国～|出～|箱子先放在门～吧|今天有很多校～的客人来参观|请不要把头伸出车～|请你向～坐坐|他出～旅行去了|学校经常组织一些课～活动。❷〈乙〉外国:～文|～资|～企|中～合资|对～贸易|对～政策|对～汉语教学|古今中～|我们每人都应会一种～文|他在一家～企工作|这个单位是中～合资的|他是对～贸易进出口公司的经理。

【近义词】❶外边;❷外国

【反义词】❶内/里

【构词】外币/外埠/外财/外钞/外带/外敌/外调(diào)/外耳/外敷/外感/外公/外国语/外号/外患/外祸/外籍/外加/外景/外寇/外快/外来户/外来语/外露/外貌/外贸/外勤/外人/外任/外伤/外商/外甥/外甥女/外省

/外史/外孙/外孙女/外孙子/外逃/外套/外头/外围/外文/外屋/外侮/外乡/外向/外销/外心/外星人/外延/外因/外遇/外援/外在/外债/外罩

6530 **外边**(邊) 甲

wàibian (outside)

[名]❶超出某一范围的地方:～有人|～冷|门～|院子～|教室～|学校～|水池～|碗～|～好像有人叫你|～都在传这件事|～刮大风了,别出去了|这事连学校～的人都知道了|他们在屋子～都种上了花|你看你,把水都倒到池子～了。❷指外地:去～|在～|她丈夫去～做小买卖了|他一年有半年在～|他的儿子从～回来了,全家高兴得不得了|他经常到～去找活儿干,一去就是好几个月。❸表面:书～|行李～|沙发～|肉～|鱼～|本子～包上一层皮儿不容易脏|沙发～做了套子|鱼的里边～都抹上一层盐再蒸就更好吃了。

【近义词】❶外面;❷外地;❸表面

【反义词】❶里边/里面;❷本地;❸里边

6531 **外表** 丁

wàibiǎo (outward appearance)

[名]表面:～好看|～光滑|～美观|～文雅|～热情|～傲慢|～轻浮|看～|讲究～|忽视～|观察～|人的～|机器的～|家具的～|建筑的～|这台洗衣机的～还不错|这些家具的～太粗糙|这位女士～端庄大方,看来是受过一定教育的|那个人～傲慢,实际上是个非常热心的人|看一个人不能只看～|他非常喜欢观察人的～|他只看到了那个年轻人的～,忽视了他的道德品质。

【近义词】表面/外观/外部

【反义词】内部

6532 **外宾**(賓) 丁

wàibīn (foreign guest)

[名]外国客人:陪同～|接见～|邀请～|欢迎～|招待～|接待～|一位～|～的饮食|这些～是从泰国来的|他今天去机场接一位～|他们举行宴会招待来自世界各国的～|他今天陪着～去游览长城|这一排是～席。

6533 **外部** 丙

wàibù (external)

[名]❶某一范围以外:～的事|～的人|～的矛盾|他只知闷(mēn)头读书,对～的事漠不关心|这件事公司～的人还不知道|这不属于我们单位的内部问题,是～的问题。❷外表;非内部:～美观|～精致|～粗糙|～受伤|～的造型|～的颜色|这座楼～看上去还可以|这套家具～的造型挺美观|这些苹果只是～擦伤一点儿皮,不碍事的|他的腿～受了点儿伤,但没伤着骨头。

【近义词】❷外表

【反义词】❶内部

6534 **外出** 丁

wàichū (go out)

[动]到外面去,特指因事到外地去:～工作|～谋生|～打工|经常～|这一家人一到假期就～旅行|村里的年轻人纷纷～谋生|他是采购员,所以三天两头地～工作|他长期～出差,家里的事不怎么过问。

6535 **外地** 乙

wàidì (other places)

[名]本地以外的地方：去～|住～|在～|～人|～货|他的父母不在北京，去～旅游了|我的朋友到～去工作了|这个城市有数十万来做买卖的～人|这种商店里～商品相当多|听他讲话像是～口音。

【反义词】本地

6536 外电(電) 丁

wàidiàn (dispatches from foreign news agencies)

[名]国外通讯社的电讯消息：～报道|～广播|这条消息是听～报道的|～早已广播了这条新闻|这条新闻～已经报道过了。

6537 外观(觀) 丁

wàiguān (exterior)

[名]物体从外表看的样子：～漂亮|～完好|～光滑|～整洁|～合格|重视～|产品的～|食品的～|房屋的～|家具的～|漂亮的～|华丽的～|这个花瓶～十分精美|这个宾馆的～富丽堂皇|这种商品的包装～不合格|他们对商品的～相当讲究|这些楼群的～非常华丽，可内装修的质量都不怎么样。

【近义词】表面/外表/外部

6538 外国(國) 甲

wàiguó (foreign country)

[名]本国以外的国家：去～|～人|～货|～电影|～朋友|～话|～专家|～留学生|～的技术|他打算去～留学|他刚从～回来|他有很多～朋友|这家商店进口了不少～货|他会说好几种～话|我们应该学习～的先进技术|他们接待了一批～的访问学者。

6539 外行 丁

wàiháng (adj. nonprofessional; n. layman)

[形]对某种事情或工作不懂或没有经验：他～|十分～|非常～|～话|～人|对电脑这玩意儿，我完全～|看京戏，内行看门道，～看热闹|你不懂就少开口，别净说～话|这机器的毛病，～人是看不出来的|修理收音机，他可一点儿也不～。

[名]外行的人：对于写诗，我可是个～|我的工作不怕～来检查，就怕内行挑毛病。

【反义词】内行

【提示】"行"又读 xíng，见第 7172 条。

6540 外汇(匯) 丁

wàihuì (foreign exchange)

[名]❶用于国际贸易清算的外国货币和可以兑换外国货币的支票、汇票、期票等证券：～增加|～上缴|～周转|～兑换|～充足|创～|赚～|花～|捞取～|骗取～|私人的～|国家的～|一笔～|一批～|～管理局|国家的～逐年增加|加快～周转|～市场发生急剧的变化|他们公司为国家创了不少～|这些企业近年赚了一大笔～。❷外币：～储蓄|～兑换|个人的～|集体的～|～的牌价|～的比价|～的来源|～的账户|你要兑换多少～？|私人～的储蓄日益增长。

【近义词】❷外币

6541 外交 乙

wàijiāo (diplomacy)

[名]一个国家在国际关系方面的活动，如参加国际组织和会议，跟别的

国家互派使节、进行谈判、签订条约和协定等：～胜利｜～灵活｜～失败｜建立～｜断绝～｜发展～｜官方的～｜民间的～｜和平～｜～使团｜～政策｜～部｜～官｜～途径｜～关系｜～人才｜我国和很多国家建立了～关系｜我国和那个国家进行了～谈判｜国家领导人招待各国～使节｜进一步发展我们两国之间的～关系｜通过～途径解决这个问题｜这个学校是培养～人才的。

【反义词】内政

6542 **外界** 丙

wàijiè (the external world)

[名]某个物体以外的空间或某个集体以外的社会：～复杂｜～寂静｜了解～｜观察～｜关心～｜重视～｜～的压力｜～的条件｜～的信息｜～的舆论｜～的情况｜～的情况相当复杂｜他只知道闭门读书，丝毫不关心～的事情｜我听到了来自～的各种舆论。

【近义词】外部

【反义词】内部

6543 **外科** 丙

wàikē (surgical department)

[名]医院中主要用手术来治疗体内外疾病的一科：看～｜挂～｜～病房｜～医生｜～手术｜你这个病应该看～｜我要挂一个～号｜他住在～第三病房｜～大夫正在给病人做手术。

【反义词】内科

6544 **外力** 丁

wàilì (external force)

[名]外部的力量：依靠～｜借助～｜～支援｜他们依靠～开了一个小饭馆｜他们企图借助～来压垮对方｜我们这个小公司，没有～的支援是办不起来的。

【反义词】内力

6545 **外流** 丁

wàiliú (outflow)

[动](人口、财富等)转移到外国或外地：知识分子～｜人才～｜资金～｜劳动力～｜资源～｜药材～｜黄金～｜～资金｜不准～｜控制～｜防止～｜纷纷～｜大量～｜要严格控制我国资源～｜这里的劳动力大量～｜这个村的农业人口～得比较严重｜知识分子～的情况很严重。

6546 **外面** 乙

wàimiàn (outside)

[名]❶外表：～好看｜～光滑｜～粗糙｜楼房～｜电冰箱～｜家具的～｜水果的～｜有的东西～好，里边不一定好｜这些建筑看～挺漂亮，里面装修得都不怎么样｜这个梨～挺好，里边全烂了。❷外边：～下雨｜～刮风｜～冷｜窗户～｜门～｜商店～｜～的人｜～的菜｜快进来吧，～下雨了｜窗户～有一只小鸟｜扫帚放在门～｜办公室～站满了等着报名的人｜快把～的客人请进来｜请你帮我把～的行李拿进来。

【近义词】❶外表；❷外边/外头

【反义词】里面

6547 **外婆** 丁

wàipó ([maternal] grandmother)

[名]母亲的母亲：我的～｜～家｜这是～给我织的毛衣｜我是～带大的｜我的～最疼我｜我最喜欢去～家｜～家门前有一条小河。

【近义词】外祖母/姥姥

【反义词】外公/外祖父/姥爷

6548 外事 丁

wàishì (foreign affairs)

[名]❶外交事务：关心～|管～|搞～|负责～|～单位|～机关|～活动|～人员|～纪律|重要的～|繁忙的～|复杂的～|他在学校负责～方面的工作|他毕业后分配到～部门工作|这是～纪律，必须遵守|他整天忙于～|最近～任务特别多。❷外边的事；家庭或个人以外的事：他整天忙～，家里的活儿一点儿也不干|他们家丈夫管～，妻子管内务|他只管念自己的书，任何～都不关心。

6549 外头(頭) 丙

wàitou (outside)

[名]❶外边：门～|邮局～|放在～|睡在～|～的毛衣|～的事|～好像有人叫你|谁在门～站着呢？|～有人敲门|～下雪了|夏天太热，他常常睡在～|快把你的脏鞋放到门～去！|他成天在家呆着，也不去～走走|这辆车是～的，不是我们公司的|这件事～的人是怎么看的？❷外表：～漂亮|～光滑|这东西就是～好看，其实质量不怎么样|你要注意看食品～包装的生产日期|这房子～看挺漂亮，里边有很多问题|冰箱里头～，都好好擦擦。

【近义词】外边/外面

【反义词】里头/里边/里面

6550 外向型 丁

wàixiàngxíng (extrovert)

[形]指人开朗活泼，内心活动易于表露出来的性格：～性格|～的人|他的性格是～的|他不是那种～的人，所以很难了解他|我喜欢～性格的人。

【反义词】内向型

6551 外形 丁

wàixíng (outside appearance)

[名]物体外部的形状：～美观|～别致|～华丽|电视机的～|自行车的～|钢琴的～|汽车的～|这种摩托车的～很漂亮|这种电视机的～比较新颖|我不喜欢这种过于艳丽的～|这架钢琴就是因为～好，所以贵100多元钱。

【近义词】外观/外表

6552 外衣 丙

wàiyī (outerwear)

[名]穿在外面的衣服，有时比喻掩盖本来面目的伪装：～设计|～展销|～肥|～厚|～漂亮|～时髦|～整洁|选购～|剪裁～|呢子～|毛料～|名牌～|妇女的～|革命的～|宗教的～|一件～|最近有个妇女～展销会|这件～又肥又大|你这件～真时髦，是名牌货吧？|他披着革命的～，干着反革命的勾当|人们剥掉了他那所谓“慈善家”的～|他为自己的违法行为蒙上一层漂亮的～。

【近义词】外套

【反义词】内衣

6553 外语/外文(語) 甲

wàiyǔ/wàiwén (foreign language)

[名]外国语：～考试|～研究|～流利|学习～|选修～|教～|辅导～|说～|精通～|一门～|一种～|一句～|漂亮的～|流畅的～|这句～翻译得很准确|我要学习一门～|他精通三门～|他能说一口流利的～|他将来想当一名～教师。

【近义词】外国语

【反义词】国文/国语

6554 **外资**(資)　丁

wàizī (foreign capital)

[名]由外国投入的资本:～雄厚|～贫乏|引进～|吸收～|筹集～|依靠～|增加～|～企业|～的数量|大量的～|一笔～|一批～|这个公司是利用～办起来的|他们正在筹集一笔～|他现在在一个～企业工作。

6555 **外祖父**　丙

wàizǔfù ([maternal] grandfather)

[名]母亲的父亲:这是我的～|～家院子里有几棵枣树|我的～90岁了,身体还很硬朗。

【近义词】外公/姥爷

【反义词】外祖母/外婆/姥姥

6556 **外祖母**　丙

wàizǔmǔ ([maternal] grandmother)

[名]母亲的母亲:～喜欢坐在月光下给我们讲故事|这些事都是～讲给我们听的|～做的饺子好吃极了。

【近义词】外婆/姥姥

【反义词】外祖父/外公/姥爷

6557 **豌豆**　丁　〔部首〕豆　〔笔画〕15

wāndòu (pea)

[名]是一年生或二年生草本植物,羽状复叶,种子略作球形。嫩荚和种子供食用。豌豆是这种植物的种子:～好吃|剥～|种～|一颗～|～苗|我很喜欢吃～|妈妈剥了一碗～准备做菜用|～苗做汤好吃极了。

6558 **弯**(彎)　乙　〔部首〕弓　〔笔画〕9

wān (bend)

[动]使弯曲:～腰|～胳膊|～身子|～腿|～起来|～下去|～不过去|～不了|～不动|～不下来|使劲～|往下～|每天清晨他总是在院子里～～腰,伸伸胳膊,呼吸一下新鲜空气|把背直起来,别总～着|他总～着身子干活儿,～成了驼背|她得了肩周炎,胳膊～不过去|这铁丝太粗,用手～不过来。

【近义词】弯转/曲

【反义词】直

【构词】弯度/弯路/弯子

6559 **弯曲**　丙

wānqū (winding)

[形]不直:小河～|小路～|树枝～|长得～|变得～|～得厉害|～的老树|～的溪流|～的小道|向后～|林间的小路弯弯曲曲|这条沟挖得弯弯曲曲|长期的艰苦劳动,使老人的手指～得都变形了|我们顺着～的溪流向山里走去。

【近义词】曲折/弯

【反义词】笔直

【提示】“曲”又读 qǔ,如“曲子”。

6560 **湾**(灣)　丁　〔部首〕氵　〔笔画〕12

wān (bend)

[名]❶水流弯曲的地方:河～|一道～|几重(chóng)～|小船要经过好几道～|小船驶过河～时,十分惊险|水～旁边有棵柳树。❷海湾:港～|海～|杭州原来是钱塘江口的海～|上海是西太平洋地区重要的国际港～|这一带海岸绵长、曲折,并且有很多港～岛屿。

6561 **玩**　*甲　〔部首〕王　〔笔画〕8

wán (play)

[动]❶玩耍：喜欢～|～枪|～娃娃|～水|～火|～捉迷藏|～滑梯|～得高兴|～得痛快|～不成|～起来|～下去|～一上午|～一会儿|拼命～|愉快地～|成天～|偏要～|这孩子不爱读书，就喜欢～|他们又～起堆雪人了|火这玩意儿可～不得|你总这样～下去，该毕不了业了|男孩和女孩～不到一起|这几个孩子整天在一块儿～。❷〈乙〉做某种文体活动：～足球|～扑克|～围棋|～电子游戏|～跳绳|～得痛快|～得着了迷|～不够|～起来|～下去|～一天|没完没了地～|他们一下课就在院子里～起足球来|咱们来～会儿扑克吧|他们一～起电子游戏就没个够|他们～围棋～得着了迷。❸〈丙〉使用（不正当的方法、手段等）：～花招儿|～鬼把戏|～手腕|～心眼儿|～心计|～手段|你别跟我～花招儿|这准是他～的鬼把戏|他跟我～起手腕儿来了|你要是跟我～心计，我可～不过你。

【近义词】❶耍/玩耍

【提示】口语中儿化。

【构词】玩偶/玩票/玩赏/玩耍/玩味/玩物/玩火自焚/玩世不恭/玩物丧志

6562 玩具 丁

wánjù (toy)

[名]专供儿童玩的东西：～漂亮|制造～|设计～|买～|玩～|儿童～|塑料～|电动～|机械～|木头～|布～|大型～|～的价格|～的质量|～的外表|这～做得真漂亮|孩子们喜欢玩电动～|这种～既好玩又安全|他设计的儿童～非常受欢迎|孩子们玩的～要特别注意质量|～商店是孩子们最愿意去的地方。

6563 玩弄 丁

wánnòng (play with)

[动]❶摆弄着玩耍：～辫子|～手帕|～枪支|～小猫|～扇子|好奇地～|她一边说话，一边～着自己的发辫|小猫好奇地～着小皮球|她低着头，手里不停地～着那条手绢|孩子们围坐在小桌子前～着积木|他高兴地～那只小狗。❷戏弄：～妇女|～奴仆|卑鄙地～|公开地～|下流地～|那个流氓卑鄙地～女性|那个奴仆遭到奴隶主的～|群众把那个一贯～女性的坏蛋扭送到公安机关。❸施展（手段、伎俩）：～手段|～伎俩|～两面派手法|～阴谋|～权术|他就喜欢～两面手法|你想～鬼把戏那是没有用的|要警惕坏人～的骗术|他～权术的手段十分巧妙|他阴谋～得再高明，也总有一天会被人揭穿的。

【近义词】❶摆弄；❷戏弄

【构词】摆弄/搬弄/拨弄/嘲弄/糊(hù)弄/卖弄/侍弄/耍弄/戏弄/愚弄/捉弄

6564 玩笑 丙

wánxiào (joke)

[名]玩耍的行动或嬉笑的语言：～过分|～适当|～太随便|开～|这不是～，是真的|你这个～开得过分了|～归～，该说的我还是要说|他特喜欢开～|开～要适可而止|你可跟我开了个大～|这～可开不得|只是一句～话，她就真生气了|我只是跟你开开～，你别当真。

6565 玩意儿 *丙

wányìr (toy)

[名]❶玩具：～好玩|～漂亮|喜欢～

|买～|玩～|塑料～|电动～|～的质量|～的价钱|这～做得真好看|这～太不结实了|孩子们喜欢电动～|这～好玩是好玩,可价钱真贵。❷指曲艺、杂技等:相声这～男女老少都爱听|大鼓这～听起来也会上瘾的|孩子被魔术这～迷住了,看得目瞪口呆|那时,人们吃了饭就到戏院看～去了。❸〈丁〉指东西;事物:什么～|这～|好～|破～|洋～|你手里拿的什么～?|我给你看个～,刚从国外带来的|我以为什么好～呢,不就是一个打火机嘛!|你瞧你买的什么破～,没用几次就坏了|这个人真不是～,说了话不算数|发低烧这～可不能轻视,得去医院看看。

【近义词】❶玩具

6566 **顽固**(頑) 丙 〔部首〕页 〔笔画〕10

wángù (obstinate)

[形]❶思想保守,不愿意接受新鲜事物:思想～|观念～|头脑～|～得厉害|变得～|～守旧|～不化|我爷爷虽然年纪大了,但头脑一点儿不～|父亲最近变得越来越～|他什么话都听不进去,真是～不化|他并不是那种～守旧的人,多劝劝,他会接受的|他这个老～,就是不相信科学。❷指在政治立场上坚持错误,不肯改变:立场～|态度～|～势力|～不化|～地执行|～地推行|不能～地坚持你的错误立场|当时这股势力相当～|他真是个死～,对自己的错误就是不改。❸不易制伏或改变:这种皮肤病～极了,不易去根|他的哮喘病～得很,总断不了根|他一边吸烟一边喝酒的坏毛病特～,就是改不了。

【近义词】❶固执/守旧/保守

【反义词】❶开通/开明

【构词】顽敌/顽疾/顽抗/顽皮/顽石/顽童/顽症

6567 **顽强** 丙

wánqiáng (indomitable)

[形]坚强;强硬:战士～|性格～|意志～|精神～|作战～|生命力～|学习～|表现～|变得～|显得～|打得～|生活得～|～地抵抗|～地成长|～地生存|～地工作|～的人|英雄们个个都很～|他的意志～得很|这场战斗打得真～|野草的生命力～得很|他终于～地生存下来|这是一个异常～的人。

【近义词】坚强/强硬

【反义词】懦弱

6568 **丸** 丙 〔部首〕丶 〔笔画〕3

wán (m. pill)

[量]用于丸药:一～药|这种药丸一天吃两次,早上一～,晚上一～|一天三次,一次吃一～|他连着吃了10～,病才见好。

【构词】丸剂/丸药/丸子

6569 **完** *甲 〔部首〕宀 〔笔画〕7

wán (run out)

[动]❶消耗尽;没有剩余:煤～了|电～了|油～了|邮票～了|吃～|用～|花～|米、面全～了,该买了|煤快烧～了|他把五个大包子都吃～了|父亲给他的钱还没花～|他的鞋多得穿不～。❷完结:事～了|工作～了|工程～了|生命～了|做～|办～|写～|开～|你的事都办～了吗?|这个会明天就可以开～|这么多信一天写不～|这本书三个月学不～。❸〈乙〉完成:～工|～婚|～事|～稿|他今年准备给儿子～婚|等我～了这件事,一

起走|这项工程预计提前一个月～工|他翻译的小说已经全部～稿。

【近义词】❶尽;❷完结;❸完成

【提示】完,姓。

【构词】完稿/完工/完好/完婚/完结/完粮/完满/完美/完人/完事/完熟/完税/完璧归赵

6570 **完备**(備) 丙

wánbèi (complete)

[形]应该有的全有了:家具～|工具～|零件～|物资～|药品～|资料～|手续～|论据～|证件～|基本～|～无缺|～的条件|～的材料|机器零件都～了,就等安装了|你的出国手续还不～|他结婚用的东西都准备～了|他们有～的研究条件,工作进行得很顺利|前线需要的药品基本上～了。

【近义词】完美

【反义词】简陋

6571 **完毕**(畢) 丁

wánbì (finish)

[动]完结:学习～|考试～|训练～|收拾～|集合～|仪式～|婚礼～|宴会～|手术～|全部～|已经～|即将～|期末考试已经～,同学们纷纷出外旅行|队伍集合～,请领导讲话|婚礼～以后,客人们逐渐离去|手术～以后,大家都松了一口气|训练即将～,运动员们准备奔赴赛场。

【近义词】结束/终了/终结/完了

【反义词】开始

6572 **完成** 甲

wánchéng (accomplish)

[动]按照预期的目的结束:～任务|～计划|～指标|～作业|～项目|～进度|～得好|～得快|～得顺利|～不了|保证～|按期～|提前～|超额～|基本～|初步～|出色地～|认真地～|上级给我们的任务已按期～|他们年年提前～生产指标|这项工程～得相当顺利|对他来说,没有～不了的工作。

【近义词】实现/告成

6573 **完蛋** 丁

wán dàn (be doomed)

垮台;灭亡:敌人～|旧制度～|该～|会～|肯定～|全部～|彻底～|在我军强大的攻势下敌人很快就～了|这些可恶的犯罪分子早该～了|你这样慌慌张张地开车,要是撞了人,我们可就～了|这事要是让警察看见了,你可就～了!

【近义词】垮台/灭亡

【提示】用于口语中。

6574 **完全** 甲

wánquán (complete)

[形]❶齐全;不缺少什么:四肢～|五脏～|设备～|家具～|仪器～|零件～|资料～|答案～|说得～|写得～|表达得～|要求～|特别～|这套家具不～,缺个茶几|这个实验室各种仪器配备得很～|这里收集的资料相当～|这个问题你回答得不够～|考试时,要求表达得非常～。❷全部:～明白|～同意|～消灭|～解决|～胜利|～消化|～忘却|～相反|～正确|～成熟|他的话我不～理解|他的身体已经～康复|你说的和我想的～相反|我不～反对你的意见|他家的饮食习惯已经～西化了|这麦子还没～成熟。

【近义词】❶齐全/完备/全部

6575 **完善** 丙

wánshàn (adj./v. perfect)

[形]完备美好:法制～|政策～|制度～|体制～|设备～|基本～|真正～|我国的法制日趋～|各项制度建立得很～|这是一个十分～的办法|这里正在建立一个设备十分～的大工厂。

[动]使完善:～制度|～体制|～生产责任制|要不断～我国的经济体制|实行的过程也是不断～的过程|要继续～我国的教育体制|要认真地～生产责任制|逐渐～我国的社会主义制度。

【近义词】[形]完美

【反义词】[形]简陋

6576 **完整** 乙

wánzhěng (complete; intact)

[形]具有或保持着应有的各部分;没有损坏或残缺:领土～|主权～|古籍～|文物～|结构～|标本～|体系～|要求～|保存得～|基本～|～地保存|这些古籍保存得～无缺|年代太久了,有一些化石已经不～了|从这些出土文物中仍能发现～的图案|要建立一套～的管理制度|这套书缺了好几册,不是～的一套了|我们要保卫祖国领土的～|他现在能用中文～地表达自己的意思了。

【近义词】完全/完好无缺

【反义词】残缺/零碎/破损

6577 **碗** 甲　〔部首〕石　〔笔画〕13

wǎn (bowl)

[名]盛饮食的器具,口大底小,一般是圆形的:～大|～深|饭～|茶～|塑料～|木～|瓷～|大～|小～|一个～|一套～|他们家的饭～真小,我一顿得吃好几～|木～给小孩用好,摔不坏|这一套瓷～是江西景德镇出产的。

【构词】碗柜

6578 **挽** ^*丙　〔部首〕扌　〔笔画〕10

wǎn (draw)

[动]❶拉:～手|～弓|～胳膊|～起来|～得紧|紧紧地～着|亲热地～着|朋友们手～着手在公园里散步|她～着母亲的胳膊走出大门|他们亲密地胳膊～着胳膊,跳呀,唱呀!|请大家把手～起来!|他们～紧胳膊在急流中艰难地走着。❷往上卷(衣服):～袖子|～裤腿|～上去|～起来|～得高|往上～|干活儿时把袖子～起来|裤腿太瘦,～不上去|爬山时把裤腿～得高高的,不觉得累|袖子太长,往上～两道|你帮我把袖口往上～一点儿。❸〈丁〉把长条形的东西盘起来打成结:～头发|～绳子|夏天把头发～起来凉快|她用丝带在腰间～了个蝴蝶结|她把头发高高地～了起来|你还可以把头发再往上～一～。

【近义词】❶拉/牵;❷卷/盘

【构词】挽辞/挽歌/挽回/挽联/挽留/挽诗

6579 **挽救** 丙

wǎnjiù (save)

[动]从危险中救回来:～生命|～僵局|～危机|～民族|～革命|～国家|～命运|～庄稼|～财产|～森林|～失足青年|～干部|～得及时|～得快|～不了|～出来|应该～|得到～|设法～|着手～|尽快～|全力～|英勇地～|千方百计地～|奋不顾身地～|战士们奋不顾身地～国家的财产|大家热情地～那个失足青年|大夫们想

尽一切办法，终于把他从死神的手中～出来｜幸亏～得及时，庄稼的损失不那么大｜那个干部的错误陷得太深了，已经无法～了。

【近义词】拯救

6580 **晚** 甲 〔部首〕日 〔笔画〕11

wǎn (late)

［形］比规定的或合适的时间靠后：时间～｜睡得～｜来得～｜治～了｜～起｜～到｜～出发｜～毕业｜吃了饭再去就太～了｜时间还不～，你再坐一会儿｜这种病早发现早治，如果治～了就麻烦了｜他总是睡得很～｜他因为身体不好休学一年，所以～毕业一年｜完工的时间比预计的要～一个月。

【反义词】早

【提示】①作名词时，意思是晚上：今～｜明～｜昨～｜从早到～。②晚，姓。

【构词】晚安/晚辈/晚场/晚车/晚稻/晚点/晚婚/晚间/晚节/晚景/晚恋/晚期/晚秋/晚晌/晚熟/晚岁/晚霞/晚宴/晚育/晚照

6581 **晚报**(報) 丙

wǎnbào (evening paper)

［名］下午出版的报纸：～来了｜～受欢迎｜买～｜看～｜订阅～｜发行～｜一份～｜一张～｜～的内容｜今天的～还没来｜现在又要开始订下月的～了｜他每天在路边卖～｜他除了～以外，不看别的报｜北京的男女老少都喜欢看《北京～》｜～的趣味性吸引了广大读者。

6582 **晚餐** 丁

wǎncān (supper)

［名］晚上吃的饭：做～｜吃～｜一顿～｜丰盛的～｜～做好了，你们来吃吧｜我在朋友家吃了一顿丰盛的～｜我请朋友在饭馆吃～。

【近义词】晚饭

6583 **晚饭**(飯) 甲

wǎnfàn (supper)

［名］晚上吃的饭：吃～｜做～｜准备～｜一顿～｜今天～吃饺子｜妈妈给我做了一顿丰盛的～｜周末我们约好出去吃～｜吃了～，不要马上学习，最好休息一会儿。

【近义词】晚餐

6584 **晚会**(會) 甲

wǎnhuì (evening party)

［名］晚上举行的以文娱节目为主的集会：～热闹｜～隆重｜～成功｜～结束｜开～｜举行～｜筹备～｜新年～｜歌舞～｜联欢～｜生日～｜隆重的～｜精彩的～｜～的节目｜～的主持人｜一次～｜今天的～真热闹｜这次～开得很成功｜母亲为儿子举行了一个生日～｜新年～的节目十分精彩｜你认识那个～的主持人吗？｜这种内容健康的～希望多开几次。

6585 **晚年** 丁

wǎnnián (one's remaining years)

［名］指人年老的时期：～幸福｜～凄凉｜～欢乐｜～孤独｜安度～｜过好～｜安排～｜不幸的～｜艰辛的～｜愉快的～｜～的生活｜～的计划｜～的爱好｜爷爷的～非常幸福｜退休老人要很好地安排一下～的生活｜那个老人虽有儿女，但～凄凉得很｜敬老院里的老人们愉快地安度～｜但愿你有一个幸福的～。

【近义词】晚景/晚境

6586 **晚上** 甲

wǎnshang (evening)

[名]太阳落了以后到深夜以前的时间,也泛指夜里:整个～|几个～|从早上到～|今天～|每天～|你每天～几点睡觉?|今天～有霜冻|昨天整个～他都在工作|他们已经几个～没有休息了|他从早上忙到～。

【近义词】晚/夜晚/白天

【反义词】早上/早晨

6587 **惋惜** 丁 〔部首〕忄 〔笔画〕11

wǎnxī (regret)

[动]对人的不幸遭遇或事物的意外变化表示同情、可惜:值得～|表示～|感到～|十分～|～地说|～的样子|～的口吻|～的神色|看到这些珍贵的文物遭到破坏,大家都非常～|这样一个人才被埋没了,确实令人～|人们用～的目光看着这个失足青年|他十分～地看着地里的庄稼想,若不是这场风灾,今年准又是大丰收。

【近义词】可惜/痛惜

6588 **万**(萬) 甲 〔部首〕一 〔笔画〕3

wàn (ten thousand)

[数]十个千:一～元|二～五千里长征|几～年|～里长城|上～|这套房子7～元左右|他经历了二～五千里长征|这孩子能从一数到～|今天到会的人多得上～|他在这个公司投资了上～元。

【提示】万,姓。

【构词】万端/万恶/万福/万花筒/万金油/万能/万年历/万幸/万变不离其宗/万夫莫当/万家灯火/万箭穿心/万劫不复/万马奔腾/万念俱灰/万人空巷/万寿无疆/万水千山/万无一失/万众一心/万紫千红

6589 **万分** 丙

wànfēn (extremely)

[副]非常;极其:～高兴|～牵挂|～激动|接到你的信,我～高兴|参加大会的人心里都～激动|他没能跟母亲见上一面,心里～痛苦|见到录取名单上自己的名字,他～惊喜。

【近义词】非常

6590 **万古长青**(長) 丙

wàn gǔ cháng qīng (be ever lasting)

永远像春天的草木一样欣欣向荣:友谊～|精神～|我们两国人民的友谊～|他这种国际主义精神～|我们之间有着～的友谊。

6591 **万水千山** 丁

wàn shuǐ qiān shān (ten thousand crags and torrents – the trials of a long journey)

形容山和水很多或路途遥远而艰难:我们虽然隔着～,但我们的友谊是永世长存的|中国工农红军经过了～,终于到达陕北抗日根据地。

6592 **万岁**(歲) 丙

wàn suì (long live)

❶千秋万世,永远存在(用于祝愿):全国各民族大团结～|中华人民共和国～!|伟大的中国人民解放军～!|我们牢不可破的友谊～! ❷封建时代臣民对皇帝的称呼。

【构词】辞岁/近岁/年岁/千岁/去岁/守岁/太岁/同岁/晚岁/虚岁/早岁/终岁/周岁/足岁/年年岁岁/千秋万岁

6593 **万万** 丙

wànwàn (absolutely)

[副]绝对;无论如何(用于否定式):~不可以|~想不到|我~没想到在这里见到你|我~没料到这次实验会出现这种问题|他学习这么好,没考上大学,这是我~想不到的|开车时~不要粗心大意|这种事情~做不得|毒品这玩意~碰不得。

6594 **万一** 丙

wànyī (n. contingency; conj. just in case)

[名]指可能性极小的意外变化:以防~|防备~|出门要多带点儿衣服,以防~|你的钱包要放在安全的地方,以防~|大门要锁好,防备~|人们都说不怕一万,就怕~,你还是小心点儿好。

[连]表示可能性极小的假设(用于不如意的事情):你还是带把伞吧,~下雨了呢?|多带点儿钱,~有什么急用呢?|咱们早点儿出发吧,~赶不上飞机呢?|~找不到他,你就打电话给我。

【近义词】[名]意外

6595 **汪洋** 丁 〔部首〕氵 〔笔画〕7

wāngyáng ([of a body of water] vast)

[名]水势浩大的样子:~如海|~大海|一片~|洪水来了以后,村里~一片,人们纷纷逃离|他希望后人把他的骨灰洒在~大海之中|夏秋之交,河水正旺,十多里河身一片~。

【提示】汪,姓。

6596 **王** 丁 〔部首〕王 〔笔画〕4

wáng (king)

[名]❶君主;最高的爵位:一国之~|女~|国~|亲~|他是这个国家的国~|她妄想当女~|这个青年人成了一国之~|他是位很得人心的亲~。❷首领;头目:占山为~|擒贼先擒~|他是这个山寨的大(dài)~|他是那个山头的~|擒贼先擒~,把那个首犯抓住,其他的就都跑不了|他们几个争着当~。

【提示】王,姓。

【构词】王朝(cháo)/王储/王道/王法/王府/王公/王宫/王冠(guān)/王国/王侯/王后/王牌/王权/王室/王孙/王位/王爷/王子/王族

6597 **王国**(國) 丁

wángguó (kingdom)

[名]❶以国王为元首的国家:~崩溃|~兴盛|~强大|~腐败|建立~|推翻~|封建~|专制~|那时是这个封建~最兴盛的时代|人们终于推翻了这个专制的~|他在那个岛上建立了一个~。❷比喻某种特色或事物占主导地位的领域:汽车~|自行车~|北京是自行车的~|这个城市汽车真多,真可称为汽车~。

6598 **亡** 丁 〔部首〕亠 〔笔画〕4

wáng (die)

[动]❶死:家破人~|这场战斗双方都有伤~|战争使得他家破人~|今天她去给~夫扫墓。❷灭亡:~国|~党|投降敌人就要~国|我们坚决不做~国奴|只要坚持斗争,我们的国家就~不了。

【构词】亡故/亡国/亡国奴/亡魂/亡灵/亡命/亡羊补牢

6599 **网**(網) 丙　〔部首〕冂　〔笔画〕6

wǎng (net)

[名]❶用绳、线等结成的捕鱼捉鸟的器具:结～|撒～|晒～|张～|鱼～|一张～|妇女们在海边结～|这～破了好几个洞|海边晒着一张一张的鱼～|鱼～已经撒下去了,但不知能捕到多少鱼|他学习不怎么认真,三天打鱼,两天晒～。❷像网一样的东西:蜘蛛～|电～|球～|这屋子好久没有人住了,到处是蜘蛛～|乒乓球台子上的球～坏了,他们放上几块砖代替|侦察兵们顺利地通过了敌人的电～。

【构词】网虫/网点/网兜/网卡/网篮/网罗/网络/网迷/网民/网膜/网球/网眼/网站/网址/网子/网开一面

6600 **网球** 乙

wǎngqiú (tennis)

[名]❶球类运动项目之一,球场长方形,中间有一道网,双方各占一面,用拍子来回打球,有单打、双打两种:打～|比赛～|看～比赛|喜欢～|他每天早上去打一会儿～|球类运动中,他最喜欢～|今天有～比赛实况转播,你看吗?|她就是那个得冠军的～选手。❷网球运动使用的球,圆形,具有弹性。里边用橡皮,外面用毛织品等制成:一个～|原来的～坏了,你再去买一个吧。

6601 **往** 甲　〔部首〕彳　〔笔画〕8

wǎng (go)

[动]去;向某处去:～来|街上行人来来～～,十分热闹|我们之间互有～来,关系融洽|你把来～的信件整理一下|你～前点儿|两匹马,一匹～东,一匹～西,越跑越远。

【构词】往复/往还(huán)/往时/往昔

6602 **往** 甲

wǎng (towards)

[介]表示动作的方向:～东走|～北拐|～前开|～学校走去|～上爬|～下流|你～前走,到十字路～左拐,就看见那个大楼了|他头也不回地～车站走去|豆粒大的汗珠顺着脖子～下流|这趟列车是开～上海去的。

6603 **往常** 丁

wǎngcháng (habitually in the past)

[名]过去的一般的日子:比～晚|～的日子|～的朋友|～他比谁都起得早,今天怎么睡到这会儿还不起?|～我都是骑车上班,现在我骑不动了|今天来的人比～要多一些|如今人们的生活跟～不一样了,日子过得一年比一年好。

【近义词】从前/往日/已往/过去

【反义词】现在/如今/而今

6604 **往返** 丁

wǎngfǎn (go there and back)

[动]来回;反复:～于|～奔走|～好几里|～票|为了生计,每日～奔走,十分辛苦|他经常～于北京、天津之间|他每天上下班要～好几十里|坐飞机～需五个小时|我买了去深圳的～票。

【近义词】来回/反复

【构词】复返/遣返

6605 **往后**(後) 丁

wǎnghòu (in the future)

[名]从今以后:～的日子|～的事|～的情况|他现在的日子就不好过,～就更困难了|刚5月就这么热了,～就更要命了|现在他就不怎么常来,～还不知道他来不来呢!|这事得及时解决,否则～就更不好办了|你嫌它贵,～想买,还不知有没有货呢!|我跟他共事过三年,～的情况我就不清楚了。

【近义词】以后

【反义词】以前

6606 往来(來) 丙

wǎnglái (come and go)

[动]❶去和来:汽车～|轮船～|顾客～|～频繁|～的车辆|～的行人|～的信件|～的飞机|～的时间|街上的汽车穿梭般地～|他在公司里负责处理～的信件|从中国到美国,信件～的时间大概要半个月。❷互相访问;交际:朋友～|工作～|文化～|经济～|国际～|断绝～|友好～|我国跟贵国经济～比较频繁|我跟大学的同学经常～|我们应当保持～。

【近义词】来往

6607 往年 丁

wǎngnián (former years)

[名]以往的年头;从前:超过～|不如～|～的情况|～的生活|～的产量|～这个时候花早开了|他的精神大大不如～了|今年的产量肯定要超过～|今年怎能跟～比?今年你不是闹了一场大病吗?身体当然要差了。

【近义词】以前

【反义词】现在

6608 往日 丁

wǎngrì (former days)

[名]过去的日子;从前:超过～|不如～|～的欢乐|～的风采|星期天公园里的游人大大超过了～|这几天的天气不如～|他今天的情绪跟～不大一样|这些壁画虽然经历了好几百年,但仍未失去～的风采|虽然已经入冬,他还像～一样,每到星期天就去爬香山。

【近义词】从前/过去/往昔

【反义词】现在

6609 往事 丁

wǎngshì (past events)

[名]过去的事情:～难忘|～痛苦|～动人|回忆～|想起～|畅叙～|谈起～|描写～|童年的～|父亲的～|难忘的～|幸福的～|辛酸的～|一件～|一段～|一桩～|一幕幕～|童年幸福的～令人难忘|他经常回忆起当年当红军时的～|他们聊起过去在矿里干活儿的～,感到那真是段辛酸的日子|那美丽动人的～,一幕幕地出现在她的眼前。

【近义词】旧事

6610 往往 乙

wǎngwǎng (often)

[副]表示某种情况时常存在或经常发生:每到冬天,他～要生一场病|他～不吃早饭就去上课|他～工作到深夜|什么事情～都是开头难|每次提到这个问题,他～是避而不谈|一到假期,他～带着全家去旅行。

【近义词】常常/时常/经常

【反义词】偶尔

【提示】"往往"和"常常"都表示某种情况经常发生。区别是:①"往往"是对于到目前为止出现的情况的总结,有一定的规律性;"常常"强调动作经常发生,但不一定有规律性。②“常常”可表示行为动作将要发生,如:“你好好休息吧,我会常常来看你的”,而“往往”一般不能用于未来的事情。

6611 **望** *乙 〔部首〕王 〔笔画〕11

wàng (look into the distance)

[动]❶向远处看:～高山|～大海|～北京|～背影|～家乡|～过去|～不到|向远处～|～了半天|～一眼|远远地～|出神地～|他从窗口～着远处的高山|他坐在小板凳上抬头～着天上的白云|他默默地～着父亲逐渐离去的背影|远远地～过去,那座石头就像一个美丽的仙女|他不高兴地～了我一眼|这一大片田野广阔得～不到边。❷〈丙〉盼望;希望:～子成龙|～来信|～多保重|～成功|到了上海～你常常来信|出门在外,～多保重|现在的年轻父母都急切地～子成龙。

【近义词】❶看/眺;❷盼望/希望

【提示】望,姓。

【构词】望尘莫及/望穿秋水/望而却步/望而生畏/望风而逃/望风披靡/望梅止渴/望门投止/望文生义/望闻问切/望眼欲穿/望洋兴叹/望子成龙

6612 **望远镜**(遠鏡) 丁

wàngyuǎnjìng (telescope)

[名]观察远距离物体的光学仪器,最简单的折射望远镜由两组透镜组成:一架～|一个～|一台～|他们带着～去看球赛|座位离舞台太远,要是有个～就好了|用～看,看得真清楚。

【构词】凹镜/茶镜/风镜/花镜/明镜/墨镜/透镜/显微镜/眼镜

6613 **忘** 甲 〔部首〕心 〔笔画〕7

wàng (forget)

[动]忘记:～事|～名字|～告诉|～买|～还书|～带钱|～得干净|～不了|～光|～掉|～到脑后|难～|完全～|彻底～|他最近脑子不好,尽～事|这事我～了通知他了|这书借了快一个月了,总～了还|真抱歉,你托我的事我～得一干二净|以前学的东西几乎全～光了|你就彻底～了他吧,我看他也不怎么样|我一辈子也～不了在最困难的时候他对我的帮助|他经常～了锁车,至今已经丢了三辆车了。

【近义词】忘记/忘掉/忘怀

【反义词】记

【构词】忘本/忘怀/忘年交/忘情/忘我/忘形/忘性/忘恩负义/忘乎所以

6614 **忘记**(記) 乙

wàngjì (forget)

[动]❶经历的事物不再存留在记忆中;不记得:～历史|～事情|～地址|～日期|～时间|～疲劳|～烦恼|～饥饿|～歌词|～嘱咐|～寒冷|～不了|突然～|完全～|容易～|确实～|～的事情|我们不应该～历史的教训|我～了朋友家的门牌号码|朋友们的热情使我～了烦恼|美丽动听的音乐使我～了疲劳|学过以后如不经常复习,很快就会～|他常因为专心致志地工作而～了疲劳。❷应该做的或原来准备做的事情因为疏忽而没有做;没有记住:～锁门|～关灯|～带词典|～买酱油|～写邮政编码|～吃药|～写作业|今天考试我～带钢笔了|信封上我总～写邮政编码|你今天又～吃药了吧?

【近义词】忘/忘却/忘掉

【反义词】记得/记住

6615 **忘却** 丁

wàngquè (forget)

[动]忘记：～日期｜～公式｜～痛苦｜～疲劳｜～诺言｜～忧伤｜～不了｜彻底～｜全部～｜逐渐～｜时间久了，我连他们的名字都～了｜他常因工作～了吃饭｜那件事我一辈子也～不了｜他念书记住得也快，～得也快｜那件不愉快的事，应该～｜那个时候的事，我已逐渐～。

【近义词】忘记/忘掉

【反义词】记得/记住

【提示】用于书面语中。

6616 **妄图**(圖) 丁 〔部首〕女 〔笔画〕6

wàngtú (try in vain)

[动]狂妄地谋划：～逃跑｜～行凶｜～捣乱｜～抢劫｜～破坏｜～进犯｜他们～并吞世界，结果以失败而告终｜歹徒们～抢劫银行｜罪犯～逃跑而没能得逞｜敌人～进行破坏，大家要提高警惕。

【近义词】企图/妄想/谋划/试图

【构词】妄动/妄断/妄求/妄为/妄言/妄自菲薄/妄自尊大

6617 **妄想** 丁

wàngxiǎng (v. hope in vain; n. wishful thinking)

[动]狂妄地打算：～卷土重来｜～并吞世界｜～长生不老｜～天上掉馅饼｜敌人时刻～卷土重来｜这个皇帝～长生不老｜他～一夜之间成百万富翁。

[名]不能实现的打算：这是～｜你想当将军？这真是～｜你这种～是绝不会实现的。

【近义词】梦想/幻想/空想

【提示】含贬义。

6618 **威风**(風) 丁 〔部首〕戈 〔笔画〕9

wēifēng (power and prestige)

[名]使人敬畏的声势或气派：～凛凛｜～十足｜～扫地｜长(zhǎng)～｜失去～｜逞～｜施展～｜要～｜摆～｜当年的～｜往日的～｜～的样子｜他穿上军装～凛凛｜这么一来，他的～扫地了｜要长自己的志气，灭敌人的～｜你在要什么～！｜如今他完全失去了当年的～｜瞧他那～十足的样子！

【构词】威逼/威猛/威名/威势/威武/威吓(hè)/威压/威严/威仪/威重(zhòng)

6619 **威力** 丁

wēilì (power)

[名]强大的使人畏惧的力量；具有巨大推动或摧毁作用的力量：～强大｜～增加｜～减弱｜施加～｜加强～｜发挥～｜显示～｜政策的～｜法律的～｜群众的～｜团结的～｜思想工作的～｜爆炸的～｜巨大的～｜开放政策的～越来越大｜要充分发挥群众的～｜要进一步增强法律的～｜正确的政策显示出了巨大的～。

【近义词】力量

6620 **威望** 丁

wēiwàng (prestige)

[名]声誉和名望：～高｜～远扬｜树立～｜享有～｜维护～｜国家的～｜军队的～｜厂长的～｜学者的～｜作家的～｜崇高的～｜这位老师在我们学校～很高｜这个画家在艺术界享有很高的～｜这个干部在群众中很有～。

【近义词】声誉/名望/声望

【反义词】威信

6621 **威胁**(脅) 丙

wēixié (threaten)

[动]用武力逼迫恫吓使人屈服:～大|～小|～严重|～和平|～生命|～健康|～人类|～群众|～安全|构成～|造成～|形成～|受到～|面临～|直接～|处处～|公开～|～的手段|～的口气|大气污染～着城市人民的健康|暴风雪～着人们的生命财产|土壤沙漠化～着这座城市|假冒伪劣商品直接～着消费者的利益|这些罪犯竟敢公开～群众,进行抢劫|他竟然用～的口吻对我说话|敌人～利诱,都没使他屈服。

【近义词】威逼/威吓(hè)/胁迫

6622 **威信** 丁

wēixìn (prestige)

[名]威望和信誉:～高|～扫地|树立～|提高～|降低～|享有～|维护～|党的～|领导的～|老师的～|专家的～|医生的～|崇高的～|这么一来,这个曾受群众欢迎的干部～扫地|他在广大职工中树立起了自己的～|作为国家干部不奉公守法,会影响自己的～|这个大夫在医学界享有较高的～|他在我们单位很有～。

【近义词】威望/信誉

6623 **微不足道** 丁 〔部首〕彳 〔笔画〕13

wēi bù zú dào (too insignificant to mention)

非常渺小,不值得一提:事情～|礼物～|人～|行为～|损失～|～的玩意儿|～的话|～的成绩|成绩和损失比起来,成绩是主要的,损失是～的|这点儿小事太～了|这点儿～的礼物请收下做个纪念吧!|他刚取得了这点儿～的成绩就骄傲起来。

【近义词】微乎其微/无足轻重/不足挂齿

【反义词】硕大无朋/举足轻重

【构词】微薄/微波/微辞/微雕/微积分/微贱/微茫/微末/微漠/微弱/微微/微细/微型/微血管/微言大义/微乎其微

6624 **微观**(觀) 丁

wēiguān (microcosm)

[名]物理学上指深入到分子、原子、电子等极微小的物质粒子的领域;泛指社会生活中小的、具体的、单个的东西:～考察|～经济|～世界|～世界中有许多奥秘等待我们去探索|宏观管理和～搞活要结合起来|控制好宏观,～上就不容易出现问题|从～上看这件事情有道理,从宏观上看就不一定有道理。

【反义词】宏观

6625 **微小** 丙

wēixiǎo (very small)

[形]极小:力量～|能力～|声音～|成绩～|错误～|显得～|感到～|长(zhǎng)得～|变得～|～的作用|～的贡献|～的进步|～的进展|一个人的力量是～的|你的错误虽然～,发展下去就不可收拾了|细菌看上去极其～,但对人的健康威胁很大|兔子站在大熊旁边显得那么～|这项工程仅仅取得了～的进展|孩子即使有了极其～的进步,也要加以肯定,给予鼓励。

【近义词】渺小/细小

【反义词】巨大/重大

6626 **微笑** 乙

wēixiào (smile)

[动]不显著地、不出声地笑：姑娘～|父亲～|售货员～|甜甜的～|露出～|略带～|亲切地～|文静地～|～地点头|～着说|～着招手|～的面孔|～外交|姑娘只是低头～，不说话|售货员小姐～着接待每位顾客|他～着向观众招手|他～着点头答应下来。

〔部首〕刀
〔笔画〕6

6627 危害 乙

wēihài (v./n. harm)

[动]使受破坏；损害：～农田|～生命|～眼睛|～大脑|～国家|～社会|～群众|～宪法|～法律|～健康|～安全|～和平|～生产|～改革|～深重|会～|造成～|受到～|避免～|直接～|严重～|不能做～国家和人民利益的事|吸烟会～人的健康|大气污染严重地～了人民的生命安全|罪犯虽然只是少数，但直接～了人们的生产和生活。

[名]受到的破坏：～大|～小|～严重|战争的～|思想的～|地震的～|疾病的～|地震对人类的～非常大|战争的～给人们带来了极大的痛苦。

【近义词】损害/伤害/妨害

【提示】危，姓。

【构词】危房/危及/危局/危难(nàn)/危亡/危言/危重/危坐/危言耸听/危如累卵/危在旦夕

6628 危机(機) 乙

wēijī (crisis)

[名]❶指危险的祸根：～四伏|～深重|潜伏～|出现～|存在～|消灭～|这个国家的民族～十分严重|这个国家内战～四伏。❷严重困难的关头：面临～|渡过～|产生～|带来～|形成～|经济～|政治～|能源～|那个国家正面临严重的政治～|他们终于渡过了这场农业～|随着经济发展，人们生活富裕，带来了道德思想的～|经济～使失业率大大上升。

【近义词】危险

【反义词】安全/平安

6629 危急 丁

wēijí (critical)

[形]危险而紧急：病情～|伤势～|局势～|情况～|变得～|相当～|～的局面|～的时刻|～的关头|他的病情十分～，赶快送医院！|当前的形势突然～起来|国家和民族正处于～的关头，我们怎么能安下心来读书呢？

【近义词】危险

【反义词】安全/平安

6630 危险(險) 甲

wēixiǎn (adj. dangerous; n. danger)

[形]不安全；有遭到损害或失败的可能：生命～|病情～|伤员～|局势～|处境～|情况～|开车～|做法～|念头～|～极了|好～|真～|相当～|实在～|太～了|这个伤员现在十分～|他现在的处境比较～|登山很～，妈妈不让他去|开车并不～，只要遵守交通规则|今天真～，我骑车差点儿撞了一个老太太。

[名]可能遭到的损害或失败：发生～|出现～|造成～|遇到～|脱离～|冒着～|你放心，干这种活儿不会有什么～的|如果发生～，红灯就会亮起来|他冒着～救出那个孩子|这个病人已经脱离～期。

【近义词】[形]危急/惊险/艰险

【反义词】[形]安全/平安

6631 **违背**(違) 丙 〔部首〕辶 〔笔画〕7

wéibèi (violate)

[动]违反;不遵守:～制度|～宪法|～法律|～政策|～意志|～法令|～道德|～良心|～诺言|不准～|完全～|任意～|学生不能～学校的规章制度|不能做～政策的事|教科书这样写～历史事实|他擅自决定这样做,完全～了大家的意志|他～了自己的感情,这样做是迫不得已的。

【近义词】违反/违犯/违抗/背离

【反义词】遵守/遵循/遵从/顺从/服从

【构词】违和/违纪/违禁/违抗/违例/违令/违心/违约/违章

赤背/刀背/垫背/耳背/弓背/后背/脊背/脚背/靠背/手背/书背/驼背/汗流浃背/力透纸背

6632 **违法** 丁

wéi fǎ (break the law)

不遵守法律或法令:公民～|坏人～|杀人～|抢劫～|贪污～|走私～|不能～|严重～|故意～|一贯～|～的行为|贪污和受贿都是～的|他的行为已经～|走私毒品是严重～的行为|这个干部因～乱纪受到严厉处分|没想到他竟然干出～的事来。

【提示】离合词,中间可插入其他成分,如:违过法|违了法。

6633 **违反** 乙

wéifǎn (violate)

[动]不遵守;不符合(法则、规程等):～纪律|～政策|～规律|～科学|～校规|不准～|继续～|一贯～|故意～|严重～|一再～|屡次～|决不～|初次～|你们的行为～了法律|～安全操作规程是非常危险的|他～了厂规,终于被工厂开除|这是国家规定的政策,谁也不许～|因为他是初次～纪律,所以不给予处分。

【近义词】违背/违犯/违抗

【反义词】遵守/遵循/遵从/服从

【构词】策反/谋反/平反/肃反/相反/造反/镇反

6634 **违犯** 丁

wéifàn (violate)

[动]违背和触犯(法规等):～宪法|～国法|～民法|～纳税法|～环境保护法|严重～|～一次|可能～|不应该～|故意～|屡次～|从不～|一再～|他买卖婚姻,严重地～了婚姻法|商人不应该～国家规定的纳税法|他杀人抢劫,严重地～了刑法|他已经～好几次纪律了|他们经常酗酒闹事,一再～公安管理条例,因而被拘留了。

【近义词】违背/违反/违抗

【反义词】遵守/恪守/严守/守

6635 **桅杆** 丁 〔部首〕木 〔笔画〕10

wéigān (mast)

[名]船上挂帆的杆子;轮船上悬挂信号、装设天线、支持观测台的高杆:船上的～|高高的～|暴风刮断了船上的～|～上挂着五颜六色的旗子|船来了,已经可以看到船的～了|那个小伙子很快爬上了～。

6636 **围**(圍) *乙 〔部首〕口 〔笔画〕7

wéi (enclose)

[动]❶四周拦挡起来,使里外不通:～一道墙|～铁丝网|～篱笆|～炉子|～起来|～上来|～过来|～住|～得严严的|～得水泄不通|他在院子里～了块地种花|他在房子周围～了道

院墙，觉得安全多了｜那边～了好几层人，到底出了什么事？｜人们把他～住，提了好几个问题｜人们都～过来听他讲这件事。❷〈丙〉环绕：～围巾｜～围裙｜～着篝火｜～着广场｜～在脖子上｜～在腰上｜一下班她就～上围裙做饭｜青年人～着篝火跳起舞来｜我们～着天安门广场走了一大圈｜外边刮大风了，把围巾～得紧一点儿。

【近义词】❶包围；❷绕/环绕

【反义词】❶解围

【构词】围脖/围观/围歼/围剿/围困/围墙/围裙/围腰/围嘴/围魏救赵

6637 **围攻** 丁

wéigōng（besiege）

[动]包围起来加以攻击：～失败｜～激烈｜～敌人｜～炮楼｜～土匪｜参加～｜组织～｜指挥～｜遭到～｜四面～｜大举～｜猛烈地～｜大规模地～｜全面～｜日夜～｜敌人对我军发动几次～都失败了｜他指挥战士～敌人的司令部｜他们遭到猛烈的～｜部队开始～敌人阵地。

6638 **围巾** 丙

wéijīn（scarf）

[名]围在脖子上保暖、保护衣领或做装饰的针织品或纺织品：～长｜～暖和｜～厚｜真丝～｜毛～｜纱～｜围～｜戴～｜长～｜方～｜妈妈织了一条红～｜这条～又长又厚，真暖和｜她围了一条非常漂亮的真丝～｜你喜欢什么样的～？｜外边又刮大风了，把～戴好。

【近义词】围脖儿

6639 **围棋** 丁

wéiqí（weiqi. *a board game*）

[名]棋类运动的一种。棋盘上纵横各19道线，交错成361个位，双方用黑白棋子对着，互相围攻，吃去对方的棋子，以占据位数多的为胜：下～｜一盘～｜～选手｜～冠军｜～比赛｜他们俩正在下～｜他是市里的～冠军｜他是从5岁开始学下～的。

【构词】和棋/悔棋/活棋/军棋/盲棋/死棋/跳棋/下棋/象棋

6640 **围绕**(繞) *乙

wéirào（go round）

[动]❶围着转动：～地球｜～太阳｜～村子｜～大树｜～院子｜紧紧地～｜地球永远～着太阳转｜我们～着小湖散步｜他～着院子种了很多树｜孩子们～着大树做游戏｜孩子一直～在妈妈身边。❷〈丙〉以某个问题或事情为中心：～主旨｜～观点｜～目标｜～问题｜～利益｜～金钱｜～名利｜大家～着改革问题热烈地讨论着｜我们～着一个共同的目标努力工作｜文章应该～着这个中心来写｜人们～这个事件，纷纷发表自己的意见。

【近义词】环绕

【构词】缠绕/环绕/回绕/缭绕

〔部首〕口
〔笔画〕11

6641 **唯物论**(論) 丁

wéiwùlùn（materialism）

[名]即唯物主义：～者｜～史观｜辩证～｜历史～｜他对～很有研究｜他是个～者｜～很讲究辩证法。

【近义词】唯物主义

【反义词】唯心论/唯心主义

6642 **唯物主义**(義) 丁

wéiwùzhǔyì（materialism）

[名]哲学中两大派别之一，认为世界按它的本质来说是物质的，是在人的

意识之外，不依赖于人的意识而客观存在的。物质是第一性的，意识是物质存在的反映，是第二性的。世界是可以认识的：～者｜～观点｜他是一个～者｜应该以～观点看问题｜我们看问题是～的。

【近义词】唯物论

【反义词】唯心主义/唯心论

6643 **唯心论**(論) 丁

wéixīnlùn (idealism)

［名］即唯心主义：～者｜～史观｜他是个唯物论者，但对～也很有研究｜他是一位研究～的哲学家。

【近义词】唯心主义

【反义词】唯物论/唯物主义

6644 **唯心主义**(義) 丁

wéixīnzhǔyì (idealism)

［名］哲学中两大派别之一。认为物质世界是意识、精神的产物，意识、精神是第一性的，物质是第二性的。把客观世界看成是主观意识的体现或产物的叫主观唯心主义，把客观世界看成是客观精神的体现或产物的叫客观唯心主义：～者｜～观点｜～地看问题｜他是一个～者｜他总以～的观点看问题｜这篇文章的观点是～的。

【近义词】唯心论

【反义词】唯物论/唯物主义

6645 **惟独**(獨) 丁 〔部首〕忄 〔笔画〕11

wéidú (only)

［副］单单；只：他每个人都给一本，～没有我的｜大家都同意，～他反对｜他们都知道了，～我还蒙在鼓里｜别的事都可以先不做，～这件事明天一定要办好｜他几乎对什么都不感兴趣，～对京剧特别喜欢｜他心里装着所有的人，～没有他自己。

【近义词】只/只是/单单

6646 **惟一** 丁

wéiyī (only)

［形］只有一个；独一无二：～的儿子｜～的朋友｜～的亲人｜～的技术员｜～的专家｜～的原因｜～的目的｜～的办法｜～的道路｜～的希望｜～的良策｜他现在只剩下这～的亲人了｜小王是我们这里～的技术员｜这是这条街上～的咖啡馆｜小刘是他～的好朋友｜他是我们这里～懂英语的人｜他～的愿望就是能去黄山一游。

【提示】“惟一”又可作“唯一”。

6647 **为**(爲) *甲 〔部首〕丶 〔笔画〕4

wéi (v. be; act as; prep. by)

［动］❶作为；当做：选他～代表｜称他～大哥｜以他～榜样｜以这儿～中心｜以这个厂产品～最好｜友情～重｜我们选他～车间主任｜战士们都称她～革命的老妈妈｜在工作上我们都以老张～榜样｜在这方面我想拜你～师｜我们南方人以吃大米～主。❷变成；成：一分～二｜化～乌有｜变沙漠～良田｜化消极因素～积极因素｜长成～大树｜溶化～水｜结～冰｜什么事情都要一分～二｜当年的小树苗已经长成～一棵棵大树｜他们决心把这一带沙漠改造～良田｜在一定条件下主要矛盾会转化～非主要矛盾｜这部小说已经改编～电视剧｜这场球赛，最后我们转败～胜。❸〈乙〉是：10寸～1尺｜指南针～中国四大发明之一｜他们的合同期限～一年｜这块地的面积～500平方米｜北京～中国的首都。❹〈丙〉做：～非作歹｜～所欲～｜敢作敢～｜大有作～｜尽力而～｜事在人～｜年轻

有～|青年人应该敢作敢～|这些年轻人将来大有可～|你的事我一定尽力而～|这些人在这一带～非作歹，应该受到严厉惩治|不要以为钱多了就可以～所欲～！

[介]〈丙〉被(跟"所"搭配使用)：这种新的方法还没～人所接受|不要～他的宣传所迷惑|这个论断已～科学实践的事实所证实|很多自然现象还不～人们所认识|他的行为完全是～坏人所利用。

【近义词】[动]❶做；❷成；[介]被

【提示】"为"又读 wèi，见第 6680 条。

【构词】为人/为生/为时/为伍/为非作歹/为富不仁/为所欲为

6648 **为难**(難) 丙

wéinán (make things difficult for)

[动]作对或刁难：～别人|故意～|存心～|有意～|不要再～他了吧！|让他去干这样的事不是有意～他吗？|他～我不是一次两次了|我不是存心～你，我认为你有能力做好|对别人要宽厚，不要采取～人的态度。

【近义词】作对/刁难

【提示】作形容词时指感到难以应付：他感到很～。

6649 **为期** 丁

wéiqī (by a definite date)

[动]从时间、期限长短上看：～甚远|～不远|离比赛的日子～不远了|他再这样下去，离开除就～不远了|离毕业的日子～尚远，你还有时间再学一门专业。

6650 **为首** 丙

wéishǒu (be the leader)

[动]作为领头人：以某某～|～分子|以他～的文化代表团将赴国外进行访问|这个犯罪团伙的～分子已经捉拿归案|要把那个～的家伙找出来。

【构词】昂首/白首/榜首/匕首/部首/出首/垂首/顿首/匪首/俯首/回首/祸首/稽首/居首/聚首/翘首/尸首/岁首/仰首/元首/斩首/自首/不堪回首/群龙无首/痛心疾首

6651 **为止** 丙

wéizhǐ (up to)

[动]截止；终止(多用于时间、进度等)：到目前～|到今天～|到 12 点～|到 10 月 30 日～|到熟练～|到做完～|到今天～他已经在中国住了三个月了|报名时间到 8 月 20 日～|你要多念课文，一直到能背出来～|到目前～，我还没找到一个合适的工作。

【近义词】截止/终止

6652 **维持**(維) 丙 〔部首〕纟 〔笔画〕11

wéichí (keep)

[动]使继续存在下去；保持：～局面|～现状|～关系|～秩序|～生活|～治安|～友谊|～身份|～生命|～价格|～安定|～经营|～统治|～得好|～下去|～三个月|能够～|希望～|得到～|艰难地～|勉强～|这几位退休老工人自动在汽车站～秩序|他每月的工资勉强够～生活|他现在每天靠喝一点儿牛奶～生命|这个地区的治安～得还不错|他俩的关系很难再～下去了|他艰难地～着他的小店|他家的生活～在中等水平。

【近义词】保持/维护

【构词】维他命/维系/维新/维修/维族

6653 **维护**(護) 乙

wéihù (safeguard)

[动]使免于遭受破坏;维持保护:~利益|~权利|~主权|~威信|~局面|~秩序|~真理|~制度|~团结|~独立|得到~|负责~|要求~|千方百计地~|我们要~人民的利益|每个公民都应该~安定团结的局面|人民的正当权益应该受到~|他千方百计地~自己的名誉地位|这样,他的威信就~不住了|每个人都应该努力~这种和平的建设环境。

【近义词】保护/维持/保卫/庇护

【反义词】损害/破坏/败坏

6654 **维生素** 丙

wéishēngsù (vitamin)

[名]人和动物营养、生长所必需的某些少量有机化合物,对机体的新陈代谢、生长、发育、健康有极重要作用,如维生素A、维生素B、维生素C等:缺乏~|补充~|这种~|多种~|他这种病是由于缺乏~A引起的|他长期缺乏~E,所以身体不好|这种食品里含有多种~,小孩吃了很有好处。

6655 **维修** 丁

wéixiū (maintain)

[动]保护和修理:~下水道|~煤气灶|~电冰箱|~机器|~汽车|~校舍|~飞机|~家具|应该~|负责~|开始~|建议~|及时地~|定期~|早~|彻底~|认真~|全面~|统一~|~的经费|学校决定今年夏天统一~宿舍楼|这些机器应该做到定期~|这种牌子的电冰箱,厂家负责上门~|这一片楼房~煤气灶的经费由公家出。

【近义词】修理/保养

【反义词】损坏

6656 **委屈** 丙 〔部首〕女 〔笔画〕8

wěiqū (adj. feel wronged; v. do wrong to)

[形]受到不应该有的指责或待遇,心里难过:她受到批评,觉得很~|她~地哭起来了。

[动]让人受到不应该有的指责或待遇,使人心里难过:~孩子|~别人|~自己|~一下|他不先调查一下就责备孩子,太~孩子了|对他这样严厉的批评,一点儿也不~他|我们这里没有空调,天这么热,只好~您一下了|他们不了解情况,发生了误会,这事可真~你了。

【近义词】冤枉

【反义词】舒坦/得意

【构词】委顿/委令/委靡/委派/委任/委身/委实/委琐/委婉/委员/委员会/委决不下/委曲求全

6657 **委托** 丙

wěituō (entrust)

[动]请别人代办:~朋友|~同学|~同事|~邻居|~他买票|~他寄信|~他办事|受~|郑重地~|特意~|~的事|~书|我~朋友帮我打听这件事|邻居~我照顾一下她的孩子|我受别人~,给他父亲带一封信去|他郑重地把这个任务~给我|这事你随便~一个人就行了,用不着自己跑一趟|我~他的事,他非常认真地帮我办好了。

【近义词】托付/嘱托

6658 **委员**(員) 乙

wěiyuán (committee member)

[名]委员会的成员:选举~|推举~|罢免~|中央~|政治局~|常务~|

党委～|支部～|体育委员会～|妇女～|宣传～|一个～|～的年龄|～的身份|～的义务|～的职责|～的权力|这个党支部正在选举支部～|他被选为这个支部的宣传～|他当上了这一届的常务～|这几位～的年龄都不大。

6659 **伟大**(偉) 甲 〔部首〕亻 〔笔画〕6

wěidà (great)

[形]品格崇高;才识卓越;气象雄伟;规模宏大;超出寻常,令人景仰钦佩的:～的领袖|～的祖国|～的事业|～的成就|～的理想|～的母爱|变得～|无比～|我们的祖国无比～|我热爱这个～的事业|他们又取得了～的成就|刘胡兰生得～,死得光荣|屈原是一位～的诗人|我们都有一个～的理想。

【近义词】非凡/不凡/崇高/宏伟/宏大/巨大

【反义词】渺小/平凡/平庸

【构词】伟岸/伟绩/伟人/伟业

6660 **伪造**(僞) 丁 〔部首〕亻 〔笔画〕6

wěizào (forge)

[动]假造:～证件|～货币|～单据|～历史|～印章|～得逼真|禁止～|防止～|进行～|企图～|巧妙地～|大胆地～|竟然～|～的证件|这伙人～证件进行诈骗活动|他们竟敢～货币|不能～历史|他巧妙地～自己的身份和学历。

【近义词】假造

【构词】伪君子/伪劣/伪善/伪证/伪装

6661 **尾** 丁 〔部首〕尸 〔笔画〕7

wěi (n. tail; m. *for fish*)

[名]❶鸟、兽、虫、鱼等动物身体末端突出的部分,主要作用是辅助运动、保持身体平衡等:鱼～|牛～|马～|牛～做汤好喝极了|这个东西是用马～做的|我的脸被马～扫了一下|会吃鱼的吃鱼～。❷某些物体的尾部:机～|车～|船～|～气|坐车他喜欢坐车头,不愿坐车～|他站在船～欣赏两岸风光|汽车的～气污染太厉害了。❸末端;末尾:有头有～|有头无～|队～|他做事有头有～|他无论做什么事都是有头无～|他在班上个子最高,总是排在队～。❹主要部分以外的部分;没有了结的事情:扫～|结～|～数|工作差不多都完成了,就剩一些扫～工作了|这张发票的～数是3|开奖时,主要看最后的两位～数是多少。

[量]用于鱼:一～鱼|我买了一～两斤多的大鱼。

【近义词】[名]❶尾巴;❸末尾

【反义词】[名]❶❷头

【构词】尾灯/尾骨/尾期/尾鳍/尾气/尾梢/尾声/尾数/尾随/尾音/尾大不掉

6662 **尾巴** *乙

wěiba (tail)

[名]❶鸟、兽、虫、鱼等动物的身体末端突出的部分,主要作用是辅助运动、保持平衡等:～长|～大|～细|～硬|～漂亮|～灵活|翘～|摇～|夹～|甩～|孔雀～|短～|小～|粗～|一条～|～的样子|～的颜色|小狗摇着～迎接它的主人|人们喜欢用牛的～做汤|小白兔长(cháng)耳朵,短～|这只鸟～的颜色真好看。❷某些物体的尾部:拖着～|风筝的～|飞机的～|彗星～|火箭的～|长长的～|飞机

的～突然冒烟了|风筝拖着长长的～在空中飘着|彗星的～像一把扫帚。❸〈丙〉指事物的残留部分：他办事不彻底，总要留个～|大部分都做完了，还剩下一点儿～|这个案子赶快了结，别留～|今天的事今天做完，别留～。❹〈丁〉指没有主见，完全随声附和的人：充当～|做～|别人的～|群众的～|他自己一点儿主见也没有，只会充当别人的～|领导干部应事事走在前面，不能当群众的～。

【近义词】❶❷尾

【构词】干巴/锅巴/拉巴/泥巴/蔫巴/掐巴/下巴/哑巴/眨巴/嘴巴

6663 **未** 乙 〔部首〕一 〔笔画〕5

wèi (have not)

[副]❶没：～完成|～到齐|～恢复|尚～|出发时间～定|工程尚～竣工|他的身体～完全恢复|已是深夜，他尚～休息|车要开了，人还～到。❷不：～知|～详|我托他办事～知可否|～经讨论，不能下结论|情况～详，不要过早作出决定。

【近义词】❶没有/不曾/未曾/未尝；❷不

【反义词】❶曾/曾经/已

【提示】"未"有文言色彩，多用于书面语中。

【构词】未曾/未尝/未婚/未婚夫/未婚妻/未及/未决犯/未遂/未亡人/未详/未知数/未卜先知/未可厚非/未能免俗

6664 **未必** 丙

wèibì (may not)

[副]不一定：～知道|～同意|～通过|～下雨|～清楚|～正确|～合适|～喜欢|～成功|～顺利|你别问他，他～知道|这事领导～同意|他的话～正确|你给他买这么贵的衣服，他～喜欢。

【反义词】必定/必然

6665 **未来**(來) 乙

wèilái (future)

[名]❶就要到来的(指时间)：～24小时|～三个月|～三天以内|～24小时以内将有台风经过我市|～一周以内将有一个参观团来我校参观|～三天以内不会有什么危险|～24小时以内天气以晴为主|～三天的比赛将是非常关键的。❷现在以后的时间；将来的光景：展望～|憧憬～|迎接～|预见～|开拓～|走向～|祖国的～|世界的～|面向～|幸福的～|灿烂的～|遥远的～|美好～|～的人类|～的社会|～的科学|～的技术|～的火车|人们憧憬着美好的～|我们用勤劳的双手去创造幸福的～|～的人类将会变得无比聪明|对～的展望，给人们增添了信心和力量。

【近义词】❶将来；❷前途/前程/前景

【反义词】❶过去/从前/以往

6666 **未免** 丁

wèimiǎn (rather)

[副]❶表示说话人对某种事物不以为然，但语气比较委婉：你买得～太多了，哪儿吃得了？|你这篇作文写得～过于简单|你这样说话～不够礼貌|你起得～太晚了|我觉得你做得～太过分了|你写得～有些夸张。❷免不了：初次见面，～要说些客气话|南方人说普通话～要夹杂一些方音。

【近义词】不免/难免

6667 **味** *丙 〔部首〕口 〔笔画〕8

wèi (taste)

[名]❶物质所具有的能使舌头得到某种味觉的特性：有～|甜～|苦～|酸～|辣～|这菜的～不错|他的菜做得挺有～的|这种菜有点儿苦～|这种辣～的牛肉干好吃得很。❷物质所具有的能使鼻子得到某种嗅觉的特性：～臭|～香|～刺鼻|有～|烟～|汽油～|酒～|这种香水的～真好闻|你在做什么好吃的呢？～真香啊！|你屋里有股什么～？|他身上总是有股烟～|你又喝酒了吧？满身的酒～！❸〈丁〉意味；趣味：书有～|话有～|戏有～|说不出的～|这书越看越有～|这戏演得真没～|他说得太有～了，大家都听得出神了|看到这种情况，心里说不出是什么～。❹〈丁〉指某类菜肴、食品：腊～|美～|野～|山珍海～|在这个饭馆可以吃到各种野～|他整天吃山珍海～|我不喜欢腊～食品|这个饭店做的川～菜很好吃。

【近义词】❶味道/滋味；❷气味；❸趣味/意味

【提示】义项❶❷的"味"口语中要儿化。

【构词】味道/味精/味觉/味同嚼蜡

6668 **味道** *乙

wèidao (taste)

[名]❶舌头尝到的感觉：～好|～可口|～浓|～苦|～甜|～香|菜的～|汤的～|咖啡的～|一种～|这菜的～真不错|这鱼的～好香啊！|这汤的～真好。❷〈丙〉某种含蓄的意思：苦涩的～|责怪的～|不满的～|赞美的～|讽刺的～|说不出的～|他的话里含有埋怨的～|他说得好听，细细一品，却有点儿挖苦人的～|他的话里带有赞扬的～|离开亲人去外地工作时，心里有种说不出来的～|你哪里还有点儿当父亲的～！❸〈丁〉指兴趣：有～|他退休后养花、钓鱼，真是越活越有～。

【近义词】❶味/滋味

6669 **畏** 丁 〔部首〕田 〔笔画〕9

wèi (fear)

[动]怕；畏惧：无～|生～|不～艰苦|不～困难|这么高的悬崖，让人望而生～|我们的英雄具有大无～的精神|他们不～艰险，投入抗洪救灾战斗。

【近义词】怕/害怕/畏惧/恐惧/惧怕

【构词】畏避/畏难(nán)/畏怯/畏缩/畏途/畏友/畏罪/畏首畏尾

6670 **畏惧**(懼) 丁

wèijù (fear)

[动]害怕：～人民|～警察|～真理|～法律|～阳光|～天灾|～死亡|～艾滋病|～战争|～考试|～艰难|产生～|异常～|～的心理|～的样子|坏人总是～群众的正义感|我们不应～困难|人们对艾滋病感到非常～|人们对大气污染产生了～的心理|他那～的样子就像耗子见了猫似的。

【近义词】害怕/恐惧/惧怕

【提示】用于书面语中，口语说"害怕"或"怕"。是表示心理活动的动词，可用程度副词修饰。

6671 **胃** 乙 〔部首〕田 〔笔画〕9

wèi (stomach)

[名]消化器官的一部分，形状像口袋，上端跟食道相连，下端跟十二指肠相连，能分泌胃液，消化食物：～好|～疼|～病|～癌|这两天～不太好，不想吃东西|他经常～疼|这么年轻

～就有毛病｜吃了这种药，他的～病再也没犯｜大夫诊断他得了～癌｜你放心，这不是～的毛病。

【构词】胃口/胃酸/胃下垂/胃腺/胃炎/胃液

6672 **喂** 甲 〔部首〕口 〔笔画〕12

wèi (interj. hello)

[叹]招呼的声音：～，你是北京大学吗？请转中文系｜～，你的书包掉了｜～，你上哪儿去？｜～，～，怎么电话断了！

【提示】接电话时，如不知对方是谁，日常说"喂"wéi，以表示询问。

6673 **喂** 乙

wèi (feed)

[动]❶给动物东西吃；饲养：～牲口｜～牛｜～鸡｜～草｜～水｜～鱼｜～足｜～饱｜精心地～｜这小猫太小了，主人每天给它～牛奶｜他打了很多草，准备冬天～牛｜他家～了五只鸡，两只鸭｜这孩子～了一只小兔子。❷把食物送到人嘴里：～孩子｜～老人｜～饭｜～奶｜～药｜～不好｜～饱｜～足｜～够｜～完｜他耐心地给老人～饭｜她每天要给孩子～奶｜护士精心地给病人～药｜孩子没～饱，所以总是哭｜老人吃得慢，你要一口一口慢慢地～。

6674 **位** 甲 〔部首〕亻 〔笔画〕7

wèi (m. *for people* [*respectful*])

[量]用于人(带有敬意)：一～客人｜一～朋友｜这～同志｜那～先生｜这～太太｜诸～小姐｜各～代表｜家里来了几～客人｜这是一～朋友送的｜这顶帽子是哪～先生的？｜我代表学校对各～来宾表示热烈欢迎。

【提示】位，姓。

6675 **位于** 丙

wèiyú (be located)

[动]位置处在(某处)：～南部｜～东边｜～上游｜这个国家～亚洲东部，太平洋西岸｜香港～南海之滨｜青海省～中国西部，长江、黄河上游。

6676 **位置** *乙

wèizhi (position)

[名]❶所在或所占的地方：～好｜～舒服｜～高｜有～｜安排～｜找～｜调换～｜指定～｜确定～｜挪动～｜飞机的～｜卫星的～｜头版的～｜地理～｜坐的～｜站的～｜精确的～｜你们学校的～真好，交通方便｜请大家赶快找好自己的～坐下｜咱们俩能不能调换一下～？｜你知道飞机现在准确的～吗？｜请大家按指定的～坐好｜他选择一个最好的～盖了一所幼儿园｜这条新闻登在报上头条的～上。❷〈丙〉地位；职位：安排～｜调换～｜失掉～｜确定～｜厂长的～｜主任的～｜局长的～｜合适的～｜空～｜次要的～｜校长是一校之长，这个～很重要｜局长这个～已经够高的了｜你再不去上任，就会失掉这个～｜他在公司里找到了一个合适的～｜厂里还有一个空～，等着他来补缺｜这部作品在我国新文学中占有很重要的～。

【近义词】❶地方/方位/位子；❷地位/职位/位子

6677 **慰问**(問) 丙 〔部首〕心 〔笔画〕5

wèiwèn (express sympathy and solicitude for)

[动](用话或物品)安慰问候：～退休职工｜～伤员｜～病人｜～灾区人民｜～解放军｜～军烈属｜～工人｜应该～

|表示～|进行～|参加～|热情地～|亲切～|～信|～品|～团|～演出|每逢年节,领导们都去～退休职工|国家领导亲自去灾区～当地受灾人民|他们深入工厂、农村进行～演出|孩子们纷纷写～信寄给守卫在边疆的解放军叔叔|领导和群众带着～品去医院～在抢险中受伤的战士。

【近义词】慰劳/问候/安慰

【构词】慰劳/慰勉

6678 **卫生**(衛)　乙　〔部首〕卩 〔笔画〕3

wèishēng (adj. hygienic; n. hygiene)

[形]能防止疾病,有益于健康的:城市～|这条街道很～|食堂很～|环境很～|处处～|相当～|非常～|～的习惯|～的环境|首都北京十分～|这一带环境很～|这个饭馆的菜做得比较～|因为吃得不～,所以肚子疼起来了|你家里搞得真～|我们应养成～的习惯|我们希望生活在一个～的环境中。

[名]合乎卫生的情况:搞～|讲～|检查～|保持～|重视～|环境～|公共～|城市～|家庭～|个人～|人人都要讲～|每天都要搞～|明天有人来检查～|希望大家保持公共～|要重视环境～|集体～、个人～都要搞好。

【近义词】[形]清洁/干净

【反义词】[形]脏/肮脏/邋遢

【构词】卫兵/卫道/卫队/卫护/卫冕/卫生间/卫生巾/卫生员/卫生纸/卫士

6679 **卫星**　乙

wèixīng (satellite)

[名]❶按一定轨道绕行星运行的天体,本身不能发光:地球的～|木星的～|神奇的～|～本身不发光,只能反射太阳光|月亮是地球的～。❷指人造卫星:～上天|发射～|设计～|研制～|通讯～|气象～|军事～|一颗～|人们欢庆～上天|我国又发射一颗人造～|他们利用气象～来观测天象|～的种类很多。

6680 **为**(爲)　甲

wèi (v./prep. for)

[动]指出受益的对象:～国家|～人民|～工作|～集体|～孩子|～健康|～安全|他所做的一切都是～了人民|劝你别抽烟,完全是～了你的健康|禁止司机酒后开车是～了安全|今天我们努力工作都是～下一代。

[介]❶表示行为的目的:～保卫祖国而战|～建设祖国而努力学习|～朋友们的健康干杯!|～实现四个现代化努力奋斗|～筹备资金四处奔走。❷表示行为的对象;替:我真～你高兴|大家都～他的事着急|全心全意～人民服务|他退休后主动～大家维持交通秩序|他主动上门～群众看病|他们～工人、农民演出了精彩的文艺节目。

【提示】"为"又读 wéi,见第 6647 条。

【构词】为民请命/为人作嫁

6681 **为何**　丁

wèihé (why)

为什么:～迟到|～不说|～不回答|～哭泣|～大笑|你～会上一言不发?|他～伤心地哭泣?|问你几遍～不回答?|他～发怒?|劝你几次～不听!|他们～刚结婚两年多,就要闹离婚?

【近义词】为什么

【提示】带文言色彩,多用于书面语。

6682 为了 甲

wèile (v. for the sake of; prep. for)

[动]表示目的：～工作|～学习|～人民利益|～安全|～健康|今天努力工作是～明天|保持环境卫生是～大家的健康|今天努力学习是～明天更好地工作|不吸烟是～自己,也是～别人的健康|人活着到底是～什么？|发展生产是～人们生活得更好。

[介]表示动作的目的：～建设祖国而努力学习|～我们的友谊,干杯！|～能及时到达目的地,他改乘飞机|他～养家糊口,离开家乡去外地打工。

【提示】表示原因,一般用"因为",不用"为了"。

6683 为什么(麽) 甲

wèi shénme (why)

询问原因或目的：～哭|～笑|～走|～不做|～离婚|这孩子～总哭？是哪儿不舒服吗？|我刚才发言时,你～笑？|他们～分居了？|人家都能做,你～做不了呢？|他最近～总不来上课？|你～坐火车,不坐飞机呢？|他已经道歉了,你仍不原谅他,到底是～呢？

【近义词】为何

6684 温 ＊丙

〔部首〕氵
〔笔画〕12

wēn (adj. warm; v. warm up)

[形]不冷不热：～水|有点儿～|喜欢用～水洗澡|～酒喝了对人有好处|要用～开水把药送下|这洗澡水还要再～一点儿|夏天河水都是～的。

[动]❶稍许加热：～奶|～酒|～饭|～一下|～的时间|冰箱里刚拿出来的饭要～一下再吃|这奶太凉了,放在热水里～一～|这酒要～一下才能喝|剩菜要～一下再吃|～的时间不要太长|这几个菜全都～过了。❷〈丁〉温习;复习：～台词|～书|～两遍|在家好好儿～书,别净往外跑|演员们在用心地～台词|不熟就多～几遍|学过的东西要多复习,～故才能知新嘛！

【近义词】[形]暖/温热;[动]❶热;❷温习/复习

【反义词】[形]冷/凉;[动]❶冰

【提示】温,姓。

【构词】温饱/温差(chā)/温床/温存/温和/温厚/温乎/温静/温良/温情/温泉/温热/温室/温顺/温婉/温文/温习/温驯/温雅/温故知新/温情脉脉/温文尔雅

6685 温带(帶) 丙

wēndài (temperate zone)

[名]南半球和北半球的极圈与回归线之间的地带,气候比较温和：北～|南～|～气候|北回归线和北极圈之间叫北～|这个地区是～季风气候,夏季暖热多雨,冬季寒冷干燥|这一带地区属于～内陆沙漠气候。

6686 温度 乙

wēndù (temperature)

[名]物体冷热的程度：～高|～低|～变化|～升高|～下降|～正常|～适宜|控制～|调节～|测量～|室内～|夏季～|人体的～|物体的～|水的～|今天的～比昨天高|今天的～升高了两度|这种电暖器可以调节室内～|室内、室外～差别太大,容易感冒|人体的正常～是37℃左右|洗澡水的～不宜太高|植物只有在适合的～下才能生长。

【近义词】热度

6687 **温度计**(計) 丁

wēndùjì (thermometer)

[名]测量温度的仪器。常用的温度计是根据液体热胀冷缩的原理制成的,如寒暑表、体温计。工业上和科学研究上还有光学温度计、电阻温度计等。也叫温度表:他好像有点儿发烧,拿～量一下吧|他每天都要用～测量一下水温|看看～,看看今天的气温是多少度。

【近义词】温度表/体温计/寒暑表

6688 **温和** 丙

wēnhé (moderate)

[形]❶(气候)不冷不热:气候～|天气～|阳光～|春天～|逐渐～|～的春风|这里的气候非常～|那里的冬天像春天一样～|一到3月,天气就逐渐～起来|～的春风扑到脸上,感觉非常舒服。❷(性情、态度、言语等)不严厉,不粗暴,使人感到亲切:性情～|性格～|脾气～|心地～|态度～|口气～|目光～|措辞～|政策～|方式～|～可亲|感到～|变得～|实在～|～地说|～地问|～的样子|～的眼神|～的语气|他的秉性十分～|他对人总是那么～|他的目光～,使人觉得特别亲切|你拒绝他时措辞要～一些|爷爷年纪大了,性情也变得～起来|他总是用～的语气跟别人说话|他那～的样子,使人感到很温暖。

【近义词】❶温暖/暖和;❷温柔/和蔼/和气/和善/柔和

【反义词】❷粗暴/凶暴/凶猛/暴烈/严厉

6689 **温暖** 乙

wēnnuǎn (adj./v.warm)

[形]暖和:天气～|春天～|阳光～|室内～|家庭～|感到～|的确～|～的气候|这里的气候四季如春,非常～|室外寒冷,但室内～极了|这里的春天～宜人|在集体生活里,我感到了同志间的～|他终于回到了祖国～的怀抱|他有一个～的家庭|应该让这些孤儿们也享受到家庭的～。

[动]使感到温暖:～人心|～群众|～身子|党的关怀～了灾区人民的心|领导的关心～着每个职工|老猎人用身子～着孙子被冻僵的身体。

【近义词】[形]温和/暖和

【反义词】[形]冰凉/寒冷;[动]冷却/冷淡

6690 **温柔** 丁

wēnróu (gentle)

[形]温和柔顺(多形容女性):妻子～|姑娘～|少女～|性格～|脾气～|个性～|目光～|态度～|声音～|月光～|显得～|觉得～|笑得～|变得～|非常～|～地说|～地笑|～地劝|～的样子|～的语气|他的妻子非常～|她对人的态度很～|她突然对丈夫变得～起来|对记者们提的问题,她只是～地笑笑,不作回答|这是一个～而迷人的月夜|她那～的声音,给我留下难忘的记忆。

【近义词】温和/温存/温顺/柔顺

【反义词】粗暴/强硬/鲁莽

【构词】低柔/刚柔/娇柔/轻柔/细柔/纤柔/优柔

6691 **瘟疫** 丁 〔部首〕疒 〔笔画〕14

wēnyì (pestilence)

[名]指流行性急性传染病:～流行|～可怕|～传染|闹～|发现～|流行

～|控制～|防治～|消灭～|～蔓延|～的防治|那里～正在流行|那个地区受灾以后,没有发生～|要及时控制～,防止它蔓延|要做好～的防治工作|要尽快消灭～|肆虐的～夺去了很多人的生命|他不幸染上了可怕的～。

【构词】瘟病/瘟疹

6692 **蚊子** 丙 〔部首〕虫 〔笔画〕10

wénzi (mosquito)

[名]昆虫,成虫身体细长,胸部有一对翅膀和三对细长脚,幼虫(孑孓)和蛹都生长在水中。雄蚊吸植物汁液。雌蚊吸人畜的血液,能传播疟疾、丝虫病、流行性乙型脑炎等病:～可怕|～讨厌|打～|消灭～|拍～|～会传染疾病|我刚才打死一个大～|我被～叮了好几个包|在～的幼虫期就应把它消灭|要杜绝～孳生的一切条件。

【构词】蚊虫/蚊香/蚊帐

6693 **文** 丁 〔部首〕文 〔笔画〕4

wén (character; language)

[名]❶字;文字:甲骨～|钟鼎～|金～|石鼓～|盲～|汉～|英～|法～|考古学家们在龟甲上发现了古代的文字——甲骨～|他懂英～和法～|盲～我一点儿也不懂。❷文章:～不对题|作～|写～|长～|短～|记叙～|应用～|白话～|你这篇文章写得～不对题|老师让学生写一篇～儿|我这里有篇不成～的记录|他能作出什么好～儿来!|我喜欢看白话～小说。❸古文:半～半白|～白夹杂|他喜欢说些半～半白的话,显得他有学问|他这封信里～白夹杂,不伦不类,真可笑|他说话"之乎者也",半～半白,把人们都惹笑了。❹指文科:学～|～科|他大学里是学～科的|他打小就喜欢学～|他将来想考～科。❺非军事的(跟"武"相对):～武双全|能～能武|～职官员|他是一个～武双全的干部|她是一个能～能武的才女|他们每天一起习～练武|他有两个儿子,一个～一个武|你们有理讲理,来～的,可不兴来武的。

【近义词】❶字/文字;❷文章;❸古文

【反义词】❸白话文;❹理科;❺武

【提示】文,姓。

【构词】文案/文本/文笔/文才/文采/文辞/文牍/文法/文风/文稿/文告/文工团/文官/文翰/文豪/文化宫/文化馆/文籍/文集/文静/文具/文句/文科/文库/文理/文气/文弱/文史/文士/文书/文思/文坛/文体/文秀/文选/文艺学/文友/文娱/文摘/文竹/文字学/文字狱/文不对题/文从字顺/文房四宝/文过饰非/文如其人/文山会海/文质彬彬

6694 **文化** 甲

wénhuà (culture)

[名]❶人类在社会历史发展过程中所创造的物质财富和精神财富的总和,特指精神财富,如文学、艺术、教育、科学等:～发展了|～发达|～落后|～悠久|～灿烂|创造～|传播～|引进～|毁灭～|破坏～|摧残～|古代的～|传统的～|人类的～|中国的～|西方的～|旧～|先进的～|辉煌的～|～遗产|～的宝库|～的起源|～中心|～领域|～生活|～馆|～工作者|我国的～历史悠久|要继承和发扬祖先留下的～遗产|北京是中国的政治、经济、～中心|一定的～是一定社会的政治和经济的反映。❷指运用文字的能力及一般知识:～高|

～低|学习～|有～|普及～|提高～|传授～|传播～|～水平|～程度|～素质|～教养|～教员|～提高了，才能更好地搞科学种田|连上年纪的老太太也积极学～|他主动去农村传授～|公司招聘～程度在大专以上的技术员|他的～教养比较高|他过去在连队里当过～教员。

【近义词】❶文明

6695 文件 乙

wénjiàn (document)

[名]❶公文、信件等：保管～|收发～|审核～|审阅～|登记～|重要～|特急～|机密～|他在单位负责收发～|这些～领导都看过了|这是绝密～，要妥善保管|这几份～还没登记。❷指有关政治理论、时事政策、学术研究等方面的文章：～重要|学习～|讨论～|起草～|传达～|贯彻～|落实～|中央的～|财政～|外交～|正式～|～的编号|～的内容|各单位组织学习中央～|今天下午要传达重要～|要认真贯彻落实国务院的～|代表们热烈地讨论中央～的内容。

6696 文盲 丁

wénmáng (an illiterate person)

[名]不识字的成年人：～多|～痛苦|扫除～|半～|～好比睁眼瞎|～非常痛苦|这村里还有不少～|扫除～的工作，既艰巨又重要|我识字不多，是个半～|扫除～的工作开展以来，已有不少人脱盲。

【构词】法盲/科盲/扫盲/色盲/脱盲/夜盲

6697 文明 乙

wénmíng (n. civilization; adj. civilized)

[名]人类在社会历史发展过程中所创造的物质财富和精神财富的总称：创造～|建设～|摧毁～|注重～|物质～|精神～|古代的～|西方的～|东方的～|真正的～|高度～|人类勤劳的双手创造了自己的～|我们要建设好两个～，即物质～和精神～|黄河流域是中华民族～的摇篮|尼罗河是古代～的发源地之一。

[形]社会发展到较高阶段和具有较高文化的：～国家|～城市|～开车|举止～|说话～|要求～|注意～|～服务|～经商|～装卸|～的古国|～的民族|～的时代|～的行为|～的家庭|青年人言谈举止要～|我们应讲究～服务|中国是一个具有悠久文化传统的～古国|随地吐痰、破坏公物都是极不～的行为。

【近义词】[名]文化

【反义词】[形]野蛮/落后/粗野/粗俗

6698 文凭(憑) 丁

wénpíng (diploma)

[名]旧时指用做凭证的官方文书，现专指毕业证书：颁发～|领～|发～|伪造～|重视～|忽视～|有～|大学～|研究生～|假～|正式的～|专业的～|一张～|找工作，～是很重要的|校长亲自给每个毕业生颁发～|他哪是来学习的，只不过是为了混张～而已|他已经领到研究生～。

【构词】任凭/听凭/依凭

6699 文人 丁

wénrén (man of letters)

[名]指会做文章的读书人；泛指知识分子：～墨士|～墨客|～相轻|古往今来有多少～写下了赞颂菊花的诗

词｜那时的～们闲暇时就到湖上一边喝酒，一边吟诗｜他的朋友都是一些～墨士｜人们都说～之间相互轻视，彼此不服气，我看也不全是这样。

【近义词】知识分子

6700 **文物** 乙

wénwù (cultural relic)

[名]历史遗留下来的在文化发展史上有价值的东西，如建筑、碑刻、工具、武器、生活器皿和各种艺术品等：～出土了｜～珍贵｜鉴别～｜发现～｜挖掘～｜保护～｜收藏～｜出口～｜走私～｜盗窃～｜捐献～｜历史～｜革命～｜出土～｜残破的～｜一件～｜一种～｜～的宝库｜～收藏家｜～保护法｜又一批～出土了｜这些革命～非常宝贵｜他能鉴别～的真假｜他把收藏的～捐献给国家｜这些古代的～保存得十分完整｜考古学家们又发现了一些历史～｜要严惩那些走私国家珍贵～的犯罪分子。

6701 **文献**(獻) 丁

wénxiàn (document)

[名]有历史价值或参考价值的图书资料：～珍贵｜～重要｜发现～｜研究～｜整理～｜保存～｜考证～｜利用～｜公布～｜历史～｜革命～｜科学～｜光辉的～｜重要～｜一份～｜一种～｜～的价值｜～的用途｜～的重要性｜这些历史～是非常珍贵的｜他们又整理出一批宝贵的革命～｜这些都是不朽的历史～，要好好保存｜这虽是一篇普通～，但也有它的历史价值和参考价值。

6702 **文学**(學) 甲

wénxué (literature)

[名]以语言文字为工具，形象化地反映客观现实的艺术，包括戏剧、诗歌、小说、散文等：研究～｜爱好～｜钻研～｜攻读～｜古典～｜当代～｜外国～｜军事～｜伤痕～｜报告～｜新～｜～爱好者｜～家｜～刊物｜～作品｜～史｜～理论｜～的体裁｜～的语言｜～的人民性｜～宝库｜～是现实生活的反映｜他自幼就爱好～｜在大学他是攻读古典～的｜这篇报告～写得非常生动｜这些是当代优秀的～作品｜这部～史记载了各个历史时代～的发展。

6703 **文学家** 甲

wénxuéjiā (writer)

[名]专门从事文学方面活动的专家：一位～｜成为～｜著名～｜他是一位～｜他自幼就梦想成为一位～｜我有一位～朋友，从他那里受益匪浅。

6704 **文雅** 丁

wényǎ (elegant)

[形](言谈、举止)温和有礼貌，不粗俗：姑娘～｜举止～｜谈吐～｜样子～｜语气～｜走路～｜吃饭～｜显得～｜长得～｜变得～｜～极了｜～起来｜十分～｜～的人｜～的语言｜这位姑娘举止很～｜这位军人谈吐相当～｜你吃饭时～一点儿｜孩子大了，也变得～起来｜你怎么当着人打喷嚏，太不～了｜你要好好改改那些不～的动作｜这是一个相当～的青年｜他～得像个女孩子。

【近义词】斯文/温和/秀气/优雅

【反义词】粗俗/粗鲁/豪放/粗野

【构词】博雅/淡雅/典雅/风雅/高雅/清雅/儒雅/素雅/温雅/闲雅/秀雅/幽雅/优雅

6705 **文言** 丁

wényán (classical Chinese)

[名]指五四以前通用的以古汉语为基础的书面语：学～|懂～|～文|这本小说是～的，我看不懂|那时我们学的都是～文的课本|请你把这段～翻译成白话。

【反义词】白话文

6706 **文艺**(藝) 甲

wényì (literature and art)

[名]文学和艺术的总称，有时特指文学或表演艺术：～复兴|～衰退|～发展|～繁荣|研究～|学习～|爱好～|欣赏～|现代派～|外国～|浪漫主义～|现实主义～|～方针|～战线|～人才|～新秀|～作品|～座谈会|～晚会|～形式|～团体|～会演|我们的～是为人民大众服务的|国家非常关心、重视～的发展|这些爱好～的人经常组织一些座谈会|这几个演员都是～战线上的新秀|最近有不少～团体都下到农村、厂矿去义演。

6707 **文章** *甲

wénzhāng (article)

[名]❶篇幅不很长的单篇作品：～好|～通顺|～严谨|～生动|～通俗|～平淡|～冗长|～空洞|读～|介绍～|评论～|写～|发表～|修改～|正面～|～的语言|～的观点|～的内容|～的风格|～的主题|～的条理|～的形式|～的结尾|一篇～|这篇～笔调非常优美|他的～通俗易懂|这篇～读起来平淡得像喝白开水|他经常在报刊上发表～|他把～修改得十分简洁|人们都喜欢看内容充实、语言生动的～|这篇～的观点引起了不少争论。❷〈丁〉暗含的意思：他的话里大有～|他的表态很有～。❸〈丁〉关于事情的做法：在产品的宣传方面，我们可以大做～|在提高质量的问题上有很多～可做|在技术革新方面很有～可做|这件事我觉得没什么～可做。

【近义词】❶作品；❷名堂

6708 **文字** 乙

wénzì (character)

[名]❶记录语言的符号，如拉丁字母、汉字等：～演变|～古老|产生～|改革～|研究～|创造～|甲骨～|象形～|表意～|拼音～|一种～|～的起源|今天的～是由古代的逐渐演变而来的|象形～是用图画来表达意思的～|中国的藏文、蒙文、维吾尔文等都是拼音～|他在～改革委员会工作|这本书是介绍～的起源的。❷语言的书面形式；文章：～通顺|～简洁|～质朴|～平实|～秀美|推敲～|润色～|删改～|斟酌～|书刊上的～|精练的～|这段～最好再压缩一下|他的文章～通顺|那篇不像样的～经他修改润色后成了范文|他那质朴的～给读者留下了很深的印象。

【近义词】❷文章

6709 **闻**(聞) 乙 〔部首〕门 〔笔画〕9

wén (hear)

[动]❶听见：听而不～|充耳不～|耳～不如目见|耳～目睹|百～不如一见|久～大名|～过则喜|大家对他的劝告，他充耳不～|他把这些年耳～目睹的事情写了一本书|百～不如一见，长城果然雄伟极了|对这种不正之风，不能听而不～，视而不见哪！❷用鼻子嗅气味：～香味|～花|～酒|～香水|～见|～到|～出|～一下|～了半天|你～～这花多香啊！|她喜欢～酒的味，但不喝|你～～这菜是不是坏了|我～见红烧肉的香味了

|我～到一股糊味，是饭糊了吧？|今天鼻子不通气，什么味也～不出来。
【近义词】❶听；❷嗅
【提示】闻，姓。
【构词】闻风而动/闻风丧胆/闻过则喜/闻鸡起舞/闻所未闻

6710 **闻名** 丙

wénmíng (know by repute)
[动]❶听到名声：～而来|～已久|～不如见面|久已～|早已～|他们都是～而来，学习你的先进经验|长城十分雄伟，我只是～，但没去过|北京烤鸭非常好吃，我早已～，但还没尝过。❷有名：～世界|～全国|～天下|～中外|～全球|～全市|～全校|中外～|远近～|他的事迹～全国|中国的长城～世界|这个班发生的事情全校～|中国红军二万五千里长征举世～|贝多芬是世界～的大音乐家|杭州西湖是天下～的风景区|鲁迅是世界～的文学家、思想家。
【近义词】❷有名/出名/知名/著名
【反义词】❷无名/默默无闻

6711 **吻** 丙 〔部首〕口 〔笔画〕7

wěn (n. lips; v. kiss)
[名]嘴唇：亲～|接～|他们拥抱着亲～|他们在机场分手时互相拥抱接～|电影里不时地出现接～的镜头。
[动]用嘴唇接触人或物：～手|～脸|～一下|热情地～|礼节性地～|疯狂地～|父亲～了一下儿子的脸|他礼节性地～了那位夫人的手|分别时，母亲～了儿子的额头|他对着女朋友的照片热情地～了一下。
【近义词】[名]嘴唇；[动]亲

6712 **稳**(穩) 乙 〔部首〕禾 〔笔画〕14

wěn (steady)
[形]❶稳固；平稳：柱子～|桌子～|时局～|立场～|～得很|坐～|站～|停～|放～|走不～|开得～|飞得～|柜子没放～，再挪一下|桌子放得很～|那个地区的局势不太～|还没坐～，车就开动了|等车停～了再下车|这孩子走还走不～，就要学跑|这飞机飞得真～。❷稳重；稳妥：态度～|说话～|样子～|这孩子很～|她态度～得很|他说话相当～，从不多言多语|我就喜欢她那～劲儿|他办事很～，你放心吧|这个人办事不太～，任务是否交给他，再考虑一下吧|这次比赛他～拿冠军了|你一定要～～把住质量关才行|做事情要～扎～打。
【近义词】❶稳定/稳当/平稳/稳固；❷稳重/稳妥
【构词】稳步/稳产/稳健/稳练/稳重(zhòng)/稳操胜券/稳如泰山/稳扎稳打

6713 **稳当**(當) 丁

wěndang (reliable)
[形]❶稳重妥当：办事～|措施～|办法～|步骤～|希望～|考虑得～|处理得～|办得～|特别～|～的计划|～的步子|～地前进|～地发展|～地安排|这样说话不大～|希望你给找一个办事～的人|你考虑得欠～|这事处理得不够～|我们要制定一个～的计划。❷稳固；牢靠：桌子不～|安～|放～|花瓶这么放很不～|窗户装得不～，刮大风时会掉下去的|凉台上的花盆千万要放～了|柜子的一条腿坏了，怎么放也放不～。
【近义词】❶稳重/可靠；❷稳定/稳固

6714 **稳定** 乙

wěndìng (stable)

[形]稳固;安定:形势～|政局～|地位～|人心～|情绪～|感情～|血压～|物价～|秩序～|生产～|生活～|保持～|开始～|真正～|相当～|～地发展|～地增加|那里局势不怎么～|最近他的情绪不太～|人们希望物价保持～|人民的生活比较～|病人的血压开始～下来|工农业的产量在～地增长。

6715 **稳妥** 丁

wěntuǒ (safe)

[形]稳当;可靠:计划～|措施～|办事～|安排～|说话～|感到～|要求～|～地处理|～地发展|～的规划|～的步骤|～的办法|你这样办事不够～|计划要求订得～一些|这事他安排得相当～|他很快就把事情办～了|我们一起来商量一个～的解决办法|这么重要的事情应该交给一个～的人去做。

【近义词】稳当/可靠/妥当

6716 **问**(問) *甲 〔部首〕门 〔笔画〕6

wèn (ask)

[动]❶有不知道、不明白的事情或道理请人解答:～问题|～路|～事|～电话号码|～老师|～谁|～清楚|～好|～完|～住|～得明白|～得有道理|～不出来|～起来|～下去|～得仔细|～半天|故意～|有礼貌地～|多～|一个劲儿地～|我想～你一个问题|这件事得去～办公室|他的地址你～清楚了?|这个孩子把父亲～住了|办手续时,他们～得很详细|别理他,他是明知故～|他非常有礼貌地向别人～路。❷〈乙〉为表示关切而询问;慰问:～你父亲好|向他们～好|～寒～暖|～长|～短|～到|～起|他在信上把每个同学都～到了|回去～你家里人好|见了你妈妈替我向她～一声好|我奶奶经常～起你呢|他在电话里～这个～那个,真是周到|那个干部经常到群众家里～寒～暖|他一见到我就热情地～长～短。❸〈丙〉审讯;追究:～案子|～案情|～犯人|由老张来～这个案子|他详细地～了案情|法官亲自～这个犯人|到目前为止,还没～出个结果来|案情太复杂了,一定要～个水落石出。❹〈丁〉管;干预:不～国家大事|不～家里的事|不～政治|不～条件|不～情况|不～原因|他整天闷头读书,外面的事一概不～|他只是忙着工作,孩子的学习从来不～|光知道念书,不～政治也是不对的。

【近义词】❶询问;❷慰问;❸审/审讯/追究;❹管/干涉/过问/干预

【反义词】❶答

【提示】问,姓。

【构词】问安/问案/问卜/问号/问话/问荆/问难(nàn)/问世/问讯/问斩/问罪/问长问短/问道于盲/问寒问暖

6717 **问答** 丁

wèndá (question and answer)

[名]发问和回答的练习、交际形式:～练习|～题|现在我们做～练习,我问,你们答|这道～题太难了,我做不了|这次考试有三道～题|～之间,他们显得很亲热。

6718 **问好** 甲

wèn hǎo (say hello to)

询问安好,表示关切:问她好|问你太太好|向你父母～|向大家问个好|代我向你太太～|回国后问你家里人好

|请替我向王经理～|你去学校时代我向大家～。

【近义词】问候

【提示】离合词，中间可插入其他成分，如：问个好|问声好|问全家好。

6719 **问候** 乙

wènhòu (send one's regards to)

[动]问好：～他|～你父母|表示～|我的～|衷心地～|代我～你太太|我代表大家向您表示～|我们带来了我国人民对贵国人民的～|我衷心地向大家表示～。

【近义词】问好

6720 **问世** 丁

wènshì (come out)

[动]指著作等出版跟读者见面，或新的产品、发明创造诞生：词典～|著作～|小说～|产品～|即将～|《汉语词典》修订本～|他的新作即将～|这个厂的新产品不久前刚刚～。

6721 **问题**(题) *甲

wèntí (question)

[名]❶要求回答或解释的题目：～多|～难|～复杂|～重要|有～|提～|回答～|解释～|解答～|出～|思考～|一个～|这类～|～太多了，回答不完|～太难，我回答不了|有～尽管提出来|这次考试是谁出的～？|谁还有～，都说出来|这次考试一共7个～，我错了两个。❷〈乙〉需要研究讨论并加以解决的矛盾、疑难：～大|～多|～复杂|出现～|提出～|研究～|讨论～|处理～|商谈～|原则～|具体～|学术～|现实～|历史～|思想～|品质～|生产～|婚姻～|现有的～|存在的～|环境污染的～太严重了|职工的住房～要尽快解决|这些都属于学术～|学生中的思想～要好好抓一下|下一步要研究一下如何提高质量的～|我们已经看到了～的复杂性。❸〈乙〉事故或麻烦：出～|发生～|只要注意安全，就不会出～|这机器三天两头出～|他怎么还不来？是不是半路上车出了～？|收音机不响了，原来是线路出了～|晚会进行得很顺利，没发生什么～。❹〈丙〉关键；重要之点：主要的～|关键的～|重要的～|影响人民健康的关键～是大气污染|～是你是否认识到了它的严重性|我们终于找到了生产上不去的～所在|～在于领导干部心中是否装着群众。

【近义词】❶题目；❷矛盾/疑难；❸事故/意外；❹关键

【反义词】❶答案

6722 **嗡** 丙 〔部首〕口 〔笔画〕13

wēng (buzz)

[象声]摹拟蜜蜂等昆虫飞翔或机器发动的声音，常叠用：蜜蜂～～地飞|汽车马达～～地响|蚊子～～地叫|耳朵里总是～～地响|小虫子在头上～～～地飞来飞去|快关上电扇，那～～的声音太吵了！

6723 **窝**(窩) 丁 〔部首〕穴 〔笔画〕12

wō (nest)

[名]❶鸟兽、昆虫住的地方：鸟～|狗～|鸡～|做～|搭～|一个～|他给小狗做了一个～|燕子在屋檐下搭了一个～|树上有个喜鹊～|孩子们在找蚂蚁～|这个鸟～搭得真精巧。❷比喻坏人聚居的地方：贼～|土匪～|这一带有个土匪～|我们的战士端了敌人的老～|这个小店铺原来是个贼～|公安人员又捣毁了一个贩毒吸毒的

黑～。❸比喻人体或物体所占的位置:挪～|动～|换个～|固定的～|他来北京以后就没挪过～|这张桌子多碍事,给它挪挪～|我已经在这个公司干了30年,不想挪～了|你坐了一上午了,动动～不好吗?|他真行,刚参加工作不几年就换了好几个～|他整天东跑西颠的,没有一个固定的～|快找个姑娘成了家,不就有个自己的～了嘛!|家就是他的安乐～。❹凹进去的地方:按出个～|坐出个～|一个～|他的腿肿得很厉害,一按一个～|沙发都让他坐出一个～来了。

【近义词】❶巢

【构词】窝脖/窝藏/窝风/窝工/窝火/窝里反/窝里横(hèng)/窝囊废/窝棚/窝铺/窝头/窝窝/窝心/窝赃/窝主/窝子

6724 **窝囊** 丁

wōnang (feel vexed)

[形]❶因受委屈而烦闷:心里～|～得厉害|～得要命|～了一辈子|感到～|活得～|特别～|实在～|～气|～事|今天碰到这种事,心里～透了|不幸福的婚姻使他～了大半辈子|干了活儿还不讨好,他感到太～了|我可不能受这种～气!|唉!我碰上的～事多了!❷无能;怯懦:人～|显得～|真～|特别～|～的厂长|我们厂的厂长别提多～了|你这个人真～,这点儿事都办不了!|他一贯窝窝囊囊,没办好过一件事|你怎么找了这么一个～的人结婚?

【近义词】❶委屈/烦闷/别(biè)扭;❷无能/怯懦

【反义词】❷精明/能干

【构词】胆囊/饭囊/革囊/宦囊/皮囊/倾囊/私囊/香囊/行囊/智囊

6725 **我** *甲 〔部首〕戈 〔笔画〕7

wǒ (I; my; me)

[代]❶称自己:～是学生|～去西安旅行|谁找～?|这个包儿不是～的|这只小猫是～家的。❷用来称"我们":～校|～厂|～省|～军|～部|～国|～党|欢迎大家来～厂参观|他是刚调来～校的大学生|这是～省的最优产品|他是～党的好干部。❸〈丙〉自己:忘～|为～|无～|自～|他那种忘～的精神十分可贵|要多作自～批评|他处处想的是国家和人民,其精神已经达到无～的境界。

【近义词】❷我们;❸自己

【构词】我见/我行我素

6726 **我们**(們) 甲

wǒmen (we; our)

[代]称包括自己在内的若干人:～一块儿去旅行吧|王老师教～英语|～工厂的产品质量提高了|～的生活充满了活力|那就是～公司的车|～家种了好多花|他不是～厂的工人|刚才～讲了第二个问题,现在讲讲第三个问题。

6727 **卧** *丙 〔部首〕卜 〔笔画〕8

wò (lie)

[动]❶躺下:～床|～倒|仰～|俯～|他一吃完饭就～在床上,怎能不胖呢!|他回来后书包一扔就～倒在沙发上|病人仰～在床上,大夫给他做检查|多做做仰～起坐可以减肥。❷(动物)趴下:～在门口|～在窝里|～着不动|～了半天|一直～着|狗～在商店门口等着主人|老牛～在棚里一动不动|小猫今天总～着,是不是病了?❸〈丁〉把去壳的鸡蛋放在开水

里煮：～鸡蛋｜他最喜欢吃～鸡蛋｜妈妈给他煮了碗面，里边～了两个鸡蛋｜把鸡蛋～在汤里吧。

【近义词】❶躺；❷趴；❸煮

【反义词】❶立/站

【构词】卧病/卧舱/卧车/卧床/卧房/卧轨/卧具/卧铺(pù)/卧薪尝胆

6728 **卧室** 丁

wòshì (bedroom)

［名］睡觉的房间：～清洁｜～宽敞｜～雅致｜～简陋｜～脏乱｜打扫～｜装修～｜布置～｜收拾～｜一间～｜整洁的～｜我的～｜他的～十分整洁｜我想把～装修一下｜你的～收拾得真干净｜这间～是她女儿的｜这套房子有三间～一个厅。

【近义词】卧房/寝室

6729 **握** 乙 ［部首］扌［笔画］12

wò (hold)

［动］❶用手拿或攥：～枪｜～笔｜～手｜～拳头｜～车把｜～住｜～紧｜～在手里｜热情地～｜轻轻地～｜战士们紧～手中枪，守卫着祖国的边防｜他热情地跟每个人～手｜老王一把～住小伙子的手，激动地说："谢谢你！"｜他把电影票～在手里。❷掌管；掌握：～权｜～重兵｜他在公司里是～大权的｜你的生死大权现在～在大夫手里，但愿手术顺利｜你们家的财权一定是～在你太太手里吧？

【近义词】❶拿/捏；❷掌/管/掌握

【反义词】❶丢/扔/甩

【构词】握别/握力/握拳/握手言欢

6730 **握手** 甲

wò shǒu (shake hands)

彼此伸手相互握住，是见面或分别的礼节，也用来表示祝贺或慰问：朋友们～｜握一下手｜握握手｜～告别｜热情地～｜紧紧地～｜亲切地～｜老同学见面特别高兴，又是拥抱又是～｜来，咱们握握手｜在机场他们一一～告别｜主人热情地握着客人的手说："欢迎你们再来！"｜他亲切地握着运动员的手，祝贺他们胜利归来。

【提示】离合词，中间可插入其他成分，如：握了一下手｜握住他的手。

6731 **乌鸦**(烏鴉) 丁 ［部首］丿［笔画］4

wūyā (crow)

［名］鸟，嘴大而直，全身羽毛黑色，翼有绿光。多群居在树林中或田野间，以谷物、果实、昆虫等为食物。有的地区叫老鸹、老鸦：一只～｜一群～｜人们不喜欢～｜～叫的声音真难听｜中国有句俗语说"天下～一般黑"，意思是哪儿的坏人都一样坏。

【构词】乌龟/乌龟壳/乌黑/乌亮/乌龙茶/乌篷船/乌纱帽/乌贼/乌合之众/乌七八糟

6732 **乌云**(雲) 丁

wūyún (dark cloud)

［名］❶黑云：～密布｜～翻滚｜～消失｜驱散～｜天空的～｜一片～｜一块～｜一朵～｜天空～翻滚，暴风雨就要来了｜天空中布满～，怕是要下雨了｜一阵大风驱散了天上的～｜农民望着一片片～，高兴地说："老天爷也该下点儿雨了！"❷比喻黑暗或恶劣的形势：～笼罩｜～压城｜战争的～笼罩着大地｜坏人掌权的局面结束了，我们终于拨开～见了晴天｜那时的形势十分紧张，真有～压顶之势。

【近义词】❶黑云

【反义词】❶白云

【构词】彩云/层云/愁云/低云/风云/浮云/积云/驾云/凌云/青云/彤云/祥云/星云/烟云/疑云/阴云/云云/战云/不知所云/平步青云/人云亦云/响遏行云

6733 **污** 丙 〔部首〕氵 〔笔画〕6

wū (dirty)

[形]脏：～水｜～泥｜贪官～吏(比喻不廉洁)｜门前的～水要尽快清理掉｜他们很快就把那些～泥清理干净了｜一定要严惩那些贪官～吏。

【近义词】脏/肮脏

【反义词】净/干净

【构词】污点/污垢/污秽/污吏/污辱/污浊/污泥浊水/污七八糟

6734 **污蔑**(衊) 丁

wūmiè (slander)

[动]捏造事实败坏别人的名誉：坏人～｜～好人｜～同志｜进行～｜遭到～｜不许～｜肆意～｜恶毒地～｜故意～｜～的文章｜～的话语｜～信｜～地说｜你们为什么凭空捏造罪名～好人？｜不许你们无故～我们的干部｜他～那个干部是叛徒｜他们制造很多假象对他进行恶毒的～｜对他们无耻的～，要给以严厉的驳斥｜绝不能让我们公司受到～！

【近义词】诬蔑/玷污/歪曲/诽谤/毁谤

【反义词】赞美/歌颂/颂扬/赞扬

6735 **污染** 乙

wūrǎn (pollute)

[动]使沾染上有害物质：～水源｜～空气｜～环境｜～粮食｜～庄稼｜～蔬菜｜～语言｜～灵魂｜造成～｜受到～｜防止～｜减少～｜制止～｜精神～｜～的后果｜工厂的废水废气严重地～了周围的环境｜农药～了这片庄稼｜清澈见底的江水如今被～成一片黑色｜这里的水源被～得相当厉害｜汽车的尾气严重～了空气｜应该彻底地解决食物～问题｜淫秽的书刊、影视会给青少年带来精神上的～｜我的家乡山青水绿，空气新鲜，看不到被～的痕迹。

【反义词】净化

6736 **巫婆** 丁 〔部首〕一 〔笔画〕7

wūpó (witch)

[名]以装神弄鬼、搞迷信活动为业的女人。也叫女巫：一个～｜那个～又在装神弄鬼地骗人呢！｜别去相信那些～，全是骗钱的｜要制止那些～搞迷信活动｜这位老太太被～骗走了好几百元。

【近义词】女巫/巫师

【反义词】男巫

【提示】巫，姓。

【构词】巫神/巫师/巫术

6737 **诬蔑**(誣) 丙 〔部首〕讠 〔笔画〕9

wūmiè (slander)

[动]捏造事实败坏别人的名誉：～好人｜～朋友｜～干部｜故意～｜恶毒地～｜疯狂地～｜～地说｜他竟然～自己的朋友｜不许你们制造谎言～我的朋友！｜你怎么能～好人？｜他们在报刊上公开发表～别人的文章｜他们～好人的手段十分卑鄙。

【近义词】污蔑/诬陷/诬告/造谣/诽谤/歪曲

【提示】“诬蔑”与“污蔑”义同。

6738 **诬陷** 丁

wūxiàn (frame)

[动]诬告陷害：～好人｜～同志｜～朋

友｜受到～｜蒙受～｜企图～｜恶毒地～｜故意～｜无耻地～｜公开～｜～的目的｜～的手段｜他自己干了坏事却去～朋友｜那伙人故意捏造罪名～他是叛徒｜他们～别人的手段非常卑劣！
【近义词】诬蔑/诬告/冤枉/陷害/迫害
【反义词】平反/昭雪/雪恨

6739 **呜咽**(嗚) 丁 〔部首〕口 〔笔画〕7
wūyè (sob)
[动]低声哭泣:孩子在～｜妻子在～｜病人在～｜听到～｜她不敢大声哭,只是在低声～｜看着她在那里抽泣～,比看着她嚎啕大哭还要令他难过。
【近义词】抽泣/哭泣/哽咽
【提示】"咽"又读 yān,如"咽喉"。
【构词】呜呼/呜呼哀哉
悲咽/抽咽/哽咽/幽咽

6740 **屋** 乙 〔部首〕尸 〔笔画〕9
wū (house)
[名]房子;屋子:造～｜草～｜～顶｜一间～｜～里｜～外｜里～｜外～｜里间～｜外间～｜大～｜小～｜～里太热,把门打开吧｜吸烟请到～外去｜我住外～,他住里～｜把柜子放在小～里｜大～当客厅,小～睡人｜他们宿舍小,一间～只能住两个人｜他们在里间～说话呢。
【近义词】房子/屋子/房间/房屋

6741 **屋子** 甲
wūzi (room)
[名]房间:～干净｜～宽敞｜～脏乱｜打扫～｜整理～｜粉刷～｜装修～｜～里边｜～外边｜一间～｜他的～虽小,但很整洁｜～应该每天打扫｜星期天我要整理～,哪儿也不去｜他的～装修得真漂亮｜他家有好几间～,他住最小的那间。
【近义词】房间/房屋/屋/房子

6742 **无**(無) 乙 〔部首〕一 〔笔画〕4
wú (v. not have; adv. regardless of)
[动]没有(跟"有"相对):～人｜～事｜～雨｜～米｜从～到有｜～儿～女｜～缘～故｜～影～踪｜家中～人,请改日再来｜巧妇难为～米之炊｜今日～事,到朋友家走走｜这位老人～儿～女,生活很孤独｜他怎么～缘～故离家出走了?
[副]❶不论;无论:事～巨细｜事～大小｜事～难易｜事～巨细,厂长都要亲自过问｜事～大小,都有专人负责｜事～大小,都要认真去完成。❷不:～须｜这事～须大惊小怪｜这点儿小事～须母亲操心｜这事～须麻烦别人｜这些东西～须去买,仓库里还有｜这点儿小事～须惊动大家,我们自己可以想法解决。
【近义词】[动]没/没有;[副]❶不论/无论;❷不
【反义词】[动]有
【构词】无边/无产者/无常/无敌/无端/无妨/无辜/无故/无关/无害/无核/无花果/无稽/无际/无尽/无愧/无赖/无力/无聊赖/无明火/无名氏/无名指/无奈/无能/无趣/无上/无事忙/无视/无双/无私/无损/无题/无头案/无望/无为/无味/无畏/无谓/无误/无暇/无邪/无心/无形/无行(xíng)/无需/无须/无涯/无烟煤/无业/无遗/无已/无意识/无益/无异/无影灯/无用功/无余/无病呻吟/无出其右/无的放矢/无地自容/无动于衷/无独有偶/无恶不作/无法无天/

无关宏旨/无关紧要/无关痛痒/无济于事/无价之宝/无坚不摧/无尽无休/无精打采/无可厚非/无孔不入/无理取闹/无米之炊/无名小卒/无奇不有/无穷无尽/无人问津/无日无夜/无伤大雅/无声无臭(xiù)/无时无刻/无事生非/无所不为/无所不在/无所不至/无所事事/无所适从/无所用心/无往不利/无往不胜/无妄之灾/无隙可乘/无懈可击/无依无靠/无以复加/无影无踪/无与伦比/无缘无故/无中生有/无足轻重/无风不起浪/无所不用其极/无所措手足

6743 **无比** 丙

wúbǐ (unparalleled)

[形]没有别的能够相比(多用于好的方面):～强大|～英勇|～优越|～仇恨|～疼爱|～愉快|～激动|威力～|勇猛～|～鲜艳|解放军战士～英勇|他的学习条件～优越|他对敌人～仇恨|祖母对我们～疼爱|我们对这位伟人～崇敬。

【近义词】无限

6744 **无产阶级**(產級) 丙

wúchǎnjiējí (the proletariat)

[名]工人阶级，也泛指不占有生产资料的劳动者阶级：中国是～领导的国家|实行～专政|共产党是～的政党。

【近义词】工人阶级

【反义词】资产阶级

6745 **无偿**(償) 丁

wúcháng (free)

[形]不要代价的;没有报酬的:～支援|～援助|～提供|～劳动|感谢你们给予的～援助|这里向大家～提供各种服务|我们是～劳动,尽尽义务而已|我们在这里干活儿都是～的。

【反义词】有偿

6746 **无耻** 丁

wúchǐ (shameless)

[形]不顾羞耻;不知羞耻:行为～|手段～|卑鄙～|实在～|～的小人|～的行径|～透顶|～之尤|卖国投敌,实在～|他制造谣言污蔑别人的手段真是～|他是个卑鄙～的家伙,千万别跟他交朋友。

【近义词】可耻

【构词】国耻/可耻/廉耻/忍耻/羞耻/雪耻

6747 **无从**(從) 丁

wúcóng (have no way〔of doing sth.〕)

[副]没有门径或找不到头绪(做某件事):～着手|～下手|～考查|～说起|～下笔|屋子又脏又乱,打扫起来,简直～下手|他有一肚子的话要说,但又～说起|现在已经事过境迁,～查起了|这么复杂的案子,简直～着手|时间过去太久了,已经～考查了。

【近义词】难以/难于/无法

6748 **无法** 丙

wú fǎ (unable to)

没有办法(做某事):～解决|～修理|～挽回|～挽救|～了解|～考查|～下脚|～说清|～完成|这台收音机已经坏得～修理了|这屋子挤得～下脚|这事太复杂,我～跟他说清楚|你孩子的工作问题,不是我不管,我实在是～管呀!|你要的这么急,我确实～完成|这个问题不是～解决的,事在人为嘛!

【近义词】无从/难于/难以
【反义词】可以/能够

6749 **无非** 丁

wúfēi (nothing but)

[副]只;不过:他们见面谈的～是生产上的事|他们～是一起复习复习功课,一般的同学关系而已|别怕,他～是吓唬你一下,哪能真打你!|老师对你严格要求,～是希望你将来成为一个对社会有用的人。

【近义词】不过/不外乎/只/仅
【反义词】不/并非

6750 **无话可说**(話說) 丁

wú huà kě shuō (have nothing to say)

没有什么话可说:在事实面前,他～了|我跟他～|他们的感情已经破裂到～的地步了|跟那些不讲道理的人简直～!|跟他说了多少遍都不听,现在我对他已经～了。

6751 **无可奉告** 丁

wú kě fènggào (have no comment to make)

没有什么可告诉的;不能告诉:关于这个问题,～|对不起,这件事情～|这是我们自己的事情,～。

【提示】多用于外交场合。

6752 **无可奈何** 丙

wú kě nàihé (feel helpless)

没有办法;没有办法可想:感到～|觉得～|实在～|确实～|～地说|～地叹气|～地摇头|～的样子|～的目光|女儿非要跟那个小伙子结婚,父母也～|汽车偏偏在高速公路上出了毛病,大家都感到～|在顽皮而又可爱的孩子面前,老师实在～|父亲～地说:你要走就走吧!|车间主任看着眼前这堆废品,只有～地叹气|看着他那～的目光,大家不免有些同情他了。

6753 **无理** 丁

wúlǐ (unreasonable)

[形]没有道理:～取闹|～强辩|～的指责|～的要求|这个家伙实在～得很|这几个流氓在饭馆里～取闹|他在法庭上为自己的罪行进行～强辩|他反而～地指责起别人来了,真是怪事!|对这种～的要求是不能同意的。

【反义词】有理

6754 **无聊** 丁

wúliáo (bored)

[形]❶由于清闲而烦闷:生活～|日子～|感到～|闲得～|坐得～|呆得～|变得～|实在～|万分～|相当～|～得要命|～地坐着|～地躺着|～地走着|～的时候|一个人在家觉得～,就溜达到你这儿来了|老太太闲得～,想找个人聊天儿|你这么呆着多～,出去走走哇!|儿女们都搬走了,他的日子立刻变得～起来|别总～地坐着,会生病的|你感到～的时候,就来找我聊天儿。❷(言谈、行动等)没有意义而使人讨厌:小说～|电影～|文章～|谈话～|～的人|～的话|～的事|这本小说写得真～|这部电影不是打就是斗的,太～了|这个人总爱说些不三不四的话,～透了|他一见漂亮姑娘就盯着看,真～!|那些～的话少说!

【反义词】有趣

【构词】神聊/瞎聊/闲聊

6755 **无论**(論) 乙

wúlùn (no matter what)

[连]表示条件不同而结果不变。用于条件复句的前一分句,句中一般有表示任指的疑问代词,如“谁”、“什么”、“哪儿”、“怎么”、“哪”等,或有表示选择关系的并列成分;后一分句常用“都”、“也”、“总”、“始终”、“一直”等副词呼应:~做什么工作,他都很认真|~大家怎么劝,他也不听|你~哪天来,我总在家|这事~交给谁,都没关系|~天气好不好,我去旅行的计划都不会改变|~刮风还是下雨,他总是坚持早起锻炼|~他说得多么好听,人们也是不会相信的|~男女老少,都爱听相声|~大家怎么问,他始终闭口不说。

【近义词】不管/任凭/不论

6756 **无论如何**(論) 丙

wúlùn rúhé (in any case)

不管怎么样。表示不管条件怎样变化,其结果始终不变:~要去|~要做|~得参加|~得完成|这事~也不能答应他|今天~也要把这批货运走|明天的会,你~得出席|他的话~也不能让人信服|这些东西~也不能收|一个月之内,~也要把这项工程全部完成。

6757 **无能为力**(爲) 丁

wú néng wéi lì (can do nothing)

用不上力量;没有能力或能力达不到:实在~|确实~|这事不是不帮助你,实在是~|当然我也想把工作做好,但真是~呀!|你再求他,他~也是白搭!

6758 **无情** 丙

wúqíng (merciless)

[形]❶没有感情:冷酷~|显得~|做得~|说得~|表现得~|实在~|过分~|~地打击|~地摧残|~地对待|~地打骂|~郎|~的人|她的丈夫~无义,有了钱就把她抛弃了|不照顾父母,这也做得太~了|你们不能这样~地对待老人|一定要好好教训一下这个~的人|旧社会的童工受到~的摧残|他不是一个~的人,一定会回来的。❷不留情:水火~|岁月~|时间~|历史~|事实~|~地判决|水火~,请大家做好防汛准备|~的火灾,给他们带来了莫大的痛苦|他经常~地解剖自己|暴风雨~地袭击了这个城市|法律~地判决这个罪犯死刑。

【近义词】❶绝情/薄情/冷酷/寡情

【反义词】❶多情/钟情/热情/痴情

6759 **无情无义**(義) 丁

wú qíng wú yì (heartless)

没有情义:显得~|说得~|表现得~|做得~|实在~|~地对待|~的折磨|~地遗弃|~地虐待|~的人|父亲~,遗弃了妈妈和我|这样做是不是显得太~了?|对待父母他表现得~|这种~的人应该受到谴责。

【近义词】绝情/薄情/冷酷

【反义词】多情/热情/钟情/痴情

6760 **无穷**(窮) 丁

wúqióng (endless)

[形]没有穷尽;没有限度:智慧~|力量~|好处~|意味~|余味~|乐趣~|后患~|其乐~|其妙~|~的干劲|群众的智慧是~的|你用过以后

就可知道它的好处～|练练书法，打打太极拳，乐趣～|这个病如不早治，后患～|喝着茶，欣赏着梅兰芳的《贵妃醉酒》，真是其乐～！|他对围棋产生了～的兴趣。

【近义词】无尽/无限/无比

【反义词】有限

6761 **无数**(數) *乙

wúshù (innumerable)

[形]❶难以计数，形容极多：死伤～|～先烈|～英雄|这次战争，老百姓死伤～|我国历史上出现了～的爱国英雄|他这一生经历了～磨难|今天的幸福生活是～先烈用鲜血换来的。❷〈丙〉不知道底细：心中～|他做什么事都心中～|还是你说怎么做就怎么做吧，我这个人心中～|他是个心中～的人，问也白问。

【反义词】有数

6762 **无所谓**(謂) 丙

wúsuǒwèi (not deserve the name of)

[动]❶说不上：～经验|～帮助|～先进|～好|～坏|～丰富|～便宜|我只是谈点儿个人体会，～经验|这车也～先进，还有比这个更好的呢！|他的日子过得～好，也～坏，一般吧|～麻烦，我顺手捎带着就办了|这里的东西，也～便宜，有的东西甚至比别的地方还贵呢！❷不在乎；没有什么关系：吃什么都～，只要吃饱就行了|别～，该怎么办就怎么办|这孩子对老师的批评也好，表扬也好，从来都是～|别人都为生产上不去急得要命，可他总是一副～的样子|他对名誉、地位采取～的态度。

【近义词】❷不在乎

6763 **无所作为**(爲) 丁

wú suǒ zuòwéi (accomplish nothing)

没有做出什么成绩：他这一辈子～|总呆在这个地方～|一个人一辈子总得做点儿事情，不能～|我这一生忙忙碌碌，～。

【反义词】有所作为/大有所为

6764 **无微不至** 丁

wú wēi bù zhì (take every care of sb.)

形容待人非常细心周到：照顾～|体贴～|关怀～|关心得～|～地照料|～的照顾|妈妈对子女的照顾～|领导对群众的关怀～|护士对病人照料得～|他尽管自己也很困难，仍然～地为别人考虑|非常感谢女主人对我们～的照顾。

【提示】"不"用在四声前，发生变调，实际读 bú。

6765 **无限** 乙

wúxiàn (infinite)

[形]没有穷尽；没有限量：宇宙～|空间～|智慧～|力量～|前途～|威力～|光明～|～地发展|～地怀念|～地同情|～地扩大|～地希望|～幸福|～宽广|～光明|～沉痛|～悔恨|～烦恼|～美好|群众的智慧是～的|宇宙的空间是～的|他～怀念自己的祖国|我们～沉痛地悼念这位伟人|我们的前途～美好|他～深情地写下这首诗。

【近义词】无穷

【反义词】有限

6766 **无线电**(綫電) 丙

wúxiàndiàn (radio)

[名]用电波的振荡在空中传送信号的技术设备。因为不用导线传送,所以叫无线电。无线电广泛应用在通讯、广播、电视、远距离控制、自动化、探测等方面:～广播|～通讯|～专业|他是～专业的学生|这里的～通讯设备十分先进。

6767 **无效**(效) 丁

wúxiào (invalid)

[形]没有效力;没有效果:证件～|介绍信～|身份证～|判决～|决定～|调解～|医治～|过期～|涂改～|宣布～|确实～|你这个证件已经～了|证据不足,所以判决～|因调解～,他们终于离婚了|他因病医治～,于1996年5月4日在京去世|因计划得不好,造成了～劳动。

【近义词】失效

【反义词】有效

6768 **无疑** 丙

wúyí (undoubtedly)

[形]没有疑问:确信～|确凿～|他说的这件事,人们确信～|这个消息确凿～|这事～是小王干的|他这样拼命地抽烟,～是在慢性自杀。

6769 **无意** 丁

wúyì (have no intention [of doing sth.])

[动]❶没有做某件事的愿望:～久留|～参加|～结婚|～旅游|～接见|此处我～久留|既然他～参加,就别勉强他了|今年夏天他～外出旅行。❷不是故意的(跟"有意"相对;常说"无意中"):他在门前～中栽下一棵树苗,竟然活了|这个小玩意儿是我在一家很小的铺子里～中发现的|他这话是～之中说的,你可别放在心上|有意犯罪和～犯罪的处理是不一样的|他在施工时～中伤了一个行人。

【反义词】❶有意;❷故意

6770 **无知** 丁

wúzhī (ignorant)

[形]缺乏知识;不明事理:孩子～|小伙子～|显得～|感到～|相当～|极端～|～的人|你应该原谅这个孩子,他是年幼～|这个年轻人太～了|你这么说话,显得你特别～|跟这种～的人说不清道理|这个～的姑娘,差一点儿上了坏人的当。

【反义词】博学/渊博

6771 **梧桐** 丁 〔部首〕木 〔笔画〕11

wútóng (Chinese parasol〔tree〕)

[名]落叶乔木,叶子掌状分裂,叶柄长,花单性,黄绿色。木材白色,质轻而坚韧,可制造乐器和各种器具。种子可以吃,也可以榨油:～树|一棵～|我家院子里有棵～|～的木质坚韧,可以制造乐器|～的种子可以榨油。

6772 **武力** 丁 〔部首〕止 〔笔画〕8

wǔlì (force)

[名]❶强暴的力量:使用～|采取～|～行动|他认为可以用～打天下|光使用～是解决不了问题的|对这伙罪犯只有采取～把他们一网打尽|好好说不行,只好采用～行动了。❷军事力量:强大的～|军事谈判失败了,只好付诸～|在强大的～攻击下,敌人纷纷投降。

【近义词】❶暴力

【提示】武,姓。

【构词】武打/武斗/武断/武夫/武功/武官/武将/武警/武林/武生/武师/武士/武士道/武戏/武侠/武艺

6773 **武器** *乙

wǔqì (weapon)

[名]❶直接用于杀伤敌人有生力量和破坏敌方作战设施的器械、装置，如刀、枪、火炮、导弹等：～先进｜～落后｜～新｜制造～｜设计～｜配备～｜使用～｜放下～｜拿起～｜缴获～｜销毁～｜原子～｜化学～｜细菌～｜核～｜杀人～｜秘密～｜常规～｜新式～｜一种～｜现在的～越来越先进｜他们设计试制了一种新式～｜人们纷纷拿起～抵御外来侵略者｜这次战斗，缴获了敌人大量的～。❷〈丙〉泛指进行斗争的工具：思想～｜理论～｜斗争的～｜有力的～｜团结是一种有力的～｜他把笔当做～无情地揭露敌人｜这孩子最有效的～就是哭。

6774 **武术**(術) 乙

wǔshù (*wushu*, martial arts)

[名]打拳和使用兵器的技术，是中国传统的体育项目：～创新｜～发展｜练～｜学～｜表演～｜精通～｜传统的～｜民间的～｜～之乡｜～之家｜～冠军｜～运动员｜这位老艺人的～十分精湛｜中国的～不断发展｜他从小就开始练～了｜他们家人人精通～，是个～之家｜在这次全国～比赛中，他得了冠军。

6775 **武装**(裝) 丙

wǔzhuāng (arms)

[名]军事装备：建立～｜扩大～｜解除～｜～力量｜～部队｜国家的～力量日益强大｜那时各地都建立了工农～｜部队解除了这一带土匪的～。

[动]用武器来装备(有时用于比喻)：～工人｜～农民｜～群众｜～头脑｜必须～｜～起来｜要求～｜开始～｜全面～｜彻底～｜在战争年月，工人、农民都～起来跟敌人展开斗争｜要用科学技术～农民，实现科学种田。

6776 **五** 甲 〔部首〕一 〔笔画〕4

wǔ (five)

[数]数目，四加一所得：～十｜～百｜～千｜～万｜～个｜～斤｜～年｜～元钱｜～加三等于八｜这是～十元，找您～毛～｜他家新盖了～间房。

【构词】五金/五律/五大三粗/五短身材/五方杂处/五光十色/五湖四海/五花八门/五花大绑/五体投地/五颜六色/五十步笑百步

6777 **伍** 丁 〔部首〕亻 〔笔画〕6

wǔ (five)

[数]五的大写：～仟｜～佰｜～拾｜～元｜～个｜～减壹等于肆｜这个瓷瓶～仟～佰元。

【提示】伍，姓。

6778 **午饭**(飯) 甲 〔部首〕丿 〔笔画〕4

wǔfàn (lunch)

[名]中午吃的饭：～熟了｜～好了｜～丰盛｜做～｜吃～｜买～｜一顿～｜今天的～真好吃｜～做好了，请大家吃饭吧｜我去食堂买～｜今天吃了一顿丰盛的～｜明天中午有人请我吃～。

【近义词】午餐

【构词】午餐/午后/午间/午觉(jiào)/午前/午时/午睡/午休/午宴/午夜

6779 **舞** 丁 〔部首〕丿 〔笔画〕14

wǔ (n./v. dance)
[名]舞蹈:跳～|芭蕾～|孔雀～|秧歌～|交谊～|集体～|一个～|请你跳一个～|她是有名的芭蕾～演员|随着音乐,人们跳起～来。
[动]❶做出舞蹈的动作:能歌善～|手～足蹈|载歌载～|眉飞色～|这孩子高兴得手～足蹈|人们载歌载～欢庆香港回归祖国|这是一个能歌善～的民族|他讲到高兴时,眉飞色～。❷拿着某种东西舞蹈:～刀|～剑|～龙灯|～红绸|他们在台上表演～彩绸|正月十五晚上我们去大街上看～龙灯的|他的剑～得真棒|孙悟空飞快地地～着金箍棒。
【近义词】[名]舞蹈;[动]❷挥舞
【构词】舞伴/舞弊/舞步/舞场/舞池/舞蹈病/舞动/舞技/舞剧/舞迷/舞曲/舞姿/舞文弄墨

6780 舞蹈 丙

wǔdǎo (dance)
[名]以有节奏的动作为主要表现手段的艺术形式,可以表现出人的生活、思想、感情,一般用音乐伴奏:表演～|欣赏～|评论～|设计～|古典～|现代～|民族～|优美的～|～的造型|～的姿态|～的动作|～演员|～家|一个～|我国的民族～十分优美|这个～跳得热情奔放|我喜欢看古典的～|这个～表演得非常动人|这个演员跳的～,姿态太美了|她是一位相当有名的～家。
【近义词】舞

6781 舞会(會) 丙

wǔhuì (dancing party)
[名]跳舞的集会:～开始|～结束|～热闹|～欢乐|举行～|组织～|参加～|开～|青年人的～|学校的～|举办～|一场～|～已经开始,请大家入场吧|今天的～真热闹|学校里每个周末都组织～|我不想去参加～|这个～是厂工会举办的新年～。

6782 舞台(臺) 丙

wǔtái (stage)
[名]供演员表演的台;比喻特定的活动范围和领域:～上|～高|修～|搭～|建～|登上～|走上～|退出～|戏剧～|话剧～|音乐～|历史～|政治～|国际～|这个～比较小,不能演大型歌剧|广场上搭了一个临时～,供演员们在上面表演|领导们一个个走上～祝贺他们演出成功|～的布景设计得相当好|他在60岁时结束了他的～生涯|如今他们已经退出政治～|他已被迫退出历史～。

6783 舞厅(廳) 丁

wǔtīng (ballroom)
[名]❶专供跳舞用的大厅:～宽敞|～明亮|步入～|一个～|这个～十分宽敞|一对对舞伴在～里翩翩起舞|人们在明亮的～里欢快地跳起舞来。❷舞场:他们经常去～跳舞|这条街上有一家～|他是这家～的经理。
【近义词】❷舞场

6784 侮辱 丙

〔部首〕亻
〔笔画〕9

wǔrǔ (insult)
[动]使对方人格或名誉受到损害、蒙受耻辱:～人格|～国格|～名誉|～女性|～的手段|不许你～别人的名誉|他们～我的人格|这个流氓竟敢无所顾忌地张口骂人,～售货员|应该严惩那些～妇女的流氓。
【近义词】污辱/欺侮/凌辱

【构词】耻辱/凌辱/殴辱/欺辱/屈辱/荣辱/受辱/污辱/羞辱

6785 **雾**(霧) 乙 〔部首〕雨 〔笔画〕13

wù (fog)

[名]❶气温下降时,在接近地面的空气中水蒸气凝结成的悬浮的微小水滴:～大|浓～|～消失了|有～|笼罩着～|江面上的～|清晨的～|树林里的～|浓浓的～|今天～真大,开车时要注意安全|等～散一散再走吧|气象预报说今晨有～|这次航行正赶上大～|明天下大～,开车注意点儿|江面上笼罩着浓～|海上的～真厉害,白茫茫的一片。❷指像雾的许多小水点:喷～器|他每天用喷～器灭蚊。

【近义词】雾气

【构词】雾里看花

6786 **物** 丁 〔部首〕牛 〔笔画〕8

wù (thing)

[名]❶东西;事物:～美价廉|～归原主|购～|～尽其用|身外之～|这个商店的东西～美价廉|这本来就是你家的东西,现在该～归原主了|他每个周末开车出去购～|名誉、地位本来就是身外之～。❷内容;实质:言之无～|言之有～|空洞无～|文章写得挺长,但空洞无～|他的讲演言之无～,没人爱听|说话要言之有～。

【近义词】❶事物/物品;❷内容/实质

【构词】物产/物件/物理学/物色/物议/物欲/物证/物主/物换星移/物极必反/物尽其用/物伤其类/物以类聚

6787 **物价**(價) 乙

wùjià (prices)

[名]货物的价格:～稳定|～波动|～涨|哄抬～|抬高～|降低～|检查～|市场的～比较稳定|那里的～经常波动|不许随便抬高～|要严厉处置那些哄抬～的人|人们希望～局经常对市场进行～检查。

6788 **物理** 甲

wùlǐ (physics)

[名]物理学,研究物质运动最一般规律和物质基本结构的学科,是自然科学中的基础学科之一:学习～|钻研～|讲～|考～|初中～|高中～|地球～|高能～|普通～|高深的～|通俗～|～实验室|～学|～学家|～仪器|～疗法|他喜欢学习～|他学习的专业是地球～|他正在研究高深的～|我们实验室来了一批新的～学仪器|他是一位～学家。

6789 **物力** 丁

wùlì (material resources)

[名]可供使用的物资:～充足|～丰富|～缺乏|爱惜～|开发～|节约～|雄厚的～|有限的～|要爱惜人力～,切不可浪费|他们将在人力～方面给我们大力支援。

【近义词】物资

6790 **物品** 丙

wùpǐn (article)

[名]东西(多指日常生活中应用的):～积压|～丰富|～紧俏|零星～|推销～|贵重～|易燃～|一种～|一类～|～的种类|～的数量|～的价格|～的档次|贵重～请大家自己保管好|禁止携带易燃易爆～上车|这类东西现在是紧俏～|这个商店～的档次比较高|这些都是我随身携带的～。

【近义词】东西/物件

6791 **物体**(體) 丙

wùtǐ (object)

[名]由物质构成的、占有一定空间的个体:～运动|～静止|～发光|～发热|～透明|～坚固|液态～|固态～|气态～|运动的～|透明的～|～的形状|～的颜色|～的结构|～的用途|月亮这个～本身不发光,它的光是由太阳照到月亮上反射出来的|一切～都在不断地运动|～摩擦以后会发热|玻璃是一种透明的～|他喜欢画静止的～,比如水果、鲜花等。

6792 **物质**(質) *乙

wùzhì (material)

[名]❶独立存在于人的意识之外的客观实在:～变化|～不灭|～运动|分析～|研究～|固体～|液体～|气体～|天然～|发光的～|导电的～|导热的～|～的属性|～的结构|～的特征|～是第一性的,精神是第二性的|水是液体～|～的存在是客观的。❷〈丙〉特指金钱、生活资料等:～享受|～生活|～利益|～条件|～待遇|～基础|～文明|不能只追求～享受|～文明和精神文明要同时建设|这个公司～待遇比较高|他想找个～条件好的工作单位。

【反义词】❶精神

6793 **物资**(資) 丙

wùzī (goods and materials)

[名]生产上和生活上所需要的物质资料:～积压|～出口|～丰富|～紧俏|～缺少|生产～|分配～|供应～|储存～|进口～|交流～|战略～|工业～|城乡～|生活～|救灾～|抗洪～|贵重～|～部门|～市场|～种类|～价格|市场～十分丰富|这种～非常紧俏|这批救灾～必须尽快运到|要及时做好～供应|全国～交流展销会今天正式开幕|这批军事～不可随便动用。

【近义词】物质/材料

6794 **勿** 丁 〔部首〕勹 〔笔画〕4

wù (do not)

[副]表示禁止或劝阻,相当于"不要":请～吸烟|请～入内|切～上当|请～挂念|请～大声喧哗|招聘来的职工一定要符合条件,宁缺～滥。

【近义词】别/毋

【提示】一般用于书面语。

6795 **务必**(務) 丁 〔部首〕力 〔笔画〕5

wùbì (must)

[副]必须;一定要:明天的会你～参加|这项工程三个月内～完成|这件事请你～转告给他|这封信你～亲自交给他|这个问题你～向大家解释清楚。

【近义词】必须

【提示】务,姓。

【构词】务工/务农/务求/务实/务虚/务须

6796 **悟** 丁 〔部首〕忄 〔笔画〕10

wù (realize)

[动]了解;领会;觉醒:执迷不～|恍然大～|若有所～|～出来|如果继续执迷不～,那就危险了|经他这么一说,我才恍然大～|我还没～出其中的道理|看他那若有所～的样子,估计他是想明白了。

6797 **误**(誤) *丙 〔部首〕讠 〔笔画〕9

wù (adj. mistake; v. miss)

[形]错误：笔～|口～|～入歧途|～认为|～诊|～解|这个字他本来会写，写错了是由于笔～造成的|因为一时的口～，招来了很大的麻烦|他这种计算方法难免有～|他因为无知而～入歧途|由于大夫～诊，致使他的病情日益恶化|他在工作时～伤了身边的人|因为无知，～犯了法律|处理问题时，千万别～伤了好人。

[动]❶耽误：～课|～工|～事|～农时|～前程|～飞机|～时间|～得了|～不了|要抓紧办，别～了我的事|由于天气恶劣，今天的飞机～点了|光顾着聊天儿，～了上火车|你不要因为家里的事～了你的前程|你放心，晚两天下种～不了农时|今天差点儿～了班车|注意，你已经～了好几次课了。❷〈丁〉使受损害：～人子弟|～了下一代了|～后代|聪明反被聪明～|这位老师教学不认真，简直是～人子弟！|如果放松教育，就会～了下一代。

【近义词】[形]错误；[动]❶耽误

【构词】误餐/误餐费/误场/误车/误点/误工/误国/误期/误杀/误伤/误事/误诊

6798 误差 丁

wùchā (error)

[名]测定的数值或计算中的近似值与准确值的差，如用 0.33 代替 1/3，误差为 1/300：～大|～小|有～|没～|计算的～|用这种方法测定出来的～极小|他们计算出的数值与准确值之间的～不大|由于计算上的～，险些造成事故。

【提示】“差”又读 chà，如“差一点儿”；又读 chāi，如“出差”；又读 cī，如“参差”。

【构词】补差/反差/落差/逆差/偏差/时差/视差/顺差/岁差/温差/相差

6799 误会(會) 乙

wùhuì (v. misunderstand; n. misunderstanding)

[动]误解对方的意思：～好意|～意思|～别人|～不了|不要～|别～|经常～|完全～|我刚才～了他的意思|你～了他，他并不是在责备你|把话说清楚点儿，就～不了了|我不是那意思，你千万别～|他已经～我好几次了。

[名]对对方不正确的理解：产生～|造成～|引起～|避免～|消除～|历史的～|很大的～|很深的～|一些～|一场～|经过解释，我们的～消除了|你玩笑开得太过分了，所以使他产生了～|因为一件小事，造成了他们之间很大的～|由于一场小小的～，使他们的关系一直不好|他们闹离婚原来是一些小～引起的。

【近义词】误解/曲解

【反义词】理解/了解/谅解

6800 误解 丁

wùjiě (misunderstand)

[动]理解得不正确：～朋友|～妻子|～下级|～意思|～好意|～发生|造成～|引起～|完全～|严重～|你～了他的话，他是为了你好才这么说的|因为一点儿小事，他～了好朋友|我～了这道题的意图，所以做错了。

【近义词】误会/曲解

【提示】作名词时意思是不正确的理解：他们之间的～消除了|他的话引起了对方的～。

X

6801 **西** 甲 〔部首〕西 〔笔画〕6

xī (west)

[名]❶四个主要方向之一，太阳落下去的一边：往～｜河～｜～门｜～屋｜往～一直走不拐弯，就看见那家商店了｜太阳从东边升上来，从～边落下去｜我住河东，他住河～｜邮局在路～，往前走几步就到了｜我们在学校～门等你。❷西洋；内容或形式属于西洋的：～药｜～餐｜～装｜他喜欢吃～餐｜他今天穿了一身新～服｜他家的家具全是～式的｜他在北京大学～语系工作。

【近义词】❶西边/西面/西部/西头

【反义词】❶东/东边/东面/东部/东头

【提示】西，姓。

【构词】西半球/西点/西法/西风/西宫/西葫芦/西画/西化/西历/西欧/西皮/西晒/西式/西天/西文/西学/西洋/西洋画/西洋参/西药/西语/西域/西装

6802 **西北** 乙

xīběi (northwest)

[名]西和北之间的方向：朝～｜～方向｜～风｜他家大门朝着～｜车子朝～方向开走了｜昨晚刮了一夜～风。

【反义词】东南

6803 **西边**(邊) 甲

xībian (west)

[名]四个主要方向之一，太阳落下去的一边：往～｜住～｜我看他们往～去了｜他住～那间小屋｜今天真是太阳打～出来了，他居然主动帮助奶奶干活儿了。

【近义词】西面/西部/西头/西

【反义词】东边/东面/东部/东头/东

6804 **西部** 乙

xībù (west)

[名]西边：～地区｜～山地｜西亚是指亚洲的～地区｜河北省～多山｜中国的地势～高，东部低｜青藏高原～终年积雪。

【近义词】西边/西面/西

【反义词】东部/东边/东面/东

6805 **西餐** 乙

xīcān (Western-style food)

[名]西式的饭食，吃时用刀、叉：吃～｜做～｜～馆｜这个饭店里有～、中餐，随你挑选｜他喜欢吃～｜她会做简单的～｜这家～馆还不错。

【反义词】中餐

6806 **西方** 乙

xīfāng (the west)

[名]❶四个主要方向之一，太阳落下去的一方：朝～｜月亮从～出来｜车子朝～驶去｜他家大门正对着～。❷指欧美各国：～国家｜～人｜～习惯｜他早年去～留过学｜我们要吸收～国家的先进科学和技术｜东方人和～人的饮食习惯很不一样。

【近义词】❶西边/西面/西部

【反义词】❶东边/东面/东部；❷东方

6807 **西服** 丙

xīfú (Western-style clothes)

[名]西洋式的服装,有时特指男子穿的西式上衣、背心和裤子:穿～|～上衣|～裤子|～背心|一套～|一身～|他每天穿着～去上班|我买了一件～上衣|这套～的样式、颜色都不错|他想定做一身～。

【近义词】洋服/西装

6808 西瓜 乙

xīguā (watermelon)

[名]❶一年生草本植物,茎蔓生。果实是大形的浆果,球形或椭圆形,果肉水分很多,味甜,是夏季很好的果品:种～|～地|今年～大丰收|他在院子里种了几棵～|这一片～地真不小。❷这种植物的果实:～甜|～大|吃～|切～|一个～|一块～|一角～|现在～已经大量上市|你给我切一小块～就够了|～的种类很多。

6809 西红柿(紅) 乙

xīhóngshì (tomato)

[名]一年生或二年生草本植物,全株有软毛,花黄色,结浆果,球形或扁圆形,红或黄色,是普通蔬菜:一斤～|～好吃|～酸|吃～|～汤|～可以生吃|～很有营养|这个～真酸|～鸡蛋汤好喝极了。

【近义词】蕃茄

6810 西面 乙

xīmian (west)

[名]太阳落下去的那一面:～的墙|～的山|我家～有一个大超级市场|把这张画挂在～的墙上|我们从～的山坡爬上去,从东面下来|房子～的那棵树是我种的。

【近义词】西边/西部/西头/西方

【反义词】东面/东边/东部/东头/东方

6811 西南 乙

xīnán (southwest)

[名]西和南之间的方向:～角|～方向|～部|～风|他家住在北京的～角|我们现在向～方向开|四川位于中国的～部|今天刮的是～风。

【反义词】东北

6812 西医(醫) 丙

xīyī (Western medicine)

[名]❶从欧美各国传入中国的医学:学～|研究～|～理论|他在学习～|他毕业以后继续研究～的医学理论和技术|～所用的药物,通常用合成的方法制成,或从天然产物中提制。❷运用西医的医学理论和技术治病的医生:看～|找～|相信～|今天他带孩子去看～|你的病得找个～看看|这个老太太就相信中医,不相信～|他是这里最好的～。

【反义词】中医

6813 吸 *乙

〔部首〕口
〔笔画〕6

xī (inhale)

[动]❶生物体把液体、气体等引入体内:～烟|～气|～氧|～进|大口～|使劲儿～|～烟对人体有害|他深深地～了一口气|这里的灰真大,我每天不知～进多少灰尘|他大口大口地～着新鲜空气|他几下子就把一瓶汽水～完了|风大,闭上嘴,要不～一肚子凉气多难受!❷〈丙〉吸收:～水|～尘|～油|～墨水|～光|～干|～净|～不了|～进去|～上去|这种纸不～水|这种料子特别～土|他用海绵把桌上的墨水～干了|茄子把锅里的

油全～进去了。❸〈丁〉吸引：可以用吸铁石把掉在地上的针～起来｜用磁铁可以～干净桌上的铁屑｜塑料梳子摩擦以后，能把纸屑～上去｜他用磁铁把地上的铁粉全～走了。

【近义词】❷吸收；❸吸引

【反义词】❶呼；❷排除；❸排斥

【构词】吸尘器/吸附/吸力/吸墨纸/吸食/吸吮/吸铁石/吸血鬼

6814 吸毒 丁

xī dú (drug taking)

吸食毒品，如海洛因、鸦片、可卡因、大麻等：～犯｜～分子｜～的恶习｜吸了三年毒｜～是犯罪行为｜他因～而倾家荡产｜他由于好奇而染上～的恶习｜他因为～而走上犯罪的道路｜要严厉打击～贩毒分子的罪恶活动。

【反义词】戒毒

【提示】离合词，中间可插入其他成分，如：吸过毒｜吸了毒。

6815 吸取 丙

xīqǔ (absorb)

[动]吸收采取：～养料｜～水分｜～蛋白质｜～力量｜～教训｜～经验｜～长处｜～精华｜可以～｜值得～｜需要～｜注意～｜认真地～｜不断～｜充分～｜尽量～｜花从泥土里～养料｜我们应该从这件事上～教训｜对民族文化遗产，要～它的精华，丢弃它的糟粕｜他们的成功经验值得我们～｜应该不断地从书本里～有益的知识｜他很注意～群众的智慧。

【近义词】吸收/采取/摄取/汲取

【反义词】排泄

6816 吸收 *乙

xīshōu (absorb)

[动]❶把外部、外界的某些物质、成分吸到内部：～水分｜～资金｜～劳动力｜～技术｜～知识｜～经验｜～得快｜～得充足｜值得～｜应该～｜加快～｜需要～｜多～｜充分地～｜容易～｜慢慢地～｜积极地～｜植物通过根～土壤里的水分｜他们～了兄弟单位的先进经验｜我们需要多～一些资金和劳动力｜我们要不断地从书本里～各种知识｜绿色植物可以～空气中的二氧化碳｜他的肠胃不好，～不了这么多的营养｜酸奶比牛奶容易～｜植物用根来～养分。❷〈丙〉物体使某些现象、作用减弱或消失：～声音｜～震动｜～光线｜～热量｜～电波｜～噪音｜弹簧可以～震动｜这种隔音板～声音的性能较好｜深色的衣服容易～热量。❸〈丙〉组织或团体接受某人为成员：～党员｜～团员｜～会员｜～知识分子｜～群众｜打算～｜～进去｜广泛～｜大批～｜大量地～｜～的对象｜这个乐团～了几个新团员｜合唱队～新队员，小王也被～进去了｜这个活动广泛～一些群众参加｜他们是最近被～进来的新会员。

【近义词】吸取/接受/接收

6817 吸烟/抽烟 乙

xī yān/chōu yān (smoke)

指吸纸烟或烟丝等：～有害｜吸一支烟｜喜欢～｜禁止～｜不许～｜～对身体有害｜～不利身体健康｜请吸支烟｜他从年轻就喜欢～｜公共场所禁止～。

【提示】离合词，中间可插入其他成分，如：吸了一盒烟｜吸支烟。

【构词】鼻烟/尘烟/炊烟/大烟/倒(dào)烟/旱烟/黄烟/禁烟/卷烟/烤烟/冒烟/人烟/水烟/香烟/硝烟/油

烟/云烟/纸烟

6818 **吸引** 乙

xīyǐn (attract)

[动]把别的物体、力量或别人的注意力引到自己这方面来：～人|～观众|～游人|～读者|～人才|～视线|～注意力|～火力|～过来|～进来|～回来|～不了|～住|互相～|故意～|日益～|突然～|深深地～|这本小说内容平平淡淡，一点儿也不～人|公园里的白兰花～了来往的游人|那个战士有意把敌人的火力～到自己这儿来，掩护老百姓撤退|动人的歌声把外边的人都～进来了|再精彩的足球赛也～不了我|墙上那幅油画把我～住了|我被这个感人的故事深深地～住了。

【近义词】招引

【反义词】排斥

6819 **牺牲**(犧) *乙 〔部首〕牛 〔笔画〕10

xīshēng (sacrifice)

[动]❶为了正义的目的舍弃自己的生命：～惨重|英雄～|～生命|～得英勇|～得光荣|愿意～|情愿～|宁可～|壮烈地～|无畏地～|在抗洪抢险中，他～了年轻的生命|先烈们为了中国的解放事业～得非常英勇|他宁可～自己宝贵的生命，也不能让国家财产和人民受损失|成千上万的英雄流血～，换来了今天的幸福生活|在解放那个村庄的战斗中，他壮烈地～了。❷〈丙〉放弃或损害一方的利益：～个人利益|～休息时间|～青春|～事业|～爱情|～学业|～钱财|他为了集体～了个人利益|他～个人的休假时间，积极参加抗洪救灾|为了帮助父亲干活儿养家，他～了个人的学业|他主动地～休息日为大家修理自行车、收音机等|为了革命事业，他只好～爱情。

【近义词】❶就义/捐躯/献身

6820 **稀** 丙 〔部首〕禾 〔笔画〕12

xī (rare)

[形]❶事物出现得少：～少|～有|这种动物在我国非常～少|我给你带了点儿～罕东西瞧瞧|晴天下雨并不是～有的事。❷事物之间距离远；事物的部分之间空隙大(跟“密”相对)：地广人～|月明星～|头发～|长(zhǎng)得～|种得～|写得～|放得～|这个地区地广人～，有待开发|他的头发长得真～|你这块菜地种得太～了，有点儿浪费土地|这里房子盖得～～拉拉|行与行之间不能太密，但也不能这么～呀！❸含水多；稀薄(跟“稠”相对)：粥～|面～|泥～|煮得～|和(huó)得～|～泥|粥～一点儿好吃|奶冲得这么～，孩子哪吃得饱呀！|汤面做得太～了，只见汤不见面|泥要和得稍微～点儿|他就喜欢在中间和～泥(比喻无原则地调解)。❹用在“烂”、“松”等词前，表示程度深：～烂|～松|他喜欢吃～烂～烂的饭|～松的点心适合老人儿童吃|这种事真够～奇的。

【近义词】❶少

【反义词】❶多；❷密；❸稠

【构词】稀薄/稀饭/稀罕/稀货/稀客/稀烂/稀奇/稀少/稀释/稀疏/稀松/稀有/稀里光当/稀里糊涂/稀里哗啦/稀汤寡水/稀稀拉拉

6821 **锡**(錫) 丙 〔部首〕钅 〔笔画〕13

xī (tin)

[名]金属元素，符号Sn(stannuon)。常

见的白锡为银白色，富有延展性，在空气中不易起变化，多用来镀铁、焊接金属或制造合金：涂～|焊～|～器|～合金|人们常用～纸来包装卷烟|工人们在铁器上镀上一层～|他的工作是制造和修理～器|那个地方有一个～矿。

【提示】锡，姓。

6822 **希望** 甲 〔部首〕巾 〔笔画〕7

xīwàng (v./n. hope)

[动]心里想着达到某种目的或出现某种情况：～成功|～成才|～批准|～参加|～交流|～帮助|～幸福|～团结|～富强|～愉快|～发展|殷切地～|衷心地～|～这次实验成功|～工作顺利|～通过毕业考试|人民～国家富强|衷心地～你们幸福、愉快|他～将来当一名大夫|父母殷切地～孩子将来成为一个有用的人才|他迫切地～找到一个理想的工作。

[名]❶希望达到的某种目的或出现的某种情况；愿望：～大|～渺茫|～实现|～破灭|抱着～|满怀～|寄予～|带来～|失去～|国家的～|老师的～|父母的～|群众的～|成功的～|批准的～|美好的～|惟一的～|他考上大学的～比较大|他抱着被录取的～来到这个公司|这些青年人给我们带来了～|我们对祖国的未来怀着美好的～|儿子成为有用的人才是父母惟一的～。❷希望所寄托的对象：我们把青年一代看做民族的～|我们把今天的大学生看成祖国的～。

【近义词】[动]盼望/期望/指望；[名]愿望

【反义词】[动]失望/绝望

【提示】作为表示心理活动的动词，可受程度副词修饰。

【构词】希罕/希冀/希奇/希求/希图/希有

6823 **膝盖(蓋)** 丁 〔部首〕月 〔笔画〕15

xīgài (knee)

[名]大腿和小腿相连的关节的前部：～破了|～疼|～肿|保护～|检查～|运动时～受了伤|一到阴天，他的～就隐隐作痛|滑冰时要注意保护～|大夫仔细地检查了他的～。

【近义词】膝

【构词】膝盖骨/膝头/膝下/膝行/膝痒搔背

6824 **熄** 丁 〔部首〕火 〔笔画〕14

xī (put out)

[动]熄灭：火～了|灯～了|～火|～灯|～得早|应该～|快～|森林的大火逐渐～下来|请乘客们快把烟～了|汽车可别～火，否则就发动不起来了|他们宿舍晚上10点～灯|晚会结束了，篝火应该～了|我们宿舍～灯～得早。

【近义词】熄灭/灭

【反义词】燃烧

6825 **熄灭(滅)** 丁

xīmiè (extinguish)

[动]停止燃烧；灭(灯火)：大火～了|蜡烛～了|篝火～了|灯光～了|战火～了|开始～|全部～|迅速地～|彻底地～|突然～|森林大火已经完全～了|晚会结束，篝火开始～|楼里的电灯突然～了|灶里的火眼看要～了，她赶紧又添了一把柴|希望的火炬永远不会～。

【近义词】熄/灭

【反义词】燃烧/点燃

6826 **溪** 丁 〔部首〕氵 〔笔画〕13

xī (brook)

[名]原指山里的小河沟,现在泛指小河沟:~水|~谷|清~|小~|山间的~水清澈见底|他们沿着小~向前走着|他们坐在小~旁欢快地说着唱着。

【构词】溪涧/溪流

6827 **袭击**(襲擊) 丙 〔部首〕衣 〔笔画〕11

xíjī (make a surprise attack on)

[动]❶军事上指出其不意地打击:~敌人|~哨兵|~村庄|~军事目标|~防线|~后方|~机场|~一回|进行~|遭到~|防备~|突然~|猛烈地~|~的目标|~的方式|敌人的~|我军~了敌人的最后一道防线|我方决定今晚~敌人的据点|这次~十分猛烈|敌人对我们的村庄进行了~|要做好准备,防备敌人的突然~|他们竟然将医院、学校也作为~的目标。❷比喻突然的打击:~草原|~沿海|~羊群|~庄稼|~行人|暴风雪的~|台风的~|狼群的~|野兽的~|暴风雪~了大草原|台风~了我国沿海城市|庄稼受到冰雹的~|这种病毒开始~人体|羊群突然受到狼群的~。

【近义词】攻击/侵袭/偷袭/进攻

【提示】袭,姓。

6828 **席** 丁 〔部首〕广 〔笔画〕10

xí (mat)

[名]❶用苇篾、竹篾、草等编成的片状物,用来铺炕、床、地或搭棚子等:铺~|织~|编~|草~|竹~|一领~|一床~|他们每天在家织~|这床~编得真细|夏天睡竹~非常凉快|床上铺了一床草~|这种~的质量还不错|这领~的宽窄正合适。❷某种场合或会议中的席位;坐位:入~|出~|缺~|退~|软~|硬~|贵宾~|来宾~|会议中不许中途退~|这几天没有人缺~|今天出~会议的人数约500人|前边是贵宾~,请大家坐后面去|我是坐软~卧铺来的。❸成桌的饭菜;酒席:摆~|吃~|一桌~|~摆好了,请大家入席|他们结婚摆了好几桌~|他昨天晚上又被人请去吃酒~了。

【近义词】❶席子;❷席位/坐位

【提示】①义项❶的"席",其繁体字为"蓆"。②席,姓。

【构词】席次/席地/席卷/席面/席位/席子/席不暇暖

6829 **席位** 丁

xíwèi (seat)

[名]集会时个人或团体在会场上所占的座位。特指议会中的席位,表示当选的人数:占~|获得~|来宾的~|自己的~|很多~|多少~|前面三排是来宾的~|请大家尽快找到自己的~|妇女代表在这次会议中占的~不少|他们在议会中获得将近一半的~。

6830 **习惯**(習慣) 甲 〔部首〕乙 〔笔画〕3

xíguàn (n. habit; v. be used to)

[名]在长时期里逐渐养成的、一时不容易改变的行为、倾向或社会风尚:~形成|~改变|~好|养成~|保持~|合乎~|违反~|改正~|演员的~|老人的~|卫生~|生活~|思考的~|老~|良好的~|~势力|~的做法|~的语气|他这种~是逐渐养成的|他一直保持饭后百步走的~|

要培养孩子良好的学习～|他们这种生活方式不合乎中国人的～|说话时摸摸头发是他～性的动作。

[动]常常接触某种新的情况而逐渐适应:生活～了|气候～了|工作～了|饮食～了|～吃辣椒|～新环境|～上夜班|～挤汽车|～潮湿|～汽油味|感到～|开始～|过得～|吃得～|住得～|呆～|完全～|基本～|我对北京的生活还不太～|我对这里的气候已经基本～|对于每天挤汽车上班感到特别不～|他已经完全～了白天睡觉晚上上班的生活方式|我现在过得很～了,不想再挪地方了|我已经～了吃北方饭|这个地方呆～了,觉得也不错|～吃辣椒以后,现在每顿饭都离不了它。

【近义词】[名]习气/习性/习俗

【提示】①作为表示心理活动的动词,“习惯”可受程度副词修饰。②习,姓。

【构词】习气/习尚/习性/习艺/习用/习字/习作/习以为常/习与性成

6831 习俗 丁

xísú (custom)

[名]习惯和风俗:～不同|～特殊|形成～|养成～|打破～|保留～|尊重～|了解～|研究～|调查～|少数民族的～|当地的～|农村的～|祭天的～|泼水节的～|抢婚的～|一般的～|各个民族的～都不一样|他们至今保留了祭天的～|我们应该尊重当地百姓的～|有些不文明的～应该改变|为了了解那个地区的～,他们专门去那里住了一个月。

【近义词】习惯/习性/风俗

6832 习题(題) 丁

xítí (exercises)

[名]教学上供练习用的题目:～多|～难|做～|出～|教学～|物理～|～解答|一道～|这课书后边的～真不少|今天的～虽然多,但都不难|学生们正在专心地做～|我的物理～错了一道,数学～错了好几道|你做完后,看看这本《数学～解答》。

6833 媳妇(婦) 丙

〔部首〕女 〔笔画〕13

xífù (daughter-in-law)

[名]❶儿子的妻子,也叫儿媳妇:～贤惠|～能干|～孝顺|好～|一个～|儿～|他家的～很能干|她的～非常孝敬公婆|她真有福气,有个孝顺～。❷晚辈亲属的妻子(前面加晚辈称呼):侄～|外甥～|孙～|这是他的侄～|那个是他外甥～|他的孙子都结婚了,那是他的大孙～。❸妻子;泛指已婚的年轻妇女:娶～|他的～|巧～|俏～|他30多了还没娶上～|他是村里出了名的巧～|今天他家娶～,你看多热闹!

【近义词】❶儿媳妇;❸妻子

6834 喜 丁

〔部首〕士 〔笔画〕12

xǐ (like)

[动]❶爱好;喜欢:～动|～静|～唱|～跳|～画|～酸|～甜|～新厌旧|好(hào)大～功|他的两个女儿一个～动,一个～静|这姐儿俩一个～跳,一个～唱|他最大的毛病是～新厌旧,女朋友不知换了多少个了|他总是好大～功,到头来,一事无成|他～甜,什么菜都要加点儿糖。❷某种生物适宜于什么环境;某种东西适宜于配合什么东西:～光|～水|～干|～荤|～油|大多数植物都～光|这种花～干,不用天天浇水|胡萝卜～羊肉,萝卜羊肉馅饺子特别好吃|海带～荤,

跟肉一起炖才好吃。

【近义词】喜欢/爱好

【反义词】厌/畏

【构词】喜报/喜蛋/喜封/喜歌/喜好(hào)/喜酒/喜剧/喜联/喜期/喜气/喜庆/喜色/喜事/喜糖/喜帖/喜兴/喜洋洋/喜盈盈/喜雨/喜出望外/喜从天降/喜眉笑眼/喜闻乐(lè)见/喜笑颜开/喜新厌旧/喜形于色

6835 **喜爱**(愛) 丙

xǐ'ài (like)

[动]对人或事物有好感或感兴趣:~京剧|~文学|~花草|~音乐|~思考|~集邮|~运动|~跳舞|~读书|~养狗|~热闹|~得要命|得到~|表示~|深深地~|由衷地~|异常~|~的目光|~的东西|~的人物|他非常~文学|他从小~音乐|父亲~安静,母亲~热闹|他家这只小狗,全家人都~得要命|他由衷地~这班学生|这是妈妈~的东西,可别弄坏了|他一向~吟诗作画。

【近义词】爱/爱好/喜欢

【反义词】讨厌/厌恶(wù)/憎恶(wù)

6836 **喜欢**(歡) 甲

xǐhuan (like)

[动]对人或事物有好感或感兴趣:~孩子|~学生|~音乐|~中国画|~春天|~大海|~唱歌|~游泳|~幻想|~撒谎|~生气|~帮助人|~干净|~漂亮|~极了|真心地~|由衷地~|~的地方|~的工作|~的东西|~的人|学生们都~这位老师|他~夏天去海边度假|他~骑自行车去旅行|他总是~挑剔别人|他是真心地~你|你不能勉强他去做他不~做的事|我很~夏天在院子里乘凉。

【近义词】喜爱/爱

【反义词】讨厌/厌恶(wù)/憎恶(wù)

【提示】"喜欢"是表示心理活动的动词,可受程度副词修饰。

6837 **喜鹊**(鵲) 丁

xǐque (magpie)

[名]鸟,嘴尖,尾长,身体大部为黑色,肩和腹部白色,叫声嘈杂。民间传说听见它叫将有喜事来临,所以叫喜鹊:~叫|一只~|人们说"~叫,喜事到"|树上有只~|应该保护~,别伤害它|槐树上有个~窝。

【近义词】鹊

6838 **喜事** 丁

xǐshì (happy event)

[名]❶值得祝贺的使人高兴的事:~临门|~传来|~多|盼着~|听到~|梦见~|遇见~|村里的~|学校里的~|国家的~|特大的~|振奋人心的~|一件~|一桩~|这几天~频频传来|这个月~特别多|告诉你一件你意想不到的大~。❷特指结婚的事:~新办|~热闹|准备~|办~|操办~|大办~|女儿的~|姐姐的~|现在主张~新办|今天王家办~,客人来得真不少|他这两天正在忙女儿的~呢!|他的~办得很简单,没有搞大吃大喝|要节约办~。

【近义词】❷结婚

【反义词】❷丧事

6839 **喜讯**(訊) 丁

xǐxùn (good news)

[名]使人高兴的消息:~传来|~多|带来~|听到~|盼着~|体育界的~|文艺界的~|丰收的~|收获的~|改革的~|胜利的~|成功的~|工业

战线上的～|特大的～|胜利的～不断从前方传来|他给我们带来了试验成功的～|全国人民都在盼着体育健儿胜利的～。

【近义词】佳音

6840 **喜悦** 丙

xǐyuè (happy)

[形]愉快;高兴:孩子～|农民～|心里～|内心～|充满～|满怀～|带着～|感到～|露出～|掩饰～|抑制～|无比～|～的心情|～的神情|～的目光|～的笑容|农民们看着绿油油的庄稼,心里感到万分～|他们怀着无比的～踏进了大学的校门|看到这种情景,人们掩饰不住内心的～。

【近义词】愉快/高兴/喜欢

【反义词】哀愁/忧愁/愁苦/忧伤

【构词】爱悦/和悦/欢悦/取悦/相悦/愉悦

6841 **洗** *甲 〔部首〕氵 〔笔画〕9

xǐ (wash)

[动]❶用水或汽油、煤油等去掉物体上面的脏东西:～脸|～手|～头|～衣服|～碗|～床单|～伤口|～几遍|～干净|～白|～掉|～完|～得了|～不动|～下去|～起来|使劲儿～|经常～|重新～|难～|他习惯用凉水～脸|床单太大了,我～不动|裤子上的油～不下来|用这种洗衣粉～,衣服上的油污全～掉了|这衬衫～得真白|这么厚的毛巾被真难～|我～了好几遍也没～干净。❷〈乙〉照相的显影、定影:～胶卷|～相片|～好|～完|～出来|～不清楚|这卷胶卷照完了,可以拿去～了|相片～好了,你看一下吧|您的相片还没～出来,明天来取吧|这几张～得不太清楚。❸〈丙〉把磁带上的录音、录像去掉:～掉|～干净|全部～|我不小心把前面一段录像给～了|这盘磁带都～掉,重录|录像带没～干净,还留了一点儿。❹〈丁〉玩牌时把牌搀和整理,以便继续玩:～牌|～几遍|多～～|好好～|该你～牌了|谁输了谁～牌|牌至少要～三遍|你多～它几遍。

【近义词】❶浣(huàn)/涤/濯(zhuó);❷冲/冲洗/洗印

【构词】洗尘/洗涤剂/洗劫/洗礼/洗练/洗牌/洗手/洗手间/洗刷/洗雪/洗衣粉/洗印/洗浴/洗耳恭听/洗洗涮涮(shuànshuàn)/洗心革面

6842 **洗涤**(滌) 丁

xǐdí (wash)

[动]用水或汽油、煤油等去掉物体上的脏东西:～门窗|～餐具|～衣物|～碗筷|～伤口|～油污|～灰尘|～血渍|～墨渍|～灵魂|～一遍|～几回|应该～|需要～|认真地～|不停地～|～的方法|～剂|～器|他的工作是～餐具|大夫在给病人～伤口|衣服上的墨渍～不掉|裤子上的油污～下来了|这些试管要好好儿～一下|你需要～脑子里的封建思想!|用～剂一下子就洗干净了。

【近义词】洗/洗濯(zhuó)

【提示】多用于书面语中。口语中说“洗”。

6843 **洗衣机**(機) 乙

xǐyījī (washing machine)

[名]自动洗涤衣物的电动机械装置,是一种常用的家用电器:～漂亮|～方便|～省力|一台～|一种～|买～|修理～|生产～|～的质量|～的造型|～的性能|新～|这种～价廉物美|

～洗衣服既省力又省时｜他买了一台“小天鹅”～｜这个厂又生产了一种新型～｜我厂生产的～质量相当好。

6844 **洗澡** 甲

xǐ zǎo (have a bath)

用水洗身体,除去污垢:～舒服｜～解乏｜喜欢～｜洗个澡｜洗热水澡｜洗温泉澡｜洗不了澡｜洗完澡｜天天～｜经常～｜孩子们非常喜欢～｜干完活儿洗个热水澡,真解乏｜我要到海边去洗个海水澡｜他习惯每天晚上洗完澡再上床睡觉｜今天我要去河里痛痛快快地洗个澡。

【近义词】沐浴

【提示】离合词,中间可插入其他成分,如:洗了一次澡。

【构词】擦澡/搓澡/泡澡

6845 **系** *甲 〔部首〕丿 〔笔画〕7

xì (department)

[名]❶高等学校按学科所分的教学行政单位:中文～｜物理～｜一个～｜各～｜～主任｜～办公室｜～领导｜～学生会｜他是北京大学中文～的学生｜这所大学有十多个～｜请各～的～主任出席会议｜请把学生的考试成绩交到～办公室｜今天下午召开全～大会,望大家准时参加。❷〈丁〉系统:语～｜水～｜这种语言属于汉藏语～｜他是我的直～亲属｜这一水～的河流所流经的地域很广。

【提示】“系”又读 jì,如“系鞋带儿”。

6846 **系列** 丁

xìliè (series)

[名]相关联的成组成套的事物:～产品｜～电视片｜～剧｜～比赛｜一～｜她今天买了一套～化妆品,价钱不太贵｜这几天正在播放大型～电视片《百年风云》｜我喜欢看～电视片｜北京市体育竞赛管理中心将举办游泳、乒乓球等～比赛｜他最近特别忙,有一～的工作等着他做｜职工们的工资、住房、孩子入托这一～的问题都要尽快解决。

6847 **系统**(統) 乙

xìtǒng (system)

[名]同类事物按一定的关系组成的整体:～完善｜～严密｜形成～｜建立～｜组成～｜破坏～｜打乱～｜文化～｜卫生～｜工业～｜语言～｜运输～｜血液～｜神经～｜呼吸～｜消化～｜循环～｜严密的～｜完好的～｜一个～｜一种～｜他们都是工业～的代表｜我们俩都属于卫生～｜他早就调离文化～了｜他的消化～没有病,所以吃饭还不错｜会场的座位是按～安排的｜这是呼吸～的病,您最好挂内科的号。

【近义词】体系

6848 **戏**(戲) 乙 〔部首〕又 〔笔画〕6

xì (play)

[名]戏剧,也指杂技:～不错｜～开演了｜～散了｜看～｜演～｜唱～｜听～｜说～｜编～｜马～｜京～｜把～｜～的开头｜一出～｜一场～｜一折～｜一段～｜这场～演得真好｜～都开演半天了,他才来｜爷爷听京～时还能跟着哼哼几句｜小时候,奶奶常带我去看～｜导演在给演员说～｜这出～的结尾是大团圆｜他喜欢看马～团的小丑表演。

【近义词】戏剧/戏曲

【构词】戏班/戏本/戏场/戏词/戏单/戏德/戏法/戏剧性/戏楼/戏路/戏码/戏迷/戏目/戏弄/戏评/戏情/戏曲/戏曲片/戏耍/戏台/戏文/戏匣子/戏

箱/戏言/戏衣/戏园子/戏院/戏装/戏子

6849 **戏剧**(劇) 丙

xìjù (drama)

[名]❶通过演员表演故事来反映社会生活中的各种冲突的艺术。是以表演艺术为中心的文学、音乐、舞蹈等艺术的综合。分为话剧、戏曲、歌剧、舞剧等,按作品类型又可分为悲剧、喜剧、正剧等:研究～|学习～|爱好～|～大师|～表演|～艺术|古典～|现代～|外国～|他是研究古典～的|他自小就爱好～|他正在学习～表演艺术|梅兰芳是中国有名的～大师。❷指剧本:～创作|～研究|～情节|～内容|他是搞～创作的|他们在进行～研究|～情节曲折动人,深深地打动了观众的心。

6850 **细**(細) *甲 〔部首〕纟 〔笔画〕8

xì (thin)

[形]❶(条状物)横剖面小:铅丝～|面条～|眉毛～|线～|头发～|～毛线|～粉丝|～腰|～得要命|～极了|笔尖太～了,稍一使劲儿就断了|这面条切得真～|她的眉毛又～又弯,真好看|我喜欢吃～粉丝|这件毛衣是用～毛线织出来的。❷〈乙〉颗粒小:沙子～|玉米面～|盐～|白糖～|～得很|磨(mò)得～|～盐|这玉米面磨得好～啊!|我家乡沙滩上的沙子～极了|你去买包盐,要～的,不要粗的。❸〈丙〉音量小:嗓子～|声音～|～声～气|～嗓子|小孩子说话声音很～|他说话像女人似的,～声～气|她说话声音很粗,一唱起戏来却～得要命。❹〈丙〉精细:做工～|编得～|做得～|～活儿|～瓷|他家的饭菜做得可～了|这旗袍做工真～|这套家具做得相当～|这布织得多～!|这些餐具都是～瓷的,我可不敢用|我只会干粗活儿,～活儿干不好|要庄稼长得好,就要精耕～作。❺〈丙〉仔细;详细;周密:人～|心～|考虑得～|讲得～|写得～|分析得～|看得～|别看他人小,心还挺～|这个人做事胆大心～|计划要订得～一点儿|我们老师上课时讲得特别～|不管什么问题都要考虑得～一些|让我来跟你～～地说。❻〈丙〉细微;细小:～账|～节|这么～小的事不要去计较了吧!|故事里那些很～的情节我已经记不清了|咱们只算大账,～账就不算了吧。

【近义词】❹精细;❺仔细/详细;❻细微/细小

【反义词】粗

【构词】细胞壁/细胞核/细布/细部/细菜/细点/细高挑(tiǎo)/细工/细活/细粮/细密/细目/细嫩/细腻/细巧/细情/细软/细碎/细谈/细微/细则/细账/细作/细皮嫩肉/细收细打/细水长流/细针密线/细枝末节

6851 **细胞** 丙

xìbāo (cell)

[名]生物体的基本结构和功能单位:～产生|～繁殖|～运动|～死亡|培养～|杀伤～|观察～|植物～|神经～|动物～|人体～|血液～|健康的～|～的功能|～的外膜|～的结构|～主要由～核、～膜、～质等构成|～有运动、营养和繁殖等机能|在显微镜下能看到植物的～|他身体内的癌～没扩散,可以手术治疗。

6852 **细节**(節) 丁

xìjié (details)

[名]细小的环节或情节:～感人|～真实|描写～|忽视～|注意～|观察～|生活～|历史～|故事～|这篇小说的～写得真感人|这个故事的～写得很真实|在调查这个事件时,这些～是不能忽视的|他平时不大注意生活中的～|写那段历史时,他忽略了一个很重要的～|老师把每个舞蹈动作的～都反复地作了示范。

6853 **细菌** 乙

xìjūn (bacterium)

[名]微生物的一大类,体积微小,必须用显微镜才能看见:～产生|～繁殖|培养～|杀死～|～的作用|～的种类|手上的～|食物上的～|在一定的温度下,～就开始繁殖|人们用人工的方法培养对人类有益的～|～的种类很多|～对自然界物质循环起着重大作用|被～污染了的食物不能吃|他吃了带～的东西,得了～性痢疾|人手上的～肉眼是看不见的。

6854 **细小** 丁

xìxiǎo (tiny)

[形]很小:声音～|音量～|事情～|针眼～|变化～|特别～|～的进步|～的区别|～的花纹|～的雨点|这针眼特别～,这根线我怎么也穿不过去|这些～的问题常常被人忽视|他最近有了～的进步|这两种电视机只有一些～的差别|剧中～的情节他也演得很认真|不要去计较那些～的事情。

【近义词】细微/微小

【反义词】洪大/粗大/巨大

6855 **细心** 乙

xìxīn (careful)

[形]用心细密:老师～|做事～|工作～|学习～|考试～|护理～|照顾～|修理～|化验～|饲养～|应该～|～极了|要求～|写得～|听得～|看得～|观察得～|相当～|特别～|～地做|～地照料|～人|他不论做什么都非常～|他考试时不～,看错一道题|她照顾两位老人特别～|干这种活儿,要求非常～才行|他们～地饲养着这些小动物|他是个～人,事情交给他办没问题。

【近义词】仔细/精心/小心

【反义词】粗心/马虎

6856 **细致**(緻) 丙

xìzhì (meticulous)

[形]精细周密:工作～|计划～|思想～|考察～|管理～|安排～|诊断～|调查～|应该～|需要～|想得～|讲得～|相当～|～地研究|～地测量|～的规划|工作计划订得很～|大夫给病人检查得十分～|参观日程的安排要～一些|对这个案件,他们审查得相当～|这件事必须进行深入～的调查。

【近义词】细腻/精细/细密

【反义词】粗糙/粗疏

6857 **瞎** *丙 〔部首〕目 〔笔画〕15

xiā (v. become blind; adv. blindly)

[动]丧失视觉;失明:眼～了|～眼|～得看不见|～不了|～了三年|完全～|差一点儿～|已经～|他的眼睛从小就～了|他小时候跟同学打闹弄～了一只眼|奶奶的眼睛～得一点儿也看不见了|他的眼病如果及时治疗就～不了|他的眼睛～了十几年了|一

次事故差一点儿把眼弄～了｜你～了！亮红灯了，还往前闯！

[副]〈丁〉没有根据地；没有来由地；没有效果地：～说｜～写｜～吵｜～操心｜～花钱｜～担心｜～跑｜～唱｜没有根据就别～说｜根本没有那回事，他在～说呢！｜他闲得没事干，就在本子上～画｜妈妈净～操心，其实什么事也没有｜好好在家，别到外边～跑｜她不会跳舞，在那儿～跳｜这几个孩子成天在一起～折腾｜这孩子很懂事，从来不～花钱。

【近义词】[动]失明；[副]乱

【构词】瞎扯/瞎吹/瞎话/瞎聊/瞎闹/瞎说/瞎眼/瞎指挥/瞎子

6858 **虾**(蝦) 丙 〔部首〕虫 〔笔画〕9

xiā (shrimp)

[名]节肢动物，身体长，分头胸部和腹部，体外有壳质的软壳，腹部由多数环节构成，头部有长短触角各一对，胸部有脚，第一对最大，末端的形状像钳子。生活在水中，会跳跃，捕食小虫：～好吃｜～鲜｜吃～｜活～｜～的种类｜～的味道｜这～真好吃｜这～有点儿不太新鲜｜我最喜欢吃炸大～｜他买了一斤活～｜～的种类很多，有青～、龙～、对～等｜～肉包饺子别提多好吃了。

【构词】虾酱/虾米/虾皮/虾仁/虾兵蟹将

6859 **峡**(峽) 丁 〔部首〕山 〔笔画〕9

xiá (gorge)

[名]两山夹水的地方(多用于地名)：三门～｜青铜～｜长江三～｜三门～在中国河南省｜青铜～在中国宁夏回族自治区｜长江三～两岸的风景美极了。

6860 **峡谷** 丙

xiágǔ (canyon)

[名]河流经过的深而狭窄的山谷，两旁有峭壁：有名的～｜大～｜春天的繁花开遍～｜科罗拉多大～是世界自然奇景之一｜这个～已开辟为国家公园，每年来游览的人络绎不绝｜山中到处是～。

6861 **狭隘**(狹) 丁 〔部首〕犭 〔笔画〕9

xiá'ài (narrow)

[形]❶宽度小：道路～｜街道～｜胡同～｜楼梯～｜确实～｜相当～｜～的关口｜～的河床｜～的山道｜～的居室｜前边的道路非常～｜这条胡同十分～，汽车开不进去｜他家的楼梯～，两个人不能并排走｜他们通过了一条～的山道。❷(心胸、气量、见识等)局限在一个小范围里；不宽广；不宏大：心胸～｜气度～｜眼光～｜见识～｜生活～｜范围～｜～得厉害｜变得～｜～地认为｜别看他是男子汉，心胸～得很｜这点儿小事都忍受不了，真是气度太～了｜他的生活圈子太～了，应该多参加一些集体活动｜他总以～的眼光去看问题｜不要～地去理解别人的话。

【近义词】❶狭窄/狭小

【反义词】❶宽敞/宽广/宽阔/广阔；❷开阔/坦荡

【构词】狭长/狭小/狭路相逢
关隘/险隘/要隘

6862 **狭窄** 丁

xiázhǎi (narrow)

[形]❶宽度小：房屋～｜～的地方｜～的走廊｜这个山洞的出口十分～｜前边在修马路，原本就很拥挤的街道变

得更～了｜路修好以后，原来～的公路变得宽阔起来。❷（心胸、见识等）不宏大宽广：心胸～｜心眼儿～｜气量～｜眼界～｜知识～｜专业～｜实在～｜～的气度｜心胸～对身体没有好处｜他一直生活在学校的小圈子里，眼界十分～｜你学的这个专业领域比较～。

【近义词】❶狭小/窄小；❷狭隘

【反义词】❶宽广/宽阔；❷开阔/宽广

6863 **霞** 丁　〔部首〕雨　〔笔画〕17

xiá (rosy clouds)

[名]彩色的云：早～｜晚～｜红～｜彩～｜～光｜一片～｜～光把天空映照得通红｜我从来没见过这样美丽的彩～｜天空彩～就像仙女们织的锦缎｜我爱看早～，更爱看晚～。

【近义词】彩霞/霞光

【构词】霞光

6864 **下** *甲　〔部首〕一　〔笔画〕3

xià (descend)

[动]❶由高处到低处：～山｜～楼｜～车｜～飞机｜～半旗｜～床｜～水｜～地｜～得快｜～不来｜快～｜慢慢儿～｜天不早了，咱们～山去吧｜客人们都～楼吃饭去了｜太阳已经～去了｜他刚～飞机｜车上的人都～完了｜太高了，我～不来｜别着急，一个个地～。❷（雨、雪等）降落：～雨｜～雪｜～霜｜～雹子｜～得大｜～得厚｜继续～｜～个不停｜～了几天｜外边～雨了，快进来吧！｜昨晚那场雪～得真不小｜看来，这雨～不大｜这雾～得什么也看不见｜这雨一连～了好几天｜看！外边～的不是雨，是冰雹！❸到规定时间结束日常工作或学习等：～课｜～班｜～操｜～工｜～学｜我们8点上课，10点～课｜都7点了，爸爸怎么还没～班？｜～操后，同学们纷纷走进教室｜已经～班半小时了，工人们都回家了｜我们今天的课早～了5分钟｜今天是周末，提前10分钟～班。❹用在动词后作补语：a.表示由高处到低处：坐～｜躺～｜放～｜倒～｜传～｜你们坐～谈｜他已躺～了，你明天来吧｜快把箱子放～。b.表示有空间能容纳：坐得～｜放得～｜站不～｜容不～｜这个剧场坐得～3000人｜屋子太小，放不～三张床｜床太小，睡不～三个人。c.表示动作的完成或结果：打～｜定～｜准备～｜他的外语已经打～了很好的基础｜我已经定～计划了。❺〈乙〉发布；投递：～命令｜～通知｜～战书｜～指示｜～文件｜～请帖｜～聘书｜录取通知书这两天就会～来｜这活儿怎么干，您～命令吧！｜他就会给别人～命令！｜公司给他～了聘书，过两天就得去上班了｜赶快～请帖，否则就来不及了｜中央的文件很快就会～到各个机关学校。❻〈乙〉去；到（场所）：～乡｜～车间｜～馆子｜～工地｜～基层｜～厨房｜他经常～乡去搞调查｜厂长亲自～车间检查工作｜天不亮他们就～地干活儿了｜他们每星期都～馆子｜今天老王亲自～厨房做他的拿手菜｜这么高级的饭馆我可～不起。❼〈乙〉进行（棋类游艺或比赛）：～棋｜～象棋｜～围棋｜～输了｜～赢了｜～得好｜～得高明｜～完｜～两小时｜～一会儿｜经常～｜痛痛快快地～｜乱～｜咱们～盘棋吧！｜这次我～输了｜这棋～得高明｜都～了三小时了，还没～完呢！｜放假了，咱们好好儿地～它几盘｜他不会～棋，乱～。❽〈丙〉退场：五号～｜～场｜～台｜运动员～场了｜他刚当了几天主任就～台了｜那个演员～场时捧着一大把鲜花｜教

练请求换人，6号运动员～，9号上。❾〈丙〉(动物)生产：我家的老母鸡一天～一个蛋|那头老母猪～了一窝小白猪|你家的猫下次再～小猫时送我一只好吗？❿〈丁〉放入；投入：～面条|～饺子|～种|～网|～鱼苗|～鱼饵|～毒药|～本钱|～功夫|～力气|～多|～完|水开了，可以～饺子了|鱼饵已经～好了，但鱼就是不上钩|咱们中午就～点儿面条吃算了|他想赚钱，又不肯～本钱|你好好～点儿功夫就一定能学会。⓫〈丁〉做出(言论、判断等)：～保证|～结论|～定义|～决心|不要过早地～结论|他向老师～了保证，以后不再旷课了|到底去不去，到现在还～不了决心|这个定义～得很准确|这个词的注释很难～|不要轻易地给人～结论，还要多观察观察。⓬〈丁〉使用；开始使用：～刀|～笔|～药|～手|这么大一只鸡，我真不知从哪儿～刀|工作太多太杂，不知从哪儿～手|给病人～药很重要，～多了不行，～少了也不行|刀～得轻点儿，雕刻是个细活儿，得特别注意|想写的话很多，真不知从哪儿～笔。⓭〈丁〉卸除；取下：～装|～武器|～枪|～窗户|演员们开始～装了|把他手里的枪给～了！

【反义词】上

【构词】下巴/下摆/下半旗/下半晌/下半天/下半夜/下辈/下辈子/下笔/下不来/下不去/下操/下策/下层/下场/下场门/下乘/下垂/下蛋/下等/下地/下第/下跌/下定/下饭/下风/下工/下跪/下锅/下海/下嫁/下贱/下九流/下酒/下款/下力/下联/下流/下楼/下马/下马威/下品/下聘/下坡/下棋/下人/下山/下身/下士/下世/下手/下书/下属/下水/下水道/下体/下田/下帖/下头/下文/下问/下弦/下陷/下限/下咽/下药/下野/下意识/下议院/下狱/下葬/下账/下肢/下种/下装/下坠/下笔成章/下不为例/下车伊始/下毛毛雨

6865 下 *甲

xià (below)

[名]❶低处的位置：山～|桌～|床～|脚～|楼～|上有天堂，～有苏杭|把箱子放在床～|山～有一条小河|他住楼上，我住楼～|你敢从这儿往～跳吗？❷指即将到来的或次序靠后的(时间、人或事物)：～次|～星期|～个月|～半年|～一个|他今天不在家，我～次再来|～个月的报纸还没订呢！|他～半年要出差|这个病人看完了，请你叫～一个进来|这次就算了，可～不为例啊！❸〈乙〉表示属于一定范围、情况、条件等：在这种情况～|在这种条件～|在党的领导～|这笔款子记在我的名～。

【反义词】❶❷上

6866 下 甲

xià (m. time)

[量]❶指动作次数：看一～|敲三～|打几～|研究一～|讨论一～|改一～|请你念一～|钟刚敲过三～|他的嘴动了一～，没说什么|这个问题我要好好想一～再回答|请你跟他说一～这件事|他让自行车碰了一～。❷表示本领、技能，前面只能加“两”、“几”：有两～(子)|这么几～|他真有两～子|我就会这么几～|他不就这么两～吗！有什么了不起的！

【近义词】❶次

6867 下班 乙

xià bān (be off duty)
每天规定的工作时间结束：～早|6点～|提前～|～时间|～以后|他们工厂～早|我每天5点半～|我得早点儿～，去幼儿园接孩子|今天～时间提前了|～以后我们去咖啡馆喝点儿什么吧。
【反义词】上班
【提示】离合词，中间可插入其他成分，如：下了班|下早班。

6868 **下边**(邊) 甲

xiàbian (below)
[名]下面：写在～|放在～|住在～|桌子～|本子～|听，～有人喊你的名字|裙子～太瘦了，请改得肥一点儿|请把日期写在～|这张双层床，哥哥睡在～，弟弟睡在上边|他的家就在那座山的～。
【近义词】下面/下头
【反义词】上边/上面/上头

6869 **下达**(達) 丁

xiàdá (transmit to lower levels)
[动]向下级发布或传达（命令、指示等）：～通知|～命令|～指示|～得及时|～得快|立即～|迅速～|已经向各单位～通知了|这个指示必须赶快～|这个指示～得十分及时|这个通知早就～到各个机关学校了。
【近义词】下

6870 **下放** 丁

xiàfàng (transfer〔power〕to a lower level)
[动]❶把某些权力交给下层机构：权力～|财权～|管理～|～权限|必须～|要求～|准许～|主张～|希望～|尽快地～|大胆地～|完全～|适当地～|他主张权力～|他们决定把资金～到下属单位|应该适当地～一些权力|工厂把管理的责任～到各个车间。❷把干部调到下层机构去工作或送到农村、工厂、矿山去锻炼：干部～|机关～|剧团～|～农村|～工厂|～连队|～边疆|请求～|动员～|号召～|安排～|大批～|单独～|统一～|～干部|～的地方|干部定期～劳动|领导～农村劳动锻炼|上级动员干部～车间劳动|他们是刚来山区的～干部。

6871 **下级**(級) 丁

xiàjí (lower level)
[名]同一组织系统中等级低的组织或人员：～组织|～机关|你是上级，我是～，我得听你的|～组织应该服从上级组织|他在那个部的～机关工作|他的态度带着上级对～说话的那种优越感|我们跟他是上～关系。
【反义词】上级

6872 **下降** 丙

xiàjiàng (descend)
[动]从高到低；从多到少：气温～|水位～|成绩～|威信～|飞机～|物价～|成本～|～得多|～得快|～不了|开始～|继续～|不断～|逐渐～|突然～|今天的气温～了一点儿|由于干旱，水位～得很快|物价基本平稳，有的甚至稍有～|最近他的学习成绩开始～|飞机正在慢慢～|由于寒流，这两天的气温突然～了10℃|他们公司不讲信用，因而声誉逐渐～|父亲不以身作则，在儿子的心目中的威信大大地～。
【近义词】降低/降落

【反义词】上升/升高

【提示】“降”又读 xiáng，如“投降”。

【构词】沉降/递降/光降/空降/普降/起降/伞降/升降/霜降

6873 **下课**(課) 甲

xià kè (finish class)

上课时间结束：12 点～|下英语课|下第一节课|～5 分钟|快～了|马上～|提前～|我每天早上 8 点上课，12 点～|你下第二节课时到办公室来一下|已经～10 分钟了，他可能回宿舍了|快要～的时候，有人来找他|下午要去参观，所以提前 10 分钟～。

【反义词】上课

【提示】离合词，中间可插入其他成分，如：下了课|下第二节课|下不了课。

6874 **下来**(來) *甲

xià lái (come down)

❶由高处到低处来：从山上～|从楼上～|从树上～|从省里～|从部里～|他们从这边上去，从那边～|她从楼上～了|快从树上～！|这个干部是从省里～的|从那座山上～了几个人。❷〈乙〉指谷物、水果、蔬菜等成熟或收获：新粮食～了|豌豆～了|西瓜～了|快～了|新～的|新鲜的玉米～了，不要买冷冻了的|现在西瓜快～了|这是新～的桃子。❸〈乙〉用在动词后作补语：a.表示由高处向低处或由远处向近处来：摘～|拿～|跳～|流～|滑～|他从树上摘～两个苹果|这本画报是从书架上拿～的|他不小心从车上摔～。b.表示从过去继续到现在或从开始继续到最后：传～|保存～|坚持～|保留～|这个故事是从古代流传～的|这幅画是由爷爷保存～的|他虽然跑得很累了，但还是坚持～了。c.表示动作的完成或结果：记录～|停～|复制～|记～|写～|详细情况都已经记录～了|车子慢慢停～|他刚才说的话我都录～了。❹〈丙〉用在形容词后表示程度继续增加：黑～|少～|暗～|天色渐渐黑～|街上的车辆少～|戏要开演了，大厅的灯光渐渐暗～。

【近义词】下去

【反义词】上来/上去

6875 **下列** 丙

xiàliè (following)

[形]下面所开列的：～句子|～词语|～问题|～几点|～注意事项|～说明|请把～句子翻译成英文|请用～词语造句|使用方法请看～说明|预防传染病，应注意～几点。

【近义词】下面

【提示】一般作定语，不单独作谓语。

6876 **下令** 丁

xià lìng (order)

下达命令；发布命令：～出击|～解散|～撤退|～逮捕|下通缉令|下逮捕令|下戒严令|下驱逐令|下调令|司令部～向敌人阵地出击|公安局～逮捕那些罪犯。

【提示】离合词，中间可插入其他成分，如：下过令|下了一道令。

6877 **下落** 丁

xiàluò (whereabouts)

[名]寻找中的人或物所在的地方：～不明|寻找～|打听～|发现～|侦察～|有～|朋友的～|孩子的～|枪支的～|凶手的～|珠宝的～|款子的～|那笔款子至今～不明|最近获悉，他

的亲人已经有了～|他到处打听老同学的～|他们已经得知珠宝的～|他们在山上搜索凶手的～|他们在山洞里发现了那只箱子的～|五十多年来,他一直在寻找失散的弟弟的～。

【近义词】去向

6878 **下面** 乙

xiàmian (below)

[名]❶位置较低的地方:大桥～|山～|椅子～|书架～|词典～|～的抽屉|他家住在大桥～|那座山～有个小村子|那本书在书架～|球滚到桌子～去了|那件衣服好像放在～的那个箱子里了。❷次序靠后的部分;文章或讲话中后于现在所叙述的部分:～的节目|～请王小姐给我们表演舞蹈|～请听歌曲《黄河颂》|～我要讲的是这种传染病的预防问题|～的一个节目是相声。❸指下级或基层:去～|看～|～的情况|领导干部要常到～去看看|当领导的,不要只看上面,不看～|他对～的情况了如指掌。

【近义词】下边/下头

【反义词】上面/上边/上头

6879 **下去** *甲

xià qu (go down)

❶由高处到低处去:从这～|下山去|下乡去|下车去|下楼去|他们已经从那边～了|快下车去追那个小偷|我下楼去看看谁来了|从这儿～就看见售票处了|请大家～吧,车走不了啦!❷〈乙〉用在动词后,作补语:a.表示由高处向低处或由近处向远处去:跳～|滚～|掉～|倒～|流～|扔～|走～|那个运动员真棒,能从那么高的地方跳～|他从山上跑～了|球从楼上滚～了|你接着,我马上把书包给你扔～。b.表示从现在继续到将来:说～|唱～|坚持不～|进行～|学～|请你接着说～|他唱着唱着忽然唱不～了|不管怎样你也得坚持～|困难再大,我也要干～。❸〈乙〉用在形容词后,表示程度继续增加:冷～|瘦～|暗～|坏～|天气一天天冷～|老人一天天瘦～|大厅里的灯光渐渐暗～|他的身体逐渐坏～。

【近义词】下来

【反义词】上去/上来

6880 **下台(臺)** 丁

xià tái (step down from the stage)

❶从舞台或讲台上下来:演员～|走～|刚～|从左边～|演员们已经～,正在卸装|老师走下讲台看学生做练习|他从右边～,你从左边上台|那个演员刚～,又走上台去谢幕。❷指卸去公职或交出政权:总统～|主任～|要求～|赶～|被迫～|～干部|他刚当了几天官就～了|群众要求那个干部～|因不称职,他被群众赶～了|他刚～没几天|他现在是～干部。❸比喻摆脱困难窘迫的处境(多用于否定式):下不了台|他的话使我下不了台|刚才他的态度真让我下不了台|你这样做,让人家下不了台,多不好啊!

【反义词】上台

【提示】离合词,中间可插入其他成分,如:下了台|下不了台。

6881 **下午** 甲

xiàwǔ (afternoon)

[名]从正午12点到半夜12点的一段时间,一般也指从正午12点到日落的一段时间:从上午到～|每天～|一个～|～你做什么?|我们～不上课|从上午到～办公室都有人值班|每天～

都去游泳|他整个～都在练习小提琴|他今天睡了一个～。

【反义词】上午

6882 **下乡**(鄉) 丁

xià xiāng (go to the countryside)

到农村去:～调查|～劳动|～锻炼|经常～|下几次乡|学生们～搞社会调查|老师带学生～劳动|干部经常～参加农业劳动|他们～收麦子去了|他一年总要下几次乡。

【提示】离合词,中间可插入其他成分,如:下过乡|下了一次乡。

6883 **下旬** 丙

xiàxún (the last ten-day period of a month)

[名]每月21日到月底的日子:这月～|下个月～|每月～|7月～|他出差了,下月～回来|10月～,他们准备出去旅游|每月～交水电费。

【反义词】上旬

6884 **下游** 丙

xiàyóu (lower reaches)

[名]❶河流接近出口的部分:长江～|黄河～|～的水势|～的流速|黄河～泥沙很多|他的家乡就在长江～|～的水势很猛|他们在测量河流～的流速|他从～坐船去上海。❷比喻落后的地位:甘居～|处于～|在工作中不能甘居～|工作中不能总处于～,要敢于争上游|要力争上游,不能甘居～。

【近义词】下流

【反义词】上游

6885 **夏** 甲 〔部首〕夂 〔笔画〕10

xià (summer)

[名]夏季:初～|立～|～初|～末|～粮|～收|这里的气候冬长而冷,～短而热|一年的四季是春、～、秋、冬|转眼正是～末秋初|办公室里没有人,人们都去参加～收了|今年的～粮收购任务已圆满完成|这里的～季气温比内陆地区低。

【近义词】夏季/夏天

【反义词】冬

【提示】夏,姓。

【构词】夏播/夏布/夏锄/夏历/夏粮/夏令/夏令营/夏日/夏收/夏娃/夏衣/夏耘/夏至/夏种(zhòng)/夏装

6886 **夏季** 丙

xiàjì (summer)

[名]一年的第二个季节,中国习惯指立夏到立秋的三个月时间。也指农历"四、五、六"三个月:～的气候|～的温度|～的粮食|青岛的～没有酷暑,是旅游避暑胜地|这里～的温度最高达到40℃左右|今年～的粮食普遍获得丰收。

【近义词】夏天

【反义词】冬天/冬季

6887 **夏天** 甲

xiàtiān (summer)

[名]夏季:～凉快|～热|过～|～的天气|北京的～|～是游泳的最好季节|这个地方～热,冬天冷|他们全家利用假期到海边去过～|我不喜欢这里的～|今年的～比往年热得早。

【近义词】夏季

【反义词】冬季/冬天

6888 **吓**(嚇) 乙 〔部首〕口 〔笔画〕6

xià (frighten)

[动]使害怕：～孩子｜～人｜～坏｜～死｜～跑｜～病｜～呆｜～傻｜～破胆｜～得直哭｜～得直哆嗦｜～不倒｜～一跳｜小声点儿，别～了孩子｜他那个样子真～人｜昨晚那场台风可把我～坏了｜那场交通事故中我虽没出事，但从此我～破了胆，再也不敢开车了｜看到这个情景，他～呆了｜罪犯们在公安干警面前～得直哆嗦｜再大的困难也～不倒他｜你进来一点儿声音也没有，把我～了一跳。

【近义词】吓唬

6889 **掀** 乙 〔部首〕扌 〔笔画〕11

xiān (lift)

[动]使遮挡覆盖的东西向上离开；揭：～盖儿｜～被子｜～窗帘｜～门帘｜～书｜～牌｜～掉｜～开｜～起｜～得快｜～不起来｜往上～｜他～开锅盖看看里边是什么饭｜他把褥子～起来找东西｜地毯太重，～不动｜大风～动着窗帘。

【近义词】揭

【反义词】盖

6890 **掀起** 丁

xiānqǐ (lift)

[动]❶揭起：～盖子｜～窗帘｜～被子｜～书｜～褥子｜～地毯｜他～窗帘往外一望，下雪了｜他～一块大石头｜他～锅盖拿了一个馒头｜微风～她的衣角｜大风把草屋的屋顶～来刮跑了。❷翻腾；往上涌起：大海～了巨浪｜江水～了波涛｜大浪一下子～了好几丈高。❸使运动等大规模地兴起：～高潮｜～辩论｜～热潮｜蓬勃地～｜大规模地～｜轰轰烈烈地～｜全厂～了增产节约运动｜全校～激烈的辩论｜群众性的体育活动正在各地～｜降低成本、提高质量的热潮正在蓬勃地～。

【近义词】❶揭起；❷涌起；❸发起/兴起

【反义词】❶覆盖；❷落/平息；❸压制/镇压/平息

6891 **先** 甲 〔部首〕儿 〔笔画〕6

xiān (adv. before; n. earlier)

[副]表示时间或次序在前：～走｜～上｜～说｜～念｜～学｜～到｜你～走一步，我随后就来｜让老人～上车｜今天～学到这儿｜你～不要着急，我们一起来想想办法｜我们同时出发，他比我～到10分钟｜他家吃饭的习惯是～喝汤后吃主食。

[名]❶靠前的时间或顺序：不分～后｜有言在～｜买东西也要有个～后，挤什么？｜咱们有言在～，谁干坏了谁负责｜你什么时候走，事～要告诉我一声。❷祖先；上代：～辈｜～人｜～母｜这是～父留下的东西｜～辈多已去世，只有祖父依然健康地活着。

【反义词】后

【提示】先，姓。

【构词】先辈/先慈/先导/先父/先河/先觉(jué)/先例/先烈/先母/先期/先遣/先驱/先天/先头/先贤/先行官/先行者/先严/先验论/先兆/先哲/先知/先祖/先睹为快/先发制人/先见之明/先来后到/先礼后兵/先人后己/先入为主/先声夺人/先天不足/先斩后奏

6892 **先锋**(鋒) 丁

xiānfēng (pioneer)

[名]作战或行军时的先头部队，旧时也指率领先头部队的将官，现在多用于比喻起先进带头作用的人或组织：

打～|开路～|革命的～|改革的～|时代的～|～战士|～队|～作用|～的称号|执行这项任务,我们班担任～|在技术革命的道路上,这些年轻人成了开路～|人人争当改革的～|他们是工业战线上的～|他们不愧为无产阶级的～战士|在各条战线上,青年一代都起着～作用。

【近义词】先驱/先行/前锋

【反义词】后卫

6893 **先后**(後) 乙

xiānhòu (n. early or late; adv. successively)

[名]先和后:分～|有～|～次序|～顺序|做事情要分清～|他做事不分～,所以显得特别忙乱|别挤,请按～次序排队上车|请按～顺序把卡片整理好|这些资料我已整理好,别打乱～顺序。

[副]前后相继:～参加|～发表|～担任|～去过|他～参加过三次科学讨论会|他在报刊上～发表了四篇文章|他～做过三次手术|我～收到他五封信|他～游览了故宫、天坛、长城等。

6894 **先进**(進) 乙

xiānjìn (advanced)

[形]进步比较快,水平比较高,可以作为学习的榜样的:技术～|方法～|经验～|武器～|工具～|管理～|经营～|～得很|～人物|～企业|～集体|～典型|～行列|～工作者|～教师|十分～|相当～|这个厂的设备十分～|他们的电器比较～|他们那套管理方法相当～|我们单位每年都要评～工作者|他们小组被评上了～集体|我们有很多产品已经进入世界～行列|各个单位都在学习他的～事迹。

【反义词】后进/落后/保守

6895 **先前** 丁

xiānqián (before)

[名]泛指以前或指某个时候以前:～我们曾在一个单位工作过|这个地方～曾是一片荒地|他～来过几次|他的身体比～好多了|这件事我～一点儿也不知道。

【近义词】以前

【提示】"以前"可以放在动词后,如"上课以前"、"吃饭以前"、"出发以前"等;"先前"不能这样用,不能说"上课先前"。

6896 **先生** *甲

xiānsheng (teacher)

[名]❶老师:王～|刘～|李～是我们系的英语老师|王～教我们语文|今天有几个问题来向～请教|～,这个问题我还有些不明白。❷对知识分子的称呼:刘～|王～|张～在家吗?|王～家的书真多|刘～最近又发表了一篇论文。❸〈乙〉称别人的丈夫或对人称自己的丈夫(都带人称代词作定语):你～|我～|她～|代我向你～问好|我～最近又出差了|她的～真是一个热心人。❹〈丙〉旧时指管账的人或以说书、相面、算卦、看风水等为业的人:账房～|算命～|风水～|他过去给一家商号当过账房～|奶奶还挺相信算命～的话|他家盖房时,想请风水～来看看风水。

【近义词】❶老师;❸丈夫

6897 **先行** 丁

xiānxíng (v. go ahead of the rest; adj. beforehand; going before)

［动］先进行；预先进行：军队～｜运输～｜粮草～｜农业～｜技术～｜～解决｜～准备｜～储备｜～筹备｜～占领｜～通过｜～传达｜兵马未到，粮草～｜这些问题必须～解决｜他们～占领了那个山头｜他们单位～传达了那个文件。

［形］走在前面的：～者｜～部队｜铁路运输就是国民经济的～部门｜～部队定于明日凌晨出发｜他们是我厂技术改革的～者。

6898 **仙女** 丁　〔部首〕亻 〔笔画〕5

xiānnǚ (fairy maiden)

［名］年轻的女仙人：～下凡｜美丽的～｜天上的～｜～来到人间｜牛郎请求～做他的妻子｜她漂亮得像～｜她像天上的～一样美丽。

【构词】仙丹/仙方/仙鹤/仙家/仙界/仙境/仙客来/仙人/仙人球/仙人掌/仙人柱/仙山/仙乡/仙子/仙风道骨/仙山琼阁

6899 **鲜**(鮮) *乙　〔部首〕鱼 〔笔画〕14

xiān (fresh)

［形］❶新鲜：～肉｜～虾｜～啤酒｜～桃｜这个菜市场的鱼、虾比较～｜今天买点儿～牛肉包饺子吃｜他不大吃肉，每天就吃点儿～菜～水果。❷(花朵)没有枯萎：～花｜这不是假花，是～花｜他买了一些～花去送朋友｜他家花瓶里～花不断。❸〈丙〉鲜美：味道～｜螃蟹～｜这鱼汤真～｜他做菜从不放味精，味道也很～｜这汤里加点儿鸡精就更～了。

【近义词】❶❷新鲜；❸鲜美

【提示】鲜，姓。

【构词】鲜果/鲜活/鲜亮/鲜美/鲜嫩/鲜血/鲜艳

6900 **鲜红**(紅) 丁

xiānhóng (bright red)

［形］鲜艳的红色：颜色～｜枫叶～｜花～｜喜欢～｜抹得～｜染得～｜～的国旗｜～的血液｜～的嘴唇｜～的朝霞｜这花的颜色～～的｜她的嘴唇涂抹得～｜～的旗帜在高高飘扬｜她穿了一件～的雨衣。

6901 **鲜花** 乙

xiānhuā (fresh flowers)

［名］新鲜的花朵：一束～｜一朵～｜一盆～｜一把～｜我带着一束～去看病人｜他送朋友一把～｜他家花瓶总插着～。

6902 **鲜明** 丙

xiānmíng (bright)

［形］❶(颜色)明亮：色调～｜颜色～｜画面～｜图案～｜画得～｜十分～｜油画的色彩十分～｜这块丝绸的颜色非常～｜那条绿色图案的台布铺在桌子上，显得色调十分～。❷分明而确定，一点儿也不含糊：主题～｜态度～｜立场～｜旗帜～｜～的对比｜～的倾向｜他对这个问题态度十分～｜这个乐曲的主题不够～｜这篇文章的观点写得非常～｜走到前边的十字路口，可以看到一个十分～的标志｜这两个球队的实力形成了～的对比。

【近义词】❶明亮/鲜亮；❷明确/清楚/明白

【反义词】❶昏暗/暗淡；❷含糊/含混/模糊

6903 **鲜血** 丙

xiānxuè (blood)

［名］鲜红的血：～成河｜流尽～｜洒满～｜献出～｜渗出～｜沾满～｜输出～｜抽出～｜英雄的～｜烈士的～｜殷（yān）红的～｜一股～｜一滴～｜他为革命流尽～，壮烈牺牲｜人民终于严惩了这个双手沾满～的刽子手｜他的胸膛里流出殷（yān）红的～。

【提示】"血"又读 xiě，义同。"血"xiě 用于口语，多单用。

【构词】碧血/便血/补血/充血/出血/放血/骨血/换血/混血/活血/经血/流血/呕血/贫血/气血/热血/失血/输血/吐血/献血/心血/淤血

6904 **鲜艳**（艷） 丙

xiānyàn （bright-coloured）

［形］鲜明而美丽：颜色～｜色泽～｜羽毛～｜头巾～｜野花～｜画得～｜装饰得～｜无比～｜实在～｜～的色彩｜～的国旗｜孔雀的羽毛～极了｜这块丝绸的颜色真～｜我不喜欢～的花色｜～的国旗迎风飘扬｜孩子们就像～的花朵，非常可爱。

【反义词】素净/素雅/素淡

【构词】斗艳/光艳/娇艳/冷艳/明艳/吐艳/香艳/妖艳/冶艳

6905 **纤维**（纖維） 乙 〔部首〕纟 〔笔画〕6

xiānwéi （fibre）

［名］天然的或人工合成的细丝状物质：天然～｜合成～｜植物～｜动物～｜木～｜食物～｜动物的毛和矿物中的石棉，都是天然～｜水果和蔬菜中的食物～对人体有着重要的生理意义｜这种食品中含有丰富的维生素、矿物质和膳食～｜胡萝卜的～比水果、绿叶蔬菜多出一倍。

【构词】纤长/纤尘/纤毛/纤巧/纤柔/纤弱/纤瘦/纤维板/纤细/纤纤/纤小/纤秀

6906 **咸**（鹹） 丙 〔部首〕戈 〔笔画〕9

xián （salty）

［形］像盐那样的味道：酱油～｜菜～｜汤～｜鱼～｜～得要命｜做得～｜这酱油不太～｜这个菜太～了｜这汤做得～死人｜他就喜欢吃～鱼｜这是她亲手腌的～肉。

【反义词】淡

【提示】咸，姓。（"咸"作为姓氏时不是"鹹"的简化字）

【构词】咸菜/咸水湖/咸盐

6907 **闲**（閑） 乙 〔部首〕门 〔笔画〕7

xián （idle）

［形］没有事情；没有活动；有空儿：～极了｜～得要命｜～得难受｜～起来｜～下来｜～了一个月｜比较～｜～的时候｜～人｜他整天在家～着不干活儿｜你要是～得难受，就出去找点儿活儿干呀！｜她～下来时就织织毛衣｜因为身体不好，在家～了半年多｜等我稍微～点儿时，就去看你｜总在家当个大～人也不是办法。

【近义词】空

【反义词】忙

【构词】闲笔/闲步/闲扯/闲荡/闲工夫/闲逛/闲居/闲空（kòng）儿/闲聊/闲篇/闲钱/闲人/闲散（sǎn）/闲事/闲适/闲书/闲谈/闲暇/闲雅/闲职/闲置/闲情逸致/闲言碎语

6908 **闲话**（話） *丙

xiánhuà （chat）

［名］❶与正事无关的话：～少说｜～太多｜说～｜无聊的～｜～少说，快做功课！｜你们～说得这么多，不影响工作吗？｜这都是些多余的～｜这几

位老太太,吃完饭门口一坐,就说起～来了。❷〈丁〉不满意的话:～多|～难听|扯～|招来～|社会上的～|一种～|他就爱背后说别人的～|这些～很不好听|我听到一些关于厂长的～|他的行为招来了很多～|这件事他做得对,有人说～也不要怕。

【近义词】❶闲言;❷怨言/牢骚/怪话

6909 **弦** 丁　〔部首〕弓　〔笔画〕8

xián (string)

[名]❶弓背两端之间系着的绳状物,用牛筋制成,有弹性:弓～|他把弓～绷紧,准备射箭|弓～绷得太紧,突然断了|牛筋制的～,又结实又有弹性。❷乐器上发声的线,一般用丝线、铜线或钢丝等制成:～紧|～松|～断了|调(tiáo)～|琴～|一根～|～绷得太紧了|这根～有点儿松|小提琴刚拉了一会儿,突然断了一根～|我要去琴行(háng)配一根提琴～|音好像不准,你调一下～|这根～还没调好,再调一下。❸发条:～松|上～|钟～|表～|表停了,该上～了|～上得太紧容易断|我的表每天都得上～。

【构词】弦乐器/弦子/弦外之音

6910 **嫌** 丙　〔部首〕女　〔笔画〕13

xián (dislike)

[动] 厌恶; 不满意: ～热|～少|～甜|～难看|～脏|～费事|～吵|～矮|～脾气急|她～可口可乐太甜, 要了一杯红茶|他们～做饭麻烦, 一块儿去下馆子了|她～这衣服过时了,就送给我了|不洗就吃, 也不～脏!|穿这么多, 你不～热吗?|男方～女方不漂亮, 女方～男方长得矮,因此吹了。

【近义词】讨厌/嫌恶(wù)

【反义词】喜欢/喜爱

【构词】嫌烦/嫌弃/嫌恶/嫌隙/嫌疑/嫌疑犯/嫌怨/嫌肥挑瘦

6911 **嫌疑** 丁

xiányí (suspicion)

[名]被怀疑有某种行为的可能性:～排除|～大|排开～|避～|盗窃～|抄袭的～|叛国的～|杀人的～|作案的～|重大～|～分子|～犯|他走私的～很大|为了避～,他暂时离开了那里|这个人当时和受害人在一起,有作案的～|他有贪污的重大～|今天抓到了几个走私毒品的～分子。

6912 **贤惠**(賢) 丁　〔部首〕贝　〔笔画〕8

xiánhuì (virtuous)

[形]指妇女心地善良,通情达理,对人和蔼:妻子～|媳妇～|～得很|～的妇女|～的妻子|他的妻子十分～|这是一个非常～的农村妇女|他有一个特别～的妻子|她是村里有名的～媳妇,谁见谁夸。

【近义词】贤慧

【构词】贤达/贤德/贤良/贤明/贤能/贤人/贤淑

6913 **衔**(銜) 丁　〔部首〕彳　〔笔画〕11

xián (hold in the mouth)

[动]❶用嘴含:～泥|～烟斗|～肉|～糖|～在嘴上|～在口里|燕子～泥做窝|他嘴上总是～着一只大烟斗|狐狸用奉承话把乌鸦嘴里～着的一块肉骗走。❷存在心里:～恨|～冤|他～恨死去|对这件事,他在心里～恨已久|他负屈～冤,在狱中度过了整整五年,最后终于平反昭雪。

【近义词】含

6914 **衔接** 丁

xiánjiē (link up)

[动]事物相连接：～紧密｜～松散｜～得好｜上下～｜左右～｜内外～｜前后～｜两部分～｜～得自然｜～得合适｜～得巧妙｜能够～｜保持～｜进行～｜牢固地～｜紧紧地～｜～的部分｜～的环节｜～的地区｜这两段文章前后～有点儿松散｜这两部分内容～得十分勉强｜这两小节曲子总是～不好｜这几道工序要紧紧地～起来｜这几幕剧～的地方，要处理得恰当、自然。

【近义词】连接/交接/连贯/关联

【反义词】割裂/割断/隔断

6915 **显**(顯) 丁 〔部首〕日 〔笔画〕9

xiǎn (show)

[动]使容易看出来；显露：～身手｜～才能｜～技术｜～才华｜～出笑容｜～出怒色｜～出特点｜～出来｜～得高兴｜～得热情｜这次比赛中，他要～一～身手｜这次考试，你应该好好儿～一下你的才华｜他今天～得特别兴奋｜他～出一副非常为难的样子｜看见父亲脸上～出笑容，他就放心了。

【近义词】露/显露/显示/表露

【反义词】隐藏

【构词】显达/显贵/显赫/显宦/显灵/显露/显明/显目/显圣/显现/显像管/显形/显眼/显要/显耀/显影/显山露水

6916 **显得** 乙

xiǎnde (look)

[动]表现出（某种情形）：～大｜～高｜～乱｜～干净｜～老练｜～灵活｜～激动｜～焦急｜～高兴｜～诚恳｜～热情｜～丰富｜～热闹｜～孤独｜～拘束｜他穿这件衣服～年轻多了｜雨后玫瑰～格外红｜他干活儿～特别老练｜他又拿烟又倒茶的，～十分热情｜朋友们经常来看他，他一点儿也不～孤独｜在生人面前，他～那么拘束。

6917 **显而易见**(見) 丁

xiǎn ér yì jiàn (obviously)

可以明显地看出：他的家收拾得干干净净，～，女主人是个勤快人｜他一直坐在那里闷闷不乐，～，他还在生气呢！｜～，这是一个非常和睦的家庭｜他的学习成绩进步得很快，～，他是开始在下功夫念书了。

【近义词】显见

6918 **显然** 乙

xiǎnrán (obvious)

[形]容易看出或感觉到；非常明显：问题～｜事情～｜情况～｜～看过｜～来过｜～弄错｜～丢了｜～结婚了｜～搬走了｜不认真学就学不会，这道理十分～｜这两样东西一比，哪个好用是十分～的了｜问题非常～，是你错怪了他｜他对那个地方那么熟悉，～他以前去过｜我在屋子里都找遍了也没找着，～是丢了｜他们的房间里几天都没亮灯，～去旅行还没回来。

【近义词】明显

6919 **显示** 丙

xiǎnshì (show)

[动]明显地表现：～实力｜～威力｜～力量｜～生命力｜～地位｜～才能｜～口才｜～技术｜～数字｜～信号｜～图像｜～出来｜开始～｜充分～｜完全～｜清楚地～｜这次抢险救灾，充分～了军民团结的力量｜这些伟大的建筑，～了我国古代劳动人民的聪明才智｜

移植心脏手术的成功，～了他们精湛的医术|屏幕上～出来精确的数字|改革开放给人们带来的好处，已经逐渐～出来|图像清晰地～在荧光屏上。

6920 **显微镜**(鏡) 丁

xiǎnwēijìng (microscope)

[名]观察微小物体的光学仪器，主要由一个金属筒和两组透镜构成：一台～|一架～|这架～可以放大几百倍到3000倍左右|肉眼看不到的东西在～下看得清清楚楚|通过～看到了肉眼发现不了的病菌。

6921 **显著** 乙

xiǎnzhù (notable)

[形]非常明显：成绩～|效果～|标志～|地位～|优点～|颜色～|商标～|标题～|图案～|进步～|变化～|区别～|感到～|放得～|～地提高|～的疗效|～的位置|～的结果|～的进展|～的改善|近几个月来，他的学习成绩十分～|这条新闻的标题非常～|这个厂产品质量～地提高|农民的生活～地改善|用了这种药会收到～的疗效|这件案子有了～进展。

【近义词】明显/显明/显然

【反义词】一般

【构词】编著/大著/巨著/论著/名著/土著/遗著/译著/原著/执著/专著/拙著/卓著

6922 **险**(險) 丙 〔部首〕阝 〔笔画〕9

xiǎn (dangerous)

[形]地势险恶，复杂，不易通过；危险：路～|水～|桥～|地形～|做法～|～极了|～得很|相当～|非常～|～地|～事|～活儿|那一带的地形～极了，开车时要注意安全|这条山路很～，要小心点儿|你这种做法太～了，还是别做了|他总爱干那些～事|一些～活儿、脏活儿，他们都是自己干。

【近义词】危险

【构词】险隘/险地/险恶/险峰/险关/险峻/险情/险滩/险要/险诈/险兆/险症/险阻

6923 **现**(現) 丙 〔部首〕王 〔笔画〕8

xiàn (v. show; adv. [do sth.] in time of need)

[动]表露在外面，使人可以看见：～原形|～本来面目|～出|重(chóng)～|在光天化日下，他终于～了原形|听了我的话，她的脸上～出欣慰的神情|这件出土文物经过专家修整，重～了它的艺术光彩。

[副]临时；当时：～买|～做|～编|～写|～想|菜～吃～买，吃新鲜的好|这碗面是～做的，趁热吃吧|刚才那个故事是他～编的|要干什么做个计划，别到时候～想|不用看地图，下了车～问就行了|早点儿把衣服准备好，别等要穿时～找。

【近义词】[动]显露

【构词】现丑/现存/现货/现今/现任/现时/现世/现行犯/现眼/现役/现职/现身说法

6924 **现场**(場) 丁

xiànchǎng (scene)

[名]❶发生案件或事故的场所，以及该场所发生案件或事故时的状况：～破坏|～封锁|～混乱|～紧张|保护～|维护～|包围～|伪造～|逃离～|检查～|搜查～|察看～|事故的～|案件的～|肇事的～|出事的～|～抓获|～已被破坏，给侦察工作带来困难|请大家帮助保护～|凶犯作案后

就逃离了～|公安人员及时赶到事故的～|公安干警～抓获了两名嫌疑分子|这是当时～情况的录像。❷直接从事生产、工作、试验的场所：～操作|～广播|～参观|～解决|～办公|～的情况|～的工人|他们工作的～整洁、舒适|抢修大桥的～秩序井然|球赛的～紧张而热烈|今晚广播电台～直播全国足球赛实况|领导亲临～指挥生产。

6925 现成 丙

xiànchéng (ready for use)

[形]已经准备好，不用临时做或找的；原有的：材料～|资源～|条件～|饭～|房子～|布料～|答案～|劳动力～|钱～|吃～|穿～|住～|～的演员|～的礼物|～的衣服|米、柴火都是～的，饿了就自己做着吃吧|他回来什么也不干，就等着吃～的|我这里有～的礼物，不用去买了|这些练习都有～的答案，可以自己对一下|我们有～的资源、～的劳力，完全可以把生产搞好。

6926 现代 甲

xiàndài (modern times)

[名]现在这个时代。在中国历史分期上多指五四运动到现在的时期：～工业|～农业|～教育|～文化|～社会|～艺术|～汉语|～医学|～大学生|～哲学史|～音乐|～文明|～题材|我国要大力发展～工业|他们学习的是～汉语|他是研究～文学的|我喜欢看～题材的小说|～的农业逐步走上机械化道路|～生活的节奏越来越快。

【近义词】当代

【反义词】古代

6927 现代化 乙

xiàndàihuà (modernize)

[动]使具有现代先进科学技术水平：工业～|农业～|国防～|交通管理～|科学技术～|国防～|他们实验室的设备已经～了|我们厂的生产已经完全～了|我国的工业、农业、国防等都要～。

6928 现金 丁

xiànjīn (cash)

[名]❶现款，有时也包括可以提取现款的支票等：交～|付～|取～|收～|～交易|～支付|他们希望我们交～|我去银行取一点儿～|我们进行的是～交易|这里一律采用～支付。❷银行库存的货币：银行～。

【近义词】现款/现钱

6929 现钱(錢) 丁

xiànqián (cash)

[名]可以当场交付的货币：交～|付～|收～|有～|准备～|在这里买东西不交～也行|我现在没有这么多～，明天付给你|你们出门多准备些～|身上别带太多的～，旅行支票更方便。

【近义词】现款/现金

6930 现实(實) 乙

xiànshí (reality)

[名]客观存在的事物：逃避～|面对～|承认～|歌颂～|抨击～|不满～|成为～|今天的～|中国的～|社会的～|冷酷的～|客观存在的～|当前的～|～是美好的，也是无情的|要面对～，不要逃避～|她实在不能接受女

儿自杀身亡这个残酷的～|他想当一名人民教师的愿望终于成为～|你虽然很想这么做，但也不能不从～考虑考虑呀！|客观存在的～是谁也否认不了的。

【近义词】实际/事实

6931 **现象** 乙

xiànxiàng (phenomenon)

[名]事物在发展、变化中所表现的外部的形态和联系：社会～|自然～|表面～|地震的～|日食的～|怪～|不良～|合理的～|日食这种自然～并不罕见|要坚决杜绝贪污等不良～|看问题不能只看表面～|在进行实验过程中出现一些怪～也是必然的。

【近义词】状况/景象

【反义词】本质/实质

6932 **现行** 丁

xiànxíng (in force)

[形]❶现在施行的；现在有效的：～法令|～制度|～法规|有些问题可按出版法的～法规加以解决|每个公民都不能违反国家的～法令|国家的～制度必须遵守。❷正在进行或不久前曾进行犯罪活动的：～犯|今天要宣判一些～犯|一定要严惩这些危害人民和国家利益的～犯|这些～犯要马上送进监狱。

6933 **现在** 甲

xiànzài (now)

[名]这个时候，指说话的时候，有时包括说话前后或长或短的一段时间：～的情况|～的工作|～的生活|～，农民都过上了幸福的生活|他虽年老，但～没有什么病|～他成了一名出色的科学家|我不太了解他～的情况|你对～的工作满意吗？|～的北京发生了很大的变化，你再来可能都不认识了。

【近义词】现时/如今/现今/而今

【反义词】过去/将来

6934 **现状**(現狀) 丁

xiànzhuàng (present situation)

[名]目前的状况：～不佳|～很好|保持～|维护～|安于～|改变～|摆脱～|打破～|调查～|满意～|农民的～|青年的～|教育的～|交通的～|改革的～|企业的～|希望你在工作上能继续保持～|不要安于～，还要再接再厉，好上加好|要打破落后的～，惟一的手段就是革新|要尽快改变交通拥挤的～。

【近义词】状况

6935 **献**(獻) *乙 〔部首〕犬 〔笔画〕13

xiàn (offer)

[动]❶把实物或意见等恭敬庄严地送给集体或尊敬的人：～衣物|～花|～旗|～宝|～红领巾|～哈达|～血|～计|～茶|～上|～出来|～上去|全部～|纷纷～|孩子们向外国客人～上一束鲜花|孩子们把红领巾～给解放军叔叔|人们积极报名～血|他把收藏的名画全部～给国家|为了祖国的建设，他把自己的一切都～了出来。❷〈丁〉表现给人看：～技|～殷勤|～媚|～丑|你们既然非要我唱，那我就～丑了|用不着你向我～殷勤，你的事难道我还会不帮吗？|你要丢掉那些总向人～媚取宠的坏习气！

【近义词】奉/奉献

【构词】献宝/献策/献丑/献词/献花/献技/献计/献礼/献媚/献旗/献艺/

献殷勤

6936 **献身** 丁

xiànshēn (devote oneself to)

[动]把自己的全部精力或生命献给祖国、人民或事业：～于教育｜～于建设｜～革命｜～科学｜为人民～｜～精神｜他决心～于教育事业｜他们全家都～于祖国的解放事业｜要实现民族解放，就要有～精神｜要向那些为伟大事业而～的人学习。

【近义词】牺牲/舍身

6937 **县**(縣) 乙 〔部首〕厶 〔笔画〕7

xiàn (county)

[名]行政区划单位，由地区、自治州、直辖市领导：各～｜一个～｜这个市共辖10个区，8个～｜他们这个会议将在北京怀柔～举行｜各～代表都到齐了，会议可以开始了。

【构词】县份/县令/县太爷/县委/县志

6938 **县城** 丙

xiànchéng (county town)

[名]县行政机关所在的城镇：他在～一个中学教书｜这个～虽然不大，但挺繁华｜农民们把生产出来的东西运到～里去卖。

【构词】边城/长城/都城/故城/京城/名城/山城/水城/围城

6939 **县长**(長) 丁

xiànzhǎng (the head of a county)

[名]一个县的最高的领导干部：当～｜他是我们县的～｜他以前当过～｜他当了好几年～｜他是一位受群众爱戴的老～。

【提示】“长”又读 cháng，见第717条。

6940 **馅儿**(餡兒) 丁 〔部首〕饣 〔笔画〕11

xiànr (filling)

[名]面食、点心里包的糖、豆沙或细碎的肉、菜等：～咸｜～淡｜～多｜露(lòu)～｜有～｜饺子～｜包子～｜汤团的～｜肉～｜白菜～｜韭菜～｜荤～｜素～｜今天的饺子～不错｜这包子～太咸了！｜都有什么～的汤圆？｜我今天吃的是牛肉～的饺子｜饺子没包好，都露～了｜有素～包子吗？

【构词】馅饼

6941 **羡慕** 乙 〔部首〕羊 〔笔画〕12

xiànmù (admire)

[动]看见别人有某种长处、好处或有利条件而希望自己也有：～别人｜～朋友｜～大学生｜～外国｜～别人的本领｜～别人的住房｜～别人的条件｜～得要命｜值得～｜受到～｜特别～｜深深地～｜～的眼光｜～的神色｜～的话｜～的态度｜我非常～有学问的人｜谁都～他有个美丽而贤惠的妻子｜他以前歧视我，现在也～起我来了｜看到他那和睦的家庭，真让人～极了｜他不就是有钱吗？这有什么可～的！｜人们都用～的眼光看着他。

【提示】羡，姓。

【构词】爱慕/景慕/敬慕/钦慕/倾慕/仰慕

6942 **宪法**(憲) 丙 〔部首〕宀 〔笔画〕9

xiànfǎ (constitution)

[名]国家的根本法。具有最高的法律效力，是其他立法工作的根据。通常规定一个国家的社会制度、国家制度、国家机构和公民的基本权利与义务等：制定～｜修改～｜公布～｜维护

～|遵守～|违反～|我国的～规定了公民在法律面前一律平等的原则|维护～的尊严,保障～所确认的国家制度和社会制度|新～通过了|～的修改工作正在进行。

6943 **陷** 丙 〔部首〕阝 〔笔画〕10

xiàn (get stuck)

[动]❶掉进(泥土等松软的物体里):～在泥里|～进坑里|～在烦恼里|～进去|～下去|～得深|～得拔不出来|往下～|汽车轮子～进泥坑里出不来了|两只脚～在泥里,半天拔不出来|经过沼泽地时,他突然～在泥里,越～越深|在这个问题上,他～得很深,以致不能自拔|不要整天～在烦恼里,出去散散心。❷凹进:路面～下去|路基～下去|城市～下去|眼睛～下去|两颊～下去|～得深|大雨以后,这里的路面～下去了|由于强烈地震,这个城市一下子～了下去|大病一场以后,他的眼睛深深地～了下去|最近他的两颊明显地～下去了|人们发现这个小岛有些下～。

【近义词】❶掉/沉/陷落;❷凹陷/凹进

【反义词】冒/突出

【构词】陷坑/陷落/陷没(mò)/陷于/陷阵/陷阱

6944 **陷害** 丁

xiànhài (frame up)

[动]设计害人:～好人|～忠臣|～同志|～干部|不许～|企图～|阴谋～|加紧～|加以～|遭到～|蒙受～|蓄意～|卑鄙地～|～的对象|～的目的|他们设了圈套故意～别人|他们企图～好人以逃脱自己的责任|那个干部遭到这些坏人的～|这么好的人竟被他们～致死!|好好的一个幸福家庭被～得家破人亡!|这伙人阴险地～别人,是为了向上爬。

6945 **陷入** 丁

xiànrù (fall into)

[动]❶落在(不利的境地):～重(chóng)围|～瘫痪|～贫困|～混乱|～孤立|～困境|～深渊|～泥潭|担心～|彻底～|完全～|容易～|敌人已经～我们的包围之中|战争使人们～极端的贫困中|吸毒使他们～犯罪的深渊|这个厂的生产一度～半瘫痪的境地|暴风雪使那里的交通突然～混乱。❷比喻深深地进入(某种境界或思想活动中):～沉思|～回忆|～猜疑|～惶恐|～悲哀|～烦恼|～幻想|～绝望|深深地～|这件事使她～了沉思|丈夫的去世,使她～深深的痛苦中。

【近义词】❶陷于/陷落;❷浸/浸沉

【反义词】❶脱离/摆脱/逃脱

6946 **限** 丁 〔部首〕阝 〔笔画〕8

xiàn (v./n. limit)

[动]指定范围,不许超过:～日子|～字数|～人数|～时间|～年龄|～购|这项工程～你们3个月完成|每人写一篇作文,字数不～|这个训练班不～年龄,谁都可以参加|考试的时间很严格,～你100分钟之内必须做完|晚会的票,每人～购3张|交稿时间不要～死,半年之内交来就行|他们一定要这样做,你～也～不住的。

[名]指定的范围;限度:界～|期～|权～|这是我们两国之间的界～|交货的期～马上就到,你们要赶紧生产。

【构词】限定/限额/限价/限量/限令

6947 **限度** 丁

xiàndù (limit)

[名]范围的极限;最高或最低的数量或程度:有～|规定～|超过～|承受的～|重量的～|最高～|我的忍耐是有～的|喝酒要有个～,不能没完没了地喝|他的工作量已超过体力能承受的～|乘车的人数突破了规定的～|作文的字数最低～要写400字。

【近义词】局限

6948 **限期** 丁

xiànqī (n. time limit; v. within a definite time)

[名]指定的不许超过的日期:～已过|超过～|一个月的～|三天的～|你借书的～已过,应该受罚|你护照的～快到了,要办理延续手续|我在这里学习的～已满,明天动身回国|你的住房已超过～,必须马上搬走|给你一个星期的～,把这篇东西翻译出来。

[动]规定日期,不许超过:～完成|～交货|～交稿|～回国|～报到|～补考|这项工程任务要～完成|他们要求我们～交货|各大学新生要～办理入学手续。

【近义词】[名]期限

6949 **限于** 丁

xiànyú (be confined to)

[动]受某些条件或情形的限制;局限在某一范围之内:～水平|～能力|～时间|～条件|～年龄|～情况|～水平,这本书我不能完全看懂|～篇幅,你的文章需要做些删节|～时间,我只能简单地说明一下|～工作能力,我可能承担不了这个重任|参加书法展的,不只～成年人,还有一些小孩子|～条件,我们只能做这么多。

【近义词】局限

6950 **限制** 乙

xiànzhì (v. restrict; n. restriction)

[动]规定范围,不许超过;约束:～松|～严格|～乘客|～时间|～路线|～重量|～场地|～篇幅|～版面|～字数|～年龄|～权力|～行动|～发展|～出口|～建房|～来往|～得严|～得死|～不了|～得住|应该～|受～|进行～|加以～|严格地～|适当地～|过分地～|这个单位～太严|飞机托运的行李一般～重量|这条旅游船要～乘客的人数,不得超载|父母～孩子跟那些人来往|对孩子～得太严格也不好|你们的条件～得太死了|探视病人的时间要加以～。

[名]规定的范围:～多|～严|放宽～|有～|数量的～|时间的～|内容的～|条件的～|出口的～|经济的～|合理的～|明显的～|各种～|这些～|他对孩子们的～太多了|身体不好的人,对烟、酒都要有严格的～。

【近义词】[动]局限/限定/控制;[名]限度/局限

6951 **线**(綫) *乙 [部首]纟 [笔画]8

xiàn (thread)

[名]❶用丝、棉、麻、金属等制成的细长而可以任意曲折的东西:～长|～粗|～结实|～断了|一根～|一缕～|一团～|毛～|棉～|麻～|电～|天～|这根电～太短了,够不着插座|这～真不结实,一扯就断了|织一件毛背心有3团～就够了|这种毛衣用细～织出来好看|她的眼泪就像断了～的珠子一样往下掉。❷几何学上指一

个点任意移动所构成的图形：直～|曲～|一条～|请你在纸上画条直～|三条直～可以构成一个三角形图形|你画的这条曲～代表什么？❸〈乙〉交通路线：航～|运输～|沿～|从北京到九龙这条～一通车那就方便多了|从北京到哈尔滨这条铁路～真长|这趟火车在沿～各站都停|从北京飞往国内外各城市的民用航空～有六十多条。❹〈丙〉边缘交界的地方：海岸～|国境～|防～|火～|封锁～|再往前走几步就是国境～|我们的战士冲破了敌人的几道防～|他们顺利地通过了敌人的封锁～。❺〈丁〉比喻所接近的某种边际：生命～|死亡～|饥饿～|那个地区的人民在饥饿～上挣扎|大夫用高超的医术将他从死亡～上拉了回来。

【构词】线板/线段/线呢/线圈/线绳/线毯/线条/线头/线香/线形/线衣/线轴

6952 **线路** 丙

xiànlù (circuit)

[名]电流、运动物体等所经过的路线：～中断|～阻塞|～畅通|维修～|连接～|装配～|检查～|使用～|改造～|公共汽车～|火车的～|航运的～|旅游的～|运输的～|一条～|这条汽车～每天高峰时间阻塞得厉害|这条运输～畅通无阻|计算机的～需要检修一下|工人们在检查这条电话～|你们准备走哪条旅游的～？|他们在夜间抢修电灯～，维持照明需要。

【近义词】路线

6953 **线索** 丁

xiànsuǒ (clue)

[名]比喻事物发展的脉络或探求问题的途径：～中断|～清楚|～消失|提供～|发现～|寻找～|切断～|失去～|小说的～|案情的～|逃犯的～|名画的～|调查的～|提出的～|推理的～|一条～|一个～|调查了好几次也没有发现任何～|关于这个案件，群众提供了很多可疑的～|他们终于找到了寻找名画的～|我们逐渐扩大了破案的～。

【近义词】头绪/脉络/途径

6954 **相** 乙 〔部首〕木 〔笔画〕9

xiāng (each other)

[副]互相；交互：～爱|～告|～符合|～随|～欺|～克|～一致|～扶|～辅～成|不～上下|～依为命|～提并论|他们俩从此～亲～爱地过日子|这里人与人之间和睦～处，从不～欺|领导干部和人民在一起，喜怒哀乐～一致，才能取得人民的信任|这两个厂家的电冰箱质量不～上下|他一直跟奶奶～依为命|这是两个完全不同的问题，怎能～提并论呢！|人们奔走～告这一特大喜讯|事实与广告宣传的不～符合。

【近义词】互相

【提示】①"相"又读 xiàng，见第7003条"相声"。②相(Xiāng)，姓。

【构词】相安/相帮/相承/相持/相处/相传(chuán)/相抵/相仿/相逢/相干(gān)/相隔/相顾/相好/相会/相间(jiàn)/相见/相近/相距/相类/相连/相配/相劝/相让/相扰/相认/相容/相若/相商/相思/相送/相随/相投/相托/相向/相依/相宜/相应(yìng)/相映/相与/相遇/相约/相知/相助/相左/相得益彰/相反相成/相辅相成/相敬如宾/相生相克/相提并论/相

形见绌/相依为命

6955 **相比** 丁

xiāngbǐ (compare with)

[动]互相比较:和他～|拿它～|与之～|能够～|～之下|他学习成绩一贯优秀,我不能和他～|我们两个学校的条件相差很大,不能拿你们学校与我们学校～|他聪明过人,没人能与之～|～之下,我们的设备、技术等各方面显然落后多了|和同龄人～,他的情况要好得多|和去年同期～,产量提高了将近一倍。

【近义词】比较/对比/对照

6956 **相差** 丁

xiāngchà (differ)

[动]彼此之间有差别:～远|～多|～大|～三年|～好几十里|他们兄弟俩的年龄～10岁|产品的供应跟群众的需求～很远|这个班学生的程度～不大,比较整齐|我们两个人住的地方～不到100米。

【提示】"差"又读chā,如"差错";又读chāi,如"出差";又读cī,如"参差"。

6957 **相当**(當) 乙

xiāngdāng (match)

[形]❶(数量、价值、条件、情形等)两方面差不多;配得上或能够相抵:年龄～|才学～|品貌～|门户～|条件～|力量～|价值～|规模～|人数～|资历～|基本～|大致～|他们两个年龄、资历大致～|这两个班的人数～|这两个厂的技术力量基本～|他的资历～于大专毕业水平。❷适宜;合适:～的人|～的工作|～的字眼|～的地方|他至今没找到一个～的工作|我怎么也想不出一个有～资历的人来承担这项任务。

【近义词】❶相等/差不多;❷适当/合适/相宜

【提示】①"相当"还可用作副词,表示程度高,如"今天天气～热"、"这项任务～艰巨"、"今天讨论得～热烈"等。②"当"又读dàng,如"上当"。

6958 **相等** 丁

xiāngděng (equal)

[动](数目、分量、程度等)彼此一样:人数～|距离～|速度～|高度～|价值～|力量～|机会～|实力～|分配得～|应该～|基本～|这两个工厂工人人数～|这两边的距离应该是～的|这两个球队的实力基本～|这两种方法计算出来的结果是完全～。

【近义词】相同

6959 **相对**(對) 丙

xiāngduì (v. oppose; adj. relative)

[动]指性质上互相对立;相互对着:立场～|意见～|两军～|校门～|兄弟俩的立场是～的|他们双方的意见针锋～|街道两旁的高楼～而立|这两座大山遥遥～。

[形]依靠一定条件而存在的,随着一定条件而变化的(跟"绝对"相对):～的速度|～的独立性|～真理|～地增长|～地减少|什么事情都是～的,不是绝对的|他们各有～的独立性,不一定要求完全一致|矛盾、斗争、发展是绝对的,而平衡、静止是～的。

【近义词】[动]对立/对峙

【反义词】[形]绝对

6960 **相反** 乙

xiāngfǎn (opposite)

[形]事物的两个方面互相矛盾、互相排斥：看法～|意见～|态度～|内容～|风格～|印象～|结论～|性格～|道路～|作用～|截然～|完全～|根本～|～的观点|～的位置|～的结果|～的方向|我跟他的看法完全～|他们虽然是双胞胎兄弟，但性格完全～|同一种方式做出来的菜，却是完全～的味道|我按照这种方法去计算，得出的结果却是～的|他们俩的车朝着～的方向开走了。

【近义词】相悖/相左

【反义词】相同/相似/一样/相符

6961 **相符** 丁

xiāngfú (conform to)

[动]彼此一致：地点～|时间～|情况～|特征～|名实～|姓名～|号码～|内容～|年代～|要求～|完全～|信封上的地址和他家的地址不～|他的名字和护照上的名字完全～|要求产品的质量和宣传介绍的内容完全～|我见过那个人，跟你说的特征并不～|证件上的号码和表格上的号码应该～|他说的跟实际情况根本不～。

【近义词】一致/符合/相同

【反义词】相悖

【构词】兵符/不符/虎符/护符/画符/灵符/桃符/音符/字符

6962 **相关(關)** 丁

xiāngguān (be related to)

[动]彼此关联：前后～|休戚～|上下～|两者～|密切～|息息～|紧密～|～的部门|～的问题|～的机构|～的内容|～的人|～的设备|～的报道|空气污染与人的身体健康密切～|我们两国人民休戚～|国家的命运与人民的命运息息～|与主题不～的内容可以删去|他提了很多与大会议题毫不～的问题。

【近义词】关联

6963 **相互** 乙

xiānghù (mutual)

[形]彼此对待的(关系)；互相：～信任|～帮助|～支援|～谅解|～促进|～一致|～学习|～来往|支持和援助是～的|朋友之间应该～帮助|只要～谅解，矛盾就很容易解决|希望你们～取长补短，共同进步|他们～交往了几十年，有很深的感情。

【近义词】互相/彼此

6964 **相继(繼)** 丁

xiāngjì (one after another)

[副]一个跟着一个：～发言|～离开|～走进剧场|～发表意见|～去世|～建成|～成立|大会上，代表们～发表意见|戏要开演了，观众们～走进剧场|在这一年里，他的父母～去世|在中国，许多油田～建成|我们学校歌咏、美术、书法等各种业余活动小组～成立。

【近义词】陆续/接踵/接连

6965 **相交** 丁

xiāngjiāo (intersect)

[动]❶交叉：两线～|两条直线～|两条路～|两条河～|在两条路～的地方立个标杆|在两条河的～处有一个村庄。❷互相交往：～已久|～多年|可以～|继续～|我和他～已久，彼此非常了解|我们虽说～不久，但是相知很深|你们毕竟～多年，可不能因为这点儿小事伤了和气|与他～的人都是文艺爱好者。

【近义词】❷交往

6966 **相识**(識) 丁

xiāngshí (be acquainted)

[动]彼此认识:素不～|～很久|～不长|～几天|很快～|刚刚～|～的人|～的姑娘|我跟你素不～,你怎么会知道我的名字?|我们才～几天,彼此很不了解|他们是在火车上～的|说了几句话以后,他们很快就～了|我们虽然都在一个部门工作,但彼此并不～|她就是我在路上～的那位姑娘|并不是～的人都能成为知己。

【近义词】认识/相知

6967 **相似** 乙

xiāngsì (similar)

[形]相像:外表～|结构～|年龄～|外貌～|性格～|爱好～|习惯～|温度～|内容～|观点～|觉得～|长(zhǎng)得～|写得～|做得～|～的地方|这几套房子的结构基本～|他们这几个好朋友兴趣完全～|这两篇文章的内容我觉得写得有点儿～|这个地方的气候跟我的家乡很～|他俩虽是孪生兄弟,但性格、爱好没有一点儿～的地方。

【近义词】相像

6968 **相通** 丁

xiāngtōng (be interlinked)

[动]事物之间彼此连贯沟通:沟渠～|感情～|语言～|感觉～|息息～|～不了|由于语言～,他们很快就成了好朋友|我们的心是息息～的|母亲和孩子的感觉是～的|他们虽然相识多年,至今感情不能～。

6969 **相同** 乙

xiāngtóng (identical)

[形]彼此一样,没有区别:时间～|地点～|年龄～|性格～|爱好～|遭遇～|方法～|结果～|分数～|情节～|见解～|态度～|完全～|基本～|～的建议|～的地方|～的型号|～的认识|～的题目|这姐妹俩性格、爱好大不～|这两种菜的做法基本～|我和他的见解不尽～|他说的跟你说的完全～|这几栋房子的结构、设计大致～|代表们提出了～的建议|你们俩的作文有很多～的地方。

【近义词】同样/一样/雷同/一模一样

【反义词】相反/相悖/相左

6970 **相信** 甲

xiāngxìn (believe)

[动]认为正确或确实而不怀疑:～政府|～群众|～科学|～真理|～知识|～宗教|～谣言|～金钱|～朋友|应该～|值得～|完全～|绝对～|轻易～|很难～|应该～群众的力量|我～你一定能成功|不要轻易～小道消息|我～他刚才所说的一切|没有想到他最～的人竟会欺骗了他!

【近义词】信任/信赖/置信

【反义词】怀疑/置疑/猜疑

6971 **相应**(應) 丁

xiāngyìng (corresponding)

[形]互相呼应或照应;相适应:首尾～|前后～|～地改变|～的措施|文章的首尾必须～|时代不同了,你那老脑筋也该～地变一变了|情况发生了变化,方式方法也要～地改变一下|提出提高质量的同时,还要制定一套～的措施。

【提示】“应”又读 yīng,见第 7690 条。

6972 **镶**(鑲) 丁 〔部首〕钅 〔笔画〕22

xiāng (inlay)

[动]把物体嵌入另一物体内或围在另一物体的边缘:～边|～玻璃|～戒指|～宝石|～钻石|～得牢固|～得精致|～在戒指上|～在木雕上|～在碑上|～上|～进去|计划～|想～|打算～|我最近得去～牙|裙子有些短,她在裙子下边～了圈花边,就不显短了|他打算把这颗宝石～在戒指上|帽子上的这块玉石～得真好看|他把母亲的画像～在墓碑上了|他们正在把这汉白玉的浮雕～在碑座上。

【近义词】嵌

【构词】镶嵌/镶嵌画/镶牙

6973 **香** ＊甲 〔部首〕禾 〔笔画〕9

xiāng (fragrant)

[形]❶气味好闻:花～|饭～|香皂～|洗发水～|～得要命|～得刺鼻|好～|真～|～花|这些花好～啊!|这种香水～得要命。❷食物的味道好:肉～|饭～|茶～|土豆烧牛肉真～|这茶的味道好～啊!|你做的饭真～|还没进屋就闻到了炸酱面的～味。❸吃东西胃口好:吃饭～|觉得～|～极了|这两天胃口不好,吃什么都不～|今天不舒服,吃饭不觉得～|饿极了的时候,吃什么都觉得～。❹〈乙〉睡得塌实:睡觉～|睡得～|白天累了,晚上睡觉就～|昨晚睡得～极了,打雷下雨都不知道|看他睡得那么～,真不忍心叫醒他。❺〈丁〉受欢迎:产品～|人～|～起来|～得很|吃～|他在他们公司挺～的|这些小型拖拉机在农村～得很|这些电器最近几年才～起来|如今这些东西已经不那么～了|换了一个新领导,他也不那么～了。

【反义词】❶臭

【提示】香,姓。

【构词】香案/香波/香菜/香椿/香醇/香菇/香瓜/香灰/香火/香精/香客/香料/香炉/香囊/香片/香水/香甜/香艳/香油/香脂/香烛

6974 **香肠**(腸) 乙

xiāngcháng (sausage)

[名]用猪的小肠装上碎肉和作料等制成的食品:～好吃|做～|吃～|买～|一斤～|一种～|一根～|广东～|这种～味道不错|这是他母亲自己做的～|我不大喜欢吃～|广东～、四川～都很受欢迎。

【构词】愁肠/大肠/肚肠/断肠/肥肠/粉肠/肝肠/灌肠/饥肠/结肠/腊肠/盲肠/热肠/柔肠/小肠/心肠/直肠/衷肠

6975 **香蕉** 甲

xiāngjiāo (banana)

[名]多年生草本植物,叶子长而大,有长柄,花淡黄色。果实长形,稍弯,味香甜。产在热带或亚热带地方;这种植物的果实:～大|～熟了|～烂了|一斤～|一根～|这种～又大又甜|～已经熟透了,再不吃就要烂了|他一顿能吃好几根～|那边有个～园,里面有许多～树。

6976 **香味** 丁

xiāngwèi (fragrance)

[名]芳香的气味:～浓|闻～|有～|花的～|茶的～|香水的～|洗发精的～|烧鱼的～|我最喜欢茉莉花的～|这种香水的～太浓了,有点儿刺鼻|这是什么茶?一点儿～也没有!|他买了菠萝不吃,放在桌上闻～|邻居家炖肉的～真诱人哪!|一家烧鱼,

满楼道都能闻见～。

【近义词】香气

【反义词】臭味/臭气

6977 **香烟** 丙

xiāngyān (cigarette)

[名]纸里包烟丝和配料卷成的条状物,供吸用:吸～|抽～|一支～|一包～|一条～|他手里整天离不开～|在公共场所禁止吸～|他一天要吸一包～|他的病就是由吸～引起的|他明知吸～的害处,但是还吸。

【近义词】纸烟/卷烟/烟卷儿

6978 **香皂** 乙

xiāngzào (toilet soap)

[名]在精炼的原料中加入香料而制成的肥皂,多用来洗脸、洗手等:一块～|一种～|这种～没有香味,孩子用最好|他每天用～洗脸|劳驾,请给我拿一块～。

6979 **箱** 丙 〔部首〕竹 〔笔画〕15

xiāng (box)

[量]装满一个箱子的量:一～衣服|一～书|一～苹果|满满一～|他的行李不少,光书就有三～|这～苹果不到50斤|把这几～衣服搬到外边晒晒|只是孩子的玩具就装了满满一～。

【构词】箱底/箱笼

6980 **箱子** 乙

xiāngzi (box)

[名]收藏衣物的方形器具:～大|～重|～结实|皮～|木～|铁皮～|一只～|这只箱子真不小,可以放好多东西|这是樟木～,结实得很|这只红木～还是她母亲结婚时的嫁妆呢,如今成了传家宝了|这个木头～里装的是什么?

6981 **乡**(鄉) *乙 〔部首〕幺 〔笔画〕3

xiāng (countryside)

[名]❶乡村:下～|穷～僻壤|～里|他经常下～搞调查|过去的穷～僻壤,如今都富起来了|展览馆有个城～物资交流会,一起去看看吧|要逐渐缩小城～差别。❷家乡:回～|背(bèi)井离～|他中学毕业就回～参加劳动了|他们都是回～知识青年|他们为了生计,不得不背井离～去寻找生路。❸〈丙〉中国行政区划的基本单位,由县或县以下的区领导:～镇企业|～干部|这个～有五十来户|各个～镇都办起了自己的企业|他是很受农民爱戴的～干部。

【近义词】❶乡下/乡村;❷家乡

【反义词】❶城

【构词】乡关/乡邻/乡民/乡情/乡人/乡俗/乡土/乡音

6982 **乡村** 丙

xiāngcūn (village)

[名]主要从事农业,人口较城镇分散的地方:～安静|喜欢～|住在～|～的小河|～的小路|～的风景|～的环境|～教师|～干部|那里的～十分幽静,没有污染|我喜欢～的自然风光|他从小住在～|我们漫步在～的小路上|我们坐在～的小溪边,欣赏着自然风光|他是一位优秀的～教师。

【近义词】乡下/村庄

【反义词】城市

6983 **乡亲**(親) 丁

xiāngqīn (a person from the same village)

[名]❶同乡的人：我的～|我们从小就是～|我们是～，还有点儿亲戚关系|他们都是我的～，是刚从家乡来的。❷对农村中当地人民的称呼：～们，我们一定要团结起来，摆脱贫困|在～们的支援下，村里的小学越办越好。

【近义词】老乡

6984 **乡下** 乙

xiāngxià (countryside)

[名]泛指城市以外的地区；乡村里：住在～|～人|～农民|现在的～|将来的～|他一直住在～|我们～人都是老实巴交的|他的祖父是个纯朴的～农民|这都是我们～的土特产，请尝尝。

【近义词】乡村/村庄

【反义词】城里

6985 **详细**(詳細) 乙 〔部首〕讠 〔笔画〕8

xiángxì (detailed)

[形]周密完备：内容～|图表～|规则～|计划～|说明～|记录～|应该～|要求～|打听得～|写得～|特别～|～地介绍|～地询问|～经过|～情况|他的计划订得非常～|事情的过程请讲得～一些|中央的文件，他传达得相当～|他～地询问了事情的经过|实验的每一个环节，我都作了～的记录。

【近义词】详尽/仔细/细致

【反义词】简单/简略/扼要/粗略

【构词】详备/详尽/详略/详情

6986 **想** *甲 〔部首〕心 〔笔画〕13

xiǎng (v. think; aux.v. want to)

[动]❶开动脑筋；思索：～办法|～问题|～心事|～对策|～出来|～起来|～到|～清楚|～得周到|～错|～不全面|～了半天|认真～|反复～|从头～|让我们一块儿来～一个好主意|我们～了好久也没～出来一个解决问题的办法|你～得真周到，这么小的问题都～到了|你再好好儿～～，飞机票放在哪儿了|我怎么也～不起来他叫什么名字了。❷〈乙〉推测；认为：我～他今天不会来了|我～现在出发肯定能赶上飞机|你～得不错，他们果然是车子在路上出了故障了|我～妈妈收到信一定会很高兴的。❸〈乙〉怀念；想念：～家|～妈妈|～朋友|～得要命|～死了|～坏了|～得睡不着|天天～|一直～|总～|日夜～|他们在海外总是～着自己的祖国|妈妈～孩子，～得睡不着觉|奶奶抱着孙子说：我可～死你了！|他时时刻刻～着家乡的亲人|他至今还一直～着故去的同窗好友。

[助动]希望；打算：～买|～去|～做|～参加|～换|～吃|他～买一套新家具|他一直～到祖国各地去旅游一下|我特别～吃妈妈做的饺子|我不～参加这个晚会|你～不～换一台新式的洗衣机？

【近义词】[动]❶思考/思索/考虑；❷推测/估计/认为；❸怀念/想念/思念；[助动]打算/希望

【反义词】[动]❶忘/忘记

【构词】想必/想不到/想不开/想当然/想得到/想得开/想来/想头/想望/想像力/想入非非

6987 **想法** 乙

xiǎngfǎ (idea)

[名]思索所得的结果；意见：～好|～不妥|～不同|有～|什么～|个人的～|他的～不错|我同意他的～|请谈谈你的～|你有什么～请说出来让大

家听听|各有各的~,不一定要完全一致|大家如果有什么好的~,请都说一说。

6988 **想方设法**(設) 丁

xiǎng fāng shè fǎ (do everything possible to)

想尽办法:我们一定会~克服工作上的困难|你们必须~完成这项任务|你放心,我会~帮助你的|我要~帮他找到失散五十多年的亲人|有再大的困难,也要~解决老百姓的吃水问题|别着急,我们会~帮你寻找孩子。

【提示】千方百计

6989 **想念** 乙

xiǎngniàn (miss)

[动]对景仰的人、离别的人或环境不能忘怀,希望见到:~祖国|~故乡|~亲人|~父母|~老师|开始~|特别~|实在~|海外游子时刻~着祖国|他无时无刻不~久别的家乡|他经常~过去一起参加战斗的战友们|他的孩子在别的地方工作,他~极了|我们深深地~中学时代的李老师|他在梦里看到了他所~的朋友来到了身边。

【近义词】怀念/思念/挂念/缅怀

【反义词】忘记/遗忘/忘怀

6990 **想像** 乙

xiǎngxiàng (imagine)

[动]对于不在眼前的事物想出它的具体形象:~美好的生活|~当时的情景|能够~|~出来|~不到|开始~|大胆地~|自由地~|充分地~|我可以~出母亲收到信时那高兴的样子|可以~,10年以后的北京,将会变得多么美丽|他在书里描写的那美好的仙境,我怎么也~不出来|孩子们把他们~中的未来世界画在纸上。

【近义词】设想/遐想/畅想/联想

【提示】"想像"同"想象"。

6991 **响**(響) 甲 〔部首〕口 〔笔画〕9

xiǎng (loud)

[形]响亮:枪声很~|雷声很~|~极了|~得要命|~得震耳|电视机声音太~了,能不能小一点儿?|这孩子哭起来声音真~|楼下邻居装修屋子的电钻声~得让人心烦。

【近义词】响亮/洪亮

【提示】作动词时意思是发出声音,如:枪~了|~起一阵掌声。

【构词】响鞭/响动/响箭/响雷/响器/响尾蛇/响音/响遏行云

6992 **响亮** 丙

xiǎngliàng (loud and clear)

[形](声音等)宏大:歌声~|乐声~|号声~|回答~|名字~|标题~|唱得~|念得~|回答得~|特别~|~的歌喉|~的号角|~的口号|她的嗓音十分~|孩子们的歌声特别~|我觉得这个标题不够~,再重新想一个吧|大会上提出了~的口号。

【近义词】洪亮/嘹亮

【反义词】低微/细微/嘶哑

6993 **响声**(聲) 丁

xiǎngshēng (sound)

[名]声音:~大|~刺耳|发出~|听见~|传来~|制造~|枪炮的~|汽车的~|金属的~|悦耳的~|清脆的~|沉重的~|风铃的~悦耳动听|电锯的~真刺耳|山那边传来枪炮的~|大风吹动树叶,发出沙沙的~。

【近义词】声音

6994 **响应**(應) 乙

xiǎngyìng (respond)

[动]回声相应。比喻用言语行动表示赞同、支持某种号召或倡议:～号召|～倡议|应该～|得到～|决心～|决定～|热烈～|积极～|自觉～|纷纷～|愉快地～|青年人积极～建设祖国边疆的号召|我们热烈～第三车间提出的竞赛倡议|他们班提出倡议,～的人不多|他们的口号提出后,～的单位还真不少。

【提示】"应"又读 yīng,见第 7690 条。

6995 **享福** 丁 〔部首〕子 〔笔画〕8

xiǎng fú (enjoy a happy life)

生活安乐美好;享受幸福:父母～|老人～|孩子～|应当～|可以～|开始～|特别～|尽情地～|享清福|享一点儿福|享不了福|儿女都工作了,老人可以享一享福了|父母辛苦了一辈子,应该让他们享点儿福了|现在的孩子太～了|他住在儿女家可～了|我可享不了这个福,一闲下来就要生病。

【提示】离合词,中间可插入其他成分,如:享过福|享不了福。

【构词】耳福/发福/鸿福/后福/口福/清福/幸福/眼福/造福/祝福

6996 **享乐**(樂) 丁

xiǎnglè (lead a life of pleasure)

[动]享受安乐(多用于贬义):贪图～|追求～|尽情地～|过分～|极度～|青年人不应该贪图～|他把追求～当做生活的目标|这个人不干活儿,只会～|一味追求～的思想要不得。

【近义词】享福

【反义词】劳累/受罪/吃苦

【提示】"乐"又读 yuè,如"音乐"。

6997 **享受** 乙

xiǎngshòu (v. enjoy; n. enjoyment)

[动]物质上或精神上得到满足:～民主|～荣誉|～权利|～自由|～劳保|～乐趣|～成果|～佳肴|～公费医疗|～奖学金|～优待|尽情地～|充分地～|～的机会|工人退休后可以～劳保|在这里工作可以～优厚的待遇|在这个病房里可以～特殊照顾|他在学校一直～奖学金|今天咱们好好地～一下老王亲手做的美味佳肴。

[名]物质上或精神上的满足:喜欢～|放弃～|物质上的～|精神上的～|这场音乐会简直是一种美的～|精神上的～比物质上的～更重要|一个干部应该吃苦在前,～在后。

6998 **享有** 丁

xiǎngyǒu (enjoy [rights, prestige, etc.])

[动]在社会上取得(权利、声誉、威望等):～声誉|～威望|～盛名|～权利|～公民权|～选举权|～民主|～自由|～席位|可以～|应该～|开始～|充分～|部分～|完全～|这种洗衣机在全国～盛名|每个公民都～选举权|妇女在这次会议中～较多的席位|这位老先生在书法界～较高的声望。

6999 **项**(項) 乙 〔部首〕工 〔笔画〕9

xiàng (m. item)

[量]❶用于事物所分的项目:三～议程|五～原则|几～条件|会议有三～议程,现在进行第一～|这个文件分15～|请大家看第五条第二款第一～|中国外交严格奉行五～基本原则。❷用于文件、条令、工作等:一～声明

|一～决定|一～决议|一～工作|一～任务|三～比赛|这～工程|政府发表一～声明|大会通过三～决议|他们提前完成了这～任务|明天将要进行三～比赛。

【提示】项，姓。

7000 **项链**(鏈) 丁

xiàngliàn (necklace)

[名]套在脖子上垂挂胸前的链形首饰，多用金银或珍珠等制成：～好看|～高贵|一串～|戴～|金～|银～|珍珠～|贵重的～|这串～真漂亮|这～太高贵了|她今天戴着一串珍珠～，更加漂亮了|这么贵重的～，可要保管好|这么好看的～，是谁送给你的？

【构词】表链/拉链/锁链

7001 **项目**(項) 乙

xiàngmù (item)

[名]事物分成的门类：建设～|科研～|工程～|我正在申请一个研究～|表格中的每一个～都必须填写清楚|这个～不能按时完成。

【提示】"项目"的量词是"个"。

7002 **巷** 丙 〔部首〕巳 〔笔画〕9

xiàng (lane)

[名]大街两旁较窄的街道；胡同：大街小～|深～|陋～|他住在一条幽静的小～里|胡同里边还有两条小～。

【近义词】胡同

【反义词】大街

【构词】巷陌/巷战/巷子

7003 **相声**(聲) 丙 〔部首〕木 〔笔画〕9

xiàngshēng (cross talk)

[名]中国的一种艺术形式，是曲艺的一种，表演者用简短、生动、滑稽的话来引人发笑。按表演者人数多少，可分为单口相声、对口相声和多口相声等：传统～|说～|写～|创作～|一段～|～演员|表演～|侯宝林是一位～大师|我不喜欢他说的～|现在的～跟小品有些分不清|他写过很多优秀的～。

【提示】①"相"又读 xiāng，见第 6954 条。②相(Xiàng)，姓。

【构词】相册/相机/相貌/相面/相片/相纸

7004 **橡胶**(膠) 丁 〔部首〕木 〔笔画〕15

xiàngjiāo (rubber)

[名]从橡胶树、橡胶草等植物取得胶质，加工后制成的具有弹性、绝缘性、不透水又不透空气的材料：天然～|人造～|～园|～制品|他是～园的工人|汽车轮胎是用～制成的|～是一种很重要的材料。

【近义词】橡皮/胶皮

【构词】橡胶树/橡皮膏/橡皮筋/橡皮泥/橡皮圈/橡皮艇

7005 **橡皮** 丁

xiàngpí (rubber)

[名]❶硫化橡胶的通称：～手套|～筋。❷用橡胶制成的文具，能擦掉铅笔和墨水的痕迹：我想买一块～|这些字用～可以擦掉。

7006 **像** *甲 〔部首〕亻 〔笔画〕13

xiàng (v. resemble; n. portrait)

[动]❶在形象上相同或有相同的地方：很～|有点儿～|不太～|他俩说话的声音特别～|他长得～他哥哥|他根本不～一个教师。❷〈乙〉好像：他真～一只好斗的公鸡|他～没事一

样｜他高兴得～个孩子。❸〈乙〉比如：～土豆、白菜等都是北方的蔬菜｜～这种事情，我见的多了｜～这样的人，你到哪儿去找？

[名]比照人物制成的形象：画～｜塑～｜佛～｜墙上挂着鲁迅的画～｜房间里有他夫人的～。

【近义词】[名]画/照片

7007 **像样**(様) 丁

xiàng yàng (presentable)

有一定水平；够一定标准：挺～｜不～｜这字写得挺～｜这么大的人了，还淘气，像什么样儿！｜上课天天迟到，真不～！

【提示】①"像样"在口语中要儿化。②是离合词，中间可以插入其他成分，如：像什么样。

7008 **向** *甲 〔部首〕口 〔笔画〕6

xiàng (prep. towards; v. face)

[介]❶表示动作的方向：～东看｜～右转｜～前跑｜大雁～东飞｜列车奔～前方｜从胜利走～胜利。❷〈乙〉介绍行为动作的对象，有"对"的意思：～人民负责｜～老师请教｜他～我点了点头｜我～他看了一眼｜他～我敬了一个礼。

[动]对着：面～东方｜这里～阳，很暖和｜再～左一点儿。

【近义词】[介]❶朝/冲；❷对；[动]朝

【提示】向，姓。

【构词】向背(bèi)/向日葵/向善/向上/向上爬/向心力/向阳/向阳花

7009 **向导**(導) 丙

xiàngdǎo (guide)

[名]带路的人：找～｜请～｜没有～｜老～｜我们的～病了，得再请一位｜这里我们路不熟，得找一位～。

7010 **向来**(來) 丙

xiànglái (always)

[副]表示从过去到现在情况一直这样；从来：～如此｜他做事～认真｜我～不喝酒｜我～不隐瞒自己的观点。

【近义词】一直

7011 **向往** 丁

xiàngwǎng (yearn for)

[动]因热爱、仰慕某种事物或境界而希望得到或达到：～光明｜～自由｜～幸福｜这本书描写了主人公对自由的～｜人们都～幸福的生活｜他～着成为一名科学家。

【近义词】希望/期望

7012 **象** 乙 〔部首〕刀 〔笔画〕11

xiàng (elephant)

[名]❶陆地上最大的哺乳动物，耳朵大，鼻子长圆筒形，能蜷曲，多有一对长(cháng)大的门牙伸出口外，全身的毛很稀疏，皮很厚。吃嫩叶和野菜等。产在中国云南南部、印度、非洲等热带地方：～牙｜～棋｜盲人摸～｜亚洲～｜非洲～｜这头小～只有六岁。❷形状；样子：景～｜气～｜印～｜形～｜万～更新。

【提示】"象"和"像"不同。作为名词，"像"指以模仿、比照等方法制成的人或物的形象，如"画像"、"人像"、"肖像"、"摄像"等；"象"指自然界人或物等的形态样子，如"表象"、"形象"、"景象"、"印象"、"假象"等。

【构词】象声词/象形文字/象牙

7013 **象棋** 丁

xiàngqí (Chinese chess)

[名]棋类游艺的一种，也是体育比赛项目。双方各有将（帅）一，士（仕）、象（相）、车、马、炮二，卒（兵）五等16子，两人对下，按规则移动棋子。先将死对方的将（帅）的为胜。又称中国象棋：～大师｜下～｜玩～｜咱们下一盘～｜我不会下～｜他～下得不错。

【提示】如不特别注明是国际象棋，则是指中国象棋。

7014 **象征**（徵） 丙

xiàngzhēng（v. symbolize; n. symbol）

[动]用具体的事物表现某种特殊意义：火炬～着光明｜玫瑰～爱情｜白色～纯洁｜他们用红色来～革命。

[名]用来象征某种特别意义的具体事物：鸽子是和平的～｜天安门广场是北京的～｜金钥匙是知识的～。

7015 **削** 丙 〔部首〕刂 〔笔画〕9

xiāo（pare）

[动]用刀斜着切掉物体的表层：～铅笔｜～苹果｜～木头｜苹果应当～了皮再吃｜这根木棒太粗，把它～细一点儿｜把皮～掉就可以用了。

【近义词】旋

【提示】“削”又读 xuē，如“削减”、“削弱”、“剥削”。

7016 **销**（銷） 丁 〔部首〕钅 〔笔画〕12

xiāo（cancel）

[动]❶除去；解除：撤～｜～假｜～户口｜～账｜我想把这个账号～了｜他到国外定居三年了，可户口还没～。❷销售：供～｜畅～｜滞～｜这种商品早就脱～了｜产品质量不行，不好～｜这东西～得挺快。❸消费：花～｜这个月开～很大，根本没存什么钱｜他一个人生活，开～不大。

【近义词】❷卖/售

【反义词】❷购/买

【构词】销案/销魂/销假/销蚀/销赃/销账/销声匿迹

7017 **销毁** 丁

xiāohuǐ（destroy）

[动]熔化毁掉；烧掉：～文件｜～证据｜～信件｜那个重要的证据被罪犯～了｜近日，工商管理部门～了一批假冒伪劣产品｜一些国家开始～核武器。

【近义词】烧毁/毁掉

7018 **销路** 丁

xiāolù（market）

[名]货物销售的出路：～好｜～不好｜有～｜没有～｜这种货～很好，各大商场都供不应求｜有些企业的产品没有～｜我们只生产～好的商品。

7019 **销售** 丁

xiāoshòu（sell）

[动]卖出（货物）：～网点｜～额｜～指标｜这个月的～额还不是太理想，下月还得再加把劲儿｜～指标定得太高｜今年的～额早完成了。

【近义词】卖

【反义词】购买

7020 **消** 丁 〔部首〕氵 〔笔画〕10

xiāo（disappear）

[动]❶消失：～除｜～灭｜～肿｜烟～云散。❷使消失；消除：～毒｜～炎｜这种药可以～毒｜我给你开一副药，先～～炎｜喷点儿药水～～毒。❸消遣：～夜｜明天我们组织一个～夏晚

会。

【近义词】❶❷灭

【反义词】❶❷长(zhǎng)

【构词】消沉/消防/消费品/消火栓/消磨/消气/消遣/消融/消散/消声/消食/消逝/消释/消受/消瘦/消暑/消停/消退/消亡/消夏/消闲/消歇/消炎/消夜

7021 **消除** 丙

xiāochú (dispel)

[动]使不存在;除去(不利的事物):~疾病|~影响|~后患|你应该~顾虑|一定要~影响,不能听之任之|他的顾虑太重,不容易~。

7022 **消毒** 丙

xiāo dú (disinfect)

用物理方法或化学方法杀死致病的微生物:~毛巾|高温~|高压~|病房已经消过毒了|病人用过的东西应该高温~|这东西用不着~。

【提示】离合词,中间可插入其他成分。如:消什么毒|消了一次毒|消不了毒|消消毒。

7023 **消费**(費) 乙

xiāofèi (consume)

[动]为了满足生产需要和生活需要而消耗物质财富:合理的~|超前~|~者|今年平均每人~了 200 公斤粮食|我们要正确引导居民的~观念。

【近义词】消耗/耗费

【反义词】生产/创造

7024 **消耗** 丙

xiāohào (consume)

[动]❶(精神、力量、东西等)因使用或受损失而减少:~精力|~时间|~金钱|居民取暖~了很多煤炭|写小说实在太~精力|造纸能不能不~木材?❷使消耗:~敌人的有生力量。

【近义词】损耗

7025 **消化** *乙

xiāohuà (digest)

[动]❶食物在人或动物体内,经过物理或化学作用而变为能够溶解于水并可被机体吸收的养料:~系统|~能力|~不良|吃得太多会造成~不良|这种药可以助~|这么硬的东西孩子吃了~不了。❷〈丙〉比喻理解吸收所学的知识:一次讲得太多,学生~不了|老师把知识先教给你,你回去慢慢~|先不要学太多,学得太多,不~,也没有用。

7026 **消极**(極) 丙

xiāojí (negative)

[形]❶否定的;反面的;阻碍发展的(跟"积极"相对,多用于抽象事物):~言论|~影响|~因素|这种说法是~的|我们应该克服~因素,发挥积极因素|我们不要受这种~思想的影响。❷不求进取的;消沉(跟"积极"相对):~态度|~情绪|态度~|我们不能~防御,而要积极进攻|他这人太~|大家的情绪都很~。

【近义词】落后

【反义词】积极

7027 **消灭**(滅) 乙

xiāomiè (perish)

[动]❶消失;灭亡:许多古生物早已~了。❷使消失;除掉(敌对的或有害的人或事物):~苍蝇|~蚊子|~老鼠|敌人被我们~了|我们要~敌

人的有生力量。

【近义词】消除/歼灭

7028 **消失** 乙

xiāoshī (disappear)

[动](事物)逐渐减少以至于没有:逐渐～|慢慢～|已经～|幻觉～了|疼痛～了|那个人已经～得无影无踪了|很多动物已经在地球上～了。

【反义词】出现

7029 **消息** *甲

xiāoxi (news)

[名]❶关于人或事物情况的报道:一条～|好～|坏～|惊人的～|新华社～|我听到一个～|有什么～吗?|我告诉你一个坏～。❷〈乙〉音信:他走了两年了,至今没有一点儿～|你有没有他的～?|那件事怎么没～了?

【近义词】❷音信

7030 **晓得**(曉) *乙 〔部首〕日 〔笔画〕10

xiǎode (know)

[动]知道:我～了|那件事他还不～|他的名字我早就～|你说的这件事,我怎么不～?

【近义词】知道

【提示】"晓得"有方言色彩,普通话里一般说"知道"。

【构词】晓畅/晓示/晓事

7031 **小** *甲 〔部首〕小 〔笔画〕3

xiǎo (v. small; prefix)

[形]❶在体积、面积、数量、力量、强度等方面不及一般的或不及比较的对象(跟"大"相对):～河|～动物|地方～|岁数～|这双鞋～了点儿|他比我～一岁|劲儿～的搬不动那块石头。❷排行在最末的:～女儿|～儿子|他是我的～弟弟|他的～儿子今年才三岁。❸〈丁〉谦辞,称自己或与自己有关的人或事物:～女(我的女儿)|～弟(我)|您能光临～店(我的店),在下不胜荣幸。

[头]与姓氏连用,用来称呼年纪小的人:～李|～陈|～张|请你叫一下～赵,这儿有他一个电话。

【近义词】❷幼

【反义词】大

【构词】小把戏/小白菜/小百货/小辫子/小吃/小丑/小葱/小弟/小调(diào)/小贩/小费/小工/小将/小结/小楷/小看/小康/小两口/小卖部/小米面/小名/小拇指/小脑/小品/小品文/小器/小曲/小人书/小市民/小叔子/小偷/小腿/小小说/小写/小型/小熊猫/小学生/小雪/小业主/小夜曲/小姨子/小传(zhuàn)/小子/小字辈/小组/小打小闹/小恩小惠/小家碧玉/小试锋芒/小题大做/小小不言/小巫见大巫

7032 **小便** 丙

xiǎobiàn (urine)

[名]❶人尿:～池|不要随地～。❷指男子的生殖器。

【近义词】❶尿

【反义词】大便

7033 **小鬼** 丁

xiǎoguǐ (little devil)

[名]❶鬼神的差役(迷信):阎王好对,～难搪|庙里这几个～的塑像样子十分凶恶。❷对小孩儿的称呼(含亲昵意):你这～,真让人没办法|～,今年多大了?|～,过来让叔叔抱抱。

【提示】用为第一义时往往要儿化;用为第二义时不能儿化。

7034 **小孩儿**(兒) 甲

xiǎoháir (child)

[名]❶儿童。也说小孩子:～,你家大人在家吗?|我在路上碰到一个～|我们这儿有很多～|他家有两个～。❷指自己的子女,多指未成年的:一对夫妇只生一个～|我的～都快10岁了|我们不想要～。

【近义词】儿童

【反义词】大人/成人

7035 **小伙子** 乙

xiǎohuǒzi (young man)

[名]青年男子:这～的身体真棒!|这个班全是～|20年前他还是一个～,现在头发都花白了。

【近义词】青年/后生

【反义词】大姑娘

7036 **小姐** 甲

xiǎojiě (miss)

[名]❶有钱人家的仆人称主人家未出嫁的女儿,也泛指有钱人家出身的女性青年:千金～|大～|二～|大～今天不舒服,你去给请个大夫来|～让你去,你就去。❷对年轻女性的尊称:～,我买两包香烟|门前站着两位～|服务员～态度十分热情。

7037 **小麦**(麥) 乙

xiǎomài (wheat)

[名]一年生或二年生草本植物,茎直立,中空,叶子宽线形,子实椭圆形,腹面有沟。子实供制面粉,是主要粮食作物之一。由于播种的时间不同,有春小麦、冬小麦等:冬～|春～|今年他们种了两亩～|去年～获得了丰收|～是这个地区的主要粮食作物|～磨成的粉叫白面,白面可以做馒头和面包。

7038 **小米** 丁

xiǎomǐ (millet)

[名]一种粮食,粟的子实去了壳叫小米:～粥|～饭|～面|我买二斤～|熬点儿～粥喝吧|现在～比大米还贵。

【近义词】谷子

【提示】口语中一般儿化。

7039 **小朋友** 乙

xiǎopéngyou (child)

[名]指儿童:两岁的～|漂亮的～|一个～|～,你今年几岁了?|幼儿园里有很多～|街上走过来一队～。

7040 **小时**(時) 甲

xiǎoshí (hour)

[名]时间单位,一个平均太阳日的二十四分之一:一～|半～|三个～|一昼夜是24～|他每天要工作10个～|中国已实行每周40～工作制。

【近义词】钟头

7041 **小数**(數) 丁

xiǎoshù (decimal)

[名]十进分数的一种特殊表现形式,如25%可以写作0.25,又如2357‰可以写作2.357,中间用的符号“.”叫小数点,小数点右边的数就是小数,小数点左边的数是整数。

【反义词】整数

7042 **小数点**(點) 丁

xiǎoshùdiǎn (decimal point)

[名]表示小数部分开始的符号“.”:你

这些题都算错了，因为都忘了写～｜有～的数字计算时对位要对准。

【提示】口语中一般要儿化。

7043 **小说**(說) 乙

xiǎoshuō (novel)

[名]一种叙事性的文学体裁，通过人物的塑造和事件、环境的描述来概括地表现社会生活。一般分为长篇小说、中篇小说和短篇小说：长篇～｜短篇～｜中篇～｜爱情～｜历史～｜一部～｜《红楼梦》是中国古典文学中著名的～｜这篇～我已经读完了｜他是写～的｜他是一个～作家。

【近义词】故事

【提示】中、长篇小说的量词一般用“部”，短篇小说一般用“篇”。

7044 **小提琴** 丁

xiǎotíqín (violin)

[名]提琴的一种，体积最小，发音最高：一把～｜拉～｜我特别喜欢～协奏曲《梁祝》｜他是交响乐队的第一～手｜他在一个室内乐团里拉～。

7045 **小心** 乙

xiǎoxīn (adj. careful; v. take care)

[形]谨慎：非常～｜特别～｜十分～｜他十分～地点着了火｜他做事总是非常～。

[动]注意；留神：～触电｜天很冷，不～就感冒了｜上街要～，别把钱包丢了｜～石头，别碰着｜～前面的坑，别掉进去了！

【近义词】[形]谨慎；[动]当心

7046 **小心翼翼** 丁

xiǎoxīn yìyì (very cautious)

行为举动十分小心，丝毫不敢疏忽：他总是～的，从不轻举妄动｜他～地站在旁边，生怕弄出一点儿声响｜看他那～的样子，人们就不禁想笑｜从此他变得～了。

【近义词】谨小慎微

【反义词】疏忽/粗心大意

7047 **小型** 丁

xiǎoxíng (small-sized)

[形]形状或规模小的：～会议｜～计算机｜～汽车｜这是一个生产～汽车的工厂｜他们厂是一个～企业｜农民很喜欢～拖拉机。

【反义词】大型

【提示】“小型”一般用作定语直接修饰名词，如“小型计算机”；“小型”不能直接作谓语，如，不能说“这种计算机小型”，只能说“这种计算机是小型的”。

7048 **小学**(學) 乙

xiǎoxué (primary school)

[名]对儿童、少年实施初等教育的学校，给儿童、少年以全面的基础教育：～生｜～教师｜～校长｜我儿子今年10岁，上～四年级｜他已经～毕业了｜这个地方只有一所～。

7049 **小学生** 丁

xiǎoxuéshēng ([primary school] pupil)

[名]在小学读书的学生：一个～｜他刚七岁，还是个～｜几个～在操场上踢足球｜带红领巾的孩子几乎都是～。

7050 **小子** 丁

xiǎozi (boy)

［名］❶男孩子：小～｜大胖～｜他想要个～，可没想到生了个闺女｜他们家全是～，没有丫头｜我那个大～今年刚工作，二～还在上学。❷人（用于男性，含轻蔑意）：这～，不是个东西！｜他太讨厌，没人喜欢这～｜这～，没事尽捣乱！

【近义词】❶男孩；❷家伙

【反义词】❷丫头/闺女

7051 **小组**（組） 丙

xiǎozǔ（group）

［名］为工作学习的方便而组成的小集体：学习～｜工作～｜研究～｜～长｜一个班分成四个～｜他是这个～的组长｜咱们分成三个人一个～。

7052 **校徽** 丁 ［部首］木 ［笔画］10

xiàohuī（school badge）

［名］学校成员佩戴在身上的标明学校名称的徽章：他戴的是北京大学的～，想必是北大的学生｜学生的～是白底红字，老师的～是红底白字｜他胸前戴了一枚～。

【构词】校风/校服/校歌/校工/校刊/校旗/校庆/校舍/校医/校友

7053 **校园**（園） 丁

xiàoyuán（campus）

［名］学校围墙以内的地方：美化～｜～文化｜清早，学生们都在～里读书｜北大的～很美｜我们的～不太大。

7054 **校长**（長） 乙

xiàozhǎng（principal）

［名］一所学校的最高领导人：王～｜大学～｜正～｜副～｜～办公室｜他原来是一个小学的～｜他不是～，他是副～｜这件事事关重大，必须请示～。

【提示】“长”又读 cháng，见第717条。

7055 **肖像** 丁 ［部首］小 ［笔画］7

xiàoxiàng（portrait）

［名］以某一个人为主体的画像或照片（多指没有风景陪衬的大幅相片）：～画｜～画家｜一幅～｜一张～｜他是一个～画家｜天安门城楼上悬挂着毛泽东的～｜我喜欢风景画，不喜欢～画。

【近义词】画像/标准像

【提示】“肖”又读 Xiāo，姓，是“萧”的俗写。

7056 **笑** *甲 ［部首］竹 ［笔画］10

xiào（smile）

［动］❶露出愉快的表情，发出欢喜的声音：～容｜欢～｜微～｜暗～｜大～｜苦～｜惨～｜皮～肉不～｜眉开眼～｜他高兴地～了起来｜他把人们逗得哈哈大～｜他都～得合不上嘴了。❷〈丙〉讥笑；嘲笑：耻～｜见～｜贻～｜你不要～人家了，你自己干得也不怎么样｜这点儿礼物实在拿不出手，让您见～了｜人们都～我傻。

【近义词】❶乐；❷嘲笑/讥笑/耻笑/笑话

【反义词】哭

【构词】笑柄/笑呵呵/笑脸/笑料/笑骂/笑貌/笑眯眯/笑面虎/笑纳/笑谈/笑盈盈/笑语/笑里藏刀/笑逐颜开

7057 **笑话**（話） 乙

xiàohua（n. joke; v. laugh at）

［名］引人发笑的谈话和故事；供人当做笑料的事情：说～｜讲～｜一则～｜政治～｜～大王｜他这人很幽默，总爱说～｜昨天我听到一个～｜来，我给你

讲一个～。

[动]〈丙〉耻笑；讥笑：他自己不怎么样，可还老爱～别人｜不怕您～，我就剩10块钱了！穷怕什么？我就不怕人家～。

【近义词】❶故事；❷耻笑/讥笑

【提示】作名词时在口语中要儿化。

7058 **笑容** 丙

xiàoróng (smile)

[名]含笑的神情：满面～｜～可掬｜带着～｜有～｜没～｜一看见孩子，他脸上就露出了～｜大家都很高兴，个个～满面｜出了事故，大家都很难过，人人的脸上都没了～。

【近义词】笑意

7059 **效果** *乙 〔部首〕攵 〔笔画〕10

xiàoguǒ (effect)

[名]❶由某种力量或因素产生的结果(多指好的)：演出～｜教学～｜治疗～｜我们用这种方法试过了，～很好｜这种药～很好｜好多办法都试过了，都没什么～。❷〈丙〉指舞台上人工造成的音响，如风雨声、枪炮声等：音响～｜他在剧团里是负责音响～的｜今天的电影音响～不太好。

【近义词】结果

【构词】效法/效仿/效劳/效命/效能/效应/效用/效忠

7060 **效力** 丁

xiàolì (effect)

[名]事物所产生的有利的作用：有～｜产生～｜～消失了｜药的～很大｜我的话对他没有发生～｜这种杀虫药已经没什么～了。

【近义词】作用/功用/效率

7061 **效率** 乙

xiàolǜ (efficiency)

[名]❶机械工作时，输出能量与输入能量的比值：这台机器的～很高｜柴油机的～一般只能达到30%｜人们一直在研究高～的机器。❷单位时间内完成的工作量的大小：工作～｜学习～｜高～｜低～｜他的工作～一直比我高｜合理的办法是提高工作～，而不是延长工作时间｜我们这里～一直上不去。

【近义词】功率/效力/效用

7062 **效益** 丁

xiàoyì (benefit)

[名]效果和利益：经济～｜社会～｜提高～｜产生～｜这个厂建成投产后会有很好的～｜改革的目的就是提高经济～｜～不高的企业应该停产或封产。

【近义词】效果

7063 **孝顺**(顺) 丁 〔部首〕子 〔笔画〕7

xiàoshùn (showing filial obedience)

[形]尽心奉养父母，顺从父母的意志：～父母｜十分～｜这孩子对父母很～｜～父母是中国的传统道德。

【近义词】孝敬

【反义词】忤(chǔ)逆

【提示】孝(Xiào)，姓。

【构词】孝道/孝敬/孝心

7064 **些** 甲 〔部首〕二 〔笔画〕8

xiē (some)

[量]表示不定的数量：有～｜这～｜那～｜前～日子｜买～东西｜他有好～天

没来了｜我有～问题要问你｜这批货快卖完了，只剩这～了。

【近义词】一点儿

7065 **歇** ＊乙 〔部首〕欠 〔笔画〕13

xiē（have a rest）

［动］❶休息：～班｜～假｜干了半天了，大家快～会儿吧｜工程完了，大家都回家好好～～吧｜你都两天两夜没休息了，也该～～了。❷〈丙〉停止：～工｜～业｜这机器刚才还转得好好的呢，这会儿又～了｜因为资金不足，这座楼刚盖了一半就～了｜由于经济不景气，很多企业都～了。❸〈丙〉睡觉：天太晚了，有事明天再找他吧，他已经～下了｜天不早了，早点儿～着吧｜这几天他不舒服，早早就～下了。

【近义词】❶休息；❷停止

【构词】歇班/歇工/歇后语/歇脚/歇凉/歇晌/歇息/歇业

7066 **鞋** 甲 〔部首〕革 〔笔画〕15

xié（shoes）

［名］穿在脚上、走路时着地的东西，没有高筒：皮～｜布～｜棉～｜雨～｜我昨天买了一双旅游～｜我丢了一只～｜冬天到了，应该买双棉～。

【构词】鞋拔子/鞋帮/鞋带/鞋底/鞋垫/鞋匠/鞋油/鞋子

7067 **协定**（協） 丙 〔部首〕十 〔笔画〕6

xiédìng（agreement）

［名］协商后订立的共同遵守的条款：君子～｜停战～｜贸易～｜今天上午举行了经济合作～的签字仪式｜两国首脑签了一个～｜关于这件事，我们是有～的，你现在不能反悔。

【近义词】协议/条约

【构词】协理/协力/协调/协同/协约/协奏曲

7068 **协会**（會） 丙

xiéhuì（association）

［名］为促进某种共同事业的发展而组成的群众团体：作家～｜集邮～｜中国人民对外友好～｜我现在是信鸽～的会员了｜他是这个～的会长｜我什么～也不参加｜他今年刚加入作家～。

7069 **协商** 丁

xiéshāng（consult）

［动］共同商量以便取得一致意见：政治～｜广泛～｜有问题可以～解决｜大家一起～一下，看有什么好办法｜任何一个提案都要经过广泛的～，在取得一致意见后，才能生效执行。

【近义词】商量

7070 **协调**（調） 丁

xiétiáo（coordinate）

［动］使配合得适当：～关系｜这项运动需要～手和脚的动作｜要努力～产销关系，才能促进生产的发展。

【近义词】调和

【提示】①“协调”也可作形容词，意思是配合得适当，如：配合得很～｜关系很～｜搭配得有点儿不～。②“调”又读 diào，见第1480条。

7071 **协议**（議） 丁

xiéyì（v. agree on; n. agreement）

［动］协商：双方～，从明天零点整开始停火｜经过～，他们决定离婚。

［名］国家、政党或团体间经过谈判、协商后取得的一致意见：停战～｜文化交流～｜签订～｜我们已就这个问

题达成～|今天两国签署了文化交流～|从现在开始,双方都按这个～办。

【近义词】[名]合同/协定

7072 **协助** 丙

xiézhù (assist)

[动]帮助;辅助:你去～他把这个事情处理一下|他是局长,你是副局长,你～他工作|这里一直是他独当一面,没有人～他。

【近义词】帮助/辅助

7073 **协作** 丙

xiézuò (cooperate)

[动]若干人或若干单位互相配合来完成任务:～单位|～项目|～开发|～研制|研究这个项目需要大规模的～|那个厂是我们的～单位|我们双方～,完成了这项任务|我们刚搞出一项新技术,正在寻求企业和我们～|这个产品是我们独立开发的,我们没跟任何人～。

【近义词】合作

7074 **挟持**(挾) 丁 〔部首〕扌 〔笔画〕9

xiéchí (seize sb. on both sides by the arms)

[动]❶从两旁抓住或架住被捉住的人(多指坏人捉住好人):他被两个歹徒～着,动弹不得|警察接到报案,一个小孩被人～到山里去了。❷用武力强迫对方服从:被～的皇帝不得已表示愿意退位。

【近义词】绑架

【提示】"挟"不要读作 jiā。繁体字"挾"(jiā)表示胳膊用力使腋下放着的东西不掉下的意思时,已简化为"夹",见第 3071 条。

7075 **邪** 丁 〔部首〕阝 〔笔画〕6

xié (evil)

[形]❶不正当:～说|改～归正|～门歪道|我就不信～,如果有人敢以身试法,我就给他点儿颜色看看。❷不正常:～门儿|一股～劲儿|这事真是～了,我怎么也找不着他|这可真有点儿～,夏天还会下雪吗?|事实没有他说得那么～。

【近义词】歪

【反义词】正

【构词】邪道/邪恶/邪乎/邪念/邪僻/邪气/邪说/邪祟/邪心/邪行/邪门歪道

7076 **携带**(帶) 丁 〔部首〕扌 〔笔画〕13

xiédài (carry)

[动]随身带着:～家属|～行李|随身～|他这次出差～着一些重要文件|所谓随身听就是可以随身～的收录机。

【近义词】带

【提示】"携带"多用于书面语。

【构词】携手

7077 **斜** 乙 〔部首〕斗 〔笔画〕11

xié (slanting)

[形]跟平面或直线既不平行也不垂直的(跟"正"相对):倾～|～线|～街|～对面|嘴歪眼～|他～靠在沙发上看书|北京的街道几乎都是正的,～街很少|这条线应该和那条线平行,可是你把它画～了。

【近义词】歪

【反义词】正/直

【构词】斜路/斜面/斜坡/斜射/斜视/斜眼/斜阳

7078 **写**(寫) *甲　〔部首〕冖 〔笔画〕5

xiě (write)

[动]❶用笔在纸上或其他东西上做字:~字|~草书|不会~|~得好|在桌子上~|他~得一手好字|他还没上学,不会~字|黑板上~着几个字。❷写作:~诗|~散文|他是个~小说的作家|这首诗就是他~的。❸〈乙〉描写:~景|轻描淡~|~人|他~人物的复杂心理,~得真好|他把这些动物都~活了|这篇小说~的是江南的风土人情|《茶馆》是一部~老北京的话剧。❹〈丙〉绘画:~生|~真|他又拿着画夹出去~生了。

【构词】写法/写生/写实/写意/写照/写真/写字台/写作

7079 **写作** 丙

xiězuò (writing)

[动]写文章(有时专指文学创作):从事~|勤奋~|~技巧|他是搞~的,发表过好多小说,还得过文学奖|他是个老作家,从事~已经50年了。

【近义词】著述

7080 **血** *乙　〔部首〕血 〔笔画〕6

xiě (blood)

[名]人或高等动物体内的液体组织,暗红或鲜红色,味咸,有腥气,略带碱性,由血浆、血球和血小板构成。作用是把养分和激素输送给体内各个组织,收集废物送给排泄器,调节体温和抵御病菌等。也叫血液:流~|输~|验~|你到医院验验~吧,看有没有什么病|人得传染病的时候,~的成分就会改变|人的~是暗红色的|他受伤时,流了许多~。

【提示】"血"单用时读作 xiě,在合成词中读作 xuè。

7081 **卸** *丙　〔部首〕卩 〔笔画〕9

xiè (unload)

[动]❶把运输的东西从运输工具上搬下来:~货|~车|把这车货~完再休息|先把东西从船上~到码头上来|先把运来的货~下来,再把发出的货装上去。❷把零件从机器上拆下来:把图纸看懂了再~,不然就装不上了|机器已经被~成零件了|这个零件装反了,得~下来重新装。❸〈丁〉解除;推卸:他当过10年厂长,现在已经~任,退休回家了|不要顾虑太多,应该~下包袱,好好工作嘛|我真想~下这份责任,回家抱孙子去。

【近义词】❷拆

【反义词】❶❷装

【提示】"卸"的右边是"卩",不能写作"阝"。

【构词】卸包袱/卸车/卸货/卸任/卸责/卸职/卸装/卸妆/卸磨(mò)杀驴

7082 **泻**(瀉) 丁　〔部首〕氵 〔笔画〕8

xiè (flow swiftly)

[动]❶很快地流:河水奔腾,一~千里|要赶快把水渠修好,来多大的洪水都能~出去,这里才不会受灾|河道被堵,洪水来了,~不出去,淹了两个村子。❷腹泻:~药|上吐下~|昨天我~了三次,今天得赶紧去医院。

7083 **泄** 丁　〔部首〕氵 〔笔画〕8

xiè (let out)

[动]❶液体、气体排出:排~|~气|~劲儿|失败了也不要~气|士气可鼓不可~|皮球~了气了。❷泄露:~密|~底|他~了密|他以为这还是秘密,其实早有人给他~了底。❸发

泄：～愤｜～恨｜所有的怨气都～得干干净净｜不能利用权力～私愤。

【近义词】排放

【构词】泄底/泄愤/泄恨/泄洪/泄劲儿/泄漏/泄密

7084 **泄露** 丁

xièlòu (divulge)

[动]不该让人知道的事情让人知道了：～机密｜～情报｜他把咱们的秘密都给～了｜你是搞保密工作的，怎么反倒～了秘密呢？｜这个情报不能～给他们。

【近义词】透露

7085 **泄气**(氣) 丁

xiè qì (feel discouraged)

失去信心和干劲：别～｜不能～｜泄了气｜大家再加把劲儿，别～！｜试验刚失败了一次，他就～了｜失败了不要紧，只要不～，就一定能取得成功。

【近义词】气馁

【提示】离合词，中间可插入其他成分，如：他干活儿刚有了点儿精神，你别泄他的气呀！

7086 **谢绝**(謝絶) 丁 〔部首〕讠 〔笔画〕12

xièjué (decline)

[动]委婉地拒绝：～参观｜～采访｜婉言～｜他这几天不舒服，～采访｜我不愿意见记者，替我～了他们吧｜今天实在没时间，所以～了他的邀请。

【近义词】回绝/婉辞

【反义词】接受

【提示】谢，姓。

【构词】谢忱/谢词/谢恩/谢客/谢礼/谢幕/谢却/谢世/谢仪/谢意/谢罪/谢天谢地

7087 **谢谢** 甲

xièxie (thank)

[动]对别人的好意表示感谢：～你给了我这么大的帮助｜你给了我们那么大的帮助，我真要好好～你｜快～叔叔。

【近义词】感谢/感激

7088 **屑** 丁 〔部首〕尸 〔笔画〕10

xiè (n. scraps; v. think sth. worth doing)

[名]碎末：铁～｜纸～｜木～｜小孩吃饭就是这样，桌子上总是有很多面包～｜我刚扫了地，怎么又有了纸～？｜用这种洗发水洗头发，没有头皮～。

[动]认为值得做：不～一顾(连看都不值得看)｜这样的小事在他看来，简直不～去做。

【近义词】[名]末

【提示】作动词用时，只有否定式，只说“不～”，没有肯定式。

7089 **锌**(鋅) 丁 〔部首〕钅 〔笔画〕12

xīn (zinc)

[名]金属元素，符号 Zn，蓝白色结晶，在潮湿的空气中容易氧化，表面形成白色保护层，质地脆，溶于酸和强碱中，大多用来制合金或镀铁板：有多动症的小孩，可能缺～｜～是一种金属｜这里发现有～矿。

7090 **欣赏**(賞) 丙 〔部首〕欠 〔笔画〕8

xīnshǎng (appreciate)

[动]❶享受美好的事物，领略其中的趣味：～音乐｜～小说｜他在～风景｜他正在～一幅摄影作品｜他站在一幅画前久久地～着。❷认为优美；认为

好：他很～这篇小说｜这个人很能干，我很～｜我特别～他这种用功劲儿。

【提示】义项❷作为表示心理活动的动词，可以受程度副词修饰。

【近义词】喜欢／喜爱／爱好

【构词】欣然／欣慰／欣喜／欣羡

7091 **欣欣向荣**(欣欣向榮) 丁

xīnxīn xiàng róng (thriving)

形容草木茂盛，比喻事业蓬勃发展：我们的事业～，蒸蒸日上｜这几年，上海经济发展迅速，呈现出一派～的景象｜城市建设～。

【近义词】繁荣／兴旺／昌盛

7092 **辛苦** ＊甲 〔部首〕辛 〔笔画〕7

xīnkǔ (adj. hard; v. work hard)

[形]身心劳苦：很～｜非常～｜～的工作｜你～了，休息一下吧｜他的工作十分～｜他辛辛苦苦工作了三十多年｜这种工作还不算太～。

[动]〈丙〉做劳苦的事情：～一下｜～一回｜这种事别人都干不了，还得～你一趟｜这事确实很难办，要是别人能干，我就不～你了｜请你～一下，帮我把这张沙发搬上楼。

【近义词】艰苦／艰辛／辛劳／劳碌

【提示】①"辛"不能写成"幸"xìng。②辛，姓。

【构词】辛辣／辛劳／辛酸

7093 **辛勤** 丙

xīnqín (industrious)

[形]辛苦勤劳：～劳动｜～工作｜～的一生｜我们要～劳动，不能贪图享受｜教师～地培育着下一代｜教师是～的园丁。

【近义词】勤劳

【反义词】懒惰

7094 **新** ＊甲 〔部首〕斤 〔笔画〕13

xīn (adj. new; adv. newly)

[形]❶刚出现的或刚经验到的(跟"旧"或"老"相对)：～事物｜～经验｜～芽｜我们碰到一个～情况｜这棵树是～种上的，还没有发芽。❷性质上改变得更好的；更进步的(跟"旧"相对)：～中国｜～社会｜～世界｜他们研究出一种～工艺｜这是一种～技术，能提高生产效率｜这是第三代～产品，性能有很多改进。❸没有用过的(跟"旧"相对)：～衣服｜～机器｜这些书全是～的，我还没看过｜送你一件衬衣，～的，包装还没打开。❹〈乙〉结婚的或结婚不久的：～媳妇｜～郎｜～娘子｜这是他们的～房。

[副]〈乙〉新近；刚：大家还不认识我，我是～来的｜这台电视是我昨天～买的｜这是一种～研制的产品，市场上还见不到。

【反义词】[形]❶❷❸旧／老；[副]早

【提示】新，姓。

【构词】新潮／新贵／新欢／新婚／新交／新居／新奇／新巧／新秀／新意

7095 **新陈代谢**(新陳代謝) 丁

xīn chén dàixiè (metabolism)

❶生物体经常不断地从外界取得生活必需的物质，并使这些物质变成生物体本身的物质，同时把体内产生的废物排出体外，这种新物质代替旧物质的过程叫做新陈代谢。简称代谢：小孩～快，老人～慢。❷比喻新的事物滋生发展，代替旧的事物：任何事物的发展，都有一个～的过程。

7096 **新房** 丁

xīnfáng (bridal chamber)

[名]新婚夫妇的卧室:布置~|闹~|他们把~布置得漂亮极了|他们的~里贴着双"喜"字|这是新婚夫妇的~|今天来闹~的人真多。

【近义词】洞房

7097 **新近** 丁

xīnjìn (recently)

[名]不久以前的一段时期:他~才来,对这儿的情况还不熟悉|这件事是~发生的|~听说小行星要撞地球,不知是真是假。

【近义词】近来/近日/最近

【提示】"新近"是时间名词,只作状语。

7098 **新郎** 丁

xīnláng (bridegroom)

[名]结婚时的男子:当~|是~|祝~新娘婚姻美满,白头到老|~长得很帅。

【近义词】新人/新郎官

7099 **新年** 甲

xīnnián (New Year)

[名]元旦和元旦以后的几天:~快乐|恭贺~|迎~|过~|过了~就快到春节了|在中国,春节比~热闹|圣诞节后一个星期就是~。

【近义词】元旦

7100 **新娘** 丁

xīnniáng (bride)

[名]结婚时的女子。也叫新娘子:小王开了一辆新车去接~|新郎、~交换戒指。

【近义词】新人

【反义词】新郎

7101 **新人** 丁

xīnrén (people of a new type)

[名]❶具有新的道德品质的人:~新事|培养~|~辈出|要把我们的学生培养成有理想、有道德、有知识~。❷某方面新出现的人物:文艺~|他是戏剧界的~|在改革开放的时代,~辈出|在银行界,~很多。❸指新郎和新娘,有时特指新娘:今天有20对~在这里举行了集体婚礼|~害羞,有点儿不好意思,新郎倒是满不在乎的|快把~请出来吧,俗话说,丑媳妇早晚也得见公婆啊。

【近义词】❸新娘

7102 **新生** 丙

xīnshēng (adj. newborn; n. new student)

[形]刚产生的;刚出现的:~事物|~力量|~带|这是一个~事物|~事物刚出现的时候,人们总是对它感到陌生|~事物具有顽强的生命力。

[名]新入学的学生:~入学典礼|~注册|接待~|我们在北京火车站设有~接待站|我是第一次给~上课|~是第一次听我讲课|~对学校的环境还不熟悉|这是~的宿舍。

【反义词】[名]老生

【提示】"新生"作为形容词时只作定语,不单独作谓语。

7103 **新式** 丙

xīnshì (new-style)

[形]新近产生出来的式样:~工具|~飞机|~汽车|这个学校是新建的,所有设备都是最~的|~机床比老式机床效率高|本世纪初,中国才有了~学校。

【反义词】老式

【提示】一般作定语,不单独作谓语。

7104 **新闻**(聞) 甲

xīnwén (news)

[名]❶报纸、广播电台、电视台等报道的国内外消息:～记者|广播～|～发布会|～广播|电视～|今天的报纸上有一条～|我每天只看电视上的～联播|近年来,～工作有了很大的发展。❷泛指社会上最近发生的新事情:公司里最近有什么～?给我讲讲|他们的事一下子成了头条～|这已经不算什么～了。

【近义词】消息

【提示】"新闻"的量词是"条"或"则"。

7105 **新鲜**(鮮) *乙

xīnxiān (fresh)

[形]❶(刚生产、宰杀或烹调的食物)没有变质,也没有经过腌制、干制等:～蔬菜|～鱼虾|～血液|昨天的剩菜已经不～了|这个市场每天向城里提供20吨～蔬菜|市场上的水果都很～。❷(花朵)没有枯萎:～的花朵|这束花昨天还挺～呢|～的花瓣看上去娇嫩可爱。❸(空气)经常流通,不含杂类气体:早晨出去锻炼身体,呼吸呼吸～空气|农村的空气比城里～。❹〈丙〉(事物)出现不久,还不普遍;少见的;希罕:～事|～玩意儿|昨天这里出了一件～事|电视已经不算什么～东西了|这东西可真～,我长这么大还没见过呢|你这人可真～,有人请你吃饭,你还不去?

【反义词】陈/陈旧

7106 **新兴**(興) 丁

xīnxīng (burgeoning)

[形]最近兴起的:～的阶级|～的势力|～的学科|深圳是个～的现代化城市|计算机科学是一门～科学|信息咨询是一个～的行业。

【提示】"兴"又读 xìng,如"高兴"、"兴趣"。

7107 **新型** 丙

xīnxíng (new type)

[形]新的类型;新式:～人才|～企业|～的制度|我们要改革教育体制,培育适应市场经济的～人才|这是一个技、工、贸一体的～企业。

【近义词】新式

【提示】一般作定语,不单独作谓语。

7108 **新颖**(穎) 丁

xīnyǐng (original)

[形]新而别致:题材～|风格～|～的风格|～的款式|他这首小诗写得～别致,耐人寻味|这座建筑风格～,美观大方|展览的时装款式都很～。

【反义词】陈旧

7109 **心** *甲 〔部首〕心 〔笔画〕4

xīn (heart)

[名]❶人和高等动物体内推动血液循环的器官。人的心在胸腔中部,稍偏左方,呈圆锥形,大小约和本人的拳头相等,内部有四个空腔,上部两个是心房,下部两个是心室。心房和心室的舒张和收缩推动血液循环全身。也叫心脏:疼得钻～|他的～在激烈地跳动|他得的是～血管的疾病。❷〈乙〉通常也指思想的器官和思想、感情等:～得|～思|谈～|这个人～好,老做善事|今天我跟你交交～,把我的想法都告诉你|你说你爱我,其实你不懂我的～。❸〈乙〉中心;中央的部分:圆～|空～|灯～|白菜～儿|轴～|吃萝卜要吃～儿,不能

吃皮｜有的水果外边看着还挺好的，其实～里已经烂了。

【构词】心病/心肠/心潮/心底/心地/心电图/心房/心服/心腹/心肝/心怀/心机/心肌/心迹/心计/心尖/心焦/心绞痛/心境/心坎/心口/心宽/心灵/心领/心路/心律/心率/心魄/心气/心切/心曲/心软/心神/心声/心室/心术/心酸/心算/心态/心田/心跳/心窝/心细/心弦/心性/心胸/心虚/心绪/心仪/心音/心窄/心照/心折/心重(zhòng)/心醉/心安理得/心驰神往/心慈面软/心慈手软/心荡神驰/心腹之患/心甘情愿/心广体胖(pán)/心狠手辣/心花怒放/心慌意乱/心灰意懒/心惊胆战/心惊肉跳/心口如一/心领神会/心满意足/心明眼亮/心平气和/心无二用/心心念念/心心相印/心血来潮/心猿意马/心悦诚服/心直口快/心中有数

7110 心爱(愛) 丙

xīn'ài (be loved)

[形]衷心喜爱：～的礼物｜～的人｜～的东西｜小汽车是他最～的玩具｜我最～的东西是这些书。

【近义词】喜爱/钟爱/热爱/亲爱

【反义词】讨厌/厌恶(wù)

7111 心得 乙

xīndé (what one has learned from work, study, etc.)

[名]在工作和学习等活动中体验或领会到的知识、技术、思想认识等：学习～｜～体会｜工作～｜干了这么多天了，大家都谈谈自己的～｜介绍介绍你的读书～｜我最近没看书，所以没什么～。

【近义词】体会

7112 心理 丙

xīnlǐ (psychology)

[名]❶人的头脑反映客观现实的过程，如感觉、知觉、思维、情绪等：～医生｜～健康｜～疾病｜这个人经常发脾气，恐怕～不大健康｜你这样忧郁，应该去找找～医生。❷泛指人的思想感情等内心活动：犯罪～｜侥幸～｜这人老嫉妒别人，～肯定不正常｜他这种～很可以理解｜人的～过程很复杂｜他是研究儿童～的。

【近义词】思想/感情/心情

7113 心里(裏) 丁

xīnli (in the heart)

[名]❶胸口内部：～不舒服｜吃了药，～好受多了｜这几天天气闷热，我这～老憋得慌。❷思想里；头脑里：记在～｜～有话就说出来｜这件事大家～都明白｜你这么一说，我～就踏实了。

【近义词】❶内心/心中/胸口；❷心目/心中/心头

7114 心灵(靈) 丁

xīnlíng (soul)

[名]指内心、精神、思想等：～美｜幼小的～｜～世界｜纯洁的～｜这部小说描写了一个人的～世界｜这反映了他～深处的东西｜从这一件小事，我们看到了他美好的～。

【近义词】内心/思想/精神/灵魂

7115 心目 丁

xīnmù (mind)

[名]指想法和看法(多说“…心目中”)：在老师的～中，他可是一个好学生｜他～中最重要的事就是工作｜

这个人是他～中的英雄｜他～中的偶像已经不存在了。

【近义词】心里/心中

7116 **心情** 乙

xīnqíng (mood)

[名]感情状态：～不好｜～舒畅｜～恶劣｜今天他～特别好，兴致特别高｜丈夫去世以后，她一直～忧郁｜在这样的单位工作，人人～舒畅｜～不好的时候，他就不爱说话。

【近义词】心境/情绪/心绪

7117 **心事** 丙

xīnshì (sth. weighing on one's mind)

[名]心里盘算的事(多指感到为难的事)：～重重(chóngchóng)｜有～｜想～｜～多｜他这几天闷闷不乐，老在想～｜你好像有什么～？｜不要老想自己的～，应该努力工作｜我没什么～。

7118 **心思** *丙

xīnsi (thought)

[名]❶念头：坏～｜我猜不透他的～｜你怎么老给我捣乱，到底安的什么～？❷脑筋：用～｜挖空～｜白费～｜为了搞出这个设计，他简直绞尽了脑汁，用尽了～｜他把～都用在玩电脑上了。❸〈丁〉想做某件事的心情：我现在可没～玩，我的作业还没做完呢｜火都上房了，你还有～在这儿闲聊？

【近义词】念头/想法

7119 **心疼** 丁

xīnténg (love dearly; feel sorry)

[动]疼爱；舍不得；惋惜：这孩子这么可怜，真叫人～｜浪费了这么多水，你们也不～｜他不知道～人。

【近义词】疼爱/痛惜/惋惜

7120 **心头**(頭) 丁

xīntóu (mind)

[名]心上：记在～｜放在～｜浮上～｜看着这乖巧的孩子，她的～油然生出一丝爱意｜看到这情景，他～一阵发热｜千言万语涌上～。

【近义词】心上/心里/内心

7121 **心血** 丁

xīnxuè (painstaking effort)

[名]心思和精力：费尽～｜白费～｜耗尽～｜这张图纸上凝聚了科技人员多少～啊！｜这是老师对学生的一片～｜他的建议被采纳了，他感到自己的～没有白费。

【近义词】精力/心思

【提示】"血"又读 xiě，见第 7080 条。

7122 **心眼儿**(兒) 丁

xīnyǎnr (heart)

[名]❶内心：～里｜看到孩子们都很有出息，他打～里高兴｜听说又要去逛商店，他打～里不愿意｜他打～里讨厌这个人。❷心地；存心：～好｜没安好～｜坏～｜他这人～倒是不坏，就是说话没分寸｜这人没什么好～｜他～好，人又漂亮。❸聪明机智：跟这种人打交道，你得多长几个～｜这家伙傻乎乎的，一点儿～没有。❹对人的不必要的顾虑和考虑：他这个人就是～太多｜你怎么那么多～？❺气量(小或窄)：小～｜他～窄，受不了委屈｜瞧你那点儿～，连这点儿事都受不了，还是男子汉呢。

【近义词】❶内心；❺度量/气度/心胸

【提示】只能说"小心眼儿"或"心眼儿

小”，不能说“大心眼儿”或“心眼儿大”。

7123 **心意** 丙

xīnyì (kindly feelings)

[名]对人的情意：一片～|表达～|一点儿～|这是我的一点儿～，请一定收下|那是人家的一片～，你怎么好意思拒绝？|我们唱一首歌来表示我们的～。

7124 **心愿**(願) 丁

xīnyuàn (cherished desire)

[名]愿望：表达～|共同的～|我最大的～是当一个画家|买一台电脑是他惟一的～|他的～没有实现。

【近义词】愿望/希望

7125 **心脏**(臟) 乙

xīnzàng (the heart)

[名]心；比喻中心或最重要的部分：～病|～手术|机器的～|城市的～|首都北京是中国的～|发动机是汽车的～|计算机的～就是一块小小的芯片。

【近义词】心/中心

7126 **心中** 丁

xīnzhōng (in the mind)

[名]心里：～有数|～无数|他虽然～不快，但嘴上并没有什么表示|出了什么事他也不跟别人说，谁知道他～是怎么想的？|他是个爽快人，～有话就一定得说出来。

【近义词】内心/心里

【提示】“中”又读 zhòng，如“看中”。

7127 **薪金/薪水** 丁

〔部首〕艹 〔笔画〕16

xīnjīn/xīnshui (salary)

[名]薪水；工资：～高|～低|领～|这里工作条件虽然不好，但～却很高|靠着这份～，他可以过很舒服的日子|他做买卖去了，不想靠～生活了。

【近义词】工资/薪饷

7128 **信** *乙 〔部首〕亻 〔笔画〕9

xìn (believe)

[动]❶相信：～托|～任|～用|～不得|不～|～不～由你|我不～，哪有这样的事？|他的话～不得|很多人都～气功。❷〈丙〉信奉（宗教）：～教|～徒|他～佛教|中国西北很多人～伊斯兰教|中国～犹太教的很少。❸〈丁〉听凭；随意；放任：～步|～口开河|～马由缰|～口雌黄。

【近义词】❶相信；❷信仰

【反义词】❶疑

【提示】信，姓。

【构词】信笔/信不过/信步/信得过/信访/信奉/信服/信鸽/信函/信教/信皮/信瓤/信使/信手/信守/信条/信筒/信徒/信托/信物/信息量/信箱/信仰/信义/信用卡/信纸/信口雌黄/信口开河/信马由缰/信誓旦旦

7129 **信** 甲

xìn (letter)

[名]按照习惯的格式把要说的话写下来给指定的对象看的东西；书信：寄～|发～|收～|写～|读～|拆～|送～|家～|介绍～|我已经很久没有给家里写～了|我刚刚收到一封～|我连续写了三封～，他却连一封也没给我回。

【近义词】书信

7130 **信贷**(貸) 丁

xìndài (credit)

[名]银行存款、贷款等信用活动的总称。一般指银行的贷款：～部｜～业务｜今年的～额达到2.5亿元人民币｜近几年银行的～业务十分繁忙。

7131 **信封** 甲

xìnfēng (envelope)

[名]装书信的封套：标准～｜一个～｜我要两个～，再要五张邮票｜～上一定要写上邮政编码｜邮票要贴在～的正面。

【近义词】信皮

7132 **信号**(號) 丙

xìnhào (signal)

[名]❶用来传递消息或命令的光、电波、声音、动作等：给～｜打～｜发～｜～灯｜～旗｜～枪｜～弹｜红灯是停车的～｜准备好了，你就挥一下手，给我一个～｜他怎么还不发～？❷电路中用来控制其他部分的电流、电压或无线电发射机发射出的电波：～发生器｜音频～｜视频～｜电视机打开了，可就是没有～｜耳机里传来一个奇怪的～｜这个～我们可从来没见过。

7133 **信件** 丁

xìnjiàn (mail)

[名]书信和递送的文件、印刷品：重要～｜秘密～｜处理～｜保存～｜整理～｜大批～｜他每天收到很多～｜来往的～首先要送到他这里｜处理～是他的日常工作。

【近义词】信/书信

7134 **信赖**(賴) 丁

xìnlài (trust)

[动]信任并依靠：值得～｜可以～｜不可～｜他是我最可～的朋友，有什么困难他都可以帮我解决｜他是一个值得～的人。

【近义词】信任/相信/

【反义词】怀疑

【构词】依赖

7135 **信念** 丙

xìnniàn (faith)

[名]自己认为可以确信的看法：～坚定｜科学～｜有～｜我的～就是好人总比坏人多｜无论是金钱还是美女，都不能动摇他的～｜并不是所有的人都有坚定的～。

【近义词】信仰

7136 **信任** 丙

xìnrèn (trust)

[动]相信而敢于托付：～别人｜非常～｜他一向踏实稳重，你完全可以～他｜领导不～他，因为他老欺骗领导｜我们非常～你。

【近义词】信赖/相信

【反义词】怀疑

7137 **信息** 丙

xìnxī (information)

[名]❶音信；消息：～情报｜经济～｜告诉你一个～，股票行情看涨｜他一个人住在远离城市的地区，什么～也得不到｜我们一直没有他的～。❷信息论中指用符号传递的报道，报道的内容是接收者事先不知道的：～论｜～革命｜～时代。

【近义词】消息/情报

7138 **信心** 乙

xìnxīn (confidence)

[名]相信自己的愿望或预料能够实现的心理：满怀～|树立～|充满～|～十足|我对这件事没有～|他一直充满～|考试时他～不足。

【近义词】信念/决心

7139 **信仰** 丁

xìnyǎng (believe in)

[动]对某人或某种主张、主义、宗教极度相信和尊敬，拿来作为自己行动的榜样或指南：～宗教|我～无神论，所以不相信世界上有鬼神|人们有～宗教的自由。

【近义词】相信

7140 **信用** 丁

xìnyòng (credit)

[名]能够履行跟人约定的事情而取得的信任：讲～|维持～|没有～|～不好|你这个人怎么不讲～？下次再也不跟你合作了|他的～比较好，所以银行愿意给他贷款|他是个很守～的人。

【近义词】信誉

7141 **信誉**(譽) 丁

xìnyù (reputation)

[名]信用和名誉：～卓著|建立～|丧失～|维护～|他的～一向很好，很多人愿意和他做生意|要想提高～，就得提高产品质量|这个公司享有很高的～。

【近义词】名誉/声誉

7142 **星** 丁 〔部首〕日 〔笔画〕9

xīng (star)

[名]❶夜晚天空中闪烁发光的天体：两颗～|～光|～空|～罗棋布|月明～稀|北极～|今夜有云，天上一颗～也看不见|你知道最亮的～是什么～吗？❷天文学上指能发射光或反射光的天体，分为恒星(如太阳)、行星(如地球)、卫星(如月亮)、彗星、流星等。❸细碎或细小的东西：火～儿|一～半点|零～|火～儿溅在木头上容易着火|他把信撕成了纸～儿。❹明星：歌～|影～|童～|球～|救～。

【提示】①“星”的量词用“颗”。②星，姓。

【构词】星辰/星斗(dǒu)/星光/星汉/星河/星火/星空/星球/星体/星系/星相(xiàng)/星宿(xiù)/星夜/星云/星罗棋布/星星点点/星移斗(dǒu)转

7143 **星期** 甲

xīngqī (week)

[名]❶中国古代历法把二十八宿按日、月、火、水、木、金、土的次序排列，七日一周，周而复始，称为“七曜(yào)”；西洋历法中也有“七日为一周”的说法，跟中国的“七曜”暗合。后来根据国际习惯，把这样连续排列的七天作为工作、学习等作息日期的计算单位，叫做星期：一个～|一个～也叫一周|我去上海出差，两个～以后回来。❷跟“日、一、二、三、四、五、六”连用，表示一星期中的某一天：今天是～六|～日大家都不上班|我～日去|上～的工作还没完|我下～回北京。❸星期日的简称：～休息时，我去公园|这个～是我的生日。

【近义词】礼拜

7144 **星期日/星期天** 甲

xīngqīrì/xīngqītiān (Sunday)

[名]星期六的下一天，一般定为休息日。也说星期天，简称星期：中国的

商店～也照常营业|～休息,我们一起去玩吧|下～我不休息。

【近义词】星期天/礼拜天

7145 **星星** 乙

xīngxing (star)

[名]夜晚天空中闪烁发光的天体:很多～|～很亮|看～|天上一颗～也没有|满天的～在眨眼|孩子们在夏夜里数～。

【提示】多用于口语中。

7146 **腥** 丁 〔部首〕月 〔笔画〕13

xīng (having the smell of fish)

[形]像鱼虾等的难闻的气味:～味儿|～气|这种鱼特别～|海鱼一般比淡水鱼更～|有没有不～的鱼?|这屋里有一股～味儿,哪儿来的?

【构词】腥臭/腥秽/腥气/腥风血雨

7147 **兴**(興) 丁 〔部首〕兴 〔笔画〕6

xīng (prosper)

[动]❶兴盛;流行:复～|新～|时～|现在不～这一套了|现在过年,已经不～放鞭炮了|这种式样的衣服今年刚～起来。❷使盛行:大～调查研究之风|这个城市大～土木,建了许多豪华宾馆。❸开始;发动;创立:～办|～利除弊|～风作浪。

【近义词】❶兴盛/流行;❸创立/建立

【反义词】败

【提示】①"兴"又读 xìng,见 7183 条"兴高采烈"。②兴(Xīng),姓。

【构词】兴隆/兴盛/兴师/兴叹/兴亡/兴修/兴许/兴风作浪/兴利除弊/兴师动众/兴妖作怪

7148 **兴办**(辦) 丁

xīngbàn (initiate)

[动]创办(事业):～企业|～学校|～福利事业|我们正在多方筹集资金,积极～教育|～教育不能光靠国家|这个企业是谁～的?

【近义词】创办/开办

7149 **兴奋**(奮) 乙

xīngfèn (excited)

[形]振奋;激动:非常～|很～|特别～|看完戏我非常～,一夜没合眼|咖啡喝多了容易～|太～对身体没好处。

【近义词】激动/高兴/振奋

【反义词】抑制

7150 **兴建** 丁

xīngjiàn (build)

[动]开始建筑(多指规模较大的):停止～|合资～|开始～|～三峡工程|近年来,中国～了许多新的工业区|这些道路都是近些年～的|这是一个合资～的工厂。

【近义词】建设/建立

7151 **兴起** 丁

xīngqǐ (rise)

[动]开始出现并兴盛起来:正在～|已经～|刚刚～|近年来海外～一股汉语热,学汉语的人越来越多|20世纪以来,新的思潮不断～|这种运动是最近～的|这项活动刚～不久。

【近义词】突起

【反义词】衰亡

7152 **兴旺** 丁

xīngwàng (prosperous)

[形]兴盛;旺盛:～发达|六畜～|人丁～|生意～|国家～|他的买卖做得挺～|我们的事业日益～|这是一个

十分～的家族。

【近义词】兴盛/发达/繁荣/旺盛/兴隆

【反义词】萧条

7153 **刑** 丁 〔部首〕刂 〔笔画〕6

xíng (penalty)

[名]❶刑罚:死～|徒～|缓～|判～|他因盗窃被判了六年～|～满释放后,他一直找不到工作|给他判的～我觉得重了。❷特指对犯人的体罚:动～|肉～|受～|他在监狱里受过～,身体一直很不好|动～以后,他做了交待,但全是假的。

【近义词】罚

【提示】刑,姓。

【构词】刑罚/刑警/刑具/刑期/刑事犯/刑讯

7154 **刑场**(場) 丁

xíngchǎng (execution ground)

[名]处决犯人的地方:将犯人押赴～,执行枪决。

7155 **刑法** 丁

xíngfǎ (penal laws)

[名]规定什么是犯罪行为,犯罪行为应受到什么惩罚的各种法律:制定～|按照～|触犯～|我国～规定,故意杀人者,要被判处死刑|偷东西是触犯～的行为|根据～第二十五条,对该犯作出判决。

【近义词】法律

7156 **刑事** 丁

xíngshì (criminal)

[名]有关刑法的领域:～案件|～法庭|～诉讼法|盗窃、杀人等属于～案件,应交由～法庭审理|民事法庭只受理离婚等民事案件,不受理～案件|我们要严厉打击～犯罪。

7157 **型** 丁 〔部首〕土 〔笔画〕9

xíng (mould)

[名]❶模型:砂～|木～|翻砂之前要做一个砂～。❷类型:脸～|血～|大～|小～|这种汽车的车身是流线～的|他的脸～很像他的母亲|这些新～家具很受欢迎。

7158 **型号**(號) 丁

xínghào (model)

[名]指机械或其他工业制品的性能、规格和大小:这台计算机的～是386SX－25,那台是486DX－40,所以那台的运算速度比这台快|这种机器的～比较老|你穿什么～的鞋?

【近义词】规格

7159 **形** 丁 〔部首〕彡 〔笔画〕7

xíng (form)

[名]❶形状:圆～|方～|长方～|这是一座六边～的建筑|这座体育场是圆～的|三角～的稳定性最好。❷形体;实体:有～|无～|～影不离|你的摹仿只做到了～似,还没有做到神似|商标是一种无～资产。

【近义词】❶形状/形态

【提示】"形"也作动词:①显露;表现:喜～于色|义～于色|～诸笔端。②对照:相～见绌|相～之下,我的技术就差多了。

【构词】形迹/形貌/形容词/形似/形体/形单影只/形销骨立/形形色色/形影不离/形影相吊/形影相随

7160 **形成** 乙

xíngchéng (take shape)

[动]通过发展变化而成为具有某种特点的事物,或者出现某种情形或局面:～鲜明对比|逐步～|多年～的习惯怎么也改不了了|地壳的运动～了高山|这种局面已经～了,就很难改变。
【近义词】成为/变成/构成/造成

7161 **形而上学**(學) 丁

xíng'érshàngxué (metaphysics)
[名]❶哲学史上指哲学中探究宇宙根本原理的部分。❷同辩证法相对立的世界观或方法论。它用孤立、静止、片面的观点看世界,认为一切事物都是孤立的,永远不变的;如果说有变化,只是数量的增减和场所的变更,这种增减和变更的原因不在事物的内部而在于事物的外部:你这样片面地看问题,是～的|我们要坚持辩证法,反对～。
【近义词】玄学
【反义词】辩证法

7162 **形容** 乙

xíngróng (describe)
[动]对事物的形象或性质加以描述:可以～|～一下|不会～|他高兴的心情是无法～的|那个东西什么样子?你～～|他很会～|同学们用了很多词对菊花加以～。
【近义词】描绘/描述/刻画

7163 **形式** 乙

xíngshì (form)
[名]事物的形状、结构等:组织～|艺术～|一种～|选择～|确定～|改变～|一部《骆驼祥子》,被改编成话剧、京剧、电影、电视剧等各种艺术～|生命有各种各样的～,如动物、植物和微生物|电影是一种比较年轻的艺术～|穿什么样的衣服只是个～问题。
【近义词】格式/款式/样式/样子

7164 **形势**(勢) 乙

xíngshì (terrain)
[名]❶地势(多指从军事角度看):～险要|有利的～|这种～对我军不利|我们要利用有利的～,打退敌人的进攻。❷事物发展的状况:国际～|国内～|经济～|～大好|目前国内的经济～是比较好的|我们要争取一个和平的国际～|目前的～对我们很有利。
【近义词】❷局势/局面

7165 **形态**(態) 丙

xíngtài (form)
[名]❶事物的形状或表现:意识～|观念～|这两个国家的文化～是不同的|戏剧和电影都是艺术,但～不同|她在舞台上～非常美。❷生物体外部的形状:蚕在一生中要经历几次～的变化|昆虫的身体～一般是要变化的。❸词的内部变化形式,包括构词形式和词形变化的形式:英语中的～变化有数的变化、格的变化和时态的变化|汉语是一种孤立语,基本上没有～变化。
【近义词】形式/状态/样子

7166 **形象** *乙

xíngxiàng (n. image; adj. vivid)
[名]❶能引起人的思想或感情活动的具体形状或姿态:图画、雕塑等视觉艺术是通过～来表达思想的|这个人的～非常好|他的英雄～永远活在人民的心中。❷文艺作品中创造出来的生动具体的、激发人们思想感情

的生活图景，通常指文学作品中人物的神情面貌和性格特征：艺术～|英雄～|～逼真|《红楼梦》成功地塑造了贾宝玉的叛逆～|《水浒传》中描写的人物～都十分生动|《阿Q正传》中的阿Q是封建社会中国农民的典型～。

[形]〈丙〉指描绘或表达具体、生动：阿Q这个人物～地表现了封建社会中国农民身上的弱点|巴尔扎克的小说～地概括了法国19世纪的历史|他的故事讲得绘声绘色，～极了。

【近义词】[名]❶❷形态/样子/模样/人物；❸生动/逼真/惟妙惟肖

7167 **形状** 乙

xíngzhuàng (shape)

[名]物体或图形由外部的面或线条组合而呈现的外表：～规则|～很美|～不同|足球的～是圆的，橄榄球的～是两头尖的|这两种牌子的汽车的～很不一样|这个衣柜的～很好看。

【近义词】样子

7168 **行** *乙 ［部首］彳 ［笔画］6

xíng (travel)

[名]❶路程：千里之～，始于足下|非洲之～，使我大开眼界。❷〈丙〉行为：品～|操～|罪～|做人应该言～一致|对这个人，我们不仅要听其言，而且要观其～。

【近义词】❷行为

【提示】①"行"又读 háng，见第2593条。②行(Xíng)，姓。

【构词】行藏/行车/行船/行刺/行宫/行进/行径/行军床/行李卷/行礼/行猎/行囊/行骗/行期/行乞/行窃/行色/行善/行商/行事/行书/行头/行文/行刑/行凶/行医/行吟/行政区/行止/行装/行踪/行走/行将就木/行若无事/行尸走肉/行云流水

7169 **行** *甲

xíng (v. go; adj. capable)

[动]❶走：～车|～船|人～道|远～|～路|慢～|快～|读万卷书，～万里路|过马路时要慢～|～车走路都要遵守交通规则。❷〈乙〉做；办：举～|执～|试～|～之有效|这位老先生～医已有五十多年了|这伙人经常在这一带～窃。❸〈丙〉表示进行某项活动(用于双音节动词前)：另～通知|这个活动究竟怎么搞，我们将另～通知|对这种情况，我们将另～规定。❹可以：～，就这么办吧|这个办法～|我看这个方案能～，就照这样布置下去吧|这可不～，这样干要出事的。

[形]〈丙〉能干：这孩子还真～|你还挺～的，这么快就琢磨出来了|我们看这几个人都不～，换些能干的来吧。

【近义词】[动]❶走，❷做/干；[形]可以

【反义词】[动]❶止

7170 **行程** 丁

xíngchéng (distance of travel)

[名]❶路程：～万里|今天的～已经走了一多半了。❷进程：历史发展的～。

【近义词】路程

7171 **行动(動)** 乙

xíngdòng (v. act; n. action)

[动]❶行走；走动：时候不早了，咱们该～着了|他中(zhòng)风以后，～不便|你的病刚好些，还不宜～。❷指为实现某种意图而具体地进行活动：积极～|～积极|～计划|～起来，搞

好爱国卫生运动｜大家都已经～起来了,你怎么还没有动静啊?｜计划都制定好了,我们赶快～吧。

[名]行为;举动:有～｜他的～总是比别人慢｜这个人的～很可疑｜你派两个人监视他的～。

【近义词】活动

7172 **行贿**(賄) 丁

xíng huì (bribe)

进行贿赂:～罪｜不能～｜向他～｜行过一次贿｜行了贿｜不要向政府工作人员～,政府工作人员也不要受贿｜～是一种犯罪行为｜他曾多次向官员～｜他只行过一次贿,可以从轻处理。

【近义词】贿赂/收买

【反义词】受贿

【提示】离合词,中间可插入其他成分,如:行过贿｜行过一次贿。

7173 **行径**(徑) 丁

xíngjìng ([disgraceful] action)

[名]行为;举动(多指坏的):罪恶～｜丑恶～｜侵略～｜这简直就是一种强盗～｜人民不能容忍这种罪恶～｜我们要揭露他的丑恶～。

【近义词】行为

7174 **行军**(軍) 丁

xíng jūn (march)

军队进行训练或执行任务时从一个地点走到另一个地点:夜～｜急～｜～路上｜明天还要～,今天早点儿休息吧｜～时千万不要掉队｜他在～时把脚扭了。

【提示】离合词,中间可插入其他成分,如:行了一天的军。

7175 **行李** 乙

xíngli (luggage)

[名]出门时所带的包裹、箱子、网篮等:～间｜～车｜托运～｜取～｜搬～｜捆～｜打～｜来,你抱孩子,我帮你扛～｜乘飞机时,每位旅客托运的～不能超过20千克｜我的～丢了,请你帮我查一下。

7176 **行人** 丙

xíngrén (pedestrian)

[名]在路上走的人:过往～｜没有～｜～很多｜～过马路要走人行横道｜天色很晚了,路上见不到什么～了｜开车时要注意街上的～。

【近义词】路人

7177 **行使** 丁

xíngshǐ (exercise)

[动]执行;使用(职权等):～权力｜～职权｜人们都积极参加普选,认真～自己的权力｜我们要对人民负责,不能任意～手中的权力。

【近义词】执行

7178 **行驶**(駛) 丙

xíngshǐ ([vehicle, boat] go)

[动](车、船)行走:安全～｜高速～｜超速～｜列车向南～｜这条河可以～万吨级的轮船｜这辆汽车已经安全～了10万公里。

7179 **行为**(爲) 丙

xíngwéi (behaviour)

[名]受思想支配而表现在外面的活动:正义的～｜犯罪～｜流氓～｜爱国～｜～美｜人们纷纷指责他的～｜大家都不能容忍这种流氓～｜一个人的～体现了他的思想。

【近义词】举动

7180 **行星** 丙

xíngxīng (planet)

[名]按照大小不同的椭圆形轨道环绕太阳运动的天体,本身不能发光,只能反射太阳光。太阳系中有九大行星,离太阳由近而远,依次是水星、金星、地球、火星、木星、土星、天王星、海王星和冥王星。还有许多小行星:～运转|发现～|地球是太阳系中一颗美丽的～|至今除了地球外,其他～上都还没有发现有生命的活动|天文台发现了一颗小～。

【反义词】恒星

7181 **行政** 丙

xíngzhèng (administration)

[名]指机关、企业、团体等内部的管理工作:～人员|～费用|～工作|管理～|～开支|我们要搞好学校的教学～管理|我一直是做～工作的|这个单位的～人员太多,而专业人员太少。

7182 **醒** *乙 〔部首〕酉 〔笔画〕16

xǐng (regain consciousness)

[动]❶酒醉、麻醉或昏迷后神智恢复正常状态:～酒|一醉不～|没～|～过来|～了|昏迷五天后,他终于～过来了|他被人打晕了,半天才～过来。❷睡眠状态结束,大脑皮层恢复兴奋状态,也指尚未入睡:睡～|睡不～|我早上5点就～了|我一直～着,没睡着|他都睡了一天一夜了,还不～。❸〈丙〉醒悟;觉悟:猛～|提～|觉～|原来是这么回事,到今天我才～过来|说了这么半天,怎么就劝不～你呢?

【近义词】❸觉悟

【反义词】醉/睡

【构词】醒酒/醒目/醒悟

7183 **兴高采烈**(興) 丙

〔部首〕八 〔笔画〕6

xìng gāo cǎi liè (in high spirits)

兴致高,精神足:人们都～地上街游行|联欢会上,大家都～|～的人们都在广场上狂欢。

【近义词】高兴/兴奋

【反义词】垂头丧气/心灰意冷

【提示】"兴"又读 xīng,见第7147条。

【构词】兴冲冲/兴会/兴头/兴味/兴致

7184 **兴趣** 乙

xìngqù (interest)

[名]喜好的情绪:感～|有～|～广泛|缺乏～|他只对音乐感～|他这个人没什么～爱好|我的～极广,音乐、美术、文学,什么都喜欢。

【近义词】爱好

7185 **幸福** 甲 〔部首〕土 〔笔画〕8

xìngfú (happy)

[形](生活、境遇)称心如意:生活～|婚姻～|～美满|这老两口生活得很～|今天的～生活来之不易|～的家庭个个相似,不幸的家庭各有各的不幸|人总是要追求～的生活。

【反义词】不幸/痛苦

【提示】①"幸"不能写成"辛"xīn。②幸,姓

【构词】幸存/幸而/幸亏/幸免/幸事/幸运儿/幸灾乐祸

7186 **幸好** 丁

xìnghǎo (fortunately)

[副]幸亏:～你及时赶到,要不然就

赶不上这趟车了|钱丢了就丢了吧,～文件还没被偷走|着火时～家里没人,所以人没受伤。

【近义词】幸亏

7187 **幸亏**(虧) 丙

xìngkuī (luckily)

[副]指由于某种有利条件而避免了不良后果:我～走得早,才没叫雨淋着|～你来了,要不然我们还真没办法了|～是砸了脚,要是砸了脑袋,那不就没命了?

【近义词】幸好

7188 **幸运**(運) 丁

xìngyùn (lucky)

[形]称心如意:～之神|他可真～,碰上这么一位好姑娘|这次他～地得了一等奖。

【近义词】运气/走运

【反义词】倒霉

7189 **性** 乙 〔部首〕忄 〔笔画〕8

xìng (n. nature; suf.)

[名]❶性格:个～|天～|耐～|急～子|慢～子|他就是这么个～儿|他～子太急|他～子不好,总爱和人吵架。❷性别:男～|女～|雄～|雌～。❸有关生殖和性欲的:～器官|～行为|～欲|～交。

[尾]附在某些名词、动词、形容词后面,构成抽象名词或非谓形容词,表示事物的性质、性能、范围或方式等。a.用在动词、形容词后,构成名词:创造～|革命～|积极～。b.用在名词后构成新的名词:纪律～|组织～|党～。c.用在名词、动词或形容词后,构成非谓形容词:综合～|国际～|硬～|干(gān)～。

【构词】性爱/性病/性感/性急/性交/性灵/性腺/性欲/性状/性子/性命交关

7190 **性别** 丙

xìngbié (sex)

[名]雌雄两性的区别,通常指男女两性的区别:～不同|填写～|人的～|根据中国人的名字,往往看不出一个人的～|智力上的差异可能和～上的差异无关|不同～的人在性格上有什么不同吗?

7191 **性格** 乙

xìnggé (temperament)

[名]在对人、对事的态度和行为方式上所表现出来的心理特点,如英勇、刚强、懦弱、粗暴等:～温柔|～软弱|坚强的～|这孩子～挺好的|家庭环境不好的人,～往往很怪|他娶了个～温顺的姑娘。

【近义词】脾气/秉性/性情

7192 **性命** 丁

xìngmìng (life)

[名]人和动物的生命:～攸关|在这里虽然生活艰苦,却没有～之忧|我敢拿～担保,这个人是个好人。

【近义词】生命

7193 **性能** 丙

xìngnéng (function)

[名]机械或其他工业制品对设计要求的满足程度:机械～|～良好|这种机器～良好|那种新式机器还有些问题,～不太稳定|这部汽车其他～都不错,就是刹车不太灵。

【近义词】功能/作用

7194 **性情** 丁

xìngqíng (disposition)

[名]性格:～急躁|～温和|～残暴|这人～好是好,就是火上了房也不着急|我就没见过～这么坏的人|我喜欢他那温和的～。

【近义词】脾气/性格/秉性

7195 **性质**(質) 乙

xìngzhì (nature)

[名]一种事物区别于其他事物的根本属性:基本～|化学～|物理～|这件事的～是严重的,教训是深刻的|通过分析,我们对事情的～有所了解|这是两类不同～的矛盾|我们不仅要看到事物的现象,还要研究它的～。

【近义词】本质/实质/特性/属性

7196 **杏** 丁 〔部首〕木 〔笔画〕7

xìng (apricot)

[名]❶杏树,落叶乔木,叶子宽卵形,花单性,白色或粉红色,果实圆形,成熟时黄红色,味酸甜:门前种了两棵～树,春天能看到满树的～花。❷杏树的果实:小孩儿都爱吃～|你这～酸不酸?|你给我来二斤～。

【提示】用为义项❷时,口语中多儿化。

【构词】杏红/杏黄/杏仁/杏子

7197 **姓** 甲 〔部首〕女 〔笔画〕8

xìng (n. surname; v. one's surname is)

[名]表明家族的字:～名|贵～|单～|复～|人们一般都使用父亲的～|历史上有一些只有名没有～的人。

[动]以什么为姓:我～张,他～李|我要找一位～白的男同志|我们这儿没有～诸葛的。

7198 **姓名** 乙

xìngmíng (full name)

[名]姓和名字:请写下你的～、住址|请你留下～,我们会通知你的|做了好事,他也没留下～就走了。

【近义词】名字

7199 **兄** 丁 〔部首〕口 〔笔画〕5

xiōng (elder brother)

[名]❶哥哥:父～|胞～|～弟|他们关系极好,总是称～道弟的|你家～弟几个?❷亲戚中同辈而年纪比自己大的男子:表～|堂～|我有两个堂～|他是我舅舅的孩子,是我的表～。❸对男性朋友的尊称:张～|李～|文伯～,多日不见,一向可好啊?

【近义词】哥哥

7200 **兄弟** 乙

xiōngdì (brothers)

[名]哥哥和弟弟;也用来比喻同类的平行单位:～二人|～单位|～国家|他是我～|他家有～五人|我们要和～院校合作,把这个研究搞好|这是～单位的几位专家。

【近义词】弟兄

7201 **凶**(兇) 丙 〔部首〕凵 〔笔画〕4

xiōng (ominous)

[形]❶不幸的(形容死亡、灾难等现象,跟"吉"相对):～事|～信|～吉|他这一去,也不知是～是吉|我看这回是～多吉少|他每次都能逢～化吉。❷凶恶:穷～极恶|这个人的样子真

～|他突然露出了～相|他这人长得太～。❸厉害:这次流感来得很～|你别看这几个人平时不言不语的,一闹腾起来还挺～的|你别对我这么～好不好?

【近义词】❷恶;❸厉害

【反义词】善/善良

【构词】凶残/凶犯/凶悍/凶横(hèng)/凶狂/凶年/凶器/凶杀/凶手/凶险/凶相(xiàng)/凶信/凶兆

7202 **凶恶**(惡) 丙

xiōng'è (fierce)

[形](性情、行为或相貌)十分可怕:他那～的样子让人一看就害怕|尽管敌人十分～,我们也不要怕他们|老虎～地扑了过来。

【近义词】凶

【反义词】善良

7203 **凶狠** 丁

xiōnghěn (fierce and malicious)

[形]❶(性情、行为)凶恶狠毒:这伙匪徒性情～,手段残暴,我们要多加小心|这是一种～的动物,接近它时要小心|那个人～地瞪了他一眼。❷猛烈:射门～|他这一着(zhāo)非常～,这盘棋我是输定了|他跳起来～地扣杀|我还没有见过这么～的冲刺。

【近义词】❶凶恶

【反义词】和善

7204 **凶猛** 丁

xiōngměng (ferocious)

[形](气势、力量)凶恶强大:来势～|老虎是一种～的野兽|战士们打退了敌人～的进攻|这场暴风雨来得太～,我们损失很大。

【反义词】懦弱/软弱

7205 **胸** *乙 〔部首〕月 〔笔画〕10

xiōng (chest)

[名]❶躯干的一部分,在颈和腹之间:前～|后～|～部|"啪"的一枪,打在了他的左～上|他～前插了一朵红色的小花|站要有个站相,挺～,抬头,收腹。❷〈丙〉指心里(跟思想、见识、气量等有关):心～|～襟|～有成竹|看他那不慌不忙的样子,恐怕已经是～中有数了|要教育我们的孩子～怀祖国,放眼世界|他这个人心～开阔,从不计较小事。

【近义词】胸怀/胸膛

【反义词】背(bèi)

【构词】胸脯/胸骨/胸襟/胸口/胸膜炎/胸腔/胸围/胸章/胸椎/胸无点墨/胸有成竹/胸中有数

7206 **胸怀**(懷) 丁

xiōnghuái (mind)

[名]胸襟:～狭窄|敞开～|～广阔|这个人～远大,抱负不凡|没有远大的～,能干成大事吗?|他有着企业家的远大～。

【近义词】心胸

7207 **胸膛** 丁

xiōngtáng (chest)

[名]躯干的一部分,在颈和腹之间:挺起～|他敞开衣服,露出那结实的～|他的～上有一个疤|他的～里充满了壮志豪情。

【近义词】胸口

7208 **汹涌**(湧) 丁 〔部首〕氵 〔笔画〕7

xiōngyǒng (surge)

[动](水)猛烈地向上涌:～澎湃|浪涛～|海面上波涛～|十几米高的大浪～而来。

7209 **雄** 乙 〔部首〕隹 〔笔画〕12

xióng (male)

[形]❶生物中能产生精细胞的(跟“雌”相对);公的:～性|～鸡|～蕊|～蚊子是不咬人的,咬人的都是雌蚊子|鸟类都是～性比雌性漂亮|动物界里,～性都爱打架。❷有气魄的:～伟|～心|～姿。❸强有力的:～兵|～辩|事实胜于～辩。

【近义词】❶公

【反义词】❶雌/母

【构词】雄辩/雄兵/雄大/雄蜂/雄风/雄花/雄浑/雄健/雄杰/雄劲/雄赳赳/雄师/雄图/雄威/雄心/雄姿/雄才大略

7210 **雄厚** 丁

xiónghòu (abundant)

[形](人力、物力)充足:力量～|实力～|基础～|这家公司资金～|我们资金虽不充足,但技术力量～|我们有～的经济实力。

【近义词】丰厚/充足

【反义词】薄弱

7211 **雄伟**(偉) 乙

xióngwěi (grand)

[形]雄壮而伟大:～的天安门|一幅～壮丽的画卷|气势～|人民英雄纪念碑是一座～的建筑|钱塘江大潮～而壮观|南京长江大桥非常～。

【近义词】宏伟/雄壮/宏大/壮丽

【反义词】渺小

7212 **雄壮** 丁

xióngzhuàng (magnificent)

[形](气魄、声势)强大:这是一支威武～的队伍|～的冲锋号响彻云霄|这是一部十分～的交响乐|那场面～极了。

【近义词】雄伟

【反义词】渺小

7213 **熊** 丁 〔部首〕灬 〔笔画〕14

xióng (bear)

[名]哺乳动物,头大,尾巴短,四肢短而粗,脚掌大,趾端有带钩的爪,能爬树。主要吃动物性食物,也吃水果、坚果等。种类很多,如棕熊、白熊、黑熊:北极～|一只～|虎背～腰|动物园新来了一只小～|孩子们喜欢玩玩具～|～笨头笨脑的,让人觉得很可爱。

【近义词】狗熊

【提示】熊,姓。

7214 **熊猫** 乙

xióngmāo (panda)

[名]学名叫猫熊。哺乳动物,体长四尺到五尺,形状像熊,尾短,头、胸、腹、背、臀白色,四肢、两耳、眼圈黑褐色,毛粗而厚,性耐寒。生活在中国西南地区高山中,吃竹叶、竹笋。是中国特产的一种珍贵动物。也叫大熊猫、大猫熊:一只～|～是一级保护动物|～的繁殖能力很差,一般每胎只生一仔。

【近义词】猫熊

7215 **休息** 甲 〔部首〕亻 〔笔画〕6

xiūxi (rest)

[动]暂时停止工作、学习或活动:～日|～时间|～一下|想～|～过了|干

了一天活儿，该～～了|人不能只工作不～|他今天在家～，没来上班。
【近义词】歇/歇息
【反义词】工作
【构词】休班/休兵/休会/休假/休刊/休克/休眠/休戚/休闲/休想/休学/休战/休整/休止/休养生息

7216 **休养**(養) 丁

xiūyǎng (recuperate)
[动]休息调养：～所|～院|～半年|去～|～过|～身体|这段时间你太累了，到海边～一段时间吧|到乡间～～，过些日子再回来|他到北戴河～去了。
【近义词】保养/调(tiáo)养/疗养

7217 **修** *乙 〔部首〕亻 〔笔画〕9

xiū (repair)
[动]❶修理；整治：～一下|会～|找人～|～好了|～收音机|～车|机～工|我的手表坏了，你能帮我～～吗？|坏了就坏了吧，还～它干嘛，买个新的得了|这台电视太老了，～不好了。❷兴建；建筑：～建|～水库|～运河|要想富，先～路|去年我们～了两条铁路。❸〈丙〉剪或削，使整齐：～铅笔|～指甲|～脚|果树每年都要～，不把没用的枝条剪掉，它就不结果子|有空儿你～～草坪。❹〈丁〉(学问、品行方面)学习和锻炼：～养|～业|自～|我这学期～了两门课，一门是生物学，一门是计算机|这是一门选～课|这是他上辈子～来的福气。
【近义词】❷修理/兴建；❸剪/削
【反义词】拆
【提示】修，姓。
【构词】修补/修长(cháng)/修辞/修道/修道院/修好/修剪/修脚/修炼/修女/修配/修身/修士/修饰/修书/修行/修学/修业/修造/修旧利废

7218 **修订**(訂) 丁

xiūdìng (revise)
[动]修改订正(书籍、计划等)：～教学计划|～版|进行～|这是几年前出版的一本书，这次我再把它～一下|这个方案的～稿我已经看过了|这是经过～的计划。
【近义词】修改

7219 **修复**(復) 丁

xiūfù (restore)
[动]修理使恢复完整(多指建筑物)：～工程|～河堤|～道路|～古代建筑的工作由古建队去干吧|～长城的工作还没有完成|被大水冲坏的铁路已经～通车。
【反义词】拆毁

7220 **修改** 乙

xiūgǎi (revise)
[动]改正文章、计划等里面的错误、缺点：～章程|～计划|～图纸|这篇文章我先后～了八遍|我看这篇小说写得挺好，不用～了|这篇文章你再～～|这个计划我已经～过了，你再看看。
【近义词】改

7221 **修建** 丙

xiūjiàn (build)
[动](土木工程)施工：～铁路|～水库|～机场|～这座桥用了两年的时间|这个住宅区是我们公司～的|我们要在这儿～一座电视塔。
【近义词】兴建

【反义词】破坏

7222 **修理** 乙

xiūlǐ (repair)

[动]❶使损坏的东西恢复原来的形状或作用：～厂｜～车间｜～工｜～机器｜～汽车｜这辆车不算太破，～～还能跑｜家里的东西坏了，我就自己动手～｜你会～自行车吗？❷修剪：这盆景该～了｜他来时，我正在～草坪。

【近义词】❶修；❷剪

7223 **修养**(養) 丁

xiūyǎng (accomplishment)

[名]❶指理论、知识、艺术、思想等方面的一定水平：艺术～｜文学～｜理论～｜在音乐方面，他有很好的～｜只有不断学习，才能提高自己的～。❷指养成的正确的待人处事的态度：有～｜没～｜～好｜这个人动不动就发脾气，～真是太差了｜这人彬彬有礼，～极好｜他一点儿～也没有。

【近义词】❶造诣(yì)

7224 **修正** 丙

xiūzhèng (revise)

[动]修改使正确：进行～｜有所～｜需要～｜我们收集的数字还不太准确，需要～一下｜原始数据含有一定的误差，应该对它们进行～｜这些数字还没有～，使用时要注意。

【近义词】改正/修改

7225 **修筑**(築) 丙

xiūzhù (construct)

[动]修建(道路、工事等)：～机场｜～码头｜～工事｜这是我们新近～的工事｜我们要在这里～防御工事｜长江上正在～水坝。

【近义词】建筑/构筑

7226 **羞耻** 丁　〔部首〕羊　〔笔画〕10

xiūchǐ (shameful)

[形]不光彩；不体面：不知～｜感到～｜～心｜他为此觉得很～｜像这样不知～的事，我们可做不出来｜只要我们努力工作，就不会因碌碌无为而～。

【近义词】羞辱/耻辱

【反义词】光荣

【构词】羞惭/羞答答/羞愤/羞愧/羞怯/羞辱/羞臊/羞涩/羞与为伍

7227 **嗅** 丁　〔部首〕口　〔笔画〕13

xiù (smell)

[动]用鼻子辨别味道；闻：～觉｜～一～｜～出来｜一进屋，他就～到了一股怪味｜人们都～出了这里的火药味｜我什么味也没～出来。

【近义词】闻

【提示】口语里一般用“闻”，不用“嗅”。

7228 **锈**(銹) 丙　〔部首〕钅　〔笔画〕12

xiù (n. rust; v. become rusty)

[名]铜、铁等金属的表面在潮湿的空气中氧化而形成的物质：铁～｜铜～｜生～｜长(zhǎng)～｜一层～｜刀不磨就要生～了｜车子好久没骑了，都长～了｜据说铜～是有毒的。

[动]生锈：这把锁打不开，～住了｜枪栓让锈给～住了｜电池漏液，把收音机都给～坏了。

7229 **秀丽**(麗) 丁　〔部首〕禾　〔笔画〕7

xiùlì (beautiful)

[形]清秀美丽：山河～｜风景～｜这个姑娘长得十分～｜这里山水～，风景

优美|他的字体～,就是缺乏力度。
【近义词】美丽/清秀
【反义词】蠢笨
【构词】秀才/秀美/秀媚/秀气/秀色/秀雅/秀逸/秀外慧中

7230 **袖子** 丁　〔部首〕衤〔笔画〕10

xiùzi (sleeve)
[名]衣服套在胳膊上的筒状部分:～破了|缝～|～太短|没～|大衣～|这件衣服的～太长,手都伸不出来了|坎肩就是没有～的上衣|风衣～磨破了。
【构词】袖标/袖管/袖口/袖套/袖筒/袖章/袖珍/袖手旁观

7231 **绣(綉)** 丙　〔部首〕纟〔笔画〕10

xiù (embroider)
[动]用彩色丝、绒、棉线在绸、布等上面做成花纹、图案或文字:刺～|～花|锦～|～不好|过去的女孩子都要学～花|我给他～了一块手绢|手绢上～了一对鸳鸯|这只鸟我总也～不好。
【构词】绣房/绣花/绣球/绣像/绣鞋

7232 **需** 丙　〔部首〕雨〔笔画〕14

xū (need)
[动]需要:～求|按～分配|供～平衡|前来应聘的人,～持有学历证明|有事你就自己处理,无～汇报|我单位现急～一台复印机。
【近义词】要/需要

7233 **需求** 丁

xūqiú (demand)
[名]由需要而产生的要求:物质～|精神～|发展～|人民有什么样的～,我们就提供什么样的服务|随着物质～的满足,人们的精神～越来越高|应该根据社会的～来确定自己的产品。
【近义词】需要

7234 **需要** *甲

xūyào (v. need; n. needs)
[动]应该有或必须有:～物资|～补充|～工作|我们～有一支强大的科学技术队伍|那玩意儿没什么用,我不～|来,我们商量商量,看下一步～做些什么|你们走吧,我现在什么都不～了。
[名]〈乙〉对事物的欲望或要求:生存～|经济～|精神～|你的～我们满足不了|不断增长的物质～和落后的生产力发生了矛盾|你有什么～,看我能不能帮你。
【近义词】需求

7235 **虚** 丁　〔部首〕虍〔笔画〕11

xū (empty)
[形]❶空虚(跟“实”相对):～幻|～浮|乘～而入。❷虚弱:气～|血～|肾～|他的病刚好,身体还很～|我这几年缺乏锻炼,身子～多了|他现在好点儿了,不像前些日子那么～了。❸因心里惭愧或没有把握而勇气不足:胆～|心～|心里有点儿发～|证据在我手里,我一点儿也不心～。❹虚假(跟“实”相对):～名|～构|～荣|这个人不干实事,净玩～的|这是～的,你不要相信|他这个人太～,一点儿也不实在。❺徒然;白白的:～度|不～此行|他就是～有其名,其实什么都不行。❻虚心:谦～|～怀若谷。
【近义词】❶空;❹假
【反义词】实

【构词】虚报/虚词/虚度/虚浮/虚构/虚汗/虚幻/虚火/虚惊/虚夸/虚礼/虚名/虚拟/虚胖/虚荣/虚设/虚实/虚数/虚岁/虚脱/虚妄/虚文/虚无/虚线/虚症/虚怀若谷/虚情假意/虚位以待/虚应(yìng)故事/虚有其表/虚与委蛇(yí)/虚张声势

7236 虚假 丁

xūjiǎ (false)

[形]跟实际不符合的:~现象|~繁荣|市面上看着挺热闹,其实不过是一种~繁荣|他们提供的是一些~的数字|这个人的态度~得很|他~地推辞了一番。

【近义词】虚伪

【反义词】真实

7237 虚弱 丁

xūruò (weak)

[形]❶(身体)不结实:身体~|病虽然好了,但身体还是很~|体育锻炼可以使~的身体变得强壮起来|手术后,他变得很~。❷(国力、兵力)软弱;薄弱:这个国家虽然有庞大的军事力量,但经济很~|~的军队是无法打胜仗的|由于长年的战争,国家变得十分~。

【近义词】软弱

【反义词】强大

7238 虚伪(僞) 丁

xūwěi (hypocritical)

[形]不真实;不实在;作假:很~|不~|真~|他这人一点儿也不~|大家都痛恨~的人|他这人太~了|这个人~得可怕。

【反义词】真诚

7239 虚心 乙

xūxīn (open-minded)

[形]不自以为是,能够接受别人的意见:不~|很~|要~|应该~|~使人进步,骄傲使人落后|你要~接受大家的批评|厂长~地听取工人的意见|在工作和学习中,我们应该更~一些。

【近义词】谦虚

【反义词】骄傲

7240 须(須) 丙

〔部首〕彡
〔笔画〕9

xū (must)

[助动]应该;一定要:务~注意|报考者~持本人身份证|如不能出席会议,~事先请假|接到通知后,~在三日内给予答复。

【近义词】应该/得(děi)

【提示】①"须"一般只用在书面语里。②须,姓。

7241 须知 丁

xūzhī (notice)

[名]对所从事的活动必须知道的事项(多用作通告或指导性文件的名称):阅览~|借书~|用户~|乘客~。

7242 徐徐 丁

〔部首〕彳
〔笔画〕10

xúxú (slowly)

[副]慢慢地:帷幕~落下|列车~开动|太阳~升起。

【近义词】缓缓/缓慢

【反义词】迅速

7243 许(許) *乙

〔部首〕讠
〔笔画〕6

xǔ (v. allow; adv. maybe)

[动]❶允许；许可：准～｜特～｜只～成功，不～失败｜我不～你干那种事｜那不是个好地方，不～去！❷〈丙〉答应（送人东西或给人做事）：～愿｜以身～国｜他～过我请我看电影｜他要来找你借钱，并且说你～过借给他一万元。❸〈丁〉许配；答应把女儿嫁给某人：你女儿～给谁家了？｜姑娘已经～了人了。

[副]也许；或许；可能：她～没有这个意思｜今天他没来，～是病了｜他家没人接电话，～是人都不在家。

【近义词】[动]❶准；❷答应；[副]也许/或许/可能

【反义词】[动]❶禁止

【提示】许，姓。

【构词】许婚/许久/许诺/许配/许愿

7244 许多 甲

xǔduō (many)

[形]很多：～东西｜房间里有～人｜这方面的书我看过～｜我们学校有～外国留学生｜菊花有许许多多品种。

【近义词】多/很多/大量

【反义词】寥寥无几

7245 许可 丁

xǔkě (permit)

[动]准许；容许：未经～，外单位车辆不得入内｜没有他～，谁也不能进去。

【近义词】允许/准许

【反义词】禁止

7246 蓄 丁

〔部首〕艹
〔笔画〕13

xù (store up)

[动]❶储存；积蓄：储～｜～洪｜～电池｜～水｜新水库已经开始～水了｜很长时间没下雨了，水库～不上水。❷留着而不剃掉：～发｜很多艺术家都～长发｜不知从什么时候起，他～起了胡子｜他把～了几年的胡子剃掉了。❸（心里）藏着：～意｜他想报复，这事～谋已久。

【近义词】存/储

【构词】蓄电池/蓄洪/蓄积/蓄谋/蓄养/蓄意

7247 酗酒 丁

〔部首〕酉
〔笔画〕11

xùjiǔ (indulge in excessive drinking)

[动]没有节制地喝酒：酒可以喝，但不要～｜这帮家伙经常～闹事｜～、打架，你看都干了些什么！

【提示】"酗"xù不能错读成xiōng。

7248 叙述 丙

〔部首〕又
〔笔画〕9

xùshù (narrate)

[动]把事情的前后经过记载下来或说出来：～一下｜～全过程｜～清楚｜他把发生的事情～了一遍｜这篇文章详细～了那件事｜你把事件的经过～～。

【近义词】说/讲述

【构词】叙功/叙旧/叙事/叙说/叙文/叙言

7249 叙谈(談) 丁

xùtán (chat)

[动]随意交谈：好久不见了，今天晚上我们好好～～｜我们只是随便聊聊，～～｜大家在一起～～，交流交流思想。

【近义词】交谈

7250 序言 丁

〔部首〕广
〔笔画〕7

xùyán (preface)

[名]写在著作正文之前的文章。有

作者自己写的，多说明写书的宗旨和经过。也有别人写的，多是介绍或评价本书的内容：一篇～|写～|没有～|第三版～|英文版～|我们想请张先生写篇～|这篇～写得不错。

【近义词】前言

【反义词】跋/后记

【构词】序跋/序齿/序列/序论/序幕/序曲/序数/序文

7251 **畜产品**(産) 丁

〔部首〕田 〔笔画〕10

xùchǎnpǐn (animal by-products)

[名]畜牧业产品的统称：经营～|～的种类|这个地区的～连续五年以20%的速度递增|明年我们要增加～的产量|这个地区～比农产品多。

【提示】"畜"又读 chù，如"牲畜"。

7252 **畜牧** 丁

xùmù (raise livestock)

[名]饲养大批的牲畜和家禽(多专指牲畜)：～业|～场|从事～|这个地区的农业和～业都很发达|这里有很好的草场，适合发展～业|中国的～业集中在西北地区。

【提示】"畜"又读 chù，如"牲畜"。

7253 **絮叨** 丁 〔部首〕糸 〔笔画〕12

xùdao (v. chatter; adj. wordy)

[动]啰啰唆唆地说话：昨天他在我这儿～了半天|你还在这儿～什么？|他这个人就是爱～。

[形]形容说话啰唆：他这个人就是～|你这个人怎么这么～？|你这个人怎么老是这么絮絮叨叨的？

【近义词】唠叨

【反义词】缄(jiān)默

7254 **续**(續) 丁 〔部首〕纟 〔笔画〕11

xù (continue)

[动]❶接在原有事物的后头：～编|～集|～篇|这根绳子短了点儿，再～上一截|《红楼梦》没写完，曹雪芹就死了，高鹗给他～了后40回|《红楼梦》是一部未完成的作品，后来有很多人～写《红楼梦》。❷添；加：壶里的水快干了，再～上点儿水吧|炉子该～煤了。

【近义词】❷添

【反义词】❶断

【提示】续，姓。

【构词】续娶/续弦

7255 **宣布** 乙 〔部首〕宀 〔笔画〕9

xuānbù (declare)

[动]正式告诉(大家)：当众～|正式～|我～：大会现在开始|这是刚接到的通知，你向大家～一下吧|那件事还没有～，人们就已经都知道了。

【近义词】公布

【提示】宣，姓。

【构词】宣讲/宣教/宣明/宣判/宣泄/宣战/宣纸

7256 **宣称**(稱) 丁

xuānchēng (assert)

[动]公开地用语言、文字表示；声称：公然～|卖矛的人～，他的矛什么盾都能刺透；然后他又～，他的盾什么矛都刺不透|有人～自己是当今的拳王。

【近义词】声称

7257 **宣传**(傳) 乙

xuānchuán (v. propagate; n. propaganda）

［动］对群众说明讲解，使群众相信并跟着行动：大力～｜组织～｜～队｜～好人好事｜～计划生育知识｜我们要把这个道理给大伙～～｜做广告就是～自己的产品｜你们要把他的事迹好好～～。

［名］为使人们相信并实行的说明讲解：政治～｜～工作｜～计划｜工作做得不好，是因为～没有跟上｜酒好不怕巷子深，但产品的～也是很重要的｜他根本不相信这样的～。

【近义词】宣扬

7258 **宣读**（讀） 丁

xuāndú（read out）

［动］在集会上向群众朗读（布告、文件等）：现在请主席～大会决议｜～完文件，大家就都回家了｜你把这个通知给大家～一下。

7259 **宣告** 丙

xuāngào（declare）

［动］宣布：～成立｜～结束｜庄严～｜毛泽东向世界庄严～：中华人民共和国成立了｜试验失败了，于是这个计划～破产｜过去的规定已～无效。

【近义词】公布

7260 **宣誓** 丁

xuān shì（take an oath）

担任某个职务或参加某个组织时，在一定的仪式下当众说出表示决心的话：～仪式｜举手～｜入党～｜我～：我所说的一切都是真的｜明天举行～就职仪式。

【近义词】发誓

【提示】离合词，中间可插入其他成分，如：宣过誓｜你宣了誓。

7261 **宣言** 丙

xuānyán（declaration）

［名］（国家、政党或团体）对重大问题公开表示意见以进行宣传号召的文告：《共产党～》｜人权～｜发表～｜登载～｜今天绿色和平组织发表了一份～｜这就是我们的～。

7262 **宣扬**（揚） 丁

xuānyáng（publicise）

［动］广泛宣传，使大家知道；传布：大肆～｜～好人好事｜到处～｜这样的先进事迹应该大力～｜区区小事，不值得～｜他又没做出什么成绩，有什么好～的？

【近义词】宣传

7263 **悬**（懸） 丙 〔部首〕心 〔笔画〕11

xuán（hang）

［动］❶挂：～空｜～灯结彩｜明镜高～｜降落伞挂在了树上，人就被～在那里了｜山西有一座～在半空的寺院，名叫～空寺。❷抬起：～腕｜～肘｜写毛笔字时最好把腕子～起来｜他的胳膊缠着绷带，～在胸前。❸没着落；没结果：～案｜～而未决｜～念｜这个无头案还在那儿～着呢。

【近义词】❶挂/悬挂；❷抬

【构词】悬案/悬臂/悬浮/悬空/悬梁/悬赏/悬殊/悬梯/悬腕/悬望/悬想/悬心/悬崖勒马

7264 **悬挂** 丁

xuánguà（hang）

［动］挂：～国旗｜～标语｜～灯笼｜天安门城楼上～着毛泽东的画像｜街道

两旁～着各式各样的彩旗｜墙上～了一幅名人的字画。

【近义词】挂/悬

7265 **悬念** 丁

xuánniàn (suspense)

[名]欣赏戏剧、电影或其他文艺作品时，对故事发展和人物命运的关切心情：有～｜制造～｜设置～｜这个电影里有很多～｜这位导演是制造～的大师｜他的小说里总充满了～。

7266 **悬崖** 丙

xuányá (cliff)

[名]高而陡的山崖：～勒马｜～峭壁｜一不留神，他就从～上掉下去了｜这个～太陡了，我们爬不上去｜～下面是一条水流很急的河。

【近义词】峭壁

7267 **旋** 丁 〔部首〕方 〔笔画〕11

xuán (revolve)

[动]旋转：～绕｜盘～｜回～｜我一下子就感觉天～地转｜飞机在上空盘～。

【近义词】转(zhuàn)

【提示】①“旋”又读 xuàn，如“旋床”。②旋(Xuán)，姓。

【构词】旋即/旋绕/旋梯/旋涡/旋转乾坤

7268 **旋律** 丁

xuánlǜ (melody)

[名]声音经过艺术构思而形成的有组织、有节奏的和谐运动。旋律是乐曲的基础，乐曲的思想感情都是通过它表现出来的：主～｜～优美｜欢快的～｜这是人们非常熟悉的～：贝多芬的《第九交响曲》｜这是我们时代的主～｜这支曲子的～很流畅。

【近义词】曲调

7269 **旋转(轉)** 丙

xuánzhuǎn (revolve)

[动]物体围绕一个点或一个轴作圆周运动，如地球绕地轴旋转，同时也围绕太阳旋转：高速～｜快速～｜车轮飞速～｜轮盘停止了～。

【近义词】转/旋

【提示】“转”又读 zhuàn，见第 8602 条。

7270 **选(選)** 乙 〔部首〕辶 〔笔画〕9

xuǎn (select)

[动]❶挑选：～拔｜～派｜～集｜你把这些东西～～，好的放一边，坏的放另一边｜这堆破烂，实在～不出什么有用的东西｜买东西当然要～便宜的。❷选举：～民｜普～｜～劳动模范｜人民代表是人民～的｜你要是不为我们办事，下次我们就不～你了｜我们～出了 20 名代表。

【近义词】挑/挑选

【构词】选拔赛/选本/选编/选材/选调(diào)/选读/选购/选辑/选举权/选录/选民证/选派/选票/选区/选任/选送/选题/选种(zhǒng)

7271 **选拔** 丁

xuǎnbá (select)

[动]挑选(人才)：～赛｜～运动员｜～干部｜高考是一种～人才的考试｜现在各级政府都很注意～中青年干部｜应该在儿童里～一些小运动员。

【近义词】挑选

7272 **选定** 丁

xuǎndìng (decide on)

[动]挑选确定：～题目|～接班人|～目标|你只要～一个项目，我就给你贷款|我现在是学基础知识，还没有～专业方向|经过讨论，我们～了这个方案。

7273 **选集** 丁

xuǎnjí (selected works)

[名]选录一个人或若干人的著作而成的集子：《毛泽东～》|《茅盾～》|《巴金～》|昨天我买了一本《赵树理～》|您要的那本～已经卖完了。

【反义词】全集

7274 **选举**(舉) 乙

xuǎnjǔ (v. elect; n. election)

[动]用投票或举手等表决方式选出代表或负责人：公开～|～人民代表|我们要～一个好的政治家当总统|这个单位的干部都是群众～出来的|我们要～人民信任的人担任领导职务。

[名]进行选举的活动：这样的～每年都有|今年没有全国性的～。

7275 **选民** 丁

xuǎnmín (voter)

[名]有选举权的公民：成为～|本地区的～|请～们投我一票|我向～保证，如果我当选，一定解决失业问题|很多～对选举并不热情。

7276 **选取** 丁

xuǎnqǔ (choose)

[动]挑选取用：可以～|～名牌|培育作物时，要～那些耐病抗旱的品种|这种洗衣机～的是铝合金外壳|开发这个产品时，我们～了几项最新的技术。

【近义词】选择

7277 **选手** 丁

xuǎnshǒu (contestant)

[名]被选参加体育比赛的人：足球～|摔跤～|围棋～|比赛开始了，～们纷纷入场|他是世界第一号种子～|这场比赛没什么意思，好多有名的～都没来。

7278 **选修** 丙

xuǎnxiū (take as an elective course)

[动]学生从指定可以自由选择的科目中，选定自己要学的科目：～课|他～的是计算机|我们没有～课，都是必修课|这学期我～了五门课。

【反义词】必修

7279 **选用** 丁

xuǎnyòng (select and use)

[动]选择使用或运用：制造这种机器时，我们～了最好的材料|我们没有～它是因为它的弹性不好|你～的公式不对，所以计算结果是错的。

7280 **选择**(擇) 乙

xuǎnzé (v. choose; n. choice)

[动]挑选：～对象|～商品|～住处|这里有几个方案可供我们～|我总是～物美价廉的东西。

[名]指选择的结果：合理的～|最佳～|做出～|现在需要我们做出～|我们的～不能损害别人的利益|我的～就是下海经商。

【近义词】选取/挑选

7281 **削减** 丁　〔部首〕刂　〔笔画〕9

xuējiǎn (cut down)

[动]从已定的数目中减去:～经费|～预算|～开支|在经济困难时期,我们应该～不必要的开支|和平时期,军费可以适当～|教育经费应当予以保证,不能～|行政人员被～了1/3。

【近义词】减少

【反义词】增加

【提示】"削"又读 xiāo,义同,见第7015条。读 xuē 时专用于合成词。

【构词】削价/削平/削弱/削足适履

7282 **削弱** 丁

xuēruò (weaken)

[动]使(力量、势力)变弱:～力量|～实力|势力～|我们要～敌人的力量,使自己变得强大起来|把他调走,会～我们的实力|不能使我们自己的力量遭到～。

【反义词】加强/增强

7283 **靴子** 丁 〔部首〕革 〔笔画〕13

xuēzi (boots)

[名]帮了略成筒状高到踝骨以上的鞋:皮～|高筒～|棉～|这双～是牛皮的|～当然要比低帮的皮鞋贵一些|你看我穿这样的～好看吗?|冬天穿～比穿布鞋暖和。

7284 **学**(學) *甲 〔部首〕子 〔笔画〕8

xué (study)

[动]❶学习:～技术|～外语|勤工俭～|现在很多人都在～计算机|这东西太难～了,我中学～了五年,大学又～了四年,还是没～会。❷〈乙〉模仿:～鸟叫|鹦鹉～舌|狗熊会～着人的样子敬礼|他这个人极有表演才能,～个老头,～个老太太,～什么像什么|那人走路什么样?你给我们～～。

【近义词】❷模仿

【反义词】❶教

【构词】学报/学部/学潮/学分/学风/学府/学籍/学界/学究/学龄/学名/学人/学识/学士/学童/学徒/学业/学友/学子/学富五车/学无常师

7285 **学** 乙

xué (n. learning; suf.)

[名]❶学问:治～|才疏～浅|～有专长|他这个人很博～|他是个有真才实～的人。❷学校:小～|中～|大～|上～。

[尾]指学科:数～|物理～|哲～|经济～|文～|化～|量子力～|分子生物～。

7286 **学费**(費) *乙

xuéfèi (tuition)

[名]❶学校规定的学生在校学习应交纳的费用:交～|收～|小学和初中是义务教育,学生上学不交～|贫困地区的很多孩子交不起～|这个学校的～很高。❷个人求学的费用:我先打一年工,把明年的～挣出来|家里给了我一笔钱,当做～|我的～用完了,只好先去工作。❸〈丙〉比喻办事因缺乏经验而付出的代价:干什么都不会一下子成功,总得先付点儿～嘛|"什么?这批新买的机器都不能用?""算了吧,就算付了～了。"

7287 **学会**(會) 丙

xuéhuì (society)

[名]由研究某一学科的人组成的学术团体:物理～|语言～|数学～|世界汉语教学～|我今年加入了语言～|他是数学～的会长|这本杂志是我们～的会刊。

7288 **学科** 丙

xuékē (discipline)

[名]❶按照学问的性质而划分的门类。如自然科学中的物理、化学等：基础～|新～|数理语言学是一门交叉～|计算机这门～近年来发展很快。❷学校教学的科目。如语文、数学等：我们学校是一个～单一的学校|这是一个综合大学，～很全|我们学校没有这个～。

7289 **学历**(歷) 丁

xuélì (record of formal schooling)

[名]学习的经历，指曾在哪些学校肄业或毕业：大学～|没有～|～很高|他只有中学～，我们要的人应该有大学以上～|我们这儿的人都有大专以上～。

7290 **学年** 丙

xuénián (school year)

[名]规定的学习年度。从秋季开学到暑假，或从春季开学到寒假为一学年：一～|下个～|'98—'99～的教学计划我们已经安排好了|下个～没有我的课，我可以看些书|这门课我已经教了三个～了。

7291 **学派** 丁

xuépài (school of thought)

[名]同一学科中由于学说、观点不同而形成的派别：形成不同的～|分属两个～|这场争论是不同～之间的争论|这两个～的基本观点很不相同。

7292 **学期** 乙

xuéqī (term)

[名]一学年分成两学期，从秋季开学到寒假和从春季开学到暑假各为一个学期：一个～|半个～|上～|下～|这个～快结束了，我们现在准备复习考试|这门课这个～讲不了了，安排在下～吧|这门课我们要讲三个～，也就是一年半。

7293 **学生** 甲

xuésheng (student)

[名]❶在学校读书的人：小～|中～|大～|大学毕业后，我结束了～生活，走进了社会|我们学校有两万多名～|我曾经是他的～。❷向老师或前辈学习的人：我是王先生的～|我们要向人民学习，做人民的小～|在您面前，我永远是～。

【反义词】老师/先生

7294 **学时**(時) 丙

xuéshí (class hour)

[名]一节课的时间，通常为45分钟或50分钟：这门课计划用200～讲完|我今年的教学工作量是150～|我的～已经超了，不能再加新课了。

7295 **学术**(術) 乙

xuéshù (academic learning)

[名]有系统的、较专门的学问：～界|～思想|～性刊物|下月我们要去参加一个～会议|他从事～工作已经有五十多年了|他一直是搞～的，对行政工作不了解。

7296 **学说**(說) 丙

xuéshuō (theory)

[名]学术上的有系统的主张或见解：经济～|社会～|政治～|达尔文的～

至今仍有很大的影响|近年来出现了很多新的～|这种新～可以很好地解释社会问题。

7297 **学位** 丙

xuéwèi (academic degree)

[名]根据专业学术水平而授予的称号,中国的学位有学士、硕士和博士三级:获得～|有～|学士～|他只用了两年的时间就获得了博士～|他正在学硕士～的课程|他在大学学了四年,但是没有拿到～。

7298 **学问**(問) 乙

xuéwen (knowledge)

[名]❶正确反映客观事物的系统知识:这是一门新兴的～|训诂原只为解释古书而存在的,后来,它成了一种专门的～。❷知识;学识:有～|没～|～很大|他很有～,我有什么问题都愿意向他请教|深入社会生活,也能使人长(zhǎng)不少～|这是一位很有～的老教授。

【近义词】知识

7299 **学习**(習) 甲

xuéxí (v./n. study)

[动]从阅读、听讲、研究、实践中获得知识或技能:～文化|～基础知识|～先进经验|我们要～一切先进的科学文化知识|别人有好的经验,我们就要向他～|我在这个学校～了五年。

[名]指学习的活动:政治～|文化～|业务～|他的～很好。

【反义词】教(jiāo)/授

7300 **学校** *甲

xuéxiào (school)

[名]专门进行教育的机构:小～|中等～|高等～|专科～|我们这个地区只有一所～|我们～有很多有经验的教师|她是今年刚从护士～毕业的。

7301 **学员**(員) 丙

xuéyuán (student; trainee)

[名]一般指在高等学校、中学、小学以外的学校或训练班学习的人:驾校～|军校～|党校～|我们这个训练班共有50名～|在这个培训班里,～的年龄比教员都大|他是第一期的～。

【近义词】学生

7302 **学院** 甲

xuéyuàn (college)

[名]高等学校的一种,以某一专业教育为主,如工业学院、音乐学院、师范学院等:理工～|军事～|化工～|师范～是专门培养教师的学校|我是首都医～毕业的|北京有好几所师范～。

【近义词】大学/学校

7303 **学者** 丙

xuézhě (scholar)

[名]指在学术上有一定成就的人:～风度|著名～|知名～|他在30年前就是知名的～了|请在座的专家～给我们提提意见|这所大学集中了一大批有名的～。

7304 **学制** 丙

xuézhì (educational system)

[名]国家对各级各类学校的组织系统和课程、学习年限的规定:～长|～短|～相同|中国的大学一般是四年～,也有一些大学是五年|中国的～

是小学六年,中学六年,大学四年|我们现在正在改革~。

7305 **穴** 丁　〔部首〕穴 〔笔画〕5

xué (cave)

[名]❶岩洞;泛指地上或某些建筑物上的坑或孔;动物的窝:巢~|蚁~|虎~|~居|这里有许多蚁~|不入虎~,焉得虎子。❷医学上指人体上可以进行针灸的部位,多为神经末梢密集或较粗的神经纤维经过的地方:内关~|足三里~|~位。

【近义词】❶洞/窟窿/坑

【提示】穴,姓。

【构词】穴道/穴居/穴位

7306 **雪** 甲　〔部首〕雨 〔笔画〕11

xuě (snow)

[名]❶空气中降落的白色结晶,多为六角形,是气温降到0℃以下时,空气层中的水蒸气凝结而成的:大~|小~|~山|下~|落~|飞~|~花|昨天夜里下了一场~,整个世界都变白了|下~路滑,开车要小心|冬天这里经常下大~|路上的~都化了。❷颜色或光彩像雪的:~白|~亮|新盖的房,~白的墙|群众的眼睛是~亮的。

【提示】雪,姓。

【构词】雪豹/雪崩/雪耻/雪糕/雪恨/雪花膏/雪莲/雪亮/雪片/雪茄/雪人/雪山/雪松/雪冤/雪原/雪上加霜/雪中送炭

7307 **雪白** 丁

xuěbái (snow-white)

[形]像雪一样的洁白:~的衬衣|~的球鞋|他穿一身~的制服|他戴了一副~的手套|~的墙上挂着一幅山水画。

【反义词】漆黑/乌黑

7308 **雪花** 丙

xuěhuā (snow flake)

[名]空中飘下的雪,形状像花,因此叫雪花:天上飘~了|北风吹,~飘,三十晚上年来到|天气还不太冷,~还没落到地上就化了。

7309 **血管** 丙　〔部首〕皿 〔笔画〕6

xuèguǎn (blood vessel)

[名]血液在全身中循环时所经过的管状构造,分动脉、静脉和毛细管:~硬化|心~|脑~|鼻子里的毛细~容易破,所以人的鼻子很容易出血|如果脑~破了,人就危险了|近年来,心脑~疾病呈上升趋势。

【提示】"血"又读 xiě,义同。在双音节词或多音节词中一般读 xuè。

【构词】血癌/血案/血本/血泊/血仇/血汗/血红/血迹/血浆/血库/血泪/血淋淋/血脉/血气/血亲/血清/血肉/血色/血色素/血书/血栓/血水/血糖/血统/血污/血吸虫/血小板/血腥/血型/血性/血压/血压计/血样/血液/血印/血缘/血债/血战/血证/血脂/血口喷人/血气方刚/血肉相连/血雨腥风

7310 **血汗** 丙

xuèhàn (blood and sweat)

[名]血和汗,象征辛勤的劳动:工人的~|农民的~|~钱|粮食是农民用~换来的,要十分爱惜|挣几个~钱不容易,省着点儿花吧|长城是用中国古代劳动人民的~筑成的。

7311 **血压**(壓) 丁

xuèyā (blood pressure)

[名]血管中的血液对血管壁的压力，由于心脏收缩和主动脉壁的弹性作用而产生。心脏收缩时的最高压叫收缩压。心脏舒张时的最低压叫舒张压：量～｜高～｜低～｜我的～这几天不太正常｜你的～太低了，应该到医院去检查检查｜降压药可以使～降低。

7312 **血液** 乙

xuèyè (blood)

[名]❶血：～循环｜别人捐赠的～流进了他的血管里｜艾滋病可以通过～传染。❷比喻主要的成分或力量等：石油是工业的～｜最近又有20多人入党，为我们的组织输入了新鲜～。

7313 **熏** 丁 〔部首〕灬 〔笔画〕14

xūn (expose to smoke)

[动]❶(烟、气等)接触物体，使变颜色或沾上气味：烟把墙～黑了｜你们抽这么多烟，把人都～死了｜睡觉前点一盘蚊香，就能把蚊子都～跑。❷熏制(食品)：～鱼｜～鸡｜～干(一种熏制的豆腐干)。

【构词】熏染/熏陶/熏蒸/熏制

7314 **循环**(環) 丙 〔部首〕彳 〔笔画〕12

xúnhuán (circulate)

[动]事物周而复始地运动或变化：血液～｜体外～｜从冬到夏，又从夏到冬，季节～了一次｜宇宙间的万物都在不断地～｜比赛已～了一遍。

【构词】循规蹈矩/循循善诱

7315 **循序渐进**(漸進) 丁

xún xù jiàn jìn (follow in order and advance step by step)

(学习、工作)按照一定的步骤逐渐深入或提高：学习是一个～的过程，不可能一下子把所有东西都学会｜定一个计划，每天都做一点儿，～，几年之后，肯定能出成果｜锻炼身体也得慢慢来，～，不要操之过急。

【反义词】突飞猛进

7316 **询问**(詢問) 丙 〔部首〕讠 〔笔画〕8

xúnwèn (ask about)

[动]征求意见；打听：耐心～｜～情况｜医生耐心地～病情｜他向当地群众～了受灾的情况｜关于这件事，你可以向他～一下。

【近义词】问/打听

【提示】"询问"是书面语，口语中一般不用。

7317 **巡逻**(邏) 丁 〔部首〕辶 〔笔画〕6

xúnluó (patrol)

[动]巡查警戒：～队｜～艇｜～车｜你派几个人出去～，发现情况马上报告｜他们每天都要在国境线上～｜今天晚上实行宵禁，街上有警察～。

【近义词】巡查

【构词】巡捕/巡查/巡航/巡回/巡警/巡礼/巡哨/巡视/巡行/巡洋舰/巡夜/巡游/巡诊

7318 **寻**(尋) 丙 〔部首〕寸 〔笔画〕6

xún (look for)

[动]找：～求｜～找｜～觅｜我得了这个病，老也治不好，后来～了个偏方，就治好了｜晚报上每天都有一些～人启事。

【近义词】找

【提示】寻，姓。

【构词】寻常/寻短见/寻访/寻机/寻开心/寻觅/寻思/寻死/寻问/寻隙/

寻衅/寻根究底/寻花问柳/寻幽访胜/寻章摘句

7319 **寻求** 丁

xúnqiú (seek)

[动]寻找追求：～知识|～真理|～合作伙伴|他一直在～解决这个问题的方法|我们正在～合作伙伴|他一生都在～真理。

【近义词】追求

【提示】“寻求”多用于抽象的事物。

7320 **寻找** 乙

xúnzhǎo (look for)

[动]找：～出路|～真理|～目标|我们正在～目标|我们现在必须～一条出路|我已经～过了，什么也没发现。

【近义词】找

7321 **训**(訓) 丁　〔部首〕讠〔笔画〕5

xùn (lecture)

[动]教导；训诫：教～|～练|～话|昨天他把我给～了一通(tòng)|老师把他给～哭了|这个孩子太不像话，得好好～～了。

【近义词】教导/教训

【构词】训斥/训词/训导/训话/训诲/训教/训戒/训诫/训令/训示/训喻

7322 **训练**(練) 乙

xùnliàn (train)

[动]有计划有步骤地使具有某种特长或技能：～班|军事～|业务～|警犬都是受过～的|比赛快开始了，运动员们正在加紧～|从现在开始，我们要按计划进行～。

【近义词】练习

7323 **讯**(訊) 丁　〔部首〕讠〔笔画〕5

xùn (news)

[名]消息；信息：通～|音～|电～|新华社～|他走了以后，跟谁都不联系，已经几年没有音～了。

【近义词】信/消息/信息

【构词】讯问/讯息

7324 **迅速** 乙　〔部首〕辶〔笔画〕6

xùnsù (rapid)

[形]速度高；非常快：动作～|～前进|～发展|时间紧迫，我们的行动要～|他～跳上车，一阵风似的开走了|改革开放以来，中国的经济～发展。

【近义词】快

【反义词】缓慢

【构词】迅急/迅疾/迅即/迅捷/迅猛/迅雷不及掩耳

Y

7325 **压**(壓) *乙 〔部首〕厂 〔笔画〕6

yā (press)

[动]❶对物体施加压力(多指从上向下):～碎|～住|～下去|泰山～顶不弯腰|用石头把地图～住,免得被风吹跑了|乒乓球被～扁了。❷〈丙〉使稳定;使平静:～住阵脚|吃了点儿药,一会儿就把咳嗽～下去了|他这人脾气暴躁,～不住火儿|这出戏很精彩,一定～得住台。❸〈丙〉压制:镇～|～抑|他动不动就拿大帽子～人|闹事的人被～下去了|一定要把物价～下去。❹〈丁〉搁着不动:积～|这件公文要赶快处理,别～起来|这件事他们反映了好几回,都让我给～下来了|群众的意见都被他～起来了。

【近义词】❶摁

【构词】压场/压秤/压倒/压底/压顶/压队/压服/压价/压惊/压境/压卷(juàn)/压气/压强/压岁钱/压台/压痛/压榨/压阵/压轴子

7326 **压力** 丙

yālì (pressure)

[名]❶物体所承受的与表面垂直的作用力:～容器|～表|一辆自行车能承受150千克的～|唱针对唱片的～比火车对铁轨的～还要大|这个罐子只能承受两个大气压的～。❷制服人的力量:舆论的～|顶住～|施加～|上上下下对我都有意见,现在我的～很大|他决心顶住～,一定要把事情办成|我们不能再给他施加～了。

7327 **压迫** *乙

yāpò (oppress)

[动]❶用权力或势力强制别人服从自己:被～|受～|反抗～|～人|被～的人获得了解放|～老百姓的人没有好下场。❷〈丙〉对有机体的某个部分加上压力:肿瘤～神经而引起疼痛|身体出血时,最简单止血的办法就是～出血部位。

7328 **压缩**(縮) 丙

yāsuō (compress)

[动]❶加上压力,使体积缩小:～空气|～饼干|空气～机|空气被～后就产生了弹性。❷减少(人员、经费、篇幅等):我们现在需要～机构,精简人员|我们的经济状况不好,所以行政经费要～一部分|这篇文章写得不错,请你再修改一下,～到五千字,我们给你发表。

【近义词】收缩

【反义词】膨胀

7329 **压抑** 丁

yāyì (inhibit)

[动]对感情、力量等加以限制使不能充分流露或发挥:心情～|感情～|失恋以后,他一直很～|在这个单位工作非常顺心,一点儿都不～|他努力～着自己的悲痛。

【反义词】放松

7330 **压韵/押韵** 丁

yā yùn/yā yùn (rhyme)

诗词歌赋中，某些句子的末一字用韵母相同或相近的字，使音调和谐优美，如“春眠不觉晓，处处闻啼鸟”中“晓”和“鸟”押韵：诗一般都是～的｜你写的这些诗怎么都不～呀？｜不～的诗可以叫散文诗。

【近义词】和辙

【提示】离合词，中间可插入其他成分，如：压不上韵｜压的是什么韵？

7331 **压制** 丙

yāzhì (suppress)

［动］竭力限制或禁止：～民主｜～批评｜～不同意见｜他就是～不住自己的感情｜有话要让人家讲，不能～批评｜这样做会～群众的积极性。

【近义词】压迫/抑制

7332 **押** *丙 ［部首］扌 ［笔画］8

yā (mortgage)

［动］❶把财物交给对方作为保证：抵～｜～租｜～金｜你要借钱也行，你得把金戒指～在这里｜我把身份证～在你这儿，我回去取钱｜你把房子～给我，我借你20万。❷暂时把人扣留，不准自由行动：拘～｜看(kān)～｜先把这个小偷～起来，别让他跑了｜调查表明这个人不是我们要找的罪犯，我看就别再～着他了，把他放了吧｜他被～了两天就给放了。❸〈丁〉跟随着照料或看管：～车｜～运｜～送｜车上装的是现金，你带几个人去～车，一定要保证安全｜我们这次～的是一车药品。

【近义词】❶抵；❷看管

【构词】押车/押当(dàng)/押金/押款/押送/押解(xiè)/押运/押韵/押账/押租

7333 **鸦片**(鴉) 丁 ［部首］鸟 ［笔画］9

yāpiàn (opium)

［名］用罂粟果实中的乳状汁液制成的一种毒品，也叫阿芙蓉，通称大烟：～战争｜金三角出产～｜吸～会损害健康。

【近义词】大烟

【构词】鸦片战争/鸦雀无声

7334 **鸭子**(鴨) 丙 ［部首］鸟 ［笔画］10

yāzi (duck)

［名］鸟类的一科，嘴扁腿短，趾间有蹼，善游泳，有家鸭、野鸭两种。肉可以吃，绒毛可以用来絮被子、羽绒服，填充枕头。通常指家鸭：一只～｜一群～｜赶～｜喂～｜三只白色的～在湖中游来游去｜～的样子和鹅差不多｜冬天来了，野～都飞到南方去过冬。

【构词】鸭蛋青/鸭(儿)梨/鸭黄/鸭绒/鸭舌帽/鸭行鹅步

7335 **呀** 甲 ［部首］口 ［笔画］7

yā (interj. oh)

［叹］叹词，表示惊异：～，下雪了！｜～，我的钱包丢了！｜～！是你啊，什么时候回来的？

7336 **芽** 丙 ［部首］艹 ［笔画］7

yá (bud)

［名］植物刚长出来的可以发育成茎、叶或花的部分：发～｜长～｜出～｜麦～｜豆～｜嫩～｜麦子发～了｜今年春天干旱，种子发～晚｜竹笋就是竹子的嫩～，可以当菜吃｜春天来了，柳树长出了新～。

【提示】口语中一般要儿化。

7337 **牙** 乙 ［部首］牙 ［笔画］4

yá (tooth)

[名]❶人类和高等动物咀嚼食物的器官，由坚固的骨组织和釉质构成。按部位和形状的不同，分为门齿、犬齿、前臼齿和臼齿。通称牙或牙齿：门～|镶～|～医|长(zhǎng)～|掉～|拔～|一颗～|婴儿一般在出生后七个月开始长～|我这几天～疼，没怎么吃东西|你这颗～被蛀坏了，应该拔掉。❷形状像牙齿的东西：马路～子|这条裙子的边上，镶上一圈金色的～子就好看了。

【近义词】❶齿

【提示】牙，姓。

【构词】牙床/牙雕/牙粉/牙缝/牙缸/牙根/牙垢/牙关/牙花/牙具/牙口/牙签/牙医

7338 **牙齿**(齒) 丙

yáchǐ (tooth)

[名]齿的通称：要早晚各刷一次牙，保持～清洁|人一般有32颗～|爱护～对健康是很重要的。

【近义词】牙/齿

7339 **牙膏** 丙

yágāo (toothpaste)

[名]刷牙时用的膏状物，用甘油、牙粉、白胶粉、水、糖精、淀粉等制成，装在金属或塑料的软管里：一管～|一支～|挤～|我要去商店买一支～|这种～有防龋作用|我不喜欢用这种牌子的～。

7340 **牙刷** 乙

yáshuā (toothbrush)

[名]刷牙的刷子。也叫牙刷子：一把～|新～|换～|鬃～比尼龙～好|现在流行用波浪形～|请给我拿两把～|我的～坏了，该换一把了。

【提示】口语中一般儿化。

7341 **崖** 丁 〔部首〕山 〔笔画〕11

yá (cliff)

[名]❶山石或高地的陡立的侧面：山～|悬～|这里的山势非常险恶，左边是一条大河，右边是万丈悬～|山～上长着一棵松树|昨天有个人从悬～上掉下去了。❷边际：天～海角|望着无边无～的大草原，真让人心旷神怡。

【近义词】❶悬崖；❷边

【构词】崖岸/崖壁/崖刻

7342 **哑**(啞) 丁 〔部首〕口 〔笔画〕9

yǎ (mute)

[动]❶由于生理缺陷或疾病而不能说话：聋～人|～口无言|他由于生病～了|他在～了几十年后，又能说话了。❷嗓子干涩发不出声音或发音低而不清楚：沙～|～嗓子|昨天他得了感冒，嗓子～了|一节课讲下来，他嗓子就～了|他嗓子真好，讲了一天课，嗓子也不～|看了一场球赛，他把嗓子喊～了。

【构词】哑巴/哑巴亏/哑场/哑剧/哑谜/哑炮/哑语/哑子

7343 **轧**(軋) 丁 〔部首〕车 〔笔画〕5

yà (roll)

[动]❶碾；滚压：～棉花|～路机|路上～出了很深的一道车辙|用磙子把这条路～一～|过马路时他的脚被汽车～了。❷排挤：倾～。

【近义词】压/碾

【提示】轧，姓。

【构词】轧道车/轧道机

7344 **亚军**(亞軍) 丙 〔部首〕一 〔笔画〕6

yàjūn (second place)

[名]体育、游艺项目的竞赛中评比出来的第二名:体操～|游泳～|象棋～|在这次乒乓球比赛中,他获得了男子单打～|今天是决赛,他们两个人争夺冠、～|获得～也很不容易了。

【构词】亚麻/亚热带

7345 **呀** 甲 〔部首〕口 〔笔画〕7

ya (part. *variant of* oh)

[助]与助词"啊"的用法相同,是"啊"受前一字韵母 a,e,i,o,ü 的影响而发生的音变:马跑得真快～!|大家快去～!|你怎么不学一学～?|这个瓜～,甜得很!

【提示】"呀"作叹词时读 yā,见第 7335 条。

7346 **烟** 丙 〔部首〕火 〔笔画〕10

yān (smoke)

[名]❶物质燃烧时产生的混有未完全燃烧的微小颗粒的气体:黑～|白～|浓～|工厂的烟囱冒出很浓的黑～|那边山上冒起了一股～|经过处理后,烟囱都不冒黑～了。❷像烟的东西:～雾|～霞|他一溜～儿似地跑远了。❸烟草:～叶|烤～|晒～|今年我在这块地上种了两亩～。❹纸烟、烟丝的统称:香～|旱～|请勿吸～!|我抽支～,你不介意吧?|吸～有害健康。

【近义词】❶雾

【构词】烟波/烟尘/烟袋/烟蒂/烟斗/烟缸/烟鬼/烟盒/烟灰/烟灰缸/烟火/烟具/烟幕/烟幕弹/烟农/烟色/烟丝/烟筒/烟头/烟土/烟霞/烟叶/烟雨/烟云/烟柱/烟嘴儿/烟瘾/烟消云散/烟熏火燎

7347 **烟草** 丁

yāncǎo (tobacco)

[名]一年生草本植物,叶子大,是制造香烟、烟丝等的主要原料:～公司|出产～|种植～|今年～的质量不好|他是有名的～专家,培育出许多优良品种|～是这个地区的主要经济作物。

【近义词】烟叶

7348 **烟囱** 丙

yāncōng (chimney)

[名]炉灶、锅炉上出烟的管状装置,也叫"烟筒":一根～|笔直的～|～林立|冬天到了,得买几节～了|小孩儿淘气,把邻居家的～堵上了|这一带工厂多,～多,工业污染很严重|为了治理污染,～里都装上了净化装置。

【近义词】烟筒

7349 **烟卷儿**(兒) 丁

yānjuǎnr (cigarette)

[名]香烟;纸烟:我现在只抽～,不抽烟斗了|你等我一会儿,我去买包～|抽～比抽烟斗方便。

【近义词】纸烟/香烟

7350 **烟雾**(霧) 丁

yānwù (smoke; fog; mist; etc.)

[名]泛指烟、雾、云、气等:～弥漫|～腾腾|冬天的早晨,城市里～很重|城市里～的污染很严重|车间里～弥漫,让人觉得很难受。

【近义词】烟

7351 **淹** *丙 〔部首〕氵 〔笔画〕11

yān (flood)

[动]❶淹没;被水覆盖:被～|～死|水～|庄稼遭水～了|这里下了三天大雨,许多民房被～|这条河水很急,每年都有人在这里～死。❷〈丁〉汗液等浸渍皮肤使感到痛或痒:胳肢窝被汗～得难受|要给小孩勤换尿布,不然就把屁股～了|脖子下面都让汗给～红了。

【近义词】❶没(mò)

【构词】淹博/淹灌/淹留/淹埋

7352 **淹没** 丁

yānmò (submerge)

[动](大水)漫过;盖过:～村庄|～桥梁|～道路|被～|河里涨水,把小桥都～了|那一年黄河决口,～了很多村庄|这片树林被洪水～了。

【近义词】淹

【提示】"淹没"的"没"mò 不能读成 méi,"没"méi 见第 4370 条。

7353 **盐**(鹽) 乙 〔部首〕皿 〔笔画〕10

yán (salt)

[名]食盐;放在食物里使食物有咸味的东西,化学成分是氯化钠:精～|井～|海～|一斤～|一袋～|吃～|撒～|加～|～是人体必需的东西,但也不能吃得太多|炒菜时少放点儿～|～吃多了对人没好处。

【构词】盐场/盐池/盐分/盐湖/盐碱地/盐井/盐民/盐酸/盐滩/盐田/盐土

7354 **严**(嚴) 丙 〔部首〕一 〔笔画〕7

yán (tight)

[形]❶严密;紧密:～紧|戒～|～实|把瓶口封～,免得它挥发了|他这人嘴不～,什么都说|把窗户关～,免得风吹进来。❷严厉;严格:庄～|威～|～肃|～惩|他们单位管得很～,工作时必须按规定办|我们要～把质量关|我们要把质量关把得～～的。

【近义词】❶紧;❷严厉/严格

【反义词】松

【提示】严,姓。

【构词】严办/严惩/严处(chǔ)/严词/严冬/严紧/严谨/严酷/严令/严明/严命/严实/严守/严刑/严正/严丝合缝/严阵以待

7355 **严格** *乙

yángé (adj. strict; v. tighten up)

[形]在遵守制度或掌握标准时认真不放松:～要求|～管理|～检查|所有工作人员都要～遵守规章制度|家长对孩子应该～要求|这种检查只是随便查查,并不～|在这方面,我们并没有～的规定。

[动]〈丙〉使严格:我们要～各项规章制度|我们一定要～纪律。

【反义词】宽松

7356 **严寒** 丁

yánhán (severe cold)

[形](气候)极冷:三九～|～的冬天|三年来,他们顶～冒酷暑,修好了这条铁路|他们战胜了北极的～天气|冬天的～也没有把他们吓倒。

【近义词】冷

【反义词】酷暑

7357 **严禁** 丙

yánjìn (strictly forbid)

[动]严格禁止:～烟火|～走私文物|～买卖毒品。

【反义词】允许

【提示】①"严禁"一般用在命令、要求等祈使句中,使用的形式一般是标语、口号或公共场所的标志等。②“禁”又读 jīn,如“禁不住”、“禁得起”。

7358 **严峻** 丁

yánjùn (stern)

[形]严厉;严肃:形势～|～考验|这是对我们的～考验|目前形势很～,我们要想办法渡过难关|这是一副非常～的面孔|他很～地看着大家|他的态度变得～起来。

7359 **严厉**(厲) 丙

yánlì (adj. stern)

[形]严肃而厉害:他的态度非常～|他对我进行了～的批评|我们一定要～打击走私活动|听得出来,他的声音很～|他十分～地问:“这是谁干的?”

【近义词】厉害

【反义词】和气

7360 **严密** 丙

yánmì (adj. tight; v. tighten)

[形]❶事物之间结合得紧,没有空隙:瓶口封得很～|这篇小说的结构十分～|这是一个～的组织,一般人很难混进去。❷周到;没有疏漏:消息封锁得很～|请你～注意局势发展,有情况马上报告|你这个推理过程还是很～的。

[动]使严密:～各项制度。

7361 **严肃**(肅) 乙

yánsù (adj. serious; v. enforce)

[形]❶(神情、气氛等)使人感到敬畏的:他是个很～的人,从来不和别人开玩笑|在这种～的场合,说话要小心|会场的气氛很～|他的神情～得很。❷(作风、态度等)认真:这是一件～的事情,不能这么随随便便的|这件事我们要～处理|他干什么事都～认真。

[动]使严肃:～纪律|我们要～法纪,进行整顿。

【反义词】活泼/活跃

7362 **严重** 乙

yánzhòng (serious)

[形]程度深;影响大;情势危急:情况～|形势～|局势～|他的病情很～|你的错误是很～的|这次台风对我们的生产有～的影响|情况有那么～吗?|你说得太～了。

【近义词】厉害

【反义词】轻松

【提示】“重”又读 chóng,见第 880 条。

7363 **研究** *甲　〔部首〕石　〔笔画〕9

yánjiū (study)

[动]❶探求事物的真相、性质、规律等:～学问|～数学|～多年|对这种现象我们已经～了很长时间|他是～物理学的|这种东西我没有～过。❷〈乙〉考虑或商讨(意见、问题):你提的意见很好,我们～一下再答复你|现在就是这么个情况,我们来～一下,看怎么办好|这个方案还要～～。

【近义词】探讨

【构词】研读/研究员/研讨/研习

7364 **研究生** 丙

yánjiūshēng (postgraduate)

[名]经考试录取在高等院校或科学研究机关里通过研究工作进修的人,有规定的修业年限:博士～|硕士～|当～|考～|招～|他是历史系的～|我上～时已经三十多岁了|我们今年

招收两名博士～。

7365 **研究所** 乙

yánjiūsuǒ (research institute)

[名]专门从事科学研究的机关：物理～|数学～|历史～|语言～|我们学校有一个语言～|这个～取得了很多科研成果|他是这个～的所长。

7366 **研制**(製) 丙

yánzhì (develop)

[动]研究制造：进行～|～出来|由他们～|这个研究所～了一种新机器|这种新材料是我们～的|这种新～的机器效率很高|设计方案出来了，你们要马上～。

7367 **岩石** 丙 〔部首〕山 〔笔画〕8

yánshí (rock)

[名]构成地壳的矿物的集合体。分三大类，即火成岩、水成岩和变质岩：山上的～|一块～|很多～|这座山上没有土，树木很难在～上生长|陈列室里有很多～标本|我们带回一块～标本，有时间研究研究。

【近义词】石头

【构词】岩层/岩洞/岩画/岩浆/岩穴

7368 **延长**(長) 乙 〔部首〕廴 〔笔画〕7

yáncháng (lengthen)

[动]向长的方面发展：～时间|～期限|不能～|已经～|今年我们的铁路又～了两千公里|我们不是要～工作时间，而是要提高工作效率|要讨论的问题很多，所以会议再～两天|这个商店把营业时间～到晚上10点。

【反义词】缩短

【提示】①"延"的部首是"廴"，不能写成"辶"。②"长"又读 zhǎng，见第8122条。③延，姓。

【构词】延迟/延搁/延聘/延请/延误/延展/延年益寿

7369 **延缓**(緩) 丁

yánhuǎn (delay)

[动]延迟；推迟：～执行|～期限|这个规定～执行|由于财政困难，很多建设计划～执行。

【近义词】推迟

【反义词】加速

7370 **延期** 丁

yánqī (postpone)

推迟原来规定的日期：～举行|因准备工作没有做好，展览～举行|原来说今天开会，可不知为什么～一天，明天才能开|由于意见不一致，会议～了。

【反义词】提前

【提示】离合词，中间可插入其他成分，如：延了期|延过期。

7371 **延伸** 丁

yánshēn (extend)

[动]延长；伸展：向前～|不能再～|这条铁路一直～到国境线|这条航线又向前～了200公里|我军的大炮向敌人作～射击|～到城里的线路必须经过这儿。

【近义词】伸展

【反义词】缩短

7372 **延续**(續) 丁

yánxù (continue)

[动]照原来的样子继续下去；延长下去：～下去|～下来|这种情况不能再

~下去了|封建社会在中国一直~了两千多年|这种闷热的天气已经~了两周了|报告~的时间太长了,听众都不耐烦了|中华文化将一代一代地~下去。

【近义词】继续

【反义词】中断

7373 **言** 丁 〔部首〕言 〔笔画〕7

yán (speech)

[名]❶话:~语|语~|序~|格~|留~|名~|三~两语|我可是有~在先,到时候可别怪我不讲情面|君子一~,驷马难追。❷汉语的一个字叫一言:五~诗|七~诗|他最近写了一本书,全书近30万~。

【近义词】❶话

【提示】言,姓。

【构词】言辞/言和/言欢/言教/言路/言情/言说/言谈/言笑/言行/言喻/言责/言重/言不及义/言不由衷/言传身教(jiào)/言多语失/言归于好/言归正传(zhuàn)/言过其实/言听计从/言外之意/言为心声/言之成理/言之无物

7374 **言论**(論) 丁

yánlùn (speech)

[名]关于政治和一般公共事务的议论:~自由|发表~|散布~|公民有~自由|他最近发表了一些~,提出文艺上要百花齐放|前一段时间,有人散布了一些消极的~|这是一种错误~。

【近义词】议论/观点/看法

7375 **言语**(語) 丁

yányǔ (spoken language)

[名]说的话:~粗鲁|~温和|~文雅|他一向举止文雅,~温和|他这个人没什么文化,~有点儿粗鲁|从一个人的~可以看出他的修养。

【近义词】话

7376 **颜色**(顏) *甲 〔部首〕页 〔笔画〕15

yánsè (color)

[名]❶由物体发射、反射或透过的光波通过视觉所产生的印象:一种~|花的~|~很美|白色的光是由红、橙、黄、绿、蓝、靛、紫七种~的光组成的|雪花的~是白的|我的眼睛有点儿毛病,总是辨不清~|我不喜欢这种~。❷〈乙〉指显示给人看的厉害的脸色或行动:你要是再不老实,我就给你一点儿~看看|你干吗老是这么凶,动不动就给人家~看!|他很会看~行事。

【近义词】❶色彩

【提示】颜,姓。

【构词】颜料/颜面

7377 **炎热**(熱) 丁 〔部首〕火 〔笔画〕8

yánrè (scorching)

[形](天气)很热:气候~|~的夏天|今年夏天天气~|~的夏天已经过去了,秋天一到,就凉快了|这里气候~。

【反义词】寒冷

【构词】炎黄/炎凉/炎日/炎暑/炎夏

7378 **沿** 乙 〔部首〕氵 〔笔画〕8

yán (along)

[介]顺着(路或物体的边):~途|~路|~岸|我们~小河散散步吧|~这条路一直走下去就到了|汽车~着山路慢慢地行驶。

【近义词】顺

【构词】沿革/沿江/沿例/沿路/沿袭/

沿线/沿用

7379 **沿儿**(兒) 丙

yánr (edge)

[名]边(多用在名词后):炕～|缸～|边～|马路～|裙～|走累了,那儿有一口井,我们在井～上坐坐,喝点儿水|水缸的～破了一个口儿|马路～上坐着一个人|她的裙子～上镶着花边。

【近义词】边

7380 **沿岸** 丁

yán'àn (along the bank)

[名]靠近江、河、湖、海一带的地区:河流～|～地区|黄河～土地肥沃,是著名的产粮区|中国是太平洋～国家|长江下游～都是经济比较发达的地区。

7381 **沿海** 丙

yánhǎi (along the coast)

[名]靠海的一带:～地区|～城市|我国的～地区经济比较发达|上海、厦门、青岛都是～城市|这种鱼产自中国东南～。

7382 **沿途** 丁

yántú (on the way)

[名]沿路;一路上:从北京到天津,～有很多小城镇|我们慢慢向山上走,～看到许多旅游的人|这个地方很荒凉,～没有一户人家。

【近义词】路上

7383 **掩** 丁 〔部首〕扌 〔笔画〕11

yǎn (cover)

[动]❶遮盖;掩蔽:～人耳目|～耳盗铃|～埋|她有点儿害羞,把脸～起来了|窗户被窗帘～起来了。❷关;合:外边起风了,把门～上点儿|房门没有上锁,虚～着|箱子盖儿～着,看不见里面装的什么东西。❸关门窗或合上箱盖时夹住了东西:关门时不小心,把手～了|小心～手|门把猫尾巴～住了|汽车门把我的衣服～住了。

【近义词】❶遮/盖/挡

【构词】掩藏/掩埋/掩泣/掩杀/掩体/掩映/掩耳盗铃/掩人耳目

7384 **掩盖**(蓋) 丙

yǎngài (cover)

[动]❶遮盖;覆盖:～着|～不了|被～|大雪～田野|地上的脚印被雪～了|小路上～着一层落叶。❷隐藏;隐瞒:～矛盾|～罪行|～缺点错误|他故作镇静,想～住内心的慌乱|敌人的罪行是～不住的|我们应该揭露矛盾,而不应该～矛盾。

【近义词】遮盖

【反义词】❷揭露/揭发/暴露

7385 **掩护**(護) *丙

yǎnhù (shield)

[动]❶对敌采取警戒、牵制、压制等手段,保障部队或行动人员的安全:我来～,你们赶快撤退|你们派一个连～大部队转移|我们冲锋,你们用火力～我们。❷〈丁〉采取某种方式暗中保护:打～|他开了个茶馆作～,从事情报工作|在朋友的～下,他安全到达目的地|用化装～了他的真实身份。

【近义词】保护

【反义词】出卖

7386 **掩饰**(飾) 丁

yǎnshì (conceal)

[动]使用手法来掩盖(缺点、错误等):～错误|有错误就承认,不要～|他～不住内心的焦虑|他这个人一向坦率,从来不～什么。

【近义词】遮掩

【反义词】坦白/袒露

7387 **眼** 乙　　[部首]目　[笔画]11

yǎn (eye)

[名]❶人或动物的视觉器官,通称眼睛:双～|一只～|睁～|闭～|～前|传说二郎神有三只～|我左～的视力比右～好|闭上～,好好睡一觉。❷小洞;窟窿:泉～|炮～|针～|气球上有个小～,吹不起来|锅漏了,上面有好几个～|车胎扎了好几个～。

【近义词】眼睛/目

【提示】①用作第二义项的"眼"口语中常儿化。②"眼"可作量词,如:一～井。

【构词】眼巴巴/眼白/眼波/眼馋/眼底/眼红/眼花/眼尖/眼睑/眼见/眼角/眼界/眼眶/眼帘/眼眉/眼皮/眼前亏/眼球/眼圈/眼热/眼熟/眼跳/眼窝/眼晕/眼罩/眼睁睁/眼中钉/眼珠子/眼拙/眼高手低/眼花缭乱/眼明手快

7388 **眼光** 丙

yǎnguāng (look in the eye)

[名]❶视线:大家的～都集中到他身上|他显出一种不信任的～|他的～有些疑惑。❷观察事物的能力;观点:老～|旧～|新～|你真有～,一下子就看中(zhòng)了这幅画|人家最近进步不小,你不要总拿老～来看人|我们要用发展的～来看事物。

【近义词】眼力

7389 **眼睛** 甲

yǎnjing (eye)

[名]眼的通称:一双～|大～|黑～|～很亮|～是心灵的窗子|我们要从小保护好～|她长了一双明亮的～。

【近义词】目/眼

7390 **眼镜**(鏡) 乙

yǎnjìng (glasses)

[名]戴在眼睛上矫正视力或保护眼睛的透镜,用无色或有色的玻璃或水晶制成:近视～|老花～|一副～|配～|～店|戴上～|摘下～|我昨天刚配了一副～|工作时要戴上～,免得沙子飞进眼睛里|这副～度数太低,我得配一副新的。

7391 **眼看** 丙

yǎnkàn (v. watch helplessly; adv. soon)

[动]听凭(不如意的事情发生或发展):气候干旱我们也要想办法,不能～着庄稼干死|看见有人偷东西我就要管,不能～着小偷得逞|我们得制服洪水,不能～着庄稼被淹。

[副]马上:～天就要黑了,你还不赶快走|～就要摸到了,可那东西又漂走了|我～就赢了,可最后还是输了。

【近义词】[副]马上/立刻

【提示】多用于口语。

7392 **眼泪**(淚) 乙

yǎnlèi (tears)

[名]眼内泪腺分泌的无色透明液体。泪液有保持眼球表面湿润,清洗眼球的作用。当感情激动或眼睛受到刺激时,泪液的分泌量增多:流～|淌～

|擦～|抹～|一滴～|听了这件事,他流下了～|他把～擦干了|这次他没流一滴～。

【近义词】泪水/泪

7393 **眼力** 丁

yǎnlì (eyesight)

[名]❶视力:上年纪了,～不行了,不戴老花镜,就什么也看不清|学打枪,～要好|你～好,你来看看,这是什么色儿。❷辨别是非好坏的能力:试试你的～,这儿有五幅画,你看哪幅最好?|我的～错不了,我一看,就知道他是个坏人|你这～可真不行,连真假都分不清。

【近义词】眼光

7394 **眼前** *乙

yǎnqián (before one's eyes)

[名]❶眼睛前面;跟前;面前:他～是一幅美丽的图画|他～站着一个小孩|商店就在～,买东西很方便。❷〈丙〉目前;当前:～的形势对我们极为有利|我们要想办法渡过～的困难|我～没什么困难,有什么事你就说吧。

【近义词】❶跟前;❷目前/当前/现在

7395 **眼色** 丁

yǎnsè (meaningful glance)

[名]❶向人示意的目光:递～|使～|看～|我给他使了个～,可他没看见|到时候看我的～行事。❷指见机行事的能力:有～|没～|打仗要多长(zhǎng)～|他这个人糊里糊涂,一点儿也没～|他这个人很有～,见什么人说什么话。

【近义词】❶目光/眼神

7396 **眼神** 丁

yǎnshén (expression in one's eyes)

[名]❶眼睛的神态:你看他的～,总是那么精力充沛|他那充满智慧的～给人很深的印象|他～里好像有一点儿担心。❷视力:我～不好,天一黑就看不清东西|你～好,帮我看着点儿|瞧我这～,半天没认出来。

【近义词】❶目光;❷视力

7397 **眼下** 丁

yǎnxià (at the moment)

[名]目前;当前:～我们缺人手,所以大家都要好好干|我～的收入还可以,过得去|不能光想～,还得考虑将来。

【近义词】现在/当前/目前

【提示】多用于口语,书面语中多用"目前"。

7398 **演** 乙 〔部首〕氵 〔笔画〕14

yǎn (perform)

[动]当众表演技艺:～戏|～杂技|～电影|～坏人|～得好|他～过电影|这样的戏我们～不了|他在戏里～一位老教授。

【构词】演播/演出/演化/演技/演讲/演进/演剧/演练/演示/演说/演算/演武/演习/演戏/演义/演绎/演员/演奏

7399 **演变**(變) 丁

yǎnbiàn (evolve)

[动]发展变化(指历时较久的):生物～|经过几百万年的时间,人才～成今天这个样子|所有的生物都是由古

生物～而来的｜地球在不停地～。
【近义词】变化

7400 **演唱** 丁

yǎnchàng (sing)
[动]表演歌曲或戏曲等：～会｜晚会上他～了一首歌｜下面请王小姐～。
【近义词】歌唱

7401 **演出** 甲

yǎnchū (v. perform; n. performance)
[动]把戏剧、舞蹈、曲艺、杂技等演给观众欣赏：～节目｜～小品｜准备～｜～三个小时｜～三场｜可以～｜巡回～｜即兴～｜正式～｜～以后｜他们正在～话剧｜明年他就不再～了｜他们常常在广场上～节目。
[名]演给观众欣赏的戏曲、舞蹈等：看～｜一场～｜我们的～非常成功｜明天这里没有～｜谁的～我也不看。
【近义词】演/表演/上演/公演

7402 **演讲**(講) 丁

yǎnjiǎng (make a speech)
[动]演说；讲演：发表～｜听～｜～的人｜～地点｜一次～｜喜欢～｜关于～｜会～｜～的题目｜教授正在～，注意听！｜他～的内容是清代历史。
【近义词】演说/讲演/讲话

7403 **演说**(説) 丙

yǎnshuō (v. deliver a speech; n. speech)
[动]就某个问题对听众说明事理，发表见解：进行～｜发表～｜听～｜准备～｜他正在～，别作声｜她～时的情绪十分激动。
[名]就某个问题对听众发表的讲话：精彩的～｜他的～｜～无味｜你那天的～太乏味了｜这个～比较吸引人｜情绪一好，她的～就精彩。
【近义词】演讲/发言/讲演

7404 **演算** 丁

yǎnsuàn (perform mathematical calculations)
[动]按一定的原理和公式计算：～数学题｜～不出来｜～的结果｜进行～｜～了两遍｜～一下｜～对了｜～公式｜用这种方法根本～不出结果｜你把这道题～一下｜是不是我的～公式错了？
【近义词】计算

7405 **演习**(習) 丁

yǎnxí (manoeuvre)
[动]实地练习以求纯熟：实弹～｜消防～｜～两次｜～了三天｜举行～｜害怕～｜～结束｜应该～｜明天我们要～紧急救护｜现在，～开始！｜防震～非常成功｜下一次～将是后天。
【近义词】练习
【反义词】实战

7406 **演员**(員) 乙

yǎnyuán (performer)
[名]参加戏剧、电影、舞蹈、曲艺、杂技等表演的人员：优秀的～｜主要～｜著名～｜当～｜培养～｜～的表演｜一名～｜电影～｜杂技～｜～的素质｜他是一位著名的电影～｜很多～都去做广告了｜这个剧团的～队伍很团结。
【近义词】艺人

7407 **演奏** 丁

yǎnzòu (play a musical instru-

ment）
[动]用乐器表演：～曲子｜钢琴～｜～一遍｜动人的～｜～技巧｜～风格｜张先生正在台上～《二泉映月》｜今天的小提琴～不太成功｜请你把刚才那一段曲子再～一遍！
【近义词】表演/奏/演出
【提示】"奏"字下面是"夭"，不是"天"。

7408 **燕子** 丙 〔部首〕灬 〔笔画〕16
yànzi（swallow）
[名]一种候鸟，翅膀尖而长，尾巴分开像剪刀：一只～｜这儿的～｜～飞｜小～｜～窝｜那只～像病了，飞不动了｜～吃昆虫｜我喜欢～｜春天到了，～飞回来了。
【提示】①"燕"字的上头是"廿"，不是"艹"。②"燕"又读 Yān，姓。
【构词】燕侣/燕尾服/燕窝/燕语莺声

7409 **厌恶**（厭惡） 丙 〔部首〕厂 〔笔画〕6
yànwù（detest）
[动]对人或事物产生很大的反感：～雨天｜～战争｜～考试｜～自私｜感到～｜非常～｜真～｜特别～｜～的表情｜～地看着｜这种自私自利的行为令人～｜他对老鼠～极了。
【近义词】讨厌
【反义词】喜欢/喜爱
【提示】"恶"在这里读 wù，不读 è。"恶"è 见第 1684 条。
【构词】厌烦/厌恨/厌倦/厌弃/厌世/厌战

7410 **咽** 乙 〔部首〕口 〔笔画〕9
yàn（swallow）
[动]使嘴里的食物或别的东西通过咽头到食道里去：～唾沫｜～饭团｜细嚼慢～｜狼吞虎～｜～一口饭｜～下去｜～不下去｜这种饭太难吃，我～不下去｜别把汤～到气管里！｜看他狼吞虎～的样子，一定是饿坏了。
【近义词】吞
【反义词】吐（tǔ）
【提示】"咽"，又读 yān，如"咽喉"；又读 yè，如"哽咽"。
【构词】咽气

7411 **宴会**（會） 甲 〔部首〕宀 〔笔画〕10
yànhuì（banquet）
[名]在一起饮酒吃饭的集会：～开始｜盛大～｜隆重的～｜举行～｜参加～｜国庆～｜结婚～｜欢迎～｜～主持人｜今天的～由谁主持？｜～在哪里举行？｜这里举办过几次～？
【近义词】宴请

7412 **宴请**（請） 丁
yànqǐng（entertain）
[动]设宴招待：～结束｜老乡～｜～作家｜～客人｜～三回｜应当～｜主动～｜～标准｜这次～的开销很大。
【近义词】请客/作东
【反义词】作客

7413 **宴席** 丁
yànxí（banquet）
[名]请客的酒席：～摆好了｜摆～｜准备～｜撤下～｜丰盛的～｜两桌～｜上等～｜天下没有不散的～｜一桌上等的～费用是很高的｜以后不要在家里设～，我们可以去饭店。
【近义词】酒席

7414 **验**（驗） 丁 〔部首〕马 〔笔画〕10
yàn（examine）

[动]❶察看;考查:～货|～血|查～|考～|试～|这批货刚到,还没～|你先去～一下血再来这儿。❷产生预期的效果:灵～|应～|屡试屡～|这次真的应～了你说的话|你的话真灵～,你说下雨真的就下雨了。

【近义词】❶检查

【构词】验方/验光/验看/验明/验尸/验算

7415 **验收** 丁

yànshōu (check and accept)

[动]按照一定的标准进行检验,然后收下:买方～|专家～|～产品|～合格|请求～|阻挠～|这次～进行得非常顺利|这些东西必须分类～|要认真～这些药品。

【近义词】检验

7416 **验证**(證) 丁

yànzhèng (verify)

[动]进行试验来证实:～观点|～真假|可以～|及时～|～严密|～要求|得到～|加以～|～的对象|反复～|这件事并没得到～|经过～,我们发现这道题是错的|我的～过程就是如此,请多指教。

【近义词】证实/检验/印证

7417 **杨树**(楊樹) 丁 〔部首〕木 〔笔画〕7

yángshù (poplar)

[名]一种落叶乔木,有很多种,如小叶杨、白杨等:一棵～|～叶子|栽～|砍倒～|～发芽|中国人常常赞美～|你到处都能看到～|我喜欢～。

【提示】杨,姓。

【构词】杨柳/杨梅

7418 **扬**(揚) *丙 〔部首〕扌 〔笔画〕6

yáng (raise)

[动]❶高举;往上升:～帆|～起|～手|～头|～一下|用力～|他～了～手,好让我看见他|她总是～着头跟别人说话。❷〈丁〉上撒:～谷子|～场(cháng)|把种子晒干～净|你去把谷子～一～|他把土～得到处都是。❸〈丁〉传播出去:～言|表～|颂～|赞～|他应该受到表～|你不要把这些事都～出去。

【近义词】❶举/升;❷撒;❸宣扬/传播

【反义词】❶压/降(jiàng);❷收;❸封锁

【提示】①注意与“杨”的区分。②扬,姓。

【构词】扬帆/扬名/扬弃/扬威/扬言/扬长避短/扬长补短/扬眉吐气/扬清激浊/扬汤止沸

7419 **羊** 甲 〔部首〕羊 〔笔画〕6

yáng (sheep)

[名]一种哺乳动物,一般头上有一对角,分山羊、绵羊等多种:一只～|一群～|小～|～肉|～毛|放～|他们家养了一只～|～跑了|～是食草动物。

【提示】羊,姓。

【构词】羊羔/羊羹/羊毛/羊肠小道

7420 **洋** 丙 〔部首〕氵 〔笔画〕9

yáng (foreign)

[形]❶外国的;外国来的:～货|～酒|～人|～老板|现在～货越来越多了|我喝不惯～酒。❷现代化的(区别于“土”):～办法|土～结合|～气|很～|土办法,～办法,我们都要用|这种式样的衣服看上去非常～。

【近义词】❷现代/摩登

【构词】洋白菜/洋场/洋车/洋葱/洋

行(háng)/洋货/洋气/洋人/洋嗓子/洋娃娃/洋相(xiàng)/洋溢/洋为中用/洋洋大观/洋洋洒洒

7421 **阳**(陽) 丁 〔部首〕阝 〔笔画〕6

yáng (n. the sun; adj. open)

[名]❶太阳;阳光:～光|向～|朝～|这里看不见～光|这间屋子朝～。❷山或建筑的南面:～面|～面那间屋子比较暖和。

[形]外露的;表面的:～奉阴违|～沟|阴沟修好了,就剩这条～沟了|这个人总是阴一套～一套的。

【反义词】阴

【提示】阳,姓。

【构词】阳春/阳电/阳极/阳历/阳面/阳平/阳伞/阳世/阳寿/阳台/阳性/阳春白雪/阳奉阴违

7422 **阳光** 乙

yángguāng (sunlight)

[名]太阳的光:一缕～|一片～|金色的～|春天的～|～闪烁|～充足|充满～|我喜爱～,所以常常晒太阳|今天真是个～明媚的日子|金色的～洒满大地。

【近义词】日光

【反义词】月光

7423 **氧** 丁 〔部首〕气 〔笔画〕10

yǎng (oxygen)

[名]气体元素,符号O(oxygenium):～气|缺～|吸～|他感到透不过气来,可能是缺～|给他吸一袋～就好了。

7424 **氧化** 丙

yǎnghuà (oxidize)

[动]物质跟氧化合,如金属生锈、煤燃烧等:～反应|金属～|发生～|防止～|～需要多长时间?|～过程并不明显|不能让它～。

7425 **氧气**(氣) 丙

yǎngqì (oxygen)

[名]氧的通称:大量～|～瓶|～罐|～筒|吸入～|缺少～|～消失|我现在需要一升～|～是人体不可缺少的|房间里的～越来越少。

7426 **仰** *乙 〔部首〕亻 〔笔画〕6

yǎng (face upward)

[动]❶脸向上;抬头向上:～望|～视|～头|～面|～一次|用力～|向上～|～起|～着|这个小孩一直～着头看电视|每～一次头,他都觉得难受|我～面朝天摔了一跤。❷〈丙〉敬慕:～慕|信～|敬～|赵先生的学识人品令人～慕|久～大名!|我对他一直非常景～。❸〈丁〉依靠;依赖:～仗|～人鼻息|这件事只能～仗您了|你不能什么事全·仗靠父母,要靠自己。

【近义词】抬/举/昂

【反义词】低/俯

【提示】仰,姓。

【构词】仰承/仰赖/仰面/仰慕/仰视/仰首/仰天/仰望/仰卧/仰泳/仰仗/仰人鼻息/仰首伸眉

7427 **痒**(癢) 丁 〔部首〕疒 〔笔画〕11

yǎng (itch)

[形]❶皮肤或黏膜受到轻微刺激时引起的想挠的感觉:挠～～|太～|～极了|～得厉害|止～|～的地方|不～|手上有点儿～|挠一挠,就不～了|我觉得浑身都～。❷产生想做某事的愿望:心～|手～|看见别人经商挣大钱,他也有点儿心～|好长时间不

打球了,看到别人打球,他不禁有点儿手~。

7428 **养(養)** *乙 〔部首〕羊 〔笔画〕9

yǎng (raise)

[动]❶培植或饲养:~花|~鸟|~猪|~鸡|~狗|应该~|~一回|慢慢~|这种花我可以~|我没~过鱼|你什么时候喜欢上~鸟的? ❷供给生活资料或费用:~家|抚~|赡~|~不起|~得了|能~|~活|你们能~活多少人? |我~不起你|你不要着急去工作,我~得起你|父母把你~大不容易,你要尊敬他们|16岁,他就开始~家了。❸〈丙〉生育:~孩子|她不应该再~孩子了|她一生~过两个儿子和一个女儿。❹〈丙〉使得到滋补或休息:~路|~身体|保~|休~|疗~|~精蓄锐|你应该把身体~好|看来他最近~得不错。❺〈丁〉扶植;扶助:以工~农|以农~牧|足球市场现在很兴旺,完全可以以球~球|由于实行了以副~农的政策,这个地方的农业机械化得到了发展。

【构词】养病/养家/养老/养老金/养老院/养路/养伤/养神/养生/养虎遗患/养精蓄锐/养尊处优

7429 **养成** 丙

yǎngchéng (cultivate)

[动]经过培养形成:~习惯|逐渐~|很快~|没有~|要~|他早就~了睡午觉的习惯|千万不能让小孩~依赖心理|不~勤劳的习惯,干什么事都是不会成功的。

【近义词】形成

7430 **养分** 丁

yǎngfèn (nutrient)

[名]物质中所含的能供给有机体营养的成分:~很多|没有~|充足的~|获取~|吸收~|补充~|缺少~|一些~|这个地方的土壤中没有多少~|大量的~被水冲走了|空气中有没有人体所需的~呢?

【近义词】营养

【提示】"养分"的"分"不能读 fēn。"分"fēn 见第1888条。

7431 **养活** 丁

yǎnghuo (support)

[动]❶供给生活资料或生活费用:~一家人|~老母亲|~两个孩子|应该~|能~|~不了|~不起|我必须~我的老婆孩子|他的工资不多,却要~一大家人|我不靠他~,我靠自己。❷饲养动物:好~|难~|~奶牛|~山羊|没~过|想~|喜欢~|老张~了一头猪|他~的奶牛病了|鹿可不容易~。

【近义词】❶供养;❷饲养

7432 **养料** 丙

yǎngliào (nourishment)

[名]能供给有机体营养的物质:~不足|~丰富|~增加|提供~|减少~|需要的~|全部~|这片土壤含有丰富的~|植物主要靠根来吸收~|你养的这盆花叶子全黄了,可能是缺少~。

【近义词】营养/养分

7433 **养育** 丁

yǎngyù (bring up)

[动]抚养和教育:~子女|~得很好|~一辈子|辛勤~|~后代是我们的责任|我们任何时候都不该忘记父母的~之恩|是孤儿院~了他。

【近义词】抚养/抚育/培养/培育
【反义词】抛弃

7434 **养殖** 丁

yǎngzhí (breed)

[动]培育和繁殖：～对虾｜～月季花｜人工～｜～三年｜停止～｜反复～｜这一带的渔民主要靠～珍珠为生。

7435 **样**(樣) 乙 〔部首〕木 〔笔画〕10

yàng (m. kind)

[量]表示事物的种类：四～｜～～｜每～｜各～｜很多～｜这～｜这里有三～东西：书、笔和本子｜你买的礼物一共有几～？｜这儿的东西～～都很便宜。

【近义词】种

7436 **样品** 丁

yàngpǐn (sample)

[名]做样子的物品(多用于商品推销和材料试验)：～出来了｜～很多｜～精巧｜制造～｜送～｜展出～｜检验～｜汽车～｜大批～｜两件～｜～还没有送来｜这是～的说明书｜这是供展出的～，暂时还不卖。

7437 **样子** *甲

yàngzi (style)

[名]❶形状；式样：～好｜衣服～｜什么～｜这个～｜鞋～｜一种～｜这个～的裤子没人买｜那个牌子的袜子有很多种～｜哪种～我都不喜欢。❷神情；表情：高兴的～｜生气的～｜～难看｜他吵架的～可真不好看｜看到她生气的～，他不知说什么好。❸〈乙〉形势；趋势：看～｜下雪的～｜刮风的～｜看这～今天不会有风｜天并没有下雨的～。❹〈丙〉作为标准或代表，供人看或模仿的事物：他这么做，并不是真心爱她，只不过装装～罢了｜你作为干部，应当拿出点儿干部的～来｜你怎么一点儿老师的～都没有？做什么事都像孩子似的。

【近义词】❶样式/形式；❷神态/模样；❸形势/趋向；❹模式/样板

7438 **要求** 甲 〔部首〕西 〔笔画〕9

yāoqiú (v. ask; n. demand)

[动]提出具体愿望或条件，希望得到满足或实现：～学生｜～学习｜～指导｜～结婚｜～三次｜过去～｜纷纷～｜我什么时候都不会～你做你不喜欢的事｜这件事，老王～我们三天完成｜她～和我离婚。

[名]提出的具体愿望和条件：严格的～｜群众的～｜合理～｜～很合理｜满足～｜两个～｜明确的～｜你的～我无法满足｜你有什么～可以提出来｜不合理的～，我们坚决不答应！

【近义词】请求

【提示】①“要”yāo在这里不能读成yào，“要”yào见第7457条。②要(Yāo)，姓。

7439 **邀** 丁 〔部首〕辶 〔笔画〕16

yāo (invite)

[动]❶邀请：～客｜特～｜应～｜～一下｜～了｜你一定要～他一起来｜过几天，咱们～几个朋友，吃顿饭｜这是一位特～代表。❷求得：～功｜～宠｜～准｜他从来不喜欢～功请赏，总是默默地做事｜你又没出力，～什么功呀！

【近义词】❶请；❷求

【构词】邀宠/邀功/邀集/邀请赛

7440 **邀请**(請) 乙

yāoqǐng（v. invite；n. invitation）
[动]请人到自己的地方来或到约定的地方去：～客人｜～朋友｜～两次｜～过｜～跳舞｜以后～｜明年～｜我已经～他来参加联欢会了｜她～了我两次，不巧我都有事，不能去｜我准备～几个同事来玩一玩。
[名]对别人发出的约请：他的～｜应(yìng)～｜一次～｜盛情的～｜发出～｜你的～，我无法拒绝｜我已发出三次～，他还不来｜应小王的～，她去参加舞会。
【近义词】邀/约请

7441 腰 *乙 〔部首〕月 〔笔画〕13

yāo（waist）
[名]❶胯上胁下的部分，在身体的中部：弯～｜叉～｜～疼｜细～｜～扭了｜你的～真粗｜我不小心，扭了～｜他手叉在～上，大声跟我说话｜他胖得～都弯不下去了。❷〈丙〉中间部分：山～｜树～｜半～｜我们已经上到了半山～了｜树～那儿有个大虫子｜路走到半中～他就不肯走了。
【提示】腰，姓。
【构词】腰板/腰包/腰带/腰杆子/腰鼓/腰果/腰花/腰身/腰腿/腰围/腰眼儿/腰椎/腰子

7442 妖怪 丁 〔部首〕女 〔笔画〕7

yāoguài（monster）
[名]神话、传说、童话中所说形状奇怪可怕、有妖术、常常害人的精灵：一个～｜～跑了｜被～吃了｜杀死～｜～的脸｜他的脸真吓人，活像个～｜小时候一听完～的故事，晚上就睡不着觉｜世界上其实一个～也没有。
【近义词】鬼/精灵/妖魔
【构词】妖风/妖精/妖媚/妖魔/妖孽/妖术/妖雾/妖言/妖艳/妖冶/妖里妖气/妖魔鬼怪

7443 摇 乙 〔部首〕扌 〔笔画〕13

yáo（shake）
[动]使物体来回地动；摇摆：用力～｜上下～｜～一下｜～起来｜～得快｜继续～｜～的原因｜他一直在～那扇门｜钟摆为什么总是～个不停？｜这东西不能～，～一下就坏。
【近义词】摆/晃
【反义词】定/稳
【构词】摇摆舞/摇荡/摇动/摇滚乐/摇撼/摇篮/摇篮曲/摇钱树/摇唇鼓舌/摇鹅毛扇/摇旗呐喊/摇身一变/摇头摆尾/摇头晃脑/摇尾乞怜/摇摇欲坠

7444 摇摆(擺) 丙

yáobǎi（sway）
[动]向相反的两个方向来回地移动或变动：～加大｜～减少｜双手～｜立场～｜～不停｜～剧烈｜～一阵｜～三天｜随风～｜轻轻～｜身体～的幅度越来越大｜他的思想可能会发生～｜你感觉到船在～了吗？
【近义词】摇晃/摆动/摇荡
【反义词】静止/固定/平稳

7445 摇晃 丙

yáohuàng（shake）
[动]摇摆晃动：尾巴～｜花朵～｜～脑袋｜～不停｜～得缓慢｜～了半天｜～一下｜～起来｜直～｜小狗～着尾巴跑到我跟前｜不要让那东西～｜喝以前，应该先把药瓶～一下。
【提示】有两种重叠形式：“摇晃摇晃”是动作，“摇摇晃晃”是形容状态。
【构词】打晃/一晃

7446 **遥控** 丁 〔部首〕辶 〔笔画〕13

yáokòng (remote control)

[动]通过有线或无线电路的装备操纵一定距离以外的机器、仪器等：～器|～电视|我们进行了～爆破。

【构词】遥测/遥感/遥望/遥想/遥遥/遥相呼应

程控/监控/声控/失控/调控/指控

7447 **遥远**(遠) 丙

yáoyuǎn (distant)

[形]很远：非常～|不太～|～的地方|～的里程|～的家|路途～|在～的南极，我们建立了两个考察站|那是个美丽～的国家|再～，我也不怕，我一定要去那儿看看。

【近义词】远/遥遥

【反义词】近/近在咫尺

7448 **窑** 丙 〔部首〕穴 〔笔画〕11

yáo (kiln)

[名]❶烧制砖瓦陶瓷等物的建筑物：砖～|石灰～|瓷～|一口～|～塌了|烧～|这口～已经很长时间不用了|还有不少陶器没出～呢|明年一定要把这座～拆了。❷土法生产的煤矿：煤～|这里过去有过一个小煤～|他下～去挖煤了|这～里很危险，已经不在这儿出煤了。

【提示】"穴"字头不要写成"宀"。

【构词】窑洞/窑坑/窑子

7449 **谣言**(謡) 丙 〔部首〕讠 〔笔画〕12

yáoyán (rumour)

[名]没有事实根据的消息：～流传|～可怕|制造～|散布～|当心～|揭穿～|听信～|政治～|涨价的～|两句～|～的内容|这种卑鄙的～没人相信|社会上现在流传着好多～|不要听信～，更不要传播。

【近义词】谎/谎言

【反义词】事实

【构词】谣传

7450 **咬** *乙 〔部首〕口 〔笔画〕9

yǎo (bite)

[动]❶上下牙齿用力对着：～牙|～人|～紧|～住|蛇～|～一口|用力～|那条狗死死～住小偷的腿|他说完话，～了一口苹果|老王的手是被鲨鱼～掉的。❷〈丙〉正确地念出(字音)；过分地计较(意思)：～字|～字眼儿|～文嚼字|～不准|对这个字我老～不准音|这句话特别～嘴，不好念|他的话就是这个意思，你别～字眼儿。❸〈丁〉受责难或审讯时，牵扯别人(多指无辜的)：明明是他砸碎了窗户，他却反～一口，说是小杨干的|是你就是你，不要乱 人|那个小偷被抓住以后，～了他，其实他是无辜的。

【构词】咬耳朵/咬架/咬舌/咬牙/咬字眼儿/咬嘴/咬文嚼字

7451 **药**(藥) *甲 〔部首〕艹 〔笔画〕9

yào (medicine)

[名]❶药物：吃～|中～|西～|一种～|一剂～|～片|买～|制～|用～|～效|～失效|这种～很苦|那～怎么吃？一天吃几次？|我到处都买不到他说的那种～。❷〈乙〉某些有化学作用的物质：火～|炸～|焊～|仓库里放的全是火～|一包炸～就能把那座桥炸飞。

【构词】药补/药草/药单/药典/药店/

药饵/药房/药粉/药膏/药罐子/药剂/药劲儿/药酒/药理/药力/药料/药棉/药面/药捻/药农/药片/药铺/药膳/药丸/药效/药性/药学/药引子/药皂

7452 **药材** 丁

yàocái (medicinal materials)

[名]中药的原料或饮片:一种～|大量～|～便宜|买～|生产～|～公司|这种～现在不容易买到|我们要进口什么样的～?|那家～公司专门经营中药。

【近义词】药草

7453 **药方** 丙

yàofāng (prescription)

[名]❶为治疗某种疾病而组合起来的若干种药物的名称、剂量和用法:开～|写～|～失传|祖传～|治咳嗽的～|这～是张大夫开的|你为什么不按～抓药?|那可是他们家的祖传～,非常珍贵。❷写着药方的纸:一张～|收集～|～掉地上了|他一气之下把那张假～撕得粉碎|我花了100块钱才买来这张清代的～。

【近义词】处方/配方/方子

7454 **药品** 丙

yàopǐn (drug)

[名]药物等化学试剂的总称:一种～|大量～|买卖～|～丢失|我没买过这种～|那种～生产起来很麻烦|我们准备进口一些～。

【近义词】药物/药

7455 **药水儿**(兒) 丙

yàoshuǐr (liquid medicine)

[名]液态的药:一瓶～|红～|抹～|喝～|～难闻|～瓶|谁把～瓶打翻了?|那种发蓝的～真苦|伤口抹一点儿红～就行。

7456 **药物** 丙

yàowù (medicine)

[名]能防治疾病、病虫害等的物质:许多～|三种～|～治疗|～品种|～的销售|防治这种病虫害的～现在非常紧缺|这里卖的很多～都失效了|对这种病,我们可以采取～治疗,不必动手术。

【近义词】药品/药

7457 **要** *甲 〔部首〕西 〔笔画〕9

yào (aux. v. to have a desire to; v. want)

[助动]❶表示做某事的意志:～学|～说|～去|～走|～听|～买|我有话～讲|他～学画画儿|你～看吗?|他不让我买,可是我一定～买|他～来北京参观。❷必须;应该:水果～洗干净才能吃|我～不～留下来?|这个箱子～马上抬走|你～好好吃饭,不吃饭怎么能养好病呢?❸〈乙〉将要:～飞|～坏|他～回来了|麦子眼看就～割完了|他快～毕业了|天～下雨了|新年快～到了。

[动]❶希望得到或保持:我已经～了一个菜,你再～一个|我～一支钢笔|这个杯子我不～了|你～这本字典吗?❷〈乙〉向别人索取:他跟我～书,可这本书我借来以后还没看呢|我跟他～了一个苹果|你的钱我会还的,别总来～账|昨天我跟老张～了两张票|他没跟我～过什么。❸〈乙〉请求:你～多注意安全|他～办公室给他开封介绍信|他～我多去看他。

【提示】“要”又读 yāo，见第 7438 条“要求”。

【构词】要冲/要道/要犯/要害/要诀/要塞(sài)/要事/要闻/要员/要职

7458 **要** 丙

yào (if)

[连]表示假设：你～能来，那该多好啊！|明天～天气好，我们就上香山玩去|你～见到小王的话，问她收到老李的信没有|她～不能去，会通知你的。

【近义词】如果/倘若

7459 **要不** 丙

yàobù (otherwise)

[连]❶不然；否则：该写信了，～家里会不放心的|他一定有事，～的话，为什么这么晚还不回来？|你快去给他解释解释，～他该有意见了。❷委婉地表示建议；要么：～你去吧，我就不去了|你不喜欢吃西餐，～咱们吃中餐吧|我看你太累了，～你回去吧。

【近义词】不然/要不然/否则

7460 **要不然** 丙

yàoburán (otherwise)

[连]❶如果不这样：我们应该首先把汉语学好，～以后在中国的生活会很不方便|幸亏来得早，～就赶不上车了|幸亏带了伞，～就得挨淋了|多亏你帮忙，～我肯定买不上票。❷表示委婉的建议：一个人不好意思跳，～咱们一起跳吧|去公园没有什么意思，～咱们去游泳吧。

【近义词】否则/不然/要不

【提示】语义上与“要不”可以互换。

7461 **要不是** 丙

yàobushì (if it were not for)

[连]如果不是：～起得早，我们一定会迟到|～下雨，他们早就出门了|～路太远，奶奶本来也想来看看您的|～你，我哪儿能知道这么多事？

【近义词】若非

7462 **要点**(點) *丙

yàodiǎn (main point)

[名]❶话或文章等的主要内容：～突出|把握～|抓住～|讲述～|记下～|文章的～|会谈的～|全部～|两个～|他们谈话的～是什么？|你只掌握住课文的～就可以了|这篇文章有三个～|你把这篇论文的～摘录出来。❷〈丁〉重要的据点：战略～|军事～|这座县城历代都是一个战略～|沿江的军事～都已戒备森严。

【近义词】❶要领；❷要塞

7463 **要好** *丙

yàohǎo (be on good terms)

[形]❶指感情融洽；也指对人表示好感，愿意亲近：很～|早就～|与我～|～的朋友|他们两个十分～，经常形影不离|这两家一向很～|你跟谁～我知道|我们俩早就是～的朋友，你怎么才知道？❷〈丁〉要求上进，努力求好：真～|非常～|小孩～|这个小朋友很～，从来不肯旷课、早退|这是谁家的孩子，怎么不知～？|她太～，太刻苦，以致把身体都弄坏了。

【近义词】❶相好；❷要强

【反义词】❶敌对/不和；❷不求上进

7464 **要紧**(緊) *乙

yàojǐn (important)

[形]❶重要：性命～|安全～|看病～

|显得~|确实~|特别~|~的约会|我明天要参加一个~的会议|这件事非常~吗?|这么~的事你怎么给忘了?|对学生来说,读书最~。❷〈丙〉严重:不~|情况~|他只受了点儿轻伤,不~|我刚回来就到医院来了,怎么样,他的病~吗?

【近义词】❶紧要;❷严重

【反义词】❶一般;❷轻微

7465 要领(領) 丁

yàolǐng (main points)

[名]❶话或文章等的主要内容:文章的~|记住~|掌握~|不得~|他在那儿啰啰嗦嗦地到底说的什么?真叫人不得~|这篇文章的~你已经记下了吧?|根据他说的~,你可以再发挥一下,写出一篇报道来。❷某项活动的基本要求:掌握~|发球~|动作~|写字的~|两个~|你没掌握好瞄准的~,所以一枪都没有中(zhòng)靶|看书的~有二,一要理解,二要质疑|他根本不知道垂钓的~,所以一条鱼也钓不着。

【近义词】❶要点;❷要求

7466 要么(麽) 丁

yàome (or)

[连]表示两种意愿或行为的选择关系:~你赶快拍个电报,~打个长途电话,这件事总得通知他|~他来,~我去,明天总得当面谈一谈|这几天~刮风,~下雨,没一天是好天气|~打针,~吃药,病是一定要治的。

【提示】也作"要末"。

7467 要命 丁

yào mìng (extremely)

❶表示程度达到顶点:痒得~|气得~|累得~|爱得~|恨得~|这个人坏得~,别理他!|他们两个好得~,成天形影不离|我想家想得~。❷给人造成较严重的困难(着急或抱怨时说):这人真~,火车都快开了,他还不来|门大开着就走了,总不锁门,真~!|看话剧不带票,你这人真~!❸使丧失生命:没想到一场大火竟要了他的命|这场车祸差点儿要了我的命。

【提示】离合词,中间可插入其他成分,如:要了他的命|要不了命。

7468 要是 甲

yàoshi (if)

[连]表示假设;如果:~别人,这事不一定能办成|老同学聚会真不容易,~去年,咱们还聚不齐呢|~他不去,你去吗?|~看见《汉英词典》,替我买一本|~有人问的话,就说我在办公室|~来得及的话,坐船去最好。

【近义词】如果

7469 要素 丁

yàosù (essential factor)

[名]构成事物的必要因素:三个~|考虑的~|进行市场调查,必须考虑哪些~?|构成生命的~有:水、氧气和蛋白质|成功的~之一是勤奋。

7470 钥匙(鑰匙) 丙 〔部首〕钅 〔笔画〕9

yàoshi (key)

[名]开锁用的东西,有的锁用了它才能锁上:一把~|用~|配~|丢~|找~|车~|门~|办公室~|谁看见我的~了?|他手里拎着一串~|应该用那把铜~开门|一把~开一把锁。

【构词】茶匙/羹匙/汤匙

7471 **耀眼** 丁　〔部首〕小　〔笔画〕20

yàoyǎn (dazzling)

[形]光线强烈,使人眼花:灯光～|～得厉害|显得～|十分～|窗外～的阳光,都没能使他兴奋起来|电光一闪,异常～|黑暗里,那盏红灯特别～|～的灯光把房间照得如同白昼。

【近义词】夺目/刺眼/明亮

【反义词】昏暗/暗淡无光

【提示】"耀"的右边不要写成"瞿"。

【构词】耀武扬威

7472 **爷爷**(爺) 乙　〔部首〕父　〔笔画〕6

yéye (grandfather)

[名]❶祖父:我～|他～|83岁的～|～60岁|～健在|你～今年多大年纪了?|～,我放学了|～喜欢下象棋。❷称呼跟祖父辈分相同或年纪相仿的男人:老～,请问故宫怎么走?|宝宝,快叫～!|你可以向那位老～问路。

【近义词】❶祖父

【反义词】❶孙子

【提示】"爷爷"多用于口语,"祖父"是书面语。

【构词】爷们儿

7473 **野** 丁　〔部首〕里　〔笔画〕11

yě (wild)

[形]❶不是人饲养的(动物)或培植的(植物):～兽|～兔|～菜|～花|～草|别过去,那里有一只～猪!|山上开满了～花|有很多～菜是非常好吃的。❷蛮横不讲理;粗鲁没礼貌:～蛮|粗～|撒～|行为～|这人说话太～|你这么一来,未免～了点儿,别人会不喜欢你的|老实点儿,这不是你撒～的地方!|他的性格太～,动不动就骂人。❸不受拘束:～性|心～|在外面～|很～|放了几天假,心都玩～了|不许在外面～!5点半一定要回来写作业!|他自小生长在农村,～惯了。

【构词】野菜/野地/野合/野鸡/野马/野猫/野牛/野炮/野人/野鼠/野兔/野味/野物/野心家/野性/野鸭/野猪/野草闲花/野调无腔/野鹤闲云

7474 **野蛮**(蠻) 丁

yěmán (savage)

[形]❶蛮横残暴:行为～|很～|～极了|～行为|你这样做真是太～了|这种伤害儿童的～行径,为人所不齿|他真～,动不动就打人。❷不文明;没有开化:～人|～时代。

【近义词】❶蛮横(hèng)/凶残/残暴

【反义词】❶善良/和善;❷文明

【构词】刁蛮/耍蛮

7475 **野生** 丁

yěshēng (wild)

[形]生物在自然环境里生长而不是由人饲养或栽培:～动物|～植物|～状态|那里有一大片～草场|在这个自然保护区里生长着大量珍贵的～动植物|那些～动物受到了人们的保护|～的韭菜也很好吃。

7476 **野兽**(獸) 丙

yěshòu (wild beast)

[名]家畜以外的兽类:一只～|猎杀～|～狂奔|凶狠的～|我们这里已没有～了|快看,在那棵树底下好像蹲着一只～|这个山谷里经常有～出没(mò)|那片树林里有许多～。

【构词】海兽/害兽/猛兽/禽兽/异兽/走兽

7477 **野外** 丁

yěwài (field)

[名]离居民点较远的地方:在～|～生活|～作业|～工作|我们那时候,吃住都在～,非常艰苦|这种野菜,必须到～去找|他是一名地质工作者,每年有2/3的时间在～工作。

【近义词】郊外

【反义词】城里

7478 **野心** 丁

yěxīn (wild ambition)

[名]对领土、权力或名利的巨大而非分的欲望:～勃勃|～大|～暴露|有～|产生～|掩饰～|个人的～|战争～|发财的～|疯狂的～|这个人～不小啊!|我能有什么～?小老百姓一个|他对这份家产早就生了～了|这个人很有～,总想当官儿|他～勃勃,想把周围的商店全部吞并。

【近义词】贪心

〔部首〕冫
〔笔画〕7

7479 **冶金** 丙

yějīn (metallurgy)

[名]冶炼金属:～工业|～系统|他在～行业工作|他是搞～的|他在学校主要研究有色金属～|他是～系统有名的专家。

【提示】冶,姓。

7480 **冶炼**(煉) 丁

yěliàn (smelt)

[动]用焙烧、熔炼、电解以及使用化学药剂等方法把矿石中的金属提取出来,减少金属中所含的杂质或增加金属中某种成分,炼成所需要的金属:～黄金|青铜～|用心～|～成功|这家～厂已经倒闭了|他们采用新方法～黄金|春秋时代,～铁矿石的技术即已达到很高水平。

〔部首〕乙
〔笔画〕3

7481 **也** *甲

yě (also)

[副]❶表示两事相同:你去北京,我们～去北京|昨天你～没上课?|他和我一样,～喜欢冬泳|我和他一样,～是每天早上锻炼。❷〈乙〉表示无论假设成立与否,后果都相同:你不说,我～知道|不管下不下大雨,我们～要按时去上课|不管怎么样,咱们～不能灰心|这件衣服无论我怎么洗,～洗不干净|一个人再聪明,能力～是有限的。❸〈丙〉表示强调:动～不动|他头抬～不抬,专心学习|站岗的士兵站在那里动～不动|他们家我一次～没去过|我连一天假～没请过|连母亲～高兴地笑了。❹〈丙〉表示委婉的语气:我看～只好如此了|节目倒～不错|～难怪她不高兴,你～太不客气了嘛!

7482 **也许**(許) 甲

yěxǔ (perhaps)

[副]表示不很肯定:～去|～会|你仔细找一找,～能找到|看情况吧,我～去,～不去|那个人～我认识|他长得～好看,～不好看,～黑,～白,见了面咱们就知道了。

【近义词】可能/或许/大概

【反义词】肯定/一定

〔部首〕页
〔笔画〕6

7483 **页**(頁) 甲

yè (page)

[量]一般指两面印刷的书本中的一张纸的一面:这本书一共有多少～?|这本小册子很薄,总共只有30～。

7484 **业务**(業務) 乙 〔部首〕业 〔笔画〕5

yèwù (business)

[名]个人的或某个机构的专业工作：~能力|~学习|~范围|懂~|熟悉~|重视~|发展~|~联系|~水平|一项~|邮电~|最近公司的~怎么样？|他们厂的~人员素质不高|~上，他可是把好手|他在~上很钻研。

【近义词】工作

【提示】业，姓。

【构词】业绩/业师/业主/业精于勤

7485 **业余**(餘) *乙

yèyú (sparetime)

[形]❶工作时间以外的：~时间|~学校|~工作|~爱好|~时间，你都喜欢做什么？|他常常去~学校学外语|踢足球就算是我的~爱好吧。❷〈丙〉非专业的：~剧团|~演出|这种表演，充其量是~水平|他们组织了一个~交响乐队|这个~剧团经常给工人演出|他虽是~书画爱好者，但水平并不低。

【反义词】专业

7486 **叶子**(葉) 乙 〔部首〕口 〔笔画〕5

yèzi (leaf)

[名]植物的叶的通称，通常由叶片和叶柄组成：柳树~|菜~|花朵与~|一片~|~落下|摘~|这是什么树的~？这么好看！|这种蔬菜的~很好吃|树上又掉落许多~|秋天到了，树的~都黄了。

【提示】叶，姓。

【构词】叶柄/叶绿素/叶脉/叶片/叶芽/叶落归根

7487 **夜** 甲 〔部首〕亠 〔笔画〕8

yè (night)

[名]从天黑到天亮的一段时间：~深了|一~|~晚|整~|白天黑~|三天三~|昼短~长|~里，街上一片漆黑|他已经几~没睡觉了|今~有暴风雨。

【近义词】夜晚

【反义词】昼/白天

【提示】“夜”没有量词，一般不能说“一个夜”，可以说“一个夜晚”。

【构词】夜半/夜餐/夜场/夜车/夜大学/夜饭/夜光表/夜航/夜话/夜景/夜课/夜猫子/夜明珠/夜幕/夜曲/夜色/夜生活/夜市/夜宵/夜校/夜游神/夜战/夜总会/夜不闭户/夜长梦多/夜以继日

7488 **夜班** 丁

yèbān (night shift)

[名]夜里工作的班次：上~|值~|~工人|一个~|加~|他刚下~，看上去很累|你知道~上到几点？|他加了几个班，都是~|今天上~不大觉得累|你明天能替我值一次~吗？

【近义词】晚班

【反义词】白班

【提示】中国有的工厂实行“三班倒(dǎo)”工作制，分别是：白班8:00—16:00，中班16:00—24:00，夜班0:00—8:00。

7489 **夜间**(間) 丙

yèjiān (at night)

[名]夜里：~很凉|~气温|这种花只在~开放|这里~也热得让人睡不着觉|今天~有雨|他喜欢在~工作。

【近义词】夜里/夜

【反义词】白天

7490 **夜里** 乙

yèli (at night)

[名]从天黑到天亮的那段时间:~冷|在~|~走了|~的事|到了~|现在是~,你到哪儿去找医生?|这是~发生的事|昨天~,又刮风又下雨|她胆子很小,一到~就不敢出去。

【近义词】夜间/夜

【反义词】白天

7491 **夜晚** 乙

yèwǎn (night)

[名]晚上;夜间:~凉爽|~的景象|一个~|迷人的~|到~|这个~令人难忘|到了~,街边的灯就全亮了|他总是白天休息,~工作。

【近义词】夜里/夜间/晚上

【反义词】白天/早晨

7492 **液** 丁 〔部首〕氵 〔笔画〕11

yè (liquid)

[名]液体:血~|唾~|溶~|汁~|针~|~化|这种~体叫什么名字?|你病得很厉害,需要马上输~|衣服上溅上了不知什么汁~,怎么都洗不掉。

【构词】液化/液化气/液态/液压机

7493 **液体**(體) 丙

yètǐ (liquid)

[名]有一定的体积、没有一定的形状、可以流动的物质。在常温下油、水、酒等都是液体:~蒸发|~透明|产生~|变为~|注入~|瓶中的~|浓浓的~|红的~|~的颜色|~的比重|一种~|这种~无色无味,跟水差不多|水是~,冰是固体|这一瓶~颜色浓重,是药酒。

7494 **一** *甲 〔部首〕一 〔笔画〕1

yī (one)

[数]表示最小的整数。❶用在量词前,表示数量是一:~个|~只狗|~种花|~把壶|~本书|~张桌子|~件衣服。❷〈乙〉用在名词前,多指抽象事物或表动量:踢~脚|打~拳|看~眼|走~趟|给~刀|笑~声|听~耳朵|吃~口|这~情况很重要|这~办法很好|这~事故是怎样发生的?|这~状态很难保持。❸〈丙〉用在名词前,有“一整个”的意思:~屋子人|~身汗|~院子花|~桌子菜|~地纸|~冬|~夏。❹用在重叠的动词之间,表示动作是短暂的或尝试性的:笑~笑|看~看|试~试。

【提示】①“一”字单用或在词、句末尾时,读第一声,如:一、二|同一|这道题的得数是一。用在四声字前,读第二声,如:一块儿|一样|一度|一去|一半。用在一声、二声、三声字前,读第四声,如:一家|一天|一别|一船|一走|一指。②本词典条目中的“一”字都注第一声。

【构词】一把手/一把抓/一斑/一帮/一臂之力/一边倒(dǎo)/一并/一拨/一场空/一大早/一代/一担挑/一刀切/一丁点儿/一度/一端/一堆/一股劲儿/一股脑儿/一锅端/一锅粥/一锅煮/一晃/一家子/一刻/一口/一揽子/一览表/一连串/一溜烟儿/一流/一路/一面/一面理/一抹黑/一年生/一品/一气/一清早/一任/一如/一色/一刹/一刹那/一世/一似/一体/一天/一条心/一统/一头沉/一团糟/一味/一窝蜂/一席话/一新/一言堂/一应/一隅/一早/一阵风/一准/一总/一霎/一败涂地/一板一眼/一本万利

/一本正经/一笔勾销/一笔抹杀/一步登天/一差二错/一长两短/一唱一和(hè)/一唱三叹/一尘不染/一成不变/一筹莫展/一触即发/一刀两断/一定之规/一发(fà)千钧/一反常态/一分为二/一鼓作气/一哄(hòng)而起/一呼百应/一见倾心/一见如故/一见钟情/一箭双雕/一箭之地/一举成名/一举两得/一决雌雄/一刻千金/一孔之见/一来二去/一劳永逸/一鳞半爪/一溜歪斜/一落千丈/一马当先/一马平川/一脉相传/一门心思/一面之词/一面之交/一鸣惊人/一命归阴/一命呜呼/一模一样/一目了然/一目十行/一年半载/一年到头/一念之差/一诺千金/一拍即合/一盘散沙/一片冰心/一贫如洗/一气呵成/一窍不通/一穷二白/一日千里/一日三秋/一如既往/一扫而光/一时半会/一时三刻/一时一刻/一事无成/一视同仁/一手遮天/一丝不苟/一塌糊涂/一潭死水/一通百通/一吐为快/一团和气/一团漆黑/一网打尽/一往情深/一往无前/一望无际/一文不名/一无所知/一五一十/一息尚存/一厢情愿/一笑置之/一泻千里/一心一德/一心一意/一星半点/一言九鼎/一言难尽/一叶蔽目/一叶知秋/一衣带水/一意孤行/一拥而上/一语道破/一语双关/一朝一夕/一针见血/一枕黄粱/一知半解/一纸空文/一掷千金/一柱擎天/一专多能/一字千金/一字之师/一不做,二不休/一步一个脚印/一锤子买卖/一竿子插到底/一个鼻孔出气/一棍子打死/一块石头落地/一碗水端平/一物降(xiáng)一物/一言以蔽之/一字长蛇阵

7495 **一** *乙

yī (once)

[副]❶用在动词前,表示先有某个动作:～下车就看见了他|我往那里～站,他就害怕了|～有人来,我们就走。❷〈丙〉表示动作、变化突然出现:听了他的话,大家精神为之～振|他猛然～惊,站了起来|经过整理,房间焕然～新|看见我,他突然～愣。

7496 **一般** *甲

yībān (ordinary)

[形]❶普通;通常:～情况|～老师|～同学|～的字典|很～|唱得～|写得～|他的学习成绩很～|他一早出去,～要到天黑才回来|下午我～在图书馆。❷〈乙〉一样;同样:～高|～长|钢铁～|飞～|火箭像流星～地划破夜空|掌声如同暴风雨～响彻大厅|他和你～大。

【反义词】❶特殊;❷不同

【提示】“一”用在一声字前发生变调,读 yì。

【构词】一般化/百般/万般/诸般

7497 **一半** 乙

yībàn (half)

[名]二分之一:苹果的～|有～|说到～|其中的～|把菜分给他们～|我们中有～去过故宫|他包里～的书都是小说。

【提示】“一”用在四声字前发生变调,读 yí。

7498 **一辈子**(輩) 丁

yībèizi (all one's life)

[名]一生:我的～|这～|吃～苦,受～气|影响～|工作～|学习～|～的事|他享了～的福|这事叫他伤心了

~ | 结婚是关系到 ~ 的大事,不能马虎。

【提示】"一"用在四声字前发生变调,读 yí。

7499 **一边**(邊) 乙

yībiān (one side)

[名]❶东西的一面;事情的一方面:这 ~ | 路的那 ~ | ~ 黑 ~ 白 | 这块木料有 ~ 不光滑 | 两个人争吵,总有 ~ 是起头的。❷旁边;一侧:大楼的 ~ | ~ 站着 | 坐在 ~ | 车来了,快往 ~ 躲躲 | 我备课,女儿坐在 ~ 看电视 | 学校的这 ~ 是个商店。

【提示】"一"用在一声字前发生变调,读 yì。

7500 **一边…一边…** 甲

yībiān … yībiān … (at the same time)

[副]表示两种以上的动作同时进行:孩子们 ~ 唱, ~ 跳 | 他 ~ 说着话, ~ 收拾工具 | 我 ~ 听电话, ~ 记, ~ 招呼客人坐下 | 他 ~ 答应, ~ 放下手里的书。

7501 **一带**(帶) 丙

yīdài (the area around a particular place)

[名]泛指某处和与它相连的地方:北京 ~ | 香山 ~ | 这 ~ | 1976 年夏天,唐山、丰南 ~ 发生了强烈地震 | 在我们这里,十里堡(pù) ~ 的土地最好 | 他是这 ~ 出名的猎人 | 黑龙江那 ~ ,11 月初天已经很冷了。

【提示】①通常加在处所名词后,紧接上文或当面谈话时,可以单说"这一带"、"那一带"。②"一"用在四声字前发生变调,读 yí。

7502 **一旦** 丁

yīdàn (n. in a single day; adv. once)

[名]一天之间,形容时间短:毁于 ~ 。

[副]不确定的时间,表示如果有一天或忽然有一天:相处三年, ~ 离别,怎么能不想念呢? | ~ 河水冲垮河堤,后果不可想像 | ~ 他不在,你就来找我。

【提示】"一"用在四声字前发生变调,读 yí。

【构词】达旦/元旦

7503 **一道** 乙

yīdào (together)

[副]一同;一路: ~ 去 | ~ 来 | ~ 走 | ~ 进步 | 这两个孩子总是 ~ 上学, ~ 回家 | 明天我不能和你 ~ 去看电影了 | 谁不想和大家 ~ 进步?

【近义词】一起

【反义词】各自/分别

【提示】"一"用在四声字前发生变调,读 yí。

7504 **一点儿**(點兒) 甲

yīdiǎnr (a bit)

[名]表示不定的较小的数量: ~ 水 | 有 ~ | 尝 ~ | 钱我还有 ~ ,你先拿去用吧 | 你在地上洒 ~ 水再扫 | 你怎么 ~ 也不吃? 不饿吗? | 就这么 ~ 事,至于发那么大的火吗?

【提示】"一"用在三声字前发生变调,读 yì。

7505 **一定** *甲

yīdìng (fixed)

[形]❶固定的;规定的: ~ 的成分 | ~

的规章制度|~的时间|~的联系|~的关系|不~|我们每天上班都有~的时间|学校的作息时间都有~的制度|农作物的生长与土壤、水分和日光等都有~的关系。❷〈乙〉某种程度的；相当的：~的提高|~的影响|~的安慰|技术已经有了~的改进|我们的工作已经取得了~的成绩|他的思想起了~程度的变化。

【提示】①"一定"还有副词用法，表示意志的坚决或者相信某事确定无疑，如：你~要来|他~要买|他春节~会回来。②"一"用在四声字前发生变调，读 yí。

7506 **一度** 丁

yīdù (once)

[副]有过一次：~消沉|~飞黄腾达|他~对她不理不睬，后来又好了|我曾~休学|我甚至~想过自杀|他三年前曾~离家出走。

【提示】①"一度"也可作名词用，意思是"一次"，如"一年一度"、"有一度"等等。②"一"用在四声字前发生变调，读 yí。

7507 **一帆风顺**(風順) 丁

yī fān fēng shùn (plain sailing)

比喻非常顺利，毫无挫折：真是~|祝你~|~的事|总是~|没想到，这件事那么快就解决了，真可谓是~|人不可能永远~|明天就要比赛了，祝你~，马到成功！

【近义词】一路顺风

【反义词】坎坎坷坷

【提示】"一"用在一声字前发生变调，读 yì。

7508 **一方面…一方面…** 乙

yī fāngmiàn… yī fāngmiàn… (on the one hand … on the other hand …)

用于连接并列的两种相互关联的事物，或一个事物的两个方面：~增加生产，~厉行节约|~要提高产量，~要保证质量|我们~要肯定成绩，另~也要指出缺点|~由于伤病，~还由于心情不好，他没有参加网球赛。

【提示】"一"用在一声字前发生变调，读 yì。

7509 **一概** 丁

yīgài (without exception)

[副]表示适用于全体，没有例外：~正常|~不行|~欢迎|~拒绝|~没有|不论你怎么问，他~都不予理睬|外文期刊~不外借|这里的学校、机关星期天~休息。

【提示】"一"用在四声字前发生变调，读 yí。

7510 **一概而论**(論) 丁

yīgài ér lùn (treat as the same)

用同一标准来对待或处理：不能~|打羽毛球和打网球需要不同的技巧，不可~|这是两种不同的情况，不能~|你有条件考大学，他根本没条件考大学，怎么能~呢？

【提示】①多用于否定。②"一"用在四声字前发生变调，读 yí。

7511 **一干二净**(乾) 丁

yī gān èr jìng (clean out completely)

非常干净；全光了：小时候学的那些英语，早忘得~|桌子上的饭菜他吃得~|这个月的钱早已花得~|家里

的东西已被他卖得～。

【提示】"一"用在一声字前发生变调，读 yì。

7512 **一个劲儿**(個勁兒) 丁

yīgèjìnr (continuously)

[副]表示不停地连续下去：～说|～看|～地往上爬|你怎么～地叨唠，没完没了(liǎo)？|雨～地下|他～地往前跑|孩子～哭|他～喊头疼。

【近义词】一直

【反义词】断断续续

【提示】"一"用在四声字前发生变调，读 yí。

7513 **一共** 甲

yīgòng (altogether)

[副]表示合在一起(计算)：～是五个人|～去了…|～有…|～逃走了…|我们班～有 30 人|这里～是 50 块钱，都给你|他～买了三张票。

【近义词】总共

【反义词】分别

【提示】"一"用在四声字前发生变调，读 yí。

7514 **一贯**(貫) 丁

yīguàn (consistent)

[形](思想、作风、政策等)一向如此，从未改变：～的作风|～的思想|～的政策|～制|～热情|～努力|～认真|这家公司的管理～很严格|他的学习成绩～不错|他对犯了错误的人～不留情面|勤俭节约是他～的作风。

【近义词】一向

【反义词】偶尔

【提示】"一"用在四声字前发生变调，读 yí。

7515 **一哄而散** 丁

yī hōng ér sàn (break up in an uproar)

形容很多人在哄闹声中很快地散去：听说今晚的戏不演了，人们～|他说的都是一些空话、大话，还没待他讲完，大家已～|"放学了——"老师的话音未落，学生们已拿起书包～。

【提示】"一"用在一声字前发生变调，读 yì。

7516 **一会儿**(會兒) 甲

yīhuìr (adv. in a moment; n. a little while)

[副]很短的时间内：咱们～还要开会|他～就走|地上～就积起了三四寸厚的雪|别急，我～就把饭做好。

[名]很短的时间：等～|坐～|～的工夫|歇～|吃～|我想看～电视|再坐～吧|等～开门，我正在穿衣服|他出去～了|"你什么时候到的？""我到了～了。"

【提示】"一"用在四声字前发生变调，读 yí。

7517 **一会儿…一会儿…** 丁

yīhuìr… yīhuìr… (one moment … the next …)

用在两个反义词前，表示两种情况交替：你有什么心思吗？为什么～走过来，～走过去的？|天气～晴，～阴，真没办法！|他～进～出，忙个不停|你～听他的，～听我的，你到底给谁干？|他～唱，～跳，高兴极了。

【提示】"一"用在四声字前发生变调，读 yí。

7518 **一技之长**(長) 丁

yī jì zhī cháng (professional skill)
某一种技术特长:会理发,也算是有～|没有～的人,将来生活会很困难|练兵之外,战士们还学得了～——开车。
【提示】"一"用在四声字前发生变调,读 yí。

7519 **一…就…** *甲

yī…jiù… (as soon as)
❶表示后面的事紧接着前面的事发生:他一来,我们就轻松了|他一晃脑袋,就有了一个主意|一下车,就奔冷饮店|他一出门,房子就倒了。❷〈乙〉表示动作一经发生就达到某种程度,或有某种结果:他一跳就跳过去了|我在北京一住就是 10 年|他一倒下就睡着了。

7520 **一举**(舉) 丁

yījǔ (n. one action; adv. at one stroke)
[名]一种举动;一次行动:成败在此～|仅此～,他就赢得了观众的欢呼|你真是多此～,何必给我买这么多东西!
[副]通过一次行动或一种举动(而获得某种结果):～打破|～击溃|～摧毁|战士们～捣毁了敌人的碉堡|我们～粉碎了敌人的阴谋|本届奥运会,他～打破了两项世界纪录。
【提示】"一"用在三声字前发生变调,读 yì。

7521 **一口气**(氣) 丙

yīkǒuqì (without a break)
[副]不间断地(做某事),直到结束:～说完|～跑到家|他～走了二十多里路|～把这事做完了,心里才踏实|这本书真有意思,我～就看完了。
【反义词】断断续续
【提示】"一"用在三声字前发生变调,读 yì。

7522 **一块儿**(塊兒) 甲

yīkuàir (together)
[副]表示在同一地点或合到一处;一同:～唱|～吃|～玩|～上学|～参军|～到上海去|这两个问题最好～研究|她们两个好像亲姐妹一样,每天～吃,～睡,～学习,～看电影|咱们～去旅行好不好?
【近义词】一起/一同
【反义词】各自/分别
【提示】①"一"用在四声字前发生变调,读 yí。②作名词时表示同一个处所:他们俩总在～。

7523 **一连**(連) 丙

yīlián (continuously)
[副]表示动作继续不断或情况连续发生:～发生两次|～看了五遍|～问了三次|～去了几趟|雨～下了三天|今天,我～收到六封信|这首歌,我非常喜欢,昨天～听了 10 遍,今天已经会唱了。
【近义词】连续
【提示】①"一连"后面要有数量词。②"一"用在二声字前发生变调,读 yì。

7524 **一路平安** 丙

yī lù píng'ān (have a safe trip)
整个行程非常安全,多用于临别送行的祝福:祝你～|上车吧,祝你～|到了广州多来信,祝你～!
【近义词】一路顺风
【提示】"一"用在四声字前发生变调,

读 yí。

7525 **一路顺风**(順風) 丙

yī lù shùn fēng (have a good trip)

旅途非常顺利,多用于临别送行的祝福:祝你们~|这次回家,真是~,路上一点儿也没耽搁。

【近义词】一路平安

【提示】"一"用在四声字前发生变调,读 yí。

7526 **一律** 丁

yīlǜ (same)

[形]一个样子:强求~|~平等|~休息|各地情况不一,不必强求~|各民族~平等|学校规定教师上课~要穿戴整齐。

【提示】"一"用在四声字前发生变调,读 yí。

7527 **一毛不拔** 丁

yī máo bù bá (too stingy to pull out a hair)

比喻非常吝啬、小气:他实在是个~的家伙|你真是~|王三这个人,太吝啬,该出钱的时候他总是~。

【近义词】小气/吝啬/惜金如命/爱财如命

【反义词】慷慨大方/挥金如土/大手大脚

【提示】"一"用在二声字前发生变调,读 yì。

7528 **一面…一面…** 丙

yīmiàn … yīmiàn … (at the same time)

表示两种以上的动作同时进行:他~听,~做笔记|他们~挥舞花环,~高声呼喊|她喜欢~听音乐,~工作。

【近义词】一边…一边…

【提示】"一"用在四声字前发生变调,读 yí。

7529 **一旁** 丙

yīpáng (one side)

[名]旁边:在~|坐~|到~去|他站在~发呆呢|听了这话,我走向~,再也不说话了|你坐~,别说话!|院子的~栽了些树|照片上,我~站着的是我哥哥。

【近义词】一边

【反义词】中心/中间

【提示】"一"用在二声字前发生变调,读 yì。

7530 **一齐**(齊) 乙

yīqí (simultaneously)

[副]表示同时:~抓|~研究|~动手|~出动|~鼓掌|人和行李~到了|大家听我的口令,~拽|人们~站了起来|我们~走进会场。

【近义词】一起/一块儿/一同

【反义词】参差不齐

【提示】"一"用在二声字前发生变调,读 yì。

【构词】聚齐/看齐/取齐/找齐/整齐

7531 **一起** 甲

yīqǐ (together)

[副]一同:~去|~劳动|~参加|~进行|明天你和谁~来?|我们~工作了八年|我把词典和学习材料~带给你。

【近义词】一齐/一块儿/一同

【提示】"一"用在三声字前发生变调,读 yì。

7532 **一切** 甲

yīqiè (adj./pron. all)

[形]全部的：～用途|～知识|～方法|～顺利|～办法我都试了，全不行！|～声响都消失了|祝你～顺利|～工作都立即停止！

[代]泛指全部的事物：这～|这里的～|～归公|失去～|拥有～|你不可能得到～|这～好像梦一样|在这里，由你领导～|他的思想有问题，怎么能怀疑～呢？

【近义词】所有

【反义词】个别

【提示】"一"用在四声字前发生变调，读 yí。

7533 **一身** 丁

yīshēn (all over the body)

[名]❶全身；浑身：～水|～泥|～雪|他带着～汗从操场跑回宿舍|他干了一天活儿，～是土地回来了|他刚从沙漠回来，～风尘。❷一套(衣服)：～衣服|～工作服|她昨天为丈夫买了～西服|他今天穿了～礼服|今天有晚会，你回去换～漂亮点儿的衣服吧。

【提示】"一"用在一声字前发生变调，读 yì。

7534 **一生** 乙

yīshēng (all one's life)

[名]从生到死的全部时间；一辈子：～坦荡|～坎坷|～无悔|伟大的～|勤劳的～|光辉的～|孤独的～|虽然他很有学问，但是～寂寞|人的～到底能干成几件大事？|回想自己的～还是比较知足的。

【近义词】一世/一辈子

【提示】"一"用在一声字前发生变调，读 yì。

7535 **一时**(時) 乙

yīshí (temporary)

[名]一个时期；短时间：～半会儿|此～，彼～|这是～的困难，很快就会过去|他工作积极是～的现象，肯定不会长久|我们相处的时间还会很长，不在乎这～。

【提示】①"一"用在二声字前发生变调，读 yì。②作副词时，有"暂时、一下子"的意思，如：那本书放在哪里了，我～想不起来|听了这话，我～不知该怎样回答他。

7536 **一手** 丁

yīshǒu (skill)

[名]❶指一种技能或本领：他做饭有～|你全教给我不好吗？干嘛还留～？|我这～够你学半年的。❷指要的手段：背后告我状，这～我才不怕呢！|有话就说，别来这～|这～不成又来另～，真卑鄙！

【提示】①"一"用在三声字前发生变调，读 yì。②作副词时指一个人单独地，如：这种结果是他～造成的|此事由我～操办，有什么问题吗？

7537 **一同** 乙

yītóng (together)

[副]表示同时同地做某件事：～出发|～旅行|～上学|～欢度新年|他们～游览了长城|我们～参加了那个宴会|咱们～去游泳吧|我们每天～去上班。

【近义词】一起

【反义词】各自

【提示】"一"用在二声字前发生变调，

读 yì。

7538 **一头**(頭) 丁

yītóu (headlong)

[副]表示动作急;突然:他～钻进河里|踢完球,我回到家～就倒在了床上|那只狮子被激怒了,～向他冲了过去。

【近义词】一下子

【提示】①表示动作急、突然时,多有头部的动作,所以不能说"他一头站了起来"。②"一"用在二声字前发生变调,读 yì。

7539 **一系列** 丙

yīxìliè (a series of)

[形]许许多多有关联的;一连串的:～问题|～变化|～困难|～措施|登山之前,必须要做～准备|要研究这个问题,你还要看～的书|这～难题你都考虑到了吗?

【近义词】一连串

【提示】①只作定语,不能单纯作谓语。②"一"用在四声字前发生变调,读 yí。

7540 **一下** 甲

yīxià (one time)

用在动词后表示动作短暂,只做一次或试着做:拍～|敲～|打～|握～|按～|碰～|拉～|听～|看～|你去打听～他家的地址|他握了～我的手|我敲了～门,没有人来开,又敲了～|我去～就回来|你等～,我还有话要跟你说|你尝～,这菜对不对你的胃口?

【提示】①"一"用在四声字前发生变调,读 yí。②口语中儿化。

7541 **一下** 丙

yīxià (in a short while)

[副]表示某种情况在短时间内突然发生或出现:天～就阴了|这天气,～冷,～热|他的体温～上升到 39 度|票～全卖光了|院子里的桃花～全开了。

【近义词】一下子

【提示】①"一"用在四声字前发生变调,读 yí。②口语中儿化。

7542 **一下子** 乙

yīxiàzi (all of a sudden)

[副]表示时间很短;突然:～傻了|～哭了|～冷,～热|经过他的修理,收音机～又有声音了|听了那个消息,她高兴得～跳起来|他当时～没明白过来,让小偷逃走了|他的帽子～被风刮跑了。

【近义词】一下

【提示】"一"用在四声字前发生变调,读 yí。

7543 **一向** 丙

yīxiàng (all along)

[副]表示从过去到现在行为或者情况没有变化:～认真|～俭朴|～好客|～吃米饭|～不听人劝|他～不爱搭理人|我跟爷爷～住在乡下,住城里不习惯|他的生活～很简朴|他～深居简出|这位女主人～好(hào)客。

【近义词】向来/一贯/一直

【反义词】偶尔

【提示】"一"用在四声字前发生变调,读 yí。

7544 **一些** 甲

yīxiē (some)

[量]表示不定的数量。❶表示数量

少：我手里的钱，只有这～了｜屋子里只有～书，别的什么也没有了｜我们这儿有～人非常不懂礼貌｜早上他的确说了～难听的话。❷表示不止一种或一次：他曾担任过～重要职务｜他每年都在院子里种～花｜他买了～水果。

【提示】①“一”常可省去不说，如“他买了些书”。②“一”用在一声字前发生变调，读 yì。

7545 **一心** 丙

yīxīn (heart and soul)

[形]❶专心；全心全意：～学习｜～为民｜～想成功｜你不能～只想着挣钱｜他现在～想当医生｜你只管～学习，别的事，你别问。❷齐心；同心：大家～｜万众～｜团结～｜全国～｜～向前｜只要我们做到万众～，拼搏奋进，就一定会成功｜只要我们团结～，就没有克服不了的困难。

【近义词】❶专心；❷齐心

【提示】①前面不能用“很”、“非常”等副词修饰。②“一”用在一声字前发生变调，读 yì。

7546 **一行** 丙

yīxíng (a group travelling together)

[名]一群(指同行的人)：～人｜～12人｜他们～｜代表团～30人已于昨晚抵京｜你们～多少人？｜我陪同他们～参观了颐和园。

【近义词】一群

【提示】①“一行”语体较庄重。②“一”用在二声字前发生变调，读 yì。

7547 **一样(樣)** *甲

yīyàng (adj. same; part. as)

[形]同样；没有差别：价格～｜内容～｜～的条件｜～的水平｜～的成绩｜不～｜～看｜～可以｜穿得～｜买得～｜～努力｜～好｜～粗｜男女都～｜他们俩～高｜这个跟那个～难看。

[助]〈乙〉表示相似：像你～｜飞～｜树上开满了雪～白的小花｜老大娘把我们看作自己的亲儿女～｜他说起话来像我姐姐～。

【近义词】❶一般；❷似的

【提示】①“一般”和“一样”词义、功能都有不同：“一般”有普通、平常的意思，“一样”没有；表示“同样”这个意思时，“一样”可作谓语，“一般”不能。②“一”用在四声字前发生变调，读 yí。

7548 **一…也…** 甲

yī … yě … (merely)

表示少量、轻微：看一眼也不行吗？｜想一想也觉心疼｜实在不让探视，让我听一听他说话也行。

7549 **一一** 丙

yīyī (one by one)

[副]一个一个地：～出现｜～介绍｜～回答｜～解释｜他把这几个问题～解答了一遍｜我已经～向他们道了歉｜文件要～送到代表们的手中。

【近义词】逐一/逐个

【提示】多用于书面语。

7550 **一再** 丙

yīzài (time and again)

[副]一次又一次：～申明｜～强调｜～表示｜～要求｜～叮嘱｜我～跟你说不要玩水，你怎么就是不听话！｜他～向她表白爱情，然而总是没有回应｜我～看他，示意他该走了，可是他却装作没看见。

【近义词】屡次/再三

【提示】"一"用在四声字前发生变调，读 yí。

7551 **一阵**(陣) 丙

yīzhèn (a burst; a spell)

[名]动作或情形继续的一段时间：～歌声|～掌声|～狂风|飞了～|说～|屋里传出～笑声|这～你去哪儿了？|跑了～，他又休息了|今天刮了～风，又下了～雨。

【提示】"一"用在四声字前发生变调，读 yí。

【构词】败阵/出阵/敌阵/斗阵/督阵/对阵/观阵/叫阵/临阵/骂阵/怯阵/上阵/压阵/战阵/助阵

7552 **一直** *甲

yīzhí (straight)

[副]❶表示顺着一个方向不变：～走|～往西|～向前|～望过去|从车站～往前走，就到我家了|沿着这条河～走下去，前边有片小树林|从这儿～看过去，可以清清楚楚看见对面山上的那座塔|他～向我冲来。❷〈乙〉表示动作或状态持续不断：～很快|～上升|～在看|～讨论|～不退烧|雨～下个不停|我～在沉思|他～没离开这儿。❸〈乙〉强调所指的范围：会场里，座位上，过道上，～到门口，都挤满了听众|全村从老人～到小孩都非常喜欢我们。

【近义词】❶径直；❷一贯/一向/始终/向来/从来

【反义词】❷偶尔/暂时

【提示】"一"用在一声字前发生变调，读 yì。

7553 **一致** 乙

yīzhì (identical)

[形]没有分歧；相同：意见～|～同意|～通过|～推选|不～|大家～赞成这个建议|双方对此有～的认识|我们早已达成～|做人必须言行～。

【近义词】相同

【反义词】分歧

【提示】"一"用在四声字前发生变调，读 yí。

7554 **壹** 丁 〔部首〕士 〔笔画〕12

yī (one)

[数]数字"一"的大写：～拾|～佰|贰拾～|～元|这张发票上写着叁拾～元肆角整。

7555 **医**(醫) 丁 〔部首〕匚 〔笔画〕7

yī (n. doctor; v. cure)

[名]❶医生：军～|牙～|中～|西～|我认识一位老中～，医道非常高明|他是位有名的西～，专治消化系统的疾病。❷医学：西～|中～|～科|学～|他不喜欢学～|中国有人提倡中西～结合|他是专门研究中～的。

[动]医治：～好|～不好|～不了|我到底没能把他的病～好|头疼～头，脚疼～脚，不是根本办法。

【近义词】[动]治

【提示】"医"字"匚"内不是"天"，而是"矢"。

【构词】医道/医德/医科/医师/医书/医术/医嘱

7556 **医疗**(療) 丙

yīliáo (medical treatment)

[动]用药物、手术等消除疾病：～费|～队|～设备|～机构|～保险|我享受公费～|这些山区～条件很差。

【近义词】治疗

【提示】用于书面语。

【构词】磁疗/电疗/放疗/光疗/化疗/理疗/食疗

7557 **医生** 甲

yīshēng (doctor)

[名]掌握医药知识,以治疗为业的人:一名～|当～|找～|～的话|她从小就想当一名～|这个医院一共有7名～|那位～很负责。

【近义词】大夫

7558 **医务**(務) 丁

yīwù (medical matters)

[名]医疗事务:～部门|～工作|～工作者|～所|～负责人|我是从30年前开始从事～工作的|学校的～室来了一位年轻的医生|他是一位很受欢迎的～工作者。

【提示】一般只能作定语。

7559 **医务室**(務) 乙

yīwùshì (clinic)

[名]附属于某个单位,可进行简单的健康检查和疾病治疗的机构:学校～|建立～|一个～|～负责人|去～|去～看病很方便|单位的～撤销了|～里坐着一个小护士|有了～,同学们看病就方便多了。

7560 **医学**(學) 乙

yīxué (medical science)

[名]以保护和增进人类健康、预防和治疗疾病为研究内容的科学:～研究|钻研～|～博士|～事业|他一开始并不喜欢～|学～很难吗?|他在～方面很有研究|这位老中医在～界很有名望。

7561 **医药**(藥) 丁

yīyào (medicine)

[名]医疗和药品:～费|～常识|～卫生|～公司|我现在已经知道一些起码的～知识了|祖国的～事业需要我们|他在一家～公司工作。

7562 **医院** 甲

yīyuàn (hospital)

[名]治疗和护理病人的机构,也兼做健康检查、疾病预防等工作:一所～|大～|一家～|去～|建～|～里|～很小|这家～正在招聘清洁工|～后边是食堂|他昨天住进了～。

7563 **医治** 丁

yīzhì (heal)

[动]治疗:应该～|及时～|可以～|～疾病|不～|～不好|～无效|～不了|～了半年|～得及时|～了三次|急性病应该赶快～|那时候,得了重病都去县城～|这种药可用于～感冒|由于～及时,他得救了。

【近义词】医疗/治疗

7564 **依** 丁 〔部首〕亻 〔笔画〕8

yī (comply with)

[动]❶依从;听从:～从|～顺|～你|不～|百～百顺|都已经给你道歉了,别这么不～不饶的好不好?|这次就～你吧|～着你,该怎么办?|要～我,就不理他!❷依靠:相～为命|唇齿相～|一对恋人相互～着走过来了|孩子～在妈妈怀里|他～着墙站在那里。

【提示】①作介词时有按照的意思:大家排好队～次入场。②依,姓。

【构词】依傍/依从/依法/依附/依恋/依凭/依顺/依托/依偎/依依/依仗

7565 **依次** 丁

yīcì (in proper order)

[副]按照次序：～入座｜～就诊｜他们排着队～进入餐厅｜大家～检查身体｜他们～走上主席台。

7566 **依旧**(舊) 丙

yījiù (as before)

[形]照旧；和以前一样：风采～｜～不走｜～想去｜青山～，绿水长流｜街市～太平｜三年不见，他～红光满面。

【近义词】仍旧/依然

【提示】不能用程度副词修饰。

7567 **依据**(據) 丙

yījù (v. judging by; n. basis)

[动]根据：～法律｜～条文｜～事实｜～规定｜不～｜这么重大的案件，你能不～法律而～人情办吗？｜他是～文件精神来办的｜～上述意见，我有下列提议。

[名]作为依据的事物：～可靠｜～不足｜作为～｜当做～｜可靠的～｜有力的～｜有～｜提出～｜一条～｜你说这件事是他干的，拿出～来！｜这些言论的～不太可信｜你的调查为我们的规划提供了科学～。

【近义词】[动]依照/根据；[名]凭据

7568 **依靠** 乙

yīkào (v. rely on; n. support)

[动]指望(别的人或事物来达到一定的目的)：～父母｜～朋友｜～政府｜～知识｜～字典｜～知识分子｜～教育｜～勤奋｜～对了｜可以～｜不能～｜继续～｜大胆～｜～的人｜不能老～别人｜他们自力更生，～自己的力量打出了石油｜我～朋友的帮助克服了困难。

[名]可以依靠的人或东西：一个～｜有了～｜失去～｜丈夫死后，她就没有了～｜祖国就是我的～｜母亲把女儿看作自己惟一的～。

【近义词】倚靠/依赖/依附

【反义词】独立/自主

7569 **依赖**(賴) 丁

yīlài (rely on)

[动]依靠别的人或事物而不能自立或自给(jǐ)：～父母｜～救济｜～了30年｜可以～｜～程度｜防止～｜过分～｜千万不要养成凡事～别人的习惯｜他从不～任何人，做什么都是个人奋斗｜我偶尔也会～一下他。

【近义词】依附/依靠

【反义词】自主/独立

7570 **依然** 丙

yīrán (still)

[副]同过去一样，没有什么变化：～如故｜～喜欢｜～难看｜已经睡完一觉了，可我～觉得很困｜10年过去了，小镇～那么安静｜星光～闪烁｜我说了半天，他～不肯去。

【近义词】依旧/照旧/仍然/

7571 **依照** 丁

yīzhào (according to)

[介]以某事物为根据照着进行：对不起，我这是～命令办事｜这个问题只能～现在的政策处理｜他的意见明明是错误的，你们怎么能～他的意见做呢？

【近义词】按照/根据/依/遵照

【反义词】违/违背

【提示】多用于书面语。不能用在单

音节名词前。

7572 **伊斯兰教**(蘭) 丙

〔部首〕亻 〔笔画〕6

Yīsīlánjiào (Islam)

[名]世界上主要宗教之一,公元7世纪初阿拉伯人穆罕默德所创,盛行于亚洲西部和非洲的北部。唐代传入中国。在中国也叫清真教、回教:～清真寺|信奉～|～教徒|古老的～|～的分支|他信～|～传播很广|有些地方,信奉～的人已单独形成了一个民族|这个地方信奉～的人很多|他是一位～教徒。

【提示】伊,姓。

7573 **衣服** 甲 〔部首〕衣 〔笔画〕6

yīfu (clothes)

[名]穿在身上遮蔽身体和御寒的东西:～漂亮|新～|旧～|～做好了|爱惜～|买～|做～|穿～|脱～|洗～|古代的～|～的颜色|一件～|昨天,她又买了两套～|～穿破了,他才会买新的|这是谁的～?|该起床了,快穿上～!|他把湿了的～脱下来,挂在衣架上。

【近义词】衣裳

【提示】衣,姓。

【构词】衣摆/衣兜/衣柜/衣架/衣角/衣襟/衣料/衣领/衣帽间/衣衫/衣食/衣物/衣箱/衣装/衣着/衣冠禽兽/衣锦还(huán)乡/衣食住行

7574 **衣裳** 丁

yīshang (clothes)

[名]衣服:～卖了|裁～|两件～|小王的～|买的～|昂贵的～|～的大小|～的样式|这件～挺适合你的|再哭就不给你买新～了!|这些～的样式都过时了,再买几件新的吧。

【近义词】衣服

【提示】多用于口语中。

7575 **遗产**(遺産) 丙 〔部首〕辶 〔笔画〕12

yíchǎn (heritage)

[名]❶死者留下的财产:～用完|～多|整理～|继承～|接受～|祖父的～|大量～|一份～|一笔～|～的继承|他的父母去世后,给他留下了一大笔～|他们子女三人共同继承了这份～|你不能靠父母的～活着,要自力更生。❷历史上遗留下来的精神财富和物质财富:～宝贵|保存～|接收～|文化～|全部～|一批～|优秀的文化～我们要继承|敦煌壁画是前人给我们留下的宝贵～|要批判地继承文化～。

【构词】遗笔/遗毒/遗风/遗腹子/遗稿/遗孤/遗骨/遗害/遗恨/遗患/遗祸/遗迹/遗老/遗漏/遗民/遗命/遗墨/遗篇/遗弃/遗容/遗书/遗属/遗俗/遗忘/遗物/遗像/遗训/遗言/遗愿/遗赠/遗照/遗志/遗嘱/遗著/遗踪/遗作/遗臭万年/遗世独立

7576 **遗传**(傳) 丁

yíchuán (pass on by heredity)

[动]生物体的构造和生理机能等由上代传给下代:父母～|先辈～|～了两代|～下来|～下去|会～|控制～|影响～|部分～|～的疾病|这种病一定会～|我害怕把我的坏脾气也～下去|天生一副好嗓子,是母亲～给她的|近视眼也～吗?

7577 **遗憾** 丙

yíhàn (regret)

[形]不称心;大可惋惜(在外交文件

中常用来表示不满和抗议):表示~|深表~|感到~|~得很|会~|终身~|深深~|~地走了|~的结局|又没能见到她,太~了!|他因为生病没能去考大学,实在太~了|对此,我国政府感到非常~|很~,对此我无可奉告|对于边界问题的谈判结果,我们深表~。

【近义词】失望/扫兴

【反义词】满意/称心

【构词】抱憾/缺憾

7578 **遗留** 丙

yíliú (leave over)

[动](以前的事物或现象)继续存在留下来:~财产|~痕迹|部分~|~下来|应当~|~的习俗|~的问题|这里已找不到犯罪分子~下来的任何痕迹了|看看还有什么东西~下来没带走|历史~的问题并未解决。

【近义词】留/剩/残留/残存

7579 **遗失** 丁

yíshī (lose)

[动]由于疏忽而丢掉:文件~了|证件~了|支票~了|~钥匙|~钱包|没有~|防止~|免得~|早已~|~不了|~的书|他把你~的东西送回来了|你出差时~的那笔款子已经追回来了。

【近义词】丢失/失掉/散失

【反义词】拾遗/捡到

7580 **遗体**(體) 丁

yítǐ (remains)

[名]❶所尊敬的人的尸体:~的保存|保护~|保存~|存放~|处理~|~火化|我们今天去和孙先生的~告别|他的~是今天早上火化的。❷动植物死后的残余物质:动物的~|看得出来,这是一具非洲象的~。

【近义词】尸体

7581 **遗址** 丁

yízhǐ (ruined site)

[名]毁坏的年代较久的建筑物所在的地方:圆明园~|明代建筑~|~公园|一处~|参观~|修复~|保护~|~所在|文化~|历史~|这里已被列为世界著名文化~|此处~需要注意保护|我们去参观了圆明园~。

7582 **移** *乙 〔部首〕禾 〔笔画〕11

yí (move)

[动]❶移动:~走|不~|转~|迁~|~向西方|~一下|我~了~桌子|他把那棵树~到院子外边去了|未来24小时,台风将继续北~|你要把这盆花~到哪里去? ❷〈丙〉改变;变动:~风易俗|贫贱不能~|坚定不~|潜~默化|做人应当是贫贱不能~|他的信念是坚定不~的|咱们要过一个~风易俗的春节。

【近义词】❶挪;❷改变/变动

【构词】移交/移居/移情/移徙/移栽/移植/移风易俗/移花接木/移山倒海/移天易日

7583 **移动**(動) 乙

yídòng (move)

[动]改变原来的位置:~位置|~迅速|~得快|~了两次|~一下|必须~|开始~|可以~|不停地~|上下~|~的方向|你不能随便~别人的桌子|汽笛响过一声之后,轮船开始~了|家具上蒙着薄薄的一层灰,没有任何~过的痕迹。

【近义词】挪动

7584 **移民** 丁

yímín (immigrant or emigrant)

[名]迁移到外地或外国去落户的人：外国～|中国～|这里的～|～很多|～问题|这个国家～占人口的一半|前天我遇见了两个外国～|在～中存在很多问题。

【提示】作为离合词，"移民"的意思是指迁移居民到外国或外地去落户：清朝时曾从湖广一带向四川移过民。

7585 **仪表**(儀) 丙 〔部首〕亻 〔笔画〕5

yíbiǎo (appearance)

[名]❶人的外表(多指容貌、姿态、风度等，指好的)：～端庄|～堂堂|～不凡|注意～|女人的～|教师的～|～的魅力|此人真是～不凡|一个人的～也能反映出一个人的修养|我就是对他的～很不满意。❷测定速度、温度、压力、电压、电流等的仪器：电子～|监测～|这批新买的～都存在质量问题|谁会修理这种～？|修理～的人来了。

【近义词】❶仪容；❷仪器

【提示】①义项❷的"仪表"的"表"，其繁体字为"錶"。②仪，姓。

【构词】仪容/仪态/仪仗队

7586 **仪器** 乙

yíqì (instrument)

[名]科学技术上用于实验、计量、观测、检验、绘图等的比较精密的器具或装置：精密～|一台～|一种～|新买的～|购买～|～的问题|～坏了|这是一家精密～厂|昨天公司又添了一台电子～|先进的～放在那儿不用，岂不是浪费！

【近义词】仪表

7587 **仪式** 丙

yíshì (ceremony)

[名]举行典礼的形式：会议～|升旗～|欢迎～|结婚～|～隆重|举行～|奇怪的～|一次～|一种～|这种欢迎～不太正规|我校举行了隆重的升旗～|结婚领个证就行了，不要举行什么～，好不好？

7588 **疑惑** 丁 〔部首〕疋 〔笔画〕14

yíhuò (feel uncertain)

[动]心里不明白；不相信：～消除|～别人|～了几天|产生～|消除～|长久～|～的神色|～地问|看到他脸上～的表情，我忍不住想乐|她对这种问题总是～不解|还～什么？快决定吧！

【近义词】怀疑/困惑/猜疑

【反义词】信赖/相信/信任

【提示】"疑惑"和"怀疑"的区别在于，"疑惑"着重表示因不明白而困惑，"怀疑"着重表示因不相信而发生疑问。

【构词】疑案/疑兵/疑点/疑忌/疑惧/疑虑/疑团/疑问句/疑心病/疑义/疑云/疑阵/疑神疑鬼

7589 **疑难**(難) 丁

yínán (knotty)

[形]有疑问而难于判断或处理的：～问题|～病症|～的事|这件事的～程度超出人们的预料|他会治几种～病症|遇到～的地方，我不知找谁|读这本书时我碰到许多～之处。

【提示】不能用"很"等程度副词修饰，只作定语，不能作谓语。

7590 **疑问**(問) 乙

yíwèn (question)

[名]怀疑的问题;不能解释或不能解决的问题:～减少|～很多|引起～|产生～|减少～|消除～|内心的～|～的目光|～的语气|你的这个答案仍然解释不了我心中的～|你还有什么～?|这里存在一个小小的～。

7591 **疑心** 丙

yíxīn (v. doubt; n. suspicion)

[动]不能确定是否真实:我～自己走错路了|我～他是在撒谎|这事千真万确,你还～什么?

[名]怀疑的念头:这事让我起了～|～太重(zhòng)的人往往自己给自己找麻烦|对于我这样的人,你根本用不着犯什么～。

【近义词】[动]怀疑;[名]疑惑

【反义词】[动]确信;[名]信任

7592 **姨** 丙 〔部首〕女 〔笔画〕9

yí (aunt)

[名]❶母亲的姐妹:～妈|～母|她是我～|我大～比母亲大两岁,小姨比母亲小一岁。❷妻子的姐妹:大～子|小～子。

【构词】姨夫/姨妈/姨母

7593 **椅子** 甲 〔部首〕木 〔笔画〕12

yǐzi (chair)

[名]有靠背的坐具,主要由木头、竹子、藤子等制成:一把～|木头～|红漆～|坐在～上|拿把～进来|这把～可算是古董了|你喜欢坐～还是坐沙发?

7594 **倚** 丙 〔部首〕亻 〔笔画〕10

yǐ (lean)

[动]❶靠着(后接具体名词):～着一棵树|～门而望|她的身子斜～在墙上|～窗盼天亮的滋味可真是难受!❷依仗;凭着(后接抽象名词):～势欺人|～仗你的力量,他才顺利地完成了任务|要干大事业,就得～仗群众的智慧和才能。

【近义词】靠/凭/依靠

【构词】倚傍/倚靠/倚赖/倚势/倚恃/倚托/倚偎/倚仗/倚重/倚老卖老/倚马可待

7595 **已** 乙 〔部首〕已 〔笔画〕3

yǐ (already)

[副]表示时间过去或事情的完成:这本书我～看了三天了|他～去世三年了|这事情～无可挽回了|我～决定去上海|他出国～有三年。

【近义词】已经

【反义词】未/尚未

【提示】注意"已"和"己"jǐ、"巳"sì在字形上的细微差别。

【构词】已而/已经/已决/已然/已往/已知数

7596 **已经(經)** 甲

yǐjing (already)

[副]表示事情完成或时间过去:天～亮了|他～走了|我～吃过饭了。

【近义词】已

【反义词】未/尚未

7597 **乙** 丙 〔部首〕乙 〔笔画〕1

yǐ (the second of the ten Heavenly Stems)

[名]天干的第二位(天干依次为甲、乙、丙、丁、戊、己、庚、辛、壬、癸),常用来表示次序:～班|～等|我在～班,他在丙～|我的成绩是～等,下次考

试争取得甲等。

【提示】乙,姓。

7598 **以** *乙 〔部首〕人 〔笔画〕4

yǐ (prep. with; by; conj. in order to)

[介]❶表示凭借,相当于“用”、“拿”:我～老朋友的身份劝你不要这样做|～实际行动响应党的号召|～雷锋为榜样严格要求自己。❷〈丙〉表示方式,相当于“按照”、“根据”:大家～次就座|每户～3口人计,10户共30人|客观规模不～人的意志为转移。❸〈丙〉表示原因:四川～盛产红茶著名|他～580分的好成绩被学校录取|我们祖国～有这样的英雄而自豪。

[连]〈丙〉表示目的,用在两个动词短语中间:我们应该团结朋友～攻击真正的敌人|必须调动一切积极因素,～利实现四个现代化|增产节约～支援国家建设。

【提示】“以”是文言虚词,多用于书面语中。

【构词】以次/以外/以致/以暴易暴/以德报怨/以点带面/以毒攻毒/以讹传讹/以耳代目/以丰补歉/以己度(duó)人/以假乱真/以理服人/以卵投石/以貌取人/以偏概全/以权谋私/以人废言/以身试法/以实论虚/以小见大/以虚带实/以一当十/以逸待劳/以怨报德

7599 **以便** 丙

yǐbiàn (so that)

[连]用在下半句的开头,表示使下文所说的目的容易实现:我们要努力学习科学文化知识,～更好地为国家建设服务|你先把材料准备好,～小组开会研究|我把耳朵贴在墙上,～能听得更清楚一些。

7600 **以后**(後) 甲

yǐhòu (after)

[名]比现在或所说某时更晚的时间:春秋战国～|五四运动～|听了意见～|很久～|不久～|～做事要多想想|这件事留在～处理|从那～,他们学习都很努力|小赵说完～,大家都笑了起来|从此～,我们的感情越来越深厚了。

【近义词】之后

【反义词】以前/之前

【提示】“之后”和“以后”的区别在于:“之后”不能单独用,如:×之后我们再没见过面。

7601 **以及** 乙

yǐjí (as well as)

[连]表示联合关系,连接并列的词或词组:村里买了拖拉机、收割机,～各种小农具|本店经销电视机、收音机、录音机,～各种零件|老陈、小李,～另外两位同志在会上先后作了发言|问题是如何产生的,～最后该如何解决,都需要调查研究|至于分不分组,～如何分组,全由你们自己考虑|鸡、鸭、鱼、肉、蛋,～糖果、糕点等商品应有尽有|钢铁、煤炭、石油,～纺织、造纸等工业部门都有很大发展。

【近义词】和/及

【提示】“以及”、“及”、“和”比较起来,前二者较多书面色彩,“以及”可连接小句,“及”、“和”不能。

7602 **以来**(來) 乙

yǐlái (since)

[助]表示从过去某时直到说话时的一段时间:自古～|有生～|有史～|

解放～|今年年初～|展览会开幕～，每天要接待几万名观众|我们厂自从开展技术革新运动～，新的发明创造越来越多|上大学～，他开朗了许多。

7603 **以免** 丁

yǐmiǎn (so as not to)

[连]表示避免发生某种不希望的情况，多用于后一小句的开头，主语往往承前省略：衣服破了自己学着补一补，～麻烦别人|把水龙头开小一点儿，～浪费|你去后要常打电话来，～我们惦念|你最好提醒他一下，～他忘了|任务完成后要及时和厂里联系，～同事们担心|应该总结一下教训，～再发生类似的事情。

【近义词】免得/省得

【提示】"免得"、"省得"多用于口语，"以免"多用于书面语中。

7604 **以内** 乙

yǐnèi (within)

[名]在一定时间、处所、数量、范围的界限之内：学校～|围墙～|今年～|计划～|一小时～|会场～，座无虚席|他本月～可能来北京|有效射程在三千米～|随身行李限制在20公斤～|写一篇两千字～的通讯|30人～可以用这辆大轿车。

【近义词】之内

【反义词】之外/以外

【构词】分(fèn)内/关内/海内/贼内/惧内/日内/在内

7605 **以前** 甲

yǐqián (before)

[名]比现在或所说某时更早的时间：解放～|天黑～|国庆节～|我来北京～|很久～|～我们并不认识|这个地方跟～大不一样了|你去青岛～，一定到我这里来一趟|不久～，他来过一次上海|她妹妹出嫁～，她还没有大学毕业|在这～，我一直住在学校。

【近义词】之前/前

【反义词】以后/之后

7606 **以上** 乙

yǐshàng (above)

[名]表示次序、数目、位置等高于或前于某一点：60岁～|30人～|半山腰～|雪线～|云层～是万里晴空|18岁～的公民有选举权和被选举权|今年比去年增产50%～|～是我对这个问题的看法|难道我～的话都不对吗？

【近义词】之上

【反义词】以下/之下

【提示】"60分以上"是否包括"60分"，有时不明确。需要精确表达时，往往用"60分及60分以上"、"60分以上(含60分)"等说法。

7607 **以身作则**(则) 丁

yǐ shēn zuò zé (set a good example with one's own conduct)

以自己的行为作出榜样：张老师是个～的人|先要～，然后才有资格教育别人|父母教育孩子，最重要的是～|作为一名领导，如果不～，就很难在群众中树立威信。

7608 **以外** 乙

yǐwài (beyond)

[名]超出一定的时间、处所、范围、数量的界限：10天～|办公室～|除此～|两米～|40岁～|预算～的收入|正文～还有两个附录|山海关～，他从未到过|昨天跟我一起去的，除老王～，还有老张|这件衣服除了稍长一

点儿～，别的都很合适｜除老刘来过～，没人来过。
【近义词】之外

7609 **以往** 丁

yǐwǎng (before)
[名]以前；过去：产品质量比～大有提高｜～他只是个小职员，现在竟当了经理｜这个地方～是一片荒野，现在已成了繁华的都市｜中国农民的生活已经与～大不相同了。
【近义词】以前/往日
【反义词】现在/如今
【提示】"以往"常与"现在"相对，"以前"可以与"现在"相对，也可以与"以后"相对。

7610 **以为**(爲) 甲

yǐwéi (think)
[动]对人或事物作出某种判断：我～水的温度很合适｜我～有人敲门，其实不是｜你～只有你才行吗？｜我满～这次能见到他，谁知又扑了空｜我～自己是对的，结果又错了｜你的态度让别人～你不同意这样办。
【近义词】认为
【提示】"以为"多用于与事实不符的论断。"认为"一般只用于正面的论断。

7611 **以下** 乙

yǐxià (below)
[名]表示位置、数目、次序等低于、后于某一点：膝盖～｜零度～｜10岁～｜省级～单位｜1公尺～儿童可免费乘车｜我就谈这些，～由老陈来谈｜～是古汉语里的例子。
【近义词】之下
【反义词】以上
【提示】"60分以下"是否包括"60分"有时不明确。需要精确表达时，往往用"60分及60分以下"、"60分以下(含60分)"等说法。

7612 **以至** *丙

yǐzhì (up to)
[连]❶表示在时间、范围、数量、程度上的延伸：看一遍不懂就看两遍、三遍，～更多遍｜生产效率提高几倍～十几倍｜做工作不但要考虑到今年，还要考虑到明年，～今后几年｜这个村里连老人、妇女～小孩子都懂得一些防卫手段｜我们所谈的内容很广，自人类社会～天地、宇宙，无所不包。❷〈丁〉用在下半句的开头，表示由于上半句所说的动作、情况的程度很深而产生的结果：他工作起来十分投入，～时常废寝忘食｜沙漠里的风如此之大，～把所有的帐篷都卷到空中｜形势发展得这样快，～很多人感到需要重新学习｜现代科学技术发展很快，～从前神话、童话中的一些幻想故事，都有可能成为现实。
【近义词】以至于/甚至
【提示】"以至"与"以致"音同形不同，意义也有差别，见第7614条"以致"。

7613 **以至于** 丁

yǐzhìyú (up to)
[连]❶直到。一般表示从小到大、从少到多、从浅到深、从低到高等，有时也用于相反的方向。连接的成分不止两项时，用于最后两项之间：一天学不会就学两天、三天～更多的时间｜改革以后生产效率将会提高几倍～几十倍。❷表示由于上文所说的情况而产生的结果：形势发展得这样快，～很多人不知所措。

【近义词】以至

7614 **以致** 丙

yǐzhì (so that)

[连]用在下半句话的开头,表示下文是上述原因引起的结果(多指不好的结果):他伤得很厉害,～连站也站不起来了|这就是他近来老想不通,～非常苦闷的问题|小王平时不努力,～没有能够通过这次考试|他事先没有做充分的准备,～在工作中出了差错。

【近义词】致使

【提示】"以致"基本上同"以至"的第二项用法,但多用于表示不好的或说话人不希望的结果。

7615 **艺术**(藝術) 甲 〔部首〕艹 〔笔画〕4

yìshù (art)

[名]❶用形象来反映现实但比现实具有典型性的社会意识形态,包括文学、绘画、雕塑、建筑、音乐、舞蹈、戏剧、电影、曲艺等:～作品|～角色|～创作|～生活|～源于生活而又高于生活|从事～创作一直是他的最大愿望。❷指富有创造性的方式、方法:领导～|生活的～|演讲～|社交～|懂得演讲～的人,往往能左右听众的感情|领导～很难说清,但你必须掌握。

【构词】艺龄/艺名/艺人/艺术/艺术家/艺术品/艺术性/艺坛

7616 **抑制** 丙 〔部首〕扌 〔笔画〕7

yìzhì (restrain)

[动]压下去;控制:努力地～|尽力～|～不住|我～不住内心的喜悦|那种火一般的激情,任何力量都难以～|你不应该总是～自己的感情|为什么要～自己的感情呢?为什么不敢大胆地表露自己呢?|这种新药对神经兴奋有一定的～作用。

【近义词】遏制/控制/压制

【反义词】放纵

7617 **易** 丙 〔部首〕日 〔笔画〕8

yì (easy)

[形]做起来不费事的;容易(跟"难"相对):简～|轻～|简便～行|轻而～举|得来不～|这件事的难～程度对我正合适|应该找一个简便～行的方法|这件事对一个有经验的工程师来说简直轻而～举。

【近义词】容易

【反义词】难

【提示】易,姓。

【构词】易拉罐/易手/易于/易帜/易如反掌

7618 **亿**(億) 甲 〔部首〕亻 〔笔画〕3

yì (a hundred million)

[数]一万万:中国的人口有12～|人体有几～个神经元。

7619 **亿万**(萬) 丁

yìwàn (hundreds of millions)

[数]泛指极大的数目:世界上有～种动植物|～的小水珠组成了辽阔的大海|人体由～个细胞组成|有些天体的形成需要～年的时间|太阳看起来离我们很近,实际上距离地球有～里之遥。

7620 **亦** 丁 〔部首〕亠 〔笔画〕6

yì (also)

[副]表示同样,相当于"也":～无不可|反之～然|二者并行,不同～不悖

|于此已足,我～不复他求|自古如此,于今～然。

【近义词】也

【提示】①"亦"是文言词,只用在书面语中。②亦,姓。

【构词】亦步亦趋/亦庄亦谐

7621 **意见**(見) *甲 〔部首〕心 〔笔画〕13

yìjiàn (opinion)

[名]❶对事情的一定的看法或想法:交换～|提出～|谈谈～|我的～就是这样|对此你有什么～?|我们来说说各自的～吧|作为领导,应广泛听取群众的～|这件事应该征求大家的～。❷〈乙〉(对人或对事)认为不对、不好因而不满意的想法:对你这种做法,我很有～|群众对此～很大|你应该注意点儿,不要让大家对你产生什么～|有～当面提,不要背后搞小动作|我对此很满意,没有任何～。

【近义词】看法

【构词】意见簿/意见箱/意境/意念/意趣/意味/意兴/意译/意欲/意愿/意蕴/意旨/意中人/意马心猿/意气风发/意气用事/意识形态/意在言外

7622 **意料** 丁

yìliào (expect)

[动]事先对情况、结果等的估计:出乎～|出人～|～之中|～之外|这是～中的事|考试的结果出乎我的～|事情的发展并不像我们～的那样|主观～有时是靠不住的|你有没有～到这样做的严重后果?

【近义词】预料/预计

7623 **意识**(識) 丙

yìshí (n. consciousness; v. be conscious of)

[名]人的头脑对于客观物质世界的反映,是感觉、思维等各种心理过程的总和:他已经没有～了|存在决定～|～反作用于存在|～是人和其他高级动物共有的,但思维却为人类所独有|人的～能否反映存在,以及如何反映存在,这是哲学的根本问题之一。

[动]觉察、注意到或感觉到:我～到自己做错了|你有没有～到这里边的问题?|天还冷,看到树枝发绿才～到春天已经来了|对于公司中的新情况、新问题,他已敏感地～到了|对自身的错误,你为什么始终不～呢?

【近义词】[动]觉察

7624 **意思** *甲

yìsi (meaning)

[名]❶语言文字所蕴含的内容:你知道这个词的～吗?|"节约"就是不浪费的～|谁能说说这篇文章的中心～?❷意见;愿望:我理解大家的～|他的～是咱们明天再去|我想跟你合作,不知道你是不是也有这个～?❸〈乙〉情趣;趣味:这个人真有～|这是一本很有～的书|我感到这部电影拍得很有～。❹〈丙〉指礼品所代表的心意:这是我的一点儿小～,你就收下吧!|东西不多,也算是我的一点儿～。❺〈丙〉某种趋势或苗头:天阴了,好像有下雨的～|春天到了,树芽儿已有了发绿的～|花蕾才长出来两天,就有点儿忍不住要怒放的～。

【近义词】❶意义;❷趣味

7625 **意图**(圖) 丁

yìtú (intention)

[名]希望达到某种目的的打算:主观～|你的～是好的,但方法不对|你原

来的～是什么？|个人的主观～如果不符合客观情况，终究会失败|我只是想帮助他，并没有别的～。

【近义词】意愿/愿望/意向

7626 **意外** 乙

yìwài（adj. unexpected; n. accident）

[形]事先没有想到的，意料之外的：～的收获|～的情况|感到很～|一旦有～的事情发生，你马上通知我|我一进院子，～地发现外婆竟在门口坐着|尽管他作了周密的部署，但各种～的变故还是把他的计划打乱了。

[名]指事先没有想到的事情（多指不幸的事情）：万一发生～，就请你照顾一下我的老母亲|煤炉子一定要装好，以免发生～|我希望不要有什么～发生|如果不发生～，咱们就能按时到达。

7627 **意味着** 丙

yìwèizhe（mean）

[动]含有某种意思或会带来某种结果：科学的发展～着人类的进步|中年人发胖～着衰老|考高分有时并不～你有很高的能力|天晴了，这就～我们明天可以出去玩了|我们注重应用研究决不～可以放松基础理论的研究。

【近义词】标志

7628 **意向** 丁

yìxiàng（intention）

[名]意图；目的：共同的～|～不明|这是我们共同的～|这家银行有对华投资的～|他们这三家公司确有联合起来的～。

【近义词】意图/打算

7629 **意义**（義） 甲

yìyì（meaning）

[名]❶语言文字或其他信号所表示的内容：词的～|句子的～|这个成语的～|车亮红灯的～是要停车|语言形式和～的关系是符号学研究的内容|两个句子尽管形式不同，但～很相近。❷作用或价值：很有～|人生的～|科学技术的～就是发展生产力|这是一部富有教育～的影片|总理的讲话对清除人们思想上的障碍具有很重要的～。

【近义词】意思/价值

7630 **意志** 乙

yìzhì（will）

[名]为了达到既定的目的而很自觉地努力的心理状态：坚强的～|不屈不挠的～|～坚强|这些登山队员都具有钢铁般的～|登山运动不仅可以锻炼身体，而且可以磨炼～|考验你～的时候到了。

7631 **毅力** 丙 〔部首〕殳 〔笔画〕15

yìlì（willpower）

[名]坚强持久的意志：有～|顽强的～|凭着他的～，他征服了世界上的最高峰|现在是最困难的时候，也是考验你们的～的时候|他很有～，所以常常成功。

7632 **毅然** 丁

yìrán（resolutely）

[副]坚决地；毫不犹豫地：～决然|他～离去，始终没有回头|父亲死后，他～挑起了养活一家人的重担|他～赶赴前线，丝毫没有考虑自己的伤还没

完全好｜领导～决定对他委以重任。
【近义词】坚决
【反义词】迟疑

7633 **忆**(憶) 丁 〔部首〕忄 〔笔画〕4

yì (recall)
[动]在大脑中再现经过的事情的活动:～及｜回～｜～昔思今｜追～｜记～｜老年人爱回～往事｜我常常～及童年的趣事｜年轻人有着很好的记～能力。
【近义词】回想
【反义词】忘

7634 **义务**(義務) 丙 〔部首〕丶 〔笔画〕3

yìwù (duty)
[名]公民或法人按法律规定应尽的责任,也指道德上应尽的责任:应尽的～｜履行～｜法定的～｜每个公民都有纳税的～｜子女有赡养父母的～｜～和权力是相伴而生的｜享受权力的同时必须履行一定的～。
【近义词】责任
【反义词】权力
【提示】义,姓。
【构词】义胆/义愤/义和团/义举/义卖/义气/义演/义勇/义不容辞/义无反顾/义形于色/义正词严

7635 **议案**(議) 丁 〔部首〕讠 〔笔画〕5

yì'àn (proposal)
[名]提交会议讨论决定的方案或建议:提交～｜批准～｜通过～｜表决～｜有关财政计划的～已经大会批准｜这项～经过旷日持久的讨论,还是没有通过｜对于下半年的工作计划,他已拟定好了一项～。
【近义词】议题/方案
【构词】议定/议购/议和/议会制/议价/议决/议论文/议题/议席/议院

7636 **议程** 丁

yìchéng (agenda)
[名]会议上对议案讨论的程序:～安排｜这项建议已被纳入会议的～｜这次会议的～由各方代表讨论决定｜总统指出,这次会议的～安排不合理｜东西方最高会议的～有许多显著的相似点。

7637 **议定书**(書) 丁

yìdìngshū (protocol)
[名]国际间关于某一问题达成协议并经签字的记录:交战双方签订了停火～｜总统强调说,～上的条款必须遵照执行｜他代表中国在～上签了字｜这一～从本日起生效。

7638 **议会**(會) 丙

yìhuì (congress)
[名]某些国家的最高权力机关:这个国家的～由参议院、众议院组成｜资本主义国家的～设立对于封建专制是一个历史的进步｜这届～的议员来自不同的党派。

7639 **议论**(論) 乙

yìlùn (comment)
[动]对人或事物的好坏是非等表示意见:热烈地～着｜～一下｜他时时遭人～｜背后～别人的缺点是不好的｜大家对这项决定～纷纷,都觉得难以理解｜到处都有人～着物价飞涨的事。
【近义词】讨论

7640 **议员**(議員) 丁

yìyuán (congressman)

［名］在议会中有正式代表资格，享有表决权的成员：这届议会的～有1/3毕业于名牌大学｜他的理想就是成为一名～｜有许多～，他们的生活实际上十分简朴。

7641 **译员**(譯員) 丁 ［部首］讠 ［笔画］7

yìyuán (interpreter)

［名］从事翻译工作（多指口译）的人：做一名优秀的～并不容易｜你当～有多长时间了？｜在这里～这个工作并不令人羡慕。

【近义词】翻译

【构词】译本/译笔/译稿/译名/译述/译文/译音/译制/译著/译注/译作

7642 **异**(異) 丁 ［部首］巳 ［笔画］6

yì (different)

［形］❶有分别；不同：～口同声｜日新月～｜大同小～｜求同存～｜持～见者请举手｜你们两人的意见大同小～｜我们这里的发展真是日新月～。❷奇怪；特别：～香｜～闻｜～趣｜奇～｜～样的表情｜对这样的事，我深以为～｜这里发生的奇闻～事真多。❸另外的；别的：～族｜～邦｜～国｜～地他乡｜身处～地，十分想念家乡｜这里的～国情趣十分浓。❹分开：离～。

【反义词】同

【构词】异邦/异才/异彩/异地/异端/异国/异化/异己/异类/异趣/异人/异日/异说/异体字/异同/异味/异物/异乡/异心/异样/异议/异域/异族/异军突起/异口同声/异曲同工/异想天开

7643 **异常** 乙

yìcháng (unusual)

［形］不同于平常：～的神色｜～的举动｜你的脸色有点儿～｜你有没有发现什么～的情况？｜这几年的气候真是有点儿～｜你的脉搏有点儿～，应该尽快去看一看。

【近义词】反常

【反义词】正常/平常

7644 **翼** 丁 ［部首］羽 ［笔画］17

yì (wing)

［名］❶鸟类的翅膀：双～｜鸟～是由爬行动物的前肢进化来的｜老鹰的巨～像两片遮天的云彩。❷独立于旁侧的、类似鸟翅的部分：机～｜鼻～｜左～｜右～｜两～阵地上炮火连天｜敌人由右～突击我军阵地。

【近义词】翅

【提示】翼，姓。

7645 **因** 丁 ［部首］口 ［笔画］6

yīn (cause)

［名］造成某种结果或引起另一件事情发生的条件：前～后果｜起～｜事出有～｜凡事有～必有果，有果必有～｜你把这件事的前～后果都讲讲｜任何事物都是～果链条上的一环。

【近义词】原因/缘故

【反义词】果

【构词】因果/因袭/因循/因由/因缘/因材施教/因地制宜/因陋就简/因人成事/因势利导/因小见大/因小失大

7646 **因此** 乙

yīncǐ (therefore)

［连］用来表示结果或结论，经常用于后一小句的开头，前一小句有时用“由于”呼应：我和他一起工作许多年了，～很熟悉他的性格｜由于会前做了充分的准备，～会议开得很成功｜雪融化时吸收热量，气温～下降｜试

验虽然没有成功，但我们并未～丧失信心｜他的话引起一阵哄笑，～室内的气氛显得很活跃｜工作方案确定以后，一定要保证贯彻执行，～必须按期检查。

【近义词】因而

【反义词】由于

7647 **因而** 乙

yīn'ér (thus)

[连]用来表示结果：暗藏的敌人比公开的敌人更难识破，～也更危险｜上学期我比较注意预习和复习，～学习成绩有显著提高｜规律是客观存在的，～无法任意改变｜由于实行了科学的耕作方法，粮食～大大增产。

【近义词】因此

【反义词】由于

7648 **因素** 乙

yīnsù (factor)

[名]❶构成事物的各种元素：水的构成～是氢和氧｜除了这几种外，还有什么相关的～？｜世界上的事物尽管千差万别，但它们的构成～却是相对有限的。❷决定事物成败的原因或条件：造成这种结果的～有许多，你应该总结一下｜虚心是成功的决定性～｜提高产量的关键～在于改进耕作技术。

【近义词】要素/原因

7649 **因为**(爲) 甲

yīnwèi (because)

[连]表示原因或理由：～天气不好，飞机改在明天起飞｜难道～前人没做过，我们就不敢做吗？｜～事情太多，也～身体不好，所以一直没有来看你｜他的伤～治疗及时，所以很快就好了｜这里无法过去，～水流太急｜昨天没去看你，是～我有别的事。

【近义词】由于

【提示】“因为”和“由于”的差别在于：口语中多用“因为”，较少用“由于”；“由于”可以和“因此”、“因而”搭配使用，“因为”不可。

7650 **音** 丙 〔部首〕音 〔笔画〕9

yīn (sound)

[名]❶声音：～律｜～乐｜口～｜杂～｜多好听的～儿｜教室里安静得一点～儿都没有。❷消息：佳～｜～信｜～讯｜他自走之后，一点儿～信也没有｜我保准能成功，你就静候佳～吧！｜分别之后，咱们一定要常常互通～讯。

【近义词】❶声；❷消息

【构词】音标/音波/音叉/音长/音尘/音调/音符/音高/音阶/音节/音量/音律/音频/音容/音色/音速/音位/音位学/音息/音像/音信/音讯/音义/音译/音域/音韵/音韵学/音质/音准

7651 **音响**(響) 丁

yīnxiǎng (sound)

[名]声音(多就声音所产生的效果而言)：～效果｜～设备｜这台录音机的～效果很好｜这间会议厅有很先进的～设备｜这一整套的设备全是为了提高～效果。

【近义词】声音

【构词】打响/凡响/轰响/回响/绝响/鸣响/声响/影响/震响

7652 **音乐**(樂) 甲

yīnyuè (music)

[名]用有组织的乐音来反映现实生活、表达人们思想感情的一种艺术形

式：古典～|现代～|摇滚～|流行～|轻～|欣赏～是人们生活中的一大乐趣|美妙的～会给人留下长久的记忆|贝多芬在～方面造诣极深。

【提示】“乐”又读 lè，见第 3967 条。

【构词】民乐/南乐/配乐/器乐/俗乐/西乐/雅乐/宴乐

7653 **阴**(陰) *甲 〔部首〕阝 〔笔画〕6

yīn (overcast)

[形]❶天空中 8/10 以上被云彩遮住时叫阴；泛指空中云层密布、不见阳光或偶见阳光的(天气)：～天|天～了|～雨连绵|天～得真厉害|天～沉沉的，好像要下雨|天很快地～下来。❷〈乙〉用来形容人在不高兴时的表情：他整天～着脸不说话|他一生气，脸就～下来了。❸〈丙〉隐藏的；不露在外面的；见不到阳光的：～沟|阳奉～违|这个人总是～一套阳一套|我们的房间在～面|山的～面花还没开。❹〈丁〉不光明的；见不得人的：～险|～毒|～狠|～谋|～险的人|～狠的手段|他们的～谋破产了|那个人的心地太～了！

【反义词】阳

【提示】阴，姓。

【构词】阴暗面/阴沉/阴德/阴电/阴毒/阴干/阴沟/阴晦/阴极/阴冷/阴历/阴凉/阴面/阴森/阴湿/阴私/阴文/阴险/阴性/阴阳/阴影/阴雨/阴郁/阴云/阴错阳差/阴阳怪气

7654 **阴暗** 丁

yīn'àn (dark)

[形]❶光线不充足：这间屋子太～了|地下室里潮湿而～，很不舒服|黄昏时候，天色渐渐地～下来。❷用来比喻人的表情不愉快或心理不光明：～的脸色|～的面容|～的心理|我心情～，提不起一点儿精神|他那种人的～心理，别人永远猜测不透|他～的脸色表明事情的进展并不如想像中那样顺利。

【近义词】阴沉/晦暗

【反义词】光明

7655 **阴谋**(謀) 丙

yīnmóu (conspiracy)

[名]暗中做坏事的计谋：有～|识破～|～诡计|～败露|我们识破了敌人的～|由于侦察员的灵敏机智，敌人的～最终破产了|我们终于粉碎了少数人颠覆祖国的～|你们在搞什么～诡计？|这项～的策划者是谁？

【近义词】诡计

7656 **阴天** 丙

yīntiān (cloudy day)

[名]泛指空中阴云密布、不见阳光或偶见阳光的天气：今天是～|又是一个～|～的时候，你最好呆在屋里|不论是～还是晴天，我都能保持心情愉快。

【反义词】晴天

7657 **银**(銀) 乙 〔部首〕钅 〔笔画〕11

yín (silver)

[名]金属元素，符号 Ag。白色，质软，通称银子或白银，可用来作货币、日用器皿或装饰品：一两～子|一锭～子|～币|～杯|这条～项链真漂亮|他买了一套～餐具|这次比赛，他获得了～牌|这是一枚～质奖章。

【提示】银，姓。

【构词】银白/银杯/银币/银耳/银发(fà)/银根/银河/银河系/银狐/银晃晃(hǎnghǎng)/银婚/银匠/银两/银票

/银钱/银杏/银洋/银元/银子

7658 **银行** 甲

yínháng (bank)

[名]经营存款、贷款、汇兑、储蓄等业务的金融机构：一家～|中国～|农业～|工商～|向～贷款|在～储蓄|到～开个账号|战乱期间～纷纷倒闭|这家～刚刚开张|他在～里当出纳。

【提示】“行”又读 xíng，见第 7168 条。

7659 **银幕** 丙

yínmù (screen)

[名]放映电影时，用来显示影像的白色的幕：宽～|～上|～已经挂起来了|～上出现了非洲热带草原的镜头|每个画面都清晰地显示在～上。

7660 **淫秽**(穢) 丁 〔部首〕氵〔笔画〕11

yínhuì (obscene)

[形]与违反道德的性行为有关的：～书刊|～电影|～画报|～歌曲|思想～|非常～|这首曲子比较～|谁也没听说他有过～行为|～色情的东西，在这里没有市场。

【近义词】色情/荒淫/伤风败俗

【反义词】严肃/检点

【构词】淫荡/淫棍/淫画/淫乐(lè)/淫乱/淫靡/淫书/淫威/淫逸/淫雨/淫贼

7661 **饮**(飲) 丁 〔部首〕饣〔笔画〕7

yǐn (drink)

[动]把液体咽下去：～水|～酒|～水思源|满杯的酒他一～而尽|他常常一边～酒，一边作画|这口井里的水，十分甘甜，可以～用。

【近义词】喝

【提示】①“饮”又读 yìn，如：～牲口。②“饮”与“喝”的区别在于，前者是文言词汇，在现代汉语中一般不单用，口语中多用“喝”。

【构词】饮弹/饮恨/饮料/饮泣/饮食/饮用水

7662 **饮料** 丙

yǐnliào (beverage)

[名]经过加工制造的可饮用的液体：软～|烈性～|热～|冷～|～里你喜欢牛奶还是咖啡？|给我来一杯热～|这个商店的～品种很齐全。

7663 **饮食** 丁

yǐnshí (food and drink)

[名]日常的吃喝：～起居|注意～卫生|～文化|你应给自己定出一项～计划|在中国，～有许多讲究|中国人很讲究～|良好的～习惯有益于健康。

7664 **饮水思源** 丁

yǐn shuǐ sī yuán (when drinking water, think of its source－bear in mind where one's happiness comes from)

喝水的时候想到水的来源。比喻人在幸福的时候不忘幸福的来源：～，你有今天的日子，不能忘记是谁供你上的大学|我们要～，不能忘记学校对我们的培养。

7665 **引** 丙 〔部首〕弓〔笔画〕4

yǐn (lead)

[动]❶带领；导向：～导|～路|～港|牵～|～着盲人过马路|是谁把你～到这儿来的？❷惹起；使出现或跟着

发生：用纸～火｜～火烧身｜抛砖～玉｜一句话～得大家都笑起来｜他的文章～起了我的思乡之情。❸用来作证据或理由：～用｜～证｜～文｜～书｜～经据典｜这篇文章～用了许多名言｜文章里的～文都应该注明出处。

【近义词】❶导/领；❷惹

【构词】引爆/引产/引逗/引渡/引发/引港/引航/引号/引火/引荐/引见/引力/引领/引路/引桥/引擎/引申/引述/引水/引头/引退/引文/引线/引信/引言/引证/引种(zhòng)/引子/引而不发/引火烧身/引吭高歌/引经据典/引狼入室/引人入胜

7666 **引导**(導)　丙

yǐndǎo (guide)

[动]带领人走向某一目标：～我们｜被～｜厂长～记者参观了几个主要生产车间｜低年级学生的学习，尤其离不开教师的～｜正确的理论～我们从胜利走向胜利｜邓小平理论～着中国的经济建设｜科学事业需要先进理论的～。

【近义词】领导/指导

7667 **引进**(進)　丙

yǐnjìn (introduce)

[动]从外地引入：～技术｜～设备｜～人才｜～优良品种｜我厂最近从国外～一套先进设备｜～的东西只有经过消化才能变成自己的东西。

【近义词】引入/进口

【反义词】出口

7668 **引起**　乙

yǐnqǐ (cause)

[动]一种事情、现象、活动使另一种事情、现象或活动出现：～注意｜～争论｜他的话～大家一阵哄笑｜他的论文在学术界～了一场革命｜许多疾病是由不好的饮食习惯～的。

【近义词】引来/招致

【反义词】去除

7669 **引人注目**　丁

yǐn rén zhù mù (noticeable)

由于不寻常，引起人们的注意：他的形象特别的～｜经过一番努力，他取得了～的成绩｜生日那天，她打扮得花枝招展，格外～｜女孩子们总喜欢～｜出门前，他刻意修饰一番，为的是能～。

【近义词】突出

【反义词】默默无闻

7670 **引入**　丁

yǐnrù (lead into)

[动]❶带领(某人)进入：～房间｜～教室｜管理员把我们～地下室｜小说的情节把我～一种神秘的境界｜美妙的乐曲能把人～作者构想的境界中。❷由外地引进：～产品｜～设备｜我厂最近～一项新技术｜这套产品由日本～｜这套技术～的成本很高。

【近义词】引进

7671 **引用**　丁

yǐnyòng (quote)

[动]用别人说过的话(包括书面材料)或做过的事作为根据：～古书上的话｜～《圣经》故事｜～了许多典故｜光靠～书面文献是远远不够的｜他为我们留下了许多珍贵的、可资～的材料。

7672 **引诱**(誘)　丁

yǐnyòu (seduce)

［动］引导别人做坏事：受人～｜禁(jīn)得起～｜他受人～干了坏事｜他犯错误确实是受了坏人的～｜金钱、权势往往能～人走向堕落。

【近义词】诱惑

7673 **隐蔽**(隱) 丁 〔部首〕阝 〔笔画〕11

yǐnbì (conceal)

［动］借旁的事物来掩盖，以免被人发现：～在庄稼地里｜把身体～起来｜你可以借这棵大树～一会儿｜游击队员们～在密密的丛林里｜他四下一望，没有发现可供～的东西。

【近义词】隐藏/掩盖

【反义词】暴露

【构词】隐伏/隐含/隐患/隐晦/隐疾/隐居/隐秘/隐匿/隐僻/隐情/隐忍/隐射/隐身草/隐士/隐私/隐痛/隐退/隐逸/隐忧/隐语/隐喻/隐衷/隐恶扬善/隐姓埋名

7674 **隐藏** 丁

yǐncáng (hide)

［动］藏起来不使人发现：～起来｜不能～｜～在树林里｜在山下～起来｜他把秘密深深地～在心底｜你没必要～这件事，说出来对大家都有好处｜他的心机～得很深，让人难以接近。

【近义词】隐蔽/隐瞒

【反义词】暴露/揭示

【提示】“藏”又读 zàng，如“西藏”。

7675 **隐瞒**(瞞) 丁

yǐnmán (conceal)

［动］把真相掩盖起来不让人知道：～错误｜～实情｜大家都知道了，他还想～｜都这时候了，你那些丑行还～得住吗？｜你为什么要～此事？｜这件事你～得再严，也总会有人发现。

7676 **隐约**(約) 丙

yǐnyuē (faint)

［形］看起来或听起来不很清楚；感觉不很明显：远山～可见｜路灯在树枝缝里～地闪着光｜我～觉得今天是他的生日｜歌声隐隐约约地从对面的高楼里传出来｜你要说就说个明白，不要～其词。

7677 **印** 乙 〔部首〕卩 〔笔画〕5

yìn (print)

［动］❶留下痕迹：脚在雪地上～下了一串脚印儿｜桌子上～下了他的掌纹｜他的话深深地～在我的心里。❷特指文字或图画等留在纸上或器物上：排～｜～花布｜这本书是油～的｜铅～的书比油～的好｜他在那张画上～上自己的图章｜他只管～书，不管发行。

【提示】印，姓。

【构词】印把(bà)子/印痕/印花/印花税/印迹/印鉴/印泥/印数/印刷机/印刷品/印刷体/印台/印堂/印信/印行/印油/印章/印张/印证/印制

7678 **印染** 丙

yìnrǎn (dye)

［动］在纺织品上印花和染色：～技术｜～器材｜～厂｜这种布～得很好｜中国古代的～技术已达到相当高的水平。

7679 **印刷** 乙

yìnshuā (print)

［动］把文字图画等做成版，涂上油墨，印在纸上：～品｜～机｜～体｜胶版～｜这本书是哪年～的？｜中国古代的～技术处于当时世界的先进水平｜

这本书已经是第三次～了。

7680 **印象** 乙

yìnxiàng (impression)

[名]客观事物作用于人脑而留下的迹象:深刻的～|模糊的～|我对那件事的～已不太清晰了|他不凡的品格,给我留下了深深的～|我对他的～很好|二十几年过去了,他在我心中的～始终没变。

7681 **英镑**(鎊) 丙 〔部首〕艹 〔笔画〕8

yīngbàng (pound sterling)

[名]英国的货币单位:这本书值几～?|你知道～和人民币的比价是多少?

【提示】英,姓。

【构词】英才/英尺/英寸/英断/英豪/英魂/英杰/英里/英烈/英灵/英名/英亩/英年/英气/英武/英制/英姿

7682 **英俊** 丁

yīngjùn (handsome)

[形]形容男子容貌好看而又有精神:～小生|很～|相貌～|长(zhǎng)得～|这小伙子真够～的!|他在女孩子心中的形象永远是那么～又潇洒。

7683 **英明** 丙

yīngmíng (wise)

[形]形容领袖人物卓越而明智:～的领袖|～的领导|我们的事业能取得今天的成绩,离不开～的领导。

7684 **英雄** 乙

yīngxióng (hero)

[名]❶才能勇武过人的人:～好汉|草莽～|～人物|当～|我们这个时代～人物很多|这本书写的是一位古代～的传奇故事|人们常说时代可以造就～。❷不怕困难,不顾自己,为人民利益英勇斗争,令人钦敬的人:人民～|劳动～|他虽然平凡,却是我心中的～|抗洪抢险斗争中涌现了许许多多的～|这样做还算什么～!

【提示】"英雄"作为形容词指具有英雄品质的:～的军队|～的人民|～事迹。

【构词】称雄/雌雄/奸雄/群雄/争雄

7685 **英勇** 乙

yīngyǒng (heroic)

[形]勇敢而有智谋:～的战士|～杀敌|作战很～|战士们在战场上是那么～|他跟敌人展开了～的拼搏。

【近义词】勇敢/勇猛

7686 **英语/英文**(語) 甲

Yīngyǔ/Yīngwén (English)

[名]印欧语系的一种语言,通行国家主要有英国、美国、加拿大、澳大利亚、新西兰等:学～|说～|教～|会～|～是他的母语|我的第二外语是～|他的～说得相当流利|你知道英国～和美国～有哪些不同吗?|～和汉语有许多不同之处。

7687 **婴儿**(嬰兒) 丙 〔部首〕女 〔笔画〕11

yīng'ér (baby)

[名]不满一岁的小孩儿:这些～|～科|这个～出生还不到三个月|这位妇女产下一名男性～|火车站旁边发现一名被丢弃的～。

【构词】婴孩/婴幼儿

7688 **鹰**(鷹) 丁 〔部首〕鸟 〔笔画〕18

yīng（hawk）
［名］鸟类的一科，上嘴呈钩形，颈短，腿部有长毛，足趾有长而锐利的爪。性凶猛，捕食小兽及其他鸟类：老～｜～爪｜～勾鼻子｜这种老～专爱捕食田鼠｜小鸡被老～叼去了｜一只～在天上飞翔。
【构词】鹰犬/鹰爪

7689 **樱花**（櫻） 丁 〔部首〕木 〔笔画〕15
yīnghuā（oriental cherry）
［名］❶落叶乔木，叶子椭圆形，总状花序或伞房花序，花白色或粉红色，略有芳香，果实球形，黑色。原产日本。供观赏。❷这种植物的花：～烂漫｜绯红的～｜～盛开｜看～｜这里简直是一片～的海洋｜去年我去日本，正赶上～盛开的季节。
【构词】樱草/樱桃

7690 **应**（應） 乙 〔部首〕广 〔笔画〕7
yīng（should）
［助动］表示情理上必须如此：～有尽有｜理～如此｜罪有～得｜不～这样｜你不～同意他的无理要求｜你～尽快去医院治疗｜这件事～火速办理。
【提示】①“应”又读 yìng，见第 7706 条。②应（Yīng），姓。
【构词】应许/应允/应有尽有

7691 **应当**（當） 乙
yīngdāng（should）
［助动］表示情理上必须如此：～高兴｜～回家｜～不去｜～学习｜大家的事情～大家出主意办｜这件事你～认真对待｜这个目标不算太高，经过努力～能够达到｜他3点钟出发的，现在～到了｜这袜子是尼龙的，～比较结实。
【近义词】应该
【反义词】不必

7692 **应该**（該） 甲
yīnggāi（should）
［助动］表示情理上必须如此：～工作｜～早起｜～出发｜～吃饭｜你～认真学习｜遇事～冷静｜要是阿毛还活着，也～有这么大了｜你年轻，～多干点儿。
【近义词】应当/应/必须/须
【反义词】不必
【提示】“应”、“应当”、“应该”意思相近，用法相似，但有以下几点不同：①“应当”、“应该”可以单独回答问题。“应”不行。②“应当”、“应该”可用于书面语和口语。“应”多用于书面语。

7693 **营**（營） 丁 〔部首〕艹 〔笔画〕11
yíng（camp）
［名］❶军队驻扎的地方：～房｜～地｜～火｜～帐｜军～｜安～扎寨｜放哨的战士回～房了｜军～就是我们的家。❷军队的编制单位，隶属于团，下设几个连：～长｜你在那个～？｜这里总共驻了两个～。
【提示】营，姓。
【构词】营地/营房/营救/营垒/营利/营生/营私/营业员/营运/营造

7694 **营养**（養） 乙
yíngyǎng（nutrition）
［名］有机体维持生长发育等生命活动所需要吸取的物质：～元素｜～丰富｜～不良｜～过剩｜～平衡｜水果富于～｜这种食物包含哪些～物质？｜老年人应多补充些～｜看他的样子好像～不良。

7695 **营业**(業) 乙

yíngyè (do business)

[动](商业、服务业、交通运输业等)经营业务:～额|～税|～员|开始～|扩充～|那个商场的～情况怎么样?|工业部门应该向国家交纳～税|我们商店的～额很高|你们商店几点开始～?|这个饭店已经停止～。

〔部首〕虫
〔笔画〕14

7696 **蝇子**(蠅) 丁

yíngzi (fly)

[名]一种传播疾病的昆虫,又名苍蝇:～拍|消灭～|～飞|夏天蚊子～叮咬真让人受不了|～繁殖的速度很快|这人简直像～一样讨厌。

〔部首〕辶
〔笔画〕7

7697 **迎** *丙

yíng (greet)

[动]❶迎接:欢～|～新年|～新生|辞旧～新|～宾|～过来|我们～来了又一个春天|～新生的工作由我来负责|他看到我,立即～上前来。❷〈丁〉对着;冲(chòng)着:～风|～面|～头|～击|～着阳光走|～面走来一个人|他～头给了我一棍子|我们已做好～击敌人的准备。

【构词】迎春/迎风/迎合/迎候/迎击/迎亲/迎娶/迎头/迎新/迎战/迎刃而解/迎头赶上

7698 **迎接** 乙

yíngjiē (meet)

[动]在思想上或行动上做好准备,等待某种人或事物的到来:～战斗任务|～客人|～贵宾|我们已准备好～一切困难|明天我到车站～外国访问团|我们正在认真准备,～国庆的到来。

7699 **迎面** 丁

yíng miàn (in one's face)

冲着脸:～走上去打个招呼|西北风正～刮着。

【提示】离合词,中间可插入其他成分,如:迎着面刮来一阵西北风。

〔部首〕亠
〔笔画〕17

7700 **赢**(贏) 甲

yíng (win)

[动]获胜:～了|没～|～过|～他|～钱|～球|打球打～了|赌博赌～了|输～对我来说并不重要|这盘棋他一定～|这场比赛甲队～了。

【近义词】胜

【反义词】输/败

7701 **赢得** 丁

yíngdé (gain)

[动]博取;取得:～好评|～喝(hè)彩|～胜利|我终于～了那个女孩儿的心|他们因勇敢～了胜利|他们的产品～了好评。

【近义词】取得/获得

【反义词】丢失/失去/失掉

〔部首〕皿
〔笔画〕9

7702 **盈利** 丁

yínglì (v. make a profit; n. profit)

[动]获得利润:经营商业可以～|你们单位今年～多少?|这个企业连续几年非但～,反而亏损,即将倒闭。

[名]经营工商业等所赚的钱,也叫"利润":～很高|～单位|没有～|辛辛苦苦干了一年,可是没有多少～|开旅馆能有多高的～?|你厂今年的～是多少?

【近义词】[名]利润

【反义词】[动]亏损

【提示】"盈利"也可写作"赢利"。
【构词】盈亏/盈余

7703 **影片** 丙 〔部首〕彡 〔笔画〕15

yǐngpiàn (film)
[名]放映的电影:儿童~|故事~|科幻~|美国~|获奖~|你喜欢看哪类~?|这类~很受欢迎|今晚放映什么~?
【近义词】电影
【构词】影壁/影集/影迷/影评/影射/影视/影坛/影星/影业/影院/影展/影影绰绰

7704 **影响**(響) 甲

yǐngxiǎng (v./n. influence)
[动]对别人的思想或行为起作用:~工作|~别人|受~|~不了|父母应该用自己的行为~孩子|不要让坏情绪~了你的工作|他身体不好,这大大~了他的学习|这位伟大的艺术家的出现,~了整个艺术史。
[名]对人或事物所起的作用:好的~|坏的~|产生深远的~|受了老师的~|这位先生在社会上的~很好|这件事在人们心理上产生的~远远没有消失。

7705 **影子** *乙

yǐngzi (shadow)
[名]❶物体挡住光线后,映在地上或其他物体上的形象;也指物体在镜中、水面上等反映出来的形象:人~|有~|树~|飞鸟的~|路灯下,他的~很长|她欣赏着湖面中自己美丽的~|你别老像~一样地跟着我。❷〈丙〉模糊的形象:那件事在我的心中只有一点点~|我连他的~也记不得了。

7706 **应**(應) 丙 〔部首〕广 〔笔画〕7

yìng (answer)
[动]❶回答;反应;答复:答~|呼~|~对|妈妈叫你呢,怎么不~一声?|他懒洋洋地~了一句。❷满足要求:有求必~|~邀|~约|他对别人一向是有求必~|他~我们的邀请,出席了今天的会议|你没有时间就别~人家。
【提示】"应"又读 yīng,见第 7690 条。

7707 **应酬** 丙

yìngchou (engage in social activities)
[动](礼节上的)交际往来:~话|不善~|这只是虚伪的~罢了|要学会~别人也不很容易|今天客人很多,需要你去帮忙~一下。
【近义词】交际

7708 **应付** *丙

yìngfù (deal with)
[动]❶对人对事采取办法或措施:~局面|~事变|难于~|这件事很好~|他很善于~复杂的情况。❷〈丁〉将就;凑合;不认真对待:~事|这样的事~过去就算了|作业要认真做,不要~|对这件事你不该抱这种~的态度|这种事你~一下就过去了|考试终于~过去了。
【近义词】❷敷衍

7709 **应邀** 丙

yìngyāo (at sb's invitation)
[动]接受邀请:~参观|~出席|~前往|~访问|他~去其他高校参观访问|总理~前来我国访问|他~出席

了这次会议。

7710 **应用** 乙

yìngyòng (apply)

[动]在实际的生产或生活中推广使用：～文｜～科学｜～技术｜这种方法～得最为普遍｜～新技术可以提高产量｜科研成果最终要～在生产中。

【近义词】使用

7711 **硬** *乙 〔部首〕石 〔笔画〕12

yìng (hard)

[形]❶物体内部组织紧密，受外力后不易改变形状：坚～｜很～｜～极了｜～～的｜～度｜金刚石的～度很大｜他牙口好，什么～东西都咬得下。❷〈丙〉(性格)刚强；(意志)坚定：～汉子｜强～｜说话很～｜他开始时，态度很～，后来才缓和了点儿｜你的事大家都知道了，你还嘴～！｜在处理这类事情上，他的手段一向很～。

【反义词】软

【构词】硬邦邦/硬币/硬度/硬功/硬骨头/硬汉/硬化/硬结/硬朗/硬盘/硬碰硬/硬任务/硬实/硬手/硬挺/硬通货/硬卧/硬武器/硬席/硬性/硬仗/硬指标

7712 **硬** 丙

yìng (manage to do with difficulty)

[副]勉强；不肯改变主意或做法：～撑｜不让他去，他～要去｜昨晚他～是熬到12点｜挺不下去不要～挺，早点儿去医院吧。

7713 **硬件** 丁

yìngjiàn (hardware)

[名]计算机系统的组成部分，是构成计算机的各个元件、部件和装置的统称，也借指其他有形的机械设备、物质材料等：计算机～｜～设备｜这台计算机的毛病出在～上｜我校的管理实际上是～方面的问题。

【反义词】软件

7714 **映** 丁 〔部首〕日 〔笔画〕9

yìng (reflect)

[动]因光线照射而显出物体的形象：～照｜～射｜放～｜垂柳倒～在水中｜雪地上～着我淡淡的身影｜湖面上～出她美丽的面孔。

【构词】映衬/映山红/映射/映现/映照

7715 **哟**(喲) 丙 〔部首〕口 〔笔画〕9

yo (interj. *to indicate demand*)

[助]表示祈使：大家可得多努力～！｜我的主任～，您可不能这么干！｜你可得早点儿来～！

7716 **拥抱**(擁) 乙 〔部首〕扌 〔笔画〕8

yōngbào (embrace)

[动]为表示亲爱而相抱：～在一起｜热烈地～｜母亲紧紧地～着她的孩子｜我真想～可爱的春天｜他们刚一见面就热烈地～在一起。

【构词】拥簇/拥戴/拥塞(sè)/拥军优属/拥政爱民

合抱/怀抱/环抱/搂抱

7717 **拥护**(護) 乙

yōnghù (uphold)

[动]对领袖、党派、政策、法令等表示赞成并全力支持：～共产党｜～宪法｜坚决～党的领导｜这项措施得到了大家的～｜他表示～领导的决定。

【近义词】赞同
【反义词】反对

7718 **拥挤**(擠) 丙

yōngjǐ (crowd)

[动]地方相对小而人或车船等相对地多:～在一起|～得很|请按顺序上车,不要～|请往里面走,不要在车门口～|售票口的人～成一团。

7719 **拥有** 丁

yōngyǒu (possess)

[动]领有;具有(大量的土地、人口、财产等):国家～|个人～|～财富|我国～巨大的水电资源|柴达木盆地～丰富的石油矿藏|中国～占世界1/4的人口|他虽然～大笔的财产,生活却很简朴。

【近义词】具有

7720 **庸俗** 丁 〔部首〕广 〔笔画〕11

yōngsú (vulgar)

[形]平庸鄙俗;不高尚:～作风|～趣味|那个人很～|那种电影完全是为了迎合某些观众的～趣味|你怎么会喜欢看这种低级～的书?

【近义词】俗气/低级
【反义词】崇高/高尚
【构词】庸才/庸夫/庸碌/庸医/庸人自扰

7721 **踊跃**(踴躍) 丙 〔部首〕足 〔笔画〕14

yǒngyuè (eager)

[形]情绪热烈,行动积极:～参加|～报名|～发言|座谈会上大家～发言|战争时期,大家都～参军|明天的演讲比赛希望大家～参加。

【近义词】积极

7722 **涌**(湧) 丙 〔部首〕氵 〔笔画〕10

yǒng (gush)

[动]❶水或云气冒出:～出来|～过来|～流|泪水从眼眶里～出来|泉水从地下～出来|石油从井底不断地～出|天上风起云～|人群像潮水一样～过来。❷从水或云气中冒出:天空～出一轮明月|天边～出一片鲜艳的晚霞|大海上～起雪一样的浪花|脸上～起了笑容。

7723 **涌现**(現) 丁

yǒngxiàn (emerge)

[动]人或事物在较短时间内大量出现:～出|～了|正在～|不断～|我校最近～出一大批好人好事|政策放开后,农村～出一大批乡镇企业|80年代文坛上～出许多优秀作品|在改革年代里又～出一大群英雄模范。

7724 **永垂不朽** 丁 〔部首〕水 〔笔画〕5

yǒng chuí bù xiǔ (be immortal)

(姓名、事迹、精神等)永远流传,不会消失:人民英雄～!|这是一部～的杰作|他虽然牺牲了,但他的英名将～。

【构词】永别/永恒/永诀/永眠/永生/永世/永逝/永志不忘

7725 **永久** 丁

yǒngjiǔ (permanent)

[形]表示时间很长,没有终止:～的纪念|～的回忆|我们将～地怀念他|那件事虽然过去了,它却给了我～的回味|你对我的友谊,我将～地记在心中。

7726 **永远**(遠) 甲

yǒngyuǎn (forever)

[副]表示在时间上没有终止:祝你们~快乐|我会~记得你们|他对我们的友谊,我们~不会忘记|书~是我最好的朋友。

7727 **勇敢** 乙 〔部首〕力 〔笔画〕9

yǒnggǎn (brave)

[形]有胆量;不怕危险和困难:~机智|~地战斗|~的战士|作战很~|他在战场上表现得很~|战士们个个~而坚强|那是一个勤劳而~的民族。

【近义词】英勇

【反义词】胆怯

【提示】勇,姓。

【构词】勇决/勇力/勇猛/勇武/勇往直前

不敢/胆敢/果敢/岂敢

7728 **勇气(氣)** 乙

yǒngqì (courage)

[名]敢做敢为毫不畏惧的气魄:鼓起~|丧失~|你有没有~这么干?|干事业是需要一番~的|没有足够的~,别想闯过这一关。

7729 **勇士** 丁

yǒngshì (warrior)

[名]有力气有胆量的人:一位~|他是~|这几名战士个个是~|~们争相冲上前去和敌人搏斗|只有不怕困难的人才是真正的~。

7730 **勇于** 丁

yǒngyú (have the courage to)

[动]在困难面前不退缩:~负责|~承认错误|~承担责任|~开拓进取|在这种情况下,你要~站出来为自己辩护|他~向一切困难挑战|老师教育我们要~攀登科学的高峰。

7731 **用** *甲 〔部首〕用 〔笔画〕5

yòng (use)

[动]❶使用:~力|公~|~笔写字|我想~一下你的自行车|这只笔能不能~?|这把刀我已经~了19年了|这些毛巾都是别人~过的。❷花费(时间、金钱等):我写这篇文章只~了半个月|我~一个月的工资买了这套书|他~一生的心血写了这部著作|这项任务~掉了大部分的工作时间。❸〈乙〉需要:~得着|~不着|不~|天亮了,不~开灯了|你不~这么担心|你~得着我来帮忙吗?|这种事哪~你来乱发议论!

【构词】用兵/用场/用度/用工夫/用劲儿/用武/用项/用语

7732 **用不着** 乙

yòng bu zháo (not need)

没有必要;不需要:这事~你管|你~发愁,我会解决的|我们就住两天,~带这么多东西|天气已经很暖和了,~再穿这么厚的衣服了|~他的时候谁也不会想起他。

【反义词】用得着

7733 **用处(處)** 乙

yòngchu (use)

[名]使用的方面或范围:很有~|~很大|没有~|~不小|你抄这些东西有什么~?|花生的~很多|这东西看着好,其实没什么~|你知道这种电脑软件有什么~吗?

7734 **用法** 丁

yòngfǎ (usage)

［名］使用的方法：掌握～｜～说明｜词典的～｜计算机的～｜这种电脑的～很容易掌握｜这种工具有许多～｜这是电烤箱的～说明，请收好。

7735 **用功** 乙

yòng gōng (diligent)

勤奋、努力(多指学习)：非常～｜～的学生｜他学习很～｜他在图书馆里～呢｜你要是不肯～，考试会不及格的！｜这个班里的学生都很～，成绩当然不错。

【提示】离合词，中间可插入其他成分，如：用了半天的功｜用了很大的功。

7736 **用户** 丁

yònghù (user)

［名］指某些设备、商品的使用者或消费者：～报告｜～反映｜～的意见｜～满意｜这个区的水电设备有多少～？｜～对生产厂家有许多意见｜我们一定要让～满意｜这种产品～的反映怎么样？｜我们应及时听取～的意见，这样才有可能改进产品质量｜供电管理局最近对～提了许多要求。

7737 **用具** 丁

yòngjù (utensil)

［名］日常生产、生活中使用的器具：厨房～｜学习～｜～齐全｜一套～｜这套～质量很好｜钓鱼的～都准备好了吗？｜这套饮茶的～得配合起来使用。

7738 **用力** 乙

yòng lì (exert oneself)

花费很大的力气或精力：～喊叫｜～向上跳｜大家齐～，就能把事情办好｜这件事我确实～了，可效果并不太好｜他～一推，门就打开了｜我很想把任务按时完成，但就是不知道该往哪儿～｜你～用得不是地方，当然不会有好结果。

【提示】离合词，中间可插入其他成分，如：用了很大的力｜用过力｜用了力。

7739 **用品** 丙

yòngpǐn (articles for use)

［名］应用的物品：生活～｜办公～｜保健～｜体育～｜洗涤～｜化妆～｜这个商店的体育～很齐全｜我们单位最近买进一批办公～｜这家工厂生产的化妆～很受欢迎。

7740 **用人** 丁

yòngrén (servant)

［名］仆人：女～｜当～｜雇～｜请～｜过去他家有三个女～｜她曾在别人家里当过～｜你应该雇个～帮你干活儿。

7741 **用途** 丙

yòngtú (use)

［名］用处：～很多｜产品的～｜写明～｜说明～｜木材有很多～｜你知道橡胶的～吗？｜这套设备有多种～。

【近义词】用处

【提示】“用途”与“用处”的区别在于，前者属于科技语体，后者用于一般文体和口语中。

7742 **用心** 丙

yòng xīn (attentively)

在某方面集中注意或花费精力：～做作业｜～学习｜～研究｜在这个问题

上,我确实～了|我看你一点儿都不～,怎么能不出错儿呢!|不管什么事情,只要～去做,总会有收获的|我看你在玩的时候倒挺～的!

【提示】离合词,中间可插入其他成分,如:你还是用点儿心吧!

7743 **用意** 丁

yòngyì (intention)

[名]想要达到的真实目的:你这么做到底有什么～?|我的～不过是想劝劝他|我想了半天,也没想清楚他的～|其实他的～很明白,就是不想再跟你合作。

7744 **幽静** 丁 〔部首〕幺 〔笔画〕9

yōujìng (peaceful and secluded)

[形]深远、幽雅而安静:～的庭院|～的环境|～古庙|夜色很～|今天公园里人很少,显得很～|我喜欢独处(chǔ),尤其喜欢～的地方|山林在月光的笼罩下显得那么～。

【近义词】安静/幽雅

【反义词】喧闹

【提示】幽,姓。

【构词】幽暗/幽谷/幽会/幽寂/幽禁/幽灵/幽美/幽期/幽情/幽囚/幽趣/幽深/幽思/幽微/幽闲/幽香/幽雅/幽咽(yè)/幽怨

7745 **幽默** 丁

yōumò (humorous)

[形]有趣;令人发笑而且意味深长的:～艺术|～故事|～感|他是个很富～感的人|～文学很受读者欢迎|他的创作有一种～风格。

7746 **优**(優) 丁 〔部首〕亻 〔笔画〕6

yōu (excellent)

[形]优秀;好的;令人满意的:质～价廉|择～录取|品学兼～|这种产品去年被评为省～|他是我们班的～等生|很难评价这两篇文章的～劣。

【近义词】优秀

【反义词】劣/差(chà)

【构词】优待/优等/优抚/优厚/优价/优礼/优伶/优柔/优选/优雅/优裕/优越感/优柔寡断

7747 **优点**(點) 乙

yōudiǎn (merit)

[名]好处;长处(跟"缺点"相对):有～|没～|～多|提出～|他有许多～|勇于负责一向是他的～|这样做有好多～|我看不出使用这种办法有什么～|你不能光看到自己的～,而看不到自己的缺点|我们应该发扬～,少犯错误。

【近义词】长处

【反义词】缺点/短处

7748 **优惠** 丁

yōuhuì (preferential)

[形](在工资、福利、价格等方面)给予特殊的照顾:～价|～条件|～贷款|节日期间这个商店的许多商品都按～价出售|教师可以享受一些～条件|春节期间各大商场都进行了～展销。

7749 **优良** 乙

yōuliáng (good)

[形](品种、质量、成绩、作风等)很好:～品种|～品质|～传统|～作风|成绩～|他在大学期间,各门课程的成绩都是～|郭师傅为培育棉花的～品

种花费了多少心血呀！|王教授行为端正，他那认真治学的～作风，在学生中有很好的影响。

【提示】“优良”和“优秀”都表示“好”，但在程度上“优秀”比“优良”更高。

7750 **优美** 乙

yōuměi (graceful)

[形]好看的；使人产生美感的：风景～|姿态～|～的民间艺术|～的动作|～的散文|～的诗歌|这里的风景简直像一幅～的图画|她～的舞蹈引来观众的阵阵喝彩|10 年来，文坛上涌现出无数～的散文作品|她～的姿态真是迷人。

【近义词】美好/优雅

【反义词】丑陋/难看

7751 **优胜**(勝) 丙

yōushèng (winning)

[形]成绩优秀，胜过别人：～者|～红旗|谁是这次比赛的～者？|他获得了～奖牌|在劳动竞争中，他们班得到了～红旗。

7752 **优势**(勢) 丙

yōushì (superiority)

[名]能压倒对方的有利形势：～地位|占据～|集中～兵力|处于～|这场比赛，上半场主队占～|虽然你暂时处于～，但不能低估对方的力量|我们的战略就是集中～兵力，各个击破敌人。

【反义词】劣势

7753 **优先** 丁

yōuxiān (prior)

[形]在待遇上处于较先的地位：女士～|军人～|～权|～录取|～考虑|本专业招生要～考虑外语成绩好的人|军人家属可～得到补助|在这个问题上，所有的人一律平等，谁也没有～权。

7754 **优秀** 乙

yōuxiù (excellent)

[形](品行、学问、成绩等)非常好：～作品|～论文|成绩～|～的歌唱演员|～的教师|～的战士|去年她被评为～教师|考试成绩～的同学有希望被录取|他是一位～的外科医生。

【近义词】优良

【反义词】恶劣

【构词】闺秀/俊秀/灵秀/内秀/清秀/新秀

7755 **优异**(異) 丁

yōuyì (outstanding)

[形]特别好：成绩～|作出～的贡献|由于她平时刻苦训练，所以在比赛中取得了～的成绩|他对我国地质科学的发展作出了～的贡献。

【提示】“优良”、“优秀”、“优异”都含有“很好”的意思，但“优秀”较“优良”程度要高，而“优异”最深；此外，“优秀”可以指人或物，而“优良”只能指物，不能指人，“优异”的使用范围最窄，只能和“成绩”、“贡献”等少数几个词搭配。

7756 **优越** 丙

yōuyuè (superior)

[形](环境、条件等)特别好：～的条件|～感|～的地位|～性|无比～|他的生活条件很～|她有～感|这个地区的地理位置十分～。

7757 **优质**(質) 丁

yōuzhì (high quality)

[名]优良的质量：～产品｜～的鞋｜～服务｜我买到了～的茶叶｜这是东北产的～大米。

7758 **悠久** 乙 〔部首〕心 〔笔画〕11

yōujiǔ (long)

[形]年代久远：历史～｜～的历史｜～的文化传统｜光荣的历史，～的文化｜我爱历史～的中国｜我要努力学习中国历史～的文化。

【近义词】长久

【反义词】短暂

【构词】悠长/悠荡/悠忽/悠然/悠闲/悠扬/悠悠/悠游/悠远/悠悠荡荡/悠悠忽忽

7759 **忧虑**(憂慮) 丁 〔部首〕忄 〔笔画〕7

yōulǜ (worry)

[动]忧愁担心：～个人的前途｜～国家的命运｜我陷入深深的～之中｜我真～毕业以后能不能找到合适的工作｜我很～以后的路该怎么个走法｜我对今后的前途感到～。

【构词】忧愁/忧烦/忧愤/忧患/忧急/忧惧/忧闷/忧戚/忧容/忧色/忧伤/忧思/忧心如焚

7760 **忧郁**(鬱) 丁

yōuyù (melancholy)

[形]忧愁郁闷：～的面容｜心情～｜她性情～，整天不说几句话｜她～的面容告诉了我她心中的苦闷｜他性格～，不大合群。

【近义词】忧愁/抑郁/忧闷/忧戚

【反义词】高兴/愉快

【构词】沉郁/积郁/浓郁/抑郁/阴郁/郁郁

7761 **尤其** 甲 〔部首〕尢 〔笔画〕4

yóuqí (especially)

[副]表示更进一步：我喜欢绘画，～喜欢国画｜对于他的吵闹，我～不能容忍｜我爱吃水果，～是苹果。

【提示】尤，姓。

7762 **由** 乙 〔部首〕田 〔笔画〕5

yóu (by)

[介]❶(某事)归(某人去做)：我～舅舅抚养长大｜厂长～你担任｜～他给你介绍情况｜这件事～我负责。❷表示凭借：～此可知｜代表团～五人组成｜他的性格是～他的家庭决定的。❸表示起点，从：我～学校出发｜～早上8点到下午8点，他一直在工作｜～小路走更近。

【提示】由，姓。

【构词】由不得/由来/由头/由衷/由表及里/由此及彼

7763 **由此可见** 丁

yóu cǐ kě jiàn (thus it can be seen)

从这可以看出：她满面愁容，～她考试结果并不理想｜他没有来，～他对这事并不热心｜他去世后，人们为他举行了隆重的葬仪，～他在人们心目中的地位。

7764 **由于** 乙

yóuyú (owing to)

[介]表示原因或理由：～大家的努力，任务终于按时完成了｜～坡度太大，车子很快下滑｜～她的离去，我的

心情十分沉重。

7765 **邮包**(郵) 丙 〔部首〕阝〔笔画〕7

yóubāo (postal parcel)

[名]邮寄的包裹:绿色的～|大大的～|收到～|取～|我收到一个红色的～|把～拆开来一看,里面是一件衣服|～很小,却很沉|他去邮局给朋友寄了个～。

【构词】邮差(chāi)/邮车/邮船/邮戳/邮递/邮递员/邮电局/邮费/邮汇/邮件/邮轮/邮售/邮亭/邮筒/邮箱/邮政编码

7766 **邮电**(電) 丁

yóudiàn (post and telecommunications)

[名]邮政电信的合称:～局|～所|～部门|～事业|～职工|我考取了北京～大学|中国的～事业飞速发展|我在～局工作。

7767 **邮购**(購) 丁

yóugòu (mail-order)

[动]通过邮递购买:～部|～书籍|～单|～服务|～物品要付给足够的邮资|～的图书到了|这样的衣服可以～。

7768 **邮寄** 丁

yóujì (send by post)

[动]通过邮局寄递:～信件|～包裹|我去办理～手续|～信件要贴足邮票|把新年贺卡～给她。

7769 **邮局** 甲

yóujú (post office)

[名]办理邮政业务的机构:一家～|去～|在～|～设在大路边|往东100米是～|我去～取汇款|这是～送来的汇款单|他到～去买邮票了。

7770 **邮票** 甲

yóupiào (stamp)

[名]贴在邮件上的邮资凭证:买～|贴～|纪念～|普通～|我去邮局买～|我买了三张～|我想买一张五毛的～|别把～弄脏了|这枚～是纪念～。

7771 **邮政** 丁

yóuzhèng (postal service)

[名]邮递业务的统称:～局|～部门|～单位|～事业|～职工|～局在我家附近|～局是办理～业务的|我国的～事业发展很快|～职工团结一致搞好服务。

7772 **铀**(鈾) 丁 〔部首〕钅〔笔画〕10

yóu (uranium)

[名]金属元素,符号U。银白色,有放射性,主要用于原子能工业,做核燃料:～是制造原子弹的放射性物质|～的放射性对人体有害|这个国家的～的储量比较丰富。

7773 **犹如**(猶) 丁 〔部首〕犭〔笔画〕7

yóurú (just as)

[动]如同;好似:灯火辉煌,～白昼|他对待这孩子,～自己亲生的儿子|大森林～一道绿色的屏障|千里麦田～绿色的海洋。

7774 **犹豫** 丙

yóuyù (hesitant)

[形]形容拿不定主意的样子:～不定|～不决|犹犹豫豫|他最近做事～,

行动迟缓｜他那～的样子，真让人着急｜有人办事总是犹犹豫豫｜快走吧，别～了！

【近义词】踌躇

【反义词】果断/果决

7775 **油** 乙　〔部首〕氵〔笔画〕8

yóu (oil)

［名］油脂的总称：花生～｜黄～｜植物～｜机～｜～腻｜我买了三斤花生～｜在面包上涂上一层黄～｜给车子上点儿机～｜衣服上净是～点子，真难看｜你做菜时少放点儿～｜这一瓶～有五斤。

【构词】油泵/油饼/油布/油彩/油层/油茶/油茶面/油船/油灯/油坊/油垢/油光/油黑/油乎乎/油滑/油鸡/油井/油矿/油亮/油篓/油轮/油门/油墨/油泥/油腻/油漆匠/油区/油水/油酥/油条/油汪汪/油污/油箱/油星/油性/油烟/油页岩/油印/油毡/油脂/油纸/油光水滑/油煎火燎/油腔滑调/油头粉面/油头滑脑/油嘴滑舌

7776 **油菜** 丁

yóucài (rape)

［名］❶两年生或一年生草本植物，茎直立，绿色或紫色叶子，互生，下边的叶子有柄，边缘有缺刻，上部的叶长圆形或披针形，总状花序。花黄色，果实为角果，种子可以榨油：～花｜～籽｜～籽榨出的油叫菜籽油｜～花开了，金黄的一片。❷两年生草本植物，是普通蔬菜：这盘素炒～很好吃｜这一把～真嫩｜他买了三斤～。

7777 **油画**(畫) 丁

yóuhuà (oil painting)

［名］绘画的一种，用油质颜料在麻布或木板上绘成：一幅～｜～作品｜～创作｜～作家｜我喜欢这幅～｜这幅～要拍卖｜他的孩子学画～｜他是一位著名的～画家。

7778 **油料** 丁

yóuliào (oil crops)

［名］植物油的原料：～作物｜～的产量｜我国今年～作物大丰收｜大面积种植～作物可以提高农业产值｜我们的～作物自给(jǐ)有余。

7779 **油漆** 丁

yóuqī (paint)

［名］泛指油类和漆类涂料：～匠｜～工｜～未干｜我们把～涂在桌面上｜用～涂三遍以上才能保持光洁｜～干了｜红色的～比黄色的～好看｜别把～弄洒了。

【提示】"油漆"作为动词，是指用油或漆涂抹，如：把门窗～一下。

【构词】雕漆/火漆/喷漆/清漆

7780 **油田** 丙

yóutián (oil field)

［名］可以开采的大面积的油层分布地带：大庆～｜～面积｜采油工人日夜奋战在～｜中国的～面积广大｜输油管道从～伸展开去，通向四面八方。

7781 **游** 丙　〔部首〕氵〔笔画〕12

yóu (swim)

［动］❶人或动物在水里行动：～水｜～了一圈｜～不动了｜他能在深水里～两个小时｜我实在～不动了，就上了岸｜那只狗很快～上了岸。❷游玩，旅游：～园｜～览｜～山玩水｜明天我们去～泰山｜我还没有～过西湖｜

在黄山～了三天,真累。

【近义词】❶游泳

【提示】游,姓。

【构词】游伴/游程/游船/游春/游荡/游动/游动哨/游逛/游魂/游击队/游击区/游击战/游记/游离/游历/游猎/游民/游牧/游水/游艇/游玩/游侠/游行/游兴(xìng)/游学/游艺/游艺会/游资/游子/游踪/游刃有余/游山玩水/游手好闲

7782 **游击**(擊) 丁

yóujī (guerrilla warfare)

[动]分散的袭击活动:～队|～队员|～战|～战术|～队不断地袭击侵略军|毛泽东提出了～战的战略|农民武装起来去打～。

7783 **游客** 丁

yóukè (tourist)

[名]游人:外地～|外国～|山下来的～|北京热情欢迎外地～|他们非法骗～的钱|各地的～纷纷到北京来。

7784 **游览**(覽) 乙

yóulǎn (tour)

[动]从容地到处看:～名胜古迹|～名山大川|夏天我将去～三峡风光|我们一起去～长城|～名胜的同时也可以强身健体。

【构词】饱览/博览/浏览/一览/阅览/纵览

7785 **游人** 丁

yóurén (tourist)

[名]游览的人:～止步|～须知|成千上万的～在公园里漫步|许多的～在合影留念|"～止步"的牌子挂在那儿|～上了游艇|中外～都在欣赏这奇异的风光。

【近义词】游客

7786 **游戏**(戲) 丙

yóuxì (game)

[名]有一定规则的娱乐活动:几个孩子在大树下做～|打扑克也是一种～|全班同学在做～。

7787 **游行** 丙

yóuxíng (parade)

[动]广大群众为了庆祝、纪念、示威等在街上结队而行:他们去街上～了|他们为反内战而～|他们反对工人去～。

7788 **游泳** 甲

yóu yǒng (swim)

体育运动项目之一,人在水里用各种不同的姿势划水前进:学～|～池|～比赛|～运动|我们大家去～|开展～运动|～是一项很好的体育运动|穿上～衣,戴上～帽|江河湖海是～的好地方。

【提示】离合词,中间可插入其他成分,如:游了一次泳|游过泳|游不了泳。

【构词】侧泳/蝶泳/冬泳/潜泳/蛙泳/仰泳/自由泳

7789 **游泳池** 乙

yóuyǒngchí (swimming pool)

[名]人工建造的游泳的池子:一个～|跳进～|美丽的～|～的水很干净|他家的后院有一个露天～|我们到～去学游泳|～里很拥挤。

7790 **有** *甲 〔部首〕月 〔笔画〕6

yǒu（have）

［动］❶表示领有；具有：～书｜～人｜～钱｜～经验｜～学问｜～热情｜我～100块钱，买书够了｜年青人特别～朝(zhāo)气｜他很～学问｜你～干活儿的工具吗？❷表示存在：屋里～三张床｜街上～一辆汽车｜礼堂里～许多人｜桌子上～一个花瓶。❸〈乙〉表示估量或比较：他～桌子那么高了｜这些粮食～两百来斤｜他没～我重。❹〈乙〉表示发生或出现：～病｜～发展｜～提高｜～进步｜～雨｜～云｜他～病了｜今天～雨，你别忘了带伞｜教育工作～很大发展｜他的学习～进步。❺〈乙〉用在"人"、"时候"、"地方"前面，表示一部分：～人爱吃甜的，～人爱吃辣的｜～时候我特别想家｜今年～地方发生很大的水灾，～地方却风调(tiáo)雨顺。

【反义词】无/没

【构词】有成/有得/有底/有方/有劲/有救/有空(kòng)儿/有劳/有理/有脸/有眉目/有门儿/有盼/有气/有请/有日子/有如/有神/有神论/有识/有数/有望/有为/有戏/有效期/有心/有心人/有形/有幸/有一手/有意识/有缘/有板有眼/有备无患/有的放矢/有口皆碑/有口难辩/有劳有逸/有名无实/有目共睹/有目共赏/有气无力/有求必应/有始无终/有始有终/有恃无恐/有条不紊/有头无尾/有头有脸/有头有脑/有头有尾/有隙可乘/有血有肉/有言在先/有增无减/有朝一日/有职有权/有嘴无心/有眼不识泰山/有志者事竟成

7791 有待 丁

yǒudài（remain）

［动］要等待：～努力｜～研究｜～解决｜这个问题～进一步研究｜这类事情还～形势的发展，才能解决｜这个事情的解决，～我们大家共同努力｜这项工程上马，还～资金到位。

7792 有的 甲

yǒude（some）

［代］一部分：～人｜～事｜～工程｜～活动｜～单位｜～人记性差｜十个指头，～长～短｜～单位工作做得很出色｜～事情真难办｜～工程该下马了。

7793 有的是 乙

yǒudeshì（have plenty of）

［动］强调很多(不怕没有)：～钱｜～劲儿｜～人｜～办法｜立功的机会～｜～人，这点儿活儿还怕干不完？｜我们大家～工作，不怕没的干｜他～钱，不怕花。

7794 有(一)点儿(點兒) 乙

yǒu(yì)diǎnr（a little）

［副］表示略微；稍微：～头疼｜～不舒服｜～困｜～烦｜今天他～不高兴｜这句话说得～叫人摸不着头脑｜今天我～不舒服，不想上课。

【提示】多用于不如意的事情：他今天～不高兴。

7795 有关(關) 乙

yǒuguān（relate to）

［动］有关系；涉及到：～方面｜～部门｜～单位｜～的历史问题｜这些问题都与哲学～｜他研究了历代～水利问题的著作｜凡是～的人和事都要搞清楚｜这件事得请～部门批准。

7796 有害 丁

yǒu hài (harmful)
有害处：～无益｜吸烟～健康｜破坏了生态平衡，对人类～无益｜随地吐痰，既～公共卫生，也～社会公德｜强调个人随意，就～集体的团结。
【提示】离合词，中间可插入其他成分，如：有什么害。

7797 **有机(機)** 丙

yǒujī (organic)
［形］❶原指与事物有关的或从生物体来的(化合物)，现指除碳酸盐和碳的氧化物外，含碳原子的(化合物)：～酸｜～物｜～质｜～体｜～玻璃｜我的专业是～化学｜这是一种～化合反应｜碳是合成～物的必要元素。❷指事物构成的各部分互相关联协调，而具有不可分的统一性，就像一个生物体那样：～的组织｜～的配合｜～整体｜大家团结互助，组成了一个～整体｜事物内部都是～的系统，不是杂乱无章的｜各部门应～配合，不要互相扯皮。

7798 **有口无心** 丁

yǒu kǒu wú xīn (be sharp-tongued but not malicious)
嘴上爱说，心里不存什么：他是个～的人，你别生他的气｜他这个人～，嘴上厉害，其实对你没什么意见｜我这个人说话～，如果哪句话说错了，您别介意。

7799 **有利** 乙

yǒulì (beneficial)
［形］有好处；有帮助：时间～｜形势～｜对我们～｜利用～条件｜这种食品～于孩子的健康｜这个办法～也有弊｜这种～的时机不抓紧，会很快失去。
【近义词】有益／有助／利于
【反义词】有害／无利／不利／有弊

7800 **有力** 乙

yǒulì (forceful)
［形］有力量；分量重：～的回击｜～的措施｜这篇文章写得简短～｜提供了～的证据｜领导的做法～地打击了歪风邪气｜这次现场会，对我们以后的工作是一个～的推动｜这一措施，～地促进了生产的发展。
【反义词】无力／乏力／不力／软弱／虚弱

7801 **有两下子** 丙

yǒu liǎng xiàzi (know one's stuff)
指有些本领：看不出在这方面你还真～｜没想到小陈下围棋也～｜老李干这活儿又快又好，真～！

7802 **有名** 甲

yǒumíng (famous)
［形］名字为大家所熟知；出名：～的律师｜～的演员｜～的学校｜～的美酒｜～的汽车｜～的歌曲｜确实～｜特别～｜他是～的登山运动健将｜你知道这个地方最～的茶是什么茶？｜这个人刁滑得～，少接近他｜这种酒很～｜他年轻时就很～了｜这个牌子不怎么～。
【近义词】知名／闻名／著名／出名
【反义词】默默无闻／无名

7803 **有趣** 乙

yǒuqù (interesting)
［形］能引起人的好奇心或喜爱：～的故事｜～的样子｜～的名字｜～的传说｜～的游戏｜～的风俗｜～的人｜特别～｜说得～｜天真得～｜显得～｜游泳～｜这个故事很～｜你能说一个～的谜语吗？

|这次春游,你觉得～吗?|这个传说确实～。
【近义词】风趣/诙谐/幽默
【反义词】枯燥/枯涩/无味/乏味
【提示】口语中多儿化。

7804 **有声有色**(聲) 丁

yǒu shēng yǒu sè (vivid and dramatic)
形容表现得十分生动:讲得～|～的故事|他谈得～,听的人都觉得津津有味|这出戏演得～。
【近义词】栩栩如生/活灵活现/跃然纸上/呼之欲出/活龙活现/绘影绘声
【反义词】死气沉沉/枯燥乏味

7805 **有时**(時) 乙

yǒushí (sometimes)
[副]有时候:他～来,～不来|这里的天气,～冷～热|～想给过去的朋友写封信,拿起笔,却不知从何说起|他人挺好,就是～爱发脾气。
【近义词】间或/偶尔/有时候

7806 **有时候** 甲

yǒu shíhou (sometimes)
有的时候:～听音乐|～看小说|～下大雨|～有彩虹|～情绪特别低落,想一个人安安静静地呆着|～到郊外玩一玩,感觉特别地轻松、愉快|晚上～看看电视,～跟朋友聊聊天儿|日子太安逸了,～便觉得空虚、无聊。
【近义词】有时

7807 **有限** 丙

yǒuxiàn (limited)
[形]❶有一定限度:～性|～责任|把自己～的生命投入到无限的为人民服务中去|人生是～的,而求知是无限的|我们的资金～,要用在最需要的地方。❷数量不多;程度不够:为数～|我的文化水平～|他的能力～,不能强(qiǎng)求|只剩下～的几天,我们得加把劲儿。
【近义词】有数
【反义词】无限/无穷

7808 **有效** 乙

yǒuxiào (effective)
[形]能实现预期的目的;有效果:～地发挥|～地扶持|～地控制|～地开展|～的药物|～的证件|～日期|完全～|证明～|签字～|考试～|可能～|我们得马上采取～措施,解决这个问题|这个规则暂时～|你知道这个合同的～期吗?|他们的选举～。
【近义词】管用
【反义词】无效

7809 **有些** 甲

yǒuxiē (some)
[代]有一部分;有的:公园里～人在打太极拳,～人在看书|这个班的学生,～是港、澳来的|这十几本英文书,～是我朋友的|我家里还～旧书。
【近义词】有的/有一些
【提示】作副词时是"略微、稍微"的意思,同"有一些",如:～伤心。

7810 **有一些** 丙

yǒuyìxiē (a little)
[副]表示略微;稍微:～糊涂|～不满意|～不舒服|～冷|我的学习稍微～吃力|晚上一个人走在这条非常寂静的小路上,又没有路灯,她心里～怕|他口头上虽然没说什么,心里依然～不高兴|我～饿。

【近义词】有点儿/略微/稍微/有些

7811 **有意** 丙

yǒuyì (have a mind to)

[动]❶有心思:我～到海边游泳,但是事情忙,去不了|我～学英语,但记忆力太差|我不知道他是否～做这项工作。❷男女间有爱慕之心:小王对小李～,可一直没有机会表白|他对你确实～,我们大家都感觉到了。❸故意:言者无心,听者～|他这是～跟我作对|我不是～这样做的。

【近义词】❶有心/存心;❸成心/故意

【反义词】❶无心/无意

7812 **有意思** *甲

yǒu yìsi (significant)

❶有意义;耐人寻味:他的讲话虽然简短,可是非常～|这部电影的情节很～,对青少年有教育作用。❷有趣:今天的晚会很～|他讲的故事非常～|他讲话总是很～,常常逗得大家笑。❸〈丙〉指男女间有爱慕之心:他对你～,你没看出来?|我知道他早就对我～,可我不喜欢他。

【近义词】❷有趣/好玩儿

【反义词】没意思

7813 **有益** 丙

yǒuyì (beneficial)

[形]有帮助;有好处:～健康|～于发展|对智力～|欣赏音乐～于身心健康|我愿意为大家多做些～的事情|我不知道这些小说是否对青少年～。

【近义词】有利/利于/益于

【反义词】有害/妨害

【提示】常用“于”构成的介词词组作补语。

7814 **有用** 乙

yǒu yòng (useful)

有使用价值;能派上用场:～之才|～的材料|这样～的东西怎么可以随便扔掉呢?|我不知道这本书是不是～|他跟小王交朋友,是因为他以为小王对他～。

【近义词】顶用/中用/顶事/管用

【反义词】无用

【提示】离合词,中间可插入其他成分,如:有什么用|有点儿用。

7815 **友爱**(愛) 丙 〔部首〕又 〔笔画〕4

yǒu'ài (adj. friendly; n. friendly affection)

[形]友好亲爱:团结～的集体|同胞手足应该～相处|大家团结～,一定能战胜困难|各民族生活在～的大家庭中|我们要发扬团结～的精神。

[名]友好亲爱的感情:朋友之间的～温暖了他的心|他很看重兄弟之间的～|失去团结、～的集体,会使人感到失去了温暖。

【近义词】友好/友善/和睦

【反义词】仇恨

【构词】友邦/友军/友邻/友善/友谊赛

7816 **友好** 甲

yǒuhǎo (friendly)

[形]亲近和睦:～城市|～邻邦|～使者|～组织|两国之间长期保持着～往来|宾主双方进行了～的交谈|他对同学太不～|他们俩从前很～,现在又闹僵了|两国人民要永远～地相处下去。

【近义词】友爱

【反义词】不和/不睦/敌对

【提示】“友好”和“友爱”都表示亲近、

亲爱的意思。“友爱”主要用于人与人、民族与民族之间的关系;“友好”还可用于地区与地区、国家与国家之间的关系,有时也可用于组织与组织之间的关系。

7817 **友情** 丁

yǒuqíng (friendship)

[名]朋友的感情;友谊:深厚的~|结下~|~难忘|应该珍惜我们在患难中结下的~|校友会上,分别几十年的老校友们正在畅叙~|这是一份珍贵的~|他们的~是如此深厚,任何力量都破坏不了。

【近义词】友谊/情谊/友爱/交情

7818 **友人** 丁

yǒurén (friend)

[名]朋友:国际~|怀念~|我领导人同这几位外国~进行了亲切的会谈|全家热情招待远方来的~|每逢佳节,往往能收到远方~捎来的亲切问候。

【近义词】朋友

【反义词】仇敌/对头/敌人/仇人

7819 **友谊**(誼) 甲

yǒuyì (friendship)

[名]朋友间的交情:~增进了|~牢固|建立~|获得~|象征~|失掉~|战士的~|多年的~|革命的~|深厚的~|彼此的~|永恒的~|真诚的~|纯洁的~|~的赞歌|~的桥梁|~的结晶|~比赛|他们建立了深厚的~|他们在共同的劳动中发展了相互的~|他们之间的~长达50年之久。

【近义词】友情/友爱/情谊/交情/交谊

【构词】厚谊/交谊/联谊/情谊/世谊/私谊

7820 **右** 甲 〔部首〕口 〔笔画〕5

yòu (the right)

[名]面向南时靠西的一边(跟“左”相对):~方|~半边|~脚|~眼|~手|请靠~走|他就坐在我的~手|在中国,车辆靠~行驶|往~拐,就到他家了。

【反义词】左

7821 **右边**(邊) 乙

yòubian (the right side)

[名]靠右的一边:汽车~|桌子~|~的楼房|靠~站|学校~新开了一家礼品店|看电影的时候,他坐在我的~|靠~的那块玻璃快要掉下来了,很危险。

【近义词】右面/右侧

【反义词】左边/左面/左侧

【提示】口语中多儿化。

7822 **诱**(誘) 丁 〔部首〕讠 〔笔画〕9

yòu (induce)

[动]❶诱导:循循善~|劝~教导|对学生要多用启发和~导的方法。❷使用手段使人随从自己的意愿:引~|~敌深入|~拐|~惑|~骗|是什么~使他犯罪的?|看到那~人的饭菜,他忍不住流出了口水。

【近义词】❶诱导;❷引诱

【构词】诱捕/诱导/诱饵/诱发/诱供/诱拐/诱惑/诱奸/诱骗/诱杀/诱降(xiáng)

7823 **诱惑** 丁

yòuhuò (tempt)

[动]❶使用手段,使人认识模糊而做

坏事：金钱的～|权力的～|他在～你，你相信他？|她经不起金钱的～，终于迈出了犯罪的第一步|那个人使尽一切手段～她。❷吸引；招引：他的话很具有～力。

【近义词】引诱

7824 **又** *甲 〔部首〕又 〔笔画〕2

yòu (again)

[副]❶表示一个动作或状态重复发生；两个动作相继发生或反复交替：这个电影我昨天看过，今天～看了一遍|你怎么～来了？|他～病了|她刚做完饭，～去洗衣服|你装了～拆，拆了～装，折腾什么？|他一件衣服试了～试|这封信他读了一遍～一遍|他站在楼下，喊了～喊，还是没人应。❷表示几种情况或性质同时存在：你看下雨了，咱们～没伞，干脆别出去了|这油条～香～脆，真好吃|我们这个组小王做得～快～好|今天天气不太好，我们作业～很多，下周再去长城吧。❸表示在某个范围之外有所补充：布置了很多作业以后，老师～加了一个思考题|妈妈跟我讲了很多很多，临行～叮嘱了我一番。❹〈乙〉表示有矛盾的两件事情(多叠用)：她～想说，～不想说，拿不定主意|你～想爬山，～说太累，你到底去不去了？❺〈丙〉表示转折，有"可是"的意思：刚才想跟你说个事，这会儿～想不起来了|刚下了几个雨点儿，～停了。❻〈丙〉用在否定句或反问句里，加强语气：他～不是不会做，你干吗老宠着他？|我～没迟到，你凭什么批评我？

7825 **幼** 丁 〔部首〕力 〔笔画〕5

yòu (young)

[形](年纪)小；未长成：～年|～儿|～苗|～虫|他还年～，没有品尝过人世的酸甜苦辣|父母的离异在孩子～小的心灵上投下一道永恒的阴影|他对自己～年时期的记忆已经模糊。

【近义词】小/少(shào)/童/稚

【反义词】老

【构词】幼辈/幼虫/幼儿/幼苗/幼年/幼小/幼稚病/幼子

7826 **幼儿园**(兒園) 丙

yòu'éryuán (kindergarten)

[名]对幼儿进行学前教育的机构：～教师|送孩子进～|这所～教育儿童挺有经验|小王和他的妻子白天都要上班，只好把孩子送到附近的～。

7827 **幼稚** 丙

yòuzhì (young)

[形]❶年纪小：～的心灵|孩子那～的话语引得大家笑起来。❷形容头脑简单或缺乏经验：思想～|行为～|方法～|说话～|～得可笑|感到～|显得～|克服～|写得～|特别～|～的样子|～的想法|他虽然做事老练，但对这个问题的看法却是～的|经过几番锻炼，他已由一个～的学生成长为一位成熟的青年教师|他现在一点儿都不～了。

【近义词】稚嫩/稚气

【反义词】老练/老成/成熟

【提示】"稚"左边偏旁是"禾"，不要与"雅"yǎ相混。

7828 **于** *乙 〔部首〕一 〔笔画〕3

yú (in; on; at)

[介]❶在，表示时间、处所或范围：新中国～1949年10月1日成立|学术会议日前～上海隆重召开|招生简章已

～三日前寄出｜王平生～1950年｜景德镇瓷器驰名～全世界｜他病逝～北京。❷表示对象,相当于"向"、"对":他一向忠～祖国｜他献身～艺术事业的精神值得敬佩｜目前的形势～我们有利｜他一生致力～教育事业。❸〈丙〉表示处所或来源,相当于"自"、"从":天才来源～勤奋｜他毕业～南开大学｜黄河发源～青海省。❹〈丙〉表示比较,有"比"的意思:他的水平高～我,但我的体力强～他｜为人民而死,重～泰山。❺〈丙〉有"被"的意思,构成介宾词组用在动词后作补语,表示被动:三局棋,我都败～他的手下｜限～时间,这个问题以后再谈。

【近义词】❶在;❷向/对;❸由/从/自;❹比;❺被

【提示】①"于"多用于书面语。②于,姓。

7829 **于是** 乙

yúshì (hence)

[连]表示两事前后相承,后一事往往是由前一事引起的:我和母亲也都有些惘然,～又提起闰土来｜过了那片树林,～赵庄便在眼前了｜本来三个人约好要去上海的,小王突然生病了,～只好改变计划。

【近义词】因此/因而

7830 **愚蠢** 丙 〔部首〕心 〔笔画〕13

yúchǔn (stupid)

[形]头脑迟钝;不灵活:～的举动｜～的阴谋｜～的表情｜～的习惯｜～的言论｜动机～｜骂人～｜显得～｜感到～｜战胜～｜干得～｜天生～｜他的～行为最终导致失败｜他的托词太～了｜不用再～地隐瞒,他什么都知道了。

【近义词】愚笨/愚拙/笨拙

【反义词】聪明/伶俐/聪颖/聪慧

【构词】愚笨/愚痴/愚钝/愚陋/愚氓/愚蒙/愚弄/愚懦/愚顽/愚妄/愚拙/愚公移山

7831 **愚昧** 丁

yúmèi (ignorant)

[形]缺乏知识;文化落后:～无知｜迷信是一种～的表现｜那里是多么～落后啊!｜他们仍然过着原始的～生活。

【近义词】愚蠢/愚笨/无知

【构词】冒昧/蒙昧

7832 **舆论**(輿論) 丁 〔部首〕八 〔笔画〕14

yúlùn (public opinion)

[名]群众的言论:～界｜～工具｜～哗然｜～鼎沸｜～谴责｜制造～｜当前的～对他当总统很不利｜我们要重视社会～｜竞选的双方都在积极地进行～准备。

【近义词】言论/议论/公论

7833 **余**(餘) 丙 〔部首〕人 〔笔画〕7

yú (v. remain; n. spare time; num. more than)

[动]剩下:不遗～力｜落日～辉｜～粮｜～钱｜剩～｜残～｜收支相抵,尚～100元钱｜一个月的工资除了还债,所～不多。

[名]指某种事情、情况以外或以后的时间:工作之～,看看小说｜课～时间我们常去散步｜利用业～学点儿知识。

[数]大数或度量单位等后面的零头:到会的大约有10～人｜布料尚剩1尺～。

【反义词】[动]短/缺/亏/欠

【提示】"余"作为姓氏,不是"餘"的简化字。

【构词】余波/余存/余党/余地/余毒/余额/余风/余辉/余利/余力/余粮/余年/余孽/余缺/余热/余剩/余数/余威/余味/余暇/余闲/余兴/余音/余裕/余韵/余震/余音绕梁/余勇可贾(gǔ)

7834 **鱼**(魚) 甲 〔部首〕鱼 〔笔画〕8

yú (fish)

[名]生活在水中的脊椎动物,体温随外界而变化,一般身体侧扁,有鳞和鳍,用鳃呼吸:草～|金～|～缸|～饵|钓～|捕～|～在水中游|～可供食用或制～胶|很长时间没吃这么大的～了|荷花旁边有一条～|他喜欢钓～|这个湖里～的种类很多。

【提示】鱼,姓。

【构词】鱼白/鱼翅/鱼唇/鱼刺/鱼肚/鱼肚白/鱼饵/鱼粉/鱼肝油/鱼缸/鱼钩/鱼具/鱼雷/鱼雷艇/鱼鳞/鱼苗/鱼漂/鱼肉/鱼水情/鱼塘/鱼网/鱼尾纹/鱼汛/鱼鹰/鱼龙混杂/鱼米之乡/鱼目混珠/鱼死网破

7835 **愉快** 甲 〔部首〕忄 〔笔画〕12

yúkuài (happy)

[形]快意;舒畅:～的心情|～的日子|～的微笑|～的神情|他告诉我一个令人不～的消息|他们一边走一边～地哼着歌|他们的生活过得很～|见到你,我心里有说不出的～。

【近义词】高兴/开心/快乐/喜悦/欢乐/欢喜/欢快/快活

【反义词】不快/难过/难受/烦恼/忧愁/忧郁/痛苦/悲伤/伤心

【构词】愉悦

7836 **渔民**(漁) 丙 〔部首〕氵 〔笔画〕11

yúmín (fisherman)

[名]以捕鱼为业的人:～的生活|～的忧喜哀乐|～的歌声|渔汛一到,～们都出海捕鱼|阿三是一个从小就在风浪里长大的～。

【近义词】渔夫/渔家/渔翁

【构词】渔霸/渔产/渔场/渔船/渔村/渔夫/渔港/渔歌/渔鼓/渔火/渔家/渔具/渔利/渔猎/渔轮/渔网/渔翁/渔舟/渔人之利

7837 **渔业**(業) 丁

yúyè (fishery)

[名]捕捞或养殖水生动物植物的生产事业:发展～生产|～发达|沿海居民从事～生产的人很多|我们应该进一步促进这一带～的发展|沿海地区既要发展～,也要发展农业。

7838 **榆树**(樹) 丁 〔部首〕木 〔笔画〕13

yúshù (elm tree)

[名]落叶乔木,叶子卵形,花有短梗。翅果倒卵形,通称榆钱。木材可供建筑或制器具用:一棵～|爬上～|记得小时候村东有一片～林,我们常常爬上～打榆钱吃|我家门前有两棵老～。

【构词】榆荚/榆钱/榆叶梅

7839 **娱乐**(樂) 丙 〔部首〕女 〔笔画〕10

yúlè (v. entertain; n. amusement)

[动]使人快乐;消遣:～一下|～场所|～时间|大家平时学习很紧张,星期天应该出去走走,～一下|过年了,今天咱们在一起～～。

[名]愉快有趣的活动:他的惟一的～是看电影|他最爱好的～是打乒乓球|下围棋是一种很好的～|他把捉弄人当做一种～。

【近义词】[动]玩耍/游乐/行乐/消遣;

[名]乐趣

7840 **予** 丁 〔部首〕乙 〔笔画〕4

yǔ (give)

[动]给:授～奖状|免～处分|请～批准|～人口实|小王工作勤恳踏实,成绩显著,工厂授～他"先进工作者"称号|你的话,给～我们很大的鼓励|由于他近来表现好,学校决定对他免～处分。

【提示】"予"是古汉语的遗留,在现代汉语中几乎不单用,多用在较正式的书面语里。

7841 **予以** 丁

yǔyǐ (give)

[动]给以:～支持|～警告|～表扬|～批评|老师对他的学习～鼓励|老王生活确实困难,我们应该～帮助|他犯了这样严重的错误,自然要～处分。

【近义词】给以/给(jǐ)予

7842 **雨** 甲 〔部首〕雨 〔笔画〕8

yǔ (rain)

[名]从云层中降向地面的水:大～|暴～|～水|降～|下～了|～越下越大,路上的行人渐渐稀少|北方～多吗?|～过天晴,天空出现了彩虹。

【构词】雨布/雨滴/雨点/雨花石/雨季/雨具/雨帘/雨量/雨露/雨幕/雨披/雨伞/雨丝/雨雾/雨鞋/雨靴/雨意/雨过天晴/雨后春笋/雨后送伞

7843 **雨伞** 丁

yǔsǎn (umbrella)

[名]防雨的伞,用油纸、锦纶或塑料布等制成:一把～|打～|张开～|天要下雨,你出去时别忘了带～|这把～是新的,很漂亮|咱们俩可以共同打这把～|他把～张开,冲进大雨中。

7844 **雨水** 丁

yǔshuǐ (rain water)

[名]❶由降雨而来的水:～调和|～很多|这一带～充足,庄稼长得很旺|去年～特别少,春天不能播种,秋天收成不好|昨晚把脸盆忘在院子里,今早一看,满满一盆～。❷二十四节气之一,在二月十八、十九或二十日。

7845 **雨衣** 乙

yǔyī (raincoat)

[名]用油布、胶布或塑料等制成的防雨外衣:一件～|～专卖店|塑料～|这几天接连下雨,～的销售量猛增|他没穿～,身上都湿透了。

7846 **与**(與) 乙 〔部首〕一 〔笔画〕3

yǔ (prep./conj. with)

[介]引进比较或者动作的对象,意思和"跟"相近:今年的情况～去年不同|此事～你无关|我们要坚决～困难作斗争。

[连]连接并列的词或词组,相当于"和"和"或":老师～学生|批评～自我批评|教学～研究|民主～法制|电影～戏剧都属于艺术。

【提示】"与"又读 yù,见第 7458 条"与会"。

【构词】与虎谋皮/与人为善/与日俱增/与世长辞/与世沉浮/与众不同

7847 **与此同时**(時) 丁

yǔ cǐ tóng shí (at the same time)

和某种情况同一个时候(发生或存在):王妈妈从邮局取回女儿寄来的

包裹，～，也收到了儿子的信｜世界各国都在全力发展经济，～，各国人民的生活水平也有了相应的提高｜他充分肯定了我们所取得的成绩，～也实事求是地指出了缺点。

7848 **与其** 丙

yǔqí (rather than)

[连]比较两件事的利害得失而决定取舍时，"与其"用在不选取的一面，后面常用"不如"等词呼应：～白等着，还不如去找他｜～轻率地下结论，不如再仔细地研究一下｜～多而杂，毋宁少而精。

7849 **宇宙** 丙 〔部首〕宀 〔笔画〕6

yǔzhòu (universe)

[名]包括地球及其他一切天体的无限空间；也指一切物质及其存在形式的总体("宇"指无限空间，"宙"指无限时间)。哲学上又叫世界：～观｜～飞船｜～空间｜～处在不断运动和发展之中｜人们正在逐渐认识无限广阔的～｜他多想当一名探索～秘密的科学家啊！｜无数星星在茫无边际的～中运动着。

【提示】宇，姓。

【构词】宇航/宇宙观/宇宙飞船/宇宙火箭/宇宙空间/宇宙射线/宇宙速度

7850 **语调**(語調) 乙 〔部首〕讠 〔笔画〕9

yǔdiào (intonation)

[名]说话的腔调，指一句话里语音高低轻重的配置：～自然流畅｜～高昂｜～低沉｜学习外语口语，～是很重要的一环｜你单词的发音很准确，但还没有掌握好～｜他讲话时～很温和。

【近义词】声调

【构词】语病/语词/语法学/语感/语汇/语境/语句/语录/语塞/语系/语序/语言学/语意/语义学/语音学/语用学/语源学/语种/语助词/语无伦次/语重心长

7851 **语法** 甲

yǔfǎ (grammar)

[名]语言的结构方式，包括词的构成和变化、词组和句子的组织：～研究｜学习～｜英语～｜他在这个学校系统地学习了汉语语音、～｜这位学者研究了三十多年～，写了很多颇有分量的文章。

【近义词】句法/文法

7852 **语气**(語氣) 乙

yǔqì (tone)

[名]❶说话的口气：～很重｜不信任的～｜商量的～｜听他的～，这事看来又办不成了｜她说话的时候，～总是那么委婉。❷表示陈述、疑问、祈使、感叹等分别的语法范畴：陈述～｜疑问～｜祈使～｜这句话末尾的～词表示感叹～｜你这句话读得～不对｜这是问句，你不能读成陈述的～。

【近义词】口气

7853 **语文** 丙

yǔwén (language [oral and written])

[名]❶语言和文字：～程度(指阅读、写作等能力)｜他从小就打下了扎实的～功底。❷语言和文学：中学～课本｜～老师｜～学习｜他这次～考试不及格｜你们的～课是哪个老师上的？

7854 **语言** 甲

yǔyán (language)

［名］❶人类所特有的用来表情达意、交流思想的工具，是一种特殊的社会现象，由语音、词汇、语法构成的一定的系统，有口语和书面语两种形式：～是人类最重要的交际工具｜修辞是运用～的艺术｜要学好一种～，就得下苦功夫。❷话语：～乏味｜老舍作品的～简单、自然、通俗，而又准确｜由于文化水平和职业的差异，他们之间缺少共同的～。

7855 **语音** 乙

yǔyīn (pronunciation)

［名］语言的声音，就是人说话的声音：～准确｜～训练｜练习～｜语言是由～、词汇、语法构成的符号体系。

7856 **羽毛** 丁 〔部首〕羽 〔笔画〕6

yǔmáo (feather)

［名］❶鸟类身体表面所长的毛，有保护身体，保持体温，帮助飞翔等作用：～扇｜一根～｜孔雀的～十分美丽｜古代人喜欢用～作装饰。❷鸟类的羽和兽类的毛，用来比喻人的名誉：一个有为的青年，应该爱惜自己的～，不要毁坏了声誉。

【构词】羽缎/羽冠/羽化/羽绒/羽扇/羽毛未丰

7857 **羽毛球** 乙

yǔmáoqiú (badminton)

［名］❶球类运动项目之一，规则和用具大体上像网球：打～｜～锦标赛｜他获得这次全市～赛的第一名｜校园里的～运动越来越热。❷羽毛球运动使用的球，用软木包羊皮装上羽毛制成。也有用塑料制的：他昨天刚去买了一打（dá）～｜～被他打到树上去了。

7858 **与会(會)** 丁 〔部首〕一 〔笔画〕3

yù huì (attend in a conference)

参加会议：～国｜～人员｜～者｜～专家｜～人员都同意这一方案｜～者大多来自生产第一线。

7859 **玉** 丁 〔部首〕王 〔笔画〕5

yù (jade)

［名］❶矿物，硬玉和软玉的统称，质地细而有光泽，可用来制造装饰品或做雕刻的材料：～器｜～戒指｜～钗｜～簪｜～饰｜～坠子｜这个手镯是用～做的。❷比喻洁白、美丽或宝贵：～人｜～颜｜琼楼～宇｜亭亭～立｜他们之间结成了金～良缘｜你这话真是金～良言，我永不能忘｜他这个人没什么本事，可能说是金～其外，败絮其中。❸敬辞，指对方身体或行动：～音｜～照（照片）｜～体。

【近义词】玉石/璧

【提示】玉，姓。

【构词】玉成/玉带/玉雕/玉佩/玉器/玉人/玉容/玉石/玉兔/玉照/玉洁冰清/玉石俱焚

7860 **玉米** 乙

yùmǐ (corn)

［名］❶一年生草本植物，茎高2～3米，叶子长而大，花单性，雌雄同株，子实比黄豆稍大，可供食用或制淀粉等：～地｜～产量｜这儿是有名的～产区｜这种新品种的～越来越受到农民们的欢迎。❷这种植物的果实：磨～｜～面｜这个国家每年要进口很多～｜今年市场上～的价格大幅度提高了。

【近义词】棒子/苞米/包谷

7861 **浴室** 丙 〔部首〕氵 〔笔画〕10

yùshì（bathroom）

［名］❶澡堂：新修的～｜～管理人员｜～售票处｜～开放时间｜今天～不开放。❷有洗澡设备的房间：～里的水龙头坏了｜～的地面刚铺过。

【近义词】❶澡堂

【构词】浴场/浴池/浴缸/浴巾/浴具/浴盆/浴衣/浴罩

7862 **遇** 乙 〔部首〕辶 〔笔画〕12

yù（meet）

［动］相逢；遭遇：相～｜～雨｜～险｜～害｜～救｜不期而～｜我在小王家～上了他｜他是在那次战役中～难（nàn）的｜他很忙，只有在星期天才能～见他｜这样的好机会，我怎么从来也～不着啊？

【提示】遇，姓。

【构词】遇害/遇合/遇难/遇险

7863 **遇到** 甲

yù dào（encounter）

碰到：偶然～｜～好机会｜这种事情我～过好几次｜已经好久没有～过这样的好天气了｜那天在商场～了多年未见的老同学｜我如果在这里遇不到你，就会到你家去找你。

【近义词】遇见/碰到/碰见

【提示】"遇到"是动补结构，中间可插入"得"或"不"，如：遇得到｜遇不到。

7864 **遇见**（見） 乙

yù jiàn（run into）

碰到：～好几次｜～一个老人｜在回家的路上～了一个中学时期的同学｜我从未～过这种怪事情。

【近义词】遇到/碰到/碰见/撞见

【提示】"遇见"是动补结构，中间可插入"得"或"不"，如：遇得见｜遇不见。

7865 **愈** 丁 〔部首〕心 〔笔画〕13

yù（v. heal；adv. more）

［动］（病）好：病～｜治～｜痊～｜要想治～他的病，可不太容易｜他的病早已痊～，你放心吧｜他大病初～，身体还比较弱。

［副］叠用，表示事物进一层发展的程度，相当于"越…越…"的意思：大家～讨论，问题就～清楚了｜风雨～大，青松～显得挺拔｜表扬～多，～应谦虚谨慎｜雨下得～来～大。

【近义词】越/越发

【构词】愈发/愈合/愈加/愈演愈烈

7866 **愈…愈…** 丙

yù… yù…（the more … the more …）

同"越…越…"：我军～战～勇｜山路～走～陡，而风景～来～奇｜～是情况紧急，～是需要沉着冷静。

【近义词】越…越…

【提示】多用于书面语中，口语中说"越…越…"。

7867 **欲** 丁 〔部首〕谷 〔笔画〕11

yù（wish）

［动］想要；希望。用于书面语。带有文言色彩。常用于固定词组中：畅所～言｜从心所～｜己所不～，勿施于人｜做任何事情都应记住：～速则不达。

【构词】欲罢不能/欲盖弥彰/欲壑难填/欲擒故纵/欲速则不达

7868 **欲望** 丁

yùwàng（desire）

［名］想得到某种东西或想达到某种

目的的要求:满足~|求知的~|发财的~|强烈的求知~激励她顽强地学习|妈妈给买了个洋娃娃,总算满足了小芳的~|她对金钱的~是永远满足不了的。

【近义词】欲念/愿望/希望

7869 **寓** 丁 〔部首〕宀 〔笔画〕12

yù (reside)

[动]❶居住;寄居:~所|~居|从20年前到现在他一直~居于此|他晚年~居上海。❷寄托;含蓄在内:~情于景|托物~志|~言|~意|~教于乐|这篇文章看似平淡,实际上作者~意很深。

【近义词】住

【构词】寓居/寓所/寓意

7870 **寓言** 丙

yùyán (fable)

[名]有所寄托的话;用假托的故事或自然物的拟人手法,来说明某个道理或教训的文学作品,常带有讽刺或劝戒的性质:一篇~|~故事|这篇~寓意深刻,在今天仍有一定的现实意义|他会讲很多~故事|这本书所选的都是一些很富有哲理性的~|~的教育意义不可忽视|作者爱憎分明的思想感情都倾注在他写的~中。

7871 **预报**(預報) 丙 〔部首〕页 〔笔画〕10

yùbào (v./n. forecast)

[动]预先报告,多用于天文、气象方面:~节目|~信息|~天气|~得很准确|关于这个消息,昨天就~了|公园里,百花含苞,好像在争着~春的来临|气象台~:今天夜间有小雨。

[名]多指天文、气象方面预先的报告:天气~|气象~|他们正在收听台风~|这种~对我们掌握气候变化的情况是很重要的|据气象台的~,近期将有一股强冷空气南下。

【近义词】预告

【构词】预备役/预产期/预感/预购/预后/预科/预谋/预审/预示/预收/预想/预行/预选/预演/预展/预兆/预支/预知

7872 **预备**(備) 乙

yùbèi (prepare)

[动]准备;打算:~功课|~检查|饭菜~得太多了|你还是先去~演出的服装吧|修窗子的工具~好了吗?|你~考哪个大学?

【近义词】准备/打算

7873 **预测**(測) 丁

yùcè (forecast)

[动]预先推测或测定:~市场|~的成绩|~一次|~一回|报考大学之前,不少重点中学都进行~|工厂很重视产品的推销和市场~|根据市场~,这种服装将会流行。

7874 **预定** 丁

yùdìng (fix in advance)

[动]预先规定或约定:~日期|~计划|~开支|他们~好了旅行的日期|我们的教学大楼~明年完工|这些书~明年出版|所有~的计划都已顺利完成|超过了~的时间要赔偿经济损失。

【近义词】规定/约定/预约

7875 **预订**(訂) 丁

yùdìng (book)

[动]预先订购:~报纸|~酒席|~戏

票|托人～|～生日蛋糕|新书预告一出,已经有很多读者纷纷来信～|回国的机票已经～好了。

7876 **预防** 丙

yùfáng (prevent)

[动]事先防备:～疾病|～万一|～自然灾害|～火灾|冬天烤火取暖,要～煤气中毒|采取有力措施～瘟疫蔓延|对这种流行病,要积极加以～|～为主,治疗为辅。

【近义词】防止/防备/防范

7877 **预告** 丙

yùgào (v. announce in advance; n. advance notice)

[动]事先通告:～节目|进行～|这张报纸～近期有一批新书出版|这场大雪～了来年农业的丰收。

[名]事先的通告(多用于戏剧演出、图书出版等):新片～|新书～|电视节目～|节目～说下星期要播出《三国演义》|报纸一来,他总是先看电影～。

【近义词】预报

7878 **预计**(計) 丁

yùjì (estimate)

[动]预先计算、计划或推测:这批货～明天运到|～10天之内就可以完工|我～他后天会到上海。

【近义词】估计/预料

7879 **预见**(見) 丁

yùjiàn (v. foresee; n. foresight)

[动]根据事物的发展规律预先料到将来:科学家～|领导～|科学地～|可以～,我厂的生产水平几年内将有很大的提高|可以～,我们的祖国一定会兴旺发达|根据他现在的水平,可以～到他将来的发展。

[名]能预先料到将来的见识:科学的～|你这种做法是有～的。

【近义词】先见

7880 **预料** 丁

yùliào (expect)

[动]事先推测:～之中|～之外|～准确|～不到|他平时学习很好,大家都～他会考出好成绩|赛场上出现了～不到的局面|事情的结果会如何,谁也难以～|工作中常常会遇到无法～的问题。

【近义词】预见/预想/预测/逆料/料想

【提示】"预料"和"预见":都是动词兼名词,都含有事先估计的意思,但词义的着重点不同:"预料"着重指事先推测;"预见"着重指根据事物发展的规律预见到将来。

7881 **预期** 丁

yùqī (expect)

[动]预先期待:达到～的目的|～完成|～到达|这批货～下个星期运到|各方面的工作都取得了～效果|这种新药发挥了～的作用|在比赛中,这位体坛新秀不负众望,取得了～的好成绩。

7882 **预赛**(賽) 丁

yùsài (v. have a preliminary contest; n. preliminary contest)

[动]决赛之前进行比赛:现在进行游泳～|12个足球队分成四组～。

[名]决赛之前进行的比赛。在预赛中选拔参加决赛的选手或单位:～成绩|～时间|一次～|通过～选拔参加

决赛的选手|她顺利通过了～。

【反义词】决赛

7883 **预算** 丁

yùsuàn (budget)

[名]国家机关、团体和事业单位等对于未来的一定时期内的收入和支出的计划:财政～|年初～|进行～|今年教育经费的～比去年略有增加|这个月的家庭开支已经超过了～|今年的～赤字比去年小。

7884 **预习**(習) 甲

yùxí (prepare lessons before class)

[动]学生预先自学将要听讲的功课:～功课|～生词|每天做好～,听课就比较省力|要～哪些内容,你知道吗?|你每天都～、复习吗? |明天的功课要好好儿～～。

【反义词】复习

7885 **预先** 丙

yùxiān (in advance)

[副]在事情发生或进行之前:～准备|～通知|他们～把节目表演了一下|对这场比赛,教练～给运动员作了分析|你要～告诉大家|他～作了充分的准备,所以在新情况面前一点儿也不慌。

【近义词】事先/先/先期/事前/先行

【反义词】事后

7886 **预言** 丁

yùyán (v. predict; n. prediction)

[动]预先说出(将来要发生的事情):科学家～人类在征服宇宙方面将有新的突破|在革命遭受挫折的时候他就～:革命的高潮不久就会到来|马克思曾～:资本主义必然灭亡。

[名]带有预见性的言论:科学家的～已经实现|这位预言家的许多～都实现了|一个世纪前关于人们生活前景的～,今天已经变成了现实。

【近义词】断言/预告

7887 **预约**(約) 丁

yùyuē (make an appointment)

[动]事先约定(服务时间、购货权利等):～挂号|这个时间是王大夫和我～的|星期六下午是～门诊|你去那儿之前最好跟人家～一下。

7888 **预祝** 丙

yùzhù (congratulate beforehand)

[动]预先祝愿:～成功|～顺利|～大家比赛取得好成绩|～这次大会圆满成功|～我们的任务胜利完成。

7889 **冤** 丁 〔部首〕冖 〔笔画〕10

yuān (n. injustice; adj. not worthwhile)

[名]冤枉;冤屈;冤仇:不白之～|～狱|～情|鸣～|伸～|结～|含～负屈|这件事上他确实有～|他含～死去|你把情况说清楚,我一定帮你伸～。

[形]不值得;吃亏:今天白跑了一趟,真～! |上集市我花了不少～钱。

【提示】"冤"字下边是"兔",不能写成"免"。

【构词】冤案/冤仇/冤家/冤孽/冤情/冤屈/冤枉路/冤枉气/冤狱/冤家路窄

7890 **冤枉** 丙

yuānwang (v. treat unjustly; adj. not worthwhile)

［动］受到不公平的待遇；被加上不应有的罪名：～好人｜～得很｜这种批评，毫不～他｜他们都～你了｜你怎么能没根据地～好人？
［形］不值得；吃亏：我大老远跑去看她，她却不在，真～｜干了一上午的～活儿｜这几十块钱花得真～｜我这次回家乡，虽然没见到他本人，却看到了他家的变化，所以也并不觉得～。
【近义词】委屈/冤屈/诬陷/诬害

7891 **元** 甲 ［部首］一 ［笔画］4

yuán（m. yuan）
［量］货币单位，1 元等于 10 角：～、角、分｜一～钱｜老刘每月奖金有 350～｜妈妈寄来 100～钱｜这件衣服 120～。
【近义词】块
【提示】元，姓。
【构词】元宝/元老/元年/元配/元气/元曲/元日/元首/元帅/元素/元宵/元宵节/元凶/元勋/元夜/元音/元元本本

7892 **元旦** 丙

Yuándàn（New Year's Day）
［名］一月一日，新年的第一天：～社论｜～晚会｜再过三天，就是～了｜～放假一天，可以去看看老朋友。
【近义词】新年

7893 **元件** 丁

yuánjiàn（component）
［名］构成机器、仪表等的一部分，常由若干零件组成，可以在同类装置中调换使用：电子～｜无线电～｜更换～｜这台机器缺～，不能用了｜老师傅正在组装钟表～｜这种～可以在同类装置中调换使用。
【近义词】部件/构件

7894 **元首** 丁

yuánshǒu（head of a state）
［名］国家的最高领导人：国家～｜这是两国～第一次会晤｜几国～在会议上都同意这一发展方案。
【近义词】领袖/首领/首脑/君主

7895 **元素** 丙

yuánsù（element）
［名］❶化学元素的简称：氢～｜炭～｜化学～｜一种～｜硫、铁、氧等都是化学～。❷构成事物的基本因素；要素：古人认为金、木、水、火、土是构成万物的五种～。
【近义词】❷要素

7896 **元宵** 丙

yuánxiāo（the night of the 15th of the first lunar month）
［名］❶农历正月十五夜晚，因为这一天叫上元节，所以晚上叫元宵：合家欢乐，共度～｜今年～举行灯会｜今年～节过得真高兴。❷用糯米粉等做成的球形食品，有馅，多煮着吃。是元宵节的应(yìng)时食品：一斤～｜一个～｜一袋～｜一盒～｜～馅｜今年～已经上市｜弟弟最喜欢吃～｜～可以煮着吃，也可以炸着吃。
【近义词】❷圆子/汤圆/汤团
【构词】春宵/通宵/夜宵/中宵/终宵

7897 **员(員)** 乙 ［部首］口 ［笔画］7

yuán（n. member; suf. a person engaged in some field of activity）
［名］团体或组织中的分子：我是这个集体的一～｜作为体操队的成～，你

要按时参加训练。

[尾]指从事某项工作或学习的人：教～|学～|通讯～|营业～|售票～|服务～|售货～|炊事～|这家钟表修理店的店～服务态度很好|这位女演～拍了她的第一部电影。

7898 **原** 丁 〔部首〕厂 〔笔画〕10

yuán (original)

[形]❶最初的；开始的：～始|～煤|～木|～棉|～料不够了，赶快进货吧。❷原来的；本来：～形毕露|～地|工作按～计划完成|我～想他会同意的，不料他坚决反对。

【近义词】❷原来/本来

【提示】原，姓。

【构词】原版/原本/原动力/原封/原稿/原籍/原件/原貌/原煤/原棉/原木/原配/原色/原委/原文/原型/原形/原样/原野/原由/原著/原子笔/原原本本

7899 **原材料** 丁

yuáncáiliào (raw and processed materials)

[名]原料和材料：缺乏～|出口～|为了保证生产，～的供应工作一定要抓好|这个国家是很大的～进口国|近几年～价格不断上涨。

【近义词】原料

7900 **原告** 丁

yuángào (plaintiff; prosecutor)

[名]向法院提出诉讼的人或机关、团体。也叫原告人：他是～|～已向法院起诉了|～撤销了自己的诉讼|法院宣布～胜诉。

【近义词】原告人

【反义词】被告

7901 **原来(來)** 甲

yuánlái (original)

[形]起初；没有经过改变的：～的样子|～的决定|～的计划|赵州桥修建至今已有1300多年了，可是还保持着～的雄姿|我们能够学会我们～不懂的东西|～他只是一个普通的职员，现在已经是公司的经理了|30年过去了，他还住在～的地方。

【近义词】本来/原先/起初

【提示】作副词时表示发现真实情况：～如此|～是你，我还以为是小王呢|我到处找那本书，～小李借去了|这次走在访问猎户的路上，才忽然想到自己～对打猎有着这么浓厚的兴趣。

7902 **原理** 丙

yuánlǐ (principle)

[名]带有普遍性的，最基本的，可以作为其他规律的基础的规律；具有普遍意义的道理：几何～|科学～|数学～|美学～|机械～|电视机的结构～并不复杂|这座石拱桥的构造完全符合建筑学～。

【近义词】道理

7903 **原谅(諒)** 甲

yuánliàng (forgive)

[动]对人的疏忽、过失或错误宽恕谅解，不加责备或惩罚：好久没有给您写信，请～|实在怠慢，请诸位多多～|孩子年幼无知，说话不当，请～|你就～他这一次吧，他下回一定会改的|这回～了你，下回可不能再犯。

7904 **原料** 乙

yuánliào (raw material)

[名]指没有经过加工制造的材料，如用来冶金的矿砂、用来纺织的棉花：一种～|这类～|～生产|～进出口|～产地|～不能及时供应，大家只好停工|现在正是生产高峰期，厂里怎么可以缺少～？

【近义词】原材料

7905 **原始** 丙

yuánshǐ (original; firsthand)

[形]❶最初的；第一手的：～材料|～记录|这些～史料对研究中国古代历史有重要价值|这些～记录要好好保存|我需要的是关于市场的～资料。❷最古老的；未开化的；未开发的：～风貌|～习俗|～婚礼|～时代|～森林|～武器|～石器|特别～|他们还保持着～的生活方式|这种生产工具太～了|这些树林还保持着～风貌。

7906 **原先** 丙

yuánxiān (former)

[形]从前；起初：～的想法|～的情况|～不同意|～坚决反对|我们可以照～的计划做|他～是个文盲，现在已经成了业余作家。

【近义词】从前/以前/先前/早先/原来/起初

7907 **原因** 乙

yuányīn (cause)

[名]造成某种结果或引起另一件事情发生的条件：社会～|害怕的～|惟一的～|发现～|～不明|他们找到了事故发生的～|今年农业丰收的～是多方面的|他今天没来，不知是什么～。

【近义词】缘故/原故/缘由/原由

【反义词】结果

【构词】病因/成因/基因/近因/内因/起因/前因/外因/诱因/远因

7908 **原油** 丁

yuányóu (crude oil)

[名]开采出来未经提炼的石油：开采～|～出口量|～生产|这个油井每年开采～居全国首位|采用新技术以来，～产量大大提高了|这个国家每年进口很多～。

【近义词】石油

7909 **原则**(則) 乙

yuánzé (principle)

[名]说话或行事所依据的法则或标准：一条～|这项～|～提出了|讲～|遵守～|失去～|组织～|～问题|我们的～是实事求是|在～问题上，我们绝不能让步|正确的～就要坚持。

【近义词】规则/法则

7910 **原子** 丙

yuánzǐ (atom)

[名]构成化学元素的基本单位，是物质化学变化中的最小微粒，由带正电的原子核和围绕原子核运动的电子组成：氧～|铁～|～弹|～反应堆|分子是由～组成的，～又是由原子核和电子组成的。

7911 **原子弹**(彈) 丙

yuánzǐdàn (atom bomb)

[名]核武器的一种，利用铀、钚(bù)等原子核裂变所产生的原子能进行杀伤和破坏。爆炸时产生冲击波、光辐射、贯穿辐射和放射性污染：一枚～|一颗～|制造～|～有着极强的破坏力和杀伤力|～是一种武器。

7912 **原子能** 丁

yuánzǐnéng (atomic energy)

[名]原子核发生裂变或聚变反应时产生的能量,广泛用于工业、军事等方面,也叫核能:~发电站|研究~|~可以用在生产建设方面,也可以用在战争方面|~是一种能源。

〔部首〕扌
〔笔画〕12

7913 **援助** 丙

yuánzhù (aid)

[动]支援;帮助:~灾民|~技术|~得及时|请求~|无私地~|~目的|~之手|~一下|~一回|大家想尽一切办法~受难者|由于条件的限制,我们只能分批地进行~|我们应该无私地~他们。

【近义词】支援/增援/帮助/援救

【构词】援笔/援兵/援救/援军/援手/援引/援用

〔部首〕囗
〔笔画〕7

7914 **园**(園) 丁

yuán (garden)

[名]❶供人游览娱乐的地方:戏~|乐~|公~|动物~|植物~|这儿是儿童的乐~|北京动物~总是有很多游客。❷种植蔬菜、花果、树木的地方:花~|果~|菜~|爷爷整天在果~里劳动|他家屋前有一个大菜~。

【构词】园地/园丁/园林/园圃/园田/园艺/园子

7915 **园林** 丙

yuánlín (park)

[名]种植花草树木供人游览休息的风景区:~建筑|~风貌|苏州~|~的占地面积|我们尽情地游赏了这里的山水~|这个公园的建筑在~史上有很高的价值,它体现了高度的~艺术。

〔部首〕囗
〔笔画〕10

7916 **圆**(圓) 甲

yuán (adj. round; n. circle)

[形]❶像球的形状:~脑袋|~皮球|很~|月亮~|不要再吃了,肚子都吃~了|在她~~的脸蛋上有一对迷人的酒窝。❷圆满;周全:他做事很~,各方面都能照顾得到|这话说得不~。

[名]圆周所包括的平面、圆圈:人生道路真像一个~,它的开始又是它的终结,终结又是一个新的开始|他在黑板上用圆规画了一个~。

【提示】圆,姓。

【构词】圆白菜/圆场/圆鼓鼓/圆规/圆滑/圆谎/圆寂/圆梦/圆圈/圆润/圆熟/圆通/圆舞曲/圆心/圆周/圆周率/圆锥/圆桌

7917 **圆满**(滿) 丙

yuánmǎn (satisfactory)

[形]没有欠缺、漏洞,使人满意:~的答复|~结束|非常~|大家齐心协力~地完成了任务|这件事办得很~|这次会议~结束。

【近义词】美满/完满/完美

【反义词】残缺/欠缺

7918 **圆珠笔**(筆) 乙

yuánzhūbǐ (ball-pen)

[名]用油墨书写的一种笔,笔芯里装有油墨,笔尖是个小钢珠,油墨由钢珠四周漏下:一支~|~芯|红色~|~使用方便|前天刚买的新~就丢了|我不喜欢用~,我喜欢用钢笔。

〔部首〕犭
〔笔画〕13

7919 **猿人** 丙

yuánrén（ape-man）

[名]最原始的人类：～头盖骨｜～生活｜～化石｜北京～大约生活在 50 万年以前｜那里最新发现了～头骨。

7920 **源** 丁 〔部首〕氵 〔笔画〕13

yuán（source）

[名]水流开始流出的地方；比喻事物的起源和发展：水～｜泉～｜～头｜～远流长｜饮水思～｜问病寻～｜货～｜病～｜资～｜要想治病，首先得找出病～｜这里没有水～，没法生活。

【近义词】源头

【提示】源，姓。

【构词】源流/源泉/源头/源源本本/源远流长

7921 **源泉** 丁

yuánquán（source）

[名]水源；比喻力量、知识、感情等的来源和产生的原因：～找到了｜～充足｜挖掘～｜力量的～｜创作的～｜生活的～｜重要～｜文学艺术的惟一～是人类的社会生活｜当劳动果实属于人民所有的时候，劳动就是幸福的～｜山里的～流到这里，汇成了一个小湖。

【近义词】泉源/来源

【构词】飞泉/甘泉/黄泉/九泉/矿泉/喷泉/清泉/温泉

7922 **缘故**（緣） 丙 〔部首〕纟 〔笔画〕12

yuángù（reason）

[名]原因：说明～｜说清～｜地理的～｜喜欢的～｜吵架的～｜长寿的～｜失败的～｜紧张的～｜重要的～｜不知什么～，他到这时候还没来｜由于任务十分紧急的～，他只好夜以继日地干。

【近义词】原因/缘由/原由/原故

【反义词】结果

【构词】缘法/缘分(fèn)/缘起/缘由/缘木求鱼

7923 **远**（遠） 甲 〔部首〕辶 〔笔画〕7

yuǎn（far）

[形]❶空间或时间的距离长（跟“近”相对）：～处｜～走高飞｜很～｜～～的地方｜他家离这儿不～｜从这儿回我们学校还～得很。❷（差别）程度大：差得～｜这孩子聪明，～～超过他的姐姐｜我同你相比可差得太～了。

【反义词】近

【提示】远，姓。

【构词】远程/远道/远房/远古/远航/远见/远近/远客/远虑/远谋/远亲/远涉/远视/远洋/远因/远征/远足/远祖/远走高飞/远水不解近渴

7924 **远大** 丁

yuǎndà（long-range; ambitious）

[形]长远而广阔，不限于目前：～目标｜理想～｜前程很～｜他借咏雄鹰表述自己的～抱负｜他的眼光～｜年轻人应该树立～理想。

【近义词】宏大/巨大/庞大

【反义词】短浅

7925 **远方** 丁

yuǎnfāng（distant place）

[名]距离远的地方：～的朋友｜～的亲戚｜～的问候｜来自～的信｜～有一座高塔｜家里来了一位～的客人｜列车向～驶去。

7926 **远景** 丁

yuǎnjǐng（distant view）

［名］❶远距离的景物：～朦胧｜看～｜拍摄～｜～的照片｜站在山头眺望～｜画面上的～是起伏的山峰｜银幕上的～是为了衬托人物。❷将来的景象：～辉煌｜空谈～｜歌唱～｜人类的～｜幸福的～｜他绘声绘色地向我们描述了山区发展的～｜请谈谈你们的～规划。

【近义词】❷前景

【反义词】近景

7927 **愿**（願） 丙 ［部首］心 ［笔画］14

yuàn (v. wish; aux.v. be willing)

［动］希望：～你好好学习｜～妈妈保重身体｜～大家一帆风顺｜～我们的祖国永远繁荣昌盛。

［助动］愿意：这个题比较难，你～试一下吗？｜他从不～麻烦别人，自己能做的事一定自己做｜我～去，但最好你和我一起去。

【近义词】［动］祝愿/希望；［助动］愿意/肯

7928 **愿望** 乙

yuànwàng (wish)

［名］希望将来能达到某种目的的想法：～实现了｜～不切实际｜满足～｜违背～｜人民的～｜学习的～｜美好的～｜任何人都不能凭主观～办事｜我们怀着一个共同的～，把生命、智慧和才能贡献给人类事业｜我的最大～是到海南去工作。

【近义词】希望/心愿/意愿/志愿/抱负

7929 **愿意** 甲

yuànyì (aux. v. be willing; v. want)

［助动］认为符合自己的心愿而同意（做某事）：～做｜～去｜我跟他商量再三，他才说～去看电影｜这项任务，你～去完成吗？｜让他去做吧，他～做｜他不～让我们看他的文章｜我～当一名老师。

［动］同意：我问他想不想和我一起去旅行，他说他～｜你不必勉强自己，完全可以说不～。

【近义词】［助动］情愿/乐意/愿/甘愿；［动］同意

【提示】"愿意"是表心理活动的动词，可受程度副词修饰，如：很～｜非常～。

7930 **怨** 丙 ［部首］心 ［笔画］9

yuàn (n. resentment; v. blame)

［名］仇怨；怨恨：积～｜恩～｜～声载道｜宿～｜那次争吵使他们两家结下～仇｜人们～声载道，对环境污染十分不满。

［动］责怪：～天尤人｜～天～地｜昨天的事～我没说清楚｜不用～这个～那个了｜～来～去怎么～到我头上来了？

【近义词】［动］怪

【反义词】［名］恩

【构词】怨仇/怨敌/怨毒/怨恨/怨气/怨言/怨艾(yì)/怨声载道/怨天尤人/怨天怨地

7931 **院** 乙 ［部首］阝 ［笔画］9

yuàn (court yard)

［名］❶院子：四合～｜独～｜～里｜他家有个小～｜小～的门紧锁着，看起来很长时间没有人来了。❷指某些机关和公共处所的名称：法～｜学～｜科学～｜医～｜疗养～｜剧～｜电影～等。

【近义词】院子/院落

【提示】①义项❶的"院"口语中多儿

化。②院，姓。

【构词】院落/院墙/院士/院校

7932 **院长**(長) 乙

yuànzhǎng (president)

[名]国家某些机关、学校、事业单位的领导：科学院～|法院～|学院～|这位是市第一医院的王～|从1990年起，他就一直是这个学院的～|今天的会议有几位副～出席了。

【提示】“长”又读 cháng，见第717条。

7933 **院子** 乙

yuànzi (court yard)

[名]房屋前后用围墙或栅栏围起来的空地：很大的～|干净的～|一座～|一个～|～里长满野草|他家～里种着很多花|我喜欢那个布置得很有特色的小～。

【近义词】院落/院儿

7934 **曰** 丁 〔部首〕曰 〔笔画〕4

yuē (say)

[动]❶说：国人皆～可杀|子～：三人行，必有我师焉。❷叫做：那是一间干净的小屋，主人美其名～：爽斋。

【提示】文言词汇，多见于古文中或带文言色彩的书面语中。

7935 **约**(約) 乙 〔部首〕纟 〔笔画〕6

yuē (v. make an appointment; adv. about)

[动]❶预先说定：预～|～时间|～在哪一天|～好了|时间～得不合适|他们最后～的是下星期三见面。❷邀请：～朋友来|我～过她好几次了，她总说有事，不能来|你今天一共～了多少人？|这次把所有的老朋友～在一起，可真不容易。

[副]大概；大约：人口～100万|年～十七八岁|这本书～年底才能出版|班机～于下午3时抵达。

【近义词】[动]邀/请/邀请/邀约/约请；[副]大约/大概/约莫/大略

【提示】作名词时指约定的事；共同订立，须要共同遵守的条文：赴～|失～|有～|口说无凭，我们立个～吧|别忘了，我们有～在先。

【构词】约定/约集/约见/约略/约期/约请/约数/约言/约定俗成/约法三章

7936 **约会**(會) 乙

yuēhuì (appointment)

[名]预先约定的会晤：赴～|取消～|推迟～|～的地点|今天晚上我有个～|～的时间不得不推迟|恐怕要耽误你的～了。

7937 **约束** 丁

yuēshù (restrain)

[动]限制使不越出范围：自我～|～孩子|严格～|受到～|一味～|我们对屡教不改的职员必须用规章制度加以～|你不要把孩子～得太厉害|他严格～自己，不吸烟，不喝酒。

【近义词】拘束/束缚

【反义词】放任/放纵

7938 **越** *丙 〔部首〕走 〔笔画〕12

yuè (get over)

[动]❶跨过(阻碍)；跳过：翻山～岭|～过障碍|激～|华人柯受良骑摩托车飞～黄河口|～过冬天，春天就到了|他们～过一道道天险，终于完成了运输任务。❷〈丁〉超出(范围)：～权|～位|～礼|～级|你怎么能～过

我去直接找领导？|你管这事可有点儿～权|他决定～级上告。
【提示】越，姓。
【构词】越发/越轨/越级/越境/越礼/越权/越位/越野/越野赛/越狱

7939 **越…越…** 乙

yuè…yuè…（the more … the more …）
表示程度随着条件的发展而发展：脑子～用～灵|工作～做～好|他的话我～听～不舒服|他～看～觉得有意思|这项任务你完成得～快～好|讨论～深入，道理～清楚|雨～下～大|孩子～大～不听话，真是没办法|他～着急，～说不出话来。
【近义词】愈…愈…

7940 **越冬** 丁

yuè dōng（live through the winter）
植物、昆虫等度过冬天：小麦是～作物|这种花不容易～|有些昆虫的卵潜伏在土内～。
【提示】离合词，中间可插入其他成分，如：无花果树在北方越不了冬。
【构词】初冬/过冬/立冬/隆冬/深冬/严冬

7941 **越过**（過） 丁

yuèguò（cross）
［动］经过中间的界限、障碍物等，由一边到另一边：～高山|～大海|～栏杆|能～|飞快～|远远～|～的姿势|～那个山峰很不容易|他飞快地～栏杆|警察阻止我们～警戒线。
【近义词】翻过

7942 **越来越…** 乙

yuèláiyuè…（more and more）
表示事物动作的程度因某种原因的影响而加深：～热|～快|～着急|～清楚|雨下得～大|他现在变得～不爱说话|她长得～漂亮。
【近义词】越发/更加

7943 **跃**（躍） 丁 ［部首］足 ［笔画］11

yuè（leap）
［动］跳：跳～|飞～|～过这条小溪，前面是一块青草地|经过一个月的刻苦学习，她的成绩又向前～了一大步|从中学到大学，他经历了一个很大的飞～。
【近义词】跳
【构词】跃动/跃进/跃然/跃跃欲试

7944 **跃进**（進） 丙

yuèjìn（leap forward）
［动］跳着前进，也比喻极快地前进：向前～|向前～了一大步|～的计划|一个了不起的～|经过努力，工厂的生产出现了～的局面|他们的工作比前一阶段有了很大的～|部队正在向西北～。
【近义词】跳跃/奋进/进步
【反义词】退步/落后

7945 **月** 甲 ［部首］月 ［笔画］4

yuè（moon）
［名］❶月亮：～明星稀|明～当空|风清～淡|一轮圆～慢慢地爬上树梢。❷计时单位，一年为12个月：他在短期班学习了三个～|他妹妹来北京有半个～了|这个～他不打算去旅行了|下个～是30天。
【构词】月饼/月初/月底/月洞门/月度/月宫/月经/月刊/月老/月利/月亮门/月令/月末/月票/月琴/月全食/月色/月食/月台/月息/月薪/月牙/

月夜/月晕(yùn)/月中/月终/月下老人

7946 **月份** 丁

yuèfèn (month)

[名]指某个月:上个～|下个～|3～|你几～来北京的? |这个任务要到明年3～才能完成|这～产量比上个～提高10%。

【近义词】月

7947 **月光** 丙

yuèguāng (moonlight)

[名]月亮的光:明亮的～|～皎洁|～如水|大地上笼罩着朦胧的～|～从窗隙里洒进卧室|美丽的～下,人们在翩翩起舞。

【近义词】月色

7948 **月亮** 甲

yuèliang (the moon)

[名]月球的通称:圆圆的～|半个～|太阳、星星和～|十五的～真圆|一轮皎洁的～挂在中天|他望着圆圆的～,不由地思念起远在家乡的亲人|～升起来了|八月十五的～又圆又大。

【近义词】月/月球

7949 **月球** 甲

yuèqiú (moon)

[名]围绕地球转动的卫星,本身不发光,能反射太阳光,通称月亮:～上没有生命|他真希望有一天能坐宇宙飞船上～看看|～上有许多环形山。

【近义词】月/月亮

7950 **乐队**(樂隊) 丁 〔部首〕丿 〔笔画〕5

yuèduì (band; orchestra)

[名]由许多不同乐器的演奏者组成的队伍:交响～|铜管～|～指挥|～队员|一支～|庞大的～|这个～曾经在欧洲许多国家演出过|他是～的指挥|～开始演奏贝多芬的《第六交响曲》。

【提示】①"乐"又读 lè,见第3967条。②乐(Yuè),姓。

【构词】乐池/乐理/乐律/乐谱/乐师/乐舞/乐章

7951 **乐器** 丙

yuèqì (musical instrument)

[名]演奏音乐所用的器具,如鼓、笛、胡琴、钢琴等:一件～|一种～|～伴奏|～演奏会|民族～|西洋～|这些新式的～我从来没见过|最近他又买了好几件～|～的保养很重要。

7952 **乐曲** 丁

yuèqǔ (music)

[名]音乐的曲调或音乐作品:欣赏～|演奏～|中国～|一首～|一段～|一支～|他一生创作了许多著名的～|这些～都非常好听|～的旋律很感人。

7953 **阅**(閱) 丁 〔部首〕门 〔笔画〕10

yuè (inspect)

[动]❶检阅:～兵|～操|他在广场上～兵|国庆节有～兵式,你去看吗? |今天举行～兵典礼。❷看(文字):文件已～|来信已～。❸经历:～历|～世|张教授在国外生活了三十多年,很有～历|他～世不久,资历短浅。

【近义词】❶检阅;❷看/读;❸阅历/经历

【构词】阅兵/阅卷(juàn)/阅览/阅历/阅世

7954 **阅读**(讀) 乙

yuèdú (read)

[动]看(书报)并领会理解:~一遍|~报纸|~文章|~课|~练习|认真~|这本书我已经~过了|他在上大学期间~了很多世界文学名著|小王~得很仔细,把不懂的地方都记了下来。

【近义词】读/看

7955 **阅览室**(覽) 乙

yuèlǎnshì (reading room)

[名]图书馆里看书报的地方:中文~|外文~|~管理员|~星期日关门|我们学校的~最近买进很多好书|~里很安静|他常常去~看杂志。

7956 **晕**(暈) *丙 〔部首〕日 〔笔画〕10

yūn (faint)

[动]❶头脑发昏,周围物体好像在旋转,人有要跌倒的感觉:觉得有点儿~|头~眼花|~头~脑|~头转(zhuàn)向|他喝酒喝~了,都不知道东西南北了|我今天有点儿不舒服,有点儿~|这两天她病得很厉害,总是头~。❷〈丁〉昏迷:~倒|~厥|天太热,有人~倒在地上了|她病得不轻,~过去好几次。

【近义词】❶昏/眩晕;❷昏迷/昏厥

【反义词】❷醒(昏迷后恢复正常)/苏醒

【提示】"晕"又读 yùn,如:~车|~船。

【构词】晕头转向

7957 **云**(雲) 甲 〔部首〕二 〔笔画〕4

yún (cloud)

[名]由水滴、冰晶聚集形成的在空中悬浮的物体:一朵~|一片~|一块黑~|一团白~|万里无~|乌~满天|~山雾海|彩~|蓝天被朵朵白~点缀得漂亮极了|天上乌~密布,恐怕要下大雨了|天空湛蓝湛蓝,一丝~也没有|~渐渐消散了|他很喜欢观察~的变化。

【近义词】云彩

【构词】云层/云端/云朵/云海/云集/云雀/云杉/云涛/云天/云头/云雾/云霞/云烟/云游/云雨/云泥之别/云山雾罩/云消雾散/云遮雾障/云蒸霞蔚

7958 **云彩** 丁

yúncai (cloud)

[名]云:~飘动|~很多|山顶的~|绚丽的~|几朵~|东方满天~,真美|一片片~在天空中飘动|乌黑的~把太阳遮住了|~四周散发出金黄的光辉。

【近义词】云

7959 **匀** 丁 〔部首〕勹 〔笔画〕4

yún (adj. even; v. divide evenly)

[形]均匀:分配不~|色彩不~|今年雨水很~|东西分得非常~|颜色涂得不~。

[动]❶使均匀:这两份菜多少不均,你再去~一下|把脸上的粉~~|你把凉菜里的盐拌~。❷抽出一部分给别人或做别的用途:我们组的工具比较多,可以~给你们一些|我明天不能去长城,事儿太多了,实在~不出时间来|你们~出一间屋子给他们住。

【近义词】[动]调剂;[形]均/均匀

【构词】匀称/匀净/匀脸/匀整

7960 **允许**(許) 乙 〔部首〕儿 〔笔画〕4

yǔnxǔ (permit)

[动]许可;同意:家长～|法律～|～结婚|～参加|～通信|应该～|获得～|只要时间～,我就经常来看你|他起初不～,后来才勉强答应|未经～,不准入内|李老师～他请假两天|没有得到领导的～,不能擅自离开。

【近义词】许可/容许/准许/答应/应允

【反义词】禁止/制止/不许/反对

7961 **运**(運) 乙 〔部首〕辶 〔笔画〕7

yùn (carry)

[动]搬运;运输:～东西|～回来|～往仓库|～了两趟|～货的车刚开走|你把行李～到火车站|船上～来很多大米|这些货物要分两批～|搬家的时候请派个车帮我～～|这种客货两用车～不了多少东西。

【提示】运,姓。

【构词】运笔/运筹/运动场/运动量/运费/运河/运价/运输机/运输舰/运载/运载火箭

7962 **运动**(動) 甲

yùndòng (v. move; n. sports)

[动]物体的位置不断变化:地壳时刻都在～|部队正在迅速向前～|你不要老坐着,出去～～|你先做点儿准备活动,把身体各部分～开了,再去长跑。

[名]❶体育活动:参加体操～|这个学校的田径～搞得很好|他是一位～健将。❷有组织、有计划、有目的的规模较大的群众性活动:政治～|爱国～|～的规模|李大钊是"五四"～的领导人之一|大家都积极参加爱国卫生～|技术革新～在该厂蓬勃开展。

【近义词】[动]活动/行动/移动

【反义词】静止

7963 **运动会**(會) 乙

yùndònghuì (games)

[名]单项或多项体育运动的竞赛会:第一届～|一次～|亚洲～|冬季～|奥林匹克～|参加～|举办～|举行～|学校里正在举行第一届田径～|他是这次～的冠军|～每年举行一次。

7964 **运动员**(員) 乙

yùndòngyuán (athlete)

[名]参加体育运动比赛的人:跳高～|优秀～|短跑～|一个～|一位～|她是一名很出色的体操～|～入场了|～的身体都很好。

7965 **运气**(氣) 丙

yùnqi (luck)

[名]命运(多指好的):碰～|好～|有～|～不错|他～好,找了个好对象|你真有～,好事情都给你碰上了|成功是汗水换来的,不能只靠碰～。

7966 **运输**(輸) 乙

yùnshū (v. transport; n. transportation)

[动]用交通工具把物资或人从一个地方运到另一个地方:～货物|～粮食|～一批战备物资|货物～得很快|～不了这么多蔬菜|这个车队正给我们厂～钢材。

[名]指运输的工作:铁路～|公路～|交通～|他是搞～的|这里的交通～

不太发达。

【近义词】运送/输送

7967 **运送** 丁

yùnsòng (transport)

[动]把人或物资运到一定的地方：～肥料｜～货物｜已经～了两车｜为了躲避敌人的搜捕，村民们把伤员～到一个荒僻的山沟里｜这些蔬菜吃不了，给他们～一部分去。

【近义词】运输/输送

7968 **运算** 丁

yùnsuàn (operation)

[动]依据数学法则，求出算题或算式的结果：～程序｜进入～｜～出结果来｜电脑～比人快得多｜这道题他怎么也不会～｜你还记得梯形面积的～公式吗？

【近义词】演算/计算

7969 **运行** 丁

yùnxíng (move)

[动]周而复始地运转(多指星球、车船等)：～速度｜～轨道｜恢复～｜列车～示意图｜缩短列车的～时间｜地球绕太阳～｜宇宙间各类星球都在按一定的轨道～｜～一周用多长时间？｜列车～得很正常，已经～了好几个来回了。

【近义词】运转

【反义词】停止

7970 **运用** 乙

yùnyòng (use)

[动]根据事物的特性加以利用：～新技术｜～理论｜善于～｜加以～｜熟练地～｜～的方式｜这位外国朋友能熟练地～汉语进行交际｜我们要积极～科技成果｜～这种新方法，可以把生产效率提高一倍。

【近义词】应用/使用/利用

7971 **运转**(轉) 丙

yùnzhuǎn (revolve)

[动]沿着一定的轨道行动：～正常｜太阳～｜机器～｜～得很快｜～一年｜开始～｜加速～｜飞快地～｜～的规律｜在太阳周围，有九颗行星围绕着它～｜五台机器不停地～着｜停电了，机器～不了｜这些机器不能超负荷～。

【近义词】旋转/运行/转动

【提示】“转”又读 zhuàn，见第 8602 条。

7972 **蕴藏**(蘊) 丁 〔部首〕艹 〔笔画〕15

yùncáng (hold in store)

[动]蓄积而没有显露或没有发掘：～矿石｜～人才｜～力量｜～的地点｜这一带～着丰富的铁矿｜这种稀有金属在地下～了几千年了｜我国各地～的资源很丰富｜他多年来把自己的感情～在心底，从未向人吐露过。

【近义词】埋藏

【构词】蕴含/蕴涵/蕴藉(jiè)/蕴蓄

7973 **酝酿**(醖釀) 丁 〔部首〕酉 〔笔画〕11

yùnniàng (brew)

[动]原指造酒发酵的过程，比喻使事物达到成熟的各种准备活动：群众～｜～计划｜～阴谋｜～成熟｜～得充分｜开始～｜提前～｜认真～｜～的过程｜他们正在～候选人名单｜对于教学改革的问题，我们要进行充分的～｜一个新的计划正在～中。

【近义词】孕育

【构词】佳酿/酒酿

7974 **孕育** 丁 〔部首〕子 〔笔画〕5

yùnyù (breed)

[动]怀胎生育;比喻既存的事物中酝酿着新事物:植物~果实|大地~万物|~着新生事物|~着新一代|母亲不但~了我,而且还教育我成人|困难里包含着胜利,失败里~着成功|这种不合规程的操作,~着许多危险因素。

【近义词】酝酿/产生

【构词】孕妇/孕期

Z

7975 **砸** *丙 〔部首〕石 〔笔画〕10

zá (tamp)

[动]❶用沉重的东西对准物体打；沉重的东西掉落在物体上：～核桃｜～了脚了｜～在手上｜～得真疼｜地震造成房屋倒塌，～死了不少人｜他们把地基～得很结实｜手不要紧，只～破了一点儿皮。❷〈丁〉打坏；打破：杯子～了｜碗～碎了｜一不小心，玻璃瓶被～得粉碎。

【近义词】❶打/锤/击；❷打碎

7976 **杂**(雜) 乙 〔部首〕木 〔笔画〕6

zá (adj. miscellaneous; v. mix)

[形]不纯；不单一；多种多样：～活儿｜～事｜闲～人｜很～｜太～｜～七～八｜～活儿太多了｜～采众家之说｜他揽的事太～了｜码头上什么样的人都有，很～。

[动]混合在一起：她的黑头发中～有几根白发｜绿色的草地～着各色野花｜战乱时期难免鱼龙混～。

【近义词】[动]混/搀杂/夹杂

【反义词】[形]纯/单一/精

【构词】杂拌/杂草/杂处(chǔ)/杂费/杂感/杂和(huo)面/杂活儿/杂货/杂记/杂家/杂居/杂粮/杂面/杂念/杂牌/杂食/杂史/杂事/杂耍/杂碎/杂务/杂役/杂音/杂院/杂症/杂乱无章/杂七杂八

7977 **杂技** 乙

zájì (acrobatics)

[名]各种技艺表演的总称，主要形式有车技、口技、手技、顶技、绳技以及魔术等：～团｜～演员｜看～｜表演～｜走钢丝、顶碗等精彩的～表演迷住了小观众｜欧洲人特别爱看中国的～｜他是一名～演员。

【近义词】把戏/杂耍

7978 **杂交** 丁

zájiāo (cross-breed)

[动]不同种、属或品种的动物或植物进行交配或结合：～水稻｜～品种｜～玉米｜这些品种是新～成的｜这次～试验很成功｜他对这两种植物能否进行～做了认真的研究工作｜这两种植物可以采取嫁接的方式进行无性～。

7979 **杂乱**(亂) 丁

záluàn (mixed and disorderly)

[形]纷繁而无秩序：～不堪｜思绪～｜人声～｜～的会场｜房间里一片～｜这里的一切都～无章｜～的小院里住着三家人｜他的发言东拉西扯，讲得很～｜门口～地堆放着一些旧家具。

【近义词】混乱

【反义词】整齐/齐整

7980 **杂文** 丙

záwén (essay)

[名]现代散文的一种，不拘泥于某一种形式，偏重议论，也可以叙事：～集｜～选｜写～｜～作家｜鲁迅的～脍炙人口｜他对～有特别的爱好｜～一般都很短。

7981 **杂志** 丙

zázhì (magazine)

[名]期刊：～出版了｜～没订上｜该～受到好评｜办～｜医学～｜最佳～｜两种～｜～的撰稿人｜～阅览室｜办～的宗旨｜这期～的封面很漂亮｜他是～主编｜这儿代销～｜这家～的影响越来越大。

【近义词】期刊

7982 **杂质**(質) 丙

zázhì (impurity)

[名]物质中夹杂的不纯的成分：～减少了｜～沉淀了｜～被过滤了｜含有～｜水中的～｜有害的～｜～的含量｜他们正在研究怎么把化肥中的～处理掉｜溶液中出现一些奇怪的～｜这两种～看起来很相似，科学家正在研究它们的化学成分。

7983 **栽** 丙 〔部首〕木 〔笔画〕10

zāi (plant)

[动]❶栽种：～树｜～花｜把兰草～在花盆里｜每年春天我们都要～很多树｜这棵树是我～的。❷硬给安上(用于抽象事物)：～罪名｜～赃｜他把事故的责任硬～到我头上。❸跌倒：他不小心～了一个跟头｜他黑夜里走路～了一跤｜醉汉摇摇晃晃从那边走来，一下子～到泥坑里去了｜办事粗心，难免～跟头｜真没想到，那么精明的他居然～到别人手里了。

【近义词】❶种/植

【构词】栽跟头/栽培/栽绒/栽赃/栽种(zhòng)

7984 **栽培** 丁

zāipéi (cultivate)

[动]❶种植、培育植物：～果树｜新品种～出来了｜～青菜｜广泛地～｜～的步骤｜他正在学习苹果～技术｜老张～了一棵名贵的月季。❷比喻培养、造就人才：十分感谢老师对我的～。

7985 **灾**(災) 乙 〔部首〕宀 〔笔画〕7

zāi (disaster)

[名]自然的或人为的祸害：抗震救～｜除病消～｜招祸惹～｜天～｜旱～｜兵～｜这几年，这个地方不再闹～了｜我们村今年遭了～｜去年是～年，今年风调雨顺。

【近义词】祸/难

【提示】"灾"、"祸"、"难(nàn)"都是名词，都含有遭受意外破坏而蒙受不幸的意思。区别在于：词义的侧重方面不同。"灾"侧重于水、旱、风、火、病、虫、地震、战火等给人们造成的破坏和不幸；"祸"侧重于意外的事件或情况给人们造成的不幸，如：车祸、闯祸；"难"侧重于不幸的遭遇，如：遇难、蒙难。

【构词】灾祸/灾民/灾年/灾情/灾区/灾殃

7986 **灾害** 乙

zāihài (disaster)

[名]水、火、旱、风、雹、虫、战争、地震等自然造成的或人为的祸害：～来临｜～加重｜～受到控制｜造成～｜忍受～｜严重的～｜很多自然～的出现，事前往往无法预料｜这是百年不遇的大旱，～十分严重｜那场可怕的～给人们的心灵留下难以抹去的阴影。

【近义词】灾患/灾殃

7987 **灾荒** 丁

zāihuāng (famine)

[名]由于自然灾害使农作物大面积

歉收，给人们生活造成威胁的现象：～年月｜闹～｜战胜～｜～四起｜前一年这儿的～很严重｜听说你的家乡闹～了，厉害吗？｜闹～的时候，政府要救济受灾的群众。

【近义词】灾害/灾患/灾祸

7988 **灾难**（難）　丙

zāinàn (calamity)

［名］天灾人祸所造成的严重损害和痛苦：～过去了｜～深重｜躲避～｜忘记～｜人类的～｜意外的～｜～的严重性｜～的制造者｜这场可怕的～毁灭了几百个幸福的家庭｜10年前发生的那场惨重的～，给人们留下无尽的痛苦。

【近义词】灾祸/苦难/灾患

【提示】“难”又读 nán，见第4601条。

7989 **宰**　丁　〔部首〕宀〔笔画〕10

zǎi (slaughter)

［动］❶杀（牲畜、家禽）：杀猪～羊｜～了一只鸡｜我一个人～不了羊｜他～得比我利索｜～牛～得很内行。❷比喻向顾客索取高价：～人｜挨～｜怕～｜这家饭馆特别～人｜你不怕挨～就去那家饭馆吃｜这家商店～人真狠。

【近义词】❶杀/屠；❷敲诈

【构词】宰割/宰杀/宰相（xiàng）

7990 **载**（載）　丙　〔部首〕车〔笔画〕10

zǎi (record)

［动］刊登；记载：～入史册｜刊～｜登～｜转～｜昨日报～市郊发生重大交通事故｜他的光辉事迹定会～入史册｜报上转～了那条消息。

【提示】“载”又读 zài，如“载重”。

7991 **载重**　丙

zàizhòng (load)

［动］（交通工具）负担重量：～汽车｜～量｜这辆卡车～多少？｜这种车～量很小。

7992 **再**　*甲　〔部首〕一〔笔画〕6

zài (again)

［副］❶表示又一次：学习，学习，～学习｜这篇文章要～修改一遍｜时间还早，你～坐一会儿｜此后，我们没有～见面｜这件事不能一拖～拖了｜昨天我又去看了他一次，以后我不～去看他了。❷表示动作的先后承接：吃完了饭～走｜等问题调查清楚了～处理。❸〈乙〉表示更加：颜色～深点儿就好了｜质量～好一点儿就可以出口了｜菜已经咸得不能～咸了。❹〈乙〉表示在任何条件下都不会改变，有不管怎么样的意思，与“也”、“都”配合：那东西～好我也不要｜你说得～好听，我也不相信｜狐狸～狡猾，也斗不过好猎手。❺表示追加补充，有“另外”、“又”的意思：家里有爸爸和妈妈，～就是妹妹和我｜这次获奖的单位，一个是我们工厂，一个是你们工厂，～一个就是小王他们工厂｜图书馆买了几十万册书，～加上数百部工具书，比以前更像样了。❻〈丙〉表示范围的扩大：除了我和你知道，～没有别的人知道｜我们的产量可以～超额30%。❼〈丙〉用在否定句中，有加强语气的作用：从此以后，我～不听他的话了｜～不能重犯以前的错误了｜能住上这样的房子～好也没有了。❽〈丙〉表示如果继续下去，就会发生某种情况：如果～吵下去，肯定会打起来｜你～不好好学习，我就不管你了。

【构词】再版/再次/再度/再会/再婚/

再嫁/再现/再造/再接再厉

7993 **再见**(見) 甲

zàijiàn (goodbye)

[动]❶告别用语:老师~!|~,王小姐|外婆,~了!|山里的小朋友们,~了!❷再次见面:一别10年,~的时候彼此好像都不认识了|下次~的时候,希望看到一个全新的你|我们约个~的时间吧。

【近义词】再会

【提示】多用于口语中。

7994 **再三** 丙

zàisān (time and again)

[副]一次又一次:~挽留|~强调|老王~请求我和他一块儿去|奶奶~叮嘱孙子好好学习|我~向他道歉|我们~考虑,决定还是让你去做这件事好。

【近义词】反复

7995 **再生产**(產) 丁

zàishēngchǎn (reproduction)

[名]指生产过程不断重复和经常更新。有两种形式,即按原规模重复的简单再生产和在扩大的规模上进行的扩大再生产:~需要投入很大的人力、物力|生产资金不足,不能进行~|今年形势大好,工厂打算进行扩大~。

7996 **再说**(説) 丙

zàishuō (v. put off until some time later; conj. what's more)

[动]表示留待以后处理或考虑:这事以后~,现在我没有工夫|一点儿东西,给什么钱?以后~吧|等校长回来~,我决定不了|钱你先用着,别的事以后~,别太着急。

[连]连接分句,进一步说明原因:这家饭店的菜味道一般,~价钱又太贵,我们另找一家吧|那套房子离市中心不远,~环境也很美,买了吧|她是第一次来北京,~说又带着孩子,咱们当然得去接她。

【近义词】[连]并且/况且/而且

7997 **在** *甲 〔部首〕土 〔笔画〕6

zài (prep. at; in; on; v. be at a place)

[介]表示事情发生的时间、处所、范围:~上海|~1949年|~这个医院|这~北方很普遍|他~北京大学读研究生|~大家的帮助下,他进步很快|事情发生~昨天下午|他出生~南京,也一直住~南京|疗养院坐落~风景优美的湖畔|放心吧,他不会记~心上的。

[动]❶表示人或事物的位置:他~家|他家~山东|小王~操场|书都~书架上|饭馆~商店旁边。❷〈乙〉存在;生存:精神永~|只要你~,我就不怕|她的母亲已经不~了|父母还都健~|那个花瓶还~,我没有扔。❸〈丙〉在于;决定于:事故的责任~我,不~他|事~人为,要振作起来,你会成功的|学习好全~自己努力|学习任何东西,贵~坚持。

【近义词】[介]于

【构词】在案/在编/在场/在即/在家/在理/在世/在逃/在位/在先/在心/在押/在野/在职/在劫难逃/在所不辞/在所不计/在所不惜/在所难免/在天之灵

7998 **在** 甲

zài (adv. *used to indicate action in*

progress）

［副］正在：老王～修自行车｜我们～准备新年晚会｜他们～讨论参观那家工厂的事｜妹妹～做作业。

【近义词】正在

7999 **在乎** 丁

zàihu（depend on）

［动］❶在于：文章不～多而～精｜学习全～自己的努力｜孩子要成才，不～花钱多，而～路子正。❷放在心上；介意：他对此满不～｜人家笑你，你～不～？｜工作辛苦劳累我不～，但我～别人的理解｜难道你还～这点儿小事？｜我不～钱多少，要做就想把它做好。

【近义词】❶在于；❷在意/介意/在心

8000 **在意** 丁

zài yì（take to heart）

放在心上；留意：很～｜不～｜～得很｜她很～自己的言行举止｜他对别人的评论太～了｜除了工作，任何事他都不～｜孩子不懂事，请你别～。

【近义词】在乎/在心/介意

【反义词】疏忽

【提示】离合词，中间可插入其他成分，如：对他的身体，你要在点儿意，别太粗心。

8001 **在于** 丙

zàiyú（lie in）

［动］❶指出事物的本质所在：就～｜不～｜关键～｜这本书所以受欢迎，就～它通俗易懂｜现在消费者意见越来越多，关键～产品的质量不高｜你的问题～不能充分利用时间。❷决定于（某一因素、某一对象）：一年之计～春｜领导已经跟你谈过了，这项工作做不做～你自己｜学习的好坏～个人的主观努力。

8002 **在座** 丙

zàizuò（be present）

［动］在聚会、宴会等的座位上。泛指参加聚会或宴会：～的｜～的有｜今天～的有各位领导和具体负责这项工作的同志们｜除了双方父母，今天婚礼～的还有新人的朋友、同事以及街坊四邻｜这件事到底该不该做，请～的老师决定。

8003 **咱** 甲 〔部首〕口 〔笔画〕9

zán（we）

［代］咱们（指自己和对方）：今天是星期天，～去街上转转吧｜～的关系这么好，没说的。

8004 **咱们**（們） 甲

zánmen（we）

［代］总称自己这一方（我或我们）和对方（你或你们）：～好久没见了，得好好聊聊｜路那么远，～别去了｜～今天的主要任务是把教室打扫干净。

【近义词】大家

8005 **攒**（攢） 丁 〔部首〕扌 〔笔画〕19

zǎn（save）

［动］积聚；储蓄：不～｜没～｜～钱｜～邮票｜～硬币｜～多了｜～够了｜～不下｜～不了｜～了一年｜我已经～了很多硬币｜你也该多～些钱，将来结婚时用｜买房子的钱还没～够。

【近义词】积累

8006 **暂**（暫） 丁 〔部首〕日 〔笔画〕12

zàn (temporarily)

[副]暂时:～停|～借|～住|～行条例|～不营业|工作～告一段落|因前方故障,火车～停一个小时|我～住在朋友家|内部修理,～不营业|这个问题,～不答复。

【近义词】临时/暂时

【反义词】久/悠久

【提示】"暂"只用在单音节动词前:～停|～住;不能用在双音节动词前:×～停止。

【构词】暂行

8007 **暂且** 丁

zànqiě (for the time being)

[副]暂时;姑且:这件事的方法对不对～不提,但它确实解决了我们的问题|太晚了,你～在我家住一夜,明天再去找他吧|这个问题～放一放|既然这样,你～不要去了。

8008 **暂时**(時) 乙

zànshí (temporary)

[形]临时的;短时间的:～困难|～现象|这种现象是～的|困难是～的|～的失败吓不倒他。

【近义词】临时

【反义词】长久/亘(gèn)古/永久/悠久/长远

【提示】只作状语或定语,不单独作谓语。

8009 **赞成**(贊) 乙 〔部首〕贝 〔笔画〕16

zànchéng (approve)

[动]同意别人的主张或行为:不～|很～|非常～|表示～|举手～|都～|我们都～春游去长城|教工们都～高校体制改革|我们～你当我们的代言人|这种做法大家都～|对这种意见,我不～|～的请举手。

【近义词】同意/拥护/赞同

【反义词】反对

【构词】赞歌/赞礼/赞美诗/赞佩/赞颂/赞许/赞语/赞誉

8010 **赞美** 丙

zànměi (praise)

[动]称赞;夸奖:～春天|～的话|得到～|～了一番|～得过分了|值得～|不停地～|应该～|～祖国的山河|看到长城,他情不自禁地～其壮观、雄伟的气势|人们都～她是一个好媳妇|文中不乏～之词|儿子听到一两句～的话,美得不得了。

【近义词】称道/称赞/赞扬/赞叹/赞颂/赞许/叹赏

【反义词】贬斥/否定

8011 **赞赏**(賞) 丁

zànshǎng (appreciate)

[动]赞美赏识:很～|得到～|受到～|～的话|这种做法值得～|小韩的毛笔字受到了书法家的～|外宾们十分～杂技演员们的高超技艺|她用～的目光看着他。

【近义词】欣赏/赏识/赞扬/赞叹/赞美/称颂/嘉许/颂扬/叹赏/赞颂/赞许/赏识

【反义词】贬斥/否定

8012 **赞叹**(嘆) 丁

zàntàn (highly praise)

[动]称赞:发出～|不由得～不已|不住地～|这件精美的艺术品令大家～不已|老张师傅的微雕技术,连同行们都～不已|他～地说:"北京这两年的变化真大啊!"

【近义词】赞赏/赞扬/赞美/称赞
【反义词】嘲笑
【构词】哀叹/悲叹/长叹/感叹/惊叹/慨叹/咏叹

8013 **赞同** 丁

zàntóng (approve of)

[动]赞成;同意:～他的意见|表示～|完全～|一致～|应该～|会～|不～|得到～|教工们一致～改革工资制度|既然大家都表示～,就这么决定了|大家对他的意见表示～。

【近义词】同意/赞成/拥护
【反义词】反对

8014 **赞扬**(揚) 丙

zànyáng (praise)

[动]称赞表扬:～了一番|～的话|～这种精神|得到～|受到～|值得～|应该～|加以～|少先队员们照顾孤寡老人的事迹受到人们的～|老师～了他这种刻苦学习的精神|～的话听多了,可不能飘飘然啊。

【近义词】表扬/夸奖/称赞/颂扬
【反义词】贬斥/讥讽

8015 **赞助** 丁

zànzhù (support)

[动]赞同并帮助(现多指拿出财物帮助):～教育事业|积极～|拉～|慷慨～|无私～|获得～|得到～|同意～|继续～|肯～|应该～|愿意～|～了10万元|接受～|不少单位～这部电影的拍摄|这项工程,许多海外华人都表示愿意～|～本届奥运会的厂商已超过往届|为了这次活动,他们到处拉～。

【近义词】支持/协助/帮助
【反义词】反对

8016 **脏**(髒) 甲 〔部首〕月 〔笔画〕10

zāng (dirty)

[形]有尘土、汗渍、污垢等;不干净:地上～|衣服～|脸～了|～得厉害|不太～|嫌～|怕～|弄～了|蹭～|特别～|一样～|～得不得了|手～了|衣服弄～了|屋里太～了,赶紧收拾一下吧|那个院子～得很|在这种小摊上吃东西太～。

【近义词】肮脏
【反义词】干净/清洁
【提示】"脏"又读 zàng,如"心脏"。
【构词】脏话/脏乱/脏水/脏土/脏污/脏字

8017 **葬** 丁 〔部首〕艹 〔笔画〕12

zàng (bury)

[动]掩埋或处理死者遗体:埋～|安～|火～|海～|土～|天～|陪～|送～|火～场|王先生的骨灰～在八宝山公墓|死者的亲朋好友赶来为他送～。

【构词】葬埋/葬身/葬送/葬仪

8018 **葬礼**(禮) 丁

zànglǐ (funeral)

[名]掩埋死者遗体的仪式:参加～|举行～|操办～|隆重的～|在老张的～上,大家感到万分悲痛|王先生的～隆重而肃穆|～进行了半个小时。

【近义词】葬仪

8019 **遭** 丙 〔部首〕辶 〔笔画〕14

zāo (meet with [misfortune])

[动]遇到(多指不幸或不利的事):～水灾了|惨～杀害|～挫折|～人暗算|～报应|～了毒手|别让他～这个罪

了|这次洪水使很多人～难|许多地区都～了灾|你不怕～报应吗？

【近义词】遇/受

【提示】"遭"和"受"："遭"的宾语主要是严重的或突然降临的不幸不利之事，而"受"的宾语可以是好事，如受表扬。"遭"的另一用法是作量词，表示"回"、"次"、"趟"；"受"没有这一用法。

【构词】遭逢/遭际/遭劫/遭灾/遭罪

8020 **遭到** 乙

zāodào (meet with [misfortune])

[动]遭受(多用于不幸、不利或不喜欢的事)：～了很大的挫折|～打击|～破坏|～摧残|～屈辱|～巨大损失|～轰炸|～轻视|～折磨|这些美丽的花朵，～风雨的摧残，都凋落了|这次事故，使工厂～巨大损失|晚年，他连连～生活的打击。

【近义词】受到/遭逢

8021 **遭受** 乙

zāoshòu (suffer)

[动]受到(不幸或损害)：～打击|～痛苦|～不幸|～灾难|他们～了很大的损失|这些人正在～疾病的折磨|他所～的痛苦是一般人想像不到的。

【近义词】受到/蒙受

8022 **遭殃** 丁

zāo yāng (suffer disaster)

遭受灾难：人民～|旅客～|老实人～|国家～|学校～|土地～|身体～|动物～|同样～|他家被盗了，这下可～了|战争的结果往往是人民～|自然环境被破坏，很多野生动物都遭了殃。

【提示】离合词，中间可插入其他成分，如：遭了殃|遭不了殃。

【构词】祸殃/灾殃

8023 **遭遇** 丙

zāoyù (v. meet with; n. [bitter] experience)

[动]碰上；遇到(敌人、不幸的或不顺利的事等)：～战|～敌人|他在求学过程中～了不少困难|在村口，两军打起了～战|他从未～过这样痛苦的事情。

[名]遇到的事情(多指不幸的)：不幸～|童年的～|悲惨的～|我很同情他的不幸～|她给我讲了她过去的～|儿时的～使他变得非常坚强。

8024 **糟** 丙 〔部首〕米 〔笔画〕17

zāo (in a mess)

[形]❶指事情或情况坏：事情弄～了|～了，我把钱丢了|他再不来可就～了，飞机马上要起飞了。❷不结实；腐烂：～木头|房梁已经～了，不能再住人了。

【近义词】❶坏；❷烂/腐朽

【构词】糟害/糟践/糟糠/糟踏

8025 **糟糕** 乙

zāogāo (too bad)

[形]指事情、情况坏得很：身体～|健康情况～|局势～|情形十分～|他的情绪很～|交通越来越～|这个部门怎么搞得这么～？|这身衣服真～|这里的伙食～透了|饭做得～极了|～，我忘了带钥匙，进不去门了|真～，我的身份证丢了|这个人真～|他的领导很～。

【近义词】差劲儿/逊色

【提示】多用于口语。

8026 **糟蹋** 丁

zāotà (waste; spoil)

［动］❶浪费或损害：～东西｜～原料｜～零件｜～钱财｜～艺术｜～事业｜～文具｜～时间｜这场冰雹～了不少农作物｜把这些都吃了，别～粮食｜别减肥了，不要～自己的身体。❷侮辱；蹂躏（用于女性）：敌人～了许多妇女｜这姑娘受到～后精神失常了。

【近义词】❶浪费；❷践踏/蹂躏/欺侮/凌虐/欺辱/凌辱/糟践/侮辱

【反义词】❶节约/节俭/节省；❷爱惜/珍惜/珍重

8027 **凿**（鑿） 丙 〔部首〕业 〔笔画〕12

záo (dig)

［动］打孔；挖掘：～井｜～洞｜～石头｜他在墙上～了一个洞｜那些山洞都是我们～的｜石头太硬，我～不动。

【构词】凿子

8028 **枣**（棗） 丁 〔部首〕一 〔笔画〕8

zǎo (date)

［名］❶枣树，落叶灌木或乔木，幼枝上有成对的刺，叶子卵形或长圆形，花黄绿色。结核果，暗红色，卵形、长圆形或球形，味甜，可以吃：一棵～｜我家院子里有3棵～，两棵桃｜～花开了，院子里特别香。❷这种植物的果实：大～｜小～｜红～｜～茶｜～是一种很有营养的水果｜我买了一些大～｜中医认为～有安神的作用。

【近义词】枣子

【提示】义项❷的"枣"在口语中多儿化。

【构词】枣糕/枣红/枣泥/枣子

8029 **早** 甲 〔部首〕日 〔笔画〕6

zǎo (early)

［形］❶时间在先的：～期｜～稻｜他～年从事过文艺工作。❷比预定的时间靠前：～产｜～婚｜～熟｜天不～了，快点儿走吧｜你怎么不～说？｜～点儿回来｜起得太～了｜她比预定时间～来了一刻钟。❸很久以前：你别等他了，他～走了｜他～就是教授了｜你别说了，这件事我～知道了。

【反义词】晚/迟

8030 **早晨/早上** 甲

zǎochen/zǎoshang (morning)

［名］从天将亮到八九点钟的一段时间；有时从午夜12点以后到中午12点以前都算是早晨：我每天～6点起床｜明天～你来吗？｜～的空气很新鲜｜～街上人不多。

【近义词】清晨/清早/一早/破晓/凌晨

【反义词】晚上/夜晚/晚间

8031 **早点**（點） 丁

zǎodiǎn ([light] breakfast)

［名］早晨吃的点心；早饭：～铺｜卖～｜买～｜吃～｜今儿～吃的什么？｜～的种类十分丰富｜我每天都在这家饭馆吃～。

【近义词】早饭/早茶/早餐

【反义词】晚餐/晚饭/夜饭/夜宵

8032 **早饭**（飯） 甲

zǎofàn (breakfast)

［名］早晨吃的饭：做～｜吃～｜简单的～｜你吃～了吗？｜～做好了，快吃吧｜我要迟到了，～不吃了。

【近义词】早茶/早点/早餐

【反义词】晚餐/晚饭/夜饭/夜宵

8033 **早期** 丙

zǎoqī (early stage)

[名]某个时代、某个过程或某个人一生的最初阶段：～经历|癌症～|～作品|和他的～作品相比，他现在的写作风格有些不同了|建国～，人民的生活水平还很低|你的病现在还是～，要抓紧治疗。

【反义词】晚期

8034 **早日** 丁

zǎorì (soon)

[副]早早儿；时间提前：祝你～学成归来|加把劲儿，争取～完工|祝你～恢复健康。

8035 **早晚** 丙

zǎowǎn (n. morning and evening; adv. sooner or later)

[名]❶早晨和晚上：他每天～都去跑步|这药～各服一次。❷时候：他一清早就走了，这～应该到家了。

[副]或早或晚：你这么干～得毁了自己|我～会上你家，把你的事告诉你父亲|像你这样粗心，～会出乱子。

8036 **早已** 丙

zǎoyǐ (long ago)

[副]很早已经；早就：你要的书，我～替你买了|过去的事，我～忘了|她～结婚了，现在都是孩子的妈了。

【近义词】早就

8037 **噪音** 丁 〔部首〕口 〔笔画〕20

zàoyīn (noise)

[名]音高和音强变化混乱、听起来不和谐的声音；刺耳的声音：～污染|制造～|～太大|现在城区～太大，环境污染也很严重|我家邻居整天唱卡拉OK，～弄得大家都睡不好|～对身体有害。

【近义词】噪声

【反义词】乐(yuè)音

8038 **造** *乙 〔部首〕辶 〔笔画〕10

zào (make)

[动]❶做；制作：创～|建～|～船|～纸|～名册|～房子|他们～出了卫星|他们用木头～了一只大船|这座房子是谁～的？❷〈丙〉假编；捏造：～谣|伪～事实|～谣～得没边了|他只会～谣生事，一点儿正经事不干。

【构词】造次/造访/造福/造化/造就/造林/造孽/造物主/造谣/造作

8039 **造反** 丁

zào fǎn (rebel)

发动叛乱；采取反抗行动：想～|一块儿～|不敢～|应该～|封建君主的长期压迫，逼得农民～起义了|他们再也不想受欺压，终于起来～了|他想～，但是又不敢。

【提示】离合词，中间可插入其他成分，如：造过反|造了一次反。

8040 **造价**(價) 丁

zàojià (cost of building)

[名]建筑物、铁路、公路等修建的费用或汽车、轮船机器等制造的费用：计算～|估算～|铝合金～太高，我们用木制的|这座商城～几百万|由于采用了新技术，房子的～降下来了。

8041 **造句** 乙

zào jù (make a sentence)

把词组织成句子：～练习|请大家用“高兴”～|我们来做～练习|你会用这个词～吗？

【提示】离合词，中间可插入其他成分，如：我用这个词造过句。

8042 **造型** 丁

zàoxíng (model)

［名］创造出来的物体形象：～改变了｜～受到欢迎｜～获得好评｜～像鸽子｜～奇特｜～雷同｜～新颖｜～优美｜～细腻｜设计～｜独创了这种～｜兵马俑的～｜汽车的～｜玩具的～｜二环路的边上有不少雕塑，～很美｜我很喜欢这个小熊的～，憨态可掬｜花样游泳的艺术～很美｜产品的～设计好了。

8043 **灶**(竈) 丁 ［部首］火 ［笔画］7

zào (cooking stove)

［名］用砖、坯、金属等制成的生火做饭的设备：砌～｜修～｜煤气～｜～坏了，饭做不成了｜你再往～里添把火。

【近义词】灶头/灶火

【构词】灶房/灶火/灶间/灶具/灶神/灶王爷

8044 **责备**(責備) 丙 ［部首］贝 ［笔画］8

zébèi (blame)

［动］批评指摘：～对方｜～朋友｜不停地～｜他是小孩子，别老～他｜这件事，她没有～你的意思｜她犯了错误，受到大家的～｜你居然～到我头上来了｜不要那么严厉地～她｜他～自己没做好工作。

【近义词】责怪/责难/斥责/谴责/怪罪/呵斥/数(shǔ)落

【反义词】原谅/谅解

【构词】责成/责斥/责打/责罚/责令/责骂/责难(nàn)/责任感/责问/责无旁贷

8045 **责怪** 丁

zéguài (blame)

［动］责备；埋怨：～学生｜～下级｜～别人｜她用～的目光看着我｜别老～别人，也要看看自己是不是也有责任｜同事之间要团结合作，不要互相～。

【近义词】怪罪/埋怨/责备/责难/抱怨

【反义词】谅解/原谅

8046 **责任** 乙

zérèn (responsibility)

［名］❶分内应做的事：尽～｜负～｜明确～｜～重大｜这是一种神圣的～｜我的～是保证大家的安全｜当了干部，～就比以前重了。❷没有做好分内的事，因而应当承担的过失：对于制造假冒伪劣产品，一定要追究～｜一切～由我来负｜这次重大事故的～你是开脱不了的｜这件事，你也有～｜司机朋友要注意行车安全，防止出现～事故。

8047 **责任制** 丁

zérènzhì (system of job responsibility)

［名］各项工作由专人负责，并明确规定责任范围的管理制度：现在农村都实行～了，这调动了农民的积极性｜～的施行，使大家能各尽其责。

8048 **则**(則) 乙 ［部首］刂 ［笔画］6

zé (conj. *used to indicate cause, condition, etc.*)

［连］❶表示因果关系或情理上的关系：欲速～不达｜物体遇热～胀，遇冷～缩｜目前教育上的危机不好好儿解决～后患无穷｜一不小心，～有掉下山崖的危险。❷表示两事物对比：红色使人振奋、激动，蓝色～给人带来

平静｜过去人们计算时使用手拨算盘,电子计算机～使运算速度大大加快了。

【提示】文言词汇,多用于书面语中。

8049 **贼**(賊) 丁 〔部首〕贝 〔笔画〕10

zéi (thief)

[名]偷东西的人:有～｜抓～｜捉～｜是～｜怕～｜昨天晚上我们抓住一个～｜最近经常有～在这一带偷东西｜这些小蟊(máo)～没什么可怕的。

【构词】贼喊捉贼/贼眉鼠眼/贼头贼脑/贼走关门

8050 **怎** 丁 〔部首〕心 〔笔画〕9

zěn (why; how)

[代]表示询问,怎么:你～不说呢?｜这么晚了,女儿还不回来,我～不着急呢?｜他～还不来?

【近义词】如何/怎么

8051 **怎么**(麽) *甲

zěnme (how)

[代]❶询问(性质、状况、方式、原因等):你～不认识我了?｜～办?｜碰上这么大的事,我～能入睡?｜天～这么冷?｜她～了,一句话也不说?❷〈乙〉用于任指或虚指(性质、状况、方式等):我爱～干,就～干｜你无论～干,他们都不喜欢｜他老当着别人说我～～不行｜这收音机～修都修不好。❸〈乙〉有一定程度(用于否定式):我对做生意不～懂｜他不～爱说话。

8052 **怎么样**(麽樣) *甲

zěnmeyàng (how)

[代]❶表示疑问:他的病～了?｜这辆车～放?❷〈乙〉表示泛指,不表示疑问:不管他～解释,她都不信｜他～我不知道｜我～学来的～教｜他非要回家,～留也留不住。❸〈丙〉代替某种不说出来的动作或情况(只用于否定式,比直接说委婉):他的外语水平不～(不太好)｜他的本事也不～(不太好)｜他太不讲道理,但我也不能～他(不能责备他)。

【近义词】怎么/怎样/怎么着

8053 **怎么着**(麽) 丁

zěnmezhe (how)

[代]❶询问动作或情况:你别生气了,到底你想～?｜明天我们去看冰灯,你打算～?｜你～?是不是哪儿不舒服?❷泛指动作或情况:你不能想～就～,也要考虑他人｜我～说他也不信｜他说了半天该～做,可是我根本没听明白。

【近义词】怎么样

8054 **怎样**(樣) 甲

zěnyàng (how)

[代]❶询问性质、状况、方式等:这项工程进展～了?｜你们的关系处得～?｜～才能除掉红蚂蚁?｜～做更合适?❷泛指性质、状况或方式:他真发火了,～劝也劝不住｜我也不知～没小心,把手割破了｜看着,我～做,你就也～做。

【近义词】怎么/怎么样/如何

8055 **增** 丁 〔部首〕土 〔笔画〕15

zēng (increase)

[动]增加:～强｜～高｜～大｜单位里新～了四个人｜这几个月的产量猛～｜近来交通事故有不断～多的趋势。

【近义词】加/添/增加/增添

【反义词】减/减少/损
【提示】增,姓。
【构词】增补/增产/增订/增多/增高/增光/增辉/增刊/增量/增删/增益/增殖

8056 **增产**(產) 丙

zēng chǎn (increase production)
增加生产:~粮食|~鲜奶|~水果|~生活用品|~汽车|~蔬菜|关心~|开始~|大大地~|显著地~|~的作用|~的效益|~的条件|~的计划|~的结果|~10%|努力~|~措施|~节约|今年,我省的粮食全面~|去年汽车~幅度较大|汽车虽然~了,但销售量却在下降。
【反义词】减产
【提示】离合词,中间可插入其他成分,如:增了产|增不了产。

8057 **增加** 甲

zēngjiā (increase)
[动]在原先的基础上加多:~语音实验室|~人员|~人力物力|~困难|今年,我们的工资~了|高考招生人数今年~了1万|我的体重最近~了10斤|如果不搞计划生育,那么人口就会~得更快|人口的~超过了经济的增长|学生的人数比去年~了近1倍。
【近义词】增添/增多/增长/添加/增补
【反义词】减少/减缩/减削/削减/压缩/缩减

8058 **增进**(進) 丙

zèngjìn (promote)
[动]增加并促进:友谊~了|~感情|~稳定性|~信任|~团结|努力~|我们要不断~两国间的友谊|经过努力,将会~我们双方的了解|经过谈话,我们之间~了信任。
【近义词】促进/增强/增加
【反义词】减退
【提示】"增进"多用于抽象事物,如友谊、了解等。

8059 **增强** 丙

zēngqiáng (strengthen)
[动]增进;加强:~体质|~信心|~责任心|~团结|警察的出现,使大家的安全感大大~了|老师的鼓励,使我~了信心|坚持锻炼身体,可以~抵抗疾病的能力。
【近义词】加强/壮大
【反义词】削弱/减弱
【提示】"增强"一般只同抽象名词搭配,使用范围较小。

8060 **增设**(設) 丁

zēngshè (establish a new [organization, course, etc.])
[动]在原有的以外再设置:~门市部|~新课程|~职能部门|本届奥运会~了武术项目|这间饭馆~了卡拉OK厅|为加强领导,这个处再~一名副处长。
【近义词】增加/增添
【反义词】去掉

8061 **增添** 丁

zēngtiān (add)
[动]在原有基础上加多:~设备|~了节日气氛|~了烦恼|家人团聚,给大家~了许多快乐|家里~了一些新家具|真对不起,给您~了许多麻烦。
【近义词】增加/添加
【反义词】减少/减损/减缩/削减/压缩
【构词】加添/平添

8062 **增援** 丁

zēngyuán (reinforce)

[动]增加人力、物力来支援(多用于军事方面):互相～|～同志|～守军|～盟国|～前线|～一个师|～一回|肯～|等待～|提出～|影响～|加强～|～的步骤|～的方法|再坚持一会儿,～部队马上就来|马上～101高地|请派一个师来～我们。

【近义词】援助/支援

【构词】后援/救援/军援/乞援/请援/求援/声援/外援/无援/支援

8063 **增长**(長) 乙

zēngzhǎng (increase)

[动]增加;提高:～知识|～才干|产量～|经济～|农业总产值～10%|这几年他的学问日见～|人口～很快|随着生产的～,人们的物质生活水平有所提高。

【近义词】增加/增多

【反义词】缩减/减少/下降/降低/缩减/削减

8064 **赠送**(贈) 丙 〔部首〕贝 〔笔画〕16

zèngsòng (give as a present)

[动]无代价地把东西送给别人:～礼物|～书籍|～生活用品|～土特产|我们向希望小学～了一批图书|这些实验设备是朋友～的|你～给我的礼物我一直珍藏着。

【近义词】送给/奉送/馈送/捐赠/赠予

【反义词】璧还

【构词】赠别/赠答/赠礼/赠品/赠言

8065 **扎** *乙 〔部首〕扌 〔笔画〕4

zhā (prick)

[动]❶刺:～伤了|轮胎被～了|～耳朵眼儿|～偏了|～得十分认真|她～手了|他用刀把人～死了|小心点儿,差点儿～着我!|她每天去医院～针。❷〈丁〉驻扎:安营～寨|今天就在这儿～营,明天再走|军队在这里～营,住了1个月。

【近义词】❶刺

【提示】又读 zā,如“扎皮带”;又读 zhá,如“挣扎”。

【构词】扎堆/扎耳朵/扎筏子/扎根/扎猛子/扎实/扎手/扎眼/扎营/扎针

8066 **扎实**(實) 丙

zhāshi (sturdy)

[形]❶结实:特别～|真～|同样～|这个包绑得太～了|地基砸得真～|电线杆子要埋～。❷实在;塌实(多用于工作学习等方面):技术很～|功课学得～|变得～|练得～|～地工作|基本功～|他的功底～|有了～的基础,才能干一番事业|他一贯工作～,作风正派。

【近义词】❶结实/坚实;❷实在/踏实

【反义词】❷肤浅/虚浮/浮躁/骄躁

8067 **渣** 丙 〔部首〕氵 〔笔画〕12

zhā (dregs; crumb)

[名]渣滓;物品提取精华后所剩下的东西;碎屑:面包～|豆腐～|点心～|馒头～|油～|看你,吃块点心掉那么多～|我最爱吃掉～的馒头|花生榨油后的～可做饲料|你吃过油～烙饼吗?|那些药～子倒掉吧。

【近义词】渣子

【提示】口语中多儿化。

【构词】渣滓/渣子

8068 **闸**(閘) 丁 〔部首〕门 〔笔画〕8

zhá (floodgate)

[名]❶水闸:开～放水|赶快把～打开,把水放出去|～提不上来,水放不出去。❷制动器的通称:手～|脚～|踩～|刹～|～坏了,骑车时要慢点儿|我的～坏了,您给修修|知道要撞人了,你怎么还不捏～? ❸电闸:合～|拉～|跳～|修理电线时应该先把～拉掉|修好了,合上～试试灯亮不亮。

【构词】闸盒/闸门

8069 **炸** 丙 〔部首〕火 〔笔画〕9

zhá (deep-fry)

[动]烹调的方法,把食物放在煮沸的油里弄熟:～鸡蛋|～油饼|～油条|鸡蛋我喜欢吃～的,不喜欢吃煮的|面包用油～一下更好吃|我最爱吃～油饼。

【近义词】煎

【提示】"炸"又读 zhà,见第 8071 条。

8070 **眨** 丁 〔部首〕目 〔笔画〕9

zhǎ (blink)

[动](眼睛)闭上立刻又睁开:～眼|他直勾勾地看着,眼睛一～也不～|～眼的工夫他就来了。

8071 **炸** 丙 〔部首〕火 〔笔画〕9

zhà (explode)

[动]❶物体突然破裂:爆～|～裂|暖水瓶突然～了|质量不过关的啤酒瓶子容易～|由于操作不当,他把煤气罐弄～了。❷用炸药爆破;用炸弹轰炸:～石头|～桥|～碉堡|那几间房子被～毁了|他被～死了|你去把那辆坦克～了。❸因愤怒而激烈发作:他一听这话,气～了|他的话还没讲完,听众就都～了。

【提示】"炸"又读 zhá,见第 8069 条。

8072 **炸弹**(彈) 丁

zhàdàn (bomb)

[名]一种爆炸武器,外壳用铁制成,内装炸药,触动信管就爆炸,一般用于飞机投掷:定时～|扔～|销毁～|飞机投下了数百颗～|～毁坏了这一城区|那颗～没爆炸。

8073 **炸药**(藥) 丁

zhàyào (dynamite)

[名]受热或撞击后能立即分解并产生大量的能和高温气体的物质,如黄色炸药、黑色炸药:～包|小心点儿,包里有～|～的威力不小|他抱着～包,冲向敌人的碉堡|地下埋了许多～。

8074 **诈骗**(詐騙) 丁 〔部首〕讠 〔笔画〕7

zhàpiàn (defraud)

[动]讹诈骗取:～犯|～钱财|四处～|这个～集团骗取了不少钱财|这个～犯受到了应有的惩罚|他到处～,大家都很痛恨他。

【近义词】敲诈/讹诈/哄骗

【构词】诈唬/诈降(xiáng)/诈尸/诈语

8075 **榨** 丁 〔部首〕木 〔笔画〕14

zhà (press)

[动]压出物体里的汁液:～汁|～油|～蓖麻|花生可以～油|把葡萄～成汁,然后可以做酒|我～了点儿苹果汁,你尝尝。

【构词】榨菜/榨取

8076 **摘** *乙 〔部首〕扌 〔笔画〕14

zhāi (pick)

[动]❶取(植物的花、果、叶或戴着、挂着的东西):～西红柿|～标语|～对联|～灯笼|～花|～桃|～眼镜|～葡萄|～画儿|～茶|～得特别快|忘了～|不许～|不停地～|灵活地～|～的数量|桃子熟了,我们～几个尝尝|公园里的花和水果都不许随便～|进屋后应该把帽子～下来|墙上的地图谁给～走了? ❷〈丙〉选取:～要|～录|～要点|～出来|把这段文章的几个主要思想～出来|这是我～下来的文章要点|你把这篇文章里的病句～出来。

【近义词】采/取

【构词】摘编/摘除/摘登/摘发/摘记/摘借/摘录/摘译/摘引/摘桃子

8077 **摘要** 丁

zhāiyào (summary)

[名]摘录下来的要点:文章～|刊登～|故事～|今天电视上播放了国家主席接见外宾时的谈话～|《晚报》上发表了《人民日报》上一篇文章的～|我很喜欢读报刊～。

8078 **窄** *乙 〔部首〕穴 〔笔画〕10

zhǎi (narrow)

[形]❶横的距离小(跟"宽"相对):狭～|路～|这条胡同真～|你家的过道儿也够～的|前面的路越来越～了。❷〈丙〉(心胸)不开朗;(气量)小:这人心眼儿真～,开句玩笑都不行。

【近义词】❶狭;❷狭隘

【反义词】❶宽/开阔;❷开朗

8079 **寨** 丁 〔部首〕宀 〔笔画〕14

zhài (camp)

[名]❶旧时驻兵的地方:营～|大～|我们的营～在山上|敌军在城外安营扎～。❷四周有栅栏或围墙的村子,也叫寨子:苗～都建在山上|傣族～子的竹屋构造很有特点|我家居住在那个～子里。

【近义词】寨子

【提示】多用于指少数民族居住的地方。

8080 **债**(債) 丙 〔部首〕亻 〔笔画〕10

zhài (debt)

[名]欠别人的钱:借～|还～|欠～|公～|国～|父～子还(huán)|敌人的暴行我们会记牢,血～要用血来还|前两天发行了一种新～券|借了～怎么能不还?|今天我是来还～的。

【近义词】账

【构词】债户/债权/债权人/债券/债主/债台高筑

8081 **债务**(務) 丁

zhàiwù (debt)

[名]债户所负还债的义务。也指所欠的债:他最近～缠身,四处逃避|他的～太多,已经没有还的能力了。

【反义词】债权

8082 **瞻仰** 丁 〔部首〕目 〔笔画〕18

zhānyǎng (look at with reverence)

[动]恭敬地看:～遗容|～英雄雕塑|～佛像|～圣地|～仪容|可以～|等候～|安静地～|～的仪式|～的时间|～的心情|人民英雄纪念碑落成以后,来～的人络绎不绝|我们一同去～了烈士遗容。

【近义词】瞻拜

【提示】瞻,姓。

【构词】瞻望/瞻前顾后

8083 **沾** *丙 〔部首〕氵 〔笔画〕8

zhān (wet)

[动]❶浸湿:露水～湿了我的衣服。❷因为接触而被东西附着上:刚刷完桌子,～了一手油漆|下雨了,鞋上～了很多泥|扛东西上楼,～了一身的土|手破了,别～水。❸〈丁〉稍微碰上或挨上:这种事,你可别～边儿|我和你不～亲不带故|不要让孩子～上抽烟喝酒的坏习惯。❹〈丁〉因发生关系而得到(好处):～光|～好处|～便宜|事成之后,我们利益均～|你～了我的光|我没～到什么好处。

【近义词】❶浸/渍/泡

【构词】沾边/沾染/沾惹/沾手/沾花惹草/沾亲带故/沾沾自喜

8084 **沾光** 丁

zhān guāng (benefit from)

凭借别人或某种事物而得到好处(多指本身并未出力):这笔生意,你可～不少|他沾朋友的光,到桂林去玩了一回|跟你在一起,我可～了。

【反义词】吃亏

【提示】离合词,中间可插入其他成分,如:沾了光|沾他的光|沾不了光。

8085 **粘** 乙 〔部首〕米 〔笔画〕11

zhān (glue)

[动]❶黏的东西附着在物体上或者互相连结:～手|～住了|～不上|胶布～在我的手上了|地上刚涂完漆,我的鞋被～住了|糖～在一起了。❷用黏的东西使物体连结起来:～信封|～布告|这种胶能～很多东西|胶水过期了,什么东西也～不住|把这两张纸～在一起|把布告～在布告栏里。

【提示】"粘"又读 nián,义同"黏"。

【构词】粘连/粘贴

8086 **盏**(盞) 丙 〔部首〕皿 〔笔画〕10

zhǎn (m. *for lamps*)

[量]用于灯:一～灯|一～油灯|一～明灯|一～～的街灯全亮了。

8087 **斩**(斬) 丁 〔部首〕车 〔笔画〕8

zhǎn (cut)

[动]砍:～草除根|披荆～棘|～断情丝|～首示众|他被～去了一条胳膊|敌人把他～首示众|你不要～断我们之间的联系。

【近义词】砍/割/切

8088 **斩草除根** 丁

zhǎn cǎo chú gēn (stamp out the source of trouble)

比喻彻底除掉祸根,不留后患:敌人为了～,四处追杀他的遗孤|要～,不留一个活口。

【构词】病根/侧根/城根/词根/存根/断根/耳根/方根/祸根/苦根/芦根/命根/年根/孽根/刨根/墙根/穷根/山根/生根/须根/牙根/扎根/植根/主根/追根

8089 **斩钉截铁**(釘鐵) 丁

zhǎn dīng jié tiě (resolute and decisive)

形容说话、办事坚决果断,毫不犹豫:他～地说:"这事就这么办了。"|他～的话语博得大家的掌声。

【近义词】直截了当/毅然决然

【反义词】优柔寡断/拖泥带水

8090 **崭新**(嶄) 丙 〔部首〕山 〔笔画〕11

zhǎnxīn (brand-new)

[形]极新;簇新:～的房间|～的局面

|～的面貌|～的气象|～的关系|～的内容|～的事物|～的生命|～的门窗|～的家具|～的机器|改革开放后，我们进入了一个～的时代|她以～的面貌出现在众人面前|把房子刷得～。

【近义词】簇新

【反义词】陈旧/陈腐/破旧/古旧/老掉牙

〔部首〕尸
〔笔画〕10

8091 **展出** 乙

zhǎnchū (exhibit)

[动]展览出来：公开～|全部～|他们～了最新产品|这次～的都是名画|～时间只有3天|他的作品即将～|近期，不少外国有名的作家将在美术馆～他们的作品。

【近义词】展览

【提示】展，姓。

【构词】展翅/展览馆/展览品/展期/展室/展转

8092 **展开**(開) 乙

zhǎn kāi (spread)

❶张开；铺开；伸展：～翅膀|～报纸|～地图|～床单|～双臂|轻轻地～|他～了他的画儿|他～地图，在上边做了一个标记。❷大规模地进行：～攻势|～游击战|～活动|～研究|～工作|～谈判|～学习|～斗争|～讨论|～生产竞赛|一场革命在全国～了|我厂正在～一场技术革命|经济建设已全面～。

【近义词】❶张开/铺开；❷进行

【提示】"展开"是动补结构，中间可插入"得"或"不"，如：展不开|展得开。

8093 **展览**(覽) 甲

zhǎnlǎn (v. exhibit; n. exhibition)

[动]陈列出来，让人观看：～成果|～实物|～照片|～时装|～武器|～书法|～植物标本|～过几个月|进行～|取消～|轮流～|～的成果|～的地点|这次他们～了一些新产品|他把自己的新作拿出来～。

[名]指陈列出来供人参观的活动：～闭幕了|～受到欢迎|此项～包括几个方面|～揭露了侵略者的暴行|这个～办得很成功|有许多名画参加明天的～|花卉～刚开始。

【近义词】展出

【构词】博览/游览/浏览/一览/纵览

8094 **展览会**(會) 乙

zhǎnlǎnhuì (exhibition)

[名]在一定地方举办的展览：举办～|参加～|参观～|这次～，参展的厂家有二百多个|热烈祝贺～圆满结束|在这次～上成交额达几百万。

8095 **展示** 丁

zhǎnshì (display)

[动]清楚地摆出来；明显地表现出来：～人生|～历史|～前景|～美好心灵|～才能|这些时装～了今年的流行趋势|作者以流畅的文笔～了这篇文章的主题|孩子们日趋漂亮的服装～了人民的生活水平|这件出土文物～了古代劳动人民的聪明智慧。

【近义词】展现/揭示/显示/体现

8096 **展望** 丁

zhǎnwàng (look ahead)

[动]往远处看；往将来看；比喻对事物的发展前途进行观察和推测：～前途|～将来|～远方|～四周|～未来，

前途无量|站在海边～大海，碧波荡漾。
【近义词】预测/推测/遥望/瞻望
【反义词】回顾/回首/回溯

8097 **展现**(現) 丁
zhǎnxiàn (emerge)
[动]清楚明显地表现出来：～人生|～梦幻世界|～前景|～特点|～过程|得到～|山清水秀，美丽的自然景色～在游人面前|这部影片～了当代青年人的思想。
【近义词】展示/体现/显示

8098 **展销**(銷) 丁
zhǎnxiāo (exhibit and sell)
[动]较大规模地陈列展出并推销：～会|日用品～|～服装|春节期间，各大商场都进行了不同的～活动|百货大楼正～各地名优特产|这里准备～新型家用电器|进行如此大规模的～活动，在该厂还是头一次。
【近义词】销售/推销

8099 **占** *甲 〔部首〕口 〔笔画〕5
zhàn (occupy)
[动]❶占据：霸～|强～|攻～|～领|独～|抢～阵地|那间房子让先来的人～了，后来的人没地方住了|你先帮我～个座位，我一会儿就来|那个村子被敌人～了。❷〈丙〉处在某一种地位或属于某一种情形：～优势|～上风|～多数|赞成的人～与会代表的75%|大学生中戴眼镜的～一多半|现在独生子女～多数。
【近义词】❶占据
【提示】“占”又读zhān，如“占卜”。
【构词】占理/占便宜/占先/占用

8100 **占据**(據) 丁
zhànjù (occupy)
[动]用强力取得或保持(地域、场所、地位等)等：～城市|～小岛|～画面|～支配地位|～心灵|～他的感情|长期～|～山头|～要职|～有利地形，抵御敌人的进攻|他～了我的心|我们要尽快～那座山头。
【近义词】占领/占有/盘踞/据有
【反义词】放弃

8101 **占领**(領) 丙
zhànlǐng (capture)
[动]用武装力量取得(阵地或领土)；占有：～边境|～首都|～要塞|～阵地|～码头|～电台|～文艺舞台|～教育阵地|开始～|～上层建筑|这个城市曾被外来入侵者～数年|今晨8时，军队～了那个高地|我们要用健康的作品～文化园地。
【近义词】占据/占有

8102 **占有** *丙
zhànyǒu (own)
[动]❶占据：～土地|～矿山|～工厂|～铁路|～设备|～材料|～工人的剩余劳动|～生产资料|～劳动力|需要～更多股份|决定～国内市场|工厂～大片的土地|～那条铁路，对我们将会很有利。❷处在(某种地位)：农业发展在国民经济中～重要地位|比赛中，我方一直～优势。❸〈丁〉掌握：～大量材料|～史料|～证据|可以～|他在～大量历史资料的前提下，写出了这篇文章|他～充分的证据，所以这场官司打赢了。
【近义词】❶占领/占据/霸占/盘踞/据有

8103 **战**(戰) 丁 〔部首〕戈 〔笔画〕9

zhàn (fight)

[动]❶进行战争或战斗:～无不胜|越～越勇|我军～胜了敌人|我们为推翻反动派而～。❷泛指斗争:～天斗地|我们要向沙漠开～|与洪水奋～了一天一夜,终于保住了村民的生命财产。

【反义词】❶和

【提示】战,姓。

【构词】战败/战报/战备/战表/战车/战尘/战船/战刀/战地/战抖/战斗机/战斗舰/战斗力/战斗员/战端/战犯/战俘/战歌/战功/战鼓/战果/战壕/战火/战舰/战兢兢/战局/战况/战利品/战例/战乱/战马/战袍/战胜/战事/战书/战阵/战天斗地/战战兢兢

8104 **战场**(場) 丙

zhànchǎng (battlefield)

[名]两军交战的地方,也用于比喻:打扫～|开辟～|赤壁是三国时期的古～|～上硝烟弥漫,火光冲天|平时训练得再好也不能说明问题,咱们～上见|和平时期,祖国的建设工地就是我们的～。

【近义词】疆场/沙场/阵地

8105 **战斗**(鬥) 乙

zhàndòu (v./n. fight)

[动]❶敌对双方进行武装冲突:准备～|进行～|勇敢～|结束～|～得很英勇|～在敌占区|战士们还在～|我军与敌人在阵地上～了三天三夜。❷泛指在工作、学习、生活中付出辛劳与困难作斗争:在这次与水灾的～中,他得到了锻炼|～在工作的第一线|他光辉～的一生永远激励后人前进|生命不息,～不止|哪里最危险,他就～在哪里。

[名]敌对双方所进行的武装冲突,是达到战争目的的主要手段:这次～打得异常残酷|他在这次～中英勇牺牲|解放遵义的～打响了|首长们亲临前线,了解～的情况|我父亲参加了保卫延安的～。

【近义词】❶战争/战役;❷斗争/拼搏/奋斗/奋战/搏斗

【反义词】妥协

8106 **战略** 丙

zhànlüè (strategy)

[名]❶指导战争全局的计划和策略:～计划|～完全正确|制订～|提出～|体现了我军的～|新时期的～|打游击的～|伟大光辉的～|～思想|～眼光|由于有正确的～计划指导,解放战争取得了伟大胜利|实践证明,以农村包围城市的～方针是正确的。❷比喻决定全局的策略:～目标|～方针|～计划|～任务|～中心|计划生育、控制人口增长这一～是中国的基本国策|中国改革开放的～政策是不会改变的|这里的领导重视人才的培养,很有～眼光。

8107 **战胜**(勝) 乙

zhànshèng (defeat)

[动]在战争、比赛或斗争中取得胜利:～敌人|～困难|～对手|～敌军|疾病被～了|～大自然|～台风|～弱点|～不法行为|～不良风气|～懦弱|～胆怯|～腐朽|可以～|不断～|迅速～|彻底～|他终于～了自己心理上的弱点,在比赛中取得了好成绩|比赛中他被对手～了|他积极锻炼身体,终于～了疾病。

【近义词】取胜/制胜/得胜
【反义词】败绩/失利/挫折/失败

8108 **战士** 乙

zhànshì (soldier)

[名]❶军队最基层的成员:解放军～|海军～|当～|做～|补充新～|十几名～|表扬～|爱护～|关心～|年轻的～|伟大的～|可爱的～|无私的～|真正的～|一名～|一些～|一批～|～的装备|～的武器|～的战斗力|～的任务|～的理想|～的亲人|～们正在训练|老～都很成熟|他成了一名光荣的～。❷泛指参加某种正义斗争或从事某种正义事业的人:无产阶级～|革命～|共产主义～|白衣～|武警～|民主～|和平～|鲁迅是伟大的文化～|他是一位杰出的和平～。

8109 **战术**(術) 丙

zhànshù (tactics)

[名]进行战斗的原则和方法;比喻解决局部问题的方法:～确定了|～得到肯定|～灵活|～大胆|采取新～|体现了自己的～|同意他的～|我军的～|运动战的～|赛场的～|糟糕的～|成功的～|惟一的～|一种～|～思想|这种～适用于打阵地战|我们要在～上重视敌人|这盘棋他一直采取防御的～。

8110 **战线**(綫) 丙

zhànxiàn (battle line)

[名]❶敌对双方军队作战时的接触线:～延长了|～平静|开辟新～|突破～|坚守～|越过～|双方的～|漫长的～|主要～|一条～|缩短～|明天黎明要突破敌人的～|我们要集中兵力,～不可拉得太长|西部～传来捷报。❷指某一进行奋斗的领域:文艺～|政治～|思想～|文教～|新闻～|他是文艺～上的一名新兵|这部书反映了工业～上的生活和斗争。

【近义词】阵线

8111 **战役** 丁

zhànyì (campaign)

[名]为实现一定的战略目的,按照统一的作战计划,在一定的方向上和一定的时间内进行的一系列战斗的总和:～失败了|部署～|指挥～|平津～|报道了这次～|总结淮海～|分析上次～|上甘岭～|～计划|～的指挥者|～打响了|～结束了|这次～取得了胜利|这次～打得十分艰苦|他指挥了这次～。

8112 **战友** 丙

zhànyǒu (comrade-in-arms)

[名]在一起战斗的人:成为～|失去～|抢救～|照顾～|关心～|自己的～|从前的～|老～|惟一活着的～|一位～|～的情谊|～的遗物|～的家信|～牺牲了|他是我的老～|我们在斗争中成了亲密～|他去医院看望受伤的～。

8113 **战争** 乙

zhànzhēng (war)

[名]民族与民族之间,国家与国家之间,阶级与阶级之间或政治集团与政治集团之间的武装斗争:发动～|进行～|反对～|人民～|古代的～|卫国～|侵略～|正义的～|一场～|～的创伤|～的环境|～的双方|～的牺牲品|～爆发了|～避免了|～失败了|～升级了|～影响了经济发展|～威胁着和平|～十分残酷|他们是～的

牺牲品|人民反对～,希望和平。
【近义词】战火
【反义词】和平

8114 **站** 甲 〔部首〕立 〔笔画〕10

zhàn (stand)
[动]直着身体,两脚着地或踏在物体上:～着|～一会儿|～不住|～起来|请大家坐好,不要～起来|警察～在十字路口指挥交通|那边～着的人是谁?
【近义词】立
【反义词】躺/卧/坐
【构词】站队/站立/站票/站哨/站台/站台票/站住

8115 **站** *甲

zhàn (stop; station)
[名]❶为乘客上下或货物装卸而设的停车的地方:火车～|汽车～|车进～了|车还没到～怎么就停了?|这列火车大～小～都停。❷〈乙〉为某种业务而设立的机构:粮～|供应～|保健～|气象～|他在保健～工作。

8116 **站岗**(崗) 丁

zhàn gǎng (be on sentry duty)
站在岗位上,执行守卫、警戒任务:每天要安排四个人～|～的战士们昂首挺胸|我每天要站四个小时岗。
【近义词】放哨/站哨
【提示】离合词,中间可插入其他成分,如:站过一班岗|站过岗。
【构词】查岗/撤岗/门岗/上岗/哨岗/设岗/土岗

8117 **章** 乙 〔部首〕立 〔笔画〕11

zhāng (chapter)
[量]歌曲诗文的段落:乐～|本书共分12～|这本书我刚读到第三～。
【提示】章,姓。
【构词】章法/章回体/章节/章句

8118 **章程** 丁

zhāngcheng (regulations)
[名]书面写定的组织规程或办事条件:草拟～|修订～|公布～|讨论～|推翻原来的～|党的～|工会的～|工作的～|售票的～|这件事要写到我们的～里|请你把这个～再修改一下|我们大家都要按～办事。

8119 **张**(張) 丙 〔部首〕弓 〔笔画〕7

zhāng (open)
[动]❶使合拢的东西分开或使紧缩的东西放开:～嘴|～翅膀|降落伞～不开|小鸟～开翅膀,飞上天空|他～开双臂,拥抱朋友。❷陈设铺排:～灯结彩|大～其鼓|大～筵席。❸看;望:东～西望|他东～～,西望望,不知在找什么。❹商店开业:开～|关～|这家商店是新开～的|商店都关～了,明天再买吧。
【近义词】❶松/开
【反义词】❶闭/关/收
【提示】张,姓。
【构词】张榜/张挂/张狂/张罗/张贴/张扬/张嘴/张冠(guān)李戴/张口结舌/张牙舞爪

8120 **张** 甲

zhāng (m. *for paper, picture, skin, etc.*)
[量]❶用于纸、画、皮子等:一～纸|一～票|一～画片|一～卡片|一～相片|一～地图|一～邮票|一～羊皮|五～三合板|这～画出自名家之手|

钱要一～一～地数|我买了两～票，一～给你，一～给弟弟|给我几～纸，我想写封信|这～珍贵的照片，他保存至今。❷用于床、桌子等：两～床|一～书桌|一～茶几。❸用于嘴、脸：一～瓜子脸|家里有两～嘴等着吃饭呢。❹用于弓、犁等：三～弓|两～犁。

8121 **张望** 丙

zhāngwàng (look around)

[动]从小孔或缝隙里看；向四周或远处看：～行人|～一会儿|～了半天|不敢～|不准～|禁止～|四处～|前后～|远远地～|不停地～|焦急地～|他透过门的缝隙，向外～|登上香山，他情不自禁地四处～|听见汽车声，他从窗户探出头来向楼下～|在火车站接人处，他不停地～，生怕把要接的人错过。

【近义词】望/观望

8122 **长**(長) *甲 〔部首〕丿 〔笔画〕4

zhǎng (grow)

[动]❶生：～头发|～胡子|～了一个包|～牙|他脸上～了青春痘|锅都～锈了|饭都～毛了|黄豆发几天，就会～出豆芽来|地上～了许多草。❷生长；成长：～高|～胖|你儿子～得真快啊！|我去年种的花～得很快，今年都开花了|伤口～好了|你～大了，父母的话也不听了|我家的小猫～得胖乎乎的，很可爱。❸〈乙〉增进、增加：～见识|吃一堑，～一智|～本事|～力气|这一次去外地出差，他～了不少见识|青少年正处在～知识的时期。

【近义词】❶生

【提示】"长"又读 cháng，见第 717 条。

【构词】长辈/长房/长官/长进/长老/长势/长孙/长相(xiàng)/长者/长子

8123 **长** 丙

zhǎng (suf. head)

[尾]领导人：班～|排～|连～|团～|营～|师～|军～|局～|县～|村～|乡～|市～|区～|社～|校～|秘书～|院～|厂～。

8124 **掌** 丁 〔部首〕小 〔笔画〕12

zhǎng (palm)

[名]❶手掌：鼓～|～声雷动|易如反～|～上明珠|～心|鼓～鼓得手都疼了|我的～心被蚊子叮了一口，真痒|他的女儿是他家的～上明珠。❷某些动物的脚掌：熊～|鸭～。

【近义词】❶巴掌/手掌

【反义词】❶手背(bèi)

【提示】掌，姓。

【构词】掌班/掌灯/掌舵/掌骨/掌故/掌柜/掌权/掌扇/掌勺/掌心/掌印/掌灶/掌嘴/掌上明珠

8125 **掌管** 丁

zhǎngguǎn (administer)

[动]负责管理；主持：～财务|～生杀大权|～考务|～这项工作|～工业|～军事|～科研|～后勤|～全系统|～采购|～调度|～了一阵|不愿～|必须～|值得～|需要～|进行～|决定～|学会～|开始～|轮流～|容易～|出色地～|小心～|正式～|他～的工作|～的方法|～的目的|在学校里他～后勤部门的工作|这里的业务由他～|他～单位里的财务。

【近义词】掌握/执掌/主宰/主持

8126 **掌声**(聲) 丙

zhǎngshēng (applause)

［名］鼓掌的声音：～开始了｜～停止了｜～持续了三分钟｜～雷动｜～震耳｜～不断｜～鼓励了他们｜～打动了他的心｜～十分热烈｜～很整齐｜～有些勉强｜响起～｜报以热烈的～｜赢得～｜全场的～｜代表们的～｜不息的～｜一片～｜一阵～｜～的含义｜会场里响起热烈的～｜他在～中走下讲台｜～震耳，欢声雷动。

8127 **掌握** *甲

zhǎngwò（grasp）

［动］❶了解事物，因而能充分支配或运用：～技术｜～理论｜～原则｜～策略｜～要点｜～意图｜～规律｜～情况｜～信息｜～时间｜～新知识｜牢固地～｜系统地～｜他用3年时间～了一门外语｜我们现在还不～这种技术｜昨天学的内容你～了吗？❷〈乙〉主持；控制：～政权｜～军队｜～命脉｜～物资｜～武器｜～生产｜～分配｜～主动｜要～好部队｜他手里～着经营权｜这个国家的政权一直～在他手里。

【近义词】❷把持/操纵/控制/主持/掌管/统治/治理

8128 **涨**（漲） 乙 〔部首〕氵 〔笔画〕10

zhǎng（rise）

［动］❶水位升高：河水～了｜今年大涝，这条河的水位～过了警戒线｜河水暴～｜水～船高。❷（物价）提高：物价又～了｜最近，肉类、粮油类食品的价格又～了｜今年，物价～了三次｜如果物价总是这么～，老百姓会吃不消的。

【近义词】❶升；❷提/涨价

【反义词】降/落/跌

【提示】“涨”又读 zhàng，如“脸～得通红”。

【构词】涨潮/涨风/涨钱/涨水

8129 **涨价**（價） 丁

zhǎng jià（rise in price）

物价上涨：最近，～风又刮起来了｜他们经常乱～｜不能随心所欲地～。

【反义词】跌价

【提示】离合词，中间可插入其他成分，如：涨过价｜涨了一次价。

8130 **丈** 乙 〔部首〕一 〔笔画〕3

zhàng（m. zhang, *a unit of length*）

［量］长度单位，10尺等于1丈：我买2～布｜这幅画长达5～｜这座房子有一～多高。

【构词】丈量/丈母/丈人

8131 **丈夫** 乙

zhàngfu（husband）

［名］男女两人结婚后，男子是女子的丈夫：她～人很老实｜～经常抱怨妻子花钱太多｜她～昨天出差了。

【近义词】夫婿

【反义词】老婆/内助/妻子/媳妇

8132 **帐**（帳） *丙 〔部首〕巾 〔笔画〕7

zhàng（curtain）

［名］❶用布、纱或绸子等做成的遮蔽用的东西：蚊～｜～篷｜～子。❷关于货币、货物出入的记载：记～｜查～｜管～先生｜进～｜出～｜这个部门的～有问题，应该查一查｜我的每一笔收入都有～。❸账簿：一本～｜这家公司的～全在我这里。❹〈丁〉债：欠～｜还～｜放～｜这笔～｜～迟早要算｜你的～什么时候还？｜他是来向我要～的。

【近义词】❷帐本/帐簿/帐册；❸债
【提示】义项❷❸❹的"帐"同"账"。
【构词】帐本/帐簿/帐册/帐单/帐房/帐号/帐户/帐面/帐幕/帐目/帐篷/帐子/帐幔

〔部首〕月 〔笔画〕8
8133 **胀**(脹) 丙

zhàng (expand)
[动]❶膨胀：热～冷缩|天太潮，门都～得关不上了|体温表就是利用热～冷缩的原理制造的。❷身体内壁受到压迫而产生不舒服的感觉：肿～|肚子发～|落水者喝了不少水，肚子～得像皮球|天这么热，我头都发～了。
【反义词】缩

〔部首〕阝 〔笔画〕13
8134 **障碍**(礙) 丙

zhàng'ài (v. obstacle; v. hinder)
[名]阻挡前进的东西：设置～|制造～|产生～|面对～|看到～|文化的～|语言的～|感情～|心理～|克服～|革命的～|前进的～|学习的～|扫除文字～，才能把书读懂|尽快排除思想上的～|我们要扫除前进道路上的一切～。
[动]挡住道路，使不能顺利通过：～交通|～事物的发展|严重地～|这座新盖的楼房～了我们的视线|这辆汽车～了行人的通行。
【近义词】妨碍/阻碍

〔部首〕扌 〔笔画〕8
8135 **招** *丙

zhāo (beckon)
[动]❶举手上下挥动叫人来：～手|～之即来|他向我～了～手|分别的时候，他不停地向我～手。❷用广告或通知的方式使人来：～考|～生|～领|～兵|～商|～标|今年，经贸部～了100名公务员|新生已经～完了|由于战乱，我们～回了全部援外人员。❸引来(不好的事物)：～灾|都是你～的，要不人家怎么会找上门来！|把剩东西倒掉吧，省得～苍蝇|花盆上的花肥～来不少小腻虫|这事会不会～来麻烦？❹〈丁〉确认罪行：～认|～供|罪犯终于～出了同伙|他把犯罪事实全～了。❺〈丁〉惹：这孩子真～人喜欢|这个人说话太狂，～人讨厌|他今天心情不好，你可别～他。
【近义词】❶招手/摆手；❷招收/招聘；❸引/惹/招引/吸引；❹招供/坦白/交待/自供；❺招惹
【提示】招，姓。
【构词】招安/招标/招兵/招待所/招风/招抚/招工/招供/招魂/招集/招架/招考/招揽/招领/招募/招牌/招亲/招惹/招认/招数/招贴/招贴画/招贤/招笑/招眼/招引/招灾/招展/招致/招赘/招子/招租/招兵买马/招财进宝/招风惹草/招降(xiáng)纳叛/招摇撞骗

8136 **招待** 乙

zhāodài (receive [guests])
[动]对宾客或顾客表示欢迎接待，并给予应有的待遇：～客人|～外宾|～十分热情|～不同|～得体|～顾客|～与会代表|～朋友|～得好|～一下|～几天|可以～|给以～|负责～|接受～|好好～|"十·一"期间，我～过一次亲戚和朋友|时间仓促，没能好好～你们|他们受到了主人的热情～。
【近义词】接待/款待

8137 **招待会**(會) 乙

zhāodàihuì (reception)
[名]用以招待宾客的会议：今晚有个记者～|国庆～准备得怎么样了？|

今天晚上我要出席一个~。

8138 **招呼** *乙

zhāohu (call)

[动]❶呼唤:~孩子|~同伴|听到~|高声~|你走的时候~我一声|你去把他们~下来|他们架子真大,都~不动|他~孩子回家吃饭。❷用语言或动作表示问候:打~|人太多,我都不知该跟谁打~了|有人在路上跟我打了一个~。❸〈丙〉吩咐;关照:今天开会我一点儿都不知道,你应该事先跟我打个~|医生~过必须按时服药。❹〈丙〉照料:护士~病人|~小孩|~生意|这家医院对病人~得很周到|我不在期间,请你帮我~一下我的小猫|有婆婆在家帮我~孩子,我可以放心去工作了。

【近义词】❶叫/呼/唤/呼唤;❷问候;❸吩咐/关照;❹照顾/照料/照看

【反义词】❶答应/答复/回答/回应

8139 **招聘** 丁

zhāopìn (advertise for)

[动]用公告的方式聘请:~服务员|~接线生|~商务人员|~业务经理|~公关人员|~有用人才|~司机|~导游|~翻译|打算~|负责~|开始~|进行~|顺利地~|我单位拟~两名高级工程师|每天报纸上都有不少~广告。

【近义词】聘请/聘任/征聘/聘用

【反义词】解聘

【构词】敦聘/函聘/解聘/就聘/礼聘/纳聘/受聘/延聘/应聘/征聘

8140 **招生** 丁

zhāo shēng (enrol new students)

用广告或通知的方式招学生入学:~广告|不~|~完毕|今年的~计划已经制订了|北京市高等学校今年~10万人|请问~办公室怎么走?|广告墙上有~通知。

【提示】离合词,中间可插入其他成分,如:招过生|招不了生。

8141 **招收** 丁

zhāoshōu (recruit)

[动]用考试或其他方式接收(学员、学徒、工作人员等):~服务员|~徒工|~打字员|~公务员|~飞行员|~很严格|负责~|打算~|拒绝~|限制~|开始~|~的学生|~的数量|我们~的是公关小姐,男士恕不接待|这家商店~了10名服务员|我们不~户口不在本市的人员。

8142 **招手** 丙

zhāo shǒu (wave)

举起手来上下摇动,表示叫人来或跟人打招呼:他站在楼上冲我~|交通警察~示意,让我停下车来|我~跟大家告别|老师向学生招了招手,大家就都聚过来了。

【提示】离合词,中间可插入其他成分,如:招了半天手|招着手。

8143 **朝气**(氣) 丁　〔部首〕月　〔笔画〕12

zhāoqì (vigour)

[名]精神振作,力求进取的气概(跟"暮气"相对):~蓬勃|恢复了~|缺少~|富有~|充满~|青春的~|生活的~|年轻人的~|焕发~|一股~|一种~|这些年轻人充满了~|年纪轻轻的,怎么一点儿~都没有?|振作起来,做一个~蓬勃的年轻人。

【近义词】锐气

【反义词】暮气

【提示】"朝"又读 cháo,见第 755 条。
【构词】朝露/朝暮/朝夕/朝霞/朝阳/朝不保夕/朝发夕至/朝令夕改/朝秦暮楚/朝思暮想

8144 **朝气蓬勃** 丁

zhāoqì péngbó (full of vigour and vitality)
形容生气勃勃,奋发向上,力求进取的精神面貌:～的年轻人,努力学习现代科学知识|科技人员们～地工作在各自的岗位上|他们变得更加～。
【近义词】生气勃勃/生机勃勃/生龙活虎
【反义词】暮气沉沉/死气沉沉/老气横秋

8145 **朝三暮四** 丁

zhāo sān mù sì (keep changing one's mind)
原比喻聪明人善于使用手段,愚笨的人不善于辨别事情,后来比喻反复无常:干什么事都要有恒心,不要～|交朋友要一心一意,不要～。
【近义词】朝秦暮楚
【反义词】持之以恒

8146 **着** *乙 〔部首〕羊 〔笔画〕11

zháo (burn)
[动]❶燃烧,也指灯发光(跟"灭"相对):炉子～得很旺|这家商场昨天晚上～火了|先让柴～～,然后再加煤|蚊香～了吗?❷用在动词后,表示已经达到目的或有了结果:打～了|我的笔记本找不～了|她个子不高,够不～高处的书|这点儿活儿,累不～我|灯点～了。❸〈丙〉接触;挨上:这个人说话不～边际|脚刚动完手术,不能～地|上不～天,下不～地|这地方前不～村,后不～店,怎么过夜呢?❹〈丙〉感受;受到:～风|～凉|晚上临睡前把窗户关上,别～凉|为了尽快完成这项科研任务,他像～魔似的工作着|肩膀～了点儿风,胳膊抬不起来了。
【近义词】❶触/沾/接触/挨上;❷受;❸燃/烧/燃烧
【反义词】❸灭
【提示】"着"又读 zhuó,如:着落、着力、着想;又读 zhāo,如:这一着、着数;又读 zhe,见第 8187 条。
【构词】着笔/着边/着慌/着火/着火点/着紧/着劲/着力/着陆/着落/着忙/着迷/着魔/着墨/着色/着手/着想/着眼/着意/着重/着重号/着装/着手成春

8147 **着急** 甲

zháojí (worried)
[形]急躁不安:朋友～|～一场|不值得～|用不着～|等得～|确实～|～的原因|～地看|别～,有大家在|～解决不了问题|～是要坏事的|孩子丢了,全家人万分～|看他那慢吞吞的样子,似乎不知什么是～|起晚了,她～地收拾一下东西,就跑出门去。
【近义词】焦急/焦躁/发急
【反义词】平静/轻松

8148 **着凉** 丙

zháo liáng (catch cold)
受凉:外面很冷,当心～|我夜里～了|多穿些,别～。
【近义词】受凉/着风/感冒
【提示】离合词,中间可插入其他成分,如:着了凉|着不了凉。

8149 **找** *甲 〔部首〕扌 〔笔画〕7

zhǎo (look for)

[动]❶为了要见到或得到所需求的人或事物而努力：～不着｜～不到｜没～｜别～｜我的钥匙～不到了｜存折不见了，你帮我～～｜他要去～几份写论文的资料｜这句话的出处应该～一下｜你～到你哥哥了吗？❷〈丁〉把超过应收的部分退还；把不足的部分补上：～钱｜～您两块钱｜您最好～我零钱｜先给你们这些涂料，不足的，装修完后再～齐。

【构词】找茬/找岔子/找麻烦/找平/找齐/找钱/找窍门/找事/找台阶/找寻

8150 **沼泽**(澤) 丁 〔部首〕氵 〔笔画〕8

zhǎozé (marsh)

[名]水草茂密的泥泞地带：前面是一片～｜在～地行走很危险，不小心会陷下去。

【构词】沼地/沼气

恩泽/光泽/湖泽/色泽/香泽/遗泽

8151 **兆** 丁 〔部首〕丿 〔笔画〕6

zhào (million)

[数]一百万：这张软盘的容量是1.2～｜这台计算机的内存是8～。

【提示】兆，姓。

【构词】兆头

8152 **照** 乙 〔部首〕灬 〔笔画〕13

zhào (v. shine; prep. towards)

[动]❶照射：阳光～在身上｜太阳～在河上｜用探照灯～～｜张开嘴，让大夫～～你的喉咙｜这盏灯把屋里～得雪亮。❷对着镜子或其他反光物看自己的面容或身影；有反光作用的东西把人或物的形象反映出来：瞧你的脸脏的，赶紧拿镜子～一下｜他特别爱～镜子｜那个童话故事里说妖怪被镜子～出了原形。❸拍摄：来，在这儿给我～张相｜这张相片～得很好｜我们"十一"出去～～相吧｜麻烦您给我们～一下。

[介]❶对着；向着：～直走，别拐弯｜～着前面有亮的地方走｜他～着歹徒的要害处猛击一拳。❷依照；按照：就～你们的意见办｜～章办事｜请～这种样式给我做条裙子｜～尺寸剪裁｜～你这么一说，我就放心了｜～每年增产10%算，三年后我们厂会有很大发展。

【近义词】[动]❶照射/射；❷映/反射/映照/反照；❸摄/拍摄/拍照；[介]❶朝/向/对着；❷依/按/按照/依照

【构词】照办/照壁/照发/照拂/照管/照护/照看/照面/照明弹/照片/照耀/照应/照映/照本宣科/照猫画虎/照葫芦画瓢

8153 **照常** 乙

zhàocháng (as usual)

[形]跟平常一样：～学习｜～工作｜～营业｜一切～｜照相馆装修期间，～对外开放｜他发着高烧，但还～上课｜战士们不顾伤痛，～战斗在抗洪第一线｜商场节日期间～营业。

【近义词】依旧/照旧/照样

8154 **照顾**(顧) 甲

zhàogù (consider)

[动]❶考虑(到)；注意(到)：～全盘｜～各个部门｜～重点｜～双方利益｜～影响｜～当地习俗｜～个人志愿｜～大家的情绪｜应该～｜需要～｜我们要～大多数人的意见｜谈判时要注意～双

方的利益|为了～大家的情绪，他的批评意见说得很缓和。❷特别关注，加以优待：～军烈属|～小孩|～残疾人|不肯～|值得～|给以～|～的对象|护士细心～病人|他十几年坚持～这些老人|这个媳妇对公婆～得很周到|她～孩子和老人的饮食起居。

【近义词】❶关注/顾全；❷照料/照管

8155 **照会**(會) 丁

zhàohuì (note)

[名]指一国政府把自己对于彼此有关的某一事件的意见写成的外交文件：中国通过～的方式与某国交涉这一问题|今天我们收到了对方的～。

8156 **照旧**(舊) 丁

zhàojiù (as before)

[形]跟原来一样：尽管她病得厉害，但她～工作着|不管大家怎么说，他～按部就班地工作|在如此恶劣的条件下，考察工作～进行|尽管人员变动较大，但工作～。

【近义词】仍旧/依旧/依然如故/照样/照常/照例

8157 **照例** 丙

zhàolì (as a rule)

[副]按照惯例；按照常情：代表们～出席了会议|考试～进行|录取工作～从每年7月15日开始。

【近义词】循例/沿例

【反义词】开例/破例

8158 **照料** 丁

zhàoliào (take care of)

[动]关心料理：～孩子|～伤员|～老人|～牲畜|～庄稼|～饮食|～生活|～起居|～家务|～得好|～几天|受到～|学会～|开始～|祖母精心～着小外孙|护士把病人～得挺好|请～好客人们的生活|要让孩子学会～自己的生活|在旅途中，请～一下这位老人。

【近义词】看(kān)顾/照管/照看/关照

8159 **照明** 丁

zhàomíng (illuminate)

[动]用灯光照亮室内、场地等：请问，哪里卖～设备？|舞台～效果怎么样？|在手术过程中，要用灯光～。

8160 **照片/相片** 乙

zhàopiàn/xiàngpiān (photo)

[名]把感光纸放在照相底片下曝光后经显影、定影而成的人或物的图片：～太小|～有点儿模糊|～十分珍贵|拍～|洗～|印～|放大～|挂～|刊登～|需要4张～|全家人的～|婚礼～|艺术～|彩色～|巨幅～|他们的结婚～照得很漂亮，充满温馨|请把这张～放大至10寸|我每次去旅行都喜欢照很多～|不同时期的～体现出每个人的不同人生阶段。

8161 **照射** 丁

zhàoshè (shine)

[动]光线射在物体上：阳光～|灯光～|～森林|～会场|直接～|阳光从窗户～进来|灯光把剧场～得雪亮|不能用强光～新生儿|探照灯不断地～在海面上。

【近义词】投射/映射/映照/照耀

8162 **照相** 甲

zhào xiàng (take a picture)

通过胶片的感光作用，用照相机拍下实物影像，也作“照像”：给人～｜～的时间｜～的背景｜～的光圈｜～的速度｜～技术｜～方法｜这里可供～的景点很多｜附近有～的地方吗？｜这几天来这儿～的人络绎不绝。

【近义词】拍摄/拍照/照像/摄影

【提示】离合词，中间可插入其他成分，如：照了一张相｜照过相。

8163 **照相机**(機) 丙

zhàoxiàngjī (camera)

[名]照相的器械，由镜头、暗箱、快门以及测距、取景、测光等装置构成。也叫摄影机：一架～｜一部～｜买～｜借～｜你的～是什么牌子的？｜能不能借你的～用一下？｜我想再给我的～配一个镜头｜我的～坏了，得拿去修理。

【近义词】相机

8164 **照样**(樣) 丙

zhàoyàng (as before)

[副]照旧：虽然已到立秋，但天气～闷热｜不管条件怎么样，他～安心工作。

【近义词】仍旧/照旧/依旧/依然

【提示】口语中多儿化。

8165 **照耀** 丙

zhàoyào (shine)

[动]强烈的光线把物体照亮：阳光～｜～着人群｜～着山川｜～大地｜～征途｜～着前程｜无数盏灯把体育场～得像白昼一样｜在水银灯的～下，小姑娘有些怯场了｜阳光～着大地。

【近义词】照射/映照/映射/辉映

8166 **照应**(應) 丁

zhàoyìng (correlate)

[动]配合；呼应：前后～｜首尾～｜～得十分自然｜需要～｜各部门工作要互相～｜写文章要前后～。

【近义词】呼应/相应/配合

【提示】“应”又读 yīng，见第 7690 条。

8167 **罩** 丙 〔部首〕罒 〔笔画〕13

zhào (v./n. cover)

[动]遮盖；扣住；套在外面：外面起风了，你再～上一件外衣吧｜天空阴沉沉地，乌云笼～了大地｜在故事《白蛇传》里，最后白蛇被～在塔下｜这个纱罩可以用来～饭菜。

[名]遮盖在物体外面的东西：灯～｜口～｜外～｜～衣｜我买了个纱布做的～子，夏天可以用来罩饭菜｜我感冒了，所以戴上了口～。

【近义词】[动]遮/蔽/盖/蒙/掩

【反义词】[动]揭/掀

【提示】作为名词的“罩”，在口语中一般儿化。

【构词】罩衫/罩袖/罩衣/罩子

8168 **召集** 丙 〔部首〕刀 〔笔画〕5

zhàojí (call together)

[动]通知人们聚集起来：～学生｜～战士｜～各级干部｜～队伍｜～会议｜负责～｜突然～｜请～各运动队的领队开会｜这次活动，～了数百名志愿者｜请把大家～到一起，大家一起讨论一下工作计划。

【近义词】邀集/集合

【提示】①“召”不读 zhāo。②召，姓。

【构词】召唤/召见

8169 **召开**(開) 乙

zhàokāi (convene)

[动]召集人们开会;举行(会议):～座谈会|～运动会|决定～|推迟～|频繁地～|正式～|昨天～了全院大会|分房会议已～过多次|今天～了紧急汛情会议|热烈庆祝学术会议的～。

【近义词】召集/举行

8170 **遮** 丙　〔部首〕辶　〔笔画〕14

zhē (block)

[动]❶一物体处在另一物体的某一方位,使后者不显露:～阳光|～视线|～镜头|洞口被～|树林～住了后面的院落|他把光线～住了|村子被高山～住了。❷拦住:前面黑压压的人群～住了我|我横～竖挡,他还是跑掉了。❸掩盖:～丑|～人耳目|～不住内心的兴奋。

【近义词】盖/挡

【构词】遮蔽/遮挡/遮盖/遮天蔽日/遮天盖地

8171 **折腾**(騰) 丁　〔部首〕扌　〔笔画〕7

zhēteng (toss about)

[动]❶翻过来倒过去;闹腾:他晚上睡不着觉,在床上瞎～|小孙子今天在奶奶家～了一天|别～了,赶紧休息。❷反复做(某事):我来帮你～～这些旧书|小花猫在门口钻出来又钻进去,～了半天才安静下来|你～出的这些东西还要不要?❸折磨:他差点儿被～成精神病|瘫痪病挺～人的|这个小宝宝真能～人|他发高烧,～了一夜。

【近义词】❷倒腾/翻腾;❸折磨

【提示】"折",又读 shé,如"腿折了";又读 zhé,见第 8172 条。

8172 **折** *乙　〔部首〕扌　〔笔画〕7

zhé (break)

[动]❶断;弄断:～树枝|骨～|～一朵花|他～不动树枝|他从树上～了几枝桃花。❷损失:损兵～将|赔了夫人又～兵|～戟(jǐ)沉沙|这次打仗,～了多少兵?|他哪里会做买卖?经了半年商,把家产全～进去了。❸弯;弯曲:曲～|百～不挠|他很有骨气,从不肯向权贵～腰。❹回;回转;转变方向:转～|她刚出家门又～回来了|出门一直走,再～向西。❺折叠:～扇|～尺|～小飞机|～小人|她把洗好的衣服～起来|他把信～好,放进信封里|衣服～得整整齐齐。❻〈丙〉折服:口服心～|他的言行让人心～。❼〈丙〉折合;抵换:1 美元～多少人民币?|1 英寸～2.54 厘米|100 元人民币～多少日元?❽〈丁〉折扣:打八～|打五～|不～不扣|本店服装大甩卖,一律打八～|给工钱不能打～扣。

【近义词】❶断;❸弯/曲;❹回/转/拐/绕;❺叠;❻服/信服/折服;❼抵/换/折合/对换;❽扣

【反义词】❸直

【提示】"折"又读 zhē,见第 8171 条"折腾";又读 shé,如"折了腿"。

【构词】折半/折刀/折叠/折叠伞/折服/折福/折回/折价/折旧/折扣/折辱/折扇/折射/折寿/折算/折腰/折椅/折账/折衷/折子/折子戏

8173 **折合** 丙

zhéhé (convert into)

[动]❶在实物和实物间、货币和货币间、实物和货币间按照比价计算:1 美元～多少人民币?|当时的 10 个工分～几斤麦子?|多少元人民币～1 万日元?❷同一实物换用另一种单位

来计算：一包大米25公斤，～市斤正好是50斤|一两可～成50克。

【近义词】折算

8174 **折磨** 丙

zhémó (v./n. torment)

[动]使在肉体上、精神上受痛苦：～人|～病人|～老人|～动物|～别人感情|进行～|遭～|忍受～|不堪～|不准～|害怕～|慢慢地～|野蛮地～|～的手段|这种失恋的痛苦日夜～着她|敌人用了各种刑具来～她|他已经被～得不成人样了|他被活活～死了。

[名]使在肉体上、精神上所受的痛苦：停止工作，对他来说是一种～|这样的～我再也忍受不下去了。

【近义词】[动]折腾；[名]熬煎/磨难/苦头

【构词】消磨/琢磨

8175 **哲学**(學) 乙 〔部首〕口 〔笔画〕10

zhéxué (philosophy)

[名]关于世界观的学说。是自然知识和社会知识的概括和总结：中国～|西方～|古典～|现代～|他学的是～专业|他是著名的～家。

【构词】哲理/哲人/哲言

8176 **者** 丙 〔部首〕日 〔笔画〕8

zhě (n. -er)

[名]❶用在"二"、"三"等数词或"前"、"后"等方位词的后面，指上面所说的人或事物：她不是医生，就是护士，二～必居其一|要想办成此事，钱和人两～缺一不可。❷用在形容词或动词后面，表示有此属性或做此动作的人或事物：弱～|老～|作～|读～|胜利～|失败～|患～|我是记～|他是位著名的学～。❸用在某某工作、某某主义后面，表示从事某项工作或信仰某个主义的人：教育工作～|国际主义～|他是文艺工作～|他是个真正的马克思主义～。

8177 **这**(這) 甲 〔部首〕辶 〔笔画〕7

zhè (this)

[代]❶指代比较近的人或事物：a. 作定语：～本书真贵|～孩子长得不错|～房子真漂亮|～事不好办|～一现象不容忽视|～几个人是谁？|～件衣服是我自己做的。b. 作主语：～是王老师|～是新来的同事|～不解决问题|～送你|～很不错。c. 作宾语：你拿～做什么？|你们把～叫什么？❷泛指：我一上街，买点儿～，买点儿那，一会儿钱就花光了|她一见面就问～问那。❸代替"这时候"：我～就出发|我～才明白过来。

【反义词】那

【提示】在口语里，"这"可以读成zhèi。

8178 **这边**(邊) 乙

zhèbiān (here)

[代]❶指较近的一边或一面：街～有一家商店，那边是一个饭馆|他坐在桌子那边，我坐在桌子～|山～是山西，山那边就是河北。❷指自己一方：你是我们的队员，你不从～往那边踢球，怎么从那边往这边踢？|我是～的，你是那边的，现在咱们是对手。

【近义词】这里/这儿

【反义词】那边/那里/那儿

8179 **这个**(個) *甲

zhège (this)

[代]❶这一个：～比那个好，我们就

买～吧｜～是他给我的｜别玩～了｜～孩子真漂亮｜～人不像本地人｜～地方可真难找｜～叫香瓜。❷这东西；这件事：你问谁对谁错，～不好说｜看看～，又瞧瞧那个，不知哪个最合适｜在服装大厅里他看看～，摸摸那个，哪个都喜欢得不得了。❸〈乙〉用在动词、形容词之前，表示夸张：听她～喊啊，把嗓子都喊哑了｜瞧他们～高兴啊，都跳起来了｜看她～忙啊，连汗都来不及擦。

8180　**这会儿**（會兒）　丙

zhèhuìr（now）

[名]这时候：～不是聊天儿的时候｜明天～我就在上海了｜他们～正在爬泰山呢｜～你感觉怎么样？｜～车站上等车的人越来越多｜～会该开完了吧｜～他们可能不在家｜外面那么大的雨，～的路好走吗？｜喝点儿茶吧，～的温度正合适｜～，她的脸色好多了。

【近义词】这会子/这时候

【反义词】那会儿/那时候

8181　**这里/这儿**（裏/兒）　甲

zhèlǐ/zhèr（here）

[代]指示比较近的处所：在～｜住～｜来～｜～的人｜～的屋子｜朝～走｜从～出发｜打～一直往前｜坐在～｜来到～｜到～来｜～的风景真美｜～就是我们的学校｜我们～没有你说的那个人｜你用手扶着～｜～的伙食一般｜～的人都很热心｜～的风沙已被控制住｜～盛产苹果｜～的生活水平很低｜在～工作很好，大家可以互相帮助｜～太热，你去树下坐会儿｜我们～今年的产量有大幅度增长｜～阳光好。

【反义词】那里/那儿

8182　**这么**（麽）　甲

zhème（so）

[代]指示性质、状态、方式、程度等：～好的天气｜～乖的猫｜～聪明的孩子｜～脏的桌子｜～差的服务｜～快就到了｜～多的饭菜｜～忙的人｜有～一回事｜小莉已经有你～高了｜我的房间也就像你的～大｜真的，就～大｜～热的水，没法儿喝｜我没有～多的时间｜你家的冰箱～大啊！｜大家全～说｜这药怎么～苦？｜～贵重的物品，我不能收｜～紧张的工作，快把人累垮了｜你～一说，我就明白了｜你～喊，谁能听清你说的是什么？｜他的字写得～漂亮｜～多的人，真吵｜这件事，就～办吧｜他就～走了，一句话也没说｜等了～半天，还没人来。

【近义词】这末

【提示】口语中有时读做 zème。

8183　**这么着**　丁

zhèmezhe（like this）

[代]指示动作或情况：～说｜～做｜想～｜不能～｜这活儿得～干，才能干得快｜我就～了，你能把我怎么样？｜～吧，你进去找人，我在这儿等你｜～也行，辛苦你了｜～的话，这工程能提前一个月干完｜打靶的姿势要～，才能打得准｜我喜欢～｜～好不好？｜你总～，事情还能办好吗？｜就～，你去叫车，他去找人。

【反义词】那么着

8184　**这些**　甲

zhèxiē（these）

[代]指示较近的两个以上的人或事物，也说"这些个"：～人｜～事｜～东西｜～糖｜～地方｜～人是从哪儿来

的？|～垃圾得尽快清理|～事情我做不了主，你去问问有关的领导|～话你是听谁说的？|～书比较新|～工人干活儿总是拖拖拉拉|～钱是你应得的报酬|～好事全让你赶上了|～日子你过得怎么样？|～机器是我们新购置的|～都是新来的学生|现在我还没时间研究～问题|把～礼品送回去|刚才我讲的～不一定对|别说～了，赶紧干吧。

【近义词】这些个

【反义词】那些/那些个

【提示】"这些"作主语用于提问时，通常指物不指人，如"这些是什么？"是问事物。问人的时候不说"～是谁？"而说"～人是谁？"

8185 **这样**（様） 甲

zhèyàng（so；such；like this）

［代］指示性质、状态、方式、程度等：～的人|～的生活|～的条件|～的问题|～的事情|就～办吧|～干好吗？|～做影响不好|他就是～几年如一日地照顾郭大妈|～的事情我还是第一次遇到|～的好电影真是不多|～的天气在北京的春天时常遇到|这几年，涌现出不少像他～舍己为公的人|～乱，影响多不好|为什么你要～说？|对于这件事，我的想法是～的|孩子～做就对了|～一来，问题就迎刃而解了|多组织一些活动，～可以唤起大家的参与热情|～做可以使大家更团结|他总是～，一钻进试验室几天都不出来|我从前是～看你，现在依然是～看你|洗衣、做饭、生儿育女，结婚以后的生活不都是～吗？

【近义词】这么样/这么

【反义词】那样/那么/那么样

【提示】"这样"可以与"那样"连用，表示或此或彼。如：我们尽管有～或那样的困难，但是我们一定能克服困难，完成任务|今天～，明天那样，三天打鱼，两天晒网，你怎么能学习好？|谁家没有～那样的困难？|～也不好，那样也不好，你总得拿出办法来啊！

8186 **这样一来**（様來） 丙

zhèyàng yì lái（in this way）

表示因为前面的原因，使得后面的情况发生，多用于口语中：我虽然病了半年，但是老师愿意给我辅导，～我就有可能毕业了|我们在途中休息了半小时，～一点儿也不感觉累了。

8187 **着** *甲 ［部首］羊 ［笔画］11

zhe（part. *to indicate an action in progress*）

［助］❶表示动作的持续：人们唱～，跳～|她想～远在千里之外的亲人，夜里睡不好觉|他们正谈～话|妈妈读～信，眼泪一滴滴落下来|他们正开～会呢|她打～伞走在前面。❷表示状态的持续：孩子乖～呢|门开～呢|他穿～一身新衣服|饭还热～呢|电视里正放～卡通片|屋里放～两个西瓜|墙上糊～许多报纸|门上挂～一个竹帘|她的脸还红～呢。❸〈乙〉用在动词或表示程度的形容词后面，加强命令或嘱咐的语气：你听～|你快躺～吧|慢～，先别动|你歇～吧|快～点儿写|轻～点儿走路。❹〈乙〉用在两个动词之间，表示动作的方式、状况等：我躺～看书|他忙～收拾东西|他坐～讲话|他冒～大雨回来了。

【提示】"着"，又读 zháo，见第8146条；又读 zhāo，如"着数"；又读 zhuó，如

"着手"、"着陆"。

8188 **珍贵**(貴) 丙 〔部首〕王 〔笔画〕9

zhēnguì (valuable)

[形]价值高;意义深刻;宝贵:~的文物|~的参考文献|~的动物|~的植物|~的药材|~的土地|~的资源|~的珠宝|~的手稿|~的照片|~的绘画|~的雕刻|~的作品|~的时间|~的生命|大熊猫是中国的~动物|我国有不少~的奇花异石|这些古画,十分~|对于他来说,时间最~|爱情是~的|她把父亲留下的~遗产捐献出去了|这些恐龙蛋特别~|在他眼里,这些不值钱的东西变得~起来,这是父亲一生的血汗啊!|这是一部非常~的文物考察资料。

【近义词】名贵/宝贵/可贵

【构词】珍爱/珍宝/珍本/珍藏/珍存/珍品/珍奇/珍禽/珍视/珍稀/珍馐/珍重

8189 **珍惜** 丙

zhēnxī (treasure)

[动]珍重爱惜:~人才|~资源|~别人的劳动|~时间|~生命|~机会|~生活|~身体|~友谊|~感情|应该~|值得~|特别~|为了美好的明天,我们应该~今天|我们要特别~老一辈用鲜血和生命换来的新生活|请你~她对你的一片真心|大家对集体的荣誉是非常~的|这种友谊值得~|他对自己获得的荣誉十分~。

【近义词】珍视/重视/爱惜/爱护/珍重

【反义词】糟踏/糟践/抛弃/漠视/无视/鄙视/蔑视/鄙夷

8190 **珍珠** 丙

zhēnzhū (pearl)

[名]某些软体动物(如蚌)的贝壳内产生的圆形颗粒,乳白色或略带黄色,有光泽,是这类动物体内发生病理变化或外界砂粒和微生物等进入贝壳而形成的。多用做装饰品。因其名贵,也常用来比喻美好的人和物:一串~|一粒~|一颗~|~项链|中国出产的~很有名|这一串用~制作的项链可真漂亮|~有价,黄金有价,爱情无价|她的歌声轻盈,悦耳,那声音就好像一颗颗~落入玉盘一样|中国有不少有名的~产地|这种~十分名贵|皇冠上的~价值连城|《红楼梦》是中国文学史上的一颗璀璨(càn)的~|他们两个人的心,像两颗晶莹的~,洁白无瑕。

【提示】也写作"真珠"。

【构词】朝(cháo)珠/串珠/顶珠/佛珠/滚珠/泪珠/露珠/明珠/念珠/数(shù)珠/雨珠

8191 **真** 甲 〔部首〕八 〔笔画〕10

zhēn (really)

[副]实在;的确:~讨厌|~香|~会说话|~该批评|~是好脾气|~美|~漂亮|~干净|~奇怪|~让人高兴|~叫人难受|~不简单|时间过得~快|这么大的事,他居然一字不漏,~沉得住气|这孩子的近况~叫人担忧|过去我们在一起的日子~好!

【提示】①作形容词表示真实,同客观事实相符合:~心~意|~人~事|千~万确|~情实感|~的故事|货~价实|~才实学|~本事|~功夫|他的话三分~,七分假|去伪存~|这幅画是~的|我说的的确是~的|我看得很~|~的假不了,假的~不了|他~的走了|这是~本事。②真,姓。

【构词】真迹/真空/真空管/真切/真

情/真挚/真才实学/真凭实据/真心实意/真知灼见/真金不怕火炼

8192 **真诚**(誠) 丁

zhēnchéng (sincere)

[形]真实诚恳;没有一点儿虚伪:态度~|感情~|话语~|待客~|显得~|不够~|说得很~|非常~|变得~|一贯~|相当~|~的人|~的态度|~地生活|~的合作|这个人很~|老支书对人~|大家被他那~的情意感动了|这些薄礼聊表我~的心意|我们~地拥护改革|同事之间应该~相待|他的话说得很~|她终于接受了这颗~的心|我被小周的~打动了。

【近义词】诚实/热诚/赤诚/虔诚/恳切/真挚/坦诚/至诚/实在

【反义词】虚伪/虚假/伪善/造做/做作

【构词】赤诚/竭诚/精诚/热诚/坦诚/投诚/实诚/至诚/忠诚

8193 **真理** 乙

zhēnlǐ (truth)

[名]真实的道理,即客观事物及其规律在人的意识中的正确反映:成为~|存在~|揭示~|发现~|把握~|追求~|探索~|悟出~|接近~|坚持~|放弃~|服从~|相信~|绝对~|一条~|一种~|~的标准|~的定义|~的力量|通过实践发现~,又通过实践检验~|为寻求革命~,她抛弃了家庭,只身来到延安|~不一定掌握在多数人的手中|~是客观存在的,不以人的意志为转移|他们不断地探索~|谁也不能违背~|~的标准是什么?

【近义词】真谛

【反义词】谬误

8194 **真实**(實) 乙

zhēnshí (true)

[形]跟客观事实相符合;不假:故事~|情节~|材料~|描写~|~一点儿|~一些|追求~|不够~|说得挺~|刻画得很~|特别~|~地再现|~地报道|这部电影反映了抗战的~情况|新闻报道要~|这位顾客反映的情况很~|这封信,表现了他的~情感|这篇纪实文学~反映了当今的一些不良现象|影片~地再现了二战的情景。

【近义词】实在/确实/可靠

【反义词】虚假/虚伪/虚妄

8195 **真是** *丙

zhēn shi (really)

❶实在是:~害怕|~生气|~关心|~感谢|~失望|~敬佩|~讨厌|~突然|~舒服|~烦恼|~幸福|~漂亮|~糟糕|~对不住,让你们久等了|同事们对我~太好了|干了一天的活儿,我~懒得动|这次失恋,她~痛苦极了|慰问团来到山区,看到那里的生活~贫穷|这么晚了,女儿还不回来,母亲~担心。❷〈丁〉表示不满意的情绪:都9点了,还不来,~!|这么好吃的饺子都不吃,您想吃什么?~!|房间这么乱,也不收拾,~!

【近义词】❶的确/实在;❷真是的

8196 **真是的** 丁

zhēn shi de (*used to express displeasure or annoyance*)

表示不满意的情绪:~,这么点儿小事也办不好|你们也~,这么重要的事怎么不上报?|雨下了好几天了还

不停，～|他们也～，说好去玩又不去了|～，每天这样忙碌，连休息时间都没有|～，借了别人的东西，又不好好爱惜|他怎么还不回来？～|屋里被你们弄得这么乱，～|～，不管我什么时候下班，晚饭都得我做|你也～，何必这么斤斤计较呢？|～，你这样做太不应该了。

【近义词】真是

【提示】"真是的"多用于句首或句尾。

8197 **真相** 丁

zhēnxiàng (fact)

[名]事实的真实情况(区别于表面的或假造的情况)：～大白|～不明|看出～|查明～|揭露～|报道～|供出～|了解～|得知～|事情的～|识破～|为了弄清问题的～，她决定追查下去|有时要拨开迷雾才能使～大白|将～隐藏起来，是犯罪分子常用的一种手段|少数群众不明～，被人利用了。

【近义词】本相/原形

【反义词】假像/假相

【构词】扮相/本相/变相/丑相/福相/假相/看相/脸相/亮相/面相/命相/破相/上相/生相/识相/手相/首相/属相/星相/凶相/洋相/宰相/长(zhǎng)相/照相

8198 **真心** 丁

zhēnxīn (whole-hearted)

[名]真实的心意：～话|～诚意|用我的～换你的～|她几十年如一日，～照料邻居赵大妈|她是～实意地对你好，你也别老犹豫了|获得一个人的～不容易。

【近义词】诚意/实意

【反义词】假意

8199 **真正** 甲

zhēnzhèng (genuine)

[形]实质跟名义完全符合的：～的人|～的朋友|～的宝石|～的艺术|～的人生|～的灾难|～的目的|～的友谊|～拥护|～喜欢|群众～地发动起来了|他们变成了土地的～主人|难道你不需要～的爱？

【近义词】真实/真诚/实在

【反义词】虚假/虚伪

8200 **针**(針) 乙 〔部首〕钅 〔笔画〕7

zhēn (needle)

[名]❶缝衣物用的工具，细长而小，一头尖锐，另一头有孔或钩，可以引线，多用金属制成：一根～|～脚|～孔|～线|～眼|～织品|缝纫机～|绣花～|缝被子要用大～|我的眼花了，你帮我纫上这根～|这根～的～眼儿太小，不好纫。❷细长像针的东西：松～|指南～|时～|分～|秒～|表～。❸针剂：打～|防疫～|～头|你发烧了，应该去打退烧～|我打了～，但是没退烧|小孩儿今天统一打防疫～。❹中医用特制的金属针按一定的穴位刺入体内医治疾病：～灸|～刺|～法|金～|银～|扎～。

【构词】针鼻/针插/针剂/针脚/针头/针线/针眼/针织品/针锋相对/针头线脑/针尖对麦芒

8201 **针对**(對) 乙

zhēnduì (be aimed at)

[动]对准：～事实|～问题|～看法|～情况|～现实|～现象|～时尚|～倾向|～特点|这些事都是～我来的|～当前的治安情况，公安部门制订了新的措施|这几本书是～0至1岁的

婴儿的智力开发而编写的|这10部纪实文学丛刊是～现今社会表现最突出的10个问题而写的|～工人的不满情绪,工厂调整了作息时间|～这个问题,我们进行了协商|他～设计图纸提出了几点意见|他～早婚早育的倾向写了这篇文章|～两国目前的关系,我方提出暂停外交往来|～追求高消费的现象,他们对职工进行了艰苦奋斗的教育|～不同层次读者的需求,该报增加了不少新栏目。

8202 **针灸** 丙

zhēnjiǔ (n. acupuncture and moxibustion; v. apply acupuncture and moxibustion)

[名]针法和灸法的合称。针法是用特制的金属针,按一定穴位,刺入患者体内,用捻、提等手法以达到治疗疾病的目的。灸法就是把燃烧着的艾绒按一定的穴位,靠近皮肤或放在皮肤上,利用热的刺激来治疗疾病:现在几乎所有医院都设有中医～科|许多外国人都认为～是一种神奇的疗法|要掌握～的医术,需要经过多年的努力学习和实践。

[动]用针灸的方法进行治疗:我感冒了,请您给我～一下|我连续～了三天,病全好了。

8203 **侦察**(偵) 丁 〔部首〕亻〔笔画〕8

zhēnchá (reconnoitre)

[动]为了弄清敌情、地形及其他有关作战的情况而进行活动:～开始了|～完成了|～持续了两个小时|～很危险|～极其顺利|～敌情|～火力|～地形|～一回|～一下|～一番|可以～|负责～|准备～|秘密～|～的目标|～的计划|～小组|敌机在上空转来转去,似乎在～什么|～小分队已经出发了|团长派人去～一下对岸的情况|我们都已经～过了|～的结果表明敌人的火力部署有所增加|我们的～证实了事先对敌人的估计是正确的|他们圆满完成了～任务|必须再～一下,然后把消息报告炮兵。

【近义词】探查

【构词】侦查/侦察兵/侦察机/侦破/侦探/侦讯

8204 **侦探** 丁

zhēntàn (detective)

[名]暗中探寻机密或案情的人;间谍:当～|做～|～小说|～故事|穿便衣的～蜂拥而入|他一边走,一边留心后面有没有～跟踪|一名～盯上了他|我们好不容易才甩掉对方派来跟踪的～。

【近义词】暗探/密探/坐探

8205 **枕头**(頭) 丙 〔部首〕木〔笔画〕8

zhěntou (pillow)

[名]躺着的时候,垫在头下使头略高的东西:～套|～席|～心|绣花～|木棉～|荞麦皮～|靠在～上|病人腰部垫了两个～,以利于呼吸|她从商场买了两个木棉～,准备结婚用|妈妈给我做了两个小～。

【近义词】枕

【构词】枕边风/枕骨/枕巾/枕木/枕套/枕席/枕戈待旦

8206 **诊断**(診斷) 丁 〔部首〕讠〔笔画〕7

zhěnduàn (diagnose)

[动]在检查病人的症状之后判定病人的病症及其发展情况:中医～|西医～|～病情|～得对|～一下|能～|应该～|进行～|负责～|接受～|要

求～|～的方法|～的水平|～的仪器|～的结果|～的记录|～的证明|医生对病人进行～|经过医生～,他得的是心脏病|我怀疑他～的结果是不是正确|这种病不太好～。

【构词】诊费/诊疗/诊脉/诊视/诊所/诊治

8207 **震** 丙 〔部首〕雨 〔笔画〕15

zhèn (shake)

[动]震动:地～|外面的锣鼓声～人|玻璃～碎了|外面的一声惊雷,把孩子～醒了|这么大的声音,差点儿把我的耳膜～破了|他一拍桌子,杯子被～得跳了几下|玻璃制品怕～怕摔|一镐下去,～得虎口发麻|楼板上～下了不少石灰|精密仪器怕～|墙上的画被～下来了|心头陡然一～。

【构词】震波/震颤/震撼/震级/震怒/震情/震慑/震源/震中/震耳欲聋/震古烁今/震天动地

8208 **震荡**(盪) 丁

zhèndàng (shake)

[动]震动;动荡:发生～|大地～|～着|～起来|号角声～着山谷|枪声响过,整个湖面～起来|胜利的欢呼声在天空中～|地雷爆炸的声音～在耳边|小小风波竟～了全国|她的哀号在我耳边～|虎啸～着峡谷。

【近义词】震动/动荡

8209 **震动**(動) 丙

zhèndòng (shock)

[动]❶受外力的影响而颤动;使颤动:～开始了|～加剧了|～减轻了|～持续了很久|～停止了|～剧烈|山谷在～|机器在～|～天地|～田野|受～|轻轻地～|她的身体～了一下|飞驶的火车～着大地|路面不平,车身～得很厉害|病人经不起这种～|这些仪表不能～|电器的～使他两手发麻|坦克驶过时,大桥～起来。❷(重大的事情、消息等)使人不平静:～全国|世界被～了|～社会|～体坛|～文化界|～大家的心|～人的灵魂|受到～|感到～|经受～|引起～|产生～|这件事对大家～很大|女排夺得五连冠的喜讯,～了全国|英雄事迹报告会引起了大家的～|这本名著～了文坛。

【近义词】撼动

8210 **震惊**(驚) 丁

zhènjīng (shock)

[动]使大吃一惊;非常吃惊:～世界|～全球|～全国|～文坛|感到～|举国～|全场～|引起～|老杨～得说不出一句话来|围棋界人士对他的胜利大为～|小马的勇气使我～|目睹这种糟踏文物的行径,～的游客深感气愤|李强很快稳定住了情绪,没露出半点儿～的神色|听到教授病逝的噩耗,全校的师生都感到非常～|大家对他的举动十分～|国内外同行也大为～|这一发现～了中外人士|评奖结果引起厂家的～。

【近义词】震动/吃惊

8211 **振** 丁 〔部首〕扌 〔笔画〕10

zhèn (brace up)

[动]❶奋起:～奋|～作|～起精神来|听说比赛开始,观众的精神为之一～|他～不起精神来。❷摇动;挥动:～笔疾书|共～|～翅|小鸟～翅高飞|人们～臂高呼反对战争。

【提示】"振"不作"震"。

【构词】振臂/振荡/振幅/振作/振振

有词

8212 **振动**(動) 丙

zhèndòng (vibrate)

[动]物体通过一个中心位置,不断做往复运动。也叫振荡:～很快|～均匀|～明显|琴弦～|物质～|分子～|～一次|～一回|钟摆～|形成～|防止～|利用～|研究～|注意～|加快了～|～的周期|～的频率|如果没有外力的影响物体可以不停地～|钟摆均匀地来回～。

8213 **振奋**(奮) 丁

zhènfèn (brace up)

[动]❶(精神)振作奋发:精神～|情绪～|思想～|人心～|群情～|士气～|要～|保持～|不够～|特别～|这消息令人～|号角齐鸣,群情～|失败没什么,咱们要～起来,重新开始|这样的工作使我无法～起来。❷使振奋:～人心|～士气|～斗志|～精神|～情绪|英雄事迹的报告～了每一个听众|这是多么～人心的事啊!|这种进取精神～了整个民族。

【近义词】昂奋/抖擞/振作/奋发/兴奋

【反义词】懊丧/衰颓/颓废/颓丧/消沉/不振

8214 **振兴**(興) 丁

zhènxīng (rejuvenate)

[动]大力发展,使兴盛起来:～国家|～民族|～中华|～家族|～工业|～企业|～经济|～文化|～教育|～科技事业|要～|开始～|很快～|～中华是全民族的责任|企业的～要靠大家的努力|近年,中国体育～得很快|经济的～使国力逐渐强大起来|教育～了|濒临灭绝的古老艺术得到了～|少林寺的武术又～起来。

【近义词】崛起

【提示】“兴”又读 xìng,如“兴趣”、“高兴”。

〔部首〕钅
〔笔画〕15

8215 **镇**(鎮) 丙

zhèn (town)

[名]❶较大的市集:集～|我们去～上买些东西|这里有个很大的集～,各种吃的都有。❷行政区划单位,一般由县一级领导:～长|～子|城～|我们～的～长很年轻|这个～子不大,但很干净|我们县共有五个～。

【提示】镇,姓。

【构词】镇尺/镇服/镇静剂/镇市/镇守/镇纸/镇子

8216 **镇** 丁

zhèn (press down)

[动]❶压;抑制:～纸|～痛|你拿这块石头把地图～住,别让风刮跑了|这种药可以～痛,但不能从根本上治你的病|把冷毛巾放在头上～～。❷用武力维持安定:～守|～服|他被头儿的威严～住了|这支军队～守在祖国的边疆|有你在这儿～着,敌人不敢来。❸把食物、饮料等同冰块放在一起或放在冷水里使凉:冰～汽水|冰～啤酒|把西瓜放在凉水里～一～。

8217 **镇定** 丁

zhèndìng (calm)

[形]遇到紧急的情况不慌不乱:情绪～|态度十分～|眼光～|谈吐～|举止～|回答～|需要～|保持～|说得很～|表现得～|很快～下来|～的态度|～地回答|他遇事一向～|虽然是

第一次登台,但她表现得很～|我先是吃了一惊,但很快就～下来|面对检察人员的追问,他十分恐慌,但还在故作～|他保持着～的情绪参加面试|她～地回答了一个又一个的问题|大楼起火了,他～地疏散着顾客|在紧急关头,老孙表现得不够～|他谈吐举止～,看不出什么破绽|那家伙佯(xiáng)装～|司机～地刹住了车|事已至此,我反而～了。

【近义词】安详/从容/镇静/沉着/冷静/平静

【反义词】慌忙/慌乱/慌张/发慌/发毛/惊慌

8218 **镇静** 丙

zhènjìng (calm)

[形]情绪稳定或平静:十分～|情绪很～|～一些|强作～|保持～|不够～|恢复了～|～地听|～地工作|～地撤退|这种药对神经系统有～作用|临走前他～地安排了后事|保持～的情绪|休息了一会儿,她的心情～多了|遇到危急的事,他通常都表现得很～|飞机的起落架坏了,驾驶员保持着～,运用娴熟的技术,使飞机安全着陆|输球的时候,球迷们不够～,有些冲动|在危险面前,她竟如此～。

【近义词】安详/从容/镇定/沉着/冷静/平静

【反义词】慌张/激动/慌乱/冲动/亢奋

8219 **镇压**(壓) 丙

zhènyā (suppress)

[动]用强力压制,不许进行政治活动:～开始了|～暴徒|～非法活动|进行～|受到～|反抗～|公开～|血腥地～|～的手段|农民起义遭到了残酷～|暴乱被～下去|对叛国投敌的行为坚决予以～。

【近义词】压制

8220 **阵**(陣) 乙 〔部首〕阝 〔笔画〕6

zhèn (n. battle formation; m. spell)

[名]❶古代战术用语,指作战队伍的行列或组织方式:严～以待|迷魂～|一字长蛇～|冲锋陷～|～容|～势|你这是摆的什么迷魂～? ❷阵地:上～|临～磨枪|临～脱逃|～线|士兵们要英勇杀敌,不能临场怯～|村里的年轻人都上～杀敌去了。❸一段时间:这～儿|那～儿|前一～儿|好长一～儿|这～子|那～子|前一～儿他一直在我这儿住着|他好长一～儿没来了|上大学那～儿我们是好朋友。

[量]表示事情或动作经过的段落:一～掌声|一～雨|一～风|一～晕眩|今天下了两～雨,又停了|刚刚刮了一～风,天气就凉下来了|礼堂里响起～～掌声。

【提示】"阵"表示时间时,口语中多儿化。

【构词】阵地战/阵风/阵脚/阵势/阵痛/阵亡/阵雨

8221 **阵地** 丙

zhèndì (position)

[名]军队为了进行战斗而占据的地方,通常修有工事:～坚固|巩固～|扩大～|成为～|坚守～|占领～|攻破～|丢失～|我军的～|炮兵～|友邻的～|前沿～|文艺～|理论～|防御～|我们一定要坚守～,等待援兵的到来|敌人的大炮不断轰击～|人

在～在|敌军的～就在前方|～上的火力部署已一清二楚|这支医疗队活跃在～上。

8222 **阵容** 丁

zhènróng (battle array)

[名]❶作战队伍的外貌:～整齐|～强大|改变～|检阅～|海军的～|部队整顿了～,又向前开拔了|整齐的～显示了良好的军事素质。❷队伍所显示的力量,多比喻人力的配备:代表团的～|女排的～|主力队员的～|比赛的～|决战的～|出访的～|强大的～|这部影片名演员很多,～强大|中国代表团排出了最佳～|剧院排出了强大的～,去农村慰问演出。

8223 **阵线**(綫) 丁

zhènxiàn (front)

[名]战线,多用于比喻:革命～|民族统一～|～不要拉得太长,以免供应不足|统一～组织起来了。

【近义词】战线

8224 **阵营**(營) 丁

zhènyíng (camp)

[名]为了共同的利益和目标而联合起来进行斗争的集团:革命～|民族～|这是两个敌对的～|我们～内部要团结一致。

【近义词】营垒

8225 **正月** 丁 〔部首〕一 〔笔画〕5

zhēngyuè (the first month of the lunar year)

[名]农历一年的第一个月:～到了,新的一年也开始了|～初一就是人们常说的春节|～初五讲究要吃饺子|她的生日在～|～里,农活不是很忙。

【提示】"正月"的"正"zhēng 不能读成 zhèng,"正"zhèng 见第 8255 条。

8226 **蒸** 丁 〔部首〕艹 〔笔画〕13

zhēng (steam)

[动]利用水蒸气的热力使食物熟或热:～馒头|你把冷饭～一～|她正～着包子|馒头～熟了|鸡蛋～得太老|饭菜在锅里～着|面包不能～|上笼～10 分钟|～好一碗米粉肉|一次～不了这么多|～的香肠更有味儿|～的饺子不如煮的好吃|肉要用旺火～|～过的瓶子才能装果酱。

【构词】蒸饼/蒸锅/蒸饺/蒸馏/蒸馏水/蒸笼/蒸汽机/蒸蒸日上

8227 **蒸发**(發) 丙

zhēngfā (evaporate)

[动]液体表面缓慢地转化成气体:水分～了|香水～了|酒精～了|液体～了|～出气体|～出烟雾|～得极快|避免～|防止～|开始～|容易～|难～|迅速地～|全部～|露珠儿在阳光下～了|瓶里的水～了一半|苹果表皮的汁液～干了|地表的水分迅速～|在阳光的照射下,地面的雨水～得更快|加热可以加快～的速度|海水～后,析出白色的结晶体|海洋水气的～,对气候有很大的调节作用|骆驼用升高自己的体温办法来减少体内水分的～。

【近义词】挥发

【反义词】凝结

8228 **蒸汽** 丙

zhēngqì (steam)

[名]水蒸气:～机|～压力|我们楼采

用～取暖|早期的火车用～作动力。

8229 **挣扎** 丙　〔部首〕扌〔笔画〕9

zhēngzhá (struggle)

[动]用力支撑:～一下|～一气|～一番|～了一会儿|～半天|～了一年|放弃～|开始～|拼命地～|顽强地～|最后～|灾民在困境中～|敌人还在垂死～|落水儿童在水中～|鱼儿在网里～|穷人为了生计而苦苦～着|不愿打针的孩子一边～一边哭叫|鸟儿扑动翅膀～着|她～了好半天才爬上岸来|长时间的～耗尽了我的体力|歹徒在进行最后的～|他～了半天,想把缠在脚上的水草弄掉|他终于从失败的痛苦中～出来。

【近义词】抗争

【提示】“挣”又读 zhèng,见第 8279 条。

8230 **睁** 丙　〔部首〕目〔笔画〕11

zhēng (open [eyes])

[动]张开(眼睛):～眼|～开|你～开眼看一看我们吧|这事不能～一只眼,闭一只眼就过去了|早上起来我迷迷糊糊～开双眼|看见小熊,小女儿～大了眼睛|我太困了,眼睛都～不开了。

【反义词】闭

8231 **征(徵)** *乙　〔部首〕彳〔笔画〕8

zhēng (call up)

[动]❶政府召集人民服务:～兵|应～入伍|～调(diào)|～集|～募|～用|～召|今年的～兵工作圆满结束|～集棉衣被,支援灾区。❷征收:～税|～粮|～购|横～暴敛|皇帝～收苛捐杂税|～税工作正在进行。❸〈丙〉征求:～文|～稿|～聘|～求|报上登了一则～文启事|报纸向我～的稿我还没写出来。❹〈丙〉走远路(多指军队):踏上～途|长～|远～|～程|～尘|～夫|～帆|去天山考察的人马已踏上～程。❺〈丁〉征讨:出～|南～北战|～服|～讨|～战|亲～|皇帝御驾亲～|他一辈子南～北战,没有过过一天安静日子|队伍马上就要出～了。

【提示】义项❹❺的“征”是本字,不是“徵”的简化字。

【构词】征鞍/征兵/征尘/征程/征调/征伐/征帆/征稿/征购/征集/征聘/征讨/征途/征文/征询/征衣/征引/征用/征战/征兆/征召

8232 **征服** 丙

zhēngfú (conquer)

[动]用武力使(别的国家、民族)屈服:人类～自然|猎人～猛兽|命运被～了|人民不可～|～宇宙|～大海|～沙漠|～环境|～观众|影片把不同层次的观众都～了|也许我们暂时还～不了大自然|我们的民族从未被～过|人心是用武力～不了的|人类～了南极|沙漠总有一天会被～|我们～了洪水|我终于～了她的心|珠穆朗玛峰再次被登山队～。

【近义词】降(xiáng)服/驯服

【反义词】安抚/招抚

8233 **征求** 乙

zhēngqiú (solicit)

[动]用书面或口头询问的方式访求:～意见|～办法|～广告词|～同意|开始～|准备～|分别～|广泛地～|主动地～|领导～群众的意见|已经～过大家的意见了|各种杂志正在～订户|我登报～钢琴教师。

【近义词】征集/征询

8234 **征收** 丁

zhēngshōu (levy)

[动]政府依法向人民或所属机构收取(公粮、税款等):～棉花|～马匹|～税款|必须～|负责～|同意～|开始～|连续～|提前～|分别～|统一～|定期～|～的对象|～的范围|政府～公粮|税务局～所得税|今年遇上水灾,棉花几乎～不上来|～税款的工作也是很辛苦的|我们分别～这几项农产品。

8235 **争** 乙 [部首]刀 [笔画]6

zhēng (contend)

[动]❶力求得到或达到;争夺:～光|～强|～胜|力～上游|只～朝夕|～霸|～宠|～夺|～权|～雄|～先恐后|明～暗斗|与世无～|鹬蚌相～|分秒必～|～冠军|大家～着发言|名呀,利呀,他什么都要～一～|为了夺冠,必须一分一分地～|我就是要～这口气|一个篮板球两边～了半天|没能～上先进|哥儿仨为了遗产～起来了|终于把大权～到手了。❷争执;争论:～议|～吵|～端|～持|～论|～执|～嘴|～长论短|纷～|论～|百家～鸣|无可～辩|这件事别再～了|区区小事,何必～呢?|是非问题应该～一～|让史学家们去～这个问题吧|他们在～球是否出界|几个人就此问题～得面红耳赤|吵了半天,还是～不出个结果来|她的嘴厉害,别人都～不过她|不要再～下去了。

【近义词】❷吵

【反义词】❶让

【提示】多用于口语。

【构词】争辩/争持/争宠/争斗/争购/争鸣/争闹/争抢/争上游/争先/争雄/争战/争执/争长论短/争分夺秒/争风吃醋/争斤论两/争名夺利/争奇斗艳

8236 **争吵** 丁

zhēngchǎo (quarrel)

[动]因意见不合,大声争辩,互不相让:～爆发了|～开始了|～被制止|～平息了|～激烈|～起来|～一阵|不该～|发生～|变成～|引起～|故意～|～的原因|为了一点儿小事,他俩～起来|街口的人在激烈地～,不知发生了什么事|他们两口子相亲相爱,从不～。

【近义词】拌嘴/吵嘴/争闹/吵架/吵闹/打架/口角/打嘴仗

8237 **争端** 丁

zhēngduān (dispute)

[名]引起争执的事由:产生～|存在～|出现～|挑起～|制造～|扩大～|消除～|国际～|两人的～|经济～|政治～|军事～|贸易～|边境～|～的挑起人|国际～不一定要诉诸武力|经济～可以协商解决|两国边界的～由来已久|双方正在调解贸易～|他们别有用心地挑起民族～|有人蓄意制造领土～|要重视这场～的复杂性。

【近义词】纠纷

8238 **争夺**(奪) 丙

zhēngduó (fight for)

[动]争着夺取:～开始了|～十分激烈|～地盘|～阵地|～城市|～市场|～铁路|～机场|～军队|～政权|～荣誉|～冠军|～遗产|～下一代|不准～|～过来|～的目标|他们将与中国队～冠军|军阀们互相～势力范围

|有限的市场大家都在拼命～|电视与电影～起观众来|他们～不到制高点|双方都在～无名高地。

【近义词】争抢/夺取/争取

8239 **争论**(論) 乙

zhēnglùn (debate)

[动]各执己见,互相辩论:～起来|～问题|～了五天|～了几十年|展开～|进行～|参加～|允许～|结束～|～的焦点|～的原因|不同的学术见解可以～|两个人激烈地～着|大家热烈地～这个问题|他们为一个数据～不休。

【近义词】辩论/顶嘴/争辩/争执/讨论/辩驳/抬杠/论战/舌战

8240 **争气**(氣)

zhēng qì (try to make a good showing)

发愤图强,不甘落后或示弱:孩子,你要好好学习,为妈妈争口气|你出门在外要～|你看,老赵的孩子多～,已经考上大学了|不管干什么事,都要有～的劲头。

【提示】离合词,中间可插入其他成分,如:争一口气|争这口气。

8241 **争取** 乙

zhēngqǔ (strive for)

[动]力求获得;力求实现:～多数|～群众|～时间|～机会|～有利地位|～市场|～自主权|～优厚待遇|～丰收|～外援|～独立|～解放|～主动|～入党|～立功|开始～|极力地～|你要～时间|小分队～了主动|他们正在～国家的独立|小王积极～入党|我好不容易～到这个机会|事情还有希望,你再～～|敌方的中下级军官是我们～的主要对象|可～的时间不多了|经费问题不妨再～～|我军要～更大的胜利|今年尽量～有个好收成|我们要～得到自主权。

【近义词】力争/力求/争夺/夺取

【反义词】放弃

8242 **争先恐后**(後) 丁

zhēng xiān kǒng hòu (strive to be the first and fear to lag behind)

争着向前,惟恐落后:大家～地发言|战士们～地要求到前线去|听到泄洪的消息,村民们～地向大坝跑去|为了挽救英雄的生命,群众～地为他献血。

8243 **争议**(議) 丁

zhēngyì (dispute)

[动]争论:发生了～|有～|～的问题|～的焦点|～的中心|～的结果|这部影片的某些情节引起了大家的～|罢演之事引起了大家的～|对小张的论文大家有些～。

8244 **整** 丙 〔部首〕攵 〔笔画〕16

zhěng (adj. whole; v. put in order)

[形]❶全部在内,没有剩余或残缺;完整(跟"零"相对):化～为零|～天|一～套设备|～车旅客安然无恙|～栋房子弥漫着烟雾|～夜没合眼|～箱购进|～筐～筐地贮存起来|这是～～一千元|咱们出发时间是两点～|她太小,还不会唱一首～歌|我只有一张50元的～钱|～批货都是假的|我这笔钱要～存～取|他～天埋头工作|他在美国工作～四年。❷整齐:衣冠不～|～洁|他的房间十分～洁。

[动]❶整理；整顿；修理：～修｜～装待发｜～旧如新｜～风｜这种歪风邪气得～一～｜你的房间该～～了。❷使吃苦：他从来没有～过人｜旧社会～得穷人家破人亡｜文革期间，我们家被～得好惨哪！｜他被～得妻离子散｜不能背地里～人｜她被～得死去活来｜居然～到自己人头上了。
【近义词】[形]❶全；[动]❶修；❷害
【反义词】[形]❶零散/细碎；❷乱
【构词】整队/整容/整套/整形/整修/整训/整枝/整治/整装待发

8245 **整顿**(頓) 丙

zhěngdùn (put right)
[动]使紊乱的变为整齐；使不健全的健全起来(多指组织、纪律、作风等)：～作风｜～党风｜～思想｜～纪律｜～组织｜～队伍｜～班子｜～市容｜～市场｜应该～｜需要～｜进行～｜决心～｜彻底～｜～的目的｜～的效果｜该店停业～｜混乱的书刊市场还应进一步～｜这种风气要好好～｜饮食摊点的卫生要好好～一下｜乱占道路的问题要及时～｜～需要一个过程｜现在应该大力～文风｜一定要把课堂纪律～好｜学校的食堂应该好好～｜厂里的劳动纪律涣散，要立即进行～｜通过这次～，企业面貌发生了很大变化。
【近义词】整肃/整理/整治

8246 **整风**(風) 丙

zhěng fēng (rectification of incorrect styles of work or thinking)
整顿思想作风和工作作风：～开始了｜～全面展开｜～中断了｜～持续了一年｜～结束了｜～走了过场｜各单位都要～｜我党开始了～运动｜谁也不能影响～｜～已经结束｜这次～大家都要参加。
【提示】离合词，中间可插入其他成分，如：整过风｜整了一次风。

8247 **整个**(個) 乙

zhěnggè (whole)
[形]全部：～上午｜～下午｜～晚上｜他～身心全扑在工作上｜大家～假期都在加班｜～问题已经很明朗｜对于聋哑儿来说，他们的～世界是无声的｜～晚上，他都守候在母亲的身边｜～体育场座无虚席｜在～旅途中，他们相处得很愉快｜在～会议过程中，他们争论不休。
【近义词】全部/总体/整体
【反义词】部分/局部
【提示】口语中常儿化。

8248 **整洁**(潔) 丁

zhěngjié (neat)
[形]整齐清洁：～一点儿｜～一些｜应该～｜要求～｜做到～｜保持～｜显得～｜欠～｜影响～｜破坏了～｜讲究～｜喜欢～｜确实～｜～的衣着｜～的仪表｜～的市容｜～的教室｜～的街道｜～的课桌｜～的作业｜计算机机房很～｜这房间～得叫人不敢随便进去｜女生宿舍～多了｜～的工作环境可以提高工作效率｜她穿着～的白大褂｜小魏一进屋，就倒在～的床上｜她特别爱好～，每天不停地收拾。
【近义词】干净/洁净/清洁/整齐/齐整
【反义词】肮脏/邋遢/凌乱/杂乱/污浊

8249 **整理** 乙

zhěnglǐ (put in order)
[动]使有条理、有秩序；收拾：～行装｜～房间｜～头发｜～书包｜～被褥｜～文具｜～东西｜～桌椅｜～院子｜～图

书|～笔记|～资料|～思路|～得清楚|～一下|～一番|有待～|顾不得～|细细地～|箱子里的东西还没～|她匆匆地～着行装|这抽屉该彻底～了|内务～得不错|秘书在～文件|采访记录还没～出来|每天早上她都要～一下房间|班长刚～好队伍|思想～不出头绪来|广播操最后一节是～运动|一批～出来的传统剧目即将公演|这些材料要及时加以～。

【近义词】收拾/清理/整顿/拾掇

8250 **整齐**(齊) *甲

zhěngqí (orderly)

[形]❶有秩序;有条理;不凌乱:十分～|要求～|保持～|喜爱～|特别～|～的街道|～的宿舍|～的衣着|～的队伍|～地摆好|～地走|～地演奏|演员的服装～|孩子们穿着整整齐齐的校服|架上的图书整整齐齐|队伍的步伐～|箱子很～地码着|头发梳得整整齐齐|战士们很～地喊着口号。❷外形规则、完整:砌得～|切得～|修得～|相当～|～的形状|～的轮廓|把蛋糕切成整整齐齐的小块|他的牙齿长得很～|被子要叠～。❸〈乙〉大小、长短、高低等相差不多:树苗长得十分～|程度～|个头儿～|修剪得～|～的菜畦|～的水平|～的能力|战士们的个头儿～得很|纸张裁得很～|这班学生的水平比较～,没有太差的。

【近义词】❶规则/齐整/整洁

【反义词】❶凌乱/纷乱/杂乱/散乱;❷参差(cēncī)/错落

8251 **整数**(數) 丁

zhěngshù (integer)

[名]❶不含分数或小数的数,即正整数(1,2,3…),负整数(－1,－2,－3…)和零(0)的统称:～的加减法已经教过你们了|～、分数、小数的概念要分清。❷没有零头的数目,如十、二百、三千、四万:而今商品的标价一般都不是～。

8252 **整体**(體) 丙

zhěngtǐ (entirety)

[名]指整个集体或整个事物的全部(跟各个成员或各个部分相对):形成～|把握～|国家的～|建筑物的～|有机的～|～利益|～观念|我们班是一个～|我们一家人是一个不可分割的～|集团公司是一个～|共同的利益使他俩成为一个～|这衣服和裙子配起来,～效果不错|作家简单介绍了他的～构想|要提高普通教育的～质量|部门的利益要服从公司～的利益|从～上看,这方面的人才还是太少了|这件事要从～考虑|屋子的陈设在～上还比较和谐。

【近义词】全体/全局/总体/全盘

【反义词】个体/局部/部分

8253 **整天** 丁

zhěngtiān (the whole day)

[名]全天;整个白天:一～|～工作|你～忙什么呢?|他～看书|门口～都有人看守,你是逃不出去的|～不着家,干什么了?|你也不能～在办公室苦干呀,也要休息休息。

【近义词】整日/终日/成天/全天

【反义词】成夜/通宵/终宵

8254 **整整** 丁

zhěngzhěng (whole; exactly)

[形]达到一个整数的:他的文章～100页|这本书他～写了15年|他们～干

了10天|敌人投入了～两个师的兵力包围我们|光是救灾的物资就～装了10车皮|妈妈这次生病～住了两个月的医院|我随父母在干校呆了～6年|社会人士捐给小王的医疗费～20万。

8255 **正** 甲 〔部首〕一 〔笔画〕5

zhèng (just [doing sth.])

[副]❶表示动作在进行中或某种状态持续存在,句尾多用“呢”:她～看书呢|我～着急呢|孩子～发烧呢|经理现在～开会呢|他～发愁呢|马丽～从楼上下来|高考没考好,她心里～难过呢。❷恰好;刚好:我～要找你|～如人们所说,群众的力量是无穷的|他坐的～是这班车|谈判双方的意见～相反|情况～像我们预料的那样|这年龄～合适|～因为如此,这件事才不能着急|他这种爱厂如家的品格～像他父亲一样。

【近义词】❶在/正在;❷恰/恰恰/恰好/正好

【构词】正本/正比例/正步/正餐/正旦/正道/正点/正电/正殿/正法/正犯/正方/正方体/正方形/正房/正告/正宫/正骨/正规化/正规军/正规战/正轨/正果/正话/正极/正剧/正楷/正课/正理/正梁/正路/正论/正门/正派/正品/正色/正身/正史/正室/正视/正数/正堂/正题/正厅/正统/正途/正文/正屋/正午/正误/正眼/正业/正用/正直/正中/正传(zhuàn)/正宗/正座/正本清源/正襟危坐/正面人物/正人君子/正颜厉色/正中(zhòng)下怀

8256 **正** *乙

zhèng (straight)

[形]❶垂直或符合标准方向(跟“歪”相对):～南|～前方|前后对～|这幅画挂得不～|这条线不～|上梁不～下梁歪|孩子们都坐～了|帽子要戴～。❷位置在中间(跟“侧”、“偏”相对):～房|～院|挂在～中间|摆在～当中。❸〈丙〉正直;正当;合乎法度:～派|公～|方～|端～|～楷|老罗的人品不～|他们班的学习风气很～|我行得端,走得～|那东西的来路不～|钱财来得不～|社会风气～了。❹〈丙〉基本的;主要的(区别于“副”):～文|～编|～本|～局长|他是～处长|他现在是～师级干部。❺〈丁〉图形的各个边的长度和各个角的大小都相等的:～方形|～六角形。❻〈丁〉大于零的(跟“负”相对):～数|～号|负乘负得～。

【反义词】❶偏/歪/斜;❸邪;❹副;❻负

8257 **正比** 丁

zhèngbǐ (dircct ratio)

[名]❶两个事物或一个事物的两个方面,一方发生变化,另一方随之起相应的变化。如儿童随着年龄的增长,体力也逐渐增长,就是正比:学习成绩和用功程度是成～的|我付出的代价和得到的报酬成～。❷指正比例:两个量,如果其中的一个量扩大或缩小若干倍,另一个量也随着扩大或缩小同样的倍数,这两个量的变化关系叫做正比例,简称正比。

【反义词】❶反比;❷反比例

8258 **正常** 乙

zhèngcháng (normal)

[形]符合一般规律和情况:不太～|非常～|天气～|生活～|身体～|精

神～|生产～|表现～|交往～|血压～|保持～|恢复～|感到不～|过得很～|发展得～|基本～|绝对～|～的病人|～的光线|～的头脑|～地交往|今年的气候不太～|他的病好了,又能～工作和学习了|孩子发育得很～,不必担心|小钱今天临场发挥不太～|我的情绪恢复了～|你父亲的胃肠功能完全～|他的生活规律不～,白天睡觉,晚上学习|各项准备活动在～地进行|经过治疗,我的肾功能指标趋于～。

【反义词】反常/异常/错乱/紊乱

8259 **正当**(當) 丙

zhèng dāng (just when)

正处在(某个时间或阶段):～发育时期|～紧急关头|～我要掉下去时,他一把抓住了我|～我绝望的时候他给了我很大鼓励。

8260 **正规**(規) 丁

zhèngguī (regular)

[形]符合正式规定的或一般公认的标准:要求～|应该～|学习得很～|～起来|～的武装|～军|～的旅行团|～的建筑|～的电影院|～地学习|～地比赛|这支队伍不太～|这座建筑不～|比赛动作一定要～|他们的手续不～|这间实验室非常～|进了画院,他的画法逐渐～起来|我没接受过～的高等教育|信封书写格式要～。

【近义词】正轨/常规

8261 **正好** 乙

zhènghǎo (just right)

[形]很合适(指时间、位置不前不后,体积不大不小,数量不多不少,程度不高不低等):高度～|体积～|长度～|个子～|尺寸～|大小～|长短～|肥瘦～|宽窄～|深浅～|位置～|角度～|地方～|时间～|时机～|季节～|光线～|温度～|体重～|数目～|钱～|比例～|速度～|浓度～|条件～|鞋～|这件衣服～|一斤大饼～|这根木头～|来得～|起得～|～及格|这双鞋我穿～|你的钱～,不用找了|你来得～,我正需要人帮忙|她的身材～,符合当模特的标准。

【提示】作副词时,意思是“恰好”:这笔钱～买台空调|天气不冷不热,～出去旅行。

8262 **正经**(經) 丙

zhèngjing (decent)

[形]❶端庄正派:人很～|这孩子挺～|这家伙不大～|～得不得了|有点儿假～|～一些|显得很～|说得很～|～的朋友|～的想法|～的关系|～地做人|～地生活|那人的作风不～|老李摆出一付～面孔|她男人不～,总在外边拈花惹草|姑娘很害羞,正正经经地坐着|成家以后他～多了|你是个假～|我们可是～人家。❷正式的;合乎一定标准的:～的医生|～的大学生|～的作家|～的演员|～的侦探|～的职业|～的学问|～的艺术|～的学校|～的医院|～的教材|～的游泳池|～的高速公路|～的军队|～的学术团体|～的队伍|～地读了四年书|～地当了大夫|～地开了业|别乱说,这是～事|钱要花在～地方|这是～的龙井茶,不是假冒的|他没有～职业|同学们在一起正正经经地吃顿团聚饭|双方正正经经地商量起合同来了。

【近义词】❶端正/正派/正当;❷正式

【反义词】❶不端

8263 **正面** *丙

zhèngmiàn (n. front; adj. positive)

[名]❶人体前部那一面;建筑物临广场、临街、装饰比较讲究的一面;前进的方向(区别于"侧面"):～朝南|～开了一道门|～最好看|～极雄伟|看～|找～|观察～|进攻～|身体的～|我军的～|大楼的～|收音机的～|～的样子|～的景观|礼堂的～对着图书馆|需要两张～免冠照片|大厦的～全是玻璃|机枪对准了房子的～|从～进攻。❷片状物主要使用的一面或跟外界接触的一面:书的～|纸的～|枕巾的～|镜子的～|黑板的～|～的颜色|纸的～写满了,她翻过来写|凉席的～很光滑|这块衣料～的图案很漂亮|他想用抛硬币的方法算算运气,一扔,硬币的～朝上|双面绣分不出～、反面。❸〈丁〉事情、问题等直接显示的一面:我们不但要看问题的～,还要看问题的反面|记者招待会上,记者从～单刀直入,向他提了几个问题。

[形]〈丁〉好的、积极的(跟"反面"相对):～人物|～角色|～的话|～的理由|～形象|～典型|～经验|进行～教育|起～作用|要多给他们一些～的鼓励|他介绍了～的观点,也批评了反面的观点。

【近义词】[名]❶前面

【反义词】[名]❶侧面/背面;❷背面/反面;❸反面;[形]反面

8264 **正气**(氣) 丁

zhèngqì (healthy trend)

[名]光明正大的作风或风气:～上升|～发扬|～逼人|～洋溢|～压倒邪气|浩然～|～凛然|充满～|伸张～|扶持～|人间的～|一股～|一派～|一身～|他一身凛然～,令敌人退缩三分|我们要树立～,打击歪风邪气。

【反义词】煞气/邪气

8265 **正巧** 丁

zhèngqiǎo (happen to)

[副]刚巧;正好:我～要去副食商店,我帮你买吧|我～有两角硬币,你拿去吧|我正要买这本书,～你送来了|我们来到学校时,大门～打开|他～在24岁生日那天举行婚礼|我的生日～是大年初一|他们老夫妻俩的年龄加起来～100岁|他说这些话的时候,～我在他家,我可以证明。

【近义词】凑巧/恰巧/刚好/恰恰/碰巧

8266 **正确**(確) 甲

zhèngquè (correct)

[形]符合事实、道理或某种公认的标准:观念不～|消息不～|指挥～|描述～|处理～|判断～|理解～|做得～|办得～|部署～|诊断得～|完全～|一贯～|～的行为|～的措施|～的叫法|～的路线|～的主张|～的答案|～地指导|～地操作|～地理解|你的分析很～|这种理论是不～的|～处理夫妻间的矛盾|～地对待批评意见|你做得完全～|打枪的姿势不～|董事长的决定是～的|要让学生～地拼写单词|～地理解上级的意图|这道题你计算得不～。

【近义词】准确/精确

【反义词】错误/荒谬/偏差

8267 **正式** 乙

zhèngshì (formal)

[形]合乎一般公认的标准的;合乎一定手续的:～比赛|～会谈|～的医院|～的代表|～的职业|～的表格|～发表|～表决|～道歉|～投票|～当选|～访问|～成立|～批准|结婚需要办理～登记手续|他还没～辞职|我没有～邀请他|这种聚会不要办得太～|他们已经～提出警告|这次妇代会于9月5日～开幕|请安排一次～的会见|他没上过～的学校|她已～退休|校长～宴请访问团|我们早餐比较简单,午餐～一些|这份合同现在～生效|我现在干的这份工作还不是～的,是临时的。

8268 **正义**(義) 丙

zhèngyì (n. justice; adj. just)

[名]公正的,有利于人民的道理:～永存|～属于人民|～必将胜利|需要～|存在着～|失去～|缺少～|发扬～|伸张～|维护～|主持～|无视～|～一定会得到伸张|～感召着他弃暗投明|在国际事务中主持～|他一生追求～|群众挺身而出维护～|他是～的化身|为了～献身。

[形]公正的;有利于人民的:～的力量|～的队伍|～的事业|～的战争|～的斗争|～的立场|～的主张|毅然作出～的举动|～之师无往不胜|我们的事业是～的|～战胜了邪恶。

【近义词】[形]公正

【反义词】[名]邪恶

8269 **正在** 甲

zhèngzài (in process of)

[副]表示动作在进行中:十四五岁的孩子～长身体|她～睡觉,别打扰她|有关部门～酝酿一个切实可行的方案|国家队～进行大赛前的强化训练|他～观察蚁群的活动状态|他～赶写一篇文章|外面～放映电影|孩子～哭呢|妹妹～温习功课|我去的时候,他们家人～吃晚饭。

【近义词】正/在

【提示】"正在"不能表示持续较长时间的行为,不能说"她一直正在看书"。

8270 **政变**(變) 丁 〔部首〕攵 〔笔画〕9

zhèngbiàn (coup d'état)

[名]统治集团内部一部分人采取军事或政治手段造成的国家政权的突然变更:～发生了|～被粉碎了|～提前了|～很突然|酝酿～|策划～|组织～|领导～|制造～|发生～|平息～|报道～|宫廷～|新的～|一次～|～的原因|～的目的|～的步骤|～的过程|他发动了武装～|邻国发生了军事～|～发生后,不少人惨遭杀害|这次～没有人员伤亡|经过不流血的～,儿子推翻了父亲的统治|～持续进行了两个星期|～后成立的新政府,得到了人民的认可。

【构词】政敌/政法/政纲/政工/政绩/政见/政界/政局/政客/政令/政论/政审/政声/政事/政体/政委

8271 **政策** 乙

zhèngcè (policy)

[名]国家或政党为实现一定历史时期的路线而制定的行动准则:～制订了|～改变了|～公布了|～稳定|拟订～|执行～|贯彻～|落实～|掌握～|改变～|放宽～|公布～|宣传～|讲～|学习～|讨论～|违背～|遵守～|国家的～|地方的～|民族的～|党的～|外交～|经济～|教育～|工资～|税收～|价格～|粮食～|住房

～|战时的～|开放的～|发展的～|土～|新～|～的内容|～的效力|～应该具有连续性|现行的外交～不会改变|这一～适合我国国情|国家正在制定新的农业～|这一～有利于加速科技事业的发展|新的经济～受到了极大的欢迎。

【近义词】策略

8272 **政党**(黨) 丙

zhèngdǎng (political party)

[名]代表某个阶级、阶层或集团并为实现其利益而进行斗争的政治组织：～受到支持|～很廉洁|～很反动|组织～|需要～|建立～|支持～|人民的～|国家的～|被推翻的～|改组的～|联合的～|统一的～|惟一～|～的权力|～的任务|～的作用|～的性质|～的文件|～的首脑|一般来说，一个国家都有一个主要～|中国共产党是无产阶级～|任何一个～都代表某一特定集团的利益|他没有参加任何～。

【近义词】党/党派

8273 **政府** 甲

zhèngfǔ (government)

[名]国家权力机关的执行机关，即国家行政机关，例如中国的国务院(中央人民政府)和地方各级人民政府：～改组了|～被推翻了|～受到支持|～控制了局面|～发布命令|～垮了|～倒台了|～很反动|～很廉洁|组织～|建立～|保卫～|批评～|拥护～|服从～|相信～|中央～|地方～|自治区的～|省～|独裁的～|腐败的～|惟一～|合法～|～的职能|～的工作|～机关|～所在地|～的首脑|～代表团|请相信，～会为你做主的|人民～应该维护人民群众的利益|新～成立后，经济状况有所好转|～得到了大多数人的支持|这是一个深得人民信任的～。

【构词】城府/洞府/官府/省府/市府/首府/王府/学府/知府

8274 **政权**(權) 丙

zhèngquán (political power)

[名]❶政治上的统治权力，是阶级专政的工具：～加强了|～稳定|掌握～|把持～|篡夺～|削弱～|动摇～|国家～|中央～|地方～|封建～|革命～|最高的～|～的性质|～问题|国家～应该掌握在人民手里|这些人通过政变夺取了～|新～还不大稳固。❷指政权机关：建立～|改组～|新的～机关已经建立|省～机关设在省会|～机关正在改组。

8275 **政协**(協) 丁

zhèngxié (political consultative confcrcncc)

[名]政治协商会议的简称。是中国人民民主统一战线的组织形式：～委员|～机关|省～|市～|～主席|他是～委员|～代表全都住在这个酒店|～会议就要召开了。

8276 **政治** 甲

zhèngzhì (politics)

[名]政府、政党、社会团体和个人在内政及国际关系方面的活动。政治是经济的集中表现，任何阶级的政治都以保护本阶级的利益和取得统治地位为目的：～挂帅|～关系|～安定|～腐败|投身～|过问～|干预～|玩弄～|脱离～|逃避～|学习～|谈论～|抓～|关心～|热衷～|世界～|国

际～|～局面|～形势|～环境|～背景|～气候|～舞台|～地位|～原因|～资本|～斗争|～活动|～运动|～工作|～任务|～生涯|～生命|～团体|～中心|～势力|～品质|～立场|～路线|～理论|～口号|～言论|～面目|～人物|～领袖|～骗子|他是我们的～老师|我不想参与～|我是学～的|他十分关心国家的～|这个国家的～局面不大稳定|国内的～形势相当好。

8277 **症** 丁 〔部首〕疒 〔笔画〕10

zhèng (disease)

[名]疾病:病～|急～|败血～|不治之～|对～下药|他病倒了,得的是急～|癌不再是不治之～。

【提示】"症"又读 zhēng,如"症结"。

8278 **症状** 丙

zhèngzhuàng (symptom)

[名]有机体因发生疾病而表现出来的异常状态,如咳嗽、盗汗、下午发烧等是人的肺结核病的症状:研究～|诉说～|肝炎的～是什么?|从～上看,她得的可能是急性肠炎|这种病在早期没有什么～。

【近义词】症候

8279 **挣** 丙 〔部首〕扌 〔笔画〕9

zhèng (struggle to get free)

[动]❶用力使自己摆脱束缚:～开|～断|～脱枷锁|他把捆绑的绳子～开了|她～开抓她的两个人,向前跑去。❷用劳动换取:～钱|～工资|～学费|～得多|～得不易|～三年|会～|愿意～|应该～|拼命地～|不断地～|多～|难～|努力～|～的钱|～的面子|～的方法|～的经过|～的数目|这个月我～了不少钱|这座房子是我用劳动～来的。

【提示】"挣"又读 zhēng,见第 8229 条"挣扎"。

8280 **郑重**(鄭) 丁 〔部首〕阝 〔笔画〕8

zhèngzhòng (serious)

[形]严肃认真:十分～|态度非常～|～点儿|表示～|认为～|感到很～|相当～|～声明|～的态度|～的语气|～的口吻|～地说|～宣布|～回答|～地指出|～地打开|～地举起手|～考虑|他总是用十分～的态度来对待不同意见|她脸上现出异常～的神色|我～声明此事与我无关|我～地宣布从今日起你们结为夫妻|授奖仪式～极了|填写高考志愿时要～一点儿|他～地把女儿托付给她|这番话说得非常～|叔叔穿上晚礼服,以示～。

【近义词】慎重/庄重/隆重

【反义词】轻率/马虎/随便

8281 **证**(證) 丁 〔部首〕讠 〔笔画〕7

zhèng (proof)

[名]证据;证件:工作～|身份～|出入～|会员～|以此为～|我闯了红灯,驾驶～让警察扣了|你不要不承认,这里有你自己的签字为～。

【构词】证词/证婚人/证券/证人/证物/证言/证验/证章

8282 **证件** 丙

zhèngjiàn (credentials)

[名]证明身份、经历等的文件,如学生证、工作证、毕业证书等:～找到了|～被没(mò)收了|提供～|准备～|拿到～|鉴定～|确认～|一批～|～上的照片|可靠的～|全部的～|～的内容|身份～|请出示一下你的～|我

去办身份～|这个～是伪造的|我们需要以下～|找工作时～必不可少。

8283 **证据**(據) 丙

zhèngjù (evidence)

[名]甲事物能证明乙事物的真实性，甲就是乙的证据：需要～|缺少～|利用～|准备～|找～|收集～|取得～|掌握～|调查～|提供～|补充～|发现～|研究～|分析～|鉴定～|隐藏～|重视～|怀疑～|害怕～|诉讼的～|书面～|被告的～|证人的～|犯罪的～|作案的～|全部～|大量的～|一些～|～在她手里|我们有充分的～|他提供了有力的～|要重视小的～|要保护好提供～的人|～不容否认|没留下任何～|～的可靠程度有多大？

【近义词】凭据/凭证/佐证

8284 **证明** 乙

zhèngmíng (v. prove; n. certificate)

[动]用可靠的材料来表明或断定人或事物的真实性：～他的理论|～这个公式|～这种看法|～了这条经验|～学历|～资格|～了关系|～一下|能～|可以～|要求～|加以～|有待～|如何～|尽力～|分别～|难～|事实～这个判断是正确的|这个论点被～了|他的身份我可以～|你不在现场，谁可以～？|没有东西可以～你的身份|审查的最后结果～她无罪|我是最后一个离开的，门卫可以～|事实～，这笔投资是值得的|实践～你的办法行不通。

[名]证明书或证明信：～失效了|开～|写～|伪造～|找～|带～|出示～|查～|缺少～|销毁～|涂改～|个人的～|记者的～|单位的～|机关的～|街道的～|婚姻的～|身份的～|入境的～|出狱的～|合法的～|一张～|一纸～|～的作用|出国～尚未失效|这份～由院长亲自签署|他为我写了～|医院出具病情～|查验健康～|凭有关部门的～查阅档案|这个～15天之内有效|孩子入托儿所的～开好了|请出示身份～|他没有学历～|凭单位～办理有关手续。

【近义词】[动]证实/说明；[名]证件

8285 **证实**(實) 丙

zhèngshí (confirm)

[动]证明其确实：～他们的立场|～这条经验|～这个观点|～他的才能|～了坏消息|～了自己的预言|～了传言|加以～|得到～|未经～|他的见解被～|他们的才能被～|通过实践而发现真理，又通过实践而～真理和发展真理|你说的情况谁能～？|这个推断尚未～|这封信～了外面的传言|解剖～了父亲死于心肌梗塞|这些预言一时还～不了|妈妈的话得到了～|考古的新发现～了这里曾经是一片汪洋|这条消息需要加以～。

【近义词】证明

8286 **证书**(書) 丙

zhèngshū (certificate)

[名]由机关、学校、团体等发的证明资格或权力等的文件：结婚～|毕业～|结业～|肄业～|三级厨师～|汉语水平～|会计师～|导游～|翻译～|技术级别～|需要～|考取～|获得～|找～|拿～|出示～|带～|看～|查～|要～|缺少～|丢了～|涂改～|～找到了|～作废了|～过期了|～失效了|～很宝贵|一张～|一种～|一

类～|～的名称|～的效力|～的有效期|～的作用|～的种类|我通过了律师资格考试,并获取了～|找工作时,很多单位要求应聘者具有汉语水平～|我把毕业～丢了。

〔部首〕口
8287 **只(隻)** 甲
〔笔画〕5

zhī (m. *used for one of a pair*)

[量]❶用于某些成对的东西的一个:两～手|一～袜子|两～耳朵|两～眼睛|我的手套丢了一～|我昨天扭了一下,一～胳膊能抬起来,另一～抬不起来了|他受过伤,一～眼睛瞎了。❷用于动物(多指飞禽、走兽):一～鸡|两～兔子|五～羊|三～狐狸|一～大雁|四～鹦鹉|那～老虎吃了一～羊|这么多猫中,这～最可爱|我养了两～小黑兔。❸用于船只:一～大船|三～帆船|汽艇翻了一～|现在是半夜,河边一～船也找不到。

【提示】"只"又读 zhǐ,见第 8370 条。

〔部首〕木
8288 **枝** 丙
〔笔画〕8

zhī (n. branch; m. *for flowers with a stem*)

[名]枝子,植物主干上分出来的茎条:树～|柳～|～叶繁茂|风雨过后,许多树～都断了|～子上长出了嫩芽。

[量]❶用于带枝子的花朵:一～梅花|两～桃花|他送了我一～玫瑰。❷用于杆状的东西(同"支"):一～枪|三～钢笔|一～蜡烛|五～毛笔|两～圆珠笔|我去买几～铅笔|这～枪我擦过了。

【近义词】[名]枝条/枝桠/枝丫/枝子/杈子;[量]支

【构词】枝杈/枝接/枝节/枝蔓/枝条/枝叶/枝子

〔部首〕艹
8289 **芝麻** 丁
〔笔画〕5

zhīma (sesame)

[名]一年生草本植物,茎直立,下部为圆形,上部一般为四棱形,叶子上有毛,花白色,种子小而扁平,有白、黑、黄、褐等不同颜色。是重要的油料作物。这种植物的种子可以吃,也可以榨油:～酱|～油|～开花节节高|今年他家种了五亩～|～是一种很好的油料作物|～的经济价值很高。

【构词】芝兰/芝麻/芝麻官/芝麻酱/芝麻油

蓖麻/大麻/红麻/胡麻/黄麻/剑麻/局麻/青麻/全麻/肉麻/酥麻/酸麻/天麻/亚麻/野麻/针麻

〔部首〕又
8290 **支** *丙
〔笔画〕4

zhī (prop up)

[动]❶撑:～帐篷|他用双手～着头|独木难～啊!|你～着头正在想什么?|大伙合力～起了屋架。❷伸出;竖起:他～起耳朵听我们说话|帘子从屋檐下～出来|门口～起了新招牌。❸支持:乐不可～|体力不～|疼得厉害,我实在～不住了|他强～着病体写完了那本书。❹〈丁〉调度;指使:～配|～使|把人～走|把他们～出去|你先把人～开|这事只能你我知道,你先把别人都～走。❺〈丁〉付出或领取(款项):～出|～取|～钱|超～|开～|借～|透～|～现款|这笔钱刚～给了别人|请先～给我一部分工资吧。

【近义词】❶撑/搭/架;❹差(chāi)/调(diào)/派/遣/使

【反义词】❺收

【构词】支边/支队/支架/支解/支离/支流/支脉/支派/支气管/支前/支取

/支使/支线/支应/支离破碎

8291 **支** 甲

zhī (m. *for troops*, *etc*.)

[量]❶用于队伍等：一～队伍|我们是一～不可战胜的力量|这～队伍英勇善战|那边走过来一～游行的队伍。❷用于歌曲或乐曲：一～流行歌曲|两～新的乐曲|不知唱了多少～歌|唱～歌给我们听|唱了一～又一～|大家请他唱一～歌。❸用于杆状的东西(同"枝")：一～金笔|两～水彩笔|五～枪|这～箭有毒|请给我三～圆珠笔。

8292 **支部** 丁

zhībù (branch)

[名]❶某些党派、团体的基层组织：党～|团～|～书记|～委员|今天下午两点开～会|这是新来的～书记|重大事情要由～大会讨论决定。❷特指中国共产党的基层组织：他是党～书记|我是～委员|团～组织的活动你要参加。

8293 **支撑** 丁

zhīchēng (sustain)

[动]❶抵抗住压力使东西不倒塌：～体重|～屋顶|～大厦|～得稳|～一下|需要～|加以～|牢牢地～|难～|长久地～|临时～|～的方法|柱子～着顶板|这堵墙快倒了，快用柱子～一下|大梁被牢固地～着|他用拐杖～着自己的身体|有这一批业务骨干～着企业|有一股精神力量～着他|他快～不住了|桥墩～不了过重的压力。❷勉强维持：他独自～着这个家|这烂摊子谁～得了？|能～局面的人只有您|他的病体难以～。

【近义词】❶撑持/支持；❷维持/撑持

8294 **支持** 乙

zhīchí (support)

[动]❶勉强维持；支撑：～体重|～残局|～了三天|不能～|尽力地～|他咬紧牙关～着|小张受的伤很重，快～不住了|求生的欲望～着他们|～到明天就是胜利|我已～不了家庭的开销|母亲就靠几亩地独立～一家人的生活。❷给以鼓励或赞助：领导～|国家～|社会～|工厂～|～朋友|～兄弟民族|～乡镇企业|～学术团体|～正义战争|～工作|～得对|愿意～|给予～|表示～|寻求～|争取～|获得～|受到～|同意～|拒绝～|感谢～|失去～|缺少～|开始～|热情地～|长期～|这种主张不能～|他在经济上～了我几年|妻子～丈夫热心为公益事业服务|我们互相～|没有人民的～，我们将寸步难行|由于兄弟单位的大力～，我们提前完成了任务|父母～女儿学医|感谢大家的～|银行答应给予～|他们尚未得到～|对你们的大力～，我衷心感谢|由于出版社的～，这本书很快就正式出版发行了。

【近义词】❶支撑/维持；❷支援/帮助/撑腰/赞成/拥护

【反义词】❷反对

8295 **支出** 丁

zhīchū (v. pay; n. expenses)

[动]付出去；支付：～经费|～房租|～稿酬|～现金|～一笔钱|～外汇|～一次|能～|肯～|允许～|不准～|同意～|拒绝～|决定～|分批地～|秘密地～|～的款项|～的银行|～的单位|～的时间|～的方式|我平均每

月～的饭费是 200 元｜光材料费我们就～了 20 万。

[名]支付的款项：这个月，家里的～是多少？｜尽量控制非生产性的～｜最近的～太大了｜资金紧张，要控制～。

【近义词】[动]付出/支付；[名]开支/开销

8296 **支付** 丁

zhīfù (pay)

[动]付出款项：～差旅费｜～工资｜～贷款｜～经费｜～房租｜～报酬｜～奖金｜～现金｜～外汇｜～利息｜愿意～｜加以～｜负责～｜允许～｜不准～｜忘记～｜开始～｜中止～｜停止～｜提前～｜分批地～｜及时地～｜紧急～｜匆忙地～｜直接～｜～的步骤｜～的方式｜～的记录｜～的办法｜～的单位｜银行及时地～了贷款｜银行～利息｜出版社～给他五千元的稿酬｜我每月要～200 多元的房租｜个人～住宿费。

【近义词】付出/支出

【反义词】收入/进账

8297 **支配** *丙

zhīpèi (arrange)

[动]❶安排：～时间｜～假期｜～人力｜～钱｜～经费｜～贷款｜～物资｜～得合理｜～得不适当｜希望由自己～｜同意这样～｜合理地～｜自由地～｜独立～｜科学地～｜直接～｜统一～｜共同～｜这些人由我～五天｜他整天～别人干活儿而他自己从来不干｜人员方面归你～｜你的精力应该得到合理的～｜这些民工由你～｜～助手作实验准备｜这笔钱你没有～的权力｜劳动力得到了合理的～。❷〈丁〉对人或事物起引导和控制的作用：思想～行动｜大脑～着全身的活动｜资料由管理人员～着｜你的行为怎么总由别人～？｜最近有一种错误思想～着他｜金钱能～一切吗？｜电脑～着机器人完成一些动作｜要独立思考，别总受别人的～｜有时人会听从直觉的～｜这种信念～他一次又一次地试验下去｜两腿仿佛一点儿也不听～了｜这种思想～他去冒险。

【近义词】❶分配/支派；❷控制/指挥/支使/引导

【反义词】服从

8298 **支票** 丁

zhīpiào (check)

[名]向银行支取或划拨存款的票据：旅行～｜转账～｜取～｜开～｜一张～｜我要一本旅行～｜～需要填写密码｜～要保存好，不能丢失｜你是用～，还是用现金支付？

8299 **支援** 乙

zhīyuán (v. assist; n. assistance)

[动]用人力、物力、财力或其他实际行动去支持和援助：～山区｜～农村｜～内地院校｜～乡镇企业｜～部队｜～战友｜～同志｜～人力｜～物资｜～种子｜～技术｜～建设｜～一次｜～一下｜值得～｜打算～｜同意～｜不准～｜感谢～｜开始～｜热情地～｜～的方法｜～的目标｜～前线｜～灾区｜全国各地～了他们两千多吨大米｜请你们务必～一下｜大力～当地农民发展副业｜工程动工以后，得到了当地民众的大力～｜双方互相～｜到时还请你们多～～｜～他们一批技术力量｜～山村一批树种｜从道义上～得比较多｜～给灾区一批粮食｜～农村发展生产｜～的单位很多｜～的物资急需运出。

[名]所给予或得到的支持和援助:接受～|给予～|我们十分感谢兄弟单位的～|当地群众的～解决了大问题|这是一种无私的～。

【近义词】支持/援助/帮助/救援

【反义词】求援/请援/求救

8300 **支柱** 丁

zhīzhù (pillar)

[名]❶起支撑作用的柱子:～要倒|～加固了|～换了|～结实|～歪了|充当～|少个～|找～|桥身的～|正殿的～|楠木～|水泥～|大理石的～|承重的～|倒塌的～|雕龙的～|新的～|一根～|惟一的～|大楼共有360根大理石～|这种树的树干可作～|老家房子的～大多朽坏了|～都刷了红漆|～的下面有础石。❷比喻中坚力量:国家的～|工业的～|军队的～|精神～|理论～|爱情的～|主要的～|有力的～|惟一的～|精神～不可倒|石油工业是该国的经济～|铁路工人是交通事业的～|在我看来,身体、理想、知识是人生的三大～|他把理解和爱看作人类文明的重要～|旅游业已成为这个国家的经济～。

【近义词】中坚/柱子

【构词】灯柱/光柱/脊柱/石柱/水柱/台柱

8301 **知** 丙 〔部首〕矢 〔笔画〕8

zhī (know)

[动]❶知道:～无不言|～其一,不～其二|这话不～是谁说的|他明～不会有好结果,但还是去做了|～其然,不～其所以然|路遥～马力|那封信不～他收到了没有。❷使知道:通～|～会|请告～有关人员务必到会。

【提示】作名词时意思是知识:求～|无～|他求～的欲望很强|实践出真～。

【构词】知底/知府/知己/知交/知了(liǎo)/知名/知名度/知青/知情/知趣/知悉/知县/知晓/知心/知音/知友/知遇/知照/知足/知法犯法/知根知底/知己知彼/知冷知热/知难而进/知人善任/知人之明/知疼着(zháo)热

8302 **知道** 甲

zhīdào (know)

[动]对于事实或道理有认识;懂得:人们～|家里～|公司～|上级～|～这个人|～日期|～历史|～时间|～方向|～数目|～价钱|～好歹|～底细|～原因|～姓名|～他的脾气|～自己的义务|～礼仪|～如何处理|～怎么办|～得非常多|假装～|希望～|明明～|全～|我不～他住在哪儿|他不～这件事|你～我喜欢唱歌|他刚5岁就～帮大人干事|你～吗?小王昨天结婚了|我～怎么去对她说|我也～一些内情|你～得太多了|这事她父母还不～呢|对于小赵,我～的情况不多|他俩是一对儿,大家都～|这么重要的事,应该让他～～|他早就～了|我不～今天要开会|他只～其中的某些环节|他的事我不想～|如果我～,我一定会告诉你的|这些规则我非常希望～。

【近义词】明白/了解/知悉

8303 **知觉**(覺) 丁

zhījué (consciousness)

[名]感觉:失去～|恢复～|病人的～|老人的～|腿的～|细微的～|灵敏的～|我的脚被冻木了,一点儿～也没有了|病人的～尚未恢复|手臂失去～。

【提示】“觉”又读 jiào，如“睡觉”。

8304 **知识**（識） 甲

zhīshi（knowledge）

［名］❶人们在改造世界的实践中所获得的认识和经验的总和：～深化了｜～更新了｜～普及了｜～受到尊重｜～丰富｜～不足｜创造～｜获得～｜长（zhǎng）～｜学习～｜传授～｜掌握～｜运用～｜自然～｜文化～｜专业～｜历史～｜感性～｜理性～｜书本～｜基础～｜系统的～｜～领域｜～是人类的巨大财富｜～就是力量｜他的～十分丰富｜对～的渴求十分强烈｜把～贡献给人民｜将～运用到改造世界的实践中去｜～的结构要合理｜～是永远学不完的。❷有关学术文化的（只作定语）：～阶层｜～分子｜～面｜～性｜～界。

【近义词】学识/学问

8305 **知识分子**（識） 丙

zhīshi fènzǐ（intellectual）

具有较高文化水平、从事脑力劳动的人。如科学工作者、教师、医生、记者、工程师等：尊重～｜爱护～｜做～｜当～｜～阶层｜～队伍｜～气质｜我家是～家庭｜她父母都是～｜当今社会中～的作用越来越大｜中国～的队伍越来越壮大｜现代化建设需要依靠～。

【近义词】文化人

8306 **蜘蛛** 丁　〔部首〕虫　〔笔画〕14

zhīzhū（spider）

［名］节肢动物，身体圆形或长圆形，分头胸和腹两部，有触须，雄的触须内有精囊，有脚四对。肛门尖端的突起能分泌黏液，黏液在空气中凝成细丝，用来结网捕食昆虫。生活在屋檐和草木间，通称蛛蛛：～网｜～丝｜大～｜毒～｜～在～网上爬来爬去｜人们总把～当成害虫，其实它是益虫。

【近义词】蛛蛛

8307 **脂肪** 丁　〔部首〕月　〔笔画〕10

zhīfáng（fat）

［名］有机化合物，由三个脂肪酸分子和一个甘油分子化合而成，存在于人体和动物的皮下组织以及植物体中。脂肪是储存热能最高的食物，能供给人体中所需的大量热能：～酸｜皮下～｜～产生了｜～形成了｜～减少了｜人太胖了，皮下积累的～就会多｜现在，美容手术中有抽取～一项｜父亲血脂高，不能吃高～的东西｜人体内～过多容易患病｜减肥的目的就是消耗多余的～。

【近义词】脂膏/油

【构词】脂肪酸/脂粉/脂油

8308 **汁** 丁　〔部首〕氵　〔笔画〕5

zhī（juice）

［名］含有某种物质的液体：乳～｜胆～｜橘子～｜酸梅～｜芒果～｜墨～｜蔬菜～｜西红柿～｜黄瓜～｜胡萝卜～｜牛肉～｜鸡～｜豆～｜果～｜你尝尝，这木瓜～挺好喝的｜我太渴了，随便来点儿什么～都行｜蕃茄～很有营养。

【提示】在口语中多儿化。

【构词】汁水/汁液

8309 **之** 丙　〔部首〕丶　〔笔画〕3

zhī（part. *used between a modifier and a word to form a word group*）

［助］❶用在定语和中心词之间，组成偏正词组：a. 表示领属关系：赤子～心｜以子～矛，攻子～盾｜钟鼓～声。b. 表示一般的修饰关系：光荣～家｜无价～宝｜千里～外｜宝中～宝｜必由

～路|不白～冤|不毛～地|初生～犊|鼎足～势|后起～秀|风中～烛|害群～马|缓兵～计|难言～隐|井底～蛙|惊弓～鸟|鱼米～乡|象牙～塔。❷用在主谓结构之间,取消它的独立性,使变成偏正结构:大道～行也,天下为公|情况～复杂,是可想而知的|困难～大,是我们没有想到的。

【近义词】的

【提示】属文言词汇,主要用于书面语中。多构成四字结构。

8310 **之** 丙

zhī (it)

[代]❶代替人或事物(限于作宾语):求～不得|取～不尽|操～过急|言～有理|取而代～|有过～无不及|持～以恒|当～无愧|嗤～以鼻|付～一炬|喻～以理|置～不理|置～度外|一笑置～|趋～若鹜|敬而远～|对这种现象,我们不能听～任～|得了感冒,如果不及时治疗,随～而来的就是肺炎。❷虚用,无所指:久而久～|不觉手之舞～,足之蹈～|反～|总～|逃～夭夭|玄～又玄。

【提示】属文言词汇,主要用于书面语中。

8311 **之后**(後) 乙

zhī hòu (after)

❶表示在某个时间或处所的后面(多指时间,少指处所):一小时～|三天～|20年～|毕业～|工作～|下班～|打那～,我们再也没有见面|一个星期～,她去了美国|我们的队伍走在学生～|三年～,他回到了故乡|结婚～,她一直细心照顾丈夫的起居|毕业～,他来到学校工作|出了那事～,她一直精神恍惚。❷单独用在句子头上,表示在上文所说的事情以后:先去商店买了点礼物,～,他们来到了我家|对这个问题,大家展开了热烈的讨论,～我们又提出了具体计划|我先是当了三年兵,～,又上了四年学,现在在一家公司工作。

【近义词】以后

【反义词】以前/之前

8312 **之间**(間) 甲

zhī jiān (between)

表示在两事物中间,不能单用:a. 指处所:我站在小孙和小李～|他家在崇文门和北京站～|两栋楼房～有一道矮墙|两点～的距离以直线为最短|谓语通常位于主语和宾语～|这个词放在定语和中心词～。b. 指时间:春夏～|元旦和春节～我打算回趟老家|我在9点半至10点～等你。c. 指范围:彼此～|两者～有一定内在联系|在他们两者～,你只能选择一个|你和我～,没什么好说的|室温在22℃至24℃～|价格大约在180元和200元～。

8313 **之类**(類) 丙

zhī lèi (and the like)

和某种人或物同类或类似的东西:录像～的声像制品,我没时间看|上午我去了趟商店,买了点儿牙膏、肥皂～的东西。

8314 **之内** 丙

zhī nèi (within)

一定的范围以内,不能单用:a. 指处所:学校～|围墙～|会场～|球必须落在白线～,才能得分|守门员在禁区～可以用手触球|在校园～,不许做买卖。b. 指时间:今年～|他本月

～可能来北京｜他打算在两年～学完全部课程｜三天～，你必须有所答复｜要求在两小时～回答完试题｜三个月～，你要完成15份订单。c. 指范围：这项工程已列入计划～｜临时工不在编制～｜这是你们权限～的事，不必请示｜有效射程在三千米～｜方圆10里～，没有人家｜在这儿，在五公里～，骑车比坐车快。d. 指其他数量：飞机上随身携带的物品限制在五公斤～｜写一篇两千字～的汇报｜参赛队员限制在150人～｜只要在1000元～，我就买得起。

【近义词】以内

【反义词】之外/以外

8315 **之前** 乙

zhī qián (before)

表示在某个时间或处所的前面(多指时间，少指处所)：春节～｜三天～｜解放～｜去年国庆节～我还在上海呢｜吃饭～要洗手｜抗日战争～你在什么地方？｜这～，我们从没见过面｜10点～我还没起床呢｜一个月～，我在街上遇见过他｜天黑～，要赶回来｜你去青岛～一定到我这里来一趟｜这是很久～的事了｜少先队员们站在队旗～庄严宣誓｜很久～我就认识他｜他在天亮～赶到了火车站｜他在下班～给小周打了个电话｜她在赶约会～精心打扮了一番。

【近义词】以前

【反义词】之后/以后/今后

8316 **之上** 乙

zhī shàng (above)

高于某一点：高山～｜60岁～｜云层以下是大雨滂沱，云层～却晴空万里｜雪山～终年积雪｜他的地位远在陆处长～。

【近义词】以上

【反义词】之下/以下

8317 **之外** 丙

zhī wài (beyond)

❶一定界限以外：大门～｜长城～｜山海关～｜小区建在四环路～｜化工厂必须在市区～｜围墙～的事就不归我管了｜正文～还有两个附录｜他经常做些本职工作～的事｜这已经在我的权限～了，我做不了主｜他一下子跳到两米～｜不知不觉已走出10里～｜三米线～进球得三分｜免费存车的期限为一天，一天～请交服务费｜八小时～的时间，可由个人自行支配。❷在此以外，常和“除了”搭配使用：今天除培训～，还要让职工们实际练习一番｜这件衣服除了稍长～，别的都合适｜除了老武～，没有人来过｜昨天跟他一起去的，除了小孙～还有老邓｜这件事除你我～，只有他一个人知道。

【近义词】以外

【反义词】以内/之内/之中

8318 **之下** 乙

zhī xià (under)

低于、后于某一点：针刺这个穴位，膝盖～有酸麻的感觉｜宜昌～，江面逐渐放宽｜大桥～，流着湍(tuān)急的江水｜总指挥部～的各级领导都应健全起来｜他的职位在我～｜门市经理～的职员每天都必须打卡｜冰层～，还有鱼在游动。

【近义词】以下

【反义词】之上/以上

8319 **之一** 乙

zhī yī (one of)

整体分成若干份中的一份：三分～|五分～|百分～|千分～|万分～|十分～|有几个学生的学习成绩很好，其中～是小李|长江是中国最长的河流～|我的爱好很广泛，其中～就是集邮。

8320 **之中** 乙

zhī zhōng (in)

在一定界限以内；不单用：❶指处所：森林～一片静寂|会场～灯火通明|群山～有一个小村子|突然停电，有两个人被困在电梯～。❷指时间：假期～我去了趟烟台|这两年～我只写了三篇文章。❸指范围：计划～没有这个项目|言谈～流露出不安的情绪|在我们经营的商品～没有烟酒。❹指情况、状态：球队沉浸在胜利的气氛～|病人从昏迷～苏醒过来|朦胧～仿佛听见有人敲门|车队在风雨～飞驰|混乱～，他偷偷地跑了。❺指过程：会谈～，双方友好地交换了看法|讨论～发现了一些新的问题。

8321 **织**(織) 乙 〔部首〕纟 〔笔画〕8

zhī (weave)

[动]❶使纱或线交叉穿过，制成绸、布、呢子等：纺～|～布|～锦|编～|交～|她一天能～100尺布|车间里，一些工人在～地毯|他～的布很结实。❷用针使纱或线互相套住，制成毛衣、袜子、花边、网子等：编～|～毛衣|～围巾|～袜子|～手套|她一天能～一件毛衣|海边，一位老人正在～鱼网|他戴的手套是他女朋友～的。

【近义词】编

【反义词】拆

【构词】织补/织花/织锦/织女星/织品/织物

8322 **职称**(職稱) 丁 〔部首〕耳 〔笔画〕11

zhíchēng (the title of a technical or professional post)

[名]职务的名称，如工程师、教授、研究员等：～评定了|～公布了|～一样|评～|定～|授予～|接受～|承认他的～|宣布～|登记～|晋升～|改变～|取消～|恢复～|技术～|教学～|科研～|教授～|工程师～|研究员～|高级～|中级～|～的授予权|～的评定单位|～的效力|我去年刚评上中级～|他今年打算申请副高～(如副教授)|他刚工作，还没有～。

【构词】职别/职分(fèn)/职守/职位/职衔/职责/职掌

8323 **职工** 乙

zhígōng (staff and workers)

[名]职员和工人：～增加了|～老化了|～减少了|～上班了|～很年轻|2000名～|缺少～|需要新～|当～|变成～|招收～|录用～|招聘～|管理～|领导～|解雇～|精简～|表扬～|关心～|依靠～|照顾～|每个～|外籍～|院校的～|铁路的～|离休的～|新～|老～|正式的～|临时的～|一名～|一位～|一批～|～的情况|～的姓名|～的家庭|～的子女|～的收入|～的积极性|～的住宅|～代表|我们是双～|这家企业有近千名～|～的素质如何，体现了一个企业的管理水平|要关心老～|不少～都入了股。

【近义词】职员/员工

【反义词】干部/领导

8324 **职能** 丁

zhínéng (function)

[名]人、事物、机构应有的作用；功能：～改变了|～丧失了|～加强了|～被削弱了|～发挥出来|～得到体现|～不容怀疑|具有一定～|扩大～|取消～|确定～|重视各部门的～|国家的～|政府的～|法院的～|工会的～|现有的～|重要的～|全部～|一种～|～的范围|～的特点|～的作用|～机关|国家的～加强了|战士的～是保卫祖国|各部门的～应该明确|扩大了工会的～|今天下午开会，请通知到各～部门|建立～机构|要将各部门的～确定下来|在章程里要把单位的基本～写清楚。

【近义词】作用/功能/职责

8325 **职权**(權)　丁

zhíquán (authority of office)

[名]职务范围以内的权力：～扩大了|～削弱了|～相同|规定～|限制～|明确～|具有～|保留～|争取～|掌握～|使用～|滥用～|丧失～|恢复～|司令的～|手中的～|现有的～|管理的～|特殊的～|主要的～|全部～|～范围|～的界限|现在不少人滥用～|在～范围之内，我们可依法行事|我们不能利用～之便为自己谋私利。

【近义词】权力

8326 **职务**(務)　丁

zhíwù (post)

[名]工作中所规定担任的事情：～变了|～升了|～丢了|～被罢免了|～不高|～一般|授予～|交接～|提升新的～|谋求～|取得～|宣布～|免除～|罢免～|保留～|辞去～|领导～|科长～|目前的～|历任的～|不小的～|很高的～|临时的～|正式的～|公开的～|普通的～|请问，您的～是什么？|你想应聘什么～？|他的～是处长|我现在没有～，只是个普通工作人员。

8327 **职业**(業)　乙

zhíyè (occupation)

[名]个人在社会中所从事的作为主要生活来源的工作：～不变|～换了|新～|～找到了|～丢了|～选好了|这个～很适合他|～不错|成为一种～|介绍～|改变～|热爱自己的～|讨厌这个～|朋友的～|终身的～|教书的～|正式的～|～习惯|～术语|～妇女|我的～是教师|我想换个～|现在好的～难找|这种～挣钱不多。

【近义词】工作

【提示】"职业"作形容词时指专业的，如：～作家|～军人|～运动员。

8328 **职员**(員)　丙

zhíyuán (office worker)

[名]机关、企业、学校、团体里担任行政或业务工作的人员：高级～|普通～|本公司有一千多名～|～上岗前，都经过严格训练|我爸爸是一家银行的小～|企业的各级～均享有医疗保险。

【近义词】职工/员工

8329 **直**　*乙　〔部首〕十　〔笔画〕8

zhí (adj. straight; v. straighten)

[形]❶成直线的(跟"曲"相对)：～射|～线|～流电|绷～|笔～|他把胳膊伸得～～的|马路又平又～|你把铁丝拉～。❷跟地面垂直的(跟"横"相对)：～升飞机|小鸟从地上～飞到树梢上|白杨树～插云天。❸从上到下的，从前到后的(跟"横"相对)：～行

(háng)小字|屋子很大，～里有二丈，横里有四丈|建造屋顶的木头，横的叫檩(lǐn)，～的叫椽(chuán)|山腰有一道瀑布，水流～泻下来，非常壮观。❹〈丙〉直爽；直截：～性子|心～口快|～呼其名|～言不讳|～筒子|～肠子|耿～|憨～|～率|～说|他说话很～|他这个人太～，不会拐弯抹角|她心～口快，待人热情。

[动]挺直；使笔直：～起腰来|小苗干得都弯了，浇上水，一会儿就～起来了|他摔跤受了伤，脖子～不起来了。

【反义词】[动]曲/弯/屈

【构词】直播/直肠/直观/直角/直觉/直溜/直流电/直视/直率(shuài)/直爽/直筒子/直心眼儿/直性子/直言/直译/直截了当(liǎodàng)/直眉瞪眼/直上直下

8330 **直** 乙

zhí (continuously)

[副]❶一个劲儿；不断地：丈夫不小心丢了钱，妻子～埋怨他|就这么点儿事，他～说个没完|她急得～哭|儿子高兴得～蹦|我们累得汗～淌，气～喘|树被砍得～摇|他两只手冻得～哆嗦|急得他～瞪眼。❷一直：列车～达北京|聚会～到夜里3点才结束|到了家，他就～奔电视前看球赛。

【提示】直，姓。

8331 **直播** 丁

zhíbō (live broadcast)

[动]❶广播电台不经过录音直接播送：今天～第四十届世乒赛团体决赛|这里是综艺大观～现场|我们将通过～的方式随时把比赛进行的情况告诉给听众|～开始了|～进行了两个半小时|～结束了|～因故中断|～的工作人员准备就绪。❷不经过育苗，直接把种子播种到田地里：种玉米、小麦，采用的方式是～，种水稻就不能～，要先育秧|～的优点是省事，缺点是浪费种籽。

8332 **直达**(達) 丙

zhídá (through)

[动]不必在中途换车换船而直接到达：～列车|～快车|～的汽车|～的火车|～的轮船|列车～广州|从深圳到厦门的～列车已经开了|我坐的是～火车，中间不换车，你放心吧。

【反义词】中转/倒(dǎo)车/转(zhuǎn)车

8333 **直到** 乙

zhídào (until)

[动]一直到(多指时间)：～昨天，我才把工作定额完成|～今天，我才知道这事|～你告诉我，我才知道她的真心|～今天，我父亲才苏醒过来|～现在，你才肯跟我说声抱歉|～下午两点，我才买到足球票|～去年，我家的经济状况才有所改善|～现在，我也不知他身在何处|～40岁他才结婚|大学四年，～毕业，他也没跟我说过一句话。

【近义词】直至

8334 **直接** 乙

zhíjiē (direct)

[形]不经过中间事物的(跟"间接"相对)：～的领导人|～的负责人|～的肇(zhào)事者|～的反应|～的关系|～的原因|～的后果|～的影响|～的损失|～的措施|～的办法|～接触|～冲突|～批评|～提出|～了解|～调查|～处理|～管理|～帮助|～引

进|~威胁|~插手|~影响|~提名|~投票|~操纵|~指挥|我是他的~领导|我可以~翻阅外文书籍|他们之间没有~关系|我想,你应该~同他谈一谈|他不能~问此事|都用英语交际更~一些|你可以~支配这笔资金|把学到的知识~运用到生产中去。

【反义词】间接

8335 **直径**(逕) 丙

zhíjìng (diameter)

[名]连接圆周上两点并且通过圆心的直线段叫圆的直径,连接球面上两点并且通过球心的直线段叫球的直径:~等于两个半径之和|请问,这个圆的~是多少?|圆的周长大约是~的3.14倍。

8336 **直辖市**(轄) 丁

zhíxiáshì (municipality directly under the Central Government)

[名]由中央直接领导的市:中国现有四个~,它们是北京、上海、天津、重庆|~的工作直接由中央负责。

8337 **直线**(綫) 丁

zhíxiàn (straight line)

[名]不弯曲的线,是两点之间最短的线:~距离|走~|一条~|这两个城市间的~距离是1200多公里|请把图上的两点连成一条~|在地上画了两条~。

【反义词】曲线

8338 **直至** 丁

zhízhì (until)

[动]直到(多指时间):~今日,你才说出真心话|~现在,我也不知你到底喜欢谁|从现在起~永远,我都会记住这件事。

【近义词】直到

8339 **植** 丁 〔部首〕木 〔笔画〕12

zhí (plant)

[动]栽种:种~|培~|移~|~树|今天我们要去山上~树|每年我们都要~很多树。

【近义词】栽/种

【提示】植,姓。

【构词】植根/植苗/植皮/植树/植党营私/植树造林

8340 **植物** 乙

zhíwù (plant)

[名]生物的一大类,这一类生物的细胞多具有细胞壁。一般有叶绿素,多以无机物为养料,没有神经,没有感觉:~生长|~发育|~不断繁衍|~发绿|~枯黄了|~死亡|~蕴含水分|~调节环境|~供给人们食物|~很多|~十分丰富|保护~|利用~|考察高山~|发现~|一种新~|海底~|高原~|热带~|绿色~|灭绝的~|野生~|许多~|高大的~|一类~|~的根|~的茎|~的种子|~的花|~的细胞|~的叶绿素|~的分类|~的奥秘|海南有很多热带~|香山~园里真漂亮|这个花园里种了几百种~|~脂肪比动物脂肪更有益于健康|他们在地下发现了一些~化石。

【反义词】动物

8341 **殖民地** 丙 〔部首〕歹 〔笔画〕12

zhímíndì (colony)

[名]原指一个国家在国外侵占并大批移民居住的地区。在资本主义时

期，指被资本主义剥夺了政治、经济的独立权力，并受它管辖的地区或国家：～国家的人民希望独立｜中国曾经是半封建半～的国家。

8342 **殖民主义**（義） 丁

zhímínzhǔyì (colonialism)

[名]资本主义强国对力量弱小的国家或地区进行压迫、统治、奴役和剥削的政策。殖民主义主要表现为海外移民、海盗式抢劫、奴隶贩卖、资本输出、商品倾销、原料掠夺等等：～者｜～政策｜～终究会灭亡｜～越来越遭到各国人民的反对。

8343 **执法**（執） 丁 〔部首〕扌 〔笔画〕6

zhífǎ (enforce the law)

[动]执行法律：～如山｜～不阿(ē)｜～机构｜～者｜～人员｜秉公～｜妨碍～｜城市监管部门～清理了不少违章建筑｜足球裁判必须在比赛中～严明｜违法必究，～必严。

【提示】执，姓。

【构词】执笔/执鞭/执导/执教/执礼/执刑/执意/执掌/执著(zhuó)/执法必严/执法犯法/执迷不悟

8344 **执勤** 丁

zhí qín (be on duty)

执行勤务：～人员｜～的哨兵｜～巡逻｜～人员日夜在街上巡逻｜～开始了｜～结束了｜今天该我～，我得准时到岗。

【提示】离合词，中间可插入其他成分，如：执了一次勤｜执过勤了。

8345 **执行** 乙

zhíxíng (carry out)

[动]实施；实行(政策、法律、计划、命令、判决中规定的事项等)：严格～｜～任务｜～计划｜～命令｜政策～了｜～既定策略｜～原来方案｜～决议｜～上级决定｜～指示｜～法规｜坚决～｜打算～｜妨碍～｜干扰～｜开始～｜加紧～｜提前～｜认真地～｜一贯～｜公开～｜～的情况｜这一命令必须立即～｜政策要严格～｜决议尚未～｜坚决～这一方针｜合同～得很好｜交通法规～好几年了｜～的方法要灵活一些｜这任务由我负责～｜他们答应一定～｜计划一定要坚持～｜我们～了一条正确的路线｜以上暂行条例～到正式文件下达为止｜上述命令在～的时候必须严格｜他这次～的任务极为特殊。

【近义词】履行/实施/贯彻/奉行

【反义词】违抗/违背

8346 **执照** 丁

zhízhào (license)

[名]由主管机关发给的准许做某项事情的凭证：～作废了｜～过期了｜～吊销了｜～丢了｜～被没(mò)收了｜～发下来了｜～领了｜～换了｜～很新｜～有效｜发～｜办～｜收～｜领～｜考～｜换～｜申请～｜得到～｜出示～｜保存～｜涂改～｜看～｜查～｜验～｜核对～｜扣～｜没收～｜医生的～｜司机的～｜摊贩的～｜律师的～｜会计师的～｜个体的～｜商店的～｜本市的～｜工商局的～｜外地的～｜朋友的～｜同事的～｜新领的～｜营业～｜行医～｜驾驶～｜临时～｜我去换自行车的～｜～批下来了｜没有营业～不能开业｜我的驾驶～被警察没收了。

【近义词】牌照

8347 **执政** 丁

zhí zhèng (hold power)

掌握政权:君主～|摄政王～|～近半个世纪|～10年|可以～|要求～|准备～|害怕～|盼望～|开始～|轮流～|连续～|正式～|临时～|～的基础|～的条件|～的期限|～的纲领|～的成绩|～的权力|～的欲望|～的政党|～的人物|这次大选以后,工党继续～|自民党一直是～党|一个国家,不管是谁～,都要充分考虑人民的利益。

【近义词】当政/秉政

【提示】离合词,中间可插入其他成分,如:执了政|执过政。

8348 **值** 丙 〔部首〕亻 〔笔画〕10

zhí (be worth)

[动]❶货物和价钱相当:～钱|所～|这双鞋～100块钱|这东西不～那么多钱|200块钱买一件衬衣,～吗? ❷指有意义或有价值:～得|不～一提|在读书上多花时间很～|我虽然跑了很多路,但最后找到了这种珍稀植物,～了。❸遇到;碰上:～此|适～|正～|正～校庆50周年,我们在此相聚|正～国庆到来之际,他回国了|我们结婚的时候,正～秋天。❹担任轮到的一定时间内的职务:～日|～班|～勤|～夜|今天谁～班?|这个班我不～了|谁爱～谁～吧|他～夜班一直～到早上8点。

【构词】值钱/值勤/值日/值星/值夜

8349 **值班** 丁

zhí bān (be on duty)

(按照安排的次序)在规定的时间担任工作:值白班|值夜班|值早班|值三天班|值一个晚上的班|值得了班|值不了班|值完班|经常～|替人～|～大夫|今天我～,不能跟你去玩|他今天值早班,还没回来|昨天他值了一个晚班,现在正在睡觉|我要连值三天班|他病了,值不了班了|我值完班就回家|他经常～|夜里医院有人～,你们放心吧|我在替小王～呢|今晚的～大夫是刘大夫。

【提示】离合词,中间可插入其他成分,如:值一天班|值过班。

8350 **值得** 乙

zhíde (deserve)

[动]❶价钱相当;合算:～买|～看|～吃|～去|～干|～听|～花|太不～了|非常～|确实～|30元钱买两件,～|食、宿、来往机票都包括在内四千元钱去国外旅行一周,很～|四个人一千元还没吃饱,这钱花得太不～了|虽然贵点儿,但这是本难得的好书,～买。❷指这样去做有好的结果;有价值;有意义:～赞扬|～研究|～考虑|～推广|～学习|～试试|不～学|不～讨论|累得～|死得～|做得～|这个项目对人类有好处,～研究|他的话很有道理,～考虑|这个音乐会非常好,～去听听|这个经验并不是最先进的,不～推广|他为了保卫国家财产而死,死得～|他把毕生的精力奉献给了教育事业,他做得～。

8351 **侄子** 丁 〔部首〕亻 〔笔画〕8

zhízi (nephew)

[名]弟兄或其他同辈男性亲属的儿子。也称朋友的儿子:有～|娘家～|远房～|大～|一个～|他有两个～|这是我的～|他是我娘家～|那个人是我一个远房～。

【反义词】侄女

【构词】侄女/侄女婿/侄孙/侄孙女/侄媳妇

8352 **指** *甲 〔部首〕扌 〔笔画〕9

zhǐ (point at)

[动]❶(手指或物体尖端)对着;向着:~着前面|~着那个人|~着黑板|~着鼻子|~向左边|~在12点上|~一~|~了~|~错了|~对了|~得不对|~得准确|~了两下|不许拿刀~着人|他~着前边说,往前走50米就到了|她~着墙上的画,给大家介绍|老师~着黑板领学生读|他~着那个人的鼻子大骂|电线杆子上的路标~向左边|长针正好~在12上|你~一~,汽车该朝哪儿开?|他~了~里边的屋子,没说话|他刚才~错了路,让我绕了个大圈子。❷〈乙〉点出来使人知道:~出缺点|~出毛病|~出问题|~出原因|~个方向|~条路子|~得明白|他给我~出工作上的缺点|请你~出它的毛病在哪儿|这件事主要问题在哪儿,你给~一~|领导上已经给你们~得很清楚,大家再回去好好讨论一下吧|我给你~出一条新路子,你可以再试试|到底毛病在哪儿,他根本~不出来。❸〈丙〉意思上指着:他是~今天早上发生的那件事|刚才会上批评的那些话不是~你和我,是~老王说的|牵牛星是~隔着银河和织女星相对的那颗最亮的星|我说的"他们"是~他的那些朋友|我说他不行,是~他的身体不行,而不是水平低。❹〈丁〉指望依靠别的人或事物来达到一定的目的:~儿女|~父母|~领导|~朋友|~教书|~做工|~写文章|~得上|~不上|~得了|~不了|~得着|~不着|父母老了就得~着儿女|这么多事就~着一个人干怎么行!|别弄坏了,人家~着这个吃饭呢!|他虽然儿孙满堂,但是谁也~不上|他跟你们家没有什么关系,你~不上他。

【近义词】❶点;❹指望/靠

【构词】指拨/指不定/指斥/指导员/指法/指画/指环/指挥刀/指挥棒/指挥员/指教/指靠/指控/指名/指南/指派/指认/指使/指数/指头/指头肚/指纹/指引/指印/指责/指摘/指战员/指正/指腹为婚/指鸡骂狗/指鹿为马/指日可待/指桑骂槐

8353 **指标(標)** 丙

zhǐbiāo (target)

[名]计划中规定达到的目标:~确定|~公布|~完成|~下达|~高|~合理|~明确|~切合实际|制定~|超过~|达到~|保留~|生产的~|质量的~|招工的~|计划生育的~|合理的~|一项~|一种~|一些~|工厂的招工~已经公布了|今年的生产~提前完成了|今年商品超额完成了利润~|研究一下明年的各项~|他们学校今年没有接纳新教师的~|这种食品的含铅量超过了规定的~|这个~的数据可靠吗?|~的制定要切合实际|今年计划生育的~已经下达了。

【近义词】目标/定额

8354 **指出** 乙

zhǐchū (point out)

[动]点明;指出来让人知道:~缺点|~毛病|~问题|~方向|~道路|~方法|认真~|及时~|严格地~|耐心地~|老师~这个学生的优点和缺点|老师傅严格地~产品的毛病|父亲耐心地~儿子的错误|他及时地~了生产过程中的问题|我有什么不对

的地方请你及时～|他给我～一个切实可行的方法|老导师给研究生～了努力的方向|大家给你～的错误，要认真地改正|你～的文章中的那些毛病，我都一一修改过了|政府给这些少年犯～一条悔过自新的道路。

【近义词】指点/指导/点明

8355 **指导**(導) 乙

zhǐdǎo (guide)

[动]指示教导；教育引导：～学生|～研究生|～运动员|～实践活动|～技术|～训练|～作战|～工作|～写作|～绘画|～得认真|～得具体|～得了|～不了|耐心～|严格～|多多～|系统地～|～一次|～一回|～一年|～一下|爷爷～孙子画画儿|我们请专家来～工作|他正在～学生写作文|教练严格地～运动员训练|他热情地～研究生写论文|他～得非常具体|他的数学基础不好，请您系统地～一下|我初到此地工作，今后请您多多～|他的水平已超过老师，老师都～不了他了。

【近义词】指点/指引/引导/指示/教导

8356 **指点**(點) *丙

zhǐdiǎn (show how [to do sth.])

[动]❶指出来让人知道；点明：～出路|～技术|～学生|～徒弟|～一下|认真～|细心～|感谢～|请求～|多加～|他正在给游客～游览的方向|他给我们～了一条近路|不足之处，请您多多～|他正在～学生写毕业论文。❷〈丁〉在旁边挑剔毛病；在背后说别人的不是：乱～|随便～|指指点点|这个人就喜欢～别人|他成天在背后对人指指点点。

【近义词】❶指导/指引；❷议论/挑剔

【反义词】❶糊(hù)弄；❷赞扬/恭维

8357 **指定** 丁

zhǐdìng (appoint)

[动]确定(做某件事的人、时间、地点等)：公司～|领导～|共同～|群众～|～小王|～时间|～地点|～路线|～任务|～下来|～不了|～的人|～的地点|公司～小王去南方出差|群众代表应由大家来～|你们～一个可靠的人去办|你～一个时间，到时我们都来|你～一个旅游路线|我可～不了派谁去做|这是领导亲自～的人选|大家在～好的地点集合。

8358 **指挥**(揮) 乙

zhǐhuī (v. direct; n. director)

[动]发令调度：～部队|～车辆|～工作|～生产|～唱歌|～作战|～得好|～错了|～得动|～不动|听从～|瞎～|巧妙地～|～的艺术|～的水平|他的～|交通警认真地～着来往的车辆|他机智地～了这次战斗|我可～不动这群淘气包|军人必须服从～|他～生产的水平令人佩服|到时候大家都听我的～。

[名]❶发令调度的人：他是工地的总～|老大爷退休后充当了义务的交通～。❷在乐队或合唱队前面指示如何演奏或演唱的人：当～|合唱团～|老练的～|出色的～|这个乐队～在世界上很有名|他将来想当一名合唱团的～|他是一个乐队的～|他是一个优秀的～。

【近义词】[动]指导/指点/指引

8359 **指甲** 丁

zhǐjia (nail)

[名]指尖上面的角质物,有保护指尖的作用:～盖|～花|～草|～心|灰～|长～|红～|～油|她的手～长得很漂亮|从～的状态、颜色也可以看出这个人是否有病|我的～劈了|～长(cháng)了,该剪了|孩子的～长(zhǎng)得真快,几天就得剪。

【提示】口语中多读 zhījia。

【构词】指甲盖/指甲花/指甲心
龟甲/花甲/解甲/盔甲/马甲/铁甲/装甲

8360 **指令** 丁

zhǐlìng (instruction)

[名]指示;命令:下达～|发出～|服从～|违抗～|上级的～|下达的～|～就在桌上放着|上级的～已经下达|上级机关发出了重要的～|违抗～可是要受处分的|这是刚刚收到的～。

【近义词】指示/命令

8361 **指明** 丁

zhǐmíng (show clearly)

[动]明确指出:～方向|～出路|～方法|～道路|～道理|～原因|向他～|必须～|再次～|已经～|他的教导给我们～了奋斗的目标|他～了一条成功的捷径|书里已经写得很清楚,不需要你来～|到底哪种办法好,这里没有～。

8362 **指南针**(針) 丙

zhǐnánzhēn (compass)

[名]❶利用磁针制成的指示方向的仪器,把磁针支在一个直轴上,可以作水平旋转,由于磁针受到地磁吸引,针的一头总是指着南方:一个～|有～|带～|靠～|～是中国古代四大发明之一|～帮助我们辨别了方向|有了～,任何时候都不会迷失方向|幸亏我带着～,否则就迷路了|我们靠～找到了回家的路。❷比喻辨别正确发展方向的依据:党的方针路线就像～,引导人民在正确的道路上前进|你办企业,心里没有一个～是办不好的|我们所以取得了成功,就是有你给我们当～。

8363 **指示** 乙

zhǐshì (n. instruction; v. indicate)

[名]上级机关或领导对下级发布的指令性的意见或文件:接到～|～生效|修改～|依照～|学习～|传达～|篡改～|执行～|上级的～|书面的～|正式的～|一条～|～的内容|～的精神|关于改革方面的～已经拟定好了|请你把这个～打印一下|应按照上级的～去做|我们正在讨论中央的～|认真贯彻上级的～|～的条文我大概记住了。

[动]❶指出;表示:～道路|～方向|～位置|～要点|～温度|明确地～|航标灯给来往的船只～航向|地图上插上小红旗,～我军攻克了的地方|路标箭头～错了,应该朝南。❷上级向下级或长辈向晚辈指出从事某种活动或处理某项问题的原则和方法:上级～我们做好春耕准备|领导～大家尽快拿出一个改革方案|司令部～明日拂晓向敌人发起总攻。

【近义词】[名]命令/指令;[动]指出/命令

8364 **指手画脚**(畫) 丁

zhǐ shǒu huà jiǎo (gesticulate; make indiscreet remarks or criti-

cisms)
形容说话时做手势示意,也形容轻率地指点、批评:说话～|～的样子|～地说|他一说话就～,真难看|坐下来好好儿说,别～|看他那～的样子,有什么可得意的!|他站在大树底下～地跟大家说什么呢?|自己的活儿不好好儿干,跑到这儿来～!|别听他～,他懂多少!|这事用不着你～,我们知道怎么处理的|干你自己的事去,少在这儿～!

8365 **指头** 丙

zhǐtou (finger)
[名]手前端的5个分支,可以屈伸拿东西。也指脚趾:手～|脚～|伸出手,数数你有几个手～|5个～的长短不一|我的～又胖又粗,不好看|他右手的两只～被机器轧断了|我的～扭了一下。

8366 **指望** 丁

zhǐwang (v. count on; n. hope)
[动]期待;盼望:～儿子|～军队|～明天|～政策|～丰收|～获奖|～上大学|～成功|～出国|～得上|～不了|农民～今年有个好年景|我们～运动健儿们多拿几枚金牌|他～考上理想的大学|困在水中的群众～解放军来解救他们|人们热切地～改革成功|别人是～不上的,还得靠自己自力更生|老人说他的儿子是～不得的|这条进山的路能够开通,全～你们了。
[名]所指望的;盼头儿:～落空了|失去～|有～|没～|人类的～|生活的～|工作的～|一生的～|内心的～|惟一的～|一点儿～|他想当医生的～落空了|别灰心,这事还有点儿～|学校对你们的～,就是希望你们做一个有用的人|父亲的去世,使他们失去了一切～。
【近义词】[动]希望/盼望/期待;[名]希望/愿望

8367 **指引** 丙

zhǐyǐn (guide)
[动]指出来使人知道;带着人向某个目标行动:导师～|领袖～|路标～|～方向|～道路|～游人|～得对|给以～|得到～|热情地～|～的目标|～的灯光|～的信号|他～人民不断前进|政府给这些罪犯～一条自新的出路|他～错了路,害我们绕了一个大圈子|他主动地为我们～旅游路线|船只在航标灯的～下安全地行驶。
【近义词】指导/引导/指点/指挥

8368 **指针**(針) 丁

zhǐzhēn (indicator)
[名]❶钟表的面上指示时间的针,分为时针、分钟、秒针;仪表指示度数的针:～停了|～转动|～指12|拨～|钟上的～不走了|～不停地左右摆动|～上下跳动得很厉害|等到～的短针在4上、长针在12的时候再给你吃饼干好吗?|把～调到零,再称体重就准确了。❷比喻辨别正确方向的依据:失去～|我们的～|这本书是指导我们工作的～|离开方针政策,就像失去了～。

8369 **止** 乙 〔部首〕止 〔笔画〕4

zhǐ (stop)
[动]❶停止:雪～了|风～了|汗流不～|咳嗽不～|大雨一～即刻出发|牌子上写着“游人～步”|他听了这件事大笑不～|生命不息,运动不～|他的

手一破点儿皮就血流不～。❷使停止;拦阻:～血|～吐|～泻|～痛|～住|～得住|～不住|蚊子叮了以后擦点儿药水可以～痒|他的血到现在还～不住|他一闻烟味就咳嗽,～都～不住|他拉了好几天肚子,吃了～泻药才～住了|他一笑起来就～不住。❸(到、至…)截止:至7月30日～|这个展览会一直到10月15日为～|买一送一,直到送完为～。❹仅;只:不～一个|不～一年|不～一家|不～一次|受灾的不～这一个地方|他离开家乡不～三年了|吃的方法不～这一种。

8370 **只**(衹、祇) *甲 〔部首〕口 〔笔画〕5

zhǐ (only)

[副]❶表示限定某种范围和数量:他～学英语|我～去过美国,没去过别的国家|～来一瓶啤酒就够了|日本语他～会听,不会说|他～得过一次感冒,没生过别的病|不能～喜欢听表扬,不愿听批评。❷只有;仅有:～有|～是|～要|～留|～放|屋里～有一张桌子|～是飞机票就花了600美元|～要他一个人去就行了。❸〈乙〉表示情况突然发生或出现:～听一声巨响,眼前的一片房屋立时化为废墟|～觉得眼前一阵发黑,我就什么事情都不知道了|～感到像针刺了一下一样,立刻肿起一个大包。

【近义词】❶❷光/单/仅/就;❸忽然/猛然

【提示】作量词时读zhī,见第8287条。

8371 **只得** 丙

zhǐdé (have to)

[副]表示没有别的选择:～吃面条|～买红的|～走路|～坐飞机|～麻烦别人|～简单点儿|～短点儿|～我去|～小王做|饮料没有了,～喝点儿白开水|买不到合适的衣服,～买布做了|我不懂英文,～请别人帮忙|明天的火车票都卖完了,～晚两天再走|我还有事,～我先吃了|就小王学过日语,～请他当一下翻译了。

【近义词】只好/不得不

8372 **只顾**(顧) 丁

zhǐgù (be absorbed in)

[副]❶表示注意力集中做某事:～吃|～玩|～写|～看|～听|～往前走|别～喝酒,多吃点儿菜|他～下棋,饭也不吃了|他～跟别人聊天儿,多坐了两站车|他～低着头看书,叫他都听不见。❷仅仅顾到:他～工作,家里的事一点儿不管|不要～孩子,不顾大人。

【近义词】光

【反义词】不顾

8373 **只管** 丁

zhǐguǎn (feel free to)

[副]❶表示不必考虑别的,放心去做:～说|～用|～吃|～拿|～提|～放心|～大胆做|你～睡,到时间我叫你|有话你～讲,不要有顾虑|你～喝,冰箱里还有呢|我的车你～骑,我家里还有一辆|你～放开嗓子唱吧,邻居们都上班去了|有什么合适的人,你～给我们推荐吧。❷表示注意力集中做某事:别～干活儿,不注意休息|别～好看,还得看质量好不好|我～把菜买回来,做菜我不管|他～一个劲儿往前冲,也不看看红绿灯。

【近义词】尽管/尽量

8374 **只好** 甲

zhǐhǎo (have to)

[副]表示没有别的选择；不得不：天太晚了，我～住在你家｜自己不会做，～麻烦别人｜料子买少了，裙子～做短点儿了｜因为有人要上班，早上锻炼时间～再早一点儿，六点一刻怎么样？｜他血压高，菜～淡点儿｜谁也不愿管，那～我来管。

【近义词】只得/不得不

8375 只能 丁

zhǐnéng (have to)

[副]没有别的选择；没有别的办法：～走｜～说｜～看｜～抬｜～坐｜～告诉你｜～写中文｜～住三天｜～请你帮忙｜～请你原谅｜～煮着吃｜～接着干｜～走路去｜他～听，说不出来｜这东西～观赏，不能玩｜他的腿～慢慢走，不敢跑｜那儿太远，～坐火车去｜这话我～让你知道｜在这里～呆一个星期｜这事～麻烦你了｜你们～接着干，没有什么好商量的。

【近义词】只得

8376 只是 乙

zhǐshì (adv. merely; conj. however)

[副]❶仅仅是；不过是：～…而已｜～…罢了｜～看看｜～听听｜～玩玩｜我～参观一下，不买东西｜～随便走走，没有什么目的｜他～跟你客气客气，你就当真了｜这里～星期一休息，其他时间都对外开放｜他退休以后开始学画画儿，～为了解解闷。❷表示强调限于某个情况或范围：问他为什么，他～哭｜他～一个劲儿地抽烟，谁也不理｜你～不停地写呀写呀，怎么没见发表？｜他们～盲目地生产，不去了解市场的行情｜无论大家怎么劝，他～不听。

[连]不过；但是：我真想出去玩玩，～没有那么多钱｜我知道他住这个楼里，～忘了多少号房间了｜我想请他帮忙，～怕他不愿意｜他各方面都不错，～自尊心太强｜这件衣服大小、样式都合适，～颜色深了点儿。

【近义词】[副]只/光是；[连]不过/但是/可是

【提示】“只是”表示“但是”的意思时，语气比“但是”轻微、委婉。

8377 只要 乙

zhǐyào (as long as)

[连]表示条件(下文常和“就”或“便”呼应)：～努力，就会成功｜你～打个电话，汽车马上就到｜～东西不重，我一定帮你捎去｜你一定能通过考试，～你认真复习｜～有时间，我就会来看你的｜～一打开电视，她就开始睡觉，一直到电视里说“再见”｜～是去过长城的人，都称赞这雄伟的建筑｜～是在那个饭馆吃过饭的人，没有不说上当的｜～是交了钱的，都保证买得到。

【提示】注意“我只要一本”中的“只要”是副词“只”＋“要”，不是连词。

8378 只有 乙

zhǐyǒu (adv. have to; conj. only)

[副]只好；不得不：汽车没有了，～步行回家｜什么饮料都没有，～喝自来水｜今天没什么吃的，～煮点儿速冻饺子｜你们都不想干，～我去试试了｜如果实在来不及，～往后拖几天了。

[连]表示必需的条件(下文常用“才”呼应)：～亲口尝尝，才知道梨子的滋味｜～改进技术，才能增加产量｜～这本书才是我真正需要的｜～他哥哥才会开这种大卡车｜～在非常困难的情

况下，我才去麻烦别人｜～通过调查才能把事情弄清楚｜～生产发展了，人民的生活水平才能提高。

8379 **纸**(紙) 甲 〔部首〕纟 〔笔画〕7

zhǐ (paper)

[名]写字、绘画、印刷、包装等所用的东西，多用植物纤维制造：～白｜～好｜～厚｜用～｜造～｜～的种类｜～的质量｜横格～｜～窗户｜卫生～｜一张～｜一令(lǐng)～｜一刀～｜一页～｜一片～｜这种～质量太差｜中国很早以前就已经有～了｜请撕张～给我｜他每次写信都要写好几页～｜一张～上就写这么几个字，真浪费｜这房子看上去就像～糊的。

【近义词】纸张

【提示】"纸"的右边是"氏"，不能写成"氐"。

【构词】纸币/纸浆/纸老虎/纸捻/纸牌/纸钱/纸烟/纸上谈兵/纸醉金迷

8380 **纸张**(張) 丁

zhǐzhāng (paper)

[名]纸的总称：～发黄｜～缺乏｜生产～｜浪费～｜节约～｜～的质量｜～的价钱｜～的颜色｜一批～｜这种～｜时间长了，～都变黄了｜这种～还便宜点儿｜现在～供不应求｜使用～要有计划，不可浪费｜应该保证～的供应。

【近义词】纸

8381 **志**(志) 丁 〔部首〕心 〔笔画〕7

zhì (will)

[名]关于将来要做什么事、要做什么样的人的意愿或决心：～大｜～高｜～短｜有～｜无～｜大～｜这孩子人小～大｜人穷～不穷｜人穷～不短｜希望有～献身儿童文学的人不要脱离儿童｜人各有～｜这个人心无大～，庸庸碌碌过了一生。

【近义词】志向/志气

【提示】志，姓。

【构词】志趣/志士/志向/志愿军/志大才疏/志得意满/志同道合

8382 **志气**(氣) 丁

zhìqì (aspiration; morale)

[名]求上进的决心和勇气；要求做成某件事的气概：～大｜～高｜丧失～｜民族的～｜英雄的～｜工人的～｜战士的～｜改革的～｜取胜的～｜可贵的～｜一种～｜一股～｜别看他年龄小，～可不小｜人不怕穷，就怕没～｜运动员们获得了冠军，长了国人的～｜他的身上洋溢着一股非常宝贵的民族～｜无论如何，战胜一切的～不可丢失｜这些年轻人搞技术革命的～非常可贵。

【近义词】决心/气概/勇气

8383 **志愿**(願) 丙

zhìyuàn (aspiration)

[名]志向和愿望：定～｜选择～｜满足～｜改变～｜违背～｜尊重～｜学生的～｜儿子的～｜美好的～｜惟一的～｜坚定的～｜探险的～｜每个人可以填写三个～｜他放弃了上大学的～，当了一名乡村教师｜他的～受到了大家的赞许｜当一名钢琴家是他童年的～｜当登山探险家是他坚定不移的～｜国家的需要就是我的～。

【近义词】志向/愿望/心愿

8384 **掷**(擲) 丁 〔部首〕扌 〔笔画〕11

zhì (fling)

[动]扔；投：～铁饼｜～手榴弹｜～标枪｜～远｜～得远｜～出去｜他每天练

习～手榴弹｜他转一个圈后把铁饼～了出去｜这次垒球～远比赛他得了冠军。

【近义词】投/扔/抛

8385 **至** 乙 〔部首〕土 〔笔画〕6

zhì (till)

[动]到：～本月底｜～此｜～今｜～死无悔｜～死不屈｜自始～终｜读～｜看～｜他从 1958 年～1962 年在北京大学学习｜这些出土文物的展出时间～10 月 15 日截止｜这件事他～死不承认｜黑板上的通知请保留～下周三｜戏演～精彩处，人们不禁大声叫好。

【近义词】到

【提示】"至"多用于书面语，口语中常说"到"。

【构词】至宝/至诚/至此/至好/至交/至理/至亲/至高无上/至理名言

8386 **至多** 丁

zhìduō (at most)

[副]表示最大的限度：～50 岁｜～60 元｜～两小时｜～是个科长｜～骂一顿｜～说说而已｜～一人三个｜～看两遍｜～给你个主任当当｜～赔你点儿钱｜信寄到那里～6 天｜从这里到学校～二里地｜他～是个小排长｜他～批评你两句，你不要紧张｜他～念三遍就全记住了｜他们～招待你们吃一顿，这已经很不错了｜他～告诉你怎么做，最终还得靠你自己动手。

【近义词】充其量

【反义词】至少

8387 **至今** 乙

zhì jīn (up to now)

直到现在：～不知道｜～没记住｜～没来信｜～不会写｜我～没弄清楚他们的关系｜他们离开家以后～没回来过｜他～没学会开汽车｜他～还没找到理想的丈夫｜对不起，我～不知道您的尊姓大名。

8388 **至少** 乙

zhìshǎo (at least)

[副]表示最低限度：～三千字｜～50 岁｜～看一遍｜～写三遍｜～打一次电话｜～把话说清楚｜～他可帮助你｜这篇文章我～改了两遍｜我们一个月～见两次面｜从这儿到那儿坐车～也要 50 分钟｜你～也要弄清楚他叫什么名字吧？｜你～应该把事办完了再休息。

【近义词】起码

【反义词】至多

【提示】"至少"也可放在主语前：～你也应该谦虚一点儿｜～你要多复习三遍，才能记住｜别人是否见过不清楚，～我没见过。

8389 **至于** 丙

zhìyú (conj. as for; adv. go so far as to)

[连]表示提出另外一件事，常用在分句或句子的开头：你只管住在这儿，～一天多少钱就不用管了｜他什么事都先想着别人，～个人的利益则很少关心｜这只是大家的意见，～对不对，请您考虑｜他只顾好不好吃，～营养价值根本不管｜你先这样干着，～工资多少再商量｜他们的事我可以给办，～你，没门儿！

[副]表示达到了某种程度。❶常用否定式"不至于"：他英语不好，但还不～这么简单的话也听不懂｜只要你认真地复习了，总不～考试不及格吧｜再忙，也不～吃饭的时间都没有哇！

❷"至于"也常用于反问：何～|哪～|怎么～|要是早听我的话，哪～犯这么大错误！|要是早一点儿去看病，何～今天受这么大罪|如果那时答应了这门亲事，怎么～到现在还打光棍呢！

【反义词】[副]不至于

【提示】副词"至于"的否定形式是"不至于"。"不至于"可以单独作谓语：你说他会反对？我看不～|天气预报说将有暴风雨，我看天挺好的，不～|是因为他说错一句话就要辞退他吗？不～吧！

8390 **致** *丙 〔部首〕攵 〔笔画〕10

zhì (send; extend)

[动]❶给与；向对方表示(礼节、情义等)：～函|～欢迎词|～开幕词|～敬礼|～慰问电|～电|～答辞|成立大会上由王经理～贺词|运动会闭幕式上，学校领导～闭幕词|我们向解放军同志～以最崇高的敬礼|我代表公司向大会～热烈的祝贺|向支援我厂的单位～衷心的感谢。❷〈丁〉引起(后果)：～病|～癌|～灾|～祸|这里边有～癌物质，千万别吃|吃不洁食物容易～病|他因酒精中毒而～死|这个地区因连日暴雨而～灾|应尽快查清～病的原因。

【近义词】❶致以/表示

【反义词】❶接受

【构词】致哀/致辞/致贺/致敬电/致力/致命/致死/致谢/致意

8391 **致词**(詞) 丁

zhì cí (make a speech)

在举行某种仪式时说勉励、感谢、祝贺、哀悼等的话：毕业典礼上校长～，勉励即将走上社会的毕业生|在这次酒会上，公司领导～，向一年来辛勤劳动做出重大贡献的全体职工表示感谢|全国运动会闭幕式上，首长～，向在各个项目上取得优异成绩的运动健儿表示祝贺|追悼会上，领导～，哀悼为抢救人民财产而牺牲的英雄。

【近义词】致辞

【提示】离合词，中间可插入其他成分，如：致了词。

8392 **致电**(電) 丁

zhìdiàn (send a telegram)

[动]打电报表示勉励、感谢、祝贺、哀悼等：～慰问|～哀悼|～祝贺|我国政府～慰问受灾国家的人民|我们～哀悼敬爱的老师不幸逝世|许多学生从各地～祝贺母校建校一百周年。

8393 **致富** 丁

zhì fù (become rich)

实现富裕：发家～|增产～|勤劳～|他家是靠养猪～的|要想～，就得勤劳肯干|请他介绍一下是怎样发家～的|村长带领大家开荒山种果树，逐渐走上～的道路。

8394 **致敬** 丁

zhìjìng (salute)

[动]向人敬礼或表示敬意：向解放军～|向敬爱的首长～|向老师～。

8395 **致使** 丁

zhìshǐ (cause)

[动]由于某种原因而使得；以致：～火车晚点|～停电|～减产|～失败|～做出错误结论|～产品不符合国家标准|～落选|由于暴风雨，～40个航

班延误时间｜水泵坏了，～这一地区停水好几个小时｜由于某种原因，～这次试验没有成功｜他们制造假酒，～几十人中毒身亡｜他们的行动～局势一度紧张｜森林大火～数千人离开自己的家园｜饮食西化～直肠癌的患病几率上升。

【近义词】使得/以致

8396 **置** 丁　〔部首〕四　〔笔画〕13

zhì (place)

[动]❶搁；放：～之脑后｜～之不理｜～之度外｜～于何处｜～于死地｜～于…境地｜～于困境｜他～我于尴尬的境地｜我求他办的事，他竟～之脑后｜难道你要将他～于死地吗？｜他早已将自己的安危～之度外｜你不能～大局于不顾。❷购买：～家具｜～电器｜～嫁妆｜～家产｜～得起｜他家又～了一台电冰箱｜农民生活好了，家家～起了电视机、电冰箱等｜他在国外～了一栋小洋房｜女儿结婚要～许多东西｜这都是他祖上～下的家业。❸设置；安置：他家客厅里中间放～一套沙发，旁边放一个衣架｜他在床边设～了一个小茶几，上边放一个台灯。

【近义词】❶放/搁；❷买/添

【反义词】❷卖

【构词】置办/置备/置放/置换/置身/置疑/置若罔闻/置身事外/置之不理/置之度外/置之脑后

8397 **制**(製) 丙　〔部首〕刂　〔笔画〕8

zhì (v. make; n. system)

[动]制造；做：～药｜～纸｜～枪｜～革｜～图｜～坏｜～得好｜～得快｜～得漂亮｜～得了｜～一辈子｜精心地～｜成批地～｜这个工厂又～了一批新机器｜这种糖～得很好｜他们新～出来一种饮料，很好喝｜我们现在还～不了这种东西｜他们厂～出来的罐头质量好。

[名]制度：公有～｜私有～｜全民所有～｜民主集中～｜奴隶～｜十年～｜供给～｜包干～｜工资～｜聘用～｜兵役～｜这个商店是集体所有～的｜现在的大学一般都是四年～｜他们那里实行职工聘任～｜那里过去曾是残酷的农奴～社会。

【近义词】[动]造/做

【反义词】[动]拆/毁

【提示】名词的“制”是本字，不是“製”的简化字。

【构词】制版/制伏/制服呢/制高点/制海权/制剂/制件/制空权/制冷/制胜/制图

8398 **制裁** 丁

zhìcái (punish)

[动]用强力管束并处罚有不法行为的人，使不得胡作非为：法律～｜国家～｜经济～｜武力～｜～流氓｜～走私犯｜～得对｜～得重｜给以～｜受到～｜进行～｜依法～｜严厉地～｜～的方式｜～的对象｜政府～了一批罪大恶极的凶犯｜应用武力来～这些坏人｜对这些流氓～得太轻了｜他们终于受到严厉的～｜群众要求～他们｜危害国家和人民利益的人都属于～的对象。

8399 **制定** 乙

zhìdìng (work out)

[动]定出(法律、规程、计划等)：～宪法｜～规划｜～方案｜～规则｜～章程｜～法律｜～守则｜～得详细｜～得全面｜～完｜～出来｜～得了｜～得好｜共同～｜重新～｜立即～｜～的计划｜～的公约｜希望迅速～一个改进工作的方

案｜这个工程施工计划～得很细｜具体的措施还没～出来｜这是最近～出来的学生守则｜他们～的方案切实可行。

【近义词】制订/拟定/订立/订

8400 **制订**(訂) 乙

zhìdìng (draw up)

[动]创制拟定：～纪律｜～方案｜～计划｜～方针｜～预算｜～表格｜～议程｜～规范｜～日程｜～出来｜～教育规划应和国家的劳动计划结合起来｜这是经代表们讨论～出来的又一部立法｜有很多法律还没有～出来｜这个草案～得很详细｜他们公司的规章制度～得非常严格｜这是共同～的公约，谁也不能违反。

【近义词】制定/拟定/订立/订

8401 **制度** 乙

zhìdù (system)

[名]❶要求大家共同遵守的办事规程或行动准则：～好｜～重要｜～生效｜遵守～｜破坏～｜改变～｜形成～｜定～｜建立～｜取消～｜服从～｜学校的～｜财务～｜不成文的～｜保密～｜周密的～｜长期的～｜一贯的～｜一项～｜一条～｜一种～｜～的内容｜～的条文｜作息～制订出来了吗？｜最近听说公费医疗～有些变动｜你这种做法不符合公司的～｜他们说不行就算了，咱们不能违反人家的～啊！｜超过还书日期要罚款，这是图书馆的～｜我们这里没有上下班的～｜轮流打扫办公室已经成为一种～。❷在一定历史条件下形成的政治、经济、文化等方面的体系：社会主义～｜资本主义～｜封建宗法～｜他们生活在社会主义～的国家里｜封建的买卖婚姻～必须废除｜在今天的社会里，封建～的残余还有很大影响。

8402 **制服** 丁

zhìfú (uniform)

[名]军人、机关工作者、学生等穿戴的有规定式样的服装：军人～｜学生～｜服务员～｜公司～｜绿色～｜蓝～｜穿～｜做～｜一套～｜我们以前学校的～是蓝布衫，黑裙子｜一看这～的样子就知道是哪个单位的｜你们别都买一个样子的衣服，人家还以为是哪个公司的～呢！｜最近，军人、警察换上了新款～。

8403 **制品** 丁

zhìpǐn (products)

[名]制造成的物品：乳～｜塑料～｜化学～｜不锈钢～｜他们家喜欢吃乳～｜现在不锈钢～逐渐替代了铝～｜商店里的塑料～种类越来越多｜他因为吃了不合格的肉类～，病了好几天。

【近义词】产品

8404 **制约**(約) 丁

zhìyuē (restrict)

[动]甲事物的存在和变化以乙事物的存在和变化为条件，则甲事物为乙事物所制约：受到～｜互相～｜～作用｜粮食能～建设规模｜物质的生产方式～着整个社会生活｜艺术形式受思想内容的～｜生产和消费是彼此～的｜自然界各种现象是互相联系而又互相～的｜市场对生产有重要的～作用。

【近义词】约束/限制

8405 **制造** *乙

zhìzào (make)

[动]❶用人工使原材料成为可供使用的物品：～机器｜～飞机｜～计算机｜～农药｜～商品｜～得多｜～得好｜～出来｜～三个月｜着手～｜停止～｜不断地～｜拼命地～｜多～｜快～｜成功地～｜～的方法｜～的过程｜～的技术｜～的电视机｜这种手工艺品～得真精细｜他们～出来一种新农具｜这种东西目前还～不了｜应禁止～劣质的化妆品｜希望多～一些群众欢迎的生活用品｜这种先进的～方法值得推广｜他们厂～的酒是得过奖的。❷〈丙〉人为地造成某种气氛或局面等(含贬义)：～矛盾｜～恐怖｜～纠纷｜～事故｜～谣言｜～假象｜～混乱｜～分裂｜～烦恼｜故意～｜专门～｜你别给大家～紧张空气好不好！｜人们的粗心大意给坏人～了犯罪的机会｜不许你～谎言迷惑群众｜他竟卑鄙地～伪证陷害朋友｜他们野蛮地～了这场战争｜他净给大家～难题｜他们人为地～热烈的气氛。

【近义词】制作/作/做/造

8406 制止 丙

zhìzhǐ (stop)

[动]强迫使停止；不允许继续(行动)：～侵略｜～暴力｜～战争｜～胡作非为｜～赌博｜～走后门｜～住｜～不了｜～得坚决｜～得及时｜必须～｜予以～｜及时～｜彻底地～｜迅速地～｜坚决～｜～的手段｜～的结果｜应该～这种不正之风｜这种不道德的行为总是～不住｜我不信这种破坏纪律的现象就～不了｜孩子学抽烟必须严厉～｜不管别人怎么～，他还是滔滔不绝地说下去。

【近义词】阻止/禁止/遏止/遏制

【反义词】放任/放纵/鼓励/提倡

8407 制作 丙

zhìzuò (make)

[动]制造：～简单｜～精细｜～农具｜～糖果｜～饮料｜～首饰｜～服装｜～广告｜～出来｜～得认真｜～得了｜～完｜～三个月｜准备～｜不准～｜进行～｜抓紧～｜精巧地～｜成功地～｜熟练地～｜共同～｜正式～｜～的物品｜～的过程｜这小伙子会～家具｜这种酒是用糯米～的｜这只小猴～得太逼真了｜这种工艺品，别的国家～不了｜你们订的300套运动服基本～完了｜就这么小小的一个木偶，～的时间需要一个多月。

【近义词】制造/作/做

8408 智慧 丙

〔部首〕日
〔笔画〕12

zhìhuì (wisdom)

[名]辨析判断、发明创造的能力：～超人｜～宝贵｜运用～｜人民的～｜集体的～｜全部的～｜无限的～｜～的源泉｜～的结晶｜～的代表｜～的产物｜他的～被扼杀了｜人的～受到了尊重｜～来源于实践｜他的目光充满了～｜这件工艺品蕴藏着劳动人民的多少～！｜群众的～是无穷的｜老师发现了这个孩子令人吃惊的～｜书籍就是～的宝库｜他就是～的化身。

【近义词】才智/聪明

【提示】智，姓。

【构词】智多星/智略/智谋/智囊/智囊团/智商/智育

聪慧/灵慧/敏慧/明慧/贤慧/颖慧/早慧/拾人牙慧

8409 智力 丁

zhìlì (intelligence)

[名]指人认识、理解客观事物并运用知识、经验等解决问题的能力，包括记忆、观察、想像、思考、判断等：～发展|～衰退|～过人|～发达|开发～|测定～|孩子的～|良好的～|低下的～|～游戏|这孩子的～超过了一般的同龄孩子|测定结果，他的～非常正常|这种玩具可以培养幼儿的～|多看看这种书，有利于～的提高|父母聪明，孩子的～商数也低不了|他的～已达到成年人的水平|用这种方法可以测验生活条件大体相同的儿童～的差别。

8410 **智能** 丁

zhìnéng (intellect)

[名]智慧和能力：～高|～超人|～发达|培养～|发展～|测验～|提高～|学生的～|良好的～|起码的～|正常的～|一流的～|～的水平|年纪大了，～也衰退了|凭他的～足以胜任这个工作|现代人的～远远超过古人|我真佩服他的～。

【近义词】智力

8411 **秩序** 乙　〔部首〕禾〔笔画〕10

zhìxù (order)

[名]有条理、不混乱的情况：～好|～乱|～井然|～安定|～改善|整顿～|加强～|破坏～|扰乱～|社会～|会场～|铁路的～|市场～|街道～|打乱～|生产～|比赛的～|正常的～|这里～井然|这里的～一直很乱|经过"严打"以后，社会～稍有好转|人们希望建立良好的生活～|退休老工人主动在汽车站维持～|人人都应该遵守交通～|砸烂反动的旧～，建立和平的新～。

【近义词】次序/纪律

8412 **质**(質) 丙　〔部首〕贝〔笔画〕8

zhì (nature)

[名]❶性质；本质：～硬|～软|变～|～是事物的根本|加进别的东西，它的～就发生变化|量的变化会引起～的变化|食物放的时间长就变～了|这个干部进城以后变～了。❷质量：～好|保～|劣～|优～|按～论价|这家的产品保～保量|这些都是劣～商品|激光能刺透优～钢板|要按～的好坏确定价格|什么东西都要按～论价|要～、量一齐抓。❸物质：木～|铁～|石～|钙～|多吃带碘～的食物有好处|鱼里边有钙～，应该多吃。

【近义词】❷质量

【构词】质地/质感/质料/质问/质询/质疑/质疑问难

8413 **质变**(變) 丁

zhìbiàn (qualitative change)

[名]事物的根本性质的变化，是由一种性质向另一种性质的突变：发生～|引起～|量的变化会引起～|量变是～的准备|这种物质在加热以后已发生了～。

【反义词】量变

8414 **质量** 乙

zhìliàng (quality)

[名]❶产品或工作的优劣程度：～提高|～合格|～信得过|～可靠|抓～|保证～|改进～|评定～|讲究～|产品的～|工程的～|房屋的～|药物的～|原料的～|电影的～|教学的～|印刷的～|一流的～|～监督|～问题|这个小区楼房的～出了问题|这种饮料的～降低了|这个牌子洗衣粉的

～达到了标准｜希望有关部门重视儿童食品的～｜人们都夸奖这个饭店的服务～好｜学校应该狠抓教学～｜人人都有责任检查商品的～｜这种商品怎么没有～的鉴定书？｜他是这个厂产品～的监督员。❷物体中所含物质的量。表示质量所用的单位和重量的单位相同，用“斤、公斤”等。质量通常是一个常量，不因高度或纬度而改变：～重｜铁的～｜～的单位｜～决定物体惯性的大小｜这两种物体～相同。

8415 **质朴**(樸) 丁

zhìpǔ (simple and unadorned)

[形]不过分追求享受；朴实：人～｜作风～｜感情～｜语言～｜举止～｜言谈～｜文章～｜保持～｜写得～｜说得～｜相当～｜十分～｜～地描写｜～地工作｜～地办事｜～的格调｜～的言辞｜～的态度｜这个小战士那么～｜这篇文章文字简练而～｜他的衣着一直是那么～｜他的戏总是演得那么～｜他的为人给人的印象不是那么～｜我就喜欢他那～的文风｜他那～的外表给人们留下很深的印象。

【近义词】朴素/朴实/淳朴/纯朴

【反义词】浮华/虚浮

【构词】诚朴/淳朴/纯朴/古朴/简朴/俭朴

8416 **治** *乙 〔部首〕氵 〔笔画〕8

zhì (rule)

[动]❶统治；管理：～国｜～家｜～黄河｜～山｜～沙｜～碱｜～得彻底｜～得好｜彻底～｜要～沙，就要多种树｜村长带领农民们～山～水，改变家乡面貌｜他参加过～淮工程｜你知道《大禹～水》的故事吗？｜就这么四口人的家，他都～不好，还谈什么～国！｜黄河～好以后，很少闹水灾。❷医治：～病｜～风湿｜～得好｜～不起｜～愈｜～死｜～两年｜抓紧～｜好好儿～｜及早～｜需要～｜应该～｜不用～｜这种药水～咳嗽十分有效｜医药费太贵，真～不起｜这个医院～得了这种病｜这针真灵，打两针就把病～好了｜这种病有的人～了好几年才～好｜有病要早发现，早～，不能耽误｜这种病不能大意，要彻底～～｜晕船不是病，用不着～。❸消灭(害虫)：～蚜虫｜～虫害｜这种农药不～蝗虫｜这里红蜘蛛成灾，非～不可｜因为虫子～得不及时，造成了虫害｜发现了白蚁就得及早～｜撒了好几次蟑螂药，才～彻底了。❹〈丙〉惩罚：～坏人｜～罪｜这些条例就是～那些罪犯的｜对不遵守交通规则的人不～不行｜杀人要～死罪的｜法院～他诽谤罪｜父亲到底是父亲，怎么会～不了他？｜小偷被警察～得老老实实｜对屡教不改的人，就要～他的罪！❺〈丁〉研究；攻读：～学｜～史｜～《春秋》｜我的好友长于～学｜过去由于文字狱，很多学士不敢～史｜他专～《论语》。

【近义词】❶治理/管理；❷医；❸消灭/杀；❹惩办；❺研究/攻读

【提示】治，姓。

【构词】治本/治标/治丧/治水/治学/治装/治罪/治病救人/治国安邦/治国安民/治外法权

8417 **治安** 丁

zhì'ān (public security)

[名]社会的安宁秩序：～好｜～稳定｜～混乱｜～差｜维持～｜维护～｜加强～｜整顿～｜社会～｜城市的～｜街道的～｜夜晚的～｜良好的～｜～状况｜

～工作|～条例|这一带的～情况不错|维护社会～人人有责|要严惩那些扰乱～的坏人|流动人口大量增加,影响了城市的～|～人员出色的工作使街道的～大大改善。

8418 **治理** 丁

zhìlǐ (administer)

[动]❶统治;管理:～国家|～企业|～市场|～得很好|～得了|要求～|得到～|加强～|进行～|出色地～|～的方法|～的地区|街道两旁的违章建筑需要好好～|这里的集市～得秩序井然|经过～,这里夜晚的治安稳定多了|经过～的城镇日益繁荣|工厂的～要靠全厂职工的支持。❷处理;整修:～荒山|～黄河|～风沙|～污水|～洪水|～环境|有效地～|系统地～|～方案|～计划|～的效果|～海滩|～污染源|要对旧河道进行～|这里的虫害得到了～|这些废气～得不够理想|他们成功地～了淮河|～的目的是为了增进人民的身体健康|～过的沙漠,长出了一排排的绿树。

【近义词】❶管理/统治;❷处理/整治/整修

【反义词】破坏

8419 **治疗**(療) 丙

zhìliáo (treat)

[动]用药物、手术等消除疾病:～耽误了|～有效|～顺利|～成功|～慢性病|～流感|～患者|～得及时|～一个疗程|～半年|进行～|得到～|耽误～|加强～|中断～|开始～|手术～|药物～|反复地～|全面地～|耐心地～|专门～|～的技术|～的条件|～的过程|第一个疗程的～结束了|这种药～关节炎效果不错|因为～得彻底,他的病没有再犯|经过～,他的病很快痊愈了|他这种病需要长期～|给他～的那个大夫是位非常有经验的名医|这个医院～设备比较先进。

【近义词】医治/诊治/医疗

8420 **中** ＊甲 〔部首〕丨 〔笔画〕4

zhōng (n. China; adj. middle)

[名]❶指中国(很少单用):～西结合|～西合璧|古今～外|洋为～用|～方|～式|～文|加强～西文化交流|今天～外宾客加起来有四百来人|你这是什么饭?～不～,洋不洋的。❷指在一定的范围内;内部:家～|水～|山～|队伍～|会场～|假期～|三年～|计划～|群众～|昏迷～|排练～|讨论～|教师～他最年轻|做什么事都要心～有数|他是这个家庭～的主要成员|他在暑期～旅游了好多地方|他在中国留学的四年～,只回过一次家。❸用在动词后,表示持续状态,动词前多有"在":这个问题正在研究～。

[形]❶指位置在两端之间的:～指|～锋|～饭|～班|～册|～门|～期|～旬|～秋|～年|我每天上～班|他家在长江～游|上册已经看完,现在看～册|他的肺病已是～期|下月～旬将有一个美术展览。❷指等级、规模在两端之间的:～学|～农|～型|～等|～档|～级|～层|～篇|这里卖～档服装,价钱不太贵|这是一个～型水利发电厂|他父亲是一个～层干部|～篇小说不长不短,我爱看。❸〈丁〉适于;合于:～听|～看|～用|他的话非常～听|这玩意～看不～用|你再说也不～用|这菜样子漂亮,可

不～吃|那个高个儿的似乎～看一些。

【近义词】[名]❶华；❷内

【反义词】[名]❶洋；❷外

【提示】“中”又读 zhòng，见第 8465 条。

【构词】中班/中不溜/中层/中常/中档/中队/中饭/中锋/中伏/中耕/中国画/中国话/中国字/中和/中华/中级/中坚/中间/中间派/中间人/中将(jiàng)/中介/中看/中立国/中流/中农/中跑/中期/中人/中山装/中式/中世纪/中枢/中外/中尉/中西医/中校/中兴/中性/中学生/中雪/中旬/中央/中庸/中雨/中指/中转(zhuǎn)

8421 中部 丙

zhōngbù (central section)

[名]居中的部分：城市～|～地区|他家乡在河北省的～|中国～有江(长江)、淮(淮河)、河(黄河)、汉(汉江)四条大河|本省～是一个大平原。

【近义词】当中/中间

8422 中餐 乙

zhōngcān (Chinese food)

[名]中国式的饭菜：～好吃|～便宜|吃～|做～|～的种类|一顿～|～味道好|～价廉物美|～美味可口|我喜欢吃～|在国外也有很多～饭馆|这个外国客人每周至少要吃三顿～。

【反义词】西餐

8423 中等 丁

zhōngděng (secondary)

[形]❶等级在上等、下等之间或高等、初等之间的：～教育|～货|～规模|～水平|质量～|程度～|他们都是受过～教育的|这是一个～规模的厂子|这本书适合于～程度的学生看|这里的工人至少具备～文化水平。❷不高不矮的(指身材)：～个儿|～身材|这个姑娘生得～身材，体态轻盈|那个人是个～个儿，戴着眼镜，留着小胡子。

8424 中断(斷) 丙

zhōngduàn (break off)

[动]中途停止或断绝：历史～|会议～|信号～|道路～|电影～|电话～|线路～|关系～|友谊～|比赛～|讲话～|～学习|～了几天|故意～|担心～|防止～|不幸～|完全～|～的原因|～的结果|～的线路|他的外语学习～过两次|一场暴风雨，使交通～了两天|因为战争，他们的联系～了|主要演员突然病倒，不得不～演出|这项科学研究～得有点儿意外|由于一点儿小的误会，他主动～了和大家的来往。

【近义词】中止/断绝/停止/终止/停顿/间断

【反义词】继续/连续/延续/持续

8425 中间(間) 甲

zhōngjiān (among)

[名]❶里面：树～|人群～|学生～|文章～|山洞～|他把书签夹在辞典～|我的同学～没有姓刘的|这句话～包含着两个意思|他在牛奶～加了好多糖|他们在森林～找到了那包东西|人们的吵嚷声～还夹着孩子的哭叫声|这是他们的事，你不要搀到他们～去。❷中心：湖～|屋子～|放在～|正～|这根木棒～大两头小|把乒乓球桌搁在大厅的～|这种梨越吃到～越酸|故宫在北京城的正～。❸事物的两头之间或两个事物之间：他和我～|太阳和月亮～|北京和天津～|3

点到5点～|这两个村子～隔着一座山|牛郎星和织女星～有一条银河|北京和深圳～修了一条京九铁路|他从大学毕业至今,四十多年～没离开过这个地方|我每天下午4点到5点～要弹一小时钢琴|从我家到市中心,～要换两次车。❹用在动词后,表示在行动的过程中:学习～|研究～|在学习～,是会遇到一些困难的|在讨论～,大家提出了很多宝贵的意见|在检查～,发现了不少问题|在和他们接触～,我学习到很多经验|在饮酒～,我才知道他的知识非常渊博。

【近义词】❶里边;❷中心/中央/当中

【反义词】❶外边;❷周围/四周/方圆

8426 中立 丁

zhōnglì (keep neutral)

[动]处于两个对立的政治力量之间,不倾向于任何一方:保持～|一贯～|～的态度|～的立场|～国|这个刊物自称～,各派文章都收|对这件事,我保持～|对这个事件,我们采取～的立场。

8427 中年 丙

zhōngnián (middle age)

[名]四五十岁的年纪:进入～|到～|～人|时间过得真快,不知不觉我们都已进入～|～人正是大显身手的时候|从哪个方面来说,～人的负担都是比较重的。

【反义词】老年/少年

8428 中秋 丁

Zhōngqiū (the Mid-autumn Festival)

[名]中国传统节日,在农历八月十五,这一天有赏月、吃月饼的风俗:过～|～节|～佳节|～的月饼|～的月亮|～就要到了|～节那天家家吃月饼|～夜月亮特别圆|～的月饼花样越来越多。

【近义词】中秋节/八月节

【构词】悲秋/初秋/春秋/大秋/寒秋/护秋/立秋/麦秋/暮秋/千秋/清秋/深秋/收秋/晚秋/新秋/早秋/仲秋/各有千秋/老气横秋/皮里阳秋/一日三秋/一叶知秋

8429 中途 丁

zhōngtú (halfway)

[名]半路;途中:回家的～|～改行(háng)|～变卦|～反悔|昨天我去上班,～遇见刘先生|回国的～,在日本玩了两天|他学习医学,～又改学文学|他是这个学校的学生,因为某种原因～转学了|他干得好好儿的,～又不想干了|要做就要做到底,～不许中断。

【近义词】半路/途中

8430 中文 甲

Zhōngwén (Chinese)

[名]中国语言文字,特指汉语的语言文字:～好学|～有意思|学～|说～|教～|～书|～系|～课|～教师|～课程|～并不难,要学好却不容易|他不懂～|你会讲～吗?|他在北京大学教～|他是新来的～老师|这个表要用～填写。

【近义词】汉语/汉文

【反义词】外文

8431 中午 甲

zhōngwǔ (noon)

[名]白天12点左右的时间:～饭|～觉|你～几点吃饭?|我～不睡午觉|

～别弹琴，人家都要休息｜我一直等到～，也不见他来｜明天～我给你打电话。

8432 **中心** *乙

zhōngxīn (center)

[名]❶跟四周的距离相等的位置：大厅的～｜草地的～｜～的位置｜校园～有一个大花坛｜公园～修了一个荷花池｜这个花园正在城市的～｜以这个点为～画一个圆｜这儿离市～还很远｜这条湖～的深度有8米。❷〈丙〉事物的主要部分：～明确｜～突出｜指出～｜确定～｜找～｜抓住～｜家庭的～｜工作的～｜教育的～｜权力的～｜生产的～｜讨论的～｜～环节｜～内容｜～思想｜～议题｜～部分｜课文的～我还没有掌握｜论点的～有些模糊｜应该认清每个时期的～任务｜什么事都得服从当前的～任务｜这段是整篇文章的～段落。❸〈丙〉在某一方面占重要地位的城市、地区或机构：～转移｜建立～｜形成～｜粮食～｜石油～｜工业～｜文化～｜政治～｜经济～｜科研～｜活动～｜开发～｜来这里游览的人很多，这个城市已经成为有名的旅游～｜北京是中国的政治～、文化～｜泉州自古以来就是晋江流域物资集散～｜他在北京大学对外汉语教学～工作｜这是我们这里最大的一家资源开发～｜你的电视机坏了，可以请电器维修～的人来修理。

【近义词】❶中央/中间

【反义词】❶周围/四周

8433 **中型** 丁

zhōngxíng (medium-sized)

[形]形状或规模不大不小的；中等规模的：～汽车｜～工厂｜这里将要修建一座～水库｜我们举行了一个～的科学研究讨论会｜这艘客轮还不是最大的，只能算是～的。

【提示】只作定语，不能单独作谓语。

8434 **中学**(學) 甲

zhōngxué (middle school)

[名]对青少年实施中等教育的学校：～多｜～好｜发展～｜成立～｜上～｜教～｜～教育｜～校长｜～设备｜～师资｜～的条件｜～的状况｜职业～｜这所～的学生不少｜那个～教学质量不错｜偏远地区的～教育尤其落后｜他教了一辈子～｜～教育方面要逐渐改善｜～师资的待遇有了明显的提高。

8435 **中旬** 丙

zhōngxún (the middle ten days of a month)

[名]一个月的中间10天，即从11日到20日：本月～｜下月～｜上月～｜6月～｜8月～｜这个月～他将去南方出差｜每月～他都收到儿子寄来的钱｜我们学校计划在今年9月～召开一次科研讨论会。

8436 **中央** 乙

zhōngyāng (center)

[名]❶中心的地方：湖的～｜大厅～｜院子～｜坐在～｜放在～｜写在～｜～的位置｜屋子～放着一张大餐桌｜他的帽子被刮到水～去了｜把这张画挂在屋子～更显眼｜一个人站在～，其他人围成一圈开始作游戏。❷特指国家政权或政治团体的最高领导机构：～机关｜～政府｜～部门｜党～｜团～｜这事需要～机关批准｜～人民政府是为人民作主的｜他是～部门的干部｜大家都积极响应党～的号召｜团

～组织共青团员积极参加植树造林活动。

8437 **中药**(藥) 乙

zhōngyào (traditional Chinese medicine)

[名]中医所用的药物,其中以植物为最多,但也包括动物和矿物:～苦|～效果好|吃～|喝～|煎～|熬～|采～|～的疗效|～的作用|～的味道|一副～|一剂～|～虽不好吃,但能治病|煎～也是一门学问,方法不对,效果就差|这个老中医经常亲自上山采～|他吃了几副～,病全好了。

【反义词】西药

8438 **中医**(醫) 丙

zhōngyī (traditional Chinese medical science)

[名]❶中国固有的医学:学～|研究～|～学院|～的理论|～的方法|～是中国传统的医学|很多外国人来中国学习～|西医有时也采用～的理论和方法治病|对一些疑难病症常采用～和西医相结合的方法治疗|很多人非常相信～|最近举办了一个～学习班,参加的人很多。❷用中国医学的理论和方法治病的医生:～大夫|看～|找～|老～|有名的～|他爷爷是个～大夫|我一有病就去看～|一位有名的～治好了我多年治不好的病|他的病要请～和西医共同会诊。

【反义词】西医

8439 **中游** 丁

zhōngyóu (middle reaches [of a river])

[名]❶河流中间的一段:长江的～|～经常会给下游带来大量的泥沙|在治理河流时,不能只顾下游,不看～|这几个省市位于黄河的～。❷比喻所处的地位不前不后;所达到的水平不高不低:～思想|～状态|甘居～|～思想要不得|他总是保持～状态,比上不足,比下有余|他一点儿不求上进,甘居～|别人都力争上游,他仅满足于～。

8440 **中原** 丁

zhōngyuán (Central Plains)

[名]指黄河中下游地区,包括河南的大部分地区,山东的西部和河北、山西的南部:～地区|位于～|～地区广义指整个黄河流域,狭义指今河南一带|～的生活习俗与南方不一样|～地区是中国文化的摇篮。

8441 **忠诚**(誠) 丙 〔部首〕心 〔笔画〕8

zhōngchéng (faithful)

[形](对国家、人民、事业、领导、朋友等)尽心尽力:战士～|朋友～|～老实|～坦白|～正直|极其～|表现得～|～地工作|～地保卫|～地服务|～的党员|～的政治家|～的品格|这个同志～正直|他对党的事业极端～|他对朋友表现得十分～|他～地执行领导交给他的任务|战士们～地守卫在祖国的边疆|他是一位对人民无限～的政治家|你对自己的事业缺乏～。

【近义词】忠实/忠厚/诚实/诚恳/诚挚/老实

【反义词】狡滑/狡诈/奸诈/奸滑/油滑/虚伪

【提示】“忠诚”后边可带“于”构成的介宾词组作补语。

【构词】忠臣/忠告/忠厚/忠魂/忠良/忠烈/忠顺/忠心/忠言/忠义/忠勇/

忠言逆耳

8442 **忠实**(實) 丙

zhōngshí (loyal)

[形]❶忠诚可靠:为人～|办事～|～得很|～极了|永远～|～地贯彻|～地执行|～地服从|～地跟随|～地捍卫|～的伴侣|～的干部|～的观众|～的信徒|～的走狗|～的态度|丈夫的～|朋友的～|他为人的确～|我感到他不太～|他～地完成了任务|我是这本书～的读者|朋友的～会给你带来巨大力量。❷真实;完全一样:～的写照|～的记录|～地反映|～地记载|～地描绘|这部电影是新一代愚公精神的～反映|他～地传达了领导的意图。

【近义词】❶忠厚/老实/诚实/诚挚/诚恳/忠诚

【反义词】❶狡滑/狡诈/奸诈/奸滑/油滑/虚伪

8443 **忠于** 丁

zhōngyú (be loyal to)

[动]忠诚地对待:～党|～人民|～事业|～职守|～领袖|～军队|～友谊|完全～|我们永远～自己的祖国|国家干部应该～国家|他坚定地～教育事业|他一贯～对朋友的诺言|他～他的主人。

【近义词】效忠/尽忠

8444 **忠贞**(貞) 丁

zhōngzhēn (loyal and steadfast)

[形]忠诚而坚定不移:～不屈|～不渝|缺乏～|无限～|一片～|～的战士|～的友谊|～的一生|他们对革命事业无限～|他们那～的爱情令人感动|他～不渝地爱着那个姑娘。

【构词】纯贞/坚贞

8445 **钟**(鐘) 甲 〔部首〕钅 〔笔画〕9

zhōng (bell)

[名]❶音响器具,中空,用铜或铁制成:～大|～响|敲～|撞～|铜～|铁～|编～|一口～|～的声音|这口～真不小|不能“做一天和尚撞一天～”地混日子|寺庙里又在敲～了|这是一口大铜～|这～声多么响亮!❷计时的器具,有挂在墙上的,也有放在桌上的:挂～|座～|闹～|石英～|一座～|这座～做得精致、漂亮|大时～响了9下|你要是怕起不来就上上闹～。❸指钟点,时间:10点～|5分～|现在几点～了?|下午3点～我去找你|从这儿到车站只需10分～。

【近义词】❷钟表

【提示】钟,姓。

【构词】钟爱/钟摆/钟点/钟鼎文/钟楼/钟情/钟乳石/钟头/钟鸣鼎食

8446 **钟表**(錶) 丁

zhōngbiǎo (clocks and watches)

[名]钟和表的总称:～好看|～的样式|～的种类|～的质量|一些～|这些～都挺漂亮|现在～的品种越来越多|国产～的质量越来越好。

【近义词】钟/表

8447 **钟点**(點) 丁

zhōngdiǎn (a time for sth. to be done)

[名]❶指某个一定的时间:到～|按～|有～|还没到～,车就开走了|到～就关门|要按～吃药|他从来没按～来上过班|工作总得有个～,不能黑夜白天地干个没完。❷小时:一个～|四个～|坐车去至少也要一个～|

足足干了三个～才完成|做一顿饭要花一个多～，太浪费时间了。

【近义词】❷钟头/小时

【提示】常用于口语中。

8448 **钟头**(頭) 甲

zhōngtóu (hour)

[名]小时：一个～|三个半～|他每天只睡五个～|坐两个～火车就到了|今天报告会开了三个多～|他每天早上要打半个～的太极拳。

【近义词】钟点/小时

【提示】"钟头"常用于口语。

8449 **衷心** 丙 〔部首〕亠 〔笔画〕10

zhōngxīn (wholehearted)

[形]出于内心的：～感谢|～问候|～地祝愿|～地欢迎|我代表大家向你表示～的谢意|请接受我～的祝贺|我们～地拥护这个决定|人们～地盼望这条铁路早日建成|人们～地爱戴这位舍己救人的英雄。

【近义词】由衷/坦诚/真诚

【反义词】虚伪/虚假

【提示】①注意"衷"不要写成"哀"。②衷，姓。

【构词】衷肠/衷情/衷曲

8450 **终**(終) 丁 〔部首〕纟 〔笔画〕8

zhōng (n. end; adv. in the end)

[名]最后；末了(跟"始"相对)：有始有～|自始至～|他做事向来是虎头蛇尾，有始无～|他自始至～没有伸手向国家要过一分钱|我没等看到剧～就走了。

[副]到底；毕竟：做坏事的人～将受到惩罚|只要坚持不懈，～会成功|他的阴谋～告失败。

【近义词】[名]终了/结束/完；[副]总/终究/终归/到底/毕竟

【反义词】[名]始

【提示】终，姓。

【构词】终场/终端机/终归/终结/终久/终局/终老/终了(liǎo)/终日/终审/终生/终席

8451 **终点**(點) 丁

zhōngdiǎn (destination)

[名]❶一段路程结束的地方：到达～|旅途的～|列车的～|汽车的～|航线的～|生命的～|人生的～|出访的～|行军的～|～车站|～站到了，请乘客下车|离～还有好几站|我们这次旅游的～是广州|京九铁路的～是九龙|我们的事业是没有～的。❷专指径赛中终止的地点：跑到～|跑道的～|竞走的～|800米的～|～冲刺|就要到～了，加油呀！|快到～时，她不慎扭伤了脚|现在是～冲刺，观众们都激动地喊"加油"。

【反义词】起点

8452 **终端** 丁

zhōngduān (terminal)

[名]电子计算机系统中用来发指令或接收信息的装置：一台计算机可以带四个～|我在办公室的～上就能查到图书馆的资料。

8453 **终究** 丁

zhōngjiū (after all)

[副]毕竟；终归：这事业～是要你们这一代来完成的|人～要死的，但要死得有意义|他～是个孩子，不太懂事|违反操作规程～要出事的|～是个专家，机器的故障一下子就解决了。

【近义词】终归/总/到底/毕竟

8454 **终年** 丁

zhōngnián (throughout the year)

[名]❶全年;一年到头:～积雪|～奔忙|～不断|～躺着|～不吃荤腥|～过着孤独的生活|来旅游的人～不断|他～为儿女们忙碌|他～在地里干活儿,从不生病|我～在外出差,家里事一点儿管不上|这位老太太～吃素,活到九十多|他爷爷～卧病在床,去年去世了|他～为群众做好事,从不计较报酬。❷指人去世的年龄:～88岁|他爷爷昨天去世,～90岁|他父亲～83岁。

【近义词】❶终岁/全年;❷天年/享年

8455 **终身** 丙

zhōngshēn (all one's life)

[名]一生;一辈子:～大事|～之计|～不嫁|～的职业|～的计划|～的遗憾|～的总统|～的理想|～难忘|～追求|～感激|他为教育事业贡献～|到祖国各地去观光是他～的愿望|为纪念那个姑娘,他～不结婚|学了这门技术可以～受用|男大当婚,女大当嫁,女儿的～也应该关心一下啦|我～不忘你对我家的帮助。

【近义词】终生/毕生/一生/平生

8456 **终于** 乙

zhōngyú (at last)

[副]表示经过种种变化或等待之后才出现:～实现|～成功|～决定|～考上|～买到|～弄清|～战胜|～看懂|～没去|～没说|他～回到了祖国的怀抱|他～翻译完了那本小说|他～安静下来,慢慢睡着了|我～明白了其中的道理|他～长大成熟了|他～找到了一个理想的工作|他～答应了我们的要求。

【近义词】终究/毕竟/终归/到底

8457 **终止** 丁

zhōngzhǐ (terminate)

[动]结束;停止:比赛～|学业～|工程～|会议～|战争～|生命～|关系～|友谊～|讨论～|～运动会|～事业|要求～|同意～|希望～|不许～|突然～|完全～|～的原因|～的时间|这样的生活应该～了|来了一位客人,他们的谈话不得不～|人们希望立即～这场争论|他们痛苦地～了爱情|这场冲突～得很及时|他们拒绝～这个科研项目|他们的友情早就～了|那里现在已～了战斗。

【近义词】中止/结束/停止

【反义词】继续/延续/连续

【提示】"终止"和"结束"的区别:①"终止"强调行为或事物发展变化进行到终了的阶段时不再继续;"结束"只是强调完毕,不再继续。②"终止"常与"关系"、"联系"、"合同"等词搭配,一般用于客观行为,适用范围较窄;"结束"常与"工作"、"事情"、"劳动"等词搭配,可用于客观行为,也可用于主观行为,适用范围较宽。

8458 **种**(種) 甲 〔部首〕禾 〔笔画〕9

zhǒng (n. seed; m. kind)

[名]❶生物传代繁殖的物质:下～|留～|选～|配～|传～|麦～|高粱～|良～|这豆～真饱满|这些玉米可以做～|麦子别都吃了,还得留～|经过精细地选～以后再播种|这都是上等的良～。❷人种:黄～|白～|黑～|红～|中国人是黄～人|那个国家的人种主要是白～人|印第安人从前被称为红～人。

[量]表示种类，用于人或任何事物：两～人|三～布|各～情况|很多～|好几～|这～|那～|这～花有好多～颜色|这～电冰箱使用起来比较方便|他的菜园子里种了不下10～菜|他每次要吃四～药|像他那～人，简直少见！

【近义词】[名]❶种子；[量]样

【提示】①“种”又读zhòng，见第8468条。②种（Zhǒng），姓。作为姓氏又读Chóng。

8459 **种类**(類) 丙

zhǒnglèi (kind)

[名]根据事物本身的性质或特点而分成的门类：～减少|～繁多|增加～|区分～|很多～|矿石的～|洗衣机的～|老虎的～|酒的～|松树的～|～的划分|～的改变|鸟的～多极了|这个店的商品～日益增多|不同～的食品要分开放|随着商品～的增加，人们选择的余地也大了。

8460 **种种** 丁

zhǒngzhǒng (all sorts of)

各种：～现象|～意见|～情况|～资料|～样式|～思想|～看法|他们在工作中克服了～困难|人们提出了～解决问题的办法|人们对这件事产生了～想法|～迹象表明，局势没有缓和的可能|他的一生遇到过～挫折和磨难。

【近义词】样样

8461 **种子** *乙

zhǒngzi (seed)

[名]❶显花植物所特有的器官，在一定条件下能萌发成新的植物体：～发芽|～退化|～腐烂|～小|～饱满|～优良|种下～|撒～|引进～|保存～|卖～|培养～|缺少～|植物的～|棉花的～|实验用的～|松树的～|革命的～|友谊的～|爱情的～|幸福的～|一粒～|一颗～|一批～|一种～|～的质量|～的品种|～的价格|～专家|这些～已经长成幼苗|这批～个儿很大|这片地已经撒过～了|请检验一下这些～|他们采购了一批～|友好使者的互访播下了友谊的～|这批～的发芽率很高|这是我们研究所的～试验田。❷〈丁〉比赛中，进行分组淘汰赛时，被安排在各组里的实力较强的运动员叫做种子。同样，以队为单位参加比赛时，被安排在各组的实力较强的队，叫做种子队：1号～|～队员|～球队|这个～队实力很强|他被定为这个球队的～选手|～的人选已初步确定|参加这次比赛的～队员名单已经定下来了|他们队主要的～队员有五个。

8462 **种族** 丁

zhǒngzú (race)

[名]人种：相同的～|不同的～|很多～|～压迫|～迫害|～歧视|～问题实质上是阶级问题|不论～异同，都应一律平等|世界上许多地方存在～歧视的现象。

【近义词】人种

8463 **肿**(腫) 丙 〔部首〕月 〔笔画〕8

zhǒng (swell)

[动]皮肤、黏膜或肌肉等组织由于局部循环发生障碍、发炎、化脓、内出血等原因而突起：手～|脸～|～了一个包|～得厉害|～起来|～了好几天|哭～|摔～|碰～|红～|～眼泡|～的地方|如果每天早上眼皮～，应该去

医院检查一下｜他的腿～得好厉害｜这个包～了一个星期才消｜蚊子一叮，就～一个小包｜这孩子眼睛都哭～了｜这是让自行车撞～的，没事｜在红～的地方抹上点儿药水就不疼了。

8464 **肿瘤** 丁

zhǒngliú (tumour)

［名］有机体的某一部分组织细胞长期不正常地增生所形成的新生物，分为良性肿瘤和恶性肿瘤：长(zhǎng)～｜生～｜～的大小｜～的形成｜～的危害性｜良性～｜恶性～｜一个～｜他肚子里的～还很小｜他的胃里有一个～｜这个～的形成不是一天两天了｜他身上长的是良性～，手术割除就行了｜恶性～早期发现也能治好。

【近义词】瘤/瘤子

8465 **中** 丙 〔部首〕丨 〔笔画〕4

zhòng (hit)

［动］❶正对上；正好合上：射～｜考～｜相～｜看～｜打～｜有奖储蓄他～了头等奖｜一句话就打～他的要害｜儿女们猜～了母亲的心思｜你选～了哪种颜色的？｜姑娘看～了那个戴眼镜的大学生。❷受到；遭到：～奸计｜～圈套｜～煤气｜他吃了有毒的蘑菇，～毒～得挺严重｜屋子里通风好就～不了煤气｜他们差一点儿～了敌人的埋伏｜敌人企图逃跑，腿上～了一枪。

8466 **种**(種) 乙 〔部首〕禾 〔笔画〕9

zhòng (grow)

［动］把植物的种子埋在土里；把植物的幼苗栽到土里：农民～｜～瓜｜～菜｜～花｜～树｜～粮食｜～得密｜～得好｜～得科学｜～早｜～晚｜～完｜～好｜计划～｜提前～｜抓紧～｜专门～｜～的方法｜～的时间｜～的面积｜～的技术｜～的稻子｜现在到了～棉花的季节｜～得不对，也会影响收成｜今年豆子～晚了，收得不多｜这一大片地专门～小麦｜他们采用科学～田的方法，收到了效益｜他们～的小树苗已长成参天大树｜我在院子里～的菜还没等收就让虫子吃光了。

【近义词】植/种植

【反义词】收

【提示】“种”又读 zhǒng，见第 8458 条。

8467 **种地** 丁

zhòng dì (cultivate land)

从事田间劳动：农民～｜种二亩地｜种一辈子地｜种菜地｜喜欢～｜靠～｜这些年轻人不～，进城打工挣钱｜他爷爷种了好几十年地，现在身体可好了｜他在院子里种了块菜地｜他靠～养活一家人。

【近义词】种田

【提示】离合词，中间可插入其他成分，如：种过地｜种了三年地。

8468 **种植** 丙

zhòngzhí (plant)

［动］把植物的种子埋在土里；把植物的幼苗栽在土里：农民～｜～粮食｜～蔬菜｜～果树｜～防风林｜～苹果｜～月季｜～了三年｜计划～｜不断～｜成功地～｜专门～｜～的条件｜～的方法｜～的要求｜～的花卉｜～的树苗｜他们在地边上～了一些果树｜这些实验田～得太分散了｜他们想扩大～甜菜的面积｜要抓紧～冬小麦｜明年准备多～一些草莓｜去年～的经济作物收成不错。

【近义词】种

【构词】扶植/根植/耕植/密植/培植/

移植

8469 **重** *甲 〔部首〕丿 〔笔画〕9

zhòng（heavy）

[形] ❶重量大；比重大：石头～|金子～|工作～|任务～|责任～|礼物～|脚步～|话～|～点儿|～得很|～极了|特别～|格外～|压得～|～担子|～箱子|一斤铁和一斤棉花哪个～？|他的家庭负担够～的|孩子们的作业太～了|这包东西～得很|这孩子好～啊！|这么～的书包背得动吗？❷〈乙〉程度深：伤势～|情意～|病～|雾气～|气味～|私心～|灾难～|～得很|病得～|伤得～|处分得～|～～地处理|～病|～伤|他的喘病～极了|这次风灾造成的损失～得很|他的眉毛特别～|他说中国话，外国味儿好～|我觉得对他批评得过～了|你对我帮助很大，我要～～地谢你|在一次比赛中，他摔成～伤。

【近义词】❶沉

【反义词】❶❷轻

【提示】①"重"还可用作动词，有"重视"的意思。如"重友谊"、"重能力"、"重调查"、"重质量"、"重男轻女"等。②"重"又读 chóng，见第 880 条。

【构词】重办/重兵/重臣/重创/重担/重地/重读/重犯/重负/重话/重活儿/重价/重金/重利/重力/重炮/重任/重伤/重头戏/重托/重孝/重压/重音/重用/重责/重镇/重才轻德

8470 **重大** 乙

zhòngdà（significant）

[形]大而重要（用于抽象事物）：问题～|意义～|影响～|收获～|关系～|责任～|～的新闻|～的变故|～的使命|～的战役|～的发现|～的嫌疑|～的节日|这次损失～，一定要尽快补回来|加强安全生产教育，可以避免～的事故|他们为环境保护事业做出～的贡献|这项措施对提高产品质量有～的作用。

【近义词】巨大/重要

【反义词】轻微/微小/细微/渺小

8471 **重点**（點） 乙

zhòngdiǎn（n. focal point; adj. important）

[名]同类事物中的重要的或主要的部分：～突出|～转移|～明确|有～|是～|抓住～|强调～|作为～|成为～|工作的～|项目的～|会议的～|科研的～|学习的～|讨论的～|一个～|一些～|这课课文的～在最后的那两段|这篇文章～不清楚|抓产品质量是当前工作的～|做事要有～，不要胡子眉毛一把抓|这次大会讨论的～是什么？

[形]重要的或主要的；有重点的：～地区|～任务|～企业|～工作|～班|～学校|～项目|～支持|～保护|～进攻|～推广|～突破|～改进|有～地|他考上了～大学|要保证～商品的供应|要突出～工作|对边远地区的教育工作要给予～支持|～问题，～解决|要有～地培养一批体育尖子。

【近义词】[名]重心/核心/要点；[形]重要

8472 **重工业**（業） 丁

zhònggōngyè（heavy industry）

[名]以生产生产资料为主的工业，包括冶金、电力、煤炭、石油、基本化学、建筑材料和机器制造等工业部门：～

发达|～落后|发展～|～基地|～地区|主要的～|我国～发展迅速|辽宁省的沈阳市是全国～基地之一|这些地区具备发展～的条件|～产品的大部分用来满足生产需要。

【反义词】轻工业

8473 **重量** 乙

zhòngliàng (weight)

[名]由于地心引力的作用,物体具有向下的力,这个力的大小叫重量:～增加|～相等|～大|减少～|约(yāo)～|检查～|核对～|承受～|物体的～|货物的～|身体的～|汽车的～|标明的～|准确的～|原来的～|～单位|～的大小|这个小玩具车的～有三斤多|同一地区,吸引力相同,物体～也相同|这座桥承受不了这么大的～|水的～单位是吨|再称一下它的实际～是多少。

8474 **重视**(視) 乙

zhòngshì (attach importance to)

[动]认为人的德才优良或事物的作用重要而认真对待;看重:国家～|学校～|～人才|～环境|～知识分子|～历史|～事实|～知识|～技术|～身份|～地位|～证据|～实践|～起来|得到～|引起～|失去～|特别～|充分～|一向～|一直～|高度～|领导非常～他的才能|工厂领导对他的建议相当～|人们开始～起吸烟影响健康的问题|这个问题过去得不到～,现在逐渐～起来|我国政府一贯～同各国人民的友谊|他们对安全生产～的程度不够,差一点儿发生人身事故。

【近义词】珍视/珍重/看重/器重

【反义词】轻视/忽视/无视/小视/蔑视/藐视/鄙视

【提示】表示心理活动的动词,可以受程度副词修饰,如:很～。

8475 **重心** 丁

zhòngxīn (center of gravity)

[名]❶物体各部分所受的重力产生合力,这个合力的作用点就叫做这个物体的重心:～稳|～移动|～偏了|～不变|～高|～降低|找～|注意～|物体的～|人体的～|～的位置|～的作用|桌子的～不稳,总是摇晃|转身时,身体的～移到左脚上|因为鞋不合适,穿上它走路经常失去～|杂技演员在钢丝绳上不断地改变～,所以摔不下来。❷事情的中心或主要部分:突出～|有～|国家的～|社会的～|任务的～|发展的～|建设的～|一个～|这个时期的工作～非常明确|他回答问题总是抓不住～|革命胜利后～移在国家建设上|每个时期的任务～只有一个。

【近义词】❷中心

8476 **重型** 丁

zhòngxíng (heavy-duty)

[形](机器、武器等)在重量、体积、功效或威力上特别大的:～汽车|～车床|～坦克|～轰炸机|这种机床是～的|他的话就好像一颗～炸弹|这种～汽车比一般汽车大得多。

【近义词】巨型/大型

【反义词】微型/小型/袖珍

【提示】只作定语,不能单独作谓语。

8477 **重要** 甲

zhòngyào (important)

[形]具有重大的意义、作用和影响的:问题～|会议～|学习～|任务～|

认为～|觉得～|～得很|～极了|特别～|格外～|～的人物|～的成员|～的文件|～的资源|～的机器|～的武器|～的道路|～的仪器|～标志|～使命|～现象|～职责|～活动|教育的～|环境的～|安全生产很～|这个会很～,请务必参加|别人的事他看得比自己的事还～|他们正在进行一个很～的项目|你提供了一个十分～的情况|要把钱花在～的地方|要让人们都明白教育工作的～。

【近义词】主要/首要/紧要

【反义词】次要/一般

8478 **众**(衆) 丁 〔部首〕人 〔笔画〕6

zhòng (many)

[形]许多:～乡亲|～人|寡不敌～|～目睽睽|～志成城|～矢之的(dì)|他为～乡亲办了很多好事|～人拾柴火焰高|在～目睽睽之下,他只好承认了错误。

【近义词】多

【反义词】寡

【构词】众口一词/众口难调(tiáo)/众口烁金/众叛亲离/众矢之的/众星捧月/众志成城

8479 **众多** 丁

zhòngduō (numerous)

[形]很多:人口～|～的百姓|～的车辆|～的声音|我国人口～,资源丰富|把～的资金集中起来办一个学校|把～的牛羊赶到山上来|～的百姓团结起来抗击敌人|他儿子满月那天,～的朋友都来祝贺。

【近义词】很多/许多/多

8480 **众人** 丁

zhòngrén (all people)

[名]大家:～帮忙|～干活儿|～的安危|～的幸福|～的建议|～的赞扬|有～帮忙,活儿一会儿就干完了|～拾柴火焰高|听了此话,～无不大笑|他为了～,不顾自己的安危|他的行为激起～的愤怒|他们不管～的反对,仍让废水流入河内|他的小说得到～的好评。

【近义词】大家

8481 **众所周知** 丁

zhòng suǒ zhōu zhī (as is known to all)

大家全都知道:他的表演天才是～的|讲卫生,有利于身体健康,这是～的|～,工农业生产发展了,人民的生活才能改善。

【近义词】尽人皆知

8482 **众议院**(議) 丁

zhòngyìyuàn (House of Representatives)

[名]❶某些国家两院制议会的下议院名称之一:美国的～是两院制中议员按人口比例或选区选举而产生的议院|他是～议员。❷实行一院制的国家的议会也有叫众议院的,如卢森堡的议会。

【近义词】下议院

8483 **舟** 丁 〔部首〕舟 〔笔画〕6

zhōu (boat)

[名]船:小～|轻～|一叶扁(piān)～|乘着小～也能飘洋过海|水上漂浮着几只小～|他们驾轻～,月夜游西湖。

【近义词】船

8484 **周** *甲 〔部首〕丿 〔笔画〕8

zhōu (circuit)

[名]❶圈子:运动员们绕场一～|绕场一～是400米|地球绕太阳一～是一年|月球绕地球一～大约是一个月。❷周围:房屋四～种了很多花草|稻田四～有一些树木|飞机场四～没有什么居民。❸星期:上～|下～|这～|本～|每～|一～|下～开始上课|这～的星期四下午有一个会|老同学的聚会订于本～六下午3点|他不是每～都来|这次出差大概三～左右|一～有七天。❹〈丙〉普遍;全:～身|众所～知|他～身遍体鳞伤,但仍然在坚持战斗|他想～游全世界。❺〈丙〉完备;周到:～密|～到|由于计划不～,这次实验失败了|我们这里条件不好,招待不～,请您见谅。

【近义词】❶圈儿;❸星期

【提示】①周,姓。②作为姓氏,"周"是本字,不是"週"的简化字。

【构词】周报/周济/周刊/周全/周身/周岁/周详/周旋/周游/周遭/周正/周至/周而复始

8485 周到 乙

zhōudào (thoughtful)

[形]各个方面都照顾到;不疏忽:服务～|设想～|计划～|礼节～|照顾～|办事～|说话～|做得～|想得～|考虑得～|～地安排|～的计划|这种盛大的宴会,准备工作要力求～|今天招待不～,请大家原谅|他们对两位老人服侍得非常～|你想得实在太～了|这不是小事,你们要考虑～|饭店服务方面有哪些不～的地方,请提出来。

【近义词】周全/周密/细致/全面/细密/仔细

【反义词】粗疏/粗漏

8486 周密 丁

zhōumì (careful)

[形]周到而细密:计划～|想法～|说话～|安排～|做到～|要求～|～得很|～极了|办得～|考虑得～|特别～|～地计划|～地思考|～地论证|～地观察|他思维十分～|这个合同的条文我感到不太～|领导～地部署了下一阶段的工作|请你先写一个稍微～一点儿的提纲|对这个案件,他们进行了～的调查和研究。

【近义词】周到/严密/精密/细致/周详/仔细/缜密/全面

【反义词】粗疏/粗漏

8487 周末 丙

zhōumò (weekend)

[名]一星期的最后的时间:～愉快|～休息|过～|～舞会|～旅行|这个～|本～|愉快的～|祝大家～愉快|祝你们～休息得好|这个～你打算怎么过?|星期一一上班他就开始盼～|本周六晚上学校举行～舞会|祝你们过一个美好的～。

8488 周年 丙

zhōunián (anniversary)

[名]满一年;一年:～纪念|逝世一～|诞生一百～|这是他和妻子结婚50～的纪念照|昨天是他父亲逝世3～的日子|后年将是我的母校建校一百～,要准备好好庆祝一下|他们结婚还不到1～就离婚了|这个商店为纪念开业十～,优惠酬宾三天。

8489 周期 丁

zhōuqī (period)

[名]❶事物在运动、变化的发展过程中,某些特征多次重复出现,其接续两次出现所经过的时间叫周期:～改变|～延长|～缩短|变更～|计算～|观察～|日蚀的～|活动的～|生长的～|繁殖的～|变化的～|准确的～|～的长短|洪水的～比较固定|他们在研究寒流的～|潮汐的～是怎么推测出来的?|随着自然科学的发展,知识更新的～越来越短|资金周转的～十分稳定。❷物体作往复运动或物理量作周而复始的变化时,重复一次所经历的时间:～延长|～缩短|运动的～|振动的～|他们在研究这种现象的～。

8490 **周围**(圍) 甲

zhōuwéi (around)

[名]环绕着中心的部分;四周:～安静|～安全|～有|站在～|注意～|工厂的～|操场的～|党的～|眼睛的～|伤口的～|灯光的～|～的朋友|～的道路|～的树木|～的气氛|～的景致|我家～都是商店|这个小湖的～栽满了柳树|这些易燃物不能放在火炉的～|孩子们坐在爷爷的～,听他讲故事|他刚搬来,～的邻居还不大认识|这所疗养院～的环境十分幽静|这～的治安情况还不错。

【近义词】四周/四围/附近

【反义词】中心/中央/中间/当中

8491 **周折** 丁

zhōuzhé (setbacks)

[名]指事情进行往返曲折,不顺利:～大|有～|发生～|费～|历经～|意外的～|想不到的～|许多～|为了商品销路问题,不知跑了多少地方,～太大了|几经～,才解决了这个问题|他的护照丢了,重新再办一个,颇费一些～|办理住院手续,没想到会有这么多的～|这个过程中可能会碰到意想不到的～。

【近义词】曲折/波折

8492 **周转**(轉) 丁

zhōuzhuǎn (turnover)

[动]❶企业的资金从投入生产到销售产品而收回货币,再投入生产,这个过程一次又一次地重复进行叫周转。周转所需要的时间是生产时间和流通时间的总和:～加快|～开始|～缓慢|～顺利|资金～|～得迅速|～三回|～三个月|耽误～|恢复～|促进～|减慢～|不断地～|正常地～|定期～|～的时间|～的资本|～的速度|产品销路好,加快了资金的～|我们厂家这笔款子一时还～不过来|他们公司的资金一般都能正常地～。❷指个人或团体的经济开支调度的情况或物品轮流使用的情况:病房里的床位～有些困难|只要想想办法,这笔钱很快能～回来|大家都不按时还书,影响了图书的～|最近家里的钱有点儿～不开。

8493 **州** 丁 〔部首〕丶 〔笔画〕6

zhōu (an administrative division in former times)

[名]❶中国旧时的一种行政区划,所辖地区的大小历代不同,现在这名称还保留在地名里,如苏州、杭州等。❷指自治州,即介乎自治区和自治县之间的民族自治的地方:延边朝鲜族自治～|甘肃藏族自治～|云南大理白族自治～|湖南湘西土家族苗族自

治～。

8494 **洲** 丁 〔部首〕氵 〔笔画〕9

zhōu (continent)

[名]❶一块大陆和附近岛屿的总称:地球上有七大～:即亚～、欧～、非～、北美～、南美～、大洋～、南极～。❷河流中由沙石、泥土淤积而成的陆地:崇明岛是长江入海口最大的一个～|珠江三角～土地肥沃。

8495 **粥** 丙 〔部首〕弓 〔笔画〕12

zhōu (porridge)

[名]用粮食或粮食加其他东西煮成的半流质食物:～稀|～稠|煮～|熬～|喝～|大米～|八宝～|牛肉～|鱼肉～|稀～|一锅～|一碗～|这～真稠|晚上熬一锅大米～好吗?|～煮得稀一点儿好喝|广东人做的松花蛋肉～好吃极了。

【近义词】稀饭

【反义词】干饭

8496 **皱**(皺) 丙 〔部首〕皮 〔笔画〕10

zhòu (wrinkle)

[动]物体表面上因收缩或揉弄而形成一凸一凹的条纹:～眉头|～起来|～得紧|～得难看|洗～|坐～|揉～|他一看儿子写的作业就～眉头|他老得脸上的皮都～起来了|你把我的书都弄～了|床单都坐～了,快拉平|这个姑娘好像有些心事,成天～着眉头。

8497 **皱纹**(紋) 丙

zhòuwén (wrinkle)

[名]物体表面上因收缩或揉弄而形成的一凸一凹的条纹:～出现|～增加|～消失|～深|～多|～明显|出现～|刻下～|抚平～|揉成～|缩成～|皮革上的～|脸上的～|额头上的～|衣服的～|表面的～|密密的～|清晰的～|粗糙的～|一条～|一道～|一脸～|～的深度|随着年龄的增长,父亲脸上的～也逐渐加深|艰苦的生活,在他额上刻下几道又深又长的～|他一头白发,满脸～,真的老了。

8498 **昼夜**(晝) 丁 〔部首〕尸 〔笔画〕9

zhòuyè (day and night)

[名]白天和黑夜:不分～|～不安|～不睡|～不停|～地干|～想|他整整三个～没合眼|战士守卫边疆是不分～的|这事使他～不得安宁|雨～不停,连下了三天|他～写,手上都磨出了老茧。

【近义词】日夜

8499 **珠子** 丁 〔部首〕王 〔笔画〕10

zhūzi (pearl)

[名]❶珍珠:～亮|圆～|一串～|一颗～|一包～|这些～光华耀目|这颗～又圆又亮|他送给女儿一串～项链。❷像珍珠般的颗粒:汗～|玻璃～|泪～|他热得头上直冒汗～|他低着头干活儿,头上的汗～不断往下掉|她这串项链是玻璃～,不是珍珠。

【近义词】❶珍珠

【构词】珠宝/珠翠/珠花/珠光宝气/珠联璧合/珠围翠绕/珠圆玉润

8500 **株** 乙 〔部首〕木 〔笔画〕10

zhū (m. *for trees*)

[量]棵:一～树|一～幼苗|院子里种了一～梨树|这几～幼苗已经活了|路旁一～～的槐树,又高又大。

【近义词】棵

【提示】多用于书面语,口语中用“棵”。
【构词】株距/株连/株守

8501 **猪** 甲 〔部首〕犭 〔笔画〕11

zhū (pig)
[名]哺乳动物,头大、鼻子和口吻都长,眼睛小,耳朵大,腿短,身体肥。肉供食用,皮可制革,鬃可制刷子和做其他工业原料:～肥|～大|杀～|养～|～肉|～心|～耳朵|～肝|瘦型～|肥～|母～|一头～|这头～又肥又大|他不爱吃～肉|～的全身都是宝|现在人们都喜欢饲养瘦型～|这头母～下了好几头小～。
【近义词】豕
【构词】猪草/猪排/猪娃/猪瘟/猪仔

8502 **诸如此类**(諸類) 丁

〔部首〕讠 〔笔画〕10
zhū rú cǐ lèi (things like that)
彼此相似的种种事物:～的事|～的东西|～的景致|～的书籍|～的标题|～,不胜枚举|～的好人好事多极了|～的现象经常出现|～的美景,前边还有|～的建筑到处可见|～的文章,最近报上经常登载。
【提示】诸,姓。
【构词】诸多/诸侯/诸如

8503 **诸位** 丁

zhūwèi (all of you [term of respect])
[代]敬辞,总称所指的若干人:～同志|～先生|～来宾|～老师|～首长,～来宾,你们好!|～有什么意见尽管提|我有件事想请教～|这件事,我谢谢～了|向～先生表示衷心的感谢|我想跟～商量一下|欢迎～的光临。
【近义词】各位

8504 **逐步** 乙 〔部首〕辶 〔笔画〕10

zhúbù (step by step)
[副]一步一步地:～开展|～认识|～改造|～完成|～熟悉|只有踏踏实实地去学,才能～掌握|在和他们共同生活中～了解了他们|我们朝着这个方向～前进|技术革新活动正在我厂～展开|科学种田的先进经验在广大农村～推广|他是～走上犯罪道路的。
【近义词】逐渐/渐渐
【反义词】突然/忽然/猛然/骤然
【构词】逐个/逐客令/逐日/逐字逐句

8505 **逐渐**(漸) 乙

zhújiàn (gradually)
[副]表示程度或数量一步一步地增加或减少:～冷却|～暖和|～增多|～变黑|～瘦弱|～好起来|～加深|天气～热起来了|一到夜里10点以后,街上行人～少了|这里的治安情况～好转|天～亮了,市场上又开始喧闹起来|时间久了,人们对他的印象也～淡薄|随着经济的发展,这个小镇～繁荣起来|长时间的接触,使他们～建立起感情。
【近义词】渐渐/逐步
【反义词】突然/忽然/猛然/骤然
【提示】“逐步”和“逐渐”都是副词,区别是:“逐步”是有意识地、人为地让事物的发展和变化按步骤进行;“逐渐”着重指事物本身自然地发展和变化。

8506 **逐年** 丁

zhúnián (year after year)
[副]一年一年地:～增长|～扩大|～

减少|～更新|～下降|～改进|～加重|到中国来旅行的外国游客～增加|他们厂的产品质量～提高|他的哮喘病～好转|人们的居住条件～改善|他的家庭经济负担～减轻|那里的物价～上涨。

8507 **竹子** 乙 〔部首〕竹 〔笔画〕6

zhúzi (bamboo)

[名]常绿植物，茎圆柱形，中空，有节，叶子有平行脉，嫩芽叫笋。种类很多，如淡竹、苦竹：～高|～细|画～|砍～|种～|～的节|～的种类|～的用处|南方的～|很粗的～|一棵～|一根～|这根～又粗又直|他善于画～|我家院子里种了一片～|那里的农民用～做各种器具|～的嫩芽叫笋，好吃极了|～的用处很多|有的地方的家具、食具全是用～做的|这几根水墨～画得真好。

【近义词】竹

【提示】竹，姓。

【构词】竹编/竹布/竹雕/竹筏/竹竿/竹简/竹刻/竹帘画/竹楼/竹排/竹器/竹笋/竹筒倒豆子

8508 **煮** 乙 〔部首〕灬 〔笔画〕12

zhǔ (boil)

[动]把食物或其他东西放在有水的锅里烧：～饭|～饺子|～豆子|～肉|～元宵|～汤|～得烂|～得透|～得香|～好|～熟|～软|～得了|～不下|～三个小时|好～|难～|多～|一起～|今天中午～点儿面条吃吧|饭～得太硬了|水没开就放饺子，看都～成片汤了|再多～一会儿，肉还没～烂|饭～好了，快吃吧|锅太小了，～不下这么多|病人用过的碗筷要好好儿～一下|他每天早上吃一个～鸡蛋。

8509 **拄** 丁 〔部首〕扌 〔笔画〕8

zhǔ (lean on [a stick, etc.])

[动]为了支持身体用棍杖等顶住地面：～拐棍|～棍子|～拐|他快90岁了，至今走路不用～拐棍|他在深山里～着棍子走了十多天|他在一次球赛中摔坏了腿，现在需要～着双拐才能走路|母亲～着青竹杖站着门口目送儿子离去。

8510 **嘱咐**(嘱) 丙 〔部首〕口 〔笔画〕15

zhǔfù (exhort)

[动]告诉对方记住应该怎样，不应该怎样：父亲～|老师～|～儿女|～战士|～得细|～几遍|～半天|～来～去|～完|好好地～|多～|一遍一遍地～|亲切地～|～的话|妻子～丈夫少抽烟，少喝酒|大夫～病人要按时吃药，多喝开水|母亲的信里～得非常详细|老师反复地～学生认真学习|衣、食、住、行都～到了，真是可怜天下父母心|你得多～几遍，他才能记住|领导～的事情，他一件也没办好|儿子要出门，母亲千～万～，总是放心不下。

【近义词】嘱托/吩咐/叮嘱/叮咛

8511 **嘱托** 丁

zhǔtuō (entrust)

[动]托(人)办事；托付：领导～|亲人～|～朋友|～律师|～事情|～任务|受～|辜负～|实现～|～的事情|人民的～|祖国的～|老师的～|这件事他～过我三次|人家～我的事，我还没办呢|那个律师接受了我朋友的～，处理财产纠纷|他认真地执行领导的～|我带着亲人的～来到这里|

我们决不能辜负祖国人民对我们的～。

【近义词】嘱咐/叮嘱/吩咐/委托/托付

8512 **主** 丁 〔部首〕丶 〔笔画〕5

zhǔ (n. host; adj. principal)

[名]❶接待来客的主人:宾～|东道～|月光下宾～对坐,边饮边谈,真是高兴|你来北京,我是～,你是客,自然应该我请你吃饭|明天一起吃午饭,我来做东道～|你此次来去匆匆,我也未能尽宾～之道,实是遗憾|大厅里传出宾～欢快的谈笑声。❷权力或财产的所有者:有～|房～|物～|车～|这张桌子已经有～了,别人不得动用|物各有～,不是自己的不要拿|劳动人民现在当家做～了|这车在这儿放了好几天,找不到～|这房子的原～据说是一个大官僚|警察帮他找回了丢失的彩电,现在该物归原～了|这些没～的东西,统一处理。❸奴隶的占有者或仆役的雇用者:奴隶～剥削奴隶的时代一去不复返了|他们之间是～仆关系。❹跟事情有直接关系的人;当事人:失～|卖～|买～|债～|这些物品都一一归还给失～|这么多商品至今还没找到买～|冤有头,债有～,杀了人就得偿命。❺基督教徒对上帝、伊斯兰教徒对真主的称呼:～啊!救救我吧!❻(对事情的)确定的意见:有～|无～|做什么都要心中有～|这事,我实在是心中无～|你要给我做～。

[形]最重要的;最基本的:～力|～课|～战场|以学为～|以农为～|做事要分～次|他的作文里～次不分明|口语课以说为～,听力课以听为～|这个村的农民一直以种蔬菜为～|不能什么都以你为～。

【近义词】[名]❶❷❸❹主人;❻主见

【反义词】[名]❶客/宾;❸奴/仆;[形]次

【提示】主,姓。

【构词】主笔/主编/主次/主从/主刀/主调(diào)/主动权/主队/主犯/主妇/主干/主顾/主婚/主祭/主见/主将(jiàng)/主讲/主教/主角(jué)/主考/主课/主力军/主谋/主脑/主人公/主帅/主题词/主题歌/主席团/主线/主心骨/主旋律/主演/主语/主宰/主旨/主子

8513 **主办**(辦) 丁

zhǔbàn (sponsor)

[动]主持办理:学校～|公司～|～展览会|～报告会|～座谈会|～单位|由…～|他家的婚丧嫁娶都由他叔父一人～|学校～了一个向英雄学习的报告会|他们几个单位联合～一个技术经验交流会|这个展览会的～单位有三个。

8514 **主编**(編) 丁

zhǔbiān (v. supervise the publication of; n. chief editor)

[动]负编辑工作的主要责任:～词典|～画报|～报纸|～杂志|亲自～|共同～|～的刊物|～的原则|他曾经～过一种画报|这个刊物由王先生～|他正在着手～一部论文集|他～的论文集已经与读者见面了。

[名]编辑工作的主要负责人:当～|担任～|升为～|画册的～|丛书的～|报社的～|专职～|～的水平|～的作风|～的责任|这位～主要负责定稿工作|他担任～已经好多年了|他是这家杂志社的～|这家刊物的～早就换人了。

8515 **主持** 丙

zhǔchí (take charge of)

[动]❶负责掌握或处理:~外交|~工作|~仪式|~项目|~晚会|~讨论|~考试|~施工|~改革|~编纂|负责~|连续~|出色地~|公正地~|亲自~|临时~|~人|~的项目|母亲~家里一切家务|这位领导负责~日常事务|今天的科研讨论会由他来~|他连续~了两场节目|他圆满地~了这场辩论|~人有事来不了,由我临时~一下|这是王老师~的课题。❷主张;维护:~正义|~公道|在国际争端中要~正义|你要~公道,不能偏袒一方。

【近义词】❶主办

8516 **主导**(導) 丁

zhǔdǎo (adj. leading; n. leading factor)

[形]主要的并且引导事物向某方面发展的:~思想|~作用|~地位|科学技术是经济发展的~力量|在国民经济的发展中,真正起~作用的是工业。

[名]起主导作用的事物:成为~|作为~|我国国民经济的发展,以农业为基础,以工业为~|要坚持工业在国民经济发展中作为~的方针。

【提示】"主导"作为形容词只作定语,不单独作谓语。

8517 **主动**(動) 乙

zhǔdòng (initiative)

[形]❶不待外力推动而行动:态度~|行动~|做事~|学习~|~得很|缺乏~|不够~|特别~|一贯~|~问候|~交代|~表示|~放弃|~撤退|~精神|~的态度|那个姑娘不错,你应该~一点儿|向政府纳税要~|他帮助别人十分~|他认错不够~|他~地把自己的职位让给年轻人|经常都是他~给孩子写信|他这种~配合的精神,值得赞扬。❷能够造成有利局面,使事情按照自己的意图进行:争取~|处于~|保持~|显得~|打得~|棋下得~|完全~|~地打击|~地调整|这次战斗中,我军非常~|下次一定要夺回~|这个队似乎踢得不怎么~|在战局中,我方处于~地位。

【近义词】自动

【反义词】被动

8518 **主观**(觀) 乙

zhǔguān (n. subjectivity; adj. subjective)

[名]哲学上指人的意识、精神:~世界|~意识|~愿望|~思想|~偏见|~意图|~上|~和客观是对立的统一|~反映客观|~的认识要符合客观的实际|他的~动机是好的|~上他是想把事情办好|这事你应从~上去找找原因。

[形]不依据实际情况,单凭自己的偏见的:他很~|想法~|办事~|说话~|~得厉害|防止~|承认~|处理得~|做得~|判断得~|一贯~|确实~|~地看问题|~地批评|~地订计划|~的领导|这样处理未免太~了|这个人解决问题~得要命|得克服一下你那~的作风|这个案子不能判得那么~|他不调查研究就~地下结论|这种~的讲话,不会有人支持的。

【反义词】客观

8519 **主管** 丁

zhǔguǎn (be in charge of)

[动]负主要责任管理(某一方面)：～教学|～科研|～日常事务|～后勤|～交通|～治安|～资料|～分配|～三年|～的范围|～的部门|他在公司里～财务工作|大脑～全身的知觉、运动和思维、记忆等活动|他曾在人事部门～过几年干部调动|他～这个地区的治安|他～的工程,质量都相当高。

【提示】"主管"还可用作名词,指主管某方面工作的人员;主要负责人:财务～|公关部～|部门～|他是这个单位的～。

8520 主力 丙

zhǔlì (main force)

[名]主要力量:成为～|充当～|依靠～|分散～|削弱～|转移～|军队的～|球队的～|对方的～|科研的～|战场上的～|生产上的～|比赛的～|真正的～|一批～|～部队|～队员|～的阵容|敌人的～被我军消灭了|这些菜我们吃不了多少,就靠你这个～了|要牵制住对方的～,就可以有力地打败他们|我们小组缺乏～,所以成果没有他们大|我们厂涌现了一批技术革新的～|这几个小伙子是我们篮球队的～队员。

8521 主流 丁

zhǔliú (mainstream)

[名]❶江河的干流:～急|～改道|～堵塞|驶入～|形成～|疏浚～|汇入～|长江的～|～的水质|～的起点|一条～|一段～|这条河的～很宽,可以行船|他们在勘察这条河～的长度|这条河～的河床应该进行清理|这条河的～流量很大。❷比喻事情发展的主要方面:～好|作为～|认清～|抓住～|重视～|事情的～|工作的～|形势的～|思想的～|改革的～|发展的～|当前工作中的～是非常健康的|改革开放中的～应给予肯定|不能歪曲今天这个时代的～|改革,是这个时代的～|要把握住这一～在局势发展中的作用。

【反义词】❶支流

8522 主权(權) 丙

zhǔquán (sovereignty)

[名]一个国家在其领域内拥有的最高权力。根据这个权力国家按照自己的意志决定对内对外政策,处理国内国际一切事务,而不受任何外来干涉:～神圣|～完整|收回～|丧失～|侵犯～|维护～|捍卫～|危害～|承认～|国家的～|领海的～|～国家|我国的～神圣不可侵犯|维护祖国的～,人人有责|这种行为侵犯了另一个国家的～|这是对别国的～的干涉|要互相尊重～和领土完整。

8523 主人 乙

zhǔrén (host)

[名]❶接待客人的人:～致辞|～好客|～热情|当～|作为～|感谢～|宴会的～|招待会的～|周到的～|大方的～|美丽的～|一位～|一个～|～的情意|老王是今天宴会的～|来宾向婚礼的～致贺词|大家都赞扬～的好(hào)客|他是以～的身份说这番话的|～待客十分周到。❷旧时称聘用家庭教师、雇用仆人的人:保姆的～|新的～|好心的～|～的情况|～的地位|～的脾气|～的要求|～的话|这家～解雇了小保姆|这家的～最近破产了|这条狗非常忠于它的～|这位和善的～受到工人的赞扬|那是

他未来的～|他总是摆出～的架式命令别人|这家～的规矩太多,谁都不愿意来工作。❸财产或权力的所有人:国家的～|土地的～|房产的～|失物的～|历史的～|事业的～|权力的～|这家工厂的～非常公正|老百姓做了国家的～|他们终于找到了汽车的～|我们应该做改革的～|充分发挥矿山～的积极性|他没有尽到作为一个～的义务。

【近义词】❶主;❸主人翁

【反义词】❶客人;❷仆人/奴仆

8524 主人翁 丁

zhǔrénwēng (master)

[名]❶当家做主的人:当～|成为～|国家的～|工厂的～|～的态度|～的积极性|～的身份|你们将来都是国家的～|我们作为～来参加国家的建设|我们都来做企业的～|任何时候都不要忘记自己～的身份|要充分发挥～的积极性。❷指文学作品中的中心人物:～的形象|～的性格|～的一生|～的经历|这部小说里的～是一个农村妇女|剧中的～形象鲜明突出|这部小说的～是一位女强人|这些年轻人就是这部电影里的～。

【近义词】❶主人;❷主人公

【构词】富翁/老翁/渔翁

8525 主任 乙

zhǔrèn (director)

[名]职位名称,一个部门或机构的主要负责人:车间～|办公室～|系～|班～|新来的～|他是中文系的副～|她是我中学时代的班～|我们办公室来了一位刘～。

8526 主食 丁

zhǔshí (staple food)

[名]主要食物,一般指用粮食制成的,如米饭、馒头等:做～|当～|吃～|～的种类|～的花样|～的营养|韩国人的～是大米|法国人的～是面包|他在食堂是做～的|今天午饭～吃什么?|我们食堂～的花样很多。

【反义词】副食

8527 主题(題) 丁

zhǔtí (theme)

[名]❶文学、艺术作品中所表现的中心思想,是作品思想内容的核心:～明确|～鲜明|～深刻|选择～|抓住～|讨论～|围绕～|加强～|文章的～|小说的～|电影的～|军事的～|时髦的～|严肃的～|重要的～|～思想|这首乐曲的～非常突出|我想另外换一个～|小说中的这几章有些偏离～|这是一个以改革为～的电视剧|这是一个十分动人的～|这个故事～的时代感很强|改革开放正在成为文艺创作的重要～。❷泛指谈话、文件等的重要内容:谈话的～|议论的～|讨论的～|今天会议是什么～呀?|我们在这儿随便聊聊,没什么～|青少年的教育一直是我们研究讨论的～。

8528 主体(體) 丁

zhǔtǐ (main body)

[名]❶事物的主要部分:构成～|人民的～|军队的～|社会的～|建筑的～|经济的～|任务的～|思想的～|作品的～|～工程|～思想|～理论|～技术|～方案|国家的～包括了广泛的内容|革命的～是人民|大楼的～部分已基本完工|这段乐曲是整个旋律的～|这批年轻人成为了劳动大

军的～|他们是经济战线上的～。❷哲学上指有认识和实践能力的人:认识就是～对客体的反映。

【反义词】❷客体

8529 **主席** 乙

zhǔxí (chairman)

[名]❶主持会议的人:～总结|～宣布|选～|当～|代理～|支持～|会议～|讨论会的～|执行～|临时～|～的职责|～的资格|～的意见|～的位置|大会～宣布候选人名单|我们都服从～的安排|这次由他担任科学报告会的～|～有事不能来,赶快物色一个临时～。❷某些国家、国家机关、党派或团体某一级组织最高领导职位名称:选举～|担任～|拥护～|国家～|工会～|军委～|党中央～|终身～|～的职责|～的权力|～的功绩|～的指示|～的命令|我们学校的工会～为大家办事辛苦极了|人们都称赞国家～的英明|这些问题都已向～汇报过了|他是这个国家的～|这是～的指示,请大家认真贯彻执行。

8530 **主要** 甲

zhǔyào (main)

[形]有关事物中最重要的;起决定作用的:～的人|～的国家|～的河流|～的城市|～的目的|～的资源|～的食品|～任务|～问题|～部分|～原因|～矛盾|～标志|～讲语法|～有|～是|他～的缺点是不虚心|山西大同是中国～的煤炭基地之一|不管怎么说,成绩还是～的|他是这个电视剧里的～演员|这个会议～解决当前的假冒伪劣商品的问题|他～教口语,也教一点儿写作|别人的帮助是需要的,但～还得靠自己。

【近义词】首要/重要

【反义词】次要

8531 **主义**(義) 丁

zhǔyì (doctrine)

[名]❶对客观世界、社会生活以及学术问题等所持有的系统的理论和主张:马克思列宁～|达尔文～|改良～|国际～|现实～|机会～|空想～|爱国～|浪漫～|投降～|扩张～|这是一本写实～的作品|对年青的一代要进行爱国～教育|白求恩大夫是一位国际～战士|他是个冒险～者|他喜欢看浪漫～的小说|他们打着和平的旗号,实际上是在推行扩张～。❷思想作风:个人～|主观～|本位～|宗派～|官僚～|好人～|教条～|英雄～|拜金～|平均～|自由～|无政府～|经验～|他是个利己～者,只顾个人,不顾集体|对什么事他都采取乐观～的态度|这个单位宗派～特别严重|他真是好人～,谁也不得罪|她抱独身～,一辈子不结婚。❸一定的社会制度:社会～|资本～|帝国～|封建～|中国是社会～国家|中国推翻了压在头上的三座大山,即帝国～、封建～和官僚资本～。

8532 **主意** *甲

zhǔyi (n. idea)

[名]❶(对事情的)确定的意见,主见:～定了|～不定|拿～|有～|没～|拿不定～|打定～|一个～|这件事还得你替我拿～|要不要同意这门亲事,他简直没了～|你到底应聘哪个单位,心里应该有个～|他早就打定～,别人谁说也没用。❷〈乙〉办法:～多|～好|出～|想～|有～|没～|好～|坏～|一个～|这个～太妙了|

他脑子灵，～特别多｜他净给别人出坏～｜我有一个好～，你想听吗？｜我只好按照他说的去做，没有别的～了。

【近义词】❶意见；❷办法

8533 **主张**(張) 乙

zhǔzhāng (v. advocate; n. proposal)

[动]对于如何行动，持有某种见解：～改革｜～开发｜～联合｜～单干｜～独立｜坚决～｜拼命～｜一贯～｜我～先去三峡，然后再去上海｜人们都积极～改革｜我～对人态度要真诚｜我不～结婚大摆酒席｜他一贯～勤俭办一切事情。

[名]对于如何行动所持有的某种见解：～很好｜～正确｜～切合实际｜提出～｜阐明～｜改变～｜双方的～｜政府的～｜中央的～｜政治～｜军事～｜一贯的～｜改革开放的～受到欢迎｜人们拥护党中央的～｜他坚持自己的文学～｜各有各的～，谁也说服不了谁｜你用不着为儿女操心，他们自有～｜他那脱离实际的～，我坚决反对｜请再阐明一下你的～。

【近义词】[名]主意/办法/建议

【反义词】[动]反对

8534 **著** 丁　〔部首〕艹　〔笔画〕11

zhù (n. work; v. write)

[名]写成的作品：名～｜大～｜新～｜译～｜遗～｜专～｜这是世界名～之一，你得看看｜您的大～我已拜读过了｜这是你父亲的遗～，要好好保存｜他自己写的不多，译～倒不少。

[动]写作：～书｜～者｜他很喜欢～书立说｜小说《家》的～者是巴金｜书的封面写着“三毛～”。

【近义词】[名]著作；[动]写作

【构词】著录/著述/著者/著作权

8535 **著名** 乙

zhùmíng (famous)

[形]有名：～作家｜～专家｜～演员｜茶叶～｜食品～｜产品～｜十分～｜特别～｜～的科学家｜～的诗人｜～人士｜～的风景区｜～的油田｜～的学校｜～的学者｜～的小说｜这位科学家在世界上很～｜杭州的丝绸很～｜参加今晚演出的大部分是～的演员｜这是菊花品种里比较～的一种｜中国～的古典小说他差不多都看过了｜乔丹是世界上最～的运动员之一。

【近义词】有名/出名/知名/闻名/驰名

【反义词】无名

8536 **著作** 乙

zhùzuò (works)

[名]用文字表达意见、知识、思想、感情等的成品：～完成｜～出版｜～受欢迎｜发表～｜名人的～｜专家的～｜西方的～｜古代的～｜现代的～｜不朽的～｜杰出的～｜伟大的～｜主要～｜大量～｜一流的～｜最后的～｜一部～｜一本～｜一批～｜一种～｜～的版本｜～的年代｜～的题材｜～的崇拜者｜这部～还需要再修改一下｜这部～近期就要出版｜这本书在现代的～中算是比较优秀的｜他大多数的～是散文｜这本小说是他最后的～｜这部～的版本有两种｜我们都是他的～的忠实读者。

8537 **柱子** 丙　〔部首〕木　〔笔画〕9

zhùzi (pillar)

[名]建筑物中直立的起支持作用的

构件,用木、石、型钢或钢筋混凝土制成:～直|～粗|～结实|木～|石～|龙～|一根～|这几根～又高又粗|这根木头～是用一整棵大树制成的|这石～上的龙雕得真精细|这座大殿里的四根～代表四季|他个子又高又大,像根大～。

8538 **助** 丙 〔部首〕力 〔笔画〕7

zhù (help)

[动]帮助;协助:～人|多～|寡～|他一点儿～人为乐的精神都没有|这件事希望你能～我一臂之力|得道者多～,失道者寡～。

【近义词】帮/帮助/协助

【构词】助产/助产士/助词/助动词/助攻/助教/助跑/助燃/助听器/助威/助兴/助学金/助战/助阵

8539 **助理** 丁

zhùlǐ (assistant)

[名]协助主要负责人办事的人(多用于职位名称):提升～|当～|担任～|部长～|～工程师|～人员|～研究员|他是我们建筑公司的～工程师|他是刚提升的～研究员|这位是局长～。

8540 **助手** 丙

zhùshǒu (assistant)

[名]不独立承担任务,只协助别人进行工作的人:～能干|～可靠|～重要|做～|充当～|找～|需要～|培养～|增加～|配备～|领导的～|导演的～|教授的～|业务～|科研～|年轻的～|忠实的～|负责任的～|得力的～|一个～|一位～|一名～|～的情况|～的作风|～的水平|～的职责|～的才能|他的～又能干又可靠|他需要找两个～|母亲做饭时,我给她当～|领导给这位专家配备了一个得力的～|他遇上了一个极不负责任的～|这个～的经验比较丰富|这是他的～写的实验报告。

8541 **助长**(長) 丁

zhùzhǎng (encourage)

[动]帮助增长(多指坏的方面):～不正之风|～歪风邪气|～依赖性|～迷信|～分裂|～混乱|明显地～|直接～|大风～了森林的火势,使大火越烧越旺|父母包办代替更加～了孩子的依赖性|处罚不严就会～他们的违法行为|领导的官僚主义作风,往往是～不正之风的主要原因|现在这种迷信活动,绝对不能～|你这样做,明显地～他们闹不团结|你的谦让反而～了他的傲慢|这样吹捧他,只能～他的骄傲自满。

【近义词】帮助/增长

【反义词】削弱

8542 **铸**(鑄) 丙 〔部首〕钅 〔笔画〕12

zhù (cast)

[动]把金属加热熔化后倒入砂型或模子里,冷却后凝固成为器物:～剑|～零件|～锅|～钟|～成|～坏|～三个月|不断地～|紧张地～|难～|新～|这把剑～好了|这口大钟是用铜～的|这种部件不太好～|这种铁锅～得挺漂亮|这是刚～出来的人头像|我们参加了～钢锭的全过程。

【近义词】铸造

【构词】铸币/铸工/铸件/铸模/铸铁/铸字

8543 **铸造** 丁

zhùzào (cast)

[动]把金属加热熔化后倒入砂型或

模子里,冷却后凝固成为器物:～零件|～铁锅|～大钟|～硬币|～人像|～得好|～得认真|～完|～两个月|进行～|负责～|学习～|着手～|很快地～|熟练地～|紧张地～|亲自～|～的模子|～的原料|～的工具|～车间|～工厂|这口锅～得不错|这个人像～坏了|他正在学习～|铸工们在紧张地～|他是～车间的主任|老工人给参观者介绍～部件的方法。

【近义词】铸

8544 **筑**(築) 丁 〔部首〕竹 〔笔画〕12

zhù (build)

[动]建筑;修建:～路|～堤|～墙|～房|～桥|～得好|～得顺利|这里要～一条公路|这座大桥～得非常牢固|刚～好的一堵墙,又被拆掉了|～路工人们在紧张地劳动着。

【近义词】修/建

8545 **住** *甲 〔部首〕亻 〔笔画〕7

zhù (live)

[动]❶居住;住宿:～人|～上海|～新房|～楼下|～302房间|～三年|～得舒服|～得远|～不下|～不开|～不起|～不惯|～满|～上|～进去|～在一起|长期～|临时～|多～|久～|～的地方|～的条件|他家～在北京|他们都～上了新房|他们三口人～100平米|你们～得真宽敞|他家～得很近|这里～得下这么多人吗?|这家饭店太贵,～不起|他前天～进了医院|这家旅馆已～满了|我和父母～在一起|他们同～一个宿舍|他在国外～不惯|这个地方我可～够了|这个地方不宜久～|他长期～在国外|他们～的城市非常美丽。❷〈乙〉停住:雨～了|风～了|～手|～声|～嘴|雨还没～,等一会儿再走|快～手!不能打人!|他整天不～脚地忙|孩子不～声地叫|～口!你什么时候学会骂人的?|大雪早就～了。❸〈乙〉"住"放在动词后作补语:a.表示停止:停～|挡～|拖～|留～|站～|拉不～|止不～|遮得～|拦不～|抑制～|快把那个人拉～|一听有人叫他,他立刻停～了脚步|突然刹车,他没站～,摔倒了|他手破了,血止不～。b.表示牢固、稳固:拿～|抱～|记～|压不～|捉～|吸引～|支持不～|拿～,别掉了|箱子太大,架子上搁不～|这么多学生的名字一下子记不～|它跑得真快,我没抓～|他的表演把观众吸引～了|快来帮帮忙,我快撑不～了。c.跟"得"或"不"连用,表示力量够得上或够不上:靠得～|对不～|经不～|忍耐得～|承受不～|这个人靠不～|我真对不～你|他经得～各种考验。

【近义词】❶居住/宿;❷停

【构词】住处/住地/住读/住户/住家/住口/住手/住宿/住校/住院/住址

8546 **住房** 丁

zhùfáng (housing)

[名]供人居住的房屋:有～|买～|置～|提供～|分配～|～条件|～大小|～面积|三间～|一所～|一套～|他工作好几年了,至今没有一套～|那个单位不给～|公司分给他三间～|他想在郊区置一所～|这里的～条件还不错|这套～面积有一百多平米|～大小没关系,设备齐全就行。

【近义词】住宅/住所

8547 **住所** 丁

zhùsuǒ (dwelling)

[名]居住的地方:～好｜～大｜～安静｜～方便｜～远｜～的附近｜～的条件｜～的环境｜～的设备｜我的～｜新的～｜你的～在哪儿?｜我的～很宽敞｜他的～离公司挺远｜～的前边是个街心花园｜～里的设备非常齐全｜他想换一套大一点儿的～｜他对新的～很满意。

【近义词】住房/住处/住宅

8548 **住院** 乙

zhù yuàn (be in hospital)

病人住进医院治疗:朋友～｜～治疗｜～观察｜住一次院｜住三天院｜住不起院｜住得了院｜需要～｜立即～｜用不着～｜他的爷爷昨天～了｜你的病需要～治疗｜先～观察几天再说｜他从没住过院｜他一年总得住一两次院｜自费～可真住不起｜现在没床位,住不了院。

【近义词】入院

【反义词】出院

【提示】离合词,中间可插入其他成分,如:住了一星期院｜住过院。

8549 **住宅** 丙

zhùzhái (residence)

[名]住房(多指规模大的):～大｜～豪华｜～漂亮｜私人～｜花园～｜有钱人的～｜大的～｜～区｜一座～｜一片～｜那座～盖得真别致｜这一片～真漂亮｜那栋小楼就是他的～｜这是谁家的～? 这么豪华!｜那片花园～准备出售。

【近义词】住房/住处/住所

【构词】故宅/家宅/旧宅/内宅/凶宅/阳宅/阴宅

〔部首〕氵
〔笔画〕8

8550 **注册** 丁

zhùcè (register)

[动]向有关机关、团体或学校登记备案:新生～｜～的大学生｜～商标｜经过～｜～日期｜～会计师｜这个商标没～过｜新生从9月1日开始报到～｜他们都是正在等待～的新生｜没经过～的商标不许使用｜还没～的人赶快进来｜～时间截止到9月15日｜很多人参加了～会计师考试。

【构词】注定/注脚/注目礼/注疏/注文/注销/注音

表册/画册/简册/名册/史册/手册/书册/相册/账册

8551 **注解** 丁

zhùjiě (v. annotate; n. annotation)

[动]用文字来解释字句:～古籍｜～词语｜～成语｜～典故｜～《论语》｜～得清楚｜～得很谨慎｜～不了｜～下去｜～出来｜～一年｜加以～｜进行～｜完成～｜尽心地～｜准确地～｜严格地～｜精心地～｜～的文字｜～的原则｜～的目的｜～的古字｜请～一下这几个词语｜这首古诗请你～一下｜我的古文不好,～不了｜这篇古文他～得很正确｜这部古典著作,我～了一年｜他～的文字浅显易懂。

[名]解释字句的文字:做～｜写～｜修改～｜参考～｜增加～｜读懂～｜作者的～｜译者的～｜原作的～｜古书的～｜《左传》的～｜英文的～｜详细的～｜重要的～｜一条～｜一种～｜这本书的～非常详细｜他在为那本书写～｜我对照～看完了《孙子兵法》｜译者在每一章后边都做了重要的～｜这几条～的意思我看不懂｜每篇课文后边都有词语～。

【近义词】注释

8552 **注目** 丁

zhùmù (gaze)

[动]把视线集中在一点上:人人~|世界~|受到~|引人~|中国的改革开放受到世界各国的~|这个事件引起世界的~|她的打扮美丽大方,引人~。

【近义词】凝视/注视

8553 **注射** 丙

zhùshè (inject)

[动]用注射器把液体药剂输送到有机体里:给病人~|~青霉素|~疫苗|~强心针|~一次|~三天|~一个疗程|需要~|进行~|学习~|停止~|轻轻地~|熟练地~|小心地~|定时~|~的针管|~的位置|~的技术|~青霉素可以消炎|这个护士~得一点儿不疼|你先~一个疗程再看|他熟练地给病人~|~用的针管都是一次性的。

8554 **注释**(釋) 丁

zhùshì (v. annotate; n. explanatory note)

[动]注解:~古文|~难点|~原文|这篇文章是李教授~的|他~过好几种古书|初学者可以读~过的原文。

[名]注解的文字:加~|有~|英文~|中文~|这本古书没有~,很难看懂|文章的~写在每一页的最下边|这本书中有很多译者~。

【近义词】注解

8555 **注视**(視) 丙

zhùshì (gaze)

[动]注意地看:~前方|~敌人|~行人|~对方|~黑板|~的目光|~的表情|凝神~|密切~|~的对象|学生们~着黑板|他含着眼泪~着父亲远去的背影|她出神地~着窗外的小树林|人们密切~着那个地区事态的发展|世界运动会引起各国球迷的~。

【近义词】凝视/注目

8556 **注意** 甲

zhùyì (pay attention to)

[动]把意志放在某一方面:~车辆|~姿势|~信号|~温度|~光线|~时局|~质量|~款式|~方式|~方法|~教育|~政策|~纪律|~礼貌|~身体|~休息|~保养|~保密|~卫生|~安全|~简练|~到|~得不够|~不到|严加~|受到~|引起~|惹人~|分散~|加倍~|多~|早~|充分~|一贯~|长期~|~地观察|~地听|~地看|~地做|~的人|过马路时要~安全|讲话要~礼貌|写文章要~文字简练|这里很危险,你们要~。

【近义词】留神

【反义词】疏忽/忽略

【提示】表示心理活动的动词,可受程度副词修饰,如:很~。

8557 **注重** 丁

zhùzhòng (lay stress on)

[动]重视;看得很重要:~教育|~改革|~现实|~历史|~传统|~环境|~金钱|~效益|~理论|~知识|~文学|~实践|~实用|~包装|受到~|引起~|一贯~|特别~|一向~|国家十分~对沿海城市的开发|应该~全民健身运动|他一贯~理论联系实际|办企业要~经济效益|现在送礼特别~包装|他们非常~引进国外

先进技术。

【近义词】重视

【反义词】轻视

【提示】表示心理活动的动词，可以受程度副词修饰，如：特别～。

8558 **祝** 甲 〔部首〕礻 〔笔画〕9

zhù (wish)

[动]表示良好的愿望：～酒｜～节日快乐｜～你健康｜～你们生活幸福、白头偕老｜～你取得更大的成绩｜～你万事如意｜～你一路平安｜～我们两国人民的友谊万古长青｜主人向客人～酒｜他们互相～酒｜主席致～酒词。

【近义词】祝愿/祝贺/庆贺

【提示】祝，姓。

【构词】祝词/祝捷/祝酒/祝寿/祝祷

8559 **祝福** 丁

zhùfú (wish happiness to)

[动]原指祈求上帝赐福，后来泛指祝人平安或幸福：～亲人｜～孩子｜～朋友｜给以～｜表示～｜接受～｜默默地～｜虔诚地～｜～的话｜～的信｜～的方式｜儿女们～父母健康长寿｜老百姓～人民的军队在前方多打胜仗｜他向朋友表示衷心～｜母亲默默地～儿子一路平安｜朋友们热情地～他事业获得成功。

8560 **祝贺**(賀) 乙

zhùhè (v. congratulate; n. congratulations)

[动]为共同的喜事表示庆祝或向有喜事的人道喜：～新年｜～生日｜～国庆节｜～婚礼｜～开幕｜～长寿｜～通车｜～竣工｜～毕业｜～痊愈｜～美满｜～顺利｜～兴旺｜～一番｜～几天｜～一次｜表示～｜值得～｜由衷地～｜热烈地～｜真诚地～｜～的话｜～的仪式｜～运动员们获得了冠军｜～京九铁路正式通车｜明天是老张的生日，我们要好好儿地～一番｜我衷心地～你有了一个美满的家庭｜来～的客人都到齐了，晚会开始吧。

[名]表示祝贺的话：接受～｜衷心的～｜亲友的～｜朋友的～｜请接受我对大家的～｜感谢你的～｜这是来自远方朋友的～。

【近义词】[动]祝愿/庆贺/庆祝/祝；[名]祝愿/祝福

8561 **祝愿**(願) 丙

zhùyuàn (v./n. wish)

[动]表示良好的愿望：～朋友｜～幸福｜～成功｜衷心地～｜热情地～｜友好地～｜真诚地～｜一致～｜～的话｜～的目光｜～你身体健康，万事如意｜～你们公司兴旺发达｜我真诚地～你们生活美满｜他热情地～运动员在这次比赛中获得更大的成功｜母亲收到上海打来的～生日快乐的电话。

[名]表示良好愿望的话：转达～｜接受～｜收到～｜朋友的～｜儿女们的～｜衷心的～｜真诚的～｜友好的～｜请转达我对你父母的～｜请接受我们真诚的～｜非常感谢你们友好的～。

【近义词】[动]祝贺/祝；[名]祝福/祝贺

8562 **驻**(駐) 丙 〔部首〕马 〔笔画〕8

zhù (stay)

[动]❶停留：～足｜～扎｜因时间关系，在上海没有～足，便直接去了广州｜汽车停～在门外等候｜此地不便久～。❷(部队或工作人员)住在执行职务的地方；(机关)设在某地：～

京|～华|～日|～法|他在企业的～京办事处工作|他在中国～日大使馆工作了好几年|～在那个地方的军队已经撤走了。

【近义词】住/驻扎/停留

【构词】驻地/驻防/驻军/驻守/驻足

8563 **驻扎** 丁

zhùzhā (be stationed)

[动](军队)在某地住下:～城外|～郊区|～军队|部队～在离城20里以外的地方|他所在的部队～在村南的一个大院里|这里曾经是军队～过的营房|这里曾经～过八路军。

【近义词】驻

【提示】"扎"又读 zhá,如"挣扎";又读 zā,如"扎辫子"。

8564 **抓** *乙 〔部首〕扌 〔笔画〕7

zhuā (seize)

[动]❶手指聚拢,使物体固定在手中:～糖|～扶手|～紧|～住|～起来|～不住|～不上来|～得起来|～一把|～一回|～半天|～一下|他给客人～了一把瓜子|他从柜子里随便～出一件衣服穿上了|老人紧紧～着年轻人的手,感谢他的帮助|你～好绳子慢慢地上|这鱼活蹦乱跳的,～了半天也～不住|喂,多～点儿花生过来。❷人用指甲或带齿的东西或动物用爪在物体上划过:～人|～脸|～头皮|～痒痒|～伤口|～破|～肿|～红|～疼|～出血|挨～|这只猫喜欢～人|哪儿痒,我给你～两下|他的指甲太长了,把自己的脸～了一道子|蚊子叮了以后别使劲儿～,～破了可了不得|看,都～出血了|嘴、鼻子附近的疮可～不得|小狗在门上乱～,想出去玩|猴子～痒痒的样子真可笑。❸捕捉;捉拿:～坏人|～俘虏|～逃犯|～老鼠|～害虫|～蚊子|～着(zháo)|～走|～住|～起来|～进去|孩子们正在院子里～蝴蝶呢|这种鸟会～害虫,不要伤害它|他的父亲是在战争时期被敌人～走的|这个坏蛋早就应该～起来了|公安干警勇敢地～住了那个逃犯|他一定要亲手～住那个杀人凶手。❹〈丙〉加强领导,特别着重(某方面):～生产|～质量|～业务|～思想工作|～重点|～关键|～农业|～机会|～技术|～改革|～治安|～外语|～典型|～开发|～训练|～紧|只～产量不～质量怎么行!|他的数学不好,要好好儿～一～|这一带的治安工作～得很紧|～工作要～重点,不要眉毛胡子一把～|最近学生的纪律总算～上去了|环保工作还得继续～下去,不能停|工作太多,他一个人怎么也～不过来|他～了一阵,又放下了|长期不～思想工作是生产总上不去的主要原因。

【近义词】❷搔/挠;❸捉/捕捉/逮捕/擒;❹管

【构词】抓辫子/抓丁/抓工夫/抓获/抓举/抓空子/抓挠/抓破脸/抓瞎/抓药/抓周/抓总/抓耳挠腮

8565 **抓紧**(緊) 乙

zhuājǐn (firmly grasp)

紧紧地把握住,不放松:～时间|～机会|～时机|～生产|～学习|～教育|～做|～写|～处理|～培养|～落实|～完成|～引进|～提高|你现在不～学习,以后要后悔的|他不会～时间,让时间白白浪费了|～这个难得的机会,好好儿干一场|这个工程希望你们～完成|你们都～写,下星期一交给我。

【反义词】放松
【提示】"抓紧"是动补结构，中间可插入"得"或"不"，如：抓得紧|抓不紧。

8566 **爪** 丁 〔部首〕爪 〔笔画〕4

zhuǎ (claw)
[名]鸟兽的脚：鸡～|猫～|狗～|猪～|前～|后～|他喜欢吃猪～|鹰～真厉害，一下子就把小鸡抓起来了|这猫～真尖，把我的手都抓破了|这种鸟用～捉鱼吃。
【近义词】爪子
【提示】"爪"又读 zhǎo，如"爪牙"。

8567 **拽** 丁 〔部首〕扌 〔笔画〕9

zhuài (pull)
[动]拉：～人|～窗帘|～裤腿|～被子|～开|～好|～直|～正|～断|～走|～起来|～出去|～上来|～不动|～一把|往上～|往下～|使劲儿～|慢慢～|悄悄地～|乱～|妈妈～着孩子过马路|他～～我的衣角，让我小声儿点儿|把领子～正|太使劲儿了，灯绳～断了|把被子往里～～|8点了，该把他～起来了|快帮我把他～上来|这箱子真沉，我～不动|别瞎～，线都让你～乱了。
【近义词】拉/扯

8568 **专(專)** 丙 〔部首〕一 〔笔画〕4

zhuān (adj. special; n. speciality)
[形]集中在一件事情上的：～车|～列|～机|～做|～写|～学|～找|特别～|十分～|我们公司有～车接送职工上下班|他乘～机去上海|他在学校～攻化学|我是～为这件事来找你的|他是～教出国留学生英语的|他～爱在月光下吟诗|他在外国文学方面比较～。
[名]专长：一～多能|各有所～。
【近义词】专门
【反义词】博
【提示】专，姓。
【构词】专案/专差(chāi)/专场/专车/专断/专攻/专横/专机/专刊/专款/专栏/专利权/专列/专名/专区/专权/专使/专署/专线/专修/专业课/专一/专员/专职/专著/专注/专心致志

8569 **专长(長)** 丁

zhuāncháng (speciality)
[名]专门的学问技能；特别擅长的技能或特有的工作经验：有～|利用～|发挥～|这个～|他一点儿～也没有|他有很多～|他利用自己的～为大家服务|你应该很好地发挥你的～|画画儿是他惟一的～。
【近义词】特长/绝技/绝招

8570 **专程** 丁

zhuānchéng (special trip)
[副]专为某事到某地：～拜访|～迎接|～去南京|我是～来看你的|他～从上海到北京来接他的朋友|为了朋友的事，我～跑到那家公司。

8571 **专家** 乙

zhuānjiā (expert)
[名]对某一门学问有专门研究的人；擅长某项技术的人：当～|成为～|聘请～|依靠～|请教～|重用～|培养～|中国～|外国～|医学～|农业～|计算机～|文物～|老～|真正的～|一流的～|一位～|一名～|～的建议|～的指导|这位～非常严厉|这位～既热情又谦虚|他在我们学校当～|他们公司聘请了一位机械方面的～|他原来是个普通农民，现在成了有名

的水稻～|我们培养了很多自己的～|这位老～的工作作风给人们留下深刻的印象|不要盲目地崇拜～|～到底是～,经他一指点,问题立刻就解决了。

8572 **专科** 丁

zhuānkē (special field of study)

[名]❶专门科目:学～|～门诊|～医生|～学校|美术～|他学法律～|你的病应该去看～门诊|他是～大夫|他在一个艺术～学校学习。❷指专科学校:上～|～毕业|他没上大学,上了一个～|去年他从～毕业|他真棒,同时上了两个～|这个～很好,对社会很有用。

8573 **专利** 丁

zhuānlì (patent)

[名]法律保障创造发明者在一定时期内独自享有的利益:保护～|变成～|成为～|他的～|公司的～|一项～|～权|～法|～是受到法律保护的|这项成果是他的～|这怎么变成他一个人的～了?|法律是保护个人或公司的～的|在实行～保护制的国家,一般都有～法。

8574 **专门**(門) 乙

zhuānmén (specialized)

[形]专从事于某一项事的:～的人才|～的护士|～的电工|～的机构|～的商店|～的知识|～的法律|～的材料|～研究|多培养一些～人才|有一个～的组织负责这项工作|这是非常重要的文件,要放在～的地方|他有一套～的技术|关于这个东西的使用方法,有个～的说明。

【提示】“专门”作副词时意思是“特地、特意”:～拜访|我是～来看你的,没别的事|这是～给你买的,请你收下|我～找专家请教了一下。

8575 **专人** 丁

zhuānrén (person specially assigned for a task)

[名]专门负责某项工作的人:～管理|～负责|～护理|各区都应有～负责|这位病人需要～护理|我们将派～去处理这件事|这个地方没有～管理可不行|这些小动物要派～饲养。

8576 **专题**(題) 丁

zhuāntí (special topic)

[名]专门研究或讨论的题目:～报告|～讨论|～调查|～报道|～节目|今天下午有个～报告|对这个问题,可以展开～讨论|关于这条新闻,请看今晚8点钟电视台的～报道。

8577 **专心** 乙

zhuānxīn (be absorbed)

[形]集中注意力:学习～|工作～|学生～|孩子～|～得很|～极了|应该～|不～|显得～|干得～|听得～|表演得～|～地看|～地念|～地写|～生产|～治疗|～养病|～练习|～的样子|司机开车时要特别～|孩子们画画儿时～极了|观众看得可～了|演员们在～地排练。

【近义词】专一/专注/入神/凝神/聚精会神

【反义词】分心

8578 **专业**(業) 乙

zhuānyè (speciality)

[名]高等学校的一个系里或中等专

业学校里,根据科学分工或生产部门的分工把学业分成的门类:～改变|～确定|～合并|～太窄|～重要|建立～|增加～|选择～|填写～|报～|换～|学习～|热爱～|了解～|大学的～|物理～|化学～|中文～|石油～|报考的～|有用的～|主要的～|一门～|一种～|～人才|～人员|～论文|～知识|～书籍|～方向|这个～符合他的志愿|这个～面太窄|我已经选择西语系法语～|他想换历史～|他报考的那门～是热门～|多培养一些物理方面的～人才|我没学过电子～方面的知识|这个书店专门卖～书籍。

8579 **专业户** 丁

zhuānyèhù (a rural family that goes in for a special kind of production)

[名]指中国农村中专门从事某种农副业的家庭或个人:～增加|～出现|养鸡～|养鱼～|粮食～|这个县两万多～大部分是粮食～|现在养牛、养蜂等～逐步增加|这个乡今年出现了养鸡、种瓜、建筑等～。

8580 **专用** 丁

zhuānyòng (for a special purpose)

[动]专供某种需要或某个人使用:专款～|线路～|物资～|病人～|救火～|教学～|只许～|～的场地|～的停车场|～的电话|～的资金|～的钢材|～的飞机|～的经费|～的器材|～的汽车|这批物资是～于救灾的|这些车只许办公室～|这是病人～的碗筷|那是我们公司的～电话|这是大夫做手术～的器械|要保证做到专款～。

8581 **专政** 丙

zhuānzhèng (v./n. dictatorship)

[动]占统治地位的阶级对敌对阶级实行强力统治:全面～|进行～|要对危害人民生命财产的坏人～。

[名]占统治地位的阶级对敌对阶级实行的强力统治:实行～|加强～|巩固～|拥护～|反对～|无产阶级的～|国家是统治阶级对被统治阶级实行～的暴力组织。

8582 **专制** 丁

zhuānzhì (n./v. autocracy)

[名](君主)独自掌握政权:～动摇|～垮台|～残忍|～野蛮|～君主|实行～|废除～|维护～|宣扬～|诅咒～|战胜～|反对～|～的帝王|～的政体|～的统治|～的时代已经过去|不管什么人,实行～必然要自取灭亡|他们已经推翻了～的帝王|那些不合理的事情表现出父亲的～。

[动]凭自己的意志独断独行,操纵一切:个人～|家长～|领导～|搞～|蛮横地～|～地安排|～地决定|君主～的制度在这个国家延续了几千年|他喜欢搞家长～|他～地独断独行。

【近义词】独裁/专断/专权

【反义词】民主

8583 **砖(磚)** *丙 ［部首］石 ［笔画］9

zhuān (brick)

[名]❶把黏土等做成的坯放在窑里烧制而成的建筑材料。多为长方形或方形:烧～|砌～|～墙|方～|一块～|他的工作是烧～|把这些～砌好|他们家是红～墙|他在院子里铺上了一块块的方～。❷〈丁〉形状像砖的东西:茶～|煤～|～茶|这茶～好喝

吗？|这是专门用来练习写字的石～|他在湖上用冰～砌了一间房子。

【构词】砖茶/砖雕/砖坯/砖头/砖砚/砖窑

8584 **转**(轉) *乙 〔部首〕车 〔笔画〕8

zhuǎn (turn)

[动]❶改换方向、位置、形势、情况等：～身|～脸|～头|～弯儿|～方向|～好|～暖|～阴|～车|～学|～专业|～院|～过来|～过去|～错|～一下|向左～|向后～|他放下书～身走了出去|一直往前走，不～弯|现在天气逐渐～暖|因为父亲工作调动，他三年里～了两次学校|他的车～错方向，耽误了一个多小时才到|今天阴～多云，没有雨|局势正向好的方向～|他的脖子扭了，～不过去|这个医院治不了，需要立刻～院。❷〈丙〉把一方的物品、信件、意见等传到另一方：～信|～关系|～户口|～账|～给他|～到北京|～过来|～过去|～走|我请你～一封信|他人已到了广州，但户口还没～过去|他的人事关系已～到那个单位了|那份材料已经～走了|群众的意见已经～给公司领导了|这份资料是从那个公司～来的。

【近义词】❶扭/回/掉；❷转达/传递

【提示】“转”又读 zhuàn，见第 8602 条。

【构词】转产/转车/转道/转发/转关系/转换/转机/转嫁/转脸/转录/转卖/转年/转念/转身/转手/转述/转瞬/转送/转托/转学/转眼/转业/转运/转赠/转战/转账/转折点/转正/转弯抹角/转危为安

8585 **转变**(變) 乙

zhuǎnbiàn (change)

[动]由一种情况变到另一种情况：思想～|作风～|立场～|态度～|～观点|～社会风气|～得快|～得了|～过来|～一下|突然～|终于～|逐渐～|局势逐渐向好的方面～|他对学习的态度有了很大～|他的立场终于～过来|他的工作作风我看～不了啦|你应该好好地～一下你的世界观。

【近义词】变化/变动/转化/改变

8586 **转播** 丙

zhuǎnbō (relay)

[动](广播电台、电视台)播送别的电台或电视台的节目：～新闻|～节目|进行～|开始～|同时～|准时～|～一次|这条重要的消息各台都要～|北京电视台经常～各省市的新闻|现在正在～中央台的新闻节目|北京人民广播电台现在开始～这次比赛的实况|各地电视台都同时～中央电视台春节联欢晚会节目|这个节目早就～过好几遍了。

8587 **转达**(達) 丙

zhuǎndá (pass on)

[动]把一方的话转给另一方：～意见|～问候|～谢意|～歉意|～过去|～给他|向他～|～一下|一定～|他向我们～了上级的意见|请向你母亲～我的问候|他让我向你～他的谢意|我一定把你的意思～过去|大家的建议我保证～上去|这是他的原话，我如实地～给你了。

【近义词】转告

8588 **转动**(動) 丙

zhuǎndòng (turn)

[动]转身活动；身体或物体的某部分自由活动：～灵活|～自如|～脖子|～手腕|～眼珠|～得吃力|～得快|

～不了｜～一次｜～一会儿｜影响～｜停止～｜继续～｜不停地～｜来回地～｜慢慢地～｜自由地～｜轻松地～｜多～｜～的身体｜他得了颈椎病，脖子不能自如地～｜做这个动作手要随着腰～｜他每天早上做～腰部的活动｜他摔了一跤，胳膊～不了了(liǎo le)｜他吟诗时头来回地～。

8589 **转告** 乙

zhuǎngào (pass on)

[动]受人嘱托把某人的话、情况等告诉另一方：～通知｜～对方｜～家属｜～单位｜～情况｜务必～｜互相～｜亲自～｜一五一十地～｜准确地～｜～一下｜请向他～学校的通知，明天8点开会｜我一定把这个好消息～大家｜因为下雨，活动取消，请大家互相～｜劳驾，请务必～一下，今天我不能参加比赛了｜这件事我要亲自～他的妻子。

【近义词】转达

8590 **转化** 丙

zhuǎnhuà (transform)

[动]转变；改变：思想～｜情况～｜形势～｜性质～｜矛盾～｜～得快｜～得突然｜～得了｜～成｜可以～｜避免～｜引起～｜产生～｜加速～｜停止～｜不断地～｜慢慢地～｜互相～｜自动～｜～的原因｜～的条件｜～的结果｜～的过程｜经过教育，他的思想逐渐～｜那个地区的局势在不断地～｜恶劣的环境引起他疾病的～｜不利因素也会～成有利因素｜如果采取积极措施，劣势会向优势～｜先进的技术会～成经济效益｜在一定条件下主要矛盾和次要矛盾会互相～｜下面我们分析一下这两种物质～的过程。

【近义词】转变/变化/改变

8591 **转换** 丁

zhuǎnhuàn (switch)

[动]改变；改换：态度～｜中心～｜位置～｜～话题｜～方向｜～注意力｜～气氛｜～题目｜～重点｜～句型｜～目标｜～画面｜～角度｜～得突然｜～一下｜实现～｜加速～｜停止～｜迅速地～｜突然～｜为了轻松一下室内的气氛，我们～了一个话题｜你再～一个角度照一张｜把这个主动句～成被动句｜为了生活需要，他不知～了多少次工作。

8592 **转交** 丁

zhuǎnjiāo (pass on)

[动]把一方的东西交给另一方：～书信｜～东西｜～钱｜～上去｜～出去｜～给他｜马上～｜请把这封信～给你妈妈｜这包衣服是你妻子托我～给你的｜这包礼物要尽快～到她手里。

8593 **转让**(讓) 丁

zhuǎnràng (transfer the ownership of)

[动]把自己的东西或享有的权利让给别人：财产～｜物资～｜房屋～｜股票～｜债权～｜家具～｜～场地｜～汽车｜～专利｜～成果｜～发明权｜～土地｜～继承权｜～出去｜～给人｜～一下｜不得～｜可以～｜进行～｜允许～｜不准～｜决定～｜合法地～｜主动地～｜全部～｜正式～｜无偿地～｜长期～｜～的贷款｜～的机器｜～的手续｜～的双方｜他把股票～给别人了｜他离开北京时，把这套家具～出去了｜这项专利不许～｜他主动地把这个名额～给朋友｜他把房产全部～给弟弟了｜他们和外省进行科研成果有偿～，取

得了显著的经济效益。

【构词】出让/互让/礼让/谦让/忍让/容让/推让/退让/相让/揖让/当仁不让

8594 **转入** 丙

zhuǎnrù (shift to)

[动]转变原来的方向而进入某地或某方面:~和平时代|~建设时期|~地下|~银行|~农村|国家由革命时期~和平建设时期|全国各族人民开始~全面的大规模的经济建设|他们的活动由公开~秘密|在革命困难时期,革命活动~地下|这笔款子怎么会~他的腰包里了?|他把家业~到几个儿子名下。

8595 **转弯**(彎) 丙

zhuǎn wān (make a turn)

❶拐弯儿:车子~|走路~|转一个弯儿|转过弯儿去|向左~|~的地方|~的时候|他只会一直开,不会~|一直开,别~,前面就到了|向前走,转一个弯儿就是|学校不远,转个弯儿就到了|这个地方不能左~|车子突然急~,我们差点儿摔倒|我们走到~的地方分手了。❷比喻改变认识或想法:说话~|脑子~|~抹(mò)角|他性子直,说话不会~|你不用~抹角,有话直说吧|你脑子稍微转个弯儿就不会干出这种蠢事|他感觉到自己说得不合适,赶快来个急~,换了话题|我是个死脑筋,一旦遇到什么事,总转不过这个弯儿来。

【近义词】拐弯儿/转弯子

【提示】离合词,中间可插入其他成分,如:转了个弯儿|转两个弯儿。

8596 **转向** 丁

zhuǎnxiàng (change direction)

[动]❶转身改变方向;泛称改变方向:前面是死胡同,车子只好从这儿~|上午是北风,下午风~了,刮起了南风。❷比喻改变政治立场:他突然~,打出了革命的旗号|为了保住自己,他决定~,投靠敌人|至今他为政治~问题后悔。

【提示】注意这个"转向"不能念成zhuànxiàng。"转向"zhuànxiàng 的意思是迷失方向,如"我在森林里~了"。

8597 **转移** 丙

zhuǎnyí (shift)

[动]❶改换位置;从一方移到另一方:~顺利|~开始|方向~|癌症~|台风~|阵地~|~目标|~重心|~目光|~注意力|~兵力|~伤员|~文件|~财产|~粮食|~得快|~得及时|~得了(liǎo)|需要~|打算~|不准~|来不及~|顾不上~|突然~|完全~|~的原因|~的方式|~的人员|台风正在向西南方面~|他的癌细胞已~到胃部|他们的任务是把伤员~到安全的地方|山洪就要来了,这些物资需要马上~|来不及~的老乡们都躲到山里去了|教师的一些不必要的动作会~学生的注意力|办理财产~的手续很简单。❷改变:~社会风气|~兴趣|~作风|~战略|~论点|客观规律不以人的意志为~|看见人家又去养花了,他的兴趣也~了|战略上的~是为了更有力地打击敌人。

【构词】迁移/推移/位移/物换星移

8598 **转折** 丁

zhuǎnzhé (a turn in the course of

events）

［动］❶（事物）在发展过程中改变原来的方向、形势等：命运～|战争～|事态～|关系～|～得快|～得突然|出现～|引起～|加速～|遇到～|伟大的～|成功的～|～关头|～时期|50岁的时候，他人生的道路发生了重要～|那个地区的局势出现了令人忧虑的～|这次反攻是中国革命战争的伟大～。❷指文章或语意由一个方向转向另一个方向：～自然|～恰当|文章～|句子～|意思～|语义～|情节～|～得巧妙|～得灵活|～得自然|开始～|出现～|安排～|～的地方|～的效果|这个段落～得相当巧妙|文章写到这里突然～，显得很不自然|这个句子后边用一个"但是"，表示意思上的～|在文章～的地方，要注意前后词语的衔接。

8599 **传**（傳） 丁 ［部首］亻 ［笔画］6

zhuàn（biography）

［名］❶记录某人生平事迹的文字：外～|别～|自～|列～|他为父亲作～|这是他写的自～|我喜欢读《鲁迅～》|《史记》上有屈原的～。❷叙述历史故事的作品（多用为小说名称）：《水浒～》|《儿女英雄～》。

【近义词】❶传记/传略

【提示】"传"又读 chuán，见第973条。

8600 **传记**（記） 丁

zhuànjì（biography）

［名］记录某人生平事迹的文字：写～|他的～|名人的～|一篇～|～文学|他正在给朋友写一篇～|这是居里夫人的～|这篇～写得真实、动人|很多人喜欢读名人～。

【近义词】传/传略

8601 **赚**（賺） 丙 ［部首］贝 ［笔画］14

zhuàn（make a profit）

［动］获得利润（跟"赔"相对）：～钱|～得多|～不了|～回来|～足|～够|他靠画广告～钱|卖冰棍～不了多少钱|最近生意不好，～得不多|他很快就把本钱～回来了|他开了个饭馆，生意特别好，这下可～足了|钱再多，他也觉得～不够|他每月～的钱刚够养活一家人。

【近义词】挣

【反义词】亏/蚀/赔/折（shé）

【构词】赚头

8602 **转**（轉） 乙 ［部首］车 ［笔画］8

zhuàn（turn）

［动］❶旋转：地球～|齿轮～|轮子～|风车～|～门把手|～得快|～不了|～起来|不停地～|日夜～|自行车后轮不～了|一有风，风车就～起来|地球本身在不停地～|汽车轮子～得真快|这根长针～一圈是一个小时。❷绕着某物移动；打转：～菜市场|～公园|～圈儿|～弯儿|～晕|～够|～回来|瞎～|乱～|来回～|地球绕着太阳～|孩子围着桌子～来～去|他一回来，小狗就围着他～起来|他一到星期天就去～大商场|北京有名的地方都～遍了|这里的地铁真复杂，我都～糊涂了|我不去迷宫，我怕进去以后～不出来|他没事就出去瞎～|那个人在你家门口～了半天了，你认识他吗？

【近义词】❶旋；❷绕/兜

【提示】"转"zhuàn 和"转"zhuǎn 的区别："转"zhuàn 多指圆周运动，适用于车轮、机轮、齿轮等可作圆周运动的事物；"转"zhuǎn 指身体或物体某部分的自由活动，不是圆周运动。

8603 **转动**（動） 丙

zhuàndòng（turn）

[动]物体以一点为中心或以一直线为轴作圆周运动；使转动：机器～｜发电机～｜水车～｜车轮～｜眼珠～｜脖子～｜～得快｜～得费劲｜～一回｜～一下｜～一周｜加快～｜放慢～｜停止～｜不停地～｜来回地～｜灵活地～｜正常地～｜飞快地～｜～的次数｜～的速度｜马达～着，响声很大｜车轮～得飞快｜电力不足会影响机器的～｜火车的车轮在有节奏地～｜发动机～的声音有点儿不大正常｜孩子喜欢眼珠会～的娃娃｜你顺时针方向～钥匙，就可以把门打开。

【近义词】旋转/打转

8604 **桩**（樁） 丙 〔部首〕木 〔笔画〕10

zhuāng（n. stake; m. *used for matters*）

[名]一端或全部埋在土中的柱形物，多用于建筑或做分界的标志：木～｜石～｜铁～｜水泥～｜桥～｜打～｜立～｜他把船系在岸边的木～上｜他家门前有一棵炮弹炸断的短树～｜他在两家地头中间立了个石～｜自行车撞在铁～上，幸亏人没事｜工人们日夜不停地在工地上打～。

[量]件（用于事情）：一～事｜这～亲事｜我有～事跟你商量｜这不是一～小事，要认真去做｜父亲给他定下了这～亲事｜一进门就不高兴，到底是为了哪～？

【近义词】[名]桩子；[量]件

8605 **庄**（莊） 丁 〔部首〕广 〔笔画〕6

zhuāng（village）

[名]❶村庄：～西边｜农～｜高家～｜～东边有一座庙｜他是在一个农～里长大的｜请问，去王家～怎么走？❷封建社会里君主贵族等所占有的成片土地：皇～｜～田｜田～｜这里过去是封建贵族的皇～｜那时王公贵族的～田都有好几千顷｜这个故事发生在一个贵族的大～园里。❸规模较大或做批发生意的商店：钱～｜布～｜茶～｜饭～｜他爷爷以前是个大钱～的老板｜这是北京很有名的老字号布～｜他们在鸿宾楼饭～吃晚饭。

【近义词】❶村

【提示】庄，姓。

【构词】庄稼地/庄稼汉/庄稼活/庄稼人/庄田/庄园/庄子

8606 **庄稼** 乙

zhuāngjia（crops）

[名]地里长着的农作物（多指粮食作物）：～成熟｜～丰收｜～减产｜种～｜管理～｜收～｜运～｜破坏～｜保护～｜村里的～｜大田的～｜秋天的～｜成熟的～｜倒伏的～｜越冬的～｜茂密的～｜枯黄的～｜淹了的～｜绿油油的～｜一片～｜一茬～｜一季～｜～的根｜～的穗｜～的长势｜～的产量｜～的收成｜～的生长期｜今年的～又是大丰收｜秋天是收～的季节｜他们有一套管理～的好经验｜他们把倒伏的～一株一株地扶起来｜这一片～的长势真是喜人｜这一茬～种的是越冬的小麦。

8607 **庄严**（嚴） 乙

zhuāngyán（solemn）

[形]庄重而严肃：场面～｜气氛～｜态度～｜～得很｜感到～｜显得～｜布置得～｜极其～｜格外～｜～的行列｜～的人民英雄纪念碑｜～的建筑｜～的

仪式|～的语气|～的国徽|～的标志|～地宣布|～地宣誓|～地说|毕业典礼上的气氛十分～|大会的会场布置得非常～|今天人们都穿着黑色的礼服，显得特别～|天安门广场每天早上都举行～的升旗仪式|一走近人民英雄纪念碑，就使你感到一种特有的～|主席～地宣布：庆祝大会现在开始|少先队员们在五星红旗下～地宣誓。

【近义词】庄重/严肃/肃穆

【反义词】轻浮/轻佻

8608 **庄重** 丁

zhuāngzhòng (grave)

[形](言语、举止)不随便；态度很严肃：态度～|举止～|场面～|～极了|保持～|表现～|缺乏～|显得～|感到～|说得～|变得～|～的词句|～的称呼|～的目光|～的风度|～的言谈|～的场合|～的气氛|～地发言|～地行礼|他的母亲～寡言，治家严肃|她随着年龄增长，变得～起来|她那～的神情，给人们留下难忘的印象|我最喜欢的是他那～的风度和言谈。

【近义词】庄严/稳重/严肃

【反义词】轻浮/轻佻/轻飘/轻狂

8609 **装**(裝) *甲 〔部首〕衣 〔笔画〕12

zhuāng (hold)

[动]❶把东西放进器物里：～粮食|～衣服|～苹果|～钱|～书|～车|～箱|～筐|～得多|～得下|～得快|～不了|～上去|～进去|～错|～好|～满|～完|～一下|慢慢地～|～一瓶|这个口袋是～大米的|筐里～着梨和苹果|把电视机～到车上去|冬天的衣服～在大箱子里|这个书包好，书～得多|这么大的西瓜怎么～得进去？|再多～点儿，把它～满|～得太乱了，倒出来重～|他从外婆家～了一书包好吃的回来。❷把零件或部件配成整体；安装：～电灯|～空调|～收音机|～暖气|～锁|～电话|很多家庭～上了空调|门上的锁～错了|把电话～在客厅里|这台机器～得不合格|一会儿工夫他就～起一辆自行车|喇叭要～得高一点儿|赶快把抽油烟机～起来。❸〈乙〉化装：～老头儿|～公主|～得像|～成|圣诞节那天，他～成一位圣诞老人来到孩子们中间|这个演员的年纪大了，不能再～少女了|在这出戏里他～一个勇敢的王子|他长的那个样子，～正面人物怎么～也～不像|让我～一个英雄我可～不了|她在戏里头一回～一位贵族小姐。❹〈丙〉假装：～聋子|～好人|～疯|～哭|～睡|～懂|～傻|～糊涂|～成|每次批评孩子时，他总～好人|一提那件事，他就故意～糊涂|不懂就是不懂，不要～懂|他成年～病不上班|我不想笑，让我～，可～不出来|狼～出可怜的样子说：猎人追来了，救救我吧|他一喝醉了就～疯卖傻。

【近义词】❶放；❷配/安装

【反义词】❶卸

【构词】装扮/装订/装甲兵/装甲车/装假/装门面/装饰品/装束/装蒜/装相(xiàng)/装修/装样子/装运/装载/装疯卖傻/装模作样/装腔作势/装神弄鬼

8610 **装备**(備) 丙

zhuāngbèi (v. equip; n. equipment)

[动]根据需要分配(武器、军装、器材、技术力量等)：～军队|～民兵|～

武器|～导弹|～弹药|～电台|加紧～|秘密地～|成功地～|他们的部队用最新式武器～起来|在各管理部门都～了计算机|各个连队～了足够的弹药|我们住的宿舍区都～了闭路电视|他们在敌占区秘密地～了电台|这个饭店最近～的一批空调机都是最新产品。

[名]指配备的武器、军装、器材、技术力量等:～缺乏|～更新|～优良|～先进|～简单|生产～|运输～|引进～|增加～|改良～|补充～|军队的～|工厂的～|新型的～|这个部队的～很先进|他们进口了一批国外的～|这是一间有新型～的房间。

8611 装配 丁

zhuāngpèi (assemble)

[动]把零件或部件配成整体:机器～|～车床|～电视机|～零件|～得好|～错了|进行～|着手～|加紧～|提前～|成功地～|熟练地～|～的技术|～的能力|～的进度|～的流水线|～车间|～空调机|那批主机正在按图纸～|他们在～整套的设备|这台发电机～得很好|这个警报器～得不对,不响|他们专门～电视机|他们厂的～技术相当高|这个车间～出来的产品全是一流的。

【近义词】装

【反义词】拆卸

8612 装饰(飾) 丙

zhuāngshì (v. decorate; n. decoration)

[动]在身体或物体的表面加些附属的东西使美观:～会场|～校园|～舞台|～着花边|～得漂亮|～得豪华|～得呆板|～一下|加以～|经过～|注意～|简单～|节日的街道～得真漂亮|饭店的大厅～得相当豪华|她的头发这么一～,反而更难看了|天安门广场～着五彩缤纷的花卉|画面的下边～点儿小零碎,不显得单调|简单地～一下就行了。

[名]装饰品:～讲究|～华丽|～精美|～迷人|成为～|设计～|街道的～|室内的～|身上的～|头上的～|衣服上的～|现代派的～|时髦的～|他家客厅的～非常讲究|这盆花放在窗台上做～|他善于设计封面～|他喜欢中国民族传统的～|室内～的色彩不要过于鲜艳|仅仅窗帘这一项～,就花了她好多时间。

【近义词】[动]装点/点缀/打扮;[名]饰物/装潢

8613 装卸 丁

zhuāngxiè (load and unload)

[动]❶装到运输工具上和从运输工具上卸下:～货物|～煤炭|～完|进行～|开始～|人工～|机械化～|小心地～|忙碌地～|轻轻地～|～的时候|～工人|货物的～|他们正在～货物|这些货物在第六码头～|现在已经采用机械化～|这车上都是电器,要轻轻地～|～瓷器的时候要慢一点儿|码头上的～工人非常辛苦。❷装配和拆卸:～机器|～自行车|他会～手表|这种机器～很容易。

【近义词】❷装配/拆卸

【构词】拆卸/交卸/推卸

8614 装置 丙

zhuāngzhì (v. install; n. device)

[动]安装:～自来水管|～空调机|～管道煤气|～电脑|～电话|～完|进行～|准备～|要求～|来不及～|您

家的电话已经～好了|现在农村家家～了自来水|他们公司～的各种仪器都是国产的。

[名]机器、仪表或其他设备中，构造较复杂的并具有某种独立功能的物件：～失灵|排风～|通风～|冷冻～|无线电～|传热～|避雷～|报警～|自动化的～|厨房里的通风～并不复杂|这个厂进口了一批电脑～|这么高的楼应该有避雷～|这个工厂的自动化～并不比外国的差|他家新安了一台报警～|这一套精密的无线电～是我们自己生产的|这批保险器～的合格证都在这儿。

【近义词】[动]安装；[名]设备

8615 **撞** *乙 〔部首〕扌 〔笔画〕15

zhuàng (knock)

[动]❶运动着的物体跟别的物体猛然碰上：～头|～人|～车|～墙|～倒|～伤|～疼|～死|～坏|～碎|～昏|～沉|～红|～过来|～过去|～得起个大包|～得头破血流|～得晕头转向|～得鼻青脸肿|～来～去|互相～|使劲儿～|故意～|往墙上～|～在一起|慢点儿骑，别～了人|那条船差一点儿～翻了|车上的玻璃被～碎了|只要～上一个，其他的瓶子就全倒了|他的腿被自行车～破了|那个人从后边～过来，差点儿把我～倒|有路不走，怎么往别人身上～！|那辆大卡车把树～折了。❷〈丙〉遇见；碰见：～见|～着|～上|～到|今天在街上～见一个老同学|我在一个晚会上～着他们了|几次开会都没～到他|他偷着喝酒，偏偏让他太太～上了|我越怕～上谁，偏偏就～上谁。❸〈丁〉试探：～运气|～机会|～一～|～～看|～一下|～上|老王算～上好运气了，摸彩票中了头等奖|所有的好机会全让他～上了|你也去～～机会|你去～～看，说不定那个公司会要你。

【近义词】❶碰/击；❷遇；❸试

【构词】撞车/撞击/撞见/撞骗/撞锁/撞针

8616 **幢** 丙 〔部首〕巾 〔笔画〕15

zhuàng (m. *for houses*)

[量]房屋的量词，一座房屋叫一幢：一～房屋|一～楼|这～|那一～|～～|这几～楼房都是新盖的|每～楼前都种着花|这～小楼真漂亮。

【近义词】座

【提示】"幢"又读 chuáng，如"鬼影幢幢"(鬼影摇来晃去)。

8617 **壮**(壯) *丙 〔部首〕士 〔笔画〕6

zhuàng (adj. strong; v. strengthen)

[形]❶强壮：身子～|庄稼～|身强力～|年轻力～|长得～|～得很|～极了|他虽然上年纪了，身子骨还挺～|这孩子真～|这麦子长得～极了|这是一个身强力～的小伙子|他家的牛喂得好～哟。❷〈丁〉雄壮：气～|～观|～志|他心里有愧，说话气儿都不～|他的胆子很～，什么也不怕|他从小就志气～。

[动]〈丁〉加强；使壮大：～声势|～胆|他们敲锣打鼓，为的是给自己～声势|有你给我～胆，我还怕什么！

【近义词】[形]强/大

【反义词】[形]弱

【构词】壮胆/壮丁/壮歌/壮工/壮健/壮举/壮阔/壮美/壮年/壮实/壮士/壮心/壮族

8618 **壮大** 丙

zhuàngdà（v. strengthen; adj. strong）

[动]❶变得强大：力量～｜队伍～｜组织～｜势力～｜经济～｜事业～｜实力～｜～起来｜～得快｜开始～｜日益～｜越来越～｜不断地～｜迅速地～｜我们的海军不断～起来｜我们的组织越来越～｜人民教师的队伍在迅速～｜这些都是我国经济实力～的象征。❷使强大：～军队｜～力量｜～实力｜要不断～我国的科技队伍｜要迅速～我们的教育事业｜要尽快地使我国的经济～起来。

[形]强壮粗大：手脚～｜～得很｜他虽不高，但手脚～｜他那～的身体就像一座铁塔。

8619 **壮观**(觀) 丁

zhuàngguān（magnificent）

[形]景象雄壮而伟大：场面～｜长城～｜宫殿～｜～得很｜～极了｜显得～｜感到～｜建造得～｜设计得～｜画得～｜极其～｜无比～｜确实～｜空前～｜～的镜头｜～的团体操｜～的飞机场｜当年修建十三陵水库的场景真是～极了｜中国的长城建造得极其～｜飞机表演那～的气势吸引了数千名观众。

8620 **壮丽**(麗) 丙

zhuànglì（magnificent）

[形]雄壮而美丽：景色～｜事业～｜山川～｜～极了｜显得～｜画得～｜写得～｜装点得～｜格外～｜无限～｜～的山河｜～的建筑｜祖国的山河非常～｜三峡两岸的风光～迷人｜雨后的大海显得特别～｜彩色的气球和花束把节日的天安门装点得更加～｜她把青春奉献给～的事业。

8621 **壮烈** 丁

zhuàngliè（heroic）

[形]勇敢，坚持正义，在敌人面前不屈服：场面～｜战斗～｜死得～｜表现得～｜牺牲得～｜特别～｜～的行为｜～的篇章｜～的英雄｜～的事迹｜～的景象｜～地献身｜那场战斗打得十分～｜他在敌人面前表现得非常～｜他～地牺牲了。

8622 **壮志** 丁

zhuàngzhì（great aspiration）

[名]伟大的志向：～冲天｜～可嘉｜～凌云｜胸怀～｜实现～｜缺乏～｜革命者的～｜青年人的～｜献身的～｜雄心～｜豪情～｜立下～｜英雄们～冲天｜解放全中国的～决不动摇｜他抱定改变家乡落后面貌的～｜他从小就立下了改造国家和社会的雄心～｜他的目光里充满了豪情～。

【近义词】壮心/远志/雄心

8623 **状况** 乙 ［部首］犬 ［笔画］7

zhuàngkuàng（condition）

[名]情形：～良好｜～变化｜～改善｜～正常｜～严重｜国家的～｜市场的～｜沿海～｜政府的～｜学生的～｜经济～｜教育～｜婚姻～｜身体～｜气候～｜生长的～｜混乱的～｜健康～｜卫生～｜落后～｜腐败～｜个别的～｜农民的生活～有了很大的改善｜这里的环境污染～相当糟糕｜要保持现在物价稳定的～｜那个地方的社会～令人担忧｜他不考虑自己的健康～，坚持参加这次登山运动｜由于管理不严，而造成现在这种混乱的～｜要重视青少年的思想～｜在政府的关心下，这里已

改变了原来的落后～。

【近义词】状态/情况/情形/形势/局面

【构词】状语/状元/状纸/状子

8624 **状态**(態) 乙

zhuàngtài (state)

[名]人或事物表现出来的形态：～改变|～好转|～稳定|心理～|精神～|思想～|贫困的～|战争的～|动乱的～|瘫痪的～|静止～|昏迷～|正常～|被动～|紧急～|理想的～|一种～|那里的战争～已经结束|那个地区和平稳定的～受到破坏|那里至今还停留在贫困落后的～|他最近的精神～有点儿异常|这个新鲜事物还处于萌芽～|他已经从昏迷～中苏醒过来|他正处于极度兴奋的～中。

【近义词】状况/情况/情态/情形/形势

8625 **追** *乙 〔部首〕辶 〔笔画〕9

zhuī (chase)

[动]❶加快速度赶(走在前面的人、动物或其他事物)：～汽车|～人|～兔子|～帽子|～上去|～上来|～下去|～出去|～进来|～过去|～着|～上|～错|～过|～不着|～得累极了|～得满头大汗|～得上气不接下气|～了半天|快～|猛～|一直～|拼命～|骑着车～汽车太危险了|他们在～一个小偷|他还没走远，快把他～回来|他从屋子里～出来说："你的书包忘了！"|两只小松鼠在树林里互相～着玩|你跑这么快，我可～不上|现在弟弟的学习已经～上哥哥了|他连忙～上去问：这是您的钱包吗？|5号运动员被6号运动员～过去了|他～得直喘，也没～着那个人|我一直～到十字路口才抓住他。❷〈丙〉追究：～原因|～责任|～赃款|～下去|～得紧|正在～查发生事故的原因|到底是谁的责任，现在正在～|上级又来～这件事了|把他们盗窃的公款～回来了|关于这件事，上面～得很紧|不管怎么样，一定要～个水落石出|万一～起这件事的责任，那就不好办了。❸〈丙〉努力争取达到某种目的：～名逐利|～求|～寻。❹〈丙〉特指追求异性：他正在～一个姑娘|到现在他也没～上那个姑娘|你没看出来吗，他正在～你呢！|他～得真紧，也许能成功呢|他～她～了好几年了。

【近义词】❶赶；❷查/究；❸追求

【构词】追逼/追捕/追肥/追怀/追悔/追击/追记/追加/追缴/追认/追述/追思/追溯/追随/追寻/追忆/追赃/追赠/追逐/追踪/追本穷源/追风逐电/追根究底

8626 **追查** 丁

zhuīchá (investigate)

[动]根据事故发生的经过进行调查：～凶手|～肇事者|～可疑分子|～责任|～原因|～来源|～下落|～谣言|～关系|～清楚|～下去|～出|～起来|进行～|加以～|需要～|受到～|抓紧～|依法～|及时～|彻底～|～的对象|～的线索|～的结果|这件事一定要彻底～|要尽快～这次火灾发生的原因|他们正在～那包东西的下落|这件事情如果～起来，你我都跑不了|这个案子需要继续～下去|对这些非法出版物，现在～得很紧|那些人受到警方严密的～|他们都不属于～的目标。

【近义词】追问/追究/查问

8627 **追悼** 丁

zhuīdào (mourn)

[动]沉痛地怀念(死者):~烈士|~朋友|沉痛地~|~会|人们在英雄纪念碑前~为国牺牲的先烈们|群众开会~人民的好干部孔繁森|我们怀着沉痛的心情~老战友|我们为死去的老同学开了一个隆重的~会。

【近义词】悼念/悲悼/哀悼

8628 **追赶**(趕) 丁

zhuīgǎn (quicken one's pace to catch up)

[动]加快速度赶(走在前面的人、动物或其他事物):~敌人|~强盗|~坏人|~恶狼|~汽车|~敌机|~时代|~先进水平|~了几十米|~一阵|摆脱~|来不及~|停止~|加快~|拼命~|~的路线|~的敌人|猎人在~狐狸|他骑着车去~丢钱包的人|要迅速地~世界先进水平|他们在紧张地~逃犯|被~的敌人终于缴枪投降。

【近义词】追/赶

8629 **追究** 丁

zhuījiū (investigate)

[动]追问(根由);追查(原因、责任等):~责任|~原因|~背景|~下落|进行~|加以~|继续~|~的目的|要~这次事故的原因|这件事必须~责任|这次医疗事故的原因已经查明,不要再~了。

【近义词】追问/追查/探究/深究

8630 **追求** *丙

zhuīqiú (seek)

[动]❶用积极的行动来争取达到某种目的:~真理|~进步|~幸福|~自由|~理想|~趣味性|~形式|~外表|~名利|~数量|~金钱|~一辈子|~下去|坚持~|不断~|盲目~|长期~|努力~|一贯~|一味~|狂热地~|苦苦地~|~的目标|~的决心|他从青年时代就积极~进步|他在中学时代就努力~革命真理|他一味地~名誉和地位|不能只~数量,不顾质量|他写文章喜欢~华丽的词藻|他~了一辈子救国救民的真理|一旦有了一个~的目标,他就坚持~下去。❷特指向异性求爱:~姑娘|~小伙子|~演员|大胆地~|狂热地~|~的手段|他正在~同班的一个女同学|好多年轻人都~那个歌星|你若是喜欢他,就大胆地去~吧|他在学校成了很多人~的目标。

【近义词】❶探求/寻求/希求;❷求偶

8631 **追问**(問) 丁

zhuīwèn (make detailed inquiries)

[动]追根究底地问:~朋友|~罪犯|~事情|~历史|~原因|~来源|~下落|~去向|~身份|~得紧|~几次|~一句|~半天|受到~|再三~|反复地~|~的态度|~的语气|~的结果|父亲~儿子这件事情到底怎么发生的|这件事上级~得很紧|他详细地~朋友离开家乡的原因|他又~了一遍那个人的下落|他怎么也~不出来同伙是谁|一再~之后,终于弄清楚了他的身份。

8632 **准**(準) *乙 〔部首〕冫 〔笔画〕10

zhǔn (adj. accurate; v. permit)

[形]准确:时间~|数字~|发音~|估计~|判断~|不够~|听得~|量得~|计算得~|解释得~|抓得~|打得~|特别~|~时|他的发音非常~|我的闹钟不太~|他打枪打得真~|电子表走得相当~|他踢球踢得

好～啊！｜他怎么说的，我没听～｜明天请大家～时来。

[动]〈丙〉同意人的要求：～假｜～卖｜～说｜～玩｜不～｜领导～他3天假｜这种东西是不～卖的｜这本书不～翻印｜公共场所不～吸烟｜在大街上要注意，不～闯红灯｜上课不～迟到早退。

【近义词】[形]准确；[动]同意/批准/允许

【提示】动词义的"准"是本字，不是"準"的简化字。

【构词】准保/准谱儿/准绳/准尉/准星/准予

8633 **准备**(備) 甲

zhǔnbèi (v. prepare; n. preparation)

[动]❶预先安排或筹划：～婚事｜～节目｜～工具｜～汽车｜～房间｜～午饭｜～粮食｜～发言稿｜～材料｜～考试｜～得认真｜～得充分｜～得简单｜～好｜～完｜～齐｜～不过来｜～出｜需要～｜加紧～｜来不及～｜快点儿～｜不停地～｜拼命地～｜提前～｜多～｜早～｜亲自～｜临时～｜重点～｜～的药品｜～的资料｜～的过程｜这次考试我～很不充分｜饭都～好了，吃了饭再走吧｜他家正忙着～儿子的婚事｜晚会的节目他们～得特别认真｜旅行带的东西都～齐了｜时间太紧，我都来不及～就上飞机了｜路很远，多～点儿水｜我临时～了点儿吃的，你带着吧｜这是我为你～的参考资料。❷打算：～旅行｜～退休｜～去上海｜～学书法｜今年夏天我～去南方旅行｜他～搬到城外去｜他～退休后学习画画儿｜他儿子～考音乐学院｜我～送给你一件你意想不到的礼物｜我们已经通过电话了，就不～再写信了。

[名]预先安排或筹划的内容：思想～｜精神～｜时间～｜物资～｜比赛的～｜考试的～｜这次调动工作，他没有一点儿思想～｜要做好人力、物力的～｜考试前的～非常重要｜我已做好一切～，就等你发命令了。

【近义词】[动]❶预备；❷打算/盘算/拟

8634 **准确**(確) 乙

zhǔnquè (accurate)

[形]行动的结果完全符合实际或预期：数字～｜意思～｜判断～｜计算～｜投篮～｜表达～｜～得很｜～极了｜不够～｜要求～｜说得～｜写得～｜量(liáng)得～｜解释得～｜～地计算｜～的方向｜～的日期｜～的位置｜～的语言｜～的动作｜～的枪法｜～地使用｜～地表达｜用电子计算器计算，又快又～｜他对这件事的判断很不～｜他的发音～得很｜如果量得不～，做出来就不合适｜他把这本书～地翻译成英文｜请你～地解释一下这个成语的意思｜你最好能告诉我一个～的日期。

【近义词】正确/准

【反义词】错误

8635 **准时**(時) 乙

zhǔnshí (punctual)

[形]按规定的时间：火车～｜开会～｜吃饭～｜～上下班｜～开演｜～起飞｜～完成｜～到达｜必须～｜这路汽车经常不～｜下次开会请你～来｜他生活很有规律，每天早上6点～起床，晚上10点～睡觉｜因天气关系，这次航班不能～起飞｜音乐会7点～开始，请大家别迟到。

【近义词】按时/按期/如期/正点

8636 **准许**(許) 丁

zhǔnxǔ (permit)

[动]同意人的要求:父亲~|学校~|~请假|~出售|~请求|~申辩|~讨论|~抽烟|在公共场合不~大声喧哗|公司只~他请三天假|这种伪劣假冒商品是不~出售的|因为票不多,每人只~买一张|请~我阐明一下我的观点。

【近义词】容许/允许/许可/同意

8637 **准则**(則) 丁

zhǔnzé (norm)

[名]言论、行动等所依据的原则:起草~|通过~|学习~|执行~|遵循~|当作~|破坏~|拥护~|生活的~|道德的~|法律的~|行动的~|做人的~|~的内容|这个劳动~制定得很详细|这是最起码的做人的~|请大家认真执行关于国家法律的~。

8638 **捉** 乙　〔部首〕扌 〔笔画〕10

zhuō (seize)

[动]❶握;抓:~住|他把钱包牢牢地~在手里|老人热情地~住我的手。❷使人或动物落入自己的手中:~老鼠|~小鸟|~蝴蝶|~虫子|~小偷|~逃犯|~住|~着|~光|~干净|~不着|~不得|~出来|~回来|孩子们喜欢~蜻蜓玩|咱们来玩老鹰~小鸡的游戏|快~住那个小偷!|我没~着那只可恶的苍蝇|树上的虫子是~不干净的|公安干警把那伙坏蛋一个个从屋子里~出来|那个坏人已经被~到派出所去了。

【近义词】❶拿/抓;❷逮/擒/获/捕/缉

【反义词】❷放/释/纵

【构词】捉刀/捉奸/捉迷藏/捉拿/捉弄/捉襟见肘

8639 **桌子** 甲　〔部首〕木 〔笔画〕10

zhuōzi (table)

[名]家具,上有平面,下有支柱,在上面放东西或做事情:~大|~长|方~|圆~|吃饭的~|写字的~|一张~|这张~太大|我想买一张圆~|这瓶花放在~中间吧。

【近义词】桌

【构词】桌案/桌布/桌灯/桌面/桌椅板凳

8640 **卓越** 丁　〔部首〕十 〔笔画〕8

zhuóyuè (outstanding)

[形]非常优秀,超出一般:才能~|表演~|成绩~|确实~|~的人物|~的人才|~的成就|~的事迹|~的作品|~的创造|这个学生成绩~|我国培养了一批~的科技人才|他们为国家做出了~的贡献|我非常赞同你这~的见解|这是他们的~创造。

【近义词】卓著/卓绝/卓异

【提示】卓,姓。

【构词】卓见/卓绝/卓识/卓著/卓尔不群/卓有成效

8641 **啄** 丁　〔部首〕口 〔笔画〕11

zhuó (peck)

[动]鸟类用嘴取食物:~食|~米|~虫|~出来|~干净|啄木鸟在树上~虫吃|那只鸟把地上的虫全~光了|这群小鸡很快就把地上的米~干净了。

【构词】啄木鸟

8642 **酌情** 丁　〔部首〕酉 〔笔画〕10

zhuóqíng (take into consideration the circumstances)
斟酌情况:~处理|~办理|~购买|这两个人由你们~处理吧|购买化肥的事由你~办理|这些物资应该~分配|公司~补助给困难的职工一些钱。

8643 **着** 丁 〔部首〕羊 〔笔画〕11

zhuó (wear)
[动]❶穿:~衣|那人身~黑色上衣,头戴一顶草帽|他们的生活很好,吃~不愁|他不大讲究穿~。❷接触;挨上:~边|~地|不~边际|他这些话说得不~边儿|裙子长得~了地|你尽说些不~边际的话|飞机已经~陆。❸使接触别的事物;使附在别的物体上:~笔|~眼|~手|~色|~墨|要大处~眼,小处~手|他昨夜~笔,今晨方写完|我送他一张~色的照片。❹派遣:~人|衣服做好了,请~人来取|报纸我马上~人送去。
【提示】"着"又读 zháo,见第 8146 条;又读 zhe,见第 8187 条;又读 zhuó,如:着落、着力、着想;又读 zhāo,如:这一着、着数。
【构词】着笔/着边/着慌/着陆/着落/着墨/着色/着实/着眼/着意/着重号/着装/着手成春

8644 **着手** 丙

zhuóshǒu (set about)
[动]开始做;动手:~生产|~准备|~进行|~整理|~解决|~编写|~调查|~安装|~修理|~得早|~得快|早~|从基础知识~|从小处~|从改进技术~|从调查研究~|有关这方面的资料已在~整理|他们正在~解决工人的住房问题|他们打算~编写一部词典|春耕准备工作要早点儿~|这项工作已~好几个月了|要大处着眼,小处~|这件事情必须从调查研究~。
【近义词】入手/动手

8645 **着想** 丁

zhuóxiǎng (consider〔the interests of sb.〕)
[动](为某人或某事的利益)考虑:为别人~|为增加生产~|为前途~|替大家~|他什么事都首先为别人~|你要为他们将来的前途~|为你自己的健康~,也应该戒烟|这样做我是替工厂的效益~。
【近义词】设想/考虑

8646 **着重** 丙

zhuózhòng (stress)
[动]把重点放在某方面;强调:~练习|~基本功|~改革|~口语|~质量|~效益|~于教育|~于管理|~在文艺方面|~讨论|~发展|~学习|~收集|~制造|~写|~研究|不管学什么,应~打好基础|学习外语应~听和说|工厂的生产应~抓质量|今天~讨论前两个问题|他们~搜集有关二次大战的资料。
【近义词】注重/强调/重视
【反义词】轻视/小看

8647 **咨询**(諮) 丁 〔部首〕口 〔笔画〕9

zīxún (consult)
[动]征求意见(多指行政当局向顾问之类的人员或特设的机关征求意见):~法律|~疾病|~经济|~一下|~一番|进行~|要求~|向他~|向医院~|简单地~|公开~|专门~|

～的业务｜～的内容｜～的方法｜～的形式｜～的效果｜～人员｜～机关｜～机构｜这事我曾经～过两次｜我想～一些法律方面的问题｜可以打电话进行～｜这个公司有一个专门的～机构｜这个问题应该向有关方面～～｜这事你可给信托公司打电话～。

【构词】查询/垂询/探询/征询/质询/追询

8648 **资本**(資) ＊丙 〔部首〕贝 〔笔画〕10

zīběn (capital)

[名]❶用来生产或经营以求牟利的生产资料和货币:～增加｜～集中｜～外流｜～雄厚｜变为～｜垄断～｜积累～｜掌握～｜扩大～｜缺少～｜限制～｜核算～｜私人～｜国家～｜商业～｜土地～｜投入的～｜流通的～｜全部～｜巨额～｜一些～｜～的利息｜～的来源｜～的性质｜～的作用｜那家私人工厂的～相当雄厚｜这几家小公司的～被他全部侵吞了｜那个大厂家垄断了这几个小工厂的～。❷〈丁〉比喻牟取利益的凭借:当做～｜成为～｜骗取～｜捞取～｜利用～｜失去～｜个人的～｜政治～｜升官的～｜重要的～｜惟一的～｜一点儿～｜他把入党作为捞取政治～的手段｜他这样做是为了取得升官发财的～｜父亲的去世,使他失去了往上爬的重要～｜他想乘此机会取得一点儿个人的～。

【提示】资,姓。

【构词】资财/资方/资历/资深/资望/资质

8649 **资本家** 丙

zīběnjiā (capitalist)

[名]占有资本、剥削工人的剩余劳动的人:他父亲是～｜他是～出身｜这个工厂过去是一个大～办的。

【反义词】工人

8650 **资本主义**(義) 丙

zīběnzhǔyì (capitalism)

[名]资本家占有生产资料并用以剥削雇佣劳动的社会制度:～国家｜～制度｜～社会｜～的生产社会化和生产资料私人占有,是～社会的基本矛盾｜他生长在～国家。

8651 **资产**(產) 丁

zīchǎn (property)

[名]❶属于国家、集体或个人所有的物质财富:～雄厚｜拥有～｜很多～｜国家的～｜个人的～｜这笔～是他祖父留下来的｜他在南方有一笔～｜他家有很多～｜国家的～不允许挥霍｜私人的～受到国家的保护。❷企业资金:～充足｜～缺乏｜～雄厚｜拥有～｜工厂的～｜这家工厂的～相当雄厚｜那家企业拥有巨额的～｜全部的～加起来也不足10万元。

8652 **资产阶级**(產階級) 丙

zīchǎnjiējí (bourgeoisie)

[名]占有生产资料、剥削工人剩余劳动的阶级:～革命｜～统治｜～出身｜～知识分子｜～家庭｜他爷爷早年参加过～革命｜他出身～家庭｜和～相对的是无产阶级｜～取代封建专制是历史的一大进步。

【反义词】无产阶级

8653 **资格** 丙

zīgé (qualifications)

[名]从事某种活动所应具备的条件、身份等:～老｜～浅｜～深｜具备～｜取

得~|保留~|授予~|审查~|取消~|剥夺~|摆~|比~|讲求~|迷信~|记者的~|代表团的~|教师的~|研究生的~|参军的~|入党的~|列席的~|讲课的~|比赛的~|老~|我们厂老王的~最老|他已具备参军的~|他明年就可取得研究生的~|他最喜欢摆老革命的~|他被取消参加决赛的~|这次他被授予国际律师的~。

8654 **资金** 丙

zījīn (fund)

[名]❶国家用于发展国民经济的物资或货币:~增加|~短少|~外流|~周转|~雄厚|~有限|~分配|积压~|使用~|得到~|节约~|减少|浪费~|教育~|财政~|工业~|固定~|充裕的~|全部~|一笔~|~的数量|~的来源|~的周转期|~的利用率|因~有限,要合理安排|要防止~外流|~要按计划进行分配和使用|这笔~是用来发展教育事业的。❷指经营工商业的本钱:~充裕|~不足|筹集~|投入~|积累~|集中~|商店的~|集体的~|个人的~|雄厚的~|现成的~|~的数量|~的来源|~的所有权|这个商店的~相当雄厚|为办一个工厂,他们正在筹集~|这个企业的~是属于集体的|想兴办化肥厂,但没有~的来源。

【近义词】❶资产;❷本钱

8655 **资料** 乙

zīliào (means)

[名]❶生产、生活中必需的东西:~缺乏|~充足|物质~|生活~|劳动~|一些~|一批~|一种~|人们基本的生活~非常充裕|农民需要的生产~应保证供应。❷用做参考或依据的材料:~齐全|~完整|~珍贵|~可靠|~乱|查~|找~|收集~|提供~|阅读~|翻译~|参考~|图书馆的~|国外的~|历史~|专业~|技术~|语言学的~|外文~|地质方面的~|有关~|宣传~|谈话的~|系统的~|片面的~|宝贵的~|一本~|一点儿~|一条~|~的内容|~目录|~卡片|~索引|这些历史~特别珍贵|这里各方面的~非常齐全|他正在搜集有关二战的~|他想把这些外文~译成中文|这件事成了人们饭后茶余的谈话~|这里有详细的~卡片,可以先查一下|他掌握这件事的第一手~。

【近义词】❶材料/原料

8656 **资源** 乙

zīyuán (resources)

[名]生产资料或生活资料的天然来源:~丰富|~枯竭|~贫乏|~雄厚|开发~|浪费~|利用~|使用~|节约~|储备~|输出~|调查~|保护~|掠夺~|国家的~|全球的~|自然~|海洋~|地下~|水的~|石油的~|人力的~|工业的~|宝贵的~|丰富的~|主要的~|大量的~|~的种类|~优势|~危机|我国的地下~非常丰富|那里的森林~占有极大的优势|那个地区的石油~有待开采|应该充分开发那里的水力~|我们要保护自然~。

【近义词】宝藏/矿藏

8657 **资助** 丁

zīzhù (subsidize)

[动]用财物帮助:朋友~|公司~|~学校|~亲戚|~困难户|~运动会|

～钱|～粮食|～药品|～演出|～一回|予以～|需要～|受到～|开始～|承蒙～|申请～|感谢～|取消～|依赖～|尽力～|主动～|热心～|长期～|一贯～|～的部门|～的对象|～的方法|～的打算|～的项目|他上大学是靠亲戚朋友～的|好几个大企业～了这次演出|承蒙贵公司～,我们表示衷心的感谢|他主动地～那个村子的小学|这个科研项目受到各方面的大力～|大家～的款子已经送到了受灾地区。

【近义词】帮助/补助/捐助/赞助

8658 **姿势**(勢) 丙 〔部首〕女 〔笔画〕9

zīshì (posture)

[名]身体呈现的样子:～正确|～僵硬|～优美|～端正|做出～|模仿～|纠正～|保持～|注意～|讲究～|演员的～|运动员的～|模特儿的～|头部的～|立正的～|睡觉的～|走路的～|看书的～|一种～|他打太极拳的～不十分准确|模特儿走路的～很优美|做气功有好几种～,可以坐着,也可以站着|教练给运动员纠正投篮的～|这些都是体操的基本～|不可忽视睡觉～的重要性。

【近义词】姿态/样子/样儿

【构词】姿容/姿色

8659 **姿态**(態) 丙

zītài (posture)

[名]❶姿势;样子:～漂亮|～动人|演员的～|站立的～|身体的～|雕像的～|写字的～|跳舞的～|优美的～|傲慢的～|典雅的～|他做自由体操的～非常优美|他故意摆出那种～引人注意|老师给学生纠正坐、立的～。❷态度;气度:摆出～|带着～|主人翁的～|救世主的～|胜利者的～|战斗的～|认真的～|玩世不恭的～|正人君子的～|一贯的～|一种～|一副～|我非常讨厌他那种傲慢的～|你应该改正一下你那玩世不恭的～|我们应该以主人翁的～参加祖国的建设。

【近义词】❶姿势/样儿/样子;❷态度

8660 **滋味** 丁 〔部首〕氵 〔笔画〕12

zīwèi (taste)

[名]❶味道:～好|～鲜美|～清淡|～可口|～改变|尝～|增加～|点心的～|菜的～|茶的～|烤鸭的～|苦的～|酸的～|辣的～|特别的～|口中的～|四川菜的～又麻又辣|我喜欢广东菜的～|你尝尝北京涮(shuàn)羊肉的～|汤里放点儿味精,可以增加鲜美的～|鱼上抹点儿酒,可以除去腥的～|我最怕中药的苦的～。❷比喻某种感受:～难受|～不好受|失去父母的～|离别的～|吃撑了的～|挨饿的～|战争的～|成功的～|当官的～|孤独的～|说不清的～|不是～|坐长途汽车的～真不舒服|现在的孩子们没有尝过战争的～|吃撑了的～并不比挨饿的～好受|思念亲人的～真难以忍受|看到那么多失学的儿童,心中真不是～|他这次真正享受到了成功的～|看到这些年轻人成了罪犯,心里说不出是什么～。

【近义词】味道

【构词】滋补/滋润/滋生/滋养/滋养品/滋育

8661 **滋长**(長) 丁

zīzhǎng (grow)

[动]生长;产生(多用于抽象事物):～倾向|～风气|～起来|得到～|避

免～|防止～|不准～|不断地～|～的条件|～的环境|～的气候|春天了,树上的嫩叶渐渐～出来|领导上的官僚主义～了这个单位的许多不良风气|他一度～了骄傲自满的情绪|要杜绝～贪污腐化的条件和环境。

【近义词】生长/产生

【反义词】消亡/灭亡

【提示】"长"又读 cháng,见第 717 条。

8662 **紫** 乙 〔部首〕糸 〔笔画〕12

zǐ (purple)

[形]红和蓝合成的颜色:～颜色|～色|发～|变～|他买了一件～颜色的毛衣|我不喜欢～色|他的手冻得发～|这个歌星现在红得发～。

【提示】紫,姓。

【构词】紫菜/紫丁香/紫红/紫禁城/紫荆/紫罗兰/紫穗槐/紫藤/紫铜/紫外线/紫药水/紫竹/紫薇

8663 **仔细**(細) *乙 〔部首〕亻 〔笔画〕5

zǐxì (careful)

[形]❶细心:学生～|观察～|写字～|画画儿～|做事～|计算～|～得很|～极了|～一点儿|需要～|做到～|不够～|看得～|听得～|考虑得～|整理得～|擦得～|一贯～|特别～|～地想|～地做|～地分析|～地修改|～地操作|～地琢磨|～的人|～的活儿|～的性格|他说话做事都相当～|什么事他都考虑得特别～|老师～地修改学生们的作文|父亲～地询问这件事的经过|绣花这可是个～的活儿|他生来就～。❷〈丙〉小心;当心:～一点儿|街上车多,走路时要～点儿|这鱼刺多,吃时～一点儿|他～得太过分了,什么都不敢做|你就这么疯玩吧,～回家挨打。

【近义词】❶细心;❷小心/当心

【反义词】❶马虎/疏忽/粗心;❷轻率/鲁莽/冒失

【提示】"仔"又读 zǎi,如"牛仔"。

8664 **籽** 丁 〔部首〕米 〔笔画〕9

zǐ (seed)

[名]某些植物的种子:棉～|菜～|一粒～|一颗～|这些都是优质棉～|那些菜～都撒下去了|这种西瓜没有～,叫无～西瓜。

【近义词】种(zhǒng)子

8665 **子** 丙 〔部首〕子 〔笔画〕3

zǐ (son)

[名]❶古代指儿女,现在专指儿子:父～|他有一～二女|他们是父～关系|他们老来得～,全家都高兴极了。❷种子:菜～|瓜～|结～|有的菜～可以榨油|这种瓜的～不能吃|这菜都结～了,不能吃了。❸卵:鱼～|虾～|蟹～|鸡～|下～|我喜欢吃鱼～|汤里放点儿虾～很好吃|西红柿炒鸡～味道好极了|鱼群每年到这里来下～。❹小而坚硬的块状物或粒状物:枪～儿|石头～儿|算盘～儿|棋～儿|孩子们经常去海滩捡石头～儿|他一下吃了我两个棋～儿|他是个会计,成天拨弄算盘～儿。

【近义词】❶儿子;❷种子;❸卵

【提示】①义项❷❹的"子"在口语中多儿化。②子,姓。

【构词】子弟兵/子房/子宫/子宫颈/子棉/子母扣/子女/子时/子午莲/子午线/子夜/子侄

8666 **子弹**(彈) 丙

zǐdàn (bullet)

[名]枪弹的俗称:中(zhòng)～了|一

颗～|他的腿上中了一颗～|～打中了那只恶狼|老百姓们帮助战士们搬运～。

【近义词】枪弹

8667 **子弟** 丁

zǐdì (juniors)

[名]弟弟、儿子、侄子等;泛称年轻的后辈:工人～|农民～|干部～|职工～|这个学校的学生大部分是工人～|好多农民的～都考上了大学|这是一所职工～学校|这个班,干部～比较多。

8668 **子孙**(孫) 丁

zǐsūn (descendant)

[名]儿子和孙子,泛指后代:子子孙孙|～万代|我们都是炎黄～|为～后代造福|我们优良的民族传统要子子孙孙传下去|他种了很多树留给～后代。

【构词】重(chóng)孙/儿孙/公孙/徒孙/外孙/王孙/玄孙/曾孙/长(zhǎng)孙/侄孙/祖孙

8669 **自** 乙 〔部首〕自 〔笔画〕6

zì (from)

[介]从;由:～下而上|～左而右|～远而近|～小|～天津到北京坐火车两个多小时|他～小就不爱说话|隆隆的炮声～远而近|这个计划～明年1月1日开始实行|～改革开放以来,市场日益繁荣。

【近义词】从/由

【构词】自爱/自傲/自拔/自白/自备/自裁/自称/自持/自大/自得/自焚/自封/自负/自个儿/自耕农/自供/自己人/自给(jǐ)/自家/自家人/自荐/自尽/自经/自救/自决/自控/自夸/自立/自量(liàng)/自留地/自鸣钟/自馁/自弃/自谦/自然/自然界/自燃/自认/自如/自首/自赎/自述/自慰/自问/自习/自销/自新/自修/自序/自由泳/自在/自责/自制/自治县/自治州/自重/自主权/自传(zhuàn)/自转(zhuàn)/自足/自尊/自报家门/自暴自弃/自不量力/自惭形秽/自成一家/自吹自擂/自得其乐/自高自大/自告奋勇/自给自足/自顾不暇/自觉自愿/自卖自夸/自鸣得意/自欺欺人/自强不息/自然而然/自然灾害/自上而下/自生自灭/自食其果/自食其力/自投罗网/自下而上/自行其是/自以为是/自由竞争/自由主义/自由自在/自圆其说/自怨自艾(yì)/自知之明/自作聪明/自作自受

8670 **自卑** 丁

zìbēi (self-abased)

[形]轻视自己,认为自己不如别人:感到～|觉得～|～心理|～情绪|做人不要～|想到自己一事无成,他就非常～|～的人并不让人同情|你又不比别人差,干嘛那么～?

【反义词】自豪/高傲/骄傲

8671 **自从**(從) 乙

zìcóng (since)

[介]表示时间的起点(指过去):～参加锻炼|～来到北京|～戒了烟酒|～认识老王|～买了电视|～考上大学|～学习打太极拳以后,我的病好多了|他～来到北京,几十年没离开过这个城市|他们～结婚,没有一天不吵架|～有了这个小商店,附近的居民生活方便多了|～买了电视,他每天都是12点以后才睡觉|他～当上了车间主任,工作忙多了。

【近义词】自/从

8672 **自动**(動) *乙

zìdòng (voluntary)

[形]❶自己主动:~参加|~帮忙|~报名|~组织|~捐款|~捐献|这次运动会大家~参加|他们~组织起来成立了互助组|年轻人~报名参加军队|人们~捐款支援灾区|只要一家有困难,邻居们都~来帮忙|他~为别人修理自行车。❷〈丙〉不凭借人为的力量,自然发生:~燃烧|~熄灭|~溶化|~流下来|~愈合|~了结|这种物质发热后会~燃烧起来|泉水~地流入小沟里|这个伤口没关系,慢慢会~愈合的|雪在阳光下~溶化。❸〈丙〉不用人力而用机械装置直接操作的:~搅拌|~控制|~售货|~换水|~操作|~步枪|~取款机|这电风扇到时会~停下来|用机器~搅拌水泥|这些机器都是~控制的|这种洗衣机换水、烘干全是~的。

【近义词】❶主动/自觉

【反义词】❶被动

8673 **自发**(發) 丁

zìfā (spontaneous)

[形]由自己产生,不受外力影响的;不自觉的:~的势力|~的组织|~的活动|~的现象|~的思想|~地进行|~地讨论|~地形成|~地联合|~地反抗|各界人民联合起来形成了一股~的反帝反封建的力量|这些支援前线的活动都是人民~的行动|人们~地去帮助贫困地区的失学儿童|那个地区的人民~地投入防洪抗洪战斗|各地都~地开展了全民健身运动。

【近义词】天然/自然

8674 **自费**(費) 乙

zìfèi (at one's own expense)

[形]自己负担费用:~上大学|~旅行|~留学|~学习|~出书|我们~去泰国旅行|他~去美国留学|是公司派他去学习汉语的,不用~|这次出差除交通费以外,全部~。

【反义词】公费

8675 **自负盈亏**(負虧) 丁

zì fù yíng kuī (assume sole responsibility for own profits or losses)

亏或赚全由自己负责:企业~|公司~|~的单位|这个企业~|我们是~的小本经营|企业~,可以打破吃"大锅饭"的思想。

8676 **自古** 丁

zìgǔ (since ancient times)

从古以来;从来:这个地方~就是中国的领土|人都说~文人相轻,我不这么看|这里~就是有名的对外贸易港口|~以来中国出现了很多爱国英雄。

8677 **自豪** 丙

zìháo (proud)

[形]因为自己或者与自己有关的集体或个人具有优良品质或取得伟大成就而感到光荣:觉得~|感到~|引以~|充满~|生活得~|无限~|十分~|特别~|~地说|~地想|~地唱|~地宣布|~的战士|~的民族|~的国家|~的样子|~的神情|~的语气|看到祖国日益强大,心里充满~|他为有这样一个好儿子而感到十分~|我们~地歌颂伟大的祖国|运

动员们～地看着国旗在比赛大厅徐徐升起|他以～的语气介绍这次比赛的情况。

【近义词】骄傲

【反义词】谦虚/谦逊/自卑

【构词】粗豪/富豪/土豪/文豪/英豪

8678 **自己** 甲

zìjǐ (oneself)

[代]复指前头的名词或代词(多强调不由于外力):我～|他～|老王～|东西～|～做|～写|～问|～负责|～动手|～做主|～决定|批评～|恨～|责怪～|衣服我～洗吧|这事应该你～亲自去问|老张～怎么不来?|钱～不会丢的,一定是你忘了放在哪儿了|～动手,丰衣足食|这婚姻大事,还是由儿女～决定吧|这事不怪别人,只恨～处理得不好。

【近义词】自家/自个儿/自身/本身/自我/本人

【反义词】别人/旁人/他人

【提示】"自己"还可作形容词,表示亲近的、关系密切的,如"自己人"、"自己弟兄"等。

8679 **自觉**(覺) 乙

zìjué (v. be aware of; adj. conscientious)

[动]自己感觉到:～不对|～无望|～良好|～聪明|～渺小|～惭愧|这件事他～做得不对|病人～症状有好转|他～考得不错,其实不然|听了英雄们的报告,我～惭愧。

[形]自己有所认识而觉悟:学习～|工作～|～得很|～极了|需要～|缺乏～|不够～|变得～|～地爱护|～地劳动|～地学习|～地遵守|～地维护|～地帮助|～地服从|～的学生|～的行动|这个学生各方面都很～|干部要～遵守国家的法律|请大家～维护社会秩序|他劳动开始不够～,现在～多了|公共场所不许抽烟,请大家～一点儿!|要培养年轻人～爱护公共财物的品德。

【反义词】盲目

8680 **自来水**(來) 丙

zìláishuǐ (tap water)

[名]从自来水管道中流出来的水:吃上～|～管道|～工厂|现在农村基本上都吃上～了|通过～管道,把～供应给居民|在大城市应多设一些～工厂|安装～以后,山村的农民不再挑水吃了。

8681 **自力更生** 丁

zì lì gēng shēng (rely on one's own efforts)

不依赖外力,靠自己的力量把事情办起来:～艰苦奋斗|～奋发图强|依靠～|～的政策|～精神|～的方针|这个工厂一向～,艰苦奋斗|要发扬～的精神|坚决贯彻执行～的政策|他们以～的方式办起了这座小学。

【近义词】独立自主/自食其力

【反义词】俯仰他人/仰人鼻息

8682 **自满** 丙

zìmǎn (complacent)

[形]满足于自己已有的成绩:学生～|～得很|开始～|产生～|感到～|盲目地～|～地说|～的人|～的情绪|～的作风|～的样子|～的态度|～的苗头|～的倾向|～的缺点|他刚有了一点儿进步就～起来|要认真学习一点儿东西,必须从不～开始|由于产生了～情绪,影响了学习的进步|要

克服盲目～的工作作风。
【近义词】自傲/骄傲
【反义词】自卑

8683 **自然** *乙

zìrán (n. nature; adj. natural)

[名]自然界;一般指无机界和有机界:研究～|观察～|解释～|改造～|保护～|热爱～|重视～|认识～|征服～|～资源|～灾害|～规律|～常识|～风光|～景物|～条件|～环境|～保护区|～的主人|～法则|美丽的～|变化的～|大～|有些～现象还不能解释|人类一定能战胜大～|那里的～条件很好|要重视～环境污染严重的问题|这一带是～保护区|我们乘船观赏了三峡美丽的～风光|我国拥有丰富的～资源。

[形]❶自由发展;不经人力干预:变化～|发展～|合乎～|听其～|顺其～|进行得～|～地产生|～地形成|～地流露|～地传播|随着改革开放,人的思想也会发生变化,这是～的|这些事,你想管也管不了,只好听其～了|事态发展得非常～。❷不勉强;不局促;很灵活:态度～|表情～|动作～|说话～|表演～|～得可爱|～一点儿|～一些|做到～|不够～|感到～|演得～|唱得～|笑得～|特别～|～地微笑|～地回答|～的举止|～的舞姿|～的语调|～的风格|他讲演时态度非常～|他的舞姿～极了|他说话时,笑得特别～|过分客气就显得不～了|她热情得很不～|他非常～地回答了老师们的问题|她那～的神情和语调给我留下深刻的印象。

【近义词】[形]大方/自若
【反义词】[形]勉强/局促/呆板/拘束/造作

8684 **自杀**(殺) 丁

zìshā (commit suicide)

[动]自己杀死自己:～可怕|～未遂|打算～|防止～|阻止～|逼得～|吓得～|急得～|痛苦地～|被迫～|畏罪～|突然～|不幸～|慢性～|集体～|～的人|～的行为|～的方法|～的念头|～的原因|～的现场|～的镜头|～的地点|那个姑娘～未遂,被人救起|要注意防止犯人～|他痛苦得产生了～的念头|他不知什么原因突然服毒～|这样拼命地抽烟等于慢性～|那个地方发现鲸鱼集体～|电影里～的镜头真可怕。

【近义词】自尽
【反义词】他杀

8685 **自身** 丙

zìshēn (self)

[代]自己(强调不是别人或别的事物):～的事|～的问题|她丈夫姓张,～姓王|他现在是泥菩萨过河,～难保|你～的家庭纠纷,别人管不了|～的事,只有自己想法解决。

【近义词】自己

8686 **自始至终**(終) 丙

zì shǐ zhì zhōng (from beginning to end)

从开始到最后:晚会～充满了热烈的气氛|这件事～他都在场|开了三个钟头的会,～他没说一句话|他～都在全神贯注地工作。

【近义词】从头到尾

8687 **自私** 丙

zìsī (selfish)

[形]只顾自己利益,不顾别人和集体:人～|行为～|思想～|～得很|～极了|显得～|感到～|讨厌～|做得～|表现得～|学得～|特别～|毫不～|～地想|～地做|～的家伙|～的态度|～的感情|～的主张|见死不救,这种行为太～了!|这个老板～得要命|我最讨厌～的人|这孩子学得越来越～|"爱"不应该是一种～的感情|瞧,这就是他太～的结果!

【反义词】无私/忘我/克己

8688 **自私自利** 丁

zì sī zì lì (selfish)

只为个人打算,不顾国家和别人的利益:行为～|做法～|思想～|助长～|认为～|做得～|变得～|学得～|特别～|一贯～|～地捞取|～的家伙|～的行为|～的作风|人人都～,什么事也搞不好|我们不能容忍他那～的举动|别的没学会,倒学会了～!|现在他怎么变得～起来了?|这个干部对人对事毫无～之心。

【反义词】大公无私

8689 **自卫**(衛) 丁

zìwèi (defend oneself)

[动]保卫自己:警察～|应该～|进行～|要求～|学会～|懂得～|奋力地～|正当～|机智地～|～还击|～的行动|～战争|～反击|～的原则|人人都应学会～|面对罪犯,他勇敢地进行～|他打死那个罪犯是属于正当～|我们的部队向敌人发动了～反击|应该赶快采取～措施。

8690 **自我** 乙

zìwǒ (oneself)

[代]自己(用在双音动词前面,表示这个动作由自己发出,同时又以自己为对象):～批评|～介绍|～改造|～表现|～欣赏|～陶醉|～暴露|抛弃～|强调～|有了错误要多做～批评|我来～介绍一下,我叫张力|他站在镜子前,～欣赏了半天|今天晚上这件事他可是来了一个～暴露|他弹着琴正在～陶醉呢|不要总是强调～,这样不好|今天的考试,他的～感觉良好。

【近义词】自己/自家/自个儿/自身/本人

【反义词】别人/旁人/他人

8691 **自相矛盾** 丙

zì xiāng máodùn (self-contradictory)

比喻自己的语言、行动前后互相抵触,互不相容:他说话总是～|他认为不对,可又这么去做,这不是～吗!|他尽干些～的事。

8692 **自信** 丙

zìxìn (v. believe in oneself; adj. confident)

[动]相信自己:他～能把这辆车修好|我～能赢他|对自己也不能盲目～|他～他的讲解是完全正确的。

[形]对自己的行为充满信心:很～|缺乏～|他是个非常～的人|你太～了,其实你不一定能成功。

【反义词】自馁(něi)

8693 **自行** 丁

zìxíng (by oneself)

[副]❶自己(做):～解决|～处理|～办理|～酌定|～决定|旅途中的食宿都需～解决|剩余的物资你们就～处理了吧|文章的字数由你们～酌定|

至于出发的时间，由他们～决定。❷自动；主动：～消灭｜～灭亡｜～退出｜敌人不会～灭亡｜反动派不会～退出历史舞台｜他们不会～出来帮忙的。

【近义词】❶自己；❷自动

8694 **自行车**(車) 甲

zìxíngchē (bike)

[名]一种两轮的交通工具，骑在上面用脚踏着前进：～方便｜骑～｜一辆～｜山地牌～｜名牌～｜骑～要注意安全｜他每天骑～上班｜他又买了一辆新～。

【近义词】脚踏车

8695 **自学**(學) 乙

zìxué (teach oneself)

[动]没有教师指导，自己独立学习：～成才｜～英文｜靠～｜他没上大学，在家里～｜我现在在～日语｜他的学问完全是～的｜这个孩子靠～成了一名画家｜许多人是～成才的。

8696 **自言自语**(語) 丙

zì yán zì yǔ (talk to oneself)

无人对话，自己跟自己说话：一个人～｜喜欢～｜常常～｜～地说｜他经常一个人坐在屋子里～｜那个老人喜欢～｜你在那儿～说什么呢？｜“不知他的感冒好点儿了没有？”母亲～地说。

8697 **自由** 乙

zìyóu (n. freedom; adj. free)

[名]❶在法律规定的范围内，随自己意志活动的权利：～宝贵｜～重要｜享受～｜追求～｜限制～｜破坏～｜剥夺～｜向往～｜换来～｜热爱～｜保卫～｜公民的～｜妇女的～｜言论～｜出版～｜真正的～｜～的化身｜一点儿～｜～是人生最宝贵的东西｜先烈的鲜血换来了今天的～｜公民有宗教信仰的～｜在解放前的西藏农奴没有一点儿人身～。❷哲学上把人认识了事物发展的规律性，自觉地运用到实践中去，叫做自由：相对～｜～王国｜～的阶段｜～的概念｜～的范畴｜从必然王国到～王国。

[形]不受拘束、限制；由自己作主：行动～｜恋爱～｜来去～｜进出～｜信教～｜～得很｜～极了｜感到～｜生活得～｜过得～｜无比～｜完全～｜特别～｜～地结合｜～地活动｜～地拍照｜～地发展｜～地竞争｜～的人｜～的小鸟｜～的社会｜～的婚姻｜～的职业｜现代社会讲究恋爱～｜这个饭店进出～｜他父母出门了，现在他～极了｜他在家里～得很｜他们两口子生活得可～了｜他教育孩子的方法是让他～地发展｜会上大家可以～地发表意见｜我们生活在～幸福的社会里｜他们为争取～的婚姻而斗争。

8698 **自由市场**(場) 丁

zìyóu shìchǎng (free market)

农贸市场的俗称，即以农副业产品贸易为主的个体摊贩市场：～繁荣｜～热闹｜有～｜一个～｜～的商品｜这里的～热闹极了｜我家附近有一个～｜我经常去～买菜｜～的东西非常丰富。

【近义词】集市贸易/农贸市场

8699 **自愿**(願) 丙

zìyuàn (volunteer)

[动]自己愿意：个人～｜双方～｜参军～｜完全～｜～报名｜～结合｜～地参加｜～地帮助｜～地表演｜自觉～｜～的行动｜～的原则｜他们俩结婚是男

女双方～的|我认为这次活动让大家～参加比较好|老百姓～地支援在前方打仗的军队|演员们～为农民演出|他们的交易是在双方～的基础上进行的|他自觉～为大家服务。

【近义词】志愿

【反义词】强迫/强制

8700 **自治** 丙

zìzhì (autonomy)

[动]民族、团体、地区等除了受所隶属的国家、政府或上级单位领导外，对自己的事务行使一定的权力：民族～|区域～|特区～|争取～|实行～|允许～|反对～|开始～|恢复～|长期～|～区域|～机关|～的要求|～的原则|～的方式|～的范围|这个地区已经实行民族～|1988年这里就开始～|他们为争取真正的区域～而努力|这里已成立了～机关。

8701 **自治区**(區) 丙

zìzhìqū (autonomous region)

[名]相当于省一级的民族自治地方：～成立|内蒙古～|新疆维吾尔～|～的首府|广西壮族～是1958年成立的|中国有五个～：内蒙古～、广西壮族～、西藏～、宁夏回族～、新疆维吾尔～|新疆维吾尔～的首府是乌鲁木齐。

8702 **自主** 丙

zìzhǔ (decide for oneself)

[动]自己做主，不受别人支配：婚姻～|独立～|能～|封建时代婚姻不能～|建立一个独立～的国家。

8703 **字** ＊甲 〔部首〕宀 〔笔画〕6

zì (word)

[名]❶文字；书面记录语言的符号：认～|识～|写～|方块～|～义|常用～|一个～|他三岁时父亲开始教他认～|这孩子能认识好几十个～了|这个～不常用，不用记|我想买本常用～～典|那个～怎么写？❷〈乙〉字的读音：吐～|咬～|他说中文有的～不清楚|演员在表演时，要求吐～清楚|这几个～他总是咬不准。❸〈乙〉字的形体：她的～端正秀丽|别看他长得又高又壮，～倒挺秀气|这孩子～写得很工整。

【构词】字调/字符/字号/字画/字迹/字据/字句/字谜/字面/字幕/字书/字体/字条/字帖/字眼/字样/字里行间/字斟句酌/字正腔圆

8704 **字典** 丙

zìdiǎn (dictionary)

[名]以字为单位，按一定次序排列，每个字注上读音、意义和用法的工具书：查～|编～|英文～|一本～|这是什么字？你查查～|他们在编一本小学生用的～|我买了一本《新华～》。

【近义词】词典

8705 **字母** 丙

zìmǔ (letter)

[名]拼音文字或注音符号的最小的书写单位：学习～|英文～|拼音～|一个～|学习外文要先学习～|这个法文～怎么念？|英文有26个～。

8706 **踪迹** 丁 〔部首〕足 〔笔画〕15

zōngjì (trace)

[名]行动所留的痕迹：～消失|～出现|留下～|寻找～|发现～|部队的～|罪犯的～|动物的～|汽车的～|明显的～|重要的～|可疑的～|相同

的～|新的～|逃犯的～终于找到了|在一个山洞附近发现了可疑的～|人们正在打听那支探险队的～|部队撤走后，没有留下一点儿～|他们在仔细寻找这种野兽的～|我们沿着车子的～追赶他们。

【近义词】踪影/影子/形影

8707 **宗教** 丙 〔部首〕宀 〔笔画〕8

zōngjiào (religion)

[名]一种社会意识形态，要求人们信仰上帝、神道、精灵、因果报应等，把希望寄托于他们所说的天国或来世：～产生|创立～|传播～|保护～|宣传～|利用～|信仰～|皈(guī)依～|尊重～|加入～|形成～|新的～|～的历史|～的教义|～的发源地|～的信徒|～势力|～的色彩|～自由|～的地位|～的作用|随着社会和历史的发展，～也不断演变|世界上有四大～|我们提倡～信仰自由|这个舞蹈带有～色彩|他对～的历史很感兴趣。

【提示】宗，姓。

【构词】宗祠/宗法/宗庙/宗谱/宗亲/宗社/宗师/宗室/宗主国/宗主权/宗族

8708 **宗派** 丙

zōngpài (faction)

[名]政治、学术、宗教方面自成一派而和别派对立的集团(今多用贬义)：结成～|搞～|闹～|有～|一个～|～情绪|～活动|～斗争|不要因观点不同就搞～斗争|在这个单位，分成好几个～|～情绪不利于团结。

8709 **宗旨** 丁

zōngzhǐ (aim)

[名]主要的目的和意图：～不变|会议的～|行动的～|改革的～|办学的～|办报的～|这次会议的～十分清楚|医务人员应以治病救人、救死扶伤为事业的～|不能背离大会的～另搞一套|办学的～是为了培养德、才兼备的人才|这次比赛的～是为了互相学习提高，增进友谊。

【近义词】大旨/要旨/主旨/目的/意图/弘旨

【构词】奉旨/密旨/圣旨/要旨/意旨/主旨

8710 **棕色** 丁 〔部首〕木 〔笔画〕12

zōngsè (brown)

[名]像棕毛那样的颜色；红褐色：喜欢～|～家具|～毛衣|他们的皮肤是～的|我喜欢～的大衣|这种熊的毛是～的，所以叫棕熊。

【构词】棕红/棕黄/棕毛/棕绳/棕树/棕熊

8711 **综合**(綜) 乙 〔部首〕纟 〔笔画〕11

zōnghé (synthesize)

[动]❶把分析过的对象或现象的各个部分、各属性联合成一个统一的整体(与“分析”相对)：～数据|～意见|～材料|～优点|～问题|～起来|～在一起|～一下|加以～|经过～|他把大家提的意见～了一下|这本书～了几种不同的观点|他把大家的长处～起来了|材料太多，我～不了|他准确地～了各家的说法，写了一篇文章。❷把不同种类、不同性质的事物组合在一起：～考虑|～利用|～开发|～研究|～治理|要～治理这一带的环境卫生|大家的意见，以后要～考虑|这些废品要～利用。

【近义词】❶概括/总括/归纳

【反义词】❶分析

【构词】综观/综计/综括/综述

8712 **总**(總) 丙 〔部首〕心 〔笔画〕9

zǒng (v. sum up; adj. general)

[动]把各方面合在一起:~起来|~在一起|~到一块儿|这些东西~起来也不过50斤|这几笔账~在一起算吧|把各屋的椅子都~到一块儿就够了|把大家的行李~到一块儿装车|中外学生~起来约有两千人。

[形]❶全部的;全面的:~账|~动员|~罢工|~攻击|~复习|~的局势|~的形势|到了年终算~账|今天~复习,不上新课|礼堂里正在召开兴修水利的~动员大会|那个地区~的局势是比较稳定的。❷为首的;领导的;概括全部的:~司令|~工程师|~纲|~店|~公司|~厂|他是这个工厂的~工程师|今天我们先学习~纲部分|这个烤鸭店是全聚德的分店,~店在前门|他当上了一家公司的~经理。

【近义词】[动]总括/汇集

【反义词】[动]分;[形]分/支

【构词】总编辑/总裁/总产值/总动员/总队/总纲/总攻/总管/总归/总机/总括/总揽/总领事/总路线/总论/总评/总体/总则/总账/总装

8713 **总的来说**(來説) 丁

zǒng de lái shuō (generally speaking)

总括起来:~,今天晚上的戏还算不错|~,他学习得还可以|~,大家对他的工作还满意|~,你做得不错,但还要继续努力|~,这次运动会开得很成功。

【近义词】总之/总而言之

8714 **总得** 丙

zǒngděi (have to)

[助动]必须;有必要:~想办法|~来|~做|~解决|~有|~看|~买|你~有个家呀!|无论如何,这事~解决|这事~有人去做|这钱~花,只是花多花少的问题|干了一天了,晚上~有点儿娱乐呀!|过年了,~给孩子买件新衣服吧!|什么时候走,~告诉我一下吧!

【提示】"总得"的"得"děi不能读成dé,"得"dé见第1334条。

8715 **总督** 丁

zǒngdū (governor-general)

[名]❶中国明朝初年在用兵时,派往地方巡视监察的官员,清朝时正式成为地方最高长官,一般管辖两省的军事和政治,也有管三省或只管一省的:两广~(管辖广东、广西)|江南~(管辖江苏、安徽、江西)|直隶~(兼直隶巡抚)。❷宗主国驻在殖民地的最高统治官员:|加拿大~|澳大利亚~。

8716 **总额**(額) 丁

zǒng'ér (total sum)

[名]总数:工资~|存款~|收入~|支出~|消费~|销售~|他全年工资~有1万多元|你全家一个月支出~大概是多少?|人民的消费~可以由国家计划来规定|这是这个城区居民今年在建设银行的存款~|这个商店销售~比去年增长10%。

8717 **总而言之** 丙

zǒng ér yán zhī (in short)

总括起来说：～，各有各的观点，谁也说服不了谁｜～，他这次是走定了，谁也拦不住｜不管他怎么解释，～，我对这事半信半疑｜男的、女的、老的、少的，～，来了不少｜吃的、穿的、用的、戴的，～，她什么都不缺。

【近义词】总之/总的来说

8718 **总共** 丙

zǒnggòng (altogether)

[副]一共；表示几方面数字的合计：～有｜～生产｜～花了…｜～来了…｜～买了…｜这个工厂～有 300 名工人｜他儿子结婚～花了两千元｜今天的晚会～来了 180 人｜他来中国之后～游览了三个城市｜一个月我～才翻译了一万来字。

【近义词】共/统共/一共

8719 **总和** 丁

zǒnghé (total)

[名]加起来的总量或全部内容：产量的～｜生产关系的～｜加起来的～｜社会主义经济基础是社会主义生产关系的～｜今年产量～是去年的两倍｜把这几个数加在一起，～是 1235。

8720 **总计**(計) 丁

zǒngjì (total)

[动]合起来计算：～有｜今天来的观众～有三千人｜全校～有师生员工两万多人｜这几项加起来～5600 元。

【近义词】共计

8721 **总结**(結) 乙

zǒngjié (v. summarize; n. summary)

[动]把一阶段内的工作、学习或思想中的各种经验或情况分析、研究，做出有指导性的结论：～经验｜～教训｜～原因｜～过去｜～体会｜～学习｜～得全面｜～得具体｜～得好｜～出来｜～一下｜加以～｜进行～｜抓紧～｜提前～｜尽快地～｜简单地～｜认真地～｜系统地～｜全面地～｜把前一段工作～一下｜好好～一下获得成功的经验｜这个经验～得很全面｜他们～出来三条规律｜请简单地～一下这半年学生的学习情况。

[名]概括出来的结论：～详细｜～全面｜～简单｜～长｜写～｜做～｜交～｜讨论～｜个人的～｜小组的～｜会议的～｜机关的～｜思想～｜工作～｜年终～｜调查的～｜生产的～｜一份～｜一篇～｜～的内容｜～的精神｜这篇工作～写得很全面｜尽快把这次会议～交上来｜他们正在讨论这个案件的调查～｜厂里已经通过了他们的年度～｜～的文字要简洁，不必太长。

8722 **总理** 乙

zǒnglǐ (premier)

[名]❶中国国务院领导人的名称：国务院～｜副～。❷某些国家政府首脑的名称：澳大利亚～｜今天，两国～举行了会谈｜欢迎贵国～来我国访问。

8723 **总(是)** 甲

zǒng(shì) (always)

[副]❶表示持续不变，一直；一向：～玩｜～下雨｜～不听｜～出差｜不要一天～玩，也应该坐下来看看书｜这几天～下雨｜事物～要不断发展的｜他～不听大人的话｜最近他～喝酒｜她的歌声～那么动人｜他说话～那么客客气气｜他每年～要去外地旅行一次。❷表示最后必然如此：～要来的

|～要用的|～要被发现的|～会过去的|～会成功的|～能找到的|这些东西～要用的,多买些吧|问题～能解决的,别着急|纸～包不住火的,干坏事早晚会被人发现|只要努力,成功的大门～为你们开着的。

8724 **总数**(數) 丁

zǒngshù (total)

[名]加在一起的数目:～准确|～不对|统计～|人的～|钱的～|货物的～|一个～|今天买进了多少货,把～记下来|你到底要用多少钱?说个～|明晚多少人参加宴会,请提前告诉我一个～。

8725 **总司令** 丁

zǒngsīlìng (commander in chief)

[名]全国或一个方面的军队的最高统帅:晋升～|当～|是～|他从一个普通的小兵升到～|他就是我们敬爱的～|这是～发布的命令。

8726 **总算** 丙

zǒngsuàn (at last)

[副]❶表示经过相当长的时间或经过一番努力以后,某种愿望终于实现:～成功了|～实现了|～清楚了|～明白了|～弄好了|～买到了|～考上了|经过多少次失败,这回～成功了|这下儿当演员的愿望～实现了|这件事的来龙去脉～搞清楚了|应聘了十几家公司,他～找到了一个理想的工作|复习了好几年,他～考上了大学。❷表示大体上还过得去:～可以|～过得去|～还行|～满意|～通过|虽然钱挣得不多,日子～过得去|条件虽然差点儿,但～还能凑合|他对我买的家具～还满意|他最近的学习～还可以|考得不好,～及格了吧。

8727 **总统**(統) 乙

zǒngtǒng (president)

[名]某些共和国的元首的名称:当～|竞选～|连任～|现任～|前～|他是国家～|他当了三年～。

8728 **总务**(務) 丁

zǒngwù (general affairs)

[名]❶机关学校等单位中的行政杂务:管～|负责～|搞～|～科|～工作|～部门|～长|他父亲在学校负责～|他是～科的科长|这些事由～部门管|～工作非常繁忙。❷负责总务的人:他是我们厂的～|这事得去找～|我们的～来了,你跟他说吧。

8729 **总之** *丙

zǒngzhī (in short)

[连]❶表示下文是总括性的话:这事有人同意,有人反对,有人怀疑,～,各有各的看法|有人爱唱歌,有人爱画画儿,有人爱打球,～,每个人都有自己的爱好|工厂、农村、学校、部队、机关、商店,～,大家都在为建设国家努力工作。❷表示概括性的结论:具体日期记不清了,～是在下个月底|多少钱我忘了,～不到三千元|不管是谁去,～要去一个人|随便你们怎么说,～我坚持我的观点|那时的心情难以形容,～非常激动。

【近义词】❶总的来说/总而言之;❷反正

8730 **纵横**(縱) 丁 〔部首〕纟 〔笔画〕7

zònghéng (vertical and horizontal)

[形]❶竖和横;横一条竖一条的:铁

路～|河流～|公路～|枝干～|热泪～|～的河渠|～的枝叶|～交错|～交叉|这个城市的地铁～交叉,四通八达|听到儿子去世的消息,母亲老泪～,悲痛欲绝。❷奔放自如;奔驰无阻:他的诗歌意境深远,笔意～|这支部队～七省,无往不胜。

【提示】"纵横"的"横"héng,在这里不能读成 hèng。"横"hèng 见第 2701 条。

【构词】纵步/纵队/纵观/纵火/纵酒/纵览/纵令/纵目/纵情/纵然/纵容/纵身/纵深/纵声/纵使/纵向/纵欲/纵虎归山

8731 **走** *甲 〔部首〕走 〔笔画〕7

zǒu (walk)

[动]❶人或鸟兽的脚交互向前移动:孩子～|自己～|马～|～大路|～人行道|～弯路|～山路|～水路|～来～去|～过来|～下来|～出去|～得快|～不稳|～得动|～好|～累了|～一趟|～一回|～三天|～一站|～50米|学～|练习～|坚持～|试着～|不停地～|来回～|慢慢～|好好儿～|拼命～|难～|小心地～|往左～|一直～|～的速度|这孩子刚会～|过马路时要～人行横道|我～累了,休息一会儿|他～了三天才到家|～一站就到了,不用坐车|他每天坚持～一万步。❷离开;去:客人～了|～了一个人|～了一辆车|明天早上早点儿～,中午就可以到了|家里的客人都～了|他～了好几个月了|因为孩子太小,她～不开|他每天上班,来得早,～得晚。❸〈乙〉移动;挪动:钟～|表～|～得准|坐船～|坐火车～|这钟怎么又不～了?|这步棋～错了|这表刚才停了,现在又～起来了|船已～远了,回去吧。❹〈丙〉(亲友之间)来往:～亲戚|～娘家|～门串户|～得勤|今天有空儿想去朋友家～～|到了春节,大家都忙着～亲戚|他们两家～得很勤|我们这几家邻居～得很近|我的亲戚、朋友太多,都～不过来了|我跟他们家已经好几年不～动了。❺〈丁〉漏出;泄露:～嘴|～了风声|～了消息|他不留神说走～了嘴|这事可不能～了风声|这消息要是～漏出去可不得了。❻〈丁〉改变或失去原样:～形了|～板了|～样儿|～调|香肠放时间太长了,都～味了|我一唱歌就～调儿|他大病一场,人都～形了|这不怪他,是我把话听～了|话传得太厉害了,都传～样儿了。

【构词】走板/走调/走动/走读/走读生/走风/走过场/走红/走路/走神/走失/走兽/走题/走味/走心/走形/走穴/走眼/走样儿/走圆场/走运/走卒/走嘴/走马换将/走马看花/走马上任/走南闯北/走投无路

8732 **走道** 乙

zǒu dào (walk)

走路:学～|会～|这孩子正在学～|他刚会～,还走不好。

【近义词】走路

【提示】离合词,中间可插入其他成分,如:走不了道。

8733 **走访**(訪) 丁

zǒufǎng (pay a visit to)

[动]访问;拜访:～学生家长|～顾客|～先进人物|～专家|～代表团|进行～|分别～|连续～|及时～|亲自～|王老师今天～了一位学生家长|他～了几个客户,听取他们的意见|这位劳动模范接受了记者的～|他们四处～,调查这件事|这是这几次～

的全部记录。
【近义词】拜访/访问

8734 **走狗** 丁

zǒugǒu (running dog)
[名]本指猎狗，今比喻被人收买利用、帮助做坏事的人：当～|做～|除掉～|～的下场|一条～|这条～干尽了坏事|他竟堕落到给敌人当～的地步|一定要除掉这个～|看，这就是做～的可耻下场！
【近义词】走卒/帮凶/爪牙/鹰犬/狗腿子
【构词】叭儿狗/疯狗/狼狗/猎狗

8735 **走后门儿**(後門兒) 丙

zǒu hòuménr (get in by the back door)
比喻不是通过正当途径，而是通过内部关系达到某种目的：～上大学|～出国|～住院|～办事|不～|反对～|走朋友的后门儿|走老同学的后门儿|千方百计～|通过关系～上大学，那是不可能的事|他千方百计～给儿子找了个好工作|这些东西是他走朋友的后门儿买来的。

8736 **走廊** *丙

zǒuláng (corridor)
[名]❶屋檐下高出平地的走道，或独立的有顶的走道：～长|～宽|一条～|跨过～|经过～|他屋前有一条不宽的～|跨过～，就是他父亲的书房|从这个院子到后边的院子要经过一条～|把箱子先放在～上吧|让那个人在门外～上等一会儿。❷〈丁〉比喻连结两个较大地区的狭长地带：河西～|空中～|穿过河西～就是戈壁沙漠了。
【构词】发廊/画廊/回廊/门廊/游廊

8737 **走漏** 丁

zǒulòu (leak out)
[动]不应该让人知道的消息让人知道了：～消息|～风声|～机密|～得快|不准～|防止～|担心～|～出去|故意～|很快地～|这事很重要，千万别～风声|这个消息～得这么快！|这是机密，谁也不许～出去|刚开完会，会上的情况立刻就有人～出去了|这件事不是故意～出去的。
【近义词】泄漏/泄露
【反义词】保密
【构词】渗漏/疏漏/透漏/泄漏/遗漏

8738 **走私** 丁

zǒu sī (smuggle)
违反海关法规，逃避海关检查，非法运输货物进出国境：～毒品|～香烟|～电视机|～汽车|～者|～犯|～船|～的货物|～的案件|～的活动|他因～香烟被拘留|这些电器是～来的|金钱的诱惑使他堕落成～犯|我公安人员截获了一只～船|这是一宗特大的毒品～案件|常有一些船在这一带进行～活动。

8739 **走弯路**(彎) *丙

zǒu wānlù (take a roundabout route)
❶走的不是一条直接通达的路：不～|避免～|走了好多弯路|我第一次来这里时走了不少弯路|我记错地址，走了好多弯路|你多问问，免得～。❷〈丁〉比喻出差错，受挫折：他这一生走了不少弯路|刚从学校走上社会免不了要～的|你这次去那里工作，要做好～的思想准备|听了你的话，

使我少走了很多弯路。

8740 **走向** 丁

zǒuxiàng (run; trend)

[名](岩层、矿层、山脉等)延伸的方向:测量～|山脉的～|东西～|先探明矿层的～才好建矿|这是一座东西～的山脉|这条河流的～在地图上标得清清楚楚。

8741 **奏** 丁 〔部首〕一 〔笔画〕9

zòu (play [music])

[动]用乐器表演:～国歌|～曲子|～起|～完|～错|～得好|～不了|～一遍|合～|独～|伴～|大会开始先～国歌|他用小提琴～了一首小夜曲|乐队～起施特劳斯的圆舞曲|你唱,我来伴～。

【构词】奏捷/奏凯/奏鸣曲/奏效/奏乐/奏章/奏折

8742 **揍** 丁 〔部首〕扌 〔笔画〕12

zòu (beat)

[动]打(人):～人|～坏蛋|～得直叫|～得起不了床|～一顿|～几下|～耳光|～了一拳|～了一巴掌|狠狠地～|拼命地～|有理讲理,～人不对|他被～得直叫|他虽是你的孩子,也不能这样～他。

【近义词】打

【提示】用于口语。

8743 **租** 丙 〔部首〕禾 〔笔画〕10

zū (v./n. rent)

[动]付给一定的代价使用别人的东西,用完后按时归还:～房子|～汽车|～场地|～田地|～录像带|～船|～小说|～出去|～下来|～不起|～着|～一年|～一小时|～一天|他在城外～了3间房子|他们～了一条船,在北海划了一个下午|这盘录像带已经～出去了|这套房子一个月两千元～不下来|这么贵我可～不起|这照相机～一小时多少钱?

[名]出租所收取的租金或实物:交～|付～|收～|房～|地～|车～|年～|月～|这一带的房～比较贵|过去农民每年要向地主交很多～|他的房子租出去,每月可收不少房～|租这块场地,年～要付多少钱?

【近义词】[动]赁/出租/租赁/租借;[名]租金/租钱/租子

【构词】租价/租界/租借/租借地/租赁/租钱/租用/租约/租子

8744 **租金** 丁

zūjīn (rent)

[名]租房屋或物品的钱:～高|～贵|～合适|交～|付～|房子的～|自行车的～|土地的～|录像带的～|这栋楼的～相当高|这辆车一个月～是多少?|租他的房子,要预交半年的～|～太贵的房子可住不起。

【近义词】租钱/租

8745 **足** 丙 〔部首〕足 〔笔画〕7

zú (enough)

[形]多到满足需要;充足;足够:干劲～|劲头～|时间～|证据～|光线～|人力～|电力～|燃料～|商品～|这些青年人学习劲头真～|昨晚没睡好,今天工作显得精神不～|因为人力不～,任务没按时完成|三个月交稿,时间够～的了|说这事是他干的,证据不～|现在光线不～,不能拍照。

【近义词】足够/充足

【构词】足够/足迹/足见/足金/足力/

足岁/足下/足智多谋

8746 **足** 丙

zú (foot)

[名]脚;腿;器物下部形状像腿的支撑部分:手～|～迹|画蛇添～|情如手～|插～|手舞～蹈|立～之地|扁平～|无所措手～|蜈蚣的躯干由许多环节构成,每个环节有一对～|他天生扁平～,跑得不快|他高兴得手舞～蹈|他们的关系很好,情同手～。

【近义词】脚/腿

【反义词】手/头/首

8747 **足球** 甲

zúqiú (football)

[名]❶球类运动项目之一,主要用脚踢球:～比赛|～运动员|～运动|～场|一场～|他喜欢看～赛|他是～运动员|中、小学生也都积极参加～运动|今晚有一场～。❷足球运动使用的球,用牛皮做壳,橡胶做胆,比篮球小:踢～|玩～|一个～|他喜欢踢～|他玩～,不小心摔了一跤|他给儿子买了一个～。

8748 **足以** 丁

zúyǐ (enough)

[副]完全可以;够得上:～证明|～维持|～说明|～抵挡|～判罪|～说服|这些材料～证明他是无罪的|这些钱～维持一家三口人的生活|这些事实～说明这种做法是对的|这些理由～把他说服|这种坏人不判刑不～平民愤。

【近义词】足/可以

【反义词】难以/难于

8749 **族** 丁 〔部首〕方 〔笔画〕11

zú (clan)

[名]❶家族:同～|本～|大～|一～之长|他出生于名门旺～,从小就受到良好的教育|在封建社会里,～长的权力是很大的|在这个村子里刘姓是个大～。❷种族;民族:汉～|斯拉夫～|藏(zàng)～。

【构词】族产/族规/族谱/族人/族长(zhǎng)

8750 **祖父** 丙 〔部首〕礻 〔笔画〕9

zǔfù (grandfather)

[名]父亲的父亲:～仁慈|孝顺～|照顾～|我的～|～年纪大了,但非常健康|应该好好照顾～|这是我～用过的怀表。

【近义词】爷爷

【反义词】祖母/奶奶

【提示】祖,姓。

【构词】祖辈/祖产/祖传(chuán)/祖坟/祖籍/祖居/祖母绿/祖上/祖师/祖孙/祖业/祖制/祖宗/祖祖辈辈

8751 **祖国**(國) 甲

zǔguó (motherland)

[名]自己的国家:～强大|～繁荣|热爱～|保卫～|建设～|离开～|怀念～|伟大的～|可爱的～|～的山河|～的人民|～的尊严|自己的～|我们的～日益繁荣强大|我热爱自己的～|保卫～人人有责|他怀念～的一山一水|他终于回到～的怀抱。

8752 **祖母** 丙

zǔmǔ (grandmother)

[名]父亲的母亲:～慈祥|喜欢～|怀念～|这是我的～|我的～是位慈祥的老人|～经常给我们讲故事|我非

常怀念～。
【近义词】奶奶
【反义词】爷爷/祖父

8753 **祖先** 丙

zǔxiān (ancestor)
[名]❶一个民族或家族的上代，特指年代比较久远的：纪念～|忘记～|祭祀～|～的坟墓|～的遗训|炎帝、黄帝是我们汉人的～|这里曾是我们～住过的地方|这些宝贵的文化遗产是我们～留下来的|每年都有很多人去黄帝陵祭祀～|我们应该继承～的优良传统。❷演化成现代各类生物的各种古代生物：鸟类的～|他是研究鱼的～的。
【近义词】先人/祖宗

8754 **阻碍**(礙) 丙 〔部首〕阝 〔笔画〕7

zǔ'ài (v./n. block)
[动]使不能顺利通过或发展：～交通|～交流|～学习|～前进|～发展|～调查|受到～|严重地～|乱放自行车～了这里的交通|作父母的不要～儿女的婚事|丈夫竭力～妻子去参加社会工作|落后的生产关系严重地～了生产的发展|任何困难都～不了他们要求学习的愿望。
[名]起阻碍作用的事物：～排除|～严重|遇到～|冲破～|设置～|克服～|事业的～|前进的～|很大的～|一种～|这一带交通的～被排除了|在调查这个案件时遇到很大的～|他们冲破了封建思想的～，获得了幸福的婚姻|保守思想是事业发展的主要～。
【近义词】[动]阻挡/阻遏/阻拦/阻止/阻挠；[名]障碍/阻力
【反义词】[动]促进/推动
【构词】阻遏/阻隔/阻梗/阻击/阻击战/阻截/阻塞(sè)

8755 **阻挡**(擋) 丁

zǔdǎng (stop)
[动]使不能前进；使停止行动：～敌人|～风沙|～潮流|～洪水|～前进|～去路|～入侵|～实施|～不了|～一气|～一下|～一阵|～一回|进行～|加以～|遭到～|不容～|来不及～|冲破～|种植树木可以～风沙|为了～洪水泛滥，他们加紧修筑堤坝|古时候修筑长城是为了～敌人的侵入|时代的潮流是～不了的。
【近义词】阻碍/阻遏/阻拦/阻挠/阻止
【反义词】引导/放行
【构词】抵挡/拦挡/遮挡

8756 **阻拦**(攔) 丁

zǔlán (stop)
[动]阻止；拦住：～车辆|～行人|～敌人|～得了|～住|～一下|～一阵|进行～|加以～|受到～|不准～|来不及～|冲破～|不顾～|拼命地～|“前方施工，请绕行”的牌子放在路上，～来往的车辆和行人|他们修了一道堤坝～洪水|这是他们自己的事，别人不得～|他不顾朋友的～，仍然拼命地吸烟、喝酒。
【近义词】阻挡/阻遏/阻挠/阻止
【反义词】放行
【构词】遮拦

8757 **阻力** 丙

zǔlì (resistance)
[名]❶使物体不能运动的力：～大|～小|空气～|水的～|磨擦的～|强大的～|常见的～|产生～|减少～|

增加～|遇到～|一种～|一股～|飞机受到空气的～,开始颠簸起来|船在风浪中遇到强大的～,颠簸得很厉害|物体摩擦以后会产生一种～。❷泛指阻碍事物发展或前进的外力:存在～|形成～|遇到～|承受～|面对～|克服～|冲破～|不顾～|社会的～|家庭的～|传统习惯的～|各方面的～|强大的～|可怕的～|一种～|一些～|一点儿～|这种～来自社会的舆论|他承受住了来自各方面的～|他们冲破了一切～,胜利地完成了任务|他们不顾各种～,继续进行这项科学研究。

8758 **阻挠**(撓) 丁

zǔnáo (obstruct)

[动]阻止或暗中破坏,使不能发展或成功:父母～|家庭～|朋友～|～婚事|～发展|～改革|～选举|～出版|～不了|进行～|企图～|拼命～|暗中～|百般～|无理～|～的手段|父母的～|父母一再～儿子的婚事|这项技术革新受到某些人的百般～|他们终于冲破了旧的习惯势力的～|一些人暗中～这次选举|这个项目是受到国家保护的,居然有人出来～。

【近义词】阻碍/阻挡/阻遏/阻拦/阻止

【反义词】促成/促进

8759 **阻止** 丙

zǔzhǐ (prevent)

[动]使不能前进;使停止行动:～前进|～改革|～罢工|～实施|～来往|～得了|～住|加以～|进行～|来不及～|有力地～|成功地～|迅速～|公开～|爬山可以训练孩子勇敢,不要去～他|任何力量也～不了改革的潮流|要坚决～他们之间的来往|对这种非法交易,应该加以～|领导及时地～了这些不正当的行为。

【近义词】阻碍/阻挡/阻遏/阻拦/阻挠

【反义词】促进/促成

8760 **组**(組) 乙 〔部首〕纟 〔笔画〕8

zǔ (v. organize; n. group)

[动]安排分散的人或事物使具有一定的系统性或整体性:～字|～队|～成|～在一起|咱们来玩一个～字的游戏|10个人～成一队进行比赛|班上的同学可以～成三个学习小组。

[名]由不多的人员组成的单位:～小|小～|大～|～长|～员|互助～|编～|分～|工作～|读报～|舞蹈～|文艺～|一个～|我们～|这个～人不多,不到10个人|我参加你们～的活动|你们可以组成一个互助～,互帮互学|他是文艺～的～长|我们～有十几个～员。

【构词】组稿/组歌/组阁/组画/组建/组装

8761 **组成** 丙

zǔchéng (form)

[动](部分、个体)组合成为(整体):～代表团|～委员会|～班子|～统一战线|～家庭|～公司|～图案|～调查组|由…～|～体系|准备～|自愿～|联合～|～的人员|代表团是由几个学校的老师～的|大地震以后,他们～了一个新的家庭|他巧妙地用这些碎布～一幅美丽的图案|我们联合～一个调查团,来调查这个事件|这个委员会～的时间不长。

【近义词】组织/组合/构成/结成

8762 **组合** 丁

zǔhé (make up)

[动]组织成为整体：～机床｜～画面｜～家具｜～起来｜～得了｜～成｜进行～｜加以～｜容易～｜成功地～｜任意～｜自动～｜直接～｜临时～｜～的方法｜～的部分｜他买了一套～家具｜把各种零件～成一台机器｜这两个词可以直接～成一个词组。

【近义词】组成/组织

8763 **组长**(長) 丙

zǔzhǎng (headman)

[名]组的负责人：当～｜选～｜工作组～｜互助组～｜业务组～｜生产～｜副～｜一位～｜～的工作｜我们选他当～｜他是我们科研小组的～｜今天下午召集各组～开会｜过去他当～时，我是副～｜我们应该支持～的工作。

【提示】"长"又读 cháng，见第717条。

8764 **组织**(織) 甲

zǔzhī (v. organize; n. organization)

[动]安排分散的人或事物，使具有一定的系统性或整体性：～人力｜～物力｜～旅游｜～讨论｜～乐队｜～得好｜～得顺利｜～起来｜～不了｜～一下｜负责～｜着手～｜联合～｜成功地～｜临时～｜秘密地～｜亲自～｜专门～｜自动～｜～的经过｜由小张负责～一台春节晚会节目｜关于这个问题专门～一次讨论｜把大家～起来，力量不就大了嘛｜你这次活动～得相当出色｜我没有能力，～不好这项活动｜这次募捐是群众自动～起来的。

[名]按照一定的宗旨和系统建立起来的集体：～严密｜～庞大｜～健全｜建立～｜发展～｜依靠～｜脱离～｜群众的～｜党～｜团～｜民间的～｜正式的～｜一个～｜一种～｜～的成员｜～的领导｜这个群众～不太健全｜要不断完善这个～｜希望多建立一些街道的儿童保健～｜只要加入这个～，就要遵守～的纪律。

【近义词】[动]组成；[名]机构/团体

【反义词】[动]解散

8765 **钻**(鑽) *乙 〔部首〕钅 〔笔画〕10

zuān (drill)

[动]❶用尖的物体在另一物体上转动，造成一个洞：～孔｜～洞｜～井｜～眼儿｜～进去｜～过去｜～通｜～透｜～深｜～小了｜～不动｜～不了｜他在门上～个孔｜在院子里～了一口井｜这个眼儿～歪了｜眼儿～得太小了，钉子钉(dìng)不进去｜这么厚的铁板居然～透了！❷穿过；进入：～山洞｜～到水里｜～被窝｜～地道｜～到草丛里｜～进去｜～出来｜～不进去｜往前～｜火车～过两个山洞｜小松鼠一看人来了，立刻～到树丛里去了｜民兵们～到地道里打击敌人｜他～到床底下去找鞋｜你太胖了，～不进去，让我来。❸〈丁〉深入研究：～理论｜～业务｜～数学｜～书本｜～古书｜～中医｜～进去｜～得深｜～得细｜～了一年｜～了半辈子｜～劲儿｜认真～｜刻苦～｜努力～｜他喜欢～历史｜研究一门学问得有～劲儿｜我虽然喜欢这个专业，但就是～不进去｜只要刻苦～下去，总会出成果。

【近义词】❷穿过；❸钻研

【提示】"钻"又读 zuàn，如"钻石"，见第8767条。

【构词】钻空子/钻探/钻探机/钻天杨/钻心/钻营/钻牛角尖/钻头觅缝

8766 **钻研** 乙

zuānyán (study intensively)

[动]深入研究：～军事|～技术|～棋艺|进行～|坚持～|喜欢～|刻苦地～|专门～|专心地～|长期～|～的精神|～的成果|对这个专题，他～得很细|他大半辈子都在～中国的唐诗|他那刻苦～的精神值得我们学习。

【近义词】钻/研究

8767 **钻石**(鑽)　丁　〔部首〕钅〔笔画〕10

zuànshí (diamond)

[名]通常指金刚石：镶～|～戒指|一颗～|一克拉～|胸针上镶着一颗～|母亲留下一枚～戒指|这颗～有多少克拉？

【近义词】金刚石/宝石

【提示】"钻"又读 zuān，见第 8765 条。

8768 **嘴**　*甲　〔部首〕口〔笔画〕16

zuǐ (mouth)

[名]❶口的通称：～大|～小|～馋|张～|闭～|小～|一张～|这孩子脸不大，～可不小|这只猫～特馋，每顿都要吃鱼|张～我看看你的牙|风沙太大，快闭上～。❷〈乙〉指说话：～快|～巧|～笨|～甜|～厉害|～不饶人|多～多舌|笨～拙舌|这事别告诉他，他的～特别快|这孩子～真巧，几句话就把老人逗乐了|他～甜，大家都喜欢他|这个人心挺好，就是～厉害|你去说吧，我这张笨～见了生人不会说话|这事都是你多～多舌引起来的。❸〈乙〉形状和作用像嘴一样的东西：壶～儿|瓶～儿|烟～儿|这茶壶～儿太小了，不好倒|瓶～儿堵住了，倒不出来|谁把烟～儿摔断了？

【近义词】口

【提示】义项❸的"嘴"口语中一般儿化。

【构词】嘴乖/嘴尖/嘴角/嘴紧/嘴快/嘴懒/嘴冷/嘴脸/嘴皮子/嘴软/嘴松/嘴碎/嘴损/嘴甜/嘴头/嘴稳/嘴严/嘴硬/嘴直

8769 **嘴巴**　丁

zuǐba (mouth)

[名]❶嘴：～大|～小|大～|他长得大～，小眼睛。❷打嘴部附近的地方叫打嘴巴：打～|抽～|一个～|他实在气极了，打了那个小偷一个～|对孩子要耐心教育，怎么能打～呢？

【近义词】❶口/嘴；❷嘴巴子

8770 **嘴唇**　丙

zuǐchún (lip)

[名]人或某些动物口的周围的肌肉组织：～薄|～厚|～发白|～发紫|上～|下～|～的线条|～的颜色|两片～|他的～真厚|人们都说薄～的人会说|他上～有点儿往上翘|观察～的颜色可以判断一个人的健康状况。

【近义词】唇

8771 **醉**　乙　〔部首〕酉〔笔画〕15

zuì (drunk)

[动]因饮酒过量而神志不清：父亲～了|～了一天一夜|～倒|～在地上|～成…|～得了|～得不省(xǐng)人事|～得大喊大闹|喝～|～汉|他一喝酒就～|他又～倒在酒馆里|这不是烈性酒，～不倒人|他每次来酒馆喝酒都要喝得大～。

【反义词】醒

【构词】醉汉/醉拳/醉态/醉乡/醉眼/醉意/醉枣/醉生梦死

8772 **最**(最)　甲　〔部首〕日〔笔画〕12

zuì (most)

[副]表示程度达到极点，超过所有同

类的人或事物：～干净｜～大｜～多｜～好｜～早｜～喜欢｜～了解｜～赞成｜～靠得住｜～信得过｜～受欢迎｜～讲道理｜～上边｜～右边｜～东头儿｜～里头｜女生宿舍～干净｜他干得～出色｜他～喜欢打篮球｜这种商品～受欢迎｜今天～高气温 11℃｜自满是他退步的～主要的原因｜他们家住这条街的～东头儿。

【近义词】顶/极/特别

8773 最初 甲

zuìchū (initial)

[名]最早的时候；开始的时候：～的时候｜～的印象｜～的想法｜～的做法｜～的计划｜～的打算｜～，我不了解他，共事一年后，成了好朋友｜～他不想去旅行，后来还是跟大家一起去了｜我对他还是～的印象，现在他的变化太大了。

【近义词】开始/起初/起先/开头

【反义词】最后/最终

8774 最好 乙

zuìhǎo (had better)

[副]表示最理想的选择；最大的希望：～亲自去看看，别光听别人介绍｜你～多听听大家的意见再决定｜你～坐出租车去｜去之前～先给他打个电话｜明天～别刮风，要不就玩不成了。

8775 最后(後) 甲

zuìhòu (final)

[名]在时间上或次序上在所有别的之后：～一天｜～一年｜～的期限｜～的时刻｜～的一个｜～的一排｜～的一辆｜～的机会｜～的胜利｜～的航班｜走在～｜排在～｜坐在～｜今天是报名的～一天｜上课时他坐在～一排｜～一次航班的票也卖完了｜千万别错过这～的一次机会｜每次比赛他总是跑在～｜他开始不答应，～还是答应了。

【近义词】最终/末尾

【反义词】最初/最先/开始/开头/起先

8776 最近 甲

zuìjìn (recent)

[名]指说话前或后不久的日子：～的事情｜～的天气｜～的报纸｜～的新闻｜～几天｜～几个月｜～这些日子｜～他的儿子要结婚｜～你的工作忙吗？｜他～几个月都在国外讲学｜～这些日子，他每天都早出晚归｜～的天气还不错｜这是～发生的事情｜你知道他～的消息吗？

【近义词】新近/近来/日前

8777 罪 丙

〔部首〕四
〔笔画〕13

zuì (crime)

[名]❶应当处以刑罚的犯法行为：～大｜～轻｜有～｜无～｜犯～｜～大恶极｜杀人～｜盗窃～｜抢劫～｜诈骗～｜～的大小｜他的～很重｜他犯了盗窃～｜法院判他无～｜他是～大恶极的杀人犯｜根据～的大小判他的刑。❷苦难；痛苦：受～｜找～受｜那个地区的人民正在受～｜母亲的前半生受了不少～｜大热天去旅游简直是活受～！｜这么冷，放着大衣不穿，不是自己找～受吗！

【近义词】❶罪过；❷痛苦

【反义词】❶功/功劳

【构词】罪案/罪过/罪孽/罪人/罪刑/罪责/罪证/罪大恶极/罪魁祸首/罪有应得

8778 罪恶(惡) 丙

zuì'è (evil)

[名]严重损害人民利益的行为:~累累|~滔天|~深重|~大|犯下~|减轻~|查清~|揭露~|敌人的~|封建礼教的~|战争的~|~行为|~的深渊|~的根源|不可饶恕的~|他对人民犯下了不可饶恕的~|人民揭露了他大量的~|金钱、地位的欲望使他陷入~的深渊。

【近义词】罪过/罪行/罪孽

【反义词】功绩/功勋/功劳

8779 **罪犯** 丁

zuìfàn (criminal)

[名]有犯罪行为的人:~自首|抓~|审判~|改造~|惩罚~|抢劫的~|杀人的~|真正的~|一个~|一些~|一批~|一群~|~的口供|这些~应该受到法律的制裁|警察抓住了一个抢劫银行的~|他才是这个案件真正的~|主动自首的~可以受到宽大处理。

【近义词】犯人

8780 **罪名** 丁

zuìmíng (charge)

[名]根据犯罪行为的性质和特征所规定的犯罪名称:宣布~|捏造~|背上~|推脱~|确定~|洗刷~|~成立|杀人的~|贪污的~|行贿的~|可怕的~|主要的~|一种~|他的~已经定了,是故意杀人罪|他为朋友背(bēi)上了行贿受贿的~|查实情况后,解除了他的这个~|处罚他主要的~是偷税漏税。

8781 **罪行** 丙

zuìxíng (crime)

[名]犯罪的行为:~累累|~严重|犯下~|揭露~|调查~|承认~|隐瞒~|敌人的~|贪污的~|贩毒的~|残暴的~|所有的~|新的~|一条~|一些~|他~累累,应该受到严厉制裁|他犯下了不可饶恕的~|人们愤怒地揭露他的~|他犯下的~是不容抵赖的|他的~比较重,可能要蹲几年监狱。

【近义词】罪恶/罪过/罪责/罪状

【反义词】功绩/功劳/善行

8782 **罪状**(狀) 丁

zuìzhuàng (facts about a crime)

[名]犯罪的事实:列出~|查明~|调查~|研究~|公布~|交代~|隐瞒~|犯人的~|扰乱治安的~|杀人的~|主要的~|十大~|一条~|一些~|犯罪嫌疑人的~已经调查清楚|可以给他列出八大~|他交代了非法倒卖汽车的~|这个犯人还有一些重大的~没有供出。

【近义词】罪行/罪恶/罪过

【反义词】功绩/功劳

8783 **尊** 丁 〔部首〕寸 〔笔画〕12

zūn (respect)

[动]恭敬尊重:~师|~老|自~|学生应该~师|发扬~老爱幼的风气|我们~他为贵宾|徒~师,师爱徒|请你自~些。

【近义词】尊敬/尊重/敬

【构词】尊崇/尊贵/尊长(zhǎng)/尊师爱生/尊师重教

8784 **尊称**(稱) 丁

zūnchēng (n. respectful form of address; v. address sb. respectfully)

[名]对人尊敬的称呼:“王老”是大家对小王父亲的~|“小姐”是对年轻女子的~|“您”是“你”的~。

[动]尊敬地称呼:大家～他为“人民的艺术家”|他虽然比我大不了几岁,但我一向～他为老师。

8785 **尊敬** 乙

zūnjìng (respect)

[动]重视而且恭敬地对待:～客人|～老师|～父母|～英雄|～得很|～极了|得到～|受～|令人～|不够～|特别地～|互相～|～的目光|～的心情|～的语气|～的态度|～地说|人们都十分～这位舍己救人的战士|大家对这位老人～极了|这位老师在学生中深受～|我们怀着无限～的心情,给英雄们献上鲜花|孩子们～地向国旗行礼。

【近义词】尊重/敬重/崇敬

【反义词】侮辱/轻慢

8786 **尊严**(嚴) 丁

zūnyán (dignity)

[名]值得尊敬的身份或地位:维护～|捍卫～|破坏～|伤害～|失去～|恢复～|不顾～|人的～|长辈的～|国家的～|民族的～|艺术的～|一种～|人的～比金钱还宝贵|国家的～不容侵犯|要捍卫我们民族的～|在金钱面前,他没有失去做人的～|做人要有起码的～。

【近义词】庄严/威严

8787 **尊重** 丙

zūnzhòng (respect)

[动]尊敬;敬重;重视:～老师|～领导|～父母|～朋友|～人才|～知识|～主权|～风俗习惯|～科学|～事实|～历史|～友谊|不够～|得到～|给予～|缺少～|充分～|完全～|互相～|一贯～|～的语气|要～别人的意见|国家之间要互相～国家的主权|知识、人才应当受到～|我感到你对朋友缺少～|对待历史,要给予充分的～|我们一贯～不同民族的风俗习惯。

【近义词】尊敬/看重/重视

【反义词】无视/轻视

8788 **遵守** 乙 〔部首〕辶 〔笔画〕15

zūnshǒu (abide by)

[动]依照规定行动;不违背:～法律|～纪律|～校规|～规定|～合同|～诺言|～时间|应该～|要求～|希望～|自觉地～|认真地～|严格地～|基本～|完全～|一贯～|一定要～交通法规|必须～学校的规定|他一贯不～时间|希望大家自觉地～劳动纪律|他们会～自己的诺言的。

【近义词】遵循/遵照/信守/严守

【反义词】违背/违拗(ào)

【构词】遵从/遵命/遵行

8789 **遵循** 丁

zūnxún (comply with)

[动]以某种事物为根据进行(工作):～教导|～纲领|～条约|～协定|必须～|强调～|严格～|自觉地～|忠实地～|共同～|一贯～|要～国家的方针政策办一切事业|今后一切工作都要～大会的精神去办|我们要～双方的贸易协定开展贸易活动|现在还没有制定出一个可以～的具体的规章制度。

【近义词】遵守/遵从/遵照/按照/依照

【反义词】违背/违拗/背离

【构词】因循

8790 **遵照** 丁

zūnzhào (obey)

[动]以某种事物为根据,照着进行:~命令|~原则|~政策|~方法|~条文|~指示|~要求|~法律|严格地~|我们是~领导的指示做的|要~法律的条文处理这个案件|你们应该~老师的要求进行复习|这件事是~大家提出的意见办理的。

【近义词】遵从/遵循/依照/按照

【反义词】违背/违拗

8791 **琢磨** 丁　〔部首〕王　〔笔画〕12

zuómo (think over)

[动]思索;考虑:~这件事|~这句话|~问题|~对策|~很长时间|~好久|~了好几天|~出来|~一下|喜欢~|不停地~|瞎~|我一直在~这句话的意思|到现在还没~出对策|这个问题我~了好几天了|他没事就坐在屋子里瞎~|你再好好儿地~~,到底怎么做这道题?

【近义词】思索/考虑/推敲

【提示】"琢"又读 zhuó,如"雕琢"。

8792 **昨天** 甲　〔部首〕日　〔笔画〕9

zuótiān (yesterday)

[名]今天的前一天:~的报|~的事|~的天气|~上午|~晚上|~的作业|~你去哪儿了?|他是~回北京的|这封信是~收到的|你有~的《北京日报》吗?|~的那场雨真不小。

【近义词】昨日

【反义词】今天/明天

8793 **左** 甲　〔部首〕工　〔笔画〕5

zuǒ (the left)

[名]人面朝南时向东的一边:~手|~眼|~耳|~边|~前方|~侧|向~转|往~走|往~拐|请大家举起~手|邮局在马路~侧|他~脚扭伤了|往~走50米就到了。

【反义词】右

【提示】左,姓。

【构词】左侧/左近/左面/左派/左撇子/左倾/左嗓子/左手/左首/左翼/左膀右臂/左道旁门/左顾右盼/左邻右舍/左右逢源/左右开弓/左右为难

8794 **左边**(邊) 乙

zuǒbian (the left side)

[名]靠左的一边:在~|靠~|放~|走~|~的窗户|~的胳膊|邮局在马路~|公园的~有一家银行|他家~是一个停车场|照片~第一个人是他父亲|靠~的墙上挂着一张画|我挽着他~的胳膊,一边走一边谈。

【近义词】左面/左方/左首

【反义词】右边/右方/右首/右面

8795 **左右** *乙

zuǒyòu (adv. about; v. control)

[助]放在数目字后表示概数:一个月~|一年~|10人~|300人~|20辆~|3点~|10岁~|我在北京准备呆一个星期~|这个参观团约有20人~|他下午5点~回来|他看上去有30岁~。

[动]〈丙〉对人或事物起引导和控制的作用:~敌人|~时局|~局面|~得了|~不了|受~|企图~|妄想~|你个人怎能~整个工厂的生产!|他~了当时的局势|他可~不了我|我不受任何人的~。

【近义词】[助]上下;[动]支配/操纵/控制

8796 **做** *甲　〔部首〕亻　〔笔画〕11

zuò (make)

[动]❶用人工使原材料成为可供使用的物品:~衣服|~饭|~家具|~

玩具|～西餐|～得好|～得合适|～得好吃|～熟|～坏|～完|～不了|～出来|～一遍|～一年|～半天|负责～|喜欢～|忘了～|来不及～|学～|快～|慢慢地～|熟练地～|单独～|亲自～|专门～|～的方法|～的过程|～菜|他～了一个书架|他的衣服～得正合适|我最喜欢吃这个师傅～的红烧鱼|大衣让他～坏了|我正在学～蛋糕|这是母亲亲自～的|别急，慢慢儿～|请你教我～包子的方法。❷从事某种工作或活动：～工作|～诗|～练习|～报告|～手术|～结论|～指示|～检讨|～试验|～广告|～宣传|你每天晚上在家～什么？|他喜欢～诗|手术～得很成功|这个广告～得真糟|请你再～一遍。❸〈乙〉担当某种工作或职务：～老师|～翻译|～主任|～领导|～代表|～奴隶|～秘书|～榜样|～向导|～得了|他在一家饭店～经理|我们请他～翻译|我们选他～代表|他～过三年教研室主任|应该请他～向导。❹〈丙〉用做：～教室|～学费|～封面|～教材|用这张画～封面|他用笔～武器揭露敌人|他买了一盘茴香豆～下酒菜|这块空地准备～什么用？|这篇文章可以～教材。❺〈丙〉结成(关系)：～夫妻|～亲戚|～女婿|～邻居|～同事|～伴儿|～朋友|～不了|～不成|他的学生～了他的女婿|我们两家曾经～过邻居|我喜欢和这种人～朋友|我们常常～伴儿一块去旅游|他竟然跟那种人～了夫妻。❻〈丁〉举行家庭的庆祝或纪念活动：～生日|～寿|～满月|今天给母亲～生日|我们准备给爷爷～90大寿|这是准备给孩子～满月用的。

【近义词】❶造/制造/制作；❷作；❸从事/充当/担任

【构词】做伴儿/做东/做饭/做活儿/做买卖/做满月/做媒/做派/做亲/做生日/做生意/做事/做手脚/做寿/做文章/做戏/做学问/做针线/做主/做作/做贼心虚

8797 **做法** 乙

zuòfǎ (practice)

[名]处理事情或制作物品的方法：～好|～对|～简单|～科学|别人的～|政府的～|外国的～|传统的～|新的～|聪明的～|一贯的～|你这种～值得推广|他的～受到称赞|我坚持自己的～|他们至今采用传统的～。

【近义词】作法

8798 **做工** 丁

zuò gōng (work)

从事体力劳动：做小时工|做一辈子工|在工厂～|她在纺织厂～|他一直在建筑工地～|父亲靠～养活全家|做一天工给多少钱？

【提示】离合词，中间可插入其他成分，如：做不了工|做不完工。

8799 **做客** 乙

zuò kè (be a guest)

拜访别人，自己当客人：去～|来～|在朋友家～|做了一天客|明天朋友结婚，请我们去～|来北京时，请到我家来～|昨天在他家做了一天客，玩得真痛快。

【提示】离合词，中间可插入其他成分，如：做过客|做不了客。

8800 **做梦** *乙

zuò mèng (dream)

❶睡眠中因大脑里的抑制过程不彻底,在意识中呈现种种幻象:做一个梦|做好梦|做噩梦|经常～|天天～|～不是坏事|昨晚我做了一个梦|别看恐怖电影,晚上要做噩梦的|我没有一天不～的|祝你今晚做个好梦。❷〈丙〉比喻幻想:白日～|做美梦|做黄金梦|不经过努力就想考上一流大学,真是～!|想天上掉馅饼啊,你别做美梦啦!|他整天做发财梦。

【提示】离合词,中间可插入其他成分,如:做美梦|做不成梦|做了一个梦。

【构词】春梦/噩梦/酣梦/幻梦/美梦/入梦/睡梦/托梦/圆梦

8801 **作** *甲 〔部首〕亻 〔笔画〕7

zuò (do)

[动]❶从事某种活动;举行:～文章|～诗|～画|～斗争|～报告|～曲|～词|每人～一篇作文,明天交|他退休后天天在家～画|这首歌的词、曲都是他～的|王老师病了,今天下午不能给我们～报告了|～了两个小时的报告,他显得有些疲劳|他敢于和坏人～斗争|这个乐曲～得真好听|～完作业再去玩。❷〈丙〉装;打扮:～老头儿|～出…样子|故～姿态|装模～样|这出戏里他～父亲,她～女儿|他～出听不懂的样子|他故意～出毫不在乎的模样|你别装模～样,我对你还不了解吗!❸〈丙〉当做;作为:他拿几把椅子拼起来～床|他用树枝～笔学写字|她让那个姑娘～自己的儿媳妇|她拿我的衣服～样子。❹〈丁〉起:日出而～|枪声大～|风浪大～|勤劳的农民日出而～,日落而息|船驶到江中时突然风浪大～|只听见场内锣鼓大～。

【近义词】做

【构词】作罢/作保/作弊/作成/作对/作恶/作伐/作梗/作古/作怪/作假(jiǎ)/作价/作践/作乱/作美/作难(nán)/作孽/作弄/作陪/作色/作势/作数/作祟/作态/作息/作准/作壁上观/作法自毙/作茧自缚/作鸟兽散/作威作福

8802 **作案** 丁

zuò àn (commit a crime or an offence)

个人或集团进行犯罪活动:作一次案|经常～|屡次～|～时间|～动机|他又上这个地方来～|他作了好几次案了|那天晚上他跟朋友一起喝酒,没有～时间。

【提示】离合词,中间可插入其他成分,如:作了一次案|作过案。

8803 **作法** 丁

zuòfǎ (art of composition)

[名]❶作文的方法:文章的～|诗的～|叙事文的～|散文的～|张老师教过我们叙事文的～|我不懂诗的～|每个人文章的～不一样。❷处理事情或制作物品的方法:蛋糕的～|你的～|处理事情,每个人的～都不一样|红烧鱼的～我还没学会。

【提示】也写作“做法”。

8804 **作废**(廢) 丁

zuòfèi (become invalid)

[动]因失去效用而抛弃不用:名片～|支票～|护照～|保修单～|声明～|惟恐～|免得～|完全～|快～了|早～了|过期～|～的发票|～的证件|～的账号|～的签证|换了新图书证,旧的～|这是什么时候的保修单?早

就～了|我不在公司工作了，这些名片统统～了|你丢了一张空白支票，赶快登报声明～|赶快用，免得过期～。

8805 **作风**(風) 丙

zuòfēng (style)

[名]思想上、工作上、生活上表现出来的态度：～正派|～恶劣|～粗暴|～朴素|～腐败|助长…～|发扬…～|保持…～|继承…～|端正～|干部的～|官僚主义的～|家长～|少爷～|工作～|生活～|优良的～|民主的～|一贯的～|严谨的～|～问题|这个干部～非常正派|他的工作～比较保守|你要克服工作上的官僚主义～|工作一丝不苟是他一贯的～|生活～不正的干部，工作上也好不了|～问题反映了一个人的世界观。

【近义词】品格/风格

【提示】在特定的情况下，"生活作风"指不正当的男女关系。

8806 **作家** 乙

zuòjiā (writer)

[名]从事文学创作有相当成就的人：～有名|～年轻|～勤奋|当～|成为～|培养～|访问～|尊重～|工人～|现实主义～|小说～|戏剧～|当代～|现代～|中年～|老～|女～|新～|杰出的～|优秀的～|伟大的～|业余～|专业～|一流的～|～的风格|～的作品|这位～世界闻名|他很早就成了有名的～|他的愿望就是要当一位业余～|最近又出现了一批杰出的青年～|你读过哪位中国～的作品？

8807 **作品** 乙

zuòpǐn (works)

[名]指文学艺术方面的成品：～发表|～完成|～优秀|欣赏～|刊登～|出版～|评论～|名家的～|文学～|电影～|音乐～|中国的～|外国的～|古典的～|现代的～|绘画～|美术～|摄影～|进步的～|一流的～|杰出的～|一部～|一篇～|一幅～|一类～|一件～|～的内容|～的主题|～的风格|～的语言|～的题材|他的～发表在《人民文学》上|报上刊登了他最近创作的一幅摄影～|我参观了一位名画家的美术～展览|我最喜欢老舍～的语言|这首音乐～的旋律真是动人。

8808 **作为**(爲) *乙

zuòwéi (v. regard as; prep. as)

[动]当做：～代表|～老师|～朋友|～榜样|～座右铭|～原料|～资金|～纪律|～条件|～动力|～武器|～制度|～惩罚|～休息|我们选他～学校的代表|我们把这几句格言～座右铭|他把工厂～自己的家|这些钱可以～开公司的资金|他把不让看电视～对儿子的惩罚|他把听音乐～最好的休息|维护环境卫生应该～一条规定，大家都来遵守。

[介]〈丙〉就人的某种身份或事物的某种性质来说：～干部|～学校|～老师|～艺术作品|～一个国家干部，就应该以身作则|～学生，就要努力学习|～一部艺术作品，应该能给人一种美的享受|～公民，要维护国家的利益和尊严。

8809 **作文** 乙

zuò wén (composition)

写文章(多指学生练习写作)：～课|喜欢～|指导～|～要中心思想突出|

每周有两节～课|我最怕写～|两节课要完成一篇800字的作文。

【提示】离合词,中间可插入其他成分,如:老师要求写三篇作文,可我作了一篇文,以后就不想再作了|作不完文不能出去玩。

8810 **作物** 丙

zuòwù (crop)

[名]农作物的简称:高产～|低产～|寒带～|水田～|粮食～|油料～|经济～|我家乡的农～一年两熟|今年的油料～又获丰收|应该多种植一些高产～|对水田～要加强管理|他们在改良～的品种。

8811 **作业**(業) *甲

zuòyè (school assignment)

[名]❶教师给学生布置的功课:～多|～难|写～|作～|改～|布置～|交～|发～|增加～|课堂～|家庭～|假期～|数学～|语文～|口头～|笔头～|新的～|大量的～|～的分数|～的内容|～的分量|老师布置的～又多又难|这个学生的～写得太乱|假期～的分量也不少|今天只有口头～,没有书面的|你不做完～不能看电视。❷〈丙〉部队给士兵布置的训练性的军事活动;生产单位给工人或工作人员布置的生产活动:野外～|高空～|带电～|流水～|坑道～|战士们在进行扫雷～|这个部队经常安排一些野外～|工人们在进行流水～。

8812 **作用** *乙

zuòyòng (n. effect; v. affect)

[名]对事物产生的影响;效果;效用:有～|起～|产生～|发挥～|模范～|带头～|积极～|消极～|推动～|保护～|健身～|辅助～|治疗～|干部应该起带头～|要充分发挥他们的积极～|这种电影只会产生消极～|打太极拳可以起到健身～|科学是一种在历史上起推动～的力量|经常闹矛盾,只能对团结起破坏～|这种药不会有副～。

[动]〈丙〉对事物产生影响:～于…|作家忠诚于时代,其作品就会反过来～于时代|外界的事物可以～于人们的感觉器官。

【近义词】[名]影响/效果;[动]影响

8813 **作战**(戰) 丙

zuò zhàn (fight)

打仗:战士们～|参加～|指挥～|领导～|组织～|并肩～|联合～|连续～|艰苦地～|顽强地～|长期～|共同～|～的部队|～的飞机|～的地点|～的要求|～的时间|战士们～非常勇敢|军民并肩～击退了敌人|～部队按照指示到达～地点。

【近义词】打仗

【提示】离合词,中间可插入其他成分,如:作不了战|作过战。

8814 **作者** 乙

zuòzhě (author)

[名]文章的写作者;艺术作品的创作者:小说的～|诗的～|画的～|雕塑的～|一位～|～的权力|尊敬～|访问～|小说《家》的～是巴金|茅盾是小说《子夜》的～|这幅油画的～是个美术学院的学生。

8815 **作主** 丁

zuò zhǔ (decide)

对某件事做出决定并负全责:自己～|父母～|作儿子的主|作得了主|不

～|敢～|作一回主|儿女的亲事应由他们自己～|封建婚姻由父母～|这件事得请示领导，我们作不了主|有困难找政府，他们会给你～的|劳动人民今天可以当家～了。

【提示】离合词，中间可插入其他成分，如：作得了主|作不了主。

8816 **坐** *甲 〔部首〕土 〔笔画〕7

zuò（sit）

［动］❶把臀部放在椅子、凳子或其他物体上，支持身体重量：～椅子|～沙发|～我这儿|～前排|～一会儿|～累了|～下来|～好|～正|孩子们～在草地上晒太阳|他们～在沙发上聊天儿|再～一会儿吧|大家～好，开始上课了|这个礼堂～得下多少人？|都～下来，别站着|～这儿来，这儿有座位。❷乘；搭（交通工具）：～飞机|～火车|～船|～公共汽车|～三天|～两回|～不了|他～飞机去上海|～火车比～飞机慢多了|他喜欢～船旅游|他身体不好，～不了飞机|～一个多小时飞机就到了。❸〈丙〉（建筑物）背对着一个方面：～北朝南|～东朝西|我的屋子是～北朝南的|～东朝西的房子夏天热极了。❹〈丁〉把锅、壶放在火上：～壶水|～在炉子上|～在火上|快～壶开水沏茶|你把饭锅～在火上了吗？|炉子上正～着一锅汤呢|水～热了，你洗吧|水在炉子上～了好半天了。

【近义词】❷乘

【反义词】❶站/立

【构词】坐标/坐次/坐垫/坐江山/坐具/坐牢/坐落/坐骑/坐守/坐天下/坐位/坐席/坐月子/坐镇/坐庄/坐吃山空/坐地分赃/坐而论道/坐观成败/坐井观天/坐冷板凳/坐收渔利/坐享其成/坐以待毙/坐山观虎斗

8817 **坐班** 乙

zuò bān（keep office hour）

每天按时上下班：～制|不～|坐一天班|他们公司是～制|我们单位，每个人都要～|我们学校的教师可以不～|白天坐了一天班，晚上什么都不想干了。

【提示】离合词，中间可插入其他成分，如：坐不了班|坐了一天班。

8818 **座** 甲 〔部首〕广 〔笔画〕10

zuò（m. *for massive or fixed objects*）

［量］多用于较大或固定的物体：一～山|一～楼|一～桥|一～水库|一～庙|一～学校|一～住宅|一～院子|一～城|一～塔|他家屋前有～山|过了那～桥就到了|这一带又盖了好几～楼|这一～～的高楼大厦，都是最近几年盖起来的|北京是～古老的城市。

【构词】座舱/座次/座号/座机/座上客/座钟/座无虚席

8819 **座儿**（兒） 丙

zuòr（seat）

［名］❶坐位：有～|没～|找～|让～|空～|满～|一个～|去晚了就没～了|这里还有两个～|这个戏院天天满～|这个剧场有好几千个～呢！|给这位老大爷让个～。❷放在器物底下垫着的东西：花盆的～|石碑～|花盆的～要深一点儿好|桌上的钟～是木头的|垫锅的～哪儿去了？

【近义词】❶座位/位子

8820 **座谈**（談） 乙

zuòtán（have an informal discussion）

[动]不拘形式地讨论:~形势|~问题|~一下|~会|参加~|进行~|~了一个小时|开个会~一下当前的工作|明天有个~会,请你参加|这个~会要~什么问题?

8821 座位 乙

zuòwèi (seat)

[名]❶供人坐的地方(多用于公共场所):~好|~远|~偏|有~|好~|近点儿的~|空(kòng)~|一个~|舒服的~|这个~太偏了|票都卖完了,一个~也没有了|靠前一点儿的~还有吗?|好~全没有了,都是比较远的|车上全坐满了,一个空~也没有。❷指椅子、凳子等可以坐的东西:搬个~|找个~|我给您搬个~来|我给你找个~|这个~软,您坐这儿吧。

【近义词】座儿/位子/坐儿

【提示】也作"坐位"。

8822 座右铭(銘) 丁

zuòyòumíng (motto)

[名]写出来放在坐位旁边的含有教育意义的文字,后泛指激励、警诫自己的格言:他把名人的格言当做~|"虚心使人进步,骄傲使人落后"是他的~|他常常以这个~来鼓励自己。

【构词】碑铭

附录 1

HSK 等级词表

说明:词条前面的编号为该词条的词目序号

甲　级　词(1033 个)

4	甲	啊
5	甲	啊
15	甲	矮
17	甲	爱
23	甲	爱人
28	甲	安静
30	甲	安排
61	甲	八
67	甲	把
68	甲	把
80	甲	爸爸
81	甲	吧
83	甲	白
89	甲	百
96	甲	摆
106	甲	班
110	甲	搬
126	甲	半
135	甲	半天
139	甲	办
140	甲	办法
142	甲	办公室
149	甲	帮助
190	甲	饱
199	甲	抱
203	甲	报
228	甲	杯
229	甲	杯子
240	甲	北
241	甲	北边
255	甲	倍
258	甲	被
268	甲	本
280	甲	本子
296	甲	比
300	甲	比较
303	甲	比赛
306	甲	笔
329	甲	必须
338	甲	边
359	甲	变
360	甲	变成
364	甲	变化
377	甲	遍
387	甲	表
392	甲	表示
393	甲	表现
394	甲	表演
395	甲	表扬
398	甲	别
401	甲	别的
402	甲	别人
415	甲	病
466	甲	不
473	甲	不错
475	甲	不但
499	甲	不久
513	甲	不如
521	甲	不同
530	甲	不要
534	甲	不用
545	甲	布
558	甲	部分
564	甲	擦
575	甲	才
596	甲	菜
601	甲	参观
602	甲	参加
627	甲	操场
634	甲	草
651	甲	层
666	甲	茶
670	甲	查
676	甲	差
709	甲	常
710	甲	常常
717	甲	长
734	甲	场
743	甲	唱
755	甲	朝
766	甲	车
771	甲	车站
799	甲	城
800	甲	城市
802	甲	成
808	甲	成绩
848	甲	吃
858	甲	迟到
890	甲	抽
910	甲	出
915	甲	出发
920	甲	出来
928	甲	出去

939 甲 出现
943 甲 出租汽车
951 甲 除了…以外
971 甲 穿
984 甲 船
989 甲 窗
990 甲 窗户
995 甲 床
1009 甲 吹
1016 甲 春
1020 甲 春天
1025 甲 磁带
1033 甲 词
1034 甲 词典
1045 甲 次
1056 甲 从
1060 甲 从…到…
1064 甲 从…起
1065 甲 从前
1106 甲 错
1107 甲 错误
1120 甲 打
1134 甲 打算
1139 甲 大
1153 甲 大概
1159 甲 大家
1175 甲 大声
1184 甲 大学
1197 甲 大夫
1198 甲 戴
1199 甲 带
1208 甲 代表
1245 甲 但是
1258 甲 当
1259 甲 当
1271 甲 当然
1291 甲 刀
1298 甲 倒
1312 甲 到
1326 甲 道
1329 甲 道理
1334 甲 得
1337 甲 得到
1344 甲 的
1346 甲 地
1347 甲 得
1348 甲 得很
1349 甲 得
1350 甲 灯
1358 甲 等
1360 甲 等
1369 甲 低
1390 甲 地
1397 甲 地方
1413 甲 第
1416 甲 弟弟
1426 甲 点
1427 甲 点
1428 甲 点
1432 甲 点心
1433 甲 点钟
1438 甲 电
1441 甲 电车
1443 甲 电灯
1446 甲 电话
1456 甲 电视
1462 甲 电影
1477 甲 掉
1518 甲 丢
1521 甲 东
1524 甲 东边
1530 甲 东西
1531 甲 冬
1534 甲 冬天
1536 甲 懂
1539 甲 动
1551 甲 动物
1561 甲 都
1586 甲 读
1605 甲 短
1610 甲 锻炼
1612 甲 段
1626 甲 对
1627 甲 对
1631 甲 对不起
1654 甲 顿
1657 甲 多
1658 甲 多
1659 甲 多
1663 甲 多么
1664 甲 多少
1689 甲 饿
1696 甲 而且
1700 甲 儿子
1702 甲 二
1705 甲 发
1725 甲 发烧
1727 甲 发生
1729 甲 发现
1736 甲 发展
1750 甲 法语(法文)
1759 甲 翻
1761 甲 翻译
1782 甲 反对
1809 甲 饭
1810 甲 饭店
1818 甲 方便
1820 甲 方法
1821 甲 方面
1823 甲 方向
1826 甲 房间
1841 甲 访问
1844 甲 放
1846 甲 放假
1858 甲 非常
1860 甲 飞
1862 甲 飞机

1888 甲 分
1889 甲 分
1915 甲 …分之…
1916 甲 分钟
1937 甲 丰富
1941 甲 封
1948 甲 风
1982 甲 夫人
1995 甲 服务
1996 甲 服务员
2006 甲 辅导
2029 甲 复习
2032 甲 复杂
2037 甲 父亲
2042 甲 负责
2051 甲 附近
2055 甲 该
2057 甲 改
2059 甲 改变
2079 甲 干净
2098 甲 感到
2104 甲 感冒
2109 甲 感谢
2111 甲 敢
2113 甲 干
2114 甲 干部
2119 甲 刚
2120 甲 刚才
2123 甲 钢笔
2135 甲 高
2155 甲 高兴
2161 甲 搞
2172 甲 告诉
2174 甲 哥哥
2175 甲 歌
2200 甲 个
2208 甲 各
2214 甲 各种
2216 甲 给
2218 甲 根
2224 甲 跟
2237 甲 更
2240 甲 工厂
2250 甲 工人
2254 甲 工业
2257 甲 工作
2286 甲 公共汽车
2288 甲 公斤
2290 甲 公里
2306 甲 公园
2340 甲 够
2347 甲 姑娘
2377 甲 故事
2392 甲 刮
2397 甲 挂
2409 甲 关
2417 甲 关系
2418 甲 关心
2440 甲 馆
2466 甲 广播
2497 甲 贵
2499 甲 贵姓
2507 甲 国
2516 甲 国家
2534 甲 过
2536 甲 过
2542 甲 过来
2545 甲 过去
2546 甲 过去
2550 甲 哈哈
2552 甲 还
2553 甲 还是
2554 甲 孩子
2555 甲 海
2577 甲 寒假
2581 甲 喊
2591 甲 汉语
2592 甲 汉字
2609 甲 好
2610 甲 好
2613 甲 好吃
2614 甲 好处
2620 甲 好看
2625 甲 好像
2632 甲 号
2641 甲 喝
2647 甲 和
2672 甲 合适
2680 甲 河
2685 甲 黑
2688 甲 黑板
2691 甲 很
2710 甲 红
2723 甲 后
2724 甲 后边
2745 甲 忽然
2758 甲 湖
2764 甲 互相
2768 甲 花
2769 甲 花
2785 甲 画
2786 甲 画
2799 甲 化学
2802 甲 话
2810 甲 坏
2818 甲 欢迎
2822 甲 还
2828 甲 换
2844 甲 黄
2863 甲 回
2864 甲 回
2866 甲 回答
2869 甲 回来
2870 甲 回去
2883 甲 会
2884 甲 会
2886 甲 会话

2914	甲	活
2916	甲	活
2917	甲	活动
2928	甲	火车
2942	甲	或者
2950	甲	基本
2952	甲	基础
2957	甲	机场
2963	甲	机会
2966	甲	机器
2988	甲	鸡
2989	甲	鸡蛋
2995	甲	极了
3001	甲	集合
3013	甲	急
3030	甲	挤
3031	甲	几
3036	甲	技术
3041	甲	寄
3046	甲	计划
3050	甲	记
3066	甲	继续
3075	甲	家
3081	甲	家庭
3086	甲	加
3129	甲	坚持
3143	甲	间
3156	甲	检查
3167	甲	简单
3192	甲	见
3194	甲	见面
3199	甲	件
3200	甲	健康
3210	甲	建设
3220	甲	将来
3222	甲	江
3230	甲	讲
3253	甲	交
3270	甲	教
3279	甲	脚
3284	甲	角
3287	甲	饺子
3295	甲	教室
3304	甲	教育
3309	甲	叫
3310	甲	叫
3320	甲	接
3332	甲	接着
3334	甲	街
3349	甲	节
3350	甲	节目
3352	甲	节日
3364	甲	结果
3370	甲	结束
3379	甲	解决
3383	甲	姐姐
3388	甲	借
3392	甲	介绍
3394	甲	斤
3405	甲	今年
3407	甲	今天
3410	甲	紧
3416	甲	紧张
3425	甲	进
3433	甲	进来
3435	甲	进去
3437	甲	进行
3445	甲	近
3466	甲	精彩
3474	甲	精神
3484	甲	经常
3487	甲	经过
3488	甲	经济
3494	甲	经验
3532	甲	久
3533	甲	九
3535	甲	酒
3542	甲	旧
3547	甲	就
3572	甲	橘子
3573	甲	举
3599	甲	句
3600	甲	句子
3617	甲	觉得
3623	甲	决定
3650	甲	咖啡
3652	甲	卡车
3654	甲	开
3676	甲	开始
3681	甲	开玩笑
3683	甲	开学
3694	甲	看
3695	甲	看病
3699	甲	看见
3719	甲	考试
3724	甲	棵
3732	甲	科学
3738	甲	咳嗽
3749	甲	可能
3752	甲	可是
3759	甲	可以
3761	甲	渴
3763	甲	克
3766	甲	刻
3771	甲	客气
3774	甲	课
3775	甲	课本
3780	甲	课文
3792	甲	空气
3811	甲	口
3819	甲	口语
3823	甲	哭
3825	甲	苦
3837	甲	块
3839	甲	快
3876	甲	困难
3884	甲	拉

3892 甲 啦
3893 甲 来
3914 甲 蓝
3917 甲 篮球
3931 甲 劳动
3933 甲 劳驾
3939 甲 老
3955 甲 老师
3971 甲 了
3977 甲 累
3982 甲 冷
3992 甲 离
3995 甲 离开
4010 甲 里
4011 甲 里
4012 甲 里边
4022 甲 礼物
4028 甲 历史
4036 甲 利用
4038 甲 例如
4047 甲 立刻
4058 甲 俩
4065 甲 联系
4069 甲 连…都(也)…
4087 甲 脸
4095 甲 练习
4099 甲 凉快
4108 甲 两
4113 甲 辆
4116 甲 亮
4125 甲 了
4127 甲 了解
4151 甲 零
4168 甲 领导
4181 甲 留
4183 甲 留念
4187 甲 留学生
4189 甲 流
4202 甲 六
4212 甲 楼
4223 甲 路
4236 甲 录音
4250 甲 旅行
4257 甲 绿
4260 甲 乱
4290 甲 妈妈
4295 甲 麻烦
4301 甲 马
4310 甲 马上
4313 甲 嘛
4314 甲 吗
4318 甲 买
4320 甲 卖
4327 甲 满
4330 甲 满意
4333 甲 慢
4342 甲 忙
4346 甲 毛
4361 甲 帽子
4370 甲 没
4373 甲 没关系
4377 甲 没意思
4379 甲 没有
4385 甲 每
4397 甲 妹妹
4399 甲 门
4401 甲 门口
4405 甲 们
4423 甲 米(公尺)
4424 甲 米饭
4444 甲 面包
4456 甲 面条儿
4478 甲 民族
4485 甲 明年
4487 甲 明天
4505 甲 名字
4542 甲 母亲
4555 甲 目前
4562 甲 拿
4564 甲 哪
4566 甲 哪里(哪儿)
4569 甲 那
4570 甲 那
4572 甲 那个
4573 甲 那里(那儿)
4574 甲 那么
4575 甲 那么
4577 甲 那些
4578 甲 那样
4581 甲 哪
4582 甲 呐
4592 甲 南
4593 甲 南边
4597 甲 男
4601 甲 难
4625 甲 呢
4626 甲 内
4633 甲 内容
4640 甲 能
4645 甲 能够
4650 甲 嗯
4656 甲 你
4657 甲 你们
4659 甲 年
4662 甲 年级
4663 甲 年纪
4666 甲 年轻
4670 甲 念
4679 甲 您
4689 甲 牛
4690 甲 牛奶
4699 甲 农村
4703 甲 农民
4706 甲 农业
4712 甲 努力
4716 甲 女
4717 甲 女儿

4723	甲	暖和
4734	甲	爬
4735	甲	怕
4737	甲	拍
4748	甲	排球
4753	甲	派
4774	甲	旁边
4780	甲	跑
4781	甲	跑步
4812	甲	朋友
4814	甲	碰
4823	甲	批评
4829	甲	啤酒
4843	甲	篇
4851	甲	便宜
4852	甲	片
4859	甲	漂亮
4860	甲	票
4885	甲	苹果
4906	甲	瓶
4921	甲	破
4959	甲	七
4988	甲	骑
4989	甲	起
4992	甲	起床
4998	甲	起来
5039	甲	汽车
5041	甲	汽水
5056	甲	铅笔
5057	甲	千
5073	甲	钱
5074	甲	前
5076	甲	前边
5098	甲	浅
5106	甲	墙
5125	甲	桥
5171	甲	青年
5173	甲	轻
5190	甲	清楚
5198	甲	晴
5206	甲	情况
5210	甲	请
5211	甲	请假
5218	甲	请问
5225	甲	秋
5228	甲	秋天
5230	甲	球
5250	甲	取得
5255	甲	去
5256	甲	去年
5268	甲	全
5269	甲	全部
5278	甲	全体
5301	甲	确实
5310	甲	然后
5317	甲	让
5323	甲	热
5331	甲	热情
5334	甲	人
5346	甲	人们
5347	甲	人民
5372	甲	任何
5381	甲	认识
5382	甲	认为
5383	甲	认真
5388	甲	日
5399	甲	日语
5401	甲	日子
5418	甲	容易
5423	甲	肉
5456	甲	三
5465	甲	散步
5495	甲	山
5529	甲	商店
5539	甲	上
5540	甲	上
5543	甲	上边
5551	甲	上课
5553	甲	上来
5555	甲	上去
5562	甲	上午
5564	甲	上学
5578	甲	少
5601	甲	社会
5624	甲	身体
5626	甲	深
5643	甲	什么
5672	甲	声
5673	甲	声调
5676	甲	声音
5682	甲	生产
5685	甲	生词
5688	甲	生活
5697	甲	生日
5711	甲	省
5724	甲	剩
5727	甲	胜利
5730	甲	师傅
5759	甲	十
5760	甲	十分
5773	甲	时候
5775	甲	时间
5785	甲	食堂
5793	甲	实践
5801	甲	实现
5816	甲	使用
5831	甲	世界
5834	甲	事
5840	甲	事情
5852	甲	是
5862	甲	市
5873	甲	试
5879	甲	收
5890	甲	收拾
5895	甲	手
5896	甲	手表
5913	甲	首都

5936	甲	输
5941	甲	舒服
5945	甲	书
5957	甲	熟
5961	甲	数
5964	甲	树
5977	甲	数学
5992	甲	双
5995	甲	谁
5996	甲	水
6001	甲	水果
6006	甲	水平
6011	甲	睡
6012	甲	睡觉
6022	甲	说
6027	甲	说明
6038	甲	思想
6052	甲	死
6057	甲	四
6074	甲	送
6091	甲	宿舍
6094	甲	酸
6096	甲	算
6103	甲	虽然
6115	甲	岁
6142	甲	所以
6143	甲	所有
6147	甲	他
6148	甲	他们
6150	甲	它
6151	甲	它们
6152	甲	她
6153	甲	她们
6158	甲	抬
6163	甲	太
6167	甲	太阳
6169	甲	态度
6179	甲	谈
6199	甲	汤
6201	甲	糖
6204	甲	躺
6221	甲	讨论
6225	甲	特别
6241	甲	疼
6243	甲	踢
6244	甲	提
6250	甲	提高
6280	甲	体育
6290	甲	天
6295	甲	天气
6319	甲	条
6320	甲	条件
6337	甲	跳
6340	甲	跳舞
6349	甲	听
6351	甲	听见
6354	甲	听说
6355	甲	听写
6357	甲	停
6365	甲	挺
6369	甲	通
6375	甲	通过
6387	甲	通知
6400	甲	同时
6403	甲	同学
6406	甲	同意
6407	甲	同志
6422	甲	痛快
6438	甲	头
6452	甲	突然
6458	甲	图书馆
6475	甲	团结
6481	甲	推
6497	甲	腿
6498	甲	退
6510	甲	脱
6525	甲	袜子
6529	甲	外
6530	甲	外边
6538	甲	外国
6553	甲	外语
6561	甲	玩
6569	甲	完
6572	甲	完成
6574	甲	完全
6577	甲	碗
6580	甲	晚
6583	甲	晚饭
6584	甲	晚会
6586	甲	晚上
6588	甲	万
6601	甲	往
6602	甲	往
6613	甲	忘
6630	甲	危险
6647	甲	为
6659	甲	伟大
6672	甲	喂
6674	甲	位
6680	甲	为
6682	甲	为了
6683	甲	为什么
6694	甲	文化
6702	甲	文学
6703	甲	文学家
6706	甲	文艺
6707	甲	文章
6716	甲	问
6718	甲	问好
6721	甲	问题
6725	甲	我
6726	甲	我们
6730	甲	握手
6741	甲	屋子
6776	甲	五
6778	甲	午饭
6788	甲	物理

序号	等级	词语
6801	甲	西
6803	甲	西边
6822	甲	希望
6830	甲	习惯
6836	甲	喜欢
6841	甲	洗
6844	甲	洗澡
6845	甲	系
6850	甲	细
6864	甲	下
6865	甲	下
6866	甲	下
6868	甲	下边
6873	甲	下课
6874	甲	下来
6879	甲	下去
6881	甲	下午
6885	甲	夏
6887	甲	夏天
6891	甲	先
6896	甲	先生
6926	甲	现代
6933	甲	现在
6970	甲	相信
6973	甲	香
6975	甲	香蕉
6986	甲	想
6991	甲	响
7006	甲	像
7008	甲	向
7029	甲	消息
7031	甲	小
7034	甲	小孩儿
7036	甲	小姐
7040	甲	小时
7056	甲	笑
7064	甲	些
7066	甲	鞋
7078	甲	写
7087	甲	谢谢
7092	甲	辛苦
7094	甲	新
7099	甲	新年
7104	甲	新闻
7109	甲	心
7129	甲	信
7131	甲	信封
7143	甲	星期
7144	甲	星期日(星期天)
7169	甲	行
7185	甲	幸福
7197	甲	姓
7215	甲	休息
7234	甲	需要
7244	甲	许多
7284	甲	学
7293	甲	学生
7299	甲	学习
7300	甲	学校
7302	甲	学院
7306	甲	雪
7335	甲	呀
7345	甲	呀
7363	甲	研究
7376	甲	颜色
7389	甲	眼睛
7401	甲	演出
7411	甲	宴会
7419	甲	羊
7437	甲	样子
7438	甲	要求
7451	甲	药
7457	甲	要
7468	甲	要是
7481	甲	也
7482	甲	也许
7483	甲	页
7487	甲	夜
7494	甲	一
7496	甲	一般
7500	甲	一边…一边…
7504	甲	一点儿
7505	甲	一定
7513	甲	一共
7516	甲	一会儿
7519	甲	一…就…
7522	甲	一块儿
7531	甲	一起
7532	甲	一切
7540	甲	一下儿
7544	甲	一些
7547	甲	一样
7548	甲	一…也…
7552	甲	一直
7557	甲	医生
7562	甲	医院
7573	甲	衣服
7593	甲	椅子
7596	甲	已经
7600	甲	以后
7605	甲	以前
7610	甲	以为
7615	甲	艺术
7618	甲	亿
7621	甲	意见
7624	甲	意思
7629	甲	意义
7649	甲	因为
7652	甲	音乐
7653	甲	阴
7658	甲	银行
7686	甲	英语(英文)
7692	甲	应该
7700	甲	赢
7704	甲	影响
7726	甲	永远

7731 甲 用
7761 甲 尤其
7769 甲 邮局
7770 甲 邮票
7788 甲 游泳
7790 甲 有
7792 甲 有的
7802 甲 有名
7806 甲 有时候
7809 甲 有些
7812 甲 有意思
7816 甲 友好
7819 甲 友谊
7820 甲 右
7824 甲 又
7834 甲 鱼
7835 甲 愉快
7842 甲 雨
7851 甲 语法
7854 甲 语言
7863 甲 遇到
7884 甲 预习
7891 甲 元
7901 甲 原来
7903 甲 原谅
7916 甲 圆
7923 甲 远
7929 甲 愿意
7945 甲 月
7948 甲 月亮
7949 甲 月球
7957 甲 云
7962 甲 运动
7992 甲 再
7993 甲 再见
7997 甲 在
7998 甲 在
8003 甲 咱
8004 甲 咱们
8016 甲 脏
8029 甲 早
8030 甲 早晨(早上)
8032 甲 早饭
8051 甲 怎么
8052 甲 怎么样
8054 甲 怎样
8057 甲 增加
8093 甲 展览
8099 甲 占
8114 甲 站
8115 甲 站
8120 甲 张
8122 甲 长
8127 甲 掌握
8147 甲 着急
8149 甲 找
8154 甲 照顾
8162 甲 照相
8177 甲 这
8179 甲 这个
8181 甲 这里
8182 甲 这么(麽)
8184 甲 这些
8185 甲 这样
8187 甲 着
8191 甲 真
8199 甲 真正
8250 甲 整齐
8255 甲 正
8266 甲 正确
8269 甲 正在
8273 甲 政府
8276 甲 政治
8287 甲 只
8291 甲 支
8302 甲 知道
8304 甲 知识
8312 甲 之间
8352 甲 指
8370 甲 只
8374 甲 只好
8379 甲 纸
8420 甲 中
8425 甲 中间
8430 甲 中文
8431 甲 中午
8434 甲 中学
8445 甲 钟
8448 甲 钟头
8458 甲 种
8469 甲 重
8477 甲 重要
8484 甲 周
8490 甲 周围
8501 甲 猪
8530 甲 主要
8532 甲 主意
8545 甲 住
8556 甲 注意
8558 甲 祝
8609 甲 装
8633 甲 准备
8640 甲 桌子
8678 甲 自己
8694 甲 自行车
8703 甲 字
8723 甲 总(是)
8731 甲 走
8747 甲 足球
8751 甲 祖国
8764 甲 组织
8768 甲 嘴
8772 甲 最
8773 甲 最初
8775 甲 最后
8776 甲 最近
8792 甲 昨天

8793 甲 左
8796 甲 做
8801 甲 作
8811 甲 作业
8816 甲 坐
8818 甲 座

乙 级 词 (2018 个)

1 乙 阿
2 乙 阿拉伯语
3 乙 阿姨
6 乙 挨
7 乙 哎
8 乙 哎呀
19 乙 爱好
20 乙 爱护
22 乙 爱情
31 乙 安全
32 乙 安慰
35 乙 安心
38 乙 按
41 乙 按时
42 乙 按照
43 乙 暗
49 乙 岸
65 乙 拔
84 乙 白
86 乙 白菜
88 乙 白天
99 乙 败
108 乙 班长
116 乙 板
129 乙 半导体
132 乙 半拉
137 乙 半夜
141 乙 办公
144 乙 办事
146 乙 帮
148 乙 帮忙
150 乙 榜样
157 乙 傍晚
158 乙 包
159 乙 包
165 乙 包括
168 乙 包子
171 乙 薄
172 乙 保
173 乙 保持
174 乙 保存
176 乙 保护
178 乙 保留
182 乙 保卫
187 乙 保证
195 乙 宝贵
201 乙 抱歉
208 乙 报到
209 乙 报道(报导)
211 乙 报告
214 乙 报名
217 乙 报纸
230 乙 碑
237 乙 悲痛
238 乙 背
242 乙 北部
243 乙 北方
244 乙 北面
246 乙 背
248 乙 背后
262 乙 被子
267 乙 本
269 乙 本
270 乙 本来
271 乙 本领
276 乙 本事
279 乙 本质
282 乙 笨
291 乙 逼
295 乙 鼻子
301 乙 比例
302 乙 比如
308 乙 笔记
315 乙 毕业
317 乙 闭
326 乙 必然
330 乙 必要
333 乙 避
334 乙 避免
339 乙 边…边…
345 乙 编
353 乙 扁
354 乙 便
357 乙 便条
378 乙 遍
382 乙 标点
386 乙 标准
388 乙 表达
389 乙 表面
390 乙 表明
405 乙 宾馆
406 乙 兵
407 乙 冰
413 乙 饼干
419 乙 病房
421 乙 病菌
423 乙 病人
424 乙 并
425 乙 并
430 乙 并且
431 乙 玻璃
450 乙 伯父(伯伯)

451 乙 伯母
452 乙 脖子
454 乙 捕
457 乙 补
459 乙 补充
461 乙 补课
463 乙 补习
470 乙 不必
474 乙 不大
478 乙 不得不
479 乙 不得了
483 乙 不断
487 乙 不敢当
491 乙 不管
492 乙 不过
493 乙 不好意思
498 乙 不仅
507 乙 不论
510 乙 不平
511 乙 不然
514 乙 不少
519 乙 不是吗
525 乙 不行
526 乙 不幸
528 乙 不许
531 乙 不要紧
532 乙 不一定
543 乙 不住
548 乙 布置
549 乙 步
556 乙 部
557 乙 部队
560 乙 部门
563 乙 部长
565 乙 猜
573 乙 材料
587 乙 踩
588 乙 采
590 乙 采购
593 乙 采取
594 乙 采用
595 乙 彩色
600 乙 餐厅
625 乙 藏
636 乙 草地
638 乙 草原
639 乙 厕所
644 乙 册
650 乙 测验
654 乙 曾
655 乙 曾经
657 乙 插
661 乙 叉子
675 乙 差
677 乙 差不多
678 乙 差点儿
682 乙 拆
693 乙 产量
694 乙 产品
696 乙 产生
707 乙 尝
722 乙 长期
724 乙 长途
745 乙 超
749 乙 超过
752 乙 抄
753 乙 抄写
761 乙 吵
768 乙 车间
776 乙 彻底
782 乙 沉默
790 乙 趁
791 乙 衬衫
792 乙 衬衣
795 乙 称
798 乙 称赞
805 乙 成分
806 乙 成功
807 乙 成果
810 乙 成就
811 乙 成立
815 乙 成熟
818 乙 成为
823 乙 成长
826 乙 乘
831 乙 程度
837 乙 诚恳
838 乙 诚实
845 乙 承认
849 乙 吃惊
862 乙 尺
867 乙 翅膀
869 乙 充分
870 乙 充满
873 乙 充足
874 乙 冲
879 乙 虫子
880 乙 重
882 乙 重叠
883 乙 重复
885 乙 重新
887 乙 崇高
893 乙 抽象
896 乙 愁
904 乙 臭
905 乙 初
906 乙 初步
907 乙 初级
911 乙 出版
919 乙 出口
933 乙 出生
937 乙 出席
941 乙 出院
944 乙 厨房
947 乙 除
958 乙 处
961 乙 处分

964 乙 处理
967 乙 处
973 乙 传
974 乙 传播
982 乙 传统
999 乙 闯
1000 乙 创
1006 乙 创造
1007 乙 创作
1019 乙 春节
1037 乙 此
1041 乙 此外
1042 乙 刺
1052 乙 聪明
1057 乙 从不(没)
1058 乙 从…出发
1059 乙 从此
1061 乙 从而
1063 乙 从来
1068 乙 从事
1077 乙 粗
1084 乙 醋
1086 乙 促进
1089 乙 催
1097 乙 存
1100 乙 存在
1101 乙 寸
1104 乙 措施
1109 乙 搭
1111 乙 答应
1112 乙 答
1113 乙 答案
1116 乙 答卷
1119 乙 达到
1123 乙 打扮
1124 乙 打倒
1132 乙 打扰
1135 乙 打听
1138 乙 打针
1145 乙 大胆
1151 乙 大多数
1157 乙 大会
1158 乙 大伙儿
1160 乙 大街
1164 乙 大量
1165 乙 大陆
1166 乙 大米
1170 乙 大批
1172 乙 大人
1177 乙 大使馆
1182 乙 大小
1183 乙 大型
1186 乙 大衣
1190 乙 大约
1194 乙 呆
1195 乙 呆
1206 乙 代
1213 乙 代替
1216 乙 袋
1217 乙 待
1227 乙 担任
1228 乙 担心
1231 乙 单
1232 乙 单
1234 乙 单词
1235 乙 单调
1237 乙 单位
1244 乙 但
1248 乙 淡
1255 乙 蛋
1257 乙 蛋糕
1264 乙 当…的时候
1265 乙 当地
1269 乙 当年
1270 乙 当前
1272 乙 当时
1277 乙 挡
1278 乙 党
1282 乙 党员
1285 乙 当
1287 乙 当做
1293 乙 刀子
1303 乙 岛
1313 乙 到处
1314 乙 到达
1315 乙 到底
1316 乙 到底
1320 乙 倒
1321 乙 倒(是)
1325 乙 道
1327 乙 道
1328 乙 道德
1330 乙 道路
1331 乙 道歉
1343 乙 德语(德文)
1345 乙 的话
1354 乙 登
1355 乙 登记
1359 乙 等
1361 乙 等待
1365 乙 等于
1375 乙 滴
1378 乙 敌人
1381 乙 的确
1389 乙 底下
1393 乙 地带
1395 乙 地点
1396 乙 地方
1399 乙 地面
1400 乙 地球
1401 乙 地区
1405 乙 地图
1406 乙 地位
1407 乙 地下
1410 乙 地址
1418 乙 递
1439 乙 电报

1440 乙 电冰箱
1445 乙 电风扇
1457 乙 电视台
1458 乙 电台
1459 乙 电梯
1463 乙 电影院
1466 乙 店
1478 乙 吊
1479 乙 钓
1480 乙 调
1481 乙 调查
1485 乙 跌
1494 乙 顶
1495 乙 顶
1500 乙 定
1512 乙 订
1522 乙 东北
1525 乙 东部
1527 乙 东方
1528 乙 东面
1529 乙 东南
1537 乙 懂得
1547 乙 动人
1548 乙 动身
1549 乙 动手
1552 乙 动物园
1555 乙 动员
1556 乙 动作
1557 乙 冻
1560 乙 洞
1567 乙 斗争
1569 乙 豆腐
1572 乙 逗
1582 乙 独立
1587 乙 读书
1589 乙 读者
1590 乙 堵
1596 乙 肚子
1597 乙 度
1598 乙 度过
1599 乙 渡
1602 乙 端
1608 乙 短期
1613 乙 断
1617 乙 堆
1622 乙 队
1623 乙 队伍
1625 乙 队长
1628 乙 对
1630 乙 对比
1634 乙 对待
1636 乙 对方
1637 乙 对付
1638 乙 对话
1645 乙 对面
1648 乙 对象
1650 乙 对于
1652 乙 吨
1653 乙 蹲
1665 乙 多数
1667 乙 夺
1670 乙 躲
1673 乙 朵
1678 乙 鹅
1694 乙 而
1699 乙 儿童
1701 乙 耳朵
1706 乙 发表
1711 乙 发出
1712 乙 发达
1714 乙 发动
1715 乙 发抖
1717 乙 发挥
1720 乙 发明
1731 乙 发言
1733 乙 发扬
1744 乙 法郎
1746 乙 法律
1766 乙 繁荣
1770 乙 凡
1781 乙 反动
1784 乙 反复
1789 乙 反抗
1795 乙 反应
1796 乙 反映
1797 乙 反正
1803 乙 范围
1804 乙 犯
1815 乙 方
1817 乙 方案
1822 乙 方式
1824 乙 方针
1828 乙 房子
1830 乙 防
1837 乙 防止
1840 乙 仿佛
1843 乙 纺织
1845 乙 放大
1847 乙 放弃
1851 乙 放心
1856 乙 非……不可
1868 乙 肥
1874 乙 肺
1883 乙 费
1884 乙 费
1886 乙 费用
1887 乙 吩咐
1892 乙 分别
1907 乙 分配
1914 乙 分析
1919 乙 纷纷
1923 乙 粉笔
1929 乙 奋斗
1932 乙 份
1934 乙 愤怒
1943 乙 封建
1953 乙 风景

1955	乙	风力
1960	乙	风俗
1967	乙	逢
1976	乙	否定
1979	乙	否则
1985	乙	扶
1987	乙	幅
1990	乙	符合
1993	乙	服从
1998	乙	浮
2016	乙	副
2017	乙	副
2018	乙	副食
2028	乙	复述
2031	乙	复印
2034	乙	付
2043	乙	富
2053	乙	妇女
2056	乙	该
2060	乙	改革
2062	乙	改进
2064	乙	改善
2066	乙	改造
2067	乙	改正
2070	乙	概括
2071	乙	概念
2073	乙	盖
2075	乙	干
2076	乙	干杯
2077	乙	干脆
2083	乙	干燥
2087	乙	杆
2089	乙	肝
2091	乙	赶
2092	乙	赶紧
2093	乙	赶快
2099	乙	感动
2101	乙	感激
2102	乙	感觉
2105	乙	感情
2108	乙	感想
2110	乙	感兴趣
2115	乙	干活儿
2117	乙	干吗
2121	乙	刚刚
2122	乙	钢
2131	乙	港
2139	乙	高大
2143	乙	高度
2158	乙	高原
2168	乙	告
2169	乙	告别
2183	乙	搁
2185	乙	胳膊(胳臂)
2187	乙	割
2188	乙	革命
2195	乙	隔
2196	乙	隔壁
2201	乙	个别
2203	乙	个人
2204	乙	个体
2207	乙	个子
2219	乙	根本
2220	乙	根据
2225	乙	跟前
2238	乙	更加
2241	乙	工程
2242	乙	工程师
2244	乙	工夫
2245	乙	工会
2246	乙	工具
2255	乙	工艺品
2256	乙	工资
2264	乙	功夫
2271	乙	供
2273	乙	供给
2282	乙	公费
2285	乙	公共
2289	乙	公开
2291	乙	公路
2299	乙	公司
2302	乙	公用电话
2305	乙	公元
2313	乙	巩固
2316	乙	贡献
2317	乙	共
2318	乙	共产党
2324	乙	共同
2332	乙	狗
2333	乙	构成
2336	乙	构造
2342	乙	估计
2346	乙	姑姑
2349	乙	鼓
2353	乙	鼓励
2354	乙	鼓舞
2355	乙	鼓掌
2356	乙	古
2357	乙	古代
2360	乙	古迹
2361	乙	古老
2367	乙	骨头
2378	乙	故乡
2379	乙	故意
2381	乙	顾
2383	乙	顾客
2399	乙	挂号
2402	乙	拐
2404	乙	怪
2413	乙	关键
2419	乙	关于
2420	乙	关照
2421	乙	官
2428	乙	观察
2429	乙	观点
2434	乙	观众
2435	乙	管

2437 乙 管理
2441 乙 冠军
2443 乙 罐头
2450 乙 贯彻
2451 乙 光
2453 乙 光
2454 乙 光
2458 乙 光辉
2462 乙 光明
2463 乙 光荣
2464 乙 光线
2467 乙 广场
2468 乙 广大
2469 乙 广泛
2470 乙 广告
2471 乙 广阔
2472 乙 逛
2473 乙 规定
2478 乙 规律
2479 乙 规模
2491 乙 鬼
2496 乙 跪
2502 乙 滚
2505 乙 锅
2513 乙 国际
2520 乙 国民党
2525 乙 国王
2530 乙 果然
2537 乙 过程
2544 乙 过年
2560 乙 海关
2565 乙 海洋
2566 乙 害
2568 乙 害处
2569 乙 害怕
2571 乙 含
2578 乙 寒冷
2588 乙 汗
2593 乙 行

2600 乙 航空
2606 乙 毫不
2608 乙 毫无
2617 乙 好好儿
2619 乙 好久
2621 乙 好容易
2623 乙 好听
2624 乙 好玩儿
2626 乙 好些
2634 乙 号码
2635 乙 号召
2637 乙 好
2651 乙 和平
2661 乙 合
2670 乙 合理
2674 乙 合同
2677 乙 合作
2678 乙 盒
2684 乙 嘿
2686 乙 黑暗
2695 乙 根
2697 乙 哼
2711 乙 红茶
2713 乙 红旗
2717 乙 猴子
2719 乙 厚
2728 乙 后悔
2729 乙 后来
2730 乙 后面
2731 乙 后年
2735 乙 后天
2738 乙 呼
2741 乙 呼吸
2747 乙 壶
2751 乙 胡乱
2754 乙 胡子
2757 乙 糊涂
2761 乙 护士
2762 乙 护照

2766 乙 户
2776 乙 花园
2778 乙 划
2782 乙 滑
2783 乙 滑冰
2787 乙 画报
2791 乙 划
2793 乙 化
2811 乙 坏处
2815 乙 欢送
2819 乙 环
2821 乙 环境
2840 乙 慌
2845 乙 黄瓜
2849 乙 黄油
2850 乙 皇帝
2855 乙 灰
2859 乙 挥
2862 乙 恢复
2872 乙 回头
2874 乙 回信
2875 乙 回忆
2885 乙 会场
2887 乙 会见
2888 乙 会客
2889 乙 会谈
2892 乙 会议
2902 乙 昏迷
2903 乙 婚姻
2905 乙 混
2920 乙 活泼
2921 乙 活跃
2925 乙 伙食
2926 乙 火
2927 乙 火柴
2936 乙 获得
2938 乙 或
2943 乙 货
2948 乙 几乎

2959	乙	机床
2962	乙	机关
2969	乙	机械
2973	乙	积极
2974	乙	积极性
2975	乙	积累
2980	乙	激动
2984	乙	激烈
2992	乙	极
2997	乙	极其
3000	乙	集
3004	乙	集体
3007	乙	集中
3009	乙	及
3010	乙	及格
3011	乙	及时
3015	乙	急忙
3021	乙	即
3026	乙	级
3037	乙	技术员
3040	乙	季节
3048	乙	计算
3051	乙	记得
3053	乙	记录
3055	乙	记忆
3058	乙	记者
3060	乙	既
3061	乙	既…也…
3062	乙	既…又…
3063	乙	既然
3067	乙	纪律
3068	乙	纪念
3071	乙	夹
3078	乙	家伙
3079	乙	家具
3083	乙	家乡
3088	乙	加工
3092	乙	加强
3097	乙	加以
3103	乙	假
3112	乙	价格
3114	乙	价值
3116	乙	架
3122	乙	假条
3130	乙	坚定
3132	乙	坚决
3133	乙	坚强
3139	乙	尖
3141	乙	尖锐
3147	乙	肩
3149	乙	艰巨
3150	乙	艰苦
3163	乙	拣
3164	乙	捡
3176	乙	剪
3179	乙	减
3182	乙	减轻
3184	乙	减少
3198	乙	箭
3205	乙	渐渐
3207	乙	建
3209	乙	建立
3211	乙	建议
3213	乙	建筑
3216	乙	将
3217	乙	将
3221	乙	将要
3224	乙	奖
3228	乙	奖学金
3231	乙	讲话
3239	乙	讲座
3241	乙	酱油
3242	乙	降
3243	乙	降低
3259	乙	交换
3260	乙	交际
3261	乙	交流
3266	乙	交通
3269	乙	郊区
3273	乙	骄傲
3283	乙	角
3290	乙	教材
3294	乙	教师
3296	乙	教授
3300	乙	教学
3301	乙	教训
3305	乙	教员
3307	乙	较
3314	乙	叫做
3322	乙	接触
3323	乙	接待
3324	乙	接到
3326	乙	接见
3327	乙	接近
3331	乙	接受
3335	乙	街道
3339	乙	阶段
3340	乙	阶级
3343	乙	结实
3353	乙	节省
3355	乙	节约
3362	乙	结构
3365	乙	结合
3366	乙	结婚
3369	乙	结论
3373	乙	解
3375	乙	解答
3376	乙	解放
3382	乙	解释
3393	乙	届
3395	乙	金
3401	乙	金属
3404	乙	今后
3418	乙	仅
3419	乙	仅仅
3420	乙	尽
3421	乙	尽管

3423 乙 尽量
3426 乙 进步
3429 乙 进攻
3430 乙 进化
3432 乙 进口
3436 乙 进入
3438 乙 进修
3439 乙 进一步
3444 乙 禁止
3447 乙 近来
3453 乙 尽
3455 乙 劲
3457 乙 京剧
3470 乙 精力
3483 乙 经
3489 乙 经理
3490 乙 经历
3497 乙 井
3498 乙 警察
3508 乙 静
3514 乙 敬爱
3517 乙 敬礼
3519 乙 镜子
3522 乙 竞赛
3528 乙 究竟
3530 乙 纠正
3539 乙 救
3546 乙 就
3551 乙 就是
3571 乙 局长
3578 乙 举行
3584 乙 拒绝
3587 乙 据说
3589 乙 巨大
3591 乙 具备
3592 乙 具体
3593 乙 具有
3595 乙 距离
3596 乙 距离
3598 乙 俱乐部
3603 乙 剧场
3611 乙 卷
3618 乙 觉悟
3620 乙 决
3627 乙 决心
3631 乙 绝对
3637 乙 军
3639 乙 军队
3644 乙 军事
3662 乙 开放
3666 乙 开会
3667 乙 开课
3672 乙 开明
3674 乙 开辟
3684 乙 开演
3686 乙 开展
3693 乙 砍
3696 乙 看不起
3698 乙 看法
3700 乙 看来
3703 乙 看样子
3707 乙 扛
3713 乙 考
3717 乙 考虑
3721 乙 烤
3722 乙 靠
3726 乙 颗
3728 乙 科
3733 乙 科学家
3734 乙 科学院
3735 乙 科研
3736 乙 科长
3739 乙 可
3740 乙 可爱
3746 乙 可靠
3748 乙 可怜
3750 乙 可怕
3760 乙 可以
3764 乙 克服
3765 乙 刻
3767 乙 刻苦
3772 乙 客人
3776 乙 课程
3781 乙 肯
3782 乙 肯定
3787 乙 空
3790 乙 空间
3793 乙 空前
3798 乙 空中
3801 乙 恐怕
3802 乙 孔
3806 乙 空儿
3809 乙 控制
3813 乙 口袋
3814 乙 口号
3820 乙 扣
3831 乙 裤子
3836 乙 跨
3838 乙 筷子
3842 乙 快乐
3845 乙 宽
3850 乙 款
3857 乙 矿
3873 乙 捆
3874 乙 困
3878 乙 扩大
3885 乙 垃圾
3894 乙 来
3895 乙 来
3897 乙 来不及
3898 乙 来得及
3909 乙 来信
3911 乙 来自
3915 乙 拦
3919 乙 懒
3921 乙 烂
3922 乙 狼

3924	乙	朗读
3926	乙	浪
3928	乙	浪费
3930	乙	捞
3940	乙	老(是)
3941	乙	老百姓
3942	乙	老板
3944	乙	老大妈(大妈)
3945	乙	老大娘(大娘)
3946	乙	老大爷(大爷)
3948	乙	老虎
3953	乙	老人
3956	乙	老实
3959	乙	老太太
3961	乙	老头儿
3968	乙	乐观
3973	乙	雷
3978	乙	类
3988	乙	厘米
3989	乙	梨
3994	乙	离婚
4001	乙	理发
4003	乙	理解
4004	乙	理论
4007	乙	理想
4008	乙	理由
4013	乙	里面
4017	乙	礼拜天(礼拜日)
4019	乙	礼貌
4021	乙	礼堂
4032	乙	利害(厉害)
4035	乙	利益
4037	乙	例
4040	乙	例子
4041	乙	立
4042	乙	立场
4043	乙	立方
4045	乙	立即
4050	乙	粒
4051	乙	力
4052	乙	力量
4053	乙	力气
4055	乙	力所能及
4061	乙	联合
4062	乙	联欢
4067	乙	连
4074	乙	连忙
4078	乙	连续
4091	乙	恋爱
4093	乙	练
4097	乙	粮食
4098	乙	凉
4101	乙	量
4104	乙	良好
4107	乙	两
4119	乙	聊
4120	乙	聊天儿
4126	乙	了不起
4129	乙	列
4143	乙	临
4146	乙	临时
4149	乙	邻居
4153	乙	零钱
4157	乙	铃
4163	乙	灵活
4167	乙	领
4173	乙	领袖
4176	乙	另
4177	乙	另外
4194	乙	流利
4204	乙	龙
4215	乙	楼梯
4217	乙	漏
4219	乙	露
4228	乙	路上
4229	乙	路线
4233	乙	录
4235	乙	录像
4237	乙	录音机
4242	乙	陆续
4247	乙	旅馆
4248	乙	旅客
4249	乙	旅途
4263	乙	略
4266	乙	轮船
4273	乙	论文
4279	乙	萝卜
4283	乙	落
4286	乙	落后
4299	乙	码头
4304	乙	马虎
4305	乙	马克
4309	乙	马路
4312	乙	骂
4315	乙	埋
4319	乙	买卖
4322	乙	迈
4326	乙	馒头
4332	乙	满足
4344	乙	猫
4345	乙	毛
4348	乙	毛病
4349	乙	毛巾
4351	乙	毛衣
4353	乙	矛盾
4357	乙	冒
4362	乙	贸易
4368	乙	煤
4369	乙	煤气
4372	乙	没错
4374	乙	没什么
4375	乙	没事儿
4378	乙	没用
4386	乙	每
4387	乙	美
4390	乙	美好

4391 乙 美丽
4394 乙 美术
4395 乙 美元
4411 乙 梦
4422 乙 米
4425 乙 秘密
4428 乙 蜜蜂
4429 乙 密
4432 乙 密切
4434 乙 棉花
4435 乙 棉衣
4442 乙 面
4443 乙 面
4448 乙 面积
4451 乙 面貌
4454 乙 面前
4462 乙 描写
4463 乙 秒
4465 乙 庙
4466 乙 妙
4468 乙 灭
4477 乙 民主
4483 乙 明亮
4486 乙 明确
4488 乙 明显
4492 乙 名
4502 乙 名胜
4507 乙 命令
4510 乙 命运
4512 乙 摸
4516 乙 模仿
4521 乙 磨
4532 乙 墨水儿
4537 乙 某
4539 乙 模样
4540 乙 亩
4541 乙 母
4545 乙 木
4548 乙 木头
4550 乙 目标
4551 乙 目的
4565 乙 哪个
4567 乙 哪怕
4568 乙 哪些
4571 乙 那边
4586 乙 奶奶
4590 乙 耐心
4591 乙 耐用
4594 乙 南部
4595 乙 南方
4596 乙 南面
4598 乙 男人
4602 乙 难道
4607 乙 难过
4609 乙 难看
4611 乙 难受
4616 乙 脑袋
4619 乙 脑子
4621 乙 闹
4627 乙 内部
4643 乙 能干
4646 乙 能力
4649 乙 能源
4651 乙 泥
4660 乙 年代
4664 乙 年龄
4665 乙 年青
4675 乙 鸟
4691 乙 扭
4694 乙 浓
4708 乙 弄
4718 乙 女人
4719 乙 女士
4722 乙 暖
4724 乙 暖气
4736 乙 怕
4741 乙 排
4742 乙 排
4750 乙 牌
4760 乙 盘
4762 乙 盘子
4764 乙 盼望
4767 乙 判断
4773 乙 旁
4775 乙 胖
4783 乙 炮
4791 乙 赔
4794 乙 陪
4799 乙 配合
4803 乙 喷
4805 乙 盆
4813 乙 捧
4816 乙 碰见
4818 乙 批
4822 乙 批判
4825 乙 批准
4827 乙 披
4830 乙 脾气
4834 乙 疲劳
4835 乙 皮
4837 乙 皮肤
4839 乙 匹
4845 乙 偏
4854 乙 片面
4855 乙 骗
4856 乙 飘
4865 乙 拼命
4879 乙 品种
4884 乙 乒乓球
4886 乙 平
4887 乙 平安
4888 乙 平常
4889 乙 平等
4891 乙 平方
4893 乙 平静
4894 乙 平均
4898 乙 平时

4902 乙 平原
4907 乙 瓶子
4917 乙 坡
4924 乙 破坏
4931 乙 迫切
4933 乙 扑
4936 乙 铺
4941 乙 朴素
4942 乙 普遍
4945 乙 普通
4950 乙 期
4952 乙 期间
4957 乙 欺骗
4958 乙 妻子
4968 乙 其次
4971 乙 其他
4972 乙 其它
4973 乙 其余
4974 乙 其中
4976 乙 奇怪
4982 乙 齐
4987 乙 旗子
5006 乙 企图
5007 乙 企业
5010 乙 启发
5020 乙 气
5026 乙 气候
5034 乙 气温
5036 乙 气象
5042 乙 汽油
5051 乙 牵
5062 乙 千万
5065 乙 签订
5081 乙 前进
5084 乙 前面
5085 乙 前年
5090 乙 前天
5092 乙 前途
5101 乙 欠
5103 乙 枪
5108 乙 强
5109 乙 强大
5110 乙 强盗
5111 乙 强调
5112 乙 强度
5114 乙 强烈
5118 乙 抢
5122 乙 敲
5123 乙 悄悄
5126 乙 桥梁
5127 乙 瞧
5129 乙 巧
5130 乙 巧妙
5132 乙 切
5134 乙 且
5141 乙 侵略
5146 乙 亲爱
5149 乙 亲戚
5150 乙 亲切
5158 乙 亲自
5168 乙 青
5178 乙 轻松
5186 乙 清
5205 乙 情景
5208 乙 情形
5209 乙 情绪
5214 乙 请客
5215 乙 请求
5221 乙 庆祝
5222 乙 穷
5231 乙 球场
5234 乙 求
5238 乙 区
5239 乙 区别
5246 乙 渠
5248 乙 取
5251 乙 取消
5258 乙 圈
5276 乙 全面
5282 乙 劝
5287 乙 缺
5288 乙 缺点
5289 乙 缺乏
5291 乙 缺少
5295 乙 却
5297 乙 确定
5304 乙 裙子
5305 乙 群
5308 乙 群众
5309 乙 然而
5313 乙 燃烧
5314 乙 染
5316 乙 嚷
5321 乙 绕
5322 乙 惹
5324 乙 热爱
5329 乙 热烈
5330 乙 热闹
5332 乙 热水瓶(暖水瓶)
5333 乙 热心
5335 乙 人才(人材)
5338 乙 人工
5339 乙 人家
5343 乙 人口
5344 乙 人类
5348 乙 人民币
5359 乙 人物
5362 乙 人员
5363 乙 人造
5366 乙 忍
5374 乙 任务
5377 乙 认
5378 乙 认得
5384 乙 扔
5385 乙 仍
5387 乙 仍然

5390 乙 日常
5391 乙 日程
5393 乙 日记
5394 乙 日期
5398 乙 日用品
5400 乙 日元
5424 乙 如
5425 乙 如
5427 乙 如果
5428 乙 如何
5429 乙 如今
5435 乙 入
5441 乙 软
5448 乙 弱
5450 乙 撒
5452 乙 洒
5455 乙 赛
5460 乙 伞
5468 乙 嗓子
5470 乙 扫
5472 乙 嫂子
5473 乙 色
5475 乙 森林
5476 乙 杀
5480 乙 沙发
5481 乙 沙漠
5484 乙 沙子
5487 乙 傻
5492 乙 晒
5504 乙 山脉
5505 乙 山区
5509 乙 闪
5517 乙 善于
5519 乙 伤
5524 乙 伤心
5528 乙 商场
5530 乙 商量
5531 乙 商品
5535 乙 商业
5541 乙 上班
5545 乙 上当
5548 乙 上级
5554 乙 上面
5566 乙 上衣
5572 乙 稍
5573 乙 稍微
5574 乙 烧
5577 乙 勺子
5580 乙 少数
5582 乙 少年
5588 乙 蛇
5589 乙 舌头
5596 乙 射
5606 乙 设备
5608 乙 设计
5617 乙 伸
5620 乙 身
5621 乙 身边
5631 乙 深厚
5633 乙 深刻
5637 乙 深入
5644 乙 什么的
5645 乙 神
5647 乙 神经
5679 乙 生
5680 乙 生
5687 乙 生动
5691 乙 生命
5694 乙 生气
5700 乙 生物
5702 乙 生意
5704 乙 生长
5708 乙 升
5710 乙 绳子
5712 乙 省
5726 乙 胜
5733 乙 失败
5736 乙 失去
5738 乙 失望
5742 乙 失业
5745 乙 狮子
5748 乙 施工
5752 乙 湿
5755 乙 诗
5764 乙 石头
5765 乙 石油
5767 乙 拾
5770 乙 时代
5777 乙 时刻
5779 乙 时期
5784 乙 食品
5786 乙 食物
5792 乙 实际
5797 乙 实事求是
5802 乙 实行
5803 乙 实验
5804 乙 实用
5805 乙 实在
5811 乙 使
5820 乙 始终
5830 乙 世纪
5838 乙 事件
5841 乙 事实
5843 乙 事物
5845 乙 事先
5847 乙 事业
5856 乙 适当
5857 乙 适合
5859 乙 适应
5860 乙 适用
5863 乙 市场
5866 乙 室
5874 乙 试卷
5876 乙 试验
5886 乙 收获
5889 乙 收入
5893 乙 收音机

5898 乙 手段
5900 乙 手工
5902 乙 手绢
5906 乙 手术
5907 乙 手套
5908 乙 手续
5910 乙 手指
5911 乙 首
5917 乙 首先
5929 乙 受
5931 乙 瘦
5932 乙 蔬菜
5933 乙 叔叔
5942 乙 舒适
5946 乙 书包
5948 乙 书店
5951 乙 书记
5952 乙 书架
5958 乙 熟练
5959 乙 熟悉
5960 乙 暑假
5963 乙 属于
5967 乙 树林
5972 乙 数
5975 乙 数量
5978 乙 数字
5979 乙 刷
5982 乙 摔
5986 乙 甩
5988 乙 率领
5993 乙 双方
5998 乙 水稻
6005 乙 水泥
6017 乙 顺
6018 乙 顺便
6019 乙 顺利
6029 乙 撕
6040 乙 私
6041 乙 私人
6047 乙 司机
6050 乙 丝
6066 乙 似乎
6071 乙 松
6076 乙 送行
6088 乙 速度
6089 乙 塑料
6097 乙 算了
6105 乙 随
6106 乙 随便
6109 乙 随时
6114 乙 碎
6128 乙 损失
6130 乙 缩
6136 乙 所
6137 乙 所
6141 乙 所谓
6156 乙 塔
6159 乙 台
6166 乙 太太
6180 乙 谈话
6183 乙 谈判
6185 乙 弹
6188 乙 毯子
6189 乙 探
6205 乙 趟
6206 乙 烫
6207 乙 掏
6211 乙 逃
6222 乙 讨厌
6223 乙 套
6227 乙 特此
6229 乙 特点
6234 乙 特殊
6248 乙 提倡
6251 乙 提供
6255 乙 提前
6264 乙 题
6266 乙 题目
6270 乙 体会
6271 乙 体积
6277 乙 体系
6281 乙 体育场
6282 乙 体育馆
6287 乙 替
6305 乙 天真
6307 乙 添
6308 乙 填
6311 乙 田
6315 乙 田野
6316 乙 甜
6317 乙 挑
6325 乙 条约
6332 乙 调整
6343 乙 贴
6344 乙 铁
6347 乙 铁路
6352 乙 听讲
6361 乙 停止
6384 乙 通讯
6388 乙 同
6389 乙 同
6399 乙 同情
6402 乙 同屋
6404 乙 同样
6408 乙 铜
6410 乙 桶
6416 乙 统一
6418 乙 统治
6419 乙 痛
6421 乙 痛苦
6423 乙 偷
6426 乙 偷偷
6427 乙 投
6434 乙 投入
6439 乙 头
6440 乙 头发
6443 乙 透

6449 乙 突出
6450 乙 突击
6453 乙 图
6464 乙 涂
6466 乙 土
6468 乙 土地
6469 乙 土豆
6471 乙 吐
6472 乙 吐
6473 乙 兔子
6474 乙 团
6485 乙 推动
6487 乙 推广
6505 乙 拖
6508 乙 托
6511 乙 脱离
6520 乙 挖
6526 乙 哇
6527 乙 歪
6535 乙 外地
6541 乙 外交
6546 乙 外面
6558 乙 弯
6576 乙 完整
6600 乙 网球
6610 乙 往往
6611 乙 望
6614 乙 忘记
6626 乙 微笑
6627 乙 危害
6628 乙 危机
6633 乙 违反
6636 乙 围
6640 乙 围绕
6653 乙 维护
6658 乙 委员
6662 乙 尾巴
6663 乙 未
6665 乙 未来
6668 乙 味道
6671 乙 胃
6673 乙 喂
6676 乙 位置
6678 乙 卫生
6679 乙 卫星
6686 乙 温度
6689 乙 温暖
6695 乙 文件
6697 乙 文明
6700 乙 文物
6708 乙 文字
6709 乙 闻
6712 乙 稳
6714 乙 稳定
6719 乙 问候
6729 乙 握
6735 乙 污染
6740 乙 屋
6742 乙 无
6755 乙 无论
6761 乙 无数
6765 乙 无限
6773 乙 武器
6774 乙 武术
6785 乙 雾
6787 乙 物价
6792 乙 物质
6799 乙 误会
6802 乙 西北
6804 乙 西部
6805 乙 西餐
6806 乙 西方
6808 乙 西瓜
6809 乙 西红柿
6810 乙 西面
6811 乙 西南
6813 乙 吸
6816 乙 吸收
6817 乙 吸烟(抽烟)
6818 乙 吸引
6819 乙 牺牲
6843 乙 洗衣机
6847 乙 系统
6848 乙 戏
6853 乙 细菌
6855 乙 细心
6867 乙 下班
6878 乙 下面
6888 乙 吓
6889 乙 掀
6893 乙 先后
6894 乙 先进
6899 乙 鲜
6901 乙 鲜花
6905 乙 纤维
6907 乙 闲
6916 乙 显得
6918 乙 显然
6921 乙 显著
6927 乙 现代化
6930 乙 现实
6931 乙 现象
6935 乙 献
6937 乙 县
6941 乙 羡慕
6950 乙 限制
6951 乙 线
6954 乙 相
6957 乙 相当
6960 乙 相反
6963 乙 相互
6967 乙 相似
6969 乙 相同
6974 乙 香肠
6978 乙 香皂
6980 乙 箱子
6981 乙 乡

编号	等级	词语
6984	乙	乡下
6985	乙	详细
6987	乙	想法
6989	乙	想念
6990	乙	想像
6994	乙	响应
6997	乙	享受
6999	乙	项
7001	乙	项目
7012	乙	象
7023	乙	消费
7025	乙	消化
7027	乙	消灭
7028	乙	消失
7030	乙	晓得
7035	乙	小伙子
7037	乙	小麦
7039	乙	小朋友
7043	乙	小说
7045	乙	小心
7048	乙	小学
7054	乙	校长
7057	乙	笑话
7059	乙	效果
7061	乙	效率
7065	乙	歇
7077	乙	斜
7080	乙	血
7105	乙	新鲜
7111	乙	心得
7116	乙	心情
7125	乙	心脏
7128	乙	信
7138	乙	信心
7145	乙	星星
7149	乙	兴奋
7160	乙	形成
7162	乙	形容
7163	乙	形式
7164	乙	形势
7166	乙	形象
7167	乙	形状
7168	乙	行
7171	乙	行动
7175	乙	行李
7182	乙	醒
7184	乙	兴趣
7189	乙	性
7191	乙	性格
7195	乙	性质
7198	乙	姓名
7200	乙	兄弟
7205	乙	胸
7209	乙	雄
7211	乙	雄伟
7214	乙	熊猫
7217	乙	修
7220	乙	修改
7222	乙	修理
7239	乙	虚心
7243	乙	许
7255	乙	宣布
7257	乙	宣传
7270	乙	选
7274	乙	选举
7280	乙	选择
7285	乙	学
7286	乙	学费
7292	乙	学期
7295	乙	学术
7298	乙	学问
7312	乙	血液
7320	乙	寻找
7322	乙	训练
7324	乙	迅速
7325	乙	压
7327	乙	压迫
7337	乙	牙
7340	乙	牙刷
7353	乙	盐
7355	乙	严格
7361	乙	严肃
7362	乙	严重
7365	乙	研究所
7368	乙	延长
7378	乙	沿
7387	乙	眼
7390	乙	眼镜
7392	乙	眼泪
7394	乙	眼前
7398	乙	演
7406	乙	演员
7410	乙	咽
7422	乙	阳光
7426	乙	仰
7428	乙	养
7435	乙	样
7440	乙	邀请
7441	乙	腰
7443	乙	摇
7450	乙	咬
7464	乙	要紧
7472	乙	爷爷
7484	乙	业务
7485	乙	业余
7486	乙	叶子
7490	乙	夜里
7491	乙	夜晚
7495	乙	一
7497	乙	一半
7499	乙	一边
7503	乙	一道
7508	乙	一方面…一方面…
7530	乙	一齐
7534	乙	一生
7535	乙	一时

7537 乙 一同
7542 乙 一下子
7553 乙 一致
7559 乙 医学
7560 乙 医务室
7568 乙 依靠
7582 乙 移
7583 乙 移动
7586 乙 仪器
7590 乙 疑问
7595 乙 已
7598 乙 以
7601 乙 以及
7602 乙 以来
7604 乙 以内
7606 乙 以上
7608 乙 以外
7611 乙 以下
7626 乙 意外
7630 乙 意志
7639 乙 议论
7643 乙 异常
7646 乙 因此
7647 乙 因而
7648 乙 因素
7657 乙 银
7668 乙 引起
7677 乙 印
7679 乙 印刷
7680 乙 印象
7684 乙 英雄
7685 乙 英勇
7690 乙 应
7691 乙 应当
7694 乙 营养
7695 乙 营业
7698 乙 迎接
7705 乙 影子
7710 乙 应用
7711 乙 硬
7716 乙 拥抱
7717 乙 拥护
7727 乙 勇敢
7728 乙 勇气
7732 乙 用不着
7733 乙 用处
7735 乙 用功
7738 乙 用力
7747 乙 优点
7749 乙 优良
7750 乙 优美
7754 乙 优秀
7758 乙 悠久
7762 乙 由
7764 乙 由于
7775 乙 油
7784 乙 游览
7789 乙 游泳池
7793 乙 有的是
7794 乙 有(一)点儿
7795 乙 有关
7799 乙 有利
7800 乙 有力
7803 乙 有趣
7805 乙 有时
7808 乙 有效
7814 乙 有用
7821 乙 右边
7828 乙 于
7829 乙 于是
7845 乙 雨衣
7846 乙 与
7850 乙 语调
7852 乙 语气
7855 乙 语音
7857 乙 羽毛球
7860 乙 玉米
7862 乙 遇
7864 乙 遇见
7872 乙 预备
7897 乙 员
7904 乙 原料
7907 乙 原因
7909 乙 原则
7918 乙 圆珠笔
7928 乙 愿望
7931 乙 院
7932 乙 院长
7933 乙 院子
7935 乙 约
7936 乙 约会
7939 乙 越…越…
7942 乙 越来越…
7954 乙 阅读
7955 乙 阅览室
7960 乙 允许
7961 乙 运
7963 乙 运动会
7964 乙 运动员
7966 乙 运输
7970 乙 运用
7976 乙 杂
7977 乙 杂技
7985 乙 灾
7986 乙 灾害
8008 乙 暂时
8009 乙 赞成
8020 乙 遭到
8021 乙 遭受
8025 乙 糟糕
8038 乙 造
8041 乙 造句
8046 乙 责任
8048 乙 则
8063 乙 增长
8065 乙 扎
8076 乙 摘

编号	等级	词语
8078	乙	窄
8085	乙	粘
8091	乙	展出
8092	乙	展开
8094	乙	展览会
8105	乙	战斗
8107	乙	战胜
8108	乙	战士
8113	乙	战争
8117	乙	章
8128	乙	涨
8130	乙	丈
8131	乙	丈夫
8136	乙	招待
8137	乙	招待会
8138	乙	招呼
8146	乙	着
8152	乙	照
8153	乙	照常
8160	乙	照片(相片)
8169	乙	召开
8172	乙	折
8175	乙	哲学
8178	乙	这边
8193	乙	真理
8194	乙	真实
8200	乙	针
8201	乙	针对
8220	乙	阵
8231	乙	征
8233	乙	征求
8235	乙	争
8239	乙	争论
8241	乙	争取
8247	乙	整个
8249	乙	整理
8256	乙	正
8258	乙	正常
8261	乙	正好
8267	乙	正式
8271	乙	政策
8284	乙	证明
8294	乙	支持
8299	乙	支援
8311	乙	之后
8315	乙	之前
8316	乙	之上
8318	乙	之下
8319	乙	之一
8320	乙	之中
8321	乙	织
8323	乙	职工
8327	乙	职业
8329	乙	直
8330	乙	直
8333	乙	直到
8334	乙	直接
8340	乙	植物
8345	乙	执行
8350	乙	值得
8354	乙	指出
8355	乙	指导
8358	乙	指挥
8363	乙	指示
8369	乙	止
8376	乙	只是
8377	乙	只要
8378	乙	只有
8385	乙	至
8387	乙	至今
8388	乙	至少
8399	乙	制定
8400	乙	制订
8401	乙	制度
8405	乙	制造
8411	乙	秩序
8414	乙	质量
8416	乙	治
8422	乙	中餐
8432	乙	中心
8436	乙	中央
8437	乙	中药
8456	乙	终于
8461	乙	种子
8466	乙	种
8470	乙	重大
8471	乙	重点
8473	乙	重量
8474	乙	重视
8485	乙	周到
8500	乙	株
8504	乙	逐步
8505	乙	逐渐
8507	乙	竹子
8508	乙	煮
8517	乙	主动
8518	乙	主观
8523	乙	主人
8525	乙	主任
8529	乙	主席
8533	乙	主张
8535	乙	著名
8536	乙	著作
8548	乙	住院
8560	乙	祝贺
8564	乙	抓
8565	乙	抓紧
8571	乙	专家
8574	乙	专门
8577	乙	专心
8578	乙	专业
8584	乙	转
8585	乙	转变
8589	乙	转告
8602	乙	转
8606	乙	庄稼
8607	乙	庄严

序号	等级	词语
8615	乙	撞
8623	乙	状况
8624	乙	状态
8625	乙	追
8632	乙	准
8634	乙	准确
8635	乙	准时
8638	乙	捉
8655	乙	资料
8656	乙	资源
8662	乙	紫
8663	乙	仔细
8669	乙	自
8671	乙	自从
8672	乙	自动
8674	乙	自费
8679	乙	自觉
8683	乙	自然
8690	乙	自我
8695	乙	自学
8697	乙	自由
8711	乙	综合
8721	乙	总结
8722	乙	总理
8727	乙	总统
8732	乙	走道
8760	乙	组
8765	乙	钻
8766	乙	钻研
8771	乙	醉
8774	乙	最好
8784	乙	尊称
8785	乙	尊敬
8788	乙	遵守
8794	乙	左边
8795	乙	左右
8797	乙	做法
8799	乙	做客
8800	乙	做梦
8806	乙	作家
8807	乙	作品
8808	乙	作为
8809	乙	作文
8812	乙	作用
8814	乙	作者
8817	乙	坐班
8820	乙	座谈
8821	乙	座位

丙 级 词（2202 个）

序号	等级	词语
9	丙	哎哟
10	丙	唉
13	丙	挨
14	丙	癌
26	丙	安
27	丙	安定
37	丙	安装
40	丙	按期
44	丙	暗暗
56	丙	熬
58	丙	奥秘
60	丙	扒
66	丙	把
72	丙	把握
74	丙	坝
78	丙	罢
79	丙	罢工
85	丙	白白
93	丙	百货
95	丙	柏树
98	丙	摆脱
102	丙	拜访
103	丙	拜会
113	丙	般
125	丙	瓣
128	丙	半岛
143	丙	办理
147	丙	帮
151	丙	绑
153	丙	棒
154	丙	棒
156	丙	磅
161	丙	包袱
164	丙	包含
166	丙	包围
169	丙	剥
175	丙	保管
179	丙	保密
181	丙	保守
184	丙	保险
186	丙	保障
193	丙	宝
198	丙	宝石
204	丙	报
205	丙	报仇
206	丙	报酬
210	丙	报复
212	丙	报刊
215	丙	报社
221	丙	暴露
222	丙	暴雨
224	丙	爆发
226	丙	爆炸
231	丙	悲哀
234	丙	悲观
245	丙	背包
247	丙	辈
249	丙	背景
252	丙	背诵
253	丙	背心

序号	等级	词语
259	丙	被动
261	丙	被迫
263	丙	奔
265	丙	奔跑
274	丙	本人
275	丙	本身
281	丙	奔
289	丙	甭
297	丙	比方
309	丙	笔试
312	丙	彼此
314	丙	毕竟
318	丙	闭幕
323	丙	必
324	丙	必定
327	丙	必修
328	丙	必需
331	丙	壁
341	丙	边疆
342	丙	边界
344	丙	边缘
347	丙	编辑
349	丙	编制
356	丙	便利
358	丙	便于
361	丙	变动
362	丙	变革
373	丙	辩论
384	丙	标语
385	丙	标志
391	丙	表情
399	丙	别
400	丙	别处
403	丙	别字
408	丙	冰棍儿
410	丙	柄
411	丙	丙
412	丙	饼
417	丙	病床
422	丙	病情
432	丙	剥削
433	丙	播
435	丙	播送
438	丙	拨
441	丙	波浪
443	丙	菠菜
445	丙	博士
446	丙	博物馆
448	丙	薄弱
467	丙	不安
469	丙	不比
471	丙	不曾
484	丙	不对
489	丙	不够
490	丙	不顾
494	丙	不见
495	丙	不见得
497	丙	不禁
500	丙	不觉
502	丙	不可
504	丙	不利
506	丙	不料
508	丙	不满
509	丙	不免
516	丙	不是
517	丙	不是…而是…
518	丙	不是…就是…
520	丙	不停
524	丙	不像话
535	丙	不由得
536	丙	不在乎
537	丙	不怎么样
540	丙	不止
541	丙	不只
544	丙	不足
546	丙	布告
553	丙	步骤
561	丙	部署
567	丙	猜想
569	丙	裁缝
572	丙	裁判
574	丙	才
577	丙	才能
580	丙	财产
581	丙	财富
586	丙	财政
599	丙	餐车
604	丙	参考
605	丙	参谋
614	丙	残酷
617	丙	惭愧
618	丙	惨
619	丙	灿烂
620	丙	苍白
621	丙	苍蝇
622	丙	舱
624	丙	仓库
630	丙	操心
631	丙	操纵
632	丙	操作
635	丙	草案
642	丙	侧
645	丙	测
647	丙	测量
648	丙	测试
658	丙	插秧
662	丙	差别
667	丙	茶馆
668	丙	茶话会
669	丙	茶叶
690	丙	铲
697	丙	产物
699	丙	产值
703	丙	颤动
704	丙	颤抖
714	丙	常识
719	丙	长度

序号	等级	词语
721	丙	长久
725	丙	长远
729	丙	肠
733	丙	厂长
735	丙	场地
736	丙	场合
737	丙	场面
748	丙	超额
754	丙	钞票
758	丙	潮
760	丙	潮湿
762	丙	吵架
765	丙	炒
769	丙	车辆
770	丙	车厢
772	丙	扯
773	丙	撤
777	丙	尘土
778	丙	沉
783	丙	沉思
785	丙	沉重
788	丙	陈列
794	丙	撑
797	丙	称呼
803	丙	成
804	丙	成本
813	丙	成千上万
817	丙	成天
821	丙	成语
822	丙	成员
828	丙	乘客
830	丙	盛
832	丙	程序
843	丙	承包
844	丙	承担
850	丙	吃苦
851	丙	吃亏
852	丙	吃力
853	丙	持久
855	丙	池
857	丙	迟
863	丙	尺寸
864	丙	尺子
865	丙	赤道
872	丙	充实
876	丙	冲击
878	丙	冲突
889	丙	冲
899	丙	仇
900	丙	仇恨
902	丙	丑
908	丙	初期
909	丙	初中
921	丙	出路
922	丙	出卖
923	丙	出门
926	丙	出难题
931	丙	出身
935	丙	出事
938	丙	出息
940	丙	出洋相
942	丙	出租
948	丙	除
950	丙	除非
965	丙	处于
968	丙	处处
975	丙	传达
978	丙	传染
980	丙	传说
987	丙	喘
988	丙	串
991	丙	窗口
992	丙	窗帘
993	丙	窗台
996	丙	床单
1003	丙	创立
1004	丙	创新
1014	丙	垂
1015	丙	垂直
1018	丙	春季
1021	丙	纯
1023	丙	纯洁
1032	丙	瓷
1035	丙	词汇
1039	丙	此刻
1044	丙	刺激
1046	丙	次
1050	丙	次要
1051	丙	伺候
1055	丙	匆忙
1066	丙	从容
1073	丙	丛
1074	丙	凑
1082	丙	粗心
1083	丙	粗心大意
1087	丙	促使
1088	丙	窜
1091	丙	摧毁
1095	丙	村庄
1096	丙	村子
1103	丙	搓
1105	丙	挫折
1108	丙	错字
1115	丙	答复
1117	丙	达
1118	丙	达成
1121	丙	打
1122	丙	打败
1126	丙	打击
1127	丙	打架
1128	丙	打交道
1129	丙	打量
1131	丙	打破
1133	丙	打扫
1136	丙	打仗
1137	丙	打招呼
1140	丙	大半

1142 丙 大便
1144 丙 大大
1146 丙 大道
1147 丙 大地
1148 丙 大都
1149 丙 大队
1152 丙 大方
1154 丙 大哥
1163 丙 大力
1168 丙 大脑
1173 丙 大嫂
1176 丙 大使
1187 丙 大意
1191 丙 大致
1192 丙 大众
1193 丙 大自然
1200 丙 带儿
1201 丙 带动
1203 丙 带领
1204 丙 带头
1205 丙 代
1207 丙 代办
1210 丙 代价
1211 丙 代理
1219 丙 待遇
1222 丙 逮捕
1223 丙 耽误
1224 丙 担
1226 丙 担负
1233 丙 单纯
1236 丙 单独
1239 丙 胆
1252 丙 诞生
1256 丙 蛋白质
1260 丙 当
1262 丙 当初
1263 丙 当代
1266 丙 当家
1268 丙 当面
1276 丙 当中
1279 丙 党派
1280 丙 党委
1288 丙 档案
1300 丙 倒霉
1301 丙 倒腾
1304 丙 岛屿
1305 丙 导弹
1307 丙 导师
1309 丙 导演
1311 丙 导致
1319 丙 到…为止
1335 丙 得病
1338 丙 得了
1341 丙 得意
1351 丙 灯火
1352 丙 灯笼
1357 丙 蹬
1362 丙 等到
1363 丙 等候
1366 丙 瞪
1367 丙 凳子
1368 丙 堤
1374 丙 滴
1383 丙 抵
1385 丙 抵抗
1387 丙 底
1388 丙 底片
1391 丙 地板
1392 丙 地步
1394 丙 地道
1398 丙 地理
1402 丙 地势
1403 丙 地毯
1408 丙 地形
1409 丙 地震
1411 丙 地质
1412 丙 地主
1417 丙 弟兄
1436 丙 典礼
1437 丙 典型
1442 丙 电池
1447 丙 电力
1448 丙 电铃
1449 丙 电流
1450 丙 电炉
1452 丙 电脑
1454 丙 电器
1460 丙 电线
1461 丙 电压
1465 丙 电子
1468 丙 惦记
1469 丙 垫
1470 丙 奠定
1475 丙 雕刻
1482 丙 调动
1486 丙 爹
1487 丙 叠
1489 丙 丁
1490 丙 盯
1491 丙 钉
1492 丙 钉子
1496 丙 顶
1497 丙 顶
1508 丙 定期
1514 丙 订婚(定婚)
1533 丙 冬季
1538 丙 懂事
1542 丙 动机
1543 丙 动静
1544 丙 动力
1553 丙 动摇
1564 丙 抖
1565 丙 陡
1566 丙 斗
1570 丙 豆浆
1571 丙 豆子
1575 丙 毒

1576 丙 毒
1584 丙 独特
1585 丙 独自
1588 丙 读物
1603 丙 端
1604 丙 端正
1618 丙 堆
1619 丙 堆积
1620 丙 兑换
1624 丙 队员
1635 丙 对得起
1640 丙 对……来说
1641 丙 对了
1642 丙 对立
1644 丙 对门
1655 丙 顿时
1656 丙 哆嗦
1660 丙 多半
1661 丙 多亏
1662 丙 多劳多得
1666 丙 多余
1669 丙 夺取
1679 丙 俄语(俄文)
1683 丙 恶心
1684 丙 恶
1686 丙 恶化
1687 丙 恶劣
1698 丙 儿女
1713 丙 发电
1719 丙 发觉
1726 丙 发射
1730 丙 发行
1735 丙 发育
1738 丙 罚
1745 丙 法令
1751 丙 法院
1753 丙 法制
1754 丙 法子
1757 丙 番
1760 丙 翻身
1768 丙 繁殖
1771 丙 凡是
1772 丙 烦
1776 丙 反
1777 丙 反
1783 丙 反而
1788 丙 反击
1794 丙 反问
1799 丙 返
1807 丙 犯人
1808 丙 犯罪
1811 丙 饭馆
1814 丙 泛滥
1816 丙 方
1827 丙 房屋
1832 丙 防守
1836 丙 防御
1838 丙 防治
1839 丙 妨碍
1842 丙 纺
1849 丙 放手
1850 丙 放松
1852 丙 放学
1853 丙 放映
1854 丙 非
1855 丙 非
1863 丙 飞快
1866 丙 飞行
1867 丙 飞跃
1869 丙 肥料
1871 丙 肥皂
1875 丙 废
1876 丙 废除
1877 丙 废话
1881 丙 废墟
1882 丙 沸腾
1885 丙 费力
1893 丙 分布
1896 丙 分割
1897 丙 分工
1900 丙 分解
1902 丙 分离
1903 丙 分裂
1904 丙 分泌
1905 丙 分明
1912 丙 分散
1913 丙 分数
1917 丙 分子
1920 丙 坟
1922 丙 粉
1925 丙 粉碎
1926 丙 分量
1928 丙 分子
1935 丙 粪
1936 丙 丰产
1939 丙 丰收
1940 丙 封
1944 丙 封锁
1951 丙 风格
1956 丙 风气
1964 丙 疯
1965 丙 疯狂
1968 丙 缝
1969 丙 讽刺
1974 丙 佛教
1981 丙 夫妻
1992 丙 服
2008 丙 俯
2013 丙 腐蚀
2014 丙 腐朽
2027 丙 复活节
2033 丙 复制
2039 丙 负
2040 丙 负担
2045 丙 富有
2047 丙 富裕
2054 丙 妇人

序号	等级	词语
2058	丙	改编
2063	丙	改良
2074	丙	盖子
2078	丙	干旱
2080	丙	干扰
2081	丙	干涉
2084	丙	甘
2094	丙	赶忙
2095	丙	赶上
2107	丙	感受
2112	丙	敢于
2116	丙	干劲
2126	丙	缸
2128	丙	纲领
2130	丙	岗位
2132	丙	港币
2133	丙	港口
2138	丙	高潮
2141	丙	高等
2144	丙	高峰
2146	丙	高级
2149	丙	高粱
2151	丙	高尚
2153	丙	高速
2157	丙	高压
2160	丙	高中
2164	丙	稿
2170	丙	告辞
2176	丙	歌唱
2177	丙	歌剧
2178	丙	歌曲
2180	丙	歌颂
2184	丙	鸽子
2189	丙	革新
2194	丙	格外
2197	丙	隔阂
2202	丙	个儿
2205	丙	个体户
2206	丙	个性
2213	丙	各式各样
2215	丙	各自
2217	丙	给以
2223	丙	根源
2230	丙	耕地
2243	丙	工地
2248	丙	工龄
2249	丙	工钱
2253	丙	工序
2258	丙	攻
2261	丙	攻击
2262	丙	攻克
2266	丙	功课
2267	丙	功劳
2268	丙	功能
2275	丙	供应
2276	丙	公
2277	丙	公安
2279	丙	公布
2292	丙	公民
2294	丙	公顷
2298	丙	公式
2301	丙	公用
2310	丙	宫
2311	丙	宫殿
2312	丙	弓
2320	丙	共和国
2323	丙	共青团
2326	丙	钩
2327	丙	钩子
2329	丙	勾结
2330	丙	沟
2337	丙	购
2338	丙	购买
2341	丙	辜负
2345	丙	孤立
2352	丙	鼓动
2358	丙	古典
2365	丙	骨干
2368	丙	谷子
2369	丙	股
2373	丙	雇
2386	丙	顾问
2387	丙	固定
2388	丙	固然
2389	丙	固体
2393	丙	瓜
2395	丙	瓜子
2396	丙	寡妇
2401	丙	乖
2403	丙	拐弯儿
2405	丙	怪
2406	丙	怪
2407	丙	怪不得
2410	丙	关
2412	丙	关怀
2416	丙	关头
2424	丙	官僚主义
2427	丙	观测
2431	丙	观看
2432	丙	观念
2436	丙	管道
2439	丙	管子
2442	丙	罐
2444	丙	惯
2447	丙	灌
2448	丙	灌溉
2452	丙	光
2455	丙	光彩
2457	丙	光滑
2460	丙	光临
2465	丙	广
2476	丙	规划
2477	丙	规矩
2480	丙	规则
2484	丙	归
2490	丙	轨道
2494	丙	柜台

2495 丙 柜子
2498 丙 贵宾
2504 丙 棍子
2506 丙 锅炉
2510 丙 国防
2512 丙 国籍
2521 丙 国旗
2523 丙 国庆节
2526 丙 国务院
2527 丙 国营
2531 丙 果实
2532 丙 果树
2533 丙 裹
2535 丙 过
2539 丙 过渡
2540 丙 过分
2551 丙 咳
2557 丙 海拔
2561 丙 海军
2562 丙 海面
2564 丙 海峡
2567 丙 害虫
2572 丙 含糊
2573 丙 含量
2582 丙 喊叫
2585 丙 旱
2587 丙 焊
2594 丙 行
2595 丙 行列
2596 丙 行业
2603 丙 航行
2607 丙 毫米
2611 丙 好
2612 丙 好比
2630 丙 耗
2639 丙 好奇
2640 丙 呵
2643 丙 核
2658 丙 何必
2660 丙 何况
2663 丙 合唱
2664 丙 合成
2665 丙 合法
2666 丙 合格
2669 丙 合金
2673 丙 合算
2682 丙 河流
2689 丙 黑夜
2690 丙 痕迹
2692 丙 狠
2696 丙 恨不得
2699 丙 横
2708 丙 宏伟
2709 丙 洪水
2716 丙 喉咙
2718 丙 吼
2725 丙 后代
2726 丙 后方
2727 丙 后果
2736 丙 后头
2737 丙 后退
2739 丙 呼呼
2746 丙 忽视
2752 丙 胡说
2753 丙 胡同
2755 丙 蝴蝶
2760 丙 护
2765 丙 互助
2770 丙 花朵
2773 丙 花生
2777 丙 哗哗
2780 丙 华侨
2781 丙 华人
2784 丙 滑雪
2788 丙 画家
2790 丙 画蛇添足
2795 丙 化工
2796 丙 化合
2797 丙 化石
2800 丙 化验
2803 丙 话剧
2806 丙 怀
2807 丙 怀念
2808 丙 怀疑
2812 丙 坏蛋
2813 丙 欢呼
2814 丙 欢乐
2816 丙 欢喜
2825 丙 缓和
2826 丙 缓缓
2827 丙 缓慢
2830 丙 患
2832 丙 幻灯
2833 丙 幻想
2834 丙 唤
2835 丙 荒
2842 丙 慌忙
2846 丙 黄昏
2848 丙 黄色
2853 丙 晃
2856 丙 灰
2857 丙 灰尘
2858 丙 灰心
2861 丙 辉煌
2873 丙 回想
2876 丙 毁
2894 丙 汇
2895 丙 汇报
2897 丙 汇款
2901 丙 昏
2904 丙 浑身
2907 丙 混合
2909 丙 混乱
2910 丙 混凝土
2911 丙 混淆
2915 丙 活
2918 丙 活该

2922 丙 伙
2923 丙 伙伴
2929 丙 火箭
2930 丙 火力
2932 丙 火焰
2933 丙 火药
2935 丙 获
2939 丙 或多或少
2944 丙 货币
2945 丙 货物
2951 丙 基层
2953 丙 基地
2956 丙 机
2960 丙 机动
2961 丙 机构
2977 丙 肌肉
2978 丙 饥饿
2986 丙 激素
2994 丙 极端
3005 丙 集团
3019 丙 急躁
3020 丙 疾病
3023 丙 即将
3024 丙 即使
3027 丙 级别
3029 丙 给予
3034 丙 技能
3035 丙 技巧
3038 丙 季
3044 丙 寂寞
3045 丙 计
3049 丙 计算机
3057 丙 记载
3065 丙 继承
3073 丙 夹子
3074 丙 佳
3080 丙 家属
3090 丙 加紧
3094 丙 加入
3096 丙 加速
3098 丙 加油
3101 丙 甲
3106 丙 假如
3107 丙 假若
3109 丙 假使
3111 丙 价
3113 丙 价钱
3115 丙 架
3117 丙 架子
3119 丙 驾驶
3120 丙 假
3121 丙 假期
3123 丙 嫁
3124 丙 歼灭
3126 丙 监督
3127 丙 监视
3128 丙 监狱
3131 丙 坚固
3137 丙 坚硬
3142 丙 尖子
3144 丙 煎
3145 丙 兼
3151 丙 艰难
3159 丙 检讨
3161 丙 检验
3162 丙 碱
3165 丙 简便
3175 丙 简直
3188 丙 鉴定
3191 丙 贱
3193 丙 见解
3202 丙 健全
3204 丙 渐
3206 丙 溅
3212 丙 建造
3214 丙 僵
3219 丙 将军
3225 丙 奖金
3226 丙 奖励
3233 丙 讲究
3234 丙 讲课
3238 丙 讲义
3240 丙 酱
3248 丙 焦急
3251 丙 胶卷
3256 丙 交代
3264 丙 交谈
3268 丙 交易
3271 丙 浇
3277 丙 搅
3280 丙 脚步
3281 丙 狡猾
3285 丙 角度
3286 丙 角落
3291 丙 教导
3293 丙 教练
3298 丙 教堂
3302 丙 教研室
3315 丙 觉
3316 丙 揭
3318 丙 揭露
3328 丙 接连
3338 丙 阶层
3341 丙 结
3344 丙 截
3348 丙 节
3359 丙 竭力
3360 丙 洁白
3361 丙 结
3363 丙 结果
3377 丙 解放军
3380 丙 解剖
3387 丙 界线
3390 丙 借口
3402 丙 金鱼
3406 丙 今日
3411 丙 紧急

3412	丙	紧密
3414	丙	紧俏
3424	丙	谨慎
3431	丙	进军
3446	丙	近代
3452	丙	浸
3454	丙	尽力
3458	丙	惊
3459	丙	惊动
3461	丙	惊奇
3462	丙	惊人
3463	丙	惊讶
3464	丙	惊异
3465	丙	精
3475	丙	精神
3477	丙	精细
3480	丙	精致
3482	丙	鲸鱼
3486	丙	经费
3495	丙	经营
3499	丙	警告
3501	丙	警惕
3504	丙	景色
3505	丙	景物
3506	丙	景象
3510	丙	境
3516	丙	敬酒
3520	丙	竟
3521	丙	竟然
3524	丙	竞争
3525	丙	净
3526	丙	净
3531	丙	揪
3536	丙	酒店
3543	丙	舅舅
3544	丙	舅母
3545	丙	就
3552	丙	就是说
3553	丙	就是…也…
3561	丙	居民
3562	丙	居然
3564	丙	居住
3566	丙	局
3567	丙	局部
3568	丙	局面
3574	丙	举办
3579	丙	聚
3581	丙	聚集
3582	丙	聚精会神
3585	丙	据
3594	丙	距
3601	丙	剧
3604	丙	剧烈
3606	丙	剧院
3612	丙	卷
3615	丙	觉
3624	丙	决口
3628	丙	决议
3630	丙	绝
3634	丙	均
3635	丙	均匀
3638	丙	军备
3641	丙	军官
3642	丙	军舰
3643	丙	军人
3655	丙	开办
3657	丙	开除
3659	丙	开动
3660	丙	开发
3661	丙	开饭
3669	丙	开口
3673	丙	开幕
3675	丙	开设
3677	丙	开水
3685	丙	开夜车
3690	丙	刊物
3692	丙	看
3710	丙	抗议
3714	丙	考察
3720	丙	考验
3723	丙	靠近
3729	丙	科技
3731	丙	科普
3737	丙	壳
3741	丙	可不是
3745	丙	可见
3751	丙	可巧
3754	丙	可惜
3757	丙	可笑
3758	丙	可行
3762	丙	渴望
3768	丙	客
3770	丙	客观
3773	丙	客厅
3778	丙	课堂
3786	丙	坑
3791	丙	空军
3799	丙	恐怖
3804	丙	空
3815	丙	口气
3817	丙	口试
3818	丙	口头
3821	丙	枯
3824	丙	窟窿
3832	丙	夸
3834	丙	挎
3840	丙	快餐
3841	丙	快活
3849	丙	宽阔
3851	丙	款待
3852	丙	筐
3853	丙	狂
3854	丙	狂风
3863	丙	矿石
3867	丙	况且
3872	丙	昆虫
3883	丙	阔

3886	丙	喇叭
3887	丙	蜡烛
3890	丙	辣
3891	丙	辣椒
3896	丙	来宾
3900	丙	来回
3903	丙	来客
3908	丙	来往
3910	丙	来源
3918	丙	篮子
3925	丙	朗诵
3934	丙	牢
3936	丙	牢固
3938	丙	牢骚
3951	丙	老年
3952	丙	老婆
3954	丙	老人家
3962	丙	老乡
3965	丙	姥姥
3967	丙	乐
3979	丙	类似
3980	丙	类型
3984	丙	冷静
3985	丙	冷却
3986	丙	冷饮
3987	丙	愣
3991	丙	黎明
3998	丙	理
3999	丙	理
4014	丙	里头
4015	丙	礼
4016	丙	礼拜
4027	丙	历年
4029	丙	利
4033	丙	利润
4054	丙	力求
4057	丙	力争
4063	丙	联络
4064	丙	联盟
4072	丙	连接
4089	丙	脸色
4092	丙	炼
4100	丙	凉水
4111	丙	两旁
4114	丙	量
4118	丙	谅解
4128	丙	料
4130	丙	列车
4134	丙	裂
4136	丙	烈士
4138	丙	猎人
4150	丙	淋
4152	丙	零件
4162	丙	灵魂
4169	丙	领会
4171	丙	领土
4174	丙	领域
4178	丙	令
4179	丙	溜
4186	丙	留学
4190	丙	流传
4191	丙	流动
4196	丙	流氓
4197	丙	流水
4199	丙	流行
4200	丙	流域
4201	丙	柳树
4207	丙	笼子
4209	丙	拢
4210	丙	垄断
4211	丙	笼罩
4213	丙	楼道
4214	丙	楼房
4216	丙	搂
4220	丙	露面
4221	丙	喽
4222	丙	炉子
4225	丙	路过
4226	丙	路口
4231	丙	露
4240	丙	陆地
4241	丙	陆军
4243	丙	驴
4244	丙	铝
4251	丙	旅游
4259	丙	卵
4262	丙	掠夺
4267	丙	轮廓
4268	丙	轮流
4269	丙	轮子
4270	丙	论
4281	丙	逻辑
4282	丙	锣
4289	丙	骆驼
4306	丙	马克思主义
4324	丙	瞒
4329	丙	满腔
4335	丙	漫长
4340	丙	盲目
4347	丙	毛笔
4350	丙	毛线
4352	丙	毛泽东思想
4354	丙	茅台酒
4365	丙	梅花
4376	丙	没说的
4381	丙	眉毛
4382	丙	眉头
4389	丙	美观
4398	丙	闷
4403	丙	门诊
4404	丙	闷
4406	丙	蒙
4408	丙	猛
4409	丙	猛烈
4410	丙	猛然
4412	丙	梦想
4413	丙	眯

4414	丙	迷
4415	丙	迷糊
4418	丙	迷信
4419	丙	谜语
4426	丙	秘书
4427	丙	蜜
4438	丙	免得
4441	丙	勉强
4446	丙	面对
4447	丙	面粉
4449	丙	面孔
4450	丙	面临
4458	丙	苗
4469	丙	灭亡
4470	丙	民兵
4472	丙	民间
4475	丙	民用
4480	丙	敏捷
4482	丙	明白
4484	丙	明明
4489	丙	明信片
4491	丙	鸣
4506	丙	命
4515	丙	模范
4517	丙	模糊
4519	丙	模型
4523	丙	摩托车
4526	丙	抹
4528	丙	末
4531	丙	墨
4534	丙	陌生
4538	丙	某些
4543	丙	墓
4544	丙	幕
4546	丙	木材
4553	丙	目光
4557	丙	牧场
4558	丙	牧民
4563	丙	拿…来说
4584	丙	奶
4587	丙	耐
4588	丙	耐烦
4600	丙	男子
4603	丙	难得
4605	丙	难怪
4612	丙	难题
4613	丙	难以
4617	丙	脑筋
4618	丙	脑力
4623	丙	闹笑话
4624	丙	闹着玩儿
4631	丙	内科
4639	丙	嫩
4641	丙	能
4642	丙	能
4644	丙	能歌善舞
4647	丙	能量
4652	丙	泥土
4671	丙	念书
4673	丙	娘
4677	丙	捏
4685	丙	拧
4686	丙	宁可
4692	丙	扭转
4698	丙	农场
4701	丙	农具
4702	丙	农贸市场
4704	丙	农田
4705	丙	农药
4707	丙	农作物
4710	丙	奴隶
4713	丙	怒
4721	丙	女子
4726	丙	噢
4727	丙	哦
4730	丙	偶尔
4731	丙	偶然
4732	丙	趴
4738	丙	拍摄
4740	丙	拍子
4743	丙	排斥
4747	丙	排列
4751	丙	牌子
4757	丙	攀
4758	丙	攀登
4759	丙	盘
4763	丙	盼
4769	丙	畔
4777	丙	抛
4784	丙	炮弹
4786	丙	泡
4789	丙	培养
4790	丙	培育
4792	丙	赔偿
4795	丙	陪同
4796	丙	配
4802	丙	佩服
4806	丙	盆地
4809	丙	蓬勃
4810	丙	棚
4811	丙	膨胀
4815	丙	碰钉子
4817	丙	批
4833	丙	疲倦
4841	丙	屁股
4842	丙	譬如
4844	丙	偏
4849	丙	偏偏
4857	丙	飘扬
4863	丙	拼
4870	丙	贫苦
4873	丙	贫穷
4876	丙	品德
4878	丙	品质
4890	丙	平凡
4892	丙	平衡
4901	丙	平行

4905 丙 凭
4908 丙 评
4912 丙 评价
4913 丙 评论
4918 丙 泼
4922 丙 破产
4927 丙 破烂
4930 丙 迫害
4937 丙 葡萄
4944 丙 普及
4946 丙 普通话
4956 丙 欺负
4964 丙 漆
4967 丙 其
4970 丙 其实
4975 丙 棋
4978 丙 奇迹
4985 丙 旗袍
4986 丙 旗帜
4991 丙 起初
4994 丙 起飞
5002 丙 起义
5003 丙 起源
5015 丙 器材
5016 丙 器官
5019 丙 气
5022 丙 气氛
5023 丙 气愤
5024 丙 气概
5032 丙 气体
5033 丙 气味
5037 丙 气压
5040 丙 汽船
5044 丙 恰当
5046 丙 恰好
5047 丙 恰恰
5055 丙 铅
5058 丙 千方百计
5060 丙 千克
5071 丙 谦虚
5078 丙 前方
5080 丙 前后
5091 丙 前头
5102 丙 歉意
5107 丙 墙壁
5117 丙 强迫
5131 丙 翘
5135 丙 切实
5139 丙 侵犯
5142 丙 侵入
5145 丙 亲
5151 丙 亲热
5152 丙 亲人
5156 丙 亲眼
5159 丙 琴
5165 丙 勤劳
5169 丙 青菜
5170 丙 青春
5172 丙 青蛙
5177 丙 轻视
5180 丙 轻易
5184 丙 倾向
5188 丙 清晨
5189 丙 清除
5191 丙 清洁
5193 丙 清晰
5195 丙 清醒
5200 丙 晴天
5201 丙 情
5202 丙 情报
5213 丙 请教
5216 丙 请示
5224 丙 穷人
5226 丙 秋季
5229 丙 丘陵
5241 丙 区域
5243 丙 曲折
5247 丙 渠道
5253 丙 娶
5254 丙 趣味
5260 丙 圈子
5262 丙 权利
5263 丙 权力
5273 丙 全局
5280 丙 拳头
5283 丙 劝告
5306 丙 群岛
5312 丙 燃料
5315 丙 染料
5319 丙 饶
5326 丙 热带
5328 丙 热量
5340 丙 人家
5341 丙 人间
5345 丙 人力
5351 丙 人群
5355 丙 人士
5357 丙 人体
5360 丙 人心
5367 丙 忍不住
5368 丙 忍耐
5369 丙 忍受
5370 丙 任
5371 丙 任
5375 丙 任性
5376 丙 任意
5386 丙 仍旧
5389 丙 日报
5395 丙 日夜
5396 丙 日益
5397 丙 日用
5402 丙 荣幸
5410 丙 溶液
5411 丙 容
5415 丙 容器
5417 丙 容许
5420 丙 揉

5422 丙 柔软
5426 丙 如此
5430 丙 如同
5431 丙 如下
5443 丙 软弱
5446 丙 若
5447 丙 若干
5454 丙 塞
5461 丙 散
5462 丙 散文
5463 丙 散
5464 丙 散布
5469 丙 丧失
5474 丙 色彩
5486 丙 纱
5494 丙 删
5496 丙 山地
5497 丙 山峰
5500 丙 山谷
5510 丙 闪电
5511 丙 闪烁
5518 丙 扇子
5520 丙 伤害
5522 丙 伤口
5523 丙 伤脑筋
5533 丙 商人
5547 丙 上帝
5557 丙 上升
5558 丙 上述
5561 丙 上头
5563 丙 上下
5565 丙 上旬
5567 丙 上游
5583 丙 少女
5584 丙 少先队
5586 丙 哨兵
5591 丙 舍不得
5592 丙 舍得
5594 丙 摄氏
5595 丙 摄影
5597 丙 射击
5602 丙 社会主义
5603 丙 社论
5605 丙 设
5607 丙 设法
5611 丙 设想
5614 丙 申请
5622 丙 身材
5623 丙 身分(身份)
5625 丙 身子
5630 丙 深度
5639 丙 深夜
5646 丙 神话
5648 丙 神秘
5650 丙 神气
5651 丙 神情
5653 丙 神圣
5657 丙 审查
5665 丙 婶子
5666 丙 甚至
5667 丙 甚至于
5669 丙 慎重
5674 丙 声明
5678 丙 生
5681 丙 生病
5686 丙 生存
5690 丙 生理
5713 丙 省得
5716 丙 省长
5723 丙 圣诞节
5725 丙 剩余
5729 丙 师范
5734 丙 失掉
5735 丙 失眠
5754 丙 湿润
5757 丙 诗人
5769 丙 时常
5774 丙 时机
5776 丙 时节
5780 丙 时时
5790 丙 实话
5794 丙 实况
5796 丙 实施
5800 丙 实习
5806 丙 实质
5812 丙 使得
5814 丙 使劲
5818 丙 驶
5824 丙 示威
5826 丙 士兵
5833 丙 似的
5836 丙 事故
5837 丙 事迹
5844 丙 事务
5849 丙 逝世
5851 丙 势力
5853 丙 是的
5854 丙 是非
5855 丙 是否
5858 丙 适宜
5865 丙 市长
5883 丙 收割
5887 丙 收集
5891 丙 收缩
5904 丙 手枪
5905 丙 手势
5921 丙 守
5924 丙 寿命
5927 丙 售
5928 丙 售货
5934 丙 梳
5935 丙 梳子
5940 丙 舒畅
5947 丙 书本
5950 丙 书籍
5966 丙 树立
5968 丙 树木

5969	丙	束
5970	丙	束缚
5974	丙	数据
5976	丙	数目
5980	丙	刷子
5981	丙	耍
5984	丙	衰弱
5989	丙	拴
5990	丙	霜
5991	丙	双
6000	丙	水分
6002	丙	水库
6003	丙	水利
6004	丙	水力
6013	丙	睡眠
6014	丙	税
6016	丙	顺
6020	丙	顺手
6023	丙	说不定
6024	丙	说法
6025	丙	说服
6033	丙	思考
6034	丙	思念
6036	丙	思索
6037	丙	思维
6043	丙	私有
6048	丙	司令
6051	丙	丝毫
6053	丙	死
6054	丙	死亡
6058	丙	四处
6061	丙	四面八方
6063	丙	四周
6070	丙	饲养
6072	丙	松树
6075	丙	送礼
6079	丙	搜集
6081	丙	艘
6084	丙	俗话
6087	丙	速成
6099	丙	算是
6101	丙	算数
6102	丙	虽
6104	丙	虽说
6107	丙	随后
6108	丙	随即
6111	丙	随手
6116	丙	岁数
6120	丙	孙女
6121	丙	孙子
6123	丙	损害
6125	丙	损坏
6131	丙	缩短
6132	丙	缩小
6134	丙	锁
6135	丙	锁
6146	丙	所在
6154	丙	塌
6155	丙	踏实
6157	丙	踏
6170	丙	摊
6171	丙	摊
6175	丙	滩
6181	丙	谈话
6182	丙	谈论
6187	丙	坦克
6192	丙	探索
6197	丙	叹气
6203	丙	倘若
6209	丙	桃
6224	丙	特
6235	丙	特务
6238	丙	特征
6247	丙	提包
6249	丙	提纲
6259	丙	提问
6260	丙	提醒
6262	丙	提议
6267	丙	蹄
6269	丙	体操
6272	丙	体力
6274	丙	体面
6276	丙	体温
6278	丙	体现
6291	丙	天才
6294	丙	天空
6296	丙	天然
6297	丙	天然气
6299	丙	天上
6302	丙	天文
6303	丙	天下
6306	丙	天主教
6312	丙	田地
6318	丙	挑选
6323	丙	条例
6329	丙	调节
6331	丙	调皮
6338	丙	跳动
6348	丙	厅
6360	丙	停留
6363	丙	亭子
6364	丙	挺
6371	丙	通常
6380	丙	通顺
6382	丙	通信
6390	丙	同伴
6391	丙	同胞
6396	丙	同盟
6411	丙	筒
6414	丙	统计
6415	丙	统统
6431	丙	投机
6435	丙	投降
6441	丙	头脑
6445	丙	透明
6451	丙	突破
6456	丙	图画

6462	丙	徒弟
6463	丙	途径
6467	丙	土
6470	丙	土壤
6477	丙	团体
6478	丙	团员
6480	丙	团长
6483	丙	推迟
6484	丙	推辞
6486	丙	推翻
6488	丙	推荐
6489	丙	推进
6499	丙	退步
6502	丙	退休
6503	丙	吞
6506	丙	拖拉机
6509	丙	托儿所
6513	丙	驮
6516	丙	妥当
6522	丙	娃娃
6523	丙	瓦
6528	丙	歪曲
6533	丙	外部
6542	丙	外界
6543	丙	外科
6549	丙	外头
6552	丙	外衣
6555	丙	外祖父
6556	丙	外祖母
6559	丙	弯曲
6564	丙	玩笑
6565	丙	玩意儿
6566	丙	顽固
6567	丙	顽强
6568	丙	丸
6570	丙	完备
6575	丙	完善
6578	丙	挽
6579	丙	挽救
6581	丙	晚报
6589	丙	万分
6590	丙	万古长青
6592	丙	万岁
6593	丙	万万
6594	丙	万一
6599	丙	网
6606	丙	往来
6621	丙	威胁
6625	丙	微小
6631	丙	违背
6638	丙	围巾
6648	丙	为难
6650	丙	为首
6651	丙	为止
6652	丙	维持
6654	丙	维生素
6656	丙	委屈
6657	丙	委托
6664	丙	未必
6667	丙	味
6675	丙	位于
6677	丙	慰问
6684	丙	温
6685	丙	温带
6688	丙	温和
6692	丙	蚊子
6710	丙	闻名
6711	丙	吻
6722	丙	嗡
6727	丙	卧
6733	丙	污
6737	丙	诬蔑
6743	丙	无比
6744	丙	无产阶级
6748	丙	无法
6752	丙	无可奈何
6756	丙	无论如何
6758	丙	无情
6762	丙	无所谓
6766	丙	无线电
6768	丙	无疑
6775	丙	武装
6780	丙	舞蹈
6781	丙	舞会
6782	丙	舞台
6784	丙	侮辱
6790	丙	物品
6791	丙	物体
6793	丙	物资
6797	丙	误
6807	丙	西服
6812	丙	西医
6815	丙	吸取
6820	丙	稀
6821	丙	锡
6827	丙	袭击
6833	丙	媳妇
6835	丙	喜爱
6840	丙	喜悦
6849	丙	戏剧
6851	丙	细胞
6856	丙	细致
6857	丙	瞎
6858	丙	虾
6860	丙	峡谷
6872	丙	下降
6875	丙	下列
6883	丙	下旬
6884	丙	下游
6886	丙	夏季
6902	丙	鲜明
6903	丙	鲜血
6904	丙	鲜艳
6906	丙	咸
6908	丙	闲话
6910	丙	嫌
6919	丙	显示

6922	丙	险
6923	丙	现
6925	丙	现成
6938	丙	县城
6942	丙	宪法
6943	丙	陷
6952	丙	线路
6959	丙	相对
6977	丙	香烟
6979	丙	箱
6982	丙	乡村
6992	丙	响亮
7002	丙	巷
7003	丙	相声
7009	丙	向导
7010	丙	向来
7014	丙	象征
7015	丙	削
7021	丙	消除
7022	丙	消毒
7024	丙	消耗
7026	丙	消极
7032	丙	小便
7051	丙	小组
7058	丙	笑容
7067	丙	协定
7068	丙	协会
7072	丙	协助
7073	丙	协作
7079	丙	写作
7081	丙	卸
7090	丙	欣赏
7093	丙	辛勤
7102	丙	新生
7103	丙	新式
7107	丙	新型
7110	丙	心爱
7112	丙	心理
7117	丙	心事
7118	丙	心思
7123	丙	心意
7132	丙	信号
7135	丙	信念
7136	丙	信任
7137	丙	信息
7165	丙	形态
7176	丙	行人
7178	丙	行驶
7179	丙	行为
7180	丙	行星
7181	丙	行政
7183	丙	兴高采烈
7187	丙	幸亏
7190	丙	性别
7193	丙	性能
7201	丙	凶
7202	丙	凶恶
7221	丙	修建
7224	丙	修正
7225	丙	修筑
7228	丙	锈
7231	丙	绣
7232	丙	需
7240	丙	须
7248	丙	叙述
7259	丙	宣告
7261	丙	宣言
7263	丙	悬
7266	丙	悬崖
7269	丙	旋转
7278	丙	选修
7287	丙	学会
7288	丙	学科
7290	丙	学年
7294	丙	学时
7296	丙	学说
7297	丙	学位
7301	丙	学员
7303	丙	学者
7304	丙	学制
7308	丙	雪花
7309	丙	血管
7310	丙	血汗
7314	丙	循环
7316	丙	询问
7318	丙	寻
7326	丙	压力
7328	丙	压缩
7331	丙	压制
7332	丙	押
7334	丙	鸭子
7336	丙	芽
7338	丙	牙齿
7339	丙	牙膏
7344	丙	亚军
7346	丙	烟
7348	丙	烟囱
7351	丙	淹
7354	丙	严
7357	丙	严禁
7359	丙	严厉
7360	丙	严密
7364	丙	研究生
7366	丙	研制
7367	丙	岩石
7379	丙	沿儿
7381	丙	沿海
7384	丙	掩盖
7385	丙	掩护
7388	丙	眼光
7391	丙	眼看
7403	丙	演说
7408	丙	燕子
7409	丙	厌恶
7418	丙	扬
7420	丙	洋
7424	丙	氧化

7425	丙	氧气
7429	丙	养成
7432	丙	养料
7444	丙	摇摆
7445	丙	摇晃
7447	丙	遥远
7448	丙	窑
7449	丙	谣言
7453	丙	药方
7454	丙	药品
7455	丙	药水儿
7456	丙	药物
7458	丙	要
7459	丙	要不
7460	丙	要不然
7461	丙	要不是
7462	丙	要点
7463	丙	要好
7470	丙	钥匙
7476	丙	野兽
7479	丙	冶金
7489	丙	夜间
7493	丙	液体
7501	丙	一带
7521	丙	一口气
7523	丙	一连
7524	丙	一路平安
7525	丙	一路顺风
7528	丙	一面…一面…
7529	丙	一旁
7539	丙	一系列
7541	丙	一下儿
7543	丙	一向
7545	丙	一心
7546	丙	一行
7549	丙	一一
7550	丙	一再
7551	丙	一阵
7556	丙	医疗
7566	丙	依旧
7567	丙	依据
7570	丙	依然
7572	丙	伊斯兰教
7575	丙	遗产
7577	丙	遗憾
7578	丙	遗留
7585	丙	仪表
7587	丙	仪式
7591	丙	疑心
7592	丙	姨
7594	丙	倚
7597	丙	乙
7599	丙	以便
7612	丙	以至
7614	丙	以致
7616	丙	抑制
7617	丙	易
7623	丙	意识
7627	丙	意味着
7631	丙	毅力
7634	丙	义务
7638	丙	议会
7650	丙	音
7655	丙	阴谋
7656	丙	阴天
7659	丙	银幕
7662	丙	饮料
7665	丙	引
7666	丙	引导
7667	丙	引进
7676	丙	隐约
7678	丙	印染
7681	丙	英镑
7683	丙	英明
7687	丙	婴儿
7697	丙	迎
7703	丙	影片
7706	丙	应
7707	丙	应酬
7708	丙	应付
7709	丙	应邀
7712	丙	硬
7715	丙	哟
7718	丙	拥挤
7721	丙	踊跃
7722	丙	涌
7739	丙	用品
7741	丙	用途
7742	丙	用心
7751	丙	优胜
7752	丙	优势
7756	丙	优越
7765	丙	邮包
7774	丙	犹豫
7780	丙	油田
7781	丙	游
7786	丙	游戏
7787	丙	游行
7797	丙	有机
7801	丙	有两下子
7807	丙	有限
7810	丙	有一些
7811	丙	有意
7813	丙	有益
7815	丙	友爱
7826	丙	幼儿园
7827	丙	幼稚
7830	丙	愚蠢
7833	丙	余
7836	丙	渔民
7839	丙	娱乐
7848	丙	与其
7849	丙	宇宙
7853	丙	语文
7861	丙	浴室
7866	丙	愈…愈…
7870	丙	寓言

7871 丙 预报
7876 丙 预防
7877 丙 预告
7885 丙 预先
7888 丙 预祝
7890 丙 冤枉
7892 丙 元旦
7895 丙 元素
7896 丙 元宵
7902 丙 原理
7905 丙 原始
7906 丙 原先
7910 丙 原子
7911 丙 原子弹
7913 丙 援助
7915 丙 园林
7917 丙 圆满
7919 丙 猿人
7922 丙 缘故
7927 丙 愿
7930 丙 怨
7938 丙 越
7944 丙 跃进
7947 丙 月光
7951 丙 乐器
7956 丙 晕
7965 丙 运气
7971 丙 运转
7975 丙 砸
7980 丙 杂文
7981 丙 杂志
7982 丙 杂质
7983 丙 栽
7988 丙 灾难
7990 丙 载
7991 丙 载重
7994 丙 再三
7996 丙 再说
8001 丙 在于
8002 丙 在座
8010 丙 赞美
8014 丙 赞扬
8019 丙 遭
8023 丙 遭遇
8024 丙 糟
8027 丙 凿
8033 丙 早期
8035 丙 早晚
8036 丙 早已
8044 丙 责备
8056 丙 增产
8058 丙 增进
8059 丙 增强
8064 丙 赠送
8066 丙 扎实
8067 丙 渣
8069 丙 炸
8071 丙 炸
8080 丙 债
8083 丙 沾
8086 丙 盏
8090 丙 崭新
8101 丙 占领
8102 丙 占有
8104 丙 战场
8106 丙 战略
8109 丙 战术
8110 丙 战线
8112 丙 战友
8119 丙 张
8121 丙 张望
8123 丙 长
8126 丙 掌声
8132 丙 账
8133 丙 胀
8134 丙 障碍
8135 丙 招
8142 丙 招手
8148 丙 着凉
8157 丙 照例
8163 丙 照相机
8164 丙 照样
8165 丙 照耀
8167 丙 罩
8168 丙 召集
8170 丙 遮
8173 丙 折合
8174 丙 折磨
8176 丙 者
8180 丙 这会儿
8186 丙 这样一来
8188 丙 珍贵
8189 丙 珍惜
8190 丙 珍珠
8195 丙 真是
8202 丙 针灸
8205 丙 枕头
8207 丙 震
8209 丙 震动
8212 丙 振动
8215 丙 镇
8218 丙 镇静
8219 丙 镇压
8221 丙 阵地
8227 丙 蒸发
8228 丙 蒸汽
8229 丙 挣扎
8230 丙 睁
8232 丙 征服
8238 丙 争夺
8244 丙 整
8245 丙 整顿
8246 丙 整风
8252 丙 整体
8259 丙 正当
8262 丙 正经
8263 丙 正面

8268 丙 正义
8272 丙 政党
8274 丙 政权
8278 丙 症状
8279 丙 挣
8282 丙 证件
8283 丙 证据
8285 丙 证实
8286 丙 证书
8288 丙 枝
8290 丙 支
8297 丙 支配
8301 丙 知
8305 丙 知识分子
8309 丙 之
8310 丙 之
8313 丙 之类
8314 丙 之内
8317 丙 之外
8328 丙 职员
8332 丙 直达
8335 丙 直径
8341 丙 殖民地
8348 丙 值
8353 丙 指标
8356 丙 指点
8362 丙 指南针
8365 丙 指头
8367 丙 指引
8371 丙 只得
8383 丙 志愿
8389 丙 至于
8390 丙 致
8397 丙 制
8406 丙 制止
8407 丙 制作
8408 丙 智慧
8412 丙 质
8419 丙 治疗
8421 丙 中部
8424 丙 中断
8427 丙 中年
8435 丙 中旬
8438 丙 中医
8441 丙 忠诚
8442 丙 忠实
8449 丙 衷心
8455 丙 终身
8459 丙 种类
8463 丙 肿
8465 丙 中
8468 丙 种植
8487 丙 周末
8488 丙 周年
8495 丙 粥
8496 丙 皱
8497 丙 皱纹
8510 丙 嘱咐
8515 丙 主持
8520 丙 主力
8522 丙 主权
8537 丙 柱子
8538 丙 助
8540 丙 助手
8542 丙 铸
8549 丙 住宅
8553 丙 注射
8555 丙 注视
8561 丙 祝愿
8562 丙 驻
8568 丙 专
8581 丙 专政
8583 丙 砖
8586 丙 转播
8587 丙 转达
8588 丙 转动
8590 丙 转化
8594 丙 转入
8595 丙 转弯儿
8597 丙 转移
8601 丙 赚
8603 丙 转动
8604 丙 桩
8610 丙 装备
8612 丙 装饰
8614 丙 装置
8616 丙 幢
8617 丙 壮
8618 丙 壮大
8620 丙 壮丽
8630 丙 追求
8644 丙 着手
8646 丙 着重
8648 丙 资本
8649 丙 资本家
8650 丙 资本主义
8652 丙 资产阶级
8653 丙 资格
8654 丙 资金
8658 丙 姿势
8659 丙 姿态
8665 丙 子
8666 丙 子弹
8677 丙 自豪
8680 丙 自来水
8682 丙 自满
8685 丙 自身
8686 丙 自始至终
8687 丙 自私
8691 丙 自相矛盾
8692 丙 自信
8696 丙 自言自语
8699 丙 自愿
8700 丙 自治
8701 丙 自治区
8702 丙 自主
8704 丙 字典

8705 丙 字母
8707 丙 宗教
8708 丙 宗派
8712 丙 总
8714 丙 总得
8717 丙 总而言之
8718 丙 总共
8726 丙 总算
8729 丙 总之
8735 丙 走后门儿
8736 丙 走廊
8739 丙 走弯路
8743 丙 租
8745 丙 足
8746 丙 足
8750 丙 祖父
8752 丙 祖母
8753 丙 祖先
8754 丙 阻碍
8757 丙 阻力
8759 丙 阻止
8761 丙 组成
8763 丙 组长
8770 丙 嘴唇
8777 丙 罪
8778 丙 罪恶
8781 丙 罪行
8787 丙 尊重
8805 丙 作风
8810 丙 作物
8813 丙 作战
8819 丙 座儿

丁 级 词（3569 个）

11 丁 哀悼
12 丁 哀求
16 丁 艾滋病
18 丁 爱戴
21 丁 爱面子
24 丁 爱惜
25 丁 碍事
29 丁 安宁
33 丁 安稳
34 丁 安详
36 丁 安置
39 丁 按劳分配
45 丁 暗淡
46 丁 暗杀
47 丁 暗示
48 丁 暗中
50 丁 案
51 丁 案件
52 丁 案情
53 丁 昂贵
54 丁 昂扬
55 丁 凹
57 丁 袄
59 丁 芭蕾舞
62 丁 捌
63 丁 疤
64 丁 巴结
69 丁 把柄
70 丁 把关
71 丁 把手
73 丁 把戏
75 丁 霸道
76 丁 霸权
77 丁 霸占
82 丁 掰
87 丁 白酒
90 丁 百倍
91 丁 百分比
92 丁 百花齐放
94 丁 百家争鸣
97 丁 摆动
100 丁 败坏
101 丁 拜
104 丁 拜年
105 丁 斑
107 丁 班机
109 丁 班子
111 丁 搬运
112 丁 扳
114 丁 颁布
115 丁 颁发
117 丁 版
118 丁 扮
119 丁 扮演
120 丁 拌
121 丁 伴
122 丁 伴侣
123 丁 伴随
124 丁 伴奏
127 丁 半边天
130 丁 半截
131 丁 半径
133 丁 半路
134 丁 半数
136 丁 半途而废
138 丁 半真半假
145 丁 办学
152 丁 绑架
155 丁 棒球
160 丁 包办
162 丁 包干儿
163 丁 包裹
167 丁 包装
170 丁 雹子
177 丁 保健

序号	等级	词语
180	丁	保姆
183	丁	保温
185	丁	保养
188	丁	保重
189	丁	堡垒
191	丁	饱和
192	丁	饱满
194	丁	宝贝
196	丁	宝剑
197	丁	宝库
200	丁	抱负
202	丁	抱怨
207	丁	报答
213	丁	报考
216	丁	报销
218	丁	暴动
219	丁	暴风骤雨
220	丁	暴力
223	丁	爆
225	丁	爆破
227	丁	爆竹
232	丁	悲惨
233	丁	悲愤
235	丁	悲剧
236	丁	悲伤
239	丁	卑鄙
250	丁	背面
251	丁	背叛
254	丁	贝壳
256	丁	倍数
257	丁	备用
260	丁	被告
264	丁	奔驰
266	丁	奔腾
272	丁	本能
273	丁	本钱
277	丁	本性
278	丁	本着
283	丁	笨蛋
284	丁	笨重
285	丁	笨拙
286	丁	崩溃
287	丁	绷
288	丁	绷带
290	丁	蹦
292	丁	逼近
293	丁	逼迫
294	丁	鼻涕
298	丁	比分
299	丁	比价
304	丁	比喻
305	丁	比重
307	丁	笔迹
310	丁	笔直
311	丁	彼
313	丁	碧绿
316	丁	币
319	丁	闭幕式
320	丁	闭塞
321	丁	弊病
322	丁	弊端
325	丁	必将
332	丁	臂
335	丁	鞭策
336	丁	鞭炮
337	丁	鞭子
340	丁	边防
343	丁	边境
346	丁	编号
348	丁	编者按
350	丁	贬低
351	丁	贬义
352	丁	贬值
355	丁	便道
363	丁	变更
365	丁	变换
366	丁	变迁
367	丁	变形
368	丁	变质
369	丁	辨别
370	丁	辨认
371	丁	辩护
372	丁	辩解
374	丁	辩证
375	丁	辩证法
376	丁	辫子
379	丁	遍地
380	丁	标
381	丁	标本
383	丁	标题
396	丁	表彰
397	丁	憋
404	丁	别扭
409	丁	冰淇淋
414	丁	秉性
416	丁	病虫害
418	丁	病毒
420	丁	病号
426	丁	并存
427	丁	并非
428	丁	并列
429	丁	并排
434	丁	播放
436	丁	播音
437	丁	播种
439	丁	拨款
440	丁	波动
442	丁	波涛
444	丁	博览会
447	丁	薄膜
449	丁	搏斗
453	丁	驳斥
455	丁	捕捞
456	丁	捕捉
458	丁	补偿
460	丁	补救
462	丁	补贴

464 丁 补助
465 丁 卜
468 丁 不卑不亢
472 丁 不辞而别
476 丁 不当
477 丁 不得
480 丁 不得已
481 丁 不等
482 丁 不定
485 丁 不法
486 丁 不妨
488 丁 不公
496 丁 不解
501 丁 不堪
503 丁 不愧
505 丁 不良
512 丁 不容
515 丁 不时
522 丁 不惜
523 丁 不相上下
527 丁 不朽
529 丁 不言而喻
533 丁 不宜
538 丁 不正之风
539 丁 不知不觉
542 丁 不至于
547 丁 布局
550 丁 步兵
551 丁 步伐
552 丁 步行
554 丁 步子
555 丁 埠
559 丁 部件
562 丁 部位
566 丁 猜测
568 丁 裁
570 丁 裁决
571 丁 裁军
576 丁 才干
578 丁 才智
579 丁 财
582 丁 财经
583 丁 财会
584 丁 财力
585 丁 财务
589 丁 采访
591 丁 采集
592 丁 采纳
597 丁 菜单
598 丁 餐
603 丁 参军
606 丁 参议院
607 丁 参与
608 丁 参阅
609 丁 参照
610 丁 蚕
611 丁 残
612 丁 残暴
613 丁 残疾
615 丁 残忍
616 丁 残余
623 丁 仓促
626 丁 操
628 丁 操劳
629 丁 操练
633 丁 槽
637 丁 草率
640 丁 策划
641 丁 策略
643 丁 侧面
646 丁 测定
649 丁 测算
652 丁 层出不穷
653 丁 层次
656 丁 蹭
659 丁 插嘴
660 丁 叉
663 丁 差错
664 丁 差距
665 丁 差异
671 丁 查处
672 丁 查获
673 丁 查明
674 丁 查阅
679 丁 刹那
680 丁 诧异
681 丁 岔
683 丁 柴油
684 丁 掺
685 丁 搀
686 丁 蝉
687 丁 馋
688 丁 谗言
689 丁 缠
691 丁 产
692 丁 产地
695 丁 产区
698 丁 产业
700 丁 阐明
701 丁 阐述
702 丁 颤
705 丁 昌盛
706 丁 猖狂
708 丁 尝试
711 丁 常规
712 丁 常见
713 丁 常年
715 丁 常务
716 丁 常用
718 丁 长处
720 丁 长短
723 丁 长寿
726 丁 长征
727 丁 偿
728 丁 偿还
730 丁 厂房
731 丁 厂家

732 丁 厂商
738 丁 场所
739 丁 敞开
740 丁 畅谈
741 丁 畅通
742 丁 畅销
744 丁 倡议
746 丁 超产
747 丁 超出
750 丁 超级
751 丁 超越
756 丁 朝代
757 丁 嘲笑
759 丁 潮流
763 丁 吵闹
764 丁 吵嘴
767 丁 车床
774 丁 撤退
775 丁 撤销
779 丁 沉淀
780 丁 沉静
781 丁 沉闷
784 丁 沉痛
786 丁 沉着
787 丁 陈旧
789 丁 陈述
793 丁 称心
796 丁 称号
801 丁 城镇
809 丁 成交
812 丁 成品
814 丁 成人
816 丁 成套
819 丁 成效
820 丁 成心
824 丁 呈
825 丁 呈现
827 丁 乘机
829 丁 乘务员
833 丁 惩
834 丁 惩办
835 丁 惩罚
836 丁 澄清
839 丁 诚心诚意
840 丁 诚意
841 丁 诚挚
842 丁 承办
846 丁 承受
847 丁 秤
854 丁 持续
856 丁 池塘
859 丁 迟缓
860 丁 迟疑
861 丁 齿轮
866 丁 赤字
868 丁 充当
871 丁 充沛
875 丁 冲锋
877 丁 冲破
881 丁 重
884 丁 重申
886 丁 崇拜
888 丁 崇敬
891 丁 抽空
892 丁 抽屉
894 丁 踌躇
895 丁 稠密
897 丁 筹备
898 丁 筹建
901 丁 绸子
903 丁 丑恶
912 丁 出差
913 丁 出产
914 丁 出动
916 丁 出发点
917 丁 出访
918 丁 出境
924 丁 出面
925 丁 出名
927 丁 出品
929 丁 出入
930 丁 出色
932 丁 出神
934 丁 出世
936 丁 出售
945 丁 厨师
946 丁 锄
949 丁 除此之外
952 丁 除外
953 丁 除夕
954 丁 储备
955 丁 储藏
956 丁 储存
957 丁 储蓄
959 丁 处罚
960 丁 处方
962 丁 处境
963 丁 处决
966 丁 处置
969 丁 触
970 丁 触犯
972 丁 川流不息
976 丁 传单
977 丁 传递
979 丁 传授
981 丁 传送
983 丁 传真
985 丁 船舶
986 丁 船只
994 丁 疮
997 丁 床铺
998 丁 床位
1001 丁 创办
1002 丁 创建
1005 丁 创业
1008 丁 炊事员
1010 丁 吹牛

1011 丁 吹捧
1012 丁 捶
1013 丁 锤
1017 丁 春耕
1022 丁 纯粹
1024 丁 蠢
1026 丁 磁铁
1027 丁 雌
1028 丁 辞
1029 丁 辞职
1030 丁 慈爱
1031 丁 慈祥
1036 丁 词句
1038 丁 此后
1040 丁 此时
1043 丁 刺
1047 丁 次品
1048 丁 次数
1049 丁 次序
1053 丁 葱
1054 丁 匆匆
1062 丁 从…看来
1067 丁 从容不迫
1069 丁 从头
1070 丁 从未
1071 丁 从小
1072 丁 从中
1075 丁 凑合
1076 丁 凑巧
1078 丁 粗暴
1079 丁 粗粮
1080 丁 粗鲁
1081 丁 粗细
1085 丁 促
1090 丁 摧残
1092 丁 翠绿
1093 丁 脆
1094 丁 脆弱
1098 丁 存放
1099 丁 存款
1102 丁 磋商
1110 丁 搭配
1114 丁 答辩
1125 丁 打发
1130 丁 打猎
1141 丁 大包大揽
1143 丁 大臣
1150 丁 大多
1155 丁 大公无私
1156 丁 大锅饭
1161 丁 大局
1162 丁 大理石
1167 丁 大拇指
1169 丁 大炮
1171 丁 大气压
1174 丁 大厦
1178 丁 大肆
1179 丁 大体
1180 丁 大同小异
1181 丁 大无畏
1185 丁 大雁
1188 丁 大有可为
1189 丁 大于
1196 丁 歹徒
1202 丁 带劲
1209 丁 代号
1212 丁 代数
1214 丁 贷
1215 丁 贷款
1218 丁 待业
1220 丁 怠工
1221 丁 怠慢
1225 丁 担保
1229 丁 担忧
1230 丁 丹
1238 丁 单元
1240 丁 胆量
1241 丁 胆怯
1242 丁 胆子
1243 丁 氮
1246 丁 担
1247 丁 担子
1249 丁 淡季
1250 丁 淡水
1251 丁 诞辰
1253 丁 弹
1254 丁 弹药
1261 丁 当场
1267 丁 当局
1273 丁 当事人
1274 丁 当心
1275 丁 当选
1281 丁 党性
1283 丁 党章
1284 丁 党中央
1286 丁 当天
1289 丁 档次
1290 丁 荡
1292 丁 刀刃
1294 丁 叨唠
1295 丁 捣
1296 丁 捣蛋
1297 丁 捣乱
1299 丁 倒闭
1302 丁 倒爷
1306 丁 导航
1308 丁 导体
1310 丁 导游
1317 丁 到来
1318 丁 到期
1322 丁 倒退
1323 丁 稻子
1324 丁 悼念
1332 丁 盗
1333 丁 盗窃
1336 丁 得不偿失
1339 丁 得力

1340 丁 得以
1342 丁 得罪
1353 丁 灯泡
1356 丁 登陆
1364 丁 等级
1370 丁 低级
1371 丁 低劣
1372 丁 低温
1373 丁 低下
1376 丁 敌
1377 丁 敌对
1379 丁 敌视
1380 丁 笛子
1382 丁 的确良(涤纶)
1384 丁 抵达
1386 丁 抵制
1404 丁 地铁
1414 丁 帝国
1415 丁 帝国主义
1419 丁 递交
1420 丁 递增
1421 丁 缔结
1422 丁 颠簸
1423 丁 颠倒
1424 丁 颠覆
1425 丁 掂
1429 丁 点火
1430 丁 点名
1431 丁 点燃
1434 丁 点缀
1435 丁 点子
1444 丁 电动机
1451 丁 电路
1453 丁 电钮
1455 丁 电气
1464 丁 电源
1467 丁 店员
1471 丁 淀粉
1472 丁 殿
1473 丁 刁
1474 丁 叼
1476 丁 雕塑
1483 丁 调度
1484 丁 调换
1488 丁 碟子
1493 丁 叮嘱
1498 丁 顶点
1499 丁 顶端
1501 丁 定点
1502 丁 定额
1503 丁 定价
1504 丁 定居
1505 丁 定理
1506 丁 定量
1507 丁 定律
1509 丁 定向
1510 丁 定性
1511 丁 定义
1513 丁 订购(定购)
1515 丁 订货(定货)
1516 丁 订阅(定阅)
1517 丁 钉
1519 丁 丢人
1520 丁 丢失
1523 丁 东奔西走
1526 丁 东道主
1532 丁 冬瓜
1535 丁 董事
1540 丁 动荡
1541 丁 动工
1545 丁 动乱
1546 丁 动脉
1550 丁 动态
1554 丁 动用
1558 丁 冻结
1559 丁 栋
1562 丁 兜
1563 丁 兜儿
1568 丁 斗志
1573 丁 都市
1574 丁 督促
1577 丁 毒害
1578 丁 毒品
1579 丁 毒性
1580 丁 独
1581 丁 独裁
1583 丁 独立自主
1591 丁 堵塞
1592 丁 赌
1593 丁 赌博
1594 丁 杜绝
1595 丁 镀
1600 丁 渡船
1601 丁 渡口
1606 丁 短处
1607 丁 短促
1609 丁 短暂
1611 丁 缎子
1614 丁 断定
1615 丁 断断续续
1616 丁 断绝
1621 丁 兑现
1629 丁 对岸
1632 丁 对策
1633 丁 对称
1639 丁 对抗
1643 丁 对联
1646 丁 对手
1647 丁 对头
1649 丁 对应
1651 丁 对照
1668 丁 夺得
1671 丁 躲避
1672 丁 躲藏
1674 丁 跺
1675 丁 舵
1676 丁 堕落

1677 丁 蛾子
1680 丁 额
1681 丁 额外
1682 丁 讹
1685 丁 恶毒
1688 丁 恶性
1690 丁 恩
1691 丁 恩爱
1692 丁 恩情
1693 丁 恩人
1695 丁 而后(後)
1697 丁 而已
1703 丁 二氧化碳
1704 丁 贰
1707 丁 发病
1708 丁 发布
1709 丁 发财
1710 丁 发愁
1716 丁 发奋图强
1718 丁 发火
1721 丁 发脾气
1722 丁 发票
1723 丁 发起
1724 丁 发热
1728 丁 发誓
1732 丁 发炎
1734 丁 发扬光大
1737 丁 伐
1739 丁 罚款
1740 丁 法
1741 丁 法定
1742 丁 法官
1743 丁 法规
1747 丁 法人
1748 丁 法庭
1749 丁 法西斯
1752 丁 法则
1755 丁 帆
1756 丁 帆船
1758 丁 番茄
1762 丁 繁
1763 丁 繁多
1764 丁 繁华
1765 丁 繁忙
1767 丁 繁体字
1769 丁 繁重
1773 丁 烦闷
1774 丁 烦恼
1775 丁 烦躁
1778 丁 反驳
1779 丁 反常
1780 丁 反倒
1785 丁 反感
1786 丁 反革命
1787 丁 反攻
1790 丁 反馈
1791 丁 反面
1792 丁 反射
1793 丁 反思
1798 丁 反之
1800 丁 返回
1801 丁 贩卖
1802 丁 范畴
1805 丁 犯法
1806 丁 犯浑
1812 丁 饭碗
1813 丁 泛
1819 丁 方程
1825 丁 房东
1829 丁 房租
1831 丁 防护
1833 丁 防线
1834 丁 防汛
1835 丁 防疫
1848 丁 放射
1857 丁 非…才…
1859 丁 非法
1861 丁 飞船
1864 丁 飞舞
1865 丁 飞翔
1870 丁 肥沃
1872 丁 匪徒
1873 丁 诽谤
1878 丁 废品
1879 丁 废气
1880 丁 废物
1890 丁 分辩
1891 丁 分辨
1894 丁 分寸
1895 丁 分队
1898 丁 分红
1899 丁 分化
1901 丁 分类
1906 丁 分母
1908 丁 分批
1909 丁 分期
1910 丁 分歧
1911 丁 分清
1918 丁 芬芳
1921 丁 坟墓
1924 丁 粉末
1927 丁 分外
1930 丁 奋勇
1931 丁 奋战
1933 丁 愤恨
1938 丁 丰满
1942 丁 封闭
1945 丁 蜂
1946 丁 蜂蜜
1947 丁 锋利
1949 丁 风暴
1950 丁 风度
1952 丁 风光
1954 丁 风浪
1957 丁 风趣
1958 丁 风沙
1959 丁 风尚

1961	丁	风味
1962	丁	风险
1963	丁	风筝
1966	丁	疯子
1970	丁	缝
1971	丁	奉献
1972	丁	奉行
1973	丁	凤凰
1975	丁	否
1977	丁	否决
1978	丁	否认
1980	丁	夫妇
1983	丁	敷衍
1984	丁	伏
1986	丁	辐射
1988	丁	幅度
1989	丁	符号
1991	丁	俘虏
1994	丁	服气
1997	丁	服装
1999	丁	浮雕
2000	丁	浮动
2001	丁	福
2002	丁	福利
2003	丁	福气
2004	丁	抚养
2005	丁	抚育
2007	丁	辅助
2009	丁	斧子
2010	丁	腐败
2011	丁	腐化
2012	丁	腐烂
2015	丁	赴
2019	丁	副业
2020	丁	副作用
2021	丁	覆盖
2022	丁	赋予
2023	丁	复
2024	丁	复辟
2025	丁	复合
2026	丁	复活
2030	丁	复兴
2035	丁	付出
2036	丁	付款
2038	丁	腹
2041	丁	负伤
2044	丁	富强
2046	丁	富余
2048	丁	附带
2049	丁	附和
2050	丁	附加
2052	丁	附属
2061	丁	改建
2065	丁	改邪归正
2068	丁	改组
2069	丁	概况
2072	丁	钙
2082	丁	干预
2085	丁	甘心
2086	丁	甘蔗
2088	丁	竿
2090	丁	肝炎
2096	丁	秆
2097	丁	感
2100	丁	感化
2103	丁	感慨
2106	丁	感染
2118	丁	干线
2124	丁	钢材
2125	丁	钢琴
2127	丁	纲
2129	丁	纲要
2134	丁	杠杆
2136	丁	高产
2137	丁	高超
2140	丁	高档
2142	丁	高低
2145	丁	高贵
2147	丁	高考
2148	丁	高空
2150	丁	高明
2152	丁	高烧
2154	丁	高温
2156	丁	高血压
2159	丁	高涨
2162	丁	搞鬼
2163	丁	搞活
2165	丁	稿件
2166	丁	稿纸
2167	丁	稿子
2171	丁	告诫
2173	丁	告状
2179	丁	歌手
2181	丁	歌星
2182	丁	歌咏
2186	丁	疙瘩
2190	丁	格
2191	丁	格格不入
2192	丁	格局
2193	丁	格式
2198	丁	隔绝
2199	丁	隔离
2209	丁	各奔前程
2210	丁	各别
2211	丁	各行各业
2212	丁	各界
2221	丁	根据地
2222	丁	根深蒂固
2226	丁	跟随
2227	丁	跟头
2228	丁	跟踪
2229	丁	耕
2231	丁	耕种
2232	丁	更改
2233	丁	更换
2234	丁	更新
2235	丁	更正

2236 丁 梗
2239 丁 工
2247 丁 工具书
2251 丁 工人阶级
2252 丁 工事
2259 丁 攻读
2260 丁 攻关
2263 丁 功
2265 丁 功绩
2269 丁 功效
2270 丁 恭敬
2272 丁 供不应求
2274 丁 供销
2278 丁 公报
2280 丁 公尺
2281 丁 公道
2283 丁 公分
2284 丁 公告
2287 丁 公关
2293 丁 公平
2295 丁 公然
2296 丁 公认
2297 丁 公社
2300 丁 公务
2303 丁 公有
2304 丁 公有制
2307 丁 公约
2308 丁 公债
2309 丁 公证
2314 丁 汞
2315 丁 拱
2319 丁 共产主义
2321 丁 共计
2322 丁 共鸣
2325 丁 共性
2328 丁 勾
2331 丁 沟通
2334 丁 构思
2335 丁 构想
2339 丁 购买力
2343 丁 孤单
2344 丁 孤独
2348 丁 姑且
2350 丁 鼓
2351 丁 鼓吹
2359 丁 古怪
2362 丁 古人
2363 丁 古文
2364 丁 骨
2366 丁 骨肉
2370 丁 股东
2371 丁 股份
2372 丁 股票
2374 丁 雇佣
2375 丁 雇员
2376 丁 故
2380 丁 故障
2382 丁 顾不得
2384 丁 顾虑
2385 丁 顾全大局
2390 丁 固有
2391 丁 固执
2394 丁 瓜分
2398 丁 挂钩
2400 丁 挂念
2408 丁 棺材
2411 丁 关闭
2414 丁 关节炎
2415 丁 关切
2422 丁 官方
2423 丁 官僚
2425 丁 官员
2426 丁 观
2430 丁 观光
2433 丁 观赏
2438 丁 管辖
2445 丁 惯例
2446 丁 惯用语
2449 丁 灌木
2456 丁 光棍儿
2459 丁 光亮
2461 丁 光芒
2474 丁 规范
2475 丁 规格
2481 丁 规章
2482 丁 硅
2483 丁 龟
2485 丁 归根到底
2486 丁 归还
2487 丁 归结
2488 丁 归纳
2489 丁 闺女
2492 丁 鬼子
2493 丁 桂冠
2500 丁 贵重
2501 丁 贵族
2503 丁 滚动
2508 丁 国产
2509 丁 国法
2511 丁 国会
2514 丁 国际法
2515 丁 国际主义
2517 丁 国库券
2518 丁 国力
2519 丁 国民
2522 丁 国情
2524 丁 国土
2528 丁 国有
2529 丁 果断
2538 丁 过度
2541 丁 过后
2543 丁 过滤
2547 丁 过失
2548 丁 过问
2549 丁 过于
2556 丁 海岸
2558 丁 海滨

2559 丁 海港
2563 丁 海外
2570 丁 害羞
2574 丁 含义
2575 丁 含有
2576 丁 寒
2579 丁 寒暄
2580 丁 函授
2583 丁 罕见
2584 丁 捍卫
2586 丁 旱灾
2589 丁 汉奸
2590 丁 汉学
2597 丁 航班
2598 丁 航道
2599 丁 航海
2601 丁 航天
2602 丁 航线
2604 丁 航运
2605 丁 豪华
2615 丁 好多
2616 丁 好感
2618 丁 好坏
2622 丁 好说
2627 丁 好样的
2628 丁 好在
2629 丁 好转
2631 丁 耗费
2633 丁 号称
2636 丁 浩浩荡荡
2638 丁 好客
2642 丁 荷花
2644 丁 核桃
2645 丁 核武器
2646 丁 核心
2648 丁 和蔼
2649 丁 和解
2650 丁 和睦
2652 丁 和平共处
2653 丁 和气
2654 丁 和尚
2655 丁 和谐
2656 丁 和约
2657 丁 何
2659 丁 何等
2662 丁 合并
2667 丁 合乎
2668 丁 合伙
2671 丁 合情合理
2675 丁 合营
2676 丁 合资
2679 丁 禾苗
2681 丁 河道
2683 丁 贺词
2687 丁 黑白
2693 丁 狠毒
2694 丁 狠心
2698 丁 恒星
2700 丁 横行
2701 丁 横
2702 丁 轰动
2703 丁 轰轰烈烈
2704 丁 轰炸
2705 丁 烘
2706 丁 虹
2707 丁 宏大
2712 丁 红领巾
2714 丁 哄
2715 丁 哄
2720 丁 厚度
2721 丁 候补
2722 丁 候选人
2732 丁 后期
2733 丁 后勤
2734 丁 后台
2740 丁 呼声
2742 丁 呼啸
2743 丁 呼吁
2744 丁 忽略
2748 丁 葫芦
2749 丁 胡
2750 丁 胡来
2756 丁 糊
2759 丁 狐狸
2763 丁 互利
2767 丁 户口
2771 丁 花费
2772 丁 花色
2774 丁 花纹
2775 丁 花样
2779 丁 华丽
2789 丁 画面
2792 丁 划分
2794 丁 化肥
2798 丁 化纤
2801 丁 化妆
2804 丁 话题
2805 丁 槐树
2809 丁 怀孕
2817 丁 欢笑
2820 丁 环节
2823 丁 还原
2824 丁 缓
2829 丁 换取
2831 丁 患者
2836 丁 荒地
2837 丁 荒凉
2838 丁 荒谬
2839 丁 荒唐
2841 丁 慌乱
2843 丁 慌张
2847 丁 黄金
2851 丁 皇后
2852 丁 蝗虫
2854 丁 晃
2860 丁 挥霍
2865 丁 回避

2867 丁 回顾
2868 丁 回击
2871 丁 回收
2877 丁 毁坏
2878 丁 毁灭
2879 丁 悔
2880 丁 悔改
2881 丁 悔恨
2882 丁 贿赂
2890 丁 会同
2891 丁 会晤
2893 丁 会员
2896 丁 汇集
2898 丁 汇率
2899 丁 绘
2900 丁 绘画
2906 丁 混纺
2908 丁 混合物
2912 丁 混浊
2913 丁 豁
2919 丁 活力
2924 丁 伙计
2931 丁 火山
2934 丁 火灾
2937 丁 获取
2940 丁 或是
2941 丁 或许
2946 丁 祸
2947 丁 祸害
2949 丁 击
2954 丁 基督教
2955 丁 基金
2958 丁 机车
2964 丁 机灵
2965 丁 机密
2967 丁 机枪
2968 丁 机体
2970 丁 机遇
2971 丁 机智
2972 丁 积
2976 丁 积压
2979 丁 激
2981 丁 激发
2982 丁 激光
2983 丁 激励
2985 丁 激情
2987 丁 讥笑
2990 丁 吉普车
2991 丁 吉祥
2993 丁 极度
2996 丁 极力
2998 丁 极限
2999 丁 籍贯
3002 丁 集会
3003 丁 集市
3006 丁 集邮
3008 丁 集资
3012 丁 及早
3014 丁 急剧
3016 丁 急切
3017 丁 急需
3018 丁 急于
3022 丁 即便
3025 丁 嫉妒
3028 丁 脊梁
3032 丁 几何
3033 丁 迹象
3039 丁 季度
3042 丁 寄托
3043 丁 寂静
3047 丁 计较
3052 丁 记号
3054 丁 记性
3056 丁 记忆力
3059 丁 忌
3064 丁 继
3069 丁 纪要
3070 丁 嘉奖
3072 丁 夹杂
3076 丁 家常
3077 丁 家畜
3082 丁 家务
3084 丁 家喻户晓
3085 丁 家长
3087 丁 加班
3089 丁 加急
3091 丁 加剧
3093 丁 加热
3095 丁 加深
3099 丁 加重
3100 丁 颊
3102 丁 甲板
3104 丁 假定
3105 丁 假冒
3108 丁 假设
3110 丁 假装
3118 丁 驾
3125 丁 监察
3134 丁 坚韧
3135 丁 坚实
3136 丁 坚信
3138 丁 坚贞不屈
3140 丁 尖端
3146 丁 兼任
3148 丁 肩膀
3152 丁 艰险
3153 丁 奸
3154 丁 茧
3155 丁 检测
3157 丁 检察
3158 丁 检举
3160 丁 检修
3166 丁 简称
3168 丁 简短
3169 丁 简化
3170 丁 简陋
3171 丁 简明

3172 丁 简体字
3173 丁 简要
3174 丁 简易
3177 丁 剪彩
3178 丁 剪刀
3180 丁 减产
3181 丁 减低
3183 丁 减弱
3185 丁 间隔
3186 丁 间接
3187 丁 鉴别
3189 丁 鉴于
3190 丁 践踏
3195 丁 见识
3196 丁 见效
3197 丁 键盘
3201 丁 健美
3203 丁 健壮
3208 丁 建交
3215 丁 姜
3218 丁 将近
3223 丁 桨
3227 丁 桨品
3229 丁 奖状
3232 丁 讲解
3235 丁 讲理
3236 丁 讲述
3237 丁 讲演
3244 丁 降价
3245 丁 降临
3246 丁 降落
3247 丁 焦点
3249 丁 焦炭
3250 丁 胶
3252 丁 胶片
3254 丁 交叉
3255 丁 交错
3257 丁 交点
3258 丁 交付
3262 丁 交涉
3263 丁 交手
3265 丁 交替
3267 丁 交往
3272 丁 浇灌
3274 丁 娇
3275 丁 娇气
3276 丁 嚼
3278 丁 搅拌
3282 丁 绞
3288 丁 缴
3289 丁 缴纳
3292 丁 教会
3297 丁 教唆
3299 丁 教条
3303 丁 教养
3306 丁 轿车
3308 丁 较量
3311 丁 叫喊
3312 丁 叫唤
3313 丁 叫嚷
3317 丁 揭发
3319 丁 揭示
3321 丁 接班
3325 丁 接二连三
3329 丁 接洽
3330 丁 接收
3333 丁 皆
3336 丁 街坊
3337 丁 街头
3342 丁 结果
3345 丁 截止
3346 丁 劫
3347 丁 劫持
3351 丁 节能
3354 丁 节育
3356 丁 节奏
3357 丁 杰出
3358 丁 杰作
3367 丁 结晶
3368 丁 结局
3371 丁 结算
3372 丁 结业
3374 丁 解除
3378 丁 解雇
3381 丁 解散
3384 丁 戒严
3385 丁 界
3386 丁 界限
3389 丁 借鉴
3391 丁 借助
3396 丁 金额
3397 丁 金黄
3398 丁 金牌
3399 丁 金钱
3400 丁 金融
3403 丁 筋
3408 丁 津津有味
3409 丁 津贴
3413 丁 紧迫
3415 丁 紧缩
3417 丁 锦绣
3422 丁 尽快
3427 丁 进程
3428 丁 进而
3434 丁 进取
3440 丁 进展
3441 丁 晋升
3442 丁 禁
3443 丁 禁区
3448 丁 近年
3449 丁 近期
3450 丁 近视
3451 丁 近似
3456 丁 劲头
3460 丁 惊慌
3467 丁 精打细算
3468 丁 精华

3469	丁	精简
3471	丁	精美
3472	丁	精密
3473	丁	精确
3476	丁	精通
3478	丁	精心
3479	丁	精益求精
3481	丁	兢兢业业
3485	丁	经典
3491	丁	经商
3492	丁	经受
3493	丁	经销
3496	丁	茎
3500	丁	警戒
3502	丁	警卫
3503	丁	景
3507	丁	颈
3509	丁	静悄悄
3511	丁	境地
3512	丁	境界
3513	丁	敬
3515	丁	敬而远之
3518	丁	镜头
3523	丁	竞选
3527	丁	净化
3529	丁	纠纷
3534	丁	玖
3537	丁	酒会
3538	丁	酒精
3540	丁	救济
3541	丁	救灾
3548	丁	就餐
3549	丁	就地
3550	丁	就近
3554	丁	就算
3555	丁	就业
3556	丁	就职
3557	丁	鞠躬
3558	丁	拘留
3559	丁	拘束
3560	丁	居
3563	丁	居室
3565	丁	菊花
3569	丁	局势
3570	丁	局限
3575	丁	举动
3576	丁	举世闻名
3577	丁	举世瞩目
3580	丁	聚会
3583	丁	拒
3586	丁	据点
3588	丁	据悉
3590	丁	具
3597	丁	锯
3602	丁	剧本
3605	丁	剧团
3607	丁	捐
3608	丁	捐款
3609	丁	捐献
3610	丁	捐赠
3613	丁	圈
3614	丁	掘
3616	丁	觉察
3619	丁	觉醒
3621	丁	决不
3622	丁	决策
3625	丁	决赛
3626	丁	决算
3629	丁	决战
3632	丁	绝望
3633	丁	绝缘
3636	丁	菌
3640	丁	军阀
3645	丁	军医
3646	丁	军用
3647	丁	军装
3648	丁	君
3649	丁	俊
3651	丁	卡
3653	丁	卡片
3656	丁	开采
3658	丁	开刀
3663	丁	开工
3664	丁	开关
3665	丁	开化
3668	丁	开垦
3670	丁	开阔
3671	丁	开朗
3678	丁	开天辟地
3679	丁	开头
3680	丁	开拓
3682	丁	开心
3687	丁	开支
3688	丁	凯旋
3689	丁	刊登
3691	丁	勘探
3697	丁	看待
3701	丁	看起来
3702	丁	看望
3704	丁	看做
3705	丁	慷慨
3706	丁	糠
3708	丁	抗旱
3709	丁	抗击
3711	丁	抗战
3712	丁	炕
3715	丁	考古
3716	丁	考核
3718	丁	考取
3725	丁	磕
3727	丁	颗粒
3730	丁	科目
3742	丁	可歌可泣
3743	丁	可观
3744	丁	可贵
3747	丁	可口
3753	丁	可恶

3755 丁 可喜
3756 丁 可想而知
3769 丁 客车
3777 丁 课时
3779 丁 课题
3783 丁 啃
3784 丁 恳切
3785 丁 恳求
3788 丁 空洞
3789 丁 空话
3794 丁 空调
3795 丁 空想
3796 丁 空心
3797 丁 空虚
3800 丁 恐惧
3803 丁 孔雀
3805 丁 空白
3807 丁 空隙
3808 丁 控诉
3810 丁 抠
3812 丁 口岸
3816 丁 口腔
3822 丁 枯燥
3826 丁 苦难
3827 丁 苦恼
3828 丁 库
3829 丁 库存
3830 丁 库房
3833 丁 夸奖
3835 丁 挎
3843 丁 快速
3844 丁 会计
3846 丁 宽敞
3847 丁 宽大
3848 丁 宽广
3855 丁 狂妄
3856 丁 框
3858 丁 矿藏
3859 丁 矿产
3860 丁 矿井
3861 丁 矿区
3862 丁 矿山
3864 丁 矿物
3865 丁 旷工
3866 丁 旷课
3868 丁 亏
3869 丁 亏待
3870 丁 亏损
3871 丁 葵花
3875 丁 困苦
3877 丁 扩充
3879 丁 扩建
3880 丁 扩散
3881 丁 扩展
3882 丁 扩张
3888 丁 腊月
3889 丁 落
3899 丁 来访
3901 丁 来回来去
3902 丁 …来看(来讲)
3904 丁 来历
3905 丁 来临
3906 丁 来年
3907 丁 …来说
3912 丁 赖
3913 丁 兰花
3916 丁 栏杆
3920 丁 懒惰
3923 丁 狼狈
3927 丁 浪潮
3929 丁 浪漫
3932 丁 劳动力
3935 丁 牢房
3937 丁 牢记
3943 丁 老成
3947 丁 老汉
3949 丁 老化
3950 丁 老家
3957 丁 老鼠
3958 丁 老太婆
3960 丁 老天爷
3963 丁 老爷
3964 丁 老一辈
3966 丁 涝
3969 丁 乐趣
3970 丁 乐意
3972 丁 勒
3974 丁 雷达
3975 丁 雷雨
3976 丁 垒
3981 丁 棱
3983 丁 冷淡
3990 丁 犁
3993 丁 离别
3996 丁 离休
3997 丁 篱笆
4000 丁 理睬
4002 丁 理会
4005 丁 理事
4006 丁 理所当然
4009 丁 理直气壮
4018 丁 礼节
4020 丁 礼品
4023 丁 荔枝
4024 丁 栗子
4025 丁 历代
4026 丁 历来
4030 丁 利弊
4031 丁 利害
4034 丁 利息
4039 丁 例外
4044 丁 立方米
4046 丁 立交桥
4048 丁 立体
4049 丁 沥青
4056 丁 力图
4059 丁 联

4060 丁 联邦
4066 丁 联想
4068 丁 连…带…
4070 丁 连队
4071 丁 连滚带爬
4073 丁 连连
4075 丁 连绵
4076 丁 连年
4077 丁 连同
4079 丁 连续剧
4080 丁 连夜
4081 丁 莲子
4082 丁 廉价
4083 丁 廉洁
4084 丁 廉政
4085 丁 帘
4086 丁 镰刀
4088 丁 脸盆
4090 丁 恋
4094 丁 练兵
4096 丁 链子
4102 丁 梁
4103 丁 良
4105 丁 良心
4106 丁 良种
4109 丁 两极
4110 丁 两口子
4112 丁 两手
4115 丁 晾
4117 丁 亮光
4121 丁 疗效
4122 丁 疗养
4123 丁 辽阔
4124 丁 潦草
4131 丁 列举
4132 丁 列入
4133 丁 列席
4135 丁 烈火
4137 丁 劣
4139 丁 林场
4140 丁 林区
4141 丁 林业
4142 丁 磷
4144 丁 临床
4145 丁 临近
4147 丁 邻
4148 丁 邻国
4154 丁 零售
4155 丁 零碎
4156 丁 零星
4158 丁 玲珑
4159 丁 伶俐
4160 丁 凌晨
4161 丁 灵
4164 丁 灵敏
4165 丁 灵巧
4166 丁 岭
4170 丁 领事
4172 丁 领先
4175 丁 领子
4180 丁 硫酸
4182 丁 留恋
4184 丁 留神
4185 丁 留心
4188 丁 留意
4192 丁 流寇
4193 丁 流浪
4195 丁 流露
4198 丁 流通
4203 丁 陆
4205 丁 龙头
4206 丁 聋
4208 丁 隆重
4218 丁 漏税
4224 丁 路程
4227 丁 路面
4230 丁 路子
4232 丁 鹿
4234 丁 录取
4238 丁 录用
4239 丁 陆
4245 丁 旅
4246 丁 旅店
4252 丁 旅游业
4253 丁 履行
4254 丁 屡次
4255 丁 律师
4256 丁 率
4258 丁 绿化
4261 丁 乱七八糟
4264 丁 略微
4265 丁 抡
4271 丁 论点
4272 丁 论述
4274 丁 论证
4275 丁 啰唆(啰嗦)
4276 丁 螺丝钉
4277 丁 骡子
4278 丁 罗列
4280 丁 箩筐
4284 丁 落成
4285 丁 落地
4287 丁 落实
4288 丁 落选
4291 丁 抹布
4292 丁 麻
4293 丁 麻痹
4294 丁 麻袋
4296 丁 麻木
4297 丁 麻雀
4298 丁 麻醉
4300 丁 蚂蚁
4302 丁 马车
4303 丁 马达
4307 丁 马力
4308 丁 马铃薯
4311 丁 马戏

4316 丁 埋没
4317 丁 埋头
4321 丁 卖国
4323 丁 脉搏(脉)
4325 丁 埋怨
4328 丁 满怀
4331 丁 满月
4334 丁 慢性
4336 丁 蔓延
4337 丁 茫茫
4338 丁 茫然
4339 丁 盲从
4341 丁 盲人
4343 丁 忙碌
4355 丁 茂密
4356 丁 茂盛
4358 丁 冒进
4359 丁 冒牌
4360 丁 冒险
4363 丁 玫瑰
4364 丁 枚
4366 丁 酶
4367 丁 霉
4371 丁 没吃没穿
4380 丁 没辙
4383 丁 媒介
4384 丁 镁
4388 丁 美德
4392 丁 美满
4393 丁 美妙
4396 丁 美中不足
4400 丁 门当户对
4402 丁 门市部
4407 丁 萌芽
4416 丁 迷惑
4417 丁 迷失
4420 丁 弥补
4421 丁 弥漫
4430 丁 密度
4431 丁 密封
4433 丁 棉
4436 丁 免
4437 丁 免除
4439 丁 免费
4440 丁 勉励
4445 丁 面包车
4452 丁 面面俱到
4453 丁 面目
4455 丁 面容
4457 丁 面子
4459 丁 描
4460 丁 描绘
4461 丁 描述
4464 丁 渺小
4467 丁 蔑视
4471 丁 民航
4473 丁 民事
4474 丁 民意
4476 丁 民众
4479 丁 敏感
4481 丁 敏锐
4490 丁 明星
4493 丁 名称
4494 丁 名次
4495 丁 名单
4496 丁 名额
4497 丁 名副其实
4498 丁 名贵
4499 丁 名牌
4500 丁 名人
4501 丁 名声
4503 丁 名义
4504 丁 名誉
4508 丁 命名
4509 丁 命题
4511 丁 谬论
4513 丁 摸索
4514 丁 蘑菇
4518 丁 模式
4520 丁 膜
4522 丁 摩擦
4524 丁 魔鬼
4525 丁 魔术
4527 丁 抹杀
4529 丁 莫
4530 丁 莫名其妙
4533 丁 默默
4535 丁 谋
4536 丁 谋求
4547 丁 木匠
4549 丁 目
4552 丁 目睹
4554 丁 目录
4556 丁 目中无人
4559 丁 牧区
4560 丁 牧业
4561 丁 穆斯林
4576 丁 那时
4579 丁 纳闷儿
4580 丁 纳税
4583 丁 乃
4585 丁 奶粉
4589 丁 耐力
4599 丁 男性
4604 丁 难度
4606 丁 难关
4608 丁 难堪
4610 丁 难免
4614 丁 难
4615 丁 难民
4620 丁 恼火
4622 丁 闹事
4628 丁 内地
4629 丁 内阁
4630 丁 内行
4632 丁 内幕
4634 丁 内心

4635 丁 内在
4636 丁 内脏
4637 丁 内战
4638 丁 内政
4648 丁 能手
4653 丁 尼龙
4654 丁 拟
4655 丁 拟定
4658 丁 逆流
4661 丁 年度
4667 丁 年头儿
4668 丁 捻
4669 丁 撵
4672 丁 念头
4674 丁 酿
4676 丁 尿
4678 丁 捏造
4680 丁 柠檬
4681 丁 凝固
4682 丁 凝结
4683 丁 凝视
4684 丁 宁静
4687 丁 宁肯
4688 丁 宁愿
4693 丁 纽扣儿
4695 丁 浓度
4696 丁 浓厚
4697 丁 农产品
4700 丁 农户
4709 丁 弄虚作假
4711 丁 奴役
4714 丁 怒吼
4715 丁 怒火
4720 丁 女性
4725 丁 挪
4728 丁 殴打
4729 丁 呕吐
4733 丁 扒
4739 丁 拍照
4744 丁 排除
4745 丁 排队
4746 丁 排挤
4749 丁 排长
4752 丁 徘徊
4754 丁 派别
4755 丁 派出所
4756 丁 派遣
4761 丁 盘旋
4765 丁 判处
4766 丁 判定
4768 丁 判决
4770 丁 叛变
4771 丁 叛徒
4772 丁 庞大
4776 丁 胖子
4778 丁 抛弃
4779 丁 刨
4782 丁 跑道
4785 丁 炮火
4787 丁 泡沫
4788 丁 培训
4793 丁 赔款
4797 丁 配备
4798 丁 配方
4800 丁 配偶
4801 丁 配套
4804 丁 喷射
4807 丁 烹饪
4808 丁 烹调
4819 丁 批发
4820 丁 批复
4821 丁 批改
4824 丁 批示
4826 丁 坯
4828 丁 劈
4831 丁 疲惫
4832 丁 疲乏
4836 丁 皮带
4838 丁 皮革
4840 丁 屁
4846 丁 偏差
4847 丁 偏见
4848 丁 偏僻
4850 丁 偏向
4853 丁 片刻
4858 丁 漂
4861 丁 撇
4862 丁 瞥
4864 丁 拼搏
4866 丁 频繁
4867 丁 频率
4868 丁 贫
4869 丁 贫乏
4871 丁 贫困
4872 丁 贫民
4874 丁 品
4875 丁 品尝
4877 丁 品行
4880 丁 聘
4881 丁 聘请
4882 丁 聘任
4883 丁 聘用
4895 丁 平面
4896 丁 平民
4897 丁 平日
4899 丁 平坦
4900 丁 平稳
4903 丁 平整
4904 丁 萍水相逢
4909 丁 评比
4910 丁 评定
4911 丁 评估
4914 丁 评审
4915 丁 评选
4916 丁 屏障
4919 丁 颇
4920 丁 婆婆

4923 丁 破除
4925 丁 破获
4926 丁 破旧
4928 丁 破裂
4929 丁 破碎
4932 丁 迫使
4934 丁 扑克
4935 丁 扑灭
4938 丁 葡萄糖
4939 丁 仆人
4940 丁 朴实
4943 丁 普查
4947 丁 谱
4948 丁 谱曲
4949 丁 瀑布
4951 丁 期待
4953 丁 期刊
4954 丁 期望
4955 丁 期限
4960 丁 七嘴八舌
4961 丁 柒
4962 丁 凄惨
4963 丁 凄凉
4965 丁 漆黑
4966 丁 沏
4969 丁 其间
4977 丁 奇花异草
4979 丁 奇妙
4980 丁 奇特
4981 丁 歧视
4983 丁 齐全
4984 丁 旗号
4990 丁 起草
4993 丁 起点
4995 丁 起伏
4996 丁 起哄
4997 丁 起劲
4999 丁 起码
5000 丁 起身
5001 丁 起诉
5004 丁 岂不
5005 丁 岂有此理
5008 丁 乞求
5009 丁 启程
5011 丁 启示
5012 丁 启事
5013 丁 砌
5014 丁 器
5017 丁 器具
5018 丁 器械
5021 丁 气喘
5025 丁 气功
5027 丁 气力
5028 丁 气流
5029 丁 气魄
5030 丁 气球
5031 丁 气势
5035 丁 气息
5038 丁 汽
5043 丁 掐
5045 丁 恰到好处
5048 丁 恰巧
5049 丁 恰如其分
5050 丁 洽谈
5052 丁 牵扯
5053 丁 牵引
5054 丁 牵制
5059 丁 千军万马
5061 丁 千瓦
5063 丁 迁
5064 丁 迁就
5066 丁 签发
5067 丁 签名
5068 丁 签署
5069 丁 签证
5070 丁 签字
5072 丁 谦逊
5075 丁 前辈
5077 丁 前程
5079 丁 前赴后继
5082 丁 前景
5083 丁 前列
5086 丁 前期
5087 丁 前人
5088 丁 前所未有
5089 丁 前提
5093 丁 前往
5094 丁 前线
5095 丁 钳子
5096 丁 潜伏
5097 丁 潜力
5099 丁 谴责
5100 丁 嵌
5104 丁 枪毙
5105 丁 腔
5113 丁 强化
5115 丁 强盛
5116 丁 强制
5119 丁 抢劫
5120 丁 抢救
5121 丁 锹
5124 丁 乔装
5128 丁 侨胞
5133 丁 茄子
5136 丁 窃取
5137 丁 窃听
5138 丁 钦佩
5140 丁 侵害
5143 丁 侵蚀
5144 丁 侵占
5147 丁 亲笔
5148 丁 亲密
5153 丁 亲身
5154 丁 亲生
5155 丁 亲手
5157 丁 亲友
5160 丁 勤

5161 丁 勤奋
5162 丁 勤工俭学
5163 丁 勤俭
5164 丁 勤恳
5166 丁 芹菜
5167 丁 禽
5174 丁 轻便
5175 丁 轻工业
5176 丁 轻快
5179 丁 轻微
5181 丁 氢
5182 丁 蜻蜓
5183 丁 倾听
5185 丁 倾斜
5187 丁 清查
5192 丁 清理
5194 丁 清新
5196 丁 清早
5197 丁 清真寺
5199 丁 晴朗
5203 丁 情感
5204 丁 情节
5207 丁 情理
5212 丁 请柬
5217 丁 请帖
5219 丁 请愿
5220 丁 庆贺
5223 丁 穷苦
5227 丁 秋收
5232 丁 球队
5233 丁 球迷
5235 丁 求得
5236 丁 趋势
5237 丁 趋向
5240 丁 区分
5242 丁 曲线
5244 丁 屈服
5245 丁 驱逐
5249 丁 取代
5252 丁 曲子
5257 丁 去世
5259 丁 圈套
5261 丁 权
5264 丁 权威
5265 丁 权限
5266 丁 权益
5267 丁 泉
5270 丁 全都
5271 丁 全会
5272 丁 全集
5274 丁 全力
5275 丁 全力以赴
5277 丁 全民
5279 丁 全心全意
5281 丁 犬
5284 丁 劝说
5285 丁 劝阻
5286 丁 券
5290 丁 缺口
5292 丁 缺席
5293 丁 缺陷
5294 丁 瘸
5296 丁 确保
5298 丁 确立
5299 丁 确切
5300 丁 确认
5302 丁 确信
5303 丁 确凿
5307 丁 群体
5311 丁 燃
5318 丁 让步
5320 丁 扰乱
5325 丁 热潮
5327 丁 热泪盈眶
5336 丁 人道主义
5337 丁 人格
5342 丁 人均
5349 丁 人情
5350 丁 人权
5352 丁 人参
5353 丁 人身
5354 丁 人生
5356 丁 人事
5358 丁 人为
5361 丁 人性
5364 丁 人质
5365 丁 仁慈
5373 丁 任命
5379 丁 认定
5380 丁 认可
5392 丁 日光
5403 丁 荣誉
5404 丁 融化
5405 丁 融洽
5406 丁 熔
5407 丁 溶
5408 丁 溶化
5409 丁 溶解
5412 丁 容积
5413 丁 容量
5414 丁 容纳
5416 丁 容忍
5419 丁 绒
5421 丁 柔和
5432 丁 如意
5433 丁 如醉如痴
5434 丁 乳
5436 丁 入境
5437 丁 入口
5438 丁 入侵
5439 丁 入手
5440 丁 入学
5442 丁 软件
5444 丁 锐利
5445 丁 瑞雪
5449 丁 弱点
5451 丁 撒谎

5453 丁 腮
5457 丁 三番五次
5458 丁 三角
5459 丁 叁
5466 丁 散发
5467 丁 桑树
5471 丁 扫除
5477 丁 杀害
5478 丁 刹车
5479 丁 沙
5482 丁 沙滩
5483 丁 沙土
5485 丁 砂
5488 丁 傻子
5489 丁 厦
5490 丁 筛
5491 丁 筛子
5493 丁 珊瑚
5498 丁 山冈
5499 丁 山沟
5501 丁 山河
5502 丁 山脚
5503 丁 山岭
5506 丁 山水
5507 丁 山头
5508 丁 山腰
5512 丁 闪耀
5513 丁 擅长
5514 丁 擅自
5515 丁 善
5516 丁 善良
5521 丁 伤痕
5525 丁 伤员
5526 丁 商
5527 丁 商标
5532 丁 商榷
5534 丁 商讨
5536 丁 商议
5537 丁 赏
5538 丁 晌午
5542 丁 上报
5544 丁 上层
5546 丁 上等
5549 丁 上交
5550 丁 上进
5552 丁 上空
5556 丁 上任
5559 丁 上诉
5560 丁 上台
5568 丁 上涨
5569 丁 尚
5570 丁 梢
5571 丁 捎
5575 丁 烧饼
5576 丁 烧毁
5579 丁 少量
5581 丁 少数民族
5585 丁 哨
5587 丁 奢侈
5590 丁 舍
5593 丁 摄
5598 丁 涉及
5599 丁 涉外
5600 丁 社
5604 丁 社员
5609 丁 设立
5610 丁 设施
5612 丁 设置
5613 丁 申报
5615 丁 申述
5616 丁 呻吟
5618 丁 伸手
5619 丁 伸展
5627 丁 深奥
5628 丁 深沉
5629 丁 深处
5632 丁 深化
5634 丁 深浅
5635 丁 深切
5636 丁 深情
5638 丁 深信
5640 丁 深远
5641 丁 深重
5642 丁 绅士
5649 丁 神奇
5652 丁 神色
5654 丁 神态
5655 丁 神仙
5656 丁 审
5658 丁 审定
5659 丁 审理
5660 丁 审美
5661 丁 审判
5662 丁 审批
5663 丁 审讯
5664 丁 审议
5668 丁 肾炎
5670 丁 渗
5671 丁 渗透
5675 丁 声势
5677 丁 声誉
5683 丁 生产力
5684 丁 生产率
5689 丁 生机
5692 丁 生命力
5693 丁 生怕
5695 丁 生前
5696 丁 生人
5698 丁 生疏
5699 丁 生态
5701 丁 生效
5703 丁 生育
5705 丁 生殖
5706 丁 牲口
5707 丁 牲畜
5709 丁 升学
5714 丁 省会

5715 丁 省略
5717 丁 盛
5718 丁 盛产
5719 丁 盛大
5720 丁 盛开
5721 丁 盛情
5722 丁 盛行
5728 丁 师
5731 丁 师长
5732 丁 失
5737 丁 失事
5739 丁 失误
5740 丁 失效
5741 丁 失学
5743 丁 失约
5744 丁 失踪
5746 丁 施
5747 丁 施肥
5749 丁 施加
5750 丁 施行
5751 丁 施展
5753 丁 湿度
5756 丁 诗歌
5758 丁 尸体
5761 丁 十全十美
5762 丁 十足
5763 丁 石灰
5766 丁 拾
5768 丁 时
5771 丁 时而
5772 丁 时光
5778 丁 时髦
5781 丁 时事
5782 丁 时装
5783 丁 食
5787 丁 食用
5788 丁 食欲
5789 丁 实
5791 丁 实惠
5795 丁 实力
5798 丁 实体
5799 丁 实物
5807 丁 识
5808 丁 识别
5809 丁 史
5810 丁 史料
5813 丁 使节
5815 丁 使命
5817 丁 屎
5819 丁 始
5821 丁 式
5822 丁 式样
5823 丁 示范
5825 丁 示意图
5827 丁 侍候
5828 丁 世
5829 丁 世代
5832 丁 世界观
5835 丁 事变
5839 丁 事例
5842 丁 事态
5846 丁 事项
5848 丁 誓言
5850 丁 势必
5861 丁 释放
5864 丁 市民
5867 丁 视
5868 丁 视察
5869 丁 视觉
5870 丁 视力
5871 丁 视线
5872 丁 视野
5875 丁 试行
5877 丁 试用
5878 丁 试制
5880 丁 收藏
5881 丁 收成
5882 丁 收复
5884 丁 收购
5885 丁 收回
5888 丁 收买
5892 丁 收益
5894 丁 收支
5897 丁 手电筒
5899 丁 手法
5901 丁 手巾
5903 丁 手榴弹
5909 丁 手艺
5912 丁 首创
5914 丁 首领
5915 丁 首脑
5916 丁 首席
5918 丁 首相
5919 丁 首要
5920 丁 首长
5922 丁 守法
5923 丁 守卫
5925 丁 授
5926 丁 授予
5930 丁 受伤
5937 丁 输出
5938 丁 输入
5939 丁 输送
5943 丁 舒展
5944 丁 疏忽
5949 丁 书法
5953 丁 书刊
5954 丁 书面
5955 丁 书写
5956 丁 书信
5962 丁 属
5965 丁 树干
5971 丁 竖
5973 丁 数额
5983 丁 衰老
5985 丁 衰退
5987 丁 帅

5994	丁	爽快
5997	丁	水产
5999	丁	水电
6007	丁	水土
6008	丁	水源
6009	丁	水灾
6010	丁	水蒸气
6015	丁	税收
6021	丁	顺序
6026	丁	说谎
6028	丁	说情
6030	丁	斯文
6031	丁	思
6032	丁	思潮
6035	丁	思前想后
6039	丁	思绪
6042	丁	私营
6044	丁	私有制
6045	丁	私自
6046	丁	司法
6049	丁	司令部
6055	丁	死刑
6056	丁	寺
6059	丁	四方
6060	丁	四季
6062	丁	四肢
6064	丁	肆
6065	丁	似
6067	丁	似是而非
6068	丁	似笑非笑
6069	丁	饲料
6073	丁	耸
6077	丁	搜
6078	丁	搜查
6080	丁	搜索
6082	丁	苏醒
6083	丁	俗
6085	丁	素
6086	丁	素质
6090	丁	塑造
6092	丁	诉讼
6093	丁	肃清
6095	丁	蒜
6098	丁	算盘
6100	丁	算术
6110	丁	随时随地
6112	丁	随意
6113	丁	随着
6117	丁	岁月
6118	丁	穗
6119	丁	隧道
6122	丁	损
6124	丁	损耗
6126	丁	损人利己
6127	丁	损伤
6129	丁	笋
6133	丁	索性
6138	丁	所得
6139	丁	所得税
6140	丁	所属
6144	丁	所有权
6145	丁	所有制
6149	丁	他人
6160	丁	台风
6161	丁	台阶
6162	丁	泰然
6164	丁	太空
6165	丁	太平
6168	丁	太阳能
6172	丁	贪
6173	丁	贪污
6174	丁	瘫痪
6176	丁	痰
6177	丁	坛
6178	丁	潭
6184	丁	谈天
6186	丁	坦白
6190	丁	探测
6191	丁	探亲
6193	丁	探讨
6194	丁	探头探脑
6195	丁	探望
6196	丁	叹
6198	丁	炭
6200	丁	塘
6202	丁	糖果
6208	丁	滔滔不绝
6210	丁	桃花
6212	丁	逃避
6213	丁	逃荒
6214	丁	逃跑
6215	丁	逃走
6216	丁	淘气
6217	丁	淘汰
6218	丁	陶瓷
6219	丁	讨
6220	丁	讨价还价
6226	丁	特产
6228	丁	特地
6230	丁	特定
6231	丁	特区
6232	丁	特权
6233	丁	特色
6236	丁	特性
6237	丁	特意
6239	丁	藤
6240	丁	腾
6242	丁	疼痛
6245	丁	提案
6246	丁	提拔
6252	丁	提交
6253	丁	提炼
6254	丁	提名
6256	丁	提取
6257	丁	提升
6258	丁	提示
6261	丁	提要

6263 丁 提早
6265 丁 题材
6268 丁 体
6273 丁 体谅
6275 丁 体贴
6279 丁 体验
6283 丁 体制
6284 丁 体质
6285 丁 体重
6286 丁 剃
6288 丁 替代
6289 丁 替换
6292 丁 天长地久
6293 丁 天地
6298 丁 天色
6300 丁 天生
6301 丁 天堂
6304 丁 天线
6309 丁 填补
6310 丁 填写
6313 丁 田间
6314 丁 田径
6321 丁 条款
6322 丁 条理
6324 丁 条文
6326 丁 条子
6327 丁 调和
6328 丁 调剂
6330 丁 调解
6333 丁 挑
6334 丁 挑拨
6335 丁 挑衅
6336 丁 挑战
6339 丁 跳高
6341 丁 跳远
6342 丁 跳跃
6345 丁 铁道
6346 丁 铁饭碗
6350 丁 听话
6353 丁 听取
6356 丁 听众
6358 丁 停泊
6359 丁 停顿
6362 丁 停滞
6366 丁 挺拔
6367 丁 挺立
6368 丁 艇
6370 丁 通报
6372 丁 通道
6373 丁 通风
6374 丁 通告
6376 丁 通航
6377 丁 通红
6378 丁 通货膨胀
6379 丁 通商
6381 丁 通俗
6383 丁 通行
6385 丁 通讯社
6386 丁 通用
6392 丁 同步
6393 丁 同等
6394 丁 同行
6395 丁 同类
6397 丁 同年
6398 丁 同期
6401 丁 同事
6405 丁 同一
6409 丁 童年
6412 丁 捅
6413 丁 统筹
6417 丁 统战
6420 丁 痛恨
6424 丁 偷窃
6425 丁 偷税
6428 丁 投标
6429 丁 投产
6430 丁 投放
6432 丁 投机倒把
6433 丁 投票
6436 丁 投掷
6437 丁 投资
6442 丁 头子
6444 丁 透彻
6446 丁 透明度
6447 丁 秃
6448 丁 凸
6454 丁 图案
6455 丁 图表
6457 丁 图片
6459 丁 图像
6460 丁 图形
6461 丁 图纸
6465 丁 屠杀
6476 丁 团聚
6479 丁 团圆
6482 丁 推测
6490 丁 推来推去
6491 丁 推理
6492 丁 推论
6493 丁 推算
6494 丁 推销
6495 丁 推行
6496 丁 推选
6500 丁 退出
6501 丁 退还
6504 丁 屯
6507 丁 拖延
6512 丁 脱落
6514 丁 椭圆
6515 丁 妥
6517 丁 妥善
6518 丁 妥协
6519 丁 唾沫
6521 丁 挖掘
6524 丁 瓦解
6531 丁 外表
6532 丁 外宾

6534	丁	外出
6536	丁	外电
6537	丁	外观
6539	丁	外行
6540	丁	外汇
6544	丁	外力
6545	丁	外流
6547	丁	外婆
6548	丁	外事
6550	丁	外向型
6551	丁	外形
6554	丁	外资
6557	丁	豌豆
6560	丁	湾
6562	丁	玩具
6563	丁	玩弄
6571	丁	完毕
6573	丁	完蛋
6582	丁	晚餐
6585	丁	晚年
6587	丁	惋惜
6591	丁	万水千山
6595	丁	汪洋
6596	丁	王
6597	丁	王国
6598	丁	亡
6603	丁	往常
6604	丁	往返
6605	丁	往后
6607	丁	往年
6608	丁	往日
6609	丁	往事
6612	丁	望远镜
6615	丁	忘却
6616	丁	妄图
6617	丁	妄想
6618	丁	威风
6619	丁	威力
6620	丁	威望
6622	丁	威信
6623	丁	微不足道
6624	丁	微观
6629	丁	危急
6632	丁	违法
6634	丁	违犯
6635	丁	桅杆
6637	丁	围攻
6639	丁	围棋
6641	丁	唯物论
6642	丁	唯物主义
6643	丁	唯心论
6644	丁	唯心主义
6645	丁	惟独
6646	丁	惟一
6649	丁	为期
6655	丁	维修
6660	丁	伪造
6661	丁	尾
6666	丁	未免
6669	丁	畏
6670	丁	畏惧
6681	丁	为何
6687	丁	温度计
6690	丁	温柔
6691	丁	瘟疫
6693	丁	文
6696	丁	文盲
6698	丁	文凭
6699	丁	文人
6701	丁	文献
6704	丁	文雅
6705	丁	文言
6713	丁	稳当
6715	丁	稳妥
6717	丁	问答
6720	丁	问世
6723	丁	窝
6724	丁	窝囊
6728	丁	卧室
6731	丁	乌鸦
6732	丁	乌云
6734	丁	污蔑
6736	丁	巫婆
6738	丁	诬陷
6739	丁	呜咽
6745	丁	无偿
6746	丁	无耻
6747	丁	无从
6749	丁	无非
6750	丁	无话可说
6751	丁	无可奉告
6753	丁	无理
6754	丁	无聊
6757	丁	无能为力
6759	丁	无情无义
6760	丁	无穷
6763	丁	无所作为
6764	丁	无微不至
6767	丁	无效
6769	丁	无意
6770	丁	无知
6771	丁	梧桐
6772	丁	武力
6777	丁	伍
6779	丁	舞
6783	丁	舞厅
6786	丁	物
6789	丁	物力
6794	丁	勿
6795	丁	务必
6796	丁	悟
6798	丁	误差
6800	丁	误解
6814	丁	吸毒
6823	丁	膝盖
6824	丁	熄
6825	丁	熄灭

6826 丁 溪
6828 丁 席
6829 丁 席位
6831 丁 习俗
6832 丁 习题
6834 丁 喜
6837 丁 喜鹊
6838 丁 喜事
6839 丁 喜讯
6842 丁 洗涤
6846 丁 系列
6852 丁 细节
6854 丁 细小
6859 丁 峡
6861 丁 狭隘
6862 丁 狭窄
6863 丁 霞
6869 丁 下达
6870 丁 下放
6871 丁 下级
6876 丁 下令
6877 丁 下落
6880 丁 下台
6882 丁 下乡
6890 丁 掀起
6892 丁 先锋
6895 丁 先前
6897 丁 先行
6898 丁 仙女
6900 丁 鲜红
6909 丁 弦
6911 丁 嫌疑
6912 丁 贤惠
6913 丁 衔
6914 丁 衔接
6915 丁 显
6917 丁 显而易见
6920 丁 显微镜
6924 丁 现场
6928 丁 现金
6929 丁 现钱
6932 丁 现行
6934 丁 现状
6936 丁 献身
6939 丁 县长
6940 丁 馅儿
6944 丁 陷害
6945 丁 陷入
6946 丁 限
6947 丁 限度
6948 丁 限期
6949 丁 限于
6953 丁 线索
6955 丁 相比
6956 丁 相差
6958 丁 相等
6961 丁 相符
6962 丁 相关
6964 丁 相继
6965 丁 相交
6966 丁 相识
6968 丁 相通
6971 丁 相应
6972 丁 镶
6976 丁 香味
6983 丁 乡亲
6988 丁 想方设法
6993 丁 响声
6995 丁 享福
6996 丁 享乐
6998 丁 享有
7000 丁 项链
7004 丁 橡胶
7005 丁 橡皮
7007 丁 像样
7011 丁 向往
7013 丁 象棋
7016 丁 销
7017 丁 销毁
7018 丁 销路
7019 丁 销售
7020 丁 消
7033 丁 小鬼
7038 丁 小米
7041 丁 小数
7042 丁 小数点
7044 丁 小提琴
7046 丁 小心翼翼
7047 丁 小型
7049 丁 小学生
7050 丁 小子
7052 丁 校徽
7053 丁 校园
7055 丁 肖像
7060 丁 效力
7062 丁 效益
7063 丁 孝顺
7069 丁 协商
7070 丁 协调
7071 丁 协议
7074 丁 挟持
7075 丁 邪
7076 丁 携带
7082 丁 泻
7083 丁 泄
7084 丁 泄露
7085 丁 泄气
7086 丁 谢绝
7088 丁 屑
7089 丁 锌
7091 丁 欣欣向荣
7095 丁 新陈代谢
7096 丁 新房
7097 丁 新近
7098 丁 新郎
7100 丁 新娘
7101 丁 新人

7106	丁	新兴
7108	丁	新颖
7113	丁	心里
7114	丁	心灵
7115	丁	心目
7119	丁	心疼
7120	丁	心头
7121	丁	心血
7122	丁	心眼儿
7124	丁	心愿
7126	丁	心中
7127	丁	薪金(薪水)
7130	丁	信贷
7133	丁	信件
7134	丁	信赖
7139	丁	信仰
7140	丁	信用
7141	丁	信誉
7142	丁	星
7146	丁	腥
7147	丁	兴
7148	丁	兴办
7150	丁	兴建
7151	丁	兴起
7152	丁	兴旺
7153	丁	刑
7154	丁	刑场
7155	丁	刑法
7156	丁	刑事
7157	丁	型
7158	丁	型号
7159	丁	形
7161	丁	形而上学
7170	丁	行程
7172	丁	行贿
7173	丁	行径
7174	丁	行军
7177	丁	行使
7186	丁	幸好
7188	丁	幸运
7192	丁	性命
7194	丁	性情
7196	丁	杏
7199	丁	兄
7203	丁	凶狠
7204	丁	凶猛
7206	丁	胸怀
7207	丁	胸膛
7208	丁	汹涌
7210	丁	雄厚
7212	丁	雄壮
7213	丁	熊
7216	丁	休养
7218	丁	修订
7219	丁	修复
7223	丁	修养
7226	丁	羞耻
7227	丁	嗅
7229	丁	秀丽
7230	丁	袖子
7233	丁	需求
7235	丁	虚
7236	丁	虚假
7237	丁	虚弱
7238	丁	虚伪
7241	丁	须知
7242	丁	徐徐
7245	丁	许可
7246	丁	蓄
7247	丁	酗酒
7249	丁	叙谈
7250	丁	序言
7251	丁	畜产品
7252	丁	畜牧
7253	丁	絮叨
7254	丁	续
7256	丁	宣称
7258	丁	宣读
7260	丁	宣誓
7262	丁	宣扬
7264	丁	悬挂
7265	丁	悬念
7267	丁	旋
7268	丁	旋律
7271	丁	选拔
7272	丁	选定
7273	丁	选集
7275	丁	选民
7276	丁	选取
7277	丁	选手
7279	丁	选用
7281	丁	削减
7282	丁	削弱
7283	丁	靴子
7289	丁	学历
7291	丁	学派
7305	丁	穴
7307	丁	雪白
7311	丁	血压
7313	丁	熏
7315	丁	循序渐进
7317	丁	巡逻
7319	丁	寻求
7321	丁	训
7323	丁	讯
7329	丁	压抑
7330	丁	压韵(押韵)
7333	丁	鸦片
7341	丁	崖
7342	丁	哑
7343	丁	轧
7347	丁	烟草
7349	丁	烟卷儿
7350	丁	烟雾
7352	丁	淹没
7356	丁	严寒
7358	丁	严峻

7369 丁 延缓
7370 丁 延期
7371 丁 延伸
7372 丁 延续
7373 丁 言
7374 丁 言论
7375 丁 言语
7377 丁 炎热
7380 丁 沿岸
7382 丁 沿途
7383 丁 掩
7386 丁 掩饰
7393 丁 眼力
7395 丁 眼色
7396 丁 眼神
7397 丁 眼下
7399 丁 演变
7400 丁 演唱
7402 丁 演讲
7404 丁 演算
7405 丁 演习
7407 丁 演奏
7412 丁 宴请
7413 丁 宴席
7414 丁 验
7415 丁 验收
7416 丁 验证
7417 丁 杨树
7421 丁 阳
7423 丁 氧
7427 丁 痒
7430 丁 养分
7431 丁 养活
7433 丁 养育
7434 丁 养殖
7436 丁 样品
7439 丁 邀
7442 丁 妖怪
7446 丁 遥控
7452 丁 药材
7465 丁 要领
7466 丁 要么
7467 丁 要命
7469 丁 要素
7471 丁 耀眼
7473 丁 野
7474 丁 野蛮
7475 丁 野生
7477 丁 野外
7478 丁 野心
7480 丁 冶炼
7488 丁 夜班
7492 丁 液
7498 丁 一辈子
7502 丁 一旦
7506 丁 一度
7507 丁 一帆风顺
7509 丁 一概
7510 丁 一概而论
7511 丁 一干二净
7512 丁 一个劲儿
7514 丁 一贯
7515 丁 一哄而散
7517 丁 一会儿…一会儿…
7518 丁 一技之长
7520 丁 一举
7526 丁 一律
7527 丁 一毛不拔
7533 丁 一身
7536 丁 一手
7538 丁 一头
7554 丁 壹
7555 丁 医
7558 丁 医务
7561 丁 医药
7563 丁 医治
7564 丁 依
7565 丁 依次
7569 丁 依赖
7571 丁 依照
7574 丁 衣裳
7576 丁 遗传
7579 丁 遗失
7580 丁 遗体
7581 丁 遗址
7584 丁 移民
7588 丁 疑惑
7589 丁 疑难
7603 丁 以免
7607 丁 以身作则
7609 丁 以往
7613 丁 以至于
7619 丁 亿万
7620 丁 亦
7622 丁 意料
7625 丁 意图
7628 丁 意向
7632 丁 毅然
7633 丁 忆
7635 丁 议案
7636 丁 议程
7637 丁 议定书
7640 丁 议员
7641 丁 译员
7642 丁 异
7644 丁 翼
7645 丁 因
7651 丁 音响
7654 丁 阴暗
7660 丁 淫秽
7661 丁 饮
7663 丁 饮食
7664 丁 饮水思源
7669 丁 引人注目
7670 丁 引入
7671 丁 引用

7672 丁 引诱
7673 丁 隐蔽
7674 丁 隐藏
7675 丁 隐瞒
7682 丁 英俊
7688 丁 鹰
7689 丁 樱花
7693 丁 营
7696 丁 蝇子
7699 丁 迎面
7701 丁 赢得
7702 丁 盈利
7713 丁 硬件
7714 丁 映
7719 丁 拥有
7720 丁 庸俗
7723 丁 涌现
7724 丁 永垂不朽
7725 丁 永久
7729 丁 勇士
7730 丁 勇于
7734 丁 用法
7736 丁 用户
7737 丁 用具
7740 丁 用人
7743 丁 用意
7744 丁 幽静
7745 丁 幽默
7746 丁 优
7748 丁 优惠
7753 丁 优先
7755 丁 优异
7757 丁 优质
7759 丁 忧虑
7760 丁 忧郁
7763 丁 由此可见
7766 丁 邮电
7767 丁 邮购
7768 丁 邮寄
7771 丁 邮政
7772 丁 铀
7773 丁 犹如
7776 丁 油菜
7777 丁 油画
7778 丁 油料
7779 丁 油漆
7782 丁 游击
7783 丁 游客
7785 丁 游人
7791 丁 有待
7796 丁 有害
7798 丁 有口无心
7804 丁 有声有色
7817 丁 友情
7818 丁 友人
7822 丁 诱
7823 丁 诱惑
7825 丁 幼
7831 丁 愚昧
7832 丁 舆论
7837 丁 渔业
7838 丁 榆树
7840 丁 予
7841 丁 予以
7843 丁 雨伞
7844 丁 雨水
7847 丁 与此同时
7856 丁 羽毛
7858 丁 与会
7859 丁 玉
7865 丁 愈
7867 丁 欲
7868 丁 欲望
7869 丁 寓
7873 丁 预测
7874 丁 预定
7875 丁 预订
7878 丁 预计
7879 丁 预见
7880 丁 预料
7881 丁 预期
7882 丁 预赛
7883 丁 预算
7886 丁 预言
7887 丁 预约
7889 丁 冤
7893 丁 元件
7894 丁 元首
7898 丁 原
7899 丁 原材料
7900 丁 原告
7908 丁 原油
7912 丁 原子能
7914 丁 园
7920 丁 源
7921 丁 源泉
7924 丁 远大
7925 丁 远方
7926 丁 远景
7934 丁 曰
7937 丁 约束
7940 丁 越冬
7941 丁 越过
7943 丁 跃
7946 丁 月份
7950 丁 乐队
7952 丁 乐曲
7953 丁 阅
7958 丁 云彩
7959 丁 匀
7967 丁 运送
7968 丁 运算
7969 丁 运行
7972 丁 蕴藏
7973 丁 酝酿
7974 丁 孕育
7978 丁 杂交

7979	丁	杂乱
7984	丁	栽培
7987	丁	灾荒
7989	丁	宰
7995	丁	再生产
7999	丁	在乎
8000	丁	在意
8005	丁	攒
8006	丁	暂
8007	丁	暂且
8011	丁	赞赏
8012	丁	赞叹
8013	丁	赞同
8015	丁	赞助
8017	丁	葬
8018	丁	葬礼
8022	丁	遭殃
8026	丁	糟蹋
8028	丁	枣
8031	丁	早点
8034	丁	早日
8037	丁	噪音
8039	丁	造反
8040	丁	造价
8042	丁	造型
8043	丁	灶
8045	丁	责怪
8047	丁	责任制
8049	丁	贼
8050	丁	怎
8053	丁	怎么着
8055	丁	增
8060	丁	增设
8061	丁	增添
8062	丁	增援
8068	丁	闸
8070	丁	眨
8072	丁	炸弹
8073	丁	炸药
8074	丁	诈骗
8075	丁	榨
8077	丁	摘要
8079	丁	寨
8081	丁	债务
8082	丁	瞻仰
8084	丁	沾光
8087	丁	斩
8088	丁	斩草除根
8089	丁	斩钉截铁
8095	丁	展示
8096	丁	展望
8097	丁	展现
8098	丁	展销
8100	丁	占据
8103	丁	战
8111	丁	战役
8116	丁	站岗
8118	丁	章程
8124	丁	掌
8125	丁	掌管
8129	丁	涨价
8139	丁	招聘
8140	丁	招生
8141	丁	招收
8143	丁	朝气
8144	丁	朝气蓬勃
8145	丁	朝三暮四
8150	丁	沼泽
8151	丁	兆
8155	丁	照会
8156	丁	照旧
8158	丁	照料
8159	丁	照明
8161	丁	照射
8166	丁	照应
8171	丁	折腾
8183	丁	这么着
8192	丁	真诚
8196	丁	真是的
8197	丁	真相
8198	丁	真心
8203	丁	侦察
8204	丁	侦探
8206	丁	诊断
8208	丁	震荡
8210	丁	震惊
8211	丁	振
8213	丁	振奋
8214	丁	振兴
8216	丁	镇
8217	丁	镇定
8222	丁	阵容
8223	丁	阵线
8224	丁	阵营
8225	丁	正月
8226	丁	蒸
8234	丁	征收
8236	丁	争吵
8237	丁	争端
8240	丁	争气
8242	丁	争先恐后
8243	丁	争议
8248	丁	整洁
8251	丁	整数
8253	丁	整天
8254	丁	整整
8257	丁	正比
8260	丁	正规
8264	丁	正气
8265	丁	正巧
8270	丁	政变
8275	丁	政协
8277	丁	症
8280	丁	郑重
8281	丁	证
8289	丁	芝麻
8292	丁	支部

8293	丁	支撑
8295	丁	支出
8296	丁	支付
8298	丁	支票
8300	丁	支柱
8303	丁	知觉
8306	丁	蜘蛛
8307	丁	脂肪
8308	丁	汁
8322	丁	职称
8324	丁	职能
8325	丁	职权
8326	丁	职务
8327	丁	职业
8331	丁	直播
8336	丁	直辖市
8337	丁	直线
8338	丁	直至
8339	丁	植
8342	丁	殖民主义
8343	丁	执法
8344	丁	执勤
8346	丁	执照
8347	丁	执政
8349	丁	值班
8351	丁	侄子
8357	丁	指定
8359	丁	指甲
8360	丁	指令
8361	丁	指明
8364	丁	指手画脚
8366	丁	指望
8368	丁	指针
8372	丁	只顾
8373	丁	只管
8375	丁	只能
8380	丁	纸张
8381	丁	志
8382	丁	志气
8384	丁	掷
8386	丁	至多
8391	丁	致词
8392	丁	致电
8393	丁	致富
8394	丁	致敬
8395	丁	致使
8396	丁	置
8398	丁	制裁
8402	丁	制服
8403	丁	制品
8404	丁	制约
8409	丁	智力
8410	丁	智能
8413	丁	质变
8415	丁	质朴
8417	丁	治安
8418	丁	治理
8423	丁	中等
8426	丁	中立
8428	丁	中秋
8429	丁	中途
8433	丁	中型
8439	丁	中游
8440	丁	中原
8443	丁	忠于
8444	丁	忠贞
8446	丁	钟表
8447	丁	钟点
8450	丁	终
8451	丁	终点
8452	丁	终端
8453	丁	终究
8454	丁	终年
8457	丁	终止
8460	丁	种种
8462	丁	种族
8464	丁	肿瘤
8467	丁	种地
8472	丁	重工业
8475	丁	重心
8476	丁	重型
8478	丁	众
8479	丁	众多
8480	丁	众人
8481	丁	众所周知
8482	丁	众议院
8483	丁	舟
8486	丁	周密
8489	丁	周期
8491	丁	周折
8492	丁	周转
8493	丁	州
8494	丁	洲
8498	丁	昼夜
8499	丁	珠子
8502	丁	诸如此类
8503	丁	诸位
8506	丁	逐年
8509	丁	拄
8511	丁	嘱托
8512	丁	主
8513	丁	主办
8514	丁	主编
8516	丁	主导
8519	丁	主管
8521	丁	主流
8524	丁	主人翁
8526	丁	主食
8527	丁	主题
8528	丁	主体
8531	丁	主义
8534	丁	著
8539	丁	助理
8541	丁	助长
8543	丁	铸造
8544	丁	筑
8546	丁	住房

8547 丁 住所
8550 丁 注册
8551 丁 注解
8552 丁 注目
8554 丁 注释
8557 丁 注重
8559 丁 祝福
8563 丁 驻扎
8566 丁 爪
8567 丁 拽
8569 丁 专长
8570 丁 专程
8572 丁 专科
8573 丁 专利
8575 丁 专人
8576 丁 专题
8579 丁 专业户
8580 丁 专用
8582 丁 专制
8591 丁 转换
8592 丁 转交
8593 丁 转让
8596 丁 转向
8598 丁 转折
8599 丁 传
8600 丁 传记
8605 丁 庄
8608 丁 庄重
8611 丁 装配
8613 丁 装卸
8619 丁 壮观
8621 丁 壮烈
8622 丁 壮志
8626 丁 追查
8627 丁 追悼
8628 丁 追赶
8629 丁 追究
8631 丁 追问
8636 丁 准许
8637 丁 准则
8639 丁 卓越
8641 丁 啄
8642 丁 酌情
8643 丁 着
8645 丁 着想
8647 丁 咨询
8651 丁 资产
8657 丁 资助
8660 丁 滋味
8661 丁 滋长
8664 丁 籽
8667 丁 子弟
8668 丁 子孙
8670 丁 自卑
8673 丁 自发
8675 丁 自负盈亏
8676 丁 自古
8681 丁 自力更生
8684 丁 自杀
8688 丁 自私自利
8689 丁 自卫
8693 丁 自行
8698 丁 自由市场
8706 丁 踪迹
8709 丁 宗旨
8710 丁 棕色
8713 丁 总的来说
8715 丁 总督
8716 丁 总额
8719 丁 总和
8720 丁 总计
8724 丁 总数
8725 丁 总司令
8728 丁 总务
8730 丁 纵横
8733 丁 走访
8734 丁 走狗
8737 丁 走漏
8738 丁 走私
8740 丁 走向
8741 丁 奏
8742 丁 揍
8744 丁 租金
8748 丁 足以
8749 丁 族
8755 丁 阻挡
8756 丁 阻拦
8758 丁 阻挠
8762 丁 组合
8767 丁 钻石
8769 丁 嘴巴
8779 丁 罪犯
8780 丁 罪名
8782 丁 罪状
8783 丁 尊
8786 丁 尊严
8789 丁 遵循
8790 丁 遵照
8791 丁 琢磨
8798 丁 做工
8802 丁 作案
8803 丁 作法
8804 丁 作废
8815 丁 作主
8822 丁 座右铭

附录 2

HSK 等级字表

（甲级字 800 个，乙级字 804 个，丙级字 590 + 11 个，丁级字 670 + 30 个。
共计 2905 个）
（繁、简体字对照）

甲　级　字（800 个）

1 甲 啊
2 甲 矮
3 甲 爱（愛）
4 甲 安
5 甲 吧
6 甲 八
7 甲 把
8 甲 爸
9 甲 白
10 甲 百
11 甲 摆（擺）
12 甲 班
13 甲 搬
14 甲 般
15 甲 板
16 甲 半
17 甲 办（辦）
18 甲 帮（幫）
19 甲 包
20 甲 饱（飽）
21 甲 抱
22 甲 报（報）
23 甲 杯
24 甲 北
25 甲 倍
26 甲 备（備）
27 甲 被
28 甲 本
29 甲 比
30 甲 笔（筆）
31 甲 必
32 甲 边（邊）
33 甲 便
34 甲 变（變）
35 甲 遍
36 甲 表
表（錶）
37 甲 别
38 甲 病
39 甲 播
40 甲 不
41 甲 布
布（佈）
42 甲 步
43 甲 部
44 甲 擦
45 甲 才
才（纔）
46 甲 彩
47 甲 菜
48 甲 参（參）
49 甲 操
50 甲 草
51 甲 层（層）
52 甲 茶
53 甲 查
54 甲 差
55 甲 产（産）
56 甲 常
57 甲 长（長）
58 甲 厂（廠）
59 甲 场（場）
60 甲 唱
61 甲 朝
62 甲 车（車）
63 甲 晨
64 甲 城
65 甲 成
66 甲 吃
67 甲 持
68 甲 迟（遲）
69 甲 抽
70 甲 初
71 甲 出
72 甲 除
73 甲 楚
74 甲 础（礎）
75 甲 处（處）
76 甲 穿
77 甲 船
78 甲 窗
79 甲 床（牀）
80 甲 吹
81 甲 春
82 甲 磁
83 甲 词（詞）
84 甲 次
85 甲 从（從）
86 甲 村
87 甲 错（錯）
88 甲 答
89 甲 打
90 甲 大
91 甲 戴
92 甲 带（帶）
93 甲 代
94 甲 单（單）
95 甲 但
96 甲 蛋
97 甲 当（當）
98 甲 刀
99 甲 倒
100 甲 导（導）
101 甲 到
102 甲 道
103 甲 得
104 甲 的
105 甲 灯（燈）
106 甲 等
107 甲 低
108 甲 地
109 甲 第
110 甲 弟
111 甲 点（點）
112 甲 典
113 甲 电（電）
114 甲 店
115 甲 掉
116 甲 调（調）
117 甲 定
118 甲 丢
119 甲 东（東）
120 甲 冬
121 甲 懂
122 甲 动（動）
123 甲 都
124 甲 读（讀）
125 甲 度
126 甲 短
127 甲 锻（鍛）
128 甲 段
129 甲 对（對）
130 甲 顿（頓）
131 甲 多
132 甲 饿（餓）
133 甲 而
134 甲 儿（兒）
135 甲 二
136 甲 发（發）
发（髮）

137 甲 法
138 甲 翻
139 甲 烦(煩)
140 甲 反
141 甲 饭(飯)
142 甲 方
143 甲 房
144 甲 访(訪)
145 甲 放
146 甲 非
147 甲 啡
148 甲 飞(飛)
149 甲 分
150 甲 丰(豐)
151 甲 封
152 甲 风(風)
153 甲 夫
154 甲 服
155 甲 福
156 甲 辅(輔)
157 甲 府
158 甲 复(複)
159 甲 傅
160 甲 父
161 甲 负(負)
162 甲 富
163 甲 附
164 甲 该(該)
165 甲 改
166 甲 概
167 甲 干
干(乾)
干(幹)
168 甲 感
169 甲 敢
170 甲 刚(剛)
171 甲 钢(鋼)
172 甲 高
173 甲 搞
174 甲 告
175 甲 哥
176 甲 歌
177 甲 个(個)
178 甲 各
179 甲 给(給)
180 甲 根
181 甲 跟
182 甲 更
183 甲 工
184 甲 公
185 甲 共
186 甲 够
187 甲 姑
188 甲 故
189 甲 顾(顧)
190 甲 刮
191 甲 挂(掛)
192 甲 关(關)
193 甲 观(觀)
194 甲 馆(館)
195 甲 惯(慣)
196 甲 广(廣)
197 甲 贵(貴)
198 甲 国(國)
199 甲 果
200 甲 过(過)
201 甲 哈
202 甲 孩
203 甲 海
204 甲 寒
205 甲 喊
206 甲 汉(漢)
207 甲 好
208 甲 号(號)
209 甲 喝
210 甲 和
211 甲 何
212 甲 合
213 甲 河
214 甲 黑
215 甲 很
216 甲 红(紅)
217 甲 候
218 甲 后
后(後)
219 甲 忽
220 甲 湖
221 甲 互
222 甲 户
223 甲 花
224 甲 画(畫)
225 甲 划(劃)
226 甲 化
227 甲 话(話)
228 甲 坏(壞)
229 甲 欢(歡)
230 甲 还(還)
231 甲 换
232 甲 黄
233 甲 回
234 甲 会(會)
235 甲 活
236 甲 火
237 甲 或
238 甲 基
239 甲 机(機)
240 甲 鸡(鷄)
241 甲 极(極)
242 甲 集
243 甲 急
244 甲 级(級)
245 甲 挤(擠)
246 甲 几
几(幾)
247 甲 己
248 甲 绩(績)
249 甲 技
250 甲 济(濟)
251 甲 寄
252 甲 计(計)
253 甲 记(記)
254 甲 继(繼)
255 甲 纪(紀)
256 甲 家
257 甲 加
258 甲 假
259 甲 驾(駕)
260 甲 坚(堅)
261 甲 间(間)
262 甲 检(檢)
263 甲 简(簡)
264 甲 践(踐)
265 甲 见(見)
266 甲 件
267 甲 健
268 甲 建
269 甲 将(將)
270 甲 江
271 甲 讲(講)
272 甲 蕉
273 甲 交
274 甲 脚
275 甲 角
276 甲 饺(餃)
277 甲 教
278 甲 较(較)
279 甲 叫
280 甲 接
281 甲 街
282 甲 节(節)
283 甲 结(結)
284 甲 解
285 甲 姐
286 甲 界
287 甲 借
288 甲 介
289 甲 斤
290 甲 今
291 甲 紧(緊)
292 甲 进(進)
293 甲 近
294 甲 眼
295 甲 精
296 甲 经(經)
297 甲 静
298 甲 净
299 甲 究
300 甲 久
301 甲 九
302 甲 酒
303 甲 旧(舊)
304 甲 就
305 甲 局
306 甲 橘
307 甲 桔
308 甲 举(舉)
309 甲 句
310 甲 觉(覺)
311 甲 决
312 甲 咖
313 甲 卡
314 甲 开(開)
315 甲 看
316 甲 康
317 甲 考
318 甲 棵
319 甲 科
320 甲 咳
321 甲 可
322 甲 渴
323 甲 克
324 甲 刻
325 甲 客
326 甲 课(課)
327 甲 空

328 甲 口
329 甲 哭
330 甲 苦
331 甲 块(塊)
332 甲 快
333 甲 况
334 甲 困
困(睏)
335 甲 拉
336 甲 啦
337 甲 来(來)
338 甲 蓝(藍)
339 甲 篮(籃)
340 甲 览(覽)
341 甲 劳(勞)
342 甲 老
343 甲 乐(樂)
344 甲 累
345 甲 冷
346 甲 离(離)
347 甲 理
348 甲 里
里(裏)
349 甲 礼(禮)
350 甲 历(歷、曆)
351 甲 利
352 甲 例
353 甲 立
354 甲 力
355 甲 俩(倆)
356 甲 联(聯)
357 甲 连(連)
358 甲 脸(臉)
359 甲 炼(煉)
360 甲 练(練)
361 甲 凉
362 甲 两(兩)
363 甲 辆(輛)
364 甲 亮
365 甲 谅(諒)
366 甲 了
了(瞭)
367 甲 零
368 甲 领(領)
369 甲 留
370 甲 流
371 甲 六
372 甲 楼(樓)
373 甲 路
374 甲 录(録)
375 甲 旅
376 甲 绿(緑)
377 甲 乱(亂)
378 甲 论(論)
379 甲 妈(媽)
380 甲 麻
381 甲 马(馬)
382 甲 嘛
383 甲 吗(嗎)
384 甲 买(買)
385 甲 卖(賣)
386 甲 满(滿)
387 甲 慢
388 甲 忙
389 甲 毛
391 甲 帽
392 甲 么(麽)
393 甲 没
394 甲 每
395 甲 妹
396 甲 门(門)
397 甲 们(們)
398 甲 米
399 甲 面
面(麵)
400 甲 民
401 甲 明
402 甲 名
403 甲 母
404 甲 目
405 甲 拿
406 甲 哪
407 甲 呐
408 甲 那
409 甲 奶
410 甲 南
411 甲 南
412 甲 难(難)
413 甲 呢
414 甲 内
415 甲 能
416 甲 嗯
417 甲 你
418 甲 年
419 甲 念
420 甲 娘
421 甲 您
422 甲 牛
423 甲 农(農)
424 甲 努
425 甲 女
426 甲 暖
427 甲 爬
428 甲 怕
429 甲 拍
430 甲 排
431 甲 派
432 甲 旁
433 甲 跑
434 甲 朋
435 甲 碰
436 甲 批
437 甲 啤
438 甲 篇
439 甲 片
440 甲 漂
441 甲 票
442 甲 苹(蘋)
443 甲 平
444 甲 瓶
445 甲 评(評)
446 甲 破
447 甲 期
448 甲 七
449 甲 其
450 甲 齐(齊)
451 甲 骑(騎)
452 甲 起
453 甲 器
454 甲 气(氣)
455 甲 汽
456 甲 铅(鉛)
457 甲 千
458 甲 钱(錢)
459 甲 前
460 甲 浅(淺)
461 甲 墙(墻)
462 甲 桥(橋)
463 甲 切
464 甲 且
465 甲 亲(親)
466 甲 青
467 甲 轻(輕)
468 甲 清
469 甲 晴
470 甲 情
471 甲 请(請)
472 甲 秋
473 甲 球
474 甲 求
475 甲 取
476 甲 去
477 甲 全
478 甲 确(確)
479 甲 然
480 甲 让(讓)
481 甲 热(熱)
482 甲 人
483 甲 任
484 甲 认(認)
485 甲 日
486 甲 容
487 甲 肉
488 甲 如
489 甲 赛(賽)
490 甲 三
491 甲 散
492 甲 色
493 甲 山
494 甲 商
495 甲 上
496 甲 烧(燒)
497 甲 少
498 甲 绍(紹)
499 甲 舍
舍(捨)
500 甲 社
501 甲 设(設)
502 甲 身
503 甲 深
504 甲 神
505 甲 声(聲)
506 甲 生
507 甲 省
508 甲 剩
509 甲 胜(勝)
510 甲 师(師)
511 甲 十
512 甲 拾
513 甲 时(時)
514 甲 什
甲 什(甚)
515 甲 食
516 甲 实(實)

517 甲 识(識)
518 甲 史
519 甲 使
520 甲 始
521 甲 示
522 甲 世
523 甲 事
524 甲 是
525 甲 适(適)
526 甲 市
527 甲 室
528 甲 视(視)
529 甲 试(試)
530 甲 收
531 甲 手
532 甲 首
533 甲 输(輸)
534 甲 舒
535 甲 书(書)
536 甲 熟
537 甲 术(術)
538 甲 树(樹)
539 甲 束
540 甲 数(數)
541 甲 双(雙)
542 甲 谁(誰)
543 甲 水
544 甲 睡
545 甲 说(說)
546 甲 思
547 甲 死
548 甲 四
549 甲 送
550 甲 嗽
551 甲 宿
552 甲 诉(訴)
553 甲 酸
554 甲 算
555 甲 虽(雖)
556 甲 岁(歲)
557 甲 所
558 甲 他
559 甲 它
560 甲 她
561 甲 抬
562 甲 太
563 甲 态(態)
564 甲 谈(談)
565 甲 汤(湯)
566 甲 堂
567 甲 糖
568 甲 躺
569 甲 讨(討)
570 甲 特
571 甲 疼
572 甲 踢
573 甲 提
574 甲 题(題)
575 甲 体(體)
576 甲 天
577 甲 条(條)
578 甲 跳
579 甲 听(聽)
580 甲 停
581 甲 庭
582 甲 挺
583 甲 通
584 甲 同
585 甲 痛
586 甲 头(頭)
587 甲 突
588 甲 图(圖)
589 甲 团(團)
590 甲 推
591 甲 腿
592 甲 退
593 甲 脱
594 甲 袜(襪)
595 甲 外
596 甲 玩
597 甲 完
598 甲 碗
599 甲 晚
600 甲 万(萬)
601 甲 往
602 甲 望
603 甲 忘
604 甲 危
605 甲 围(圍)
606 甲 为(爲)
607 甲 伟(偉)
608 甲 喂
609 甲 位
610 甲 文
611 甲 闻(聞)
612 甲 问(問)
613 甲 我
614 甲 握
615 甲 屋
616 甲 五
617 甲 午
618 甲 舞
619 甲 物
620 甲 务(務)
621 甲 误(誤)
622 甲 西
623 甲 息
624 甲 希
625 甲 习(習)
626 甲 喜
627 甲 洗
628 甲 系(係、繫)
629 甲 细(細)
630 甲 下
631 甲 夏
632 甲 先
633 甲 险(險)
634 甲 现(現)
635 甲 相
636 甲 香
637 甲 想
638 甲 响(響)
639 甲 像
640 甲 向
641 甲 消
642 甲 小
643 甲 校
644 甲 笑
645 甲 些
646 甲 鞋
647 甲 写(寫)
648 甲 谢(謝)
649 甲 辛
650 甲 新
651 甲 心
652 甲 信
653 甲 星
654 甲 兴(興)
655 甲 行
656 甲 幸
657 甲 姓
658 甲 休
659 甲 需
660 甲 须(須)
661 甲 许(許)
662 甲 续(續)
663 甲 学(學)
664 甲 雪
665 甲 呀
666 甲 研
667 甲 言
668 甲 颜(顔)
669 甲 眼
670 甲 演
671 甲 宴
672 甲 验(驗)
673 甲 扬(揚)
674 甲 羊
675 甲 阳(陽)
676 甲 样(樣)
677 甲 药(藥)
678 甲 要
679 甲 也
680 甲 页(頁)
681 甲 业(業)
682 甲 夜
683 甲 一
684 甲 医(醫)
685 甲 衣
686 甲 宜
687 甲 椅
688 甲 已
689 甲 以
690 甲 艺(藝)
691 甲 易
692 甲 亿(億)
693 甲 意
694 甲 义(義)
695 甲 谊(誼)
696 甲 译(譯)
697 甲 因
698 甲 音
699 甲 阴(陰)
700 甲 银(銀)
701 甲 英
702 甲 应(應)
703 甲 迎
704 甲 赢(贏)
705 甲 影
706 甲 泳
707 甲 永
708 甲 用
709 甲 尤
710 甲 邮(郵)

711 甲 游
712 甲 有
713 甲 友
714 甲 右
715 甲 又
716 甲 鱼(魚)
717 甲 愉
718 甲 雨
719 甲 语(語)
720 甲 遇
721 甲 育
722 甲 预(預)
723 甲 元
724 甲 原
725 甲 园(園)
726 甲 员(員)
727 甲 圆(圓)
728 甲 远(遠)
729 甲 愿(願)
730 甲 院
731 甲 月
732 甲 云
云(雲)
733 甲 运(運)
734 甲 杂(雜)
735 甲 再
736 甲 在
737 甲 咱
738 甲 脏(臟、髒)
739 甲 早
740 甲 澡
741 甲 责(責)
742 甲 怎
743 甲 增
744 甲 展
745 甲 占
746 甲 站
747 甲 章
748 甲 张(張)
749 甲 掌
750 甲 找
751 甲 照
752 甲 者
753 甲 这(這)
754 甲 真
755 甲 整
756 甲 正
757 甲 政
758 甲 支
759 甲 知
760 甲 之
761 甲 织(織)
762 甲 直
763 甲 指
764 甲 只(祇)
765 甲 纸(紙)
766 甲 志
767 甲 治
768 甲 中
769 甲 钟(鐘、鍾)
770 甲 种(種)
771 甲 重
772 甲 周
773 甲 猪
774 甲 主
775 甲 助
776 甲 住
777 甲 注
778 甲 祝
779 甲 装(裝)
780 甲 准
准(準)
781 甲 桌
782 甲 着
783 甲 子
784 甲 自
785 甲 字
786 甲 总(總)
787 甲 走
788 甲 租
789 甲 足
790 甲 族
791 甲 祖
792 甲 组(組)
793 甲 嘴
794 甲 最
795 甲 昨
796 甲 左
797 甲 做
798 甲 作
799 甲 坐
800 甲 座

乙 级 字 (804 个)

1 乙 阿
2 乙 挨
3 乙 哎
4 乙 按
5 乙 暗
6 乙 岸
7 乙 案
8 乙 傲
9 乙 巴
10 乙 拔
11 乙 败(敗)
12 乙 拜
13 乙 版
14 乙 扮
15 乙 榜
16 乙 膀
17 乙 傍
18 乙 薄
19 乙 保
20 乙 宝(寶)
21 乙 碑
22 乙 悲
23 乙 背
背(揹)
24 乙 笨
25 乙 逼
26 乙 鼻
27 乙 毕(畢)
28 乙 币(幣)
29 乙 闭(閉)
30 乙 辟
31 乙 壁
32 乙 避
33 乙 编(編)
34 乙 扁
35 乙 标(標)
36 乙 宾(賓)
37 乙 兵
38 乙 冰
39 乙 饼(餅)
40 乙 并
41 乙 玻
42 乙 伯
43 乙 脖
44 乙 膊
45 乙 捕
46 乙 卜
47 乙 补(補)
48 乙 猜
49 乙 材
50 乙 踩
51 乙 采
采(採)
52 乙 餐
53 乙 藏
54 乙 厕(廁)
55 乙 策
56 乙 册
57 乙 测(測)
58 乙 曾
59 乙 插
60 乙 叉
61 乙 察
62 乙 拆
63 乙 柴
64 乙 尝(嘗、嚐)
65 乙 肠(腸)
66 乙 倡
67 乙 超
68 乙 抄
69 乙 吵
70 乙 彻(徹)
71 乙 沉
72 乙 趁
73 乙 衬(襯)
74 乙 称(稱)
75 乙 乘
76 乙 程
77 乙 诚(誠)
78 乙 承
79 乙 池
80 乙 尺
81 乙 翅
82 乙 充

83 乙 冲(衝)
84 乙 虫(蟲)
85 乙 崇
86 乙 愁
87 乙 臭
88 乙 厨
89 乙 触(觸)
90 乙 传(傳)
91 乙 闯(闖)
92 乙 创(創)
93 乙 此
94 乙 刺
95 乙 聪(聰)
96 乙 粗
97 乙 醋
98 乙 促
99 乙 催
100 乙 脆
101 乙 存
102 乙 寸
103 乙 措
104 乙 搭
105 乙 达(達)
106 乙 呆
107 乙 袋
108 乙 待
109 乙 担(擔)
110 乙 胆(膽)
111 乙 淡
112 乙 弹(彈)
113 乙 挡(擋)
114 乙 党(黨)
115 乙 岛(島)
116 乙 稻
117 乙 盗
118 乙 德
119 乙 登
120 乙 滴
121 乙 敌(敵)
122 乙 底
123 乙 帝
124 乙 递(遞)
125 乙 吊
126 乙 钓(釣)
127 乙 跌
128 乙 叠
129 乙 顶(頂)
130 乙 订(訂)
131 乙 冻(凍)
132 乙 洞
133 乙 抖
134 斗(鬥)
135 乙 豆
136 乙 逗
137 乙 独(獨)
138 乙 堵
139 乙 肚
140 乙 渡
141 乙 端
142 乙 断(斷)
143 乙 堆
144 乙 队(隊)
145 乙 吨(噸)
146 乙 蹲
147 乙 盾
148 乙 夺(奪)
149 乙 躲
150 乙 朵
151 乙 鹅(鵝)
152 乙 耳
153 乙 乏
154 乙 繁
155 乙 凡
156 乙 范
范(範)
157 乙 犯
158 乙 泛
159 乙 防
160 乙 仿
161 乙 纺(紡)
162 乙 肥
163 乙 肺
164 乙 费(費)
165 乙 吩
166 乙 纷(紛)
167 乙 粉
168 乙 奋(奮)
169 乙 份
170 乙 愤(憤)
171 乙 蜂
172 乙 逢
173 乙 佛
174 乙 否
175 乙 肤(膚)
176 乙 扶
177 乙 幅
178 乙 符
179 乙 浮
180 乙 腐
181 乙 副
182 乙 付
183 乙 妇(婦)
184 乙 咐
185 乙 盖(蓋)
186 乙 杆
187 乙 肝
188 乙 赶(趕)
189 乙 港
190 乙 糕
191 乙 搁(擱)
192 乙 胳
193 乙 割
194 乙 革
195 乙 格
196 乙 隔
197 乙 攻
198 乙 功
199 乙 供
200 乙 巩(鞏)
201 乙 贡(貢)
202 乙 狗
203 乙 构(構)
204 乙 购(購)
205 乙 估
206 乙 鼓
207 乙 古
208 乙 骨
209 乙 固
210 乙 瓜
211 乙 拐
212 乙 怪
213 乙 官
214 乙 冠
215 乙 管
216 乙 罐
217 乙 贯(貫)
218 乙 光
219 乙 逛
220 乙 规(規)
221 乙 鬼
222 乙 跪
223 乙 滚
224 乙 锅(鍋)
225 乙 害
226 乙 含
227 乙 汗
228 乙 航
229 乙 毫
230 乙 盒
231 乙 贺(賀)
232 乙 嘿
233 乙 恨
234 乙 哼
235 乙 猴
236 乙 厚
237 乙 呼
238 乙 乎
239 乙 壶(壺)
240 乙 胡
241 乙 糊
242 乙 虎
243 乙 护(護)
244 乙 滑
245 乙 环(環)
246 乙 慌
247 乙 皇
248 乙 灰
249 乙 挥(揮)
250 乙 辉(輝)
251 乙 恢
252 乙 悔
253 乙 昏
254 乙 婚
255 乙 混
256 乙 伙
257 乙 获(獲)
258 乙 货(貨)
259 乙 击(擊)
260 乙 圾
261 乙 积(積)
262 乙 激
263 乙 及
264 乙 即
265 乙 迹
266 乙 季
267 乙 既
268 乙 际(際)
269 乙 夹(夾)
270 乙 稼
271 乙 价(價)
272 乙 架
273 乙 尖
274 乙 肩
275 乙 艰(艱)
276 乙 拣(揀)

277 乙 捡(撿)
278 乙 剪
279 乙 减
280 乙 键(鍵)
281 乙 箭
282 乙 渐(漸)
283 乙 奖(獎)
284 乙 酱(醬)
285 乙 降
286 乙 郊
287 乙 骄(驕)
288 乙 阶(階)
289 乙 届
290 乙 巾
291 乙 金
292 乙 仅(僅)
293 乙 禁
294 乙 尽(盡、儘)
295 乙 劲(勁)
296 乙 京
297 乙 惊(驚)
298 乙 井
299 乙 警
300 乙 景
301 乙 境
302 乙 敬
303 乙 镜(鏡)
304 乙 竟
305 乙 竞(競)
306 乙 纠(糾)
307 乙 救
308 乙 居
309 乙 拒
310 乙 据(據)
311 乙 巨
312 乙 具
313 乙 距
314 乙 俱
315 乙 剧(劇)
316 乙 卷
卷(捲、餋)
317 乙 绢(絹)
318 乙 绝(絕)
319 乙 均
320 乙 菌
321 乙 军(軍)
322 乙 砍
323 乙 扛
324 乙 抗
325 乙 烤
326 乙 靠
327 乙 颗(顆)
328 乙 肯
329 乙 恳(懇)
330 乙 恐
331 乙 孔
332 乙 控
333 乙 扣
334 乙 裤(褲)
335 乙 跨
336 乙 筷
337 乙 宽(寬)
338 乙 款
339 乙 矿(礦)
340 乙 捆
341 乙 括
342 乙 扩(擴)
343 乙 阔(闊)
344 乙 垃
345 乙 拦(攔)
346 乙 懒(懶)
347 乙 烂(爛)
348 乙 狼
349 乙 郎
350 乙 朗
351 乙 浪
352 乙 捞(撈)
353 乙 雷
354 乙 类(類)
355 乙 泪(淚)
356 乙 厘(釐)
357 乙 梨
358 乙 李
359 乙 丽(麗)
360 乙 厉(厲)
361 乙 励(勵)
362 乙 粒
363 乙 璃
364 乙 哩
365 乙 怜(憐)
366 乙 恋(戀)
367 乙 粮(糧)
368 乙 梁
369 乙 良
370 乙 量
371 乙 聊
372 乙 料
373 乙 列
374 乙 烈
375 乙 林
376 乙 临(臨)
377 乙 邻(鄰)
378 乙 龄(齡)
379 乙 铃(鈴)
380 乙 灵(靈)
381 乙 另
382 乙 令
383 乙 龙(龍)
384 乙 漏
385 乙 露
386 乙 陆(陸)
387 乙 虑(慮)
388 乙 律
389 乙 率
390 乙 略
391 乙 轮(輪)
392 乙 萝(蘿)
393 乙 落
394 乙 码(碼)
395 乙 骂(罵)
396 乙 埋
397 乙 麦(麥)
398 乙 迈(邁)
399 乙 脉(脈)
400 乙 馒(饅)
401 乙 猫(貓)
402 乙 矛
403 乙 貌
404 乙 贸(貿)
405 乙 煤
406 乙 美
407 乙 梦(夢)
408 乙 迷
409 乙 秘
410 乙 蜜
411 乙 密
412 乙 棉
413 乙 免
414 乙 描
415 乙 秒
416 乙 庙(廟)
417 乙 妙
418 乙 灭(滅)
419 乙 命
420 乙 摸
421 乙 模
422 乙 磨
423 乙 墨
424 乙 默
425 乙 漠
426 乙 某
427 乙 亩(畝)
428 乙 慕
429 乙 木
430 乙 耐
431 乙 脑(腦)
432 乙 闹(鬧)
433 乙 泥
434 乙 鸟(鳥)
435 乙 扭
436 乙 浓(濃)
437 乙 弄
438 乙 怒
439 乙 牌
440 乙 盘(盤)
441 乙 盼
442 乙 判
443 乙 乓
444 乙 胖
445 乙 炮
446 乙 赔(賠)
447 乙 陪
448 乙 配
449 乙 喷(噴)
450 乙 盆
451 乙 捧
452 乙 披
453 乙 脾
454 乙 疲
455 乙 皮
456 乙 匹
457 乙 偏
458 乙 骗(騙)
459 乙 飘(飄)
460 乙 拼
461 乙 品
462 乙 乒
463 乙 坡
464 乙 泼(潑)
465 乙 迫
466 乙 扑(撲)
467 乙 铺(鋪)
468 乙 朴(樸)

469 乙 普
470 乙 欺
472 乙 妻
473 乙 奇
474 乙 旗
475 乙 企
476 乙 启(啓)
477 乙 弃(棄)
478 乙 牵(牽)
479 乙 签(簽)
480 乙 欠
481 乙 歉
482 乙 枪(槍)
483 乙 强
484 乙 抢(搶)
485 乙 敲
486 乙 悄
487 乙 瞧
488 乙 巧
489 乙 侵
490 乙 庆(慶)
491 乙 穷(窮)
492 乙 区(區)
493 乙 渠
494 乙 趣
495 乙 圈
496 乙 劝(勸)
497 乙 缺
498 乙 却
499 乙 裙
500 乙 群
501 乙 燃
502 乙 染
503 乙 嚷
504 乙 扰(擾)
505 乙 绕(繞)
506 乙 惹
507 乙 忍
508 乙 扔
509 乙 仍
510 乙 荣(榮)
511 乙 入
512 乙 软(軟)
513 乙 锐(鋭)
514 乙 弱
515 乙 撒
516 乙 洒(灑)
517 乙 伞(傘)
518 乙 嗓
519 乙 扫(掃)
520 乙 嫂
521 乙 森
522 乙 杀(殺)
523 乙 沙
524 乙 傻(儍)
525 乙 晒(曬)
526 乙 衫
527 乙 闪(閃)
528 乙 善
529 乙 扇
扇(搧)
530 乙 伤(傷)
531 乙 稍
532 乙 勺
533 乙 蛇
534 乙 舌
535 乙 射
536 乙 伸
537 乙 牲
538 乙 升
升(昇)
539 乙 绳(繩)
540 乙 失
541 乙 狮(獅)
542 乙 施
543 乙 湿(濕)
544 乙 诗(詩)
545 乙 石
546 乙 式
547 乙 士
548 乙 柿
549 乙 势(勢)
550 乙 释(釋)
551 乙 守
552 乙 授
553 乙 受
554 乙 瘦
555 乙 蔬
556 乙 殊
557 乙 叔
558 乙 暑
559 乙 属(屬)
560 乙 述
561 乙 刷
562 乙 摔
563 乙 甩
564 乙 顺(順)
565 乙 撕
566 乙 私
567 乙 司
568 乙 丝(絲)
569 乙 似
570 乙 松
松(鬆)
571 乙 俗
572 乙 素
573 乙 速
574 乙 塑
575 乙 肃(肅)
576 乙 随(隨)
577 乙 碎(碎)
578 乙 损(損)
579 乙 缩(縮)
580 乙 塔
581 乙 台
台(臺、颱)
582 乙 毯
583 乙 探
584 乙 趟
585 乙 烫(燙)
586 乙 掏
587 乙 逃
588 乙 套
589 乙 梯
590 乙 替
591 乙 添
592 乙 填
593 乙 田
594 乙 甜
595 乙 挑
596 乙 贴(貼)
597 乙 铁(鐵)
598 乙 厅(廳)
599 乙 铜(銅)
600 乙 童
601 乙 桶
602 乙 统(統)
603 乙 偷
604 乙 投
605 乙 透
606 乙 途
607 乙 涂(塗)
608 乙 土
609 乙 吐
610 乙 兔
611 乙 拖
612 乙 托
613 乙 挖
614 乙 哇
615 乙 歪
616 乙 弯(彎)
617 乙 王
618 乙 网(網)
619 乙 微
620 乙 违(違)
621 乙 维(維)
622 乙 委
623 乙 尾
624 乙 未
625 乙 味
626 乙 胃
627 乙 谓(謂)
628 乙 慰
629 乙 卫(衛)
630 乙 温
631 乙 稳(穩)
632 乙 污
633 乙 无(無)
634 乙 武
635 乙 伍
636 乙 雾(霧)
637 乙 悟
638 乙 析
639 乙 吸
640 乙 牺(犧)
641 乙 悉
642 乙 席
席(蓆)
643 乙 戏(戲)
644 乙 吓(嚇)
645 乙 掀
646 乙 鲜(鮮)
647 乙 纤(纖)
648 乙 闲(閑)
649 乙 显(顯)
650 乙 献(獻)
651 乙 县(縣)
652 乙 羡
653 乙 限
654 乙 线(綫)
655 乙 箱
656 乙 乡(鄉)
657 乙 详(詳)
658 乙 享

659 乙 项(項)
660 乙 象
661 乙 晓(曉)
662 乙 效
663 乙 歇
664 乙 斜
665 乙 械
666 乙 型
667 乙 形
668 乙 醒
669 乙 性
670 乙 兄
671 乙 胸
372 乙 雄
673 乙 熊
674 乙 修
675 乙 秀
676 乙 袖
677 乙 虚
678 乙 序
679 乙 绪(緒)
680 乙 宣
681 乙 选(選)
682 乙 血
683 乙 寻(尋)
684 乙 训(訓)
685 乙 讯(訊)
686 乙 迅
687 乙 压(壓)
688 乙 牙
689 乙 咽
690 乙 烟
691 乙 盐(鹽)
692 乙 严(嚴)
693 乙 延
694 乙 沿
695 乙 厌(厭)
696 乙 央
697 乙 洋
698 乙 仰
699 乙 养(養)
700 乙 邀
701 乙 腰
702 乙 摇
703 乙 咬
704 乙 爷(爺)
705 乙 野
706 乙 叶(葉)
707 乙 依
708 乙 液
709 乙 移
710 乙 仪(儀)
711 乙 疑
712 乙 姨
713 乙 忆(憶)
714 乙 益
715 乙 议(議)
716 乙 异(異)
717 乙 姻
718 乙 引
719 乙 印
720 乙 营(營)
721 乙 硬
722 乙 映
723 乙 拥(擁)
724 乙 勇
725 乙 优(優)
726 乙 悠
727 乙 由
728 乙 油
729 乙 于
730 乙 余
余(餘)
731 乙 与(與)
732 乙 羽
733 乙 玉
734 乙 援
735 乙 源
736 乙 约(約)
737 乙 越
738 乙 跃(躍)
739 乙 阅(閱)
740 乙 允
741 乙 灾(災)
742 乙 暂(暫)
743 乙 赞(贊)
744 乙 遭
745 乙 糟
746 乙 造
747 乙 皂
748 乙 燥
749 乙 择(擇)
750 乙 则(則)
751 乙 扎
752 乙 摘
753 乙 窄
754 乙 粘
755 乙 战(戰)
756 乙 涨(漲)
757 乙 丈
758 乙 招
759 乙 召
760 乙 折
762 乙 哲
763 乙 针(針)
763 乙 阵(陣)
764 乙 睁
765 乙 征
征(徵)
766 乙 争
767 乙 证(證)
768 乙 职(職)
769 乙 植
770 乙 执(執)
771 乙 值
772 乙 址
773 乙 止
774 乙 至
775 乙 致
776 乙 置
777 乙 制
制(製)
778 乙 秩
779 乙 质(質)
780 乙 终
781 乙 众(衆)
782 乙 珠
783 乙 株
784 乙 逐
785 乙 竹
786 乙 煮
787 乙 著
788 乙 筑(築)
789 乙 抓
790 乙 专(專)
791 乙 转(轉)
792 乙 庄(莊)
793 乙 撞
794 乙 状(狀)
795 乙 追
796 乙 捉
797 乙 资(資)
798 乙 紫
799 乙 仔
800 乙 综(綜)
801 乙 钻(鑽)
802 乙 醉
803 乙 尊
804 乙 遵

丙 级 字(590+11个)

1 丙 唉
2 丙 哀
3 丙 癌
4 丙 碍(礙)
5 丙 熬
6 丙 奥
7 丙 扒
8 丙 叭
9 丙 坝(壩)
10 丙 罢(罷)
11 丙 柏
12 丙 伴
13 丙 瓣
14 丙 绑(綁)
15 丙 棒
16 丙 磅
17 丙 胞
18 丙 剥
19 丙 暴
20 丙 爆
21 丙 辈(輩)
22 丙 奔
23 丙 甭
24 丙 彼
25 丙 辩(辯)
26 丙 柄
27 丙 丙
28 丙 菠
29 丙 拨(撥)
30 丙 波

31 丙 博
32 丙 勃
33 丙 怖
34 丙 裁
35 丙 财(財)
36 丙 蚕(蠶)
37 丙 残(殘)
38 丙 惭(慚)
39 丙 惨(慘)
40 丙 灿(燦)
41 丙 苍(蒼)
42 丙 舱(艙)
43 丙 仓(倉)
44 丙 侧(側)
45 丙 铲(鏟)
46 丙 颤(顫)
47 丙 偿(償)
48 丙 畅(暢)
49 丙 钞(鈔)
50 丙 潮
51 丙 炒
52 丙 扯
53 丙 撤
54 丙 尘(塵)
55 丙 陈(陳)
56 丙 撑
57 丙 匙
58 丙 齿(齒)
59 丙 赤
60 丙 斥
61 丙 酬
62 丙 仇
63 丙 丑
丑(醜)
64 丙 喘
65 丙 串
66 丙 垂
67 丙 唇(脣)
68 丙 纯(純)
69 丙 蠢
70 丙 辞(辭)
71 丙 瓷
72 丙 囱
73 丙 匆
74 丙 丛(叢)
75 丙 凑
76 丙 窜(竄)
77 丙 摧
78 丙 搓
79 丙 挫
80 丙 逮
81 丙 耽
82 丙 旦
83 丙 诞(誕)
84 丙 档(檔)
85 丙 蹈
86 丙 蹬
87 丙 瞪
88 丙 凳
89 丙 堤
90 丙 抵
91 丙 垫(墊)
92 丙 惦
93 丙 奠
94 丙 殿
95 丙 雕
96 丙 爹
97 丙 蝶
98 丙 丁
99 丙 盯
100 丙 钉(釘)
101 丙 陡
102 丙 督
103 丙 毒
104 丙 兑
105 丙 哆
106 丙 俄
107 丙 额(額)
108 丙 恶(惡)
109 丙 尔(爾)
110 丙 罚(罰)
111 丙 番
112 丙 返
113 丙 妨
114 丙 废(廢)
115 丙 沸
116 丙 氛
117 丙 坟(墳)
118 丙 粪(糞)
119 丙 峰
120 丙 疯(瘋)
121 丙 缝(縫)
122 丙 讽(諷)
123 丙 袱
124 丙 俯
125 丙 缚(縛)
126 丙 溉
127 丙 甘
128 丙 缸
129 丙 纲(綱)
130 丙 岗(崗)
131 丙 膏
132 丙 稿
133 丙 鸽(鴿)
134 丙 耕
135 丙 宫
136 丙 弓
137 丙 钩(鉤)
138 丙 勾
139 丙 沟(溝)
140 丙 辜
141 丙 孤
142 丙 谷
谷(穀)
143 丙 股
144 丙 雇(僱)
145 丙 寡
146 丙 乖
147 丙 灌
148 丙 归(歸)
149 丙 轨(軌)
150 丙 柜(櫃)
151 丙 棍
152 丙 裹
153 丙 旱
154 丙 憾
155 丙 焊
156 丙 豪
157 丙 耗
158 丙 呵
159 丙 核
160 丙 阂(閡)
161 丙 痕
162 丙 狠
163 丙 横
164 丙 衡
165 丙 洪
166 丙 宏
167 丙 喉
168 丙 吼
169 丙 蝴
170 丙 哗(嘩)
171 丙 华(華)
172 丙 猾
173 丙 怀(懷)
174 丙 缓(緩)
175 丙 患
176 丙 唤
177 丙 幻
178 丙 荒
179 丙 煌
180 丙 晃
181 丙 毁
182 丙 慧
183 丙 汇(匯)
184 丙 魂
185 丙 浑(渾)
186 丙 肌
187 丙 饥(飢)
188 丙 辑(輯)
189 丙 籍
190 丙 疾
191 丙 寂
192 丙 佳
193 丙 甲
194 丙 嫁
195 丙 歼(殲)
196 丙 监(監)
197 丙 煎
198 丙 兼
199 丙 碱
200 丙 荐(薦)
201 丙 鉴(鑒)
202 丙 贱(賤)
203 丙 舰(艦)
204 丙 溅(濺)
205 丙 僵
206 丙 浆(漿)
207 丙 疆
208 丙 椒
209 丙 焦
210 丙 胶(膠)
211 丙 浇(澆)
212 丙 搅(攪)
213 丙 狡
214 丙 揭
215 丙 截
216 丙 捷
217 丙 竭
218 丙 洁(潔)
219 丙 筋
220 丙 谨(謹)
221 丙 浸
222 丙 鲸(鯨)
223 丙 径(徑)

224 丙 掀
225 丙 灸
226 丙 舅
227 丙 矩
228 丙 聚
229 丙 倦
230 丙 刊
231 丙 壳(殼)
232 丙 坑
233 丙 枯
234 丙 窟
235 丙 酷
236 丙 库(庫)
237 丙 夸(誇)
238 丙 垮
239 丙 筐
240 丙 狂
241 丙 亏(虧)
242 丙 愧
243 丙 昆
244 丙 廓
245 丙 喇
246 丙 蜡(蠟)
247 丙 辣
248 丙 兰(蘭)
249 丙 滥(濫)
250 丙 廊
251 丙 牢
252 丙 姥
253 丙 愣
254 丙 黎
255 丙 隶(隸)
256 丙 帘
帘(簾)
257 丙 粱
258 丙 僚
259 丙 疗(療)
260 丙 裂
261 丙 劣
262 丙 猎(獵)
263 丙 淋
264 丙 陵
265 丙 溜
266 丙 柳
267 丙 咙(嚨)
268 丙 笼(籠)
269 丙 窿
270 丙 垄(壟)
271 丙 拢(攏)
272 丙 搂(摟)
273 丙 喽(嘍)
274 丙 炉(爐)
275 丙 驴(驢)
276 丙 铝(鋁)
277 丙 卵
278 丙 掠
279 丙 逻(邏)
280 丙 锣(鑼)
281 丙 骆(駱)
282 丙 络(絡)
283 丙 瞒(瞞)
284 丙 漫
285 丙 盲
286 丙 氓
287 丙 茅
288 丙 梅
289 丙 霉
290 丙 眉
291 丙 闷(悶)
292 丙 蒙
293 丙 盟
294 丙 猛
295 丙 眯
296 丙 谜(謎)
297 丙 泌
298 丙 眠
299 丙 勉
300 丙 苗
301 丙 蔑
302 丙 敏
303 丙 鸣(鳴)
304 丙 摩
305 丙 抹
306 丙 末
307 丙 寞
308 丙 陌
309 丙 谋(謀)
310 丙 墓
311 丙 幕
312 丙 牧
313 丙 奈
314 丙 嫩
315 丙 捏
314 丙 凝
317 丙 宁(寧)
318 丙 拧(擰)
319 丙 奴
320 丙 噢
321 丙 哦
322 丙 偶
323 丙 趴
324 丙 攀
325 丙 畔
326 丙 抛
327 丙 袍
328 丙 泡
329 丙 培
330 丙 佩
331 丙 蓬
332 丙 棚
333 丙 膨
334 丙 屁
335 丙 譬
336 丙 贫(貧)
337 丙 凭(憑)
338 丙 婆
339 丙 剖
340 丙 葡
341 丙 漆
342 丙 棋
343 丙 恰
344 丙 谦(謙)
345 丙 腔
346 丙 侨(僑)
347 丙 翘(翹)
348 丙 俏
349 丙 琴
350 丙 勤
351 丙 倾(傾)
352 丙 顷(頃)
353 丙 丘
354 丙 曲
355 丙 屈
356 丙 娶
357 丙 权(權)
358 丙 拳
359 丙 壤
360 丙 饶(饒)
361 丙 溶
362 丙 揉
363 丙 柔
364 丙 辱
365 丙 润(潤)
366 丙 若
367 丙 塞
368 丙 丧(喪)
369 丙 骚(騷)
370 丙 纱(紗)
371 丙 删
372 丙 赏(賞)
373 丙 尚
374 丙 哨
375 丙 摄(攝)
376 丙 涉
377 丙 申
378 丙 审(審)
379 丙 婶(嬸)
380 丙 甚
381 丙 慎
382 丙 盛
383 丙 圣(聖)
384 丙 蚀(蝕)
385 丙 驶(駛)
386 丙 逝
387 丙 饰(飾)
388 丙 氏
389 丙 寿(壽)
390 丙 售
391 丙 兽(獸)
392 丙 梳
393 丙 署
394 丙 耍
395 丙 衰
396 丙 拴
397 丙 霜
398 丙 税
399 丙 烁(爍)
400 丙 斯
401 丙 伺
402 丙 饲(飼)
403 丙 颂(頌)
404 丙 诵(誦)
405 丙 搜
406 丙 艘
407 丙 孙(孫)
408 丙 嗦
409 丙 索
410 丙 锁(鎖)
411 丙 塌
412 丙 踏
413 丙 摊(攤)
414 丙 滩(灘)
415 丙 坦
416 丙 叹(嘆)
417 丙 倘

418 丙 萄
419 丙 桃
420 丙 腾(騰)
421 丙 蹄
422 丙 惕
423 丙 亭
424 丙 筒
425 丙 徒
426 丙 吞
427 丙 驮(馱)
428 丙 驼(駝)
429 丙 妥
430 丙 蛙
431 丙 娃
432 丙 瓦
433 丙 顽(頑)
434 丙 丸
435 丙 挽
436 丙 亡
437 丙 枉
438 丙 威
439 丙 蚊
440 丙 纹(紋)
441 丙 吻
442 丙 翁
443 丙 卧
444 丙 诬(誣)
445 丙 侮
446 丙 晰
447 丙 锡(錫)
448 丙 稀
449 丙 惜
450 丙 袭(襲)
451 丙 媳
452 丙 瞎
453 丙 虾(蝦)
454 丙 峡(峽)
455 丙 咸
咸(鹹)
456 丙 嫌
457 丙 宪(憲)
458 丙 陷
459 丙 厢
460 丙 巷
461 丙 削
462 丙 宵
463 丙 淆
464 丙 协(協)
465 丙 胁(脅)
466 丙 卸
467 丙 欣
468 丙 凶
469 丙 朽
470 丙 锈(銹)
471 丙 绣(綉)
472 丙 墟
473 丙 叙
474 丙 悬(懸)
475 丙 旋
476 丙 循
477 丙 旬
478 丙 询(詢)
479 丙 押
480 丙 鸭(鴨)
481 丙 芽
482 丙 崖
483 丙 亚(亞)
484 丙 讶(訝)
485 丙 淹
486 丙 岩(巖)
487 丙 掩
488 丙 艳(艷)
489 丙 燕
490 丙 焰
491 丙 秧
492 丙 氧
493 丙 遥
494 丙 窑
495 丙 谣(謡)
496 丙 耀
497 丙 钥(鑰)
498 丙 冶
499 丙 伊
500 丙 遗(遺)
501 丙 倚
502 丙 乙
503 丙 抑
504 丙 毅
505 丙 饮(飲)
506 丙 隐(隱)
507 丙 婴(嬰)
508 丙 蝇(蠅)
509 丙 哟(喲)
510 丙 踊(踴)
511 丙 涌(湧)
512 丙 犹(猶)
513 丙 幼
514 丙 愚
515 丙 渔(漁)
516 丙 予
517 丙 娱
518 丙 屿(嶼)
519 丙 宇
520 丙 域
521 丙 御
522 丙 愈
523 丙 狱(獄)
524 丙 浴
525 丙 寓
526 丙 裕
527 丙 豫
528 丙 冤
529 丙 猿
530 丙 缘(緣)
531 丙 怨
532 丙 悦
533 丙 匀
534 丙 晕(暈)
535 丙 砸
536 丙 栽
537 丙 载(載)
538 丙 凿(鑿)
539 丙 躁
540 丙 泽(澤)
541 丙 赠(贈)
542 丙 渣
543 丙 炸
544 丙 宅
545 丙 债(債)
546 丙 沾
547 丙 盏(盞)
548 丙 崭(嶄)
549 丙 帐(帳)
550 丙 仗
551 丙 胀(脹)
552 丙 障
553 丙 罩
554 丙 遮
555 丙 珍
556 丙 枕
557 丙 诊(診)
558 丙 震
559 丙 振
560 丙 镇(鎮)
561 丙 蒸
562 丙 挣
563 丙 症
症(癥)
564 丙 枝
565 丙 殖
566 丙 帜(幟)
567 丙 智
568 丙 稚
569 丙 忠
570 丙 衷
571 丙 肿(腫)
572 丙 粥
573 丙 皱(皺)
574 丙 宙
575 丙 骤(驟)
576 丙 烛(燭)
577 丙 嘱(囑)
578 丙 柱
579 丙 铸(鑄)
580 丙 驻(駐)
581 丙 砖(磚)
582 丙 赚(賺)
583 丙 桩(樁)
584 丙 壮(壯)
585 丙 幢
586 丙 姿
587 丙 宗
588 丙 纵(縱)
589 丙 阻
590 丙 罪

丙 级 字(附加)(11个)

1 赵(趙) | 2 刘(劉) | 3 吴 | 4 陕(陝) | 5 宋

6 朱
7 孟
8 欧(歐)
9 葛
10 沈
11 浙

丁级字(670 + 30 个)

1 丁 蔼(藹)
2 丁 艾
3 丁 隘
4 丁 昂
5 丁 凹
6 丁 袄(襖)
7 丁 芭
8 丁 捌
9 丁 笆
10 丁 疤
11 丁 霸
12 丁 掰
13 丁 斑
14 丁 扳
15 丁 颁(頒)
16 丁 拌
17 丁 邦
18 丁 谤(謗)
19 丁 雹
20 丁 堡
21 丁 卑
22 丁 贝(貝)
23 丁 狈(狽)
24 丁 惫(憊)
25 丁 崩
26 丁 绷(繃)
27 丁 蹦
28 丁 鄙
29 丁 碧
30 丁 蔽
31 丁 毙
32 丁 痹
33 丁 臂
34 丁 弊
35 丁 鞭
36 丁 贬(貶)
37 丁 辨
38 丁 辫(辮)
39 丁 憋
40 丁 滨(濱)
41 丁 秉
42 丁 搏
43 丁 舶
44 丁 泊
45 丁 驳(駁)
46 丁 簸
47 丁 埠
48 丁 睬
49 丁 槽
50 丁 蹭
51 丁 岔
52 丁 诧(詫)
53 丁 搀(攙)
54 丁 掺(摻)
55 丁 蝉(蟬)
56 丁 馋(饞)
57 丁 谗(讒)
58 丁 缠(纏)
59 丁 阐(闡)
60 丁 昌
61 丁 猖
62 丁 敞
63 丁 嘲
64 丁 臣
65 丁 辰
66 丁 呈
67 丁 惩(懲)
68 丁 澄
69 丁 秤
70 丁 痴(癡)
71 丁 驰(馳)
72 丁 耻
73 丁 侈
74 丁 畴(疇)
75 丁 踌(躊)
76 丁 稠
77 丁 筹(籌)
78 丁 绸(綢)
79 丁 躇
80 丁 锄(鋤)
81 丁 储(儲)
82 丁 川
83 丁 疮(瘡)
84 丁 炊
85 丁 捶
86 丁 锤(錘)
87 丁 雌
88 丁 慈
89 丁 葱
90 丁 粹
91 丁 翠
92 丁 磋
93 丁 瘩
94 丁 歹
95 丁 贷(貸)
96 丁 怠
97 丁 丹
98 丁 氮
99 丁 荡(蕩)
100 丁 叨
101 丁 捣(搗)
102 丁 悼
103 丁 笛
104 丁 涤(滌)
105 丁 蒂
106 丁 缔(締)
107 丁 颠(顛)
108 丁 掂
109 丁 淀
淀(澱)
110 丁 刁
111 丁 叼
112 丁 碟
113 丁 叮
114 丁 董
115 丁 栋(棟)
116 丁 兜
117 丁 睹
118 丁 赌(賭)
119 丁 杜
120 丁 镀(鍍)
121 丁 妒
122 丁 缎(緞)
123 丁 跺
124 丁 舵
125 丁 惰
126 丁 堕(墮)
127 丁 蛾
128 丁 讹(訛)
129 丁 恩
130 丁 贰(貳)
131 丁 伐
132 丁 阀(閥)
133 丁 帆
134 丁 贩(販)
135 丁 坊
136 丁 芳
137 丁 肪
138 丁 匪
139 丁 诽(誹)
140 丁 芬
141 丁 锋(鋒)
142 丁 奉
143 丁 凤(鳳)
144 丁 敷
145 丁 辐(輻)
146 丁 伏
147 丁 俘
148 丁 抚(撫)
149 丁 斧
150 丁 赴
151 丁 覆
152 丁 赋(賦)
153 丁 腹
154 丁 钙(鈣)
155 丁 竿
156 丁 秆
157 丁 冈(岡)
158 丁 杠
159 丁 疙
160 丁 阁(閣)
161 丁 梗
162 丁 恭
163 丁 恭
164 丁 汞
165 丁 拱
166 丁 菇
167 丁 棺
168 丁 瑰
169 丁 硅

170 丁 龟(龜)
171 丁 闺(閨)
172 丁 桂
173 丁 函
174 丁 罕
175 丁 捍
176 丁 浩
177 丁 荷
178 丁 禾
179 丁 恒
180 丁 轰(轟)
181 丁 哄
哄(鬨)
182 丁 烘
183 丁 虹
184 丁 瑚
185 丁 葫
186 丁 狐
187 丁 槐
188 丁 徊
189 丁 痪
190 丁 蝗
191 丁 凰
192 丁 谎(謊)
193 丁 徽
194 丁 惠
195 丁 贿(賄)
196 丁 秽(穢)
197 丁 绘(繪)
198 丁 豁
199 丁 惑
200 丁 霍
201 丁 祸(禍)
202 丁 讥(譏)
203 丁 吉
204 丁 嫉
205 丁 脊
206 丁 剂(劑)
207 丁 忌
208 丁 嘉
209 丁 颊(頰)
210 丁 奸
211 丁 茧(繭)
212 丁 柬
213 丁 俭(儉)
214 丁 剑(劍)
215 丁 姜
姜(薑)
216 丁 桨(槳)
217 丁 匠
218 丁 娇(嬌)
219 丁 嚼
220 丁 缴(繳)
221 丁 绞(絞)
222 丁 轿(轎)
223 丁 皆
224 丁 劫
225 丁 杰
226 丁 戒
227 丁 诫(誡)
228 丁 津
229 丁 锦(錦)
230 丁 晋(晉)
231 丁 兢
232 丁 茎(莖)
233 丁 晶
234 丁 颈(頸)
235 丁 玖
236 丁 鞠
237 丁 拘
238 丁 菊
239 丁 锯(鋸)
240 丁 惧(懼)
241 丁 捐
242 丁 掘
243 丁 君
244 丁 峻
245 丁 俊
246 丁 凯(凱)
247 丁 慨
248 丁 堪
249 丁 勘
250 丁 慷
251 丁 糠
252 丁 亢
253 丁 炕
254 丁 磕
255 丁 啃
256 丁 垦(墾)
257 丁 抠(摳)
258 丁 寇
259 丁 挎
260 丁 框
261 丁 眶
262 丁 旷(曠)
263 丁 葵
264 丁 馈(饋)
265 丁 溃(潰)
266 丁 腊(臘)
267 丁 赖(賴)
268 丁 栏(欄)
269 丁 揽(攬)
270 丁 唠(嘮)
271 丁 涝(澇)
272 丁 勒
273 丁 蕾
274 丁 垒(壘)
275 丁 棱
276 丁 犁
277 丁 篱(籬)
278 丁 狸
279 丁 荔
280 丁 栗
281 丁 俐
282 丁 沥(瀝)
283 丁 莲(蓮)
284 丁 镰(鐮)
285 丁 廉
286 丁 链(鏈)
287 丁 晾
288 丁 辽(遼)
289 丁 潦
290 丁 磷
291 丁 玲
292 丁 伶
293 丁 凌
294 丁 岭(嶺)
295 丁 硫
296 丁 瘤
297 丁 榴
298 丁 珑(瓏)
299 丁 聋(聾)
300 丁 隆
301 丁 陋
302 丁 虏(虜)
303 丁 芦(蘆)
304 丁 鲁(魯)
305 丁 碌
306 丁 赂(賂)
307 丁 鹿
308 丁 侣
309 丁 履
310 丁 屡(屢)
311 丁 滤(濾)
312 丁 抡(掄)
313 丁 螺
314 丁 罗(羅)
315 丁 箩(籮)
316 丁 骡(騾)
317 丁 蚂(螞)
318 丁 蛮(蠻)
319 丁 芒
320 丁 茫
321 丁 髦
322 丁 茂
323 丁 玫
324 丁 枚
325 丁 酶
326 丁 媒
327 丁 镁(鎂)
328 丁 昧
329 丁 萌
330 丁 檬
331 丁 弥(彌)
332 丁 绵(綿)
333 丁 渺
334 丁 铭(銘)
335 丁 谬(謬)
336 丁 蘑
337 丁 膜
338 丁 魔
339 丁 莫
340 丁 沫
341 丁 拇
342 丁 姆
343 丁 暮
344 丁 睦
345 丁 穆
346 丁 纳(納)
347 丁 乃
348 丁 囊
349 丁 挠(撓)
350 丁 恼(惱)
351 丁 尼
352 丁 拟(擬)
353 丁 逆
354 丁 撵(攆)
355 丁 捻
356 丁 酿(釀)
357 丁 尿
358 丁 柠(檸)
359 丁 钮(鈕)
360 丁 纽(紐)
361 丁 挪
362 丁 殴(毆)

363 丁 呕(嘔)
364 丁 徘
365 丁 叛
366 丁 庞(龐)
367 丁 刨
368 丁 沛
369 丁 烹
370 丁 坯
371 丁 劈
372 丁 僻
373 丁 撇
374 丁 瞥
375 丁 频(頻)
376 丁 聘
377 丁 萍
378 丁 屏
379 丁 颇(頗)
380 丁 魄
381 丁 仆(僕)
382 丁 谱(譜)
383 丁 瀑
384 丁 凄
385 丁 柒
386 丁 沏
387 丁 歧
388 丁 淇
389 丁 岂
390 丁 乞
391 丁 砌
392 丁 泣
393 丁 掐
394 丁 洽
395 丁 迁(遷)
396 丁 钳(鉗)
397 丁 潜
398 丁 遣
399 丁 谴(譴)
400 丁 嵌
401 丁 锹(鍬)
402 丁 乔(喬)
403 丁 茄
404 丁 怯
405 丁 窃(竊)
406 丁 钦(欽)
407 丁 芹
408 丁 禽
409 丁 蜻
410 丁 氢(氫)
411 丁 趋(趨)
412 丁 驱(驅)
413 丁 泉
414 丁 犬
415 丁 券
416 丁 瘸
417 丁 鹊(鵲)
418 丁 榷
419 丁 雀
420 丁 仁
421 丁 韧(韌)
422 丁 饪(飪)
423 丁 刃
424 丁 融
425 丁 熔
426 丁 绒(絨)
427 丁 乳
428 丁 瑞
429 丁 腮
430 丁 叁
431 丁 桑
432 丁 砂
433 丁 刹
434 丁 啥
435 丁 筛(篩)
436 丁 珊
437 丁 擅
438 丁 晌
439 丁 裳
440 丁 梢
441 丁 捎
442 丁 奢
443 丁 呻
444 丁 绅(紳)
445 丁 肾(腎)
446 丁 渗(滲)
447 丁 尸
448 丁 屎
449 丁 誓
450 丁 侍
451 丁 疏
452 丁 薯
453 丁 鼠
454 丁 竖(豎)
455 丁 帅(帥)
456 丁 爽
457 丁 肆
458 丁 寺
459 丁 耸(聳)
460 丁 讼(訟)
461 丁 苏(蘇)
462 丁 蒜
463 丁 穗
464 丁 隧
465 丁 笋
466 丁 唆
467 丁 蹋
468 丁 泰
469 丁 汰
470 丁 贪(貪)
471 丁 瘫(癱)
472 丁 坛(壇、罎)
473 丁 痰
474 丁 潭
475 丁 碳
476 丁 炭
477 丁 塘
478 丁 膛
479 丁 唐
480 丁 涛(濤)
481 丁 滔
482 丁 淘
483 丁 陶
484 丁 藤
485 丁 涕
486 丁 剃
487 丁 屉
488 丁 帖
489 丁 蜓
490 丁 艇
491 丁 桐
492 丁 捅
493 丁 凸
494 丁 秃
495 丁 屠
496 丁 屯
497 丁 椭
498 丁 拓
499 丁 唾
500 丁 豌
501 丁 湾(灣)
502 丁 惋
503 丁 汪
504 丁 旺
505 丁 妄
506 丁 桅
507 丁 唯
508 丁 惟
509 丁 伪(偽)
510 丁 畏
511 丁 瘟
512 丁 窝(窩)
513 丁 沃
514 丁 巫
515 丁 呜(嗚)
516 丁 乌(烏)
517 丁 梧
518 丁 晤
519 丁 勿
520 丁 膝
521 丁 夕
522 丁 熄
523 丁 溪
524 丁 隙
525 丁 霞
526 丁 辖(轄)
527 丁 狭(狹)
528 丁 厦
529 丁 仙
530 丁 贤(賢)
531 丁 衔(銜)
532 丁 弦
533 丁 馅(餡)
534 丁 镶(鑲)
535 丁 翔
536 丁 祥
537 丁 橡
538 丁 销(銷)
539 丁 孝
540 丁 肖
541 丁 啸(嘯)
542 丁 挟(挾)
543 丁 携
544 丁 邪
545 丁 谐(諧)
546 丁 泄
547 丁 泻(瀉)
548 丁 屑
549 丁 薪
550 丁 锌(鋅)
551 丁 衅(釁)
552 丁 腥
553 丁 刑
554 丁 杏
555 丁 汹
556 丁 羞

557 丁 嗅	580 丁 壹	603 丁 喻	626 丁 斩(斬)	649 丁 昼(晝)
558 丁 徐	581 丁 蚁(蟻)	604 丁 欲	627 丁 彰	650 丁 蛛
559 丁 蓄	582 丁 役	605 丁 誉(譽)	628 丁 沼	651 丁 诸(諸)
560 丁 酗	583 丁 亦	606 丁 曰	629 丁 兆	652 丁 拄
561 丁 畜	584 丁 疫	607 丁 蕴(藴)	630 丁 辙(轍)	653 丁 嘱(囑)
562 丁 絮	585 丁 翼	608 丁 酝(醖)	631 丁 蔗	654 丁 爪
563 丁 喧	586 丁 吟	609 丁 韵	632 丁 贞(貞)	655 丁 拽
564 丁 靴	587 丁 淫	610 丁 孕	633 丁 侦(偵)	656 丁 妆(妝)
565 丁 穴	588 丁 樱(櫻)	611 丁 咋	634 丁 筝	657 丁 缀(綴)
566 丁 熏	589 丁 鹰(鷹)	612 丁 宰	635 丁 郑(鄭)	658 丁 拙
567 丁 巡	590 丁 盈	613 丁 攒(攢)	636 丁 芝	659 丁 卓
568 丁 汛	591 丁 颖(穎)	614 丁 葬	637 丁 蜘	660 丁 琢
569 丁 逊(遜)	592 丁 佣(傭)	615 丁 枣(棗)	638 丁 肢	661 丁 酌
570 丁 鸦(鴉)	593 丁 庸	616 丁 噪	639 丁 脂	662 丁 浊(濁)
571 丁 雅	594 丁 咏	617 丁 灶(竈)	640 丁 汁	663 丁 咨
572 丁 哑(啞)	595 丁 幽	618 丁 贼(賊)	641 丁 侄	664 丁 滋
573 丁 炎	596 丁 忧(憂)	619 丁 轧(軋)	642 丁 旨	665 丁 籽
574 丁 衍	597 丁 铀(鈾)	620 丁 闸(閘)	643 丁 挚(摯)	666 丁 棕
575 丁 雁	598 丁 诱(誘)	621 丁 眨	644 丁 掷(擲)	667 丁 踪
576 丁 殃	599 丁 榆	622 丁 榨	645 丁 滞(滯)	668 丁 奏
577 丁 杨(楊)	600 丁 舆(輿)	623 丁 诈(詐)	646 丁 舟	669 丁 揍
578 丁 痒(癢)	601 丁 郁(鬱)	624 丁 寨	647 丁 州	670 丁 啄
579 丁 妖	602 丁 吁(籲)	625 丁 瞻	648 丁 洲	

丁 级 字(附加30个)

1 澳	7 侯	13 聂(聶)	19 赫	25 粤
2 邓(鄧)	8 沪(滬)	14 潘	20 秦	26 邢
3 冯(馮)	9 淮	15 彭	21 萨(薩)	27 殷
4 戈	10 蒋(將)	16 曹	22 魏	28 袁
5 耿	11 卢(盧)	17 崔	23 匈	29 埔
6 郭	12 吕	18 冀	24 岳	30 埃

附录 3

简化汉字总表

说明：1. 这里将《简化字总表》(1986 年新版)中的全部汉字分别编成三个表，读者可以从拼音查汉字，从简体查繁体，从繁体查简体；
2. 字前标有 * 号的是《简化字总表》规定可作偏旁用的简化字；
3. 《简化字总表》第二表中的 14 个简化偏旁，一般不能独立成字，这里未收；
4. "注释"放在三个检字表之后。

从拼音查汉字

A

a
锕〔錒〕
ai
锿〔鎄〕
皑〔皚〕
霭〔靄〕
蔼〔藹〕
*爱〔愛〕
叆〔靉〕
瑷〔璦〕
嗳〔噯〕
暧〔曖〕
嫒〔嬡〕
碍〔礙〕
an
谙〔諳〕
鹌〔鵪〕
铵〔銨〕
ang
肮〔骯〕
ao
鳌〔鰲〕
鹜〔鷔〕
袄〔襖〕

B

ba
鲅〔鮁〕
钯〔鈀〕
坝〔壩〕
*罢〔罷〕
耙〔耀〕
bai
摆〔擺〕
〔襬〕
败〔敗〕
ban
颁〔頒〕
板〔闆〕
绊〔絆〕
办〔辦〕
bang
帮〔幫〕
绑〔綁〕
谤〔謗〕
镑〔鎊〕
bao
龅〔齙〕
宝〔寶〕
饱〔飽〕
鸨〔鴇〕
报〔報〕
鲍〔鮑〕
bei
惫〔憊〕
辈〔輩〕
*贝〔貝〕
钡〔鋇〕
狈〔狽〕
*备〔備〕
呗〔唄〕
ben
锛〔錛〕
贲〔賁〕
beng
绷〔綳〕
镚〔鏰〕
bi
*笔〔筆〕
铋〔鉍〕
贲〔賁〕
*毕〔畢〕
哔〔嗶〕
筚〔篳〕
荜〔蓽〕
跸〔蹕〕
滗〔潷〕
币〔幣〕
闭〔閉〕
毙〔斃〕
bian
鳊〔鯿〕
编〔編〕
*边〔邊〕
笾〔籩〕
贬〔貶〕
辩〔辯〕
辫〔辮〕
变〔變〕
biao
镳〔鑣〕
标〔標〕
骠〔驃〕
镖〔鏢〕
飙〔飆〕
表〔錶〕
鳔〔鰾〕
bie
鳖〔鱉〕
瘪〔癟〕
别〔彆〕
bin
*宾〔賓〕
滨〔濱〕
槟〔檳〕
傧〔儐〕
缤〔繽〕
镔〔鑌〕
濒〔瀕〕
鬓〔鬢〕
摈〔擯〕
殡〔殯〕
膑〔臏〕
髌〔髕〕
bing
槟〔檳〕
饼〔餅〕
bo
饽〔餑〕
钵〔鉢〕
拨〔撥〕
鹁〔鵓〕
馎〔餺〕
钹〔鈸〕
驳〔駁〕
铂〔鉑〕
卜〔蔔〕
bu
补〔補〕
钚〔鈈〕

C

cai
才〔纔〕
财〔財〕
can
*参〔參〕
骖〔驂〕
蚕〔蠶〕①
惭〔慚〕
残〔殘〕
惨〔慘〕
穇〔穇〕
灿〔燦〕
cang
*仓〔倉〕
沧〔滄〕
苍〔蒼〕
伧〔傖〕
鸧〔鶬〕
舱〔艙〕
ce
测〔測〕
恻〔惻〕
厕〔廁〕
侧〔側〕
cen
*参〔參〕
ceng

层〔層〕
cha
馇〔餷〕
锸〔鍤〕
镲〔鑔〕
诧〔詫〕
chai
钗〔釵〕
侪〔儕〕
虿〔蠆〕
chan
搀〔攙〕
掺〔摻〕
觇〔覘〕
缠〔纏〕②
禅〔禪〕
蝉〔蟬〕
婵〔嬋〕
谗〔讒〕
馋〔饞〕
*产〔產〕
浐〔滻〕
铲〔鏟〕
蒇〔蕆〕
阐〔闡〕
冁〔囅〕
谄〔諂〕
颤〔顫〕
忏〔懺〕
刬〔剗〕
chang
伥〔倀〕
阊〔閶〕
鲳〔鯧〕
*尝〔嘗〕③
偿〔償〕
鲿〔鱨〕
*长〔長〕④
肠〔腸〕
场〔場〕
厂〔廠〕
怅〔悵〕
畅〔暢〕
chao
钞〔鈔〕
che
*车〔車〕
砗〔硨〕
彻〔徹〕
chen
谌〔諶〕
尘〔塵〕
陈〔陳〕
碜〔磣〕
榇〔櫬〕
衬〔襯〕
谶〔讖〕
称〔稱〕
龀〔齔〕
cheng
柽〔檉〕
蛏〔蟶〕
铛〔鐺〕
赪〔赬〕
称〔稱〕
枨〔棖〕
诚〔誠〕
惩〔懲〕
骋〔騁〕
chi
鸱〔鴟〕
迟〔遲〕
驰〔馳〕
*齿〔齒〕
炽〔熾〕
饬〔飭〕
chong
冲〔衝〕
*虫〔蟲〕
宠〔寵〕
铳〔銃〕
chou
䌷〔紬〕
畴〔疇〕
筹〔籌〕
踌〔躊〕
俦〔儔〕
雠〔讎〕⑤
绸〔綢〕
丑〔醜〕
chu
出〔齣〕
锄〔鋤〕
*刍〔芻〕
雏〔雛〕
储〔儲〕
础〔礎〕
处〔處〕
绌〔絀〕
触〔觸〕
chuai
阘〔闒〕
chuan
传〔傳〕
钏〔釧〕
chuang
疮〔瘡〕
闯〔闖〕
怆〔愴〕
创〔創〕
chui
锤〔錘〕
chun
䲠〔鰆〕
鹑〔鶉〕
纯〔純〕
莼〔蒓〕
chuo
绰〔綽〕
龊〔齪〕
辍〔輟〕
ci
鹚〔鷀〕
辞〔辭〕
词〔詞〕
赐〔賜〕
cong
聪〔聰〕
骢〔驄〕
枞〔樅〕
苁〔蓯〕
*从〔從〕
丛〔叢〕
cou
辏〔輳〕
cuan
撺〔攛〕
蹿〔躥〕
镩〔鑹〕
攒〔攢〕
*窜〔竄〕
cui
缞〔縗〕
cuo
鹾〔鹺〕
错〔錯〕
锉〔銼〕

D

da
*达〔達〕
哒〔噠〕
鞑〔韃〕
dai
贷〔貸〕
绐〔紿〕
*带〔帶〕
叇〔靆〕
dan
*单〔單〕
担〔擔〕
殚〔殫〕
箪〔簞〕
郸〔鄲〕
掸〔撣〕
胆〔膽〕
赕〔賧〕
惮〔憚〕
瘅〔癉〕
弹〔彈〕
诞〔誕〕
dang
裆〔襠〕
铛〔鐺〕
*当〔當〕
〔噹〕
*党〔黨〕
谠〔讜〕
挡〔擋〕
档〔檔〕
砀〔碭〕
荡〔蕩〕
dao
鱽〔魛〕
祷〔禱〕
岛〔島〕
捣〔搗〕
导〔導〕
de
锝〔鍀〕
deng
灯〔燈〕
镫〔鐙〕
邓〔鄧〕
di
镝〔鏑〕
觌〔覿〕
籴〔糴〕
敌〔敵〕
涤〔滌〕
诋〔詆〕
谛〔諦〕
缔〔締〕
递〔遞〕
dian
颠〔顛〕
癫〔癲〕
巅〔巔〕
点〔點〕
淀〔澱〕
垫〔墊〕
电〔電〕
钿〔鈿〕
diao
鲷〔鯛〕
铫〔銚〕
铞〔銱〕
窎〔窵〕
钓〔釣〕
调〔調〕
die
谍〔諜〕
鲽〔鰈〕
绖〔絰〕
ding
钉〔釘〕
顶〔頂〕
订〔訂〕
锭〔錠〕
diu
铥〔銩〕
dong
*东〔東〕
鸫〔鶇〕
岽〔崬〕
冬〔鼕〕
*动〔動〕
冻〔凍〕
栋〔棟〕
胨〔腖〕
dou
钭〔鈄〕
斗〔鬥〕
窦〔竇〕
du
读〔讀〕
渎〔瀆〕
椟〔櫝〕
黩〔黷〕
犊〔犢〕
牍〔牘〕
独〔獨〕
赌〔賭〕
笃〔篤〕
镀〔鍍〕
duan
*断〔斷〕
锻〔鍛〕
缎〔緞〕
簖〔籪〕
dui
怼〔懟〕
*对〔對〕
*队〔隊〕
dun
吨〔噸〕
镦〔鐓〕
趸〔躉〕
钝〔鈍〕
顿〔頓〕
duo
夺〔奪〕
铎〔鐸〕

驮〔馱〕
堕〔墮〕
饳〔飿〕

E

e

额〔額〕
锇〔鋨〕
鹅〔鵝〕
讹〔訛〕
恶〔惡〕
〔噁〕
垩〔堊〕
轭〔軛〕
鹗〔鶚〕
鳄〔鰐〕
锷〔鍔〕
饿〔餓〕

ê

诶〔誒〕

er

儿〔兒〕
鸸〔鴯〕
饵〔餌〕
铒〔鉺〕
*尔〔爾〕
迩〔邇〕
贰〔貳〕

F

fa

*发〔發〕
〔髮〕
罚〔罰〕
阀〔閥〕

fan

烦〔煩〕
矾〔礬〕
钒〔釩〕
贩〔販〕
饭〔飯〕
范〔範〕

fang

钫〔鈁〕
鲂〔魴〕
访〔訪〕
纺〔紡〕

fei

绯〔緋〕
鲱〔鯡〕
飞〔飛〕
诽〔誹〕
废〔廢〕
费〔費〕
镄〔鐨〕

fen

纷〔紛〕
坟〔墳〕
豮〔豶〕
粪〔糞〕
愤〔憤〕
偾〔僨〕
奋〔奮〕

feng

*丰〔豐〕⑥
沣〔灃〕
锋〔鋒〕
*风〔風〕
沨〔渢〕
疯〔瘋〕
枫〔楓〕
砜〔碸〕
冯〔馮〕
缝〔縫〕
讽〔諷〕
凤〔鳳〕
赗〔賵〕

fu

麸〔麩〕
肤〔膚〕
辐〔輻〕
韨〔韍〕
绂〔紱〕
凫〔鳧〕
绋〔紼〕
辅〔輔〕
抚〔撫〕
赋〔賦〕
赙〔賻〕
缚〔縛〕
讣〔訃〕
复〔復〕
〔複〕
鳆〔鰒〕
驸〔駙〕
鲋〔鮒〕
负〔負〕
妇〔婦〕

G

ga

钆〔釓〕

gai

该〔該〕
赅〔賅〕
盖〔蓋〕
钙〔鈣〕

gan

干〔乾〕⑦
〔幹〕
尴〔尷〕
赶〔趕〕
赣〔贛〕
绀〔紺〕

gang

*冈〔岡〕
刚〔剛〕
㭎〔棡〕
纲〔綱〕
钢〔鋼〕
㧏〔掆〕
岗〔崗〕

gao

镐〔鎬〕
缟〔縞〕
诰〔誥〕
锆〔鋯〕

ge

鸽〔鴿〕
搁〔擱〕
镉〔鎘〕
颌〔頜〕
阁〔閣〕
个〔個〕
铬〔鉻〕

gei

给〔給〕

geng

赓〔賡〕
鹒〔鶊〕
鲠〔鯁〕
绠〔綆〕

gong

龚〔龔〕
巩〔鞏〕
贡〔貢〕
唝〔嗊〕

gou

缑〔緱〕
沟〔溝〕
钩〔鈎〕
觏〔覯〕
诟〔詬〕
构〔構〕
购〔購〕

gu

轱〔軲〕
鸪〔鴣〕
诂〔詁〕
钴〔鈷〕
贾〔賈〕
蛊〔蠱〕
毂〔轂〕
馉〔餶〕
鹘〔鶻〕
谷〔穀〕
鹄〔鵠〕
顾〔顧〕
锢〔錮〕

gua

刮〔颳〕
鸹〔鴰〕
剐〔剮〕
诖〔詿〕

guan

关〔關〕
纶〔綸〕
鳏〔鰥〕
观〔觀〕
馆〔館〕
鹳〔鸛〕
贯〔貫〕
惯〔慣〕
掼〔摜〕

guang

*广〔廣〕
犷〔獷〕

gui

妫〔媯〕
规〔規〕
鲑〔鮭〕
闺〔閨〕
*归〔歸〕
*龟〔龜〕
轨〔軌〕
匦〔匭〕
诡〔詭〕
鳜〔鱖〕
柜〔櫃〕
贵〔貴〕
刿〔劌〕
桧〔檜〕
刽〔劊〕

gun

辊〔輥〕
绲〔緄〕
鲧〔鯀〕

guo

涡〔渦〕
埚〔堝〕
锅〔鍋〕
蝈〔蟈〕
*国〔國〕
掴〔摑〕
帼〔幗〕
馃〔餜〕
腘〔膕〕
*过〔過〕

H

ha

铪〔鉿〕

hai

还〔還〕
骇〔駭〕

han

顸〔頇〕
韩〔韓〕
阚〔闞〕
㘎〔㘚〕
汉〔漢〕
颔〔頷〕

hang

绗〔絎〕
颃〔頏〕

hao

颢〔顥〕
灏〔灝〕
号〔號〕

he

诃〔訶〕
阂〔閡〕
阖〔闔〕
鹖〔鶡〕
颌〔頜〕
饸〔餄〕
合〔閤〕
纥〔紇〕
鹤〔鶴〕
贺〔賀〕
吓〔嚇〕

heng

鸻〔鴴〕

hong

轰〔轟〕
黉〔黌〕
鸿〔鴻〕
红〔紅〕
荭〔葒〕
讧〔訌〕

hou

后〔後〕
鲎〔鱟〕

hu

轷〔軤〕
壶〔壺〕
胡〔鬍〕
鹕〔鶘〕
鹄〔鵠〕
鹘〔鶻〕
浒〔滸〕
沪〔滬〕
护〔護〕

hua
*华〔華〕
骅〔驊〕
哗〔嘩〕
铧〔鏵〕
*画〔畫〕
婳〔嫿〕
划〔劃〕
桦〔樺〕
话〔話〕
huai
怀〔懷〕
坏〔壞〕[8]
huan
欢〔歡〕
还〔還〕
环〔環〕
缳〔繯〕
镮〔鐶〕
锾〔鍰〕
缓〔緩〕
鲩〔鯇〕
huang
鳇〔鰉〕
谎〔謊〕
hui
挥〔揮〕
辉〔輝〕
翚〔翬〕
诙〔詼〕
回〔迴〕
*汇〔匯〕
〔彙〕
贿〔賄〕
秽〔穢〕
*会〔會〕
烩〔燴〕
荟〔薈〕
绘〔繪〕
诲〔誨〕
殨〔殨〕
讳〔諱〕
hun
荤〔葷〕
阍〔閽〕
浑〔渾〕
珲〔琿〕
馄〔餛〕
诨〔諢〕
huo
钬〔鈥〕
伙〔夥〕[9]
镬〔鑊〕
获〔獲〕
〔穫〕
祸〔禍〕
货〔貨〕

J

ji
齑〔齏〕
跻〔躋〕
击〔擊〕
赍〔賫〕
缉〔緝〕
积〔積〕
羁〔羈〕
机〔機〕
饥〔饑〕
讥〔譏〕
玑〔璣〕
矶〔磯〕
叽〔嘰〕
鸡〔鷄〕
鹡〔鶺〕
辑〔輯〕
极〔極〕
级〔級〕
挤〔擠〕
给〔給〕
*几〔幾〕
虮〔蟣〕
济〔濟〕
霁〔霽〕
荠〔薺〕
剂〔劑〕
鲚〔鱭〕
际〔際〕
绩〔績〕
计〔計〕
系〔繫〕[10]
骥〔驥〕
觊〔覬〕
蓟〔薊〕
鲫〔鯽〕
记〔記〕
纪〔紀〕
继〔繼〕
jia
家〔傢〕
镓〔鎵〕
*夹〔夾〕
浃〔浹〕
颊〔頰〕
荚〔莢〕
蛱〔蛺〕
铗〔鋏〕
郏〔郟〕
贾〔賈〕
槚〔檟〕
钾〔鉀〕
价〔價〕
驾〔駕〕
jian
鹣〔鶼〕
鳒〔鰜〕
缣〔縑〕
*戋〔戔〕
笺〔箋〕
坚〔堅〕
鲣〔鰹〕
缄〔緘〕
鞯〔韉〕
*监〔監〕
歼〔殲〕
艰〔艱〕
间〔間〕
谫〔譾〕
硷〔鹼〕
拣〔揀〕
笕〔筧〕
茧〔繭〕
检〔檢〕
捡〔撿〕
睑〔瞼〕
俭〔儉〕
裥〔襇〕
简〔簡〕
谏〔諫〕
渐〔漸〕
槛〔檻〕
贱〔賤〕
溅〔濺〕
践〔踐〕
饯〔餞〕
*荐〔薦〕
鉴〔鑒〕
*见〔見〕
枧〔梘〕
舰〔艦〕
剑〔劍〕
键〔鍵〕
涧〔澗〕
锏〔鐧〕
jiang
姜〔薑〕
*将〔將〕[11]
浆〔漿〕[11]
缰〔繮〕
讲〔講〕
桨〔槳〕[11]
奖〔獎〕[11]
蒋〔蔣〕
酱〔醬〕[11]
绛〔絳〕
jiao
胶〔膠〕
鲛〔鮫〕
鸡〔鵁〕
浇〔澆〕
骄〔驕〕
娇〔嬌〕
鹪〔鷦〕
饺〔餃〕
铰〔鉸〕
绞〔絞〕
侥〔僥〕
矫〔矯〕
搅〔攪〕
缴〔繳〕
觉〔覺〕
较〔較〕
轿〔轎〕
挢〔撟〕
峤〔嶠〕
jie
阶〔階〕
疖〔癤〕
讦〔訐〕
洁〔潔〕
诘〔詰〕
撷〔擷〕
颉〔頡〕
结〔結〕
鲒〔鮚〕
*节〔節〕
借〔藉〕[12]
诫〔誡〕
jin
谨〔謹〕
馑〔饉〕
觐〔覲〕
紧〔緊〕
锦〔錦〕
仅〔僅〕
劲〔勁〕
*进〔進〕
琎〔璡〕
缙〔縉〕
*尽〔盡〕
〔儘〕
荩〔藎〕
赆〔贐〕
烬〔燼〕
jing
惊〔驚〕
鲸〔鯨〕
鹡〔鶄〕
泾〔涇〕
茎〔莖〕
经〔經〕
颈〔頸〕
刭〔剄〕
镜〔鏡〕
竞〔競〕
痉〔痙〕
劲〔勁〕
胫〔脛〕
径〔徑〕
靓〔靚〕
jiu
纠〔糾〕
鸠〔鳩〕
阄〔鬮〕[13]
鹫〔鷲〕
旧〔舊〕
ju
*车〔車〕
驹〔駒〕
鹀〔鶪〕
锔〔鋦〕
*举〔舉〕
龃〔齟〕
榉〔櫸〕
讵〔詎〕
惧〔懼〕
飓〔颶〕
窭〔窶〕
屦〔屨〕
据〔據〕
剧〔劇〕
锯〔鋸〕
juan
鹃〔鵑〕
镌〔鎸〕
卷〔捲〕
绢〔絹〕
jue
觉〔覺〕
镢〔钁〕
镬〔钁〕
谲〔譎〕
诀〔訣〕
绝〔絶〕
jun
军〔軍〕
皲〔皸〕
钧〔鈞〕
骏〔駿〕

K

kai
开〔開〕

锎〔鐦〕
恺〔愷〕
垲〔塏〕
剀〔剴〕
铠〔鎧〕
凯〔凱〕
闿〔闓〕
锴〔鍇〕
忾〔愾〕

kan

龛〔龕〕
槛〔檻〕

kang

钪〔鈧〕

kao

铐〔銬〕

ke

颏〔頦〕
轲〔軻〕
钶〔鈳〕
颗〔顆〕
*壳〔殼〕[14]
缂〔緙〕
克〔剋〕
课〔課〕
骒〔騍〕
锞〔錁〕

ken

恳〔懇〕
垦〔墾〕

keng

铿〔鏗〕

kou

抠〔摳〕
眍〔瞘〕

ku

库〔庫〕
裤〔褲〕
绔〔絝〕
喾〔嚳〕

kua

夸〔誇〕

kuai

㧟〔擓〕
*会〔會〕
浍〔澮〕
哙〔噲〕
郐〔鄶〕
侩〔儈〕
脍〔膾〕
鲙〔鱠〕
狯〔獪〕
块〔塊〕

kuan

宽〔寬〕
髋〔髖〕

kuang

诓〔誆〕
诳〔誑〕
矿〔礦〕
圹〔壙〕
旷〔曠〕
纩〔纊〕
邝〔鄺〕
贶〔貺〕

kui

窥〔窺〕
亏〔虧〕
岿〔巋〕
溃〔潰〕
𫌀〔䙌〕
愦〔憒〕
聩〔聵〕
匮〔匱〕
蒉〔蕢〕
馈〔饋〕
篑〔簣〕

kun

鲲〔鯤〕
锟〔錕〕
壸〔壼〕
阃〔閫〕
困〔睏〕

kuo

阔〔闊〕
扩〔擴〕

L

la

蜡〔蠟〕
腊〔臘〕
镴〔鑞〕

lai

*来〔來〕
涞〔淶〕
莱〔萊〕
崃〔崍〕
铼〔錸〕
徕〔徠〕
赖〔賴〕
濑〔瀨〕
癞〔癩〕
籁〔籟〕
睐〔睞〕
赉〔賚〕

lan

兰〔蘭〕
栏〔欄〕
拦〔攔〕
阑〔闌〕
澜〔瀾〕
谰〔讕〕
斓〔斕〕
镧〔鑭〕
褴〔襤〕
蓝〔藍〕
篮〔籃〕
岚〔嵐〕
懒〔懶〕
览〔覽〕
榄〔欖〕
揽〔攬〕
缆〔纜〕
烂〔爛〕
滥〔濫〕

lang

锒〔鋃〕
阆〔閬〕

lao

捞〔撈〕
劳〔勞〕
崂〔嶗〕
痨〔癆〕
铹〔鐒〕
铑〔銠〕
涝〔澇〕
唠〔嘮〕
耢〔耮〕

le

鳓〔鰳〕
*乐〔樂〕
饹〔餎〕

lei

镭〔鐳〕
累〔纍〕
缧〔縲〕
诔〔誄〕
垒〔壘〕
类〔類〕[15]

li

*离〔離〕
漓〔灕〕
篱〔籬〕
缡〔縭〕
骊〔驪〕
鹂〔鸝〕
鲡〔鱺〕
礼〔禮〕
逦〔邐〕
里〔裏〕
锂〔鋰〕
鳢〔鱧〕
*丽〔麗〕[16]
俪〔儷〕
郦〔酈〕
厉〔厲〕
励〔勵〕
砾〔礫〕
*历〔歷〕
〔曆〕
沥〔瀝〕
坜〔壢〕
疬〔癧〕
雳〔靂〕
枥〔櫪〕
苈〔藶〕
呖〔嚦〕
疠〔癘〕
粝〔糲〕
砺〔礪〕
蛎〔蠣〕
栎〔櫟〕
轹〔轢〕
隶〔隸〕

lia

俩〔倆〕

lian

帘〔簾〕
镰〔鐮〕
联〔聯〕
连〔連〕
涟〔漣〕
鲢〔鰱〕
琏〔璉〕
奁〔奩〕
怜〔憐〕
敛〔斂〕
蔹〔蘞〕
脸〔臉〕
恋〔戀〕
链〔鏈〕
炼〔煉〕
练〔練〕
潋〔瀲〕
殓〔殮〕
裣〔襝〕
裢〔褳〕

liang

粮〔糧〕
*两〔兩〕
俩〔倆〕
唡〔啢〕
魉〔魎〕
谅〔諒〕
辆〔輛〕

liao

鹩〔鷯〕
缭〔繚〕
疗〔療〕
辽〔遼〕
了〔瞭〕[17]
钌〔釕〕
镣〔鐐〕

lie

猎〔獵〕
䴕〔鴷〕

liu

辚〔轔〕
鳞〔鱗〕
临〔臨〕[18]
邻〔鄰〕
蔺〔藺〕
躏〔躪〕
赁〔賃〕

ling

鲮〔鯪〕
绫〔綾〕
龄〔齡〕
铃〔鈴〕
鸰〔鴒〕
*灵〔靈〕
棂〔欞〕
领〔領〕
岭〔嶺〕[19]

liu

飗〔飀〕
*刘〔劉〕
浏〔瀏〕
骝〔騮〕
镏〔鎦〕
绺〔綹〕
馏〔餾〕
鹨〔鷚〕
陆〔陸〕

long

*龙〔龍〕
泷〔瀧〕
珑〔瓏〕
聋〔聾〕
栊〔櫳〕
砻〔礱〕
笼〔籠〕
茏〔蘢〕
咙〔嚨〕
昽〔曨〕
胧〔朧〕
垄〔壟〕
拢〔攏〕
陇〔隴〕

lou

喽〔嘍〕
*娄〔婁〕
偻〔僂〕

喽〔嘍〕
楼〔樓〕
溇〔漊〕
蒌〔蔞〕
髅〔髏〕
蝼〔螻〕
耧〔耬〕
嵝〔嶁〕
篓〔簍〕
瘘〔瘻〕
镂〔鏤〕

lu

噜〔嚕〕
庐〔廬〕
炉〔爐〕
芦〔蘆〕
*卢〔盧〕
泸〔瀘〕
垆〔壚〕
栌〔櫨〕
颅〔顱〕
鸬〔鸕〕
胪〔臚〕
鲈〔鱸〕
舻〔艫〕
*卤〔鹵〕
〔滷〕
*虏〔虜〕
掳〔擄〕
鲁〔魯〕
橹〔櫓〕
镥〔鑥〕
辘〔轆〕
辂〔輅〕
赂〔賂〕
鹭〔鷺〕
陆〔陸〕
*录〔録〕
箓〔籙〕
绿〔緑〕
轳〔轤〕
氇〔氌〕

lü

驴〔驢〕
闾〔閭〕
榈〔櫚〕
屡〔屢〕
偻〔僂〕
褛〔褸〕
缕〔縷〕
铝〔鋁〕
*虑〔慮〕
滤〔濾〕
绿〔緑〕

luan

娈〔孌〕
栾〔欒〕
滦〔灤〕
峦〔巒〕
脔〔臠〕
銮〔鑾〕
挛〔攣〕
鸾〔鸞〕
孪〔孿〕
乱〔亂〕

lun

抡〔掄〕
*仑〔侖〕
沦〔淪〕
轮〔輪〕
囵〔圇〕
纶〔綸〕
伦〔倫〕
论〔論〕

luo

骡〔騾〕
脶〔腡〕
*罗〔羅〕
啰〔囉〕
逻〔邏〕
萝〔蘿〕
锣〔鑼〕
箩〔籮〕
椤〔欏〕
猡〔玀〕
荦〔犖〕
泺〔濼〕
骆〔駱〕
络〔絡〕

M

m

呒〔嘸〕

ma

妈〔媽〕
*马〔馬〕[20]
蚂〔螞〕
玛〔瑪〕
码〔碼〕
犸〔獁〕
骂〔駡〕
吗〔嗎〕
唛〔嘜〕

mai

*买〔買〕
*麦〔麥〕
*卖〔賣〕[21]
迈〔邁〕
荬〔蕒〕

man

颟〔顢〕
馒〔饅〕
鳗〔鰻〕
蛮〔蠻〕
瞒〔瞞〕
满〔滿〕
螨〔蟎〕
谩〔謾〕
缦〔縵〕
镘〔鏝〕

mang

铓〔鋩〕

mao

锚〔錨〕
铆〔鉚〕
贸〔貿〕

me

么〔麽〕[22]

mei

霉〔黴〕
镅〔鎇〕
鹛〔鶥〕
镁〔鎂〕

men

*门〔門〕
扪〔捫〕
钔〔鍆〕
懑〔懣〕
闷〔悶〕
焖〔燜〕
们〔們〕

meng

蒙〔矇〕
〔濛〕
〔懞〕
锰〔錳〕
梦〔夢〕

mi

谜〔謎〕
祢〔禰〕
弥〔彌〕
〔瀰〕
猕〔獼〕
谧〔謐〕
觅〔覓〕

mian

绵〔綿〕
渑〔澠〕
缅〔緬〕
面〔麵〕

miao

鹋〔鶓〕
缈〔緲〕
缪〔繆〕
庙〔廟〕

mie

灭〔滅〕
蔑〔蔑〕

min

缗〔緡〕
闵〔閔〕
悯〔憫〕
闽〔閩〕
*黾〔黽〕[23]
鳘〔鰵〕

ming

鸣〔鳴〕
铭〔銘〕

miu

谬〔謬〕
缪〔繆〕

mo

谟〔謨〕
馍〔饃〕
蓦〔驀〕

mou

谋〔謀〕
缪〔繆〕

mu

亩〔畝〕
钼〔鉬〕

N

na

镎〔鎿〕
钠〔鈉〕
纳〔納〕

nan

*难〔難〕

nang

馕〔饢〕

nao

挠〔撓〕
蛲〔蟯〕
铙〔鐃〕
恼〔惱〕
脑〔腦〕
闹〔鬧〕[13]

ne

讷〔訥〕

nei

馁〔餒〕

neng

泞〔濘〕

ni

鲵〔鯢〕
铌〔鈮〕
拟〔擬〕
腻〔膩〕

nian

鲇〔鮎〕
鲶〔鯰〕
辇〔輦〕
撵〔攆〕

niang

酿〔釀〕

niao

*鸟〔鳥〕[24]
茑〔蔦〕
袅〔裊〕

nie

*聂〔聶〕
颞〔顳〕
嗫〔囁〕
蹑〔躡〕
镊〔鑷〕
啮〔嚙〕
镍〔鎳〕

ning

*宁〔寧〕[25]
柠〔檸〕
咛〔嚀〕
狞〔獰〕
聍〔聹〕
拧〔擰〕
泞〔濘〕

niu

钮〔鈕〕
纽〔紐〕

nong

*农〔農〕
浓〔濃〕
侬〔儂〕
脓〔膿〕
哝〔噥〕

nu

驽〔駑〕

nü

钕〔釹〕

nüe

疟〔瘧〕

nuo

傩〔儺〕
诺〔諾〕
锘〔鍩〕

O

ou

*区〔區〕[26]
讴〔謳〕
瓯〔甌〕
鸥〔鷗〕
殴〔毆〕

欧〔歐〕
呕〔嘔〕
沤〔漚〕
怄〔慪〕

P

pan
蹒〔蹣〕
盘〔盤〕
pang
鳑〔鰟〕
庞〔龐〕
pei
赔〔賠〕
锫〔錇〕
辔〔轡〕
pen
喷〔噴〕
peng
鹏〔鵬〕
pi
纰〔紕〕
罴〔羆〕
鲏〔鮍〕
铍〔鈹〕
辟〔闢〕
䴙〔鷿〕
pian
骈〔駢〕
谝〔諞〕
骗〔騙〕
piao
飘〔飄〕
缥〔縹〕
骠〔驃〕
pin
嫔〔嬪〕
频〔頻〕
颦〔顰〕
贫〔貧〕
ping
评〔評〕
苹〔蘋〕
鲆〔鮃〕
凭〔憑〕
po
钋〔釙〕
颇〔頗〕
泼〔潑〕
䥽〔鏺〕
钷〔鉕〕
pu
铺〔鋪〕
扑〔撲〕
仆〔僕〕㉗
钋〔鏷〕
谱〔譜〕
镨〔鐠〕
朴〔樸〕

Q

qi
缉〔緝〕
桤〔榿〕
*齐〔齊〕
蛴〔蠐〕
脐〔臍〕
骑〔騎〕
骐〔騏〕
鳍〔鰭〕
颀〔頎〕
蕲〔蘄〕
启〔啓〕
绮〔綺〕
*岂〔豈〕
碛〔磧〕
*气〔氣〕
讫〔訖〕
荠〔薺〕
qian
骞〔騫〕
谦〔謙〕
悭〔慳〕
牵〔牽〕
*佥〔僉〕
签〔簽〕
〔籤〕
千〔韆〕
*迁〔遷〕
钎〔釺〕
铅〔鉛〕
鹐〔鵮〕
荨〔蕁〕
钳〔鉗〕
钱〔錢〕
钤〔鈐〕
浅〔淺〕
谴〔譴〕
缱〔繾〕
堑〔塹〕
椠〔槧〕
纤〔縴〕
qiang
玱〔瑲〕
枪〔槍〕
锵〔鏘〕
墙〔墻〕
蔷〔薔〕
嫱〔嬙〕
镪〔鏹〕
羟〔羥〕
抢〔搶〕
炝〔熗〕
戗〔戧〕
跄〔蹌〕
呛〔嗆〕
qiao
硗〔磽〕
跷〔蹺〕
锹〔鍬〕
缲〔繰〕
翘〔翹〕
*乔〔喬〕
桥〔橋〕
硚〔礄〕
侨〔僑〕
鞒〔鞽〕
荞〔蕎〕
谯〔譙〕
*壳〔殼〕⑮
窍〔竅〕
诮〔誚〕
qie
锲〔鍥〕
惬〔愜〕
箧〔篋〕
窃〔竊〕
qin
*亲〔親〕
钦〔欽〕
嵚〔嶔〕
骎〔駸〕
寝〔寢〕
锓〔鋟〕
揿〔撳〕
qing
鲭〔鯖〕
轻〔輕〕
氢〔氫〕
倾〔傾〕
䞍〔䝼〕
请〔請〕
顷〔頃〕
庼〔廎〕
庆〔慶〕㉘
qiong
*穷〔窮〕
䓖〔藭〕
琼〔瓊〕
茕〔煢〕
qiu
秋〔鞦〕
鹙〔鶖〕
鳅〔鰍〕
䲡〔鰌〕
巯〔巰〕
qu
曲〔麯〕
*区〔區〕㉖
驱〔驅〕
岖〔嶇〕
躯〔軀〕
诎〔詘〕
趋〔趨〕
鸲〔鴝〕
龋〔齲〕
觑〔覷〕
阒〔闃〕
quan
权〔權〕
颧〔顴〕
铨〔銓〕
诠〔詮〕
绻〔綣〕
劝〔勸〕
que
悫〔慤〕
鹊〔鵲〕
阙〔闕〕
确〔確〕
阕〔闋〕

R

rang
让〔讓〕
rao
桡〔橈〕
荛〔蕘〕
饶〔饒〕
娆〔嬈〕
扰〔擾〕
绕〔繞〕
re
热〔熱〕
re
认〔認〕
饪〔飪〕
纴〔紝〕
轫〔軔〕
纫〔紉〕
韧〔韌〕
rong
荣〔榮〕
蝾〔蠑〕
嵘〔嶸〕
绒〔絨〕
ru
铷〔銣〕
颥〔顬〕
缛〔縟〕
ruan
软〔軟〕
rui
锐〔鋭〕
run
闰〔閏〕
润〔潤〕

S

sa
洒〔灑〕
飒〔颯〕
萨〔薩〕
sai
鳃〔鰓〕
赛〔賽〕
san
毵〔毿〕
馓〔饊〕
伞〔傘〕
sang
丧〔喪〕
颡〔顙〕
sao
骚〔騷〕
缫〔繅〕
扫〔掃〕
se
涩〔澀〕
*啬〔嗇〕
穑〔穡〕
铯〔銫〕
sha
鲨〔鯊〕
纱〔紗〕
*杀〔殺〕
铩〔鎩〕
shai
筛〔篩〕
晒〔曬〕
酾〔釃〕
shan
钐〔釤〕
陕〔陝〕
闪〔閃〕
𫓹〔鐥〕
鳝〔鱔〕
缮〔繕〕
掸〔撣〕
骟〔騸〕
𬭊〔𨬖〕
禅〔禪〕
讪〔訕〕

赡〔贍〕
shang
殇〔殤〕
觞〔觴〕
伤〔傷〕
赏〔賞〕㉘
shao
烧〔燒〕
绍〔紹〕
she
赊〔賒〕
舍〔捨〕
设〔設〕
滠〔灄〕
慑〔懾〕
摄〔攝〕
厍〔厙〕
shei
谁〔誰〕
shen
绅〔紳〕
*参〔參〕
糁〔糝〕
*审〔審〕
谉〔讅〕
婶〔嬸〕
沈〔瀋〕
谂〔諗〕
肾〔腎〕
渗〔滲〕
瘆〔瘮〕
sheng
声〔聲〕
渑〔澠〕
绳〔繩〕
胜〔勝〕
*圣〔聖〕
shi
湿〔濕〕
诗〔詩〕
*师〔師〕
浉〔溮〕
狮〔獅〕
鸤〔鳲〕
实〔實〕
埘〔塒〕
鲥〔鰣〕
识〔識〕
*时〔時〕
蚀〔蝕〕
驶〔駛〕
铈〔鈰〕
视〔視〕
谥〔謚〕
试〔試〕
轼〔軾〕
势〔勢〕
莳〔蒔〕
贳〔貰〕
释〔釋〕
饰〔飾〕
适〔適〕㉚
shou
兽〔獸〕
*寿〔壽〕
绶〔綬〕
shu
枢〔樞〕
摅〔攄〕
输〔輸〕
纾〔紓〕
书〔書〕
赎〔贖〕
*属〔屬〕
数〔數〕
树〔樹〕
术〔術〕㉛
竖〔竪〕
shuai
帅〔帥〕
shuan
闩〔閂〕
shuang
*双〔雙〕
泷〔瀧〕
shui
谁〔誰〕
shun
顺〔順〕
shuo
说〔説〕
硕〔碩〕
烁〔爍〕
铄〔鑠〕
si
锶〔鍶〕
飔〔颸〕
缌〔緦〕
丝〔絲〕
咝〔噝〕
鸶〔鷥〕
蛳〔螄〕
驷〔駟〕
饲〔飼〕
song
松〔鬆〕
怂〔慫〕
耸〔聳〕
㧐〔㩳〕
讼〔訟〕
颂〔頌〕
诵〔誦〕
sou
馊〔餿〕
锼〔鎪〕
飕〔颼〕
薮〔藪〕
擞〔擻〕
su
苏〔蘇〕
〔囌〕
稣〔穌〕
谡〔謖〕
诉〔訴〕
*肃〔肅〕㉜
sui
虽〔雖〕
随〔隨〕
绥〔綏〕
*岁〔歲〕
谇〔誶〕
sun
*孙〔孫〕
荪〔蓀〕
狲〔猻〕
损〔損〕
suo
缩〔縮〕
琐〔瑣〕
唢〔嗩〕
锁〔鎖〕

T

ta
铊〔鉈〕
鳎〔鰨〕
獭〔獺〕
㳠〔澾〕
挞〔撻〕
闼〔闥〕
tai
台〔臺〕
〔檯〕
〔颱〕
骀〔駘〕
鲐〔鮐〕
态〔態〕
钛〔鈦〕
tan
滩〔灘〕
瘫〔癱〕
摊〔攤〕
贪〔貪〕
谈〔談〕
坛〔壇〕
〔罎〕
谭〔譚〕
昙〔曇〕
弹〔彈〕
钽〔鉭〕
叹〔嘆〕
tang
镗〔鏜〕
汤〔湯〕
傥〔儻〕
镋〔钂〕
烫〔燙〕
tao
涛〔濤〕
韬〔韜〕
绦〔縧〕
焘〔燾〕
讨〔討〕
te
铽〔鋱〕
teng
誊〔謄〕
腾〔騰〕
䲢〔鰧〕
ti
锑〔銻〕
䴘〔鷉〕
鹈〔鵜〕
绨〔綈〕
缇〔緹〕
题〔題〕
体〔體〕
tian
阗〔闐〕
tiao
*条〔條〕㉝
鲦〔鰷〕
龆〔齠〕
调〔調〕
粜〔糶〕
tie
贴〔貼〕
铁〔鐵〕
ting
厅〔廳〕㉞
烃〔烴〕
听〔聽〕
颋〔頲〕
铤〔鋌〕
tong
铜〔銅〕
鲖〔鮦〕
统〔統〕
恸〔慟〕
tou
头〔頭〕
tu
图〔圖〕
涂〔塗〕
钍〔釷〕
tuan
抟〔摶〕
团〔團〕
〔糰〕
tui
颓〔頹〕
tun
饨〔飩〕
tuo
饦〔飥〕
驼〔駝〕
鸵〔鴕〕
驮〔馱〕
鼍〔鼉〕
椭〔橢〕
萚〔蘀〕
箨〔籜〕

W

wa
娲〔媧〕
洼〔窪〕
袜〔襪〕㉟
wai
㖞〔喎〕
wan
弯〔彎〕
湾〔灣〕
纨〔紈〕
顽〔頑〕
绾〔綰〕
*万〔萬〕
wang
网〔網〕
辋〔輞〕
wei
*为〔爲〕
沩〔溈〕
维〔維〕
潍〔濰〕
*韦〔韋〕
违〔違〕
围〔圍〕
涠〔潿〕
帏〔幃〕
闱〔闈〕
伪〔僞〕
鲔〔鮪〕

诿〔諉〕
炜〔煒〕
玮〔瑋〕
苇〔葦〕
韪〔韙〕
伟〔偉〕
纬〔緯〕
硙〔磑〕
谓〔謂〕
卫〔衛〕

wen

鳁〔鰛〕
纹〔紋〕
闻〔聞〕
阌〔閿〕
稳〔穩〕
问〔問〕

wo

涡〔渦〕
窝〔窩〕
莴〔萵〕
蜗〔蝸〕
挝〔撾〕
龌〔齷〕

wu

诬〔誣〕
*乌〔烏〕[35]
呜〔嗚〕
钨〔鎢〕
邬〔鄔〕
*无〔無〕[37]
芜〔蕪〕
妩〔嫵〕
怃〔憮〕
庑〔廡〕
鹉〔鵡〕
坞〔塢〕
务〔務〕
雾〔霧〕
骛〔騖〕
鹜〔鶩〕
误〔誤〕

X

xi

牺〔犧〕
饻〔餏〕
锡〔錫〕
袭〔襲〕
觋〔覡〕
习〔習〕
鳛〔鰼〕
玺〔璽〕
铣〔銑〕
系〔係〕
〔繫〕[11]
细〔細〕
阋〔鬩〕[13]
戏〔戲〕
饩〔餼〕

xia

虾〔蝦〕
辖〔轄〕
硖〔硤〕
峡〔峽〕
侠〔俠〕
狭〔狹〕
吓〔嚇〕[38]

xian

鲜〔鮮〕
纤〔纖〕[39]
跹〔躚〕
锨〔鍁〕
莶〔薟〕
贤〔賢〕
咸〔鹹〕
衔〔銜〕
挦〔撏〕
闲〔閑〕
鹇〔鷳〕
娴〔嫻〕
痫〔癇〕
藓〔蘚〕
蚬〔蜆〕
显〔顯〕
险〔險〕
猃〔獫〕
铣〔銑〕
*献〔獻〕
线〔綫〕
现〔現〕
苋〔莧〕
岘〔峴〕
县〔縣〕[40]
宪〔憲〕
馅〔餡〕

xiang

骧〔驤〕
镶〔鑲〕
*乡〔鄉〕
芗〔薌〕
缃〔緗〕
详〔詳〕
鲞〔鯗〕
响〔響〕
饷〔餉〕
飨〔饗〕
向〔嚮〕
项〔項〕

xiao

骁〔驍〕
哓〔嘵〕
销〔銷〕
绡〔綃〕
嚣〔囂〕
枭〔梟〕
鸮〔鴞〕
萧〔蕭〕
潇〔瀟〕
蟏〔蠨〕
箫〔簫〕
晓〔曉〕
啸〔嘯〕

xie

颉〔頡〕
撷〔擷〕
缬〔纈〕
协〔協〕
挟〔挾〕
胁〔脅〕
谐〔諧〕
*写〔寫〕[41]
亵〔褻〕
泻〔瀉〕
绁〔紲〕
谢〔謝〕

xin

锌〔鋅〕
䜣〔訢〕
衅〔釁〕

xing

兴〔興〕
荥〔滎〕
钘〔鈃〕
铏〔鉶〕
陉〔陘〕
饧〔餳〕

xiong

讻〔訩〕
诇〔詗〕

xiu

馐〔饈〕
鸺〔鵂〕
绣〔綉〕
锈〔銹〕

xu

须〔須〕
〔鬚〕
谞〔諝〕
许〔許〕
诩〔詡〕
顼〔頊〕
续〔續〕
绪〔緒〕

xuan

轩〔軒〕
谖〔諼〕
悬〔懸〕
选〔選〕
癣〔癬〕
旋〔鏇〕
铉〔鉉〕
绚〔絢〕

xue

学〔學〕
峃〔嶨〕
鳕〔鱈〕
谑〔謔〕

xun

勋〔勛〕
埙〔塤〕
驯〔馴〕
询〔詢〕
*寻〔尋〕
浔〔潯〕
鲟〔鱘〕
训〔訓〕
讯〔訊〕
逊〔遜〕

Y

ya

压〔壓〕[42]
鸦〔鴉〕
鸭〔鴨〕
铘〔鋣〕
哑〔啞〕
氩〔氬〕
*亚〔亞〕
垭〔埡〕
挜〔掗〕
娅〔婭〕
讶〔訝〕
轧〔軋〕

yan

阏〔閼〕
阉〔閹〕
恹〔懨〕
颜〔顏〕
盐〔鹽〕
*严〔嚴〕
阎〔閻〕
厣〔厴〕
魇〔魘〕
俨〔儼〕
䶮〔龑〕
谚〔諺〕
䜩〔讌〕
*厌〔厭〕
餍〔饜〕
赝〔贋〕
艳〔艷〕
滟〔灧〕
谳〔讞〕
砚〔硯〕
觃〔覎〕
酽〔釅〕
验〔驗〕

yang

鸯〔鴦〕
疡〔瘍〕
炀〔煬〕
杨〔楊〕
扬〔揚〕
旸〔暘〕
钖〔鍚〕
阳〔陽〕
痒〔癢〕
养〔養〕
样〔樣〕

yao

*尧〔堯〕[43]
峣〔嶢〕
谣〔謡〕
铫〔銚〕
轺〔軺〕
疟〔瘧〕
鹞〔鷂〕
钥〔鑰〕
药〔藥〕

ye

爷〔爺〕
靥〔靨〕
*页〔頁〕
烨〔燁〕
晔〔曄〕
*业〔業〕
邺〔鄴〕
叶〔葉〕[44]
谒〔謁〕

yi

铱〔銥〕
医〔醫〕
鹥〔鷖〕
祎〔禕〕
颐〔頤〕
遗〔遺〕
仪〔儀〕
诒〔詒〕
贻〔貽〕
饴〔飴〕
蚁〔蟻〕
钇〔釔〕

谊〔誼〕
瘗〔瘞〕
镒〔鎰〕
缢〔縊〕
勚〔勩〕
怿〔懌〕
译〔譯〕
驿〔驛〕
峄〔嶧〕
绎〔繹〕
*义〔義〕[45]
议〔議〕
轶〔軼〕
*艺〔藝〕
呓〔囈〕
亿〔億〕
忆〔憶〕
诣〔詣〕
镱〔鐿〕

yin

铟〔銦〕
*阴〔陰〕
荫〔蔭〕
龈〔齦〕
银〔銀〕
饮〔飲〕
*隐〔隱〕
瘾〔癮〕
䲟〔鮣〕

ying

应〔應〕
鹰〔鷹〕
莺〔鶯〕
罂〔罌〕
婴〔嬰〕
璎〔瓔〕
樱〔櫻〕
撄〔攖〕
嘤〔嚶〕
鹦〔鸚〕
缨〔纓〕
荧〔熒〕
莹〔瑩〕
茔〔塋〕
萤〔螢〕
萦〔縈〕
营〔營〕
赢〔贏〕
蝇〔蠅〕
瘿〔癭〕
颖〔穎〕
颍〔潁〕

yo

哟〔喲〕

yong

痈〔癰〕
拥〔擁〕
佣〔傭〕
镛〔鏞〕
鳙〔鱅〕
颙〔顒〕
踊〔踴〕

you

忧〔憂〕
优〔優〕
鱿〔魷〕
*犹〔猶〕
莸〔蕕〕
铀〔鈾〕
邮〔郵〕
铕〔銪〕
诱〔誘〕

yu

纡〔紆〕
舆〔輿〕
欤〔歟〕
余〔餘〕[46]
觎〔覦〕
谀〔諛〕
*鱼〔魚〕
渔〔漁〕
[illegible]〔[illegible]〕
*与〔與〕
语〔語〕
龉〔齬〕
伛〔傴〕
屿〔嶼〕
誉〔譽〕
钰〔鈺〕
吁〔籲〕[47]
御〔禦〕
驭〔馭〕
阈〔閾〕
妪〔嫗〕
郁〔鬱〕
谕〔諭〕
鹆〔鵒〕
饫〔飫〕
狱〔獄〕
预〔預〕
滪〔澦〕
蓣〔蕷〕
鹬〔鷸〕

yuan

渊〔淵〕
鸢〔鳶〕
鸳〔鴛〕
鼋〔黿〕
园〔園〕
辕〔轅〕
员〔員〕
圆〔圓〕
缘〔緣〕
橼〔櫞〕
远〔遠〕
愿〔願〕

yue

约〔約〕
哕〔噦〕
阅〔閱〕
钺〔鉞〕
跃〔躍〕
*乐〔樂〕
钥〔鑰〕

yun

*云〔雲〕
芸〔蕓〕
纭〔紜〕
涢〔溳〕
郧〔鄖〕
殒〔殞〕
陨〔隕〕
恽〔惲〕
晕〔暈〕
郓〔鄆〕
运〔運〕
酝〔醖〕
韫〔韞〕
缊〔緼〕
蕴〔藴〕

Z

za

臜〔臢〕
杂〔雜〕

zai

载〔載〕

zan

趱〔趲〕
攒〔攢〕
錾〔鏨〕
暂〔暫〕
赞〔贊〕
瓒〔瓚〕

zang

赃〔贜〕
脏〔臟〕
〔髒〕
驵〔駔〕

zao

凿〔鑿〕
枣〔棗〕
灶〔竈〕

ze

责〔責〕
赜〔賾〕
啧〔嘖〕
帻〔幘〕
箦〔簀〕
则〔則〕
泽〔澤〕
择〔擇〕

zei

贼〔賊〕
鲗〔鰂〕

zen

谮〔譖〕

zeng

缯〔繒〕
赠〔贈〕
锃〔鋥〕

zha

铡〔鍘〕
闸〔閘〕
轧〔軋〕
鲝〔鮺〕
鲊〔鮓〕
诈〔詐〕

zhai

斋〔齋〕
债〔債〕

zhan

鹯〔鸇〕
鳣〔鱣〕
毡〔氈〕
谵〔譫〕
斩〔斬〕
崭〔嶄〕
盏〔盞〕
辗〔輾〕
绽〔綻〕
颤〔顫〕
栈〔棧〕
战〔戰〕

zhang

张〔張〕
*长〔長〕
涨〔漲〕
帐〔帳〕
账〔賬〕
胀〔脹〕

zhao

钊〔釗〕
赵〔趙〕
诏〔詔〕

zhe

谪〔謫〕
辙〔轍〕
蛰〔蟄〕
辄〔輒〕
詟〔讋〕
折〔摺〕[48]
锗〔鍺〕
这〔這〕
鹧〔鷓〕

zhen

针〔針〕
贞〔貞〕
帧〔幀〕
浈〔湞〕
祯〔禎〕
桢〔楨〕
侦〔偵〕
缜〔縝〕
诊〔診〕
轸〔軫〕
鸩〔鴆〕
赈〔賑〕
镇〔鎮〕
纼〔紖〕
阵〔陣〕

zheng

钲〔鉦〕
征〔徵〕[49]
铮〔錚〕
症〔癥〕
*郑〔鄭〕
证〔證〕
诤〔諍〕
𫔎〔䦛〕

zhi

只〔隻〕
〔衹〕
织〔織〕
职〔職〕
踯〔躑〕
*执〔執〕
絷〔縶〕
纸〔紙〕
挚〔摯〕
贽〔贄〕
鸷〔鷙〕
掷〔擲〕
滞〔滯〕
栉〔櫛〕
轾〔輊〕
致〔緻〕
帜〔幟〕
制〔製〕
*质〔質〕
踬〔躓〕
锧〔鑕〕
骘〔騭〕

zhong
终〔終〕
钟〔鐘〕
〔鍾〕
种〔種〕
肿〔腫〕
众〔衆〕
zhou
诌〔謅〕
赒〔賙〕
鸼〔鵃〕
轴〔軸〕
纣〔紂〕
荮〔葤〕
骤〔驟〕
皱〔皺〕
绉〔縐〕
㤘〔㥮〕
㑇〔㑳〕
昼〔晝〕
zhu
诸〔諸〕
槠〔櫧〕
朱〔朱〕
诛〔誅〕
铢〔銖〕
烛〔燭〕
嘱〔囑〕
瞩〔矚〕
贮〔貯〕
驻〔駐〕
铸〔鑄〕
筑〔築〕
zhua
挝〔撾〕
zhuan
*专〔專〕
砖〔磚〕
䏝〔膞〕
颛〔顓〕
转〔轉〕
啭〔囀〕
赚〔賺〕
传〔傳〕
馔〔饌〕
zhuang
妆〔妝〕
装〔裝〕
庄〔莊〕[50]
桩〔樁〕
戆〔戇〕
壮〔壯〕
状〔狀〕
zhui
骓〔騅〕
锥〔錐〕
赘〔贅〕
缒〔縋〕
缀〔綴〕
坠〔墜〕
zhun
谆〔諄〕
准〔準〕
zhuo
锗〔鍺〕
浊〔濁〕
诼〔諑〕
镯〔鐲〕
zi
谘〔諮〕
资〔資〕
镃〔鎡〕
龇〔齜〕
辎〔輜〕
锱〔錙〕
缁〔緇〕
鲻〔鯔〕
渍〔漬〕
zong
综〔綜〕
枞〔樅〕
总〔總〕
纵〔縱〕
zou
诹〔諏〕
鲰〔鯫〕
驺〔騶〕
邹〔鄒〕
zu
镞〔鏃〕
诅〔詛〕
组〔組〕
zuan
钻〔鑽〕
躜〔躦〕
缵〔纘〕
赚〔賺〕
zun
鳟〔鱒〕

从简体查繁体

2画

厂〔廠〕
卜〔蔔〕
儿〔兒〕
*几〔幾〕
了〔瞭〕[17]

3画

干〔乾〕[7]
〔幹〕
亏〔虧〕
才〔纔〕
*万〔萬〕
*与〔與〕
千〔韆〕
亿〔億〕
个〔個〕
么〔麽〕[22]
*广〔廣〕
*门〔門〕
*义〔義〕[45]
卫〔衛〕
飞〔飛〕
习〔習〕
*马〔馬〕[28]
*乡〔鄉〕

4画

【一】
*丰〔豐〕[6]
开〔開〕
*无〔無〕[37]
*韦〔韋〕
*专〔專〕
*云〔雲〕
*艺〔藝〕
厅〔廳〕[34]
*历〔歷〕
〔曆〕
*区〔區〕
*车〔車〕
【丨】
*冈〔岡〕
*贝〔貝〕
*见〔見〕
【丿】
*气〔氣〕
*长〔長〕[4]
仆〔僕〕[27]
币〔幣〕
*从〔從〕
*仑〔侖〕
*仓〔倉〕
*风〔風〕
仅〔僅〕
凤〔鳳〕
*乌〔烏〕[36]
【丶】
闩〔閂〕
*为〔爲〕
斗〔鬥〕
忆〔憶〕
订〔訂〕
计〔計〕
讣〔訃〕
认〔認〕
讥〔譏〕
【乛】
丑〔醜〕
*队〔隊〕
办〔辦〕
邓〔鄧〕
劝〔勸〕
*双〔雙〕
书〔書〕

5画

【一】
击〔擊〕
*戋〔戔〕
扑〔撲〕
*节〔節〕
术〔術〕[31]
*龙〔龍〕
厉〔厲〕
灭〔滅〕
*东〔東〕
轧〔軋〕
【丨】
*卢〔盧〕
*业〔業〕
旧〔舊〕
帅〔帥〕
*归〔歸〕
叶〔葉〕[44]
号〔號〕
电〔電〕
只〔隻〕
〔衹〕
叽〔嘰〕
叹〔嘆〕
【丿】
们〔們〕
仪〔儀〕
丛〔叢〕
*尔〔爾〕
*乐〔樂〕
处〔處〕
冬〔鼕〕
*鸟〔鳥〕[24]
务〔務〕
*刍〔芻〕
饥〔饑〕
【丶】
邝〔鄺〕
冯〔馮〕
闪〔閃〕
兰〔蘭〕
*汇〔匯〕
〔彙〕
头〔頭〕
汉〔漢〕
*宁〔寧〕[25]
讦〔訐〕
讧〔訌〕
讨〔討〕
*写〔寫〕[41]
让〔讓〕
礼〔禮〕
讪〔訕〕
讫〔訖〕
训〔訓〕
议〔議〕
讯〔訊〕
记〔記〕
【乛】
辽〔遼〕
*边〔邊〕
出〔齣〕

*发〔發〕
〔髮〕
*圣〔聖〕
*对〔對〕
台〔臺〕
〔檯〕
〔颱〕
纠〔糾〕
驭〔馭〕
丝〔絲〕

6画

【一】

玑〔璣〕
*动〔動〕
*执〔執〕
巩〔鞏〕
圹〔壙〕
扩〔擴〕
扪〔捫〕
扫〔掃〕
扬〔揚〕
场〔場〕
*亚〔亞〕
芗〔薌〕
朴〔樸〕
机〔機〕
权〔權〕
*过〔過〕
协〔協〕
压〔壓〕[42]
*厌〔厭〕
厍〔厙〕
*页〔頁〕
夸〔誇〕
夺〔奪〕
*达〔達〕
*夹〔夾〕
轨〔軌〕
*尧〔堯〕[14]
划〔劃〕
迈〔邁〕
*毕〔畢〕

【丨】

贞〔貞〕
*师〔師〕
*当〔當〕
〔噹〕
尘〔塵〕
吁〔籲〕[47]
吓〔嚇〕[38]
*虫〔蟲〕
曲〔麯〕
团〔團〕
〔糰〕
吗〔嗎〕
屿〔嶼〕
*岁〔歲〕
回〔迴〕
*岂〔豈〕
则〔則〕
刚〔剛〕
网〔網〕

【丿】

钆〔釓〕
钇〔釔〕
朱〔硃〕
*迁〔遷〕
*乔〔喬〕
伟〔偉〕
传〔傳〕
伛〔傴〕
优〔優〕
伤〔傷〕
伥〔倀〕
价〔價〕
伦〔倫〕
伧〔傖〕
*华〔華〕
伙〔夥〕[9]
伪〔僞〕
向〔嚮〕
后〔後〕
*会〔會〕
*杀〔殺〕
合〔閤〕
众〔衆〕
爷〔爺〕
伞〔傘〕
创〔創〕
杂〔雜〕
负〔負〕
犷〔獷〕
犸〔獁〕
凫〔鳧〕
邬〔鄔〕
饦〔飥〕
饧〔餳〕

【丶】

壮〔壯〕
冲〔衝〕
妆〔妝〕
庄〔莊〕[50]
庆〔慶〕[28]
*刘〔劉〕
*齐〔齊〕
*产〔産〕
闭〔閉〕
问〔問〕
闯〔闖〕
关〔關〕
灯〔燈〕
汤〔湯〕
忏〔懺〕
兴〔興〕
讲〔講〕
讳〔諱〕
讴〔謳〕
军〔軍〕
讵〔詎〕
讶〔訝〕
讷〔訥〕
许〔許〕
讹〔訛〕
〔訢〕
论〔論〕
讻〔訩〕
讼〔訟〕
讽〔諷〕
*农〔農〕
设〔設〕
访〔訪〕
诀〔訣〕

【乛】

*寻〔尋〕
*尽〔盡〕
〔儘〕
导〔導〕
*孙〔孫〕
阵〔陣〕
阳〔陽〕
阶〔階〕
*阴〔陰〕
妇〔婦〕
妈〔媽〕
戏〔戲〕
观〔觀〕
欢〔歡〕
*买〔買〕
纡〔紆〕
红〔紅〕
纣〔紂〕
驮〔馱〕
纤〔縴〕
〔纖〕[39]
纥〔紇〕
驯〔馴〕
纨〔紈〕
约〔約〕
级〔級〕
纩〔纊〕
纪〔紀〕
驰〔馳〕
纫〔紉〕

7画

【一】

*寿〔壽〕
*麦〔麥〕
玛〔瑪〕
*进〔進〕
远〔遠〕
违〔違〕
韧〔韌〕
刬〔剗〕
运〔運〕
抚〔撫〕
坛〔壇〕
〔罎〕
抟〔摶〕
坏〔壞〕[8]
抠〔摳〕
坜〔壢〕
扰〔擾〕
坝〔壩〕
贡〔貢〕
㧑〔撝〕
折〔摺〕[48]
抡〔掄〕
抢〔搶〕
坞〔塢〕
坟〔墳〕
护〔護〕
*壳〔殼〕[14]
块〔塊〕
声〔聲〕
报〔報〕
拟〔擬〕
𢭏〔㩳〕
芜〔蕪〕
苇〔葦〕
芸〔蕓〕
苈〔藶〕
苋〔莧〕
苁〔蓯〕
苍〔蒼〕
*严〔嚴〕
芦〔蘆〕
劳〔勞〕
克〔剋〕
苏〔蘇〕
〔囌〕
极〔極〕
杨〔楊〕
*两〔兩〕
*丽〔麗〕[16]
医〔醫〕
励〔勵〕
还〔還〕
矶〔磯〕
奁〔奩〕
歼〔殲〕
*来〔來〕
欤〔歟〕
轩〔軒〕
连〔連〕
轫〔軔〕

【丨】

*卤〔鹵〕
〔滷〕
邺〔鄴〕
坚〔堅〕
*时〔時〕
呒〔嘸〕
县〔縣〕[40]
里〔裏〕
呓〔囈〕
呕〔嘔〕
园〔園〕
呖〔嚦〕
旷〔曠〕
围〔圍〕
吨〔噸〕
旸〔暘〕
邮〔郵〕
困〔睏〕
员〔員〕
呗〔唄〕
听〔聽〕
呛〔嗆〕
呜〔嗚〕
别〔彆〕
财〔財〕
囵〔圇〕
觃〔覎〕
帏〔幃〕
岖〔嶇〕
岗〔崗〕
岘〔峴〕
帐〔帳〕
岚〔嵐〕

【丿】

针〔針〕
钉〔釘〕
钊〔釗〕
钋〔釙〕
钌〔釕〕
乱〔亂〕
体〔體〕
佣〔傭〕
㑇〔㑳〕
彻〔徹〕
余〔餘〕[46]

* 佥〔僉〕
谷〔穀〕
邻〔鄰〕
肠〔腸〕
* 龟〔龜〕
* 犹〔猶〕
狈〔狽〕
鸠〔鳩〕
* 条〔條〕[33]
岛〔島〕
邹〔鄒〕
饨〔飩〕
饩〔餼〕
饪〔飪〕
饫〔飫〕
饬〔飭〕
饭〔飯〕
饮〔飲〕
系〔係〕
〔繫〕[10]
【丶】
冻〔凍〕
状〔狀〕
亩〔畝〕
庑〔廡〕
库〔庫〕
疖〔癤〕
疗〔療〕
应〔應〕
这〔這〕
庐〔廬〕
闰〔閏〕
闱〔闈〕
闲〔閑〕
间〔間〕
闵〔閔〕
闷〔悶〕
灿〔燦〕
灶〔竈〕
炀〔煬〕
沣〔灃〕
沤〔漚〕
沥〔瀝〕
沦〔淪〕
沧〔滄〕
沨〔渢〕
沟〔溝〕
沩〔溈〕
沪〔滬〕
沈〔瀋〕
怃〔憮〕
怀〔懷〕
怄〔慪〕
忧〔憂〕
忾〔愾〕
怅〔悵〕
怆〔愴〕
* 穷〔窮〕
证〔證〕
诂〔詁〕
诃〔訶〕
启〔啓〕
评〔評〕
补〔補〕
诅〔詛〕
识〔識〕
诇〔詗〕
诈〔詐〕
诉〔訴〕
诊〔診〕
诋〔詆〕
诌〔謅〕
词〔詞〕
诎〔詘〕
诏〔詔〕
译〔譯〕
诒〔詒〕
【乛】
* 灵〔靈〕
层〔層〕
迟〔遲〕
张〔張〕
际〔際〕
陆〔陸〕
陇〔隴〕
陈〔陳〕
坠〔墜〕
陉〔陘〕
妪〔嫗〕
妩〔嫵〕
妫〔媯〕
刭〔剄〕
劲〔勁〕
鸡〔鷄〕
纬〔緯〕
纭〔紜〕
驱〔驅〕
纯〔純〕
纰〔紕〕
纱〔紗〕
纲〔綱〕
纳〔納〕
纴〔紝〕
驳〔駁〕
纵〔縱〕
纶〔綸〕
纷〔紛〕
纸〔紙〕
纹〔紋〕
纺〔紡〕
驴〔驢〕
纼〔紖〕
纽〔紐〕
纾〔紓〕

8画

【一】
玮〔瑋〕
环〔環〕
责〔責〕
现〔現〕
表〔錶〕
玱〔瑲〕
规〔規〕
匦〔匭〕
拢〔攏〕
拣〔揀〕
垆〔壚〕
担〔擔〕
顶〔頂〕
拥〔擁〕
势〔勢〕
拦〔攔〕
扤〔攦〕
拧〔擰〕
拨〔撥〕
择〔擇〕
茏〔蘢〕
苹〔蘋〕
茑〔蔦〕
范〔範〕
茔〔塋〕
茕〔煢〕
茎〔莖〕
枢〔樞〕
枥〔櫪〕
柜〔櫃〕
㭎〔棡〕
枧〔梘〕
枨〔棖〕
板〔闆〕
枞〔樅〕
松〔鬆〕
枪〔槍〕
枫〔楓〕
构〔構〕
丧〔喪〕
* 画〔畫〕
枣〔棗〕
* 卖〔賣〕[21]
郁〔鬱〕
矾〔礬〕
矿〔礦〕
砀〔碭〕
码〔碼〕
厕〔厠〕
奋〔奮〕
态〔態〕
瓯〔甌〕
欧〔歐〕
殴〔毆〕
垄〔壟〕
郏〔郟〕
轰〔轟〕
顷〔頃〕
转〔轉〕
轭〔軛〕
斩〔斬〕
轮〔輪〕
软〔軟〕
鸢〔鳶〕
【丨】
* 齿〔齒〕
* 虏〔虜〕
肾〔腎〕
贤〔賢〕
昙〔曇〕
* 国〔國〕
畅〔暢〕
咙〔嚨〕
虮〔蟣〕
* 黾〔黽〕[23]
鸣〔鳴〕
咛〔嚀〕
咝〔噝〕
* 罗〔羅〕
岽〔崬〕
岿〔巋〕
帜〔幟〕
岭〔嶺〕[19]
刿〔劌〕
剀〔剴〕
凯〔凱〕
峄〔嶧〕
败〔敗〕
账〔賬〕
贩〔販〕
贬〔貶〕
贮〔貯〕
图〔圖〕
购〔購〕
【丿】
钍〔釷〕
钎〔釺〕
钏〔釧〕
钐〔釤〕
钓〔釣〕
钒〔釩〕
钔〔鍆〕
钕〔釹〕
钖〔鍚〕
钗〔釵〕
制〔製〕
刮〔颳〕
侠〔俠〕
侥〔僥〕
侦〔偵〕
侧〔側〕
凭〔憑〕
侨〔僑〕
侩〔儈〕
货〔貨〕
侪〔儕〕
侬〔儂〕
* 质〔質〕
征〔徵〕[49]
径〔徑〕
舍〔捨〕
刽〔劊〕
郐〔鄶〕
怂〔慫〕
籴〔糴〕
觅〔覓〕
贪〔貪〕
贫〔貧〕
戗〔戧〕
肤〔膚〕
肿〔腫〕
䏝〔膞〕
胀〔脹〕
肮〔骯〕
胁〔脅〕
迩〔邇〕
* 鱼〔魚〕
狞〔獰〕
* 备〔備〕
枭〔梟〕
饯〔餞〕
饰〔飾〕
饱〔飽〕
饲〔飼〕
饳〔飿〕
饴〔飴〕
【丶】
变〔變〕
庞〔龐〕
庙〔廟〕
疟〔瘧〕
疠〔癘〕
疡〔瘍〕
剂〔劑〕
废〔廢〕
闸〔閘〕

闹〔閙〕[13]
*郑〔鄭〕
卷〔捲〕
*单〔單〕
炜〔煒〕
炝〔熗〕
炉〔爐〕
浅〔淺〕
泷〔瀧〕
泸〔瀘〕
泺〔濼〕
泞〔濘〕
泻〔瀉〕
泼〔潑〕
泽〔澤〕
泾〔涇〕
怜〔憐〕
㤘〔㥮〕
怿〔懌〕
峃〔嶨〕
学〔學〕
宝〔寶〕
宠〔寵〕
*审〔審〕
帘〔簾〕
实〔實〕
诓〔誆〕
诔〔誄〕
试〔試〕
诖〔詿〕
诗〔詩〕
诘〔詰〕
诙〔詼〕
诚〔誠〕
郓〔鄆〕
衬〔襯〕
祎〔禕〕
视〔視〕
诛〔誅〕
话〔話〕
诞〔誕〕
诟〔詬〕
诠〔詮〕
诡〔詭〕
询〔詢〕
诣〔詣〕
诤〔諍〕
该〔該〕
详〔詳〕
诧〔詫〕
诨〔諢〕
诩〔詡〕

【乛】

*肃〔肅〕[32]
隶〔隸〕
*录〔録〕
弥〔彌〕
〔瀰〕
陕〔陝〕
驽〔駑〕
驾〔駕〕
*参〔參〕
艰〔艱〕
线〔綫〕
绀〔紺〕
绁〔紲〕
绂〔紱〕
练〔練〕
组〔組〕
驵〔駔〕
绅〔紳〕
䌷〔紬〕
细〔細〕
驶〔駛〕
驸〔駙〕
驷〔駟〕
驹〔駒〕
终〔終〕
织〔織〕
驺〔騶〕
绉〔縐〕
驻〔駐〕
绊〔絆〕
驼〔駝〕
绋〔紼〕
绌〔絀〕
绍〔紹〕
驿〔驛〕
绎〔繹〕
经〔經〕
骀〔駘〕
绐〔紿〕
贯〔貫〕

9画

【一】

贰〔貳〕
帮〔幫〕
珑〔瓏〕
顸〔頇〕
韨〔韍〕
垭〔埡〕
挜〔掗〕
挝〔撾〕
项〔項〕
挞〔撻〕
挟〔挾〕
挠〔撓〕
赵〔趙〕
贲〔賁〕
挡〔擋〕
垲〔塏〕
挢〔撟〕
垫〔墊〕
挤〔擠〕
挥〔揮〕
挦〔撏〕
*荐〔薦〕
荚〔莢〕
贳〔貰〕
荛〔蕘〕
荜〔蓽〕
*带〔帶〕
茧〔繭〕
荞〔蕎〕
荟〔薈〕
荠〔薺〕
荡〔蕩〕
垩〔堊〕
荣〔榮〕
荤〔葷〕
荥〔滎〕
荦〔犖〕
荧〔熒〕
荨〔蕁〕
胡〔鬍〕
荩〔藎〕
荪〔蓀〕
荫〔蔭〕
荬〔蕒〕
荭〔葒〕
荮〔葤〕
药〔藥〕
标〔標〕
栈〔棧〕
栉〔櫛〕
栊〔櫳〕
栋〔棟〕
栌〔櫨〕
栎〔櫟〕
栏〔欄〕
柠〔檸〕
柽〔檉〕
树〔樹〕
䴓〔鳾〕
郦〔酈〕
咸〔鹹〕
砖〔磚〕
砗〔硨〕
砚〔硯〕
砜〔碸〕
面〔麵〕
牵〔牽〕
鸥〔鷗〕
龚〔龔〕
残〔殘〕
殇〔殤〕
轱〔軲〕
轲〔軻〕
轳〔轤〕
轴〔軸〕
轶〔軼〕
轷〔軤〕
轸〔軫〕
轹〔轢〕
轺〔軺〕
轻〔輕〕
鸦〔鴉〕
虿〔蠆〕

【丨】

战〔戰〕
觇〔覘〕
点〔點〕
临〔臨〕[18]
览〔覽〕
竖〔豎〕
*尝〔嘗〕[3]
眍〔瞘〕
昽〔曨〕
哑〔啞〕
显〔顯〕
哒〔噠〕
哓〔嘵〕
哔〔嗶〕
贵〔貴〕
虾〔蝦〕
蚁〔蟻〕
蚂〔螞〕
虽〔雖〕
骂〔駡〕
哕〔噦〕
剐〔剮〕
郧〔鄖〕
勋〔勛〕
哗〔嘩〕
响〔響〕
哙〔噲〕
哝〔噥〕
哟〔喲〕
峡〔峽〕
峣〔嶢〕
帧〔幀〕
罚〔罰〕
峤〔嶠〕
贱〔賤〕
贴〔貼〕
贶〔貺〕
贻〔貽〕

【丿】

钘〔鈃〕
钙〔鈣〕
钚〔鈈〕
钛〔鈦〕
𨱇〔釾〕
钝〔鈍〕
钞〔鈔〕
钟〔鍾〕
〔鐘〕
钡〔鋇〕
钢〔鋼〕
钠〔鈉〕
钥〔鑰〕
钦〔欽〕
钧〔鈞〕
钤〔鈐〕
钨〔鎢〕
钩〔鈎〕
钪〔鈧〕
钫〔鈁〕
钬〔鈥〕
钭〔鈄〕
钮〔鈕〕
钯〔鈀〕
毡〔氈〕
氢〔氫〕
选〔選〕
适〔適〕[30]
种〔種〕
秋〔鞦〕
复〔復〕
〔複〕
笃〔篤〕
俦〔儔〕
俨〔儼〕
俩〔倆〕
俪〔儷〕
贷〔貸〕
顺〔順〕
俭〔儉〕
剑〔劍〕
鸧〔鶬〕
须〔須〕
〔鬚〕
胧〔朧〕
胨〔腖〕
胪〔臚〕
胆〔膽〕
胜〔勝〕
胫〔脛〕
鸨〔鴇〕
狭〔狹〕
狮〔獅〕
独〔獨〕

狯〔獪〕
狱〔獄〕
狲〔猻〕
贸〔貿〕
饵〔餌〕
饶〔饒〕
蚀〔蝕〕
饷〔餉〕
饸〔餄〕
饹〔餎〕
饺〔餃〕
饻〔餏〕
饼〔餅〕

【丶】

峦〔巒〕
弯〔彎〕
孪〔孿〕
娈〔孌〕
*将〔將〕[11]
奖〔獎〕[11]
疬〔癧〕
疮〔瘡〕
疯〔瘋〕
*亲〔親〕
飒〔颯〕
闺〔閨〕
闻〔聞〕
闼〔闥〕
闽〔閩〕
闾〔閭〕
闿〔闓〕
阀〔閥〕
阁〔閣〕
阆〔閬〕
阂〔閡〕
养〔養〕
姜〔薑〕
类〔類〕[15]
*娄〔婁〕
总〔總〕
炼〔煉〕
炽〔熾〕
烁〔爍〕
烂〔爛〕
烃〔烴〕
洼〔窪〕
洁〔潔〕
洒〔灑〕
浃〔浹〕
浃〔浹〕
浇〔澆〕
浈〔湞〕
浉〔溮〕
浊〔濁〕
测〔測〕
浍〔澮〕
浏〔瀏〕
济〔濟〕
浐〔滻〕
浑〔渾〕
浒〔滸〕
浓〔濃〕
浔〔潯〕
浕〔濜〕
恸〔慟〕
恹〔懨〕
恺〔愷〕
恻〔惻〕
恼〔惱〕
恽〔惲〕
*举〔舉〕
觉〔覺〕
宪〔憲〕
窃〔竊〕
诫〔誡〕
诬〔誣〕
语〔語〕
袄〔襖〕
诮〔誚〕
祢〔禰〕
误〔誤〕
诰〔誥〕
诱〔誘〕
诲〔誨〕
诳〔誑〕
鸩〔鴆〕
说〔說〕
诵〔誦〕
诶〔誒〕

【乛】

垦〔墾〕
昼〔晝〕
费〔費〕
逊〔遜〕
陨〔隕〕
险〔險〕
贺〔賀〕
怼〔懟〕
垒〔壘〕
娅〔婭〕
娆〔嬈〕
娇〔嬌〕
绑〔綁〕
绒〔絨〕
结〔結〕
绔〔絝〕
骁〔驍〕
绕〔繞〕
经〔經〕
骄〔驕〕
骅〔驊〕
绘〔繪〕
骆〔駱〕
骈〔駢〕
绞〔絞〕
骇〔駭〕
统〔統〕
绗〔絎〕
给〔給〕
绚〔絢〕
绛〔絳〕
络〔絡〕
绝〔絕〕

10 画

【一】

艳〔艷〕
项〔項〕
珲〔琿〕
蚕〔蠶〕[1]
顽〔頑〕
盏〔盞〕
捞〔撈〕
载〔載〕
赶〔趕〕
盐〔鹽〕
埘〔塒〕
损〔損〕
埙〔塤〕
埚〔堝〕
捡〔撿〕
贽〔贄〕
挚〔摯〕
热〔熱〕
捣〔搗〕
壸〔壼〕
*聂〔聶〕
莱〔萊〕
莲〔蓮〕
莳〔蒔〕
莴〔萵〕
获〔獲〕
〔穫〕
莸〔蕕〕
恶〔惡〕
〔噁〕
䓖〔藭〕
莹〔瑩〕
莺〔鶯〕
鸪〔鴣〕
莼〔蓴〕
桡〔橈〕
桢〔楨〕
档〔檔〕
桤〔榿〕
桥〔橋〕
桦〔樺〕
桧〔檜〕
桩〔樁〕
样〔樣〕
贾〔賈〕
逦〔邐〕
砺〔礪〕
砾〔礫〕
础〔礎〕
砻〔礱〕
顾〔顧〕
轼〔軾〕
轾〔輊〕
轿〔轎〕
辂〔輅〕
较〔較〕
鸫〔鶇〕
顿〔頓〕
趸〔躉〕
毙〔斃〕
致〔緻〕

【丨】

龀〔齔〕
鸬〔鸕〕
*虑〔慮〕
*监〔監〕
紧〔緊〕
*党〔黨〕
唛〔嘜〕
晒〔曬〕
晓〔曉〕
唝〔嗊〕
唠〔嘮〕
鸭〔鴨〕
唡〔啢〕
晔〔曄〕
晕〔暈〕
鸮〔鴞〕
唢〔嗩〕
㖞〔喎〕
蚬〔蜆〕
鸯〔鴦〕
崂〔嶗〕
崃〔崍〕
*罢〔罷〕
圆〔圓〕
觊〔覬〕
贼〔賊〕
贿〔賄〕
赂〔賂〕
赃〔贓〕
赅〔賅〕
赆〔贐〕

【丿】

钰〔鈺〕
钱〔錢〕
钲〔鉦〕
钳〔鉗〕
钴〔鈷〕
钵〔鉢〕
钶〔鈳〕
钷〔鉕〕
钹〔鈸〕
钺〔鉞〕
钻〔鑽〕
钼〔鉬〕
钽〔鉭〕
钾〔鉀〕
铀〔鈾〕
钿〔鈿〕
铁〔鐵〕
铂〔鉑〕
铃〔鈴〕
铄〔鑠〕
铅〔鉛〕
铆〔鉚〕
铈〔鈰〕
铉〔鉉〕
铊〔鉈〕
铋〔鉍〕
铌〔鈮〕
铍〔鈹〕
䥽〔鏺〕
铎〔鐸〕
氩〔氬〕
牺〔犧〕
敌〔敵〕
积〔積〕
称〔稱〕
笕〔筧〕
*笔〔筆〕
债〔債〕
借〔藉〕[12]
倾〔傾〕
赁〔賃〕
颀〔頎〕
徕〔徠〕
舰〔艦〕
舱〔艙〕
耸〔聳〕
*爱〔愛〕
鸰〔鴒〕
颁〔頒〕
颂〔頌〕
脍〔膾〕
脏〔臟〕
〔髒〕

脐〔臍〕
脑〔腦〕
胶〔膠〕
脓〔膿〕
鸱〔鴟〕
玺〔璽〕
鱽〔魛〕
鸲〔鴝〕
猃〔獫〕
鸵〔鴕〕
袅〔裊〕
鸳〔鴛〕
皱〔皺〕
饽〔餑〕
饿〔餓〕
馁〔餒〕

【丶】

栾〔欒〕
挛〔攣〕
恋〔戀〕
桨〔槳〕⑪
浆〔漿〕⑪
症〔癥〕
痈〔癰〕
斋〔齋〕
痉〔痙〕
准〔準〕
*离〔離〕
颃〔頏〕
资〔資〕
竞〔競〕
阃〔閫〕
囵〔圇〕
阄〔鬮〕⑬
阅〔閱〕
阆〔閬〕
郸〔鄲〕
烦〔煩〕
烧〔燒〕
烛〔燭〕
烨〔燁〕
烩〔燴〕
烬〔燼〕
递〔遞〕
涛〔濤〕
涝〔澇〕
涞〔淶〕
涟〔漣〕
涠〔潿〕
涢〔溳〕
涡〔渦〕
涂〔塗〕
涤〔滌〕
润〔潤〕
涧〔澗〕
涨〔漲〕
烫〔燙〕
涩〔澀〕
悭〔慳〕
悯〔憫〕
宽〔寬〕
家〔傢〕
*宾〔賓〕
窍〔竅〕
窎〔窵〕
请〔請〕
诸〔諸〕
诹〔諏〕
诺〔諾〕
诼〔諑〕
读〔讀〕
诽〔誹〕
袜〔襪〕㉟
祯〔禎〕
课〔課〕
诿〔諉〕
谀〔諛〕
谁〔誰〕
谂〔諗〕
调〔調〕
谄〔諂〕
谅〔諒〕
谆〔諄〕
谇〔誶〕
谈〔談〕
谊〔誼〕
谉〔讅〕

【乛】

恳〔懇〕
剧〔劇〕
娲〔媧〕
娴〔嫻〕
*难〔難〕
预〔預〕
绠〔綆〕
骊〔驪〕
绡〔綃〕
骋〔騁〕
绢〔絹〕
绣〔綉〕
验〔驗〕
绥〔綏〕
绦〔縧〕
继〔繼〕
绨〔綈〕
骎〔駸〕
骏〔駿〕
鸶〔鷥〕

11画

【一】

焘〔燾〕
琎〔璡〕
琏〔璉〕
琐〔瑣〕
麸〔麩〕
掳〔擄〕
掴〔摑〕
鸷〔鷙〕
掷〔擲〕
掸〔撣〕
壶〔壺〕
悫〔慤〕
据〔據〕
掺〔摻〕
掼〔摜〕
职〔職〕
聍〔聹〕
萚〔蘀〕
勚〔勩〕
萝〔蘿〕
萤〔螢〕
营〔營〕
萦〔縈〕
萧〔蕭〕
萨〔薩〕
梦〔夢〕
觋〔覡〕
检〔檢〕
棂〔欞〕
*啬〔嗇〕
匮〔匱〕
酝〔醞〕
厣〔厴〕
硕〔碩〕
硖〔硤〕
硗〔磽〕
硙〔磑〕
硚〔礄〕
鸸〔鴯〕
聋〔聾〕
龚〔龔〕
袭〔襲〕
䴕〔鴷〕
殒〔殞〕
殓〔殮〕
赉〔賚〕
辄〔輒〕
辅〔輔〕
辆〔輛〕
堑〔塹〕

【丨】

颅〔顱〕
啧〔嘖〕
悬〔懸〕
啭〔囀〕
跃〔躍〕
啮〔嚙〕
跄〔蹌〕
蛎〔蠣〕
蛊〔蠱〕
蛏〔蟶〕
累〔纍〕
啰〔囉〕
啸〔嘯〕
帻〔幘〕
崭〔嶄〕
逻〔邏〕
帼〔幗〕
赈〔賑〕
婴〔嬰〕
赊〔賒〕

【丿】

铏〔鉶〕
铐〔銬〕
铑〔銠〕
铒〔鉺〕
铓〔鋩〕
铕〔銪〕
铗〔鋏〕
铙〔鐃〕
铛〔鐺〕
铝〔鋁〕
铜〔銅〕
铞〔銱〕
铟〔銦〕
铠〔鎧〕
铡〔鍘〕
铢〔銖〕
铣〔銑〕
铥〔銩〕
铤〔鋌〕
铧〔鏵〕
铨〔銓〕
铩〔鎩〕
铪〔鉿〕
铫〔銚〕
铭〔銘〕
铬〔鉻〕
铮〔錚〕
铯〔銫〕
铰〔鉸〕
铱〔銥〕
铲〔鏟〕
铳〔銃〕
铵〔銨〕
银〔銀〕
铷〔銣〕
矫〔矯〕
鸹〔鴰〕
秽〔穢〕
笺〔箋〕
笼〔籠〕
笾〔籩〕
偾〔僨〕
鸺〔鵂〕
偿〔償〕
偻〔僂〕
躯〔軀〕
皑〔皚〕
衅〔釁〕
鸻〔鴴〕
衔〔銜〕
舻〔艫〕
盘〔盤〕
鸼〔鵃〕
龛〔龕〕
鸽〔鴿〕
敛〔斂〕
领〔領〕
脶〔腡〕
脸〔臉〕
猎〔獵〕
猡〔玀〕
猕〔獼〕
馃〔餜〕
馄〔餛〕
馅〔餡〕
馆〔館〕

【丶】

鸾〔鸞〕
庼〔廎〕
痒〔癢〕
䴔〔鵁〕
旋〔鏇〕
阉〔閹〕
阊〔閶〕
阋〔鬩〕⑬
阌〔閿〕
阍〔閽〕
阎〔閻〕
阏〔閼〕
阐〔闡〕
羟〔羥〕
盖〔蓋〕
粝〔糲〕
*断〔斷〕
兽〔獸〕
焖〔燜〕
渍〔漬〕
鸿〔鴻〕
渎〔瀆〕
渐〔漸〕

渑〔澠〕
渊〔淵〕
渔〔漁〕
淀〔澱〕
渗〔滲〕
惬〔愜〕
惭〔慚〕
惧〔懼〕
惊〔驚〕
惮〔憚〕
惨〔慘〕
惯〔慣〕
祷〔禱〕
谌〔諶〕
谋〔謀〕
谍〔諜〕
谎〔謊〕
谏〔諫〕
皲〔皸〕
谐〔諧〕
谑〔謔〕
裆〔襠〕
祸〔禍〕
谒〔謁〕
谓〔謂〕
谔〔諤〕
谕〔諭〕
谖〔諼〕
谗〔讒〕
谘〔諮〕
谙〔諳〕
谚〔諺〕
谛〔諦〕
谜〔謎〕
谝〔諞〕
谞〔諝〕

【乛】

弹〔彈〕
堕〔墮〕
粜〔糶〕
*隐〔隱〕
媪〔媼〕
婵〔嬋〕
婶〔嬸〕
颇〔頗〕
颈〔頸〕
绩〔績〕
绪〔緒〕
绫〔綾〕
骐〔騏〕
续〔續〕
绮〔綺〕
骑〔騎〕
绯〔緋〕
绰〔綽〕
骒〔騍〕
绲〔緄〕
绳〔繩〕
骓〔騅〕
维〔維〕
绵〔綿〕
绶〔綬〕
绷〔繃〕
绸〔綢〕
绺〔綹〕
绻〔綣〕
综〔綜〕
绽〔綻〕
绾〔綰〕
绿〔綠〕
骖〔驂〕
缀〔綴〕
缁〔緇〕

12 画

【一】

靓〔靚〕
琼〔瓊〕
辇〔輦〕
鼋〔黿〕
趋〔趨〕
揽〔攬〕
颉〔頡〕
揿〔撳〕
搀〔攙〕
蛰〔蟄〕
絷〔縶〕
搁〔擱〕
搂〔摟〕
搅〔攪〕
联〔聯〕
蒇〔蕆〕
蒉〔蕢〕
蒋〔蔣〕
蒌〔蔞〕
韩〔韓〕
椟〔櫝〕
椤〔欏〕
赍〔賫〕
椭〔橢〕
鹁〔鵓〕
鹂〔鸝〕
觌〔覿〕
硷〔鹼〕
确〔確〕
詟〔讋〕
殚〔殫〕
颊〔頰〕
雳〔靂〕
辊〔輥〕
辋〔輞〕
椠〔槧〕
暂〔暫〕
辍〔輟〕
辎〔輜〕
翘〔翹〕

【丨】

辈〔輩〕
凿〔鑿〕
辉〔輝〕
赏〔賞〕㉙
睐〔睞〕
睑〔瞼〕
喷〔噴〕
畴〔疇〕
践〔踐〕
遗〔遺〕
蛱〔蛺〕
蛲〔蟯〕
蛳〔螄〕
蛴〔蠐〕
鹃〔鵑〕
喽〔嘍〕
嵘〔嶸〕
嵚〔嶔〕
嵝〔嶁〕
赋〔賦〕
婧〔婧〕
赌〔賭〕
赎〔贖〕
赐〔賜〕
赒〔賙〕
赔〔賠〕
赕〔賧〕

【丿】

铸〔鑄〕
铹〔鐒〕
铺〔鋪〕
铼〔錸〕
铽〔鋱〕
链〔鏈〕
铿〔鏗〕
销〔銷〕
锁〔鎖〕
锃〔鋥〕
锄〔鋤〕
锂〔鋰〕
锅〔鍋〕
锆〔鋯〕
锇〔鋨〕
锈〔銹〕
锉〔銼〕
锋〔鋒〕
锌〔鋅〕
锎〔鐦〕
锏〔鐧〕
锐〔鋭〕
锑〔銻〕
锒〔鋃〕
锓〔鋟〕
锔〔鋦〕
锕〔錒〕
犊〔犢〕
鹄〔鵠〕
鹅〔鵝〕
颋〔頲〕
筑〔築〕
筚〔篳〕
筛〔篩〕
牍〔牘〕
傥〔儻〕
傧〔儐〕
储〔儲〕
傩〔儺〕
惩〔懲〕
御〔禦〕
颌〔頜〕
释〔釋〕
鹆〔鵒〕
腊〔臘〕
腘〔膕〕
鱿〔魷〕
鲁〔魯〕
鲂〔魴〕
颍〔潁〕
飓〔颶〕
觞〔觴〕
惫〔憊〕
馇〔餷〕
馈〔饋〕
馉〔餶〕
馊〔餿〕
馋〔饞〕

【丶】

亵〔褻〕
装〔裝〕
蛮〔蠻〕
脔〔臠〕
痨〔癆〕
痫〔癇〕
赓〔賡〕
颏〔頦〕
鹇〔鷳〕
阑〔闌〕
阒〔闃〕
阔〔闊〕
阕〔闋〕
粪〔糞〕
鹈〔鵜〕
*窜〔竄〕
窝〔窩〕
喾〔嚳〕
愤〔憤〕
愦〔憒〕
滞〔滯〕
湿〔濕〕
溃〔潰〕
溅〔濺〕
溇〔漊〕
湾〔灣〕
谟〔謨〕
裢〔褳〕
裣〔襝〕
裤〔褲〕
裥〔襇〕
禅〔禪〕
谠〔讜〕
谡〔謖〕
谢〔謝〕
谣〔謡〕
谤〔謗〕
谥〔謚〕
谦〔謙〕
谧〔謐〕

【乛】

*属〔屬〕
屡〔屢〕
骘〔騭〕
巯〔巰〕
毵〔毿〕
翚〔翬〕
骛〔騖〕
缂〔緙〕
缃〔緗〕
缄〔緘〕
缅〔緬〕
缆〔纜〕
缇〔緹〕
缈〔緲〕
缉〔緝〕
缊〔緼〕
缌〔緦〕
缎〔緞〕
缑〔緱〕
缓〔緩〕
缒〔縋〕
缔〔締〕
缕〔縷〕
骗〔騙〕
编〔編〕
缗〔緡〕
骚〔騷〕
缘〔緣〕

飨〔饗〕

13 画

【一】

耢〔耮〕
鹉〔鵡〕
䴖〔鶄〕
韫〔韞〕
骜〔驁〕
摄〔攝〕
摅〔攄〕
摆〔擺〕
〔襬〕
赪〔赬〕
摈〔擯〕
毂〔轂〕
摊〔攤〕
鹊〔鵲〕
蓝〔藍〕
蓦〔驀〕
鹋〔鶓〕
蓟〔薊〕
蒙〔矇〕
〔濛〕
〔懞〕
颐〔頤〕
*献〔獻〕
蓣〔蕷〕
榄〔欖〕
榇〔櫬〕
榈〔櫚〕
楼〔樓〕
榉〔櫸〕
赖〔賴〕
碛〔磧〕
碍〔礙〕
碜〔磣〕
鹌〔鵪〕
尴〔尷〕
殨〔殨〕
雾〔霧〕
辏〔輳〕
辐〔輻〕
辑〔輯〕
输〔輸〕

【丨】

频〔頻〕
龃〔齟〕
龄〔齡〕
龅〔齙〕
龆〔齠〕
鉴〔鑒〕
韪〔韙〕
嗫〔囁〕
跷〔蹺〕
跸〔蹕〕
跻〔躋〕
跹〔躚〕
蜗〔蝸〕
嗳〔噯〕
赗〔賵〕

【丿】

锗〔鍺〕
错〔錯〕
锘〔鍩〕
锚〔錨〕
锛〔錛〕
锝〔鍀〕
锞〔錁〕
锟〔錕〕
锡〔錫〕
锢〔錮〕
锣〔鑼〕
锤〔錘〕
锥〔錐〕
锦〔錦〕
锧〔鑕〕
锨〔鍁〕
锫〔錇〕
锭〔錠〕
键〔鍵〕
锯〔鋸〕
锰〔錳〕
锱〔錙〕
辞〔辭〕
颓〔頽〕
䅟〔穇〕
筹〔籌〕
签〔簽〕
〔籤〕
简〔簡〕
觎〔覦〕
颔〔頷〕
腻〔膩〕
鹏〔鵬〕
腾〔騰〕
鲅〔鮁〕
鲆〔鮃〕
鲇〔鮎〕
鲈〔鱸〕
鲊〔鮓〕
稣〔穌〕
鲋〔鮒〕
䲟〔鮣〕
鲍〔鮑〕
鲏〔鮍〕
鲐〔鮐〕
颖〔穎〕
鸧〔鶬〕
飔〔颸〕
触〔觸〕
雏〔雛〕
馎〔餺〕
馍〔饃〕
馏〔餾〕
馐〔饈〕

【丶】

酱〔醬〕⑪
鹑〔鶉〕
瘅〔癉〕
瘆〔瘮〕
鹒〔鶊〕
阖〔闔〕
阗〔闐〕
阙〔闕〕
誊〔謄〕
粮〔糧〕
数〔數〕
滟〔灧〕
滠〔灄〕
满〔滿〕
滤〔濾〕
滥〔濫〕
滗〔潷〕
滦〔灤〕
漓〔灕〕
滨〔濱〕
滩〔灘〕
滪〔澦〕
慑〔懾〕
誉〔譽〕
鲎〔鱟〕
骞〔騫〕
寝〔寢〕
窥〔窺〕
窦〔竇〕
谨〔謹〕
谩〔謾〕
谪〔謫〕
谫〔譾〕
谬〔謬〕

【乛】

辟〔闢〕
嫒〔嬡〕
嫔〔嬪〕
缙〔縉〕
缜〔縝〕
缚〔縛〕
缛〔縟〕
辔〔轡〕
缝〔縫〕
骝〔騮〕
缞〔縗〕
缟〔縞〕
缠〔纏〕②
缡〔縭〕
缢〔縊〕
缣〔縑〕
缤〔繽〕
骗〔騙〕

14 画

【一】

瑷〔璦〕
赘〔贅〕
觏〔覯〕
韬〔韜〕
叆〔靉〕
墙〔墻〕
撄〔攖〕
蔷〔薔〕
蔑〔衊〕
蔹〔蘞〕
蔺〔藺〕
蔼〔藹〕
鹕〔鶘〕
槚〔檟〕
槛〔檻〕
槟〔檳〕
槠〔櫧〕
酽〔釅〕
酾〔釃〕
酿〔釀〕
霁〔霽〕
愿〔願〕
殡〔殯〕
辕〔轅〕
辖〔轄〕
辗〔輾〕

【丨】

龇〔齜〕
龈〔齦〕
䴗〔鶪〕
颗〔顆〕
䁖〔瞜〕
暧〔曖〕
鹖〔鶡〕
踌〔躊〕
踊〔踴〕
蜡〔蠟〕
蝈〔蟈〕
蝇〔蠅〕
蝉〔蟬〕
鹗〔鶚〕
嘤〔嚶〕
罴〔羆〕
赙〔賻〕
罂〔罌〕
赚〔賺〕
鹘〔鶻〕

【丿】

锲〔鍥〕
锴〔鍇〕
锶〔鍶〕
锷〔鍔〕
锹〔鍬〕
锸〔鍤〕
锻〔鍛〕
锼〔鎪〕
锾〔鍰〕
锵〔鏘〕
锿〔鎄〕
镀〔鍍〕
镁〔鎂〕
镂〔鏤〕
镃〔鎡〕
镄〔鐨〕
镅〔鎇〕
鹙〔鶖〕
稳〔穩〕
箦〔簀〕
箧〔篋〕
箨〔籜〕
箩〔籮〕
箪〔簞〕
箓〔籙〕
箫〔簫〕
舆〔輿〕
膑〔臏〕
鲑〔鮭〕
鲒〔鮚〕
鲔〔鮪〕
鲖〔鮦〕
鲗〔鰂〕
鲙〔鱠〕
鲚〔鱭〕
鲛〔鮫〕
鲜〔鮮〕
鲟〔鱘〕
飗〔飀〕
馑〔饉〕
馒〔饅〕

【丶】

銮〔鑾〕
瘗〔瘞〕
瘘〔瘻〕
阚〔闞〕
鲝〔鮺〕
鲞〔鯗〕
糁〔糝〕
鹚〔鷀〕
潇〔瀟〕
潋〔瀲〕

滩〔灘〕
赛〔賽〕
窭〔窶〕
谭〔譚〕
谮〔譖〕
禯〔襀〕
褛〔褸〕
谯〔譙〕
谰〔讕〕
谱〔譜〕
谲〔譎〕

【乛】

鹛〔鶥〕
嫱〔嬙〕
鹜〔鶩〕
缥〔縹〕
骠〔驃〕
缦〔縵〕
骡〔騾〕
缧〔縲〕
缨〔纓〕
骢〔驄〕
缩〔縮〕
缪〔繆〕
缫〔繅〕

15 画

【一】

耧〔耬〕
璎〔瓔〕
叇〔靆〕
撵〔攆〕
撷〔擷〕
撺〔攛〕
聩〔聵〕
聪〔聰〕
觐〔覲〕
鞑〔韃〕
鞒〔鞽〕
蕲〔蘄〕
赜〔賾〕
蕴〔藴〕
樯〔檣〕
樱〔櫻〕
飘〔飄〕
靥〔靨〕
魇〔魘〕
餍〔饜〕
霉〔黴〕
辘〔轆〕

【丨】

龉〔齬〕
龊〔齪〕
觑〔覷〕
瞒〔瞞〕
题〔題〕
颙〔顒〕
踬〔躓〕
踯〔躑〕
蝾〔蠑〕
蝼〔螻〕
噜〔嚕〕
嘱〔囑〕
颛〔顓〕

【丿】

镊〔鑷〕
镇〔鎮〕
镉〔鎘〕
镋〔鎲〕
镌〔鎸〕
镍〔鎳〕
镎〔鎿〕
镏〔鎦〕
镐〔鎬〕
镑〔鎊〕
镒〔鎰〕
镓〔鎵〕
镔〔鑌〕
⿰钅扇〔⿰金扇〕
篑〔簣〕
篓〔簍〕
䴘〔鷉〕
鹡〔鶺〕
鹢〔鷁〕
鲠〔鯁〕
鲡〔鱺〕
鲢〔鰱〕
鲣〔鰹〕
鲥〔鰣〕
鲤〔鯉〕
鲦〔鰷〕
鲧〔鯀〕
鲩〔鯇〕
鲫〔鯽〕
馓〔饊〕
馔〔饌〕

【丶】

瘪〔癟〕
瘫〔癱〕
齑〔齏〕
颜〔顔〕
鹣〔鶼〕
鲨〔鯊〕
澜〔瀾〕
额〔額〕
谳〔讞〕
褴〔襤〕
谴〔譴〕
鹤〔鶴〕
谵〔譫〕

【乛】

屦〔屨〕
缬〔纈〕
缭〔繚〕
缮〔繕〕
缯〔繒〕

16 画

【一】

耢〔耮〕
擞〔擻〕
颞〔顳〕
薮〔藪〕
颠〔顛〕
橹〔櫓〕
橼〔櫞〕
鹥〔鷖〕
赝〔贋〕
飙〔飆〕
豮〔豶〕
錾〔鏨〕
辙〔轍〕
辚〔轔〕

【丨】

鹾〔鹺〕
螨〔蟎〕
鹦〔鸚〕
赠〔贈〕

【丿】

⿰钅著〔鐯〕
镖〔鏢〕
镗〔鏜〕
镘〔鏝〕
镚〔鏰〕
镛〔鏞〕
镜〔鏡〕
镝〔鏑〕
镞〔鏃〕
氇〔氌〕
赞〔贊〕
穑〔穡〕
篮〔籃〕
篱〔籬〕
魉〔魎〕
鲭〔鯖〕
鲮〔鯪〕
鲰〔鯫〕
鲱〔鯡〕
鲲〔鯤〕
鲳〔鯧〕
鲵〔鯢〕
鲶〔鯰〕
鲷〔鯛〕
鲸〔鯨〕
鲻〔鯔〕
獭〔獺〕

【丶】

鹧〔鷓〕
瘿〔癭〕
瘾〔癮〕
孄〔孏〕
辩〔辯〕
濑〔瀨〕
濒〔瀕〕
懒〔懶〕
黉〔黌〕

【乛】

鹨〔鷚〕
颡〔顙〕
缰〔繮〕
缱〔繾〕
缲〔繰〕
缳〔繯〕
缴〔繳〕

17 画

【一】

藓〔蘚〕
鹩〔鷯〕

【丨】

龋〔齲〕
龌〔齷〕
瞩〔矚〕
蹒〔蹣〕
蹑〔躡〕
蟏〔蠨〕
⿰口阑〔囒〕
羁〔羈〕
赡〔贍〕

【丿】

镢〔鐝〕
镣〔鐐〕
镤〔鏷〕
镥〔鑥〕
镦〔鐓〕
镧〔鑭〕
𫔍〔鐥〕
镨〔鐠〕
镩〔鑹〕
镪〔鏹〕
镫〔鐙〕
簖〔籪〕
鹪〔鷦〕
䲠〔鰆〕
鲽〔鰈〕
鲿〔鱨〕
鳃〔鰓〕
鳁〔鰮〕
鳄〔鰐〕
鳅〔鰍〕
鳆〔鰒〕
鳇〔鰉〕
⿰鱼酋〔鰌〕
鳊〔鯿〕

【丶】

鹫〔鷲〕
辫〔辮〕
嬴〔贏〕
懑〔懣〕

【乛】

鹬〔鷸〕
骤〔驟〕

18 画

【一】

鳌〔鰲〕
鞯〔韉〕
黡〔黶〕

【丨】

⿸虍敫〔⿸虍敫〕
颢〔顥〕
鹭〔鷺〕
嚣〔囂〕
髅〔髏〕

【丿】

镬〔鑊〕
镭〔鐳〕
镮〔鐶〕
镯〔鐲〕
镰〔鐮〕
镱〔鐿〕
雠〔讎〕[5]
䲢〔鰧〕
鳍〔鰭〕
鳎〔鰨〕
鳏〔鰥〕
鳑〔鰟〕
鳒〔鰜〕

【丶】

鹯〔鸇〕
鹰〔鷹〕
癞〔癩〕
冁〔囅〕
䜩〔讌〕

【乛】

䴙〔鸊〕

19 画

【一】

攒〔攢〕
霭〔靄〕

【丨】
鳖〔鱉〕
蹿〔躥〕
巅〔巔〕
髋〔髖〕
髌〔髕〕
【丿】
镲〔鑔〕
籁〔籟〕
鳘〔鰵〕
鳓〔鰳〕
鳔〔鰾〕
鳕〔鱈〕
鳗〔鰻〕
鳙〔鱅〕
鳛〔鰼〕
【丶】
颤〔顫〕
癣〔癬〕
谶〔讖〕
【乛】
骥〔驥〕
缵〔纘〕

20 画

【一】
瓒〔瓚〕
鬓〔鬢〕
颥〔顬〕
【丨】
鼍〔鼉〕
黩〔黷〕
【丿】
镳〔鑣〕
镴〔鑞〕
臜〔臢〕
鳜〔鱖〕
鳝〔鱔〕
鳞〔鱗〕
鳟〔鱒〕
【乛】
骧〔驤〕

21 画

颦〔顰〕
躏〔躪〕
鳢〔鱧〕
鳣〔鱣〕
癫〔癲〕
赣〔贛〕
灏〔灝〕

22 画

鹳〔鸛〕
镶〔鑲〕

23 画

趱〔趲〕
颧〔顴〕
躜〔躦〕

25 画

镢〔钁〕
馕〔饢〕
戆〔戇〕

从繁体查简体

7 画

*〔車〕车
*〔夾〕夹
〔貝〕贝
〔見〕见
〔壯〕壮
〔妝〕妆

8 画

【一】
*〔長〕长[4]
〔亞〕亚
〔軋〕轧
〔東〕东
*〔兩〕两
〔協〕协
*〔來〕来
*〔戔〕戋
【丨】
*〔門〕门
〔岡〕冈
【丿】
*〔侖〕仑
〔兒〕儿
【乛】
〔狀〕状
〔糾〕纠

9 画

【一】
〔剋〕克
〔軌〕轨
〔厙〕厍
*〔頁〕页
〔郟〕郏
〔剄〕刭
〔勁〕劲
【丨】
〔貞〕贞
〔則〕则
〔閂〕闩
〔迴〕回
【丿】
〔俠〕侠
〔係〕系
〔鳧〕凫
〔帥〕帅
〔後〕后
〔釓〕钆
〔負〕负
*〔風〕风
【丶】
〔訂〕订
〔計〕计
〔訃〕讣
〔軍〕军
〔祇〕只
【乛】
〔陣〕阵
*〔韋〕韦
〔陝〕陕
〔陘〕陉
〔飛〕飞
〔紆〕纡
〔紅〕红
〔紂〕纣
〔紈〕纨
〔級〕级
〔約〕约
〔紇〕纥
〔紀〕纪
〔紉〕纫

10 画

【一】
*〔馬〕马[20]
〔挾〕挟
〔貢〕贡
*〔華〕华
〔莢〕荚
〔莖〕茎
〔莧〕苋
〔莊〕庄[50]
〔軒〕轩
〔連〕连
〔軔〕轫
〔剗〕刬
【丨】
〔鬥〕斗
*〔時〕时
*〔畢〕毕
〔財〕财
〔覎〕觃
〔閃〕闪
〔唄〕呗
〔員〕员
*〔豈〕岂
〔峽〕峡
〔峴〕岘
〔剛〕刚
〔剮〕剐
【丿】
*〔氣〕气
〔郵〕邮
〔倀〕伥
〔倆〕俩
*〔條〕条[33]
〔們〕们
〔個〕个
〔倫〕伦
〔隻〕只
〔島〕岛
*〔烏〕乌[35]
*〔師〕师
〔徑〕径
〔釘〕钉
〔針〕针
〔釗〕钊
〔釙〕钋
〔釕〕钌
*〔殺〕杀
*〔倉〕仓
〔脅〕胁
〔狹〕狭
〔狽〕狈
*〔芻〕刍
【丶】
〔訐〕讦
〔訌〕讧
〔討〕讨
〔訕〕讪
〔訖〕讫
〔訓〕训
〔這〕这
〔訊〕讯
〔記〕记
〔凍〕冻
〔畝〕亩
〔庫〕库
〔浹〕浃
〔涇〕泾
【乛】
〔書〕书
〔陸〕陆
〔陳〕陈
*〔孫〕孙
*〔陰〕阴
〔務〕务
〔紜〕纭
〔純〕纯
〔紕〕纰
〔紗〕纱
〔納〕纳
〔紝〕纴
〔紛〕纷
〔紙〕纸
〔紋〕纹
〔紡〕纺
〔紖〕纼
〔紐〕纽
〔紓〕纾

11 画

【一】
〔責〕责
〔現〕现
〔匭〕匦

〔規〕规
〔殻〕壳⑭
〔埡〕垭
〔掗〕挜
〔捨〕舍
〔捫〕扪
〔掆〕㧏
〔堝〕埚
〔頂〕顶
〔掄〕抡
〔執〕执
〔捲〕卷
〔掃〕扫
〔堊〕垩
〔萊〕莱
〔萵〕莴
〔乾〕干⑦
〔梘〕枧
〔軛〕轭
〔斬〕斩
〔軟〕软
〔專〕专
〔區〕区㉖
〔堅〕坚
*〔帶〕带
〔厠〕厕
〔硃〕朱
〔麥〕麦
〔頃〕顷
【丨】
*〔鹵〕卤
〔處〕处
〔敗〕败
〔販〕贩
〔貶〕贬
〔啞〕哑
〔閉〕闭
〔問〕问
*〔婁〕娄
〔啢〕唡
*〔國〕国
〔喎〕㖞
〔帳〕帐
〔東〕岽
〔崍〕崃
〔崗〕岗
〔圇〕囵
*〔過〕过
【丿】
〔氫〕氢
*〔動〕动
〔偵〕侦
〔側〕侧
〔貨〕货
*〔進〕进
〔梟〕枭
*〔鳥〕鸟㉔
〔偉〕伟
〔徠〕徕
〔術〕术㉛
*〔從〕从
〔針〕钍
〔釬〕钎
〔釧〕钏
〔釤〕钐
〔釣〕钓
〔釩〕钒
〔釹〕钕
〔釵〕钗
〔貪〕贪
〔覓〕觅
〔飥〕饦
〔貧〕贫
〔脛〕胫
*〔魚〕鱼
【丶】
〔詎〕讵
〔訝〕讶
〔訥〕讷
〔許〕许
〔訛〕讹
〔訢〕䜣
〔訩〕讻
〔訟〕讼
〔設〕设
〔訪〕访
〔訣〕诀
*〔產〕产
〔牽〕牵
〔烴〕烃
〔涞〕涞
〔淺〕浅
〔渦〕涡
〔淪〕沦
〔悵〕怅
〔鄆〕郓
〔啓〕启
〔視〕视
【乛】
*〔將〕将⑪
〔晝〕昼
〔張〕张
〔階〕阶
〔陽〕阳
*〔隊〕队
〔婭〕娅
〔媧〕娲
〔婦〕妇
〔習〕习
*〔參〕参
〔紺〕绀
〔紲〕绁
〔紱〕绂
〔組〕组
〔紳〕绅
〔紬〕䌷
〔細〕细
〔終〕终
〔絆〕绊
〔紼〕绋
〔絀〕绌
〔紹〕绍
〔紿〕绐
〔貫〕贯
*〔鄉〕乡

12 画

【一】
〔貳〕贰
〔預〕预
*〔堯〕尧㊸
〔揀〕拣
〔馭〕驭
〔項〕项
〔賁〕贲
〔場〕场
〔揚〕扬
〔塊〕块
*〔達〕达
〔報〕报
〔揮〕挥
〔壺〕壶
〔惡〕恶
〔葉〕叶㊹
〔貰〕贳
*〔萬〕万
〔葷〕荤
〔喪〕丧
〔葦〕苇
〔葒〕荭
〔蕁〕荨
〔棖〕枨
〔棟〕栋
〔棧〕栈
〔棡〕㭎
〔極〕极
〔軲〕轱
〔軻〕轲
〔軸〕轴
〔軼〕轶
〔軤〕轷
〔軫〕轸
〔軺〕轺
*〔畫〕画
〔腎〕肾
〔棗〕枣
〔硨〕砗
〔硤〕硖
〔硯〕砚
〔殘〕残
*〔雲〕云
【丨】
〔覘〕觇
〔睏〕困
〔貼〕贴
〔貺〕贶
〔貯〕贮
〔貽〕贻
〔閏〕闰
〔開〕开
〔閑〕闲
〔間〕间
〔閔〕闵
〔悶〕闷
〔貴〕贵
〔鄖〕郧
〔勛〕勋
*〔單〕单
〔喲〕哟
*〔買〕买
〔剴〕剀
〔凱〕凯
〔幀〕帧
〔嵐〕岚
〔幃〕帏
〔圍〕围
【丿】
*〔無〕无㊲
〔氬〕氩
*〔喬〕乔
*〔筆〕笔
*〔備〕备
〔貸〕贷
〔順〕顺
〔傖〕伧
〔傷〕㑇
〔傢〕家
〔鄔〕邬
〔衆〕众
〔復〕复
〔須〕须
〔鉶〕铏
〔鈣〕钙
〔鈈〕钚
〔鈦〕钛
〔釾〕铘
〔鈍〕钝
〔鈔〕钞
〔鈉〕钠
〔鈐〕钤
〔欽〕钦
〔鈞〕钧
〔鈎〕钩
〔鈧〕钪
〔鈁〕钫
〔鈥〕钬
〔斜〕钭
〔鈕〕钮
〔鈀〕钯
〔傘〕伞
〔爺〕爷
〔創〕创
〔飩〕饨
〔飪〕饪
〔飫〕饫
〔飭〕饬
〔飯〕饭
〔飲〕饮
*〔爲〕为
〔脹〕胀
〔腖〕胨
〔腡〕脶
〔勝〕胜
*〔猶〕犹
〔貿〕贸
〔鄒〕邹
【丶】
〔詁〕诂
〔訶〕诃
〔評〕评
〔詛〕诅
〔詷〕诇
〔詐〕诈
〔訴〕诉
〔診〕诊
〔詆〕诋
〔詞〕词
〔詘〕诎
〔詔〕诏
〔詒〕诒
〔馮〕冯
〔痙〕痉
〔勞〕劳
〔湞〕浈
〔測〕测
〔湯〕汤
〔淵〕渊
〔渢〕沨
〔渾〕浑
〔愜〕惬
〔惻〕恻
〔惲〕恽
〔惱〕恼

〔運〕运
〔補〕补
〔禍〕祸
【乛】
*〔尋〕寻
〔費〕费
〔違〕违
〔韌〕韧
〔隕〕陨
〔賀〕贺
*〔發〕发
〔綁〕绑
〔絨〕绒
〔結〕结
〔絝〕绔
〔絰〕绖
〔絎〕绗
〔給〕给
〔絢〕绚
〔絳〕绛
〔絡〕络
〔絞〕绞
〔統〕统
〔絕〕绝
〔絲〕丝
*〔幾〕几

13 画

【一】
〔項〕项
〔琿〕珲
〔瑋〕玮
〔頑〕顽
〔載〕载
〔馱〕驮
〔馴〕驯
〔馳〕驰
〔塒〕埘
〔塤〕埙
〔損〕损
〔遠〕远
〔塏〕垲
〔勢〕势
〔搶〕抢
〔搗〕捣
〔塢〕坞
〔壺〕壶
*〔聖〕圣
〔蓋〕盖
〔蓮〕莲
〔蒔〕莳
〔蓽〕荜
〔夢〕梦
〔蒼〕苍
〔幹〕干
〔蓀〕荪
〔蔭〕荫
〔蒓〕莼
〔楨〕桢
〔楊〕杨
*〔嗇〕啬
〔楓〕枫
〔軾〕轼
〔輊〕轾
〔輅〕辂
〔較〕较
〔竪〕竖
〔賈〕贾
*〔匯〕汇
〔電〕电
〔頓〕顿
〔盞〕盏
【丨】
*〔歲〕岁
*〔虜〕虏
*〔業〕业
*〔當〕当
〔睞〕睐
〔賊〕贼
〔賄〕贿
〔賂〕赂
〔賅〕赅
〔嗎〕吗
〔嘩〕哗
〔嗊〕唝
〔暘〕旸
〔閘〕闸
*〔黽〕黾[23]
〔暈〕晕
〔號〕号
〔園〕园
〔蛺〕蛱
〔蜆〕蚬
*〔農〕农
〔嗩〕唢
〔嗶〕哔
〔鳴〕鸣
〔嗆〕呛
〔圓〕圆
〔骯〕肮
【丿】
〔筧〕笕
*〔節〕节
*〔與〕与
〔債〕债
〔僅〕仅
〔傳〕传
〔傴〕伛
〔傾〕倾
〔僂〕偻
〔賃〕赁
〔傷〕伤
〔傭〕佣
〔梟〕枭
〔頎〕颀
〔鈺〕钰
〔鉦〕钲
〔鉗〕钳
〔鈷〕钴
〔鉢〕钵
〔鉅〕钜
〔鈳〕钶
〔鈸〕钹
〔鉞〕钺
〔鉬〕钼
〔鉭〕钽
〔鉀〕钾
〔鈾〕铀
〔鈿〕钿
〔鉑〕铂
〔鈴〕铃
〔鉛〕铅
〔鉚〕铆
〔鈰〕铈
〔鉉〕铉
〔鉈〕铊
〔鉍〕铋
〔鈮〕铌
〔鈹〕铍
*〔僉〕佥
*〔會〕会
〔亂〕乱
*〔愛〕爱
〔飾〕饰
〔飽〕饱
〔飼〕饲
〔飿〕饳
〔飴〕饴
〔頒〕颁
〔頌〕颂
〔腸〕肠
〔腫〕肿
〔腦〕脑
〔魛〕鱽
〔獁〕犸
〔鳩〕鸠
〔獅〕狮
〔猻〕狲
【丶】
〔誆〕诓
〔誄〕诔
〔試〕试
〔詿〕诖
〔詩〕诗
〔詰〕诘
〔誇〕夸
〔詼〕诙
〔誠〕诚
〔誅〕诛
〔話〕话
〔誕〕诞
〔詬〕诟
〔詮〕诠
〔詭〕诡
〔詢〕询
〔詣〕诣
〔諍〕诤
〔該〕该
〔詳〕详
〔詫〕诧
〔詡〕诩
〔裏〕里
〔準〕准
〔頏〕颃
〔資〕资
〔羥〕羟
*〔義〕义[45]
〔煉〕炼
〔煩〕烦
〔煬〕炀
〔塋〕茔
〔煢〕茕
〔煒〕炜
〔遞〕递
〔溝〕沟
〔漣〕涟
〔滅〕灭
〔溳〕涢
〔滌〕涤
〔溮〕浉
〔塗〕涂
〔滄〕沧
〔愷〕恺
〔愾〕忾
〔愴〕怆
〔㥮〕㤘
〔窩〕窝
〔禎〕祯
〔禕〕祎
【乛】
*〔肅〕肃[32]
〔裝〕装
〔遜〕逊
〔際〕际
〔媽〕妈
〔預〕预
〔綆〕绠
〔經〕经
〔綃〕绡
〔絹〕绢
〔綉〕绣
〔綏〕绥
〔綈〕绨
〔彙〕汇

14 画

【一】
〔瑪〕玛
〔璉〕琏
〔瑣〕琐
〔瑲〕玱
〔駁〕驳
〔摶〕抟
〔摳〕抠
〔趙〕赵
〔趕〕赶
〔摟〕搂
〔摑〕掴
〔臺〕台
〔過〕过
〔墊〕垫
*〔壽〕寿
〔摺〕折[48]
〔摻〕掺
〔摜〕掼
〔勩〕勚
〔蔞〕蒌
〔蔦〕茑
〔蓯〕苁
〔蔔〕卜
〔蔣〕蒋
〔薌〕芗
〔構〕构
〔樺〕桦
〔榿〕桤
〔覡〕觋
〔槍〕枪
〔輒〕辄
〔輔〕辅
〔輕〕轻
〔塹〕堑
〔匱〕匮
*〔監〕监
〔緊〕紧
〔厲〕厉
*〔厭〕厌
〔碩〕硕
〔碭〕砀
〔碸〕砜
〔奩〕奁
*〔爾〕尔
〔奪〕夺
〔殞〕殒

〔鳶〕鸢
〔𨅬〕䟢
【丨】
*〔對〕对
〔幣〕币
〔彆〕别
*〔嘗〕尝③
〔嘖〕啧
〔曄〕晔
〔夥〕伙⑨
〔賑〕赈
〔賒〕赊
〔嘆〕叹
〔暢〕畅
〔嘜〕唛
〔閨〕闺
〔聞〕闻
〔閩〕闽
〔閭〕闾
〔閥〕阀
〔閤〕合
〔閣〕阁
〔閘〕闸
〔閡〕阂
〔嘔〕呕
〔蝸〕蜗
〔團〕团
〔嘍〕喽
〔鄲〕郸
〔鳴〕鸣
〔幘〕帻
〔嶄〕崭
〔嶇〕岖
〔罰〕罚
〔嶁〕嵝
〔幗〕帼
〔圖〕图
【丿】
〔製〕制

〔種〕种
〔稱〕称
〔箋〕笺
〔僥〕侥
〔僨〕偾
〔僕〕仆㉗
〔僑〕侨
〔僞〕伪
〔銜〕衔
〔鉶〕铏
〔銬〕铐
〔銠〕铑
〔鉺〕铒
〔鋩〕铓
〔鋪〕铺
〔鋁〕铝
〔銅〕铜
〔銱〕铞
〔銦〕铟
〔銖〕铢
〔銑〕铣
〔銩〕铥
〔鋌〕铤
〔銓〕铨
〔鉿〕铪
〔銚〕铫
〔銘〕铭
〔鉻〕铬
〔錚〕铮
〔銫〕铯
〔鉸〕铰
〔銥〕铱
〔銃〕铳
〔銨〕铵
〔銀〕银
〔銣〕铷
〔戧〕戗
〔餌〕饵
〔蝕〕蚀

〔餉〕饷
〔餄〕饸
〔餎〕饹
〔餃〕饺
〔餏〕饻
〔餅〕饼
〔領〕领
〔鳳〕凤
〔颱〕台
〔獄〕狱
【丶】
〔誡〕诫
〔誣〕诬
〔語〕语
〔誚〕诮
〔誤〕误
〔誥〕诰
〔誘〕诱
〔誨〕诲
〔誑〕诳
〔說〕说
〔認〕认
〔誦〕诵
〔誒〕诶
*〔廣〕广
〔麽〕么㉒
〔廎〕庼
〔瘧〕疟
〔瘍〕疡
〔瘋〕疯
〔塵〕尘
〔颯〕飒
〔適〕适㉚
*〔齊〕齐
〔養〕养
〔鄰〕邻
*〔鄭〕郑
〔燁〕烨
〔熗〕炝

〔榮〕荣
〔滎〕荥
〔犖〕荦
〔熒〕荧
〔漬〕渍
〔漢〕汉
〔滿〕满
〔漸〕渐
〔漚〕沤
〔滯〕滞
〔滷〕卤
〔漊〕溇
〔漁〕渔
〔滸〕浒
〔滻〕浐
〔滬〕沪
〔漲〕涨
〔滲〕渗
〔慚〕惭
〔慪〕怄
〔慳〕悭
〔慟〕恸
〔慘〕惨
〔慣〕惯
〔寬〕宽
*〔賓〕宾
〔窪〕洼
*〔寧〕宁㉕
〔寢〕寝
〔實〕实
〔皸〕皲
〔複〕复
【乛】
〔劃〕划
*〔盡〕尽
〔屢〕屡
〔獎〕奖⑪
〔墮〕堕
〔隨〕随

〔韍〕韨
〔墜〕坠
〔嫗〕妪
〔頗〕颇
〔態〕态
〔鄧〕邓
〔緒〕绪
〔綾〕绫
〔綺〕绮
〔綫〕线
〔緋〕绯
〔綽〕绰
〔緄〕绲
〔綱〕纲
〔網〕网
〔維〕维
〔綿〕绵
〔綸〕纶
〔綬〕绶
〔綳〕绷
〔綢〕绸
〔綹〕绺
〔綣〕绻
〔綜〕综
〔綻〕绽
〔綰〕绾
〔綠〕绿
〔綴〕缀
〔緇〕缁

15 画

【一】
〔鬧〕闹⑬
〔璡〕琎
〔靚〕靓
〔輦〕辇
〔髮〕发
〔撓〕挠
〔墳〕坟

〔撻〕挞
〔駔〕驵
〔駛〕驶
〔駟〕驷
〔駙〕驸
〔駒〕驹
〔駐〕驻
〔駝〕驼
〔駘〕骀
〔撲〕扑
〔頡〕颉
〔撣〕掸
*〔賣〕卖㉑
〔撫〕抚
〔撟〕挢
〔撳〕揿
〔熱〕热
〔鞏〕巩
〔摯〕挚
〔撈〕捞
〔穀〕谷
〔慤〕悫
〔撏〕挦
〔撥〕拨
〔蕘〕荛
〔蕆〕蒇
〔蕓〕芸
〔邁〕迈
〔蕢〕蒉
〔蕒〕荬
〔蕪〕芜
〔蕎〕荞
〔蕕〕莸
〔蕩〕荡
〔蕁〕荨
〔樁〕桩
〔樞〕枢
〔標〕标
〔樓〕楼

〔樅〕枞
〔麩〕麸
〔賚〕赉
〔樣〕样
〔橢〕椭
〔輛〕辆
〔輥〕辊
〔輞〕辋
〔槧〕椠
〔暫〕暂
〔輪〕轮
〔輟〕辍
〔輜〕辎
〔甌〕瓯
〔歐〕欧
〔毆〕殴
〔賢〕贤
*〔遷〕迁
〔鳾〕䴓
〔憂〕忧
〔碼〕码
〔磑〕硙
〔確〕确
〔賫〕赍
〔遼〕辽
〔殤〕殇
〔鴉〕鸦
【丨】
〔輩〕辈
〔劌〕刿
*〔齒〕齿
〔劇〕剧
〔膚〕肤
*〔慮〕虑
〔鄴〕邺
〔輝〕辉
〔賞〕赏㉓
〔賦〕赋
〔䝼〕䞍

〔賬〕账
〔賭〕赌
〔賤〕贱
〔賜〕赐
〔賙〕赒
〔賠〕赔
〔賧〕赕
〔嘵〕哓
〔噴〕喷
〔噠〕哒
〔噁〕恶
〔闠〕阓
〔閫〕阃
〔閱〕阅
〔閬〕阆
〔數〕数
〔踐〕践
〔遺〕遗
〔蝦〕虾
〔嘸〕呒
〔嘮〕唠
〔噝〕咝
〔嘰〕叽
〔嶢〕峣
*〔罷〕罢
〔嶠〕峤
〔嶔〕嵚
〔幟〕帜
〔嶗〕崂

【丿】

〔頲〕颋
〔篋〕箧
〔範〕范
〔價〕价
〔儂〕侬
〔儉〕俭
〔儈〕侩
〔億〕亿
〔儀〕仪
〔皚〕皑
*〔樂〕乐
*〔質〕质
〔徵〕征[49]
〔衝〕冲
〔慫〕怂
〔徹〕彻
〔衛〕卫
〔盤〕盘
〔鋪〕铺
〔鋏〕铗
〔鋱〕铽
〔銷〕销
〔鋥〕锃
〔鋰〕锂
〔鋇〕钡
〔鋤〕锄
〔鋯〕锆
〔鋨〕锇
〔銹〕锈
〔銼〕锉
〔鋒〕锋
〔鋅〕锌
〔鋭〕锐
〔銻〕锑
〔鋃〕锒
〔鋟〕锓
〔錒〕锕
〔鍋〕锅
〔領〕领
〔劍〕剑
〔劊〕刽
〔鄶〕郐
〔餑〕饽
〔餓〕饿
〔餘〕余[46]
〔餒〕馁
〔膞〕䏝
〔膕〕腘
〔膠〕胶
〔鴇〕鸨
〔魷〕鱿
〔魯〕鲁
〔魴〕鲂
〔穎〕颖
〔颳〕刮
*〔劉〕刘
〔皺〕皱

【丶】

〔請〕请
〔諸〕诸
〔諏〕诹
〔諾〕诺
〔諑〕诼
〔誹〕诽
〔課〕课
〔諉〕诿
〔諛〕谀
〔誰〕谁
〔論〕论
〔諗〕谂
〔調〕调
〔諂〕谄
〔諒〕谅
〔諄〕谆
〔誶〕谇
〔談〕谈
〔誼〕谊
〔廟〕庙
〔廠〕厂
〔廡〕庑
〔瘞〕瘗
〔瘡〕疮
〔賡〕赓
〔慶〕庆[28]
〔廢〕废
〔敵〕敌
〔頦〕颏
〔導〕导
〔瑩〕莹
〔潔〕洁
〔澆〕浇
〔澾〕㳠
〔潤〕润
〔澗〕涧
〔潰〕溃
〔潿〕涠
〔潷〕滗
〔潙〕沩
〔澇〕涝
〔潯〕浔
〔潑〕泼
〔憤〕愤
〔憫〕悯
〔憒〕愦
〔憚〕惮
〔憮〕怃
〔憐〕怜
*〔寫〕写[41]
*〔審〕审
*〔窮〕穷
〔褳〕裢
〔褲〕裤
〔鴆〕鸩

【乛】

〔遲〕迟
〔層〕层
〔彈〕弹
〔選〕选
〔槳〕桨[11]
〔漿〕浆[11]
〔險〕险
〔嬈〕娆
〔嫻〕娴
〔駕〕驾
〔嬋〕婵
〔嫵〕妩
〔嬌〕娇
〔嬀〕妫
〔嫿〕婳
〔駑〕驽
〔翬〕翚
〔毿〕毵
〔緙〕缂
〔緗〕缃
〔練〕练
〔緘〕缄
〔緬〕缅
〔緹〕缇
〔緲〕缈
〔緝〕缉
〔緼〕缊
〔緦〕缌
〔緞〕缎
〔緱〕缑
〔縋〕缒
〔緩〕缓
〔締〕缔
〔編〕编
〔緡〕缗
〔緯〕纬
〔緣〕缘

16 画

【一】

〔璣〕玑
〔墻〕墙
〔駱〕骆
〔駭〕骇
〔駢〕骈
〔擓〕㧟
〔擄〕掳
〔擋〕挡
〔擇〕择
〔赬〕赪
〔撿〕捡
〔擔〕担
〔壇〕坛
〔擁〕拥
〔據〕据
〔薔〕蔷
〔薑〕姜
〔薈〕荟
〔薊〕蓟
*〔薦〕荐
〔蕭〕萧
〔頤〕颐
〔鴣〕鸪
〔薩〕萨
〔蕷〕蓣
〔橈〕桡
〔樹〕树
〔樸〕朴
〔橋〕桥
〔機〕机
〔輳〕辏
〔輻〕辐
〔輯〕辑
〔輸〕输
〔賴〕赖
〔頭〕头
〔醞〕酝
〔醜〕丑
〔勵〕励
〔磧〕碛
〔磚〕砖
〔磣〕碜
*〔歷〕历
〔曆〕历
〔奮〕奋
〔頰〕颊
〔殨〕㱮
〔殫〕殚
〔頸〕颈

【丨】

〔頻〕频
*〔盧〕卢
〔曉〕晓
〔瞞〕瞒
〔縣〕县[40]
〔瞘〕眍
〔瞜〕䁖
〔賵〕赗
〔鴨〕鸭
〔閾〕阈
〔閹〕阉
〔閶〕阊
〔閿〕阌
〔閽〕阍
〔閻〕阎
〔閼〕阏
〔曇〕昙
〔噸〕吨
〔鴞〕鸮
〔噦〕哕
〔踴〕踊
〔螞〕蚂
〔螄〕蛳
〔噹〕当
〔罵〕骂
〔噥〕哝
〔戰〕战
〔噲〕哙
〔鴦〕鸯
〔噯〕嗳
〔嘯〕啸
〔還〕还
〔嶧〕峄
〔嶼〕屿

【丿】

〔積〕积
〔頹〕颓
〔穇〕䅟
〔篤〕笃

〔築〕筑
〔篳〕筚
〔篩〕筛
〔舉〕举
〔興〕兴
〔嶨〕峃
〔學〕学
〔儔〕俦
〔憊〕惫
〔儕〕侪
〔儐〕傧
〔盡〕尽
〔鴕〕鸵
〔艙〕舱
〔錶〕表
〔鍺〕锗
〔錯〕错
〔鍩〕锘
〔錨〕锚
〔錛〕锛
〔錸〕铼
〔錢〕钱
〔鍀〕锝
〔錁〕锞
〔錕〕锟
〔鍆〕钔
〔錫〕锡
〔錮〕锢
〔鋼〕钢
〔鍋〕锅
〔錘〕锤
〔錐〕锥
〔錦〕锦
〔鍁〕锨
〔錇〕锫
〔錠〕锭
〔鍵〕键
*〔録〕录
〔鋸〕锯
〔錳〕锰
〔錙〕锱
〔覦〕觎
〔墾〕垦
〔餞〕饯
〔餜〕馃
〔餛〕馄
〔餡〕馅
〔館〕馆
〔頷〕颔
〔鴝〕鸲
〔膩〕腻
〔鴟〕鸱
〔鮁〕鲅
〔鮃〕鲆
〔鮎〕鲇
〔鮓〕鲊
〔穌〕稣
〔鮒〕鲋
〔鮣〕䲟
〔鮑〕鲍
〔鮍〕鲏
〔鮐〕鲐
〔鴒〕鸰
〔獲〕获
〔穎〕颖
〔獨〕独
〔獫〕猃
〔獪〕狯
〔鴛〕鸳

【丶】

〔謀〕谋
〔諶〕谌
〔諜〕谍
〔謊〕谎
〔諫〕谏
〔諧〕谐
〔謔〕谑
〔謁〕谒
〔謂〕谓
〔諤〕谔
〔諭〕谕
〔諼〕谖
〔諷〕讽
〔諮〕谘
〔諳〕谙
〔諺〕谚
〔諦〕谛
〔謎〕谜
〔諢〕诨
〔諞〕谝
〔諱〕讳
〔諝〕谞
〔憑〕凭
〔鄺〕邝
〔瘻〕瘘
〔瘮〕瘆
*〔親〕亲
〔辦〕办
*〔龍〕龙
〔劑〕剂
〔燒〕烧
〔燜〕焖
〔熾〕炽
〔螢〕萤
〔營〕营
〔縈〕萦
〔燈〕灯
〔濛〕蒙
〔燙〕烫
〔澠〕渑
〔濃〕浓
〔澤〕泽
〔濁〕浊
〔澮〕浍
〔澱〕淀
〔澦〕滪
〔懞〕蒙
〔懌〕怿
〔憶〕忆
〔憲〕宪
〔窺〕窥
〔窶〕窭
〔窵〕窎
〔褸〕褛
〔禪〕禅

【乛】

*〔隱〕隐
〔嬙〕嫱
〔嬡〕嫒
〔縉〕缙
〔縝〕缜
〔縛〕缚
〔縟〕缛
〔緻〕致
〔縧〕绦
〔縫〕缝
〔縐〕绉
〔縗〕缞
〔縞〕缟
〔縭〕缡
〔縑〕缣
〔縊〕缢

17 画

【一】

〔耬〕耧
〔環〕环
〔贅〕赘
〔璦〕瑷
〔覯〕觏
〔黿〕鼋
〔幫〕帮
〔騁〕骋
〔駸〕骎
〔駿〕骏
〔趨〕趋
〔擱〕搁
〔擬〕拟
〔擴〕扩
〔壙〕圹
〔擠〕挤
〔蟄〕蛰
〔縶〕絷
〔擲〕掷
〔擯〕摈
〔擰〕拧
〔轂〕毂
〔聲〕声
〔藉〕借[12]
〔聰〕聪
〔聯〕联
〔艱〕艰
〔藍〕蓝
〔舊〕旧
〔薺〕荠
〔藎〕荩
〔韓〕韩
〔隸〕隶
〔檉〕柽
〔檣〕樯
〔檟〕槚
〔檔〕档
〔櫛〕栉
〔檢〕检
〔檜〕桧
〔麯〕曲
〔轅〕辕
〔轄〕辖
〔輾〕辗
〔擊〕击
〔臨〕临[18]
〔磽〕硗
〔壓〕压[42]
〔礄〕硚
〔磯〕矶
〔鴯〕鸸
〔邇〕迩
〔尷〕尴
〔鴷〕䴕
〔殮〕殓

【丨】

〔齔〕龀
〔戲〕戏
〔虧〕亏
〔斃〕毙
〔瞭〕了[17]
〔顆〕颗
〔購〕购
〔賻〕赙
〔嬰〕婴
〔賺〕赚
〔嚇〕吓[43]
〔闌〕阑
〔闃〕阒
〔闆〕板
〔闊〕阔
〔闈〕闱
〔闋〕阕
〔曖〕暧
〔蹕〕跸
〔蹌〕跄
〔蟎〕螨
〔螻〕蝼
〔蟈〕蝈
〔雖〕虽
〔嚀〕咛
〔覬〕觊
〔嶺〕岭[19]
〔嶸〕嵘
〔點〕点

【丿】

〔矯〕矫
〔鴰〕鸹
〔簣〕篑
〔簍〕篓
〔輿〕舆
〔歟〕欤
〔鵂〕鸺
*〔龜〕龟
〔優〕优
〔償〕偿
〔儲〕储
〔魎〕魉
〔鴴〕鸻
〔禦〕御
〔聳〕耸
〔鵃〕鸼
〔鍥〕锲
〔鍇〕锴
〔鍘〕铡
〔鍚〕钖
〔鍶〕锶
〔鍔〕锷
〔鍤〕锸
〔鍾〕钟
〔鍛〕锻
〔鎪〕锼
〔鍬〕锹
〔鍰〕锾
〔鎄〕锿
〔鍍〕镀
〔鎂〕镁
〔鎡〕镃
〔鎇〕镅
〔懇〕恳
〔餷〕馇
〔餳〕饧
〔餶〕馉
〔餿〕馊
〔斂〕敛
〔鴿〕鸽
〔膿〕脓
〔臉〕脸

〔膾〕脍
〔膽〕胆
〔謄〕誊
〔鮭〕鲑
〔鮚〕鲒
〔鮪〕鲔
〔鮦〕鲖
〔鮫〕鲛
〔鮮〕鲜
〔颶〕飓
〔獷〕犷
〔獰〕狞

【丶】

〔講〕讲
〔謨〕谟
〔謖〕谡
〔謝〕谢
〔謠〕谣
〔謅〕诌
〔謗〕谤
〔謚〕谥
〔謙〕谦
〔謐〕谧
〔褻〕亵
〔氈〕毡
〔應〕应
〔癘〕疠
〔療〕疗
〔癇〕痫
〔癉〕瘅
〔癆〕痨
〔鵁〕䴔
〔齋〕斋
〔鯗〕鲞
〔鮝〕鲞
〔糞〕粪
〔糝〕糁
〔燦〕灿
〔燭〕烛
〔燴〕烩
〔鴻〕鸿
〔濤〕涛
〔濫〕滥
〔濕〕湿
〔濟〕济
〔濱〕滨
〔濘〕泞
〔濜〕浕
〔澀〕涩
〔濰〕潍
〔懨〕恹
〔賽〕赛
〔襇〕裥
〔襀〕䙌
〔襖〕袄
〔禮〕礼

【乛】

〔屨〕屦
〔彌〕弥
〔嬪〕嫔
〔績〕绩
〔縹〕缥
〔縷〕缕
〔縵〕缦
〔縲〕缧
〔總〕总
〔縱〕纵
〔纖〕纤
〔縮〕缩
〔繆〕缪
〔繅〕缫
〔嚮〕向

18 画

【一】

〔耮〕耢
〔鬩〕阋[13]
〔瓊〕琼
〔擷〕擷
〔鬆〕松
〔翹〕翘
〔擷〕撷
〔擾〕扰
〔騏〕骐
〔騎〕骑
〔騍〕骒
〔騅〕骓
〔攄〕摅
〔擻〕擞
〔鼕〕冬
〔擺〕摆
〔贄〕贽
〔燾〕焘
*〔聶〕聂
〔聵〕聩
〔職〕职
*〔藝〕艺
〔覲〕觐
〔鞦〕秋
〔藪〕薮
〔蠆〕虿
〔繭〕茧
〔藥〕药
〔藭〕䓖
〔賾〕赜
〔蘊〕蕴
〔臺〕台
〔櫃〕柜
〔檻〕槛
〔櫚〕榈
〔檳〕槟
〔檸〕柠
〔鵓〕鹁
〔轉〕转
〔轆〕辘
〔醫〕医
〔礎〕础
〔殯〕殡
〔霧〕雾

【丨】

*〔豐〕丰[6]
〔覷〕觑
〔懟〕怼
〔叢〕丛
〔矇〕蒙
〔題〕题
〔韙〕韪
〔瞼〕睑
〔闖〕闯
〔闔〕阖
〔闐〕阗
〔闓〕闿
〔闕〕阙
〔顒〕颙
〔曠〕旷
〔蹣〕蹒
〔嚙〕啮
〔壘〕垒
〔蟯〕蛲
*〔蟲〕虫
〔蟬〕蝉
〔蟣〕虮
〔鵑〕鹃
〔嚕〕噜
〔顓〕颛

【丿】

〔鵠〕鹄
〔鵝〕鹅
〔獲〕获
〔穡〕穑
〔穢〕秽
〔簡〕简
〔簣〕篑
〔簞〕箪
*〔雙〕双
〔軀〕躯
*〔邊〕边
*〔歸〕归
〔鏵〕铧
〔鎮〕镇
〔鏈〕链
〔鎘〕镉
〔鎖〕锁
〔鎧〕铠
〔鎸〕镌
〔鎳〕镍
〔鎢〕钨
〔鎩〕铩
〔鎿〕镎
〔鎦〕镏
〔鎬〕镐
〔鎊〕镑
〔鎰〕镒
〔鎵〕镓
〔鎘〕镉
〔鵒〕鹆
〔饃〕馍
〔餺〕馎
〔餼〕饩
〔餾〕馏
〔饈〕馐
〔臍〕脐
〔鯁〕鲠
〔鯉〕鲤
〔鯀〕鲧
〔鯇〕鲩
〔鯽〕鲫
〔颸〕飔
〔颼〕飕
〔觴〕觞
〔獵〕猎
〔雛〕雏
〔臏〕膑

【丶】

〔謹〕谨
〔謳〕讴
〔謾〕谩
〔謫〕谪
〔謭〕谫
〔謬〕谬
〔癤〕疖
〔雜〕杂
*〔離〕离
〔顏〕颜
〔糧〕粮
〔燼〕烬
〔鵜〕鹈
〔瀆〕渎
〔濾〕滤
〔瀘〕泸
〔鯊〕鲨
〔濺〕溅
〔瀏〕浏
〔濼〕泺
〔瀉〕泻
〔瀋〕沈
*〔竄〕窜
〔竅〕窍
〔額〕额
〔禰〕祢
〔襠〕裆
〔襝〕裣
〔褥〕褥

【乛】

〔醬〕酱[11]
〔韞〕韫
〔隴〕陇
〔嬸〕婶
〔繞〕绕
〔繚〕缭
〔織〕织
〔繕〕缮
〔繒〕缯
*〔斷〕断

19 画

【一】

〔鵡〕鹉
〔鶄〕䴖
〔鬍〕胡
〔騙〕骗
〔騷〕骚
〔壢〕坜
〔壚〕垆
〔壞〕坏[8]
〔攏〕拢
〔攆〕撵
*〔難〕难
〔鵲〕鹊
〔蘢〕茏
〔蘋〕苹
〔蘆〕芦
〔鶘〕鹕
〔藺〕蔺
〔躉〕趸
〔蘄〕蕲
〔勸〕劝
〔蘇〕苏
〔藹〕蔼
〔蘢〕茏
〔顛〕颠
〔櫝〕椟
〔櫟〕栎
〔櫓〕橹
〔櫧〕槠
〔櫞〕橼
〔轎〕轿
〔鏨〕錾
〔轍〕辙
〔轔〕辚
〔繫〕系[10]
〔鶇〕鸫
*〔麗〕丽[16]

〔曆〕曆
〔礪〕砺
〔礙〕碍
〔礦〕矿
〔贋〕赝
〔願〕愿
〔鵪〕鹌
〔璽〕玺
〔豶〕豮
【丨】
〔贈〕赠
〔闞〕阚
〔關〕关
〔嚦〕呖
〔疇〕畴
〔蹺〕跷
〔蟶〕蛏
〔蠅〕蝇
〔蟻〕蚁
*〔嚴〕严
〔獸〕兽
〔嚨〕咙
〔羆〕罴
*〔羅〕罗
【丿】
〔氌〕氇
〔犢〕犊
〔贊〕赞
〔穩〕稳
〔簽〕签
〔簾〕帘
〔簫〕箫
〔牘〕牍
〔懲〕惩
〔鐯〕𫓴
〔鏗〕铿
〔鏢〕镖
〔鏜〕镗
〔鏤〕镂
〔鏝〕镘
〔鏰〕镚
〔鏞〕镛
〔鏡〕镜
〔鏟〕铲
〔鏑〕镝
〔鏃〕镞
〔鏇〕旋
〔鏘〕锵
〔辭〕辞
〔饉〕馑
〔饅〕馒
〔鵬〕鹏
〔臘〕腊
〔鯖〕鲭
〔鯪〕鲮
〔鯫〕鲰
〔鯡〕鲱
〔鯤〕鲲
〔鯧〕鲳
〔鯢〕鲵
〔鯰〕鲶
〔鯛〕鲷
〔鯨〕鲸
〔鯔〕鲻
〔獺〕獭
〔鶬〕鸧
〔飀〕飗
【、】
〔譚〕谭
〔譖〕谮
〔譙〕谯
〔識〕识
〔譜〕谱
〔證〕证
〔譎〕谲
〔譏〕讥
〔鶉〕鹑
〔廬〕庐
〔癟〕瘪
〔癢〕痒
〔龐〕庞
〔壟〕垄
〔鶊〕鹒
〔類〕类[15]
〔爍〕烁
〔瀟〕潇
〔瀨〕濑
〔瀝〕沥
〔瀕〕濒
〔瀘〕泸
〔瀧〕泷
〔懶〕懒
〔懷〕怀
〔寵〕宠
〔襪〕袜[35]
〔襤〕褴
【乛】
〔韜〕韬
〔騭〕骘
〔騖〕骛
〔顙〕颡
〔繮〕缰
〔繩〕绳
〔繾〕缱
〔繰〕缲
〔繹〕绎
〔繯〕缳
〔繳〕缴
〔繪〕绘

20 画

【一】
〔瓏〕珑
〔驁〕骜
〔驊〕骅
〔騮〕骝
〔騶〕驺
〔騸〕骟
〔攖〕撄
〔攔〕拦
〔攙〕搀
〔聹〕聍
〔顢〕颟
〔驀〕蓦
〔蘭〕兰
〔蘞〕蔹
〔蘚〕藓
〔鶘〕鹕
〔飄〕飘
〔櫪〕枥
〔櫨〕栌
〔櫸〕榉
〔礬〕矾
〔麵〕面
〔櫬〕榇
〔櫳〕栊
〔礫〕砾
【丨】
〔鹹〕咸
〔鹺〕鹾
〔齟〕龃
〔齡〕龄
〔齣〕出
〔齙〕龅
〔齠〕龆
*〔獻〕献
*〔黨〕党
〔懸〕悬
〔鶪〕䴗
〔罌〕罂
〔贍〕赡
〔闥〕闼
〔闡〕阐
〔鶡〕鹖
〔曨〕昽
〔蠣〕蛎
〔蠐〕蛴
〔蠑〕蝾
〔嚶〕嘤
〔鶚〕鹗
〔髏〕髅
〔鶻〕鹘
【丿】
〔犧〕牺
〔鶖〕鹙
〔籌〕筹
〔籃〕篮
〔譽〕誉
〔覺〕觉
〔嚳〕喾
〔衊〕蔑
〔艦〕舰
〔鐃〕铙
〔鐝〕镢
〔鐐〕镣
〔鏷〕镤
〔鐦〕锎
〔鐧〕锏
〔鐓〕镦
〔鐘〕钟
〔鐥〕𫓹
〔鐠〕镨
〔鐒〕铹
〔鐋〕𫓺
〔鐨〕镄
〔鐙〕镫
〔鏺〕钹
〔釋〕释
〔饒〕饶
〔饊〕馓
〔饋〕馈
〔饌〕馔
〔饑〕饥
〔臚〕胪
〔朧〕胧
〔騰〕腾
〔鰆〕䲠
〔鰈〕鲽
〔鰂〕鲗
〔鰛〕鳁
〔鰓〕鳃
〔鰐〕鳄
〔鰍〕鳅
〔鰒〕鳆
〔鰉〕鳇
〔鰌〕䲡
〔鯿〕鳊
〔獼〕猕
〔觸〕触
【、】
〔護〕护
〔譴〕谴
〔譯〕译
〔譫〕谵
〔議〕议
〔癥〕症
〔辮〕辫
〔龑〕䶮
〔競〕竞
〔贏〕赢
〔糲〕粝
〔糰〕团
〔鷀〕鹚
〔爐〕炉
〔瀾〕澜
〔瀲〕潋
〔瀰〕弥
〔懺〕忏
〔寶〕宝
〔騫〕骞
〔竇〕窦
〔襬〕摆
【乛】
〔鶥〕鹛
〔鶩〕鹜
〔纊〕纩
〔繽〕缤
〔繼〕继
〔饗〕飨
〔響〕响

21 画

【一】
〔耬〕耧
〔瓔〕璎
〔鰲〕鳌
〔攝〕摄
〔騾〕骡
〔驅〕驱
〔驃〕骠
〔驄〕骢
〔驂〕骖
〔攛〕撺
〔擻〕擞
〔鞽〕鞒
〔韃〕鞑
〔歡〕欢
〔權〕权
〔櫻〕樱
〔欄〕栏
〔轟〕轰
〔覽〕览
〔酈〕郦
〔飆〕飙
〔殲〕歼
【丨】
〔齜〕龇
〔齦〕龈
〔獻〕𪾢
〔贓〕赃
〔囁〕嗫
〔囈〕呓
〔闢〕辟

〔囀〕啭
〔顥〕颢
〔躊〕踌
〔躋〕跻
〔躑〕踯
〔躍〕跃
〔纍〕累
〔蠟〕蜡
〔囂〕嚣
〔巋〕岿
〔髒〕脏

【丿】

〔儺〕傩
〔儷〕俪
〔儼〕俨
〔鷉〕䴘
〔鐵〕铁
〔鑊〕镬
〔鐳〕镭
〔鐺〕铛
〔鐸〕铎
〔鐶〕镮
〔鐲〕镯
〔鐮〕镰
〔鐿〕镱
〔鶺〕鹡
〔鷂〕鹞
〔鷄〕鸡
〔鶬〕鸧
〔臟〕脏
〔臢〕臜
〔鰭〕鳍
〔鰱〕鲢
〔鰣〕鲥
〔鰨〕鳎
〔鰥〕鳏
〔鰷〕鲦
〔鰟〕鳑
〔鰜〕鳒

【丶】

〔癩〕癞
〔癧〕疬
〔癮〕瘾
〔斕〕斓
〔辯〕辩
〔礱〕砻
〔鶼〕鹣
〔爛〕烂
〔鶯〕莺
〔灄〕滠
〔灃〕沣
〔灕〕漓
〔懾〕慑
〔懼〕惧
〔竈〕灶
〔顧〕顾
〔襯〕衬
〔鶴〕鹤

【乛】

*〔屬〕属
〔纈〕缬
〔續〕续
〔纏〕缠[2]

22 画

【一】

〔鬚〕须
〔驍〕骁
〔驕〕骄
〔攤〕摊
〔覿〕觌
〔攢〕攒
〔鷙〕鸷
〔聽〕听
〔蘿〕萝
〔驚〕惊
〔轢〕轹
〔鷗〕鸥
〔鑒〕鉴
〔邐〕逦
〔鷖〕鹥
〔霽〕霁

【丨】

〔齬〕龉
〔齪〕龊
〔鱉〕鳖
〔贖〕赎
〔躚〕跹
〔躓〕踬
〔蠨〕蟏
〔蘇〕苏
〔囉〕啰
〔囅〕冁
〔鸈〕鹎
〔巔〕巅
〔邏〕逻
〔體〕体

【丿】

〔罎〕坛
〔籜〕箨
〔籟〕籁
〔籙〕箓
〔籠〕笼
〔鰵〕鳘
〔儻〕傥
〔艫〕舻
〔鑄〕铸
〔鑌〕镔
〔鑔〕镲
〔龕〕龛
〔糴〕籴
〔鰳〕鳓
〔鰹〕鲣
〔鰾〕鳔
〔鱈〕鳕
〔鰻〕鳗
〔鱅〕鳙
〔鰼〕鳛
〔玀〕猡

【丶】

〔讀〕读
〔讅〕谉
〔巒〕峦
〔彎〕弯
〔孿〕孪
〔孌〕娈
〔顫〕颤
〔鷓〕鹧
〔癭〕瘿
〔癬〕癣
〔聾〕聋
〔龔〕龚
〔襲〕袭
〔灘〕滩
〔灑〕洒
〔竊〕窃

【乛】

〔鷚〕鹨
〔轡〕辔

23 画

【一】

〔瓚〕瓒
〔驛〕驿
〔驗〕验
〔攪〕搅
〔欏〕椤
〔轤〕轳
〔靨〕靥
〔魘〕魇
〔饜〕餍
〔鷯〕鹩
〔靆〕叇
〔顬〕颥

【丨】

〔曬〕晒
〔鷳〕鹇
〔顯〕显
〔蠱〕蛊
〔髖〕髋
〔髕〕髌

【丿】

〔籤〕签
〔讎〕雠[5]
〔鷦〕鹪
〔黴〕霉
〔鑠〕铄
〔鑕〕锧
〔鑥〕镥
〔鑣〕镳
〔鑞〕镴
〔臢〕臜
〔鱖〕鳜
〔鱔〕鳝
〔鱗〕鳞
〔鱒〕鳟
〔鱘〕鲟

【丶】

〔讌〕䜩
〔欒〕栾
〔攣〕挛
〔變〕变
〔戀〕恋
〔鷲〕鹫
〔癰〕痈
〔齏〕齑
〔讋〕詟

【乛】

〔鷸〕鹬
〔纓〕缨
〔纖〕纤[39]
〔纔〕才
〔鸑〕鹙

24 画

【一】

〔鬢〕鬓
〔攬〕揽
〔驟〕骤
〔壩〕坝
〔韆〕千
〔觀〕观
〔鹽〕盐
〔釀〕酿
〔靂〕雳
*〔靈〕灵
〔靄〕霭
〔蠶〕蚕[1]

【丨】

〔艷〕艳
〔顰〕颦
〔齲〕龋
〔齷〕龌
〔鹼〕硷
〔臟〕赃
〔鷺〕鹭
〔囑〕嘱
〔羈〕羁

【丿】

〔籩〕笾
〔籬〕篱
〔籪〕簖
〔黌〕黉
〔鱟〕鲎
〔鱧〕鳢
〔鱠〕鲙
〔鱣〕鳣

【丶】

〔讕〕谰
〔讖〕谶
〔讒〕谗
〔讓〕让
〔鸇〕鹯
〔鷹〕鹰
〔癱〕瘫
〔癲〕癫
〔贛〕赣
〔灝〕灏

【乛】

〔鸊〕䴙

25 画

【一】

〔韉〕鞯
〔欖〕榄
〔靉〕叆

【丨】

〔顱〕颅
〔躡〕蹑
〔躥〕蹿
〔鼉〕鼍

【丿】

〔籮〕箩
〔鑭〕镧
〔鑰〕钥
〔鑲〕镶
〔饞〕馋
〔鱨〕鲿
〔鱭〕鲚

【丶】

〔蠻〕蛮
〔臠〕脔
〔廳〕厅[34]
〔灣〕湾

【乛】

〔糶〕粜
〔纘〕缵

26 画

【一】

〔驥〕骥

〔驢〕驴
〔趲〕趱
〔顴〕颧
〔黶〕黡
〔釃〕酾
〔釅〕酽
【丨】
〔矚〕瞩
〔躪〕躏

〔躦〕躜
【丿】
〔釁〕衅
〔鑷〕镊
〔鑹〕镩
【丶】
〔灤〕滦

27 画

【一】
〔鬮〕阄⑬
〔驤〕骧
〔顳〕颞
【丨】
〔鸕〕鸬
〔黷〕黩
【丿】
〔鑼〕锣
〔鑽〕钻
〔鱸〕鲈
【丶】
〔讞〕谳
〔讜〕谠
〔鑾〕銮
〔灩〕滟
【乛】
〔纜〕缆

28 画

〔鸛〕鹳
〔欞〕棂
〔鑿〕凿
〔鸚〕鹦
〔钂〕镋
〔钁〕镢
〔戇〕戆

29 画

〔驪〕骊
〔鬱〕郁

30 画

〔鸝〕鹂
〔饢〕馕
〔鱺〕鲡
〔鸞〕鸾

32 画

〔籲〕吁㊼

注释：

①蚕：上从天，不从夭。

②缠：右从厘，不从厘。

③尝：不是賞的简化字。賞的简化字是赏（见 1680 页 shǎng）。

④长：四笔。笔顺是：ノ 𠂉 ⻓ 长。

⑤雠：用于校雠、雠定、仇雠等。表示仇恨、仇敌义时用仇。

⑥四川省酆都县已改丰都县，姓酆的酆不简化作邦。

⑦乾坤、乾隆的乾读 qián（前），不简化。

⑧不作坯。坯是砖坯的坯，读 pī（批），坏、坯二字不可互混。

⑨作多解的夥不简化。

⑩系带子的系读 jì（计）。

⑪将、浆、桨、奖、酱：右上角从夕，不从夕或⺤。

⑫藉口、凭藉的藉简化作借，慰藉、狼藉等的藉仍用藉。

⑬門字头的字，一般也写作門字头，如鬧、鬮、鬩写作閙、鬮、鬩。因此，这些門字头的字可简化作门字头，但鬥争的鬥应简作斗（见 1674 页 dòu）。

⑭壳：几上没有一小横。

⑮类：下从大，不从犬。

⑯丽：七笔。上边一横，不作两小横。

⑰瞭：读 liǎo（了解）时，仍简作了，读 liào（瞭望）时作瞭，不简作了。

⑱临：左从一短竖一长竖，不从刂。

⑲岭：不作岺，免与岑混。

⑳马：三笔。笔顺是：𠃍马马。上部向左稍斜，左上角开口，末笔作左偏旁时改作平挑。

㉑卖：从十从买，上不从士或土。

㉒读 me 轻声。读 yāo（夭）的么应作幺（么本字）。吆应作吆。麽读 mó（摩）时不简化，如幺麽小丑。

㉓黾：从口从电。

㉔鸟：五笔。

㉕作门屏之间解的宁（古字罕用）读 zhù（柱）。为避免此宁字与寧的简化字混淆，原读 zhù 的宁作㝉。

㉖区：不作区。

㉗前仆后继的仆读 pū（扑）。

㉘庆：从大，不从犬。

㉙赏：不可误作尝。尝是嘗的简化字（见 1674 页 cháng）。

㉚古人南宫适、洪适的适（古字罕用）读 kuò（括）。此适字本作𨓈，为了避免

混淆,可恢复本字沍。

㉛中药苍术、白术的术读 zhú(竹)。

㉜肃:中间一竖下面的两边从八,下半中间不从米。

㉝条:上从夂,三笔,不从攵。

㉞厅:从厂,不从广。

㉟袜:从末,不从未。

㊱乌:四笔。

㊲无:四笔,上从二,不可误作旡。

㊳恐吓的吓读 hè(赫)。

㊴纤维的纤读 xiān(先)。

㊵县:七笔。上从且。

㊶写:上从冖,不从宀。

㊷压:六笔。土的右旁有一点。

㊸尧:六笔。右上角无点,不可误作尧。

㊹叶韵的叶读 xié(协)。

㊺义:从乂(读 yì)加点,不可误作叉(读 chā)。

㊻在余和馀意义可能混淆时,仍用馀。如文言句“馀年无多”。

㊼喘吁吁,长吁短叹的吁读 xū(虚)。

㊽在折和摺意义可能混淆时,摺仍用摺。

㊾宫商角徵羽的徵读 zhǐ(止),不简化。

㊿庄:六笔。土的右旁无点。

附录 4

汉字偏旁名称表

1. 本表列举一部分汉字偏旁的名称，以便教学。
2. 本表收录的汉字偏旁，大多是现在不能单独成字、不易称呼或者称呼很不一致的。能单独成字、易于称呼的，如山、马、日、月、石、鸟、虫等，不收录。
3. 有的偏旁有几种不同的叫法，本表只取较为通行的名称。

偏　旁	名　　称	例　字
冫	两点水儿(liǎngdiǎnshuǐr)	次、冷、准
冖	秃宝盖儿(tūbǎogàir)	写、军、冠
讠	言字旁儿(yánzìpángr)	计、论、识
厂	偏厂儿(piānchǎngr)	厅、历、厚
匚	三匡栏儿(sānkuānglánr) 三匡儿(sānkuāngr)	区、匠、匣
刂	立刀旁儿(lìdāopángr) 立刀儿(lìdāor)	列、别、剑
冂(⺆)	同字匡儿(tóngzìkuàngr)	冈、网、周
亻	单人旁儿(dānrénpángr) 单立人儿(dānlìrénr)	仁、位、你
勹	包字头儿(bāozìtóur)	勺、勾、旬
厶	私字儿(sīzìr)	允、去、矣
廴	建之旁儿(jiànzhīpángr)	廷、延、建
卩	单耳旁儿(dān'ěrpángr) 单耳刀儿(dān'ěrdāor)	卫、印、却
阝	双耳旁儿(shuāng'ěrpángr) 双耳刀儿(shuāng'ěrdāor) 左耳刀儿(zuǒ'ěrdāor)(在左) 右耳刀儿(yòu'ěrdāor)(在右)	防、阻、院 邦、那、郊

偏　旁	名　　　　　　称	例　字
氵	三点水儿(sāndiǎnshuǐr)	江、汪、活
丬(爿)	将字旁儿(jiàngzìpángr)	壮、状、将
忄	竖心旁儿(shùxīnpángr) 竖心儿(shùxīnr)	怀、快、性
宀	宝盖儿(bǎogàir)	宇、定、宾
广	广字旁儿(guǎngzìpángr)	庄、店、席
辶	走之儿(zǒuzhīr)	过、还、送
土	提土旁儿(títǔpángr) 剔土旁儿(tītǔpángr)	地、场、城
艹	草字头儿(cǎozìtóur) 草头儿(cǎotóur)	艾、花、英
廾	弄字底儿(nòngzìdǐr)	开、弁、异
尢	尤字旁儿(yóuzìpángr)	尤、龙、尥
扌	提手旁儿(tíshǒupángr) 剔手旁儿(tīshǒupángr)	扛、担、摘
囗	方匡儿(fāngkuāngr)	因、国、图
彳	双人旁儿(shuāngrénpángr) 双立人儿(shuānglìrénr)	行、征、徒
彡	三撇儿(sānpiěr)	形、参、须
夂	折文儿(zhéwénr)	冬、处、夏
犭	反犬旁儿(fǎnquǎnpángr) 犬犹儿(quǎnyóur)	狂、独、狠
饣	食字旁儿(shízìpángr)	饮、饲、饰
子	子字旁儿(zǐzìpángr)	孔、孙、孩

偏旁	名称	例字
纟	绞丝旁儿(jiǎosīpángr) 乱绞丝儿(luànjiǎosīr)	红、约、纯
巛	三拐儿(sānguǎir)	甾、邕、巢
灬	四点儿(sìdiǎnr)	杰、点、热
火	火字旁儿(huǒzìpángr)	灯、灿、烛
礻	示字旁儿(shìzìpángr) 示补儿(shìbǔr)	礼、社、祖
王	王字旁儿(wángzìpángr) 斜玉旁儿(xiéyùpángr)	玩、珍、班
木	木字旁儿(mùzìpángr)	朴、杜、栋
牛	牛字旁儿(niúzìpángr) 剔牛儿(tīniúr)	牡、物、牲
攵	反文旁儿(fǎnwénpángr) 反文儿(fǎnwénr)	收、政、教
疒	病字旁儿(bìngzìpángr) 病旁儿(bìngpángr)	症、疼、痕
衤	衣字旁儿(yīzìpángr) 衣补儿(yībǔr)	初、袖、被
𡗗	春字头儿(chūnzìtóur)	奉、奏、秦
罒	四字头儿(sìzìtóur)	罗、罢、罪
皿	皿字底儿(mǐnzìdǐr) 皿墩儿(mǐndūnr)	盂、益、盔
钅	金字旁儿(jīnzìpángr)	钢、钦、铃
禾	禾木旁儿(hémùpángr)	和、秋、种
癶	登字头儿(dēngzìtóur)	癸、登、凳
龹	卷字头儿(juànzìtóur)	券、拳、眷

偏旁	名称	例字
米	米字旁$_{儿}$(mǐzìpángr)	粉、料、粮
虍	虎字头$_{儿}$(hǔzìtóur)	虏、虑、虚
⺮	竹字头$_{儿}$(zhúzìtóur)	笑、笔、笛
𧾷	足字旁$_{儿}$(zúzìpángr)	跃、距、蹄

附录 5

汉语拼音方案

一 字母表

字母：	Aa	Bb	Cc	Dd	Ee	Ff	Gg
名称：	ㄚ	ㄅㄝ	ㄘㄝ	ㄉㄝ	ㄜ	ㄝㄈ	ㄍㄝ
	Hh	Ii	Jj	Kk	Ll	Mm	Nn
	ㄏㄚ	ㄧ	ㄐㄧㄝ	ㄎㄝ	ㄝㄌ	ㄝㄇ	ㄋㄝ
	Oo	Pp	Qq	Rr	Ss	Tt	
	ㄛ	ㄆㄝ	ㄑㄧㄡ	ㄚㄦ	ㄝㄙ	ㄊㄝ	
	Uu	Vv	Ww	Xx	Yy	Zz	
	ㄨ	ㄪㄝ	ㄨㄚ	ㄒㄧ	ㄧㄚ	ㄗㄝ	

V 只用来拼写外来语、少数民族语言和方言。

字母的手写体依照拉丁字母的一般书写习惯。

二 声母表

b	p	m	f	d	t	n	l
ㄅ玻	ㄆ坡	ㄇ摸	ㄈ佛	ㄉ得	ㄊ特	ㄋ讷	ㄌ勒
g	k	h		j	q	x	
ㄍ哥	ㄎ科	ㄏ喝		ㄐ基	ㄑ欺	ㄒ希	
zh	ch	sh	r	z	c	s	
ㄓ知	ㄔ吃	ㄕ诗	ㄖ日	ㄗ资	ㄘ雌	ㄙ思	

在给汉字注音的时候，为了使拼式简短，zh ch sh 可以省作 ẑ ĉ ŝ。

三 韵母表

	i 丨 衣	u ㄨ 乌	ü ㄩ 迂
a ㄚ 啊	ia 丨ㄚ 呀	ua ㄨㄚ 蛙	
o ㄛ 喔		uo ㄨㄛ 窝	
e ㄜ 鹅	ie 丨ㄝ 耶		üe ㄩㄝ 约
ai ㄞ 哀		uai ㄨㄞ 歪	
ei ㄟ 欸		uei ㄨㄟ 威	
ao ㄠ 熬	iao 丨ㄠ 腰		
ou ㄡ 欧	iou 丨ㄡ 忧		
an ㄢ 安	ian 丨ㄢ 烟	uan ㄨㄢ 弯	üan ㄩㄢ 冤
en ㄣ 恩	in 丨ㄣ 因	uen ㄨㄣ 温	ün ㄩㄣ 晕
ang ㄤ 昂	iang 丨ㄤ 央	uang ㄨㄤ 汪	
eng ㄥ 亨的韵母	ing 丨ㄥ 英	ueng ㄨㄥ 翁	
ong (ㄨㄥ)轰的韵母	iong ㄩㄥ 雍		

(1) “知、蚩、诗、日、资、雌、思”等七个音节的韵母用 i，即：知、蚩、诗、日、资、雌、思等字拼作 zhi，chi，shi，ri，zi，ci，si。

(2) 韵母儿写成 er,用做韵尾的时候写成 r。例如:“儿童”拼作 ertong,“花儿”拼作 huar。

(3) 韵母ㄝ单用的时候写成 ê。

(4) i 行的韵母,前面没有声母的时候,写成:yi(衣),ya(呀),ye(耶),yao(腰),you(忧),yan(烟),yin(因),yang(央),ying(英),yong(雍)。

u 行的韵母,前面没有声母的时候,写成:wu(乌),wa(蛙),wo(窝),wai(歪),wei(威),wan(弯),wen(温),wang(汪),weng(翁)。

ü 行的韵母,前面没有声母的时候,写成:yu(迂),yue(约),yuan(冤),yun(晕);ü 上两点省略。

ü 行的韵母跟声母 j,q,x 拼的时候,写成:ju(居),qu(区),xu(虚),ü 上两点也省略;但是跟声母 n,l 拼的时候,仍然写成:nü(女),lü(吕)。

(5) iou,uei,uen 前面加声母的时候,写成:iu,ui,un。例如 niu(牛),gui(归),lun(论)。

(6) 在给汉字注音的时候,为了使拼式简短,ng 可以省作 ŋ。

四 声调符号

ˉ ˊ ˇ ˋ

阴平 阳平 上声 去声

声调符号标在音节的主要母音上,轻声不标,例如:

妈 mā	麻 má	马 mǎ	骂 mà	吗 ma
(阴平)	(阳平)	(上声)	(去声)	(轻声)

五 隔音符号

a,o,e 开头的音节连接在其他音节后面的时候,如果音节的界限发生混淆,用隔音符号(')隔开。例如:pí'ǎo(皮袄)。

（京）新登字 157 号

图书在版编目（CIP）数据

HSK 中国汉语水平考试词汇大纲汉语 8000 词词典/北京语言大学汉语水平考试中心编.
－北京：北京语言大学出版社，2004. 重印
ISBN 7－5619－0794－X
Ⅰ. H…
Ⅱ. 北…
Ⅲ. 汉语－词典－对外汉语教学－水平考试－教学参考资料
Ⅳ. H164
中国版本图书馆 CIP 数据核字（1999）第 67964 号

责任印制：汪学发
出版发行：北京语言大学出版社
社　　址：北京市海淀区学院路 15 号　邮政编码：100083
网　　址：http：//www. blcup. com
印　　刷：北京北林印刷厂
经　　销：全国新华书店
版　　次：2000 年 8 月第 1 版　2004 年 3 月第 2 次印刷
开　　本：850 毫米×1168 毫米　1/32　印张：56
字　　数：2491 千字　印数：5001－7000 册
书　　号：ISBN 7－5619－0794－X/H·9998
　　　　　2000 DW 0064
定　　价：98. 00 元
出版部电话：010－82303590
发行部电话：010－82303651　82303591
　　　传真：010－82303081
E-mail：fxb@ blcu. edu. cn